Hengeler Mueller
Partnerschaft von Rechtsanwälten mbB
Behrenstraße 42 · 10117 Berlin
Telefon +49 30 20374-0 · Telefax +49 30 20374-333
www.hengeler.com

Deubert/Förschle/Störk
Sonderbilanzen

Sonderbilanzen

Von der Gründungsbilanz bis zur
Liquidationsbilanz

Herausgegeben von

Michael Deubert

Wirtschaftsprüfer und Steuerberater in Frankfurt a. M.

Prof. Dr. Gerhart Förschle

Wirtschaftsprüfer und Steuerberater in Frankfurt a. M.

Dr. Ulrich Störk

Wirtschaftsprüfer und Steuerberater in Frankfurt a. M.

6., vollständig überarbeitete und
erweiterte Auflage 2021

Zitierweise: *Verfasser* in: Sonderbilanzen

www.beck.de

ISBN 978 3 406 72656 9

© 2021 Verlag C. H. Beck oHG
Wilhelmstraße 9, 80801 München
Satz: Druckerei C. H. Beck Nördlingen
Druck und Bindung: Beltz Grafische Betriebe GmbH,
Am Fliegerhorst 8, 99947 Bad Langensalza
Umschlaggestaltung: Martina Busch Grafikdesign,
Homburg Saar

Gedruckt auf säurefreiem, alterungsbeständigem Papier
(hergestellt aus chlorfrei gebleichtem Zellstoff)

Verfasser

Prof. Dr. Christopher Almeling
Wirtschaftsprüfer in Bruchköbel

Ulrike Anders
Rechtsanwältin und Fachanwältin für Steuerrecht in Burghausen

Dipl.-Kfm. Thomas Büssow
Wirtschaftsprüfer und Steuerberater in Frankfurt a. M.

Dipl.-Kfm. Michael Deubert
Wirtschaftsprüfer und Steuerberater in Frankfurt a. M.

Dipl.-Kffr. Anita Dietrich
Wirtschaftsprüferin und Steuerberaterin in Frankfurt a. M.

Prof. Dr. Gerhart Förschle
Wirtschaftsprüfer und Steuerberater in Frankfurt a. M.

Stephan Heinz
Assessor in Frankfurt a. M.

Dr. Niels-Frithjof Henckel
Wirtschaftsprüfer und Steuerberater in Frankfurt a. M.

Dr. Timo Hermesmeier
Rechtsanwalt in Frankfurt a. M.

Dipl.-Kfm. Karl Hoffmann
Wirtschaftsprüfer und Steuerberater in Königstein

Dr. Dietgard Klingberg
Rechtsanwältin und Steuerberaterin in Neustadt an der Weinstraße

Dr. Sebastian Koch
Wirtschaftsprüfer in Frankfurt a. M.

Dipl.-Kfm. Manfred Kropp
Steuerberater in Bad Vilbel

Dipl.-Kfm. Thomas Küster
Wirtschaftsprüfer, Steuerberater und Certified Public Accountant in Frankfurt a. M.

Verfasser

Dr. Thomas Loose
Steuerberater in Düsseldorf

Dipl.-Vw. Annette Malsch
Wirtschaftsprüferin und Steuerberaterin in Frankfurt a. M.

Dr. Henning Dieter Meyer
Frankfurt a. M.

Sandra Roland LL. M.
Steuerberaterin in Frankfurt a. M.

Prof. Dr. Michael Scheel
Steuerberater in Frankfurt a. M.

Prof. Dr. Mathias Schellhorn
Wirtschaftsprüfer und Steuerberater in Hannover

Dr. Martin Wolfgang Schönberger
Frankfurt a. M.

Lothar Siemers
Rechtsanwalt und Steuerberater in Düsseldorf

Dr. Ulrich Störk
Wirtschaftsprüfer und Steuerberater in Frankfurt a. M.

Prof. Dr. Tobias Taetzner
Wirtschaftsprüfer und Steuerberater in Frankfurt a. M.

Andreas Weisang
Rechtsanwalt und Wirtschaftsprüfer in Frankfurt a. M.

Vorwort zur 6. Auflage

Aufgrund von handels- oder gesellschaftsrechtlichen Bestimmungen müssen Unternehmen – gleich welcher Rechtsform – einmalig oder in unregelmäßigen Abständen neben ihrem handelsrechtlichen Jahresabschluss besondere Bilanzen erstellen bzw. können sich in besonderen Unternehmenssituationen spezifische Bilanzierungsfragen ergeben. Die *Sonderbilanzen* richten sich an Ersteller und Prüfer solcher Bilanzen gleichermaßen. Sie enthalten eine kompakte Darstellung der damit verbundenen handels-, steuer- und gesellschaftsrechtlichen Fragestellungen und präsentieren praxisorientierte Lösungen für Zweifelsfälle.

Die sechste Auflage der *Sonderbilanzen* erscheint zu einem Zeitpunkt, in der die COVID-19-Pandemie und die damit verbundenen wirtschaftlichen und gesellschaftlichen Auswirkungen nahezu alle Unternehmen in unserem Land vor besondere Herausforderungen stellen. Die negativen Auswirkungen der Corona-Krise sind dabei teilweise so gravierend, dass sie zu einer Bestandsgefährdung für das Unternehmen führen können. Vor diesem Hintergrund ist der in den *Sonderbilanzen* sehr ausführlich behandelte Themenbereich Überschuldung und Sanierung zurzeit für Abschlussersteller, ihre Berater und Prüfer besonders nützlich. Gleichzeitig ist zu beobachten, dass – ebenfalls als Reaktion auf die Corona-Krise – Um-/Restrukturierungsmaßnahmen erforderlich werden, die dann in Konzernstrukturen häufig Verschmelzungs- oder Spaltungsvorgänge auslösen. Die hierbei aus handels- und steuerrechtlicher Sicht auftretenden besonderen Fragestellungen werden ausführlich im Themenbereich Umwandlungen der *Sonderbilanzen* behandelt.

Die sechste Auflage wurde durchgängig überarbeitet. Dabei wurde das durch die Vorauflagen bewährte und am Werdegang der Unternehmen orientierte Gliederungskonzept beibehalten. Der Schwerpunkt der Überarbeitung bestand in der Einarbeitung der seit dem Erscheinen der Vorauflage ergangenen gesellschafts- und steuerrechtlichen Rechtsprechung bzw. der einschlägigen Literatur sowie der neuen IDW Stellungnahmen zur Rechnungslegung und IDW Prüfungsstandards. Darüber hinaus wurden – soweit dies angezeigt war – auch die Auswirkungen der durch die COVID-19-Pandemie bedingten Gesetzesänderungen, z. B. des COVID-19-Insolvenzaussetzungsgesetzes, in die Kommentierung eingearbeitet.

Die Ausführungen in der sechsten Auflage berücksichtigen den Stand der Gesetzgebung, Rechtsprechung und Literatur bis zum 1. August 2020.

Herrn *Prof. Dr. Norbert Winkeljohann*, der aus dem Kreis der Herausgeber ausgeschieden ist, danken wir für seine Mitwirkung an den Vorauflagen der *Sonderbilanzen*. An seine Stelle ist Herr *Dr. Ulrich Störk* getreten.

Herzlich danken möchten wir allen Verfasserinnen und Verfassern für ihr großes – weitgehend zu Lasten der Freizeit gehendes – Engagement. Frau *Dipl.-Kffr. Bettina Holland*, Frau *Lisa Walkenbach LL.M* und Herrn *Thimo Dangmann LL. B.* danken wir für die umsichtige Unterstützung bei der Redaktion des Werks.

Vorwort

Den Mitarbeitern des Beck-Verlags, allen voran der zuständigen Lektorin, Frau *Friederike Loewens,* danken wir für die gute Zusammenarbeit und die hoch professionelle Betreuung während der Entstehung dieser Auflage.

Wir hoffen, dass die sechste Auflage der *Sonderbilanzen* unsere Leser bei der Lösung ihrer Praxisfragen unterstützt und wie die Vorauflagen auf ein entsprechend positives Echo stoßen wird. Anregungen zu den hier behandelten Themen und Hinweise zu etwaigen noch offenen Zweifelsfragen, die aus der praktischen Arbeit mit den *Sonderbilanzen* resultieren, sind den Herausgebern und Verfassern jederzeit willkommen und können unter folgender E-Mail-Adresse: *Michael.Deubert@pwc.com* an die Herausgeber gerichtet werden.

Frankfurt a. M., im August 2020
Michael Deubert
Prof. Dr. Gerhart Förschle
Dr. Ulrich Störk

Vorwort zur 1. Auflage

Das vorliegende Werk baut auf dem Sonderkapitel „Anhang 3. Sonderbilanzen" der ersten Auflage des Beck'schen Bilanz-Kommentars auf, damals verfaßt von Herrn *Professor Dr. Manfred Sarx*. Ausgehend von dieser mit kompetentem Sachwissen erstellten Darstellung führen die unterzeichnenden Autoren und ihre Mitverfasser das Sarx'sche Werk in einem nunmehr eigenständigen, den Beck'schen Bilanz-Kommentar insoweit ergänzenden Werk fort, allerdings erweitert um die Darstellung einiger zusätzlicher Kapitel.

Neu aufgenommen wurden die Abschnitte „Konkurs- und Vergleichsbilanzen", „Kapitalerhöhungs-Sonderbilanz" sowie die „Bilanzierung von Sanierungsmaßnahmen". Durch die neuere Rechtsentwicklung bedingt war auch die „Spaltungsbilanz" darzustellen, die für die neuen Bundesländer erstmals eigenständig geregelt wurde. Besondere Kapitel haben darüber hinaus die „Einbringungsbilanz" und die „Auseinandersetzungsbilanz" erhalten, über die – soweit wir sehen – bisher wenig Literatur vorliegt. Stärker als in der Erstbearbeitung waren wir auch bemüht, steuerrechtliche Gesichtspunkte zu erörtern.

Anerkennung und Dank gebührt Herrn Professor Dr. Manfred Sarx für die diesem Werk vorausgehende Darstellung im Beck'schen Bilanz-Kommentar. Die Autoren danken auch den auf den jeweiligen Seiten genannten Mitverfassern für ihr Engagement sowie dafür, daß sie einen erheblichen Teil ihrer Freizeit hierfür zur Verfügung gestellt haben, um diesen Band in angemessener Zeit fertigzustellen. Besonderer Dank gebührt dem dieses Werk betreuenden Lektor, Herrn *Albert Buchholz*, für seine vielfältigen Ratschläge.

Frankfurt, im Januar 1994

Dr. Wolfgang Dieter Budde
Dr. Gerhart Förschle

Inhaltsübersicht

— Detaillierte Übersichten zu den einzelnen Kapiteln s dort —

Einführung

A. Systematik der Sonderbilanzen 1

Geschäftsaufnahme und Gründung

B. Eröffnungsbilanz des Einzelunternehmers 7
C. Eröffnungsbilanz der Personengesellschaft 85
D. Gründungs- und Eröffnungsbilanz der Kapitalgesellschaft 151

Kapitalmaßnahmen, Zwischenberichterstattung

E. Sonderbilanz bei Kapitalerhöhung aus Gesellschaftsmitteln 247
F. Kombinierter Abschluss und Pro-Forma-Finanzinformationen 307
G. Zwischenabschluss und Zwischenlagebericht 347

Umwandlungen

H. Verschmelzungsschlussbilanzen 369
I. Spaltungsbilanzen 427
J. Vermögensübertragung 493
K. Übernahmebilanzierung bei Umwandlungen 501
L. Bilanzierung beim Formwechsel 573

Betriebsaufgabe und Auseinandersetzung

M. Rechnungslegung des Einzelkaufmanns bei Unternehmensaufgabe ... 619
N. Abfindungsbilanz bei Ausscheiden eines Gesellschafters aus einer Personengesellschaft 637
O. Realteilungsbilanz 663

Überschuldung und Sanierung

P. Verlustanzeigebilanz und Überschuldungsstatus 703
Q. Sanierungsmaßnahmen und ihre Bilanzierung 731
R. Rechnungslegung im Insolvenzverfahren 817

Liquidation und Abwicklung

S. Liquidationsrechnungslegung der Personenhandelsgesellschaft 839
T. Abwicklungs-/Liquidationsrechnungslegung der Kapitalgesellschaft .. 883

Sonderthemen

U. Rechnungslegung und Prüfung von Investmentvermögen 993

Stichwortverzeichnis 1133

Abkürzungsverzeichnis

A

aA	anderer Auffassung
AAB	Allgemeine Auftragsbedingungen für Wirtschaftsprüfer und Wirtschaftsprüfungsgesellschaften
aaO	am angegebenen Ort
AbhBer	Abhängigkeitsbericht
abhUnt	abhängige(s) Unternehmen
ABl EG/ABl EU	Amtsblatt der Europäischen Gemeinschaften/Amtsblatt der Europäischen Union
Abs	Absatz
Abschn	Abschnitt
abw	abweichend(e)
abzgl	abzüglich
AdV	Aussetzung der Vollziehung
aE	am Ende
AEAO	Anwendungserlass zur Abgabenordnung
AEErbSt	Anwendungserlass ErbStG
aF	alte Fassung
AfA	Absetzung für Abnutzung
AfaA	Absetzung für außergewöhnliche Abnutzung
AfS	Absetzung für Substanzverringerung
AG	Aktiengesellschaft oder „Die Aktiengesellschaft" (Zeitschrift); auch Amtsgericht
AICPA	American Institute of Certified Public Accountants
AIF	Alternativer Investmentfonds (Alternative Investment Funds)
AIF-KVG	Kapitalverwaltungsgesellschaft, die mindestens einen AIF verwaltet
AIFM	Alternative Investment Fund Manager (entspr KVG)
AIFM-RL	Richtlinie zur Regulierung von Managern alternativer Investmentfonds (AIFMD; Alternative Investment Fund Managers Directive)
AIFM-UmsG	AIFM-Umsetzungsgesetz
AIFM-VO	Delegierte Verordnung (EU) Nr. 231/2013, ABl EU, L 83/1
AK	Anschaffungskosten
AKEIÜ	Arbeitskreis Externe und Interne Überwachung der Unternehmung der Schmalenbach-Gesellschaft für Betriebswirtschaft e. V.
AK/HK	Anschaffungs- oder Herstellungskosten
AK Schmalenbach	Arbeitskreis der Schmalenbach-Gesellschaft für Betriebswirtschaft e. V. (zB Steuern)
AktG	Aktiengesetz
allg	allgemein
aM	anderer Meinung
ÄndG	Änderungsgesetz
Anm	Anmerkung (auch Tz, Rdnr)
ao	außerordentlich
AO	Abgabenordnung

Abkürzungsverzeichnis

AP	Abschlussprüfer
APAG	Abschlussprüferaufsichtsgesetz, vom 27.12.2004, BGBl I, 3846
APAK	Abschlussprüferaufsichtskommission
APAReG	Abschlussprüferaufsichtsreformgesetz
APAS	Abschlussprüferaufsichtsstelle beim Bundesamt für Wirtschaft und Ausfuhrkontrolle
APr	Abschlussprüfung
AR	Aufsichtsrat
ARB	Accounting Research Bulletin
Arge	Arbeitsgemeinschaft
arg ex	argumentum ex (folgt aus)
Art	Artikel
ARUG	Gesetz zur Umsetzung der Aktionärsrechterichtlinie (ARUG), vom 30.7.2009, BGBl I, 2479
ARUG II	Gesetz zur Umsetzung der zweiten Aktionärsrichtline Richtlinie (EU) 2017/828 (ARUG II), vom 12.12.2019, BGBl I, 2637
AT	Attestation Standard
Aufl	Auflage
AusglPo	Ausgleichsposten
AVers	Altersversorgung
AVmG	Altersvermögensgesetz
AWV	Arbeitsgemeinschaft für Wirtschaftliche Verwaltung
Az	Aktenzeichen

B

BaFin	Bundesanstalt für Finanzdienstleistungsaufsicht
BÄO	Bundesärzteordnung
BAG	Bundesarbeitsgericht
BAJ	Bundesamt für Justiz
BAK	Bundesaufsichtsamt für das Kreditwesen
BAnz	Bundesanzeiger
BAV	Bundesaufsichtsamt für das Versicherungswesen
BAW	Bundesaufsichtsamt für das Wertpapierwesen
BayObLG	Bayerisches Oberstes Landesgericht
BB	Betriebs-Berater (Zeitschrift)
BC	Zeitschrift für Bilanzierung, Rechnungswesen und Controlling
Bd	Band
BdF	Bundesminister der Finanzen (auch BMF)
BeckRS	Beck Rechtsprechung (Rechtsprechungsfundstellen zur Recherche in: https://beck-online.beck.de)
BeckVerw	Beck Verwaltungsanweisungen (Verwaltunganweisungs- fundstellen zur Recherche in: https://beck-online.beck.de)
Begr	Begründung
Begr RegE	Begründung des Regierungsentwurfs
Beil	Beilage
beizZW	beizulegender Zeitwert
Bem	Bemerkung(en)
Ber Merz ua	Beschlussempfehlung und Bericht des Rechtsausschusses zum Entwurf eines Gesetzes zur Modernisierung des Bilanzrechts

Abkürzungsverzeichnis

	(Bilanzrechtsmodernisierungsgesetz – BilMoG), BT-Drs. 16/12407
Bet	Beteiligung (auch in Zusammensetzungen)
Betr; betr	Betreff; betrifft/betreffend
BetrAV	betriebliche Altersversorgung oder Mitteilungsblatt der Arbeitsgemeinschaft für betriebliche Altersversorgung
BetrAVG	Gesetz zur Verbesserung der betrieblichen Altersversorgung (Betriebsrentengesetz)
BetrVerm	Betriebsvermögen (auch in Zusammensetzungen, zB SonderBetrVerm)
BetrVG	Betriebsverfassungsgesetz
BewDV	Durchführungsverordnung zum Bewertungsgesetz
BewEinh	Bewertungseinheit(en)
BewG	Bewertungsgesetz
BFA	Bankenfachausschuss des Instituts der Wirtschaftsprüfer in Deutschland e. V.
BFH	Bundesfinanzhof
BFHE	Sammlung der Entscheidungen des Bundesfinanzhofs, hrsg. von Mitgliedern des Bundesfinanzhofs
BFH/NV	Sammlung amtlich nicht veröffentlicher Entscheidungen des Bundesfinanzhofs (Zeitschrift)
BFH/PR	Entscheidungen des Bundesfinanzhofs für die Praxis der Steuerberatung (Zeitschrift)
BFinBl	Amtsblatt des Bundesfinanzministeriums
BFuP	Betriebswirtschaftliche Forschung und Praxis (Zeitschrift)
BgA	Betrieb gewerblicher Art
BGB	Bürgerliches Gesetzbuch
BGBl	Bundesgesetzblatt
BGH	Bundesgerichtshof
BGHZ	Amtliche Sammlung von Entscheidungen des Bundesgerichtshofes in Zivilsachen
BHO	Bundeshaushaltsordnung
BilMoG	Gesetz zur Modernisierung des Bilanzrechts (Bilanzrechtsmodernisierungsgesetz – BilMoG), vom 25.5.2009, BGBl I, 1102
BilRUG	Bilanzrichtlinie-Umsetzungsgesetz
BMAS	Bundesminister/Bundesministerium für Arbeit und Soziales
BMF	Bundesminister Bundesministerium der Finanzen
BMJV	Bundesminister/Bundesministerium der Justiz und für Verbraucherschutz
BMWi	Bundesminister/Bundesministerium für Wirtschaft und Energie
BörsG	Börsengesetz
BörsO FWB	Börsenordnung für die Frankfurter Wertpapierbörse
BörsZulVO	Börsenzulassungs-Verordnung
Bp	Betriebsprüfung
BPg	Die steuerliche Betriebsprüfung (Zeitschrift)
Bp-Kartei	Betriebsprüfungs-Kartei
BPO	Betriebsprüfungsordnung
BR	Bundesrat
BR-Drs/BRat-Drs	Bundesrats-Drucksache
BReg	Bundesregierung

Abkürzungsverzeichnis

BRZ	Zeitschrift für Bilanzierung und Rechnungswesen
BS	Berufssatzung
Bsp(e)	Beispiel(e)
bspw	beispielsweise
BStBl	Bundessteuerblatt
BT	Deutscher Bundestag
BT-Drs	Bundestags-Drucksache
Buchst	Buchstabe
BuW	Betrieb und Wirtschaft (Zeitschrift)
BVerfG	Bundesverfassungsgericht
BVerfGE	Amtliche Sammlung von Entscheidungen des Bundesverfassungsgerichts
BVerwG	Bundesverwaltungsgericht
BVerwGE	Entscheidungen des Bundesverwaltungsgerichts
BVm	Bestätigungsvermerk
bzgl	bezüglich
bzw	beziehungsweise

C

CESR	Committee of the European Securities Regulators
CorpGov	Corporate Governance
CSR-RL	Richtlinie 2014/95/EU des Europäischen Parlaments und des Rates vom 22. Oktober 2014 zur Änderung der Richtlinie 2013/34/EU im Hinblick auf die Angabe nichtfinanzieller und die Diversität betreffender Informationen durch bestimmte große Unternehmen und Gruppen (Corporate Social Responsibility-Richtlinie)
CSR-RLUG	Gesetz zur Stärkung der nichtfinanziellen Berichterstattung der Unternehmen in ihren Lage- und Konzernlageberichten (CSR-Richtlinie-Umsetzungsgesetz) vom 11.4.2017, BGBl. I, 802

D

DB	Der Betrieb (Zeitschrift)
DBA	Doppelbesteuerungsabkommen
DBB	Deutsche Bundesbank
DBW	Die Betriebswirtschaft (Zeitschrift)
DCGK	Deutscher Corporate Governance Kodex
dementspr	dementsprechend
demggü	demgegenüber
DerivateV	Derivateverordnung
dgl; desgl	dergleichen; desgleichen
dh	das heißt
diesbezgl	diesbezüglich
Dipl-Kfm	Diplom-Kaufmann
Dipl-Kfr	Diplom-Kauffrau
Dipl-Vw	Diplom-Volkswirt
Diss	Dissertation
DJZ	Deutsche Juristenzeitung
DK	Der Konzern (Zeitschrift)
DM/DEM	Deutsche Mark
DMEB	DM-Eröffnungsbilanz
DNotZ	Deutsche Notar-Zeitung

Abkürzungsverzeichnis

DPR	Deutsche Prüfstelle für Rechnungslegung
DrittelbG	Drittelbeteiligungsgesetz
Drs	Drucksache
DRS	Deutsche Rechnungslegung Standards
DRSC	Deutsches Rechnungslegungs Standards Committee e. V.
DSR	Deutscher Standardisierungsrat
DStJG	Deutsche Steuerjuristische Gesellschaft e. V., Köln
DStR	Deutsches Steuerrecht (Zeitschrift)
DStR-E	Deutsches Steuerrecht-Entscheidungsdienst (Zeitschrift)
DStZ/A	Deutsche Steuerzeitung Ausgabe A (Zeitschrift)
DStZ/B	Deutsche Steuerzeitung Ausgabe B (Eildienst) (Zeitschrift)
DSWR	Datenverarbeitung. Steuer. Wirtschaft. Recht (Zeitschrift)
DV/DVO	Durchführungsverordnung
DVers	Direktversicherung

E

E	Entwurf
EA	Einzelabschluss
EAV	Ergebnisabführungsvertrag
EB	Eröffnungsbilanz
ebAnz	elektronischer Bundesanzeiger
EDV	Elektronische Datenverarbeitung
E + E-Steuern	Steuern vom Einkommen und vom Ertrag
EFG	Entscheidungen der Finanzgerichte
eG	eingetragene Genossenschaft
EG	Einführungsgesetz; Europäische Gemeinschaft (bis Oktober 1993)
EGAktG	Einführungsgesetz zum Aktiengesetz
EGAO	Einführungsgesetz zur AO
EGBGB	Einführungsgesetz zum Bürgerlichen Gesetzbuch
EGGmbHG	Einführungsgesetz zum Gesetz betreffend die Gesellschaften mit beschränkter Haftung
EGHGB	Einführungsgesetz zum Handelsgesetzbuch
EGInsO	Einführungsgesetz zur Insolvenzordnung
EG-Richtl	Richtlinie der Europäischen Gemeinschaft
einschl	einschließlich
EITF	Emerging Issues Task Force
EK	Eigenkapital
E-KARBV	Entwurf der KARBV gemäß Konsultation der BaFin vom 25.7.2017, Geschäftszeichen WA 41-FR 4100-2017/0001
E-KAPrüfbV	Entwurf der KAPrüfbV gemäß Konsultation der BaFin vom 25.7.2017, Geschäftszeichen WA 41-FR 4100-2017/0001
EKfm/Ekfl	Einzelkaufmann/Einzelkaufleute
ELTIF	Europäischer langfristiger Investmentfonds
ELTIF-VO	Verordnung (EU) 2015/760 des Europäischen Parlaments und des Rates vom 29. April 2015 über europäische langfristige Investmentfonds, ABl EU, L 123/98
EMIR	European Market Infrastructure Regulation
EndKons	Endkonsolidierung
entspr	entsprechend/e(n)
EnWG	Energiewirtschaftsgesetz
EPS	Earnings per Share
ErbSt	Erbschaftsteuer

Abkürzungsverzeichnis

ErbStG	Erbschaftsteuer- und Schenkungsteuergesetz
ErbStR	Erbschaftsteuer-Richtlinien
ErgBd	Ergänzungsband
Erl	Erlass oder Erläuterung (auch in Zusammensetzungen, zB ErlBericht)
ErstKons	Erstkonsolidierung
ESMA	European Securities and Markets Authority (Europäische Wertpapieraufsichtsbehörde)
ESt	Einkommensteuer
EStÄndG	Einkommensteuer-Änderungsgesetz
EStB	Der Ertragsteuerberater (Zeitschrift)
EStDV	Einkommensteuer-Durchführungsverordnung
EStG	Einkommensteuergesetz
EStH	Hinweis zu Einkommensteuer-Richtlinien
EStR	Einkommensteuer-Richtlinien
ESUG	Gesetz zur weiteren Erleichterung der Sanierung von Unternehmen
EU	Europäische Union
EU-Bilanzrichtl	Richtlinie 2013/34/EU des Europäischen Parlaments und des Rates vom 26. Juni 2013 über den Jahresabschluss, den konsolidierten Abschluss und damit verbundene Berichte von Unternehmen bestimmter Rechtsformen und zur Änderung der Richtlinie 2006/43/EG des Europäischen Parlaments und des Rates und zur Aufhebung der Richtlinien 78/660/EWG und 83/349/EWG des Rates
EuGH	Europäischer Gerichtshof
EuGHE	Entscheidungssammlung des Europäischen Gerichtshofs (Zeitschrift)
€/EUR	Euro
eV	eingetragener Verein
evtl	eventuell
EW	Einheitswert
EWG	Europäische Wirtschaftsgemeinschaft (siehe auch EG, EU)
EWiR	Europäisches Wirtschaftsrecht (Zeitschrift)
EWiV	Europäische Wirtschaftliche Interessenvereinigung
EWR	Europäischer Wirtschaftsraum
EWS	Europäisches Wirtschafts- und Steuerrecht (Zeitschrift)

F

f; ff	folgend(e); fortfolgende
FA; FÄ	Finanzamt; Finanzämter
FAIT	Fachausschuss für Informationstechnologie des IDW
FAMA	Fachausschuss für moderne Abrechnungssysteme des Instituts der Wirtschaftsprüfer in Deutschland e. V.
FamFG	Gesetz über das Verfahren in Familiensachen und in den Angelegenheiten der freiwilligen Gerichtsbarkeit
FAR	Fachausschuss Recht des Instituts der Wirtschaftsprüfer in Deutschland e. V.
FASB	Financial Accounting Standards Board (der Financial Accounting Foundation USA)
FB	Finanz Betrieb (Zeitschrift)
FEE	Federation of European Accountants
FG	Finanzgericht

Abkürzungsverzeichnis

FGG	Gesetz über die freiwillige Gerichtsbarkeit
FGO	Finanzgerichtsordnung
FinInst	Finanzinstrument(e)
FinMarktAnpG	Gesetz zur Anpassung von Gesetzen auf dem Gebiet des Finanzmarktes (Finanzmarktanpassungsgesetz, FMAnpG)
FinRspr	Finanzrechtsprechung
FinVerw	Finanzverwaltung
FK	Fremdkapital
Fn	Fußnote
FN-IDW	Fachnachrichten des Instituts der Wirtschaftsprüfer in Deutschland e. V. (internes Mitteilungsblatt; ab November 2015: IDW LIFE)
FörderGG	Fördergebietsgesetz
FR	Finanz-Rundschau (Zeitschrift)
FS	Festschrift
FuE	Forschung und Entwicklung

G

GAAP	Generally Accepted Accounting Principles
GBO	Grundbuchordnung
GbR	Gesellschaft bürgerlichen Rechts
GEFIU	Gesellschaft für Finanzwissenschaft in der Unternehmensführung e. V.
gem	gemäß
GenG	Gesetz betreffend die Erwerbs- und Wirtschaftsgenossenschaften (Genossenschaftsgesetz)
Gesetzesbegr	Gesetzesbegründung
Ges	Gesellschaft (auch in Zusammensetzungen, zB GesVermögen)
GesO	Gesamtvollstreckungsordnung
Gester	Gesellschafter
GesV	Gesellschafterversammlung
GewESt	Gewerbeertragsteuer
GewO	Gewerbeordnung
GewSt	Gewerbesteuer
GewStDV	Gewerbesteuer-Durchführungsverordnung
GewStG	Gewerbesteuergesetz
GewStR	Gewerbesteuer-Richtlinien
GFW	Geschäfts- oder Firmenwert
GG	Grundgesetz
ggf	gegebenenfalls
ggü	gegenüber
Gj	Geschäftsjahr
glA	gleicher Auffassung
GmbH	Gesellschaft mit beschränkter Haftung
GmbHG	Gesetz betreffend die Gesellschaften mit beschränkter Haftung
GmbHR	GmbH-Rundschau (Zeitschrift)
GoA	Grundsätze ordnungsmäßiger Abschlussprüfung
GoB	Grundsätze ordnungsmäßiger Buchführung
GoBD	Grundsätze zur ordnungsmäßigen Führung und Aufbewahrung von Büchern, Aufzeichnungen und Unterlagen in elektronischer Form sowie zum Datenzugriff

Abkürzungsverzeichnis

GoBS	Grundsätze ordnungsmäßiger DV-gestützter Buchführungssysteme
GoI	Grundsätze ordnungsmäßiger Inventur
GoS	Grundsätze ordnungsmäßiger Speicherbuchführung
grds	grundsätzlich
GrESt	Grunderwerbsteuer
GrEStG	Grunderwerbsteuergesetz
GrS	Großer Senat
GStB	Gestaltende-Steuerberatung (Zeitschrift)
GuV	Gewinn- und Verlustrechnung
GVBl/GVOBl	Gesetz- und Verordnungsblatt
GwG	Gesetz über das Aufspüren von Gewinnen aus schweren Straftaten (Geldwäschegesetz – GwG)
GWG	Geringwertige Wirtschaftsgüter

H

H	Hinweis (zu Steuerrichtlinie)
hA	herrschende Auffassung
HBil	Handelsbilanz
HBRecht	Handelsbilanzrecht
HFA	Hauptfachausschuss des Instituts der Wirtschaftsprüfer in Deutschland e. V.
HFA 1/19	Stellungnahmen des HFA (Nummer, Jahrgang)
HFA-E	Entwurf einer HFA-Stellungnahme
HFR	Höchstrichterliche Finanzrechtsprechung (Zeitschrift)
HGB	Handelsgesetzbuch
HGrG	Haushaltsgrundsätzegesetz
HK	Herstellungskosten
hM	herrschende Meinung
HR	Handelsregister
hrsg	herausgegeben
Hrsg	Herausgeber
Hs	Halbsatz
HV	Hauptversammlung

I

IAS	International Accounting Standards
IASB	International Accounting Standards Board
IAS C	International Accounting Standards Committee
IAS-VO	IAS-Verordnung
idF	in der Fassung
idR	in der Regel
idS	in diesem Sinne
IDW	Institut der Wirtschaftsprüfer in Deutschland e. V.
IDW EPH	IDW Prüfungshinweis Entwurf (Nummer) seit 1998
IDW EPS	IDW Prüfungsstandard Entwurf (Nummer) bis 1998 FG oder Stellungnahme
IDW LIFE	Mitgliedermagazin des Instituts der Wirtschaftsprüfer in Deutschland e. V. (bis November 2015: FN-IDW; Zeitschrift)
IDW PH	IDW Prüfungshinweis (Nummer) seit 1998
IDW PS	IDW Prüfungsstandard (Nummer) bis 1998 FG oder Stellungnahme

Abkürzungsverzeichnis

IDW RH HFA	IDW Rechnungslegungshinweis (Fachausschuss, Nummer) seit 1998
IDW RS HFA	IDW Rechnungslegungsstandard (Fachausschuss, Nummer) bis 1998 FG oder Stellungnahme
idZ	in diesem Zusammenhang
iE	im Ergebnis
ieS	im engeren Sinne
IFAC	International Federation of Accountants
IFRIC	International Financial Reporting Interpretations Committee
IFRS	International Financial Reporting Standard
IFRS-EA	IFRS-Einzelabschluss gem. § 325 Abs. 2a HGB
iG	in Gründung
iHd	in Höhe des/der
IHK	Industrie- und Handelskammer
iHv	in Höhe von
IKS	Internes Kontrollsystem
iL	in Liquidation
Inf	Die Information über Steuer und Wirtschaft (Zeitschrift)
inkl	inklusiv(e)
Ins	Insolvenz (auch in Zusammensetzungen, zB InsEröffnung)
insb	insbesondere
InsO	Insolvenzordnung
InsVerfVereinfG	Gesetz zur Vereinfachung des Insolvenzverfahrens
InvAG	Investmentaktiengesellschaft
InvAnlVerm	Investmentanlagevermögen
InvBetrVerm	Investmentbetriebsvermögen
InvFonds	Investmentfonds
InvG	Investmentgesetz
InvGes	Investmentgesellschaft
InvKG	Investmentkommanditgesellschaft
InvStG	Investmentsteuergesetz
InvVerm	Investmentvermögen
InvVertr	Investmentvertrag
InvZul	Investitionszulagen
InvZulG	Investitionszulagengesetz
IPEV	International Private Equity and Venture Capital Valuation
IR	Interne Revision (Zeitschrift)
IRZ	Zeitschrift für internationale Rechnungslegung
ISA	International Standards on Auditing
iSd	im Sinne des
ISRE	International Standard on Review Engagements
IStR	Internationales Steuerrecht (Zeitschrift)
iSv	im Sinne von
iÜ	im Übrigen
iVm	in Verbindung mit
iW	im Wesentlichen
IWB	Internationale Wirtschaftsbriefe (Zeitschrift)
iwS	im weiteren Sinne
iZm	in Zusammenhang mit

J

JA	Jahresabschluss
JAP	Jahresabschlussprüfung

Abkürzungsverzeichnis

JbFSt	Jahrbuch der Fachanwälte für Steuerrecht
JfB	Journal für Betriebswirtschaft (Zeitschrift)
Jg	Jahrgang
JR	Juristische Rundschau (Zeitschrift)
JStG	Jahressteuergesetz
JW	Juristische Wochenschrift (Zeitschrift)
JZ	Juristenzeitung (Zeitschrift)

K

KA	Konzernabschluss
KAG	Kapitalanlagegesellschaft
KAGB	Kapitalanlagegesetzbuch
KAGG	Gesetz über Kapitalanlagegesellschaften
KapCoGes	Personenhandelsgesellschaft(en) im Sinne von § 264a HGB (Kapitalgesellschaft(en) & Co.)
KapESt	Kapitalertragsteuer
KapGes	Kapitalgesellschaft(en)
KapKons	Kapitalkonsolidierung
kapmarktUnt	kapitalmarktorientierte(s) Unternehmen
KAPrüfbV	Kapitalanlage-Prüfungsberichte-Verordnung
KARBV	Kapitalanlage-Rechnungslegungs- und Bewertungsverordnung
kfm	kaufmännisch
Kfm/Kfl	Kaufmann/Kaufleute
KFR	Kapitalflussrechnung
KG	Kammergericht oder Kommanditgesellschaft
KGaA	Kommanditgesellschaft auf Aktien
KHFA	Krankenhausfachausschuss des IDW
Kj	Kalenderjahr
KleinstKapGes	Kleinstkapitalgesellschaft(en)
KMU	kleine und mittlere Unternehmen
KO	Konkursordnung
KÖSDI	Kölner Steuerdialog (Zeitschrift)
Komm	Kommentar
KonBefrV	Konzernabschlussbefreiungsverordnung
Kons	Konsolidierung (auch in Zusammensetzungen, zB KonsKreis)
KoR	Zeitschrift für kapitalmarktorientierte Rechnungslegung
KostO	Kostenordnung
Krit	kritisch
KSt	Körperschaftsteuer
KonzInsoÄndG	Gesetz zur Erleichterung der Bewältigung von Konzerninsolvenzen, vom 13.4.2017, BGBl I, 866
KStDV	Körperschaftsteuer-Durchführungsverordnung
KStG	Körperschaftsteuergesetz
KStH	Körperschaftsteuerhinweise
KStR	Körperschaftsteuerrichtlinien
KTS	Zeitschrift für Konkurs-, Treuhand- und Schiedsgerichtswesen
KVG	Kapitalverwaltungsgesellschaft
KWG	Kreditwesengesetz

Abkürzungsverzeichnis

L
LAG	Lastenausgleichsgesetz
lfd	laufend(e)
Lfg	Lieferung
LG	Landgericht
Liq	Liquidation (auch in Zusammensetzungen, zB LiqErlös)
lit	litera, Buchstabe
LMK	Lindenmaier-Möhring, Kommentierte BGH-Rechtsprechung, Beck-Fachnachrichtendienst Zivilrecht (Zeitschrift)
LöschG	Löschungsgesetz
lt	laut
LTVA	Long-Term-Asset-Value

M
MaBV	Makler- und Bauträgerverordnung
maW	mit anderen Worten
MDR	Monatsschrift für Deutsches Recht (Zeitschrift)
mE	meines Erachtens
MgVG	Gesetz über die Mitbestimmung der Arbeitnehmer bei einer grenzüberschreitenden Verschmelzung
MicroBilG	Kleinstkapitalgesellschaften-Bilanzrechtsänderungsgesetz – MicroBilG), vom 20.12.2012, BGBl I, 2751
MiFIR	Richtlinie über Märkte für Finanzinstrumente (Markets in Financial Instruments Directive)
mind	mindestens
Mio	Million(en)
MitbestG	Mitbestimmungsgesetz
MitbestErgG	Mitbestimmungs-Ergänzungsgesetz
MoMiG	Gesetz zur Modernisierung des GmbH-Rechts und zur Bekämpfung von Missbräuchen (MoMiG), vom 23.10.2008, BGBl I, 2026
MontanMitbestG	Montan-Mitbestimmungsgesetz
Mrd	Milliarde(n)
MTF	Multilateral trading facility (multilaterals Handelssystem)
MU	Mutterunternehmen
MVP-System	Minimum Viable Product-System
mwN	mit weiteren Nachweisen
mWv	mit Wirkung vom

N
NAV	Net Asset Value
nF	neue Fassung
nfd	near final draft
NJW	Neue Juristische Wochenschrift (Zeitschrift)
NJW-RR	NJW-Rechtsprechungs-Report Zivilrecht (Zeitschrift)
Nr; Nrn	Nummer; Nummern
nrkr	nicht rechtskräftig
nv	nicht veröffentlicht
NStZ	Neue Zeitschrift für Strafrecht
NWB	Neue Wirtschaftsbriefe (Zeitschrift)
NZA	Neue Zeitschrift für Arbeits- und Sozialrecht
NZG	Neue Zeitschrift für Gesellschaftsrecht

Abkürzungsverzeichnis

O

oä	oder ähnliches
OFD	Oberfinanzdirektion
og	oben genannte
OGAW	Organismen für gemeinsame Anlagen in Wertpapieren
OGAW-DurchführungsRichtl	Richtlinie 2007/16/EG zur Durchführung der Richtlinie 85/611/EWG des Rates zur Koordinierung der Rechts- und Verwaltungsvorschriften betreffend bestimmte Organismen für gemeinsame Anlagen in Wertpapieren (OGAW) im Hinblick auf die Erläuterung gewisser Definitionen
OGAW-KVG	KVG, die mindestens einen OGAW verwaltet
OGAW-Richtl	Richtlinie 2009/65/EG zur Koordinierung der Rechts- und Verwaltungsvorschriften betreffend bestimmte Anlagen in Wertpapieren
OGAW-V-Richtl	Richtlinie 2014/91/EU zur Koordinierung der Rechts- und Verwaltungsvorschriften betreffend bestimmte Organismen für gemeinsame Anlagen in Wertpapieren (OGAW) im Hinblick auf die Aufgaben der Verwahrstelle, die Vergütungspolitik und Sanktionen
OGAW-V-UmsG	Umsetzungsgesetz zur Umsetzung der OGAW-V-RL
OHG	offene Handelsgesellschaft
OLG	Oberlandesgericht
OTF	Organised trading facility (organisiertes Handelssystem)
oV	ohne Verfasser
OVG	Oberverwaltungsgericht
OWiG	Gesetz über Ordnungswidrigkeiten

P

pa	per annum
PartGes	Partnerschaftsgesellschaft
PartGG	Partnerschaftsgesellschaftsgesetz
PartG mbB	Partnerschaftsgesellschaft mit beschränkter Berufshaftung
PersGes	Personenhandelsgesellschaft(en)
PersGes, reine	Personenhandelsgesellschaft(en), die nicht unter § 264a fällt/fallen
P-Fonds	Pensionsfonds
phG	persönlich haftender Gesellschafter
PIE	Public Interest Entity/Entities (Unternehmen von öffentlichem Interesse)
PiR	Praxis der internationalen Rechnungslegung (Zeitschrift)
P-Kasse	Pensionskasse
Prospekt-VO 2004	Prospekt-Verordnung (Verordnung Nr. 809/2004 der Europäischen Kommission vom 29.4.2004), ABl EU Nr L 149/1
Prospekt-VO 2017	Prospekt-Verordnung 2017 (Verordnung Nr. 2017/1129 der Europäischen Kommission vom 30.6.2017), ABl EU Nr L 168/12
PrüfBer	Prüfungsbericht
PSVaG	Pensionssicherungsverein aG, Köln
PublG	Publizitätsgesetz
PublGbR	Publikumsgesellschaft bürgerlichen Rechts

Abkürzungsverzeichnis

PVO-Änderungs-VO	Prospekt-Verordnung-Änderungs-Verordnung (Verordnung Nr. 211/2007 der Europäischen Kommission vom 27.2.2007), ABl EU Nr L 61/24

Q
QuoKons	Quotenkonsolidierung

R
R	Richtlinie (zu Steuergesetzen)
RA	Rechtsanwalt
RAP	Rechnungsabgrenzungsposten
Rdnr/Rdn/RNr/Rn	Randnummer (auch Anm, Tz)
RDVers	Rückdeckungsversicherung
RechKredV	Verordnung über die Rechnungslegung der Kreditinstitute und Finanzdienstleistungsinstitute
RefE	Referenten-Entwurf
RegBegr	Regierungsbegründung
RegE	Regierungsentwurf
RegE ARUG II	Entwurf eines Gesetzes zur Umsetzung der zweiten Aktionärsrechterichtlinie (ARUG II), BT-Drs 19/9739 vom 29.4.2019
RegE BilMoG	Entwurf eines Gesetzes zur Modernisierung des Bilanzrechts (Bilanzrechtsmodernisierungsgesetz – BilMoG), BR-Drs 344/08 vom 23.5.2008
RegE BilRUG	Entwurf eines Gesetzes zur Umsetzung der Richtlinie 2013/34/EU des Europäischen Parlaments und des Rates vom 26. Juni 2013 über den Jahresabschluss, den konsolidierten Abschluss und damit verbundene Berichte von Unternehmen bestimmter Rechtsformen und zur Änderung der Richtlinie 2006/43/EG des Europäischen Parlaments und des Rates und zur Aufhebung der Richtlinie 78/660/EWG und 83/349/EWG des Rates beschlossen (Bilanzrichtlinie-Umsetzungsgesetz – BilRUG), BT-Drs 18/4050 vom 20.2.2015
RegE MicroBilG	Entwurf eines Gesetzes zur Umsetzung der Richtlinie 2012/6/EU des Europäischen Parlaments und des Rates vom 14. März 2012 zur Änderung der Richtlinie 78/660/EWG des Rates über den Jahresabschluss von Gesellschaften bestimmter Rechtsformen hinsichtlich Kleinstbetrieben (Kleinstkapitalgesellschaften-Bilanzrechtsänderungsgesetz – MicroBilG), BT-Drs 17/1192 vom 5.11.2012
REIT-AG	REIT-Aktiengesellschaft
REITG	Gesetz über deutsche Immobilien-Aktiengesellschaften mit börsennotierten Anteilen, vom 28.5.2007, BGBl I, 914
RFH	Reichsfinanzhof
RFHE	Entscheidungen des Reichsfinanzhofs
RG	Reichsgericht
RGBl	Reichsgesetzblatt
RGZ	Amtliche Sammlung von Entscheidungen des Reichsgerichts in Zivilsachen
Richtl	Richtlinie(n)
Richtl 2006/43/EG	Richtlinie 2006/43/EG des Europäischen Parlaments und des Rates vom 17. Mai 2006 über Abschlussprüfungen von

Abkürzungsverzeichnis

	Jahresabschlüssen und konsolidierten Abschlüssen, zur Änderung der Richtlinien 78/660/EWG und 83/349/EWG des Rates und zur Aufhebung der Richtlinie 84/253/EWG des Rates
Richtl 2013/34/EU ..	Richtlinie 2013/34/EU des Europäischen Parlaments und des Rates vom 26. Juni 2013 über den Jahresabschluss, den konsolidierten Abschluss und damit verbundene Berichte von Unternehmen bestimmter Rechtsformen und zur Änderung der Richtlinie 2006/43/EG des Europäischen Parlaments und des Rates und zur Aufhebung der Richtlinien 78/660/EWG und 83/349/EWG des Rates
Richtl 2014/56/EU ..	Richtlinie 2014/56/EU des Europäischen Parlaments und des Rates vom 16. April 2014 zur Änderung der Richtlinie 2006/43/EG über Abschlussprüfungen von Jahresabschlüssen und konsolidierten Abschlüssen
RiW	Recht der internationalen Wirtschaftspraxis (bis 1974 AWD) (Zeitschrift)
rkr	rechtskräftig
RMS	Risikomanagementsystem
Rpfleger	Der Rechtspfleger (Zeitschrift)
Rspr	Rechtsprechung
RStBl	Reichssteuerblatt
RückAbzinsV	Rückstellungsabzinsungsverordnung
RVO	Rechtsverordnung
RWP	Rechts- und Wirtschaftspraxis (Zeitschrift)
Rz	Randziffer (auch Anm, Tz)

S

s	siehe oder sentence
S	Satz/Sätze
SABI	Sonderausschuss Bilanzrichtlinien-Gesetz des IDW (1986–1988)
SachBezV	Sachbezugsverordnung
SB	Schlussbilanz
SCE	Societas Cooperativa Europaea/Europäische Genossenschaft
SE	Societas Europaea/Europäische Gesellschaft
SEC	Securities and Exchange Commission
SEStEG	Gesetz über steuerliche Begleitmaßnahmen zur Einführung der Europäischen Gesellschaft und Änderung weiterer steuerrechtlicher Vorschriften
SE-VO	SE-Verordnung
SFAS	Statement of Financial Accounting Standards
SFTR-VO	Verordnung (EU) 2015/2365 vom 25. November 2015 über die Transparenz von Wertpapierfinanzierungsgeschäften und der Weiterverwendung sowie zur Änderung der Verordnung (EU) Nr. 648/2012, ABl EU, 337/1
SIR	Investment Circular Reporting Standard
sog	sogenannt(e)
SolZ	Solidaritätszuschlag
Sp	Spalte
S:R	Status:Recht (Zeitschrift)
SSAP	Statement of Standard Accounting Practice
StÄndG	Steueränderungsgesetz

Abkürzungsverzeichnis

StB	Der Steuerberater (Zeitschrift)
Stbg	Die Steuerberatung (Zeitschrift)
StBGes	Steuerberatungsgesellschaft
StBil	Steuerbilanz
StbJb	Steuerberater-Jahrbuch
StBP	Die steuerliche Betriebsprüfung (Zeitschrift)
StEntG	Steuerentlastungsgesetz
StGB	Strafgesetzbuch
St/HFA 1/19..	Stellungnahmen des HFA (Nummer, Jahrgang) bis 1998
stpfl	steuerpflichtig
Stpfl	Steuerpflichtiger
StPO	Strafprozessordnung
str	strittig
stRspr	ständige Rechtsprechung
StuB	Unternehmenssteuern und Bilanzen (Zeitschrift)
StuW	Steuer und Wirtschaft (Zeitschrift)
Suppl	Supplement
SV	Sondervermögen

T

T€	Tausend Euro
Teilbd	Teilband
TGV	Teilgesellschaftsvermögen
Transparenz-VO	Verordnung (EU) 2015/2365 über die Transparenz von Wertpapierfinanzierungsgeschäften und der Weiterverwendung, ABl EU, L 337/1
TU	Tochterunternehmen
Tz	Textziffer

U

U	Urteil
ua	unter anderem oder und andere
uä	und ähnliches
uam	und andere mehr
Ubg	Unternehmensbesteuerung (Zeitschrift)
uE	unseres Erachtens
UG	Unternehmergesellschaft (haftungsbeschränkt)
U-Kasse	Unterstützungskasse
umstr	umstritten
Umw	Umwandlung
UmwG	Umwandlungsgesetz
UmwR	Umwandlungsrecht
UmwSt-Erl	Umwandlungssteuererlass
UmwStG	Umwandlungssteuergesetz
Unt	Unternehmen (auch in Zusammensetzungen, zB BetriebsUnt)
UntReg	Unternehmensregister
UntStFG	Unternehmenssteuerfortentwicklungsgesetz
UR	Umsatzsteuer-Rundschau (Zeitschrift)
Urt	Urteil
USD	US-Dollar
US-GAAP	United States Generally Accepted Accounting Principles
USt	Umsatzsteuer

Abkürzungsverzeichnis

UStAE	Umsatzsteuer – Anwendungserlass
UStDV	Umsatzsteuer-Durchführungsverordnung
UStG	Umsatzsteuergesetz
UStR	Umsatzsteuer-Rundschau (Zeitschrift)
usw	und so weiter
uU	unter Umständen
UVR	Umsatzsteuer- und Verkehrsteuer-Recht (Zeitschrift)

V

V	von, vom
VAG	Versicherungsaufsichtsgesetz
vBP	vereidigte(r) Buchprüfer/in
vEK	verwendbares Eigenkapital
VerbStrG-E	Entwurf eines Gesetzes zur Einführung der strafrechtlichen Verantwortlichkeiten von Unternehmen und sonstigen Verbänden
VerfGH	Verfassungsgerichtshof
VermAnlG	Gesetz über Vermögensanlagen
VermBG	Vermögensbildungsgesetz
VersR	Versicherungsrecht (Zeitschrift)
VFA	Versicherungsfachausschuss des Instituts der Wirtschaftsprüfer in Deutschland e. V.
VFE-Lage	Vermögens-, Finanz- und Ertragslage
Vfg	Verfügung
VG	Vermögensgegenstand
vGA	verdeckte Gewinnausschüttung
vgl	vergleiche
VglO	Vergleichsordnung
vH	vom Hundert
Vj	Vorjahr
VO	Verordnung
VOB/A	Verdingungsordnung für Bauleistungen Teil A
Voraufl	Vorauflage
Vorb(em)	Vorbemerkung
vT	vom Tausend
VVaG	Versicherungsverein auf Gegenseitigkeit
VwGO	Verwaltungsgerichtsordnung
VZ	Veranlagungszeitraum

W

WG	Wirtschaftsgut
WiB	Wirtschaftsrechtliche Beratung (Zeitschrift)
wistra	Zeitschrift für Wirtschaft – Steuer – Strafrecht
Wj	Wirtschaftsjahr
WM	Wertpapiermitteilungen (Zeitschrift)
WP	Wirtschaftsprüfer/in
WPAIV	Wertpapierhandelsanzeige- und Insiderverzeichnisverordnung
WPBHV	Wirtschaftsprüfer-Berufshaftpflichtversicherungsverordnung
WpDPV	Wertpapierdienstleistungs-Prüfungsverordnung
WpDVerOV	Wertpapierdienstleistungs-Verhaltens- und Organisationsverordnung
WPg	Die Wirtschaftsprüfung (Zeitschrift)

Abkürzungsverzeichnis

WPG	Wirtschaftsprüfungsgesellschaft
WpHG	Wertpapier-Handelsgesetz
WPK	Wirtschaftsprüferkammer
WPK-Mag	WPK-Magazin (Zeitschrift); früher: Wirtschaftsprüferkammer-Mitteilungen (WPK-Mitt)
WPO	Wirtschaftsprüferordnung
WpÜG	Wertpapiererwerbs- und Übernahmegesetz
WuB	Entscheidungssammlung zum Wirtschafts- und Bankrecht (Zeitschrift)

Z

zB	zum Beispiel
ZBB	Zeitschrift für Bankrecht und Bankwirtschaft
ZCG	Zeitschrift für Corporate Governance
ZfB	Zeitschrift für Betriebswirtschaft
ZfbF	Zeitschrift für betriebswirtschaftliche Forschung
ZfgG	Zeitschrift für das gesamte Genossenschaftswesen
ZfZ	Zeitschrift für Zölle und Verbrauchsteuern
ZGR	Zeitschrift für Unternehmens- und Gesellschaftsrecht
ZHR	Zeitschrift für das gesamte Handels- und Wirtschaftsrecht
Ziff	Ziffer
ZIP	Zeitschrift für Wirtschaftsrecht und Insolvenzpraxis
ZPO	Zivilprozessordnung
zT	zum Teil
ZVG	Gesetz über die Zwangsversteigerung und Zwangsverwaltung
ZVK	Zusatzversorgungskasse
ZwA	Zwischenabschluss (auch in Zusammensetzungen)
zZ/zZt	zur Zeit
zzgl	zuzüglich

Zentrales Schrifttumsverzeichnis

A

ADS	Adler/Düring/Schmaltz, Rechnungslegung und Prüfung der Unternehmen, 6. Auflage, Stuttgart, ab 1995
ADS (ErgBd)	Adler/Düring/Schmaltz, Rechnungslegung und Prüfung der Unternehmen, Ergänzungsband zur 6. Auflage, Stuttgart, 2001
ADS Int	Adler/Düring/Schmaltz, Rechnungslegung nach Internationalen Standards, Loseblatt, Stuttgart
Assmann/Schneider WpHG (*Bearbeiter* in)	Assmann/Schneider (Hrsg.), Wertpapierhandelsgesetz: Kommentar, 7. Auflage, Köln, 2019

B

Baetge JA	Baetge/Kirsch/Thiele, Bilanzen, 15. Auflage, Düsseldorf, 2019
Baetge KA	Baetge/Kirsch/Thiele, Konzernbilanzen, 13. Auflage, Düsseldorf, 2019
Baumbach/Hopt (*Bearbeiter* in)	Baumbach/Hopt, Kommentar zum Handelsgesetzbuch, 39. Auflage, München, 2020
Baumbach/Hueck GmbHG (*Bearbeiter* in)	Baumbach/Hueck, Kommentar zum GmbH-Gesetz, 22. Auflage, München, 2019
Beck Bil-Komm (*Bearbeiter* in)	Beck'scher Bilanz-Kommentar – Handels- und Steuerbilanz §§ 238 bis 339, 342 bis 342e HGB –, hrsg. von Grottel/Schubert/Schmidt/Störk, 12. Auflage, München, 2020
Beck Handbuch AG (*Verfasser* in)	Beck'sches Handbuch der AG, Drinhausen/Eckstein (Hrsg.), 3. Auflage, München 2018
Beck Handbuch GmbH (*Bearbeiter* in)	Beck'sches Handbuch der GmbH, Gesellschaftsrecht – Steuerrecht, hrsg. von Prinz/Winkeljohann, 5. Auflage, München, 2014
Beck Handbuch PersGes (*Bearbeiter* in)	Beck'sches Handbuch der Personengesellschaften, hrsg. von Prinz/Hoffmann, 5. Auflage, München, 2020
Beck HdR (*Bearbeiter* in)	Beck'sches Handbuch der Rechnungslegung, hrsg. von Böcking/Groß/Oser/Scheffler/Thormann, Loseblatt, München

Zentrales Schrifttumsverzeichnis

Bilanzrecht
(*Bearbeiter* in) .... Baetge/Kirsch/Thiele, Bilanzrecht, Handelsrecht mit Steuerrecht und den Regelungen des IASB, Loseblatt, Bonn/Berlin
BoHdR .... Neuauflage unter dem Titel: Rechnungslegung (s dort)
Blümich
(*Bearbeiter* in) .... Blümich, Kommentar zu EStG, KStG, GewStG, Nebengesetze, hrsg. von Heuermann/Brandis, Loseblatt, München
Boruttau
(*Bearbeiter* in) .... Boruttau, Grunderwerbsteuergesetz: GrEStG, 19. Auflage, München, 2019

D

Dötsch .... Dötsch/Patt/Pung/Möhlenbrock, Umwandlungssteuerrecht. Umstrukturierung von Unternehmen – Verschmelzung – Spaltung – Formwechsel – Einbringung, 7. Auflage, Stuttgart, 2012
Dötsch/Pung/
Möhlenbrock
(*Bearbeiter* in) .... Dötsch/Pung/Möhlenbrock (Hrsg.), Die Körperschaftsteuer, Kommentar, Loseblatt, Stuttgart
DRS .... Deutsche Rechnungslegung Standards (DRS), hrsg. vom DRSC (Loseblatt), Stuttgart

E

Ebenroth/Boujong/
Joost/Strohn
(*Bearbeiter* in) .... HGB, Handelsgesetzbuch: Kommentar, hrsg. von Joost/Strohn, 4. Auflage, München, Bd. I 2020, Bd. II 2015 (noch 3. Auflage)
Emmerich/
Habersack .... Aktien- und GmbH-Konzernrecht, 9. Auflage, München, 2019

F

Fischer .... Fischer, Strafgesetzbuch, 67. Auflage, München, 2020
Förschle/Peemöller
(*Bearbeiter* in) .... Wirtschaftsprüfung und Interne Revision, Heidelberg, 2004
FK-InsO
(*Bearbeiter* in) .... Frankfurter Kommentar zur Insolvenzordnung, hrsg. von Wimmer, 9. Aufl., München 2018
Frotscher/Drüen
(Bearbeiter in) .... Frotscher/Drüen (Hrsg.), KStG, GewStG, Kommentar (Loseblatt), Freiburg
Frotscher/Geurts
(*Bearbeiter* in) .... Kommentar zum Einkommensteuergesetz, (EStG), hrsg. von Frotscher/Geurts, Loseblatt, Freiburg
FS Barz .... Wirtschaftsfragen der Gegenwart: Festschrift für Carl Hans Barz zum 65. Geburtstag am 6. Dezember 1974, hrsg. von Fischer/Möhring/Westermann, Berlin 1974

Zentrales Schrifttumsverzeichnis

FS Beisse	Handelsbilanzen und Steuerbilanzen, Festschrift für Heinrich Beisse, hrsg. von Budde/Moxter/Offerhaus, Düsseldorf, 1997
FS Bezzenberger	Festschrift für Gerold Bezzenberger zum 70. Geburtstag am 13. März 2000, hrsg. von Westermann/Mock, Berlin, 2000
FS Budde	Rechnungslegung im Wandel, Festschrift für Wolfgang Dieter Budde, hrsg. von Förschle/Kaiser/Moxter, München, 1995
FS Claussen	Festschrift für Carsten Peter Claussen, hrsg. von Martens/Westermann/Zöllner, Köln u. a., 1997
FS Clemm	Rechnungslegung – Warum und Wie?, Festschrift für Hermann Clemm, hrsg. von Ballwieser u. a., München, 1996
FS Fleck	Festschrift für Hans-Joachim Fleck zum 70. Geburtstag am 30. Januar 1988, hrsg. von Goerdeler, Berlin, 1988
FS Forster	Rechnungslegung – Entwicklungen bei Bilanzierung und Prüfung von Kapitalgesellschaften, Festschrift für Karl-Heinz Forster, hrsg. von Moxter/Müller/Windmöller/ v. Wysocki, Düsseldorf, 1992
FS Goerdeler	Bilanz- und Konzernrecht, Festschrift für Reinhard Goerdeler, hrsg. von Havermann, Düsseldorf, 1987
FS Heinsius	Festschrift für Theodor Heinsius zum 65. Geburtstag am 25. September 1991, hrsg. von Kübler/Mertens/Werner, Berlin, 1991
FS Helmrich	Für Recht und Staat, Festschrift für Herbert Helmrich zum 60. Geburtstag, hrsg. von Letzgus/Hill/Klein/Kleinert/Oschatz/De With, München, 1994
FS Hellwig	Festschrift für Hans-Jürgen Hellwig, hrsg. von Hoffmann-Becking/Hommelhoff/von Westphalen, Köln, 2011
FS Hoffmann-Becking	Festschrift für Michael Hoffmann-Becking zum 70. Geburtstag, hrsg. von Krieger/Lutter/Schmidt, München, 2013
FS Knorr	Wirtschaftsprüfer im Dienst der Wirtschaft: Festschrift für Ernst Knorr, hrsg. von Pougin/v. Wysocki, Stuttgart, 1981
FS Ludewig	Rechnungslegung Prüfung und Beratung – Herausforderung für den Wirtschaftsprüfer, Festschrift für Rainer Ludewig, hrsg. von Baetge/Börner/Forster/Schruff, Düsseldorf, 1996
FS Lüer	Festschrift für Hans-Jochem Lüer zum 70. Geburtstag, hrsg. von Moll, München, 2008
FS Lutter	Festschrift für Marcus Lutter zum 70. Geburtstag: Deutsches und europäisches Gesellschafts-, Konzern- und Kapitalmarktrecht, hrsg. von Schneider, Köln, 2000
FS Moxter	Bilanzrecht und Kapitalmarkt, Festschrift für Adolf Moxter, hrsg. von Ballwieser/Böcking/Drukarczyk/Schmidt, Düsseldorf, 1994
FS Rowedder	Festschrift für Heinz Rowedder zum 75. Geburtstag, hrsg. von Pfeiffer u. a., München, 1994
FS Schippel	Festschrift für Helmut Schippel zum 65. Geburtstag, München, 1996
FS K. Schmidt	Festschrift für Karsten Schmidt, hrsg. von Bitter/Lutter/Priester/Schön/Ulmer, Köln, 2009

Zentrales Schrifttumsverzeichnis

FS Semler .... Festschrift für Johannes Semler zum 70. Geburtstag am 28. April 1993, Bierich/Hommelhoff/Kropff, Berlin, 1993

FS Wellensiek .... Festschrift für Jobst Wellensiek zum 80. Geburtstag, hrsg. von Flitsch/Hagebusch/Oberle/Seagon/Schreiber, München, 2011

FS Widmann .... Umwandlungen im Zivil- und Steuerrecht: Festschrift für Siegfried Widmann zum 65. Geburtstag am 22. Mai 2000, Hrsg. von Wassermeyer/Mayer/Rieger, Bonn, 2000

FS 100 Jahre
GmbHG .... Festschrift 100 Jahre GmbH-Gesetz, hrsg. von Lutter/Zöllner/Ulmer, Köln, 1992

G

Goutier/Knopf/Tulloch
(*Bearbeiter* in) .... Goutier/Knopf/Tulloch, Kommentar zum Umwandlungsrecht, Heidelberg, 1996

Gosch KStG
(*Bearbeiter* in) .... Gosch (Hrsg.), Körperschaftsteuergesetz, Kommentar, 3. Auflage, Köln 2015

Großkomm AktG
(*Bearbeiter* in) .... Aktiengesetz Großkommentar, hrsg. von Hopt/Wiedemann, 5. Auflage, Berlin/New York, ab 1992

Großkomm GmbHG
(*Bearbeiter* in) .... Gesetz betreffend die Gesellschaften mit beschränkter Haftung (GmbHG) Großkommentar, hrsg. von Habersack/Casper/Löbbe, 3. (in Teilen noch 2. Auflage, Tübingen, 2013 bis 2020 (bis zur 8. Auflage unter dem Titel: Hachenburg, Gesetz betreffend die Gesellschaften mit beschränkter Haftung (GmbH))

Großkomm HGB
(*Bearbeiter* in) .... Handelsgesetzbuch Großkommentar, begr. von Staub, hrsg. von Canaris/Habersack/Schäfer, 5. (in Teilen noch 4.) Auflage, Berlin/New York, ab 2010

H

Hachenburg
(*Bearbeiter* in) .... Hachenburg, Gesetz betreffend die Gesellschaften mit beschränkter Haftung (GmbH), 8. Auflage, Berlin/New York, ab 1990 (ab der 9. Auflage: Großkommentar GmbHG)

HambKomm InsO
(*Bearbeiter* in) .... Hamburger Kommentar zum Insolvenzrecht, hrsg. von Schmidt, 7. Auflage, Köln, 2019

Haritz/Menner/
Bilitewski
(*Bearbeiter* in) .... Haritz/Menner/Bilitewski (Hrsg.), Umwandlungssteuergesetz Kommentar, 5. Auflage, München, 2019

Haufe HGB
(*Bearbeiter* in) .... Haufe HGB Bilanz Kommentar, hrsg. von Bertram/Brinkmann/Kessler/Müller, 10. Auflage, Freiburg, 2019

Zentrales Schrifttumsverzeichnis

HB Bilanzrecht (*Bearbeiter* in)	Handbuch Bilanzrecht, hrsg. von Petersen/Zwirner, 2. Auflage, Köln, 2018
HBP	Handbuch der steuerlichen Betriebsprüfung, hrsg. von Schröder/Muuss, Loseblatt, Berlin
HdJ (*Bearbeiter* in)	Handbuch des Jahresabschlusses in Einzeldarstellungen, hrsg. von Schulze-Osterloh/Hennrichs/Wüstemann, Loseblatt, Köln
HdKR (*Bearbeiter* in)	Handbuch der Konzernrechnungslegung, hrsg. von Küting/Weber, 2. Auflage, Stuttgart, 1998
HdR (*Bearbeiter* in)	Handbuch der Rechnungslegung Einzelabschluss, hrsg. von Küting/Pfitzer/Weber, 5. Auflage, Stuttgart, ab 2000
Henssler/Strohn	Henssler/Strohn (Hrsg.), Gesellschaftsrecht, 4. Auflage, München, 2019
Hess	Kölner Kommentar zur Insolvenzordnung, hrsg. von Hess, Köln, 2016 bis 2018 (bis zur 2. Auflage unter dem Titel: Hess, Insolvenzrecht)
Heymann (*Bearbeiter* in)	Heymann, Handelsgesetzbuch, 3. Auflage, Berlin/New York, ab 1999
HGB-Bilanzrecht (*Verfasser* in)	HGB-Bilanzrecht, Großkommentar, hrsg. von Peter Ulmer, Berlin/New York, 2002
HHR (*Bearbeiter* in)	Herrmann/Heuer/Raupach, Kommentar zur Einkommensteuer und Körperschaftsteuer, Loseblatt, Köln
Hölters AktG (*Bearbeiter* in)	Aktiengesetz Kommentar, hrsg. von Hölters, 3. Auflage, München, 2017
Hoffmann/Lüdenbach	NWB Kommentar Bilanzierung, hrsg. von Hoffmann/Lüdenbach, 11. Auflage, Herne, 2019
Hofmann/Hofmann ..	Hofmann/Hofmann, Kommentar zum Grunderwerbsteuergesetz, 11. Auflage, Herne, 2016
Hübschmann/Hepp/Spitaler (*Bearbeiter* in)	Hübschmann/Hepp/Spitaler, Abgabenordnung und Finanzgerichtsordnung – Kommentar, Loseblatt, Köln
Hüffer/Koch AktG	Hüffer/Koch, Aktiengesetz Kommentar, 14. Auflage, München, 2020
HWB (*Bearbeiter* in)	Handwörterbuch der Betriebswirtschaft, hrsg. von Köhler/Küpper/Pfingsten, 6. Auflage, Stuttgart, 2007
HWR (*Bearbeiter* in)	Handwörterbuch des Rechnungswesens, hrsg. von Chmielewicz/Schweitzer, 3. Auflage, Stuttgart, 1993
HWRev (*Bearbeiter* in)	Handwörterbuch der Revision, hrsg. von Coenenberg/v. Wysocki, 2. Auflage, Stuttgart, 1992

Zentrales Schrifttumsverzeichnis

HWRuP
(*Bearbeiter* in) .... Handwörterbuch der Rechnungslegung und Prüfung, hrsg. von Coenenberg/v. Wysocki, 3. Auflage, Stuttgart, 2002

I

Insolvenzrechts-Handbuch
(*Bearbeiter* in) .... Insolvenzrechts-Handbuch, hrsg. von Gottwald, 5. Auflage, München, 2015

J

Jauernig .... Jauernig, Kommentar zum Bürgerlichen Gesetzbuch, hrsg. von Stürner, 17. Auflage, München, 2018

Joswig .... Joswig, Gründungsbilanzierung bei Kapitalgesellschaften nach Handels- und Steuerrecht, Düsseldorf, 1995

K

Kallmeyer
(*Bearbeiter* in) .... Kallmeyer Umwandlungsgesetz, Verschmelzung, Spaltung und Formwechsel bei Handelsgesellschaften, 6. Auflage, Köln, 2017

Kessler/Kröner/Köhler
(*Bearbeiter* in) .... Konzernsteuerrecht, hrsg. von Kessler/Kröner/Köhler, 3. Auflage, München, 2018

Kölner Komm AktG
(*Bearbeiter* in) .... Kölner Kommentar zum Aktiengesetz, hrsg. von Zöllner/Noack, 3. Auflage, Köln, ab 2009

Kölner Komm HGB
(*Bearbeiter* in) .... Kölner Kommentar zum Rechnungslegungsrecht, hrsg. von Claussen/Scherrer, Köln, 2010

Kölner Komm InsO
(*Bearbeiter* in) .... Kölner Kommentar zur Insolvenzordnung, Köln, 2017

Kölner Komm WpHG   Kölner Kommentar zum WpHG, hrsg. von Hirte/Möllers, 2. Auflage, Köln, 2014

Koller/Kindler/Roth/Drüen .... Koller/Kindler/Roth/Drüen, Handelsgesetzbuch Kommentar, 9. Auflage, München, 2019

KSM
(*Bearbeiter* in) .... Einkommensteuergesetz Kommentar, hrsg. von Kirchhof/Söhn/Mellinghoff, Loseblatt, Heidelberg

Kübler/Prütting/Bork
(*Bearbeiter* in) .... Kübler/Prütting/Bork, InsO: Kommentar zur Insolvenzordnung, Loseblatt, Köln

Kühn/von Wedelstädt .... Kühn/von Wedelstädt, Abgabenordnung, Finanzgerichtsordnung, 22. Auflage, Stuttgart, 2018

Küting/Weber .... Der Konzernabschluss, 14. Auflage, Stuttgart, 2018

L

Littmann
(*Bearbeiter* in) .... Littmann/Bitz/Pust, Kommentar zum Einkommensteuergesetz, Loseblatt, Stuttgart

Zentrales Schrifttumsverzeichnis

Lutter/Hommelhoff ..	Lutter/Hommelhoff, GmbH-Gesetz, Kommentar, 20. Auflage, Köln, 2020
Lutter UmwG (*Bearbeiter* in)	Umwandlungsgesetz Kommentar, hrsg. von Lutter/Winter, 6. Auflage, Köln, 2019
Lüdicke/Sistermann (*Bearbeiter* in)	Unternehmenssteuerrecht, hrsg. von Lüdicke/Sistermann, 2. Auflage, München, 2018

M

Michalski (*Bearbeiter* in)	Kommentar zum Gesetz betreffend die Gesellschaften mit beschränkter Haftung (GmbH-Gesetz), hrsg. von Heidinger/Leible/Schmidt, 3. Auflage, München, 2017
Moxter	Moxter, Bilanzrechtsprechung, 6. Auflage, Tübingen, 2007
Müller-Guggenberger (*Bearbeiter* in)	Müller-Guggenberger (Hrsg.), Wirtschaftsstrafrecht, 6. Auflage, Köln, 2015
MünchHdbGesR (*Bearbeiter* in)	Münchener Handbuch des Gesellschaftsrechts, 5. (in Teilen noch 4.) Auflage, München, ab 2016
MünchKomm AktG (*Bearbeiter* in)	Münchener Kommentar zum Aktiengesetz, hrsg. von Goette/Habersack, 5. (in Teilen noch 4.) Auflage, München ab 2016 (1. Auflage unter dem Titel: Geßler/Hefermehl/ Eckhardt/Kropff, Aktiengesetz)
MünchKomm BGB (*Bearbeiter* in)	Münchener Kommentar zum Bürgerlichen Gesetzbuch, hrsg. von Säcker/Rixecker/Oetker/Limperg, 8. (in Teilen noch 7.) Auflage, München, ab 2018
MünchKomm BilR (*Bearbeiter* in)	Münchener Kommentar zum Bilanzrecht, hrsg. von Hennrichs/Kleindiek/Watrin, Loseblatt, München
MünchKomm GmbHG (*Bearbeiter* in)	Münchener Kommentar zum Gesetz betreffend die Gesellschaften mit beschränkter Haftung – GmbHG, hrsg. von Fleischer/Goette, 3. Auflage, München, ab 2018
MünchKomm HGB (*Bearbeiter* in)	Münchener Kommentar zum Handelsgesetzbuch, hrsg. von K. Schmidt, 4. (in Teilen noch 3.) Auflage, München, ab 2016
MünchKomm InsO (*Bearbeiter* in)	Münchener Kommentar zur Insolvenzordnung, hrsg. von Kirchhof/Eidenmüller/Stürner, 4. (in Teilen noch 3.). Auflage, München, ab 2013

N

Nerlich/Römermann (*Verfasser* in)	Insolvenzordnung (InsO), Loseblatt, München

O

Obermüller/Hess InsO	Obermüller/Hess, InsO, 4. Auflage, Heidelberg, 2003

XXXVII

Zentrales Schrifttumsverzeichnis

Oetker HGB
(*Bearbeiter* in) .... Oetker (Hrsg.), Kommentar zum Handelsgesetzbuch (HGB), 6. Auflage, München, 2019

P

Palandt
(*Bearbeiter* in) .... Palandt, Kommentar zum BGB, 79. Auflage, München, 2020

Petersen/Zwirner BilMoG
(*Bearbeiter* in) .... BilMoG, Gesetze, Materialien, Erläuterungen, hrsg. von Petersen/Zwirner, München, 2009

Petersen/Zwirner/ Brösel
(*Bearbeiter* in) .... Systematischer Praxiskommentar Bilanzrecht, hrsg. von Petersen/Zwirner/Brösel, 3. Auflage, Köln, 2016

PwC BilMoG Komm .... Rechnungslegung und Prüfung nach dem Bilanzrechtsmodernisierungsgesetz (BilMoG), Kommentar von *Gelhausen/Fey/Kämpfer,* PricewaterhouseCoopers AG WPG (Hrsg.), Düsseldorf, 2009

R

Rau/Dürrwächter UStG
(*Bearbeiter* in) .... Rau/Dürrwächter Kommentar zum Umsatzsteuergesetz, Loseblatt, Köln

Rechnungslegung
(*Bearbeiter* in) .... Hofbauer/Kupsch, Rechnungslegung (ursprünglich unter dem Titel: Bonner Handbuch Rechnungslegung; BoHdR), Loseblatt, 2. (in Teilen noch 1.) Auflage, Bonn

Rechnungslegung in der Corona-Krise
(*Bearbeiter* in) .... Rechnungslegung in der Corona-Krise. Handelsrechtliche Bilanzierung, Steuerrechtliche Aspekte, Sonderthemen, München 2020

Reiß/Kraeusel/Langer UStG
(*Bearbeiter* in) .... Reiß/Kraeusel/Langer Kommentar zum Umsatzsteuergesetz, Loseblatt, Bonn

Rödder/Herlinghaus/ van Lishaut
(*Bearbeiter* in) .... Rödder/Herlinghaus/van Lishaut, Umwandlungssteuergesetz, 3. Auflage, Köln, 2019

Röhricht/Graf von Westphalen/Haas
(*Bearbeiter* in) .... Röhricht/Graf von Westphalen/Haas, Handelsgesetzbuch Kommentar, 5. Auflage, Köln, 2019

Roth/Altmeppen
(*Bearbeiter* in) .... Roth/Altmeppen, Gesetz betreffend die Gesellschaften mit beschränkter Haftung: GmbHG, Kommentar, 9. Auflage, München, 2019

Zentrales Schrifttumsverzeichnis

Rowedder/Schmidt-Leithoff (*Bearbeiter* in)	Schmidt-Leithoff (Hrsg.), begr. von Rodwedder, Gesetz betreffend die Gesellschaften mit beschränkter Haftung (GmbHG) Kommentar, 6. Auflage, München, 2017

S

Sagasser/Bula/Brünger	Sagasser/Bula/Brünger, Umwandlungen, 5. Auflage, München, 2017
Scherrer	Unternehmensnachfolge, 6. Auflage, Mannheim, 2019
Scherrer/Heni	Scherrer/Heni, Liquidations-Rechnungslegung, 3. Auflage, Düsseldorf, 2009
Schmidt (*Bearbeiter* in)	Schmidt L., Kommentar zum Einkommensteuergesetz, hrsg. von Weber-Grellet, 38. Auflage, München, 2019
Schmidt InsO (*Bearbeiter* in)	Schmidt K. (Hrsg.), Insolvenzordnung, 19. Auflage, München, 2016
Schmidt/Lutter (*Bearbeiter* in)	Schmidt K./Lutter (Hrsg.), Aktiengesetz, 3. Auflage, Köln, 2015
Schmidt Liquidation ..	Schmidt, K., Liquidationsbilanzen und Konkursbilanzen, Heidelberg, 1989
Schmidt GesRecht	Schmidt, K., Gesellschaftsrecht, 4. Auflage, Köln u. a., 2002
Schmitt/Hörtnagl/Stratz	Schmitt/Hörtnagl/Stratz, Umwandlungsgesetz Umwandlungssteuergesetz, 8. Auflage, München, 2018
Schnitger/Fehrenbacher (*Bearbeiter* in)	Schnitger/Fehrenbacher (Hrsg), Kommentar Körperschaftsteuer, 2. Auflage, Wiesbaden, 2018
Scholz (*Bearbeiter* in)	Scholz (Hrsg.), Kommentar zum GmbH-Gesetz, 12. Auflage, Köln, 2018
Schulze zur Wiesche	Betriebsveräußerung, Gesellschafterwechsel und Betriebsaufgabe im Steuerrecht unter besonderer Berücksichtigung der freiberuflichen Praxis, 8. Auflage, Heidelberg, 2001
Schwedhelm	Schwedhelm, Die Unternehmensumwandlung Verschmelzung, Spaltung, Formwechsel, Einbringung, 9. Auflage, Köln, 2019
Semler/Stengel (*Bearbeiter* in)	Semler/Stengel (Hrsg.), Umwandlungsgesetz, 4. Auflage, München, 2017
Spindler/Stilz (*Bearbeiter* in)	Spindler/Stilz (Hrsg.), Kommentar zum Aktiengesetz, 4. Auflage, München, 2019
Sonderprüfungen (*Bearbeiter* in)	Sonderprüfungen, Veit (Hrsg.), Herne/Berlin, 2005
Staudinger	Staudinger, Kommentar zum BGB mit Einführungsgesetz und Nebengesetzen, 13. Auflage, Berlin, 2005
Streck	Streck, Kommentar zum KStG, 9. Auflage, München, 2018

Zentrales Schrifttumsverzeichnis

T

Tipke/Kruse	Tipke/Kruse, Kommentar zur Abgabenordnung, Finanzgerichtsordnung, Loseblatt, Köln
Tipke/Lang (*Bearbeiter* in)	Tipke/Lang Steuerrecht, 23. Auflage, Köln, 2018

U

Uhlenbruck (*Bearbeiter* in)	Insolvenzordnung Kommentar, hrsg. von Uhlenbruck/Hirte/Vallender, 15. (in Teilen noch 14.) Auflage, München, 2019

V

Van Hulle/Maul/Drinhausen (*Bearbeiter* in)	Van Hulle/Maul/Drinhausen (Hrsg.), Handbuch zur Europäischen Gesellschaft (SE), München, 2007

W

Wicke GmbHG	Wicke, GmbHG, 3. Auflage, München, 2016
Widmann/Mayer (*Bearbeiter* in)	Widmann/Mayer, Umwandlungsrecht, Loseblatt, Bonn
Wiedmann/Böcking Gros	Wiedmann/Böcking/Gros (Hrsg.), Bilanzrecht: Kommentar zu den §§ 238–342e HGB, 4. Auflage, München, 2019
Winnefeld	Winnefeld, Bilanz-Handbuch, 5. Auflage, München, 2015
WPH HBd	WPH Edition, Wirtschaftsprüfer-Handbuch, Hauptband, Wirtschaftsprüfung und Rechnungslegung, 16. Auflage Düsseldorf 2019
WPH TBd Ass	WPH Edition, Wirtschaftsprüfer-Handbuch, Themenband Assurance, Düsseldorf 2017
WPH TBd S&I	WPH Edition, Wirtschaftsprüfer-Handbuch, Themenband Sanierung und Insolvenz, Düsseldorf 2017
WPH I	Wirtschaftsprüfer-Handbuch, Band I, 14. Auflage, Düsseldorf, 2012
WPH II	Wirtschaftsprüfer-Handbuch, Band II, 14. Auflage, Düsseldorf, 2014

Z

Zimmermann et al	Zimmermann/Hottmann/Kiebele/Schaeberle/Scheel/Schustek/Szczesny, Die Personengesellschaft im Steuerrecht, 12. Auflage, Achim, 2017

Verzeichnis der zitierten fachlichen Verlautbarungen des IDW/DRSC

IDW Standards
(zitiert: IDW S)

Nr.	Betreff	Abgedruckt in	
		WPg (Jahr, Seite)	FN-IDW (Jahr, Seite)
IDW S 1	Grundsätze zur Durchführung von Unternehmensbewertungen (Stand: 2.4.2008)	2008, Suppl 3, 68	2008, 271 2020, 45
IDW S 2	Anforderungen an Insolvenzpläne (Stand: 18.11.2019)	2000, 285	2000, 81
IDW S 6	Anforderungen an die Erstellung von Sanierungskonzepten (Stand: 16.5.2018)	2012, Suppl 4, 130	2012, 719 2018, 813
IDW S 11	Beurteilung des Vorliegens von Insolvenzeröffnungsgründen (Stand: 22.8.2016)	2014, Suppl 3, 69	2014, 470 2017, 332

IDW Prüfungsstandards
(zitiert: IDW PS)

Nr.	Betreff	Abgedruckt in	
		WPg (Jahr, Seite)	FN-IDW (Jahr, Seite)
IDW PS 200	Ziele und allgemeine Grundsätze der Durchführung von Abschlußprüfungen (Stand: 28.6.2000)	2000, 706	2000, 280
IDW PS 220	Beauftragung des Abschlussprüfers (Stand: 9.9.2009)	2001, 895 2009, Suppl 4, 1	2001, 316 2009, 533
IDW PS 250	Wesentlichkeit im Rahmen der Abschlussprüfung (Stand: 9.9.2010)	2003, 944 2010, Suppl 4, 1	2003, 441 2010, 423
IDW PS 250 nF	Wesentlichkeit im Rahmen der Abschlussprüfung (Stand: 12.12.2012)	2013, Suppl 1, 1	2013, 4
IDW PS 270	Die Beurteilung der Fortführung der Unternehmenstätigkeit im Rahmen der Abschlussprüfung (Stand: 9.9.2010)	2003, 775 2010, Suppl 4, 1	2003, 315 2010, 423

IDW Verlautbarungen

Nr.	Betreff	Abgedruckt in	
		WPg (Jahr, Seite)	FN-IDW (Jahr, Seite)
IDW PS 340	Die Prüfung des Risikofrüherkennungssystems nach § 317 Abs. 4 HGB (Stand: 11.9.2000)	1999, 658	1999, 350
IDW PS 400	Grundsätze für die ordnungsmäßige Erteilung von Bestätigungsvermerken bei Abschlussprüfungen (Stand: 28.11.2014)	2010, Suppl 4, 25 2013, Suppl 1, 7 2013, Suppl 1, 31 2015, Suppl 1, 25	2010, 537 2013, 11 2013, 179 2015, 31
IDW PS 400 nF	Bildung eines Prüfungsurteils und Erteilung eines Bestätigungsvermerks (Stand: 30.11.2017)		2018, 29
IDW PS 405	Modifizierung des Prüfungsurteils im Bestätigungsvermerk (Stand: 30.11.2017)		2018, 101
IDW PS 450 nF	Grundsätze ordnungsmäßiger Berichterstattung bei Abschlussprüfungen (Stand: 15.9.2017)		2018, 145
IDW PS 900	Grundsätze für die prüferische Durchsicht von Abschlüssen (Stand: 1.10.2002)	2001, 1078	2001, 512

IDW Prüfungshinweise
(zitiert: IDW PH)

Nr.	Betreff	Abgedruckt in	
		WPg (Jahr, Seite)	FN-IDW (Jahr, Seite)
IDW PH 9.400.2	Vermerk des Abschlussprüfers zum Jahresbericht eines Sondervermögens gem. § 102 Kapitalanlagegesetzbuch (Stand: 13.9.2018)	2014, Suppl 4, 1	2014, 571 2018, 1045
IDW PH 9.400.5	Bestätigungsvermerk bei Prüfungen von Liquidationseröffnungsbilanzen (Stand: 1.3.2006)	2001, 913	2001, 357 2006, 199
IDW PH 9.400.6	Prüfung von Jahres- und Zwischenbilanzen bei Kapitalerhöhungen aus Gesellschaftsmitteln (Stand: 9.9.2010)	2004, 535 2011, Suppl 1, 1	2004, 289 2006, 199 2011, 113

IDW Verlautbarungen

Nr.	Betreff	Abgedruckt in	
		WPg (Jahr, Seite)	FN-IDW (Jahr, Seite)
IDW PH 9.400.7	Vermerk des Abschlussprüfers zum Auflösungsbericht eines Sondervermögens gem. § 105 Abs. 3 Kapitalanlagegesetzbuch (Stand: 13.9.2018)	2014, Suppl 4, 2	2014, 572 2018, 1047
IDW PH 9.400.12	Vermerk des Abschlussprüfers zum Zwischenbericht eines Sondervermögens gemäß § 104 Abs. 2 Kapitalanlagegesetzbuch (Stand: 13.9.2018)	2014, Suppl 4, 3	2014, 573 2018, 1049
IDW PH 9.400.13	Vermerk des Abschlussprüfers zum Jahresabschluss und Lagebericht einer Investmentaktiengesellschaft mit veränderlichem Kapital gemäß § 121 Abs. 2 Kapitalanlagegesetzbuch (Stand: 10.9.2019)	2014, Suppl 4, 5	2014, 575 2019, 808
IDW PH 9.400.14	Vermerk des Abschlussprüfers zum Abwicklungsbericht eines Sondervermögens gemäß § 105 Abs. 3 Kapitalanlagegesetzbuch (Stand: 13.9.2018)	2014, Suppl 4, 6	2014, 576 2018, 1054
IDW PH 9.400.15	Vermerk bzw. Bestätigungsvermerk des Abschlussprüfers zum Jahresabschluss und Lagebericht einer Investmentkommanditgesellschaft gemäß §§ 136, 159 Kapitalanlagegesetzbuch (KAGB) und Gesellschaften gemäß § 47 KAGB (Stand: 13.9.2018)	2015, Suppl 1, 26	2015, 162 2018, 1056
IDW PH 9.400.16	Bestätigungsvermerk des Abschlussprüfers zum Jahresabschluss und Lagebericht eines Emittenten von Vermögensanlagen gemäß § 25 Vermögensanlagengesetz (VermAnlG) (Stand: 13.9.2018)	2015, Suppl 1, 31	2015, 168 2018, 1067
IDW PH 9.490.1	Besonderheiten bei der Prüfung einer Schlussbilanz i. S. d. § 17 Abs. 2 UmwG (Stand: 10.5.2015)	2013, Suppl 3, 35 2013, Suppl 4, 29 2015, Suppl 4, 29	2013, 346 2013, 546 2015, 552
IDW PH 9.960.1	Prüfung von Pro-Forma-Finanzinformationen (Stand: 12.7.2017)	2006, 133	2006, 77 2017, 2094

IDW Verlautbarungen

IDW Stellungnahmen zur Rechnungslegung
(zitiert: IDW RS)

Nr.	Betreff	Abgedruckt in	
		WPg (Jahr, Seite)	FN-IDW (Jahr, Seite)
IDW RS HFA 2	Einzelfragen zur Anwendung von IFRS (Stand: 29.6.2018)	2012, Suppl 3, 18	2012, 380 2018, 809
IDW RS HFA 4	Zweifelsfragen zum Ansatz und zur Bewertung von Drohverlustrückstellungen (Stand: 29.11.2012)	2010, Suppl 3, 51 2013, Suppl 1, 131	2010, 298 2013, 61
IDW RS HFA 6	Änderung von Jahres- und Konzernabschlüssen (Stand: 12.4.2007)	2007, Suppl 2, 77	2007, 265
IDW RS HFA 7 nF	Handelsrechtliche Rechnungslegung bei Personenhandelsgesellschaften (Stand: 30.11.2017)		2018, 258
IDW RS HFA 8	Zweifelsfragen der Bilanzierung von asset backed securities-Gestaltungen und ähnlichen Transaktionen (Stand: 9.12.2003)	2002, 1151 2004, 138	2002, 640 2004, 28
IDW RS HFA 10	Anwendung der Grundsätze des IDW S 1 bei der Bewertung von Beteiligungen und sonstigen Unternehmensanteilen für die Zwecke eines handelsrechtlichen Jahresabschlusses (Stand: 29.11.2012)	2005, 1322 2013, Suppl 1, 132	2005, 718 2012, 24 2013, 62
IDW ERS HFA 13 nF	Einzelfragen zum Übergang von wirtschaftlichem Eigentum und zur Gewinnrealisierung nach HGB (Stand: 29.11.2006)	2007, Suppl 1, 69	2007, 83
IDW RS HFA 17	Auswirkungen einer Abkehr von der Going Concern-Prämisse auf den handelsrechtlichen Jahresabschluss (Stand: 11.7.2018)	2011, Suppl 3, 37	2011, 438 2016, 1053 2018, 777
IDW RS HFA 18	Bilanzierung von Anteilen an Personenhandelsgesellschaften im handelsrechtlichen Jahresabschluss (Stand: 4.6.2014)	2012, Suppl 1, 84 2014, Suppl 3, 42	2012, 24 2014, 417
IDW RS HFA 24	Einzelfragen zu den Angabepflichten des IFRS 7 zu Finanzinstrumenten (Stand: 10.7.2018)	2010, Suppl 1, 26	2010, 7 2017, 107

IDW Verlautbarungen

Nr.	Betreff	Abgedruckt in	
		WPg (Jahr, Seite)	FN-IDW (Jahr, Seite)
IDW RS HFA 30 nF	Handelsrechtliche Bilanzierung von Altersversorgungsverpflichtungen (Stand: 16.12.2016)		2017, 102
IDW RS HFA 34	Einzelfragen zur handelsrechtlichen Bilanzierung von Verbindlichkeitsrückstellungen (Stand: 3.6.2015)	2013, Suppl 1, 123 2015, Suppl 3, 9	2013, 53 2015, 380
IDW RS HFA 38	Ansatz- und Bewertungsstetigkeit im handelsrechtlichen Jahresabschluss (Stand: 10.6.2011)	2011, Suppl 3, 74	2011, 560
IDW RS HFA 39	Vorjahreszahlen im handelsrechtlichen Jahresabschluss (Stand: 25.11.2011)	2012, Suppl 1, 90	2012, 31
IDW RS HFA 41	Auswirkungen eines Formwechsels auf den handelsrechtlichen Jahresabschluss (Stand: 6.9.2012)	2012, Suppl 4, 85	2012, 539
IDW RS HFA 42	Auswirkungen einer Verschmelzung auf den handelsrechtlichen Jahresabschluss (Stand: 29.10.2012)	2012, Suppl 4, 91	2012, 701
IDW RS HFA 43	Auswirkungen einer Spaltung auf den handelsrechtlichen Jahresabschluss (Stand: 6.9.2012)	2012, Suppl 4, 104	2012, 714
IDW RS HFA 44	Vorjahreszahlen im handelsrechtlichen Konzernabschluss und Konzernrechnungslegung bei Änderungen des Konsolidierungskreises (Stand: 30.11.2017)	2012, Suppl 1, 92	2012, 32 2018, 276
IDW RS IFA 2	Bewertung von Immobilien des Anlagevermögens in der Handelsbilanz (Stand: 27.4.2015)	2015, Suppl 3, 10	2015, 381
IDW RS ÖFA 2	Rechnungslegung nach § 6b Energiewirtschaftsgesetz (Stand: 3.9.2013)	2013, Suppl 4, 32	2013, 547

# IDW Verlautbarungen

IDW Rechnungslegungshinweise
(zitiert: IDW RH)

Nr.	Betreff	Abgedruckt in	
		WPg (Jahr, Seite)	FN-IDW (Jahr, Seite)
IDW RH HFA 1.004	Erstellung von Pro-Forma-Finanzinformationen (Stand: 12.7.2017)	2006, 141	2006, 86 2017, 1088
IDW RH HFA 1.010	Bestandsaufnahme im Insolvenzverfahren (Stand: 13.6.2008)	2008, Suppl 3, 37	2008, 309
IDW RH HFA 1.011	Insolvenzspezifische Rechnungslegung im Insolvenzverfahren (Stand: 13.6.2008)	2008, Suppl 3, 49	2008, 321
IDW RH HFA 1.012	Externe (handelsrechtliche) Rechnungslegung im Insolvenzverfahren (Stand: 6.12.2018)	2014, Suppl 2, 22	2014, 385 2019, 74
IDW RH HFA 1.013	Handelsrechtliche Vermerk- und Berichterstattungspflichten bei Patronatserklärungen (Stand: 22.2.2008)	2008, Suppl 1, 37	2008, 116

Stellungnahmen des Hauptfachausschusses
(zitiert: IDW St/HFA)

Jahr	Nr.	Betreff	Abgedruckt in	
			WPg (Jahr, Seite)	FN-IDW (Jahr, Seite)
1972				
	1	Zur Prüfung der Rechnungslegung von Personenhandelsgesellschaften und Einzelkaufleuten nach dem Publizitätsgesetz idF 1990	1972, 75	1972, 15
1981				
	1	Stichprobenverfahren für die Vorratsinventur zum Jahresabschluss idF 1990 (Abschnitt V. ersetzt durch IDW PS 301)	1981, 479 1990, 649	1981, 262 1990, 329
1983				
	2	Grundsätze zur Durchführung von Unternehmensbewertungen (ersetzt durch IDW S 1)	1983, 468	1983, 218

IDW Verlautbarungen

Jahr	Nr.	Betreff	Abgedruckt in	
			WPg (Jahr, Seite)	FN-IDW (Jahr, Seite)
1984				
	1	Bilanzierungsfragen bei Zuwendungen, dargestellt am Beispiel finanzieller Zuwendungen der öffentlichen Hand (redaktionelle Anpassungen 1990)	1984, 612	1984, 362
1988				
	2	Pensionsverpflichtungen im Jahresabschluss (ersetzt durch IDW RS HFA 30)	1988, 403	1988, 219
1990				
	1	Zur körperlichen Bestandsaufnahme im Rahmen von Inventurverfahren	1990, 143	1990, 61
1993				
	1	Zur Bilanzierung von Joint Ventures	1993, 441	1993, 277
1994				
	1	Zur Behandlung von Genussrechten im Jahresabschluss von Kapitalgesellschaften (Ergänzung 1998)	1994, 419 1998, 891	1994, 269 1998, 523
1996				
	2	Zur Bilanzierung privater Zuschüsse idF 2013	1996, 709 2013, Suppl 2, 38	1996, 453 2010, 410 2013, 192
1997				
	2	Zweifelsfragen der Rechnungslegung bei Verschmelzungen (Änderung 2000; ersetzt durch IDW RS HFA 42)	1997, 235 2000, 439	1997, 175 2000, 156

DRSC Standards
(zitiert: DRS)

Nr.	Betreff	Bekanntmachung im BAnz
DRS 16	Zwischenberichterstattung (22.9.2017)	4.12.2017
DRS 19	Pflicht zur Konzernrechnungslegung und Abgrenzung des Konsolidierungskreises (Stand: 22.9.2017)	4.12.2017
DRS 20	Konzernlagebericht (Stand: 22.9.2017)	4.12.2017
DRS 22	Konzerneigenkapital (Stand: 22.9.2017)	4.12.2017
DRS 23	Kapitalkonsolidierung (Einbeziehung von Tochterunternehmen in den Konzernabschluss) (Stand: 22.9.2017)	4.12.2017

A. Systematik der Sonderbilanzen

Schrifttum: *Förschle/Deubert* in HWRuP[3], (Stichwort: Sonderbilanzen) Sp 2201 ff; *Kußmaul/Schwarz* Sonderbilanzen im Überblick sowie Einordnung der Umwandlungsbilanzen, StB 2014, 182 ff.

Zu bestimmten, häufig einmaligen und meistens unregelmäßig wiederkehrenden Anlässen müssen Unt – gleich welcher Rechtsform – neben den handelsrechtlichen Jahresbilanzen sog *Sonderbilanzen* erstellen und haben diese uU auch um eine verbale Berichterstattung (ErlBericht bzw Anhang) zu ergänzen, ggf prüfen zu lassen und offenzulegen. Zur Systematisierung von Sonderbilanzen können verschiedene Aspekte (insb Anlass, Aufstellungsgrundsätze, Stichtag, Adressatenkreis) herangezogen werden. 1

Zunächst können Sonderbilanzen nach dem Anlass für ihre Erstellung eingeteilt werden. Dieser kann ein gesamtwirtschaftliches Ereignis sein. Hierfür kommt insb die Neueinführung bzw Umstellung einer Währung in Betracht, dh wenn einheitlich von allen Unt in einem bestimmten Sitzstaat auf den gleichen, gesetzlich festgelegten Stichtag eine EB in der neuen Währung aufzustellen ist. Eine derartige Sonderbilanz (DM-EB) war zuletzt gem § 1 DMBilG von Unt mit Sitz in der ehemaligen DDR aus Anlass der Einführung der DM auf den Stichtag 1. Juli 1990 aufzustellen (dazu *Budde/Forster* D-Markbilanzgesetz, Haupt- und Ergänzungsband, München 1991). Aus Anlass der Einführung des Euro war dagegen – trotz der grds gegebenen **gesamtwirtschaftlichen Veranlassung** – keine Sonderbilanz zu erstellen, weil sich die Euro-Umstellung zum 1. Januar 2002 lediglich als eine lineare Transformation der Vermögens- und Schuldposten des letzten JA in DM unter Zugrundelegung des unveränderlichen Euro-Kurses (1 Euro = 1,95583 DM) vollzog. 2

In der Mehrzahl aller Fälle wird der Anlass für die Aufstellung von Sonderbilanzen aber einzelwirtschaftlich, dh durch ein mit dem einzelnen Unt verbundenes Ereignis oder eine Maßnahme – vornehmlich aufgrund von besonderen handels- oder gesellschaftsrechtlichen Bestimmungen – veranlasst sein und liegt in einem gesteigerten Dokumentations-/Informationsbedürfnis begründet (zB Kapitalerhöhung aus GesMitteln). Teilweise ergibt sich die Verpflichtung aber auch aufgrund eines besonderen Status des jeweiligen Unt, wie zB die Verpflichtung zur Zwischenberichterstattung bei kapmarktUnt. 3

Sonderbilanzen aufgrund von **unternehmensbezogenen Ereignissen** lassen sich innerhalb des Spannungsbogens von der Errichtung bis zur Beendigung eines Unt wiederfinden. Sie lassen sich am „Werdegang" eines Unt systematisieren: 4
– Geschäftsaufnahme oder Gründung (EB),
– Kapitalmaßnahmen (Kapitalerhöhungsbilanz; Pro-Forma-Finanzberichterstattung iZm Börsengängen),
– Verschmelzung, Spaltung (SB übertragender Rechtsträger),
– Verlustanzeige (Verlustanzeigebilanz),

A 5–7 Systematik der Sonderbilanzen

- Überschuldung (Überschuldungsstatus),
- Auflösung (Abwicklungs-/LiqEB) und
- Insolvenz (InsEB).

5 Die bei der Aufstellung von Sonderbilanzen zu beachtenden Ansatz-, Bewertungs- und Gliederungs- bzw Ausweisgrundsätze sind – soweit keine expliziten gesetzlichen Regelungen bestehen – ausgehend vom Sinn und Zweck der jeweiligen Sonderbilanzen zu entwickeln. Bzgl der Zwecksetzung von Sonderbilanzen kann dabei grds zwischen (echten) Vermögens- und Erfolgsbilanzen unterschieden werden.

6 **„Vermögensbilanzen"** dienen der Ermittlung des Gläubigerzugriffsvermögens, was entweder unter der Prämisse der Zerschlagung oder der Fortführung des Unt erfolgen kann. Charakteristikum dieser Sonderbilanzen zur Vermögensermittlung ist, dass sie grds nicht an die bisherige handelsrechtliche Bilanzierung und Bewertung des Unt oder seiner Rechtsvorgänger (Umwoder Gründungsvorgänge) anknüpfen. So gelten Bilanzierungsverbote, bspw für geschäftswertähnliche immaterielle VG, wie selbst geschaffene Marken oder Drucktitel (§ 248 Abs 2 HGB), Passivierungswahlrechte, zB für Altpensionsverpflichtungen nach Art 28 Abs 1 S 1 EGHGB, oder handelsrechtliche Bewertungsobergrenzen (historische AK/HK, § 253 Abs 1 HGB), nicht für die Vermögensbilanzen. Vielmehr wird – unter Zugrundelegung der jeweiligen UntKonzeption (Fortführung oder Zerschlagung) – über den Ansatz und die Bewertung von Vermögen und Schulden neu entschieden (ausführlich dazu zB P Anm 90 ff). Zu den Vermögensbilanzen gehören der Überschuldungsstatus, die EB aus Anlass von Währungsumstellungen sowie die EB bei Geschäftsaufnahme bzw Gründung. Letztere allerdings nur insoweit, als im Rahmen der Zugangsbewertung nicht von Wahlrechten zur Fortführung der bisherigen Buchwerte für das übernommene (Rein-)Vermögen – zB im Zusammenhang mit UmwVorgängen gem § 24 UmwG – oder von sonstigen Gestaltungswahlrechten, zB im Rahmen von Kapitalerhöhungen gegen Sacheinlagen, Gebrauch gemacht wird (dazu K Anm 44 ff).

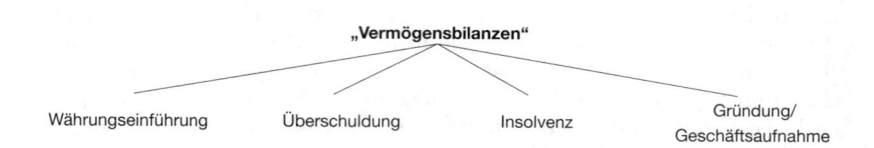

„Vermögensbilanzen"

| Währungseinführung | Überschuldung | Insolvenz | Gründung/ Geschäftsaufnahme |

7 **„Erfolgsbilanzen"** dienen – anders als der Oberbegriff vermuten lässt – nicht primär der Erfolgs-/Gewinnermittlung, sondern der Sicherung und dem Nachweis des GesVermögens idR zur Vorbereitung gesellschaftsrechtlicher Änderungen (Kapitalerhöhung aus GesMitteln; (übertragende) Umw) und sonstiger Maßnahmen sowie der Vermittlung entscheidungsnützlicher Informationen. Diese für Dokumentations-/Informationszwecke erstellten Sonderbilanzen sind dadurch gekennzeichnet, dass für sie die handelsrechtlichen Ansatz-, Bewertungs- und Gliederungsvorschriften idR ohne Einschränkung gelten (dazu zB E Anm 29).

Systematik der Sonderbilanzen

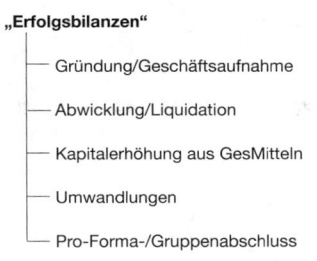

„Erfolgsbilanzen"
- Gründung/Geschäftsaufnahme
- Abwicklung/Liquidation
- Kapitalerhöhung aus GesMitteln
- Umwandlungen
- Pro-Forma-/Gruppenabschluss

Die verschiedenen Arten von Sonderbilanzen können auch anhand der Regelungen zur Bestimmung des jeweiligen **Aufstellungsstichtags** unterschieden werden: zum einen in solche mit einem verbindlichen, aufgrund von gesetzlichen Regelungen eindeutig bestimmbaren Stichtag, was zB für die Abwicklungs- und LiqEB zutrifft (T Anm 91), sowie für die Zwischenberichterstattung von kapmarktUnt (G Anm 1); zum anderen in solche Sonderbilanzen, deren Stichtag aus Vereinfachungsgründen innerhalb gesetzlicher Bestimmungen bzw Fristen (idR 8 Monate) frei wählbar bzw gestaltbar ist. Hierzu gehören zB der Stichtag der UmwSB übertragender Rechtsträger gem § 17 Abs 2 UmwG (H Anm 96; I Anm 56) oder der Sonderbilanz zur Kapitalerhöhung aus GesMitteln (E Anm 26). Die Flexibilität bzgl der Stichtagsregelung hat zur Folge, dass – insb in den zuletzt genannten Fällen – die Bilanz des regulären (handelsrechtlichen) JA als Sonderbilanz verwendet werden darf, was in der Praxis auch fast ausschließlich der Fall ist.

Alternativ kommt zur Systematisierung aber auch eine Unterscheidung zwischen externen und internen Sonderbilanzen in Betracht.

Externe Sonderbilanzen sind solche, die einem größeren Adressatenkreis über das UntRegister/HR sowie ggf das Internet, zB Quartals- und Halbjahresfinanzberichte (G Anm 80 ff), zugänglich sind. Die Verpflichtung zur Offenlegung der Sonderbilanzen kann sich unmittelbar durch Verweise auf die allg Vorschriften (§§ 325 ff HGB) oder spezialgesetzlichen Vorschriften, zB § 115 Abs 1 WpHG, ergeben. Hierzu gehören ua Kapitalerhöhungsbilanzen (E Anm 141) oder Abwicklungs-/LiqEB (T Anm 345 ff). ZT kommt es auch nur indirekt zu einer Offenlegung, zB über die Einreichung von bestimmten Unterlagen zum HR oder über die Angabe von VjZahlen in Folgeabschlüssen (§ 265 Abs 2 S 1 HGB). Letztgenanntes trifft zB auf die EB zu (B Anm 147). Häufig besteht für externe Sonderbilanzen zugleich die Verpflichtung zur Prüfung durch einen WP oder ggf vBP; zB bei Kapitalerhöhungsbilanzen (E Anm 121).

Umwandlungsformen nach UmwG

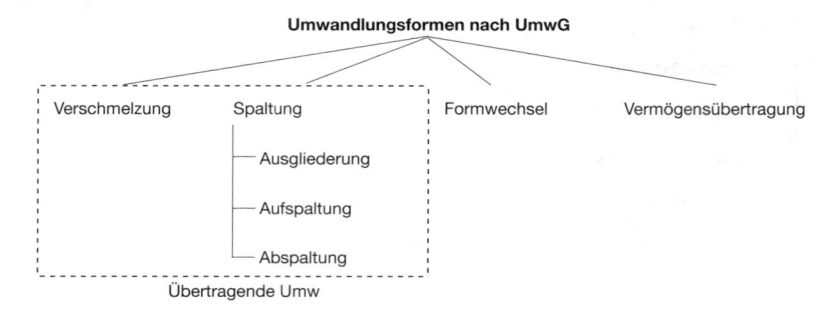

```
                    Umwandlungsformen nach UmwG
    ┌───────────────┬──────────────────┬──────────────────┐
 Verschmelzung   Spaltung          Formwechsel      Vermögensübertragung
                   ├── Ausgliederung
                   ├── Aufspaltung
                   └── Abspaltung
                 Übertragende Umw
```

10 Interne Sonderbilanzen werden demggü nur einem ausgewählten Adressatenkreis innerhalb und ggf auch außerhalb des Unt zugänglich gemacht, weil sie entweder der Vorbereitung von unternehmerischen Entscheidungen, zB Carve-Out von UntTeilen (F Anm 6), dienen oder bestimmte gesellschaftsrechtliche Konsequenzen nach sich ziehen, zB die sog „Verlustanzeige" nach § 92 Abs 1 AktG bzw § 49 Abs 3 GmbHG, wenn die Hälfte des Grund-/Stammkapitals durch Verluste aufgezehrt ist (P Anm 3 ff). Diese Rechenwerke dienen häufig auch zur Rechenschaftslegung (internen Rechnungslegung) der Geschäftsführer als Verwalter fremden Vermögens ggü den Gestern oder wie zB im InsVerfahren auch ggü den Gläubigern. Hierzu gehören vor allem die Vermögensübersicht bei InsEröffnung (R Anm 16) oder die LiqSchlussrechnung des Liquidators (T Anm 280 ff). Eine Prüfung dieser internen Bilanzen bzw Rechenwerke durch externe Dritte (WP, vBP) findet nur auf Verlangen der Adressaten statt.

11 Darüber hinaus können Sonderbilanzen danach unterteilt werden, ob sie sich auf das gesamte Unt (bspw Verlustanzeige) oder nur auf bestimmte UntTeile bzw Vermögensmassen beziehen, zB bei Carve-Outs (F Anm 6) oder bei Abspaltungen (I Anm 107 f).

12 Weiterhin kann sich die Verpflichtung zur Aufstellung von Sonderbilanzen auch aus **branchenspezifischen Regelungen** ergeben. In der Energiewirtschaft ergibt sich bspw aus § 6b EnWG die Verpflichtung für bestimmte vertikal integrierte EnergieversorgungsUnt, sog Tätigkeitsabschlüsse, bestehend aus Bilanz und GuV, aufzustellen und offenzulegen (s dazu IDW RS ÖFA 2). Eine weitere branchen- bzw geschäftszweigspezifische Verpflichtung zur Aufstellung von Sonderbilanzen besteht für KapitalverwaltungsGes nach dem KAGB. Danach müssen diese Unt für jedes von ihnen verwaltete Sondervermögen zum Schluss eines Gj einen Jahresbericht (§ 101 Abs 1 KAGB) aufstellen, prüfen lassen und veröffentlichen (vgl dazu U Anm 20 ff).

13 Neben dem Handels- und Gesellschaftsrecht wird der Terminus Sonderbilanzen auch im Bereich des Ertragsteuerrechts verwandt. So werden bei PersGes neben der (handelsrechtlichen) Jahresbilanz (sog Gesamthandsbilanz) für steuerrechtliche Zwecke noch sog Ergänzungsbilanzen und Sonderbilanzen erstellt bzw geführt. In den Ergänzungsbilanzen werden dabei die dem jeweiligen Mitunternehmer zuzurechnenden Korrekturen zu den Wertansätzen der WG in der Gesamthandsbilanz erfasst (ausführlich dazu *Grottel/Baldamus* in *Beck Bil-Komm*[12] § 247 Anm 744 ff). **Steuerrechtliche Sonder-**

Systematik der Sonderbilanzen

bilanzen bezeichnen Regelbilanzen, die zusätzlich zur Gesamthandsbilanz und den Ergänzungsbilanzen der PersGes erstellt werden und in denen das sog Sonderbetriebsvermögen der Gester erfasst wird (ausführlich dazu *Grottel/ Baldamus* in *Beck Bil-Komm*[12] § 247 Anm 732 ff). Als *Sonderbetriebsvermögen I* werden dabei solche WG erfasst, die im Eigentum eines Gesters stehen und dem Betrieb der PersGes dienen oder bestimmt und geeignet sind, dem Betrieb zu dienen. Hierzu gehören zB dem Gester gehörende Grundstücke oder Maschinen, die der PersGes (entgeltlich oder unentgeltlich) zur Nutzung überlassen werden. WG, die zur Begründung oder Stärkung der Beteiligung des Gesters an der PersGes dienen, werden als *Sonderbetriebsvermögen II* erfasst. Hierbei kann es sich zB um ein Darlehen zur Finanzierung des Erwerbs der Anteile an der PersGes handeln.

Schließlich werden unter dem Oberbegriff Sonderbilanzen häufig auch solche Sachverhalte dargestellt, bei denen es sich formal gesehen lediglich um laufende Geschäftsvorfälle handelt, die sich aber ihrerseits entweder nur sehr selten und dann meist im Zusammenhang mit außergewöhnlichen UntSituationen ereignen oder aber zB im Zusammenhang mit Sonderbilanzen anderer Rechtsträger stehen. Zu diesen „**Sonderbilanzen im weiteren Sinn**" gehören insb die Bilanzierung in Verbindung mit Sanierungsmaßnahmen, die Übernahmebilanzierung im Zusammenhang mit Sacheinlagen oder UmwVorgängen, dh die Abbildung von Vermögensübergängen anlässlich von Verschmelzungen oder Spaltungen bei dem oder den übernehmenden Rechtsträger(n), oder die Bilanzierung beim Formwechsel.

Ferner gehören hierzu auch Veröffentlichungen von Unt über ihre Tätigkeiten und Leistungen im Hinblick auf nachhaltige Entwicklungen (sog **Nachhaltigkeitsberichte;** s dazu *Hoffmann* Unternehmerische Nachhaltigkeitsberichterstattung – Eine Analyse des GRI G3.I-Berichtsrahmen, München 2011) oder bezogen auf die Darstellung der Interdependenzen von finanziellen und nicht-finanziellen Leistungsindikatoren (sog **Integrated Reporting;** vgl grundlegend zum Konzept: *Arbeitskreis externe Unternehmensrechnung der Schmalenbach-Gesellschaft für Betriebswirtschaft e. V.,* Integrated Reporting – Herausforderungen für die Finanzberichterstattung, BB 2013, 875 ff). Weiter sind hierunter auch die **nicht-finanzielle Erklärung** von Unt (vgl hierzu *Störk/Schäfer/Schönberger* in *Beck Bil-Komm*[12] § 289b 1 ff) oder der **Entgeltbericht** zu verstehen.

B. Eröffnungsbilanz des Einzelunternehmers

Übersicht

	Anm
I. Rechtliche Grundlagen	
1. Allgemeine Vorschriften	
a) Aufstellungspflicht für vollkaufmännische Gewerbetreibende	1–12
b) Zweck der Eröffnungsbilanz und Verantwortlichkeit	13–21
c) Anzuwendende Vorschriften über die Bilanz	24–26
2. Bilanzstichtag und Aufstellungsfrist	
a) Anlässe für die Aufstellung der Eröffnungsbilanz	30–38
b) Gewerbebegriff und maßgeblicher Bilanzstichtag	41–56
c) Frühere steuerrechtliche Buchführungspflicht	59
d) Zeitraum für die Aufstellung	63–66
3. Sanktionen	69–77
II. Vorschriften zur Eröffnungsbilanz des Einzelunternehmers	
1. Inventur und Eröffnungsinventar	82–87
2. Ansatz und Bewertung	
a) Allgemeine Grundsätze	91–113
b) Einzelvorschriften	114–121
3. Gliederung und Ausweis	
a) Allgemeine Grundsätze	125, 126
b) Eigenkapital	129–134
c) Weitere Bilanzposten	135–137
III. Feststellung, Prüfung, Offenlegung und Aufbewahrung	
1. Unterzeichnung, Feststellung und Prüfung	140–144
2. Offenlegung und Aufbewahrung	147–151
IV. Steuerrechtliche Eröffnungsbilanz	
1. Aufstellungspflichtige Gewerbetreibende	158–166
2. Maßgeblichkeitsprinzip und Bewertungsvorbehalt	170–172
3. Einlagebewertung, entgeltlicher/unentgeltlicher Unternehmenserwerb und Übergangsbilanz	175–190

Schrifttum – Aufsätze: *Binz/Götz/Sorg* Die „wesentlichen Betriebsgrundlagen" im Ertragsteuerrecht, DStR 1993, 3; *Budde* Grundsätze ordnungsmäßiger Rechenschaftslegung, in FS Semler, Berlin 1993, 789; *Döllerer* Die Rechtsprechung des Bundesfinanzhofs zum Steuerrecht der Unternehmen, ZGR 1993, 567; *Schubert* Die einkommensteuerrechtliche Behandlung von Nutzungsrechten, DStR 1995, 362; *Mösbauer* Grenzen der Buchführungs- und Abschlußpflicht bestimmter Steuerpflichtiger nach § 141 AO, DB 1995, 397; *Dißars* Geschäftsübernahme eines Gesellschafters bei der OHG bzw KG, DStR 1996, 345; *Grube* Vorsteuerabzug bei abgebrochenen Vorhaben, DStR 1996, 1235; *Klein* Gerichtliche Durchsetzung des Anspruchs auf Rechnungsausstellung, BB 1996, 135; *Schiefer* Die Anwachsung bei der Gesellschaft bürgerlichen Rechts, DStR 1996, 788; *Mösbauer* Derivative und originäre steuerliche Buchführungs- und Aufzeichnungspflichten gewerblicher Unternehmer, DStZ 1996, 722; *Mösbauer* Zur steuerlichen Buchführungspflicht gewerblicher Unternehmer nach § 140 AO, DB 1996, 2582; *Hiestand* Minderjährigenhaftung – Keine zeitliche Beschränkung der Haftungsbeschränkungseinrede, DB 1997, 1218; *Mösbauer* Beginn,

B Eröffnungsbilanz des Einzelunternehmers

Ende und Übergang der steuerlichen Buchführungspflichten gewerblicher Unternehmer, DStZ 1997, 201; *Schild* Abgrenzung der Land- und Fortwirtschaft vom Gewerbe, DStR 1997, 642; *Bracke* Abgrenzung der Land- und Fortwirtschaft vom Gewerbe unter besonderer Berücksichtigung des Gartenbaus, INF 1997, 389; *Fittkau* Beratungsempfehlungen zur Sicherung des Vorsteuerabzugs für Existenzgründer, INF 1997, 45; *König* Ansparrücklage für Existenzgründer: Neuregelung in § 7g Abs 7 EStG durch das Jahressteuergesetz 1997, BuW 1997, 251; *Bolk* Beginn und Ende der unternehmerischen Tätigkeit, BuW 1997, 736; *Wrenger* Verschmelzung von Kapitalgesellschaften mit dem Vermögen eines Alleingesellschafters bei fehlender Eintragungsfähigkeit in das Handelsregister, BB 1997, 1905; *Kanzler* Die steuerliche Gewinnermittlung zwischen Einheit und Vielfalt, FR 1998, 233; *Drüen* Zur Wahl der steuerrechtlichen Gewinnermittlungsart, DStR 1999, 1589; *Orth* Umwandlung durch Anwachsung (Teil I), DStR 1999, 1011; *Heigl* Kein Steuerausweis bei der Geschäftsveräußerung im Ganzen, GStB 1999, 191; *Weigl* Anwendungs- und Problemfelder der stillen Gesellschaft, DStR 1999, 1568; *Eckardt* Das Ausscheiden des Komplementärs aus der zweigliedrigen KG, NZG 2000, 449; *Gröpl* Die Einlage von Wirtschaftsgütern nach deren Nutzung für Überschusseinkünfte – ein bilanzsteuerrechtliches Dilemma?, DStR 2000, 1285; *Strunk* Gesellschafterdarlehen bei Umwandlung einer GmbH in ein Einzelunternehmen, GStB 1999, 358; *Stuhrmann* AfA nach Einlage von privaten Wirtschaftsgütern, FR 2000, 511; *Wagner* Unternehmensübertragung zum Umsatzsteuer-Nulltarif?, in FS Widmann, Bonn 2000, 607; *Walter* Die kaufmännische Rechnungslegung bei rechtsfähigen Stiftungen des bürgerlichen Rechts, DStR 2000, 701; *Rosarius* Das Betriebsvermögen im Sinne des § 7g EStG, INF 2001, 484; *Tiedtke/Wälzholz* Gestaltungsüberlegungen zur Vermeidung des eingeschränkten Abschreibungsvolumens bei Einlage eines Wirtschaftsgutes in ein Betriebsvermögen nach dessen Nutzung für Überschusseinkünfte, DStR 2001, 1501; *Eisenbach* Nachweis der Investitionsabsicht bei Inanspruchnahme der Ansparabschreibung, StuB 2001, 796; *Lauermann/Protzen* „Anwachsung": Ertragsteuerliche Neutralität bei entschädigungslosem Ausscheiden des nicht am Vermögen der Personengesellschaft beteiligten Komplementärs, DStR 2001, 647; *Wolf* Verspätete Bilanzierung im Insolvenzstrafrecht, StuB 2001, 254; *Breiteneicher* Die Anwachsung als steuerliches Umwandlungsinstrument, DStR 2004, 1405; *Schulze-Osterloh* Ausgewählte Änderungen des Jahresabschlusses nach dem Referentenentwurf eines Bilanzrechtsmodernisierungsgesetzes, DStR 2008, 63; *Kersting* Handels- und gesellschaftsrechtliche Auswirkungen der Befreiung „kleiner" Kaufleute und Personenhandelsgesellschaften von der Buchführungs- und Bilanzierungspflicht, BB 2008, 790; *Ernst/Seidler* Der Regierungsentwurf eines Gesetzes zur Modernisierung des Bilanzrechts, ZGR 2008, 631; *Herzig* Steuerliche Konsequenzen des Regierungsentwurfs zum BilMoG, DB 2008, 1339; *Kußmaul/Meyering* BilMoG-Regierungsentwurf: Wen entlastet § 241a HGB-E?, DB 2008, 1445; AO-Anwendungserlass BMF 2.1.2008 BStBl I, 26 idF vom 14.1.2015, BStBl I, 76; *Wichmann* Die sog. Handelsbilanz – aus Sicht des EStG, Stbg 2015, 307; *Deubert/Lewe* Ausstrahlungswirkung des DRS 23 „Kapitalkonsolidierung" auf den handelsrechtlichen Jahresabschluss, BB 2018, 2155.

Monographien: *Blumers* Bilanzierungstatbestände und Bilanzierungsfristen im Handelsrecht und Steuerrecht, Köln 1983; *Schiller* Gründungsrechnungslegung, Wiesbaden 1990; *Hense* Die stille Gesellschaft im handelsrechtlichen Jahresabschluß, Düsseldorf 1990.

I. Rechtliche Grundlagen

1. Allgemeine Vorschriften

a) Aufstellungspflicht für vollkaufmännische Gewerbetreibende

Nach § 242 Abs 1 HGB hat grds jeder Kfm „zu Beginn seines Handelsgewerbes ... einen das Verhältnis seines Vermögens und seiner Schulden darstellenden Abschluss (Eröffnungsbilanz, ...) aufzustellen. Auf die Eröffnungsbilanz sind die für den Jahresabschluss geltenden Vorschriften entsprechend anzuwenden, soweit sie sich auf die Bilanz beziehen". Damit kodifiziert das HGB grds eine rechtsformübergreifend für alle gewerblichen Unt geltende Pflicht zur Aufstellung einer Bilanz auf den Tag der Geschäftseröffnung (Anm 41). Gleichzeitig muss die kfm Buchführung beginnen, denn nach § 238 Abs 1 HGB ist „jeder" Kfm grds auch zur Buchführung verpflichtet, um damit seine Geschäfte und die Lage seines Vermögens „vollständig, richtig, zeitgerecht und geordnet" (§ 239 Abs 2 HGB) zu dokumentieren. Diese kfm Rechnungslegungspflicht erfasst – unabhängig von der Eintragung im HR – nur **vollkaufmännische Gewerbetreibende,** deren Tätigkeit ein Handelsgewerbe darstellt. Dies ist indes für jeden Gewerbebetrieb anzunehmen, der nach Art *und* Umfang der Geschäftstätigkeit einen in kfm Weise eingerichteten Geschäftsbetrieb erfordert (Anm 6; zur Bedeutung für die *steuerrechtliche* Rechnungslegung Anm 159, 170). Unabhängig davon besteht eine Aufstellungspflicht aber auch für **Formkaufleute,** die kraft ihrer Rechtsform stets Kfm sind (dazu D Anm 1), und für im HR eingetragene **Fiktivkaufleute,** deren KfmEigenschaft durch § 2 HGB gesetzlich fingiert wird (Anm 54 f). Ein eingetragener Kfm kann sich also nicht darauf berufen, er betreibe kein vollkfm Handelsgewerbe oder verwalte nur sein Vermögen (§ 5 HGB). Die Vorschriften des HGB finden dagegen auf andere Unternehmer iSd § 14 BGB, wie etwa Kleingewerbebetreibende (zB Kleinhändler oder Handwerker), keine Anwendung, solange sie nicht im HR eingetragen sind, so dass diese Personen zur Buchführung und Aufstellung einer EB nach HGB *solange nicht* verpflichtet sind, wie ihr Gewerbebetrieb nach Art *oder* Umfang einen in kfm Weise eingerichteten Geschäftsbetrieb *nicht* erfordert (§ 1 Abs 2 HGB). In diesen Fällen sind ggü den Geschäftspartnern lediglich die allg Grundsätze ordnungsmäßiger Rechenschaft des BGB zu beachten (dazu im Einzelnen *Budde* in FS Semler, 789 ff), sofern nicht ohnehin bereits eine steuerrechtliche Buchführungs- und Bilanzierungspflicht besteht (Anm 59).

Unternehmer ist, wer in Ausübung einer gewerblichen oder selbständigen beruflichen Tätigkeit handelt (§ 14 Abs 1 BGB). Zentraler Anknüpfungspunkt der Vorschriften des Handelsrechts ist allerdings die **Kaufmannseigenschaft** des Unternehmers. Sie ergibt sich aus den §§ 1 bis 7 HGB oder aus rechtsformspezifischen Spezialgesetzen iVm § 6 HGB. Kfm iSd HGB ist danach, wer ein Handelsgewerbe betreibt (§ 1 Abs 1 HGB). Damit wird der Kfm (bzw die Kffr, Anm 18) als Träger eines kfm Unt und der Gewerbebetrieb als das Unt bestimmt (*Schmidt* in MünchKomm HGB⁴ § 1 Anm 9, 12 f). Für den Beginn der Rechnungslegungspflichten nach HGB ebenso wie für die Erlangung der KfmEigenschaft ist die Aufnahme einer gewerblichen Betä-

B 3 Eröffnungsbilanz des Einzelunternehmers

tigung mit kfm Geschäftsbetrieb entscheidend. Bereits das **Erfordernis einer kaufmännischen Organisation** (Anm 46) führt also zwingend zur Kfm-Eigenschaft des Gewerbetreibenden, so dass *grds jeder Kfm* unabhängig von der Eintragung zur Rechnungslegung und Aufstellung einer EB nach HGB verpflichtet ist (so *ADS*[6] § 262 HGB Anm 4). Eine kfm Organisation erfordert im Interesse der Dokumentation aus Gründen des Gläubigerschutzes und auch zur Selbstinformation des Kfm insb das Vorhandensein einer ordnungsgemäßen doppelten Buchführung sowie die Aufstellung von Inventaren und JA (*Kirsch* in Rechnungslegung[2] § 241a Anm 1 mwN; zur Hinweispflicht des Steuerberaters BGH v 25.1.1984 BB, 653).

3   Für den EKfm sieht § **241a** iVm § 242 Abs 4 **HGB** allerdings ein Wahlrecht zur Inanspruchnahme einer **größenabhängigen Befreiung** vor: Er braucht die Vorschriften des HGB über die Pflicht zur Buchführung, Inventar- und Abschlusserstellung (einschl EB) nicht anzuwenden, solange er mit seinem Handelsgewerbe im Gj jeweils Umsatzerlöse von höchstens 600 000 € *und* jeweils einen Jahresüberschuss von höchstens 60 000 € erzielt. Unter Berücksichtigung des zu erwartenden Umsatzes und Jahresüberschusses wird es dem kleingewerblichen EKfm somit freigestellt, sich von Anfang an für eine doppelte Buchführung und Bilanzierung (einschließlich EB) oder zunächst nur für eine einfache Buchführung in Form der Einnahmen- und Ausgabenrechnung nach § 4 Abs 3 EStG ohne Bilanzierung zu entscheiden (RegE BilMoG, BT-Drs 16/10067, 46; *Ernst/Seidler* ZGR 2008, 659). Entspr ist geregelt, dass die §§ 238 bis 241 und 242 Abs 1 HGB für das erste Gj nach einer Neugründung (nur dann noch) nicht angewendet werden müssen, wenn beide Grenzen schon am ersten Abschlussstichtag nicht überschritten werden (§§ 241a S 2, 242 Abs 4 S 2 HGB; zu den Hintergründen *Kirsch* in Rechnungslegung[2] § 242 Anm 96 f mwN). Werden aber beide Schwellenwerte voraussichtlich von Anfang an überschritten, besteht auch von Anfang an Buchführungs- und Bilanzierungspflicht nach HGB. Zur Beurteilung sind die Umsatzerlöse und der Jahresüberschuss also nicht durch Einnahmen-/Ausgabenrechnung, sondern im Zweifelsfall durch Bilanzierung, dh auf Basis eines nach den GoB aufzustellenden JA unter Berücksichtigung insb der Vorschriften über Abschreibungen (§ 253 Abs 1 S 1 HGB) und zur Periodenabgrenzung (§ 252 Abs 1 Nr 5 HGB) sowie mittels Debitoren- und Kreditorenkontokorrent zu ermitteln (so wohl *Schulze-Osterloh* DStR 2008, 71; zweifelnd *Kersting* BB 2008, 791; *Herzig* DB 2008, 1341). Die Erleichterung greift nicht, wenn schon nach überschlägiger Ermittlung von Anfang an absehbar ist, dass im ersten Gj bzw in den nächsten 12 Monaten eine dieser Grenzen voraussichtlich überschritten sein wird (so *Ellerich* in HdR[5] § 241a Anm 9 ff unter Hinweis auf den RegE BilMoG, BT-Drs 16/10067, 46 f), denn dann können die Schwellenwerte nicht mehr – wie nach § 241a HGB erforderlich – schon am ersten Bilanzstichtag oder „an den Abschlussstichtagen von zwei aufeinanderfolgenden Geschäftsjahren" unterschritten sein (ebenso *PwC* BilMoG Komm, A Anm 11 f; *Störk/Lawall* in Beck Bil-Komm[12] § 241a Anm 4 f). Für die endgültige Beurteilung in Grenzfällen muss aber ein JA nach HGB aufgestellt werden. Dazu ist auch eine EB erforderlich. Es besteht daher faktisch eine Verpflichtung zur Aufstellung einer EB, zumal sich das Anfangsinventar des Betriebs (Einlage des EKfm aus seinem Privatvermö-

I. Rechtliche Grundlagen 3 **B**

gen und Basis für die folgenden planmäßigen Abschreibungen) nur durch Aufstellung eines Eröffnungsinventars und einer EB zuverlässig ermitteln lässt (dazu Anm 97 ff); steuerrechtlich muss eine EB ohnehin wegen § 60 Abs 1 EStDV auf den Zeitpunkt der Betriebseröffnung aufgestellt werden (dazu Anm 148, 159).

Abgesehen von dem Erfordernis einer EB entsteht – auch wenn nach Art und Umfang der Tätigkeit eine kfm Organisation an sich schon früher angezeigt wäre – eine gesetzliche Pflicht zur kfm Rechnungslegung nach HGB mittels Buchführung, Inventar und JA für den EKfm stets erst ab dem Zeitpunkt (EB-Stichtag), von dem an eine Überschreitung einer der beiden Grenzen bis Ende des laufenden Gj bzw zum nächsten Bilanzstichtag zu erwarten ist. Für die Inanspruchnahme dieses Wahlrechts ist daher bei Geschäftseröffnung jeweils eine *Prognose des Umsatzes und des Jahresergebnisses für das erste (Rumpf)Gj bzw die folgenden 12 Monate* erforderlich (RegE BilMoG, BT-Drs 16/10067, 46; so auch *Kersting* BB 2008, 791 mwN; strenger *Merkt* in Baumbach/Hopt[38] HGB § 241a Anm 3: „überschlägige Rechnung reicht hier nicht aus"), denn die Überschreitung eines der beiden Kriterien am Stichtag der ersten Jahresbilanz hat den Wegfall der Befreiung für das bereits abgelaufene Gj oder RumpfGj zur Folge. Sobald eine Überschreitung der Schwellenwerte für Umsatz oder Jahresergebnis am ersten Stichtag nicht mehr auszuschließen ist, muss der Kfm daher im Zweifel sofort mit der kfm Buchführung beginnen, denn sonst kann die Pflicht *rückwirkend* auf den Tag der Geschäftseröffnung wirksam werden (ebenso wohl *Störk/Lawall* in Beck Bil-Komm[12] § 241a Anm 8). In diesem Fall besteht die Buchführungs- und Bilanzierungspflicht wegen § 140 AO auch steuerrechtlich (Anm 159). Nur wenn schon im Erstjahr weder die Umsatz- noch die Ergebnisgrenze überschritten wurde, besteht auch im Zweitjahr noch keine kfm Rechnungslegungspflicht, selbst wenn an dessen Bilanzstichtag eine Grenze erstmals überschritten wird. In diesem Fall wird die kfm Rechnungslegung jedoch ab dem Beginn des dritten Gj erforderlich (ggf rückwirkend), wenn absehbar ist, dass an dem dritten Bilanzstichtag eine der Grenzen voraussichtlich zum zweiten Mal überschritten würde. Steuerrechtlich reicht es für den Beginn einer Buchführungs- und Bilanzierungspflicht nach § 141 AO dagegen bereits aus, wenn einer der Schwellenwerte einmal überschritten wurde *und* das FA dem Stpfl die daraus resultierende steuerrechtliche Buchführungspflicht mitgeteilt hat (dazu Anm 159).

Fehlt die vorgeschriebene EB, ist auch die Buchführung bis zum Stichtag des nächsten JA nicht ordnungsgemäß (BFH v 11.10.1973 BStBl II 1974, 65); zu möglichen weiteren Folgen einer Pflichtverletzung Anm 76. Wenn der EKfm im Hinblick auf das Wahlrecht nach § 242 Abs 4 HGB seine EB nicht schon auf den Zeitpunkt des Beginns seiner Geschäftstätigkeit, sondern erst nach erstmaligem Überschreiten eines Schwellenwerts nach Ablauf des ersten (Rumpf)Gj aufstellt, hat die EB zugleich die Funktion einer Saldovortrags- oder **Übergangsbilanz** (dazu Anm 188) auf den Beginn des laufenden (Rumpf)Gj. Ab diesem Zeitpunkt wird die Erfolgsrechnung von der bis dahin angewandten Einnahmen- und Ausgabenrechnung umgestellt auf eine nach dem Stichtag der EB beginnende GuV auf Basis einer doppelten Buchführung und jährlichen Pflicht zur Aufstellung von JA nach den GoB.

B 3   Eröffnungsbilanz des Einzelunternehmers

Solange die Umsatz- oder Ergebnisgrenze am Ende eines Gj noch nicht überschritten wurde, kann der EKfm den Eintritt einer auf den Beginn des folgenden Gj *rückwirkenden Pflicht* zur Buchführung, Inventarisierung und Aufstellung einer EB allerdings uU dadurch vermeiden, dass er die EB auf einen unterjährigen Stichtag aufstellt und den Stichtag dieser EB zugleich als Bilanzstichtag für die JA der nachfolgenden Gj festlegt. Der Bilanzstichtag darf aber nicht willkürlich allein zur Vermeidung einer sofortigen Buchführungspflicht festgelegt werden, sondern die Wahl muss auch wirtschaftlich begründet sein. Nach Ablauf mindestens eines vollen Gj bleibt es dem EKfm dann aber unbenommen, das Gj ggf wieder auf das Kj oder einen anderen Stichtag umzustellen, solange er nicht willkürlich RumpfGj bildet, um die Umsatz- und Ergebnisgrenzen dadurch zweimal hintereinander zu unterschreiten. Für die Inanspruchnahme des Wahlrechts nach § 241a iVm § 242 Abs 4 HGB in einem abgelaufenen RumpfGj ist daher uE jeweils der tatsächliche Umsatz und das tatsächliche Jahresergebnis am Bilanzstichtag dieses ersten (ggf Rumpf)Gj und jedes nachfolgenden vollen Gj maßgeblich. Eine Hochrechnung von Umsatz und Ergebnis auf einen Jahreswert bzw eine zeitanteilige Umrechnung der og Schwellenwerte für die Dauer des ersten RumpfGj sieht das Gesetz nicht vor (so auch *Merkt* in Baumbach/Hopt[38] HGB § 241a Anm 3). Sie mag uU im Hinblick auf das Erfordernis eines kfm Geschäftsbetriebs zwar sachgerecht erscheinen (ebenso *PwC* BilMoG Komm, A Anm 16), ist aber nicht ausdrücklich vorgeschrieben und daher uE nicht zwingend. Bei Aufnahme eines Geschäftsbetriebs kann der EKfm daher uE die Erleichterungen stets in Anspruch nehmen, solange er davon ausgehen kann, dass sowohl der tatsächliche Umsatz als auch das Jahresergebnis bis zum Bilanzstichtag des ersten (Rumpf)Gj nicht die Schwellenwerte überschreiten werden. Für die Wahl eines vom Kalenderjahr abw ersten Bilanzstichtags müssen allerdings betriebswirtschaftliche Gründe maßgeblich sein; die Absicht, dadurch eine Rechnungslegungs- oder Steuerpause zu erlangen, ist daher nicht ausreichend (so *Suttmann* MittBayNot 2010, 250 mwN zu anerkannten Gründen). Für im HR eingetragene Gewerbetreibende kann ein vom Kj abweichendes Gj zudem nur mit Zustimmung des FA (§ 4a Abs 1 Nr 2 S 2 EStG), für andere Gewerbetreibende überhaupt nicht steuerrechtlich wirksam gebildet werden (§ 4a Abs 1 Nr 3 EStG).

Bei Festlegung der Schwellenwerte für den Beginn der handelsrechtlichen Buchführungs- und Bilanzierungspflicht hat sich der Gesetzgeber an den steuerrechtlichen Schwellenwerten des § 141 Abs 1 AO (Anm 159) orientiert. Der Begriff der *Umsatzerlöse* bestimmt sich aber nach § 277 Abs 1 HGB, während steuerrechtlich der Umsatz iSd UStG maßgeblich ist, der auch alle anderen Erlöse aus Lfg oder Leistungen umfasst, die für die Geschäftätigkeit des EKfm nicht typisch sind. Mit der Ausweitung des Umsatzerlösbegriffs durch das BilRUG hat sich insoweit allerdings eine Annäherung an den steuerrechtlichen Umsatzbegriff ergeben. Der *Jahresüberschuss* ist das Ergebnis einer Erfolgsrechnung für das abgelaufene Gj (ebenso *Störk/Lawall* in Beck Bil-Komm[12] § 241a Anm 4f), auch wenn diese nicht als GuV im eigentlichen Sinne, sondern zunächst nur auf der Basis einer Einnahmen- und Ausgabenrechnung erstellt werden kann (zur Problematik der Überschussermittlung ohne doppelte Buchführung und Bilanzierung *Kirsch* in Rechnungslegung[2] § 241a Anm 13 ff).

I. Rechtliche Grundlagen 4, 5 **B**

Von dem *Kaufmannsrecht* sollen grds *alle* Gewerbetreibenden erfasst und 4
damit eine unmittelbare, umfassende und einheitliche Anwendung des HGB
auf Industrie-, Handels-, Handwerks- und Dienstleistungsunternehmen erreicht werden, jedenfalls soweit diese nicht nur ein Kleingewerbe betreiben
(Begr RegE, BR-Drs 340/97, 20). Bzgl der Anwendung des Handelsrechts
wird der vollkfm tätige Handwerksbetrieb oder Dienstleister dem Händler
gleichgestellt. Diesem Ziel dient auch die gesetzliche **Handelsgewerbeprämisse**. Danach ist grds *jeder Gewerbebetrieb als Handelsgewerbe* anzusehen, „es
sei denn, dass das Unternehmen nach Art oder Umfang einen in kaufmännischer Weise eingerichteten Geschäftsbetrieb nicht erfordert" (§ 1 Abs 2
HGB). Damit wird im Interesse des Geschäftsverkehrs eine widerlegbare
Vermutung über eine kfm Tätigkeit und damit die KfmEigenschaft des Gewerbetreibenden statuiert. Infolgedessen obliegt es dem Einzelunternehmer,
ggf zu beweisen (s § 292 ZPO), dass sein spezifisches (Klein-)Gewerbe eine
kfm Organisation nicht erfordert (Beweislastumkehr, *Hopt* in Baumbach/
Hopt[38] HGB § 1 Anm 25); dieser Nachweis entpflichtet ihn aber nur, solange
er mit seiner Firma nicht im HR eingetragen ist (Anm 54). Ist das Gewerbe
dagegen im HR eingetragen, besteht eine gesetzliche Fiktion, dass es sich
dabei um ein Handelsgewerbe handelt (§ 5 HGB). Die Fiktion schließt auch
eingetragene Land- und Forstwirte ein. Für diese ist zwar § 1 HGB nicht
anzuwenden (§ 3 Abs 1 HGB), wohl aber die Regelung des § 2 HGB. Bis
zur Löschung seiner Firma bleibt also auch ein eingetragener Land- und
Forstwirt Kfm iSd HGB. Für den Beginn bzw die Fortdauer der kfm Buchführungs- und Bilanzierungspflicht müssen aber gleichwohl zusätzlich auch
noch die Schwellenwerte des § 241a HGB überschritten sein und im Zeitablauf überschritten bleiben. Für die handelsrechtliche Buchführungs- und Bilanzierungspflicht des EKfm ist also nicht mehr die KfmEigenschaft als solche,
sondern allein das Überschreiten eines der Schwellenwerte entscheidend
(*Kußmaul/ Meyering* DB 2008, 1447).

Als *Handelsgewerbe* ist jeder Gewerbebetrieb (zum Begriff Anm 42 ff) anzu- 5
sehen, der sowohl nach der **Art der Geschäftstätigkeit** (Anm 47) als auch
nach dem **Umfang der Geschäfte** (Anm 48) eine kfm Organisation des
Unt erfordert. In diesem Fall ist die Eintragung in das HR lediglich deklaratorisch (sog **Muss-** bzw **Istkaufmann**). Aus dem Begriff „Handelsgewerbe"
kann indes keine Beschränkung der KfmEigenschaft auf bestimmte Geschäftsinhalte (etwa Warenhandel) abgeleitet werden (*Körber* in Oetker HGB[5] § 1
Rn 49). Bevor aber die Geschäftstätigkeit eines Gewerbetreibenden nach Art
der Tätigkeit *und* ihrem Umfang einer kfm Organisation bedarf, kann er sich
(wie zB ein Kleinhändler oder Handwerker) darauf berufen, noch nicht Kfm
zu sein, solange er nicht im HR eingetragen ist. Bei der Beurteilung von Art
und Umfang der Tätigkeit ist allerdings nicht auf den einzelnen Betrieb des
Inhabers abzustellen, sondern seine gesamte unternehmerische Betätigung zu
berücksichtigen (Anm 20). Der **Kleingewerbetreibende** ist weder verpflichtet, sein Unt nach § 29 HGB als Firma (dazu Anm 18) zum HR anzumelden,
noch nach HGB Rechnung zu legen (Anm 9); in diesem Fall ist die Eintragung fakultativ und damit konstitutiv (*Schmidt* in MünchKomm HGB[4] § 1
Anm 5 f). Aufgrund der **Eintragungsoption** (§ 2 HGB) hat daher auch der
kleingewerbliche Einzelunternehmer jederzeit die Möglichkeit, im Rechts-

verkehr den Status eines Kfm zu erlangen, ohne dass dadurch sofort die Pflicht zur Buchführung und Bilanzierung nach HGB besteht (Anm 3). Übersteigt aber der Umfang der Geschäftstätigkeit die Schwellenwerte des § 241a HGB für Umsatz oder Jahresergebnis nachhaltig, kann ein **Kaufmann kraft Eintragung** (dazu Anm 54f) sich allerdings wegen § 5 HGB, der „für und gegen jedermann" wirkt (so BGH v 6.7.1981 NJW 1992, 45), nicht mehr darauf berufen, lediglich ein ScheinKfm zu sein und deshalb (zB als Handwerker oder Dienstleister) keiner kfm Buchführungs- und Bilanzierungspflicht zu unterliegen. Der Status als eingetragener Kfm (eK oder eKfm bzw eKfr) umfasst daher alle Rechte und Pflichten eines Kfm und die Vorschriften der §§ 238, 242 verpflichten ihn damit auch zur Buchführung und Bilanzierung (ebenso wohl *Ellerich/Swart* in HdR[5] § 242 Anm 3), sofern die Voraussetzungen für eine Befreiung nach § 241a HGB nicht erfüllt sind. Von der Option zur HR-Eintragung ausgenommen sind nur Freiberufler (dazu Anm 8) und idR auch Land- und Forstwirte (dazu Anm 9), sofern ihre Tätigkeit nicht gewerblich geprägt ist.

6 Die Einschätzung, von welchem Zeitpunkt an die Voraussetzungen für die Annahme eines kfm Gewerbes erfüllt sind und Anmeldepflicht zum HR besteht, liegt in der alleinigen Verantwortung des Geschäftsinhabers (dazu Anm 19, 22) und ggf auch beim Registergericht (§ 14 HGB). Daraus ergeben sich Rückwirkungen auf die Festlegung des EB-Stichtags (Anm 41). Gleichwohl ist die subjektive Einschätzung des Inhabers nicht allein entscheidend (ebenso RegE HRefG, BR-Drs 340/97, 24). Vielmehr entsteht die *Verpflichtung* zur Buchführung und Aufstellung einer EB *nach HGB* bereits dann, wenn **Art *und* Umfang der Tätigkeit** einen kfm Geschäftsbetrieb objektiv erfordern (ebenso *Hopt* in Baumbach/Hopt[38] HGB § 1 Anm 23). Dieses betriebswirtschaftliche **Erfordernis** einer kfm **Organisation** (im Einzelnen *Schmidt* in MünchKomm HGB[4] § 1 Anm 72) besteht nicht unbedingt bereits mit Aufnahme der Geschäftstätigkeit (so aber wohl *ADS*[6] § 242 HGB Anm 24; *ADS*[6] § 262 HGB Anm 7) oder mit dem ersten Geschäftsvorfall (so *Ellerich/Swart* in HdR[5] HGB § 242 Anm 7), da das Geschäft uU auch langfristig als Kleingewerbe betrieben oder zunächst als solches begonnen werden kann. Frühe Vorbereitungshandlungen (zB Einrichtung eines Bankkontos) dürften daher für den Beginn der Rechnungslegungs*pflicht* nach HGB allein noch nicht ausreichen (ebenso *Ellerich/Swart* in HdR[5] HGB § 242 Anm 7).

7 Ist aber das Unt von Anfang an auf einen kfm Geschäftsbetrieb angelegt und das alsbaldige Erfordernis einer kfm Organisation absehbar, handelt es sich *ab Geschäftseröffnung* bereits um ein kfm Handelsgewerbe (BGH v 17.6.1953 BGHZ 10, 91), so dass in diesen Fällen die KfmEigenschaft uU schon durch konkrete, auf die Ausführung entgeltlicher Leistungen gerichtete Vorbereitungshandlungen (zB Abschluss von Arbeitsverträgen, Anmietung von Geschäftsräumen oder Verkaufsflächen, Werbemaßnahmen), spätestens aber mit der HR-Eintragung begründet wird (so auch *Schmidt* in MünchKomm HGB[4] § 1 Anm 7). Ob damit zugleich auch die Pflicht zur kfm Rechnungslegung beginnt, hängt zusätzlich noch von der Überschreitung der Schwellenwerte des § 241a HGB ab (*Störk/Lawall* in Beck Bil-Komm[12] § 241a Anm 1), was zugleich ein Indiz für das Erfordernis einer kfm Organi-

I. Rechtliche Grundlagen 8, 9 **B**

sation ist; zur Unternehmereigenschaft nach UStG Anm 101. Maßgebend für einen nach Art und Umfang kfm Geschäftsbetrieb ist aber stets das **Gesamtbild der tatsächlichen Verhältnisse** (Anm 41, 49), also nicht nur die zu erwartenden Umsätze und Jahresergebnisse. Im Zweifel kann es daher auch für den Kleingewerbetreibenden, Handwerker oder Dienstleister zweckmäßig sein, bereits von Anfang an (ggf freiwillig) nach den GoB Rechnung zu legen (Anm 50, 59), zumal es aus steuerrechtlichen Gründen uU sinnvoll sein kann, den Gewinn nicht nach § 4 Abs 3 HGB, sondern nach § 5 EStG durch BetrVermVergleich zu ermitteln.

Ist dagegen nicht von vornherein klar, dass die Tätigkeit einen *kaufmännischen Geschäftsbetrieb* erfordern wird, besteht auch *keine* Bilanzierungs- und Buchführungspflicht nach HGB, solange die Firma nicht im HR eingetragen ist und die Schwellenwerte des § 241a HGB nicht überschritten werden. Dies gilt grds auch dann, wenn der Einzelunternehmer durch sein Auftreten im Geschäftsleben (zB durch Verwendung entspr Briefbögen) den Eindruck erweckt, er sei Kfm (ebenso *ADS*[6] § 242 HGB Anm 12). Allerdings dürfte es für ihn dann schwieriger sein, das Gegenteil zu beweisen (Anm 4, 46); zur Rechtslage nach Eintragung in das HR Anm 5, 54 f.

Die Tätigkeit als **Freiberufler** ist grds durch eine selbständige und eigen- **8** verantwortliche persönliche Berufstätigkeit des Inhabers des Unt geprägt. Bei dem Unt handelt es sich daher idR nicht um einen Gewerbebetrieb und damit auch nicht um ein kfm Handelsgewerbe (Anm 45). Auch Freiberufler können aber uU als *Dienstleistungsunternehmer* iSv § 1 Abs 2 HGB eintragungs- und rechnungslegungspflichtig werden, wenn ihre Tätigkeit durch den umfangreicheren Einsatz personeller und technischer Hilfsmittel nach dem Gesamtbild ein gewerbliches Gepräge annimmt (*Hopt* in Baumbach/Hopt[38] HGB § 1 Anm 20); zur Freiberufler-Sozietät C Anm 6.

Ein **land- oder forstwirtschaftliches Unternehmen** (zum Begriff **9** Anm 44; *Schmidt* in MünchKomm HGB[4] § 3 Anm 9 ff), das nicht als KapGes oder eG (dazu D Anm 1) geführt wird, erlangt dagegen KfmEigenschaft *in jedem Fall* erst mit der Eintragung im HR (§ 3 Abs 1 HGB). Eine Eintragung setzt jedoch voraus, dass die Tätigkeit zB durch umfangreichen Einsatz personeller und technischer Hilfsmittel einen in kfm Weise eingerichteten Geschäftsbetrieb erfordert (§ 3 Abs 2 HGB). In diesem Fall ist der Land- und Forstwirt berechtigt, aber im Gegensatz zum Musskaufmann nicht verpflichtet, die Eintragung in das HR herbeizuführen (§ 2 S 2 HGB, **Kannkaufmann**). Dies hat zur Folge, dass Kleinlandwirten der Erwerb der KfmEigenschaft (anders als zB dem Kleinhandwerker, Anm 4) verwehrt ist. Dies gilt auch, wenn der Land- und Forstwirt (zB durch Direktvermarktung eigener Erzeugnisse, dazu Anm 44) ein mit dem Betrieb zusammenhängendes **Nebengewerbe** betreibt. In diesem Fall ist er jedoch berechtigt, sich mit diesem Nebengewerbe im HR eintragen zu lassen (§ 3 Abs 3 HGB; dazu *Schmidt* in MünchKomm HGB[4] § 3 Anm 38 ff). Erhält die Tätigkeit des Landwirts dagegen infolge notwendig werdender umfangreicher Zukäufe insgesamt ein *gewerbliches Gepräge* (zB Molkereien, Handels- oder Mastbetriebe), gelten für den Betrieb die allg Vorschriften für Gewerbebetriebe (Anm 4; ähnlich *Hopt* in Baumbach/Hopt[38] HGB § 3 Anm 5; zur steuerrechtlichen Abgrenzung Anm 44).

10 Ohne Eintragung im HR unterliegt der KannKfm wegen fehlender KfmEigenschaft nach dem Gesetzeswortlaut auch dann nicht den Buchführungs- und Bilanzierungspflichten, wenn Art und Umfang seines Geschäftsbetriebs eine kfm Organisation und Rechnungslegung erfordern. Es spricht jedoch nichts dafür, den nicht eingetragenen KannKfm mit kfm Geschäftsbetrieb bzgl der Rechnungslegungspflichten anders zu behandeln als einen MussKfm, da seine Geschäftspartner in gleichem Maße schutzbedürftig sind. Zum Schutz des Rechtsverkehrs besteht daher uE auch für den Land- und Forstwirt – unabhängig davon, ob er von seiner Berechtigung zur Eintragung Gebrauch macht und wann er ggf eingetragen wird – die Pflicht zur kfm Buchführung und Aufstellung einer EB nach HGB bereits ab dem Zeitpunkt, von dem an für seine spezifische Tätigkeit eine kfm Organisation erforderlich ist (dazu Anm 44) und er damit die Berechtigung zur Eintragung erwirbt (Anm 9). Eine von der Eintragung unabhängige Rechnungslegungspflicht aller Unt mit kfm Geschäftsbetrieb lässt sich uE jedenfalls damit begründen, dass es unter strafrechtlichen Gesichtspunkten nicht gerechtfertigt erscheint, die Rechnungslegungspflicht allein vom Eintragungsantrag, dh vom Willen des Einzelunternehmers abhängig zu machen, zumal steuerrechtlich ohnehin die Pflicht zur Buchführung und Bilanzierung nach den Vorschriften des HGB beginnt, wenn die Schwellenwerte des § 141 Abs 1 AO überschritten werden (Anm 159). Sofern die Tätigkeit einen kfm Geschäftsbetrieb erfordert, dürften jedoch idR auch die Grenzen einer herkömmlichen Land- und Forstwirtschaft überschritten und trotz § 3 Abs 1 HGB eher ein gewerblich geprägtes Unt anzunehmen sein, auch wenn § 1 HGB auf einen land- oder forstwirtschaftlichen Betrieb nicht anzuwenden ist (str; wohl aA *Hopt* in Baumbach/Hopt[38] HGB § 3 Anm 3).

11 Auch die **inländische Zweigniederlassung** eines Einzelunternehmens (oder eines anderen Rechtsträgers) mit Hauptniederlassung im Ausland unterliegt ab dem Zeitpunkt der Errichtung durch Aufnahme eines kfm Geschäftsbetriebs in Deutschland der Anmeldepflicht zum HR (§§ 13 Abs 1 iVm 13d bis 13g HGB) und damit grds auch den Rechnungslegungspflichten nach HGB (*Störk/Lewe* in Beck Bil-Komm[12] § 238 Anm 46; ADS[6] § 238 HGB Anm 18). Träger des Vermögens und Schuldner der Verbindlichkeiten ist der ausländische Geschäftsinhaber, da die inländische Zweigniederlassung nur ein Bestandteil seines Vermögens ist und keine eigene Rechtspersönlichkeit besitzt. Für die Erfüllung der inländischen Bilanzierungspflichten nach HGB (ggf iVm PublG) ist daher der ausländische Rechtsträger zuständig (zur Niederlassung einer ausländischen KapGes D Anm 3). Dabei ist zu beachten, dass ein Einzelunternehmer, dessen ausländische Hauptniederlassung nach Art und Umfang der Tätigkeit eine kfm Organisation erfordert oder der als Kfm in einem dem HR vergleichbaren ausländischen Register eingetragen ist, auch im Inland Kfm ist (*Preuß* in Oetker HGB[5] § 13d Anm 8) und daher bei inländischer Geschäftstätigkeit auch dem Kaufmannsrecht des HGB einschl der Pflicht zur kfm Rechnungslegung nach HGB unterliegt.

12 Eine nationale Rechungslegung nach §§ 238 ff HGB ggf iVm § 5 PublG ist demnach für inländische Zweigniederlassungen ausländischer Rechtsträger unverzichtbar. Den gesetzlichen Anforderungen kann man aber auch durch Einbeziehung in das Buchwerk und den JA des ausländischen Rechtsträgers

I. Rechtliche Grundlagen

genügen, wenn dieses den GoB entspricht. Für EKfl besteht nach § 9 PublG eine Verpflichtung zur Offenlegung dieses nach ausländischen Vorschriften aufgestellten JA (oder eines JA nach HGB) aber nur, wenn das Unt des EKfm die Größenkriterien des § 1 Abs 1 PublG überschreitet. Dabei sind alle Handelsgeschäfte des Kfm (auch die im Ausland betriebenen) zu einem einheitlichen Unt zusammenzufassen (§ 1 Abs 5 PublG).

Die allgemeine steuerrechtliche Pflicht zu einer betriebsbezogenen Buchführung und Bilanzierung (dazu Anm 160, 166) im Inland (kritisch EuGH vom 15.5.1997 DB, 1211) bleibt unberührt; ausgenommen davon sind nur die ausländischen Betriebsstätten, soweit nach dortigem Recht Bücher und Aufzeichnungen zu führen sind und auch geführt sowie die Ergebnisse dieser Buchführung – soweit steuerrechtlich von Bedeutung – in die inländische Buchführung übernommen werden (§ 146 Abs 2 AO). Auf Antrag kann die zuständige Finanzbehörde unter den in § 146 Abs 2a AO genannten Voraussetzungen auch bewilligen, dass elektronische Bücher oder sonst erforderliche elektronische Aufzeichnungen im Ausland geführt und aufbewahrt werden dürfen; in Härtefällen können nach § 148 AO zudem weitere Erleichterungen bewilligt werden, wenn die Besteuerung dadurch nicht beeinträchtigt wird (dazu Anm 161).

b) Zweck der Eröffnungsbilanz und Verantwortlichkeit

Die EB des Einzelunternehmers ist ein **Vermögensstatus** auf den Zeitpunkt des Beginns einer gewerblichen Tätigkeit mit notwendiger kfm Organisation. Dabei kann es sich entweder um die *Eröffnung* ieS (Neubeginn) oder um die *Ausweitung* einer bislang kleingewerblichen Tätigkeit oder um die *Übernahme* eines kfm Unt von Dritten handeln (zu den Anlässen Anm 30 ff). Mit der EB hält der Einzelunternehmer „die Ausgangssituation gerade seines wirtschaftlichen Tuns" fest und schafft damit die „Grundlage für spätere Vermögensvergleiche im Zusammenhang mit den Folgebilanzen" (*Blumers*, 24). Aufstellungspflicht besteht ohne Rücksicht auf die Vermögenslage, also auch, wenn kein EK vorhanden oder der Unternehmer überschuldet ist (so wohl auch *Hüffer* in HGB-Bilanzrecht § 242 Anm 22 mwN).

Wie der JA hat auch die EB Informations- und Dokumentationsfunktion. Als Rechenschaftsinstrument bezweckt sie in erster Linie die **Selbstinformation** des Geschäftsinhabers über Umfang und Zusammensetzung seines Vermögens und der Schulden bei Aufnahme eines kfm Geschäftsbetriebs (*ADS*[6] § 242 HGB Anm 2). Darüber hinaus hat die EB aber auch die vermögens- und kapitalmäßige *Erstausstattung* des Unt zum Schutz der Geschäftspartner (*Blumers*, 24) zu dokumentieren (*Schiller*, 35), denn nur eine zutreffende **Dokumentation** des Vermögens und der Schulden bereits in der EB versetzt den Inhaber in die Lage, von Anfang an für geordnete finanzielle Verhältnisse und notfalls für eine rechtzeitige Liq eines nicht mehr rentablen Unt zu sorgen (BGH v 13.4.1994 DB, 1357) oder die Tätigkeit gar nicht erst aufzunehmen.

Eine **Eröffnungs- oder Übergangsbilanz** dient daher durch Gegenüberstellung des Vermögens und der Schulden insb
– zur Dokumentation der Vermögens- und Kapitalverhältnisse zu Beginn des Geschäftsbetriebs bei Eröffnung oder Übernahme (§ 242 Abs 1 HGB) oder

B 16, 17 Eröffnungsbilanz des Einzelunternehmers

zum Zeitpunkt des Übergangs wegen Überschreitens eines der Schwellenwerte des § 241a HGB;
- zur Abgrenzung des Unternehmensvermögens von dem nicht dem Geschäftsbetrieb gewidmeten Privatvermögen des Inhabers (*ADS*[6] § 242 HGB Anm 14);
- als Ausgangspunkt für die Buchführung und künftig zu erstellende JA, und zwar auch im Hinblick auf die künftigen Bewertungsobergrenzen und die Stetigkeit der Bewertungsmethoden (*ADS*[6] § 242 HGB Anm 12);
- als Basis für den Vermögensvergleich zur Ergebnisermittlung für das erste (Rumpf)Gj (*Hüffer* in HGB-Bilanzrecht § 242 Anm 31).

Bei **Übernahme** eines bestehenden Unt kann der rechnungsmäßige Abschluss der Geschäftstätigkeit des bisherigen Rechtsträgers (SB) zugleich als Ausgangsbasis für die EB des Übernehmers dienen. Wegen der notwendigen Bewertung seines Vermögens mit den eigenen AK/HK (Anm 93) dürfte die *Buchwertfortführung* für Einzelunternehmer jedoch uE nur in den Ausnahmefällen zulässig sein, nämlich bei Erbschaft, Verschmelzung einer KapGes mit dem Vermögen des AlleinGesters (dazu Anm 38; zur Übernahmebilanzierung bei Umw K Anm 15 ff) und uU bei Anwachsung des Vermögens einer PersGes (dazu Anm 110) möglich sein. Wenn der EKfm dagegen nicht nur den Verkäufer von Verbindlichkeiten befreien, sondern ihm darüber hinaus auch einen Kaufpreis für das vorhandene EK des übernommenen Betriebs und ggf dessen Geschäftswert leisten muss (dazu Anm 106), können EB und SB nicht mehr übereinstimmen.

16 Weil die Gewinnermittlung nicht zu den Aufgaben der EB gehört, muss sie *nicht* durch eine **Gewinn- und Verlustrechnung** ergänzt werden. Beim Übergang vom Kleingewerbetreibenden zum kfm Geschäftsbetrieb im Lauf eines Gj kann die gleichzeitige Aufstellung einer GuV allerdings aus Gründen der besseren Vergleichbarkeit mit dem Folgejahr und zur Information über die Zusammensetzung der bislang bereits (seit Beginn des Gewerbes bzw des laufenden Gj) angefallenen Aufwendungen und Erträge sinnvoll sein. Im Ergebnis käme dies aber einer Rückbeziehung der Rechnungslegung und des Stichtags der EB gleich. Dies dürfte nur bei überschaubarem Vermögen und einer geringen Zahl von Geschäftsvorfällen ohne größere Schwierigkeiten möglich sein. Voraussetzung ist außerdem, dass zumindest ein Inventar (dazu Anm 82 ff) auf den zurückliegenden Stichtag existierte oder erstellt werden kann und Aufzeichnungen über die Einnahmen und Ausgaben geführt wurden. Entsprechendes gilt zumindest für steuerrechtliche Zwecke.

17 Ein **Anhang** zur EB ist grds nicht erforderlich, zumal er auch nicht Bestandteil des JA eines Einzelunternehmens ist (arg ex § 242 Abs 3 HGB, ebenso *Hüffer* in HGB-Bilanzrecht § 242 Anm 32). Gleichwohl kann es insb bei einer Geschäftsübernahme mit Geschäftsführung durch Prokuristen zur Information des Einzelunternehmers zB über die in der EB angewandten Bilanzierungs- und Bewertungsmethoden oder die AK/HK und evtl aufgelaufene Abschreibungen der VG des Anlagevermögens (dazu Anm 94) zweckmäßig sein, einen Anhang zur EB in entspr Anwendung der Vorschriften zum JA für KapGes aufzustellen, insb wenn er für das Verständnis und den Aussagewert der EB notwendig ist. Wegen des erheblichen Informationswerts wird die Aufstellung eines erläuternden Anhangs zwar empfohlen (Begr RegE BT-

I. Rechtliche Grundlagen 18–20 **B**

Drs 10/317, 118 zu § 5 PublGE idF des BiRiLiG), sie bleibt jedoch in jedem Fall eine Ermessensentscheidung des Einzelunternehmers (*ADS*[6] § 5 PublG Anm 16).

Der EKfm hat unter dem Namen, unter dem er seine Geschäfte betreiben **18** will, eine **Firma** mit dem Zusatz „eingetragener Kfm" (oder Abkürzung, zB e-Kfm) zu führen; für die EKfr kann die weibliche Form (e-Kfr) verwendet werden (§ 17 Abs 1 iVm § 19 HGB). Dabei ist unter Beachtung des Grundsatzes der *Ausschließlichkeit* (§ 30 HGB) anstelle der Personenfirma mit dem Namen des Kfm auch eine Sach- oder Phantasiefirma möglich (zu den Anforderungen im Einzelnen zB *Hopt* in Baumbach/Hopt[38] HGB § 19 Anm 6 ff). Dabei genügt es, wenn die Firma unterscheidungskräftig und zur eindeutigen Kennzeichnung des Inhabers geeignet ist und keine irreführenden Angaben enthält (§ 18 HGB; Begr RegE, BR-Drs 340/97, 52). Nach Verschmelzung einer KapGes auf ihren AlleinGester (Anm 5, 38) ist es auch zulässig, das Unt unter deren Firma fortzuführen (OLG Schleswig v 15.11.2000, BB 2001, 223), allerdings mit dem neuen Rechtsformzusatz.

Zur Sicherung der für den Rechtsverkehr notwendigen Transparenz besteht die Pflicht, die Firma mit Rechtsformzusatz, Ortsangabe der Handelsniederlassung und das zuständige Registergericht mit Eintragungsnummer auf allen **Geschäftsbriefen** gleich welcher Form (auch E-Mails) anzugeben (§ 37a HGB). Eine entspr Angabepflicht besteht nach §§ 242 Abs 1 S 2, 264 Abs 1a HGB zwingend auch für die EB und den JA. Dagegen muss der Kfm seinen Familien- und Vornamen nicht zusätzlich angeben (*Hopt* in Baumbach/Hopt[38] HGB § 37a Anm 3).

Weil der Einzelunternehmer *Rechtsträger* „seines" betrieblichen Nettovermögens (VG minus Schulden) und zugleich geschäftsführender (handelnder) **19** Unternehmer ist, trifft die Rechnungslegungspflicht nach HGB nicht die Firma oder den Gewerbebetrieb als solchen, sondern ist **höchstpersönliche Pflicht** des Inhabers (bei Minderjährigen seiner gesetzlichen Vertreter, § 4 Abs 1 S 2 PublG), in dessen Namen oder Firma das Gewerbe betrieben wird (*ADS*[6] § 5 PublG Anm 6). Daraus folgt eine zivil- und strafrechtliche **Verantwortlichkeit** für die Ordnungsmäßigkeit der Rechnungslegung des Unt (*ADS*[6] § 242 HGB Anm 8). Zwar kann der Kfm die Bilanzerstellung an Dritte delegieren, aber die Verantwortung kann nicht durch Delegation übertragen werden (*Störk/Lewe* in Beck Bil-Komm[12] § 238 Anm 58; zu möglichen Sanktionen Anm 69 ff).

Die Verantwortlichkeit des Einzelunternehmers bezieht sich auf seine gesamte geschäftliche Tätigkeit. Daher müssen Einzelunternehmer, die gleichzeitig **mehrere Firmen** oder mehrere Betriebe eröffnen, nur eine (einzige) **20** EB aufstellen (s aber Anm 21), die – anders als für steuerrechtliche Zwecke (Anm 160) – nicht nur sämtliche Gewerbebetriebe, sondern die *gesamte* unternehmerische Tätigkeit mit Ausnahme des notwendigen Privatvermögens einschließt (*ADS*[6] § 242 HGB Anm 35; *Merkt* in Baumbach/Hopt[38] HGB § 238 Anm 8). Dies ergibt sich zum einen aus dem Wortlaut des § 242 Abs 1 HGB, wonach der Unternehmer eine Bilanz „*seines* Vermögens und *seiner* Schulden" aufzustellen hat (ebenso *ADS*[6] § 242 HGB Anm 14), und zum anderen aus dem Vollständigkeitsgebot (§ 246 Abs 1 HGB). Außerdem ergibt sich dies auch aus den Einzelvorschriften (zB §§ 243 bis 245 HGB), da das

HGB nur *einen* JA (und daher auch nur eine EB) des Kfm kennt (s auch § 1 Abs 5 PublG).

21 Durch ein kfm Erwerbsgeschäft des Einzelunternehmers wird seine *gesamte* unternehmerische Tätigkeit handelsgewerblich geprägt und ist damit in die handelsrechtlichen Rechnungslegungspflichten einzubeziehen. Dementspr ist für jeden zusätzlich eröffneten oder übernommenen Betrieb oder jede weitere unternehmerische Aktivität im Grunde nur die Aufnahme in die laufende Buchführung des bestehenden **Unternehmens** (Einbuchung), nicht aber die Aufstellung einer gesonderten EB nach HGB erforderlich (zur Anwachsung Anm 37). Dies gilt auch, wenn für unterschiedliche Geschäftstätigkeiten jeweils eine eigenständige (Sach-)Firma eingetragen wird (Anm 18, aA *Hüffer* in HGB-Bilanzrecht § 242 Anm 21 ohne Begr). Unabhängig davon bleibt es dem Einzelunternehmer jedoch unbenommen und ist schon aus steuerrechtlichen Gründen auch gängige Praxis, für jede Einzelfirma bzw jeden Betrieb eigene Buchungskreise einzurichten und entspr TeilEB aufzustellen (*ADS*[6] § 238 HGB Anm 9); zur *Notwendigkeit* für steuerrechtliche Zwecke Anm 160. Dennoch bilden die diversen Firmen und Betriebe eines EKfm für sich allein keinen Konzern (*ADS*[6] § 18 AktG Anm 14), sondern *das Einzelunternehmen* des Inhabers (ebenso *ADS*[6] § 5 PublG Anm 22), wie § 1 Abs 5 PublG ausdrücklich klarstellt (*ADS*[6] § 242 HGB Anm 35).

c) Anzuwendende Vorschriften über die Bilanz

24 Die Regelungen des HGB und damit auch die Rechnungslegungsvorschriften gehen als *Sonderrecht der Kaufleute* dem BGB vor (Art 2 Abs 1 EGHGB).
Weil die EB nur aus dem besonderen Anlass des Beginns oder der Ausweitung der Geschäftstätigkeit oder der Übernahme eines Handelsgewerbes mit kfm Geschäftsbetrieb aufzustellen ist (Anm 30), handelt es sich um eine spezifische Sonderbilanz. Dieser Besonderheit trägt das HGB dadurch Rechnung, dass es nur eine entspr Anwendung der für den JA geltenden Vorschriften anordnet (*Hüffer* in HGB-Bilanzrecht § 242 Anm 14). Damit sind lediglich die Bestimmungen über die Aufstellung und Aufbewahrung gemeint (zur Bedeutung der Schwellenwerte des § 241a HGB Anm 3), nicht dagegen die für die Prüfung (Anm 143; zur Feststellung Anm 141) oder für die Offenlegung (Anm 147). Andernfalls hätte die Prüfung oder Offenlegung für die EB ausdrücklich vorgeschrieben werden müssen (so zB § 17 Abs 2 S 2 UmwG für die Prüfung von UmwBilanzen).

25 Die Vorschriften des HGB (und ggf des PublG) zur Aufstellung des JA gelten überdies für die EB nur, „soweit sie sich auf die Bilanz beziehen" (§ 242 Abs 1 S 2 HGB). Dazu gehören die allg GoB sowie die für alle kfm Unt geltenden Einzelvorschriften über Ansatz, Bewertung, Gliederung und Ausweis in der Bilanz. Im Einzelnen gelten daher für die EB des EKfm **mit kaufmännischem Geschäftsbetrieb** (Anm 6, 46 ff) nur folgende Bestimmungen:
– § 242 Abs 1, 3 HGB (Aufstellungspflicht, Aufstellungserleichterung),
– § 243 HGB (Aufstellungsgrundsätze),
– § 244 HGB (Sprache, Währungseinheit),

I. Rechtliche Grundlagen

- § 245 HGB (Unterzeichnungspflicht),
- § 246 HGB (Vollständigkeit, Verrechnungsverbot),
- § 247 HGB (Mindestgliederung der Bilanz, Anlagevermögensbegriff),
- § 248 HGB (Bilanzierungsverbote und -wahlrechte),
- § 249 HGB (Rückstellungen),
- § 250 HGB (Rechnungsabgrenzungsposten),
- § 251 HGB (Haftungsverhältnisse),
- § 252 HGB (Allg Bewertungsgrundsätze),
- § 253 HGB (Zugangsbewertung, Abwertungen),
- § 254 HGB (Bildung von Bewertungseinheiten),
- § 255 HGB (AK-/HK-Begriff, Bewertungsmaßstäbe),
- § 256a HGB (Währungsumrechnung),
- § 256 HGB (Bewertungsvereinfachungsverfahren) und
- §§ 257 bis 261 HGB (Aufbewahrungs- und Vorlagepflichten).

Die rechtsformspezifischen **Vorschriften für Kapitalgesellschaften** sowie die Regelungen über Pflichtangaben von KapGes, die das Gesetz wahlweise entweder für die Bilanz oder den Anhang vorschreibt (zB Angabe der Mitzugehörigkeit von VG oder Schulden zu einem anderen Posten der Bilanz, § 265 Abs 3 S 1 HGB) sind dagegen idR nicht anzuwenden. Wegen § 5 Abs 1 S 2 PublG können aber auch die für die Bilanz der KapGes geltenden §§ 265, 266, 268 bis 274 HGB *unmittelbar* zu beachten sein, weil diese Vorschriften von Anfang an auch für die EB eines Einzelunternehmers iSv § 3 PublG (oder anderer Rechtsformen, zB rechtsfähige Stiftungen, §§ 80 ff BGB; dazu *Walter* DStR 2000, 701) gelten, wenn das Vermögen eines anderen Unt entspr **Größe** durch Umw oder in anderer Weise als Ganzes auf den Einzelunternehmer übergegangen ist. Die Pflicht, nach diesen Vorschriften „bereits für den ersten Abschlussstichtag Rechnung zu legen" (§ 2 Abs 1 S 2 PublG), umfasst nämlich den gesamten Zeitraum vom Beginn bis zum Ende des ersten Gj des neuen Rechtsträgers (zur kürzeren Aufstellungsfrist nach PublG Anm 66). Der Übernehmer des Geschäftsbetriebs ist selbst für die Gesetzmäßigkeit (Richtigkeit und Vollständigkeit) seiner EB verantwortlich (dazu Anm 19, 22); auf die Buchführung und die bisherigen Wertansätze des übertragenden Rechtsträgers kommt es dabei nicht an (Anm 15, zur Bewertung Anm 93). Wegen erstmaliger Überschreitung der Größenkriterien erfordert die Übernahme eines GroßUnt daher schon aus Gründen der Dokumentation und Selbstinformation über die Schuldendeckungsfähigkeit (Anm 14) die Aufstellung einer (Übernahme)EB nach den Vorschriften des HGB iVm PublG. 26

2. Bilanzstichtag und Aufstellungsfrist

a) Anlässe für die Aufstellung der Eröffnungsbilanz

Anlässe, die für EinzelUnt bei absehbarer Überschreitung eines Schwellenwerts nach § 241a HGB (Anm 3) die Pflicht zur Aufstellung einer EB auslösen, sind entweder die Aufnahme eines Handelsgewerbes durch **Übernahme** eines anderen gewerblichen Unt mit kfm Geschäftsbetrieb (dazu Anm 26) oder der **Neubeginn** einer entspr Tätigkeit (*Ellerich/Swart* in HdR[5] 30

§ 242 Anm 4). Dem Neubeginn eines Handelsgewerbes steht die Ausweitung einer bisher nicht kfm Tätigkeit oder die Eintragung als EKfm im HR gleich (Anm 4 ff). Bei der Übernahme eines vollkfm Geschäftsbetriebs durch einen bisher nicht kfm Tätigen kommt es für die Pflicht zur Aufstellung einer EB weder auf den Rechtsgrund (zB Kauf, Pacht, Nießbrauch, Erbschaft, Schenkung, Verschmelzung, Anwachsung) noch auf die nähere Ausgestaltung des Rechtsträgerwechsels (zB Zurückbehaltung einzelner Gegenstände, Schuld- oder Erfüllungsübernahme, Haftungsausschluss) an. Es ist auch ohne Bedeutung, ob mit Einwilligung des bisherigen Inhabers die bisherige Firma (Anm 18) nach § 22 oder § 24 Abs 2 HGB (ggf mit einem Zusatz zur Kennzeichnung der neuen Rechtsform und der Nachfolge) vom EKfm fortgeführt wird oder nicht. Soweit ein Rechtsträgerwechsel stattfindet, ist lediglich zwischen Gesamtrechtsnachfolge und Einzelübertragung des Vermögens zu differenzieren, weil dies uU für die Zuordnung der Verbindlichkeiten zum bisherigen oder zum neuen Rechtsträger (dazu Anm 106) von Bedeutung ist.

31 Die Aufstellung der EB ist daher in folgenden Fällen erforderlich, wenn der Schwellenwert für den Umsatz oder für das Jahresergebnis am Stichtag des ersten JA (Anm 3) voraussichtlich überschritten sein wird:
(1) Anlässe ohne Eigentumsübergang:
– Aufbau eines gewerblichen Unt mit von Anfang an nach Art und Umfang erforderlicher kfm Organisation (Neubeginn),
– Ausweitung der Geschäftstätigkeit (Übergang vom Kleingewerbebetrieb zu einem nach Art und Umfang kfm Handelsgewerbe),
– Erwerb des Status eines EKfm durch Eintragung des Unt im Handelsregister (Anm 5),
– Handelsgewerbetätigkeit auf Grundlage eines Unternehmenspacht- oder Betriebsführungsvertrags (Besitzerwechsel, Anm 34),
– Eröffnung des InsVerfahrens über das Vermögen des EKfm (dazu R Anm 75 f),
(2) Anlässe mit Einzelübertragung des Eigentums auf den EKfm:
– Entgeltlicher Erwerb (Unternehmenskauf),
– Unentgeltliche Unternehmensübernahme (Schenkung, Vermächtnis),
(3) Anlässe aufgrund einer Gesamtrechtsnachfolge durch den EKfm:
– Unternehmenserwerb von Todes wegen (Erbschaft),
– Fortführung des Unt einer PersGes nach Ausscheiden aller Mitgesellschafter (Geschäftsübernahme durch Anwachsung, Anm 36, 108),
– Verschmelzung einer KapGes mit dem Vermögen eines AlleinGesters (Anm 38).

Die zivil- und strafrechtliche Verantwortlichkeit des EKfm für die Erfüllung der Rechnungslegungspflichten nach HGB (Anm 19, 69 ff) wird in diesen Fällen entweder erstmals neu begründet oder geht von einem auf einen anderen Rechtsträger über. Alle og Anlässe begründen daher nach § 242 Abs 1 HGB für den neuen Inhaber des Unt die Pflicht zur Aufstellung einer EB (zu spezifischen Einzelfällen, zT unter Hinweis auf ältere Rspr *Hüffer* in HGB-Bilanzrecht § 242 Anm 22 mwN); zum Sonderfall des Übergangs der steuerrechtlichen Buchführungs- und Bilanzierungspflicht Anm 166.

32 Die Pflicht zur Aufstellung einer EB besteht insb bei einem **Neubeginn** durch Geschäftseröffnung, HR-Eintragung oder Übergang vom Kleingewer-

I. Rechtliche Grundlagen   33–35 **B**

bebetrieb zum kfm Unt; zur Festlegung des maßgeblichen Bilanzstichtags Anm 50 ff. Ein Neubeginn ist gewissermaßen auch die Eröffnung des InsVerfahrens über das Vermögen des EKfm, weil der InsVerwalter in diesem Fall gemäß § 155 Abs 1 InsO eine InsEB auf diesen Stichtag aufzustellen und für die Erfüllung der Rechnungslegungspflichten für das nach § 155 Abs 2 InsO damit beginnende neue Gj zu sorgen hat (*Störk/Lewe* in Beck Bil-Komm[12] § 238 Anm 60). Als Neubeginn ist es infolgedessen auch anzusehen, wenn ggf nach Einstellung des InsVerfahrens der EKfm die geschäftliche Tätigkeit in eigener Verantwortung wieder aufnimmt. Er hat daher in diesem Fall auch die Pflicht zur Aufstellung einer EB auf den Tag der Verfahrenseinstellung; diese EB dürfte allerdings mit der vom InsVerwalter auf denselben Stichtag aufzustellenden SB übereinstimmen.

Weil ein Rechtsträgerwechsel stattfindet, ist auch bei dem Beginn eines **33** Handelsgewerbes durch **Erwerb eines Unternehmens** im Ganzen im Wege der Einzelrechtsnachfolge durch Kauf oder Schenkung die Aufstellung einer ÜbernahmeEB nach § 242 Abs 1 HGB idR notwendig und aus Gründen der Selbstinformation des neuen Inhabers unbedingt zu empfehlen; zu Ausnahmen bei Integration in ein bereits bestehendes Handelsgewerbe des EKfm Anm 21. Dasselbe gilt für den Erwerb aufgrund eines Vermächtnisses nach § 1939 BGB oder bei Gesamtrechtsnachfolge, zB durch Erbschaft (Anm 35). Nur so kann der Übernehmer den notwendigen Überblick über das Verhältnis der übernommenen VG und der im Geschäftsbetrieb begründeten Verbindlichkeiten gewinnen, für welche er ggf vertraglich die Erfüllung übernommen hat oder nach § 25 Abs 1 S 1 HGB bei Fortführung der Firma (§ 22 HGB) unbeschränkt haftet. Eine Haftung kann nach § 25 Abs 3 HGB aber uU auch bestehen, wenn die Firma nicht fortgeführt wird; in diesem Fall kann die EB zum Nachweis der Haftungsobergrenze dienen (zum Ausschluss des § 25 HGB bei Unternehmenserwerb aus einer Insolvenzmasse BAG v 20.9.2006 HFR 2007, 505; zur Haftungsbegrenzung bei Anwachsung Anm 36). Für die Frage, ob eine Firma fortgeführt wird, ist die allg Verkehrsauffassung maßgebend; dabei ist auf das gesamte Erscheinungsbild abzustellen (FG Nürnberg v 4.5.2001 EFG, 949).

Dieselben Überlegungen gelten wegen §§ 22 Abs 2 iVm 25 HGB auch für **34** den **Besitzübergang** des Unt im Rahmen eines besonderen Vertragsverhältnisses (Nießbrauch, Pacht- oder sonstiger Überlassungsvertrag). Hier erfordert uE bereits die vertragliche oder die nach § 581 Abs 2 iVm § 556 bzw § 596 BGB bestehende Pflicht zur Rückgabe eines „Unt gleicher Art und Güte" (Erhaltung von Substanz und Ertragskraft) die Aufstellung einer EB des übernommenen Vermögens (zur Anwendbarkeit der Vorschriften für die Raum- und Einrichtungspacht auf Unternehmenspachtverträge BFH v 3.12.1991 DB 1992, 1500). Wenn der Einzelunternehmer zB als Verpächter nur eines Teils seines Unt weiterhin zur Buchführung verpflichtet bleibt, kann die Aufstellung einer EB für den Besitzer des übergegangenen Betriebsteils auch aus tatsächlichen Gründen notwendig sein, weil er zumindest in diesem Fall die Buchführung des Vorbesitzers nicht übernehmen und fortführen kann.

Um die übernommenen Schulden und das Vermögen als Haftungssubstanz **35** im Übernahmezeitpunkt zu dokumentieren, ist die Aufstellung einer EB

B 36 Eröffnungsbilanz des Einzelunternehmers

ferner erforderlich, wenn ein Handelsgeschäft im Rahmen einer *Gesamtrechtsnachfolge* gem § 1942 Abs 1 BGB durch **Erbschaft** übergeht (ebenso *Kirsch* in Rechnungslegung[2] § 242 Anm 32; *Hüffer* in HGB-Bilanzrecht § 242 Anm 22). Um zu prüfen, ob das Unt fortgeführt wird, kann schon zur Prüfung einer evtl Ausschlagung der Erbschaft (§ 1946 BGB) wegen Überschuldung insb für einen *Alleinerben* nichts anderes gelten als bei Erwerb durch Kauf, Schenkung oder Vermächtnis (Anm 33). Entsprechendes gilt bei Übertragung zur vorweggenommenen Erbfolge (so auch BFH v 23.8.1979 BStBl II 1980, 8).

Abgesehen von der Dokumentation der Vermögenslage ist eine EB aber auch zur Ermittlung der Kapitalanteile notwendig, wenn das Unt (zunächst) von *mehreren Erben* in ungeteilter Erbengemeinschaft oder als PersGes fortgeführt wird. Sie empfiehlt sich insb im Hinblick auf eine spätere (Erb-)Auseinandersetzung sowie wegen der Beschränkung der Haftung minderjähriger Erben auf den Betrag des geerbten Vermögens (dazu *Hiestand* DB 1997, 1218, unter Hinweis auf BVerfG v 13.5.1986 BVerfGE 72, 155).

36 Bei der **Geschäftsübernahme** des Gewerbes einer PersGes (OHG, KG, GbR) durch einen verbleibenden AlleinGester im Wege der Anwachsung aller Anteile nach § 738 Abs 1 BGB (dazu *Schiefer* DStR 1996, 788) wegen des Ausscheidens der MitGester (zB Anteilsabtretung, Kündigung, ggf Ausschließungsklage gem § 140 HGB; dazu OLG Hamm v 8.6.1999 NZG 2000, 250; *Dißars* DStR 1996, 345; zur Verschmelzung des am Vermögen nicht beteiligten Komplementärs K Anm 7) beginnt für den Übernehmer eine neue (eigene) gewerbliche Tätigkeit als Einzelunternehmer. Auch die Eröffnung des InsVerfahrens über das Vermögen der KomplementärGmbH einer zweigliedrigen GmbH & Co KG führt zum Ausscheiden der KomplementärGmbH und damit zur Anwachsung des Vermögens der PersGes auf den einzigen Kommanditisten (BGH v 15.3.2004 DB, 1258). Die **Anwachsung** bewirkt, dass Aktiva und Passiva der PersGes durch *Gesamtrechtsnachfolge* ohne Liq oder besondere Übertragungsakte auf den übernehmenden Gester zu Alleineigentum übergehen (BGH v 6.5.1993 NJW, 1917; BGH v 9.7.1968 BGHZ 50, 307; für GbR BGH v 19.5.1960 BGHZ 32, 307; dazu *Orth* DStR 1999, 1011 mwN); zur Bilanzierung des übergehenden Vermögens, der Schulden und Abfindungsverpflichtungen ggü ausgeschiedenen Gestern Anm 106 ff. Von dem Vermögensübergang ausgenommen sind lediglich Rechte, die an die Person eines ausscheidenden Gesters gebunden sind (zB persönliche Konzessionen). Forderungen der PersGes an den Übernehmer (et vice versa) erlöschen mit der Anwachsung durch Konfusion.

Die Anwachsung führt zur Auflösung und Beendigung der PersGes ohne Abwicklung (OLG Bayern v 19.6.2001 DB, 2088). Dadurch kommt es zu einem „Wechsel des Unternehmensträgers" (BGH v 9.1.1989 NJW, 1798). Dies hat grds eine unbeschränkte Haftung des das Unt *fortführenden* Allein-Gesters zur Folge, und zwar auch dann, wenn er zuvor nur Kommanditist gewesen war (BGH v 16.12.1999 NZG 2000, 474; dazu *Eckardt* NZG 2000, 449; BayObLG v 10.3.2000 BB, 1211). Eine Beschränkung der Haftung für Schulden der PersGes auf das übergegangene Vermögen besteht für den allein verbliebenen Kommanditisten nur im Ausnahmefall der Anwachsung wegen Eröffnung des InsVerfahrens über das Vermögen der Kom-

I. Rechtliche Grundlagen **37, 38** B

plementärGmbH bei Liq des Unt der PersGes (BGH v 15.3.2004 DB, 1258).

Sofern der übernommene Geschäftsbetrieb eine kfm Organisation erfordert, ist der verbleibende Gester nun als Einzelunternehmer – unabhängig von der Buchführung der PersGes – zur Aufstellung einer EB nach HGB verpflichtet (Anm 1 ff; ebenso *Blumers,* 33 mwN; *Kirsch* in Rechnungslegung² § 242 Anm 32). Weil nur der Inhaber des Handelsgeschäfts Rechtsträger des dem Gewerbebetrieb dienenden Vermögens ist (Anm 19), gilt dies auch, wenn das Unt der beendeten PersGes nach der Anwachsung aller Anteile auf den neuen Inhaber nun mit einem **stillen Gesellschafter** (§ 230 HGB) fortgeführt wird (dazu BFH v 12.11.1985 BStBl II 1986, 311; zur steuerrechtlichen Behandlung C Anm 177, 195, 213). Eine Entgeltlichkeit der Anwachsung durch Abfindung ist für die Pflicht zur Aufstellung der EB nach HGB nicht entscheidend, zumal mit den VG der erloschenen PersGes ohnehin auch deren idR bestehende Verbindlichkeiten auf den Einzelunternehmer übergehen, so dass Unentgeltlichkeit ieS nicht vorliegt (zur Bewertung bei Anwachsung Anm 108 ff).

Dagegen ist bei Anwachsung oder anderweitiger Übernahme eines Geschäftsbetriebs die Aufstellung einer EB nach HGB nicht notwendig, wenn es sich bei dem Geschäft nur um ein Kleingewerbe handelt. Eine EB ist ferner idR nicht erforderlich, sondern stattdessen ein Zugang in der laufenden Buchhaltung zu erfassen, wenn der Erwerber oder übernehmende Allein-Gester als EKfm bereits ein kfm Handelsgewerbe betrieben hat. Die in diesem Fall nach § 713 iVm § 666 BGB bestehenden Rechenschaftspflichten ggü den ausgeschiedenen Gestern bleiben jedoch unberührt (zur Auseinandersetzungsbilanz N Anm 12 ff). **37**

Bei der **Verschmelzung** des Vermögens einer KapGes mit dem Vermögen des AlleinGesters (§§ 120 ff UmwG) ist ebenfalls zu unterscheiden, ob dieser als EKfm bereits zur Rechnungslegung nach HGB verpflichtet ist oder aufgrund der Übernahme des Gewerbebetriebs der KapGes erst EKfm wird (Anm 5). Während im ersten Fall nur die Einbuchung in laufender Rechnung erforderlich ist (Anm 21, 37), muss der Kfm im zweiten Fall eine **Übernahmeeröffnungsbilanz** aufstellen (zur Möglichkeit der Buchwertfortführung nach § 24 UmwG Anm 15 und K Anm 5 ff). **38**

Handelt es sich bei der Verschmelzung lediglich um eine besondere Form der Abwicklung von (Rest-)Vermögen der KapGes, das für sich betrachtet die Voraussetzungen für einen Gewerbebetrieb nicht erfüllt, so dass eine Eintragung als EKfm (§ 122 UmwG) nicht in Betracht kommt (zur Zulässigkeit der Verschmelzung auf den AlleinGester in diesem Fall LG Berlin v 7.3.1997 GmbHR, 552; LG Tübingen v 17.7.1997 GmbHR, 849; aA OLG Zweibrücken v 27.12.1995 GmbHR 1996, 371; zur Problematik auch *Wrenger* BB 1997, 1905), ist die Aufstellung einer EB durch den bisherigen **Alleingesellschafter** uE nicht erforderlich. Überschreitet er dadurch zusammen mit einer schon bestehenden kleingewerblichen Tätigkeit die Grenze, ab der eine kfm Organisation erforderlich wird (Anm 46 ff), oder wird er mit seinem Kleingewerbe auf Antrag im HR eingetragen und damit Kfm (dazu Anm 54 f), ist eine EB aufzustellen.

b) Gewerbebegriff und maßgeblicher Bilanzstichtag

41 Der EKfm ist verpflichtet, die EB „zu Beginn seines Handelsgewerbes" aufzustellen (Anm 1). Damit wird in erster Linie der **Bilanzstichtag** formal festgelegt (*Hüffer* in HGB-Bilanzrecht § 242 Anm 26), uE zugleich aber auch indirekt der Zeitraum für die Aufstellung angesprochen. Die handelsrechtliche EB ist also nicht nur „auf" den Tag des Beginns eines kfm Handelsgewerbes, sondern zugleich auch zeitnah zu diesem Stichtag aufzustellen (zur Frist Anm 63). Entscheidend für den Erwerb der KfmEigenschaft ist der tatsächliche Beginn einer kfm Geschäftstätigkeit, nicht der später im HR eingetragene Zeitpunkt (*Schmidt* in MünchKomm HGB⁴ § 1 Anm 7). Der exakte **Zeitpunkt** des Eintritts der Voraussetzungen für einen nach Art und Umfang vollkfm Geschäftsbetrieb lässt sich allerdings nicht immer zweifelsfrei bestimmen, weil dies (außer bei UntErwerb oder Umw) idR nicht plötzlich stattfinden wird. Es besteht daher bei Aufnahme oder Ausweitung der Geschäftstätigkeit in gewissen Grenzen stets ein Beurteilungsspielraum des Inhabers (Anm 6; *Ellerich/Swart* in HdR⁵ § 242 Anm 7). Folglich kann der Stichtag der EB in diesen Fällen uE nach billigem **Ermessen** des Gewerbetreibenden innerhalb des Zeitraums festgelegt werden, in dem die Vorbereitungs- und Anlaufphase abgeschlossen und eine über den Umfang eines Kleingewerbes hinausgehende kfm Betätigung offensichtlich geworden ist (Anm 6 f, 49). Entscheidend ist, dass der Stichtag der EB nicht erst auf den Tag der Eintragung im HR, sondern zeitnah zum Eintritt der Voraussetzungen festgelegt wird, die eine kfm Organisation und Rechnungslegung *erfordern* (so wohl auch *Hüffer* in HGB-Bilanzrecht § 242 Anm 27) und damit die Eintragungspflicht begründen, zB weil nach der Höhe des Umsatzes und der Arbeitnehmerzahl oder wegen des hohen Kapitaleinsatzes nunmehr eine Überwachung der Sachwerte und der Vermögensentwicklung angezeigt ist. Dabei ist stets auf das Gesamtbild der Verhältnisse des Einzelfalls abzustellen (Anm 49; BFH v 21.4.1998 BFH/NV, 1220). Es kommt jedoch nicht nur auf die Belange des Inhabers, sondern auch auf die Interessen derjenigen an, die mit dem Gewerbebetrieb in Geschäftsbeziehungen treten (BGH v 28.4.1960 DB, 1097). Daher ist die Aufstellung einer EB spätestens auf den Zeitpunkt notwendig, von dem an eine kfm Rechnungslegung im Interesse des Inhabers (Selbstinformation) und der Geschäftspartner (Dokumentation) objektiv erforderlich ist (ähnlich *Schmidt* in MünchKomm HGB⁴ § 242 Anm 13). Dies ist dann der Fall, wenn eine geordnete Geschäftstätigkeit und der notwendige Überblick über die lfd Geschäfte sowie die VFE-Lage sonst nicht oder nur schwer möglich wäre (Anm 52 f), spätestens aber, wenn das Unt des EKfm im HR eingetragen wurde und es entweder die Umsatz- oder die Ergebnisgrenze des § 241a HGB voraussichtlich überschreiten wird (Anm 3, 56, 65).

42 Ein **gewerbliches Unternehmen** setzt eine nicht nur einmalige (gelegentliche), sondern eine auf eine gewisse Dauer angelegte (nachhaltige) erwerbsmäßige Geschäftstätigkeit voraus, die selbstständig und planmäßig betrieben wird, auf eine Beteiligung am allg Wirtschaftsverkehr gerichtet ist und als organisierte Wirtschaftseinheit erkennbar am Markt in Erscheinung tritt (im Einzelnen *Schmidt* in MünchKomm HGB⁴ § 1 Anm 10 ff mwN; *Körber* in Oetker HGB⁵ § 1 Rn 10 ff; s a *Störk/Lewe* in Beck Bil-Komm¹² § 238

I. Rechtliche Grundlagen   43, 44   B

Anm 6 ff). Dass die Betätigung sich im Rahmen der Gesetze bewegt und ggf erforderliche Gewerbeberechtigungen bzw staatliche Konzessionen vorliegen, ist überdies Voraussetzung für die Duldung der Betätigung durch die Rechtsordnung. Eine *Beteiligung am allg wirtschaftlichen Verkehr* kann auch dann gegeben sein, wenn nur Geschäftsbeziehungen zu einem einzigen Kunden bestehen (BFH v 15.12.1999 BB 2000, 1224). Inwieweit auch eine Gewinnerzielungsabsicht, die den Begriffen Erwerbsgeschäft (§§ 112, 1822 Nr 3 BGB) oder Handelsgeschäft (§§ 22 ff HGB) immanent ist, zu den *notwendigen* Merkmalen des Gewerbebegriffs gehört, ist umstritten (zum Meinungsstand zB RegE HRefG, BR-Drs 340/97, 24). Entgegen der steuerrechtlichen Begriffsbestimmung des **Gewerbebetriebs** (§ 2 Abs 1 S 2 GewStG iVm § 15 Abs 2 S 1 EStG, GewStR (2009) H 2.1 Abs 1) ist Gewinnstreben aber jedenfalls kein unverzichtbares Definitionsmerkmal eines *kaufmännischen* Gewerbes (mehr), da das Wirtschaftsleben eine Fülle von gewerblichen Betätigungsformen kennt, bei denen entgeltliche Leistungen am Markt angeboten werden, ohne dass die Absicht, Gewinn zu erzielen, im Vordergrund steht (*Störk/Lewe* in Beck Bil-Komm[12] § 238 Anm 46). Für die Annahme einer handelsgewerblichen Tätigkeit dürfte es somit ausreichen, wenn mit der Absicht, Einnahmen zu erzielen, selbstständig, planmäßig und nachhaltig Leistungen am Markt angeboten und ausgetauscht werden (*Schmidt* in MünchKomm HGB[4] § 1 Anm 26). Gleichwohl ist die *Absicht dauernder Gewinnerzielung* in der Praxis die Regel und daher zwar keine notwendige Bedingung, aber jedenfalls ein Indiz für ein Handelsgewerbe (BGH v 28.10.1971 BGHZ 57, 199; BGH v 10.5.1979 BGHZ 74, 277; differenzierend OLG München v 14.9.1987 NJW 1988, 1036).

Der Begriff des Handelsgewerbes ist weitgehend deckungsgleich mit dem **43** allg **Unternehmensbegriff** (Anm 2); letzterer schließt jedoch nichtgewerbliche unternehmerische Tätigkeiten (Anm 8 ff) mit ein (*Schmidt* in MünchKomm HGB[4] § 1 Anm 20). Für die kfm Buchführungs- und Bilanzierungspflicht ist dies aber uE nicht entscheidend. Maßgebend dafür ist vielmehr für alle Arten von unternehmerischen Tätigkeiten allein das Erfordernis eines nach Art und Umfang in kfm Weise eingerichteten Geschäftsbetriebs, indiziert durch eine zu erwartende Überschreitung des Schwellenwerts nach § 241a HGB für Umsatz oder Jahresergebnis (dazu Anm 6). Die Anlage und Verwaltung eigenen oder fremden Vermögens zB ist zwar grds kein Handelsgewerbe (zur Abgrenzung vom sog gewerblichen Grundstückshandel BMF 26.3.2004 BStBl I, 434). Sofern es sich dabei aber um eine nachhaltige erwerbsmäßige Tätigkeit mit *geschäftlichem* Betätigungswillen handelt, die nach Art und Umfang eine kfm Organisation erfordert (zB wegen großer Zahl von Vertragspartnern, Vorhandensein umfangreichen Vermögens mit Fremdfinanzierung, Durchführung größerer oder ineinander übergreifender Projekte), besteht zum Schutz des Wirtschaftsverkehrs dennoch kfm Buchführungs- und Bilanzierungspflicht (Anm 10, 41; zur Buchführung beim gewerblichen Grundstückshandel OFD Frankfurt am Main 18.4.2000 BB, 1400).

Land- und Forstwirte (Anm 9) betreiben nach der Art ihrer Geschäfte **44** kein kfm Gewerbe, sofern sich der Betrieb auf berufsspezifische Tätigkeiten beschränkt. Ein Landwirt kann jedoch durch umfangreichere Zukäufe und Weiterverkäufe als *Warenhändler* ein Handelsgeschäft betreiben (§ 1 Abs 2

HGB, auch EStR (2012) R 15.5 Abs 6 iVm Abs 11, EStR (2012) H 15.5). Soweit selbst hergestellte Erzeugnisse direkt vermarktet werden, liegt aber zumindest steuerrechtlich kein Gewerbebetrieb, sondern ein landwirtschaftlicher Nebenbetrieb vor (EStR (2012) R 15.5 Abs 3; BFH v 12.12.1996 BStBl II 1997, 427). Durch Strukturwandel (oder wegen Überschreitens der Grenzen zur gewerblichen Tierzucht, EStR (2012) R 13.2 Abs 2) kann ein Betrieb der Land- und Forstwirtschaft zum Gewerbebetrieb mutieren (EStR (2012) R 15.5 Abs 2), der einen kfm Geschäftsbetrieb erfordern und die Pflicht zur kfm Buchführung und Aufstellung einer EB auslösen kann (im Einzelnen *Störk/Lewe* in Beck Bil-Komm[12] § 238 Anm 25).

45 Ein **freier Beruf** ist aufgrund gesetzlicher Fiktion (zB § 1 Abs 2 S 2 WPO, § 32 Abs 2 S 2 StBerG) kein gewerbliches Unt bzw Handelsgewerbe. Er kann daher die KfmEigenschaft nach § 1 HGB nicht ohne Weiteres vermitteln (Anm 8). Solange die individuelle und eigenverantwortliche Tätigkeit des Berufsträgers im Vordergrund steht, dürfte der Umfang der Geschäfte auch stets in einem Rahmen bleiben, der eine kfm Organisation (noch) nicht erfordert, auch wenn ggf die Grenzen des § 241a HGB für Umsatz oder Jahresergebnis überschritten sein sollten; iÜ unterliegt dies idR der standesrechtlichen Überwachung. Die Rechnungslegungsvorschriften des HGB gelten daher grds nur, wenn der freie Beruf als PersGes (C Anm 6; ggf auch Partnerschaft oder EWIV, dazu C Anm 7 f) oder als KapGes (D Anm 1) betrieben wird (zur Ausnahme bei gewerblicher Prägung Anm 8; bei freiwilliger Buchführung und Bilanzierung Anm 51, 159). Unabhängig davon kann die Tätigkeit eines Freiberuflers ganz oder teilweise als gewerblich einzustufen sein, wenn sie sich als gemischte Tätigkeit darstellt (dazu EStR (2012) H 15.6 mwN, s zB FG Baden-Württemberg v 12.2.2001 EFG, 807 für Laborarzt mit erheblichem Personaleinsatz).

46 Als Beginn der gewerblichen Betätigung eines Einzelunternehmers kann man alle Aktivitäten verstehen, die seit der UntIdee bis zur Aufnahme der vorgesehenen ‚eigentlichen' Betriebstätigkeit stattfinden. Erster Anhaltspunkt für den Übergang von der Entschluss- und Vorbereitungsphase zur eigentlichen Realisierungsphase ist jedoch idR die **Gewerbeanmeldung** bei der Gemeindebehörde (§ 14 Abs 1 GewO, dazu auch Anm 158) und (sofern nach §§ 30 bis 36a GewO erforderlich) die Erteilung der gewerberechtlichen Genehmigung, ferner die Durchführung von Werbemaßnahmen und die Aufnahme von Vertrags- und Leistungsbeziehungen zu Kunden oder Lieferanten sowie die Eröffnung von Bankkonten für das Unt.

Ein Gewerbebetrieb beginnt bereits mit den ersten zielgerichteten Vorbereitungshandlungen (dazu Anm 158). Die Schwelle zum **Beginn eines Handelsgewerbes** iSv § 242 HGB wird dagegen erst überschritten, wenn die gewerbliche Tätigkeit einen nach Art *und* Umfang in kfm Weise eingerichteten Geschäftsbetrieb *erfordert* (Anm 2) oder von Anfang an darauf gerichtet ist (Anm 7). Aus Gründen des Vertrauensschutzes kommt es nicht auf das tatsächliche Vorhandensein der **kaufmännischen Organisation,** sondern allein auf deren **Erforderlichkeit** an (Anm 6; ebenso *Blumers,* 28 f). Davon kann im Zweifel (Anm 48) ausgegangen werden, wenn einer der Schwellenwerte des § 241a HGB (Umsatz oder Jahresergebnis) am ersten Bilanzstichtag voraussichtlich überschritten wird; zum Beginn der kfm Rech-

I. Rechtliche Grundlagen   47–49 **B**

nungslegungspflicht Anm 3. Wenn der Eindruck einer kfm Geschäftstätigkeit erweckt wurde, ist es andererseits stets Sache des Inhabers, durch Darlegung entspr Tatsachen ggf nachzuweisen, dass der Verzicht auf eine kfm Organisation bei seinem Unt gerechtfertigt ist (Anm 4).

Der Begriff des Handelsgewerbes wird durch ein *qualitatives* und ein *quanti-* **47** *tatives* Element umschrieben (*Störk/Lewe* in Beck Bil-Komm[12] § 238 Anm 8). Für einen Groß- oder Einzel*händler* wird ohne Weiteres angenommen, dass die gewerbliche Tätigkeit nach der **Art der Geschäfte** eine kfm Organisation erfordert. Eine der Art nach kfm Geschäftstätigkeit ist aber nicht auf den Handel beschränkt, sondern bestimmt sich in den anderen Fällen ua nach folgenden *Kriterien für die Komplexität des UntGegenstands* (dazu auch *Körber* in Oetker HGB[5] § 1 Rn 52 mwN):
- besondere Anforderungen bei der Herstellung der Güter bzw Leistungen,
- Notwendigkeit der Lagerhaltung (Rohstoff-, Zwischen-, Endlager),
- lohn- und/oder kapitalintensive Geschäftstätigkeit,
- Notwendigkeit umfangreicher Lieferanten- oder Kundenbeziehungen und Betreuung durch Einkaufs- bzw Vertriebsabteilung,
- überregionale oder sogar internationale Geschäftsbeziehungen,
- Übernahme besonderer Geschäfts-, Finanzierungs- oder Haftungsrisiken sowie Bürgschaften oder Gewährleistungsverpflichtungen,
- Abwicklung längerfristiger und periodenübergreifender größerer Projekte (FG Niedersachsen v 3.2.1998 EFG 1999, 275),
- Notwendigkeit einer Liquiditäts- und Finanzplanung wegen wechselndem Finanzierungsbedarf (FG Münster v 24.4.1995 EFG 1996, 423).

Kriterien für das Erfordernis einer kfm Organisation nach dem **Umfang** **48** **der Geschäftstätigkeit** (s a *Körber* in Oetker HGB[5] § 1 Rn 53 mwN) sind ua:
- Vielfalt der hergestellten Erzeugnisse oder Leistungen bzw der abgesetzten Produkte, Leistungen oder Waren,
- Vielfalt der zu beschaffenden Rohstoffe, Vorprodukte, Vorleistungen oder Waren,
- Form der Geschäftsabwicklung (umfangreiche Kreditgeschäfte, bargeldloser Zahlungs- und Wechselverkehr),
- Vielfalt der Geschäftsbeziehungen (Anzahl der Kunden, Lieferanten, Arbeitnehmer, Gläubiger),
- Anzahl und Bedeutung der Geschäftsvorfälle,
- hohes Umsatzvolumen, erheblicher Wert des Vermögens (Anlage- und Umlaufvermögen) und erhebliche Schulden.

Allein die Überschreitung des Schwellenwerts nach § 241a HGB für Umsatz oder Jahresergebnis reicht allein noch nicht für den Status eines EKfm aus, sondern ist lediglich Indiz für eine nach dem Umfang erforderliche kfm Organisation. Solange der Geschäftsinhaber noch nicht im HR eingetragen ist, liegt in diesem Fall die Beweislast für eine Nichtanwendung des KfmRechts aber bei ihm (*Körber* in Oetker HGB[5] § 1 Rn 60).

Unter welchen Voraussetzungen der Geschäftsbetrieb nach *Art und Umfang* **49** eine kfm Organisation erfordert, wird in der Praxis durch eine kasuistisch geprägte Rspr entschieden. Einvernehmen besteht aber darin, dass bei der Beurteilung *nicht* allein auf einzelne Kriterien abzustellen ist. Ob das Gewerbe

Förschle/Kropp/Roland

eine **kaufmännische Organisation** erfordert, kann vielmehr nur anhand einer Gesamtwürdigung der konkreten Verhältnisse des einzelnen Unt beantwortet werden (BGH v 28.4.1960 BB, 917; OLG Celle v 16.11.1962 DB 1963, 166). Von wesentlicher Bedeutung ist dabei die Frage, ob der Geschäftsverlauf sowie die VFE-Lage ohne ein kfm Rechnungswesen noch überschaut und das Unt fachmännisch geführt werden kann (Anm 41).

50   Da das Erfordernis einer kfm Organisation in der Praxis kaum eindeutig feststellbar und auch das sofortige Überschreiten der Umsatz- oder Ergebnisschwelle nicht immer voraussehbar ist, kann es sich zur Vermeidung möglicher Sanktionen bei verspätetem Beginn der Rechnungslegung (dazu Anm 69f) empfehlen, eine EB *im Zweifel* bereits auf einen **früheren Zeitpunkt** aufzustellen, auch wenn die Voraussetzungen für einen nach Art *und* Umfang in kfm Weise eingerichteten Geschäftsbetrieb evtl *noch nicht* vorliegen oder keiner der Schwellenwerte des § 241a HGB überschritten wird. Da der Einzelunternehmer im Allg schon vor dem nach HGB maßgeblichen Erfordernis vollkfm Organisation allein aufgrund steuerrechtlicher Vorschriften zur Rechnungslegung nach den GoB verpflichtet sein kann (Anm 59), dürfte er dann ohnehin bereits über eine Buchführung und steuerrechtliche EB verfügen. Aus Vereinfachungsgründen und zur Vermeidung einer erneuten Aufstellung beim späteren Beginn der Rechnungslegungspflicht auch nach HGB sollte die *handelsrechtliche* EB daher schon auf den **Beginn der Geschäftstätigkeit,** spätestens aber auf den Beginn der steuerrechtlichen Buchführungspflicht nach § 141 AO (Anm 59) aufgestellt werden (so wohl auch *Störk* in Beck Bil-Komm[12] § 242 Anm 3), auch wenn für die Geschäftstätigkeit unter zivil- und strafrechtlichen Gesichtspunkten eine Rechnungslegungspflicht nach HGB zu diesem Zeitpunkt noch nicht besteht oder zweifelhaft sein könnte. Ist die HR-Eintragung von Anfang an beabsichtigt und wird sie zeitnah realisiert, ist die Aufstellung einer EB nach HGB bei Geschäftseröffnung ohnehin geboten, wenn eine Überschreitung eines der Schwellenwerte am ersten Bilanzstichtag absehbar ist (dazu Anm 7).

51   In der Praxis werden daher oft schon mit den ersten Vorbereitungshandlungen oder mit Aufnahme der Betriebstätigkeit Bücher geführt. Durch eine derart frühzeitige **freiwillige** Buchführung, Inventarisierung (dazu Anm 82ff) und Bilanzierung kann die Pflicht zur Aufstellung einer EB nach § 242 Abs 1 HGB bei erst späterem tatsächlichen Erwerb des KfmStatus zwar im Grunde nicht ersetzt werden (so mit Hinweis auf das InsStrafrecht *Blumers,* 27 mwN). Die EB nach HGB ist jedoch kein Selbstzweck, sondern Ausgangsbasis für eine sich daran anschließende kfm Buchführung und Bilanzierung (Anm 15). Unter der Voraussetzung, dass von Anfang an ordnungsgemäß nach den GoB für steuerrechtliche Zwecke Bücher geführt und regelmäßig JA erstellt werden (dazu Anm 59), dürfte es daher nicht notwendig sein, bei Erwerb des KfmStatus oder bei Überschreiten der Schwellen nach § 241a HGB während eines laufenden Gj (erneut) eine EB aufzustellen (zum Inventar Anm 87). Hierfür besteht unter dem Aspekt der Selbstinformation und Dokumentation (Anm 14) jedenfalls kein Bedarf, wenn – wie in § 238 Abs 1 HGB vorgeschrieben – bereits aus der Buchführung die Handelsgeschäfte und die Lage des Vermögens nach den GoB ersichtlich sind.

I. Rechtliche Grundlagen 52–54 B

Andererseits kann auch für den **Vollkaufmann** ein nach der Eröffnung des 52 kfm Geschäftsbetriebs liegendes Datum als Stichtag der EB bestimmt werden, solange die Pflichtschwellen nach § 241a HGB bis zum nächsten Bilanzstichtag voraussichtlich nicht überschritten werden. Die *Verpflichtung* des Einzelunternehmers, das Gewerbe zum HR anzumelden, entsteht nach § 29 HGB jedoch spätestens, wenn sich das Erfordernis eines nach Art und Umfang kfm Geschäftsbetriebs konkret abzeichnet (Anm 6). Der Kfm sollte daher im Zweifel *spätestens* auf den **Zeitpunkt der Anmeldepflicht** eine EB aufstellen (ähnlich *Ellerich/Swart* in HdR[5] § 242 Anm 7), auch wenn er noch nicht sicher absehen kann, ob eine der Grenzen für Umsatz oder Jahresergebnis am Bilanzstichtag überschritten sein wird. Beim KannKfm (Anm 9) kann nichts anderes gelten; hier tritt lediglich, ohne dass damit ein materieller Unterschied bestünde, die Absicht zur Anmeldung bzw der Tag der tatsächlichen Anmeldung zum HR an die Stelle der Anmeldepflicht (dazu Anm 10); zum FiktivKfm kraft Eintragung Anm 1, 53 ff.

Im Hinblick auf das Beurteilungsermessen des Einzelunternehmers 53 (Anm 41) dürfte es aber auch ohne Weiteres zulässig sein, als Stichtag der EB (und den Beginn der Buchführung) das spätere **Datum der tatsächlichen Anmeldung** zum HR zugrunde zu legen, sofern sie nicht schuldhaft hinausgezögert wurde. Spätester Termin ist jedoch schon wegen der damit verbundenen Rechtswirkung (s Anm 54 f) der Tag der Eintragung, sofern das Erfordernis eines kfm Geschäftsbetriebs nicht schon vorher bestand (Anm 52, 56). Bei früherer Aufstellung bedarf es – wie beim Kleingewerbetreibenden – keiner (erneuten) Aufstellung einer EB auf den Tag der Eintragung. Voraussetzung ist jedoch, dass eine EB nach HGB auf einen früheren Zeitpunkt aufgestellt und seitdem ordnungsgemäß Bücher geführt und regelmäßig JA nach den handelsrechtlichen GoB erstellt wurden (Anm 51).

Die **Eintragung** im HR ist Indiz für das Erfordernis einer kfm Organisa- 54 tion und zT Voraussetzung für den Erwerb der KfmEigenschaft (Anm 4, 9). Durch die Eintragung erlangt der Einzelunternehmer mit seinem Geschäftsbetrieb gleich welcher Art oder welchen Umfangs den Status eines **Fiktivkaufmanns** (§ 2 S 1 HGB; *Körber* in Oetker HGB[5] § 5 Rn 17), mit allen damit verbundenen Rechten und (Rechnungslegungs-)Pflichten eines Kfm (*Körber* in Oetker HGB[5] § 2 Rn 18). Daher kann sich der *eingetragene* EKfm, solange seine Firma nicht gelöscht wurde, nicht mehr mit Erfolg darauf berufen, seine Tätigkeit sei kein Handelsgewerbe (§ 5 HGB) oder sei nur ein Kleingewerbe ohne kfm Geschäftsbetrieb (*Körber* in Oetker HGB[5] § 2 Rn 22). Dies gilt auch für einen früheren MussKfm (Anm 5), der seine Tätigkeit eingeschränkt hat. Solange die Eintragung der Firma nicht durch Löschung beseitigt wurde (§§ 2 S 3, 31 Abs 2 HGB), kann aus Gründen der Rechtssicherheit weiterhin ein kfm Geschäftsbetrieb unterstellt werden (so schon BGH v 6.7.1981 NJW 1982, 45), mit der Folge, dass der Unternehmer EKfm und damit grds auch nach HGB rechnungslegungspflichtig bleibt (Anm 5, ebenso *Störk/Lewe* in Beck Bil-Komm[12] § 238 Anm 16). Die Gegenauffassung (zB *ADS*[6] § 238 HGB Anm 4; bzgl der Buchführungspflicht auch *Merkt* in Baumbach/Hopt[38] HGB § 238 Anm 8 [für den „zu Unrecht" eingetragenen EKfm] jeweils ohne Begr) vermag nicht zu überzeugen. Die Buchführungs- und Bilanzierungspflicht nach HGB bleibt nämlich unabhängig von der Eintragung im HR bestehen, solange nicht mindestens in den JA von zwei aufeinanderfolgenden Gj jeweils die Schwellenwerte für Umsatz und Jahresergebnis unterschritten wurden (§ 241a S 1 HGB). Dabei ist es wegen § 2 S 1 HGB völlig unerheblich, ob die Notwendigkeit einer kfm Organisation von Anfang an nicht bestand oder erst später weggefallen ist.

55 Der eingetragene **Fiktivkaufmann** sollte schon im eigenen Interesse (Selbstinformation) und zu seiner Entlastung ggü Dritten (Dokumentation) eine EB und jährlich JA aufstellen und nach den GoB Bücher führen. Wegen der Vorlagepflichten nach §§ 258 ff HGB ist nämlich im Fall eines Rechtsstreits (dazu Anm 148) anhand der Bücher, Bilanzen und Belege nachzuweisen, dass Dritte durch das Geschäftsgebaren nicht geschädigt wurden (Anm 46). Dies ergibt sich bereits aus der allg Sorgfaltspflicht des Kfm (§ 347 Abs 1 HGB; dazu *Hopt* in Baumbach/Hopt[38] HGB § 347 Anm 23 ff). Wegen der *Kaufmannsfiktion kraft Eintragung* dürfte das pflichtwidrige Unterlassen kfm Rechnungslegung für jeden eingetragenen EKfm auch strafrechtlich relevant sein, da es den sog **Minderkaufmann** nach § 4 Abs 1 HGB aF nicht mehr gibt, für den die Rechnungslegungspflicht nach HGB noch an das tatsächliche Erfordernis eines nach Art und Umfang kfm Geschäftsbetriebs geknüpft war (so noch OLG Celle v 31.7.1968 NJW, 2119).

56 Die Pflicht zur Bilanzierung und Buchführung nach § 242 HGB besteht grds bereits, wenn mit einer unternehmerischen Tätigkeit begonnen wird, für die nach Art und Umfang ein kfm Geschäftsbetrieb erforderlich ist (Anm 2, 46) und das Gewerbe deshalb nach § 29 HGB zum HR anzumelden ist. Wenn ferner zu erwarten ist, dass die Schwellenwerte des § 241a S 1 HGB bereits am ersten Bilanzstichtag überschritten werden, erscheint es daher *nicht* zweckmäßig, erst auf den **Tag der Eintragung** eine EB aufzustellen und mit der Buchführung zu beginnen (zur Ausnahme für KannKfm Anm 9), zumal dieses Datum eher zufällig und nicht im Voraus bekannt ist. Im Hinblick auf evtl zur Aufstellung der EB notwendige vorbereitende Maßnahmen (zB Inventur, dazu Anm 82) sprechen aber auch praktische Gründe dagegen, die EB auf den Zeitpunkt der Eintragung zu verschieben. Bedeutung hat das Eintragungsdatum nämlich außer beim FiktivKfm (Anm 54 f) im Grunde nur für KapGes als FormKfl (dazu D Anm 69, 77). Stattdessen ist als Stichtag der EB grds der Zeitpunkt maßgeblich, zu dem der EKfm zur Anmeldung der Eintragung seines Gewerbes im HR verpflichtet ist (Anm 52), oder hilfsweise der **Tag der Anmeldung,** wenn die Eintragung tatsächlich zeitnah beantragt wird (Anm 53).

Eine erst auf den Eintragungszeitpunkt aufgestellte EB dürfte allerdings idR auch dann noch nicht verspätet sein, wenn die Eintragung frühzeitig ab dem Tag betrieben wurde, an dem sich das Erfordernis einer nach Art und Umfang kfm Organisation des Geschäftsbetriebs objektiv abgezeichnet hatte. Dieser Aufschub gilt uE jedoch nicht bei drohender Ins (Anm 69).

c) Frühere steuerrechtliche Buchführungspflicht

59 Die Verpflichtung zur Buchführung und Aufstellung einer EB nach HGB kann von der nach § 141 AO uU schon früher einsetzenden **steuerrechtlichen Buchführungspflicht** überlagert werden (dazu Anm 159). Müssen

I. Rechtliche Grundlagen 63, 64 **B**

danach zunächst allein für steuerrechtliche Zwecke Bücher geführt werden, ist bei späterem Eintritt in die Rechnungslegungspflicht nach HGB eine neuerliche (handelsrechtliche) EB entbehrlich (dazu Anm 51), denn für die steuerrechtliche Rechnungslegung schreibt § 141 Abs 1 S 2 AO ausdrücklich die sinngemäße Anwendung der handelsrechtlichen Vorschriften der §§ 238 HGB (Buchführungspflicht), 240, 241 HGB (Inventar, Inventur), 242 Abs 1 HGB (EB) und der §§ 243 bis 256 HGB (Allg GoB, Einzelvorschriften zu Ansatz und Bewertung) vor, sofern sich nicht aus den Steuergesetzen etwas anderes ergibt. Aus steuerrechtlichen Gründen setzt die Pflicht zur Rechnungslegung nach handelsrechtlichen Grundsätzen also uU früher, in keinem Fall aber später ein, als nach Handelsrecht vorgeschrieben (dazu Anm 159).

d) Zeitraum für die Aufstellung

Nach dem Wortlaut des § 242 HGB muss der EKfm seiner Verpflichtung zur Aufstellung der EB bereits „zu Beginn seines Handelsgewerbes" nachkommen (Anm 41). Damit soll zwar eine gewisse Zeitnähe vorgegeben werden, es ist jedoch **keine konkrete Fristbestimmung** bezweckt (ebenso *Blumers*, 51 ff mwN). Wegen der idR notwendigen Vorarbeiten wäre dies auch nicht praktikabel, zumal ein bestimmtes Datum, an dem das Erfordernis einer kfm Organisation erstmals entstanden ist, kaum exakt ermittelt werden kann. Daher verzichtet das HGB darauf, eine Frist für die Erstellung der EB explizit festzulegen. Auch die Rspr (BGH v 9.12.1954 DB 1955, 288) nimmt keine feste Aufstellungsfrist an, sondern stellt insoweit mit Zustimmung des BVerfG (Beschluss v 15.3.1978 NJW 1423) auf den konkreten Einzelfall, insb die wirtschaftliche Lage des Unt ab (im Einzelnen Anm 49). 63

Es besteht allerdings eine abstrakte Regelung durch unbestimmten Rechtsbegriff, wonach der JA (und damit auch die Bilanz) „innerhalb der einem ordnungsmäßigen Geschäftsgang entsprechenden Zeit aufzustellen" ist (§ 243 Abs 3 HGB). Diese für den JA des EKfm geltende Aufstellungsfrist ist wegen § 242 Abs 1 S 2 HGB auch für die Aufstellung der EB maßgeblich. Eine Aufstellung der EB schon bevor der erste erfolgswirksame Geschäftsvorfall anfällt (so *ADS*[6] § 242 HGB Anm 19), ist dagegen kaum praktikabel und uE auch nicht geboten. Es reicht vielmehr aus, wenn die EB des EKfm unter *Berücksichtigung der Verhältnisse des Einzelfalls* zwar nicht absolut vorrangig, aber doch zumindest zeitnah zum Beginn des Handelsgewerbes aufgestellt wird, sobald davon auszugehen ist, dass einer der Schwellenwerte des § 241a S 1 HGB für Umsatz oder Jahresergebnis voraussichtlich schon am ersten Bilanzstichtag überschritten sein wird (§ 242 Abs 4 S 2 HGB). Die Aufstellung sollte allerdings innerhalb von **drei Monaten,** spätestens aber in einem Zeitraum von maximal sechs Monaten nach Aufnahme des vollkfm Geschäftsbetriebs abgeschlossen sein (so *ADS*[6] § 242 HGB Anm 27; *Hüffer* in HGB-Bilanzrecht § 242 Anm 28 f; s auch BGH v 9.12.1954 DB 1955, 288; zum Meinungsstand *Kirsch* in Rechnungslegung § 242 Anm 41). Diese Frist darf nur in besonderen Ausnahmefällen geringfügig überschritten werden (OLG Düsseldorf v 27.9.1979 NJW 1980, 1292). Eine Aufstellung der EB erst nach Ablauf von drei oder gar sechs Monaten dürfte einem ordnungsgemäßen Geschäftsgang idR nicht mehr entsprechen (ebenso *Merkt* in Baum- 64 bach/Hopt[38] HGB § 242 Anm 1) und ist uE nur dann ausreichend, wenn besondere Umstände vorliegen, die eine spätere Aufstellung ausnahmsweise rechtfertigen könnten, zB weil zunächst nicht erwartet werden konnte, dass die Grenze für Umsatz oder Jahresergebnis bereits am ersten Bilanzstichtag überschritten sein wird. Andererseits gilt stets eine kürzere Aufstellungsfrist als drei Monate, wenn der EKfm zB ein Unt in der Größenordnung des § 267 Abs 2 HGB übernommen hat (s a Anm 66) oder das Unt sich bereits bei Geschäftseröffnung oder -übernahme in wirtschaftlichen Schwierigkeiten befindet (Anm 69), denn dann ist für einen ordnungsgemäßen Geschäftsgang die unverzügliche Aufstellung der EB erforderlich. Abgesehen davon muss die Aufstellung der EB steuerrechtlich in jedem Fall aber vor Ablauf eines Jahres (BFH v 6.12.1983 ZIP 1984, 882) bzw vor der Aufstellung des JA für das erste RumpfGj erfolgt sein.

65 Die fristgerechte Aufstellung der EB beim Aufbau eines Geschäftsbetriebs hat für den EKfm in der Praxis schon wegen der häufig bestehenden Ungewissheit über die Größe des Unt und den maßgeblichen Bilanzstichtag nicht dieselbe **Bedeutung** wie eine fristgerechte Aufstellung des JA. Gleichwohl entspricht es im Hinblick auf den Beginn der Buchführungspflicht wohl überwiegender Ansicht, dass die Frist für die Erstellung der EB *tendenziell eher kürzer* als die für den JA zu bemessen ist (*Hüffer* in HGB-Bilanzrecht § 242 Anm 28). Dies lässt sich mit den idR geringeren Schwierigkeiten der Aufstellung und dem dringenden Informationsbedürfnis bei Geschäftseröffnung begründen (so noch *Kirsch* in Rechnungslegung § 242 Anm 41), zumal die Ermittlung und Bewertung der Eröffnungsbestände zur Einrichtung der Buchführung (Eröffnungsbuchung) unverzichtbar ist. Wesentlich ist auch, dass mit dem zeitlichen Abstand zum Bilanzstichtag zunehmend Zweifel an der Vollständigkeit und Richtigkeit der EB aufkommen könnten.

Unabhängig davon wird die EB bereits mit dem Ablauf des nächstfolgenden JA-Stichtags durch die aktuelleren Daten der Jahresbilanz in ihrer Bedeutung als Vermögensübersicht relativiert. In der Praxis wird daher eine Bilanz nach HGB in Fällen der Neueröffnung eines Kleingewerbes mit anfänglicher Einnahmen-/Ausgabenrechnung und sukzessivem Übergang zum kfm Geschäftsbetrieb (Anm 3) aus Vereinfachungsgründen mitunter erst auf den ersten Abschlussstichtag aufgestellt. In diesen Fällen handelt es sich eigentlich um eine sog **Übergangsbilanz** auf den Beginn der (steuerrechtlichen) Buchführungspflicht (dazu Anm 163), die uE gleichzeitig als handelsrechtliche EB verwendet werden kann.

66 Eine größere Bedeutung hat die fristgerechte Aufstellung der EB dagegen vor allem in **Übernahmefällen.** Wenn das Geschäft und Vermögen eines anderen Unt, das für sich allein die Größenkriterien des § 241a HGB oder gar des § 1 Abs 1 PublG erfüllte, durch Umw oder in anderer Weise als Ganzes auf den Einzelunternehmer übergegangen ist, hat der neue Geschäftsinhaber als EKfm bereits für den Beginn und das Ende des ersten Gj nach den Bestimmungen des HGB (arg ex § 241a S 2 HGB, dazu Anm 3) bzw des PublG Rechnung zu legen (§ 2 Abs 1 S 2 PublG). Dies setzt voraus, dass er auch zeitnah eine EB mit Inventar nach den Vorschriften des HGB bzw des PublG (dazu Anm 26) aufstellt. Aus der Fristbestimmung in § 5 Abs 1 S 1 PublG iVm § 242 Abs 1 S 2 HGB folgt ferner, dass die EB spätestens in den ersten

I. Rechtliche Grundlagen

drei Monaten des laufenden ersten Gj nach Übernahme aufzustellen ist (Anm 64).

3. Sanktionen

Gem § 283b Abs 1 Nr 3b StGB ist die **verspätete** oder **unterlassene** 69
Aufstellung der EB für den nach HGB buchführungspflichtigen EKfm grds mit **Strafe** bedroht. Entsprechendes gilt für das Eröffnungsinventar (Anm 82 ff, dazu *Hüffer* in HGB-Bilanzrecht § 240 Anm 72) und nach § 283b Abs 1 Nr 1 StGB auch, wenn pflichtwidrig keine Bücher geführt werden. Im Hinblick auf die Unbestimmtheit der Aufstellungsfrist (Anm 41, 63 ff) ist die Strafandrohung zwar nicht unproblematisch, vom BVerfG (Beschluss v 15.3.1978 NJW, 1423) aber nicht beanstandet worden. Ein Verstoß ist jedoch nur unter der Voraussetzung strafbar, dass der Einzelunternehmer seine Zahlungen eingestellt hat oder das InsVerfahren über sein Vermögen eröffnet oder der Eröffnungsantrag mangels Masse abgelehnt worden ist (§ 283b Abs 3 iVm § 283 Abs 6 StGB; dazu *ADS*[6] § 238 HGB Anm 59). Der *spätere Eintritt* des Bankrotts ist somit objektive Strafbarkeitsbedingung. Dass sich das Unt am Stichtag der EB bereits in einer Krise befindet, ist dagegen kein Tatbestandsmerkmal von § 283b StGB. Strafbarkeit kann daher grds auch bestehen, wenn die Ins später ohne Verschulden des Einzelunternehmers (zB wegen hoher Forderungsverluste) eingetreten ist, es sei denn, zwischen Verfahrenseröffnung und unterlassener Buchführung bzw Nichtbilanzierung besteht tatsächlich kein Zusammenhang (OLG Düsseldorf v 27.9.1979 NJW 1980, 1292).

Für eine Strafbarkeit ist grds *Vorsatz* erforderlich (§ 15 StGB). Das Straf- 70
maß beträgt in diesem Fall bis zu zwei Jahre Freiheitsentzug oder Geldstrafe. Nach § 283b Abs 2 StGB reicht es für eine Bestrafung jedoch bereits aus, wenn *fahrlässig* und pflichtwidrig keine Bücher geführt oder die EB *fahrlässig* nicht oder zu spät aufgestellt wurde; in diesem Fall reduziert sich das Strafmaß allerdings auf Freiheitsentzug bis zu einem Jahr oder Geldstrafe. Entsprechendes gilt für die gesetzlichen Vertreter eines minderjährigen Gewerbetreibenden (§ 14 Abs 1 Nr 3 StGB).

In der **Krise** des Unt, dh bei drohender oder eingetretener Zahlungsunfä- 71
higkeit des EKfm *bereits zu Beginn* des kfm Geschäftsbetriebs, steht die fehlende Buchführung bzw die unterlassene oder verspätete Aufstellung der EB bei Vorsatz oder Fahrlässigkeit für den Kfm (bzw seine gesetzlichen Vertreter, Anm 70) auch nach § 283 Abs 1 Nr 5 bzw Nr 7b in schweren Fällen ggf iVm § 283a StGB unter Strafandrohung. Bei vom EKfm zu vertretender Unkenntnis über die UntKrise (zB wegen vorsätzlicher Nichtaufstellung einer EB) kann das Strafmaß bis zu fünf Jahre Freiheitsentzug oder Geldstrafe, bei Fahrlässigkeit (zB Unkenntnis wegen Irrtums über die Aufstellungspflicht) bis zu zwei Jahre Freiheitsentzug oder Geldstrafe betragen.

Unter den gleichen Voraussetzungen besteht nach § 14 Abs 2 iVm 72
§§ 283 ff StGB bei vorsätzlicher Pflichtverletzung Strafbarkeit auch für einen mit der Buchführung oder Bilanzierung *Beauftragten* (zB den Steuerberater oder einen angestellten Geschäftsleiter) und sogar für den Buchhalter (so *ADS*[6] § 238 HGB Anm 47 ff), soweit er nicht weisungsgemäß, sondern in

eigener Verantwortung gehandelt hat. Dies entbindet den Geschäftsinhaber aber nicht gänzlich von seiner eigenen Verantwortung (dazu Anm 19, 77). Zwar kann sich der Einzelunternehmer für die Ausführung aller notwendigen Arbeiten der Mitwirkung von Angestellten (zB Prokuristen als Geschäftsleiter) oder Dritten (zB externe Berater oder ServiceUnt) bedienen (ebenso *Mösbauer* DB 1996, 2584). Er haftet jedoch in jedem Fall für eine angemessene Auswahl und Überwachung der Hilfspersonen (*Merkt* in Baumbach/Hopt[38] HGB § 238 Anm 11 mwN).

73 **Strafbar** handelt nach § 283b Abs 1 Nr 3a bzw § 283 Abs 1 Nr 7a StGB ferner, wer als dafür Verantwortlicher vorsätzlich oder fahrlässig eine EB oder Jahresbilanz so aufstellt, dass die Übersicht über den Vermögensstand erschwert wird. Dabei können sich die gleichen Rechtsfolgen wie bei verspäteter Aufstellung ergeben (dazu *Wolf* StuB 2001, 254).

74 Die unterlassene oder verspätete Aufstellung der EB kann uU auch zu **zivilrechtlichen Konsequenzen** führen, wenn dadurch Rechte von Gläubigern, Arbeitnehmern oder stillen Gestern des EKfm (§ 230 HGB) beeinträchtigt werden. Die §§ 238 ff HGB sind nach der Rspr (BGH v 10.7.1964 BB, 1273) und wohl hM zwar nicht Schutzgesetz iSv § 823 Abs 2 BGB, so dass Dritte daraus idR keine Ansprüche herleiten können (BGH v 13.4.1994 DB, 1354; zur Ausnahme zB *Schneider* in Scholz[10] GmbHG § 43 Anm 331). Zweifelhaft ist auch, ob das Einsichtsrecht im Falle eines Rechtsstreits (Anm 148) ein „sonstiges Recht eines anderen" iSv § 823 Abs 1 BGB ist, das durch die Nichtbeachtung der Bilanzierungspflicht verletzt werden könnte. Möglich ist aber uU Schadensersatz nach § 826 BGB, wenn ein Geschäftspartner durch bewusst falsche Darstellungen in einer ihm vorgelegten EB getäuscht wurde (*Merkt* in Baumbach/Hopt[38] HGB § 238 Anm 19f). Dadurch ergibt sich jedoch keine Erweiterung der Haftung des EKfm, da er für die Verbindlichkeiten des Geschäftsbetriebs ohnehin auch mit seinem Privatvermögen unbeschränkt haftet.

75 Der EKfm kann durch ggf wiederholte Festsetzung von **Zwangsgeld** nur nach den Vorschriften der §§ 328 ff iVm 140 ff AO von der Finanzbehörde zur Einrichtung einer Buchführung nach den GoB und zur handelsrechtlichen Bilanzierung gezwungen werden, um ihn damit zur Erfüllung seiner steuerrechtlichen Pflichten (insb Aufstellung einer *steuerrechtlichen* EB, dazu Anm 159) anzuhalten. Das Handelsrecht kennt dagegen nur ein **Ordnungsgeldverfahren,** um die Beachtung von Offenlegungsvorschriften zu erzwingen (§§ 335, 335b HGB). Für den EKfm kann es gem § 21 PublG allerdings nur dann zur Anwendung kommen, wenn sein Unt die Größenkriterien des § 1 iVm § 2 Abs 1 S 2 PublG erfüllt und er deshalb nach § 9 PublG der Verpflichtung zur Offenlegung des JA unterliegt. Mangels Offenlegungspflicht der EB (dazu Anm 147) ist dieses Verfahren für die EB jedoch nicht anwendbar. Der EKfm hat stattdessen gem § 2 Abs 2 PublG bei dem Betreiber des elektronischen BAnz in Dateiform (§ 12 Abs 2 HGB) jährlich ggf die Erklärung einzureichen, dass für den betr Bilanzstichtag mindestens zwei der drei Größenmerkmale des § 1 Abs 1 PublG zutreffen. Die pflichtwidrige Nichtabgabe dieser Erklärung stellt eine Ordnungswidrigkeit dar (§ 2 Abs 2 PublG), die von dem BAJ mit einer Geldbuße bis zu 50 T€ geahndet werden kann (§ 2 Abs 3 und 4 PublG).

II. Vorschriften zur Eröffnungsbilanz 76–84 **B**

Die Verletzung handelsrechtlicher Rechnungslegungspflichten stellt wegen **76** § 140 AO zugleich eine **Verletzung steuerrechtlicher Pflichten** dar (Anm 159) und kann daher uU auch als Steuerstraftat (§ 370 AO) oder als Steuerordnungswidrigkeit (§§ 378, 379 AO) geahndet werden (*ADS*[6] § 238 HGB Anm 62). Darüber hinaus hat sie nach §§ 158, 162 Abs 2 AO idR eine Schätzung der Besteuerungsgrundlagen mit potentiell steuerverschärfender Wirkung zur Folge (*ADS*[6] § 242 HGB Anm 7).

Lässt der EKfm seine Rechnungslegungspflichten durch Hilfskräfte (Buch- **77** halter, Steuerberater, Dienstleister) erfüllen, stellt es schließlich nach § 130 Abs 1 OWiG eine bußgeldbewehrte **Ordnungswidrigkeit** dar, wenn er die Aufsichtsmaßnahmen unterlässt, die erforderlich sind, um in seinem Unt Zuwiderhandlungen gegen Pflichten zu verhindern, die den Inhaber als solchen treffen (zu seiner Verantwortlichkeit Anm 19, 142) und deren Verletzung mit Strafe oder Geldbuße bedroht ist (Anm 69 ff). Voraussetzung für die Verfolgung ist aber, dass die Zuwiderhandlung bei gehöriger Aufsicht hätte verhindert werden können.

II. Vorschriften zur Eröffnungsbilanz des Einzelunternehmers

1. Inventur und Eröffnungsinventar

Nach § 240 Abs 1 HGB hat jeder Kfm „zu Beginn seines Handelsgewerbes **82** seine Grundstücke, seine Forderungen und Schulden, den Betrag seines baren Geldes sowie seine sonstigen Vermögensgegenstände genau zu verzeichnen und dabei den Wert ... anzugeben". Die Durchführung einer *Inventur* und die Aufstellung eines **Eröffnungsinventars** auf den maßgeblichen EB-Stichtag (Anm 50 ff) ist die Vorstufe der Aufstellung einer EB (*Merkt* in Baumbach/ Hopt[38] HGB § 242 Anm 1; *Hüffer* in HGB-Bilanzrecht § 240 Anm 39). Es ist als Bestandsnachweis von besonderer Bedeutung (BFH v 19.10.2005 BStBl II 2006, 509). Für die Inventurpflicht gelten dieselben Voraussetzungen wie für die Buchführungs- und Bilanzierungspflicht, nämlich die Erlangung der KfmEigenschaft und die Überschreitung des Schwellenwerts für Umsatz oder Jahresergebnis (dazu Anm 3, 46).

Wenn nicht schon von Anfang an ggf ohne Rechtspflicht nach HGB **83** Rechnung gelegt wird (Anm 51), ist ein Eröffnungsinventar grds auch bei dem **Übergang** vom Kleingewerbe zum kfm Geschäftsbetrieb erforderlich, sobald absehbar ist, dass der Schwellenwert für den Umsatz oder das Jahresergebnis am Stichtag des JA nicht nur einmalig überschritten wurde. Praktische Bedeutung hat das Eröffnungsinventar jedoch vornehmlich in den Fällen der **Übernahme** eines laufenden kfm Geschäftsbetriebs (zu den diversen Anlässen Anm 31). Streng genommen ist es aber auch bei einer Bargründung aufzustellen, wenn anzunehmen ist, dass für das Unt eine kfm Organisation von Anfang an erforderlich sein wird (Anm 7). Die Inventur erschöpft sich dann jedoch in der Ermittlung des Guthabens auf dem Bankkonto oder einer Kassenbestandsaufnahme zum Stichtag der EB.

Das Bestandsverzeichnis (Inventar) gehört iwS zu den Handelsbüchern des **84** Kfm; die erforderlichen diesbzgl Aufzeichnungen müssen daher nach § 239 Abs 2 HGB vollständig, richtig, zeitgerecht und geordnet vorgenommen werden. Für die Durchführung der Eröffnungsinventur nach § 240 Abs 1 HGB gilt außerdem der **Grundsatz der Einzelaufnahme** aller VG (inkl Grundstücke, Forderungen sowie Bargeldbestände) und der Schulden (*Störk/Philipps* in Beck Bil-Komm[12] § 240 Anm 18). Dabei kann das im Rahmen der Einnahmen- und Ausgabenrechnung bereits nach § 4 Abs 3 S 5 EStG zu führende Verzeichnis des Anlagevermögens und bestimmter WG des Umlaufvermögens als Basis dienen. Das Inventar ist auf der Grundlage einer (ggf zeitlich auf wenige Tage ausgeweiteten) **Stichtagsinventur** aufzustellen, weil die Verfahren der permanenten Inventur (§ 241 Abs 2 HGB) oder der zeitlich nachgelagerten Inventur mit Rückrechnung auf den Stichtag (§ 241 Abs 3 HGB) ausdrücklich nur für das Inventar zum Schluss eines Gj anwendbar sind (Anm 87, zu den Verfahren im Einzelnen IDW St/HFA 1/1990). Abgesehen davon setzen diese Verfahren bereits die Existenz einer Buchführung voraus. Zur Erleichterung ist die Inventur gleichartiger *Vorratsgegenstände* sowie anderer gleichartiger oder annähernd gleichwertiger beweglicher VG, aber auch in Form einer **Gruppenaufnahme** möglich (§ 240 Abs 4 HGB; dazu *Störk/Philipps* in Beck Bil-Komm[12] § 240 Anm 130, 134 ff). Diese Erleichterung gilt ausdrücklich auch für Schulden (inkl Rückstellungen, zB für mit einem Geschäftsbetrieb übernommenen Urlaubs-, Pensions- oder Gewährleistungsverpflichtungen).

85   Bei der Eröffnungsinventur können für Gegenstände des Sachanlagevermögens sowie für Roh-, Hilfs- und Betriebsstoffe uU in Ausnahmefällen auch die Regelungen über die **Festbewertung** (§ 240 Abs 3 HGB; dazu *Störk/Philipps* in Beck Bil-Komm[12] § 240 Anm 71 ff; *Hüffer* in HGB-Bilanzrecht § 240 Anm 50 ff) angewandt werden. Eine Festbewertung erfordert allerdings, dass die gesetzlichen Voraussetzungen bereits am Stichtag der EB erfüllt sind. Mithin müsste der Anfangsbestand, so wie er auch künftig benötigt und beibehalten wird, von Anfang an nach Größe, Wert und Zusammensetzung vorhanden sein und dem Einzelunternehmer müsste zu diesem Zeitpunkt (zB durch Bestandsaufnahmen des früheren Geschäftsinhabers bzw Rechtsträgers oder bei eigener Geschäftstätigkeit vor Eintritt in die Buchführungspflicht) bereits bekannt sein, dass der Bestand der betr VG regelmäßig ersetzt wird, in seiner Größe, seinem Wert und seiner Zusammensetzung nur geringen Veränderungen unterliegt und sein Gesamtwert für das Unt nur von nachrangiger Bedeutung ist (zB Werkzeuge). Im Regelfall ist aber wie bei erstmaliger Festwertbildung im JA (dazu *Störk/Philipps* in Beck Bil-Komm[12] § 240 Anm 98) eine körperliche Einzel- oder Gruppenbestandsaufnahme und -bewertung zum Stichtag der EB erforderlich.

86   Bei Übernahme eines lfd Geschäftsbetriebs mit bereits vorhandener ordnungsgemäßer Buchführung kann das Eröffnungsinventar unter den Voraussetzungen des § 241 Abs 1 HGB grds auch durch **Stichprobeninventur** (zur Inventur im Einzelnen *Störk/Philipps* in Beck Bil-Komm[12] § 241 Anm 5 ff; *Hüffer* in HGB-Bilanzrecht § 240 Anm 8 ff) aufgestellt werden. Dies ist insb bei der Vorratsinventur zweckmäßig (dazu IDW St/HFA 1/1981 idF 1990). Wegen der notwendigen Aussageäquivalenz im Vergleich zur Vollaufnahme setzt dieses Verfahren jedoch eine bereits bestehende, hinreichend zuverlässige Lagerbuchführung voraus, weil nach den GoB auf einen (buchmäßigen) Einzelnachweis der nicht durch die Stichprobe erfassten Gegenstände nicht ver-

II. Vorschriften zur Eröffnungsbilanz

zichtet werden kann (*Störk/Philipps* in Beck Bil-Komm[12] § 241 Anm 22 ff). Beim Übergang vom Kleingewerbe auf einen kfm Geschäftsbetrieb werden diese Bedingungen für die EB idR nicht vorliegen.

Die **Inventurvereinfachungsverfahren** (permanente Inventur, § 241 Abs 2 HGB, vor- oder nachverlegte Stichtagsinventur, § 241 Abs 3 HGB) dürfen *nicht* für die EB, sondern ausdrücklich nur für „den Schluss eines Geschäftsjahres" angewendet werden. Für ein Eröffnungsinventar kommt nämlich der stichtagsnahen Bestandsaufnahme zur *erstmaligen* genauen Erfassung und Abgrenzung des Mengengerüsts größere Bedeutung zu als einer Überprüfung der Sollbestände in späteren Gj, die jeweils auch unterjährig möglich ist. Bei Übernahme eines Geschäftsbetriebs dürfte eine Erstinventur des EKfm auf einen anderen als den maßgeblichen Stichtag der EB (dazu Anm 41, 46, 49 ff) daher uE auch dann nicht zulässig sein, wenn der Verkäufer des vom EKfm übernommenen Unt bereits Bücher nach den GoB geführt hat. Auf eine (erneute) Eröffnungsinventur kann der EKfm uE aber in Fällen des Übergangs vom Kleingewerbe zum kfm Geschäftsbetrieb verzichten, wenn er bereits früher eine EB für seinen Kleingewerbebetrieb aufgestellt hatte und seitdem unter Verzicht auf die Erleichterung nach § 241a HGB freiwillig Bücher nach den handelsrechtlichen GoB führte (dazu Anm 51).

2. Ansatz und Bewertung

a) Allgemeine Grundsätze

Für die EB des Einzelunternehmers gelten nach § 243 Abs 1 iVm § 242 Abs 1 S 2 HGB die allg GoB, soweit sie sich auf die Bilanz als Zeitpunkt-Rechnung beziehen. Darüber hinaus sind die für alle rechnungslegungspflichtigen Unt geltenden Vorschriften über Ansatz (§§ 246 bis 251 HGB) und Bewertung (§§ 252 bis 256a HGB) zu beachten, welche die GoB zT konkretisieren (wegen Einzelheiten zur Rechtsnatur und Ermittlung der GoB *Schmidt/Usinger* in Beck Bil-Komm[12] § 243 Anm 11 ff und *ADS*[6] § 243 HGB Anm 2 ff mwN). Die Aufstellung einer einheitlichen Handels- und Steuerbilanz (**Einheitsbilanz**) ist dabei nur begrenzt möglich, da die handelsrechtliche EB steuerrechtlichen Vorschriften nur insoweit angepasst werden darf, als dem keine zwingenden handelsrechtlichen Grundsätze oder Vorschriften entgegenstehen (BGH v 29.3.1996 DB, 926).

Für den **Ansatz** in der EB sind nach § 246 Abs 1 HGB das Vollständigkeits- und Einzelansatz*gebot* (zum Saldierungsverbot und Ausnahmen hiervon Anm 113) sowie ggf das Ansatz*wahlrecht* für selbst erstellte immaterielle VG des Anlagevermögens und die Bilanzierungs*verbote* von besonderer Bedeutung. Zwingend anzusetzen sind danach alle einzeln verkehrsfähigen und einzeln be- und verwertbaren VG, die zu Beginn des Handelsgewerbes zum Vermögen des EKfm gehören (Anm 96 ff), sowie alle (insb die mit dem Geschäftsbetrieb zusammenhängenden) Schulden des EKfm und Rückstellungen für ungewisse Verbindlichkeiten oder drohende Verluste, die am Bilanzstichtag rechtlich bestanden oder wirtschaftlich verursacht waren und bei denen der Kfm mit einer Inanspruchnahme rechnen muss (Anm 103 ff). Dagegen dürfen Aufwendungen für die UntGründung und EK-Beschaffung sowie Aufwendungen für Marken, Drucktitel, Verlagsrechte, Kundenlisten oder vergleichbare immaterielle VG des Anlagevermögens oder ein GFW nicht angesetzt werden, soweit sie von dem Inhaber selbst geschaffen wurden (dazu Anm 116 ff). Ein Ansatz wäre nur möglich, soweit diese VG von dem EKfm im Rahmen der Übernahme eines bereits bestehenden Geschäftsbetriebs im Ganzen entgeltlich erworben wurden (Anm 119). Die Aktivierung des Werts einer vom EKfm selbst entwickelten **Geschäftsidee** kommt daher nicht in Betracht, sofern es sich dabei nicht um einen eigenständigen VG handelt, der (wie zB ein Patent) als solcher am Markt greifbar ist und gesondert übertragen werden kann. Da der **Geschäftswert** (Anm 109) einen aktiven Geschäftsbetrieb voraussetzt und somit nicht privatisierbar ist, kann auch die „Einlage" eines GFW oder von einzelnen geschäftswertbildenden Faktoren, wie zB eigene Arbeitskraft (dazu BFH v 18.3.1999 BStBl II, 604) oder persönliches Know-how des EKfm, aus dem Privatbereich nicht zu einem Ansatz in der EB führen (Anm 116). Auch steuerrechtlich kann dies nicht dargestellt werden (*Kulosa* in Schmidt[38] EStG § 6 Anm 311 mwN).

93   Nach verbreiteter Ansicht sind die VG, Schulden und RAP in der EB grds mit ihren „wirklichen Werten" anzusetzen (zB *Blumers*, 23). Dies darf jedoch nicht als allg Pflicht des EKfm zur Neubewertung seiner VG bei Geschäftseröffnung missverstanden werden. Bei der handelsrechtlichen **Bewertung** in der EB eines EKfm ist vielmehr das *Anschaffungskostenprinzip* zu beachten, da das HGB (im Gegensatz zum Steuerrecht, Anm 177) den Begriff der „Einlagen" in das BetrVerm eines Einzelunternehmers nicht kennt, weil alle im rechtlichen bzw wirtschaftlichen Eigentum (Anm 96) des EKfm stehenden VG ohnehin schon „sein Vermögen" iSd § 242 Abs 1 S 1 HGB darstellen (zum Nichtansatz von VG des privaten Gebrauchs Anm 97 ff). Daher sind VG des EKfm in der handelsrechtlichen EB (unabhängig von der steuerrechtlichen Bewertung von Einlagen, dazu Anm 175 ff) *stets höchstens* mit den effektiven AK oder HK des Kfm (ggf vermindert um zeitanteilige planmäßige oder um außerplanmäßige Abschreibungen, dazu Anm 94) zu bewerten (§ 253 Abs 1 HGB). Die AK/HK sind in § 255 Abs 1 und Abs 2 HGB definiert. Diese Regelungen dienen der **Objektivierung** der Bewertung; sie gelten wegen § 242 Abs 1 S 2 HGB auch für die EB. Somit kommt es sowohl bei Neubeginn als auch bei der Übernahme eines kfm Geschäftsbetriebs für die Wertansätze von VG in der handelsrechtlichen EB des Einzelunternehmers allein auf die (ursprünglichen bzw planmäßig fortgeführten) **Anschaffungskosten** des EKfm (oder auf die von ihm während einer Tätigkeit als Kleingewerbetreibender oder als Privatperson aufgewandten HK) zzgl evtl Nebenkosten an. Nach § 15 UStG abzugsfähige Vorsteuerbeträge (dazu Anm 100) gehören nicht zu den AK eines VG, da es sich insoweit um einen eigenständigen VG (Erstattungsforderung) des Kfm handelt, so dass für den jeweiligen Erwerbsvorgang eine entspr Preisaufteilung erforderlich ist. Die tatsächlichen (ggf fortgeführten) AK/HK der VG sind auch für die EB **Höchstwerte**, die grds nicht überschritten werden dürfen (ebenso *Hüffer* in HGB-Bilanzrecht, § 242 Anm 34).

Eine Höherbewertung wäre aber zB für VG eines Deckungsvermögens zulässig, bei denen bereits am Stichtag der EB die strengen Voraussetzungen für eine Vermögensverrechnung nach § 246 Abs 2 S 2 HGB vorliegen (Anm 113); in diesem **Ausnahmefall** sind die betr VG nach der ausdrückli-

II. Vorschriften zur Eröffnungsbilanz 94 B

chen Regelung in § 253 Abs 1 S 4 HGB stets mit dem (ggf höheren) beizulegenden Zeitwert (idR Marktwert, § 255 Abs 4 HGB) am Stichtag zu bewerten. Eine weitere Ausnahme von dem Grundsatz der Höchstbewertung zu AK/HK (§ 253 Abs 1 S 1 HGB) und dem Verbot des Ausweises nicht realisierter Gewinne (§ 252 Abs 1 Nr 4 HGB) gilt für VG, die in einer fremden Währung nominiert sind, wie zB Bankguthaben, Forderungen oder Wertpapiere in Fremdwährung. Für diese VG sind im Rahmen der gesetzlich vorgeschriebenen €-Umrechnung des Fremdwährungsbetrags mit dem Stichtagskurs die og Vorschriften ausdrücklich dann nicht anzuwenden, wenn die VG nur eine Restlaufzeit von höchstens einem Jahr haben (§ 256a S 2 HGB). Schließlich ist eine Höherbewertung von VG ausnahmsweise zulässig, wenn sie im Rahmen einer Bewertungseinheit nach § 254 HGB zum Zweck des Ausgleichs gegenläufiger Wertänderungen oder Zahlungsströme aus dem Eintritt vergleichbarer Risiken mit FinInst zusammengefasst wurden (dies gilt auch für die steuerrechtliche EB, s § 5 Abs 1a S 2 EStG). Weitere Ausnahmefälle sieht das HGB nicht vor. Vor dem Stichtag der EB evtl eingetretene Wertsteigerungen dürfen daher in allen anderen Fällen nicht zu einem höheren Wertansatz von VG und damit auch nicht zum Ausweis eines höheren EK in der handelsrechtlichen EB führen, sondern (im Gegensatz zu den uU spezifisch geregelten Wertansätzen in der steuerrechtlichen EB, Anm 175, 180) nur zur Bildung **stiller Reserven.**

Sofern die AK/HK dem Kfm wegen fehlender Aufzeichnungen oder Belege nicht (mehr) bekannt sind, wären sie ggf (zB durch Rückrechnung aus aktuellen Wiederbeschaffungspreisen unter Berücksichtigung des Preisanstiegs) im Wege der Schätzung zu ermitteln. Die Praxis orientiert sich demggü dennoch bei Eröffnung des Geschäftsbetriebs aus Vereinfachungsgründen meist an den Wertansätzen in der steuerrechtlichen EB.

Zur Bewertung von gebrauchten abnutzbaren **Gegenständen des Anlagevermögens** in der EB (zur Abgrenzung vom Umlaufvermögen s § 247 Abs 2 HGB) sind die ursprünglichen AK/HK gem § 253 Abs 3 HGB ferner um zeitanteilige planmäßige Abschreibungen entspr der bis zum Stichtag der EB eingetretenen technischen oder wirtschaftlichen Abnutzung zu korrigieren (zum Ansatz mit einem Festwert Anm 85). Das Abschreibungsprinzip gilt grds auch für die AK/HK von sog GWG, die steuerrechtlich sofort als Aufwand erfasst werden könnten (§ 6 Abs 2 EStG, dazu Anm 178). Die Wertansätze des Sachanlagevermögens in der handelsrechtlichen EB sind folglich stets aus den *rechnerisch fortgeführten Einstandswerten* des Kfm abzuleiten. Dasselbe gilt für die bei Aufnahme des Geschäftsbetriebs ggf bereits vorhandenen immateriellen VG des Anlagevermögens. 94

Außerdem sind uU außerplanmäßige Abschreibungen (auch auf nicht abnutzbare Anlagegegenstände wie Grundstücke oder Finanzanlagen) vorzunehmen, um die betr VG mit einem *niedrigeren* Wert anzusetzen, der ihnen am Stichtag der EB beizulegen ist. Dies ist jedoch grds nur zulässig, wenn zugleich eine voraussichtlich **dauernde Wertminderung** vorliegt (§ 253 Abs 3 S 5 und 6 HGB). Davon ist idR auszugehen, wenn der planmäßig fortgeführte Restbuchwert über einen Zeitraum von mehr als der Hälfte der Restnutzungsdauer der Anlage höher sein wird als der künftige (entspr fortgeschriebene) beizulegende Wert der Anlage am jeweiligen Bilanzstichtag (so

BFH v 29.4.2009 BB 2009, S 1859; BFH v 14.3.2006 BB 2006, S 1737), so dass die der Anlage anteilig zurechenbaren Erträge voraussichtlich nicht ausreichen werden, um die bei der bestimmungsgemäßen Nutzung anfallenden Gesamtaufwendungen einschl der noch zu amortisierenden planmäßigen Abschreibungen vollständig zu decken. Bei Finanzanlagen führt ein Anstieg der Marktzinsen allein nicht zu einer dauernden Wertminderung, solange weiterhin von einer planmäßigen Tilgung ausgegangen werden kann (so zB BFH v 19.5.1998 BStBl II 1999, 277 für Forderungen aus Schuldscheindarlehen). Insoweit besteht aber handelsrechtlich ein Wahlrecht zum Ansatz eines niedrigeren beizulegenden Werts auch dann, wenn es sich um eine voraussichtlich nicht dauernde Wertminderung handelt (§ 253 Abs 3 S 6 HGB; zur steuerrechtlichen Einlagebewertung Anm 177 f).

Ansprüche aus einem schwebenden Geschäft sind nicht aktivierbar, weil Gewinne nur ausgewiesen werden dürfen, wenn sie realisiert sind (§ 252 Abs 1 Nr 4 HGB). Der **Wert unentgeltlicher Nutzungsrechte** des Kfm (zB an einem Grundstück von Angehörigen; zur Möglichkeit der Nutzungsüberlassung im Rahmen einer stillen Ges BGH v 12.1.1998 NZG, 342), für die er keine eigenen AK aufzuwenden oder Vorauszahlungen zu leisten hatte, ist daher in der EB nicht ansatzfähig, auch wenn die Nutzung für eine bestimmte Zeit vertraglich gesichert ist (dazu BFH v 26.10.1987 BStBl II 1988, 348; *Schubert* DStR 1995, 366). Hat der Kfm die Nutzungsbefugnis allerdings durch eine (Voraus-)Zahlung erlangt, wäre der Gegenleistungsanspruch des EKfm – je nach vertraglicher Ausgestaltung – entweder als (Leistungs-)Forderung, Ausleihung oder ggf als aktiver RAP nach § 250 Abs 1 HGB (dazu Anm 112) in der EB anzusetzen. Ein VG „Nutzungsrecht" wäre dagegen als solcher in der EB nur zu bilanzieren, wenn der Kfm aufgrund seiner Rechtsposition als wirtschaftlicher Eigentümer des genutzten VG anzusehen ist (zur wirtschaftlichen Zurechnung Anm 96; dazu auch D Anm 131); der Wertansatz wäre aber auch dann auf die Höhe der eigenen AK des Kfm bzw auf den ggf niedrigeren beizulegenden Wert des VG begrenzt (Anm 93 f).

95 **Vermögensgegenstände des Umlaufvermögens** hat der Einzelunternehmer, falls ihr Wert unter die ursprünglichen AK/HK abgesunken ist, mit dem *niedrigeren* aktuellen Börsen- oder Marktpreis oder, falls ein solcher nicht feststellbar ist, mit dem niedrigeren beizulegenden Wert am Stichtag der EB anzusetzen (§ 253 Abs 4 HGB). Soweit kein aktiver Markt existiert, anhand dessen sich der Marktpreis ermitteln ließe, ist der beizZW mit Hilfe allg anerkannter Bewertungsmethoden zu ermitteln; falls in Ausnahmefällen auch dies nicht möglich wäre, sind weiterhin die AK/HK anzusetzen (§ 255 Abs 4 HGB). Das Gesetz gibt damit der Objektivierung des Wertansatzes Vorrang vor einer Abwertung unbekannten Ausmaßes, so dass allein unter Hinweis auf das Vorsichtsprinzip ohne hinreichende Anhaltspunkte über den tatsächlichen Wert des VG keine niedrigere Bewertung verlangt werden kann.

96 Die bilanzrechtliche **Zurechnung von Vermögensgegenständen** zum Betrieb des EKfm stimmt zwar idR mit der bürgerlich-rechtlichen Zurechnung (für Schulden Anm 103 ff) aufgrund des Eigentums (§§ 903, 873 BGB) überein, denn VG sind grds in der Bilanz des Eigentümers anzusetzen (§ 246 Abs 1 S 2 HS 1 HGB). Es ist jedoch uU (zB Sicherungsübereignung, Eigentumsvorbehalt uä) gerechtfertigt und geboten, für Zwecke der Bilanz von den

II. Vorschriften zur Eröffnungsbilanz

Zuordnungsregeln des Privatrechts abzuweichen (*Hüffer* in HGB-Bilanzrecht § 240 Anm 17 ff). Für die Bilanzierung ist daher letztlich die wirtschaftliche Zugehörigkeit entscheidend, denn wenn ein VG nicht dem rechtlichen Eigentümer, sondern einem anderen wirtschaftlich zuzurechnen ist, hat dieser ihn in seiner Bilanz auszuweisen (§ 246 Abs 1 S 2 HS 2 HGB). Auch die wirtschaftliche Zugehörigkeit eines VG ist aber aus bestehenden zivilrechtlichen Regelungen abzuleiten, die die Nutzungs-, Belastungs- und Verfügungsberechtigung des wirtschaftlich Berechtigten im Verhältnis zum rechtlichen Eigentümer festlegen (BGH v 6.11.1995 WM 1996, 113; *Döllerer* ZGR 1993, 569 f). „**Wirtschaftlicher Eigentümer**" isd Bilanzrechts ist derjenige, der aufgrund einer gesicherten Rechtsposition die tatsächliche Sachherrschaft über einen Gegenstand in der Weise ausübt, dass er den rechtlichen Eigentümer auf Dauer von einer Einwirkung auf den Gegenstand ausschließen kann, so dass dem Rechtsanspruch des Eigentümers auf Herausgabe bei typischem Geschehnisablauf praktisch keine nennenswerte Bedeutung mehr zukommt, weil die wesentlichen Chancen und Risiken in Bezug auf die Wertentwicklung des VG bei dem wirtschaftlich Berechtigten anfallen und er außerdem den Nutzen zieht und die damit verbundenen Lasten trägt (BGH v 6.11.1995 WM 1996, 114; auch *Schmidt/Ries* in Beck Bil-Komm[12] § 246 Anm 5 ff). Dies kann insb bei langfristigen Leasing- und Pachtverträgen (zB Unternehmenspacht) uä Rechts- oder Nutzungsverhältnissen zu einer vom Eigentum abw bilanziellen Zuordnung führen. Auch VG, die dem EKfm wirtschaftlich zuzurechnen sind, dürfen jedoch höchstens mit den vom EKfm selbst aufgewendeten AK/HK oder einem ggf niedrigeren Marktpreis oder beizZW bewertet werden (dazu Anm 94 f).

Der Einzelunternehmer hat in seiner EB alle VG anzusetzen, die dem Handelsgewerbe dienen können oder zu dienen bestimmt sind und damit **Unternehmensvermögen** darstellen (zum steuerrechtlichen BetrVerm Anm 99). Dies ist der Fall, wenn sie *erkennbar* nicht solches Vermögen darstellen, das (wie zB das private Wohnhaus) der Erfüllung privater Bedürfnisse und Interessen des EKfm dient (dazu Anm 98), sondern die (zB durch tatsächliche Nutzung in einem Betrieb) entweder zum betriebsnotwendigen Vermögen gehören oder dem Unt (zB zur Nutzung oder zur Schuldendeckung) gewidmet wurden (ähnlich *Schmidt/Ries* in Beck Bil-Komm[12] § 246 Anm 56 f; *WPH* HBd[16] F Anm 33). Ist ein VG für das Handelsgewerbe von Bedeutung, sei es durch betriebliche Nutzung oder als Haftungsmasse, oder steht der VG im Zusammenhang mit einer (ggf anderweitigen) gewerblichen Tätigkeit des EKfm, ist er *im Zweifel* (dazu Anm 102) immer Bestandteil seines UntVermögens, denn alle Geschäfte des EKfm bilden sein (einziges) **Unternehmen** (§ 1 Abs 5 PublG analog) und der EKfm hat jedenfalls zu Beginn seines kfm Handelsgewerbes in einem Inventar alle „seine Grundstücke, seine Forderungen und Schulden, den Betrag seines baren Geldes sowie seine sonstigen Vermögensgegenstände genau zu verzeichnen" (§ 240 Abs 1 HGB). VG, die zur Schuldendeckung notwendig sind, darf der Kfm daher nicht willkürlich seinem Privatvermögen zuordnen, sondern grds nur dann, wenn sie notwendiges Privatvermögen darstellen (zur Bedeutung der steuerrechtlichen Zuordnung für die HBil in der Praxis s aber Anm 99). So gehört zB die *Bet* an einer KapGes zum notwendigen UntVermögen, wenn die Tätigkeit als Einzelunternehmer einerseits und als geschäftsführender Gester der KapGes andererseits nicht nur branchengleich, sondern identisch (austauschbar) ist (FG Düsseldorf v 7.12.1999 GmbHR 2000, 192). Entsprechendes dürfte für die Bet an einer PersGes gelten, bei der der Unternehmer zugleich als geschäftsführender Gester tätig ist, oder wenn sein kfm Handelsgewerbe durch seine Bet als Kommanditist einer PersGes gefördert wird. Für *Liquide Mittel, Wertpapiere* oder *Forderungen* ist die **Vermögenszuordnung** durch Widmung des Kfm und Erfassung in der EB ohne Weiteres möglich, auch wenn etwa für die Wertpapiere von vornherein erkennbar wäre, dass zu erwartende künftige Wertminderungen die künftigen Zins- oder Dividenenerträge voraussichtlich übersteigen werden (für die StBil aber C Anm 216). Bei Anwachsung des Vermögens einer PersGes auf den EKfm als einzig verbliebenen AlleinGester (Anm 36) ist ggf auch der gegen den ausgeschiedenen MitGester gerichtete Anspruch auf Ausgleich seines negativen Kapitalkontos (s BGH v 3.5.1999 DStR, 1081; zum Verzicht auf Ausgleich Anm 183) Bestandteil des UntVermögens (zu Ausgleichsschulden Anm 106). Unabhängig von Art und Umfang einer eigen- oder fremdbetrieblichen Nutzung sollten *Immobilien* des EKfm handelsrechtlich stets dem Unt des EKfm zugeordnet werden, da sie als Kreditsicherheiten oder als Gläubigerzugriffsmasse idR für das Unt notwendig sind. Die Zuordnung *unbebauter Grundstücke* richtet sich aber nach dem nach außen erkennbaren Nutzungswillen des Eigentümers (so BFH v 5.3.2002 BStBl II 2002, 690 für die StBil). Soweit *Gebäude* nicht eigenbetrieblich genutzt, sondern zu fremdbetrieblichen oder zu fremden Wohnzwecken vermietet werden, kann der EKfm sie uE wahlweise auch dem Privatvermögen zuordnen (zur entspr steuerrechtlichen Behandlung s EStR (2012) R 4.2 Abs 9), insb wenn sie seiner AVers dienen. Ein Ansatz in der EB nach HGB dürfte aber erforderlich sein, wenn die Schuldendeckungsfähigkeit des Unt sonst nicht gegeben ist. *Wohngrundstücke* können dem Geschäftsbetrieb allerdings nur zugeordnet werden, soweit sie nicht zur Deckung des privaten Wohnbedarfs des EKfm benötigt werden (s auch § 5 Abs 4 PublG). Aufgrund des Vollständigkeitsprinzips ist uE für *gemischt genutzte Gebäudeteile* eine bilanzielle Aufteilung (zB nach Nutzflächen oä) und nur teilweise Zuordnung zum UntVermögen entspr den steuerrechtlichen Regelungen (s EStR (2012) R 4.2 Abs 6) für Zwecke der HBil idR nicht möglich. Es dürfte aber uE nicht zu beanstanden sein, wenn eigenbetrieblich genutzte Gebäudeteile von untergeordneter Bedeutung eines privaten Wohnhauses gänzlich außer Ansatz bleiben, zumal sie auch steuerrechtlich nicht als BetrVerm behandelt werden müssen, wenn ihr Wert nicht mehr als $1/5$ des gemeinen Werts des gesamten Grundstücks und auch nicht mehr als 20,5 T€ beträgt (§ 8 EStDV, EStR (2012) R 4.2 Abs 8).

98 Das Handelsrecht unterscheidet in § 242 Abs 1 HGB für die EB des EKfm nicht zwischen dem Privat- und dem UntVermögen, sondern stellt allein auf die Eigentumsverhältnisse ab („sein Vermögen", s auch § 240 Abs 1 HGB). Durch § 5 Abs 4 PublG wird aber ausdrücklich klargestellt, dass das sonstige **private Vermögen** des Ekfm (zB sein Wohnhaus und Hausrat, Lebensversicherungs-, Versorgungs- oder Leibrentenansprüche, Kraftfahrzeug und andere Gegenstände der privaten Lebensführung bzw des privaten Bedarfs) nicht in der EB erfasst werden darf, obwohl es im Rahmen der Vorschriften über die

II. Vorschriften zur Eröffnungsbilanz

Pfändbarkeit insb im InsFall uU für die Befriedigung der Gläubiger mit herangezogen werden könnte. Gleichwohl beschränkt sich die Bilanzierung auf das UntVermögen. Diese Regelung, die die „Wahrung der Privatsphäre" bezweckt (*WPH*[16] HBd, F Anm 1555 f mwN), gilt allg und nicht nur für Großunternehmen iSv § 3 Abs 1 PublG (*ADS*[6] § 246 HGB Anm 425 f mwN; *WPH*[16] HBd, F Anm 33, Anm 1555). Ihr folgt prinzipiell auch das Steuerrecht (*Schmidt/Ries* in Beck Bil-Komm[12] § 246 Anm 60). Für die (im Einzelfall uU schwierige) Abgrenzung der Vermögenssphären sollte eine *wirtschaftliche Betrachtungsweise* zugrunde gelegt werden (ebenso *ADS*[6] § 242 HGB Anm 14). Maßgeblich ist dabei die *Bedeutung* des einzelnen VG für die Geschäftstätigkeit (so *ADS*[6] § 242 HGB Anm 15 f) und für die Schuldendeckung. Da die EB nach den GoB aufzustellen ist (§ 243 Abs 1 HGB), hat die Zuordnungsentscheidung des EKfm nämlich stets auch die Informationsinteressen der Gläubiger und den Zweck einer jeden Bilanz zu berücksichtigen, als Vermögensstatus des EKfm „das Verhältnis seines Vermögens und seiner Schulden darzustellen" (§ 242 Abs 1 S 1 HGB) und damit zu dokumentieren (ähnlich *ADS*[6] § 5 PublG Anm 61 mwN). Auf den Willen des Einzelunternehmers **(Widmungsakt)** kann es daher (ebenso wie im Steuerrecht, Anm 99) für die Bilanzierung nur insoweit ankommen, als es sich *nicht* um für die Geschäftstätigkeit und für die Schuldendeckung *notwendiges* UntVermögen handelt. Derartige Gegenstände können uE schon aus Gründen der Vollständigkeit und zur Objektivierung der Rechnungslegung nicht ohne Weiteres durch Widmungsakt oder beabsichtigte Privatnutzung *dem Privatvermögen* zugeordnet werden (aA wohl *ADS*[6] § 246 HGB Anm 427 ohne Begr). Andernfalls könnte die Dokumentation der Gläubigerzugriffsmasse in nicht vertretbarem Maß vom Unternehmer selbst beeinflusst werden (zur Beweislast Anm 102).

Bei sowohl gewerblicher als auch privater Nutzung von VG orientiert sich die Praxis meist an den steuerrechtlichen Zuordnungskriterien (dazu EStR (2012) R 4.2). Danach ist für bewegliche VG (Sachen) der *Umfang der Nutzung* entscheidend, mit der Folge, dass die **Zuordnung zum Unternehmensvermögen** nur bei überwiegend gewerblicher Nutzung (> 50 %) *geboten* und bei vernachlässigbar gewerblicher Nutzung (< 10 %) *unzulässig* wäre; dazwischen richtet sich die Zuordnung idR nach dem Willen des Einzelunternehmers und dem durch Aufnahme in die EB dokumentierten Widmungsakt (s auch *Schmidt/Ries* in Beck Bil-Komm[12] § 246 Anm 61 f). Da der tatsächliche Umfang einer privaten Mitbenutzung aber meist erst im Nachhinein bekannt sein dürfte, ist zweifelhaft, ob die steuerrechtlichen Kriterien für die handelsrechtliche EB ausreichen. Um evtl zivil- oder strafrechtliche Konsequenzen im Fall einer Ins (dazu Anm 69 ff) zu vermeiden, könnte es nämlich zur vollständigen Dokumentation des UntVermögens erforderlich sein, in der EB nach HGB alle VG zu erfassen, die in mehr als nur unwesentlichem Umfang für Zwecke des Handelsgewerbes genutzt werden oder die zur Schuldendeckung erforderlich sind. Dem steht allerdings in der Praxis idR das Bedürfnis nach einer möglichst einheitlichen Handels- und Steuerbilanz entgegen. Dies kann eine an den GoB und dem Bilanzzweck einer vollständigen Dokumentation orientierte Vermögenszuordnung aber uE nicht ersetzen. Meist werden die gemischt genutzten VG für das kfm UntVermögen aber nicht von entscheidender Bedeutung sein, so dass die steuerrechtlichen Kriterien zumindest eine Hilfestellung für die bilanzielle Zuordnung bieten (*ADS*[6] § 242 HGB Anm 16; *WPH*[16] HBd, F Anm 1559 mwN). Eine willkürliche Zurechnung zum Privatvermögen ist dagegen unzulässig, denn dies entspräche jedenfalls nicht den GoB.

100 Der **Vorsteuerbetrag** nach § 15 UStG gehört nur insoweit nicht zu den AK/HK eines VG, soweit er bei der USt abgezogen werden darf (s auch § 9b Abs 1 EStG); insoweit handelt es sich um eine Anschaffungspreisminderung iSv § 255 Abs 1 S 3 HGB oder um den Erwerb eines eigenständigen VG (Erstattungsforderung bzw Verrechnungsanspruch), so dass eine entspr Aufteilung der GesamtAK des Erwerbsgeschäfts auf VG und Vorsteuer erforderlich ist.

Vorsteuererstattungsansprüche sind Forderungen ggü dem FA und daher als sonstige VG aktivierungspflichtig, soweit sie nicht mit UStVerbindlichkeiten zu verrechnen sind (dazu §§ 16 Abs 2, 18 Abs 1 UStG). Erstattungsansprüche können allerdings nach § 15 Abs 1 Nr 1 UStG als solche erst entstehen, wenn eine ordnungsgemäße Rechnung mit offen ausgewiesener USt vorliegt und der VG zu mindestens 10% unternehmerisch genutzt wird (im Einzelnen UStR 192). Sie können daher in der EB im Grunde nur angesetzt werden, wenn die Voraussetzungen des § 15 UStG bis zum Zeitpunkt der Aufstellung kumulativ erfüllt sind (zu den Risiken für Existenzgründer *Fittkau* INF 1997, 45). Fehlt es lediglich noch an der Eingangsrechnung, dann unterbleibt die Aktivierung des quasi sicheren Vorsteueranspruchs jedoch nur, wenn zu erwarten ist, dass die Rechnungsbeschaffung auf besondere Schwierigkeiten stößt (FG Münster v 20.8.1999 EFG, 1268; BFH v 12.5.1993 BStBl II, 786; dazu auch *Klein* BB 1996, 135). Kann der Vorsteuerabzug danach voraussichtlich nicht beansprucht werden, sind zunächst entspr höhere AK/HK für den betr VG zu berücksichtigen. Danach ist zu prüfen, ob nach § 253 Abs 3 S 5 HGB (Anlagevermögen) bzw nach § 253 Abs 4 S 1 HGB eine außerplanmäßige **Abwertung** um den im Erwerbspreis enthaltenen, nicht abzugsfähigen UStBetrag vorzunehmen ist, um den betr VG in der EB mit dem zutreffenden Wert anzusetzen. Dabei ist zu berücksichtigen, dass die VG infolge des bei Wiederbeschaffung idR möglichen Vorsteuerabzugs nur einen geringeren Marktpreis oder beizZW haben und daher bei VG des Vorratsvermögens idR eine niedrigere Bewertung erforderlich ist, während für VG des Anlagevermögens eine außerplanmäßige Abwertung nur bei voraussichtlich dauernder Wertminderung in Betracht kommt (dazu Anm 94f).

101 Die ernsthafte Absicht, eine unternehmerische Tätigkeit aufzunehmen, berechtigt den EKfm zum Vorsteuerabzug *dem Grunde nach,* während die verrechenbare Vorsteuer *der Höhe nach* (bzw eine evtl Berichtigung nach § 15a UStG) durch die beabsichtigte (bzw die spätere tatsächliche) Verwendung der bezogenen Leistung bestimmt wird (so EuGH v 8.6.2000 DStRE, 881; dazu auch EuGH v 29.2.1996 BStBl II, 655; *Bolk* BuW 1997, 736; zum Abbruch des Vorhabens *Grube* DStR 1996, 1235). Dabei ist auf die Verhältnisse der gesamten Umsätze im Besteuerungszeitraum abzustellen und grds der Anteil der jeweiligen Vorsteuerbeträge nicht abziehbar, der Umsätzen zuzurechnen ist, die zum Ausschluss des Vorsteuerabzugs führen (§ 15 Abs 4 UStG, im Einzelnen UStR 203 ff). Für die Unternehmereigenschaft iSd UStG (und

damit die Berechtigung zum Vorsteuerabzug dem Grunde nach) ist es ausreichend, wenn nach außen und auf die Ausführung steuerpflichtiger entgeltlicher Leistungen gerichtete Vorbereitungshandlungen vorgenommen werden, auch wenn es später nicht zu Umsätzen kommt (UStR 19 Abs 1; s auch FG Saarland v 15.12.2000 EFG 2001, 392; FG Niedersachsen v 5.12.1996 DStRE 1997, 562; zum Nachweis der Ernsthaftigkeit UStR 19 Abs 2 ff).

Haben sich bei einem **Übergang vom Kleingewerbe** auf einen kfm Geschäftsbetrieb am Stichtag der EB (Anm 50 ff) die für den Abzug bislang maßgebenden Verhältnisse zB durch Nutzungsänderung vor Ablauf von fünf Jahren (Gebäude uä zehn Jahre) seit Anschaffung geändert, kann nach § 15a UStG iVm § 44 UStDV ggf eine *Minderung des ursprünglichen Vorsteuerabzugs* (und dementspr der Ansatz einer UStVerbindlichkeit in der EB) erforderlich sein. In diesem Fall bleiben jedoch die ursprünglich ggf um höhere Vorsteuerbeträge geminderten AK des VG unberührt (so § 9b Abs 2 EStG auch für die StBil). Eine Korrektur der AK/HK um den Betrag einer späteren Vorsteuerminderung (oder -erhöhung) ist also nicht erforderlich und uE auch nicht zulässig, weil es sich bei einer verwendungsbedingten Minderung (bzw Erhöhung) des Vorsteuerabzugs im Berichtigungszeitraum nicht um nachträgliche AK iSv § 255 Abs 1 S 2 HGB (bzw nicht um Anschaffungspreisminderungen iSv § 255 Abs 1 S 3 HGB) handelt.

Lassen sich VG oder Schulden nicht eindeutig dem Privat- oder dem UntVermögen zuordnen, gilt nach § 344 Abs 1 HGB eine durch Gegenbeweis (§ 292 ZPO) *widerlegbare* **gesetzliche Vermutung,** wonach die von einem Kfm vorgenommenen Rechtsgeschäfte (zB Kauf oder Herstellung von VG auf Kredit) im Zweifel als durch das Handelsgewerbe veranlasst gelten und damit auch die dadurch zugegangenen VG bzw Schulden zum UntVermögen gehören (*Schmidt/Ries* in Beck Bil-Komm[12] § 246 Anm 57, 70). Dem Einzelunternehmer obliegt daher ggf die Beweislast, dass und inwieweit zB Ansprüche und Verpflichtungen aus Verträgen, Forderungen oder Verbindlichkeiten aus Umsatzgeschäften, Geldmittel aus Kreditgeschäften oder angeschaffte bzw hergestellte Vorrats- oder anderweitige VG nicht zu seinem Handelsgewerbe, sondern zu seinem Privatvermögen gehören (*Hopt* in Baumbach/Hopt[38] HGB § 344 Anm 3 mwN). Dabei muss er ggf auch beweisen, dass die private Veranlassung für den Vertragspartner erkennbar war (BGH v 8.1.1976 WM, 424); zur Zuordnungsvermutung für Schulden Anm 107.

Für die Anwendung der Vermutung muss allerdings die *Kaufmannseigenschaft* feststehen (*K Schmidt* in MünchKomm HGB[4] § 344 Anm 1 f). § 344 HGB gilt somit auch für den FiktivKfm kraft Eintragung (dazu Anm 4 f, 54), nicht dagegen für nicht eingetragene Kleingewerbebetreibende oder Land- und Forstwirte.

Der objektive wirtschaftliche Zusammenhang mit dem Unt (Zweckbestimmung) als Zuordnungskriterium gilt grds zwar auch für **Schulden.** Wird zB ein betriebliches Bankkonto überzogen, über das auch Privatzahlungen abgewickelt werden, spricht daher eine Vermutung für die betriebliche Veranlassung der Kreditaufnahme (BFH v 23.6.1983 BStBl II, 725 mwN). Im Gegensatz zu betrieblich nicht oder nur geringfügig genutzten VG (Anm 99) ist aber eine private Zuordnung von Schulden durch Widmungsakt generell nicht möglich. Entscheidend ist vielmehr, ob mit dem Kreditgeber ausdrücklich eine private Verwendung der Valuta vereinbart war (§ 344 Abs 2 HGB) und die Mittel tatsächlich auch nicht für Zwecke des Unt verwendet wurden. Daher ist zB ein Bankkredit, den der Einzelunternehmer zur Finanzierung von Anschaffungen oder allg zur Kapitalausstattung des Unt aufgenommen hat, stets betrieblich veranlasst und daher in der EB zwingend als Verbindlichkeit zu passivieren (ebenso *ADS*[6] § 5 PublG Anm 62 mwN). Eine Behandlung als Privatkredit des Einzelunternehmers und Ausweis der Valuta als EK des Unt widerspräche dem Vollständigkeitsprinzip und würde die Vermögenslage falsch darstellen (*WPH* HBd[16], F Anm 1558 mwN; *ADS*[6] § 246 HGB Anm 429). Die Betriebsschuld wird auch nicht dadurch zu einem Privatkredit, dass der EKfm den durch den Kredit finanzierten betrieblichen VG später einer privaten Verwendung zuführt (dazu Anm 107).

104 Das Vollständigkeitsgebot (§ 246 Abs 1 HGB) erfordert, **alle Schulden** zu passivieren. Dazu gehören die Verbindlichkeiten, die durch den Geschäftsbetrieb veranlasst sind (bzw als veranlasst gelten, Anm 107) oder die mit eingebrachten, bisher nur privat genutzten VG im Zusammenhang stehen. Da das UntVermögen eines Einzelunternehmers in vollem Umfang auch für **private Schulden** haftet, hat er auch diese in seiner handelsrechtlichen EB jedenfalls dann anzusetzen, wenn sie nicht zweifelsfrei durch privates Vermögen gesichert und gedeckt sind (ähnlich *WPH* HBd[16], F Anm 1558), denn der EKfm hat „seine Schulden" vollständig im Inventar zu verzeichnen und in der EB anzusetzen, da gesetzlich nichts anderes bestimmt ist (§§ 240 Abs 1, 242 Abs 1 iVm § 246 Abs 1 S 1 HGB). Zusätzlich stellt § 246 Abs 1 S 3 HGB klar, dass Schulden in der Bilanz des Schuldners auszuweisen sind. Dass das Privatvermögen des EKfm nicht bilanziert werden darf (§ 5 Abs 4 PublG), beschränkt nur den Ansatz von Vermögen, nicht aber die Passivierung von (ggf privat veranlassten) Schulden des EKfm (so für persönliche Steuerschulden bei Aufnahme eines entspr Hinweises als Fußnote zur Bilanz auch *WPH* HBd[16], F Anm 1558 mwN, dazu Anm 111). Passivierungspflicht besteht iÜ auch, wenn es sich (noch) um ungewisse Verbindlichkeiten oder drohende Verluste aus schwebenden Geschäften handelt, für die nach § 249 Abs 1 HGB auch in der EB Rückstellungen gebildet werden müssen. Steuerrechtliche Restriktionen (zB das Verbot der Zuordnung branchenuntypischer Termin- oder Optionsgeschäfte, so BFH v 11.7.1996 BFH/NV 1997, 114; BFH v 19.2.1997 BStBl II, 399) sind für die handelsrechtliche EB unbeachtlich. Die Passivierung aller Verbindlichkeiten und Rückstellungen darf auch dann nicht unterbleiben, wenn sich durch den Ansatz eine buchmäßige **Überschuldung** (negatives EK) ergibt.

Für die *steuerrechtliche Zurechnung* von Schulden gilt dagegen das Veranlassungsprinzip. Danach ist ausschließlich die tatsächliche Mittelverwendung maßgebend (Anm 181). Die private Veranlassung erfordert daher einen in der handelsrechtlichen EB ggf gebotenen Schuldenansatz steuerrechtlich zu eliminieren (BFH v 4.7.1990 BStBl II, 817 mwN) und kann sogar dazu führen, dass eine ursprünglich als Betriebsschuld zu qualifizierende Verbindlichkeit durch geänderte Verwendung (zB Privatnutzung des finanzierten VG) *steuerrechtlich* zu einer Privatschuld wird (*Schmidt/Ries* in Beck Bil-Komm[12] § 246 Anm 73). Ist wegen bereits absehbarer Verluste (BFH v 19.2.1997 BStBl II,

II. Vorschriften zur Eröffnungsbilanz 105, 106 B

399) oder wegen branchenfremder Risiken die steuerrechtliche Zuordnung eines VG zum (gewillkürten) BetrVerm nicht zulässig, sind auch die damit zusammenhängenden Verpflichtungen (Erfüllungsrückstand oder drohender Verlust) ungeachtet der Passivierungspflicht in der handelsrechtlichen EB nicht Bestandteil des steuerrechtlichen BetrVerm (BFH v 20.4.1999 BStBl II, 466 für Devisentermingeschäfte).

Nach § 253 Abs 1 S 2 HGB sind *Verbindlichkeiten* auch in der EB „zu 105 ihrem Erfüllungsbetrag und *Rückstellungen* in Höhe des nach vernünftiger kaufmännischer Beurteilung notwendigen Erfüllungsbetrages anzusetzen". Dies ist der Betrag, den der Kfm an den Gläubiger leisten muss, damit das Schuldverhältnis erlischt (§ 363 Abs 1 BGB). Später fällige Verbindlichkeiten dürfen daher in der handelsrechtlichen EB grds nicht lediglich mit dem Barwert angesetzt werden, es sei denn, der Kfm wäre berechtigt und in der Lage, die Schuld schon am Bilanzstichtag durch Zahlung des niedrigeren Barwerts zu erfüllen (zur steuerrechtlichen Bewertung Anm 181). Für kurzfristig zu erfüllende Rückstellungen für ungewisse Verbindlichkeiten oder für drohende Verluste gilt im Prinzip dasselbe. Anders als Verbindlichkeiten müssen allerdings Rückstellungen mit einer Restlaufzeit von mehr als einem Jahr zwingend abgezinst werden (§ 253 Abs 2 S 1 HGB). Für die Abzinsung ist ein der Restlaufzeit entspr durchschnittlicher Marktzins der vergangenen sieben Jahre zu verwenden, der von der DBB nach Maßgabe der Rückstellungsabzinsungsverordnung ermittelt und monatlich veröffentlicht wird; die jeweils maßgeblichen Abzinsungssätze sind auf deren Homepage abrufbar. Steuerliche Ansatzverbote (dazu Anm 171), wie zB für gewinnabhängige Verpflichtungen oder Drohverlustrückstellungen (§ 5 Abs 2a bzw 4a EStG), oder Bewertungsvorbehalte, wie zB die generelle Abzinsungspflicht mit vorgegebenem Zinssatz von 5,5% (dazu Anm 181) für erst nach mehr als zwölf Monaten fällig werdende Rückstellungen oder unverzinsliche Verbindlichkeiten, sind für die handelsrechtliche EB unbeachtlich.

Zu den in der EB nach HGB passivierungspflichtigen Schulden des EKfm 106 bei **Übernahme eines ganzen Geschäftsbetriebs** (Anm 33 ff) gehört insb der in einer Summe, in Raten oder in Form einer Leibrente (dazu Anm 120) zahlbare *Unternehmenskaufpreis* (oder evtl Lasten aus Auflagen bei Schenkung oder Vermächtnis, dazu Anm 184) oder die Kaufpreise für den vorherigen Erwerb von GesAnteilen sowie ggf Abfindungsverpflichtungen des EKfm ggü ausgeschiedenen Miterben (Anm 186) oder MitGestern einer PersGes (§ 738 Abs 1 BGB, dazu Anm 108). Daneben sind alle Verpflichtungen, die im Zusammenhang mit dem übernommenen Unt kraft Gesetzes (zB § 613a BGB), durch Gesamtrechtsnachfolge (zB § 1922 Abs 1 BGB oder § 20 Abs 1 Nr 1 iVm §§ 120 Abs 1, 122 UmwG), Schuldübernahme (§ 414 BGB) oder bloße Erfüllungsübernahme (§ 329 iVm § 415 Abs 3 BGB) evtl auf den Kfm übergegangen oder von ihm zu erfüllen sind, zu passivieren, wie zB Pensions-, Resturlaubs-, Jubiläums-, Tantieme- oder Gewährleistungsverpflichtungen, Steuerrisiken und ggf die Wertansätze der nach § 738 Abs 1 S 2 BGB oder § 25 HGB bzw durch Beitritt zu einer Gesamtschuld (§ 421 BGB, dazu *ADS*[6] § 246 HGB Anm 419 ff) zu übernehmende Passiva. Schulden, deren Erfüllung der Kfm übernommen hat (zB Bankkredite oder Lieferantenverbindlichkeiten), sind nicht als solche, sondern als Verbindlichkeiten ggü dem

Verkäufer anzusetzen, solange sie nicht erfüllt oder mit Zustimmung des Gläubigers vom Kfm als eigene Schulden übernommen wurden. Die insgesamt eingegangenen bzw übernommenen Verbindlichkeiten bilden die **Gesamtanschaffungskosten** des Kfm für die Gesamtheit der übernommenen VG des Unt (zur Kaufpreisaufteilung Anm 109, zur steuerrechtlichen Behandlung Anm 183), und zwar auch soweit steuerrechtlich eine unentgeltliche Betriebsübernahme (dazu Anm 184 ff) vorliegen sollte. Passivierungspflichtig sind auch die durch den Erwerb der VG verursachten *Verpflichtungen aus Anschaffungsnebenkosten,* insb für Beratung und Wertgutachten sowie GrESt (dazu C Anm 198) ua Verkehrsteuern, sofern sie noch nicht beglichen sind (zur USt Anm 100). Geht das vom EKfm erworbene Unt durch Gesamtrechtsnachfolge auf ihn über und hatte dieses bereits Verbindlichkeiten ggü dem Erwerber, dann erlöschen sie durch Konfusion und erhöhen damit das EK des Unt (dazu *Strunk* GStB 1999, 358). Dies gilt auch, soweit dem Erwerber als bisherigem Gester BetRechte (Abfindungsansprüche) gegen das Unt zustanden; zur Anwachsung Anm 36, 108.

107 Von einem Kfm (oder seinem bevollmächtigten Vertreter) gezeichnete **Schuldscheine** gelten *generell* als im Gewerbebetrieb gezeichnet, „sofern sich nicht aus der Urkunde das Gegenteil ergibt" (§ 344 Abs 2 HGB). Ist dies nicht der Fall, handelt es sich bei dem zugrunde liegenden Schuldverhältnis aufgrund der gesetzlichen Fiktion *unwiderlegbar* um eine Verbindlichkeit, die zum UntVermögen gehört und in der EB zu passivieren ist (*Hopt* in Baumbach/Hopt[38] HGB § 344 Anm 4). Eine (allerdings *widerlegbare*) Vermutung der UntZugehörigkeit besteht nach § 344 Abs 1 HGB auch, soweit ein nicht ausgeglichenes schwebendes Geschäft vorliegt. Zur Widerlegung müsste aber nachgewiesen werden, dass der EKfm das betr Geschäft als *Verbraucher* iSd § 13 BGB abgeschlossen hat, es also überwiegend nicht der gewerblichen oder selbständigen Berufstätigkeit des EKfm zugerechnet werden kann (*Hopt* in Baumbach/Hopt[38] HGB § 344 Anm 1, 3). Für Zwecke der EB ist die Passivierung uE nach dem Vollständigkeitsprinzip auch geboten, wenn der Einzelunternehmer zum Zeitpunkt der Schuldentstehung noch nicht Kfm war (Anm 104, zur Zuordnung von VG Anm 102). Zu den Schuldscheinen gehört jede Urkunde, die ein *Verpflichtungsbekenntnis* des Einzelunternehmers enthält und dessen wesentlichen Inhalt angibt, unabhängig davon, ob damit die Schuldverpflichtung bestätigt oder erst begründet werden soll (BGH v 24.5.1976 WM, 975). „Schuldscheine" iSv § 344 Abs 2 HGB sind mithin zB Darlehensverträge, Stundungsvereinbarungen, Wechsel, Schuldanerkenntnisse, Auftragsbestätigungen oder Empfangsbekenntnisse. Auch eine Bürgschaftsurkunde (BGH v 20.3.1997 BB, 1172) oder die Vereinbarung über eine stille Einlage (dazu aber Anm 131) gehören dazu (*WPH* HBd[16], F Anm 1559).

108 Gewisse Besonderheiten bestehen für die Geschäftsübernahme im Wege der **Anwachsung** (Anm 36). Obwohl es sich dabei bilanzrechtlich um eine Anschaffung zu Alleineigentum durch den letzten verbliebenen Gester handelt, stellt sie aufgrund der Gesamtrechtsnachfolge steuerrechtlich keine Geschäftsveräußerung im Ganzen durch die PersGes dar (*Dißars* DStR 1996, 349 mwN). Sofern das Vermögen nicht real unter den Gestern aufgeteilt (dazu O Anm 1 ff), sondern das Unt von dem EKfm als solches – wenn auch in

II. Vorschriften zur Eröffnungsbilanz

veränderter Eigentumszuordnung – fortgeführt wird (zur Schlussrechnung der PersGes S Anm 17), führt die Barabfindung der ausscheidenden Gester gleichwohl nicht zu einem umsatzsteuerbaren Leistungsaustausch (so *Orth* DStR 1999, 1017). Stattdessen tritt der Erwerber als Unternehmer für Zwecke der USt an die Stelle der PersGes (s § 1 Abs 1a S 3 UStG; dazu im Einzelnen Anm 100). Für die Wertansätze des übernommenen Vermögens in der ÜbernahmeEB des Einzelunternehmers (dazu Anm 38) sind nach § 253 Abs 1 S 1 HGB dessen (Gesamt-)*Anschaffungskosten* maßgeblich (zum Umfang dieser AK Anm 106), die dann auf die einzelnen VG und einen evtl GFW aufzuteilen sind (dazu Anm 109, zur Behandlung der untergehenden Anteile des Übernehmers und dem Wahlrecht zur Buchwertfortführung Anm 110). Zu den AK der erworbenen VG des Unt bzw Betriebs gehören gem § 255 Abs 1 HGB auch die Nebenkosten der Anwachsung. Diese Nebenkosten können aber als AK eines einzelnen VG nur angesetzt werden, soweit sie objektbezogen verursacht sind, dh dem Zugang eines einzelnen VG direkt zugerechnet werden können (zB GrESt nach § 1 Abs 1 Nr 3 iVm § 6 Abs 2 GrEStG, dazu C Anm 198 f; ebenso *Schubert/Gadek* in Beck Bil-Komm[12] § 255 Anm 325 [**Grunderwerbsteuer**] mwN).

Als Bestandteil der vom EKfm aufzuwendenden GesamtAK für den Erwerb der VG des Geschäftsbetriebs sind die vom Kfm übernommenen Verbindlichkeiten und Rückstellungen in der EB zunächst als solche neben dem ggf noch nicht gezahlten Teil des Kaufpreises zu passivieren. Der ermittelte Gesamtbetrag der AK ist dann auf die einzelnen übernommenen VG des Betriebs sachgerecht zu verteilen. Dabei müssen vorrangig die einzelnen VG (einschl evtl im übernommenen Unt selbst erstellter immaterieller VG des Anlagevermögens) bis zur Obergrenze ihres jeweiligen Zeitwerts angesetzt werden (zur Behandlung des Auftragsbestands D Anm 139). Ein vom Kfm darüber hinaus zu zahlender **Unterschiedsbetrag** (Mehrpreis) ist nach § 246 Abs 1 S 4 iVm § 253 Abs 3 HGB in der EB als GFW zu aktivieren, sofern er durch den Gesamtwert des Unt gedeckt ist. Besteht ein Schuldenüberhang oder wurde ein über den UntWert hinausgehender Kaufpreis gezahlt (Fehlmaßnahme), wäre der ungedeckte Mehrbetrag dagegen als Aufwand mit dem EröffnungsEK zu verrechnen (dazu C Anm 94, D Anm 137 f; zur steuerrechtlichen Behandlung Anm 183). Zur Ermittlung des Unterschiedsbetrags sind zunächst die den VG beizZW zu ermitteln und ggf angemessene Abwertungen vorzunehmen (Anm 94 f) sowie die Wertansätze der auf den EKfm übergegangenen bzw von ihm zu erfüllenden Schulden und Rückstellungen zu überprüfen und ggf anzupassen. Dabei hat der EKfm auch zu prüfen, ob in der EB zusätzliche Rückstellungen für ungewisse Verbindlichkeiten (zB Verpflichtungen aus Gewährleistungen, Produkthaftung, Steuernachzahlung, Abfindungen uä) oder für drohende Verluste aus schwebenden Verträgen (zB Mieten, Lizenzen, Abnahme- und Lieferverpflichtungen) zu passivieren sind. Anzusetzen sind ggf auch öffentlich-rechtliche Entsorgungs- oder Anpassungsverpflichtungen (zB nach TA Luft 2002, dazu BFH v 6.2.2013 DB, 1087) und Belastungen aus mit dem Verkäufer (evtl implizit) vereinbarten *Sanierungsverpflichtungen*. Darüber hinaus können auch Rückstellungen nach § 249 Abs 1 S 2 HGB für kurzfristig nachgeholte unterlassene Instandhaltung oder Abraumbeseitigung (Nr 1) oder für Gewährleistungen anzusetzen sein,

B 110

die ohne rechtliche Verpflichtung erbracht werden (Nr 2). Nach § 252 Abs 1 Nr 4 HGB hat der EKfm bei seiner Beurteilung alle vorhersehbaren, vom Verkäufer uU aber noch nicht identifizierten Einzelrisiken (zB aus Personalüberhang, Umweltschutzauflagen) oder Verluste (zB aus langfristigen Bezugs- oder Lieferverträgen) zu berücksichtigen, die vor dem Bilanzstichtag entstanden sind oder wirtschaftlich verursacht wurden. Durch deren Passivierung erhöhen sich die GesamtAK des EKfm, so dass sich im Vergleich zur Summe der beizZW der einzelnen VG (Substanzwert) des Unt ein positiver Unterschiedsbetrag (GFW) ergeben oder erhöhen kann.

Ist die Summe der beizZW der einzelnen Aktiva (einschl der aktiven RAP und eines GFW) nach vollständiger Erfassung der ggf schon geleisteten Zahlungen und der Schulden bzw Rückstellungen höher als die vom EKfm insgesamt aufgewendeten AK, dürfte dies idR nicht auf einen günstigen Kauf *(Lucky Buy),* sondern auf spezifische Risiken oder ungünstige Ertragsaussichten des Geschäftsbetriebs *(Badwill)* zurückzuführen sein. In diesem Fall sind die Wertansätze der VG im Hinblick auf das AK-Prinzip (§ 253 Abs 1 S 1 HGB) auf den niedrigeren Betrag der GesamtAK abzustocken, da die einzelnen VG höchstens mit den anteiligen AK angesetzt werden dürfen. Dazu müssen die ermittelten Verkehrswerte der Aktiva, insb der nicht monetären VG des Anlage- und des Vorratsvermögens in sachgerechter Weise nach dem Verhältnis der aktuellen beizZW möglichst entspr dem Risiko ihrer Realisierbarkeit oder hilfsweise prozentual gleichbleibend abgestockt werden (*ADS*[6] § 255 HGB Anm 107; *Schubert/Gadek* in Beck Bil-Komm[12] § 255 Anm 82 ff; *Knop/Küting/Küting* in HdR[5] § 255 Anm 25; *Deubert/Lewe* BB 2018, 2156 f). Mit Ausnahme der liquiden Mittel (Kassenbestand und Bankguthaben, BFH v 12.12.1996 BStBl II 1998, 180) sind uU auch Forderungen und andere VG abzustocken, soweit sie einem Bonitäts- oder Kursrisiko unterliegen; dabei ist idR die Fälligkeit bzw kurzfristige Realisierbarkeit (Geldnähe) zu berücksichtigen; zur steuerrechtlichen Aufteilung nach dem Verhältnis der Teilwerte Anm 183.

In analoger Anwendung von DRS 23.91 ist es alternativ auch zulässig, eine über die AK hinausgehende Höherbewertung der Aktiva in der EB des EKfm bei gleichzeitigem Ansatz eines passiven Ausgleichspostens nach dem Eigenkapital **(negativer Unterschiedsbetrag)** vorzunehmen. Der passive Unterschiedsbetrag ist in der Folgezeit zur Deckung der zu erwartenden höheren Abschreibungen oder künftiger Aufwandsüberschüsse ergebniswirksam aufzulösen (DRS 23.142 f, 23.149; *Deubert/Lewe* BB 2018, 2157; *ADS*[6] § 255 HGB Anm 294 f mwN). UE ist der Ansatz eines passiven Unterschiedsbetrags im Falle des Erwerbs eines Unt durch den EKfm ggü der Abstockung vorzuziehen. Im Gegenzug zu der durch die Abstockung erreichten Periodisierung des negativen Unterschiedsbetrags in Form der niedrigeren Abschreibungen, die jedoch nicht den wirtschaftlichen Gehalt der Transaktion wiederspiegelt, führt die Erfassung eines passiven Unterschiedsbetrags und eine entsprechende Auflösung zu einer verursachungsgerechten Periodisierung, die den wirtschaftlichen Gehalt der Transaktion zutreffend darstellt (*Deubert/Lewe* BB 2018, 2158).

110 Vereinigt der EKfm sämtliche Anteile an einer PersGes in seiner Hand, wächst ihm im Zuge der Auflösung der PersGes das Vermögen der Ges an.

II. Vorschriften zur Eröffnungsbilanz

Zu den GesamtAK des erworbenen Geschäftsbetriebs einer aufgelösten PersGes gehört auch der **Wert der untergehenden Anteile** des Übernehmers an der PersGes, unabhängig davon, ob er diese bereits vor der Anwachsung besessen hat oder sämtliche Anteile gerade erst erworben hat (so FG München v 17.7.1996 EFG 1997, 695; BFH v 16.2.1977 BStBl II, 671). Sofern der EKfm bereits vor der Anwachsung an der PersGes beteiligt war, stellt die Anwachsung eine gemischte Übernahme dar. Der EKfm erwirbt das Vermögen der PersGes teilweise durch Hingabe der Beteiligung (= **Tausch**) und teilweise entgeltlich, aufgrund der Abfindungsverbindlichkeit ggü dem ausscheidenden Gester. Insoweit wie der EKfm das Vermögen der PersGes im Wege des Tauschs erwirbt, bestimmen sich die AK nach den allg Tauschgrundsätzen entweder iHd Buchwerts, des Zeitwerts der untergehenden Anteile oder iHd erfolgsneutralen Zwischenwerts (IDW RS HFA 42, Tz 46).

Der Vermögensübergang aufgrund der Anwachsung erfolgt wie bei einer Verschmelzung im Rahmen der Gesamtrechtsnachfolge, weshalb es nach ganz hM (IDW RS HFA 42, Tz 93; Kap K Anm 7; *Schubert/Gadek* in Beck Bil-Komm[12] § 255 Anm 45; *ADS*[6] § 255 HGB Anm 101) zulässig ist, die *Vorschriften über die Verschmelzung* (§ 24 UmwG analog) entspr anzuwenden. Das übergehende Vermögen ist dann entweder nach allg Grundsätzen zu **Anschaffungskosten** anzusetzen oder mit den **Buchwerten** (§ 24 UmwG analog) der untergehenden PersGes fortzuführen (so auch IDW RS HFA 42, Tz 92 ff; zur Übernahmebewertung bei Verschmelzung K Anm 47 ff; zur Schlussrechnung der aufgelösten PersGes S Anm 17 f). Wird der Vermögensübergang nach allg Grundsätzen abgebildet, sind die GesamtAK auf das zu Zeitwerten bewertete angewachsene Reinvermögen – ohne Berührung der GuV – zu verteilen (dazu ausführlich Kap K Anm 61 ff; zur Aufteilung der GesamtAK im Falle der gemischten Übernahme Kap K Anm 65 ff). Wird von dem Wahlrecht zur Buchwertfortführung nach § 24 UmwG analog Gebrauch gemacht, ist der Differenzbetrag zwischen den GesamtAK und dem zu Buchwerten bewerteten Reinvermögen als Anwachsungsverlust oder -gewinn in der GuV zu erfassen (dazu ausführlich Kap K Anm 92 f; zur Aufteilung der GesamtAK im Falle der gemischten Übernahme Kap K Anm 94).

Steuerrechtlich kann die Anwachsung je nach Ausgestaltung als entgeltlicher Erwerb von Mitunternehmeranteilen oder als unentgeltliche Betriebsübernahme (dazu Anm 183 f) anzusehen sein (BFH v 10.3.1998 BStBl II 1999, 269).

Verbindlichkeiten oder Rückstellungen für GewSt- und USt-Rückstände im Zeitpunkt des UntErwerbs oder eines Übergangs zum kfm Geschäftsbetrieb sind durch den Gewerbebetrieb verursacht und deshalb auch in der EB des EKfm zwingend zu passivieren, soweit er die Beträge schuldet oder deren Erfüllung übernommen hat. Für **persönliche (Einkommen-)Steuerschulden** des Einzelunternehmers ist dagegen umstritten, ob das nach § 5 Abs 4 PublG bestehende Verbot der Bilanzierung des Privatvermögens (Anm 98) einer Passivierung entgegensteht (dazu *WPH* HBd[16], F Anm 1557 mwN). Aufgrund des *Bilanzzwecks* (Anm 14) dürften uE aber in der EB eines EKfm (dazu Anm 3, 65) jedenfalls solche Steuerschulden zumindest bilanzierungsfähig sein (dazu Anm 104), die wegen seiner bisherigen kleingewerblichen Geschäftstätigkeit anfallen (zB ESt auf Zwischenergebnis im Übergangszeitpunkt) oder die mit dem UntErwerb zusammenhängen (zB Erbschafts- und Schenkungssteuer oder ESt auf einen Übertragungsgewinn nach Verschmelzung einer KapGes auf den AlleinGester). Die Ansatzfähigkeit ergibt sich uE indirekt auch aus der Klarstellung des § 5 Abs 5 S 2 PublG, wonach im JA des Einzelunternehmers persönliche Steuern als Aufwand berücksichtigt werden dürfen; dies wäre nur möglich, wenn auch der zugehörige Passivposten angesetzt wird.

Dementsprechend dürfte es uE auch zulässig oder sogar geboten sein, **künftige Steuerbelastungen** für GewSt und ESt des EKfm nach § 249 Abs 1 HGB in der EB zurückzustellen (oder analog § 274 Abs 1 S 1 HGB als latente Steuern gesondert zu passivieren), jedenfalls *soweit* die zu erwartenden künftigen Steuerbelastungen daraus resultieren, dass die Wertansätze in der handelsrechtlichen EB für VG des steuerrechtlichen BetrVerm höher (bzw für Schulden niedriger) sind als die Wertansätze in der steuerrechtlichen EB. Anderenfalls würde in der EB ein höheres EK ausgewiesen, als tatsächlich für die Schuldendeckung zur Verfügung steht. EStBelastungen, die aus der Verwertung von VG resultieren, sind nämlich in voller Höhe als sonstige Masseverbindlichkeit iSd § 55 Abs 1 Nr 1 InsO zu qualifizieren (BGH v 18.12.2014 DStR 2015, 372). Das gilt auch dann, wenn der zur Masse gelangte Erlös aus der Verwertung eines VG nicht ausreicht, um die aus der Verwertung resultierende EStBelastung zu decken (BFH v 16.5.2013 DStR, 1584; so auch FG Düsseldorf v 19.8.2011 EFG 2012, 544 zu BFH IX R 17/12). **Künftige Einkommensteuerentlastungen** aus solchen Bewertungsdifferenzen oder aufgrund von Verlustvorträgen darf der EKfm dagegen in seiner EB nicht aktivieren, da ihre Realisierbarkeit voraussetzt, dass der EKfm in Zukunft überhaupt ein zu versteuerndes Einkommen erzielt und dafür einen bestimmten Steuersatz zu zahlen hat. Unabhängig davon sind die ggf eintretenden Steuerersparnisse des EKfm für seine Gläubiger jedenfalls nicht verwertbar, da es sich nur um eine Minderung der Steuerbelastung künftiger Einkommen handelt. Wenn überhaupt, kommt nur eine **Aktivierung latenter Gewerbesteuer** als Bilanzierungshilfe analog § 274 Abs 1 S 2 iVm § 242 Abs 1 S 2 HGB in Betracht, soweit die GewStEntlastungen auch von einem Erwerber des Unt realisiert werden können (dazu Anm 117 aE, zur steuerrechtlichen EB Anm 180).

Demggü geht die wohl hM für persönliche Steuerschulden des EKfm aber offenbar nicht von einer Ansatzpflicht aus (so zB *Schmidt/Ries* in Beck Bil-Komm[12] § 246 Anm 70; *ADS*[6] § 5 PublG Anm 62); gleichwohl wird verlangt, dass die jeweilige Handhabung in jedem Fall in einer Fußnote zur Bilanz dargestellt werden sollte (*ADS*[6] § 246 HGB Anm 430 mwN; *WPH* HBd[16], F Anm 1557). Zur Auswirkung auf den BVm bei Prüfung der Bilanz Anm 144.

112   Zum UntVermögen des EKfm gehören ausdrücklich auch **Rechnungsabgrenzungsposten.** Sie sind als solche aktivisch nach § 250 Abs 1 (bzw passivisch nach Abs 2) HGB anzusetzen, wenn vor dem Stichtag der EB bereits Ausgaben (bzw Einnahmen) angefallen sind, die aber erst Aufwand (bzw Ertrag) für eine bestimmte Zeit danach darstellen (im Einzelnen *Schubert/Waubke* in Beck Bil-Komm[12] § 250 Anm 6ff). Insoweit besteht nach § 246 Abs 1 S 1 HGB grds *Ansatzpflicht,* soweit das HGB nicht wie zB für das sog

II. Vorschriften zur Eröffnungsbilanz

Disagio (dazu Anm 115) ausdrücklich ein Wahlrecht vorsieht. Für den Ansatz als (aktiver oder passiver) RAP ist aber Voraussetzung, dass es sich *nicht* um einen VG oder eine Schuld des EKfm handelt, also zB die Ausgabe oder Einnahme keine Voraus- oder Anzahlung für eine noch zu erfüllende zeitbezogene Gegenleistung des Zahlungsempfängers darstellt. RAP werden nicht bewertet, sondern es sind lediglich die angefallenen Ausgaben oder Einnahmen entspr ihrer Zugehörigkeit zu einem bestimmten künftigen Zeitraum aktiv oder passiv abzugrenzen. Der „Wertansatz" der RAP ergibt sich daher durch entspr Aufteilung des Gesamtbetrags der Ausgabe bzw Einnahme auf den anteiligen Zeitraum der Erfolgswirksamkeit vor und nach dem Stichtag der EB.

Wegen der nach § 250 HGB notwendigen Vorausleistung sind RAP in der EB vor allem bei dem Übergang zu einem kfm Geschäftsbetrieb und bei der Übernahme eines Unt denkbar. Aktive RAP (zum Disagio bei Kreditaufnahme Anm 118) können aber auch bei Neubeginn vorliegen (zB für ein Jahr vorausbezahlte GrSt, KfzSteuer oder Ablösezahlungen an einen Vormieter für den Eintritt in seinen Mietvertrag). Passiv abzugrenzen wäre dagegen zB der vom EKfm vereinnahmte Einrichtungszuschuss eines Geschäftspartners.

Posten der Aktivseite dürfen auch in der EB nicht mit Posten der Passivseite verrechnet werden (§ 246 Abs 2 S 1 HGB). Das **Saldierungsverbot** (im Einzelnen *ADS*[6] HGB § 246 Anm 454 ff; zur Aufrechnung auch *Schmidt/ Ries* in Beck Bil-Komm[12] § 246 Anm 100 ff) wird jedoch nicht tangiert, wenn Anspruch und Verpflichtung Teil eines schwebenden Geschäfts sind oder wenn bestimmte VG als *Deckungsvermögen* ausschließlich zur Erfüllung von AVers- und vergleichbaren langfristig fälligen Verpflichtungen bestimmt und dem Zugriff aller übrigen Gläubiger entzogen sind und deshalb zwingend der *Vermögensverrechnung* nach § 246 Abs 2 S 2 HGB unterliegen (dazu *Schmidt/Ries* in Beck Bil-Komm[12] § 246 Anm 120 ff mwN; IDW RS HFA 30 nF, Tz 83). In diesem Fall wäre nur der ggf drohende Verlust aus dem Geschäft oder ein nach der Vermögensverrechnung ggf bestehender Verpflichtungsüberhang (Unterdeckung) als Rückstellung anzusetzen bzw ein dabei evtl entstehender Aktivüberhang (Überdeckung) wäre gemäß § 246 Abs 2 S 3 HGB als „Aktiver Unterschiedsbetrag aus der Vermögensverrechnung" in der EB gesondert auszuweisen (Anm 126; zur Bewertung Anm 93).

b) Einzelvorschriften

Beim Neubeginn mit Kapitalausstattung in Geld gibt es kein Bilanzierungswahlrecht (zur Bewertung bei Sachgründung eines Geschäftsbetriebs Anm 92 ff). In allen anderen Fällen dürfen **Ansatz- und Bewertungswahlrechte** grds auch in der EB in Anspruch genommen werden, sofern die gesetzlichen Voraussetzungen am Stichtag der EB bereits vorliegen. Die Inanspruchnahme setzt daher grds eine schon vor dem Stichtag der EB begonnene kleingewerbliche Tätigkeit des EKfm voraus (Anm 115). Für die **Übergangsbilanz** des EKfm bestehen dann folgende Wahlrechte zur Aktivierung oder Höherbewertung:
– Nicht-/Ansatz von HK für die vom EKfm durch eigene Entwicklung selbst geschaffenen immateriellen VG des Anlagevermögens (§ 248 Abs 2 S 1, 255 Abs 2a S 1 HGB; dazu Anm 117);

B 115, 116 Eröffnungsbilanz des Einzelunternehmers

- Nicht-/Ansatz des aktiven Unterschieds zwischen dem Ausgabebetrag und einem höheren Erfüllungsbetrag von Verbindlichkeiten (Disagio) als aktiver RAP (§ 250 Abs 3 HGB; dazu Anm 115, 118);
- Nicht-/Einbeziehung von Kosten der allg Verwaltung oder von Aufwendungen für betriebliche Sozialeinrichtungen, freiwillige Sozialleistungen und betriebliche AVers in die HK von VG (§ 255 Abs 2 S 3 HGB);
- Nicht-/Einbeziehung von gezahlten Zinsen für FK zur Finanzierung von HK für den Zeitraum der Herstellung eines VG (§ 255 Abs 3 HGB; dazu Anm 118);
- Nicht-/Inspruchnahme von Bewertungsvereinfachungsverfahren (§ 256 HGB; dazu Anm 84 f).

Bei seiner **Entscheidung** über die Wahlrechtsausübung muss der EKfm strategisch zwischen der gewünschten Erstausstattung mit EK einerseits und der künftigen GuV-Auswirkung bis zum nächsten Bilanzstichtag und im folgenden Gj andererseits abwägen. Dabei sollte er berücksichtigen, dass die Darstellung der Vermögenslage durch Wahlrechtsausübung bewusst beeinflusst und der Einblick in die tatsächlichen Verhältnisse beeinträchtigt werden kann. Falls künftig ein geringeres Jahresergebnis ausgewiesen werden soll, empfiehlt es sich, die Wahlrechte zur Aktivierung eines Disagio bzw zur Höherbewertung von VG weitestgehend auszuüben. Zur Verbesserung künftiger Ergebnisse ist dagegen umgekehrt vorzugehen.

115 Demggü besteht bei Übernahme eines Geschäftsbetriebs im Ganzen für die EB nach HGB im Prinzip nur das Wahlrecht nach § 250 Abs 3 HGB zum Ansatz eines **Disagios** als aktiver RAP. Weil sich der Erwerb eines ganzen Unt als Anschaffung einer Sachgesamtheit von VG gegen Übernahme von Verbindlichkeiten und Kaufpreiszahlung darstellt, kommt die Inanspruchnahme der og Bewertungswahlrechte hier nicht in Betracht, denn diese beziehen sich ausschließlich auf HK. Bei Erwerb eines Unt im Ganzen hat der EKfm jedoch sämtliche VG des Geschäftsbetriebs (inkl der vom Verkäufer ggf selbst geschaffenen VG) nicht hergestellt, sondern entgeltlich erworben (dazu Anm 92). Die VG des Betriebs sind daher nach § 253 Abs 1 HGB mit den anteiligen AK zu bewerten, die den einzelnen VG durch sachgerechte Gesamtpreisaufteilung zuzuordnen waren (dazu Anm 106 ff). Dies gilt grds auch für die anteiligen AK von Gebäuden, Sachanlagen oder Vorräten, die der Verkäufer hergestellt hatte (zum Sonderfall der Buchwertfortführung Anm 15, 38). Verzichtet der EKfm auf den gesonderten Ansatz eines Disagio, ergibt sich zwangsläufig ein entspr höherer Unterschiedsbetrag aus der Gesamtkaufpreisaufteilung, der dann in der EB als **Geschäftswert** anzusetzen wäre (dazu Anm 109). Wird ein Disagio in den GFW einbezogen, müsste der Abschreibungsplan Laufzeit und Tilgungsverlauf des zugehörigen Kredits berücksichtigen. Steuerrechtlich wird der GFW als ein nicht selbständig verkehrsfähiges WG eigener Art angesehen (BFH v 14.12.1993 BStBl II 1994, 925 mwN), das über eine Nutzungsdauer von 15 Jahren abzuschreiben ist (§ 7 Abs 1 S 3 EStG).

116 In der EB dürfen keine Aktivposten angesetzt werden, wenn Aufwendungen weder zum Zugang eines VG geführt haben, noch die Voraussetzungen für einen Ansatz als RAP erfüllt sind, oder ein **Ansatzverbot** besteht. So stellt § 248 Abs 1 HGB ausdrücklich klar, dass *nicht* aktiviert werden dürfen

II. Vorschriften zur Eröffnungsbilanz

– **Aufwendungen** für die **Gründung** eines Unt (insb Beratungs-, Notar- und Gerichtskosten zur HR-Anmeldung, Wertgutachten usw);
– Aufwendungen für die **Beschaffung des Eigenkapitals** (zB Werteinbußen oder Kosten der Veräußerung von Wertpapieren und anderen Gegenständen des Privatvermögens, auch Aufwendungen für die Beschaffung von Einlagen stiller Gester, sofern sie EK darstellen (dazu Anm 131, sofern FK Anm 118);
– Aufwendungen für den Abschluss von Versicherungsverträgen (zB Provisionen).

Gemäß § 248 Abs 2 S 2 HGB dürfen auch **selbst geschaffene** Marken, Drucktitel, Verlagsrechte, Kundenlisten oder vergleichbare immaterielle VG des Anlagevermögens nicht aktiviert werden (zur Anschaffung Anm 119). Vergleichbare immaterielle VG sind zB Titel von Film-, Ton- oder Bühnenwerken ua Urheberrechte, gewerbliche Schutzrechte wie Gebrauchs- oder Geschmacksmuster sowie Namen oder Bezeichnungen von Unt und Betrieben oder von Internet-Domains (ähnlich *Schmidt/Usinger* in Beck Bil-Komm[12] § 248 Anm 20). Ein Ansatzverbot besteht auch für den selbst geschaffenen **Geschäfts- oder Firmenwert** (zur Geschäftsidee Anm 92) oder seine einzelnen Komponenten (Firmenname, Kunden- und Lieferbeziehungen, Management- und Mitarbeiterqualifikation uä), die als geschäftswertbildende Faktoren lediglich unselbständige Bestandteile des GFW darstellen.

Diese Ansatzverbote gelten zweifelsohne auch für die EB (*Schmidt/Usinger* in Beck Bil-Komm[12] § 248 HGB Anm 1). Die Gründung umfasst alle Maßnahmen, die zur *rechtlichen* Existenz eines Unt führen (*ADS*[6] § 248 Anm 4). Zur EK-Beschaffung gehören dagegen alle Maßnahmen, die für die Sicherung seiner *wirtschaftlichen* Existenz notwendig sind, um eine Abdeckung künftiger Verluste zu ermöglichen und die Kreditwürdigkeit des Unt zu erhalten. Um das Unt mit wirtschaftlichem Leben zu erfüllen (zB Aufbau der Organisation, Personalbeschaffung, Planung, Probeläufe, Marktstudien, Einführungswerbung usw), dürfte es nämlich idR nicht ausreichen, einen Geschäftsbetrieb zu beginnen, ohne ihn zugleich mit einer gewissen Vermögenssubstanz als Haftungsmasse auszustatten. Von den nicht bilanzierungsfähigen Gründungs- und EK-Beschaffungskosten sind aber die Aufwendungen für die Beschaffung von Kreditmitteln (**Geldbeschaffungskosten**) zu unterscheiden (dazu Anm 118; zur Beschaffung von Einlagen stiller Gester Anm 131).

Aufwendungen des Kfm für die **Entwicklung eines immateriellen VG des Anlagevermögens** können nach § 248 Abs 2 HGB ganz oder teilweise aktiviert werden, wenn die technische Verwertbarkeit und die wirtschaftlichen Erfolgsaussichten der Entwicklungsergebnisse hinreichend zuverlässig beurteilt und eingeschätzt werden können (arg ex § 255 Abs 2a S 3 HGB). Weitere Aktivierungsvoraussetzung ist aber, dass die Bereiche Forschung und Entwicklung verlässlich voneinander unterschieden werden können (dazu im Einzelnen *Schubert/Hutzler* in Beck Bil-Komm[12] § 255 Anm 480 ff), denn *Forschungskosten* sind von einer Aktivierung generell ausgeschlossen (§ 255 Abs 2a S 4 HGB). Auch § 255 Abs 2 S 4 HGB stellt klar, dass sie weder im Rahmen der Entwicklung eines immateriellen VG noch allg im Rahmen der Herstellung von VG in die HK einbezogen werden dürfen. Aufwendungen, die dem Kfm zB für die Selbstentwicklung eines Patents bis zum Stichtag entstanden sind, kann er daher in der EB nach HGB nur aktivieren, wenn und soweit das Patent geeignet ist, durch Nutzung oder Lizenzierung künftige Einnahmen zu generieren, mit denen die Aufwendungen gedeckt werden können (zur Vereinbarung von Nutzungsrechten zu Gunsten des EKfm Anm 94, 96). Das Wahlrecht stellt eine *Bilanzierungshilfe* dar. Für HandelsGes (KapGes, PersGes und auch eG) ist seine Inanspruchnahme daher gemäß § 268 Abs 8 S 1 HGB gleichzeitig mit einer entspr Ausschüttungssperre verbunden. Der Umfang von noch nicht amortisierten Entwicklungsaufwendungen ist aber gleichwohl auch für den EKfm als Inhaber des Unt sowie zur Information der Geschäftspartner (insb Hausbank) für eine Beurteilung der voraussichtlich Erfolg versprechenden *Investitionen in den eigenen GFW* von Interesse. Das HGB lässt daher die Inanspruchnahme dieser Bilanzierungshilfe auch für die EB und die Jahresbilanz des Einzelunternehmers zu, obwohl für den EKfm keine *Ausschüttungssperre* gilt. Diese ist für ihn aber auch nicht erforderlich, weil er den Gläubigern ohnehin mit seinem gesamten Vermögen einschl der VG seines Privatvermögens haftet. Wegen des besonderen Charakters der Bilanzierungshilfe ist dann aber uE auch in der EB des Einzelunternehmers ein gesonderter Ausweis dieses Postens erforderlich. Entsprechendes würde für den evtl Ansatz einer **aktiven Steuerabgrenzung** analog § 274 HGB für latente GewSt gelten (dazu Anm 111, 180).

Hatte der EKfm im Rahmen seines Handelsgewerbes die Entwicklungsaufwendungen bereits gewisse Zeit vor dem Überschreiten der Größenkriterien für die Buchführungs- und Bilanzierungspflicht (Stichtag der EB) getätigt und war die Entwicklung vor dem Stichtag abgeschlossen, sind (wie bei gebrauchten Sachanlagen) vor dem Ansatz der HK in der EB zeitanteilige Abschreibungen entspr der voraussichtlichen Nutzungsdauer des selbst erstellten immateriellen VG abzusetzen oder ein niedrigerer beizulegender Wert durch außerplanmäßige Abschreibungen zu berücksichtigen (dazu Anm 94).

118 Das Bilanzierungsverbot des § 248 Abs 1 HGB regelt nicht die Frage der Aktivierbarkeit von Aufwendungen für die **Beschaffung von Fremdkapital** (zB Damnum, Disagio, Darlehens- und Avalgebühren, Vermittlungsprovisionen). Insoweit ist daher in allen Übergangs- und Übernahmefällen eine anteilige Aktivierung auch in der EB grds möglich (ebenso *Hüffer* in HGB-Bilanzrecht, § 242 Anm 33). Sie kann aber nach den GoB nur in Betracht kommen, soweit am Stichtag der EB die Voraussetzungen des § 250 Abs 1 (zB Avalprovisionen für die Zeit nach dem Stichtag) oder Abs 3 HGB (zB Disagio, dazu *Schubert/Waubke* in Beck Bil-Komm[12] § 250 Anm 35 ff) vorliegen. Bei der Beurteilung, ob eine *Rechnungsabgrenzung* erforderlich ist, kommt dem Umstand entscheidende Bedeutung zu, ob der Empfänger die Zahlung im Fall einer vorzeitigen Beendigung des Vertragsverhältnisses behalten darf oder ob er sie zurückerstatten muss. Besteht eine zeitanteilige Rückzahlungspflicht, ist der Vorleistungscharakter grds zu bejahen und gem § 252 Abs 1 Nr 5 HGB eine entspr Periodenabgrenzung erforderlich (im Grundsatz ebenso BFH v 14.11.2012 BFH/NV 2013, 1389, auch für Nebenkosten zur Bildung einer typisch stillen Ges mit FK-Charakter). Vor dem Stichtag der EB vorausgezahlte FK-*Zinsen* (zB Damnum) sind ebenfalls aktiv abzugrenzen, soweit sie auf die Zeit danach entfallen, weil bei vorzeitiger Kreditrückzahlung nach Kündigung aus wichtigem Grund grds ein anteiliger Erstattungsanspruch besteht (BGH v 29.5.1990 DB, 1610; BGH v 16.11.1993 DB 1994, 138). Außerdem können vor dem Stichtag der EB gezahlte Zinsen für FK im Rahmen des § 255 Abs 3 HGB auch in die HK von in der EB anzusetzenden Erzeugnissen oder selbst erstellten Anlagen einbezogen werden (dazu *Schubert/Hutzler* in Beck Bil-Komm[12] § 255 Anm 502 ff), wenn vor dem EB-Stichtag bereits mit der Herstellung dieser VG begonnen wurde.

Andererseits müssen vor dem Stichtag eingenommene Zinsen passiv abgegrenzt werden, soweit sie Ertrag für Zeiträume danach darstellen.

Das Ansatzverbot für die in § 248 Abs 2 S 2 HGB genannten **immateriellen Vermögensgegenstände des Anlagevermögens** besteht nur, sofern sie nicht entgeltlich erworben wurden (Anm 116). Eine Aktivierung solcher VG in der EB des Einzelunternehmers ist dagegen stets zulässig und dann auch geboten, wenn dem EKfm die betr VG im Rahmen des Erwerbs eines Unt im Ganzen oder durch ein isoliertes Anschaffungsgeschäft (Erwerb von Dritten) zugegangen sind (zur Abgrenzung zwischen AK und HK zB *Schubert/Gadek* in Beck Bil-Komm[12] § 255 Anm 35). In diesem Fall gilt auch der entgeltlich erworbene GFW als ein zeitlich begrenzt abnutzbarer VG (§ 246 Abs 1 S 4 HGB, Anm 115). Ein „entgeltlicher Erwerb" durch Sacheinlage (dazu D Anm 134 f) kommt für die HBil des Einzelunternehmers aber nicht in Betracht, da kein Anschaffungsgeschäft, sondern ein „Verkauf an sich selbst" vorliegen würde (Anm 93; zur steuerrechtlichen EB Anm 177).

Unmittelbare oder mittelbare **Pensionsverpflichtungen** sind ungewisse Verbindlichkeiten, für die nach § 249 Abs 1 S 1 HGB Rückstellungen zu bilden sind, wenn sie auf vor dem Stichtag der EB vereinbarten Pensionszusagen beruhen (dazu im Einzelnen IDW RS HFA 30 nF, Tz 1 ff). Für die EB ist dies aber praktisch nur bei Übernahme eines Unt durch den EKfm relevant. In diesem Fall ist die Übernahme der vereinbarten Pensionen oder Pensionsanwartschaften (ebenso wie andere vom EKfm übernommene Verbindlichkeiten) Bestandteil der GesamtAK (dazu Anm 106) für die übernommenen Aktiva und daher von dem EKfm neben der Kaufpreisverbindlichkeit und anderen ggf übernommenen Verpflichtungen zu passivieren, auch wenn die betr Verpflichtungen im JA des Verkäufers bislang nicht angesetzt waren (s auch *Grottel/Johanleweling* in Beck Bil-Komm[12] § 249 Anm 167; ADS[6] Art 28 EGHGB Anm 38). Zu den Pensionsverpflichtungen gehören auch evtl Kaufpreisrentenschulden ggü dem Verkäufer oder seinem Rechtsvorgänger (zur Behandlung künftiger Rentenzahlungen bei der GewSt BFH v 18.1.2001 BStBl II, 687).

Das nach Art 28 Abs 1 EGHGB bestehende Wahlrecht zur Nichtpassivierung von Rückstellungen für sog *Altzusagen* vor dem 1.1.1987 und für mittelbare Verpflichtungen aufgrund arbeitsrechtlicher Subsidiärhaftung darf in diesem Fall *nicht* in Anspruch genommen werden (IDW RS HFA 30 nF, Tz 97; ebenso bereits HFA Auswirkungen eines Betriebsübergangs nach § 613a BGB auf die Bilanzierung von Pensionsverpflichtungen, FN IDW 1996, 528; IDW St/HFA 2/1988), weil dies zum Ausweis eines überhöhten EK führen würde. Eine Nichtpassivierung wäre allenfalls im Rahmen einer nach § 24 UmwG wahlweise zulässigen Buchwertfortführung nach Verschmelzung einer KapGes mit dem Vermögen des AllenGesters möglich (Anm 38). Wenn der EKfm in solchen Fällen unter Berufung auf das Wahlrecht nach § 24 UmwG lediglich die Buchwerte des übertragenden Rechtsträgers fortführt, könnte aber zweifelhaft sein, ob seine Buchführung und Bilanzierung dann noch wie vorgeschrieben (§§ 238 Abs 1, 243 Abs 1 HGB) den GoB entsprechen und die tatsächliche Lage des Vermögens ersichtlich machen kann (iE ebenso BFH v 12.12.2012 DStR 2013, 575).

121 Sofern der wirtschaftliche **Wert der finanziellen Belastungen,** die aus den vom Kfm übernommenen AVersVerpflichtungen resultieren (zB versicherungsmathematischer Barwert der voraussichtlichen künftigen Rentenzahlungen), tatsächlich höher ist als der bei Anwendung der Vorschriften des § 253 Abs 2 HGB (oder § 6a EStG für die StBil) sich ergebende (übliche) Bilanzwert der Rückstellungen, ist grds der höhere Betrag, zu dem diese Verpflichtungen ggf von einem Dritten abgelöst oder erfüllt werden könnten („Wegschaffungskosten"), für die Passivierung maßgeblich (so auch BFH v 12.12.2012 DStR 2013, 570) und dementspr auch für die Zugangsbewertung auf der Aktivseite als AK zu berücksichtigen. Der zur Deckung der Verpflichtung erforderliche höhere Barausgleich (bzw die entspr höheren Verkehrswerte zugegangener anderer VG des Geschäftsbetriebs) stellt uE eine Einnahme des EKfm vor dem Bilanzstichtag dar, die Ertrag für eine bestimmte Zeit danach ist, nämlich für den Zeitraum, in dem Rentenzahlungen zu erbringen sind. Daher erscheint es im Hinblick auf eine künftige einheitliche bilanzielle Bewertung und Fortentwicklung der Pensionsrückstellungen in Folgejahren sachgerecht, den anfänglich bestehenden Unterschied zwischen dem wirtschaftlichen Wert (Barwert) der übernommenen Verpflichtungen und ihrem nach § 253 Abs 2 HGB anzusetzenden Bilanzwert im Zeitpunkt der Übernahme durch Ansatz eines passiven RAP gemäß § 250 Abs 2 HGB in der EB gesondert auszuweisen und diesen RAP danach entspr der Entwicklung der durchschnittlichen Kapitalbindung der bestehenden Rentenverpflichtungen über den Zeitraum der zu erbringenden Rentenzahlungen ertragswirksam aufzulösen.

3. Gliederung und Ausweis
a) Allgemeine Grundsätze

125 Die Anforderungen an die **Gliederung** der EB des Einzelunternehmers ergeben sich allg aus § 247 Abs 1 iVm § 242 Abs 1 S 2 HGB. Danach ist vorgeschrieben, „das Anlage- und das Umlaufvermögen, das Eigenkapital, die Schulden sowie die Rechnungsabgrenzungsposten gesondert auszuweisen und hinreichend aufzugliedern". Dadurch wird zunächst eine für alle Unt *einheitliche Gruppierung der Hauptposten* der Bilanz erreicht. Diese Posten hat der Kfm aber noch soweit aufzugliedern, dass deren Zusammensetzung im Wesentlichen erkennbar wird. Zusätzlich sind nach § 251 HGB die bestehenden Haftungsverhältnisse anzugeben (Anm 137). Steuerrechtlich ist für die gemäß § 5b Abs 1 EStG nach amtlich vorgeschriebenem Datensatz erforderliche elektronische Übermittlung eine spezifische Taxonomie zu beachten (dazu BMF 28.9.2011 BStBl I, 855; *Schubert/Adrian* in Beck Bil-Komm[12] § 266 Anm 332 ff); aktuell gilt die Version 6.3 (BMF 2.7.2019 BStBl I, 887).

126 Ohne eine weitergehende **Aufgliederung** der Hauptposten sind die an eine Mindestgliederung der EB zu stellenden Anforderungen zwar noch

II. Vorschriften zur Eröffnungsbilanz

nicht erfüllt (so auch *Schubert/Waubke* in Beck Bil-Komm[12] § 247 Anm 4 ff). Der Einzelunternehmer kann aber den Umfang der gebotenen Untergliederung der Hauptposten im Rahmen der GoB (§ 243 Abs 1 HGB) und des Gebots der Klarheit und Übersichtlichkeit (§ 243 Abs 2 HGB) weitgehend selbst bestimmen, sofern er nicht bereits aufgrund der UntGröße das Gliederungsschema des § 266 HGB zu beachten hat (§ 5 Abs 1 PublG). Für den nicht publizitätspflichtigen EKfm kann das für kleine KapGes vorgeschriebene **Mindestgliederungsschema** nach § 266 Abs 1 S 3 HGB (dazu D Anm 226) als Orientierungshilfe für eine sachgerechte Gliederungstiefe der EB dienen. Ergänzend sollten die Buchwerte des GFW und der selbst geschaffenen immateriellen VG des Anlagevermögens gesondert ausgewiesen oder durch entspr Davon-Vermerk erkennbar gemacht werden, da diese Posten den Gläubigern nicht in gleicher Weise wie andere VG zur Befriedigung ihrer Ansprüche zur Verfügung stehen. Wenn der Geschäftsbetrieb des EKfm von Beginn an die Größenkriterien des § 267a HGB für sog KleinstKapGes voraussichtlich nicht überschreiten wird, kann sich die Gliederung der EB in analoger Anwendung des § 266 Abs 1 S 4 HGB auf die in § 266 Abs 2 und Abs 3 HGB mit Buchstaben bezeichneten Posten beschränken, denn für den EKfm können keine strengeren Anforderungen gelten als für eine KapGes gleicher Größe. In diesem Fall wären daher in der EB des EKfm außer den bereits in § 247 Abs 1 HGB genannten Hauptposten (Anm 125) nur noch die Rückstellungen und – soweit nicht in den Ausweis der Rückstellungen einbezogen – ein ggf vorhandener Passivposten für latente Steuern (dazu Anm 111) sowie ggf ein sog „Aktiver Unterschiedsbetrag aus der Vermögensverrechnung" (dazu Anm 113) gesondert auszuweisen.

b) Eigenkapital

Das (buchmäßige und bilanzielle) Eigenkapital des EKfm ist eine reine Rechengröße und ergibt sich als Unterschied zwischen den Wertansätzen der VG, Bilanzierungshilfen (Anm 117), Sonderposten und aktiven RAP (Aktiva) einerseits und den Schulden, Sonderposten (Anm 135) und passiven RAP (Passiva) andererseits. Es zeigt stichtagsbezogen das im Unt vorhandene **Verlustdeckungspotential zu Buchwerten**. Wegen der evtl zusätzlich vorhandenen stillen Reserven und des Geschäftswerts ist der Posten aber für die Beurteilung des tatsächlichen *Unternehmenswerts* sowohl in Bezug auf den Wert der Substanz als auch in Bezug auf die Ertragsaussichten des Geschäftsbetriebs nur bedingt aussagefähig.

Nach § 247 Abs 1 iVm § 242 Abs 1 S 2 HGB ist auch das EK in der EB „gesondert auszuweisen und hinreichend aufzugliedern". Dabei sind mangels weitergehender Vorgaben nur die allgemeinen Grundsätze der Klarheit und Übersichtlichkeit zu beachten (*Hennrichs/Pöschke* in HdJ Abt III/1, Anm 41). Alternativ könnte durch entspr Postenbezeichnung auch zwischen dem ursprünglichen Startkapital und den ggf bis zum EB-Stichtag zwischenzeitlich thesaurierten Gewinnen (Gewinnvortrag oder Rücklagen) bzw einem Verlustvortrag differenziert werden. Ein gesetzliches MindestEK oder eine Begrenzung von Entnahmen sind für die HBil des EKfm aber nicht vorgesehen (*Hennrichs/Pöschke* in HdJ Abt III/1, Anm 194).

131 Die **Einlage eines stillen Gesellschafters** (§§ 230 ff HGB) ist so zu leisten, dass sie in das Vermögen des Geschäftsinhabers übergeht. Dessen Unt wird damit zu einer reinen InnenGes, in welcher der stille Gester in Bezug auf seine Haftung weitgehend die Rechtsstellung eines Kommanditisten einnimmt (zu dem Recht auf Einsichtnahme in die EB Anm 148; zur Aufstellung einer steuerrechtlichen EB der stillen Ges Anm 160, 165). Als zum Betrieb des Handelsgewerbes gehörig (dazu Anm 102) ist die Leistung des Stillen in der EB des EKfm anzusetzen, sofern vor dem Stichtag ein aktivierungsfähiger VG zugegangen ist (Bar- oder Sacheinlage, dazu C Anm 93; zum steuerrechtlichen BetrVerm C Anm 213) und nicht lediglich Dienstleistungen oder eine unentgeltliche Gebrauchsüberlassung vereinbart wurde (zur Zulässigkeit BGH v 12.1.1998 NZG, 342). Bei Zugang eines VG erhöht dessen beizulegender Wert (wie die Einlage des Kommanditisten einer KG, dazu C Anm 89) das bilanzielle **Eigenkapital** des Unt, *wenn* die stille Ges auf Dauer angelegt und eine Beteiligung an Verlusten nicht nach § 231 Abs 2 HGB durch GesVertrag ausgeschlossen ist (unter der zusätzlichen Voraussetzung der Nachrangigkeit auch *Schubert* in Beck Bil-Komm[12] § 247 Anm 235 mwN). In jedem Fall muss aber für eine Qualifizierung als EK durch entspr Regelung im GesVertrag sichergestellt sein, dass die bereitgestellten Mittel tatsächlich als Verlustdeckungspotenzial zur Verfügung stehen. Da insoweit nichts anderes gelten kann als für nicht im HR eingetragene Zusatzeinlagen von Kommanditisten einer PersGes, ist dies nur der Fall, wenn *künftige* Verluste mit diesen Mitteln bis zur vollen Höhe – auch mit Wirkung ggü den Gläubigern – zu verrechnen sind und wenn für die Rückzahlungsansprüche des Stillen gemäß § 39 Abs 2 InsO ausdrücklich ein Nachrang im InsVerfahren hinter den in § 39 Abs 1 InsO bezeichneten Ansprüchen vereinbart wurde (so für Zusatzkapital von Kommanditisten IDW RS HFA 7 nF, Tz 13; für Genussrechtskapital IDW St/HFA 1/1994). Ein endgültiger Verzicht auf Kündbarkeit der stillen Einlage ist für den Ausweis als EK (so wohl *ADS*[6] § 246 HGB Anm 91) dagegen nicht erforderlich und wäre zudem unzulässig (§ 723 Abs 3 BGB, OLG Bamberg v 15.4.1998 NZG, 897; auch OLG Karlsruhe v 26.10.1999 NZG 2000, 304), denn der Stille kann aus einer auf unbestimmte Zeit begründeten Ges jederzeit mit einer Kündigungsfrist von mindestens sechs Monaten zum Ende eines Gj (§ 234 Abs 1 iVm § 132 HGB) oder im Einvernehmen mit dem EKfm aus der Ges ausscheiden (ähnlich IDW RS HFA 7 nF, Tz 14). Die Einlage ist somit dann als EK einzustufen, wenn eine Gesamtwürdigung des GesVertrags ergibt, dass sich der stille Gester wie ein haftender Gester behandeln lassen muss (OLG Frankfurt am Main v 30.4.1997 GmbHR, 892). Wurde eine stille Ges bzgl der Handlungskompetenzen und der Haftung objektiv wie eine Kommanditeinlage ausgestaltet, muss ihr in gleicher Weise wie dieser der Charakter von EK und nicht von FK zuerkannt werden (BGH v 17.12.1984 NJW 1985, 1079; im Einzelnen *Hense* Düsseldorf 1990, 1 ff; zur Vertragsgestaltung *Weigl* DStR 1999, 1568). Entscheidend ist daher, dass die Mittel von dem Stillen nicht zur Unzeit zu Lasten der Gläubiger aus dem Unt des EKfm abgezogen werden dürfen. Es darf sich also bei der Leistung nicht lediglich um die Gewährung eines partiarischen Darlehens an den EKfm oder eine typisch stille Ges ohne Beteiligung des Stillen an den stillen Reserven, also nicht um einen

II. Vorschriften zur Eröffnungsbilanz

„qualifizierten Kredit" (so auch BFH v 14.11.2012 BFH/NV 2013, 1389; BFH v 6.3.2003 BStBl II, 656) handeln. Da die Übergänge insoweit fließend sind, müssen die getroffenen Vereinbarungen in ihrer Gesamtheit beurteilt und im Hinblick auf die Ziele und die Interessenlage beider Parteien umfassend rechtlich gewürdigt werden. Von Bedeutung ist dabei vor allem, ob es den Parteien auf die Erreichung eines gemeinsamen Zwecks (§ 705 BGB) durch gemeinsame Beteiligung am künftigen Erfolg des Geschäftsbetriebs (einschl der Zubilligung von entspr Überwachungs- und Mitspracherechten) oder nur auf die Verfolgung jeweils eigener Ziele und eine betont einseitige Berechtigung des Geldgebers in Bezug auf die Sicherstellung seines (Rückzahlungs-)Anspruchs gegen den Geschäftsinhaber ankommt (BGH v 19.9.1951 BB, 849; iE ebenso OLG Schleswig v 18.2.2000 NZG, 1176).

Weil der Stille seine Einlage ggf ganz oder teilweise als Insolvenzforderung **132** geltend machen kann, soweit sie den auf ihn entfallenden Verlustanteil übersteigt (§ 236 Abs 1 HGB, dazu BGH v 21.3.1983 NJW, 1855), erfordert der besondere Charakter dieses Kapitalanteils aber eine **gesonderte Angabe** (davon stille Einlage € ...) oder eine entspr Aufgliederung des Gesamtbetrags des EK (ähnlich ADS[6] § 266 HGB Anm 189). Eine ausstehende Einlage des Stillen ist dagegen als schwebendes Geschäft nicht bilanzierungsfähig, da das EK noch nicht geleistet ist.

Ein Ausweis der stillen Einlage als **Verbindlichkeit** (so ADS[6] § 246 HGB **133** Anm 90) erscheint uE dann geboten, wenn die Einlage, zB wegen vereinbarter Festverzinsung oder mangels künftiger Verlustbeteiligung des Stillen, den Charakter eines partiarischen Darlehens hat (Anm 131, zur Abgrenzung OLG Schleswig v 18.2.2000 NZG, 1176; OLG Dresden v 8.9.1999 NZG 2000, 302; BGH v 10.10.1994 WM, 2246; dazu auch BMF 16.11.1987 BStBl I, 740; BFH v 8.3.1984 BStBl II, 623) und die Bildung einer Ges zur Erreichung eines gemeinsamen Zwecks iSv § 705 BGB in den Hintergrund tritt. Solange jedoch die Einlage einem gemeinsamen Zweck dient und eine Kündigung der stillen Ges weder erfolgt noch absehbar ist, trifft den Geschäftsinhaber allenfalls eine aufschiebend bedingte Rückzahlungspflicht (BGH v 30.1.1952 BGHZ 4, 364), die nach allg Grundsätzen als Verbindlichkeit erst zu passivieren ist, wenn bei Kündigung des Vertrags mit einer Inanspruchnahme des EKfm zu Lasten der Haftungsmasse des Unt gerechnet werden muss (für **Genussrechtskapital** ebenso IDW St/HFA 1/1994, Abschn 2.1.1c aE). In diesem Fall umfasst der als FK zu passivierende Auseinandersetzungsanspruch des Stillen aber uU auch die stillen Reserven und den Anteil am GFW (BGH v 16.5.1994 NJW-RR, 1185). Vor Auflösung der stillen Ges hat der Stille keinen Vermögensanspruch, sondern nur ein Mitgliedschaftsrecht (BGH v 24.2.1969 NJW, 1212).

Der Ausweis einer stillen Einlage oder von Genussrechtskapital in einem **134** **Zwischenposten** ohne Klarstellung des Charakters als EK oder FK (zum EK-Begriff zB *Hennrichs/Pöschke* in HdJ Abt III/1, Anm 7ff mit Darstellung des Meinungsstands) ist nicht zulässig, weil eine eindeutige Unterscheidung von den Schulden wegen der zwingenden Vorgaben des § 247 Abs 1 HGB erforderlich ist (ebenso IDW St/HFA 1/1994, Abschn 2.1.3; *Hense*, 144).

c) **Weitere Bilanzposten**

135 Zum **Sonderposten mit Rücklageanteil** vgl. Vorauflage. Sonderposten für *erhaltene Investitionszuschüsse* sind in der EB gesondert als Passivposten anzusetzen, weil die erhaltenen Zuschüsse wegen ihres gemischten Charakters noch nicht als EK des Kfm zu qualifizieren sind, solange der Kfm bestimmte, mit dem Erhalt des Zuschusses verbundene Auflagen oder Verwendungspflichten noch nicht erfüllt hat bzw bestimmte Aufwendungen noch nicht angefallen sind (dazu IDW St/HFA 1/1984, Abschn 2. a und d, d1).

136 Zu den steuerrechtlichen, in der HBil nicht ansatzfähigen Sonderposten gehört auch der sog **Investitionsabzugsbetrag** (§ 7g Abs 1 EStG), mit dem es *Kleingewerbetreibenden,* deren Betrieb die in § 7g Abs 1 S 2 Nr 1 EStG genannten Grenzen nicht überschreitet, ermöglicht wird, außerbilanziell bis zu 40 % der voraussichtlichen AK/HK (höchstens 200 T€ je Betrieb) für in den folgenden drei Jahren durchzuführende Investitionen in abnutzbare bewegliche VG des Anlagevermögens bereits vor deren Anschaffung oder Herstellung vom steuerrechtlichen Gewinn abzuziehen. Dabei handelt es sich steuerrechtlich um eine zeitlich vorgezogene Abschreibung künftiger AK/HK, denn der jeweilige Investitionsabzugsbetrag ist im Jahr der Durchführung der Investition gewinnerhöhend aufzulösen und wird dann durch eine Sonderabschreibung für das betr Gj iHv bis zu 40 % der AK/HK (höchstens iHd Auflösungsbetrags) ersetzt; die Bemessungsgrundlage für künftige steuerrechtliche Abschreibungen vermindert sich entspr (§ 7g Abs 2 EStG). Der Investitionsabzugsbetrag kann bereits vor Betriebseröffnung in Anspruch genommen werden, wenn der Abschluss des Prozesses der Betriebseröffnung absehbar ist und die Investitionsabsicht nachgewiesen werden kann (*Kulosa* in Schmidt[38] EStG § 7g Anm 56). Dh, der Vorgang der **Betriebseröffnung** muss noch nicht in der Weise abgeschlossen sein, dass die wesentlichen Betriebsgrundlagen bereits vorhanden sind (BFH v 25.4.2002 DB, 1478). Abzugsbeträge dürfen auch in Anspruch genommen werden, wenn dies zu einem Verlust führt (§ 7g Abs 1 S 3 EStG); in diesem Fall tritt ein Steuerstundungseffekt indes nur ein, soweit eine Verrechnung mit anderen steuerpflichtigen Einkünften des Einzelunternehmers möglich ist.

137 Bestehen am Stichtag der EB bereits sog **Eventualverbindlichkeiten**
– aus der Begebung und Übertragung von Wechseln,
– aus Bürgschaften, Wechsel- und Scheckbürgschaften,
– aus Gewährleistungsverträgen oder
– Haftungsverhältnisse aus der Bestellung von Sicherheiten für *fremde* Verbindlichkeiten,

sind diese nach § 251 HGB zumindest in einem *Gesamtbetrag* „unter dem Strich" der Bilanz anzugeben, soweit nicht bereits eine Passivierung als Rückstellung erforderlich ist (dazu *Grottel/Haußer* in Beck Bil-Komm[12] § 251 Anm 3 ff). Die **Vermerkpflicht** besteht ausdrücklich auch, wenn den Verpflichtungen gleichwertige Rückgriffsforderungen gegen Dritte gegenüberstehen; die Angabe ist wegen § 242 Abs 1 S 2 HGB auch in der EB erforderlich. Sie dürfte hier aber idR nur für EB auf einen Stichtag nach der Übernahme eines Unt (Anm 66) relevant sein, da Haftungsverhältnisse iSd

§ 251 HGB üblicherweise nur in einem bereits lfd Geschäftsbetrieb bestehen. Bei entspr Größe des Unt muss der EKfm in diesem Fall ggf nach § 268 Abs 7 HGB iVm § 5 Abs 1 S 2 PublG auch die für KapGes geltenden zusätzlichen Anforderungen (dazu D Anm 166) beachten, mit der Folge, dass die og Haftungsverhältnisse in der EB *jeweils gesondert* und mit Bezeichnung der dafür gewährten Pfandrechte und sonstigen Sicherheiten anzugeben sind. Außerdem ist jeweils zu vermerken, welche dieser Verpflichtungen ggü verbundenen Unt des EKfm bestehen. Bemerkenswert ist, dass evtl bestellte Pfandrechte und sonstige Sicherheiten für *eigene* Verbindlichkeiten des EKfm in der EB nicht angegeben werden müssen, denn diese Angabe ist nur für den Anhang zum JA vorgesehen (§ 285 Nr 1 HGB iVm § 5 Abs 2 S 2 PublG). Zur Selbstinformation und vollständigen Dokumentation möglicher Vermögensbelastungen aufgrund persönlicher Haftung des EKfm ist aber zu empfehlen, auch Sicherheiten für private Kredite anzugeben, die der EKfm als Verbraucher (§ 13 BGB) für seine persönliche Bedarfsdeckung aufgenommen und deshalb nicht passiviert hat (Anm 104).

III. Feststellung, Prüfung, Offenlegung und Aufbewahrung

1. Unterzeichnung, Feststellung und Prüfung

Nach § 245 S 1 HGB hat der EKfm den JA unter Angabe des Datums persönlich zu unterzeichnen. Adressat der Norm ist der nach HGB aufstellungspflichtige Geschäftsinhaber (Anm 19; *Hüffer* in HGB-Bilanzrecht § 245 Anm 3); bei Minderjährigen sind die Eltern als gesetzliche Vertreter zuständig. Das gilt auch, wenn der Kfm unter Verzicht auf die Erleichterungen des § 241a HGB (Anm 3) bereits mit kfm Rechnungslegung beginnt, bevor er die entspr Größenkriterien überschritten hat (*Störk/Schellhorn* in Beck Bil-Komm[12] § 245 Anm 1 aE). Die Unterzeichnungspflicht gilt nach § 242 Abs 1 S 2 HGB auch für die EB (*ADS*[6] § 245 HGB Anm 3). Das Inventar muss dagegen nicht gesondert unterzeichnet werden (*Hüffer* in HGB-Bilanzrecht § 245 Anm 8), da die Unterschrift unter die EB auch das ihr vorausgehende Inventar (Anm 82) umfasst (*Ellerich/Swart* in HdR[5] § 245 Anm 9). Mit der **Unterschrift** wird wie beim JA dokumentiert, dass der Vorgang der Aufstellung abgeschlossen ist und der Unternehmer die Verantwortung für die Gesetzmäßigkeit der Bilanz übernimmt (so für den JA zB *ADS*[6] § 245 HGB Anm 1). Das Datum dokumentiert die Beendigung der Aufstellungsphase und legt damit zugleich den Zeitrahmen fest, innerhalb dessen ggf den Wert aufhellende Erkenntnisse bei der Bewertung der Posten berücksichtigt werden konnten.

Als **Feststellung** des JA eines EKfm ist die Billigung durch Unterschrift des Inhabers des Unt anzusehen (s § 4 Abs 3 PublG; *ADS*[6] § 4 PublG Anm 7). Somit wird auch die EB *mit der Unterzeichnung* durch den EKfm zugleich von ihm festgestellt (*Merkt* in Baumbach/Hopt[38] HGB § 245 Anm 1, 3; für stille Ges C Anm 142 ff) und damit wie der JA rechtlich verbindlich (s § 8 Abs 4 PublG) bzw endgültig iS einer Erfüllung der Rechnungslegungspflichten nach HGB (*Hüffer* in HGB-Bilanzrecht § 242 Anm 2, 20). Das *Datum* der Unterschrift ist daher nicht nur für den Nachweis einer fristgerechten Aufstellung (Anm 63 ff) von Bedeutung, sondern auch für den Beginn der Aufbewahrungsfrist (dazu Anm 149), die nach § 257 Abs 5 HGB an die Feststellung anknüpft.

142 § 8 Abs 2 PublG stellt (uE auch für kleinere Unt) klar, dass „bei der Feststellung die für die Aufstellung geltenden Vorschriften anzuwenden" sind (dazu *ADS*[6] § 8 PublG Anm 6 f). Sofern die Aufstellung der Bilanz durch Hilfspersonen erfolgte, hat sich der Einzelunternehmer daher spätestens mit seiner Unterschrift zu vergewissern, dass die EB den für ihn geltenden gesetzlichen Vorschriften entspricht und er die Verantwortung für die inhaltliche Richtigkeit übernehmen kann (dazu Anm 19, 77). Zu diesem Zweck sollte er die Gesetzmäßigkeit der EB selbst (ggf durch Beauftragung eines Sachverständigen, zB Steuerberater) überprüfen oder ggf eine freiwillige externe Prüfung mit BVm analog den allg Prüfungsvorschriften durch einen dazu befugten Berufsträger (WP, vBP) durchführen lassen (Anm 144; zu deren Verantwortlichkeit Anm 72).

143 Die JA von Einzelunternehmen unterliegen grds nicht der gesetzlichen Pflichtprüfung. Für Großunternehmen iSd PublG kann sich eine gesetzliche Pflicht zur Prüfung des JA aber aus § 6 Abs 1 S 1 PublG ergeben. Gleichwohl finden die Regelungen zur **Prüfung** des JA auf die EB nach HGB uE keine Anwendung, da sie nicht zu den „für den JA geltenden Vorschriften" iSd § 242 Abs 1 S 2 HGB gehören, denn letztere beziehen sich nur auf die Aufstellung (Anm 24). Die Prüfung der EB erfolgt aber ggf indirekt im Rahmen der Prüfung des nachfolgenden JA des ersten Gj, weil diese sich auch auf die Wertansätze der EB zu erstrecken hat (s IDW PS 205, Tz 7 ff), und zwar unabhängig davon, ob diese Wertansätze in der Jahresbilanz als Vergleichszahlen des Vj angegeben wurden (Anm 147).

144 Eine *freiwillige Prüfung* der aufgestellten EB kann allerdings insb in Übernahmefällen zweckmäßig sein, wenn damit zugleich die Grundlagen für eine ordnungsgemäße Buchführung mit Eröffnungsinventar und für die Richtigkeit nachfolgender JA gelegt werden sollen. Bei Übernahme eines ganzen Unt empfiehlt sich die Prüfung der EB aber auch wegen der mit der Übernahme verbundenen Haftungsrisiken und dem Übergang der Verantwortlichkeit auf den neuen Inhaber (dazu Anm 31 ff). Die Zuständigkeit für die Bestellung des AP liegt allein beim Inhaber des Geschäftsbetriebs (s § 6 Abs 3 S 2 PublG analog). Für Gegenstand und Umfang der Prüfung gelten die für eine gesetzliche Prüfung maßgebenden Vorschriften (§ 317 Abs 1 HGB) entspr, wenn ein **Bestätigungsvermerk** gem § 322 Abs 1 HGB erteilt werden soll (IDW PS 400 nF, Tz 3 aE; IDW PS 200, Tz 5). Der Wortlaut sollte sich an dem Vorschlag des IDW für den BVm über die Prüfung von Jahres- oder Zwischenabschlüssen von KapGes für die Kapitalerhöhung aus GesMitteln orientieren, da es sich dabei um einen vergleichbaren Prüfungsgegenstand handelt (IDW PH 9.400.6, Tz 11; dazu E Anm 127). In jedem Fall hat sich eine (freiwillige) Prüfung der EB auch darauf zu erstrecken, ob das (notwendige) Privatvermögen des Einzelunternehmers (dazu Anm 98, 102) nicht in die EB aufgenommen wurde (§ 6 Abs 2 PublG). Sofern das UntVermögen durch die Haftung für ggf nicht passivierte private Schulden (dazu Anm 103 f) erheblich belastet sein kann, muss darauf ferner durch einen hinweisenden Zusatz zum BVm aufmerksam gemacht werden; dieser sollte sinngemäß lau-

III. Feststellung, Prüfung, Offenlegung und Aufbewahrung 147–151 **B**

ten „... Verbindlichkeiten, die der Inhaber nicht unter seiner Firma eingegangen ist, sind gemäß § 5 Abs 4 PublG nicht in der Bilanz ausgewiesen" (IDW St/HFA 1/1972 idF 1990). Zur Beurteilung der Größenordnung empfiehlt es sich, dabei auch den Betrag dieser Schulden anzugeben.

Über Art, Umfang und Ergebnis einer freiwilligen Prüfung der EB ist schriftlich zu berichten (§ 321 Abs 1 S 1 HGB; s IDW PS 200, Tz 9); dabei sind die Grundsätze ordnungsmäßiger Berichterstattung zu beachten (IDW PS 450 nF, Tz 2 f).

2. Offenlegung und Aufbewahrung

Für Einzelunternehmer besteht nach § 9 Abs 1 PublG bei entspr Unternehmensgröße nur dann eine Pflicht zur Offenlegung des JA für das erste Gj und der sonst in § 325 Abs 1 HGB bezeichneten Unterlagen (ggf ohne GuV, § 9 Abs 2 PublG), wenn der Inhaber wegen Übernahme eines Unt im Ganzen nach § 2 Abs 1 S 2 PublG von Anfang an den Vorschriften des PublG unterliegt. Für die EB gelten diese Publizitätsvorschriften jedoch uE nicht, weil sie nicht die Aufstellung betreffen (Anm 24). Die **Offenlegung** der EB erfolgt aber ggf indirekt mit dem nachfolgenden JA des ersten Gj, in dessen Bilanz die Wertansätze der EB in analoger Anwendung von § 5 Abs 1 PublG iVm § 265 Abs 2 S 1 HGB als Vergleichszahlen des Vj anzugeben sind (ebenso *Störk/Büssow* in Beck Bil-Komm[12] § 265 Anm 5). 147

Im Fall der Eröffnung eines steuerrechtlichen Betriebs (Anm 160) muss der Steuererklärung auch die EB in Kopie beigefügt werden, sofern sie der Finanzverwaltung nicht nach § 5b Abs 1 S 3 EStG elektronisch übermittelt wurde (§ 60 Abs 1 EStDV). 148

Das Eröffnungsinventar und die EB sind *zehn Jahre* **aufzubewahren** (§ 257 Abs 4 iVm Abs 1 Nr 1 HGB). Die Aufbewahrungsfrist beginnt mit dem Schluss des Kj, in dem das Inventar aufgestellt bzw die Bilanz vom Kfm unterzeichnet (festgestellt) wurde (Anm 141). Die EB ist stets in der unterzeichneten *Originalversion* aufzubewahren; eine Archivierung der EB nur auf einem Bild- oder einem anderen Datenträger ist (wie für alle Bilanzen) ausdrücklich nicht gestattet (§ 257 Abs 3 S 1 HGB). 149

§ 147 AO enthält inhaltlich im Wesentlichen gleich lautende **steuerrechtliche** Vorschriften. Die Aufbewahrungsfrist von ebenfalls zehn Jahren endet jedoch nicht, soweit und solange die EB für Steuern von Bedeutung ist (Anm 158), für welche die Festsetzungsfrist noch nicht abgelaufen ist (§ 147 Abs 3 S 5 AO). Da diese Frist wegen § 147 Abs 3 S 5 HS 2 iVm § 169 AO maximal vier Jahre beträgt und eine evtl *Anlaufhemmung* (zB wegen verspäteter Abgabe der Steuererklärung für die ESt oder GewSt) längstens bis zum Ablauf des dritten Kj nach dem Jahr der Steuerentstehung andauern könnte (§ 170 Abs 2 Nr 1 AO), kann sich eine Verlängerung der steuerrechtlichen Aufbewahrungsfrist für die EB über zehn Jahre hinaus nur ergeben, wenn der *Ablauf* der Festsetzungsfrist nach § 171 AO (zB wegen einer *laufenden* steuerrechtlichen Außenprüfung) gehemmt ist. 150

Ein bestimmter **Ort** der Aufbewahrung ist im HGB nicht vorgeschrieben. Sie könnte daher im Grunde auch in der Privatwohnung des Einzelunternehmers oder bei Dritten erfolgen. Aus dem Rechenschaftszweck der EB 151 folgt uE jedoch, dass der Inhaber (oder die von ihm beauftragten Geschäftsleiter) den *jederzeitigen Zugriff* auf die Unterlagen haben müssen, was bei einer Aufbewahrung außerhalb des Unt nicht immer gewährleistet erscheint. Einer Lagerung im *Ausland* stehen zudem steuerrechtliche Vorschriften entgegen, wonach die Bücher und sonstige erforderliche Unterlagen (ausgenommen die von ausländischen Betriebsstätten oder OrganGes im Ausland) grds in der Bundesrepublik Deutschland zu führen und hier aufzubewahren sind (§ 146 Abs 2 S 1 AO). Ausnahmen können aber auf Antrag und unter bestimmten Voraussetzungen nur für eine elektronische Buchführung und sonstige erforderliche elektronische Aufzeichnungen gestattet werden (§ 146 Abs 2a AO).

IV. Steuerrechtliche Eröffnungsbilanz

1. Aufstellungspflichtige Gewerbetreibende

158 Die (steuerrechtliche) EB eines Einzelunternehmers ist für die Steuern vom Einkommen des Inhabers (ESt; ggf KSt, zB für Stiftungen) und vom Ertrag des Betriebs (GewSt) von **Bedeutung,** soweit deren Bemessungsgrundlage durch Vergleich des BetrVerm am Ende und zu Beginn des Besteuerungszeitraums (ggf RumpfGj) nach § 4 Abs 1 oder § 5 Abs 1 EStG ermittelt wird. Daher ist die Eröffnung eines gewerblichen oder land- und forstwirtschaftlichen Betriebs oder einer Betriebsstätte gem § 138 Abs 1 und 3 AO innerhalb eines Monats der betr Gemeinde **mitzuteilen,** die ihrerseits das zuständige FA darüber unterrichtet. Die Aufnahme einer freiberuflichen Tätigkeit muss dagegen vom Unternehmer selbst innerhalb eines Monats dem FA angezeigt werden (§ 138 Abs 1 S 3 AO).

Die **Eröffnung** eines Gewerbebetriebs (Anm 46) setzt für einkommensteuerrechtliche Zwecke voraus, dass die Entscheidung zur Betriebseröffnung endgültig getroffen und zumindest mit Vorbereitungshandlungen begonnen wurde (*Wacker* in Schmidt[38] EStG § 15 Anm 129) oder zumindest die wesentlichen Betriebsgrundlagen bereits vorhanden sind, so dass sich das Vorhandensein eines Unt abzeichnet (OFD Kiel 9.2.1988 DB, 751; dazu auch OFD Kiel 20.12.1999 StuB 2000, 257). Wesentliche Betriebsgrundlagen eines Existenzgründers sind im Anwendungsbereich des § 7g EStG (Investitionsabzugsbetrag) diejenigen Anlagegüter, ohne die der Betrieb nicht geführt werden kann (BFH v 14.3.2012 BFH/NV, 1425 mwN; zu den wesentlichen Grundlagen für die Annahme eines Betriebs oder Teilbetriebs im Einzelnen *Binz/Götz/Sorg* DStR 1993, 3). Vorher ist der Vorgang der Eröffnung noch nicht abgeschlossen (BFH v 10.7.1991 BStBl II, 840). Im Gegensatz zur Rechtslage bei der GewSt ist jedoch nicht Voraussetzung, dass sämtliche Vorbereitungshandlungen abgeschlossen sind und mit der werbenden Tätigkeit bereits begonnen wurde (BFH v 20.4.1995 BStBl II, 710); es genügt, wenn der Stpfl mit Gewinnerzielungsabsicht handelt und den Tatbestand für die Erzielung von Gewinneinkünften (§§ 13, 15, 18 EStG) erstmals verwirklicht hat (BFH v 7.4.1992 BFH/NV, 797). Steuerrechtlich liegt eine *Betriebseröffnung* grds auch bei Übertragung von Vermögen aus einem bestehenden Betrieb in einen neuen Betrieb desselben Stpfl vor, wenn die übertragenen WG

IV. Steuerrechtliche Eröffnungsbilanz

in ihrer Gesamtheit einen für sich lebensfähigen Teilbetrieb darstellen (zur unentgeltlichen Betriebsübernahme Anm 184).

Wer nach HGB oder anderen Vorschriften (zB § 10 MaBV) **Bücher** oder **Aufzeichnungen** zu führen hat, die für die Besteuerung von Bedeutung sind, muss **nach § 140 AO** diese Pflichten auch für Zwecke der Besteuerung erfüllen (im Einzelnen *Kussmaul/Meyering* DB 2008, 1446 mwN, *Mösbauer* DStZ 1996, 723 und DB 1996, 2582). Damit werden die vielfältigen Rechnungslegungspflichten aus den außersteuerrechtlichen Gesetzen in das Steuerrecht übertragen. Das gilt auch für die Pflicht zur Aufstellung einer EB nach HGB. Nimmt der EKfm dabei die größenabhängige Befreiung nach § 241a iVm § 242 Abs 4 HGB in Anspruch (Anm 3, 6), entfaltet die Befreiung somit grds auch steuerrechtliche Wirkung (*Störk/Lawall* in Beck Bil-Komm[12] § 241a Anm 10).

Die §§ 141 ff AO enthalten darüber hinaus aber weitere Regelungen, aus denen sich eine steuerrechtliche Buchführungs- und Bilanzierungspflicht für *Gewerbetreibende* und für *Land- und Forstwirte* bereits dann ergeben kann, wenn der Stpfl (noch) nicht dem HGB unterliegt (s auch Anm 9f, 50). Weil § 141 Abs 1 S 2 AO nicht auf § 241a HGB verweist, greift dieses Wahlrecht steuerrechtlich nämlich nicht (RegE BilMoG, BT-Drs 16/10067, 47; *Ernst/Seidler* ZGR 2008, 659), so dass eine Verpflichtung zur kfm Buchführung nach § 141 AO entstehen kann, obwohl der Kfm handelsrechtlich von dem Wahlrecht zur Befreiung nach § 241a HGB Gebrauch machen könnte (AEAO zu § 141 Tz 1). Nach HGB ist der Kfm dagegen zur Rechnungslegung jeweils erst dann von Beginn eines Gj an (ggf rückwirkend auf den Beginn des Handelsgewerbes) verpflichtet, wenn er feststellt, dass am Stichtag des abgelaufenen (ggf des ersten) Gj eine der Grenzen überschritten wurde und das erneute Überschreiten eines der Schwellenwerte am nächsten Bilanzstichtag zu erwarten ist (aA offenbar *Kirsch* in Rechnungslegung § 241a Anm 42). Wurde dagegen am ersten Bilanzstichtag noch keine der Grenzen überschritten, beginnt die Pflicht zur kfm Rechnungslegung frühestens, wenn der Kfm nach Ablauf eines folgenden Gj feststellt, dass einer der Schwellenwerte erstmals überschritten wurde *und er absehen kann, dass eine der beiden Grenzen auch am darauf folgenden Bilanzstichtag überschritten sein wird*. Unabhängig davon, dass ihn das FA in diesem Fall nach § 141 Abs 2 AO wegen erstmaligen Überschreitens eines Schwellenwerts zur Buchführung ab Beginn des nächstfolgenden (nicht des lfd) Gj auffordern wird (Anm 163), hat er dann handelsrechtlich bereits auf den Beginn des lfd Gj (ggf RumpfGj) ein Inventar (§ 240 Abs 1 HGB) und eine EB (§ 242 Abs 1 S 1 HGB) aufzustellen. Diese EB ist der Ausgangspunkt für seine gem § 252 Abs 1 Nr 1 HGB darauf aufbauende doppelte Buchführung nach den GoB (§§ 238 Abs 1, 239 Abs 2 HGB) und für den vollständigen JA am nächstfolgenden Bilanzstichtag (§ 242 Abs 2 HGB), bestehend aus Bilanz und GuV (§ 242 Abs 3 HGB). Die handelsrechtliche (und damit gem § 140 AO auch die steuerrechtliche) Buchführungs- und Bilanzierungspflicht besteht also – unabhängig von dem Eingang einer Mitteilung des FA – bereits für das Gj, das nach dem erstmaligen Überschreiten eines Schwellenwerts im vorhergehenden Gj beginnt, wenn zu erwarten ist, dass ein Schwellenwert auch am nachfolgenden Bilanzstichtag überschritten wird.

B 160 Eröffnungsbilanz des Einzelunternehmers

Wird in einem Gj entweder der steuerrechtliche Schwellenwert von 600 T€ für den Umsatz oder von 60 T€ für den Gewinn überschritten, gelten gem § 141 Abs 1 S 2 AO die §§ 238, 240, 241, 242 Abs 1 und die §§ 243 bis 256 HGB (dazu Anm 91 ff) in diesen Fällen *sinngemäß*, „sofern sich nicht aus den Steuergesetzen etwas anderes ergibt" (dazu im Einzelnen *Mösbauer* DStZ 1997, 202 ff). Für Land- und Forstwirte gilt als weiterer Schwellenwert eine selbst bewirtschaftete Fläche (inkl Fremdeigentum) mit einem Wirtschaftswert iSv § 46 BewG von mehr als 25 T€ (§ 141 Abs 1 Nr 3 und S 3 AO). Über den Verweis auf § 242 Abs 1 HGB haben die von § 141 AO betroffenen Stpfl mithin eine (steuerrechtliche) EB *nach den Vorschriften des HGB* aufzustellen und auch Bücher nach den GoB zu führen sowie jährliche JA zu erstellen. Dies gilt jedoch – falls nicht ohnehin auch eine handelsrechtliche Buchführungspflicht bereits begonnen hat – erst nach entspr **Aufforderung** durch das FA (Anm 163). Dadurch wird der Kreis der Unt, die zur Buchführung und Bilanzierung nach handelsrechtlichen Vorschriften und GoB verpflichtet sind, erheblich ausgeweitet (Anm 170), denn die Schwellenwerte des § 141 AO für Umsatz oder Gewinn stimmen zwar mit denen des § 241a HGB überein, der Anwendungsbereich der Vorschriften ist aber nicht deckungsgleich (*Störk/Lawall* in Beck Bil-Komm[12] § 241a Anm 10 mwN). Steuerrechtlich umfasst der Umsatz nicht nur Umsatzerlöse iSv § 277 Abs 1 HGB, sondern alle Entgelte iSd UStG und der steuerrechtliche Gewinn ist eigenständig anhand der steuerrechtlichen Vorschriften des EStG zu ermitteln.

Stpfl, die *freiberuflich* oder nur im Rahmen einer *Vermögensverwaltung* tätig sind, fallen dagegen nicht unter § 141 AO; die Abgrenzung zum Gewerbe ist allerdings mitunter fließend (dazu Anm 42 ff), was dazu führen kann, dass ein steuerrechtlich als Gewerbetreibender behandelter Freiberufler nach § 141 AO zur Bilanzierung nach HGB verpflichtet sein kann (Anm 45).

160 Die steuerrechtliche Verpflichtung zur Buchführung und Bilanzierung nach § 141 AO stellt im Gegensatz zur handelsrechtlichen (s § 1 Abs 5 PublG) nicht auf das gesamte Unt des Inhabers (Anm 20), sondern auf den einzelnen Betrieb oder die *inländische* Betriebsstätte als Besteuerungsobjekt ab. Für die Überprüfung der Größenmerkmale iSd § 141 AO sind daher die Umsätze bzw Gewinne der **einzelnen Betriebe** *nicht* zusammenzurechnen (AEAO zu § 141 Tz 3). Auch bei bereits bestehender (ggf nur steuerrechtlicher) Buchführungspflicht ist mithin für jeden neu hinzukommenden Betrieb eine gesonderte steuerrechtliche EB aufzustellen, obwohl der neue Betrieb in die ggf bestehende handelsrechtliche Buchführung (ggf mit eigenem Buchungskreis) einzubeziehen ist. Eine steuerrechtliche EB ist uE auch bei Aufnahme eines stillen Gesters erforderlich, sofern dieser als Mitunternehmer anzusehen ist (zum Übergang aus einer GbR C Anm 177). Die für einen Betrieb bestehende steuerrechtliche Buchführungspflicht begründet jedoch nicht ohne Weiteres auch die Pflicht für einen weiteren Betrieb (*Mösbauer* DB 1995, 398); hierzu bedarf es eigentlich einer erneuten Mitteilung des FA nach § 141 Abs 2 S 1 AO (Anm 163). Wenn für den bestehenden Betrieb jedoch bereits eine handelsrechtliche Buchführungspflicht bestand (oder unter Verzicht auf das Wahlrecht nach § 241a HGB freiwillig Bücher geführt wur-

IV. Steuerrechtliche Eröffnungsbilanz

den), ergibt sich die steuerrechtliche Buchführungspflicht für den neuen Betrieb aber bereits aus § 140 AO, weil der neue Betrieb in die handelsrechtliche Buchführung einzubeziehen ist, die das gesamte Unt des EKfm umfassen muss.

Das FA kann zur Vermeidung von Härten **Erleichterungen** bewilligen **161** und zB von der Pflicht zur Buchführung und Aufstellung einer EB ggf auch rückwirkend absehen, wenn die Besteuerung dadurch nicht beeinträchtigt wird (§ 148 AO). Andererseits ist es dem Stpfl unbenommen, schon vor Eintritt der Bilanzierungspflicht *freiwillig* Bücher zu führen und regelmäßig Abschlüsse zu erstellen, wenn er seinen Gewinn nicht (mehr) durch Aufzeichnung der Einnahmen und Ausgaben (Überschussrechnung nach § 4 Abs 3 EStG), sondern durch BetrVermVergleich (§ 4 Abs 1, § 5 EStG) ermitteln will. In diesem Fall ist jedoch zunächst eine (ggf steuerrechtliche) EB oder bei laufendem Gewerbebetrieb mit Überschussrechnung eine Übergangsbilanz (Anm 3, 188) aufzustellen (wegen der Anerkennung als EB nach HGB Anm 65). Zur wirksamen Wahl der Gewinnermittlung durch Bestandsvergleich sind eine zeitnah aufgestellte EB mit anschließender ordnungsmäßiger Buchführung und ein JA erforderlich (BFH v 19.10.2005 BStBl II 2006, 509); die EB (mit Eröffnungsinventar) ist auch nicht etwa deshalb entbehrlich, weil Aktiva und Passiva mit 0 € zu bewerten wären (BFH v 2.3.2006 BFH/NV, 1457 für Freiberufler).

Abgesehen von den Anlässen, die bereits nach HGB die Aufstellung erfordern (Anm 31 ff), ist die EB **steuerrechtlich** von Bedeutung bei **162**
- Eröffnung eines *Betriebs* als Inhaber oder Nutzungsberechtigter;
- Auslagerung eines Betriebsteils zu einem eigenständigen Teilbetrieb;
- Erwerb eines Betriebs oder eines Teilbetriebs (*nicht* GesAnteils, dazu C Anm 176), unabhängig davon, ob der Erwerb entgeltlich oder unentgeltlich erfolgt; zum Übergang der bestehenden Buchführungs- und Bilanzierungspflicht auf den Erwerber Anm 166.

Wenn die Gewinnermittlung in diesen Fällen von Anfang an durch BetrVermVergleich erfolgen soll, kann es sich empfehlen, eine steuerrechtliche EB auch ohne gesetzliche Verpflichtung (Anm 163) aufzustellen.

Sofern mit Betriebseröffnung nicht bereits nach den Vorschriften des **163** HGB auch mit steuerrechtlicher Wirkung Rechnungslegungspflicht besteht (dazu Anm 159 f), muss das FA dies ausdrücklich (ggf unter Bewilligung von Erleichterungen, Anm 161) anordnen, wenn mit dem Betrieb einer der Grenzwerte des § 141 Abs 1 AO überschritten wurde (FG Saarland v 18.12.1996 EFG 1997, 587; zur Buchführungspflicht bei gewerblichem Grundstückshandel OFD Frankfurt am Main vom 18.4.2000 BB, 1400). Die **Mitteilung der Finanzbehörde** ist für den Beginn der rein steuerrechtlichen Buchführungspflicht konstitutiv (*Tipke/Kruse* AO § 141 Anm 23 mwN). In diesem Fall ist eine steuerrechtliche EB aber stets erst *auf den Beginn* des Wj aufzustellen, das auf die wirksame Bekanntgabe (§§ 122 ff AO) der Mitteilung folgt (§ 141 Abs 2 S 1 AO; BFH v 19.10.1989 BFH/NV 1990, 617 für Landwirte). Die Mitteilung stellt einen rechtsgestaltenden Verwaltungsakt dar (BFH v 2.12.1982 BStBl II 1983, 254), der aber mit einem Steuer- oder Feststellungsbescheid verbunden werden kann (AEAO zu § 141 Tz 2).

Der nach § 141 AO nur steuerrechtlich zur Buchführung Verpflichtete (Anm 159) hat daher im Grunde keine EB zur Geschäftseröffnung, sondern steuerrechtlich stets eine sog *Übergangsbilanz* (Anm 3) auf den Beginn des Wj aufzustellen, das dem Wj folgt, in dem zur Gewinnermittlung letztmals eine Einnahmen- und Ausgabenrechnung (§ 4 Abs 3 EStG) zulässig ist (dazu Anm 188); diese Bilanz ist zugleich die steuerrechtliche EB. Es steht ihm jedoch frei, mit steuerrechtlicher Wirkung **freiwillig** eine EB bereits auf den früheren Tag der Geschäftseröffnung aufzustellen und Bücher zu führen (Anm 161 f). In diesem Fall gilt für die EB allerdings die Maßgeblichkeit der handelsrechtlichen GoB (§ 5 EStG) wie bei Aufstellung aufgrund gesetzlicher Verpflichtung (Anm 170 f), solange freiwillig Bücher geführt werden. Hat der Stpfl den Status eines EKfm (Anm 1 ff), kann er wegen § 241a S 1 HGB auf die Fortführung seiner Buchführung und Bilanzierung nach HGB aber nur verzichten, wenn er an zwei aufeinanderfolgenden Abschlussstichtagen *beide* Schwellenwerte des § 241a HGB unterschritten hatte. Anderenfalls besteht Rechnungslegungspflicht nach §§ 238 ff HGB, die nach § 140 AO auch für steuerrechtliche Zwecke zu erfüllen ist (Anm 159). Insoweit wurde die steuerrechtliche Buchführungspflicht durch die Neuregelung der §§ 241a, 242 Abs 3 HGB also verschärft. Ein bislang freiwillig Buchführender ohne KfmStatus kann dagegen für Folgejahre zur Fortsetzung seiner (rein steuerrechtlichen) Buchführung nur *verpflichtet werden* (dazu Anm 190), wenn er im abgelaufenen Gj einen der Schwellenwerte des § 141 Abs 1 AO überschritten hat. Dazu ist allerdings grds eine Mitteilung des FA nach § 141 Abs 2 S 1 AO erforderlich (BFH v 31.8.1994 BFH/NV 1995, 384); nach Eingang der Mitteilung ist aber keine erneute EB auf den Beginn des darauf folgenden Wj aufzustellen, wenn der Stpfl durchgängig weiterhin Bücher nach den GoB führt.

164 Eine unmittelbar nach HGB oder eine erst aufgrund behördlicher Mitteilung entstandene **gesetzliche** Buchführungs*pflicht* **endet** gemäß § 141 Abs 2 S 2 AO steuerrechtlich stets erst mit dem Ablauf des Wj, das auf das Wj folgt, in dem die Finanzbehörde „feststellt", dass die Voraussetzungen des § 141 Abs 1 AO nicht mehr vorliegen (dazu *Mösbauer* DB 1995, 400). Hierfür genügt es, dass die Behörde davon Kenntnis erlangt hat; einer förmlichen Feststellung durch Bescheid oder Mitteilung an den Stpfl bedarf es also nicht. Nach der Rspr bildet allerdings eine frühere Mitteilung des FA über den Beginn der steuerrechtlichen Buchführungspflicht einen rechtsbegründenden Verwaltungsakt, der solange *wirksam bleibt,* bis er sich nach § 124 Abs 2 AO „erledigt" hat (BFH v 16.12.1982 BStBl II 1983, 257). Davon kann der Stpfl uE aber erst ausgehen, wenn das FA den Sachverhalt geprüft und den Steuerbescheid für das Wj bekannt gegeben hat, an dessen Stichtag erstmals keiner der Schwellenwerte des § 141 Abs 1 AO mehr überschritten wurde. Selbst dann entfällt die steuerrechtliche Buchführungspflicht aber nicht, wenn das FA bis dahin feststellt, dass es sich nur um eine einmalige Unterschreitung handelte (so wohl AEAO zu § 141 Tz 4). Unabhängig davon endet die steuerrechtliche Buchführungspflicht wegen § 140 AO (Anm 159, 163) in keinem Fall früher als die handelsrechtliche.

165 Für die Aufstellung der *steuerrechtlichen* EB ist derjenige **verantwortlich**, der die steuerrechtlichen Pflichten zu erfüllen hat („Steuerpflichtiger", § 33 Abs 1 AO), mithin der Inhaber des betr Betriebs bzw seine gesetzlichen Ver-

IV. Steuerrechtliche Eröffnungsbilanz

treter (§ 34 Abs 1 AO; zu möglichen gesetzlichen Vertretern eines EKfm *Tipke/Kruse* AO § 34 Anm 5). Auch für die EB der stillen Ges (Anm 131) ist allein der Geschäftsinhaber verpflichtet (*Mösbauer* DB 1996, 2585); mit der Aufstellung einer steuerrechtlichen EB und der zeitnahen Einbuchung der Einlage weist er zugleich die Existenz der stillen Ges nach (dazu BFH v 10.4.1997 BFH/NV, 662). Voraussetzung der Bilanzaufstellungspflicht ist jedoch eine unternehmerische Tätigkeit des Stpfl (dazu *Anzinger* in HHR EStG § 5 Anm 70f).

Im Gegensatz zur handelsrechtlichen (Anm 20) ist die steuerrechtliche Bilanzierungs- und Buchführungspflicht **betriebsbezogen** (Anm 160), nicht personenbezogen (*Mösbauer* DB 1995, 400). Sie geht daher steuerrechtlich, ohne dass es einer Mitteilung des FA bedarf, grds auf denjenigen über, der den betr Betrieb im Ganzen zur Bewirtschaftung als Eigentümer oder Nutzungsberechtigter (zB Pächter, Anm 31) übernimmt (§ 141 Abs 3 AO; BFH v 20.4.1978 BStBl II, 479). Für den **Übergang der Rechnungslegungspflicht** auf den Stpfl ist allerdings zu unterscheiden, ob die steuerrechtliche Pflicht auf der handelsrechtlichen beruht (§ 140 AO, Anm 159) oder ob sie sich originär und betriebsbezogen aus § 141 AO ergibt (Anm 163). Dementsprechend kann eine handelsrechtliche personenbezogene Buchführungspflicht nur dann mit steuerrechtlicher Wirkung ohne Weiteres auf den Rechtsnachfolger übergehen, wenn auch in der Person des Übernehmers (zB wegen Gesamtrechtsnachfolge) die Voraussetzungen der §§ 238, 241a, 242 iVm § 1 Abs 2 HGB erfüllt sind. Ist dies aber (zB nach Einzelrechtsnachfolge) nicht der Fall, etwa weil der Übernehmer nicht EKfm ist oder keiner der Schwellenwerte des § 241a HGB überschritten wird, unterliegt er nicht der Rechnungslegungspflicht nach HGB. In diesem Fall ergibt sich aber aus § 141 Abs 3 AO eine eigenständige (betriebsbezogene) steuerrechtliche Buchführungs- und Bilanzierungspflicht des Rechtsnachfolgers, ohne dass es einer erneuten Mitteilung des FA bedarf (aA *Mösbauer* DB 1996, 2586).

2. Maßgeblichkeitsprinzip und Bewertungsvorbehalt

Der steuerrechtliche **Gewinn** ist legal definiert als Unterschiedsbetrag zwischen dem BetrVerm am Schluss des Wj und dem BetrVerm am Schluss des vorangegangenen Wj, vermehrt um den Wert der Entnahmen und vermindert um den Wert der Einlagen (§ 4 Abs 1 S 1 EStG). Zur Gewinnermittlung haben Gewerbetreibende, die aufgrund gesetzlicher Vorschriften (HGB oder AO) zur Buchführung und Bilanzierung *verpflichtet* sind oder die dies *freiwillig* tun, nach § 5 Abs 1 S 1 EStG „für den Schluss des Wirtschaftsjahres das BetrVerm anzusetzen (§ 4 Abs. 1 Satz 1), das nach den *handelsrechtlichen* Grundsätzen ordnungsmäßiger Buchführung auszuweisen ist", wenn nicht im Rahmen der Ausübung eines steuerrechtlichen Wahlrechts ein anderer Ansatz gewählt wird oder wurde (**Maßgeblichkeitsprinzip;** wegen der steuerrechtlich unterschiedlichen Zuordnung von VG zum BetrVerm s aber Anm 98ff; zu den Schulden Anm 103ff, 181). Dadurch wird sichergestellt, dass *jeder buchführende* Einzelunternehmer auch bei seiner betriebsbezogenen steuerrechtlichen Buchführung und periodischen Aufstellung von JA für Zwecke der steuerrechtlichen Gewinnermittlung außerhalb des Regelungsbereichs spezifischer steuerrechtlicher Ansatzwahlrechte stets die **handelsrechtlichen Grundsätze ordnungsmäßiger Buchführung** (§ 243 Abs 1 HGB) zu beachten hat (*Wichmann* Stbg 2015, 308 ff), auch wenn er (zB als freiwillig buchführender Kleingewerbetreibender, Freiberufler oder nicht eingetragener Land- und Forstwirt) kein Handelsgewerbe betreibt und damit mangels KfmEigenschaft nicht unmittelbar dem HGB unterliegt (Anm 6 ff). Die GoB werden damit zum *allg Maßstab der Ordnungsmäßigkeit der steuerrechtlichen Rechnungslegung.*

Durch § 6 Abs 1 EStDV wird ferner ausdrücklich klargestellt, dass bei Betriebseröffnung oder -erwerb im Lauf eines Wj für Zwecke der Gewinnermittlung durch Bestandsvergleich an die Stelle des BetrVerm am Schluss des vorangegangenen Wj das BetrVerm im Zeitpunkt der Eröffnung oder des Erwerbs tritt, wenn der Stpfl von Anfang an (pflichtgemäß oder freiwillig) Bücher führt und JA aufstellt.

171 Steuerrechtliche Wahlrechte müssen grds nicht (mehr) in Übereinstimmung mit der HBil ausgeübt werden, wenn der Stpfl (pflichtgemäß oder freiwillig) eine EB nach HGB aufstellt. Dies kann iE dazu führen, dass sich die Wertansätze in der EB nach HGB in vielen Fällen von den Wertansätzen in der steuerrechtlichen EB unterscheiden. *Handelsrechtliche* Wahlrechte (zB Disagio gem § 250 Abs 3 HGB; Anm 114) können ein entspr steuerrechtliches Wahlrecht nicht begründen, sofern die steuerrechtlichen Vorschriften dies nicht ausdrücklich ebenfalls vorsehen. Seit der Grundsatzentscheidung des BFH v 3.2.1969 (BStBl II, 291) führen **Aktivierungswahlrechte** des HGB (wie zB das Disagio) daher nach stRspr grds zu einer steuerrechtlichen *Ansatzpflicht* und **Passivierungswahlrechte** zu einem *Passivierungsverbot* (*Weber-Grellet* in Schmidt[38] EStG § 5 Anm 30 f). Die Bedeutung dieser Entscheidung ist jedoch begrenzt, da ursprünglich bestehende handelsrechtliche Aktivierungswahlrechte (zB Aufwendungen für die Ingangsetzung oder Erweiterung des Geschäftsbetriebs, § 269 HGB aF) und Passivierungswahlrechte (zB Ansatz von Aufwandsrückstellungen, § 249 Abs 2 HGB aF) durch das BilMoG aufgehoben wurden. Eine Ausnahme von der Grundsatzentscheidung gilt indes für immaterielle VG des Anlagevermögens. Diese dürfen steuerrechtlich nur dann angesetzt werden, wenn sie entgeltlich erworben wurden (§ 5 Abs 2 EStG); für im Rahmen bisheriger Geschäftstätigkeit selbst geschaffene VG besteht also steuerrechtlich ein ausdrückliches Ansatzverbot (zur HBil Anm 117; zu Einlagen aus dem Privatvermögen Anm 177).

172 Hinsichtlich der Bewertung der in der steuerrechtlichen EB anzusetzenden Aktiv- und Passivposten sind gem § 5 Abs 6 EStG unabhängig von den HGB-Regelungen stets die steuerrechtlichen Vorschriften zu beachten **(Bewertungsvorbehalt).** Abweichungen ggü dem HGB ergeben sich dabei insb aus den AfA-Vorschriften des § 7 EStG, die nach § 6 Abs 1 Nr 1 S 1 EStG für WG des abnutzbaren Anlagevermögens zwingend anzuwenden sind und grds gleichbleibende (lineare) Jahresraten vorsehen. Danach müssen zB für nicht selbst hergestellte Gebäude die durch § 7 Abs 4 EStG vorgegebenen Jahresraten von 2 bis 3% als Abschreibungen verrechnet werden. Von diesen AfA-Sätzen für Gebäude darf grds nur abgewichen werden, wenn der Stpfl eine geringere tatsächliche Nutzungsdauer nachweist. Für die Abschreibung

IV. Steuerrechtliche Eröffnungsbilanz   **175, 176 B**

des GFW ist ferner nach § 7 Abs 1 S 3 EStG (abw von § 253 Abs 3 S 2 iVm § 246 Abs 1 S 4 HGB) eine fiktive betriebsgewöhnliche Nutzungsdauer von 15 Jahren zugrunde zu legen, von der nur abgewichen werden darf, wenn der Erwerb nachweislich eine Fehlmaßnahme darstellt (im Einzelnen *Kulosa* in Schmidt[38] EStG § 7 Anm 110; zu den Voraussetzungen *Kulosa* in Schmidt[38] EStG § 6 Anm 246).

Diese AfA-Regelungen gelten auch für die Zeit der Überschussrechnung (§ 4 Abs 3 S 3 EStG). Sie beeinflussen daher insb die Wertansätze in einer steuerrechtlichen Übergangsbilanz (Anm 188). Für eine bereits bei Betriebseröffnung aufgestellte EB sind die fortgeführten AK/HK des Unt steuerrechtlich aber nur relevant, wenn Einlagen aus dem Privatvermögen des Stpfl in das steuerrechtliche BetrVerm zu berücksichtigen und ausnahmsweise *nicht* mit dem Teilwert zu bewerten waren (dazu Anm 178 ff).

3. Einlagebewertung, entgeltlicher/unentgeltlicher Unternehmenserwerb und Übergangsbilanz

Bei der **Eröffnung eines Betriebs** durch einen Einzelunternehmer ist § 6   **175** Abs 1 Nr 5 EStG entspr anzuwenden (§ 6 Abs 1 Nr 6 EStG). Demzufolge ist die Erstausstattung des Betriebs mit WG wie eine *Einlage in das BetrVerm* zu behandeln und die eingebrachten WG sind in der steuerrechtlichen EB nach den für Einlagen geltenden Vorschriften, demnach im Gegensatz zum handelsrechtlichen Wertansatz (Anm 93) *grds* mit dem **Teilwert** bzw dem (all)gemeinen Wert (dazu Anm 177), und nur in bestimmten *Ausnahmefällen* höchstens mit den AK/HK (dazu Anm 178 f) *oder* mit fortgeführten Buchwerten (Anm 176) zu bewerten. Entsprechendes gilt für die mit eingebrachten WG zusammenhängenden Verbindlichkeiten (dazu Anm 181). Der steuerrechtliche Grundsatz der Einlagenbewertung mit dem gemeinen Wert bzw Teilwert (*Kulosa* in Schmidt[38] EStG § 6 Anm 572 f) hat zur Folge, dass bis zum Zeitpunkt der Betriebseröffnung ggf eingetretene Wertveränderungen eines WG im Vergleich zu dessen AK dem *Privatbereich* zuzuordnen sind und sich damit steuerrechtlich nicht auswirken (*Kulosa* in Schmidt[38] EStG § 6 Anm 548 mwN). Dadurch wird zB sichergestellt, dass eine Wertsteigerung eines eingebrachten, vor längerer Zeit erworbenen unbebauten Grundstücks (etwa wegen gestiegenem Preisniveau) ebenso der Privatsphäre zugerechnet wird wie eine Vermögensminderung durch Werterhöhungen von damit zusammenhängenden WG der Passivseite (etwa einer verzinslichen langfristigen Darlehensschuld nach Rückgang des Zinsniveaus); zur Bewertung dieser Verbindlichkeiten Anm 182.

Bei **Übertragung** von einzelnen WG aus einem bereits bestehenden Be-   **176** trieb in einen neuen Betrieb des Stpfl sind dagegen grds deren bisherige *steuerrechtliche Buchwerte fortzuführen* (§ 6 Abs 5 S 1 EStG; dazu *Kulosa* in Schmidt[38] EStG § 6 Anm 681 ff). Der bisherige Buchwert ist damit idR der Entnahmewert iSd § 6 Abs 1 Nr 5 S 3 EStG für den bisherigen Betrieb, mit dem die WG in der EB des neuen Betriebs anzusetzen sind. Eine steuerrechtliche Neubewertung nach § 6 Abs 1 Nr 6 EStG mit dem *Teilwert* ist in diesem Fall nur erforderlich, wenn die steuerrechtliche Erfassung der stillen Reserven sonst *nicht* sichergestellt ist (Entstrickung). Dies gilt insb bei Übertragung von WG zwischen BetrVerm unterschiedlicher Einkunftsarten. Solche Sachverhalte sind steuerrechtlich einerseits als Entnahme (zB aus einem Betrieb der Landwirtschaft) und andererseits als Einlage (zB in einen Gewerbebetrieb) zu beurteilen. § 6 Abs 1 Nr 6 EStG ist dagegen von vornherein nicht anwendbar, wenn WG lediglich zwischen inländischen Betrieben gleicher Einkunftsart übertragen oder in eigenständige Teilbetriebe aufgeteilt werden und die steuerrechtliche Erfassung später aufgedeckter stiller Reserven gewährleistet ist (so bereits BFH v 17.8.1972 BStBl II, 903; BFH v 9.12.1986 BStBl II 1987, 342).

177 **Einlagen** sind alle (positiven) WG und Barmittel, die der Stpfl dem Betrieb zugeführt hat (§ 4 Abs 1 S 8 EStG). Diese WG sind nach § 6 Abs 1 Nr 5 EStG grds mit dem Teilwert im Zeitpunkt der Zuführung anzusetzen. Das gilt auch für vom Stpfl außerhalb seiner bisherigen Geschäftstätigkeit selbst erstellte immaterielle Anlagewerte (Anm 117), weil das Ansatzverbot des § 5 Abs 2 EStG bei Einlagen in einen Betrieb nicht zur Anwendung kommt (EStR (2012) R 5.5 Abs 3 S 3; *Weber-Grellet* in Schmidt[38] EStG § 5 Anm 164 mwN); Besonderheiten gelten für den GFW (Anm 92) sowie für Nutzungsrechte (Anm 94). Der Teilwert eines WG unterscheidet sich idR von dem (all)gemeinen Wert des WG. Der **gemeine Wert** wird durch den Preis bestimmt, der im gewöhnlichen Geschäftsverkehr unter Berücksichtigung aller wertbeeinflussenden Umstände und unter Außerachtlassung ungewöhnlicher oder persönlicher Verhältnisse (zB in der Person des Stpfl begründete Verfügungsbeschränkungen) bei einer Veräußerung zu erzielen wäre (s § 9 Abs 2 BewG); er wird daher auch als Verkehrswert oder Einzelveräußerungspreis bezeichnet. **Teilwert** ist dagegen „der Betrag, den ein Erwerber des ganzen Betriebs im Rahmen des Gesamtkaufpreises für das einzelne WG ansetzen würde; dabei ist davon auszugehen, dass der Erwerber den Betrieb fortführt" (§ 6 Abs 1 Nr 1 S 3 EStG). Bei Ermittlung des Teilwerts geht man von der Annahme aus, dass der Erwerber den Wert eines WG in den Aufwendungen sieht, die er erspart, weil er es nicht mehr beschaffen muss (Substitutionsthese). Mit dieser Definition soll ein Mehrwert erfasst werden, den ein WG ggf wegen seiner Zugehörigkeit zu einem BetrVerm im Vergleich zu seinem isolierten gemeinen Wert aufweist und der deshalb von einem gedachten Erwerber des Betriebs idR gesondert berücksichtigt würde (*Schlotter* in MünchKomm BilR § 253 Anm 14f). Es gilt die **Vermutung,** dass der Teilwert eines WG im Zeitpunkt des Erwerbs den AK/HK entspricht und sich zu einem späteren Zeitpunkt mit den Wiederbeschaffungskosten deckt (BFH v 7.11.1990 BStBl II 1991, 342; zum Begriff allg zB BFH v 8.9.1994 BStBl II 1995, 309; BFH v 20.5.1988 BStBl II 1989, 269; *Kulosa* in Schmidt[38] EStG § 6 Anm 231 ff). Bezogen auf eine Betriebseröffnung ist das der Preis, den ein Dritter aufgewandt hätte, wenn er anstelle des Einzelunternehmers den Betrieb eröffnet hätte (*Kulosa* in Schmidt[38] EStG § 6 Anm 572; BFH v 7.12.1978 BStBl II 1979, 729); für eingebrachte WG des Anlage- und des Umlaufvermögens entspricht der Teilwert in der EB mithin dem **gemeinen Wert** (BFH v 10.7.1991 BStBl II, 840). Der zur Teilwertermittlung idR gebotene Gewinnabschlag auf den Verkaufspreis von Vorratsbeständen ist daher bei Betriebseröffnung nicht vorzunehmen (*Döllerer* ZGR 1993, 586).

IV. Steuerrechtliche Eröffnungsbilanz

Im Zweifel entspricht der Teilwert der dem Betrieb zugeführten WG den *mutmaßlichen (Wieder-)Beschaffungskosten,* die der Stpfl im Zeitpunkt der Einlage zur Betriebseröffnung voraussichtlich hätte aufwenden müssen (BFH v 7.12.1978 BStBl II 1979, 729). Dabei sind auch die üblicherweise anfallenden **Anschaffungsnebenkosten** zusätzlich anzusetzen (BFH v 29.4.1999 BFH/NV, 1418 [aA FG Berlin v 20.8.1997 EFG, 1381 für GrESt, Maklerprovision, Notariats- und Grundbuchkosten bei Einlage eines Grundstücks]; BFH v 15.7.1966 BStBl III, 643 für Bankgebühren und Provisionen bei Wertpapiereinlage [aA FG Schleswig-Holstein v 26.2.1969 EFG, 294]); zur Behandlung der USt Anm 100 f.

Vom Grundsatz der Bewertung der Einlagen mit dem Teilwert ist nach § 6 Abs 1 Nr 5 S 1 Halbs 2 EStG **abzuweichen** (dazu *Kulosa* in Schmidt[38] EStG § 6 Anm 558 ff), wenn das zugeführte WG
- innerhalb der letzten drei (Kalender-)Jahre vor der Zuführung angeschafft oder hergestellt worden ist oder
- ein Anteil an einer KapGes inkl Genussscheine uä Bet und Anwartschaften auf solche Bet (oder ein Anteil an einer eG oder SCE, § 17 Abs 7 EStG) ist, an deren Kapital der Stpfl (bzw bei unentgeltlichem Erwerb sein Rechtsvorgänger) innerhalb der letzten fünf Jahre zu mindestens 1% unmittelbar oder mittelbar beteiligt war (§ 17 Abs 1 EStG), oder es sich – unabhängig von der Höhe der Kapitalbeteiligung – um steuerverstrickte Anteile handelt, die aus einem vorgelagerten Einbringungsvorgang iSd UmwStG oder einer Sacheinlage iSd § 20 Abs 1 UmwStG stammen (§ 17 Abs 6 EStG) oder
- es sich um ein WG iSv § 20 Abs 2 EStG (insb Gewinnbezugsrechte, Dividendenscheine und Zinskupons) handelt.

Wertobergrenze sind in diesen Fällen zur Abwehr von Missbräuchen auch steuerrechtlich die ursprünglichen **Anschaffungs- oder Herstellungskosten** des Stpfl für das betr WG, für abnutzbare WG nach Abzug von AfA gem § 7 EStG für die Zeit des bisherigen Gebrauchs (§ 6 Abs 1 Nr 5 S 2 EStG); ggf sind fiktive AfA abzuziehen (EStR (2012) R 6.12 Abs 1 S 2; *Kulosa* in Schmidt[38] EStG § 6 Anm 559). An die Stelle der fortgeführten AK/HK (Anm 94) tritt ggf der frühere *Entnahmewert,* wenn das dem Betrieb zugeführte WG innerhalb von drei Jahren vor der Einlage aus einem anderen BetrVerm des Stpfl entnommen worden war (§ 6 Abs 1 Nr 5 S 3 EStG). Eine Korrektur der maßgeblichen AK ist ggf auch erforderlich, wenn der Stpfl seinem steuerrechtlichen BetrVerm einen VG (zB PKW) zuführt, den er zuvor zB im Rahmen eines früheren Arbeitsverhältnisses verbilligt erworben und den Preisvorteil als Sachbezug versteuert hatte (BFH v 9.11.2000 DB 2001, 361). Bei zwischenzeitlichen Wertminderungen bleibt dagegen grds der **(niedrigere) Teilwert** für die Einlagenbewertung maßgeblich, mit der Folge, dass sie sich steuerrechtlich nicht auswirken (Anm 175). Von diesem Grundsatz ausgenommen sind aber nach EStR (2012) H 17 Abs 8 vor der Einlage eingetretene *Wertminderungen einer Bet iSv § 17 EStG* an einer KapGes; in diesem Fall sind die AK als Einlagewert anzusetzen. Die Wertminderung der Anteile ist daher erst in dem Zeitpunkt steuermindernd zu berücksichtigen, in dem die Bet veräußert wird (oder soweit sie nach § 17 Abs 4 EStG als veräußert gilt, zB wegen Kapitalauskehrung oder Liquidation der KapGes), sofern ein hierbei realisierter Veräußerungsverlust nach § 17 Abs 2 EStG anzusetzen wäre (BFH v 2.9.2008 BStBl I 2010, 162; s auch BMF 29.3.2000 BStBl I, 462 Tz III Nr 2 iVm BMF 5.12.1996 BStBl I, 1500; dazu auch D Anm 290).

179 Wurde das WG vor Einlage in das BetrVerm von dem Stpfl zur Erzielung von sog **Überschusseinkünften** (§ 2 Abs 1 Nr 4–7 iVm Abs 2 Nr 2 EStG) verwendet (dazu *Kulosa* in Schmidt[38] EStG § 7 Anm 123 ff), ist der Einlagewert des WG (idR Teilwert, s Anm 177 f) *für Zwecke der künftigen betrieblichen Abschreibungsverrechnung* (rein statistisch) um die bislang als Werbungskosten bereits verrechneten Abschreibungsbeträge (Absetzungen für Abnutzung oder Substanzveringerung, Sonderabschreibungen und erhöhte Absetzungen) zu vermindern (§ 7 Abs 1 S 5 EStG). Dadurch ergibt sich kein geänderter Wertansatz des WG, sondern nur eine vom Einlagewert abweichende AfA-Bemessungsgrundlage (so BFH v 18.8.2009 BStBl II 2010, 961 unter II. 3. c; wie schon FG Niedersachsen v 5.9.2006 EFG 2007, 112). Der Abzug bisheriger AfA-Beträge vom Einlagewert darf aber grds nicht dazu führen, dass die AfA-Bemessungsgrundlage die fortgeführten AK/HK des WG unterschreitet. Dies wäre nur dann zulässig und geboten, wenn dem Stpfl das WG schon mindestens drei Jahre gehörte und der Teilwert im Einlagezeitpunkt bereits niedriger ist als die fortgeführten AK/HK (s Anm 178). Nach § 7 Abs 4 S 1 HS 2 EStG ist auch für Gebäude und selbständige Gebäudeteile (dazu EStR (2012) R 4.2 Abs 3 bis 7) sowie für Eigentumswohnungen bzw Teileigentum (§ 7 Abs 5a EStG) eine solche Änderung der AfA-Basis erforderlich, wenn der Einlagewert höher ist als die fortgeführten AK/HK. Infolgedessen kann zur *Vermeidung doppelter Abschreibungsverrechnung* nur der Teil der infolge der höheren Einlagebewertung des WG ggf aufgedeckten Reserven aufwandswirksam abgeschrieben werden, der die schon einmal berücksichtigten Abschreibungsbeträge übersteigt, mit der Folge, dass am Ende der gewöhnlichen Nutzungsdauer steuerrechtlich ein **Anhaltewert** (in Höhe des vor Einlage bereits verrechneten AfA-Volumens) verbleibt. Dadurch ergibt sich bei höherem Einlagewert des WG – anders als etwa bei Einbringung in das BetrVerm einer PersGes (dazu BFH v 24.1.2008 BStBl II 2011, 617) – faktisch eine Reduzierung des von dem Einlagewert planmäßig abschreibbaren Betrags um die Höhe des bei den Überschusseinkünften bereits steuerwirksam verrechneten Teils der AK/HK (s EStR (2012) R 7.4 Abs 10). Der angehaltene Restbuchwert kann sich daher nur durch Abgang des WG oder im Rahmen einer Teilwertabschreibung wegen dauernder Wertminderung (§ 6 Abs 1 Nr 1 S 2 EStG) oder durch Absetzungen für außergewöhnliche technische oder wirtschaftliche Abnutzung (§ 7 Abs 1 S 7 EStG; dazu EStR (2012) H 7.4) als Aufwand des Betriebs steuerrechtlich auswirken (zu den steuerrechtlichen Nachteilen der AfA-Korrektur im Vergleich zu einer Einlage bereits betrieblich oder ausschließlich privat genutzter WG *Gröpl* DStR 2000, 1288; dazu auch *Tiedtke/Wälzholz* DStR 2001, 1501).

180 Aufgrund der spezifischen steuerrechtlichen Regelungen zur Einlagebewertung und AfA-Bemessung ist eine mit den Wertansätzen in handelsrechtlichen EB (dazu Anm 91 ff) übereinstimmende Bewertung in der steuerrechtlichen EB im Grundsatz nur möglich für WG, die der EKfm innerhalb von drei Jahren vor Betriebseröffnung erworben oder hergestellt hatte, und

IV. Steuerrechtliche Eröffnungsbilanz

für Bet iSv § 17 EStG an KapGes, weil diese WG steuerrechtlich wie auch in der EB nach HGB jeweils mit den AK/HK (ggf vermindert um planmäßige und außerplanmäßige Abschreibungen) zu bewerten sind (Anm 93, 178). Eine weitere Übereinstimmung besteht für wertgeminderte WG, die in der EB mit dem niedrigeren beizulegenden Wert bzw Teilwert angesetzt werden müssen. In allen anderen Fällen dürfte der **steuerrechtliche Teilwertansatz in der Regel höher** sein als die tatsächlichen (ggf fortgeführten) AK/HK des Einzelunternehmers und damit den maßgeblichen Höchstwertansatz in seiner *handelsrechtlichen* EB (Anm 93 ff) übersteigen. Aufgrund dieser unterschiedlichen Wertansätze werden die steuerrechtlichen Jahresergebnisse künftiger Gj infolge höherer steuerrechtlicher Abschreibungen bzw Aufwendungen bei Abgang der WG stärker gemindert als die handelsrechtlichen. Dies führt im Vergleich zu dem Fall identischer Jahresergebnisse zu einer verhältnismäßig geringeren Steuerbelastung der künftigen handelsrechtlichen Jahresergebnisse des EKfm mit ESt und GewSt. Für solche künftigen Steuerentlastungen, die sich aus der künftig höheren steuerrechtlichen Aufwandsverrechnung ergeben, kann uE in der handelsrechtlichen EB des EKfm allenfalls ein **aktiver Abgrenzungsposten für latente Gewerbesteuerentlastungen** als Bilanzierungshilfe mit gesondertem Ausweis in Betracht kommen (dazu im Einzelnen Anm 111). Unabhängig davon ist der Ansatz (aktiver oder passiver) latenter Steuern in der steuerrechtlichen EB dagegen nicht zulässig, zumal weder die GewSt noch die ESt (nebst den Zuschlagsteuern) zu den Betriebsausgaben gehören (§§ 4 Abs 5b, 12 Nr 3 iVm § 4 Abs 4 EStG).

Sachleistungsverpflichtungen und Geldschulden rechnen steuerrechtlich nur zum BetrVerm, soweit sie durch den Betrieb veranlasst sind (dazu Anm 104). Für den **Ansatz von Schulden** in der Steuerbilanz ist allein der *tatsächliche Verwendungszweck* der Fremdmittel maßgeblich (EStR (2012) H 4.2 Abs 15 „Betriebsschuld"; im Einzelnen *Schmidt/Ries* in Beck Bil-Komm[12] § 246 Anm 71 ff). So wird zB mit der Einlage eines fremdfinanzierten WG auch die damit zusammenhängende Kaufpreisschuld oder Kreditverbindlichkeit zu einer Betriebsschuld (EStR (2012) R 4.2 Abs 15 S 2). Im Gegensatz zum Handelsrecht (Anm 107) ist jedoch ein Betriebsmittelkredit steuerrechtlich von Anfang an als Privatschuld zu behandeln, wenn die Barmittel danach innerhalb kurzer Zeit wieder entnommen werden (BMF 27.7.1987 BStBl I, 508; BFH v 17.4.1985 BStBl II, 512 „Finanzierung von Entnahmen aus Darlehensmitteln"). Für die **Bewertung von Verbindlichkeiten** gilt § 6 Abs 1 Nr 3 EStG, der eine Bewertung in sinngemäßer Anwendung des § 6 Abs 1 Nr 2 EStG vorschreibt. Demnach sind Verbindlichkeiten wie nicht abnutzbare WG mit den „Anschaffungskosten" anzusetzen. Da Schulden als solche aber nicht wie ein WG „angeschafft" und betrieblich genutzt werden können, sondern aufgenommen, übernommen oder vereinbart werden oder sonstwie entstehen und zurückgezahlt bzw erfüllt werden müssen, dürften eher die „Wegschaffungskosten" als Bewertungsmaßstab gemeint sein. Danach wäre für den Wertansatz einer Schuld grds der nach den Verhältnissen am Tag des Zugangs der Verbindlichkeit zu beurteilende *Erfüllungsbetrag* iSv § 253 Abs 1 HGB (dazu im Einzelnen Anm 105) auch für die StBil maßgeblich.

182 Im Hinblick auf den Grundsatz der **Erfolgsneutralität der Anschaffung** interpretiert der BFH den Begriff der AK im Kontext des § 6 Abs 1 Nr 3 EStG aber regelmäßig iS einer anfänglichen Gleichwertigkeit zwischen einem Anschaffungsvorgang (AK des WG) und dem dadurch direkt verursachten Finanzierungsvorgang (Ansatz der Kaufpreisschuld). Verbindlichkeiten, die mit dem Zugang von Barmitteln oder WG unmittelbar zusammenhängen (zB Betriebsmittelkredit oder Kaufpreisschuld nach Erwerb eines WG) sind daher in der steuerrechtlichen EB grds mit demselben Wertansatz wie das betr WG zu bewerten. Stellt die Verbindlichkeit zB die Gegenleistung für einen zugegangenen Geldbetrag dar, ist davon auszugehen, dass der Barwert der Verpflichtung (Kapitalwert) im Zeitpunkt ihrer Begründung grds diesem Geldbetrag entspricht (BFH v 31.1.1980 BStBl II, 491 für Übernahme einer Leibrentenverpflichtung).

183 Bei *entgeltlichem* **Erwerb eines ganzen Betriebs** (zur USt Anm 100 f) sind die WG bei Aufteilung des Gesamtkaufpreises grds jeweils mit dem Teilwert, höchstens jedoch mit den ggf niedrigeren anteiligen AK/HK, anzusetzen (§ 6 Abs 1 Nr 7 EStG). Bei höheren GesamtAK/HK, als der Summe der Teilwerte der einzelnen WG, ist ggf ein GFW anzusetzen (Anm 109). Die zu verteilenden AK/HK werden durch den vom EKfm aufzuwendenden Gesamtkaufpreis zzgl Anschaffungsnebenkosten (zB GrESt, Notarkosten) bestimmt; dabei kann der Kaufpreis ganz oder teilweise auch in der Übernahme von Verbindlichkeiten mit Zustimmung des Gläubigers (§ 414 BGB) oder in einer mit dem Verkäufer vereinbarten bloßen Erfüllungsübernahme (§ 329 iVm § 415 Abs 3 BGB; dazu BFH v 31.5.1972 BStBl II, 696, ggf iVm einem Schuldbeitritt nach §§ 421 ff BGB) bestehen (dazu Anm 106; zum Schuldbeitritt zu Versorgungsverpflichtungen auch BMF 16.12.2005 BStBl I, 1052). Gleichzeitig ist zu berücksichtigen, dass der Betrieb für Zwecke der GewSt als durch den bisherigen Unternehmer eingestellt und durch den Übernehmer neu gegründet gilt (§ 2 Abs 5 GewStG), mit der Folge, dass die auf den Vorgänger entfallende GewSt für den Zeitraum bis zur Übertragung als übernommene betriebliche Steuerschuld (Rückstellung) ggf Teil der AK des Übernehmers sein kann. Bei Anwachsung kann auch der Verzicht des Übernehmers auf den Ausgleich eines negativen Kapitalkontos des ausgeschiedenen MitGesters (Anm 97) Teil des Entgelts für die Geschäftsübernahme sein (BFH v 26.1.1995 BFH/NV, 872 f), sofern der Vorgang dann nicht insgesamt als unentgeltliche Geschäftsübernahme zu qualifizieren ist (dazu Anm 184 f; zur Anwachsung als steuerrechtliches Gestaltungsinstrument *Breiteneicher* DStR 2004, 1405).

Zum Zweck der *Einzelbewertung* der übernommenen Aktiva ist der Gesamtkaufpreis (zzgl der übernommenen Verbindlichkeiten und ggf anderer Entgeltbestandteile) auf die in der steuerrechtlichen EB anzusetzenden materiellen und immateriellen EinzelWG zu verteilen (dazu Anm 109, C Anm 20 ff). Die steuerrechtliche Aufteilung ist zwar grds nach den im Kaufvertrag getroffenen Regelungen vorzunehmen, sofern diese von gegensätzlichen Interessen der Parteien getragen sind und nicht lediglich dazu dienen, einem Vertragspartner einen möglichst hohen Steuervorteil zukommen zu lassen. Bei missbräuchlichen Regelungen ist die Aufteilung aber nach dem Verhältnis der Teilwerte vorzunehmen (*Kulosa* in Schmidt[38] EStG § 6

IV. Steuerrechtliche Eröffnungsbilanz

Anm 122 mwN). Ein nach der Kaufpreisallokation verbleibender Mehrbetrag (höherer Kaufpreis) *muss* auch in der steuerrechtlichen EB als GFW aktiviert werden. Nur soweit es sich bei dem Erwerb offensichtlich um eine Fehlmaßnahme handelte (Anm 109) oder mit dem Kaufpreis nachweislich anderweitige Ansprüche des Verkäufers (zB Schadensersatz) abgegolten werden (BFH v 12.6.1975 BStBl II, 807), wäre eine Ausbuchung zu Lasten des EK erforderlich.

Liegen die GesamtAK des EKfm unter der Summe der Teilwerte der WG des Betriebs, müssen die steuerrechtlichen Wertansätze der Aktiva, insb der nicht geldnahen WG des Anlage- und des Vorratsvermögens anteilig abgestockt werden (zum Vorgehen und zur negativen Ergänzungsbilanz bei PersGes C Anm 205). Bargeld und Bankguthaben können nicht abgestockt werden (BFH v 12.12.1997 DStR, 1969). Einem nach der **Wertabstockung** ausnahmsweise verbleibenden negativen GFW ist daher ggf durch Ansatz eines passiven Ausgleichspostens Rechnung zu tragen (BFH v 12.12.1996 BStBl II 1998, 180; BFH v 26.4.2006 DStR 2006, 1313 mit Anm *Hoffmann*), da ein Erwerbsgewinn oder -verlust nicht entstehen darf (BFH v 21.4.1994 BStBl II, 745; zum Meinungsstand *Weber-Grellet* in Schmidt[38] EStG § 5 Anm 226 mwN).

Die *unentgeltliche* **Übernahme** eines Betriebs oder Teilbetriebs im Ganzen durch Erbschaft oder Vermächtnis wird steuerrechtlich *nicht* als Betriebseröffnung (Anm 158) behandelt. Die mit dem übergegangenen (Teil-)Betrieb zusammenhängenden Verbindlichkeiten und sonstigen übernommenen Verpflichtungen (zB quotale Anteile anderer Erben am Nachlass, Anm 185 f) werden in diesem Fall steuerrechtlich idR nicht als Entgelt angesehen. Sie gelten daher im Gegensatz zum Handelsrecht (Anm 106) nicht als AK und zT nicht als Betriebsschuld. Bei Übernahme aufgrund vorweggenommener Erbfolge oder Schenkung kann aber Teilentgeltlichkeit oder − bei kfm abgewogenem Leistungsaustausch − sogar eine entgeltliche Anschaffung durch Schuldübernahme vorliegen (zur Abgrenzung Anm 185 f; *Kulosa* in Schmidt[38] EStG § 6 Anm 130 ff, 137). Sofern Unentgeltlichkeit anzunehmen ist, ist der Rechtsnachfolger gem § 6 Abs 3 S 3 EStG zwingend an die steuerrechtlichen **Buchwerte** der übernommenen Aktiva *und* Passiva **des Vorgängers** gebunden (im Einzelnen zB *Kulosa* in Schmidt[38] EStG § 6 Anm 641 ff). Dies gilt im Allgemeinen nicht nur bei Gesamtrechtsnachfolge durch Erbschaft mit Teilung ohne Spitzenausgleich für Miterben (BMF v 14.3.2006 BStBl I, 253 Tz 10, 18 ff) oder zB bei Anwachsung nach *unentgeltlichem* Ausscheiden des MitGesters (BFH v 10.3.1998 BStBl II 1999, 269 mwN), sondern auch für einen Einzelrechtsnachfolger nach *unentgeltlichem Erwerb* der betrieblichen Einheit durch Schenkung oder vorweggenommene Erbfolge (dazu Anm 185) oder aufgrund Vermächtnis (BMF 14.3.2006 BStBl I, 253 Tz 60 ff). Buchwertfortführung gilt dann auch für bestehende steuerrechtliche Rücklagen zB nach §§ 6b, 6c EStG (BFH v 22.9.1994 BStBl II 1995, 367). Unter Angehörigen besteht eine widerlegbare *Vermutung der Unentgeltlichkeit* (BFH v 10.3.1998 BStBl II 1999, 271 mwN).

Das Vorhandensein eines negativen EK steht steuerrechtlich einer unentgeltlichen Betriebsübernahme nicht entgegen (BFH v 24.8.1972 BStBl II 1973, 111; auch nicht bei Anwachsung BFH v 14.11.1979 BStBl II 1980, 96).

185 Die **Übernahme der betrieblichen Verbindlichkeiten** oder die Zusage von (privaten) **Versorgungsleistungen** an den Übergeber oder Dritte führt steuerrechtlich *dann nicht* zu AK des Übernehmers, wenn die jeweiligen Leistungen *nicht* nach kfm Gesichtspunkten gegeneinander abgewogen wurden (BFH v 5.7.1990 BStBl II, 851 f). Entscheidend sind dabei die subjektiven Vorstellungen der Beteiligten (BMF 13.1.1993 BStBl I, 80 Tz 2, 4, 20 ff; BFH v 29.1.1992 BStBl II, 465; BFH v 3.6.1992 BStBl II, 23). Private Versorgungsleistungen sind aber von betrieblichen Versorgungsleistungen und betrieblichen Veräußerungsrenten abzugrenzen (dazu BMF 11.3.2010 BStBl I, 227); betriebliche Versorgungsleistungen sind allerdings nur in Ausnahmefällen anzunehmen (BFH v 20.12.1988 BStBl II 1989, 585). Von einer betrieblichen **Veräußerungsrente** ist dagegen dann auszugehen, wenn Leistung (Wert des Betriebs) und Gegenleistung (Kapitalwert der übernommenen Verpflichtungen) gegeneinander abgewogen wurden. Bei Betriebsübertragungen zwischen nahen Angehörigen im Rahmen vorweggenommener Erbfolge gegen wiederkehrende Leistungen spricht aber unabhängig von dem Wert des übertragenen Vermögens eine widerlegbare **Vermutung** für eine *privat veranlasste* Versorgungsrente (BMF 13.1.1993 BStBl I, 80 Tz 26 unter Hinweis auf BFH v 9.10.1985 BStBl II 1986, 51 und BFH v 29.1.1992 BStBl II, 465), die in der StBil nicht zu passivieren ist. Insoweit ergeben sich daher zwangsläufig Abweichungen zur EB nach HGB (Anm 106).

186 Unter bestimmten Voraussetzungen kann die Betriebsübertragung im Rahmen vorweggenommener Erbfolge steuerrechtlich voll oder teilweise als *entgeltlich* anzusehen sein, mit der Folge, dass im Umfang der Entgeltlichkeit AK vorliegen und die Buchwerte der übernommenen WG daher entspr anzupassen sind. **Entgeltlichkeit** wird insb angenommen (zur Abgrenzung *Märkle* DStR 1993, 1005), wenn der Übernehmer eine *betriebliche* Veräußerungsrente zahlt (Widerlegung der Versorgungsvermutung) oder Gleichstellungsgelder und Abstandszahlungen leistet oder *private* Verbindlichkeiten des Übergebers übernimmt, **sofern** die Gesamthöhe dieser Leistungen den steuerrechtlichen Buchwert des EK des Übergebers übersteigt (BMF 13.1.1993 BStBl I, 80 Tz 31, 38). Bei teilweiser Entgeltlichkeit der Betriebsübertragung ist der Vorgang in einen entgeltlichen und einen unentgeltlichen Teil aufzuteilen. Aufteilungsmaßstab ist das Verhältnis des Entgelts (ohne Anschaffungsnebenkosten) zu dem Verkehrswert des Betriebs (BMF 13.1.1993 BStBl I, 80 Tz 14 nF). Die spätere Herausgabe von Gegenständen des BetrVerm an Dritte (Minderung des übernommenen Vermögens) führt steuerrechtlich (anders als in der EB nach HGB, Anm 106) nicht zu nachträglichen AK des Übernehmers, sondern wird bei Erfüllung selbst dann als (gewinnrealisierende) Entnahme behandelt, wenn das übernommene Vermögen von vornherein mit der Herausgabepflicht belastet war (BMF 13.1.1993 BStBl I, 80 Tz 32).

187 Die **Verschmelzung** einer KapGes mit dem Vermögen eines Einzelunternehmers als AlleinGester (§ 120 UmwG) ist steuerrechtlich nicht als „Eröffnung eines Betriebs" iSv § 6 Abs 1 Nr 6 EStG (Anm 175) anzusehen. In diesem Fall hat der EKfm als übernehmender Rechtsträger vielmehr gem § 4 Abs 1 S 1 UmwStG zwingend die in der steuerrechtlichen SB der KapGes zum Übertragungsstichtag (s § 2 Abs 1 UmwStG iVm § 5 Abs 1 Nr 6

IV. Steuerrechtliche Eröffnungsbilanz

UmwG) angesetzten Werte iSd § 3 UmwStG fortzuführen. Für die KapGes besteht allerdings unter bestimmten Voraussetzungen auf Antrag ein **Wahlrecht** zur **Buchwertfortführung** oder zur vorherigen (vollen oder teilweisen) **Wertaufstockung** auf einen höheren Wert, höchstens bis zum gemeinen Wert der übergehenden WG (einschl selbst geschaffener immaterieller WG sowie eines evtl GFW, § 3 Abs 1, 2 UmwStG, dazu H Anm 213).

Es ist gesetzlich nicht geregelt, wie zu verfahren ist, wenn zum Zeitpunkt der Betriebseröffnung weder aufgrund gesetzlicher Verpflichtung (Anm 163) noch freiwillig Bücher geführt und Abschlüsse erstellt werden, der Stpfl jedoch *später* wegen Eintritts in die Rechnungslegungspflicht nach HGB (Anm 3) oder nach § 141 AO von der bisher ausreichenden Aufzeichnung der Einnahmen und Ausgaben (§ 4 Abs 3 EStG) zwingend zur Gewinnermittlung durch BetrVermVergleich (§ 4 Abs 1 bzw § 5 EStG bzw § 242 HGB) übergehen muss oder freiwillig dazu übergeht. Mit Beginn der Rechnungslegung findet nämlich weder eine Einlage noch eine Betriebseröffnung statt, so dass die diesbzgl Regelungen in § 6 Abs 1 Nrn 5 und 6 EStG nicht gelten. Gleichwohl ist es erforderlich, zeitnah *auf den Beginn* des nachfolgenden Wj (Anm 190) eine steuerrechtliche **Anfangs- oder Übergangsbilanz** (zum Inventar Anm 82 ff) als Ausgangspunkt für die kfm Buchführung und den späteren jährlichen BetrVermVergleich aufzustellen (EStR (2012) H 4.6; so schon BFH v 2.3.1978 BStBl II, 431). Gleiches gilt für die handelsrechtliche EB, wenn der EKfm erkennt, dass sein Umsatz oder Jahresergebnis am Ende des Gj die Schwellenwerte des § 241a HGB zum zweiten Mal überschreiten wird (Anm 3). In der ÜbergangsEB sind die WG unter Beachtung des AKPrinzips grds mit den Werten anzusetzen, mit denen sie nach den GoB zu Buch stünden, wenn der Gewinn von Anfang an durch BetrVermVergleich ermittelt worden wäre (so zur Ermittlung des Übergangsgewinns BFH v 15.5.1974 BStBl II, 518 mwN). Erleichterungen bestehen nur für Land- und Forstwirte, die ihren Gewinn bisher nach § 13a Abs 3–5 EStG ermittelt haben; sie können die abnutzbaren Anlagegüter in der Übergangsbilanz mit ggf geschätzten rechnerischen Restwerten ansetzen (BFH v 5.12.1985 BStBl II 1986, 390; EStR (2012) R 13.5 Abs 2). Andererseits müssen sie mit Beginn der Buchführungspflicht auch ein Anbauverzeichnis führen (§ 142 AO).

Abnutzbare WG des Anlagevermögens (zB Gebäude, Maschinen, Büroeinrichtung) sind ansonsten mit den AK/HK unter Berücksichtigung der nach § 7 EStG (bzw 253 Abs 3 HGB, Anm 94) bereits vorgenommenen Absetzungen anzusetzen; die Restbuchwerte ergeben sich idR aus dem **Anlagenverzeichnis** nach § 7a Abs 8 EStG. Die AK/HK von Immobilien und von nicht abnutzbaren WG des Anlagevermögens, von Anteilen an KapGes sowie von Wertpapieren und vergleichbaren nicht verbrieften Forderungen oder Rechten sind dem laufend zu führenden **besonderen Verzeichnis** nach § 4 Abs 3 S 5 EStG zu entnehmen (EStR (2012) R 4.5 Abs 3). Die AK/HK der Vorräte sind aus dem nach § 143 AO von allen Gewerbetreibenden zu führenden Wareneingangsverzeichnis (inkl Roh-, Hilfs- und Betriebsstoffe sowie unfertige Erzeugnisse) ersichtlich und die mengenmäßigen (Soll-)Bestände lassen sich durch Differenzrechnung mit Hilfe des Ausgangsverzeichnisses (§ 144 AO) ermitteln und mit dem Istbestand laut Inventur vergleichen.

Steuerrechtliche Ansatz- und Bewertungswahlrechte gelten beim Übergang als nicht ausgeübt (EStR (2012) H 4.6; BFH v 14.4.1988 BStBl II, 672).

189 Der Saldo der infolge Aktivierung und Passivierung in der steuerrechtlichen ÜbergangsEB erforderlichen Zuschläge und Abschläge (**Übergangsgewinn**) ist als Gewinnkorrektur zusammen mit dem Jahresergebnis des ersten Gj nach dem Übergangsstichtag zu erfassen (*Loschelder* in Schmidt[38] EStG § 4 Anm 657 ff, 663). Zur Vermeidung von Härten kann ein evtl Mehrbetrag aber auf Antrag des Stpfl *gleichmäßig* auf das Jahr des ersten BetrVermVergleichs und die folgenden ein oder zwei Jahre verteilt werden (EStR (2012) R 4.6 Abs 1 S 2). Dies gilt bei unentgeltlicher Übernahme eines Betriebs auch für den Rechtsnachfolger, soweit Gewinnkorrekturen des Vorgängers noch nicht berücksichtigt wurden (BFH v 7.12.1971 BStBl II 1972, 338). Die Verteilung auch eines Übergangsverlusts kann dagegen nicht verlangt werden (BFH v 23.7.2013 DB, 2185).

190 Das **Wahlrecht zur Gewinnermittlung** durch Bestandsvergleich kann nach stRspr nur mit Wirkung zum Beginn eines Wj ausgeübt werden („Bilanzeröffnungsstichtag", s BFH v 19.10.2005 BStBl II 2006, 509; BFH v 29.8.1985 BFH/NV 1987, 504; BFH v 1.10.1996 BFH/NV 1997, 403 mwN) und ist nur möglich, wenn der Stpfl zeitnah zu Beginn des Wj entspr Maßnahmen ergreift (BFH v 2.3.1978 BStBl II, 431), insb eine ÜbergangsEB aufstellt und Bestandskonten einrichtet (FG Freiburg v 25.6.1998 EFG, 1502; BFH v 29.8.1985 BFH/NV 1986, 158). Eine kurz darauf folgende erneute Änderung der Gewinnermittlungsmethode ohne wirtschaftlichen Grund ist unzulässig (BFH v 23.6.1983 BStBl II, 723). Vielmehr ist der Stpfl an einen freiwillig gewählten Bestandsvergleich grds drei Jahre gebunden, sofern er von dem Wahlrecht zur Verteilung des Übergangsgewinns (Anm 189) Gebrauch macht und keine besonderen Gründe für einen erneuten Wechsel vorliegen (BFH v 9.11.2000 BStBl II, 2001, 102 mit Bsp zu Ausnahmen). Andererseits kann ein nicht buchführungspflichtiger Stpfl, der nur Einnahmen und Ausgaben aufzeichnet, *nicht* verlangen, dass ein durch Bestandsvergleich nach § 4 Abs 1 EStG geschätzter (BFH v 15.4.1999 BStBl II, 481) oder ein nachträglich so ermittelter Gewinn (EStR (2012) H 18.2 „Buchführung") seiner Besteuerung zugrunde gelegt wird. Auch die Entscheidung zur vereinfachten Gewinnermittlung durch Überschussrechnung nach § 4 Abs 3 EStG muss sich aber zB durch geordnete Sammlung der Belege von Anfang an erkennbar dokumentiert haben (BFH v 12.10.1994 BFH/NV 1995, 587; BFH v 13.10. 1989 BStBl II 1990, 287). Anderenfalls ist der Gewinn nach § 4 Abs 1 EStG zu schätzen.

C. Eröffnungsbilanz der Personengesellschaft

Übersicht

	Anm
I. Rechtliche Grundlagen	
1. Allgemeine Vorschriften	
a) Aufstellungspflichtige Personengesellschaften	1–10
b) Rechtsträgerschaft und Verantwortlichkeit	13–21
c) Zweck der Eröffnungsbilanz und anzuwendende Vorschriften	27–29
2. Bilanzstichtag und Aufstellungsfrist	
a) Bestimmung des maßgeblichen Bilanzstichtags	33–37
b) Zeitraum für die Aufstellung	40, 41
c) Anlässe für die Aufstellung einer Eröffnungsbilanz	42
aa) Neubeginn und Geschäftsausweitung	43–47
bb) Unternehmer- und Gesellschafterwechsel	54–60
3. Sanktionen	70, 71
II. Vorschriften zur Eröffnungsbilanz der Personengesellschaft	
1. Inventur und Eröffnungsinventar	75, 76
2. Ansatz, Bewertung und Kapitalaufbringung	
a) Allgemeine Grundsätze	79–81
b) Formen der Kapitalaufbringung	87–98
c) Einzelvorschriften	107–120
3. Gliederung und Ausweis	
a) Allgemeine Grundsätze	123, 124
b) Eigenkapital und Gesellschafterkonten	127–133
c) Weitere Bilanzposten	136–138
III. Feststellung, Prüfung, Offenlegung und Aufbewahrung	
1. Unterzeichnung, Feststellung und Prüfung	142–149
2. Offenlegung und Aufbewahrung	154–156
IV. Steuerliche Eröffnungsbilanz der Personengesellschaften	
1. Verantwortlichkeit und Aufstellungspflicht	163–171
2. Steuerliche Eröffnungs- oder Zwischenbilanz	175–180
3. Ansatz, Bewertung und Ergänzungsbilanz	182–206
4. Sonderbetriebsvermögen	210–217
V. Auswirkungen im Jahresabschluss der Gesellschafter	
1. Errichtung einer neuen Personengesellschaft	250–253
2. Beitritt, Austritt und Gesellschafterwechsel	260

Schrifttum – Aufsätze: *Hampe* Sind Zwischenbilanzen für ein handelsgewerbliches Unternehmen aus rechtlichen Gründen zwingend notwendig?, DB 1974, 1400; *Clemm/Gutike* Handelsrechtliche Bilanzierungsfragen beim Eintritt eines Gesellschafters in eine bestehende Personengesellschaft, WPg 1976, 425; *Knobbe-Keuk* Die gesellschaftsvertragliche Gewinnverteilung und die Gewerbesteuerbelastung bei Personengesellschaften, StuW 1985, 382; *Authenrieth* Gewerbesteuerliche Auswirkungen von

C Eröffnungsbilanz der Personengesellschaft

Ergänzungs- und Sonderbilanzen, DStZ 1988, 120; *Huber* Gesellschafterkonten in der Personengesellschaft, ZGR 1988, 1; *Engelhardt* Pensionsrückstellungen für tätige Mitunternehmer, BB 1990, 882; *Dreissig* Ausgewählte Probleme bei Ergänzungsbilanzen, BB 1990, 958; *Sarx* Bilanzierungsfragen im Rahmen einer Gründungsbilanz/ Eröffnungsbilanz, DStR 1991, 692 und 724; *Schulze-Osterloh* Handelsrechtliche Ergänzungsbilanzen der Gesellschafter einer Personengesellschaft, ZGR 1991, 488; *Westerfelhaus* Buchführungspflicht für Sonderbetriebsvermögen einer Personenhandelsgesellschaft, DB 1991, 1340; *Meier* Übertragung eines Mitunternehmeranteils gegen Abfindung über dem Buchwert des Kapitalkontos − Zur Bestimmung des „angemessenen Unternehmerlohns" im Rahmen der Ermittlung des Geschäftswerts, FR 1991, 261; *Hörger/Stobbe* Die Zuordnung stiller Reserven beim Ausscheiden eines Gesellschafters einer Personengesellschaft − Modifizierte Stufentheorie, DStR 1991, 1230; *Siegel* Stille Reserven beim Unternehmens- oder Anteilsverkauf, Geschäftswert und Teilwert, DStR 1991, 1477; *Clemm* Ausscheiden eines Gesellschafters aus der Personengesellschaft − Änderung oder Beibehaltung der bisherigen Bilanzierungsgrundsätze?, BB 1992, 1959; *Autenrieth* Neue Entwicklungen zum Sonderbetriebsvermögen, DStZ 1992, 275; *Paus* Pensionszusagen im Rahmen einer Personengesellschaft, BB 1993, 692; *Schulze zur Wiesche* Lebensversicherungen eines Gesellschafters zur Besicherung von Krediten einer Personengesellschaft, FR 1993, 354; *Schwedhelm* Zum Wertausgleich bei Aufnahme eines Gesellschafters in ein Einzelunternehmen, FR 1993, 423; *Albrod* Die ertragsteuerliche Behandlung von Arbeitsgemeinschaften in der Bauwirtschaft, StBp 1994, 6; *Rasche/Patt* Zur Konkurrenz zwischen Sonderbetriebsvermögen und Eigenbetrieb einer beteiligungsidentischen Personengesellschaft (Schwestergesellschaft), FR 1994, 635; *Freidank* Der Ausweis des Eigenkapitals bei Personengesellschaften in der handelsrechtlichen Jahresabschlußrechnung, WPg 1994, 397; *Herrmann* Zur Bilanzierung bei Personenhandelsgesellschaften, WPg 1994, 500; *Groh* Ausscheiden eines Gesellschafters in der Bilanz der Personengesellschaft, BB 1994, 540; *Hollatz* Die Abgrenzung von Gesamthandsvermögen und Sonderbetriebsvermögen bei Kapitalüberlassung eines Personengesellschafters, DStR 1994, 1673; *Dißars* Die gesellschaftsrechtliche Haftung der Gesellschafter für steuerliche Verbindlichkeiten von Personen- und Kapitalgesellschaft, DStR 1995, 1510; *Söffing* Einbringung in eine Personengesellschaft mit Zuzahlung ins Privatvermögen, DStZ 1995, 648; *Schellhorn* Aufteilung der stillen Reserven beim Gesellschafterwechsel, BuW 1996, 420; *Rodewald* Kapitalüberlassung zwischen Personengesellschaft und Gesellschafter, BB 1997, 763; *Ekkenga* Gibt es „wirtschaftliches Eigentum" im Handelsbilanzrecht?, ZGR 1997, 262; *Hey* Negative Kapitalkonten im Sinne des § 15a EStG, BB 1997, 2251; *Müller* Ertragsteuerliche Behandlung der Grunderwerbsteuer in Umstrukturierungsfällen, DB 1997, 1433; *Michalski* Der Gesellschafterwechsel bei Personengesellschaften, NZG 1998, 95; *Kempf/Obermann* Offene Fragen zur Abstockung beim Kauf von Anteilen an Personengesellschaften, DB 1998, 545; *Wichmann* Die rückgedeckte Pensionszusage in Übertragungsfällen und ihre bilanzielle Behandlung, GmbHR 1998, 132; *Rodewald* Zivil- und steuerrechtliche Bedeutung der Gestaltung von Gesellschafterkonten, GmbHR 1998, 521; *Wingler* Zur gewerbesteuerlichen Verlustnutzung bei Änderungen im Gesellschafterkreis von Personengesellschaften, BB 1998, 2087; *Söffing* Pensionsrückstellung für Personengesellschafter (I, II), BB 1999, 40 und 96; *Braun* Gewerbesteuer − vertragliche Probleme beim Sonderbetriebsvermögen, GStB 1999, 125; *Sell* Gesellschafterwechsel bei Personengesellschaften, BuW 1999, 569; *Hirsch* Einbringung von Wirtschaftsgütern des Privatvermögens in eine Personengesellschaft, StuB 1999, 428; *Oppenländer* Zivilrechtliche Aspekte der Gesellschafterkonten der OHG und KG, DStR 1999, 939; *Daragan* Einbringung von Wirtschaftsgütern − (k)ein kauf- oder tauschähnliches Geschäft?, DStR 2000, 573; *Wichmann* Einlagen in Gesellschaften?, Stbg 2000, 314; *Paus* Einbringung eines Einzelunternehmens gegen Ausgleichszahlung, FR 2000, 605; *Offerhaus* Aufnahme eines Teilhabers in ein Einzelunternehmen gegen Zuzahlung ins Privatvermögen, FS Widmann, Bonn 2000, 441; *Cebulla* Einlagenrückgewähr, Haftung und Bilanzierung beim Ausscheiden eines Kommanditisten, DStR 2000, 1917; *Horn* Die Übertragung von Wirtschaftsgütern nach dem Steuerentlastungsgesetz 1999/2000/2002, BuW 2000, 49; *Hörger/Forster* Rechtslage und Gestaltungsüberlegungen zur Übertragung einzelner Wirtschaftsgüter, DStR 2000, 401; *Mitsch* Beratungsempfehlungen zu Vermögenstransfers zwischen Privat- und Betriebsvermögen bei Mitunternehmerschaften, INF 2000, 300; *Märkle* Neue Beratungssignale der Rechtsprechung zur Mitunternehmerschaft, DStR 2000, 797; *Zugmaier* Die Unternehmereigenschaft einer sog. Vorgründungsgesellschaft, DStR 2000, 2176; *Kemper/Konold* Übertragung von Wirtschaftsgütern zwischen beteiligungsidentischen Schwesterpersonengesellschaften zum Buchwert, DStR 2000, 2119; *Ritzrow* Übertragung eines Wirtschaftsguts aus dem Privatvermögen eines Mitunternehmers in das steuerliche Betriebsvermögen der Personengesellschaft, StBp 2000, 294; *Kölpin* Einbringung einzelner Wirtschaftsgüter aus dem Privatvermögen in das Gesamthandsvermögen einer Personengesellschaft, StuB 2000, 749; *Schulze zur Wiesche* Die Aufnahme in eine freiberufliche Einzelpraxis gegen Zuzahlung, DStZ 2000, 448; *Brandenberg* Unentgeltliche Aufnahme eines nahen Angehörigen in ein Einzelunternehmen zur Gründung einer Personengesellschaft, FR 2000, 745; *Stoschek/Haftenberger/Peter* Die grunderwerbsteuerrechtliche Bemessungsgrundlage bei vorherigem Grundstückserwerb und nachfolgender wesentlicher Änderung im Gesellschafterbestand einer Personengesellschaft, DStR 2000, 1460; *Hofmann* Grunderwerbsteuervergünstigung bei Übergang eines Grundstücks von Gesamthänder auf Gesamthand, BB 2000, 2605; *Meyer/Ball* Zur Anwendung des § 7g EStG bei Personengesellschaften (I, II), INF 2001, 71 und 105; *Meyer/Ball* Weitere Zweifelsfragen zur Anwendung des § 7g EStG bei Personengesellschaften, INF 2001, 609; *Paus* Der „Fluch des Sonderbetriebsvermögens" bei Teilanteilsübertragung, INF 2001, 109; *Paus* Nochmals: Einbringung eines Einzelunternehmens gegen Ausgleichszahlung, FR 2001, 342; *Grüter/Mitsch* Beitritt einer natürlichen Person als persönlich haftender Gesellschafter einer GmbH & Co KG (I, II), INF 2001, 142 und 174; *Horn* Umwandlung der BGB-Gesellschaft in eine OHG durch Handelsregistereintragung, BuW 2001, 294; *Siems* Die Vermögensverwaltung im HGB – Gewerbebegriff und Vermögensverwaltungsgesellschaften, NZG 2001, 738; *Olshausen* Die Aufrechnung eines Kommanditisten mit einer nicht voll werthaltigen Gegenforderung und ihre Wirkung auf die Einlagenverbindlichkeit, ZGR 2001, 175; *Horn* Gesellschafterkonten der Personengesellschaft, BuW 2001, 624; *Heine* Die Gemeinschaft zur gesamten Hand im Grunderwerbsteuerrecht, INF 2001, 449; *Kroschewski* Differenzierung der Grunderwerbsteuer zwischen Kapital- und Personengesellschaften bei der Umstrukturierung von Unternehmensgruppen, GmbHR 2001, 707; *Grett* Vorsteuerabzug im Vorgründungsstadium einer Kapitalgesellschaft: Widerspruch zwischen nationalem Recht und Anforderungen des Gemeinschaftsrechts nach der 6. EG-Richtlnie, DStR 2001, 968; *van Lishaut* Einzelübertragung bei Mitunternehmerschaften, DB 2001, 1519; *Groh* Aufnahme eines Gesellschafters in ein Einzelunternehmen: Ende der Ungewissheit?, DB 2001, 2162; *Cremer* Gesellschafterwechsel bei Personengesellschaften, BBK 2002, Fach 14, 1337; *Wendt* Teilanteilsübertragung und Aufnahme eines Gesellschafters in ein Einzelunternehmen nach Änderungen des EStG durch das UntStFG, FR 2002, 127; *Ley* Zur steuerlichen Behandlung der Gesellschafterkapitalkonten sowie der Forderungen und Verbindlichkeiten zwischen einer gewerblichen Personengesellschaft und ihren Gesellschaftern, KÖSDI 2002, 13459; *von Kanitz* Rechnungslegung bei Personenhandelsgesellschaften – Anmerkungen zu IDW RS HFA 7 – WPg 2003, 324; *Winkeljohann/Stegemann* Anwendbarkeit des § 6 Abs 5 S 3 EStG bei Neugründung von Mitunternehmerschaften und bei Gesellschafterbeitritt, DB 2003, 2033; *v. Ballof*, Ausscheiden aus einer Personengesellschaft EStB 2004, 461; *Weber-Grellet* Sonderbetriebsvermögen II bei Grundstücksvermietung und Rückpacht, StuB 2005, 805; *Bundessteuerberaterkammer* Hinweise der Bundessteuerberaterkammer zum Ausweis des Eigenkapitals bei Personenhandelsgesellschaften im Handelsrecht, DStR 2006, 668; *Bingel/Weidenhammer* Ausweis des Eigenkapitals bei Personenhandelsgesellschaften im Handelsrecht – Anmerkungen zu den Hinweisen der Bundessteuerberaterkammer DStR 2006, 675; *Schulze zur Wiesche* Die Einbringung in eine Personengesellschaft als gemischte Schenkung, DStZ 2006, 406; *Hüttemann/Klatt* Pensionszusagen an tätige Mitunternehmer, NWB 2006, Fach 17, 2089; *Röhrig/Doege* Ausgewählte Aspekte der ertragsteuerlichen Behandlung der Erbengemeinschaft und Erbauseinandersetzung – Zugleich Anmerkungen zu den BMF-Schreiben vom 14.3.2006 und 30.3.2006, DStR 2006, 969; *Lempenau/Schiller* Zur Umsetzung des BFH-Urteils vom 2.12.1997 – VIII R 15/96 zu Pensionszusagen an Mitunternehmer, DB 2007, 1045; *Wehrheim/Rupp* Zum Geltungsbereich der Ausschüttungssperre des § 268 Abs 8 HGB im Regierungsentwurf des BilMoG, DB 2009, 356; *Ege/Klett* Aktuelle gesellschaftsrechtliche und steuerliche Aspekte von Anwachsungsmodellen, DStR 2010, 2463; *Ortmann-Babel/Bolik* Chancen und Grenzen der steuerbilanziellen Wahlrechtsausübung nach BilMoG, BB 2010, 2099; *Classen* Distressed M&A – Besonderheiten beim Unternehmenskauf aus der Insolvenz, BB 2010, 2898; *Wälzholz* Ausgewählte gesellschaftsrechtliche Aspekte von Gesellschaftskonten bei Personengesellschaften (Teil 1), DStR 2011, 1815; *Behrens* Schlussfolgerungen aus den gleich lautenden Länder-Erlassen zu § 1 Absatz 3a und § 6a GrEStG nF vom 9.10.2013, DStR 2013, 2726; *Kutschaty* Deutschland braucht ein Unternehmensstrafrecht, ZRP 2013, 74; *Liekenbrock/Joisten* Der Ländererlass zu § 1 Abs. 3a GrEStG – geregelte und ungeregelte Fälle, Ubg 2013, 743; *Gottwald* Aktuelle Entwicklungen des Grunderwerbsteuerrechts 2012/2013, MittBayNot 2014, 1; *Haack* Gesetzentwurf zur Einführung eines Unternehmensstrafrechts – Eigenständiges „Verbandsstrafgesetzbuch" in Sicht?, NWB 2014, 43; *Hachmeister/Ruthardt* Herausforderungen bei der Bewertung von KMU: Entnahmeplanung, DStR 2014, 158; *Haubner* Der Gesetzesentwurf Nordrhein-Westfalens zur Einführung eines Unternehmensstrafrechts, DB 2014, 1358; *Schanko* Der Anwendungserlass zum neuen Ergänzungstatbestand § 1 Abs. 3a GrEStG, UVR 2014, 44; *Wagner/Mayer* Der neue § 1 Abs 3a GrEStG als „Super-Auffangtatbestand"? – Offene Fragen nach den gleichlautenden Erlassen der Länder vom 9.10.2013, BB 2014, 279.

I. Rechtliche Grundlagen

1. Allgemeine Vorschriften

a) Aufstellungspflichtige Personengesellschaften

1   Die den (Einzel-)Kfm betr Vorschriften des HGB gelten auch für HandelsGes (§ 6 Abs 1 HGB), insb die **Personen*handels*gesellschaften** (OHG, KG, §§ 105, 161 HGB). Ihre KfmEigenschaft setzt grds einen nach Art und Umfang in kfm Weise eingerichteten Geschäftsbetrieb voraus (§ 1 Abs 2 HGB). In diesem Fall ist die Eintragung vorgeschrieben (§ 106 Abs 2 HGB), hat aber nur deklaratorische Bedeutung. Durch Ausübung der *Option zur HR-Eintragung* (§ 2 S 2 iVm § 105 Abs 2 S 2 HGB) kann aber auch ein Kleingewerbe unter der Firma einer OHG oder KG betrieben werden (*Horn* BuW 2001, 294). In diesem Fall wird die KfmEigenschaft der PersGes durch die (fakultative und konstitutive) Eintragung begründet (§ 6 Abs 1 iVm § 105 Abs 2 S 1 HGB; dazu Anm 10, B Anm 5).

2   Wenn die PersGes als solche am Markt in Erscheinung tritt und ihre Tätigkeit eine kfm Organisation erfordert (B Anm 6), kommt es für die Kfm-

I. Rechtliche Grundlagen   3–5 **C**

Eigenschaft nicht auf die Eintragung in das HR an (§ 123 Abs 2 HGB). Die Pflicht zur Aufstellung einer EB kann daher schon *vor Eintragung* bestehen, wenn die Ges vorher eine gewerbliche Tätigkeit aufnimmt (zum Gewerbebegriff B Anm 42), die eine kfm Organisation erfordert, weil sie dann von Beginn an als **Handelsgesellschaft** anzusehen ist (§ 1 Abs 2 HGB); maßgeblich ist hierfür allein das objektive *Erfordernis* eines kfm Geschäftsbetriebs nach Art *und* Umfang (dazu B Anm 7, B 46 ff). Somit gelten für die PersGes dieselben Anforderungen wie für den Einzelunternehmer.

Für die nicht eingetragene **Gesellschaft bürgerlichen Rechts** (§§ 705 bis 740 BGB) besteht dagegen wie für den einzelnen Kleingewerbetreibenden *keine* Bilanzierungs- und Buchführungspflicht nach HGB, solange die Tätigkeit einen *kfm Geschäftsbetrieb* nach Art *oder* Umfang nicht erfordert (zB *ADS*[6] § 238 HGB Anm 17; zum Steuerrecht Anm 166). Liegen die Voraussetzungen des § 1 HGB vor, wechselt die GbR kraft Gesetzes in die Rechtsform der PersGes (Anm 1). Daneben kann durch Eintritt oder Austritt von Kommanditisten ein Formwechsel in KG bzw OHG eintreten. Ein Formwechsel nach UmwR ist dagegen zwischen PersGes nicht möglich (§ 214 Abs 1 UmwG).

Die Pflicht zur Aufstellung einer EB nach HGB setzt voraus, dass der 3 Geschäftsbetrieb der PersGes *tatsächlich* eine kfm Organisation erfordert. Entspr Auftreten im Rechtsverkehr (zB Verwendung einer nicht eingetragenen Firma) allein begründet daher idR noch keine Rechnungslegungspflicht (*Merkt* in Baumbach/Hopt[38] HGB § 238 Anm 8); sie kann sich auch *nicht* aus § 123 Abs 2 HGB ergeben, da diese Vorschrift auf Kleingewerbetreibende keine Anwendung findet (*Roth* in Baumbach/Hopt[38] HGB § 123 Anm 14). Das Vertrauen des Rechtsverkehrs wird durch das nach § 14 HGB vorgesehene Zwangsgeldverfahren bei Verletzung der Pflicht zur Anmeldung zum HR angemessen geschützt (*Henssler* ZHR 1997, 30); zur Rechtslage nach Eintragung in das HR Anm 10.

Ist dagegen eine kfm Organisation erforderlich, besteht die Pflicht zur Auf- 4 stellung der EB – ebenso wie die Anmeldepflicht zum HR (§ 106 Abs 1, ggf iVm § 161 Abs 2 HGB) – unabhängig von der beabsichtigten Dauer der Geschäftstätigkeit (Anm 36). Joint Ventures (bspw als Arge im Baugewerbe) in Form einer KapGes oder einer PersGes unterliegen den handelsrechtlichen Rechnungslegungsvorschriften, nicht jedoch Joint Ventures in der Rechtsform einer GbR (so IDW St/HFA 1/1993, Abschn 2), solange Art und Umfang einen kfm Geschäftsbetrieb nicht erfordern (zur BauArge *Albrod* StBp 1994, 10 f). Die sog VorgründungsGes zur Errichtung einer KapGes (Anm 47) ist spätestens mit Beginn ihrer Tätigkeit buchführungspflichtig, wenn die Voraussetzungen des § 1 Abs 2 HGB vorliegen (*ADS*[6] § 238 HGB Anm 17; aA *Pöschke* in Großkomm HGB[5] § 238 Anm 17); Entsprechendes gilt für gewerblich tätige Vereine (§ 22 BGB) oder Bruchteilsgemeinschaften (§ 741 BGB).

Umstritten ist die Rechtslage bei PersGes und Personenvereinigungen 5 *ohne gewerbliche Tätigkeit* ieS (zB Vermögens- oder GrundstücksverwaltungsGes; dazu *Siems* NZG 2001, 738,) oder bei Ges *ohne Gewinnerzielungsabsicht* (zB gemeinnützige Vereine;), wenn deren Geschäftstätigkeit gleichwohl nach Art und Umfang eine kfm Organisation erfordert, ohne dass die Firma im HR eingetragen ist. So wird zB die Tätigkeit einer **Besitzgesellschaft** im

Rahmen einer Betriebsaufspaltung (zum Begriff EStR (2012) H 15.7 Abs. 4) aufgrund der engen sachlichen und personellen Verflechtung mit einem BetriebsUnt nicht nur steuerlich (BFH v 8.9.2011 BStBl II 2012, 136), sondern teilweise auch handelsrechtlich als kfm Gewerbebetrieb angesehen (OLG München v 14.9.1987 NJW 1988, 1037). Demgegenüber hat der BGH entschieden, dass eine PersGes, die sich zB auf die Verpachtung eines Betriebs oder einzelner Gegenstände beschränkt, kein Handelsgewerbe betreibt (BGH v 19.2.1990 WM 1990, 587; ebenso OLG Hamm v 21.6.1993 NJW 1994, 393; OLG Koblenz v 6.4.1996 NJW-RR, 744); in diesem Fall dürfte allerdings auch keine kfm Organisation erforderlich sein.

Unabhängig davon besteht aber in jedem Fall Rechnungslegungs- und Bilanzaufstellungspflicht, wenn die vermögensverwaltende Tätigkeit aufgrund einer HR-Eintragung als Handelsgewerbe gilt (*Fiktivkaufmann*, § 105 Abs 2 HGB, dazu Anm 10).

6   **Freiberufler** können aus berufsrechtlichen Gründen grds keine Personen*handels*gesellschaft nach HGB bilden, da ihre Tätigkeit ausdrücklich *kein* Gewerbe darstellt (zB § 1 Abs 2 S 2 WPO, § 32 Abs 2 S 2 StBerG, § 2 Abs 2 BRAO, § 1 Abs 2 BÄO), sondern durch eine individuelle Berufstätigkeit der Partner geprägt ist. Da § 2 HGB ein gewerbliches Unt verlangt, ist ihnen uE nicht gestattet, die HR-Eintragung zu beantragen, um damit die KfmEigenschaft zu erlangen (zur PartGes Anm 7). Eine Ausnahme besteht nur für WPG und StBGes, wenn sie wegen ihrer Treuhandtätigkeit als OHG oder KG in das HR eingetragen worden sind (§ 27 Abs 2 WPO, § 49 Abs 2 StBerG). In diesem Fall ergibt sich die Pflicht zur Aufstellung einer EB nach HGB aus der Rechtsform (Anm 10).

In Einzelfällen *kann* aber auch bei Zusammenschlüssen von Freiberuflern in der Rechtsform der GbR (zB Sozietäten, Konsortien uä) oder der Praxisgemeinschaft eine kfm Organisation erforderlich sein, wenn die Tätigkeit aufgrund eines umfangreicheren Einsatzes personeller und technischer Ressourcen ein *gewerbliches Gepräge* erhält (so zB für Privatkliniken BFH v 30.8.2001 BStBl II 2002, 152; für Ingenieurtätigkeit einer PersGes FG Köln v 24.10.2012 EFG 2013, 1768). Dann besteht wegen § 1 Abs 2 iVm § 105 Abs 1 HGB HR-Eintragungs- und Bilanzierungspflicht. Dasselbe gilt für sog Anstalten (zB Forschungs- und Lehranstalten uä) oder Institute (zB Ausbildungsinstitute), die als solche aufgrund einer gewerblich geprägten Tätigkeit mit notwendiger kfm Organisation PersGes und damit ebenfalls MussKfm nach § 1 Abs 2 HGB sein können (ähnlich *Hopt* ZGR 1987, 176). Eine gewerblich geprägte Tätigkeit ist aber nicht ohne Weiteres schon dann anzunehmen, wenn sich die PersGes aus Angehörigen unterschiedlicher freier Berufe zusammensetzt (BFH v 23.11.2000 BStBl II 2001, 242).

7   Die freiberufliche Ges natürlicher Personen **(Partnerschaft)** iSv § 1 Abs 1 PartGG ist hinsichtlich der Geschäftsführung, Vertretung und Haftung weitgehend der OHG angenähert (dazu im Einzelnen *K. Schmidt* Die Freiberufliche Partnerschaft, NJW 1995, 1) und registerrechtlich einer OHG ausdrücklich gleichgestellt (§ 1 Abs 2 PRV). Für PartGes sind jedoch die Vorschriften über GbR (§§ 705 bis 740 BGB) anzuwenden, soweit nichts anderes bestimmt ist (§ 1 Abs 4 PartGG), denn sie betreiben ausdrücklich kein Handelsgewerbe (§ 1 Abs 1 S 2 PartGG), sondern sind freiberuflich kraft Rechtsform

I. Rechtliche Grundlagen					8–13 **C**

(*Schmidt* in MünchKomm HGB[4] § 6 Anm 8). Dementspr besteht über eine interne Rechenschaftspflicht hinaus idR weder eine handelsrechtliche noch eine steuerrechtliche Bilanzierungspflicht (*ADS*[6] § 238 HGB Anm 19 mwN). Betreiben die Berufsträger im Einzelfall ein Gewerbe, das unter § 1 Abs 2 HGB fällt, und ist die Eintragung in das Partnerschaftsregister unterblieben, gilt § 6 Abs 1 HGB, so dass Bilanzierungspflicht besteht (so *Pöschke* in Großkomm HGB[5] § 238 Anm 10). Ein gewerbliches Unt kann dann auch entstehen, wenn die Eintragung durch Löschung von Amts wegen beseitigt worden ist (so *Schäfer* in MünchKomm BGB[7] § 1 PartGG Anm 18, 22; aA *Schmidt* in MünchKomm HGB[4] § 1 Anm 36).

Seit dem 19.7.2013 existiert zudem die Rechtsform der **Partnerschafts-** **8** **gesellschaft mit beschränkter Berufshaftung** (PartG mbB). Hierbei handelt es sich lediglich um eine Variante der PartGes. Auch sie orientiert sich grds an dem für PersGes typischen Haftungsmodell der OHG (*Schäfer* in MünchKomm BGB[6] § 8 PartGG Anm 1). Sie unterscheidet sich nur in der Reichweite der persönlichen Haftung: Nach § 8 Abs 4 S 1 PartGG ist ggü Gläubigern eine Haftung für Schäden, die aus fehlerhafter Berufsausübung resultieren, auf das GesVermögen beschränkt; eine persönliche Haftung des einzelnen Partners ist ausgeschlossen.

Die supranationale Rechtsform **EWIV** gilt gem § 1 Hs 2 EWIV-AG als **9** HandelsGes iSd HGB. Deshalb finden gem § 6 HGB die §§ 238 ff HGB Anwendung (*Pöschke* in Großkomm HGB[5] § 238 Anm 10). Ihr ist eine gewerbliche Tätigkeit jedoch nicht gestattet (*Schmidt* in MünchKomm HGB[4] § 1 Anm 47).

Eine eingetragene PersGes hat unabhängig von Art oder Umfang ihrer Tä- **10** tigkeit stets den formalen Status eines **Formkaufmanns kraft Eintragung** (dazu *Schmidt* in MünchKomm HGB[4] § 6 Anm 3); sie unterliegt damit zwangsläufig auch der Rechnungslegungspflicht nach HGB. Sog ScheinhandelsGes ohne KfmEigenschaft und Rechnungslegungspflicht kann es daher allenfalls noch in Form inaktiver Firmenmäntel geben. Bei einem Übergang zum Kleingewerbe ist ein Formwechsel zur GbR nur durch Löschung der eingetragenen Firma möglich (§ 2 S 3 iVm § 105 Abs 2 S 2 HGB). Die Löschung der Firma ist auch Voraussetzung für den Wegfall der Buchführungs- und Bilanzierungspflicht nach HGB (B Anm 54 f).

b) Rechtsträgerschaft und Verantwortlichkeit

Die PersGes hat unter einem unterscheidungskräftigen Namen eine **Firma** **13** zu führen (§ 17 Abs 1 HGB); für diese gilt der Grundsatz der *Ausschließlichkeit* im Bereich des örtlichen Registergerichts (§ 30 HGB). Die Firma muss zur Kennzeichnung des Kfm geeignet sein und Unterscheidungskraft besitzen (§ 18 HGB; zur Kasuistik vgl *Hopt* in Baumbach/Hopt[38] HGB § 18 Anm 4 ff). Sie muss ferner einen klarstellenden **Zusatz** über die **Rechtsform** „Offene Handelsgesellschaft" bzw „Kommanditgesellschaft" (oder abgekürzt OHG bzw KG) enthalten (§ 19 Abs 1 HGB) und ggf auf eine bestehende Haftungsbeschränkung in geeigneter Form hinweisen, wenn der PersGes keine natürliche Person als persönlich haftender Gester angehört (§ 19 Abs 2 HGB).

14 Unabhängig von einer Eintragung im HR ist stets die PersGes als solche **Rechtsträger** des Vermögens und Schuldner der in ihrem Namen eingegangenen Verbindlichkeiten, auch wenn es sich dabei um sog Gesamthandsvermögen der beteiligten Gester handelt (Anm 107 f). Unterschiede bestehen nur insofern, als die *eingetragene* PersGes in jedem Fall *unter ihrer Firma* Eigentum oder andere Rechte erwerben sowie Verbindlichkeiten eingehen kann (§ 124 Abs 1, ggf iVm § 161 Abs 2 HGB). Auch die nicht eingetragene GbR kann als eigenständiges Rechtssubjekt im Außenverhältnis Rechte oder Pflichten begründen, soweit nicht spezielle Gesichtspunkte entgegenstehen (zuletzt BGH v 20.2.2014 NJW, 1587). Die GbR ist insoweit rechtsfähig und parteifähig im Zivilprozess (grundlegend BGH v 29.1.2001 BGHZ 146, 341; § 50 ZPO; BGH v 4.12.2008 DStR 2004, 284 zur „Grundbuchfähigkeit" der GbR), ebenso wie die eingetragene PersGes (siehe dazu § 17 Abs 2 HGB; *Hopt* in Baumbach/Hopt[36] HGB § 17 Anm 45).

15 Obwohl nach § 242 Abs 1 HGB eigentlich der **Kaufmann** als Rechtsträger zur Aufstellung der EB verpflichtet ist, richten sich die Vorschriften nicht gegen die Firma als solche (oder die GbR als Gesamthand), sondern an die für die PersGes *handelnden Personen* in ihrer Gesamtheit als Aufstellungsorgan (BGH v 29.3.1996 BGHZ 132, 263). Wie beim EinzelUnt den Firmeninhaber (dazu B Anm 19) trifft die zivil- und strafrechtliche **Verantwortlichkeit** für die Ordnungsmäßigkeit der Rechnungslegung der PersGes im Außenverhältnis deren *vertretungsberechtigte Gester* (§ 4 Abs 1 Nr 2 PublG; für kleinere PersGes analog). Dies gilt auch, wenn intern eine andere Zuständigkeit vereinbart worden sein sollte oder die Arbeiten von Angestellten bzw Dritten erledigt werden (zu möglichen Sanktionen B Anm 69 ff).

16 Bei PersGes bilden die zur Vertretung berechtigten Gester das gesetzliche **Vertretungsorgan** der Ges (*ADS*[6] § 4 PublG Anm 3 mwN). Bei der **OHG** ist grds jeder phG (Komplementär) einzeln vertretungsbefugt, sofern er nicht durch GesVertrag von der Vertretung ausgeschlossen ist (§ 125 Abs 1 HGB) oder Gesamtvertretung vereinbart wurde (§ 125 Abs 2 und 3 HGB). Von der Vertretung ausgeschlossene Komplementäre sind daher nicht Organ der PersGes und dementspr nach §§ 5 Abs 1 iVm 4 Abs 1 Nr 2 PublG (analog für kleinere PersGes) im Außenverhältnis *nicht* für die Aufstellung der EB verantwortlich (so wohl auch *Pöschke* in Großkomm HGB[5] § 238 Anm 22), da die Rechnungslegungsvorschriften des HGB nur an die *organschaftlichen Vertreter* gerichtet sind (aA *ADS*[6] § 238 HGB Anm 10).

17 Ist der persönlich haftende Gester seinerseits eine PersGes, muss diese wiederum durch ihre Organe vertreten werden, die damit zugleich Vertretungsorgane der Tochter- bzw BeteiligungsGes sind. Entsprechendes gilt für Komplementäre in der Rechtsform der KapGes (§ 264a Abs 2 HGB; dazu D Anm 249).

Die Komplementäre sind auch das gesetzliche Vertretungsorgan einer **KG** (§§ 161 Abs 2 iVm 125 HGB). Eine *organschaftliche* Vertretung durch einen Kommanditisten ist ausdrücklich ausgeschlossen (§ 170 HGB; *Roth* in Baumbach/Hopt[38] HGB § 170 Anm 1). Die Vertretung der KG in der Eigenschaft *als Gesellschafter* (und damit die Verantwortlichkeit als Organ, Anm 16) ist dem Kommanditisten daher nicht möglich. Die Vertretungsbefugnis kann ihm jedoch wie jedem Dritten im Wege der Prokura (§§ 48 ff HGB) erteilt

I. Rechtliche Grundlagen   18–20 C

werden (§§ 163, 164 S 2, 116 Abs 3 HGB). Der Kommanditist kann intern
mit der Geschäftsführung und damit auch mit der Rechnungslegung betraut
werden. Dadurch wandelt sich seine Stellung aber nicht zu der eines phG, so
dass uE auch in diesem Fall keine organschaftliche Verantwortung für die
Ordnungsmäßigkeit der Rechungslegung besteht (hM, vgl *Pöschke* in Großkomm HGB[5] § 238 Anm 23 mwN).

Da die Rechnungslegung zum gewöhnlichen Betrieb eines Handelsgewer- **18**
bes gehört, handelt es sich nach § 116 Abs 1 HGB *intern* um eine **Maßnahme der Geschäftsführung** (*Roth* in Baumbach/Hopt[38] HGB § 114
Anm 2f, *Roth* in Baumbach/Hopt[38] HGB § 164 Anm 3; BGH v 24.3.1980
BGHZ 76, 342). Zum gewöhnlichen Betrieb gehören im Zweifel alle Geschäfte im Handelszweig, der den Gegenstand des Unt bildet (*Roth* in Baum-
bach/Hopt[38] HGB § 116 Anm 1). Unabhängig von einer evtl getroffenen
Zuständigkeitsregelung obliegt die *Aufstellung* der EB daher im Innenverhältnis den *geschäftsführenden* Gestern gemeinschaftlich, mithin bei der **OHG** grds
allen phG (§ 114 Abs 1 HGB, dazu auch *ADS*[6] § 242 HGB Anm 8 iVm
§ 238 HGB Anm 10; *Roth* in Baumbach/Hopt[38] HGB § 164 Anm 3 unter
Hinweis auf BGH v 27.9.1979 BB 1980, 121). Eine Beschränkung der
Mitwirkung bei der Aufstellung auf einzelne Gester (zB den kfm Geschäftsleiter) ist unzulässig (*Pöschke* in Großkomm HGB[5] § 238 Anm 22), es sei
denn, die Befugnis zur Geschäftsführung wurde durch GesVertrag eingeschränkt (§ 114 Abs 2 HGB; *Roth* in Baumbach/Hopt[38] HGB § 114 Anm
6ff) oder durch Gerichtsbeschluss entzogen (§ 117 HGB); zur Unterschrifts-
befugnis Anm 142.

Von der Bilanzaufstellung als externe Obliegenheit und interne Geschäfts- **19**
führungsbefugnis der Mitglieder des Aufstellungsorgans ist die *Billigung der
Wertansätze* durch die Gesamtheit der Gester als Feststellungsorgan **(Mitwir-
kungsrecht)** zu unterscheiden. Soweit nämlich phG nach dem GesVertrag
von der Geschäftsführung ausgeschlossen (§ 114 Abs 2 HGB) und daher zur
Aufstellung der EB nicht in der Lage sind, trifft sie dafür auch keine Verantwortlichkeit (*Pöschke* in Großkomm HGB[5] § 242 Anm 4, § 238 Anm 22
mwN). Jeder Gester, der durch GesVertrag von der Geschäftsführung ausgeschlossen ist, hat das Recht, ohne Zustimmung der anderen notwendige
Maßnahmen zur Erhaltung von Gegenständen des GesVermögens oder der
Ges selbst zu treffen. Bei Gefahr im Verzug und anderen außergewöhnlichen
Fällen kann der ausgeschlossene Gester daher wie ein geschäftsführender
Gester handeln (*Roth* in Baumbach/Hopt[38] HGB § 114 Anm 7). Es steht
ihnen aber das Recht der (Miss-)Billigung der von den übrigen phG zu ver-
antwortenden Bilanz zu (Anm 143 ff). Dieses Recht kann nicht beschränkt
werden, da die uneingeschränkte Befugnis zur Genehmigung von EB oder JA
zwingender Bestandteil des Mitgliedschaftsrechts und der unbeschränkten
persönlichen Haftung ist.

Bei einer **KG** können neben den geschäftsführenden phG *intern* auch die **20**
als Prokuristen ggf zur Geschäftsführung berechtigten Kommanditisten
(Anm 17) für die Bilanzaufstellung zuständig und den MitGestern ggü verpflichtet sein. Die *externe* **Verantwortung** für die inhaltliche Richtigkeit des
Rechenwerks ggü Dritten tragen jedoch nur die *organschaftlich vertretungsberechtigten Gester*, also allein die Komplementäre (Anm 16); zum Umfang des

Ermessens bei Aufstellung der Bilanz und zur Mitwirkungsbefugnis der Kommanditisten im Rahmen der Feststellung Anm 143 f.

21   Die Geschäftsführung und Vertretung einer **Gesellschaft bürgerlichen Rechts** obliegt grds allen Gestern gemeinschaftlich, soweit der GesVertrag keine abw Regelungen enthält (§§ 709, 714 BGB). Es existiert also – anders als bei OHG und KG (Anm 16 f) – kein Vertretungsorgan ieS. Eine Vertretung der GbR bzw der MitGester ist daher nur durch Handlungsvollmacht möglich.

c) Zweck der Eröffnungsbilanz und anzuwendende Vorschriften

27   Wie die EB des Einzelunternehmers (B Anm 13 ff) bezweckt die EB der PersGes in erster Linie die **Selbstinformation** der Inhaber (Gester) über Umfang und Zusammensetzung des Vermögens und des Kapitals bei Geschäftsaufnahme (*ADS*[6] § 242 HGB Anm 4). Außerdem hat die EB zum Schutz der Geschäftspartner und Gläubiger die vermögens- und kapitalmäßige **Erstausstattung** des Unt zu **dokumentieren**. Dies dient zugleich dem Schutz der Gester vor Übervorteilung durch MitGester.

28   Darüber hinaus ist die EB als **Errichtungsbilanz** bei Abschluss des GesVertrags Grundlage für die Festlegung der Anteile am GesVermögen (§ 718 BGB) bzw der Ermittlung der Buchwerte der Kapitalkonten und ggf der schuldrechtlichen Verrechnungskonten der einzelnen Gester. Dies gilt sowohl bei *Neubeginn* einer Geschäftstätigkeit als auch bei *Übernahme* bestehender Unt durch die PersGes und zwar sowohl im Zusammenhang mit ihrer Errichtung als auch bei einem GesterWechsel. Die gesetzliche Pflicht zur periodischen (oder nach Ausscheiden endgültigen) Abrechnung zwecks Ergebnisbeteiligung der Gester (§ 721 BGB) setzt stets die Ermittlung des **Anfangsvermögens** der PersGes voraus, um zu gegebener Zeit ggü den MitGestern nachweisen zu können, dass über das ursprünglich vorhandene Gesamthandsvermögen nur in gemeinschaftlichem Interesse verfügt wurde. Zur vollständigen Dokumentation kann es daher zB auch für GbR zweckmäßig sein, eine bilanzielle Aufstellung des Vermögens und der Schulden anzufertigen, sofern sich die Aufstellungspflicht nicht bereits aus § 242 iVm § 1 Abs 2 HGB ergibt (Anm 2).

29   Für die EB einer PersGes gelten im Grunde dieselben **Vorschriften** wie für die EB eines Einzelunternehmers mit kfm Geschäftsbetrieb (dazu B Anm 24 ff). Eine Ausnahme besteht insoweit, als Einzelunternehmer nach § 241a HGB unter bestimmten Voraussetzungen (in zwei aufeinanderfolgenden Gj liegen Umsatzerlöse von nicht mehr als 600 000 € und Jahresüberschüsse von nicht mehr als 60 000 € vor) keiner Pflicht zur Aufstellung einer EB unterliegen (siehe *Merkt* in Baumbach/Hopt[38] HGB § 242 Anm 1). Dabei ist lediglich zu beachten, dass in der handelsrechtlichen EB der PersGes nur Aktiv- und Passivposten angesetzt werden dürfen, die zum **Gesamthandsvermögen** (Anm 113) gehören. Dies gilt (im Gegensatz zur StBil, Anm 182 ff) auch, wenn etwa VG der PersGes nur für private Zwecke einzelner Gester genutzt oder von der Ges aufgenommene Darlehensmittel an Gester weitergereicht werden (im Einzelnen Anm 186). Dagegen sind im Eigentum einzelner Gester stehende VG in der EB nach HGB auch dann

nicht bilanzierungsfähig, wenn sie von der PersGes genutzt werden und daher steuerlich zum Sonderbetriebsvermögen (Anm 210) gehören (IDW RS HFA 7 nF, Tz 12), es sei denn, die PersGes ist aufgrund schuldrechtlicher Vereinbarungen oder tatsächlicher Verhältnisse als **wirtschaftlicher Eigentümer** (dazu B Anm 96) anzusehen (vgl IDW RS HFA 7 nF, Tz 11). Letzteres ist nur dann der Fall, wenn die Ges rechtlich befugt ist, den Gester auf Dauer derart von einer Einwirkung auf den betr VG auszuschließen, dass dessen Herausgabeanspruch „bei typischem Verlauf zumindest tatsächlich keine nennenswerte praktische Bedeutung zukommt" (BGH v 6.11.1995 WM 1996, 114 betr Zurechnung eines von der PersGes auf dem Grundstück eines ihrer Gester errichteten Gebäudes; dazu *Ekkenga* ZGR 1997, 262; auch für die StBil nur Ansatz eines Aufwandsverteilungspostens, der nicht als WG anzusehen ist (BFH v 9.3.2016 BStBl II, 976; BMF v 16.12.2016 BStBl I, 1431).

2. Bilanzstichtag und Aufstellungsfrist

a) Bestimmung des maßgeblichen Bilanzstichtags

Eine PersGes entsteht als solche erst mit Abschluss eines GesVertrags, mit 33 dem sich die Gester gegenseitig verpflichten, „die Erreichung eines gemeinsamen Zwecks in der durch den Vertrag bestimmten Weise zu fördern, insb die vereinbarten Beiträge zu leisten" (§ 705 BGB; Anm 76). Der GründungsGesVertrag bedarf nach § 311b Abs 1 S 1 BGB der notariellen Beurkundung, wenn Gester Grundstücke einbringen oder die konkrete Verpflichtung der Ges zum Erwerb von Grundbesitz begründet werden soll (*Roth* in Baumbach/Hopt[38] HGB § 105 Anm 55; s auch *Grüneberg* in Palandt[79] BGB § 311b Anm 9), nicht jedoch, wenn nur der GesZweck darauf gerichtet ist (OLG Köln v 13.4.2000 NZG, 930; OLG Zweibrücken v 21.3.2011 BeckRS 2011, 14328). Die **Errichtung** ist daher auch ohne schriftliche Fixierung durch (ggf konkludente) Einigung der Gester möglich (*Roth* in Baumbach/Hopt[38] HGB § 105 Anm 54). Im Hinblick auf die aus der gemeinschaftlichen Geschäftstätigkeit resultierenden Haftungsfolgen empfiehlt sich jedoch in jedem Fall eine zeitnahe schriftliche Dokumentation. Zum Nachweis, dass bzw inwieweit die Gester die vereinbarten Beiträge (Einlagen) jeweils erbracht haben, bedarf es darüber hinaus regelmäßig einer zeitnahen Erfassung der Einlagen in Buchführung bzw EB (offen gelassen zuletzt FG München v 27.1.2014 EFG 2014, 848).

Nach § 242 Abs 1 HGB ist eine EB auf den **Tag der Errichtung** aufzu- 34 stellen (*Winkeljohann/Philipps* in Beck Bil-Komm[12] § 242 Anm 3), *wenn* der Zweck der Ges von vornherein auf den gemeinsamen Betrieb eines Handelsgewerbes (B Anm 7) gerichtet ist *und* die Gester von Anfang an die Aufnahme eines nach Art und Umfang kfm Geschäftsbetriebs beabsichtigen (dazu B Anm 50).

Ist dies nicht der Fall, zB weil vereinbarungsgemäß die Geschäftstätigkeit 35 erst nach HR-Eintragung der PersGes aufgenommen werden soll, ist die EB nach HGB auf den **Tag der Eintragung** aufzustellen (s aber Anm 37). Für die Zeit seit Vertragsabschluss bis zur Aufnahme der Geschäftstätigkeit besteht für die geschäftsführenden Gester allerdings bereits intern Rechenschaftspflicht nach §§ 713, 666 BGB, mit der Folge, dass zumindest ein Verzeichnis der von den Gestern geleisteten Beiträge (Bar- und Sacheinlagen, evtl Übernahme von Kosten) angefertigt und fortgeführt werden muss (Anm 76). Zur Vereinfachung empfiehlt es sich daher, auch in diesem Fall schon bei *Errichtung* der PersGes mit der Bilanzierung und Buchführung nach HGB zu beginnen; eine erneute EB auf den Tag der Eintragung ist dann entbehrlich (dazu B Anm 51).

36 Die Eintragung im HR indiziert zwar die KfmEigenschaft der PersGes, für die Pflicht zur Aufstellung einer EB ist aber in erster Linie das *Erfordernis einer kaufmännischen Organisation* entscheidend (Anm 2 ff, auch B Anm 2, 46). Sofern zunächst nur eine kleingewerbliche Ges (GbR) errichtet wurde, diese aber im Verlauf ihrer Geschäftstätigkeit die Kriterien für das Erfordernis eines kfm Geschäftsbetriebs (B Anm 47 ff) erfüllt, entsteht gem §§ 242 Abs 1, iVm 1 Abs 2 HGB die Verpflichtung zur Aufstellung einer EB nach HGB bereits vor der Eintragung, nämlich mit dem **Zeitpunkt**, ab dem **Anmeldepflicht** zum HR besteht (dazu Anm 4, 43, B Anm 52). Falls für die Unt auf vertraglicher oder freiwilliger Basis bereits vorher nach handelsrechtlichen GoB (§§ 238 ff, 243 HGB) Bücher geführt und periodisch Abschlüsse erstellt wurden, kann die Aufstellung einer erneuten EB aber entfallen (dazu B Anm 53). Dies gilt insb, wenn nach § 141 AO bereits eine **steuerliche** Verpflichtung zur Buchführung und Bilanzierung nach den GoB bestanden hat (dazu B Anm 59, 159).

37 Demnach können für die EB der PersGes im Einzelfall in einer gewissen **Zeitspanne** und ggf vor der Erlangung der KfmEigenschaft unterschiedliche Stichtage maßgeblich sein. Generell gilt jedoch, dass die Pflicht zur Aufstellung der EB nach HGB *in keinem Fall vor der Errichtung* der PersGes (Vertragsabschluss), aber evtl schon vor Eintragung entstehen kann, wenn eine nach Art und Umfang kfm Geschäftstätigkeit im Namen der PersGes schon vor der Eintragung aufgenommen wird, und zwar auch dann, wenn dies entgegen den Vereinbarungen im GesVertrag, aber mit Duldung der Gester geschieht. Entscheidend ist der **tatsächliche Geschäftsbeginn** (*Schmidt* in MünchKomm HGB[4] § 1 Anm 7). *Spätester* EB-Stichtag ist aber in jedem Fall der *Zeitpunkt der Eintragung,* wenn die Anmeldung zeitnah zum Entstehen der Anmeldepflicht erfolgt ist (dazu B Anm 56). Dies gilt auch, wenn zu diesem Zeitpunkt eine nach Art und Umfang kfm Geschäftstätigkeit zwar beabsichtigt ist, aber noch nicht in dem geplanten Umfang ausgeübt wird. Erfolgt dagegen die Anmeldung pflichtwidrig nicht zeitnah zum Eintritt der Voraussetzungen, ist spätester EB-Stichtag der *Zeitpunkt der Anmeldepflicht,* da die Rechungslegungspflicht durch Verzögerung der Anmeldung nicht umgangen werden kann.

b) Zeitraum für die Aufstellung

40 Sofern es sich nicht um eine KapCoGes handelt und auch die Vorschriften des PublG nicht zur Anwendung kommen (Anm 41), ist die EB einer PersGes grds „innerhalb der einem ordnungsmäßigen Geschäftsgang entspr Zeit aufzustellen" (§§ 243 Abs 3 iVm 242 Abs 1 S 2 HGB). PersGes müssen dabei grds die für kleine KapGes gem § 264 Abs 1 S 4 HGB geltende maximale

I. Rechtliche Grundlagen   41–44   **C**

Aufstellungsfrist von sechs Monaten einhalten (*Merkt* in Baumbach/Hopt[38] HGB § 243 Anm 11). Dies gilt nach § 264 Abs 1 S 4 iVm § 264a Abs 1 HGB auch für kleine KapCoGes iSv § 267 Abs 1 HGB. Für die Bestimmung der maßgeblichen **Aufstellungsfrist** gelten ansonsten dieselben Regelungen wie für den Einzelunternehmer (dazu B Anm 63 ff; s auch *Schmidt/Usinger* in Beck Bil-Komm[12] § 243 Anm 91 ff). Innerhalb der Aufstellungsfrist muss die EB auch festgestellt werden (Anm 142 ff).

Sofern im Rahmen der Errichtung einer PersGes ein anderes Unt entspr   41
Größe übernommen wird, besteht nach § 2 Abs 1 S 2 PublG bereits für das erste (Rumpf)Gj der PersGes Rechnungslegungspflicht nach HGB iVm PublG. Dies schließt uE die Pflicht zur Aufstellung einer ErrichtungsEB nach den Vorschriften des PublG auf den Übernahmestichtag ein, um das übernommene Vermögen bzw Kapital und das Ergebnis des RumpfGj bis zum nachfolgenden JA-Stichtag zutreffend darstellen zu können (B Anm 66). Wegen § 5 Abs 1 PublG iVm § 242 Abs 1 S 2 HGB ist die EB der PersGes daher bei Einbringungen und ähnlichen Übernahmefällen, wie zB einem Gester-Wechsel mit identitätsaufhebender Umgründung (dazu Anm 54), spätestens in den ersten drei Monaten des ersten RumpfGj aufzustellen. Dasselbe gilt nach § 264 Abs 1 S 3 iVm §§ 242 Abs 1 S 2, 264a Abs 1 HGB auch für eine KapCoGes, soweit sie nicht kleine Ges iSv § 267 Abs 1 HGB ist. Zum Verfahren der Größeneinstufung D Anm 107 ff.

c) Anlässe für die Aufstellung einer Eröffnungsbilanz

Anlass für die Aufstellung einer EB bei einer PersGes ist der Beginn ihrer   42
rechtlichen und wirtschaftlichen Existenz. Dieser Zeitpunkt wird entweder durch den *Abschluss eines GesVertrags* zur erstmaligen Errichtung einer Ges (Anm 43 ff) oder zur identitätsaufhebenden Umgründung einer neuen Ges (Anm 57 ff) konkretisiert.

aa) Neubeginn und Geschäftsausweitung. Nach § 242 Abs 1 HGB ist   43
die Aufstellung einer EB somit erforderlich bei **Gründung** einer PersGes durch
- Abschluss eines GesVertrags (Anm 33) zum gemeinsamen Neubeginn eines Gewerbebetriebs mit notwendiger kfm Organisation;
- Zusammenschluss von Einzelunternehmern unter Einbringung ihrer jeweiligen Gewerbebetriebe, falls § 241a HGB nicht eingreift;
- Aufnahme eines Gesters in ein bestehendes EinzelUnt (Anm 45), auch bei Bet ohne Kapitaleinlage, falls § 241a HGB nicht eingreift;
- Verschmelzung von KapGes und/oder PersGes zur Neugründung einer PersGes (§ 3 Abs 1 Nr 1 iVm 36 UmwG, dazu K Anm 41 ff);
- Spaltung von KapGes und/oder PersGes zur Neugründung einer PersGes (§§ 123 Abs 1 Nr 2, 124 Abs 1, 125 UmwG, dazu K Anm 41 ff).

Die Aufstellung einer EB ist ferner unter bestimmten zusätzlichen Voraussetzungen erforderlich bei Ausweitung einer zunächst kleingewerblichen auf eine kfm Geschäftstätigkeit ohne Wechsel der Gester, sofern nicht bereits früher nach HGB ordnungsgemäß Bücher geführt wurden (Anm 36).

Bei Aufnahme eines Gesters in ein **Einzelunternehmen** (Einbringung,   44
dazu Anm 250 ff) ändert sich die *wirtschaftliche* Identität des Unt nicht; auch

die Firma darf fortgeführt werden (§ 22 HGB, dazu Anm 13 f). Unabhängig davon ändert sich jedoch mit dem Abschluss des GesVertrags (Errichtung) und der Einbringung des Unt in das GesVermögen einer PersGes (Leistung des GesterBeitrags, § 705 BGB; Anm 76) die *Rechtsträgerschaft* am Vermögen (Anm 14), denn das bisherige Alleineigentum des Einzelunternehmers an den VG geht im Wege der Sacheinlage nunmehr in eine gesamthänderische Bindung über (§ 719 BGB) und wird gemeinschaftliches Vermögen der Gester (§ 718 BGB; zum Übergang der Verbindlichkeiten Anm 117). Dadurch entsteht *rechtlich* ein *neues* kfm Unt (*Roth* in Baumbach/Hopt[38] Einl v HGB § 105 Anm 22), was die Aufstellung einer EB für den neuen Rechtsträger erfordert (Anm 58, *Ellerich/Swart* in HdR[5] § 242 Anm 4 mwN).

45 Eine Änderung der vermögensrechtlichen Zuordnung ergibt sich auch bei Eintritt eines **Kommanditisten** in ein EinzelUnt, selbst wenn sich das EK des Unt dadurch nicht ändern sollte (zB Aufnahme ohne Einlage, dazu Anm 14). Dagegen wird die vermögensrechtliche Zuordnung durch Aufnahme eines **stillen Gesellschafters** wegen § 230 HGB nicht verändert; insoweit bleibt es beim Alleineigentum des Geschäftsinhabers (dazu B Anm 36, 131). Steuerlich gelten zT abw Regelungen (Anm 166 ff, B Anm 160).

46 Da zwingend eine EB der neu entstehenden PersGes aufzustellen ist, führt dies zu einem RumpfGj der neu entstehenden PersGes, welches mit der Einbringung endet bzw beginnt. Eine HBil ist aber auch notwendig, um den **Vermögensübergang** von Allein- zu Gesamthandseigentum zu *dokumentieren*, zumal damit für die PersGes als Übernehmerin des Vermögens idR eine **Haftung** für die Altverbindlichkeiten des EinzelKfm verbunden ist, auch wenn diese vereinbarungsgemäß nicht übernommen werden sollten (§§ 25, 28 HGB); zur Haftung für Steuerschulden auch *Dißars* DStR 1995, 1510. Die Haftung nach § 25 HGB kann auch bei Übernahme und Fortführung eines UntTeils, insb einer Zweigniederlassung in Betracht kommen (BGH v 7.12.2009 DStR 2010, 177; zu den Besonderheiten bei der Ins und Firmenfortführung *Classen* BB 2010, 2898). Ein Haftungsausschluss nach § 25 Abs 2 HGB tritt nur ein, wenn er unverzüglich nach der Geschäftsübernahme zur Eintragung angemeldet wird und die Eintragung und Bekanntmachung sodann in angemessenem Zeitabstand folgen (OLG Düsseldorf v 6.6.2003 NJW-RR 2003, 1120).

Darüber hinaus tritt auch für die phGeine gesamtschuldnerische persönliche Haftung für im Einbringungszeitpunkt bestehende und nach diesem Zeitpunkt entstehende Verbindlichkeiten der PersGes ein (§§ 128 iVm § 161 Abs 2, 173 HGB, für GbR gilt § 128 HGB entspr, hM, s *Roth* in Baumbach/Hopt[36] HGB § 128 Anm 1 und Einl v HGB § 105 Anm 14); zur Auswirkung auf deren JA Anm 260).

47 Ein Sonderfall der Errichtung einer PersGes ist die sog **Vorgründungsgesellschaft** (dazu D Anm 16). Sie entsteht, wenn die Errichtung einer KapGes beabsichtigt ist und bereits vor der Beurkundung des Gründungsvertrags mit der Geschäftstätigkeit begonnen wird. Sofern es sich dabei um ein Handelsgewerbe iSv § 1 HGB handelt, ist die PersGes als (nicht eingetragene) OHG zu qualifizieren (*ADS*[6] § 262 HGB Anm 10 mwN). Andernfalls ist sie GbR (Anm 2); zum Status nach Errichtung der KapGes durch Beurkundung ihres

I. Rechtliche Grundlagen 54, 55 **C**

GesVertrags Anm 56 und D Anm 17. Die VorgründungsGes hat wie jede andere PersGes eine EB nach HGB aufzustellen, wenn die Tätigkeit nach Art und Umfang einen in kfm Weise eingerichteten Geschäftsbetrieb erfordert. Dies gilt auch, wenn die Geschäfte bereits auf den Namen der noch zu errichtenden KapGes abgeschlossen wurden.

bb) Unternehmer- und Gesellschafterwechsel. Bei einer bestehenden 54 PersGes kann sich ein **Gesellschafterwechsel** durch *Beitritt* (Aufnahme, idR mit Leistung eines Beitrags) bzw *Austritt* (gegen Abfindung) von Gestern oder durch formlose *Anteilsübertragung* nach § 413 BGB von einem Gester auf einen anderen ergeben (im Einzelnen zB *Roth* in Baumbach/Hopt[36] HGB § 105 Anm 67 ff). Auch bei Verschmelzung oder Spaltung nach UmwG *zur Aufnahme* durch eine PersGes findet im Grunde nur ein GesterWechsel statt. Dabei ergeben sich dieselben Rechtsfolgen und vergleichbare Bilanzierungsfragen wie bei der Aufnahme eines Gesters.

Bei derartigen Änderungen der GesterStruktur unterscheidet die Rspr zwischen *identitätswahrender Fortführung* der bisherigen PersGes in anderer Struktur ohne Vermögensübergang einerseits und *identitätsaufhebender Umgründung* (Auflösung und Neugründung) mit Übergang des GesVermögens auf eine andere (neue ggf beteiligungsidentische) PersGes andererseits. Insoweit besteht für die Gester ein **Wahlrecht zur Fortführung oder Umgründung** ohne Vermutung für einen der beiden Wege (BGH v 8.11.1965 BGHZ 44, 232 zur Auswechslung aller Gester). Ein Wahlrecht zur Umgründung soll grds selbst dann gelten, wenn die identitätsbegründenden Merkmale der Ges (zB UntZweck, Höhe und Zusammensetzung des Vermögens, BetVerhältnisse, Stimmrechte, Haftung oder Geschäftsführungs- bzw Vertretungsbefugnis der Gester) iW erhalten geblieben sind (BFH v 21.6.1994 BStBl II, 857; ergänzend BFH v 9.12.2010 BFH/NV 2011, 437).

Abgesehen von den Fällen des Übergangs zwischen Allein- und Gesamt- 55 handseigentum bei *Errichtung* einer PersGes (oder bei ihrer *Beendigung* mit Geschäftsübernahme durch einen Gester, dazu B Anm 36) sprechen bei einem GesterWechsel in einer bestehenden Ges idR keine zwingenden Gründe gegen die Annahme einer fortbestehenden Identität dieser PersGes. Entscheidend ist daher allein der objektive **Wille der Gesellschafter,** die PersGes entweder unter Beibehaltung der wirtschaftlichen UntIdentität fortzuführen oder sie unter Abwicklung ihres Gesamthandsvermögens bei gleichzeitiger Errichtung einer neuen PersGes aufzulösen (§ 131 Abs 1 Nr 2 HGB). Dieser Wille ist ggf durch Auslegung zu ermitteln (BGH v 8.11.1965 BGHZ 44, 232). Dabei ist *im Zweifel* von einer *fortbestehenden Identität* auszugehen, denn eine Umgründung würde die Einlage der bisherigen Ges-Anteile in eine neu gegründete PersGes im Wege der *Abtretung zur Anteilsvereinigung* gegen Gewährung neuer Anteile an der übernehmenden PersGes erfordern. Nur diese **Einlagehandlung** führt durch *Anwachsung* aller Anteile (§ 738 S 1 BGB iVm §§ 105 Abs 3, 161 Abs 2 HGB) zum Übergang des Vermögens der untergehenden PersGes auf die aufnehmende (neue) PersGes. Das Vermögen einer OHG oder KG kann daher im Wege der Gesamtrechtsnachfolge durch Umgründung zB in der Weise auf eine zunächst als GbR bestehende PersGes überführt werden, dass alle Gester der OHG oder KG ihre Anteilsrechte gleichzeitig auf die (ggf beteiligungsidentische) GbR übertragen; diese wird dadurch wegen Anwachsung aller Anteile zur neuen Inhaberin des Geschäftsbetriebs und damit selbst zur HandelsGes (OLG Frankfurt a. M. v 25.8.2003 NZG 2004, 808; ebenso BFH v 21.6.1994 BStBl II 1994, 856; zu Anwachsungsmodellen *Ege/Klett,* DStR 2010, 2463); zum Übergang auf eine Stille Ges B Anm 36.

56 Ein Neubeginn durch **Umgründung** (Errichtung einer neuen PersGes mit Vermögensanwachsung) liegt somit vor bei
 – Einbringung aller Anteile an einer übertragenden PersGes in eine neu gegründete aufnehmende PersGes (auch ohne Aufnahme weiterer Gester oder im Zusammenhang mit einer Auseinandersetzung nach Austritt von Gestern der übertragenden Ges);
 – erneuter Aufnahme von Gestern nach unmittelbar vorhergegangener Anwachsung sämtlicher Anteile einer PersGes auf einen verbliebenen Allein-Gester (*Blumers,* 40).
 Zur Aufnahme eines Gesters durch einen Einzelunternehmer Anm 45 ff.
 Ein Sonderfall der Umgründung mittels Anteilsvereinigung durch Anwachsung liegt ferner bei Übertragung aller Anteile an einer *VorgründungsGes* auf eine KapGes iG vor (dazu D Anm 16, 21), bei der es sich um eine PersGes eigener Art handelt (D Anm 17).

57 Bei **identitätsaufhebender Umgründung** in eine neue PersGes muss unzweifelhaft (wie bei jeder Errichtung, Anm 44) eine EB nach HGB aufgestellt werden. Umstritten ist, ob ein GesterWechsel auch bei **identitätswahrender Fortführung** der PersGes die Aufstellung einer EB durch die neuen bzw die verbliebenen Gester erfordert. Im Allgemeinen wird dies nicht für erforderlich gehalten, da Interessen der Gläubiger nicht beeinträchtigt seien und weil „die Ges *identisch* bestehen bleibt und damit *ihrer* Dokumentationspflicht durch Bilanzierung zum Ende des laufenden Geschäftsjahres genügt" (*Blumers,* 40 mwN; ähnlich FG Münster v 17.12.2003 DStRE 2004, 1386).

58 Die Pflicht zur Aufstellung einer EB ist nicht zweifelhaft, wenn das Unt einer zweigliedrigen PersGes nach Ausscheiden eines Gesters als EinzelUnt fortgeführt wird (dazu B Anm 36 f). Die Notwendigkeit einer EB ergibt sich aus der geänderten vermögensrechtlichen Zuordnung, denn das Vermögen einer PersGes ist von dem Vermögen der Gester *zivilrechtlich* abgesondert (Anm 14); beim Einzelunternehmer besteht dagegen nur eine *bilanzrechtliche* Trennung zwischen Unt- und Privatvermögen (dazu B Anm 98).

59 Unklar ist die Rechtslage bei Ein- oder Austritt von persönlich haftenden Gestern einer bestehenden PersGes **(Unternehmerwechsel).** Für die rechtliche Identität des Unt (Firma, Anm 13 f) ist es irrelevant, ob die Person des Inhabers bzw des phG wechselt. Die wirtschaftliche Identität eines kfm Unt natürlicher Personen wird dagegen entscheidend von dem Inhaber bzw dem persönlich haftenden Gester als dem maßgeblichen Entscheidungsträger (Anm 15 ff) geprägt. Die besondere Bedeutung eines Unternehmerwechsels zeigt sich auch an der *Anmeldepflicht zum HR,* die sowohl beim Eintritt eines persönlich haftenden Gesters (§ 107 HGB) als auch bei seinem Austritt (§ 143 Abs 2 HGB) besteht. Es erscheint daher zweifelhaft, ob in einem solchen, dem Inhaberwechsel eines EinzelUnt (dazu B Anm 33) vergleichbaren Fall noch eine Identität des Unt angenommen werden kann. Gleichwohl geht

I. Rechtliche Grundlagen 60–71 **C**

die hM von einer **Kontinuität der Rechnungslegung** aus (Anm 60), weil die PersGes *zivilrechtlich* als eigenständiges Rechtssubjekt bestehen bleibt (Anm 14, 55) und das Gj durch den GesterWechsel nicht tangiert wird. Eine EB wird dementspr überwiegend nicht für erforderlich gehalten.

Erfolgt der GesterWechsel unter identitätswahrender Fortführung der Ges, sind nach hM handelsrechtlich **grundsätzlich** die Buchwerte fortzuführen, da das GesVermögen nicht berührt wird (hierzu *Ballof* EStB 2004, 461). Eine Erhöhung der Einlagen der AltGester könne nicht dadurch bewirkt werden, dass vorhandene stille Reserven aufgelöst und ohne Zuführung weiterer Mittel nur buchmäßig mit den Einlageforderungen verrechnet werden (BFH v 14.3.1989 BStBl II, 570 zur Aufnahme eines weiteren Kommanditisten gegen Bareinlage). Dementspr wird die Aufstellung einer EB für eine fortbestehende PersGes nach einem GesterWechsel im Allgemeinen aus Vereinfachungsgründen *nicht* für erforderlich gehalten (zB *Störk/Philipps* in Beck Bil-Komm[12] § 242 HGB Anm 4, ebenso *Blumers,* 39 ff mwN). 60

3. Sanktionen

Die *verspätete, unterlassene* oder *unrichtige* Aufstellung der EB einer PersGes ist unter denselben Voraussetzungen wie beim Einzelunternehmer mit **Strafsanktionen** bedroht (im Einzelnen B Anm 69 ff). Die Vorschriften des StGB richten sich jedoch nicht gegen die Ges als solche, sondern an die für sie *organschaftlich handelnden Personen* (§ 14 Abs 1 StGB), mithin an die vertretungsberechtigten Komplementäre (Anm 15 f). Daneben unterliegen ggf auch die mit der Buchführung oder Aufstellung der Bilanz *beauftragten Personen* bei eigener Pflichtverletzung unter den gleichen Voraussetzungen wie beim Einzelunternehmer (B Anm 72) der strafrechtlichen Verantwortlichkeit (§ 14 Abs 2 StGB; dazu auch *Baetge/D. Fey/G. Fey/Klönne* in HdR[5] § 243 Anm 99); bei PersGes kann dies insb für Kommanditisten mit Prokura (Anm 20) von Bedeutung sein. 70

Entspr gilt für GbR mit kfm Geschäftsbetrieb, weil sie dann auch ohne HR-Eintragung als OHG anzusehen sind (Anm 2). Wird die faktische PersGes nicht zur Eintragung angemeldet, droht den Gestern Zwangsgeld (§§ 14, 106 iVm 108 HGB).

Zu weiteren Sanktionen wegen Missachtung der Rechnungslegungspflichten nach HGB, insb zu zivilrechtlichen Konsequenzen, Zwangsgeldern oder Ordnungswidrigkeiten (B Anm 74 ff). Dabei ist zu beachten, dass evtl Sanktionen stets gegen die zur Rechnungslegung verpflichteten *Organmitglieder persönlich* verhängt werden; die nach § 30 OWiG grds mögliche Festsetzung eines Ordnungsgelds gegen die Ges als solche (dazu *oV* Bußgeldverfahren gegen juristische Personen und Personenvereinigungen, DB 2001, 2275) kommt also für Pflichtverletzungen im Bereich der Rechnungslegung uE nicht in Betracht, weil diese Pflichten nicht der Ges, sondern ihren Organen auferlegt sind. 71

II. Vorschriften zur Eröffnungsbilanz der Personengesellschaft

1. Inventur und Eröffnungsinventar

75 Die Durchführung einer *Inventur* und die Aufstellung eines *Eröffnungsinventars* ist bei allen Unt **Vorstufe** der Aufstellung einer EB (*Merkt* in Baumbach/Hopt[38] HGB § 242 Anm 1). Dies ergibt sich aus der in § 240 Abs 1 HGB normierten Inventarpflicht. Dabei gelten für die Inventurpflicht dieselben Voraussetzungen und Grundsätze wie für die Aufstellung der EB.

76 Anlässlich der Errichtung einer PersGes übernehmen die Gester durch GesVertrag idR jeweils die Verpflichtung, bestimmte Beiträge zur Erreichung des gemeinsamen Zwecks zu leisten (§§ 705, 706 Abs 1 BGB). Die Beiträge werden gemeinschaftliches Vermögen (§ 718 Abs 1 BGB). Soweit es sich dabei nicht nur um künftige Dienstleistungen (§ 706 Abs 3 BGB, zB Einsatz der eigenen Arbeitskraft) oder Nutzungen (zB Überlassung eines Grundstücks oder eines Darlehens) handelt, sondern Vermögenszuwendungen (Geld- oder Sacheinlagen) vereinbart wurden, erlangt das Eröffnungsinventar bei PersGes daher zusätzliche Bedeutung dadurch, dass es dem Nachweis der *(mengenmäßigen)* Erfüllung der Einlagepflichten dient.

2. Ansatz, Bewertung und Kapitalaufbringung

a) Allgemeine Grundsätze

79 Nach § 243 Abs 1 iVm § 242 Abs 1 S 2 HGB gelten die allg Grundsätze (GoB) und Einzelvorschriften auch für die EB der PersGes. Daher sind die Regelungen über Ansatz (§§ 246 bis 251 HGB) und Bewertung (§§ 252 bis 256 HGB) zu beachten, soweit sie sich auf die Bilanz beziehen (dazu B Anm 91 ff). Im Vordergrund steht dabei die Absicht, die tatsächliche **Vermögenslage** am maßgeblichen EB-Stichtag (Anm 43 ff; B Anm 41 ff) im Rahmen der Rechnungslegungsvorschriften durch Gegenüberstellung der Aktiv- und Passivposten zu dokumentieren und damit die EK-Ausstattung der Ges transparent zu machen.

80 Wie beim Einzelunternehmer gelten für den **Ansatz** in der EB insb das Vollständigkeits*gebot* und das Saldierungs*verbot* (§ 246 HGB; dazu B Anm 92). Bei der **Bewertung** stehen dagegen nicht wie beim Einzelunternehmer (dazu B Anm 93 ff) die AK der Gester, sondern die *AK der* PersGes (§ 255 HGB) im Vordergrund. „Entgelt" für die Übernahme der von den Gestern eingebrachten VG **(Anschaffungskosten)** ist zunächst der Einlagewert (Rückzahlungsverpflichtung bei Auseinandersetzung, § 733 Abs 2 BGB), dh die im GesVertrag vereinbarte *Gutschrift auf dem Kapitalkonto*, ggf zzgl eines in die Rücklagen eingestellten Aufgelds. Darüber hinaus gehören auch die von der PersGes im Wege der Schuldübernahme (§ 415 Abs 1 BGB) oder der Erfüllungsübernahme (§§ 415 Abs 3, 311 BGB) übernommenen Verbindlichkeiten (dazu Anm 117) zu den AK der PersGes (BFH v 18.10.2011 BB 2012, 236; BFH v 15.5.1997 BStBl II, 705). Unerheblich ist dabei, dass die Gester als Gesamtschuldner (§ 128 HGB, bei GbR in entspr Anwendung) nach wie vor persönlich in Anspruch genommen werden können. Zu den

II. Vorschriften zur Eröffnungsbilanz der Personengesellschaft 81–88 C

AK der Ges gehören ggf auch Verbindlichkeiten ggü Gestern, soweit sie im Zusammenhang mit einer Sachübernahme entstanden sind oder übernommen wurden (dazu Anm 109).

Für den **Ausweis** der Aktiva in der EB bestehen wie beim Einzelunternehmer im Allgemeinen keine besonderen Vorschriften, abgesehen von der Pflicht, das Anlage- und das Umlaufvermögen sowie das EK, die Schulden und die RAP gesondert auszuweisen und hinreichend aufzugliedern (§ 247 Abs 1 HGB; dazu B Anm 125 ff). Eine Ausnahme gilt aber auch hier für GroßUnt iSd PublG, welche die für KapGes geltenden Vorschriften über Gliederung und Ausweis in ihrer EB zu beachten haben (dazu B Anm 26). Zu den spezifischen Anforderungen an den Ausweis des EK Anm 128 ff. 81

b) Formen der Kapitalaufbringung

Zum Geschäftsbetrieb einer PersGes ist zwar wie bei allen Unt aus Gründen der Kreditwürdigkeit faktisch eine gewisse **Mindestausstattung** mit EK in Form von Bar- und/oder Sachvermögen erforderlich, aber im Gegensatz zu KapGes (dazu D Anm 30) nicht gesetzlich vorgeschrieben. PersGes haben daher kein festes EK; die Gester können ihre Beiträge vielmehr auch auf die Erbringung von Dienstleistungen (§ 706 Abs 3 BGB, zB Einsatz der eigenen Arbeitskraft) oder die Nutzungsüberlassung von VG beschränken (Anm 76). Der Beitrag kann sich sogar darauf beschränken, gem § 128 HGB die Mithaftung für Schulden der Ges zu übernehmen („Standing und Kredit", siehe *Roth* in Baumbach/Hopt[38] HGB § 109 Anm 7). Gleiches gilt gem § 161 Abs 2 HGB für KG, sofern sich die Kommanditisten nicht durch GesVertrag zur Leistung einer **Einlage** verpflichten, sondern nur im Außenverhältnis eine **Haftung** in bestimmter Höhe übernehmen. Der Haftungsbetrag ist unter Angabe des Namens der Kommanditisten zwar im HR einzutragen (§ 162 Abs 1 HGB), aber nicht unbedingt einzuzahlen bzw in der Ges zu belassen; er gehört daher auch nicht zum GesVermögen (Anm 88). Soweit der Haftungsbetrag nicht eingezahlt oder eingebracht ist (Anm 91), besteht allerdings nach § 171 Abs 1 HGB ggü den Gläubigern der PersGes eine unmittelbare Einstandspflicht des Kommanditisten (s *K. Schmidt* in MünchKomm HGB[4] §§ 171, 172 Anm 8 und 41 ff). KapCoGes müssen daher die eingetragenen Hafteinlagen ihrer Kommanditisten gesondert angeben, soweit sie nicht geleistet sind (§ 264c Abs 2 S 9 HGB). Dabei sind Beiträge iSd § 268 Abs 8 HGB nicht zu berücksichtigen. Es muss daher genau zwischen *Haftungsbetrag* und *Pflichteinlage* gemäß GesVertrag unterschieden werden (*Roth* in Baumbach/Hopt[38] HGB § 171 Anm 1). 87

Sofern die Gester einen **Haftungsbetrag** vereinbart haben, mit dem sie sich an den geschäftlichen Risiken beteiligen wollen, regeln sie damit im Innenverhältnis zunächst nur ihre *potentielle Beitragspflicht* (vereinbarte Nachschüsse). Dabei handelt es sich nicht ohne Weiteres schon um die (Pflicht-)Einlage und damit um EK der PersGes. Dies ist vielmehr nur der Fall, soweit die Einlage erbracht (§ 718 Abs 1 BGB) bzw als zu leistender Pflichtbeitrag im GesVertrag ausdrücklich vereinbart wurde (Anm 89).

Im Außenverhältnis, dh ggü den Gläubigern der PersGes, ist die vereinbarte Haftungsbegrenzung der Gester nur wirksam, wenn sie mit dem 88

Gläubiger einzelvertraglich vereinbart wurden (GbR) oder als solche im HR eingetragen ist (KG). In diesem Fall unterliegt der Haftungsbetrag dem Kapitalerhaltungsschutz. Der Zusatz „GbR mbH" allein führt nicht zu einer Haftungsbegrenzung (s OLG Karlsruhe v 20.1.2009 NZG 2009, 503; zu steuerlichen Auswirkungen im Hinblick auf §§ 15 Abs 3 und 15a EStG vgl BMF 18.7.2000 DStR 2000, 1435). Soweit einzelne Gester über den im Ges-Vertrag vereinbarten Haftungsbetrag hinaus in Anspruch genommen wurden oder Beiträge geleistet haben (zB Ablösung der an einem eingebrachten Grundstück bestehenden Grundschuld), steht ihnen daher am EB-Stichtag ein Ersatzanspruch gegen das Gesamthandsvermögen der Ges zu (§ 110 HGB), der in der EB der PersGes grds als Verbindlichkeit ggü Gestern zu erfassen ist (zu den Voraussetzungen für den Ausweis als zusätzliches EK Anm 111); für KapCoGes ist zudem ein gesonderter Ausweis oder Mitzugehörigkeitsvermerk vorgeschrieben (§ 264c Abs 1 HGB).

89 Sofern die Gester bei der Errichtung der Ges *intern* eine bestimmte **Pflichteinlage** vereinbart haben, handelt es sich dabei stets um EK der Pers-Ges (Anm 111 ff), weil der festgelegte Pflichtbeitrag als Forderung zum Ges-Vermögen gehört (§ 718 Abs 2 BGB; dazu Anm 130). Die Pflichteinlage bildet den *Kapitalanteil* (Anm 127). Dieser darf ohne Zustimmung der übrigen Gester nicht durch Entnahmen gemindert werden (§§ 122 Abs 2 HGB, 719 Abs 1 BGB). Bei der Kapitalaufbringung ist zwischen Bar- oder Sacheinlagen zu unterscheiden (Anm 90); zur stillen Ges B Anm 131. Auch Mischformen sind häufig, indem etwa Sacheinlagen mit Bareinlagen (zB als Wertdifferenzausgleich) kombiniert werden oder mit dem Gegenstand der Einlage vereinbarungsgemäß zugleich Verbindlichkeiten (bzw deren Erfüllung) von der PersGes übernommen werden müssen (gemischte (Sach-)Einlage; zB hypothekenbelastetes Grundstück, Pensionszusage ggü dem einlegenden Gester) oder eine Bareinlage mit der Auflage geleistet wird, einen bestimmten Gegenstand zu erwerben (Sachübernahme, dazu D Anm 50). Zu den Sacheinlagen gehören nicht nur Sachen ieS (§ 90 BGB), sondern auch Rechte (zB Patente, GesAnteile, Forderungen gegen Dritte) oder wirtschaftliche Vorteile (zB Know-how, Aufträge ua konkrete Geschäftsbeziehungen), sofern sie wie Sachen einlagefähig sind (Anm 94). Auch Forderungen gegen Gester sind zur (nominellen) Aufbringung des EK der PersGes geeignet (Anm 93).

90 Als **Bar- oder Geldeinlage** wird die Übertragung von Zahlungsmitteln in Form von Bargeld, Schecks (D Anm 35) oder Bankguthaben in das Gesamthandsvermögen der PersGes bezeichnet. Bei Banküberweisung ist die Einlage erst dann geleistet, wenn die Gutschrift auf dem Konto der PersGes erfolgt ist (BFH v 11.12.1990 BStBl II 1992, 233). Bei **Sacheinlagen** erfolgt die Leistung durch die Übertragung des (rechtlichen oder wirtschaftlichen) Eigentums an einem bestimmten Gegenstand der Einlage. Hierzu zählen alle Gestaltungen, bei denen vereinbarungsgemäß und in Anrechnung auf die im GesVertrag bedungene Einlage bestimmte einzelne VG (Grundstücke, Sachen, Rechte oder einlagefähige wirtschaftliche Vorteile) oder Sachgesamtheiten (Anm 94) eingebracht werden (dazu auch D Anm 43 ff); zur evtl Beurkundungspflicht Anm 33. Kann der Gegenstand der vereinbarten Sacheinlage infolge objektivem oder subjektivem Unvermögen des Gesters nicht auf die Ges übertragen werden, wird stattdessen idR eine gleichwertige Geldein-

II. Vorschriften zur Eröffnungsbilanz der Personengesellschaft 91, 92 C

lage geschuldet (BGH v 17.2.1997 DStR, 588 für GmbH). Bleiben bei einer Sacheinlage die auf dem VG ruhenden dinglichen Belastungen (zB Grundpfandrechte oder Eigentumsvorbehalte) bestehen und sollen die dadurch gesicherten Verbindlichkeiten von der Ges übernommen werden, liegt eine **Sachübernahme** vor (dazu D Anm 50), die dem Kauf ähnlich und entspr zu bilanzieren ist. Sollen die damit zusammenhängenden schuldrechtlichen Verpflichtungen dagegen beim Gester verbleiben, kann der Wert seiner Einlage durch die Pfandrechte gemindert sein, sofern für die übernehmende PersGes ein erkennbares Risiko der Inanspruchnahme durch Gläubiger des Gesters besteht. Auch wenn eine Ins des Gesters nicht unmittelbar droht, kann es daher uU erforderlich sein, einen niedrigeren Wert der Einlage anzusetzen (so FG Münster v 25.4.1997 EFG 1998, 206; bestätigt durch BFH v 22.4.1998 BFH/NV 1999, 162) oder vorzugsweise eine Rückstellung für die mögliche Inanspruchnahme aus der Besicherung fremder Verbindlichkeiten zu bilden. Entsprechendes gilt für die Einlage von VG, wenn sie mit Sicherungsrechten Dritter (zB Eigentumsvorbehalt oder Sicherungsübereignung) oder mit einer Haftung nach § 28 HGB belastet sind. In Höhe einer ggf erforderlichen Rückstellung ist die Pflichteinlage noch nicht wirksam erbracht; andernfalls ist die Haftung für fremde Verbindlichkeiten zu vermerken (dazu Anm 120).

Welche Erfüllungshandlung iSv § 362 BGB der Gester vornehmen muss, **91** um Befreiung von der Einlagepflicht zu erlangen, richtet sich primär nach der vertraglichen Vereinbarung. Die Einlage kann im Innenverhältnis auch durch Verrechnung mit einer gegen die PersGes bestehenden Forderung (zB Ersatz verauslagter Ingangsetzungskosten, § 110 Abs 1 HGB) oder durch Tilgung von Verbindlichkeiten der Ges (BGH v 9.5.1963 BGHZ 39, 329; BGH v 20.11.1995 DStR 1996, 29) geleistet werden. Aus der Befriedigung eines GesGläubigers resultiert ein Erstattungsanspruch, mit dem der Gester auch dann noch gegen den Anspruch der PersGes zur Leistung der Pflichteinlage aufrechnen könnte, wenn die Einlageforderung bereits tituliert ist (OLG Hamm v 19.5.1999 NZG 2000, 200; dazu Anm *Hergeth* DStR 1999, 1916).

Im Außenverhältnis kann sich ein Kommanditist von der Pflicht zur vollwertigen Einlageleistung (§ 171 Abs 1 HGB) nicht durch Verrechnung mit in der HBil nicht ausgewiesenen stillen Bewertungsreserven befreien (OLG Stuttgart v 2.12.1998 NZG 1999, 113). Entsprechendes gilt für das Wiederaufleben der Haftung nach § 172 Abs 4 HGB wegen Überentnahmen (BGH v 11.12.1989 BB 1990, 318). Im Übrigen hat die **Verrechnungseinlage** eines Kommanditisten nur dann haftungsbefreiende Wirkung, wenn die verrechnete Forderung zu diesem Zeitpunkt als vollwertig anzusehen ist und nicht schon vor der Einlage eigenkapitalersetzenden Charakter hatte (BGH v 8.7.1985 WM, 1225 f; dazu *Olshausen* ZGR 2001, 175). Ggü den GesGläubigern tragen Kommanditisten die Darlegungs- und Beweislast für die Werthaltigkeit einer von ihnen ggf erbrachten Sacheinlage (OLG Hamm v 24.3.1987 NJW-RR, 1255), und zwar auch dann, wenn der Vorgang längere Zeit zurückliegt (OLG Hamm v 25.10.1999 NZG 2000, 366).

Zu Angabepflicht ausstehender Hafteinlagen bei KapCoGes Anm 131.

Von der Einlage selbst (Erfüllung) ist das ihr zugrunde liegende **Verpflich-** **92** **tungsgeschäft** zur Beitragsleistung der Gester (GesVertrag oder Beschluss) zu unterscheiden. Es ist zwar ein schwebendes Geschäft, als gesellschaftsrechtliches Grundlagengeschäft aber dennoch für die EB nicht ohne Bedeutung, da es idR zum Ausweis der **Einlageforderungen** in der HB der PersGes führt (Anm 130; zu Ausnahmen Anm 112). Die schwebende Einlagenverpflichtung des Gesters kann mit steuerlicher Wirkung auch dadurch erfüllt werden, dass die PersGes ihre Einlageforderung an Erfüllungs statt direkt an ihre Gläubiger abtritt (BFH v 29.8.1996 DB 1997, 656).

93 Als geleistete Einlage in der EB **ansatzfähig** sind (neben *Bargeld* und *Bankguthaben*) insb *Grundstücke* und *Sachen* (zB Maschinen und maschinelle Anlagen, Betriebs- und Geschäftsausstattung, Vorräte), *Sachgesamtheiten* (zB Maschinenpark, Vorratslager, Unt im Ganzen, Teilbetriebe, Betriebsteile), ggü jedermann wirkende *absolute Rechte*, soweit sie als solche – ggf mit der zugehörigen Firma – übertragbar sind (zB Urheberrechte, Patente, Warenzeichen, Konzessionen sowie dingliche Rechte, wie Nießbrauch, beschränkte persönliche Dienstbarkeit, Erbbaurecht), und zT auch *relative Rechte*. Dazu gehören insb übertragbare Mitgliedschafts- und GesRechte (zB UntAnteile) sowie Wertpapiere. Andere schuldrechtliche Ansprüche gegen Dritte (zB Geld- oder Sachleistungsforderungen sowie Nutzungs- und Überlassungsansprüche) sind zwar grds ebenfalls einlagefähig. Voraussetzung ist aber, dass sie iSd Bilanzrechts realisiert sind (zB als Kaufpreis, Miete oder Zins) und nicht noch von der Erbringung einer eigenen Leistung (zB Lieferung, Nutzungs- oder Kapitalüberlassung) abhängen (sog schwebende Geschäfte); zur unterschiedlichen Beurteilung der Einlagefähigkeit obligatorischer Nutzungsrechte D Anm 131.

Bei KapCoGes ist ferner zu beachten, dass – unabhängig von der Höhe der ggf geleisteten *Pflicht*einlage – die *Hafte*inlage eines Kommanditisten den Gläubigern ggü als nicht geleistet gilt, soweit sie darin besteht, dass Anteile an einer haftungsbeschränkten KomplementärGes eingebracht werden (§ 172 Abs 6 S 1 HGB); zum Ausweis Anm 136. Die Vorschrift dient dem verbesserten Schutz der Gläubiger (*Roth* in Baumbach/Hopt[38] HGB § 172 Anm 13).

94 Vor Ansatz einer Sacheinlage in der EB ist zwischen den Gestern zu klären, ob der „Gegenstand" sich überhaupt eignet, das haftende EK zu verstärken (zur Ansatzfähigkeit im Einzelnen D Anm 126 ff). Dies gilt insb für rechtlich nicht gesicherte rein wirtschaftliche Vorteile (zB ungeschützte Erfindungen, Produktions-Know-how, Kundenkartei uä). Sofern derartige *immaterielle VG* im Geschäftsverkehr wie Sachen oder Rechte gehandelt werden, können sie grds auch Gegenstand einer (Sach-)Einlage und damit ansatzfähig sein, sofern sie als Vermögensbestandteil hinreichend konkretisiert sind und von den MitGestern als Einlagegegenstand akzeptiert werden und damit zu einer Gutschrift auf dem Kapitalkonto führen (offene Einlagen). Dasselbe gilt für einen *Unterschiedsbetrag,* um den die für die Übernahme eines Unt, eines (Teil-)Betriebs oder einer anderen Sachgesamtheit gewährte Gutschrift auf dem Kapitalkonto die Summe der Werte der einzelnen übernommenen VG abzgl der mit übergegangenen Schulden übersteigt (§ 255 Abs 4 HGB, aA wohl *K. Schmidt* in MünchKomm HGB[4] § 105 Anm 179). Dieser sog **Geschäfts- oder Firmenwert** ist nicht isoliert übertragbar, sondern nur zusammen mit der zugehörigen Sachgesamtheit verkehrs- und damit ansatzpflichtig (dazu D Anm 136 ff).

II. Vorschriften zur Eröffnungsbilanz der Personengesellschaft   95–98   C

Aufwendungen der Gester für die **Gründung und Eigenkapitalbeschaf-** 95
fung im Rahmen der Ges (dazu D Anm 145) sind AK der Gester für den
Erwerb ihrer Anteile (*ADS*[6] § 248 HGB Anm 7). Sofern sie vertragsgemäß
von der PersGes getragen werden sollen, unterliegen sie dort dem Bilanzierungsverbot des § 248 Abs 1 HGB (dazu B Anm 116). Daher sind ggf am
EB-Stichtag verauslagte oder als Verbindlichkeit zu erfassende Beträge (zB
Beratungshonorar) nach den Regelungen im GesVertrag von der Ges auf
Verlustverrechnungskonten der Gester als **Bilanzverlust** vorzutragen
(Anm 130) oder mit der Einlage zu verrechnen. Dies gilt uU auch für ggf
darin enthaltene UStBeträge, da diese nach § 15 Abs 2 Nr 1 UStG aufgrund
der Steuerfreiheit der Ausgabe von GesAnteilen (§ 4 Nr 8 f UStG) evtl vom
Vorsteuerabzug ausgeschlossen sind (dazu Anm 118). Dadurch mindert sich
das eingebrachte Vermögen entspr. Da die Übernahme von durch das Ges-
Verhältnis verursachten Aufwendungen einer Einlagenrückgewähr gleichkommt, gilt die Hafteinlage eines Kommanditisten den Gläubigern ggü insoweit als nicht geleistet (§ 172 Abs 4 HGB).

Zum Ansatz von aktiven und von passiven **Rechnungsabgrenzungspos-** 96
ten D Anm 153, B Anm 112; zum Sonderfall von Aufwendungen der Pers-
Ges für die **Beschaffung von Fremdkapital** (zB Disagio) bei Gründung
B Anm 118, D Anm 154.

Die **Bewertung von Geldeinlagen** ist unproblematisch, da die empfan- 97
genen Beträge als Bargeld, Bankguthaben oder Schecks lediglich mit dem
Nennbetrag aktiviert und der Gegenwert den EK-Konten der Gester gutgeschrieben werden muss (zum Ausweis des EK Anm 128 ff); Fremdwährungs-
beträge sind wegen § 244 iVm § 242 Abs 1 S 2 HGB mit dem Geldkurs im
Zeitpunkt des Eingangs bei der PersGes in Euro umzurechnen. Der umge-
rechnete Betrag bildet als Gutschrift auf dem Kapitalkonto die AK der Pers-
Ges (Anm 80).

Zur **Bewertung von Sacheinlagen** bestehen dagegen erhebliche Mei- 98
nungsunterschiede. Zum einen wird die Auffassung vertreten, dass sich die
Wertansätze nur an den Aufwendungen orientieren können, die dem Einleger
vormals selbst im Rahmen eines entgeltlichen Erwerbs (AK) oder einer Herstellung (HK) erwachsen sind, da die PersGes bei Sachgründung oder beim
Eintritt weiterer Gester mit Sacheinlagen den Gegenstand der Einlage nicht
angeschafft oder hergestellt und somit dafür auch keine AK/HK aufgewendet
habe (so *Pöschke* in Großkomm HGB[5] § 242 Anm 34). Die von den Gründern oder einem neu eintretenden Gester ursprünglich aufgewendeten eigenen AK/HK für den Gegenstand der Sacheinlage bieten jedoch allenfalls eine
Orientierung für die Schätzung des Verkehrswerts, wenn die Anschaffung
oder Herstellung durch den Gester erst kurze Zeit vorher erfolgt ist. Nach
anderer, uE zutreffender Auffassung werden die AK/HK der Sacheinlagen
daher (wie bei KapGes, dazu D Anm 182, 193) allein durch die zwischen den
Parteien (Gestern) im Rahmen der Errichtung der Ges durch GesVertrag
getroffenen Festlegungen über die BetVerhältnisse und die jeweiligen Einlageverpflichtungen (Kapitalanteile, Anm 80) bestimmt (ebenso zB *Sarx*
DStR 1991, 694; *Schmidt/Hoffmann* in Beck Bil-Komm[12] § 247 Anm 190).

Die an den Vereinbarungen im GesVertrag orientierte Bewertung von
Sacheinlagen führt in gleicher Weise zu einer Marktkonkretisierung wie ein

entgeltlicher Erwerb. Dadurch kann es (wie beim Kauf) zwar zu Fehleinschätzungen des Werts kommen. Die gesamtschuldnerische Haftung und der Umstand, dass Verluste von allen Gestern anteilig getragen werden müssen, stehen aber einer bewussten Überbewertung tendenziell entgegen.

c) Einzelvorschriften

107 PersGes und andere Personenvereinigungen sind selbst **Rechtsträger** des Gesamthandsvermögens. Für OHG bzw KG (§§ 124 bzw 161 Abs 2 HGB) sowie die PartGes (§ 7 Abs 2 PartGG) und die EWIV (§ 1 EWIV-AG) ist dies ausdrücklich geregelt. Der Grundsatz gilt auch für GbR (*Schäfer* in MünchKomm BGB[7] § 705 Anm 303). Da PersGes naturgemäß außerhalb des GesVermögens kein „Privatvermögen" haben, gehören alle am Stichtag der EB im *Gesamthandseigentum* der Ges stehenden Aktiva (Anm 113) und sämtliche *Gesamthandsverbindlichkeiten* (Anm 115 f) zu dem nach HGB bilanzierungspflichtigen UntVermögen (zB *Kußmaul* in HdR[5] § 246 Anm 9 mwN).

108 Gegenstand und Umfang des Gesamthandsvermögens bei Gründung der PersGes bestimmen sich nach den Regelungen im GesVertrag (*ADS*[6] § 246 HGB Anm 432). Voraussetzung für die Bilanzierungsfähigkeit des Vermögens ist die hinreichende Konkretisierung als VG (selbständige Bewertbarkeit) oder Bilanzierungshilfe bzw RAP; dazu Anm 90 ff. Soweit Gester vertretbare oder verbrauchbare **Sachen** eingebracht haben, ist *im Zweifel* anzunehmen, dass diese Gesamthandseigentum geworden sind (§ 706 Abs 2 BGB).

Auch **Anteile** an eG oder KapGes (einschl RückBet an Komplementärin, Anm 93; zum Sonderausweis Anm 136) können zum Gesamthandsvermögen gehören. Dasselbe gilt für Anteile an einer anderen PersGes; die GesterPersGes wird damit *als solche* Komplementär oder Kommanditist der anderen PersGes, ohne dass ihre eigenen Gester dort Mitunternehmer werden (BFH GrS v 25.2.1991 BStBl II, 697). Gester einer PersGes kann auch eine GbR sein (BGH v 2.10.1997 BB, 2498).

109 Durch GesVertrag als *Sonderentgelt* für die Übernahme von VG vereinbarte Verbindlichkeiten der PersGes ggü Gestern sind in der EB als **Schulden** der Ges zu passivieren, auch wenn sie iZm einer Einlage festgelegt wurden (Anm 80). Passivierungspflicht nach HGB besteht darüber hinaus für ersatzpflichtige Auslagen von Gestern (§ 110 Abs 1 HGB) und für die anlässlich einer Einbringung idR vereinbarte Freistellung von den Verbindlichkeiten des eingebrachten Unt (dazu Anm 117). Solche schuldrechtlichen Ansprüche der Gester sind stets Gesamthandsverbindlichkeiten und damit FK der PersGes (IDW RS HFA 7 nF, Tz 255 zur Einbeziehung in das steuerliche BetrVerm Anm 186). Sie sind ebenfalls zu passivieren (vgl *Merkt* in Baumbach/Hopt[38] HGB § 266 Anm 17). Sie behalten den Charakter als Verbindlichkeit auch, wenn es sich um kapitalersetzende Darlehen iSv § 39 InsO oder um nachrangige GesterDarlehen handelt (*Schubert* in Beck Bil-Komm[12] § 247 Anm 231 f); zur Abgrenzung v EK Anm 111. Es war str, ob solche Darlehen in der Bilanz (als Davon-Vermerk) oder im Anhang gesondert angegeben werden mussten. Da der Kapitalersatz für die VFE-Lage der KapGes/KapCoGes eine wesentliche Bedeutung hat und sich durch die grundlegende Neuregelung des EK-Ersatzes in der InsO die Voraussetzungen des Kapitalsatzes im Einzelfall

II. Vorschriften zur Eröffnungsbilanz der Personengesellschaft 110–112 C

vereinfacht haben, ist aufgrund § 264 Abs 2 S 2 HGB die Kennzeichnung kapitalersetzender Darlehen durch einen „Davon-Vermerk" oder im Anhang entspr anzugeben (*Schubert* in Beck Bil-Komm[12] § 266 Anm 255).

Rechtsgeschäftlich übernommene Privatschulden eines Gesters ggü Dritten müssen in der EB nach HGB ebenfalls passiviert werden (*ADS*[6] § 246 HGB Anm 433), auch wenn es sich steuerlich um notwendiges Privatvermögen handelt (Anm 188). Bis zur Zustimmung des Gläubigers zu der Schuldübernahme sind sie wegen § 415 Abs 1, Abs 3 BGB als Verbindlichkeiten ggü Gestern auszuweisen und zwar in Höhe der tatsächlich wirtschaftlich belastenden und durchsetzbaren Forderung (*Merkt* in Baumbach/Hopt[38] HGB § 246 Anm 13).

Wurde einem oder mehreren Gestern zB iZm einer Sacheinlage neben der Bet ein Anspruch auf Altersruhegeld eingeräumt, begründet dies eine ungewisse Verbindlichkeit der Ges, für die nach § 249 Abs 1 S 1 HGB am Stichtag der EB eine **Rückstellung für Pensionen** zu passivieren ist (IDW RS HFA 7 nF, Tz 24; *Herrmann* WPg 1994, 502; *Paus* BB 1993, 692; *Engelhardt* BB 1990, 882; zur StBil Anm 190). Für die Bewertung sind Verbindlichkeiten nach § 253 Abs 1 S 2 HGB (unabhängig von der steuerlichen Behandlung, Anm 190 f) zu ihrem Erfüllungsbetrag und Rückstellungen in Höhe des nach vernünftiger kaufmännischer Beurteilung notwendigen Erfüllungsbetrages anzusetzen. 110

Eigenkapital sind nur solche Beiträge, die die Gester der PersGes vereinbarungsgemäß entweder zur Erfüllung des gemeinsamen Zwecks als Haftungssubstanz und zur Abdeckung möglicher Verluste *dauerhaft gewidmet* haben **oder** über die sie vor einer Auseinandersetzung ohne *Zustimmung der MitGester* nur unter Berücksichtigung der Belange der PersGes verfügen können. Eine Einbeziehung von (anderen) Verrechnungskonten mit Gestern oder von Pensionsverpflichtungen in das handelsrechtliche EK ist daher idR nicht zulässig, da es sich um FK handelt (Anm 109). Ausnahmen sind allerdings möglich, soweit die Beträge nicht nur ggü den Ansprüchen von Gläubigern nachrangig, sondern auch im Innenverhältnis der Gester mit evtl Verlusten verrechenbar sind. Für die Behandlung als EK ist es somit nicht ausreichend, wenn die Beträge lediglich im Fall einer Ins oder bei Liq erst nach Befriedigung aller Verbindlichkeiten (einschl der ggü MitGestern) ausgezahlt werden müssen (IDW RS HFA 7 nF, Tz 14). Voraussetzung für eine Qualifizierung als EK ist ferner, dass eine Auszahlung nur im Rahmen des § 122 HGB unter Berücksichtigung der Belange der PersGes zulässig ist; dies lassen viele Ges-Verträge jedoch offen. Die korrekte Abgrenzung ist daher in der Praxis oft schwierig (dazu Anm 127), zumal selbst eine Umw der Einlage in ein Darlehen noch nicht als Rückgewähr iSv § 172 Abs 4 S 1 HGB anzusehen ist, solange das Darlehen nicht ausgezahlt wurde (BGH v 9.5.1963 BGHZ 39, 319). Im Zweifel sollte deshalb für Zwecke der EB nach HGB von FK ausgegangen werden (zur StBil Anm 186). 111

Einlageforderungen (**Ausstehende Pflichteinlagen,** Anm 92) sind uE bei PersGes stets mit dem Nennbetrag zu bewerten (s auch *Küting/Reuter* in HdR[5] § 272 Anm 42 ff). Da es sich insoweit lediglich um einen Korrekturposten zum Kapitalanteil handelt, dürfte eine Abwertung wegen Wertminderung oder Uneinbringlichkeit nicht in Betracht kommen. Außerdem müsste 112 eine Abwertung ohnehin dem EK des betr Gesters vorab belastet werden, da die Gewinnverteilung hiervon nicht beeinflusst werden darf. Sie sollte daher generell unterbleiben. Bei zweifelhafter Bonität sollte die Einlageforderung stattdessen offen mit dem Kapitalanteil des betr Gesters verrechnet werden (zum Ausweis Anm 130); dies gilt insb für die EB. Des Weiteren wird die Auffassung vertreten, dass eingeforderte ausstehende Einlagen als Forderungen gesondert auszuweisen und als solche nicht nach den besonderen Regeln über das EK zu bewerten seien. Demnach wäre der Stichtagswert nach den für das Umlaufvermögen geltenden Grundsätzen zu ermitteln. Argument dafür ist, dass die Einlageforderungen bei Bedarf zeitnah eingezahlt und erfüllt werden können (*Reiner* in MünchKomm HGB³ § 272 Anm 20).

113 Das **Gesamthandsvermögen** ist in der handelsrechtlichen EB der Ges unabhängig davon zu erfassen, ob die VG zur Nutzung für betriebliche Zwecke oder für private Zwecke der Gester (zB Wohnhaus) bestimmt sind (*ADS*⁶ § 242 HGB Anm 18), entscheidend ist die Haftungswirkung für die Gesamthandgläubiger (*Winnefeld*⁶ Kapitel N Anm 31); zur abw steuerlichen Behandlung Anm 183. Für das private Vermögen von Gestern besteht dagegen nach § 264c Abs 3 S 1 HGB, § 5 Abs 4 PublG ein generelles Ansatzverbot; insoweit handelt es sich um einen allg Grundsatz, der auch für kleinere PersGes gilt (*Herrmann* WPg 1994, 500). Durch betriebliche Nutzung oder Widmungsakt dem Unt *zugeordnetes Privatvermögen* eines Gesters kann es daher bei PersGes (im Gegensatz zum EinzelUnt, dazu B Anm 98 f) begrifflich nicht geben. Ein Ansatz in der EB setzt stets voraus, dass die Gegenstände entweder *formalrechtlich* (dinglich) oder aufgrund entspr schuldrechtlicher Vereinbarung *wirtschaftlich* („dem Wert nach", dazu *Herrmann* WPg 1994, 500) in das Gesamthandseigentum der PersGes überführt wurden. Ist das wirtschaftliche Eigentum (Anm 29) dagegen *nicht* auf die Ges übergegangen, gehört nur der **Nutzen** der im Privateigentum stehenden VG bzw die daraus resultierenden Vor- und Nachteile (Erträge und Aufwendungen) zum GesVermögen (§ 718 Abs 2 BGB); zu den Voraussetzungen der Bilanzierung von Nutzungsrechten D Anm 131. Es wäre daher auch dann nicht zulässig, diese VG in der EB der PersGes anzusetzen, wenn zugleich ein Ausgleichsposten für das Eigentum des Gesters passiviert würde (IDW RS HFA 7 nF, Tz 13). Unabhängig davon wird es zT für zulässig gehalten, solches Fremdvermögen im Besitz der Ges wie Treuhandvermögen unter dem Strich der Bilanz zu vermerken (wohl zweifelnd *Kußmaul* in HdR⁵ § 246 Anm 9 mwN).

114 Das Handelsrecht erfordert eine strikte Trennung zwischen den Vermögenssphären, § 264c Abs 3 HGB. Nicht im Gesamthandseigentum stehendes steuerliches **Sonderbetriebsvermögen** eines Gesters (dazu Anm 210) darf daher ebenso wie sein übriges (privates) Vermögen in der handelsrechtlichen Bilanz *nicht* erfasst werden (IDW RS HFA 7 nF, Tz 12; *ADS*⁶ § 242 HGB Anm 21), obwohl das GesterVermögen im InsFall uU für die Befriedigung der Gläubiger der PersGes mit herangezogen werden kann (§ 128 HGB, für GbR analog). Das gilt auch, wenn es sich steuerlich um *notwendiges BetrVerm* handelt, auf dessen Ansatz in der StBil der PersGes nicht verzichtet werden darf (*ADS*⁶ § 264c HGB Anm 27), denn die Bilanz soll ein getreues Bild von der Lage der Ges und nicht von der Lage der Gester vermitteln (*Reiner* in MünchKomm HGB³ § 264c Anm 28).

II. Vorschriften zur Eröffnungsbilanz der Personengesellschaft 115–118 C

Für die mit der geleisteten Einlage oder dem SonderBetrVerm ggf zusammenhängenden Verbindlichkeiten der Gester sowie für deren übrige **Privatschulden** gilt ebenfalls ein Ansatzverbot (ADS^6 § 246 HGB Anm 434). Auch ein Kredit, den ein Gester zur EK-Ausstattung der PersGes aufgenommen hat, ist (wie die finanzierte Einlage von Gestern einer KapGes) *nicht* ohne Weiteres Bestandteil des GesVermögens und damit bei der Ges nicht passivierungsfähig; zur abw steuerlichen Behandlung Anm 188. **115**

Persönliche Steuerschulden (zB ESt) eines Gesters sind (anders als ggf beim Einzelunternehmer, B Anm 111) auch dann nicht passivierbar, wenn sie mit dem Anteil an der PersGes zusammenhängen (*Herrmann* WPg 1994, 500; ADS^6 § 246 HGB Anm 209). Sofern nach dem GesVertrag ein Entnahmerecht in entspr Höhe besteht, sollten die erforderlichen Beträge allerdings wegen des drohenden Liquiditätsentzugs gesondert vermerkt werden (ADS^6 § 246 HGB Anm 442). **116**

Bei Gründung einer PersGes durch Aufnahme eines Gesters in ein bestehendes EinzelUnt gehen die Schulden und ungewissen Verbindlichkeiten des eingebrachten Unt sowie dessen laufende Vertragsbeziehungen *nicht ohne Weiteres* auf die PersGes über. Zur Wirksamkeit der **Schuldübernahme** bedarf es vielmehr einer ausdrücklichen Zustimmung der Vertragspartner bzw Gläubiger (§ 415 Abs 1 BGB; zum Mietvertrag BGH v 25.4.2001 DB, 1301). Dabei kann die Zustimmung der anderen Partei durch vorherige Einwilligung oder nachträgliche Genehmigung erteilt werden (Erst-Recht-Schluss aus dem Wortlaut des § 415 BGB). Sofern die Schuldübernahme durch die PersGes lediglich als Sonderentgelt (Entschuldung) zwischen den Gestern vereinbart ist (Erfüllungsübernahme, § 415 Abs 3 BGB), hat die PersGes den Gesamtbetrag der in dieser Weise übernommenen Verpflichtungen als *Verbindlichkeiten ggü dem einbringenden Gester* zu passivieren (vgl allg *Grottel / Haußer* in Beck Bil-Komm[12] § 251 Anm 30). Zu möglichen GewStBelastungen beim GesterWechsel Anm 196. **117**

Sonderentgelt in Form der Schuldübernahme iZm der Einbringung von VG unterliegt bei dem einbringenden Gester der USt (BFH v 15.5.1997 BStBl II, 705), sofern es sich nicht um die Einbringung eines Unt oder eines gesondert geführten Betriebs im Ganzen nach § 1 Abs 1a UStG handelt (UStAE 1.6; dazu B Anm 100). Die Steuerbefreiung nach § 4 Nr 8a UStG ist auf den Fall der gemischten Sacheinlage (D Anm 52) nicht anzuwenden (UStAE 4.8.11). Unter den Voraussetzungen des § 15 UStG hat die PersGes daher in der EB außer den eingebrachten VG ggf auch einen entspr **Vorsteuererstattungsanspruch** zu aktivieren, wenn die VG zur Ausführung steuerpflichtiger Umsätze bestimmt sind. Voraussetzung ist, dass die unternehmerische Tätigkeit der PersGes (dazu B Anm 101) bereits begonnen hat (zB durch Abgabe eines Leistungsangebots, BFH v 18.11.1999 BStBl II 2000, 241; zum Beginn der GewStPflicht einer gewerblich geprägten vermögensverwaltenden PersGes Hessisches FG v 8.11.2001 DStRE 2003, 25) und ihr der Gester als Unternehmer iSd UStG für seine Sacheinlage (Lieferung) eine Rechnung mit offenem Ausweis der Bemessungsgrundlage (Entgelt) sowie der USt stellt. In diesem Fall ist die verrechenbare Vorsteuer dem Kapitalkonto des Einbringenden zusätzlich gutzuschreiben, sofern ihm die in Rechnung gestellte USt nicht ausgezahlt werden soll (Verbindlichkeit ggü Gester). **118**

UStBeträge, die der Ges von Dritten für Leistungen zur Gründung und EK-Beschaffung (Anm 95, zB Rechtsberatung) in Rechnung gestellt wurden, sind nach § 15 Abs 2 Nr 1 UStG aufgrund der Steuerfreiheit der Ausgabe von GesAnteilen (§ 4 Nr 8f UStG) v Vorsteuerabzug ausgeschlossen (BFH v 1.7.2004 BStBl II, 1022).

119 Besonderheiten gelten für **Vorgründungsgesellschaften,** deren Geschäftszweck sich darin erschöpft, den Geschäftsbetrieb einer späteren KapGes vorzubereiten (zur Problematik *Grett* DStR 2001, 968). Sofern der eigentliche Geschäftsbetrieb noch nicht aufgenommen wurde, fehlt ihnen nach Auffassung der FinVerw idR die Unternehmereigenschaft (OFD Erfurt 21.7.1997 DStR, 1811; kritisch *Zugmaier* DStR 2000, 2176). Dies hat grds zur Folge, dass der Vorsteuerabzug für bereits eingekaufte Leistungen versagt wird (OFD Saarbrücken 20.4.1994 GmbHR 1995, 605), wenn die Vorgründungs-Ges nicht selbst bereits nachhaltig Leistungen *gegen Entgelt* erbringt (BMF 2.12.1996 BStBl I, 1462), sondern *ohne Weiteres* nur die bezogenen Leistungen (zB Einrichtungsgegenstände, Marktanalysen) auf die später entstehende VorGes überträgt. Ein Vorsteuerabzug ist bei der VorgründungsGes nur möglich, soweit sie die von ihr bezogenen Leistungen in Form eines eigenständigen Hilfsumsatzes *entgeltlich* und nicht steuerbefreit an die VorGes weitergibt (OFD Frankfurt am Main 30.3.2005 DStR, 1099; FinMin Thüringen 10.11.1998 DStR, 1965). Es ist evtl unschädlich, wenn es sich dabei um eine nicht steuerbare Geschäftsveräußerung im Ganzen handelt (BFH v 15.7.2004 BStBl II 2005, 155).

120 Wurden die Verpflichtungen des Einzelunternehmers bei Gründung einer PersGes ausnahmsweise *nicht* übernommen, besteht wegen § 28 HGB eine gesetzliche **Haftung** der PersGes für fremde Verbindlichkeiten, die nach § 251 HGB unter dem Strich der EB (ggf zusammen mit anderen Haftungsverhältnissen in einem Betrag) zu vermerken ist. Voraussetzung einer Haftung nach § 28 HGB ist immer die Kaufmannseigenschaft des eingebrachten Unt (dazu B Anm 6, B Anm 46 ff). Ein entspr Haftungsrisiko besteht auch bei Übernahme eines Geschäftsbetriebs durch eine KapGes iG, wenn es sich bei ihr um eine sog unechte VorGes handelt (dazu D Anm 17), bei der die Absicht der Eintragung als KapGes von vornherein nicht bestanden hatte (BGH v 18.1.2000 DStR, 740). Große PersGes iSv § 3 Abs 1 PublG und KapCo-Ges iSv § 264a HGB müssen den Haftungsbetrag gesondert beziffern (ggf auch mit dem Hinweis, dass die Verpflichtung ggü verbundenen Unt besteht) und darüber hinaus auch evtl bestehende Pfandrechte und sonstige Sicherheiten angeben (§ 268 Abs 7 HGB iVm § 264a HGB bzw § 5 Abs 1 S 2 PublG). Soweit wegen unzureichender Bonität des einbringenden Gesters eine Inanspruchnahme der PersGes zu erwarten ist, muss ggf eine Rückstellung für ungewisse Verbindlichkeiten angesetzt werden. Entsprechendes gilt für die Einlage von VG, wenn sie mit Pfand- oder Sicherungsrechten Dritter (zB Hypothek, Eigentumsvorbehalt oder Sicherungsübereignung) belastet sind (Anm 90). Der Rückstellung steht in diesem Fall eine bedingte Rückgriffsforderung gegen den betr Gester in gleicher Höhe ggü; sie ist uE als (nicht eingeforderte) ausstehende Einlage (Anm 130) zu behandeln und von dem Kapitalanteil des Gesters offen abzusetzen (Anm 112).

II. Vorschriften zur Eröffnungsbilanz der Personengesellschaft 123–127 **C**

3. Gliederung und Ausweis
a) Allgemeine Grundsätze

Die Anforderungen an die **Gliederung** der EB der PersGes ergeben sich 123
allg aus § 247 Abs 1 iVm § 242 Abs 1 S 2 HGB. Danach ist (wie beim Einzelunternehmer, B Anm 125 f; B Anm 129 f) nur vorgeschrieben, „das Anlage- und das Umlaufvermögen, das Eigenkapital, die Schulden sowie die Rechnungsabgrenzungsposten gesondert auszuweisen und hinreichend aufzugliedern". Die Vorschrift soll eine für alle Unt *einheitliche Gruppierung der Hauptposten* der Bilanz bezwecken (dazu *Schubert/Waubke* in Beck BilKomm[12] § 247 Anm 4 ff). Darüber hinaus enthält § 264c HGB für KapCoGes spezifische Regelungen zur Gliederung des EK (Anm 131), die jedoch weitgehend allgemeingültig sein dürften. Für EinzelKfl und PersGes folgen die Anforderungen an eine Mindestgliederung daher lediglich aus den GoB, § 247 HGB.

Ohne eine weitergehende **Aufgliederung** der Hauptposten erfüllt eine 124
Gruppierung nach § 247 Abs 1 HGB die an eine Mindestgliederung zu stellenden Anforderungen noch nicht. Der Umfang der erforderlichen Untergliederung der EB ist vielmehr im Rahmen der GoB (§ 243 Abs 1 HGB) und des Gebots der Klarheit und Übersichtlichkeit (§ 243 Abs 2 HGB) in sachgerechter Weise zu bestimmen. IdR empfiehlt sich dabei eine Anlehnung an die für kleine KapGes (dazu D Anm 226) nach § 266 Abs 1 S 3 HGB vorgeschriebene Mindestgliederung (IDW RS HFA 7 nF, Tz 40 f). PersGes iSv § 3 Abs 1 PublG müssen ebenfalls das Gliederungsschema des § 266 HGB anwenden, soweit für sie keine branchenspezifischen Sonderregelungen gelten (§ 5 Abs 1 S 2, S 3 PublG).

b) Eigenkapital und Gesellschafterkonten

Das Recht der PersGes kennt grds nur einen **Kapitalanteil,** nämlich 127
den (idR festen) „Beitrag" der Gester einer GbR (§§ 706, 707 BGB) oder bei OHG/KG den „Kapitalanteil" der phG (§§ 120 Abs 2, 122 HGB) bzw die „bedungene Einlage" der Kommanditisten (§ 167 Abs 2 HGB). In der Bilanz der PersGes sind diese Kapitalanteile der Gester anstelle des Gliederungspostens „Gezeichnetes Kapital" (ggf nach Komplementären und Kommanditisten getrennt addiert, Anm 129) auszuweisen (§ 264c Abs 2 S 2, S 6 HGB); zum steuerlichen Kapitalanteil Anm 185. Der Kapitalanteil ergibt sich als Saldo von Einlagen und Gewinnanteilen einerseits und Entnahmen und Verlustanteilen andererseits, § 120 Abs 2 HGB (*Ballwieser* in MünchKomm HGB[3] § 247 Anm 59).

Neben dem Festkapital jedes Gesters, an dem gewöhnlich die Stimmrechte anknüpfen, sehen die GesVerträge idR jedoch zur gesonderten buchmäßigen Erfassung thesaurierter Gewinnanteile und zusätzlicher Einlagen bzw Entnahmen (§§ 122 Abs 1, 169 HGB) meist noch diverse variable Konten sowie idR auch ein besonderes Verlustverrechnungskonto vor (dazu umfassend *Röhrig/Doege* DStR 2006, 489; *Ley* KÖSDI 2002, 13461; vgl auch *Horn* BuW 2001, 624; *Oppenländer* DStR 1999, 939; *Freidank* WPg 1994, 397; *Huber* ZGR 1988, 1). Die Zuordnung dieser Konten zum Kapitalanteil bzw überhaupt zum bilanziellen EK der Ges bestimmt sich nach den jeweils bestehenden gesellschaftsvertraglichen Vereinbarungen über Pflichteinlagen und Verlustverrechnung (§§ 109, 163 HGB; dazu *Ley* KÖSDI 2002, 13 461; *Rodewald* GmbHR 1998, 521). Dabei ist ggf im Wege der Auslegung zu ermitteln, ob es sich im Einzelfall um eine Bet oder um Forderungsrechte des Gesters handelt; eine evtl Beschränkung der Entnahmerechte ist nicht entscheidend (OLG Köln v 11.1.2000 ZIP, 1728). Ein GesterKonto ist jedenfalls dann als EK zu qualifizieren, wenn darauf unmittelbar Verlustanteile gebucht werden sollen (zur teilentgeltlichen Übertragung einzelner WG BFH v 19.3.2014 BeckRS, 95399, sowie nachfolgend BFH, Beschluss v 27.10.2015 DStR, 2834). Dagegen gehört ein Konto nicht zum EK, wenn es einen unentziehbaren, nur nach den §§ 362 bis 397 BGB erlöschenden Anspruch des Gesters gegen die PersGes verkörpert, der ggf als InsForderung geltend gemacht werden kann und nicht erst im Rahmen der Auseinandersetzung zu erfüllen ist (iE ebenso *ADS*[6] § 247 HGB Anm 64; *Schmidt/Hoffmann* in Beck Bil-Komm[12] § 247 Anm 160; IDW RS HFA 7 nF, Tz 13; *Bundessteuerberaterkammer* DStR 2006, 668). Demnach liegt EK nur dann vor, wenn künftige Verluste dem jeweiligen Konto bis zur vollen Höhe – auch mit Wirkung ggü den GesGläubigern – zu belasten sind und wenn im Fall der Ins der Ges eine InsForderung nicht geltend gemacht werden darf oder wenn bei einer Liq der Ges Ansprüche erst nach der Befriedigung aller GesGläubiger mit dem sonstigen EK auszugleichen sind (IDW RS HFA 7 nF, Tz 13). Sollen auf einem besonderen „Kapitalkonto" lediglich Gewinnanteile ohne etwaige Verluste gutgeschrieben werden, ist dies als Indiz für ein verdecktes Darlehenskonto anzusehen (Hessisches FG v 16.5.2000 EFG, 1013 und insoweit gleichlautend BFH v 5.6.2002 BStBl II 2004, 344). Dies gilt auch, wenn nach dem GesVertrag im Verlustfall zwar eine Nachschusspflicht der Gester besteht, die aber jeweils (ggf durch Verrechnung mit einer bestehenden GesterForderung) individuell zu erbringen ist (BFH v 3.2.1988 BStBl II, 551; ebenso *Hollatz* DStR 1994, 1676). EK ersetzende Darlehen bleiben FK der PersGes (BFH v 28.3.2000 BStBl II, 348). Die Verzinslichkeit der Salden ist ebenfalls kein entscheidendes Kriterium, da eine Verzinsung von FK (§§ 110, 111 HGB) ebenso wie die Verzinsung der Kapitalanteile als Vorabgewinnabrede (§§ 121 Abs 1 u 2, 168 Abs 1 HGB) gleichermaßen üblich und typisch ist (BFH v 4.5.2000 BStBl II 2001, 173; BMF v 30.5.1997 BStBl I, 627). Sieht der GesVertrag bei nicht ausreichendem Ergebnis eine Ermäßigung der Verzinsung vor (§ 121 Abs 1 S 2 HGB), kann dies allerdings ein Indiz für den EK-Charakter des betr GesterKontos sein (BFH v 3.2.1988 BStBl II, 551; ebenso *Hollatz* DStR 1994, 1676).

Das EK darf auch nicht durch Ansatz von VG erhöht werden, die nicht zum Gesamthandsvermögen der Ges gehören, sondern im Eigentum einzelner Gester stehen (Anm 113).

128 Abgesehen von der Bilanz der KapCoGes (Anm 131) ist der Ausweis des EK der PersGes nicht näher geregelt. Als **Mindestaufgliederung** ist zur Beurteilung der Kapitaleinzahlung durch Kommanditisten aber eine Unterscheidung zwischen den Kapitalanteilen der phG einerseits sowie den Haft-/Pflichteinlagen und Sonderkapitalkonten von Kommanditisten andererseits erforderlich (*Bundessteuerberaterkammer* DStR 2006, 671; IDW RS HFA 7,

II. Vorschriften zur Eröffnungsbilanz der Personengesellschaft

Tz 32). Insoweit dürfen die Kapitalanteile der phG wahlweise gesondert oder zusammengefasst in der Bilanz ausgewiesen werden. Eine Zusammenfassung mit den Kapitaleinlagen der Kommanditisten ist aber nicht zulässig. Dabei empfiehlt es sich aus Gründen der Vergleichbarkeit, sich an den für KapCoGes geltenden Anforderungen (Anm 131) zu orientieren (s auch *Bingel/Weidenhammer* DStR 2006, 679). Entsprechendes gilt für GbR, wenn im GesVertrag eine Pflichteinlage und ggf eine intern darauf beschränkte Haftung einzelner Gester vereinbart wurde; für Einlagen stiller Gester B Anm 131.

Darüber hinaus empfiehlt es sich, die jederzeit entnahmefähigen EK-Teile besonders kenntlich zu machen. Stattdessen kann auch das der PersGes dauerhaft gewidmete *Festkapital* unter entspr Bezeichnung (zB Pflichteinlage der persönlich haftenden Gester, Hafteinlage der Kommanditisten) vorspaltig als Bestandteil des Kapitalanteils und getrennt von den Zusatzeinlagen und den übrigen EK-Bestandteilen *(variables Kapital)* gezeigt werden (Anm 131). Aus Gründen der Klarheit darf hierfür aber *nicht* die Bezeichnung „Gezeichnetes Kapital" verwendet werden (Anm 127), da sie für KapGes reserviert ist (*Herrmann* WPg 1994, 508); die entspr ausdrückliche Regelung des § 264c Abs 2 S 1 HGB dürfte nicht nur für KapCoGes gelten.

Unter Beachtung der erforderlichen Mindestaufgliederung des EK (Anm 128, 131) ist nach hM grds eine Zusammenfassung und ggf Saldierung über alle Konten jedes einzelnen Gesters zulässig, soweit sie zum EK gehören. *Positive Salden* dürfen wiederum zusammengefasst und ohne Aufgliederung nach Gestern in einer Summe als EK der PersGes ausgewiesen werden (*Schmidt/K. Hoffmann* in Beck Bil-Komm¹² § 264c Anm 21). *Negative Salden* einzelner Gester dürfen aber nicht mit positiven Salden anderer verrechnet werden (*ADS*⁶ § 264c HGB Anm 22, *Schmidt/K. Hoffmann* in Beck Bil-Komm¹² § 264c Anm 21 mwN); sie müssen vielmehr als Negativkapital (Anm 132) oder als Forderung (Anm 133) gesondert aktiviert werden (§§ 264c Abs 2 S 4 ff iVm 246 Abs 2 HGB).

Ausstehende Pflichteinlagen (Anm 89) müssen nach § 264c Abs 1 HGB grds als Forderungen gegen Gester unter den Forderungen gesondert ausgewiesen werden (Anm 92), sofern es nicht im Einzelfall (zB wegen mangelnder Bonität des Gesters, Anm 112) vorzuziehen ist, den ausstehenden Betrag auf der Passivseite offen von dem (festen) Kapitalanteil abzusetzen (vgl auch *Bundessteuerberaterkammer* DStR 2006, 669; *ADS*⁶ § 247 HGB Anm 69 mwN). Noch *nicht eingeforderte Beträge* sind ggf besonders kenntlich zu machen. Da ihnen der Forderungscharakter fehlt, dürfte insoweit analog § 272 Abs 1 S 3 HGB nur in Betracht kommen, die Beträge jeweils getrennt nach Komplementären und Kommanditisten (so auch *Schmidt/K. Hoffmann* in Beck Bil-Komm¹² § 264c Anm 31) offen mit dem betr Kapitalanteil auf der Passivseite zu verrechnen.

Außerdem sind aufgrund des GesVertrags zu bildende **Rücklagen** *gesondert* auszuweisen (§ 264c Abs 2 S 1 und S 8 HGB). In der EB wird es sich dabei idR um eine Kapitalrücklage in Form eines vereinbarten Aufgelds auf die bedungene Pflichteinlage handeln; einer entspr Bezeichnung oder einer Aufteilung in Kapital- und Gewinnrücklagen (zB in der EB beim Übergang vom Kleingewerbe, Anm 43 f) bedarf es jedoch nicht (*Bundessteuerberaterkammer*

DStR 2006, 673; *ADS*[6] § 264c HGB Anm 26; IDW RS HFA 7 nF, Tz 46). Hinsichtlich des Ausweises wird zT die Ansicht vertreten, dass Rücklagen bei einer KG, die auf Einlagen beruhen, getrennt nach phG und Kommanditisten auszuweisen sind (*Schmidt/K. Hoffmann* in BeckBilKomm[12] § 264c Anm 34). Der Ausweis eines Verlustvortrags bzw eines **Bilanzverlusts** (Anm 95) in der EB kommt nur in Betracht, wenn vor dem Stichtag der EB bereits Verluste angefallen sind (zB während der Tätigkeit als Kleinunternehmer oder bei Buchwertfortführung nach Formwechsel) *und* soweit die kumulierten Verluste mangels Feststellung der Bilanz noch nicht mit dem Kapitalanteil zu verrechnen waren (*Schmidt/K. Hoffmann* in Beck Bil-Komm[12] § 264c Anm 40 ff; *von Kanitz* WPg 2003, 334). Wird die EB auf einen Stichtag im laufenden Gj aufgestellt (zB beim Übergang vom Kleingewerbe oder beim Eintritt weiterer Gester), sollte stattdessen ein Verlustvortrag und das seit Beginn des Gj bis zum Bilanzstichtag angefallene anteilige Jahresergebnis gesondert ausgewiesen werden. Entsprechendes gilt für einen Gewinnvortrag bzw **Bilanzgewinn** (unterjähriger Überschuss). Zum möglichen Ausweis eines **negativen Eigenkapitals** oder einer Ausgleichsforderung gegen Gester Anm 132 f.

131 Unter Berücksichtigung der Regelungen des § 264c HGB und der dargestellten Grundsätze empfiehlt es sich, in Anlehnung an die **Gliederung** des EK bei KapGes insb für KapCoGes und große PersGes iSv § 3 Abs 1 Nr 1 PublG folgendes Schema zu verwenden (s *Bingel/Weidenhammer* DStR 2006, 679; ähnlich *Bundessteuerberaterkammer* DStR 2006, 672 f):

A. Eigenkapital
   I. Gesellschafterkapital
      1. Kapitalanteile persönlich haftender Gester
         [wahlweise ggf weiter unterteilt nach Namen der Gester]
         a) Pflichteinlagen/Festkapital
         b) übrige Einlagen/variables Kapital
      2. Kapitalanteile der Kommanditisten
         a) Pflichteinlagen/Festkapital
         a) übrige Einlagen/variables Kapital
   II. Rücklagen [wahlweise mit weiterer Aufteilung in]
      1. Kapitalrücklage
      2. Gewinnrücklagen
         und ggf
   III. Verlustvortrag/Bilanzverlust

Soweit **Kommanditisten** ihre im HR gem § 172 Abs 1 HGB eingetragene *Hafteinlage* nicht geleistet haben (dazu auch Anm 93), ist der ausstehende Betrag in der EB von KapCoGes gesondert anzugeben (§ 264c Abs 2 S 9 HGB analog; dazu *Schmidt/K. Hoffmann* in Beck Bil-Komm[12] § 264c Anm 60 f); für andere PersGes ist diese Angabe ebenfalls zweckmäßig, aber nicht zwingend vorgeschrieben.

132 Bei Übernahme eines Geschäftsbetriebs kann uU in der EB eine **buchmäßige Überschuldung** auszuweisen sein. In diesem Fall kommt der Ausweis des Postens „**nicht durch Eigenkapital gedeckter Fehlbetrag**" iSv § 268 Abs 3 HGB aber nicht in Betracht. Vielmehr ist der Kapitalanteil der

II. Vorschriften zur Eröffnungsbilanz der Personengesellschaft 133 C

betr Gester zunächst mit dem Fehlbetrag zu verrechnen (264c Abs 2 S 3 HGB). Dies ergibt sich daraus, dass die Regelung des § 120 Abs 2 HGB lediglich hinsichtlich des Verlustes ein entspr Pendant in § 264c Abs 2 S 3 HGB gefunden hat (*Schmidt/K. Hoffmann* in Beck Bil-Komm[12] § 264c Anm 40). Der übersteigende Betrag ist, soweit keine Ausgleichspflicht des Gesters besteht (dazu Anm 133), unter der Bezeichnung „Nicht durch Vermögenseinlagen gedeckter Verlustanteil persönlich haftender Gesellschafter" nach § 268 Abs 3 HGB auf der Aktivseite am Schluss der Bilanz gesondert auszuweisen (§ 264c Abs 2 S 5 HGB; *Schmidt/K. Hoffmann* in Beck Bil-Komm[12] § 264c Anm 43; ebenso *Bundessteuerberaterkammer* DStR 2006, 672). Da das negative Kapitalkonto eines persönlich haftenden Gesters nicht ohne Weiteres ein Forderungsrecht der PersGes, sondern nur einen internen Ausgleichsanspruch der MitGester für den Fall der Auseinandersetzung darstellt (BGH v 3.5.1999 DStR, 1081), dürfte diese Ausweisregelung nicht nur für KapCoGes, sondern allg für PersGes gelten. Daneben sind evtl Fehlbetragsanteile von Kommanditisten unter entspr Postenbezeichnung (zB „Nicht durch Vermögenseinlagen gedeckter Verlustanteil von Kommanditisten") gesondert auszuweisen (§ 264c Abs 2 S 8 HGB; *Schmidt/K. Hoffmann* in Beck Bil-Komm[12] § 264c Anm 52; ebenso *Bundessteuerberaterkammer* DStR 2006, 672).

Soweit eine **Einzahlungsverpflichtung von Gesellschaftern** besteht, ist 133 der Anspruch in der EB unter den Forderungen (getrennt von anderen Forderungen aus Rechtsbeziehungen mit Gestern, *ADS*[6] § 264c HGB Anm 21) gesondert auszuweisen; KapGoGes müssen dafür die Postenbezeichnung „Einzahlungsverpflichtungen phG" bzw „Einzahlungsverpflichtungen von Kommanditisten" verwenden (§ 264c Abs 2 S 4 und S 6 HGB). Dies gründet in der Befürchtung, dass bei einer Saldierung von negativen und positiven Kapitalanteilen etwaige Einzahlungsverpflichtungen nicht mehr aus der Bilanz ersichtlich wären (*Reiner* in MünchKomm HGB[3] § 264c Anm 21). Ein entspr Anspruch der PersGes dürfte aber nur in Ausnahmefällen bestehen, zB wenn die vereinbarte Pflichteinlage noch nicht vollständig geleistet (Anm 130) oder durch Entnahmen wieder unterschritten wurde (§ 264c Abs 2 S 7 HGB). Sind bis zum Stichtag der EB (Anm 33 ff) Verluste aufgelaufen, haben die phG von **OHG** und **KG** zwar aufgrund ihrer persönlichen Haftung ggü den Gläubigern der PersGes (§§ 128, 161 Abs 2 HGB) in unbeschränkter Höhe, im Innenverhältnis nach dem Verhältnis ihrer Bet, für einen Fehlbetrag aufzukommen (§ 735 BGB). Die PersGes kann jedoch in ihrer EB *keine* entspr Forderung gegen Gester ansetzen (§§ 707 BGB iVm 105 Abs 2 HGB), sofern im GesVertrag keine ausdrückliche Regelung über eine Nachschusspflicht getroffen wurde (BGH v 27.9.1982 WM, 1311; zur Nachschusspflicht eines Gesters einer PublikumsGes bei nicht hinreichend konkreter vertraglicher Vereinbarung OLG Celle v 21.12.2005 NJW-RR 2006, 539 rkr). Eine evtl außerhalb des GesVertrags eingegangene Verpflichtung ggü (einzelnen) Mit-Gestern ist nicht ausreichend, um einen Anspruch der Ges zu begründen (*ADS*[6] § 264c HGB Anm 20). Bei **GbR** führt der Eintritt nach dem Akzessorietätsgrundsatz (zuletzt BGH v 8.2.2011 NJW, 2045) ebenfalls gem § 130 HGB analog zu einer Haftung des eintretenden Gesters (*Roth* in Baumbach/Hopt[38] HGB § 130 Anm 3 mwN).

c) **Weitere Bilanzposten**

136 Wenn zum Gesamthandsvermögen einer PersGes auch Anteile an ihrer persönlich haftenden Gesterin (zB Komplementär-GmbH im Falle einer Einheits-GmbH & Co KG) gehören, sind derartige RückBet als **Anteile an der persönlich haftenden Gesellschafterin** in der Bilanz besonders kenntlich zu machen; bei Anteilen an KapGes ist auch der Nennbetrag bzw das anteilige Nennkapital zu vermerken (*Herrmann* WPg 1994, 508). KapCoGes müssen ihre Anteile an KomplementärGes im Anlagevermögen entweder als „Anteile an verbundenen Unt" (§ 271 Abs 2 HGB) oder als „Bet" (§ 271 Abs 1 HGB) ausweisen (§ 264c Abs 4 S 1 HGB). Nach der Begr zum RegE (BT-Drs 14/1806, 21) ist innerhalb dieser Posten ein gesonderter Ausweis erforderlich (hM, *Schmidt/K. Hoffmann* in Beck Bil-Komm[12] § 264c Anm 80, *ADS*[6] § 264c HGB Anm 29). Dies ist durch Untergliederung des Postens, durch Davon-Vermerk oder durch Erl des Postens im Anhang möglich (*Schmidt/K. Hoffmann* in Beck Bil-Komm[12] § 264c Anm 80).

In Höhe des aktivierten Betrags ist für diese Anteile nach dem Posten „EK" ferner ein **Sonderposten** unter der Bezeichnung „Ausgleichsposten für aktivierte eigene Anteile" zu bilden (§ 264c Abs 4 S 2 HGB). Teilweise wird die Auffassung vertreten, entgegen dem Wortlaut sei dies nach dem Sinn der Vorschrift nach der RegBegr (Verhinderung eines zu hohen Kapitals aufgrund Gewährung der KG letztlich „an sich selbst") dann nicht erforderlich, wenn die Komplementär-GmbH keine Einlage in die KG geleistet hat und neben den Anteilen weiteres wesentliches Vermögen besitzt (so *Ischebeck/Nissen-Schmidt* in HdR[5] § 264c Anm 34 ff; *Schmidt/K. Hoffmann* in Beck Bil-Komm[12] § 264c Anm 86; aA *ADS*[6] § 264c HGB Anm 29 und wohl auch *Bundessteuerberaterkammer* DStR 2006, 674). Das EK wird durch Bildung des Sonderpostens entspr reduziert, da er nicht zum bilanziellen EK gehört. Der Sonderposten ist in der EB stets zu Lasten vorhandener Rücklagen oder eines Ergebnisvortrags zu bilden (§ 272 Abs 4 S 3 HGB iVm § 264c Abs 4 S 2 HGB). Somit kommt eine generelle Verrechnung mit dem Kapitalanteil der phG (so *ADS*[6] § 264c HGB Anm 30;) nicht in Betracht, weil dies einer unzulässigen Beschränkung *nur ihrer* Entnahmerechte (§ 122 HGB) gleichkäme und die Kommanditisten zweckwidrig begünstigen würde. Da der Posten die individuellen Kapitalanteile der Gester nicht direkt berührt, ist stattdessen nur eine *anteilige Verrechnung* mit den Kapitalanteilen aller Gester im Rahmen der Ergebniszurechnung nach §§ 120 Abs 2, 167 Abs 1 HGB zulässig, soweit der Betrag nicht aus den Rücklagen (oder einem Bilanzgewinnvortrag) entnommen werden kann (IDW RS HFA 7 nF, Tz 16).

137 Für die Behandlung von Anteilen am Kapitaleigner Kommanditisten existieren keine spezifischen Vorschriften. Ein gesonderter Ausweis der betr UntAnteile ist somit im Gegensatz zu RückBet an KomplementärGes (Anm 136) nicht vorgeschrieben. Bei wirtschaftlicher Betrachtung handelt es sich um **Anteile der Gesellschaft am eigenen Kommanditkapital.** Es erscheint daher zumindest bei KapCoGes geboten, derartige Rückbeteiligungen unter dem Posten „eigene Anteile" im Umlaufvermögen gesondert auszuweisen (§§ 265 Abs 3, 266 Abs 2 [B.III.2.] iVm § 264a Abs 1 HGB analog, aA wohl *Ischebeck/Nissen-Schmidt* in HdR[5] § 264c Anm 37). Vorzuziehen ist

III. Feststellung, Prüfung, Offenlegung und Aufbewahrung

aber die offene Verrechnung mit dem Kapitalanteil der betr Kommanditistin, zumal es eigene Anteile ieS bei PersGes streng genommen nicht geben kann, da die Anteile eines ausgeschiedenen oder geringer beteiligten Gesters im Grunde anteilig den verbleibenden Gestern zustehen müssten (§ 738 S 1 BGB iVm §§ 105 Abs 3, 161 Abs 2 HGB). Demnach muss in einem solchen Fall kein Sonderposten gebildet werden (*Ischenbeck/Nissen-Schmidt* in HdR[5] § 264c Anm 37).

Im Übrigen gelten für RückBet die allg Grundsätze (§ 264a Abs 1 HGB). Danach ist in der EB von KapCoGes jedenfalls für (RückBet-)*Anteile an herrschenden oder mit Mehrheit beteiligten Kommanditisten,* soweit sie nicht von dem betr Kapitalanteil abgesetzt wurden, innerhalb des EK zu Lasten der Rücklagen oder eines Bilanzverlusts eine **Rücklage nach § 272 Abs 4 HGB** zu bilden, die als Entnahmesperre wirkt (so wohl auch IDW RS HFA 7 nF, Tz 17). Für eine darüber hinausgehende Entnahmesperre auch für RückBet an MinderheitsKommanditisten fehlt es an einer Rechtsgrundlage. Gleichwohl dürfte es bei KapCoGes zur Erhaltung der Hafteinlagen der Kommanditisten erforderlich sein, insoweit ebenfalls eine Rücklage analog § 272 Abs 4 HGB zu bilden. Zweck dieser Rücklage ist eine Ausschüttungssperre, mit der sichergestellt werden soll, dass der Erwerb der Anteile nicht zur – wenn auch nur mittelbaren – Rückzahlung von Grund- oder Stammkapital oder ähnlicher offener Rücklagen führt, für die satzungsmäßige Bindungen bzw Zweckbestimmungen gelten (*Störk/Kliem/Meyer* in Beck Bil-Komm[12] § 272 Anm 301). Unabhängig davon besteht uE eine Haftung des betr Kommanditisten nach der Fiktion des § 172 Abs 4 HGB (so auch *Merkt* in Baumbach/Hopt[38] HGB § 268 Anm 9).

Wegen der Verpflichtung zum Vermerk von **Eventualverbindlichkeiten** nach § 251 HGB in der EB wird auf B Anm 137 verwiesen; zur Haftung nach § 28 HGB Anm 120. Für KapCoGes gelten nach § 264a Abs 1 HGB insoweit die strengeren Anforderungen des § 268 Abs 7 HGB (dazu D Anm 166).

III. Feststellung, Prüfung, Offenlegung und Aufbewahrung

1. Unterzeichnung, Feststellung und Prüfung

Nach § 245 iVm § 242 Abs 1 S 2 HGB ist die EB unter Angabe des Datums von *allen* phG der PersGes zu unterzeichnen (zur Einbeziehung des Inventars B Anm 140). Dies gilt auch für Komplementäre, denen die Befugnis zur Geschäftsführung oder Vertretung durch GesVertrag (§§ 114 Abs 2, 125 Abs 2 HGB) eingeschränkt oder durch Gerichtsbeschluss (§§ 117, 127 HGB) entzogen wurde (*Pöschke* in Großkomm HGB[5] § 245 Anm 13). Mit der persönlichen **Unterschrift** übernehmen die phG als gesetzliche Vertretungsorgane der PersGes (Anm 15 ff) die Verantwortung für die Gesetzmäßigkeit der EB (BGH v 27.2.1962 BB, 426) und ihre rechtzeitige Aufstellung (dazu B Anm 63 ff). Sie erfüllen mit der Vorlage der unterschriebenen Bilanz zugleich ihre Rechenschaftspflichten ggü den MitGestern (§§ 713, 666 BGB). Sie hat bloße Beweisfunktion (*Merkt* in Baumbach/Hopt[38] HGB § 245 Anm 1). Eine Vertretung (zB durch Prokuristen) ist dabei grds nicht zulässig (*Ellerich/Swart* in HdR⁵ § 245 Anm 5 mwN). Ausnahmen bestehen aber zB insofern, als die gesetzlichen Vertreter von KomplementärKapGes (§ 78 Abs 1 AktG, § 35 Abs 1 GmbHG) oder die Eltern bzw der Vormund minderjähriger phG (§§ 107, 1629, 1773, 1793 Abs 1 BGB) die EB der PersGes wirksam unterzeichnen können.

143   Mit der Unterzeichnung dokumentieren die phG zugleich die **Billigung** der Wertansätze in der aufgestellten EB sowie ihr Einvernehmen bzgl der finanziellen Ausgangsbasis ihrer künftigen gemeinsamen Geschäftstätigkeit, indem sie damit durch *rechtsgeschäftliches Schuldanerkenntnis* (BGH v 11.1.1960 WM, 187; zu den Folgen bei Über- und Unterbewertung *Wimmer*, DStR 1997, 1931) den Buchwert der Kapitalkonten und Entnahmeansprüche ggü den übrigen MitGestern am EB-Stichtag festlegen (*Ellerich/Swart* in HdR⁵ § 245 Anm 1), die Unterzeichnung begründet jedoch kein Schuldanerkenntnis ggü den Gläubigern. Damit ist bei **OHG** und **GbR** (wie beim Einzelunternehmer, B Anm 141) zugleich eine konkludente **Feststellung** der Bilanz verbunden (arg ex § 4 Abs 3 PublG; aA wohl *Pöschke* in Großkomm HGB⁵ § 245 Anm 2 unter Verkennung der Feststellungswirkung der Unterschrift beim EKfm). Bei **KG** (auch GmbH & Co KG) bedarf es dagegen neben der Billigung durch den oder die phG bzw ihre gesetzlichen Vertreter zusätzlich einer Mitwirkung der Kommanditisten entweder durch Mitunterschrift der Bilanz (BGH v 27.2.1962 BB, 426) oder im Rahmen eines Beschlusses der GesVersammlung (dazu Anm 145). Dies ist im Gründungsstadium einer PersGes für Kapitalanleger (zB bei PublikumsKG) von besonderer Bedeutung, da das Recht der PersGes einen Gründungsbericht nicht kennt und ohne entspr Vereinbarung im GesVertrag kein jederzeitiges Rückgaberecht für die Anteile besteht bzw es idR an einem funktionsfähigen Markt für Beteiligungen an PersGes fehlt.

144   Soweit die Geschäfte der PersGes durch andere Geschäftsleiter geführt werden (dazu Anm 17, B Anm 19) oder phG aus anderen Gründen nicht selbst bei der Aufstellung mitwirken (Anm 18), haben sie für Zwecke der Prüfung der Bilanz ein Recht auf umfassende **Auskünfte** und Rechenschaft durch die Geschäftsführung. § 242 HGB zwingt damit den Kfm im Interesse des Gläubigerschutzes zur ohnehin gebotenen Selbstkontrolle und Selbstinformation (*Böcking/Gros* in Ebenroth/Boujong HGB⁴ § 242 Anm 3).

145   Im Hinblick auf die Bedeutung der Wertansätze für künftige Gj müsste die EB ebenso wie der JA festgestellt werden, eine allgemeine Pflicht zur Feststellung der EB sieht das Gesetz dem Wortlaut nach jedoch nicht vor (*Pöschke* in Großkomm HGB⁵ § 242 Anm 22, 33 mwN). Erfolgt eine **Feststellung,** legen die Gester die Rechtsverbindlichkeit der Bilanz im Verhältnis zueinander fest. Da es sich um ein gesellschaftsrechtliches Grundlagengeschäft handelt (BGH v 29.3.1996 DB, 927), ist grds eine übereinstimmende Willenserklärung aller Gester erforderlich (§§ 161 Abs 2, 119 Abs 1 HGB), sofern nicht nach GesVertrag ein Mehrheitsbeschluss ausreicht (*ADS*⁶ § 8 PublG Anm 2 mwN; grundlegend BGH v 15.1.2007 DB, 564). Bei der Feststellung sind die für die Aufstellung geltenden Vorschriften anzuwenden (§ 8 Abs 2 PublG iVm § 242 Abs 1 S 2 HGB), dh die Gester können eine fehlerhafte Bilanz nicht wirksam feststellen.

III. Feststellung, Prüfung, Offenlegung und Aufbewahrung 146–155 C

146 Die EB einer PersGes unterliegt im Allgemeinen weder nach §§ 316 ff HGB noch nach § 6 PublG einer gesetzlichen Pflichtprüfung (dazu B Anm 143). Eine Pflicht zur **Prüfung** durch AP (oder den AR bzw Gester-Beirat) kann sich daher allenfalls aus dem GesVertrag oder einem entspr Beschluss der Gester ergeben. In diesem Fall wird der AP von der GesVersammlung bestellt, soweit der GesVertrag nicht etwas anderes vorsieht (§ 6 Abs 3 S 1 PublG analog). Hierzu bedarf es wiederum der Mitwirkung aller Gester (BGH v 24.3.1980 BGHZ 76, 338), sofern der GesVertrag nicht ein anderes Verfahren vorsieht (*ADS*[6] § 6 PublG Anm 22 mwN). Alle Gester haben ferner Anspruch auf Herausgabe einer Abschrift des PrüfBer (BGH v 11.7.1988 WM, 1447).

147 Eine *freiwillige Prüfung* der aufgestellten EB kann allerdings zweckmäßig sein, wenn damit zugleich die Grundlagen für eine ordnungsgemäße Buchführung und die Richtigkeit nachfolgender JA gelegt werden sollen. Bei Übernahme von Unt empfiehlt sich die Prüfung aber auch wegen der damit verbundenen Haftungsrisiken der Gester und dem Übergang der Verantwortlichkeit auf die Komplementäre (dazu Anm 15 ff).

148 Für Gegenstand und Umfang einer evtl Prüfung gelten die für eine gesetzliche Prüfung maßgebenden Vorschriften (§ 317 Abs 1 HGB) entspr, wenn ein BVm auf Basis von § 322 Abs 1 HGB erteilt werden soll (dazu B Anm 144). Wie beim Einzelunternehmer hat sich die Prüfung ausdrücklich auch darauf zu erstrecken, ob Privatvermögen der Gester (§ 264c Abs 3 HGB, § 5 Abs 4 PublG) nicht in die EB aufgenommen wurde (§ 6 Abs 2 PublG).

Über Art, Umfang und Ergebnis einer Prüfung ist schriftlich zu berichten (§ 321 Abs 1 S 1 HGB).

149 Nach der Feststellung ist eine **Änderung** der EB nur noch im Einvernehmen aller Gester zulässig (ebenso BGH v 11.1.1960 WM, 189 bei Anfechtung nach §§ 119, 123 BGB). Bei gesetzwidrigen Wertansätzen dürfte die Einwilligung zur Berichtigung der EB aber nicht verweigert werden können (im Einzelnen IDW RS HFA 6, zur Änderung von JA). Wurde die Bilanz bereits dem FA eingereicht, ist eine abw Wahlrechtsausübung mit steuerlicher Wirkung nur noch zulässig, wenn sie in engem zeitlichen und sachlichen Zusammenhang mit einer Bilanzberichtigung steht und soweit die Auswirkung der Änderung über die der Berichtigung nicht hinausreicht (§ 4 Abs 2 S 2 EStG iVm § 6 Abs 1 EStDV).

2. Offenlegung und Aufbewahrung

154 Für die EB der PersGes existieren keine Vorschriften über die **Offenlegung,** weil die §§ 325 ff HGB, § 9 PublG *nicht* zu den Vorschriften iSv § 242 Abs 1 S 2 HGB über die Aufstellung der EB gehören. Wie beim Einzelunternehmer (dazu B Anm 147) muss die EB aber ggf indirekt mit dem nachfolgenden JA offengelegt werden, weil in dessen Bilanz die Wertansätze der EB als Vergleichszahlen des Vj anzugeben sind (arg ex § 5 Abs 1 PublG bzw § 264 Abs 1 S 2 iVm § 265 Abs 2 S 1 HGB).

155 Unabhängig davon sind die vertretungsberechtigten phG einer *eingetragenen* PersGes nach § 2 Abs 2 S 1 PublG verpflichtet, die Öffentlichkeit *unverzüglich*

zu informieren, wenn das Vermögen eines anderen Unt auf die PersGes übergegangen ist *und* am Stichtag der EB mindestens zwei der drei Größenmerkmale des § 1 Abs 1 PublG zutreffen. Dazu ist in elektronischer Form eine **Erklärung** beim Betreiber des elektronischen BAnz (§ 2 Abs 2 S 2 PublG) einzureichen und bekannt machen zu lassen (§ 2 Abs 2 S 3 PublG), dass die Größenmerkmale überschritten sind. Andernfalls könnte das Registergericht uU seiner Überwachungspflicht nicht rechtzeitig nachkommen, ob die nach § 2 Abs 1 S 2 PublG auf den Stichtag des ersten JA bereits bestehenden Rechnungslegungs- und Publizitätspflichten eingehalten werden.

Die Nichtbeachtung ist bußgeldbewehrt (§ 20 Abs 2 PublG); die Erklärung kann jedoch nicht nach § 21 PublG erzwungen werden. Wenn Anlass für die Annahme besteht, dass die PersGes zur Rechnungslegung nach PublG verpflichtet ist, hat das Registergericht zur Prüfung dieser Frage stattdessen nach § 2 Abs 3 PublG einen sachverständigen Prüfer zu bestellen.

156 Nach § 257 Abs 4 iVm Abs 1 Nr 1 HGB ist die EB *zehn Jahre* **aufzubewahren**. Die Frist beginnt mit dem Schluss des Kj, in dem sie festgestellt wurde (§ 257 Abs 5 HGB); zur Feststellungswirkung der Unterschrift bei OHG und GbR Anm 143. Es ist stets die *Originalbilanz* in Papierform aufzubewahren; die bloße Archivierung auf Bild- oder einem anderen Datenträger ist nicht gestattet (§ 257 Abs 3 S 1 HGB). Zum Ort der Aufbewahrung B Anm 151.

IV. Steuerliche Eröffnungsbilanz der Personengesellschaften

1. Verantwortlichkeit und Aufstellungspflicht

163 Die PersGes als grds nichtrechtsfähige Personenvereinigung ist zwar Stpfl iSv § 33 AO, sie kann aber nicht selbst handeln. Daher sind die *steuerlichen Pflichten* der Ges (einschl der steuerlichen Buchführung und Bilanzierung) durch die **Geschäftsführer** (§ 34 Abs 1 AO) oder – wenn keine vorhanden sind – durch die **Mitunternehmer** (§ 34 Abs 2 AO) zu erfüllen (dazu BFH v 1.10.1992 BStBl II 1993, 82). Wie im Handelsrecht (Anm 16 ff) sind damit aber im Grunde nur die vertretungsberechtigten phG und ausnahmsweise auch Kommanditisten mit Prokura angesprochen (*Loose* in Tipke/Kruse[185] AO § 34 Anm 11). Für Kommanditisten ohne Prokura (Anm 20) besteht dagegen keine steuerliche Rechnungslegungspflicht (*Mösbauer* DB 1996, 2585).

164 Steuerliche Pflichten können sich zunächst aus dem HGB ergeben, denn nach § 140 AO sind außersteuerliche Rechnungslegungspflichten auch für steuerliche Zwecke zu beachten (im Einzelnen B Anm 159). Da § 140 AO keine weitergehenden Anforderungen stellt, bestimmt sich die Pflicht zur Aufstellung der EB und zur Einrichtung einer kaufmännischen Buchführung auch insoweit allein nach HGB (*Drüen* in Tipke/Kruse[185] AO § 140 Anm 8). Sie umfasst alle Betriebe und Teilbetriebe. Die Regelungen des HGB sind allerdings naturgemäß **personenbezogen**. Sie gelten daher nicht für die PersGes als solche, sondern verpflichten nur ihre geschäftsführenden Vertreter (dazu Anm 16 ff).

IV. Steuerliche Eröffnungsbilanz der Personengesellschaften 165–168 C

Die Personenbezogenheit der Rechnungslegung *nach HGB* schließt bei einem Vermögensübergang auf einen anderen Rechtsträger den Übergang von Buchführungs- und Bilanzierungspflichten auf diesen aus (ebenso *Mösbauer* DStZ 1997, 205). Vielmehr endet in diesem Fall die Rechnungslegung nach HGB für die bisher Verantwortlichen mit der Aufgabe der kfm Tätigkeit und beginnt bei den nunmehr Verantwortlichen mit der Aufnahme ihrer Tätigkeit neu. Letztere haben daher unter den Voraussetzungen der §§ 242 Abs 1 S 2 iVm 1 ff HGB **grundsätzlich** eine EB nach HGB (wegen § 140 AO auch für steuerliche Zwecke) aufzustellen (Anm 43 ff). 165

Die Rechnungslegung nach HGB umfasst stets das *gesamte Unternehmensvermögen* (Gesamthandsvermögen) der PersGes, unabhängig von der Zweckbestimmung seiner Bestandteile (Anm 107 f). Nach § 141 Abs 1 AO kann daneben (wie beim Einzelunternehmer, B Anm 160, B Anm 166) eine *originäre* steuerliche Rechnungslegungspflicht für einzelne **Betriebe** einer Ges bestehen, wenn diese die steuerlichen Größenkriterien überschreiten **und** das FA den Beginn der Buchführungspflicht für den betr Betrieb angeordnet hat (B Anm 163; im Einzelnen *Mösbauer* DB 1995, 398 f). Daher kann es uU vorkommen, dass *steuerlich* für einzelne Teile des Gesamthandsvermögens (Teilbetriebe) eine eigenständige Pflicht zur Rechnungslegung besteht, für andere dagegen nicht (*Drüen* in Tipke/Kruse[185] AO § 141 Anm 3) bzw erst dann eine *steuerliche* EB für sie aufzustellen ist, wenn die Buchführungspflicht vom FA zur Unterscheidung der Einkunftsarten angeordnet wurde (zB bei teils landwirtschaftlicher und teils gewerblicher Geschäftstätigkeit in zwei Teilbetrieben). Sofern die PersGes im HR eingetragen und damit Kfm ist, folgt nach § 140 AO die abgeleitete steuerliche Buchführungs- und Bilanzierungspflicht allerdings für alle (Teil-)Betriebe stets der handelsrechtlichen (Anm 164). 166

Die **betriebsbezogenen** *steuerlichen* Rechnungslegungspflichten gehen nach § 141 Abs 3 S 1 AO kraft Gesetzes grds auf denjenigen über, der den betr Betrieb im Ganzen *zur Bewirtschaftung* (Fortführung) übernimmt (dazu B Anm 30 ff), ohne dass es dazu einer Aufforderung des FA bedarf, weil die dem Übergeber bekannt gegebene Mitteilung auch für die nunmehr handelnden Personen gilt (§ 141 Abs 3 S 2 AO). Eine zusätzliche Mitteilung ist gleichwohl zulässig (BFH v 30.5.2007 BFH/NV, 2051). Dabei ist es unerheblich, ob es sich bei dem Übernehmer des Betriebs um einen Einzelunternehmer, eine KapGes oder eine andere PersGes handelt. Formal ist daher in diesen Fällen keine steuerliche EB erforderlich. Wenn in solchen Fällen nicht bereits nach HGB eine EB aufgestellt werden muss, bedarf es jedoch idR schon aus abrechnungstechnischen Gründen einer Übertragungs- und einer Übernahmebilanz (Anm 168). 167

Sofern ein nicht bereits nach HGB sondern nur *nach § 141 AO* buchführungspflichtiger Betrieb (zB Landwirtschaft) durch ggf unentgeltliche Aufnahme eines Gesters (Anm 196) von einer PersGes übernommen wird, führt dies grds zum **Übergang der steuerlichen Buchführungspflicht** (BFH v 23.2.1978 BStBl II, 477 zur Aufnahme des Sohns in den väterlichen Betrieb; BFH v 30.6.2005 BFH/NV, 1966 zur Vereinigung eines buchführungspflichtigen mit einem nicht buchführungspflichtigen land- und forstwirtschaftlichen Betrieb). Dies gilt nur dann nicht, wenn der bisherige Einzelunterneh- 168 mer einen selbständigen steuerlichen Teilbetrieb zur eigenen Bewirtschaftung zurückbehält (BFH v 24.2.1994 FR, 503; BFH v 10.3.1983 HFR, 399). Der Übergang der steuerlichen Buchführungspflicht entbindet Übergeber und Erwerber aber nicht von einer nach HGB ggf bestehenden Verpflichtung, jeweils für die Dauer ihrer Rechtsträgerschaft ein RumpfGj zu bilden und eine SB sowie eine EB aufzustellen (*Drüen* in Tipke/Kruse[185] AO § 141 Anm 56 unter Hinweis auf BFH v 23.8.1979 BStBl II 1980, 8; ebenso *Mösbauer* DStZ 1997, 206 mwN).

169 Die **förmliche Mitteilung** des FA ist für den ursprünglichen Beginn der steuerlichen Buchführungspflicht konstitutiv und auch für den Übernehmer eines (Teil-)Betriebs bindend (*Drüen* in Tipke/Kruse[185] AO § 141 Anm 43 mwN; BFH v 19.10.1989 BFH/NV 1990, 617). Ob dabei zugleich die Aufstellung einer EB verlangt werden kann, hat die Rspr bislang offen gelassen (BFH v 22.8.1985 BFH/NV 1986, 196). Voraussetzung für einen Übergang der steuerlichen Pflichten ist aber stets, dass die vorhandene Buchführung nicht allein auf § 140 AO beruhte (B Anm 166) und die steuerliche Pflicht vormals wirksam entstanden war (FG Münster v 8.9.1992 EFG 1993, 275). Dabei sind die Verhältnisse der jeweiligen Betriebe maßgebend. Ein Betriebsübergang führt somit ohne erneute Mitteilung dann *nicht* zum gleichzeitigen Übergang der steuerlichen Buchführungspflicht, wenn lediglich ein unselbständiger Betriebsteil, Teilbetrieb oder einzelner VG übergeht (*Mösbauer* DStZ 1997, 206; BFH v 18.9.2013 NZG, 1356; FG Münster v 8.9.1992 EFG 1993, 275).

Dasselbe muss uE gelten, wenn für den übertragenen Betrieb eine steuerliche Rechnungslegungspflicht mangels Mitteilung des FA nicht entstanden war, sondern von dem übertragenden Rechtsträger nur nach HGB Bücher geführt wurden. In diesem Fall kann steuerlich die Buchführungspflicht nicht übergehen; sie wird allerdings wegen § 140 AO ggf zusammen mit der handelsrechtlichen Rechnungslegungspflicht ohne Weiteres neu begründet.

170 Die Bilanzierungs- und Buchführungspflicht für **Sonderbetriebsvermögen** (Anm 210) obliegt nicht dem einzelnen Gester, sondern den Organen der PersGes (BFH v 23.10.1990 BStBl II 1991, 401). Dafür sind jedoch Nebenrechnungen zu führen (Anm 214), da das SonderBetrVerm in der EB nach HGB nicht angesetzt werden darf (Anm 114; ebenso *Westerfelhaus* DB 1991, 1340). Die Rspr berücksichtigt allerdings nicht, dass in diesen Fällen die rechtsbegründende Mitteilung des FA (Anm 169) idR fehlt; gleichwohl ist diese Obliegenheit in der Praxis zu beachten (*Autenrieth* DStZ 1992, 277).

171 Die Aufstellung von steuerlichen Ergänzungsbilanzen (Anm 201) liegt ebenfalls in der Verantwortung der Organe der PersGes (*Grottel/Baldamus* in Beck Bil-Komm[12] § 247 Anm 744), weil die Bilanzen für die Ermittlung des BetrVerm zur einheitlichen und gesonderten Feststellung der Einkünfte der Gester (§ 180 Abs 1 Nr 2 AO) erforderlich sind. Da aber die maßgeblichen Wertansätze, insb die bisherigen Buchwerte der WG idR allein den betr Gestern bekannt sein dürften, ist die PersGes auf deren Mitwirkung angewiesen. Insoweit betrifft die Bilanzierungspflicht jeden Gester in Gemeinschaft mit den anderen Mitunternehmern (BFH v 14.11.1975 BStBl, 395); zumindest besteht Mitwirkungspflicht nach § 90 AO im Rahmen der allg Steuererklä-

IV. Steuerliche Eröffnungsbilanz der Personengesellschaften 175–177 C

rungspflichten (so *Autenrieth* DStZ 1992, 278 für das Sonderbetriebsvermögen). Das Steuergeheimnis, § 30 AO, steht dem nicht entgegen (BFH v 23.4.1991 BFH/NV, 653).

2. Steuerliche Eröffnungs- oder Zwischenbilanz

Bei Gründung einer PersGes durch Aufnahme eines Gesters in ein Einzel-Unt (Anm 45) geht die steuerliche Rspr von dem Erfordernis einer *handelsrechtlichen* EB aus (so schon BFH v 26.5.1994 BStBl II, 8915; FG Baden-Württemberg v 5.6.1997 DStRE, 810). Andernfalls sei die Buchführung nicht ordnungsgemäß, weil das den Gestern zuzurechnende anteilige Jahresergebnis (EK-Veränderung) im Gj des Eintritts nicht zutreffend ermittelt werden könnte (so für OHG bereits BFH v 27.8.1953 BStBl III, 357, auch zu den Anforderungen an die Inventur). Im Übrigen setzt die Anwendung der Tarifbegünstigung nach § 24 UmwStG iVm §§ 16 Abs 4, 34 Abs 1 EStG bei Ansatz zum Teilwert (Anm 194) voraus, dass eine Bilanz aufgestellt wird (Anm 178), selbst wenn die aufnehmende PersGes als GbR ihren Gewinn nach § 4 Abs 3 EStG ermittelt (FG Baden-Württemberg v 5.6.1997 EFG, 1318), da der Einbringungsgewinn auf der Grundlage einer Einbringungs- und einer EB der PersGes zu ermitteln ist (BFH GrS v 18.10.1999 BStBl II 2000, 123; EStR (2012) H 4.5 Abs 6; BFH v 5.2.2014 BStBl II, 388). 175

Dagegen wird die Aufstellung einer EB oder Zwischenbilanz für Zwecke der ESt/KSt der Gester in der Praxis von der FinVerw (OFD Frankfurt am Main v 17.8.1998 DStR, 1794) und den Finanzgerichten (dazu Anm 177 f) bislang idR *nicht* für erforderlich gehalten, wenn aus einer bestehenden PersGes ein Gester austritt oder in anderer Weise durch Aufnahme oder Anteilsabtretung ein Wechsel stattfindet, ohne dass die Identität der PersGes endet (zB *Wacker* in Schmidt[38] EStG § 16 Anm 463; *Hampe* DB 1974, 1400). Dies gilt unabhängig davon, ob die steuerliche Rechnungslegungspflicht bei der PersGes im Einzelfall personenbezogen auf § 140 AO (Anm 164 f) oder betriebsbezogen auf § 141 AO (Anm 166 ff) beruht. Aus Gründen der **Praktikabilität** müsse bei einer PersGes mit wechselndem GesterKreis die bloße Fortführung der Rechnungslegung idR zumindest solange als gültig hingenommen werden, als die Fortführung der Buchwerte nicht zumindest von einzelnen Gestern angefochten wurde und der Gesamtgewinn (ggf durch Schätzung, BFH v 18.5.1995 BStBl II 1996, 5) in einen Anteil der neu eintretenden sowie einen Anteil der bisherigen Gester aufgespalten werden kann (BFH v 10.10.1952 BStBl III, 309). Anders als bei Gründung durch Aufnahme eines Gesters (Anm 175) sei daher die Aufstellung einer EB zB dann nicht erforderlich, wenn die beiden phG einer OHG mit einem Dritten vereinbaren, dass dieser an die Stelle eines ausscheidenden Komplementärs treten soll (BFH v 9.12.1976 BB 1977, 234 mwN; für KG ebenso FG Münster v 5.7.1965 EFG, 590 mit eingehender Begr). 176

Dabei wird allein auf die PersGes als Rechtsträger des Vermögens (Anm 14) abgestellt. Da es sich bei einem **Gesellschafterwechsel** weder um die Aufgabe oder Veräußerung des bisherigen noch um die Gründung eines neuen Betriebs handele (BFH v 28.11.1989 BStBl II 1990, 561; BFH v 24.11.1988 BStBl II 1989, 312;), sei die Aufstellung einer Bilanz nach den 177

GoB steuerlich nicht erforderlich (BFH v 9.12.1976 BStBl II 1977, 241; EStR (2012) H 5.2 Gesellschafterwechsel), weil die *Identität* der PersGes *als Gewinnerzielungs- und -ermittlungssubjekt* (dazu BFH v 25.2.1991 BStBl II, 699 mwN) trotz des GesterWechsels erhalten bleibt (stRspr, so zB BFH v 29.4.1993 BStBl II, 666; BFH GrS v 3.5.1993 BB, 1499; BFH v 18.12.1990 BStBl II 1991, 882). Dies gelte auch bei einer Auswechslung aller Gester (BFH v 7.6.1978 BStBl II, 605; BFH v 12.12.1996 BStBl II, 299 zur Auswechslung aller Gester einer grundstücksbesitzenden GbR) und sogar beim Übergang einer GbR in eine (atypische) Stille Ges (BFH v 28.11.1989 BStBl II 1990, 561; dazu B Anm 131). Auch aus Gründen der Verfahrensökonomie liege es nahe, im Fall eines GesterWechsels für das gesamte Gj grds nur *eine* **einheitliche Gewinnfeststellung** vorzunehmen (BFH v 14.9.1978 BStBl II 1979, 159). Verwaltung und Rspr seien nicht befugt, das Verfahren jeweils nach Zweckmäßigkeitserwägungen festzulegen (BFH v 13.12.1962 HFR 1963, 348). Offen bleibt bei dieser Rspr allerdings, wie der nach steuerlichen Vorschriften einheitlich festzustellende Gewinn ohne eine interne Bilanz auf den Stichtag des Wechsels zuverlässig ermittelt und auf die Gester richtig verteilt werden kann (Anm 178). Diesbzgl wird zT auf das Erfordernis einer Abschichtungsbilanz hingewiesen (zB *Wacker* in Schmidt[38] EStG § 16 Anm 463). Zweck dieser Abschichtungsbilanz ist die Feststellung der Vermögenslage der PersGes zur Ermittlung des jeweiligen Abfindungsanspruchs zum Stichtag des Ausscheidens eines Gesters.

Zur „Wahrung des Steuergeheimnisses" werden jedoch Ausnahmen von der Durchführung einer das gesamte Gj umfassenden steuerlichen Gewinnfeststellung zugelassen (BFH v 19.4.1994 BFH/NV 1995, 84; BFH v 29.4. 1993 BStBl II, 668). Wird aus diesem Grund eine interne Bilanz auf den Stichtag des Wechsels aufgestellt, komme ihr die Bedeutung einer SB für den ersten Teil des Gj und einer EB (Anfangsbilanz des RumpfGj, § 4 Abs 1 S 1 EStG iVm § 8b EStDV) für den zweiten Teil des Gj zu (BFH v 30.4.1991 BFH/NV, 676).

178 Auch wenn die PersGes zivilrechtlich uU weiterhin existent bleibt (Anm 54 ff), wird bei einem GesterWechsel oder der Aufnahme eines neuen Gesters *ertragsteuerlich* die bisherige Mitunternehmerschaft beendet und eine neue begründet (Einbringung, Anm 195). Dies macht es allgemein erforderlich, eine steuerliche EB auf den Einbringungszeitpunkt aufzustellen (zur HBil Anm 59). Wenn der Gewinn bisher beim Einbringenden und bei der aufnehmenden PersGes nach § 4 Abs 3 EStG (dazu B Anm 188) ermittelt wurde, ist im Falle der Einbringung zu Buchwerten und deren Fortführung nach § 24 Abs 2 UmwStG kein Übergang zur Gewinnermittlung nach § 4 Abs 1 EStG mit Erstellung einer EB der übernehmenden PersGes erforderlich (vgl OFD Niedersachsen v 3.3.2017 DStR, 985 mit Verweis auf BFH v 11.4.2013 BStBl 2014 II, 242). Erfolgt jedoch die Einbringung steuerlich zum gemeinen Wert, zum Zwischenwert oder werden anderweitig (teilweise) stille Reserven aufgedeckt, besteht eine Bilanzierungspflicht. Gleiches gilt, wenn die aufnehmende PersGes den Gewinn gemäß § 4 Abs 1 EStG ermittelt bzw ermitteln muss. Dies hat zu Folge, dass jeweils die aufnehmende PersGes eine rein steuerliche EB und die PersGes eine Einbringungsbilanz erstellen muss (OFD Niedersachsen 3.3.2017 DStR, 985 mit Verweis auf

IV. Steuerliche Eröffnungsbilanz der Personengesellschaften   179–183   **C**

BFH v 5.4.1994 BStBl II, 518; BFH v 26.5.1994 BStBl II, 891; BFH v 18.10.1999 BStBl 2000 II, 123).

Gestern, die während des Wj ausscheiden, ist grds von dem bis dahin entstandenen handelsrechtlichen Jahresergebnis ein dem vertraglichen Gewinnverteilungsschlüssel entspr Anteil *steuerlich* zuzurechnen, und zwar auch wenn der Austritt im Innenverhältnis auf den Jahresbeginn zurückbezogen wird (BFH v 8.3.1973 BStBl II, 389). Umgekehrt kann Gestern, die während des Wj beitreten, aufgrund des steuerlichen **Rückwirkungsverbots** grds nur der *nach* diesem Zeitpunkt entstandene anteilige Überschuss oder Fehlbetrag nach dem nunmehr für ihn maßgeblichen Schlüssel zugerechnet werden. Dies gilt auch, wenn der Eintritt schuldrechtlich wirksam zurückbezogen wurde (BFH v 7.7.1983 BStBl II 1984, 53), schon weil für einen Mitunternehmerwechsel nichts anderes gelten kann als für den Inhaberwechsel eines EinzelUnt (*Wacker* in Schmidt[38] EStG § 15 Anm 453 mwN).   179

Eine **Rückbeziehung** ist ansonsten mit steuerlicher Wirkung nur ausnahmsweise möglich, etwa wenn sie allein der Vereinfachung der Besteuerung dient (*Wacker* in Schmidt[38] EStG § 16 Anm 443 unter Hinweis auf BFH v 21.5.1987 BStBl II, 710 mwN). Gesetzlich geregelt ist die Rückbeziehung bei Einbringungen nach dem UmwStG (§ 20 Abs 6 S 3, § 24 Abs 4 UmwStG).   180

3. Ansatz, Bewertung und Ergänzungsbilanz

Aufgrund des Maßgeblichkeitsprinzips (dazu B Anm 170) sind VG, Schulden und RAP, die zum Gesamthandsvermögen einer PersGes gehören oder in ihrem wirtschaftlichen Eigentum stehen (Anm 29), *grds* **notwendiges Betriebsvermögen** der Mitunternehmerschaft, sofern es sich nicht steuerlich um notwendiges Privatvermögen (Anm 183 f) handelt (BFH v 6.3.1991 BStBl II, 829; BFH v 30.6.1987 BStBl II 1988, 418 mwN; BFH v 19.7.1984 BStBl II 1985, 6; grundlegend zur Abgrenzung von Betriebs- und Privatvermögen BFH v 13.5.2014 BeckRS, 95407). Dies gilt auch, wenn die PersGes als GbR ohne kfm Geschäftsbetrieb nicht zur Rechnungslegung nach HGB verpflichtet ist. In der (aus der EB nach HGB abzuleitenden) steuerlichen EB der PersGes **(Steuerbilanz I)** sind daher unter Berücksichtigung der steuerlichen Ansatz- und Bewertungsvorschriften alle positiven und negativen WG des Gesamthandsvermögens unabhängig davon anzusetzen, ob sie betrieblich oder vorübergehend für private Zwecke der Gester genutzt werden (BFH v 4.11.1977 BStBl II 1978, 353). Im *Rahmen des Gesamthandsvermögens* ist somit kein gewillkürtes BetrVermöglich (*Wacker* in Schmidt[33] EStG § 15 Anm 481 mwN); zum SonderBetrVerm aber Anm 210.   182

Vom Grundsatz der vollständigen Einbeziehung des Gesamthandsvermögens in das steuerliche BetrVerm sind WG *ausgenommen,* wenn sie *dauerhaft* für außerbetriebliche Zwecke verwendet werden. So kann zB das zur unentgeltlichen Nutzung als Privatwohnung eines Gesters bestimmte Einfamilienhaus zur Verbesserung der EK-Ausstattung zivilrechtlich als Sacheinlage auf die PersGes übertragen werden (Anm 113). Steuerlich handelt es sich jedoch insoweit (anders als bei nur vorübergehender Privatnutzung, BFH v 17.1.1974 BStBl II, 240) um **notwendiges Privatvermögen** der PersGes   183

(BFH v 30.11.2000 StuB 2001, 298; BFH v 30.6.1987 BStBl II 1988, 418 zur Zwangsentnahme; zur Bedeutung der Verwendungsabsicht beim Wochenendhaus BFH v 29.4.1970 BStBl II, 754). Der Wertansatz in der Gesamthandsbilanz (StBil I) der PersGes am EB-Stichtag müsste daher durch eine entspr *negative Ergänzungsbilanz* für den betr Gester neutralisiert werden. Dabei sind privat genutztes Grundstück und Gebäude einheitlich zu behandeln (BFH v 27.1.1977 BStBl II, 388).

184 Zum notwendigen Privatvermögen gehören stets auch eingebrachte **Versicherungsansprüche** auf das Leben eines Gesters oder nahen Angehörigen (BFH v 14.3.1996 BStBl II 1997, 343, BFH v 10.4.1990 BStBl II, 1016; BFH v 11.5.1989 BStBl II, 657; dazu auch OFD München 28.5.1993 DB, 1324 und ergänzend OFD Düsseldorf 7.5.2003 DStR, 1299), und zwar auch dann, wenn sie zur Verstärkung des EK oder zur Kreditbesicherung dienen (BFH v 6.2.1992 BStBl II, 653; BFH v 13.3.1991 BFH/NV, 736). Die Grundsätze sind auch bei einem Formwechsel aus KapGes zu beachten und haben eine Zwangsentnahme zur Folge.

Entsprechendes gilt für Versicherungen zur **Rückdeckung von Pensionszusagen** ggü Gestern; der ggf in der HBiL aktivierte Rückdeckungsanspruch muss durch anteilige Passivierung eines insgesamt betragsgleichen Ausgleichspostens in den Sonderbilanzen *aller* Gester (StBil II) neutralisiert werden (BFH v 28.6.2001 DB, 2426; zur analogen Bilanzierung der Pensionsverpflichtungen ggü Mitunternehmern Anm 190).

185 Wenn ein Gester der PersGes liquide Mittel überlässt, kann es sich dabei um eine gesellschaftsrechtliche Einlage (Gesamthandsvermögen, Anm 107 f) oder um ein schuldrechtliches Darlehensgeschäft (Anm 109, SonderBetrVerm des Gesters) handeln. Soweit die Beträge auf einem *Kapitalkonto* gutgeschrieben werden, aus dem Entnahmen nur unter den Voraussetzungen des § 122 HGB möglich sind (Anm 127), gehören sie auch steuerlich zum **Kapitalanteil** iSv § 15a EStG (BMF v 30.5.1997 BStBl I, 627), unabhängig davon, ob es sich dabei um das für die Festlegung des BetVerhältnisses maßgebende Festkapital oder um ein (zusätzliches) variables Kapitalkonto des Mitunternehmers handelt.

Schuldrechtlich individualisierte Verpflichtungen ggü Gestern sind in der HBil der PersGes (und damit auch in der StBil I) stets als **Fremdkapital** zu passivieren (Anm 109; zur Abgrenzung vom EK Anm 111, 127). Das Steuerrecht behandelt aber die korrespondierenden Forderungen als *SonderBetrVerm* des Gesters (Anm 210 ff) und damit ebenfalls als steuerliches EK (*Wacker* in Schmidt[38] EStG § 15 Anm 540). Dies gilt insb für Ansprüche der Gester aus *Sondervergütungen* für Tätigkeiten, Kapital- oder Nutzungsüberlassungen; daraus resultierende Verbindlichkeiten der PersGes werden bei Aufstellung der StBil II *grds* durch Zusammenfassung mit der Forderung des Gesters eliminiert (BFH v 8.12.1982 BStBl II 1983, 570). Verbindlichkeiten ggü Gestern gelten damit im Zeitpunkt ihrer Entstehung *steuerlich* als **zusätzliche Einlage** in das SonderBetrVerm des Gesters, solange die Beträge nicht ausgezahlt (dh von dem Gester entnommen) worden sind (FG Baden-Württemberg v 18.12.1992 EFG 1993, 305 für Forderungen einer KomplementärKapGes auf Auslagenersatz). Individualisierte Forderungen eines Gesters verwandeln sich *ausnahmsweise* nur dann nicht ohne Weiteres in SonderBetrVerm des

IV. Steuerliche Eröffnungsbilanz der Personengesellschaften   186–188   C

Gesters, wenn sie vorrangig einem anderen Betriebsvermögen zuzurechnen sind, wie zB Forderungen aus unter fremdüblichen Konditionen vereinbarten Warenlieferungen eines fortbestehenden EinzelUnt des Gesters (BFH v 18.7.1979 BStBl II, 673) oder – wegen des Vorrangs des Gesamthandsvermögens (vgl BFH v 23.4.1996 BStBl II 1998, 325) – Forderungen von SchwesterPersGes aus der Nutzungsüberlassung von WG (dazu *Rasche/Patt* FR 1994, 635).

Umgekehrt sind an Gester ausgereichte Mittel zwar zivilrechtlich in jedem Fall **Gesamthandsforderungen** der PersGes, soweit sie die zulässigen Entnahmen übersteigen. Steuerlich kann es sich jedoch um einen negativen Kapitalanteil (Einlagenrückgewähr) oder um Darlehensforderungen an den Gester (SonderBetrVerm) handeln. Im Gegensatz zu Darlehen von einem Gester (Anm 185) gehören Darlehen an Gester aber nur dann zum (negativen) SonderBetrVerm (Anm 212), wenn sie betrieblich veranlasst (zB Finanzierung von WG des SonderBetrVerm), angemessen verzinst *und* gesichert oder anderweitig, zB durch Verrechnung mit dem Auseinandersetzungsguthaben realisierbar sind (zur Abgrenzung OFD Münster 18.2.1994 DStR, 582). In diesem Fall wären die Zinsen (Betriebseinnahmen der PersGes) zugleich Sonderbetriebsausgaben des Gesters und bei der Gewinnverteilung *nicht* als Vorabverlust zu neutralisieren, da sie nicht unter § 15 Abs 1 S 1 Nr 2 EStG fallen (BFH v 27.6.1996 BStBl II 1997, 36). Dagegen gehört eine zinslose und ungesicherte Darlehensforderung gegen Gester zum notwendigen Privatvermögen der PersGes (BFH v 9.5.1996 BStBl II, 642); sie wäre deshalb als Entnahme (Einlagenminderung) anzusehen und mit dem steuerlichen EK zu verrechnen (*Hollatz* DStR 1994, 1673). Ohne anderweitige Vereinbarung im GesVertrag ist die Entnahme den steuerlichen Kapitalkonten *aller* Gester anteilig zu belasten und damit zusammenhängende Zins- und Tilgungsleistungen des Gesters entspr als seine Einlage zu behandeln (OFD Münster 18.2.1994 DStR, 582); zur Behandlung evtl Refinanzierungskredite der PersGes Anm 188.   **186**

Getrennt geführte **Verlustvortragskonten** mindern grds den zivilrechtlichen Kapitalanteil des Gesters (Anm 130) und für Kommanditisten auch das verbleibende steuerliche Verlustausgleichsvolumen; soweit der Verlust die eingetragene Haftsumme übersteigt, ist er nach § 15a EStG nur mit künftigen Gewinnanteilen verrechenbar. Dies gilt auch, wenn § 167 Abs 3 HGB abbedungen wurde und den Kommanditisten im Verlustfall eine Nachschusspflicht trifft (BMF 30.5.1997 BStBl I, 628). Der Ansatz einer entspr Ausgleichsforderung in der steuerlichen EB der PersGes (zum Ansatz Anm 132 f) wäre daher nicht geeignet, das geminderte steuerliche Kapitalkonto des Kommanditisten wiederherzustellen, weil sie eine ausstehende Einlageverpflichtung des Kommanditisten darstellt; eine Behandlung als SonderBetrVerm ist nicht möglich (BFH v 14.12.1995 BStBl II 1996, 226). Steuerlich tritt eine Erhöhung des EK erst mit der tatsächlichen Erfüllung ein (BFH v 11.12.1990 BStBl II 1992, 232).   **187**

Verbindlichkeiten gegenüber Dritten gehören unabhängig von der Passivierungspflicht in der EB nach HGB (Anm 109) nur dann zum steuerlichen BetrVerm, wenn die Kreditaufnahme betrieblich veranlasst ist, denn steuerlich ist allein die tatsächliche *Verwendung der Mittel* entscheidend (BFH v   **188**

C 189 Eröffnungsbilanz der Personengesellschaft

4.7.1990 BStBl II, 817). Verbindlichkeiten sind daher in der *steuerlichen* EB nur zu passivieren, wenn sie zum Erwerb von Anlage- oder Umlaufvermögen aufgenommen bzw übernommen wurden (dazu B Anm 104, 181). Dies gilt zB nicht für Kredite zum Kauf von Luxusgütern zur privaten Nutzung (zB BFH v 5.3.1991 BStBl II, 516: Segelyacht). Schädlich ist auch die Refinanzierung von Entnahmen (OFD Münster 18.2.1994 DStR, 583). Auch Policendarlehen von Versicherungen zur Finanzierung von Beiträgen zur Lebensversicherung eines Gesters sind steuerlich Privatschulden (BFH v 8.11.1990 BStBl II 1991, 505; s auch OFD Kiel 18.6.1992 BeckVerw 270169), weil die damit zusammenhängenden Rückdeckungsansprüche der PersGes unabhängig von ihrer Aktivierung in der HBil notwendiges Privatvermögen darstellen (Anm 184).

Selbst wenn die Darlehensmittel erst für *künftige Entnahmen* der Gester verwendet werden sollen, handelt es sich steuerlich von vornherein um eine Privatschuld (so BFH v 21.2.1991 BStBl II, 514), und zwar auch dann, wenn EK in Höhe der Entnahme vorhanden ist (BFH v 23.7.1986 BStBl II 1987, 328). Privat veranlasst ist daher grds auch eine Kreditaufnahme der PersGes zwecks beabsichtigter Rückzahlung von Einlagen (*Wacker* in Schmidt[38] EStG § 15 Anm 486). Dagegen bleibt ein am EB-Stichtag bestehender Bankkredit auch dann Betriebsschuld, wenn die Entnahme von einem anderen Guthabenkonto abfließt (BFH v 4.3.1998 DStR, 1172) oder der Kredit zur Tilgung von Verbindlichkeiten ggü Gestern verwendet werden soll (BFH v 21.2.1991 BStBl II, 516).

Die Behandlung als **notwendiges Privatvermögen** hat zur Folge, dass zB eine in der HBil ggf ausgewiesene Bankverbindlichkeit steuerlich zu neutralisieren wäre. Technisch geschieht dies entweder durch (statistische) Korrektur der StBil I oder durch Ansatz eines entspr Aktivpostens in einer steuerlichen Ergänzungsbilanz für den Gester (Anm 201). Eine solche *Korrektur* ist auch für alle anderen Posten der HBil erforderlich, bei denen die steuerlichen Vorschriften einen Ansatz in der StBil verbieten (zB die in § 5 Abs 2a bis 4b EStG genannten Rückstellungen) oder abw Wertansätze für die StBil erfordern (zB § 6 Abs 1 Nr 3 bzw Nr 3a EStG zur Abzinsung von Verbindlichkeiten oder Rückstellungen; § 6a EStG für die nach § 613a BGB übergegangenen Pensionsverpflichtungen aus Direktzusagen).

189 Besonderheiten gelten für die Behandlung von Pensionszusagen, die Gestern iVm Sacheinlagen oder der Einbringung eines Betriebs anlässlich der Gründung oder eines GesterWechsels gegeben wurden. Die Passivierungspflicht einer **Pensionsrückstellung für Mitunternehmer** oder deren Rechtsnachfolger in der EB nach HGB (Anm 110) und ihre spätere Auswirkung auf die Ergebnisverteilung ist zunächst auch für die StBil I maßgeblich. Eine bestehende Pensionsrückstellung in der StBil I muss jedoch durch anteilige Aktivierung eines insgesamt betragsgleichen Aktivpostens in den Sonderbilanzen *der begünstigten* Gester (StBil II) neutralisiert werden (BFH v 14.2.2006 DB, 926; BFH v 30.3.2006 BFH/NV, 1293; glA *Gschwendtner* DStZ 1998, 777; BFH v 2.12.1997 DB 1998, 753; dazu *Lempenau/Schiller* DB 2007, 1045; BFH v 2.12.1997 BFH/NV 1998, 781). In der Gesamtbetrachtung mindert damit die Zuführung zur Pensionsrückstellung das Ergebnis der Mitunternehmerschaft nicht, sondern steht einer Tätigkeitsvergütung

IV. Steuerliche Eröffnungsbilanz der Personengesellschaften

gleich (vgl BFH v 6.3.2014 BB, 1840 mAnm *Stöckler*). Diese Handhabung ist sachgerecht, weil sonst auch nicht begünstigte Gester etwas versteuern müssten, was ihnen nicht zugute kommt (s auch *Wacker* in Schmidt[38] EStG § 15 Anm 586).

Dies gilt auch für Zusagen ggü früheren Gestern und deren Rechtsnachfolgern (BMF v 29.1.2008 BStBl I, 370) sowie für Zusagen einer KomplementärKapGes an Geschäftsführer, die zugleich Kommanditisten der PersGes sind (stRspr, zuletzt BFH v 30.3.2006 BFH/NV, 1293). Auch insoweit dürfen Zuführungen zu Pensionsrückstellungen den Gewinn der Mitunternehmerschaft nicht mindern. Dem Ansatz eines *Korrekturpostens* in der StBil II steht nicht entgegen, dass zB Pensionsanwartschaften von Handelsvertretern grds nicht aktiviert werden können, weil sie erst mit Zufluss der Besteuerung unterliegen (BFH v 14.12.1988 BStBl II 1989, 323), da diese Rspr für Gester einer PersGes nicht anwendbar ist. Mit der Neutralisierung der Rückstellung wird ein am Stichtag in dieser Höhe nicht bestehendes BetrVerm der PersGes ausgewiesen und bis zum Beginn der Rentenzahlungen keine Steuerentlastung berücksichtigt (ähnlich *Paus* BB 1993, 692; zur Behandlung bei Umw einer KapGes in eine PersGes *Ott* StuB 2007, 331).

Die Nachteile der dargestellten bilanziellen Behandlung von Pensionszusagen an Gester können durch eine kongruente Rückdeckung der Pensionsansprüche vermieden bzw gemildert werden; zur korrespondierenden Eliminierung von Rückdeckungsansprüchen Anm 184.

Eine zB von einem Einzelunternehmer oder einer PersGes wegen einer Pensionszusage ggü einem *Arbeitnehmer* gebildete Rückstellung wird allerdings nicht unzulässig, wenn der Begünstigte durch Gründung oder Eintritt später Mitunternehmer der PersGes wird (BFH v 8.1.1975 BStBl II, 437). In diesem Fall wird die Pensionszusage steuerlich so behandelt, als sei das Dienstverhältnis *im Zeitpunkt des Eintritts* in die GesterStellung beendet worden, auch wenn es zivilrechtlich fortbesteht. Entsprechendes gilt für eine Zusage an den Geschäftsführer einer KomplementärGmbH mit seinem Eintritt als Gester in die PersGes oder beim Formwechsel aus KapGes (BFH v 22.6.1977 BStBl II, 798; dazu auch *Wichmann* GmbHR 1998, 132).

Die *Fiktion des beendeten Dienstverhältnisses* hat zur Folge, dass die am Stichtag des Eintritts des neuen Gesters bestehende Pensionsrückstellung in der steuerlichen EB der PersGes mit dem Barwert der bereits erdienten künftigen Pensionsleistungen **(Anwartschaftsbarwert)** nach § 6a Abs 3 S 2 Nr 2 EStG so zu bewerten ist, als ob die Verpflichtung ggü einem ausgeschiedenen Arbeitnehmer bestünde, auch wenn Unverfallbarkeit noch nicht eingetreten ist. Die dadurch ggf entstehende Wertdifferenz zum Ansatz in der EB nach HGB ist wie eine Pensionszusage ggü einem Mitunternehmer zu behandeln (Anm 190). Dasselbe gilt, wenn die Zusage einem Geschäftsführer der KomplementärGmbH erteilt wurde, sofern er zugleich Kommanditist der GmbH & Co KG ist.

Unabhängig von der handelsrechtlichen **Bewertung** bei einer PersGes (Anm 80) sind für die Wertansätze in der steuerlichen EB stets die Vorschriften des EStG bzw des UmwStG maßgeblich (B Anm 172). Soweit bei Eintritt eines neuen Gesters die handelsrechtlichen Buchwerte der PersGes steuer-

C 192 Eröffnungsbilanz der Personengesellschaft

neutral aufgestockt werden (dazu Anm 60), sind daher die ggf entstehenden Unterschiede zwischen den Wertansätzen bzw dem höheren Kapitalkonto gem HBil und den niedrigeren steuerlichen Wertansätzen *außerhalb der handelsrechtlichen Rechnungslegung* der PersGes als Minderkapital in steuerlichen Ergänzungsbilanzen der einzelnen Gester (Anm 201) zu erfassen. Vereinfachend können stattdessen auch die Wertansätze unmittelbar in der StBil I der PersGes angepasst werden, sofern *alle* Gester gleichermaßen entspr ihrem Anteil betroffen sind. Die steuerlichen Wertkorrekturen sind in der Folgezeit korrespondierend zur Entwicklung der Wertansätze in der HBil der PersGes aufzulösen (BFH v 6.7.1999 DStRE, 911). Zur Auswirkung bei dem Einbringenden Anm 250 ff.

192 Einlagen von **Einzelwirtschaftsgütern** *aus dem Privatvermögen* in ein steuerliches BetrVerm sind nach § 6 Abs 1 Nr 5 iVm Nr 6 EStG grds mit dem **Teilwert** zu dem Zeitpunkt der Zuführung, uU aber auch mit den ursprünglichen AK/HK zu bewerten (dazu im Einzelnen B Anm 175 ff). Dies gilt auch, wenn es sich um (verdeckte) *Einlagen* (§ 4 Abs 1 S 7 EStG) in das SonderBetrVerm oder in das Gesamthandsvermögen einer PersGes handelt. Wird das EinzelWG aber gegen Gewährung von wertgleichen GesRechten als offene Sacheinlage zur Erhöhung des Festkapitals oder der Stimmrechte auf die PersGes übertragen, ist steuerlich keine Einlage, sondern ein *tauschähnlicher Vorgang* anzunehmen, für den § 6 Abs 1 Nr 5 EStG nicht gilt (BFH v 19.10.1998 BStBl II 2000, 230; BMF 29.3.2000 BStBl I, 462; BFH v 17.7.2008 BStBl II 2009, 464; BMF 11.7.2017 BStBl I, 713; *Kölpin* StuB 2000, 749; kritisch *Daragan* DStR 2000, 573; *Wichmann* Stbg 2000, 314). In diesem Fall erfolgt die Sacheinlage vielmehr als Erfüllung einer durch die Änderung des BetVerhältnisses nominell bezifferten Einlageschuld und ist daher wie in der HBil mit dem gemeinen Wert der GesRechte, dh grds mit dem Betrag der **Gutschrift auf dem (Fest)Kapitalkonto,** zu bewerten, das für die Bet am GesVermögen maßgebend ist (Anm 80; BFH v 19.10.1998 BStBl II 2000, 230; *Mitsch* INF 2000, 303; zur Abgrenzung der verdeckten Einlage vgl BMF 11.7.2011 BStBl I, 713; zur Abgrenzung von anderen Verrechnungskonten Anm 185. Dementsprechend realisiert der Gester einen Veräußerungsgewinn oder -verlust, wenn es sich bei dem eingebrachten WG um eine wesentliche Bet iSv § 17 EStG an einer KapGes handelt (dazu *Hirsch* StuB 1999, 428). Unabhängig davon wird die Bet (im Rahmen einer Bruchteilsbetrachtung für Zwecke der künftigen Anwendung des § 17 EStG) allen Gestern anteilig zugerechnet, wenn sie in das Gesamthandsvermögen einer *vermögensverwaltenden* PersGes eingebracht worden ist (BFH v 9.5.2000 BB, 1976). Ist der gemeine Wert (Verkehrswert) des zugeführten EinzelWG höher als die dafür gewährten zusätzlichen GesRechte, ist das Geschäft nach dem Verhältnis der gemeinen Werte in einen tauschähnlichen Vorgang und eine (verdeckte) Einlage aufzuteilen (BMF 29.3.2000 BStBl I, 462; im Einzelnen *Ritzrow* StBp 2000, 294; zu der Frage, wann vom Vorliegen einer verdeckten Einlage im Sinne der Ausführungen des BMF-Schreibens vom 29.3.2000 auszugehen ist, vgl BMF v 11.7.2011 BStBl I, 713).

Bei *verdeckten Einlagen* von EinzelWG aus dem Privatvermögen in das (Gesamthands- oder Sonder-)BetrVerm einer PersGes sind nach § 6 Abs 1 Nr 5a EStG anstelle des Teilwerts höchstens die effektiven AK/HK des Gesters an-

IV. Steuerliche Eröffnungsbilanz der Personengesellschaften

zusetzen, wenn die WG von ihm innerhalb von drei Jahren vor der Zuführung angeschafft oder hergestellt wurden; an die Stelle der AK/HK tritt ggf ein früherer Entnahmewert, wenn das zugeführte WG innerhalb von drei Jahren vor der Einlage aus demselben oder einem anderen BetrVerm des Gesters entnommen worden war (dazu B Anm 178). Dem Steuerpflichtigen soll es so erschwert werden, Gewinne durch Wertsteigerung von WG – ohne Steuerbelastung – im Privatvermögen durch Hinausschieben des Einlagezeitpunkts oder durch zeitweilige Entnahmen zu erzielen (vgl BT-Drs 2/481, 77). Entsprechendes gilt nach § 6 Abs 1 Nr 5b EStG für die verdeckte Einlage einer wesentlichen Bet iSv § 17 EStG an einer KapGes (dazu auch B Anm 178, D Anm 290). Denn dabei soll die Bewertung mit dem Teilwert deshalb geboten sein, weil vom Gester steuerfrei im Privatvermögen erzielte oder bei ihm bereits nach einem anderen Tatbestand besteuerte Wertzuwächse nicht durch die Steuerverstrickung eingelegter stiller Reserven der Besteuerung im Rahmen der Gewinneinkünfte unterworfen werden sollen (so *Kulosa* in Schmidt[38] EStG § 6 Anm 549).

Zu den Besonderheiten der Bewertung verdeckter Einlagen bei vorheriger Verwendung des WG zur Erzielung von Überschusseinkünften B Anm 179 (dazu auch *Tiedtke/Wälzholz* Gestaltungsüberlegungen zur Vermeidung des eingeschränkten Abschreibungsvolumens bei Einlage eines Wirtschaftsguts in ein Betriebsvermögen nach dessen Nutzung für Überschusseinkünfte, DStR 2001, 1501).

Wenn die dem Gesamthandsvermögen zugeführten EinzelWG aus einem anderen *BetrVerm des Mitunternehmers* stammen, sind stets deren steuerliche Buchwerte fortzuführen, wenn kein Rechtsträgerwechsel stattfindet und die Versteuerung der stillen Reserven gesichert ist (§ 6 Abs 5 S 2 EStG: zB Übertragung in das SonderBetrVerm); andernfalls ist wie bei Entnahmen der Teilwert anzusetzen (§ 6 Abs 1 Nr 4 S 1 EStG). Nach § 6 Abs 5 S 3 EStG gilt die **Pflicht zur Buchwertfortführung** aber grds auch dann, wenn es sich um Übertragungen aus dem (Sonder-)BetrVerm eines Gesters *(Einkommensteuersubjekt)* in das Gesamthandsvermögen einer PersGes handelt *(Kulosa* in Schmidt[38] EStG § 6 Anm 684; zum Meinungsstand bei Übertragungen zwischen beteiligungsidentischen SchwesterPersGes *Kulosa* in Schmidt[38] EStG § 6 Anm 701 ff mwN; *Kemper/Konold* DStR 2000, 2119). § 6 Abs 5 S 3 EStG ist ggü den allg Regeln über die Behandlung von Tauschvorgängen (Anm 192) vorrangig, mit der Folge, dass die steuerlichen Buchwerte des einbringenden Gesters von der PersGes steuerlich unabhängig davon zwingend fortzuführen sind, ob die Einbringung unentgeltlich, dh als verdeckte Einlage (dazu Anm 196) oder als tauschähnlicher Vorgang gegen Gewährung von GesRechten erfolgt (vgl § 6 Abs 6 S 4 EStG; ausführlich zu § 6 Abs 5 EStG OFD Karlsruhe, Leitfaden v 20.6.2006 – S-2241/27 – St 111, Beck-Verw 150365; im Übrigen BMF 7.6.2001 DB, 1391; im Einzelnen zB *van Lishaut* DB 2001, 1519; *Hörger/Forster* DStR 2000, 401).

Der **Teilwert** ist jedoch **rückwirkend** anzusetzen, wenn das übertragene WG innerhalb einer **Sperrfrist** von drei Jahren nach Abgabe der für den VZ der Übertragung maßgeblichen Steuererklärung des Übertragenden veräußert oder entnommen wird, es sei denn, die bis zur Übertragung entstandenen stillen Reserven sind in einer Ergänzungsbilanz des Übertragenden erfasst worden, § 6 Abs 5 S 4 EStG. Aus der Rückausnahme wird zT geschlossen, dass bei Einhaltung der Sperrfrist auch disquotale Einbringungen der Gester zu Buchwerten möglich sind, soweit sie unentgeltlich erfolgen (*Niehues* StuW 2002, 118; *Winkeljohann/Stegemann* DB 2003, 2033).

Dagegen ist die **steuerliche Buchwertfortführung ausgeschlossen,** soweit durch die Übertragung des EinzelWG der ideelle Anteil einer als Mitunternehmer beteiligten KapGes, Personenvereinigung oder Vermögensmasse *(Körperschaftsteuersubjekt)* an diesem WG unmittelbar oder mittelbar (zB über eine zwischengeschaltete andere PersGes) begründet wird oder sich erhöht; in diesem Fall ist der **Teilwert** des WG anzusetzen (§ 6 Abs 5 S 5 EStG; *Kulosa* in Schmidt[38] EStG § 6 Anm 721). Der Teilwert ist auch dann maßgebend, wenn sich zu irgendeinem *späteren Zeitpunkt* innerhalb von sieben Jahren seit der Übertragung der Anteil eines KStSubjekts an der PersGes aus anderen Gründen (zB durch Formwechsel in KapGes oder Übertragung bzw Anwachsung eines GesAnteils auf die Körperschaft) unmittelbar oder mittelbar erhöht (§ 6 Abs 5 S 6 EStG); in diesem Fall ist es erforderlich, die Einlagewerte in der steuerlichen EB nachträglich zu korrigieren. Das bislang bestehende Wahlrecht, das betr WG in der *steuerlichen* EB der PersGes mit dem bisherigen Buchwert oder einem höheren Zwischenwert, höchstens mit dem Teilwert, anzusetzen (so noch BFH v 15.7.1976 BStBl II, 748; Mitunternehmererlass BMF 20.12.1977 BStBl I 1978, 8 Tz 26, Tz 57), ist damit gegenstandslos geworden (OFD Koblenz 17.1.2001 DB, 839). Der BFH hat aber in einer neueren Einzelfallentscheidung entgegen der Auffassung der FinVerw entschieden, dass bei einer Einbringung eines Betriebs gegen ein sog Mischentgelt iVm der Wahl einer Buchwertfortführung uU kein Gewinn realisiert wird (BFH v 18.9.2013 DStR, 2380). Die Gewinnrealisierung unterbleibt in dem Fall, wenn die Summe aus dem Nominalbetrag der Gutschrift auf dem Kapitalkonto des Einbringenden bei der PersGes und dem gemeinen Wert der eingeräumten Darlehensforderung den steuerlichen Buchwert des eingebrachten EinzelUnt nicht übersteigt. Soweit für die Übertragung ein Entgelt vereinbart wurde, ist der Vorgang von der PersGes als **Anschaffung** zu behandeln und das WG mit den AK zu bewerten; bei teilentgeltlichen Übertragungen ist daher ggf eine Mischbewertung (teils AK und teils Buchwertübernahme) nach dem Verhältnis des vereinbarten Teilentgelts zum Verkehrswert des übertragenen WG erforderlich (OFD Frankfurt am Main 14.2.2001 GmbHR, 450). Abgesehen von der Einbringung eines Betriebs, Teilbetriebs oder Mitunternehmeranteils (dazu Anm 194), ist ein entgeltlicher Vorgang auch anzunehmen, wenn und soweit die Übertragung des WG gegen Übernahme von Verbindlichkeiten (Anm 109) durch die PersGes erfolgte (BMF 28.4.1998 BStBl I, 583 Tz 5a; BMF 12.10.1994 BB, 2318; ebenso BFH v 15.5.1997 BStBl II, 705 für USt; OFD Hannover 12.6.1998 WPg, 675 für GrESt, dazu Anm 198 f), mit der Folge einer anteiligen Aufdeckung stiller Reserven (BMF 27.3.1998 DStR, 766). Eine analoge Anwendung des § 24 UmwStG ist nicht möglich.

194 Für die Bewertung bei Einbringung eines **Betriebs, Teilbetriebs** (auch betrieblicher 100%-Anteil an KapGes) **oder Mitunternehmeranteils** gilt § 24 UmwStG vorrangig vor § 6 Abs 5 EStG, wenn der Einbringende dadurch Mitunternehmer der PersGes wird (§ 24 Abs 1 UmwStG). Der steuer-

IV. Steuerliche Eröffnungsbilanz der Personengesellschaften

liche Mitunternehmeranteil umfasst dabei nicht nur den gesellschaftsrechtlichen Kapitalanteil, sondern auch das SonderBetrVerm des Mitunternehmers; es muss daher ebenfalls zum Teilwert eingebracht werden, um die Steuerbegünstigung nach §§ 16 Abs 4, 34 EStG zu erhalten (BFH v 24.8.2000 DStR, 1768; BFH v 12.4.2000 BFH/NV 2001, 91; dazu *Paus* INF 2001, 109; zur GewSt Anm 195). Nach § 24 Abs 2 UmwStG darf die PersGes das eingebrachte BetrVerm in ihrer StBil (einschl Ergänzungsbilanzen, Anm 200) mit dem bisherigen StBilBuchwert oder mit einem höheren Wert, höchstens mit dem Teilwert ansetzen **(Aufstockungs- und Beibehaltungswahlrecht).** Dies gilt unabhängig vom Wertansatz in der HBil (BFH v 19.10.2005 BStBl II 2006, 568) und unabhängig davon, ob es sich bei dem Vorgang um *Einzelrechtsnachfolge* durch Gründung einer neuen oder durch Beitritt zu einer fortbestehenden PersGes (ggf iVm GesterWechsel, dazu Anm 54 ff) oder durch Anwachsung aller Anteile einer PersGes auf eine andere PersGes (identitätsaufhebende Umgründung, Anm 55) handelt oder ob durch Verschmelzung von PersGes (§§ 2, 39 ff UmwG) oder Ausgliederung auf PersGes (§ 123 Abs 3 UmwG) eine *Gesamtrechtsnachfolge* eintritt (so schon der UmwStErl zum UmwStG aF: BMF 25.3.1998 BStBl I, 268 Tz 24.01, welcher weiterhin gilt, da das neue BMF-Schreiben hierzu insoweit auch keine abw Regelung enthält (BMF 11.11.2011 BStBl I, 1314 Tz 00.01). Die Buchwertfortführung ist in diesen Fällen auch bei insgesamt negativem BetrVermn zulässig (Tz 24.05).

§ 24 UmwStG ist allerdings nur anwendbar, soweit der Einbringende **wertgleiche Gesellschaftsrechte** als Gegenleistung erwirbt; hierfür ist das Wertverhältnis der gesellschaftsrechtlichen Beiträge (Einlagen) aller Gester maßgebend. Dagegen entfällt das Wahlrecht zur Beibehaltung der Buchwerte, *soweit* zum Differenzausgleich neben der Gutschrift auf dem Kapitalkonto (dazu Anm 185) ein **zusätzliches Entgelt** durch Gutschrift auf einem Darlehenskonto oder Übernahme von Schulden (negatives SonderBetrVerm) in das Gesamthandsvermögen gewährt wird. In diesen Fällen ist der Vorgang wie die Übertragung von EinzelWG zu behandeln (Anm 193; für Zuzahlung in das Privatvermögen des Gesters Anm 197). Zur Notwendigkeit einer EB Anm 178. Dies findet seine Begründung in dem Sinn und Zweck der Vorschrift, nämlich der Verhinderung von Doppelbesteuerung von stillen Reserven (*Schlößer/Schley* in Haritz/Menner[3] UmwStG § 24 Anm 5).

Der **Mitunternehmeranteil** an einer PersGes stellt steuerlich kein eigenes WG dar, sondern wird als *quotaler Anteil* des Gesters an den WG des Gesamthandsvermögens angesehen (zB BFH v 6.7.1995 BStBl II, 831 mwN). Darüber hinaus umfasst er aber auch das SonderBetrVerm (Anm 194). Der Beitritt eines neuen Gesters kommt daher *steuerlich* aus Sicht der übrigen Gester einer Übertragung ihrer ideellen Anteile an den WG der PersGes gegen Gewährung von GesRechten einer PersGes neuer Struktur gleich. Entsprechendes gilt bei der Gründung einer PersGes durch Aufnahme eines Gesters in ein EinzelUnt (BFH v 21.9.2000 BStBl II 2001, 178 dazu *Paus* FR 2001, 342). Ein **Gesellschafterwechsel** (Beitritt, Austritt oder Austausch von Gestern) wird steuerlich also stets wie eine (Neu- bzw Um-)Gründung behandelt (dazu Anm 54 ff). Gleichzeitig stellt er sich steuerlich für die Mitunternehmer jeweils als Anschaffung der (zivilrechtlich nicht vorhandenen)

C 195

ideellen Anteile an den *bilanzierten und nicht bilanzierten* WG des (neuen) Gesamthandsvermögens dar. Dies gilt nicht nur, wenn GesRechte auf bisherige oder neue Mitunternehmer übertragen werden, sondern auch, wenn die Mitgliedschaft eines ausscheidenden Gesters *einem* oder *allen* verbleibenden *anteilig* zuwächst (*Wacker* in Schmidt[38] EStG § 16 Anm 412). Wenn den Mitunternehmern dabei keinerlei zusätzliche Entgelte gewährt werden, *können* sie (bzw der bisherige Einzelunternehmer bei Gründung einer PersGes, Anm 197) gem § 24 UmwStG wahlweise steuerlich die Buchwerte fortführen oder einen höheren Wert ansetzen, da sie ihre ideellen Anteile bei wirtschaftlicher Betrachtung jeweils in eine *erweiterte Mitunternehmerschaft* gegen Gewährung von GesRechten an dieser einbringen (zur Auswirkung bei den Gestern Anm 250 ff). Allerdings ist zu berücksichtigen, dass die Übertragung nur eines *Bruchteils eines Mitunternehmeranteils* seit 2002 nicht mehr als tarifbegünstigte Anteilsveräußerung angesehen wird (§ 16 Abs 1 Nr. 2 EStG). Die Gleichstellung mit dem vollen Anteil wurde von der Rspr als systemwidrig und kaum vertretbar bezeichnet (BFH v 18.10.1999 BStBl II 2000, 123; zur Problematik *Paus* INF 2001, 110). Dies gilt insb, wenn der Veräußerer des Bruchteils wesentliche WG seines SonderBetrVerm unentgeltlich und unter Fortführung der steuerlichen Buchwerte dem Ehegatten übertragen hat (BFH v 6.12.2000 NZG 2001, 1050). Überdies unterliegen die Gewinne aus Teilanteilsübertragungen der **Gewerbesteuer,** weil der Veräußerer seine Stellung als Mitunternehmer nicht aufgibt (ebenso BFH v 24.8.2000 DStR, 1768 für den Fall, dass SonderBetrVerm nicht anteilig mit veräußert wurde; zur Problematik auch *Wendt* FR 2002, 127; *Märkle* Die Übertragung eines Bruchteils eines GesAnteils bei vorhandenem SonderBetrVerm, DStR 2001, 685; ebenso zunächst OFD Düsseldorf 18.1.2001 DStR, 708, im Hinblick auf eine beabsichtigte Übergangsregelung aber für Zeiträume vor 2002 aufgehoben durch OFD Düsseldorf 3.9.2001 FR, 1124).

Die Wahl zwischen steuerlicher Buchwertfortführung oder Aufstockung ist auch möglich, wenn ein verbleibender Gester das Unt nach Anwachsung sämtlicher Anteile als Einzelunternehmer allein oder mit einem stillen Gester fortführt (BFH v 28.11.1989 BStBl II 1990, 563); dazu auch B Anm 36. Bei Aufnahme eines **Komplementärs ohne Einlage** in eine (bestehende oder neu gegründete) PersGes liegt allerdings nach Auffassung der FinVerw kein nach § 24 UmwStG begünstigter Einbringungsfall vor, mit der Folge, dass eine Neubewertung steuerlich *nicht* möglich ist. Diese Regelung dürfte aber nicht nur für den Beitritt einer KapGes (so schon zum UmwStG aF: UmwStErl BMF 25.3.1998 BStBl I, 268 Tz 24.02, welcher weiterhin gilt, da das neue BMF-Schreiben hierzu insoweit auch keine abw Regelung enthält (BMF 11.11.2011 BStBl I, 1314 Tz 00.01), sondern auch für den Beitritt einer natürlichen Person gelten. Da dann allerdings nicht mehr *ausschließlich* KapGes zur Geschäftsführung befugt sind, führt dies bei einer vermögensverwaltenden KapCoGes zum Wegfall der gewerblichen Prägung (§ 15 Abs 3 Nr 2 EStG) und ist damit steuerlich zugleich als steuerpflichtige Betriebsaufgabe zu behandeln (EStR (2012) R 16 Abs 2 S 6). Um dies zu vermeiden, müsste die KG vor dem Beitritt eine gewerbliche Tätigkeit aufnehmen (*Grüter/Mitsch* INF 2001, 174), die nicht nur sehr geringfügig sein sollte, weil sie sonst eine vermögensverwaltende Tätigkeit nicht gewerblich prägen kann

IV. Steuerliche Eröffnungsbilanz der Personengesellschaften 196 C

(BFH v 27.8.2014 NJW 2015, 1133; BFH v 11.8.1999 BStBl II 2000, 229; zur Abgrenzung vgl *Wacker* in Schmidt[38] EStG § 15 Anm 188). Wegen der steuerlichen Einlagenbewertung bei Verschmelzung oder Ausgliederung zur Aufnahme durch eine PersGes s K Anm 53 ff.

Wird ein Betrieb, Teilbetrieb oder Mitunternehmeranteil nicht durch gesellschaftsrechtliche Vereinbarung, sondern **unentgeltlich** durch *Erbfolge oder Schenkung* (einschl der Betriebsschulden) übertragen, sind auf diesen Vorgang § 6 Abs 3 EStG und § 24 UmwStG nebeneinander anwendbar (BFH v 18.9.2013 DStR, 2380; so auch Finanzbehörden Hamburg 17.6.2015 BeckVerw 319744). Dies gilt auch für die unentgeltliche Übertragung eines Teils eines Mitunternehmeranteils oder die schenkweise Aufnahme in ein EinzelUnt, § 6 Abs 3 S 1 Hs 2 EStG, und auch bei Zurückbehalten oder bei disquotaler Übertragung von SonderBetrVerm, solange dieses BetrVerm derselben Mitunternehmerschaft verbleibt und der Rechtsnachfolger den übernommenen Mitunternehmeranteil innerhalb einer Sperrfrist von fünf Jahren nicht veräußert oder aufgibt, § 6 Abs 3 S 2 EStG (zu Zweifelsfragen BMF 3.3.2005 BStBl I 458; *Brandenberg* FR 2000, 745). In Fällen der **gemischten Schenkung** im Zuge der Einbringung eines Betriebs in eine PersGes ist in eine Einbringung iSd § 24 UmwStG hinsichtlich des Anteils, der auf die eigene Einlageverpflichtung des Einbringenden entfällt, und in eine unentgeltliche Übertragung iSd § 6 Abs 3 EStG hinsichtlich des Anteils, mit dem der Einbringende seine Verpflichtung ggü dem Beschenkten erfüllt, zu unterteilen (BFH v 12.10.2005 BFH/NV 2006, 521). Bei der Bewertung des eingebrachten Betriebs besteht hinsichtlich des eingebrachten BetrVermgem § 24 Abs 2 UmwStG ein Wahlrecht zwischen Buchwertfortführung und Ansatz des Teilwerts, wobei für den unentgeltlich übertragenen Teil zwingend gem § 6 Abs 3 EStG die Buchwertfortführung vorgeschrieben ist (dazu auch *Schulze zur Wiesche* DStZ 2006, 406).

Beim Vermögensübergang zwischen Angehörigen spricht eine widerlegbare Vermutung für die Unentgeltlichkeit der Übertragung (BFH v 10.3.1998 BStBl II 1999, 269). Auf gesellschaftsrechtliche Vorgänge (Einbringung gegen Gewährung von GesRechten) ist § 6 Abs 3 EStG dagegen nicht anzuwenden (BFH v 19.1.1982 BStBl II, 456 (458) zu § 7 Abs 1 S 2 EStDV aF; BFH v 24.6.2009 BStBl II, 993); stattdessen gilt in diesen Fällen § 24 UmwStG (Anm 195 f; *Kulosa* in Schmidt[38] EStG § 6 Anm 655, 658 mwN). Scheidet ein Mitunternehmer aus der PersGes aus und überträgt er sein positives Kapitalkonto *aus betrieblichen Gründen* unentgeltlich auf die verbleibenden Mit-Gester, sind weder der Abgangsverlust des ausscheidenden noch die Anwachsungsgewinne der verbleibenden Gester bei der GewSt der PersGes zu berücksichtigen (FG Düsseldorf v 3.11.2000 EFG 2001, 585 (rkr)); zur Übernahme negativer Kapitalanteile Anm 203 f.

Dagegen *muss* der Erbe eines Gesters, wenn er infolge *qualifizierter* Nachfolgeklausel unmittelbar und in vollem Umfang in die Mitunternehmerstellung des verstorbenen Gesters eintritt, die steuerlichen Buchwerte des auf ihn übergegangenen Anteils fortführen; evtl erbrechtliche Ausgleichszahlungen an Miterben sind *nicht* als AK anzusehen (BFH v 26.3.1981 BStBl II, 614; ebenso BMF 14.3.2006 BStBl I, 253 Tz 72). Die Grundsätze der Rspr zur **Erbauseinandersetzung** (BFH v 5.7.1990 BStBl II, 837), wonach Abfindungszahlungen beim Leistenden grds zu AK führen, die in seiner Ergänzungsbilanz zu erfassen wären, werden von der FinVerw nur in Fällen der sog *einfachen* Nachfolgeklausel (Fortsetzung mit allen Erben) angewandt. Danach sind AK nur die Ausgleichzahlungen an weichende Miterben (BMF 14.3.2006 BStBl I, 253 Tz 71; unter Hinweis auf BFH v 13.12.1990 BStBl II 1992, 510; BFH v 29.10.1991 BStBl II 1992, 512). Die Ausschlagung einer Erbschaft gegen eine Abfindung steht der entgeltlichen Veräußerung des Erbteils gleich (BFH v 20.4.2004 BStBl II, 987). Wird ein Erbteil verschenkt, entstehen hingegen keine AK (BMF 14.3.2006 BStBl I, 253 Tz 37).

197 Die **Anschaffungskosten** sind für die Bewertung in der StBil maßgeblich, soweit iZm der Einlage eines durch Rechtsgeschäft eintretenden Gesters von der PersGes private Verbindlichkeiten des Gesters übernommen (Anm 193) *oder* an den Einbringenden **Zuzahlungen** in sein Privatvermögen geleistet werden (dazu zB *Röhrig/Doege* DStR 2006, 969; *Paus* FR 2000, 605; *Schulze zur Wiesche* DStZ 2000, 448; *Offerhaus* in FS Widmann, 441). Dem steht es gleich, wenn die Zuzahlung verdeckt erfolgt, indem zB zunächst eine Einlage in das BetrVerm geleistet, von dem Einbringenden dann aber alsbald wieder entnommen oder eine zu seinen Gunsten bestehende Verbindlichkeit getilgt wird (BFH v 8.12.1994 BStBl II 1995, 599; BFH v 5.4.1984 BStBl II, 519; kritisch *Söffing* DStZ 1995, 648). In diesen Fällen wird die Übertragung als Veräußerung der ideellen Eigentumsanteile angesehen, mit der Folge einer dem „veräußerten" (dh v Verkäufer für Rechnung des neuen Gesters in die PersGes eingebrachten) Anteil an den WG entspr *Aufdeckung der stillen Reserven,* die nicht durch eine negative Ergänzungsbilanz neutralisiert werden kann (vgl auch BFH v 16.12.2004 BStBl II 2005, 554). Dabei ist ggf auch ein GFW aufzudecken (BFH v 11.8.1971 BStBl II 1972, 270). Der Vorgang wird wie die nicht tarifbegünstigte Übertragung eines Teils eines Mitunternehmeranteils behandelt (Anm 195), allerdings unterliegt ein evtl Einbringungsgewinn beim Einzelunternehmer wohl *nicht* der GewSt (so FG Köln v 5.4.2000 EFG, 1271 (rkr). Dagegen ist bei Einbringung eines EinzelUnt zu Teilwerten durch Aufnahme eines Gesters in ein bestehendes EinzelUnt § 24 Abs 3 UmwStG auch insoweit anzuwenden, als eine Zuzahlung in das Privatvermögen des Einbringenden erfolgt (BFH v 21.9.2000 BStBl II 2001, 178). Zur Behandlung des Veräußerungsgewinns bei dem übertragenden Gester Anm 250 ff.

198 Die Einlage von inländischem Grundbesitz in eine bestehende oder neu gegründete PersGes unterliegt nach § 1 Abs 1 GrEStG der **Grunderwerbsteuer**. Dies gilt auch, wenn innerhalb eines Konzerns die Sachherrschaft von einem TU auf ein anderes TU übergeht (BFH v 15.1.2003 BB 622). Die Steuerschuld ist daher auch in der EB zu passivieren, sofern sie vereinbarungsgemäß von der PersGes zu tragen ist. Dies führt in entspr Höhe zu aktivierungspflichtigen **Anschaffungsnebenkosten** der PersGes für den Erwerb des Grundbesitzes (§ 255 Abs 1 S 2 HGB; dazu B Anm 106; auch *Schubert/ Gadek* in Beck Bil-Komm[12] § 255 Anm 325; BFH v 13.4.1988 BStBl II, 892; bei Verschmelzung auch BFH v 15.10.1997 BStBl II 1998, 168; BMF 19.6.2012 DStR, 1556). Hat der Einleger die GrESt zu tragen, ist die gesamtschuldnerische Mitverpflichtung der PersGes (§ 13 Nr 1 GrEStG) als Haftungsverhältnis unter dem Strich anzugeben (dazu B Anm 137). Die GrESt

IV. Steuerliche Eröffnungsbilanz der Personengesellschaften

wird nicht erhoben, soweit die das Grundstück einbringenden Gester am Vermögen der Gesamthand beteiligt sind (§ 5 Abs 1 und 2 GrEStG). Dies gilt auch bei Einbringung in eine KapCoGes, an der der Einbringende zu 100% unmittelbar beteiligt ist (FinMin Baden-Württemberg 27.1.1999 BB, 302; BMF 19.6.2012 DStR, 1556); auf mittelbare Beteiligungen an der PersGes zB über die KomplementärKapGes ist § 5 GrEStG dagegen nicht anwendbar (OFD Hannover 9.3.1999 DStR, 1906).

Bei der Bewertung von Grundbesitz ist ggf auch zu berücksichtigen, dass nach § 1 Abs 1 Nr 1 iVm Abs 2a GrEStG auch die *spätere* Übertragung von Anteilen an einer PersGes mit inländischem Grundbesitz der **Grunderwerbsteuer** unterliegt, wenn die Anteile innerhalb von fünf Jahren seit Grundstückserwerb unmittelbar oder mittelbar zu mindestens 95% auf neue Gester übergehen (dazu *Stoschek/Haftenberger/Peter* DStR 2000, 1460; zur GrESt in UmwFällen FinMin Baden-Württemberg 19.12.1997 DB 1998, 166, idF vom 31.1.2000 DStR, 284). In diesem Fall wird für Zwecke der GrESt fingiert, dass mit dem Übergang von 95% der Anteile eine neue PersGes entstanden ist, die das Grundvermögen von der bisherigen PersGes erworben hat (*Kroschewski* GmbHR 2001, 708). Für den Beginn der Frist ist auf die dingliche (gesamthänderische) Mitberechtigung am Grundstück abzustellen, die mit dem Erwerb der GesterStellung verbunden ist (BFH v 6.6.2001 DB, 2179).

Nach bisheriger Rechtslage bestand eine Besteuerungslücke bei der GrESt für die Übertragung von grundbesitzenden Ges, denn der Erwerb der Bet an Ges mit Grundbesitz war in den Fällen des § 1 Abs 3 GrEStG nur dann steuerbar, wenn der Erwerber hierdurch eine Quote von mindestens 95% an der Ges erreichte. Blieb die BetQuote unter 95%, war der Erwerb mithin nicht steuerbar. Hierfür wurden häufig PersGes als ZwischenGes genutzt, an denen der Erwerber als nicht geschäftsführender Gester beteiligt war, die dann den übrigen Teil des Grundbesitzes erwarb. Dieser Erwerb wurde ihm nicht zugerechnet, da die jeweiligen Erwerbsebenen getrennt betrachtet wurden. Die neu eingefügte Vorschrift des § 1 Abs 3a GrEStG soll Erwerbsvorgänge mit sog *Real Estate Transfer Tax Blocker*-Strukturen **(RETT-Blocker)** steuerbar machen. § 1 Abs 3a GrEStG stellt auf eine wirtschaftliche Betvon 95% ab. Damit geht eine rein rechnerische Betrachtung aller BetStränge einher (kritisch dazu *Wagner/Mayer* BB 2014, 279, die von einem „Super-Auffangtatbestand" sprechen; *Behrens* DStR 2013, 2726; *Gottwald* MittBayNot 2014, 1, mwN; *Liekenbrock/Joisten* Ubg 2013, 743; *Schanko* UVR 2014, 44; FinMin Baden-Württemberg BStBl I 2013, 1364).

Steuerschuldner der beim GesterWechsel ggf entstehenden GrESt ist allein die PersGes (§ 13 Nr 6 GrEStG), die somit auf den Stichtag des Wechsels eine entspr Verbindlichkeit zu passivieren und uU auch die GrESt bei der Bewertung des Grundstücks in der EB zu berücksichtigen hat. Dass die PersGes zivilrechtlich idR fortbesteht, wenn die Gester keine identitätsaufhebende Umgründung wählen (BFH v 21.6.1994 BStBl II, 856), steht dem nicht entgegen (BFH v 12.12.1996 BStBl II 1997, 299). Bei identitätswahrender Fortführung (dazu Anm 54 ff) wendet die PersGes jedoch insoweit keine nachträglichen AK iSv § 255 Abs 1 HGB für den Erwerb des bereits zu ihrem Vermögen gehörenden Grundstücks auf, da der Aufwand allein durch den GesterWechsel verursacht wird. Gleichwohl handelt es sich nicht um

C 201 Eröffnungsbilanz der Personengesellschaft

Aufwand aus der Geschäftstätigkeit der PersGes. Da die Steuer nicht erhoben wird, soweit die AltGester am Gesamthandsvermögen der PersGes beteiligt bleiben (§ 6 Abs 1 iVm Abs 3 GrESt), ist die GrESt daher uE – sofern nichts anderes bestimmt wurde – in der HBil als *Einlagenminderung* (Entnahme) der neu eintretenden Gester zu behandeln und deren Kapitalkonto entspr anteilig zu belasten. Steuerlich ist die durch den Beitritt *neuer* Gester ausgelöste GrEStBelastung dagegen (wie im Fall der Gründung durch Aufnahme in ein EinzelUnt, § 5 Abs 2 GrEStG) als *zusätzlicher Anschaffungsaufwand* der beitretenden Gester für den Erwerb ihrer ideellen Anteile am Grundbesitz der PersGes anzusehen und in deren steuerlicher Ergänzungsbilanz (Anm 201 f) zu aktivieren. In dieser Höhe steht der handelsrechtlichen Einlagenminderung daher das Mehrkapital in der steuerlichen Ergänzungsbilanz ggü. Eine Erfassung als Aufwand (so *Müller* DB 1997, 1435) verletzt dagegen den Grundsatz der Erfolgsneutralität von gesellschaftsrechtlichen Vorgängen. Im Übrigen käme dies – über die Gewinnverteilung – einer anteiligen Übernahme der GrESt durch *alle* Gester gleich; dies setzt jedoch eine entspr ausdrückliche Vereinbarung voraus. Andernfalls würde in unzulässiger Weise in die Vermögensrechte der an dem steuerbegründenden GesterWechsel uU nicht beteiligten AltGester eingegriffen.

Änderungen der Anteile der AltGester durch **Anwachsung** aufgrund der Herabsetzung des Anteils oder des Ausscheidens eines Gesters lösen keinen grunderwerbsteuerbaren Tatbestand aus, es sei denn, die PersGes hatte das Grundstück innerhalb der letzten fünf Jahre vorher von diesem Gester erworben (Ländererlass 12.11.2018 BStBl I, 1314, Tz 5). Nur in diesem Fall führt nach § 5 Abs 3 GrEStG auch der Austritt (bzw der Minderung der Bet) zu einer Nachbelastung in Höhe der ursprünglich nicht erhobenen GrESt (zur Problematik *Hofmann* BB 2000, 2605; *Heine* INF 2001, 449) und damit – wie bei dem früheren Zugang des Grundstücks (dazu Anm 198) – nicht zu einer Einlagenminderung, sondern in entspr Höhe zu nachträglichen AK der PersGes für den Erwerb des Grundbesitzes (§ 255 Abs 1 S 2 HGB; so wohl auch *Schubert/Gadeck* in Beck Bil-Komm[12] § 255 Anm 325). Dass der spätere Austritt auf einem bereits im Zeitpunkt der Einbringung vorgefassten Plan beruhte (so noch BFH v 30.10.1996 BStBl II 1997, 87), ist nicht mehr Voraussetzung der GrEStPflicht. Entsprechendes gilt im Fall der Anwachsung sämtlicher Anteile auf einen verbleibenden AlleinGester (dazu B Anm 108).

201 Gehen Anteile an der PersGes zivilrechtlich durch Beitritt oder Anteilsverkauf auf neue oder bisherige Gester über, hat der Übernehmer seine Aufwendungen für die ihm steuerlich zuzurechnenden *ideellen Anteile* an den WG der PersGes als zusätzliche AK (Mehrkapital) in einer steuerlichen **Ergänzungsbilanz** zu erfassen, soweit sie den in der StBil I der PersGes ausgewiesenen anteiligen Buchwert des übernommenen EK übersteigen (zur Verteilung des Mehrbetrags Anm 203). Umgekehrt ergeben sich AK-Minderungen (Minderkapital), soweit die Aufwendungen das übernommene buchmäßige EK unterschreiten (Anm 192; *Wacker* in Schmidt[38] EStG § 15 Anm 463; BMF 11.11.2011 BStBl I 1438, Tz 24.13; zur Verteilung des Abstockungsbetrags Anm 205).

Entsprechendes gilt bei anteiliger Anwachsung wegen Ausscheidens eines Gesters. So erhöhen sich die *steuerlichen* Wertansätze (zur HBil Anm 60) der

IV. Steuerliche Eröffnungsbilanz der Personengesellschaften

verbleibenden Gester für die hinzukommenden ideellen Anteile an den WG in entspr Umfang, wenn ein Mitunternehmer gegen eine den steuerlichen Buchwert seines Kapitalkontos übersteigende Abfindung aus der PersGes ausscheidet. Dagegen mindern sich die steuerlichen Buchwerte der WG entspr, wenn die Abfindung den Buchwert des Kapitalkontos nicht erreicht.

In der Ergänzungsbilanz werden jedoch keine WG aktiviert oder passiviert, sondern den einzelnen WG der Gesamthandsbilanz lediglich Wertdifferenzen zwischen Kaufpreis und steuerlichem Kapitalkonto des betr Gesters zugeordnet. Die dogmatische Einordnung dieser (positiven oder negativen) Abweichungen von der *steuerlichen* GesamthandsEB der PersGes (StBil I) ist im Einzelnen str (*Dreissig* BB 1990, 959: rechnerische Korrekturposten; BFH v 12.12.1996 BStBl II 1998, 182: Anteile an den WG des GesVermögens; *Gschwendtner* DStR 1993, 817: Bet an der PersGes). Der Ausweis in der Ergänzungsbilanz ist für die Anwendung der steuerlichen Ansatz- und Bewertungsvorschriften mit den betr WG als Einheit zu betrachten und bildet den steuerlichen Wertansatz (StBil II, Anm 202).

Je nachdem, mit welchen Werten das BetrVerm in der steuerlichen Gesamthandsbilanz angesetzt wird, kommt es zu positiven oder negativen Ergänzungsbilanzen (Mehr-/Minderkapital) für die einzelnen Gester (BFH v 28.9.1995 BB 1996, 102; zur Möglichkeit der unmittelbaren Erfassung in der StBil Anm 191). Das daraus resultierende Mehr- oder Minderkapital ist Teil des steuerlichen EK des betr Gesters und damit ggf bei der Berechnung der Verlustbegrenzung nach § 15a EStG zu berücksichtigen (BFH v 30.3.1993 BStBl II, 864); SonderBetrVerm (Anm 210 ff) ist dagegen insoweit außer Betracht zu lassen (BFH v 14.5.1991 DStR, 1344).

Die handelsrechtliche Rechnungslegung der PersGes über das Gesamthandsvermögen wird von den steuerlichen Nebenrechnungen nicht unmittelbar berührt, sofern für die daraus resultierende künftige Steuerentlastung (bzw -belastung bei Minderkapital) keine Bilanzierung latenter Steuern analog § 274 HGB erfolgt.

Die in den jeweiligen Ergänzungsbilanzen der einzelnen Gester ausgewiesenen Beträge bilden zusammen mit den (ggf unmittelbar auf- oder abgestockten) Wertansätzen in der StBil I der PersGes den steuerlichen Buchwert der betr WG und damit die Bemessungsgrundlage für evtl künftige AfA, Sonder- und Teilwertabschreibungen. Durch das bei einem GesterWechsel idR zu zahlende Aufgeld wird *steuerlich* **zusätzliches Abschreibungsvolumen** geschaffen, während zivilrechtlich nur ein nicht abnutzbarer GesAnteil erworben wird. Um sicherzustellen, dass die infolge der zusätzlichen Abschreibungsbeträge im Gesamthandsvermögen der PersGes eintretende GewStErsparnis nicht allen Gestern anteilig, sondern allein dem betr Gester zugutekommt, darf in der HBil ein Ansatz latenter Steuern erfolgen und dem EK dieses Gesters zugerechnet oder im GesVertrag eine VorabgewinnAbrede bzgl des GewStEffekts vorgesehen werden (ebenso *Westerfelhaus* DB 1991, 1341 zum Sonderbetriebsvermögen).

Die **Aufteilung** evtl aufgedeckter stiller Reserven auf die einzelnen Posten der StBil I bzw der Ergänzungsbilanzen hat nach hM (sog Stufentheorie, BFH v 6.7.1995 BStBl II, 832) in vier Schritten zu erfolgen (dazu *Wacker* in Schmidt[38] EStG § 16 Anm 487 ff mwN; *Schellhorn* BuW 1996, 420 mwN).

Danach besteht eine *widerlegbare Vermutung* der Abgeltung stiller Reserven (Ausnahme Anm 204). Dies hat zur Folge, dass ein über den steuerlichen Buchwert des EK hinausgehender **Mehrwert**

– zunächst den in der Gesamthandsbilanz der PersGes (ggf nur mit 1 €) *bilanzierten* materiellen und immateriellen EinzelWG proportional nach dem Verhältnis der darin enthaltenen Reserven (BFH v 24.5.1984 BStBl II, 747), höchstens bis zum Teilwert der betr WG, zuzurechnen ist.

– Ein darüber hinausgehender Betrag ist durch Nachaktivierung proportional auf bisher *nicht bilanzierte* abnutzbare WG (zB selbst erstellte immaterielle WG) zu verteilen. Dazu kann auch ein vereinbartes befristetes Wettbewerbsverbot gehören (BFH v 14.2.1973 BStBl II, 580).

– Verbleibt danach noch ein Restbetrag, ist dieser zusätzlich als derivativer GFW (dazu Anm 206) anzusetzen, auch wenn nur Zwerganteile übertragen wurden (BFH v 31.7.1974 BStBl II 1975, 236; zur Unterscheidung zwischen selbständigen immateriellen EinzelWG und unselbständigen geschäftswertbildenden Faktoren BFH v 7.11.1985 BStBl II 1986, 176).

– Soweit die stillen Reserven in bilanzierten und bislang nicht bilanzierten WG (einschl GFW) zur Verteilung nicht ausreichen, ist der Mehrbetrag als Betriebsausgabe (Aufwand) abzuziehen und in der EB als Verlustvortrag zu erfassen. Bei Übernahme eines Kommanditanteils mit negativem Kapitalkonto kann der Erwerber allerdings einen Übernahmeverlust nicht bereits im Erwerbsjahr, sondern erst im Wege der Verrechnung mit künftigen Gewinnanteilen geltend machen, denn er musste im Zeitpunkt der Übernahme noch keine AK aufwenden, da er weder zum Nachschuss verpflichtet ist, noch von den Gläubigern in Anspruch genommen werden kann (BFH v 19.2.1998 BStBl II 1999, 266).

Zunehmend wird eine Zusammenfassung der beiden ersten Stufen (modifizierte Stufentheorie; dazu *Hörger/Stobbe* DStR 1991, 1230; *Siegel* DStR 1991, 1477) befürwortet, dh eine *gleichberechtigte Verteilung* auf alle bilanzierten und bislang nicht bilanzierten WG entweder proportional oder nach dem Verhältnis der Teilwerte (*Wacker* in Schmidt[38] EStG § 16 Anm 490 mwN).

204 Die Vermutung der Abgeltung stiller Reserven gilt nicht, wenn es sich bei dem gezahlten Mehrpreis oder der Übernahme eines negativen EK *offensichtlich* um die Abfindung eines lästigen Gesters oder eine außerbetriebliche Zuwendung (Schenkung) handelte oder der ausscheidende Gester nicht an den stillen Reserven beteiligt war und für den Verlust der Einkunftsquelle entschädigt werden sollte (BFH v 10.8.1978 BStBl II 1979, 74). In diesen Fällen sind zusätzliche AK des neuen Gesters nur zu berücksichtigen, soweit feststeht, dass stille Reserven und/oder ein GFW vorhanden sind. Ein darüber hinausgehender Mehrbetrag ist idR sofort abzugsfähige Betriebsausgabe (BFH v 29.10.1991 BStBl II 1992, 647), unabhängig davon, ob er im Rahmen einer Anwachsung oder eines GesterWechsels geleistet wurde (BFH v 18.2.1993 BStBl II 1994, 224).

205 Soweit der Anteilskaufpreis bzw die Abfindung den Buchwert des Kapitalkontos eines ausscheidenden Gesters nicht erreicht, müssen der neue bzw die verbleibenden Gester die steuerlichen Buchwerte der *bilanzierten* WG (mit Ausnahme des Bargelds und der Bankguthaben) in der StBil der PersGes oder

IV. Steuerliche Eröffnungsbilanz der Personengesellschaften **206, 210** C

über negative Ergänzungsbilanzen *grds* im Umfang der Entgeltdifferenz anteilig abstocken (BFH v 12.12.1996 BStBl II 1998, 180). Die notwendige **anteilige Abstockung** kann nicht ohne Weiteres durch Passivierung eines negativen GFW (Badwill) vermieden werden (BFH v 19.2.1981 BStBl II, 730). Eine Abstockung kommt jedoch nicht in Betracht, soweit die Abweichung zwischen buchmäßigem EK und gezahltem Entgelt *nicht* auf einer Wertminderung der einzelnen WG bzw passivierungspflichtigen Rückstellungen (zB Sozialplan), sondern auf ungünstigen Geschäftsaussichten der PersGes beruht (BFH v 6.7.1995 BStBl II, 832). In diesem Fall, oder wenn der Unterschiedsbetrag größer ist als die bei den einzelnen WG möglichen Abstockungen und erforderlichen Rückstellungen, muss folglich für den in der EB zusätzlich zu berücksichtigenden Badwill ein *passiver Ausgleichsposten* in der Ergänzungsbilanz gebildet werden, der mit künftigen Verlusten zu verrechnen oder bei Beendigung der Bet des eintretenden Gesters gewinnerhöhend aufzulösen ist (BFH v 21.4.1994 BStBl II, 745 zur Veräußerung eines Kommanditanteils mit positivem EK für 1 €); dazu *Kempf/Obermann* DB 1998, 545.

Für unentgeltliche, nicht gesellschaftsrechtlich motivierte Übertragungen sind die Buchwerte fortzuführen (Anm 196).

Eine generelle Vermutung, dass ein über den Buchwert des EK und **206** den Anteil an den stillen Reserven hinausgehender Mehrbetrag für den Erwerb eines Anteils am **Geschäftswert** gezahlt wurde, besteht nicht (BFH v 7.6.1984 BStBl II, 584; BFH v 10.8.1978 BStBl II 1979, 74; aA noch BFH v 21.5.1970 BStBl II, 740; BFH v 11.10.1960 BStBl II, 509). Es ist daher stets anhand des Ertragswerts zu untersuchen, ob tatsächlich ein GFW vorhanden ist (BFH v 12.6.1975 BStBl II, 807); bei der UntBewertung ist ein angemessener Unternehmerlohn als Personalaufwand zu berücksichtigen (zur Ermittlung BFH v 25.1.1979 BStBl II, 302; *Meier* FR 1991, 261). Gewinnerwartungen aus bestehenden langfristigen Rahmenverträgen sind ggf gesondert zu berücksichtigen (FG Hamburg v 21.10.1987 EFG 1988, 292 (rkr)).

Beim Erwerb eines Mitunternehmeranteils an einer im Aufbau befindlichen PersGes, die ihren Geschäftsbetrieb noch nicht als selbständig funktionsfähigen Organismus eingerichtet hat, kann ein Anteil an einem GFW jedoch nicht angesetzt werden (BFH v 18.2.1993 BStBl II 1994, 224).

4. Sonderbetriebsvermögen

Bei Gründung einer PersGes durch Aufnahme in ein Unt (Anm 45) oder **210** Umgründung nach dem Beitritt weiterer Gester (Anm 54) können im Alleineigentum eines Gesters zurückbehaltene WG (zB bisheriges Betriebsgrundstück) steuerlich als *Pflichtbestandteil* des BetrVerm zu berücksichtigen sein (BFH v 25.4.1985 BStBl II, 622). Das (iSd EStG) *notwendige* BetrVerm einer PersGes umfasst nämlich sowohl die WG, die zum Gesamthandsvermögen der Mitunternehmerschaft gehören (zu Ausnahmen Anm 183), als auch die WG des sog **Sonderbetriebsvermögens** (EStR (2012) R 4.2 Abs 2; Anm 213; dazu BFH v 14.4.1988 BStBl II, 667; BFH v 30.3.1993 BStBl II, 864; im Einzelnen *Wacker* in Schmidt[38] EStG § 15 Anm 506 ff). Das SonderBetrVerm ist somit Teil des BetrVerm der PersGes. Nach § 15 Abs 1 S 1 Nr 2

EStG wird es in die steuerliche Gewinnermittlung einbezogen. Dabei handelt es sich um Gegenstände, die zwar zivilrechtlich Eigentum der Gester sind, aber entweder in einem Zusammenhang mit dem Betrieb der PersGes stehen (SonderBetrVerm I; zB BFH v 13.10.1998, BStBl II 1999, 357) oder zumindest die Bet des Gesters an der PersGes fördern (SonderBetrVerm II; zB BFH v 27.6.2006 BStBl II, 874 und BFH v 11.12.1990 BStBl II 1991, 511) und keinem anderen Betriebsvermögen vorrangig zuzurechnen sind (Anm 185). Notwendiges SonderBetrVerm I der PersGes ist daher zB das angemietete Fabrikgrundstück eines Gesters. Zum notwendigen SonderBetrVerm II (zur Unterscheidung Anm 215; BFH v 7.7.1992 BStBl II 1993, 328) gehört dagegen zB ein Grundstück, das der Gester an einen Dritten vermietet hat, wenn dieser es an die PersGes untervermietet (BFH v 9.9.1993 BStBl II 1994, 250, zuletzt BFH v 24.2.2005 BStBl II, 578, dazu auch *Weber-Grellet* StuB 2005, 805 ff). Außerdem können auch WG, die funktional für die Mitunternehmerschaft nicht erforderlich sind, als wesentliche Betriebsgrundlagen anzusehen und damit notwendiges BetrVerm sein, wenn sie erhebliche stille Reserven enthalten, die während der Zugehörigkeit zum BetrVerm entstanden sind (BFH v 2.10.1997 DB 1998, 169).

211 Darüber hinaus kommt SonderBetrVerm auch als *gewillkürtes* BetrVerm (dazu B Anm 99) in Betracht, wenn die betr WG objektiv geeignet und subjektiv dazu bestimmt sind, Bestandteil des steuerlichen BetrVerm zu sein (zB BFH v 20.6.1985 BStBl II, 654; BFH v 17.5.1990 BStBl II 1991, 216; BFH v 25.11.1997 BStBl II, 1998, 461). So kann zB fremdvermieteter Grundbesitz eines Kommanditisten in der StBil II (Anm 214) der KG auch dann als SonderBetrVerm ausgewiesen werden, wenn er *nicht* mit Grundpfandrechten zur Sicherung von Krediten der PersGes belastet ist. Dies gilt insb dann, wenn das WG schon vor Gründung der KG im EinzelUnt des Kommanditisten als gewillkürtes BetrVerm behandelt worden ist (BFH v 7.4.1992 BStBl II 1993, 21). Die *subjektive Zweckbestimmung* muss allerdings objektiv erkennbar sein (EStR (2012) H 4.2 Abs 1; BFH v 22.9.1993 BStBl II 1994, 172), dh gewillkürtes SonderBetrVerm muss in der Buchführung und steuerlichen EB der PersGes von vornherein eindeutig als solches erfasst werden (dazu Anm 170; BFH v 23.10.1990 BStBl II 1991, 401). An der *objektiven Eignung* der WG fehlt es, wenn zum Zeitpunkt ihrer Zuführung feststeht, dass sie der PersGes keinen Nutzen, sondern lediglich Verluste bringen werden (BFH v 8.2.1985 BFH/NV, 80), wie zB das von einem Gester genutzte Einfamilienhaus (zu Wertpapieren Anm 216).

212 Schuldrechtliche **Verrechnungskonten** gehören als Forderungen gegen Gester grds zum steuerlichen SonderBetrVerm (EK) der PersGes (hM, zB *Hollatz* DStR 1994, 1673; *Wacker* in Schmidt[38] EStG § 15 Anm 540; zu Ausnahmen Anm 185) oder bei fehlender betrieblicher Veranlassung eines Darlehens an Gester zum notwendigen steuerlichen Privatvermögen der PersGes (Anm 186). Unabhängig von der Zugehörigkeit zum SonderBetrVerm sind diese Posten steuerlich einer eigenständigen Bewertung nicht zugänglich (zur HBil Anm 112, 130); Abwertungen kann daher mit steuerlicher Wirkung weder die PersGes (BFH v 9.5.1996 BStBl II, 642 betr Darlehen an Gester; BFH v 19.7.1984 BStBl II 1985, 6 betr Darlehen an SchwesterPersGes) noch der Gester als Gläubiger (BFH v 22.1.1981 BStBl II, 427 betr Forderungen

IV. Steuerliche Eröffnungsbilanz der Personengesellschaften **213–215** **C**

aus Lfg; BFH v 12.7.1990 BStBl II 1991, 64 betr Risiko der Inanspruchnahme aus Bürgschaftsverpflichtung ggü der PersGes) vornehmen (vgl auch *Ley* KÖSDI 2002, 13464). Andernfalls ergäben sich unlösbare steuerliche Zurechnungsprobleme, wenn zB aufgrund eines Ausfallrisikos nach dem Vorsichtsprinzip eine Abwertung erforderlich würde (*Hey* BB 1997, 2251) oder Ansprüche bilanzrechtlich als noch nicht realisiert anzusehen sind (zB Pensionsanwartschaft eines Gesters, dazu Anm 190). Dies gilt auch für wechselkursbedingte Wertänderungen (BFH v 19.5.1993 BStBl II, 714; zum Meinungsstand *Wacker* in Schmidt[38] EStG § 15 Anm 544 ff).

Das SonderBetrVerm darf in der HBil nicht angesetzt werden (Anm 114). **213** Steuerlich umfasst der **Mitunternehmeranteil** aber gleichwohl nicht nur den Anteil der Gester am Gesamthandsvermögen der PersGes, sondern auch etwaiges SonderBetrVerm (Anm 210; BFH v 31.8.1995 BStBl II, 890). Dies gilt nicht nur für Mitunternehmerschaften mit Gesamthandsvermögen (OHG, KG, GbR), sondern zB auch für die (atypische) **stille Gesellschaft** (dazu B Anm 131), die wegen § 230 HGB kein Gesamthandsvermögen besitzt (zur Beurteilung als Mitunternehmerschaft EStR (2012) H 15.8 Abs 1). In diesem Fall bilden die betrieblich genutzten WG des Einzelunternehmers (dazu B Anm 36) und das SonderBetrVerm des stillen Teilhabers das steuerliche BetrVerm der stillen Ges (BFH v 3.2.1994 BStBl II, 709; BFH v 2.5.1984 BStBl II, 820; *Wacker* in Schmidt[38] EStG § 15 Anm 348, 480 mwN); eine handelsrechtliche EB der stillen Ges ist mangels Gesamthandsvermögens aber nicht aufzustellen.

Notwendiges und gewillkürtes SonderBetrVerm kann es darüber hinaus auch bei Mitunternehmern geben, die sich zur gemeinsamen Ausübung eines land- und forstwirtschaftlichen Betriebs (dazu B Anm 9) oder eines freien Berufs (Anm 6) zusammengeschlossen haben (BFH v 2.12.1982 BStBl II 1983, 215).

Das SonderBetrVerm ist nach § 15 Abs 1 Nr 2 EStG in die steuer- **214** liche Gewinnermittlung durch BetrVermVergleich einzubeziehen (BFH v 16.2.1996 BStBl II, 342). Da seine Veränderungen jedoch von der handelsrechtlichen Rechnungslegung (und damit von der StBil I) nicht erfasst werden (Anm 114), sind die Aufwendungen und Erträge den Gestern jeweils gesondert zuzurechnen; zur Zuständigkeit der PersGes Anm 170. Demzufolge sind die am EB-Stichtag jeweils vorhandenen Bestände des SonderBetrVerm erst in einer sog **Steuerbilanz II** zu berücksichtigen; diese ist eine Zusammenfassung der steuerlichen Gesamthandelsbilanz (StBil I, Anm 182) mit dem SonderBetrVerm sowie ggf vorhandenen Wertdifferenzen in den Ergänzungsbilanzen der einzelnen Gester (Anm 201).

Die Ansatzfähigkeit der (aktiven und passiven) WG des SonderBetrVerm in der StBil II („Gesamtbilanz") bestimmt sich nach den handelsrechtlichen GoB (§ 5 Abs 1 EStG, BFH v 11.3.1992 BStBl II, 797), allerdings zwangsläufig ohne Maßgeblichkeit eines konkreten Ansatzes in der HBil der PersGes (*Wacker* in Schmidt[38] EStG § 15 Anm 475 mwN).

Zum SonderBetrVerm gehören insb WG, die der PersGes von Gestern zur **215** **Nutzung** überlassen wurden (Anm 210). Soweit es sich dabei um WG handelt, die unmittelbar dem Betrieb dienen (zB Grundstück mit Produktionsgebäude), handelt es sich um *notwendiges* SonderBetrVerm I, andernfalls

C 215 Eröffnungsbilanz der Personengesellschaft

um *gewillkürtes* SonderBetrVerm I (zB Grundstück zur evtl Betriebserweiterung).

Zum notwendigen SonderBetrVerm II der PersGes gehören dagegen zB **Anteile** der Gester an KapGes, wenn diese geeignet sind, ihre Stellung als Mitunternehmer zu stärken und einen besonderen Einfluss auf die PersGes auszuüben. Bei KapCoGes gehören dazu grds die von einem Kommanditisten gehaltenen Geschäftsanteile an der **Komplementär**KapGes (BFH v 12.11.1985 BStBl II 1986, 55), weil er dadurch Einfluss auf die Geschäftsführung der KapCoGes erlangt (BFH v 5.12.1979 BStBl II 1980, 119). Dabei handelt es sich um *notwendiges* SonderBetrVerm, wenn die Komplementär-KapGes neben ihrer Geschäftsführung für die KG entweder keine (allenfalls eine nur unwesentliche) eigene Geschäftstätigkeit entfaltet oder zusätzlich, zB wegen Übernahme des Alleinvertriebs der PersGes, auch wirtschaftlich mit der PersGes in einer Weise verflochten ist, die für die PersGes von nicht geringer Bedeutung ist (BFH v 31.1.1991 BStBl II, 786; FinMin Sachsen 23.4.1993 DB, 1323). Ein beherrschender Einfluss bei der KapGes ist nicht erforderlich (BFH v 3.3.1998 BStBl II, 383), führt aber stets zu notwendigem SonderBetrVerm, auch wenn eine Beherrschung nur mit anderen Mitunternehmern gemeinsam möglich sein sollte (BFH v 16.9.1994 BStBl II 1995, 75; BFH v 27.9.1994 BFH/NV 1995, 678). Bei ausschließlicher Geschäftsführungstätigkeit einer KapGes für mehrere PersGes sind die Anteile von Anfang an dem SonderBetrVerm der zuerst gegründeten KapCoGes zuzurechnen. Zur Abgrenzung im Einzelnen OFD München 2.4.2001 DStR, 1032; gleichlautend OFD Frankfurt am Main 22.11.2000 GmbHR 2001, 163. Beteiligt sich der Gester einer GmbH an dieser zugleich als atypisch stiller Gester, entsteht steuerlich eine Mitunternehmerschaft mit der KapGes; auch in diesem Fall gehören die GmbH-Anteile des stillen Gesters grds zu seinem SonderBetrVerm (BFH v 15.10.1998 GmbHR 1999, 193).

Notwendiges SonderBetrVerm liegt dagegen grds **nicht** vor, wenn die mit der PersGes nicht wirtschaftlich verflochtene KomplementärKapGes eine *nicht unwesentliche anderweitige Geschäftstätigkeit* ausübt, die aber für den Betrieb der PersGes nicht von Bedeutung ist (BFH v 3.8.1993 BStBl II 1994, 448; BFH v 7.7.1992 BStBl II 1993, 328; BFH v 11.12.1990 BStBl II 1991, 510; BFH v 31.10.1989 BStBl II 1990, 677). In diesem Fall können die Anteile nur gewillkürtes SonderBetrVerm II sein (BFH v 30.3.1999 BFH/NV, 1468; FG Münster v 25.4.1997 EFG 1998, 87), sofern es sich nicht um völlig betriebsfremde Aktivitäten handelt (zB Beteiligung an AbschreibungsGes, BFH v 20.6.1985 BStBl II, 654).

Zum notwendigen SonderBetrVerm II kann auch der Anteil eines Mitunternehmers an einer **anderen Kapitalgesellschaft** gehören, jedoch nur wenn die Betan der KapGes der Bet an der Mitunternehmerschaft dient (zB BFH v 31.8.2006 BFH/NV, 2257). Dies ist zB der Fall, wenn deren alleiniger Zweck darin besteht, eine KommanditBet an der PersGes in nicht unerheblichem Umfang zu halten (BFH v 23.1.2001 BB, 814 für 50%-Anteil). Dagegen gehören zB Anteile an einer nicht operativ tätigen HoldingGmbH nicht zum notwendigen SonderBetrVerm II, wenn die Holding auch andere Bet in erheblichem Umfang hält (FG Rheinland-Pfalz v 17.12.1998 EFG 1999, 271 (rkr)).

V. Auswirkungen im Jahresabschluss der Gesellschafter   216–250   C

Eine Verpfändung für Betriebsschulden qualifiziert **Wertpapiere** idR nicht 216
als notwendiges BetrVerm (BFH v 17.3.1966 BStBl II, 786). Sie können aber
als gewillkürtes Sonderbetriebsvermögen behandelt werden, wenn sie als Sicherheit für Betriebskredite der PersGes dienen (BFH v 4.4.1973 BStBl II,
628), als Finanzreserve für geplante Investitionen die Bet fördern (BFH v
23.10.1990 BStBl II 1991, 403) oder das BetrVerm aus anderen Gründen (zB
zur Erhöhung der Kreditwürdigkeit) verstärken sollen (im Einzelnen *Durchlaub* Einlage von WG – insb von Wertpapieren – in das gewillkürte
BetrVerm, BB 1989, 949). Von einer betrieblichen Veranlassung kann allerdings nicht ausgegangen werden, wenn die Wertpapiere keinen erkennbaren
Nutzen, sondern voraussichtlich nur Verluste bringen werden; Spekulationsabsicht und Kreditfinanzierung schließen die Einlage aber noch nicht ohne
Weiteres aus (EStR (2012) H 4.2 Abs 1; BFH v 19.2.1997 BStBl II, 399;
BFH v 15.11.1978 BB 1979, 458 mwN).

Eine von einem Gester betrieblich begründete (ggf ungewisse) **Verbind-** 217
lichkeit ggü Dritten, die mit einem Gegenstand der Einlage zusammenhängt,
bleibt steuerlich auch dann (negatives) BetrVerm, wenn die PersGes die bestehende Schuld *nicht* übernommen hat (BFH v 28.1.1993 DStR, 873). Derartige Schulden sind steuerlich jeweils als (negatives) SonderBetrVerm des
Gesters zu erfassen und dem Betrieb zuzuordnen, zu dem die betr WG gehören. Dies gilt sowohl bei Neu- oder Umgründung einer PersGes, als auch bei
einem GesterWechsel. Eine betrieblich begründete Verbindlichkeit verliert
ihren Charakter als negatives SonderBetrVerm idR auch nicht dadurch, dass
der Gester in zeitlicher Nähe zu der Mittelzuführung von einem anderen
Guthabenkonto der PersGes einen entspr Betrag für private Zwecke entnimmt (Anm 189).

V. Auswirkungen im Jahresabschluss der Gesellschafter

1. Errichtung einer neuen Personengesellschaft

Die Einbringung eines EinzelUnt in eine PersGes stellt zivilrechtlich den 250
Verkauf des Geschäftsbetriebs im Ganzen dar (dazu B Anm 100). Dabei besteht die Gegenleistung in der Übernahme der Verbindlichkeiten (bzw ihrer
Erfüllung) und der Gewährung von GesRechten (Kapitalanteilen) an der aufnehmenden PersGes. Dort führt die Einbringung zu einer Gutschrift auf dem
Kapitalkonto und ggf zusätzlich auf einem Darlehens- bzw Verrechnungskonto des Gesters. Die PersGes hat für den Erwerb der Aktiva ihrerseits AK in
Höhe der passivierten Beträge aufgewendet (Anm 80). Mit dem bei der
PersGes passivierten Gesamtbetrag (Gutschrift auf den Kapital- und Gester-Konten sowie den ggf übernommenen weiteren Verbindlichkeiten des eingebrachten Unt und evtl erforderliche Rückstellungen) korrespondiert der Gesamterlös des Einzelunternehmers für die „Veräußerung" (Einbringung) des
Geschäftsbetriebs (Aktiva). Der Gester der neu entstandenen PersGes wendet
zur Erlangung seiner Bet den Wert des eingebrachten Geschäftsbetriebs (Nettovermögen ohne Schulden und ggf Rückstellungen) auf und hat daher insoweit **Anschaffungskosten** für den Erwerb seiner Kapitalanteile an der Pers-
Ges (§ 255 Abs 1 S 1 HGB). Steuerlich sind nicht die GesAnteile, sondern

die ideellen Anteile an den WG der PersGes Gegenstand der Anschaffung durch den Mitunternehmer (Anm 195; *Wacker* in Schmidt[38] EStG § 16 Anm 480).

Entsprechendes gilt für einen Gester, der eine Geld- oder Sacheinlage eines EinzelWG einbringt. Er hat für den Erwerb des Kapitalanteils (bzw der ideellen Anteile an den WG der PersGes) ebenfalls AK in Höhe des Werts seiner Einlage, unabhängig davon, ob diese dem Gesamthandsvermögen der PersGes oder dem privaten Vermögen eines MitGesters zufließt. Aktivierungspflichtige AK für den Erwerb des Mitunternehmeranteils liegen auch vor, soweit die Leistung als Ersatz von Finanzierungskosten des Veräußerers bezeichnet wurde (BFH v 18.2.1993 BStBl II 1994, 224).

251 Soweit der Wert eines in die PersGes eingebrachten Unt höher ist als dessen bisheriges buchmäßiges EK, tritt beim Einleger handels- und steuerrechtlich grds eine Gewinnrealisierung ein. Dasselbe gilt grds auch für jede andere Sacheinlage, wenn sich ihr Wert von dem bisherigen Buchwert bei dem einbringenden Gester unterscheidet (zu Ausnahmen Anm 252). Der Veräußerungsgewinn eines übertragenden Gesters ist aber nur dann nach § 24 Abs 3 UmwStG, §§ 16 Abs 4, 34 Abs 1 EStG tarifbegünstigt, *wenn* die Einlage als Veräußerung eines (Teil-)Betriebs oder vollen Mitunternehmeranteils (zB Einbringung eines EinzelUnt mit stillem Gester, dazu B Anm 131) anzusehen ist *und* das eingebrachte BetrVerm bei der PersGes mit dem *vollen* **Teilwert** angesetzt wird (§ 24 Abs 3 UmwStG; BMF 11.11.2011 BStBl I, 1314, Tz 24.15; s auch BFH v 16.12.2004 BStBl II 2005, 554). Dies gilt auch bei Aufnahme eines Gesters in ein bestehendes EinzelUnt, und auch dann, wenn eine Zuzahlung in das Privatvermögen des Einbringenden erfolgt (unter Hinweis auf BFH v 21.9.2000 BStBl II 2001, 178). Dabei ist ggf auch ein GFW aufzudecken (BFH v 11.8.1971 BStBl II 1972, 270); dazu Anm 206. Die Tarifbegünstigung entfällt also, wenn der Übertragende nicht sämtliche stillen Reserven aufdeckt, indem er zB für seine ideellen Anteile an den WG des eingebrachten Betriebs die bisherigen Buchwerte anteilig fortführt (*Groh* DB 2001, 2162). In diesem Fall gilt ein über den bisherigen Buchwert des eingebrachten Vermögens hinausgehender Aufstockungsbetrag (Kapitalanteil einschl evtl Zuzahlungen in das Privatvermögen) als laufender Gewinn, *soweit* auf der Seite des Veräußerers und des Erwerbers dieselben Personen Mitunternehmer sind (§ 24 Abs 3 S 3 UmwStG iVm § 16 Abs 2 S 3 EStG; vgl BMF 11.11.2011 BStBl I, 1314, Tz 24.15).

252 Unter den Voraussetzungen des § 24 UmwStG ist die Einbringung eines Betriebs, Teilbetriebs oder Mitunternehmeranteils auch steuerneutral oder ohne volle Aufdeckung der Reserven möglich, wenn der Einbringende dadurch die Stellung eines Mitunternehmers der PersGes (zum Begriff EStR (2012) H 15.8 Abs 1) erlangt und ihm neben der Befreiung von den betrieblichen Verbindlichkeiten und Rückstellungen kein Zusatzentgelt gewährt wurde. In diesem Fall können die erlangten Kapitalanteile (dh der Nettowert der ideellen Anteile an den WG der PersGes) bei dem Gester *steuerlich* nicht mit dem Teilwert, sondern mit einem niedrigeren Zwischenwert oder dem Buchwert angesetzt werden. Maßgeblich ist dabei der Wertansatz in der StBil der PersGes (einschl der steuerlichen Ergänzungsbilanzen für ihre Gester, Anm 201 f), da der dort angesetzte Wert des BetrVerm für den Einbringenden

V. Auswirkungen im Jahresabschluss der Gesellschafter   253–260   C

als Veräußerungspreis gilt (§ 24 Abs 3 UmwStG) und dadurch zugleich die AK seiner Kapitalanteile (ideellen Vermögensanteile) an der PersGes bestimmt.

Bei der Sacheinlage einzelner VG ist für die Höhe der Gewinnrealisierung **253** (und damit für die AK der Anteile des Einbringenden) im handelsrechtlichen JA des Gesters jeweils die Bewertung der VG und daraus folgend die Gutschrift auf dem Kapitalkonto bei der übernehmenden PersGes (Anm 80) maßgebend. Die Bewertung der erworbenen Anteile an der PersGes in der HBil des Einbringenden ist steuerlich jedoch ohne Bedeutung (BFH v 6.11.1985 BStBl II 1986, 333). Vielmehr bestimmt sich der Wertansatz der „Bet" (ideelle Vermögensanteile) in der StBil des Gesters nach dem Saldo der Wertansätze (bzw dem daraus resultierenden EK-Anteil) in der StBil II der PersGes; dazu Anm 192 ff. Aus der Differenz zum bisherigen Buchwert der eingebrachten WG ergibt sich auch ein evtl steuerlicher Einbringungsgewinn oder -verlust des Gesters (BFH v 15.7.1976 BStBl II, 748; aktuell BFH v 10.4.2013 BB 2671; mit anhängigem Verfahren beim BVerfG, 2 BvL 8/13 wegen möglicher Gleichheitswidrigkeit der fehlenden Buchwertübertragung von WG zwischen beteiligungsidentischen PersGes).

2. Beitritt, Austritt und Gesellschafterwechsel

Die Änderung der GesterStruktur im Rahmen einer identitätsaufhebenden **260** Umgründung (Anm 54 f) ist handelsrechtlich wie die Errichtung einer neuen PersGes zu behandeln (Anm 57, 250 ff). Für steuerliche Zwecke gilt dies aber auch, wenn die PersGes nach einem GesterWechsel oder dem Beitritt oder dem Ausscheiden eines Gesters identitätswahrend fortgeführt wird.

D. Gründungs- und Eröffnungsbilanz der Kapitalgesellschaft

Übersicht

	Anm
I. Rechtliche Grundlagen	
1. Aufstellungspflicht	
a) Sachlicher Anwendungsbereich	1
b) Normadressat	
aa) KapGes und KapGes iG	2
bb) Zweigniederlassungen	3
cc) Vorgründungsgesellschaft	4
c) Reichweite des handelsrechtlichen Analogiegebots	5
d) Inhalt und Zweck der Eröffnungsbilanz	
aa) Aufgaben und Funktionen	6–9
bb) Bestandteile	10, 11
2. Gründungsvorschriften	
a) Errichtung und rechtliche Voll-Entstehung	15
b) Vorgründungsphase	16
c) Gründungsphase	17–19
d) Gründungshaftung	20
e) Sonstige Gründungsvoraussetzungen	22–28
3. Anforderungen an die Kapitalaufbringung	
a) Grundsatz der realen Kapitalaufbringung	30, 31
aa) Leistung zur endgültigen freien Verfügung	32
bb) Hin- und Herzahlen; Her- und Hinzahlen	33
b) Bargründung	34–38
c) Aufgeld und andere Zuzahlungen	
aa) Echtes Agio	40
bb) Unechtes Agio	41
cc) Besonderheiten bei AG	42
d) Sachgründung und Mischformen	
aa) Sacheinlage	43, 44
bb) Verdeckte Sacheinlage	45–49
cc) Sachübernahme	50
dd) Wirtschaftliche Neugründung	51
ee) Gemischte Sachgründung	52, 53
ff) Mischgründung	54
e) Missbrauchskontrolle bei Dienstleistungen	55
4. Vorbelastungshaftung und Vorbelastungsbilanz	56, 57
5. Eröffnungsbilanzstichtag und Aufstellungsfrist	
a) Bestimmung des maßgeblichen Bilanzstichtags	
aa) Überblick	65–67
bb) Herleitung	68–78
b) Zeitraum für die Aufstellung	82–84
6. Sanktionen	91
II. Vorschriften zur Eröffnungsbilanz der Kapitalgesellschaft	
1. Allgemeine Grundsätze	

D Gründungs- und Eröffnungsbilanz der Kapitalgesellschaft

	Anm
a) Anzuwendende Vorschriften über die Bilanz	103–114
b) Inventur und Eröffnungsinventar	119–122
2. Ansatzvorschriften	
a) Vermögensgegenstände	126–154
b) Verbindlichkeiten, Rückstellungen und Haftungsrisiken	161–166
c) Eigenkapital und korrespondierende Posten	170–175
3. Bewertungsvorschriften	
a) Allgemeine Bewertungsgrundsätze	
aa) Gesellschaftsrechtliche Anforderungen	181–183
bb) Bilanzrechtliche Anforderungen	187–193
b) Einzelvorschriften zur Bewertung	
aa) Bewertung der Aktiva	203–211
bb) Bewertung der Passiva	215–217
4. Gliederung und Ausweis	
a) Gliederungsschema und Erleichterungen	221–227
b) Eigenkapital und Gesellschafterkonten	230–238
c) Weitere Bilanzposten	243
III. Feststellung, Prüfung, Offenlegung, Aufbewahrung	
1. Aufstellung, Feststellung und Prüfung	248–257
2. Offenlegung und Aufbewahrung	261–264
IV. Steuerliche Besonderheiten	
1. Allgemeine Grundlagen	268–269
2. Einzelvorschriften	
a) Bilanzansatz	275–280
b) Bewertung	282–295

Schrifttum (Abschn I): *Schiller* Die bilanzielle Abbildung des aktienrechtlichen Gründungsprozesses – einmalige oder kontinuierliche Berichterstattung?, DB 1992, 281; *Rodewald* Der maßgebliche Zeitpunkt für die Aufstellung von GmbH-Eröffnungsbilanzen, BB 1993, 1693; *Deutscher/Körner* Strafrechtlicher Gläubigerschutz in der Vor-GmbH, wistra 1996, 8; *Habersack/Lüssow* Vorbelastungshaftung, Vorbelastungsbilanz und Unternehmensbewertung – Plädoyer für ein zweistufiges Vorbelastungskonzept, NZG 1999, 629; *Hey* Die Bewertung der Vermögensgegenstände in der „Vorbelastungsbilanz" einer GmbH, GmbHR 2001, 905; *Becker* Aktienrechtliches und handelsrechtliches Agio, NZG 2003, 510; *Bitter* Niederlassungsfreiheit für Kapitalgesellschaften in Europa: Gläubigerschutz in Gefahr?, Jahrbuch Junger Zivilrechtswissenschaftler/Zugang und Ausschluss als Gegenstand des Privatrechts 2004, 299; *Bayer/Lieder* Einbringung von Dienstleistungen in der AG, NZG 2010, 86; *Henkel* Kapitalaufbringung bei der GmbH nach dem MoMiG – Verdeckte Sacheinlage, NZI 2010, 6; *Wachter* Dienstleistungen und Kapitalaufbringung, NJW 2010, 1715; *Göhmann* Sind bei der wirtschaftlichen Neugründung einer GmbH die Sacheinlagevorschriften und § 19 Abs 5 GmbHG zu beachten?, RNotZ 2011, 290; *Karrer* Nachweis der mangelnden Vollwertigkeit einer Sacheinlage, GWR 2011, 360; *Komo* Kapitalaufbringung im Cash Pool – aktuelle Entwicklungen in Rechtsprechung und Literatur, BB 2011, 2307; *Rezori* Die Kapitalaufbringung bei der GmbH-Gründung – Ausgewählte Gesichtspunkte der Neuregelung der §§ 19 Abs. 4 und Abs. 5 GmbHG, RNotZ 2011, 125; *Bachmann* Die Offenlegung der wirtschaftlichen Neugründung und die Folgen ihrer Versäumung, NZG 2012, 579; *Jeep* Leere Hülse, beschränktes Risiko: Die Gesellschafterhaftung bei nicht offengelegter wirtschaftlicher Neugründung – Oder: Wie weit

I. Rechtliche Grundlagen

reicht das Konzept der Unterbilanzhaftung von GmbH-Gesellschaften?, NZG 2012, 1209; *Gottschalk* Die wirtschaftliche Neugründung einer GmbH und ihre Haftungsfolgen, DStR 2012, 1458; *Kupjetz/Peter* Die Kapitalaufbringung der GmbH in Gründung in einem physischen Cash-Pooling-System – Ein praxisorientiertes Prüfungsschema für § 19 Abs. 5 GmbHG –, GmbHR 2012, 498; *Tavakoli* Begrenzung der Unterbilanzhaftung bei wirtschaftlicher Neugründung einer GmbH, NJW 2012, 1855; *Vedder* Unterbilanzhaftung bei unterbliebener Offenlegung einer wirtschaftlichen Neugründung, Anm zum BGH-Urteil vom 6.3.2012 – II ZR 56/19, MittBayNot 2012, 484; *Melchior* Offenlegung der wirtschaftlichen Neugründung bei der AG – How to, AG 2013, R 223; *Pentz* Wirtschaftliche Neugründung im GmbH- und Aktienrecht, FS Hoffmann-Becking, München 2013, 871; *Reger/Wieneke* Die Finanzierung des Unternehmenserwerbs mit Aktien, GWR 2013, 195; *Wieneke* Die Festsetzung des Gegenstands der Sacheinlage nach §§ 27, 183 AktG, AG 2013, 437; *K. Schmidt* Unterbilanzhaftung bei Fortsetzung einer aufgelösten Gesellschaft?, DB 2014, 701; *Wicke* Aktuelle Fragen der GmbH-Praxis, MittBayNot 2014, 13; *Heidinger/Knaier* Die Heilung einer verdeckten Sacheinlage und der Austausch des Einlagegegenstandes nach dem MoMiG, GmbHR 2015, 1; *Porzelt* Die Überbewertung der Sacheinlagen und die Rechtsfolgen für die Gesellschafter, GmbHR 2018, 1251; *Danwerth/Hildner* Nach dem Pyrrhussieg vor dem KG Berlin – Neue Lösungsansätze zur Regulierung von Bitcoins, BKR 2019, 57.

Monographien: *Blumers* Bilanzierungstatbestände und Bilanzierungsfristen im Handelsrecht und Strafrecht, Köln 1983; *Schiller* Gründungsrechnungslegung, Wiesbaden 1990; *de Weerth* Die Bilanzordnungswidrigkeiten nach § 334 HGB unter besonderer Berücksichtigung der europarechtlichen Bezüge, Pfaffenweiler 1994; *Joswig* Gründungsbilanzierung bei Kapitalgesellschaften nach Handels- und Steuerrecht, Düsseldorf 1995; *Hermesmeier* Staatliche Beteiligungsverwaltung, Baden-Baden 2010.

I. Rechtliche Grundlagen

1. Aufstellungspflicht

a) Sachlicher Anwendungsbereich

§ 242 Abs 1 S 1 HGB statuiert die kfm **Pflicht zur Aufstellung** einer Bilanz *(EB/Gründungsbilanz)* erstmals **zu Beginn des Handelsgewerbes** (zum maßgeblichen Stichtag der GründungsEB bei KapGes und VorGes/ KapGes iG vgl Anm 65 ff) und sodann zum Schluss eines jeden Geschäftsjahres *(Bilanz/Jahresbilanz)*.

Die EB nach § 242 Abs 1 S 1 HGB ist als **Gründungsbilanz** abzugrenzen von sonstigen (Sonder-)EB, wie etwa die EB auf den Tag des Auflösungsbeschlusses bei **Liquidation** (§ 71 Abs 1 GmbHG) bzw **Abwicklung** (§ 270 Abs 1 AktG) einer KapGes (dazu T Anm 90 ff) oder bei **Insolvenz** (§ 155 Abs 1, 2 InsO) auf den Tag der InsEröffnung (vgl dazu IDW RH HFA 1.012, Tz 15 ff sowie R Anm 75 ff). Ebenfalls *keine* EB iSv § 242 Abs 1 S 1 HGB stellt die gesellschaftsrechtlich veranlasste Aufstellung einer Vorbelastungsbilanz dar (dazu Anm 56, 57).

Die Aufstellungspflicht besteht bei *rechtlicher* Gründung der KapGes (Anm 2, 15 ff), nicht aber bei *wirtschaftlicher* Neugründung. Zwar stellt die wirtschaftliche Neugründung nicht nur eine faktische, sondern auch eine haftungsrechtlich relevante Zäsur dar. Sie führt aber *nicht* dazu, dass auf den Stichtag der (Re-)Aktivierung der KapGes eine **EB** aufzustellen wäre. Denn

D 2   Gründungs- und Eröffnungsbilanz der Kapitalgesellschaft

die juristische Person ist bereits gesellschaftsrechtlich existent (vgl Anm 2). Um aber den Nachweis führen zu können, dass zu diesem Zeitpunkt nach den Grundsätzen der modifizierten Unterbilanzhaftung keine Differenz zwischen gezeichnetem Kapital und dem Wert des GesVermögens bestand, kann es nicht zuletzt aus haftungsrechtlichen Gründen sinnvoll und geboten sein, auf den Stichtag der wirtschaftlichen Neugründung eine **Sonderbilanz** aufzustellen und diese ggf auch prüfen zu lassen (vgl. *Fastrich* in Baumbach/Hueck GmbHG[22] § 3 Anm 12–13f mwN; *Melchior*, AG 2013, R 223; *Bachmann* NZG 2012, 579; *Gottschalk* DStR 2012, 1458). Dies erscheint jedenfalls dann sachgerecht, wenn für Zwecke der Wiederauffüllung des gezeichneten Kapitals keine Bareinlagen, sondern Sacheinlagen geleistet und dabei nicht die für Sacheinlagen geltenden Kapitalaufbringungsvorschriften beachtet werden (vgl dazu Anm 51).

Nach § 242 Abs 1 S 2 HGB sind auf die EB die für den JA geltenden Vorschriften entspr anzuwenden, soweit sie sich auf die Bilanz beziehen (sog **handelsrechtliches Analogiegebot;** dazu Anm 5). Hiernach haben *KapGes* bei Aufstellung der EB die allgemeinen (§§ 243–261 HGB) und besonderen Bilanzierungsvorschriften (§§ 264–274a HGB) zu beachten (Anm 103). Hinzu kommen rechtsformspezifische Regelungen des Gesellschaftsrechts (Anm 104), etwa zur Bildung und zum Ausweis der EK-Posten (Anm 230 ff).

b) Normadressat

2   **aa) KapGes und KapGes iG.** Die Bilanzvorschriften des HGB sind von jedem **Kaufmann** zu befolgen, der einen Gewerbebetrieb führt und dieser nach Art und Umfang einen in kfm Weise eingerichteten Geschäftsbetrieb erfordert (Handelsgewerbe iSv § 1 Abs 2 HGB; *VollKfm*) oder dessen Firma gem § 2 HGB im HR eingetragen wird (Handelsgewerbe kraft Eintragung; *KannKfm*) und demgemäß zur Buchführung nach Maßgabe von § 238 HGB verpflichtet ist (zur KfmEigenschaft und zur Aufstellungspflicht für vollkaufmännische Gewerbetreibende B Anm 1 ff; zum KfmBegriff *Störk/Lewe* in Beck Bil-Komm[12] § 238 Anm 6 ff; *Pöschke* in GroßKomm HGB[5] § 238 Anm 7 ff).

Den **Fiktivkaufmann** iSv § 5 HGB treffen nach hM hingegen weder Buchführungs- noch Rechnungslegungspflichten (vgl *Roth* in Koller/Kindler/Roth/Drüen[9] HGB § 5 Anm 8 u 2; aA *Schmidt* in MünchKomm HGB[4] § 5 Anm 35).

Ein *Befreiungsprivileg* genießen nach der **Kleingewerbeklausel** des § 242 Abs 4 S 1 HGB *nur Einzelkaufleute* iSv § 241a HGB (B Anm 4 ff; *Störk/Lawall* in Beck Bil-Komm[12] § 241a Anm 2; *Pöschke* in GroßKomm HGB[5] § 241a Anm 9) unter der weiteren Voraussetzung, dass diese sich auch tatsächlich von der Buchführungspflicht befreien lassen (dazu und zum Befreiungsprivileg bei *Neugründung* nach § 242 Abs 4 S 2 HGB vgl *Störk/Philipps* in Beck Bil-Komm[12] § 242 Anm 14 mwN).

Die für Kfl iSv §§ 1, 2 HGB geltenden Vorschriften der §§ 242 ff HGB sind auch von den **Handelsgesellschaften** anzuwenden (§ 6 Abs 1 HGB). Zu den in das HR eintragbaren Ges zählen neben den PersGes (C Anm 1 ff) in der Rechtsform OHG und KG (§§ 105 Abs 2, 161 Abs 2 HGB) einschl

I. Rechtliche Grundlagen **2 D**

KapGes & Co KG sowie EWIV (Europäische Wirtschaftsvereinigung) als europarechtliches Pendant zur OHG (vgl § 1 Hs 2 EWIVAG, Art 1 EWIV-VO), KapGes in der Rechtsform **AG** und **KGaA** (§§ 3, 36, 278 Abs 3, 282 AktG) einschl **SE** (Societas Europaea) als europarechtliches Pendant zur AG (Art 9, 10 SE-VO, § 1 SEAG iVm § 3 AktG), **GmbH** einschl **UG (haftungsbeschränkt)/Unternehmergesellschaft** (§§ 5a Abs 2 S 1, 7, 13 Abs 3 GmbHG).

Umstritten ist die Frage der KfmEigenschaft **ausländischer** KapGes (*Schmidt* in MünchKomm HGB[4] § 6 Anm 14; zum Meinungsstand nach IPR-Grundsätzen siehe *Kindler* in MünchKomm BGB[7] Bd 12 Teil 10 Anm 156 ff, 199 ff, 272 ff mwN; speziell zu sog *Scheinauslandsgesellschaften* vgl *Pöschke* in GroßKomm HGB[5] § 238 Anm 9 mwN).

Eine mit Sitz in Deutschland gegründete SE hat sowohl die Rechnungslegungsvorschriften nach Maßgabe der §§ 242 ff, 264 ff HGB (vgl *Wenz* in Kölner Komm AktG[3] Art 61 SE-VO Anm 10, 11, 16 und *Casper* in Spindler/Stilz AktG[4] Art 61 SE-VO Anm 3) als auch die rechtsformspezifischen Regelungen des Aktienrechts zu beachten (*Wenz* in Kölner Komm AktG[3] Art 61 SE-VO Anm 18 ff). Art 61 SE-VO regelt dies zwar explizit nur hinsichtlich der Pflicht zur Aufstellung von JA und KA. Allerdings unterliegt die SE als HandelsGes und FormKfm bereits nach Maßgabe von Art 9 Abs 1 Buchst c ii SE-VO iVm § 3 AktG iVm §§ 6, 238 ff HGB den für alle Kaufleute geltenden Rechnungslegungsvorschriften. Eine andere Auffassung wäre letztlich nicht vereinbar mit dem in Art 10 SE-VO kodifizierten **Gleichbehandlungsgebot,** wonach SE wie AG zu behandeln sind.

Schließlich sind – und zwar unabhängig von den Voraussetzungen der §§ 1 Abs 2, 2 HGB – die bei Aufstellung der EB geltenden Vorschriften anzuwenden auf alle **Vereine** (im engeren Sinn), denen kraft gesetzlicher Fiktion die KfmEigenschaft beigelegt wird (§ 6 Abs 2 HGB; sog *FormKfm;* vgl *Hopt* in Baumbach/Hopt HGB[39] § 6 Anm 6). Hierzu zählen neben den KapGes in der Rechtsform der **AG/SE/KGaA/GmbH** auch *EWIV* sowie *eingetragene Genossenschaften (eG)* nach Maßgabe von §§ 3, 17 Abs 2 GenG einschl *Societas Cooperativa Europaea (SCE)* als europarechtliches Pendant zur eG (Art 8 VO Statut SCE). Umstritten ist, ob hierzu auch *OHG* und *KG* zählen (zum Streitstand *Schmidt* in MünchKomm HGB[4] § 6 Anm 17 mwN). VVaG ist zwar *kein* FormKfm, allerdings sind §§ 238 ff, 242 ff HGB kraft gesetzlichem Verweis anzuwenden (§ 16 VAG).

Bei **staatlichen Unternehmen** sowie **kommunalen Wirtschaftsbetrieben** ist nach dem Rechtsträger und der Rechtsform zu differenzieren (vgl *Ballwieser* in MünchKomm HGB[3] § 238 Anm 9 mwN; *Störk/Lewe* in Beck Bil-Komm[12] § 238 Anm 38 ff; *WPH*[14] I, L Anm 1 ff). Bedient sich die öffentliche Hand privatrechtlicher GesFormen, gilt das **Vorrangprinzip,** wonach grds das GesRecht und folgerichtig auch das Handelsrecht vorrangig vor öffentlich-rechtlichen Normen Anwendung findet (*Hermesmeier,* 128; *WPH* HBd[16] C Anm 55). Die Frage der Rechnungslegungspflicht nach HGB bestimmt sich daher unabhängig von der GesterStruktur und damit ungeachtet des Bestehens einer staatlichen oder kommunalen Bet an einem Unt in Privatrechtsform nach allgemeinen Grundsätzen, also nach der KfmEigenschaft (vgl *Störk/Lewe* in Beck Bil-Komm[12] § 238 Anm 51). **Öffentliche Unter-**

D 3 Gründungs- und Eröffnungsbilanz der Kapitalgesellschaft

nehmen in der Organisationsform AG/GmbH sind folgerichtig stets Form-Kfm (*Störk/Lewe* in Beck Bil-Komm[12] § 238 Anm 40; *Pöschke* in GroßKomm HGB[5] § 238 Anm 11; *WPH*[14] I, L Anm 5) und haben somit eine EB aufzustellen. Dies gilt nicht nur für sog *gemischtwirtschaftliche* (öffentliche) KapGes, sondern auch für sog *rein öffentliche* KapGes (EigenGes), bei denen eine juristische Person des öffentlichen Rechts AlleinGester ist (*Pöschke* in GroßKomm HGB[5] § 263 Anm 10), und folgerichtig auch für sog *gemischt öffentliche* KapGes, bei denen alle Gester juristische Personen des öffentlichen Rechts sind (zu den Begriffsdefinitionen vgl *Hermesmeier,* 108, 109).

Bei KapGes ist die Eintragung im HR Voraussetzung für ihre rechtliche Existenz als juristische Person (Anm 15). KapGes *in Gründung* (iG), sog **Vorgesellschaften,** sind jedoch − in Abgrenzung zu *VorgründungsGes* (dazu Anm 16) − bereits *eigenständige Rechtsträger sui generis* und daher wie KapGes zu behandeln, soweit das Gesetz nicht Rechtsfähigkeit voraussetzt (Anm 16, 17, 20). Auch die EinpersonenKapGes iG ist nach zwischenzeitlich wohl überwiegender Auffassung als rechtsfähige Wirkungseinheit (Anm 18) und als solche als ein vom übrigen Vermögen des einzigen Gesters zu unterscheidendes „verselbständigtes Sondervermögen" anzusehen (vgl *Hüffer/Koch* AktG[14] § 41 Anm 4, 17a ff; *Fastrich* in Baumbach/Hueck GmbHG[22] § 11 Anm 40 ff mwN). Die VorGes/KapGes iG unterliegt zwar nicht der KfmFiktion der § 3 AktG, § 13 Abs 3 GmbHG, solange sie noch nicht im HR eingetragen ist. Gleichwohl kann die VorGes/KapGes iG − *unabhängig* davon, ob ihre *Geschäftstätigkeit* bereits eine kfm Organisation erfordert − bereits *wie ein Kfm* zu behandeln und damit buchführungspflichtig sein, insb wenn sie schon unter der Firma der KapGes am Rechtsverkehr teilnimmt (Anm 9, 15, 73 f, 111). Die Unterscheidung zwischen *Errichtung* und *Vollentstehung* der KapGes als juristische Person ist daher im Wesentlichen nur für die Frage der **Unterbilanzhaftung** von Bedeutung (Anm 56 ff), wenn die Geschäftstätigkeit vor der Eintragung bereits aufgenommen oder ein bestehendes Unt als Sacheinlage eingebracht wurde (Anm 21).

3 **bb) Zweigniederlassungen.** Die Rechnungslegungspflicht nach HGB besteht auch für inländische Zweigniederlassungen einer ausländischen KapGes (*Störk/Lewe* in Beck Bil-Komm[12] § 238 HGB Anm 46; *ADS*[6] § 238 Anm 18; aA *Pöschke* in Großkomm HGB[5] § 238 Anm 26). Denn auch Zweigniederlassungen führen mit der Aufnahme eines kfm Geschäftsbetriebs (B Anm 6), spätestens mit der obligatorischen Eintragung im HR (§§ 13d bis 13g HGB), eine Firma und erlangen damit KfmEigenschaft (B Anm 10, 11). Unabhängig davon, ob für die Niederlassung auf diesen Zeitpunkt eine eigenständige EB nach HGB aufgestellt wird, erfordert § 325a Abs 1 HGB die Offenlegung der relevanten Rechnungslegungsunterlagen der Hauptniederlassung nach Maßgabe der Regelungen in den §§ 325, 328, 329 Abs 1 HGB und die Einreichung einer deutschen Fassung zum HR am Sitz der inländischen Zweigniederlassung. Zur Möglichkeit der Einbeziehung in das Buchwerk des ausländischen Rechtsträgers siehe B Anm 12.

Zum Problem der Umgehung von nationalen Kapitalaufbringungsvorschriften durch Errichtung einer ausländischen Hauptniederlassung ohne Geschäftstätigkeit nach Maßgabe der *EuGH*-Rechtsprechung iS „*Centros"* und „*Inspire Art"* vgl *Bitter* 2004, 299.

I. Rechtliche Grundlagen 4–6 **D**

cc) Vorgründungsgesellschaft. Anders als bei der VorGes/KapGes iG 4 scheidet eine Behandlung der VorgründungsGes als *KapGes sui generis* (Anm 2, 17, 20) und damit eine Fiktion der KfmEigenschaft (Anm 15) aus. Die VorgründungsGes unterliegt daher der Buchführungspflicht und in der Folge der Rechnungslegungspflicht nur nach allgemeinen handelsrechtlichen Grundsätzen, also, wenn diese *tatsächlich* Kfm ist bzw bereits ein Handelsgewerbe betreibt (Anm 2) und damit PersGes ist (*Störk/Lewe* in Beck BilKomm[12] § 238 Anm 43, 72).

c) Reichweite des handelsrechtlichen Analogiegebots

Um im Hinblick auf *Ansatz* (Anm 126), *Bewertung* (Anm 181), *Gliederung* 5 und *Ausweis* (Anm 221) den notwendigen **Gleichlauf** zwischen EB und Jahresbilanz nach Abschluss des ersten RumpfGj sicherzustellen, sind nach Maßgabe des in § 242 Abs 1 S 2 HGB kodifizierten **Analogiegebots** (Anm 1) auf die EB grds die für die JA-Bilanz geltenden handelsrechtlichen Bilanzierungsvorschriften entspr anzuwenden (Anm 10, 11, 103 f, 114; zu Ausnahmen vgl bspw Anm 163). Damit wird den handelsbilanziellen Grundsätzen der **Kontinuität** (§ 252 Abs 1 Nr 1 HGB) und **Stetigkeit** (§§ 246 Abs 3, 252 Abs 1 Nr 1, 6 HGB) Rechnung getragen (Anm 7). Im Umkehrschluss sind die Vorschriften über den JA nicht auf die EB anzuwenden, wenn es nicht um die Vergleichbarkeit von EB und JA geht (Anm 6), etwa das Passivierungswahlrecht für sog Altzusagen (Anm 163).

Zu beachten bleibt, dass die EB eine **Sonderbilanz** ist (Anm 7) und also nicht zwingend jede, *allgemein* auf den JA Bezug nehmende Vorschrift anzuwenden ist. Insb besteht für die EB über die Bilanzaufstellungspflicht hinaus – anders als für den JA – weder eine **Feststellungspflicht** (zwischenzeitlich wohl hM; vgl *Pöschke* in GroßKomm HGB[5] § 242 Anm 22 mwN; *Haas/Kersting* in Baumbach/Hueck[22] GmbHG § 42a Anm 3 mwN; aA *Kleindieck* in MünchKomm BilR HGB § 242 Anm 14), noch eine **Prüfungspflicht** (*Kleindieck* in MünchKomm BilR HGB § 242 Anm 26; ADS[6] § 242 HGB Anm 13; Anm 254) oder **Offenlegungspflicht** (*Pöschke* in Großkomm HGB[5] § 242 Anm 33; Vorraufl Anm 100, 261).

Schließlich findet das in § 242 Abs 1 S 2 HGB statuierte Analogiegebot seine Grenzen in dem im Straf- und Ordnungswidrigkeitsrecht (§ 1 StGB, § 3 OWiG) verankerten und in Art 103 GG verfassungsrechtlich geschützten (Art 103 GG) **Analogieverbot** [*nullum crimen, nulla poena sine lege scripta*]. Dazu und zu strafrechtlichen Sanktionen Vorraufl Anm 91 ff, 93, 100.

d) Inhalt und Zweck der Eröffnungsbilanz

aa) Aufgaben und Funktionen. Bei der GründungsEB handelt es sich 6 um einen **Vermögensstatus** auf den Zeitpunkt der Errichtung oder des Beginns der Geschäftstätigkeit einer VorGes/KapGes iG (Anm 65 ff, 74 ff). Sie unterliegt den Vorschriften des HGB, wenn die Tätigkeit eine kfm Organisation erfordert oder das Gesetz aufgrund der Eintragung eine entspr Organisation fingiert (Anm 69).

Hauptzweck der EB ist neben der (Selbst-)**Information** und (Selbst-)**Kontrolle** des nach §§ 238 ff HGB zur Buchführung verpflichteten Kfm bzw

D 7, 8   Gründungs- und Eröffnungsbilanz der Kapitalgesellschaft

bei der KapGes der Geschäftsführung und der Gründer (*Schiller* DB 1992, 283) die **Dokumentation** der vermögens- und kapitalmäßigen Erstausstattung zum Schutz der Geschäftspartner (Anm 8), namentlich der Nachweis über das Vorhandensein der anlässlich der Errichtung vertraglich vereinbarten oder von der VorGes/KapGes iG bereits empfangenen Einlagen, und damit letztlich der **Gläubigerschutz** (vgl *Ballwieser* in MünchKomm HGB³ § 242 Anm 2 mwN; vgl auch B Anm 13 ff).

Die EB ist insoweit zwar auch Erkenntnisquelle für die Frage der ordnungsgemäßen **Kapitalaufbringung** im Rahmen der Gründung der KapGes (Anm 8, 76 ff). Der Nachweis hierüber wird allerdings *nicht* durch die EB, sondern durch entspr Angaben bei der Anmeldung der Ges zur Eintragung in das HR geführt (vgl §§ 36 ff AktG, §§ 7 ff GmbHG; Anm 24 ff). Insoweit ist die EB – abw zum regulären JA – *kein* Anknüpfungspunkt für das Kapitalschutzrecht, ebenso wenig wie für die Gewinnverwendung. Aus der Fehlerhaftigkeit der EB ergeben sich daher *keine* unmittelbaren gesellschaftsrechtlichen Folgewirkungen. Folgt man der hM, wonach die EB *nicht* der Feststellung durch das zuständige Organ unterliegt (Anm 5, 253), droht bei Fehlerhaftigkeit der EB insb *keine* Nichtigkeit der EB entspr § 256 AktG. Zu den zivilrechtlichen Sanktionen Vorauf Anm 97 ff.

7   Die EB dient ferner als **Ausgangspunkt** für die Buchführung und die Wertansätze eingebrachter VG in den nachfolgenden JA (Anm 5, 114) im Hinblick auf die künftigen Bewertungsobergrenzen und die Stetigkeit der Ansatz- und Bewertungsmethoden (*Schmidt/Ries* in Beck Bil-Komm¹² § 246 Anm 125). Dadurch ist die EB zugleich Grundlage für den Vermögensvergleich und die Ergebnisermittlung am Schluss des *ersten* RumpfGj (B Anm 15).

IÜ ist die EB als *einmalig* aufzustellende **Sonderbilanz** von der fortan jeweils zu Beginn eines jeden Gj notwendig aufzustellenden *Saldovortragsbilanz* iSv § 252 Abs 1 Nr 1 HGB zu unterscheiden.

8   Die EB hat – wie der JA – **Informations- und Dokumentationsfunktion** (Anm 6). Im Unterschied zur Jahresbilanz soll sie durch Gegenüberstellung der Aktiva und Passiva lediglich die Vermögens- und Kapitalverhältnisse *zu Beginn* des Geschäftsbetriebs aufzeigen (B Anm 14; im Einzelnen *Joswig*, 120). Bei KapGes iG hat die EB darüber hinaus die Aufgabe, im Zeitpunkt der Errichtung den Gründungsaufwand und den Umfang der Einlageansprüche einschl evtl Vorbelastungen oder im Zeitpunkt der Anmeldepflicht den vollständigen Eingang der Einlagen bzw Art und Wert der empfangenen Einlagegegenstände sowie evtl Ansprüche auf Differenzausgleich (Anm 56, 126, 174) zu dokumentieren (zum relevanten Stichtag Anm 74 ff). Indem sie Vorhandensein und Wert der erhaltenen Geld- und Sacheinlagen im Zeitpunkt der Leistung aufzeigt, dient sie als **Kapitalaufbringungsbilanz** (Anm 76) mittelbar auch der Kontrolle der ordnungsgemäßen *Aufbringung* des Gründungskapitals. Die von der EB bezweckte Vermögensdarstellung geht damit über die Aufgabe der Jahresbilanz hinaus, auch wenn der *gesellschaftsrechtliche Nachweis* der Kapitalaufbringung anderweitig zu erfolgen hat (Anm 7).

Im Gegensatz dazu dient die sog **Vorbelastungsbilanz** (dazu Anm 57) zur Kontrolle der Kapital*erhaltung*, indem sie eine evtl nach gesellschaftsrechtlichen Grundsätzen bestehende Unterdeckung des Nennkapitals im Zeitpunkt

I. Rechtliche Grundlagen 9–11 **D**

der HR-Eintragung aufzeigt (*Pöschke* in Großkomm HGB⁵ § 242 Anm 38, 40).

Haben die Gester mit der Geschäftstätigkeit bereits vor der förmlichen **9** Errichtung der KapGes iG begonnen, werden sie organisationsrechtlich im Rahmen einer sog **Vorgründungsgesellschaft** (Anm 15, 16, 21, 78) tätig.

Die spätere Errichtung stellt dann eine gemischte Sachgründung dar (dazu Anm 43, 52 f), weil ein laufender Geschäftsbetrieb durch Übertragung von VG und Schulden der VorgründungsGes in die VorGes/KapGes iG eingebracht wird. In diesem Fall hat die EB der VorGes/KapGes iG (zur Rechnungslegungspflicht der VorGes/KapGes iG Anm 2, 15, 73, 111) im Zeitpunkt der Geschäftsübernahme zugleich die Funktion einer **Übernahmebilanz** (dazu K Anm 1 ff).

Dasselbe gilt bei Übernahme des EinzelUnt eines Gesters (B Anm 33) oder im Rahmen einer **Umwandlung mit Gesamtrechtsnachfolge** nach UmwG durch *Verschmelzung* (dazu H Anm 1 ff), *Spaltung zur Neugründung* einer KapGes (dazu I Anm 11) und *Formwechsel* (dazu L Anm 1 ff).

Bei übereinstimmenden Wertansätzen ist die EB der KapGes als Übernahmebilanz des übernehmenden Rechtsträgers im Zeitpunkt der Sacheinlage in allen Fällen zugleich **Schlussbilanz** der operativen VorgründungsGes (dazu C Anm 51) bzw des übertragenden Rechtsträgers.

bb) Bestandteile. Die EB ist eine Bilanz, auf die nach Maßgabe des han- **10** delsrechtlichen Analogiegebotes (Anm 5) die für die Jahresbilanz einschlägigen handelsrechtlichen und rechtsformspezifischen Bilanzvorschriften anzuwenden sind (ausführlich dazu Anm 103 ff). Die EB muss – anders als die Jahresbilanz – *nicht* durch eine **Gewinn- und Verlustrechnung** ergänzt werden, weil die Gewinnermittlung nicht zu ihren Aufgaben gehört. Bei KapGes iG/VorGes (Anm 2) kann es allerdings zur Information über Art und Höhe des Gründungsaufwands (Anm 8) **zweckmäßig** sein, mit der notwendigen Aufstellung der Vorbelastungsbilanz (Anm 58) gleichzeitig eine GuV aufzustellen (so wohl auch *Schiller*, 36).

Anders als bei der Aufstellung des JA (§ 264 Abs 1 S 1 HGB) ist ein erläu- **11** ternder **Anhang** zur GründungsEB nicht ausdrücklich vorgeschrieben. Dass er allein deshalb nicht erforderlich ist (so *Pöschke* in Großkomm HGB⁵ § 242 Anm 33), lässt sich daraus aber nicht zweifelsfrei ableiten. Denn die bestehenden Vorschriften über Zusatzangaben und Erl zu Bilanzposten im Anhang beziehen sich unzweifelhaft auch „*auf die Bilanz*". Aus dem Analogiegebot des § 242 Abs 1 S 2 HGB (vgl Anm 1, 5) lässt sich also durchaus auch die Pflicht zur Aufstellung eines auf die Erl der EB beschränkten Anhangs herleiten (iE auch *ADS*⁶ § 242 HGB Anm 26, wonach eine Pflicht zur Beachtung der Vorschrift des § 264 Abs 1 S 1 HGB über den Anhang besteht, soweit er die Bilanz betrifft; vgl auch Anm 222). Abgesehen davon ist die Aufstellung eines Anhangs zur EB schon aus Gründen der Dokumentation und Information (Anm 6, 8) über die angewandten Bilanzierungs- und Bewertungsmethoden **zweckmäßig** (vgl dazu B Anm 17; ebenso *Joswig*, 125); zu größen- und branchenspezifischen Besonderheiten Anm 106.

Wird ein Anhang aufgestellt, ist er zwingender Bestandteil der EB (so *Ellerich/Swart* in HdR⁵ § 242 Anm 11 für einen freiwilligen Anhang zum JA).

2. Gründungsvorschriften

a) Errichtung und rechtliche Voll-Entstehung

15 Eine KapGes (AG/KGaA/SE/GmbH/UG) besteht „als solche" nicht vor der Eintragung in das HR. Denn sie erwirbt ihre „*Rechtspersönlichkeit*" als rechtsformspezifische juristische Person erst am Tag ihrer Eintragung (vgl §§ 41 Abs 1 S 1, 278 Abs 3 AktG für AG/KGaA; § 11 Abs 1 GmbHG für GmbH/UG; Art 16 Abs 1 SE-VO, § 3 SEAG für SE mit Sitz in Deutschland). Die KapGes ist daher erst ab diesem Zeitpunkt rechtlich existent (vgl § 1 Abs 1 S 1 AktG, § 13 Abs 1 GmbHG) und damit **Rechtsträger** (Anm 18). Mit HR-Eintragung wird die KapGes gesetzlich fingierte HandelsGes (§ 3 AktG, § 13 Abs 3 GmbHG) und damit zugleich FormKfm iSd § 6 Abs 1 HGB (Anm 2). Für die **SE** (vgl Anm 2) folgt dies nach wohl hM aus Art 9 Abs 1 Buchst c ii, 10 SE-VO (vgl hierzu *Siems* in Kölner Komm AktG[3] Art 1 SE-VO Anm 10, 11; *Casper* in Spindler/Stilz AktG[4] Art 1 SE-VO Anm 2; *Ochsler/Mihaylova* in MünchKomm AktG[4] Art 1 SE-VO Anm 4; zu den Besonderheiten bei Gründung einer SE vgl *Schäfer* in MünchKomm AktG[4] Art 16 SE-VO Anm 6, 7).

Vor Entstehung der KapGes besteht allerdings kein rechtsleerer Raum. Organisationsrechtlich ist zwischen *VorgründungsGes, VorGes* bzw *KapGes iG* und *KapGes* zu differenzieren. Dementsprechend kann zwischen **Vorgründungphase** (Anm 16) und **Gründungphase** (Anm 17 ff) unterschieden werden.

Zunächst konstituiert sich durch die Gründer eine sog **Vorgründungsgesellschaft** – regelmäßig in der Form einer *BGB-Innengesellschaft* (§ 705 BGB; Anm 16) – mit dem primären GesZweck der Errichtung einer KapGes durch Abschluss eines GesVertrags, ggf durch notariell zu beurkundenden Abschluss eines darauf gerichteten *Vor(gründungs)vertrages* (vgl *Hüffer/Koch* AktG[14] § 23 Anm 14, 15; *Fastrich* in Baumbach/Hueck GmbHG[22] § 11 Anm 35 ff; zur gesellschaftsrechtlich nicht abschließend geklärten Einordnung der sog *Einmanngründung* und deren Behandlung vgl *Hüffer/Koch* AktG[14] § 41 Anm 17a ff mwN; *Fastrich* in Baumbach/Hueck GmbHG[22] § 11 Anm 40 ff mwN). Mit Abschluss des GesVertrags ist der GesZweck der VorgründungsGes erreicht und sie wandelt sich in eine GründungsGes/VorGes/KapGes iG (*Hüffer/Koch* AktG[14] § 23 Anm 15). Denn mit Übernahme der Geschäftsanteile bzw Aktien als zwingender Bestandteil des GesVertrags (vgl § 3 Abs 1 Nr 4 GmbHG) bzw der Satzung (§§ 23 Abs 2 Nr 2, 29 AktG) gilt die KapGes als errichtet. Folglich ist maßgeblicher Zeitpunkt die Errichtung der VorGes/KapGes iG durch **notarielle Beurkundung** der Feststellung des GesVertrags (vgl *Hüffer/Koch* AktG[14] § 41 Anm 3; *Fastrich* in Baumbach/Hueck GmbHG[22] § 1 Anm 2, § 2 Anm 4).

In Abgrenzung zur VorgründungsGes kann eine VorGes/KapGes iG bereits *vor* ihrer Eintragung als KapGes **Rechtsträger** (Anm 2, 17) sein, also als eigenständiger *Träger von Rechten und Pflichten* bestehen und nunmehr im Rahmen ihres satzungsmäßigen Zwecks selbst am Rechtsverkehr (*Pöschke* in Großkomm HGB[5] § 242 Anm 359) mit einem Zusatz zur Firmierung „*in Gründung/iG*" teilnehmen.

Da die vorbereitende Tätigkeit der VorGes/KapGes iG von Anfang an auf den Betrieb des (kfm) Geschäfts der späteren HandelsGes gerichtet ist, kann

I. Rechtliche Grundlagen
16 D

sie auch bereits vor Eintragung als HandelsGes behandelt werden (str; wie hier *Altmeppen* in Roth/Altmeppen GmbHG[9] § 11 Anm 1, 28 ff, 44 mwN). Dies gilt hiernach selbst dann, wenn die (noch nicht eingetragene) KapGes iG nach den allg Grundsätzen (B Anm 6 ff) nicht Kfm iSd HGB ist und unabhängig davon, ob sie ihre Geschäftstätigkeit vor der Anmeldung bereits aufgenommen hat oder nicht (Anm 72 f). Auch auf das Erfordernis eines nach Art und Umfang kfm Geschäftsbetriebs für die KfmEigenschaft der KapGes iG kommt es daher dann dem Grunde nach nicht an (aA *Fastrich* in Baumbach/Hueck GmbHG[22] § 11 Anm 13). Vor dem Hintergrund der höchstrichterlichen Rspr zur Vorbelastungshaftung kann dies uE nur relevant sein, wenn von vornherein keine ernsthafte Absicht zur Eintragung als KapGes bestand oder die Geschäftstätigkeit trotz Ablehnung der Eintragung fortgeführt wird (sog **unechte Vorgesellschaft**, Anm 17). Jedenfalls unterliegt die (echte) VorGes/KapGes iG mit der wohl hM unabhängig von der Frage der tatsächlichen KfmEigenschaft wie ein (Form-)Kfm der **Buchführungspflicht** (dazu Anm 73) und folgerichtig auch der **Rechnungslegungspflicht** (dazu Anm 111).

b) Vorgründungsphase

Von der Entschlussfassung über die Errichtung einer KapGes bis zu ihrer Vollentstehung durch Eintragung ist nach Maßgabe der jeweils einschlägigen rechtsformspezifischen Regelungen eine Reihe von Maßnahmen (Anm 22 ff) notwendig, die idR eine gewisse Zeitspanne erfordern. Dabei gehören alle Aktivitäten, die auf die förmliche Errichtung einer KapGes durch verbindliche Vereinbarung von GesVertrag oder Satzung gerichtet sind, noch zum *Vorgründungsstadium*. **16**

Zu diesem Zweck bildet sich daher idR zunächst eine „vorbereitende Personenvereinigung" der GründungsGester als reine InnenGes bürgerlichen Rechts (GbR) iSv §§ 705 ff BGB. Diese sog **Vorgründungsgesellschaft** hat mit der VorGes/KapGes iG und insb mit der späteren KapGes „noch nichts zu tun" (BGH v 7.5.1984 NJW, 2164). Dementsprechend können VG und Sachwerte, deren Besitz bereits vorzeitig einer VorgründungsGes überlassen wurde, nur dann als Sacheinlage in eine KapGes eingebracht werden, wenn sie im Zeitpunkt der Beschlussfassung über die Errichtung der KapGes iG noch gegenständlich vorhanden sind (Anm 34); andernfalls kommt als Sacheinlage nur die dem überlassenden Gester ggf zustehende Kaufpreis-, Ausgleichs- oder Ersatzforderung in Betracht (vgl iE *Fastrich* in Baumbach/Hueck GmbHG[22] § 7 Anm 8; BGH v 18.9.2000 ZIP, 2021 bei Kapitalerhöhung).

Auch aus bereits im Namen der noch zu errichtenden KapGes abgeschlossenen Geschäften wird nur die aus den handelnden Personen bestehende VorgründungsGes verpflichtet. Deren Gester haften für hieraus evtl erwachsende Verluste nach den für GbR bzw OHG geltenden allgemeinen Regeln (für GbR vgl §§ 705 ff BGB; für OHG vgl § 128 HGB) persönlich, unmittelbar, unbeschränkt und gesamtschuldnerisch (Anm 20), sofern keine haftungsbeschränkende Abrede mit den Gläubigern vereinbart wurde (vgl *Fastrich* in Baumbach/Hueck GmbHG[22] § 11 Anm 3). Entsprechende An-

D 17   Gründungs- und Eröffnungsbilanz der Kapitalgesellschaft

sprüche verjähren (analog) § 159 HGB fünf Jahre nach Auflösung der VorgründungsGes, es sei denn, die KapGes übernimmt die einzelnen von der BGB-Ges anlässlich ihrer Errichtung begründeten Schulden rechtswirksam (§§ 414, 415 BGB). Dazu bedarf es aber jeweils der vorherigen Zustimmung oder nachträglichen Genehmigung des betr Gläubigers (*Fastrich* in Baumbach/Hueck GmbHG^{22} § 11 Anm 38). Eine analoge Anwendung der für die VorGes/KapGes iG normierten Handelndenhaftung (§ 11 Abs 2; § 41 Abs 1 S 1 AktG) scheidet hingegen aus (hM; zB *Fastrich* in Baumbach/Hueck GmbHG^{22} § 11 Anm 46, 50; zur Handelndenhaftung der VorGes/KapGes iG Anm 20).

    Die **Leistung einer Geldeinlage** (Anm 34) ist mit befreiender Wirkung grds erst nach Errichtung der VorGes/KapGes iG, also *nach* notarieller Beurkundung der Gründung (§ 2 GmbHG; §§ 23, 29 AktG) und *vor* Anmeldung der Eintragung der KapGes beim HR (§§ 8 Abs 2, 7 Abs 2, 3 GmbHG; §§ 36 Abs 2, 36a, 37, 54 Abs 3 AktG) möglich. **Voreinzahlungen,** also Einlageleistungen vor Errichtung der KapGes, führen hiernach regelmäßig nicht zum Erlöschen der Einlageforderung. Der BGH betrachtet diese vielmehr unter dem Gesichtswinkel der verdeckten Sacheinlage bzw des Hin- und Herzahlens (vgl *Herrler* in MünchKomm GmbHG^2 § 7 Anm 95). Eine schuldtilgende Wirkung kann ausnahmsweise in Betracht kommen, wenn der geleistete Zahlungsbetrag erkennbar als Einlage geleistet wurde und vom übrigen Vermögen der VorgründungsGes unterscheidbar sowie unversehrt auf die VorGes/KapGes iG übergegangen ist (*Herrler* in MünchKomm GmbHG^9 § 7 Anm 99; *Arnold* in Kölner Komm AktG^3 § 36 Anm 26; vgl auch BGH v 26.6.2006 BB, 2707 zur ausnahmsweisen Tilgungswirkung einer Voreinzahlung auf eine künftige Kapitalerhöhung im akuten Sanierungsfall; zur Übernahme des Geschäfts einer VorgründungsGes vgl Anm 21).

    Um die Mitglieder einer VorgründungsGes rechtlich zur Teilnahme an der späteren Gründung der KapGes verbindlich zu verpflichten, bedarf es eines notariell beurkundeten **Vor(gründungs)vertrags,** in dem der wesentliche Inhalt der späteren Satzung bzw des GesVertrags bereits festgelegt oder zumindest durch Auslegung feststellbar ist (*Hüffer/Koch* AktG^{14} § 23 Anm 14; *Fastrich* in Baumbach/Hueck GmbHG^{22} § 11 Anm 35).

    Hat die VorgründungsGes eine Geschäftstätigkeit aufgenommen, ist sie nicht (mehr) GbR, sondern es entsteht kraft Rechtsformzwang (§§ 1 Abs 1, 105 Abs 1 HGB) eine OHG (*Fastrich* in Baumbach/Hueck GmbHG^{22} § 11 Anm 36; *Hüffer/Koch* AktG^{14} § 23 Anm 15) mit eigenständigen Rechnungslegungspflichten nach §§ 242, 238 ff HGB, sofern die Tätigkeit einen kfm Geschäftsbetrieb erfordert (B Anm 5, C Anm 2). Fungiert sie dagegen – wie regelmäßig der Fall – als *reine InnenGes,* ist die VorgründungsGes als GbR (§ 705 BGB) weder buchführungs- noch rechnungslegungspflichtig. In diesem Fall besteht eine Rechenschaftspflicht nach §§ 721, 666 iVm § 713 BGB nur ggü den Gestern (C Anm 22, 28); dazu auch *Schiller* DB 1992, 281.

c) Gründungsphase

17   Die eigentliche Gründungsphase der KapGes beginnt erst mit **Feststellung** und **notarieller Beurkundung** der Satzung bzw des GesVertrags nach

I. Rechtliche Grundlagen 17 D

Maßgabe von § 23 Abs 1 AktG bzw § 2 Abs 1 GmbHG (vgl dazu auch *WPH* TBd Ass, J Anm 34 mit einer tabellarischen Übersicht zum Gründungsablauf bei einer AG). Durch die formwirksame Feststellung der Satzung bzw des GesVertrags wird zunächst die *VorGes/KapGes in Gründung* als notwendige **Vorstufe** der späteren KapGes errichtet.

Mit der *Errichtung* der Gründungsvereinigung (VorGes/KapGes iG) verpflichten sich die Gründer zur Übernahme der Geschäftsanteile (§§ 2, 29 AktG; §§ 1, 3 Abs 1 Nr 4 GmbHG) und damit zugleich entspr den Festlegungen in der Gründungsurkunde zur Leistung einer bestimmten Einlage (Anm 31); im Gegenzug steht der nun als Rechtsträger existenten VorGes/KapGes iG eine nicht entziehbare Einlagenforderung zu (Anm 170). Bei GmbH ist der Betrag der von jedem Gester übernommenen Stammeinlage im GesVertrag anzugeben (§ 3 Abs 1 iVm § 5 GmbHG), bei AG/KGaA neben dem Nennbetrag der Aktien oder der Zahl der Stückaktien zusätzlich noch ein evtl höherer Ausgabebetrag (Agio) und ggf die Gattung der Aktien, die jeder Gründer übernimmt (§ 23 Abs 2 Nr 1 und Nr 2 iVm § 9 Abs 1 AktG), sowie der eingezahlte Betrag des Grundkapitals (§ 23 Abs 2 Nr 3 AktG). § 29 AktG hat lediglich klarstellende Bedeutung (*Hüffer/Koch* AktG[14] § 29 Anm 1, 2), da die Übernahme aller Aktien durch die Gründer zu erfolgen hat (§ 28 AktG) und folglich mit der Feststellung der Satzung zusammenfällt (Anm 24). Bei der VorGes/KapGes iG handelt es sich um eine **Ges sui generis** (Anm 2, 20; für die VorAG *Hüffer/Koch* AktG[14] § 41 Anm 4; für die VorGmbH *Fastrich* in Baumbach/Hueck GmbHG[22] § 11 Anm 6 mwN). Entsprechendes gilt nach hM für die VorSE (iE umstr; zur hM unter Darstellung des Streitstands vgl *Maul* in Kölner Komm AktG[3] Art 16 SE-VO Anm 1, 4 ff; 10 ff mwN und *Casper* in Spindler/Stilz AktG[4] Art 61 SE-VO Anm 4 ff).

Hauptzweck der (echten) VorGes/KapGes iG ist die Entgegennahme der Einlagen (§§ 36 Abs 2, 36a AktG; § 7 Abs 2 und 3 GmbHG) und die *Vollendung des Gründungsvorgangs* durch Anmeldung zur Eintragung in das HR (§ 36 Abs 1 AktG, § 7 Abs 1 GmbHG). Als notwendiges Durchgangsstadium besteht die VorGes/KapGes iG also nur so lange, wie die Eintragung als KapGes in das HR betrieben wird (dann Zweckerreichung) und der Antrag nicht rechtskräftig abgelehnt (dann Zweckverfehlung) wurde (*Fastrich* in Baumbach/Hueck GmbHG[22] § 11 Anm 30; *Hüffer/Koch* AktG[14] § 41 Anm 3).

Wird die Eintragungsabsicht aufgegeben oder die Eintragung rechtskräftig abgelehnt, kommt es regelmäßig zur **Liquidation/Auflösung** der VorGes/KapGes iG analog § 726 BGB (*Fastrich* in Baumbach/Hueck GmbHG[22] § 11 Anm 31; *Hüffer/Koch* AktG[14] § 41 Anm 3). Die Abwicklung der VorAG bzw Liq der Vor-GmbH erfolgt allerdings nicht nach den LiqVorschriften des PersGesR der §§ 730 ff BGB bzw §§ 145 ff HGB durch die Gründer (zur Auflösung einer PersGes im Gründungsstadium vgl Anm 15), sondern als Ges sui generis (Anm 2, 16, 20) nach den einschlägigen Vorschriften des KapitalGesR (vgl dazu auch Anm 18) durch die zur Vertretung der VorGes/KapGes iG berufenen Organe (vgl *Ulmer* in Großkomm GmbHG[2] § 11 Anm 55, 56). Hiernach wird die aufzulösende VorAG entspr §§ 264 ff AktG (VorAG iA) durch die Mitglieder des Vorstands abgewickelt, die Vor-GmbH (VorGmbH iL) entspr §§ 60 ff GmbHG durch die GF liquidiert (*K. Schmidt* in Scholz GmbHG[12] § 11 Anm 160).

Wird hingegen die Unternehmung auch nach Wegfall der Eintragungsabsicht fortgesetzt, wandelt sie sich in eine sog **unechte** bzw **fehlgeschlagene Vorgesellschaft** (BGH v 4.11.2002 DStR, 2232), die dann als werbende Ges (wieder) dem Recht der BGB-Gesellschaft oder dem der OHG unterliegt, je nachdem, ob der Gewerbebetrieb einen in kfm Weise eingerichteten Geschäftsbetrieb erfordert (*Fastrich* in Baumbach/Hueck GmbHG[22] § 11 Anm 32; C Anm 2; zur dann unbeschränkten persönlichen Außenhaftung der Gester vgl *Fastrich* in Baumbach/Hueck GmbHG[22] § 11 Anm 33).

Gründer der KapGes sind die Personen, die bei der Feststellung der Satzung mitgewirkt (§ 28 AktG) bzw den GesVertrag unterzeichnet haben (§ 2 Abs 1 GmbHG); dies müssen nicht notwendigerweise die Gester einer vorher ggf bestehenden VorgründungsGes sein (Anm 16). Eine bestimmte Mindestzahl von Gründern ist nicht erforderlich, sodass auch *Ein-Personen-Gründungen* möglich sind (§ 2 AktG, § 1 GmbHG); in diesem Fall besteht lediglich die Pflicht zur Besicherung von ausstehenden Geldeinlagen (§ 36 Abs 2 S 2 AktG, § 7 Abs 2 S 3 GmbHG).

18 Da die VorGes/KapGes iG mit der späteren juristischen Person (KapGes) in Bezug auf die körperschaftliche Organisation, Vermögenssubstanz und Anteilseignerschaft identisch ist (hM; zur Identitätstheorie und zur Theorie der Gesamtrechtsnachfolge Anm 19) und unter ihrer künftigen Firma schon vor der HR-Eintragung Rechte erwerben kann, unterliegt sie als **eigenständiger Rechtsträger** selbst bereits den Vorschriften des AktG bzw GmbHG, soweit diese nicht die volle Rechtsfähigkeit, also letztlich die Eintragung ins HR, voraussetzen (*Hüffer/Koch* AktG[14] § 41 Anm 4 mwN; *Fastrich* in Baumbach/Hueck GmbHG[22] § 11 Anm 6, 7). Damit ergibt sich eine Kontinuität des Unt als **wirtschaftliche Organisationseinheit** und zugleich **rechtsfähige Wirkungseinheit** (Anm 19; zur Anwendung der Rechnungslegungsvorschriften Anm 73, 111).

19 Mit Eintragung der KapGes geht das Vermögen einer VorGes/KapGes iG, die mit Ermächtigung aller Gester bereits im Namen der späteren KapGes die Geschäftstätigkeit aufgenommen hatte, in einem *umwandlungsähnlichen Vorgang* unter gleichzeitiger Auflösung der VorGes/KapGes iG ohne Liquidation auf die KapGes über und tritt in alle Rechte und Verpflichtungen der VorGes ein. Hiernach gehen nicht nur die Aktiva der VorGes/KapGes iG, sondern auch die mit Ermächtigung der Gester im Namen der VorGes/KapGes iG begründeten Verbindlichkeiten auf die KapGes über (*Fastrich* in Baumbach/Hueck GmbHG[21] § 11 Anm 57, 58). Damit findet zumindest faktisch ein Formwechsel nach § 214 Abs 1 UmwG ohne die dafür sonst üblichen Formalitäten (zB Umwandlungsbeschluss) statt.

Nach der (älteren) **Theorie der Gesamtrechtsnachfolge** (kritisch dazu *Hüffer/Koch* AktG[14] § 41 Anm 4, 16 mwN sowie in Bezug auf Einmanngründung § 41 Anm 17a ff) geschieht dies – mangels *rechtlicher Identität* zwischen der VorGes als Gesamthandsgemeinschaft der Gester und der KapGes als juristischer Person – durch *Gesamtrechtsnachfolge*. Hiernach ist mit dem Übergang des Vermögens von der Gesamthand auf die juristische Person (wie bei der Anwachsung des Vermögens einer PersGes auf den verbleibenden AlleinGester, dazu B Anm 36) ein **Rechtsträgerwechsel** verbunden.

I. Rechtliche Grundlagen 20 **D**

Entgegen der Theorie der Gesamtrechtsnachfolge gehen nach den Vertretern der mittlerweile wohl herrschenden **Identitätstheorie** (vgl *Hüffer/Koch* AktG[14] § 41 Anm 4, 16, 17; *Arnold* in Kölner Komm AktG[3] § 41 Anm 26 mwN) Vermögen und Verbindlichkeiten *ipso iure kraft deren Identität* oder analog § 190 Abs 1 UmwG als ein in §§ 11 Abs 1, 13 Abs 1 GmbHG vorausgesetzter Fall einer *formwechselnden Umw* analog § 190 Abs 1 UmwG **(Umwandlungsmodell)** über (vgl BGH v 9.3.1981 NJW, 1373; BGH v 26.10.1981 NJW 1982, 932; *Fastrich* in Baumbach/Hueck GmbHG[22] § 11 Anm 55 ff mwN; *Ulmer* in Großkomm GmbHG[2] § 11 Anm 86 ff; *Hüffer/Koch* AktG[14] § 41 Anm 16, 17 mwN; *Hüffer* in Großkomm HGB[4] § 242 Anm 36; *K. Schmidt* in Scholz GmbHG[12] § 11 Anm 31, 46, 151 ff).

Zwar wird für Zwecke der Aufstellung einer EB auch beim rechtsträgeridentitätswahrenden Formwechsel (L Anm 10) grds nicht zwischen UntKontinuität einerseits und Rechtsträgeridentität andererseits unterschieden. Jedoch spielt dieser rechtsdogmatische Streit nach Wegfall des Vorbelastungsverbotes (dazu *Fastrich* in Baumbach/Hueck GmbHG[22] § 11 Anm 59; zur Vorbelastungshaftung Anm 20, 56) nur eine vermeintlich untergeordnete Rolle (aA wohl *Pöschke* in Großkomm HGB[5] § 242 Anm 36, der diesen Streit für bilanzrechtliche Folgerungen als irrelevant erachtet). Denn diese Debatte kann durchaus fruchtbar gemacht werden für die gleichfalls kontrovers diskutierte Frage der Bestimmung des Stichtages der EB-Gründungsbilanz einer KapGes (Anm 56, 58, 65 ff), namentlich, wenn die VorGes/KapGes iG mangels KfmEigenschaft nicht ohnehin bereits der Buchführungs- und Rechnungslegungspflicht unterliegt (vgl Anm 1 f, 15).

d) Gründungshaftung

Die VorGes/KapGes iG **selbst** haftet als KapGes sui generis (Anm 2, 16, 17) 20 für Verbindlichkeiten mit ihrem gesamten GesVermögen (*Fastrich* in Baumbach/Hueck GmbHG[22] § 11 Anm 22). Daneben tritt die Haftung der für die Ges rechtsgeschäftlich Handelnden nach Maßgabe von § 11 Abs 2 GmbHG, § 41 Abs 1 S 2 AktG (zur **Handelndenhaftung** vgl *Fastrich* in Baumbach/ Hueck GmbHG[22] § 11 Anm 45 ff; *Hüffer/Koch* AktG[14] § 41 Anm 18 ff). Schließlich haften deren **Gründungsgesellschafter** *im Innenverhältnis persönlich* nicht nur in Höhe der noch nicht eingezahlten Einlagen (**Differenzhaftung,** Anm 45, 56), sondern darüber hinaus für sämtliche Verluste, die aus einer Geschäftstätigkeit während des Gründungsstadiums *bis zur HR-Eintragung* der KapGes entstanden sind **(Verlustdeckungshaftung)** und so letztlich zu einer Vorbelastung der bedungenen Einlagen geführt haben (**Vorbelastungs-(Unterbilanz-)haftung,** BGH v 27.1.1997 NJW, 1507 mit Anm *Altmeppen;* dazu Anm 56 ff).

Erst mit der Eintragung der KapGes ins HR (zum Eintragungsstichtag Anm 58 ff) wird die *unbegrenzte* Verlustdeckungshaftung der Gester durch eine Unterbilanzhaftung in Höhe der *konkret zu beziffernden Vorbelastung* des Nennkapitals abgelöst (vgl *Fastrich* in Baumbach/Hueck GmbHG[22] § 11 Anm 45 ff; *Hüffer/Koch* AktG[14] § 41 Anm 8, 9). Zeitgleich erlischt die Handelndenhaftung (*Fastrich* in Baumbach/Hueck GmbHG[22] § 11 Anm 54; *Hüffer/ Koch* AktG § 41 Anm 25) und die Verbindlichkeiten der VorGes/KapGes iG werden Verbindlichkeiten der KapGes (Anm 19).

D 20 Gründungs- und Eröffnungsbilanz der Kapitalgesellschaft

Sofern sich die KapGes auch noch nach ihrer Vollentstehung durch HR-Eintragung (Anm 15) in der Planungs- und Vorbereitungsphase befindet und in dieser Phase noch keine nach außen gerichtete Geschäftstätigkeit entfaltet, ist dies kein Fall des Einschlafenlassens des Geschäftsbetriebs zur leeren Hülse und führt auch nicht zu einer Umqualifizierung zur MantelGes (BGH v 10.12.2013 DB 2014, 410; BGH v 18.1.2010 ZIP, 621). Dementsprechend stellt die im Anschluss an die Planungs- und Vorbereitungsphase beginnende Geschäftstätigkeit nach außen auch keinen Fall der Wiederbelebung dar und führt mithin *nicht* zur Anwendung der Grundsätze der wirtschaftlichen Neugründung (Anm 51).

Während die Haftung der *VorgründungsGester* nach den allgemeinen gesellschaftsrechtlichen Regeln als **Außenhaftung** ausgestaltet ist (dazu Anm 17), ist bei der Haftung der GründungsGester der *VorGes/KapGes iG* zunächst danach zu differenzieren, ob es zur Vollentstehung der KapGes durch Eintragung ins HR gekommen ist. In diesem Fall stellt die bis zur Eintragung bestehende persönliche Haftung der Gründer nach dem sog **Binnenhaftungsmodell** der hM (BGH v 27.1.1997 NJW, 1507) eine reine (anteilige) Innenhaftung dar (*Hüffer/Koch* AktG[14] § 41 Anm 14, 9a mwN; *Fastrich* in Baumbach/Hueck GmbHG[22] § 11 Anm 25, 26). Voraussetzung der als Binnenhaftung ausgestalteten Verlustdeckungs- bzw Vorbelastungshaftung der Gründer ist allerdings, dass die Geschäftsaufnahme im **Einverständnis der Gesellschafter** erfolgt und die Geschäftsleitung im Namen der VorGes sowie im Rahmen ihrer Vertretungsmacht handelt.

Kommt es dagegen aus irgendwelchen Gründen nicht zur Eintragung der VorGes/KapGes iG, bleibt es bei dem bestehenden Gesamthandsvermögen und der Rechtsform der PersGes (OHG bzw GbR). In diesem Fall kann es zu Ausnahmen von der reinen Innenhaftung kommen: So haften bspw die Gründer im Außenverhältnis dann unbeschränkt, wenn die Eintragungsabsicht von vornherein nicht beabsichtigt war (zur Außenhaftung der sog **unechten** VorGes vgl *Hüffer/Koch* AktG[14] § 41 Anm 15).

Inwieweit eine vor Eintragung aufgenommene **Geschäftstätigkeit** schon der späteren KapGes zuzurechnen ist, richtet sich danach, ob die Ges zu diesem Zeitpunkt schon als VorGes/KapGes iG errichtet war oder die Tätigkeit bereits in der Vorgründungszeit aufgenommen wurde (Anm 16). Während Vermögen und Schulden ohne Weiteres von der VorGes/KapGes iG auf die später eingetragene KapGes übergehen (Anm 19), ist ein Vermögensübergang von einer VorgründungsGes auf die VorGes/KapGes iG grds nur im Wege der Übertragung der einzelnen VG und Einzelübernahme der Verbindlichkeiten (Anm 16) oder durch Übertragung aller Anteile an der VorgründungsGes zur Anwachsung bei der KapGes möglich (Umgründung, dazu C Anm 55). Falls die VorgründungsGes bereits eine eigenständige Geschäftstätigkeit gleich welchen Umfangs ausgeübt hatte, kann die VorGes/KapGes iG somit grds nur durch Sacheinlage (Anm 43) aller Anteile der PersGes mit Gesamtrechtsnachfolge (Anwachsung) oder durch Sachübernahme des Gewerbebetriebs im Wege der Einzelrechtsnachfolge gegen Gewährung von GesRechten und Schuldbefreiung bzw -beitritt (Anm 50) wirksam errichtet werden.

Zur Neugründung einer KapGes ist aber auch ein Formwechsel nach §§ 190ff UmwG mit Gesamtrechtsnachfolge möglich, sofern die übertragen-

I. Rechtliche Grundlagen 22, 23 **D**

de VorgründungsPersGes bereits KfmEigenschaft (dazu C Anm 1) besitzt (§§ 191 Abs 1 Nr 1, 214 Abs 1 UmwG). Sofern die PersGes nicht selbst bereits einen nach Art und Umfang kfm Geschäftsbetrieb unterhält, ist ggf vorher ein Antrag zur Eintragung der PersGes nach § 2 S 2 HGB zu stellen, damit die PersGes dadurch den für den Formwechsel erforderlichen Status eines Kfm erlangt (dazu C Anm 9, 10).

e) Sonstige Gründungsvoraussetzungen

Nach Feststellung der Satzung bzw GesVertrag (Anm 17) ist zunächst die 22 Handlungsfähigkeit der VorGes/KapGes iG sicherzustellen.

Bei **AG/KGaA** haben die GründungsGester dazu zunächst den ersten *AR* zu bestellen (§§ 30 Abs 1, 31 AktG). Er muss aus mindestens drei Mitgliedern bestehen (§ 31 Abs 1 S 2 AktG; zu den persönlichen Voraussetzungen § 100 AktG) und hat seinerseits den ersten Vorstand zu bestimmen (§ 30 Abs 4 AktG), von dem die AG iG geleitet (§ 76 Abs 1 AktG) und vertreten wird (§ 78 Abs 1 AktG). Der Vorstand kann auch aus einer Person bestehen (§ 76 Abs 2 AktG; zu den persönlichen Voraussetzungen § 76 Abs 3 AktG). Außerdem müssen die Gründer den *AP* für das erste (Rumpf-)Gj wählen (§ 30 Abs 1 AktG) und einen schriftlichen **Bericht** über den Hergang der Gründung erstatten, in dem ggf auch die wesentlichen Umstände für die Beurteilung der Angemessenheit der Leistungen für Sacheinlagen bzw -übernahmen darzulegen sind (§ 32 AktG). Dieser Gründungsbericht ist Basis für die vorgeschriebene **Prüfung des Gründungshergangs** durch *Vorstand* und *AR* (§ 33 Abs 1 AktG) sowie ggf auch durch den gerichtlich zu bestellenden *externen Gründungsprüfer* (vgl §§ 33 Abs 2–5, 33a, 34, 35 AktG; dazu Anm 255; zur Prüfung durch das *Registergericht* vgl Anm 257).

Die **Einforderung der Einlagen** ist bei AG – anders als bei GmbH 23 (Anm 25) – stets Aufgabe des Vorstands (§ 63 Abs 1 AktG). Demgemäß werden die Bareinlagen frühestens mit Einforderung durch den Vorstand zur Zahlung fällig (*Hüffer/Koch* AktG[14] § 63 Anm 7; *Arnold* in Kölner Komm AktG[3] § 36 Anm 42). Sacheinlagen (Anm 43) sind im vereinbarten Zeitpunkt der Fälligkeit; da Sacheinlagen meist durch dingliches Rechtsgeschäft zu bewirken sind, sind sie nach § 36a Abs 2 S 2 AktG spätestens innerhalb von fünf Jahren seit HR-Eintragung der AG vollständig zu erbringen (*Hüffer/Koch* AktG[14] § 36a Anm 4 mwN; zu vereinbarten Sachübernahmen vgl Anm 50). Bei Geldeinlagen (Anm 34) hat der Vorstand vor der Anmeldung zum HR zumindest 25 % des geringsten Ausgabebetrags der Aktien (Anm 30) zzgl des Gesamtbetrags eines evtl statutorisch-korporativ vereinbarten **Agios** (Anm 37) einzufordern (§§ 36 Abs 2, 36a Abs 1, § 63 Abs 1 AktG) und sich zu vergewissern, dass der eingeforderte Betrag nach Maßgabe des § 54 Abs 3 AktG ordnungsgemäß eingezahlt wurde und endgültig zu seiner freien Verfügung steht (Anm 24, 32), soweit er nicht bereits zur Begleichung des nach der Satzung (§ 26 Abs 2 AktG) evtl von der Ges zu tragenden Gründungsaufwands (dazu Anm 143) zu verwenden war. Bei der Einpersonen-Gründung ist zudem für den nicht eingeforderten Teil der Einlage eine Sicherheit zu bestellen (§ 36 Abs 2 S 2 AktG). Die Einhaltung dieser Bestimmungen haben die Beteiligten (Anm 24) bei der Anmeldung ausdrücklich zu versichern (§ 37

D 24, 25 Gründungs- und Eröffnungsbilanz der Kapitalgesellschaft

Abs 1 AktG). Solange der geringste Ausgabebetrag und ein evtl Aufgeld nicht voll eingezahlt sind, dürfen nur Namensaktien unter Angabe des Betrags der Teilleistung ausgegeben werden (§ 10 Abs 2 AktG).

24 Indem die Gründer mit der Feststellung der Satzung ihre **Einlagepflicht** anerkennen (§ 23 Abs 2 Nr 2 AktG), ist die AG mit der Übernahme der Aktien errichtet (§ 29 AktG). Die Aktien können aber noch nicht übertragen werden; vor Eintragung der KapGes ausgegebene Aktien und Zwischenscheine sind nichtig (§ 41 Abs 4 AktG).

Nach der **Errichtung** ist die Vor-AG/AG iG von allen Gründern sowie sämtlichen Vorstands- und AR-Mitgliedern zum HR anzumelden (§ 36 Abs 1 AktG). Die ordnungsgemäße Kapitalaufbringung (§ 36a AktG) ist dabei Voraussetzung für die **Anmeldung** (§ 36 Abs 2 AktG). Zudem ist bei Geldeinlagen die freie Verfügbarkeit des Betrags vom Vorstand ausdrücklich zu versichern (Anm 30, 32f) und bei Gutschrift auf einem Bankkonto durch Vorlage einer schriftlichen Bestätigung des Kreditinstituts nachzuweisen (§ 37 Abs 1 S 3 AktG). Sollte der Betrag entgegen dieser Bestätigung tatsächlich nicht zur freien Verfügung des Vorstands stehen, haftet das Kreditinstitut für den Fehlbetrag (§ 37 Abs 1 S 4 AktG; zu Einzelheiten vgl *Hüffer/Koch* AktG[14] § 37 Anm 5, 5a mwN). Der Anmeldung sind ferner die in § 37 Abs 4 AktG genannten Unterlagen (bei EinpersonenAG zudem die besondere Mitteilung nach § 42 AktG) beizufügen; zur Einreichung der EB vgl Anm 262.

25 Bei **GmbH** sind durch Beschluss der GesV zunächst die Geschäftsführer (§ 6 GmbHG) als gesetzliches Vertretungsorgan (§ 35 GmbHG) zu bestellen, sofern dies nicht bereits im GesVertrag erfolgte. Die Implementierung eines AR ist bei der GmbH – anders als bei der AG (Anm 22) – nicht zwingend, kann sich aber aus dem GesVertrag (sog *fakultativer AR;* dann gilt § 52 GmbHG) oder aus Gesetz (sog *obligatorischer AR*) ergeben, namentlich aus den mitbestimmungsrechtlichen Pflichtsystemen des DrittelbG, MitbestG, MontanMitbestG, MitbestErgG und MgVG sowie nach Maßgabe des KAGB (*Zöllner/Noack* in Baumbach/Hueck GmbHG[22] § 52 Anm 2 mwN).

Die Geschäftsführer haben die bedungenen Einlagen nach Maßgabe der Festlegungen im GesVertrag bzw nach entspr Einforderungsbeschluss der Gester gemäß § 46 Nr 2 GmbHG anzufordern (*Zöllner* in Baumbach/Hueck GmbHG[22] § 46 Anm 25 ff mwN) und nach deren Eingang die Ges zur Eintragung im HR anzumelden (§§ 7 Abs 1, 78 GmbHG). Der Anspruch der Ges gegen die Gründer auf Leistung von Bareinlagen wird mit BGH WM 1987, 209 durch Einforderung auf Grundlage eines GesterBeschlusses fällig (vgl *Zöllner/Noack* in Baumbach/Hueck GmbHG[22] § 46 Anm 25 mwN; aA *Fastrich* in Baumbach/Hueck GmbHG[22] § 19 Anm 6, wonach Einforderung lediglich Voraussetzung der Fälligkeit, die aber – wie bei AG, vgl Anm 23 – erst durch *Anforderung* der Geschäftsleitung herbeigeführt wird).

Sacheinlagen müssen bei GmbH (im Gegensatz zur AG, Anm 23) **vollständig** bereits *vor* der HR-Anmeldung zur freien Verfügung der Geschäftsführer stehen (§ 7 Abs 3 GmbHG); bei **UG** (Anm 1) ist die Sachgründung gänzlich **unzulässig** (§ 5a Abs 2 S 2 GmbHG; zu den Grenzen des Sacheinlageverbots vgl Anm 31).

Bei Bareinlagen genügt eine Mindesteinzahlung von 25 % jeder Stammeinlage, nach dem sog *Halbeinzahlungsgrundsatz* mindestens aber ein Gesamt-

I. Rechtliche Grundlagen 26, 27 **D**

betrag von 12 500 € (§ 7 Abs 2 GmbHG); bei Bargründung einer **UG** ist allerdings § 5a Abs 2 S 1 GmbHG zu beachten, wonach die vereinbarten Bareinlagen **vollständig** zu leisten sind (zur Frage der Geltung des sog *Volleinzahlungsgebots* bei Transformation von UG in GmbH im Wege einer späteren Kapitalerhöhung vgl Anm 30).

Die Einhaltung dieser Bestimmungen ist Voraussetzung für die HR-Anmeldung und von den Geschäftsführern ggü dem Registergericht ausdrücklich zu versichern (§ 8 Abs 2 S 1 GmbHG); bei *„erheblichen Zweifeln"* (§ 8 Abs 2 S 2 GmbHG) an der Richtigkeit der Versicherung kann das Registergericht die Vorlage entspr Nachweise (Einzahlungsbelege, Bankbestätigung oä) verlangen (*Servatius* in Baumbach/Hueck GmbHG[22] § 8 Anm 15 mwN). Der **Anmeldung** sind ferner die in § 8 Abs 1 GmbHG genannten Unterlagen beizufügen; zur Einreichung der EB vgl Anm 262.

Wurden durch entspr Festlegung im GesVertrag Sacheinlagen (Anm 43 ff) 26 vereinbart (unzulässig bei UG gem § 5a Abs 2 S 2 GmbHG; vgl Anm 25), haben die *Gründer* überdies einen schriftlichen **Sachgründungsbericht** zu erstatten (§ 5 Abs 4 S 2 GmbHG). Darin sind die wesentlichen Umstände für die Angemessenheit der für die Sacheinlage vereinbarten GesRechte und sonstigen Vorteile darzulegen und beim Übergang eines Unt auf die GmbH auch die Jahresergebnisse seiner beiden letzten Gj anzugeben (dazu im Einzelnen *Fastrich* in Baumbach/Hueck GmbHG[22] § 5 Anm 54 ff). Der Gründungsbericht sowie die Unterlagen, aus denen sich ergibt, dass der Wert der Sacheinlage den Betrag der dafür übernommenen Stammeinlage zumindest erreicht, sind der Anmeldung zum HR beizufügen (§ 8 Abs 1 Nrn 4, 5 GmbHG). Eine externe **Gründungsprüfung** ist für GmbH – anders als für AG (Anm 22) – *nicht* vorgeschrieben. Allerdings hat das **Registergericht** die Eintragung abzulehnen, wenn die Ges nicht ordnungsgemäß errichtet und angemeldet wurde. Dies gilt insbesondere auch, wenn Sacheinlagen *„nicht unwesentlich"* überbewertet worden sind (*Fastrich* in Baumbach/Hueck GmbHG[22] § 5 Anm 35; *Servatius* in Baumbach/Hueck GmbHG[22] § 9c Anm 7 ff); zur Differenzhaftung vgl Anm 44; zur Prüfung durch das Registergericht vgl Anm 257. Entsprechendes gilt für im GesVertrag vereinbarte Sachübernahmen (*Fastrich* in Baumbach/Hueck GmbHG[21] § 5 Anm 16; *Servatius* in Baumbach/Hueck GmbHG[22] § 9 Anm 2; vgl auch Anm 50).

Sofern bei **AG** unter Verstoß gegen § 10 Abs 2 AktG (Anm 23) eine über- 27 höhte Einlageleistung für Namensaktien quittiert wird bzw verbotswidrig nicht voll eingezahlte Inhaberaktien ausgegeben werden oder Einlagen entgegen §§ 36 Abs 2, 36a Abs 1, 37 Abs 1 AktG nicht vor Eintragung der AG ordnungsgemäß erbracht werden (Anm 24, 32), bleibt der Aktionär zur Einlageleistung nach §§ 54, 63 AktG verpflichtet (**Grundsatz der realen Kapitalaufbringung;** Anm 30 ff). Dies gilt auch für den Fall, dass die Aktie zwischenzeitlich an einen Erwerber weiter veräußert wurde und diesen in der Folge seiner Gutgläubigkeit keine Einlagepflicht treffen sollte. Im Fall der Bösgläubigkeit des Erwerbers bleibt der veräußernde Vormann **subsidiär** Schuldner der Bareinlage entspr § 65 AktG (*Hüffer/Koch* AktG[14] § 52 Anm 5 mwN; *Drygala* in Kölner Komm AktG[3] § 63 Anm 9 ff). Bei geschuldeter Sacheinlage bleibt der Veräußerer wegen § 54 Abs 2 AktG ebenfalls verpflichtet analog § 65 AktG (*Drygala* in Kölner Komm AktG[3] § 63 Anm 12).

28 Bei Veräußerung von Anteilen an einer **GmbH** ordnet § 16 Abs 2 GmbHG eine **gesamtschuldnerische Haftung** von Erwerber und Veräußerer für den Fall an, dass das Stammkapital nicht wirksam entspr den Festsetzungen im GesVertrag aufgebracht wurde, und zwar unabhängig davon, ob der Erwerber hinsichtlich der Tilgung der Einlageschuld gut- oder bösgläubig ist; § 16 Abs 3 GmbHG schützt lediglich den gutgläubigen Erwerb der Anteile, nicht aber den guten Glauben an einer vollständigen und schuldbefreienden Leistung der Einlage (*Fastrich* in Baumbach/Hueck GmbHG[22] § 5 Anm 35; *Servatius* in Baumbach/Hueck GmbHG[22] § 16 Anm 26; *Seibt* in Scholz GmbHG[12] § 16 Anm 75); zur Haftung von Erwerber und Veräußerer im Innenverhältnis vgl *Servatius* in Baumbach/Hueck GmbHG[22] § 16 Anm 25.

3. Anforderungen an die Kapitalaufbringung

a) Grundsatz der realen Kapitalaufbringung

30 Für die Verbindlichkeiten einer KapGes haftet den Gläubigern nur das GesVermögen (§ 1 Abs 1 S 2 AktG, § 13 Abs 2 GmbHG), das sich zunächst aus den von den Gründern einzubringenden Einlagen (§ 14 S 1 GmbHG; § 54 AktG) entspr den gesellschaftsvertraglich vereinbarten Festsetzungen (§§ 3 Abs 1 Nr 4, 5 Abs 4 S 1, 14 S 2 GmbHG; § 23 Abs 2 Nr 2 AktG) speist; nur bei KGaA ist zusätzlich zumindest ein Komplementär in der persönlichen Haftung (§ 278 Abs 1 AktG). Aus Gründen des Gläubigerschutzes bestehen daher besondere kapitalschutzrechtliche Anforderungen zwecks **Sicherung der realen Kapitalaufbringung** (und -erhaltung).

So besteht nach §§ 9 Abs 1, 36a Abs 2 S 3 AktG, §§ 9 Abs 1, 14 GmbHG ein generelles Verbot, die Anteile zu einem Wert auszugeben, der nicht mindestens dem darauf entfallenden anteiligen Nennkapital entspricht (unzulässige **Unter-Pari-Emission**, vgl *Hüffer/Koch* AktG[14] § 9 Anm 2; *Veil* in Scholz GmbHG[12] § 5 Anm 28; *Fastrich* in Baumbach/Hueck GmbHG[22] § 5 Anm 9; vgl auch Anm 181). Ferner können die Gester weder von ihrer Verpflichtung zur Leistung der Einlagen befreit werden (§ 66 Abs 1 S 1 AktG, § 19 Abs 2 S 1 GmbHG), noch können sie gegen die Einlageforderungen der KapGes mit Gegenansprüchen aufrechnen (es sei denn, es wurde eine Anrechnung auf die Vorlageverpflichtung nach § 5 Abs 4 S 1 GmbHG vereinbart; zu *Sachübernahmen* Anm 50) oder ein Zurückbehaltungsrecht geltend machen (§ 66 Abs 1 S 2 AktG, § 19 Abs 2 S 2 und 3 GmbHG). Die mit der Einlageverpflichtung korrespondierende Haftung für rückständige Einlagen trifft nicht nur die GründungsGester, sondern im Fall der zwischenzeitlichen Anteilsveräußerung auch den **Anteilserwerber** (§§ 65 Abs 1, 66 Abs 1 AktG; § 16 Abs 2 GmbHG; vgl auch Anm 31, 51).

Außerdem ist zur Gründung einer KapGes ein bestimmtes **Mindestnennkapital** vorgeschrieben. Es beträgt bei AG/KGaA 50 T€ (Grundkapital, § 7 AktG) und bei GmbH 25 T€ (Stammkapital, § 5 Abs 1 GmbHG). Von diesen Beträgen muss zumindest die Hälfte (im Einzelnen Anm 23, 25) *vor* der Anmeldung zum HR wirksam geleistet worden sein.

Wird eine GmbH mit einem Stammkapital gegründet, das den Betrag des für eine GmbH gem § 5 Abs 1 GmbHG geltenden Mindeststammkapitals

I. Rechtliche Grundlagen 31 **D**

von 25 T€ unterschreitet, darf die Firma nach Maßgabe von § 5a Abs 1 GmbHG abw von § 4 GmbHG nicht die Bezeichnung „Gesellschaft mit beschränkter Haftung" bzw „GmbH" enthalten, sondern muss die Bezeichnung **„Unternehmergesellschaft (haftungsbeschränkt)"** oder „UG (haftungsbeschränkt)" führen. In diesem Fall statuiert § 5a Abs 3 S 1 GmbHG zum Zwecke der **Kapitalaufhohlung** eine entspr **Thesaurierungspflicht** (*Servatius* in Baumbach/Hueck GmbHG[22] § 5a Anm 21 ff). Hiernach ist im JA der UG eine gesetzliche Rücklage zu bilden, in die ein Viertel des um einen Verlustvortrag aus dem Vorjahr geminderten Jahresüberschusses einzustellen ist (§ 5a Abs 1 u Abs 3 S 1 GmbHG). Die Pflicht zur Rücklagenbildung entfällt nach Maßgabe von § 5a Abs 5 GmbHG erst dann, wenn die UG ihr Stammkapital im Wege der effektiven oder nominellen Kapitalerhöhung so erhöht, dass der Betrag des für eine GmbH gem § 5 Abs 1 GmbHG geltenden Mindeststammkapitals 25 T€ erreicht oder übersteigt. Zu beachten ist in diesem Zusammenhang, dass der in § 7 Abs 2 S 2 GmbHG verankerte **Halbeinzahlungsgrundsatz** (Anm 25) im Rahmen einer Barkapitalerhöhung nach hM analog auch für UG im Fall der Transformation von UG in eine reguläre GmbH gilt; das bei Gründung oder bei Kapitalerhöhungen auf eine Stammkapitalziffer unterhalb des Mindestnennkapitals einer GmbH geltende **Volleinzahlungsgebot** (Anm 25) gilt also *nicht* bei Kapitalerhöhungen, durch die das Mindestnennkapital von 25 T€ erreicht wird (vgl *Servatius* in Baumbach/Hueck GmbHG[22] § 5a Anm 33; zur Folgefrage der Anwendbarkeit der Vorschriften über verdeckte Sacheinlagen vgl Anm 49). Fassen die Gester einen entspr Beschluss, erstarkt die transitorische UG *ipso iure*, also identitätswahrend zur (uneingeschränkten) GmbH und darf dann auch als *„GmbH"* firmieren (vgl *Servatius* in Baumbach/Hueck GmbHG[22] § 5a Anm 35).

Nicht abschließend geklärt ist die Frage, ob das urspr bei Gründung aufgebrachte Stammkapital im Zeitpunkt der Transformation von einer eingeschränkten UG in eine uneingeschränkte GmbH noch unversehrt sein muss und die Gester eine Art Vorbelastungs- bzw Differenzhaftung trifft (Anm 56 ff), oder es hierauf nicht ankommt (zum Streitstand *Servatius* in Baumbach/Hueck GmbHG[22] § 5a Anm 12 mwN). In jedem Fall bleibt aber die in §§ 30, 31 GmbHG geregelte Auszahlungssperre zu beachten (*Fastrich* in Baumbach/Hueck GmbHG[22] § 30 Anm 2). Hiernach darf das zum Erhalt des Stammkapitals erforderliche GesVermögen nicht an die Gester ausgezahlt werden, § 30 Abs 1 S 1 GmbHG.

Es steht grds im freien Ermessen der Gründer, in welcher *Form* sie ihre 31 Einlage und damit das Nennkapital aufbringen wollen (zur Problematik der Erbringung von Dienstleistungen Anm 33, 55). Bezüglich der **Kapitalaufbringung** ist zwischen **Bargründung** (Anm 34), **Sachgründung** (Anm 43) bzw **Sachübernahme** (Anm 50) und **gemischter Sachgründung** (Anm 52) zu unterscheiden. Das Gesetz geht dabei vom *Regelfall der Bargründung* aus und stellt für Sach- oder Mischgründungen zusätzliche Anforderungen, die eine *präventive Kapitalaufbringungskontrolle* ermöglichen sollen.

Nicht in Geld zu leistende Einlagen oder vereinbarte Sachübernahmen müssen daher ausdrücklich in Satzung oder GesVertrag festgesetzt sein (§ 27 Abs 1 AktG, § 5 Abs 4 S 1 GmbHG). Andernfalls wird der Gester/Aktionär

Störk/Hermesmeier 171

D 32 Gründungs- und Eröffnungsbilanz der Kapitalgesellschaft

nicht von seiner Einlageverpflichtung befreit (§ 27 Abs 3 S 1 AktG, § 19 Abs 5 S 1 GmbHG) und die Einlage kann von dem Anteilseigner mit schuldbefreiender Wirkung nur in Geld erbracht oder die beabsichtigte Übernahmevergütung kann nicht beansprucht werden, selbst wenn der KapGes entspr Werte tatsächlich zugeführt worden sein sollten (dazu und zur dann ggf möglichen Anrechnung der bereits zugeführten Werte Anm 44, 45 ff).

Zudem ist zu beachten, dass Geldeinlagen, die in *zeitlichem* oder *sachlichem Zusammenhang* mit der Einzahlung wieder an den Gester zurückfließen oder verrechnet werden, sich im Hinblick auf den **Grundsatz der freien Verfügbarkeit** der Einlageleistung (Anm 32) als **Hin- und Herzahlen** bzw **Her- und Hinzahlen** darstellen kann (Anm 33). Wurde an den Einlageschuldner für eine (Dienst-)Leistung an die VorGes/KapGes iG eine Vergütung ausgezahlt, unterfällt dieser Vorgang einer entspr **Missbrauchskontrolle** (Anm 55).

Die vorgeschriebenen Festlegungen in Satzung bzw GesVertrag werden ergänzt durch den bei nicht in Geld bestehenden Einlagen generell notwendigen **Sachgründungsbericht** der Gründer sowie eine **Werthaltigkeitsprüfung** durch das Registergericht, die allerdings nach § 9c Abs 1 S 2 GmbHG auf *nicht unwesentliche* (Servatius in Baumbach/Hueck GmbHG[21] § 9c Anm 7) bzw nach § 38 Abs 3 S 2 AktG auf *offenkundige und erhebliche* Überbewertungen beschränkt ist (vgl *Hüffer/Koch* AktG[14] § 38 Anm 10b). Bei AG/KGaA ist darüber hinaus in den in § 33 Abs 2 Nr 1–4 AktG genannten Fallkonstellationen eine **externe Gründungsprüfung** nebst entspr Berichterstattung gesetzlich vorgeschrieben (Anm 22 ff, 255, 257). Bei Gründung mit Sacheinlagen oder Sachübernahmen (§ 33 Abs 2 Nr 4 AktG) darf hiervon ausnahmsweise abgesehen werden nach Maßgabe von § 33a Abs 1 Nr 1 und Nr 2 AktG (hierzu und zu den Rückausnahmen nach § 33a Abs 2 AktG vgl *IDW* TBd Ass Kap L Anm 35 ff, 44, 45 ff).

Die Kapitalaufbringung durch Sacheinlage ist gesetzlich ausgeschlossen bei Gründung einer UG (Anm 25). Das in § 5a Abs 2 S 2 GmbHG statuierte **Sacheinlageverbot** bezieht sich allerdings nur auf den Gründungsvorgang und *nicht* auf spätere Kapitalerhöhungsmaßnahmen zwecks Übergang von der UG auf GmbH (*Servatius* in Baumbach/Hueck GmbHG[22] § 5a Anm 11, 32 f).

32 **aa) Leistung zur endgültigen freien Verfügung.** Die Einlageleistungen müssen im Zeitpunkt der Anmeldung der VorGes/KapGes iG *nicht nur bewirkt* sein nach Maßgabe von §§ 36, 36a AktG bzw § 7 Abs 2, 3 GmbHG. Vielmehr muss darüber hinaus der gezahlte Geldbetrag bzw der Gegenstand der Sacheinlage *endgültig zur freien Verfügung* des Vorstands (§ 54 Abs 3 AktG) bzw der Geschäftsführer stehen (§ 8 Abs 2 S 1 GmbHG).

Bei **Sacheinlagen** (Anm 43) setzt dies grds eine dingliche Übertragung des rechtlichen Eigentums voraus (bei Grundstücken wegen § 873 Abs 1 BGB auch die Grundbucheintragung), da eine Nutzungsbefugnis allein (selbst bei wirtschaftlichem Eigentum, Anm 131) noch keine anderweitige freie Verfügung (zB Verkauf) ermöglicht (hM; vgl *Servatius* in Baumbach/Hueck GmbHG[22] § 7 Anm 12, 23; *Hüffer/Koch* AktG[14] § 36a Anm 5). Im Hinblick auf die Verfahrensdauer räumt jedoch die hM bei Grundstücken und dinglichen Grundstücksrechten bestimmte Erleichterungen ein (dazu iE *Servatius* in Baumbach/Hueck GmbHG[22] § 7 Anm 14 mwN). Bestehende Eigentums-

I. Rechtliche Grundlagen 33 **D**

vorbehalte oder Sicherungsübereignungen sind wegen des damit verbundenen Eigentumsanwartschaftsrechts jedoch unschädlich (*Schwandtner* in Münch-Komm GmbHG³ § 5 Anm 81), sofern auch die damit gesicherte Forderung des Gläubigers als Verbindlichkeit in der EB angesetzt wird (dazu Anm 39, C Anm 91).

Bei **Geldeinlagen** (Anm 34) dürfen keine die Verfügungsberechtigung beschränkenden Absprachen, insb keine Rückzahlungs- oder Verrechnungsabreden (zB Rückführung bestimmter Darlehen) getroffen worden sein und auch keinerlei faktische Verfügungsbeschränkungen bestehen, die sich etwa aus der Art und Weise der Einzahlung (zB auf debitorisches Bankkonto, vgl dazu *Servatius* in Baumbach/Hueck GmbHG²² § 7 Anm 11; *Veil* in Scholz GmbHG¹² § 7 Anm 31, 40) ergeben könnten. **Verwendungsabsprachen** des Einlegers mit der Geschäftsführung sollen der freien Verfügbarkeit aber grds nicht entgegenstehen, wenn sie nicht dem Rückfluss der eingezahlten Mittel an den Anleger zu dienen bestimmt sind und er eine anderweitige Verwendung nicht verhindern könnte (vgl *Servatius* in Baumbach/Hueck GmbHG²² § 7 Anm 10; *Veil* in Scholz GmbHG¹² § 7 Anm 39; vgl auch Voraufl Anm 32).

Die **Darlegungs- und Beweislast** hinsichtlich der Tilgung der Einlageschuld obliegt dem Gester bzw dessen Rechtsnachfolger (*Fastrich* in Baumbach/Hueck GmbHG²² § 19 Anm 152, 23; *Hüffer/Koch* AktG¹⁴ § 54 Anm 20). Daher empfiehlt sich die Aufnahme einer *eindeutigen Tilgungsbestimmung* insb für den Fall, dass der Einlageschuldner noch anderweitige (Darlehens-) Verbindlichkeiten (in ähnlicher Höhe) ggü der Ges zu erfüllen hat (vgl Voraufl Anm 32).

Die **Verjährung des Einlageanspruchs** richtet sich bei KapGes nach § 19 Abs 6 S 2 GmbHG, § 54 Abs 4 S 2 AktG. Hiernach verjährt der Einlageanspruch in **zehn Jahren** von seiner Entstehung an (hierzu und zur Verjährung vor Inkrafttreten des Schuldrechtsmodernisierungsgesetzes am 1.1.2002 vgl Voraufl Anm 32 sowie *Fastrich* in Baumbach/Hueck GmbHG²² § 19 Anm 85 f; *Hüffer/Koch* AktG¹⁴ § 54 Anm 21). Im Fall der Eröffnung eines InsVerfahrens verjährt der Einlageanspruch nicht vor Ablauf von *sechs Monaten* seit der Eröffnung (§ 19 Abs 6 S 2 GmbHG, § 54 Abs 4 S 2 AktG), sofern im Zeitpunkt der Eröffnung der Einlageanspruch noch nicht verjährt war (**Ablaufhemmung;** *Fastrich* in Baumbach/Hueck GmbHG²² § 19 Anm 86; zur Frage der **Verwirkung** vgl Voraufl Anm 32; zur Frage der **Fälligkeit** der Einlageforderung Anm 23, 25).

Für die gesamtschuldnerische Ausfallhaftung nach § 24 GmbHG gilt hingegen nicht § 19 Abs 6 GmbHG analog, sondern die Regelverjährung von drei Jahren (BGH v 18.9.2018 WM, 2187; vgl Anm 49, 56).

bb) Hin- und Herzahlen; Her- und Hinzahlen. Tatbestand und 33 Rechtsfolgen des Hin- und Herzahlens sind für GmbH durch das MoMiG in § 19 Abs 5 GmbHG (*Fastrich* in Baumbach/Hueck GmbHG²² § 19 Anm 70 ff mwN) und dem folgend für AG durch das ARUG in § 27 Abs 4 AktG (vgl *Hüffer/Koch* AktG¹⁴ § 27 Anm 47 ff) erstmals kodifiziert worden und entfalten nach § 3 Abs 4 EGGmbHG, § 20 Abs 7 EGAktG Rückwirkung. Die in § 19 Abs 5 GmbHG, § 27 Abs 4 AktG normierten Rechtsfolgen gelten entspr im umgekehrten Fall des **Her- und Hinzahlens** (hM; BGH v 1.2.2010 BB,

D 33 Gründungs- und Eröffnungsbilanz der Kapitalgesellschaft

658 [Eurobike]; kritisch *Fastrich* in Baumbach/Hueck GmbHG[22] § 19 Anm 75 mwN). Hiernach gilt:
Ist vor der Einlage eine Leistung an den Gester/Aktionär vereinbart worden, die wirtschaftlich einer Rückzahlung der Einlage entspricht und die *nicht* als verdeckte Sacheinlage (Anm 45) zu beurteilen ist, so befreit dies den Gester/Aktionär von seiner Einlageverpflichtung nur dann, wenn die Leistung durch einen *vollwertigen* **Rückgewähranspruch** gedeckt ist, der (jederzeit) *fällig* ist bzw durch fristlose Kündigung durch die Ges jederzeit fällig gestellt werden kann (§ 19 Abs 5 S 1 GmbHG, § 27 Abs 4 S 1 AktG).

Vollwertigkeit ist zu bejahen, wenn die Durchsetzung des Rückforderungsanspruchs absehbar nicht in Frage gestellt ist, also bilanziell kein Abwertungs- bzw Abschreibungsbedarf besteht (hM; *Fastrich* in Baumbach/Hueck GmbHG[22] § 19 Anm 76 mwN; *Hüffer/Koch* AktG[14] § 27 Anm 50). Dies ist zu bejahen, wenn der Gester zur Rückzahlung gewillt und fähig ist, der Schuldner also entspr **Bonität** genießt und dementspr **solvent** ist (*Fastrich* in Baumbach/Hueck GmbHG[22] § 19 Anm 77). Fehlt es an der Vollwertigkeit des Rückzahlungsanspruchs, gilt – im Gegensatz zur Anrechnungslösung bei der verdeckten Sacheinlage (Anm 45) – die Einlageleistung als nicht erbracht (**Alles-oder-nichts-Prinzip;** vgl *Fastrich* in Baumbach/Hueck GmbHG[22] § 19 Anm 84).

Erfüllungswirkung nach § 19 Abs 5 S 2 GmbHG, § 27 Abs 4 S 2 AktG tritt allerdings nach wohl hM selbst bei Vollwertigkeit nur unter der weiteren Voraussetzung ein, dass die Leistung bzw die Vereinbarung einer Leistung in der Anmeldung (§ 8 GmbHG, § 37 AktG) offengelegt wird (BGH v 20.7. 2009 NJW, 3091 [Cash-Pool II]; aA *Fastrich* in Baumbach/Hueck GmbHG[22] § 19 Anm 80, 82; zum Streitstand vgl auch *Hüffer/Koch* AktG[14] § 27 Anm 50). Die **Offenlegung** des Hin- und Herzahlens ermöglicht dem Registerrichter zu prüfen, ob die Voraussetzungen einer Erfüllungswirkung gegeben sind, namentlich um eine Wertdeckungskontrolle vornehmen zu können (BGH v 16.2.2009 NJW, 2375 [Qivive]).

Wegen der aus § 19 Abs 5 S 1 GmbHG bzw § 27 Abs 4 S 1 AktG folgenden **Subsidiarität** ggü der verdeckten Sacheinlage (vgl *Fastrich* in Baumbach/Hueck GmbHG[22] § 19 Anm 72; *Hüffer/Koch* AktG[14] § 27 Anm 49) richten sich die Rechtsfolgen nach § 19 Abs 4 GmbHG bzw § 27 Abs 3 AktG für den Fall, dass sowohl der Tatbestand einer verdeckten Sacheinlage als auch der Tatbestand des Hin- und Herzahlens gegeben sind (dazu und zur Abgrenzung bei *Voreinzahlungen* vgl auch Anm 16).

Wird die vereinbarte Bareinlage zwar tatsächlich geleistet, fließen aber diese Geldmittel *in engem zeitlichen und sachlichen Zusammenhang* wieder an den zur Bareinlage verpflichteten Gester/Aktionär (zB als Darlehen) zurück *(Hin- und Herzahlen)* oder wurden die Geldmittel zur Bewirkung der Bareinlage zuvor seitens der Ges (darlehensweise) dem Gester/Aktionär zur Verfügung gestellt *(Her- und Hinzahlen),* wird wirtschaftlich betrachtet die mitgliedschaftliche Leistungspflicht durch eine schwächere schuldrechtliche Verpflichtung ersetzt. Eine **(Darlehens-)Forderung** der Ges gegen den Gester bzw Aktionär ist aber nach hM *kein* tauglicher Gegenstand einer Sacheinlage (Anm 43) und kann damit auch keine verdeckte Sacheinlage darstellen (Anm 45). Folgerichtig werden solche Darlehens- oder Treuhandkon-

I. Rechtliche Grundlagen

struktionen, die letztlich einen *Forderungsaustausch* darstellen, als eigenständige Fallgruppe behandelt und sind nach dem Maßstab von § 19 Abs 5 GmbHG, § 27 Abs 4 AktG zu beurteilen. Ebenfalls kein tauglicher Sacheinlagegegenstand sind nach § 27 Abs 2 AktG **Dienstleistungen,** zu deren Erbringung sich der Gester ggü der Ges verpflichtet (BGH v 16.2.2009 NJW, 2375 [Qivive]). Die Bestimmung gilt für GmbH analog (*Fastrich* in Baumbach/Hueck GmbHG[22] § 5 Anm 24) und nach wohl hM auch für Dienstleistungen **Dritter** (vgl *Hüffer/Koch* AktG[14] § 27 Anm 22; *Fastrich* in Baumbach/Hueck GmbHG[22] § 5 Anm 27) wegen der bestehenden Durchsetzungsschwierigkeiten gegen den Willen des zur Dienstleistung Verpflichteten (vgl §§ 887, 888 Abs 3 ZPO). Die **Rechtsfolgen** richten sich daher nicht nach der in § 19 Abs 4 GmbHG, § 27 Abs 3 AktG für die verdeckte Sacheinlage kodifizierten Anrechnungslösung, sondern nach dem in § 19 Abs 5 GmbHG, § 27 Abs 4 AktG für das Hin- und Herzahlen festgelegten „Alles-oder-nichts-Prinzip" (BGH v 1.2.2010 NJW, 1747 [Eurobike]; BGH v 16.2.2009 NJW, 2375 [Qivive]), obwohl es – anders als beim Rückfluss der Bareinlage als Darlehen – zu keinem Forderungsaustausch kommt, sondern die Ges „nur" einen Anspruch gegen den Gester auf dessen Dienstleistung hat. Vor diesem Hintergrund gilt *ein modifizierter Prüfungsmaßstab* iSe **Missbrauchskontrolle.** Hiernach gilt die Einlageleistung nur dann als erbracht, wenn die Dienstleistung aus Sicht der Ges (subjektiv) *sinnvoll* und (objektiv) *werthaltig* ist (dazu Anm 55).

Ist die VorGes/KapGes iG bereits in ein Konzernclearing einbezogen und bringt sie demgemäß Einlagemittel – wie alle ihre anderen liquiden Mittel auch – in ein (konzernweites) **physisches Cash Pooling** ein (Anm 32), so hängt die rechtliche Beurteilung davon ab, ob die Ges *vor* der Einlageleistung per Saldo mit einem **Soll oder Haben** im Cash Pool stand (BGH v 20.7.2009 NJW, 3091 [Cash-Pool II]; *Hefendehl* in Spindler/Stilz AktG[4] § 399 Anm 132, 133; *Märtens* in MünchKomm GmbHG § 19 Anm 193f): War der Saldo der VorGes/KapGes iG *positiv,* hatte der Inferent neben seiner Einlageschuld bereits eine weitere Schuld gegenüber der VorGes/KapGes iG. Umgekehrt hatte also die VorGes/KapGes iG neben der aktivierten Einlageforderung (*eingeforderte ausstehende Einlagen,* vgl § 272 Abs 1 S 3 HGB) eine weitere (Darlehens-)Forderung gegen den Inferenten aus dem Cash-Pool-Vertrag. Werden in dieser Konstellation die aufgebrachten Einlagemittel in den Cash Pool abgeführt, kommt es wirtschaftlich zu einem Forderungsaustausch: die VorGes/KapGes iG erhält anstatt der Bareinlage eine schuldrechtliche (Darlehens-)Forderung gegen den Inferenten, die ihrerseits nicht sacheinlagefähig (Anm 43, 45) ist. Entsprechendes gilt, wenn das Verrechnungskonto vor dem Transfer *ausgeglichen* war (vgl *Märtens* in MünchKomm GmbHG § 19 Anm 195). Mithin sind diese Fälle, in denen das konzerninterne **Verrechnungskonto** der VorGes/KapGes iG **ausgeglichen** oder **positiv** ist, nach den Grundsätzen zu beurteilen, die für die Rückgewähr der Einlagemittel als Darlehen an den Gester gelten, also als Fälle des **Hin- und Herzahlens** oder **Her- und Hinzahlens,** nach § 19 Abs 5 GmbHG, § 27 Abs 4 AktG zu beurteilen (dazu *Kupjetz/Peter* GmbHR 2012, 498). War der Saldo der VorGes/KapGes iG dagegen *negativ,* so hatte die VorGes/KapGes iG bereits eine Schuld gegenüber dem Inferenten. Umgekehrt hatte der Inferent eine Forderung gegen die VorGes/KapGes iG. Wenn die VorGes/KapGes iG danach die Einlagemittel in den Cash Pool einbringt, kommt es letztlich zur Verrechnung und damit zur Tilgung der bereits bestehenden (Darlehens-) Forderung aus dem Cash Pool. Wirtschaftlich betrachtet hat also der Inferent seine Darlehensforderung und damit eine (verdeckte) Sacheinlage eingebracht. Mithin sind die Fälle, in denen das konzerninterne **Verrechnungskonto** der VorGes/KapGes iG **negativ** war, nach den Vorschriften für **verdeckte Sacheinlagen,** also nach § 19 Abs 4 GmbHG, § 27 Abs 3 AktG zu beurteilen (Anm 45). Beide Fallkonstellationen können vermieden werden, indem anstatt eines physischen Cash Pools ein **virtueller Cash Pool** eingerichtet wird, bei dem es für Zwecke der Zinsoptimierung lediglich zu einer rechnerischen *(virtuellen)* Kontensaldierung kommt, also kein tatsächlicher *(physischer)* Ab- oder Zufluss der Liquidität stattfindet (*Heidinger* in Michalski GmbHG³ § 30 Anm 85). Ebenfalls unproblematisch ist es, wenn die Verträge über die Einrichtung eines Cash Pools erst nach Gründung geschlossen werden. Dies gilt uE jedenfalls dann, wenn im Gründungsstadium auch keine entspr Abrede getroffen wurde (vgl dazu, insb zur *„verbindlichen Gründungsplanung",* Anm 47; kritisch zum Ganzen *Hefendehl* in Spindler/Stilz AktG⁴ § 399 Anm 134 mwN).

§ 19 Abs 5 GmbHG, § 27 Abs 4 AktG schließen nicht aus, die Erfüllung der Einlageschuld auch dadurch herbeizuführen, dass der Inferent den Rückzahlungsanspruch der Ges aus dem Darlehensvertrag erfüllt (*Arnold* in Kölner Komm AktG³ § 27 Anm 151; vgl auch BT-Drs 16/6140: Begr RegE MoMiG, 34). Folglich kann eine gescheiterte Kapitalaufbringung wegen unzulässigen Hin- und Herzahlens durch Gewährung eines (Cash Pool-) Darlehens – sowohl seitens der Gründer bei Errichtung der KapGes als auch seitens der Mantelverwender bei wirtschaftlicher Neugründung – dadurch **geheilt** werden, dass die vereinbarte Bareinlage erneut gezahlt wird, um so der Ges die Einlageleistung wieder dauerhaft zur Verfügung zu stellen (zum entspr Wiederauffüllungsgebot bei wirtschaftlicher Neugründung siehe Anm 15). Wenn und soweit die Mittel der Ges wieder dauerhaft zur Verfügung gestellt werden und klar erkennbar ist, dass hierdurch keine anderweitig eingegangenen Verbindlichkeiten erfüllt werden sollen, kann es hiernach für die Frage der Kapitalaufbringung letztlich keine Rolle spielen, ob der Inferent auf eine vermeintliche Darlehensschuld oder einen vermeintlichen Bereicherungsanspruch zahlt (vgl *Lieder* in MünchKomm GmbHG³ § 19 Anm 57). Einer expliziten Tilgungsbestimmung, wonach die Zahlung der Wiederauffüllung des gezeichneten Kapitals dient, bedarf es also nicht, wenn der Inferent bzw der Anteilserwerber ein Darlehen bedient, das im Wege des Her- und Hinzahlens vor bzw im Wege des Hin- und Herzahlens nach Einlageleistung an den Inferenten (zurück)geflossen ist (vgl BGH v 6.3.2012 NZG, 539; BGH v 9.1.2008 DStR, 383m Anm *Goette;* BGH v 21.11.2005 BB 2006, 62; vgl auch Anm 32, 34, 43). Entsprechend kann im umgekehrten Fall der Erfüllungswirkung der ersten Zahlung und damit Wirksamkeit der Darlehensabrede eine Tilgungsbestimmung, wonach (erneut) zur Erfüllung einer „Einlageschuld" gezahlt wird, dahingehend umgedeutet werden, dass in diesem Fall die Rückzahlungsverpflichtung aus dem Darlehensvertrag erfüllt werden soll (vgl BGH v 26.1.2009 NJW, 1418).

I. Rechtliche Grundlagen 34 **D**

b) Bargründung

Bei der **Bargründung** verpflichten sich die Gründer, das Nennkapital der 34 VorGes/KapGes iG und ggf den höheren Ausgabebetrag (aufgrund zusätzlich vereinbarten Agios bzw Aufgeldes; dazu Anm 37, 40f) *vollständig durch Einzahlung* von Bar- oder Buchgeld aufzubringen (§ 54 Abs 2 AktG). Sie wird daher auch als **Geldeinlage** bezeichnet (zB §§ 7 Abs 2 S 2, 19 Abs 4 GmbHG).

Die Geldeinlage kann nach Maßgabe von § 54 Abs 3 S 1 AktG nur durch Hingabe *inländischer gesetzlicher Zahlungsmittel* (**Bargeld**) in Form von Euro-Banknoten (§ 14 Abs 1 BBankG) und Euro-Münzen (*Hüffer/Koch* AktG[14] § 54 Anm 13) oder durch vorbehaltlose und *frei verfügbare* **Kontogutschrift** auf einem Konto der VorGes/KapGes iG (*nicht* Konto der VorgründungsGes; *Servatius* in Baumbach/Hueck GmbHG[22] § 7 Anm 8) oder einem Treuhandkonto des Vorstands bzw der Geschäftsführung bei einem Kreditinstitut mit Sitz in der EU oder einem anderen EWR-Staat (§§ 1 Abs 1, 5a KWG) oder einer inländischen Zweigstelle eines ausländischen Kreditinstituts (§ 53 Abs 1 S 1 KWG) erbracht werden (*Hüffer/Koch* AktG[14] § 54 Anm 15; zur entspr Anwendung von § 54 Abs 3 S 1 AktG auf GmbH vgl *Fastrich* in Baumbach/Hueck GmbHG[22] § 19 Anm 12); zulässig ist auch die Gutschrift auf dem Konto eines der nationalen Bankaufsicht unterliegenden ausländischen Unt mit Sitz in einem EWR-Staat, das über eine inländische Zweigniederlassung oder im Wege des grenzüberschreitenden Dienstleistungsverkehrs im Inland zulässigerweise Bankgeschäfte betreibt (§ 53b Abs 1 S 1 oder Abs 7 KWG). Zur umstr Frage, ob eine Kontogutschrift stets in Euro erfolgen muss oder auch in ausländischer Währung (Sorten und Devisen) möglich ist, vgl *Hüffer/Koch* AktG[14] § 54 Anm 16 mwN.

Kein gesetzliches Zahlungsmittel sind sog **Kryptowährungen** bzw virtuelle Währungen, wie etwa Bitcoins (vgl *Danwerth/Hildner* BKR 2019, 57 ff, 61); allerdings sind sie nach Auffassung der BaFin und wohl hM (nur) Rechnungseinheiten iSv § 1 Abs 11 S 1 KWG (aA KG Berlin v 25.9.2018 BKR, 473).

Die Zahlungsmittel müssen der durch die Geschäftsleitung vertretenen VorGmbH bzw VorAG zu Eigentum übertragen oder auf ihrem Konto gutgeschrieben werden. Sofern die Verfügungsmacht der Geschäftsführer bzw Vorstände fortbesteht, tritt die schuldbefreiende Wirkung durch Zahlung an die VorGes/KapGes iG auch ein, wenn sich der Kreis der Gester vor der Eintragung geändert hat (OLG Celle v 5.4.2000 GmbHR, 775).

Sofern ein Gester seine Stammeinlage als **Voreinzahlung** an die *VorgründungsGes*, also bereits vor Errichtung der GmbH an den künftigen Geschäftsführer zahlte, wird er von einer erneuten Leistungspflicht jedenfalls dann frei, wenn der Gegenwert der Geldeinlage als Bankguthaben oder Bargeld bei der Beurkundung noch vollständig vorhanden war und von der VorGes/KapGes iG tatsächlich übernommen wurde (vgl *Fastrich* in Baumbach/Hueck GmbHG[22] § 7 Anm 8; vgl auch Anm 16).

Erfolgt die Einzahlung ohne **Zweckbestimmung,** gilt die Einlage nur dann als erbracht, wenn *aus Sicht der Ges* die Zahlung eindeutig auf die Einlage erfolgt ist (*Fastrich* in Baumbach/Hueck GmbHG[22] § 19 Anm 12; siehe auch Anm 32).

D 35–37   Gründungs- und Eröffnungsbilanz der Kapitalgesellschaft

Bei Geldeinlagen in EinpersonenKapGes durch Einzahlung auf ein eigenes Konto des Gesters muss allerdings die eindeutige Zuordnung zum Sondervermögen der EinpersonenVorGes (Anm 2) nicht nur für den Geschäftsführer, sondern auch für Außenstehende erkennbar sein (*Servatius* in Baumbach/Hueck GmbHG[22] § 7 Anm 9).

35   **Schecks** werden vorbehaltlich ihres Eingangs auf dem Konto gutgeschrieben, da die bezogene Bank lediglich zur Zahlung ermächtigt, aber nicht verpflichtet ist (Art 4 ScheckG; vgl dazu *Hüffer/Koch* AktG[14] § 54 Anm 13); sie führen daher erst mit der Einlösung des Schecks (*Servatius* in Baumbach/Hueck GmbHG[22] § 7 Anm 9), also nach Eingang des Gegenwerts durch entspr Kontogutschrift zur Erfüllung der Einlagepflicht. Andernfalls bleibt der Gester weiterhin zur Leistung verpflichtet und die Einlage damit ausstehend. Dasselbe gilt bei Gutschrift nach Diskontierung eines **Wechsels,** weil der Gutschriftsbetrag aufgrund des Wechselobligos (zur Vermerkpflicht vgl Anm 166) vor Ablauf der Vorlagefrist noch nicht endgültig zur freien Verfügung der KapGes steht und damit die Einlösung nicht gesichert ist (ebenso *Bungeroth* in MünchKomm AktG[4] § 54 Anm 56; *Veil* in Scholz GmbHG[12] § 7 Anm 32).

36   Eine Direktzahlung der vereinbarten Geldeinlage an Gläubiger der KapGes iG ist selbst mit dem Einverständnis der Geschäftsleitung grds *nicht* mit befreiender Wirkung möglich (hM; *Hüffer/Koch* AktG[14] § 54 Anm 12; *Servatius* in Baumbach/Hueck GmbHG[22] § 7 Anm 13). Daher tritt auch bei Einzahlung auf ein **debitorisches Bankkonto** der VorGes/KapGes iG keine Befreiungswirkung ein, sofern nicht im Rahmen einer ungekündigten Kreditlinie weiterhin über den Betrag frei verfügt werden kann (*Hüffer/Koch* AktG[14] § 36 Anm 8; *Servatius* in Baumbach/Hueck GmbHG[22] § 7 Anm 11 mwN). Die Leistung einer Bareinlage, durch die der Debetsaldo eines Bankkontos zurückgeführt wird, kann ausnahmsweise dann zur freien Verfügung geleistet sein, wenn das Kreditinstitut der Ges auf einem anderen Konto einen Kredit zur Verfügung stellt, der den Einlagebetrag erreicht oder übersteigt (*Bungeroth* in MünchKomm AktG[4] § 54 Anm 71) und sofern diesbzgl ein rechtlicher und wirtschaftlicher Zusammenhang besteht; BGH v 18.3.2002 DStR, 1538).

Bei KapCoGes führt die unmittelbar an Gläubiger der KG geleistete Zahlung eines Gesters der KomplementärGmbH nur dann zur Erfüllung der Einlagepflicht, wenn das Vermögen der GmbH zur vollen Befriedigung sowohl ihrer Eigengläubiger als auch aller Ansprüche der Gläubiger der KG ausreicht, soweit diese nicht durch das Gesamthandsvermögen gedeckt sind (*Fastrich* in Baumbach/Hueck GmbHG[22] § 19 Anm 13).

37   Bei Vereinbarung eines **Agios** ist zu unterscheiden zwischen statutarischkorporativem Aufgeld (sog „echtes Agio"; Anm 40) und anderen Zuzahlungen auf schuldrechtlicher Basis (sog „unechtes Agio"; Anm 41).

Unabhängig davon, ob eine Bar- oder Sacheinlage vereinbart ist, muss bei **AG/KGaA** ein zusätzlich zu leistender *Mehrbetrag* iSv § 36a Abs 1, 2 AktG, also ein über die Einlageleistung hinausgehendes, statutarisch-korporativ vereinbartes Aufgeld *(„echtes Agio")*, bereits vor Anmeldung vollständig eingezahlt werden (zum Agio bei Kapitalerhöhung vgl BGH v 6.12.2011 ZIP 2012, 73 [Babcock]), auch wenn das Grundkapital selbst noch nicht vollständig eingefordert ist (Anm 23). Zu weiteren Besonderheiten bei AG Anm 42.

I. Rechtliche Grundlagen 38–41 D

Bei **GmbH** fehlt eine entspr Regelung für das Agio; Abreden der Gester einer GmbH über ein als Nebenleistung zu erbringendes Aufgeld sind – sowohl in statutarisch-korporativer Form gemäß § 3 Abs 2 GmbHG als auch ohne statutarische Grundlage durch rein schuldrechtlich wirkendes Aufgeld – nicht Teil der gläubigerschützenden Einlagenaufbringungspflicht und unterfallen damit nicht § 7 Abs 2 GmbHG (BGH v 15.10.2007 WM, 2378; *Servatius* in Baumbach/Hueck GmbHG[22] § 7 Anm 5a; *Rezori* RNotZ 2011, 125, 126). Seine Fälligkeit richtet sich als gesellschaftsrechtliche Nebenleistung isv § 3 Abs 2 GmbHG nach dem GesVertrag oder nach der entspr schuldrechtlichen Vereinbarung, zB Übernahmevertrag (vgl *Fastrich* in Baumbach/Hueck GmbHG[22] § 5 Anm 11). Es ist daher ausreichend, dass die Einzahlung der gesetzlichen Mindesteinlage auf den Nennwert der Stammeinlage erfolgt und ein bares Aufgeld bei entspr Regelung im GesVertrag später eingefordert werden kann (*Servatius* in Baumbach/Hueck GmbHG[22] § 7 Anm 5a).

Der Ausweis richtet sich folglich nach der rechtlichen Ausgestaltung, namentlich danach, ob das Aufgeld als formeller Bestandteil des Ausgabebetrages isv § 272 Abs 2 Nr 1 HGB oder als eine von der Kapitalaufbringung unabhängige, andere Zuzahlung isv § 272 Abs 2 Nr 4 HGB vereinbart ist (Anm 40, 41); zur Bilanzierung vgl Anm 174, 232, 236.

Bei allen KapGes kann sich darüber hinaus eine Nachschusspflicht der **38** Gründer entweder als *Differenzhaftung* wegen minderwertiger Sacheinlagen (Anm 56) oder bei vorzeitiger Geschäftstätigkeit als *Verlustdeckungshaftung* wegen Vorbelastung des Nennkapitals bei Eintragung ergeben (Anm 57); zur Verjährung Anm 32; zur Haftung bei unterbliebender HR-Eintragung Anm 20. Haftungsbegründende Minderungen des Einlagewerts können sich auch aus schuldrechtlichen oder dinglichen *Belastungen* der eingebrachten VG ergeben (Anm 166, 207; C Anm 91).

c) Aufgeld und andere Zuzahlungen

aa) Echtes Agio. Ein im Zusammenhang mit der Kapitalaufbringung ge- **40** sellschaftsrechtlich (statutarisch-korporativ) vereinbartes Agio (Anm 37) ist grds als *einheitliches Rechtsgeschäft* anzusehen und in der Folge als **Aufgeld** isv § 272 Abs 2 Nr 1 HGB (sog „*echtes Agio*") zu bilanzieren (vgl *Fastrich* in Baumbach/Hueck GmbHG[22] § 5 Anm 11).

bb) Unechtes Agio. Vom statutarisch-korporativ vereinbarten (echten) **41** Agio zu unterscheiden sind **andere Zuzahlungen** isv § 272 Abs 2 Nr 4 HGB in Form einer rein schuldrechtlich ausgestalteten Zahlungsverpflichtung (sog „*schuldrechtliches Agio*"). Denn die Gester bzw Aktionäre sind in ihrer Entscheidung über die Höhe des Ausgabebetrages – abgesehen vom Verbot der Unter-Pari-Emission (Anm 30) – frei und können darüber hinaus auch weitere Zahlungspflichten in die freie Kapitalrücklage isv § 272 Abs 2 Nr 4 HGB begründen (für GmbH BGH v 15.10.2007 DB, 2826; für AG OLG München v 27.9.2006 BB, 2711, bestätigt durch BGH Beschluss v 15.10.2007 WM, 2381 [Kirch Media]; zum Streitstand in der Lit vgl *Hüffer/ Koch* AktG[14] § 9 Anm 10ff, § 36a Anm 2a; enger *Reiner* in Münch Komm HGB[3] § 272 Anm 103 unter Verweis auf *ADS*[6] § 272 HGB Anm 90, wonach auch ein schuldrechtliches Aufgeld jedenfalls dann unter § 272 Abs 2

Nr 1 HGB fallen müsse, wenn die Zuzahlung erforderlich sei, um einen angemessenen Ausgabebetrag zu begründen; aA *Hüffer/Koch* AktG[14] § 9 Anm 14, 159, wonach auch schuldrechtliche Zuzahlungen § 272 Abs 2 Nr 1 HGB unterfallen sollen).

Die bilanzielle Zuordnung einer Zahlungsverpflichtung im Zusammenhang mit der Kapitalausstattung als andere Zuzahlung iSv § 272 Abs 2 Nr 4 HGB (unechtes Agio) setzt hiernach eine „*verbale und tatsächliche*" Trennung zwischen der „*echten Einlage*" und der darüber hinaus (vorab) vereinbarten freiwilligen Zuzahlung und damit eine **ausdrückliche Regelung** auf rein schuldrechtlicher Basis dahingehend voraus, dass eine von der Kapitalaufbringung verselbständigte Verpflichtung begründet werden soll. Fehlt eine entspr ausdrückliche Trennungsvereinbarung bzw soll umgekehrt die Kapitalerhöhung unauflösbar mit dem Agio verknüpft sein, scheidet eine Behandlung als andere Zuzahlung iSv § 272 Abs 2 Nr 4 HGB aus (vgl *Wagner* DB 2004, 293; *Becker* NZG 2003, 510). Unerheblich ist hingegen, aufgrund welcher causa die rechtsverbindliche Verpflichtung der Leistung erfolgt, etwa auf Grundlage einer einseitigen Verpflichtungserklärung oder sonstigen vertraglichen Verpflichtung. Eines *HV-* bzw *GesterBeschlusses* bedarf es hiernach nicht (vgl Anm 42) und dieser erscheint idR auch nicht sachgerecht, da es sich gerade nicht um eine gesellschaftsrechtlich veranlasste Leistungsverpflichtung handelt und im Zweifel nicht jeder Gester zur Leistung verpflichtet werden will. Umgekehrt spricht eine gesellschaftsvertraglich geschuldete Leistung tendenziell gegen die Freiwilligkeit und damit gegen die Annahme einer anderen Zuzahlung gemäß § 272 Abs 2 Nr 4 HGB (vgl *Reiner* in Münch Komm HGB[3] § 272 Anm 68).

An die einen Ausweis nach § 272 Abs 2 Nr 4 HGB voraussetzende Annahme der **Freiwilligkeit** gelten insoweit strenge Anforderungen; wirtschaftlicher Zwang oder mit der Zuzahlungsvereinbarung verknüpfte Sanktionsandrohungen sind unzulässig und entspr Beschlüsse nichtig (*Hüffer/Koch* AktG[14] § 54 Anm 9; *Becker* NZG 2003, 510). Das wird evident bei der AG, da das Aktienrecht – anders als das GmbH-Recht – keine Nachschusspflicht kennt (Anm 38) und daher Zuzahlungen oder Zuschüsse iSv § 272 Abs 2 Nr 4 HGB per se freiwillig erfolgen müssen (Q Anm 122).

42   **cc) Besonderheiten bei AG.** Die Unterscheidung zwischen echtem und unechtem Agio ist zum einen deshalb wichtig, weil andere Zuzahlungen in das EK nach § 272 Abs 2 Nr 4 HGB im Rahmen der Organzuständigkeit unter Erhöhung des Bilanzgewinns als „*freie*" Kapitalrücklagen jederzeit auflösbar sind, wohingegen Aufgelder bei **AG** als Teil der „*gebundenen*" Kapitalrücklagen (vgl § 272 Abs 2 Nr 1 bis 3 HGB) nach Maßgabe von § 150 AktG bei Bildung und Auflösung der gesetzlichen Rücklage zwingend einzubeziehen sind. Zum anderen wirkt sich die Unterscheidung – jedenfalls bei der **AG** – auch auf die Frage der **Differenzhaftung** des Inferenten in Folge der Überbewertung einer Sacheinlage im Rahmen der Kapitalaufbringung (und Kapitalerhöhung) mit Sacheinlage aus. Denn anders als bei der GmbH, bei der sich der Differenzhaftungsanspruch nach § 19 Abs 1 Satz 2 GmbHG nicht auf das Agio erstreckt (hM; vgl *Herrler* in MünchKomm GmbHG[3] § 7 Anm 65 sowie *Schwandtner* in MünchKomm GmbHG[3] § 9 Anm 13 mwN; vgl auch BT-Drs 16/6140: Begr RegE MoMiG, 36), besteht bei der AG ein

I. Rechtliche Grundlagen

gesetzlicher Differenzhaftungsanspruch auch, soweit der Wert der Sacheinlage zwar den geringsten Ausgabebetrag (§ 9 Abs 1 AktG), aber nicht das statutarisch-korporativ vereinbarte Aufgeld (§ 9 Abs 2 AktG) deckt (vgl BGH v 6.12.2011 ZIP 2012, 73 [Babcock]; *Vatter* in Spindler/Stilz AktG[4] § 9 Anm 19).

Vor diesem Hintergrund ist die Unterscheidung zwischen Aufgeld iSv § 272 Abs 2 Nr 1 HGB und anderen Zuzahlungen iSv § 272 Abs 2 Nr 4 HGB auch im Hinblick auf die **Kapitalschutzvorschriften** elementar, wenn das geleistete Aufgeld wieder an den Inferenten zurückfließt. Denn während die Rückzahlung eines statutarisch-korporativen Agios gegen Kapitalaufbringungsvorschriften verstoßen kann, gilt dies *nicht* für die Rückzahlung eines *schuldrechtlich* vereinbarten Agios. Letzteres ist regelmäßig dann anzunehmen, wenn eine ausdrückliche, *„verbale und tatsächliche"* Trennung zwischen der *„echten Einlage"* und der darüber hinaus (vorab) vereinbarten freiwilligen Zuzahlung erfolgt (BGH Beschluss v 15.10.2007 WM, 2381; Anm 41). Zwar kann ein unechtes Agio auch durch HV-Beschluss oder Satzung begründet werden, birgt aber die Gefahr der Fehldeutung (so *Hüffer/Koch* AktG[14] § 54 Anm 9; vgl auch Anm 42). Um bei der AG eine gesetzliche Differenzhaftung auch hinsichtlich zugesagter Zusatzleistungen zu vermeiden, empfiehlt es sich daher, explizit festzusetzen, dass die Ausgabe der Aktien zum geringsten Ausgabepreis erfolgt und darüber hinausgehende Leistungen schuldrechtlich als andere Zuzahlung in die Kapitalrücklage zu vereinbaren (vgl *Reger/Wieneke* GWR 2013, 195).

d) Sachgründung und Mischformen

aa) Sacheinlage. Bei **Sachgründungen** wird die bedungene Einlage nicht in Geld, sondern durch Übertragung des Eigentums an anderen **einlagefähigen VG** erbracht (§ 27 Abs 1 S 1 AktG, § 5 Abs 4 GmbHG). Dabei kann es sich sowohl um EinzelVG (Grundstücke, Sachen und Rechte) als auch um Sachgesamtheiten (zB Vorratslager) oder Rechtsgesamtheiten (zB Forderungen an Kunden) handeln.

Neben Sachen und Rechten (Anm 129f) kommen als **Sacheinlage** aber auch andere (wirtschaftliche) Güter in Betracht, die als eigenständiger Vermögensbestandteil identifizierbar sind und im Wirtschaftsverkehr einzeln oder in Gesamtheit mit anderen VG gehandelt werden; sie müssen also nicht isoliert übertragbar sein (zB GFW, dazu Anm 136f). Soweit es sich bei dem Gegenstand der Sacheinlage um Ansprüche gegen den Sacheinleger handelt (zB Grundstücksübereignung), wird die Einlage erst mit deren dinglicher Erfüllung erbracht.

Eine Sachgründung scheidet demgegenüber aus, wenn der VG nicht sacheinlagefähig ist (zur Sacheinlagefähigkeit vgl *Hüffer/Koch* AktG[14] § 27 Anm 13ff, 29, 30). Mangels Sacheinlagefähigkeit sind nach hM auf Geldeinlage gerichtete **Forderungen gegen Gesellschafter** kein tauglicher Sacheinlagegegenstand (*Veil* in Scholz GmbHG[12] § 5 Anm 39, 48; *Fastrich* in Baumbach/Hueck GmbHG[22] § 19 Anm 27 u § 5 Anm 24 mwN auch auf die Gegenauffassung; zur Sacheinlagefähigkeit vgl Anm 33, 45), sondern nicht erfüllte Geldeinlageansprüche (ausstehende Einlagen, dazu Anm 140).

Da aufgrund der Sacheinlageuntauglichkeit die Einlage in dieser Form nicht vereinbart war, kann die Zuführung derartiger Ansprüche bis zum Zeitpunkt der dinglichen Erfüllung (in diesem Fall tritt Tilgungswirkung ein, und zwar selbst dann, wenn die Zahlung zur Tilgung der Forderung erfolgt) auch *nicht* als *verdeckte Sacheinlage* behandelt werden (Anm 45); allerdings greift im Fall der Rückzahlung der Geldmittel der Tatbestand des *Hin- und Herzahlens* (dazu Anm 33) (*Veil* in Scholz GmbHG[12] § 19 Anm 192).

Zur Unzulässigkeit der Einlage einer **Forderung gegen Mitgesellschafter** wegen Umgehungsgefahr *Arnold* in Kölner Komm AktG[3] § 27 Anm 61 u *Schwandtner* in MünchKomm GmbHG[3] § 5 Anm 113; zur Sacheinlageuntauglichkeit **eigener Anteile** *Servatius* in Baumbach/Hueck[22] GmbHG § 56 Anm 7).

44 Der beizulegende Wert (Verkehrswert) der Sacheinlage muss stets den Betrag des vereinbarten Anteils am gezeichneten Kapital (bei AG/KGaA darüber hinaus ggf auch einen statutarisch-korporativ vereinbarten höheren Ausgabebetrag; sog *echtes Agio;* dazu Anm 40, 42) mindestens erreichen (§ 36a Abs 2 S 3 AktG, § 9 Abs 1 GmbHG). Ist dies nicht der Fall, trifft den Inferenten eine verschuldensunabhängige, auf Geldleistung gerichtete **Differenzhaftung** aus § 9 Abs 1 GmbHG, der für AG entspr gilt (BGH v 6.12.2011 ZIP 2012, 73 [Babcock]; *Vatter* in Spindler/Stilz AktG[4] § 9 Anm 18).

Die Differenzhaftung ist wegen des Grundsatzes der *realen* Kapitalaufbringung (Anm 30) nicht auf die Höhe der Einlage beschränkt, sondern verpflichtet zum vollen Ausgleich der Wertdifferenz (*Vatter* in Spindler/Stilz AktG[4] § 9 Anm 191). Ist etwa das im Wege der Sacheinlage eingebrachte Unt überschuldet oder wird ein Altlastengrundstück eingebracht und wird auf diese Weise ein negativer Wert eingebracht, so ist auch dies nach hM von der Differenzhaftung des § 9 Abs 1 S 1 GmbHG erfasst (*Fastrich* in Baumbach/Hueck GmbHG[22] § 9 Anm 3).

Als Sacheinlage kommen nur VG in Betracht, deren wirtschaftlicher *Wert objektiv feststellbar* ist (§ 27 Abs 2 AktG). Diese Regelung für **AG/KGaA** gilt analog auch für **GmbH** (*Fastrich* in Baumbach/Hueck GmbHG[22] § 5 Anm 24). Zu den Anforderungen an die Einlagefähigkeit vgl *Hüffer/Koch* AktG[14] § 27 Anm 13ff mwN.

Notwendige Voraussetzung für die Zulässigkeit einer Kapitalaufbringung durch Sacheinlage ist ferner, dass nach Maßgabe von § 27 Abs 1 AktG, § 5 Abs 4 GmbHG der konkrete Gegenstand der Einlage (zur **objektiven Bestimmbarkeit** vgl *Hüffer/Koch* AktG[14] § 27 Anm 10 mwN; *Ulmer* in Großkomm GmbHG[2] § 5 Anm 145), die Person des Einlegers und der entspr Anteil am Nennkapital der KapGes (Nennbetrag oder Stückzahl der gewährten Anteile) in der Satzung bzw im GesVertrag im Einzelnen festgelegt werden (sog **Identifizierungsfunktion;** dazu und zur sog **Wertkonkretisierungsfunktion** vgl *Wieneke* AG 2013, 437), auch wenn die Benennung der Person des Sacheinlegers für GmbH nicht mehr im Gesetz ausdrücklich vorgeschrieben ist (hM, *Fastrich* in Baumbach/Hueck GmbHG[22] § 5 Anm 44). Dasselbe gilt für Sachübernahmen (Anm 50). Im Fall der gemischten Sacheinlage (Anm 52) sind weitergehende Angaben in Satzung oder GesVertrag festzulegen; zu den Anforderungen Anm 53.

I. Rechtliche Grundlagen 45 D

Ohne diese **Satzungspublizität** ist die vereinbarte Sachgründung oder -übernahme zwar nicht unwirksam (§ 19 Abs 4 S 2 GmbHG; § 27 Abs 3 S 2 AktG). Es kann jedoch **keine Erfüllungswirkung** eintreten (§ 19 Abs 4 S 1 GmbHG; § 27 Abs 3 S 1 AktG). Vielmehr besteht die Verpflichtung der Gründer zur Einlage in Geld fort (Anm 31; zur ggf möglichen **Anrechnung** des Werts einer verdeckt vereinbarten Sacheinlage auf die Einlageschuld vgl Anm 45, 49).

Entsprechendes gilt im Fall der **Unmöglichkeit** (§§ 275 Abs 1, 311a Abs 1 BGB), also wenn die Erfüllung der vereinbarten Sacheinlage (anfänglich wie auch nachträglich) **unmöglich** wird (*Veil* in Scholz GmbHG[12] § 5 Anm 63; vgl auch BGH v 17.2.1997 DStR 588 zur Verweigerung einer notwendigen Verkehrsgenehmigung).

Ein **Wechsel der Einlageform,** also der Übergang von Bar- zu Sacheinlage und umgekehrt von Sach- auf Bareinlage, sowie der **Austausch des Sacheinlagegegenstands,** also die ersatzweise Übertragung eines anderen VG anstelle der vereinbarten Sacheinlage, ist nicht nur bis zum Zeitpunkt der Eintragung (*Schwandtner* in MünchKomm GmbHG[3] § 5 Anm 254, 255), sondern auch noch nach Eintragung zulässig (*Schwandtner* in MünchKomm GmbHG[3] § 5 Anm 256 ff; *Veil* in Scholz GmbHG[12] § 5 Anm 106 f), allerdings nur durch satzungsänderndern Beschluss (*Fastrich* in Baumbach/Hueck GmbHG[22] § 5 Anm 52, 53; ansonsten kann die Einlagepflicht ersatzweise nur durch Geldeinlage erfüllt werden (vgl *Veil* in Scholz GmbHG[12] § 5 Anm 109; zur möglichen *Anrechnung* des anderen VG auf die Einlagepflicht Anm 45 ff, 49).

bb) Verdeckte Sacheinlage. Seit MoMiG ist die verdeckte Sacheinlage für 45 **GmbH** in § 19 Abs 4 GmbHG (dazu *Fastrich* in Baumbach/Hueck GmbHG[22] § 5 Anm 52 u *Schwandtner* in MünchKomm GmbHG[3] § 195 Anm 162 ff; zur Frage der Anwendbarkeit auf **UG** vgl Anm 49) und dem folgend seit ARUG für **AG** in § 27 Abs 3 AktG kodifiziert (dazu *Hüffer/Koch* AktG[14] § 27 Anm 23 ff u *Katzenstein* in Spindler/Stilz[4] AktG § 27 Anm 103 ff).

Hiernach liegt eine verdeckte Sacheinlage vor, wenn eine Geldeinlage *„bei wirtschaftlicher Betrachtung und auf Grund einer im Zusammenhang mit der Übernahme der Geldeinlage getroffenen Abrede vollständig oder teilweise als Sacheinlage zu bewerten"* ist. Die verdeckte Sacheinlage ist also keine Sacheinlage, sondern umschreibt eine Umgehung der Sachgründungsvorschriften (vgl *Potzelt* GmbHR 2018, 1251).

Eine **Umgehung** der Sacheinlagevorschriften liegt vor, wenn zwar formell eine Geldeinlage vereinbart ist, diese aber tatsächlich nicht auf Dauer zur Verfügung steht. Aus Sicht der Gester bzw Ges wird dabei der wirtschaftlich betrachtete einheitliche Vorgang der Sacheinlage (als Einlageleistung eines Gesters auf das Stammkapital der GmbH oder eines Aktionärs auf das Grundkapital der AG) in rechtlich getrennte Geschäfte aufgespalten und formell als Geldeinlage vereinbart. **Beweggrund** für ein solches Vorgehen ist oftmals, die strengen Sachkapitalerhöhungsvorschriften, insb die Differenzhaftung nach § 9 GmbHG (Anm 56, 97) sowie ggf anfallenden Mehraufwand für Wertnachweise ggü dem HR zu vermeiden.

Eine hiernach verdeckt vereinbarte Sacheinlage befreit den Einlageschuldner zwar nicht von seiner Einlageverpflichtung (Anm 44). Jedoch kann unter den Voraussetzungen von § 19 Abs 4 S 3 GmbHG bzw § 27 Abs 3 S 3 AktG der Wert des verdeckt vereinbarten VG auf die fortbestehende Einlageverpflichtung angerechnet werden (Anm 49). Voraussetzung einer solchen Anrechnung ist aber wiederum, dass es sich um einen **sacheinlagefähigen Vermögensgegenstand** handelt (Anm 33, 43). Dies ist weder der Fall bei der Verpflichtung des Gesters ggü der Ges zur Erbringung von **Dienstleistungen** (BGH v 1.2.2010 NJW, 1747 [Eurobike]; BGH v 16.2.2009 NJW, 2375 [Qivive]; *Bayer* in Lutter/Hommelhoff GmbHG[18] § 5 Anm 18) noch bei (Darlehens-)**Forderungen** der Ges gegen den Gester bzw Aktionär (BGH v 21.11.2005 NZG 2006, 24), sodass diese Leistungen auch nicht im Wege einer verdeckten Sacheinlage eingebracht werden können. Mangels Sacheinlagefähigkeit gleichfalls nicht einbringungsfähig sind **eigene Anteile** (BGH v 20.9.2011 NZG 1271 [Primaczenko]).

46 Der Tatbestand einer verdeckten Sacheinlage setzt in subjektiver Hinsicht das Vorliegen einer auf den Rückfluss der Einlage gerichteten **Abrede** voraus, wenngleich es auf eine *Umgehungsabsicht* des Einlegers nicht ankommt (*Fastrich* in Baumbach/Hueck GmbHG[22] § 19 Anm 49a; *Hüffer/Koch* AktG[14] § 27 Anm 33). Vielmehr genügt ein den *wirtschaftlichen Erfolg einer Sacheinlage* umfassender **Gestaltungswille** der Beteiligten (BGH v 2.12.2002 NJW 2003, 825; BGH v 16.9.2002 DB, 2367). Die Abrede muss also darauf abzielen, dass einer der Gründer seine Bareinlage im wirtschaftlichen Ergebnis durch eine andere Leistung als Geld erbringen soll oder kann (*„verbindliche Gründungsplanung"*; vgl BGH v 20.11.2006 NJW 2007, 765; *Katzenstein* in Spindler/Stilz AktG[4] § 27 Anm 167). Dies wurde bislang (widerleglich) vermutet bei *objektiv engem sachlichen und zeitlichen* Zusammenhang (Anm 47) des Geschäfts mit der Leistung der Geldeinlage (kritisch dazu *Hüffer/Koch* AktG[14] § 27 Anm 32).

47 Ein **sachlicher Zusammenhang** mit der Einlageleistung wird idR vermutet. Deutliche Indizien hierfür sind bspw, dass der dem Vermögen der KapGes zugeführte VG dem Einleger bereits bei Begründung der Geldeinlagepflicht zur Verfügung stand und damit als Sacheinlage hätte eingebracht werden können oder die Höhe der Geldeinlage in etwa dem Betrag der später vereinbarten Vergütung für die Übertragung des VG entspricht (*Veil* in Scholz GmbHG[12] § 19 Anm 129; *Arnold* in Kölner Komm AktG[3] § 27 Anm 96). Aber selbst eine erhebliche Diskrepanz zwischen Einlageforderung und Austauschgeschäft schließt den sachlichen Zusammenhang nicht aus (*Arnold* in Kölner Komm AktG[3] § 27 Anm 98).

Ein **zeitlicher Zusammenhang** ist idR anzunehmen, wenn das Umgehungsgeschäft innerhalb weniger Wochen vor oder bis zu 6 Monaten nach der Begründung oder der Erfüllung der Geldeinlagepflicht abgewickelt wird (*Fastrich* in Baumbach/Hueck GmbHG[22] § 19 Anm 49a; *Arnold* in Kölner Komm AktG[3] § 27 Anm 95, 96).

Indes wird im Nachgang zum MoMiG/ARUG nach neuerer aktienrechtlicher Kommentarliteratur das Vorliegen eines sachlich-zeitlichen Zusammenhangs als objektive Tatbestandsvoraussetzung nicht mehr eingefordert (*Katzenstein* in Spindler/Stilz AktG[4] § 27 Anm 156–159). Gleichwohl kann diesen Kriterien weiterhin **Indizwirkung** beigemessen werden (vgl *Hüffer/Koch* AktG[14] § 27 Anm 32).

I. Rechtliche Grundlagen 48, 49 D

Als **verdeckte Sachgründung** ist es uU auch anzusehen, wenn eine Geld- 48
einlage nicht unmittelbar durch den betr Gründer, sondern unter Einschaltung von MitGestern oder Dritten gegen andere VG ausgetauscht wird und der Einlageschuldner durch die Leistung an den Dritten mittelbar in gleicher Weise begünstigt wird wie durch eine unmittelbare Leistung an ihn selbst (dazu *Henkel* NZI 2010, 6 mwN), zB bei Verwendung der Geldeinlagen aller Gester zum vorgesehenen Anlagenkauf von einem Gester oder einem Dritten (*Ulmer* in Großkomm HGB[5] § 5 Anm 176, 177); mangels Vergütung für eine Leistung liegt allerdings kein Mittelrückfluss und damit keine verdeckte Sacheinlage vor, wenn die von einer KonzernGes auf das erhöhte Kapital ihrer TochterGes geleistete Bareinlage absprachegemäß zum Erwerb des Unt einer SchwesterGes verwendet wird, an der die Inferentin weder unmittelbar noch mittelbar beteiligt ist (BGH v 12.2.2007 NJW, 3285 im Fall einer Kapitalerhöhung bei einer GmbH). Auch wenn persönliche Nähebeziehungen sowie Treuhand- und ähnliche Rechtsverhältnisse Indiz für einen Mittelrückfluss sein können (vgl *Hüffer/Koch* AktG[14] § 27 Anm 31) reicht ein Näheverhältnis von Ehegatten für sich genommen jedoch nicht aus, um einen Mittelrückfluss zu bejahen (BGH v 12.4.2011 DB, 1389).

Entsprechendes gilt für einen Liquiditätstransfer an Gester oder Konzern–Unt in engem zeitlichen und sachlichen Zusammenhang mit der Geldeinlage, etwa in Folge der Einbindung in ein **physisches Konzernclearing** bei **negativem Cash Pool-Saldo** der Ges (BGH v 20.7.2009 NJW, 3091 [Cash-Pool II]; *Veil* in Scholz GmbHG[12] § 19 Anm 122, 164 ff; dazu und zur Abgrenzung zum Hin- und Herzahlen vgl auch Anm 32, 33). Voraussetzung ist aber nach Maßgabe der BGH-Rspr (BGH v 12.2.2007 NJW, 3285) das Bestehen eines Abhängigkeitsverhältnisses (*Veil* in Scholz GmbHG[12] § 19 Anm 122).

Umsatzgeschäfte im Rahmen des Geschäftsverkehrs zwischen VorGes/ KapGes iG und Gester oder verbundenen Unt stellen jedenfalls dann eine Umgehung dar, wenn diese ungewöhnlich sind. Aber auch gewöhnliche Umsatzgeschäfte dürfen nicht generell ausgeklammert werden und können eine verdeckte Sacheinlage darstellen (BGH v 11.2.2008 DStR, 831m Anm *Goette*; BGH v 20.11.2006 DStR 2007, 263 für GmbH [Warenlager] und BGH v 9.7.2007 NZG, 754 für AG [Lurgi I]; *Henkel* NZI 2010, 6 mwN; *Arnold* in Kölner Komm AktG[3] § 27 Anm 97). Diese strenge Rspr war ua Auslöser für die mit dem MoMiG und ARUG eingeführte Anrechnungslösung, die auf Rechtsfolgenseite zu einer deutlichen Entschärfung beigetragen hat (vgl *Veil* in Scholz GmbHG[12] § 19 Anm 116 f).

Die **Rechtsfolgen** für verdeckte Sacheinlagen ergeben sich für GmbH 49
und AG nunmehr unmittelbar aus dem Gesetz. Sie sind zunächst dieselben wie für aufgrund unzureichender Satzungsfestlegung unwirksame Einlagen (Anm 43, 44), nämlich das *Fortbestehen der Einlagepflicht in Geld* für die beteiligten Gründer (§ 19 Abs 4 S 1 GmbHG und § 27 Abs 3 S 1 AktG), verbunden mit einer gesamtschuldnerischen Solidarhaftung der MitGester (§ 46 AktG, § 24 GmbHG). Bis zur rechtswirksamen Erfüllung sind daher **ausstehende Einlagen** (mit Einforderungsvermerk in entspr Höhe, Anm 234) zu bilanzieren (Anm 174).

Nach Maßgabe von § 19 Abs 4 S 2 GmbHG und § 27 Abs 3 S 2 AktG bleiben sowohl das schuldrechtliche Grundgeschäft als auch das dingliche

D 50 Gründungs- und Eröffnungsbilanz der Kapitalgesellschaft

Vollzugsgeschäft **wirksam** (*Veil* in Scholz GmbHG[12] § 19 Anm 133; *Hüffer/ Koch* AktG[14] § 27 Anm 37) und der Wert einer verdeckt eingebrachten Sacheinlage wird kraft Gesetz (§ 19 Abs 4 S 3 GmbHG, § 27 Abs 3 S 3 AktG) automatisch auf die Geldleistungspflicht des Gesters angerechnet (sog **Anrechnungslösung;** vgl *Veil* in Scholz GmbHG[12] § 19 Anm 134 ff; *Hüffer/ Koch* AktG[14] § 27 Anm 38 ff). Hiernach kann eine vollständige Erfüllung der fortbestehenden Geldeinlagepflicht eintreten, wenn der Gester/Aktionär nachweist, dass der Wert der verdeckt eingebrachten Sacheinlage im Zeitpunkt der Anmeldung wertmäßig der geschuldeten Bareinlage entspricht.

Die Anrechnung erfolgt auch für den Fall, dass die Sacheinlage bereits *vor* Eintragung der Ges eingebracht worden ist (zu *Voreinzahlungen* vgl auch Anm 18), erst nach Eintragung der Ges in das HR (§ 19 Abs 4 S 4 GmbHG und § 27 Abs 3 S 4 AktG). Auf diese Weise (so die Beschlussempfehlung und Bericht des Rechtsausschusses zum Gesetz zur Modernisierung des GmbH-Rechts und zur Bekämpfung von Missbräuchen – MoMiG, BT-Drs 16/9737, 97) ist klargestellt, dass einerseits der Geschäftsführer in der Anmeldung nicht versichern kann und darf, die Geldeinlage sei zumindest durch Anrechnung erloschen und damit erfüllt, und andererseits das Registergericht auch in dem Fall, dass der Wert der verdeckten Sacheinlage den Wert der geschuldeten Geldeinlage erreicht, die Eintragung nach § 9c GmbHG bzw § 38 AktG ablehnen kann (zur Kapitalaufbringungskontrolle durch das Registergericht Anm 31, 257).

Jenseits der Anrechnungslösung können die Gründer einer gescheiterten Kapitalaufbringung **Heilung** herbeiführen durch satzungsändernden Beschluss (Anm 44) mit entspr Berichterstattung und Nachweis der Vollwertigkeit der Sacheinlage (vgl *Veil* in Scholz GmbHG[12] § 5 Anm 97 und § 19 Anm 162, 163; zur Frage der Heilung einer verdeckten Sacheinlage durch Austausch des Einlagegegenstands vgl *Heidinger/Knaier* GmbHR 2015, 1).

50   cc) **Sachübernahme.** Soll eine VorGes/KapGes iG noch herzustellende oder vorhandene Anlagen oder einen anderen bestimmten VG von einem Gester aufgrund entspr Festlegung in der Satzung unter Anrechnung auf die (Bar-)Einlagepflicht übernehmen, handelt es sich um eine sog **Sachübernahme** (§ 27 Abs 1 S 1, 2. Fall AktG). Für die **GmbH** besteht zwar keine explizite Regelung zu Sachübernahmen; sie unterfallen aber nach hM als Sonderfall einer (offenen) Sacheinlage dem Sacheinlagenbegriff und damit dem Anwendungsbereich des § 5 Abs 4 GmbHG (vgl *Veil* in Scholz GmbHG[12] § 5 Anm 73; *Fastrich* in Baumbach/Hueck GmbHG[22] § 5 Anm 16).

Die Sachübernahme *gilt* hiernach *als Sacheinlage,* soweit die dafür zu gewährende Vergütung auf die Einlageschuld **angerechnet** werden soll (§ 27 Abs 1 S 2 AktG; *Hüffer/Koch* AktG[14] § 27 Anm 5 ff; *Veil* in Scholz GmbHG[12] § 5 Anm 74 ff). Wegen des latent gegebenen Risikos überhöhter Vergütungen ist aber eine entspr Satzungspublizität zwecks Kapitalaufbringungskontrolle zwingend geboten (*Fastrich* in Baumbach/Hueck GmbHG[22] § 5 Anm 18; *Veil* in Scholz GmbHG[12] § 5 Anm 75; vgl auch Anm 143 zur Notwendigkeit der Festsetzung von Gründungsaufwand und Gründerlohn).

Soweit die Übernahme des VG nicht in der Satzung bzw GesVertrag festgelegt wurde, handelt es sich bei dem Rechtsgeschäft um eine verdeckte Sachübernahme. Umstr ist, ob diese – wie auch die verdeckte Sacheinlage –

I. Rechtliche Grundlagen 51, 52 **D**

geheilt werden kann (dazu Anm 45) mit den entspr Rechtsfolgen für die Einlageleistung (Anm 49), oder aber die Abrede über eine verdeckte Sachübernahme stets unwirksam ist (*Arnold* in Kölner Komm AktG[3] § 27 Anm 128; differenzierend *Katzenstein* in Spindler/Stilz AktG[4] § 27 Anm 111).

Werden solche Verträge von einer **AG/KGaA** in den ersten zwei Jahren seit der HR-Eintragung der Ges mit Gründern oder nicht unwesentlich (10%) beteiligten Aktionären außerhalb der laufenden Geschäfte geschlossen, bedürfen sie zur Rechtswirksamkeit des Verpflichtungs- und des Verfügungsgeschäfts überdies der Zustimmung der HV ($^3/_4$-Mehrheit) und einer gesonderten Eintragung in das HR, wenn die Vergütung 10% des Grundkapitals übersteigt (§ 52 Abs 1, Abs 5 AktG); außerdem ist eine **Nachgründungsprüfung** durch AR und externe Prüfer vorgeschrieben (§ 52 Abs 3, Abs 4 AktG).

In der aktienrechtlichen Literatur umstr ist, ob dies auch bei *wirtschaftlicher Neugründung* (Anm 51) durch Verwendung einer Vorrats- oder Mantelgesellschaft (zum Streitstand vgl *Hüffer/Koch* AktG[14] § 23 Anm 27; ablehnend *Katzenstein* in Spindler/Stilz AktG[4] § 52 Anm 45; bejahend *Pentz* in MünchKomm AktG[4] § 23 Anm 102) sowie bei Vereinbarung von sacheinlage–untauglichen *Dienstleistungen* (Anm 55) gilt (vgl *Hüffer/Koch* AktG[14] § 52 Anm 4 mwN; *Bayer/Lieder* NZG 2010, 86, 92; ablehnend *Katzenstein* in Spindler/Stilz AktG[4] § 52 Anm 32; bejahend *Pentz* in MünchKomm AktG[3] § 52 Anm 17).

Zur Frage der Heilung einer mangels Festsetzung gescheiterten Sachübernahme bzw verdeckten Sacheinlage nach Eintragung vgl Anm 50. Zur Kombination einer Sachübernahme mit einer Sach- oder Bareinlage Anm 52.

dd) Wirtschaftliche Neugründung. Zu einer unzulässigen Umgehung 51 der Vorschriften über die präventive Kapitalaufbringungskontrolle kann es nicht nur durch verdeckte Sacheinlagen bei erstmaliger, förmlicher Gründung, sondern auch bei **wirtschaftlicher Neugründung** einer bereits bestehenden, aber inhalts- bzw unternehmenslosen KapGes *(leere Hülse)* kommen (ausführlich dazu Vorauﬂ Anm 51).

ee) Gemischte Sachgründung. Eine **gemischte Sachgründung** liegt 52 vor, wenn der Gegenstand der Sacheinlage nicht ausschließlich in Erfüllung der Einlagepflicht gegen Gewährung von GesRechten der VorGes/KapGes iG eingebracht wird, sondern dem Einleger daneben weitere Vorteile als Ausgleich eines über den Ausgabebetrag der Anteile hinausgehenden Mehrwerts der Sacheinlage gewährt werden. Es handelt sich somit stets um eine **Kombination aus Sacheinlage und Sachübernahme** (vgl *Veil* in Scholz GmbHG[12] § 5 Anm 81 ff; zum anderweitigen Sprachgebrauch vgl *Fastrich* in Baumbach/Hueck GmbHG[22] § 5 Anm 20). Hauptanwendungsfälle sind die Einbringung von Unt oder (Teil-)Betrieben im Ganzen mit allen zugehörigen Aktiven und Passiven, etwa durch Übernahme eines Warenlagers (BGH v 20.11.2006 NZG 2007, 144, 145 [Warenlager]) oder Errichtung einer Betriebsanlage (BGH v 9.7.2007 NZG, 754 [Lurgi I]) sowie die Einbringung von Grundstücken mit gleichzeitiger Übernahme der grundpfandrechtlichen Belastungen (zB Übernahme von Hypothekenschulden, § 416 BGB).

Die gemischte Sachgründung unterfällt *vollständig* den Sacheinlagegrundsätzen (*Veil* in Scholz GmbHG[12] § 5 Anm 82). Dies gilt jedenfalls dann,

D 53–55   Gründungs- und Eröffnungsbilanz der Kapitalgesellschaft

wenn Sacheinlage und Sachübernahme eine *kraft Parteivereinbarung unteilbare Leistung* betrifft (Sachgesamtheit) und folgerichtig als **einheitliches Rechtsgeschäft** zu behandeln ist (vgl *Hüffer/Koch* AktG[14] § 27 Anm 8a; *Veil* in Scholz GmbHG[12] § 5 Anm 82). Entsprechendes gilt bei Kombination von Bareinlage und Sachübernahme, wenn also die Ges einen Gegenstand von dem Gester gegen Zahlung eines – aus den Bareinlagen zu entrichtenden – Entgelts übernimmt (BGH v 20.11.2006 NZG 2007, 144, 145 [Warenlager]).

53   Bei einer gemischten Sacheinlage ist neben dem Gegenstand der Sacheinlage und dem Ausgabebetrag der GesRechte (Anm 44) auch der Mehrwert des Einlagegegenstands respektive der Wert der dem Einleger darüber hinaus zu gewährenden Vergütung in der Satzung bzw im GesVertrag anzugeben (*Veil* in Scholz GmbHG[12] § 5 Anm 83 mwN). Dabei muss der Gegenstand der Sacheinlage in der Satzung bzw im Vertrag so genau bestimmt sein, dass über seine Identität kein Zweifel besteht (BGH v 24.7.2000 DB, 2260). Darüber hinaus muss klargestellt werden, ob und inwieweit Verbindlichkeiten ggü Dritten oder deren Erfüllung übernommen werden (*Katzenstein* in Spindler/Stilz AktG[4] § 27 Anm 70). Fehlen diese Angaben, ist zwar die Einlagepflicht wirksam erfüllt, der Einleger hat aber keinen Anspruch auf die Vergütung oder Schuldübernahme (*Veil* in Scholz GmbHG[12] § 5 Anm 84) mit der Folge, dass eine verdeckte **Einlagenrückgewähr** eintritt, soweit die KapGes dennoch zahlt. Dies ist bei AG/KGaA generell (§ 57 Abs 1 S 1 AktG) und bei GmbH insoweit unzulässig, als dadurch das Stammkapital beeinträchtigt wird (§ 30 Abs 1 GmbHG). Die von den Gründern danach ggf zu Unrecht empfangenen Vergütungen sind der KapGes zurückzugewähren (§ 62 Abs 1 S 1 AktG; § 31 Abs 1 GmbHG) und daher in der EB als Forderungen gegen Gester anzusetzen (Anm 126; zur steuerlichen Behandlung als vGA Anm 144). Auf den Rückgewähranspruch kann die KapGes nicht rechtswirksam verzichten (§ 66 Abs 2 AktG, § 31 Abs 4 GmbHG).

54   **ff) Mischgründung.** Teilweise wird der Begriff der gemischten Einlage auch für Fälle verwendet, in denen der VorGes/KapGes iG sowohl Geldeinlagen als auch Sacheinlagen zustehen, zB weil einige Gründer zur Leistung von Geldeinlagen, andere zu Sacheinlagen verpflichtet sind oder ein Gester sowohl Bar- als auch Sacheinlagen zu erbringen hat. Es handelt sich also um eine *Kombination von Geldeinlagen und Sacheinlagen* **(Mischeinlage),** die *nicht* mit der gemischten Sachgründung (Anm 53) verwechselt werden darf (*Veil* in Scholz GmbHG[12] § 7 Anm 71; *Katzenstein* in Spindler/Stilz AktG[4] § 27 Anm 66). Sie kann aber iVm einer gemischten Sachgründung vorkommen (zB UntEinbringung mit Auffüllung des Mindestnennkapitals durch zusätzliche Geldeinlage). In diesen Fällen ist die gesetzliche Mindesteinzahlung (Anm 23, 25) nicht von dem Gesamtbetrag des gezeichneten Kapitals, sondern von dem als Geldeinlage vereinbarten Teil zu berechnen (*Veil* in Scholz GmbHG[12] § 7 Anm 21).

e) Missbrauchskontrolle bei Dienstleistungen

55   Erbringt ein GründungsGester vor, während oder nach der Gründung der KapGes **entgeltliche Dienstleistungen** für die KapGes (zB Beratungstätigkeiten oder Geschäftsführungsdienste), stellt sich ua die Frage, ob und unter

I. Rechtliche Grundlagen 55 D

welchen Voraussetzungen dies gegen Kapitalaufbringungsgrundsätze verstoßen kann und welche Rechtsfolgen hieran anknüpfen, wenn die Vergütung im zeitlichen und sachlichen Zusammenhang mit der Einlageleistung des dienstleistenden GründungsGesters steht.

Zunächst ist festzustellen, dass eine Dienstleistung, zu deren Erbringung sich der Gester ggü der Ges verpflichtet, **keinen tauglichen Sacheinlagegegenstand** darstellt (Anm 33), sodass – mangels Möglichkeit der Umgehung der Sacheinlagevorschriften – folgerichtig auch **kein Fall der verdeckten Sacheinlage** isv § 19 Abs 4 GmbHG bzw § 27 Abs 4 AktG gegeben sein kann (Anm 45).

Auch können Dienstleistungen – jedenfalls dem Grunde nach – nicht unter § 19 Abs 5 GmbHG bzw § 27 Abs 4 AktG als **Hin- und Herzahlen** subsumiert werden, da es hier – anders als beim Rückfluss der Bareinlage als Darlehen – zu keinem Forderungsaustausch kommt, sondern die Ges „nur" einen Anspruch gegen den Gester auf dessen Dienstleistung hat. Entsprechendes muss im umgekehrten Fall des **Her- und Hinzahlens** gelten, wenn also die Dienstleistung bereits vor Leistung der Bareinlage erbracht wurde (sog *verdeckte Finanzierung*). Demnach sind die Regelungen des Hin- und Herzahlens (bzw Her- und Hinzahlens) nicht auf Dienstleistungen anwendbar. Folgerichtig bedarf es weder der Offenlegung des Vorgangs noch des Nachweises der Vollwertigkeit des Anspruchs ggü dem Registergericht (BGH v 1.2.2010 NJW, 1747 [Eurobike]; BGH v 16.2.2009 NJW, 2375 [Qivive]).

Dessen ungeachtet müssen aber Einlagen nach dem **Grundsatz der realen Kapitalaufbringung** stets *zur freien Verfügung* der Ges geleistet werden (Anm 32), sodass eine Tilgungswirkung ausscheidet, wenn die im Wege der Bareinlage zugeführten Geldmittel abredegemäß zur Vergütung der Dienstleistung *reserviert* wurden (BGH v 16.2.2009 NJW, 2375 [Qivive]; zur rechtlichen Verankerung am Merkmal der freien Verfügbarkeit vgl *Wachter* NJW 2010, 1715 sowie *Rezori* GmbHG 2011, 125). Zwar schließt der Umstand, dass die Dienstleistung und deren Vergütung von vornherein vereinbart waren, die **freie Verfügbarkeit** nicht automatisch aus (BGH v 1.2.2010 NJW, 1747 [Eurobike]); krit zum Merkmal der Reservierung *Bayer/Lieder* NZG 2010, 86).

Dennoch muss die Dienstleistung – in Analogie zum Vollwertigkeitserfordernis des § 19 Abs 5 GmbHG, § 27 Abs 4 AktG – **objektiv werthaltig** sein, also zu **marktgerechten Bedingungen** erfolgen, die einem **Drittvergleich** standhalten (krit *Herrler* in Spindler/Stilz AktG[4] § 27 Anm 236; vgl auch *Bayer/Lieder* NZG 2010, 86; für die rechtsdogmatische Verortung der Thematik im Kapitalerhaltungsrecht plädierend *Veil* in Scholz GmbHG[12] § 19 Anm 127). Insoweit erfolgt eine **Missbrauchskontrolle** dahingehend, dass die Dienstleistung **angemessen vergütet** sein muss.

Darüber hinaus tritt die Tilgungswirkung nur unter der weiteren Voraussetzung ein, dass die Dienstleistung dem GesZweck dient, also **aus Sicht der Gesellschaft sinnvoll** ist. Letzteres ist zu verneinen, wenn die Dienstleistung für die Ges *wertlos* oder *schlechterdings unbrauchbar ist* (*Herrler* in Spindler/Stilz AktG[4] § 27 Anm 237; *Rezori* GmbHG 2011, 125). Bei einer Vereinbarung einer entgeltlichen Dienstleistung in zeitlichem und sachlichem Zusammenhang mit der Bareinlageleistung gilt die Bareinlage nur dann als getilgt, wenn die Vergütung angemessen und die Dienstleistung für die Ges brauchbar ist. Andernfalls ist die Bareinlage erneut zu leisten.

Zur bis dato ungeklärten Frage, ob Zahlungen beim Vollzug von Dienstleistungsverträgen im Zusammenhang mit Kapitalaufbringungsvorgängen im Hinblick auf das in § 71a AktG verankerte **Verbot von Umgehungsgeschäften** als *unzulässige finanzielle Unterstützung (financial assistance)* anzusehen sind, vgl *Bayer/Lieder* NZG 2010, 86, 91; bei objektiver Werthaltigkeit verneinend *Herrler* in Spindler/Stilz AktG[4] § 27 Anm 237). Hier ist allerdings schon fraglich, ob § 71a AktG auf den originären Aktienerwerb bei Gründungsvorgängen anwendbar ist (verneinend *Lange* in Henssler/Strohn GesR[4] § 71a AktG Anm 2). Zu der von der mittlerweile wohl hM bejahten Frage der Anwendbarkeit der Vorschriften über das **Nachgründungsverfahren** auf Dienstleistungen des Inferenten bei AG unter den weiteren Voraussetzungen von § 52 AktG vgl Anm 50).

4. Vorbelastungshaftung und Vorbelastungsbilanz

56 Die durch den BGH im Wege richterlicher Rechtsfortbildung entwickelte **Vorbelastungshaftung,** wonach die Gründer anteilig entspr der jew geleisteten Einlage für eine zum Stichtag (Tag der Eintragung der KapGes ins HR; Anm 50) bestehende Unterbilanz haften, ist ein wesentlicher Baustein des gesellschaftsrechtlichen Kapitalaufbringungsschutzsystems und ersetzt als solche das zuvor geltende **Vorbelastungsverbot** (ausführlich dazu Voraufl Anm 56 f).

57 Voraussetzung einer Vorbelastungs-/Unterbilanzhaftung ist die rechtliche Entstehung der KapGes durch Eintragung im HR (Anm 15); sie kann daher zwar durch Verzicht auf die Eintragung vermieden werden. Jedoch trifft die Gründer beim Scheitern der Eintragung eine Verlustdeckungspflicht, das Pendant zur Unterbilanzhaftung (vgl *Hüffer/Koch* AktG[14] § 41 Anm 9a, 9b; *Fastrich* in Baumbach/Hueck GmbHG[22] § 11 Anm 24), sodass die Gründer auch in diesem Fall für Anlaufverluste haften (zur *Verlustdeckungshaftung* Anm 20).

Haftungsstichtag ist folgerichtig der Tag der Eintragung (hM; *Pöschke* in Großkomm HGB[5] § 242 Anm 40; *Hüffer/Koch* AktG[14] § 41 Anm 9; *Fastrich* in Baumbach/Hueck GmbHG[22] § 11 Anm 63a; *Pentz* in MünchKomm AktG[4] § 41 Anm 118).

Zur Ermittlung evtl Ansprüche der KapGes aus Unterbilanzhaftung der Gründer ist daher auf den *Zeitpunkt der Eintragung* der KapGes grds eine sog **Vorbelastungsbilanz** aufzustellen (BGH v 9.3.1981 NJW, 1373, 1376; *Ulmer* in Großkomm GmbHG[2] § 11 Anm 108). Dabei handelt es sich indessen *nicht* um eine EB oder Zwischenbilanz iSd § 242 HGB (*Pöschke* in Großkomm HGB[5] § 242 Anm 38, 40; *ADS*[6] § 242 HGB Anm 24 mwN), sondern vielmehr um eine isolierte Vermögensübersicht *(Vermögensbilanz/ Unterbilanzstatus)* mit zT eigenständigen Ansatz- und Bewertungsgrundsätzen (hM, zB *Ulmer* in Großkomm GmbHG[2] § 11 Anm 108 ff; *Fastrich* in Baumbach/ Hueck GmbHG[22] § 11 Anm 83; *Heidinger* in Spindler/Stilz AktG[4] § 51 Anm 70). Sie soll als **Kapitalaufbringungsbilanz** die wertmäßige Unversehrtheit des Nennkapitals im Zeitpunkt der HR-Eintragung aufzeigen

I. Rechtliche Grundlagen 65–67 D

(*Pöschke* in Großkomm HGB⁵ § 242 Anm 41), indem sie das Nettovermögen der KapGes dokumentiert (*Rodewald* BB 1993, 1695) oder über eine evtl bestehende Unterdeckung des Nennkapitals und die damit verbundene Nachschusspflicht der Gründer informiert. Weil damit zugleich die Differenz zum vereinbarten GründungsEK aufgezeigt wird, ist die Vorbelastungsbilanz mit der sog **Verlustanzeigebilanz** (P Anm 10 ff, 20) vergleichbar; zur Vorbelastungsbilanz ausführlich Voraufl Anm 58 f).

5. Eröffnungsbilanzstichtag und Aufstellungsfrist

a) Bestimmung des maßgeblichen Bilanzstichtags

aa) Überblick. Nach mittlerweile gefestigter hM beginnt die Buchfüh- 65
rungs- und Rechnungslegungspflicht der VorGes/KapGes iG ohne Rücksicht auf Eintragung der werdenden KapGes im HR bereits mit **Errichtung der Gesellschaft** durch Abschluss des GesVertrages und den damit einhergehenden **ersten**, die GuV berührenden und damit **buchführungspflichtigen Geschäftsvorfall** durch **Begründung von Einlageforderungen** (so *Pöschke* in Großkomm HGB⁵ § 238 Anm 17a, § 242 Anm 39; *Merkt* in Baumbach/Hopt HGB³⁸ § 238 Anm 17; *Haas/Kersting* in Baumbach/Hueck GmbHG²² § 41 Anm 7 mwN; *Fleischer* in Spindler/Stilz AktG⁴ § 91 Anm 18; *ADS*⁶ § 242 HGB Anm 19, 23 sowie *ADS*⁶ § 238 HGB Anm 19, 21; aA *Tiedchen* in Rowedder/Schmidt-Leithoff GmbHG⁶ § 41 Anm 41; differenzierend *Altmeppen* in Roth/Altmeppen GmbHG⁹ § 41 Anm 7) und/oder **Entstehung von Notarkosten** im Zuge der notariellen Beurkundung des GesVertrages bzw der Satzung (vgl *Paefgen* in Großkomm GmbHG § 41 Anm 4).

Im Ergebnis wird damit die VorGes/KapGes iG unabhängig von der Frage 66
ihrer KfmEigenschaft und der noch nicht erfolgten Eintragung bereits wie ein FormKfm behandelt (*Hüffer/Koch* AktG¹⁴ § 41 Anm 10; Anm 15, 75). Hierdurch ist gewährleistet, dass auch im Range der Buchführung und Rechnungslegung **Kontinuität** zwischen VorGes und KapGes gewahrt ist (*Haas/Kersting* in Baumbach/Hueck GmbHG²² § 41 Anm 7) und für die Feststellung einer etwaigen Vorbelastungshaftung (Anm 56 ff) im Zeitpunkt der Eintragung belastbare Buchungsunterlagen vorhanden sind (*Paefgen* in Großkomm GmbHG § 41 Anm 4).

Die hM erscheint auch folgerichtig auf dem Boden der mittlerweile wohl 67
ebenfalls als gefestigt anzusehenden gesellschaftsrechtlichen hM, wonach das Vermögen der VorGes/KapGes iG rechtsträgeridentitätswahrend im Zeitpunkt der Eintragung ipso iure auf die KapGes übergeht (dazu und zur Identitätstheorie sowie dem Umwandlungsmodell einerseits und zur Theorie der Gesamtrechtsnachfolge andererseits vgl Anm 19, 69, 70). Denn dann erscheint es auch sachgerecht, die handelsbilanzielle Abbildung der Geschäftsvorfälle entspr zu spiegeln und nicht auf den formaljuristischen Entstehungszeitpunkt der KapGes durch HR-Eintragung, sondern auf den materiellrechtlichen wie auch wirtschaftlichen Gründungszeitpunkt, also der Errichtung der Ges durch notarielle Beurkundung des GesVertrages abzustellen (vgl Anm 69, 70).

Hierdurch wird zwar die gesetzliche Fiktion des Nichtbestehens der KapGes vor Eintragung (§ 11 Abs 2 GmbHG, § 41 Abs 1 S 1 AktG) handelsbilanziell ausgeblendet. Dies steht aber im Einklang mit dem bilanzrechtlichen **Grundsatz der wirtschaftlichen Betrachtungsweise** (vgl dazu *Winnefeld*[5,] Kap D Anm 96 ff), da Vermögen und Schulden der VorGes/KapGes iG mit HR-Eintragung Vermögen und Schulden der KapGes werden (vgl Anm 69). Auch bei Umwandlungsvorgängen kommt es für die Bilanzierung nicht auf deren Wirksamkeit durch HR-Eintragung (vgl H Anm 50 ff), sondern auf den *Übergang des wirtschaftlichen Eigentums* an (vgl K Anm 12). Aus diesem Grunde bedarf es beim Formwechsel keiner gesonderten Schlussbilanz der Ges alter Rechtsform und keiner EB der Ges neuer Rechtsform auf den Zeitpunkt des Erlöschens der alten und Entstehung der neuen Ges durch HR-Eintragung (vgl L Anm 30). Hier wie dort kommt es zu einer wirtschaftlichen Rückwirkung auf den gesellschaftsvertraglichen Entstehungszeitpunkt, die dann folgerichtig handelsbilanziell nachvollzogen wird.

68 **bb) Herleitung.** Jeder Kfm „*hat zu Beginn seines Handelsgewerbes ... einen das Verhältnis seines Vermögens und seiner Schulden darstellenden Abschluss (Eröffnungsbilanz, ...) aufzustellen*", auf den die für den JA geltenden Vorschriften entspr anzuwenden sind, soweit sie sich auf die Bilanz beziehen (§ 242 Abs 1 HGB). Gleichzeitig beginnt die handelsrechtliche Buchführungspflicht (§ 238 Abs 1 HGB). Dies gilt auch für KapGes und ihre VorGes. Die EB kann ihre Aufgabe nur erfüllen, wenn ihr Stichtag mit dem **Beginn der Buchführung** zusammenfällt (vgl *ADS*[6] § 242 HGB Anm 23; *Rodewald* BB 1993, 1693). Auch kann nach einhelliger Auffassung die Vorgründungsphase nicht zu einer Vorverlegung des Stichtags der EB einer VorGes/KapGes iG führen (Anm 21, 78), da sie für die werdende KapGes ohne rechtliche Bedeutung ist (Anm 16).

Demggü bestehen im Schrifttum seit jeher unterschiedliche Auffassungen zu der Frage, ob der Stichtag für die Eröffnungs- bzw Gründungsbilanz iSv § 242 Abs 1 HGB einer KapGes durch die *förmliche Errichtung,* die tatsächliche *Geschäftsaufnahme,* die *Anmeldung* zum HR oder die *Eintragung* in das HR bestimmt wird (zum Meinungsstand zB *Joswig*, 141 f).

Einigkeit besteht lediglich darüber, dass die EB *frühestens* auf den Zeitpunkt der Errichtung (*Störk/Philipps* in Beck Bil-Komm[12] § 242 Anm 3; *ADS*[6] § 242 HGB Anm 19 ff) und *spätestens* auf den Zeitpunkt der Eintragung aufzustellen ist (vgl *Altmeppen* in Roth/Altmeppen GmbHG[9] § 41 Anm 7; *Rodewald* BB 1993, 1693). Innerhalb dieser Zeitspanne wird zT ein Wahlrecht zur Festlegung des EB-Stichtags angenommen (Anm 75).

69 Ein Handelsgewerbe setzt zwangsläufig die Existenz des betr Rechtsträgers voraus. Die Existenz der KapGes *als solche* ist von der HR-Eintragung abhängig (Anm 2). Erst ab diesem Zeitpunkt gilt sie kraft Gesetzes als HandelsGes und ist damit FormKfm (Anm 1), selbst wenn sie tatsächlich kein Gewerbe (zB Vermögensverwaltung) oder nach Art und Umfang (noch) kein kfm Gewerbe (zB gemeinnütziger Zweck) betreibt. KapGes beginnen daher *ihr* Handelsgewerbe zwangsläufig erst am **Tag der Eintragung,** sodass streng genommen nur auf diesen Tag eine EB aufgestellt werden kann, sofern der VorGes/KapGes iG nicht selbst bereits KfmEigenschaft zukommt (so *Altmeppen* in Roth/Altmeppen GmbHG[9] § 41 Anm 7; *Kleindieck* in MünchKomm BilanzR § 242 HGB Anm 22, 23). Dies widerspräche jedoch dem Bedürfnis nach Rechenschaft in der Gründungsphase, denn es ist mit den Zwecken der

I. Rechtliche Grundlagen   70–74 D

EB (Anm 8) schwerlich zu vereinbaren, wenn im Namen der späteren Kap-Ges bereits Verpflichtungen eingegangen werden könnten, ohne dass die handelnden Personen (Anm 96) zur Bilanzierung und Buchführung verpflichtet wären.

Es sprechen die besseren Gründe dafür, dass auf den Stichtag der Eintragung keine (erneute) EB, sondern allenfalls eine *Vorbelastungsbilanz* (Anm 58) aufzustellen ist (so auch *Pöschke* in Großkomm HGB[5] § 242 Anm 38 sowie *Merkt* in Baumbach/Hopt HGB[39] § 242 Anm 1; zu Ausnahmen Anm 77).   70

Zur Rechenschaft über den Gründungshergang (Anm 15 ff) reicht es demggü idR nicht aus, erst bei HR-Eintragung mit der Rechnungslegung zu beginnen (Anm 69). Die Aufstellung der EB erst auf diesen Zeitpunkt wäre nicht sachgerecht und allenfalls in Ausnahmefällen vertretbar, wenn die Eintragung kurzfristig nachfolgt (zur Aufstellungsfrist vgl Anm 83 f) und bis dahin außer den Gründungsaufwendungen (dazu Anm 143 ff) sowie der Entgegennahme der Einlagen nur eine geringe Anzahl weiterer Geschäftsvorfälle zu verzeichnen waren (aA *ADS*[6] § 238 HGB Anm 21 sowie *ADS*[6] § 242 HGB Anm 19: spätestens beim **ersten ergebniswirksamen Geschäftsvorfall**).   71

Ein Handelsgewerbe beginnt idR mit der Aufnahme einer gewerblichen *Betätigung,* die sich als Teilnahme am allg Wirtschaftsverkehr darstellt und einen nach Art *und* Umfang in kfm Weise eingerichteten Geschäftsbetrieb erfordert (dazu B Anm 46). Die Erlangung der KfmEigenschaft ist für die Verpflichtung zur Aufstellung einer EB nach HGB aber nicht allein entscheidend (B Anm 2). Vielmehr genügt bereits die **Absicht,** ein kfm Gewerbe aufzunehmen, wenn das Unt von Anfang an auf einen vollkfm Geschäftsbetrieb angelegt und das Erfordernis einer kfm Organisation absehbar ist (dazu B Anm 6). Diese Absicht wird beim Formkaufmann von Gesetzes wegen unterstellt und mit der förmlichen Errichtung der VorGes offenkundig (Anm 15).   72

Auch wenn die VorGes/KapGes iG (Anm 17) selbst noch nicht FormKfm ist, hat sie bereits den **Charakter eines Formkaufmanns,** denn sie kann schon vor ihrer Eintragung unter der *künftigen Firma* Rechte erwerben und sie unterliegt als *Gesellschaft eigener Art* weitgehend dem Recht der danach entstehenden KapGes (Anm 18). Außerdem geht ihr Vermögen mit der Eintragung in einem umwandlungsähnlichen einheitlichen Vorgang durch Gesamtrechtsnachfolge ohne Liquidation auf die KapGes über (Anm 19, 68). Dies hat zur Folge, dass mit hM bereits die VorGes für die unvermeidliche Zeitspanne bis zur Eintragung als HandelsGes anzusehen ist (Anm 2, 9) und insoweit *wie ein (Form-)Kaufmann* der Buchführungspflicht des HGB (*Störk/Lewe* in Beck Bil-Komm[12] § 238 Anm 44, 73; *Hüffer/Koch* AktG[14] § 41 Anm 10) und folgerichtig *wie eine KapGes* den Rechnungslegungspflichten des HGB unterliegt (Anm 2, 15, 111; ebenso *Rodewald* BB 1993, 1694 mwN; *Schiller* DB 1992, 284).   73

Mit der *Errichtung und Kapitalaufbringung* wird die Absicht einer kfm Geschäftstätigkeit bekundet und damit zugleich die **Anmeldepflicht** zur Eintragung als KapGes ausgelöst (§ 36 AktG; § 7 GmbHG). Es besteht daher eine Pflicht zur Aufstellung einer EB auf diesen Zeitpunkt, obwohl die VorGes selbst als Rechtsform nicht eintragungsfähig ist und die KapGes als juris-   74 tische Person erst mit Eintragung entsteht (Anm 17). Die VorGes von dem Anwendungsbereich des § 242 HGB auszunehmen, widerspräche dem Sinn und Zweck der Vorschrift, denn unabhängig von Art und Umfang der Geschäfte kann das Erfordernis einer kfm Organisation ohne Weiteres unterstellt werden (Anm 72).

Somit wird die Pflicht zur Aufstellung der EB und zum Beginn der Buchführung nach Errichtung der VorGes durch Begründung der Einlageforderung (hM; Anm 68), *spätestens* aber durch die **Entgegennahme der Einlagen** ausgelöst. Die ersten Geschäftsvorfälle der VorGes/KapGes iG treten zwar bereits mit der notariellen Beurkundung auf, da hierdurch Ansprüche gegen die Gründer auf Leistung der Einlagen und Gründungsaufwendungen (zB Notarkosten) entstehen. Man könnte deshalb auch in dem Errichtungsakt bereits den Beginn des Handelsgewerbes der VorGes sehen (*Schiller* DB 1992, 284; *Haas/Kersting* in Baumbach/Hueck GmbHG²² § 41 Anm 7 mwN). Es ist daher im Interesse einer durchgängigen Buchführung mit vollständiger GuV für das erste RumpfGj sinnvoll, die EB bereits *vor der Kapitalaufbringung* auf den **Tag der Errichtung** aufzustellen (so die wohl hM, vgl Anm 68). Dies erscheint zwar unter Angemessenheitsgesichtspunkten nur geboten, wenn die VorGes/KapGes iG schon eine über die Gründungsmaßnahmen hinausgehende Geschäftstätigkeit aufgenommen hat (ebenso *Joswig*, 147 ff) und statistische Aufzeichnungen oder eine Belegsammlung (Anm 71) nicht mehr ausreichen. In diesem Fall wäre die EB aber ohnehin schon nach allg Grundsätzen (B Anm 52) auf den **Tag des Geschäftsbeginns** aufzustellen.

75 Mit der Errichtung der VorGes/KapGes iG entsteht ein eigenständiger Rechtsträger und mit Eingang der Einlagen beginnt die Rechenschaftspflicht der für ihn handelnden Personen ggü den Gründern (§ 666 BGB). Die Festlegung des Stichtags für die EB einer VorGes/KapGes iG liegt demnach innerhalb der Zeitspanne zwischen Errichtung der VorGes/KapGes iG und der Entgegennahme der Mindesteinlage im *Ermessen* der gesetzlichen Vertreter. Innerhalb dieser (idR kurzen) Zeitspanne bietet der **Tag der Errichtung** als Stichtag der EB den Vorteil, dass er anhand des Datums der Beurkundung objektiv bestimmbar ist. Um von Anfang an eine durchgängige Buchführung zu schaffen, wird der förmliche Abschluss des GesVertrags daher auch in der Praxis meist zum Anlass für die Erstellung der EB genommen. Ob dieser Stichtag zwingend (vgl Anm 65 ff), „*richtig und praktikabler*" (so zB *Drinhausen/Eckstein* in Beck Handbuch AG³ § 2 Anm 409) oder „*aus pragmatischen Überlegungen*" lediglich vorzuziehen ist (so zB *Ellerich/Swart* in HdR⁵ § 242 Anm 8; ebenso *ADS*⁶ § 242 HGB Anm 23; vgl auch *Winnefeld*⁵, Kap N Anm 26 – „*aus praktischen Gründen*" – sowie *Rodewald* BB 1993, 1695), könnte aber zumindest dann fraglich erscheinen, wenn eine kfm Organisation noch nicht erforderlich ist. Jedenfalls hätte die EB nur einen geringen Aussagewert, wenn auf der Aktivseite nur ausstehende Einlagen (Anm 233 ff) und auf der Passivseite nur übernommene Einlagen (Anm 231 f) ausgewiesen werden (*Schiller* DB 1992, 285).

Unter der Voraussetzung, dass nicht bereits vor der Leistung der Einlagen mit einer kfm Geschäftstätigkeit begonnen wurde, ist es daher idR zweckmäßiger, als Stichtag der EB das **Datum der Anmeldepflicht** (Anm 74,

I. Rechtliche Grundlagen 76–78 **D**

B Anm 52), dh den Tag des vollständigen Eingangs der eingeforderten Einlagen zu wählen, weil damit zugleich die *ordnungsmäßige Kapitalaufbringung* (Anm 30 ff, 58) dokumentiert werden kann (Anm 8); zum Stichtag der steuerlichen EB vgl Anm 269.

Um die vorgeschriebene Versicherung über die vollständige Aufbringung **76** und freie Verfügbarkeit der Einlagen (§ 37 Abs 1 AktG, § 8 Abs 2 GmbHG) wahrheitsgemäß abgeben zu können, müssen die handelnden Personen (Anm 24 f) sich zuvor über die tatsächlichen Vermögensverhältnisse informiert haben. Schon deshalb bedarf es einer EB auf den Tag des Eingangs der Einlagen, weil das vollständige Vorhandensein und die freie Verfügbarkeit der Einlagen sonst weder von dem Vorstand bzw den Geschäftsführern, noch von den Gründern bzw den AR-Mitgliedern beurteilt werden könnte. Die Aufstellung einer EB auf diesen Stichtag zur **Kontrolle der ordnungsgemäßen Kapitalaufbringung** dürfte aber im Hinblick auf die bestehenden Haftungsrisiken (Anm 20, 57 ff) und Sanktionen (Anm 91 ff, 94) auch im Interesse der Gründer und der gesetzlichen Vertreter der VorGes/KapGes iG liegen.

Bei *zeitnaher* Anmeldung nach Erhalt der Einlagen dürfte es auch ausrei- **77** chen, die EB kurze Zeit später auf den **Tag der tatsächlichen Anmeldung** aufzustellen (Anm 68; B Anm 53). Dagegen ist es grds nicht sachgerecht, die Aufstellung der EB bis zu dem spätesten Zeitpunkt der Eintragung aufzuschieben (zu Ausnahmen Anm 71).

Satzung oder GesVertrag schreiben allerdings häufig vor, dass für die Zeit ab Eintragung bis zum Stichtag des ersten JA ein RumpfGj zu bilden ist. In solchen Fällen kann die Notwendigkeit bestehen, neben der EB der VorGes/KapGes iG eine *zusätzliche* EB der KapGes auch auf den späteren **Zeitpunkt der Eintragung** aufzustellen, sofern die Gester darauf nicht einvernehmlich verzichten. Andernfalls dürfte es idR ausreichen, eine formlose Zwischenbilanz (zB Saldenliste) aufzustellen (generell für zusätzliche EB aber zB *Schiller* DB 1992, 285). Ein Verzicht auf die Aufstellung ist jedoch nur möglich, wenn die (Zwischen-)Bilanz auf den Stichtag der Eintragung nicht für die Ermittlung der aktivierungspflichtigen Ansprüche der KapGes aus einer Vorbelastungshaftung der Gründer erforderlich ist (Anm 57).

Bei VorGes/KapGes iG ist der Zeitpunkt der Errichtung als frühester und **78** die Entgegennahme der Einlagen als spätester *Beginn der Geschäftstätigkeit* anzusehen. Wurde dagegen ein (wie auch immer gearteter) Geschäftsbetrieb bereits vor Errichtung der VorGes/KapGes iG unterhalten oder aufgenommen, handelt es sich um eine als OHG oder GbR zu qualifizierende sog **Vorgründungsgesellschaft** (Anm 16, 21, C Anm 51). In diesem Fall stellt sich die Errichtung der VorGes/KapGes iG als gemischte *Sacheinlage* (Einzelrechtsnachfolge, Anm 52) oder als *Formwechsel* nach UmwG mit Gesamtrechtsnachfolge (L Anm 40 ff) dar, bei denen stets die Vorschriften über die Sachgründung und die reale Kapitalaufbringung zu beachten sind (Anm 21).

Wegen der unterschiedlichen Rechtsqualität der VorgründungsGes als PersGes und der VorGes/KapGes iG als Gesamthandsgemeinschaft eigener Art (Anm 17) ist ein förmlicher Übergang des Vermögens der VorgründungsGes vom Gesamthandseigentum in das Alleineigentum der VorGes bzw späteren KapGes notwendig. Es reicht daher keinesfalls aus, mit der Rechnungslegung der VorGes/KapGes iG bereits am EB-Stichtag der VorgründungsGes (dazu C Anm 51) zu beginnen und die Geschäftsvorfälle lediglich „durchzubuchen", ohne auf den Zeitpunkt der Errichtung bzw Vermögensübernahme eine eigenständige EB für die VorGes/KapGes iG aufzustellen (ebenso *Kleindieck* in MünchKomm BilanzR § 242 HGB Anm 24). Dies gilt auch, wenn die Geschäfte vereinbarungsgemäß von Anfang an für Rechnung der werdenden KapGes geführt worden sein sollten (*Crezelius* DStR 1987, 747 mwN); eine Vorverlegung des Stichtags der EB der VorGes/KapGes iG lässt sich damit nicht rechtfertigen (*Haas/Kersting* in Baumbach/Hueck GmbHG[22] § 41 Anm 7). Vielmehr ist auf den **Tag der Vermögensübertragung** stets eine Schlussbilanz der VorgründungsGes und zugleich eine EB für die VorGes zu erstellen (*Schiller* DB 1992, 283), sofern die VorGes/KapGes iG ihre EB nicht bereits auf den ggf früheren Tag ihrer Errichtung aufgestellt und die Erfüllung der Sacheinlagen als laufenden Geschäftsvorfall (Zugang) behandelt hat. Zur Rechnungslegung bei einem Formwechsel nach UmwG vgl L Anm 40 ff.

b) Zeitraum für die Aufstellung

82 Eine Frist für die Aufstellung der EB ist nicht bestimmt; es wird nur vorgeschrieben, dass der Kfm die EB „zu Beginn seines Handelsgewerbes" aufzustellen hat (Anm 68). Daher sind Vorstand bzw Geschäftsführung gehalten, der gesetzlichen Aufstellungspflicht zeitnah zum maßgeblichen Stichtag der EB nachzukommen (dazu B Anm 63 ff) und die EB „innerhalb der einem ordnungsmäßigen Geschäftsgang entspr Zeit aufzustellen" (§ 243 Abs 3 iVm § 242 Abs 1 S 2 HGB). Dabei reicht es aus, wenn die EB unter Berücksichtigung der Verhältnisse des Einzelfalls zwar nicht absolut als erstes, aber doch vorrangig und *unverzüglich* nach dem Stichtag der EB aufgestellt wird, spätestens aber vor Aufstellung des JA für das erste (Rumpf-)Gj (B Anm 64).

83 Die nach § 264 Abs 1 S 3 HGB für den JA der *kleinen* KapGes geltende **maximale Aufstellungsfrist** von *höchstens sechs Monaten* ist nach Maßgabe des in § 242 Abs 1 S 2 HGB niedergelegten Analogiegebots (Anm 4), wonach auf die VorGes bereits weitgehend die Vorschriften für KapGes anzuwenden sind (Anm 18), auch für die EB der VorGes/KapGes iG zu beachten (*Kleindieck* in MünchKomm BilanzR § 242 HGB Anm 25; aA *Winnefeld*[5], Kap N Anm 28). Wenn nicht besondere Umstände vorliegen, die ausnahmsweise eine spätere Aufstellung rechtfertigen könnten (vgl *Pöschke* in Großkomm HGB[5] § 242 Anm 30), muss die Aufstellung daher in jedem Fall vor Ablauf von sechs Monaten seit Errichtung der KapGes abgeschlossen sein (ebenso *ADS*[6] § 242 HGB Anm 27). Das Ausnutzen der 6-Monats-Frist ist aber nur zulässig, soweit dies noch einem ordnungsmäßigen Geschäftsgang entspricht, da neben der Fristenregelung des § 264 Abs 1 S 3 HGB auch § 243 Abs 3 HGB zu beachten ist (hM, *Pöschke* in Großkomm HGB[5] § 242 Anm 30; *Ellerich/Swart* in HdR[5] § 242 Anm 6 mwN; aA *ADS*[6] § 242 HGB Anm 27 mit Verweis darauf, dass das Informationsargument für sich genommen keine Verkürzung der Erstellungsfrist tragen kann). Von daher ist bei der Beurteilung, welcher Zeitraum einem ordnungsmäßigen Geschäftsgang noch entspricht, vor allem die Notwendigkeit zügiger Anmeldung zum HR mit vorheriger Kapitalaufbringungskontrolle (Anm 76) zu berücksichtigen. Dies kann zu einer erheblichen Verkürzung des zulässigen Aufstellungszeitraums

II. Vorschriften zur Eröffnungsbilanz der Kapitalgesellschaft   84, 91   **D**

führen (vgl *Joswig,* 162; ähnlich *Langseder* in Beck Handbuch GmbH[5] § 9 Anm 52).

Erfüllt die werdende KapGes zB wegen einer **Geschäftsübernahme** bei   84
ihrer Errichtung von Anfang an die Größenkriterien des § 267 Abs 3 HGB, ist die Geschäftsführung verpflichtet, bereits für das erste Gj nach den strengeren Bestimmungen für große KapGes Rechnung zu legen (Anm 107). Dies erfordert uE, dass bereits die EB der KapGes bzw die der VorGes (Anm 111) nach diesen Vorschriften aufgestellt wird (aA *ADS*[6] § 242 HGB Anm 13 unter Hinweis auf den engeren Wortlaut des § 267 Abs 4 S 2 HGB), weil § 242 Abs 1 S 1 HGB auch die EB als „Abschluss" definiert, für den die Vorschriften zum JA entspr anzuwenden sind, soweit sie die Bilanz betreffen (ebenso *ADS*[6] § 242 HGB Anm 10). Folglich muss bei **großen** VorGes/KapGes iG auch die Aufstellung der EB gem § 264 Abs 1 S 2 iVm § 242 Abs 1 S 2 HGB innerhalb der für die Jahresbilanz geltenden Frist von *drei Monaten* seit dem maßgebenden EB-Stichtag (Anm 65 f, 74 f) abgeschlossen sein (hM, *Pöschke* in Großkomm HGB[5] § 242 Anm 3; so auch *ADS*[6] § 242 HGB Anm 27). Selbst wenn sich die Fristenregelungen des § 264 Abs 1 HGB auf den JA beziehen und daher nach dem Wortlaut nicht für die EB gelten sollten (vgl *Joswig,* 160 f), kann nach dem Sinn und Zweck des § 242 HGB eine Überschreitung dieser Fristen uE für die EB nicht in Betracht kommen.

6. Sanktionen

Verstöße gegen die Pflicht zur Aufstellung der EB oder des Eröffnungs-   91
inventars können für die verantwortlichen Personen (Anm 24 f, 75 f, 249) sowohl *zivilrechtliche als* auch *strafrechtliche Konsequenzen* haben (ausführlich dazu VorAufl Anm 92 ff).

II. Vorschriften zur Eröffnungsbilanz der Kapitalgesellschaft

Schrifttum: *Groh* Nutzungseinlage, Nutzungsentnahme und Nutzungsausschüttung, DB 1988, 514; *Schulze zur Wiesche* Sacheinlagen in Kapitalgesellschaften, insbesondere GmbH, GmbHR 1988, 31; *Bork* Die Einlagefähigkeit obligatorischer Nutzungsrechte, ZHR 1990, 205; *Groh* Verdeckte Einlagen unter dem Bilanzrichtlinien-Gesetz, BB 1990, 379; *Groh* Anschaffungskosten aus Sacheinlagen, FR 1990, 528; *K. Schmidt* Obligatorische Nutzungsrechte als Sacheinlagen?, ZHR 1990, 237; *Schiller* Die Gründungsbilanz der Aktiengesellschaft, BB 1991, 2403; *Piltz* Festsetzung der Gründungskosten im GmbH-Gesellschaftsvertrag, DStR 1991, 1650; *Sarx* Bilanzierungsfragen im Rahmen einer Gründungsbilanz/Eröffnungsbilanz, DStR 1991, 692 und 724; *Schiller* Die bilanzielle Abbildung des aktienrechtlichen Gründungsprozesses – einmalige oder kontinuierliche Berichterstattung?, DB 1992, 281; *Rodewald* Der maßgebliche Zeitpunkt für die Aufstellung von GmbH-Eröffnungsbilanzen, BB 1993, 1693; *Festl-Wietek* Bewertung von Sacheinlagen, Umwandlungen und Verschmelzungen bei Gesellschaften mit beschränkter Haftung, BB 1993, 2410; *Priester* Gesellschafterdarlehen in der Vorbelastungsbilanz, ZIP 1994, 413; *Sina* Sacheinlage zu Anschaffungs- und Herstellungskosten, GmbHR 1994, 387; *Angermayer* Die Prüfung von Sacheinlagen im neuen Umwandlungsrecht, WPg 1995, 681; *Custodis* Über die Heilung verdeckter Sacheinlagen im GmbH-Recht durch nachträgliche Umwandlung von Geld- in Sach-

D 103 Gründungs- und Eröffnungsbilanz der Kapitalgesellschaft

einlagen, FS Schippel, München 1996, 387; *Flies* Auftragsbestand und Firmenwert, DB 1996, 846; *Neufang/Hobbing/Kaiser* Übernahme der Gründungskosten durch die GmbH – ein Überblick, INF 1996, 553; *Schmidt-Troschke* Einbringung einer Generallizenz in eine Kapitalgesellschaft gegen Gewährung von Gesellschaftsrechten, BB 1996, 1530; *Donle* Gewerbliche Schutzrechte im Unternehmenskauf, DStR 1997, 74; *Köhler* Die Behandlung des Auftragsbestands beim Unternehmenskauf in Handels- und Steuerbilanz, DStR 1997, 297; *Siegel* Der Auftragsbestand – Immaterieller Vermögensgegenstand oder schwebendes Geschäft?, DB 1997, 941; *Groh* Ist die verdeckte Einlage ein Tauschgeschäft?, DB 1997, 1683; *Angermayer* Handelsrechtliche Anschaffungskosten von Sacheinlagen, DB 1998, 145; *Boehme* Sacheinlagefähigkeit von Lizenzen, GmbHR 2000, 841; *Bremer* Öffentlich-rechtliche Rechtspositionen im Rahmen von Spaltungen nach dem UmwG, GmbHR 2000, 865; *Hoffmann* Die unzulässige Einlage von Dienstleistungen im GmbH- und Aktienrecht, NZG 2001, 433; *Kamlah* Gebot der handelsrechtlichen Höherbewertung in Einbringungsfällen, BB 2001, 2103; *Papmehl* Aktienrechtliche Gründungsprüfung durch Notare, MittBayNot 2003, 187; *Schäfer* Vereinfachung der Kapitalrichtlinie – Sacheinlagen, Der Konzern 2007, 407.

Monographien: *Arians* Sonderbilanzen, Köln 1984; *Schiller* Gründungsrechnungslegung, Wiesbaden 1990; *Angermayer* Aktienrechtliche Prüfung von Sacheinlagen, Düsseldorf 1994; *Joswig* Gründungsbilanzierung bei Kapitalgesellschaften nach Handels- und Steuerrecht, Düsseldorf 1995; *Delmas* Die Bewertung von Sacheinlagen in der Handelsbilanz von Aktiengesellschaft und GmbH, Köln 1997.

1. Allgemeine Grundsätze

a) Anzuwendende Vorschriften über die Bilanz

103 Besondere Regelungen für die EB der KapGes bzw der KapGes iG enthalten weder das HGB noch das GesRecht. Für die EB gelten daher die Vorschriften über den JA, „soweit sie sich auf die Bilanz beziehen" (§ 242 Abs 1 S 2 HGB). Dazu gehören insb die allg Grundsätze ordnungsmäßiger Bilanzierung und Bewertung sowie die Einzelvorschriften über Ansatz, Bewertung, Gliederung und Ausweis in der Bilanz (*Hüffer* in HGB-Bilanzrecht § 242 Anm 32). Außerdem sind uU ergänzende Angaben in die Bilanz aufzunehmen, wenn kein Anhang zur EB aufgestellt wird (Anm 106). Im Einzelnen gelten wie für **alle Unternehmen** mit kfm Geschäftsbetrieb folgende Vorschriften (s auch *ADS*[6] § 242 HGB Anm 26):

§ 243 Abs 1, 2 HGB (Aufstellungsgrundsätze),
§ 244 HGB (Sprache, Währungseinheit),
§ 245 HGB (Unterzeichnungspflicht),
§ 246 HGB (Vollständigkeit, Verrechnungsverbot),
§ 247 HGB (Inhalt der Bilanz),
§ 248 HGB (Bilanzierungsverbote und -wahlrechte),
§ 249 HGB (Rückstellungen),
§ 250 HGB (RAP),
§ 251 HGB (Haftungsverhältnisse),
§ 252 HGB (Allgemeine Bewertungsgrundsätze),
§ 253 HGB (Zugangs- und Folgebewertung),
§ 255 HGB (Bewertungsmaßstäbe),
§ 256 HGB (Bewertungsvereinfachungsverfahren),
§ 256a HGB (Währungsumrechnung) und
§§ 257 bis 261 HGB (Aufbewahrung und Vorlage).

II. Vorschriften zur Eröffnungsbilanz der Kapitalgesellschaft 104–107 D

Für die EB der KapGes bzw der VorGes gelten zusätzlich: 104

§ 264 HGB Abs 2 (Generalnorm),
§ 265 HGB (allgemeine Gliederungsgrundsätze),
§ 266 HGB (Bilanzgliederung),
§ 268 HGB (Einzelvorschriften zur Bilanz, Bilanzvermerke),
§ 270 HGB Abs 1 (Kapitalrücklage),
§ 271 HGB (Bet und verbundene Unternehmen),
§ 272 HGB (EK),
§ 274 HGB (Latente Steuern) und
§ 274a HGB (größenabhängige Erleichterungen).

Neben evtl Vorschriften in GesVertrag oder Satzung sind für die EB 105 auch die rechtsformspezifischen Bilanzierungsvorschriften für AG/KGaA (§§ 152 Abs 1, 286 Abs 2 AktG) oder GmbH (§ 42 GmbHG) relevant (dazu Anm 230, 238 f). Für bestimmte Branchen gelten überdies ergänzende Spezialvorschriften (§§ 340a, 340b, 340e bis 340h HGB für Kreditinstitute iSd KWG; §§ 341a bis 341h HGB für VersicherungsUnt iSd VAG).

Darüber hinaus können gründungsspezifische Besonderheiten bei der Bilanzgliederung zu berücksichtigen sein (dazu Anm 221 ff); zu Erleichterungen für kleine KapGes und KleinstKapGes Anm 226 f.

Sofern ein **Anhang** zur EB nicht aufgestellt wird (Anm 11), müssen Kap- 106 Ges die ansonsten *wahlweise* für die Bilanz oder den Anhang zum JA vorgeschriebenen Angaben zwingend in die EB aufnehmen (arg ex § 284 Abs 1 iVm § 242 Abs 1 S 2 HGB), soweit nicht nach § 274a HGB oder für KleinstKapGes Ausnahmen gestattet sind (Anm 227). Dasselbe gilt (rechtsformunabhängig) für die EB von Kreditinstituten (§ 340a Abs 1 HGB) und VersicherungsUnt (§ 341a Abs 1 HGB).

Für die **Größenklasseneinstufung** nach § 267 Abs 1–3 und § 267a Abs 1 107 HGB ist grds erforderlich, dass die dort genannten Kriterien an zwei aufeinanderfolgenden Stichtagen überschritten werden (§ 267 Abs 4 S 1 HGB; § 267a Abs 1 S 3 HGB). Für die EB gilt dagegen § 267 Abs 4 S 2 HGB (gilt auch für KleinstKapGes, § 267a Abs 1 S 2 HGB). Danach treten die entspr Rechtsfolgen bei **Neugründung** einer KapGes schon dann ein, wenn die Voraussetzungen des § 267 Abs 1, 2 oder 3 am *ersten* nachfolgenden Abschlussstichtag vorliegen (*Schellhorn* in Rechnungslegung § 267 Anm 44). Sie wirken dann für das gesamte erste Gj und damit uE auch bereits für die EB (Anm 114). Das HGB regelt jedoch nicht, wie zu verfahren ist, wenn die für die Einstufung maßgeblichen Größenkriterien bei Aufstellung der EB vor Ablauf des ersten RumpfGj noch nicht bekannt sind. In Bezug auf die *Bilanzsumme* könnte man auf die Summe am Stichtag der EB abstellen. Bei deren Ermittlung sind auch ausstehende Einlagen als Vermögensposten zu berücksichtigen, selbst wenn sie am Bilanzstichtag noch nicht eingefordert sind (FG Münster v 6.1.2000 DStRE, 510). Die nicht eingeforderten ausstehenden Einlagen sind allerdings zwingend offen von dem Posten „gezeichnetes Kapital" abzusetzen (§ 272 Abs 1 S 2 HGB), was die Bilanzsumme verkürzt (Anm 233). Unklar ist dagegen, wie die Umsatzerlöse und die durchschnittliche Arbeitnehmerzahl zu ermitteln sind. Insoweit besteht uE eine Gesetzeslücke.

D 108–110 Gründungs- und Eröffnungsbilanz der Kapitalgesellschaft

Daher ist die Einstufung bei *Neubeginn einer Geschäftstätigkeit* (Ingangsetzung) uE anhand einer UntPlanung bis zum nächsten JA-Stichtag vorzunehmen. Diese Daten dürften jedenfalls bei Unt mit kfm Geschäftsbetrieb idR vorliegen, da zumindest eine überschlägige Planung des Finanzierungsvolumens (Bilanzsumme), des Geschäftsvolumens (Umsatz) sowie des Personalbedarfs (Arbeitnehmerzahl) im Hinblick auf die gebotene Sorgfalt eines ordentlichen Geschäftsleiters (§ 93 Abs 1 AktG, § 43 Abs 1 GmbHG) unverzichtbar erscheint.

108 Danach wäre bei Neubeginn uE unter Abschätzung (dem folgend *Kirsch/Harms/Siegel* in Bilanzrecht § 242 Anm 63) der voraussichtlichen Entwicklungen oder saisonalen Einflüsse der erwartete (ggf der bei Aufstellung der EB bereits bekannte **effektive**) Umsatz im RumpfGj zu ermitteln und mit den Umsatzgrenzen (nicht die *zeitanteilig umgerechneten* Umsatzgrenzen) des § 267 HGB zu vergleichen. In die Berechnung ist auch der Umsatz der VorGes mit einzubeziehen (Anm 112, ebenso *Störk/Lawall* in Beck Bil-Komm[12] § 267 Anm 23). Eine Hochrechnung der *Umsatzerlöse* auf einen vollen Jahresbetrag und der anschließende Vergleich mit der ungekürzten gesetzlichen Umsatzgrenze (so *ADS*[6] § 267 HGB Anm 19 für JA) erscheint dagegen zu weitgehend (hM, zB *Störk/Lawall* in Beck Bil-Komm[12] § 267 Anm 8 mwN), denn die Einteilung soll grds nicht auf Basis geschätzter Umsätze erfolgen (*Schellhorn* in Rechnungslegung § 267 Anm 21, 45); für die Größeneinstufung bei Aufstellung der EB ist die Prognose des Effektivumsatzes am Ende des ersten RumpfGj jedoch unvermeidlich.

109 Zur Bestimmung der *durchschnittlichen Arbeitnehmerzahl* ist nach dem Gesetzeswortlaut auf die Anzahl der Arbeitnehmer jeweils am Schluss der vier Kalenderquartale abzustellen. Bei Neugründung wird das arithmetische Mittel nur aus den Endtagen der Kalenderquartale gebildet, die in das erste RumpfGj fallen (hM zum JA, *Störk/Lawall* in Beck Bil-Komm[12] § 267 Anm 13). Die Ermittlung kann sich daher ggf auf die Kopfzahl am Bilanzstichtag beschränken, sofern Zufallsergebnisse (zB besonders hohe oder niedrige Kopfzahl am einzigen Stichtag) ausgeschlossen sind. Bei der Berechnung ist die Belegschaft der VorGes mit einzubeziehen (Anm 112, ebenso *Schellhorn* in Rechnungslegung § 267 Anm 46). Eine vorherige Umrechnung der Kopfzahl in Vollzeitarbeitsverhältnisse ist nicht zulässig (*Schellhorn* in Rechnungslegung § 267 Anm 27).

Da die durchschnittliche Anzahl der Arbeitnehmer im ersten RumpfGj bei Aufstellung der EB idR abgesehen von Fällen einer Geschäftsübernahme noch nicht bekannt sein dürfte, ist uE für Zwecke der EB auch eine vorläufige Ersteinstufung anhand des Durchschnitts aus der Arbeitnehmerzahl am Stichtag der EB und im Zeitpunkt ihrer Aufstellung vorzunehmen; ggf ist ein dazwischen liegendes Quartalsende oder die erwartete Anzahl an den Quartalen bis zum Ende des RumpfGj bei der Berechnung zusätzlich zu berücksichtigen. Dabei sollte, um eine ungerechtfertigte Inanspruchnahme von Aufstellungserleichterungen zu vermeiden, im Zweifel von einer Überschreitung des betr Größenkriteriums ausgegangen werden (ähnlich *Schellhorn* in Rechnungslegung § 267 Anm 21).

110 Bei einer Geschäftsübernahme durch UntKauf (Sachübernahme), Anwachsung oder **Umwandlung** nach UmwG sind die Daten des übernommenen

II. Vorschriften zur Eröffnungsbilanz der Kapitalgesellschaft 111 D

Unt (bei Übernahme aufgrund Spaltung entspr anteilig) für die Größeneinstufung der aufnehmenden KapGes heranzuziehen. Dies gilt insb für Übernahmen durch Umw, weil aufgrund der Gesamtrechtsnachfolge auch die beim übertragenden Rechtsträger bestehenden Größenverhältnisse bereits der übernehmenden KapGes zuzurechnen sind (ähnlich *ADS*[6] § 267 HGB Anm 21). Daher müssen (wie bei einer Umstellung des Gj) die Umsätze und Arbeitnehmerzahlen des bzw der übertragenen Geschäftsbetriebe im fehlenden Teil des ersten Gj der übernehmenden KapGes in der Vergleichsrechnung zur Größeneinstufung mit berücksichtigt werden (hM, *Schellhorn* in Rechnungslegung § 267 Anm 42; *Knop* in HdR § 267 Anm 28; *Störk/Lawall* in Beck Bil-Komm[12] § 267 Anm 28).

Abgesehen von den Wirkungen der Gesamtrechtsnachfolge unterscheidet sich eine Umw nach UmwG im wirtschaftlichen Ergebnis nicht von der Neugründung im Wege der anderweitigen **Übernahme** eines bestehenden aktiven Geschäftsbetriebs als Ganzes. Im Interesse einer kontinuierlichen Rechnungslegung (Anm 107) müssen daher uE *auch in diesem Fall* die historischen Umsätze und Arbeitnehmerzahlen der übernommenen Betriebe, soweit verfügbar, für die Größeneinstufung mit herangezogen werden. Dies ergibt sich nicht nur aus dem Sinn und Zweck des § 267 Abs 4 S 2 HGB, sondern auch aus dem Rechtsgedanken des § 2 Abs 1 S 2 PublG, wonach Unt iSv § 3 PublG (zB EinzelUnt und PersGes) bei Überschreiten der Größenkriterien bereits für den ersten Abschlussstichtag nach den Vorschriften des PublG Rechnung zu legen haben, wenn sie das Vermögen eines anderen Unt durch Umw oder in anderer Weise (zB Kauf, Sacheinlage oder Anwachsung, dazu Anm 113) *als Ganzes* übernommen haben (B Anm 26, C Anm 41).

Darüber hinaus müssen uE nach dem Sinn und Zweck der Vorschrift nicht nur bei strukturändernden (bedeutenden) Geschäftsübernahmen durch UntErwerb oder Anwachsung (*Störk/Lawall* in Beck Bil-Komm[12] § 267 Anm 29), sondern auch im Fall einer **wirtschaftlichen Neugründung** durch Mantelverwertung (Anm 51) die Umsatzerlöse und Arbeitnehmerzahlen der übernommenen Geschäftsbetriebe bei der Beurteilung der maßgeblichen Größeneinstufung mit berücksichtigt werden. Sind diese nicht bekannt, können hilfsweise auch die nach der Geschäftsübernahme voraussichtlich erzielten (oder bei Aufstellung ggf bereits bekannten) Effektiv-Umsatzerlöse bis zum Ende des „RestGj" der neu organisierten KapGes ermittelt und mit den zeitanteilig umgerechneten Umsatzgrenzen verglichen werden (Anm 108); für die Berechnung der durchschnittlichen Arbeitnehmerzahl wäre dann hilfsweise wie bei Ingangsetzung eines eigenen Geschäftsbetriebs zu verfahren (Anm 109).

Es könnte fraglich sein, ob bereits die **Vorgesellschaft** in ihrer EB (Anm 73 ff) von Anfang an die Vorschriften für KapGes, insb die Regelungen über Ansatz, Bewertung und Ausweis in der Bilanz anzuwenden hat. Nach hier vertretener Auffassung, wonach bereits der VorGes/KapGes iG Kfm-Eigenschaft zukommt (Anm 15), ist dies folgerichtig und zu bejahen. Da es sich bei der VorGes um eine PersGes eigener Art handelt und die KapGes als solche erst mit Eintragung entsteht (Anm 17), erscheint dies zwar nach dem Wortlaut zunächst nicht zwingend (ablehnend daher *ADS*[6] § 262 HGB Anm 10 mit Hinweis auf „freiwillige Anwendung"). Im Interesse einer kon-

111

tinuierlichen Rechnungslegung (Anm 107) und vor dem Hintergrund der wirtschaftlichen Identität der KapGes iG mit der späteren KapGes (Anm 18) ergibt sich aber im Hinblick auf die Gesamtrechtsnachfolge uE eine *Pflicht* zur Anwendung der §§ 264 ff HGB aus dem Sinn und Zweck der Regelungen (wohl hM, *Crezelius* in Scholz[9] Anhang § 42a Anm 35; *Rodewald* BB 1993, 1694). Die Rechnungslegungsvorschriften für KapGes setzen jedenfalls die Rechtsform KapGes nicht zwingend voraus (Anm 73; ebenso *Schiller* DB 1992, 284), wie auch die Anwendbarkeit der §§ 264 ff HGB für andere Rechtsformen (s §§ 264a, 340a, 341a HGB, § 5 PublG) zeigt.

112 Durch förmliche Errichtung einer KapGes iG kurz vor und HR-Eintragung als KapGes erst nach dem Abschlussstichtag des ersten **Rumpfgeschäftsjahres der Vorgesellschaft** kann uE die gesetzlich vorgesehene sofortige Einstufung in die relevante Größenklasse (Anm 107) nicht umgangen werden. Die Übernahme eines Geschäftsbetriebs im Gj der Eintragung ist zumindest als wirtschaftliche Neugründung anzusehen, mit der Folge, dass § 267 Abs 4 **Satz 2** HGB für die neu gegründete KapGes anzuwenden ist (Anm 110). In diesem Fall ist für die Größenklasseneinstufung also nicht das RumpfGj der VorGes (zB kleine KapGes), sondern die Einstufung im Jahr der Geschäftsübernahme (zB große KapGes) maßgeblich, ohne dass es wie im Regelfall nach § 267 Abs 4 **Satz 1** HGB einer *zweimaligen* Überschreitung dieser Größenmerkmale bedarf.

113 Die Geschäftstätigkeit einer **Vorgründungsgesellschaft** ist für den Stichtag der EB der VorGes ohne Bedeutung (Anm 78). Davon ausgenommen ist jedoch die erstmalige Größeneinstufung der KapGes, wenn sie den Geschäftsbetrieb der VorgründungsGes übernimmt. Da es sich in diesem Fall entweder um einen Formwechsel (Anm 21) oder um eine gemischte Sachgründung durch Übertragung aller Aktiva und Passiva des Geschäftbetriebs (Anm 52) oder um eine Einlage der Geschäftsanteile der PersGes zur Anteilsvereinigung mit Anwachsung (dazu C Anm 55) handelt, sind uE wie bei einer Geschäftsübernahme durch Umw (dazu Anm 110) die Umsätze und Arbeitnehmerzahlen des übernommenen Unt der VorgründungsGes für die erstmalige Größeneinstufung der KapGes mit in die Berechnung einzubeziehen (ebenso *Knop* in HdR § 267 Anm 30; *Schellhorn* in Rechnungslegung § 267 Anm 39.1 für Anwachsung).

114 Die Überschreitung einer Größenklasse hat bei Umw oder (ggf wirtschaftlicher) Neugründung zur Folge, dass die Rechnungslegung bereits für den gesamten Zeitraum vom Beginn bis zum Ende des ersten RumpfGj den für die erreichte Klasse geltenden Anforderungen genügen muss. Daher besteht uE nicht nur die Verpflichtung, den ersten JA für dieses Gj, sondern auch die EB nach den größenspezifischen Vorschriften aufzustellen, da diese für die EB entspr anzuwenden sind (§ 242 Abs 1 S 2 HGB). Bei der Aufstellung der EB sind demzufolge die Vorschriften über Ausweis, Gliederung und ggf Zusatzangaben (Anm 103 ff) in der Bilanz *ohne Inanspruchnahme von Erleichterungen* für kleine KapGes (§§ 266 Abs 1 S 3, 274a HGB) bzw KleinstKapGes (§ 267a HGB) anzuwenden, wenn eine Überschreitung der Größenkriterien am ersten Abschlussstichtag schon absehbar ist. Ob dies der Fall sein wird, bedarf einer verständigen Einschätzung der Umstände des Einzelfalls. Im Zweifel muss die EB daher nach den Anforderungen für die am ersten Ab-

II. Vorschriften zur Eröffnungsbilanz der Kapitalgesellschaft

schlussstichtag voraussichtlich erreichte Größenklasse aufgestellt werden, zumal dies bei Aufstellung des ersten JA die Angabe der Zahlen der EB als **Vergleichszahlen** in der Jahresbilanz erleichtert. Aus Gründen der Vergleichbarkeit ist insoweit § 265 Abs 2 S 1 HGB uE entspr anzuwenden (so wohl auch *Störk/Büssow* in Beck Bil-Komm[12] § 265 Anm 5), obwohl dem ersten JA streng genommen kein früheres Gj vorhergeht.

b) Inventur und Eröffnungsinventar

Nach § 240 Abs 1 HGB ist die Durchführung einer *Inventur* und die Aufstellung eines *Eröffnungsinventars* bei allen Unt **Vorstufe** der Aufstellung einer EB (*Merkt* in Baumbach/Hopt HGB[38] § 242 Anm 1). Dabei gelten für den Inventurstichtag dieselben Voraussetzungen und Anforderungen wie für die Aufstellung der EB (dazu Anm 68 ff). Das Bestandsverzeichnis (Inventar) gehört iwS zu den Handelsbüchern; die erforderlichen Aufzeichnungen müssen daher nach § 239 Abs 2 HGB vollständig, richtig, zeitgerecht und geordnet vorgenommen werden.

Bei der Bargründung beschränkt sich die Eröffnungsinventur zum Stichtag der EB idR auf eine Aufnahme des Kassenbestands bzw die Ermittlung des Guthabens auf dem Bankkonto (Anm 34 ff), während bei der Sachgründung darüber hinaus auch die übrigen eingebrachten VG und damit zusammenhängenden Lasten (dazu 43 ff) aufzunehmen sind. Dies gilt insb bei der Übernahme eines laufenden Geschäftsbetriebs, die außerdem eine vollständige Erfassung und Bewertung der schwebenden Geschäfte (Vertragsinventur) und der Schulden, einschl der in der EB nicht passivierungsfähigen Haftungsverhältnisse (Anm 166) und sonstigen finanziellen Verpflichtungen erfordert.

Mit der Errichtung der VorGes übernehmen die Gründer nach dem Verhältnis ihrer Bet jeweils die Verpflichtung zur Leistung der auf die übernommenen Aktien oder Anteile entfallenden Einlage (§ 54 Abs 2 AktG, § 19 Abs 1 GmbHG). Die VorGes hat dementspr einen einklagbaren **Rechtsanspruch** auf Gewährung der ausstehenden Geld- oder Sacheinlagen, auf den sie nicht verzichten kann (§ 66 Abs 1 AktG, § 19 Abs 2 GmbHG). Soweit die Beträge oder VG am Stichtag der EB (Anm 74 f) bereits in der freien Verfügung der Ges stehen (zur Mindesteinlage Anm 23, 25), sind sie im Eröffnungsinventar gemäß § 240 Abs 1 HGB nach Art und Menge „genau zu verzeichnen"; bei Sacheinlagen ist außerdem ihr „Wert... anzugeben". Im Inventar zu erfassen sind daher ggf auch Differenzhaftungsansprüche gegen Gründer, deren Sacheinlage nicht den Wert der bedungenen Einlage erreicht (Anm 126, 174). Bei KapGes dient die Eröffnungsinventur damit auch dem Nachweis der vollständigen Erfüllung der Einlagepflichten. Stehen die Einlagen noch aus, muss der Einlageanspruch als solcher unter eindeutiger Bezeichnung des Schuldners entspr den Festlegungen in Satzung oder Ges-Vertrag im Inventar beziffert werden. Eine abw Bewertung scheidet uE in diesem Fall aus, da die Kapitalaufbringung in der vereinbarten Höhe gewährleistet sein muss und ein evtl Unterschiedsbetrag durch zusätzliche Geldeinlage auszugleichen ist (Anm 56); bei mangelnder Zahlungsfähigkeit haben zudem die übrigen Gründer als Gesamtschuldner für die vollständige Erfüllung einzustehen (§ 46 Abs 4 AktG, § 24 GmbHG).

D 122, 126 Gründungs- und Eröffnungsbilanz der Kapitalgesellschaft

122 Für die Eröffnungsinventur gilt der **Grundsatz der Einzelaufnahme.** Dabei erfolgt die vorgeschriebene körperliche Aufnahme zu Beginn eines Handelsgewerbes naturgemäß meist im Rahmen einer (ggf zeitlich ausgeweiteten) Stichtagsinventur auf den EB-Stichtag. UU sind aber auch andere Verfahren und Inventurvereinfachungen anwendbar (dazu B Anm 83 ff).

2. Ansatzvorschriften

a) Vermögensgegenstände

126 Für den Ansatz in der EB der KapGes gelten die allg Vorschriften (§§ 246 bis 251 HGB) und die sie ergänzenden ungeschriebenen Grundsätze ordnungsmäßiger Bilanzierung und Bewertung (§ 242 Abs 1 iVm § 243 Abs 1 HGB). Für die EB als Kapitalaufbringungsbilanz (Anm 8) sind insb der **Vollständigkeitsgrundsatz** (§ 246 Abs 1 S 1 HGB) und das Einzelansatzgebot (Saldierungsverbot, § 246 Abs 2 HGB) von Bedeutung, denn als Erfüllung der Einlageansprüche entgegengenommene VG müssen von der KapGes auch vollständig angesetzt werden (*Veil* in Scholz[12] GmbHG § 5 Anm 38 mwN; *Ulmer* in Hachenburg[8] GmbHG § 5 Anm 32). In der EB zwingend anzusetzen sind danach alle VG, die am Stichtag der EB im *rechtlichen oder wirtschaftlichen Eigentum* der KapGes stehen. Da KapGes keine Privatsphäre besitzen, ist die Zweckbestimmung der VG oder Schulden für die Zugehörigkeit zum GesVermögen sowohl handels- als auch steuerrechtlich ohne jede Bedeutung (BFH v 4.12.1996 DB 1997, 707: Segeljacht). Ansatzpflichtig sind daher auch evtl Ansprüche auf **Investitionszulagen,** die eine KapGes iG aufgrund der von einer VorgründungsGes bereits getätigten Anlageninvestitionen selbst beanspruchen kann, wenn sie alsbald errichtet wird und nach Übernahme des Vermögens der VorgründungsGes den Geschäftsbetrieb aufnimmt und als KapGes im HR eingetragen wird (BFH v 5.2.1998 BStBl II 1999, 836). Einer förmlichen Abtretung der Ansprüche an die KapGes bedarf es dafür nicht. Voraussetzung ist aber, dass der Zeitraum zwischen der Anschaffung des ersten WG durch die VorgründungsGes und der Eintragung der KapGes im HR nicht länger als ein Jahr dauert (BMF 20.12.1999 BStBl I, 1135; hierzu BMF 29.3.2007 BStBl I, 369 Nr. 970).

Zu den ansatzpflichtigen Aktiva gehören ggf auch die **ausstehenden Einlagen** (Anm 174), Aufwandsersatzansprüche (Anm 144) und die gesetzlichen Ansprüche auf **Verzugszinsen** wegen rückständiger Einlagen (§ 20 GmbHG iVm § 246 BGB [4 % pa]) für die Zeit ab Fälligkeit der Einlagen bis zum Stichtag der EB sowie ggf **Ansprüche** der KapGes auf Differenzausgleich wegen des unzureichenden Werts von Sacheinlagen (Anm 56, 174) oder einer evtl Vorbelastungshaftung wegen vorzeitiger Aufnahme der Geschäftstätigkeit (Anm 57) der Gründer, auf die die KapGes nicht verzichten kann. Ein Verzicht auf die Anforderung von Zinsen ist dagegen nach entspr Ges-Beschluss ggf zulässig (arg ex § 25 GmbHG; str *Hueck/Fastrich* in Baumbach/Hueck GmbHG[21] § 20 Anm 1 mwN), führt dann aber zu einer Besteuerung als vGA (FG Mecklenburg-Vorpommern v 16.3.1999 DStRE, 667), mit der Folge einer entspr Erhöhung der Steuerbelastung im ersten (Rumpf-)Gj.

Ansatzpflichtig sind nach § 246 Abs 1 HGB ferner alle Schulden und ungewissen Verbindlichkeiten, die das GesVermögen belasten (Anm 161),

II. Vorschriften zur Eröffnungsbilanz der Kapitalgesellschaft 127–129 D

sowie aktive und passive RAP, soweit bereits vor dem EB-Stichtag Ausgaben oder Einnahmen angefallen sind, die Aufwand oder Ertrag für eine bestimmte Zeit danach darstellen (§ 250 HGB, dazu Anm 153 ff, 165). Aktivierungsvoraussetzung ist in allen Fällen, dass kein Ansatzverbot (zB Gründungskosten, § 248 Abs 1 Nr 1 HGB; dazu Anm 145) besteht; zu Ansatzwahlrechten Anm 142, zu (Nicht-)Passivierungswahlrechten (Anm 163 f).

Die EB enthält neben den Verbindlichkeiten aus Gründungsaufwendungen (dazu Anm 143 f) und dem EK (Anm 170 ff) im Wesentlichen die (ggf ausstehenden) Einlagen der Gründer. Bei Aufstellung auf den Tag der Anmeldepflicht (Anm 74 f) enthält sie statt der Einlagenansprüche die dafür empfangenen Beträge oder VG sowie die mit gemischten Sacheinlagen oder Sachübernahmen zusammenhängenden Verpflichtungen (Anm 53). Da es keine tauglichen Einlagen gibt, die nicht zugleich auch in der EB ansatzfähig sind (*K. Schmidt* ZHR 1990, 240), ist für den Bilanzansatz allein *entscheidend*, ob die betr VG und Sachgesamtheiten als *realer Vermögensbestandteil* überhaupt **vorhanden** sind, da sie sich nur in diesem Fall zur realen Kapitalaufbringung eignen. Dies setzt voraus, dass die Einlage (unter Berücksichtigung der damit ggf verbundenen Belastungen) einen eigenständigen positiven Wert aufweist. Die **selbständige Bewertbarkeit** des Gegenstands der Einlage ist für Geldeinlagen unzweifelhaft. Dagegen können Sacheinlagen oder Sachübernahmen „nur VG sein, deren wirtschaftlicher Wert feststellbar ist" (Anm 44). 127

Einlagen in KapGes müssen (im Gegensatz zu GesterBeiträgen iSv § 706 BGB bei PersGes, dazu C Anm 87) *zur realen Kapitalaufbringung tauglich* sein. Dies ist bei **Dienstleistungen** (zB Arbeitskraft, Know-how eines Gründers) nicht der Fall, da sie nur sukzessive erbracht werden können und ihr Wert von der anhaltenden Fähigkeit des Verpflichteten (zB Gesundheit) abhängt. Entsprechendes gilt für Ansprüche aus einem Werkvertrag. Solche Leistungen der Gründer können zwar als Zusatzbeitrag zur Förderung des GesZwecks (§ 706 Abs 3 BGB) durchaus als Nebenleistungspflichten wirksam vereinbart werden (§ 55 AktG, § 3 Abs 2 GmbHG) und einen beachtlichen geldwerten Vorteil für die KapGes darstellen. Nach der ausdrücklichen Regelung in § 27 Abs 2 AktG sind sie aber nicht als Einlage tauglich (*Hüffer/Koch*[13] AktG § 27 Anm 22 mwN) und damit ihr Gegenwert nicht aktivierbar; dies gilt auch für Dienstleistungen Dritter. Es handelt sich dabei nicht um den Zugang eines VG bei der KapGes, sondern lediglich um ersparte *künftige* Aufwendungen und damit um nicht realisierte Erfolgsbeiträge aus einem schwebenden Geschäft (im Einzelnen *Hoffmann*, NZG 2001, 433; glA *Störk/Taetzner* in Beck Bil-Komm[12] § 272 Anm 402). 128

Selbständige Bewertbarkeit setzt greifbare Existenz des Gegenstands und damit dessen (zumindest abstrakte) Verkehrsfähigkeit voraus, damit er der KapGes überhaupt zur freien Verfügung überlassen werden kann (*Veil* in Scholz[12] GmbHG § 5 Anm 39 f). Verkehrs- und damit einlagefähig sind insb bebaute und unbebaute **Grundstücke, Sachen** (zB Maschinen und maschinelle Anlagen, VG der Betriebs- und Geschäftsausstattung), **Sachgesamtheiten** (zB Vorräte, Teil-/Betriebe, ganze Unt) und ggü jedermann wirkende **absolute Rechte,** sofern sie – ggf mit der zugehörigen Firma – übertragbar sind. Hierzu gehören *dingliche Rechte* (zB Nießbrauch, Erbbaurecht), auch soweit sie gegen einen Gester als Eigentümer des damit belasteten VG gerich- 129

D 130, 131   Gründungs- und Eröffnungsbilanz der Kapitalgesellschaft

tet sind (*Veil* in Scholz¹² GmbHG § 5 Anm 40 f mwN), sowie *Konzessionen und gewerbliche Schutzrechte* (zB Warenzeichen, Patente, Gebrauchsmuster, auch Urheberrechte uä; zur Analyse und Erfassung im Inventar *Donle* DStR 1997, 74).

130 Darüber hinaus sind idR auch **relative Rechte** einlagefähig (Anm 43; BGH v 15.5.2000 BB, 1643 [Lizenzrechte aus Sponsorenverträgen, dazu *Boehme* GmbHR 2000, 841]; *Schmidt-Troschke* BB 1996, 1530 [Lizenz zur Patentnutzung]; BGH v 16.2.1959 BGHZ 29, 300 [Urheberrecht an Operette]; OLG Köln v 25.4.1997 BB 1998, 446 [Gebrauchsmuster]; BFH v 16.11. 1977 BStBl II 1978, 386 [Kiesausbeuterecht]). Dies gilt insb für *GesRechte* (zB Aktien, Anteile an GmbH, eG oder PersGes; *Hueck/Fastrich* in Baumbach/ Hueck GmbHG²¹ § 5 Anm 26) und werthaltige *Geldforderungen* gegen Dritte (*Hueck/Fastrich* in Baumbach/Hueck GmbHG²¹ § 5 Anm 27); zu Ansprüchen gegen eine VorgründungsGes Anm 16, 21. Auch *Erfüllungsansprüche* (zB Lieferansprüche) **gegen Dritte** sind grds als Einlage tauglich, soweit die Gegenleistung bereits erbracht und das Geschäft damit von dem Einleger bereits einseitig erfüllt wurde. Dadurch ist der Erfüllungsanspruch auch bilanzrechtlich als Vermögensmehrung realisiert und somit in der EB ansatzfähig (§ 252 Abs 1 Nr 4 HGB); es handelt sich um eine Voraus-/Anzahlung, die als solche zu aktivieren und auszuweisen ist.

Dies gilt jedoch nicht für Vorauszahlungsforderungen oder schuldrechtliche Erfüllungsansprüche **gegen Gründer,** da sie nicht zur Erfüllung der ausstehenden Einlagen eingebracht werden können (im Einzelnen Anm 45, 49, 140 f). Die Übernahme einer Verpflichtung des Gründers zur Übertragung zB von Aktien oder eines Grundstücks nach Herstellung des Gebäudes ist als Sacheinlage zwar zulässig. Die Einlage ist aber bis zur Erfüllung noch ausstehend und bei GmbH vor Anmeldung zum HR (Anm 25), bei AG/KGaA spätestens innerhalb von fünf Jahren seit Eintragung zu erbringen (Anm 23). Sinkt der Wert dieser Sacheinlage zwischenzeitlich unter den vereinbarten Ausgabebetrag, ist die Differenz in bar auszugleichen (Anm 56); dagegen steht dem Gründer ein Anspruch auf Ausgleich einer evtl Wertsteigerung nur zu, wenn die Ausgleichspflicht der KapGes in der Satzung ausdrücklich festgelegt wurde (Anm 44).

131 Unabhängig davon wird die Einlagefähigkeit *obligatorischer Nutzungsrechte* an Grundstücken (zB Pacht), Sachen (zB Miete) oder Rechten (zB Lizenzen) seit langem kontrovers diskutiert (zum Meinungsstand *Hüffer/Koch*¹³ AktG § 27 Anm 18 mwN; *Hueck/Fastrich* in Baumbach/Hueck GmbHG²¹ § 5 Anm 25). Nach früherer Meinung können solche Nutzungsrechte grds nicht Gegenstand einer Einlage sein (*K. Schmidt* ZHR 1990, 237; auch BFH v 26.10.1987 BStBl II 1988, 348), da eine Einlage quoad usum für die Aufbringung des EK untauglich ist und allenfalls zu einer Ersparnis künftiger Aufwendungen führt (aA *Bork* ZHR 1990, 205; *Groh* DB 1988, 520). Nach mittlerweile hM ist die Einlagefähigkeit obligatorischer Nutzungsrechte sowohl der Ges ggü Dritten als auch gegen Gester gegeben (*Pentz* in Münch-Komm AktG⁴ § 27 Anm 31 mwN; *Hüffer/Koch*¹³ AktG § 27 Anm 18 mwN; *Hueck/Fastrich* in Baumbach/Hueck GmbHG²¹ § 5 Anm 25 mwN; nur ggü Dritten zulassend *Störk/Taetzner* in Beck Bil-Komm¹² § 272 Anm 402). Allerdings sind hier wegen des Grenzbereichs zur Einlagefähigkeit besondere

II. Vorschriften zur Eröffnungsbilanz der Kapitalgesellschaft 132–134 D

Maßgaben zu beachten wie etwa, dass die Nutzungsdauer feststehen und die Ges Besitz erlangt haben muss.

Von den Gestern herzustellende Sachen oder noch zu begründende Rech- **132** te sind wie alle **künftig** erst entstehenden VG (zB Gehalts- oder Gewinnansprüche) für die reale Kapitalaufbringung ebenfalls untauglich und daher *als solche* nicht einlagefähig, solange die VG nicht entstanden sind (*Pentz* in MünchKomm AktG[4] § 27 Anm 34 ff; *Veil* in Scholz[12] GmbHG § 5 Anm 40 f mwN). Insoweit wird lediglich ein Anspruch der KapGes begründet, der erst nach dem Eintritt des ungewissen Ereignisses in Zukunft erfüllt wird und damit vor der Übereignung noch nicht an die Stelle der ausstehenden Einlage treten kann.

Entsprechendes gilt für aufschiebend bedingte oder in ihrer Entstehung von weiteren Voraussetzungen abhängige Forderungen (*Veil* in Scholz[12] GmbHG § 5 Anm 45), zB Erfolgsbeteiligungen, Boni uä.

Auch **wirtschaftliche Vorteile** und Werte, die im Geschäftsverkehr wie **133** Sachen oder Rechte gehandelt werden (zB ungeschützte Erfindungen, Know-how, Kundenkartei), können dem Grunde nach Gegenstand einer Einlage sein (*Pentz* in MünchKomm AktG[4] § 27 Anm 25 mwN), sofern sie als isolierbarer Bestandteil des Vermögens der KapGes hinreichend konkretisiert (greifbar) sind und ihr Wert im Einzelnen feststellbar ist (Anm 127). Dies ist aber meist schwierig, denn bei wirtschaftlichen Werten bestimmt sich der Vermögensvorteil idR allein nach dem jeweiligen Informationswert oder Zeitvorteil, der meist nicht isoliert, sondern nur im Zusammenhang mit einer gleichzeitig übertragenen kfm Organisation realisiert werden kann und deshalb grds ein Bestandteil des GFW ist. Außerdem fehlt es dem Know-how und ähnlichen „Informationen" oder geschäftswertbildenden Faktoren an der dinglichen Übertragbarkeit des Eigentums, denn sie können nur bekannt gegeben werden. Die Bekanntgabe an die KapGes (bzw VorGes) schützt aber nicht vor Kenntnisnahme zB durch die Konkurrenz. Informationen uä wirtschaftliche Vorteile sind daher in ihrem Wert in hohem Maße flüchtig und sowohl für die Kapitalaufbringung als auch den Ansatz in der EB höchst fragwürdig (Anm 135 ff; zur besonderen Problematik bei bloßer Dienstverpflichtung des Gesters als Know-how-Träger Anm 128 sowie bei obligatorischer Nutzungsüberlassung Anm 131).

Für **immaterielle Vermögensgegenstände des Anlagevermögens**, die **134** entgeltlich erworben wurden, besteht ein Aktivierungsgebot (argumentum e contrario § 248 Abs 2 HGB). Dabei ist allerdings zwischen Einzelunternehmern und Ges zu unterscheiden: Während beim Einzelunternehmer ein Erwerb von Dritten erforderlich ist, da ein „Verkauf an sich selbst" nicht in Betracht kommt (B Anm 119), ist bei KapGes (ebenso bei PersGes, C Anm 95) auch ein „entgeltlicher Erwerb" im Wege der Erfüllung der bedungenen Sacheinlage oder im Rahmen einer Sachübernahme möglich (zu den AK der KapGes Anm 194). Für selbst geschaffene immaterielle VG des Anlagevermögens besteht ein Aktivierungswahlrecht, das nach § 248 Abs 1 S 2 HGB auch für die EB gilt. Vom Aktivierungswahlrecht ausgenommen sind selbst geschaffene Marken, Drucktitel, Verlagsrechte, Kundenlisten oder vergleichbare immaterielle VG des Anlagevermögens (§ 248 Abs 2 S 2 HGB). Die Einlagefähigkeit solcher „Entwicklungskosten" als VG (oder des mit

D 135–137 Gründungs- und Eröffnungsbilanz der Kapitalgesellschaft

hoher Wahrscheinlichkeit entstehenden VG vgl *Schubert/Hutzler* in Beck Bil-Komm[12] § 255 Anm 488) ist damit nur in den engen Grenzen der Voraussetzungen des Handelsrechts möglich (vgl dazu *Schubert/Hutzler* in Beck Bil-Komm[12] § 255 Anm 480–492, genannt seien hier Trennung von Forschung und Entwicklung (F&E), aussagefähige Kostenträgerrechnung, F&E- und Kostencontrolling), die im Gründungsstadium idR nicht vorliegen dürften.

Immaterielle WG des Anlagevermögens können grds auch steuerlich Gegenstand einer (offenen oder verdeckten) Einlage sein (EStR (2012) R 5.5 Abs 3 S 3); zu Einzelheiten Anm 276.

135 Bei Einlage immaterieller VG ist allerdings sicherzustellen, dass die durch das Kriterium des „entgeltlichen Erwerbs" beabsichtigte **Konkretisierung durch den Markt** gegeben ist. Die Gründer haben daher (wie bei Erwerbsgeschäften zwischen verbundenen Unt) **besonders sorgfältig** zu prüfen, ob er und Gegenleistung ausgeglichen sind (dazu Anm 182) und dem Preis entsprechen, wie er auch bei einem Erwerb von Dritten *ausgehandelt* worden wäre (*ADS*[6] § 248 HGB Anm 15, 21).

136 Dagegen ist ein **Geschäfts- oder Firmenwert** als solcher (bzw die Firma eines Kfm, B Anm 18, oder die „Geschäftsidee" nicht isoliert einlagefähig (*Störk/Taetzner* in Beck Bil-Komm[12] § 272 Anm 402 mwN), da es sich hierbei nicht um einen als Einzelheit greifbaren VG mit feststellbarem Wert (Anm 127 ff), sondern lediglich um eine *Gewinnerwartung* handelt (*ADS*[6] § 255 HGB Anm 257, 271 f). Dies gilt insb für das spezifische Know-how oder unternehmerische Geschick der Gründer (dazu Anm 128, B Anm 92), auch wenn sich die daraus resultierende Ertragskraft als nachhaltig erweisen sollte. Ein GFW bzw eine Firma kann nur zusammen mit einem Unt oder Betriebsteil (Handelsgeschäft) eines Unt (§ 1 Abs 5 PublG) als Sacheinlage oder Sachzuzahlung eingebracht werden.

137 Bei Einbringung eines **Unternehmens im Ganzen** im Wege der gemischten Sacheinlage (Anm 52) oder Sachübernahme (Anm 50) darf ein GFW in der EB der KapGes angesetzt werden (Anm 136). Anders als bei Einlage von Geschäftsanteilen (Anm 130) wird dabei jedoch kein einheitlicher Gegenstand eingebracht. Vielmehr müssen die dem Geschäftsbetrieb zuzuordnenden Grundstücke, Sachen, Rechte und sonstigen VG nach Maßgabe der für sie geltenden Vorschriften durch Übereignung (§§ 873, 929 BGB) bzw Abtretung (§ 398 BGB) jeweils einzeln übertragen und die damit verbundenen Lasten im Wege der Schuld- oder Erfüllungsübernahme (§§ 414, 415 BGB) bzw durch Eintritt in bestehende Arbeitsverhältnisse (§ 613a BGB) übernommen werden, sofern nicht infolge Anwachsung oder Umw Gesamtrechtsnachfolge eintritt (*Veil* in Scholz[12] GmbHG § 5 Anm 53). Die so im Rahmen der Sachgesamtheit „Unt" übernommenen Vermögens- und Schuldposten sind in der EB einzeln anzusetzen (zur Inventarisierung Anm 119 ff) und für sich zu bewerten (§ 252 Abs 1 Nr 3 HGB). Da die Summe der Einzelwerte aller Aktiva idR nicht mit dem in der Gründungsurkunde festgesetzten Betrag der bedungenen Einlage sowie dem Gesamtbetrag der übernommenen Verpflichtungen (GesamtAK der KapGes, Anm 194) übereinstimmt, entsteht in Höhe der Differenz ein **„Unterschiedsbetrag"** iSv § 246 Abs 1 S 4 HGB, der als derivativer GFW zu aktivieren ist. Er repräsentiert die erhofften künftigen Gewinne, dh den über den Buchwert der

II. Vorschriften zur Eröffnungsbilanz der Kapitalgesellschaft   **138, 139**   **D**

Substanz hinausgehenden Teil des Ertragswerts. Durch den Wortlaut des § 246 Abs 2 S 3 HGB fingiert der Gesetzgeber den GFW als VG, obwohl es sich dabei tatsächlich nicht um einen einzelbewertungs- und verwertungsfähigen VG, sondern nach zumindest bisheriger hM nur um eine *Bilanzierungshilfe* gehandelt hat (zB *Siegel* DB 1997, 941; zum Meinungsstand *ADS*[6] § 255 HGB Anm 271). Der **Goodwill** ist nach hM bei Einlage eines Unt im Ganzen zur Aufbringung des Nennkapitals geeignet (aA *Martens/Röttger* DB 1990, 1102). Voraussetzung ist jedoch, dass sich die geschäftswertbildenden Faktoren in einem laufenden Geschäftsbetrieb bereits soweit konkretisiert haben (dazu Anm 61), dass mit hinreichender Sicherheit von dem Vorhandensein entspr Geschäftschancen zur vollständigen Amortisation des GFW ausgegangen werden kann (ähnlich *Festl-Wietek* BB 1993, 2413).

Die **geschäftswertbildenden Faktoren** (zB Managementkapazität, Ausbildungsstand, Organisation, Kundenstamm, Innovationskraft uä) bilden mit dem GFW eine Bewertungseinheit; sie können daher nicht isoliert angesetzt werden (ablehnend zB für Kundenstamm *Störk/Deubert* in Beck Bil-Komm[12] § 301 Anm 67; s differenziert *Schubert/F. Huber* in Beck Bil-Komm[12] § 247 Anm 410). Dasselbe gilt idR für öffentlich-rechtliche Rechtspositionen (zB Gewerbeberechtigungen und Betriebsgenehmigungen, dazu *Bremer* GmbHR 2000, 865). Dagegen gehören isolierbare, einzelverkehrsfähige immaterielle VG des Anlagevermögens auch beim Übergang eines Unt im Ganzen grds *nicht* zum GFW, sondern sind gesondert anzusetzen. Für Konzessionen, gewerbliche Schutzrechte und ähnliche *Rechte* sowie Lizenzen kann die gesonderte Erfassung im Inventar noch relativ einfach möglich sein (zu Warenzeichen zB FG Düsseldorf v 9.5.2000 EFG, 1177), obwohl sie bei dem übertragenden Unt meist selbst geschaffen wurden und daher dort nicht aktiviert sind. Dagegen ist die gesonderte Erfassung von nicht als Recht konkretisierten immateriellen *Werten* (Anm 133) idR schwierig und ihre Abgrenzbarkeit vom GFW im Einzelnen häufig umstritten. In der Praxis scheitert der gesonderte Ansatz von immateriellen Einzel-VG und Werten oft auch daran, dass ihnen ein isolierter Marktwert nicht oder nur schwer zugeordnet werden kann (so auch *Festl-Wietek* BB 1993, 2413). Dadurch gehen sie mangels eigenständiger wirtschaftlicher Bedeutung zwangsläufig im Wertansatz des GFW auf (BFH v 26.7.1972 BStBl II, 937).

Ob auch der **Auftragsbestand** bei Einbringung eines Unt im Ganzen in den   **139**
GFW eingeht (so etwa *Flies* DB 1996, 846; *ADS*[6] § 246 HGB Anm 42) oder gesondert angesetzt werden muss (FG Münster v 10.6.1997 EFG, 1381 [rkr], dazu *Kühn* Der Auftragsbestand beim Unternehmenskauf, GStB 2001, 277), ist umstritten (*Störk/Deubert* in Beck Bil-Komm[12] § 301 Anm 67; *Schubert/ F. Huber* in Beck Bil-Komm[12] § 247 Anm 392).

Die wohl hM sieht in dem Auftragsbestand einen im Rahmen des Gesamtkaufpreises entgeltlich erworbenen immateriellen VG (zB *Baetge/Fey/ Weber/Sommerhof* in HdR § 248 Anm 42; so auch BFH v 1.2.1989 BFH/NV, 778; BFH v 5.8.1970 BStBl II, 805), der im Anlagevermögen gesondert anzusetzen sei (so *Köhler* DStR 1997, 299). Diese Auffassung berücksichtigt nicht, dass das für die Übernahme des Auftragsbestands ggf gezahlte (bzw auf die Einlagepflicht angerechnete) anteilige Entgelt ökonomisch eine Abgeltung für die bereits angefallenen Kosten für die schwebenden Geschäfte und die damit konkret verbundenen Gewinnchancen darstellt (*Festl-Wietek* BB 1993, 2414). Es handelt sich somit *nicht* um Entgelt für einen selbständigen VG, sondern lediglich um zusätzliche AK für die übernommenen unfertigen Aufträge. Selbst wenn damit zT auch Auftragserlangungskosten des Einlegers abgegolten worden sein sollten, erfolgt damit keine unzulässige Aktivierung von Vertriebskosten (so aber *ADS*[6] § 246 HGB Anm 42). Die Aufwendungen dienen vielmehr dem Erwerb des unerledigten Auftragsbestands; die Aufträge müssen daher uE *im Vorratsvermögen* als unfertige Erzeugnisse/Leistungen angesetzt werden, weil sie zur kurzfristigen Fertigstellung und Auslieferung bestimmt sind (arg ex § 247 Abs 2 HGB). Vorausgesetzt, es handelt sich um Geschäfte mit einem bei Erfüllung feststehenden Erlösanspruch, gilt dies auch, wenn für den betr Auftrag bei dem Einleger noch keine HK angefallen waren (*Siegel* DB 1997, 942 f) oder es sich nicht um Erzeugnisse, sondern nur um die Gewinnspanne aus Warenbestellungen von Kunden handelt. Da rechtlich nur jeweils das einzelne, im Inventar zu verzeichnende schwebende Geschäft insgesamt und nicht etwa die Posten „verauslagte AK/HK" und „Gewinnerwartung aus Auftragsbestand" übernommen werden, kommt eine Einbeziehung in den GFW oder die gesonderte Aktivierung im Anlagevermögen uE grds nicht in Betracht (aA wohl *Schmidt/Usinger* in Beck Bil-Komm[12] § 248 Anm 10).

140 Gründer können eine gesellschaftsrechtliche Geldeinlagepflicht nicht durch Gewährung von **Geldforderungen gegen sich selbst** *erfüllen* (*Hueck/Fastrich* in Baumbach/Hueck GmbHG[21] § 5 Anm 24). Die Einstellung der Einlageverpflichtung des Ges in ein Forderungskonto, zB aus Schuldversprechen (§ 780 BGB), Schuldanerkenntnis (§ 781 BGB) oder Vereinbarungsdarlehen (§ 607 Abs 2 BGB), ist noch kein geeigneter Einlagegegenstand (*Hüffer/Koch*[13] AktG § 27 Anm 16; *Veil* in Scholz[12] GmbHG § 5 Anm 39). An der Tatsache, dass in diesem Fall die Einlage noch aussteht (Anm 43), kann auch die gleichzeitige Hingabe einer dinglichen Sicherheit (Hypothek, Pfandrecht, Sicherungsübereignung) nichts ändern (aA *Veil* in Scholz[12] GmbHG § 5 Anm 48), weil dies dem Zweck der Kapitalaufbringung widerspräche. Dies gilt unabhängig davon, ob Bar- oder Sacheinlage vereinbart ist. Obwohl als Sacheinlage auch die Übernahme einer schuldrechtlichen Sachleistungspflicht (zB Übereignung eines VG) vereinbart werden kann (Anm 50, 132), tritt Erfüllung der Einlagepflicht auch in diesem Fall stets erst durch Änderung der dinglichen Rechtslage (Erlöschen des Anspruchs, § 362 Abs 1 BGB) entspr den Festlegungen in Satzung bzw GesVertrag ein (*Ulmer* in Hachenburg[8] GmbHG § 5 Anm 64). Da der Gründer von der Leistung einer fälligen Einlage nicht befreit werden kann (§ 19 Abs 2 S 1 GmbHG), darf auf diese Weise auch keine Stundung gewährt werden (*Veil* in Scholz[12] GmbHG § 19 Anm 60). Dementsprechend ist in der EB in solchen Fällen eine ausstehende Einlage anzusetzen (zum gesonderten Ausweis Anm 233f).

Ob **Forderungen gegen Mitgesellschafter** einlagefähig sind (so *Veil* in Scholz[12] GmbHG § 5 Anm 45), erscheint zweifelhaft (ablehnend zB *Fastrich* in Baumbach/Hueck GmbHG[21] § 5 Anm 27; *Hüffer/Koch*[13] AktG § 27 Anm 16), da hierdurch das Nennkapital nicht real aufgebracht, sondern nur eine ausstehende Einlage durch eine andere Forderung an Gründer ersetzt wird. Im Übrigen steht dem uE wie bei Vorauszahlungen an Gründer das

II. Vorschriften zur Eröffnungsbilanz der Kapitalgesellschaft 141–143 D

Verbot der Einlagenrückgewähr (§ 57 Abs 1 AktG, § 30 Abs 1 GmbHG) entgegen, sodass die Abtretung dieser Forderung von der KapGes nicht an Erfüllung statt angenommen werden dürfte. Auch ein Schuldbeitritt (§ 415 Abs 3 BGB) eines Gründers oder die Übernahme einer Bürgschaft (§ 765 ff BGB, § 349 HGB) ist als Einlageleistung ungeeignet, zumal ohnehin eine Solidarhaftung aller Gründer besteht (Anm 49, 121, s auch Anm 43 mit Hinweis auf die Gegenauffassung nach ARUG/MoMiG).

Bei entspr Festsetzung in Satzung oder GesVertrag ist dagegen die **Übernahme einer Verbindlichkeit** (§§ 414, 415 Abs 1 BGB) der KapGes (zB Bankschulden des von einem anderen MitGester eingebrachten Unt) als Sacheinlage grds möglich (*Veil* in Scholz[12] GmbHG § 5 Anm 50). Bis zur Zustimmung des Gläubigers sind allerdings sowohl die ausstehende Einlage als auch die Verbindlichkeit in der EB der KapGes anzusetzen; eine Saldierung kommt nicht in Betracht (§ 246 Abs 2 HGB). 141

Sofern die gesetzlichen Voraussetzungen vorliegen, dürfen **Ansatzwahlrechte** (zB Aktivierung von Entwicklungskosten Anm 134) grds auch in der EB durch Ausübung oder Nichtausübung in Anspruch genommen werden. 142

Für Aufwendungen zur **Gründung** und **Eigenkapitalbeschaffung** bestehen spezifische Sonderregelungen. Nach § 26 Abs 1 AktG muss *jeder* einem einzelnen Aktionär oder einem Dritten anlässlich der Gründung eingeräumte **Sondervorteil** (zB Pensionszusage, Kosten- bzw Schuldübernahme, Bestellung von Sicherheiten uä) in der Satzung unter Bezeichnung des Berechtigten festgesetzt werden (Anm 50). Außerdem sind die als Entschädigung oder als Belohnung für die Gründung oder ihre Vorbereitung zu Lasten des Vermögens der KapGes an Gründer oder an Dritte (zB als Beratungshonorar, BGH v 10.3.1997 DStR, 790) gewährten Leistungen (**Gründungsaufwand; Gründerlohn** (Vergütung des ersten Vorstands ist nach BGH v 14.6.2004 NJW, 2519 kein Gründungsaufwand)) gemäß § 26 Abs 2 AktG in einem *Gesamtbetrag unter Bezeichnung der einzelnen Kostenarten* in der Gründungsurkunde gesondert festzusetzen; andernfalls sind idR Rückforderungsansprüche der KapGes zu erfassen (Anm 144). Diese Regelung gilt für GmbH analog (arg ex § 82 Abs 1 Nr 1 GmbHG; BGH v 20.2.1989 DB, 871; für sog Gründerlohn OLG Hamm v 27.10.1983 BB 1984, 88; dazu auch *Piltz* DStR 1991, 1650); zur Passivierung und Erfassung des festgesetzten Aufwands Anm 146 ff. Ob der Gründungsaufwand grds nur bis zur Höhe eines das Stammkapital übersteigenden Aufgelds von der KapGes übernommen werden kann, ist zweifelhaft. Zumindest unstrittig ist, dass bei ordnungsgemäßer Festsetzung einer gerade daraus resultierenden Unterbilanz diese für die Eintragung unschädlich ist (*Kammergericht* v 18.5.2004 NZG, 826; *Hüffer/Koch*[13] AktG § 26 Anm 6; *Pentz* in MünchKomm AktG³ § 26 Anm 27). Nach weitergehender Auffassung soll für solche Kosten, die nach Art und Umfang angemessen oder kraft Gesetzes die Ges treffen, weder die Schranke des § 30 GmbHG noch die Vorbelastungshaftung eingreifen (*Hueck/Fastrich* in Baumbach/Hueck GmbHG²¹ § 5 Anm 57). 143

Festgesetzter Gründungsaufwand ist steuerlich abzugsfähige **Betriebsausgabe,** andernfalls liegt eine vGA vor (Anm 144). Da die Aufwendungen in ihrer exakten Höhe idR im Voraus nicht bekannt sind, müssen die Einzelbeträge ggf geschätzt werden, um den Gesamtbetrag angeben zu können; eine Auf-

D 144–146 Gründungs- und Eröffnungsbilanz der Kapitalgesellschaft

teilung nach den Einzelbeträgen der anzugebenden Aufwandsarten ist jedoch nicht erforderlich (OFD Karlsruhe v 7.1.1999 DB, 177; FG Baden-Württemberg v 19.11.1998 EFG 1999, 494). Um alle Belastungen abzudecken, sollte die Schätzung im Zweifel in vertretbarem Rahmen eher zu hoch als zu niedrig ausfallen, da durch die Angabe eines ungefähren Höchstbetrags weder ein Eintragungshindernis (so auch LG Gießen v 15.11.1994 GmbHR 1995, 453) noch eine vGA (BFH v 31.5.1995 HFR 1996, 86) entstehen kann. Von den Registergerichten wird bei GmbH idR ein Höchstsatz von bis zu 10% des Stammkapitals akzeptiert (*Neufang/Hobbing/Kaiser,* INF 1996, 553).

144 Ohne die Festsetzungen in Satzung bzw GesVertrag sind die Vereinbarungen und die Rechtshandlungen zu ihrer Ausführung (Erfüllungsgeschäfte) der KapGes ggü unwirksam (§ 26 Abs 3 S 1 AktG) und dürfen daher ihr Vermögen (EK) nicht mindern. Über die festgesetzten Gründungsaufwendungen und Sondervorteile hinausgehende Leistungen der KapGes stellen somit Vorbelastungen der Einlagen bzw Kapitalrückzahlungen dar, die der KapGes von den Gründern zu ersetzen sind (§ 46 Abs 2 AktG, § 31 Abs 1 GmbHG). In diesem Fall handelt es sich bei den Ersatzleistungen um zusätzliche AK der Gründer für den Erwerb der Anteile (*ADS*[6] § 248 HGB Anm 7). Die Ersatzpflicht entfällt jedoch, wenn die Begünstigten in gutem Glauben gehandelt haben (§ 46 Abs 3 AktG, § 31 Abs 2 GmbHG) oder die Rückzahlung der verauslagten Beträge wegen anderweitiger Vermögensmehrung zur Befriedigung der Gläubiger nicht mehr erforderlich ist (BGH v 11.5.1987 GmbHR, 390). Der ggf bestehende **Ersatzanspruch** der KapGes ist uE wie ein Anspruch aus Vorbelastungshaftung (Anm 58) als eingeforderte Einlageforderung gegen Gester bzw *ausstehende Einlage* zu aktivieren (Anm 126, zum Ausweis Anm 233 f, 239; ähnlich *Joswig,* 183 f), da auf die Erfüllung weder rechtswirksam verzichtet werden darf (Anm 53), noch eine Stundung oder Umw in einen schuldrechtlichen Darlehensanspruch möglich ist (dazu Anm 140). Nach dem Vollständigkeitsgrundsatz (§ 246 Abs 1 HGB) ist es auch nicht zulässig, die Aufwandsersatzansprüche ohne Weiteres wegzulassen (ähnlich BFH v 13.9.1989 BStBl II 1990, 24).

145 *Gründungsaufwand* sind alle von der KapGes zu übernehmenden Belastungen, die durch Maßnahmen zur *Erlangung der Rechtsform* einschl der Vorbereitung und Durchführung der Gründung bis zur Eintragung voraussichtlich verursacht werden. Dazu gehören insb Notar-, Gerichts- und Beratungskosten, Wertgutachten, Genehmigungen usw, ggf auch sog Gründerlohn des Initiators, zB Auslagenersatz (*Schmidt/Usinger* in Beck Bil-Komm[12] § 248 Anm 2). Zu den *Aufwendungen für die EK-Beschaffung* gehören dagegen alle Belastungen, die anlässlich der *erstmaligen Ausstattung mit EK* anfallen, insb Vermittlungsprovisionen, Druckkosten für Anteilsurkunden und Prospekte, Honorare für Übernahme- bzw Platzierungsgarantie und Werbung bei Börseneinführung (*ADS*[6] § 248 HGB Anm 9 f). Die Begriffsinhalte überschneiden sich zT (*Schmidt/Usinger* in Beck Bil-Komm[12] § 248 Anm 3).

146 Aufgrund der statutarischen Festsetzung sind die von der KapGes zu übernehmenden Beträge als **Verbindlichkeit** (ggf Rückstellung) in der EB zu passivieren, soweit sie am EB-Stichtag noch nicht bezahlt oder den Gründern noch nicht erstattet waren (*Joswig,* 172 f; wohl auch *ADS*[6] § 248 HGB

II. Vorschriften zur Eröffnungsbilanz der Kapitalgesellschaft   **147, 148** **D**

Anm 6). Aufgrund der vereinbarten Vorbelastung mindert sich das von den Gründern aufgebrachte Haftungskapital entspr (*Joswig*, 170), denn nach § 248 Abs 1 HGB dürfen derartige Aufwendungen der KapGes nicht aktiviert werden, selbst wenn in der EB dadurch ein Bilanzverlust entstehen sollte (Anm 147, 173). In der EB besteht darüber hinaus ggf eine Passivierungspflicht für die Kosten von Leistungen zur Gründung und EK-Beschaffung, die die KapGes iG im eigenen Namen von Dritten bezogen hat. Soweit sie zur Kostentragung nicht statutarisch verpflichtet ist, steht dem aber ein entspr Erstattungsanspruch gegen die Gründer ggü, sodass eine Minderung des EK insoweit nicht eintritt.

Soweit aufgrund entspr Festlegung in Satzung bzw GesVertrag von der **147** KapGes Aufwendungen für die **Gründung** und **Eigenkapitalbeschaffung** getragen werden müssen (Anm 143), dürfen sie nach § 248 Abs 1 HGB in der EB nicht aktiviert werden. Trotz des eindeutigen Ansatzverbots wird aber zT eine Aktivierung von Gründungsaufwand als RAP (zB *Goerdeler* in Hachenburg[8] GmbHG § 41 Anm 19) oder als Posten eigener Art (zB *Crezelius* in Scholz[9] Anhang § 42a GmbHG Anm 47 für zulässig oder zT sogar für zwingend (so noch *Schulze-Osterloh* in Baumbach/Hueck GmbHG[17] § 41 Anm 41) gehalten, um den Ausweis eines Bilanzverlusts in der EB vermeiden und die Beträge „ordnungsgemäß" als Aufwand des ersten Geschäftsjahres ausweisen" zu können (Kölner Komm HGB § 248 Anm 3; ebenso ADS[6] § 248 HGB Anm 6a mwN; *Ballwieser* in MünchKomm HGB[3] § 242 Anm 17). Diese Begründung überzeugt nicht, denn nach dem Zweck der EB als Vermögensstatus und Kapitalaufbringungsbilanz (Anm 8) sollen keine fiktiven Aktivposten angesetzt, sondern eine den tatsächlichen Verhältnissen entspr *Darstellung der Vermögenslage* gegeben werden (§ 264 Abs 2 HGB). Das Ansatzverbot gilt daher ohne Einschränkung auch für die EB (*Hüffer* in HGB-Bilanzrecht § 242 Anm 33; *Kirsch/Harms/Siegel* in Bilanzrecht § 242 Anm 50; nunmehr auch *Schulze-Osterloh* in Baumbach/Hueck GmbHG[18] § 41 Anm 58).

Abgesehen davon handelt es sich bei den Aufwendungen für die Gründung und EK-Beschaffung nicht um einen Aufwand anlässlich der (gewöhnlichen) Geschäftstätigkeit der KapGes, der in der GuV des ersten Gj als Aufwand zu erfassen wäre, sondern um einen gesellschaftsrechtlichen Vorgang, der als (ausdrücklich zugelassene) Vorbelastung des Gründungskapitals jedenfalls in der handelsrechtlichen Rechnungslegung erfolgsneutral zu behandeln ist. In Höhe dieser vereinbarten Vorbelastung der Einlagen, die bei Fehlen eines entspr Aufgelds zwangsläufig zu einer Unterbilanz führt (zur Zulässigkeit Anm 143), ist daher in der EB ein **Bilanzverlust** auszuweisen (so auch *Schiller* BB 1991, 2411), soweit keine Verrechnung mit der Kapitalrücklage in Betracht kommt (Anm 148). Eine Aktivierung des Gründungsaufwands ist allenfalls in der *steuerlichen* EB möglich, um im Rahmen des Vermögensvergleichs (B Anm 15, 188) den Abzug als Betriebsausgabe im ersten Gj sicherzustellen (so wohl auch *Schmidt/Usinger* in Beck Bil-Komm[12] § 248 Anm 5).

Eine **Verrechnung** des satzungsgemäß von der KapGes zu tragenden **148** Gründungsaufwands mit dem gezeichneten Kapital kommt nicht in Betracht, da dieses zwingend mit dem Nennbetrag anzusetzen ist (§ 272 Abs 1

D 149 Gründungs- und Eröffnungsbilanz der Kapitalgesellschaft

S 2 HGB). Der Ausweis eines Bilanzverlusts in der EB kann uE jedoch durch Vereinbarung eines entspr Aufgelds vermieden werden (zum erforderlichen Mindestnennkapital Anm 143). Weil das EK infolge der statutarisch festgelegten *Vorbelastung durch Gründungsaufwand* bereits im Zeitpunkt der Errichtung nicht mehr den Ausgabebetrag der Anteile erreicht (ebenso *Schiller*, 83), mindert der Gründungsaufwand zugleich den Betrag, den die KapGes „bei der Ausgabe von Anteilen über den Nennbetrag oder ... über den rechnerischen Wert hinaus erzielt" hat, und der nach § 272 Abs 2 Nr 1 HGB in die **Kapitalrücklage** einzustellen ist. Soweit ein Ausgabeaufgeld vereinbart wurde, ist es daher nach Wortlaut und Zweck der Vorschrift geboten, den Gründungsaufwand (nach Abzug der damit verbundenen Steuerentlastung, Anm 149, 158) *mit dem Aufgeld* zu verrechnen oder als Bilanzverlustvortrag zu erfassen (Anm 173). Entgegen der wohl hM ist dies uE jedenfalls nicht unzulässig (aA zB *ADS*[6] § 272 HGB Anm 93 ohne Begr).

Bei AG/KGaA steht auch § 150 Abs 3 AktG der Verrechnung nicht entgegen, da die Vorschrift den Ausgleich eines Bilanzverlusts ausdrücklich zulässt. Im Übrigen ist die Verrechnung des Werts der Einlage mit den statutarisch übernommenen Schulden und sonstigen Verpflichtungen bei gemischten Sacheinlagen (Anm 53) selbstverständlich (ebenso *ADS*[6] § 248 HGB Anm 95). Warum die statutarische Übernahme von Gründungsaufwand und ähnlichen Lasten durch die KapGes dagegen bei Bareinlagen nicht zu einer Verrechnung führen soll, ist nicht ersichtlich und würde nur den frühzeitigen Gang an die Börse behindern, weil in Folgejahren zunächst durch den Zwang zum vorherigen Verlustausgleich Ausschüttungen verhindert oder gemindert würden.

149 Nach hM ist eine Verrechnung nicht zulässig (zB *Störk/Kliem/Meyer* in Beck Bil-Komm[12] § 272 Anm 173; *Küting/Reuter* in HdR § 272 Anm 68; *Joswig*, 169; *Schiller*, 84) bzw soll allenfalls möglich sein, wenn dies entweder im GesVertrag ausdrücklich vereinbart wurde (so *Arians*, 93 für GmbH) oder der Aufwand durch eine *freie* Kapitalrücklage iSv § 272 Abs 2 Nr 4 HGB ausgeglichen wird. Diese uE unbegründete **Annahme eines Verrechnungsverbots** geht auf die Streichung der im RegE zum AktG 1965 noch *ausdrücklich* vorgesehenen Regelung über die Zulässigkeit der Verrechnung zurück, wie sie bereits in § 130 Abs 2 Nr 2 AktG 1937 enthalten war. Da sich die Verrechnung der Ausgabekosten mit dem Agio aber zwangsläufig bereits aus dem Begriff des unter Berücksichtigung der Emissionskosten bei Anteilsausgabe „erzielten Betrags" ergibt (Anm 148), konnte die ausdrückliche Regelung über die Verrechenbarkeit im AktG gestrichen werden, ohne dass sich dadurch eine materielle Rechtsänderung ergab. Eine KapGes hat bei Ausgabe von Anteilen einen Ausgabebetrag nämlich nur „erzielt", soweit sie darüber ohne statutarisch festgelegte Vorbelastung frei verfügen kann. „Da das Ausgabeaufgeld mit den Ausgabekosten in einem inneren Zusammenhang steht, können ohne gesetzliches Verbot gegen eine Saldierung beider Positionen keine grundlegenden Bedenken bestehen" (BFH v 14.5.1980 BStBl II, 603). Dies zeigt auch die historische Entwicklung, denn die Streichung wurde seinerzeit mit der Begr verlangt, dass die Ausgabekosten in die GuV eingehen müssten (zur Problematik Anm 147). Vorrangiges Ziel war dabei jedoch, eine **steuerliche Abzugsfähigkeit** zu erreichen (so *Kropff* Aktien-

II. Vorschriften zur Eröffnungsbilanz der Kapitalgesellschaft   150–152   **D**

gesetz, München 1973, § 150 AktG 1965, Anm 17). Dem ist durch Streichung des § 9 Nr 1 KStG aF Rechnung getragen worden (BMF 7.6.1984 DB, 1272), sodass auch im Hinblick auf die StBil keine Notwendigkeit mehr besteht, in der HBil eine Verrechnung mit dem Aufgeld zu unterlassen. Dagegen ist eine Erfassung in der nachfolgenden GuV jedenfalls bei Neugründung (anders als bei einer späteren Kapitalerhöhung) technisch nicht oder nur unter Missachtung des Aktivierungsverbots für Gründungs- und EK-Beschaffungskosten in der EB möglich.

Unter den Voraussetzungen des § 250 Abs 1 HGB sind auch aktive **Rech-**   150 **nungsabgrenzungsposten** in der EB anzusetzen (B Anm 112). Weil bei KapGes aber kaum vor dem EB-Stichtag (Anm 74 f) Ausgaben angefallen sein dürften, die Aufwand für eine bestimmte Zeit danach darstellen, treten derartige Sachverhalte idR nur bei vorzeitiger Geschäftsaufnahme oder Übernahme eines lfd Geschäftsbetriebs auf.

Aufwendungen zur **Beschaffung von Fremdkapital** (dazu B Anm 118)   151 unterliegen nicht dem Bilanzierungsverbot des § 248 Abs 1 HGB (*Schmidt/Usinger* in Beck Bil-Komm¹² § 248 Anm 4). Soweit die Voraussetzungen für die Bildung eines aktiven RAP vorliegen, ist daher – ohne Anrechnung auf das aufzubringende Nennkapital – ein Ansatz grds auch in der EB geboten (Anm 153). Dies erfordert aber, dass die Ausgaben eine zeitbezogene Zusatzleistung abgelten sollen (wie zB Bürgschaftsprovisionen, *Schubert/Waubke* in Beck Bil-Komm¹² § 250 Anm 43 mwN; sa BFH v 22.6.2011 BStBl II, 870) oder als Preisbestandteil der Kapitalüberlassung anzusehen sind (Anm 155; so auch *Meyer-Scharenberg* Zweifelsfragen bei der Bilanzierung transitorischer Rechnungsabgrenzungsposten, DStR 1991, 754). Im Übrigen ist die Aktivierungsfähigkeit aber umstritten und wird zT verneint, weil die Ausgaben mit der Geldbeschaffung ihren Zweck erfüllt hätten (zB *Schubert/Gadek* in Beck Bil-Komm¹² § 255 Anm 325 „Geldbeschaffungskosten"). Nach hM sind daher insb *an Dritte* gezahlte (oder vom Darlehensgeber weiterzuleitende) Beträge, denen keine konkrete *fortbestehende* Verpflichtung des Dritten gegenübersteht, grds nicht aktivierungsfähig. Dies gilt insb für Vermittlungsprovisionen (BFH v 4.3.1976 BStBl II, 380; BFH v 4.5.1977 BStBl II, 802). Für andere Ausgaben zur FK-Beschaffung vor dem EB-Stichtag besteht dagegen nach § 250 Abs 1 S 1 HGB eine Ansatzpflicht, soweit sie Aufwand für eine bestimmte Zeit danach darstellen und nicht ausdrücklich ein (Nicht-)Ansatzwahlrecht besteht (Anm 155).

Ein **Disagio** (§ 250 Abs 3 HGB) darf in der EB unter denselben Voraus-   152 setzungen wie im JA angesetzt werden (*Hüffer* in HGB-Bilanzrecht § 242 Anm 33); in diesem Fall ist nach § 268 Abs 6 iVm § 242 Abs 1 S 2 HGB ein gesonderter Ausweis vorgeschrieben (dazu Anm 225). Der Posten kann auch daraus resultieren, dass zu übernehmende Verbindlichkeiten und Rückstellungen mit dem Rückzahlungsbetrag anzusetzen sind, während für die AK-Bewertung der damit zusammenhängenden Aktiva der Barwert dieser Verpflichtungen maßgeblich ist (dazu Anm 217). Falls Gründer neben ihrer Sacheinlage gleichzeitig *Gesellschafterdarlehen* zur Verfügung gestellt haben (Anm 52), ist wegen des Ansatzverbots für Kosten der EK-Beschaffung (Anm 147) sicherzustellen (zB durch Fremdvergleich der Konditionen), dass das Disagio als Zinsvorteil bzw die sonstigen Ausgaben tatsächlich für die

Störk/Schellhorn   215

D 153–162 Gründungs- und Eröffnungsbilanz der Kapitalgesellschaft

Beschaffung von FK angefallen sind. Handelt es sich dagegen ganz oder zT um unzulässigen Kostenersatz zur Finanzierung der Einlage eines Gründers, muss wegen § 57 Abs 2 iVm § 62 Abs 1 AktG ggf ein entspr Ersatzanspruch der KapGes aktiviert werden (Anm 126).

153 Ansatzpflichtig sind ggf auch **Vorsteuererstattungsansprüche** der KapGes (Anm 210, B Anm 100).

154 Nach § 274 Abs 1 S 2 iVm § 242 Abs 1 S 2 HGB besteht uE auch in der EB ein Wahlrecht zur Aktivierung von **latenten Steuervorteilen** (aktiver Steuerüberhang), wenn das EröffnungsEK in der HB *niedriger* ist als das steuerliche Betriebsvermögen (Anm 275 ff) und es demzufolge aufgrund unterschiedlicher Aufwandsverrechnungen später zu Steuerersparnissen kommt. Bei solchen Steuerabgrenzungsposten handelt es sich zwar wie bei allen RAP um keine für die reale Kapitalaufbringung taugliche Einlage (Anm 153). Sie können jedoch wie RAP zu einer entspr höheren Kapitalrücklage führen.

Zur Behandlung latenter Steuern beim Formwechsel L Anm 85 ff, 180 ff.

b) Verbindlichkeiten, Rückstellungen und Haftungsrisiken

161 Verbindlichkeiten der KapGes sind nach dem Vollständigkeitsgebot (§ 246 Abs 1 HGB) in der EB zu passivieren (Anm 126), auch wenn es sich lediglich um ungewisse Verbindlichkeiten oder drohende Verluste aus schwebenden Geschäften handelt, für die Rückstellungen zu bilden sind (§ 249 Abs 1 HGB). Zu den passivierungspflichtigen **Schulden** gehören alle Verpflichtungen, die entspr den Festsetzungen in Satzung oder GesVertrag oder aus anderen zwingenden Gründen (zB Schuldübergang oder Haftung kraft Gesetzes, dazu Anm 162) von der KapGes übernommen oder erfüllt werden müssen, auch wenn sie nicht mit eingebrachten VG in Zusammenhang stehen.

Zur Passivierungspflicht der von der KapGes zu übernehmenden Aufwendungen für die Gründung und EK-Beschaffung Anm 146.

162 Bei jeder Geschäftsübernahme besteht nach § 25 HGB eine gesetzliche Haftung der KapGes für alle in dem Geschäftsbetrieb begründeten Verbindlichkeiten des bisherigen Geschäftsinhabers, wenn die Firma fortgeführt wird. Soweit aufgrund dessen eine Inanspruchnahme durch die Gläubiger des Sacheinlegers über die vereinbarungsgemäß übernommenen Verbindlichkeiten hinaus zu erwarten ist, muss daher jedenfalls für solche Haftungsrisiken in der EB eine Rückstellung gebildet werden. Dies gilt auch für Steuerrisiken und latente Steuerschulden gem § 274 Abs 1 HGB (dazu Anm 289, C Anm 50) sowie für steuerliche Haftungsschulden (§ 75 AO). Wird von KleinstKapGes oder kleinen KapGes die Befreiungsmöglichkeit über die Abgrenzung latenter Steuern gem § 274a Nr 5 HGB in Anspruch genommen, sind dennoch passive latente Steuern zurückzustellen, die gleichzeitig die Tatbestandsvoraussetzung für Rückstellungen für ungewisse Verbindlichkeiten nach § 249 Abs 1 S 1 HGB erfüllen (*Grottel* in Beck Bil-Komm[12] § 274a Anm 6 f mwN). Andernfalls sind derartige Haftungsverhältnisse grds als Eventualverbindlichkeiten nach § 251 iVm § 242 Abs 1 S 2 HGB unter dem Strich der EB zu vermerken (zu Besonderheiten bei vereinbarter lastenfreier Einlage Anm 166).

II. Vorschriften zur Eröffnungsbilanz der Kapitalgesellschaft 163–170 D

163 Bei Einbringung eines Unt sind die von der KapGes übernommenen Verbindlichkeiten Teil der Gegenleistung für die übernommenen VG und daher als Vorbelastung des Gründungskapitals zu passivieren, soweit die Schuldübernahme den Festsetzungen in der Satzung entspricht (Anm 44). Da Verbindlichkeiten nur mit Zustimmung der Gläubiger übertragen werden können (§§ 414, 415 Abs 1 BGB; BGH v 9.3.1998 BB, 813), ist bei fehlender Zustimmung ggf eine Freistellungsverpflichtung der KapGes ggü dem Sacheinleger anzusetzen. Dies gilt auch für Pensionsverpflichtungen (IDW RS HFA 30), soweit sie nicht nach § 613a BGB kraft Gesetzes übergegangen sind (aktive Belegschaft), sondern vertraglich übernommen wurden (Ausgeschiedene und Pensionäre). Das **Nichtpassivierungs-Wahlrecht** für sog Altzusagen und für mittelbare Pensionszusagen (Art 28 Abs 1 EGHGB) bezieht sich auf ein bereits bestehendes Unt. Es kann daher für die EB *nicht* angewendet werden (B Anm 120).

165 Nach § 250 Abs 2 HGB sind auch passive **Rechnungsabgrenzungsposten** anzusetzen, soweit Einnahmen vor dem EB-Stichtag angefallen sind, die Ertrag für eine bestimmte Zeit danach darstellen (B Anm 112). Passive RAP sind aber idR nur bei UntÜbernahmen relevant. Zur „Bewertung" Anm 211.

166 Bestehen sog **Eventualverbindlichkeiten** (Anm 162), ist nach § 251 HGB ein entspr Bilanzvermerk vorgeschrieben (B Anm 137). KapGes haben dabei die genannten *Haftungsverhältnisse* jeweils gesondert unter Angabe der jeweils gewährten Pfandrechte und sonstigen Sicherheiten sowie der ggü verbundenen Unt bestehenden Verpflichtungen (dazu Anm 244) zu vermerken (§ 268 Abs 7 HGB). Die Vermerkpflicht (Anm 243) umfasst ggf auch gesetzliche Haftungsverhältnisse der KapGes aufgrund von Gewährleistungen, die sich als Nebenfolge etwa aus dem Abschluss von GesVerträgen ergeben (ebenso *Schulze-Osterloh* in Baumbach/Hueck GmbHG[18] § 42 Anm 309 mwN; aA *ADS*[6] § 251 HGB Anm 11 mwN), zB als phG bzw Kommanditist einer PersGes für deren Verbindlichkeiten (§ 128 HGB, § 735 BGB) bzw für rückständige Hafteinlagen (§ 174 Abs 4 HGB) oder als Gester einer eingebrachten (Tochter-)KapGes, falls deren Einlagen noch teilweise ausstehen (§ 46 AktG, § 24 GmbHG). Voraussetzung für die Angabe als Eventualverbindlichkeit *unter dem Strich* ist allerdings nach dem Gesetzeswortlaut in allen Fällen, dass *keine Inanspruchnahme* droht und die Haftungsverhältnisse deshalb nicht zu passivieren sind. War die Einlage jedoch vereinbarungsgemäß lastenfrei zu erbringen, ist dagegen im Hinblick auf die gebotene Dokumentation des Umfangs der Kapitalaufbringung uE stets eine Passivierung geboten (dazu Anm 162).

Zu den Besonderheiten bei Eventualverbindlichkeiten ggü oder zugunsten von verbundenen Unt Anm 244.

c) Eigenkapital und korrespondierende Posten

170 Das bilanzielle EK setzt sich aus mehreren Komponenten zusammen und ergibt sich als Überschuss (Saldo) der Aktiva über die (übrigen) Passiva. Dabei ist das Grund- bzw Stammkapital mit dem Nennbetrag anzusetzen (§ 271 Abs 1 S 2 HGB) und als **gezeichnetes Kapital** innerhalb des EK gesondert auszuweisen (Anm 230 f). Die KapGes iG erlangt mit der *Errichtung und Zeichnung der Anteile* durch entspr schriftliche Willenserklärung der Gründer einen unwiderruflichen Anspruch auf die in der Errichtungsurkunde vereinbarten Einlagen (Anm 17). Weil bereits diese Einlageansprüche zum Vermögen der VorGes gehören (Anm 126) und als solche aktivierungspflichtig sind (BFH v 13.11.1996 BB 1997, 1241), entsteht damit zugleich deren *Eigenkapital* in Höhe der bedungenen, eingeforderten Einlagen, auch wenn die HR-Eintragung noch nicht erfolgt ist. Die von den Gründern vorgesehene *Funktion* der von ihnen übernommenen („gezeichneten") Einlageverpflichtungen als „Kapital, auf das die Haftung der Gesellschafter für die Verbindlichkeiten der KapGes ggü den Gläubigern beschränkt ist" (§ 272 Abs 1 S 1 HGB), besteht auch, solange die Eintragung noch nicht erfolgt ist (Anm 57), sodass es sich insoweit jedenfalls nicht um FK handelt (Anm 171). Wegen der bis zur Eintragung bestehenden unbeschränkten Verlustdeckungshaftung der Gründer (Anm 20, 57) ändert daran auch der Umstand nichts, dass die Einlagen (soweit noch vorhanden) ggf zurückzugewähren sind, wenn es nicht zur Eintragung kommt und die VorGes wieder aufgelöst wird; in diesem Fall ist sie wie eine PersGes zu behandeln (dazu C Anm 127 ff). Der Ansatz des vereinbarten Nennkapitals ist zur Bestimmung des Umfangs der Vorbelastungshaftung der Gründer ggü der Ges sogar unverzichtbar, wenn die EB ihrer Funktion als Bilanz zur Kapitalaufbringungskontrolle (Anm 8) gerecht werden soll. Es spielt daher uE für den Einlageanspruch und dessen Bilanzierung als EK keine Rolle, dass die KapGes ihre Rechtsform als solche noch nicht erlangt hat.

171 Der über das Nennkapital hinausgehende Teil der eingezahlten Einlagen (Aufgeld) ist nach § 272 Abs 2 Nr 1 HGB in eine **Kapitalrücklage** einzustellen und als solche auszuweisen (Anm 232); dies gilt jedenfalls nach der Eintragung der KapGes (*ADS*[6] § 272 HGB Anm 107). Der Ansatz von Gewinnrücklagen kommt dagegen in einer GründungsEB nicht in Betracht. Denkbar ist dagegen der Ansatz eines Gewinn- bzw Verlustvortrags, wenn die EB auf einen späteren Zeitpunkt als die Errichtung der VorGes (Anm 74) aufgestellt wird; zur Vorbelastungshaftung Anm 57. Besonderheiten bestehen nach § 286 Abs 2 AktG für die Kapitalanteile der phG von KGaA (dazu 230).

172 Soweit die KapGes Gründungsaufwand oder andere Vorbelastungen satzungsgemäß selbst zu tragen hat, ist in Höhe des zu passivierenden Betrags ggf zusätzlich ein **Bilanzverlust** anzusetzen (Anm 147), soweit keine Verrechnung mit dem Agio in Betracht kommt (Anm 148); zur Rechtsfolge bei Unterschreiten des Mindestnennkapitals Anm 143).

173 Soweit die bedungenen Einlagen am EB-Stichtag noch nicht geleistet und auch noch nicht eingefordert waren, sind sie vom gezeichneten Kapital offen abzusetzen (zu verrechnen) (§ 272 Abs 1 S 3 HGB). Der verbleibende Betrag ist als Posten „Eingefordertes Kapital" im EK auszuweisen. Der entspr eingeforderte Leistungsanspruch ist gesondert zB als **„Ausstehende Einlagen auf das gezeichnete Kapital"** zu aktivieren (§ 272 Abs 1 S 2 HGB); zum Ausweis Anm 233 f. Die Ansatzpflicht besteht bei Aufstellung einer EB auf den Tag der Errichtung (dazu Anm 75) auch, wenn die KapGes als solche mangels HR-Eintragung noch nicht entstanden ist (Anm 170). Der Posten umfasst ggf auch Ansprüche auf Differenzausgleich gegen die Gründer wegen des unzu-

II. Vorschriften zur Eröffnungsbilanz der Kapitalgesellschaft 174 D

reichenden Werts von Sacheinlagen (ADS[6] § 255 HGB Anm 96; *Knop/ Küting* in HdR § 255 Anm 94). Es ist dagegen nicht geregelt, ob und inwieweit dabei auch **ausstehende Agiobeträge** anzusetzen sind. Zur vollständigen Erfassung und Dokumentation der Einlageansprüche erscheint deren (gesonderte) Aktivierung aber in analoger Anwendung des § 272 Abs 1 S 2 HGB geboten (ebenso *Joswig*, 177). Da die VorGes mit der Annahme der Zeichnungserklärung der Gründer einen klagbaren Anspruch auf Leistung der vollen Einlage zu den vereinbarten Bedingungen erlangt (Anm 170), muss der Ansatz in der EB auch die ausstehenden Agiobeträge einschließen. Die Erfassung des vollständigen Werts der zu beanspruchenden Einlage einschl des Aufgelds (zum Ausweis Anm 236) ist insb bei AG/KGaA erforderlich, weil die KapGes keine Gegenleistung zu erbringen hat und den Gründern kein Recht zur Verweigerung der wirksam bedungenen und vor Anmeldung zum HR einzuzahlenden (Anm 37) Leistungen zusteht. Die Voraussetzungen für die Behandlung als ausgeglichenes schwebendes Geschäft liegen daher für die einseitig zugewendeten Einlageansprüche nicht vor. Entsprechend der Regelung für eingeforderte Nachschüsse wird man bei **GmbH** jedoch nur eine Aktivierung der eingeforderten Beträge verlangen können und dies auch nur, soweit mit einer Erfüllung gerechnet werden kann (Anm 237), da insoweit keine Ausfallhaftung der MitGester besteht. Wird trotzdem der volle Anspruch als Forderung gegen Gester aktiviert (so *Störk/Kliem/Meyer* in Beck Bil-Komm[12] § 272 Anm 32), ist ein ggf noch *nicht eingeforderter Teilbetrag* im Interesse einer Klarstellung der zunächst vorgesehenen geringeren Leistung kenntlich zu machen (so auch *Küting/ Reuter* in HdR § 272 Anm 39). Insoweit ist es aber uE bei GmbH vorzuziehen, nur die eingeforderten Teilbeträge als Forderung im Umlaufvermögen unter entspr Bezeichnung (zB „Eingefordertes Ausgabeaufgeld") anzusetzen, zumal dies auch der für eingeforderte Nachschüsse vorgeschriebenen Bilanzierung entspricht (dazu Anm 38, 237). Nicht eingeforderte ausstehende Ausgabeaufgelder auf Geldeinlagen dürfte es wegen § 36a Abs 1 AktG bei AG/KGaA grds nicht geben, wenn die EB auf den Stichtag der Anmeldepflicht (Anm 74) aufgestellt wird. Anders als bei GmbH (Anm 25) können hier allerdings Sacheinlagen auch nach der Eintragung noch ausstehen (Anm 23). Probleme können sich ergeben, soweit bei Sacheinlagen das Aufgeld durch statutarische Festsetzung nicht betragsmäßig beziffert wurde (dazu Anm 197f).

Einstellungen in die **Kapitalrücklage** sind für KapGes durch § 272 Abs 2 174 HGB zwingend vorgeschrieben. Sie müssen bereits bei Aufstellung der EB vorgenommen werden (§ 270 Abs 1 S 1 HGB), da ihre Höhe sich aus dem erzielten Aufgeld oder einer freiwilligen Zuwendung ergibt und die Einstellung keinen weiteren Beschluss der HV bzw GesV erfordert. Zum Teil wird aber die Auffassung vertreten, dass die von der VorGes idR *vor der Handelsregistereintragung* empfangenen Agiobeträge nicht in die Kapitalrücklage einzustellen, sondern zusammen mit den Einzahlungen auf das Nennkapital grds als Verbindlichkeiten oder in einem **Sonderposten** „Zur Durchführung der beschlossenen Kapitalerhöhung geleistete Einlagen" *außerhalb des EK* zu passivieren seien (ADS[6] § 272 HGB Anm 19, 93). Es bestehe aber ein Wahlrecht, diesen Sonderposten dem EK ausnahmsweise dann zuzuordnen, wenn

D 175–182 Gründungs- und Eröffnungsbilanz der Kapitalgesellschaft

die Eintragung zum Zeitpunkt der Bilanzaufstellung bereits erfolgt war (ebenso *Reiner* in MünchKomm HGB³ § 272 Anm 46; *Störk/Kliem/Meyer* in Beck Bil-Komm¹² § 272 Anm 55; *Küting/Reuter* in HdR § 272 Anm 13).

175 Zweifelhaft ist uE allenfalls, ob der Ansatz einer Kapitalrücklage auch dann geboten ist, wenn Einlageansprüche mit Aufgeld zwar wirksam vereinbart sind, die Einlage am EB-Stichtag aber noch nicht zur freien Verfügung der KapGes steht, denn der Gesetzeswortlaut („über den Nennbetrag hinaus erzielt") könnte auf die *Erfüllung* der Einlageansprüche abstellen. Soweit jedoch ausstehende „eingeforderte" Agiobeträge in analoger Anwendung des § 272 Abs 1 S 3 HGB in der EB zu aktivieren waren (Anm 174), muss uE auch die damit zusammenhängende Vermögensmehrung als Kapitalrücklage erfasst werden (ebenso *ADS*⁶ § 272 HGB Anm 107 und Anm 135 sogar für erwartete freiwillige Zuzahlungen iSv § 272 Abs 2 Nr 4 HGB).

3. Bewertungsvorschriften

a) Allgemeine Bewertungsgrundsätze

181 **aa) Gesellschaftsrechtliche Anforderungen.** Das GesRecht regelt die Bewertung von Einlagen ausschließlich unter dem Aspekt der ordnungsmäßigen *Aufbringung des Nennkapitals*. Indem jeder Gründer unabdingbar verpflichtet wird, eine Einlage zu leisten, die *mindestens* dem Nennbetrag der dafür zu gewährenden Anteile und anderen Leistungen (zB Schuldübernahmen) oder einem ggf vereinbarten höheren Ausgabebetrag entspricht (dazu Anm 30 ff), sind die Regelungen des AktG bzw GmbHG daher im Hinblick auf den Schutz der Gläubiger und MitGester vorrangig darauf ausgerichtet, eine wegen Überbewertung der Einlagen lediglich vorgetäuschte Haftungsmasse zu verhindern. Unter Beachtung dieses allg **Verbots der Unter-Pari-Emission** steht es den Gründern dagegen frei, Art und Umfang ihrer für die Einräumung der BetQuote in Form von Einlagen zu leistenden „Beiträge" im Rahmen vernünftiger kfm Beurteilung (Anm 182) selbst zu bestimmen und die Anteile zum Nennbetrag oder mit einem festgelegten Aufgeld auszugeben. Dabei hat der einzelne Gründer nur bis zu dem festgesetzten Ausgabebetrag für die Tauglichkeit und Werthaltigkeit seiner jeweiligen Einlage einzustehen und ggf bei Sacheinlagen eine etwaige Wertdifferenz durch Geldeinlage auszugleichen (Anm 56).

182 Um Benachteiligungen oder Vermögenseinbußen möglichst zu vermeiden, werden die Gründer im eigenen Interesse immer bestrebt sein, ihre BetQuoten und die dafür übernommenen Einlagepflichten auf Basis der **aktuellen Verkehrswerte** ihrer jeweiligen Beiträge bzw Einlageleistungen festzulegen (Anm 292). Außerdem sind sie im Hinblick auf die Anforderungen an eine präventive Kapitalaufbringungskontrolle (dazu Anm 31) gehalten, ihren Vereinbarungen möglichst *nachprüfbare* Wertansätze zugrunde zu legen. Dabei besteht allerdings ein gewisser **Beurteilungsspielraum,** denn eine Sacheinlagevereinbarung ist wegen *Überbewertung* nur nichtig, wenn ein grober, offensichtlicher Verstoß gegen „gesunde kaufmännische Grundsätze" vorliegt (BGH v 16.2.1959 BGHZ 29, 300 [Urheberrecht an Operette]; ebenso OLG Köln v 25.4.1997 BB 1998, 446 [Gebrauchsmuster]). Entsprechendes dürfte gelten, wenn ein GründungsGester wegen *Unterbewertung* seiner Einlage bei

II. Vorschriften zur Eröffnungsbilanz der Kapitalgesellschaft 183–188 D

der Festlegung der BetQuote in offensichtlicher nicht vertretbarer Weise benachteiligt wird oder die von den Gründern gewählten Wertansätze ihrer jeweiligen Einlagen zu einer unzutreffenden Vermögensdarstellung durch willkürliche Bildung stiller Reserven führen würde (*Ulmer* in Hachenburg[8] GmbHG § 5 Anm 67). Auch wenn das BetVerhältnis bewusst auf der Grundlage niedrigerer Sacheinlagewerte (zB Buchwertfortführung) bestimmt wird, ist allerdings *nicht ohne Weiteres* von einer Sittenwidrigkeit der Vereinbarung auszugehen (BGH v 5.12.1974 BB 1975, 852; dazu 4. Aufl C Anm 102). Diese Grenze dürfte aber idR überschritten sein, wenn der gewählte Wertansatz außerhalb vernünftiger Beurteilung liegt und offensichtlich unzutreffend ist, sodass ein Umtauschverhältnis in dieser Form von Dritten nicht akzeptiert worden wäre (ebenso *Sina* GmbHR 1994, 387; zur schenkungssteuerlichen Problematik Anm 294).

Im Hinblick auf die reale Kapitalaufbringung besteht bei der Wertermittlung von Sacheinlagen (Anm 43 f) oder von Sachübernahmen mit den damit verbundenen Verpflichtungen (Anm 50 f) eine erhöhte Sorgfaltspflicht der Geschäftsführung und eines evtl AR bzw der Gester. Um das Risiko einer **Schadensersatzpflicht** wegen Obliegenheitsverletzung (Anm 97) zu vermeiden, sollte die Bewertung der Einlagen daher möglichst durch Wertgutachten unabhängiger Sachverständiger unterlegt werden. Dies dürfte im Hinblick auf die gesamtschuldnerische **Mithaftung** neben den Gründern (Anm 98) und wegen der **Strafsanktionen** des § 331 Nr 1 HGB (Anm 93) idR auch im Interesse dieser Organe liegen und empfiehlt sich insb bei *konzerninternen* Einbringungen von (Teil-)Betrieben und immateriellen VG oder bei sog Ein-Personen-Gründungen, da in diesen Fällen mangels Bestätigung durch den Markt nicht sichergestellt ist, dass die statutarischen Festlegungen eine hinreichende Objektivierung der Wertansätze darstellen (dazu Anm 135). 183

bb) Bilanzrechtliche Anforderungen. Die Vorschriften des HBilRechts für KapGes bezwecken demggü eine Bewertung, die unter Beachtung der GoB ein den *tatsächlichen Verhältnissen entsprechendes Bild* der Vermögenslage der KapGes in der EB vermittelt (§ 264 Abs 2 iVm § 242 Abs 1 S 2 HGB). Im Vergleich zu der eher subjektiv geprägten Festlegung der Einlagenwerte im Interesse der Gründer an einer verhältniswahrenden Bet dienen die handelsrechtlichen Bewertungsvorschriften im Interesse der Öffentlichkeit vorrangig dem Ziel einer *objektivierten Wertfindung*. Zuständig für die Bewertung in der EB sind zudem nicht die Gründer, sondern die gesetzlichen Vertreter der KapGes bzw der KapGes iG (Anm 249). 187

Die Bewertung von Einlagen, insb von Sacheinlagen, ist nicht im Einzelnen geregelt, sodass die allg Bewertungsgrundsätze des § 252 HGB sowie das **Anschaffungskostenprinzip** herangezogen werden müssen. Danach sind VG auch in der EB höchstens mit den *AK/HK* der KapGes zu bewerten (§ 253 Abs 1 S 1 iVm § 242 Abs 1 S 2 HGB). Ein Überschreiten der so objektivierten **Höchstwertansätze** ist nicht zulässig, weil damit gegen das Vorsichtsprinzip verstoßen und eine nicht realisierte Vermögensmehrung ausgewiesen würde (§ 252 Abs 1 Nr 4 HGB; zum Sonderfall der Vorbelastungs–bilanz Anm 58 ff). Gegen zwingende handelsrechtliche Wertansätze darf auch nicht aufgrund von Weisungen der Gründer verstoßen werden (BGH v 188

18.3.1974 NJW, 1088). Die AK/HK sind zugleich der gesetzliche **Mindestwertansatz.**

189 **Herstellungskosten** (§ 255 Abs 2 HGB) sind als Bewertungsmaßstab für die EB kaum relevant, da die KapGes am Stichtag der EB (Anm 74 f) ihre Geschäftstätigkeit idR noch nicht aufgenommen hat. Sie sind daher bei Neugründungen vor allem für die Aufstellung der Vorbelastungsbilanz auf den Zeitpunkt der Eintragung von Bedeutung (Anm 58 f).

190 Die **Anschaffungskosten** sind in § 255 Abs 1 HGB definiert. Danach hat die VorGes die von den Gründern erhaltenen Gegenstände der Einlage mit dem Betrag anzusetzen, den sie als Preis einschl der Nebenkosten aufwenden musste, um die betr VG zu erwerben und in betriebsbereiten Zustand zu versetzen. Bei Einlagen ist umstritten, ob und inwieweit überhaupt *Aufwendungen der Ges* anfallen. Teilweise wird sogar argumentiert, es bestehe Einigkeit, dass es sich nicht um einen entgeltlichen Erwerb, sondern um eine einseitige Zuwendung des Gründers handele, die mangels Entgeltlichkeit nicht zu AK führen könne (zB *Kamlah* BB 2001, 2106; *Schulze zur Wiesche* GmbHR 1988, 33). Nach aA sei (zumindest aus Sicht des Gründers) von einem tauschähnlichen Geschäft auszugehen (zB *Groh* DB 1997, 1684 für die StBil), bei dem die Einlage quasi im Tausch gegen Gewährung von GesRechten durch die KapGes erfolge (so Entgeltlichkeit annehmend *Schmidt/Usinger* in Beck Bil-Komm[12] § 248 Anm 40) und daher in der HBil weitreichende Bewertungsspielräume bestünden.

191 Mehrheitlich wird angenommen, es bestehe ein **Wahlrecht,** die AK der Sacheinlage in einer Bewertungsspanne zwischen höchstens dem Zeitwert (Verkehrswert) der VG oder mindestens dem statutarisch festgelegten (niedrigeren) Ausgabebetrag der Anteile beliebig beziffern zu können (insb *ADS*[6] § 272 HGB Anm 95, § 255 HGB Anm 97 mwN; *Küting/Reuter* in HdR § 272 Anm 70; zum Meinungsstand *Kamlah* BB 2001, 2107; aA zB *Reiner* in MünchKomm HGB[3] § 272 Anm 70 mwN).

192 Es wird aber auch die Auffassung vertreten, dass für die Bestimmung der AK von Sacheinlagen unabhängig von der Höhe des Ausgabebetrags *stets* von dem **aktuellen Verkehrswert** (Zeitwert) der VG auszugehen sei, der bei Übernahme eines Unt ggf einen GFW einschließt (*Kirsch/Harms/Siegel* in Bilanzrecht § 242 Anm 58; *Hüffer/Koch*[13] AktG § 27 Anm 19; *Reiner* in MünchKomm HGB[3] § 272 Anm 70; *Kamlah* BB 2001, 2108 f; *Angermayer* DB 1998, 146 mwN; *Delmas,* 119 f; *Joswig,* 197; *Schiller,* 160; *Sina* GmbHR 1994, 387; *Schulze zur Wiesche* GmbHR 1988, 34). Das zwingend vorsehen zu wollen, ist allerdings zu weitgehend (vgl *Veil* in Scholz[12] GmbHG § 5 Anm 56; „Nach ganz überwiegender Meinung ist Anrechnung mit niedrigerem Wert zulässig" *Fastrich* in Baumbach/Hueck GmbHG[21] § 5 Anm 33 mwN; *Schmidt/K. Hoffmann* in Beck Bil-Komm[12] § 247 Anm 190; *Küting/Reuter* in HdR § 272 Anm 70). Soweit die **Einlageansprüche** einschl des Aufgelds bei Errichtung der KapGes **konkret beziffert** wurden, sind diese Beträge unstreitig als AK **für die Bewertung** von Sacheinlagen **maßgeblich** (*Kamlah* BB 2001, 2109; ebenso *ADS*[6] § 272 HGB Anm 95, § 255 HGB Anm 103 für Sachübernahme; IDW RS HFA 42, Tz 43, zur Kapitalerhöhung bei Verschmelzung). Bilanzrechtlich problematischer ist die Bewertung dagegen für bedungene Sacheinlagen, bei denen das Aufgeld **nicht**

konkret beziffert oder in *offensichtlich* **zu geringer Höhe festgesetzt** wurde, sowie bei verdeckten zusätzlichen Sacheinlagen. In diesen Fällen kann eine Aktivierung des Differenzbetrags nach hM nicht verlangt werden (insb *ADS*[6] § 248 HGB Anm 21, § 255 HGB Anm 97, § 272 HGB Anm 95; *Sarx* DStR 1991, 695; für GmbH auch *Ulmer* in Hachenburg[8] GmbHG § 5 Anm 67). Soweit die statutarische Festsetzung einen höheren Zeitwert der Einlage nicht berücksichtigt, kann er gleichwohl angesetzt werden, wobei im Einzelfall durch Auslegung (vgl IDW RS HFA 42, Tz 43, zur Kapitalerhöhung bei Verschmelzung; *ADS*[6] § 272 HGB Anm 95, die die Wertgrenze soweit ziehen, soweit der GesterWille nicht eindeutig dagegen steht) zu ermitteln ist, ob die AK allein durch den Nennbetrag bestimmt wurden oder ein Agio (mit entspr höheren AK für die KapGes) bis zur Höhe des Zeitwerts der Sacheinlage in die Kapitalrücklage eingestellt werden darf (s auch *Fastrich* in Baumbach/Hueck GmbHG[21] § 5 Anm 33 mwN; *Schmidt/K. Hoffmann* in Beck Bil-Komm[12] § 247 Anm 190; *Küting/Reuter* in HdR § 272 Anm 70). Zuständig dafür sind die gesetzlichen Vertreter (Anm 187). Dasselbe soll für verdeckte Einlagen gelten (*Groh* FR 1990, 529). Die hM orientiert sich dabei an den *Bewertungsgrundsätzen für unentgeltliche Zuwendungen* und freiwillige Einlagen (dazu *Knop/Küting* in Küting/Weber[5] § 255 Anm 109 ff; *ADS*[6] § 255 HGB Anm 83 ff). Danach können die ohne konkret bezifferten Wert eingebrachten VG bis zur Höhe des Zeitwerts mit vorsichtig geschätzten „fiktiven Anschaffungskosten" bewertet werden, die die KapGes bei entgeltlichem Erwerb aufzuwenden gehabt hätte (*Störk/Taetzner* in Beck Bil-Komm[12] § 272 Anm 405).

Bei Festlegung *bewusst niedriger* Sacheinlagenwerte führt der Verzicht auf die Aufdeckung des stillen Aufgelds zur Bildung stiller Reserven in der EB und damit zu geringeren Abschreibungen und erhöhten Veräußerungsgewinnen in Folgejahren (*Küting* in HdR § 255 Anm 94). Dies erscheint zwar im Hinblick auf die gebotene zutreffende Darstellung der Vermögenslage (Anm 187) und auch wegen der Einflüsse auf die künftige Ertragslage problematisch (vgl *Delmas*, 95 f; *Groh* BB 1990, 381), kann aber nicht zu zwingender Bewertung zum Zeitwert führen (Anm 197).

b) Einzelvorschriften zur Bewertung

aa) Bewertung der Aktiva. Art und Umfang der **Einlageansprüche** werden allg durch die Vereinbarungen über die BetQuoten und Einlagepflichten der Gründer festgelegt (Anm 182, 292). Da sie das GesVerhältnis mit den Gründern betreffen, sind Einlageforderungen grds nicht zu bewerten, sondern mit dem jeweils aus den Vereinbarungen zu entnehmenden Ausgabebetrag als ausstehende Einlagen zu erfassen (Anm 126). Bei der Bilanzierung ist jedoch zwischen Einlagen zur Aufbringung des Nennkapitals und dem Aufgeld einerseits sowie zwischen eingeforderten und nicht eingeforderten Beträgen andererseits zu differenzieren.

Ausstehende Einlagen auf das *gezeichnete Kapital* haben bis zu ihrer Einforderung wirtschaftlich den Charakter eines Korrekturpostens zum Nennkapital. Dementsprechend sind sie gem § 272 Abs 1 S 3 HGB von dem Passivposten „Gezeichnetes Kapital" offen abzusetzen (*Störk/Kliem/Meyer* in

Beck Bil-Komm[12] § 272 Anm 36), soweit sie noch nicht einfordert sind (Anm 174). Als Posten eigener Art unterliegen die *nicht eingeforderten Beträge* schon im Hinblick auf die solidarische Kapitalaufbringungs- und Wertdifferenzhaftung aller Gester (Anm 49, 56, 121; nach *Küting/Reuter* in HdR § 272 Anm 46) *nicht* den Bewertungsvorschriften des HGB, sind also ggf auch nicht abzuwerten, was aber durch die zwingende offene Absetzung vom gezeichneten Kapital ohnehin nicht möglich ist. Dann ist aber zumindest eine Anhangangabe erforderlich (*Störk/Kliem/Meyer* in Beck Bil-Komm[12] § 272 Anm 41; *Reiner* in MünchKomm HGB[3] § 272 Anm 20). Wird die EB auf einen Stichtag vor Leistung der Einlagen aufgestellt (Anm 75), gilt dies somit unabhängig davon, ob es sich um Ansprüche auf Geld- oder Sacheinlagen handelt. Bei Aufstellung der EB auf den Stichtag nach Eingang der Einlagen (Anm 74) stellt sich jedoch die Frage der Werthaltigkeit und damit der vollständigen Kapitalaufbringung grds nur für ausstehende Geldeinlagen, weil Sacheinlagen idR vor Eintragung zu leisten sind (dazu Anm 23, 25).

205 Im Unterschied zu den nicht eingeforderten Einlagen fällt bei den bereits eingeforderten Beträgen der Forderungscharakter stärker ins Gewicht, was sich auch an der Verzinslichkeit fälliger Beträge zeigt (dazu Anm 126; ADS[6] § 272 HGB Anm 69). **Eingeforderte ausstehende Einlagen** auf das gezeichnete Kapital müssen daher stets *auf der Aktivseite* angesetzt und besonders kenntlich gemacht werden; zum Ausweis Anm 233 f. Nach der Einforderung unterliegen sie insofern einem Realisierungsrisiko, als zweifelhaft sein könnte, ob der Schuldner zur Erfüllung in der Lage ist. Eine Geldeinlageforderung kann zB wegen mangelnder Bonität gefährdet sein, während die Erfüllung einer Sacheinlage zB wegen Untergangs der Sache unmöglich werden könnte. Nach hM besteht daher trotz der bestehenden Ausfall- und Wertdifferenzhaftung aller Gester ggf die Pflicht zur Abwertung eingeforderter Einlagen (*Küting/Reuter* in HdR § 272 Anm 42 ff; ebenso *Störk/Kliem/Meyer* in Beck Bil-Komm[12] § 272 Anm 40). Die Berücksichtigung der gesetzlichen Vorkehrungen zur vollständigen Aufbringung des Nennkapitals, insb die Möglichkeit der Einziehung und anderweitige Verwertung der Anteile durch die KapGes (Anm 193) dürfte jedoch in der Praxis idR dazu führen, dass eine Abwertung nicht erforderlich und die Bewertung mit dem Nennwert gerechtfertigt ist (ebenso *Küting/Reuter* in HdR § 272 Anm 44).

206 Als Sacheinlage eingebrachte **Gegenstände des Anlagevermögens** dürfen im Hinblick auf das Verbot der Unter-Pari-Emission (Anm 30, 181) höchstens mit dem Zeitwert bewertet werden. Dieser bestimmt sich nach dem Wert, den die Nutzung des Gegenstands bei objektiver Beurteilung für die KapGes hat; dies ist idR der Wiederbeschaffungswert (OLG Düsseldorf v 28.3.1991 GmbHR 1992, 112). Werden zugleich mehrere einzelne VG eingebracht, ist deren Gesamtwert maßgeblich. Für die Bewertung in der EB ist jedoch grds das *Einzelbewertungsprinzip* (§ 252 Abs 1 Nr 3 HGB) zu beachten, mit der Folge, dass eine Überbewertung des einen und gleichzeitige Unterbewertung des anderen VG nicht zulässig ist, sodass für jeden VG *höchstens* dessen (ggf von den statutarischen Festlegungen abw) Verkehrswert anzusetzen ist. Allerdings kann in der Vorbelastungsbilanz (Anm 57) für Zwecke der Kapitalaufbringung ein evtl geringerer Wert des einen mit dem Ansatz des höheren Werts eines anderen VG ausgeglichen werden (*Veil* in Scholz[12]

II. Vorschriften zur Eröffnungsbilanz der Kapitalgesellschaft 207 D

GmbHG § 9 Anm 15). Handelt es sich um eine Sachgesamtheit oder eine Mehrheit von VG, ist die von der KapGes aufgewendete Einlagenforderung (Anm 194, ggf *zuzüglich* evtl übernommener Schulden, Anm 217) nach den allg Grundsätzen über die Aufteilung eines Gesamtkaufpreises entspr dem Verhältnis der Zeitwerte auf die einzelnen VG zu verteilen (*Knop/Küting* in HdR § 255 Anm 94). Soweit die Sachgesamtheit dagegen als wirtschaftliche Einheit selbst ein eigenständiges Bewertungsobjekt darstellt, kommt eine Sammelbewertung in Betracht.

Bei der Sacheinlage eines fortzuführenden **Unternehmens im Ganzen** (zu den Voraussetzungen Anm 61) steht es mit dem Zweck der Kapitalaufbringungsvorschriften im Einklang, wenn bei der Bewertung nicht auf die Summe der Einzelverkehrswerte, sondern auf den Ertragswert der wirtschaftlichen Einheit abgestellt wird (ebenso *Arbeitskreis Unternehmensbewertung* des IDW, Bewertung von als Sacheinlage eingebrachten Unt, FN IDW 1997, 34). In der EB ist daher für einen von der Summe der Einzelverkehrswerte abw Gesamtwert *(Goodwill)* ggf ein zusätzlicher Posten (Unterschiedsbetrag, Anm 137) zu berücksichtigen (dazu auch *Knop/Küting* in HdR § 255 Anm 23 ff; ADS^6 § 255 HGB Anm 104 ff mwN); für Anwachsung nach Einbringung aller Anteile einer PersGes B Anm 108 ff. Andererseits muss ein negativer Ertragswert *(Badwill)* durch entspr Bewertungsabschläge bei einzelnen VG und Aufstockung von Verbindlichkeiten und Rückstellungen (ADS^6 § 249 HGB Anm 109, § 255 HGB Anm 107 mwN) sowie ggf durch die Bildung eines zusätzlichen Passivpostens für Sanierungslasten vermögensmindernd berücksichtigt werden (ADS^6 § 255 HGB Anm 294 f mwN, § 266 HGB Anm 250); soweit der Ausgabebetrag der Anteile dadurch nicht mehr gedeckt wird, ist zusätzlich ein Wertausgleichsanspruch gegen den Einleger zu erfassen (Anm 56).

Unmittelbar einzelne VG betr **Nebenkosten** (zB GrESt für Grundbesitz) sind den AK der jeweiligen VG zuzuordnen (ADS^6 § 255 HGB Anm 104) und spezifische **Lasten** (zB Nutzungsbeschränkungen) durch Wertabschläge zu berücksichtigen. Beim Grundbesitz gilt dies insb für Baulasten (dazu *Metzger/Neubacher* Bewertungs- und Prüfungsrisiken bei Grundstücken durch Baulasten, BB 1995, 867) oder Kontaminierungen (dazu *Budde* Berücksichtigung von Umweltschäden und Altlasten bei der Bodenbewertung, FS Forster 1992, 102; *Dombert* Das Altlastengrundstück als Sacheinlage – Gesellschaftsrecht als Möglichkeit umweltrechtlicher Haftungsvermeidung?, NZG 1998, 413). Dagegen wird der Wertansatz eines Grundstücks in der EB von evtl **dinglichen Belastungen** (Hypothek, Grundschuld) grds nicht beeinflusst, obwohl die Belastungen bei der Bewertung der (gemischten) Sacheinlage für Zwecke der Kapitalaufbringung mindernd berücksichtigt werden müssen (Anm 39). Diese Lasten sind bis zu ihrer Ablösung grds gesondert als Verbindlichkeit oder Rückstellung zu passivieren und die Einlage, sofern sie lastenfrei zu erbringen war, insoweit weiterhin als ausstehend zu behandeln (Anm 49, dazu und zu anderen Haftungsverhältnissen auch Anm 162, 166). Entsprechendes dürfte für Sicherungsübereignungen, Eigentumsvorbehalte oder Verpfändungen gelten, da der belastete VG insoweit noch nicht zur freien Verfügung eingebracht wurde (dazu Anm 32, 39).

D 208–215 Gründungs- und Eröffnungsbilanz der Kapitalgesellschaft

208 Über den gebotenen Wertansatz der einzelnen VG einer Sacheinlage können die ursprünglichen AK/HK bzw **Restbuchwerte** des einbringenden Gesters einen gewissen Aufschluss geben. Sie sind deshalb auch im Gründungsbericht ausdrücklich anzugeben (§ 32 Abs 2 Nr 2 AktG). Auch wenn die Zugänge bei dem Gester noch nicht längere Zeit zurückliegen, können seine AK/HK jedoch insb bei abnutzbaren VG des Anlagevermögens oder bei Vorräten, die einer stärkeren Preisschwankung unterliegen, die Ermittlung des aktuellen Verkehrswerts der Einlage idR nicht ersetzen (Anm 196). Aufgrund des Niederstwertprinzips (§ 252 Abs 1 Nr 4 HGB) ist insb darauf zu achten, dass die VG ggf mit dem *niedrigeren* Wert anzusetzen sind, der ihnen am Stichtag der EB beizulegen ist (§ 253 Abs 3 S 3, Abs 4 HGB). Dies erfordert auch das Verbot der Unter-Pari-Emission (Anm 30).

209 Ein übernommener **Auftragsbestand** (dazu Anm 139) ist mit den voraussichtlichen Gewinnen aus den schwebenden Geschäften zu bewerten (FG Münster v 10.6.1997 EFG, 1381).

210 Die Wertansätze sind um die im Verkehrswert enthaltene USt zu kürzen, soweit die Voraussetzungen für einen entspr **Vorsteueranspruch** der KapGes bestehen (Anm 157; dazu auch C Anm 118). In diesem Fall ist die verrechenbare Vorsteuer (auch soweit sie auf nicht aktivierbare Gründungsaufwendungen entfällt) als sonstiger VG gesondert anzusetzen. Bewertungsobergrenze für die VG einer Sacheinlage sind daher stets *Netto-Verkehrswerte,* da nur diese bei einer Verwertung infolge der dabei entstehenden UStPflicht auch realisiert werden könnten. Dies gilt auch für die Bewertung nicht umsatzsteuerbarer Sacheinlagen von Nicht-Unternehmern (ebenso *Festl-Wietek* BB 1993, 2415).

211 Aktive **Rechnungsabgrenzungsposten** werden ebenso wie passive nicht bewertet, sondern sind entspr der zeitlichen Zugehörigkeit zu künftigen Perioden lediglich rechnerisch abzugrenzen (*Schubert/Waubke* in Beck Bil-Komm[12] § 250 Anm 29); zur Ansatzfähigkeit in der EB Anm 153 ff. Ihr „Wertansatz" bestimmt sich daher nach dem Verhältnis der gesamten Vorausleistung zu dem am EB-Stichtag noch zu erwartenden zeitbezogenen Nutzen (zB Restlaufzeit eines Nutzungsrechts); dazu zB *ADS*[6] § 250 HGB Anm 29 ff.

Entsprechendes gilt für passive RAP (Anm 165), deren „Wertansatz" sich im Verhältnis der gesamten Voraussinnahme zu der am EB-Stichtag noch zu erwartenden zeitbezogenen Belastung (zB Verwendungs- oder Nutzungsüberlassungsverpflichtung) bestimmt.

215 **bb) Bewertung der Passiva.** Das **Gezeichnete Kapital** ist mit dem Nennbetrag anzusetzen (Anm 170). Es handelt sich dabei um eine abstrakte Rechengröße, die keiner selbständigen Bewertung unterliegt, sondern durch statutarische Festsetzung bestimmt wird (*Küting/Reuter* in HdR § 272 Anm 6). Entsprechendes gilt für den vor Eintragung der KapGes ggf statt des gezeichneten Kapitals auszuweisenden Sonderposten (Anm 231). Ein Ausgabeaufgeld ist nach § 272 Abs 2 Nr 1 HGB in der Höhe in die **Kapitalrücklage** einzustellen, in der es bei der Anteilsausgabe über den Nennbetrag hinaus tatsächlich erzielt wurde (Anm 172, zur Behandlung des Gründungsaufwands Anm 148); vor Eintragung der KapGes hat die Rücklage aber nur vorläufigen Charakter (Anm 175, 232).

II. Vorschriften zur Eröffnungsbilanz der Kapitalgesellschaft 216–222 D

§ 253 Abs 1 S 2–4 und Abs 2 HGB über die Bewertung der **Schulden** gilt 216 auch für die EB. Danach sind im Zusammenhang mit einer Sacheinlage übernommene *Verbindlichkeiten* zu ihrem Erfüllungsbetrag, *Rentenverpflichtungen,* für die eine Gegenleistung nicht mehr zu erwarten ist, mit dem abgezinsten Erfüllungsbetrag (Barwert) und *Rückstellungen* nur in Höhe des Erfüllungsbetrages anzusetzen, der nach vernünftiger kaufmännischer Beurteilung notwendig ist. Zu den Schulden gehören ggf auch **latente Steuerverpflichtungen** aufgrund von unterschiedlichen Wertansätzen in der handels- und steuerrechtlichen EB (Anm 162); sie sind nach § 274 Abs 1 HGB mit dem Betrag der sich voraussichtlich ergebenden Steuerbelastung in den künftigen Gj zu bewerten.

Statutarisch zu übernehmende Verbindlichkeiten und mit dem Gegenstand 217 der Einlage zwangsläufig zusammenhängende Lasten (zB Urlaubs-, Pensions-, Sozialplan- oder Gewährleistungsverpflichtungen sowie Steuerlasten bei Unt-Übernahme; dazu Anm 44) sind gesondert zu passivieren und mit dem Erfüllungsbetrag bzw dem Barwert (abgezinsten Erfüllungsbetrag) zu bewerten (Anm 216). Nur der **Barwert** dieser Schulden wird (neben dem zu passivierenden EK, Anm 215) Bestandteil der GesamtAK für die zu aktivierenden VG. Da in der EB ein Barwertansatz minderverzinslicher Verbindlichkeiten (abgesehen von sog Zero-Bonds) grds nicht (BFH v 19.5.1998 DStRE, 699) und eine Abzinsung von Rückstellungen nur bei einer Restlaufzeit von über einem Jahr vorgenommen wird (§ 253 Abs 2 S 1 HGB), entsteht ggf ein **Unterschiedsbetrag** zwischen den AK der übernommenen VG einerseits und den Wertansätzen für das EK und für die zu passivierenden Lasten andererseits, der uE als Disagio nach der Laufzeit der betr Verpflichtungen abgegrenzt werden darf (Anm 155) oder bei Nichtansatz zu einer entspr niedrigeren Kapitalrücklage bzw zu einem Bilanzverlust in der EB führt (Anm 173).

4. Gliederung und Ausweis

a) Gliederungsschema und Erleichterungen

Für die Gliederung der EB von KapGes gelten die allg Grundsätze des 221 § 265 HGB sowie das Gliederungsschema nach 266 HGB, soweit nicht nach Rechtsform (zB EK-Ausweis bei KGaA, Anm 230) oder Geschäftszweig (zB Formblatt-Gliederung für Kreditinstitute und VersicherungsUnt, §§ 340a Abs 2 S 2, 341a Abs 2 S 2 HGB) Sonderregelungen bestehen. Darüber hinaus können gründungsspezifische Anpassungen erforderlich sein (Anm 225).

Zu größenabhängigen Erleichterungen und zum Anlagenspiegel bei kleinen KapGes und KleinstKapGes Anm 226 und 227.

Nach § 266 Abs 1 S 1 iVm § 242 Abs 2 S 2 HGB muss die EB in **Konto-** 222 **form** und nach S 2 in der *vorgeschriebenen Postenreihenfolge* aufgestellt werden (im Ergebnis ebenso *ADS*[6] § 242 HGB Anm 11). Fällt eine Forderung oder Schuld unter mehrere Posten des Gliederungsschemas (zB Darlehen an/von verbundenen Unt), muss zudem ihre *Mitzugehörigkeit* zu anderen Posten vermerkt werden, wenn dies aus Gründen der Klarheit und Übersichtlichkeit erforderlich ist (§ 265 Abs 3 HGB). Bei GmbH müssen auch Forderungen (Anm 234) bzw Verbindlichkeiten ggü Gestern (dazu Anm 238) vermerkt oder gesondert ausgewiesen werden (§ 42 Abs 3 GmbHG). Darüber hinaus sind bei jedem gesondert ausgewiesenen Posten der Betrag der Forderungen mit einer *Restlaufzeit* von *mehr als* einem Jahr (§ 268 Abs 4 HGB) und der Betrag der Verbindlichkeiten mit einer Restlaufzeit von *bis zu* einem Jahr sowie von *mehr als* einem Jahr (§ 268 Abs 5 HGB) in der EB zu vermerken. Die Angaben können stattdessen auch in den Anhang aufgenommen werden (*Matschke/Schellhorn* in Rechnungslegung § 268 Anm 122), sofern ein ergänzender Anhang zur EB aufgestellt wird (Anm 11).

223 **Gliederung** und **Bezeichnung** der mit *arabischen* Zahlen versehenen Aktiv- und Passivposten der EB sind zu ändern, wenn dies wegen branchenspezifischer (zB Reederei, Energieversorgung, Bergbau) oder gründungsspezifischer Besonderheiten (Anm 225) für eine klare und übersichtliche Bilanz erforderlich ist (§ 265 Abs 6 HGB). Insoweit besteht also Anpassungspflicht. Eine Änderung der mit *Buchstaben oder römischen Zahlen* versehenen Posten ist dagegen nicht zulässig. Eine weitergehende Untergliederung innerhalb der von § 247 Abs 1 HGB vorgegebenen Hauptposten (B Anm 125) ist nach § 265 Abs 5 HGB grds möglich (zB vermietete Sachanlagen bei Leasing-, Forderungen aus nicht abgerechneten Leistungen bei Dienstleistungs- und Bauunternehmen). Neue Posten dürfen jedoch nur hinzugefügt werden, wenn ihr Inhalt nicht von einem vorhandenen Posten gedeckt wird; zur Erweiterung des Schemas für den Ausweis des EK Anm 230 ff.

Gliederungsposten, die keinen Betrag ausweisen *(Leerposten),* brauchen nicht aufgeführt zu werden (§ 265 Abs 8 HGB). Ihre Aufnahme in die EB würde wegen der fehlenden Vergleichsangaben gegen das Klarheitsgebot (§ 243 Abs 2 HGB) verstoßen; sie sind daher in der EB wegzulassen.

224 Mit *arabischen* Ziffern versehene Bilanzposten dürfen gemäß § 265 Abs 7 Nr 1 HGB zusammengefasst werden, wenn sie einen Betrag enthalten, der für die Vermittlung eines den tatsächlichen Verhältnissen entspr Bilds der Vermögens- und Finanzlage iSv § 264 Abs 2 HGB nicht erheblich ist. Dies gilt aber nicht für FormblattUnt (Anm 221). § 265 Abs 7 *Nr 2* HGB (Zusammenfassung zur größeren Darstellungsklarheit) ist für die EB dagegen nicht anwendbar, sofern kein Anhang erstellt wird (dazu Anm 11), in dem die vorgeschriebene Aufgliederung erfolgen könnte.

225 Das **Gliederungsschema** des § 266 Abs 2 HGB (Aktivseite) und Abs 3 (Passivseite) ist ggf um einige *gründungsspezifische Posten* zu ergänzen. In der EB betrifft dies insb die Posten „Ausstehende Einlagen" (dazu Anm 233 ff). Sofern in den aktiven RAP ein Unterschiedsbetrag nach § 250 Abs 3 HGB (Disagio) aufgenommen wurde (Anm 155), ist ferner auf den nach § 268 Abs 6 HGB vorgeschriebenen gesonderten Ausweis zu achten. Darüber hinaus kann es erforderlich sein, einzelne Postenbezeichnungen anzupassen. Dies gilt insb für den Ausweis des gezeichneten Kapitals (Anm 231).

226 **Kleine Kapitalgesellschaften** iSv § 267 Abs 1 HGB (zur Einstufung Anm 107 ff) dürfen von den größenabhängigen Erleichterungen grds auch bei der Aufstellung der EB Gebrauch machen. Danach brauchen sie nur eine *verkürzte Bilanz* aufzustellen, in die nur die mit Buchstaben und römischen Zahlen bezeichneten Posten in der vorgegebenen Reihenfolge und ggf ergänzt um die erforderlichen Restlaufzeitvermerke (Anm 222) aufzunehmen sind (§ 266 Abs 1 S 3 HGB); Mitzugehörigkeitsangaben dürften dagegen in der verkürzten Bilanz nicht erforderlich sein. Darüber hinaus kann nach

II. Vorschriften zur Eröffnungsbilanz der Kapitalgesellschaft 227–231 D

§ 274a Nr 3 HGB auf den gesonderten Ausweis eines Disagios verzichtet werden. Die übrigen Erleichterungen des § 274a HGB sowie des § 288 Abs 1 Nr 1 HGB kommen dagegen für die EB naturgemäß nicht in Betracht, zumal eine Darstellung der *Entwicklung* des Anlagevermögens (§ 284 Abs 3 iVm § 288 Abs 1 Nr 1 HGB) für die EB nicht möglich ist, da der **Anlagenspiegel** nur die AK der KapGes iG (Anm 190 ff) enthalten würde; die historischen AK, aufgelaufenen Abschreibungen und Restbuchwerte des Sacheinlegers sind dagegen für die Zugangsbewertung irrelevant (Anm 196).

Kleinstkapitalgesellschaften iSv § 267a Abs 1 HGB (zur Einstufung 227 Anm 107 ff; *Schellhorn* in Rechnungslegung § 267a Anm 1 ff) dürfen ebenfalls von den größenabhängigen Erleichterungen grds auch bei der Aufstellung der EB Gebrauch machen, dh sie brauchen keinen Anhang aufzustellen (§ 264 Abs 1 S 5 HGB), wenn bestimmte Angaben unter der Bilanz ausgewiesen werden und keine Bewertung zum beizulegenden Zeitwert des Deckungsvermögens von Altersversorgungsverpflichtungen vorgenommen wird (§ 253 Abs 1 S 5 HGB). Dabei handelt es sich um Angaben zu Haftungsverhältnissen (§§ 251 und 268 Abs 7 HGB), zu Vorschüssen und Krediten an Organmitglieder und zu eingegangenen Haftungsverhältnissen zugunsten dieser Personen (§ 285 Nr 9c HGB) sowie im Fall von AG zu eigenen Aktien (§ 160 Abs 3 S 2 AktG). Außerdem brauchen diese Ges nur eine hinsichtlich der Gliederung stark verkürzte Bilanz (§ 266 Abs 1 S 4 HGB) und GuV (hier nicht relevant) aufzustellen. Hinsichtlich der Wahlpflichtangaben (Pflichtangaben wahlweise in Bilanz oder im Anhang) hat sich zutreffend die Meinung herausgebildet, dass diese unter der Bilanz zu machen sind, sofern der zu erläuternde Posten ausgewiesen wird (s dazu und zu weiteren Angabepflichten IDW sfH 2013/14, IDW-FN 8/2013, 360). Die Ausführungen zu *gründungsspezifischen Posten* (Anm 225) gelten auch für KleinstKapGes.

b) Eigenkapital und Gesellschafterkonten

Das Grundkapital (AG/KGaA) bzw das Stammkapital (GmbH) muss in 230 der Bilanz als **gezeichnetes Kapital** ausgewiesen werden (§ 152 Abs 1 S 1 AktG, § 42 Abs 1 GmbHG). Das Gliederungsschema sieht dementspr einen gesonderten Ausweis unter dieser Bezeichnung als ersten Posten des EK vor (§ 272 Abs 1 S 1 iVm § 266 Abs 3 HGB). Bei KGaA sind *danach* etwaige Kapitalanteile von phG gesondert auszuweisen (§ 286 Abs 2 S 1 AktG; dazu *Sethe* Die Besonderheiten der Rechnungslegung bei der KGaA, DB 1998, 1046; *Störk/Kliem/Meyer* in Beck Bil-Komm[12] § 272 Anm 330 f). Bei AG/KGaA müssen ferner die Gesamtnennbeträge der Aktien jeder Gattung in der EB angegeben werden (§ 152 Abs 1 S 2 AktG iVm § 242 Abs 1 S 2 HGB). Darüber hinaus ist evtl vorhandenes bedingtes Kapital (§§ 192 ff AktG) mit dem Nennbetrag zu vermerken (§ 152 Abs 1 S 3 AktG).

Ein Ausweis des Nennkapitals als „Gezeichnetes Kapital" kommt in der EB 231 jedoch nur in Betracht, wenn diese ausnahmsweise auf den Tag der HR-Eintragung aufgestellt wird, weil die KapGes erst dann als solche existiert (Anm 69) und über ein Nennkapital ieS verfügt (ebenso *Küting/Reuter* in HdR § 272 Anm 11, 14 für Kapitalerhöhung). Im Regelfall der früheren Aufstellung der EB (Anm 74 f) ist dies dagegen zur Vermeidung von Missverständnissen nicht zweckmäßig. Aus Gründen der Klarheit empfiehlt sich daher in diesem Fall anstelle der gesetzlichen Bezeichnung die **Interimsbezeichnung** „Zur Durchführung der Gründung gezeichnetes Kapital" (für Kapitalerhöhung ähnlich *ADS*[6] § 272 HGB Anm 19; *Knop* in HdR § 270 Anm 17); zum EK-Charakter Anm 170 f.

232 Die mit der Erfüllung der Einlageansprüche über den Betrag des Nennkapitals hinaus erzielten Agiobeträge stellen zusätzliches EK der KapGes dar (Anm 173, 175) und sind daher als Kapitalrücklage in der EB auszuweisen (§ 266 Abs 3 [A. II.] HGB). Entsprechendes gilt uE aber auch für den Gegenwert ausstehender Agiobeträge, zumindest soweit sie eingefordert sind (dazu Anm 236).

233 Unabhängig davon, ob es sich um Geld- oder Sacheinlagen handelt (Anm 34 ff; 43 ff), sind **ausstehende Einlagen auf das gezeichnete Kapital** in der EB anzusetzen (dazu Anm 174) und zwar bei Einforderung unter den Forderungen auf der Aktivseite unter entspr Bezeichnung gesondert auszuweisen (dazu *Störk/Kliem/Meyer* in Beck Bil-Komm[12] § 272 Anm 39), andernfalls (nicht eingefordert) offen vom gezeichneten Kapital abzusetzen (§ 272 Abs 1 S 2 HGB; zu ausstehenden Agiobeträgen Anm 236).

234 Beim Ausweis muss ein eingeforderter, aber noch nicht eingezahlter Teilbetrag unter den Forderungen bilanziert und *gesondert ausgewiesen* und *entspr bezeichnet* werden (§ 272 Abs 1 S 2 HGB, zB „**Eingeforderte ausstehende Einlagen**", ebenso *ADS*[6] § 272 HGB Anm 61). Da Einlageforderungen stets Forderungen gegen Gester sind, ist uE auf diesen Umstand nicht noch einmal besonders hinzuweisen; bei GmbH gilt § 42 Abs 3 GmbHG daher insoweit nicht. Soweit es sich bei dem Gester aber um ein Unt handelt, ist uE zur Klarstellung ein entspr Mitzugehörigkeitsvermerk als Hinweis auf die Verbundenheit (§ 271 Abs 2 HGB) bzw das BetVerhältnis (§ 271 Abs 1 HGB) erforderlich (ebenso *ADS*[6] § 272 HGB Anm 62). Da eingeforderte ausstehende Einlagen sofort fällig sind und eine Stundung unzulässig ist (Anm 140), kann insoweit ein Restlaufzeitvermerk nach § 268 Abs 4 S 1 HGB (Anm 222) nicht in Betracht kommen.

235 Einzahlungsansprüche gegen den **Komplementär** von KGaA sind uE soweit sie eingefordert sind, analog § 272 Abs 1 S 2 HGB unter den Forderungen (§ 266 Abs 2 HGB, B. II.) als „Einlageforderungen gegen phG" gesondert auszuweisen (dazu *Störk/Kliem/Meyer* in Beck Bil-Komm[12] § 272 Anm 325), sofern nicht eingefordert offen von den Kapitalanteilen abzusetzen (*Störk/Kliem/Meyer* in Beck Bil-Komm[12] § 272 Anm 325), obwohl dies nicht wie für das gezeichnete Kapital ausdrücklich geregelt ist (Anm 233).

236 **Ausstehende Agiobeträge** müssen uE, zumindest soweit sie eingefordert und damit fällig sind, in der EB aktiviert werden (dazu Anm 174). Das ausstehende Aufgeld kann aber *nicht* zusammen mit den ausstehenden Einlagen auf das gezeichnete Kapital *in einem Posten* ausgewiesen werden. Vielmehr ist ein Ausweis als gesonderter Posten erforderlich (ebenso *Küting/Reuter* in Küting/Weber[5] § 272 Anm 39), da der auf das Aufgeld entfallende Teilbetrag nicht zu den ausstehenden Einlagen auf das *gezeichnete Kapital* (Anm 233) gehört; eine Anpassung der Postenbezeichnung ist uE insoweit nicht zulässig (Anm 223). Daher ist für *eingeforderte* ausstehende Agiobeträge der **Ausweis** der Kapitalrücklage mit Ansatz einer gesonderten Forderung im Umlaufver-

III. Feststellung, Prüfung, Offenlegung, Aufbewahrung 237–248 **D**

mögen unter der Bezeichnung „Eingefordertes Ausgabeaufgeld" geboten (Anm 174).

Verbindlichkeiten ggü **Gesellschaftern** sind auch dann zu passivieren, 237 wenn sie (zB wegen Rangrücktrittsvereinbarung oder mangels Kreditwürdigkeit „eigenkapitalersetzenden" Charakter haben (*Schubert* in Beck Bil-Komm[12] § 266 Anm 255: Hinweis auf Kapitalersatz erforderlich). Entsprechendes gilt für den Ansatz in der Vorbelastungsbilanz (BGH v 6.12.1993 BB 1994, 392; dazu *Priester* ZIP 1994, 413). Voraussetzung für den Ausweis in der EB nach HGB ist jedoch, dass der eigenkapitalersetzende Charakter nicht aufgrund von Anlaufverlusten der KapGes iG entstanden ist; insoweit wäre eine Einlagenforderung zum Ausgleich der Vorbelastung des Nennkapitals anzusetzen (Anm 57 ff) bzw mit dem Darlehen zu verrechnen. Voraussetzung ist ferner, dass die Verbindlichkeiten bereits valutieren, dh mit einer geleisteten Sacheinlage (zB Unt oder Grundbesitz) zusammenhängen oder eine Ausgabekostenschuld darstellen, und bzgl der Schuldübernahme bzw der finanzierten Gründungskosten eine entspr statutarische Festlegung erfolgt ist (Anm 146). Bloße Kreditzusagen eines Gesters sind dagegen bis zur Auszahlung der Darlehensvaluta nicht als Verbindlichkeiten auszuweisen.

Für GesterDarlehen ist bei GmbH ein gesonderter Ausweis oder Mitzugehörigkeitsvermerk vorgeschrieben (§ 42 Abs 3 GmbHG); AG/KGaA müssen nur die Mitzugehörigkeit vermerken, wenn es sich um ein verbundenes Unt handelt (Anm 222).

Im Rahmen der Einbringung von Unt oder (Teil-)Betrieben ist es auch 238 möglich, dass **Forderungen** gegen Gester aus früheren Rechtsbeziehungen auf die KapGes bzw VorGes übergehen. Da gesellschaftsrechtliche Einlageansprüche jedoch nicht wirksam in schuldrechtliche Ansprüche an Gester umgewandelt werden können, handelt es sich insoweit zwangsläufig um ausstehende Einlagen (Anm 140). Ein Ausweis als Forderung in der EB kommt daher nur in Betracht, wenn der Betrag eingefordert wurde und damit fällig ist; der in diesem Fall erforderliche gesonderte Ausweis als „Eingeforderte ausstehende Einlage" nach § 272 Abs 1 S 2 HGB geht der Regelung in § 42 Abs 3 GmbHG vor (Anm 234).

c) Weitere Bilanzposten

Verbindlichkeiten aus der Begebung und Übertragung von Wechseln, aus 243 Bürgschaften, Wechsel- und Scheckbürgschaften und aus Gewährleistungsverträgen sowie Haftungsverhältnisse aus der Bestellung von Sicherheiten für fremde Verbindlichkeiten sind als **Eventualverbindlichkeiten** nach § 251 HGB „unter der Bilanz" zu vermerken, sofern sie nicht wegen drohender Inanspruchnahme auf der Passivseite auszuweisen sind (dazu Anm 166).

III. Feststellung, Prüfung, Offenlegung, Aufbewahrung

1. Aufstellung, Feststellung und Prüfung

Jede KapGes hat eine **Firma** zu führen (§§ 17 Abs 1 iVm 29 HGB). Sie 248 soll dem Gegenstand des Unt angelehnt sein und muss in jedem Fall die Be-

D 249–252 Gründungs- und Eröffnungsbilanz der Kapitalgesellschaft

zeichnung der Rechtsform (AG, GmbH) enthalten (§ 4 AktG, § 4 GmbHG). Für die Firma gilt der Grundsatz der *Ausschließlichkeit* (§ 30 HGB); es ist daher sicherzustellen, dass keine Verwechslungsgefahr mit anderen existierenden Firmen besteht. „Kaufmann" isd HGB und damit Adressat der Vorschriften zur Rechnungslegung ist (ggf im Stadium der VorGes) allein die Firma als Rechtsträger (Anm 15, 73).

249 Da allerdings die KapGes als juristische Person nur durch ihre **gesetzlichen Vertreter** (§ 78 AktG, § 35 GmbHG) handeln kann, sind die Rechnungslegungsvorschriften an die Organe der KapGes gerichtet (§ 264 Abs 1 iVm § 242 Abs 1 S 2 HGB). Damit ist die Rechnungslegung eine *höchstpersönliche Obliegenheit* der Mitglieder des Vorstands (§§ 78 Abs 1, 91 AktG; §§ 24 Abs 1, 33 Abs 1 GenG; bei KGaA deren phG, Anm 252) bzw der Geschäftsführer (§§ 35 Abs 1, 41 GmbHG), die als Vertretungsorgan stets *gemeinschaftlich* für die ordnungsgemäße Aufstellung der EB verantwortlich sind (*Hüffer* in HGB-Bilanzrecht § 238 Anm 23). Die Organmitglieder können sich zu ihrer Entlastung nicht auf eine intern abw Geschäftsverteilung berufen (*Merkt* in Baumbach/Hopt[38] HGB § 238 Anm 8 mwN). Ggf sind neben den hauptamtlichen Organen auch die Stellvertreter verantwortlich (§ 94 AktG, § 44 GmbHG).

250 Ist eine KapGes ihrerseits phG einer PersGes **(KapCoGes),** liegt nicht nur die Verantwortlichkeit für die eigene Rechnungslegung, sondern auch für die der PersGes (dazu C Anm 15) bei dem Vertretungsorgan der KapGes (*ADS*[6] § 238 HGB Anm 14). Wegen § 126 Abs 2 HGB gilt diese Obliegenheit im öffentlichen Interesse selbst dann, wenn die KapGes als phG nur Haftungsfunktion hat und von Geschäftsführung und Vertretung der PersGes vertraglich ausgeschlossen ist. Überdies wird durch § 264a Abs 2 HGB für KapCoGes ausdrücklich klargestellt, dass die gesetzlichen Vertreter der Komplementär-KapGes Adressat der Vorschriften über die Rechnungslegung der KapCoGes sind (*Schmidt/Usinger* in Beck Bil-Komm[12] § 264a Anm 55 ff).

251 Die gemeinschaftliche zivil- und strafrechtliche **Verantwortung** der Organmitglieder (Anm 249) kann nicht auf Dritte übertragen oder auf einzelne Organmitglieder beschränkt werden (zu Besonderheiten bei der VorGes Anm 69 ff, 96). Dem Vertretungsorgan ist es jedoch unbenommen, die Aufstellungsarbeiten an einzelne Organmitglieder, Mitarbeiter der KapGes oder an Dritte zu delegieren; wegen der Auswahl- und Überwachungspflichten bei Delegation *ADS*[6] § 91 AktG Anm 10, § 41 GmbHG Anm 3. Zu möglichen Sanktionen bei Pflichtverletzungen B Anm 69 ff, C Anm 70 f.

252 Die EB ist nach § 245 S 1 iVm § 242 Abs 1 S 2 HGB von *allen* Organmitgliedern persönlich unter Angabe des Datums *unter der Firma* der KapGes (§ 79 AktG, § 35 Abs 3 GmbHG) zu **unterzeichnen,** um damit zu dokumentieren, dass und wann der Vorgang der Aufstellung verantwortlich abgeschlossen wurde (*Störk/Schellhorn* in Beck Bil-Komm[12] § 245 Anm 2 f). Dabei ist unabhängig von internen Zuständigkeitsregelungen stets die Unterschrift der Personen erforderlich, die im Zeitpunkt der endgültigen Aufstellung (idR Tag der Unterschrift) der Geschäftsleitung angehören. Bei KGaA müssen die phG unterzeichnen, da sie wegen des bei dieser Rechtsform fehlenden Vorstands (§ 282 AktG) für die Aufstellung der EB allein verantwortlich sind (§§ 278 Abs 3 iVm 91 AktG).

III. Feststellung, Prüfung, Offenlegung, Aufbewahrung 253–255 D

Mit der Unterzeichnung wird die Aufstellungspflicht der Organe erfüllt **253** und die EB damit rechtsgültig iSd Rechnungslegungsvorschriften. Strittig ist, ob die EB außer der Unterschrift durch die Geschäftsführung einer förmlichen **Feststellung** durch das dafür zuständige Organ (§§ 172, 173, 286 Abs 1 AktG, § 46 Nr 1 GmbHG; so *Winnefeld*[5] Kap N Anm 101) bedarf. Letzteres ist für die EB nicht ausdrücklich vorgeschrieben, sodass eine Feststellung der EB nach wohl hM nicht für erforderlich gehalten wird (so zB *Crezelius* in Scholz[11] GmbHG § 42a Anm 3; *Haas* in Baumbach/Hueck GmbHG[21] § 42a Anm 3). S auch Anm 5.

Die EB nach HGB unterliegt als solche keiner *gesetzlichen* **Prüfung,** da die **254** §§ 316 ff HGB über die externe Pflichtprüfung des JA von KapGes auf die EB keine Anwendung finden, weil sie nicht zu den Vorschriften über die *Aufstellung* des JA iSv § 242 Abs 1 S 2 HGB gehören (im Ergebnis ebenso *ADS*[6] § 242 HGB Anm 13). Der Prüfer des JA für das erste (Rumpf-)Gj ist jedoch gehalten, unter Heranziehung entspr Unterlagen auch die Richtigkeit der Wertansätze in der EB und die Beachtung des AK-Prinzips (Anm 190 ff) zu kontrollieren. Insb hat er sich im Rahmen der Prüfung des nachfolgenden JA zu überzeugen, dass die VG, Schulden und RAP vollständig und richtig erfasst und so bewertet wurden, dass sich daraus keine wesentliche Beeinträchtigung der Darstellung der Vermögenslage am Stichtag der EB sowie der dadurch beeinflussten Ertragslage des zu prüfenden Gj ergibt (§ 317 Abs 1 S 3 HGB; IDW PS 205, Tz 7, 9, 14 f). Infolge des Bilanzzusammenhangs ergibt sich dadurch mit der Prüfung des ersten JA indirekt auch eine Kontrolle der vorangehenden EB, die damit zwangsläufig auch eine Überprüfung der ordnungsgemäßen Kapitalaufbringung einschließt (ebenso *Custodis* in FS Schippel, 401), da andernfalls weiterhin entspr ausstehende Einlagen bilanziert werden müssten (Anm 46, 56 ff). Zudem sind die Wertansätze der EB über die auch im ersten JA anzugebenden Vergleichszahlen des Vj (Anm 114) Gegenstand der Prüfung (IDW PS 205, Tz 7; IDW PS 318, Tz 7, 18).

Nicht Gegenstand der APr ist die **Prüfung des Gründungshergangs.** **255** Bei der Sachgründung von GmbH beschränkt sie sich ohnehin nur auf die Erstellung eines Sachgründungsberichts durch die GründungsGester (Anm 26). Dagegen ist für AG/KGaA außer der Prüfung durch die Mitglieder des Vorstands und des AR (Anm 22) und unabhängig von der Unternehmensgröße zusätzlich eine eigenständige Gründungsprüfung durch *unabhängige Prüfer* (§ 33 Abs 2 bis 5 AktG) durchzuführen, wenn die Voraussetzungen des § 33 Abs 2 Nr 1–4 AktG vorliegen, wie zB bei Gründung mit Sacheinlagen (Anm 43, 52) oder Sachübernahmen (Anm 50). Den Gründungsprüfer hat in diesem Fall das Registergericht zu bestellen (§ 33 Abs 3 AktG; zur Haftung des Prüfers wegen Überbewertung BGH v 27.2.1975 DB, 778), außer für die Fälle des § 33 Abs 2 Nr 1 und 2 AktG, bei denen der beurkundende Notar anstelle des Gründungsprüfers die Prüfung im Auftrag der Gründer vornehmen kann (§ 33 Abs 3 S 1 AktG; vgl dazu *Papmehl* MittBayNot 2003, 187).

Durch die im Jahr 2006 erfolgte Änderung der **Kapitalrichtlinie** (RiLi 2006/68/EG vom 6.9.2006) sind **Erleichterungen hinsichtlich Sachgründungen** und Sachkapitalerhöhungen bei AG durch § 33a AktG gegeben. Danach ist es gestattet, bei der Einbringung von Sacheinlagen oder bei

D 256, 257 Gründungs- und Eröffnungsbilanz der Kapitalgesellschaft

Sachübernahmen auf die Bewertung durch einen Sachverständigen zu verzichten, wenn es für die Bewertung der betr Einlagen einen klaren Anhaltspunkt (wie zB Börsenkurse) gibt (ausführlich *Schäfer* Der Konzern 2007, 407 ff) oder wenn eine Bewertung duch einen unabhängigen Sachverständigen zugrunde gelegt wird (vgl dazu *Hüffer/Koch*[13] AktG § 33a Anm 1 ff).

Die externe Gründungsprüfung für AG/KGaA hat sich nach § 34 Abs 1 AktG *namentlich* darauf zu erstrecken, ob die Angaben der Gründer richtig und vollständig sind und ob der Wert der Sacheinlagen oder Sachübernahmen den geringsten Ausgabebetrag (Nennbetrag bzw Anteil am Grundkapital, § 9 Abs 1 AktG) der dafür zu gewährenden Aktien oder den Wert der dafür zu gewährenden Leistungen (zB Teilkaufpreis, Anm 50) erreicht. Die gesetzliche Aufzählung ist jedoch nicht abschließend.

Die Gründungsprüfung umfasst zwar die Prüfung des Bestandsverzeichnisses nach Menge und Wert der Sacheinlagen (*Angermayer*, 64), *nicht* dagegen die Prüfung der Gesetzmäßigkeit der EB als solche. Es bietet sich uE jedoch an, im Rahmen einer Überprüfung der zutreffenden Bewertung der Einlagen und der Angemessenheit des BetVerhältnisses zugleich auch die Prüfung der Ordnungsmäßigkeit von Ansatz, Bewertung und Ausweis in der EB durchzuführen, zumal die EB zu den Unterlagen gehören dürfte, die dem Registergericht vorzulegen sind (Anm 262). Voraussetzung ist aber in diesem Fall, dass die EB auf den Zeitpunkt der Kapitalaufbringung aufgestellt wurde (Anm 74).

256 Um eine Umgehung der Vorschriften über die Gründungsprüfung zu verhindern, besteht die Pflicht zur externen Prüfung von Sacheinlagen grds auch bei **Umwandlung** nach UmwG **zur Neugründung** einer AG/KGaA (§§ 36 Abs 1 iVm 9 Abs 1, 60 iVm 73 UmwG für Verschmelzung; §§ 144 iVm 135 Abs 1, 159 Abs 2 UmwG für die Spaltung und §§ 220 Abs 3 ggf iVm 245, 264 Abs 3, 277, 295, 303 Abs 1 UmwG beim Formwechsel; dazu *Angermayer* WPg 1995, 681). In diesem Fall liegen stets die Voraussetzungen des § 33 Abs 2 Nr 4 AktG vor (Anm 255). Bei Verschmelzung besteht die Prüfungspflicht jedoch nur, wenn der übertragende Rechtsträger nicht bereits eine KapGes oder eG ist (§ 75 Abs 2 UmwG). Entsprechendes gilt für eine Spaltung zur Neugründung (§ 125 S 1 iVm § 75 Abs 2 UmwG). Damit lässt sich durch Errichtung und Eintragung einer GmbH mit anschließender Umw zur Neugründung einer AG/KGaA die aktienrechtliche Gründungsprüfung vermeiden. Beim Formwechsel in eine AG/KGaA muss dagegen in jedem Fall eine Gründungsprüfung stattfinden (§ 245 Abs 1 iVm § 220 Abs 3 UmwG).

257 Unabhängig von der Pflicht zur internen Gründungsberichtspflicht (Anm 22, 26) bzw zusätzlichen externen Gründungsprüfung (nur AG/KGaA, Anm 255) ist bei Neugründung einer KapGes stets eine Werthaltigkeits- und **Kapitalaufbringungskontrolle** durch das *Registergericht* vorgeschrieben. Für die VorGes besteht nämlich ein Eintragungshindernis, wenn „das Gericht der Auffassung ist, dass der Wert der Sacheinlagen oder Sachübernahmen nicht unwesentlich hinter dem geringsten Ausgabebetrag der dafür zu gewährenden Aktien oder dem Wert der dafür zu gewährenden Leistungen zurückbleibt" (§ 38 Abs 2 S 2 AktG), oder „wenn Sacheinlagen nicht unwesentlich überbewertet worden sind" (§ 9c Abs 1 S 2 GmbHG). Das Registergericht hat dazu von Amts wegen die erforderlichen Ermittlungen und Beweiserhebungen durchzuführen (§ 12 FGG; dazu auch *Hüffer/Koch*[13] AktG § 38 Anm 9) und dabei auch den GesVertrag zu überprüfen (*Holzer* Die inhaltliche Kontrolle des Gesellschaftsvertrags der GmbH – Ein Beitrag zu Prüfungsrecht und Prüfungspflicht des Registergerichts, WiB 1997, 290); zu den Anforderungen bei Mantelverwertung Anm 51.

Die gerichtliche Prüfung hat sich ferner darauf zu erstrecken, inwieweit das durch Geldeinlagen gebildete Nennkapital zum Zeitpunkt der Anmeldung bereits durch Verbindlichkeiten vorbelastet oder gar aufgezehrt ist (OLG Düsseldorf v 31.7.1996 GmbHR 1997, 70). Dabei ist das Registergericht berechtigt, die Vorlage einer aktuellen Eröffnungs-/Vorbelastungsbilanz (Anm 57 ff) und ggf weitere Unterlagen und Nachweise zu fordern, wenn das Eintragungsverfahren mehr als drei Monate dauert (OLG Düsseldorf v 3.12.1997 GmbHR 1998, 250) oder wenn sich im Einzelfall konkrete Zweifel ergeben haben (*Kammergericht* v 19.5.1998 DB, 1400); zur Einreichung der EB bei HR-Anmeldung Anm 262. Beschaffen die Gründer trotz einer Aufforderung durch das Gericht über mehrere Monate die notwendigen Unterlagen nicht, ist idR davon auszugehen, dass die Eintragungsabsicht nicht mehr besteht (OLG Koblenz v 19.12.2000 GmbHR 2001, 433); zu den Haftungsfolgen Anm 20.

2. Offenlegung und Aufbewahrung

Die EB unterliegt als solche keiner externen Offenlegung nach §§ 325 ff HGB. Insb ist sie weder zum HR einzureichen, noch im BAnz zu veröffentlichen oder in anderer Weise bekannt zu machen (hM *Grottel* in Beck BilKomm[12] § 325 Anm 9; *Fehrenbacher* in MünchKomm HGB[3] § 325 Anm 35). Die EB wird uE auch von den Vorlagepflichten nach § 26 KWG oder § 55 Abs 2 VAG nicht betroffen, obgleich die Aufsichtsbehörden in der Praxis idR die Vorlage der EB verlangen.

Die **Einreichung** der EB zum HR anlässlich der Anmeldung ist nicht explizit vorgeschrieben (*Eckardt* in Geßler AktG § 29 Anm 47). Allerdings dürfte sie uE insb bei Sachgründungen zu den „urkundlichen Unterlagen" gehören, die von AG/KGaA nach § 37 Abs 4 Nr 4 AktG zusammen mit dem Sachgründungs- (Anm 22) und (ggf) dem Gründungsprüfungsbericht (Anm 255) vorzulegen sind. Voraussetzung ist aber, dass die EB bereits aufgestellt ist, dazu Anm 68 ff. Entsprechendes dürfte sie bei GmbH zumindest als Bestandteil des Sachgründungsberichts (Anm 26) zu den nach § 8 Abs 1 Nr 4 oder Nr 5 GmbHG vorzulegenden Unterlagen gehören, die bei der Sachgründung Aufschluss darüber geben, dass der Wert der Einlagegegenstände abzgl der damit zusammenhängenden bzw zu übernehmenden Lasten den Betrag der dafür übernommenen Stammeinlagen erreicht. Da alle eingereichten Unterlagen Teil der HR-Akten und damit von jedermann einsehbar sind (§ 9 Abs 1 HGB, § 40 Abs 2 AktG), dürfte die EB somit der interessierten Öffentlichkeit zugänglich sein. In die Veröffentlichung zur **Bekanntmachung der Eintragung** (§ 40 Abs 1 AktG, § 10 Abs 3 GmbHG) ist sie jedoch als solche nicht aufzunehmen.

Eine **Vorlage zur Einsicht der Gesellschafter** ist zwar nicht ausdrücklich vorgeschrieben. Die Vorschriften über die Vorlagepflicht des JA zwecks

D 264, 268 Gründungs- und Eröffnungsbilanz der Kapitalgesellschaft

seiner Feststellung (§§ 173 Abs 1, 175 Abs 3 S 1 AktG, § 42a Abs 1 S 1 GmbHG) gelten nach § 242 Abs 1 S 2 HGB uE aber auch für die Vorlage der EB zur Genehmigung durch die Gester (Anm 253), soweit dies nicht in die Zuständigkeit des AR fällt (§§ 170 Abs 1, 172 S 1 AktG). Es ist ferner davon auszugehen, dass die Gründer schon aufgrund ihrer Gründungsberichtspflicht (Anm 22, 26) ein Einsichtsrecht haben. Die Gester einer GmbH haben überdies bereits nach § 51a Abs 1 GmbHG Anspruch auf Einsichtnahme in die EB.

264 Wegen der Anforderungen an die **Aufbewahrung** B Anm 149 ff.

IV. Steuerliche Besonderheiten

Schrifttum: *Groh* Anschaffungskosten aus Sacheinlagen, FR 1990, 528; *Groh* Ist die verdeckte Einlage ein Tauschgeschäft?, DB 1997, 1683; *Hoffmann* Die Rechtsbeziehungen zwischen GmbH und ihren Gesellschaftern, insbesondere deren Einlagen, in Widmann (Hrsg), Besteuerung der GmbH und ihrer Gesellschafter, Köln 1997, 141; *Tillmann/Tillmann* Heilung einer verschleierten Sachgründung aus steuerlicher Sicht, DB 2004, 1853; *Oppenhoff* Die GmbH-Reform durch das MoMiG – ein Überblick, BB 2008, 1630; *Fuchs* Die Neuregelung zur verdeckten Sacheinlage durch das MoMiG und ihre Rückwirkung, BB 2009, 170; *Müller/Federmann* Praktische Hinweise zum Erwerb einer Vorrats-GmbH nach dem MoMiG, BB 2009, 1375; *Altmeppen* Cash Pooling und Kapitalaufbringung, NZG 2010, 441; *Fuhrmann* Steuerliche Aspekte des MoMiG, RNotZ 2010, 188; *Schmiel* § 8c KStG in der Kritik: Ungleichmäßigkeit der Besteuerung durch Verlustverrechnungsbeschränkung beim Mantelkauf und anderen Anteilsübertragungen, BB 2010, 151; *Müller* Rechtsfolgen verdeckter Sacheinlagen, NZG 2011, 761; *Prinz/Adrian* „Angeschaffte" Drohverlustrückstellung, BB 2011, 1646; *Kußmaul/Ruiner/Delarber* Die Gründung einer Kapitalgesellschaft, StB 2011, 266; *Rezori* Die Kapitalaufbringung bei der GmbH-Gründung – Ausgewählte Gesichtspunkte und Neuregelung der §§ 19 Abs 4 und Abs 5 GmbHG, RNotZ 2011, 125; *Schlößer/Pfeiffer* Wegfall der kapitalgesellschaftsrechtlichen Differenzhaftung durch Nacherfüllung der mangelhaften Sacheinlage, NZG 2012, 1047; *Weiß* Vermeidung von Haftungsrisiken bei der Buchung und Bilanzierung verdeckter Sacheinlagen, BB 2012, 1975; *van Lishaut/Ebber/Schmitz* Die schenkung- und ertragsteuerliche Behandlung disquotaler Einlagen und disquotaler Gewinnausschüttungen, Ubg 2012, 1; *Kraft* Einlagen in Personen- und Kapitalgesellschaften außerhalb des Umwandlungssteuergesetzes, FR 2013, 825; *Sterzinger* Vorsteuerabzug eines Gesellschafters, DStR 2013, 1309; *Scheffler/Mayer/Christ* Einbringung von Einzelunternehmen in eine Kapitalgesellschaft – Einfluss des Zinsniveaus und der Gerwerbesteuer auf das Bewertungswahlrecht, DStR 2014, 1406; *Nestler* Wertfindung bei Sacheinlagen, GWR 2014, 121; *Rinker* Aufstellung der Gründungsbilanz einer GmbH: Umsetzungsempfehlungen, BC 2018, 94.

1. Allgemeine Grundlagen

268 Unabhängig von dem Gegenstand ihrer Tätigkeit unterliegen KapGes mit Sitz oder Geschäftsleitung im Inland als eigenständiges Steuersubjekt mit ihren gesamten Einkünften (Gewinn aus Gewerbebetrieb) der KSt (§ 1 KStG) und der GewSt (§ 2 Abs 2 GewStG, GewStR (2009) R 2.1 (4)/GewStR (2009) H 2.1 (4)); die Steuerpflicht besteht dabei bereits für die VorGes (KStR (2015) R 1.4). Da der Gewinn bei HandelsGes aufgrund ihrer Form-

IV. Steuerliche Besonderheiten   269–276   D

kaufmannseigenschaft (Anm 2) stets durch BetrVermVergleich ermittelt werden muss (§ 5 Abs 1 EStG iVm § 8 Abs 1 KStG), ist die EB auch für die Besteuerung von Bedeutung. Daher sind dem örtlich zuständigen FA und der Gemeinde am Ort der Geschäftsleitung bzw des Sitzes der KapGes (§ 20 AO) **innerhalb eines Monats** alle für die steuerliche Erfassung bedeutsamen Umstände, insb die **Gründung,** der Erwerb der Rechtsfähigkeit oder die Änderung der Rechtsform **mitzuteilen** (§ 137 AO). Der Steuererklärung des Gründungsjahres ist nach § 60 Abs 1 EStDV neben einer Abschrift der Bilanz auch eine Abschrift der EB beizufügen.

Die Gewinnermittlung durch BetriebsVermVergleich erfordert eine Erfassung aller Geschäftsvorfälle, die sich auf das steuerliche EK auswirken. Da sich bei KapGes als Formkaufmann (§ 6 HGB) die Gründung in mehreren Phasen vollzieht und die KapGes erst mit der Eintragung in das HR entsteht, existiert sie formal erst zu diesem Zeitpunkt. Da das Datum der HR-Eintragung nicht beeinflussbar ist, ist die *steuerliche* EB daher möglichst auf den **Tag der Errichtung der Vorgesellschaft** (Anm 75) aufzustellen. In diesem Zeitpunkt hätte die EB lediglich einen ggf satzungsgemäß übernommenen Gründungsaufwand zu berücksichtigen (zur Bilanzierung Anm 147f, 173). Die Aufstellung der StBil auf einen evtl späteren Stichtag der handelsrechtlichen EB (Anm 76f) ist ebenfalls zulässig, sofern vorher weder nach HGB (Anm 68) noch nach Steuerrecht mangels Mitteilung des FA (dazu C Anm 166, 169) Buchführungspflicht besteht. In diesem Fall muss das steuerliche BetrVerm in der EB ggf statistisch um einen eingetretenen Fehlbetrag für Gründungskosten erhöht werden, der in der EB nach HGB als Vorbelastung des EK (Bilanzverlust) auszuweisen wäre (Anm 173; zur Behandlung nicht statutarisch zu übernehmender Vorbelastungen Anm 58 f). Ein seit Errichtung der VorGes eingetretener Überschuss wäre dagegen für Zwecke des ersten Bestandsvergleichs (dazu B Anm 170) von dem in der EB ausgewiesenen bilanziellen EK zu kürzen. 269

2. Einzelvorschriften

a) Bilanzansatz

Was in der steuerlichen EB der KapGes bzw VorGes als Vermögen anzusetzen ist, bestimmt sich danach, was nach den handelsrechtlichen GoB als BetrVerm anzusetzen ist, es sei denn, es wurde Gebrauch von einem steuerlichen Wahlrecht und damit verbunden einem veränderten Ansatz gemacht (§ 5 Abs 1 S 1 EStG, BMF 12.3.2010 BStBl I, 239) oder es greift eine steuerliche Sondervorschrift. Der in der Vergangenheit vorherrschende Grundsatz der Maßgeblichkeit wurde durch die Änderungen des BilMoG modifiziert: Die allg Grundsätze zur Aktivierung, Passivierung und Bewertung der einzelnen Bilanzposten wurden durch das BilMoG nicht geändert und sind auch für die steuerliche Gewinnermittlung maßgeblich. Der Grundsatz der Maßgeblichkeit wird jedoch insoweit durchbrochen, als steuerliche Ansatz- und Bewertungsvorbehalte bestehen (§ 5 Abs 1a bis 4b, Abs 6, §§ 6, 6a und 7 EStG; *Hopt* in Baumbach/Hopt[38] HGB § 242 Anm 4). 275

Immaterielle WG des Anlagevermögens können grds auch steuerlich Gegenstand einer Einlage sein (EStR (2012) R 5.5 Abs 3 S 3). Von Gestern 276

D 277, 278 Gründungs- und Eröffnungsbilanz der Kapitalgesellschaft

in Erfüllung der Einlageschuld eingebrachte **immaterielle Vermögensgegenstände** bezogen sich in der Vergangenheit ausschließlich auf den entgeltlichen Erwerb. Nach § 248 Abs 2 HGB ist seit dem BilMoG auch die Aktivierung von selbst erstellten immateriellen VG zulässig, jedoch sieht die Regelung des § 5 Abs 2 EStG für die StBil weiter den entgeltlichen Erwerb als maßgebend für die Aktivierung vor (Anm 134 ff). Entgeltlich erworbene immaterielle VG müssen auch in der steuerlichen EB als solche aktiviert und über ihre Restnutzungsdauer planmäßig abgeschrieben werden. Weil für den GFW die Fiktion einer steuerlichen Nutzungsdauer von 15 Jahren gilt (§ 7 Abs 1 S 3 EStG), ist dabei eine exakte Abgrenzung zu anderen immateriellen WG erforderlich (zur Problematik Anm 138); eine isolierte Übertragung des GFW ist nicht möglich (Anm 137; *Schubert/Hubert* in Beck Bil-Komm[12] § 247 Anm 405 ff).

Aktivierungspflicht besteht für immaterielle WG bzw einen GFW aber auch bei Übertragung durch (verdeckte) Einlage ohne Gewährung von Ges-Rechten (BFH v 24.3.1987 BStBl II, 705 mwN; *Schubert/F. Huber* in Beck Bil-Komm[12] § 247 Anm 422). Eine verdeckte Einlage ist dabei auch anzunehmen, soweit der Wert einer geleisteten Sacheinlage die vereinbarte Einlageverpflichtung übersteigt oder der KapGes ohne ausdrückliche statutarische Verpflichtung von einem Gester zusätzliches Vermögen zugeführt wird (*Groh* DB 1997, 1685); zur schenkungsteuerlichen Problematik nicht verhältniswahrender Einlagen (Anm 294).

277 Für **drohende Verluste aus schwebenden Geschäften** müssen nach § 249 Abs 1 S 1 HGB in der handelsrechtlichen EB der KapGes Rückstellungen gebildet werden (Anm 161). Dies kann zB im Rahmen einer gemischten Sacheinlage schwebender Verträge (zum Auftragsbestand Anm 139) oder bei Einbringung eines Unt der Fall sein. Nach § 5 Abs 4a EStG besteht dagegen in der steuerlichen EB insoweit grds ein *Ansatzverbot*. Vor dem Hintergrund des Grundsatzes der Erfolgsneutralität eines Anschaffungsvorgangs soll es sich nach der Rspr des BFH bei angeschafften Rückstellungen jedoch nicht mehr um Drohverlustrückstellungen, sondern um Verbindlichkeitsrückstellungen handeln und das Verbot der Passivierung von Drohverlustrückstellungen nicht zur Anwendung kommen (vgl BFH v 14.12.2011 BFH/NV 2012, 635; BFH v 12.12.2012 BFH/NV 2013, 884). Der Gesetzgeber hat jedoch in § 5 Abs 7 EStG die Rspr des BFH ausgehebelt. Hiernach sind übernommene Verpflichtungen, die beim ursprünglich Verpflichteten Ansatzverboten, Ansatzbeschränkungen oder Bewertungsvorbehalten unterlegen haben, zu den auf die Übernahme folgenden Abschlussstichtagen bei dem Übernehmer so zu bilanzieren, wie sie beim ursprünglich Verpflichteten ohne Übernahme zu bilanzieren gewesen wären. Daher müssen die in der HBil der KapGes ggf angesetzten Rückstellungen in der steuerlichen EB zwar angesetzt werden, jedoch in der nächsten auf die EB folgende SB für steuerliche Zwecke wieder erfolgswirksam aufgelöst werden. § 5 Abs 7 S 5 EStG sieht die Möglichkeit der Verteilung des entstehenden Gewinns über einen Zeitraum von bis zu 15 Jahren vor.

278 Ein steuerliches Ansatzverbot zugunsten eines erhöhten Saldos auf dem Einlagenkonto gilt für nach HGB passivierungspflichtige **Rückstellungen für ungewisse Verbindlichkeiten** wegen der Verletzung fremder Patent-,

IV. Steuerliche Besonderheiten 279–282 D

Urheber- oder ähnlicher Schutzrechte sowie für übergegangene Jubiläumsverpflichtungen, soweit die Voraussetzungen für die Rückstellungsbildung in der steuerlichen EB (§ 5 Abs 3 und Abs 4 EStG) nicht erfüllt sind.

Für **Verpflichtungen, die nur aus künftigen Einnahmen oder Gewinnen zu erfüllen sind,** dürfen nach § 5 Abs 2a EStG Verbindlichkeiten oder Rückstellungen erst dann angesetzt werden, wenn die Einnahmen oder Gewinne angefallen sind. Daraus folgt, dass entspr Verbindlichkeiten oder Rückstellungen bis zum Anfall der künftigen Einnahmen oder Gewinne in der StBil nicht angesetzt werden dürfen. 279

Eine Unterscheidung zwischen Privatvermögen und BetrVerm kommt für KapGes nicht in Betracht, da sie **keine außerbetriebliche Sphäre** besitzen. Für die Zugehörigkeit zum (steuerlichen) Vermögen der KapGes ist daher die Zweckbestimmung der einzelnen WG oder Schulden im Gegensatz zum Einzelunternehmer (dazu B Anm 99, 103) ohne Bedeutung. Ein Ansatz privater WG oder das Weglassen betrieblicher WG kommt daher nicht in Betracht, weil das zivilrechtliche **Trennungsprinzip** bei KapGes – anders als bei PersGes (C Anm 210 ff) – eine strikte Unterscheidung zwischen der Vermögenssphäre der juristischen Person bzw VorGes und der ihrer Gester erfordert, die auch steuerlich zu beachten ist. Dies gilt auch für die Einpersonen-KapGes und ihren AlleinGester (Anm 2). 280

b) Bewertung

Aufgrund des Trennungsprinzips, wonach die in einem Konzern verbundenen, rechtlich verselbstständigten Ges ungeachtet ihrer Zugehörigkeit zu einer übergeordneten Einheit prinzipiell als voneinander unabhängige Steuersubjekte betrachtet werden (*Brinkmann* in Lüdicke/Sistermann § 13 Rn 38; Anm 278; *Kessler* in Kessler/Kröner/Köhler[2] § 1 Rn 1), ist die „Einlage" in das Vermögen einer KapGes, insb wenn sie in Erfüllung der vereinbarten Einlagepflicht geleistet wird, der Erfüllung eines Kaufvertrags mit der KapGes *eher* vergleichbar (so BGH v 2.5.1966 DB, 853) als einer Einlage iSv § 4 Abs 1 S 8 EStG. Daher wird in der Zuführung von WG des Privatvermögens im Rahmen einer **offenen Sacheinlage** gegen Gewährung von wertgleichen GesRechten steuerlich keine Einlage, sondern ein als insgesamt entgeltlich anzusehender *anschaffungsähnlicher Vorgang* gesehen, für den die Regelung des § 6 Abs 1 Nr 5 EStG zur Einlagenbewertung nicht gilt (dazu C Anm 193; BFH v 20.4.2011 BStBl II, 761; *Sagasser/Bula/Brüger* in Umwandlungen[4] § 31 Rn 18; *Bonhardt* in Haritz/Menner UmwStG[3] § 18 Rn 151; *Kulosa* in Schmidt[37] EStG § 6 Anm 555). Dasselbe gilt bei der Einbringung von einzelnen WG des BetrVerm gegen Gewährung von GesRechten. Auf Seiten der KapGes ist mithin von einer Anschaffung auszugehen, wobei das im Wege der Einlage erworbene WG grds mit dem gemeinen Wert des hingegebenen WG anzusetzen ist. Die AK für den Erwerb der Sacheinlage sind mithin aus dem BetVerhältnis abzuleiten, das dem Einleger im Gegenzug für die Übertragung des Eigentums an den Einlagegegenständen eingeräumt wird. Bei *verhältniswahrender Beteiligung* (dazu Anm 292) entspricht der Wert der GesRechte dem Wert der statutarisch festgelegten Einlageansprüche der KapGes, die mit der Erfüllung untergehen. Unabhängig davon, ob diese wertmäßig (nominell) oder lediglich als Anteil am Nennkapi- 282 tal beziffert sind, ist die offene Sacheinlage daher in diesem Fall in der StBil der KapGes grds mit dem gemeinen Wert der GesRechte (*Ehmcke* in Blümich EStG § 6 Anm 1386), dh mit dem Betrag der bei der KapGes eingetretenen Vermögensmehrung **(Gutschrift auf dem Einlagenkonto)** zu bewerten (BFH v 19.10.1998 BStBl II 2000, 230 für PersGes). Ein davon abw Wertansatz (zB Buchwert des Einlegers oder Zwischenwert) ist bei der übernehmenden KapGes nur zulässig, soweit steuerliche Vorschriften (zB § 20 UmwStG: Einbringung gegen Gewährung von GesRechten) dies ausdrücklich gestatten.

Gleichwohl richtet sich die **steuerliche Bewertung** bei der Gründung einer KapGes *nicht* allein nach den im GesVertrag ggf getroffenen Vereinbarungen. Bei nicht verhältniswahrenden Wertfestsetzungen (dazu Anm 294) und bei verdeckten Sacheinlagen bzw Sachübernahmen (Anm 286) sind vielmehr auch die Regelungen des § 6 Abs 1 Nrn 4 und 5 EStG über die Bewertung von *Entnahmen* (beim Gründer) und *Einlagen* (bei der KapGes) zu beachten, soweit nicht die Vorschriften der §§ 20 ff UmwStG zur Anwendung kommen (dazu Anm 291). Damit soll sichergestellt werden, dass EK-Änderungen, die ihre Ursache nicht in einem nach kfm Grundsätzen vereinbarten (schuldrechtlichen) Geschäft der KapGes, sondern in dem GesVerhältnis haben, die Steuerbemessungsgrundlage der KapGes nicht beeinflussen. Gesellschaftsrechtlich motivierte Vermögensänderungen sind daher unabhängig davon, ob sie auf einer statutarischen Verpflichtung beruhen oder freiwillig erfolgen, nach § 8 Abs 1 KStG bei der KapGes als *Einlagen* iSd § 4 Abs 1 S 8 EStG bzw beim Gründer als *Entnahmen* iSd § 4 Abs 1 S 2 EStG zu behandeln, soweit ihnen keine wertgleichen GesRechte gegenüberstehen. Diese Vorschriften und die damit zusammenhängenden Bewertungsregelungen sind für Zwecke der Gewinnermittlung ausdrücklich zu beachten (§ 8 Abs 1 KStG iVm § 5 Abs 6 EStG), obwohl es sich bei dem Gegenstand der Einlage zunächst nicht um eigenes BetrVerm der KapGes, sondern um (fremdes) Vermögen der Gester handelt (BFH v 26.10.1987 BStBl II 1988, 348).

Die steuerlichen Vorschriften zur Einlagenbewertung (B Anm 177 ff) gelten daher auch dann, wenn die WG zB nach einer Bargründung der KapGes von ihr durch Kaufvertrag im Rahmen einer verdeckten Sacheinlage (Anm 45) erworben wurden, sofern dabei kein angemessenes Entgelt vereinbart wurde.

283 Das iZm der Übernahme der neuen Anteile rechtswirksam gewordene Einlageversprechen ist zwar eine Zuwendung zur EK-Ausstattung der KapGes (Anm 170, 193), aber selbst noch keine Einlage, denn als **Einlagen** kommen *nur Erfüllungsgeschäfte* in Betracht (Anm 140). Wie Geld- oder Sacheinlagen iSd GesRechts sind Einlagen iSd EStG „alle WG (Bareinzahlungen und sonstige WG), die der Steuerpflichtige dem Betrieb ... *zugeführt hat*" (§ 4 Abs 1 S 8 EStG), ohne dass er dafür (abgesehen von der Gewährung von GesRechten) ein angemessenes Entgelt aufgrund einer besonderen *schuldrechtlichen* Vereinbarung mit der KapGes beanspruchen konnte. Dementsprechend sind **ausstehende Einlagen** oder eingeforderte Forderungsbeträge zwar auch in der StBil zu aktivieren, gleichwohl aber als Korrekturposten zum steuerlichen BetrVerm anzusehen. Sie unterliegen daher jedenfalls steuerlich keiner eigenständigen Bewertung (BMF 4.6.2003 BStBl I S 366, zur HBil Anm 204),

IV. Steuerliche Besonderheiten

sondern sind aus dem BetrVerm der KapGes zu eliminieren, indem ihr jeweiliger Nennbetrag mit dem buchmäßigen EK zusammengefasst bzw verrechnet wird; zur Bruttobilanzierung in der HBil Anm 233.

Die Vorschriften über die Besteuerung eines Veräußerungs- bzw Entnahmegewinns (§§ 16, 17 bzw § 4 Abs 1 EStG) auf der Ebene des Gesters stehen in einem systematischen Zusammenhang mit der Einlagenbewertung bei der KapGes als dem Erwerber bzw Empfänger der Einlage. Zur Vermeidung von Besteuerungslücken gilt daher gem § 6 Abs 1 Nr 5 S 3 EStG für die steuerliche EB der **Grundsatz,** dass dem Entnahme- bzw Abgangswert *(Erlös)* des Einlegers einerseits ein entspr Wertansatz als Anschaffungs*aufwand* der KapGes andererseits entspricht. Daraus ergibt sich eine **Maßgeblichkeit des Abgangswerts** für die steuerliche Zugangsbewertung bei der KapGes (dazu Anm 287; zur Problematik bei Einlagen immaterieller WG aus dem Privatvermögen eines Gesters Anm 276). Das HGB kennt dagegen keinen Grundsatz korrespondierender Bewertung.

Soweit der Gester einer KapGes im Rahmen der Gründung oder einer Kapitalerhöhung seine gesellschaftsrechtliche Einlage in zulässiger Weise nicht in Geld, sondern mittels der Einlage von WG des Privatvermögens gegen Gewährung von GesRechten erbringt, liegt eine **offene Einlage** vor. Diese war auch bereits vor Kodifizierung des § 6 Abs 6 S 1 EStG nach der Rspr nicht als Einlage, sondern als tauschähnlicher Vorgang anzusehen (*Ehmcke* in Blümich EStG § 6 Anm 1386; BFH v 6.4.2011 BFH/NV, 1850; BFH v 19.9.2001 BStBl II 2003, 394). Aufgrund der Behandlung der offenen Einlage als tauschähnlicher Umsatz führt die offene Einlage von **Wirtschaftsgütern des Privatvermögens** in eine KapGes beim Einleger grds zur Realisierung der stillen Reserven im hingegebenen WG. Dabei gelten im Allgemeinen dieselben Grundsätze wie für einen echten Tausch. Einlagen in KapGes sind beim Einlegenden demnach steuerlich grds mit dem gemeinen Wert der hingegebenen Sacheinlage zu bewerten (*Ehmcke* in Blümich EStG § 6 Anm 1386), der auch bei einem Geschäft unter Fremden maßgeblich gewesen wäre (Verkehrswert, zum Begriff § 9 Abs 2 BewG).

Bei der **offenen Einlage von Wirtschaftsgütern des Betriebsvermögens** ist, da § 6 Abs 6 S 1 EStG nur die Bewertung des (eingetauschten) WG auf Seiten des aufnehmenden BetrVerm regelt, auf Seiten des abgehenden BetrVerm gem § 1 Abs 1 BewG der gemeine Wert des eingelegten VG anzusetzen.

Werden von der KapGes iZm einer Bargründung WG durch Kaufvertrag mit dem Gester erworben, liegt zivilrechtlich eine **verdeckte Sacheinlage** bzw Sachübernahme vor (Anm 45, 50) und die Geldeinlageforderung besteht iHd ggf ausgezahlten Kaufpreises fort (Anm 49). In diesem Fall ist § 20 UmwStG, der unter bestimmten Voraussetzungen eine steuerneutrale Einbringung von UntTeilen in eine KapGes oder eG gegen Gewährung neuer Anteile ermöglicht, nicht anwendbar, wenn keine Heilung durch Änderung der beschlossenen Bar- in eine offene Sachgründung erfolgt (*Tillmann/ Tillmann* DB 2004, 1853; *Wacker* in Schmidt[37] EStG § 16 Anm 202 **[verschleierte Sacheinlage]**). Unabhängig davon bestimmen sich die steuerlichen AK der KapGes für die übernommenen WG nur dann nach der Höhe des vereinbarten Kaufpreises, wenn dieser dem Teilwert dieser WG entspricht. Werden der KapGes dagegen über einen unangemessen niedrigen Kaufpreis stille Reserven zugewendet, handelt es sich steuerlich um einen **teilentgeltlichen Erwerb** der WG, für den der Grundsatz der Zugangsbewertung mit dem (Entnahme-)Teilwert gilt (Anm 287; FG Saarland v 6.2.2009 EFG, 657). Der über den Kaufpreis hinausgehende Mehrwert der zugegangenen WG ist als Einlage (Zuzahlung in das EK) zu behandeln. Daher kann zB durch Veräußerung eines Betriebs des (ggf Allein-)Gesters an die KapGes zu einem Preis iHd bisherigen Buchwerts des BetrVerm eine Realisierung der stillen Reserven auf GesterEbene steuerlich nicht vermieden werden (BFH v 18.12.1990 BStBl II 1991, 512), denn Buchwertfortführung wäre bei der KapGes nur durch eine Antragstellung und unter den Voraussetzungen des § 20 Abs 2 S 2 UmwStG, dh bei Übertragung gegen Gewährung von GesRechten, zulässig. Eine analoge Anwendung des § 20 UmwStG auf teilentgeltliche Kaufverträge ist dagegen nicht möglich. Der Teilwertansatz (und damit die zusätzliche Einlage bei der KapGes) schließt auch einen evtl GFW ein (BFH v 10.8.1989 BFH/NV 1990, 289), und zwar selbst dann, wenn er von dem Einleger fälschlicherweise nicht versteuert wurde (BFH v 25.10.1995 BB 1996, 842). Damit führt eine (verdeckte) gemischte Sacheinlage (Anm 52) in Form eines teilentgeltlichen Erwerbs für die zugegangenen Aktiva in der StBil zu denselben Wertansätzen wie die Vereinbarung eines angemessenen Kaufpreises, der ggf den vollen GFW einschließt (BFH v 27.3.2001 DB, 1748).

287   Eine **verdeckte Einlage** liegt vor, wenn der KapGes von einem Gester außerhalb der gesellschaftsrechtlichen Vorschriften einlagefähige Vermögensvorteile zugewendet werden, ohne dass der Gester hierfür eine angemessene Gegenleistung erhält und die Ursache hierfür im GesVerhältnis liegt (BFH v 20.1.2016 BStBl II 2018, 284 mwN). Bei der KapGes ist das WG grds mit dem Teilwert (§ 6 Abs 1 Nr 5 EStG), unter den Voraussetzungen des § 6 Abs 1 Nr 5 S 1 Hs 2 (dazu Anm 289) höchstens mit den fortgeführten AH/HK anzusetzen.

Wenn der **verdeckten Einlage** in das BetrVerm der KapGes eine Entnahme **aus einem Betriebsvermögen** des Gesters vorausgeht, tritt grds Gewinnrealisierung ein (Anm 285). Daher ist sowohl die Entnahme beim Gester (§ 6 Abs 1 Nr 4 S 1 EStG) als auch die Einlage bei der KapGes (§ 6 Abs 1 Nr 5 S 1 EStG) grds mit dem **Teilwert** zu bewerten (Anm 284), soweit kein ausdrückliches Wahlrecht zu anderweitiger Entnahmebewertung (zB Buchwert) besteht.

288   Soweit die **verdeckte Einlage aus einem Betriebsvermögen** erfolgt, bestimmt § 6 Abs 6 S 2 EStG, dass sich die AK der Bet grds um den Teilwert des aus dem BetrVerm eingelegten WG erhöhen. In der Folge ergibt sich eine Gewinnrealisierung in der Differenz zwischen dem Buchwert des eingelegten WG und dessen Teilwert (*Kulosa* in Schmidt[37] EStG § 6 Anm 748). S 3 der Vorschrift ist gesetzestechnisch misslungen und der Anwendungsbereich unklar. Mit *Kulosa* in Schmidt[37] EStG § 6 Anm 752 ist davon auszugehen, dass in dem Fall, dass das verdeckt eingelegte WG innerhalb der letzten drei Jahre vor der verdeckten Einlage angeschafft oder hergestellt wurde, dieses bei der aufnehmenden KapGes mit den fortgeführten AH/HK zu bewerten ist und für die Gewinnrealisierung beim einlegenden Gester somit nicht

IV. Steuerliche Besonderheiten

der Teilwert, sondern der Einlagewert der KapGes heranzuziehen ist. Die AK erhöhen sich in diesem Fall mithin nur um den Buchwert des verdeckt eingelegten WG, sodass im Ergebnis keine Gewinnrealisation eintritt und die stillen Reserven auf die KapGes übergehen.

Stammt eine **verdeckte Einlage aus dem Privatvermögen** des Gesters und hat er das betr WG innerhalb der letzten drei Jahre vor der Zuführung angeschafft oder hergestellt, ist nach § 6 Abs 1 Nr 5 EStG eine Bewertung in der EB der KapGes mit dem Teilwert, **höchstens** mit den AK/HK des Einlegers vorgeschrieben. Über § 6 Abs 6 S 3 EStG gilt die Begrenzung im Ergebnis auch für den Gester (ebenso *Kulosa* in Schmidt[37] EStG § 6 Anm 752). Insoweit gelten also die gleichen Regeln wie bei der Bewertung von Einlagen in das BetrVerm einer PersGes (dazu C Anm 193), obwohl es für die KapGes weit schwieriger sein dürfte, die AK des Einlegers zu ermitteln (kritisch daher *Groh* FR 1990, 530). Es müsste daher aus Vereinfachungsgründen auch zulässig sein, den Vorgang bei der KapGes als Anschaffung zum Wiederbeschaffungswert zu behandeln (*Groh* DB 1997, 1685).

Vor dem Hintergrund, dass die Bewertungsregeln der Einlage (§ 6 Abs 1 Nr 5) auf die Eröffnung eines Betriebs mit WG des Privatvermögens nicht unmittelbar anwendbar sind, da diese einen bereits bestehenden Betrieb voraussetzen (BFH v 30.6.1960 BStBl III, 346), ordnet § 6 Abs 1 Nr 6 EStG zur Vermeidung einer Regelungslücke an, dass für die Bewertung des BetrVerm bei Eröffnung eines Betriebs die Regelungen zur Bewertung von Einlagen (§ 6 Abs 1 Nr 5 EStG) entspr anzuwenden sind. Mit *Ehmcke* in Blümich EStG § 6 Anm 1065 ist daher davon auszugehen, dass im Fall der Betriebseröffnung der Teilwert als der Preis anzusehen ist, den ein fremder Dritter für die Beschaffung des WG aufgewendet hätte, wenn er anstelle des Stpfl den Betrieb eröffnet oder fortgeführt hätte – (Wieder-)Beschaffungskosten (BFH v 29.4.1999 BStBl II 2004, 639 mwN).

Die grds vorgeschriebene Bewertung kurz zuvor angeschaffter oder hergestellter WG mit den niedrigeren AK/HK des Privateinlegers in der StBil der KapGes gilt auch für Anteile an KapGes, sofern es sich nicht um Anteile iSv § 17 Abs 1 EStG handelt (dazu Anm 290). Die Vorschrift bewirkt, dass bis zum Zeitpunkt der Einlage eingetretene Wertsteigerungen zu einer stillen Zwangsreserve führen, die nach ihrer Realisierung bei der KapGes der Besteuerung unterliegt; zur Problematik auch B Anm 175. Da der Gegenstand in der handelsrechtlichen EB grds mit seinem Verkehrswert anzusetzen ist (Anm 197 f), ergibt sich aus der abw Bewertung eine **latente Steuerbelastung** (so auch *Groh* FR 1990, 530), die durch Passivierung einer entspr Steuerrückstellung berücksichtigt werden muss. Nach § 274 Abs 1 HGB ist dies jedenfalls für die Steuerwirkung temporärer Bewertungsunterschiede ausdrücklich vorgeschrieben (dazu Anm 162, 216). Da die Steuerbelastung den Wert der Einlage und damit die Einstellung in die Kapitalrücklage mindert (zur Problematik C Anm 50), besteht nach § 249 Abs 1 S 1 HGB aber auch dann Rückstellungspflicht, wenn sich die Bewertungsunterschiede in absehbarer Zeit nicht auflösen (zB bei Grundbesitz).

Eine Höchstbewertung mit dem Teilwert bzw den *niedrigeren* AK des Einlegers ist nach dem Wortlaut des § 6 Abs 1 Nr 5b EStG auch für die Einlage eines im Privatvermögen gehaltenen **Anteils an einer Kapitalgesellschaft**

289

290

vorgeschrieben, an der der Einleger iSd § 17 Abs 1 EStG innerhalb der letzten fünf Jahre zu mind 1% unmittelbar oder mittelbar beteiligt war (BFH v 5.6.2008 BStBl II, 965). Diese Höchstwertregelung gilt auch für verdeckte Einlagen (BFH v 11.2.1998 DB, 1544). Bei Einlage **wertgeminderter Anteile** in das BetrVerm einer KapGes sollen sogar ungeachtet der Wertminderung die *höheren* AK des Gesters in der steuerlichen EB der KapGes anzusetzen sein, um zu vermeiden, dass ein nach § 17 EStG realisierbarer Wertverlust durch Ansatz eines niedrigeren Teilwerts verloren geht (BFH v 29.11.2017 BStBl II 2018, 426 mwN).

Da die verdeckte Einlage von Anteilen iSv § 17 Abs 1 S 2 EStG an KapGes einer *Veräußerung* ausdrücklich gleichsteht, muss sie (wie die Einlage aus einem BetrVerm, Anm 287) grds zur Realisierung eines Veräußerungsgewinns oder -verlusts iSv § 17 EStG bei dem Gester führen (BFH v 20.7.2005 BStBl II 2006, 457). Nach dem Identitätsgrundsatz (Anm 287) hat dies zur Folge, dass die Höchstbetragsgrenze des § 6 Abs 1 Nr 5b EStG nun auch für die verdeckte bzw nicht verhältniswahrende Einlage von Bet iSv § 17 Abs 1 EStG nicht mehr anzuwenden ist (BFH v 19.10.1998 BStBl II 2000, 230; dazu C Anm 193). Im Wege teleologischer Reduktion wird die Vorschrift deshalb von der FinVerw dahingehend ausgelegt, dass die aus dem Privatvermögen eingebrachten Anteile *bei der KapGes* stets mit dem **Teilwert** (Wiederbeschaffungs-/Verkehrswert) zu bewerten sind (BFH v 4.3.2009 BStBl II 2012, 341). Kann dieser nicht aus zeitnahen Verkäufen abgeleitet werden, ist er unter Berücksichtigung des zu Teilwerten bewerteten Vermögens der eingebrachten KapGes und ihrer Ertragsaussichten zu schätzen. Hierfür kommt ein vereinfachtes Ertragswertverfahren gem §§ 199–203 BewG zur Anwendung. Das muss sowohl für die Einlage im Wert gestiegener Anteile als auch für die Einlage wertgeminderter Anteile gelten. Ein Ansatz der höheren oder niedrigeren AK des Einlegers kommt daher grds nicht in Betracht. Die sofortige Erfolgsrealisierung beim Privateinleger ist jedoch nach Auffassung der FinVerw unter denselben Voraussetzungen wie bei Einlage aus einem BetrVerm (dazu Anm 288) vermeidbar, wenn die zugegangenen Anteile bei der KapGes mit den AK des Einlegers bewertet werden.

291 Zur Einlagenbewertung bei **Einbringung** eines Betriebs, Teilbetriebs oder Mitunternehmeranteils gegen Gewährung von GesRechten sind die Vorschriften der §§ 20 ff UmwStG anzuwenden, da es sich in diesem Fall um eine offene Einlage handelt. Die Einbringung ist dabei als Veräußerung des eingelegten WG zu werten. Ein steuerlicher Veräußerungsgewinn kann sich ergeben, wenn ein wertmäßiger Unterschied zwischen dem Einlagewert und den erhaltenen GesRechten besteht (*Kußmaul/Ruiner/Delarber* StB 2011, 266 ff).

Bei Einlagen iSd § 20 UmwStG ist unter den dort genannten Voraussetzungen (BMF 11.11.2011 BStBl I 1314, Rn 21.09) wahlweise Buchwertfortführung oder Gewinnrealisierung bis höchstens zum Teilwert der hingegebenen Anteile möglich (*Scherer* in Sudhoff[5] UmwG § 68 Anm 42); dazu I Anm 190 ff.

292 Bei einem Kaufvertrag würde ein unabhängiger Dritter stets eine Vergütung fordern, die dem Verkehrswert seiner Leistung entspricht. In gleicher Weise würde er als Gester von seinen Vertragspartnern bei einem Einbrin-

IV. Steuerliche Besonderheiten

gungsvorgang die **Einräumung eines Beteiligungsverhältnisses** bei der KapGes verlangen, das sich nach dem Verkehrswert seiner Einlage im Verhältnis zu den Einlagewerten der übrigen Gester bestimmt (Anm 182). Dies setzt voraus, dass sich die MitGester ebenfalls verpflichten, der KapGes zur Stärkung des EK (und damit zugunsten aller MitGester) entspr Werte zuzuführen. Im Gegenzug erlangt die KapGes jeweils einen der eingeräumten BetQuote entspr Wertverschaffungsanspruch gegen den betr Gründer, aus dem ihre AK abzuleiten sind (Anm 193 ff). Aufgrund dessen wird auch für die steuerliche EB angenommen, dass bei einer Einlage gegen Gewährung von GesRechten der KapGes im Rahmen eines tauschähnlichen Vorgangs insoweit *eigene AK* iHd Verkehrswerts (Anm 285) entstehen, weil die entspr Einlageansprüche mit der Erfüllung der Einlage untergehen (BFH v 25.1.1984 BStBl II, 422). Dagegen fehlt es bei der **verdeckten Einlage** an einem derartigen „Tausch", sodass die KapGes die erhaltenen WG insoweit grds mit dem Teilwert oder ausnahmsweise mit den niedrigeren AK des Einlegers zu bewerten hat (Anm 287, 290). Alle aufgrund des GesVerhältnisses offen oder verdeckt eingebrachten WG sind jedoch als von der KapGes **angeschafft** anzusehen. Damit sind sie zugleich taugliche Reinvestitionsobjekte iSv § 6b Abs 1 EStG (*Groh* DB 1997, 1685).

Bei der Einlage in das BetrVerm einer KapGes handelt es sich grds nicht um eine freigiebige **Zuwendung** des Gesters, sondern um eine *mitgliedschaftliche Leistung* zur gemeinschaftlichen Förderung des GesZwecks. Bei der Gründung einer neuen KapGes besteht die Förderung in einer vertraglichen *Einlagepflicht* der jeweiligen Gründer, sodass sich aus dem Verhältnis zwischen KapGes und Gründer aufgrund der **„Entgeltlichkeit"** iSd GesRechts idR keine Schenkungsteuerpflicht ergeben kann. Dies gilt insb für Zuwendungen eines AlleinGesters im Rahmen verdeckter Sacheinlagen bzw Sachübernahmen.

Wird der Wert der Bet einer KapGes dadurch erhöht, dass ein Gester eine Einlage erbringt, ohne dafür wertgleiche Anteile zu erhalten und andere Gester somit wertmäßig profitieren, wurde dies bei Erwerben, für die die Steuer vor dem 14.12.2011 entstand, nicht als freigiebige Zuwendung eingestuft und war somit für die **Schenkungsteuer** nach § 7 Abs 1 Nr 1 ErbStG irrelevant (vgl BFH v 9.12.2009 BStBl 2010 II, 566). Entsprechend dem *Gleichlautenden Erlass betr Schenkungen unter Beteiligung von Kapitalgesellschaften oder Genossenschaften* vom 20.4.2018 (BStBl I, 632) sind jedoch bei Leistungen an KapGes die Regelungen in § 7 Abs 8 und § 15 Abs 4 ErbStG zu prüfen. Die Grundsätze der Rspr sowie die Anwendung von §§ 7 Abs 8, 15 Abs 4 ErbStG werden in og Erlass vom 20.4.2018 im Detail dargestellt.

Nach § 7 Abs 8 S 1 ErbStG, der insoweit § 7 Abs 1 S 1 einschränkt, kann auch die bloße Werterhöhung von Anteilen an einer KapGes schenkungsteuerbar sein. § 7 Abs 8 S 2 ErbStG stellt zu der BFH-Rspr klar, dass verdeckte Gewinnausschüttungen und verdeckte Einlagen zwischen verbundenen Körperschaften grds keine freigiebigen Zuwendungen sind. Nach § 15 Abs 4 ErbStG ist bei einer Schenkung durch eine KapGes oder eG der Besteuerung das persönliche Verhältnis des Erwerbers zu demjenigen unmittelbar oder mittelbar beteiligten Gester zugrunde zu legen, durch den sie veranlasst ist; dies ist zB für die Bestimmung der Steuerklasse oder die Anwendung des § 14 ErbStG von Bedeutung.

D 295   Gründungs- und Eröffnungsbilanz der Kapitalgesellschaft

Notwendiges Kriterium für eine steuerbare Zuwendung ist grds eine Bereicherung des Bedachten auf Kosten des Zuwendenden unter Betrachtung der zivilrechtlichen Vermögensverschiebung. Soweit ein Gester einer KapGes im Wege einer offenen oder verdeckten Einlage einen Vermögenswert zuführt und sich infolge dieses Vermögenszugangs der gemeine Wert sämtlicher Anteile an der KapGes erhöht, stellt diese Werterhöhung der BetRechte der anderen Gester grds keine steuerbare Zuwendung iSv § 7 Abs 1 Nr 1 ErbStG an diese dar (BFH v 9.12.2009 BStBl 2010 II, 566, und v 25.10.1995 BStBl 1996 II, 160). Erfolgte jedoch in zeitlichem Zusammenhang mit einer Einlage eine offene oder verdeckte Ausschüttung, war nach dem og Ländererlass regelmäßig der an die anderen Gester ausgeschüttete Betrag Gegenstand einer Zuwendung des Einlegenden an die Ausschüttungsbegünstigten im Sinne einer Weiterleitung des eingelegten Vermögens an den jeweiligen Beschenkten (BFH v 19.6.1996 BStBl II, 616).

295   Ob eine Leistung iSv § 7 Abs 8 S 1 ErbStG vorliegt, ist im Rahmen einer Gesamtbetrachtung zu prüfen. Sofern auch die anderen Gester in einem zeitlichen und sachlichen Zusammenhang Leistungen an die Ges erbringen, die insgesamt zu einer den BetVerhältnissen entspr Werterhöhung der Anteile aller Gester führen, ist mithin nicht von einer steuerbaren Leistung auszugehen. Weiterhin ist von keiner nach § 7 Abs 8 S 1 ErbStG steuerbaren Werterhöhung der Anteile von MitGestern auszugehen, soweit der Leistende als Gegenleistung zusätzliche Rechte in der Ges erlangt, wie zB eine Verbesserung seines Gewinnanteils (§ 29 Abs 3 S 2 GmbHG), zusätzliche Anteile an der Ges oder eine von den Geschäftsanteilen abw Verteilung des Vermögens bei späterer Liq.

Die Höhe der Bereicherung richtet sich nach der Erhöhung des gemeinen Werts der Anteile an der KapGes. Maßgeblich für die Ermittlung sind die allg Regelungen für die Bewertung nicht notierter Anteile (§ 11 Abs 2 BewG, ggf iVm §§ 199 ff BewG).

Für die Frage des Vorliegens und der Höhe einer etwaigen Bereicherung maßgeblich sind die Erkenntnismöglichkeiten und Wertvorstellungen der Gester in dem Zeitpunkt, in dem die Leistung bewirkt wird. Sind die Parteien bei wechselseitigen Leistungen an die Ges in nachvollziehbarer Weise und unter fremdüblichen Bedingungen übereinstimmend davon ausgegangen, dass die Leistungen insgesamt ausgewogen sind, liegt eine Steuerbarkeit nach § 7 Abs 8 S 1 ErbStG grds auch dann nicht vor, wenn sich dies anhand später gewonnener besserer Erkenntnisse als unzutreffend erweist. Die Ausgewogenheit der GesterBeiträge wird nach der Verwaltungsauffassung aber regelmäßig nicht zu belegen sein, wenn zwischen den Leistungen ein offensichtliches Missverhältnis besteht, wovon bei einer Wertdifferenz von mind 20% auszugehen ist.

E. Sonderbilanz bei Kapitalerhöhung aus Gesellschaftsmitteln

Übersicht

	Anm
I. Entwicklung und rechtliche Grundlagen	
1. Regelungszweck	1–8
2. Formalanforderungen und Kapitalaufbringungskontrolle	11–20
II. Jahresbilanz und Kapitalerhöhungssonderbilanz	
1. Aufstellung und maßgeblicher Bilanzstichtag	22–26
2. Ansatz und Bewertung, Gliederung und Ausweis	29–38
III. Zur Kapitalerhöhung verwendbares Eigenkapital	
1. Kapitalrücklage und Gewinnrücklagen	
a) Überblick	43–46
b) Kapitalrücklage	
aa) Tatbestände des § 272 Abs 2 HGB	50–55
bb) Sonderfälle	56–71
c) Gewinnrücklagen	
aa) Tatbestände des § 272 Abs 3 HGB	76–81
bb) Sonderfälle	85–90
2. Rücklagenzuführungen durch das Aufstellungsorgan aus dem laufenden Ergebnis	
a) Jahresbilanz als Beschlussgrundlage	95, 96
b) Sonderbilanz als Beschlussgrundlage	97, 98
3. Einstellungen aus dem Bilanzgewinn des Vorjahres und Einlagen	
a) Jahresbilanz als Beschlussgrundlage	100–103
b) Sonderbilanz als Beschlussgrundlage	104–106
4. Verwendungsschädliche Gegenposten	108–114
5. Katalog der umwandlungsfähigen Rücklagen	115–119
IV. Prüfung, Feststellung und Offenlegung	
1. Prüfungspflicht und Bestätigungsvermerk	121–131
2. Aufstellung, Vorlage und Feststellung	133–137
3. Offenlegung und Aufbewahrung	141, 142
V. Bilanzielle Auswirkungen der Rücklagenumwandlung	
1. Darstellung der Kapitalerhöhung im Folgeabschluss	150–153
2. Auswirkungen bei den Anteilseignern	155–162
3. Auswirkungen im Konzern	165
VI. Steuerliche Besonderheiten	
1. Auswirkungen bei der Gesellschaft	170, 171
2. Auswirkungen bei den Anteilseignern	172, 173

Schrifttum: *Than* Rechtliche und praktische Fragen der Kapitalerhöhung aus Gesellschaftsmitteln bei einer Aktiengesellschaft, WM-Sonderheft 1991, 54; *von der Osten* Verdeckte Gewinnausschüttung an Inländer durch Kapitalerhöhung aus Gesellschaftsmitteln bei ausländischen Beteiligungsgesellschaften, GmbHR 1994, 307; *Zöllner/*

E 1–3 Sonderbilanz bei Kapitalerhöhung aus Gesellschaftsmitteln

Winter Folgen der Nichtigkeit durchgeführter Kapitalerhöhungsbeschlüsse, ZHR 1994, 59; *Müller* Kein Heilungsbedarf mehr bei Barkapitalerhöhungen im Ausschüttungsrückholverfahren?, INF 1997, 721; *Kußmaul/Junker* Die steuerliche Seite der Kapitalherabsetzung nach erfolgter Kapitalerhöhung aus Gesellschaftsmitteln, DB 1998, 2083; *Stegemann* Die steuerliche Behandlung von Gratisaktien, BB 2000, 953; *Hüffer* § 216 Abs. 3 AktG: Sondernorm oder allgemeiner Rechtsgedanke?, FS Bezzenberger, 2000, 191; *Take,* Kapitalerhöhung aus Gesellschaftsmitteln als Instrument zur Heilung einer verunglückten Kapitalerhöhung, StB 2001, 452; *Rottnauer* Einbeziehung aufgelöster Gewinnrücklagen bei Ermittlung einer dividendenabhängigen Vorstandstantieme, NZG 2001, 1009; *Fett/Spiering* Typische Probleme bei der Kapitalerhöhung aus Gesellschaftsmitteln, NZG 2002, 358; *Baldamus* Forderungsverzicht als Kapitalrücklage gemäß § 272 Abs. 2 Nr. 4 HGB, DStR 2003, 852; *Busch* Eigene Aktien in der Kapitalerhöhung, AG 2005, 429; *Grosjean/Schmidt* Kapitalerhöhungen: Gefahr für die Bezieher dividendenbezogener Tantiemen?, DB 2005, 1518; *Weiss* Kombinierte Kapitalerhöhung aus Gesellschaftsmitteln mit nachfolgender ordentlicher Kapitalherabsetzung – ein Instrument flexiblen Eigenkapitalmanagements der Aktiengesellschaft, BB 2005, 2697; *Korsten* Kapitalerhöhung aus Gesellschaftsmitteln bei unrichtigem Jahresabschluss, AG 2006, 321; *Hüffer* Die Kapitalerhöhung aus Gesellschaftsmitteln bei Ausgabe von Bezugsaktien zwischen dem Erhöhungsbeschluss und seiner Eintragung im Handelsregister, FS Lüer, 2008, 395; *Oser/Kropp* Eigene Anteile in Gesellschafts-, Bilanz- und Steuerrecht, DK 2012, 185; *Schemmann* Asymmetrische Kapitalerhöhungen aus Gesellschaftsmitteln bei der GmbH, NZG 2009, 241.

I. Entwicklung und rechtliche Grundlagen

1. Regelungszweck

1 Das Verfahren der **Kapitalerhöhung aus Gesellschaftsmitteln** ist für GmbH in den §§ 57c–57o GmbHG geregelt. Diese Vorschriften für GmbH entsprechen weitgehend den Bestimmungen für AG/KGaA (§§ 207–220 AktG). Aufgrund weitergehender aktienrechtlicher Restriktionen bestehen allerdings gewisse **Unterschiede,** insb im Hinblick auf die Verwendbarkeit von Rücklagen (Anm 43 ff).

2 Die Kapitalerhöhung aus GesMitteln ist als eine **Umgliederung** innerhalb des (in der Summe unveränderten) EK anzusehen. Es handelt sich um eine (einheitliche) Maßnahme, die lediglich eine Umw von Rücklagen in grds nicht verteilbares Nominalkapital (*nominelle* Kapitalerhöhung) bewirkt (Anm 11; *Servatius* in Baumbach/Hueck GmbHG[22] Vor § 57c Anm 2) und damit bei dem Anteilseigner (dazu Anm 155 ff) mangels Ausschüttung *nicht* zu einer Gewinnrealisierung führt **(Einheitstheorie).** Diese Auffassung wurde auch für steuerliche Zwecke entspr übernommen (Anm 172 f, zur historischen Entwicklung s Vorauf und zB *Priester* in Scholz[11] GmbHG Vor § 57c Anm 1 ff; *Lutter* in Kölner Komm AktG[2] Vorb § 207 Anm 1).

3 Im Gegensatz zur Kapitalerhöhung gegen Geld- oder Sacheinlagen werden der KapGes neue Finanzmittel zwar nicht zugeführt, aufgrund der stärkeren Bindung des Nominalkapitals verbessert sich jedoch die Haftungsbasis, da die in Stamm- bzw Grundkapital umgewandelten Beträge für Ausschüttungen grds nicht mehr zur Verfügung stehen (§§ 30 Abs 1 GmbHG, 57 Abs 1 S 1 AktG). Das solchermaßen umgewidmete EK kann danach nur durch eine förmliche Kapitalherabsetzung (§§ 58 bis 58f GmbHG, §§ 222 bis 240 AktG,

I. Entwicklung und rechtliche Grundlagen 4, 5 **E**

dazu Q Anm 150 ff) wieder für die Gester verfügbar gemacht werden (dazu *Weiss* BB 2005, 2697). Somit verbessert sich die Position der Gläubiger und damit die Kreditwürdigkeit der KapGes, zumal der Rechtsverkehr wegen der notwendigen Zugrundelegung einer geprüften Bilanz (Anm 17, 121) davon ausgehen kann, dass das durch Rücklagenumwandlung erhöhte Nennkapital auch tatsächlich (real) vorhanden ist (zu den Rechtsfolgen bei unrichtigem JA *Korsten* AG 2006, 321 ff).

Obwohl die EK-Summe unverändert bleibt, ergibt sich aus dem (Passiv-) 4 Tausch von Rücklagen in Nennkapital eine Änderung bestimmter **Bilanzkennzahlen**. Es verschlechtert sich zB das Verhältnis zwischen dem Jahresergebnis und dem Nennkapital (Ergebnis pro Aktie). Das Sinken dieser Kennzahl für die Nominalrendite ist insb für börsennotierte AG/KGaA bedeutsam. Dort werden die Anteilseigner nach einer Kapitalerhöhung aus GesMitteln idR erwarten, dass der Dividendensatz trotz des erhöhten Nennkapitals auch künftig beibehalten wird, was eine absolut höhere Ausschüttung erfordert. Von Bedeutung ist ferner, dass sich durch die Ausgabe neuer Anteile die Handelbarkeit der Aktien verbessert (*Singhof* in HdJ III/2 (2008), Anm 92), weil durch die Ausgabe neuer Anteile die Handelbarkeit der Aktien verbessert (*Singhof* in HdJ III/2 (2008), Anm 92), weil sich der bisherige Kurswert auf alte und junge Aktien aufteilt (Anm 155). So ermäßigt sich zB bei einem Erhöhungsverhältnis von 1 : 1 der Kurs auf die Hälfte, da sich der Wert des Unt nun auf die doppelte Anzahl von Anteilen verteilt. Außerdem wird bei allen KapGes der gesetzlich (§ 150 Abs 2 AktG) oder satzungsmäßig (§§ 58 Abs 2 AktG, 29 Abs 1 GmbHG) vorgeschriebene bzw zulässige Umfang der Dotierung von Rücklagen für die Geschäftsleitung erweitert (*Arnold* in MünchKomm AktG[43] § 207 Anm 2), da deren Höhe jeweils durch einen bestimmten Anteil am Nennkapital festgelegt wird. Dies beschränkt bei AG/KGaA aber zugleich das künftige Ausschüttungsvolumen, falls nach einer Kapitalerhöhung aus GesMitteln die gesetzliche Rücklage wieder aufgefüllt werden muss (§ 150 AktG).

Die Regelungen bezwecken vornehmlich die **Sicherung und Kontrolle** 5 des zur Umwandlung vorgesehenen EK (§§ 207 bis 209 AktG, 57d bis 57g, 57i GmbHG) sowie die **Aufrechterhaltung der Beteiligungsverhältnisse** der Gester (§§ 212 bis 215 AktG, 57h, 57j bis 57m GmbHG). Die Kapitalerhöhung aus GesMitteln darf deshalb nicht *gleichzeitig* von der Durchführung einer Kapitalerhöhung gegen Einlagen *abhängig* gemacht werden (ganz hM, zB *Koch* in Hüffer/Koch[13] AktG § 207 Anm 6). *Getrennte* Beschlussfassung in derselben GesV ist dagegen unbedenklich (*Koch* in Hüffer/Koch[13] AktG § 207 Anm 7; *Servatius* in Baumbach/Hueck GmbHG[22] § 57c Anm 8).

Für GmbH wird es zT auch für zulässig gehalten, die Rücklagenumwandlung in einem *bedingten Beschluss* davon abhängig zu machen, dass außerdem eine Kapitalerhöhung gegen Einlagen zustande kommt. Hierfür sind aber grds zwei getrennte Beschlüsse erforderlich (zB *Kleindiek* in Lutter/Hommelhoff[20] GmbHG § 57c Anm 14 f mwN). Für GmbH kann ausnahmsweise ein einheitlicher Beschluss ausreichen; wegen des faktischen Zwangs, neue Anteile zu übernehmen, setzt dies jedoch die einvernehmliche Mitwirkung aller Gester voraus (OLG Düsseldorf v 25.10.1985 ZIP 1986, 437; ebenso *Priester* in Scholz[11] GmbHG Vor § 57c Anm 20). Dies ist für AG/KGaA jedoch nicht möglich, da Aktionäre nicht verpflichtet werden können, sich an einer anderen Kapitalerhöhung zu beteiligen (*Lutter* in Kölner Komm AktG² Vorb

E 6, 7   Sonderbilanz bei Kapitalerhöhung aus Gesellschaftsmitteln

§ 207 Anm 13, § 212 Anm 10). Unzulässig wäre auch, ein genehmigtes Kapital aus GesMitteln zu beschließen, weil § 202 Abs 1 AktG bzw § 55a Abs 1 GmbHG dazu die Ausgabe neuer Anteile *gegen Einlagen* vorschreiben.

6   Dem Ziel der Erhaltung der BetStruktur dient ferner der Grundsatz, dass die **Rechtspositionen Dritter,** die vom Nennkapital oder vom Gewinn abhängige Ansprüche gegen die Ges haben, durch die Kapitalerhöhung aus GesMitteln nicht wirtschaftlich ausgehöhlt („verwässert") werden dürfen. Das gilt auch für die Komplementäre einer KGaA (dazu Anm 14). Nach § 57m Abs 3 GmbHG und § 216 Abs 3 AktG (dazu auch Anm 61) bleibt der „wirtschaftliche Inhalt" solcher Vertragsbeziehungen bestehen (zu praktischen Einzelfragen *Fett/Spiering* NZG 2002, 366 f). Die vertraglich geschuldete Leistung ist daher in der Weise neu zu bemessen, dass sich durch die Kapitalerhöhung keine materielle Änderung ergibt (zur Anpassung vertraglicher Gewinnbeteiligungen und dividendensatzbezogener Verpflichtungen *Grosjean/ Schmidt* DB 2005, 1520 f; zu Vorstands- und Aufsichtsratstantiemen *Rottnauer* NZG 2001, 1014; *Than* WM-Sonderheft 1991, 59 f; dazu auch BGH v 3.7.2000 DB 2000, 1805; zur Anpassung des Vorzugsdividendensatzes bei Vorzugsaktien OLG Stuttgart v 11.2.1992 DB, 566; zu Abfindungsansprüchen nach § 304 AktG bei EAV *WPH*[16] HBd, C Anm 285 mwN; zu Genussrechten Anm 71).

Verwässerungsschutz besteht auch für mit dem Anteil verbundene **Sonderrechte** (zB Vorzugsrechte) einzelner Gester (zu den phG von KGaA Anm 14). So müsste zB ein Anspruch auf prozentualen Vorabgewinn bei einer Verdopplung des Nennkapitals auf die Hälfte reduziert werden. Die betr Vereinbarungen gelten mit Eintragung des Beschlusses über die Kapitalerhöhung als entspr angepasst (dazu *Kleindiek* in Lutter/Hommelhoff[20] GmbHG § 57m Anm 15; *Than* WM-Sonderheft 1991, 58). Der Verwässerungsschutz erstreckt sich nach hM auch auf die Inhaber von Nießbrauchs-, Sicherungs- oder Pfandrechten an den bisherigen Anteilen (*Zöllner/Fastrich* in Baumbach/ Hueck GmbHG[20] § 57m Anm 14 mwN; bzgl des Pfandrechts). Der Nießbraucher erlangt allerdings keinen Anspruch auf Übernahme der neuen Anteile, da sie zwingend den zivilrechtlichen Eigentümern der alten Anteile zustehen (Anm 14, 16). Beim Sicherungseigentum stehen die neuen Anteile dem Sicherungsnehmer als rechtlichem Eigentümer zu; der Sicherungsgeber kann ihre (Rück-)Abtretung erst mit Erreichen des Sicherungszwecks verlangen. Gleiches gilt für Treuhandschaften (*Priester* in Scholz[11] GmbHG § 57m Anm 24).

7   Das Recht der Kapitalerhöhung aus GesMitteln gilt nur für KapGes (AG, KGaA, SE, GmbH und haftungsbeschränkte UG iSv § 5a GmbHG); für **Genossenschaften** ist es nicht anwendbar. Dagegen ist eine Kapitalerhöhung aus GesMitteln bei **GmbH & Co KG** im Prinzip möglich (s BFH v 30.10. 1992 BStBl II, 917, da Rücklagen auch bei OHG/KG aufgrund des GesVertrags oder eines Beschlusses der Gester als bilanzielles EK gebildet (s § 264c Abs 2 S 1 HGB) und später wirksam in (erhöhte) Hafteinlagen von Kommanditisten umgewandelt werden können. Für eine Aufstockung des Haftkapitals eines Kommanditisten ist es daher nicht erforderlich, der KG neues EK zuzuführen. Unter der Voraussetzung, dass das EK nachweislich vorhanden ist, genügt es vielmehr, bisher ungebundenes Kapital durch Umbuchung von

I. Entwicklung und rechtliche Grundlagen 8–12 **E**

Rücklagen in die Kapitalbindung nach § 172 Abs 4 HGB einzubeziehen (*Priester* in Scholz[11] GmbHG Vor § 57c Anm 24f). Anders als bei KapGes (Anm 121) ist dazu eine Bilanzprüfung jedoch nicht erforderlich, aus Gründen der Rechtssicherheit zum Nachweis der Aufbringung der erhöhten Hafteinlage aber zweckmäßig.

Einschränkungen gelten für Ges **in Liquidation** (dazu T Anm 10ff). So darf 8 eine Kapitalerhöhung aus GesMitteln nach dem Auflösungsbeschluss nicht mehr beschlossen bzw eine vorher beschlossene Kapitalerhöhung aus GesMitteln darf nach hM (anders als eine Kapitalerhöhung gegen Einlagen oder eine bedingte Kapitalerhöhung, BGH v 23.5.1957 BGHZ 24, 279) nicht mehr eingetragen werden, falls nicht vorher die Fortführung der Ges beschlossen wird (*Baumbach ua* in Baumbach/Hueck GmbHG[20] Vor § 57c Anm 6), denn die Kapitalerhöhung aus GesMitteln würde anderenfalls dem Zweck der Liquidation (s dazu §§ 69 Abs 1, 70, 72 GmbHG, 264 Abs 2, 268, 271 AktG) widersprechen (*Koch* in Hüffer/Koch[13] AktG § 207 Anm 16 mwN). Ein Erhöhungsbeschluss wäre daher aufzuheben und die Anmeldung zurückzuziehen, um eine Ablehnung durch das Registergericht zu vermeiden.

2. Formalanforderungen und Kapitalaufbringungskontrolle

Die Kapitalerhöhung aus GesMitteln ist eine nominelle Kapitalerhöhung 11 ohne Kapitalzuführung, denn sie bewirkt lediglich eine **Umwandlung bereits vorhandenen Eigenkapitals** (in Form verfügbarer Rücklagen) in Nennkapital. Weil keine zusätzliche Einlage erforderlich ist, bietet sie eine einfache Möglichkeit zur Schaffung neuer Mitgliedschaftsrechte (**„Berichtigungsanteile"**) bei erhöhtem Nennkapital. Hierin liegt auch der Unterschied zum Aktien- bzw Anteilssplitt, bei dem sich zwar ebenfalls die Anzahl der GesAnteile erhöht, das Nennkapital jedoch in Summe gleich bleibt (*Arnold* in MünchKomm AktG[43] § 207 Anm 1). Obwohl mangels Ausschüttung grds keine Gewinnrealisierung auf der GesterEbene (Anm 155) und auch keine Steuerbelastung eintritt (Anm 172), ist die praktische Bedeutung der Ausgabe von solchen **Freianteilen** bisher gering. Für die ausgegebenen Freianteile von AG ist auch die Bezeichnung „Gratisaktien" gebräuchlich (*Than* WM-Sonderheft 1991, 55).

Eine Kapitalerhöhung aus GesMitteln kann zB auch durchgeführt werden, um bei einem **Formwechsel** von GmbH in AG (§ 247 Abs 1 UmwG) eine Anhebung des Nennkapitals auf den erforderlichen Mindestbetrag von 50 000 € (§ 7 AktG) zu ermöglichen (IDW RS HFA 41, Tz 11; dazu auch L Anm 150ff.

Während für die Ansammlung von Rücklagen durch Gewinnthesaurierung 12 (§ 272 Abs 3 HGB) grds ein einfacher Mehrheitsbeschluss der Anteilseigner genügt, bedarf deren Umw in Nennkapital als satzungsändernde Maßnahme der *notariellen Beurkundung* und stets einer qualifizierten **Mehrheit** von *drei Vierteln* des bei der Beschlussfassung vertretenen Grundkapitals (§§ 130 Abs 1, 207 Abs 2 S 1 iVm § 182 Abs 1 S 1 AktG) bzw der abgegebenen Stimmen (§ 53 Abs 2 S 1 iVm § 57c Abs 4 GmbHG). Bei **AG/KGaA** kann die Satzung *eine andere* (für die Ausgabe von stimmrechtslosen Vorzugsaktien jedoch nur eine höhere) Kapitalmehrheit bestimmen (§ 207 Abs 2 S 1 iVm § 182

E 13, 14 Sonderbilanz bei Kapitalerhöhung aus Gesellschaftsmitteln

Abs 1 S 2 AktG). Für die Durchführung der Kapitalerhöhung aus GesMitteln einer **GmbH** sind neben den §§ 57d bis 57o GmbHG auch die Regelungen über die Abänderung des GesVertrags (§§ 53, 54 GmbHG) zu beachten (§ 57c Abs 4 GmbHG); dieser kann daher für die Kapitalerhöhung aus Ges-Mitteln ebenfalls *keine geringere* Mehrheit als *drei Viertel* vorsehen (arg ex § 53 Abs 2 S 2 GmbHG). Dagegen würde eine Kapitalerhöhung unter Anwendung des sog Ausschüttungsrückholverfahrens wegen § 53 Abs 3 GmbHG stets eine *Mitwirkung aller Gesellschafter* erfordern (*Priester* in Scholz[11] GmbHG Vor § 57c Anm 15; dazu Anm 19).

13   Der Beschluss über die Kapitalerhöhung aus GesMitteln ist zum **Handelsregister** anzumelden (§§ 207 Abs 2 iVm § 184 Abs 1 AktG, 57 Abs 1 GmbHG); dazu Anm 26. Die Anmeldung ist bei **AG** vom Vorstand bzw bei **KGaA** stattdessen von den phG (§ 283 Nr 12 AktG) und jeweils dem AR-Vorsitzenden (§ 184 Abs 1 AktG) und bei **GmbH** von *allen* Geschäftsführern (§ 78 GmbHG) in notariell beglaubigter Form und unter Beifügung der erforderlichen **Unterlagen** vorzunehmen (zu den Sorgfaltspflichten Anm 18). Neben dem Kapitalerhöhungsbeschluss sind der Anmeldung nach §§ 210 Abs 1 AktG, 57i Abs 1 GmbHG in Urschrift, zusätzlicher Ausfertigung oder öffentlich beglaubigter Abschrift beizufügen:
- die dem Kapitalerhöhungsbeschluss zugrunde liegende Bilanz mit dem BVm des AP (dazu Anm 126),
- bei Verwendung einer Kapitalerhöhungssonderbilanz außerdem die letzte Jahresbilanz, sofern sie noch nicht nach § 325 Abs 1 HGB mit dem letzten JA bei dem Betreiber des elektronischen BAnz elektronisch zur Offenlegung eingereicht wurde, sowie
- die Erklärung der Anmeldenden über die im Zeitpunkt der Anmeldung nach wie vor ausreichende EK-Ausstattung (Anm 18).

Wie jede Satzungsänderung wird die Kapitalerhöhung aus GesMitteln erst mit der HR-Eintragung des Beschlusses **wirksam** (§§ 211 AktG, 54 Abs 3 iVm 57c Abs 4 GmbHG). Bei der Eintragung hat das Registergericht anzugeben, dass es sich um eine Kapitalerhöhung aus GesMitteln handelte (§§ 210 Abs 4 AktG, 57i Abs 4 GmbHG). Das Gericht ist aber gem §§ 210 Abs 3 AktG, 57i Abs 3 GmbHG nicht verpflichtet, die Gesetzmäßigkeit der zugrunde liegenden Bilanz zu prüfen (zur Kapitalaufbringungskontrolle Anm 17).

14   Die Kapitalerhöhung aus GesMitteln einer **AG** erfordert idR die **Ausgabe neuer Aktien** (§ 182 Abs 1 S 4 iVm § 207 Abs 2 AktG). Bei **KGaA** gilt dies nicht nur für die Aktionäre, sondern auch für phG, soweit diese ihre Vermögenseinlage auf das Grundkapital geleistet haben (arg ex § 281 Abs 2 iVm § 278 Abs 3 AktG). Soweit dies nicht der Fall ist, muss die Rechtsposition des betr Komplementärs bzgl sein Kapitalanteil oder seine Ergebnisbeteiligung entspr angepasst werden (dazu Anm 6). Ges mit *Stückaktien* (§ 8 Abs 3 AktG) können ihr Grundkapital allerdings auch ohne Ausgabe neuer Aktien erhöhen, wenn diese Art der Erhöhung im Kapitalerhöhungsbeschluss ausdrücklich angegeben wird (§ 207 Abs 2 S 2 AktG; dazu *Koch* in Hüffer/Koch[11] AktG § 207 Anm 11a). Dies ist kostengünstiger, weil nach einer Kapitalerhöhung aus GesMitteln unter Verzicht auf die Ausgabe neuer Stückaktien der auf die einzelne Stückaktie entfallende anteilige Betrag des Grundkapitals (§ 8

Abs 3 S 2, Abs 4 AktG) bzw der geringste Ausgabebetrag (§ 9 Abs 1 AktG) lediglich entspr ansteigt und zB keine neuen Aktienurkunden geschaffen werden müssen.

Auch *teileingezahlte Aktien* (zu ausstehenden Einlagen Anm 111 ff) nehmen entspr ihrem Anteil am Grundkapital an der Kapitalerhöhung aus GesMitteln teil (§ 215 Abs 2 S 1 AktG). Die Ausgabe neuer Aktien ist in diesem Fall allerdings nicht zulässig; bei teileingezahlten *Nennbetragsaktien* muss daher deren Nennbetrag erhöht werden (S 2). Sind daneben volleingezahlte Nennbetragsaktien vorhanden, kann die Kapitalerhöhung aus GesMitteln insoweit *wahlweise* durch Erhöhung des Aktiennennbetrags oder durch Ausgabe neuer Aktien ausgeführt werden (§ 215 Abs 2 S 3 AktG). Dabei muss sichergestellt werden, dass auf keine der neuen Aktien Beträge entfallen, die durch eine Erhöhung des Nennbetrags nicht gedeckt werden können (§ 215 Abs 2 S 4 AktG).

Neue Aktien sind *zwingend* allen Aktionären im Verhältnis ihrer Anteile am bisherigen Grundkapital (ggf als Teilrechte) *unentgeltlich* zuzuteilen, auch wenn einzelne der Kapitalerhöhung aus GesMitteln widersprochen haben sollten; ein entgegenstehender Beschluss wäre nach § 212 AktG unheilbar nichtig (*Koch* in Hüffer/Koch[13] AktG § 212 Anm 3 iVm AktG § 242 Anm 6). Selbst geringfügige Abweichungen zur Vermeidung von Spitzenbeträgen stehen der HR-Eintragung auch dann entgegen, wenn die Aktionäre einverstanden sind (OLG Dresden v 9.2.2001 DB, 584 mit Anm *Steiner* DB 2001, 585; dazu auch *Fett/Spiering* NZG 2002, 364 f). Der Vorstand hat die Aktionäre unverzüglich aufzufordern, ihre neuen Aktien abzuholen; das Verfahren regelt § 214 AktG. Einer Zeichnung durch schriftliche Erklärung (wie bei der Kapitalerhöhung gegen Einlagen, § 185 AktG) bedarf es nicht. Vor Eintragung der Kapitalerhöhung aus GesMitteln in das HR dürfen neue Aktien und Zwischenscheine nicht ausgegeben werden (§ 219 AktG). **Eigene Aktien** nehmen regulär an der Erhöhung teil (§ 215 Abs 1 AktG; dazu *Busch* AG 2005, 433); zur Bilanzierung Anm 86.

Da der Erhöhungsbetrag bei **Nennbetragsaktien** dem Gesamtnennbetrag der neu auszugebenden Aktien entspricht, muss er durch den *Mindestnennbetrag* einer Aktie (1 €, § 8 Abs 2 S 1 AktG) oder einen evtl in der Satzung bestimmten höheren, auf volle € lautenden Nennbetrag (zB 100 €) ohne Rest teilbar sein (§ 8 Abs 2 S 4 AktG). Bei Ausgabe neuer **Stückaktien** ist dagegen lediglich sicherzustellen, dass der nach der Kapitalerhöhung aus GesMitteln auf die einzelnen Aktien entfallende anteilige Betrag des Grundkapitals 1 € nicht unterschreitet (§ 8 Abs 3 S 3 AktG). In beiden Fällen ist es nicht zwingend erforderlich, den Erhöhungsbetrag betragsmäßig zu beziffern (aA zB *Arnold* in MünchKomm AktG[43] § 207 Anm 16). Vielmehr reicht es aus, ihn formelmäßig zu beschreiben, wenn sichergestellt ist, dass er durch eine Rechenoperation eindeutig bestimmt werden kann und dem Vorstand kein Ermessen verbleibt (OLG Karlsruhe v 7.12.2006 WM 2007, 650). Bei der Festlegung des Bezugsverhältnisses sollte außerdem möglichst darauf geachtet werden, dass nicht auf einen Anteil am bisherigen Grundkapital nur ein Teil einer neuen Aktie (sog **Teilrecht**, § 213 Abs 1 AktG) entfällt (zu möglichen Maßnahmen *Than* WM-Sonderheft 1991, 57 f), denn die Rechte aus den betr neuen Aktien können nur nach Vereinigung einer entspr Anzahl von

E 15–17 Sonderbilanz bei Kapitalerhöhung aus Gesellschaftsmitteln

Teilrechten in einer Hand oder gemeinschaftlich durch Zusammenschluss von Teilrechteinhabern zu vollen Anteilen, zB als GbR, ausgeübt werden (§ 213 Abs 2 AktG).

15 Die Kapitalerhöhung aus GesMitteln einer **GmbH** kann (im Gegensatz zur AG/KGaA mit *Nennbetragsaktien*) *wahlweise* durch **Bildung neuer Geschäftsanteile** (Freianteile) oder durch **Erhöhung des bisherigen Nennbetrags** (Aufstockung) auf jeden auf volle Euro lautenden Betrag ausgeführt werden (§ 57h Abs 1 GmbHG); zur Mischung verschiedener Ausführungsarten und zur Verteilung des Erhöhungsbetrags auf mehrere Anteile eines Gesters im Einzelnen *Schemmann* NZG 2009, 241 ff. Dementspr muss die Art der Erhöhung im Beschluss angegeben werden (§ 57h Abs 2 S 1 GmbHG). Lediglich bei *nicht voll eingezahlten Stammanteilen* (zu ausstehenden Einlagen Anm 111 ff) ist nur eine Aufstockung des Nennbetrags zulässig (§ 57l Abs 2 S 2 GmbHG); dabei können die betr Geschäftsanteile allerdings auf jeden Nennbetrag gestellt werden, der auf volle Euro lautet (§ 57l Abs 2 S 4 GmbHG).

16 Die neuen GmbH-Anteile stehen *zwingend* und *unentgeltlich* den bisherigen Gestern im Verhältnis ihrer Bet zu (§ 57j GmbHG); einer Erklärung zur Übernahme der neuen Anteile nach § 55 Abs 1 GmbHG bedarf es daher nicht. Für die **Zuteilung** ist die GesterStellung im Zeitpunkt der HR-Eintragung der Kapitalerhöhung maßgebend (*Kleindiek* in Lutter/Hommelhoff[20] GmbHG § 57c Anm 5). Führt die Kapitalerhöhung dazu, dass auf einen Geschäftsanteil nur ein Teil eines neuen Anteils entfällt, müssen insoweit **Teilrechte** gebildet werden. Die Rechte aus solchen Geschäftsanteilen können nur durch Vereinigung aller Teilrechte in einer Hand oder gemeinschaftlich nach § 18 Abs 1 GmbHG durch Zusammenschluss von Teilrechtsinhabern ausgeübt werden (§ 57k Abs 2 GmbHG). Auch nur geringfügige Abweichungen von dem Bezugsverhältnis zur Vermeidung von Spitzenbeträgen sind daher nicht zulässig (hM zB *Kleindiek* in Lutter/Hommelhoff[20] GmbHG § 57j Anm 6 mwN). Ein „Verzicht" auf dieses nach § 57j S 2 GmbHG unabdingbare **Bezugsrecht** dürfte daher nur als aufschiebend bedingte unentgeltliche Zuwendung der neuen Anteile bzw Teilrechte an MitGester auf den Zeitpunkt ihrer Entstehung möglich sein; dies unterliegt allerdings der Schenkungsteuer (Erlass der FM der Länder v 20.10.2010 BStBl I, 1207 Tz 3.2).

Dementspr nehmen nach § 57l Abs 1 GmbHG auch **eigene Anteile** der GmbH uneingeschränkt an einer Kapitalerhöhung aus GesMitteln teil; zur Bilanzierung Anm 86.

17 Entspr dem **Grundsatz der realen Kapitalaufbringung** müssen die zur Erhöhung des Stamm- oder Grundkapitals vorgesehenen EK-Bestandteile als GesVermögen *tatsächlich vorhanden,* also durch entspr VG gedeckt sein (ebenso *Lutter* in Kölner Komm AktG² Vorb § 207 Anm 8). Der Nachweis ist durch eine nach handelsrechtlichen Vorschriften aufgestellte und geprüfte Bilanz (zur Prüfung Anm 121; zur Feststellung Anm 133, 137) zu erbringen, die als Beschlussgrundlage dient (§§ 207 Abs 3, 209 Abs 1 und 3 AktG, §§ 57c Abs 3, 57e Abs 1, 57f Abs 2 GmbHG). Der Erhöhungsbeschluss muss daher angeben, welche Bilanz ihm zugrunde liegt (*Arnold* in MünchKomm AktG[43] § 207 Anm 20, 32 f). Bei *Rücklagenumwandlung in Nennkapital* dient dagegen allein die der Kapitalerhöhung zugrunde gelegte Bilanz zur **Dokumentation**

I. Entwicklung und rechtliche Grundlagen 18, 19 E

und Kontrolle der Kapitalaufbringung; auf deren Gesetzmäßigkeit kann sich das Registergericht ohne eigene Pflicht zur Prüfung der Bilanz stützen (§ 57i Abs 3 GmbHG, § 210 Abs 3 AktG). Nur bei erkennbar beabsichtigter Umgehung der Vorschriften über die Kapitalerhöhung gegen Sacheinlagen (zB vorherige Einstellung in Kapitalrücklage) hat das Gericht die reale Kapitalaufbringung intensiver zu prüfen (OLG Hamm v 22.1.2008 ZIP, 1475).

Wenn zwischen dem Bilanzstichtag und der Anmeldung des Beschlusses 18 über die Kapitalerhöhung ein längerer Zeitraum liegt, besteht die Gefahr, dass die in der letzten Jahresbilanz noch ausgewiesenen Rücklagen aufgrund eines zwischenzeitlich eingetretenen Fehlbetrags tatsächlich nicht mehr für eine Nennkapitalbildung zur Verfügung stehen. Deshalb wäre zur Kontrolle der Kapitalaufbringung in diesen Fällen *grds* die Erstellung einer Kapitalerhöhungssonderbilanz erforderlich. Bei einer vor Ablauf von **acht Monaten** zum HR angemeldeten Kapitalerhöhung aus GesMitteln genügt jedoch die **Erklärung der Anmeldenden,** „dass nach ihrer Kenntnis seit dem Stichtag der zugrunde gelegten Bilanz bis zum Tag der Anmeldung keine Vermögensminderung eingetreten ist, die der Kapitalerhöhung entgegenstünde, wenn sie am Tag der Anmeldung beschlossen worden wäre" (§§ 210 Abs 1 S 2 AktG, 57i Abs 1 S 2 GmbHG).

Da die HR-Eintragung stets erst nach dem Stichtag der Bilanz erfolgen kann, ist diese Erklärung aber auch erforderlich, wenn dem Beschluss nicht der letzte JA, sondern eine eigenständige Kapitalerhöhungssonderbilanz zugrunde gelegt wird. In beiden Fällen trifft die Geschäftsleitung (und bei AG auch den AR-Vorsitzenden, § 184 Abs 1 iVm § 207 Abs 2 AktG) als das zur Anmeldung des Kapitalerhöhungsbeschlusses verpflichtete Organ (Anm 13) eine **besondere Sorgfaltspflicht** in Bezug auf das tatsächliche Vorhandensein der umzuwandelnden Rücklagen (Anm 20; s auch *Koch* in Hüffer/Koch[13] AktG § 210 Anm 4), um Haftungsrisiken wegen Sorgfaltspflichtverletzung (§ 43 Abs 2 GmbHG, §§ 93, 116 AktG) oder eine evtl Schadensersatzpflicht (§ 823 Abs 2 BGB iVm § 82 Abs 1 Nr 4 GmbHG, § 399 Abs 2 AktG) zu vermeiden. Die Anmeldenden sollten sich daher im Zweifel anhand einer *Zwischenbilanz* (Anm 24) auf Basis einer vollständigen und zeitnahen (ordnungsmäßigen) Buchführung (zB durch Ausdruck einer Summen-/Saldenliste mit aktuellem Buchungsstand) vor Anmeldung zum HR einen Überblick über die derzeitige Vermögenslage der KapGes verschaffen (dazu auch Anm 106, 109f).

Nach der Rspr (BGH v 18.2.1991 DB, 1060) ist die Verwendung von Aus- 19 schüttungsansprüchen für eine Kapitalerhöhung *gegen Einlagen* (zum Mehrheitserfordernis Anm 12) grds nur unter Beachtung der Vorschriften über die Sacheinlage zulässig (dazu zB *Bayer* in Lutter/Hommelhoff[20] GmbHG § 56 Anm 9 mwN). Eine im Wege des **Ausschüttungsrückholverfahrens** (zu dessen Varianten *Bayer* in Lutter/Hommelhoff[20] GmbHG § 56 Anm 15) beschlossene Barkapitalerhöhung ist (wie die Hin- und Herzahlung von Geld) nach § 27 Abs 3 iVm § 183 Abs 2 AktG bzw § 19 Abs 4 iVm § 56 Abs 2 GmbHG grds als *verdeckte Sacheinlage* zu werten mit der Folge, dass die Ansprüche der KapGes auf eine entspr Geldeinlage fortbestehen (dazu D Anm 45ff). Diese Grundsätze sollen jedoch *ausnahmsweise dann nicht* gelten, wenn zB bei einer Kapitalerhöhung unter Verwendung der Ausschüttungsansprüche *zugleich* die wesentlichen Voraussetzungen einer Kapitalerhöhung aus GesMitteln vor-

Förschle/Kropp/Schönberger

liegen und in dem Kapitalerhöhungsbeschluss darauf hingewiesen wurde, dass die Einlagen aus zuvor ausgeschütteten Gewinnen (dh letztlich aus GesMitteln) stammen, so dass dem Registergericht eine präventive Werthaltigkeitskontrolle ermöglicht wird (BGH v 26.5.1997 DStR, 1254 mit Anm *Goette;* dazu im Einzelnen *Kleindiek* in Lutter/Hommelhoff[20] GmbHG § 57i Anm 17 mwN). Dadurch oder durch eine förmliche Kapitalerhöhung aus GesMitteln lassen sich demnach auf Basis einer nach handelsrechtlichen Vorschriften aufgestellten und *geprüften* Bilanz die nachteiligen Folgen der Rspr zur verdeckten Sacheinlage (insb die sonst nötige Sacheinlagenprüfung, Anm 17) relativ einfach vermeiden (dazu *Müller* INF 1997, 721; *Take* StB 2001, 452). Dies gilt jedenfalls bei Kapitalerhöhung unter Verwendung des testierten Bilanzgewinns (dazu im Einzelnen Anm 100 ff). Unter der Voraussetzung, dass die Bewertungsvorschriften des HGB beachtet werden, könnte eine Kapitalerhöhung aus GesMitteln bei entspr **Gestaltung** aber auch durch *vorherige bare oder unbare* „Zuzahlungen in das EK" (§ 272 Abs 2 Nr 4 HGB) in Betracht kommen, die in die Kapitalrücklage gem § 272 Abs 2 Nr 4 HGB einzustellen sind und nach hM auch in Form einer Sachzuwendung geleistet werden können (so zB *Störk/Kliem/Meyer* in Beck Bil-Komm[12] § 272 Anm 195 mwN), oder für Beträge, die aus Forderungsverzichten von Gestern stammen und in die Kapitalrücklagen eingestellt wurden (dazu Anm 102 und 105).

20 Verstöße gegen Vorschriften über das Bezugsverhältnis (Anm 14, 16) oder die Nichtbeachtung satzungsmäßiger Verwendungsbeschränkung von Rücklagen (Anm 118) ohne vorherige Satzungsänderung führen zur **Nichtigkeit** des Beschlusses über die Kapitalerhöhung aus GesMitteln (zB *Priester* in Scholz[11] GmbHG § 57d Anm 15 mwN) mit der Folge der Zurückweisung des Eintragungsantrags durch das Registergericht; zur Löschung fehlerhafter HR-Eintragung Anm 26. Nichtigkeit tritt dagegen nach der Entscheidung des OLG Frankfurt/Main v 27.4.1981 BB 1981, nicht ein, wenn der Erhöhungsbeschluss lediglich eine durch die GesV früher beschlossene Zweckbindung von Rücklagen nicht beachtet; ein solcher Beschluss kann aber angefochten werden (s dazu *Servatius* in Baumbach/Hueck GmbHG[22] § 57d Anm 10 ff mwN). Unterbleibt die Anfechtung, besteht für das Registergericht allerdings kein Grund, die Eintragung der Kapitalerhöhung abzulehnen.

Liegt dem Erhöhungsbeschluss keine uneingeschränkt testierte Bilanz zugrunde, ist er auch dann nichtig, wenn das Nennkapital nur geringfügig erhöht werden soll (BayObLG v 9.4.2002 AG, 397). Weitere Nichtigkeitsgründe ergeben sich bei Nichtbeachtung der Vorschriften über die Pflichtprüfung (§ 209 Abs 3 AktG, auch zB fehlende Wahl eines AP für eine kleine KapGes, § 57e Abs 2 GmbHG) und ggf über die Feststellung der zugrundeliegenden Bilanz (dazu Anm 133, 137) sowie über die ggf notwendige *vorherige* Ergebnisverwendung (dazu Anm 161).

II. Jahresbilanz und Kapitalerhöhungssonderbilanz

1. Aufstellung und maßgeblicher Bilanzstichtag

22 Zur Umw von Rücklagen in Nennkapital ist lediglich eine den handelsrechtlichen Vorschriften entspr **Bilanz** als Beschlussgrundlage notwendig

II. Jahresbilanz und Kapitalerhöhungssonderbilanz 23, 24 E

(§§ 57c Abs 3 GmbHG, 207 Abs 3 AktG); die Aufstellung von GuV und Anhang sowie eines Lageberichts ist dagegen nicht vorgeschrieben. Allerdings müssen Angaben, die wahlweise in Bilanz oder Anhang gemacht werden können, unmittelbar aus der Bilanz oder den zugehörigen Erl ersichtlich sein (arg ex § 284 Abs 1 HGB; ebenso IDW PH 9.400.6, Tz 7). Es besteht aber in jedem Fall die Notwendigkeit, die bilanziellen Wertansätze **aus der Buchführung** zu entwickeln (so wohl auch *Priester* in Scholz[11] GmbHG §§ 57e– 57g Anm 3). Zumindest für AG/KGaA ergibt sich dies mittelbar aus § 209 Abs 2 AktG, der auf §§ 242 Abs 3, 243 Abs 1 HGB verweist. Die Ableitung der Bilanz aus einem Inventar (Anm 33) reicht daher allein nicht aus, zumal dieses die aktiven und passiven RAP naturgemäß nicht enthält (s §§ 240, 246 HGB). Auch die GoB erfordern eine aus einer *doppelten* Buchführung zu entwickelnde Bilanz (Anm 29 ff). Dies erfordert, auch das bis zum Stichtag aufgelaufene *Ergebnis* (Gewinn oder Verlust) als EK-Veränderung seit dem Stichtag des letzten JA bis zum Stichtag der dem Kapitalerhöhungsbeschluss zugrunde liegenden Bilanz zutreffend zu ermitteln bzw abzugrenzen. Auch wenn die Aufstellung einer gesonderten GuV nicht erforderlich ist (*Kleindiek* in Lutter/Hommelhoff[20] GmbHG §§ 57e–g Anm 4), empfiehlt es sich vor diesem Hintergrund, die Kapitalerhöhungssonderbilanz durch eine Erfolgsrechnung bis zum Stichtag zu ergänzen, zumal die EDV-Buchführungssysteme auf der Doppik basieren und daher eine GuV stets zusammen mit der Bilanz abgerufen werden kann; zum notwendigen Umfang der Prüfung der Aufwendungen und Erträge Anm 124.

Die dem Beschluss über die Erhöhung des Nennkapitals stets zugrunde zu 23 legende Bilanz muss stets durch einen AP **geprüft** sein (Anm 121). Das Erfordernis einer testierten Bilanz dient dem Schutz des öffentlichen Vertrauens in die reale Kapitalaufbringung (Anm 17). Beschlussgrundlage kann die **letzte Jahresbilanz** für das vorangegangene Gj sein (§ 209 Abs 1 AktG, § 57e Abs 1 GmbHG), wenn zum Zeitpunkt der *Anmeldung* der beschlossenen Kapitalerhöhung beim HR nicht mehr als acht Monate seit dem JA-Stichtag vergangen sind (§ 57i Abs 2 GmbHG, § 209 Abs 1 AktG). Die Bilanz ist der Anmeldung zusammen mit den übrigen Unterlagen (Anm 13) beizufügen. Daraus folgt, dass *bei Überschreitung dieser Frist* zwingend eine **Kapitalerhöhungssonderbilanz** erforderlich ist (§ 57f Abs 1 GmbHG, § 209 Abs 2 AktG). Deren Stichtag darf aber ebenfalls nicht länger als acht Monate zurückliegen (Anm 26).

Die Aufstellung einer Kapitalerhöhungssonderbilanz wird in der Praxis aus 24 Kostengründen möglichst vermieden. Es kann sich jedoch im **Interesse der Geschäftsleitung** in Anbetracht der bei der Anmeldung abzugebenden Versicherung (Anm 18) empfehlen, zumindest eine Zwischenbilanz aufzustellen, wenn aufgrund eingetretener Fehlbeträge seit dem letzten JA-Stichtag zweifelhaft ist, ob das zur Kapitalerhöhung aus GesMitteln erforderliche Vermögen tatsächlich noch in der erforderlichen Höhe vorhanden ist. Eine geprüfte Kapitalerhöhungssonderbilanz ist aber unabdingbar, wenn der letzte JA nicht geprüft *oder* nicht mit einem uneingeschränkten Bestätigungsvermerk versehen ist und die Prüfung auch nicht nachgeholt bzw der letzte JA geändert und danach uneingeschränkt testiert wird (§ 209 Abs 1 AktG, § 57e Abs 1 GmbHG).

Abgesehen von dem Ablauf der Acht-Monats-Frist kann ein weiterer Grund für die Aufstellung einer Kapitalerhöhungssonderbilanz in dem zwischenzeitlichen Abbau eines Verlustvortrags durch erzielte Überschüsse liegen, so dass die im letzten JA ausgewiesenen Rücklagen in größerem Umfang für eine Kapitalerhöhung aus GesMitteln zur Verfügung stehen; zu Einzelheiten der Entsperrung von Rücklagen Anm 109.

25 Die Kapitalerhöhungssonderbilanz ist (wie der JA) von den gesetzlichen Vertretern als dem zur ordnungsmäßigen Buchführung und Abschlusserstellung verpflichteten Organ (s § 41 GmbHG, § 91 AktG) **aufzustellen** (dazu auch D Anm 249); zur Feststellung Anm 137.

26 Auch für die Kapitalerhöhungssonderbilanz gilt wie für die letzte Jahresbilanz, dass zwischen dem **Bilanzstichtag** und dem Zeitpunkt der Anmeldung des Kapitalerhöhungsbeschlusses zum HR maximal acht Monate liegen dürfen (§ 57f Abs 1 S 2 GmbHG, § 209 Abs 2 AktG). Der maßgebliche Bilanzstichtag ist deshalb unter Berücksichtigung des Zeitbedarfs für Aufstellung, Prüfung und Vorlage der Bilanz zur Beschlussfassung (Anm 134) sowie für die HR-Anmeldung so festzulegen, dass diese Frist eingehalten werden kann. Jede Fristüberschreitung stellt ein *formelles Eintragungshindernis* dar mit der Folge, dass das Registergericht den Antrag auf Eintragung der Kapitalerhöhung ablehnen muss (§ 57i Abs 2 GmbHG, § 210 Abs 2 AktG; OLG Frankfurt/Main v 27.4.1981 BB 1253). Trägt das Registergericht die Kapitalerhöhung dennoch ein, wird der Mangel aber dadurch geheilt (hM, s nur *Servatius* in Baumbach/Hueck GmbHG[22] § 57e Anm 5 mwN). Eine entgegen den gesetzlichen Vorschriften durchgeführte Eintragung müsste allerdings nach §§ 398, 395 Abs 1 FamFG iVm §§ 241 Nr 3, 242 Abs 2 S 3 AktG von Amts wegen wieder gelöscht werden, wenn zwingende Vorschriften nicht beachtet wurden und die Löschung im öffentlichen Interesse liegt (dazu OLG Frankfurt/Main v 29.10.2001 AG 2002, 352 mwN); antragsberechtigt ist jeder, der sich durch die Eintragung in seinen Rechten beeinträchtigt sieht (*Fett/Spiering* NZG 2002, 360f). Ob das Bestandsschutzinteresse der Gläubiger einer Amtslöschung per se entgegensteht (so wohl *Koch* in Hüffer/Koch[13] AktG § 209 Anm 14), erscheint zweifelhaft (zur Problematik auch *Zöllner/Winter* ZHR 1994, 59ff). Zu den Auswirkungen auf Folgeabschlüsse Anm 150 und für Anteilseigner Anm 155.

2. Ansatz und Bewertung, Gliederung und Ausweis

29 Im Regelfall wird wegen der 8-Monats-Frist die Jahresbilanz als Kapitalerhöhungssonderbilanz verwendet. Für diese sind daher die allg Vorschriften für den **Jahresabschluss** der KapGes gem §§ 242ff iVm 264ff HGB anzuwenden. Darüber hinaus sind die rechtsformspezifischen Besonderheiten für AG/KGaA (zB §§ 150, 152, 286 Abs 2 AktG) bzw GmbH (zB §§ 29 Abs 4, 33 Abs 2, 42 GmbHG) sowie die branchenspezifischen Zusatzanforderungen (zB §§ 340 bis 340l HGB für Kreditinstitute und §§ 341 bis 341l HGB für Versicherungen) zu beachten. Soll ggf nach Bildung eines RumpfGj die *Jahresbilanz* für Zwecke der Kapitalerhöhung aus GesMitteln verwendet werden, ergeben sich daher – abgesehen von der in diesem Fall auch für kleine KapGes oder KleinstKapGes bestehenden *Pflicht zur Bilanzprüfung* (Anm 121) –

II. Jahresbilanz und Kapitalerhöhungssonderbilanz 30 E

grds keine besonderen Anforderungen (*Priester* in Scholz[11] GmbHG §§ 57e–57g Anm 1). Voraussetzung für die Verwendung dieser Bilanz als Grundlage des Erhöhungsbeschlusses ist aber, dass der JA der KapGes nach den Vorschriften der §§ 264 bis 288 HGB aufgestellt wurde und Rücklagen in entspr Höhe ausweist. Daher darf die KapGes zB nicht etwa wegen Einbeziehung in den KA eines MU von den Erleichterungen des § 264 Abs 3 bzw Abs 4 HGB oder als KleinstKapGes von § 266 Abs 1 S 4 HGB Gebrauch gemacht haben; zur Notwendigkeit der hinreichenden Untergliederung der Rücklagen in der Jahresbilanz kleiner Ges Anm 35. Die folgenden Ausführungen beziehen sich auf den Fall, wenn die Kapitalerhöhungssonderbilanz ausnahmsweise auf einen besonderen, vom Stichtag des JA abw Stichtag aufgestellt wird.

Die Anforderungen an den Inhalt der **Kapitalerhöhungssonderbilanz** 30 einer **GmbH** ergeben sich aus § 57f Abs 1 S 1 GmbHG. Danach muss auch diese Bilanz „den Vorschriften über die Gliederung der Jahresbilanz und über die Wertansätze in der Jahresbilanz entsprechen". Für die Kapitalerhöhungssonderbilanz gelten daher im Grunde dieselben Ausweis-, Bilanzierungs- und Bewertungsgrundsätze (einschl Ausweis- und Bewertungsstetigkeit) wie für die Jahresbilanz. Maßgeblich sind also (ggf ergänzt um die rechtsform- und branchenspezifischen Sonderregelungen) die allg Regelungen für KapGes (§§ 242 ff iVm 264 ff HGB; dazu D Anm 103 ff), *soweit sie die Bilanz betreffen* (*Servatius* in Baumbach/Hueck GmbHG[22] § 57f Anm 2). Dazu gehört insb auch die Angabe der VjZahlen aus der letzten Jahresbilanz (§ 265 Abs 2 S 1 HGB) sowie die Beachtung der §§ 268, 270 HGB über die Berücksichtigung der vollständigen oder teilweisen Ergebnisverwendung durch das Aufstellungsorgan (dazu Anm 36, 97; zu größenabhängigen Erleichterungen Anm 38).

§ 209 Abs 2 AktG verweist – insoweit eindeutiger – für **AG/KGaA** ausdrücklich nur auf die §§ 242 bis 256a, 264 bis 274 HGB sowie die §§ 150, 152 AktG; die für kleine KapGes und KleinstKapGes bestehenden Gliederungserleichterungen des § 266 Abs 1 S 3 und 4 HGB dürften aber in Bezug auf die Untergliederung der Rücklagen nicht anwendbar sein (dazu Anm 35). Mit dem Verweis auf die oa Vorschriften wird zugleich klargestellt, dass die Regelungen über GuV (§§ 275 bis 277 HGB) und Anhang (§§ 284 bis 288 HGB) für die Sonderbilanz nicht gelten. Der Wortlaut schließt die für kleine AG/KGaA an sich möglichen Erleichterungen nach § 274a HGB (s dazu D Anm 226) für die Kapitalerhöhungssonderbilanz nicht ein. Es ist daher zu beachten, dass in der Kapitalerhöhungssonderbilanz einer kleinen AG ein nach § 250 Abs 3 HGB aktiviertes *Disagio* gesondert ausgewiesen werden muss und auf den Ansatz passiver latenter Steuern nicht verzichtet werden darf. Entsprechendes dürfte für die Jahresbilanz gelten, da die Kenntnis der og Posten zur Beurteilung der Qualität und Höhe des für eine Kapitalerhöhung aus GesMitteln verfügbaren UmwVolumens erforderlich ist. Von den Erleichterungen des § 264 Abs 3 HGB darf uE ebenfalls nicht Gebrauch gemacht werden, weil dies dem Zweck einer Kapitalerhöhungsjahres- oder -sonderbilanz (dazu Anm 17) widerspräche und weil die gesetzliche Bilanzprüfungspflicht (Anm 121) nicht umgangen werden darf (s auch *Störk/Deubert* in Beck Bil-Komm[12] § 264 Anm 108, WPH[16] HBd, F Anm 259 (Praxistipp 9)).

31 Da es sich bei der Kapitalerhöhungssonderbilanz letztlich um eine aus der Buchführung abzuleitende (Anm 22) *Zwischenbilanz auf den Sonderbilanzstichtag* handelt, muss diese bzgl der Entwicklung des unterjährigen Jahresergebnisses an den letzten JA anschließen (§ 252 Abs 1 Nr 1 HGB) und aus der Buchführung abgeleitet werden (*Fett/Spiering* NZG 2002, 360; wohl auch *Kleindiek* in Lutter/Hommelhoff[20] GmbHG §§ 57e–57g Anm 4). Dabei ist insb auch auf die Einhaltung des Vorsichtsprinzips (§ 252 Abs 1 Nr 4 HGB) und die Beibehaltung der auf den vorangehenden JA angewandten **Ansatz- und Bewertungsmethoden** zu achten (§§ 246 Abs 3, 252 Abs 1 Nr 6 HGB), denn in der beabsichtigten Kapitalerhöhung aus GesMitteln allein wird man keinen Ausnahmetatbestand iSv § 252 Abs 2 HGB sehen können (ebenso *Fett/Spiering* NZG 2002, 360), der eine Abweichung von den bisherigen Methoden rechtfertigt (im Einzelnen dazu IDW RS HFA 38). Alle bis zum Sonderbilanzstichtag verwirklichten Geschäftsvorfälle sind lückenlos zu erfassen (§ 239 Abs 2 HGB) und unabhängig vom Zeitpunkt der Ein- oder Auszahlung periodengerecht abzugrenzen (§ 252 Abs 1 Nr 5 HGB). Dabei hat die Aktivierung oder Passivierung auf Basis der Ansatz- und Bewertungsvorschriften des HGB zu erfolgen. Nur auf diese Weise ist sichergestellt, dass die Bilanz den GoB entspricht (§ 243 Abs 1 HGB) und die wirtschaftliche Entwicklung der KapGes seit dem letzten JA-Stichtag sowie die Vermögens- und Schuldposten und damit das EK am Sonderbilanzstichtag vollständig und richtig (§ 246 Abs 1 HGB) abbildet.

32 Bis zum Bilanzstichtag nur **zeitanteilig verwirklichte Geschäftsvorfälle**, zB Abschreibungen, RAP oder die Fortentwicklung der Rückstellungen, insb auch für Pensionen, sind insepr *zeitanteilig* zu berücksichtigen (so *Lutter* in Kölner Komm AktG[2] § 209 Anm 12; *Kleindiek* in Lutter/Hommelhoff[20] GmbHG §§ 57e–57g Anm 4). Rückstellungen müssen gem § 253 Abs 1 HGB auch in der Kapitalerhöhungssonderbilanz mit dem am Stichtag nach vernünftiger kaufmännischer Beurteilung notwendigen Erfüllungsbetrag angesetzt und unter den Voraussetzungen des § 253 Abs 2 HGB abgezinst werden. Zuführungen sind ggf zeitanteilig vorzunehmen (zB Urlaub, Gratifikationen uä, so auch *Priester* in Scholz[11] GmbHG §§ 57e–57g Anm 3). Neben den aus dem letzten JA fortgeführten Sachverhalten sind bei den Rückstellungen in der Kapitalerhöhungssonderbilanz ggf auch spezifische Tatbestände (zB Kosten der Aufstellung und Prüfung der Sonderbilanz sowie ggf der Rechtsberatung) zu berücksichtigen.

Wird die Kapitalerhöhungssonderbilanz einer abhängigen KapGes mit **Ergebnisabführungsvertrag** zum herrschenden Unt ausnahmsweise auf einen vom JA-Stichtag abw Stichtag aufgestellt, ist ein unterjähriger Jahresüberschuss, der am Jahresende an den Organträger abzuführen ist, durch Ansatz einer Rückstellung für ungewisse Verbindlichkeiten zu neutralisieren. Er steht also für eine Entsperrung von Rücklagen (Anm 109) nicht zur Verfügung. Im Fall eines unterjährigen Fehlbetrags kann dagegen ein Anspruch auf Verlustausgleich uE noch nicht angesetzt werden, da er erst mit Ablauf des Gj entsteht und deshalb am Stichtag der Sonderbilanz noch nicht als Gewinn iSv § 252 Abs 1 Nr 4 HGB realisiert ist. Unabhängig davon wären Rücklagen in Höhe bestehender Forderungen gegen Gester nach dem Grundsatz der realen Kapitalaufbringung (Anm 17) uU ohnehin für die Verwendung zur Kapital-

II. Jahresbilanz und Kapitalerhöhungssonderbilanz　　　33–35　E

erhöhung aus GesMitteln gesperrt (dazu Anm 112). In der Kapitalerhöhungssonderbilanz eines Organträgers muss andererseits für die ungewisse Verpflichtung zum Ausgleich eines unterjährigen Fehlbetrags der OrganGes eine Rückstellung gebildet werden, die zu einer entspr Minderung des Ergebnisses des Organträgers führt. Ein unterjähriger Jahresüberschuss der OrganGes darf noch nicht als Ertrag aus Gewinnabführung berücksichtigt werden und kann deshalb das UmwVolumen nicht erhöhen.

Obwohl der Gesetzeswortlaut nicht auf Inventurvorschriften Bezug nimmt, 33 wird die vollständige Erfassung der VG und Schulden in der Kapitalerhöhungssonderbilanz idR – insb im Bereich des Vorratsvermögens – eine körperliche Bestandsaufnahme erfordern. Einer (körperlichen) **Inventur** auf den Stichtag der Kapitalerhöhungssonderbilanz bedarf es jedoch insoweit nicht, als Inventurerleichterungen nach § 241 HGB in Anspruch genommen werden dürfen (vor- oder nachverlegte Stichtagsinventur mit ordnungsmäßiger Fortschreibung oder Rückrechnung, Stichprobeninventur) oder sich *organisatorisch gesicherte* Bestandswerte aus der Buchführung (Anlagen- oder Lagerbuchführung) ergeben. Dasselbe gilt, soweit die Ges bereits im Rahmen ihres regulären JA eine (ordnungsmäßige) permanente Inventur durchführt, auf die hier zurückgegriffen werden kann. Für die Kapitalerhöhungssonderbilanz ist unter den gleichen Voraussetzungen wie für die Jahresbilanz auch die Gruppen- und die Festbewertung (§ 240 Abs 3, 4 HGB, dazu *Störk/Philipps* in Beck Bil-Komm[12] § 240 Anm 71 ff, 130 ff) zulässig (§ 256 S 2 HGB).

Für die **Gliederung** der Kapitalerhöhungssonderbilanz gelten die allge- 34 meinen Grundsätze des § 265 HGB, das Schema des § 266 HGB (inkl größenabhängiger Erleichterungen nach § 266 Abs 1 S 3 u 4 HGB, dazu aber Anm 29 f, 35) sowie weitere Einzelvorschriften, die den Ausweis bestimmter Sachverhalte in oder unter dem Strich der Bilanz regeln (zB §§ 247, 251, 268, 272, 274 HGB, § 42 GmbHG); zu § 274a HGB s Anm 30. Für AG/KGaA sind zusätzlich die ergänzenden Angaben zum Grundkapital, zur Kapitalrücklage und zu den einzelnen Posten der Gewinnrücklagen erforderlich (§§ 152, 286 Abs 2 AktG).

Soweit bei Zugrundelegung einer Kapitalerhöhungssonderbilanz ein erläuternder Anhang nicht freiwillig erstellt wird, müssen alle gesetzlich wahlweise für Bilanz oder Anhang vorgeschriebenen besonderen **Angaben zu Bilanzposten** in der Bilanz selbst erfolgen (§ 284 Abs 1 HGB); sie können also nicht weggelassen werden (s Anm 22).

In Nennkapital können nur Beträge umgewandelt werden, die sowohl 35 formell als auch materiell Rücklagen der KapGes darstellen und die nicht von der Umw ausgeschlossen oder gesperrt sind (Anm 43 ff). Dementspr kommt der **Gliederung des Eigenkapitals** in der Bilanz sowie dem Ausweis der vorspaltig abzusetzenden Posten „Nennbetrag eigener Anteile" (§ 272 Abs 1a HGB) und „Nicht eingeforderte ausstehende Einlagen" bzw dem unter den Forderungen gesondert auszuweisenden Posten „Eingeforderte ausstehende Einlagen" (§ 272 Abs 1 S 2 HGB) besondere Bedeutung zu. Diese Posten müssen in jedem Fall erkennbar sein. Im Übrigen ist das EK nach dem Schema des § 266 Abs 3 HGB aufzugliedern. Kleine Ges iSd § 267 Abs 1 bzw KleinstKapGes iSv § 267a HGB brauchen zwar grds nur eine verkürzte Bilanz aufzustellen, die nur die mit Buchstaben und römischen Zahlen bzw nur

E 36 Sonderbilanz bei Kapitalerhöhung aus Gesellschaftsmitteln

die mit Buchstaben bezeichneten Posten enthalten muss (§ 266 Abs 1 S 3 bzw S 4 HGB). Im Hinblick auf die für bestimmte Posten des EK zT bestehenden oder aus diesen Posten ggf resultierenden Verwendungsbeschränkungen sollte jedoch zur Vermeidung eines fehlerhaften Kapitalerhöhungsbeschlusses oder eines Eintragungshindernisses bei Aufstellung einer verkürzten Bilanz (dazu Anm 38) unbedingt darauf geachtet werden, dass HV bzw GesV und Registergericht einerseits die spezifischen Posten als Beträge mit Sperrwirkung und andererseits die zur Kapitalerhöhung verwendbaren EK-Bestandteile als umwandlungsfähige Rücklagen in ihrer Zusammensetzung ohne Weiteres erkennen können (arg ex § 57d Abs 1 GmbHG, § 208 Abs 1 AktG). Eine Zusammenfassung der einzelnen Gewinnrücklagen (§ 266 Abs 3 A III Nr 1 bis 4 HGB) zu einem Gesamtbetrag oder etwa der Ausweis lediglich des Gesamtbetrags des EK von KleinstKapGes in einem Posten ist daher nicht zu empfehlen (so auch *Lutter* in Kölner Komm AktG[2] § 209 Anm 4); wegen der uU sogar sinnvollen weiteren Aufgliederung der Kapitalrücklage s Anm 50.

Die Inhalte der einzelnen EK-Posten regelt § 272 HGB (dazu Anm 44 ff); zur Wertaufholungsrücklage Anm 87. Wegen der Behandlung **ausstehender Einlagen** auf das gezeichnete Kapital s Anm 111 ff; zu eigenen Anteilen Anm 114.

Ist das gesamte EK durch Verluste aufgebraucht, muss als weiterer Posten ein „**Nicht durch Eigenkapital gedeckter Fehlbetrag**" (§ 268 Abs 3 HGB; dazu *Grottel/Waubke* in Beck Bil-Komm[12] § 268 Anm 11 ff) ausgewiesen werden; in diesem Fall kommt jedoch für die evtl in der Bilanz noch ausgewiesenen Rücklagen eine Kapitalerhöhung aus GesMitteln wegen § 208 Abs 2 S 1 AktG, § 57d Abs 2 GmbHG ohnehin nicht in Betracht (Anm 108).

36 Wird die Bilanz unter Berücksichtigung einer (vollständigen oder teilweisen) **Verwendung des Jahresergebnisses** aufgestellt, zu der die Geschäftsführung aufgrund Gesetz oder Satzung ermächtigt ist, dann tritt an die Stelle der Posten A. IV. und A. V. des Gliederungsschemas der Posten A. IV. **Bilanzgewinn/Bilanzverlust;** ein vorhandener Gewinn- oder Verlustvortrag aus dem Vj ist darin einzubeziehen und seine Höhe in der Bilanz (oder im Anhang, falls vorhanden) gesondert anzugeben (§ 268 Abs 1 HGB). Wegen der § 173 Abs 2 AktG, § 42a Abs 2 S 3 GmbHG gilt dies auch, wenn die HV nach § 173 Abs 1 AktG den JA feststellt bzw die GesV den von der Geschäftsführung aufgestellten JA im Rahmen der Feststellung ändert und dabei Rücklagen in anderer Höhe dotiert werden als bei Aufstellung des JA (dazu Anm 100 bzw Anm 101).

Auch wenn der Wortlaut des § 268 Abs 1 S 1 HGB etwas anderes nahelegen könnte, besteht bei Rücklagenbewegungen kein Wahlrecht, einen Bilanzgewinn/Bilanzverlust auszuweisen. Die vollständige oder teilweise Ergebnisverwendung durch das Aufstellungsorgan muss vielmehr nach § 270 Abs 2 HGB stets bereits bei Aufstellung des JA berücksichtigt werden, wenn eine Einstellung von Teilen des Jahresergebnisses in Gewinnrücklagen durch Gesetz oder Satzung *zwingend vorgeschrieben* ist. Sonst könnte der JA nicht gesetzes- oder satzungskonform aufgestellt werden (Anm 95). Entspr gilt für Rücklagenveränderungen in der Kapitalerhöhungssonderbilanz (Anm 97).

Für AG/KGaA ergibt sich dies unmittelbar auch aus § 150 Abs 1 und 2 iVm § 152 Abs 3 Nr 2 AktG (im Ergebnis ebenso *Knop/Zander* in HdR[5] § 268 Anm 33 unter Bezugnahme auf § 158 AktG). Auch für GmbH kann sich die Notwendigkeit, Rücklagenzuführungen bereits bei Bilanzaufstellung berücksichtigen *zu müssen,* aus dem Gesetz (zB § 272 Abs 4 HGB: Rücklage für Anteile an einem herrschenden oder mit Mehrheit beteiligten Unternehmen) oder aus dem GesVertrag ergeben (*Grottel/Waubke* in Beck Bil-Komm[12] § 268 Anm 5; *ADS*[6] § 268 HGB Anm 21 mwN).

Die Berücksichtigung einer **teilweisen Ergebnisverwendung** bereits bei Aufstellung der Bilanz ist bei allen KapGes aber auch dann faktisch unvermeidlich, wenn die Geschäftsführung von einer gesetzlichen (§ 58 Abs 1, Abs 2 S 1 AktG) oder gesellschaftsvertraglichen *Ermächtigung* (§ 58 Abs 2 S 2 AktG) Gebrauch machen will, Beträge in Gewinnrücklagen einzustellen. In diesem Fall muss sie ebenso wie bei der Bildung einer Wertaufholungsrücklage nach § 29 Abs 4 GmbHG, § 58 Abs 2a AktG (dazu Anm 87) den gesetzlichen Ausschüttungsanspruch der Gester durch Aufstellung eines entspr JA auf den geringeren Bilanzgewinn beschränken (s § 152 Abs 3 Nr 2 AktG); andernfalls haben die Gester nach § 29 Abs 1 GmbHG, § 58 Abs 4 iVm § 174 Abs 1 S 2 AktG Anspruch auf das ungekürzte Jahresergebnis (unter Einbeziehung des Gewinn- oder Verlustvortrags).

Eine **vollständige Ergebnisverwendung** muss bei der Aufstellung der Bilanz berücksichtigt werden, wenn zB eine Vorabausschüttung des gesamten Bilanzgewinns erfolgte. Dies ist jedoch nur bei GmbH möglich, während Vorabausschüttungen bei AG keine Ergebnisverwendung iSv § 268 HGB darstellen (*Grottel/Waubke* in Beck Bil-Komm[12] § 268 Anm 7; zur vollständigen Einstellung des Jahresergebnisses in Rücklagen durch Beschluss der GesV einer GmbH Anm 101. Für die Zusammenfassung des Jahresergebnisses mit einem Gewinn- oder Verlustvortrag zu einem verbleibenden Bilanzverlust besteht dagegen uE ein Wahlrecht nach § 268 Abs 1 HGB.

Soweit die Besonderheiten der Kapitalerhöhung aus GesMitteln eine Abweichung nicht erfordern, dürfen **kleine Kapitalgesellschaften** (§ 267 Abs 1 HGB) und **Kleinstkapitalgesellschaften** (§ 267a HGB) von den größenabhängigen Gliederungserleichterungen (nicht dagegen bereits von den Offenlegungserleichterungen nach § 326 HGB, IDW PH 9.400.6, Tz 7) auch bei Aufstellung der Jahresbilanz für Zwecke der Kapitalerhöhung aus GesMitteln Gebrauch machen (wegen der Notwendigkeit weitergehender Aufgliederung des EK Anm 35). Dies gilt auch für die Kapitalerhöhungssonderbilanz. Wie beim regulären JA ist nach § 267 Abs 4 S 1 HGB allerdings Voraussetzung, dass die Größenmerkmale mindestens an zwei aufeinanderfolgenden Stichtagen nicht überschritten werden. Dabei ist uE der Stichtag der Kapitalerhöhungssonderbilanz wie ein eigenständiger Abschlussstichtag zu behandeln; zur Berechnung der Umsatzerlöse und Arbeitnehmerzahl sind daher die im TeilGj fehlenden Quartalszahlen des Vj mit heranzuziehen (*ADS*[6] § 267 HGB Anm 12, 15; *Störk/Lawall* in Beck Bil-Komm[12] § 267 Anm 13). Einmaliges Überschreiten nur am Stichtag der Kapitalerhöhungssonderbilanz *oder* des vorangehenden JA führt idR nicht zu einer Änderung der Größenklasseneinstufung (zu möglichen Fallkonstellationen *Störk/Lawall* in Beck Bil-Komm[12] § 267 Anm 20).

III. Zur Kapitalerhöhung verwendbares Eigenkapital

1. Kapitalrücklage und Gewinnrücklagen

a) Überblick

43   Eine Kapitalerhöhung aus GesMitteln kann grds nur durch **Umwandlung von Rücklagen** durchgeführt werden (dazu aber Anm 102). Bei **AG/ KGaA** kann die HV nach § 207 Abs 1 AktG „eine Erhöhung des Grundkapitals durch Umwandlung der Kapitalrücklage und von Gewinnrücklagen in Grundkapital beschließen". § 208 AktG regelt deren UmwFähigkeit im Einzelnen. Für **GmbH** enthält § 57c Abs 1 iVm Abs 4 GmbHG in allgemeinerer Fassung eine dem § 207 AktG entspr Regelung. Danach kann die GesV das Stammkapital „durch Umwandlung von Rücklagen" erhöhen; KapGes isd § 5a Abs 1 GmbHG mit der Rechtsform **„UG (haftungsbeschränkt)"** haben zu diesem Zweck eine spezifische gesetzliche Rücklage zu bilden (§ 5a Abs 3 GmbHG), solange ihr Stammkapital nicht dem gesetzlichen Mindeststammkapital nach § 5 Abs 1 GmbHG von 25 T€ entspricht (§ 5a Abs 5 GmbHG). § 57d GmbHG regelt die weiteren Einzelheiten entspr § 208 AktG und bezeichnet wie das AktG nur die „Kapital- und Gewinnrücklagen" (Abs 1) als umwandlungsfähig (dazu Anm 45, 115 ff; zu den weiteren Voraussetzungen Anm 46).

44   Die Begriffe „Kapitalrücklage" und „Gewinnrücklagen" ergeben sich aus § 272 Abs 2 und Abs 3 HGB, wonach erstere aus Einlagen der Anteilseigner (dazu Anm 50 ff) und letztere aus einbehaltenen Gewinnen (dazu Anm 76 ff) stammen. Diese gesetzliche Unterscheidung erfordert, auch im Erhöhungsbeschluss ua die zur Umw vorgesehene Rücklage **genau** zu **bezeichnen** (im Einzelnen *Kleindiek* in Lutter/Hommelhoff[20] GmbHG § 57c Anm 10; *Koch* in Hüffer/Koch[13] AktG § 207 Anm 12a mwN). Dieses Erfordernis gilt uE auch für die einzelnen Bestandteile der Gewinnrücklagen (zur Untergliederung Anm 35) und uU sogar für die Kapitalrücklage nach ihrer Herkunft (Anm 50 ff). Eine bestimmte **Reihenfolge der Umwandlung** verfügbarer Rücklagen ist jedoch nicht vorgeschrieben. Die Auswahl steht daher (mit geringen Einschränkungen für gesetzliche Rücklagen, dazu zB Anm 45, 77) im Belieben der Anteilseigner; auch die gleichzeitige Verwendung mehrerer Rücklagenarten ist zulässig (*Koch* in Hüffer/Koch[13] AktG § 207 Anm 12a). Es empfiehlt sich allerdings, die Auswirkungen auf die künftige *Dividendenpolitik* (dazu Anm 4 aE) bei der Auswahl zu berücksichtigen. Bei Umw der gesetzlichen Rücklage ist insb zu beachten, dass künftige Jahresüberschüsse von AG/KGaA wegen §§ 150 Abs 2, 300 AktG nicht vollständig ausgeschüttet bzw an Organträger abgeführt werden können, bevor die gesetzliche Rücklage den vorgeschriebenen Anteil am (erhöhten) Grundkapital wieder erreicht hat (s auch *ADS*[6] § 150 AktG Anm 66). Entsprechendes gilt für satzungsmäßige Rücklagen (§ 58 Abs 1 AktG). Bei Verwendung anderer Rücklagen sind künftige Gewinne dagegen vollständig ausschüttbar.

45   Die **Verwendbarkeit der Rücklagen** für eine Kapitalerhöhung aus GesMitteln wird durch § 208 AktG, § 57d GmbHG eingeschränkt, sofern sie durch Gesetz oder Satzung bzw GesVertrag in bestimmter Weise zweckge-

III. Zur Kapitalerhöhung verwendbares Eigenkapital 46 E

bunden sind (zu möglichen Folgen der Nichtbeachtung Anm 20) *oder* soweit ihnen ein Bilanzverlust gegenübersteht; dazu im Einzelnen Anm 109 ff.

AG/KGaA müssen ferner beachten, dass gem § 150 Abs 2 AktG die gesetzliche Gewinnrücklage zusammen mit der Kapitalrücklage nach § 272 Abs 1 **Nrn 1 bis 3** HGB einen **gesetzlichen Reservefonds** bildet (dazu Anm 77), der nach § 150 Abs 3 AktG strengeren Bindungen unterliegt als die übrigen Rücklagen. Der Fonds *insgesamt* ist daher auch für eine Kapitalerhöhung aus GesMitteln nur verwendbar, soweit die Voraussetzungen des § 150 Abs 4 AktG vorliegen und der Reservefonds insgesamt höher ist als mindestens 10% des Grundkapitals. Allerdings werden die einzelnen Teile des Fonds (zB die gesetzliche Rücklage) jeweils *entsperrt* und damit für eine Kapitalerhöhung aus GesMitteln verwendbar, soweit der mindestens zu erhaltende Reservefonds bereits durch die übrigen Fondsbestandteile (zB durch eine *gebundene* Kapitalrücklage für erzieltes Ausgabeaufgeld, Anm 52) abgedeckt ist (ebenso *Lutter* in Kölner Komm AktG[2] § 208 Anm 9).

Im Hinblick auf den allg gefassten Wortlaut des § 208 Abs 1 S 2 AktG („die Kapitalrücklage ...") könnte eine **Entsperrung** auch durch eine *ungebundene* Kapitalrücklage nach § 272 Abs 2 **Nr 4** HGB (Anm 51) möglich sein. Dies erscheint zwar im Hinblick auf den Grundgedanken des § 150 Abs 4 S 2 AktG (keine Verwendung des Reservefonds bei gleichzeitiger Rücklagenauflösung zur Ausschüttung) nicht unproblematisch, weil die (ohne die freie Kapitalrücklage an sich gebundenen) Beträge des Reservefonds für die Kapitalerhöhung aus GesMitteln zunächst verbraucht und anschließend die verbleibende freie Kapitalrücklage aufgelöst und dann ausgeschüttet werden könnte. Mangels gegenteiliger gesetzlicher Regelung dürfte diese Handhabung jedoch zulässig sein (dazu auch Anm 104), da Gläubigerinteressen durch die Umw des Reservefonds in Nennkapital nicht beeinträchtigt werden. Infolge der Pflicht zur erneuten Dotierung der gesetzlichen Rücklage bis zur Wiederauffüllung des Reservefonds werden nur die *künftigen* Dividendenansprüche der Aktionäre geschmälert (Anm 44), diese können das aber bei ihrer Beschlussfassung über die Kapitalerhöhung berücksichtigen.

Dem Beschluss über die Kapitalerhöhung aus GesMitteln muss nach § 207 46 Abs 3 AktG, § 57c Abs 3 GmbHG *stets* eine (geprüfte und uneingeschränkt testierte) **Bilanz** zugrunde liegen (Anm 23 f, 121). In dieser müssen die zur Disposition stehenden Kapital- und Gewinnrücklagen gem § 57d Abs 1 GmbHG, § 208 Abs 1 S 1 AktG *als solche* bereits ausgewiesen sein. Ist die **letzte Jahresbilanz** Beschlussgrundlage, müssen die Rücklagen somit bereits bei Aufstellung des JA gebildet worden sein (dazu Anm 36 f, zur Berücksichtigung eines Ergebnisverwendungsbeschlusses Anm 102 f, 105). Erfolgt die Kapitalerhöhung aus GesMitteln dagegen auf Basis einer **Kapitalerhöhungssonderbilanz,** müssen die Rücklagen *sowohl* in dieser Bilanz *als auch* in der letzten Jahresbilanz ausgewiesen sein. Es ist daher grds nicht zulässig, eine Kapitalerhöhung aus GesMitteln zu beschließen, wenn die umzuwandelnden Rücklagen nicht auch in der Bilanz des letzten JA ausgewiesen waren (*Fett/Spiering* NZG 2002, 361 mwN; zur Ausnahme für „künftige Rücklagen" aufgrund von Zuführungen durch die HV/GesV aus dem letzten Bilanzergebnis Anm 105).

E 50, 51   Sonderbilanz bei Kapitalerhöhung aus Gesellschaftsmitteln

Bei Verwendung einer **Kapitalerhöhungssonderbilanz** ist für **GmbH** wegen § 57c Abs 2 GmbHG weitere Voraussetzung, dass der **Jahresabschluss** für das letzte Gj vor dem Beschluss über die Kapitalerhöhung aus GesMitteln rechtswirksam **festgestellt** ist; das gilt wegen § 209 Abs 6 iVm § 175 Abs 2 AktG auch ohne ausdrückliche Regelung entspr für **AG** (*Fett/ Spiering* NZG 2002, 360f mwN). Dies setzt wegen § 316 Abs 1 S 2 HGB bei prüfungspflichtigen KapGes (§ 316 Abs 1 S 1 HGB) die *vorherige* Prüfung dieses JA durch einen nach § 318 Abs 1 HGB von der HV bzw den Gestern (oder ggf einem im GesVertrag der GmbH bestimmten anderen Gremium) wirksam bestellten AP voraus (zur zeitlichen Abfolge Anm 133). Der AP muss überdies zu dem letzten JA einen *uneingeschränkten* BVm erteilt haben (Anm 126) und der Stichtag darf zum Zeitpunkt der Anmeldung nicht länger als *acht Monate* zurückliegen (§ 57e Abs 1 GmbHG, § 209 Abs 1 AktG), damit die nachfolgende Kapitalerhöhungssonderbilanz dem Kapitalerhöhungsbeschluss zugrunde gelegt werden kann.

Bei GmbH muss darüber hinaus im Regelfall auch der Beschluss über die **Ergebnisverwendung** für das letzte abgelaufene Gj bereits gefasst sein (§ 57c Abs 2 GmbHG). Dadurch wird klargestellt, dass die neuen Anteile am Gewinn des letzten abgelaufenen Gj *nicht* teilnehmen; ein Gewinnbezugsrecht besteht daher grds nur für das volle laufende Gj, in dem die Kapitalerhöhung aus GesMitteln beschlossen wird (§ 57n Abs 1 GmbHG). Nach § 57n Abs 2 GmbHG kann jedoch ausnahmsweise auch schon vor der Ergebnisverwendung über die Kapitalerhöhung aus GesMitteln Beschluss gefasst werden, *wenn* dabei zugleich bestimmt wird, dass die neuen Geschäftsanteile bereits am Gewinn des letzten Gj teilnehmen (dazu Anm 161).

b) Kapitalrücklage

50 **aa) Tatbestände des § 272 Abs 2 HGB.** Obwohl § 266 Abs 3 (A II) HGB im Gliederungsschema der Bilanz nur den Posten „Kapitalrücklage" vorsieht, empfiehlt sich wegen der insb bei AG/KGaA (dazu Anm 57), aber uU auch bei GmbH (dazu Anm 58) zT bestehenden Verwendungsbeschränkungen einzelner Postenbestandteile eine **Aufgliederung** in der Bilanz (Davon-Vermerk oder ggf im Anhang) vorzunehmen. Dies gilt vor allem für die in die Kapitalrücklage nach § 272 Abs 2 **Nr 2** HGB eingestellten Beträge, solange die Wandlungs- oder Bezugsfrist für Anteile der KapGes noch nicht abgelaufen ist (dazu Anm 62ff). Unabhängig davon sollten wegen § 150 AktG bei AG/KGaA stets zumindest die im Reservefonds gebundenen Beträge (§ 272 Abs 2 Nrn 1 bis 3 HGB, dazu Anm 45) gesondert angegeben werden (ebenso *ADS*[6] § 272 HGB Anm 86 für AG/KGaA; Empfehlung eines gesonderten Ausweises im Anhang *WPH*[16] HBd, F Anm 476 mwN). Zum gleichen Ergebnis führt es, wenn stattdessen nur der am Bilanzstichtag frei verfügbare Teil der Kapitalrücklage angegeben wird, der aus „anderen Zuzahlungen" iSv Nr 4 stammt.

Die zT unterschiedliche Verwendbarkeit erfordert daher, für Zwecke der Kapitalerhöhung aus GesMitteln die Zusammensetzung **(Herkunft)** der im JA ausgewiesenen Kapitalrücklage zu analysieren.

51 Als Kapitalrücklage sind alle **Einlagen der Anteilseigner** zu erfassen, die nicht auf das gezeichnete Kapital geleistet wurden. § 272 Abs 2 HGB diffe-

III. Zur Kapitalerhöhung verwendbares Eigenkapital   52, 53 **E**

renziert dabei zwischen folgenden Arten von Kapitaleinlagen (hierzu im Einzelnen *ADS*[6] § 272 HGB Anm 74 ff; *Küting/Reuter* in HdR[5] § 272 Anm 68 ff; *Störk/Kliem/Meyer* in Beck Bil-Komm[12] § 272 Anm 160 ff):
- über den Nennbetrag hinaus erzieltes **Aufgeld bei Ausgabe von Anteilen** und Bezugsanteilen (Nr 1, dazu Anm 52);
- bei der Ausgabe von Schuldverschreibungen **für Wandlungsrechte und Optionsrechte** zum Erwerb von Anteilen der KapGes **erzielte Beträge** (Nr 2, dazu Anm 53);
- **Zuzahlungen von Gesellschaftern für die Gewährung eines Vorzugs** für Anteile (Nr 3, dazu Anm 54) sowie
- **andere Zuzahlungen,** die Gester in der Absicht leisten, das EK zu stärken (Nr 4), und zwar unabhängig davon, ob sie freiwillig, aufgrund eines Beschlusses oder auf Basis einer anderen Vereinbarung erfolgten. Bei nicht eindeutiger Zweckangabe ist eine nicht rückzahlungspflichtige Zuzahlung im Zweifel als Kapitalrücklage zu erfassen (hM, *Störk/Kliem/Meyer* in Beck Bil-Komm[12] § 272 Anm 195 f. mwN). Nach Ansicht des HFA ist dagegen der *erklärte Wille* zur Leistung in das EK maßgebend und dementspr eine Unterscheidung zwischen erfolgsneutralen Zuzahlungen in das EK und erfolgswirksamen Zuwendungen oder GesterZuschüssen erforderlich (IDW St/HFA 2/1996 idF *2013,* Abschn 2.2. aE).

Im Gegensatz zu den Kapitalrücklagebeträgen nach § 272 Abs 2 Nrn 1 bis 3 HGB kann die Kapitalrücklage nach Nr 4 von allen KapGes jederzeit wieder aufgelöst werden. Wegen des Sonderfalls eines Nachschusskapitals bei GmbH Anm 59.

Zu dem **Aufgeld** (Agio), das „bei der Ausgabe von Anteilen einschließlich   **52** von Bezugsanteilen über den Nennbetrag hinaus erzielt" wird (§ 272 Abs 2 Nr 1 HGB), gehört der anlässlich der erstmaligen Ausgabe von Anteilen bei Gründung oder von Bezugsanteilen bei einer späteren Kapitalerhöhung erzielte *Gesamterlös, soweit* er jeweils den **Nennbetrag** bzw rechnerischen Wert dieser Anteile **übersteigt** (dazu D Anm 215). Voraussetzung ist, dass die Rechtspflicht zur Leistung des Aufgelds *im Zusammenhang mit der Ausgabe der Anteile* entstanden und zur Herstellung eines angemessenen Aufgabebetrages erforderlich ist (im Einzelnen *ADS*[6] § 272 HGB Anm 90 f). Andere Zuzahlungen ohne rechtlichen Bezug zur Erhöhung des Nennkapitals gehören dagegen zur Kapitalrücklage nach § 272 Abs 2 Nr 4 HGB, auch wenn die Leistung als sog schuldrechtliches Agio auf einer Absprache der Gester im zeitlichen Zusammenhang mit einer Kapitalerhöhung beruhte, aber nicht Bedingung für die Erlaubnis zur Zeichnung der neuen Aktien war (dazu BGH v 15.10.2007 WPg 2008, 132 für GmbH).

In die Kapitalrücklage sind nach § 272 Abs 2 Nr 2 HGB auch **Beträge**   **53** einzustellen, die bei der Ausgabe von Schuldverschreibungen **für Wandlungs- und Optionsrechte** zum Erwerb von Anteilen *erzielt* werden. Dies gilt auch, wenn der Erlös nicht von den (Alt-)Anteilseignern, sondern von TU oder Dritten stammt; auf die spätere Ausübung der Bezugsrechte kommt es ebenfalls nicht an.

„Erzielter Betrag" ist der vereinnahmte Ausgabebetrag der Schuldverschreibung, soweit er deren nach § 253 Abs 1 S 2 HGB passivierten Erfüllungsbetrag übersteigt. Dazu gehört auch der (ggf nach § 250 Abs 3 HGB als Disagio aktivierte) wirtschaftliche Vorteil aus einer evtl unter dem Marktzins liegenden Verzinslichkeit der Schuldverschreibung (IDW St/HFA 1/1994, Abschn 2.1.4.3). Insoweit dürfte eine Rücklagenumwandlung in Nennkapital jedoch nicht in Betracht kommen, solange die Zinsvorteile noch nicht realisiert wurden (im Einzelnen Anm 66, D Anm 152).

54 Bar- oder Sachleistungen, die als **Zuzahlung gegen Gewährung eines gesellschaftsrechtlichen Vorzugs** (zB Anspruch auf Vorabgewinn nach § 29 Abs 3 S 2 GmbHG oder Vorzugsdividende nach § 11 S 1 AktG) geleistet wurden, bilden die Kapitalrücklage nach § 272 Abs 2 Nr 3 HGB. Die Leistung kann auch im Verzicht auf die Rückzahlung eines Darlehens bestehen. Voraussetzung für die Einstellung in die Kapitalrücklage nach Nr 3 ist allerdings, dass die Zuzahlung *von Gesellschaftern* geleistet wird und der mit der Leistung zusammenhängende *Vorzug für die Anteile* gewährt wird, die der Gester hält; ohne das letztgenannte Kriterium könnte uU eine Zuzahlung nach Nr 4 vorliegen. Ein Forderungsverzicht gegen Gewährung eines von der Stellung als Gester der KapGes unabhängigen Vorzugs (zB stille Beteiligung, Genussrecht, Besserungsschein) fällt dagegen nach hM unter keinen der Tatbestände des § 272 Abs 2 HGB, sondern stellt uU Sondereigenkapital dar (so wohl für Genussrechtskapital mit EK-Charakter IDW St/HFA 1/1994, Abschn 2.1.2. und 2.1.4.1.2.; zum EK-Charakter stiller Einlagen B Anm 131) oder ist unter Nr 4 auszuweisen (so zum Forderungsverzicht auf Veranlassung bzw zum Forderungsverzicht mit Besserungsschein bei Bestimmung der Zuzahlung in die Kapitalrücklage *Störk/Kliem/Meyer* in Beck Bil-Komm[12] § 272 Anm 195 bzw 199; *Schubert* in Beck Bil-Komm[12] § 247 Anm 238).

55 Hinsichtlich der **Verwendbarkeit** der einzelnen Bestandteile der Kapitalrücklage iSv § 272 Abs 2 Nrn 1 bis 3 HGB für eine Kapitalerhöhung bestehen abgesehen von dem nach §§ 150 Abs 3, 208 Abs 1 S 2 AktG mindestens zu erhaltenden Reservefonds für **AG/KGaA** keine *ausdrücklichen* einschränkenden Regelungen. Sie können daher grds auch zur Kapitalerhöhung aus GesMitteln herangezogen werden, soweit sie nicht (zusammen mit der gesetzlichen Rücklage) zum gebundenen *Reservefonds* von AG/KGaA gehören (dazu Anm 45, 77). Einschränkungen können sich allerdings bei einem Bilanzverlust ergeben, der vorrangig entweder durch Rücklagenauflösung zum Bilanzstichtag auszugleichen ist (dazu Anm 108) oder anderweitig durch Rücklagen in zulässiger Weise abgedeckt sein muss (dazu Anm 109), bevor eine solche gebundene, über den mindestens zu erhaltenden Reservefonds hinausgehende Kapitalrücklage für die Kapitalerhöhung aus GesMitteln verfügbar wird (für AG/KGaA ausdrücklich § 208 Abs 1 S 2 AktG, s *WPH*[16] HBd, F Anm 470). Es bestehen außerdem Einschränkungen bei noch ausstehenden Umtausch- oder Bezugsrechten der Gläubiger von Wandelschuldverschreibungen (dazu Anm 61 ff).

56 **bb) Sonderfälle.** Einstellungen in die Kapitalrücklage sind uU auch **nach einer Kapitalherabsetzung** erforderlich. Folgende **Spezialfälle** sind ausdrücklich gesetzlich geregelt:
– Einstellung aufgrund eines GesterBeschlusses nach § 222 AktG, § 58 GmbHG zur *ordentlichen* Herabsetzung des Nennkapitals zwecks Einstellung in die Kapitalrücklage (§§ 222 Abs 3, 240 S 3 AktG; für GmbH analog);

III. Zur Kapitalerhöhung verwendbares Eigenkapital   57–59 E

- Einstellung (nur unter den Voraussetzungen des § 231 AktG bzw § 58b Abs 2 GmbHG zulässig) aufgrund eines GesterBeschlusses nach § 229 Abs 1 AktG, § 58a Abs 2 GmbHG zur *vereinfachten* Herabsetzung des Nennkapitals zwecks Einstellung in die Kapitalrücklage (hierzu Anm 58);
- Einstellung nach § 232 AktG/§ 58c GmbHG bei zu hoch angenommenen Wertminderungen oder sonstigen Verlusten im Zusammenhang mit einer vor dem Bilanzstichtag zu deren Abdeckung beschlossenen vereinfachten Herabsetzung des Nennkapitals (hierzu Q Anm 176 ff); dies dürfte auch gelten für zu hoch angenommene EK-Minderungen im Zusammenhang mit einer zur Durchführung einer Abspaltung oder Ausgliederung beschlossenen vereinfachten Herabsetzung des Nennkapitals der übertragenden AG (§ 145 UmwG) oder GmbH (§ 139 UmwG).
- Einstellung nach § 237 Abs 5 AktG bei Kapitaherabsetzung durch vereinfachte Einziehung von eigenen Aktien (im Einzelnen Q Anm 160 ff).

Diese Regelungen zur Dotierung der Kapitalrücklage lassen zwar offen, 57 welcher Kategorie iSv § 272 Abs 2 HGB die aus der Kapitalherabsetzung resultierenden Einstellungen zuzuordnen sind. Da es sich bei dem Betrag nicht um eine „andere Zuzahlung", sondern um eine frühere Einzahlung auf das Nennkapital handelt, dürfte aber eine Zuordnung zur freien Kapitalrücklage iSv Nr 4 *nicht* in Betracht kommen (ebenso *ADS*[6] § 272 HGB Anm 87, § 150 AktG Anm 38; *WPH*[16] HBd, F Anm 477). Eine spätere (ordentliche oder vereinfachte) Herabsetzung des Nennkapitals muss wirtschaftlich zum gleichen Ergebnis führen wie ein von vornherein vereinbartes geringeres Nennkapital mit entspr höherem Ausgabeaufgeld. Andernfalls könnte die gesetzliche Kapitalbindung des § 150 AktG auf diesem Weg leicht umgangen werden. Aus diesem Grund erscheint eine Einbeziehung in die Kapitalrücklage nach § 272 Abs 2 **Nr 1** nicht nur für Beträge aus einer vereinfachten Kapitalherabsetzung (für Beträge aus Einziehung eigener Aktien auch Q Anm 165) geboten. Die aus der Kapitalherabsetzung gewonnenen Beträge fallen bei **AG/KGaA** ebenso wie direkt erzielte Ausgabeaufgelder (Anm 52) unter die **Verwendungsbeschränkung** des § 150 Abs 3 AktG; sie sind daher für eine Kapitalerhöhung aus GesMitteln nur verfügbar, soweit sie ggf zusammen mit anderen geeigneten Rücklagen den notwendigen Reservefonds von mindestens 10 % des Grundkapitals übersteigen (Anm 45, 77).

Die im Zusammenhang mit einer *vereinfachten* Kapitalherabsetzung in die 58 Kapitalrücklage eingestellten Beträge unterliegen auch bei **GmbH** bis zum Ablauf des fünften nach dem Beschluss über die Herabsetzung beginnenden Gj einem **Ausschüttungsverbot**. Vor Ablauf der Frist können sie jedoch nach § 58b Abs 3 Nr 3 (ggf iVm § 58c S 2) GmbHG ausdrücklich für eine Kapitalerhöhung aus GesMitteln verwendet werden. Für **AG/KGaA** ergibt sich das (hier allerdings unbefristete) Ausschüttungsverbot aus § 233 Abs 3 AktG.

Rücklage aus Nachschüssen von GmbH-Gesellschaftern. Eingefor- 59 derte Nachschüsse von GmbH-Gestern (dazu D Anm 38) sind innerhalb der Kapitalrücklage gesondert auszuweisen (§ 42 Abs 2 S 3 GmbHG, dazu D Anm 173, 236). Diese Kapitalrücklage aus Nachschüssen kann (nach Ablauf der Wartefrist gem § 30 Abs 2 GmbHG und dem evtl Ausgleich eines Bilanzverlusts) an die Gester zurückgezahlt werden. Sie ist daher mit Zustimmung

E 60–62 Sonderbilanz bei Kapitalerhöhung aus Gesellschaftsmitteln

der Gester *in Höhe der bereits eingezahlten Beträge* auch zur Kapitalerhöhung aus GesMitteln verwendbar (hM, s nur *Servatius* in Baumbach/Hueck GmbHG[22] § 57d Anm 2 mwN; *Lieder* in MünchKomm GmbHG[3] § 57d Anm 12; *Kleindiek* in Lutter/Hommelhoff[20] GmbHG § 57d Anm 5 mwN), während die Umw eines noch nicht eingezahlten Nachschusskapitals mangels realer Kapitalaufbringung nicht zulässig ist (s Anm 112). Soweit eingeforderte Nachschüsse am Abschlussstichtag *noch nicht eingegangen* waren, kann die vollständige Verwendbarkeit dieser spezifischen Kapitalrücklage uE aber dadurch erreicht werden, dass der Beschluss über die Kapitalerhöhung aus GesMitteln auf Basis einer Sonderbilanz gefasst wird, an deren späterem Stichtag die Nachschüsse voll eingezahlt sind (**Entsperrung,** dazu Anm 104).

60 Zu **Sonderrücklagen nach DMBilG** ausführlich Vorauf.

61 **Sonderrücklage zur Erhöhung des bedingten Kapitals von AG/ KGaA.** § 216 Abs 3 AktG gewährt Aktionären sowie Dritten bei einer Kapitalerhöhung aus GesMitteln **Schutz vor Verwässerung** des wirtschaftlichen Inhalts ihrer vertraglichen Ansprüche (dazu Anm 6), soweit diese von
– der Gewinnausschüttung der AG/KGaA (wie zB bei Genussrechten, § 221 Abs 3 AktG, dazu Anm 69) oder
– dem Nennbetrag bzw Wert ihrer Aktien oder des Grundkapitals (wie zB bei Umtausch- und Bezugsrechten, § 221 Abs 1 AktG oder
– sonst von den bisherigen Kapital- oder Gewinnverhältnissen (wie zB bei Tantiemen oder Gewinnschuldverschreibungen, § 221 Abs 1 AktG, dazu Anm 6; im Einzelnen *Florstedt* in Kölner Komm AktG[3] § 221 Anm 342ff, 553f)

abhängen. Für die Inhaber von **Umtausch- oder Bezugsrechten zum Erwerb von Aktien** (§ 192 Abs 2 AktG) ergibt sich daraus ein Anspruch auf Wiederherstellung des ursprünglichen Bezugsverhältnisses. Dementspr erhöht sich nach § 218 S 1 AktG bei einer Kapitalerhöhung aus GesMitteln zB das für den Umtausch einer noch nicht getilgten Wandelanleihe bestehende bedingte Kapital (§§ 192 ff AktG) im gleichen Verhältnis wie das Grundkapital (dazu *Than* WM-Sonderheft 1991, 59 f). Dadurch kann sich bei **AG/KGaA** und **SE** ein *bedingtes Kapital* (= Anteil der bei Ausübung zu gewährenden Bezugsaktien am Grundkapital) ergeben, das höher ist als der bisher festgelegte Ausgabebetrag (= Bruttoeinnahme vor Kostenabzug) der dafür hinzugebenden Wandelschuldverschreibung (zu Optionsanleihen Anm 68). Dies ist zB bei einer Kapitalerhöhung aus GesMitteln im Verhältnis 1:1 der Fall, wenn vorher ein Wandlungsrecht im Verhältnis 1:1 ohne Zuzahlungspflicht bestand, das sich nunmehr durch die Verdopplung des bedingten Kapitals kraft Gesetzes auf 0,5:1 ermäßigt (*Koch* in Hüffer/Koch[13] AktG § 218 Anm 5).

Für Ansprüche gegen eine **GmbH** enthält § 57m Abs 3 GmbHG eine gleichlautende Regelung zum Verwässerungsschutz (dazu Anm 6). Da das GmbH-Recht allerdings ein bedingtes Kapital nicht kennt, besteht hier keine Notwendigkeit, seine Anpassung gesetzlich zu regeln (dazu aber Anm 70).

62 Die für die gesetzliche Erhöhung des bedingten Kapitals der AG notwendige Berichtigung von Satzung und HR ist gleichzeitig mit der Anmeldung der Kapitalerhöhung aus GesMitteln zu beantragen (*Koch* in Hüffer/Koch[13] AktG § 218 Anm 3 mwN). Um zu verhindern, dass das erhöhte bedingte

III. Zur Kapitalerhöhung verwendbares Eigenkapital   63   **E**

Kapital im Fall der Wandlung später infolge des gleichbleibenden Ausgabebetrags nicht voll aufgebracht wird, ist in Höhe des Unterschieds zwischen dem Ausgabebetrag der Schuldverschreibung und dem (höheren) geringsten Ausgabebetrag der Bezugsaktien (ggf vermindert um vereinbarte Zuzahlungen bei Wandlung) eine **Sonderrücklage nach § 218 S 2 AktG für das erhöhte bedingte Kapital** zu bilden (zum Ausweis Anm 63f, 152). Sie dokumentiert, dass der zur Aufbringung des erhöhten bedingten Kapitals erforderliche Betrag, *soweit er über den Ausgabebetrag der Schuldverschreibung hinausgeht* (dazu Anm 66), ebenfalls **aus Gesellschaftsmitteln** stammt und für den Fall einer Wandlung **reserviert** werden muss. In Höhe des insoweit zweckgebundenen Betrags dürfen also an sich umwandlungsfähige Rücklagen weder zur Kapitalerhöhung aus GesMitteln herangezogen werden (ADS^6 § 272 HGB Anm 88) noch zu einer Erhöhung der Ausschüttung aufgelöst werden, solange die Umtausch- oder Bezugsrechte nicht verfallen sind. Sollte es nicht möglich sein, EK in der erforderlichen Höhe zu reservieren, wäre eine Kapitalerhöhung aus GesMitteln allenfalls in entspr geringerem Umfang zulässig.

Die Kapitalerhöhungssonderrücklage nach § 218 S 2 AktG hat die *Funktion einer Verwendungssperre,* da sie das Volumen an sich umwandlungsfähiger Rücklagen mindert (*Koch* in Hüffer/Koch[13] AktG § 208 Anm 10); die Norm korrespondiert damit im Fall einer Kapitalerhöhung aus GesMitteln mit der Regelung in § 199 AktG, wonach wegen des Verbots der Unter-Pari-Emission (§ 9 Abs 1 AktG; D Anm 30) vorgeschrieben ist, bereits bei Ausgabe einer Wandelschuldverschreibung Reservekapital in Höhe eines evtl Disagios zu sperren (dazu Anm 89).

Eine beabsichtigte Kapitalerhöhung aus GesMitteln erfordert weder einen 63 gesonderten **Ausweis** der Sonderrücklage nach § 218 S 2 AktG (zum Folgeabschluss Anm 152f) noch die **Angabe** der für das erhöhte bedingte Kapital zu reservierenden Beträge bereits in der Bilanz, die dem Beschluss zugrunde liegt (hM, ebenso *Koch* in Hüffer/Koch[13] AktG § 218 Anm 6 mwN; *Singhof* in HdJ III/2 (2008), Rn 94 mwN). Weil sich Verwendungsbeschränkung und Umfang der möglichen Kapitalerhöhung aus GesMitteln wechselseitig bedingen und weil zum Zeitpunkt der Aufstellung der Bilanz (also vor Beschlussfassung) noch nicht bekannt ist, ob bzw in welchem Umfang eine Kapitalerhöhung aus GesMitteln letztlich erfolgen wird, könnte ohnehin nur ein auf Basis der geplanten oder einer maximal möglichen Kapitalerhöhung sich ergebender Sperrbetrag ermittelt und gesondert ausgewiesen werden. Die Verwendungssperre besteht aber unabhängig von einer gesonderten Angabe in der Bilanz in der Höhe, die sich erst aus dem späteren Beschluss über die Kapitalerhöhung aus GesMitteln ergeben wird. Da die Sperre nur bei der Formulierung des Vorschlags für den Kapitalerhöhungsbeschluss (§ 124 Abs 3 S 1 AktG) und bei Anmeldung des Beschlusses zum HR (dazu Anm 13) berücksichtigt werden muss, genügt es sowohl bei Zugrundelegung der letzten Jahresbilanz als auch bei Aufstellung einer Kapitalerhöhungssonderbilanz, die Sperrung anderweitig sicherzustellen **(statistische Sperrung).** Bedeutung könnte die gesonderte Angabe daher allenfalls im nachfolgenden JA erlangen, weil sie die Höhe gesperrter Rücklagen dokumentiert, die nicht durch Auflösung für Ausschüttungen verfügbar gemacht werden dürfen (dazu Anm 153).

E 64–66 Sonderbilanz bei Kapitalerhöhung aus Gesellschaftsmitteln

64 Für die Bildung der Sonderrücklage nach § 218 S 2 AktG würde es (wie bei der Kapitalerhöhung aus GesMitteln selbst) auch ausreichen, wenn im Rahmen des Beschlusses über die Gewinnverwendung für das letzte Gj in dem erforderlichen Umfang Beträge aus dem Bilanzgewinn in andere Gewinnrücklagen eingestellt werden, bevor die Kapitalerhöhung beschlossen wird (zu den Voraussetzungen für die Berücksichtigung von Gewinnrücklagen aus dem Bilanzgewinn des abgelaufenen Gj für die Kapitalerhöhung aus GesMitteln Anm 102, 105).

65 Nach dem Wortlaut des § 218 S 2 AktG ist für die Berechnung der Kapitalerhöhungssonderrücklage (Anm 62) der Unterschied zwischen dem **Ausgabebetrag** der Wandelschuldverschreibung und dem höheren geringsten Ausgabebetrag der Bezugsaktien (§ 9 Abs 1 iVm § 8 Abs 2 bzw Abs 3 AktG) **maßgeblich.** Dies erscheint sachgerecht und geboten, weil der KapGes nur in Höhe des Ausgabebetrags der Anleihe tatsächlich Mittel zugeflossen sind und der darüber hinaus zur Erhöhung des Nennkapitals ggf erforderliche Betrag bei Wandlung insgesamt *aus Gesellschaftsmitteln* aufgebracht werden muss (*Arnold* in MünchKomm[4] AktG[3] § 218 Anm 16 mwN). In Anbetracht des eindeutigen Wortlauts ist es daher uE *nicht zulässig,* den Sperrbetrag lediglich auf den Unterschied zwischen dem geringsten Ausgabebetrag der Bezugsaktien und dem (höheren oder niedrigeren) **Erfüllungsbetrag** der betr Wandelanleihe zu beschränken. Es ist nämlich zu berücksichtigen, dass die **Wandelanleihe** stets mit dem *Erfüllungsbetrag* passiviert werden muss, den die KapGes im Fall einer Rückzahlung aufwenden müsste (§ 253 Abs 1 S 2 HGB). Ein evtl bestehender Unterschied zwischen diesem Erfüllungsbetrag und dem ursprünglichen Ausgabebetrag der Wandelanleihe ist dagegen entweder als erzieltes *Aufgeld* (dazu Anm 66) in die Kapitalrücklage nach § 272 Abs 2 Nr 2 HGB eingestellt oder bei einem *Abgeld* wegen niedriger Verzinsung (dazu Anm 67) als Aufwand erfolgswirksam verrechnet worden, soweit der dann entstehende Disagiobetrag nicht noch unter den aktiven RAP nach §§ 250 Abs 3, 268 Abs 6 HGB gesondert ausgewiesen wird (Anm 53; zur Zulässigkeit eines Abgelds (Disagio) bei Wandelanleihen *Koch* in Hüffer/Koch[13] AktG § 221 Anm 11).

Bei Berechnung anhand des Rückzahlungsbetrags der Anleihe würde deshalb die Sonderrücklage nach § 218 S 2 AktG bei einem Ausgabeaufgeld **zu hoch** oder bei einem Disagio in entspr Umfang **zu niedrig** angesetzt. Weil das künftige Ausschüttungspotential hierdurch tangiert bzw Kapitalaufbringungsvorschriften verletzt würden, könnte dies nach § 241 Nr 3 AktG die Nichtigkeit des Kapitalerhöhungsbeschlusses der HV oder nach § 256 Abs 1 Nr 4 AktG die Nichtigkeit des JA zur Folge haben, in dem die Rücklagen in unzutreffender Höhe ausgewiesen sind.

Zur Verdeutlichung der Zusammenhänge mag folgendes Beispiel dienen:

66 **Beispiel:** Bei Begebung einer Wandelschuldverschreibung (Nennbetrag zB 5 Mio €) wurde ursprünglich ein **Aufgeld** (zB 1 Mio €) erzielt. Die Wandelschuldverschreibung zum Erwerb von 5 Mio (jungen) Aktien mit einem Nominalbetrag von 1 €. Bei einer späteren Kapitalerhöhung aus GesMitteln ändert sich das Bezugsverhältnis nach § 218 S 1 AktG von vorher 1 : 1 auf 0,5 : 1; Anm 61). In diesem Fall reichen der passivierte Erfüllungsbetrag (zB 5 Mio €) und die nach § 218 S 2 AktG zu bildende Sonderrücklage (hier [Betrag der Nominalkapitalerhöhung von 10 – Ausgabebetrag

III. Zur Kapitalerhöhung verwendbares Eigenkapital   67–69   **E**

der Wandelschuldverschreibung von 6 =] 4 Mio €) zusammen (hier [5 + 4 =] 9 Mio €) nicht aus, um das erhöhte bedingte Kapital (hier [5 + 5 =] 10 Mio €) aufbringen zu können. In solchen Fällen müssen daher *weitere Rücklagen* für eine spätere Inanspruchnahme des bedingten Kapitals gesperrt werden. Dies erfordert, dass dann auch die aus dem Aufgeld stammende **Kapitalrücklage** nach § 272 Abs 2 Nr 2 HGB (hier 1 Mio €) als zweckgebundene Rücklage für die Erhöhung des bedingten Kapitals zu reservieren ist. Sie kann daher nicht für die geplante Kapitalerhöhung aus GesMitteln eingesetzt werden, soweit das bedingte Kapital noch besteht.

Wurde bei Begebung der Wandelanleihe, etwa zum Ausgleich einer in Anbetracht 67 der Bonität der AG niedrigen laufenden Verzinsung, ursprünglich ein **Abgeld** (zB 0,5 Mio €) vereinbart, ist nur bei Maßgeblichkeit des Ausgabebetrags (hier also 4,5 Mio €) sichergestellt, dass der zur Aufbringung des bedingten Kapitals erforderliche Betrag (10 Mio €) voll aus dem passivierten Erfüllungsbetrag (5 Mio €, Anm 67) und der zu bildenden Sonderrücklage nach § 218 S 2 AktG (hier [10 – 4,5 =] 5,5 Mio €) gedeckt werden kann *und* die Sonderrücklage darüber hinaus noch eine Reserve (hier 0,5 Mio €) zum Ausgleich des Aufwands aus der Abschreibung des Disagios enthält. Für den Fall einer Wandlung würde es daher zwar *nominell* ausreichen, nur den Unterschied zwischen dem geringsten Ausgabebetrag der Bezugsaktien und dem Rückzahlungsbetrag der untergehenden Wandelanleihe in die Sonderrücklage einzustellen. Solange aber ein aktiv abgegrenztes Disagio nach § 250 Abs 3 S 2 HGB noch nicht vollständig amortisiert ist, wäre die Erhöhung des bedingten Kapitals dadurch nur scheinbar gedeckt, weil die Abschreibung des Disagios zu einer Unterbilanz führen kann (Anm 53).

Bei **Optionsanleihen** oder isolierten Optionsbezugsrechten hat der Be- 68 rechtigte eine von der Gläubigerposition unabhängige Option zum Erwerb von Aktien der emittierenden AG/KGaA gegen Zahlung des vereinbarten Bezugspreises, während er bei Wandelschuldverschreibungen nur seine schuldrechtliche in eine mitgliedschaftsrechtliche Position „umwandeln" kann. Abgesehen davon ergeben sich keine wesentlichen Unterschiede zur Wandelanleihe, insb muss nach § 192 Abs 1 AktG auch für diese Fälle ein bedingtes Kapital bestehen, das sich gem § 218 S 1 AktG aus Gründen des Verwässerungsschutzes (Anm 6) bei einer Kapitalerhöhung aus GesMitteln ebenfalls im gleichen Verhältnis wie das Grundkapital erhöht (Anm 61). Wie bei Wandelanleihen kann auch hier der Fall eintreten, dass danach die ursprünglich vereinbarte Zuzahlung zur Aufbringung des erhöhten bedingten Kapitals bei Ausübung der Option nicht mehr ausreicht. Dementsprechend gilt die Pflicht zur Bildung einer Sonderrücklage nach § 218 S 2 AktG auch für diesen Fall (hM, zB *Arnold* in MünchKomm[4] AktG[3] § 218 Anm 25; *Koch* in Hüffer/Koch[13] AktG § 218 Anm 7 mwN).

Auch für die Inhaber von Genussrechten bei **AG/KGaA** besteht bei einer 69 Kapitalerhöhung aus GesMitteln ohne Weiteres ein Verwässerungsschutz (dazu Anm 6). Ist das Genussrecht auf den Bezug von Aktien gerichtet (**Wandel- oder Optionsgenussrecht;** zur Zulässigkeit *Florstedt* in Kölner Komm AktG[3] § 221 Anm 177 ff mwN), erhöht sich daher gem § 218 S 1 AktG auch das dafür notwendige bedingte Kapital (§ 192 AktG) im selben Verhältnis wie das Grundkapital. In entspr Umfang ist dann nach § 218 S 2 AktG auch eine **Sonderrücklage zur Erhöhung des bedingten Kapitals** zu bilden. Insoweit gelten also die gleichen Regeln wie für Wandel- und Optionsschuldverschreibungen (Anm 65 ff); insb ist das Verbot der Unter-Pari-Emission (dazu Anm 89) zu beachten und ein seinerzeit bei der Ausgabe von

Förschle / Kropp / Schönberger   273

E 70–77 Sonderbilanz bei Kapitalerhöhung aus Gesellschaftsmitteln

Wandel-/Optionsgenussrechten für die Bezugsrechte zum Erwerb von Aktien ggf erzieltes Aufgeld nach § 272 Abs 2 Nr 2 HGB in die Kapitalrücklage einzustellen (zu deren eingeschränkter Verwendbarkeit Anm 65).

70 Im Unterschied dazu ist bei **GmbH** eine bedingte Kapitalerhöhung zum Zweck der Gewährung von Umtausch- oder Bezugsrechten als bedingte Satzungsänderung grds nicht zulässig, wenngleich bestimmte Bedingungen zulässig sein können (zB *Priester* in Scholz[11] GmbHG § 55 Anm 35 mwN).

71 Sonderrücklage für Genussrechtsaufgeld. In diesem Zusammenhang stellt sich die Frage, ob auch das aus der Emission von Genussrechten ggf resultierende Kapital (Anm 54) für eine Kapitalerhöhung aus GesMitteln verwendet werden darf. Selbst wenn es in der Bilanz als EK ausgewiesen wird (zur Behandlung von Genussrechtskapital im JA von KapGes IDW St/HFA 1/1994 sowie *Habersack* in MünchKomm AktG[4] § 221 Anm 60ff), dürfte Genussrechtskapital für eine Kapitalerhöhung aus GesMitteln uE nicht verwendbar sein, soweit der Berechtigte vor Auflösung der KapGes eine Rückzahlung aus der Substanz verlangen kann. Andernfalls könnte der Grundsatz der realen Kapitalaufbringung und das Verbot der Rückzahlung von Nennkapital (§§ 54 Abs 3, 57 Abs 1 AktG; §§ 19 Abs 2, 30 GmbHG) umgangen werden. Die Verwendung von Genussrechtskapital für eine Kapitalerhöhung aus GesMitteln ist daher nur möglich, *soweit* über den Nennbetrag des Genussrechtskapitals hinaus ein nicht rückzahlbares Aufgeld gezahlt wurde; insoweit wäre aber wegen der aktiengleichen Ausstattung analog § 272 Abs 2 Nr 1 HGB ohnehin eine Einstellung in die Kapitalrücklage erforderlich.

c) Gewinnrücklagen

76 aa) Tatbestände des § 272 Abs 3 HGB. Eine **gesetzliche Rücklage** ist nach § 150 Abs 1 AktG (bzw § 300 AktG, sofern ein EAV besteht) grds nur von **AG/KGaA** in dem gesetzlich vorgeschriebenen Umfang aus dem (ggf um einen Verlustvortrag geminderten) Jahresüberschuss (ggf vor dessen Abführung bei EAV) zu bilden. Unabhängig davon, ob der JA durch den AR oder durch die HV festgestellt wird (dazu Anm 96), hat dies bereits in der Bilanz des abgelaufenen Gj zu geschehen (§ 270 Abs 2 HGB, dazu Anm 36f), so dass die Rücklage als solche *dem Grunde nach* für eine Kapitalerhöhung aus GesMitteln eigentlich verfügbar wäre (Ausnahme s Anm 77); zur Dotierung in der Kapitalerhöhungssonderbilanz Anm 97. UmwVoraussetzung ist nach § 208 Abs 2 AktG allerdings stets, dass einer vorhandenen Rücklage kein Bilanzverlust gegenübersteht (Anm 108) und sie auch nicht ggf noch einer anderen Zweckbindung (zB als Sonderrücklage zur Erhöhung des bedingten Kapitals, Anm 62) unterliegt. Unter diesen Voraussetzungen ist die gesetzliche Rücklage zur Kapitalerhöhung aus GesMitteln grds auch dann verwendbar, wenn daneben andere freie Rücklagen in ausreichendem Umfang vorhanden sind; eine Reihenfolge ist nicht vorgeschrieben (Anm 44). Entsprechendes gilt für die gesetzliche Rücklage einer **UG (haftungsbeschränkt),** die nach § 5a Abs 3 GmbHG zu bilden ist, solange deren Stammkapital den Mindestbetrag von 25 T€ nicht aufweist, s dazu Anm 43.

77 Die gesetzliche Rücklage einer AG/KGaA gehört zusammen mit den Kapitalrücklagen nach § 272 Abs 1 **Nrn 1 bis 3** HGB zum **gesetzlichen Re-**

III. Zur Kapitalerhöhung verwendbares Eigenkapital

servefonds (Anm 45). Soweit dieser 10% des Grundkapitals (oder einen höheren Teil gem Satzung) *nicht* übersteigt, darf er nach § 150 Abs 3 AktG nur zum Ausgleich eines nicht vorab durch andere Gewinnrücklagen ausgleichbaren Bilanzverlusts verwendet werden; der Fonds ist damit insoweit für eine Kapitalerhöhung aus GesMitteln *der Höhe nach* gesperrt. Nur der übersteigende Teil ist umwandelbar (*ADS*[6] § 150 AktG Anm 65). Die gesetzliche Rücklage wird aber nach § 150 Abs 4 Nr 3 AktG für eine Kapitalerhöhung aus GesMitteln verfügbar (entsperrt), wenn der vorgeschriebene Reservebetrag (10% oder mehr) bereits durch eine *beschränkt verwendbare* Kapitalrücklage nach § 272 Abs 2 Nrn 1 bis 3 HGB (nicht Nr 4) abgedeckt ist (Anm 45, 55).

Eine in der Satzung festgelegte Erhöhung der Obergrenze der gesetzlichen Rücklage kann durch HV-Beschluss aufgehoben werden, um ggf zusätzliches Volumen für eine Kapitalerhöhung aus GesMitteln zu schaffen. Dieses ist wegen § 181 Abs 3 AktG zwar erst nach HR-Eintragung der notwendigen förmlichen Satzungsänderung verfügbar, nach hM können beide Beschlüsse aber in derselben HV gefasst werden (*Koch* in Hüffer/Koch[13] AktG § 208 Anm 6 mwN). Eine entspr Verwendungssperre kennt das GmbHG nicht.

Nach § 272 Abs 3 S 2 HGB sind **statutarische Rücklagen** solche, die „auf Gesellschaftsvertrag oder Satzung beruhen". Nach hM fallen darunter aber nur Beträge, die aufgrund einer *bindenden Verpflichtung* in Satzung oder GesVertrag in die Bilanz einzustellen und dementspr einer Ausschüttung *zwingend* entzogen waren (§ 58 Abs 2 S 1, Abs 4 AktG, § 29 Abs 1 GmbHG). Lediglich aufgrund einer statutarischen *Ermächtigung* gebildete Rücklagen sind dagegen stets unter den anderen Gewinnrücklagen auszuweisen (Anm 80; *Störk/Kliem/Meyer* in Beck Bil-Komm[12] § 272 Anm 255; *ADS*[6] § 272 HGB Anm 151, jeweils mwN).

Wurde die Obergrenze der gesetzlichen Rücklage (10%) bei AG/KGaA durch die Satzung erhöht, gehören jedoch die weiteren Zuführungen nach § 150 Abs 2 AktG (jährlich 5%) nicht in die statutarische, sondern in die gesetzliche Rücklage (*Küting/Reuter* in HdR[5] § 272 Anm 164).

Freie statutarische Rücklagen sind im Rahmen der allg Restriktionen (Anm 108 ff) ohne Weiteres für eine Kapitalerhöhung aus GesMitteln verwendbar. Sind **statutarische Rücklagen** dagegen für einen bestimmten Zweck *gebunden* (Bsp s *Küting/Reuter* in HdR[5] § 272 Anm 165), können sie wegen § 208 Abs 2 S 2 AktG, § 57d Abs 3 GmbHG für eine Kapitalerhöhung aus GesMitteln nur verwendet werden, wenn die **Zweckbestimmung** dem nicht entgegensteht (zB Rücklage zur Kapitalverstärkung) oder sich erledigt hat. Andernfalls muss sie vor dem Beschluss über die Kapitalerhöhung aus GesMitteln rechtswirksam durch einen satzungsändernden Beschluss aufgehoben worden sein (*Störk/Kliem/Meyer* in Beck Bil-Komm[12] § 272 Anm 62; *Koch* in Hüffer/Koch AktG[13] § 208 Anm 9; *Lieder* in MünchKomm GmbHG[3] § 57d Anm 27). Die Verwendung einer bis dahin noch zweckgebundenen Rücklage zur Kapitalerhöhung aus GesMitteln konnte daher wegen vorher notwendiger HR-Eintragung der Satzungsänderung (Aufhebung der Zweckbindung) idR *nicht* in derselben HV beschlossen werden (vgl Voraufl). Für GmbH wird ein Kapitalerhöhungsbeschluss unter der Bedin-

E 80, 81 Sonderbilanz bei Kapitalerhöhung aus Gesellschaftsmitteln

gung des Wirksamwerdens der Satzungsänderung in derselben GesV regelmäßig für zulässig gehalten (so *Lieder* in MünchKomm GmbHG[3] § 57d Anm 27). Auch für AG wird mittlerweile nach hM keine separate HV für die Entbindung satzungsmäßig zweckbestimmter Rücklagen vor der HV gefordert, in der der Beschluss über die Kapitalerhöhung aus GesMitteln beschlossen werden soll (so *Koch* in Hüffer/Koch AktG[13] § 208 Anm 9; *Arnold* in MünchKomm AktG[4] § 208 Anm 25).

80 Zu den **anderen Gewinnrücklagen** gehören alle aus dem Jahresergebnis eingestellten Beträge, die nicht zu einer der vorgenannten Rücklagenkategorien und auch nicht zu einer der spezifischen (Sonder-)Gewinnrücklagen (dazu Anm 85 ff) gehören. Mithin fallen darunter alle Gewinnrücklagen, die aufgrund einer *Ermächtigung* in GesVertrag bzw Satzung von den Verwaltungsorganen oder aufgrund eines Gewinnverwendungsbeschlusses von der HV/GesVersammlung thesauriert wurden (dazu *ADS*[6] § 272 HGB Anm 157). Soweit diese Beträge (zB als Sperrbetrag für eine gebotene Erhöhung des bedingten Kapitals aus GesMitteln, Anm 62) nicht ebenfalls einer spezifischen Zweckbestimmung unterworfen sind, können sie (ggf nach Abdeckung eines bestehenden Verlustvortrags) ohne Weiteres aufgelöst oder für eine Kapitalerhöhung aus GesMitteln verwendet werden. Innerhalb der „anderen Gewinnrücklagen" evtl durch GesterBeschluss zweckgebundene Beträge (zB Rücklage für bestimmte Risiken) können grds durch Beschluss der GesV bzw HV wieder verfügbar gemacht werden. Die Aufhebung der Zweckbindung kann daher (anders als bei gebundenen satzungsmäßigen Rücklagen, Anm 79) mit dem Kapitalerhöhungsbeschluss verbunden werden (*Lutter* in Kölner Komm AktG[2] § 208 Anm 21).

81 Zwangsläufig ergeben sich uU gewisse gesetzliche **Zweckbindungen,** die nicht aufgehoben werden können und damit eine an sich freie Gewinnrücklage (zumindest vorübergehend) für anderweitige Verwendungen sperren. Dies ist zB der Fall, wenn KapGes Deckungsvermögen iSv § 246 Abs 2 S 2 HGB besitzen, dessen beizZW nach §§ 253 Abs 1 S 4, 255 Abs 4 HGB die AK übersteigt, oder wenn sie von dem Wahlrecht zur Aktivierung von Aufwendungen für selbst geschaffene immaterielle VG (§ 248 Abs 2 S 1 HGB) oder zum Ansatz eines aktiven Abgrenzungspostens für den Saldo (Aktivüberhang) voraussichtlicher Steuerbe- und -entlastungen künftiger Gj (§ 274 Abs 1 S 2 HGB) Gebrauch gemacht haben. Werden solche **Bilanzierungshilfen** ausgewiesen, dürfen Gewinne nur ausgeschüttet werden, wenn die danach verbleibenden frei verfügbaren (jederzeit auflösbaren) Rücklagen (unter Einbeziehung eines Gewinn- oder Verlustvortrags) mindestens dem Aktivposten abzgl der hierfür ggf gebildeten passiven latenten Steuern entsprechen (§ 268 Abs 8 HGB). Das Gleiche gilt für den Unterschiedsbetrag zwischen dem Ansatz von Rückstellungen für Altersversorgungsverpflichtungen nach Maßgabe des restlaufzeitadäquaten durchschnittlichen Marktzinssatzes aus den vergangenen zehn Gj und dem Ansatz der Rückstellungen nach Maßgabe des entspr durchschnittlichen Marktzinssatzes aus den vergangenen sieben Gj gem § 253 Abs 6 S 2 HGB (IDW RS HFA 30 nF, Tz 55b; *Störk/ Taetzner* in Beck Bil-Komm[12] § 272 Anm 710 ff). Demnach bilden die freien Rücklagen mit dem Bilanzgewinn insoweit einen **Ausschüttungssperrfonds.** Deckt der Bilanzgewinn die ausschüttungsgesperrten Beträge allein

III. Zur Kapitalerhöhung verwendbares Eigenkapital 85 **E**

nicht ab oder soll er ausgeschüttet werden, müssen demnach freie Rücklagen in entspr Umfang reserviert bleiben. Sie stehen daher wegen § 208 Abs 2 S 2 AktG, § 57d Abs 3 GmbHG auch für eine Kapitalerhöhung aus GesMitteln nicht zur Verfügung.

Hat die AG *Wandel- und Optionsschuldverschreibungen* ausgegeben, kann sich eine Zweckbindung von Rücklagen auch aus § 218 S 2 oder § 199 Abs 2 AktG (dazu Anm 62 ff, 89) ergeben (*Koch* in Hüffer/Koch[13] AktG § 208 Anm 10; *ADS*[6] § 272 HGB Anm 147).

bb) Sonderfälle. Nach § 272 Abs 4 HGB haben KapGes für den jeweiligen Wertansatz von Anteilen an einem herrschenden oder mit Mehrheit beteiligten Unt (zur Problematik wechselseitiger Beteiligung Anm 159) eine sog **Rücklage für Rückbeteiligungsbesitz** zu bilden, deren Höhe stets dem für die betr Anteile aktivierten Betrag zu entsprechen hat. Diese Rücklage, die bereits bei Aufstellung der Bilanz entweder durch Umgliederung aus vorhandenen frei verfügbaren Rücklagen (§ 272 Abs 4 S 3 HGB) oder im Rahmen der Thesaurierungsbefugnisse des Geschäftsführungsorgans (dazu Anm § 58 Abs 1 bis 2a AktG, § 29 Abs 1, Abs 4 GmbHG) aus dem Jahresergebnis gebildet werden muss, ist kraft Gesetzes zweckgebunden, denn sie deckt den Buchwert von Rückbeteiligungen am Nennkapital von beherrschenden Unt oder MehrheitsGestern ab (Anm 114). Da ihre Verwendung für eine Kapitalerhöhung aus GesMitteln mit den Anforderungen an die reale Kapitalaufbringung (dazu Anm 17) nicht vereinbar wäre, ist sie uE nach dem Zweck der § 208 Abs 2 S 2 AktG, § 57d Abs 3 GmbHG dafür nicht verfügbar (hM, zB *Koch* in Hüffer/Koch[13] AktG § 208 Anm 4; für GmbH *Lieder* in Münch-Komm GmbHG[33] § 57d Anm 30 mwN), auch wenn sich der Wortlaut dieser Normen nur auf Gewinnrücklagen bezieht, die Rücklage für Rückbeteiligungsbesitz aber auch aus einer frei verfügbaren Kapitalrücklage gebildet werden könnte.

85

Die verwendungsschädliche Zweckbindung dieser Rücklage wird auch durch **Verkauf der Anteile** nach dem JA-Stichtag *nicht* ohne Weiteres aufgehoben. Die Rücklage ist in diesem Fall zwingend aufzulösen (§ 272 Abs 4 S 4 HGB), was aber mangels gesetzlicher Ermächtigung zur Rückumgliederung nur zugunsten des Bilanzgewinns des Folgejahres möglich wäre (s § 158 Abs 1 Nr 3b AktG; in Abhängigkeit der Bildung uU für direkte Einstellung in Gewinnrücklagen aber *Küting/Reuter* in HdR[5] § 272 Anm 157 ohne Begr). Das UmwVolumen kann allerdings durch Aufstellung einer nachfolgenden Kapitalerhöhungssonderbilanz erhöht werden, soweit der durch den Anteilsverkauf frei gewordene Betrag dort (im Rahmen zulässiger Ergebnisverwendung durch das Aufstellungsorgan) in andere Gewinnrücklagen eingestellt wird (dazu Anm 97). Eine Verwendung zur Kapitalerhöhung aus GesMitteln bereits *auf Basis der Jahresbilanz* (so wohl *Lutter* in Kölner Komm AktG[2] § 208 Anm 12; *Kleindiek* in Lutter/Hommelhoff[20] GmbHG § 57d Anm 8) ist dagegen uE nicht möglich, weil eine in der Beschlussbilanz gesperrte Rücklage für Anteilsbesitz jedenfalls nicht durch spätere Auflösung und Einstellung in andere Gewinnrücklagen entsperrt werden kann, ohne dass das Vorhandensein entspr Verkaufserlöse mittels einer *geprüften* Kapitalerhöhungssonderbilanz dokumentiert wurde (dazu Anm 17, 43). In diesem Fall bedarf es uE aber keiner Rücklagenidentität in den beiden Bilanzen (dazu Anm 104).

E 86–88   Sonderbilanz bei Kapitalerhöhung aus Gesellschaftsmitteln

86 **Eigene Anteile** der KapGes nehmen an einer Kapitalerhöhung aus Ges-Mitteln in vollem Umfang teil (§ 215 Abs 1 AktG, § 57l Abs 1 GmbHG). Infolgedessen ändert sich auch der Wertansatz der eigenen Anteile in der Bilanz der KapGes entspr, dh der nach § 272 Abs 1a HGB gebotene vorspaltige Abzug des Nennbetrags (bzw des rechnerischen Werts von Stückaktien) vom Gezeichneten Kapital erhöht sich in demselben Umfang, wie sich das Gezeichnete Kapital erhöht. Die Höhe der historischen AK eigener Anteile, die mit frei verfügbaren Rücklagen verrechnet wurden (§ 272 Abs 1a HGB) und bis zu deren Höhe diese Rücklagen im Fall eines Wiederverkaufs wieder aufzufüllen sind (§ 272 Abs 1b HGB), wird wegen § 220 AktG, § 57o GmbHG jedoch von der Kapitalerhöhung nicht berührt (Anm 155; zur Verwendungsbeschränkung von Rücklagen bzw Bilanzgewinn in Höhe des vorspaltigen Abzugs vom Gezeichneten Kapital Anm 114).

Auch der Wertansatz von Rückbeteiligungen an einem beherrschenden oder mit Mehrheit beteiligten Unt und damit auch der entspr gesperrten Rücklage für Rückbeteiligungsbesitz nach § 272 Abs 4 S 4 HGB (Anm 85) ändert sich beim Anteilseigner wegen § 220 AktG bzw § 57o GmbHG nicht, wenn auf Ebene dieses Unt eine Kapitalerhöhung aus GesMitteln durchgeführt wurde (Anm 155).

87 Einen Sonderfall von Gewinnrücklagen bildet die sog **Wertaufholungsrücklage** (dazu *Störk/Taetzner* in Beck Bil-Komm[12] § 253 Anm 661 ff; *Grottel/H. Hoffmann* in Beck Bil-Komm[12] Vor § 325 Anm 51, 127; *Störk/Kliem/Meyer* in Beck Bil-Komm[12] § 272 Anm 258 f). Diese Rücklage entsteht, wenn im Rahmen der Bilanzerstellung von dem Wahlrecht zur teilweisen Gewinnverwendung nach § 58 Abs 2a AktG, § 29 Abs 4 GmbHG Gebrauch gemacht wurde (*ADS*[6] § 58 AktG Anm 89). Danach kann die Geschäftsleitung mit Zustimmung des AR (bei GmbH ggf auch der Gester) bei Aufstellung des JA den *Eigenkapitalanteil* von Wertaufholungen iSv § 253 Abs 5 S 1 HGB einstellen; der Betrag ist in der Bilanz *gesondert auszuweisen* oder im Anhang anzugeben. Der **Eigenkapitalanteil** ist die Differenz zwischen dem Betrag der Wertaufholung und der darauf ggf entfallenden latenten Steuerbelastung (*ADS*[6] § 58 AktG Anm 90 ff); durch Einstellung in die Rücklagen kann dieser Betrag als EK der KapGes erhalten werden. Da es sich hierbei auch materiell um freie Gewinnrücklagen iSv § 272 Abs 3 HGB handelt, können die so thesaurierten Beträge uneingeschränkt zur Kapitalerhöhung aus GesMitteln verwendet werden.

Die praktische Bedeutung dieser Regelung ist jedoch bislang gering (*Kersting* in Baumbach/Hueck GmbHG[22] § 29 Anm 18).

88 Ein der Wertaufholungsrücklage vergleichbarer Posten kann bei AG/KGaA entstehen, wenn sich nach einer Sonderprüfung wegen nicht unwesentlicher Unterbewertung (§ 258 Abs 1 Nr 1 AktG) ein „**Ertrag auf Grund höherer Bewertung** gemäß dem Ergebnis der Sonderprüfung" ergibt, der gem § 261 Abs 1 S 6 AktG unter Berücksichtigung der ggf aus der Höherbewertung resultierenden passiven latenten Steuern *als solcher und mithin gesondert* zu passivieren ist. Dieser Ertrag ist auch in der GuV gesondert als solcher auszuweisen und ist damit Bestandteil des Jahresüberschusses, zählt aber für die Anwendung des § 58 AktG nicht zum Jahresüberschuss (§ 261 Abs 3 S 1 AktG). Die HV kann aber über die Verwendung dieses Ertrags nach Abzug der dar-

III. Zur Kapitalerhöhung verwendbares Eigenkapital

auf entfallenden Steuern gesondert entscheiden; dies gilt auch, soweit ihm ein Bilanzverlust gegenübersteht, der durch Kapital- oder Gewinnrücklagen anderweitig abgedeckt ist (§ 261 Abs 3 S 2 AktG). Mithin kann die HV auch eine Auflösung des Postens und die Einstellung in andere Gewinnrücklagen beschließen. Durch einen solchen Zuführungsbeschluss kann sie den Posten uE als Rücklage nach § 208 Abs 1 S 2 AktG für eine Kapitalerhöhung aus GesMitteln verfügbar machen.

Eine Wandelschuldverschreibung kann im Rahmen eines **bedingten Kapitals** ausnahmsweise zu einem *niedrigeren Betrag* als dem Nennbetrag oder anteiligen Wert der hierfür zu gewährenden Bezugsaktien ausgegeben werden (Anm 67). Um zu vermeiden, dass bei Wandlung das Verbot der Unter-Pari-Emission (Anm 62, D Anm 30) umgangen und Nennkapital geschaffen wird, ohne dass es in voller Höhe aufgebracht wurde, darf der Vorstand gem § 199 Abs 2 AktG in diesem Fall Bezugsaktien aber nur ausgeben, wenn der Unterschied entweder durch weitere Zuzahlungen des Berechtigten oder aus einer zu diesem Zweck verwendbaren „anderen Gewinnrücklage" (Anm 80) gedeckt werden kann. Erreicht oder übersteigt der Ausgabebetrag der Wandelschuldverschreibung den geringsten Ausgabebetrag der Bezugsaktien, besteht das Ausgabeverbot ausdrücklich nicht (§ 199 Abs 2 S 2 AktG). Unabhängig davon ist die verhältniswahrende Erhöhung des bedingten Kapitals bei einer Kapitalerhöhung aus GesMitteln durch eine Sonderrücklage nach § 218 S 2 AktG sicherzustellen (Anm 66). Bei einem ursprünglichen Abgeld (Anm 67) ist der Vorstand dagegen gehalten, in Höhe des Unterschieds zum erhöhten bedingten Kapital von vornherein innerhalb der anderen Gewinnrücklagen eine **Sonderrücklage nach § 199 Abs 2 S 1 AktG** zu reservieren; ein gesonderter Ausweis ist aber nicht erforderlich (*ADS*[6] § 272 HGB Anm 147). Eine etwa vorhandene Kapitalrücklage oder Gewinnrücklagen, die für andere Zwecke gebunden sind (Anm 79, 81, 85 f), oder ein künftiger Bilanzgewinn dürfen hierfür *nicht* herangezogen werden (*Drygala/Staake* in Kölner Komm AktG[3] § 199 Anm 46 ff). Vielmehr müssen die Aktionäre den Unterschiedsbetrag sofort im Wege des Ausschüttungsverzichts aus GesMitteln aufbringen; als Ausgleich steht ihnen bei Ausgabe der Wandelschuldverschreibung das Bezugsrecht zu (§ 221 Abs 4 AktG).

Der nach § 199 Abs 2 S 1 AktG reservierte Teilbetrag der (anderen) Gewinnrücklagen ist zweckgebunden und daher nach § 208 Abs 2 S 2 AktG für eine Kapitalerhöhung aus GesMitteln *gesperrt*. § 199 Abs 2 AktG steht aber einer Kapitalerhöhung aus GesMitteln nicht entgegen, soweit diese aus dem übrigen Rücklagen-Kapital durchgeführt werden kann. In diesem Fall besteht für die Wandlungsberechtigten allerdings Verwässerungsschutz nach § 218 AktG mit der Folge, dass sich das bedingte Kapital im gleichen Verhältnis wie das Grundkapital erhöht und aus dem an sich frei verfügbaren Rücklagenvolumen (ggf neben der Sonderrücklage nach § 199 Abs 2 AktG) zusätzlich eine **Sonderrücklage nach § 218 S 2 AktG** zu reservieren ist, die übrigen Rücklagen also insoweit nicht für die Kapitalerhöhung verfügbar sind (dazu Anm 62 ff).

Zu den Gewinnrücklagen gehören auch verschiedene **Sonderrücklagen nach DMBilG,** die für spezifische Sachverhalte anlässlich der Aufstellung oder Berichtigung der DMEB gebildet werden mussten (hierzu ausführlich Voraufl; *ADS*[6] § 272 HGB Anm 171 ff).

2. Rücklagenzuführungen durch das Aufstellungsorgan aus dem laufenden Ergebnis

a) Jahresbilanz als Beschlussgrundlage

95 Nach § 270 Abs 2 HGB sind „Einstellungen in Gewinnrücklagen, die nach Gesetz, Gesellschaftsvertrag oder Satzung vorzunehmen sind oder aufgrund solcher Vorschriften beschlossen worden sind, bereits bei der Aufstellung der Bilanz zu berücksichtigen", wenn diese nach § 268 Abs 1 HGB unter **Berücksichtigung der vollständigen oder teilweisen Verwendung des Jahresergebnisses** aufgestellt wird bzw werden muss. Erfolgt die Ergebnisverwendung durch das Aufstellungsorgan etwa aufgrund
– gesetzlicher Vorschriften, zB als Zuführung zur gesetzlichen Rücklage (Anm 77) oder zur Rücklage für Rückbeteiligungsbesitz (Anm 85),
– satzungsmäßiger Verpflichtung als Zuführung zur statutarischen Rücklage (Anm 78) oder aufgrund
– gesetzlicher oder satzungsmäßiger Ermächtigung als Zuführung zu anderen Gewinnrücklagen (Anm 80),
ist die Berücksichtigung der Gewinnverwendung bei der Aufstellung des JA unvermeidlich (dazu Anm 36). Mithin können die in der letzten Jahresbilanz ausgewiesenen Gewinnrücklagen (dh einschl der bei Bilanzaufstellung bereits berücksichtigten *Einstellungen aus dem Jahresergebnis*) in Nennkapital umgewandelt werden, soweit sie keiner Verwendungssperre unterliegen.

Wenn die Jahresbilanz bei fakultativen Zuführungen allerdings *ohne* Berücksichtigung einer von der Verwaltung beabsichtigten Ergebnisverwendung aufgestellt wurde, sind die Voraussetzungen für die Kapitalerhöhung *insoweit* nicht erfüllt, denn nach dem Gesetzeswortlaut müssen die Rücklagen bereits „in der letzten Jahresbilanz" ausgewiesen sein (§ 208 Abs 1 S 1 AktG, § 57d Abs 1 S 1 GmbHG; zu Einstellungen durch die HV/GesV Anm 100 ff). Bei beabsichtigter Kapitalerhöhung aus GesMitteln ist es deshalb erforderlich, auch die nicht vorgeschriebene Rücklagenzuführung aus dem Ergebnis des Gj bereits bei der Aufstellung des JA zu berücksichtigen. Andernfalls wäre der JA vor Beschlussfassung über die Kapitalerhöhung aus GesMitteln entspr zu ändern, um Nichtigkeit des Kapitalerhöhungsbeschlusses wegen fehlender Rücklagen zu vermeiden (Anm 20); zur Möglichkeit einer *bedingten* Feststellung des JA und Beschlussfassung über die Kapitalerhöhung aus GesMitteln auf Basis des geänderten JA Anm 133.

Eine Änderung des JA des letzten Gj (und Nachtragsprüfung, § 316 Abs 3, Abs 1 S 2 HGB; dazu Anm 121) kann in solchen Fällen nur vermieden werden, wenn die HV/GesV *im Rahmen ihrer Ergebnisverwendungskompetenz* (§ 58 Abs 3 AktG, § 29 Abs 2 GmbHG) vor der Kapitalerhöhung aus GesMitteln eine entspr höhere Einstellung in (andere) Gewinnrücklagen beschließt. Einer zusätzlichen geprüften Kapitalerhöhungssonderbilanz auf ein späteres Datum, in der die um den thesaurierten Gewinn erhöhten Rücklagen ausgewiesen werden, bedarf es nach hM nicht (dazu Anm 17, Anm 105, aA Voraufl).

96 Eine **Besonderheit** gilt für AG/KGaA bezüglich der gesetzlichen Rücklage. Nach § 208 Abs 1 **Satz 2** AktG können nämlich (unter Beachtung der Reservefondssperre, dazu Anm 77) „die gesetzliche Rücklage *sowie deren Zuführungen*" umgewandelt werden. Da Zuführungen zur gesetzlichen Rücklage

III. Zur Kapitalerhöhung verwendbares Eigenkapital 97 E

nach Maßgabe des § 150 Abs 2 AktG bis zur gesetzlichen oder satzungsmäßigen Höchstgrenze (10% oder höheren Anteil des Grundkapitals) aber bereits bei *Aufstellung* des JA vorzunehmen und damit stets im Betrag der ausgewiesenen gesetzlichen Rücklage schon enthalten sind, können von § 208 Abs 1 S 2 AktG nur Zuführungen gemeint sein, die die HV ggf nach §§ 150 iVm 173 Abs 2 AktG (bei KGaA § 286 Abs 1 AktG) vorzunehmen hat, wenn sie anstelle von Vorstand und AR den JA feststellt (§ 173 Abs 1 AktG) und dabei von dem aufgestellten JA abweicht (s auch Anm 133). Durch diese Regelung wird uE lediglich klargestellt, dass die Kapitalerhöhung aus GesMitteln bei *Feststellung* des JA *durch die Hauptversammlung* auch dann in derselben Versammlung beschlossen werden kann, in der die HV dem Beschluss zugrunde liegende geprüfte Bilanz geändert hat (*Lutter* in Kölner Komm AktG[2] § 208 Anm 5). Allerdings muss die Nachtragsprüfung dann innerhalb von zwei Wochen nachgeholt und mit einem uneingeschränkten BVm bzgl der Änderungen abgeschlossen werden, da die auf Basis des geänderten JA gefassten Beschlüsse sonst nichtig werden (§ 173 Abs 3 AktG). Gleichwohl können solche Zuführungen zur gesetzlichen Rücklage aus dem Jahresüberschuss faktisch nicht umgewandelt werden, weil dies wegen § 150 Abs 3 AktG nur für Beträge möglich wäre, die den og Höchstbetrag übersteigen (Anm 77).

b) Sonderbilanz als Beschlussgrundlage

In einer Kapitalerhöhungssonderbilanz sind zunächst die im Rahmen der **97** Ergebnisverwendung aus dem Jahresüberschuss bzw Bilanzgewinn des letzten Gj zwischenzeitlich durch die HV (§§ 174, 152 Abs 3 Nr 1 AktG) bzw die GesV (§ 46 Nr 1 GmbHG) beschlossenen Ausschüttungen und Rücklagenzuführungen zu berücksichtigen (zur Berücksichtigung bereits im JA für das abgelaufene Gj s Anm 100). Unabhängig davon sind in der Sonderbilanz aber auch die für einen JA nach Gesetz (§§ 150 Abs 1 und 2, 58 Abs 2 S 1, Abs 2a AktG, § 29 Abs 4 GmbHG,) oder aufgrund GesVertrag bzw Satzungsbestimmung (§ 58 Abs 2 S 2 AktG, § 29 Abs 1 S 2 GmbHG) vorgeschriebenen **Rücklagendotierungen durch das Aufstellungsorgan** (Anm 76 ff, Anm 95 f) vorzunehmen, da die §§ 268, 270 HGB *ausdrücklich* auch für die Kapitalerhöhungssonderbilanz sowohl der GmbH als auch der AG/KGaA gelten (Anm 30). Die gesetzlich oder satzungsmäßig vorgeschriebenen Rücklagenzuführungen aus dem unterjährigen laufenden Ergebnis sind uE von der Geschäftsführung so vorzunehmen, *als ob ein regulärer JA erstellt würde* (ebenso *Kleindiek* in Lutter/Hommelhoff[20] GmbHG §§ 57e–57g Anm 4). Für AG/KGaA ergibt sich dies für die gesetzliche Rücklage unmittelbar aus dem Verweis auf die §§ 150, 152 AktG (§ 209 Abs 2 AktG), der sonst für die Kapitalerhöhungssonderbilanz keinen Sinn machen würde. Für GmbH kann wegen § 57 f Abs 1 S 1 GmbHG iVm § 270 Abs 2 HGB uE nichts anderes gelten.

Die Einstellung in die betr Gewinnrücklagen der Kapitalerhöhungssonderbilanz ist allerdings nur **vorläufig**, da es sich lediglich um eine spezifische Zwischenbilanz handelt (dazu Anm 98); bei Aufstellung des nachfolgenden JA erfolgt eine Neuberechnung nach den handels- und gesellschaftsrechtlichen Vorschriften, so dass die spätere endgültige reguläre Zuführung im nachfolgenden JA höher (oder niedriger) als die für Zwecke der Kapitalerhöhungssonderbilanz nur vorläufig ermittelte ausfallen kann.

Förschle / Kropp / Schönberger

E 98, 100 Sonderbilanz bei Kapitalerhöhung aus Gesellschaftsmitteln

98 Wird dem Beschluss über die Kapitalerhöhung aus GesMitteln gemäß §§ 207 Abs 3 iVm 209 Abs 2 AktG bzw §§ 57c Abs 3 iVm 57f Abs 1 GmbHG eine Kapitalerhöhungssonderbilanz auf besonderen Stichtag zugrunde gelegt, sind die aus dem laufenden **Ergebnis des Teilgeschäftsjahres** *von der Verwaltung* vorgenommenen *Rücklagenerhöhungen als solche* aber für eine Kapitalerhöhung aus GesMitteln *nicht verwendbar,* da sie weder in der letzten Jahresbilanz ausgewiesen waren (ebenso *Kleindiek* in Lutter/Hommelhoff[20] GmbHG §§ 57e–57g Anm 4), noch diese Zuführung auf dem (letzten) Ergebnisverwendungsbeschluss für das vorangegangene Gj beruht (§ 208 Abs 1 S 1 AktG, § 57d Abs 1 S 1 GmbHG). Das bis zum Stichtag der Kapitalerhöhungssonderbilanz aufgelaufene anteilige Jahresergebnis ist im Übrigen auch noch nicht endgültig erwirtschaftet, denn der Jahresüberschuss steht erst mit Ablauf des Gj fest. Somit können die Gester darüber unterjährig weder durch Ausschüttung noch durch Kapitalerhöhung aus GesMitteln bereits verfügen.

Die durch die Geschäftsleitung erhöhten Rücklagen in der Kapitalerhöhungssonderbilanz können jedoch das verfügbare **Umwandlungsvolumen** aus dem letzten JA erhöhen, indem bislang gebundene Rücklagen des letzten JA entsperrt werden (dazu Anm 109) oder (nach einem entspr Beschluss der HV/GesV) der Bilanzgewinn des letzten Gj in umwandelbare Rücklagen transformiert wird (dazu Anm 105).

3. Einstellungen aus dem Bilanzgewinn des Vorjahres und Einlagen

a) Jahresbilanz als Beschlussgrundlage

100 Bei **AG** sind Zuführungen zu den anderen Gewinnrücklagen nach §§ 150, 58 Abs 1 AktG *durch die HV* aus dem Jahresüberschuss nur möglich, wenn die HV nach § 173 AktG auch den JA feststellt; bei **KGaA** ist die Feststellung durch die HV gem § 286 Abs 1 AktG stets erforderlich. In diesem Fall betreffen die Zuführungen noch das abgelaufene Gj. Sie müssen daher im festzustellenden JA bereits enthalten sein (Anm 36, 95) und dürfen nur berücksichtigt werden, soweit sie nach Gesetz oder Satzung zwingend vorgeschrieben sind (§ 173 Abs 2 S 2 AktG). Eine (darüber hinausgehende) Zuführung zu (anderen) Gewinnrücklagen ist der HV nur durch *Gewinnverwendungsbeschluss* auf Basis eines wirksam festgestellten JA gestattet. Diese Ergebnisverwendung darf jedoch im JA für das abgelaufene Gj noch *nicht* berücksichtigt werden, da die HV gem § 174 Abs 1 S 2 AktG insoweit stets an den (vorher) festgestellten JA gebunden ist und der Gewinnverwendungsbeschluss nach § 174 Abs 3 AktG ausdrücklich nicht zu einer Änderung des JA führt (ebenso *Knop/Zander* in HdR[5] § 268 Anm 7 bis 9). Folglich kann in der letzten Jahresbilanz einer AG/KGaA eine umwandlungsfähige Rücklage durch Gewinnverwendungsbeschluss der HV *nicht* aus dem Jahresüberschuss des laufenden Gj, sondern unter Beachtung der 8-Monats-Frist für die Ergebnisverwendung (§ 175 Abs 1 S 2 AktG) nur aus dem Bilanzgewinn (Jahresüberschuss plus/minus Gewinn-/Verlustvortrag) des vorhergehenden Gj gebildet werden. Zuführungen zur gesetzlichen Rücklage durch Gewinnverwendungsbeschluss sind hingegen vor dem Hintergrund der Satzungsänderungskompetenz der HV auch gegen den Wortlaut des § 150 Abs 2 AktG vertretbar (*ADS*[6] § 58 AktG Anm 117; aA *Knop* in HdR[5] § 270 HGB Anm 20; Vorauﬂ).

III. Zur Kapitalerhöhung verwendbares Eigenkapital 101–103 E

Bei **GmbH** steht es der GesV dagegen im Prinzip frei, durch Änderung **101** des von den Geschäftsführern aufgestellten und vorgelegten JA *schon im Rahmen der Feststellung* (§ 42a Abs 2 GmbHG) beliebige Teile des ausgewiesenen Jahresüberschusses bzw Bilanzgewinns zusätzlich in andere Gewinnrücklagen einzustellen, soweit dem nicht der GesVertrag oder ein Minderheitsvotum entgegensteht. Die so im JA der GmbH bereits geschaffenen (und anschließend vom AP nach § 316 Abs 3 HGB oder für nicht prüfungspflichtige GmbH nach § 57e Abs 1 GmbHG iVm § 316 Abs 1 HGB geprüften) Gewinnrücklagen sind daher im Rahmen der sonstigen Voraussetzungen umwandlungsfähig (ebenso *Priester* in Scholz[11] GmbHG § 57d Anm 6).

Dabei ist jedoch zu beachten, dass sich die Feststellung (Anm 133) und das Testat des AP (Anm 121) auf diejenige Bilanz beziehen muss, in der bereits die erhöhten Rücklagen ausgewiesen sind. Daher ist ggf eine Änderung des den Gestern zunächst vorgelegten JA zur Berücksichtigung der erhöhten Rücklagen erforderlich (Anm 95). Ferner wird bei prüfungspflichtigen GmbH eine **Nachtragsprüfung** (§ 316 Abs 3 HGB) oder bei kleinen GmbH eine Pflichtprüfung des JA bzw der Jahresbilanz nach § 57e Abs 1 GmbHG iVm § 316 Abs 1 HGB in der letzten geänderten Fassung notwendig, denn auch die *erhöhten* Rücklagen unterliegen der gesetzlichen Kapitalaufbringungskontrolle (Anm 17, 43; zu Änderungen nach dem Kapitalerhöhungsbeschluss Anm 135).

In diesem Zusammenhang stellt sich die Frage, ob es für eine Kapitalerhö- **102** hung aus GesMitteln *auf Basis der letzten Jahresbilanz* auch genügt, wenn der für die Umw vorgesehene Teilbetrag des letzten Jahresergebnisses lediglich im letzten **Beschluss über die Verwendung des Jahresergebnisses** als *Rücklagenzuführung* ausgewiesen ist. Nach hM in der Literatur ist eine solche Kapitalerhöhung aus GesMitteln zulässig, auch wenn keine Sonderbilanz zum Nachweis des Vorhandenseins entspr Rücklagen aufgestellt wird und die durch Ergebnisverwendungsbeschluss aus dem Jahresüberschuss gebildeten Rücklagen in der geprüften Jahresbilanz noch nicht ausgewiesen sind (zB *ADS*[6] § 272 HGB Anm 32; für **GmbH** zB *Priester* in Scholz[11] GmbHG § 57c Anm 9 aE und § 57d Anm 6; *Servatius* in Baumbach/Hueck GmbHG[22] § 57d Anm 5 mwN; für **AG/KGaA** zB *Koch* in Hüffer/Koch[13] AktG § 208 Anm 5; *Lutter* in Kölner Komm AktG[2] § 208 Anm 8). Auch nach Ansicht des BGH ist der Ausweis eines Bilanzgewinns im Vergleich zu dem Ausweis von Rücklagen „lediglich ein technischer Unterschied, der eine unterschiedliche Bewertung der beiden Vorgänge nicht rechtfertigt" (BGH v 26.5.1997 DStR, 1254).

Gegen diese Auslegung könnten im Hinblick auf die gebotene Formstren- **103** ge bei Kapitalerhöhungen und zur Vermeidung von Missbräuchen Bedenken bestehen, da nach dem (inhaltlich insoweit übereinstimmenden) Wortlaut sowohl des § 207 Abs 1, Abs 3 AktG als auch des § 57c Abs 1, Abs 3 GmbHG eine Kapitalerhöhung aus GesMitteln stets **nur** durch *Umwandlung von Rücklagen* und dies jeweils nur *auf Basis einer geprüften Bilanz* (Anm 23) möglich ist. Jedoch wollte der Gesetzgeber gestatten, dass „die Umw schon erfolgen darf, wenn die Zuführung von Gewinnen zu diesen Rücklagen beschlossen worden ist" (so Begr RegE zu § 208 AktG, BR-Drs 61/82, 104). Entsprechend sehen § 208 Abs 1 S 1 AktG sowie § 57d Abs 1 GmbHG vor, dass anstelle des Ausweises der betr Rücklagen in der Bilanz auch ein Ausweis als Zuführung zu den jeweiligen Rücklagen im letzten Beschluss über die Verwendung des Jahresüberschusses bzw Bilanzgewinns für eine Kapitalerhöhung aus GesMitteln hinreichend ist. Da der jeweilige Jahresüberschuss bzw Bilanzgewinn Teil der geprüften letzten Jahresbilanz ist (§ 209 Abs 1 AktG, § 57f Abs 2 S 1 GmbHG), bestehen an der realen Aufbringung hinsichtlich des umzuwandelnden Kapitals ungeachtet dessen, ob der Ausweis bereits in der Bilanz unter den entspr Rücklagen oder als Jahresüberschuss bzw Bilanzgewinn erfolgt, keine Zweifel (zur Berücksichtigung bis zum Beschluss über die Kapitalerhöhung aus GesMitteln aufgelaufene Verluste vgl Anm 108). Zur Einbeziehung des thesaurierten letzten Jahresergebnisses in die Kapitalerhöhung aus GesMitteln kann daher die Aufstellung und Prüfung einer **Kapitalerhöhungssonderbilanz** mit entspr höheren Rücklagen nicht zusätzlich gefordert werden (Anm 105, geänderte Auffassung ggü der Voraufl).

b) Sonderbilanz als Beschlussgrundlage

104 Nach § 208 Abs 1 S 1 AktG bzw § 57d Abs 1 GmbHG müssen die zur Umw vorgesehenen Rücklagen „in der letzten Jahresbilanz **und,** wenn dem Beschluss eine andere Bilanz zugrundegelegt wird, **auch** in dieser Bilanz ..." entspr ausgewiesen sein (Grundsatz der **Rücklagenidentität**). Basiert der Beschluss über die Kapitalerhöhung aus GesMitteln auf einer auf besonderen Stichtag aufgestellten Kapitalerhöhungssonderbilanz, müssen somit die zur Umw vorgesehenen Bestandteile der Kapitalrücklage und der Gewinnrücklagen grds **in beiden Bilanzen (1. Alternative)** ausgewiesen sein (*Lutter* in Kölner Komm AktG[2] § 208 Anm 7). Da die umzuwandelnden Rücklagen im Kapitalerhöhungsbeschluss genau zu bezeichnen sind (ganz hM, zB *Koch* in Hüffer/Koch[13] AktG § 207 Anm 12a mwN; vgl Anm 44), setzt dies nicht nur eine in beiden Bilanzen *übereinstimmende Mindesthöhe,* sondern grds auch eine **Identität** der umzuwandelnden Rücklage dem Grunde nach voraus. Es genügt daher nicht, wenn Gester erst nach dem JA-Stichtag eine Einlage (Zuzahlung in das EK) leisten, da diese Kapitalrücklage (§ 272 Abs 2 Nr 4 HGB) nur in der Sonderbilanz, aber nicht bereits in der letzten Jahresbilanz ausgewiesen wird; zur Ausnahme für vor dem JA-Stichtag eingeforderte und vor dem Stichtag der Sonderbilanz eingezahlte Nachschüsse bei GmbH Anm 59.

Durch Erhöhung einer Kapitalrücklage nach § 272 Abs 2 Nr 4 HGB in der Kapitalerhöhungssonderbilanz kann uE jedoch die **Entsperrung** eines in der letzten Jahresbilanz noch gebundenen Reservefonds nach § 150 Abs 3 AktG (dazu auch Anm 45) oder anderweitig gebundener Rücklagen (Anm 109) erreicht werden. Diese in beiden Bilanzen übereinstimmend ausgewiesenen Rücklagen werden durch die neu dotierte Kapitalrücklage für eine Kapitalerhöhung aus GesMitteln auf Basis einer geprüften Kapitalerhöhungssonderbilanz verfügbar. Der Wortlaut von § 208 Abs 1 S 2 AktG, wonach „die Kapitalrücklage und die gesetzliche Rücklage sowie *deren* Zuführungen" umgewandelt werden können, steht nämlich uE einer Auslegung iSv „*jeweils deren* Zuführungen" nicht entgegen. Die Entsperrungsmöglichkeit dürfte sich daher nicht nur auf Zuführungen zur gesetzlichen Rücklage, son-

III. Zur Kapitalerhöhung verwendbares Eigenkapital   105, 106 **E**

dern auch auf Erhöhungen der Kapitalrücklage beziehen, auch wenn „andere Zuzahlungen" iSv § 272 Abs 2 Nr 4 HGB nicht Bestandteil des Reservefonds sind (zur Problematik Anm 45).

Von dem *Grundsatz der Identität der umzuwandelnden Rücklagen* sieht das Gesetz eine wichtige **Ausnahme** vor. Danach genügt es nämlich **(2. Alternative)**, wenn die zur Umw vorgesehenen Rücklagen bei AG/KGaA „... auch ... im letzten Beschluß über die Verwendung des Jahresüberschusses oder des Bilanzgewinns als **Zuführung zu diesen Rücklagen** ausgewiesen" sind (§ 208 Abs 1 S 1 AktG) bzw bei GmbH „in der letzten Jahresbilanz **und,** wenn dem Beschluß eine andere Bilanz zugrunde gelegt wird, **auch** ... im letzten Beschluß über die Verwendung des Jahresergebnisses ... ausgewiesen" sind (§ 57d Abs 1 GmbHG). Über den grds höchstens verwendbaren Betrag der in der letzten Jahresbilanz bereits ausgewiesenen Kapital- und Gewinnrücklagen hinaus erhöht sich demnach das umwandlungsfähige EK ggü dem Ausweis in der letzten Jahresbilanz, *soweit* im Beschluss über die Verwendung des Ergebnisses des letzten Gj (Jahresüberschuss oder Bilanzgewinn) eine Zuführung zu Rücklagen festgelegt wurde **(„künftige Rücklagen");** es reicht also nicht aus, den Gewinn lediglich auf neue Rechung vorgetragen zu haben (*Fett/Spiering* NZG 2002, 359). Voraussetzung für die Umw der so durch Gewinnthesaurierung erhöhten anderen Gewinnrücklagen ist, dass der Ergebnisverwendungsbeschluss rechtswirksam ist, dh insb auf einem nach den handelsrechtlichen Vorschriften ordnungsgemäß aufgestellten, ggf geprüften und festgestellten JA basiert, in dem auch ein entspr Jahresüberschuss bzw Bilanzgewinn ausgewiesen ist (*Lutter* in Kölner Komm AktG[2] § 208 Anm 7), und diesen kein zwischenzeitlich aufgelaufener Fehlbetrag gegenübersteht.

Somit kann der Beschluss über die Kapitalerhöhung aus GesMitteln auch in derselben HV bzw GesV gefasst werden, die *vorher* über die Verwendung des Ergebnisses aus dem letzten festgestellten JA beschlossen hat (geänderte Auffassung ggü der Voraufl).

Soll der Kapitalerhöhung aus GesMitteln die letzte Jahresbilanz zugrunde 106 gelegt werden (Anm 95 f), sind allein die dort ausgewiesenen Kapital- und Gewinnrücklagen für die Bestimmung des maximalen UmwVolumens maßgeblich, sofern sie keiner anderweitigen Verwendungsbeschränkung unterliegen (Anm 108 ff). Der Grundsatz der **Begrenzung** auf die im letzten JA ausgewiesenen Rücklagen ist dagegen in folgenden Fällen einzuschränken bzw zu erweitern; dies gilt gleichermaßen bei Zugrundelegung einer Kapitalerhöhungssonderbilanz:

(1) Sind die einzelnen **Rücklagen** bis zur Durchführung der Kapitalerhöhung zB wegen zwischenzeitlich entstandener Verluste oder in Abhängigkeit gesellschaftsrechtlicher Vorgaben durch Entnahmen **niedriger** als in der letzten Jahresbilanz, wird das *maximale Umwandlungsvolumen* durch den enstpr Verzehr der Rücklagen verringert (s Anm 108 ff). Andernfalls könnte die **Erklärung vollständiger Kapitaldeckung** nach § 210 Abs 1 S 2 AktG, § 57i Abs 1 S 2 GmbHG (dazu Anm 18) bei der Anmeldung nicht abgegeben und die Kapitalerhöhung somit nicht eingetragen werden.

(2) Sind dagegen bis zur Durchführung der Kapitalerhöhung durch entspr Gewinne oder sonstige Maßnahmen gebundene Rücklagen oder Reserve-

E 108, 109 Sonderbilanz bei Kapitalerhöhung aus Gesellschaftsmitteln

fondsrücklagen nachträglich entsperrt worden, stehen diese damit für die Kapitalerhöhung aus GesMitteln zur Verfügung. Dies gilt auch für einen Sperrbetrag in Höhe eines vorgetragenen Bilanzverlusts (s Anm 109).

Dazu sind die erhöhten Rücklagenbeträge durch eine Kapitalerhöhungssonderbilanz oder im letzten Beschluss über die Ergebnisverwendung als Zuführung zu Rücklagen auszuweisen. Weitere Voraussetzung für eine vollständige Verfügbarkeit dieser *Rücklagenzuführung* ist aber, dass ein dadurch evtl entstehender zusätzlicher Aufwand aufgrund des Gewinnverwendungsbeschlusses für das letzte Gj (s Anm 103) entweder durch nicht zur Kapitalerhöhung aus GesMitteln vorgesehene weitere Rücklagen in der Kapitalerhöhungssonderbilanz oder einen verbliebenen Gewinnvortrag abgedeckt ist oder durch einen bis zum Stichtag der Kapitalerhöhungssonderbilanz erzielten Überschuss des TeilGj kompensiert wird. Der Erhöhungsbetrag wäre dagegen nach § 208 Abs 2 S 1 AktG, § 57d Abs 2 GmbHG nicht umwandlungsfähig, soweit die Kapitalerhöhungssonderbilanz einen durch den verbliebenen Gewinnvortrag nicht gedeckten Fehlbetrag des TeilGj oder Bilanzverlust ausweist (Anm 108).

4. Verwendungsschädliche Gegenposten

108 An sich verwendbare Teilbeträge der Kapitalrücklage und der Gewinnrücklagen können *nicht* umgewandelt werden, *soweit* in der dem Beschluss über die Kapitalerhöhung aus GesMitteln zugrunde liegenden Bilanz insgesamt ein Verlust (**Bilanzverlust** oder Fehlbetrag einschl eines Gewinn- oder Verlustvortrags) ausgewiesen ist (§ 208 Abs 2 S 1 AktG, § 57d Abs 2 GmbHG). Wegen der notwendigen Erklärung zur Kapitaldeckung (Anm 18) gilt im Ergebnis dasselbe für einen Fehlbetrag, der erst nach dem Stichtag der Beschlussbilanz bis zur Anmeldung zum Handelsregister eintritt (ebenso *Servatius* in Baumbach/Hueck GmbHG[22] § 57d Anm 7). Obwohl sich beides bereits aus dem Grundsatz der realen Kapitalaufbringung (Anm 17) ergibt (*Koch* in Hüffer/Koch[13] AktG § 208 Anm 5), erscheint diese gesetzliche Klarstellung erforderlich, weil eine Auflösungs*pflicht* von Rücklagen zum Verlustausgleich nicht besteht und die Vorschriften über die Kapitalerhöhung aus GesMitteln ansonsten nur auf das Vorhandensein von Rücklagen abstellen. Die Regelung verhindert damit auch die Umw etwa vorhandener Rücklagen bei Ausweis eines nicht durch EK gedeckten Fehlbetrags (§ 268 Abs 3 HGB; Anm 35 aE).

Die **Umwandlungssperre** ist bei der Beschlussfassung über die Kapitalerhöhung aus GesMitteln zu berücksichtigen; eine förmliche bilanzielle Umgliederung des Sperrbetrags aus der Kapital- oder Gewinnrücklage in eine gesperrte Sonderrücklage ist aber nicht erforderlich und uE auch nicht zulässig. Um dem Beschlussorgan die Bestimmung des UmwVolumens zu erleichtern, dürfte jedoch gegen die gesonderte Angabe des Sperrbetrags in der Bilanz (zB „davon gesperrt nach § 57d Abs 2 GmbHG: € ...") oder im Anhang nichts einzuwenden sein.

109 Grds kann nur der Teil von an sich verwendbaren Rücklagen aus dem letzten JA umgewandelt werden, der den Bilanzverlust übersteigt. In diesem Zusammenhang ist jedoch zu berücksichtigen, dass ein zwischenzeitlich für das

III. Zur Kapitalerhöhung verwendbares Eigenkapital 110, 111 E

TeilGj bis zum Stichtag der Kapitalerhöhungssonderbilanz entstandener Überschuss, der dem Verlustvortrag aus dem vorangegangenen JA gegenübersteht, in entspr Umfang bisher durch den Bilanzverlust gesperrte Rücklagen für Zwecke der Kapitalerhöhung aus GesMitteln **entsperren** kann (hM *Lutter* in Kölner Komm AktG[2] § 209 Anm 11; *Koch* in Hüffer/Koch[13] AktG § 209 Anm 6; *Priester* in Scholz[11] GmbHG § 57d Anm 10; *Kleindiek* in Lutter/Hommelhoff[20] GmbHG §§ 57e–57g Anm 6). Dasselbe Ergebnis lässt sich erreichen, wenn der Bilanzverlustvortrag des letzten JA durch eine freiwillige ertragswirksame Verlustübernahme bis zum Stichtag der Kapitalerhöhungssonderbilanz ausgeglichen oder durch Aufstockung der Kapitalrücklage nach § 272 Abs 2 Nr 4 HGB im Wege einer Zuzahlung in das EK (Anm 51) abgedeckt wird (dazu Anm 106). Das verfügbare UmwVolumen kann sich jedoch in beiden Fällen nur dann erhöhen, wenn der Kapitalerhöhung aus GesMitteln auch eine **geprüfte Sonderbilanz** zugrunde gelegt wird, in der dieselben (nun frei gewordenen) Rücklagen wie in der letzten Jahresbilanz ausgewiesen werden. Die Ermittlung der Verlustabdeckung allein anhand der Buchführung zusammen mit einer Beschlussfassung über die Kapitalerhöhung auf Basis der letzten Jahresbilanz genügt dafür nicht.

Ein Bilanzverlust oder eine satzungsmäßige Rücklage mit entgegenstehender Zweckbindung (dazu Anm 79, 81) führen zu einer **Verwendungssperre,** soweit ihr Buchwert nicht durch andere frei verwendbare, aber nicht zur Umw vorgesehene Rücklagen gedeckt ist. Nach dem Gesetzeswortlaut *nicht* zu einer Verwendungssperre führen zB die **Bewertungshilfe** nach § 255 Abs 3 S 2 (Fremdkapitalzinsen zur Finanzierung einer Herstellung) und das **Ansatzwahlrecht** des § 248 Abs 2 S 1 HGB (selbst geschaffene immaterielle VG des Anlagevermögens), obwohl aus solchen ungesicherten ‚Mehrwerten' EK resultiert. Dasselbe gilt für **Minderungen von Passivposten,** wie zB den Gegenwert künftiger Steuerentlastungen (aktive latente Steuern), soweit er mit einem Passivposten für an sich verwendungsgesperrte ggf zeitlich früher auftretende latente Steuerbelastungen verrechnet wurde und gem § 274 Abs 1 S 1 HGB in der Bilanz nur der Saldo (Passivüberhang) als passive latente Steuer ausgewiesen ist (dazu *Grottel/Larenz* in Beck Bil-Komm[12] § 274 Anm 15, 77, *ADS*[6] § 274 HGB Anm 19 ff). Auch Rücklagen, die etwa nur deshalb vorhanden sind, weil von dem Wahlrecht nach Art 28 EGHGB zur **Nichtpassivierung von Pensionsverpflichtungen** aus Altzusagen vor 1987 oder für mittelbare Pensionsverpflichtungen Gebrauch gemacht wurde (dazu *Grottel/Johannleweling* in Beck Bil-Komm[12] § 249 Anm 260 ff, *ADS*[6] § 249 HGB Anm 80 ff), könnten *formal* zur Kapitalerhöhung aus GesMitteln herangezogen werden; zu Gründen gegen die Verwendung solcher Rücklagen Anm 81, 115, 118.

Die Behandlung von **ausstehenden Einlagen** auf das gezeichnete Kapital (§ 272 Abs 1 S 2 HGB; dazu Anm 14 f) bei einer Kapitalerhöhung aus GesMitteln ist in §§ 215 Abs 2, 216 Abs 2 AktG bzw §§ 57l Abs 2, 57m Abs 2 GmbHG geregelt. Es handelt sich im Grunde um einen Korrekturposten zum EK. Da hierdurch keine Rücklagen zweckgebunden werden, sondern der Posten insb nach Einforderung auch Forderungscharakter hat (dazu zB *Störk/Kliem/Meyer* in Beck Bil-Komm[12] § 272 Anm 35, *ADS*[6] § 272 HGB Anm 58), steht er einer Kapitalerhöhung aus GesMitteln nicht entge-

E 112–115 Sonderbilanz bei Kapitalerhöhung aus Gesellschaftsmitteln

gen, sonst wären die Regelungen über teileingezahlte Anteile gegenstandslos (im Einzelnen *Fett/Spiering* NZG 2002, 365). Dass AG/KGaA ihr Grundkapital nicht effektiv erhöhen sollen, solange ausstehende Einlagen noch erlangt werden können, hindert die Kapitalerhöhung aus GesMitteln nicht, da § 182 Abs 4 AktG bei einer nur nominellen Kapitalerhöhung aus GesMitteln nicht anwendbar ist (arg ex § 207 Abs 2 AktG). Etwas anderes könnte allenfalls gelten, soweit als Einlagenforderungen aktivierte **eingeforderte** ausstehende Einlagen nicht vollwertig sind. In diesem Fall sind die entspr Forderungen ggf abzuwerten (dazu D Anm 205). Ein dadurch uU bis zum Stichtag der Kapitalerhöhungssonderbilanz bzw der Durchführung der Kapitalerhöhung aus GesMitteln entstehender Bilanzverlust führt zu einer Verwendungssperre von Rücklagen oder des Bilanzgewinns des letzten JA in entspr Höhe.

112 Entsprechendes gilt ganz allg für **Forderungen gegen Gesellschafter.** Da die Forderungen gesellschaftsrechtlich als unzulässige Kapitalrückzahlung anzusehen sind, wenn der Rückzahlungsanspruch nicht zweifelsfrei vollwertig gedeckt ist (§ 57 Abs 1 S 3 AktG, § 30 Abs 1 S 2 GmbHG), sind Rücklagen potenziell in Höhe einer notwendigen Abwertung der Forderungen gebunden und deshalb für eine Kapitalerhöhung aus GesMitteln nicht verfügbar (so wohl auch für „eingeforderte Nachschüsse" isd § 42 Abs 2 GmbHG *Kleindiek* in Lutter/Hommelhoff[20] GmbHG § 57d Anm 5, ie aber strenger (Umwandlungsfähigkeit erst nach Einzahlung)). Entsprechendes gilt uE auch für Verlustausgleichsforderungen (dazu Anm 32) oder für Ansprüche aus vertraglich zugesagte Zuzahlungen in die Kapitalrücklage.

Zum Sonderfall der eingeforderten **Nachschüsse** bei GmbH Anm 59.

113 **Aufgeld,** das im Zusammenhang mit der Ausgabe von Anteilen erzielt wird, ist in die Kapitalrücklage nach § 272 Abs 2 Nr 1 HGB einzustellen (D Anm 174 f). Fraglich könnte sein, wie bei GmbH ggf **ausstehende Ausgabeaufgelder** zu behandeln sind. Würden sie als Forderung aktiviert (dazu D Anm 174), wären derartige Aufgeldforderungen den eingeforderten **Nachschüssen** iSv § 42 Abs 2 GmbHG vergleichbar. Daraus resultierende Rücklagen müssten bei einer Kapitalerhöhung aus GesMitteln daher entspr behandelt (gesperrt) werden (dazu Anm 59).

114 Verwendungsgesperrt ist auch die Rücklage für Rückbeteiligungsbesitz nach § 272 Abs 4 HGB (arg ex § 208 Abs 2 S 2 AktG, § 57d Abs 3 GmbHG), die mit dem Buchwert von **Anteilen an einem herrschenden oder mit Mehrheit beteiligten Unternehmen** korrespondiert; dazu Anm 85.

Auch der vom gezeichneten Kapital vorspaltig abgesetzte Nennwertanteil (Buchwert) **eigener Aktien** bzw **GmbH-Anteile** ist ein verwendungsschädlicher Gegenposten, da insoweit nach § 57 Abs 1 AktG bzw § 30 Abs 1 GmbHG eine implizite Ausschüttungssperre besteht (im Einzelnen *Oser/Kropp* DK 2012, 186 f).

5. Katalog der umwandlungsfähigen Rücklagen

115 Wird der Beschluss über die Kapitalerhöhung aus GesMitteln auf **Basis der letzten Jahresbilanz** gefasst, sind die darin ausgewiesenen Kapital- und Gewinnrücklagen in Nennkapital umwandlungsfähig (§ 208 AktG, § 57d GmbHG), soweit keine Verwendungsbeschränkung in Form einer entgegen-

III. Zur Kapitalerhöhung verwendbares Eigenkapital 116 E

stehenden Zweckbindung oder eine Sperre wegen eines verwendungsschädlichen Gegenpostens bzw eines nicht passivierten Betrags (Anm 110 ff, zB Bilanzverlust, aktivierte Bilanzierungshilfe, Rückbeteiligungen) oder eines nach dem Bilanzstichtag entstandenen Fehlbetrags (Anm 18) besteht. Insb sind umwandlungsfähig

- die **Kapitalrücklage** nach § 272 Abs 2 Nrn 1 bis 4 HGB (Anm 51), einschl der aus einer Kapitalherabsetzung gewonnenen Beträge (Anm 56); bei AG/KGaA sind nach § 272 Abs 2 Nrn 1 bis 3 HGB gebildete Rücklagen jedoch nur verwendbar, soweit sie zusammen mit der gesetzlichen Rücklage den zehnten oder den in der Satzung bestimmten höheren Teil des bisherigen Grundkapitals übersteigen (§ 150 Abs 4 iVm § 208 Abs 1 S 2, Abs 2 AktG, dazu Anm 55, 77);
- bei GmbH die **Kapitalrücklage für eingeforderte Nachschüsse** (§ 42 Abs 2 S 3 GmbHG), soweit sie im Beschlusszeitpunkt bereits eingezahlt sind (dazu Anm 59);
- die **Sonder(Kapital)rücklage** nach § 27 Abs 2 S 3 ggf iVm § 36 Abs 1 S 2 DMBilG (dazu ausführlich Voraufl Anm 60, 61);
- bei AG/KGaA die **gesetzliche (Gewinn)Rücklage** nach § 150 Abs 1, 2 AktG (§ 272 Abs 3 S 2 HGB), soweit sie zusammen mit der nach § 272 Abs 2 Nr 1 bis 3 HGB gebildeten Kapitalrücklage den sog Reservefonds übersteigt (§ 150 Abs 4 iVm § 208 Abs 1 S 2, Abs 2 AktG, dazu Anm 77);
- bei AG/KGaA unabhängig von § 150 Abs 3 AktG auch die **gesetzliche Sonder-Gewinnrücklage** nach § 27 Abs 2 S 3 DMBilG (Voraufl Anm 92);
- **satzungsmäßige (Pflicht)Gewinnrücklagen** (§ 272 Abs 3 S 2 HGB), soweit eine evtl Zweckbindung der Kapitalerhöhung aus GesMitteln nicht entgegensteht (dazu Anm 78 f);
- **andere (freie) Gewinnrücklagen** (§ 272 Abs 3 HGB; dazu Anm 80 f);
- die **Wertaufholungs(gewinn)rücklage** nach § 58 Abs 2a AktG, § 29 Abs 4 GmbHG, dazu Anm 87;
- die **Sondergewinnrücklagen** nach § 17 Abs 4 und § 24 Abs 5 DMBilG, soweit sie nicht noch für die betr Gegenposten zweckgebunden sind (dazu Voraufl Anm 90; zum Spezialfall der Sondergewinnrücklagen nach § 7 Abs 6 DMBilG und § 6 Abs 4 URüV Voraufl Anm 91).

Muss oder soll der Beschluss über die Kapitalerhöhung aus GesMitteln auf **116 Basis einer Sonderbilanz** gefasst werden, sind die *darin* ausgewiesenen verwendbaren Kapital- und Gewinnrücklagen maßgeblich, soweit sie *niedriger* sind als die in der letzten Jahresbilanz. Dagegen wird das UmwVolumen grds durch den Ausweis in der letzten Jahresbilanz begrenzt, soweit die Rücklagen in der Kapitalerhöhungssonderbilanz *höher* sind (Anm 106). Die vergleichende Betrachtung hat dabei für jede Rücklagenart gesondert zu erfolgen. Sind *Gewinnrücklagen* in der Kapitalerhöhungssonderbilanz höher als in der letzten Jahresbilanz, steht der höhere Betrag jedoch für eine Kapitalerhöhung aus GesMitteln *ausnahmsweise zusätzlich* zur Verfügung, *soweit* er darauf beruht, dass
- er im letzten Beschluss über die Verwendung des **Bilanzgewinns** für das vorangegangene Gj als Zuführung zu den (freien) Gewinnrücklagen ausgewiesen ist (§ 208 Abs 1 S 1 AktG, § 57d Abs 1 GmbHG, dazu Anm 105) oder

E 117, 118 Sonderbilanz bei Kapitalerhöhung aus Gesellschaftsmitteln

– bei AG/KGaA von der HV der Betrag durch Beschluss über die Verwendung eines in der letzten Jahresbilanz passivierten **Ertrags aufgrund höherer Bewertung nach dem Ergebnis der Sonderprüfung** (§ 261 Abs 1 S 6 AktG) in Gewinnrücklagen eingestellt wurde (dazu Anm 88).

117 Die Aufstellung einer Kapitalerhöhungssonderbilanz kann darüber hinaus zu einer **Entsperrung** von in der letzten Jahresbilanz ausgewiesenen, bislang aber nicht verwendbaren Rücklagen führen, soweit bis zum Stichtag der Sonderbilanz

– ein Bilanzverlustvortrag durch einen zwischenzeitlichen Überschuss des TeilGj verringert bzw ganz abgebaut wurde oder durch eine im Wege der EK-Zuführung erhöhte Kapitalrücklage abgedeckt ist (Anm 109);
– eine bisher bestehende verwendungsschädliche satzungsmäßige Zweckbindung rechtswirksam aufgehoben wurde (dazu Anm 79).

118 Für eine Kapitalerhöhung aus GesMitteln **nicht verwendbar** sind dagegen

– bei AG/KGaA die nach § 272 Abs 2 Nrn 1 bis 3 HGB in der zugrunde liegenden Beschlussbilanz gebildete **Kapitalrücklage,** soweit sie zusammen mit der gesetzlichen Rücklage 10% oder den in der Satzung bestimmten höheren Teil des (bisherigen) Grundkapitals *nicht* übersteigt (§§ 208 Abs 1 S 2, 150 Abs 3 AktG);
– bei AG/KGaA die **gesetzliche (Gewinn-)Rücklage** in der zugrunde liegenden Beschlussbilanz, soweit sie zusammen mit der nach § 272 Abs 2 Nrn 1 bis 3 HGB gebildeten Kapitalrücklage 10% oder den in der Satzung bestimmten höheren Teil des (bisherigen) Grundkapitals *nicht* übersteigt (§ 208 Abs 1 S 2, § 150 Abs 3 AktG);
– die **Rücklage für Rückbeteiligungen** (§ 272 Abs 4 HGB), auch soweit diese in einer Kapitalerhöhungssonderbilanz (zB wegen Verkauf oder Abwertung der Anteile) wieder aufgelöst werden könnte (Anm 85);
– **satzungsmäßige Gewinnrücklagen,** deren Zweckbindung einer Verwendung zur Kapitalerhöhung aus GesMitteln entgegensteht (Anm 79);
– bei GmbH der im Beschluss über die Feststellung des JA für das letzte Gj zur **Entnahme** aus der Kapitalrücklage oder aus Gewinnrücklagen für Zwecke der Ausschüttung oder zum Verlustausgleich festgelegte Betrag;
– der im letzten JA ausgewiesene Jahresüberschuss/Jahresfehlbetrag zuzüglich Gewinn-/abzüglich Verlustvortrag **(Bilanzgewinn);** zur Ausnahme für beschlossene *Zuführungen* zu (anderen) Gewinnrücklagen (Anm 102);
– der in der Kapitalerhöhungssonderbilanz ausgewiesene anteilige **Überschuss** des TeilGj (zzgl des Gewinn-/Verlustvortrags) als solcher (zur Möglichkeit der Entsperrung von Rücklagen Anm 117);
– an sich verwendbare Kapital- oder Gewinnrücklagen (Anm 115 f), soweit ihnen in der Beschlussbilanz ein **Jahresfehlbetrag** einschl Gewinn-/Verlustvortrag (Bilanzverlust) gegenübersteht (§ 208 Abs 2 AktG, § 57d Abs 2 GmbHG, dazu Anm 108) oder bis zur HR-Anmeldung eingetreten ist (Anm 119);
– auf sonstige Weise **zweckgebundene Gewinnrücklagen** aufgrund von gesellschaftsrechtlichen Zweckbindungen (zB durch Beschluss der GesV, Anm 80) oder Rücklagen, denen aktivierte Bilanzierungshilfen oder andere EK bindende Aktivposten oder wahlweise nicht passivierte Beträge gegenüberstehen (dazu Anm 81, 110 ff);

IV. Prüfung, Feststellung und Offenlegung   119, 121 **E**

- **Sonderrücklagen** nach §§ 17 Abs 4, 24 Abs 5 DMBilG, soweit ihnen noch die entspr Aktivposten gegenüberstehen;
- die zu reservierende **Sonderrücklage nach § 218 S 2 AktG** für Bezugsrechte aus noch umlaufenden Wandel- oder Optionsanleihen bei AG/KGaA (Anm 62) und für Wandel- oder Optionsgenussrechte bei GmbH (dazu Anm 70f);
- eine Kapitalrücklage nach § 272 Abs 2 Nr 2 HGB für das bei Ausgabe dieser noch umlaufenden Rechte erzielte Aufgeld (Anm 65f) und der **Gewinnrücklagen-Sperrbetrag nach § 199 Abs 2 S 1 AktG** für ein bei Ausgabe solcher Rechte vereinbartes Abgeld (Anm 89);
- eine **Sonderrücklage für Genussrechtseigenkapital,** soweit dessen Rückzahlung bei Eintritt bestimmter Bedingungen verlangt werden kann (Anm 71).

Wenn seit dem Stichtag der zugrunde liegenden Jahresbilanz oder Kapital- 119 erhöhungssonderbilanz **Vermögensminderungen** eingetreten sind, die bis zur Beschlussfassung – bei gebotener Sorgfalt erkennbar – zu einer Bindung der am Bilanzstichtag an sich noch verwendbaren Rücklagen geführt haben, darf die Kapitalerhöhung aus GesMitteln *als solche* ebenfalls nicht durchgeführt werden. Bei wahrheitsgemäßer Abgabe der Erklärung nach § 210 Abs 1 S 2 AktG, § 57i Abs 1 S 2 GmbHG anlässlich der HR-Anmeldung (Anm 18) würde dies außerdem zur Verweigerung der Eintragung des Beschlusses führen (ebenso *Servatius* in Baumbach/Hueck GmbHG[22] § 57d Anm 7). Die Anmeldung und Eintragung einer entspr *niedrigeren* Kapitalerhöhung kommt nicht in Betracht, da ihr die gesellschaftsrechtliche Beschlussgrundlage fehlt. Es empfiehlt sich daher, stets einen bestimmten Betrag des an sich verfügbaren Rücklagenvolumens für bis zum Zeitpunkt der Anmeldung evtl eintretende Fehlbeträge zu reservieren.

IV. Prüfung, Feststellung und Offenlegung

1. Prüfungspflicht und Bestätigungsvermerk

Unabhängig davon, ob der Kapitalerhöhung aus GesMitteln die letzte Jah- 121 resbilanz oder eine Kapitalerhöhungssonderbilanz zugrunde liegt, besteht die Verpflichtung, die betr Bilanz prüfen zu lassen (§ 209 Abs 1, Abs 3 AktG, §§ 57e Abs 1, 57f Abs 2 GmbHG). Bei Änderung einer bereits geprüften Bilanz ist eine Nachtragsprüfung (§ 316 Abs 3 HGB) erforderlich. Die **Prüfungspflicht** soll gewährleisten, dass stets nur tatsächlich vorhandene und durch Aktiva gedeckte Rücklagen zur Kapitalerhöhung aus GesMitteln verwandt werden (Anm 17, 43). Daraus ergibt sich – abw von § 316 Abs 1 HGB – eine *spezifische gesetzliche Prüfungspflicht* der zugrunde liegenden Bilanz *auch* für an sich nicht prüfungspflichtige *kleine* KapGes und KleinstKapGes (zu GuV, Anhang und Lagebericht Anm 22; zu Erleichterungen Anm 38). Diese ist erforderlich, weil das Registergericht ansonsten nicht zur Prüfung der Kapitaldeckung verpflichtet ist (§ 210 Abs 3 AktG, § 57i Abs 3 GmbHG). Bei Beschlussfassung auf Basis der letzten Jahresbilanz erfolgt die Prüfung bereits im Rahmen der regulären JA-Prüfung (zur Reihenfolge von Aufstellung,

Prüfung und Beschlussfassung Anm 133) und beschränkt sich bei kleinen KapGes und KleinstKapGes auf die Jahresbilanz.

Zur **Durchführung der Prüfung** einer der Kapitalerhöhung aus GesMitteln zugrunde liegenden Bilanz sind nur AP iSv § 319 HGB berechtigt (IDW PH 9.400.6, Tz 8). Die Bilanz von **GmbH** kann aber nicht nur von WP und WPG, sondern – soweit es sich nicht um große GmbH iSv § 267 Abs 3 HGB handelt – auch von vBP und (obwohl nicht ausdrücklich genannt) BPG geprüft werden (§§ 57e Abs 2, 57f Abs 3 S 3 GmbHG, *Priester* in Scholz[11] GmbHG §§ 57e–57g Anm 7). Dagegen sind vBP/BPG zur Prüfung der zugrunde liegenden Bilanz von (auch kleinen) **AG/KGaA** *nicht* befugt (arg ex § 319 Abs 1 S 2 HGB). Durch den allg Verweis auf § 319 Abs 1 HGB schafft § 209 Abs 4 S 2 AktG insoweit keine Erleichterung (ebenso *Koch* in Hüffer/Koch[13] AktG § 209 Anm 9 mwN; ohne Begr aA *Lutter* in Kölner Komm AktG[2] § 209 Anm 13).

122   Für die **Wahl des Prüfers** einer Kapitalerhöhungssonderbilanz ist nach § 209 Abs 4 S 1 AktG die HV bzw nach § 57f Abs 3 S 1 GmbHG die GesV oder das im GesVertrag ggf bestimmte andere Organ (s § 318 Abs 1 S 2 HGB iVm § 57f Abs 3 S 2 GmbHG, dazu *Priester* in Scholz[11] GmbHG §§ 57e–57g Anm 8) zuständig. Wird, was insb für AG/KGaA wegen der sonst erforderlichen ao HV die Regel sein dürfte, vor Aufstellung der Sonderbilanz kein AP gewählt, *gilt* der für den *letzten* JA gewählte oder vom Gericht bestellte AP als gewählt (§ 209 Abs 4 AktG, § 57f Abs 3 S 1 GmbHG). Die Zuständigkeit des AP des letzten JA besteht auch dann, wenn inzwischen für den *nächsten* JA ein anderer AP gewählt wurde; dieser wird also *nicht* ohne Weiteres Prüfer der Kapitalerhöhungssonderbilanz (so auch *Lutter* in Kölner Komm AktG[2] § 209 Anm 13).

Wenn ein anderer als der AP des letzten JA die Kapitalerhöhungssonderbilanz prüfen soll, müsste dieser somit so rechtzeitig vor dem Kapitalerhöhungsbeschluss gewählt und beauftragt werden, dass eine ausreichende Prüfungszeit gewährleistet ist (dazu *Schmidt/Heinz* in Beck Bil-Komm[12] § 318 Anm 20). Bei AG/KGaA *soll* die Wahl ausdrücklich vor dem Bilanzstichtag erfolgen (§ 209 Abs 4 S 2 AktG iVm § 318 Abs 1 S 3 HGB). Wegen der idR erforderlichen Inventurprüfung (Anm 33) gilt dies uE auch für GmbH, obwohl § 57f Abs 3 GmbHG keinen entspr Verweis enthält. Bestellung und Prüfung vor Beschlussfassung sind deshalb zu empfehlen, jedoch uE nicht zwingend (dazu Anm 134).

Aufgrund des Verweises auf § 319 Abs 1 bis 3 HGB hat auch ein Prüfer der Kapitalerhöhungssonderbilanz evtl bestehende **Ausschlussgründe** zu beachten (§ 209 Abs 4 AktG, § 57f Abs 3 GmbHG).

Die unverzüglich nach der Wahl vorgeschriebene Erteilung des **Prüfungsauftrags** für den JA (§ 318 Abs 1 S 4 HGB) obliegt grds dem AR (§ 111 Abs 2 S 3 AktG ggf iVm § 52 Abs 1 GmbHG bzw § 1 Abs 1 Nr 3 DrittelbG) bzw bei GmbH ohne AR den Geschäftsführern. Entsprechendes dürfte für die Kapitalerhöhungssonderbilanz (oder die Jahresbilanz einer an sich nicht prüfungspflichtigen Ges) gelten, auch wenn insoweit nicht auf § 318 Abs 1 S 4 HGB verwiesen wird (*Priester* in Scholz[11] GmbHG §§ 57e–57g Anm 9; *Kleindiek* in Lutter/Hommelhoff[20] GmbHG §§ 57e–57g Anm 9 f; aA *Servatius* in Baumbach/Hueck GmbHG[22] § 57f Anm 8: AR bei GmbH nicht zustän-

IV. Prüfung, Feststellung und Offenlegung **123 E**

dig). Vorsorglich empfiehlt sich in diesem Fall eine Auftragserteilung durch Geschäftsführung und AR (so für AG *Koch* in Hüffer/Koch[13] AktG § 209 Anm 9). Der Prüfer hat seinen Bericht (Anm 128) dem jeweiligen Auftraggeber vorzulegen (§ 321 Abs 5 HGB).

Art und **Umfang** der vorgeschriebenen Prüfung und Berichterstattung **123** bestimmen sich danach, ob die Kapitalerhöhung aus GesMitteln die letzte Jahresbilanz oder eine Kapitalerhöhungssonderbilanz zugrunde gelegt werden soll. Bei Verwendung der letzten **Jahresbilanz** bestehen keine Besonderheiten. Die Prüfung und Berichterstattung des betr JA hat demnach (auch für kleine KapGes oder KleinstKapGes, Anm 121) nach den allg Vorschriften (§§ 316 bis 323 HGB) zu erfolgen (*Lutter* in Kölner Komm AktG[2] § 209 Anm 3; differenzierend *Priester* in Scholz[11] GmbHG §§ 57e–57g Anm 6); sie hat ferner unter Beachtung der vom IDW festgestellten **deutschen Grundsätze ordnungsmäßiger Abschlussprüfung** zu erfolgen (IDW PH 9.400.6, Tz 3) und muss daher, falls eine Prüfung des JA beauftragt wurde, auch GuV, Anhang und ggf Lagebericht einschließen (§ 317 Abs 1, Abs 2 iVm § 264 Abs 1 HGB). Bei kleinen KapGes und KleinstKapGes darf aber anstelle einer JA-Prüfung auch lediglich eine auf die *Bilanz beschränkte Prüfung* durchgeführt werden. Die Prüfung hat sich insb darauf zu erstrecken, ob bei der Aufstellung des letzten JA (bzw der Jahresbilanz) die gesetzlichen Vorschriften über Ansatz, Bewertung und Gliederung beachtet wurden und damit die ausgewiesenen Rücklagen tatsächlich vorhanden sind. Außerdem umfasst die Prüfung auch die Frage, ob Rücklagen ordnungsgemäß nach Gesetz oder Satzung/GesVertrag gebildet wurden, nicht dagegen, ob sie für die Kapitalerhöhung aus GesMitteln auch verfügbar sind (hM, *Koch* in Hüffer/Koch[13] AktG § 209 Anm 3 mwN). Ein JA mit einer Rücklagenzuführung entgegen dem GesVertrag könnte daher nicht uneingeschränkt testiert werden (*Priester* in Scholz[11] GmbHG §§ 57e–57g Anm 11). Eine auf den zurückliegenden JA-Stichtag wirkende Änderung des GesVertrags ist wegen § 54 Abs 3 GmbHG nicht möglich (aA offenbar *Kleindiek* in *Lutter/Hommelhoff*[20] GmbHG §§ 57e–57g Anm 10); allg zu BVm und PrüfBer Anm 126 ff.

Zweifelhaft ist, ob die allg Vorschriften über die JA-Prüfung auch gelten, wenn nur die letzte Jahresbilanz isoliert für Zwecke der Kapitalerhöhung aus GesMitteln geprüft werden soll. Für **kleine AG/KGaA** ist nach § 209 Abs 3 AktG in diesem Fall ausdrücklich nur die Beachtung der dort genannten Bestimmungen zu prüfen, dh nur eine *Bilanz*prüfung erforderlich. Da § 57e GmbHG (anders als § 57f GmbHG für die Kapitalerhöhungssonderbilanz, Anm 124) keine Vorschriften über den Prüfungsumfang enthält, könnte man dagegen für **kleine GmbH** die Auffassung vertreten, dass die allg Grundsätze (§§ 316 ff HGB) gelten. Allein aus dem Umstand, dass die Kapitalerhöhung aus GesMitteln auf Basis der regulären Jahresbilanz erfolgen soll, dürften sich jedoch keine weitergehenden Anforderungen als für eine Kapitalerhöhungssonderbilanz ergeben, so dass die Erleichterungen des § 57f Abs 1 GmbHG (Begrenzung auf zutreffende Gliederung und Bewertung unter Einbeziehung der Aufwendungen und Erträge, soweit erforderlich) uE auch für die Prüfung der Jahresbilanz analog anzuwenden sind (hM, IDW PH 9.400.6, Tz 4 und Tz 9).

Zum Wortlaut des Testats bei Beschränkung auf die Prüfung der Bilanz s Anm 127.

E 124–126 Sonderbilanz bei Kapitalerhöhung aus Gesellschaftsmitteln

124 Im Vergleich zu einer regulären JA-Prüfung gelten *für die Prüfung* einer **Sonderbilanz** (oder nur der Jahresbilanz) für Zwecke der Kapitalerhöhung aus GesMitteln teilweise *geringere* Anforderungen, weil sie sich auf die Buchführungs-, Inventar- und Bilanzprüfung (ohne GuV, Anhang und Lagebericht) beschränkt. So ist die Kapitalerhöhungssonderbilanz einer **AG/KGaA** gemäß § 209 Abs 3 AktG ausdrücklich (nur) daraufhin zu prüfen, ob die dort genannten Ansatz-, Bewertungs-, Gliederungs- und Ausweisvorschriften des HGB und des AktG beachtet wurden, die nach § 209 Abs 2 AktG für diese Bilanz gelten (dazu Anm 29 ff). Für **GmbH** ist zwar allg, inhaltlich aber gleichbedeutend, nur die Beachtung der „Vorschriften über die Gliederung" und „über die Wertansätze" vorgeschrieben (§ 57f Abs 1 GmbHG); dies schließt uE auch die Beachtung der §§ 42 und 29 Abs 2, Abs 4 GmbHG ein. Die Kapitalerhöhungssonderbilanz ist folglich auch nur daraufhin zu prüfen (§ 57f Abs 2 S 1 GmbHG). Die Prüfung der Aufwendungen und Erträge kann somit auf das Maß beschränkt werden, das zur Feststellung der Gesetzmäßigkeit der Wertansätze in der Bilanz erforderlich ist (IDW PH 9.400.6, Tz 9).

Da § 317 HGB mangels Gesetzesverweis für die Kapitalerhöhungssonderbilanz nicht direkt anwendbar ist (ebenso *Priester* in Scholz[11] GmbHG §§ 57e–57g Anm 10), dürfte für die Festlegung von Art und Umfang der Prüfung letztlich deren Zweck entscheidend sein, nämlich das **Eigenkapital** (und damit die einzelnen Rücklagen und deren Veränderung) in zutreffender *Höhe und Zusammensetzung* zu ermitteln. Es ist aber (auch für GmbH) nicht ausreichend, nur festzustellen, ob neben der zutreffenden Bilanzgliederung die allg GoB und die für alle Unt geltenden Höchstwertvorschriften (§§ 242 ff HGB) sowie die Bestimmungen über die Rücklagenzuführung eingehalten sind. Zu den zu prüfenden Vorschriften „über die Wertansätze" gehören vielmehr auch die Mindestwertvorschriften für KapGes (§§ 264 ff HGB). Unabhängig davon ist auch die **Buchführung** und das **Inventar** (Anm 33) in die Prüfung einzubeziehen, da die Bilanz aus den Büchern und dem letzten JA abzuleiten ist (Anm 22).

125 Eine Beschränkung der Prüfung auf die Feststellung, ob die für eine geplante Umw benötigten Rücklagen ausgewiesen sind, ist nicht ausreichend, da dies den Anforderungen der § 209 Abs 3 S 1 AktG, § 57f Abs 2 S 1 GmbHG nicht genügt. Die Festlegung des Betrags der RücklagenUmw obliegt allein den Anteilseignern; ihnen muss daher der *gesamte* Betrag der nach den gesetzlichen Vorschriften in der Bilanz *auszuweisenden* Rücklagen zur Disposition stehen. Die Prüfung hat daher (wie bei der Jahresbilanz, Anm 123) den zutreffenden Ausweis der Rücklagen nach **Art** und **Höhe** zu umfassen, *nicht* dagegen die Frage, ob und inwieweit sie umwandlungsfähig sind (ebenso *Koch* in Hüffer/Koch[13] AktG § 209 Anm 3; *Priester* in Scholz[11] GmbHG §§ 57e–57g Anm 11). Allerdings empfiehlt es sich im Hinblick auf den Anlass der Prüfung, den höchstzulässigen Umfang der umwandlungsfähigen Rücklagen im PrüfBer darzustellen; die sich aus § 210 Abs 1 S 2 AktG, § 57i Abs 1 S 2 GmbHG bei HR-Anmeldung evtl ergebende Beschränkung wegen zwischenzeitlicher Fehlbeträge (Anm 118) bleibt unberührt.

126 Grundlage des Beschlusses über eine Kapitalerhöhung aus GesMitteln kann nur eine Bilanz sein, deren Gesetz- und Ordnungsmäßigkeit nicht zweifelhaft

IV. Prüfung, Feststellung und Offenlegung 127 **E**

ist. Als Voraussetzung der Beschlussfassung ist daher ein **uneingeschränkter Bestätigungsvermerk** für die maßgebliche Bilanz vorgeschrieben (§ 209 Abs 1, Abs 3 S 2 AktG, §§ 57e Abs 1, 57f Abs 2 S 3 GmbHG). Für dieses Testat gilt bei Verwendung der im Rahmen einer regulären JA-Prüfung geprüften **Jahresbilanz** zwangsläufig § 322 HGB. Daher könnte eine *Einschränkung* (§ 322 Abs 4 HGB) zwar unschädlich sein, wenn sich die Einwendungen eindeutig nicht auf die Bilanz, sondern auf GuV, Anhang oder Lagebericht beziehen. Sie dürfte aber ein Eintragungshindernis darstellen, sofern das Registergericht nicht nach der Art der Einschränkung differenziert (zum BVm für eine isolierte Jahresbilanz Anm 127).

Obwohl nicht auf § 322 Abs 1 bis 4 HGB verwiesen wird, sind die dort geregelten allg Anforderungen an den BVm (dazu IDW PS 400 nF, und IDW PH 9.400.6, Tz 11) uE auch für das spezifische Testat für die **Kapitalerhöhungssonderbilanz** maßgeblich, soweit sich aus der Besonderheit des Prüfungsauftrags nichts anderes ergibt (ebenso *Schmidt/Küster/Bernhardt* in Beck Bil-Komm[12] § 322 Anm 6f).

Wird das Kapital aus GesMitteln auf Basis der *Jahresbilanz des letzten Jahres-* 127 *abschlusses* erhöht, ergibt sich der **Wortlaut des Bestätigungsvermerks** für prüfungspflichtige KapGes grds aus den Vorgaben des § 322 HGB (*Lutter* in Kölner Komm AktG[2] § 209 Anm 14; *Priester* in Scholz[11] GmbHG §§ 57e– 57g Anm 15) und bezieht sich somit auf den gesamten JA. Voraussetzung für die Testaterteilung ist dann allerdings, dass auch eine vollumfängliche Prüfung nach den für die Pflichtprüfung eines JA geltenden Grundsätzen (§§ 316 ff, Anm 123) durchgeführt wurde (IDW PS 400 nF, Tz 3). Der AP darf daher zu einer zur Vorlage beim HR bestimmten isolierten Jahresbilanz, selbst wenn sie mit der HBil des geprüften JA identisch sein sollte, keinen eigenständigen, etwa dem Testatwortlaut für eine Kapitalerhöhungssonderbilanz (dazu IDW PH 9.400.6, Tz 11) nachgebildeten gesonderten BVm erteilen, ohne dass auf Basis eines eigenständigen Prüfungsauftrags eine gesonderte, nur auf diese Jahresbilanz beschränkte Prüfung durchgeführt und hierüber ein gesonderter PrüfBer erstellt wurde. Andernfalls würden auf der Grundlage des Prüfungsauftrags für den JA zwei unterschiedliche Testate, aber nur ein PrüfBer existieren. Damit würde der Prüfer aber gegen die Pflicht zur gesonderten Berichterstattung (Anm 128) und Wiedergabe des BVm im PrüfBer (§ 322 Abs 7 S 2 HGB) verstoßen. Für kleine, nicht prüfungspflichtige KapGes muss der BVm dagegen lediglich den Anforderungen des § 209 Abs 3 AktG bzw des § 57f Abs 2 S 1 GmbHG genügen, dh die Beachtung der dort genannten Vorschriften bestätigen, wenn die Kapitalerhöhung aus GesMitteln zwar auf Basis des letzten JA erfolgen soll, die Prüfung sich aber nur auf die *isolierte Jahresbilanz* erstreckt hatte (für GmbH OLG Hamm v 6.7.2010 DStR, 2590).

Für den Wortlaut des BVm einer *Kapitalerhöhungssonderbilanz* findet § 322 HGB dagegen keine Anwendung (*Priester* in Scholz[11] GmbHG §§ 57e–57g Anm 15; *Koch* in Hüffer/Koch[13] AktG § 209 Anm 10). Vielmehr ist im Hinblick auf den besonderen Prüfungszweck ein eigenständiger BVm zu formulieren (*Lutter* in Kölner Komm AktG[2] § 209 Anm 14). Dabei soll sich das Testat aber gleichwohl an den Inhalten des § 323 HGB orientieren. Ein der Fassung für den JA vollumfänglich entspr Wortlaut des BVm kommt aber nur in Betracht, wenn die Kapitalerhöhungssonderbilanz Bestandteil eines voll-

E 128, 129 Sonderbilanz bei Kapitalerhöhung aus Gesellschaftsmitteln

ständigen *Zwischenabschlusses* (einschl GuV und Anhang) ist und dieser nach den für einen JA geltenden Vorschriften für KapGes aufgestellt und umfassend geprüft wurde. Andernfalls darf zur Vermeidung von Verwechslungen nur ein dem konkreten Verwendungszweck entspr formuliertes Testat (analog IDW PH 9.400.6, Tz 11) erteilt werden, das aber (jedenfalls bei einer kleinen GmbH) lediglich den Anforderungen des § 57f Abs 2 S 1 GmbHG genügen muss. Für nicht prüfungspflichtige KapGes gilt dies auch, wenn die Kapitalerhöhung aus GesMitteln auf Basis des letzten JA erfolgen soll und die Prüfung sich nur auf die *Jahresbilanz* erstreckt hatte (OLG Hamm v 6.7.2010 DStR, 2590).

Die § 209 Abs 2 AktG, § 57f Abs 2 S 1 GmbHG verlangen, die Übereinstimmung mit den einschlägigen Vorschriften positiv zu bestätigen. Abgesehen davon ist ein bestimmter Wortlaut nicht vorgeschrieben (*Lutter* in Kölner Komm AktG[2] § 209 Anm 14). Sofern Einwendungen nicht zu erheben und Ergänzungen zur Erl besonderer Umstände nicht erforderlich sind (zur Unterzeichnung Anm 129), sollte das Prüfungsergebnis im **spezifischen Bestätigungsvermerk** zur Bilanz für Zwecke der Kapitalerhöhung aus GesMitteln daher entspr dem Vorschlag des IDW wie folgt lauten (zum vollen Wortlaut s IDW PH 9.400.6, Tz 11):

„Meine/Unsere Prüfung hat zu keinen Einwendungen geführt. Nach meiner/ unserer Beurteilung aufgrund der bei der Prüfung gewonnenen Erkenntnisse entspricht die Bilanz den gesetzlichen Vorschriften und den ergänzenden Bestimmungen des Gesellschaftsvertrags/der Satzung."

Stattdessen kommt aber uE auch die folgende, näher am Wortlaut der § 209 Abs 2 AktG, § 57f Abs 2 S 1 GmbHG orientierte Fassung des letzten Satzes in Betracht:

„… Nach meiner/unserer Beurteilung aufgrund der bei der Prüfung gewonnenen Erkenntnisse entspricht die Bilanz zum … [Stichtag] der … [Firma] den Vorschriften des § 209 Abs 2 AktG (bzw für GmbH: § 57f Abs 1 GmbHG) und den ergänzenden Bestimmungen des Gesellschaftsvertrags/der Satzung."

128 Der AP hat ferner nach § 321 HGB über das **Ergebnis der Prüfung** der Kapitalerhöhungssonderbilanz (oder einer isolierten Jahresbilanz) schriftlich Bericht zu erstatten. Berichtspflicht besteht nach § 209 Abs 4 S 2 AktG, § 57f Abs 3 S 2 GmbHG nur, „soweit sich aus der Besonderheit des Prüfungsauftrags nichts anderes ergibt". Der Umfang der **Berichterstattung** kann daher im Vergleich zu den bei einer JA-Prüfung geltenden Anforderungen (dazu IDW PS 450 nF) verkürzt sein (IDW PH 9.400.6, Tz 10). Ein Verzicht auf Angaben zur Gesetzmäßigkeit der Buchführung und zur Erfüllung der Auskunfts- und Nachweispflichten im PrüfBer (dazu Anm 130) ist im Hinblick auf den Wortlaut des § 321 Abs 1 S 2f HGB (iVm § 209 Abs 4 S 2 AktG, § 57f Abs 3 S 2 GmbHG) jedoch nicht sachgerecht. Unabhängig davon hat der AP nach § 321 Abs 1 S 3 HGB auch im PrüfBer zur Kapitalerhöhungssonderbilanz über existenzgefährdende oder die Entwicklung beeinträchtigende Tatsachen und ggf über festgestellte schwerwiegende Verstöße von Arbeitnehmern oder der Geschäftsleitung gegen gesetzliche Vorschriften zu berichten **(Redepflicht).**

129 Der AP hat den BVm zum JA unter *Angabe von Ort und Datum* zu unterzeichnen und in den PrüfBer aufzunehmen (§ 322 Abs 7 HGB); der PrüfBer

IV. Prüfung, Feststellung und Offenlegung   130–133   **E**

ist nach § 321 Abs 5 HGB *gesondert* zu unterzeichnen. Während § 209 Abs 4 S 2 AktG für die Kapitalerhöhungssonderbilanz einer AG/KGaA auf beide Regelungen ausdrücklich Bezug nimmt, enthält § 57f Abs 3 S 2 GmbHG für GmbH nur einen Verweis auf § 321 HGB. Gleichwohl gilt zumindest die Pflicht zur **Unterzeichnung** des spezifischen BVm auch für GmbH, zusätzlich ist Orts- und Datumsangabe zu empfehlen (ebenso *Priester* in Scholz[11] GmbHG §§ 57e–57g Anm 15), zumindest sofern dieses Testat (zB zur Vorlage beim Registergericht) *losgelöst* von dem PrüfBer verwendet werden soll.

Zur ordnungsmäßigen Durchführung der Prüfung einer Kapitalerhöhungssonderbilanz bestehen nach § 209 Abs 4 S 2 AktG für die gesetzlichen Vertreter von AG/KGaA die **Vorlagepflichten** nach § 320 Abs 1 HGB ggü dem Prüfer; dieser hat die **Auskunftsrechte** nach § 320 Abs 2 HGB (zur Vorlage an Gester Anm 136). Dasselbe gilt nach § 57f Abs 3 S 2 GmbHG für GmbH. Im Gegensatz zur AG/KGaA ist dort aber die Vorlage des letzten JA und des Lageberichts nicht ausdrücklich vorgeschrieben, da § 57f Abs 3 S 2 GmbHG für die Prüfung der Kapitalerhöhungssonderbilanz nicht auf § 320 Abs 1 **Satz 1** HGB verweist; die Geschäftsführung hat danach lediglich § 320 Abs 1 **Satz 2** HGB zu beachten. Eine Prüfung der Kapitalerhöhungssonderbilanz setzt aber die Vorlage zumindest des letzten JA an den AP voraus. Zu diesem Zeitpunkt muss der JA der GmbH für das abgelaufene Gj bereits aufgestellt und (ggf nach Durchführung einer Pflichtprüfung) auch festgestellt worden sein (Anm 46).   130

Für die **Verantwortlichkeit** des Prüfers der Kapitalerhöhungssonderbilanz gilt § 323 HGB über die gesetzliche Haftungsbeschränkung bei Fahrlässigkeit (1 Mio €, für AG mit Zulassung von Aktien zum regulierten Markt 4 Mio €) entspr (§ 209 Abs 4 S 2 AktG, § 57f Abs 3 S 2 GmbHG).   131

2. Aufstellung, Vorlage und Feststellung

Für den Zeitpunkt der Aufstellung, Prüfung und Vorlage an die HV/GesV bzw den AR gelten bei Verwendung der **letzten Jahresbilanz** die allg Regeln (§ 264 Abs 1 HGB, §§ 170 Abs 1, 175 Abs 1 und 2 AktG, § 42a Abs 1 GmbHG). Um Grundlage des Beschlusses über die Kapitalerhöhung aus Ges-Mitteln sein zu können, muss der letzte JA allerdings vorher *festgestellt* sein (§ 209 Abs 1 AktG, § 57e Abs 1 GmbHG); eine isolierte Feststellung nur der Jahresbilanz ist nicht möglich. Außerdem darf der JA-Stichtag bei HR-Anmeldung nicht länger als acht Monate zurückliegen. Daraus ergibt sich eine bestimmte *zeitliche Abfolge* erforderlicher Maßnahmen, nämlich Aufstellung, Prüfung und Feststellung der Bilanz, Beschlussfassung über die Gewinnverwendung (sofern gewünscht) und über die Kapitalerhöhung aus GesMitteln sowie deren Anmeldung zum HR. Es dürfte jedoch auch unschädlich sein, wenn der Kapitalerhöhungsbeschluss schon vor Beendigung der Prüfung unter der aufschiebenden Bedingung gefasst wurde, dass der vorliegende JA geprüft, mit einem uneingeschränkten BVm versehen und festgestellt wird (LG Duisburg v 9.12.1988 GmbHR 1990, 85 unter Hinweis auf „praktische Erwägungen"; so für GmbH *Priester* in Scholz[11] GmbHG § 57c Anm 8, 10; für kleine AG/KGaA auch *Lutter* in Kölner Komm AktG[2] § 209 Anm 4). Bei GmbH muss ferner **grundsätzlich** bereits *vor* dem Kapitalerhöhungsbeschluss auch über die   133

Förschle/Kropp/Schönberger

E 134, 135 Sonderbilanz bei Kapitalerhöhung aus Gesellschaftsmitteln

Ergebnisverwendung für das letzte Gj Beschluss gefasst worden sein (§ 57c Abs 2 GmbHG), es sei denn, für die neuen Anteile soll eine rückwirkende Gewinnbeteiligung vereinbart werden (dazu Anm 161). In diesem Fall muss das im Erhöhungsbeschluss klargestellt werden und über die Verwendung des Bilanzgewinns darf dann erst *nach* dem Beschluss über die Kapitalerhöhung aus GesMitteln entschieden werden (§ 57n Abs 2 GmbHG); dies gilt auch für AG/KGaA (§ 217 Abs 2 AktG), zu Einzelheiten Anm 161 f.

134 Bei Verwendung einer **Kapitalerhöhungssonderbilanz** ergibt sich die **Vorlagepflicht** an die HV/GesV aus § 175 Abs 2 iVm § 209 Abs 6 AktG, § 57g iVm § 42a GmbHG (*Priester* in Scholz[11] GmbHG §§ 57e–57g Anm 17; *Koch* in Hüffer/Koch[13] AktG § 209 Anm 13). Bei **GmbH** muss diese Bilanz geprüft und mit dem uneingeschränkten BVm versehen sein, „bevor über die Erhöhung des Stammkapitals Beschluss gefasst wird" (§ 57f Abs 2 S 1 GmbHG): „Die Erhöhung des Stammkapitals kann nicht ohne diese Bestätigung der Prüfer beschlossen werden" (so ausdrücklich § 57f Abs 2 S 3 GmbHG). Daraus ergibt sich (abgesehen von der Feststellung der Bilanz, dazu Anm 137) notwendigerweise dieselbe zeitliche Abfolge der Maßnahmen wie bei Verwendung der Jahresbilanz. Außerdem muss der JA für das letzte Gj (ggf nach Durchführung der Pflichtprüfung) bereits festgestellt sein (§ 57c Abs 2 GmbHG, dazu Anm 46). Wird diese Reihenfolge nicht eingehalten, ist der Kapitalerhöhungsbeschluss analog § 241 Nr 3 AktG wegen Verletzung von Vorschriften zum Gläubiger- und Minderheitenschutz *nichtig* (*Priester* in Scholz[11] GmbHG §§ 57e–57g Anm 18); wird die Kapitalerhöhung dennoch im HR eingetragen, kann gem § 242 Abs 2 AktG (für GmbH analog) die Nichtigkeit nach drei Jahren aber nicht mehr geltend gemacht werden (*Kleindiek* in Lutter/Hommelhoff[20] GmbHG §§ 57e–57g Anm 12).

Besteht Einvernehmen der Gester, dürfte uE aber (wie bei Verwendung der Jahresbilanz) auch ein *bedingter Beschluss* über die Kapitalerhöhung aus GesMitteln (Anm 105) unter der Voraussetzung der nachfolgenden Prüfung und Bestätigung der zugrunde liegenden Kapitalerhöhungssonderbilanz unschädlich sein, wenn diese Bedingung nur als Anweisung an die Geschäftsführer zu verstehen ist, die Kapitalerhöhung nicht vor Abschluss der Bilanzprüfung zum HR anzumelden (so im Ergebnis *Priester* in Scholz[11] GmbHG § 57c Anm 10; *Zöllner/Noack* in Baumbach/Hueck GmbHG[22] § 53 Anm 58).

Auch für kleine **AG/KGaA** kann uE analog § 173 Abs 3 AktG der Beschluss über die Kapitalerhöhung aus GesMitteln anlässlich der regulären jährlichen HV unter einer entspr Bedingung bei Zustimmung aller Aktionäre auf Basis einer vorgelegten, noch ungeprüften Kapitalerhöhungssonderbilanz gefasst werden (ebenso wohl *Lutter* in Kölner Komm AktG[2] § 209 Anm 17). Zudem ist im Gegensatz zur GmbH eine Prüfung der Kapitalerhöhungssonderbilanz *vor* dem HV-Beschluss über die Kapitalerhöhung aus GesMitteln nicht ausdrücklich vorgeschrieben.

135 Bei **nachträglichen Änderungen** der dem Kapitalerhöhungsbeschluss zugrunde liegenden Bilanz ist *in jedem Fall* eine erneute Beschlussfassung über die Kapitalerhöhung aus GesMitteln und, falls die Bilanz bereits geprüft war, auch eine erneute Prüfung und uneingeschränkte Bestätigung bzgl der Änderungen notwendig (zB *Priester* in Scholz[11] GmbHG §§ 57e–57g Anm 15 aE); zur Feststellung Anm 137.

IV. Prüfung, Feststellung und Offenlegung 136, 137 E

Gleichgültig, ob es sich um die letzte Jahresbilanz oder um eine eigenständige Kapitalerhöhungssonderbilanz handelt, ist die maßgebliche (ggf noch nicht geprüfte) Bilanz der HV bzw GesV als Beschlussvorlage *vorher* bekannt zu geben. Diese **Vorlagepflicht** ergibt sich bei Zugrundelegung des *letzten Jahresabschlusses* aus den allg Vorschriften (Anm 133); § 51a GmbHG bleibt dabei für GmbH ebenso unberührt wie § 131 AktG für AG/KGaA. 136

Bezüglich der *Kapitalerhöhungssonderbilanz* wird für **GmbH** auf die „Bestimmungen des Gesellschaftsvertrags über die vorherige Bekanntgabe des Jahresabschlusses an die Gesellschafter" (§ 57g GmbHG) verwiesen. Soweit der GesVertrag keine entspr Regelungen enthält, ist daher § 42a Abs 1 GmbHG über die Pflicht zur unverzüglichen Bekanntgabe nach Eingang des PrüfBer entspr anzuwenden; darüber hinaus bestehende Auskunfts- und Einsichtsrechte der Gester nach § 51a GmbHG bleiben unberührt (so auch *Priester* in Scholz[11] GmbHG §§ 57e–57g Anm 17; *Kleindiek* in Lutter/Hommelhoff[20] GmbHG §§ 57e–57g Anm 8). Für **AG/KGaA** gilt § 175 Abs 2 AktG sinngemäß (§ 209 Abs 6 AktG). Demnach ist die Kapitalerhöhungssonderbilanz ab Einberufung der HV von börsennotierten KapGes auf der Internetseite zu veröffentlichen (§ 124a AktG), ansonsten für mindestens einen Monat in den Geschäftsräumen zur Einsicht auszulegen, auf letzteres könnte aber *einvernehmlich* verzichtet werden (so *Lutter* in Kölner Komm AktG[2] § 209 Anm 17 bis 19). Auf Verlangen ist jedem Aktionär unverzüglich eine Abschrift zu übermitteln (*Koch* in Hüffer/Koch[13] AktG § 209 Anm 13). Darüber hinaus stehen den Aktionären in der HV die Auskunftsrechte nach § 131 AktG zu.

Eine förmliche **Feststellung** der Kapitalerhöhungssonderbilanz vor dem Beschluss über die Kapitalerhöhung aus GesMitteln ist (im Gegensatz zum JA, Anm 133) weder für GmbH noch für AG/KGaA ausdrücklich vorgeschrieben. Gleichwohl wird sie zT explizit für erforderlich gehalten (so zB *Servatius* in Baumbach/Hueck GmbHG[22] § 57f Anm 12 mwN zum Meinungsstand). Da die Sonderbilanz ausschließlich zum Zweck der Kapitalerhöhung aus GesMitteln aufgestellt wurde, dürfte aber für **GmbH** die billigende „Feststellung" durch die GesV (§§ 46 Nr 1 iVm 45 Abs 2 GmbHG) uE auch konkludent im Rahmen der Beschlussfassung über die Kapitalerhöhung möglich sein, sofern der GesVertrag kein anderes Feststellungsorgan bestimmt (so auch *Priester* in Scholz[11] GmbHG §§ 57e–57g Anm 3). Für **AG/KGaA** ist der AR uE aufgrund seiner Überwachungspflicht (§ 111 AktG) und zur Vorbereitung des Beschlussvorschlags (§ 124 Abs 3 S 1 AktG) verpflichtet, die Richtigkeit der Kapitalerhöhungssonderbilanz zu überprüfen, auch wenn er an dem Kapitalerhöhungsbeschluss selbst nicht mitwirkt; § 171 Abs 1 AktG dürfte insoweit analog anzuwenden sein. Dasselbe dürfte nach § 52 Abs 1 GmbHG iVm § 171 Abs 1 AktG ggf auch für den AR einer GmbH gelten (aA (Vorlage an AR erscheint nicht notwendig) *Priester* in Scholz[11] GmbHG §§ 57e–57g Anm 17). Mit der Billigung durch den AR ist die Kapitalerhöhungssonderbilanz faktisch festgestellt. Einer förmlichen Feststellung durch die HV bedarf es darüber hinaus nicht mehr (ebenso wohl *Koch* in Hüffer/Koch[13] AktG § 209 Anm 11 mwN), es sei denn, eine Feststellung durch die HV wird von Vorstand und AR ausdrücklich gewünscht (§ 173 Abs 1 AktG). 137

E 141–151   Sonderbilanz bei Kapitalerhöhung aus Gesellschaftsmitteln

3. Offenlegung und Aufbewahrung

141   Über die Bekanntgabe an die Gester (Anm 136) hinaus gelten für die Kapitalerhöhungssonderbilanz keine spezifischen **Offenlegungspflichten,** insb ist (im Gegensatz zum JA, s § 325 Abs 2 HGB) eine Einreichung zur Bekanntmachung im BAnz *nicht* vorgesehen (*Priester* in Scholz[11] GmbHG §§ 57e–57g Anm 17; *Servatius* in Baumbach/Hueck GmbHG[22] § 57g Anm 2). Allerdings ist die der Kapitalerhöhung aus GesMitteln zugrunde gelegte Bilanz nach § 210 Abs 1 S 1 AktG, § 57i Abs 1 S 1 GmbHG zusammen mit dem BVm zum HR einzureichen; sie steht damit im UntRegister (§ 8b HGB) jedermann zur Einsicht offen (§ 9 Abs 1 HGB) und kann abschriftlich bzw als Ausdruck angefordert werden (§ 9 Abs 4 HGB). Darüber hinaus besteht für börsennotierte Unt eine Verpflichtung zur Veröffentlichung auf der Internetseite (§ 124a Nr 3 AktG) und (für bestimmte Inlandsemittenten, MTF-Emittenten und OTF-Emittenten) zur unverzüglichen Übermittlung zum UntRegister (§ 26 Abs 1 WpHG) sowie eine Mitteilungspflicht ggü der BaFin (§ 26 Abs 2 WpHG).

Außerdem muss die Erhöhung des Nennkapitals innerhalb von zwei Wochen nach Eintragung in das HR dem zuständigen **Finanzamt** unter Beifügung einer Abschrift des Erhöhungsbeschlusses mitgeteilt werden (§ 4 KapErhStG). Diese Mitteilungspflicht dient der Überwachung im Hinblick auf mögliche Besteuerungsfolgen.

142   Die Verpflichtung zur zehnjährigen **Aufbewahrung** der Jahresbilanz als Teil des JA ergibt sich bereits aus § 257 Abs 1 S 1, Abs 4 HGB und gilt daher unabhängig davon, ob sie der Kapitalerhöhung aus GesMitteln zugrunde gelegt wurde. Für die Aufbewahrung einer Kapitalerhöhungssonderbilanz kann uE keine andere Frist gelten; die Vorschrift ist daher analog anzuwenden.

V. Bilanzielle Auswirkungen der Rücklagenumwandlung

1. Darstellung der Kapitalerhöhung im Folgeabschluss

150   Mit Eintragung des Beschlusses über die Kapitalerhöhung aus GesMitteln ist das Nennkapital erhöht (§ 211 AktG, § 57c Abs 4 iVm § 54 Abs 3 GmbHG). Dementspr hat die KapGes ab diesem **Zeitpunkt** das erhöhte Nennkapital als gezeichnetes Kapital im JA auszuweisen (*ADS*[6] § 272 HGB Anm 34; *WPH*[16] HBd, F Anm 470). Bis dahin werden die Rücklagen in unveränderter Höhe ausgewiesen und ggf mit einem Vermerk (zB davon zur beschlossenen Kapitalerhöhung bestimmt: … €) auf die vorgesehene Umw in Nennkapital hingewiesen. Falls die HR-Eintragung bis zum Ende der Aufstellungsphase des JA aber vollzogen sein sollte, sind die entspr Rücklagen in Nennkapital umzubuchen. In diesem Fall empfiehlt sich eine Erläuterung des Vollzugs der Eintragung mit Angabe des Datums beim gezeichneten Kapital oder eine Erl im Anh.

151   Die Kapitalerhöhung aus GesMitteln führt nur zu einer **Umbuchung** innerhalb der Bilanz, denn es liegt keine „Auflösung" oder „Entnahme", sondern nur eine „Umwandlung" von Rücklagen vor (§ 57c Abs 1 GmbHG,

V. Bilanzielle Auswirkungen der Rücklagenumwandlung 152, 153 E

§ 207 Abs 1 AktG; *ADS*[6] § 158 AktG Anm 10, § 270 HGB Anm 7). Daher wird die Ergebnisverwendungsrechnung im Anschluss an die GuV (§ 158 AktG, § 275 Abs 4 HGB) hierdurch nicht berührt (hM, *Störk/Taetzner* in Beck Bil-Komm[12] § 270 Anm 13 mwN; *ADS*[6] § 158 AktG Anm 10).

Wenn sich kraft Gesetzes im Zuge einer Kapitalerhöhung aus GesMitteln 152 auch ein bestehendes bedingtes Kapital erhöht (dazu Anm 61 f), ergeben sich bei AG/KGaA insofern Besonderheiten, als innerhalb der verbliebenen Rücklagen eine **Sonderrücklage nach § 218 S 2 AktG** zu reservieren ist. Dies ist erstmals für den JA nach Eintragung der Kapitalerhöhung erforderlich (Anm 63; hM, s auch *Koch* in Hüffer/Koch[13] AktG § 218 Anm 6 mwN).

Ein gesonderter **Ausweis** dieser Sonderrücklage als eigener Posten in der Bilanz erscheint nach dem Wortlaut zwar geboten. Dies ist uE aber eigentlich nicht erforderlich, weil der Schutz vor Ausschüttung oder anderweitiger Verwendung bereits durch den Ausweis als „Kapitalrücklage" und „Gewinnrücklagen" sichergestellt ist. Insoweit gilt uE nichts anderes als für die nach § 150 Abs 3 oder 4 AktG zum Verlustausgleich reservierten Teilbeträge der Kapitalrücklage oder der gesetzlichen Rücklage. Es reicht daher aus, wenn ein entspr Teilbetrag aus einer oder mehreren der an sich für eine Auflösung verfügbaren Rücklagen (zB andere Gewinnrücklagen) **in statistischer Form** (s Anm 63) für die Aufbringung des erhöhten bedingten Kapitals gesperrt wird. Dadurch kann vermieden werden, die Sonderrücklage wieder in die bisherigen Rücklagen einstellen zu müssen (so aber *Singhof* in HdJ III/2 Anm 94), aus denen die gesperrten Beträge stammen (*ADS*[6] § 272 HGB Anm 88), wenn es später nicht zu einer Kapitalerhöhung aus dem bedingten Kapital kommt. Für **Folgeabschlüsse** ist es daher ausreichend und uE zu empfehlen, die zu reservierenden Beträge jeweils unter den Rücklagenposten, aus denen die im Fall der Wandlung erforderlichen Nennbeträge der bedingten Kapitalerhöhung ggf entnommen werden sollen, nur in der Bilanz zu vermerken (zB „davon gesperrt nach § 218 S 2 AktG: ...") oder im Anhang anzugeben. Eine förmliche Entnahme des gesperrten Betrags aus den betr Rücklagen durch Umgliederung in eine spezielle Sonderrücklage ist dafür nicht nötig. Ein gesonderter Ausweis des Sperrbetrags als Kapitalrücklage (so aber zB *ADS*[6] § 272 HGB Anm 88; *Dusemond ua* in HdR[5] § 266 Anm 181 aE) wäre wegen § 272 Abs 2 HGB sogar unzulässig, wenn der entspr Betrag aus Gewinnrücklagen entnommen wurde. Die sog Ergebnisverwendungsrechnung im JA (§ 158 Abs 1 AktG) wird weder durch Umgliederung in die Sonderrücklage noch von einer (rein statistischen) Betragsreservierung berührt.

Das AktG schreibt nicht vor, aus welchen Mitteln die Sonderrücklage nach 153 § 218 S 2 AktG zu bilden bzw statistisch zu reservieren ist. Die Bestimmung dieser Rücklagen steht daher zu gegebener Zeit im Ermessen des Aufstellungsorgans, denn uE kann weder aus dem AktG noch aus dem Reservezweck (Anm 62) ein Vorrang der Kapitalrücklage abgeleitet werden (so aber *ADS*[6] § 272 HGB Anm 88; *Küting/Reuter* in HdR[5] § 272 Anm 128; wohl auch *Poll* in HdR[5] AktG §§ 58, 150 Anm 12, der die gesetzliche Rücklage vorrangig für Verlustausgleich reservieren will). Der Davon-Vermerk für die Sonderrücklage nach § 218 S 2 AktG kann daher uU auch mehrere Posten umfassen und uE sogar im Zeitablauf wechseln, sofern dadurch nicht willkür-

E 155, 156 Sonderbilanz bei Kapitalerhöhung aus Gesellschaftsmitteln

lich in Aktionärsrechte eingegriffen wird. Die Verwendungssperre entfällt ohne Weiteres, sobald die gesperrten Rücklagen durch Ausübung der Bezugsrechte ihrem Zweck zugeführt wurden oder die Bezugsfrist für die neuen Aktien aus dem bedingten Kapital abgelaufen und damit die Sperre gegenstandslos geworden ist.

2. Auswirkungen bei den Anteilseignern

155 Die neuen oder erhöhten Anteile aus der Kapitalerhöhung aus GesMitteln sind allen Gestern im Verhältnis ihrer bisherigen Beteiligung zuzuteilen; teileingezahlte Aktien oder Anteile nehmen dabei wie voll eingezahlte entspr ihrem Anteil am Grund- bzw Stammkapital an der Kapitalerhöhung aus GesMitteln teil (§ 215 Abs 2 S 1 AktG, § 57l Abs 2 S 1 GmbHG, dazu Anm 14 ff). Neue Mitgliedschaftsrechte entstehen nur bei Kapitalerhöhung gegen Ausgabe neuer Anteile; bei Erhöhung des Nennbetrags ändert sich die Anzahl nicht. Durch die Zuteilung neuer Anteile tritt keine Gewinnrealisierung ein. Der **Zuwachs an Geschäftsanteilen** bzw Aktien beim Gester ist nämlich nach ausdrücklicher Regelung (§ 220 S 2 AktG, § 57o S 2 GmbHG,) in dessen Anlagengitter *nicht als Zugang* auszuweisen. Vielmehr bleibt der bisherige **Buchwert** (und dementspr auch die historischen AK und evtl Abschreibungen) der Gesamtheit der Anteile unverändert. Die Wertansätze im Anlagengitter sind für Zwecke der Inventarbewertung lediglich nach dem *Verhältnis der Anteile am Gesamtnennkapital* auf die alten und die neu hinzukommenen Anteile zu **verteilen** (*ADS*[6] § 253 HGB Anm 52); der Einzelwert je Altanteil mindert sich daher durch Substanzabspaltung auch mit steuerlicher Wirkung um den auf die neuen Anteile entfallenden Teilbetrag. Die AK und der anteilige Buchwert der Altanteile reduzieren sich entspr (*Knop/Küting/Knop* in HdR[5] § 255 Anm 108); bei Erhöhung des Nennbetrags besteht keine Notwendigkeit zur Buchwertanpassung der einzelnen Anteile (*Arnold* in MünchKomm AktG[43] § 220 Anm 3). Die Regelung gilt auch für evtl aus einer Kapitalerhöhung aus GesMitteln hervorgehende Teilrechte iSv § 213 AktG, § 57k GmbHG (Anm 14f), die entspr ihrem Anteil an einem Vollrecht bei der Aufteilung der Bruttowerte und Abschreibungen gesondert zu berücksichtigen sind (zum Hinzuerwerb weiterer Teilrechte s *Arnold* in MünchKomm AktG[43] § 220 Anm 11).

156 Durch die proportionale **Aufteilung des Postens** (kumulierte AK, evtl Abschreibungen und Buchwert) wird sichergestellt, dass eine Gewinnrealisierung beim Anteilseigner **grundsätzlich** erst nach einer späteren Veräußerung – in diesem Fall entspr dem Umfang der verkauften Anteile im Verhältnis zu den gesamten Anteilen im Bestand – eintreten kann. Der Wertansatz für die jungen Anteile (nach Aufteilung des durch evtl Abwertungen geminderten Buchwerts der Altanteile) kann sich jedoch bei späterer Werterholung durch Zuschreibung nach § 253 Abs 5 S 1 HGB bis auf die anteiligen **Anschaffungskosten** erhöhen. Dies gilt auch für die Altanteile, deren Buchwert durch eine evtl Zuschreibung aber nicht mehr über die auf sie entfallenden, *anteilig geminderten* AK ansteigen kann. Der mögliche Umfang der Zuschreibung des gesamten Anteilsbestands ist damit vor und nach der Kapitalerhöhung aus GesMitteln gleich hoch, wenn zwischenzeitlich keine Anteile verkauft wurden.

V. Bilanzielle Auswirkungen der Rücklagenumwandlung 157–161 E

Diese Regelung über die Wertaufteilung gilt auch, wenn sich die Kapitalerhöhung aus GesMitteln auf eine Umw der aus dem Ergebnis des letzten Gj beschlossenen Rücklagenzuführung beschränkt. Damit ist unter den gesetzlichen Voraussetzungen dieser Maßnahme (dazu Anm 105) die Zuwendung von **Sachdividenden** (ähnlich *Lutter* in Kölner Komm AktG² § 208 Anm 4 [Stockdividende]; *Than* WM-Sonderheft 1991, 56) anstelle von Barausschüttungen möglich, ohne dass bei dem Gester eine Gewinnrealisierung oder Steuerbelastung (dazu Anm 172f) eintritt; zur Zuwendung eigener Anteile der KapGes Anm 173 aE.

157

Eine Gewinnrealisierung kann nur über das **Ausschüttungsrückholverfahren** (dazu Anm 19) erreicht werden. Ob Gewinnrealisierung oder erfolgsneutrale Behandlung bevorzugt werden soll, hängt letztlich von der Interessenlage der Anteilseigner ab. Beide Verfahren lassen sich kombinieren, indem zunächst ausgeschüttete Gewinne als Einlagen (Kapitalrücklage) wieder zugeführt werden, um diese *danach* zur Kapitalerhöhung aus GesMitteln zu verwenden (dazu *Priester* in Scholz¹¹ GmbHG Vor § 57c Anm 19 ff).

158

Für AG/KGaA gelten gewisse Besonderheiten. Solange ein Aktionär die **Mitteilungspflicht** über die **Höhe des Anteilsbesitzes** entgegen §§ 20, 21 AktG bzw § 33 WpHG der Ges noch nicht erfüllt hat, ruhen seine Aktionärsrechte bei der AG/KGaA (§ 20 Abs 7 AktG; § 44 WpHG) bzw die Rechte der mitteilungspflichtigen AG/KGaA bei einer GmbH (§ 21 Abs 4 AktG). Der Aktionär bzw die AG/KGaA als Gester kann also zB sein *Stimmrecht* bei der Beschlussfassung über die Kapitalerhöhung aus GesMitteln der betr Ges nicht wirksam ausüben. Dies gilt auch für Gründungsaktionäre (BGH v 24.4.2006 BB, 1408). Wegen der zwingenden Zuteilungspflicht nach § 212 S 1 AktG, § 57j S 1 GmbHG (dazu Anm 14, 16) bleibt der Bezug neuer Aktien bzw Anteile von dem Rechtsverlust jedoch ausgenommen (*Koch* in Hüffer/Koch¹³ AktG § 20 Anm 16 mwN). Dies gilt auch im Fall einer **wechselseitigen Beteiligung,** wie § 328 Abs 1 S 2 AktG klarstellt (*WPH*¹⁶ HBd, C Anm 319). Problematisch könnten aber Fälle sein, in denen eine abhängige Ges die notwendige Rücklage für Anteile an dem herrschenden oder mit Mehrheit beteiligten Unt (Anm 85) mangels Kenntnis der Abhängigkeit nicht gebildet hat und dadurch bei ihr uU eine Kapitalerhöhung aus GesMitteln in unzulässiger Höhe beschlossen wurde (zu möglichen Konsequenzen Anm 26).

159

Die **Teilnahme am Gewinn** wird wie bei der Kapitalerhöhung gegen Einlagen idR im Kapitalerhöhungsbeschluss festgelegt. Wenn nichts anderes bestimmt wurde, nehmen die neuen Anteile am Gewinn des *ganzen* Gj teil, in dem die Erhöhung beschlossen worden ist (§ 217 Abs 1 AktG, § 57n Abs 1 GmbHG). Abw davon kann die Dividendenberechtigung jedoch auch auf einen beliebigen *anderen Zeitraum* (zB ab Beschlussfassung über die Kapitalerhöhung aus GesMitteln, HR-Eintragung oder Beginn des nächsten Gj) festgelegt werden (*Lutter* in Kölner Komm AktG² § 217 Anm 3). Für GmbH erscheint dies wegen der dann bis zum Ablauf des Gj notwendigen Differenzierung zwischen alten und neuen Anteilen jedoch nur sinnvoll, wenn die neuen Anteile unter Zurückbehaltung der Ausschüttungsansprüche alsbald veräußert werden sollen (*Priester* in Scholz¹¹ GmbHG § 57n Anm 1 f, 6).

160

Nach übereinstimmender Regelung in § 217 Abs 2 AktG, § 57n Abs 2 GmbHG ist auch die Vereinbarung einer *rückwirkenden* Dividendenberechti-

161

E 162, 165 Sonderbilanz bei Kapitalerhöhung aus Gesellschaftsmitteln

gung zulässig. Danach kann bestimmt werden, dass die neuen Anteile bereits am Gewinn des letzten vor dem Beschluss über die Kapitalerhöhung aus GesMitteln abgelaufenen Gj teilnehmen; eine Rücklagenzuführung durch Verwendung des letzten Bilanzgewinns für Zwecke der Kapitalerhöhung aus GesMitteln (Anm 105) scheidet in diesem Fall jedoch aus. Aus Gründen der Rechtssicherheit ist daher in solchen Fällen *ausdrücklich* eine ggü dem Normalfall (Anm 133) umgekehrte Beschlussreihenfolge vorgeschrieben; mithin ist zuerst über die Kapitalerhöhung aus GesMitteln und danach über die Gewinnverwendung zu beschließen. Dies kann zB zweckmäßig sein, wenn die neuen Anteile (mit Dividendenbezugsrecht) vor Ablauf des laufenden Gj veräußert werden sollen. Im Fall der **Beteiligung am Vorjahresgewinn** ist allerdings ein dem Kapitalerhöhungsbeschluss nachfolgender Gewinnverwendungsbeschluss bis zur Eintragung der Kapitalerhöhung aus GesMitteln aufschiebend bedingt (§ 217 Abs 2 S 3 AktG, § 57n Abs 2 S 3 GmbHG) und *beide* Beschlüsse werden *nichtig*, wenn die Kapitalerhöhung nicht binnen drei Monaten nach dem Kapitalerhöhungsbeschluss (ggf verlängert um die Zeit einer Ablaufhemmung wegen einer anhängigen Klage) in das HR eingetragen wird (§ 217 Abs 2 S 4 AktG, § 57n Abs 2 S 4 GmbHG). Daher empfiehlt sich, die Auszahlung der ggf beschlossenen Dividende bis zur Eintragung der Kapitalerhöhung zurückzustellen.

162 Als schädlich für eine Beteiligung der neuen Anteile am VjGewinn ist es auch anzusehen, wenn die HV bzw GesV durch ausdrücklichen Beschluss auf eine Ausschüttung verzichtet und den Gewinn auf neue Rechnung vorgetragen hatte (*Lutter* in Kölner Komm AktG[2] § 217 Anm 5 mwN; *Priester* in Scholz[11] GmbHG § 57n Anm 3 aE), weil auch der Ausschüttungsverzicht ein Gewinnverwendungsbeschluss ist, der *vor dem Kapitalerhöhungsbeschluss* gefasst wurde. Für die neuen Anteile wäre dann eine Gewinnberechtigung für das abgelaufene Gj nicht mehr möglich (*Lutter* in Kölner Komm AktG[2] § 217 Anm 5; *Koch* in Hüffer/Koch[13] AktG § 217 Anm 4 mwN; für GmbH aA, wenn alle Gester zustimmen *Servatius* in Baumbach/Hueck GmbHG[22] § 57n Anm 5; (Aufhebung Gewinnverwendungsbeschluss) *Priester* in Scholz[11] GmbHG § 57n Anm 4).

3. Auswirkungen im Konzern

165 Die Kapitalerhöhung aus GesMitteln bei einem TU ändert weder dessen GesamtEK (Anm 3 f) noch den Gesamtbuchwert der Anteile bei dem MU (Anm 155). Dementspr hat die Kapitalerhöhung aus GesMitteln keinen Einfluss auf den Umfang des zu konsolidierenden EK des TU (*Störk/Deubert* in Beck Bil-Komm[12] § 301 Anm 260 ff). Dies gilt insb, wenn die in Nennkapital umgewandelten Rücklagen bei der ErstKons des TU bereits vorhanden waren. Aber auch in anderen Fällen, zB bei Umw später thesaurierter Gewinnrücklagen oder einer während der Konzernzugehörigkeit gebildeten Kapitalrücklage, müssen diese Beträge (unbeschadet ihrer Umw in Nennkapital) in der Konzernbilanz weiterhin unter den Konzernrücklagen (einbehaltene Gewinne) ausgewiesen werden (dazu *Störk/Deubert* in Beck Bil-Komm[12] § 301 Anm 280). Außerdem sollte in den Erläuterungen zum EK-Spiegel des Konzerns angegeben werden, in welcher Höhe Konzernrücklagen für Ausschüt-

VI. Steuerliche Besonderheiten 170, 171 E

tungen nicht verfügbar sind (DRS 22.60, .B49; strenger in wesentlichen Fällen WPH[16], HBd, G Anm 470). Soweit das Nennkapital und die Rücklagen des TU im Rahmen der VollKons nach Verrechnung mit dem Buchwert der Anteile des MU wegen eines höheren Nettovermögens des TU in der Konzernbilanz zum Ausweis von Konzernrücklagen geführt hat, dürfte die Hinweispflicht uE aber auch schon für das bisherige Nennkapital und die nicht jederzeit auflösbaren Rücklagen des TU bestehen.

Da die Kapitalerhöhung aus GesMitteln stets verhältniswahrend durchzuführen ist (Anm 14, 16), erfordert sie keine Änderung der Angaben zum Anteilsbesitz nach § 313 Abs 2 HGB (Anteil am Kapital des TU) im Konzernanhang.

VI. Steuerliche Besonderheiten

1. Auswirkungen bei der Gesellschaft

Die Kapitalerhöhung aus GesMitteln als solche hat unabhängig davon, ob **170** sie auf Basis der letzten Jahresbilanz oder einer Kapitalerhöhungssonderbilanz durchgeführt wird, bei der KapGes keine direkte steuerliche Auswirkung. Die Kapitalerhöhungssonderbilanz ist lediglich eine Zwischenbilanz, die im laufenden Gj ausschließlich zur Durchführung der Kapitalerhöhung aus GesMitteln erstellt wird. Für Zwecke der Ertragsbesteuerung auf Ebene der Ges ist sie daher ohne Bedeutung.

Da die Kapitalerhöhung aus GesMitteln das EK in seiner Summe unverändert lässt, hat sie auch keine Auswirkung auf die Bewertung des BetrVerm. Wegen der gleichwohl bestehenden Pflicht zur Mitteilung an das FA Anm 141.

Steuerlich gilt für die Kapitalerhöhung aus GesMitteln unabhängig von der **171** tatsächlich umgewandelten (handelsrechtlichen) Rücklage (Anm 115 ff) zunächst vorrangig der auf dem **steuerlichen Einlagekonto** (§ 27 KStG) zum Ende des Gj der Wirksamkeit der Kapitalerhöhung ausgewiesene und durch Grundlagenbescheid gesondert festgestellte Betrag als verwendet (§ 28 Abs 1 KStG; BMF 4.6.2003 BStBl I, 366 Tz 35). Dadurch wird eine Kapitalaufbringung aus Zusatzeinlagen von Anteilseignern fingiert und dementspr das Einlagekonto der Ges (steuerliche Kapitalrücklage) um den Erhöhungsbetrag gemindert. Reicht der Bestand des Einlagekontos für die Nennkapitalerhöhung nicht aus, ist der Restbetrag den sonstigen steuerlichen Rücklagen (zB Gewinnvortrag) zu entnehmen. Da diese steuerlich an sich auch für Ausschüttungen verwendbar sind, ist der daraus resultierende Teil des Nennkapitals in der StBil getrennt auszuweisen (zB Vermerk „davon aus sonstigen Rücklagen: ...") und durch Grundlagenbescheid gesondert festzustellen (§ 28 Abs 1 S 3 KStG; BMF 4.6.2003 BStBl I, 366, Tz 31, 33, zur Berechnung Tz 36), um die Herkunft der Beträge für den Fall einer späteren Kapitalherabsetzung zu dokumentieren, bei dieser Teile des Nennkapitals als zuerst herabgesetzt gelten (§ 28 Abs 2 S 1 KStG). Ziel ist es, einerseits Besteuerungslücken zu vermeiden (RefE StSenkG, BT-Drs 14/2683, Begr zu § 28 KStG) und andererseits das steuerliche ursprüngliche Ausschüttungsvolumen wieder verfügbar machen zu können.

2. Auswirkungen bei den Anteilseignern

172 Es gehört zum Wesensgehalt einer Kapitalerhöhung aus GesMitteln, dass der Gester mit den neuen Anteilsrechten nichts erwirbt, was er nicht schon innehatte (BFH v 20.10.1976 BStBl II 1977, 177). Als **einheitliche Maßnahme** (Anm 2) bleibt sie deshalb auch auf Ebene der *Anteilseigner* ohne direkte steuerliche Auswirkung. Mangels Zuwendung an den Gester gilt dies sowohl für die Schenkungsteuer (im Einzelnen OFD Frankfurt aM 20.12.2001 DStR 2002, 767; ein „Verzicht" auf Zuteilung von Freianteilen ist aber als Zuwendung an die anderen Gester zu qualifizieren, dazu Erlass der FM der Länder 14.3.2012 BStBl I, 331 Abschn 2.3.2) wie für die E + E-Steuern, unabhängig davon, ob der Gester die Anteile im Betriebs- oder im Privatvermögen hält. Nach § 1 KapErhStG gehört der Wert der neuen Anteilsrechte ausdrücklich *nicht* zu den Einkünften iSv § 2 Abs 1 EStG (s BMF 22.12.2009 BStBl I, 94); er unterliegt damit als solcher bei dem Gester weder der ESt oder KSt noch der GewSt. Die Steuerfreiheit besteht aber nur, wenn die Berichtigungsanteile von einer unbeschränkt steuerpflichtigen (inländischen) KapGes (§ 1 Abs 1 Nr 1 KStG) entspr den gesetzlichen Vorschriften gewährt werden oder für zugeteilte Anteile ausländischer Ges die Voraussetzungen des § 7 KapErhStG erfüllt sind. Liegen diese Voraussetzungen nicht vor, wird die Ausgabe von Freianteilen steuerlich grds wie eine Ausschüttung mit Wiedereinlage behandelt.

173 Unabhängig davon, welche Rücklage zur Nennkapitalerhöhung verwendet wurde, gilt steuerlich die Verwendungsfiktion des § 28 Abs 1 S 1 KStG (Anm 171). Danach gilt zunächst der Bestand des steuerlichen Einlagenkontos, das die nicht in das Nennkapital geleisteten Einlagen erfasst (§ 27 Abs 1 S 1 KStG), als vorrangig umgewandelt. Reicht der Bestand dazu nicht aus, werden auch die sonstigen steuerlichen Rücklagen für die Kapitalerhöhung verwendet und in einer Sonderrechnung nach § 28 Abs 1 S 3 KStG vorgetragen (*Arnold* in MünchKomm AktG[43] § 207 Anm 46f). Obwohl der Wortlaut unmittelbar nur die Kapitalerhöhung durch „Umwandlung von Rücklagen in Nennkapital" begünstigt, gilt § 1 KapErhStG im Wege der ergänzenden Auslegung auch für Beträge, die im letzten Gewinnverwendungsbeschluss als Zuführung zu Gewinnrücklagen ausgewiesen sind und danach *handelsrechtlich wirksam* (dazu Anm 105) zur Kapitalerhöhung aus GesMitteln verwendet werden (FM Nordrhein-Westfalen 4.7.1996 DB, 1445; OFD Erfurt 13.8.1996 BuW, 666). Die Auskehrung einer Sachdividende in Form der Übertragung eigener Aktien oder GesAnteile aus dem Bestand der Ges erfüllt diese Voraussetzung aber nicht.

F. Kombinierter Abschluss und Pro-Forma-Finanzinformationen

Übersicht

	Anm
I. Grundlagen	
1. Kombinierter Abschluss	
a) Zielsetzung und Begriff	1–8
b) Rechtliche Grundlagen	10–12
2. Pro-Forma-Finanzinformationen	
a) Zielsetzung und Begriff	17
b) Rechtliche Grundlagen	18–20
II. Erstellung	
1. Fallbeispiel	22
2. Konzernabschluss	
a) Rechnungslegungsgrundsätze, Bestandteile und Zeitraum	23
b) Fallbeispiel	24–26
3. Kombinierter Abschluss	
a) Rechnungslegungsgrundsätze, Bestandteile und Zeitraum	29
b) Zulässigkeit und Voraussetzungen	30–32
c) Berichtseinheit „Gruppe"	33
d) Vorgehensweise bei der Erstellung	34–36
e) Wertaufhellung	37
f) Vorjahresangaben	38
g) Konzerninterne Transaktionen	39, 40
h) Ansatz und Bewertung von Aufwendungen und Erträgen, Vermögensgegenständen und Schulden sowie Zahlungsströmen	43–50
i) Erläuternde Angaben	51
j) Fallbeispiel	52–55
4. Pro-Forma-Finanzinformationen	
a) Rechnungslegungsgrundsätze, Bestandteile und Zeitraum	67–69
b) Relevante Unternehmenstransaktionen	70–76
c) Ausgangszahlen	77–79
d) Verhältnis von Pro-Forma-GuV zu Pro-Forma-Bilanz	80
e) Pro-Forma-Anpassungen	
aa) Grundsätze	81–84
bb) Pro-Forma-Gewinn- und Verlustrechnung	87–92
cc) Pro-Forma-Bilanz	93
f) Wertaufhellung	95
g) Verhältnis zu Angaben nach § 294 Abs 2 HGB und IFRS 3	96
h) Fallbeispiel	97–99
III. Prüfung	
1. Kombinierter Abschluss	
a) Prüfungsurteil	109–111

F   Kombinierter Abschluss und Pro-Forma-Finanzinformationen

	Anm
b) Prüfungsumfang und Grad der Sicherheit	112–114
2. Pro-Forma-Finanzinformationen	
a) Prüfungsurteil	125
b) Prüfungsumfang und Grad der Sicherheit	126–134
IV. Zusammenfassender Vergleich	144–147

Schrifttum: *Haeger/Zündorf* Abgrenzung des Konsolidierungskreises nach der wirtschaftlichen Zugehörigkeit, DB 1991, 1841; *Klar/Reinke* Der Spartenkonzern – Abgrenzung des Konsolidierungskreises, WPg 1991, 693; *Görg/Kölschbach* Konzernabschluß des VVaG-Gleichordnungskonzerns – neue Perspektiven nach dem KapCoRiLiG, BB 2000, 607; *von Keitz/Grote* Die Erstellung von Als-ob-Abschlüssen im Sinne des Regelwerks Neuer Markt, KoR 2001, 25; *Schindler/Roß* Erstellung von Pro-Forma-Abschlüssen – Systematisierung, Bestandsaufnahme und Vergleich mit US-amerikanischen Regelungen, WPg 2001, 22; *Schindler/Böttcher/Roß* Empfehlungen zur Erstellung von Pro-Forma-Abschlüssen, WPg 2001, 139; *Schmotz* Pro-forma-Abschlüsse – Herstellung der Vergleichbarkeit von Rechnungslegungsinformationen, Wiesbaden 2004; *Teufel* Prüfung kapitalmarktorientierter Berichtsinstrumente, in Förschle/Peemöller Wirtschaftsprüfung und Interne Revision, Heidelberg 2004, 622; *Heiden* Pro-forma-Berichterstattung – Reporting zwischen Information und Täuschung, Berlin 2006; *Buschhüter/Senger* Common Control Transactions – Aktuelle Bestandsaufnahme und Ausblick, IRZ 2009, 23; *Fuchs/Schanbacher* Combined Financial Statements – Die Darstellung der Vermögens-, Finanz- und Ertragslage im Börsenprospekt vor dem Hintergrund einer komplexen finanztechnischen Vorgeschichte, IRZ 2009, 39; *Heidelbach/Doleczik* in Schwark/Zimmer Kapitalmarktrechtskommentar[4], München 2010, § 7 WpPG Rn 21 f; *Peemöller/Gehlen* Financial Due Diligence bei Carve-Out-Transaktionen, BB 2010, 1139; *Kirchner/Helmreich* Der Kauf aus dem Konzern, Corporate Finance Law 2010, 487; *Küting/Wirth* Controlerlangung über Tochterunternehmen mittels sukzessiver Anteilserwerbe, KoR 2010, 362; *International Federation of Accountants (IFAC)* International Standard on Assurance Engagements (ISAE) 3420 – Assurance Engagements to Report on the Compilation of Pro Forma Financial Information Included in a Prospectus, New York 2011; *Küting* Konzernrechnungslegung nach IFRS und HGB – Kritische Würdigung konkurrierender Systeme anhand ausgewählter Einzelfragen, DB 2012, 2821; *Küting* Konzerninterne Restrukturierungen: Exemplifiziert am sog. „Umhängen" einer Beteiligung im mehrstufigen Konzern, KoR 2012, 205; *Küting* Quo vadis? – *Common Control* vs. *Separate Reporting Entity Approach*: zum Teilkonzern-(miss-)verständnis nach IFRS, IRZ 2012, 151; *Küting* Vom Mythos eines „Konzerns im Konzern", DB 2012, 1049; FEE Combined and Carve-out Financial Statements – Analysis of Common Practices, 2013; *Küting/Weber/Wirth* Kapitalkonsolidierung im mehrstufigen Konzern, KoR 2013, 43; *Löffler/Müller* Vorjahreszahlen im handelsrechtlichen Jahres- und Konzernabschluss – Ein Überblick zu IDW RS HFA 39 und IDW RS HFA 44, WPg 2013, 291; *ESMA* ESMA update of the CESR recommendations – The consistent implementation of Commission Regulation (EC) No 809/2004 implementing the Prospectus Directive, March 2013, ESMA/2013/319; *Pföhler/Erchinger/Doleczik/Küster/Feldmüller* Anwendungsfälle für kombinierte und Carve-out-Abschlüsse nach IFRS, WPg 2014, 475; *Pföhler/Erchinger/Doleczik/Küster/Schmitz-Renner* Kombinierte und Carve-out-Abschlüsse nach IFRS – Systematisierung und konzeptionelle Grundlagen, WPg 2015, 224; *Geisler/Winterling* Bilanzielle Behandlung von Carve-Out-Transaktionen beim Veräußerer, BB 2016, 299; *Döpfner/Tatavoussian* Die neue EU-Prospektverordnung – Wesentliche Änderungen für KMU, Daueremittenten und bei Sekundäremissionen, WPg 2017, 1392; *Bödecker/Schmitz-Renner/Worret* Transaktionen unter Einbeziehung einer „NewCo" – Die neuen IDW Module zu IFRS 3, WPg 2018, 1497; *Figlin* Kom-

I. Grundlagen

binierter Abschluss nach IFRS – ein Überblick, M&A Review 2019, 79; ESMA Questions and Answers Prospectuses, 30th updated version – April 2019, ESMA 31-62-780; *Beine/Döpfner/Mehren* Die Erstellung von Pro-Forma-Finanzinformationen – Konzeptionelle Grundlagen und Herausforderungen, WPg 2019, 72; *Rauner* Datenbankgestützte Analyse-Tools in der Financial Due Diligence – Wie können Unternehmen Analyseverfahren für Massendaten im Rahmen einer Financial Due Diligence – vor allem bei Carve-out-Transaktionen – einsetzen?, WPg 2019, 929; *Knappe/Pfennig/Pföhler* Pro-forma-Finanzinformationen, Going Public Magazin 2019, 52; *Geyer/Schelm* Das neue europäische Prospektrecht – ein Überblick aus Sicht der Praxis, BB 2019, 1731.

I. Grundlagen

1. Kombinierter Abschluss

a) Zielsetzung und Begriff

Der Zweck eines kombinierten Abschlusses (auch Gruppenabschluss genannt) besteht darin, ein den tatsächlichen Verhältnissen entspr Bild der VFE-Lage eines **nach wirtschaftlichen Gesichtspunkten festgelegten** Kreises rechtlich selbstständiger Unt und/oder rechtlich unselbstständiger UntTeile (zusammen im Folgenden als Gruppe oder Gruppe von Unt bezeichnet) zu vermitteln (*Haeger/Zündorf* 1991, 1841, *Klar/Reinke* 1991, 693, WPH HBd[16], M Anm 1216, WPH TBd Ass, U Anm 34). Im Gegensatz zu einem KA wird bei einem kombinierten Abschluss das **Mutterunternehmen nicht** in den KonsKreis **einbezogen,** oder der kombinierte Abschluss umfasst **nicht alle** oder **mehr als** nach den anzuwendenden Konzernrechnungslegungsvorschriften **konsolidierungspflichtigen Unternehmen.** Die Fédération des Experts Comptables Européens bezeichnet solche Abschlüsse als *combined financial statements* (FEE 2013 Anm 2.1 f). In dem in 2018 vom IASB überarbeiteten Conceptual Framework for Financial Reporting werden als *combined financial statements* Abschlüsse bezeichnet, bei denen die Berichtseinheit zwei oder mehr Einheiten umfasst, die nicht alle in einem Mutter-Tochter-Verhältnis miteinander verbunden sind (IASB Framework Anm 3.12). Zur Frage, ob für einen solchen KonsKreis überhaupt ein Abschluss nach handelsrechtlichen und internationalen Rechnungslegungsgrundsätzen aufgestellt werden darf, s Anm 30 ff. Bei der Erstellung von kombinierten Abschlüssen darf ebenso wie beim KA der Kreis der einzubeziehenden Unt und UntTeile nicht willkürlich festgelegt werden (glA IASB Framework Anm 3.14 (a)). Einen hohen Informationsgehalt, dh Informationen über die wirtschaftlichen Ressourcen und die finanziellen Rückflüsse aus dem Einsatz dieser Ressourcen der Gruppe, kann einem kombinierten Abschluss zugesprochen werden, wenn die Gruppe über den gesamten Berichtszeitraum als wirtschaftliche Einheit, also **einheitlich geleitet** wurde (s § 18 Abs 1 AktG, kritisch zum Aussagegehalt von TeilKA *Küting* DB 2012, 1050 ff). Eine einheitliche Leitung liegt dann vor, wenn die Leitung des Konzerns bzw der Gruppe die Geschäftspolitik der einbezogenen Ges und sonstige grds Fragen der Geschäftsführung aufeinander abstimmt (*ADS*[6] § 290 HGB Anm 13). Dies kann im Falle einer Gruppe zum einen bei sog Gleichordnungskonzernen der Fall

F 2–4 Kombinierter Abschluss und Pro-Forma-Finanzinformationen

sein (§ 18 Abs 2 AktG, *ADS*[6] § 290 HGB Anm 85 ff); zum anderen dann, wenn es sich bei der Gruppe um einen Geschäftsbereich, ein Segment, eine Sparte oä eines übergeordneten Konzerns handelt.

2   Die Abgrenzung der wirtschaftlichen Einheit „Gruppe" anhand des Kriteriums der einheitlichen Leitung ist allerdings **nicht zwingend**. Auch Abschlüsse für auf andere Weise abgegrenzte Gruppen können – trotz eines ggf eingeschränkten Informationsgehalts – den (allg) Informationsinteressen der Abschlussadressaten gerecht werden. So kommen nach dem Conceptual Framework for Financial Reporting des IASB als Berichtseinheiten auch Teile von Einheiten oder mehrere Einheiten in Frage (IASB Framework Anm 3.10). Die Abgrenzung der Berichtseinheit hat sich an den Informationsbedürfnissen der primären Nutzer der für die Berichtseinheit aufgestellten Abschlüsse zu orientieren. Sofern eine einheitliche Leitung nicht gegeben ist, ist es jedoch erforderlich, dass die **Möglichkeit zur Beherrschung** (§ 290 Abs 1 HGB; IFRS 10.5 ff) im gesamten Berichtszeitraum gegeben ist. Der im US-amerikanischen Rechtsraum (ARB 51 Anm 22) verwendete Begriff *combined financial statements* stellt primär auf ein Beherrschungsverhältnis unabhängig von tatsächlicher einheitlicher Leitung ab; er kann jedoch auch für einen kombinierten Abschluss ohne Vorliegen von *common control* verwendet werden: „[...] might also be used to combine the financial statements of companies under common management." (ARB 51 Anm 22 S 4). Nach der Definition der Fédération des Experts Comptables Européens für einen kombinierten Abschluss muss es sich bei der Berichtseinheit, für die ein kombinierter Abschluss aufgestellt werden soll, um einen Bereich wirtschaftlicher Tätigkeiten handeln, deren einzelne Teile durch ein bindendes Element zusammengehalten werden (FEE 2013 Anm 3.8). Bei solchen bindenden Elementen könne es sich um gemeinsame Beherrschung, gemeinsame Leitung oder gemeinsame Geschäftstätigkeit handeln (FEE 2013 Anm 4.5).

3   Das Kriterium der **einheitlichen Leitung** (common management) oder der **einheitlichen (gemeinsamen) Beherrschungsmöglichkeit** (common control) der Gruppe muss zwingend während des gesamten Berichtszeitraums gegeben sein. Eine Unterbrechung der einheitlichen Leitung oder der gemeinsamen Beherrschungsmöglichkeit (zB durch einen GesterWechsel) nimmt dem kombinierten Abschluss seine Grundlage. Anders ist ein Wechsel der einheitlichen Leitung oder der einheitlichen Beherrschungsmöglichkeit nach Ende des Berichtszeitraums (zB durch einen Verkauf der Gruppe) zu würdigen. Aufsteller des kombinierten Abschlusses kann in einem solchen Fall entweder derjenige sein, der die Gruppe während des Berichtszeitraums einheitlich geleitet bzw beherrscht hat (zB der Verkäufer) oder derjenige, der die Gruppe zum Zeitpunkt der Aufstellung des kombinierten Abschlusses einheitlich leitet bzw beherrscht (zB der Käufer). Voraussetzung ist hierbei jedoch die vollständige Information des Aufstellers, der ungehinderte Zugang zu allen für die Aufstellung des kombinierten Abschlusses benötigten Unterlagen sowie die zwangsläufige Bereitschaft des Aufstellers, Verantwortung für den kombinierten Abschluss zu übernehmen.

4   Im Folgenden werden die **Begriffe** des **Konzernabschlusses**, des **kombinierten Abschlusses** und des in der Praxis ebenfalls auftauchenden **Carve-Out-Abschlusses** anhand von **Beispielen** voneinander abgegrenzt. Be-

I. Grundlagen

steht zwischen Unt ein Mutter-Tochter-Verhältnis, werden also die TU vom MU beherrscht, ist regelmäßig ein KA aufzustellen. Aufsteller ist das oberste MU, das auch selbst in den KA einzubeziehen ist (für das HGB § 290 Abs 1 und 2 iVm § 271 Abs 2 HGB, § 294 Abs 1 HGB, für die IFRS 10 Appendix A *group* iVm .5 ff bzw. IAS 27.9 iVm .4 und für US-GAAP ARB 51 Anm 1).

Beispiel 1: Es besteht ein Mutter-Tochter-Verhältnis. Das oberste MU und alle konsolidierungspflichtigen TU werden in den KonsKreis einbezogen. Der Abschluss ist der **Konzernabschluss** der A-AG. Im Folgenden wird der KonsKreis durch eine gestrichelte Linie angezeigt.

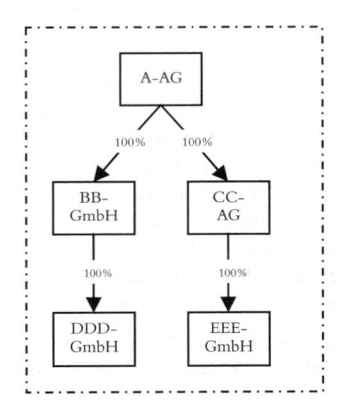

```
              A-AG
          100%    100%
         BB-      CC-
         GmbH     AG
         100%    100%
         DDD-     EEE-
         GmbH     GmbH
```

Im Falle eines **Gleichordnungskonzerns** existiert kein Mutter-Tochter- 5 Verhältnis wie bei dem in Bsp 1 dargestellten Unterordnungskonzern. Der Aufsteller eines Abschlusses für einen Gleichordnungskonzern muss über den gesamten Berichtszeitraum die einheitliche Leitung oder die gemeinsame Beherrschungsmöglichkeit über die im Abschluss erfassten Unt innegehabt haben (*ADS*[6] § 290 Anm 85 ff). Beim Aufsteller kann es sich um natürliche oder juristische Personen (Eigentümer) oder die UntLeitungen der obersten Unt handeln; weiterhin kann die einheitliche Leitung durch die obersten Unt durch vertragliche Gestaltung ausgeübt werden (*ADS*[6] § 290 Anm 86). Im Falle mehrerer Eigentümer ist es bisweilen jedoch fraglich, ob die Voraussetzung der einheitlichen Leitung oder der Beherrschung erfüllt ist (*Görg/Kölschbach* 2000, 608). Da unter einem KA im Allg der Abschluss für einen Unterordnungskonzern verstanden wird, ist aus Gründen der Klarheit ein Abschluss für einen Gleichordnungskonzern als kombinierter Abschluss zu bezeichnen.

Beispiel 2: Da kein MU existiert, das alle einbezogenen Unt einheitlich leitet, bzw da es sich beim Aufsteller um natürliche Personen handelt, wird der Aufsteller im Allg nicht in den KonsKreis einbezogen. Dieser Abschluss ist als **kombinierter Abschluss** zu bezeichnen. Aufsteller können nur die Personen XYZ sein.

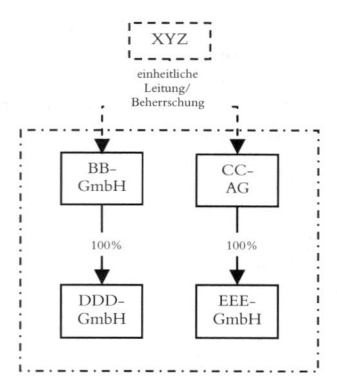

F 6, 7   Kombinierter Abschluss und Pro-Forma-Finanzinformationen

```
                    ┌─────┐
                    │ XYZ │
                    └─────┘
                 einheitliche
                  Leitung/
                 Beherrschung
          ┌─────────────┴─────────────┐
       ┌──────┐                   ┌──────┐
       │ BB-  │                   │ CC-  │
       │ GmbH │                   │  AG  │
       └──┬───┘                   └──┬───┘
         100%                       100%
       ┌──┴───┐                   ┌──┴───┐
       │ DDD- │                   │ EEE- │
       │ GmbH │                   │ GmbH │
       └──────┘                   └──────┘
```

6   Häufig werden Abschlüsse für Unt und UntTeile aufgestellt, die eine Teilmenge des in einen übergeordneten KA einbezogenen KonsKreises darstellen. Mitunter taucht in der Praxis hierfür der Begriff **Carve-Out** auf (*Peemöller/ Gehlen* BB 2010, 1139 ff; *Kirchner/Helmreich* Corporate Finance Law 2010, 487 ff). Bei einem Carve-Out aus einem Konzern kann es sich selbst wieder um einen (Teil-)Konzern handeln (*Küting* DB 2012, 1050). Sofern ein Mutter-Tochter-Verhältnis vorliegt und das MU, das alle einbezogenen TU beherrscht, selbst in den KonsKreis einbezogen wird, wird der Abschluss für diesen Teilkonzern als (Teil)KA bezeichnet.

Beispiel 3: Es besteht ein Mutter-Tochter-Verhältnis. Die CC-AG als MU sowie alle konsolidierungspflichtigen TU werden in den KonsKreis einbezogen. Dieser Abschluss ist als **(Teil)KA** zu bezeichnen. Aufsteller kann sowohl die CC-AG als auch die A-AG sein.

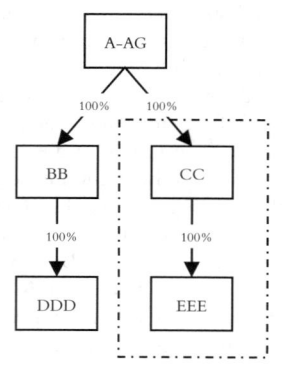

```
                ┌──────┐
                │ A-AG │
                └──┬───┘
          ┌────────┴────────┐
         100%             100%
       ┌──────┐         ┌──────┐
       │  BB  │         │  CC  │
       └──┬───┘         └──┬───┘
         100%             100%
       ┌──┴───┐         ┌──┴───┐
       │ DDD  │         │ EEE  │
       └──────┘         └──────┘
```

7   Bei einem Carve-Out kann es sich auch um einen Ausschnitt eines rechtlich selbstständigen Unt handeln. Ein für diesen **Carve-Out im engeren Sinne** aufgestellter Abschluss wird nicht als kombinierter Abschluss, sondern als Carve-Out-Abschluss bezeichnet, da in diesem Fall nicht mehrere Einheiten in einem konsolidierten Abschluss zusammengefasst werden (*Teufel* in Förschle/Peemöller 2004, 626 f).

I. Grundlagen 8 F

Beispiel 4: Da keine Abschlüsse zusammengefasst werden, ist der Abschluss für den unselbstständigen UntTeil als **Carve-Out-Abschluss** zu bezeichnen. Aufsteller kann die EEE-GmbH, die CC-AG oder die A-AG sein.

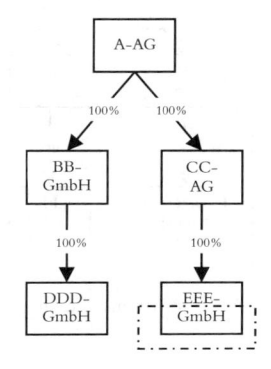

Kombinierte Abschlüsse werden häufig für UntBereiche von Konzernen aufgestellt, die selbst nicht in einer einheitlichen Konzernstruktur organisiert sind, jedoch trotzdem einheitlich geleitet oder beherrscht werden. Der KonsKreis solcher Abschlüsse kann sowohl selbstständige Unt als auch unselbstständige UntTeile beinhalten. Diese können auch in Form eines Gleichordnungskonzerns vorliegen. Es sind auch Fälle denkbar, in denen sich der KonsKreis von kombinierten Abschlüssen ausschließlich aus unselbstständigen UntTeilen zusammensetzt. Handelt es sich bei den in kombinierten Abschlüssen berücksichtigten Unt um Teilmengen des KonsKreises eines Konzerns, können diese kombinierten Abschlüsse auch als Carve-Out-Abschlüsse bezeichnet werden. 8

Beispiel 5: Das MU wird nicht in den KonsKreis einbezogen oder es werden nicht alle oder mehr als nach den anzuwendenden Konzernrechnungslegungsvorschriften konsolidierungspflichtigen Unt erfasst. Die Abschlüsse sind als **kombinierte Abschlüsse** zu bezeichnen.

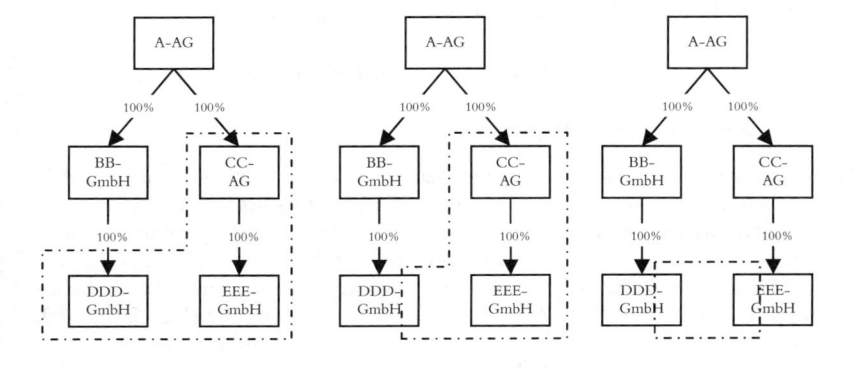

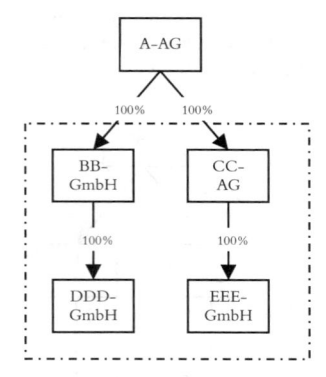

Aufsteller kann nur die A-AG sein, da nur sie alle in den KonsKreis einbezogenen Unt beherrscht.

b) Rechtliche Grundlagen

10 Im HGB existieren keine **Pflichten zur Aufstellung** oder explizite Regelungen für die **Erstellung** von kombinierten Abschlüssen bzw Carve-Out-Abschlüssen (*Heiden* 2006, 213). Auch in deutschen börsenrechtlichen Normen wird die Aufstellung solcher Rechenwerke nicht gefordert. Im US-amerikanischen Rechtsraum ist die Aufstellung von *combined financial statements* in Fällen vorgesehen, in denen solche aussagekräftiger sind als die separate Darstellung der EA der einbezogenen Unt (ARB 51 Anm 22).

11 Eine gesetzliche Pflicht zur Aufstellung von kombinierten Abschlüssen auf **europäischer Ebene** besteht nicht. Allerdings kann bei Aktienemissionen die einen Wertpapierprospekt billigende Behörde – in Deutschland die BaFin – auf Grundlage der Prospekt-VO 2017 bei Vorliegen einer komplexen finanztechnischen Historie verlangen, einen kombinierten Abschluss in den Prospekt aufzunehmen (zu weiteren Einzelheiten in Bezug auf die PVO-Änderungs-VO *Pföhler/Erchinger/Doleczik/Küster/Feldmüller* WPg 2014, 478 ff).

12 Eine originäre **Prüfungspflicht** von kombinierten Abschlüssen besteht aufgrund fehlender Pflichten zu deren Aufstellung nicht.

2. Pro-Forma-Finanzinformationen

a) Zielsetzung und Begriff

17 Der Zweck von Pro-Forma-Finanzinformationen besteht darin, den Adressaten Informationen über den **dauerhaften Einfluss** einer bestimmten **Unternehmenstransaktion** auf das aufstellende Unt zur Verfügung zu stellen, indem die Lage des Unt so dargestellt wird, als hätte es über den gesamten Berichtszeitraum in der durch die Transaktion geschaffenen Struktur bestanden (IDW RH HFA 1.004, Tz 3, delegierte Verordnung (EU) 2019/980, Anhang 1 Punkt 18.4.1, Anhang 3 Punkt 11.5 bzw Anhang 24 Punkt 5.7, Regulation S-X, Rule 11-02 (a)). Pro-Forma-Finanzinformationen stellen somit eine hypothetische Situation dar. Bei den Transaktionen handelt es sich

II. Erstellung

idR um Erwerbe oder Veräußerungen von Unt oder UntTeilen. Im Gegensatz zum KA und zum kombinierten Abschluss stellen Pro-Forma-Finanzinformationen keine eigenständigen Abschlüsse dar und **dienen nicht dem Zweck,** ein den **tatsächlichen Verhältnissen** entspr Bild der VFE-Lage zu vermitteln (glA *Teufel* in Förschle/Peemöller 2004, 626 f). Sie **ergänzen** lediglich **historische** Abschlüsse, um durch Anpassung um fiktive Elemente die **Prognoseeignung** zu erhöhen (glA *Heiden* 2006, 198, *von Keitz/Grote* 2001, 26 ff); sie sind nur in Verbindung mit den jeweiligen Jahres-, Konzern-, Zwischen- bzw kombinierten Abschlüssen des die Pro-Forma-Finanzinformationen erstellenden Unt aussagekräftig (IDW RH HFA 1.004, Tz 34). Im Falle von UntErwerben oder -Veräußerungen hat der Aufsteller der Pro-Forma-Finanzinformationen im Gegensatz zu kombinierten Abschlüssen idR keine Beherrschungsmöglichkeit über die Unt vor Erwerb bzw nach Veräußerung.

b) Rechtliche Grundlagen

Verpflichtungen zur Aufstellung von Pro-Forma-Finanzinformationen können aus der Verordnung (EU) 2017/1129, ABl EU Nr L 168, 12 (Prospekt-VO 2017) iVm der delegierten Verordnung (EU) 2019/980, ABl EU Nr L 166, 26 resultieren. Danach sind Pro-Forma-Finanzinformationen in den Prospekt aufzunehmen, sofern im letzten abgelaufenen oder im laufenden Gj relevante UntTransaktionen stattgefunden haben oder wenn solche Transaktionen mit hinreichender Wahrscheinlichkeit bevorstehen (Art 2 bzw 4 bzw 18 bzw 28 iVm den Anhängen 1 Punkt 18.4 bzw 3 Punkt 11.5 bzw 24 Punkt 5.7 der delegierten Verordnung (EU) 2019/980, IDW RH HFA 1.004, Tz 2). Nach IDW RH HFA 1.004, Tz 8 ist idR von einer hinreichenden Wahrscheinlichkeit einer bevorstehenden UntTransaktion bei einem bereits abgeschlossenen, aber nicht durchgeführten Unternehmensvertrag auszugehen.

Bestimmte Pro-Forma-Angaben können nach § 294 Abs 2 HGB gemacht werden oder werden von IFRS 3.B64(q)(ii) gefordert (s Anm 96). Da es sich hierbei jedoch nicht um vollständige Pro-Forma-Finanzinformationen handelt, sind die hier gemachten Ausführungen darauf nur zT anwendbar.

Die Anhänge 1 Punkt 18.4 bzw 3 Punkt 11.5 bzw 24 Punkt 5.7 der delegierten Verordnung (EU) 2019/980 begründen eine **Pflicht zur Prüfung** der Pro-Forma-Finanzinformationen, sofern solche in den Prospekt aufgenommen werden. IDW PH 9.960.1 regelt die Prüfung von Pro-Forma-Finanzinformationen durch den deutschen Berufsstand der WP (s Anm 125 ff).

II. Erstellung

1. Fallbeispiel

Um die Beurteilung der Aussagekraft eines kombinierten Abschlusses und von Pro-Forma-Finanzinformationen zu erleichtern, werden Unterschiede und Gemeinsamkeiten bei deren Erstellung im Vergleich zur Erstellung eines KA anhand eines FallBsp deutlich gemacht. Hierbei werden zwei Fälle unterschieden. Fall 2 dient insb dazu, die Besonderheiten eines konzerninternen Erwerbs deutlich zu machen.

F 22 Kombinierter Abschluss und Pro-Forma-Finanzinformationen

Fall 1:

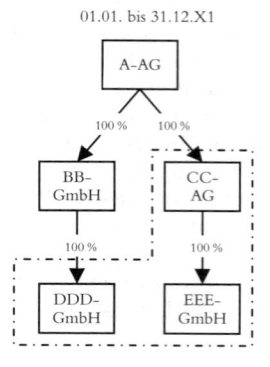

01.01. bis 31.12.X1

```
                A-AG
            /         \
         100%          100%
          ↓             ↓
        BB-           CC-
        GmbH          AG
          |             |
        100%          100%
          ↓             ↓
        DDD-          EEE-
        GmbH          GmbH
```

Fall 2:

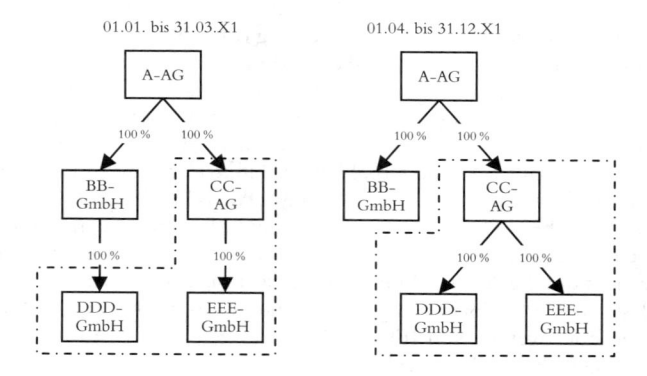

01.01. bis 31.03.X1   01.04. bis 31.12.X1

```
       A-AG                         A-AG
      /    \                       /    \
   100%    100%                 100%    100%
    ↓       ↓                    ↓       ↓
   BB-     CC-                  BB-     CC-
   GmbH    AG                   GmbH    AG
            |                            /    \
          100%   100%                 100%   100%
            ↓     ↓                    ↓      ↓
          DDD-  EEE-                 DDD-   EEE-
          GmbH  GmbH                 GmbH   GmbH
```

Ausgangssituation: Die A-AG, ein im Regulierten Markt notiertes Unt, plant, den Konzern umzustrukturieren. Dabei soll ein Geschäftsbereich (gestrichelte Linie) an die Börse gebracht werden, indem die Aktien der CC-AG zum Handel im Regulierten Markt zugelassen werden. Die Zulassung soll im September X2 beantragt werden.

Am 1.1.X1 gehören zum Geschäftsbereich der Teilkonzern CC (CC-AG und EEE-GmbH) sowie die mittelgroße DDD-GmbH (100%ige Tochter der BB-GmbH). Die Geschäftsanteile an der EEE-GmbH hat die CC-AG zum 31.12.X0 für 200 GE erworben. Im Jahr X1 schüttet die EEE-GmbH den Gewinn des Jahres X0 iHv 20 GE an die CC-AG aus. Im Fall 1 bleibt die Struktur des A-Konzerns im Jahr X1 unverändert. Im Fall 2 erwirbt die CC-AG zum 31.3.X1 100% der Anteile der DDD-GmbH von der BB-GmbH für 100 GE. Die UntErwerbe werden jeweils zu 60% durch die Aufnahme eines langfristigen, endfälligen Darlehens zum jeweiligen ErstKonsZeitpunkt finanziert, welches mit 5% verzinst wird, der Rest des Kaufpreises wird jeweils in Form einer Barzahlung entrichtet.

Die A-AG stellt zum 31.12.X1 gem IAS-VO iVm § 315e Abs 1 HGB einen KA nach den IFRS, wie sie in der EU anzuwenden sind, auf. Dieser wird vom AP geprüft und mit einem uneingeschränkten BVm versehen.

II. Erstellung 22 F

Die CC-AG stellt zum 31.12.X1 gem § 315e Abs 3 HGB einen KA nach den IFRS, wie sie in der EU anzuwenden sind, auf. Dieser wird vom AP geprüft und mit einem uneingeschränkten BVm versehen. Die DDD-GmbH stellt zum 31.12.X1 einen gesetzlichen JA nach HGB auf. Dieser wird vom AP geprüft und mit einem uneingeschränkten BVm versehen.

Im Fall 2 stellt die DDD-GmbH zum 31.3.X1 einen Zwischenabschluss unter Beachtung des DRS 16 auf und lässt diesen von ihrem AP prüferisch durchsehen (review).

Für den Wertpapierprospekt sind nach der delegierten Verordnung (EU) 2019/980 historische Finanzinformationen in den Prospekt aufzunehmen. Diese müssen nach den Rechnungslegungsgrundsätzen und -methoden erstellt sein, die das Unt in seinem nächsten KA anwenden wird. Dies sind gem IAS-VO iVm § 315e Abs 1 HGB im Falle der CC-AG die IFRS, wie sie in der EU anzuwenden sind.

Steuern inkl latenter Steuern werden im FallBsp vernachlässigt. VjZahlen werden, auch wenn sie von den einschlägigen Rechnungslegungsgrundsätzen gefordert werden, nachfolgend aus Gründen der Übersichtlichkeit nicht angegeben. Bei der ErstKons der EEE-GmbH entsteht kein Unterschiedsbetrag. Im Fall 2 wurden bei der Aufstellung der Neubewertungsbilanz für die DDD-GmbH stille Reserven iHv 25 GE (Restnutzungsdauer des betroffenen Vermögens: 5 Jahre) sowie stille Lasten iHv 10 GE (diese realisieren sich im Laufe des Jahres und werden als sonstiger Aufwand im EA ausgewiesen) berücksichtigt. Beim FK der DDD-GmbH sowie der EEE-GmbH handelt es sich um unverzinsliches FK. Bei den Aktiva der DDD-GmbH handelt es sich mit Ausnahme der in Fall 2 berücksichtigten stillen Reserven um VG bzw Vermögenswerte, die keiner planmäßigen Abschreibung unterliegen. Weitere Aufwands- und Ertragsposten werden vernachlässigt. Auf die im Folgenden dargestellten Ausgangszahlen, wird in den FallBsp der jeweiligen Kapitel Bezug genommen. Die folgenden Abkürzungen werden verwendet:

GezKap	=	Gezeichnetes Kapital
KapRL	=	Kapitalrücklage
NBRL	=	Neubewertungsrücklage
ErgVort	=	Ergebnisvortrag
Übersch	=	Überschuss der Periode
FK	=	Fremdkapital
UE	=	Umsatzerlöse
so Aufw	=	sonstiger Aufwand
Bet	=	Beteiligung
Zinsaufw	=	Zinsaufwand
BetErtr	=	Beteiligungserträge
KA	=	Konzernabschluss
ZA	=	Zwischenabschluss

Zwischenabschluss DDD-GmbH: Bilanz 31. 3. X1 (HGB, IFRS)				Zeitwerte DDD-GmbH: Bilanz 31. 3. X1 (IFRS)				HBil II DDD-GmbH: Bilanz 31. 12. X1 (IFRS)			
Aktiva	215	GezKap	60	Aktiva	240	GezKap	60	Aktiva	180	GezKap	60
						NBRL	15				
		Übersch	5			Übersch	5			Übersch	20
		FK	150			FK	160			FK	100
	215		215		240		240		180		180

GuV-Konto X1								GuV-Konto X1			
Übersch	5	UE	5					Übersch	20	UE	30
								so Aufw	10		
	5		5						30		30

F 23, 24 Kombinierter Abschluss und Pro-Forma-Finanzinformationen

HBil II EEE-GmbH: Bilanz 31.12.X1 (IFRS)				Fall 1: EA CC-AG: Bilanz 31.12.X1 (IFRS)				Fall 2: EA CC-AG: Bilanz 31.12.X1 (IFRS)			
Aktiva	370	GezKap	180	Bet EEE	200	GezKap	120	Bet DDD	100	GezKap	120
		Übersch	40	Kasse	54	Übersch	14	Bet EEE	200	Übersch	11,75
		FK	150			FK	120	Kasse	11,75	FK	180
	370		370		254		254		311,75		311,75
GuV-Konto X1				GuV-Konto X1				GuV-Konto X1			
Übersch	40	UE	40	Übersch	14	BetErtr	20	Übersch	11,75	BetErtr	20
				Zinsaufw	6			Zinsaufw	8,25		
	40		40		20		20		20		20

2. Konzernabschluss

a) Rechnungslegungsgrundsätze, Bestandteile und Zeitraum

23 Die Erstellung von KA erfolgt nach anerkannten Rechnungslegungsgrundsätzen (GAAP), bspw nach HGB, IFRS oder US-GAAP. In einen KA sind sämtliche Unt einzubeziehen, die unter Beherrschung des MU stehen. KA bestehen nach den genannten Rechnungslegungsgrundsätzen aus Bilanz, GuV, EK-Veränderungsrechnung, KFR und Anhang. Deutsche MU, die gem Art 4 der IAS-VO einen KA nach den IFRS, wie sie in der EU anzuwenden sind, aufzustellen haben, müssen zusätzlich die in § 315e HGB genannten Anforderungen erfüllen. Ein nach HGB oder nach IFRS aufgestellter KA umfasst Angaben für das letzte Gj (§ 265 Abs 2 iVm § 298 Abs 1 HGB, IAS 1.38). Für KA im US-amerikanischen Rechtsraum gilt, dass zusammen mit dem KA zumindest ein Vergleichsabschluss für das vorangegangene Gj veröffentlicht werden muss (ARB 43, Chapter 2, Section A).

b) Fallbeispiel

24 In **Fall 1** des oben dargestellten FallBsp (Anm 22) besteht der CC-(Teil-)Konzern aus der CC-AG und der EEE-GmbH. Im Rahmen des KA der CC-AG, der nach den IFRS aufgestellt wird, wie sie in der EU anzuwenden sind, wird die KapKons nach IFRS 3.4 nach der *acquisition method* (Erwerbsmethode) vorgenommen. Annahmegemäß entstand bei der ErstKons der EEE-GmbH zum 31.12.X0 kein Unterschiedsbetrag.
Im Folgenden wird für den Fall 1 der KA der CC-AG zum 31.12.X1 dargestellt.

	EA CC 31.12.X1	HBil II EEE 31.12.X1	Summe	Kons				KA CC 31.12.X1
				Soll		Haben		
Bet EEE	200	0	200			200	1	0
Kasse	54	0	54					54
Sonst Akt	0	370	370					370
Aktiva	**254**	**370**	**624**	0		200		**424**
GezKap	120	180	300	180	1			120
ErgVort	0	0	0	20	1	20	2	0
Übersch	14	40	54			20	3	34
FK	120	150	270					270
Passiva	**254**	**370**	**624**	220		20		**424**
UE	0	40	40					40
BetErtr	20	0	20	20	2			0
Zinsaufw	6	0	6					6
Übersch	**14**	**40**	**54**			20	3	**34**

II. Erstellung   25, 26 **F**

Im ersten Schritt werden der EA der CC-AG und die HBil II der EEE-GmbH addiert. Danach wird die ErstKons der EEE-GmbH (Buchung 1) nachgeholt. Der BetBuchwert für die EEE-GmbH bei der CC-AG wird gegen das EK der EEE-GmbH zum Zeitpunkt des Erwerbs ausgebucht. Darüber hinaus werden die von der EEE-GmbH an die CC-AG ausgeschütteten BetErträge eliminiert (Buchung 2). Der Saldo aus erfolgswirksamen KonsBuchungen wird in den Posten „Überschuss" in der Bilanz abgeschlossen (Buchung 3).

In **Fall 2** des oben dargestellten FallBsp (Anm 22) erwirbt die CC-AG zum 31.3.X1   **25**
die Anteile an der DDD-GmbH von der BB-GmbH. Alle Ges werden von der A-AG beherrscht. Somit handelt es sich bei dem Erwerb um eine *transaction under common control* nach IFRS 3.2 (c). Die Abbildung des Erwerbs im IFRS-KA der CC-AG kann auf zwei Arten erfolgen (IDW RS HFA 2, Tz 15 ff). Nach dem sog *predecessor accounting* werden die (Konzern-)Buchwerte des erworbenen Unt (hier: DDD-GmbH) in den IFRS-KA übernommen. Der Vermögensübergang und die damit korrespondierenden Aufwendungen und Erträge werden in diesem Fall rückwirkend seit dem Zeitpunkt, von dem an die zusammengeschlossenen Unt unter gemeinsamer Beherrschung stehen, im IFRS-KA abgebildet (Alternative 1).

Im Folgenden wird für den Fall 2 **Alternative 1** der KA der CC-AG zum 31.12.X1 dargestellt.

	EA CC 31. 12. X1	HBil II DDD 31. 12. X1	HBil II EEE 31. 12. X1	Summe	Kons				KA CC 31. 12. X1
					Soll		Haben		
Bet DDD	100	0	0	100			100	1	0
Bet EEE	200	0	0	200			200	2	0
Kasse	11,75	0	0	11,75					11,75
Sonst Akt	0	180	370	550					550
Goodwill	0	0	0	0					0
Aktiva	**311,75**	**180**	**370**	**861,75**	0		300		**561,75**
GezKap	120	60	180	360	240	1 2			120
KapRL					40	1			-40
ErgVort	0	0	0	0	20	2	20	3	0
Übersch	11,75	20	40	71,75	20	4			51,75
FK	180	100	150	430					430
Passiva	**311,75**	**180**	**370**	**861,75**	320		20		**561,75**
UE	0	30	40	70					70
Abschr	0	0	0	0					0
BetErtr	20	0	0	20	20	3			0
so Aufw	0	10	0	10					10
Zinsaufw	8,25	0	0	8,25					8,25
Übersch	**11,75**	**20**	**40**	**71,75**			20	4	**51,75**

Im ersten Schritt werden der EA der CC-AG und die HBil II der DDD-GmbH und der EEE-GmbH addiert. Die Ausbuchung der Bet an der DDD-GmbH erfolgt gegen das gezeichnete Kapital, der überschießende Betrag wird gegen die Kapitalrücklage gebucht (Buchung 1). Auf diese Weise werden die Aufwendungen und Erträge der DDD-GmbH im Jahr X1 vollständig in der Konzern-GuV abgebildet. Eine Aufdeckung stiller Reserven oder Lasten erfolgt nicht. Danach wird die ErstKons der EEE-GmbH (Buchung 2) nachgeholt. Der BetBuchwert für die EEE-GmbH bei der CC-AG wird gegen das EK der EEE-GmbH zum Zeitpunkt des Erwerbs ausgebucht. Darüber hinaus werden die von der EEE-GmbH an die CC-AG ausgeschütteten BetErträge eliminiert (Buchung 3). Der Saldo aus erfolgswirksamen KonsBuchungen wird in den Posten „Überschuss" in der Bilanz abgeschlossen (Buchung 4).

Alternativ kann der Erwerb der DDD-GmbH in analoger Anwendung des IFRS 3 **26**
abgebildet werden (IDW RS HFA 3, Tz 17 ff; Alternative 2). In diesem Fall wird die ErstKons der DDD-GmbH gem IFRS 3.4 nach der *acquisition method* (Erwerbsmethode) vorgenommen. Die Aktiva der DDD-GmbH enthalten stille Reserven iHv 25 GE,

F 29 Kombinierter Abschluss und Pro-Forma-Finanzinformationen

die über 5 Jahre linear abgeschrieben werden sollen. Im FK sind stille Lasten iHv 10 GE enthalten, die im Laufe des Jahres X1 durch Auszahlung realisiert werden. Zwischen dem Zwischenabschluss der DDD-GmbH zum 31.3.X1 (HBil I) und der HBil II der DDD-GmbH zum 31.3.X1 bestehen keine Unterschiede. Der Kaufpreisallokation (*purchase price allocation,* IFRS 3.10 ff) wird die Zeitwertbilanz (HBil III) der DDD-GmbH zum 31.3.X1 zugrunde gelegt.

Im Folgenden wird für den Fall 2 **Alternative 2** der KA der CC-AG zum 31.12.X1 dargestellt.

	EA CC 31.12. X1	HBil II DDD 31.12. X1	Anpassung				HBil III DDD 31.12. X1	HBil II EEE 31.12. X1	Summe	Kons			KA CC 31.12. X1
			Soll		Haben					Soll		Haben	
Bet DDD	100	0					0	0	100			100 6	0
Bet EEE	200	0					0	0	200			200 7	0
Kasse	11,75	0					0	0	11,75				11,75
Sonst Akt	0	180	25	1	3,75	4	201,25	370	571,25				571,25
Goodwill	0	0					0	0	0	20	6		20
Aktiva	311,75	180					201,25	370	883	20		300	603
GezKap	120	60					60	180	360	240	6 7		120
ErgVort	0	0					0	0	0	20	7	20 8	0
NBRL	0	0	10	2	25	1	15	0	15	15	6		0
Übersch	11,75	0			6,25	5	26,25	40	78	25	9		53
FK	180	100	10	3	10	2	100	150	430				430
Passiva	311,75	180					201,25	370	883	300		20	603
UE	0	30					30	40	70	5	6		65
Abschr	0	0	3,75	4			3,75	0	3,75				3,75
BetErtr	20	0					0	0	20	20	8		0
so Aufw	0	10			10	3	0	0	0				0
Zinsaufw	8,25	0					0	0	8,25				8,25
Übersch	11,75	20	6,25	5			26,25	40	78			25 9	53

In einem ersten Schritt werden die Zeitbewertung der DDD-GmbH (Buchungen 1 und 2) sowie die FolgeKons (Buchungen 3 und 4) durchgeführt. Der Saldo aus erfolgswirksamen Anpassungsbuchungen wird in den Posten „Überschuss" in der Bilanz abgeschlossen (Buchung 5). Danach werden die EA der CC-AG, die HBil III der DDD-GmbH inkl der Anpassungen auf die Zeitwerte und der Folgebilanzierung sowie die HBil II der EEE-GmbH addiert. Des Weiteren wird die ErstKons der DDD-GmbH (Buchung 6) und der EEE-GmbH (Buchung 7) nachgeholt. Im Rahmen der ErstKons der DDD-GmbH wird der BetBuchwert für die DDD-GmbH bei der CC-AG gegen das (anteilige) EK der Zeitwertbilanz einschl der GuV ausgebucht. Der Unterschiedsbetrag wird als Goodwill eingebucht. Der BetBuchwert für die EEE-GmbH bei der CC-AG wird gegen das (anteilige) EK der EEE-GmbH zum Zeitpunkt des Erwerbs ausgebucht. Darüber hinaus werden die von der EEE-GmbH an die CC-AG ausgeschütteten BetErträge eliminiert (Buchung 8). Der Saldo aus erfolgswirksamen KonsBuchungen wird in den Posten „Überschuss" in der Bilanz abgeschlossen (Buchung 9).

Die Darstellungen der KA dienen im Folgenden dem Vergleich mit den im Rahmen der FallBsp dargestellten kombinierten Abschlüssen und Pro-Forma-Finanzinformationen.

3. Kombinierter Abschluss

a) Rechnungslegungsgrundsätze, Bestandteile und Zeitraum

29 Kombinierte Abschlüsse werden wie KA nach **anerkannten Rechnungslegungsgrundsätzen** aufgestellt und müssen **alle** nach diesen Rechnungslegungsgrundsätzen erforderlichen **Bestandteile** und **Angaben** (einschl Vj-

II. Erstellung 30 **F**

Angaben bzw Vergleichsabschlüsse) beinhalten. Allerdings weicht der **Konsolidierungskreis** eines kombinierten Abschlusses von dem eines KA ab, da nicht alle oder mehr als nach den anzuwendenden Konzernrechnungslegungsvorschriften konsolidierungspflichtigen Unt einbezogen werden (Anm 1 ff). Die Kriterien, nach denen der KonsKreis des kombinierten Abschlusses bestimmt wurde, sind im **Anhang** detailliert darzustellen. Da die VG bzw Vermögenswerte und Schulden, Aufwendungen und Erträge sowie Zahlungsströme, die der Geschäftstätigkeit der Gruppe zuzuordnen sind, nicht notwendigerweise vollständig in eigenen rechtlichen Einheiten zusammengefasst bzw rechtlich bei Unt außerhalb der Gruppe angefallen sind, müssen für den Einbezug in den kombinierten Abschluss hierfür eigene **Carve-Out-Abschlüsse ieS** aufgestellt bzw historische Abschlüsse **angepasst** werden (Anm 45 ff). Die **Zuordnung** der VG bzw Vermögenswerte und Schulden sowie der Aufwendungen und Erträge zur Gruppe muss dabei auf einer hinreichend verlässlichen, dh nachvollziehbaren, Grundlage beruhen, was bspw bei Buchführung in einem eigenen Buchungskreis der Fall ist. Ist für die Gruppe kein eigener Buchungskreis eingerichtet, ist abzuwägen, ob eine Zuordnung willkürfrei möglich und nachvollziehbar ist. Soweit kombinierte Abschlüsse in Vorbereitung einer UntTransaktion aufgestellt werden, müssen die der Gruppe zuzuordnenden VG bzw Vermögenswerte und Schulden eindeutig identifizierbar sein, da im Zuge der UntTransaktion idR auch eine rechtlich wirksame Trennung der Vermögensmassen und Schulden erfolgt; bei der Zuordnung von Aufwendungen und Erträgen können Schätzungen bzw Schlüsselungen ausreichend sein. Da es Ziel eines kombinierten Abschlusses ist, ein den tatsächlichen Verhältnissen entspr Bild der VFE-Lage der Gruppe zu vermitteln, reichen nur grobe Schätzungen für die Zuordnung nicht aus. Die Grundlagen der Zuordnung müssen im Anhang des kombinierten Abschlusses detailliert dargestellt werden.

b) Zulässigkeit und Voraussetzungen

Nach IAS 1.16 kann ein KA nicht als in Übereinstimmung mit den IFRS 30 aufgestellt bezeichnet werden, wenn dieser nicht in Übereinstimmung mit **allen Regelungen der IFRS** aufgestellt wurde. IFRS 10 *consolidated financial statements* beinhaltet Regelungen zur Erstellung und Darstellung von KA für eine Gruppe von Unt, die unter Beherrschung eines MU stehen. Nach IFRS 10 Appendix A *group* beinhaltet diese Gruppe das MU und ihre TU. Es sind somit alle TU des MU einzubeziehen. Aufgrund der Tatsache, dass bei der Erstellung von kombinierten Abschlüssen typischerweise **nur ein Teil der Unternehmen** zusammengefasst werden, die unter Beherrschung eines MU stehen, oder dass das den kombinierten Abschluss aufstellende **Mutterunternehmen nicht** in den kombinierten Abschluss einbezogen wird, ist es fraglich, ob ein kombinierter Abschluss ein den tatsächlichen Verhältnissen entspr Bild der VFE-Lage **unter Beachtung der IFRS** vermitteln kann. Argumente für die Aufstellung eines kombinierten Abschlusses in Übereinstimmung mit den IFRS wurden bereits im Rahmen der Diskussion über den Gleichordnungskonzern in der Versicherungsbranche *(horizontal group)* angeführt (*PwC* Understanding IAS 1998, 27-5, *DRSC* Comment Letter „IAS C Issues Paper on Insurance" vom 16. Juni 2000, 32, *Görg/Kölschbach* 2000,

F 31–34 Kombinierter Abschluss und Pro-Forma-Finanzinformationen

607, IASB Draft Statement of Principles, November 2001, Principle 11.24). Danach wurde zumindest die Aufstellung von kombinierten Abschlüssen in Form von Abschlüssen für Gleichordnungskonzerne als zulässig angesehen. Nach dem im Jahr 2018 überarbeiteten IASB Framework ist die Aufstellung kombinierter Abschlüsse ausdrücklich vorgesehen (IASB Framework Anm 3.12).

Auch die Berücksichtigung von Carve-Outs ieS im Rahmen von kombinierten Abschlüssen unter Beachtung der IFRS ist gem Anm 3.10 des IASB Framework möglich.

31 Das **deutsche Handelsrecht** kennt lediglich die Begriffe des JA und KA. Dennoch erscheint es möglich, dass ein kombinierter Abschluss mit von einem KA abw KonsKreis ein den tatsächlichen Verhältnissen entspr Bild der VFE-Lage der Gruppe unter Beachtung der GoB vermittelt (kritisch hierzu *WPH* HBd[16], M Anm 1216, das auf *combined financial statements* als modifizierte KA Bezug nimmt).

32 In den **US-amerikanischen Rechnungslegungsgrundsätzen** existiert mit ARB 51 Anm 22 eine explizite Regelung, dass kombinierte Abschlüsse aufgestellt werden können, in die das aufstellende MU nicht einbezogen wird und die dennoch den in den USA anerkannten Rechnungslegungsgrundsätzen (US-GAAP) entsprechen.

c) Berichtseinheit „Gruppe"

33 Die Frage des Ansatzes – einschl der subjektiven Zuordnung (wirtschaftliches Eigentum) – und der Bewertung von Aufwendungen und Erträgen sowie VG bzw Vermögenswerten und Schulden in einem kombinierten Abschluss ist vom Verständnis der Berichtseinheit „Gruppe" abhängig. Grds kann eine Gruppe als eigenständige, dh von anderen KonzernUnt losgelöste Berichtseinheit (*separate reporting entity*-Konzept) oder als Ausschnitt eines Gesamtkonzerns (Ausschnitts- bzw *common control*-Konzept) angesehen werden (s für den vergleichbaren Fall von IFRS-TeilKA *Küting* IRZ 2012, 151 ff). Nach dem **separate reporting entity-Konzept** wird bei der Aufstellung des Abschlusses von der Zugehörigkeit zu einem übergeordneten Konzern abstrahiert, dh das Vorhandensein eines übergeordneten KA sowie Transaktionen auf GesterEbene werden ignoriert. Nach dem **Ausschnittskonzept** werden Aufwendungen und Erträge sowie VG bzw Vermögenswerte und Schulden wie im übergeordneten KA angesetzt und bewertet, dh der kombinierte Abschluss stellt einen Ausschnitt aus dem übergeordneten KA dar. Auch wenn zum Zeitpunkt der Erstellung eines kombinierten Abschlusses kein übergeordneter KA aufgestellt wurde, kann das Ausschnittskonzept angewandt werden. In diesem Fall werden Aufwendungen und Erträge sowie VG bzw Vermögenswerte und Schulden im kombinierten Abschluss angesetzt und bewertet, wie sie in einem übergeordneten KA angesetzt und bewertet würden.

d) Vorgehensweise bei der Erstellung

34 Bei der Erstellung eines kombinierten Abschlusses können unterschiedliche Vorgehensweisen gewählt werden. Da ein kombinierter Abschluss sich iW von einem KA durch den zugrunde liegenden KonsKreis unterscheidet, kann bei der Erstellung des kombinierten Abschlusses **wie bei der Erstellung eines Konzernabschlusses** vorgegangen werden. Das bedeutet, dass für die einzelnen in den kombinierten Abschluss einbezogenen Unt und UntTeile Abschlüsse nach einheitlichen Rechnungslegungsgrundsätzen sowie -methoden aufgestellt werden bzw man auf bereits vorhandene Teil-KA zurückgreift. Soweit möglich legt man die gesetzlichen Abschlüsse der Einheiten zugrunde (HBil I) und passt diese auf die konzerneinheitlichen Rechnungslegungsgrundsätze und -methoden an (HBil II). Ist eine KapKons durchzuführen, kann es nötig sein, stille Reserven und Lasten sowie Goodwill in einer Zeitwertbilanz (HBil III) aufzudecken und fortzuführen. Danach sind ggf sonstige nach den angewandten Rechnungslegungsgrundsätzen erforderliche Kons-Maßnahmen (SchuldenKons, Zwischenergebniseliminierung etc) durchzuführen. Als Endspalte resultiert der kombinierte Abschluss.

Bei einer **alternativen Vorgehensweise** geht man von einem bestehen- 35 den KA aus und subtrahiert in darauf folgenden Spalten die Abschlüsse von Unt bzw UntTeilen, die nicht der abzubildenden Gruppe zuzurechnen sind. Bei diesem Vorgehen wird das Wesen des kombinierten Abschlusses als Ausschnitt *(Carve-Out)* des übergeordneten KA deutlich. Werden aus dem KA Teile rechtlich selbstständiger Unt ausgeschnitten, müssen für diese separate Abschlüsse (Carve-Out-Abschlüsse ieS, Anm 7) aufgestellt werden. Zusätzlich müssen solche Abschlüsse addiert werden, die nicht vom zugrunde liegenden KA abgedeckt sind. Dabei kann es sich um die Abschlüsse zusätzlicher, nicht in den KA einbezogener Unt, die der Gruppe zuzuordnen sind, handeln. Weiterhin müssen Abschlüsse für Zeiträume aufgestellt werden, in denen Unt nicht zum zugrunde liegenden Konzern, jedoch bereits zur Gruppe gehört haben. Bei dieser Vorgehensweise muss sichergestellt sein, dass der so ermittelte kombinierte Abschluss den intendierten und im Anhang beschriebenen Rechnungslegungsgrundsätzen entspricht. Die Vorgehensweise hat in der Praxis den Vorteil, dass man auf einem bereits bestehenden Abschluss aufbauen kann. Im Gegensatz zu Pro-Forma-Finanzinformationen wird jedoch nicht lediglich ein bestehender Abschluss ergänzt, sondern der kombinierte Abschluss als eigenständiger Abschluss in Analogie zum KA vollständig neu aufgestellt.

Schließlich können für den kombinierten Abschluss **eigene Bücher** ge- 36 führt werden, in denen die Gruppe als eigene wirtschaftliche Einheit abgebildet wird. Diese Vorgehensweise wird nur in seltenen Fällen gewählt werden, da kombinierte Abschlüsse idR nur fallbezogen, zB im Rahmen des Verkaufs eines Geschäftsbereichs, und nicht über einen längeren Zeitraum hinweg aufgestellt werden.

e) Wertaufhellung

Da kombinierte Abschlüsse häufig im Zusammenhang mit UntTransaktio- 37 nen aufgestellt werden und deren **Aufstellungszeitpunkte** typischerweise nach denen von regelmäßig aufzustellenden gesetzlichen Abschlüssen liegen, kommt dem Grundsatz der Wertaufhellung besondere Bedeutung zu. Bei Anwendung des von uns präferierten *separate reporting entity*-Konzepts (Anm

33) müssen **Einschätzungen** der Geschäftsleitung, die bspw bei der Erstellung eines übergeordneten oder in den kombinierten Abschluss einbezogenen KA getroffen wurden, für die Erstellung des kombinierten Abschlusses **aktualisiert** werden, dh sämtliche bis zur Aufstellung des kombinierten Abschlusses bekannt gewordenen wertaufhellenden Tatsachen müssen berücksichtigt werden. Dies soll an folgendem Bsp verdeutlicht werden. Hierfür wird auf das FallBsp in Anm 22 Bezug genommen.

Beispiel: Die CC-AG wird von einem Konkurrenten im Jahr X1 aufgrund mutmaßlicher im Jahr X1 erfolgter unerlaubter Preisabsprachen verklagt. Hierfür wurde im KA der A-AG zum 31.12.X1 (Abschlussstichtag) eine Rückstellung gebildet. Aufstellungszeitpunkt des KA der A-AG war der 28.2.X2. Im März des Jahres X2 fällte das Gericht das Urteil und sprach die CC-AG überraschenderweise von jeglichen Anschuldigungen frei. Die Aufstellung des kombinierten Abschlusses für die CC-Gruppe erfolgt am 31.5.X2. Während das Gerichtsurteil am Tag der Aufstellung des übergeordneten KA der A-AG (28.2.X2) noch nicht gefällt und die Rückstellung somit im KA der A-AG enthalten war, ist das im März X2 gefällte Gerichtsurteil bei der Aufstellung des kombinierten Abschlusses am 31.5.X2 für die CC-Gruppe als werthaufhellende Tatsache zu berücksichtigen und somit keine Rückstellung anzusetzen.

Die oben dargestellte Regelung des *separate reporting entity*-Konzepts betrifft idR auch Einschätzungen in Bezug auf VjAngaben (*Schindler/Böttcher/Roß* 2001, 143), sofern nicht bereits für diesen Vergleichszeitraum ein Abschluss für die Gruppe aufgestellt wurde oder eine Anpassung der VjAngaben einen unverhältnismäßig hohen Aufwand bedeuten würde.

Beispiel: Die Annahmen des oben dargestellten Bsps werden beibehalten mit der Ausnahme, dass die mutmaßlichen Preisabsprachen sowie die Klage des Konkurrenten bereits im Jahr X0 erfolgten. In diesem Fall wäre die Rückstellung bereits im KA der A-AG zum 31.12.X0 angesetzt worden und sowohl in der Konzernbilanz als auch in den VjAngaben im KA der AG zum 31.12.X1 enthalten. Bei der Aufstellung (31.5.X2) des kombinierten Abschlusses für die CC-Gruppe zum 31.12.X1 ist das im März X2 gefällte Gerichtsurteil als wertaufhellende Tatsache zu berücksichtigen und somit eine Rückstellung weder in der kombinierten Bilanz zum 31.12.X1 noch in den VjAngaben enthalten.

Bei Anwendung des ebenfalls akzeptierten Ausschnittskonzepts (Anm 33) werden die Wertansätze und VjAngaben aus dem übergeordneten KA übernommen. Allerdings ist im Anhang auf wesentliche wertaufhellende Tatsachen einzugehen.

f) Vorjahresangaben

38 Die Angabe von VjZahlen richtet sich nach den angewandten Rechnungslegungsgrundsätzen. Hierbei muss berücksichtigt werden, dass die VjAngaben alle Unt und UntTeile umfassen, die der Gruppe in diesem Zeitraum zuzurechnen waren. Eine **hypothetische** Abgrenzung der einbezogenen Unt ist nicht zulässig. Das bedeutet, dass nur solche Unt und UntTeile in die VjAngaben des kombinierten Abschlusses einbezogen werden dürfen, die der Aufsteller des kombinierten Abschlusses im VjZeitraum **tatsächlich** einheitlich geleitet bzw beherrscht hatte.

g) Konzerninterne Transaktionen

Besondere Fragen können sich bei der Abbildung konzerninterner Transaktionen ergeben, die in der Vergangenheit die rechtliche Struktur der Gruppe, aber nicht deren wirtschaftliche Substanz geändert haben. Im Fall 2 des oben dargestellten FallBsps (Anm 22) erwirbt die CC-AG zum 31.3.X1 die Anteile an der DDD-GmbH von der BB-GmbH. Ein konzerninterner Erwerb kann im Rahmen eines IFRS-KA entweder durch Anwendung des *predecessor accounting* (Alternative 1) oder in analoger Anwendung des IFRS 3 (Alternative 2) abgebildet werden. Bei Anwendung des *predecessor accounting* werden Aufwendungen und Erträge des erworbenen Unt (im FallBsp: der DDD-GmbH) bereits ab dem Zeitpunkt im IFRS-KA abgebildet, ab dem das erworbene Unt unter gemeinsamer Beherrschung stand (im FallBsp: im gesamten Jahr X1), bei analoger Anwendung des IFRS 3 erst ab dem Erwerbszeitpunkt (im FallBsp: 31.3.X1). Letztere Art der Abbildung konzerninterner Erwerbe entspricht auch den handelsrechtlichen Konzernrechnungslegungsvorschriften (*Störk/Deubert* in Beck Bil-Komm[12] § 301 Anm 296).

Fraglich ist nun, wie ein konzerninterner **Erwerb von Anteilen** an einem 40 GruppenUnt (im FallBsp: der DDD-GmbH von der BB-GmbH durch die CC-AG) **im kombinierten Abschluss** abzubilden ist. Bei Anwendung des *predecessor accounting* im KA ist die Aufstellung eines kombinierten Abschlusses nicht notwendig, da bereits alle GruppenUnt vollständig im (Teil)KA berücksichtigt sind. Bei analoger Anwendung des IFRS 3 im (Teil)KA werden die das erworbene Unt betr Aufwendungen und Erträge zusammen mit den weiteren EKBestandteilen zum Erwerbszeitpunkt (im FallBsp: 31.3.X1) im Rahmen der ErstKons erfolgsneutral gegen den BetBuchwert gebucht. Der (Teil)KA enthält somit keine Aufwendungen und Erträge des erworbenen Unt bis zum Erwerbszeitpunkt, obwohl das erworbene Unt bereits vorher (im FallBsp: im gesamten Jahr X1) zur Gruppe gehörte. Eine vergleichbare Fallkonstellation stellt der stufenweise Erwerb von Anteilen an einem Unt dar, wenn das erwerbende MU bereits vor Erwerb der zusätzlichen Anteile das zu erwerbende Unt beherrscht hat und dieses daher schon mit sämtlichen VG bzw Vermögenswerten und Schulden in den KA einbezogen ist. Sowohl nach IFRS als auch nach handelsrechtlichen Grundsätzen muss bzw darf ein solcher Erwerb als Transaktion zwischen Eigentümern angesehen werden (*Störk/Deubert* in Beck Bil-Komm[12] § 301 Anm 215ff). Die Differenz zwischen Kaufpreis und dem Betrag, um den sich das EK der anderen Gester in diesem Zusammenhang verändert, ist zu Gunsten oder zu Lasten des auf das MU entfallenden (Konzern)EK, genauer der Kapitalrücklage, anzupassen (*Störk/Deubert* in Beck Bil-Komm[12] § 301 Anm 215). Im Falle eines **kombinierten Abschlusses** ist der Erwerb eines Unt, der im (Teil)KA in analoger Anwendung des IFRS 3 abgebildet wurde (s FallBsp Anm 26), wie folgt zu berücksichtigen. Der im Zeitraum vor Erwerb erwirtschaftete Überschuss des erworbenen TU darf im Rahmen der ErstKons nicht gegen den Gruppenüberschuss (in der GuV), sondern muss erfolgsneutral gegen das EK gebucht werden. Für das FallBsp s Anm 54.

h) Ansatz und Bewertung von Aufwendungen und Erträgen, Vermögensgegenständen und Schulden sowie Zahlungsströmen

43 Bei der Beurteilung des **Ansatzes** von Aufwendungen und Erträgen sowie VG bzw Vermögenswerten und Schulden muss grds berücksichtigt werden, dass in einem kombinierten Abschluss nur solche Aufwendungen und Erträge sowie VG bzw Vermögenswerte und Schulden angesetzt werden dürfen, die der Gruppe **subjektiv zuzuordnen, tatsächlich angefallen bzw vorhanden** und nach den angewandten Rechnungslegungsgrundsätzen ansatzfähig sind. Der Ansatz fiktiver Posten ist nicht zulässig (aA *Schindler/Böttcher/Ross* 2001, 25). Hierin unterscheiden sich kombinierte Abschlüsse wesentlich von Pro-Forma-Finanzinformationen. Darüber hinaus müssen die Werte verlässlich ermittelbar sein.

Bei der **Bewertung** von Aufwendungen und Erträgen sowie VG bzw Vermögenswerten und Schulden muss bei Anwendung des Ausschnittskonzepts (Anm 33) berücksichtigt werden, dass Transaktionen zwischen GruppenUnt und nicht zur Gruppe gehörenden KonzernUnt im übergeordneten KA eliminiert wurden. Die Bewertung orientiert sich in diesem Fall an den Werten in der dem KA zugrunde liegenden HBil II (s für den vergleichbaren Fall von IFRS-TeilKA *Küting* IRZ 2012, 153 f).

45 Fragen der subjektiven Zuordnung von Aufwendungen und Erträgen sowie VG bzw Vermögenswerten und Schulden entstehen insb im Falle von kombinierten Abschlüssen, da es sich bei Gruppen typischerweise um Ausschnitte aus übergeordneten Konzernen unabhängig von der rechtlichen Struktur der KonzernUnt handelt. Auch Teile von rechtlich selbstständigen KonzernUnt können zur Gruppe gehören, für die Carve-Out-Abschlüsse ieS, bestehend aus Bilanz und GuV, aufzustellen sind. Sind der Gruppe VG bzw Vermögenwerte und Schulden sowie Aufwendungen und Erträge zuzurechnen, die **rechtlich** im Abschluss eines **außerhalb der Gruppe liegenden** Unt erfasst sind, kann es sich anbieten, anstelle der Aufstellung eines Carve-Out-Abschlusses ieS die historischen Abschlüsse der betroffenen GruppenUnt anzupassen. Die Entscheidung darüber, ob ein Carve-Out-Abschluss ieS aufgestellt wird oder historische Abschlüsse angepasst werden, ist von der Anzahl der Anpassungen und dem damit verbundenen Aufwand abhängig.

46 Das **Eigenkapital** eines kombinierten oder eines Carve-Out-Abschlusses ieS ergibt sich als Differenz zwischen den der Berichtseinheit zugeordneten VG bzw Vermögenswerten und Schulden. Zweifelsfragen können sich in Bezug darauf ergeben, inwieweit konzerninterne Mittelüberlassungen durch Unt außerhalb der Gruppe als EK oder FK zu qualifizieren sind. Hierbei müssen individuelle Vereinbarungen über die Rückzahlung der zur Verfügung gestellten Mittel berücksichtigt werden. Zur Klarstellung, dass es sich bei dem Betrag, um den das Vermögen eines kombinierten oder eines Carve-Out-Abschlusses ieS die Schulden übersteigt, um eine reine Saldogröße handelt und kein EK iSd § 272 HGB darstellt, sollte dieser als Sonderposten ausgewiesen und aussagekräftig bspw als „Netto-Investition der Eigentümer" bezeichnet werden.

47 Bsp für Aufwendungen, die der Gruppe subjektiv zuzurechnen sind, jedoch in einem Abschluss eines nicht der Gruppe zugehörigen, rechtlich

II. Erstellung

selbstständigen Unt erfasst werden, sind übergreifende **administrative Aufwendungen,** die für Leistungen von dem Konzernverbund angehörigen DienstleistungsUnt oder -abteilungen oder des MU anfallen. Hierbei kann es sich bspw um Dienstleistungen im Bereich Rechnungslegung, Rechtsberatung, Versicherungen, Werbung, Steuern, Personal, Einkauf oder Marketing handeln. Eine Zuordnung von Aufwendungen für solche Dienstleistungen zur Gruppe ist nur dann notwendig, wenn keine Weiterbelastung zB im Rahmen von konzerninternen Dienstleistungsverträgen oder anderen Vereinbarungen erfolgt. Erfolgt keine Weiterbelastung, sind diese Aufwendungen der Gruppe möglichst verursachungsgerecht zuzuordnen. Bei der Anpassung der historischen Abschlüsse der betroffenen GruppenUnt bzw bei der Erstellung des Carve-Out-Abschlusses ieS des DienstleistungsUnt werden die Aufwendungen in der GuV und damit auch in Form eines (negativen) Überschusses im EK erfasst. Als Gegenbuchung in der Bilanz kommt der Ansatz einer (gedanklich ggü Dritten bestehenden) Verbindlichkeit oder die Haben-Buchung im Bereich der flüssigen Mittel in Frage.

Es kann weiterhin sachgerecht sein, ein **Darlehen,** das durch ein nicht der Gruppe zugehöriges KonzernUnt von Dritten aufgenommen und einem GruppenUnt weitergereicht wurde, sowie die zugehörigen **Zinsaufwendungen** dem GruppenUnt in dem Maße zuzuordnen, wie Darlehensverbindlichkeit und Zinsaufwendungen noch nicht in dessen historischem Abschluss berücksichtigt sind. Unterschiede können sich aufgrund unterschiedlicher Zahlungspläne ergeben und in dem Fall, dass das Darlehen vom KonzernUnt zu nicht marktüblichen bzw von den tatsächlichen Vereinbarungen mit dem externen Kreditgeber abw Konditionen weitergegeben wurde. Der Buchwert der Darlehensverbindlichkeit im historischen Abschluss des GruppenUnt sowie die Höhe der Aufwendungen sind dem Wertansatz des Darlehens bzw den ausgewiesenen Zinsaufwendungen im Abschluss des KonzernUnt anzupassen. Eine solche Anpassung für Fremddarlehen kommt idR nur in Frage, wenn die vom KonzernUnt aufgenommenen Finanzmittel ausschließlich vom GruppenUnt verwendet wurden.

Bei der Aufstellung von Carve-Out-GuV ieS sowie bei der Anpassung historischer GuV von GruppenUnt sind gleichzeitig Anpassungen im Bereich der **Steuern** vorzunehmen, die die tatsächliche Steuerwirkung der erfolgswirksamen Anpassungen widerspiegeln. Dabei muss berücksichtigt werden, dass keine fiktiven Steueraufwendungen angesetzt werden dürfen. Bestehen bspw Organschaftsverhältnisse zu anderen KonzernUnt, dürfen diese bei den Steueranpassungen nicht unberücksichtigt bleiben. Es ist weiterhin zu berücksichtigen, dass für Zwecke des kombinierten Abschlusses vorgenommene, erfolgswirksame Anpassungen ggf von den einschlägigen Regelungen für latente Steuern erfasst werden. Als Posten für die Gegenbuchung kommen Forderungen und Verbindlichkeiten oder Rückstellungen ggü Steuerbehörden bzw aus latenten Steuern in Frage.

Schließlich müssen bei kombinierten Abschlüssen, die für einen Carve-Out aus einem Konzern aufgestellt werden, **Konsolidierungsmaßnahmen,** die für Transaktionen mit nicht der Gruppe zugehörigen Unt vorgenommen wurden, im zugrunde liegenden historischen KA rückgängig gemacht werden, da die außenstehenden KonzernUnt in entspr Anwendung der Einheits-

F 51–53 Kombinierter Abschluss und Pro-Forma-Finanzinformationen

theorie als fremde Dritte anzusehen und somit für die Darstellung des *true and fair view* der Gruppe nicht zu berücksichtigen sind. Dabei muss beachtet werden, dass die Beziehungen zu diesen KonzernUnt und Transaktionen mit diesen typischerweise von den einschlägigen Regelungen zu **nahe stehenden Personen** (*related parties,* IAS 24, FASB Accounting Standards Codification Topic 850) erfasst werden und entspr Angaben im Anhang vorzunehmen sind.

i) Erläuternde Angaben

51 Inhalt und Umfang der erläuternden Angaben ergeben sich zum einen aus den anzuwendenden Rechnungslegungsgrundsätzen. Zum anderen sind zusätzliche Angaben zu machen, die sich auf die Besonderheiten von kombinierten Abschlüssen beziehen. Zu Beginn ist die Berichtseinheit „Gruppe" zu beschreiben und der **Konsolidierungskreis** (auch als „Kombinierungskreis" bezeichnet s *Pföhler/Erchinger/Doleczik/Küster/Feldmüller* WPg 2014, 476) zu definieren. Bei der Erläuterung der angewandten Rechnungslegungsmethoden ist darzustellen, welches **Verständnis der Berichtseinheit** „Gruppe" zugrunde liegt, dh ob das *separate reporting entity*-Konzept oder das Ausschnittskonzept verfolgt wird (Anm 33). Darüber hinaus sind alle **Anpassungen von historischen Abschlüssen,** die im Rahmen der Erstellung eines kombinierten Abschlusses vorgenommen wurden und die auf einen ggü einem KA abw KonsKreis zurückzuführen sind, anzugeben und zu erläutern. Weiterhin ist das **Vorgehen bei der Zuordnung** von VG bzw Vermögenswerten und Schulden sowie Aufwendungen und Erträgen auf Carve-Out-Abschlüsse ieS bzw bei der Anpassung historischer Abschlüsse zu erläutern. Sofern im Rahmen des Ausschnittskonzepts (Anm 33) Einschätzungen, die in einem übergeordneten KA getroffen wurden, im kombinierten Abschluss nicht nachgebucht werden, sind **wertaufhellende Tatsachen** zwischen dem Aufstellungszeitpunkt des KA und dem des kombinierten Abschlusses zu nennen und die Auswirkungen zu erläutern (s Anm 37).

j) Fallbeispiel

52 Im FallBsp (Anm 22) besteht die CC-Gruppe, für die ein kombinierter Abschluss aufgestellt werden soll, aus der CC-AG, der DDD-GmbH sowie der EEE-GmbH. Bei den im Folgenden dargestellten Fällen wird bei der Erstellung des kombinierten Abschlusses der jeweilige KA der CC-AG zugrunde gelegt und zusätzlich der entspr Abschluss der DDD-GmbH addiert.

53 In **Fall 1** des FallBsp (Anm 24) besteht der CC-(Teil-)Konzern aus der CC-AG und der EEE-GmbH. Zu dem IFRS-KA der CC-AG wird der nach den gleichen Rechnungslegungsgrundsätzen und -methoden aufgestellte Abschluss der DDD-GmbH für das Jahr X1 (HBil II) addiert. Kapitalmäßige Verflechtungen bestehen zwischen dem CC-Konzern und der DDD-GmbH nicht. Sofern keine weiteren konsolidierungspflichtigen Verflechtungen bestehen, entspricht der kombinierte Abschluss den addierten Abschlüssen des CC-Konzerns und der DD-GmbH.

Im Folgenden wird für den Fall 1 der kombinierte Abschluss der CC-Gruppe zum 31.12.X1 dargestellt.

II. Erstellung

	KA CC 31. 12. X1	HBil II DDD 31. 12. X1	Summe = Kombinierter Abschluss CC-Gruppe 31. 12. X1
Kasse	54	0	54
Sonst Akt	370	180	550
Aktiva	**424**	**180**	**604**
GezKap	120	60	180
Übersch	34	20	54
FK	270	100	370
Passiva	**424**	**180**	**604**
UE	40	30	70
sonst Aufw	0	10	10
Zinsaufw	6	0	6
Übersch	**34**	**20**	**54**

In **Fall 2** des FallBsp besteht der CC-(Teil-)Konzern aus der CC-AG, aus der EEE-GmbH und ab dem 1.4.X1 aus der DDD-GmbH. In Fall 2 **Alternative 1** des FallBsp (*predecessor accounting,* Anm 25) ist wie oben dargestellt die Aufstellung eines kombinierten Abschlusses nicht notwendig. In Fall 2 **Alternative 2** des FallBsp (analoge Anwendung des IFRS 3, Anm 26) wird zu dem KA lediglich die nach den gleichen Rechnungslegungsgrundsätzen und -methoden aufgestellte GuV der DDD-GmbH für den Zeitraum 1.1. bis 31.3.X1 addiert, da der KA der CC-AG bereits die VG und Schulden der DDD-GmbH enthält. Sofern keine weiteren konsolidierungspflichtigen Verflechtungen bestehen, entspricht diese Summe dem kombinierten Abschluss.

Im Folgenden wird für den Fall 2 Alternative 2 der kombinierte Abschluss der CC-Gruppe zum 31.12.X1 dargestellt.

	KA CC 31. 12. X1	ZA DDD 1.1.-31. 12. X1	Summe = Kombinierter Abschluss CC-Gruppe 31. 12. X1
Kasse	11,75	0	11,75
Sonst Akt	571,25	0	571,25
Goodwill	20	0	20
Aktiva	**603**	**0**	**603**
GezKap	120	0	120
KapRL	0	-5	-5
Übersch	53	5	58
FK	430	0	430
Passiva	**603**	**0**	**603**
UE	65	5	70
Abschr	3,75	0	3,75
Zinsaufw	8,25	0	8,25
Übersch	**53**	**5**	**58**

Der Zwischenabschluss der DDD-GmbH für den Zeitraum vom 1.1.X1 bis 31.3.X1 beinhaltet den Periodenüberschuss iHv 5 GE. Die Gegenbuchung erfolgt im EK (Kapitalrücklage), da es sich, wie in Anm 40 dargestellt, beim Erwerb der Anteile wirtschaftlich um eine Kapitalrückzahlung an die BB-GmbH handelt. Die ErstKons der DDD-GmbH im KA muss beim kombinierten Abschluss um den Periodenüberschuss korrigiert werden, da auch dieser für die ersten drei Monate des Gj X1 dem kombinierten Abschluss zuzurechnen ist. KonsBuchungen sind im Bsp nicht notwendig, da im Zeitraum zwischen 1.1.X1 und 31.3.X1 annahmegemäß keine zu eliminierenden Geschäftsvorfälle zwischen der DDD-GmbH und dem Teilkonzern CC stattgefunden haben. Weitere Anpassungen in der Bilanz sind nicht notwendig, da im KA zum 31.12.X1 die Vermögenswerte und Schulden vollständig dargestellt sind.

KA und kombinierter Abschluss unterscheiden sich im Fall 2 Alternative 2 im Hinblick auf den Erwerb von Anteilen innerhalb des KonsKreises also dadurch, dass das Ergebnis des erworbenen Unt für den Zeitraum vor Erwerb im kombinierten Ab-

F 67, 68 Kombinierter Abschluss und Pro-Forma-Finanzinformationen

schluss im Jahresergebnis der Gruppe gezeigt und das EK um diesen Betrag reduziert wird; im KA wird das Periodenergebnis des erworbenen Unt dagegen bei der KapKons berücksichtigt und ist nicht im Konzernjahresergebnis enthalten. An diesem Bsp wird deutlich, dass sich im Falle des Erwerbs von UntTeilen innerhalb des KonsKreises ein KA und ein kombinierter Abschluss lediglich in der Erfassung und Darstellung des Periodenergebnisses vor ErstKonsZeitpunkt unterscheiden können, sofern keine konsolidierungspflichtigen Verflechtungen zwischen den Unt bestehen.

4. Pro-Forma-Finanzinformationen

a) Rechnungslegungsgrundsätze, Bestandteile und Zeitraum

67   Bei der Erstellung von Pro-Forma-Finanzinformationen nach der Prospekt-VO 2017 iVm der delegierten Verordnung (EU) 2019/980 sind die in Anhang 20 der delegierten Verordnung (EU) 2019/980 dargelegten Grundsätze und Regelungen zu beachten. Für den deutschen Rechtsraum werden diese durch den IDW RH HFA 1.004 konkretisiert. Pro-Forma-Finanzinformationen bestehen aus einer Pro-Forma-GuV, ggf einer Pro-Forma-Bilanz und Pro-Forma-Erl (IDW RH HFA 1.004, Tz 9). Pro-Forma-GuV und Pro-Forma-Bilanz werden in Spaltenform dargestellt (IDW RH HFA 1.004, Tz 14). Ausgangspunkt sind die GuV und ggf Bilanzen der im Regelfall geprüften **historischen Abschlüsse**. Daneben werden eine **Gewinn- und Verlustrechnung** für das erworbene bzw veräußerte Unt idR für den Zeitraum von Beginn des letzten vollen Gj der Berichtseinheit bis zum Erst- bzw EndKonsZeitpunkt des erworbenen bzw veräußerten Unt sowie ggf eine **Bilanz** zum Abschlussstichtag der Berichtseinheit aufgestellt (**historische Finanzinformationen** gem IDW RH HFA 1.004, Tz 14, 17). Die bei der Erstellung dieser GuV und der ggf aufzustellenden Bilanz angewandten Rechnungslegungsgrundsätze und -methoden müssen mit dem zu ergänzenden historischen Abschluss in Einklang stehen (IDW RH HFA 1.004, Tz 18).

68   Der historische Abschluss und die zusätzlich aufzustellenden GuV und Bilanz werden im Falle eines UntErwerbs addiert, im Falle einer Veräußerung subtrahiert und in einer Summenspalte bzw Differenzspalte zusammengefasst dargestellt (**Ausgangszahlen** gem IDW RH HFA 1.004, Tz 15 ff). Darüber hinaus werden in weiteren Spalten **Pro-Forma-Anpassungen** vorgenommen (IDW RH HFA 1.004, Tz 20 ff). Im Rahmen von Pro-Forma-Anpassungen werden neben den nach den maßgeblichen Rechnungslegungsgrundsätzen erforderlichen KonsMaßnahmen **fiktive,** dh nicht in vergangenen Zeiträumen angefallene, aber künftig erwartete Aufwendungen und Erträge sowie VG bzw Vermögenswerte und Schulden erfasst, um zusammen mit den Ausgangszahlen die Prognose der künftigen Ertrags- bzw Vermögenslage des Unt zu verbessern. Typische Pro-Forma-Anpassungen werden im Bereich der planmäßigen Abschreibungen auf im Rahmen der ErstKons aufgedeckte stille Reserven, im Bereich der Zinsaufwendungen für zur Finanzierung eines UntErwerbs aufgenommene Darlehen und im Bereich der Steuern vorgenommen (IDW RH HFA 1.004, Tz 27 ff). Aufgrund ihres hypothetischen Charakters sind zu Pro-Forma-Anpassungen in den **Pro-Forma-Erläuterungen** umfassende Angaben, einschl der zugrunde liegenden Annahmen, zu machen (IDW RH HFA 1.004, Tz 36). Bei den Pro-

Forma-Anpassungen ist in solche zu unterscheiden, die einen dauerhaften Einfluss haben, und solche, die keinen dauerhaften Einfluss haben (IDW RH HFA 1.004, Tz 20).

Die Summenspalte der Ausgangszahlen ergibt zusammen mit den Pro- **69** Forma-Anpassungen die Pro-Forma-GuV und ggf die Pro-Forma-Bilanz. Pro-Forma-GuV umfassen maximal das letzte volle Gj und den Zeitraum des laufenden Gj, für den ein Zwischenabschluss aufgestellt wurde (IDW RH HFA 1.004, Tz 10). VjZahlen werden daher in Pro-Forma-Finanzinformationen nicht angegeben. Die **Pro-Forma-Erläuterungen** müssen neben den Erl zu den Pro-Forma-Anpassungen (IDW RH HFA 1.004, Tz 36) einen einleitenden Abschn zu den Hintergründen, der Art der Ausgangszahlen sowie den Rechnungslegungsgrundsätzen und -methoden beinhalten (IDW RH HFA 1.004, Tz 34) und die Grundlagen, auf denen die Finanzinformationen erstellt wurden (IDW RH HFA 1.004, Tz 35), darstellen.

b) Relevante Unternehmenstransaktionen

Die Prospekt-VO 2017 iVm der delegierten Verordnung (EU) 2019/980 **70** regelt die Pflicht zur Aufstellung von Pro-Forma-Finanzinformationen für Fälle, in denen es zu einer bedeutenden Gesamt- bzw Brutto-Veränderung der Situation des Emittenten als Folge einer speziellen Transaktion kommt (delegierte Verordnung (EU) 2019/980, Anhang 1 Punkt 18.4.1, Anhang 3 Punkt 11.5 bzw Anhang 24 Punkt 5.7) oder in denen der Emittent eine komplexe finanztechnische Vorgeschichte hat oder eine bedeutende finanzielle Verpflichtung eingegangen ist (delegierte Verordnung (EU) 2019/980 Erwägungsgrund (9) und Art 18). IDW RH HFA 1.004, Tz 4 definiert solche Transaktionen sowie bedeutende finanzielle Verpflichtungen als **Unternehmenstransaktionen** (glA ESMA 2019 Nr 50 Aa). Als **bedeutende** Gesamtbzw Brutto-Veränderungen werden idR Änderungen von mehr als 25 % in Bezug auf einen oder mehrere Indikatoren, die den Umfang der Geschäftstätigkeit bzw die UntGröße des Emittenten bestimmen, angesehen (delegierte Verordnung (EU) 2019/980 Art 1 Buchst e bzw Art 18 Abs 4). IDW RH HFA 1.004, Tz 7 bezeichnet solche Transaktionen als **relevante** UntTransaktionen. Als Indikatoren können dabei bspw die Bilanzsumme, die Umsatzerlöse oder das Jahresergebnis verwendet werden (ESMA 2013 Anm 92, IDW RH HFA 1.004, Tz 7).

Es ist mitunter fraglich, was unter einer **Unternehmenstransaktion** zu **71** verstehen ist. Typischerweise handelt es sich dabei um den Zu- oder Abgang von TU, Teilkonzernen oder UntTeilen (IDW RH HFA 1.004, Tz 4). Die Transaktion kann sich darüber hinaus auch auf einzelne VG beziehen. Entscheidend für die Beurteilung der Pflicht zur Aufstellung von Pro-Forma-Finanzinformationen ist, ob der Gegenstand der Transaktion ein *Business* darstellt (delegierte Verordnung (EU) 2019/980 Art 1 Buchst e). IFRS 3 definiert *Business* als integriert geführte Aktivitäten und Vermögenswerte (IFRS 3 Appendix A; zum UntBegriff im deutschen Handelsrecht *ADS*[6] § 271 HGB Anm 12). Ein *Business* ist dadurch gekennzeichnet, dass sich durch den Beherrschungsübergang die durch das *Business* generierten Nutzenzuflüsse nicht ändern. Es kommt also auf die **Kontinuität der Geschäftstätigkeit** vor und

F 72–75 Kombinierter Abschluss und Pro-Forma-Finanzinformationen

nach Erwerb bzw Veräußerung des *Business* an (s auch Art 11 der Regulation S–X, Rule 11-01 (d)). Ob die UntTransaktion in Form eines *Share Deal* oder eines *Asset Deal* durchgeführt wird, ist für die Beurteilung, ob es sich um eine UntTransaktion handelt, unerheblich (s auch *substance over form*-Grundsatz im IASB Framework Anm 2.12).

72 **Beispielsweise** können erworbene **Grundstücke oder Gebäude,** die bereits vor dem Erwerb bspw durch Vermietung Erträge generiert haben, unabhängig davon, ob der Erwerber ins Grundbuch eingetragen wird oder die Anteile an einer die Grundstücke haltenden Ges erwirbt, als *Business* angesehen werden. Dagegen wären **ungenutzte** VG bzw Vermögenswerte oder VG bzw Vermögenswerte, die vor Erwerb **in anderer Weise genutzt** wurden, nicht als *Business* anzusehen, da keine Kontinuität der Geschäftstätigkeit vorliegt.

73 Neben bereits durchgeführten Transaktionen umfasst der Begriff UntTransaktion nach IDW RH HFA 1.004, Tz 4 auch **bevorstehende** Transaktionen, wenn bereits **bedeutende finanzielle Verpflichtungen** iSd delegierten Verordnung (EU) 2019/980 Erwägungsgrund (9) eingegangen wurden, die mit einer hinreichenden Wahrscheinlichkeit zu einer Änderung der UntStruktur führen werden. Nach IDW RH HFA 1.004, Tz 5 besteht eine Verpflichtung, wenn das Unt eine verbindliche Vereinbarung über die Durchführung einer UntTransaktion eingegangen ist. Nach IDW RH HFA 1.004, Tz 8 ist idR von einer hinreichenden Wahrscheinlichkeit einer bevorstehenden UntTransaktion bei einem bereits abgeschlossenen, aber nicht durchgeführten UntVertrag auszugehen.

Voraussetzung für die Berücksichtigung einer UntTransaktion ist allg, dass für das erworbene oder veräußerte *Business* eine GuV und ggf eine Bilanz **verlässlich ermittelbar** sind und damit als **Ausgangszahlen** dienen können. Dabei muss die Abgrenzbarkeit der zugehörigen Aufwendungen und Erträge sowie der VG bzw Vermögenswerte und Schulden gegeben sein (ähnlich IDW RH HFA 1.004, Tz 8 letzter S).

74 Weiterhin ist in Einzelfällen fraglich, wann eine UntTransaktion **relevant** ist, dh wann diese die **Unternehmensstruktur** bzw **die Situation des Emittenten wesentlich ändert.** Die in IDW RH HFA 1.004 (Tz 7) aufgeführten Indikatoren Bilanzsumme, Umsatzerlöse und Jahresergebnis sind bei dieser Beurteilung nicht als abschließende Aufzählung anzusehen (glA ESMA 2013 Anm 92 f). Entscheidend ist, ob sich der Umfang der Geschäftstätigkeit, die Größe bzw die Struktur des Unt durch die Transaktion ändert. Hierbei ist es sinnvoll, Indikatoren vor und nach der UntTransaktion zu vergleichen. Alternativ können die Abschlüsse des erwerbenden bzw abgebenden und des zugehenden bzw abgehenden Unt verglichen werden, bevor diese in einem Abschluss zusammengefasst werden. Letzterer Ansicht folgt auch IDW RH HFA 1.004, Tz 7, indem festgelegt wird, dass für die Berechnung der Verhältniszahl der Wert des Indikators beim zugehenden bzw abgehenden Unt ins Verhältnis zum Wert des Indikators des Rechnung legenden Unt zu setzen ist (glA ESMA 2013 Anm 91).

75 Wird **beispielsweise** ein VG bzw Vermögenswert, der als *Business* anzusehen ist, veräußert und ein gleichartiger VG bzw Vermögenswert erworben, lösen diese Transaktionen nicht notwendigerweise die Pflicht zur Aufstellung

II. Erstellung

von Pro-Forma-Finanzinformationen aus, da die UntStruktur nicht wesentlich geändert wird. Wird dagegen eine Kapitalerhöhung durchgeführt oder ein Darlehen aufgenommen und mit den erworbenen Finanzmitteln der Erwerb eines TU finanziert, löst der Erwerb des TU idR die Pro-Forma-Pflicht aus, wenn bspw die Bilanzsumme im (Konzern-)Abschluss des erwerbenden Unt **nach Erwerb des Tochterunternehmens** mehr als 25 % höher ist als die Bilanzsumme im Abschluss des erwerbenden Unt **vor Kapitalerhöhung bzw Kreditaufnahme.** Der **nachträgliche Erwerb von Anteilen** an einem Unt, das bereits vorher vollkonsolidiert wurde, ändert die UntStruktur idR nicht und löst damit auch nicht die Pflicht zur Aufstellung von Pro-Forma-Finanzinformationen aus.

Fragen ergeben sich auch dann, wenn mehrere TU erworben oder veräußert werden, von denen einige **einzeln** betrachtet als **unwesentlich** anzusehen sind, die in der **Gesamtheit** jedoch **wesentlich** sind. Stellen die einzeln als unwesentlich anzusehenden TU zusammen ein *Business* dar, gehören diese TU also **beispielsweise** zu der gleichen neu zu erschließenden Geschäftssparte, sind diese TU als Gesamtheit anzusehen. Der Erwerb oder die Veräußerung solcher TU löst somit die Pflicht zur Aufstellung von Pro-Forma-Finanzinformationen aus (s für Immobilien auch Rule 11-01 (a) (5) und für andere Fälle Rule 11-02 (b) Instruction 6 der Regulation S-X). Sind die einzelnen TU nicht als Gesamtheit anzusehen, wird die Pro-Forma-Pflicht jedoch durch eine andere UntTransaktion ausgelöst, ist der Erwerb oder die Veräußerung solcher TU auch – ggf in einer diese TU umfassenden Spalte der Ausgangszahlen – zu berücksichtigen, außer wenn der Erwerb oder die Veräußerung einzelner TU nach allg Wesentlichkeitsgrundsätzen der Rechnungslegung von eindeutig untergeordneter Bedeutung sind (aA ESMA 2019 Nr 52 Aa und Ab).

c) **Ausgangszahlen**

Damit Nutzer der Pro-Forma-Finanzinformationen die Nützlichkeit der als Ausgangszahlen zusätzlich aufgestellten GuV und ggf Bilanz beurteilen können, müssen **Angaben** über deren **Erstellung** gemacht werden und dargestellt werden, ob diese geprüft wurden (IDW RH HFA 1.004, Tz 34). Da das erworbene (veräußerte) Unt vor Erwerb (nach Veräußerung) nicht (mehr) beherrscht wird, sieht sich der Aufsteller der Pro-Forma-Finanzinformationen ggf vor Probleme der Datenbeschaffung gestellt, da bspw in den Systemen bei einem erworbenen Unt noch nicht alle erforderlichen Maßnahmen eingerichtet sind, um die ordnungsgemäße Erstellung von Ausgangszahlen zu gewährleisten. Dies betrifft insb die Anpassung der historischen Abschlüsse auf einheitliche Rechnungslegungsgrundsätze (HGB, IFRS, US-GAAP) sowie -methoden einschl der Ausübung von Wahlrechten, welche üblicherweise in konzernweiten Bilanzierungsrichtl festgelegt werden. Daher setzt im Regelfall die Erstellung von Pro-Forma-Finanzinformationen den uneingeschränkten Zugang zu den Finanzinformationen der erfassten Unt voraus (IDW RH HFA 1.004, Tz 8).

Die **Darstellung** der Ausgangszahlen erfolgt in Spalten, wobei die GuV und ggf die Bilanz des historischen Abschlusses getrennt von den zusätzlich aufgestellten GuV und ggf Bilanzen gezeigt werden. Dabei können GuV und ggf Bilanzen der erworbenen bzw veräußerten Unt in einer (Summen-)Spalte zusammengefasst werden. Bei der Veräußerung eines Unt oder UntTeils sind in der GuV die Aufwendungen und Erträge zu berücksichtigen, die den VG bzw Vermögenswerten und Schulden zuzurechnen sind, die bei der EndKons berücksichtigt wurden. Sofern es sich bei dem erworbenen oder veräußerten Unt um einen **Konzern** handelt, bietet es sich an, die auf die Rechnungslegungsgrundsätze sowie -methoden angepasste Konzern-GuV und ggf Konzernbilanz des erworbenen Konzerns als Ausgangszahlen aufzunehmen. Hat der erworbene oder veräußerte Konzern im Betrachtungszeitraum selbst wesentliche relevante UntTransaktionen durchgeführt, kann es sachgerecht sein, als Ausgangszahlen die angepassten GuV und ggf Bilanzen der EinzelGes aufzunehmen.

79 In den Ausgangszahlen sind ausschließlich **historische** Geschäftsvorfälle und Ereignisse abzubilden, die sich im dargestellten Zeitraum **tatsächlich** ereignet haben. Die Darstellung **fiktiver** Geschäftsvorfälle erfolgt im Rahmen der Pro-Forma-Anpassungen.

d) Verhältnis von Pro-Forma-GuV zu Pro-Forma-Bilanz

80 Pro-Forma-Bilanzen müssen nur dann aufgestellt werden, wenn die **Unternehmenstransaktion noch nicht** in einer Bilanz des erwerbenden oder veräußernden Unt **abgebildet** ist (IDW RH HFA 1.004, Tz 11). Dies ist dann der Fall, wenn die UntTransaktion nach dem Bilanzstichtag des letzten Abschlusses stattgefunden hat. Wird eine Pro-Forma-Bilanz zusammen mit einer Pro-Forma-GuV aufgestellt, stellt sich die Frage, ob im Bereich der GuV vorgenommene Pro-Forma-Anpassungen mit den Werten in der Pro-Forma-Bilanz korrespondieren müssen. Eine Kongruenz bzw Überleitung von Pro-Forma-GuV und Pro-Forma-Bilanz ist im IDW RH HFA 1.004 nicht vorgesehen. Dies wird ua dadurch deutlich, dass eine Pro-Forma-Bilanz als Ergänzung der historischen Bilanz nur für den letzten Abschluss – dabei kann es sich um einen Zwischenabschluss handeln – fordert, wohingegen eine Pro-Forma-GuV für den gesamten Berichtszeitraum – also ggf auch als Ergänzung des letzten Abschlusses – verlangt wird (IDW RH HFA 1.004, Tz 11). Damit werden in Bezug auf den fiktiven Zeitpunkt der Transaktion für Pro-Forma-Bilanz und Pro-Forma-GuV unterschiedliche Annahmen getroffen (glA ESMA 2019 Nr 50 Aa). Die unterschiedlichen Annahmen über den fiktiven Zeitpunkt der Transaktion werden von der SEC explizit in Regulation S-X Rule 11-02 (b) (6) geregelt. Aus derselben Regelung resultiert auch, dass eine Kongruenz bzw Überleitung von Pro-Forma-Bilanz und Pro-Forma-GuV deshalb nicht möglich ist, da nur solche Anpassungen im Bereich der GuV vorgenommen werden sollen, die einen *continuing impact* haben, wohingegen in der Pro-Forma-Bilanz Pro-Forma-Anpassungen unabhängig davon, ob sie einen dauerhaften oder einmaligen Einfluss haben, berücksichtigt werden müssen (Regulation S-X Rule 11-02 (a)).

e) Pro-Forma-Anpassungen

81 **aa) Grundsätze.** Grds müssen Pro-Forma-Anpassungen der Transaktion direkt zugeordnet werden können und mit Fakten unterlegt sein (delegierte

II. Erstellung 82–88 **F**

Verordnung (EU) 2019/980, Anhang 20 Punkt 2.3 Buchst b und c; IDW RH HFA 1.004, Tz 21, Regulation S-X, Rule 11-02 (b) (6)). Pro-Forma-Anpassungen können der UntTransaktion dann **direkt zugeordnet** werden, wenn sie auf Sachverhalten beruhen, die integraler Bestandteil der Transaktion und nicht von zukünftigen Maßnahmen oder Transaktionen abhängig sind (glA ESMA 2013 Anm 88). Bspw gehören zu erwartende zusätzliche oder verringerte HVKosten, Prüfungskosten oder geänderte AR-/Vorstandsvergütungen nicht zu den Pro-Forma-Anpassungen, da diese Kosten nicht direkt aus der UntTransaktion resultieren, sondern nur eine Folge geänderter Rahmenbedingungen sind (IDW RH HFA 1.004, Tz 30).

Eine Anpassung ist dann mit **Fakten unterlegt,** wenn diese hinreichend 82 objektiv bestimmt werden können und verlässliche, dokumentierte Nachweise vorliegen (glA ESMA 2013 Anm 87).

Regulation S-X Rule 11-02 (b) (6) schreibt darüber hinaus für Pro-Forma- 83 Anpassungen im Bereich der GuV vor, dass diese einen **dauerhaften Einfluss** auf den Emittenten haben müssen. Diese Verpflichtung wurde im Rahmen der Prospekt-VO 2017 iVm der delegierten Verordnung (EU) 2019/980 in der Weise berücksichtigt, dass bei den Pro-Forma-Anpassungen im Bereich der GuV zwischen solchen, die einen dauerhaften Einfluss, und solchen, die lediglich einen einmaligen Einfluss haben, unterschieden werden muss (delegierte Verordnung (EU) 2019/980, Punkt 1.1 Buchst c iv); IDW RH HFA 1.004, Tz 20). Ob diese Unterscheidung in einer separaten Anpassungsspalte oder in den Pro-Forma-Erl vorgenommen werden muss, lässt die delegierte Verordnung (EU) 2019/980 offen. Sinnvoll erscheint eine Darstellung in einer separaten Spalte, da durch die hiermit erreichte klarere Darstellung die Prognose zukünftiger Ergebnisse erleichtert wird (delegierte Verordnung (EU) 2019/980, Anhang 20 Punkt 2.3 Buchst a, IDW RH HFA 1.004, Tz 21 zum Grundsatz der Klarheit).

Aus dem Zweck der Pro-Forma-Finanzinformationen kann abgeleitet wer- 84 den, dass **sämtliche** Pro-Forma-Anpassungen vorzunehmen sind, die die oben dargestellten Anforderungen erfüllen. Ein Unterlassen von als wesentlich einzuschätzenden Pro-Forma-Anpassungen würde die Prognoseeignung und damit die Aussagekraft der Pro-Forma-Finanzinformationen einschränken.

bb) Pro-Forma-Gewinn- und Verlustrechnung. Um die Abschätzung 87 der künftigen Ertragssituation eines Unt zu erleichtern, müssen im Bereich der GuV Anpassungen für Aufwendungen und Erträge vorgenommen werden, die zwischen in den Abschluss einbezogenen Unt angefallen sind. Das bedeutet, dass für den Zeitraum, in dem das erworbene oder veräußerte Unt nicht in den Abschluss einbezogen war, **Aufwands- und Ertragskonsolidierungen** sowie **Zwischenergebniseliminierungen** in Übereinstimmung mit den angewandten Rechnungslegungsgrundsätzen durchgeführt werden müssen. Dies kann die aufstellende Ges vor Probleme stellen, sofern vor Erwerb der TU noch nicht die erforderlichen Maßnahmen zur Identifizierung der relevanten Transaktionen eingerichtet waren. Dennoch kann auf die Anpassungen wesentlicher Transaktionen nicht verzichtet werden.

Pro-Forma-Anpassungen werden typischerweise für zusätzliche planmäßige 88 **Abschreibungen** auf im Rahmen der ErstKons aufgedeckte **stille Reserven**

Deubert/Almeling 335

vorgenommen (IDW RH HFA 1.004, Tz 27). Dabei sollten die im Abschluss berücksichtigten Abschreibungen auf stille Reserven auf die gesamte Berichtsperiode hochgerechnet und die Differenz als Pro-Forma-Anpassung aufgenommen werden. Diese Vorgehensweise stellt sicher, dass ceteris paribus (dh insb bei linearer Abschreibung) in den Pro-Forma-Finanzinformationen die Abschreibungen des nächsten Gj bereits in der Pro-Forma-Berichtsperiode abgebildet werden. Eine erneute Durchführung der Kaufpreisallokation zum Beginn der Pro-Forma-Berichtsperiode ist nicht durchzuführen. Eine solche würde die Aussagekraft der Pro-Forma-Finanzinformationen einschränken, da aus den sich hieraus ergebenden Pro-Forma-Anpassungen keine Rückschlüsse auf zukünftig zu erwartende Abschreibungen gezogen werden könnten.

89 Pro-Forma-Anpassungen im Bereich der **Zinsaufwendungen** können die Prognoseeignung der Pro-Forma-Finanzinformationen verbessern, wenn sich bspw die Finanzierungskosten eines UntErwerbs nicht in den Ausgangszahlen des erworbenen Unt oder UntTeils vor Erwerb widerspiegeln (IDW RH HFA 1.004, Tz 28). Wird der Erwerb fremdfinanziert, sind die Finanzierungsaufwendungen, die für den UntErwerb im Berichtszeitraum anfallen, auf die gesamte Berichtsperiode hochzurechnen und die Differenz als Pro-Forma-Anpassung darzustellen. Das Gleiche gilt, wenn im Rahmen des UntErwerbs Schulden mit geänderten Finanzierungskonditionen übernommen werden. Wird der UntErwerb durch Ausgabe eigener Aktien finanziert, sind keine Pro-Forma-Anpassungen vorzunehmen, da hierfür bilanziell keine Finanzierungskosten erfasst werden. Allerdings sind die **Earnings per Share** – sofern deren Angabe nach den angewandten Rechnungslegungsgrundsätzen gefordert ist – so darzustellen, als ob die Aktien bereits zu Beginn der Berichtsperiode ausgegeben wurden (IDW RH HFA 1.004, Tz 9).

90 Bei **Veräußerung eines Unternehmens** oder UntTeils sind in den Ausgangszahlen solche Aufwendungen und Erträge zu berücksichtigen, die der rechtlichen Einheit des veräußerten Unt für den Zeitraum vor der EndKons zuzurechnen sind. Fraglich ist, ob Zinsaufwendungen aus einer Fremdfinanzierung, die dem veräußerten Unt zuzurechnen ist, aber bspw beim ehemaligen MU anfielen, zusätzlich als Pro-Forma-Anpassung zu eliminieren sind. Dies kommt nur dann in Frage, wenn diese Zinsaufwendungen zukünftig beim veräußernden Unt nicht mehr anfallen. Dies kann dann der Fall sein, wenn die erzielten Veräußerungserlöse für die Tilgung der Verbindlichkeit verwendet wurden oder werden. Werden die Mittel aus der Veräußerung für andere Zwecke reinvestiert, ist eine Pro-Forma-Anpassung für Zinsaufwendungen nicht sachgerecht. Allerdings sind in diesem Fall Pro-Forma-Anpassungen für erwartete Erträge aus den reinvestierten Veräußerungserlösen vorzunehmen, da ansonsten in der Pro-Forma-GuV geringere Erlöse gezeigt würden, als in Zukunft zu erwarten sind. Eine solche Berücksichtigung (fiktiver) Zinserträge wird auch in IDW RH HFA 1.004 (Tz 26) gefordert.

91 Pro-Forma-Anpassungen im Bereich der **Steuern** können zum einen daraus resultieren, dass bspw durch Erwerb eines TU Verlustvorträge genutzt werden können oder dass durch den Erwerb bspw andere Steuersätze zur Anwendung kommen. Pro-Forma-Anpassungen können auch notwendig sein, wenn ein erworbenes Unt in den steuerlichen Organkreis des MU ein-

II. Erstellung 92, 93 F

bezogen wird und die daraus resultierenden Erfolgswirkungen nicht in den Ausgangszahlen des erworbenen Unt abgebildet sind (IDW RH HFA 1.004, Tz 29). Gleiches gilt, wenn ein Unt oder UntTeil veräußert wird. Zum anderen sind in Einklang mit den anwendbaren Rechnungslegungsgrundsätzen latente Steuererträge bzw -aufwendungen auf die vorgenommenen Pro-Forma-Anpassungen zu bilden.

Im Zusammenhang mit UntErwerben und -veräußerungen entstehen idR 92 Aufwendungen im Zusammenhang mit der **Restrukturierung** des Unt oder der **Integrierung** eines erworbenen Unt in das erwerbende Unt (IDW RH HFA 1.004, Tz 27). Bspw fallen Aufwendungen für die Entlassung von Mitarbeitern oder für die Schließung von Betriebsstätten an. Sofern diese Aufwendungen nicht bereits nach den angewandten Rechnungslegungsgrundsätzen im Abschluss des Unt erfasst sind, was regelmäßig nicht der Fall ist, stellt sich die Frage, ob für bereits entstandene oder noch zu erwartende Aufwendungen dieser Art Pro-Forma-Anpassungen vorzunehmen sind. Gegen die Vornahme von Pro-Forma-Anpassungen für zu erwartende Aufwendungen spricht, dass solche häufig nicht hinreichend mit Fakten unterlegt sind. Sollte man zu dem Schluss kommen, dass eine Pro-Forma-Anpassung für Restrukturierungsaufwendungen vorzunehmen ist, ist diese idR als Anpassung **mit einmaligem Einfluss** zu kennzeichnen (IDW RH HFA 1.004, Tz 20 und 27).

cc) **Pro-Forma-Bilanz.** Eine Pro-Forma-Bilanz ist idR dann aufzustel- 93 len, wenn eine relevante UntTransaktion nach dem Stichtag des letzten Abschlusses stattgefunden hat (IDW RH HFA 1.004, Tz 11 und 13 Bsp 3). Pro-Forma-Anpassungen im Bereich der Bilanz sind insb infolge der fiktiven Vorverlegung eines UntErwerbs auf den Stichtag des letzten Abschlusses vorzunehmen. Ziel ist es, die fiktive KapKons zum Bilanzstichtag so durchzuführen, dass hierbei der gleiche Unterschiedsbetrag wie zum tatsächlichen ErstKonsZeitpunkt entsteht. Hierfür ist es in einem ersten Schritt notwendig, als erste Pro-Forma-Anpassung einen **Beteiligungsbuchwert** zu erfassen, da in den Ausgangszahlen des erwerbenden MU aufgrund des nach dem Bilanzstichtag stattfindenden Erwerbs noch keine Bet erfasst ist. Die Einbuchung der Bet wird in Höhe der tatsächlichen AK vorgenommen (IDW RH HFA 1.004, Tz 23). Die Gegenbuchung erfolgt entspr der **tatsächlichen Finanzierung** bspw im FK, im EK oder bei den flüssigen Mitteln. Da sich regelmäßig das EK des zu erwerbenden Unt am Bilanzstichtag vom EK zum tatsächlichen Erwerbszeitpunkt unterscheidet, würde eine KapKons zum Bilanzstichtag zu einem anderen Unterschiedsbetrag als zum ErstKonsZeitpunkt führen. Daher ist der BetBuchwert um die **Eigenkapital-Veränderungen** des zu erwerbenden Unt zwischen Bilanzstichtag und ErstKonsZeitpunkt in Form einer Pro-Forma-Anpassung zu berichtigen (IDW RH HFA 1.004, Tz 23, *Schmotz* 2004, 164 ff zur Diskussion verschiedener theoretischer Alternativen). Die Gegenbuchung erfolgt sinnvollerweise analog der tatsächlichen Finanzierung. Wird bspw der UntErwerb rein durch FK finanziert und hat das zu erwerbende Unt zwischen Bilanzstichtag und ErstKonsZeitpunkt einen Gewinn erwirtschaftet, ist im Bereich des FK ein **Sonderposten** in Form einer Soll-Buchung bei gleichzeitiger Berichtigung des BetBuchwerts im Haben vorzunehmen. Der FKSonderposten kann so interpretiert werden,

F 95–97 Kombinierter Abschluss und Pro-Forma-Finanzinformationen

dass zum Bilanzstichtag für das zu erwerbende Unt weniger bezahlt worden wäre und daher auch das zur Finanzierung des Erwerbs aufgenommene Darlehen niedriger gewesen wäre. Ein getrennter Ausweis des Darlehens in einen Teil in Höhe der tatsächlich aufgenommenen Geldmittel und einen Sonderposten erscheint aus Gründen der Klarheit erforderlich, wenn nicht vergleichbare Angaben in den Pro-Forma-Erl gemacht werden. Als letzter Schritt kann nun die **Kapitalkonsolidierung** als Pro-Forma-Anpassung entspr der tatsächlichen ErstKons durchgeführt werden. Zur Illustration anhand des FallBsp s Anm 99.

f) Wertaufhellung

95 Im Gegensatz zu KA und kombinierten Abschlüssen ergänzen Pro-Forma-Finanzinformationen lediglich bestehende Abschlüsse von Unt. Daher ist es nicht Aufgabe von Pro-Forma-Finanzinformationen, Einschätzungen der UntLeitung, die bei der Erstellung der historischen Abschlüsse getroffen wurden, zu aktualisieren. Wertaufhellende Ereignisse sind daher weder in Ausgangszahlen noch in den Pro-Forma-Anpassungen zu berücksichtigen (ähnlich *Heiden* 2006, 198; aA *Schmotz* 2004, 88 ff und 122 und *Schindler/Böttcher/Roß* 2001, 143).

g) Verhältnis zu Angaben nach § 294 Abs 2 HGB und IFRS 3

96 § 294 Abs 2 HGB fordert Angaben, die den Zweck verfolgen, im Falle einer wesentlichen Änderung des KonsKreises die Vergleichbarkeit aufeinanderfolgender Abschlüsse zu verbessern. Die Angabepflicht kann ua durch Pro-Forma-Zahlen erfolgen (*Störk/Deubert* in Beck Bil-Komm[12] § 294 Anm 15; IDW RS HFA 44, Tz 15 ff). Auch in IFRS 3.B64(q)(ii) werden bestimmte Pro-Forma-Angaben gefordert. Danach sind im Falle von im abgelaufenen Gj und bis zum Aufstellungszeitpunkt des KA getätigte Akquisitionen, Umsatz und Jahresüberschuss des Konzerns so darzustellen, als ob das erworbene Unt bereits zu Beginn des Berichtszeitraums erworben worden wäre. Auch wenn die Anforderungen der Prospekt-VO 2017 iVm der delegierten Verordnung (EU) 2019/980 an Pro-Forma-Finanzinformationen auf solche Angaben nicht direkt anwendbar sind, sind dennoch aus Gründen der Verständlichkeit die Grundlagen, auf denen die Angaben ermittelt wurden, zu erläutern.

h) Fallbeispiel

97 Der Zweck von Pro-Forma-Finanzinformationen ist es, darzustellen, welche wesentlichen Auswirkungen UntTransaktionen auf die historischen Abschlüsse gehabt hätten, wenn das Unt während des gesamten Berichtszeitraums in der durch die UntTransaktionen geschaffenen Struktur bestanden hätte. Durch die in Anm 52 (Fall 1) und 54 (Fall 2 Alternative 2) dargestellten kombinierten Abschlüsse – bei diesen handelt es sich um historische Abschlüsse – wird der Erwerb der DDD-GmbH bereits vollständig abgebildet. Eine Erstellung von Pro-Forma-Finanzinformationen wäre in diesem Fall nicht notwendig. Daher wird im Folgenden davon ausgegangen, dass die DDD-GmbH durch die CC-AG von einer nicht zum A-Konzern gehörenden Person erworben wurde. In diesem Fall wäre eine Aufstellung eines kombinierten Abschlusses

II. Erstellung

nicht möglich, da die DDD-GmbH nicht während des gesamten Berichtszeitraums unter gemeinsamer Beherrschung stand (s Anm 3). Des Weiteren wird davon ausgegangen, dass der Erwerb der DDD-GmbH zum 31.3.X1 eine relevante UntTransaktion im Sinne der Prospekt-VO 2017 iVm der delegierten Verordnung (EU) 2019/980 darstellt. Der in Anm 26 dargestellte KA der CC-AG (Fall 2 Alternative 2) wird für die Ausgangszahlen herangezogen. In einem ersten Schritt wird zur KonzernGuV der CC-AG die für den Zeitraum vom 1.1.X1 bis 31.3.X1 aufgestellte ZwischenGuV der DDD-GmbH addiert. Unterschiede zwischen HGB und IFRS ergeben sich annahmegemäß für den Zwischenabschluss der DDD-GmbH nicht. Somit sind keine Anpassungen der Ausgangszahlen notwendig. Dieser Schritt entspricht dem oben dargestellten Vorgehen beim kombinierten Abschluss im Fall 2 Alternative 2 (Anm 55) und somit stimmt die Summenspalte der Pro-Forma-Finanzinformationen mit der GuV des kombinierten Abschlusses überein. Danach werden Pro-Forma-Anpassungen für Abschreibungen auf im Rahmen der ErstKons aufgedeckte stille Reserven sowie für Zinsaufwendungen für das zur Finanzierung des Erwerbs aufgenommene Darlehen für den Zeitraum vor Erwerb ergänzt. Pro-Forma-Anpassungen für Kons ergeben sich annahmegemäß nicht.

GuV Konzern CC (IFRS) X1, geprüft		GuV ZA DDD (IFRS) 1.1.–31.3. X1, prüferisch durchgesehen		Summe	Pro-Forma-Anpassungen	Pro-Forma-GuV CC X1
Umsatzerlöse	65		5	70		70
Abschreibungen	3,75		0	3,75	1,25 1	5
BetErtr	0		0	0		0
Zinsaufwand	8,25		0	8,25	0,75 2	9
Überschuss	**53**		**5**	**58**	**−2**	**56**

In den Pro-Forma-Anpassungen wird die Abschreibung der bei ErstKons zum 31.3.X1 aufgedeckten stillen Reserven auf den gesamten Berichtszeitraum hochgerechnet (Anpassung 1: Hochgerechnete Abschreibungen (3,75 x 12/9) abzgl in der KonzernGuV erfasster Abschreibungen (3,75)). Darüber hinaus wird der Zinsaufwand, der aus der Finanzierung des BetErwerbs resultiert, auf den gesamten Berichtszeitraum hochgerechnet (Anpassung 2: Hochgerechnete Zinsaufwendungen für Finanzierung Erwerb DDD-GmbH (100 × 60% × 5%) abzgl in der KonzernGuV erfasster Zinsaufwendungen (100 × 60% × 5% × 9/12)). Eine Gegenbuchung der Pro-Forma-Anpassungen erfolgt aufgrund der fehlenden Kongruenz von Pro-Forma-GuV und Pro-Forma-Bilanz nicht. Im Gegensatz zu KA und kombinierten Abschlüssen werden bei Darstellung der Pro-Forma-Finanzinformationen alle Spalten und somit der gesamte Erstellungsprozess und nicht lediglich die resultierende GuV abgebildet.

Im Folgenden soll ausgehend von im Anm 22 dargestellten FallBsp die Erstellung einer Pro-Forma-Bilanz illustriert werden. Abw vom FallBsp gehen wir nun davon aus, dass mit dem Erwerb der DDD-GmbH durch die CC-AG eine UntTransaktion zum 31.12.X0 konkret bevorsteht und die Auswirkungen des Erwerbs auf den KA der CC-AG durch eine Pro-Forma-Bilanz zum 31.12.X0 illustriert werden soll. Die Zahlen des KA der CC-AG, in den die EEE-GmbH als TU einbezogen wird, zum 31.12.X0 lehnen sich an das Fallbeispiel aus Anm 22 an. Aus Vereinfachungsgründen wird unterstellt, dass weder die CC-AG noch die DDD-GmbH im Jahr X0 einen Überschuss erzielt haben. Der KA der CC-AG sowie die HBil II der DDD-GmbH zum 31.12.X0 stellen die historischen Finanzinformationen, zusammen mit der Summenspalte die Ausgangszahlen im Sinne des IDW RH HFA 1.004 dar.

F 109–111 Kombinierter Abschluss und Pro-Forma-Finanzinformationen

	KA CC 31. 12. X0	HBil II DDD 31. 12. X0	Summe	Pro-Forma-Anpassungen				Pro-Forma-Bilanz CC 31. 12. X0
				Soll		Haben		
Bet DDD	0	0	0	100	3	5+95	4 5	0
Kasse	60	0	60			40	3	20
Sonst Akt	330	210	540	25	1			565
Goodwill	0	0	0	20	5			20
Aktiva	**390**	**210**	**600**	**145**		**140**		**605**
GezKap	120	60	180	60	5			120
NBRL	0	0	0	10+15	2 5	25	1	0
Übersch	0	0	0					0
FK	270	150	420			10+60	2 3	490
Sonderposten FK	0	0	0	5	4			-5
Passiva	**390**	**210**	**600**	**90**		**95**		**605**

In einem ersten Schritt wird eine fiktive Zeitbewertung der Vermögenswerte und Schulden der DDD-GmbH, wie sie auch zum echten ErstKonsZeitpunkt durchgeführt wird (s Anm 26), als Pro-Forma-Anpassung erfasst (Buchungen 1 und 2). Danach wird der echte BetBuchwert (100 GE) mit der echten Finanzierung des Erwerbs (60% FK und 40% in bar) als Pro-Forma-Anpassung eingebucht (Buchung 3; s Anm 22 und 93). Weiterhin wird der BetBuchwert um die EKVeränderungen des zu erwerbenden Unt zwischen Bilanzstichtag und ErstKonsZeitpunkt (5 GE; s Anm 22) als Pro-Forma-Anpassung berichtigt. Aus Vereinfachungsgründen erfolgt die Gegenbuchung vollständig als Sonderposten im Bereich des FK (Buchung 4; s Anm 93). Schließlich wird eine fiktive ErstKonsBuchung als Pro-Forma-Anpassung durchgeführt (Buchung 5). Es entsteht der gleiche Unterschiedsbetrag wie bei der echten ErstKonsBuchung zum 31.3.X1 (s Anm 26, IDW RH HFA 1.004, Tz 23).

III. Prüfung

1. Kombinierter Abschluss

a) Prüfungsurteil

109 Ebenso wie beim KA wird im Rahmen der Prüfung eines kombinierten Abschlusses ein Urteil darüber getroffen, ob dieser ein den tatsächlichen Verhältnissen entspr Bild der VFE-Lage *(true and fair view)* der Gruppe in Übereinstimmung mit den angewandten Rechnungslegungsgrundsätzen vermittelt. Darüber hinaus wird analog zur Prüfung eines KA implizit (US-GAAS, ISA) oder explizit (deutsche GoA, § 322 Abs 3 S 1 HGB) ein Urteil darüber abgegeben, ob die Prüfung zu Einwendungen gegen den kombinierten Abschluss geführt hat und ob dieser **frei von wesentlichen Fehlern** ist. Weiterhin wird ein Urteil darüber abgegeben, ob das geprüfte Unt die maßgeblichen Rechnungslegungsgrundsätze beachtet hat (IDW PS 400nF, Tz 37).

110 Bei der Formulierung des Prüfungsurteils ist darauf zu achten, dass nicht die Gefahr einer Verwechslung mit einer gesetzlichen APr besteht.

111 Um den Adressaten des kombinierten Abschlusses und der Bescheinigung zu verdeutlichen, dass dem kombinierten Abschluss ein im Gegensatz zu einem KA abw KonsKreis zugrunde liegt, muss neben der detaillierten Erl im Anhang auch in der Berichterstattung auf diesen Umstand hingewiesen werden. Hierbei empfiehlt es sich, bei der Darstellung der Verantwortlichkeit der UntLeitung die relevanten Rechnungslegungsgrundsätze zu nennen und mit

III. Prüfung

den Worten „unter Berücksichtigung des diesem kombinierten Abschluss zugrunde gelegten Konsolidierungskreises und der im Anhang in Abschnitt X dargestellten Grundsätze zur Ableitung des Konsolidierungskreises" zu ergänzen. Darüber hinaus ist der Aufsteller zu nennen und die Gruppe zu bezeichnen (ADS^6 § 322 HGB Anm 106).

b) Prüfungsumfang und Grad der Sicherheit

Um zu dem in Anm 109 beschriebenen Prüfungsurteil zu gelangen, sind die jeweiligen, zB deutschen, US-amerikanischen oder internationalen Prüfungsgrundsätze, für die Prüfung von KA anzuwenden. Besonderheiten bei der Prüfung eines kombinierten Abschlusses im Vergleich zu einem KA ergeben sich daraus, dass einem kombinierten Abschluss ein von einem KA abw KonsKreis zugrunde liegt. In diesem Zusammenhang muss ergänzend zu den bei einer KA-Prüfung erforderlichen Prüfungshandlungen geprüft werden, ob die erforderlichen Anhangangaben zur Abgrenzung des KonsKreises und zum Vorgehen bei der Zuordnung von VG bzw Vermögenswerten und Schulden sowie von Aufwendungen und Erträgen (Anm 45 ff) gemacht wurden und ob die Erstellung des kombinierten Abschlusses tatsächlich in Übereinstimmung mit diesen Angaben durchgeführt wurde.

Da wie oben dargestellt KonzernUnt, die nicht vom kombinierten Abschluss erfasst werden, als **nahe stehende Personen** anzusehen sind, muss dies auch bei der Prüfung berücksichtigt werden. Dies betrifft ua die Darstellung der Geschäfte mit nahe stehenden Personen im Anhang, soweit dies nach den relevanten Rechnungslegungsgrundsätzen vorgeschrieben ist.

Wie bei einem KA wird das Prüfungsurteil mit hinreichender Sicherheit getroffen.

2. Pro-Forma-Finanzinformationen

a) Prüfungsurteil

Im Rahmen der Prüfung von Pro-Forma-Finanzinformationen iSd Prospekt-VO 2017 iVm der delegierten Verordnung (EU) 2019/980 wird nach Anhang 20, Abschn 3 der delegierten Verordnung (EU) 2019/980 ein Urteil darüber getroffen, ob die Pro-Forma-Finanzinformationen auf den in den Pro-Forma-Erl dargestellten Grundlagen ordnungsgemäß erstellt wurden und ob diese Grundlagen in Einklang mit den Rechnungslegungsgrundsätzen sowie den Kons-, Ausweis-, Bilanzierungs- und Bewertungsmethoden (Rechnungslegungsmethoden) des Emittenten stehen.

b) Prüfungsumfang und Grad der Sicherheit

Berufsständische Grundsätze für die Prüfung von Pro-Forma-Finanzinformationen sind in IDW PH 9.960.1 sowie in ISAE 3420 enthalten. IDW PH 9.960.1 bezieht sich auf Pro-Forma-Finanzinformationen, die in Übereinstimmung mit IDW RH HFA 1.004 erstellt worden sind. ISAE 3420 ist anwendbar für von einem WP durchzuführende Aufträge zur Berichterstattung über die durch eine andere Partei zu verantwortende Erstellung von Pro-Forma-Finanzinformationen, die in Prospekten enthalten sind, sofern eine

F 127, 128 Kombinierter Abschluss und Pro-Forma-Finanzinformationen

solche Berichterstattung in einem Rechtsraum gesetzlich vorgeschrieben ist oder einer in einem Rechtsraum allg akzeptierten Praxis entspricht (ISAE 3420 Anm 1). Bsp für andere nationale Regelungen sind der US-amerikanische Attestation Standard (AT-C) Section 310 „Reporting on Pro Forma Financial Information" des AICPA und der britische Investment Circular Reporting Standard (SIR) 4000 „Investment Circular Reporting Standards applicable to public reporting engagements on pro forma financial information".

127 Die in Anhang 20 Abschn 3 der delegierten Verordnung (EU) 2019/980 geforderte Beurteilung, ob die in den Pro-Forma-Erl dargestellten Grundlagen in **Einklang** mit den Rechnungslegungsgrundsätzen und -methoden des Unt stehen, erfordert, sich anhand der als Ausgangszahlen dargestellten historischen Abschlüsse **Kenntnisse über die Rechnungslegungsgrundsätze** des Unt zu verschaffen und diese mit den Ausführungen in den Pro-Forma-Erl zu vergleichen (IDW PH 9.960.1, Tz 23; ISAE 3420 Anm 17(e) und A19). Weiterhin sind anhand von Anteilskaufverträgen und ggf unter Berücksichtigung der Erkenntnisse aus der APr die **Erstkonsolidierungszeitpunkte** der erworbenen oder veräußerten Unt sowie die zutreffende **Länge der Berichtzeiträume** der GuV in den Ausgangszahlen zu untersuchen. Obwohl nach IDW PH 9.960.1, Tz 12 die Ausgangszahlen einschl der Anpassung an einheitliche Rechnungslegungsgrundsätze nicht Gegenstand der Prüfung sind, hat sich der WP davon zu überzeugen, dass die Ausgangszahlen für die Erstellung der Pro-Forma-Finanzinformationen geeignet sind (IDW PH 9.960.1, Tz 14ff). **Anhaltspunkte für Zweifel** an der Ordnungsmäßigkeit der Ausgangszahlen, die sich beim **kritischen Lesen** der historischen Abschlüsse oder der Überleitungsrechnungen sowie durch Befragungen der Unt-Leitung ergeben, mit der UntLeitung zu diskutieren und ggf auf eine Änderung hinzuwirken. Konkrete Prüfungshandlungen sind vorzunehmen, wenn die Ausgangszahlen aus einer Datenquelle entnommen sind, die nicht geprüft oder prüferisch durchgesehen ist (IDW PH 9.960.1, Tz 16ff). Im Gegensatz zu IDW PH 9.960.1 definiert ISAE 3420 auch die Anpassung der historischen Abschlüsse an einheitliche Rechnungslegungsgrundsätze und -methoden als Pro-Forma-Anpassungen (ISAE 3420 Anm 11(b) (ii)). Somit sind auch die Anpassungen an einheitliche Rechnungslegungsgrundsätze und -methoden im Rahmen der Auftragsdurchführung zu beurteilen. Darüber hinaus sind Nachweise dafür einzuholen, dass die (unangepassten) historischen Abschlüsse aus einer geeigneten Quelle abgeleitet wurden (ISAE 3420 Anm 18ff).

128 Um zu dem in Anhang 20 Abschn 3 der delegierten Verordnung (EU) 2019/980 geforderten Urteil, ob die Pro-Forma-Finanzinformationen auf den in den Pro-Forma-Erl dargestellten Grundlagen **ordnungsgemäß erstellt** worden sind, zu gelangen, sind insb die **Übertragung** der historischen Finanzinformationen des die Pro-Forma-Finanzinformationen erstellenden Unt sowie der angepassten historischen Finanzinformationen des erworbenen oder zu erwerbenden TU, Teilkonzerns oder UntTeils **in die Ausgangszahlen,** die **Pro-Forma-Anpassungen** sowie die **rechnerische Richtigkeit** der Zusammenfassung der Ausgangszahlen mit den Pro-Forma-Anpassungen zu den resultierenden Pro-Forma-Finanzinformationen zu prüfen (IDW PH 9.960.1, Tz 20ff; ISAE 3420 Anm 21f und 25).

IV. Zusammenfassender Vergleich 129–144 **F**

Bei den Pro-Forma-Anpassungen ist nach IDW PH 9.960.1, Tz 21 neben der **Beurteilung der Konsolidierung** ein Schwerpunkt der Prüfungstätigkeiten auf die Pro-Forma-Anpassungen im Hinblick auf **Kaufpreisaufteilung und Finanzierung** zu legen. Dies ist insb dann von Bedeutung, wenn eine relevante UntTransaktion nach dem Bilanzstichtag des letzten Abschlusses stattgefunden hat und somit eine Pro-Forma-Bilanz aufgestellt wird. 129

Sofern die Pro-Forma-Finanzinformationen eine Pro-Forma-Bilanz enthalten, muss im Rahmen der Prüfungshandlungen weiterhin berücksichtigt werden, dass konzeptionell **keine Kongruenz** zwischen Pro-Forma-Bilanz und Pro-Forma-GuV existiert und somit für Pro-Forma-Anpassungen im Bereich der Pro-Forma-GuV eine Gegenbuchung oder die Bildung eines bilanziellen Ausgleichspostens nicht zulässig ist (s Anm 80). 130

Anpassungen im Bereich der Pro-Forma-GuV sind insb dahingehend zu untersuchen, ob **Abschreibungen** auf im Rahmen einer ErstKons im Berichtszeitraum aufgedeckte stille Reserven sowie **Zinsen** auf im Rahmen von UntErwerben im Berichtszeitraum aufgenommene Darlehen in der **richtigen Höhe** erfasst wurden (Anm 88, 89). Weiterhin ist darauf zu achten, ob **latente Steuern** auf die Anpassungen im Bereich der Pro-Forma-GuV ordnungsgemäß erfasst wurden. Darüber hinaus ist darauf zu achten, dass Pro-Forma-Anpassungen von **dauerhaftem** und von **einmaligem** Einfluss als solche **gekennzeichnet** sind. 131

Weiterhin sind die **Pro-Forma-Erläuterungen** daraufhin kritisch zu lesen, ob die Pro-Forma-Erl verständlich und nachvollziehbar sind sowie ob sie alle von den anwendbaren Aufstellungsgrundsätzen geforderten Angaben enthalten. 132

Schließlich ist eine **Vollständigkeitserklärung** einzuholen. Hierfür werden in IDW PH 9.960.1, Tz 25 bzw ISAE 3420 Anm 28 einzelne einzuholende Erklärungen aufgeführt. Für die **Bescheinigung** über die Prüfung werden in IDW PH 9.960.1, Tz 26 bzw im Anhang des ISAE 3420 Musterformulierungen zur Verfügung gestellt. 133

Das Prüfungsurteil wird ebenso wie bei einem KA und einem kombinierten Abschluss mit **hinreichender Sicherheit** getroffen (IDW PH 9.960.1, Tz 7; ISAE 3420 Anm 1 und 6). Im Gegensatz zu einem KA wird in der Bescheinigung zu Pro-Forma-Finanzinformationen kein Urteil zur Übereinstimmung der Finanzinformationen mit anerkannten Rechnungslegungsgrundsätzen oder zur Vermittlung eines *true and fair view* abgegeben. Auch die Beurteilung der Plausibilität der Annahmen ist nicht Gegenstand der Prüfung (IDW PH 9.960.1, Tz 13). 134

IV. Zusammenfassender Vergleich

Die Unterschiede zwischen einem KA, einem kombinierten Abschluss und Pro-Forma-Finanzinformationen **aus konzeptioneller Sicht** sind in folgender Tabelle dargestellt. 144

F 145, 146 Kombinierter Abschluss und Pro-Forma-Finanzinformationen

	KA	Kombinierter Abschluss	Pro-Forma-Finanzinformationen
Einheitliche Leitung oder gemeinsame Beherrschung der einbezogenen Unternehmen über den gesamten Berichtszeitraum	ja	ja	idR nein
Aufstellendes Unternehmen einbezogen	ja	Nicht notwendigerweise	idR ja
Eigenständiger Abschluss	ja	ja	nein
Ausschließliche Erfassung tatsächlicher Geschäftsvorfälle	ja	ja	nein
Vermittlung eines *true and fair view* und Bestätigung durch WP	ja	ja	nein

145 Im Fall 2 (unterjähriger Erwerb der DDD-GmbH) Alternative 2 (Anwendung des IFRS 3) des oben dargestellten **Beispiels** war sowohl bei der Erstellung des kombinierten Abschlusses als auch der Pro-Forma-Finanzinformationen der KA der CC-AG der **Ausgangspunkt**. Während **Pro-Forma-Finanzinformationen** regelmäßig einen historischen Abschluss **ergänzen**, ist ein solches Vorgehen bei einem **kombinierten Abschluss nicht zwingend**, da dieser als **eigenständiger Abschluss** aufgestellt wird. Ein grundlegender Unterschied zwischen den in Fall 2 Alternative 2 behandelten Rechenwerken ist, dass der **kombinierte Abschluss** nur von der **A-AG aufgestellt** werden kann, da nur diese die Gruppe über den gesamten Berichtszeitraum **einheitlich geleitet** bzw **beherrscht** hatte. Im Gegensatz dazu kann der **KA** für den CC-Teilkonzern sowohl von der A-AG als auch – dies ist wohl der Regelfall – von der CC-AG selbst aufgestellt werden. Auch die **Pro-Forma-Finanzinformationen** können von der A-AG aufgestellt werden. Im Falle einer verpflichtenden Aufnahme der Pro-Forma-Finanzinformationen in einen Wertpapierprospekt iSd Prospekt-VO 2017 iVm der delegierten Verordnung (EU) 2019/980 sind die Pro-Forma-Finanzinformationen jedoch vom Emittenten – hier der CC-AG – aufzustellen (§ 3 WpPG).

146 In folgendem Schaubild sind die aus dem **Fallbeispiel** resultierenden Bilanzen und GuV des KA der CC-AG, die Bilanzen und GuV des kombinierten Abschlusses der CC-Gruppe sowie die Summen- und Endspalte der Pro-Forma-Finanzinformationen gegenübergestellt.

IV. Zusammenfassender Vergleich

	KA			Kombinierter Abschluss			Pro-Forma-Finanzinformationen (Fall 2 Alt 2)	
	Fall 1	Fall 2 Alt 1	Fall 2 Alt 2	Fall 1	Fall 2 Alt 1	Fall 2 Alt 2	Summe	Pro-Forma-GuV
Kasse	54	11,75	11,75	54	11,75	11,75		
Sonst Akt	370	550	571,25	550	550	571,25		
Goodwill	0	0	20	0	0	20	Pro-Forma-Bilanz im FallBsp nicht gefordert bzw nicht vergleichbar	
Aktiva	**424**	**561,75**	**603**	**604**	**561,75**	**603**		
GezKap	120	120	120	180	120	120		
KapRL	0	-40	0	0	-40	-5		
Übersch	34	51,75	53	54	51,75	58		
FK	270	430	430	370	430	430		
Passiva	**424**	**561,75**	**603**	**604**	**561,75**	**603**		
UE	40	70	65	70	70	70	70	70
Abschr	0	0	3,75	0	0	3,75	3,75	5
so Aufw	0	10	0	10	10	0	0	0
Zinsaufw	6	8,25	8,25	6	8,25	8,25	8,25	9
Übersch	**34**	**51,75**	**53**	**54**	**51,75**	**58**	**58**	**56**

Ein Vergleich der verschiedenen Rechenwerke bietet sich im FallBsp insb für den Fall 2 Alternative 2 an (in obiger Tabelle grau hinterlegt). Während im KA die Umsatzerlöse der DDD-GmbH nur ab dem 1.4.X1 in der GuV enthalten sind, enthält die GuV des kombinierten Abschlusses die Umsatzerlöse für das gesamte Gj X1 und enthält damit zusätzliche Informationen über die Ertragslage der Gruppe im Gj X1. Die GuV des kombinierten Abschlusses stimmt mit der Summenspalte der Pro-Forma-Finanzinformationen überein. Durch die Pro-Forma-Anpassungen im Bereich der Abschreibungen und des Zinsaufwands enthält die Pro-Forma-GuV zusätzliche Informationen über die künftige Ertragslage des Konzerns.

Beim Vergleich der Zahlen muss berücksichtigt werden, dass das FallBsp **nur bestimmte Aspekte** bei der Erstellung der Rechenwerke berücksichtigt. Insb hat im Bsp der unterjährige Erwerb eines zur Gruppe gehörenden Unt (Fall 2) besondere Bedeutung, da anhand dieser Transaktion ein **integrierter Vergleich der drei Rechenwerke** ermöglicht wird. Aus der Tatsache, dass Zahlen der verschiedenen Rechenwerke eine ähnliche Höhe aufweisen, kann daher nicht die Schlussfolgerung gezogen werden, dass sich dies auch in praktischen Anwendungsfällen notwendigerweise in ähnlicher Form darstellt. Weiterhin muss berücksichtigt werden, dass sich, selbst wenn sich in der Praxis ähnliche Werte ergeben würden, die Finanzinformationen über die in Anm 144 dargestellten konzeptionellen Unterschiede hinaus insb hinsichtlich der **Prognoseeignung** sowie der **Verlässlichkeit** unterscheiden.

Den **Pro-Forma-Finanzinformationen** kann im FallBsp die **höchste Prognoseeignung** der drei Rechenwerke zugesprochen werden, da sie den Zweck verfolgen, den Einfluss einer Transaktion (des unterjährigen UntErwerbs) auf die **künftige** Ertragslage des Konzerns darzustellen (s Anm 17). Dies wird iW sowohl durch Hinzurechnung **tatsächlicher Erfolge** als auch durch die Anpassung um **fiktive,** dh nicht in vergangenen Zeiträumen angefallene, aber künftige erwartete Aufwendungen und Erträge, erreicht. Auch der **kombinierte Abschluss** weist aufgrund des im FallBsp beinhalteten unterjährigen Erwerbs eines zur Gruppe gehörenden Unt eine **höhere Prognoseeignung** als der KA auf, da die **tatsächlichen Erfolge** des erworbenen Unt vor der ErstKons in der GuV der Gruppe und damit über den vollen 12-Monats-Zeitraum abgebildet werden. Die erhöhte Prognoseeig-

F 147 Kombinierter Abschluss und Pro-Forma-Finanzinformationen

nung der Pro-Forma-Finanzinformationen im Vergleich zum KA und zum kombinierten Abschluss geht allerdings mit einer **Verringerung der Verlässlichkeit** einher, die insb darauf beruht, dass Pro-Forma-Finanzinformationen keinen eigenständigen Abschluss, sondern eine **hypothetische** Situation darstellen und daher kein den **tatsächlichen** Verhältnissen entspr Bild der UntLage vermitteln. Folgerichtig bezieht sich auch das Urteil der WP nicht auf den *true and fair view*, sondern lediglich auf die ordnungsgemäße Erstellung auf den in den Pro-Forma-Erl dargestellten Grundlagen sowie auf den Einklang dieser Grundlagen mit den Rechnungslegungsgrundsätzen und -methoden.

G. Zwischenabschluss und Zwischenlagebericht

Übersicht

	Anm
I. Rechtliche Grundlagen	1–4
II. Erstellung	
1. Rechnungslegungsgrundsätze, Bestandteile und Inhalt	
a) Zwischenabschluss	10–22
b) Zwischenlagebericht	30–34
2. Rechnungslegungsmethoden im Zwischenabschluss ...	65–71
III. Veröffentlichung	80–84
IV. Prüferische Durchsicht	
1. Wahl und Beauftragung	90–94
2. Durchführung der prüferischen Durchsicht	95–115
3. Berichterstattung	120–135

Schrifttum: *Federspieler* Zwischenberichterstattung gemäß IAS – Der Entwurf des International Accounting Standards Committee, DB 1997, 943; *Alvarez/Wotschofsky* Zwischenberichtspublizität: Unterjährige Erfolgsabgrenzung, FB Beilage 2000, 35; *Biggs/Mock/Quick* Das Prüfungsurteil bei analytischen Prüfungshandlungen – Praktische Implikationen von Forschungsergebnissen, WPg 2000, 169; *Förschle/Helmschrott* Überlegungen zu Assurance Services bei Quartalsabschlüssen und Ad-hoc-Mitteilungen im Kontext der Vorschriften zur Überwachung im Regelwerk Neuer Markt, WPg 2001, 637; *Schindler* Prüferische Durchsicht von Jahres-, Konzern- und Zwischenabschlüssen, WPg 2002, 1121; *Schindler/Schurbohm/Böckem* Praktische Fragestellungen der Rechnungslegung und Prüfung von Zwischenberichten, KoR 2002, 88; *Teufel* Prüfung kapitalmarktorientierter Berichtsinstrumente in Förschle/Peemöller Wirtschaftsprüfung und Interne Revision Heidelberg 2004, 622; *Rodewald/Unger* Zusätzliche Transparenz für die europäischen Kapitalmärkte – die Umsetzung der EU-Transparenzrichtlinie in Deutschland, BB 2006, 1917; *Alvarez/Wotschofsky* Stärkung der Corporate Governance durch Einführung einer Review-Pflicht für Quartalsabschlüsse?, KoR 2001, 116; *Baetge/Bruns/Rolvering* IAS 34 Zwischenberichterstattung in Baetge/Dörner/Kleekämper Rechnungslegung nach IFRS – Kommentar auf der Grundlage des Deutschen Bilanzrechts, Stuttgart 2007; *Beiersdorf/Rahe* Verabschiedung des Gesetzes zur Umsetzung der EU-Transparenzrichtlinie (TUG) – Update zu BB 2006, 1674 BB 2007, 99; *Bosse* Wesentliche Neuregelungen ab 2007 aufgrund des Transparenzrichtlinie-Umsetzungsgesetzes für börsennotierte Unternehmen – Änderungen der Veröffentlichungs-, Melde- und Rechnungslegungspflichten, DB 2007, 39; *Fleischer* Der deutsche „Bilanzeid" nach § 264 Abs 2 Satz 3 HGB, ZIP 2007, 97; *Göres* Kapitalmarktrechtliche Pflichten nach dem Transparenzrichtlinie-Umsetzungsgesetz (TUG), DK 2007, 16; *Noack* Neue Publizitätspflichten und Publizitätsmedien für Unternehmen – eine Bestandsaufnahme nach EHUG und TUG, WM 2007, 377; *Pirner/Lebherz* Wie nach dem Transparenzrichtlinie-Umsetzungsgesetz publiziert werden muss, AG 2007, 19; *Riegger/Rieg* Änderungen bei den Veröffentlichungspflichten nach Abschluss eines Spruchverfahrens durch das TUG, ZIP 2007, 1148; *Strieder/Ammedick* Die periodische unterjährige externe Rechnungslegung nach dem TUG und dem künftigen DRS 16, KoR 2007, 285; *Strieder/Ammedick* Der Zwischenlagebericht als neues Instrument der Zwischenberichterstattung, DB 2007, 1368; *Tielmann/Schulenburg* Aktuelle Gestaltungsempfehlungen zur Vorbereitung der Hauptversammlung nach EHUG und TUG, BB 2007, 840; *Velte* Fortentwicklung der kapitalmarktorientierten

G 1–3 Zwischenabschluss und Zwischenlagebericht

Rechnungslegung durch das Transparenzrichtlinie-Umsetzungsgesetz (TUG), StuB 2007, 102; *Philipps* Halbjahresfinanzberichterstattung nach dem WpHG, DB 2007, 2326; *Rabenhorst/Wiechens* Praxis der Halbjahresfinanzberichterstattung der DAX 30-Unternehmen, DB 2009, 521; *Baetge/Haenelt* Anforderungen des Kapitalmarkts an die IFRS-Zwischenberichterstattung und empirische Befunde zur derzeitigen Qualität publizierter IFRS-Zwischenberichte, DB 2009, 2501.

I. Rechtliche Grundlagen

1 Die gesetzliche Verpflichtung zur **Aufstellung** eines **Zwischenabschlusses** bzw eines **Halbjahresabschlusses** und eines Zwischenlageberichts resultiert aus § 115 **Wertpapierhandelsgesetz**, mit dem Anforderungen der EU-Richtl 2004/109/EG (EU-Transparenzrichtl) sowie der EU-Richtl 2013/50/EU (EU-Transparenzrichtl Änderungsrichtl) umgesetzt werden. Nach § 115 Abs 1 WpHG hat ein Unt, das als Inlandsemittent Aktien oder Schuldtitel iSd § 2 Abs 1 WpHG begibt und nicht von der in § 115 Abs 1 WpHG genannten Ausnahmeregelung erfasst wird, einen Halbjahresfinanzbericht zu erstellen, der nach § 115 Abs 2 Nrn 1 und 2 WpHG einen – zumindest verkürzten – Abschluss, einen Zwischenlagebericht und eine den Vorgaben des § 264 Abs 2 S 3 HGB und § 289 Abs 1 S 5 HGB entsprechende Erklärung (Bilanzeid) zu enthalten hat. Da der Abschluss nach § 115 Abs 2 Nr 1 WpHG lediglich die ersten sechs Monate des Gj umfasst (§ 115 Abs 1 WpHG), ist es sachgerecht, diesen in Abgrenzung zu den Begriffen JA und KA, welche das gesamte Gj – ggf auch ein RumpfGj – umfassen, als **Halbjahresabschluss** (DRS 16.10) oder als **Zwischenabschluss** zu bezeichnen (IAS 34.4). Der vom DRSC veröffentlichte DRS 16 „Halbjahresfinanzberichterstattung" konkretisiert die Anforderungen an die Halbjahresfinanzberichterstattung nach WpHG. § 118 WpHG enthält **Ausnahmen** von der Aufstellungspflicht für bestimmte Unt.

2 Daneben kann ein Unt verpflichtet sein, im Rahmen der Erstellung eines KA einen ZwA gem **§ 299 Abs 2 S 2 HGB** für die Einbeziehung in den KA seines MU aufzustellen. Hierbei handelt es sich jedoch um einen Abschluss, der auf den Stichtag und für den Zeitraum des KA aufgestellt wurde und nicht um einen unterjährigen Abschluss (*Störk/Deubert* in Beck Bil-Komm[12] § 299 Anm 10). Hier wird unter einem ZwA ein Abschluss für einen Zeitraum, der kürzer als ein Gj ist, verstanden, sodass im Folgenden die Regelungen des § 299 Abs 2 S 2 HGB nicht einschlägig sind.

3 Weitere Pflichten zur Aufstellung eines ZwA bzw von Zwischenmitteilungen können sich aus börsenrechtlichen Anforderungen ergeben. Bspw fordert § 53 der **BörsO** FWB (Stand: 28.1.2019) für Unt des *Prime Standard* die Aufstellung und Veröffentlichung von Quartalsmitteilungen bzw Konzernquartalsmitteilungen. Diese Anforderung verpflichtet Unt des *Prime Standard* somit auch nach der Abschaffung der verpflichtenden Quartalsfinanzberichterstattung durch die Umsetzung der EU-Richtl 2013/50/EU (EU-Transparenzrichtl Änderungsrichtl) zur Quartalsberichterstattung, allerdings in geringerem Umfang. Die Quartalsmitteilung hat gem § 53 der **BörsO** FWB Informationen über den jeweiligen Mitteilungszeitraum zu enthalten, um eine Beurteilung über die Entwicklung der Geschäftstätigkeit zu ermöglichen. Dazu sind

II. Erstellung

die wesentlichen Ereignisse und Geschäfte des Mitteilungszeitraums und ihre Auswirkungen auf die Finanzlage und das Geschäftsergebnis der Ges zu beschreiben. Ferner ist ggf die Prognose des letzten Konzernlage- bzw Zwischenlageberichts zu aktualisieren, sofern neue Erkenntnisse dazu führen, dass diese sich wesentlich verändert haben. Diese Pflicht zur Erstellung einer Quartalsmitteilung entfällt gem § 53 Abs 6 der **BörsO** FWB, sofern ein Quartalsfinanzbericht einschließlich verkürztem Abschluss und Zwischenlagebericht nach den Vorgaben des WpHG für diese Unt erstellt wurde.

Gesetzliche Pflichten zur **Prüfung** oder zur **prüferischen Durchsicht** 4 eines ZwA bzw eines Zwischenlageberichts nach **Wertpapierhandelsgesetz** existieren **nicht**. Wurde keine Prüfung oder prüferische Durchsicht des ZwA und des Zwischenlageberichts, die Bestandteile eines **Halbjahresfinanzberichts** nach § 115 WpHG sind, durchgeführt, ist dies im Halbjahresfinanzbericht anzugeben (§ 115 Abs 5 S 6 WpHG). Entscheidet sich ein Unt, den ZwA und den Zwischenlagebericht, die Bestandteile eines Halbjahresfinanzberichts nach § 115 WpHG sind, freiwillig einer prüferischen Durchsicht unterziehen zu lassen, enthält § 115 Abs 5 WpHG Regelungen hinsichtlich der Bestellung des WP für die prüferische Durchsicht, der Durchführung der prüferischen Durchsicht, der Berichterstattung über die prüferische Durchsicht, der Veröffentlichung der erteilten Bescheinigung, eines Verweises auf die prüferische Durchsicht im Halbjahresfinanzbericht sowie der Auskunftsrechte und Haftungsbeschränkung des WP. Entscheidet sich ein Unt, freiwillig zusätzliche unterjährige Finanzinformationen (bspw Quartalsfinanzberichte) einschl eines ZwA und eines Zwischenlageberichts nach den Vorgaben des § 115 WpHG zu veröffentlichen, gelten gem § 115 Abs 7 WpHG die vorstehenden Ausführungen bzgl der Prüfung und der prüferischen Durchsicht entsprechend.

Das BMF ist gem § 115 Abs 6 Nr 1 WpHG dazu befugt, im Einvernehmen mit dem BMJV durch RVO nähere Bestimmungen zur prüferischen Durchsicht des Halbjahresfinanzberichts zu erlassen. Dieses ist bislang noch nicht erfolgt und zZt auch nicht absehbar. Da sich die Prüfung eines ZwA und eines Zwischenlageberichts hinsichtlich Art und Umfang grds nicht von der Prüfung eines JA bzw KA sowie Lageberichts bzw Konzernlageberichts unterscheidet, wird ausschließlich auf die Besonderheiten einer prüferischen Durchsicht Bezug genommen.

II. Erstellung

1. Rechnungslegungsgrundsätze, Bestandteile und Inhalt

a) Zwischenabschluss

Ein Halbjahresfinanzbericht nach § 115 Abs 1 WpHG hat gem § 115 10 Abs 2 Nr 1 WpHG einen verkürzten ZwA zu enthalten. Bei der Aufstellung eines verkürzten ZwA auf **nicht-konsolidierter Basis** sind die für den handelsrechtlichen JA (§ 115 Abs 3 S 2 WpHG) bzw die für den IFRS-EA (§ 115 Abs 3 S 3 WpHG) geltenden Rechnungslegungsgrundsätze anzuwenden.

11 Ist ein MU iSv § 290 HGB verpflichtet, einen KA aufzustellen, ist auch der verkürzte ZwA, der Bestandteil des Halbjahresfinanzberichts ist, auf **konsolidierter Basis** aufzustellen (§ 117 Nr 2 WpHG). Aus Gründen der Klarheit erscheint es in diesem Fall geboten, den ZwA als KonzernZwA bzw als Konzern-Halbjahresabschluss zu bezeichnen (im Folgenden wird vereinfachend einheitlich die Bezeichnung KonzernZwA verwendet). Bei der Aufstellung des KonzernZwA sind die für den KA geltenden Rechnungslegungsgrundsätze anzuwenden. Ist ein Unt verpflichtet einen KonzernZwA aufzustellen, entfällt die Pflicht zur Aufstellung eines ZwA auf nicht-konsolidierter Basis (so auch HFA, FN-IDW 2007, 262 ff).

12 Gem DRS 16.18 ist ein TU erstmals in den KonzernZwA einzubeziehen, wenn der Erwerbszeitpunkt im Berichtszeitraum liegt, und nicht mehr einzubeziehen, wenn die **Konsolidierungspflicht** im Berichtszeitraum entfällt. Fraglich ist, ob ein bislang nicht konzernrechnungslegungspflichtiges Unt bereits zur Aufstellung eines KonzernZwA verpflichtet ist, wenn es in der Berichtsperiode ein konsolidierungspflichtiges Unt erworben hat oder am Berichtsstichtag die Ausnahmeregelung des § 296 Abs 2 HGB auf ein bereits vorhandenes TU nicht mehr anwendbar ist. Da § 115 Abs 3 S 2 WpHG die Verwendung derjenigen Rechnungslegungsgrundsätze vorsieht, die bei der Aufstellung des nächsten JA bzw KA anwendbar sind, wird von einer erstmaligen unterjährigen Konzernrechnungslegungspflicht in diesen Fällen auszugehen sein. Sofern davon auszugehen ist, dass aufgrund sich ändernder Verhältnisse eine Aufstellungspflicht bis zum Abschlussstichtag entfallen wird, erscheint es sachgerecht, eine Pflicht zur Aufstellung eines KonzernZwA zu verneinen.

13 Ein verkürzter ZwA, der Bestandteil eines Halbjahresfinanzberichts ist, hat gem § 115 Abs 3 WpHG **mindestens** eine **verkürzte Bilanz,** eine **verkürzte Gewinn- und Verlustrechnung** und einen **Anhang** zu enthalten. DRS 16 stellt in Anm 15c klar, dass es sich bei dem geforderten Anhang auch um einen **verkürzten** Anhang handeln kann. Darüber hinaus sind die in den anwendbaren Rechnungslegungsgrundsätzen enthaltenen Regelungen zur Zwischenberichterstattung – sofern vorhanden – zu beachten. Der bei Anwendung der IFRS relevante IAS 34 „Interim Financial Reporting" fordert in Anm 8 als Mindestbestandteile eine verkürzte Bilanz, eine verkürzte Gesamtergebnisrechnung (bzw eine verkürzte GuV und Gesamtergebnisrechnung), eine verkürzte EK-Veränderungsrechnung, eine verkürzte KFR und ausgewählte erläuternde Anhangangaben. Das HGB enthält keine expliziten Regelungen zu den Bestandteilen eines ZwA.

14 Da sowohl § 115 Abs 2 WpHG als auch DRS 16.15 explizit **Mindestbestandteile** aufführen, kann die Verpflichtung des § 115 Abs 2 Nr 1 WpHG auch durch die Aufstellung eines **vollständigen** ZwA iSd anzuwendenden Rechnungslegungsgrundsätze erfüllt werden. IAS 34.9 geht explizit auf die Aufnahme eines vollständigen Abschlusses in den Zwischenbericht des Unt ein. Um einen vollständigen Abschluss handelt es sich demnach, wenn dieser hinsichtlich Form und Inhalt die Anforderungen des IAS 1 für vollständige Abschlüsse erfüllt.

15 Unterschiede zwischen einem vollständigen und einem verkürzten ZwA **nach IAS 34** bestehen darin, dass bei einem verkürzten ZwA die Gliede-

II. Erstellung

rungstiefe von Bilanz, Gesamtergebnisrechnung (und GuV), KFR und EK-Veränderungsrechnung im Vergleich zu einem vollständigen ZwA geringer ist und dass es ausreicht, ausgewählte erläuternde Anhangangaben zu machen. Ein vollständiger Anhang muss somit nicht aufgestellt werden. Zusätzliche Posten bzw Anhangangaben sind dann in den ZwA aufzunehmen, wenn ihr Weglassen den Zwischenbericht irreführend erscheinen lassen (IAS 34.10 ff).

Bei der Aufstellung eines ZwA nach **deutschen handelsrechtlichen Vorschriften** sind die Anforderungen des HGB an Form und Inhalt der einzelnen Bestandteile des Halbjahresfinanzberichts sowie die konkretisierenden Regelungen des DRS 16 zu beachten. Unterschiede zwischen einem vollständigen und einem verkürzten ZwA nach deutschen handelsrechtlichen Vorschriften bestehen wie bei einem ZwA nach IAS 34 hinsichtlich der Gliederungstiefe der Bestandteile des ZwA und hinsichtlich des Umfangs der Anhangangaben (s DRS 16.17 und DRS 16.31). Fraglich ist, ob in entsprechender Anwendung des § 297 HGB ein vollständiger KonzernZwA auch eine KFR und einen EK-Spiegel zu enthalten hat. Da Begriff und Bestandteile eines KonzernZwA im HGB nicht definiert sind, sind die konkretisierenden Regelungen des DRS 16.15 heranzuziehen. Dort werden die Mindestbestandteile eines ZwA genannt; die Ergänzung um eine KFR und einen EK-Spiegel wird in DRS 16.16 lediglich empfohlen. Die Aufnahme einer KFR und eines EK-Spiegels in den ZwA kann daher nicht als verpflichtend angesehen werden.

Die ausgewählten erläuternden Anhangangaben **eines nach IAS 34 aufgestellten** ZwA umfassen insb **Erläuterungen der wesentlichen Ereignisse und Transaktionen** des Unt seit dem letzten JA bzw KA (s IAS 34.15). Da angenommen wird, dass der letzte JA bzw KA den Adressaten des ZwA zur Verfügung steht, beschränken sich die Angaben auf eine Aktualisierung der im Anhang des letzten JA bzw KA enthaltenen Informationen (s IAS 34.15A und .15C). IAS 34.15B zählt beispielhaft Ereignisse und Geschäftsvorfälle auf, die bei Erheblichkeit angabepflichtig sind. IAS 34.16A fordert zusätzlich als **Mindestinhalt** der erläuternden Anhangangaben Informationen zu folgenden Bereichen:
- Rechnungslegungsmethoden;
- Saisonalität oder Zyklizität der Geschäftstätigkeit;
- Ungewöhnliche Geschäftsvorfälle;
- Schätzungsänderungen;
- Wesentliche Finanzierungstransaktionen;
- Gezahlte Dividenden;
- Segmentinformationen;
- Wesentliche Ereignisse nach dem Stichtag des ZwA;
- Änderungen in der UntStruktur;
- Beizulegender Zeitwert von Finanzinstrumenten;
- Angaben bei Erwerb oder Verlust des Status einer InvestmentGes;
- Erlöse aus Verträgen mit Kunden.

Darüber hinaus fordert IAS 34.19 die Angabe, dass – sofern zutreffend – der ZwA in Übereinstimmung mit IAS 34 aufgestellt wurde. Wurde ein vollständiger ZwA in Übereinstimmung mit den IFRS aufgestellt, ist dies anzugeben, sofern alle Anforderungen der IFRS beachtet wurden.

18 Für die erläuternden Anhangangaben ist der **Zeitraum** vom Beginn des Gj bis zum Stichtag des ZwA (s IAS 34.16A) relevant. Zusätzliche Angabepflichten können sich für Unt ergeben, die den ZwA **erstmals nach den IFRS** aufstellen (s IFRS 1.32 f). Fraglich ist, ob die für einen KA zusätzlich gem § 315e Abs 1 HGB zu beachtenden handelsrechtlichen Vorschriften auch in einem nach den IFRS für Zwischenberichterstattung aufgestellten KonzernZwA zu beachten sind. Hierfür spricht, dass in § 117 Nr 2 auf die in § 315e Abs 1 HGB bezeichneten Rechnungslegungsstandards und **Vorschriften** Bezug genommen wird. Die Aufnahme entspr Angaben wird dagegen in der EU-Transparenzrichtl nicht gefordert und würde der Absicht des deutschen Gesetzgebers, die EU-Transparenzrichtl „Eins zu Eins" in deutsches Recht umzusetzen (s Gesetzesbegr zum RegE des TUG), nicht entsprechen. Eine Aufnahme entsprechender Angaben ist auch für den Jahresfinanzbericht nach § 114 WpHG, welcher gem § 117 Nr 1 WpHG einen nach den IFRS, wie sie in der EU anzuwenden sind, aufgestellten KA zu enthalten hat, nicht gefordert. Die Angabe der ergänzend nach § 315e Abs 1 HGB anzuwendenden handelsrechtlichen Vorschriften im ZwA nach WpHG ist aus den genannten Gründen nicht erforderlich (so auch HFA, FN-IDW 2007, 262 ff).

19 Die Anforderungen des DRS 16.31 an den verkürzten Anhang eines **nach den deutschen handelsrechtlichen Vorschriften aufgestellten** ZwA sind weniger detailliert als die Anforderungen des IAS 34. Hinsichtlich der Rechnungslegungsmethoden und der Änderungen in der UntStruktur bestehen ähnliche Angabepflichten. Darüber hinaus wird in allg Form gefordert, dass Erl aufzunehmen sind, die ein angemessenes Verständnis der wesentlichen Änderungen der Beträge im ZwA ggü den Vergleichszahlen sowie der Entwicklungen im Berichtszeitraum gewährleisten. Auch hier ist es aus Gründen der Klarheit sachgerecht, darauf hinzuweisen, dass der ZwA in Übereinstimmung mit den deutschen handelsrechtlichen Vorschriften aufgestellt wurde (s Anm 16). Darüber hinaus wird empfohlen, Segmentangaben zu machen (s DRS 16.33).

20 Sofern Angaben zu **nahe stehenden Personen** gem § 115 Abs 4 S 2 WpHG nicht in den Zwischenlagebericht aufgenommen werden (s Anm 30 ff), sind diese im verkürzten Anhang bzw in den ausgewählten erläuternden Anhangangaben zu machen. Obwohl in § 115 Abs 4 S 2 Hs 2 WpHG vom Anhang des Halbjahresfinanzberichts die Rede ist, kann hier nur der Anhang des ZwA gemeint sein, da der Anhang nach § 115 Abs 3 WpHG explizit als Bestandteil des ZwA genannt wird.

21 Für die Bestandteile eines ZwA sind folgende **Zeitpunkte** bzw **Zeiträume** und **Vergleichsangaben** relevant: die Bilanz ist zum Stichtag des ZwA aufzustellen und enthält Vergleichsangaben zum Abschlussstichtag des vorangegangenen Gj (s DRS 16.15a, IAS 34.20a). Darüber hinaus hat der ZwA eine Gesamtergebnisrechnung bzw eine GuV für den Berichtszeitraum mit Vergleichsangaben für den entspr Berichtszeitraum des vorangegangen Gj zu enthalten (s DRS 16.15b, IAS 34.20b). Veröffentlicht ein Unt Zwischenberichte halbjährlich – zB Halbjahresfinanzbericht nach § 115 WpHG und keinen (freiwilligen) Quartalsfinanzbericht –, umfasst die Gesamtergebnisrechnung (die GuV) einschl Vergleichsangaben das erste Halbjahr des aktuellen

II. Erstellung 22–31 **G**

und des vorangegangenen Gj. Veröffentlicht ein Unt (freiwillig) Zwischenberichte **vierteljährlich** – zB sowohl Quartalsfinanzberichte als auch einen Halbjahresfinanzbericht nach WpHG –, sind in einen nach den **IFRS für Zwischenberichterstattung** aufgestellten ZwA auch eine Gesamtergebnisrechnung (und GuV) für das aktuelle Quartal sowie Vergleichsangaben für das entspr Quartal des vorangegangenen Gj aufzunehmen (s IAS 34.20b iVm .22 und .A2). Für nach deutschen handelsrechtlichen Vorschriften aufgestellte ZwA besteht hingegen keine Pflicht zur Darstellung von Angaben für das aktuelle Quartal, sofern es sich nicht um den ZwA für das erste Quartal handelt. Enthält der ZwA einen EK-Spiegel und eine KFR (s Anm 16), umfassen diese den Zeitraum von Beginn des Gj bis zum Stichtag des ZwA einschl der Vergleichsangaben für den entspr Zeitraum des vorangegangenen Gj (s DRS 16.16, IAS 34.20c–d).

Zur Klarheit sollte in den ausgewählten **erläuternden Anhangangaben** 22 bzw im verkürzten Anhang des ZwA dargestellt werden, dass es sich um einen ZwA handelt, der Bestandteil eines Halbjahresfinanzberichts nach § 115 WpHG bzw Quartalsfinanzberichts nach § 115 Abs 7 WpHG ist. Die einzelnen Bestandteile des ZwA sollten in Übereinstimmung mit den Begriffen des § 115 Abs 3 WpHG iVm DRS 16.15 f bezeichnet werden.

b) Zwischenlagebericht

Ein Halbjahresfinanzbericht nach § 115 Abs 1 WpHG hat gem § 115 30 Abs 2 Nr 2 WpHG einen **Zwischenlagebericht** zu enthalten. Im Zwischenlagebericht sind gem § 115 Abs 4 WpHG mindestens die **wichtigen Ereignisse des Berichtszeitraums** im Unt des Emittenten und ihre Auswirkungen auf den ZwA anzugeben sowie die wesentlichen **Chancen und Risiken** für die dem Berichtszeitraum folgenden sechs Monate zu beschreiben. Darüber hinaus haben Unt, die als Inlandsemittenten Aktien begeben, die wesentlichen Geschäfte mit **nahe stehenden Personen** anzugeben, soweit diese Angaben nicht im (verkürzten) Anhang des ZwA gemacht werden. Dabei stehen die Veränderungen der Verhältnisse ggü dem letzten (Konzern-) Lagebericht bzw (Konzern-)Zwischenlagebericht im Fokus (s DRS 16.38). Wird der ZwA auf konsolidierter Basis aufgestellt, ist auch der Zwischenlagebericht für den Konzern aufzustellen.

Weder die IFRS noch das HGB enthalten Regelungen zur Aufstellung ei- 31 nes Zwischenlageberichts. Die Anforderungen an einen Zwischenlagebericht nach WpHG werden durch DRS 16.34 ff **konkretisiert**. Danach hat der Zwischenlagebericht folgende **Mindestinhalte** zu umfassen:
- Für das Unt **wichtige Ereignisse** des Berichtszeitraums und deren **Auswirkungen auf die Vermögens-, Finanz- und Ertragslage;**
- Wesentliche Veränderungen der **Prognosen** und sonstigen Aussagen zur voraussichtlichen Entwicklung im Vergleich zum letzten Konzernlagebericht;
- Wesentliche **Chancen und Risiken** der voraussichtlichen Entwicklung in den verbleibenden Monaten des Gj;
- Angaben zu wesentlichen Geschäften mit **nahe stehenden Personen** im Berichtszeitraum (nur für Aktienemittenten, s Anm 30).

32 Gem DRS 16.37 finden die allg Grundsätze des DRS 20 entspr Anwendung. Hierbei ist zu berücksichtigen, dass der Prognosezeitraum auf die verbleibenden Monate des Gj beschränkt ist, wobei empfohlen wird, über das laufende Gj hinausgehende zukunftsorientierte Aussagen, die im letzten (Konzern-)Lagebericht gemacht wurden, ebenfalls bzgl wesentlicher aktueller Entwicklungen zu aktualisieren (s DRS 16.36). Ferner wird empfohlen, sich bei der Gliederung des Zwischenlageberichts an der Gliederung des letzten Konzernlageberichts zu orientieren (s DRS 16.39). Im Rahmen der Berichterstattung über Chancen und Risiken wird gefordert, besonders auf **bestandsgefährdende Risiken** einzugehen. Ein Verweis auf die Ausführungen des letzten (Konzern-)Lageberichts bzw Zwischenlageberichts ist in diesem Fall nicht ausreichend (s DRS 16.49).

33 In Erwägungsgrund 5 der EU-Richtl 2007/14/EG wird klargestellt, dass für Unt, die den ZwA nach den IFRS, wie sie in der EU anzuwenden sind, aufstellen, die **Definition von nahe stehenden Personen** im ins EU-Recht übernommenen IAS 24 maßgeblich ist (so auch DRS 16.54). Auch Unt, die den ZwA nach deutschen handelsrechtlichen Vorschriften aufstellen, haben diese Definition anzuwenden. Für diese Unt ist die Definition von nahe stehenden Personen nach dem Verständnis von § 314 Abs 1 Nr 3 HGB bzw § 285 Abs 1 Nr 13 HGB maßgeblich und dieses verweist wiederum auf die Regelungen des von der EU jeweils gebilligten Fassung des IAS 24 (s *Grottel* in Beck Bil-Komm[12] § 285 Anm 605).

34 Zur Klarheit sollte im Zwischenlagebericht dargestellt werden, dass dieser in Übereinstimmung mit den für Zwischenlageberichte anwendbaren Vorschriften des WpHG aufgestellt wurde und dass der Zwischenlagebericht Bestandteil eines Halbjahresfinanzberichts nach § 115 WpHG bzw Quartalsfinanzberichts nach § 115 Abs 7 WpHG ist. Er ist gem § 115 Abs 2 Nr 2 WpHG in Abgrenzung zum Lagebericht bzw Konzernlagebericht nach §§ 289 bzw 315 HGB, die keine direkte Relevanz für den Zwischenlagebericht haben, als **Zwischenlagebericht** bzw **Konzernzwischenlagebericht** zu bezeichnen.

2. Rechnungslegungsmethoden im Zwischenabschluss

65 Neben der Frage, welche Rechnungslegungsgrundsätze zu beachten sind (s Anm 10 ff), sind bei der Aufstellung eines ZwA die im Rahmen der anwendbaren Rechnungslegungsgrundsätze zu verwendenden **Rechnungslegungsmethoden** (Bilanzierungs-, Bewertungs- und Konsolidierungsmethoden) zu berücksichtigen. In einem nach IAS 34 oder den deutschen handelsrechtlichen Vorschriften aufgestellten ZwA sind dieselben Rechnungslegungsmethoden zu verwenden wie im letzten JA bzw KA (s IAS 34.28, DRS 16.20). Ausgenommen sind Änderungen der Rechnungslegungsmethoden, die seit dem Stichtag des letzten JA bzw KA vorgenommen wurden und die sich im nächsten JA bzw KA des Unt niederschlagen (s IAS 34.28, DRS 16.20).

66 Sowohl den Regelungen des IAS 34 als auch des DRS 16 liegt das **Konzept des eigenständigen Abschlusses** für die Berichtsperiode zugrunde (sog *stand alone approach, discrete approach* oder *independent view;* s DRS 16.21, IAS 34.29, *Baetge/Bruns/Rolvering* IAS 34 Zwischenberichterstattung Anm 94). Leitgedanke ist, dass VG und Schulden sowie Aufwendungen und Erträge nur dann **ange-**

II. Erstellung 67–69 **G**

setzt werden dürfen, wenn sie auch bei Aufstellung eines JA bzw KA zum gleichen Stichtag angesetzt werden würden (s DRS 16.22 und 23, IAS 34.29). Es gilt der Grundsatz, dass durch die Berichterstattungshäufigkeit die **Bewertung** im JA bzw KA nicht beeinflusst wird. Daher ist für Bewertungsfragen der Zeitraum vom Beginn des Gj bis zum Stichtag des ZwA zu betrachten (sog *year to date basis*, s DRS 16.21, IAS 34.28). Für das Wertaufholungsverbot für Wertminderungen von GFW wurde in der *IFRIC Interpretation 10* hingegen klargestellt, dass ein Unt einen in einem früheren Zwischenbericht erfassten Wertminderungsaufwand für den GFW nicht rückgängig machen darf.

Zweifelsfragen im Zusammenhang mit der Ansatzfähigkeit ergeben sich 67 bspw im Bereich der **Ertragsteuern**. Da rechtlich die Verpflichtung zur Zahlung von Steuern mit Ablauf des Kj entsteht und die Bemessungsgrundlage sich idR auf das Kj bezieht, ist fraglich, ob eine ansatzpflichtige Verbindlichkeit des Unt bereits zum Stichtag des ZwA entstanden ist. Hierzu regelt DRS 16.24, dass Ertragsteuern in jeder Zwischenberichtsperiode zu erfassen sind. Diese sind am Vorsteuerergebnis des ZwA zu bemessen (so auch IAS 34.B12ff). Als Steuersatz ist eine Schätzung des gewichteten durchschnittlichen jährlichen Ertragsteuersatzes zu verwenden (s DRS 16.24, IAS 34.B12).

Die Voraussetzungen zum Ansatz von **Rückstellungen** sind grds wie bei 68 der Aufstellung eines JA bzw KA zu beurteilen (s IAS 34.B3). Zweifelsfragen können sich im Hinblick darauf ergeben, ob zum Stichtag des ZwA eine Verpflichtung entstanden ist. Bspw entsteht die faktische Verpflichtung zur Prüfung des JA bzw KA bereits mit dem ersten Tag des Gj, sofern das Unt zum Stichtag des JA bzw KA voraussichtlich noch besteht und der Prüfungspflicht unterliegt. Daher sind die Kosten für die JA- bzw KA-Prüfung unterjährig zu jedem Stichtag eines ZwA in voller Höhe anzusetzen.

Werden **Änderungen von Schätzungen** im Vergleich zum letzten JA, KA 69 oder ZwA vorgenommen, sind die Auswirkungen der Schätzungsänderung in der Periode zu erfassen, in der die Schätzungsänderung eintritt. Wesentliche Schätzungsänderungen sind in den erläuternden Angaben bzw im verkürzten Anhang zu erläutern (s DRS 16.28, IAS 8.36 und .37, IAS 34.16A (d)).

Beispiel: Unt A wird im zweiten Quartal 20X7 verklagt. Künftige Verpflichtungen werden auf 1000 GE geschätzt. Unt A stellt vierteljährlich ZwA nach den IFRS für Zwischenberichterstattung, wie sie in der EU anzuwenden sind, auf. Das Gj entspricht dem Kj. Unt A hat zum 1.1.20X7 die Geschäftstätigkeit aufgenommen, daher werden keine Vergleichsangaben für das Jahr 20X6 dargestellt. Zur Vereinfachung werden darüber hinaus die KFR und die EG-Veränderungsrechnung nicht dargestellt. Der Sachverhalt stellt sich wie folgt im ZwA zum 30.6.20X7 dar:

Bilanz	30.6.X7	GuV	1.3.X7–30.6.X7	0.1.X7–30.6.X7
Aktiva ... *Passiva* ... EK Verpflichtung ...	-1000 1000	... Aufwand ... Periodenergebnis	1000 -1000	1000 -1000

G 70, 71 Zwischenabschluss und Zwischenlagebericht

Im dritten Quartal 20X7 wird Unt A zu Zahlungen in Höhe von 1500 GE verurteilt. Der Sachverhalt stellt sich wie folgt im ZwA zum 30.9.20X7 dar:

Bilanz	30.9.X7	GuV	1.7.X7– 30.9.X7	1.1.X7– 30.9.X7
Aktiva		...		
...		Aufwand	500	1500
Passiva		...		
...		Periodenergebnis	-500	-1500
EK	-1500			
Verpflichtung	1500			
...				

Der zusätzliche Aufwand ist gem IAS 8.36 in der GuV der Periode zu erfassen, in der die Schätzungsänderung eingetreten ist (hier GuV für das dritte Quartal sowie GuV *year to date*). Der neu geschätzte Wert für die Verpflichtung ist gem IAS 8.37 in der Bilanz anzupassen. Die Zahlen der ZwA zum 30.6.20X7 und 30.9.20X7 werden unverändert als Vergleichsangaben in die entspr ZwA des darauffolgenden Jahrs 20X8 übernommen.

70 Werden in einer Zwischenperiode **Schätzungsmethoden geändert**, sind frühere ZwA des gleichen Gj sowie die Angaben für Vergleichsperioden des aktuellen ZwA rückwirkend anzupassen (s DRS 16.29, IAS 34.43 ff iVm IAS 8.14 ff).

71 Werden in einer Zwischenperiode **Fehler** in früheren Abschlüssen festgestellt, sind diese in Übereinstimmung mit den anwendbaren Rechnungslegungsgrundsätzen im ZwA zu berücksichtigen (s IAS 8.41 ff, IAS 34.16A (g), IDW RS HFA 6).

Beispiel: Ausgangssituation und Darstellung des ZwA für das zweite Quartal wie unter Anm 69. Im dritten Quartal 20X7 stellt Unt A fest, dass in der Berechnung der Rückstellung im zweiten Quartal ein Fehler enthalten war. Die in Übereinstimmung mit den anwendbaren Rechnungslegungsgrundsätzen anzusetzende Verpflichtung beläuft sich auf 1500 GE. Der Sachverhalt stellt sich wie folgt im ZwA zum 30.9.20X7 dar:

Bilanz	30.9.X7	GuV	1.7.X7– 30.9.X7	1.1.X7– 30.9.X7
Aktiva		...		
...		Aufwand	0	1500
Passiva		...		
...		Periodenergebnis	0	-1500
EK	-1500			
Verpflichtung	1500			
...				

In der GuV für das dritte Quartal wird der Fehler nicht erfasst, da gem IAS 8.42a rückwirkende Anpassungen der im ZwA enthaltenen Vergleichsangaben für die Zeiträume vorzunehmen sind, in denen der Fehler eingetreten ist (hier: zweites Quartal). Die GuV des zweiten Quartals ist als Vergleichsangabe im ZwA für das dritte Quartal nicht enthalten. Allerdings besteht gem IAS 34.16A (g) eine Angabepflicht für die Berichtigung von Fehlern aus Vorperioden in den ausgewählten erläuternden Anhang-

IV. Prüferische Durchsicht

angaben. Darüber hinaus ist die Verpflichtung in voller Höhe in der Bilanz zum 30.9.20X7 anzusetzen und der Gesamtaufwand in der GuV *year to date* zu berücksichtigen.

Die Auswirkungen des Fehlers wirken sich wie folgt auf die Vergleichsangaben in der GuV des ZwA für das zweite Quartal im darauffolgenden Jahr (hier: ZwA zum 30.6.20**X8**) aus:

GuV	1.3.X8– 30.6.X8	1.3.X7– 30.6.X7	1.1.X8– 30.6.X8	1.1.X7– 30.6.X7
... Aufwand	...	1500	...	1500
... Periodenergebnis	...	–1500	...	–1500

Hier werden die angepassten GuV-Zahlen für das zweite Quartal des Jahrs 20X7 als Vergleichsangaben dargestellt. Auf die Bilanzen des ZwA hat der Fehler keinen Einfluss. Im ZwA für das **dritte Quartal** des Jahrs 20X8 werden die GuV-Zahlen des ZwA zum 30.9.20X7 unverändert als Vergleichsangaben übernommen.

III. Veröffentlichung

Ein Halbjahresfinanzbericht nach § 115 WpHG ist unverzüglich, spätestens innerhalb einer **Frist** von drei Monaten nach Ablauf des Berichtszeitraums der Öffentlichkeit zur Verfügung zu stellen (§ 115 Abs 1 S 1 WpHG). 80

Für Unt des *Prime Standard* gilt für die Veröffentlichung von Halbjahresfinanzberichten ebenfalls eine Frist von drei Monaten (§ 52 Abs 4 BörsO FWB) und für die Quartalsmitteilungen eine Frist von zwei Monaten (§ 53 Abs 5 BörsO FWB) nach Ende des jeweiligen Berichtszeitraums. 81

Darüber hinaus regelt Ziffer 7.1.2 des Deutschen Corporate Governance Kodexes (in der Fassung vom 7.2.2017), dass Halbjahresfinanzberichte deutscher börsennotierter Ges binnen 45 Tagen nach Ende des Berichtszeitraums öffentlich zugänglich sein sollen. 82

Gem § 115 WpHG Abs 1 S 2 und 3 ist der Halbjahresfinanzbericht nach § 115 WpHG der Öffentlichkeit sowohl im **Internet** als auch im **Unternehmensregister** zugänglich zu machen. 83

Unt des *Prime Standard* haben den Halbjahresfinanzbericht (zusätzlich) sowie den Quartalsfinanzbericht gem § 52 Abs 4 BörsO FWB bzw § 53 Abs 5 BörsO FWB der Geschäftsführung der FWB in elektronischer Form zu übermitteln. Diese wiederum stellt die Berichte der Öffentlichkeit elektronisch oder in anderer geeigneter Weise zur Verfügung. 84

IV. Prüferische Durchsicht

1. Wahl und Beauftragung

Gem § 115 Abs 5 S 2 WpHG sind auf die prüferische Durchsicht eines verkürzten ZwA und eines Zwischenlageberichts, die Bestandteile eines Halbjahresfinanzberichts nach § 115 WpHG sind, die Vorschriften über die **Bestellung** (Wahl und Beauftragung) des AP (s *Schmidt/Heinz* in Beck Bil- 90

G 91–95 Zwischenabschluss und Zwischenlagebericht

Komm[12] § 318 Anm 9) entspr anzuwenden. Das bedeutet, dass der AP für die prüferische Durchsicht entspr § 318 Abs 1 HGB von den Gestern zu wählen und vom zuständigen GesOrgan zu beauftragen ist. Für eine AG bedeutet dies, dass eine Beschlussfassung (Wahl) durch die HV und eine Beauftragung durch den AR der Ges erforderlich sind (so auch HFA, FN-IDW 2007, 262 ff). Nach § 115 Abs 7 iVm Abs 5 WpHG gilt dies entspr für die prüferische Durchsicht von zusätzlichen unterjährigen Finanzinformationen (bspw Quartalsfinanzberichten), sofern der darin enthaltene ZwA und der Zwischenlagebericht den Vorgaben des § 115 WpHG entsprechen. Die BörsO FWB enthält keine Regelungen zur Beauftragung des WP. Die Beauftragung wird in diesen Fällen grds von den gesetzlichen Vertretern der Ges vorgenommen.

91 Neben gesetzlichen Vorschriften über die Bestellung des AP sind die Regelungen zur **Auftragsannahme** der anwendbaren Grundsätze für die prüferische Durchsicht zu beachten. Gem IDW PS 900, Tz 13 ist für die prüferische Durchsicht IDW PS 220 entspr anzuwenden. Im Rahmen der Beauftragung ist demnach zu prüfen, ob die Bestellung des AP für die prüferische Durchsicht ordnungsgemäß erfolgt ist (IDW PS 220, Tz 12).

92 Der **Auftragsgegenstand** ist gem IDW PS 220, Tz 18 ff im Auftragsbestätigungsschreiben zu vereinbaren. Dies ist im Falle der Zwischenberichterstattung nach WpHG der verkürzte (Konzern-)ZwA und der (Konzern-)Zwischenlagebericht, die Bestandteile des Halbjahresfinanzberichts nach § 115 WpHG bzw eines Quartalsfinanzberichts nach § 115 Abs 7 WpHG sind. Halbjahresfinanzberichte nach § 115 WpHG oder Quartalsfinanzberichte nach § 115 Abs 7 WpHG als solche oder Quartalsmitteilungen nach § 53 der **BörsO** FWB dürfen nicht als Auftragsgegenstand vereinbart werden. Daher ist auch die nach § 115 Abs 2 Nr 3 WpHG als separater Bestandteil in den Halbjahresfinanzbericht aufzunehmende Versicherung der gesetzlichen Vertreter (Bilanzeid) nicht Auftragsgegenstand.

93 Im **Auftragsbestätigungsschreiben** sollten die auf den verkürzten (Konzern-)ZwA und den (Konzern-)Zwischenlagebericht anzuwendenden **Rechnungslegungsgrundsätze** genannt werden. In Abhängigkeit der Rechnungslegungsgrundsätze des nächsten KA sind im Falle der Zwischenberichterstattung nach WpHG auf den verkürzten (Konzern-)ZwA idR entweder die IFRS für Zwischenberichterstattung, wie sie in der EU anzuwenden sind, oder die deutschen handelsrechtlichen Vorschriften anzuwenden (s IDW HFA, FN-IDW 2007, 262 ff). Für den (Konzern-)Zwischenlagebericht sind in jedem Fall die für (Konzern-)Zwischenlageberichte anwendbaren Vorschriften des WpHG einschlägig (s IDW HFA, FN-IDW 2007, 262 ff).

94 Im Auftragsbestätigungsschreiben sind die anwendbaren **Grundsätze für die prüferische Durchsicht** zu bezeichnen.

2. Durchführung der prüferischen Durchsicht

95 Deutsche **berufsständische Grundsätze für die prüferische Durchsicht** von ZwA sind in IDW PS 900 enthalten. Internationale Berufsgrundsätze für die prüferische Durchsicht existieren in Form des *International Standard on Review Engagement* (ISRE) 2400 *(revised)* „Engagements to Review

IV. Prüferische Durchsicht 96–98 **G**

Financial Statements" und des ISRE 2410 „Review of Interim Financial Information Performed by the Independent Auditor of the Entity". ISRE 2410 ist anwendbar auf Abschlüsse, die einen Zeitraum umfassen, der kürzer als ein Gj ist (ZwA), und die von Unt aufgestellt wurden, bei denen auch eine JA- bzw KA-Prüfung durchgeführt wird. ISRE 2410 ist auch für prüferische Durchsichten von ZwA anwendbar, sofern der WP mit der APr beauftragt wurde, nicht jedoch die APr des letzten JA bzw KA durchgeführt hat. Für den Fall, dass die erstmalige prüferische Durchsicht des ZwA zeitlich vor der erstmaligen APr durchgeführt wird, enthält ISRE 2410 spezielle Regelungen hinsichtlich zusätzlich durchzuführender Maßnahmen. Ist der mit der prüferischen Durchsicht des ZwA beauftragte WP nicht gleichzeitig AP des Unt, ist für die prüferische Durchsicht ISRE 2400 *(revised)* anwendbar.

Im Falle der Zwischenberichterstattung nach **WpHG** ist die Durchführung 96 der prüferischen Durchsicht unter Beachtung der vom IDW festgestellten deutschen Grundsätze für die prüferische Durchsicht von Abschlüssen erforderlich. Ergänzend hierzu kann die Beachtung des ISRE 2410 „Review of Interim Financial Information Performed by the Independent Auditor of the Entity" vereinbart werden. Die ausschließliche Beachtung des ISRE 2410 ist nicht möglich, da dieser Standard keine Regelungen für die prüferische Durchsicht von (Zwischen-)Lageberichten enthält. Im Folgenden werden daher primär die Anforderungen des IDW PS 900 dargestellt und ergänzend auf Klarstellungen oder Abweichungen der internationalen Grundsätze für die prüferische Durchsicht eingegangen.

Eine prüferische Durchsicht unterscheidet sich von einer APr ua hinsicht- 97 lich der **Zielsetzung.** Im Gegensatz zu einer APr (s *Schmidt* in Beck Bil-Komm[12] § 317 Anm 100 ff) wird eine prüferische Durchsicht nicht mit dem Ziel durchgeführt, ein Positivurteil auf den prüferisch durchgesehenen Abschluss abzugeben. Das **negativ formulierte Urteil** nach prüferischer Durchsicht bezieht sich auf die Übereinstimmung mit den anwendbaren Rechnungslegungsgrundsätzen (s IDW PS 900, Tz 6). Ob sich das Negativurteil zusätzlich auf ein den tatsächlichen Verhältnissen entspr Bild *(true and fair view* bzw *fair presentation)* der VFE-Lage des Unt beziehen kann, hängt davon ab, ob der prüferisch durchzusehende Abschluss in Übereinstimmung mit den anzuwendenden Rechnungslegungsgrundsätzen ein solches Bild vermitteln kann. Für einen nach IFRS aufgestellten Abschluss besteht die Vermutung, einen *true and fair view* zu vermitteln, wenn alle Anforderungen der IFRS erfüllt werden (s IAS 1.15 ff). Sofern gem IAS 34.5 ff statt eines vollständigen Abschlusses lediglich ein verkürzter Abschluss gem IAS 34.8 aufgestellt wird, vermittelt dieser keinen *true and fair view,* da nicht alle Anforderungen der IFRS erfüllt werden (s IAS 34.19, ISRE 2410.43d). Ein nach handelsrechtlichen Grundsätzen aufgestellter Abschluss hat, um einen *true and fair view* zu vermitteln, die nach § 264 Abs 1 HGB (im Falle eines JA) bzw nach § 297 Abs 1 HGB geforderten Bestandteile und die geforderten Angaben vollständig zu enthalten.

Eine prüferische Durchsicht unterscheidet sich von einer APr auch hin- 98 sichtlich des **Umfangs** der durchzuführenden Handlungen und Maßnahmen (s IDW PS 900, Tz 17 ff). Der WP hat zum Zwecke der Planung und Durchführung einer prüferischen Durchsicht sicherzustellen, dass er ausreichende

Kenntnisse über das Unt und dessen wirtschaftliches und rechtliches Umfeld, einschl des auf die Aufstellung von Abschlüssen bezogenen internen Kontrollsystems, besitzt (s IDW PS 900, Tz 16), um Arten möglicher wesentlicher falscher Angaben identifizieren, deren Wahrscheinlichkeit einschätzen, um Befragungen, analytische Maßnahmen und andere Maßnahmen der prüferischen Durchsicht auswählen zu können mit dem Ziel, ein Negativurteil abgeben zu können (s ISRE 2410.12). Eine weitergehende Überprüfung von erhaltenen Auskünften und sonstigen Nachweisen ist grds nur notwendig, wenn der WP Grund zu der Annahme hat, dass die zur prüferischen Durchsicht vorgelegten Informationen wesentliche falsche Aussagen enthalten oder Hinweise auf falsche Auskünfte oder ähnliche Anhaltspunkte vorliegen (s IDW PS 900, Tz 18). Werden dem WP im Rahmen der durchzuführenden Befragungen, analytischen Maßnahmen und anderen Maßnahmen der prüferischen Durchsicht Sachverhalte bekannt, die darauf hindeuten, dass der Abschluss in wesentlichen Belangen nicht in Übereinstimmung mit den anwendbaren Rechnungslegungsgrundsätzen aufgestellt wurde, hat er zusätzliche Maßnahmen durchzuführen, die es ihm ermöglichen, ein Negativurteil abzugeben (ISRE 2410.29). Durch den geringeren Umfang einer prüferischen Durchsicht im Vergleich zu einer APr wird das Risiko, ein nicht sachgerechtes Urteil abzugeben, statt auf den Grad hinreichender Sicherheit, lediglich auf den **Grad einer gewissen Sicherheit** reduziert (s IDW PS 900, Tz 5 f, ISRE 2410.7).

99 Bei der Durchführung einer prüferischen Durchsicht sind wie bei einer APr Maßnahmen zur Beurteilung von Risiken wesentlicher falscher Angaben sowie Maßnahmen zur Reaktion auf diese Fehlerrisiken vorzunehmen. Gem IDW PS 900, Tz 19 hat der WP nach pflichtgemäßem Ermessen zu beurteilen, was als **wesentlich** anzusehen ist. Fraglich ist, ob die gleichen Wesentlichkeitsgrenzen wie bei der Prüfung des JA bzw KA anzuwenden sind (so IDW PS 900, Tz 19). Grundsätzlich drückt sich Wesentlichkeit in einem Grenzwert oder in einer Eigenschaft aus, der bzw die geeignet ist, das Entscheidungsverhalten der Abschlussadressaten zu beeinflussen (Adressatenorientierung). Was für die Abschlussadressaten wesentlich ist, ist grds unabhängig davon zu beurteilen, ob eine Prüfung oder eine prüferische Durchsicht durchgeführt wird. Allerdings ist zu beachten, dass im Verhältnis zu einem JA bzw KA ein verkürzter Zeitraum beurteilt wird und dass aus diesem Grunde durchaus niedrigere Wesentlichkeitsgrenzen als bei der letzten Prüfung des JA bzw KA sachgerecht sein können.

100 Maßnahmen zur Beurteilung von Risiken wesentlicher falscher Angaben beziehen sich auf das **Verständnis** des WP vom Unt sowie von dessen rechtlichem und wirtschaftlichem Umfeld, einschl des IKS. Hat der die prüferische Durchsicht durchführende WP auch den letzten JA bzw KA des Unt geprüft, beschränken sich die Maßnahmen zur Beurteilung von Risiken wesentlicher falscher Angaben auf die Aktualisierung dieses Verständnisses. Ist dies nicht der Fall, hat sich der WP ein solches Verständnis zu verschaffen. Ob sich in diesem Fall die durchzuführenden Maßnahmen von den bei einer APr durchzuführenden Prüfungshandlungen unterscheiden, ist im Einzelfall zu beurteilen.

101 Im Rahmen der Erlangung bzw Aktualisierung des Verständnisses vom Unt hat der WP **Befragungen** durchzuführen, **Protokolle von Sitzungen**

IV. Prüferische Durchsicht 102–106 **G**

der UntLeitung und der Aufsichtsorgane einzusehen sowie **wesentliche Verträge** zu lesen (s IDW PS 900, Tz 21).

Neben Befragungen werden Nachweise im Rahmen einer prüferischen 102 Durchsicht insb durch **analytische Beurteilungen** erlangt (s IDW PS 900, Tz 10). Zu analytischen Beurteilungen gehören die Untersuchung von Schwankungen und Zusammenhängen, die in Widerspruch zu anderen einschlägigen Informationen stehen oder von erwarteten Beträgen abweichen. Demnach hat sich der WP bei der Durchführung analytischer Beurteilung in einem ersten Schritt **Erwartungen** über Beträge oder Verhältniszahlen zu bilden. Bei der Erwartungsbildung berücksichtigt der WP sein Verständnis vom Unt (s Anm 100). Grundlage für die Erwartungsbildung können JA bzw KA oder ZwA für den entspr Zeitraum des Vj sein.

In einem zweiten Schritt ist unter Berücksichtigung der Wesentlichkeit 103 (s Anm 99) ein **Schwellenwert** festzulegen, ab dem eine Abweichung des tatsächlichen Werts vom erwarteten Wert als auffällig anzusehen und ohne weitere Maßnahmen akzeptiert werden kann. In einem dritten Schritt sind die **Abweichungen** des erwarteten Werts vom tatsächlichen Wert zu **bestimmen** und in einem vierten Schritt wesentlichen Abweichungen nachzugehen, indem **sachgerechte Erklärungen** von der UntLeitung oder für die Rechnungslegung zuständigen Personen erbeten werden. Sind die erhaltenen Erklärungen plausibel, besteht im Rahmen einer prüferischen Durchsicht grds keine Pflicht, zusätzliche Nachweise einzuholen, die die Erklärungen bestätigen (s ISRE 2410.20).

Das Ausmaß, in dem das Risiko, ein nicht sachgerechtes Urteil abzugeben, 104 durch analytische Beurteilungen reduziert werden kann, hängt von der **Präzision** der Erwartungsbildung ab. Die Präzision der Erwartungsbildung wiederum wird beeinflusst durch die Genauigkeit, mit der tatsächliche Werte vorhergesagt werden können, durch den Grad der Disaggregation von Informationen sowie durch die Verfügbarkeit von Informationen. Da der Grad der Sicherheit, mit der die Prüfungsaussage bei einer prüferischen Durchsicht getroffen wird, geringer ist als bei einer APr, muss die Erwartungsbildung im Rahmen analytischer Beurteilung im Falle einer prüferischen Durchsicht nicht mit der gleichen Präzision vorgenommen werden wie im Falle einer APr.

Der durch analytische Beurteilungen erreichbare Grad der Sicherheit ist 105 neben der Präzision der Erwartungsbildung von der **Methode der Erwartungsbildung** abhängig. In Frage kommen bspw Trendanalysen, Analysen von Verhältniszahlen oder Regressionsanalysen. Darüber hinaus ist der Grad der durch analytische Beurteilungen erreichbaren Sicherheit davon abhängig, inwieweit die zur Abweichung befragten **Personen** die notwendigen **Kenntnisse** besitzen.

Bei der Durchführung einer prüferischen Durchsicht sind im Unterschied 106 zu einer APr **Einzelfallprüfungshandlungen** nur dann durchzuführen, wenn analytische Beurteilungen und Befragungen Hinweise auf mögliche falsche Angaben im ZwA geben (s IDW PS 900, Tz 18, ISRE 2410.20, 29). Daher sind nicht notwendigerweise Saldenbestätigungen, Rechtsanwaltsbestätigungen oder andere Bestätigungen Dritter einzuholen. Ebenfalls sind Inventurbeobachtungen grds nicht erforderlich.

G 107–111 Zwischenabschluss und Zwischenlagebericht

107 Neben der Aktualisierung der Kenntnisse über die Maßnahmen der UntLeitung zur Risikobeurteilung hinsichtlich **beabsichtigter Verstöße** gegen gesetzliche Vorschriften oder Rechnungslegungsgrundsätze, die zu falschen Angaben in der Rechnungslegung führen *(fraud),* hat der WP die UntLeitung und andere Personen zu befragen, ob Fälle von *fraud* aufgetreten sind oder vermutet werden (s ISRE 2410.21). Darüber hinaus ist der WP grds nicht verpflichtet, Maßnahmen hinsichtlich *fraud* vorzunehmen, sofern keine Anzeichen hierfür vorliegen.

108 Der WP hat die UntLeitung zu befragen, ob sich an ihrer Beurteilung hinsichtlich der **Fortführung der Unternehmenstätigkeit** seit der letzten APr bzw seit der letzten prüferischen Durchsicht eines ZwA etwas geändert hat (s ISRE 2410.27). Sofern der WP Kenntnisse über Ereignisse oder Verhältnisse erlangt, die Anlass zum Zweifel an der Fähigkeit zur UntFortführung geben, ist die UntLeitung hinsichtlich künftiger Maßnahmen, auf denen die Annahme der UntFortführung beruht, und deren angemessene Darstellung im Abschluss zu befragen (s ISRE 2410.27). Der WP hat grds **keine weiteren Maßnahmen** zur Bekräftigung der Realisierbarkeit der Pläne oder ob diese zu einer Verbesserung der Lage des Unt führen, vorzunehmen (ISRE 2410.28).

109 Der WP hat die UntLeitung zu befragen, ob sich wesentliche Änderungen hinsichtlich der Einschätzung der Auswirkungen von **Rechtsstreitigkeiten** ergeben haben (s ISRE 2410.21). Der WP ist grds nicht verpflichtet, die Auskünfte der UntLeitung in Bezug auf Rechtsstreitigkeiten durch Nachweise zu bekräftigen; die **Einholung von Rechtsanwaltsbestätigungen** ist daher nicht erforderlich (s ISRE 2410.24).

110 Besonderheiten können sich bei der prüferischen Durchsicht eines **Konzernzwischenabschlusses** ergeben. Grds ist bei der prüferischen Durchsicht eines KonzernZwA wie bei einer KA-Prüfung vorzugehen. Da bei einer prüferischen Durchsicht eines KonzernZwA idR Kenntnisse über das Unt lediglich aktualisiert werden, empfiehlt es sich, bei der prüferischen Durchsicht das gleiche risikoorientierte Vorgehen zu wählen wie bei der KA-Prüfung. Im Gegensatz zu einer KA-Prüfung unterliegen die Abschlüsse der in den KonzernZwA einbezogenen Unt im Allgemeinen keiner Prüfungspflicht oder Pflicht zur prüferischen Durchsicht. Der den KonzernZwA prüferisch durchsehende WP hat daher zu entscheiden, in welchem Umfang Maßnahmen auf Ebene der einbezogenen Unt durchzuführen sind, um ein Urteil zum KonzernZwA mit einer gewissen Sicherheit abgeben zu können. Um auf effiziente und effektive Weise die für eine prüferische Durchsicht erforderlichen Befragungen durchführen und im Rahmen analytischer Beurteilungen Erklärungen für Abweichungen der tatsächlichen Werte von Erwartungen einholen zu können, wird sich der WP an den internen Kontrollstrukturen des Konzerns orientieren. Hierbei ist insb auf den Prozess der Erstellung des KonzernZwA abzustellen.

111 Wie in Anm 102 ff dargestellt, hat der WP bei der Durchführung **analytischer Beurteilungen** die zu beurteilenden Informationen soweit zu **disaggregieren,** dass die für die zu erlangende Sicherheit erforderliche **Präzision** der Erwartungsbildung erreicht wird. Darüber hinaus muss bei der Durchführung analytischer Beurteilungen berücksichtigt werden, dass die

IV. Prüferische Durchsicht 112–114 **G**

Personen, die **Erklärungen** für Abweichungen von Erwartungen liefern, die notwendigen Kenntnisse besitzen müssen. Sofern Erklärungen zu Abweichungen Anlass zu Zweifeln geben, muss der WP Zugang zu Informationen haben, um die Erklärungen zu **bekräftigen.** Bei **Konzernen** hat dies idR zur Folge, dass analytische Beurteilungen auf Ebene der in den KonzernZwA einbezogenen Unt durchzuführen und Erklärungen von den gesetzlichen Vertretern oder anderen Mitarbeitern dieser Unt einzuholen sind. Insb bei multinationalen Konzernen kann es sich anbieten, andere externe WP mit der prüferischen Durchsicht oder anderen Tätigkeiten in Bezug auf disaggregierte Informationen zu beauftragen und deren Arbeiten bei der prüferischen Durchsicht des KonzernZwA zu verwerten (s IDW PS 900, Tz 21, 23). In entspr Anwendung der berufsständischen Regelungen zu KA-Prüfungen wird der WP die Anforderungen an die durchzuführenden Tätigkeiten typischerweise in Form eines Instruktionsbriefs *(instruction letter)* kommunizieren. Hierbei wird ua auf zu beachtende Wesentlichkeitsgrenzen, wesentliche Risiken, vom MU zu beachtende wesentliche Gesetze oder andere Regularien und nahe stehende Personen einzugehen sein (s ISRE 2410.16).

Im Rahmen einer prüferischen Durchsicht ist eine berufsübliche **Vollständigkeitserklärung** (s *Schmidt/Heinz* in Beck Bil-Komm[12] § 320 Anm 13) einzuholen, wie sie im Rahmen von APr verwendet werden (s IDW PS 900, Tz 21). Bei der prüferischen Durchsicht von KonzernZwA sind Vollständigkeitserklärungen vom MU und von wesentlichen TU einzuholen, soweit diese nicht von anderen WP prüferisch durchgesehen wurden. **112**

Für die prüferische Durchsicht eines ZwA und eines Zwischenlageberichts nach WpHG ist in §§ 115 Abs 5 S 7 explizit geregelt, dass die **Vorlagepflichten** der gesetzlichen Vertreter und die **Auskunftsrechte** des WP auch für die prüferische Durchsicht gelten. Entspr ist für ZwA nach KWG geregelt (s §§ 340a Abs 3 S 5 bzw 340i Abs 4 S 5 HGB). **113**

Weitere Besonderheiten können sich bei der prüferischen Durchsicht eines **Zwischenlageberichts** nach WpHG ergeben. Um mit einer gewissen Sicherheit das Urteil treffen zu können, dass der Konzernzwischenlagebericht in wesentlichen Belangen nicht in Übereinstimmung mit den für Zwischenlageberichte anwendbaren Vorschriften des WpHG aufgestellt worden ist, hat der WP Plausibilitätsbeurteilungen unter Berücksichtigung der bei der prüferischen Durchsicht des ZwA gewonnenen Erkenntnisse darüber anzustellen, ob der Zwischenlagebericht in Einklang mit dem ZwA steht, die wichtigen Ereignisse des Berichtszeitraums und deren Auswirkungen auf den ZwA angibt sowie die Chancen und Risiken für die dem Berichtszeitraum folgenden sechs Monate des Gj zutreffend beschreibt (s IDW PS 900, Tz 6). Der WP hat darüber hinaus zu erwägen, ob ihm bei der prüferischen Durchsicht des ZwA berichterstattungspflichtige Sachverhalte bekannt geworden sind, die nicht im Zwischenlagebericht enthalten sind. Weitere Besonderheiten können sich bei der prüferischen Durchsicht der im Zwischenlagebericht enthaltenen Angaben zu **nahe stehenden Personen** ergeben. Da es sich hierbei um typische Anhangangaben handelt und die Aufnahme dieser Informationen durch § 115 Abs 4 S 2 Halbs 2 WpHG auch im verkürzten Anhang zulässig ist, ist bei der prüferischen Durchsicht wie bei anderen Anhangangaben vorzugehen. Diese sind danach zu beurteilen, ob sie in Einklang mit bei der **114** prüferischen Durchsicht des ZwA gewonnenen Erkenntnissen und mit anderen Bestandteilen des ZwA stehen.

115 Wird ein ZwA nach Auslieferung der Bescheinigung über die prüferische Durchsicht **nachträglich geändert,** besteht **keine** gesetzliche **Pflicht** zur Durchführung einer mit einer **Nachtragsprüfung** gem § 316 Abs 3 HGB vergleichbaren prüferischen Durchsicht.

3. Berichterstattung

120 Die Berichterstattung über die prüferische Durchsicht richtet sich nach den angewandten Grundsätzen für die prüferische Durchsicht. Die Berichterstattung über die prüferische Durchsicht nach IDW PS 900 erfolgt in Form einer **Bescheinigung** (IDW PS 900, Tz 8) und wird mit „Bescheinigung nach prüferischer Durchsicht" überschrieben. Die Bezeichnung als BVm ist nicht sachgerecht, da die prüferische Durchsicht einen geringeren Umfang hat als eine APr (IDW PS 400 nF, Tz 78), und gem IDW PS 900, Tz 8 auch nicht zulässig.

121 Gem IDW PS 900, Tz 26 ist die Bescheinigung nach prüferischer Durchsicht zu adressieren. **Adressat** ist grds die Ges, mit der die Durchführung der prüferischen Durchsicht vereinbart wurde. Dies gilt auch in den Fällen, in denen der Auftrag zur prüferischen Durchsicht vom AR einer AG erteilt wurde, da dieser für die Beauftragung vertretungsberechtigtes Organ der Ges ist.

122 Im **einleitenden Abschnitt** der Bescheinigung sind gem IDW PS 900, Tz 26 der **Gegenstand der prüferischen Durchsicht** zu nennen sowie die **Verantwortlichkeit** der UntLeitung und des WP zu beschreiben. Bei der Beschreibung der Verantwortlichkeit der UntLeitung sind die bei der Aufstellung angewandten Rechnungslegungsgrundsätze zu nennen. Sind mehrere Rechnungslegungsinstrumente Auftragsgegenstand und werden diese nach unterschiedlichen Rechnungslegungsgrundsätzen aufgestellt, sind die für die einzelnen Auftragsgegenstände anwendbaren Rechnungslegungsgrundsätze klar darzustellen. Im Falle der prüferischen Durchsicht eines verkürzten ZwA und eines Konzernzwischenlageberichts, die Bestandteile eines Quartalsfinanzberichts nach § 115 Abs 7 WpHG oder eines Halbjahresfinanzberichts nach § 115 WpHG sind, werden folgende Formulierungen empfohlen (s HFA, FN-IDW 2007, 262 ff).

123 Sofern die Ges einen KA nach den IFRS, wie sie in der EU anzuwenden sind, aufzustellen hat:

„*Die Aufstellung des verkürzten Konzernzwischenabschlusses nach den IFRS für Zwischenberichterstattung, wie sie in der EU anzuwenden sind, und des Konzernzwischenlageberichts nach den für Konzernzwischenlageberichte anwendbaren Vorschriften des WpHG liegt in der Verantwortung der gesetzlichen Vertreter der Gesellschaft.*"

Sofern die Ges keinen KA nach den IFRS, wie sie in der EU anzuwenden sind, aufzustellen hat und keinen IFRS-EA aufstellt:

„*Die Aufstellung des verkürzten ZwA nach den deutschen handelsrechtlichen Vorschriften und des Zwischenlageberichts nach den für Zwischenlageberichte anwendbaren Vorschriften des WpHG liegt in der Verantwortung der gesetzlichen Vertreter der Gesellschaft.*"

IV. Prüferische Durchsicht 124–128 G

Im **beschreibenden Abschnitt** der Bescheinigung ist der geringere Umfang einer prüferischen Durchsicht und die damit verbundene geringere Sicherheit der Aussage über die prüferische Durchsicht im Vergleich zu einer APr zu verdeutlichen. 124

Der **Abschnitt zur Aussage der prüferischen Durchsicht,** die das Urteil über den Auftragsgegenstand oder die Auftragsgegenstände enthält, ist stets negativ zu formulieren. Der Inhalt des Urteils hängt vom zu beurteilenden Auftragsgegenstand und den Aufstellungsgrundsätzen ab. Grds ist eine prüferische Durchsicht so anzulegen, dass mit einer gewissen Sicherheit ausgeschlossen werden kann, dass der Auftragsgegenstand nicht **in Übereinstimmung mit den Aufstellungsgrundsätzen aufgestellt** wurde. Sofern der ZwA grds geeignet ist, unter Beachtung der Aufstellungsgrundsätze **ein den tatsächlichen Verhältnissen entsprechendes Bild der Vermögens-, Finanz- und Ertragslage** (*gives a true and fair view* oder *presents fairly*) zu vermitteln (s Anm 97), kann sich das negativ formulierte Urteil auch hierauf beziehen (s IDW PS 900, Tz 27). 125

Das Urteil zum Zwischenlagebericht nach WpHG bezieht sich auf die Übereinstimmung mit den für Zwischenlageberichte anwendbaren Vorschriften des WpHG (s Anm 114). Wird ein vollständiger ZwA und ein **Lagebericht** gem § 289 HGB oder Konzernlagebericht gem § 315 HGB aufgestellt, kann sich das negativ formulierte Urteil in entspr Anwendung des § 322 Abs 6 HGB iVm IDW PS 400 nF, Tz 43 auch darauf beziehen, ob der Lagebericht bzw Konzernlagebericht mit dem ZwA in Einklang steht, den gesetzlichen Vorschriften entspricht, insgesamt ein zutreffendes Bild von der Lage des Unt oder des Konzerns vermittelt oder die Chancen und Risiken der zukünftigen Entwicklung zutreffend darstellt. 126

Sind im Rahmen der prüferischen Durchsicht wesentliche Sachverhalte bekannt geworden, die **wesentliche Beanstandungen** gegen **abgrenzbare Teile der Rechnungslegung** darstellen, ist die negativ formulierte Aussage der prüferischen Durchsicht einzuschränken oder, sofern die Auswirkungen auf den Auftragsgegenstand so wesentlich sind, dass eine Einschränkung nicht ausreicht, eine positiv formulierte Aussage mit dem Inhalt zu treffen, dass je nach beabsichtigter Zielsetzung der Aussage bspw der ZwA nicht in Übereinstimmung mit den anwendbaren Rechnungslegungsgrundsätzen aufgestellt wurde oder ein den tatsächlichen Verhältnissen entspr Bild der VFE-Lage nicht vermittelt (s IDW PS 900, Tz 30). Eine Einschränkung oder Nichterteilung des negativ formulierten Positivbefunds ist einem gesonderten Abschn vor dem Abschn zur Aussage der prüferischen Durchsicht zu begründen und so darzustellen, dass ihre Tragweite erkennbar wird. Die Grundsätze des IDW PS 405 zu Modifizierungen des Prüfungsurteils im BVm sind entspr anwendbar. 127

Bestehen **Hemmnisse,** abgrenzbare Teile der Rechnungslegung mit der für prüferische Durchsichten erforderlichen gewissen Sicherheit beurteilen zu können (Hemmnisse der prüferischen Durchsicht), ist die Aussage der prüferischen Durchsicht ebenfalls einzuschränken. Sofern die möglichen Folgen des Hemmnisses so wesentlich sind, dass der WP nicht in der Lage ist, die Aussage der prüferischen Durchsicht mit der für prüferische Durchsichten erforderlichen gewissen Sicherheit treffen zu können, ist eine Zusicherung jedweder Art zu verweigern (s IDW PS 900, Tz 31). 128

G 129–134 Zwischenabschluss und Zwischenlagebericht

129 Eine mit § 322 Abs 2 S 3 HGB vergleichbare Pflicht, auf Risiken, die den Fortbestand des Unt oder eines KonzernUnt gefährden, gesondert einzugehen, besteht für die prüferische Durchsicht nach deutschen Grundsätzen nicht. IDW PS 900, Tz 12 fordert lediglich, dass bei der Durchführung der prüferischen Durchsicht festgestellte Tatsachen, die den Bestand des geprüften Unt gefährden oder seine Entwicklung wesentlich beeinträchtigen können, im Rahmen der Treuepflicht des WP dem Unt schriftlich mitzuteilen sind, soweit diese Tatsachen zu bedeutenden Nachteilen für das Unt führen können. Dennoch erscheint es sachgerecht, einen solchen Hinweis in die Bescheinigung aufzunehmen, um dem Empfänger bzw der Öffentlichkeit diese Risiken zu verdeutlichen. Fraglich ist, ob auch auf bestandsgefährdende Risiken gesondert einzugehen ist, über die bereits im BVm zum letzten JA bzw KA und Lagebericht bzw Konzernlagebericht oder in der Bescheinigung zum letzten ZwA und Zwischenlagebericht des Gj berichtet wurde und für die sich die Verhältnisse seitdem nicht geändert haben. Da DRS 16.49 explizit fordert, dass im Zwischenlagebericht auf bestandsgefährdende Risiken besonders einzugehen ist (s Anm 32) und das Fehlen eines Hinweises so interpretiert werden könnte, dass das bestandsgefährdende Risiko nicht mehr vorliegt, ist die Aufnahme eines Hinweises auf Bestandsgefährdung auch in diesen Fällen sachgerecht.

130 Bei der Durchführung einer prüferischen Durchsicht nach **ISRE 2410** ist der WP **verpflichtet,** auf bestandsgefährdende Risiken in einem separaten Paragrafen *(emphasis of matter)* hinzuweisen, sofern dieser Sachverhalt ordnungsgemäß im ZwA oder Zwischenlagebericht dargestellt wurde (s ISRE 2410.55 ff). Wurde die Bestandsgefährdung nicht ordnungsgemäß im ZwA oder Zwischenlagebericht dargestellt, ist die Bescheinigung einzuschränken. In der Bescheinigung ist besonders auf die Bestandsgefährdung Bezug zu nehmen (s ISRE 2410.59). Dies hat nicht notwendigerweise in einem gesonderten Abs zu erfolgen, sondern kann sich auch aus der Formulierung der Einschränkung ergeben.

131 Die Bescheinigung nach prüferischer Durchsicht ist mit dem **Datum** der Beendigung der prüferischen Durchsicht und der Adresse des WP zu versehen und vom WP zu unterzeichnen (s IDW PS 900, Tz 32, ISRE 2410.43k ff).

132 Beispiele für Bescheinigungen nach prüferischer Durchsicht sind im Anhang des IDW PS 900 enthalten. Für eine Bescheinigung im Zusammenhang mit der Zwischenberichterstattung nach WpHG s HFA, FN-IDW 2007, 262 ff. ISRE 2400 und 2410 enthalten darüber hinaus Bsp für Bescheinigungen, die nach diesen Grundsätzen durchgeführt wurden.

133 Wurde eine prüferische Durchsicht eines ZwA und eines Zwischenlageberichts nach **WpHG** durchgeführt, ist die Bescheinigung über die prüferische Durchsicht zusammen mit dem Halbjahresfinanzbericht nach § 115 WpHG zu veröffentlichen (s § 115 Abs 5 S 4 WpHG). Nach § 115 Abs 7 iVm Abs 5 WpHG gilt dies entspr für die Bescheinigung über die prüferische Durchsicht von zusätzlichen unterjährigen Finanzinformationen (bspw Quartalsfinanzberichten), sofern der darin enthaltene ZwA und der Zwischenlagebericht den Vorgaben des § 115 WpHG entsprechen.

134 Für die prüferische Durchsicht eines ZwA und eines Zwischenlageberichts, die Bestandteile eines Halbjahresfinanzberichts nach § 115 WpHG oder eines

IV. Prüferische Durchsicht 135 **G**

Quartalsfinanzberichts nach § 115 Abs 7 WpHG sind, ist in §§ 115 Abs 5 S 7 geregelt, dass die **Verantwortlichkeiten** des WP, einschl der **Haftungsregelungen,** auch für die prüferische Durchsicht gelten. Entspr ist für ZwA nach KWG geregelt (s §§ 340a Abs 3 S 5 bzw 340i Abs 4 S 5 HGB).

Ein **gesonderter Bericht** zusätzlich zur Bescheinigung über die prüferische Durchsicht ist nicht erforderlich, kann jedoch im Einzelfall sachgerecht sein (s IDW PS 900, Tz 33). Weitere Kommunikationspflichten nach deutschen Grundsätzen für die prüferische Durchsicht können sich auch aus IDW PS 900, Tz 12 für Tatsachen, die schwerwiegende Verstöße der gesetzlichen Vertreter oder von Arbeitnehmern gegen Gesetz, GesVertrag oder die Satzung erkennen lassen, bestehen. Kommunikationspflichten bei einer prüferischen Durchsicht nach internationalen Grundsätzen können sich aus ISRE 2410.38 ff ergeben. 135

H. Verschmelzungsschlussbilanzen

Übersicht

	Anm
I. Rechtliche Grundlagen der Verschmelzung	
1. Einführung	1–4
2. Arten von Verschmelzungen	5
a) Verschmelzung durch Aufnahme	7–9
b) Verschmelzung durch Neugründung	12
c) Rechtsformen der Beteiligten	15–17
d) Grenzüberschreitende Verschmelzungen	
aa) Beteiligung europäischer Rechtsträger	20, 21
bb) Regelung im Umwandlungsgesetz	22
cc) Steuerrechtliche Vorschriften	23
dd) Ausländische Verschmelzungen mit Inlandsbezug	24
3. Ablauf einer Verschmelzung	27–40
4. Auswirkungen auf Beherrschungs- und Ergebnisabführungsverträge	43–47
II. Verschmelzungsstichtag	
1. Allgemeines	50–54
2. Rückwirkung	56–59
a) Zivilrechtliche Rückwirkung	60
b) Buchführungspflicht	61–63
c) Jahresabschluss im Rückwirkungszeitraum	64, 65
d) Ergebnisabführung im Rückwirkungszeitraum	
aa) Endabrechnung eines Ergebnisabführungsvertrags versus Für-Rechnungs-Abrede aufgrund des Verschmelzungsvertrags	68–73
bb) Ansprüche und Verpflichtungen aus dem Ergebnisabführungsvertrag und deren Behandlung in der Verschmelzungsschlussbilanz	75–80
e) Steuerliche Rückwirkung	81
III. Verschmelzungsschlussbilanz	
1. Umfang der Verschmelzungsschlussbilanz	82–87
2. Zwecksetzung	90–93
3. Bilanzstichtag	96–102
4. Ansatzgrundsätze	104–113
5. Bewertung	116–120
6. Gliederung	122
7. Aufstellung und Feststellung	124–126
8. Handelsbilanzrechtlich unzulässige Wertansätze in der Schlussbilanz	130, 131
IV. Prüfung, Offenlegung und Aufbewahrung	
1. Prüfungspflicht für Schlussbilanzen	134–140
2. Verschmelzungsprüfung	143–145
3. Offenlegung und Aufbewahrung von Schlussbilanzen	148, 149
V. Steuerliche Besonderheiten bei Verschmelzungsschlussbilanzen	
1. Anwendung des Umwandlungssteuergesetzes	152–154

H   Verschmelzungsschlussbilanzen

	Anm
2. Besteuerung des Verschmelzungsvorgangs	162
a) Verschmelzung von Kapitalgesellschaften	165
aa) Voraussetzungen des Wahlrechtes	166–168
bb) Buchwertfortführung	170, 171
cc) Zwischenwertansatz	175
dd) Antrag	177
ee) Downstream-Merger	180
ff) Sonstiges	185–188
b) Verschmelzung von Personenhandelsgesellschaften	198–202
c) Verschmelzung von Personenhandelsgesellschaften auf Kapitalgesellschaften	204–209
d) Verschmelzung von Kapitalgesellschaften auf Personenhandelsgesellschaften	210–214
e) Besonderheiten bei Organschaft	220–222
3. Gewerbesteuer	
a) Verschmelzung von Kapitalgesellschaften auf Personenhandelsgesellschaften	225–227
b) Verschmelzung von Kapitalgesellschaften	230
c) Verschmelzung von Personenhandelsgesellschaften auf Kapitalgesellschaften oder Personenhandelsgesellschaften	235, 236
4. Verkehrsteuern	
a) Umsatzsteuer	245, 246
aa) Leistungen und Vorsteuerabzug der übertragenden Gesellschaft	247, 248
bb) Übernehmende Gesellschaft als Leistende und Leistungsempfängerin	250–252
cc) Leistungen der Gesellschafter	255
dd) Besonderheiten bei grenzüberschreitenden Verschmelzungen	256
b) Grunderwerbsteuer	
aa) Grundstücke im übertragenen Vermögen	260
bb) Übertragung von Anteilen an Kapitalgesellschaften mit Grundbesitz	261
cc) Übertragung von Anteilen an Personengesellschaften mit Grundbesitz	262–264
dd) Fiktive Anteilsvereinigung	267
ee) Entstehung, Umfang und Anzeigepflichten	270–275

Schrifttum: *Küting/Hayn/Hütten* Die Abbildung konzerninterner Spaltungen im Einzel- und Konzernabschluß, BB 1997, 565; *Naraschewski* Gläubigerschutz bei der Verschmelzung von GmbH, GmbHR 1998, 356 ff; *Dötsch* Organschaft und Umwandlungssteuergesetz, in FS Widmann, Bonn/Berlin 2000, 265; *Gassner* Ausgewählte handelsrechtliche und steuerrechtliche Bilanzierungsfragen bei Umwandlungen, in FS Widmann, Bonn/Berlin 2000, 343; *Kersting* Societas Europaea: Gründung und Vorgesellschaft, DB 2001, 2079; *Vossius* Unternehmensvertrag und Umwandlung, in FS Widmann, Bonn/Berlin 2000, 133; *Schaal* Der Wirtschaftsprüfer als Umwandlungsprüfer, Düsseldorf 2001; *Philippi/Neveling* Unterjährige Beendigung von Gewinnabführungsverträgen im GmbH-Konzern – Beendigungsgründe und Rechtsfolgen, BB 2003, 1685 ff; *Gelhausen/Heinz* Handelsrechtliche Zweifelsfragen der Abwicklung von Ergebnisabführungsverträgen in Umwandlungsfällen, NZG 2005, 775; *Henckel* Rechnungslegung und Prüfung anlässlich einer grenzüberschreitenden Verschmelzung zu einer Societas Europaea (SE), DStR 2005, 1785; *Neye/Timm* Die geplante Umsetzung der Richtlinie zur grenzüberschreitenden Verschmelzung von Kapitalgesellschaften im

I. Rechtliche Grundlagen der Verschmelzung

Umwandlungsgesetz, DB 2006, 488; *Scheunemann* Die Schlussbilanz bei der Verschmelzung von in einen Konzernabschluss einbezogenen Ges, DB 2006, 797; *Henckel* Rechnungslegung bei Verschmelzungen nach dem deutschen Umwandlungsrecht, M&A Review 2007, 438; *Henckel* Sonderbilanzen, wisu 2007, 1053; *Mayer/Weiler* Neuregelungen durch das Zweite Gesetz zur Änderung des Umwandlungsgesetzes (Teil I), DB 2007, 1235; *Nagel* Das Gesetz über die Mitbestimmung der Arbeitnehmer bei grenzüberschreitenden Verschmelzungen (MgVG), NZG 2007, 57; *Heinemann* Die Unternehmergesellschaft als Zielgesellschaft von Formwechsel, Verschmelzung und Spaltung nach dem Umwandlungsgesetz, NZG 2008, 820; *Tettinger* UG (umwandlungsbeschränkt)? Die Unternehmergesellschaft nach dem MoMiG-Entwurf und das UmwG, DK 2008, 75; *Empt* Zur Anwendbarkeit von § 17 II UmwG bei einer SE-Gründung durch Verschmelzung auf eine deutsche AG, NZG 2010, 1013; *Henckel* Die Verschmelzungsprüfung als Schutzrecht der Anteilsinhaber, 2010; *Becker/Kamphaus/Loose* Greift das Korrespondenzprinzip bei Drittstaatsverschmelzungen?, IStR 2013, 328; *Becker/Kamphaus/Loose* Nochmals: Greift das Korrespondenzprinzip bei Drittstaatsverschmelzungen? – Zugleich Duplik auf Sejdija/Trinks, IStR 2013, 869; *Deubert/Klöcker* Handelsrechtliche Bilanzierung von Verschmelzungen, WP Praxis 2013, 61; *Heidtkamp* Die umwandlungsrechtliche Schlussbilanz – praxisrelevante Zweifelsfragen, NZG 2013, 852; *Kolb/Weimert* Bilanzierung bei Verschmelzung gem. IDW RS HFA 42 – Rechnungslegung, Vermögens- und Ergebniszuordnung beim übertragenden Rechtsträger, StuB 2013, 445; *Bilitewski/Roß/Weiser* Bilanzierung bei Verschmelzungen im handelsrechtlichen Jahresabschluss nach IDW RS HFA 42 – Überblick und ergänzende Hinweise, WPg 2014, 13 (Teil 1) und 73 (Teil 2); *Kußmaul/Schwarz* Sonderbilanzen im Überblick sowie Einordnung der Umwandlungsbilanzen, StB 2014, 182; *Kußmaul/Schwarz* Sonderbilanzen bei Verschmelzung, StB 2014, 229; *Oser* Bilanz- und Gesellschaftsrecht bei Spaltungen, StuB 2014, 633; *Roß* Zur größenklassenabhängigen Prüfungspflicht einer umwandlungsrechtlichen Schlussbilanz, DB 2014, 1822; *Schumm* Einzureichende Bilanzen bei Umwandlungen, WP Praxis 2014, 273; *Suchanek/Hesse* Umwandlungsstichtage und Bilanzen, DK 2015, 245; *Hargarten/Seidler* Praxisprobleme der Anwendung des § 264 Abs 3 HGB, BB 2016, 2795; *Rosner* Die UG (haftungsbeschränkt) – besondere Einsatzmöglichkeiten und Umwandlungen, NWB 2016, 2351; *Wettich* Umwandlung vom Brexit betroffener britischer Limited mit Verwaltungssitz in Deutschland, WPg 2018, 1590; *Hageböke* Verlängerung der Achtmonatsfrist in § 17 II 4 UmwG auf zwölf Monate aufgrund der COVID-19-Pandemie auch für steuerliche Zwecke?, DB 2020, 752; *Deubert/Meyer* Fristverlängerungen und andere Billigkeitsmaßnahmen anlässlich der Corona-Krise, in Rechnungslegung in der Corona-Krise, München 2020.

I. Rechtliche Grundlagen der Verschmelzung

1. Einführung

Verschmelzungen iSd § 1 Abs 1 Nr 1 iVm § 2 UmwG sind vertragliche Zusammenschlüsse von Rechtsträgern, bei denen das gesamte Vermögen eines oder mehrerer übertragender Rechtsträger durch **Gesamtrechtsnachfolge** („als Ganzes") auf einen anderen Rechtsträger (übernehmender Rechtsträger) übergeht und der oder die mit Rechtswirksamkeit der Verschmelzung vermögenslose übertragende(n) Rechtsträger dadurch ohne LiqVerfahren erlischt bzw erlöschen (vgl *Deubert/Klöcker* WP Praxis 2013, 61; *WPH* TBd Ass, E Anm 14). Grds erhalten die Gester der übertragenden Rechtsträger GesRechte am übernehmenden Rechtsträger, während ihre Ges-Rechte an den übertragen-

H 2–5 Verschmelzungsschlussbilanzen

den Rechtsträgern untergehen (vgl *Marsch-Barner* in Kallmeyer[6] UmwG § 2 Anm 12; *Sagasser* in Sagasser/Bula/Brünger[5] § 2 Anm 4). Innerhalb gewisser Grenzen (§§ 54 Abs 4 und 68 Abs 3 UmwG) dürfen bare Zuzahlungen zum Ausgleich von Spitzenbeträgen geleistet werden, sie dürfen eine Anteilsgewähr jedoch nicht völlig ersetzen. Eine andere Gegenleistung, wie bspw Anteile an anderen Rechtsträgern, ist unzulässig (vgl *Winter* in Schmitt/Hörtnagl/Stratz[8] UmwG § 2 Anm 16). Rechtsgrundlage einer Verschmelzung ist ein Verschmelzungsvertrag; bei einer grenzüberschreitenden Verschmelzung von KapGes tritt ein sog Verschmelzungsplan (§ 122c UmwG) an dessen Stelle.

2 Die Verschmelzung ist im zweiten Buch des **Umwandlungsgesetzes** geregelt. Der erste Teil dieses zweiten Buchs des UmwG enthält allg Vorschriften zur Verschmelzung (§§ 2 bis 38 UmwG), während im zweiten Teil iW rechtsformspezifische Besonderheiten (§§ 39 bis 122 UmwG) geregelt werden.

In Umsetzung der sog **EU-Verschmelzungs-Richtlinie** v 26.10.2005 (2005/56/EG, ABl EG L 310, 1 f) wurden die Besonderheiten grenzüberschreitender Verschmelzungen von KapGes durch das Zweite Gesetz zur Änderung des UmwG v 19.4.2007 BGBl I, 542, im 10. Abschn des 2. Teils des UmwG geregelt (§§ 122a bis 122l UmwG). S Anm 22.

Mit dem **Vierten Gesetz zur Änderung des Umwandlungsgesetzes** vom 19.12.2018 (BGBl I 2018, 2694) wurde das UmwG in den §§ 122a ff um Vorschriften über die Hineinverschmelzung von (ausländischen) KapGes auf (inländische) PersGes (OHG und KG) ergänzt (s zum RegE im Überblick *Wettich* WPg 2018, 1590). Anlass ist, den vom Brexit betroffenen Unt eine Umw nicht nur in eine KapGes, sondern auch bspw in eine haftungsbeschränkte GmbH & Co KG oder UG & Co KG zu ermöglichen, an der sich entspr der Kapitalausstattung der betr Ges entweder eine GmbH oder eine UG als phG beteiligen könnte.

3 **Steuerlich** gilt für Verschmelzungen vorrangig das **Umwandlungssteuergesetz (UmwStG)**. Das BMF hat mit Schreiben v 11.11.2011 (BStBl I, 1314), zuletzt geändert durch Schreiben v 23.2.2018 (BStBl I, 319), den sog **Umwandlungssteuererlass (UmwSt-Erl)** veröffentlicht (s Anm 152 ff).

4 Beim Ausscheiden eines Gesters aus einer PersGes wächst dessen Anteil am GesVermögen den übrigen Gestern gem § 738 Abs 1 HGB kraft Gesetzes ohne besonderen Übertragungsakt zu. Scheidet der vorletzte Gester aus einer PersGes aus, gehen die VG und Schulden der PersGes auf den letzten verbleibenden Gester über. Wie bei einer Verschmelzung geschieht dies im Wege der Gesamtrechtsnachfolge (vgl IDW RS HFA 42, Tz 92). Es ist daher sachgerecht, **Anwachsungen** handelsbilanziell wie Verschmelzungen abzubilden (vgl IDW RS HFA 42, Tz 93). Allerdings entfaltet eine schuldrechtliche Vereinbarung über einen rückwirkenden Anwachsungsstichtag keine Wirkung (IDW RS HFA 42, Tz 95; s Anm 17 f).

2. Arten von Verschmelzungen

5 § 2 UmwG unterscheidet zwischen **Verschmelzungen durch Aufnahme** (s Anm 7 ff) und **Verschmelzungen durch Neugründung** (s Anm 12), andere Verschmelzungsformen sind nicht zulässig.

I. Rechtliche Grundlagen der Verschmelzung 7–12 **H**

a) Verschmelzung durch Aufnahme

Die Verschmelzung durch Aufnahme (§ 2 Nr 1, §§ 4 bis 35 UmwG) stellt 7
die Übertragung des gesamten Vermögens einer oder mehrerer Rechtsträger
auf einen anderen, **bereits existenten** Rechtsträger dar. Mit der Eintragung
der Verschmelzung durch Aufnahme in das HR des Sitzes des übernehmenden Rechtsträgers wird die Verschmelzung wirksam. Neben dem Übergang
des Vermögens des übertragenden Rechtsträgers einschl der Schulden auf den
übernehmenden Rechtsträger (§ 20 Abs 1 Nr 1 UmwG) kommt es zum Erlöschen des übertragenden Rechtsträgers, ohne dass es einer Liquidation bedarf
(§ 20 Abs 1 Nr 2 UmwG). Als **Gegenleistung** für die untergehenden Ges-Rechte an einem übertragenden Rechtsträger werden an dessen Gester grds
GesRechte am übernehmenden Rechtsträger ausgegeben und ggf sonstige
Ausgleichszahlungen geleistet (vgl *Winter* in Schmitt/Hörtnagl/Stratz[8] UmwG
§ 2 Anm 15 f).

Gem §§ 54 Abs 1 S 1 Nr 1 und 68 Abs 1 S 1 Nr 1 UmwG darf die überneh- 8
mende KapGes ihr Stamm- oder Grundkapital zur Durchführung einer Verschmelzung nicht erhöhen **(Kapitalerhöhungsverbot)**, soweit sie Anteile an
dem übertragenden Rechtsträger hält (Aufwärtsverschmelzung, Upstream-Merger, s IDW RS HFA 42, Tz 45). Im umgekehrten Fall der Abwärtsverschmelzung (Downstream-Merger, s IDW RS HFA 42, Tz 47) eines übertragenden Rechtsträgers auf eine übernehmende KapGes, an der der übertragende Rechtsträger beteiligt ist, gilt gem §§ 54 Abs 1 S 2 Nr 2 und 68 Abs 1 S 2
Nr 2 UmwG insoweit ein **Kapitalerhöhungswahlrecht,** weil die Anteile des
übertragenden Rechtsträgers an der übernehmenden KapGes im Zuge der
Verschmelzung auf die übernehmende KapGes übergehen und dort eigene
Anteile darstellen, die (technisch unmittelbar ohne Durchgangserwerb) zur
Gewährung an die Gester des übertragenden Rechtsträgers zur Verfügung stehen (vgl *Westerburg* in Schmitt/Hörtnagl/Stratz[8] UmwG § 54 Anm 11).

Gem § 54 Abs 1 S 3 sowie § 68 Abs 1 S 3 UmwG brauchen keine Geschäftsanteile/Aktien gewährt zu werden, wenn alle Gester des übertragenden
Rechtsträgers darauf in notariell beurkundeter Form verzichten. Diese Möglichkeit ist praktisch vor allem für die Verschmelzung von Rechtsträgern mit
identischen Gestern **(Schwestergesellschaften,** Sidestream-Merger, s IDW
RS HFA 42, Tz 50) bedeutsam.

Die Verschmelzung durch Aufnahme ist die häufigste Form der Verschmel- 9
zung. In Konzernen finden oft Verschmelzungen von zwei SchwesterGes
sowie von Mutter- und TochterGes statt.
Hauptsächlich, um grunderwerbsteuerbare Tatbestände zu vermeiden,
sowie um vorhandene steuerliche Verlustvorträge eines TU auch zukünftig
nutzen zu können, kommen Downstream-Merger vor (s Anm 186, 227,
230).

b) Verschmelzung durch Neugründung

Bei einer Verschmelzung durch Neugründung (§ 2 Nr 2, §§ 36 bis 38 12
UmwG) gehen VG und Schulden der (mind zwei) übertragenden Rechtsträger als Ganzes auf einen **neu gegründeten übernehmenden Rechtsträger**
gegen Gewährung von GesRechten an demselben über (§ 20 Abs 1 Nr 1

UmwG). Gleichzeitig erlöschen alle übertragenden Rechtsträger (§ 20 Abs 1 Nr 2 UmwG).
Da die erforderliche Neugründung des übernehmenden Rechtsträgers zusätzliche Formalia und ggf auch Kosten verursacht, wird regelmäßig eine Verschmelzung durch Aufnahme bevorzugt.

c) Rechtsformen der Beteiligten

15 Gem § 3 Abs 1 UmwG können übertragende, übernehmende oder neue Rechtsträger PersGes, KapGes, PartGes, eG, eV, genossenschaftliche Prüfungsverbände oder VVaG sein; diese sind also **unbeschränkt verschmelzungsfähig**. Dies gilt auch für die SE, für die die Regelungen der EU-SE-VO v 8.10.2001, nach denen die Vorschriften über AG anzuwenden sind, die in den Mitgliedstaaten der EU unmittelbar anzuwendendes Recht sind (s Anm 21). Wirtschaftliche Vereine sind gem § 3 Abs 2 Nr 1 UmwG **beschränkt verschmelzungsfähig**, sie dürfen nur als übertragende Rechtsträger beteiligt sein. Die ebenfalls beschränkt verschmelzungsfähigen natürlichen Personen dürfen gem § 3 Abs 2 Nr 2 UmwG nur als AlleinGester einer KapGes deren Vermögen durch Verschmelzung übernehmen (vgl *Winter* in Schmitt/Hörtnagl/Stratz[8] UmwG § 3 Anm 41). Eine GbR ist grds nicht verschmelzungsfähig. Sie kann jedoch durch konstitutive Eintragung im HR die Rechtsform der OHG annehmen, wodurch sie verschmelzungsfähig wird. Zwei PersGes können anstelle durch eine Verschmelzung auch durch Einbringung aller Anteile an der einen PersGes in die andere, übernehmende PersGes kraft unmittelbar anschließender Anwachsung (s Anm 4) vereinigt werden (OLG Frankfurt aM v 25.8.2003, DB 2003, 2327). Eine UG kann als übertragender Rechtsträger an einer Verschmelzung teilnehmen. Übernehmender Rechtsträger einer Verschmelzung durch Neugründung kann die UG wegen des Sacheinlageverbots des § 5a Abs 2 S 2 GmbHG nicht sein. Das Sacheinlageverbot greift aber dann nicht, wenn durch die anlässlich einer Verschmelzung durch Aufnahme durchgeführte Kapitalerhöhung das Mindeststammkapital erreicht bzw überschritten wird oder die Verschmelzung auch ohne Kapitalerhöhung möglich ist (vgl *Rosner* NWB 2016, 2355; zu den Voraussetzungen s *Heinemann* NZG 2008, 821 f und *Tettinger* DK 2008, 76 f).

Die folgenden Ausführungen beschränken sich grds auf **Verschmelzungen von Personen- und Kapitalgesellschaften**.

Gem § 3 Abs 4 UmwG sind grds Verschmelzungen unter gleichzeitiger Beteiligung von Rechtsträgern **gleicher** Rechtsform (sog homogene Verschmelzung) **oder unterschiedlicher Rechtsformen** (sog Mischverschmelzung) zulässig. Bei Verschmelzungen mehrerer übertragender Rechtsträger dürfen auch diese unterschiedliche Rechtsformen haben.

16 Nach § 3 Abs 3 UmwG dürfen an einer Verschmelzung **als übertragende** Rechtsträger auch **aufgelöste Rechtsträger** beteiligt sein, wenn deren Fortsetzung beschlossen werden könnte und mit der Verteilung des Vermögens noch nicht begonnen worden ist (siehe T Anm 405). Damit sollen vor allem **Sanierungsfusionen** erleichtert werden.

Umstritten ist, ob § 3 Abs 3 UmwG über seinen Wortlaut hinaus auch auf **aufgelöste, übernehmende Rechtsträger** Anwendung findet. Die in-

I. Rechtliche Grundlagen der Verschmelzung

stanzgerichtliche Rspr lässt dies nicht zu (vgl OLG Naumburg v 12.2.1997 DStR 1997, 1152; OLG Brandenburg v 27.1.2015 DStR 2015, 1262; der Bundesgerichtshof hatte hierüber bisher nicht zu entscheiden). Ein aufgelöster, übernehmender Rechtsträger soll jedenfalls dann verschmelzungsfähig sein, wenn zugleich mit dem Verschmelzungsbeschluss ein Fortsetzungsbeschluss gefasst wird (vgl *Stengel* in Semler/Stengel[4] UmwG § 3 Anm 45 ff; *Winter* in Schmitt/Hörtnagl/Stratz[8] UmwG § 3 Anm 47 ff mwN; *Marsch-Barner* in Kallmeyer[6] UmwG § 3 Anm 26).

Auch **insolvente** Rechtsträger können (durch sog Sanierungsfusionen) als **übertragende** Rechtsträger an einer Verschmelzung beteiligt sein, solange ein **Insolvenzverfahren noch nicht eröffnet** (oder zwar eröffnet, aber bereits wieder aufgehoben) wurde (vgl *Kußmaul/Schwarz* StB 2014, 229; *Winter* in Schmitt/Hörtnagl/Stratz[8] UmwG § 3 Anm 57). Erst **mit der Eröffnung** des InsVerfahrens wird ein Rechtsträger iSd § 3 Abs 3 UmwG „aufgelöst", sodass vorstehend dargestellte Grundsätze zu aufgelösten Rechtsträgern gelten. Ein Rechtsträger, über dessen Vermögen das InsVerfahren eröffnet worden ist, kann grds als **übertragender Rechtsträger** an einer Verschmelzung beteiligt sein, weil dessen Fortführung nach § 225a Abs 3 InsO im InsPlan beschlossen werden kann, der insolvente Rechtsträger also potenziell fortsetzungsfähig ist (vgl *Drygala* in Lutter[5] UmwG § 3 Anm 27 mwN; OLG Brandenburg v 27.1.2015 DStR 2015, 1262).

Bei einem in der Ins befindlichen übertragenden Rechtsträger bleibt schließlich zu prüfen, ob den Vorschriften über die **Kapitalaufbringung** (Verschmelzung mit Kapitalerhöhung) bzw die **Kapitalerhaltung** (Verschmelzung ohne Kapitalerhöhung) entsprochen werden kann (insb § 30 GmbHG, § 57 AktG; unzulässige Einlagenrückgewähr an Gester der übertragenden Ges, s IDW RS HFA 42, Tz 49 und 52). Die durch den BGH entwickelten Grundsätze zum existenzvernichtenden Eingriff sind ebenfalls anwendbar (vgl *Winter* in Schmitt/Hörtnagl/Stratz[8] UmwG § 3 Anm 50).

d) Grenzüberschreitende Verschmelzungen

aa) Beteiligung europäischer Rechtsträger. Das UmwG erstreckte sich dem Gesetzeswortlaut des § 1 Abs 1 UmwG 1994 zufolge lediglich auf Rechtsträger mit Sitz im Inland und regelte grenzüberschreitende Verschmelzungen im Wege der Gesamtrechtsnachfolge lange Zeit nicht. Die zivilrechtliche Zulässigkeit grenzüberschreitender Verschmelzungen war bis zur Entscheidung des EuGH in der Rechtssache Sevic am 13.12.2005, nach der eine luxemburgische KapGes auf eine deutsche AG verschmolzen werden durfte, umstritten (s EuGH U v 13.12.2005 BB 2006, 11 ff und *Henckel* 2010, 89 ff mwN und 92 ff).

Auf der Grundlage der **EU-SE-Verordnung vom 8.10.2001** über das Statut der **Europäischen Gesellschaft** und der Richtl des Rates vom selben Tage über eine Ergänzung des Statuts hinsichtlich der Beteiligung der Arbeitnehmer ist eine grenzüberschreitende Verschmelzung von AG in eine SE zulässig (Art 2 Abs 1, 17 ff SE-VO).

Gem Art 2 SE-VO können mind zwei nach dem Recht unterschiedlicher Mitgliedstaaten gegründete AG verschmolzen und auf diese Weise eine SE gegründet werden (s detailliert *Henckel* 2010, 93 ff mwN). Es ist eine Verschmelzung sowohl durch Neugründung als auch durch Aufnahme möglich (Art 17 Abs 2 SE-VO; zur Gründung und VorGes einer SE *Kersting* DB 2001, 2079 ff). Soweit nicht die SE-VO abw vorrangige Vorschriften enthält, sind auf jede GründungsGes die für die Verschmelzung von AG geltenden Rechtsvorschriften des Mitgliedstaats anzuwenden, dessen Recht sie unterliegt (Art 18 SE-VO). Somit sind bei einer Verschmelzung auf eine SE mit Sitz in Deutschland die Vorschriften des UmwG maßgeblich, soweit nicht die SE-VO besondere Regelungen enthält (vgl *Hörtnagl* in Schmitt/Hörtnagl/Stratz[8] C SE-VO Art 2 Anm 4 und Art 18 Anm 1).

Der deutsche Gesetzgeber hat zum Recht der SE weitere Ergänzungen im **SE-Einführungsgesetz** v 22.12.2004 (SEEG) sowie insb in darin enthaltenen **Ausführungsgesetz** (SEAG) – Art 1 des SEEG – zur Ausführung der VO des Rats v 8.10.2001 erlassen (BGBl I, 367). Dieses ist nach seinem § 1 vorbehaltlich abw Regelungen der EU-VO auf SE mit Sitz im Inland sowie auf die an der Gründung einer SE beteiligten Ges mit Sitz im Inland anzuwenden. Es enthält hinsichtlich Verschmelzungen Bestimmungen zur Bekanntmachung, dem Umtauschverhältnis einschl Abfindungsangebot sowie zum Gläubigerschutz (§§ 5–8 SEAG).

Mit der Verordnung (EG) Nr. 1435/2003 des Rates v 22.7.2003 über das Statut der **Europäischen Genossenschaft** (SCE-VO) wurde die Europäische Genossenschaft (Societas Cooperativa Europaea – SCE) als weitere europäische GesForm eingeführt. Eine Möglichkeit zur Gründung einer SCE besteht in der grenzüberschreitenden Verschmelzung mehrerer Genossenschaften aus verschiedenen Mitgliedstaaten in eine SCE (Art 2 Abs 1, 19 ff SCE-VO). Das Gesetz zur Ausführung der Verordnung (EG) Nr. 1435/2003 des Rates v 22.7.2003 über das Statut der Europäischen Genossenschaft (SCE) (SCE-Ausführungsgesetz – SCEAG) enthält in §§ 5–9 Sonderregelungen für die Gründung einer SCE durch Verschmelzung.

22 bb) **Regelung im Umwandlungsgesetz.** Das UmwG enthält in seinem Zweiten Teil Besondere Vorschriften zu Verschmelzungen einen **10. Abschnitt zur grenzüberschreitenden Verschmelzung von Kapitalgesellschaften.** Im Grundsatz werden Verschmelzungen zwischen einer deutschen und einer EU/EWR-KapGes (als übertragende, übernehmende oder neue Rechtsträger) ermöglicht (§ 122b UmwG, vgl IDW RS HFA 42, Tz 2), wobei die Vorschriften des UmwG über innerstaatliche Verschmelzungen Anwendung finden, soweit sich aus dem Abschn über grenzüberschreitende Verschmelzungen nichts anderes ergibt (§ 122a Abs 2 UmwG).

Mit dem Vierten Gesetz zur Änderung des UmwG wurden überdies gesetzliche Regelungen für **grenzüberschreitende Verschmelzungen von Personenhandelsgesellschaften** in §§ 122a und 122b UmwG aufgenommen. Diese Regelungen erleichtern es ua britischen Ltd mit Verwaltungssitz in Deutschland, deren Anerkennung als haftungsbeschränkte KapGes mit Wirksamwerden des Brexit infolge des Entfallens der Niederlassungsfreiheit endet und die dann häufig eine die persönliche Haftung der Gester nicht abschirmende Rechtsform annehmen würden, in eine inländische haftungsbeschränkte Rechtsform wie bspw die GmbH & Co KG zu wechseln. Das EU-Parlament hat überdies am 18.4.2019 den Entwurf einer Richtlinie zur Änderung der Richtlinie (EU) 2017/1132 im Hinblick auf **grenzüber-**

I. Rechtliche Grundlagen der Verschmelzung 23–27 **H**

schreitende **Formwechsel,** Verschmelzungen und **Spaltungen** formal gebilligt. Eine Umsetzung in nationales Recht wäre bis 2022 erforderlich und würde erstmals zu gesetzlichen Regeln zu grenzüberschreitenden Formwechseln und Spaltungen führen. Dies würde es ermöglichen, derartige Vorgänge, die bisher allein auf der Grundlage der EuGH-Rechtsprechung vollzogen werden konnten, in rechtssicherer Weise zu vollziehen.

cc) **Steuerrechtliche Vorschriften.** Die Richtl des Rates der EU 2005/ 23
19/EG v 17.2.2005 ABl EG L 058, 19, zur Änderung der (steuerlichen) Fusions-Richtl 90/434/EG v 20.8.1990, die in Deutschland durch das sog SEStEG v 24.11.2006 BGBl I, 2782, umgesetzt ist, enthält **steuerrechtliche Vorschriften** für grenzüberschreitende Verschmelzungen. Zu Einzelheiten s Anm 152 ff.

dd) **Ausländische Verschmelzungen mit Inlandsbezug.** Verschmel- 24
zungen ausländischer Rechtsträger untereinander richten sich nach dem jeweiligen ausländischen GesRecht sowie grds nach dem jeweiligen ausländischen Steuerrecht, können aber im Rahmen einer beschränkten Steuerpflicht in Deutschland sowie auf Ebene eines inländischen Gesters steuerliche Folgen haben. Zu Einzelheiten s *Becker/Kamphaus/Loose* IStR 2013, 328 ff und 869 ff.

3. Ablauf einer Verschmelzung

Zeitachse ➤ 27

Vorbereitungsphase	Beschlussphase	Vollzugsphase
1. Aufstellung der Schlussbilanzen	1. Zustimmungsbeschluss und ggf Kapitalerhöhungsbeschluss★★★ beim übernehmenden Rechtsträger	1. Anmeldung der Kapitalerhöhung★★★
2. Erstellung des Verschmelzungsvertrags (rechtsgeschäftliche Grundlage)		2. Eintragung der Kapitalerhöhung★★★
3. Erstellung der Verschmelzungsberichte★	2. Zustimmungsbeschluss beim übertragenden Rechtsträger	3. Übergabe der Aktien und der baren Zuzahlung an Treuhänder
4. Beauftragung der Verschmelzungsprüfer, Durchführung der Verschmelzungsprüfung★★	3. Beurkundung des Verschmelzungsvertrags	4. Anmeldung der Verschmelzung beim übertragenden und übernehmenden Rechtsträger
5. Zuleitung des Vertrags an die Betriebsräte		5. Eintragung der Verschmelzung beim übertragenden und übernehmenden Rechtsträger
6. Hinweis auf die Verschmelzung in Bekanntmachungsorganen		6. Veröffentlichung bei allen Rechtsträgern
7. Einberufung der Gesellschafterversammlungen		7. Mitteilung des Handelsregisters des übertragenden Rechtsträgers an das Handelsregister des übernehmenden Rechtsträgers
8. Offenlegung		
9. Vorbereitung der Zustimmungsbeschlüsse		8. Treuhänder übergibt Aktien an die Gesellschafter
		9. ggf Spruchverfahren
		10. ggf Sicherheitsleistung

★ § 8 Abs 3 UmwG: Verzicht auf Verschmelzungsbericht möglich (s Anm 29).
★★ § 9 Abs. 3 UmwG: Verzicht auf Verschmelzungsprüfung möglich (s Anm 30).
★★★ §§ 54 Abs 1, 68 Abs 1 UmwG: Kapitalerhöhungsverbot bzw Verzicht auf Kapitalerhöhung möglich (s Anm 8).

Quelle: *Henckel* 2010, 82.

In der **Vorbereitungsphase** werden der Verschmelzungsvertrag als rechtsgeschäftliche Grundlage der Verschmelzung geschlossen, sowie Berichts- und Informationspflichten erfüllt (vgl *Henckel* 2010, 82).

Die geschäftsführenden Organe der beteiligten Rechtsträger schließen einen gem § 6 UmwG notariell zu beurkundenden **Verschmelzungsvertrag** ab (zur Beurkundung im Ausland s aktuell KG v 26.7.2018 DB, 2236 (Schweizer Notar); s ausführlich *Winter* in Schmitt/Hörtnagl/Stratz[8] UmwG § 6 Anm 13ff; *Zimmermann* in Kallmeyer[6] UmwG § 6 Anm 10f). Dessen Mindestinhalt bestimmt sich nach §§ 5 Abs 1, 29, 36 und 37 UmwG iVm den jeweiligen rechtsformspezifischen Spezialnormen und umfasst insb Firma und Sitz der beteiligten Ges, die Einigung über den Vermögensübergang durch Gesamtrechtsnachfolge zu einem idR in der Vergangenheit liegenden Verschmelzungsstichtag (s Anm 50ff), Einzelheiten über die als Gegenleistung zu gewährenden Anteilsrechte (Umtauschverhältnis) und ggf die sonstigen Gegenleistungen (bare Zuzahlungen), den Übergang des Gewinnbezugsrechts sowie auch eine Darstellung zu den Folgen der Verschmelzung für die Arbeitnehmer und ihre Vertretungen.

Sofern der übernehmende Rechtsträger alle Anteile an dem übertragenden Rechtsträger hält (Aufwärtsverschmelzung, s Anm 8), entfallen gem § 5 Abs 2 UmwG Ausführungen zu Gesamtrechtsnachfolge, Anteilsgewähr, Umtauschverhältnis, Übergang der Anteile und des Gewinnbezugsrechts (vgl *Schröer* in Semler/Stengel[4] UmwG § 5 Anm 128).

28 Der Verschmelzungsvertrag oder dessen Entwurf ist gem § 5 Abs 3 UmwG spätestens einen Monat vor dem Tag des GesterBeschlusses jedes beteiligten Rechtsträgers über die Verschmelzung dem zuständigen **Betriebsrat** zuzuleiten.

29 In einem **Verschmelzungsbericht** gem § 8 UmwG sind von den jeweiligen Vertretungsorganen der beteiligten Rechtsträger sämtliche für die Zustimmungsentscheidung der Gester erforderlichen Sachverhalte darzulegen. Zu diesem Zweck erläutert und begründet der Verschmelzungsbericht die Verschmelzung unter wirtschaftlichen und rechtlichen Gesichtspunkten und dient der umfassenden Information der Gester. Der Verschmelzungsbericht ist gem § 8 Abs 3 S 1 UmwG entbehrlich, wenn alle Gester aller beteiligten Rechtsträger auf ihn notariell beurkundet verzichten oder der übernehmende Rechtsträger sämtliche Anteile am übertragenden Rechtsträger hält. Zum Verschmelzungsbericht s detailliert *Henckel* 2010, 190ff, zur Möglichkeit des Verzichts s *Stiegler* AG 2019, 709.

30 Gem § 9 UmwG ist je nach Anordnung in den besonderen Vorschriften des UmwG (s Anm 144) zu Verschmelzungen eine **Verschmelzungsprüfung** durchzuführen, bei der der Verschmelzungsvertrag oder dessen Entwurf durch sachverständige Prüfer zu prüfen ist (s Anm 143ff). Die Verzichtsmöglichkeiten entsprechen denen für die Erstattung des Verschmelzungsberichts. Zum geltenden Recht der Verschmelzungsprüfung s detailliert *Henckel* 2010, 195ff.

31 Der Verschmelzungsvertrag (bzw dessen Entwurf) und ggf der Verschmelzungsbericht sind den Gestern gem §§ 42 und 47 UmwG spätestens mit der Einberufung der **Gesellschafterversammlung,** die über die Zustimmung zum Verschmelzungsvertrag beschließen soll, **zuzuleiten.**

I. Rechtliche Grundlagen der Verschmelzung 32–34 **H**

Der Verschmelzungsvertrag erlangt gem § 13 Abs 1 UmwG bei Eintritt der Bedingung in Form der Genehmigung durch die GesV Wirksamkeit; bis dahin ist er schwebend unwirksam. Der Verschmelzungsbeschluss bedarf gem § 13 Abs 3 UmwG der notariellen Beurkundung. Die Mehrheitserfordernisse sind rechtsform- und satzungsabhängig (§§ 43, 50, 65 UmwG), wobei Ausnahmen zB bei Verschmelzungen innerhalb eines Konzerns oder bei einer Beteiligung des übernehmenden Rechtsträgers von mind 90% am übertragenden Rechtsträger (§ 62 UmwG) bestehen (s detailliert *Henckel* 2010, 186 ff). Die Phase, in der die Gester der beteiligten Rechtsträger die Verschmelzungsbeschlüsse fassen, sowie die notarielle Beurkundung dieser Beschlüsse und des Verschmelzungsvertrags fallen, wird üblicherweise als **Beschlussphase** bezeichnet.

Dem folgen Handlungen, die üblicherweise der **Vollzugsphase** zugeordnet werden. Bei der **Anmeldung der Verschmelzung zur Eintragung** ins HR sind gem § 17 Abs 1 UmwG der Verschmelzungsvertrag, die Niederschriften der Verschmelzungsbeschlüsse, ggf sonstige Zustimmungserklärungen (zB §§ 13 Abs 2, 43 Abs 1 Hs 2, 50 Abs 2, 51 Abs. 1 S 2, Abs 2 UmwG), der Verschmelzungsbericht und der PrüfBer oder entspr Verzichtserklärungen sowie der Nachweis über die Information des Betriebsrats einzureichen (im Fall der SE ggf Nachreichung der Vereinbarung mit dem sog besonderen Verhandlungsgremium der Arbeitnehmer gem SEBG als notwendigem Gründungsorgan der SE). § 17 Abs 2 UmwG verlangt mangels vorrangiger Vorschriften in der SE-VO auch für die SE (Art 18 SE-VO, vgl *Hörtnagl* in Schmitt/Hörtnagl/Stratz[8] C SE-VO Art 25 Anm 5) die **Vorlage der Schlussbilanz des übertragenden Rechtsträgers** bei der Anmeldung der Verschmelzung zum HR seines Sitzes. Die SB ist bei Prüfungspflicht des regulären JA ebenfalls **prüfungspflichtig** (s Anm 134 ff). Eine Vorlage der SB auch beim HR des übernehmenden Rechtsträgers ist nicht erforderlich. Sind alle Verschmelzungsvoraussetzungen erfüllt, werden zunächst die ggf erforderliche Kapitalerhöhung oder Neueintragung im HR des übernehmenden Rechtsträgers, dann die Verschmelzung im HR des übertragenden Rechtsträgers und schließlich die Verschmelzung im HR des übernehmenden Rechtsträgers eingetragen.

Die **konstitutiven Rechtswirkungen** treten erst mit **Eintragung** im HR des **übernehmenden Rechtsträgers** (§ 20 Abs 1 UmwG) ein. Eine „faktische Verschmelzung" ist ausgeschlossen. Ohne Eintragung treten die Rechtsfolgen des § 20 Abs 1 UmwG nicht ein (vgl *Grunewald* in Lutter UmwG[5] § 20 Anm 88). Zur steuerlichen Wirksamkeit s Anm 153.

Mängel bei der Durchführung der Verschmelzung können mittels Klageverfahren geltend gemacht werden. Den Gestern eines an einer Verschmelzung beteiligten Rechtsträgers bieten sich zweierlei Möglichkeiten, gegen die Verschmelzung vorzugehen. Bei Einwendungen gegen die Verschmelzung dem Grunde nach ist gem § 14 Abs 1 UmwG die **Klage gegen den Verschmelzungsbeschluss** statthaft. Wenn Einwendungen gegen das Umtauschverhältnis, die baren Zuzahlungen oder das Barabfindungsangebot bestehen, sind diese ungünstigen Verschmelzungskonditionen im sog **Spruchverfahren** gem § 15 UmwG, § 1 Nr 4 SpruchG festzustellen. Der Antragsteller kann insoweit eine bare Zuzahlung verlangen. Es bedarf der besonderen Betonung, dass lediglich die Gester des übertragenden Rechtsträgers berechtigt sind, ein Spruchverfahren einzuleiten. § 15 UmwG ist in der Hinsicht asymmetrisch, dass den Gestern des übernehmenden Rechtsträgers ein vergleichbares Recht fehlt. Ihnen bleibt nur die Möglichkeit, ihre Interessen im Wege der Klage gegen den Verschmelzungsbeschluss zu verfolgen. Die zur gerichtlichen Überprüfung der Verschmelzungskonditionen notwendige UntBewertung sollte dabei grds auf der **Ertragswertmethode** beruhen, kann aber auch andere geeignete Methoden zugrunde legen (vgl *Winter* in Schmitt/Hörtnagl/Stratz[8] UmwG § 5 Anm 11, 16 ff, 47 f).

35 Nach **Eintragung** der Verschmelzung im HR heben Mängel die **Wirksamkeit** der Verschmelzung jedoch nicht mehr auf (§ 20 Abs 2 UmwG). Wird die Verschmelzung trotz Fristüberschreitung eingetragen, ist sie wirksam (vgl *Hörtnagl* in Schmitt/Hörtnagl/Stratz[8] UmwG § 17 Anm 43; *Widmann* in Widmann/Mayer UmwG § 24 Anm 78).

36 **Schadensersatzansprüche** können entstehen, wenn der übertragende Rechtsträger, dessen Gester oder dessen Gläubiger durch die Verschmelzung einen Vermögensnachteil erleiden (§§ 25 bis 28 UmwG).

37 Zum **Minderheitenschutz** sind gem §§ 29 bis 34 UmwG Barabfindungsansprüche und die Möglichkeit der anderweitigen Veräußerung auch bei bestehenden Verfügungsbeschränkungen vorgesehen. Dies gilt auch für Fälle des sog **kalten Delistings**; dabei werden börsennotierte AG auf nicht börsennotierte Rechtsträger verschmolzen (zu Einzelheiten *Mayer/Weiler* DB 2007, 1235).

38 Zum weitgehend ähnlichen **Ablauf einer Verschmelzung zur Gründung einer Societas Europaea** s *Hörtnagl* in Schmitt/Hörtnagl/Stratz[8] C SE-VO, Vorbem zu Art 17 Anm 3. Hinzuweisen ist aber insb auf die Bekanntmachung der Verschmelzungspläne, die gesteigerten Mitwirkungsrechte der Arbeitnehmer mit ua Bildung eines besonderen Verhandlungsgremiums zwecks Vereinbarung über die Beteiligung der Arbeitnehmer in der SE sowie das zusätzlich zur Verschmelzungsprüfung zweistufige Kontrollverfahren durch die Gerichte, Behörden oder Notare in den betroffenen Mitgliedstaaten.

39 Bei **grenzüberschreitenden Verschmelzungen** müssen ein Verschmelzungsplan und -bericht erstellt und der Verschmelzungsplan auch geprüft werden (§§ 122c, e und f UmwG). Ein Verzicht auf den Verschmelzungsbericht ist bisher nicht, wohl aber auf eine Verschmelzungsprüfung und einen entspr PrüfBer möglich (vgl *Neye/Timm* DB 2006, 488). Wenn § 122e UmwG in Umsetzung der Richtl (EU) 2017/1132 geändert wird, wird auch auf die Erstellung eines Verschmelzungsberichts verzichtet werden können (vgl *Stiegler* AG 2019, 716 f). Der Verschmelzungsbericht ist auch ohne Betriebsrat den Arbeitnehmern mind einen Monat vor dem geplanten Zustimmungsbeschluss der Gester zuzuleiten. Der Verschmelzungsplan ist bis zum gleichen Zeitpunkt nach den Vorschriften des § 122d UmwG bekannt zu machen. Für die Verschmelzung ist auf Seiten des deutschen Rechtsträgers ein Beschluss nach den allg Vorschriften mit den für die jeweilige Rechtsform erforderlichen Mehrheiten erforderlich (§ 122a Abs 2 UmwG), also grds mit $^3/_4$-Mehrheit bei Kapital- und Einstimmigkeit bei PersGes (§§ 43 Abs 1, 50 Abs 1, 65 Abs 1 UmwG). Unterliegt der übernehmende Rechtsträger nicht dem bisherigen GesRecht, können widersprechende Gester ihr Ausscheiden gegen eine angemessene Barabfindung verlangen (§ 122i UmwG). Eine Verbesserung des Umtauschverhältnisses der Anteile kann ggf über ein Spruchverfahren erreicht werden. Gläubiger können binnen zwei Monaten nach Bekanntmachung des Ver-

schmelzungsplans Sicherheitsleistung verlangen, wenn durch die Verschmelzung die Erfüllung ihrer Forderung gefährdet erscheint (§ 122j UmwG).

In Bezug auf die **Mitbestimmung der Arbeitnehmer** sollte laut Richtl 40 des Europäischen Parlaments und des Rates vom 26.10.2005 bei Ausbleiben von Verhandlungslösungen das jeweils strengere Recht angewandt werden. Zur Umsetzung der Regelungen zur Mitbestimmung in der vorgenannten Richtl ist ein eigenes **Gesetz vom 21.12.2006** BGBl I, 3332 ergangen (s *Nagel* NZG 2007, 57).

4. Auswirkungen auf Beherrschungs- und Ergebnisabführungsverträge

Hatte der **übertragende Rechtsträger** einen EAV und/oder einen Be- 43 herrschungsvertrag **mit dem übernehmenden Rechtsträger** abgeschlossen, entfällt der dadurch gegenstandslos werdende UntVertrag durch Konfusion mit dem Eintrag der Verschmelzung im HR des übernehmenden Rechtsträgers (vgl *Grunewald* in Lutter UmwG[5] § 20 Anm 45; *Winter* in Schmitt/Hörtnagl/Stratz[8] UmwG § 20 Anm 56).

Bestand das Vertragsverhältnis zwischen dem **übertragenden Rechtsträ-** 44 **ger** als **abhängigem Unternehmen und einer dritten Gesellschaft,** erlischt der EAV nach hM zwingend, da für die Übernehmerin nicht davon ausgegangen werden kann, ohne Zustimmung durch deren Gester mit der Verschmelzung abhUnt zu werden. Sofern der übernehmende Rechtsträger selbst zur Ergebnisabführung verpflichtet ist, könnte es außerdem zu einer Kollision zweier EAV kommen (vgl *Gelhausen/Heinz* NZG 2005, 776; *Grunewald* in Lutter UmwG[5] § 20 Anm 38; *Marsch-Barner* in Kallmeyer[6] UmwG § 20 Anm 21; aA *Vossius* in FS Widmann, 138 ff: Ein Erlöschen des EAV ergebe sich nicht aus der „bloßen Tatsache der Verschmelzung selbst", sondern „allenfalls daraus, dass die auf Grund der Verschmelzung geschaffene neue Sachlage einen rechtlich anzuerkennenden Grund für die Beendigung des Vertrags liefern kann."). Auch im Verschmelzungsvertrag darf nichts Gegenteiliges vereinbart werden, da dann die außenstehenden Gester ungeschützt dastünden. Eine „partielle" Beherrschung ist gesetzlich nicht vorgesehen. Die Gesamtrechtsnachfolge vermag also nicht die Ergebnisabführungsverpflichtung bzw die Beherrschung durch die dritte Ges auf den übernehmenden Rechtsträger auszudehnen (vgl *Dötsch* in FS Widmann, 268). Zudem würde sich das Risiko aus der nach § 302 AktG bestehenden Verlustausgleichsverpflichtung für die dritte Ges erhöhen (vgl *Grunewald* in Lutter UmwG[5] § 20 Anm 38).

Auch bei der Verschmelzung eines übertragenden Rechtsträgers auf dessen **Schwestergesellschaft** ist von einer Beendigung des EAV auszugehen. Dies gilt auch dann, wenn der Gester des übernehmenden Rechtsträgers nicht schutzbedürftig ist, weil neben dem MU keine weiteren Gester vorhanden sind (vgl *Gelhausen/Heinz* NZG 2005, 776).

Betriebsbezogene **Teilgewinnabführungsverträge** werden bei einer Verschmelzung grds in Gesamtrechtsnachfolge mit übertragen (vgl *Grunewald* in Lutter UmwG[5] § 20 Anm 38; *Leonard* in Semler/Stengel[4] UmwG § 20 Anm 31). Allerdings werden häufig Betriebe des übertragenden mit solchen des übernehmenden Rechtsträgers zusammengelegt, so dass dann nach der Verschmelzung und einer anschließenden Umsetzung von Synergiemaßnahmen eine Teilergebnisabführung für den ursprünglich übertragenen Betrieb praktisch ausgeschlossen ist.

45 Falls der **übertragende Rechtsträger** aus einem Beherrschungsvertrag mit einer **dritten Gesellschaft** eine **beherrschende Stellung** innehatte, tritt der übernehmende Rechtsträger als Gesamtrechtsnachfolger in diese Rechtsposition ein. Eine Zustimmung seitens der beherrschten Ges ist nicht erforderlich (vgl *Grunewald* in Lutter UmwG[5] § 20 Anm 40 mwN; *Winter* in Schmitt/Hörtnagl/Stratz[8] UmwG § 20 Anm 58). Die beherrschte Ges kann nach hM den Vertrag uU gem § 297 Abs 1 AktG aus wichtigem Grund kündigen (vgl *Grunewald* in Lutter UmwG[5] § 20 Anm 40 mwN; *Winter* in Schmitt/Hörtnagl/Stratz[8] UmwG § 20 Anm 58), insb bei schlechteren wirtschaftlichen Verhältnissen des übernehmenden Rechtsträgers (vgl *Altmeppen* in MünchKomm[3] AktG § 296 Anm 125, 128).

46 Wenn der **übernehmende Rechtsträger herrschendes oder abhängiges Unternehmen** aus einem Beherrschungsvertrag mit einer **dritten Gesellschaft** ist, hat eine Verschmelzung sowie der dadurch eintretende Vermögensübergang keine Auswirkung auf den Bestand des UntVertrags (vgl *Leonard* in Semler/Stengel[4] UmwG § 20 Anm 29; *Winter* in Schmitt/Hörtnagl/Stratz[8] UmwG § 20 Anm 59).

47 Hinsichtlich der Auswirkungen der **letzten Ergebnisabführung bzw Verlustübernahme** auf den übertragenden Rechtsträger s Anm 68 ff.

II. Verschmelzungsstichtag

1. Allgemeines

50 Im **Außenverhältnis** wird eine Verschmelzung erst mit ihrer konstitutiven Eintragung im HR des übernehmenden Rechtsträgers wirksam (s Anm 33). Im **Innenverhältnis** müssen die beteiligten Rechtsträger aber gem § 5 Abs 1 Nr 6 UmwG einen Verschmelzungsstichtag vereinbaren, von dem ab die Handlungen des übertragenden Rechtsträgers als für Rechnung des übernehmenden Rechtsträgers vorgenommen gelten (vgl *Winter* in Schmitt/Hörtnagl/Stratz[8] UmwG § 5 Anm 73; *Gassner* in FS Widmann, 344).

51 Der Verschmelzungsstichtag ist **grundsätzlich frei wählbar**. Er muss aber **vor der Eintragung** der Verschmelzung im HR des übernehmenden Rechtsträgers liegen, da am Eintragungstag die Verschmelzung auch im Außenverhältnis stattfindet (s Anm 97 und 100; aA *Lanfermann* in Kallmeyer[6] UmwG § 5 Anm 31: als Verschmelzungsstichtag könne auch der Tag der Eintragung vereinbart werden, obwohl dies idR wirtschaftlich kein brauchbarer Stichtag sei).

52 Der Verschmelzungsstichtag kann auch als **variabler Stichtag** (der sich bspw auf einen späteren Zeitpunkt verschiebt, sollte die Verschmelzung nicht bis zu einem bestimmten Zeitpunkt in das HR eingetragen sein) vereinbart werden, so dass ggf eine neue SB aufgestellt werden muss (vgl IDW RS HFA 42, Tz 25 f; *Lanfermann* in Kallmeyer[6] UmwG § 5 Anm 36). Dabei muss sichergestellt werden, dass der Verschmelzungsstichtag (und damit auch der SB-Stichtag) vor der verzögerten Eintragung liegt.

53 Zum (nicht unumstrittenen) **zeitlichen Zusammenhang** zwischen Verschmelzungsstichtag und **Stichtag der Schlussbilanz,** die immer nur auf

II. Verschmelzungsstichtag 54, 56 **H**

ein Tagesende (24:00 Uhr) aufgestellt werden kann, s Anm 96f. Nach hM liegt der Stichtag der SB unmittelbar vor dem Verschmelzungsstichtag.

Ertragsteuerlich gilt gleichfalls, dass unmittelbar mit Ablauf des SB- 54 Stichtags das weitere Wirtschaften dem übernehmenden Rechtsträger zugerechnet wird und das Vermögen übergeht („**steuerlicher Übertragungsstichtag**" = handelsrechtlicher SB-Stichtag), selbst wenn der wirtschaftliche und rechtliche Übergang später stattfindet (für grenzüberschreitende Verschmelzungen uU abw, s § Abs 3 UmwStG). S detailliert Anm 153 und UmwSt-Erl Rdnr 02.01 ff.

2. Rückwirkung

Der **maximal zulässige Rückwirkungszeitraum für den Verschmel-** 56 **zungsstichtag** folgt mittelbar aus § 17 Abs 2 UmwG, da der Verschmelzungsstichtag nach hM unmittelbar nach dem Stichtag der SB liegt (s Anm 96f). Gem § 17 Abs 2 UmwG darf der SB-Stichtag höchstens acht Monate vor Anmeldung der Verschmelzung beim HR des übertragenden Rechtsträgers liegen. Dies gilt auch für die Verschmelzung eines deutschen übertragenden Rechtsträgers auf eine SE (vgl *Empt* NZG 2010, 1014). Die Achtmonatsfrist gilt nicht für die Anmeldung der Verschmelzung beim HR des übernehmenden Rechtsträgers, die auch später stattfinden darf (vgl LG Frankfurt aM v 24.11.1995 GmbHR 1996, 542). Durch § 4 Gesetz über Maßnahmen im Gesellschafts-, Genossenschafts-, Vereins-, Stiftungs- und Wohnungseigentumsrecht zur Bekämpfung der Auswirkungen der COVID-19-Pandemie (COVMG) wurde der zulässige Rückwirkungszeitraum − zeitlich befristet − von acht auf **zwölf Monate** verlängert. Hintergrund sind die Maßnahmen, die der Staat zur Eindämmung und Verhinderung der weiteren Ausbreitung der COVID-19-Pandemie eingeleitet hat, sowie die davon ausgehenden Schwierigkeiten, GesV durchzuführen. Verhindert werden soll, dass UmwVorgänge allein deshalb unterbleiben, weil sich Aufstellung und Prüfung des JA, dessen Bilanz als SB verwendet werden soll, verzögern oder Beschlüsse der GesV nicht rechtzeitig getroffen werden können. Die Bilanz des JA zum 31.12.2019 kann bei Unt mit kalenderjahrgleichem Gj infolge der Gesetzesänderung einstweilen dann als SB verwendet werden, wenn sich Aufstellung und Prüfung des JA über den 31.8.2020 hinaus verzögern. § 8 COVMG ermächtigt das BMJV, den Rückwirkungszeitraum durch RVO bis längstens zum 31.12.2021 zu verlängern, ohne dass der BR erneut zustimmen muss. Voraussetzung dafür ist, dass die Auswirkungen der Corona-Pandemie anhalten und eine solche Verlängerung erforderlich erscheinen lassen (vgl *Deubert/Meyer* in Rechnungslegung in der Corona-Krise, T Anm 2, 9, 12). Im Rahmen von § 2 Abs 1 und 2 UmwStG wirken die umwandlungsgesetzlichen Änderungen direkt auch steuerlich (vgl *Hageböke* DB 2020, 752). Auch die umwandlungssteuerrechtlichen Rückwirkungsregelungen (§§ 9 Satz 3, 20 Abs 6 Satz 1 und 3 UmwStG) wurden − ebenfalls zeitlich befristet − in korrespondierender Weise angepasst, rechtstechnisch durch Art 3 Gesetz zur Umsetzung steuerlicher Hilfsmaßnahmen zur Bewältigung der Corona-Krise und § 27 Abs 15 UmwStG. Das BMF ist ermächtigt, die Erleichterungen bis längstens zum 31.12.2021 zu verlängern. Die Rückwirkung dient der praktischen Erleichterung der Verschmelzung, um die Bilanz des letzten Gj des übertragenden Rechtsträgers handels- und steuerrechtlich der Verschmelzung zugrunde legen zu können. In der Praxis wird der Verschmelzungsstichtag ohnehin aus Vereinfachungs- und Kostengründen möglichst auf den Beginn des Tags nach dem Bilanzstichtag des letzten abgelaufenen Gj des übertragenden Rechtsträgers gelegt.

Die Begrenzung der Rückwirkung auf einen Zeitraum von acht Monaten dient zum einen dem **Gläubigerschutz** und zum anderen der **Werthaltigkeitsprüfung im Falle einer Kapitalerhöhung.** Den Gläubigern soll es ermöglicht werden, die wirtschaftliche Lage der Rechtsträger anhand einer möglichst aktuellen Vermögensübersicht überprüfen zu können, um ggf Sicherheit nach § 22 UmwG zu verlangen (zum Gläubigerschutz s *Naraschewski* GmbHR 1998, 356). Entspr soll das Registergericht in die Lage versetzt werden einzuschätzen, ob im Zusammenhang mit der Kapitalerhöhungskontrolle eine weitergehende Prüfung erforderlich ist. Wenn der Buchwert des Nettovermögens des übertragenden Rechtsträgers den Nominalbetrag der Kapitalerhöhung sowie ein ggf vereinbartes Agio deckt und keine Anhaltspunkte für eine Überbewertung oder eine Verschlechterung der wirtschaftlichen Lage seit dem Stichtag bestehen, können weitere Maßnahmen des Registergerichts ggf unterbleiben (vgl *Hörtnagl* in Schmitt/Hörtnagl/Stratz[8] UmwG § 17 Anm 12; *Lanfermann* in Kallmeyer[6] UmwG § 17 Anm 11).

57 Der Stichtag der SB kann **ausnahmsweise mehr als acht Monate** vor der Anmeldung der Verschmelzung liegen, wenn zur Durchführung der Verschmelzung eine Kapitalerhöhung bei der übernehmenden KapGes erforderlich ist, diese innerhalb der Achtmonatsfrist angemeldet wurde und die Dauer des Verfahrens zur Eintragung der Kapitalerhöhung es dem übertragenden Rechtsträger unmöglich macht, die Achtmonatsfrist für die danach erst mögliche Anmeldung der Verschmelzung einzuhalten (vgl LG Frankfurt aM v 30.1.1998 GmbHR 1998, 379).

Mit dem Zweck des Gläubigerschutzes ist es auch vereinbar, wenn bei rechtzeitiger Anmeldung die SB kurzfristig nach dem Ablauf der Achtmonatsfrist **nachgereicht** wird. Solange die SB auf einen Stichtag innerhalb des Rückwirkungszeitraums der Anmeldung aufgestellt ist, ist die Achtmonatsfrist auch in diesem Fall noch gewahrt (s *Hörtnagl* in Schmitt/Hörtnagl/Stratz[8] UmwG § 17 Anm 46 mit Verweisen auf einschlägige Rspr).

58 Bei Verschmelzungen unter Beteiligung einer **Aktiengesellschaft** ist außerdem zu berücksichtigen, dass sich aus § 63 Abs 1 Nr 3 UmwG de facto eine Verkürzung des Rückwirkungszeitraums auf **sechs** Monate vor Abschluss des Verschmelzungsvertrags oder Aufstellung dessen Entwurfs ergeben kann. § 63 Abs 1 Nr 2 UmwG verlangt in Vorbereitung der HV, die über die Verschmelzung beschließen soll, ua die JA der letzten drei Gj zur Einsicht der Aktionäre auszulegen. Liegt das letzte Gj mehr als sechs Monate vor *Abschluss* des Verschmelzungsvertrags oder vor *der Aufstellung des Vertragsentwurfs,* verlangt § 63 Abs 1 Nr 3 UmwG die Aufstellung und Auslage einer zusätzlichen Zwischenbilanz. Deren Stichtag darf höchstens drei Monate vor dem Abschluss des Verschmelzungsvertrags liegen (s *WPH* TBd Ass, E Anm 56ff). Zweck dieser Regelung ist es, den Aktionären der an der Verschmelzung beteiligten AG aktuelle Informationen zu bieten (vgl *Rieger* in Widmann/Mayer UmwG § 63 Anm 12). Falls dieser zusätzliche Aufwand vermieden

II. Verschmelzungsstichtag

werden soll, sollte die genannte Sechsmonatsfrist die Rückwirkung begrenzen. Zu beachten ist, dass anlässlich des COVMG eine Änderung des § 63 UmwG unterblieben ist (vgl *Hageböke* DB 2020, 753).
Der **inhaltliche Umfang der Rückwirkung** ist begrenzt: 59

a) Zivilrechtliche Rückwirkung

Der Verschmelzungsstichtag betrifft nur das Innenverhältnis des übertragenden und des übernehmenden Rechtsträgers. Eine zivilrechtliche Rückwirkung im Außenverhältnis ist nicht möglich. Der übertragende Rechtsträger verliert seine rechtliche Existenz also erst mit **Eintragung** der Verschmelzung im HR des übernehmenden Rechtsträgers. 60

b) Buchführungspflicht

Die Buchführungspflicht gem § 238 HGB des **übertragenden Rechts-** 61
trägers erlischt ebenfalls nicht rückwirkend (vgl IDW RS HFA 42, Tz 22; *Lanfermann* in Kallmeyer[6] UmwG § 5 Anm 33).

IdR zeichnet der übertragende Rechtsträger seine Geschäftsvorfälle über den Verschmelzungsstichtag hinaus auf, und oft sogar über den Tag der HR-Eintragung hinaus (zB bis zum nachfolgenden Monats- oder Quartalsende), ehe der Buchungsstoff in die Buchhaltung des übernehmenden Rechtsträgers übernommen wird. Hierfür einen separaten Buchungskreis beim übertragenden Rechtsträger zu bilden, ist bei Verschmelzungen, bei denen das gesamte Vermögen übertragen wird, idR nicht erforderlich (anders jedoch bei der Spaltung (s Anm 63).

Sofern aber der übernehmende Rechtsträger die Buchhaltung schon zu einem früheren, vor der HR-Eintragung liegenden Tag übernimmt, handelt es sich um eine Buchführung des übernehmenden für den übertragenden Rechtsträger. Letzterer bleibt damit für die Erfüllung der Buchführungspflichten verantwortlich (vgl *Mayer* in Widmann/Mayer UmwG § 5 Anm 153; zur Verantwortlichkeit des Buchführungspflichtigen für Hilfspersonen s *Störk/Lewe* in Beck Bil-Komm[12] § 238 Anm 58). Die den übertragenden Rechtsträger betr Geschäftsvorfälle müssen bei einem Unterbleiben der Verschmelzung auf diesen (rück-)übertragen werden können, sodass sich die Einrichtung eines separaten Buchungskreises empfiehlt.

Zur Buchführungspflicht des übernehmenden Rechtsträgers bis zur Eintragung der Verschmelzung im HR s K Anm 15.

Das übertragene Vermögen hat der übertragende Rechtsträger (spätestens) 62
dann nicht mehr anzusetzen, wenn das **wirtschaftliche Eigentum** wegen der Verschmelzung auf den übernehmenden Rechtsträger übergegangen ist, selbst wenn der übertragende Rechtsträger noch zivilrechtlicher Eigentümer ist.

Dieser Übergang des wirtschaftlichen Eigentums kann vor dem Übergang des rechtlichen Eigentums erfolgen. Nach den allg Grundsätzen (zB IDW RS HFA 42, Tz 29) geht das wirtschaftliche Eigentum an den VG und Schulden des übertragenden Rechtsträgers zu dem Zeitpunkt auf den übernehmenden Rechtsträger über, wenn folgende **Voraussetzungen** kumulativ erfüllt sind:

H 63 Verschmelzungsschlussbilanzen

- Formwirksamer Abschluss des Verschmelzungsvertrags zwischen den Rechtsträgern;
- Verschmelzungs- und ggf Zustimmungsbeschluss der Gester;
- Verschmelzungsstichtag vor dem JA-Stichtag des übernehmenden Rechtsträgers oder mit diesem zusammenfallend;
- Die Verschmelzung muss bis zur Beendigung der Aufstellung des JA in das HR eingetragen worden sein oder es muss mit an Sicherheit grenzender Wahrscheinlichkeit davon ausgegangen werden können, dass die Eintragung erfolgen wird;
- Faktische Sicherstellung oder Vereinbarung in dem Verschmelzungsvertrag, dass der übertragende Rechtsträger nur im Rahmen eines ordnungsmäßigen Geschäftsgangs oder mit Einwilligung des übernehmenden Rechtsträgers über die VG in der Phase bis zur Eintragung der Verschmelzung verfügt. Bei konzerninternen Verschmelzungen (bspw eines TU auf ein MU) ist dies grds faktisch sichergestellt.

Sind diese Voraussetzungen erfüllt, hat der übernehmende Rechtsträger an seinem JA-Stichtag auch die **Schulden** des übertragenden Rechtsträgers zu passivieren (vgl IDW RS HFA 42, Tz 30). Obwohl Schulden gem § 246 Abs 1 S 3 HGB dem zivilrechtlichen (und nicht dem wirtschaftlichen) Schuldner zuzurechnen sind, ist diese Vorgehensweise hier sachgerecht, weil die sonst erforderliche vertragliche Schuldübernahme als Tatbestandsvoraussetzung für eine Entpassivierung im Verschmelzungsfall wegen der Gesamtrechtsnachfolge und der Rechtswirksamkeit der Verschmelzung mit HR-Eintragung ohne Mitwirkung der Gläubiger nicht erforderlich ist (vgl *Oser* StuB 2014, 636).

Ein Übergang des wirtschaftlichen Eigentums wegen der Verschmelzung ist *vor* dem Verschmelzungsstichtag stets ausgeschlossen.

63 Wenn das wirtschaftliche Eigentum am JA-Stichtag bereits beim übernehmenden Rechtsträger liegt, hat dieser die übergehenden VG und Schulden einzubuchen und ab dem Zeitpunkt des Übergangs des wirtschaftlichen Eigentums **originäre Aufwendungen und Erträge** aus dem übergehenden Reinvermögen zu erfassen (vgl IDW RS HFA 42, Tz 31).

Alternativ darf der übernehmende Rechtsträger aus **Vereinfachungsgründen** das Vermögen einbuchen, das sich **nach den Verhältnissen am Schlussbilanz-Stichtag** ergibt, und Veränderungen dieses Vermögens (entstandene Aufwendungen und Erträge) *wie eigene* Geschäftsvorfälle behandeln (vgl IDW RS HFA 42, Tz 31; *Priester* in Lutter UmwG[5] § 24 Anm 24). Durch diese Vereinfachungsregel wird die Rückwirkungsabrede konsequent umgesetzt (vgl *Gelhausen/Heinz* NZG 2005, 777). Dies gilt auch dann, wenn der übernehmende Rechtsträger erst nach dem UmwStichtag errichtet wurde bzw erst durch den UmwVorgang errichtet wird (vgl IDW, IDW Life 2018, 530 f, s K Anm 15).

Auch bei Spaltungen gilt das Wahlrecht zur Rückbeziehung des Reinvermögensabgangs dann auf den Spaltungsstichtag. Vorteilhaft ist es, wenn aus diesem Grunde beim übertragenden Rechtsträger rückwirkend ab dem Spaltungsstichtag ein separater Buchungskreis für das abzuspaltende Vermögen eingerichtet wird.

II. Verschmelzungsstichtag   64–69 **H**

c) **Jahresabschluss im Rückwirkungszeitraum**

Der übertragende Rechtsträger braucht weder auf den Verschmelzungs- 64
stichtag noch auf den Zeitpunkt seines Erlöschens aufgrund der Verschmelzung einen JA aufstellen. Denn mangels gesetzlicher Grundlage endet zu keinem der beiden Zeitpunkte ein RumpfGj des übertragenden Rechtsträgers (vgl IDW RS HFA 42, Tz 24; *Mayer* in Widmann/Mayer UmwG § 5 Anm 156; *Lanfermann* in Kallmeyer[6] UmwG § 17 Anm 18). Zum Zeitpunkt des Erlöschens bzw der logischen Sekunde davor wäre der übertragende Rechtsträger im Übrigen bereits vermögenslos; es gäbe schlicht kein Reinvermögen mehr, das sich bilanzieren ließe (s Anm 65 am Ende).

Lediglich dann, wenn nach dem SB-Stichtag, aber vor Wirksamkeit der 65
Verschmelzung (s Anm 33) ein Gj des übertragenden Rechtsträgers endet, ist ein JA aufzustellen (vgl IDW RS HFA 42, Tz 22; *Bilitewski/Roß/Weiser* WPg 2014, 17), wobei jedoch diese „normale" Rechnungslegungspflicht des übertragenden Rechtsträgers rückwirkend entfallen kann.

Wenn die Verschmelzung noch **vor dem Ende** des **Aufstellungszeitraums** eines JA mit Stichtag nach dem SB-Stichtag wirksam wird, braucht der übertragende Rechtsträger keinen JA nach den allg Grundsätzen mehr aufzustellen, weil diese Pflicht mit Erlöschen des übertragenden Rechtsträgers entfällt und auch nicht auf die Organe des übernehmenden Rechtsträgers übergeht (vgl IDW RS HFA 42, Tz 23; *Lanfermann* in Kallmeyer[6] UmwG § 17 Anm 22). Auch für den Zeitraum zwischen dem SB-Stichtag und dem Zeitpunkt der Eintragung der Verschmelzung im HR ist kein gesonderter JA aufzustellen (vgl IDW RS HFA 42, Tz 24). Zu Fällen mit bestehendem EAV s Anm 68 ff.

Ist die **Wirksamkeit der Verschmelzung** zu diesem Zeitpunkt dagegen **noch nicht eingetreten,** muss der JA aufgestellt sowie ggf geprüft und offengelegt werden. Sofern das wirtschaftliche Eigentum bereits übergegangen ist, fehlt es aber an zu bilanzierenden Bilanzposten (s Anm 62). Streng genommen gäbe es aber noch GuV-Posten. Diese auszuweisen ist jedoch nicht sinnvoll, weil die Aufwendungen und Erträge sich bereits auf das abgegangene Reinvermögen ausgewirkt haben.

d) **Ergebnisabführung im Rückwirkungszeitraum**

aa) **Endabrechnung eines Ergebnisabführungsvertrags versus Für-** 68
Rechnungs-Abrede aufgrund des Verschmelzungsvertrags. Hinsichtlich der vertraglichen Ergebnisabführung im Rückwirkungszeitraum ist danach zu unterscheiden, ob der EAV nach der Verschmelzung fortbesteht oder nicht (s Anm 43 ff).

Bei einem **beherrschten übertragenden Rechtsträger** geht der EAV 69
nicht per Gesamtrechtsnachfolge auf den übernehmenden Rechtsträger über, sondern endet mit dem Erlöschen des übertragenden Rechtsträgers (s Anm 44). Die Eintragung der Verschmelzung (und nicht der frühere Verschmelzungsstichtag) im HR bewirkt die Beendigung des EAV.

Damit fällt auch die letzte Abrechnung des EAV bei formaler Sicht auf den Eintragungszeitpunkt, ohne dass auf diesen Zeitpunkt automatisch ein RumpfGj des übertragenden Rechtsträgers endet (s Anm 64). Für die letzte

Abrechnung des EAV wäre dann im Grunde noch ein Zwischenabschluss aufzustellen (vgl *Philippi/Neveling* BB 2003, 1691). Dies ist jedoch in der Praxis regelmäßig nicht erforderlich: Gegenstand der letzten Abrechnung des EAV zum Eintragungszeitpunkt ist das Ergebnis des übertragenden Rechtsträgers für den Zeitraum zwischen dem Ende seines letzten Gj und der Eintragung der Verschmelzung. Inhaltlich kollidiert diese letzte Ergebnisabführung aus dem EAV damit, dass gem § 5 Abs 1 Nr 6 UmwG seit dem Verschmelzungsstichtag die Handlungen des übertragenden Rechtsträgers als für Rechnung des übernehmenden Rechtsträgers vorgenommen gelten („Für-Rechnungs-Abrede").

70 Im Regelfall ist das herrschende Unt (unmittelbarer oder mittelbarer) mehrheitlicher Gester des beherrschten übertragenden Rechtsträgers. UE hat das **Handeln für den übernehmenden Rechtsträger** im Rückwirkungszeitraum auf der Grundlage der Für-Rechnungs-Abrede gem Verschmelzungsvertrag grds **Vorrang vor der Vereinbarung im Ergebnisabführungsvertrag** und schließt eine Ergebnisabführung für den Rückwirkungszeitraum aus (vgl *Gelhausen/Heinz* NZG 2005, 777f). Denn der andere (beherrschende) Vertragspartner hat der Verschmelzung mit der Stichtagsvereinbarung und Für-Rechnungs-Abrede zugestimmt, die nach dem Parteiwillen rückwirkend die Ergebnisabführung einschränkt. Schutzinteressen der Gläubiger des übertragenden abhUnt im Hinblick auf eine Verlustübernahmeverpflichtung des anderen Vertragsteils bleiben durch eine Absicherung nach § 303 AktG (Sicherheitsleistung) für die bis zur Eintragung entstandenen Ansprüche sowie durch die Regelung des § 22 UmwG gewahrt. Außerdem haftet den Gläubigern des übertragenden abhUnt das gesamte (Alt- und Neu-)Vermögen des übernehmenden Rechtsträgers (vgl *Gelhausen/Heinz* NZG 2005, 778). Falls der andere (beherrschende) Vertragspartner der Verschmelzung nicht zugestimmt hat (Ablehnung oder Nicht-Gester), bleibt es im Einzelfall auszulegen, ob die spätere Vereinbarung der Verschmelzung die Ergebnisabführung einzuschränken vermag.

71 Meistens **stimmen Rückwirkungszeitraum und letzte Abrechnungsperiode des Ergebnisabführungsvertrags überein,** da zwecks Fortführung der ertragsteuerlichen Organschaft der Verschmelzungsstichtag vielfach auf den Tag unmittelbar nach dem Stichtag des letzten (Rumpf-)Gj vereinbart wird. Dann wird in der Praxis wegen des Vorrangs der umwandlungsrechtlichen Ergebniszuordnung vor der Ergebnisabführung von einer formalen Abrechnung des EAV auf den Zeitraum bis zur Eintragung abgesehen, da die Abrechnung inhaltslos wäre; der EAV wird letztmalig mit dem Stichtag des letzten Gj abgerechnet (s detailliert *Gelhausen/Heinz* NZG 2005, 776ff, s dem folgend *Oser* StuB 2014, 636).

72 Liegt der **Verschmelzungsstichtag vor dem Ende des letzten Geschäftsjahrs,** für das noch ein JA aufzustellen ist (s Anm 65), umfasst die letztmögliche Abrechnungsperiode des EAV den Zeitraum seit diesem letzten JA bis zur Eintragung. Mit dem JA zum regulären Ende des Gj ist der EAV ohnehin abzurechnen. Eine Abrechnung des EAV von der Eintragung zurück bis zu dem Stichtag dieses letzten JA wäre ebenfalls inhaltslos und ist deshalb in der Praxis gleichfalls entbehrlich.

Problematisch ist, dass die ergebniswirksamen Geschäftsvorfälle seit dem Verschmelzungsstichtag gem der Für-Rechnungs-Abrede bereits dem über-

II. Verschmelzungsstichtag

nehmenden Rechtsträger zuzurechnen sind. Für den innerhalb des Zeitraums zwischen Verschmelzungsstichtag und Ende des Gj erzielten Erfolg der beherrschten abhängigen Ges kollidieren damit Für-Rechnungs-Abrede und EAV. Nach *Gelhausen/Heinz* NZG 2005, 779 ist wie folgt zu differenzieren:
- Wurde der **Verschmelzungsvertrag nach** dem regulären **Abrechnungsstichtag** für den EAV abgeschlossen, kann er nicht mehr in bereits rechtswirksam entstandene Ansprüche aus dem EAV eingreifen. Damit geht der EAV der Für-Rechnungs-Abrede in diesem Fall vor. Die Verpflichtung zur Abführung des zwischen Verschmelzungsstichtag und GjEnde erzielten Gewinns mindert das übergehende Reinvermögen.
- Wurde der **Verschmelzungsvertrag** dagegen **vor** dem regulären **Abrechnungsstichtag** für den EAV abgeschlossen, wird der zeitliche Umfang der Ergebnisabführung durch die Für-Rechnungs-Abrede wirksam beschränkt. Gewinnabführung und Verlustausgleich erstrecken sich auf die Periode zwischen GjBeginn und Verschmelzungsstichtag. Der EAV ist mittels Zwischenbilanz auf den Stichtag der Abrechnung, hier also der SB gem § 17 Abs 2 UmwG, abzurechnen. Der zwischen Verschmelzungsstichtag und GjEnde erzielte Erfolg ist dem übernehmenden Rechtsträger zuzurechnen; damit überlagert die Vermögens- und Erfolgszuordnung aufgrund des UmwVertrags in diesem Fall die Pflichten aus dem EAV.

Liegt dagegen trotz der Nachteile für die ertragsteuerliche Organschaft der **73 Verschmelzungsstichtag nach dem Ende des letzten Geschäftsjahrs,** für das noch ein JA aufzustellen ist, umfasst die letzte Abrechnung des EAV bis zum Eintragungszeitpunkt die Periode seit diesem letzten JA. In diesem praktisch seltenen Fall geht der letzte Abrechnungszeitraum des EAV über den Rückwirkungszeitraum hinaus. Das dann noch vom EAV erfasste und der herrschenden Ges zustehende Ergebnis für den Teilabschnitt vor dem Verschmelzungsstichtag ist Gegenstand der letzten Abrechnung des EAV, auch wenn im Rückwirkungszeitraum kein JA mehr aufgestellt wird. Die Abrechnung des EAV erfolgt dann auf Basis der SB, in der der aus der Abrechnung resultierende Anspruch bzw die daraus resultierende Verpflichtung als solche(r) auszuweisen ist.

bb) Ansprüche und Verpflichtungen aus dem Ergebnisabführungs- 75 vertrag und deren Behandlung in der Verschmelzungsschlussbilanz.

Ist das **abhängige Unternehmen übertragender Rechtsträger** und verwendet es die Bilanz des handelsrechtlichen **Jahresabschlusses als Verschmelzungsschlussbilanz,** ist der mit Ablauf des Gj zum Abschlussstichtag des abhUnt entstehende Anspruch auf Verlustübernahme in dieser Bilanz zu aktivieren bzw ist die mit Ablauf des Gj zum Abschlussstichtag des abhUnt entstehende Gewinnabführungsverpflichtung in dieser Bilanz (als Verbindlichkeit) zu passivieren (vgl *Gelhausen/Heinz* NZG 2005, 779f).

Ist das **herrschende Unternehmen übertragender Rechtsträger,** muss **76** es eine Verlustübernahmeverpflichtung in der als VerschmelzungsSB verwendeten Bilanz des handelsrechtlichen JA passivieren, und zwar auch dann, wenn auf Ebene des abhUnt zugleich kein Gj endet. Sofern Unsicherheit bzgl der Höhe dieser Verpflichtung besteht, ist eine Rückstellung anzusetzen, anderenfalls eine Verbindlichkeit. Ein rechtlich entstandener Anspruch auf Gewinnabführung ist in dieser Bilanz zu aktivieren. Sofern bis zum Ende der

Aufhellungsphase der JA des abhUnt noch nicht festgestellt sein sollte, ist die Höhe des Anspruchs des herrschenden Unt erforderlichenfalls auf dem Schätzwege zu ermitteln (vgl *Gelhausen/Heinz* NZG 2005, 780).

77 Sofern wegen der Achtmonatsfrist des § 17 Abs 2 S 4 UmwG die Aufstellung einer **separaten (Zwischen-)Schlussbilanz** erforderlich ist, ist es problematisch, wenn mangels Ablaufs des Gj der Abrechnungszeitraum gem EAV noch nicht beendet ist und weder Gewinnabführungsverpflichtung noch Verlustausgleichsanspruch rechtlich entstanden sind. Es ist danach zu differenzieren, ob das abhängige (s Anm 78) oder herrschende Unt (s Anm 80) übertragender Rechtsträger ist.

78 Ist das **abhängige Unternehmen übertragender Rechtsträger**, ist hinsichtlich einer **Gewinnabführungsverpflichtung** der Ausweis einer **Rückstellung** oder einer Verbindlichkeit ggü Gestern aus Ergebnisabführung nach dem Imparitätsprinzip geboten, weil das bis zum Stichtag der VerschmelzungsSB für fremde Rechnung erwirtschaftete Ergebnis aufgrund des gültigen EAV nicht zur Disposition der Gester des übertragenden abhUnt steht. Weil es vielmehr der herrschenden Ges zusteht, darf es nicht als Jahresüberschuss ausgewiesen werden (vgl *Gelhausen/Heinz* NZG 2005, 780). Bei einem Ausweis als Verbindlichkeit sollte in einer Fn zur VerschmelzungsSB ein Hinweis aufgenommen werden, dass die Verbindlichkeit rechtlich erst nach dem Stichtag dieser Bilanz entsteht, und der entspr Betrag angegeben werden (§ 268 Abs 5 S 3 HGB).

Die Aktivierung eines zwar erst latent vorhandenen, aber rechtlich durch Zeitablauf entstehenden **Anspruchs auf Verlustübernahme** erscheint angesichts der in weitem Umfang akzeptierten handelsrechtlichen Rückwirkung der Verschmelzung trotz der damit verbundenen Aufweichung des Realisationsprinzips sachgerecht, wenn im Zeitpunkt der Aufstellung der SB von einer Solvenz des anderen Partners des EAV ausgegangen werden kann. Für den Zweck, für den die separate (Zwischen-)SB benötigt wird, steht durch die Für-Rechnungs-Abrede nämlich fest, dass der EAV auf den Stichtag der SB abgerechnet wird. Selbst für den unwahrscheinlichen Fall, dass der EAV vor dem Bilanzstichtag beendet werden sollte, wäre eine Endabrechnung vorzunehmen. Der Ausweis eines Verlusts in der SB (anstelle des Zahlungsanspruchs) würde die Einstandspflicht der herrschenden Ges verschleiern, so dass die SB kein zutreffendes Bild von der VFE-Lage des übertragenden abhUnt vermitteln würde (vgl *Gelhausen/Heinz* NZG 2005, 780).

79 Falls die **herrschende Rechtsposition aus einem Ergebnisabführungsvertrag** bei der Verschmelzung in Gesamtrechtsnachfolge von dem übertragenden Rechtsträger auf den übernehmenden Rechtsträger übergeht (s Anm 45), begründet die Verschmelzung **kein Abrechnungsereignis** des EAV.

Endet das Gj des abhUnt nach der Eintragung der Verschmelzung, rechnet es den EAV direkt mit dem übernehmenden Rechtsträger ab, bei dem die Ansprüche bzw Verpflichtungen aus dem EAV dann unmittelbar entstehen.

Falls das betr Gj des abhängigen Vertragspartners des EAV im Rückwirkungszeitraum endet, ist die Gesamtrechtsnachfolge noch nicht eingetreten, so dass der übertragende Rechtsträger noch Abrechnungspartner ist und sein Anspruch oder seine Verpflichtung aus dem EAV erst danach auf den übernehmenden Rechtsträger übergeht.

III. Verschmelzungsschlussbilanz

Ist das **herrschende Unternehmen übertragender Rechtsträger,** dürfte es einen Ertrag aus der Ergebnisabführung bei Anwendung der allg Grundsätze nicht vereinnahmen, wenn der Abschlussstichtag des abhUnt nach dem Abschlussstichtag des herrschenden Unt liegt (vgl ADS^6 HGB § 277 Anm 71). Aufgrund der besonderen und von denen des JA abw Zwecke der VerschmelzungsSB (s Anm 90 ff) wird es dennoch vertreten, entgegen dem Realisationsprinzip in der VerschmelzungsSB des herrschenden Unt einen latenten Anspruch aus dem EAV zu aktivieren sowie einen (vorsichtig geschätzten) **Ertrag aus der Ergebnisabführung zu vereinnahmen,** wenn diese Vorgehensweise ausdrücklich (zB in einer Fn oder in einer anhangähnlichen Ergänzung der VerschmelzungsSB) erläutert wird (vgl *Gelhausen/Heinz* NZG 2005, 780 f: „erscheint nicht ausgeschlossen"; aA *WPH* TBd Ass, E Anm 36 iVm 32: „darf ... nicht aktivieren", weil in der SB so zu bilanzieren ist, als ob es sich um eine aus Anlass eines JA aufzustellende Bilanz handelt und die SB eine Erfolgs- und keine Vermögensbilanz darstellt).

In der VerschmelzungsSB des herrschenden Unt ist nach den handelsrechtlichen Bilanzierungsvorschriften eine **(Verbindlichkeits-)Rückstellung** für einen **Verlust** des abhUnt zu bilden, der bis zu dem SB-Stichtag entstanden ist, soweit die Verlustübernahmeverpflichtung bis zur Aufstellung der VerschmelzungsSB erkennbar ist (s *Schmidt/Kliem* in Beck Bil-Komm[12] § 277 Anm 18; *WPH* HBd[16], F Anm 660), selbst wenn der Abschlussstichtag des herrschenden Unt vor dem Abschlussstichtag des abhUnt liegt.

e) Steuerliche Rückwirkung

Mittelbar wirkt sich der **Verschmelzungsstichtag** über die SB auch auf den **steuerlichen Übertragungszeitpunkt** aus. Denn § 2 Abs 1 UmwStG legt für die Ertragsbesteuerung des übertragenden und des übernehmenden Rechtsträgers den Übertragungsstichtag grds auf den Stichtag der **Bilanz,** die dem *wirtschaftlichen* **Vermögensübergang** zugrunde liegt (UmwSt-Erl 02.02 f; anders für grenzüberschreitende „Hinausverschmelzungen" § 2 Abs 3 UmwStG; s Anm 153 mit Einzelheiten).

Für die **Verkehrsteuern** (GrESt und USt) kommt es dagegen auf den Zeitpunkt der rechtlichen Wirksamkeit der Verschmelzung im Außenverhältnis, also auf den Eintragungszeitpunkt gem Anm 31, an (Näheres s Anm 246 und Anm 260).

III. Verschmelzungsschlussbilanz

1. Umfang der Verschmelzungsschlussbilanz

Anlässlich einer Verschmelzung muss der übertragende Rechtsträger gem § 17 Abs 2 S 1 UmwG stets eine SB aufstellen und diese der Anmeldung der Verschmelzung zur Eintragung in das HR beifügen (zur Übernahmebilanzierung beim übernehmenden Rechtsträger s K). Dies gilt nach § 122a Abs 2 HGB auch für grenzüberschreitende Verschmelzungen sowie wegen des Verweises auf die nationalen Vorschriften in Art 18 SE-VO gem § 17 Abs 2 UmwG auch für den an einer SE-Verschmelzung beteiligten übertragenden Rechtsträger (vgl *Henckel* DStR 2005, 1785; *Empt* NZG 2010, 1014).

Der **Begriff „Schlussbilanz"** umfasst **nur die Bilanz** mit Aktiva und Passiva, nicht jedoch die GuV für den Zeitraum seit dem letzten JA (hM, IDW RS HFA 42, Tz 7; *Widmann* in Widmann/Mayer UmwG § 24 Anm 35; *Hörtnagl* in Schmitt/Hörtnagl/Stratz[8] UmwG § 17 Anm 14). § 17 Abs 2 UmwG fordert nur die Einreichung einer – wenn Prüfungspflicht besteht, geprüften und mit einem BVm versehenen – Bilanz anlässlich der Anmeldung zum HR (zur Möglichkeit des nachträglichen Einreichens der Bilanz s *Hörtnagl* in Schmitt/Hörtnagl/Stratz[8] UmwG § 17 Anm 46). Grds nicht erforderlich ist es, auch eine GuV oder einen Anhang zur SB einzureichen.

Sofern der Stichtag der SB *nicht* mit einem JA-Stichtag zusammenfällt, ist eine gesondert aufgestellte SB einzureichen. Bei einem Zusammenfallen der Stichtage von JA und SB darf nach IDW RS HFA 42, Tz 8 die Bilanz (ergänzt um die Wahlpflichtangaben) des JA als SB verwendet werden. Alternativ ist es auch zulässig, den vollständigen JA im Ganzen ggf nebst Lagebericht beim HR einzureichen. Außerdem ist es zulässig, eine unter abw Inanspruchnahme von Ansatz- und Bewertungswahlrechten (allerdings nicht retrospektiv, s Anm 111 und 117) gesonderte SB auf den Stichtag des JA einzureichen (vgl *Bilitewski/Roß/Weiser* WPg 2014, 14; *WPH* TBd Ass, E Anm 41 f; IDW PH 9.490.1). Zur ggf bestehenden Prüfungspflicht s Anm 134 ff.

83 In der der Anmeldung der Verschmelzung zur Eintragung in das HR beizufügenden SB sind Angaben, die wahlweise in der Bilanz oder im Anhang aufzuführen sind **(Wahlpflichtangaben),** gem IDW RS HFA 42, Tz 7 entweder in die Bilanz selbst aufzunehmen oder nach Art eines Anhangs in einer Anlage zur Bilanz zu ergänzen, wenn auf den Anhang verzichtet wird. UE erscheint folgende, gegenüber IDW RS HFA 42, Tz 7 differenziertere Vorgehensweise sachgerecht:

Wahlpflichtangaben, die sich aus den Vorschriften **für alle Kaufleute** ergeben, wie bspw der Unterschiedsbetrag zwischen den abgezinsten nach vernünftiger kfm Beurteilung notwendigen Erfüllungsbeträgen einer Altersversorgungsverpflichtung, ermittelt unter Verwendung der durchschnittlichen Marktzinssätze aus den vergangenen zehn bzw sieben Gj (§ 253 Abs 6 S 3 HGB), sind stets in die Bilanz selbst aufzunehmen oder nach Art eines Anhangs in einer Anlage zur Bilanz zu ergänzen. Solche Angabeverpflichtungen entfallen nämlich auch dann nicht, wenn die Voraussetzungen nach § 264 Abs 3 HGB erfüllt sind (glA *Störk/Deubert* in Beck Bil-Komm[12] § 264 Anm 105).

Andere Wahlpflichtangaben ergeben sich aus den Vorschriften **für Kapitalgesellschaften und gleichgestellten haftungsbeschränkten Personenhandelsgesellschaften,** bspw die Angabe der Mitzugehörigkeit von einem Bilanzposten zu einem anderen, wenn dies zur Aufstellung eines klaren und übersichtlichen JA erforderlich ist (§ 265 Abs 3 HGB). Diesbzgl ist eine weitere Unterscheidung erforderlich:

Wenn eine gesondert aufgestellte SB zu einem vom Abschlussstichtag abw SB-Stichtag verwendet wird, sind die Tatbestandsmerkmale des § 264 Abs 3 HGB regelmäßig nicht erfüllt (vgl *Störk/Deubert* in Beck Bil-Komm[12] § 264 Anm 108; *WPH* TBd Ass, E Anm 35), sodass auf die Anwendung der Vorschriften für KapGes und KapCoGes nicht verzichtet werden darf. Damit ist es unzulässig, eine SB zu verwenden, in der die Wahlpflichtangaben nach den Vorschriften für KapGes und KapCoGes fehlen.

III. Verschmelzungsschlussbilanz 84, 85 H

Wenn dagegen ein vollständiger JA im Ganzen, also mit Anhang, oder wenn eine Bilanz (ohne GuV und Anhang), die Teil eines regulären JA ist, als SB verwendet wird, und wenn das Gj des TU dem KonzernGj des MU entspricht, darf das TU in seinem JA und gem § 17 Abs 2 UmwG auch in der SB unter den Voraussetzungen des § 264 Abs 3 HGB auf die Anwendung der für KapGes und KapCoGes geltenden Vorschriften und damit auch auf die dort geregelten Wahlpflichtangaben verzichten. Somit sollte es auch zulässig sein, eine SB zu verwenden, in der solche Wahlpflichtangaben unterbleiben. Dieser Fall wird in IDW RS HFA 42, Tz 7 jedenfalls nicht explizit berücksichtigt.

Wenn ein vollständiger JA im Ganzen, also mit Anhang, oder wenn eine Bilanz (ohne GuV und Anhang), die Teil eines regulären JA ist, als SB verwendet wird, aber der Stichtag des Gj des TU *nicht* mit dem Stichtag des KonzernGj übereinstimmt, sind die Tatbestandsmerkmale des § 264 Abs 3 HGB möglicherweise nicht erfüllt, was einzelfallbezogen festzustellen ist (s *Hoffmann/Lüdenbach*[10] § 264 Anm 43 f). Solchenfalls darf auf die Anwendung der Vorschriften für KapGes und KapCoGes nicht verzichtet werden und es ist nicht zulässig, eine SB zu verwenden, in der solche Wahlpflichtangaben unterbleiben.

UE sind außerdem Haftungsverhältnisse, die nach allg Vorschriften (§ 251 HGB) unter der Bilanz zu vermerken, nach den Vorschriften für KapGes und KapCoGes (§ 268 Abs 7 HGB) aber im Anhang anzugeben sind, in die ohne Anhang eingereichte SB selbst aufzunehmen oder nach Art eines Anhangs in einer Anlage zur SB zu ergänzen. Seit den Änderungen durch das BilRUG handelt es sich bei dieser Angabepflicht für KapGes und KapCoGes nicht mehr um eine Wahlpflichtangabe. Wird anlässlich einer Verschmelzung der Anmeldung zur Eintragung in das HR eine SB ohne Anhang beigefügt, fallen KapGes und gleichgestellte PersGes uE auf die allg Vorschriften zurück, sodass eine Angabe der Haftungsverhältnisse nicht unterbleiben darf. Mangels Anhangs wird § 251 HGB in solchen Fällen nicht mehr durch § 268 Abs 7 HGB verdrängt (glA *Störk/Deubert* in Beck Bil-Komm[12] § 264 Anm 105).

Außerhalb dieser gesetzlichen Mindestanforderungen kann **intern** und 84 freiwillig eine **Verschmelzungsbilanz** aufgestellt werden, der eine Bewertung zu Zeitwerten zugrunde liegt. Diese ist eine Vermögensbilanz ohne Einbindung in die handelsrechtliche Bilanzkontinuität und nicht zum HR des übertragenden Rechtsträgers einzureichen. Im Rahmen eines Verschmelzungsberichts und hinsichtlich der darin enthaltenen Angaben zum **Unternehmenswert** kann die Verschmelzungsbilanz jedoch nützlich sein.

Nach §§ 264 Abs 3 sowie 264b HGB dürfen KapGes und KapCoGes, die 85 als TU in den KA eines MU mit Sitz in einem Mitgliedstaat der EU oder in einem EWR-Staat einbezogen werden, unter bestimmten Voraussetzungen (insb Vollkonsolidierung und Verlustübernahme) Erleichterungen hinsichtlich der Aufstellung, Prüfung und Offenlegung ihres handelsrechtlichen JA sowie ggf des Lageberichts in Anspruch nehmen (s *Störk/Deubert* in Beck Bil-Komm[12] § 264 Anm 101 ff). Zur Pflicht zur Prüfung einer SB im Zusammenhang mit §§ 264 Abs 3 sowie 264b HGB s Anm 137.

Sämtliche Erleichterungen der §§ 264 Abs 3 sowie 264b HGB gelten nicht für den Fall eines vom JA-Stichtag abw SB-Stichtags sowie für den Stichtag eines RumpfGj, der vom Stichtag des KA abweicht, da hier die Voraussetzung insb des § 264 Abs 3 S 1 Nr 3 HGB nicht erfüllt ist (vgl IDW PH 9.490.1, Tz 14; *Störk/Deubert* in Beck Bil-Komm[12] § 264 in Anm 108; *WPH* TBd Ass, E Anm 35 und 373).

86 Trotz der alleinigen Bezugnahme auf die Vorschriften über die HBil bezieht das UmwG grds die Vorschriften über das **Inventar** (§§ 238–241 HGB) mit ein (vgl *Widmann* in Widmann/Mayer UmwG § 24 Anm 84). Wenn sichergestellt ist, dass Art, Menge und Wert des Bestands der VG auch ohne körperliche Bestandsaufnahme auf den (abw) Stichtag der SB festgestellt werden können (bspw durch permanente Inventur, Fortschreibung oder Rückrechnung), darf gem § 17 Abs 2 S 2 UmwG iVm § 241 Abs 2 UmwG eine körperliche Inventur auf diesen abw Stichtag unterbleiben (vgl IDW RS HFA 42, Tz 14). Nicht anwendbar ist § 63 Abs 2 S 2 UmwG, nach dem für eine anlässlich der Verschmelzung einer AG uU (falls sich der letzte JA auf ein Gj bezieht, das mehr als sechs Monate vor dem Abschluss des Verschmelzungsvertrags oder der Aufstellung des Entwurfs abgelaufen ist, s Anm 58) aufzustellende Zwischenbilanz eine körperliche Bestandsaufnahme nicht erforderlich ist (vgl *WPH* TBd Ass, E Anm 30; *Oser* StuB 2014, 633).

87 Rechnungslegung und Prüfung der **Societas Europaea** richten sich nach den Vorschriften für AG des Sitzstaats (Art 61 und 62 der SE-VO). Eine EU-einheitliche Rechnungslegung und Prüfung für SE besteht insoweit nicht (s *Fischer* in MünchKomm AktG[4] SE-VO Art 61 Anm 1 ff).

2. Zwecksetzung

90 Die SB gibt den Parteien des Verschmelzungsvertrags, deren Gestern, dem Registerrichter sowie den nach § 9 Abs 1 HGB zur Einsichtnahme berechtigten Gläubigern des übertragenden Rechtsträgers **Einblick** in deren **Verhältnisse** (Vermögens- und Finanzlage) bei der Entscheidung über die Vereinbarung, Zustimmung und Eintragung der Verschmelzung sowie bei der Entscheidung, eine Sicherheitsleistung gem § 22 Abs 1 UmwG zu fordern (vgl *Winnefeld*[5] N Anm 229; *WPH* TBd Ass, E Anm 21; *Henckel* M&A Review 2007, 442).

Ist anlässlich der Verschmelzung eine Kapitalerhöhung geplant (§§ 55, 69 UmwG) und erreicht das (Netto-)Buchvermögen der SB bereits den Nominalbetrag sowie ein vereinbartes Agio der Kapitalerhöhung, kommt der SB eine (ergänzende) **Nachweisfunktion** zur Werthaltigkeit des übernommenen Vermögens im Rahmen der Werthaltigkeitsprüfung zu (vgl *Langecker* in Beck HdR B 776 Anm 48).

Ferner dient die SB für **steuerliche** Zwecke dazu, den Zeitpunkt des (fiktiven) **Vermögensübergangs** festzulegen (zum steuerlichen Übertragungsstichtag s Anm 153).

Zudem bildet die SB idR die Grundlage dafür, das Ergebnis, das noch dem übertragenden Rechtsträger zusteht, von dem **Ergebnis abzugrenzen,** das bereits für Rechnung des übernehmenden Rechtsträgers erwirtschaftet wurde (vgl IDW RS HFA 42, Tz 10; *Deubert/Klöcker* WP Praxis 2013, 62; zum Verschmelzungsstichtag s Anm 50 ff, zum SB-Stichtag s Anm 96 ff).

Ein weiterer Zweck der SB ist es, im Rahmen des Wahlrechts nach § 24 UmwG die Grundlage (Mengen- und Wertgerüst) für die Einbuchung der übergehenden VG und Schulden in die Bilanz des übernehmenden Rechts-

III. Verschmelzungsschlussbilanz

trägers zu bilden (vgl IDW RS HFA 42, Tz 33; *Deubert/Klöcker* WP Praxis 2013, 62; zur Funktion der **Bilanzkontinuität** s *Langecker* in Beck HdR B 776 Anm 46; *WPH* TBd Ass, E Anm 21).

Die SB ist dagegen *nicht* geeignet, um auf dieser Basis das Umtauschverhältnis (§ 5 Abs 1 Nr 3 UmwG) abzuleiten (vgl *WPH* TBd Ass, E Anm 22). Dafür ist auf Ertragswerte abzustellen (s ähnlich Anm 34), die sich aus einer SB nicht ergeben (vgl *Henckel* M&A Review 2007, 442).

Die (geprüfte) SB einer übertragenden GmbH oder AG stellt teilweise einen Ersatz für die Prüfung nach § 183 Abs 3 AktG dar, die bei einer **Kapitalerhöhung** im Zusammenhang mit einer Verschmelzung bei Einhaltung weiterer Voraussetzungen nicht zwingend ist (§ 69 Abs 1 S 1 UmwG). 91

Soweit die SB bei *kleinen KapGes* nicht prüfungspflichtig ist (s Anm 134), wird sie aber jedenfalls im Rahmen der Werthaltigkeitsprüfung des Registerrichters gem § 57a iVm § 9c S 2 GmbHG untersucht. Eine APr durch unabhängige Prüfer gem § 319 HGB darf nicht grds vom Registerrichter verlangt werden (vgl OLG Düsseldorf v 29.3.1995 WM 1995, 1840; *Winter/Vetter* in Lutter UmwG[5] § 55 Anm 70 mwN). Üblicherweise reicht eine Werthaltigkeitsbescheinigung eines WP aus. Eine Prüfungspflicht wie in § 209 AktG und §§ 57e, 57f GmbHG betr die Kapitalerhöhung aus GesMitteln ist nicht gegeben. 92

Daneben kann die SB bei einer übertragenden AG nach Maßgabe des § 63 Abs 1 Nr 3 UmwG der Vorbereitung der Zustimmung der HV zur Verschmelzung dienen, wenn innerhalb von sechs Monaten nach dem Ende der letzten Gj der an der Verschmelzung beteiligten Rechtsträger zumindest ein Entwurf des Verschmelzungsvertrags aufgestellt wurde (s *Westerburg* in Schmitt/Hörtnagl/Stratz[8] UmwG § 63 Anm 4 ff). Die Aufstellung einer Zwischenbilanz gem § 63 Abs 1 Nr 3 UmwG ist dann entbehrlich (s Anm 58). 93

3. Bilanzstichtag

Der **zeitliche Zusammenhang** von **Verschmelzungsstichtag** (s Anm 50 ff) und **Stichtag** der SB ist **nicht unumstritten,** da im Gesetz Regelungen hierzu fehlen. IDW RS HFA 42, Tz 11 formuliert daher, der Stichtag der SB läge *„idR unmittelbar vor"* dem Verschmelzungsstichtag (s ebenso *WPH* TBd Ass, E Anm 26). 96

Nach **herrschender Meinung** liegt der Stichtag der SB unmittelbar, dh eine **logische Sekunde vor** dem **Verschmelzungsstichtag** (vgl *Bula/Thees* in Sagasser/Bula/Brünger[5] § 10 Anm 13; *Deubert/Klöcker* WP Praxis 2013, 62; *Hoffmann-Becking* in FS Fleck, 112; *Hörtnagl* in Schmitt/Hörtnagl/Stratz[8] UmwG § 17 Anm 37; *Drygala* in Lutter UmwG[5] § 5 Anm 74; *Priester* in Lutter UmwG[5] § 24 Anm 13; *Schröer* in Semler/Stengel[4] UmwG § 5 Anm 54; UmwSt-Erl Tz 02.02).

ZT wird es jedoch **abweichend** davon für zulässig gehalten, dass der Verschmelzungsstichtag und der SB-Stichtag unabhängig voneinander gewählt und mehr als eine logische Sekunde **auseinanderfallen** können (vgl *Heidtkamp* NZG 2013, 854 f; *Mayer* in Widmann/Mayer UmwG § 5 Anm 159 f; *Lanfermann* in Kallmeyer[6] UmwG § 5 Anm 33 ff; *Suchanek/Hesse* DK 2015, 249 f).

97 Da das UmwG zu dem zeitlichen Verhältnis von SB-Stichtag und Verschmelzungsstichtag schweigt, führen uE allein die **Zwecke** von Verschmelzungsstichtag und SB (s Anm 90) zu einer sachgerechten Bestimmung dieses Zusammenhangs in der Weise, dass die SB – ebenso wie jede reguläre Jahresbilanz – **stets** auf das **Tagesende (24:00 Uhr) vor** dem Verschmelzungsstichtag aufzustellen ist. Damit ist die SB die **unmittelbar nach** dem letzten auf *eigene* Rechnung stattfindenden Geschäftsvorfall aufgestellte Bilanz (vgl *Gassner* in FS Widmann, 344 f). Sie bildet also die Grundlage dafür, das Vermögen, das noch dem übertragenden Rechtsträger zusteht, von dem Vermögen und damit dem Ergebnis abzugrenzen, das bereits für Rechnung des übernehmenden Rechtsträgers gehalten bzw erwirtschaftet wird. Auch wenn der Wortlaut von §§ 5 Abs 1 Nr 6 und 17 Abs 2 UmwG nicht ausdrücklich eine bestimmte zeitliche Abfolge festlegt, führt nur die Verbindung von SB und Verschmelzungsstichtag zu praktisch sinnvollen Ergebnissen (vgl *Gassner* in FS Widmann, 345) – insb auch im Hinblick auf die Buchwertfortführung gem § 24 UmwG durch die Übernehmerin von diesem Zeitpunkt an.

98 Im Übrigen ist es handelsrechtliche Konvention, EB auf den Tagesbeginn (0:00 Uhr) und SB auf das Tagesende (24:00 Uhr) aufzustellen. Diese Konvention gilt auch bei der Rechnungslegung anlässlich von Verschmelzungen. Eine abw Vorgehensweise wäre außerdem deshalb abzulehnen, weil es idR nicht möglich erscheint, die (ordentlichen) Geschäftsvorfälle minuten- oder gar sekundengenau abzugrenzen. Die Auffassung, eine zeitpunktgenaue Abgrenzung und Bilanzierung nicht nur zum Ende eines Tages, sondern auch zu einem anderen **Tageszeitpunkt,** zuzulassen (so bspw *Winter* in Schmitt/Hörtnagl/Stratz[8] UmwG § 5 Anm 74), ist daher abzulehnen.

99 In der Praxis ist es die Regel, dass der Verschmelzungsstichtag auf den Beginn des ersten Tages eines Gj vereinbart wird (zB 1.1.2019, 0:00 Uhr). Dann muss die SB des übertragenden Rechtsträgers nach der hier vertretenen Auffassung entspr auf das Ende des davor liegenden Tages (zB 31.12.2018, 24:00 Uhr) aufgestellt werden (vgl IDW RS HFA 42, Tz 11; UmwSt-Erl Rdnr 02.02). Wenn eine Verschmelzung noch in einem dem Kj entspr Gj des übernehmenden Rechtsträgers als Geschäftsvorfall erfasst werden soll, müsste damit die SB auf den 30.12. aufgestellt werden. Auch der Verschmelzungsvertrag müsste hierfür im „alten Jahr" geschlossen werden.

100 Wegen des Zusammenhangs mit der SB muss uE der Verschmelzungsstichtag zeitlich *vor* Anmeldung der Verschmelzung zur Eintragung im HR der beteiligten Rechtsträger liegen (s Anm 51). Denn dem Registerrichter des übertragenden wie dem des übernehmenden Rechtsträgers kann anlässlich der Anmeldung der Verschmelzung gem § 17 Abs 2 UmwG keine SB auf einen künftigen Bilanzstichtag, insb nicht auf den Tag der Eintragung der Verschmelzung, vorgelegt werden.

101 Der Stichtag der SB darf gem § 17 Abs 2 S 4 UmwG **höchstens acht Monate** vor Anmeldung der Verschmelzung beim HR liegen (vgl IDW RS HFA 42, Tz 9). Zu – zeitlich befristeten – Änderungen durch das COVMG s Anm 56. Auch bei nur geringer Überschreitung der achtmonatigen Frist muss der Registerrichter die Eintragung der Verschmelzung ablehnen (vgl *Decher* in Lutter UmwG[5] § 17 Anm 11; *Widmann* in Widmann/Mayer UmwG § 24 Anm 72; WPH TBd Ass, E Anm 25). Innerhalb dieser Frist muss die Anmel-

III. Verschmelzungsschlussbilanz

dung an sich vorgenommen werden. UU ist es allerdings zulässig, die SB fristwahrend nachzureichen. Zu den Voraussetzungen einer ausnahmsweisen Aufstellung der SB auf einen weiter als acht Monate zurückliegenden Zeitpunkt s Anm 57.

Im Fall von Verschmelzungen von drei oder mehr Rechtsträgern durch zwei oder mehr Verschmelzungsvorgänge, wobei der übernehmende Rechtsträger der ersten Verschmelzung noch vor deren Wirksamwerden als übertragender Rechtsträger einen zweiten Verschmelzungsvertrag abschließt (sog **Kettenverschmelzungen**), dürfen die SB der beteiligten Rechtsträger auf den gleichen Stichtag aufgestellt werden (vgl IDW RS HFA 42, Tz 12; *Deubert/ Klöcker* WP Praxis 2013, 66). Die Vermögensübergänge können in den jeweiligen SB noch nicht berücksichtigt sein, weil der Verschmelzungsstichtag ja nach dem jeweiligen SB-Stichtag liegt und im Übrigen die Verschmelzungsbeschlüsse idR auch erst nach dem Verschmelzungsstichtag gefasst werden. Sofern eine Rückwirkung beabsichtigt ist, setzt dies die Existenz der Rechtsträger voraus. Eine SB kann nicht auf einen Zeitpunkt aufgestellt werden, zu dem der übernehmende Rechtsträger noch nicht errichtet war. 102

4. Ansatzgrundsätze

Nach § 17 Abs 2 UmwG gelten für die SB die **allgemeinen Grundsätze der Jahresbilanz** entspr (vgl IDW RS HFA 42, Tz 13), und zwar idF, die zum Stichtag der SB (dh nicht zum Zeitpunkt der Anmeldung, vgl *Bilitewski/ Roß/Weiser* WPg 2014, 15; *Schwanna* in Semler/Stengel[4] UmwG § 17 Anm 22) gilt. Das HGB kennt den Begriff „Jahresbilanz" nicht; § 17 Abs 2 UmwG meint mit diesem Begriff die Vorschriften über die Bilanz eines JA (vgl *Lanfermann* in Kallmeyer[6] UmwG § 17 Anm 28). 104

Die SB ist also so zu erstellen, als ob eine Bilanz aus Anlass eines handelsrechtlichen (Rumpf-)JA erstellt wird (vgl *Gassner* in FS Widmann, 345). *Nicht* zulässig ist es daher, stattdessen eine steuerliche SB (§§ 3, 11 Abs 1, 15 Abs 1, 16 UmwStG) oder einen nach den in EU-Recht übernommenen IFRS aufgestellten und von der Pflicht zur Offenlegung des JA befreienden JA iSv § 325 Abs 2a HGB zu verwenden (vgl *Bilitewski/Roß/Weiser* WPg 2014, 15; *Oser* StuB 2014, 633; *WPH* TBd Ass, E Anm 33).

Die Verschmelzung führt **nicht** zur Bildung eines **Rumpfgeschäftsjahrs** (s bereits Anm 64) bis unmittelbar vor dem Verschmelzungsstichtag (vgl *Bilitewski/Roß/Weiser* WPg 2014, 16; *WPH* TBd Ass, E Anm 30).

Ansatzgrundsätze für die SB ergeben sich damit insb aus den §§ 246 bis 251 HGB; die handelsrechtlichen Aktivierungs- und Passivierungsverbote (§§ 248, 249 Abs 2 HGB) sind ebenfalls zu beachten. Ferner gelten die Ansatzvorschriften für KapGes und KapCoGes des zweiten Abschn des dritten Buchs des HGB.

Zu den Grundsätzen für KapGes und KapCoGes, die in den **Konzernabschluss** eines MU nach § 290 HGB einbezogen sind, s Anm 85 und 137.

Grds sind die im vorangegangenen JA angewandten Ansatzmethoden beizubehalten. Die Aufstellung der SB im Rahmen einer Verschmelzung kann jedoch einen begründeten Ausnahmefall iSv § 246 Abs 3 S 2 HGB zur Durchbrechung des Grundsatzes der **Ansatzmethodenstetigkeit** gem § 246 Abs 3 S 1 HGB darstellen (vgl IDW RS HFA 42, Tz 17; IDW RS HFA 38, 105

Tz 15; *WPH* TBd Ass, E Anm 39). Zur Bewertungsmethodenstetigkeit s Anm 117, zur Darstellungsstetigkeit s Anm 122.

106 Dem **Vollständigkeitsgebot** (§ 246 Abs 1 HGB) folgend sind alle VG, Schulden, RAP und latenten Steuern des übertragenden Rechtsträgers anzusetzen, sofern dem nicht Ansatzverbote entgegenstehen oder ein Ansatzwahlrecht greift.

107 **Forderungen und Verbindlichkeiten** gegen den übernehmenden Rechtsträger sind in der SB noch anzusetzen, weil sie erst mit Wirksamwerden der Verschmelzung erlöschen (Konfusion, vgl *Bilitewski/Roß/Weiser* WPg 2014, 17). Bisherige Bewertungsunterschiede (Forderungsabwertungen, Rückstellungen) lösen sich daher erst beim übernehmenden Rechtsträger erfolgswirksam auf (s *Winnefeld*[5] N Anm 232: „erst in der logischen Sekunde nach der Eintragung der Umwandlung in das HR", s K Anm 42). Gleiches gilt für weitere Bilanzposten, denen Rechtsbeziehungen zwischen den beteiligten Rechtsträgern zugrunde liegen, bspw Rückstellungen oder RAP (vgl *Langecker* in Beck HdR B 776 Anm 61).

108 **Eigene Anteile** der übertragenden KapGes erlöschen erst mit der Eintragung der Verschmelzung im HR; sie bestehen also am Verschmelzungsstichtag noch und sind daher in der SB gem § 272 Abs 1a HGB in einer Vorspalte offen vom EK abzusetzen (vgl *Störk/Kliem/Meyer* in Beck Bil-Komm[12] § 272 Anm 130 ff; *WPH* TBd Ass, E Anm 36).

Anteile an dem übernehmenden Rechtsträger (Rückbeteiligungen) sind ebenfalls unverändert anzusetzen (vgl *Bilitewski/Roß/Weiser* WPg 2014, 17). Erst der übernehmende Rechtsträger muss sie als eigene Anteile bilanzieren, soweit sie nicht als Abfindung für die Gester des übertragenden Rechtsträgers verwendet werden.

109 **Rückstellungen** für verschmelzungsbedingt aufgrund eines **steuerlichen Übertragungsgewinns** entstehende **Ertragsteuern** dürfen in der handelsrechtlichen SB des übertragenden Rechtsträgers nicht angesetzt werden, ungeachtet dessen, ob der Verschmelzungsbeschluss vor oder nach dem SB-Stichtag gefasst wurde (aA *WPH* TBd Ass, E Anm 36 Fn 104 ohne Begr). Selbst wenn ertragsteuerlich der Vermögensübergang per Fiktion auf den Stichtag der SB erfolgt (s Anm 153), mindern diese Steuern gem IDW RS HFA 42, Tz 20 erst das auf den übernehmenden Rechtsträger übergehende Reinvermögen (vgl *Deubert/Klöcker* WP Praxis 2013, 62; *Bilitewski/Roß/Weiser* WPg 2014, 17; aA – Rückstellungspflicht, weil in der SB letztmalig unabhängig von den allg Grundsätzen alle noch dem übertragenden Rechtsträger zuzuordnenden Aufwendungen zu erfassen sind – *Widmann* in Widmann/Mayer UmwG § 24 Anm 93; *Hörtnagl* in Schmitt/Hörtnagl/Stratz[8] UmwG § 17 Anm 29). Zur Behandlung in der steuerlichen SB s Anm 162.

110 **Immaterielle Vermögensgegenstände** des Anlagevermögens dürfen unter den Voraussetzungen des § 248 Abs 2 S 1 HGB angesetzt werden (vgl *Schmidt/Usinger* in Beck Bil-Komm[12] § 248 Anm 10 ff). Ein derivativer GFW, der per Fiktion wie ein VG behandelt wird, ist in der SB anzusetzen (vgl *WPH* TBd Ass, E Anm 36). Der Ansatz eines **originären Geschäfts- oder Firmenwerts** ist nicht zulässig (vgl *Bilitewski/Roß/Weiser* WPg 2014, 16). Zur Bilanzierung originärer immaterieller VG des Anlagevermögens bei der Übernehmerin s K Anm 22 und 73.

III. Verschmelzungsschlussbilanz 111–116 H

Es empfiehlt sich, die Ausübung von **Aktivierungs- und Passivierungs-** 111
wahlrechten mit dem übernehmenden Rechtsträger abzustimmen und dann
in der SB entspr zu bilanzieren. Denn im Fall der **Buchwertfortführung**
durch den übernehmenden Rechtsträger ist dieser an die vom übertragenden
Rechtsträger ausgeübten Aktivierungs- und Passivierungswahlrechte gebunden
(vgl IDW RS HFA 42, Tz 60). Dieses Vorgehen nützt besonders dann, wenn
gleichzeitig mehrere Rechtsträger mit unterschiedlich ausgeübten Wahlrechten
übertragen (vgl *Lanfermann* in Kallmeyer[6] UmwG § 17 Anm 29).

Vom Grundsatz der Beibehaltung der Ansatzmethoden darf in diesem Fall
gem § 246 Abs 3 S 2 iVm § 252 Abs 2 HGB ausnahmsweise abgewichen
werden (**Stetigkeitsdurchbrechung,** vgl IDW RS HFA 38, Tz 15; IDW
RS HFA 42, Tz 17).

Hervorzuheben ist allerdings, dass Ansatzwahlrechte im Vorfeld einer Verschmelzung **nicht retrospektiv** abw ausgeübt werden dürfen. Sollen bspw
abw von der bisherigen Praxis in der SB immaterielle VG angesetzt werden,
ist dies (nur) für diejenigen immateriellen VG zulässig, die seit dem Beginn
des Gj bis zum Stichtag der SB neu hergestellt wurden. Eine retrospektive
Ausübung des Ansatzwahlrechts nach § 248 Abs 2 HGB kommt seit der Änderung des IDW RS HFA 31, Tz 8 für Aufwendungen für Vorbereitungshandlungen, die in Vorperioden aufwandswirksam erfasst wurden, nicht mehr
in Betracht (analog DRS 24.86), selbst wenn ein wichtiger Grund iSv IDW
RS HFA 6, Tz 9 vorläge. Unbenommen bleibt die Möglichkeit, unter den
Voraussetzungen des IDW RS HFA 6 eine Änderung fehlerfreier, festgestellter Abschlüsse für vergangene Gj vorzunehmen.

Vor dem Stichtag der als SB verwendeten regulären Jahresbilanz beschlos- 112
sene **Ausschüttungen** des übertragenden Rechtsträgers dürfen gem § 268
Abs 1 HGB berücksichtigt werden. Bei Beschlussfassung vor dem Abschluss
des Verschmelzungsvertrags, aber nach dem Stichtag der als SB verwendeten
regulären Jahresbilanz und Ausschüttung nach diesem Stichtag darf dagegen in
der SB keine Verbindlichkeit angesetzt werden. Auf der Ebene des übernehmenden Rechtsträgers wäre in letzterem Fall jedoch zu berücksichtigen, dass
ein entspr vermindertes Vermögen auf ihn übergeht.

Rückstellungen für Verschmelzungskosten des übertragenden Rechts- 113
trägers, die dieser auch zu tragen hat, sind in der SB unter den Voraussetzungen des § 249 Abs 1 HGB zu bilden (vgl *WPH* TBd Ass, E Anm 36; *Lanfermann* in Kallmeyer[6] UmwG § 17 Anm 30).

5. Bewertung

Gem § 17 Abs 2 S 2 UmwG gelten für die SB die Vorschriften über die Jah- 116
resbilanz entspr. Es gelten daher die **allgemeinen Bewertungsvorschriften.**

Die SB ist damit eine **Erfolgsbilanz,** keine Vermögensbilanz (vgl A
Anm 7; *Hörtnagl* in Schmitt/Hörtnagl/Stratz[8] UmwG § 17 Anm 9; *WPH*
TBd Ass, E Anm 32).

Auch wenn der übertragende Rechtsträger im Zuge der Verschmelzung
gem § 20 Abs 1 Nr 1 S 1 UmwG untergeht, ist bei der Bilanzierung und
Bewertung von dessen VG und Schulden grds von der **Fortführung der
Unternehmenstätigkeit** auszugehen (vgl IDW RS HFA 42, Tz 15). Ande-

res kann gelten, wenn das Geschäft des übertragenden Rechtsträgers nach Wirksamwerden der Verschmelzung durch den übernehmenden Rechtsträger aus hinreichend konkretisierten Gründen **nicht fortgeführt werden kann;** dann wäre IDW RS HFA 17 zu beachten. Die von *Bilitewski/Roß/Weiser* WPg 2014, 15f und *WPH* TBd Ass, E Anm 37 vertretene Auffassung, die darauf abstellt, ob das Geschäft des übertragenden Rechtsträgers nach dem Willen der Verschmelzungsparteien nicht fortgeführt werden *soll,* erscheint vor dem Hintergrund des Wortlauts des § 252 Abs 1 Nr 2 HGB („entgegenstehen") und dessen Kommentierung (s bspw *Störk/Büssow* in Beck Bil-Komm[12] § 252 Anm 14f) allerdings zu weitreichend.

117 Die Bewertung in der SB richtet sich dementspr grds nach den Vorschriften über die Jahresbilanz gem **§§ 252 bis 256a HGB. Wertaufholungen** in der SB sind nach Maßgabe des § 253 Abs 5 S 1 HGB geboten, wenn die Gründe für eine außerplanmäßige Abschreibung nicht mehr bestehen (vgl IDW RS HFA 42, Tz 15; *Bilitewski/Roß/Weiser* WPg 2014, 16). Für die Posten des Anlage- oder Umlaufvermögens bilden die planmäßig fortgeführten AK/HK die Wertobergrenze (vgl *Störk/Taetzner* in Beck Bil-Komm[12] § 253 Anm 648; *WPH* TBd Ass, E Anm 37).

Grds sollen die im vorangegangenen JA angewandten Bewertungsmethoden beibehalten werden (vgl *Gassner* in FS Widmann, 346; IDW RS HFA 38, Tz 14). Die Aufstellung der SB im Rahmen einer Verschmelzung kann jedoch einen begründeten Ausnahmefall iSv § 252 Abs 2 HGB zur Durchbrechung des Grundsatzes der **Bewertungsmethodenstetigkeit** gem § 252 Abs 1 Nr 6 HGB darstellen (vgl IDW RS HFA 38, Tz 15; IDW RS HFA 42, Tz 17; zur Ansatzmethodenstetigkeit s Anm 105, zur Darstellungsstetigkeit s Anm 122).

Allerdings dürfen Bewertungswahlrechte im Vorfeld einer Verschmelzung **nicht retrospektiv** abw ausgeübt werden. Sollen bspw abw von der bisherigen Praxis in der SB angemessene Teile der Kosten der allg Verwaltung bei der Berechnung der HK einbezogen werden, ist dies (nur) für die Bewertung derjenigen VG zulässig, die seit dem Beginn des Gj bis zum Stichtag der SB neu hergestellt wurden. Eine retrospektive Ausübung von Bewertungswahlrechten ist nicht zulässig (s Anm 111). Zulässig kann es unter den Voraussetzungen des IDW RS HFA 6 indes sein, eine Änderung fehlerfreier, festgestellter Abschlüsse für vergangene Gj vorzunehmen.

118 Wird die **Buchwertverknüpfung** nach § 24 UmwG gewählt, hat die SB auch den Zweck, die AK des übergehenden Reinvermögens beim übernehmenden Rechtsträger zu bestimmen (s Anm 90). Selbst wenn die Bewertungsmethoden des übertragenden Rechtsträgers in der SB *nicht* an die Methoden des übernehmenden Rechtsträgers angepasst werden, besteht insoweit kein Stetigkeitsgebot für die künftigen JA des übernehmenden Rechtsträgers (vgl IDW RS HFA 42, Tz 60). Das Stetigkeitsgebot kann erst nach dem Vermögensübergang auf der Ebene des übernehmenden Rechtsträgers Wirkung entfalten.

Wenn der übernehmende Rechtsträger dagegen das Wahlrecht des § 24 UmwG nicht zugunsten der Buchwertverknüpfung, sondern zugunsten der Bilanzierung nach dem **allgemeinen Anschaffungskostenprinzip** ausübt, sind die übertragenen VG ohnehin beim übernehmenden Rechtsträger un-

III. Verschmelzungsschlussbilanz

abhängig von den Wertansätzen in der SB zu bilanzieren. Dann bedarf es keiner Rücksichtnahme auf Bewertungsentscheidungen des übertragenden Rechtsträgers.

Fallen SB-Stichtag und Stichtag des regulären JA auf denselben Tag und wird der Verschmelzungsvertrag erst nach Feststellung des JA des übertragenden Rechtsträgers vereinbart, ist es zulässig, eine **eigenständige Schlussbilanz auf den gleichen Stichtag** wie die Jahresbilanz unter abw Ausübung von Ansatz- und Bewertungswahlrechten (s Anm 111 und 117) aufzustellen (vgl IDW PH 9.490.1, Tz 6, 9; *WPH* TBd Ass, E Anm 41). Zu beachten ist dabei erstens, dass für diese Bilanz ein eigener Wertaufhellungszeitraum gilt, und zweitens, dass für die Ausschüttungsbemessung der reguläre JA maßgeblich bleibt und die eigenständige SB insofern unbeachtlich ist.

Fraglich ist, ob alternativ, soweit die Methodenänderung in einer eigenständigen SB möglich wäre (allerdings nicht retrospektiv, s Anm 111 und 117), auch eine **Änderung des fehlerfreien regulären Jahresabschlusses** zulässig ist (zur Änderung eines fehlerfreien JA nach dessen Feststellung s IDW RS HFA 6, Tz 9 ff; *ADS*⁶ AktG § 172 Anm 49 ff). Dies würde gem IDW RS HFA 6, Tz 9 einen gewichtigen rechtlichen, wirtschaftlichen oder steuerrechtlichen Grund voraussetzen. Die Verschmelzung an sich stellt uE keinen solchen wichtigen Grund dar. Allerdings könnten infolge der Verschmelzung eintretende Auswirkungen beim übernehmenden Rechtsträger, die beachtlich sind, da dieser ja Gesamtrechtsnachfolger des übertragenden Rechtsträgers ist, einen wichtigen Grund darstellen. Vorstellbar erscheint dies bspw im Fall eines im Zuge der Übernahmebilanzierung entstehenden hohen Verschmelzungsverlusts. Gleiches gilt für einen Verschmelzungsgewinn, wenn der übernehmende Rechtsträger diesen als abhUnt wegen eines EAV abführen muss. Gegen die Qualifikation einer derartigen Auswirkung beim übernehmenden Rechtsträger als wichtiger Grund spricht allerdings, dass es möglich und zulässig ist, eine eigenständige SB auf den gleichen Stichtag wie die Jahresbilanz unter abw Ausübung von Ansatz- und Bewertungswahlrechten aufzustellen. Dadurch ist die Änderung des festgestellten fehlerfreien JA idR schlicht nicht erforderlich. In Ausnahmefällen ist es allerdings vorstellbar, dass sich durch den verlängerten Wertaufhellungszeitraum einer eigenständigen SB und die dadurch zu berücksichtigenden (ergebniserhöhenden und ergebnisverringernden) wertaufhellenden Tatsachen wirtschaftlich nicht das gleiche Ziel erreichen lässt wie mittels der Änderung des regulären JA. Ursache für eine solche Diskrepanz ist, dass in letzterem Fall gem IDW RS HFA 6, Tz 29 lediglich bei einer ergebniserhöhenden Änderung in „imparitätischer" Weise gegenläufige wertaufhellende Tatsachen zu berücksichtigen sind. Daher können im Einzelfall ausnahmsweise die Voraussetzungen für eine Änderung des fehlerfreien regulären JA gegeben sein.

In einer Vorspalte offen vom gezeichneten Kapital abgesetzte **eigene Anteile** sind mit dem Nennbetrag bzw dem rechnerischen Wert der erworbenen Anteile zu bewerten (vgl *Störk/Kliem/Meyer* in Beck Bil-Komm¹² § 272 Anm 131). Trotz des verschmelzungsbedingten Erlöschens des übertragenden Rechtsträgers sind sie nicht mit Null zu berücksichtigen, da sie nicht am SB-Stichtag, sondern erst bei Eintragung mit dem Rechtsträger rückwirkend zum Verschmelzungsstichtag wirtschaftlich erlöschen. Zum Ansatz eigener Anteile s Anm 108.

6. Gliederung

122 Für die SB gelten durch den Verweis in § 17 Abs 2 S 2 UmwG die **Gliederungsvorschriften** der §§ 266 und 268 HGB und darüber hinaus für KapCoGes die Gliederungsvorschriften des § 264c HGB entspr, welche den Besonderheiten dieser Rechtsformen vor allem bei der EK-Gliederung Rechnung tragen.

Nach mit dem Sinn und Zweck der SB begründeter Auffassung des HFA brauchen in der SB **keine Vorjahreszahlen** angegeben werden (vgl IDW RS HFA 42, Tz 16; *Bilitewski/Roß/Weiser* WPg 2014, 16).

Die auf den vorhergehenden JA angewandte Form der Darstellung ist grds beizubehalten, allerdings kann die Aufstellung einer SB nach § 17 Abs 2 UmwG als Ausnahmefall für die Durchbrechung der **Darstellungsstetigkeit** angesehen werden (vgl IDW RS HFA 42, Tz 17; s Anm 105 und 117 zur Ansatz- und Bewertungsstetigkeit).

7. Aufstellung und Feststellung

124 Die Frist zur Aufstellung der SB ist gesetzlich nicht ausdrücklich geregelt. Die **Frist** gem § 17 Abs 2 S 4 UmwG (s Anm 56 und 101) im Zusammenhang mit der Anmeldung der Verschmelzung zum HR wirkt praktisch als Aufstellungsfrist.

Weil die SB jedenfalls vor Wirksamkeit, also Eintragung der Verschmelzung, aufzustellen ist, sind diejenigen **Organe des übertragenden Rechtsträgers**, die auch einen JA aufzustellen haben, für die Aufstellung der SB zuständig (vgl *Gassner* in FS Widmann, 346; *WPH* TBd Ass, E Anm 23).

125 Obwohl der JA des übertragenden Rechtsträgers einer Feststellung bedarf, ist für die auf einen vom regulären Abschlussstichtag abw Stichtag aufgestellte SB **keine Feststellung** erforderlich, denn hierzu hätte es besonderer Regelungen im UmwG bedurft (vgl IDW RS HFA 42, Tz 13; IDW PH 9.490.1, Tz 3; *Deubert/Klöcker* WP Praxis 2013, 62; *Lanfermann* in Kallmeyer[6] UmwG § 17 Anm 19 und *Winnefeld*[5] N Anm 233; aA *Hörtnagl* in Schmitt/Hörtnagl/Stratz[8] UmwG § 17 Anm 18, weil auch die Regelungen über die Feststellung zu den entspr geltenden Vorschriften über die Jahresbilanz zählen; *Priester* in Lutter UmwG[5] § 24 Anm 12, weil nur die Feststellung die Rechnungslegung des übertragenden Rechtsträgers abschließt; *Widmann* in Widmann/Mayer UmwG § 24 Anm 51, ohne Begr). Wird ein regulärer JA als SB eingereicht, gelten dagegen die allg Regelungen zur Feststellung (vgl *Deubert/Klöcker* WP Praxis 2013, 62).

126 Die SB bedarf auch **nicht der Vorlage an einen Aufsichtsrat** oder an die Gester bzw die GesV (vgl IDW RS HFA 42, Tz 13; IDW PH 9.490.1, Tz 3; *Bilitewski/Roß/Weiser* WPg 2014, 15). Sie wird allerdings häufig als Anlage in den Verschmelzungsvertrag aufgenommen und damit auch den Gestern vorgelegt.

8. Handelsbilanzrechtlich unzulässige Wertansätze in der Schlussbilanz

130 Sofern der übernehmende Rechtsträger das Wahlrecht des § 24 UmwG zugunsten der Buchwertfortführung ausübt (s K Anm 5 und 70 ff), ist er an

III. Verschmelzungsschlussbilanz

die vom übertragenden Rechtsträger getroffenen Bilanzierungsentscheidungen aus der SB gebunden (vgl IDW RS HFA 42, Tz 60). Dies gilt jedoch nicht, sofern sich herausstellt, dass die SB nicht den handelsrechtlichen GoB entspr, dh unzulässige Wertansätze enthält. Grds ist in diesem Fall eine nachträgliche Korrektur der SB nach allg Grundsätzen (s IDW RS HFA 6) erforderlich, was – insbes bei Fehlern, die zur Nichtigkeit führen – ggf eine Rückwärtsänderung und eine Nachtragsprüfung nach sich zieht. Unterbleibt dies jedoch und ist der **fehlerhafte Wertansatz aus der Schlussbilanz** des übertragenden Rechtsträgers dem übernehmenden Rechtsträger bekannt, muss letzterer diesen nach hM zunächst an eine HGB-konforme Bilanzierung und Bewertung anpassen, bevor er die Wertansätze des übertragenden Rechtsträgers übernehmen darf (vgl *Küting/Hayn/Hütten* BB 1997, 569; *WPH* TBd Ass, E Anm 69; s K Anm 70).

Aus diesem Grunde kann uE auch eine Bilanz eines JA, der aufgrund eines schwerwiegenden Fehlers nichtig ist, grds als SB verwendet werden.

Bucht der übernehmende Rechtsträger mangels Kenntnis im Zeitpunkt der Übernahmebilanzierung zunächst einen fehlerhaften Wertansatz ein, so hat er nach späterer Kenntniserlangung ggf eine Korrektur vorzunehmen. Wird **bis zur** Aufstellung des JA, in dem der Vermögensübergang erfasst wird, bekannt, dass die SB nach handelsrechtlichen GoB unzulässige Wertansätze enthält, ist der Vermögensübergang in diesem JA so zu erfassen, wie er zu erfassen gewesen wäre, wäre die SB korrigiert worden. Stellt die Übernahmebilanzierung beim übernehmenden Rechtsträger einen erfolgsneutralen Einlagevorgang dar, ist es sachgerecht, auch nach handelsrechtlichen GoB unzulässige Wertansätze bei der Übernahmebilanzierung erfolgsneutral zu korrigieren. Die Korrektur wäre dann erfolgswirksam vorzunehmen, wenn auch die Übernahmebilanzierung erfolgswirksam zu erfolgen hat. Wird indes erst **nach** Aufstellung des JA, in dem der Vermögensübergang erfasst wird, bekannt, dass die SB nach handelsrechtlichen GoB unzulässige Wertansätze enthält, kommt lediglich eine Fehlerkorrektur nach Maßgabe des IDW RS HFA 6 in Betracht. Danach sind Fehler, die in laufender Rechnung korrigiert werden dürfen, grds erfolgswirksam zu korrigieren. In allen Fällen ist es geboten, die Fehlerkorrektur und deren Auswirkungen auf die Darstellung der VFE-Lage einschließlich der quantitativen Auswirkungen auf die betroffenen Abschlussposten im Anhang zu erläutern (IDW RS HFA 6, Tz 15, ggf. analog).

Bei **grenzüberschreitenden Verschmelzungen** ist es ebenfalls anerkannte Meinung, dass die Werte aus der SB des übertragenden ausländischen Rechtsträgers zunächst an eine HGB-konforme Bilanzierung und Bewertung anzupassen sind, bevor sie der übernehmende (inländische) Rechtsträger übernimmt. Es ist gem IDW RS HFA 42, Tz 90 nicht erforderlich, retrospektiv diejenigen Werte zu ermitteln, die sich ergeben hätten, hätte der übertragende Rechtsträger schon immer nach HGB bilanziert. Es muss lediglich vermieden werden, dass VG mit einem höheren oder Schulden mit einem niedrigeren Wert als ihrem Zeitwert angesetzt werden (vgl *WPH* TBd Ass, E Anm 241). Dazu ist eine nach den landesrechtlichen Vorschriften aufgestellte UmwSB, wie eine HBil II für Konzernzwecke, an die handelsrechtlichen Vorschriften anzupassen, bevor der übernehmende Rechtsträger dann diese Werte als Buchwerte iSv § 24 UmwG übernimmt (vgl *Deubert/Klöcker* WP Praxis 2013, 67).

IV. Prüfung, Offenlegung und Aufbewahrung

1. Prüfungspflicht für Schlussbilanzen

134 Für die SB der übertragenden **Kapitalgesellschaft** gelten gem § 17 Abs 2 S 2 UmwG die für KapGes anzuwendenden Prüfungsvorschriften für den JA gem §§ 316 bis 324 HGB entspr. Wenn ein JA auf diesen Stichtag kraft Gesetzes prüfungspflichtig wäre, ist auch die SB durch einen WP zu prüfen (vgl IDW RS HFA 42, Tz 13; IDW PH 9.490.1, Tz 2, 13). Aufgrund des § 264a Abs 1 HGB gelten diese Prüfungsvorschriften auch für KapCoGes. Daher sind SB mittelgroßer und großer KapGes bzw KapCoGes iSv § 267 HGB prüfungspflichtig.

Überdies erscheint in Fällen, in denen der neue bzw übernehmende Rechtsträger in der Rechtsform der GmbH oder der AG im Zuge der Umw zur Neugründung errichtet wird oder im Zuge einer Umw zur Aufnahme eine Kapitalerhöhung vornimmt, im Hinblick auf den für GmbH und AG geltenden Grundsatz der Kapitalaufbringung eine Prüfung der SB des übertragenden Rechtsträgers geboten. Dies gilt auch dann, wenn es sich beim übertragenden Rechtsträger um eine iSv § 267 HGB kleine und deshalb grds nicht prüfungspflichtige KapGes oder KapCoGes handelt. Dies ergibt sich daraus, dass bei einer Kapitalerhöhung aus Gesellschaftsmitteln immer, und zwar unabhängig von der Unternehmensgröße, eine Prüfung verlangt wird, um die Kapitalaufbringung zu gewährleisten (s E Anm 121). Es empfiehlt sich daher eine vorherige Abstimmung mit dem Registergericht des neuen bzw übernehmenden Rechtsträgers, ob dieses von einer derartigen spezifischen Prüfungspflicht ausgeht.

Allein durch Vereinbarungen in der Satzung oder im GesVertrag kann sich eine Prüfungspflicht in Ermangelung einer gesetzlichen Anordnung nicht ergeben (abw Voraufl; glA *Hörtnagl* in Schmitt/Hörtnagl/Stratz[8] UmwG § 17 Anm 20; *Bula/Thees* in Sagasser/Bula/Brünger[5] § 10 Anm 54).

135 Eine Prüfungspflicht besteht nach dem Wortlaut des § 17 UmwG auch dann, wenn der übertragende Rechtsträger die Größenkriterien des § 267 HGB für die Prüfungspflicht nach § 316 HGB im VjAbschluss zum ersten Mal erfüllt hat und nun eine SB auf einen vom regulären JA-Stichtag abw Stichtag aufstellt (vgl *Roß* DB 2014, 1822). Das „fiktive" RumpfGj bis zum vom regulären Abschlussstichtag abw besonderen Stichtag der SB wird für Zwecke der Feststellung der Größenklasse iSv § 267 HGB wie ein „echtes" RumpfGj behandelt, weil für die SB die Vorschriften über die Jahresbilanz einschl § 267 HGB und über die Prüfung der Jahresbilanz entspr gelten. Andernfalls könnte sich ein übertragender Rechtsträger durch Wahl eines abw UmwStichtags der Prüfungspflicht entziehen. Zur Ermittlung der Schwellenwerte bei RumpfGj s *Störk/Lawall* in Beck Bil-Komm[12] § 267 Anm 8 und 13.

136 Eine gesonderte Prüfung ist nicht erforderlich, wenn als SB die **Bilanz des letzten geprüften Jahresabschlusses** verwendet wird (vgl *Gassner* in FS Widmann, 347; IDW PH 9.490.1, Tz 7). Bei einem mit dem Abschluss-

IV. Prüfung, Offenlegung und Aufbewahrung

stichtag übereinstimmenden Stichtag der SB erstreckt sich die Wahl des AP auch auf die Wahl des Prüfers der SB (vgl *Lanfermann* in Kallmeyer[6] UmwG § 17 Anm 38).

In diesem Fall ist der Anmeldung zum Registergericht nur dann der volle BVm beizufügen, wenn auch der **gesamte Jahresabschluss** eingereicht wird.

Wird nicht der gesamte JA eingereicht, sondern **nur die Bilanz** (einschl der Wahlpflichtangaben), darf der zum JA erteilte BVm der Anmeldung nicht ohne eine mit dem aktuellen Datum versehene **Bescheinigung** darüber, dass die SB mit dem betr Inhalt des geprüften JA übereinstimmt, beigefügt werden (vgl IDW PH 9.490.1, Tz 8; *Schumm* WP Praxis 2014, 275; ohne Begr aA *Hörtnagl* in Schmitt/Hörtnagl/Stratz[8] UmwG § 17 Anm 22).

Wird **nicht die Bilanz des letzten geprüften Jahresabschlusses verwandt**, sondern weicht der Stichtag der SB vom Stichtag des prüfungspflichtigen JA ab, ist die SB gem § 17 Abs 2 S 2 UmwG iVm § 318 Abs 1 und 4 HGB durch **gesondert** durch GesterBeschluss zu bestellende AP zu prüfen und ein BVm bzw Versagungsvermerk zu erteilen (vgl IDW PH 9.490.1, Tz 10 und 17; *Lanfermann* in Kallmeyer[6] UmwG § 17 Anm 38; *Hörtnagl* in Schmitt/Hörtnagl/Stratz[8] UmwG § 17 Anm 20). Der AP des JA ist nicht konkludent auch für die Prüfung der SB bestellt. Hinsichtlich des Prüfungsorgans, dessen Qualifikation und Bestellung bestehen keine Unterschiede zur JA-Prüfung (vgl *Henckel* M&A Review 2007, 443). Über das Ergebnis dieser gesonderten Prüfung ist in entspr Anwendung des § 321 HGB zu berichten (vgl IDW PH 9.490.1, Tz 21).

Wenn der **Stichtag** der SB zwar dem JA-Stichtag **entspricht**, aber **Ansatz- und Bewertungswahlrechte abweichend** vom JA **ausgeübt** wurden, ist diese SB ebenfalls gesondert zu prüfen. Zu beachten ist, dass sich dadurch der Wertaufhellungszeitraum verlängert (vgl IDW PH 9.490.1, Tz 9; *Schumm* WP Praxis 2014, 275).

Nach **§§ 264 Abs 3 sowie 264b HGB** dürfen KapGes und KapCoGes unter bestimmten Voraussetzungen (s *Störk/Deubert* in Beck Bil-Komm[12] § 264 Anm 115) ua Erleichterungen hinsichtlich der Prüfung ihres handelsrechtlichen JA sowie ggf des Lageberichts in Anspruch nehmen. Zwar wird überwiegend vertreten, dass es keiner Prüfung der SB bedürfe, sofern eine Bilanz verwendet wird, die Bestandteil eines regulären JA ist, für den nach § 264 Abs 3 HGB keine APr erforderlich ist (vgl *WPH* TBd Ass, E Anm 35; *Lanfermann* in Kallmeyer[6] UmwG § 17 Anm 36; *Scheunemann* DB 2006, 797 ff; *Hargarten/Seidler* BB 2016, 2798).

Nach anderer – uE überzeugender – Auffassung kann es wegen der in § 17 Abs 2 S 2 UmwG angeordneten entspr Anwendung der Vorschriften der Bilanz *und* deren Prüfung (vgl IDW RS HFA 42, Tz 13) Einschränkungen bzgl der Inanspruchnahme der Erleichterungen gem § 264 Abs 3 HGB geben, wenn die Jahresbilanz als SB im Zusammenhang mit einem UmwVorgang verwendet werden soll. In diesem Fall darf lediglich auf die Offenlegung der Jahresbilanz verzichtet werden und **muss eine Prüfung vorgenommen werden** (vgl *WPH* HBd, F Anm 259, *Störk/Deubert* in Beck Bil-Komm[12] § 264 Anm 108; *Müller* in Haufe HGB[7] § 264 Anm 100).

Wegen dieser uneinheitlichen Auffassungen rät IDW PH 9.490.1, Tz 14 dazu, eine Abstimmung mit dem zuständigen Registergericht vorzunehmen.

138 Das nach § 91 Abs 2 AktG nur bei AG einzurichtende sog **Risikofrüherkennungssystem** ist nach dem Wortlaut des Verweises auf die Prüfungsvorschriften der §§ 316 ff HGB in § 17 Abs 2 UmwG nach § 317 Abs 4 HGB bei börsennotierten AG als Überträgerin *grds* auch bei vom regulären JA-Stichtag abw Stichtag der SB zu prüfen. Dies könnte uE aber sowohl unter Gläubigerschutz- als auch unter Anteilsbewertungsaspekten nur dann Sinn ergeben, wenn auch die Übernehmerin, die keine AG ist, ein solches System entspr der vom Gesetzgeber seinerzeit gewünschten „Ausstrahlungswirkung" des § 91 Abs 2 AktG (vgl IDW PS 340, Tz 1) oder deswegen, weil dies schon vor dem TransPuG als Aufgabe einer ordnungsgemäßen Geschäftsführung angesehen wird (vgl *Schmidt/Almeling* in Beck Bil-Komm[12] § 317 Anm 76), unterhält und bei bestehender Prüfungspflicht einen entspr Risikobericht in ihren Lagebericht aufnehmen muss. Da dies aber sowohl vom AP der AG als auch vom Registerrichter kaum zu überprüfen sein wird, sollte, auch aus Vereinfachungsgründen, auf eine unterjährige Prüfung des Systems verzichtet werden. Die Nichtprüfung des Systems kann allerdings Auswirkungen auf Art und Umfang der vom AP vorzunehmenden Prüfungshandlungen haben.

139 Hinsichtlich der **Durchführung der Prüfung** der SB sind gem IDW PH 9.490.1, Tz 19 sowohl die Berufspflichten als auch die GoA zu beachten (vgl *Schumm* WP Praxis 2014, 276). Zur Festlegung der Wesentlichkeit im Fall der Prüfung einer SB nach § 17 Abs 2 UmwG s IDW F & A zu ISA 320 bzw IDW PS 250 nF, Abschn 3.2.17.

In entspr Anwendung des **§ 321 HGB (Prüfungsbericht)** ist gem IDW PH 9.490.1, Tz 21 über das Ergebnis einer auf einen vom JA-Stichtag abw Stichtag gesondert aufgestellten SB oder einer auf den JA-Stichtag unter abw Ausübung von Wahlrechten gesondert aufgestellten SB zu berichten (vgl *Schumm* WP Praxis 2014, 277).

IDW PH 9.490.1, Tz 22 legt es nahe den **Wortlaut des Bestätigungsvermerks** zur SB an den des Bestätigungsvermerks iSv § 322 HGB (und ggf bei Unternehmen von öffentlichem Interesse Art 10 EU-APrVO) anzulehnen, dabei aber an die Besonderheiten der gesondert zu prüfenden SB anzupassen.

Fehlt der BVm, ist der Registerrichter an einer Eintragung gehindert (vgl WPH TBd Ass, E Anm 379; *Hörtnagl* in Schmitt/Hörtnagl/Stratz[8] UmwG § 17 Anm 23; *Widmann* in Widmann/Mayer UmwG § 24 Anm 145; aA *Bermel* in Goutier/Knopf/Tulloch UmwG § 17 Anm 24, weil die Prüfungsvorschriften nur sinngemäß gelten und das Beibringen eines BVm weder explizit vorgesehen noch gerechtfertigt sei).

Falls der Prüfer den BVm **versagt**, ist umstritten, ob der Registerrichter die Verschmelzung eintragen darf (vgl WPH TBd Ass, E Anm 379; für Eintragungshindernis s *Widmann* in Widmann/Mayer UmwG § 24 Anm 145; aA *Hörtnagl* in Schmitt/Hörtnagl/Stratz[8] UmwG § 17 Anm 23: es fehle die Rechtsgrundlage).

Die **Einschränkung** des BVm oder seine bloße **Ergänzung** sind jedoch für eine Eintragung unschädlich (vgl WPH TBd Ass, E Anm 379; *Hörtnagl* in Schmitt/Hörtnagl/Stratz[8] UmwG § 17 Anm 23), da aus dem Wortlaut der Einschränkung bzw der Ergänzung deren Art und Umfang hervorgehen. Insoweit macht es auch keinen Unterschied, ob die Einschränkung zB auf

IV. Prüfung, Offenlegung und Aufbewahrung 140–144 **H**

dem Fehlen von Wahlpflichtangaben oder einer unzutreffenden Bewertung beruht.

Ferner kann neben der Prüfung der SB mit der Sacheinlageprüfung wegen einer **Kapitalerhöhung** zur Bestätigung der Werthaltigkeit bei übernehmenden Rechtsträgern in der Rechtsform einer AG unter den Voraussetzungen des § 69 UmwG eine weitere verschmelzungsveranlasste Prüfung (vgl *Henckel* 2010, 233 ff; *Schaal*, 35 ff) erforderlich sein (ua bei Überträgerinnen in der Rechtsform der PersGes oder wenn die Werte in der SB der Überträgerin nicht als AK in den Jahresbilanzen des übernehmenden Rechtsträgers angesetzt werden). Ferner kommt unter den Voraussetzungen des § 67 UmwG bei übernehmenden AG eine Nachgründungsprüfung in Betracht. 140

2. Verschmelzungsprüfung

Die Verschmelzungsprüfung ist eine **Sonderprüfung** ähnlich der Gründungsprüfung, die allenfalls mittelbar die bei der Verschmelzung aufzustellende HBil betrifft. Objekt der Verschmelzungsprüfung ist vielmehr gem § 9 Abs 1 UmwG der Verschmelzungsvertrag (bzw dessen Entwurf) und damit ua die Angemessenheit des vorgeschlagenen Umtauschverhältnisses der Anteile und die Höhe der baren Zuzahlungen **(Vertragsprüfung).** Eine evtl Barabfindung ist gem § 30 Abs 2 UmwG ebenfalls Prüfungsobjekt **(Barabfindungsprüfung,** vgl *Henckel* 2010, 203; *WPH* TBd Ass, E Anm 258). Die Verschmelzungsprüfung soll als ergänzende Maßnahme dem Schutz der außenstehenden Aktionäre dienen (vgl BGH v 22.5.1989 DB 1989, 1664; *Henckel* 2010, 186). 143

Bei Verschmelzungen unter Beteiligung von **Aktiengesellschaften** besteht gem § 60 UmwG **Prüfungspflicht.** 144

Demggü besteht unter Beteiligung einer **Gesellschaft mit beschränkter Haftung** grds keine Prüfungspflicht. Jedoch kann jeder einzelne Gester die Prüfung der Verschmelzung gem § 48 UmwG verlangen **(Antragsprüfung).** Die Frist für diesen Antrag beträgt eine Woche ab Erhalt der in § 47 UmwG genannten Unterlagen.

Gleiches gilt nach § 44 iVm § 43 Abs 2 UmwG bei Beteiligung von **Personengesellschaften,** wenn die Zustimmung zur Verschmelzung nach dem GesVertrag durch Mehrheitsbeschluss der GesV bewirkt werden kann. Im gesetzlichen Regelfall, in dem die Verschmelzung der Zustimmung aller Gester bedarf, ist (formal) kein Gester berechtigt, die Durchführung einer Verschmelzungsprüfung zu verlangen. Er kann aber seine Zustimmung von der Durchführung einer Verschmelzungsprüfung abhängig machen (vgl *Henckel* 2010, 199 ff).

Auf die Verschmelzungsprüfung oder den Bericht über die Verschmelzungsprüfung kann nach §§ 9 Abs 3 und 12 Abs 3 UmwG unter den gleichen Voraussetzungen **verzichtet** werden, die für den Verzicht auf den Verschmelzungsbericht gelten (s Anm 29; *Förschle* in Förschle/Peemöller, 588). Ferner ist die Aufnahme eines 100%igen TU nicht prüfungspflichtig (§ 9 Abs 2 UmwG; s detailliert *Schaal*, 63 ff und 73).

Unabhängig von der Rechtsform der beteiligten Rechtsträger besteht Prüfungspflicht hinsichtlich einer anzubietenden **Barabfindung** gem § 30 Abs 2 UmwG, wenn den Gestern des übertragenden Rechtsträgers gem § 29 Abs 1 UmwG der Austritt gegen Barabfindung angeboten werden muss. Die zum Bezug der Barabfindung Berechtigten dürfen auf die Durchführung der Prüfung verzichten (vgl *Henckel* 2010, 202).

145 Zum Prüfungsorgan und dessen Bestellung, dem Ziel, Gegenstand und der Durchführung der Prüfung sowie der Urteilsbildung und Urteilsmitteilung s ausführlich *Förschle* in Förschle/Peemöller, 588; *Henckel* 2010, 195 ff; *WPH* TBd Ass, E Anm 245 ff.

3. Offenlegung und Aufbewahrung von Schlussbilanzen

148 Aufgrund der Gesamtrechtsnachfolge tritt der übernehmende Rechtsträger in sämtliche sonstigen handelsrechtlichen Pflichten des übertragenden Rechtsträgers und damit auch in die **Aufbewahrungspflichten** gem § 257 HGB ein (vgl *Widmann* in Widmann/Mayer UmwG § 24 Anm 455; zu Aufbewahrungspflichten s ausführlich *Störk/Philipps* in Beck Bil-Komm[12] § 257 Anm 1 ff). Die Aufbewahrungspflichten erstrecken sich nicht nur auf die SB, sondern auch auf Belege, Schriftwechsel und frühere JA.

149 Eine **Bekanntmachung** der auf einen vom regulären Abschlussstichtag abw Stichtag aufgestellten SB ist nach § 17 Abs 2 S 3 UmwG nicht erforderlich (vgl *Winnefeld*[5] N Anm 233). Wird – wie in der Praxis aus Kostengründen häufig der Fall – ein regulärer JA als SB eingereicht, gelten dagegen die allg Regelungen zur Offenlegung (vgl *Deubert/Klöcker* WP Praxis 2013, 62). Im Übrigen entfaltet die Freistellung von der Publizitätspflicht wegen der Hinterlegung der SB beim HR und der damit verbundenen „mittelbaren" Offenlegung nach § 9 Abs 1 HGB nur eine eingeschränkte Wirkung (vgl *Widmann* in Widmann/Mayer UmwG § 24 Anm 148).

V. Steuerliche Besonderheiten bei Verschmelzungsschlussbilanzen

Schrifttum: *Horn* Umsatzbesteuerung von Umwandlungen nach dem neuen Umwandlungsrecht UR 1995, 472 ff; *Klingberg/van Lishaut* Die Internationalisierung des Umwandlungssteuerrechts DK 2005, 698 ff; *Ley* Einbringungen nach §§ 20, 24 UmwStG in der Fassung des SEStEG FR 2007, 109 ff; *Stegemann* Grunderwerbsteuerrechtliche Zweifelsfragen an der Schnittstelle von § 1 Abs 2a und §§ 5, 6 GrEStG Ubg 2009, 194 ff; *Pyszka* Umsatzsteuer bei Umwandlungen DStR 2011, 545 ff; *Schnitger* Hat § 2 Abs 4 UmwStG einen Anwendungsbereich? DB 2011, 1718 ff; *Becker/Kamphaus/Loose* Greift das Korrespondenzprinzip bei Drittstaatsverschmelzungen? IStR 2013, 328 ff; *Becker/Kamphaus/Loose* Nochmals: Greift das Korrespondenzprinzip bei Drittstaatsverschmelzungen? – Zugleich Duplik auf Sejdija/Trinks IStR 2013, 869 ff; *Wagner/Lieber* Änderungen bei der GrESt: Vermeidung von RETT-Blockern und Erweiterung von § 6a GrEStG DB 2013, 1387 ff; *Viebrock/Loose* Erste Gedanken zu § 2 Abs 4 Sätze 3 bis 6 UmwStG DStR 2013, 1364 ff; *Aichberger/Stangl* Keine Erleichterungen konzerninterner Umstrukturierungen durch den Erlass zu § 1 Abs 2a GrEStG vom 18.2.2014 DB 2014, 1512 ff; *Herbort/Schwenke* „Kapitalertragsteuerfalle" beim grenzüberschreitenden Upstream-Merger? IStR 2016, 567 ff.

1. Anwendung des Umwandlungssteuergesetzes

152 Für die Besteuerung von Verschmelzungen sind die besonderen Regelungen des **UmwStG** zu beachten. Lediglich der Vierte und Achte Teil des

V. Steuerl. Besonderheiten b. Verschmelzungsschlussbilanzen **153 H**

UmwStG sind *nicht* auf Verschmelzungen anwendbar, da diese Teile ausschließlich Spaltungs- bzw Formwechselvorgänge betreffen. Mit dem **UmwSt-Erl** (BMF v 11.11.2011 BStBl I, 1314) hat die FinVerw ihre Sicht zu zahlreichen Zweifelsfragen veröffentlicht.

Nach nicht unumstrittener Auffassung der FinVerw stellen Umw auf Ebene des übertragenden und übernehmenden Rechtsträgers **Veräußerungs- und Anschaffungsvorgänge** hinsichtlich des übertragenen (Rein-)Vermögens dar (UmwSt-Erl Tz 00.02). Die Ertragsteuerneutralität nach dem UmwStG setzt in einem ersten Schritt voraus, dass sowohl der sachliche (§ 1 Abs 1 und 3 UmwStG) als auch der persönliche Anwendungsbereich (§ 1 Abs 2 und 4 UmwStG) des UmwStG eröffnet sind.

Die Anwendung der Vorschriften des UmwStG richtet sich nach der registerrichterlichen Einordnung der betr Umw, sofern nicht gravierende Umstände Zweifel an der Rechtmäßigkeit des UmwVorgangs begründen (UmwSt-Erl Tz 01.06); bei **Verschmelzungen nach ausländischem Gesellschaftsrecht** bedarf es einer **Vergleichbarkeit** mit inländischen Verschmelzungen nach dem UmwG (zu Details vgl UmwSt-Erl Tz 01.20ff). Grds begünstigt sind nunmehr insb auch Verschmelzungen von Rechtsträgern, die in der EU oder im EWR ansässig sind und nach dem Recht eines dieser Staaten gegründet wurden (zu den inländischen Steuereffekten von Drittstaatsverschmelzungen vgl *Becker/Kamphaus/Loose* IStR 2013, 328 ff und 869 ff sowie BMF v 10.11.2016 BStBl I, 1252).

Die nachfolgenden Ausführungen beziehen sich grds nur auf steuerliche **Verschmelzungsschlussbilanzen;** wegen der steuerlichen Besonderheiten bei dem **übernehmenden** Rechtsträger wird auf K Anm 120 verwiesen.

Nach § 2 Abs 1 und 2, § 20 Abs 6 S 1 und § 24 Abs 4 iVm § 20 Abs 6 S 1 **153** UmwStG gilt für Zwecke der Ertragsteuern (ESt, KSt und GewSt; nicht zB für USt und GrESt) der Ablauf des Stichtags der handelsrechtlichen SB (*nicht:* Verschmelzungsstichtag) als **steuerlicher Übertragungszeitpunkt** für den übertragenden und den übernehmenden Rechtsträger bzw im Falle einer PersGes auch für deren Gester. Die der Praxis dienende **Rückwirkung** der Verschmelzung in Bezug auf die handelsrechtliche SB wird also auch steuerlich übernommen (UmwSt-Erl Tz 02.09 ff). Allerdings sind bei Verschmelzungen mit Auslandsbezug die zur **Vermeidung „weißer Einkünfte"** konzipierte Vorschrift des § 2 Abs 3 UmwStG bzw die darauf verweisenden Vorschriften des § 20 Abs 6 S 4 und § 24 Abs 3 UmwStG zu beachten. Sonst könnte sich zB im Falle von „Hinausverschmelzungen" durch eine *relativ* kürzere Rückwirkung nach ausländischem Steuerrecht eine Besteuerung weder im Inland noch im Ausland ergeben (UmwSt-Erl Tz 02.38). Deshalb ist in derartigen Konstellationen auf einen relativ kürzeren ausländischen Rückwirkungszeitpunkt oder, sofern kein solcher existiert, auf den Zeitpunkt der Eintragung im Ausland abzustellen.

Eine **versehentlich eingetragene Verschmelzung,** die hinsichtlich des Verschmelzungs- und damit auch des SB-Stichtags verspätet angemeldet wurde, wird gesellschaftsrechtlich trotzdem wirksam und hat dann auch steuerlich rückwirkende Gültigkeit (vgl bspw *Dötsch* in Dötsch/Patt/Pung/Möhlenbrock UmwStG[7] § 2 Rn 20).

154 Der übertragende Rechtsträger wird mit seinem **Ergebnis bis zum Schlussbilanzstichtag** (sog *lfd Gewinn*) sowie mit den ggf anlässlich der Verschmelzung **aufzudeckenden stillen Reserven** (s Anm 162 ff) besteuert. Beide Ergebnisse sind in dem Veranlagungszeitraum zu erfassen, in den der Stichtag der SB fällt, da – anders als im Handelsrecht – ertragsteuerlich zu diesem Zeitpunkt zwingend ein Wj des übertragenden Rechtsträgers endet; fällt der SB-Stichtag nicht auf das Ende eines Wj, entsteht also nach § 8b S 2 Nr 1 EStDV ein ertragsteuerliches *RumpfWj* (UmwSt-Erl Tz 03.01).

2. Besteuerung des Verschmelzungsvorgangs

162 Das „laufende" Ergebnis des übertragenden Rechtsträgers bis zum steuerlichen Übertragungszeitpunkt, also bis zum Ablauf des SB-Stichtags (s Anm 153), ist nach den allg ertragsteuerlichen Vorschriften zu ermitteln.

Die **Besteuerung des Verschmelzungsvorgangs** bei der übertragenden Ges richtet sich nach den Vorschriften des UmwStG und hängt von den *Rechtsformen* der an der Verschmelzung beteiligten Ges ab. Dementspr ist für Besteuerungszwecke zwischen Verschmelzungen von KapGes, Verschmelzungen von PersGes sowie solchen von einer PersGes auf eine KapGes und umgekehrt zu unterscheiden.

Die übertragende Ges hat ungeachtet der handelsrechtlichen Vorschriften (keine Maßgeblichkeit) in ihrer *steuerlichen SB* grds sämtliche **stillen Reserven und Lasten** bis zur Höhe des gemeinen Werts aufzudecken. Dieses Grundprinzip zielt vor allem auf die Fälle von **grenzüberschreitenden Verschmelzungen,** bei denen das Recht der Bundesrepublik an der Besteuerung des Gewinns aus der Veräußerung der übergegangenen WG verloren geht oder eingeschränkt wird.

Als **Ausnahme**fall, der aber in der Praxis die Regel darstellt, erlaubt das UmwStG aber unter bestimmten Voraussetzungen **nach Antragstellung** die gesamte oder teilweise Fortführung der stillen Reserven in der steuerlichen Übertragungsbilanz (dazu Anm 165, 200, 206, 211).

Rechtsgeschäfte und Rechtshandlungen der übertragenden Ges im **Rückwirkungszeitraum** sind ab dem steuerlichen Übertragungsstichtag grds der übernehmenden Ges zuzuordnen. Bei Rechtsgeschäften zwischen beiden Ges gelten je nach Rechtsform Besonderheiten (vgl dazu die nachfolgenden Einzelabschn).

Soweit der übertragenden Ges durch die Verschmelzung **Aufwand** entsteht (zB Kosten des Verschmelzungsvertrags, der Haupt- bzw GesV, der Eintragung in das HR oder Beratungskosten), werden diese unter den üblichen Voraussetzungen der Rückstellungsbildung (EStR 5.7 und 6.11) als Betriebsausgabe erfasst. Sofern diese allerdings nach dem steuerlichen Übertragungsstichtag anfallen, sind sie nach Auffassung der FinVerw als *Kosten des Vermögensübergangs* iSd § 4 Abs 4 S 1 UmwStG im Rahmen der Übernahmeergebnisermittlung zu berücksichtigen (UmwSt-Erl Tz 04.34; so auch BFH v 30.5.2018 BFH/NV 2019, 46), weshalb sie sich nicht bzw nur zu 5 % auf die Bemessungsgrundlage auswirken. Für **objektbezogene Kosten** des Vermögensübergangs, insb die GrESt, ist zu differenzieren: Durch Grundbesitz des übertragenden Rechtsträgers ausgelöste GrESt führt zu aktivierungspflichti-

V. Steuerl. Besonderheiten b. Verschmelzungsschlussbilanzen   165–167   **H**

gen AK, wohingegen die GrESt aus Vorgängen iSd § 1 Abs 2a GrEStG (vgl BFH v 2.9.2014 BStBl II, 260) wie auch bei Anteilsübertragungen bzw -vereinigungen iSd § 1 Abs 3 GrEStG (vgl BFH v 20.4.2011 BStBl II, 761) in steuerlich abzugsfähigen Betriebsausgaben resultieren.

a) Verschmelzung von Kapitalgesellschaften

Die übertragende Ges hat entspr § 11 Abs 1 UmwStG für steuerliche Zwecke eine **steuerliche Schlussbilanz** zu erstellen. Diese ist nach Auffassung der FinVerw eine eigenständige Bilanz und von der Gewinnermittlung nach §§ 4 Abs 1, 5 Abs 1 EStG zu unterscheiden (UmwSt-Erl Tz 11.02 iVm 03.01). Der Maßgeblichkeitsgrundsatz ist bei der Aufstellung der steuerlichen SB nicht anwendbar (UmwSt-Erl Tz 11.05).

Nach dem **Grundprinzip** der zwangsweisen Aufdeckung der stillen Reserven bei Verschmelzungen muss die übertragende KapGes in der steuerlichen SB nach § 11 Abs 1 UmwStG alle stillen Reserven und alle stillen Lasten jeweils bis zum **gemeinen Wert** aufdecken. Allerdings sind Pensionsrückstellungen gem § 11 Abs 1 S 2 UmwStG mit dem Teilwert nach § 6a EStG anzusetzen. Die Aufdeckung umfasst ausdrücklich auch die unentgeltlich erworbenen und originären immateriellen WG, zu denen nach der Gesetzesbegründung auch ein GFW gehört (UmwSt-Erl Tz 11.03 iVm 03.04 ff). Die Abkehr vom steuerlichen *Teilwert* hin zum *gemeinen Wert* bringt einen international üblichen Bewertungsansatz (*Klingberg/van Lishaut* DK 2005, 704). Zu den Unterschieden beider Werte vgl etwa *Ley* FR 2007, 109 ff.

Unter bestimmten Voraussetzungen kann die *übertragende* Ges bzw die übernehmende Ges als ihre Rechtsnachfolgerin gem § 11 Abs 2 UmwStG **beantragen,** statt der Realisierung zum gemeinen Wert (§ 11 Abs 1 UmwStG) die Verschmelzung unter Fortführung der **steuerlichen Buchwerte** durch die übernehmende Ges durchzuführen oder auch Zwischenwerte zugrunde zu legen. Das steuerliche Wahlrecht kann nur einheitlich für alle übertragenen WG ausgeübt werden, für die seine Voraussetzungen erfüllt sind (UmwSt-Erl Tz 11.06 iVm 03.13).

aa) Voraussetzungen des Wahlrechts. Voraussetzungen für das Wahlrecht auf Buchwertfortführung oder Ansatz eines Zwischenwerts sind gem § 11 Abs 2 S 1 UmwStG:
- Sicherstellung der späteren Besteuerung der übergehenden WG mit KSt;
- Kein Ausschluss *und* keine Beschränkung des deutschen Besteuerungsrechts hinsichtlich eines Gewinns aus der Veräußerung der übertragenen WG bei der übernehmenden KapGes *und*
- Keine Gewährung einer Gegenleistung, es sei denn, dass eine Gegenleistung nur in Form von GesRechten an der übernehmenden KapGes gewährt wird.

Grds gilt, dass § 11 Abs 2 UmwStG hinsichtlich des Fortbestands der **Steuerverstrickung** nur auf die übernehmende Ges und nicht auf die GesterEbene abstellt. Für die GesterEbene eröffnet § 13 UmwStG ein separates *Wahlrecht*. Bei übernehmenden, nicht steuerbefreiten inländischen KapGes sind die Voraussetzungen für die Buchwertverstrickung regelmäßig erfüllt. Bei einer **Verschmelzung auf eine ausländische Gesellschaft** kommt es darauf an, ob alle übertragenen WG einer inländischen Betriebsstätte der übernehmenden Ges zugeordnet werden können. Dies ist zB hinsichtlich immaterieller WG fraglich, wenn diese auch vom neuen Stammhaus genutzt werden oder wenn sie aus anderen Gründen auch dem Stammhaus funktional zugeordnet werden können. Eine fiktive Totalausschüttung gem § 12 Abs 5 UmwStG ist nicht einschlägig (zu Details vgl *Herbort/Schwenke* IStR 2016, 567).

168 Eine **Gegenleistung** wird regelmäßig nicht gewährt, soweit die übernehmende KapGes an der übertragenden KapGes beteiligt ist, im Übrigen auch nicht, wenn die Gester der übertragenden Ges notariell beurkundet darauf verzichten (vgl Anm 8). **Gesellschaftsrechte** müssen bei KapGes stets als Geschäftsanteile oder Aktien gewährt werden, während eine alleinige Rücklagenzuführung bei KapGes nicht als Ausgabe von GesRechten verstanden wird und deshalb eine Buchwertfortführung ausschließt. *Neue* GesRechte aus einer Kapitalerhöhung müssen aber nicht gewährt werden, es können zB auch bereits vorhandene eigene Anteile als Gegenleistung ausgegeben werden (vgl *Schmitt* in Schmitt/Hörtnagl/Stratz[7] UmwStG § 11 Rn 132).

Bare Zuzahlungen oder sonstige Gegenleistungen, wie etwa die Gewährung einer Darlehensforderung an die Gester der übertragenden Ges, schränken das Wahlrecht ein. Dies entspricht nicht Art 2 Buchst a der Fusionsrichtl, wonach Zuzahlungen, die 10% des Nennwerts bzw des rechnerischen Werts der ausgegebenen Anteile nicht überschreiten, zulässig sind, da Art 8 Abs 9 der Richtl lediglich die Besteuerung barer Zuzahlungen auf Ebene der Gester der übertragenden Ges erlaubt.

170 **bb) Buchwertfortführung.** Der wahlweise auf Antrag zulässige Buchwertansatz durch die Übertragerin, der aufgrund der von § 12 Abs 1 UmwStG vorgesehenen **steuerlichen Wertverknüpfung** von der übernehmenden Ges fortzuführen ist, erstreckt sich nur auf die Buchwerte zum SB-Stichtag, sodass das steuerliche Ergebnis der Periode bis zu diesem Tag in jedem Fall als *laufender* Gewinn bei dem übertragenden Rechtsträger steuerlich zu realisieren ist (s Anm 162).

Bei Gewährung von teilweise **nicht in Gesellschaftsrechten bestehenden Gegenleistungen** und im Übrigen zulässiger Ausübung des Buchwertwahlrechts sind nach Ansicht der FinVerw in der steuerlichen SB die übergehenden WG insoweit *mind mit dem gemeinen Wert der Gegenleistung* anzusetzen. In Höhe der Differenz zwischen dem gemeinen Wert der Gegenleistung und den auf die Gegenleistung entfallenden (anteiligen) Buchwerten der übergehenden WG ergibt sich ein **Übertragungsgewinn.** Der Berechnung des anteiligen Buchwerts ist dabei das Verhältnis des Gesamtwerts der Gegenleistung zum gemeinen Wert der übertragenen Sachgesamtheit iSd § 11 Abs 1 UmwStG zugrunde zu legen. In Höhe des Übertragungsgewinns sind die jeweiligen WG aufzustocken. Der jeweilige *Aufstockungsbetrag* ermittelt sich aus dem Verhältnis des Übertragungsgewinns zu den gesamten stillen Reserven und Lasten mit Ausnahme der stillen Lasten in den Pensionsrückstellungen. In Höhe dieses Prozentsatzes sind die in den jeweiligen WG enthaltenen stillen Reserven aufzudecken (UmwSt-Erl Tz 11.10 iVm 03.23; aA etwa *Rödder* in Rödder/Herlinghaus/van Lishaut[2] UmwStG § 11 Rn 147).

171 Eine **Beschränkung der Buchwertfortführung auf einzelne Wirtschaftsgüter** ist nicht möglich (UmwSt-Erl Tz 11.06 iVm 03.13).

cc) Zwischenwertansatz. Unter den zum Fall der Buchwertfortführung 175 identischen Voraussetzungen darf die übertragende Ges gem § 11 Abs 2 S 1 UmwStG statt der Buchwertfortführung auch Zwischenwerte bis *höchstens zum gemeinen Wert* der übertragenen WG ansetzen. Auch dieses Wahlrecht ist an **keine Maßgeblichkeit** gebunden und darf aus rein steuerlichen Gesichtspunkten ausgeübt werden, um insb *lfd Verluste* vor der Verschmelzung und etwa vorhandene *Verlustvorträge* unter Inkaufnahme etwaiger Belastungen aus der **Mindestbesteuerung** gem § 10d Abs 2 EStG iVm § 8 Abs 1 KStG zu nutzen. Das kommt besonders in Betracht, da nach der Vorschrift des § 12 Abs 3 iVm § 4 Abs 2 S 2 UmwStG Verlustvorträge und ggf auch Verluste aus dem lfd Gj bis zur Verschmelzung sowie Verluste im Rückwirkungszeitraum untergehen. Zu beachten ist hierbei die Vorschrift des **§ 2 Abs 4 S 1 f UmwStG**. Diese Regelung soll Gestaltungen unterbinden, die mittels rückwirkender Umw die Anwendung des § 8c KStG vermeiden sollen und eine Nutzung von Verlusten beim übertragenden Rechtsträger zu erreichen versuchen (UmwSt-Erl Tz 02.39). Nach Einführung der sog „Stille-Reserven-Klausel" in den Sätzen 6–9 in § 8c KStG ist der Anwendungsbereich von § 2 Abs 4 S 1 f UmwStG aber iW nur noch von rechtstheoretischer Natur (vgl *Schnitger* DB 2011, 1718 ff).

Soweit anlässlich einer Verschmelzung im Konzern die (teilweise) steuerliche Aufdeckung von stillen Reserven zu dem Ansatz **aktiver latenter Steuern** im KA führt, sind in Bezug auf die KonzernGuV bzw die insb für Investoren maßgebliche Kennzahl der Konzernsteuerquote neben dem unter Beachtung der Mindestbesteuerung zu ermittelnden tatsächlichen Steueraufwand auch die entsprechenden latenten Steuereffekte zu berücksichtigen.

dd) Antrag. Der Antrag zur Ausübung des Wahlrechts auf den Ansatz der 177 Buchwerte oder eines Zwischenwerts ist durch die übertragende Körperschaft bzw von der *übernehmenden Körperschaft* als deren Rechtsnachfolgerin gem § 11 Abs 3 iVm § 3 Abs 2 S 2 UmwStG *spätestens* bis zur erstmaligen Abgabe der steuerlichen SB bei dem für die Besteuerung der übertragenden Körperschaft zuständigen FA zu stellen. Der Antrag bedarf keiner besonderen Form, ist bedingungsfeindlich und unwiderruflich. Eine **spätere Wahlrechtsausübung** ist somit *nicht* möglich; eine **Bilanzberichtigung** ist hingegen (auch) durch den Stpfl noch möglich, soweit die steuerliche SB den GoB bzw den jeweiligen steuerlichen Vorschriften nicht entspricht und die zugrunde liegende Steuerfestsetzung noch aufgehoben bzw geändert werden kann. Bei einem Zwischenwertansatz ist nach Auffassung der FinVerw ausdrücklich anzugeben, in welcher Höhe oder zu welchem Prozentsatz die stillen Reserven aufzudecken sind. Wenn die ausdrückliche Erklärung abgegeben wird, dass die StBil iSd §§ 4 Abs 1, 5 Abs 1 UmwStG auch die steuerliche SB darstellen soll, ist in dieser Erklärung ein konkludenter Antrag auf Ansatz der Buchwerte zu sehen, sofern kein ausdrücklicher gesonderter anderweitiger Antrag gestellt wurde (UmwSt-Erl Tz 11.12 und 03.29 f).

ee) Downstream-Merger. § 11 Abs 2 S 2 UmwStG regelt ausdrücklich 180 den Wertansatz von Anteilen an dem übernehmenden Rechtsträger. Damit bestehen keine Bedenken gegen die grds Anerkennung eines steuerneutralen **Downstream-Mergers**. Die Anteile an der übernehmenden TochterGes sind in der steuerlichen SB der übertragenden MutterGes mind mit dem steuerlichen Buchwert anzusetzen, erhöht um die in früheren Jahren steuerwirksam vorgenommenen Abschreibungen auf die Beteiligung sowie erhöht um steuerwirksame Abzüge nach § 6b EStG und ähnliche Abzüge, höchstens jedoch mit dem gemeinen Wert. Ein daraus **entstehender Gewinn** ist nach § 11 Abs 2 S 3 UmwStG iVm § 8b Abs 2 S 4 und 5 KStG umfassend stpfl. Wegen des bereits nach § 6 Abs 1 Nr 2 S 3 iVm Nr 1 S 4 EStG zum letzten JA-Stichtag bestehenden Wertaufholungsgebots beschränkt sich diese erweiterte Wertaufholungsbesteuerung auf jüngste Wertsteigerungen.

Der Downstream-Merger führt auf Ebene der TochterGes **nicht** zu einem **Durchgangserwerb** eigener Anteile (BFH v 28.10.2009 BStBl II, 315). Die FinVerw vertritt die Auffassung, dass die Anteile an der TochterGes nach § 11 Abs 2 S 2 UmwStG in der steuerlichen SB der übertragenden MutterGes nur dann mit einem Wert unterhalb des gemeinen Werts angesetzt werden dürfen, wenn das deutsche Besteuerungsrecht hinsichtlich des Gewinns aus der Veräußerung dieser Anteile auf *Ebene des Anteilseigners der MutterGes* (*nicht:* auf Ebene der übernehmenden Körperschaft) nicht ausgeschlossen oder beschränkt wird (UmwSt-Erl Tz 11.17 ff; so auch BFH v 30.5.2018 BFH/NV 2019, 46).

185 **ff) Sonstiges. Forderungen und Verbindlichkeiten** der übertragenden Ges ggü der übernehmenden Ges sind noch in der SB auszuweisen.

Das steuerliche Ergebnis aus der Geschäftstätigkeit bis zum Stichtag der SB und das steuerliche Übertragungsergebnis sind grds gegeneinander ausgleichsfähig (s Anm 128). Zusätzlich ist ein **Verlustrücktrag** gem § 10d EStG iVm § 8 Abs 1 KStG möglich.

186 Ein danach *verbleibender* **Verlust** geht grds **nicht** auf die *übernehmende* KapGes über. Die Regelung in § 12 Abs 3 iVm § 4 Abs 2 S 2 UmwStG soll die mantelkaufähnliche Verlustnutzung bei Verschmelzungen verhindern und gilt grds auch für eine Verrechnung mit Gewinnen der Übernehmerin aus einem lfd Geschäftsbetrieb bis zur Verschmelzung. Ebenso gehen ein verbleibender **Zinsvortrag** und EBITDA-Vortrag nach § 4h EStG nicht auf die übernehmende Ges über und verfallen gem § 12 Abs 3 iVm § 4 Abs 2 S 2 UmwStG.

Umgekehrt können **Verluste** der übernehmenden Ges auch *nicht* von der übertragenden Ges mit eigenen Gewinnen im Veranlagungszeitraum der SB verrechnet werden (BFH v 17.7.1991 BStBl II, 899) und damit auch nicht auf frühere Veranlagungszeiträume bei dem übertragenden Rechtsträger zurückgetragen werden. Möglich ist allerdings grds die Verrechnung von Verlusten des übernehmenden Rechtsträgers mit seit dem steuerlichen Übertragungsstichtag erzielten Gewinnen des übertragenden Rechtsträgers (vgl etwa BFH v 18.12.2013 BFH/NV 2014, 904). Zu Einschränkungen kann allerdings die Vorschrift des § 2 Abs 4 S 3 ff UmwStG führen. Diese bewirkt vorbehaltlich einer Konzernklausel eine **Verlustverrechnungssperre** für im Rückwirkungszeitraum entstehende positive Einkünfte des übertragenden Rechtsträgers (zu Details vgl *Viebrock/Loose* DStR 2013, 1364 ff).

Entsteht bei der übertragenden Ges ein **Übertragungsgewinn,** unterliegt dieser der regulären Besteuerung mit KSt und GewSt, soweit nicht spezialgesetzliche Sondervorschriften greifen (zB § 8b KStG oder DBA-Freistellung).

V. Steuerl. Besonderheiten b. Verschmelzungsschlussbilanzen 188–199 **H**

Vor dem steuerlichen **Übertragungsstichtag** beschlossene, aber erst danach vorgenommene **offene Gewinnausschüttungen** sind steuerlich wirksam; sie gelten dann als am Stichtag von der Überträgerin ausgezahlt (so UmwSt-Erl Tz 02.26 ff).

Der **Bestand des steuerlichen Einlagekontos** iSd § 27 KStG der übertragenden Ges geht nach § 29 Abs 2 KStG grds auf die übernehmende Ges über. Das Nennkapital der übertragenden Ges gilt nach § 29 Abs 1 KStG zuvor als herabgesetzt iSv § 28 Abs 2 KStG. Entspr § 29 Abs 2 S 2 KStG unterbleibt allerdings eine Hinzurechnung des steuerlichen Einlagekontos im Verhältnis des Anteils des Übernehmers an der übertragenden Körperschaft und gem § 29 Abs 2 S 3 KStG mindert sich das steuerliche Einlagekonto im Verhältnis des Anteils des übertragenden Rechtsträgers am Übernehmer (zu Details vgl UmwSt-Erl Tz K.01 ff).

188

b) Verschmelzung von Personenhandelsgesellschaften

Verschmelzungen von PersGes gehören zu den in § 1 Abs 3 UmwStG abschließend aufgezählten Umw. Gem §§ 1 Abs 3 Nr 1, 24 UmwStG werden diese bei Erfüllen der Tatbestandsvoraussetzungen des § 24 UmwStG als **Einbringungssachverhalt** besteuert; nach § 1 Abs 4 S 2 UmwStG ist die Vorschrift des § 24 UmwStG *generell anwendbar*, sodass keine Beschränkungen im Hinblick auf den persönlichen Anwendungsbereich des UmwStG bestehen. Wegen des Untergangs der übertragenden PersGes wird bei Herab- und Seitwärtsverschmelzungen eine Einbringung durch deren Geste angenommen, die durch die Verschmelzung wiederum regelmäßig Mitunternehmer der übernehmenden PersGes werden (K Anm 210 ff).

198

Bei einem „**Upstream-Merger**" in doppelstöckigen PersGes-Strukturen ist die übernehmende PersGes bereits an der übertragenden PersGes beteiligt und erhält im Rahmen der Verschmelzung keine „neuen GesRechte an sich selbst". Da die Anwendung der Norm des § 24 UmwStG aber tatbestandsseitig voraussetzt, dass der Einbringende Mitunternehmer der übernehmenden PersGes wird bzw seine bisherige **Mitunternehmerstellung** erweitert (UmwSt-Erl Tz 24.07), ist insoweit § 24 UmwStG in Ermangelung eines tauschähnlichen Einbringungsvorgangs nicht einschlägig. Allerdings kommt hinsichtlich des betr Anteils an dem Betrieb der übertragenden PersGes eine *Buchwertübertragung* analog § 6 Abs 3 S 1 EStG parallel zu den Einbringungen der anderen Gester in Betracht (*Patt* in Dötsch/Pung/Möhlenbrock UmwStG § 24 Rn 79). Darüber hinaus könnte die Aufdeckung stiller Reserven durch Vornahme einer Anwachsung vermieden werden.

199

Das **Betriebserfordernis** des § 24 Abs 1 S 1 UmwStG wird bei Verschmelzungen idR erfüllt, da es sich um eine Gesamtrechtsnachfolge in sämtliche Rechtspositionen der übertragenden Ges handelt. Sofern sich eine wesentliche Betriebsgrundlage im **Sonderbetriebsvermögen** eines Gesters bei der übertragenden PersGes befindet, wird dieses von dem gesellschaftsrechtlichen Verschmelzungsvorgang zwar nicht unmittelbar erfasst. Sofern es allerdings Kraft des *funktionalen Zusammenhangs* zum verschmolzenen Betrieb Sonderbetriebsvermögen bei der übernehmenden PersGes wird, reicht dies für eine steuerneutrale Buchwertverschmelzung aus (UmwSt-Erl Tz 24.05).

In der **steuerlichen Schlussbilanz** der übertragenden PersGes richtet sich die Besteuerung gem § 24 Abs 3 S 1 UmwStG zwingend nach dem Wertansatz bei der übernehmenden PersGes. Diese hat in gleicher Weise wie bei Verschmelzungen von KapGes – unabhängig vom Wertansatz in der HBil (UmwSt-Erl Tz 24.03 iVm 20.20) – gem § 24 Abs 2 S 1 UmwStG grds den gemeinen Wert des durch die Verschmelzung übertragenden Betriebsvermögens anzusetzen, wobei aber für Pensionsrückstellungen der Teilwert nach § 6a EStG maßgebend ist.

Auf **Antrag** der *übernehmenden* PersGes darf der Verschmelzung wahlweise der **Buchwert** oder ein höherer **Zwischenwert** maximal bis zum gemeinen Wert zugrunde gelegt werden, wenn das Besteuerungsrecht der Bundesrepublik Deutschland hinsichtlich des übertragenen Betriebsvermögens nicht ausgeschlossen oder beschränkt wird. Diese Voraussetzung ist regelmäßig erfüllt, da der Gester der übertragenden PersGes Mitunternehmer der übernehmenden PersGes wird. Die inländische Steuerverstrickung ist für das Inlandsvermögen bei der übernehmenden PersGes dann gewahrt; Auslandsvermögen in einer DBA-Freistellungsbetriebsstätte war bereits vor der Verschmelzung nicht verstrickt.

Soweit unmittelbar nach der Verschmelzung einzelnes Betriebsvermögen – zB immaterielle WG – im Rahmen des funktionalen Zusammenhangs zu dem durch die Verschmelzung veränderten Betrieb auf eine **ausländische Betriebsstätte** übergeht, handelt es sich uE nur um einen Folgevorgang der Verschmelzung, der nicht den Ansatz in der SB der übertragenden PersGes betrifft, aber als Folgevorgang eine *Entstrickung* nach § 4 Abs 1 S 3 EStG bzw den Verlust oder die Beschränkung des deutschen Besteuerungsrechts nach § 12 Abs 1 KStG auslösen kann.

Der Antrag auf Buchwert- oder Zwischenwertbilanzierung ist gem § 24 Abs 2 S 3 iVm § 20 Abs 2 S 3 UmwStG **spätestens bis zur erstmaligen Abgabe** der steuerlichen SB von der *übernehmenden* PersGes zu stellen (UmwSt-Erl Tz 24.03 iVm 20.21 ff).

201 Bei Ansatz des **gemeinen Werts** ist der Übertragungsgewinn gem § 24 Abs 3 S 2–4 UmwStG iVm §§ 16 Abs 4, 34 EStG bei einkommenstpfl Gestern der übertragenden PersGes begünstigt. Da die Gester der untergehenden PersGes regelmäßig auch Gester der übernehmenden PersGes werden, sind jedoch hinsichtlich der Tarifbegünstigung des Übertragungsgewinns insb die Einschränkungen des § 24 Abs 3 S 3 UmwStG zur Personenidentität von Veräußerer und Erwerber zu beachten (näher *Schlößer/Schley* in Haritz/Menner[4] UmwStG § 24 Rn 176). Mit dieser Maßgabe hat der einbringende Gester für die Ermittlung des anzuwendenden ESt-Satzes das Wahlrecht, von der in § 34 Abs 1 EStG verankerten „**Fünftelregelung**" Gebrauch zu machen oder die nur einmal im Leben des Stpfl gewährte Option der Besteuerung in Höhe von 56 % des Durchschnittssteuersatzes des § 34 Abs 3 EStG zu wählen. Die Steuersatzminderung wird nicht gewährt, falls der anteilige Gewinn wegen der Anwendung des Teileinkünfteverfahrens gem § 3 Nr 40 Buchst b EStG partiell steuerbefreit ist.

202 Aufgrund der Verweisung in § 24 Abs 4 auf § 20 Abs 5 und 6 UmwStG kann die Verschmelzung von PersGes genauso wie diejenige von KapGes **bis zu acht Monate rückwirkend** vor dem Tag der Anmeldung der Ver-

V. Steuerl. Besonderheiten b. Verschmelzungsschlussbilanzen 204–206 **H**

schmelzung zum HR vereinbart werden, da die Verschmelzung eine Gesamtrechtsnachfolge auslöst. Für die Rückwirkung maßgeblicher steuerlicher Übertragungsstichtag ist dabei gem § 24 Abs 4 iVm § 20 Abs 6 S 1 UmwStG der SB-Stichtag (UmwSt-Erl Tz 24.03 iVm 20.13 ff).

§ 24 Abs 5 UmwStG enthält für (teilweise) steuerneutrale Verschmelzungen mit Anteilen an KapGes im übertragenen Vermögen eine **Missbrauchsverhinderungsregelung**. Sie löst bei Weiterveräußerung der Anteile innerhalb von sieben Jahren rückwirkend in der steuerlichen SB der übertragenden PersGes eine auslaufende Nachversteuerung aus, soweit im Wege einer sog Statusverbesserung ein Veräußerungsgewinn auf Gester der Überträgerin entfällt, die keine nach § 8b Abs 2 KStG begünstigten Personen sind (UmwSt-Erl Tz 24.18 ff; vgl bspw auch *Patt* in Dötsch/Pung/Möhlenbrock UmwStG § 24 Rn 224 ff).

Im Übrigen gelten die Ausführungen zur Verschmelzung von KapGes (oben Anm 165 ff) entspr, soweit sie nicht speziell körperschaftsteuerliche Aspekte betreffen.

c) Verschmelzung von Personenhandelsgesellschaften auf Kapitalgesellschaften

Die Verschmelzung einer PersGes auf eine KapGes löst die Übertragung 204 eines gesamten Betriebs aus und wird nach § 1 Abs 3 Nr 1 und Abs 4, § 20 UmwStG als **Einbringungsvorgang** der Gester der PersGes in die übernehmende KapGes behandelt, insb sofern die Gester jeweils (auch) *neue* Ges-Rechte an der übernehmenden KapGes erhalten.

Soweit überhaupt keine neuen Anteilsrechte ausgegeben werden, kommt für den betr Gester bei einem **Upstream-Merger** eine steuerneutral mögliche unentgeltliche Übertragung in das Betriebsvermögen der übernehmenden KapGes analog § 6 Abs 3 EStG bzw eine Anwachsung in Betracht und bei einem **Downstream-Merger** eine – nach hA wohl grds stpfl – verdeckte Einlage (vgl *Patt* in Dötsch/Pung/Möhlenbrock UmwStG § 20 Rn 177 ff).

Bei einer Behandlung als **Einbringung nach § 20 UmwStG** muss die 205 übertragende PersGes nach § 20 Abs 3 S 1 UmwStG in ihrer steuerlichen SB im Wege einer steuerlichen Wertverknüpfung grds denjenigen Wert als Veräußerungspreis für die Übertragung ihrer WG ansetzen, den die übernehmende KapGes für das durch die Verschmelzung erlangte Betriebsvermögen nach § 20 Abs 2 UmwStG in ihrer StBil ansetzt. Auch hier besteht keine Verpflichtung zu einer Bindung an handelsbilanzielle Wertansätze (UmwSt-Erl Tz 20.20).

Die übernehmende KapGes hat grds den **gemeinen Wert** des übertragenen 206 Vermögens und den Teilwert nach § 6a EStG für übertragene Pensionsrückstellungen anzusetzen. Die Verschmelzung zu steuerlichen **Buchwerten** bzw eine nur **teilweise Aufdeckung stiller Reserven** ist unter der „üblichen" Voraussetzung des uneingeschränkten Fortbestehens der Steuerverstrickung in Deutschland bei der KapGes auf **Antrag möglich** (Näheres dazu in der Kommentierung für die übernehmende KapGes in K Anm 190 ff).

Der steuerlich günstige **Buchwertansatz** ist, genauso wie bei Sacheinlagen, auch dann eingeschränkt, wenn im Rahmen der Verschmelzung ein negatives Buchvermögen (§ 20 Abs 2 S 2 Nr 2 UmwStG) bzw ein Buchvermögen übergeht, das den gemeinen Wert einer nicht in GesRechten bestehenden Gegenleistung nicht erreicht (§ 20 Abs 2 S 3 UmwStG).

207 Ein **Übertragungsgewinn** ist als Einbringungsgewinn des Mitunternehmers gem § 20 Abs 4 UmwStG stpfl (Näheres in K Anm 205 ff).

208 Nach § 20 Abs 5 und 6 UmwStG kann die Verschmelzung einer PersGes auf eine KapGes **bis zu acht Monate rückwirkend** vor dem Tag der Anmeldung der Verschmelzung zur Eintragung ins HR vereinbart werden. Für die Rückwirkung maßgeblicher steuerlicher Übertragungsstichtag ist dabei gem § 20 Abs 6 S 1 UmwStG der SB-Stichtag (UmwSt-Erl Tz 20.13 ff). Selbst wenn das mit der Verschmelzung übertragene Betriebsvermögen nur aus Anteilen an KapGes besteht, ist wegen der *Gesamtrechtsnachfolge* bzgl sämtlicher Rechtspositionen der übertragenden PersGes kein Anteilstausch nach § 21 UmwStG gegeben, der nicht rückwirkend stattfinden könnte.

209 Zu der **Nachversteuerung** des sog Einbringungsgewinns I gem § 22 Abs 1 UmwStG wird auf K Anm 207 verwiesen.

d) Verschmelzung von Kapitalgesellschaften auf Personenhandelsgesellschaften

210 Bei der Verschmelzung von KapGes auf PersGes gelten steuerlich § 1 Abs 1 Nr 1 und §§ 3 bis 10 UmwStG. Der **persönliche Anwendungsbereich** des UmwStG nach § 1 Abs 2 UmwStG begünstigt auch vergleichbare Verschmelzungen von Rechtsträgern, die in der EU oder im EWR ansässig sind und nach dem Recht eines dieser Staaten gegründet wurden.

Infolge des Wegfalls einer Besteuerungsebene führt die Verschmelzung zu einer fiktiven Ausschüttung. Danach werden bei allen Gestern der Übertragerin unabhängig von deren Beteiligungshöhe und unabhängig vom Entstehen eines Übernahmegewinns oder -verlusts Einkünfte aus Kapitalvermögen hinsichtlich der bei der Überträgerin bestehenden **offenen Rücklagen** angenommen, soweit diese nicht dem steuerlichen Einlagekonto zuzuordnen sind (§ 7 UmwStG).

211 In der steuerlichen SB sind nach § 3 Abs 1 UmwStG grds die **gemeinen Werte** aller WG einschl der originären immateriellen WG und eines GFW aufzudecken, verbunden mit einem Teilwertansatz nach § 6a EStG für die übertragenen Pensionsrückstellungen.

212 Auf **Antrag** bei dem für die Besteuerung der übertragenden Körperschaft zuständigen FA besteht ein **Wahlrecht zum Ansatz von Buchwerten oder Zwischenwerten,** sofern gem § 3 Abs 2 S 1 UmwStG
– die übergehenden WG steuerliches Betriebsvermögen der übernehmenden PersGes werden und die Besteuerung der stillen Reserven mit ESt oder KSt sichergestellt ist,
– das deutsche Besteuerungsrecht hinsichtlich des Gewinns aus der Veräußerung der übertragenen WG nicht ausgeschlossen oder beschränkt wird,
– eine Gegenleistung nicht gewährt wird oder in GesRechten besteht.

213 Der Antrag ist **unabhängig von der handelsrechtlichen Bilanzierung** bei der übertragenden KapGes oder der übernehmenden PersGes und nach § 3 Abs 2 S 2 UmwStG *bis* zur erstmaligen Abgabe der steuerlichen SB zu stellen.

V. Steuerl. Besonderheiten b. Verschmelzungsschlussbilanzen   220–225   **H**

Ergibt sich zB durch Zwangsrealisation der stillen Reserven ein Übertragungsgewinn, unterliegt dieser der regulären Besteuerung mit KSt und GewSt. Beim Ansatz der übergehenden WG mit einem **Zwischenwert** sind die in den einzelnen WG ruhenden stillen Reserven und Lasten nach nicht unumstrittener Auffassung der FinVerw um einen einheitlichen Prozentsatz aufzulösen (UmwSt-Erl Tz 03.25).

Eigene Anteile der übertragenden KapGes gehen mit der Umw unter. Seit Inkrafttreten des BilMoG ist der Ausweis eigener Anteile auf der Aktivseite ohnehin in der HBil nicht mehr zulässig. Entspr gilt aufgrund der Maßgeblichkeit nach § 5 Abs 1 S 1 EStG für die StBil.

e) Besonderheiten bei Organschaft

Die steuerlichen Auswirkungen der Verschmelzung auf eine Organschaft werden im UmwSt-Erl in einem eigenen Abschnitt: Auswirkungen der Umwandlung auf eine Organschaft (Org) zusammenfassend erläutert. 220

Für Verschmelzungen des **Organträgers** gilt, dass eine *bestehende* ertragsteuerliche Organschaft – ggf mit Rückwirkung – auf die übernehmende Ges übergeht, sofern diese ein tauglicher Organträger ist, der Gewinnabführungsvertrag fortgeführt wird (s Anm 34) und die OrganGes ununterbrochen in den übertragenden Rechtsträger und anschließend in den übernehmenden Rechtsträger finanziell eingegliedert ist (BFH v 28.7.2010 BStBl II, 528; UmwSt-Erl Org.02).

Sofern **bisher keine Organschaft** bestanden hat, kann im Rahmen einer Verschmelzung rückwirkend unmittelbar nach dem SB-Stichtag eine solche zu der übernehmenden Ges begründet werden, auch wenn die finanzielle Eingliederung erst durch die Verschmelzung begründet wird (UmwSt-Erl Org.03).

Bei der **Verschmelzung einer Organgesellschaft** endet die Organschaft 221 zum Verschmelzungsstichtag (UmwSt-Erl Org.21). Eine neue Organschaft mit der übernehmenden KapGes ist grds nur ex nunc möglich.

Wird **auf eine Organgesellschaft verschmolzen,** besteht die Organ- 222 schaft weiter, sofern die Organschaftsvoraussetzungen weiterhin erfüllt werden, insb also die finanzielle Eingliederung fortbesteht (UmwSt-Erl Org.29).

Werden **Organträger und eine Organgesellschaft verschmolzen,** endet die Organschaft kraft *Konfusion* zum Ende des Wj der OrganGes, das am SB-Stichtag endet (UmwSt-Erl Org.04).

3. Gewerbesteuer

a) Verschmelzung von Kapitalgesellschaften auf Personenhandelsgesellschaften

Die gewerbesteuerlichen Auswirkungen der Verschmelzung von KapGes 225 auf PersGes werden durch § 18 UmwStG geregelt. Neben dem „**laufenden**" **Gewinn** in dem Zeitraum bis zum SB-Stichtag ist auch ein bei Nichtfortführung der Buchwerte entstehender **Übertragungsgewinn** gewerbesteuerpflichtig. Durch den Verweis in § 18 Abs 1 S 1 UmwStG gilt insb die Norm des § 3 UmwStG auch für Zwecke der Ermittlung des Gewerbeertrags. Die steuerliche Rückwirkung auf den SB-Stichtag gilt nach § 2 Abs 1 S 2 UmwStG auch für Zwecke der GewSt.

226 Zur **Ermittlung des Gewerbeertrags** gelten grds die allg steuerlichen Vorschriften. Danach ist der nach körperschaftsteuerlichen Vorschriften zu ermittelnde Gewinn aus Gewerbebetrieb um **Hinzurechnungen und Kürzungen** gem §§ 8 und 9 GewStG zu korrigieren.

227 Ein „laufender" Verlust bzw ein nach Verrechnung mit einem „laufenden" Gewerbeertrag verbleibender **Verlustvortrag der übertragenden Ges** iSd § 10a GewStG ist mit einem Übertragungsgewinn verrechenbar. Die Beschränkung der Verlustnutzung nach § 2 Abs 4 UmwStG ist zu beachten. Ein danach verbleibender Fehlbetrag des lfd Erhebungszeitraums bzw ein Verlustvortrag kann ebenso wie ein im Rückwirkungszeitraum entstehender Verlust nicht auf die PersGes übertragen werden (§ 18 Abs 1 S 2 UmwStG).

Eine Veräußerung oder Aufgabe des übertragenen Geschäftsbetriebs, eines Teilbetriebs oder eines Anteils an der übernehmenden PersGes innerhalb von fünf Jahren nach der Verschmelzung unterliegt aufgrund der **Missbrauchsverhinderungsvorschrift** des § 18 Abs 3 UmwStG der GewSt (UmwSt-Erl Tz 18.05).

b) Verschmelzung von Kapitalgesellschaften

230 Bei Verschmelzung von KapGes ist der Gewerbeertrag der übertragenden KapGes durch den in § 19 Abs 1 UmwStG enthaltenen Verweis auf die §§ 11 bis 13 und 17 UmwStG genauso wie der körperschaftsteuerliche Gewinn zu ermitteln. Aufgrund des *Wahlrechts* zum Ansatz des Buchwerts oder eines höheren Werts hängen die gewerbesteuerlichen Auswirkungen von den Wertansätzen in der SB der übertragenden KapGes ab. Die in § 11 Abs 1 Nr 1 UmwStG enthaltene Bedingung für eine **Buchwertfortführung,** dass die körperschaftsteuerliche (nicht: gewerbesteuerliche) Besteuerung der stillen Reserven sichergestellt ist, betrifft somit auch die GewSt.

Soweit körperschaftsteuerlich *keine* stillen Reserven aufgedeckt werden, ist folglich eine **wahlweise Aufdeckung von stillen Reserven** nur für GewSt-Zwecke nicht möglich. Allerdings greifen die spezialgesetzlichen Vorschriften des GewStG, wonach solche Gewinne nicht zu erfassen sind, die auch sonst nicht zum Gewerbeertrag gehören, wie etwa grds ein Übertragungsgewinn für Grundstücke, die der erweiterten Grundstückskürzung nach § 9 Nr 1 GewStG unterliegenden Gewinne oder der Gewinn aus der Aufdeckung von stillen Reserven, die auf WG in ausländischen Betriebsstätten entfallen (§ 2 Abs 1 S 3 GewStG bzw § 9 Nr 3 GewStG).

Nach Verrechnung mit einem Übertragungsgewinn verbleibende **gewerbesteuerliche Verlustvorträge einer übertragenden Kapitalgesellschaft** gehen gem § 19 Abs 2 iVm § 12 Abs 3 UmwStG unter.

c) Verschmelzung von Personenhandelsgesellschaften auf Kapitalgesellschaften oder Personenhandelsgesellschaften

235 Die Übertragung eines Mitunternehmeranteils und damit auch die Verschmelzung einer PersGes gilt grds als **Veräußerungsvorgang,** der allerdings gewerbesteuerbefreit ist, soweit die Anteile unmittelbar von natürlichen Per-

V. Steuerl. Besonderheiten b. Verschmelzungsschlussbilanzen 236–248 **H**

sonen gehalten werden (§ 7 S 2 Nr 2 GewStG). Damit ist ein Übertragungsgewinn bei Verschmelzungen von PersGes auf andere PersGes oder KapGes ggf (teilweise) gewerbesteuerfrei.

Nach R 10a.3 Abs 3 S 9 Nr 5 S 2 iVm R 10a.2 GewStR ist der Übergang   236
eines **gewerbesteuerlichen Fehlbetrags** einer PersGes auf eine PersGes zulässig, soweit Gester der übertragenden PersGes an der übernehmenden PersGes beteiligt werden.

Die **Rückwirkung** ist analog zu den Regelungen in § 20 Abs 5 und 6, § 24 Abs 4 UmwStG auch gewerbesteuerlich anwendbar.

4. Verkehrsteuern

a) Umsatzsteuer

Im Rahmen einer Verschmelzung kommen mehrere umsatzsteuerliche   245
Tatbestände in Betracht: Leistungen der übertragenden Ges, solche der übernehmenden und schließlich Leistungen der Gester der übertragenden Ges. Nur wenn die Beteiligten einem **umsatzsteuerlichen Organkreis**, zB der übernehmenden Ges angehören, liegen nicht steuerbare Innenumsätze vor (letzte Leistungserbringung der übertragenden Ges innerhalb der Organschaft).

Der **Zeitpunkt der Leistungen** richtet sich mangels **Rückwirkung** –   246
§ 2 UmwStG ist nur für Teilbereiche der Ertragsteuern anwendbar – nach der gesellschaftsrechtlichen Wirksamkeit der Verschmelzung (Eintragung im HR; s Anm 33; *Knoll* in Widmann/Mayer Umwandlungsrecht Anhang 11 Rn 24f). Nach aA (*Horn* UR 1995, 474) soll aus praktischer Vereinfachung die Vereinbarung eines Stichtags zwischen Anmeldung und Eintragung der Verschmelzung zulässig sein. In der Praxis wird entscheidend darauf abgestellt, ab welchem Zeitpunkt die übernehmende Ges am Markt für die übertragende Ges auftritt. Aus *Praktikabilitätsgründen* gewährt die FinVerw den Stpfl nach Absprache in der Regel einen gewissen Gestaltungsfreiraum.

aa) Leistungen und Vorsteuerabzug der übertragenden Gesellschaft.   247
Der im Verschmelzungsvertrag vereinbarte und durch Eintragung der Verschmelzung als Gesamtrechtsnachfolge vollzogene **Übergang der Wirtschaftsgüter** der übertragenden Ges **auf die übernehmende Gesellschaft** ist grds als *Geschäftsveräußerung im Ganzen* gem § 1 Abs 1a UStG **nicht umsatzsteuerbar** (vgl bspw *Friedrich-Vache* in Reiß/Kraeusel/Langer UStG § 1 Rn 502ff mwN). Zu beachten ist, dass die Geschäftsveräußerung im Ganzen *keinen* den Vorsteuerabzug ausschließenden Verwendungsumsatz iSd § 15 Abs 2 UStG darstellt. Eine Geschäftsveräußerung im Ganzen scheidet allerdings insb dann aus, wenn die übernehmende Ges unmittelbar nach der Verschmelzung die unternehmerische Tätigkeit aus dem übertragenden Unt planmäßig einstellt (vgl UStAE Abschn 1.5 Abs 1 S 4 mit Hinweis auf BFH v 29.8.2012 BStBl II, 301).

Ein **Vorsteuerabzug** aus Verschmelzungskosten der übertragenden Ges ist   248
nach der EuGH-Entscheidung v 22.2.2001 UR 2001, 164 möglich (*Knoll* in Widmann/Mayer Umwandlungsrecht Anh 11 Rn 111ff mwN). Der Umfang des Vorsteuerabzugs richtet sich dabei nach der Vorsteuerabzugsberechtigung aus den Leistungen der übertragenden Ges.

Der übernehmende Rechtsträger tritt als zivilrechtlicher **Gesamtrechtsnachfolger** in vollem Umfang in die Rechtsstellung des übertragenden Rechtsträgers. Dies betrifft etwa die Verpflichtung zur Abgabe von Steuererklärungen für die Geschäftstätigkeit des übertragenden Rechtsträgers bis zur Eintragung im HR (vgl etwa *Kruse* in Tipke/Kruse AO § 45 Rn 2). Zu beachten ist, dass die für den innergemeinschaftlichen Warenverkehr notwendige **USt-Identifikationsnummer** mit der Eintragung der Verschmelzung in das HR erlischt und nicht etwa im Wege der Gesamtrechtsnachfolge auf die übernehmende Ges übergeht (*Kraeusel* in Reiß/Kraeusel/ Langer UStG § 27a Rn 66.2).

250 **bb) Übernehmende Gesellschaft als Leistende und Leistungsempfängerin.** Die Übernahme der Schulden der übertragenden Ges stellt keine umsatzsteuerliche Leistung der übernehmenden Ges dar (vgl bspw *Tehler* in Reiß/Kraeusel/Langer UStG § 1 Rn 74 mit Hinweis auf BFH v 31.7.1969 BStBl II, 637).

251 Die früher offene Frage, ob eine Ausgabe von neuen Anteilen eine Leistung der Ges an den Gester begründet und damit die **Gewährung von Anteilsrechten** im Rahmen einer Verschmelzung eine Leistung des übernehmenden Rechtsträgers an den Gester des übertragenden Rechtsträgers darstellt, hat der EuGH (EuGH v 26.6.2003 EuGHE 2003, I-6851; Folgeentscheidung des BFH v 1.7.2004 UR 2004, 537; EuGH v 26.5.2005 UR 2005, 382) sowohl für PersGes als auch für KapGes geklärt. Danach liegt in der Ausgabe von neuen GesRechten im Regelfall *keine* Leistung gegen Entgelt iSd MwSt-Systemrichtl und damit kein steuerbarer Umsatz vor, der insb nicht nach § 4 Nr 8 UStG steuerfrei wäre.

Hinsichtlich des **Vorsteuerabzugs** der übernehmenden Ges aus Verschmelzungskosten hat die FinVerw seit ihrem BMF-Schreiben v 4.10.2006 BStBl I, 614 ihren Widerstand gegen diese Rspr aufgegeben. Wegen der Nichtsteuerbarkeit der Übernahme der Schulden sowie der Ausgabe von Anteilen im Rahmen der Verschmelzung richtet sich der Vorsteuerabzug der übernehmenden Ges aus den ihr bei der Verschmelzung entstehenden Kosten nach den „normalen" Ausgangsumsätzen. Soll das übertragende Unt innerhalb des übernehmenden Unt als Einheit fortgeführt werden, werden die Verschmelzungskosten zu Preisbestandteilen der weiterhin beabsichtigten Ausgangsumsätze des übertragenden Unt (siehe BFH v 8.3.2001 BStBl II, 430) und bestimmen damit den Umfang des Vorsteuerabzugs.

Dient die Verschmelzung dagegen der Integration des übertragenden in das **übernehmende Unternehmen,** werden die dabei entstandenen Kosten zu Preisbestandteilen von dessen gesamten Ausgangsumsätzen. Die Verschmelzungsaufwendungen gehören dann zu den allg Kosten, für die sich der Vorsteuerabzug nach den gesamten Umsatzverhältnissen der übernehmenden Ges im Besteuerungszeitraum des Leistungsbezugs bestimmt.

In beiden Fällen sind die Vorsteuern gem § 15 Abs 4 UStG *aufzuteilen,* soweit die Verschmelzungskosten vorsteuerabzugschädlichen Umsätzen zuzurechnen sind.

252 Nach **§ 15a Abs 10 UStG** führt die Verschmelzung als Geschäftsveräußerung im Ganzen zu *keiner* Unterbrechung der Berichtigungszeiträume, die bei dem übertragenden Unt vor der Verschmelzung in Gang gesetzt wor-

V. Steuerl. Besonderheiten b. Verschmelzungsschlussbilanzen   255–260 **H**

den sind. Der Verschmelzungsvorgang selbst löst keine Vorsteuerberichtigung aus (*Knoll* in Widmann/Mayer Umwandlungsrecht Anh 11 Rn 69ff mwN).

Als **Gesamtrechtsnachfolgerin** stehen der übernehmenden Ges bereits sämtliche Informationen und Unterlagen der übertragenden Ges zur Verfügung, sodass die Auskunftsverpflichtung nach § 15a Abs 10 S 2 UStG bei Verschmelzungen ins Leere läuft.

cc) Leistungen der Gesellschafter. Leistungen der Gester des übertragenden Rechtsträgers könnten in der Aufgabe ihrer Anteile an diesem Rechtsträger bestehen. Der Untergang dieser Anteile bei der Verschmelzung bewirkt jedoch trotz des Zustimmungsbeschlusses der Gester weder an die ebenfalls untergehende übertragende Ges noch an die übernehmende Ges die Zuwendung einer Leistung.   **255**

dd) Besonderheiten bei grenzüberschreitenden Verschmelzungen. Falls eine Verschmelzung nach ausländischem GesRecht mit umsatzsteuerlichem Inlandsbezug stattfindet, gelten die vorgenannten umsatzsteuerlichen Regelungen zu Verschmelzungen nach inländischem UmwRecht grds entspr, sofern der Ablauf des ausländischen Verschmelzungsvorgangs dem einer Verschmelzung nach dem UmwG entspricht. Andernfalls ist im *Einzelfall* zu analysieren, ob inländische Leistungstatbestände erfüllt werden.   **256**

Sofern die Verschmelzung nach dem UmwG eine **Übertragung von Wirtschaftsgütern im Ausland** beinhaltet, sind die ausländischen Vorschriften über eine Umsatzbesteuerung auf diese Lieferungen im Ausland anzuwenden. So ist bspw zu beachten, dass nicht alle Mitgliedstaaten von dem Wahlrecht in der MwSt-Systemrichtl Gebrauch gemacht haben, entsprechend der deutschen Vorgehensweise, Geschäftsveräußerungen im Ganzen als nicht steuerbare Vorgänge zu behandeln.

b) Grunderwerbsteuer

aa) Grundstücke im übertragenen Vermögen. Die Verschmelzung einer übertragenden Ges mit Grundbesitz auf eine andere Ges erfüllt den Tatbestand des § 1 Abs 1 Nr 3 GrEStG, da der Verschmelzungsvertrag selbst *keinen* Anspruch auf Übereignung begründet. Vielmehr entsteht die Übereignung des Grundbesitzes unmittelbar kraft Gesetzes erst mit *Eintragung der Verschmelzung ins HR* der übernehmenden Ges (*Meßbacher-Hönsch* in Boruttau[19] GrEStG § 1 Rn 364ff mwN).   **260**

Soweit die übertragende Ges bei einer **Verschmelzung auf einen Gesellschafter** eine PersGes ist, kommt nach § 6 GrEStG unter den dort genannten Voraussetzungen eine anteilige Befreiung in Betracht. Bei einem sog **Downstream-Merger** einer Ges mit Grundbesitz auf eine PersGes ist die Befreiung nach § 5 GrEStG im Ergebnis nicht anwendbar, da die übertragende Ges erlischt und damit nicht die fünfjährige Beteiligungsdauer des § 5 Abs 3 GrEStG erfüllen kann.

Sofern bei einer Verschmelzung auf den Gester bei diesem eine **Anteilsvereinigung** nach § 1 Abs 3 GrEStG vorausgegangen ist, wird eine Doppelbesteuerung über § 1 Abs 6 S 2 GrEStG vermieden, indem der dabei angesetzte Wert von der Bemessungsgrundlage für die Übertragung aufgrund der

Deubert/Loose 423

Verschmelzung abgezogen werden kann (*van Lishaut* in Rödder/Herlinghaus/van Lishaut[2] UmwStG Anhang 9 Rn 13 u 50). Die Vorschrift des § 6a GrEStG sieht **bei Verschmelzungen im Konzern Steuervergünstigungen** in Form einer Nichterhebung der GrESt vor (dazu *Gleichlautender Erlass* v 19.6.2012 BStBl I, 662). Dies sind neben den Verschmelzungen nach § 1 Abs 1 Nr 1 UmwG auch solche nach dem Recht eines Mitgliedstaates der EU oder des EWR, die einer Verschmelzung nach dem UmwG entsprechen (*Gleichlautender Erlass* v 19.6.2012 BStBl I, 662, Tz 3.2; *Viskorf* in Boruttau[19] GrEStG § 6a Rn 27 ff). Für die Steuerbefreiung der Verschmelzung ist insb erforderlich, dass an der Verschmelzung ausschließlich KonzernGes beteiligt sind und dass Vor- und Nachbehaltensfristen von jeweils fünf Jahren erfüllt werden (*Gleichlautender Erlass* v 19.6.2012 BStBl I, 662 Tz 2, 4 und 5 sowie BFH v 21.8.2019 BStBl II 2020, 337).

261 **bb) Übertragung von Anteilen an Kapitalgesellschaften mit Grundbesitz.** Soweit durch eine Verschmelzung mind 95 % der Anteile an einer KapGes mit Grundbesitz erstmalig *unmittelbar oder mittelbar* in einer Hand vereinigt oder übertragen werden, entsteht GrESt gem § 1 Abs 3 GrEStG. Zur Verhinderung des (mehrfachen) Anfalls von GrESt bietet es sich daher aus steuerplanerischer Sicht an, vor der Verschmelzung einen Anteil von mehr als 5 % an der übertragenden Ges zu transferieren. Dies gilt ebenso für Zwecke des einen Rechtsvorgang iSd § 1 Abs 3 GrEStG fingierenden § 1 Abs 3a GrEStG (s Anm 264). Eine Absenkung der maßgeblichen Grenze für sämtliche Erwerbstatbestände auf 90 % oder sogar niedriger wird seit vielen Jahren diskutiert.

262 **cc) Übertragung von Anteilen an Personengesellschaften mit Grundbesitz.** Bei der unmittelbaren oder auch nur mittelbaren Übertragung von Anteilen an PersGes mit Grundbesitz durch eine Verschmelzung wird GrESt gem § 1 Abs 2a GrEStG ausgelöst, wenn sich der GesterBestand der PersGes dadurch innerhalb von fünf Jahren dergestalt ändert, dass mind 95 % der Anteile auf neue Gester übergehen. Dieser Anteilsübergang gilt als ein Rechtsgeschäft, das auf die Übereignung eines Grundstücks auf eine neue PersGes gerichtet ist. Steuerschuldner ist hierbei gem § 13 Nr 6 GrEStG die PersGes selbst.

Zu beachten ist, dass **Altgesellschafter** von dieser Regelung nicht erfasst werden und sie ihre Anteile durch Verschmelzung erhöhen können, ohne GrESt gem § 1 Abs 2a GrEStG auszulösen.

263 Sofern die übertragende Ges den Anteil an der PersGes mit Grundbesitz **mittelbar** hält, kann die Verschmelzung gleichfalls GrESt auslösen. Der GesterBestand über eine **vermittelnde Kapitalgesellschaft** muss sich auf jeder Beteiligungsstufe um mind 95 % selbst geändert haben und führt dann in vollem Umfang zur Mitberücksichtigung des Anteils der vermittelnden KapGes bei dem 95 %-Test (§ 1 Abs 2a S 3 ff GrEStG). Soweit eine **Personengesellschaft** die Beteiligung an der PersGes mit Grundbesitz **vermittelt**, erfolgt eine Durchrechnung durch Multiplikation der Vomhundertsätze (§ 1 Abs 2a S 2 GrEStG).

Bei einer **Verkürzung der Beteiligungskette** tritt grds keine Steuerbarkeit ein. Wird jedoch eine mittelbare Beteiligung zu einer unmittelbaren verstärkt, kann dies nach Auffassung der FinVerw eine Stpfl auslösen (*Gleichlautender Erlass* v 18.2.2014 BStBl I, 561 Tz 2.1 aE; *Aichberger/Stangl* DB 2014, 1512 f).

V. Steuerl. Besonderheiten b. Verschmelzungsschlussbilanzen 264–272 H

§ 1 Abs 3 GrEStG ist auf PersGes mit Grundbesitz nur anwendbar, soweit eine Besteuerung nach § 1 Abs 2a GrEStG nicht in Betracht kommt. **264**

dd) Fiktive Anteilsvereinigung. Soweit durch eine Verschmelzung eine Besteuerung nach § 1 Abs 2a und Abs 3 GrEStG nicht in Betracht kommt, gilt sie nach der Missbrauchsverhinderungsnorm („**Anti-RETT-Blocker-Vorschrift**") des § 1 Abs 3a GrEStG als Rechtsvorgang isd § 1 Abs 3 GrEStG, wenn nach ihr ein Rechtsträger unmittelbar oder mittelbar oder teils unmittelbar und teils mittelbar eine wirtschaftliche Beteiligung in Höhe von mind 95 % an einer Ges innehat, zu deren Vermögen ein inländisches Grundstück gehört. Die wirtschaftliche Beteiligung bestimmt sich dabei aus der Summe der unmittelbaren und mittelbaren Beteiligungen am Kapital oder am Vermögen der Ges. Für die Ermittlung der mittelbaren Beteiligungen sind die Vomhundertsätze am Kapital oder am Vermögen der Ges zu multiplizieren (vgl zB *Wagner/Lieber* DB 2013, 1387 ff). **267**

ee) Entstehung, Umfang und Anzeigepflichten. Erst im Zeitpunkt der Eintragung der Verschmelzung in das HR der übernehmenden Ges wird der grunderwerbsteuerliche Tatbestand verwirklicht, da der Verschmelzungsvertrag vorher noch nicht wirksam ist (*Viskorf* in Boruttau[19] GrEStG § 14 Rn 29). Da die übertragende Ges mit dieser Eintragung erlischt, treffen sämtliche grunderwerbsteuerlichen Verpflichtungen aus der Verschmelzung die übernehmende Ges entweder unmittelbar oder als Rechtsnachfolgerin der übertragenden Ges. **270**

Der übernehmenden Ges wird grunderwerbsteuerlich sämtlicher Grundbesitz zugerechnet, über den sie im Rahmen der Verschmelzung unmittelbar die Verfügungsgewalt erhält. Maßgeblich ist der **bürgerlich-rechtliche Grundstücksbestand zum Zeitpunkt der Steuerentstehung.** Es werden also sämtliche Grundstücke erfasst, die zum Zeitpunkt der HR-Eintragung der Verschmelzung im unmittelbaren Eigentum der übertragenden Ges stehen (vgl BFH v 16.2.1994 BStBl II, 866).

Etwaige **schuldrechtliche Veräußerungsgeschäfte** der übertragenden Ges über *dinglich noch nicht übertragene* Grundstücke vor Eintragung der Verschmelzung ins HR schützen nicht vor einem stpfl Erwerb. Laut BFH v 20.12.2000 BFH/NV 2001, 817 ist die grunderwerbsteuerliche Zuordnung auch dieser bereits veräußerten, aber noch nicht aufgelassenen Grundstücke zum übertragenen GesVermögen zu bejahen. Die Bedarfsbewertung sieht keine Gegenrechnung mit Verpflichtungen aus dem Kaufvertrag vor, sodass der festgestellte Bedarfswert ohne Abzüge anzusetzen ist. Mit Hinweis auf die möglichen Unwägbarkeiten der Registereintragung und vor allem der sonst entstehenden Doppelzuordnung eines Grundstücks zu mehreren Stpfl empfiehlt es sich, bei Veranlagung einen **Erlassantrag** wegen *sachlicher Unbilligkeit* zu stellen (*Meßbacher-Hönsch* in Boruttau[19] GrEStG § 1 Rn 352), falls derartige Veräußerungen trotz der geplanten Verschmelzungseintragung nicht rechtzeitig vorher vollzogen wurden. **271**

Sowohl **bei dem Tatbestand des § 1 Abs 2a GrEStG als auch bei** demjenigen des § 1 Abs 3 GrEStG gehören dagegen zum Zeitpunkt der Eintragung der Verschmelzung veräußerte Grundstücke bereits nicht mehr zu dem Grundbesitz der Ges, deren Anteile durch die Verschmelzung – ggf mittelbar – übertragen werden (*Meßbacher-Hönsch* in Boruttau[19] GrEStG § 1 **272**

Deubert/Loose

Rn 352 u Rn 967 ff). Umgekehrt sind dann aber bereits gekaufte Grundstücke bei diesen beiden Tatbeständen zu erfassen, auch wenn der Eigentumsübergang noch nicht stattgefunden hat.

273 Bei Verschmelzungen als Umw iSd UmwG bestimmt sich die Bemessungsgrundlage der GrESt nach § 8 Abs 2 S 1 Nr 2 GrEStG. Diese Regelung verweist auf die **Grundbesitzbewertung** nach § 151 Abs 1 S 1 Nr 1 iVm § 157 Abs 1–3 BewG. Danach gelten für Betriebsgrundstücke die allg Bewertungsregeln, sodass bei Vorliegen einer üblichen Miete das Ertragswertverfahren und andernfalls das Sachwertverfahren zur Anwendung kommt; gem § 198 BewG kann stets ein niedriger gemeiner Wert nachgewiesen werden (zu Einzelheiten s *Viskorf* in Boruttau[19] GrEStG § 8 Rn 111 ff).

274 Wenn die übertragende Ges das Grundstück bis zu zwei Jahre vor Eintragung der Verschmelzung zunächst von der übernehmenden Ges erworben hatte, kann grds gem § 16 Abs 2 Nr 1 GrEStG sowohl die **Nichtfestsetzung** der GrESt für den Verschmelzungsvorgang als auch die **Aufhebung** der GrESt für den früheren Erwerb beantragt werden (*Loose* in Boruttau[19] GrEStG § 16 Rn 131 ff).

275 Die **Anzeigepflicht** bei Übertragung von Grundbesitz durch die Verschmelzung trifft gem § 18 Abs 1 S 1 Nr 3 S 2 GrEStG das Registergericht, das die rechtsbegründende Eintragung vornimmt.

Für die übertragende und übernehmende Ges bestehen daneben grds *keine* eigenen Anzeigepflichten gem § 19 GrEStG. Soweit aber im Rahmen der Verschmelzung auch Tatbestände gem § 1 Abs 2a, 3 bzw 3a GrEStG verwirklicht werden, kann für diese Vorgänge gem § 19 Abs 1 S 1 Nr 3a–7a GrEStG der jeweilige Steuerschuldner einer eigenen Anzeigepflicht unterliegen. Bei einer verspäteten Anzeige können von Seiten der FinVerw zwar keine Zinsen, aber im Rahmen einer Ermessensentscheidung insb **Verspätungszuschläge** gem § 152 AO festgesetzt werden.

I. Spaltungsbilanzen

Übersicht

	Anm
I. Grundlagen	
1. Rechtliche Grundlagen	
a) Allgemeines	1–4
b) Arten der Spaltung	10–15
c) Spaltungsfähige Rechtsträger	20, 21
2. Überblick über das Spaltungsverfahren	25
a) Spaltungsvertrag/Spaltungsplan	30, 31
b) Spaltungsbericht	35
c) Spaltungsprüfung	40
d) Spaltungsbeschluss	45, 46
e) Anmeldung und Eintragung	50, 51
3. Spaltungsstichtag	55–58
4. Bestimmung des übergehenden Vermögens	63–68
5. Kapitalmaßnahmen	
a) Allgemeines	70–72
b) Kapitalerhaltung beim übertragenden Rechtsträger	73–79
c) Kapitalaufbringung beim übernehmenden Rechtsträger	85–87
d) Spaltung bei Unterbilanz und Überschuldung	90, 91
II. Aufspaltung	
1. Bilanzierung beim übertragenden Rechtsträger	100, 101
2. Funktion der Schlussbilanz	105–108
3. Bilanzstichtag	115, 116
4. Inhalt der Schlussbilanz	
a) Verhältnis zur Jahresbilanz	120, 121
b) Ansatz und Bewertung	
aa) Allgemeines	125
bb) Ansatz	130–134
cc) Bewertung	140
c) Gliederung	145
d) Aufstellung, Prüfung, Offenlegung, Aufbewahrung	150–153
5. Rechnungslegungspflicht bei der Spaltung zur Neugründung	160, 161
6. Bilanzierung beim übernehmenden Rechtsträger	
a) Allgemeines	165
b) Spaltung mit Gewährung von Gesellschaftsrechten	166–168
c) Spaltung ohne Gewährung von Gesellschaftsrechten (Konzernaufspaltung)	169
7. Bilanzierung beim Gesellschafter	
a) Allgemeines	170
b) Spaltung mit Gewährung von Gesellschaftsrechten	171, 172
c) Spaltung ohne Gewährung von Gesellschaftsrechten	175

	Anm
8. Besteuerung der Aufspaltung	
a) Allgemeines	180
aa) Besteuerungssystematik	185–187
bb) Spaltungsstichtag und steuerliche Rückbeziehung	190–192
cc) Teilbetriebsbegriff und Teilbetriebserfordernis	195–198
dd) Steuerliche Bilanzen	200–204
b) Aufspaltung von Kapitalgesellschaften	210
aa) Aufspaltung auf andere Kapitalgesellschaften	
aaa) Allgemeines/Teilbetriebserfordernis	211, 212
bbb) Missbrauchstatbestände	220–223
ccc) Maßgeblichkeit	230
bb) Aufspaltung auf Personengesellschaften	235
cc) Aufspaltung auf Kapital- sowie Personengesellschaften	240
c) Aufspaltung von Personengesellschaften (Einbringungssachverhalte)	
aa) Allgemeines	245
bb) Aufspaltung auf Kapitalgesellschaften	250, 251
cc) Aufspaltung auf andere Personengesellschaften	255, 256
d) Besteuerung der übernehmenden Rechtsträger	260, 261
e) Besteuerung der Gesellschafter	
aa) Allgemeines	265
bb) Aufspaltung einer Kapitalgesellschaft auf andere Kapitalgesellschaften	266, 267
cc) Aufspaltung einer Kapitalgesellschaft auf Personengesellschaften	268
dd) Aufspaltung einer Personengesellschaft auf Kapitalgesellschaften	269
ee) Aufspaltung einer Personengesellschaft auf andere Personengesellschaften	270
f) Verkehrsteuern	
aa) Umsatzsteuer	275–277
bb) Grunderwerbsteuer	280, 281
III. Abspaltung und Ausgliederung	
1. Allgemeines	300–302
2. Funktion der Schlussbilanz bei Abspaltung und Ausgliederung	
a) Allgemeines	310, 311
b) Verhältnis zur Jahresbilanz	315
c) Ansatz und Bewertung	320
d) Gliederung	325
3. Bilanzierung beim übertragenden Rechtsträger	
a) Abspaltung	330–332
b) Ausgliederung	335–338
c) Gesamtschuldnerische Haftung	
aa) Allgemeines	340
bb) Abbildung der gesamtschuldnerischen Haftung im Jahresabschluss	343
cc) Ausweis der Haftung nach § 133 UmwG	345

Übersicht

	Anm
4. Bilanzierung beim übernehmenden Rechtsträger	
a) Abspaltung	
aa) Allgemeines	350
bb) Abspaltung mit Gewährung von Gesellschaftsrechten	351
cc) Abspaltung ohne Gewährung von Gesellschaftsrechten	352, 353
b) Ausgliederung	355–357
5. Bilanzierung beim Gesellschafter	
a) Abspaltung	360, 361
b) Ausgliederung	365
6. Besonderheiten bei Konzernabspaltungen	
a) Aufwärtsabspaltung	
aa) Allgemeines	370
bb) Bilanzierung beim übertragenden Rechtsträger	371
cc) Bilanzierung beim übernehmenden Rechtsträger	372–374
dd) Sonderfall: Aufwärtsabspaltung auf einen Mehrheitsgesellschafter	
aaa) Allgemeines	375
bbb) Bilanzierung beim übertragenden Rechtsträger	376
ccc) Bilanzierung beim übernehmenden Rechtsträger	377
ddd) Bilanzierung beim Minderheitsgesellschafter	378
ee) Sonderfall: Aufwärtsabspaltung auf einen mittelbaren Gesellschafter	380
b) Abwärtsabspaltung	
aa) Allgemeines	385
bb) Bilanzierung beim übertragenden Rechtsträger	
aaa) Abspaltung ohne Gewährung von Gesellschaftsrechten	390
bbb) Abspaltung mit Gewährung von Gesellschaftsrechten	391
cc) Bilanzierung beim übernehmenden Rechtsträger	
aaa) Abspaltung ohne Gewährung von Gesellschaftsrechten	395
bbb) Abspaltung mit Gewährung von Gesellschaftsrechten	396
dd) Bilanzierung beim Gesellschafter	400
7. Ausgliederung in Sonderfällen	
a) Einzelunternehmen	405–409
b) Stiftung	410, 411
c) Gebietskörperschaften	415, 416
8. Besteuerung von Abspaltung und Ausgliederung	
a) Allgemeines	420
b) Abspaltung	
aa) Allgemeines	425

Klingberg

	Anm
bb) Abspaltung von einer Kapitalgesellschaft	426
aaa) Abspaltung auf eine andere Kapitalgesellschaft	427
bbb) Abspaltung auf eine Personengesellschaft	428
cc) Abspaltung von einer Personengesellschaft	
aaa) Allgemeines	430
bbb) Abspaltung auf eine Kapitalgesellschaft	431
ccc) Abspaltung auf eine andere Personengesellschaft	432
dd) Abspaltung auf Kapitalgesellschaften und auf Personengesellschaften	435
ee) Besteuerung der Gesellschafter	438, 439
c) Ausgliederung	
aa) Allgemeines	440
bb) Ausgliederung auf eine Kapitalgesellschaft	
aaa) Einbringungsgegenstand und Wertansatzwahlrecht	445
bbb) Maßgeblichkeit	450
cc) Ausgliederung auf eine Personengesellschaft	455
dd) Besteuerung des übertragenden Rechtsträgers (Einbringender)	460
ee) Besteuerung des übernehmenden Rechtsträgers	465
d) Organschaftsfragen	470
d) Verkehrsteuern	
aa) Umsatzsteuer	475
bb) Grunderwerbsteuer	480

Schrifttum: *Sauter* Sonderbilanzen bei Spaltungen, FS Widmann, Bonn 2000, 99 ff; *Wochinger* Nichtverhältniswahrende Spaltung, FS Widmann, Bonn 2000, 639 ff; *Kolb/ Weimert* Handelsrechtliche Bilanzierung von Spaltungsvorgängen gem. IDW RS HFA 43, StuB 2013, 771; *Deubert* Handelsrechtliche Bilanzierung bei Spaltungsvorgängen – Grundsätze und Neuerungen nach IDW RS HFA 43, WP Praxis 2013, 81 ff; *Rubner/ Fischer* Möglichkeiten einer nicht-verhältniswahrenden Spaltung von Kapitalgesellschaften im Lichte des § 128 UmwG, NZG 2014, 761 ff; *Heeb* Bilanzierung bei Spaltungen im handelsrechtlichen Jahresabschluss (IDW RS HFA 43), WPg 2014, 189 ff; *Deubert/ Lewe* Auswirkungen von Aufwärtsspaltungen in den handelsrechtlichen Jahresabschlüssen der beteiligten Rechtsträger, BB 2015, 2347; *Deubert/Lewe/Roland* Aufteilung der Gesamtanschaffungskosten bei Umwandlungen mit gemischten Gegenleistungen, BB 2017, 554; *Deubert/Lewe* Abwärtsabspaltungen mit und ohne Anteilsgewährung, BB 2017, 2603; *Mösinger* Gewährung „anderer Gegenleistungen" bei der Verschmelzung durch Aufnahme, GWR 2017, 463; *Deubert* Handelsrechtliche Bilanzierung bei Umwandlungen – (konzerninterne) Seitwärtsabspaltung auf ein Enkelunternehmen, WP Praxis 2017, 150.

I. Grundlagen

1. Rechtliche Grundlagen

a) Allgemeines

Nach den §§ 123 bis 173 UmwG kann ein Rechtsträger durch **Spaltung** sein gesamtes Vermögen (Aufspaltung) oder Teile hiervon (Abspaltung, Ausgliederung) auf einen oder mehrere andere Rechtsträger übertragen. Ein einer Spaltung vergleichbares Ergebnis kann auch erreicht werden, indem Vermögensteile (VG und Schulden) im Wege der **Einzelrechtsübertragung** gegen Gewährung von GesRechten auf einen anderen Rechtsträger übertragen werden und ggf nachfolgend die Anteile an dem übernehmenden Rechtsträger an die Anteilseigner ausgekehrt werden (Sachdividende; ausführlich *Störck/Büssow* in Beck Bil-Komm[12] § 272 Anm 635 ff). Lediglich die §§ 123 bis 173 UmwG ermöglichen jedoch, Rechtsträger durch Übertragung von Vermögensteilen im Wege der **Sonderrechtsnachfolge** bzw (partiellen) Gesamtrechtsnachfolge zu spalten, wodurch die sonst notwendigen Einzelübertragungsakte (§§ 398 ff, 929 ff, 925 BGB, § 15 GmbHG), insb das Erfordernis der Zustimmung der Gläubiger (§§ 414, 415 BGB) entfallen. Im Gegenzug begründet das UmwG jedoch zum Schutz der Gläubiger eine Haftungsgemeinschaft (gesamtschuldnerische Haftung) der beteiligten Rechtsträger (Anm 340).

Die Spaltung weist zumindest in der Form der Auf- und Abspaltung eine *strukturelle Nähe zur Verschmelzung* auf: Bei der Verschmelzung werden Vermögen zusammengeführt, bei der Spaltung Vermögen aufgeteilt und in einer Art „Teilverschmelzung" auf andere bestehende oder zu errichtende Rechtsträger übertragen. Entspr ist das Spaltungsrecht dem Verschmelzungsrecht nachgebildet und die Verschmelzungsvorschriften der §§ 2 bis 122 UmwG finden grds auf die Spaltung Anwendung (§ 125 UmwG).

Das UmwG stellt im Gegensatz zum Steuerrecht (Anm 187, 195) keine besonderen Anforderungen an die Qualität des übergehenden Vermögens **(Spaltungsgegenstand)**. So müssen die zu übertragenden Teile des Vermögens nicht organisatorisch geschlossene UntTeile (zB Zweigniederlassungen, Teilbetriebe oä) sein. Im Wege der Spaltung können auch einzelne VG und Schulden übertragen werden; die Anteilsinhaber sind in der Bestimmung des übergehenden Vermögens frei (Zuordnungsfreiheit). Es gibt keine rechtliche Verpflichtung, miteinander wirtschaftlich verbundene Aktiva und Passiva wie bspw Verbindlichkeiten, die zur Finanzierung der VG eingegangen wurden, gemeinsam mit den VG zu übertragen. Selbst die Übertragung einer *einzelnen* Verbindlichkeit ist ebenso wie jede Übertragung von wertmäßig *negativem* Vermögen (Verkehrswerte) wegen der fehlenden Notwendigkeit der Gewährung von Anteilen durch den übernehmenden Rechtsträger rechtstechnisch möglich.

Nach geltendem Recht können lediglich Rechtsträger mit Sitz im Inland nach dem UmwG durch Spaltung umgewandelt werden (§ 1 Abs 1 UmwG). Im Gegensatz zur Möglichkeit der grenzüberschreitenden Verschmelzung (§§ 122a bis 122l UmwG) sind weder grenzüberschreitende Spaltungen noch Spaltungen zur Umw in eine oder aus einer SE vorgesehen. Die Spaltungsrichtlinie (RL 82/891/EWG; Anm 31) regelt lediglich die Spaltung innerhalb desselben Mitgliedstaats. Grenzüberschreitende Spaltungen werden jedoch zeitnah möglich sein, da die am 12.12.2019 veröffentlichte und bis zum 31.1.2023 in nationales Recht umzusetzende RL 2019/2121 EU (ABl 2019 L 321, 1 ff) die grenzüberschreitende Spaltung in der Form der Auf- oder Abspaltung sowie der Ausgliederung zur Neugründung vorsieht.

Die **Beschränkung auf inländische Spaltungsvorgänge** hat jedoch keine Einschränkung der (Mit-)Spaltung von im Ausland belegenen Teilen des Vermögens zur Folge. Ohne Bedeutung ist auch die Ansässigkeit der Gester des übertragenden Rechtsträgers.

b) Arten der Spaltung

10 Das UmwG unterscheidet *drei Arten der Spaltung:* die Aufspaltung, die Abspaltung und die Ausgliederung.

Bei der **Aufspaltung** überträgt ein Rechtsträger sein gesamtes Vermögen auf andere bestehende oder zu errichtende Rechtsträger im Wege der Gesamtrechtsnachfolge. Der übertragende Rechtsträger erlischt ohne Abwicklung (§ 123 Abs 1 UmwG).

Bei der **Abspaltung** überträgt ein Rechtsträger Teile seines Vermögens im Wege der Sonderrechtsnachfolge auf einen oder mehrere andere Rechtsträger. Die Abspaltung berührt den rechtlichen Bestand des übertragenden Rechtsträgers nicht.

Bei der Aufspaltung und der Abspaltung erhalten die *Anteilinhaber des übertragenden Rechtsträgers* grds (s aber Anm 71, 168, 175) als **„Gegenleistung"** für den Wegfall oder die vermögensmäßige Minderung ihrer Bet oder Mitgliedschaft an dem übertragenden Rechtsträger Anteile oder Mitgliedschaften an den aufnehmenden Rechtsträgern.

Die **Ausgliederung** kommt der Abspaltung nahe; auch hier werden VG und Schulden auf einen anderen Rechtsträger durch Sonderrechtsnachfolge übertragen. Von der Abspaltung unterscheidet sich die Ausgliederung jedoch dadurch, dass nicht die Anteilinhaber des übertragenden Rechtsträgers Anteile oder Mitgliedschaften am übernehmenden Rechtsträger als Gegenleistung erhalten, sondern der übertragende Rechtsträger selbst. Die Gewährung einer Gegenleistung an die Gester des übertragenden Rechtsträgers ist nicht erforderlich, da sich der Wert des Vermögens des übertragenden Rechtsträgers bei der Ausgliederung nicht mindert; lediglich dessen Zusammensetzung ändert sich.

11 An der Spaltung können nicht nur Unternehmen **unterschiedlicher Rechtsform** beteiligt sein, auch **Kombinationen von Spaltungsarten** sind zulässig. So können Abspaltung und Ausgliederung dergestalt kombiniert werden, dass als Folge der Abspaltung ein Teil der Anteile an dem übernehmenden Rechtsträger den Anteilsinhabern des übertragenden Rechtsträgers und der andere Teil als Folge der Ausgliederung dem übertragenden Rechtsträger selbst gewährt werden (s weitere Bsp bei *Sagasser* in Sagasser/Bula/Brünger[5] § 18 Anm 5 ff).

12 Die Spaltung ist in allen drei Arten als **Spaltung zur Aufnahme** und als **Spaltung zur Neugründung** möglich, wobei Spaltungen gleichzeitig zur

I. Grundlagen 13–15 **I**

Aufnahme und zur Neugründung und gleichzeitig auf verschiedene bestehende und neue Rechtsträger erfolgen können, § 123 Abs 4 UmwG. Bei der Spaltung zur Aufnahme erfolgt die Übertragung des (Teil-)Vermögens auf einen bereits *bestehenden Rechtsträger.* Bei der Spaltung zur Neugründung entsteht der aufnehmende Rechtsträger erst mit der Spaltung (Sachgründung), wobei für das rechtliche Entstehen die Eintragung der Spaltung in das HR des übertragenden Rechtsträgers maßgeblich ist (§§ 130 Abs 1 S 2, 135 UmwG; *Sagasser* in Sagasser/Bula/Brünger[5] § 18 Anm 36; s a Anm 51).

Die **Spaltungsrichtung** kann unterschiedlich sein. Der gesetzliche **13** Grundfall ist die Spaltung auf einen übernehmenden Rechtsträger, der mit dem übertragenden nicht gesellschaftsrechtlich verbunden ist (sog **Seitwärtsspaltung** bzw Sidestream-Spaltung; dazu *Deubert/Lewe* BB 2015, 2347 ff). Zwingend ist dies jedoch nicht. *Übernehmender Rechtsträger* kann vielmehr auch ein Gester (**Aufwärtsspaltung** oder Upstream-Spaltung; dazu *Deubert/ Lewe* BB 2017, 2603 ff) oder ein Tochterunternehmen (**Abwärtsspaltung** bzw Downstream-Spaltung; dazu *Deubert/Lewe* BB 2017, 2603 ff) sein, wobei die Spaltung auf verbundene Unternehmen in der Praxis eher in Form der Abspaltung bzw Ausgliederung vorkommt; s a Anm 370, 385. In dem Umfang, in dem der übernehmende Rechtsträger am übertragenden beteiligt ist, dürfen keine neuen Anteile ausgegeben werden (§ 54 Abs 1 S 1 Nr 1 UmwG; Anm 168, 175).

IdR werden den Anteilsinhabern der übertragenden Ges bei der Auf- und **14** bei der Abspaltung die Anteile und Mitgliedschaften an den übernehmenden Rechtsträgern in dem Verhältnis zugeteilt, in dem die Anteilsinhaber am übertragenden Rechtsträger beteiligt waren (**verhältniswahrende Spaltung**). Dies ist jedoch nicht zwingend erforderlich, vielmehr lässt § 128 UmwG auch eine Zuteilung in einem Verhältnis zu, das nicht dem bisherigen BetVerhältnis entspricht (**nicht verhältniswahrende Spaltung**). Dies ermöglicht die Trennung von GesterGruppen wie bei einer Realteilung („Spaltung zu Null"; zur Zulässigkeit s OLG München v 10.7.2013 NZG 951: Zustimmungserfordernis der Gester gewährleistet deren Schutz). Der vermögensmäßige Ausgleich bei einer nicht verhältniswahrenden Spaltung liegt in der Aufgabe einer (anteiligen) Bet an einem an der Spaltung beteiligten Rechtsträger zugunsten einer höheren oder alleinigen Bet an einem anderen beteiligten Rechtsträger (s *Sagasser* in Sagasser/Bula/Brünger[5] § 18 Anm 43 sowie Anm 44 ff zum Bewertungsmaßstab; *Rubner/Fischer* NZG 2014, 761). Eine **Spaltung zu Null**, also eine vollständige Trennung der Gester, ist nach § 125 S 1 UmwG iVm § 54 Abs 1 S 3 UmwG bzw § 68 Abs 1 S 3 UmwG rechtlich möglich, da der übernehmende Rechtsträger von der Gewährung von Anteilen absehen darf, wenn alle Anteilsinhaber des übertragenden Rechtsträgers hierauf verzichten.

An einer Spaltung können nur Anteilsinhaber des übertragenden Rechts- **15** trägers beteiligt sein, neue Gester können dem übernehmenden Rechtsträger nicht im Rahmen der Spaltung beitreten (§ 123 UmwG). Sollen im Zusammenhang mit der Spaltung neue Anteilsinhaber beitreten, können diesen Anteile an dem übernehmenden Rechtsträger aufschiebend bedingt übertragen werden. Die neu eintretenden Anteilsinhaber können erst Gester des übernehmenden Rechtsträgers werden, wenn die ihnen bedingt übertragenen Anteile entstanden sind, dh die Spaltung im HR eingetragen ist oder beim

Klingberg

übernehmenden Rechtsträger anlässlich der Spaltung eine Kapitalerhöhung vorgenommen wurde.

c) Spaltungsfähige Rechtsträger

20 Nach § 124 UmwG sind die Rechtsträger, die nach § 3 Abs 1 UmwG verschmelzungsfähig sind, auch **spaltungsfähig**. Angesprochen sind damit
- PersGes (OHG, KG) und PartGes;
- KapGes (nach § 3 Abs 1 Nr 2 UmwG AG, KGaA, GmbH) sowie SE mit Sitz im Inland (Art 10 SE-VO);
- eG (§ 1 GenG) sowie SCE;
- eV (§ 21 BGB);
- genossenschaftliche Prüfungsverbände (§ 63b GenG) sowie
- VVaG (§ 171 VAG).

Diese Rechtsträger können bei allen Spaltungsarten als *übertragende, übernehmende oder neue Rechtsträger* beteiligt sein.

Wirtschaftliche Vereine (§ 22 BGB) können *übertragende Rechtsträger*, nicht jedoch übernehmende Rechtsträger einer Spaltung sein.

Bei einer *Ausgliederung* können *zusätzlich*
- EKfm (Kfm gem § 1 Abs 1 HGB),
- Stiftungen (rechtsfähige Stiftungen des bürgerlichen Rechts),
- Gebietskörperschaften (Bund, Länder, Gemeinden, gebietskörperschaftliche Gemeindeverbände) oder
- Zusammenschlüsse von Gebietskörperschaften, die nicht Gebietskörperschaften sind (zB kommunale Zweckverbände)

übertragende Rechtsträger, nicht jedoch übernehmende Rechtsträger sein.

21 Auch *aufgelöste*, aber noch fortsetzungsfähige Rechtsträger (dazu ausführlich T Anm 355 ff) können nach § 3 Abs 3 UmwG an einer Spaltung als *übertragende* Rechtsträger beteiligt sein, § 124 Abs 2 UmwG. Zu beachten ist, dass nach § 141 UmwG eine AG oder KGaA, die noch nicht zwei Jahre im HR eingetragen ist, außer im Wege einer Ausgliederung zur Neugründung nicht gespalten werden kann.

2. Überblick über das Spaltungsverfahren

25 Das Spaltungsverfahren unterteilt sich wie bei allen Umw in drei Abschnitte:
- Abschluss eines Spaltungsvertrags bzw Aufstellung eines Spaltungsplans (Vorbereitung),
- Zustimmung der Anteilsinhaber (Beschluss) und
- Anmeldung und Eintragung der Spaltung (Vollzug).

a) Spaltungsvertrag/Spaltungsplan

30 *Rechtliche Grundlage* der Spaltung ist der **Spaltungs- und Übernahmevertrag** (§ 126 UmwG), üblicherweise *Spaltungsvertrag* genannt. Er bezeichnet den Vertrag zwischen übertragendem und übernehmendem Rechtsträger über die Übertragung von Teilen des Vermögens als Gesamtheit auf einen oder mehrere bereits bestehende Rechtsträger. Entsteht der über-

I. Grundlagen

nehmende Rechtsträger erst im Rahmen der Spaltung *(Spaltung zur Neugründung)*, tritt an die Stelle des Spaltungsvertrags der **Spaltungsplan,** § 136 S 2 UmwG. Beim Spaltungsplan handelt es sich um eine einseitige, nicht empfangsbedürftige Willenserklärung des übertragenden Rechtsträgers.

Der **Spaltungsvertrag** (und ggf auch der Spaltungsplan) muss alle in § 126 Abs 1 UmwG aufgeführten *Angaben* enthalten *(Mindestangaben)*. Sie sind weitgehend identisch mit den Angaben im Verschmelzungsvertrag (H Anm 27). Die Bezeichnung und Aufteilung des zu übertragenden Vermögens (§ 126 Abs 1 Nr 9 UmwG) sowie die Aufteilung der Anteile oder Mitgliedschaften sind dagegen spezifisch für die Spaltung (s auch Art 3 der Spaltungsrichtlinie RL 82/891/EWG v 17.12.1982 ABl 1982 L 378, 47 ff). Hervorzuheben sind hierbei: 31

– Übertragung von Teilen des Vermögens als Gesamtheit gegen Gewährung von Anteilen oder Mitgliedschaften, § 126 Abs 1 Nr 2 UmwG;
– Angaben über das Umtauschverhältnis der Anteile bei Aufspaltung und Abspaltung, § 126 Abs 1 Nr 3 UmwG (Wertrelation);
– Angabe der Einzelheiten für die Übertragung der Anteile oder Mitgliedschaften der übernehmenden Rechtsträger, § 126 Abs 1 Nr 4 UmwG;
– Angabe des Zeitpunkts, von dem an die Handlungen des übertragenden Rechtsträgers als für Rechnung jedes der übernehmenden Rechtsträger vorgenommen gelten (Spaltungsstichtag), § 126 Abs 1 Nr 6 UmwG; Anm 55 ff;
– Bezeichnung und Aufteilung der zu übertragenden Aktiva und Passiva, § 126 Abs 1 Nr 9 UmwG; Anm 63 ff;
– Angaben zur Aufteilung der Anteile oder Mitgliedschaften der übernehmenden Rechtsträger sowie dessen Maßstab, § 126 Abs 1 Nr 10 UmwG;
– Angaben zu Folgen der Spaltung für die Arbeitnehmer und ihre Vertretungen, § 126 Abs 1 Nr 11 UmwG.

Der Spaltungsvertrag ist von den Vertretungsorganen der beteiligten Rechtsträger zu erstellen, § 125 iVm § 4 Abs 1 UmwG. Er bedarf der *Beurkundung*, § 6 UmwG.

Die Ausführungen zum Spaltungsvertrag gelten für den *Spaltungsplan* entspr. Diesem ist zusätzlich der GesVertrag bzw die Satzung beizufügen. Weitere notwendige Angaben ergeben sich aus der Rechtsform des übernehmenden Rechtsträgers *(Sagasser* in Sagasser/Bula/Brünger[5] § 18 Anm 150 f).

b) Spaltungsbericht

Nach § 127 UmwG haben die Vertretungsorgane jedes der an der Spaltung beteiligten Rechtsträgers einen Spaltungsbericht zu erstellen, in dem die Spaltung, der Spaltungsvertrag bzw Spaltungsplan (oder sein Entwurf) sowie im Fall der Auf- und Abspaltung das Umtauschverhältnis, dessen Ermittlung sowie die Höhe einer anzubietenden Barabfindung rechtlich und wirtschaftlich zu erläutern und zu begründen sind. Bedeutung erhält der Spaltungsbericht insb bei der nicht verhältniswahrenden Spaltung (§ 128 UmwG). Er ist nicht erforderlich, wenn alle Anteilsinhaber verzichten oder der übernehmende Rechtsträger alleiniger Anteilsinhaber des übertragenden Rechtsträgers ist, wobei die Verzichtserklärungen notariell zu beurkunden sind, § 127 35 iVm § 8 Abs 3 UmwG. Trotz seines insoweit nicht eindeutigen Wortlauts des § 127 UmwG besteht auch bei Ausgliederungen die Möglichkeit, auf einen Spaltungsbericht nach § 8 Abs 3 UmwG zu verzichten (§ 125 UmwG).

c) Spaltungsprüfung

40 Nach § 125 iVm § 9 Abs 1 UmwG ist der Spaltungsvertrag bzw Spaltungsplan oder sein Entwurf bei der Auf- bzw Abspaltung zu prüfen. Bei der Ausgliederung findet keine Spaltungsprüfung statt (§ 125 S 2 UmwG). Gesetzlich ist die Prüfung lediglich für die AG, KGaA und den eV (§§ 60, 78, 100 UmwG) vorgesehen. Bei PersGes und GmbH erfolgt sie nur auf Verlangen eines Gesters, §§ 44, 48 UmwG. Prüfungsberechtigt sind WP und WPG; bei mittelgroßen und kleinen Ges (§ 267 Abs 1 u 2 HGB) auch vBP und BPG.

Während eine Verschmelzungsprüfung für die Verschmelzung eines zu 100% gehaltenen Rechtsträgers auf den Anteilsinhaber nicht vorgesehen ist, besteht bei der Spaltung ein derartiges Konzernprivileg nicht. Auf die Spaltungsprüfung darf jedoch nach Maßgabe des § 9 Abs 2 UmwG verzichtet werden. Über das Ergebnis der Prüfung der Spaltung ist schriftlich zu berichten (§ 12 UmwG). Ändern sich die BetVerhältnisse nicht, ist die Erklärung nach § 12 Abs 2 Nr 3 UmwG über das Umtauschverhältnis der Anteile entbehrlich (*Sickinger* in Kallmeyer[6] UmwG § 125 Anm 11).

Neben der Spaltungsprüfung iSd § 125 S 1 iVm § 9 UmwG können Gründungs-, Nachgründungs-, Sacheinlageprüfungen sowie die Prüfung der SB iSd § 17 Abs 2 UmwG erforderlich sein.

d) Spaltungsbeschluss

45 Für den Spaltungsbeschluss gelten die Vorschriften über die Verschmelzung (§ 125 UmwG). Die Anteilsinhaber der beteiligten Rechtsträger (übertragender und aufnehmender Rechtsträger) müssen dem Spaltungsvertrag durch Beschluss zustimmen (§ 13 UmwG). Erst mit dem Beschluss ist der Spaltungsvertrag für die beteiligten Rechtsträger verbindlich.

46 Der Beschluss über die Zustimmung zum Spaltungsvertrag oder zu seinem Entwurf ist in der Versammlung der Anteilsinhaber zu fassen (§ 13 Abs 1 S 2 UmwG). Diese Regelung ist nicht abdingbar. Der Beschluss bedarf idR – vorbehaltlich eines höheren satzungsmäßigen Mehrheitserfordernisses – einer ¾-Mehrheit. Bei PersGes ist die Zustimmung aller Gester erforderlich, wenn der GesVertrag keine Mehrheitsentscheidung vorsieht (§ 43 Abs 2 S 1, 2 UmwG). Bei der Bet einer AG ist § 65 Abs 2 UmwG zu beachten (Zustimmung der Anteilseigner aller Aktiengattungen). § 62 UmwG (HV-Beschluss) findet auch auf die Spaltung Anwendung. Werden bei der Abspaltung oder Aufspaltung den Anteilsinhabern die Anteile an dem übernehmenden Rechtsträger nicht in dem Verhältnis zugeteilt, das ihrer Bet an dem übertragenden Rechtsträger entspricht (nicht verhältniswahrende Spaltung, Anm 14), bedarf der Spaltungsvertrag der Zustimmung aller Anteilsinhaber des übertragenden Rechtsträgers (§ 128 UmwG). Darüber hinaus sind Sonderrechte (zB Vinkulierung der Anteile gem § 15 Abs 5 GmbHG) zu beachten (§ 13 Abs 2 UmwG). Der Spaltungsbeschluss bedarf der notariellen Beurkundung (§ 13 Abs 3 S 1 UmwG).

I. Grundlagen

e) Anmeldung und Eintragung

Die Spaltung ist von den Vertretungsorganen der beteiligten Rechtsträger zur Eintragung in das jeweilige Register anzumelden (§ 16 Abs 1 UmwG), wobei auch das Vertretungsorgan jedes der übernehmenden Rechtsträger zur Anmeldung berechtigt ist (§ 129 UmwG). Hierbei ist die Erklärung nach § 16 Abs 2 UmwG abzugeben (Negativerklärung ggü Registergericht bzgl Rechtsmittel gegen den Spaltungsbeschluss). Der Anmeldung sind gem § 17 UmwG folgende Anlagen beizufügen:
- notariell beurkundeter Spaltungsvertrag bzw Spaltungsplan,
- Zustimmungserklärungen der Anteilsinhaber mit Sonderrechten (Anm 46),
- Niederschrift des Spaltungsbeschlusses,
- Zustimmungserklärungen nicht erschienener Gester,
- Spaltungsbericht oder notariell beglaubigter Verzicht,
- evtl PrüfBer (Anm 40),
- Nachweis über die rechtzeitige Zuleitung des Spaltungsvertrags bzw Spaltungsplans an Betriebsrat/-räte (§ 126 Abs 3 UmwG),
- SB des übertragenden Rechtsträgers bei der Anmeldung zum Register des *übertragenden* Rechtsträgers (§ 17 Abs 2 UmwG).

Bei der Spaltung zur Neugründung ist der Anmeldung der GesVertrag oder die Satzung des übernehmenden Rechtsträgers beizufügen (§§ 135, 125 iVm 37 UmwG). Zu den Besonderheiten des Registerverfahrens bei der Spaltung zur Neugründung s § 137 UmwG.

Die Spaltung wird zuerst in das HR des *übernehmenden* Rechtsträgers eingetragen (§ 130 Abs 1 UmwG). Zusätzlich ist ggf eine Kapitalherabsetzung beim HR des *übertragenden* Rechtsträgers einzutragen. Danach wird die Spaltung beim *übertragenden* Rechtsträger eingetragen. Mit der *Eintragung* in das Register des übertragenden Rechtsträgers treten die Rechtsfolgen des § 131 Abs 1 UmwG ein: Vermögensübergang, Erlöschen des übertragenden Rechtsträgers im Fall der Aufspaltung, Rechtsnachfolge, Gewährung der Anteile an den beteiligten Rechtsträgern.

3. Spaltungsstichtag

Im Spaltungsvertrag ist der **Spaltungsstichtag** festzulegen, dh der Zeitpunkt (Tagesbeginn; 0:00 Uhr), von dem an die Handlungen des übertragenden Rechtsträgers als für Rechnung jedes der übernehmenden Rechtsträger vorgenommen gelten (§ 126 Abs 1 Nr 6 UmwG). Angesprochen ist hiermit das Innenverhältnis.

Bei der *Aufspaltung* entfällt die handelsrechtliche **Rechnungslegungspflicht** des übertragenden Rechtsträgers nach der Eintragung der Umwandlung (IDW RS HFA 42, Tz 22 sowie HFA 43, Tz 10), die Rechnungslegungspflicht geht somit erst mit der zivilrechtlichen Wirksamkeit der Umwandlung auf den oder die übernehmenden Rechtsträger über.

Bei einer *Abspaltung* bzw *Ausgliederung* kommt es nicht zu einem Übergang der Rechnungslegung, da der übertragende Rechtsträger erhalten bleibt und damit auch weiterhin zur Rechnungslegung verpflichtet ist; die Geschäfte des abgespaltenen bzw ausgegliederten Teils werden bei ihm in einem separaten Buchungskreis erfasst. Nicht erst mit der zivilrechtlichen Wirksamkeit der

Umwandlung, sondern bereits mit Übergang des wirtschaftlichen Eigentums auf den übernehmenden Rechtsträger (zu den Voraussetzungen IDW RS HFA 42, Tz 29) ist der Vermögensübergang im handelsrechtlichen JA des übertragenden Rechtsträgers als Abgang zu berücksichtigen. Aus Vereinfachungsgründen darf der übertragende Rechtsträger den Vermögensübergang auf den Spaltungsstichtag zurückbeziehen. Liegt der Spaltungsstichtag im abgelaufenen Gj und geht das wirtschaftliche Eigentum erst im laufenden Gj über, wird aus Praktikabilitätsgründen eine Rückbeziehung des Vermögensabgangs auf den Beginn des laufenden Gj für zulässig erachtet (*Schröer* in Semler/Stengel[3] UmwG § 126 Anm 47).

56 Mit der Wahl des Spaltungsstichtags ergibt sich auch der SB-Stichtag; der Spaltungsstichtag ist der dem **Stichtag der Schlussbilanz** (24:00 Uhr) folgende Tagesbeginn, denn die Aufstellung einer SB dient auch der *Ergebnisabgrenzung* (s im Einzelnen H Anm 90). Zum steuerlichen Spaltungsstichtag s Anm 190.

57 Liegt zwischen dem Spaltungsstichtag und dem Abschluss des Spaltungsvertrages einerseits sowie der Eintragung der Spaltung andererseits ein Gj-Ende, hat der *übertragende Rechtsträger* grds einen JA nach den allg Vorschriften zu erstellen. Im Fall der Aufspaltung wird es jedoch – wie bei der Verschmelzung – regelmäßig nicht mehr zur Erstellung eines Abschlusses kommen, da die Aufstellungspflicht mit Eintragung der Aufspaltung und dem damit verbundenen Erlöschen des übertragenden Rechtsträgers entfällt (IDW RS HFA 42, Tz 23). Bei der Abspaltung und der Ausgliederung, bei denen der übertragende Rechtsträger nach der Umwandlung weiter bestehen bleibt, wird hingegen der Vermögensabgang als laufender Geschäftsvorfall und idR zum Spaltungsstichtag (= Beginn des Gj) erfasst.

Ist bereits vor GjEnde das wirtschaftliche Eigentum übergegangen (s im Einzelnen H Anm 62), ist das übergehende Vermögen bereits beim *übernehmenden Rechtsträger* zum Abschlussstichtag auszuweisen. Entsprechendes gilt für Verbindlichkeiten (IDW RS HFA 42, Tz 31). Aus Vereinfachungsgründen darf der übernehmende Rechtsträger das übergehende Vermögen auch dann nach den Verhältnissen am Spaltungsstichtag einbuchen, wenn das wirtschaftliche Eigentum erst nach dem Spaltungsstichtag übergeht (Regelfall).

58 Der Spaltungsstichtag bestimmt idR den *Beginn der Gewinnberechtigung* der neuen Anteile oder Mitgliedschaften am übernehmenden Rechtsträger (§ 126 Abs 1 Nr 5 UmwG). Zwingend ist dies jedoch nicht (H Anm 72; s dort auch H Anm 52 zur variablen Stichtagsregelung).

4. Bestimmung des übergehenden Vermögens

63 Im Gegensatz zur Verschmelzung, bei der das gesamte Vermögen übertragen wird und insoweit keine Unklarheit hinsichtlich des übergehenden Vermögens besteht („alles"), ist für die Spaltung die *genaue Bestimmung* der zu übertragenden Gegenstände (Sachen und Rechte bzw Verbindlichkeiten) des Aktiv- und Passivvermögens zur Abgrenzung vom verbleibenden Vermögen von besonderer Bedeutung, § 126 Abs 1 Nr 9 UmwG. Auf die Bilanzierungsfähigkeit des Aktiv- und Passivvermögens kommt es dabei nicht an.

I. Grundlagen

Damit sind auch selbst geschaffene immaterielle VG sowie schwebende Geschäfte und Rechtsverhältnisse separat aufzulisten (Anm 65 ff).

Nur durch eine klare Bestimmung und Zuordnung der übergehenden Vermögensteile und Schulden wird dem sachenrechtlichen **Bestimmtheitsgrundsatz** Rechnung getragen. Die übergehenden Vermögensteile und Schulden sind so zu bezeichnen, dass sie identifizierbar sind (*Hörtnagl* in Schmitt/Hörtnagl/Stratz[8] UmwG § 126 Anm 62; *Sagasser* in Sagasser/Bula/Brünger[5] § 18 Anm 128). Ergänzend bestimmt § 126 Abs 2 1 UmwG, dass eine besondere Art der Bezeichnung, die für die Übertragung von VG und Schulden bei der Einzelrechtsnachfolge bestimmt ist, ebenfalls im Rahmen der Spaltung gilt. Es gilt insoweit ein „vereinfachter Bestimmtheitsgrundsatz" (s im Einzelnen zu den Anforderungen an die Vermögensaufteilung *Sagasser* in Sagasser/Bula/Brünger[5] § 18 Anm 128; *Hörtnagl* in Schmitt/Hörtnagl/Stratz[8] UmwG § 126 Anm 60 ff). Den Anforderungen an die für § 126 Abs 1 Nr 9 UmwG erforderliche Bestimmbarkeit wird auch eine „Negativbestimmung" gerecht („Alles bis auf ..."). Ebenso kann die Abgrenzung mit Hilfe des Bezugs auf eine organisatorische Einheit („Teilbetrieb") geeignet sein, das übergehende Vermögen mit der notwendigen Bestimmbarkeit abzugrenzen („Alle zum Teilbetrieb X gehörenden VG, Schulden sowie Rechtsverhältnisse ... unabhängig davon, ob sie bilanziert sind oder nicht"); hierfür muss die Einheit jedoch organisatorisch, buchhalterisch und räumlich hinreichend von dem sonstigen Unt getrennt sein.

Weiterhin gestattet § 126 Abs 2 S 3 UmwG zur Bestimmung des übergehenden Vermögens und der Schulden im Einzelnen die *Bezugnahme auf Bilanzen und Inventare,* wenn und soweit deren Inhalt eine Zuweisung des einzelnen Gegenstands bzw der jeweiligen Schuld ermöglicht.

Eine ausschließliche Bezugnahme auf die Bilanz zur Bezeichnung und Aufteilung von Vermögen und Schulden wird regelmäßig nicht reichen, denn die übergehenden Gegenstände ergeben sich regelmäßig nicht allein aus in der Bilanz abgebildeten Positionen und auch der „vereinfachte Bestimmtheitsgrundsatz" verlangt wenigstens eine Individualisierbarkeit der auf den jeweiligen Rechtsträger übergehenden VG und der Schulden (s auch *Mayer* in Widmann/Mayer UmwG § 126 Anm 203).

Sind Betriebe oder buchungstechnisch separat geführte Teilbetriebe Gegenstand der Spaltung, werden sich VG und Schulden jedoch oft mit der notwendigen Bestimmbarkeit unter Bezugnahme auf die (Teil-)Bilanzen unter Beachtung von § 28 GBO sowie separater Erfassung der nicht bilanzierten Gegenstände und nicht bilanzierungspflichtigen Rechte und Verpflichtungen zuordnen lassen (s. Anm 107). Darüber hinaus lassen sich VG und Schulden üblicherweise durch die Bilanz unter Hinzufügung von Inventarlisten, Saldenlisten und anderen Handelsbüchern identifizieren.

Die Bezugnahme auf Bilanz und Inventare ist nicht gestattet, soweit für eine Übertragung im Falle der Einzelrechtsnachfolge „eine besondere Art der Bezeichnung" bestimmt ist (§ 126 Abs 2 S 1 UmwG). Insb für zu übertragende **Grundstücke** sind die aus § 28 GBO folgenden Bezeichnungen erforderlich. Insoweit ist dem Spaltungsvertrag eine Anlage beizufügen, in der die übergehenden Grundstücke, Grundstücksteile und grundstücksgleichen Rechte und Lasten beschrieben werden. Anzugeben sind Grundbuchamt,

Gemarkung, Band- und Blattstelle sowie Flurstücknummer. Bei noch nicht vermessenen Teilflächen sind die übergehenden Teile durch genaue Beschreibung und Beifügung von Lageplänen zu individualisieren.

65 **Nicht bilanzierte Gegenstände** sind in Anlagen aufzuführen. **Nicht bilanzierungsfähige Vermögensgegenstände** (selbst geschaffene Marken, Kundenlisten und andere geschäftswertähnliche immaterielle VG nach § 248 Abs 2 S 2 HGB), nicht bilanzierte VG des Anlagevermögens, für die ein Ansatzwahlrecht besteht (§ 248 Abs 2 S 1 HGB), oder allg nach GoB nicht bilanzierte **Rechte und Verpflichtungen** aus noch nicht oder noch nicht vollständig erfüllten Verträgen, wie zB Kauf-, Miet-, Werk- und Lizenzverträgen, sind in einer gesonderten Anlage zu erfassen; ebenso sind Lizenzen, Patente und sonstige Rechte sowie Konzessionen und gewerbliche Schutzrechte aufzulisten. Darüber hinaus empfiehlt sich auch die Zuweisung von öffentlich-rechtlichen Rechtspositionen.

Die Unterlagen, die dem Spaltungsvertrag zur Bestimmung des übergehenden Vermögens sowie von Schulden beigefügt werden, sind ebenfalls gem § 125 iVm § 6 UmwG zu beurkunden (*Mayer* in Widmann/Mayer UmwG § 126 Anm 211).

66 Grundsätzlich können **Verträge** und damit auch **Unternehmensverträge** iSd § 291 AktG (Beherrschungs- und Gewinnabführungsvertrag) im Rahmen einer Spaltung übertragen werden. Die an der Spaltung beteiligten Rechtsträger sind in der Zuordnung der Vertragsverhältnisse frei. Grenzen der Zuordnungsfreiheit können sich jedoch bei der Teilung einheitlicher Vertragsverhältnisse ergeben. Die sich bei der Trennung von Ansprüchen und Verpflichtungen aus einem einzelnen Vertragsverhältnis ergebenden Probleme dürften jedoch durch die solidarische Nachhaftung aller beteiligten NachfolgeGes gem § 133 UmwG praktisch aufgefangen werden.

Bei der Zulässigkeit der Übertragung von **Unternehmensverträgen** iSd §§ 291 ff AktG ist danach zu unterscheiden, ob der übertragende Rechtsträger herrschendes oder abhängiges Unt ist. Ist der übertragende Rechtsträger *herrschendes Unt,* kann seine Vertragsposition auf den übernehmenden Rechtsträger durch Zuweisung des UntVertrags im Spaltungsvertrag/-plan übergehen, wobei die Bet an dem abhängigen Unt regelmäßig mit übertragen wird; zwingend ist dies nicht (*Schröer* in Semler/Stengel[3] UmwG § 126 Anm 28; *Hörtnagl* in Schmitt/Hörtnagl/Stratz[8] UmwG § 131 Anm 59, dort auch zum Kündigungsrecht der abhängigen Ges nach § 297 AktG). Entspr ist es auch möglich, die Bet an der abhängigen Ges ohne den UntVertrag zu übertragen, so dass die Vertragsposition beim übertragenden Rechtsträger verbleibt.

Spaltet das herrschende Unt auf das abhängige Unt (Abwärtsspaltung), kann auch der UntVertrag (mit) übertragen werden. Er erlischt dann durch Konfusion.

Ist der übertragende Rechtsträger als *abhängiges Unt* Partei eines UntVertrages, kann er sein Vermögen nach § 123 UmwG im Rahmen einer Spaltung übertragen, ohne dass dies den Bestand des UntVertrags berührt. Eine (Mit-)Übertragung des UntVertrags ist nach hM hingegen nicht zulässig (Vermischung der Vermögensmassen). Etwas anderes soll gelten, wenn die Spaltung zur Neugründung erfolgt (*Krieger* in MünchHdBGesR[4] § 70 Anm 206 ff).

I. Grundlagen

Die Spaltung auf ein herrschendes oder abhängiges Unt (Partei des UntVertrags) berührt den UntVertrag nicht. Jedoch ist § 307 AktG zu beachten.

Wenn UntVerträge im Rahmen einer Spaltung übertragen werden sollen, sind sie durch Angabe der beteiligten Rechtsträger, der Vertragsurkunde und ggf des Datums der Eintragung zu bezeichnen (*Hörtnagl* in Schmitt/Hörtnagl/Stratz[8] UmwG § 126 Anm 92).

Da das Risiko hoch ist, nicht das gesamte zu übertragende Vermögen einschließlich der Schulden vollständig im Spaltungsvertrag zu erfassen, empfiehlt es sich, im Spaltungsvertrag durch entspr Auslegungshinweise für eine interessengerechte Zuordnung sog **vergessener Vermögensgegenstände und Lasten** zu sorgen, da diese bei *Abspaltung* und *Ausgliederung* sonst beim übertragenden Rechtsträger verbleiben. Bei der *Aufspaltung*, bei der der übertragende Rechtsträger erlischt, erfolgt die Zuordnung der vergessenen VG unter Auslegung des Spaltungsvertrags (§ 131 Abs 3 UmwG). Lässt sich durch Auslegung die Zuordnung nicht ermitteln, wird der Gegenstand den beteiligten Rechtsträgern quotal (Miteigentum) nach Buchwerten zugeteilt. Ist eine Gesamtberechtigung nicht möglich, wird der Gegenwert den beteiligten Rechtsträgern anteilig zugewiesen. Wegen dieser (idR ungewollten) Rechtsfolge sollten allg Zuordnungsbestimmungen aufgenommen werden (*Catch-All*-Klauseln: „Alles was wirtschaftlich zum Bereich ... gehört"), denn nur so lassen sich auch Vermögensveränderungen erfassen. Für vergessene Passiva findet § 133 Abs 1 UmwG (gesamtschuldnerische Haftung) Anwendung.

Aus § 126 Abs 1 Nr 9 UmwG ergibt sich kein **Zeitpunkt**, auf den das übergehende Vermögen zu bestimmen ist. Da zivilrechtlich das Vermögen erst mit Eintragung übergeht, wird es unabhängig von einem (Stich-)Tag, auf den das übergehende Vermögen im Spaltungsvertrag/-plan bestimmt wird, immer zur Problematik der **Surrogation** kommen, da bis zum Zeitpunkt der Eintragung Teile des übergehenden Vermögens Gegenstand von Umsatzgeschäften wurden oder auf andere Weise das Vermögen des übertragenden Rechtsträgers verlassen haben.

Es empfiehlt sich daher, das übergehende Vermögen in Übereinstimmung mit dem Stichtag der der Spaltung zugrunde gelegten SB zu bestimmen, wovon wohl auch der Gesetzgeber ausgeht, wenn er die Bestimmung des übergehenden Vermögens mit Hilfe der SB zulässt. Zwischenzeitliche Veränderungen zB durch Veräußerungen von Gegenständen oder Begleichung von Schulden sind dann durch eine Surrogatsbestimmung zu berücksichtigen („Soweit einzelne VG nach dem Spaltungsstichtag veräußert wurden, tritt an deren Stelle das Surrogat"). Nur so lässt sich die notwendige Erfolgszuordnung zwischen dem Stichtag der SB und dem wirtschaftlichen Vermögensübergang hinreichend erfassen.

5. Kapitalmaßnahmen

a) Allgemeines

Die Spaltung, die sich durch Übertragung von Vermögen und Schulden auf einen anderen Rechtsträger gegen Gewährung von Anteilen oder Mitgliedschaften auszeichnet, macht regelmäßig (s aber §§ 54, 68 UmwG) Kapitalmaßnahmen erforderlich.

71 Bei der **Aufspaltung** kommen, da der übertragende Rechtsträger untergeht, als Kapitalmaßnahmen lediglich eine Kapitalerhöhung oder die Gewährung bestehender eigener Anteile durch die übernehmenden Rechtsträger in Betracht. Bei der **Abspaltung,** bei der der übertragende Rechtsträger nach der Vermögensübertragung weiter besteht, ist neben einer Kapitalerhöhung oder der Gewährung bestehender eigener Anteile beim übernehmenden Rechtsträger (Ausnahme Abspaltung auf den Gester) aufgrund des Vermögensabgangs uU eine Kapitalherabsetzung bei dem *übertragenden* Rechtsträger erforderlich. Bei der **Ausgliederung** kann allein der übernehmende Rechtsträger von einer Kapitalmaßnahme betroffen sein (IDW RS HFA 43, Tz 22).

Zu beachten ist, dass – wie bei der Verschmelzung – bei der Auf- und der Abspaltung der übernehmende Rechtsträger von der Gewährung von Anteilen absehen darf, wenn alle Anteilsinhaber des übertragenden Rechtsträgers hierauf verzichten. Dies ergibt sich aus dem grds Verweis in § 125 S 1 UmwG auf die Verschmelzungsvorschriften und damit auch auf § 54 Abs 1 S 3 UmwG bzw § 68 Abs 1 S 3 UmwG. Die Spaltung erfolgt dann **ohne Anteilsgewährung** an die Anteilsinhaber der übertragenden Ges, also ohne Kapitalmaßnahme durch den übernehmenden Rechtsträger. Dieser durch das GesVerhältnis veranlasste Vorgang führt beim übernehmenden Rechtsträger zu einem Zugang in die Rücklage nach § 272 Abs 2 Nr 4 HGB (IDW RS HFA 42, Tz 47 ff).

72 Für die **Ausgliederung** bestimmt § 125 S 1 UmwG hingegen, dass die Kapitalerhöhungsverbote der §§ 54 und 68 UmwG keine Anwendung finden; die Gefahr des Entstehens von eigenen Anteilen, auf die die Vorschriften ursprünglich zielten, besteht bei einer Ausgliederung nicht, entspr besteht insoweit auch kein Regelungsbedarf. Da jedoch die §§ 54 und 68 UmwG umfassend ausgeschlossen sind, findet auch die Möglichkeit, auf eine Anteilsgewährung zu verzichten, bei Ausgliederungen keine Anwendung und zwingt somit im Rahmen einer Ausgliederung immer zu einer Kapitalmaßnahme (Sachgründung/Sachkapitalerhöhung). Im Schrifttum wird jedoch die Anteilsgewährpflicht zumindest bei der Ausgliederung auf eine 100%ige Tochtergesellschaft nicht für wesentlich gehalten und damit auch ein Verzicht auf eine Anteilsgewährung als zulässig angesehen (*Hörtnagl* in Schmitt/Hörtnagl/Stratz[8] UmwG § 126 Anm 47; *Sagasser* in Sagasser/Bula/Brünger[5] § 18 Anm 189; ähnlich *Priester* in Lutter[5] UmwG § 126 Anm 26). Erfolgt eine Kapitalerhöhung, ist deren Höhe im Fall der Ausgliederung auf eine 100%ige Beteiligung frei bestimmbar.

Mangels Geltung der §§ 54 und 68 UmwG für Ausgliederungen sind **bare Zuzahlungen** nicht auf 10% des Nennbetrags der gewährten Anteile begrenzt (dazu *Deubert/Lewe/Roland* BB 2017, 556 f). Dies ermöglicht, Vermögen gegen die Gewährung von Anteilen sowie baren Zuzahlungen oder eines Darlehens bis zur Höhe des Werts des ausgegliederten Vermögens abzgl des Nennbetrags der gewährten Anteile auszugliedern (OLG München v 15.11.2011 ZIP, 2359).

Der Vermögensabgang beim übertragenden Rechtsträger und der Vermögenszugang beim übernehmenden Rechtsträger infolge einer Spaltung erfol-

I. Grundlagen

gen auf gesellschaftsrechtlicher Grundlage. Die Vermögensänderungen berühren daher grds nicht die GuV, sondern erhöhen oder vermindern unmittelbar das Kapital (IDW RS HFA 43, Tz 11 für die Abspaltung). Eine Ausnahme bildet die Spaltung auf den Gester (Anm 370 ff), die wie die Aufwärtsverschmelzung (hierzu IDW RS HFA 42, Tz 46) bei Aufdeckung stiller Reserven erfolgswirksam sein kann. Im Fall der Ausgliederung liegt bilanzrechtlich hingegen ein Tausch vor, der beim übertragenden Rechtsträger als laufender Geschäftsvorfall abzubilden ist (IDW RS HFA 43, Tz 21; Anm 335).

Die *abspaltungsbedingte* Vermögensminderung ist bei der AG in der GuV des im ersten auf die Spaltung folgenden JA nach „Jahresüberschuss/ Jahresfehlbetrag" als „Vermögensminderung durch Abspaltung" **auszuweisen** (IDW RS HFA 43, Tz 17). Für die *GmbH* gilt Entsprechendes (IDW RS HFA 43, Tz 18). Wird ein zu Buchwerten negatives Reinvermögen abgespalten, ist die hierdurch beim übertragenden Rechtsträger ausgelöste Vermögensmehrung als Zuzahlung in die Kapitalrücklage nach § 272 Abs 2 Nr 4 HGB auszuweisen.

b) Kapitalerhaltung beim übertragenden Rechtsträger

In Fällen der Spaltung von KapGes sind die Grundsätze der Kapitalerhaltung bezogen auf den übertragenden Rechtsträger besonders zu beachten. Bei der *Abspaltung* ist jedoch die Erhaltung des satzungsmäßigen Kapitals bei einer übertragenden KapGes, das einem besonderen EK-Schutz unterliegt, sicherzustellen. Auch bei der *Ausgliederung* aus einer KapGes sind die Kapitalerhaltungsvorschriften zu beachten. Regelmäßig wird das EK jedoch durch die Ausgliederung nicht tangiert, da die Ausgliederung sich bei dem übertragenden Rechtsträger grds (Anm 74) als das Kapital nicht gefährdenden Aktivtausch darstellt. Da der *übertragende Rechtsträger* bei der *Aufspaltung* erlischt, stellt sich hier nicht die Frage, ob durch die Spaltung Grundsätze der Kapitalerhaltung tangiert sein könnten.

Zur Sicherung der Kapitalausstattung der übertragenden KapGes infolge der Spaltung ist keine Registerprüfung vorgesehen, vielmehr gewährleistet das UmwG den Kapitalschutz durch eine von den Vertretungsorganen der übertragenden KapGes abzugebende, nach § 313 Abs 2 UmwG strafbewehrte Erklärung, „dass die durch Gesetz und GesVertrag/Satzung vorgesehenen Voraussetzungen für die Gründung dieser Ges unter Berücksichtigung der Abspaltung oder der Ausgliederung im Zeitpunkt der Anmeldung vorliegen" (§§ 140 und 146 UmwG). Hierdurch soll sichergestellt werden, dass das *satzungsmäßige* Kapital weiterhin durch das der Ges verbleibende Vermögen gedeckt ist. Maßgebend hierfür sind die Verhältnisse zum Zeitpunkt der Anmeldung der Spaltung (IDW RS HFA 43, Tz 16).

Bedeutung hat die die Kapitalerhaltung zusichernde Erklärung insb für die Abspaltung, bei der mit der Spaltung grds (Anm 331) ein Vermögensabgang verbunden ist. Aber auch bei der Ausgliederung kann in Einzelfällen der Vermögensabgang das satzungsgemäße Kapital der übertragenden Ges beeinträchtigen, so etwa bei Ausgliederung von positivem Reinvermögen auf einen Rechtsträger mit Unterbilanz (sa *Winter* in Rödder/Herlinghaus/van Lishaut[3]

UmwStG Anh 1 Anm 241; *Sagasser* in Sagasser/Bula/Brünger[5] § 18 Anm 90; *Schubert/Gadek* in Beck Bil-Komm[12] § 255 Anm 163). Ansonsten bedeutet die Ausgliederung für den übertragenden Rechtsträger regelmäßig lediglich eine Vermögensumschichtung, die keine Kapitalherabsetzung erfordert (IDW RS HFA 43, Tz 22).

75 Trotz des insoweit unklaren Wortlauts soll mit der nach § 140 bzw § 146 UmwG abzugebenden Versicherung gewährleistet werden, dass das gezeichnete Kapital weiterhin durch entspr Vermögen gedeckt ist (*Priester* in Lutter[5] UmwG § 140 Anm 4: „Kapitaldeckungserklärung"). Bei der Ermittlung, ob das der übertragenden KapGes nach der Spaltung verbleibende Vermögen das satzungsmäßige Kapital weiterhin deckt, ist das Nettobuchvermögen – losgelöst von bilanziellen Wertmaßstäben – zugrunde zu legen (IDW RS HFA 43, Tz 16; *Hörtnagl* in Schmitt/Hörtnagl/Stratz[8] UmwG § 140 Anm 7; *Priester* in Lutter[5] UmwG § 140 Anm 5 mit Verweis auf den Regelungszusammenhang mit § 30 GmbHG). Bei der GmbH ist *zusätzlich* zu beachten, dass das EK zu **Buchwerten** nicht das gezeichnete Kapital unterschreiten darf (§ 30 GmbHG). Die Erklärung wird auf Basis des buchmäßigen Kapitals im Zeitpunkt der Anmeldung der Spaltung erfolgen. Veränderungen des EK nach Anmeldung der Spaltung bis zur Eintragung verpflichten grds nicht zur erneuten Abgabe der Erklärung (*Priester* in Lutter[5] UmwG § 140 Anm 10; *Hörtnagl* in Schmitt/Hörtnagl/Stratz[8] UmwG § 140 Anm 10).

76 Deckt das der übertragenden KapGes nach (Ab-)Spaltung verbliebene Buchvermögen das **satzungsmäßige Kapital** wegen der mit der Spaltung verbundenen Vermögensminderung nicht, hat diese ihr gezeichnetes Kapital herabzusetzen. Diese **Kapitalherabsetzung** ist zum Schutz der Gläubiger *vor* einer Abspaltung aus dem Register des übertragenden Rechtsträgers einzutragen (§§ 139 S 2, 145 S 2 UmwG).

77 Die Kapitalherabsetzung kann *in ordentlicher oder in vereinfachter Form* erfolgen (§§ 139 S 1, 145 S 1 UmwG iVm §§ 58aff GmbHG, §§ 229ff AktG). Eine **vereinfachte Kapitalherabsetzung** ist jedoch nur zulässig, wenn ohne sie die im Spaltungsvertrag vorgesehene Vermögensübertragung nicht erfolgen könnte, die Kapitalherabsetzung also dem Grunde und der Höhe nach *erforderlich* ist. Eine vereinfachte Kapitalherabsetzung ist somit nicht zulässig, wenn und soweit der Abgang der Buchwerte des übergehenden Vermögens durch eine Auflösung von (ungebundenen, nicht besonders gegen Ausschüttungen gesperrten) EK-Anteilen (Rücklagen und Gewinnvorträge) „neutralisiert" werden könnte (IDW RS HFA 43, Tz 14; *Mayer* in Widmann/Mayer UmwG § 139 Anm 20, 32ff). Die Auflösungspflicht gilt allein für offene, nicht jedoch für stille Reserven (*Zöllner/Kersting* in Baumbach/Hueck[22] GmbHG § 58a Anm 14). Bei der **AG** erfolgt der Ausgleich unter Berücksichtigung der Regelung in § 150 AktG in folgender Reihenfolge: frei verfügbare Rücklagen, Kapitalrücklage nach § 272 Abs 2 Nr 1 bis 3 HGB, gesetzliche Rücklage nach § 150 Abs 1 AktG, soweit diese und die Kapitalrücklagen nach § 272 Abs 2 Nr 1 bis 3 HGB zusammen den Betrag von 10% des nach der Spaltung verbleibenden Stammkapitals übersteigen (IDW RS HFA 43, Tz 14). Für die **GmbH** gilt § 58a Abs 2 GmbHG. Nicht aufzulösen sind die Rücklage für Anteile an einem herrschenden oder mehrheitlich beteiligten Unt gem § 272 Abs 4 HGB sowie nach § 253 Abs 6 bzw § 268 Abs 8 HGB gesperrte

I. Grundlagen

Rücklagen, soweit die damit korrespondierenden VG auch nach der Abspaltung beim übertragenden Rechtsträger verbleiben (IDW RS HFA 43, Tz 14). Hierdurch wird verhindert, dass Aktiva, die im Rahmen einer Kapitalnachweisbilanz nicht anzusetzen wären, bei der Ermittlung des Herabsetzungsbedarfs Berücksichtigung finden. Dies dient dem Kapitalschutz der Ges.

Für die Feststellung der Erforderlichkeit einer vereinfachten Kapitalherabsetzung kann vom EK der SB ausgegangen werden. Ist die SB eine Teilbilanz, ergibt sich das EK des übertragenden Rechtsträgers als Residualgröße aus dem EK vor der Abspaltung und dem EK der Teilbilanz. Kapitalmaßnahmen bis zur Beschlussfassung über die Abspaltung finden dabei Berücksichtigung (IDW RS HFA 43, Tz 15).

Veränderungen des EK der übertragenden Ges durch Gewinne oder Verluste bis zur Anmeldung der Spaltung sind für die Höhe des Kapitalherabsetzungsbedarfs an sich nicht zu beachten (IDW RS HFA 43, Tz 16; Anm 74). Jedoch können EK-Maßnahmen und **Gewinne** bis zur Anmeldung der Spaltung zum HR eine sonst notwendige Kapitalherabsetzung überflüssig machen. Zum Nachweis von Gewinnen in der Interimszeit ist die Erstellung einer Zwischenbilanz sachgerecht (IDW RS HFA 43, Tz 16), die dann den Charakter einer Kapitalnachweisbilanz haben muss.

Praktisch wichtiger ist hingegen, dass **Verluste** in der Interimszeit den Kapitalherabsetzungsbedarf unter Berücksichtigung der Kapitalaufbringung beim übernehmenden Rechtsträger erhöhen können. Hier ist ggf nach den allg Regeln der Kapitalaufbringungsprüfung in Gründungsfällen der erhöhte Kapitalherabsetzungsbedarf zu ermitteln. Maßgebend ist der Zeitpunkt der Anmeldung der Spaltung.

Ist eine Kapitalherabsetzung lediglich aus wirtschaftlichen Gründen gewünscht, kann sie allein in Form der ordentlichen Kapitalherabsetzung erfolgen (Q Anm 152 ff). Zur Frage der Rückwirkung der Kapitalherabsetzung s § 145 UmwG iVm § 234 AktG; § 139 UmwG iVm § 58e GmbHG (dazu *Störck/Kliem/Meyer* in Beck Bil-Komm[12] § 272 Anm 86).

Zur *Vermeidung einer Kapitalherabsetzung* beim übertragenden Rechtsträger kommen alle Maßnahmen in Betracht, die geeignet sind, die Bilanzposten „Rücklagen" oder „Jahresüberschuss" zu erhöhen. Angesprochen sind hiermit insb Bareinlagen, Forderungsverzichte, Schuldübernahmen und Schuldbefreiungen.

Soll mit derartigen Maßnahmen die Notwendigkeit einer Kapitalherabsetzung vermieden werden, müssen sie so rechtzeitig erfolgen, dass sie in der SB iSd § 17 Abs 2 UmwG ausgewiesen werden können. Ggf ist eine Zwischenbilanz zu erstellen (IDW RS HFA 43, Tz 16).

Stellt sich nach Anmeldung der Spaltung heraus, dass der Kapitalherabsetzungsbedarf zu hoch angenommen wurde, ist der Unterschiedsbetrag entspr § 58c GmbHG, § 232 AktG der Kapitalrücklage zuzuführen (*Hörtnagl* in Schmitt/Hörtnagl/Stratz[8] UmwG § 139 Anm 28); er ist gesperrt und unterliegt damit einem Ausschüttungsverbot (s dazu Q Anm 281).

Beispiel: Da bei der Festlegung des übergehenden (Rein-)Vermögens eine Verbindlichkeit in Höhe von 10 nicht berücksichtigt wurde, wurde der Kapitalherabsetzungsbedarf um 10 zu hoch angesetzt. Die 10 sind nach Aufdeckung des Sachverhalts bei der übertragenden KapGes der Kapitalrücklage zuzuführen.

c) Kapitalaufbringung beim übernehmenden Rechtsträger

85 Während beim übertragenden Rechtsträger die Kapitalerhaltung sicherzustellen ist, stellen sich beim übernehmenden Rechtsträger Fragen der Kapitalaufbringung.

86 Bei der **Spaltung zur Neugründung** finden die für die jeweilige Rechtsform des *übernehmenden Rechtsträgers* geltenden Gründungsvorschriften und damit auch die Regelungen über die jeweilige gesetzliche Mindestkapitalausstattung Anwendung. In der Folge müssen positive Vermögenswerte mindestens in Höhe des gezeichneten Kapitals übertragen werden.

Bei der **Spaltung zur Aufnahme** ist grds eine Kapitalerhöhung vorzunehmen (§ 123 Abs 1 bis 3 UmwG; Ausnahme: §§ 54, 68 UmwG, zB Spaltung auf Gester, Vorhandensein bestehender eigener Anteile, Verzicht auf Anteilsgewährung). Der *Verkehrswert* des übertragenen Vermögens muss dabei mindestens den Nominalwert des neu geschaffenen Nennkapitals erreichen.

Soll negatives (Rein-)Vermögen abgespalten werden, werden also per saldo Schulden übertragen (sa Anm 91), verbietet sich eine Kapitalerhöhung. Die an sich notwendige Kapitalerhöhung kann durch den Verzicht aller Gester vermieden werden (§§ 54, 68 UmwG). Die Übertragung des negativen (Rein-)Vermögens stellt sich dann auf Ebene des übernehmenden Rechtsträgers als Entnahme (Einlagenrückgewähr) dar, für die die allgemeinen Kapitalerhaltungsgrundsätze gelten. Damit ist im Ergebnis die Abspaltung von negativem Reinvermögen auf eine AG wegen § 57 AktG unzulässig. Dies gilt für alle Spaltungsarten.

87 Das gezeichnete Kapital eines übernehmenden Rechtsträgers kann innerhalb der durch die Vorschriften über die Mindestkapitalausstattung gezogenen Grenzen frei gewählt werden. Es gibt keinen gesetzlichen Zwang, dass nach Spaltung die Nennkapitalien der „SpaltGes" mindestens dem gesetzlich geschützten Kapital des übertragenden Rechtsträgers entsprechen müssen. Übersteigt der von dem übernehmenden Rechtsträger für das übernommene Vermögen angesetzte Wert (§ 24 UmwG) das gewählte satzungsmäßige Nennkapital, ist der Mehrbetrag in die Kapitalrücklage gem § 272 Abs 2 Nr 1 HGB einzustellen (IDW RS HFA 42, Tz 68).

Dem *Gläubigerschutz* wird bei der Spaltung dadurch Rechnung getragen, dass einerseits Sicherheitsleistung verlangt werden kann (§§ 125, 22 UmwG, Ausnahme: § 22 Abs 2 UmwG) und andererseits die an der Spaltung beteiligten Ges **gesamtschuldnerisch** für die im Zeitpunkt der Spaltung fälligen Ansprüche **haften** (§ 133 UmwG; Anm 340 ff).

d) Spaltung bei Unterbilanz und Überschuldung

90 Die Spaltung eines Rechtsträgers kann sich auf eine buchmäßige Überschuldung oder Unterbilanz (iSv § 30 Abs 1 GmbHG) theoretisch in zweifacher Hinsicht auswirken: sie wird verstärkt oder verringert bzw ganz behoben. Führt die Spaltung zu einem *Abgang von buchmäßigem Aktivvermögen,* ist die Spaltung in der Krise unzulässig, da sie nur erfolgen darf, wenn das Stamm- bzw Grundkapital der übertragenden Ges weiterhin vermögensmäßig gedeckt ist (§ 30 GmbHG, § 57 AktG; *Schwab* in Lutter[5] UmwG § 145

II. Aufspaltung

Anm 11; aA *Priester* in Lutter[5] UmwG § 139 Anm 9). Letzteres ist bei einer Unterbilanz und Überschuldung gerade nicht der Fall.

Die Erhaltung des satzungsmäßigen Nennkapitals des übertragenden Rechtsträgers wird durch § 30 GmbHG bzw § 57 AktG gesichert, die die Abspaltung von buchmäßigem Aktivvermögen generell verbieten, wenn hierdurch eine auf Grundlage von *Buchwerten* (BGH v 11.5.1987 WM, 1040) ermittelte Unterbilanz entsteht.

Einen weiteren Schutz bietet die nach § 313 Abs 2 UmwG strafbewehrte Versicherung („Kapitaldeckungserklärung") des Vertretungsorgans der übertragenden Ges nach §§ 140 bzw 146 UmwG (s im Einzelnen Anm 74 f).

Im Rahmen der Spaltung kann durchaus „negatives Buchvermögen" übergehen (Anm 3). Damit können im Rahmen der Spaltung auch (buchmäßig) das abgespaltene Aktivvermögen übersteigende Passiva mit übertragen werden, wodurch zB beim übertragenden Rechtsträger eine bilanzielle Überschuldung bzw eine Unterbilanz behoben werden könnte. Grenzen der freien Spaltbarkeit ergeben sich lediglich aus dem *Erfordernis der Kapitalaufbringung* beim *übernehmenden* Rechtsträger (Anm 85). Da dieser jedoch nicht an die Buchwerte des übertragenden Rechtsträgers gebunden ist (§ 24 UmwG), ist für die Frage der Spaltbarkeit eines übertragenden Rechtsträgers bei bilanzieller Überschuldung oder Unterbilanz allein entscheidend, dass der Zeitwert des übertragenen „negativen Buchvermögens" den Kapitalerhöhungsbetrag beim aufnehmenden Rechtsträger deckt. Wird *buchmäßig* negatives Vermögen übertragen, hindert § 30 GmbHG die Spaltung nicht (*Priester* in Lutter[5] UmwG § 126 Anm 71).

Das Erfordernis der Kapitalaufbringung ist ohne Bedeutung, wenn die Anteilsinhaber des übertragenden Rechtsträgers auf die Anteilsgewährung nach § 54 Abs 1 S 3 UmwG bzw § 68 Abs 1 S 3 UmwG verzichten.

Wird (zulässigerweise) negatives Vermögen auf der Grundlage von *wahren* Werten übertragen, kann der *übernehmende* Rechtsträger keine Anteile als Gegenleistung gewähren. Bei Übernahme negativen Vermögens ergeben sich die Rechtsfolgen aus den §§ 134 f UmwG sowie den allgemeinen Regeln der Einlagenrückgewähr oder Kapitalrückzahlung (*Hörtnagl* in Schmitt/Hörtnagl/Stratz[8] UmwG § 126 Anm 50).

Beim *übertragenden* Rechtsträger ist die Übertragung eines (buchmäßig) negativen Vermögenssaldos als GesterLeistung zu behandeln und erhöht bei diesem die Kapitalrücklage iSd § 272 Abs 2 Nr 4 HGB, es sei denn, die Gester erklären insoweit einen Ertragszuschuss (IDW RS HFA 43, Tz 19).

II. Aufspaltung

1. Bilanzierung beim übertragenden Rechtsträger

Wie bei einer Verschmelzung hat auch bei einer Aufspaltung der übertragende Rechtsträger eine **Schlussbilanz** zu erstellen (§§ 125 iVm 17 Abs 2 S 2 UmwG), die der Anmeldung der Aufspaltung beizufügen ist (H Anm 82 ff). Diese Verpflichtung gilt für alle Rechtsträger, die ihr Vermögen oder Vermögensteile nach den Vorschriften des UmwG übertragen können und nach handelsrechtlichen Vorschriften zur Rechnungslegung verpflichtet sind (IDW RS HFA 42, Tz 7).

Für die SB, die auf einen höchstens acht Monate vor Anmeldung der Umw liegenden Stichtag aufzustellen ist (§ 17 Abs 2 S 4 UmwG), „gelten die Vorschriften über die Jahresbilanz und deren Prüfung entsprechend" (§ 17 Abs 2 S 2 UmwG). Die SB braucht nicht bekannt gemacht zu werden (§ 17 Abs 2 S 3 UmwG).

Der SB ist keine **GuV** beizufügen. Ebenso verlangt § 17 Abs 2 S 1 UmwG **nicht** die Erstellung eines **Anhangs** (LG Stuttgart v 29.3.1996 DNotZ, 701; LG Dresden v 18.11.1997 GmbHR 1999, 1086; *Hörtnagl* in Schmitt/ Hörtnagl/Stratz[8] UmwG § 17 Anm 14; *Decher* in Lutter[5] UmwG § 17 Anm 8; aA *Bula/Thees* in Sagasser/Bula/Brünger[5] § 19 Anm 11 f: Einreichung einer SB einschließlich GuV und Anhang). Angaben, die wahlweise in der Bilanz oder im *Anhang* gemacht werden dürfen (Wahlpflichtangaben zB nach §§ 253 Abs 6 S 3 HGB), sind in die SB aufzunehmen, wenn der SB nicht freiwillig eine entspr Anlage beigefügt wird (*Hörtnagl* in Schmitt/Hörtnagl/ Stratz[8] UmwG § 17 Anm 14). Zur Angabe von Haftungsverhältnissen s aber H Anm 83.

Anders als die Jahresbilanz braucht die SB nicht festgestellt zu werden (IDW RS HFA 42, Tz 13 zur Verschmelzung; aA *Hörtnagl* in Schmitt/ Hörtnagl/Stratz[8] UmwG § 17 Anm 18 mwN), wobei die Diskussion lediglich Bedeutung hat, wenn die SB auf einen anderen Stichtag als der JA aufgestellt wird und somit nicht identisch mit dem JA ist. Die SB ist jedoch prüfungspflichtig, wenn der JA auf den Stichtag kraft Gesetzes prüfungspflichtig wäre (H Anm 134).

101 Im Gegensatz zur bei der Spaltung in den Formen der Abspaltung und Ausgliederung aufzustellenden „Schlussbilanz" (Anm 300) hat die nach § 17 Abs 2 UmwG bei der *Aufspaltung* einzureichende Bilanz auch materiell den *Charakter einer SB*. Die handelsrechtliche Rechnungslegungspflicht des übertragenden Rechtsträgers endet faktisch mit der SB iSd § 17 Abs 2 UmwG. Dies gilt zumindest, wenn die Spaltung bis zum nächsten Bilanzstichtag eingetragen wird und der übertragende Rechtsträger erlischt (IDW RS HFA 42, Tz 23). Der übertragende Rechtsträger hat auf den Tag der Eintragung der Spaltung im HR und seinem damit verbundenen Erlöschen (§ 131 Abs 1 Nr 3 UmwG) keinen (weiteren) JA aufzustellen. Unabhängig von der „rechtzeitigen" Eintragung ist die SB die Bilanz, mit der der übertragende Rechtsträger zum letzten Mal **eigene** Rechnung legt. Zur gleichen Problematik bei der Verschmelzung s H Anm 64.

2. Funktion der Schlussbilanz

105 Die SB ist **keine Vermögensbilanz**, sie lässt sich eher als **(Wert-)Nachweisbilanz** bezeichnen. Dies ergibt sich aus der gesetzlich angeordneten sinngemäßen Geltung der Vorschriften über die Jahresbilanz und deren Prüfung, §§ 125, 17 Abs 2 UmwG. Sie unterscheidet sich dennoch in ihrer Funktion nicht unerheblich von der Jahresbilanz, mit der sie identisch sein kann, wenn sie auf denselben Stichtag aufgestellt ist: sie dient nicht einer Ergebnisermittlung, sondern einem zeitnahen Nachweis über das Vorhanden-

II. Aufspaltung

sein der in die Jahresbilanz des übernehmenden Rechtsträgers übergehenden Vermögensgegenstände und ggf Schulden. Durch den gesetzlich vorgegebenen Zeitraum von maximal acht Monaten zwischen dem Stichtag der SB und dem Zeitpunkt der Anmeldung der Spaltung gewährleistet die SB eine größere Zeitnähe zu dem Vermögensübergang verglichen mit der letzten Jahresbilanz, die auch zu einem späteren Zeitpunkt erstellt werden könnte.

Die SB dient nicht der Sicherstellung der **Bilanzkontinuität** im Hinblick auf das übergehende Vermögen, da die übernehmenden Rechtsträger nach § 24 UmwG nicht zur Übernahme der Werte aus der SB verpflichtet sind (K Anm 5 ff). Da der übernehmende Rechtsträger jedoch weiterhin das *Recht* hat, die in der SB angesetzten Werte zu übernehmen (Buchwertfortführung), ermöglicht die SB dem übernehmenden Rechtsträger auch, das übernommene (Rein-)Vermögen unter Wahrung der „Bilanzkontinuität" zu bilanzieren.

Obwohl die SB lediglich beim Registergericht des übertragenden Rechtsträgers einzureichen ist, ist anerkannt, dass die SB im Fall der Verschmelzung als (Mindest-)Wertnachweis für die beim übernehmenden Rechtsträger vorzunehmende Kapitalerhöhung dienen kann (*Decher* in Lutter[5] UmwG § 17 Anm 7). Eine derartige Wertnachweisfunktion kann jedoch eine mit der Jahresbilanz identische SpaltungsSB nicht erfüllen, da hierin die übergehenden Vermögensmassen nicht getrennt sind. Lediglich, wenn aus der in § 125 UmwG vorgesehenen entspr Anwendung der Vorschriften über die Verschmelzung – und damit auch die über die SB – auf die Notwendigkeit einer die unterschiedlichen Vermögensmassen getrennt ausweisenden (Teil-)SB geschlossen wird, kann eine solche SpaltungsSB die nicht zwingende, aber wünschenswerte **Wertnachweisfunktion** (mit) erfüllen (zustimmend *Bula/ Thees* in Sagasser/Bula/Brünger[5] § 19 Anm 10; ähnlich *Widmann* in Widmann/Mayer UmwG § 24 Anm 175; s dagegen *Fronhöfer* in Widmann/Mayer UmwG § 17 Anm 108).

Die Spaltung zeichnet sich ggü der Verschmelzung dadurch aus, dass nicht das gesamte Vermögen auf einen einzigen übernehmenden Rechtsträger übertragen wird, sondern lediglich Vermögensteile (VG und Schulden) auf einen oder mehrere andere Rechtsträger übergehen. Für diese Vermögensteile gelten die gleichen Vorschriften wie für das Gesamtvermögen bei der Verschmelzung. Dies ist bei den Anforderungen, die an eine SB im Fall der Spaltung zu stellen sind, zu berücksichtigen. Obwohl sich nach allg Ansicht (IDW RS HFA 43, Tz 7; *W. Müller* WPg 1996, 865; aA *Widmann* in Widmann/Mayer UmwG § 24 Anm 163) dem Gesetz keine Verpflichtung entnehmen lässt, dass das jeweils übergehende Vermögen in der SB separiert abgebildet werden muss, empfiehlt sich dennoch, eine SB zu erstellen, die die jeweiligen auf die unterschiedlichen Rechtsträger übergehenden Vermögensmassen getrennt ausweist.

Erst das Verständnis der der Anmeldung der Spaltung beizufügenden Bilanz (§ 17 Abs 2 UmwG) als eine Teilvermögensmassen ausweisende Bilanz gibt der beizufügenden Bilanz eine Funktion, die über eine Abbildung des vorhandenen Vermögens des übertragenden Rechtsträgers hinausgeht: Sowohl bei der Aufspaltung auf KapGes zur Neugründung als auch zur Aufnahme kann eine solche „**Teilbilanz**" dem *Nachweis der ordnungsmäßigen Kapitalaufbringung* beim übernehmenden Rechtsträger dienen. Gleichfalls

108 Der **Vereinfachungszweck,** der mit der möglichen Anerkennung einer Jahresbilanz als SB (s Anm 120) intendiert ist, wird durch eine Erstellung von Teilbilanzen nicht konterkariert. Die „Teilbilanzen" lassen sich aus der Jahresbilanz entwickeln, indem das in der Jahresbilanz ausgewiesene Vermögen nach der Zuordnung im Spaltungsvertrag separiert wird; die Jahresbilanz wird lediglich „auseinandergezogen" (sa § 265 Abs 5 HGB). Grds nicht ausreichend ist jedoch wegen des Zwecks der SB eine reine Teilbilanz, die ausschließlich das übergehende Vermögen ausweist. Wenn hingegen bei einer *Abspaltung* das zu übertragende Vermögen im Verhältnis zum Gesamtvermögen unwesentlich ist, wird eine Teilbilanz aus Vereinfachungsgründen als ausreichend anerkannt (IDW RS HFA 43, Tz 8; ebenso *Sickinger* in Kallmeyer[6] UmwG § 125 Anm 23). Da das (Gesamt-)Vermögen des übertragenden Rechtsträgers bei einer *Ausgliederung* nicht gemindert wird, wird es unabhängig von einer „Unwesentlichkeit" des übergehenden (Rein-)Vermögens für zulässig erachtet, lediglich eine Teilbilanz für das zu übertragende Vermögen einzureichen (IDW RS HFA 43, Tz 9).

Aufgrund ihres Charakters als (fortgeführte) Erfolgsbilanz ist die Spaltungs-SB ungeeignet, um auf ihrer Grundlage ein *Umtauschverhältnis* für die Anteile iSd § 126 Abs 1 Nr 3 UmwG (Anm 31) zu ermitteln.

3. Bilanzstichtag

115 Die SB darf nach § 17 Abs 2 S 4 UmwG auf einen Stichtag von höchstens **acht Monaten vor** der **Anmeldung** zum HR aufgestellt sein (bei Bet einer AG s H Anm 58). Zur zeitlich befristeten Verlängerung der Rückwirkungsfrist des § 17 Abs 2 S 4 UmwG auf **zwölf Monate** durch § 4 COVMG S H Anm 56. Die Frist gilt für die Anmeldung der Spaltung am Sitz des übertragenden Rechtsträgers, nicht jedoch des übernehmenden (LG Frankfurt v 24.11.1995 GmbHR 1996, 542).

Ist die Frist überschritten, ist die Eintragung abzulehnen **(Ausschlussfrist).** Wird dennoch eingetragen, ist die Spaltung zivilrechtlich wirksam (§§ 125 iVm 20 Abs 2 UmwG).

Zur Einhaltung der Frist ist es nicht erforderlich, dass alle für die Eintragung erforderlichen Unterlagen bereits der Anmeldung beigefügt sind. Unterlagen können nachgereicht werden, ohne dass dies zur (nachträglichen) Fristüberschreitung führt (*Decher* in Lutter[5] UmwG § 17 Anm 6). Für eine wirksame Anmeldung müssen jedoch Spaltungsbeschluss, Spaltungs- und Übernahmevertrag bzw Spaltungsplan vorliegen. Die SB kann nachgereicht werden (OLG Jena v 21.10.2002 NZG 2003, 43; LG Frankfurt v 30.1.1998 GmbHR, 379; *Hörtnagl* in Schmitt/Hörtnagl/Stratz[8] UmwG § 17 Anm 46 mwN). Dementsprechend kann auch der Prüfungsbericht nachgereicht werden.

II. Aufspaltung

Kann die SB wegen Überschreitens der Achtmonatsfrist nicht auf den **116** Schluss des letzten Gj aufgestellt werden oder ist dies nicht gewollt, kann sie auf einen beliebigen anderen – acht Monate vor Anmeldung der Spaltung liegenden – Stichtag erstellt werden. Dieser Stichtag kann auch nach dem Abschluss des Spaltungsvertrags bzw Beschluss über den Spaltungsplan liegen. Der Stichtag der SB iSd § 17 Abs 2 UmwG geht auch dann dem Spaltungsstichtag iSd § 5 Abs 1 Nr 6 UmwG unmittelbar voraus (OLG Frankfurt v 10.11.2005, GmbHR 2006, 382; im Einzelnen s H Anm 96 ff). Bei Bet einer AG bzw KGaA kann der Stichtag der SB mit dem einer nach §§ 125 iVm 63 Abs 1 Nr 3 UmwG aufzustellenden Zwischenbilanz identisch sein.

Wird die Bilanz auf einen Stichtag aufgestellt, der nicht auf den Stichtag des JA fällt, entsteht handelsrechtlich **kein Rumpfgeschäftsjahr** (ebenso *Hörtnagl* in Schmitt/Hörtnagl/Stratz[8] UmwG § 17 Anm 34; s a H Anm 64).

4. Inhalt der Schlussbilanz

a) Verhältnis zur Jahresbilanz

Die Jahresbilanz ist Teil des JA (§ 242 Abs 3 HGB). Die für den JA des **120** übertragenden Rechtsträgers anwendbaren Bilanzierungsgrundsätze gelten nach § 17 Abs 2 S 2 UmwG entspr für die SB.

Auch eine auf den Schluss des letzten Gj aufgestellte SB ist nicht per se identisch mit der **Jahresbilanz** iSd § 242 Abs 1 HGB. Aus Vereinfachungsgründen kann jedoch die Jahresbilanz als (Spaltungs-)SB verwendet werden (IDW RS HFA 42, Tz 8), wovon in der Praxis regelmäßig Gebrauch gemacht wird. Da die SB nicht identisch mit der Jahresbilanz ist, macht die SB den JA und damit die Jahresbilanz nicht überflüssig. Die Erleichterung besteht lediglich darin, dass die *Bilanz,* die Bestandteil des JA des übertragenden Rechtsträgers ist, der Anmeldung der Spaltung *als SB* beigefügt werden kann. Die Jahresbilanz dient somit als „Ersatzbilanz" zur Vermeidung der sonst mit der Erstellung einer separaten SB verbundenen Arbeiten.

Obwohl das Gesetz dies nicht ausdrücklich verlangt (§§ 125, 17 Abs 2 UmwG), kann die SB bei der Spaltung berücksichtigen, dass Vermögensmassen getrennt werden und insoweit diese Trennung bereits in der SB darstellen (Anm 107). Da bei der Spaltung lediglich ein Teil des Vermögens auf andere Rechtsträger übertragen wird, kann die SpaltungsSB ihre Funktion als Kapitalaufbringungsnachweis (Anm 105 ff) nur erfüllen, wenn die Trennung der Vermögensmassen bereits abgebildet wird.

Erfolgt die Eintragung der *Aufspaltung* nicht bis zum nächsten Bilanzstich- **121** tag des übertragenden Rechtsträgers, ist für diesen grds ein weiterer JA und damit auch eine Bilanz nach allg Grundsätzen zu erstellen (IDW RS HFA 42, Tz 22). Die SB bleibt hiervon unberührt.

b) Ansatz und Bewertung

aa) Allgemeines. Nach §§ 125 iVm 17 Abs 2 S 2 UmwG haben die Or- **125** gane des übertragenden Rechtsträgers eine SB aufzustellen, für die die **Vorschriften über die Jahresbilanz** und deren Prüfung **entsprechend** gelten. Folge der „entspr Geltung" ist, dass nicht nur die Ansatz- und Gliederungsvorschriften, sondern auch die Bewertungsvorschriften der Jahresbilanz des übertragenden Rechtsträgers für die SB gelten.

Für die SB gelten wie bei der Verschmelzung die Vorschriften der §§ 242ff, 264ff HGB, ggf unter Beachtung branchenspezifischer Regelungen (s a H Anm 104ff).

130 **bb) Ansatz.** Die Ansatzvorschriften für die Jahresbilanz gelten auch für die SB. Handelsrechtliche **Ansatzverbote** (§ 248 Abs 2 S 2 HGB) gelten auch für die SB. Fällt der Bilanzstichtag der SB nicht auf den Bilanzstichtag des letzten JA, dürfen handelsrechtliche **Ansatzwahlrechte** (dazu *Schmidt/Ries* in Beck Bil-Komm[12] § 246 Anm 86) für Geschäftsvorfälle zwischen dem Stichtag des letzten JA und dem der SB nach allg Grundsätzen ausgeübt werden; ihre Ausübung wird vom Stetigkeitsgebot nicht erfasst (so *ADS*[6] § 252 HGB Anm 110) oder es liegt zumindest ein Ausnahmefall isd § 252 Abs 2 HGB vor (*Störck/Büssow* in Beck Bil-Komm[12] § 252 Anm 72).

Die Nachholung von in vorangegangenen JA **unterlassenen Aktivierungen** ist ausgeschlossen, eine außerplanmäßige **Abschreibung** etwa eines **Geschäfts- oder Firmenwerts** jedoch geboten, wenn von einer dauernden Wertminderung auszugehen ist.

131 In der SB dürfen die Folgen der Spaltung grds noch nicht berücksichtigt werden. So sind **Forderungen und Verbindlichkeiten,** die bei einer Spaltung zur Aufnahme durch Konfusion erlöschen, noch in der SB auszuweisen.

132 Ungeklärt ist, inwieweit es als zulässig erachtet werden oder sogar geboten sein kann, die Spaltungsfolgen im Hinblick auf das übergehende Vermögen bereits in der SB des übertragenden Rechtsträgers oder in der „Für-Rechnungsphase" (**Rückwirkungszeitraum** isd § 125 iVm § 5 Abs 1 Nr 6 UmwG) zu berücksichtigen. Zu unterscheiden ist dabei zwischen bilanzwirksamen und nicht bilanzwirksamen Geschäften.

Mit *bilanzwirksamen Geschäften* sind bspw Forderungen und Verbindlichkeiten zwischen den an der Spaltung beteiligten (übertragenden und übernehmenden) Rechtsträgern angesprochen, die erst im Rahmen der Spaltung begründet werden. Sieht der Spaltungsvertrag/-plan vor, dass der übertragende Rechtsträger dem übernehmenden (zum Wertausgleich) eine Darlehensforderung einräumt, so entsteht diese Darlehensbeziehung zwar erst, wenn die Spaltung wirksam wird, die Rückbeziehung der Folgen der Spaltung auf dem Spaltungsstichtag lässt es jedoch vertretbar erscheinen, bei entspr Vereinbarung im Spaltungsvertrag diese Rechtsbeziehung in einer aus Teilbilanzen bestehenden SB abzubilden. **Forderungen und Verbindlichkeiten,** die zwischen den (zukünftigen) übernehmenden Rechtsträgern im Rahmen der Spaltung begründet werden, sind dann bereits bei den jeweiligen Vermögensmassen auszuweisen (Forderungen/Verbindlichkeiten gegen verbundene Unt).

Anders stellt sich die Situation bei Geschäften dar, die zwischen den übertragenden und übernehmenden Rechtsträgern „rückwirkend" ab dem Spaltungsstichtag begründet werden sollen. Bei *Verschmelzungen* sind rechtswirksame *Geschäfte* zwischen dem übertragenden und übernehmenden Rechtsträger im Rückwirkungszeitraum, die aufgrund des fiktiv rückwirkenden Vermögensübergangs auf den übernehmenden Rechtsträger zu In-sich-Geschäften werden, bilanziell zu eliminieren (IDW RS HFA 42, Tz 38). Im Fall der *Spal-*

II. Aufspaltung   132 **I**

tung zur Aufnahme gilt dies ebenso für am Spaltungsstichtag bestehenden Rechtsbeziehungen zwischen übertragendem und übernehmendem Rechtsträger, soweit das übergehende Vermögen in Rede steht. Bei Spaltungen, insbesondere bei Spaltungen zur Neugründung, ist es jedoch auch denkbar, dass Rechtsbeziehungen zwischen dem übertragenden und übernehmenden Rechtsträger ab dem Spaltungsstichtag *neu* entstehen sollen und daher erst begründet werden müssen (zB bisher von der einen Einheit A des übertragenden Rechtsträgers genutzte VG werden dessen anderer abzuspaltender Einheit B im Spaltungsvertrag zugewiesen, wodurch bei Weiternutzung der VG durch A eine die Nutzung berechtigende Vereinbarung – zB Mietvertrag – erforderlich wird).

Da die Spaltung als „Gegenstück" zur Verschmelzung angesehen wird, ist zu überlegen, ob bei Spaltungen spiegelbildlich zur Eliminierung von Rechtsbeziehungen im Rückwirkungszeitraum bei Verschmelzungen bereits fiktiv im Rückwirkungszeitraum Rechtsbeziehungen zwischen den SpaltGes begründet werden können. Ein solcher Umkehrschluss aus der Rückwirkungsfiktion geht jedoch zu weit. Bei der Verschmelzung werden bestehende Rechtsbeziehungen wegen der Rückbeziehung der Wirkung der Verschmelzung, einer Art bilanzieller Konfusion, eliminiert. Bei der Spaltung würde hingegen eine Rückbeziehung dazu führen, dass nicht bestehende Rechtsbeziehungen *begründet* würden.

Um ein Rechtsverhältnis zwischen den an der Spaltung beteiligten SpaltGes bezogen auf das übergehende Vermögen zu begründen, bedarf es einer causa, einer rechtlichen Grundlage, also des Abschlusses eines zivilrechtlich wirksamen Vertrags zwischen den beiden SpaltGes. Wenn eine Rechtsbeziehung zwischen den SpaltGes begründet werden soll, kann dies bei Spaltungen zur Neugründung jedoch erst mit der Wirksamkeit der Spaltung (Eintragung) und damit der Existenz der am Vertrag beteiligten Ges erfolgen. Grds lässt erst die Wirksamkeit der Spaltung den übernehmenden Rechtsträger und den Vertragspartner entstehen. Die Rückwirkungsfiktion des § 5 Abs 1 Nr 6 UmwG als solche ermöglicht zwar die Wirkungen der Spaltung rückzubeziehen, begründet jedoch keine Rechte.

Obwohl die Vermögensmassen zwischen den SpaltGes erst mit der Eintragung der Spaltung getrennt sind und insoweit auch zivilrechtlich erst mit der Eintragung Rechtsbeziehungen bezogen auf das übergegangene Vermögen begründet werden können, erscheint es doch sachgerecht, bereits ab dem Spaltungsbeschluss (bei der Spaltung zur Neugründung ab der Zustimmung zum Spaltungsplan, s *van Lishaut* in Rödder/Herlinghaus/van Lishaut[3] UmwStG § 2 Anm 81 Fn 5 mwN) die Begründung von Rechtsbeziehungen zuzulassen, da mit Abschluss des Spaltungsvertrags die Vermögensmassen derart getrennt sind, dass hierüber zwischen den Vertragsparteien Regelungen getroffen werden können.

Soll erreicht werden, dass die Rechtsbeziehungen bereits wirtschaftlich rückwirkend ab dem Spaltungsstichtag Berücksichtigung finden, bedarf es einer entspr Regelung im Spaltungsvertrag, die einerseits die Art der Rechtsbeziehung beschreibt und andererseits festlegt, dass die Parteien des Spaltungsvertrags sich so stellen, als ob die Folgen der Rechtsbeziehung bereits zum Spaltungsstichtag eingetreten wären.

133 **Selbst geschaffene immaterielle Vermögensgegenstände** des Anlagevermögens dürfen auch in einer Teilbilanz nach Maßgabe des § 248 Abs 2 HGB ausgewiesen werden.

134 Die **Steuer auf den Übertragungsgewinn** ist trotz der steuerlichen Rückwirkung (Anm 190) erst in dem Gj des Abschlusses des Spaltungsvertrags zu berücksichtigen.

140 cc) **Bewertung.** Sie richtet sich nach den §§ 252 ff HGB (H Anm 116 ff). **Bewertungswahlrechte** dürfen in der SB im Rahmen der gesetzlichen Vorschriften ausgeübt werden. So können **Zuschreibungen** lediglich unter den Voraussetzungen des § 253 Abs 5 HGB vorgenommen werden (IDW RS HFA 42, Anm 15). Die planmäßig fortgeschriebenen **Anschaffungs- oder Herstellungskosten** bilden hierbei die Obergrenze für die Wertaufstockung.

Da die Spaltung eine begründete Ausnahme isd § 252 Abs 2 HGB darstellt (*ADS*[6] § 252 HGB Anm 113; IDW RS HFA 42, Tz 17), darf in der SpaltungsSB für das zu übertragende (Rein-)Vermögen – nicht hingegen für das verbleibende (Rein-)Vermögen – von den allg Bewertungsgrundsätzen des § 252 Abs 1 HGB abgewichen werden (s aber *Bula/Thees* in Sagasser/Bula/Brünger[5] § 19 Anm 30: Abweichung von den bisherigen Bewertungsmethoden nur, wenn übernehmender Rechtsträger die Buchwerte des übertragenden Rechtsträgers fortführt). Die Ergebnisauswirkungen sind noch bei dem übertragenden Rechtsträger zu erfassen.

c) **Gliederung**

145 Die SpaltungsSB ist grds wie die Jahresbilanz zu gliedern (IDW RS HFA 42, Tz 17). Die Gliederung richtet sich bei der Spaltung von KapGes nach der für die übertragende Ges geltenden Größenklasse (§ 267 HGB). Die Erleichterungen für KleinstKapGes isd § 267a HGB gelten auch für die SB. Es ist dem übertragenden Rechtsträger unbenommen, bereits in der SB das Gliederungsschema des übernehmenden Rechtsträgers zu übernehmen, wenn dessen Größenmerkmale die des übertragenden Rechtsträgers übersteigen. Geschäftszweigbedingte Rechnungslegungsvorschriften, zB für Kreditinstitute oder VersicherungsUnt, sind zu beachten.

Ist der zu spaltende Rechtsträger nicht nach HGB rechnungslegungspflichtig, hat er wegen des zwingenden Erfordernisses der Erstellung einer SB (H Anm 83), eine SB zu erstellen, die den Mindestanforderungen an die Bilanz eines Kfm (§ 247 HGB) gerecht wird (aA *Sauter* in FS Widmann, 105 f: Beifügung von Rechnungsunterlagen – Einnahmen-Ausgaben-Rechnungen, Anlageverzeichnis – zur HR-Anmeldung reicht, wenn übernehmender Rechtsträger Buchwertfortführung nach § 24 UmwG wählt).

d) **Aufstellung, Prüfung, Offenlegung, Aufbewahrung**

150 Die SpaltungsSB ist wie die Jahresbilanz von den gesetzlichen Vertretern des übertragenden Rechtsträgers **aufzustellen** (zur Feststellung s Anm 100).

151 Wie die SB für die Verschmelzung nach § 17 Abs 2 S 2 UmwG **prüfungspflichtig** ist, wenn ein JA des übertragenden Rechtsträgers auf denselben Stichtag ebenfalls prüfungspflichtig wäre, dazu §§ 316 iVm 267 Abs 2, 3

II. Aufspaltung **152–165** **I**

HGB (ggf § 340k HGB, § 341k HGB, § 1 Abs 1 PublG, § 53 Abs 2 GenG), gilt dies entspr auch für die SB bei der Aufspaltung. Wird eine in Teilbilanzen „zerlegte" Jahresbilanz der Spaltung zugrunde gelegt (Anm 108), muss den Besonderheiten dieser SB dadurch Rechnung getragen werden, dass sie wie die Jahresbilanz prüfungspflichtig ist. Hierbei ist insb die Vermögenszuordnung zu prüfen. Der die Vermögensmassen getrennt ausweisenden SpaltungsSB ist ein gesonderter **Bestätigungsvermerk** nach § 322 HGB zu erteilen. Der BVm berücksichtigt dann die Besonderheit der SB. Über die Prüfung ist ein gesonderter Prüfungsbericht zu erstellen.

Die **Offenlegung** der SB ist nicht vorgesehen (§ 17 Abs 2 S 3 UmwG). **152** Publizität erhält die SpaltungsSB jedoch dadurch, dass sie der Anmeldung der Spaltung zum HR beizufügen ist (§ 17 Abs 2 S 1 UmwG). Die Hinterlegung beim HR ermöglicht Kenntnisnahme im Rahmen des § 9 Abs 1 HGB.

Die übernehmenden Rechtsträger treten als Sonderrechtsnachfolger (par- **153** tielle Gesamtrechtsnachfolge) in alle Rechte und Pflichten des übertragenden Rechtsträgers ein. Sie treffen daher auch Pflichten öffentlich-rechtlicher Natur wie die **Aufbewahrungs- und Vorlagepflichten** nach §§ 257ff HGB (s im Einzelnen *Störck/Phillips* in Beck Bil-Komm[12] § 257 Anm 1).

5. Rechnungslegungspflicht bei der Spaltung zur Neugründung

Im Fall einer Spaltung zur Neugründung (§§ 135 ff UmwG) entstehen **160** die übernehmenden Rechtsträger zivilrechtlich erst mit der Eintragung der Spaltung in das HR der übertragenden Ges. Die neuen Rechtsträger haben auf den Beginn ihres Handelsgewerbes nach § 242 Abs 1 HGB eine EB zu erstellen (IDW RS HFA 42, Tz 40). Ungeachtet dessen können die VG und Schulden hinsichtlich des Mengengerüsts aus der SB des übertragenden Rechtsträgers übernommen und die erfolgswirksamen Geschäftsvorfälle ab dem Spaltungsstichtag in laufender Rechnung gebucht werden (IDW RS HFA 42, Tz 32 f).

Bei der **Aufspaltung** entfällt mit Eintragung der Spaltung in das HR des **161** übertragenden Rechtsträgers aufgrund dessen Erlöschens gem § 131 Abs 1 Nr 2 UmwG auch dessen *Rechnungslegungspflicht*. Unabhängig davon besteht für den übertragenden Rechtsträger nach dem Spaltungsstichtag keine „eigene" Rechnungslegungspflicht mehr. Da die *Buchführungspflicht* nach § 238 HGB nicht rückwirkend erlischt, hat der übertragende Rechtsträger seiner Buchführungspflicht solange nachzukommen, bis sein Vermögen und seine Schulden (wirtschaftlich) dem übernehmenden Rechtsträger zuzurechnen sind. Zu Einzelheiten der Buchführungspflicht s H Anm 61 ff. Eine Fortführung der Buchführung durch den übertragenden Rechtsträger ist auch wegen bestehender umsatzsteuerlicher Aufzeichnungspflichten aufgrund der fortbestehenden Unternehmereigenschaft geboten.

6. Bilanzierung beim übernehmenden Rechtsträger

a) Allgemeines

Die Spaltung als solche zeichnet sich durch die Übertragung von Vermö- **165** gensteilen eines (übertragenden) Rechtsträgers auf einen oder mehrere über-

nehmende Rechtsträger aus. Wie bei der Verschmelzung werden bei der
Spaltung in Form der *Aufspaltung und Abspaltung* im Regelfall (zu Konzernabspaltungen s Anm 370 ff) die Gester des übertragenden Rechtsträgers für den
rechtlichen oder wertmäßigen Verlust ihrer Bet am übertragenden Rechtsträger durch eine Bet an den übernehmenden Rechtsträgern kompensiert, auf
die sie jedoch grds verzichten können (§ 125 iVm § 54 Abs 1 S 2 UmwG).

Wie bei der Verschmelzung ist damit auch hinsichtlich der *Abbildung der
Aufspaltung (und Abspaltung) beim übernehmenden Rechtsträger* danach zu unterscheiden, ob der übernehmende Rechtsträger den Gestern des übertragenden Rechtsträgers eine Bet am übernehmenden Rechtsträger in Form von
neuen GesRechten (Kapitalerhöhung) oder eigenen Anteilen und ggf zusätzlich einer sonstigen Leistung gewährt oder ob überhaupt keine Gegenleistung
erbracht wird (zur Ausgliederung s Anm 355).

Die Folgen für die Rechnungslegung des übernehmenden Rechtsträgers
ähneln denen der Verschmelzung (K Anm 1 ff); dabei ist jedoch der Besonderheit Rechnung zu tragen, dass bei der Spaltung lediglich ein Teil des
Vermögens des übertragenden Rechtsträgers auf einen oder mehrere übernehmende Rechtsträger übergeht.

Besonderheiten können sich auch bei *Konzernspaltungen,* also Spaltungen,
an denen verbundene Unt als übertragende, übernehmende Rechtsträger
sowie Gester beteiligt sind, und denen aufgrund der gesellschaftsrechtlichen
Verbundenheit der sonst übliche Interessengegensatz der an der Umw beteiligten Rechtsträger fehlt, ergeben (s Anm 370 ff).

b) Spaltung mit Gewährung von Gesellschaftsrechten

166 Der *Grundfall* der Aufspaltung und Abspaltung ist der der Übertragung
eines Vermögensteils auf einen oder mehrere übernehmende Rechtsträger,
die nicht mit dem übertragenden Rechtsträger oder dessen Gestern gesellschaftsrechtlich verbunden sind (sog *Seitwärtsauf- bzw -abspaltung* bzw Sidestream-Spaltung) und bei der deshalb grds eine Kompensation der Gester des
übertragenden Rechtsträgers für den tatsächlichen oder wertmäßigen Verlust
an ihrer Bet an dem übertragenden Rechtsträger durch Gewährung von
(gleichwertigen) **Anteilen oder Mitgliedschaften** an dem oder der übernehmenden Rechtsträgern vorgesehen ist. Diese Gegenleistung erfolgt in
Form der Ausgabe neuer Anteile (Sachkapitalerhöhung oder Sachgründung),
ggf auch der Ausgabe schon begebener eigener Anteile.

167 Der mit der Spaltung verbundene Vermögensübergang ist für den übernehmenden Rechtsträger grds ein *anschaffungsähnlicher Vorgang* (IDW RS HFA
43, Tz 24). Da Vermögen gegen Gewährung von Anteilen oder Mitgliedschaften übertragen wird, können bei der Bilanzierung die **Grundsätze** über
den Ansatz und die **Bewertung von Sacheinlagen** zugrunde gelegt werden
(IDW RS HFA 42, Tz 41). Danach kann jeder übernehmende Rechtsträger
das von ihm übernommene Vermögen grds zu Zeitwerten bzw zum niedrigeren Nennbetrag der zu gewährenden Anteile oder Mitgliedschaften zzgl
eines etwaigen (bestimmten oder bestimmbaren) Aufgelds (*ADS*[6] § 255 HGB
Anm 96 f) ansetzen (IDW RS HFA 42, Tz 42). Bei mehreren übernehmenden Rechtsträgern muss die Zugangsbewertung nicht einheitlich erfolgen.

II. Aufspaltung

Der übernehmende Rechtsträger darf wie bei der Verschmelzung auch **168** alternativ als AK die Buchwerte der SB des übertragenden Rechtsträgers ansetzen (§§ 125, 24 UmwG). Macht er von dieser **Buchwertfortführung** Gebrauch, ist der Betrag, um den der Buchwert des übergehenden Vermögens den Nominalbetrag der ausgegebenen Anteile übersteigt, in die Kapitalrücklage nach § 272 Abs 2 Nr 1 HGB einzustellen. Unterschreiten die Buchwerte des übernommenen Vermögens die Kapitalerhöhung (zzgl Agio), entsteht ein aufwandswirksamer „Spaltungsverlust".

Gewährt der übernehmende Rechtsträger bei der Spaltung zur Aufnahme bestehende **eigene Anteile,** wird die Ausgabe der eigenen Anteile (angesichts deren bilanzieller (Nicht-)Erfassung gem § 272 Abs 1a HGB) bilanziell wie eine Kapitalerhöhung behandelt (*Hörtnagl* in Schmitt/Hörtnagl/Stratz[8] UmwG § 24 Anm 36): In Höhe des Vermögenszugangs aufgrund der Spaltung sind die eigenen Anteile zunächst wieder ins Kapital einzubuchen (§ 272 Abs 1b S 1 und S 2 HGB); ein Vermögenszugang, der über den bisher für die eigenen Anteile „gesperrten" Betrag hinausgeht, ist in die Kapitalrücklage nach § 272 Abs 2 Nr 1 HGB einzustellen (§ 272 Abs 1b S 3 HGB).

c) Spaltung ohne Gewährung von Gesellschaftsrechten (Konzernaufspaltungen)

Anders stellt sich die Situation dar, wenn im Rahmen der Spaltung **169** entweder der übernehmende Rechtsträger keine Anteile oder Mitgliedschaften gewährt, weil er an dem übertragenden Rechtsträger bereits beteiligt ist (§ 54 Abs 1 S 1 GmbHG: Spaltung auf den Gester = Aufwärtsspaltung), oder ein Kapitalerhöhungswahlrecht besteht, von dem nicht Gebrauch gemacht wird (§ 54 Abs 1 S 2 Nr 2 UmwG: Spaltung auf ein TochterUnt = Abwärtsspaltung), oder die Anteilsinhaber des übertragenden Rechtsträgers auf eine Kapitalerhöhung verzichten (§ 54 Abs 1 S 3 UmwG). S auch K Anm 44.

Die genannten Fallkonstellationen sind bei einer *Aufspaltung* zwar grds denkbar, aber praktisch eher selten. Die genannten Sachverhalte (Spaltung auf den Gester, Spaltung vom Gester auf das TU, Verzicht auf die Gewährung von Anteilen) finden sich eher bei *Abspaltungen,* also Teilvermögensübertragungen unter verbundenen Unt (Konzernsachverhalte); insoweit wird auf die Anm 370 ff verwiesen.

7. Bilanzierung beim Gesellschafter

a) Allgemeines

Den Gestern des übertragenden Rechtsträgers sind bei der Aufspaltung **170** für die Aufgabe oder Minderung ihrer Bet gleichwertige Bet an den übernehmenden Rechtsträgern zu gewähren, es sei denn, sie verzichten hierauf (§§ 125, 54 Abs 1 S 3 UmwG). Bare Zuzahlungen dürfen nur bis zur Höhe von 10 % des Gesamtnennbetrags der gewährten Anteile geleistet werden (§§ 125, 54 Abs 4 UmwG; s Anm 172).

b) Spaltung mit Gewährung von Gesellschaftsrechten

171 Bei der **Aufspaltung** gehen die Anteile an dem übertragenden Rechtsträger unter; an ihre Stelle treten bei den Gestern bilanziell die Anteile oder Mitgliedschaften der übernehmenden Rechtsträger, wobei es keinen Unterschied macht, ob die Anteile im Rahmen einer (Sach-)Gründung, (Sach-)Kapitalerhöhung entstanden sind oder ob bestehende eigene Anteile gewährt werden. Es gelten die Tauschgrundsätze (IDW RS HFA 43, Tz 32). Die Anteile an den übernehmenden Rechtsträgern können in der Summe mit dem Buchwert oder Zeitwert der Anteile an dem übertragenden Rechtsträger bewertet werden. Der bisherige BetAnsatz ist nach dem **Verhältnis der Zeitwerte** des übertragenen Reinvermögens (Nettowert der Sacheinlage) auf die Bet an den übernehmenden Rechtsträgern aufzuteilen (IDW RS HFA 43, Tz 33). Das Wahlrecht darf für die übernommenen Bet unterschiedlich ausgeübt werden. Das Wertverhältnis kommt regelmäßig bereits im Spaltungsplan bzw Spaltungs- und Übernahmevertrag zum Ausdruck (§ 126 Abs 1 Nr 3 UmwG). Eine Widerspiegelung des EK (= Buchwert des übertragenen Buchvermögens) im Bilanzansatz des Gesters kommt nicht in Betracht.

172 Wird dem Gester eine **bare Zuzahlung** (vgl §§ 125, 54 Abs 4 UmwG) von dem übernehmenden Rechtsträger gewährt, ist davon auszugehen, dass diese eine Gegenleistung für eine geringerwertige Bet an dem übernehmenden Rechtsträger darstellt. Dies ist bei der Bilanzierung beim Gester zu berücksichtigen. In einem ersten Schritt ist bei dem Gester der Buchwert für die aufgespaltene Bet entspr den tatsächlichen Werten der infolge der Spaltung entstehenden Bet an den übernehmenden Rechtsträgern aufzuteilen. In einem zweiten Schritt ist die Bewertung des tauschähnlichen Vorgangs durch den Gester (Ansatz zu Buch- oder Zeitwerten) zu berücksichtigen. Bewertet der Gester die übernommene Bet zu **Zeitwerten,** mindern sich die AK für die Bet um die Zuzahlung. Die Zuzahlung ist separat auszuweisen.

Beispiel: Bet am übertragenden Rechtsträger: Buchwert 300, Zeitwert 1000. Zeitwert des abgespaltenen Vermögens 500. Der übernehmende Rechtsträger gewährt neben den neuen Anteilen einen Barausgleich von 50.
Die Bet am übertragenden Rechtsträger mindert sich um 150 (50% des Buchwerts). Die neuen Anteile werden mit dem Zeitwert von 500 abzüglich des Barausgleichs, dh im Ergebnis mit 450 angesetzt und in der GuV ein Ertrag iHv 350 erfasst.

Macht der Gester von der Möglichkeit Gebrauch, den „Tausch" der Bet im Rahmen der Spaltung zu **Buchwerten** zu bewerten, ist der Buchwert der Bet an dem Rechtsträger, der die Zuzahlung geleistet hat (anteilig im Verhältnis Verkehrswert der Bet zu der baren Zuzahlung), zu mindern. In Höhe der Differenz der baren Zuzahlung und der Buchwertminderung der Bet an dem übertragenden Rechtsträger kommt es zu einem Ertrag.

Beispiel wie oben: Der anteilige Buchwert von 150 ist zu mindern um das Verhältnis der Bet zu Verkehrswerten (500) zur Zuzahlung (50). Damit ist der Buchwert von 150 um 10% zu mindern. Die Bet ist zu 135 anzusetzen. Der Gester erzielt einen Gewinn in Höhe von 50-15.

II. Aufspaltung

c) Spaltung ohne Gewährung von Gesellschaftsrechten

Ist übernehmender Rechtsträger einer Spaltung der (alleinige) Gester **175** (**Aufwärtsspaltung** oder Upstream-Spin-off), kommt es bei ihm wegen § 54 Abs 1 S 1 Nr 1 UmwG (zwingend) zu keiner Kapitalerhöhung. Da eine *Aufspaltung* auf einen (alleinigen) Gester zwar theoretisch möglich ist, de facto jedoch nicht vorkommt, da diese Form der Spaltung im wirtschaftlichen Ergebnis einer Aufwärtsverschmelzung gleichkommt, sind die bilanziellen Folgen einer Spaltung auf den (alleinigen) Gester als übernehmendem Rechtsträger bei der praxisrelevanten (Konzern)Abspaltung (Anm 372) dargestellt. Zum Fall der Abspaltung auf einen MehrheitsGester s Anm 375.

8. Besteuerung der Aufspaltung

a) Allgemeines

Die steuerlichen Folgen der Spaltung von Unt ergeben sich je nach Spal- **180** tungsart aus
- § 15 iVm §§ 11 ff UmwStG im Fall der Auf- und Abspaltung von KapGes auf KapGes;
- § 16 iVm §§ 15, 3 ff UmwStG im Fall der Auf- und Abspaltung von KapGes auf PersGes;
- §§ 20 ff UmwStG im Fall der Ausgliederung von KapGes bzw PersGes auf KapGes oder
- § 24 UmwStG im Fall der Ausgliederung von KapGes bzw PersGes auf PersGes.

Zur Auf- bzw Abspaltung von PersGes auf PersGes s Anm 255.
Die Regelungen erfassen nicht allein Spaltungen iSd §§ 1, 2, 123 UmwG. Im Vorgriff auf die innerhalb der EU/EWR in absehbarer Zeit möglichen grenzüberschreitenden Spaltungen (vgl Anm 4), regelt das UmwStG bereits jetzt deren steuerliche Folgen.

aa) Besteuerungssystematik. Die Besteuerungssystematik des Umw- **185** StG orientiert sich im Gegensatz zum UmwG nicht an der Art der Umw, sondern daran, ob ein steuerlicher Systemwechsel stattfindet (K Anm 110 ff).

Darüber hinaus differenziert das UmwStG bei den Spaltungsarten danach, wem die Gegenleistung für die Vermögensübertragung (Bet am übernehmenden Rechtsträger) zugewiesen wird: den Gestern des übertragenden Rechtsträgers (Aufspaltung, Abspaltung) oder der übertragenden Ges selbst (Ausgliederung).

Lediglich die Spaltungen in den Formen der *Auf- und Abspaltung von Körperschaften* (vgl § 1 Abs 1 Nr 1 bis 4 KStG) auf andere Körperschaften (§ 15 UmwStG) und auf PersGes (§ 16 UmwStG) werden im UmwStG ausdrücklich geregelt; andere Formen der Spaltung werden als sog Einbringungssachverhalte vom UmwStG (§§ 20 ff UmwStG) erfasst. Bei Körperschaften beschränken sich die folgenden Ausführungen auf **Kapitalgesellschaften.**

Regelung der Spaltungsvorgänge im UmwStG:

Spaltungsart	Übertragender Rechtsträger	Übernehmender Rechtsträger	UmwStG	Anm
Aufspaltung/ Abspaltung	KapGes	KapGes	§ 15	211 ff; 427
Aufspaltung/ Abspaltung	KapGes	PersGes	§ 16	235; 428
Ausgliederung	KapGes	KapGes	§§ 20, 21	445
Ausgliederung	KapGes	PersGes	§ 24	455
Aufspaltung/ Abspaltung/ Ausgliederung	PersGes	KapGes	§§ 20, 21	250; 431; 445
Aufspaltung/ Abspaltung/ Ausgliederung	PersGes	PersGes	§ 24	255; 432; 455

187 Neben den handelsrechtlichen Voraussetzungen für eine wirksame Spaltung **verlangt** das **UmwStG**, dass im Rahmen der Spaltung ein **Teilbetrieb** oder diesem gleichgestellt sog fiktive Teilbetriebe (Mitunternehmeranteil bzw 100%ige Bet an einer KapGes) übergehen (zur Realteilung von PersGes, O Anm 18 ff). Durch die zusätzlichen Anforderungen an den Gegenstand der Spaltung soll verhindert werden, dass einzelne WG, die keine organisatorische und wirtschaftliche Einheit darstellen, steuerlich begünstigt im Rahmen einer Spaltung übertragen werden können. Hinsichtlich der Frage, ob eine wirksame Spaltung im gesellschaftsrechtlichen Sinn vorliegt, ist die FinVerw grds an die Feststellungen des Registergerichts gebunden; ihr steht insoweit kein eigenständiges Prüfungsrecht zu (UmwSt-Erl Tz 01.06).

190 **bb) Spaltungsstichtag und steuerliche Rückbeziehung.** Der Stichtag der handelsrechtlichen SpaltungsSB (Anm 115) bestimmt grds auch den steuerlichen Spaltungsstichtag **(steuerlicher Übertragungsstichtag)** und damit den Umfang der Rückbeziehung der steuerlichen Folgen der Spaltung. Dies gilt für Aufspaltungen und Abspaltungen von KapGes auf KapGes nach § 2 Abs 1 S 1 UmwStG und von KapGes auf PersGes nach § 2 Abs 2 UmwStG (zu anderen Spaltungen, die Einbringungssachverhalte darstellen s Anm 191). Während handelsrechtlich der Stichtag der SpaltungsSB der Ergebnisabgrenzung von übertragendem und übernehmendem Rechtsträger dient und daher der Spaltungsstichtag der Tag ist, der dem Stichtag der SB folgt, ist der steuerliche Spaltungsstichtag der Tag, auf den die handelsrechtliche SpaltungsSB aufgestellt ist (UmwSt-Erl Tz 02.03). Ist der Stichtag der der Spaltung zugrunde gelegten Bilanz identisch mit dem Tag, auf den übertragende Rechtsträger Rechnung legt, bilden sich die Folgen der Spaltung (Vermögensübertragung) bei diesem *steuerlich* als letzter Vorgang des Jahres ab, auf das die SB erstellt ist, während *handelsrechtlich* die Spaltung erste Vorgang der neuen Rechnungslegungsperiode ist.

II. Aufspaltung 191–195 **I**

Beispiel: SB 31.12.01 mit Vermögensübergang (steuerlich) am 31.12.01 (24:00 Uhr) bei handelsrechtlichem Umwandlungsstichtag am 1.1.02 (0:00 Uhr)

Für Spaltungen, die steuerlich *Einbringungen* darstellen (Ausgliederungen sowie Auf- und Abspaltungen von PersGes auf KapGes bzw auf PersGes), enthält § 20 Abs 5 und 6 UmwStG eine **eigenständige Rückwirkungsregelung,** die zwar weitgehend der in § 2 UmwStG entspricht, jedoch abweichend davon antragsgebunden ist. Auf Antrag darf der Stichtag der SpaltungsSB nach § 17 Abs 2 UmwG als steuerlicher Spaltungsstichtag zugrunde gelegt werden; dieser Stichtag darf höchstens acht Monate vor der Anmeldung der Umw zum HR liegen. Keine Rückbeziehung des Spaltungsstichtags ist für Spaltungen vorgesehen, die einen Anteilstausch iSd § 21 UmwStG darstellen (zB Ausgliederung einer MehrheitsBet an einer KapGes auf eine andere KapGes); hier vollzieht sich der Anteilstausch mit Übergang des wirtschaftlichen Eigentums. 191

Weicht der steuerliche Spaltungsstichtag von dem des Wj des übertragenden Rechtsträgers ab, besteht zwischen den beiden Stichtagen ein abgekürzter Gewinnermittlungszeitraum (steuerliches RumpfGj). Eine Zustimmung der FinVerw nach § 7 Abs 4 S 3 KStG ist hierbei nicht erforderlich.

Der steuerliche Spaltungsstichtag fingiert eine rückwirkende Vermögensübertragung auf den übernehmenden Rechtsträger und bestimmt gleichzeitig den hierfür relevanten Zeitpunkt. Von dem steuerlichen Spaltungsstichtag an wird das Einkommen und Vermögen des übertragenden Rechtsträgers so ermittelt, als wäre es bereits Einkommen bzw Vermögen des übernehmenden Rechtsträgers. Da die Zurechnung von Einkommen und Vermögen fingiert wird, ist nicht erforderlich, dass der übernehmende Rechtsträger am UmwStichtag (Spaltungsstichtag) bereits bestand (UmwSt-Erl Tz 02.11 bzw Tz 20.15 iVm Tz 02.11). 192

Zu den Fragen der Folgen von Geschäftsvorfällen zwischen dem steuerlichen Übertragungsstichtag und der Eintragung der Spaltung in das HR sowie der Organschaft bei Rückbeziehung der Spaltung s die Ausführungen zur Verschmelzung (H Anm 320 ff; UmwSt-Erl Tz 02.15 ff; Org. 07 ff; Org.15).

cc) Teilbetriebsbegriff und Teilbetriebserfordernis. Von besonderer Bedeutung für die Steuerneutralität der Spaltung ist, dass Gegenstand der Übertragung ein Teilbetrieb oder sog „fiktiver Teilbetrieb" (Anm 196) ist, der dem Übernehmer die Fortführung der unternehmerischen Aktivitäten ermöglicht. 195

Der Begriff **„Teilbetrieb"** ist rein steuerlicher Natur und nicht gesetzlich definiert, sondern höchstrichterlich im Rahmen des § 16 EStG entwickelt. Unter Berücksichtigung der Zielsetzung des § 16 EStG bestand weitgehende Übereinstimmung, dass unter Teilbetrieb „ein mit einer gewissen Selbständigkeit ausgestatteter, organisch geschlossener Teil des GesamtUnt, der für sich lebensfähig ist", zu verstehen ist (nationaler Teilbetriebsbegriff, vgl zB BFH v 4.10.2011 BStBl II 467; EStR (2012) R 16 (3).

Auf der Grundlage der Zielsetzung der „Europäisierung" des UmwStG 2006, das Umwandlungen unter Bet von EU- und EWR-Rechtsträgern an sich begünstigen soll, definiert die FinVerw den Teilbetrieb nunmehr unter Bezugnahme auf Entscheidungen des EuGH und die FusionsRL als „Gesamtheit der in einem Unternehmensteil einer Ges vorhandenen aktiven und passiven Wirtschaftsgüter, die in organisatorischer Hinsicht einen selbstständigen Betrieb" darstellen (UmwSt-Erl Tz 15.02). Zum Teilbetrieb sollen „alle **funktional wesentlichen** Betriebsgrundlagen sowie diesem Teilbetrieb nach wirtschaftlichen Zusammenhängen zuordenbaren Wirtschaftsgüter" gehören (UmwStErl Tz 15.02; kritisch ua *Schumacher* in Rödder/ Herlinghaus/van Lishaut[3] UmwStG § 15 Anm 125 ff). Dieses Teilbetriebsverständnis soll umfassend Geltung sowohl für nationale als auch grenzüberschreitende Spaltungen haben.

An Kontur hat der Teilbetrieb durch die geänderte Beschreibung nicht gewonnen. Praktische Folge dieses geänderten Teilbetriebsverständnisses der FinVerw ist, dass nicht mehr allein die wesentlichen Betriebsgrundlagen (üblicherweise Anlagevermögen und evtl in Abhängigkeit vom Geschäft auch Umlaufvermögen) den Teilbetrieb bestimmen und damit (als Bestandteil des Teilbetriebs) übertragen werden müssen, sondern nunmehr auch *nach wirtschaftlichem Zusammenhang zuordenbare WG*. Damit entfällt ua die Möglichkeit der freien Zuordnung von Passiva (insb Verbindlichkeiten) als neutrales Vermögen; die Passiva sind vielmehr nach dem Veranlassungsprinzip zuzuordnen.

Der Wegfall der Möglichkeit der freien Zuordnung von WG, insbesondere von passiven WG, ist von besonderer Bedeutung bei der **nicht verhältniswahrenden Spaltung,** bei der Wertunterschiede in den Bet nicht mehr ohne Weiteres durch Zuordnung von (passiven) WG ausgeglichen werden können. Rechtlich erfolgt die Zuordnung der (aktiven und passiven) WG im Spaltungsvertrag, wobei auf die SB nach § 17 Abs 2 UmwG Bezug genommen werden kann (Anm 63).

196 Als Teilbetrieb *gilt* darüber hinaus auch ein Mitunternehmeranteil sowie eine 100 %ige Bet an einer KapGes (**fiktiver Teilbetrieb;** § 15 Abs 1 S 3 UmwStG). Zur Zuordnung von Verbindlichkeiten zu fiktiven Teilbetrieben s UmwSt-Erl Tz 15.11.

197 Qualifiziert das im Rahmen der Aufspaltung übertragene bzw in Fällen der Abspaltung nach den §§ 15, 16 UmwStG auch das zurückbehaltene Vermögen (Anm 427, doppeltes Teilbetriebserfordernis) nicht als (echter oder fiktiver) Teilbetrieb **(fehlende Teilbetriebsqualität),** hat unabhängig davon, ob sie nach der Spaltung weiterhin der inländischen Besteuerung unterliegen (s § 11 Abs 2 UmwStG), eine **Aufdeckung der stillen Reserven im übergehenden Betriebsvermögen** zu erfolgen, die beim übertragenden Rechtsträger der Besteuerung zu unterwerfen ist (UmwSt-Erl Tz 15.01). Da vom Vorliegen eines Teilbetriebs ua die Steuerneutralität der Umwandlung abhängt, enthält § 6 Abs 2 EnWG eine eigene Teilbetriebsfiktion, die dazu dient, das *Unbundling* von Energieversorgungsunternehmen zu erleichtern (s *Dürrschmidt* in BeckOK UmwStG § 20 Anm 867.1).

Keine Bedeutung hat die Erfüllung des Teilbetriebserfordernisses für den Übergang von steuerlichen Verlustpositionen (verrechenbare Verluste, Verlustvorträge, negative Einkünfte, Zinsvorträge, EBITDA-Vorträge); sie gehen unabhängig vom Vorliegen eines Teilbetriebs wertanteilig verloren (§ 15 Abs 3 UmwStG).

198 Streitig ist, bis zu welchem **Zeitpunkt** Teilbetriebe vorliegen müssen. Die FinVerw stellt auf den steuerlichen Übertragungsstichtag ab (UmwSt-Erl

II. Aufspaltung

Tz 15.03; aA ua *Schmitt* in Schmitt/Hörtnagl/Stratz[8] UmwStG § 15 Anm 85; *Schumacher* in Rödder/Herlinghaus/van Lishaut[2] UmwStG § 15 Anm 155).

dd) Steuerliche Bilanzen. Eine steuerliche SB ist die Bilanz, die auf den 200 steuerlichen Übertragungsstichtag (Spaltungsstichtag) zu erstellen ist. Sie ist von der letzten steuerlichen Erfolgsbilanz zu unterscheiden, mit der der übertragende Rechtsträger den bis zum steuerlichen UmwStichtag entstehenden laufenden Gewinn zu ermitteln hat. Auf diesen Stichtag ist eine reguläre (letzte) steuerliche Erfolgsbilanz aufzustellen. Diese wird nach Maßgabe des § 5 Abs 1 EStG aus der handelsrechtlichen Erfolgsbilanz abgeleitet.

Hat der *übertragende* Rechtsträger die Rechtsform einer **Kapitalgesell-** 201 **schaft,** hat dieser bei der steuerlichen Umsetzung der Auf- und Abspaltung grds eine **steuerliche Schlussbilanz** – auch Übertragungsbilanz genannt – auf den Spaltungsstichtag (steuerlichen Übertragungsstichtag) zu erstellen (§ 15 iVm § 11 UmwStG bei Auf- und Abspaltung auf eine KapGes; § 16 iVm § 3 UmwStG bei Auf- und Abspaltung auf eine PersGes). Sie dient der Ermittlung des Übertragungsergebnisses.

Die Verpflichtung zur Erstellung einer steuerlichen SB besteht nicht allein bei inländischen, sondern auch bei bisher umwandlungsrechtlich noch nicht umgesetzten grenzüberschreitenden Spaltungen, wenn die steuerliche SB für die inländische Besteuerung von Bedeutung ist (zB inländisches BetrVerm als Spaltungsgegenstand).

In der steuerlichen SB hat die übertragende KapGes ihre WG grds unter 202 **Aufdeckung aller stillen Reserven** (einschl selbst geschaffener WG und eines GFW) zu gemeinen Werten anzusetzen (H Anm 162). Nach Ansicht der FinVerw (UmwSt-Erl Tz 03.06) finden im Rahmen der steuerlichen SB die steuerlichen Ansatzverbote des § 5 EStG und damit insbesondere Passivierungsverbote wie Drohverlust- und Jubiläumsrückstellungen nach § 5 Abs 4a, 4 EStG mit Ausnahme von § 6a EStG keine Anwendung (Ausnahme Buchwertansatz), wodurch Passivposten aufwandswirksam werden und den Übertragungsgewinn mindern. Ein Buch- oder Zwischenwertansatz ist auf (wirksamen, bedingungsfeindlichen und unwiderruflichen) Antrag nur unter eingeschränkten Voraussetzungen (ua Teilbetriebsübertragung, Erhalt des inländischen Besteuerungsrechts/Sicherstellung der Besteuerung der stillen Reserven) zulässig. Die steuerliche SB steht insoweit im Gegensatz zu der handelsrechtlichen SB nach § 17 Abs 2 UmwG, die den Ansatz (fortgeführter) Buchwerte vorsieht. Zur Abspaltung Anm 425. Da für die steuerliche SB derselbe Stichtag wie für die letzte Erfolgsbilanz des übertragenden Rechtsträgers gilt, lässt sich das steuerliche Übertragungsergebnis aus dem Unterschied der Ergebnisse beider Bilanzen ermitteln.

Die Erstellung einer steuerlichen **Übernahmebilanz** des übernehmenden 203 Rechtsträgers ist bei der Spaltung einer KapGes nicht vorgesehen. Die Übernahme des Vermögens stellt sich wie bei der Verschmelzung bei ihm als **laufender Geschäftsvorfall** dar. Lediglich bei einer Spaltung zur Neugründung haben die errichteten übernehmenden Rechtsträger steuerliche EB zu erstellen, die gleichzeitig Übernahmebilanz ist (*Schmitt* in Schmitt/Hörtnagl/Stratz[8] UmwStG § 4 Anm 19; UmwSt-Erl Tz 04.03).

Ist eine **Personengesellschaft** *übertragender* Rechtsträger einer Auf- oder 204 Abspaltung, richtet sich die steuerliche Erfassung der Spaltung nach den

§§ 20 ff UmwStG. Wie bei der Spaltung einer KapGes hat die PersGes eine (letzte) Erfolgsbilanz auf den Spaltungsstichtag zu erstellen, die der Gewinnermittlung dient. Die Erstellung einer SB ist jedoch anders als bei der Auf- oder Abspaltung von einer KapGes nicht vorgesehen. Der übernehmende Rechtsträger weist das übernommene Vermögen in seiner (steuerlichen) „Übernahmebilanz" aus. Die Wertansätze in dieser „Übernahmebilanz" bestimmen das Übernahmeergebnis für den übertragenden Rechtsträger bzw seine Gesellschafter (§§ 20 Abs 3, 24 Abs 3 UmwStG).

b) Aufspaltung von Kapitalgesellschaften

210 Steuerlich geregelt sind Aufspaltungen von KapGes
– auf andere KapGes in § 15 iVm §§ 11 bis 13, 19 UmwStG und
– auf PersGes in § 16 iVm §§ 3 bis 8, 10, 15, 18 UmwStG.

211 **aa) Aufspaltung auf andere Kapitalgesellschaften. aaa) Allgemeines/Teilbetriebserfordernis.** Das dem UmwStG zugrunde liegende Verständnis von der Aufspaltung als Umkehrung der Verschmelzung wird deutlich, indem § 15 Abs 1 UmwStG die §§ 11 ff UmwStG auf die Aufspaltung (§ 123 Abs 1 UmwG) einer KapGes auf andere KapGes für entspr anwendbar erklärt. Es gilt daher grds das zur Verschmelzung von KapGes Dargestellte (H Anm 165 ff): Die übertragende KapGes hat eine steuerliche SB zu erstellen, in der die übergehenden WG einschließl nicht entgeltlich erworbener und selbst erschaffener immaterieller WG sowie eines GFW grds mit dem gemeinen Wert zu bewerten sind. Pensionsrückstellungen sind nach § 6a EStG zu bewerten. Es findet nach Ansicht der FinVerw keine Einzelbewertung statt, vielmehr ist die **Sachgesamtheit** zu bewerten und der ermittelte Wert nach Teilwerten auf die WG zu verteilen (UmwSt-Erl Tz 15.14, 11.04, 03.07). Wegen der Geltung von § 6a EStG (§§ 15 iVm 11 Abs 1 S 2 UmwStG) sind die stillen Lasten aus den Pensionsverpflichtungen nicht zu berücksichtigen.

Für den möglichen Antrag auf Ansatz der steuerlichen Buchwerte oder Zwischenwerte in der steuerlichen SB verlangt §§ 15 iVm 11 Abs 2 Satz 1 UmwStG wie bei der Verschmelzung
– die Sicherstellung der späteren Besteuerung der übergehenden WG mit KSt,
– kein Ausschluss und keine Beschränkung des Besteuerungsrechts der BRD hinsichtlich der Besteuerung des Gewinns aus der Veräußerung der übertragenen WG bei der übernehmenden Körperschaft sowie
– keine Gewährung einer Gegenleistung mit Ausnahme von GesRechten.

Für die Ausübung des in § 11 Abs 2 UmwStG vorgesehenen Bewertungswahlrechts in der SB (Anm 212) verlangt § 15 Abs 1 S 2 UmwStG zusätzlich, dass im Rahmen der Aufspaltung auf die übernehmenden Körperschaften ein **Teilbetrieb** (Anm 195) übergeht.

Werden **keine Teilbetriebe** übertragen, entfällt das Wahlrecht nach § 11 Abs 2 UmwStG. Dies bedeutet, dass die übertragende Körperschaft die stillen Reserven in dem übergehenden Vermögen aufzudecken und der Besteuerung zu unterwerfen hat. Wird bei einer Aufspaltung auf zwei Körperschaften nur auf einen der Übernehmer ein Teilbetrieb übertragen, sind die stillen Reser-

II. Aufspaltung

ven zwingend nur hinsichtlich des übergehenden Vermögens, das keinen Teilbetrieb darstellt, aufzudecken.

Werden dagegen allein (echte oder fiktive) **Teilbetriebe** im Rahmen der Aufspaltung auf die übernehmenden Körperschaften übertragen, *dürfen* von der übertragenden Körperschaft unter den weiteren Voraussetzungen des § 11 Abs 2 UmwStG (H Anm 170 ff) in ihrer steuerlichen SB die übergehenden WG mit dem Buchwert angesetzt werden. Daneben ist auch eine Bewertung zu gemeinen Werten oder Zwischenwerten zulässig (§§ 15 Abs 1, 11 Abs 2 UmwStG = **Bewertungswahlrecht;** s auch H Anm 175). Ein etwaiges Wahlrecht darf für jeden Teilbetrieb selbstständig ausgeübt werden.

Das Teilbetriebserfordernis beschränkt sich auf die Möglichkeit, die Aufdeckung der stillen Reserven im übergehenden BetrVerm zu vermeiden; andere steuerliche Regelungen der Spaltung wie die rückwirkende Einkommenszurechnung nach § 2 UmwStG finden unabhängig vom Teilbetriebserfordernis Anwendung (UmwSt-Erl Tz 13).

bbb) Missbrauchstatbestände. Das nach §§ 15 Abs 1 S 1, 11 Abs 2 UmwStG eingeräumte Bewertungswahlrecht, das eine steuerneutrale Spaltung unter Bet von KapGes ermöglicht, steht unter „Missbrauchsvorbehalt" (§ 15 Abs 2 UmwStG). Hiermit soll sichergestellt werden, dass einerseits EinzelWG durch Übertragung auf eine Mitunternehmerschaft oder KapGes als Bestandteil dieser fiktiven Teilbetriebe nicht steuerneutral abgespalten werden können (S 1) sowie andererseits eine steuerpflichtige Veräußerung eines (fiktiven) Teilbetriebs durch eine Auf- oder Abspaltung auf eine KapGes und deren nachfolgende Veräußerung durch Nutzung von § 8b KStG vermieden wird (S 2–4). Erfüllt die Aufspaltung einen Missbrauchstatbestand, unterfällt die Spaltung zwar weiterhin dem UmwStG, das Bewertungswahlrecht des § 11 Abs 2 UmwStG findet jedoch keine Anwendung. Das *übergehende* Vermögen einschl etwaiger selbst geschaffener immaterieller WG/GFW ist (bezogen auf das übergehende Vermögen) in der SB der übertragenden Körperschaft mit den gemeinen Werten anzusetzen.

Bei Auf- oder Abspaltungen von fiktiven Teilbetrieben, also Mitunternehmeranteilen und 100%igen Bet, wird dann (rückwirkend) das Bewertungswahlrecht (Anm 212) versagt, wenn ein **Erwerb oder eine Aufstockung der fiktiven Teilbetriebe innerhalb von drei Jahren** vor dem steuerlichen Übertragungsstichtag durch Übertragung von (Einzel-)WG, die keinen Teilbetrieb darstellen, erfolgt ist. Unschädlich für das Bewertungswahlrecht ist die Übertragung von (Einzel-)WG hingegen, wenn bei der Übertragung der (Einzel-)WG deren stille Reserven aufgedeckt wurden (UmwSt-Erl Tz 15.16). Unschädlich ist es auch, wenn zurückbleibende fiktive Teilbetriebe aufgestockt wurden.

Das Bewertungswahlrecht wird ebenfalls nicht gewährt, wenn eine **Spaltung zur Veräußerung an außenstehende Personen** vollzogen wird (§ 15 Abs 2 S 2 UmwStG) bzw die Voraussetzungen für eine solche Veräußerung geschaffen werden (§ 15 Abs 2 S 3 UmwStG). Hiervon wird ausgegangen, wenn innerhalb von fünf Jahren nach dem steuerlichen Übertragungsstichtag Anteile an *einer* (!) an der Spaltung beteiligten KapGes (übertragende oder übernehmende KapGes) veräußert werden, die mehr als

20% der vor dem Wirksamwerden der Spaltung bestehenden Anteile (dh · 20% des Werts der Anteile an der übertragenden KapGes) ausmachen (§ 15 Abs 2 S 4 UmwStG; UmwSt-Erl Tz 15.29).

Der Tatbestand des **Vollzugs bzw der Vorbereitung der Veräußerung** an Außenstehende ist unpräzise formuliert und so ist umstr, wann eine schädliche Veräußerung vorliegt. Angesprochen ist die Rangfolge und das steuerliche Zusammenwirken der Sätze des Abs 2. S 2 wird überwiegend als eine Einleitung ohne eigenständigen Anwendungsbereich zu S 3 und S 4 verstanden, denn durch eine Spaltung per se kann wie in S 2 angesprochen keine Veräußerung vollzogen werden. Vor diesem Hintergrund gilt allein die Veräußerung an außenstehende Dritte nach S 3 bzw S 4 als tatbestandlich.

Stärker umstr ist das **Verhältnis von S 3 zu S 4.** Unbestritten ist aufgrund des Wortlauts des S 4, dass in jedem Fall (unwiderlegliche Vermutung) eine Veräußerung dann schädlich ist, wenn innerhalb eines Zeitraums von fünf Jahren nach dem Spaltungsstichtag mehr als 20 % – bezogen auf den Wert der übertragenden KapGes vor der Spaltung – an Anteilen der übertragenden, aber auch der übernehmenden KapGes veräußert werden. Damit findet bei einer aufnehmenden Spaltung nach hM auch eine Veräußerung der Anteile an der übernehmenden KapGes durch nicht an der SpaltGes beteiligte Anteilseigner bei der Ermittlung der 20%-Grenze Berücksichtigung (*Dötsch/Stimpel* in Dötsch/Pung/Möhlenbrock UmwStG § 15 Anm 288 ff). Umstr ist, ob S 3 einen eigenständigen Anwendungsbereich ggü S 4 hat, also auch Verkäufe unterhalb der 20%-Schwelle und außerhalb der Fünfjahresfrist im Einzelfall missbräuchlich sein können, wenn eine Veräußerungsabsicht erkennbar ist (so FinMin Brandenburg 16.7.2014 DStR, 2180; FG Hamburg v 18.9.2018 EFG 2019, 140 (nrkr, Rev BFH I R 39/18)) oder ob beide Sätze eine untrennbare Einheit mit der Folge darstellen, dass ausschließlich nach Überschreiten der 20%-Grenze innerhalb der Fünfjahresfrist des S 4 das Bewertungswahlrecht des § 11 Abs 2 UmwStG nicht gewährt wird (FG Berlin-Brandenburg v 31.5.2018 GmbHR, 1081 (nrkr, Rev BFH I R 27/18)).

Erfasst werden in jedem Fall lediglich **entgeltliche Übertragungen,** also Veräußerung oder Tausch sowie regelmäßig auch nachfolgende Umw nach dem UmwG (UmwSt-Erl Tz 15.24; mangels Vermögensübertragung beim Formwechsel fraglich).

Lediglich entgeltliche **Übertragungen an außenstehende Personen,** also Personen, die nicht zum GesterKreis gehören, sind bei der Ermittlung der 20%-Grenze zu berücksichtigen. Damit ist die Veräußerung innerhalb des GesterKreises der übertragenden Ges zum UmwStichtag grds unschädlich (UmwSt-Erl Tz 15.26). Entsprechendes gilt nach Ansicht der FinVerw für die Umstrukturierung innerhalb des Kreises verbundener Unt iSd § 271 HGB (UmwSt-Erl Tz 15.26).

Für die **Ermittlung der 20%-Grenze** ist auf den gemeinen Wert der Anteile der gespaltenen Ges zum Spaltungsstichtag abzustellen. Spätere Wertveränderungen sind nicht zu berücksichtigen. Anteile an einer an der Spaltung beteiligten Ges sind Anteile an der übertragenden und auch übernehmenden KapGes. Da bei der Spaltung zur Aufnahme der Wert der An-

II. Aufspaltung

teile an der übernehmenden KapGes durch den Wert des übernommenen BetrVerm beeinflusst wird, führt die Veräußerung von Anteilen an dem übernehmenden Rechtsträger eher zur Überschreitung der 20%-Grenze. In der Literatur wird daher dafür plädiert, die Vorschrift einschränkend dahingehend auszulegen, dass bei der Berechnung der Grenze das Vermögen der aufnehmenden KapGes keine Berücksichtigung findet (*Schumacher* in Rödder/Herlinghaus/van Lishaut[3] UmwStG § 15 Anm 257; *Hörtnagl* in Schmitt/Hörtnagl/Stratz[8] UmwStG § 15 Anm 178).

Die gesetzliche 20%-Grenze kann dazu führen, dass Spaltungen unter Bet von Ges mit breiter Anteilsstreuung (zB börsennotierte AG) nicht steuerneutral möglich sind. Ggf ist die Anteilsveräußerung durch Vinkulierungsklauseln zu verhindern.

223 Führt die Spaltung zu einer **Trennung von Gesellschafterstämmen**, verlangt § 15 Abs 2 S 5 UmwStG zusätzlich, dass die Bet an der übertragenden Körperschaft fünf Jahre vor dem steuerlichen Übertragungsstichtag bestanden haben müssen. Mit diesem Erfordernis soll verhindert werden, dass mit Hilfe einer kurzfristigen Bet ein UntTeil übertragen werden kann, der sich sonst als Erwerb der übertragenden Ges darstellt. Da die Fünfjahresfrist unabhängig davon gilt, ob die Körperschaft bereits fünf Jahre bestanden hat (UmwSt-Erl Tz 15.35), sind steuerneutrale Spaltungen zur Trennung von GesterStämmen erst nach Ablauf der Fünfjahresfrist möglich.

Die Trennung von GesterStämmen verlangt eine **vollständige gesellschaftsrechtliche Loslösung** der GesterStämme (*Asmus* in Haritz/Menner/Bilitewski[5] UmwStG § 15 Anm 192; *Hörtnagl* in Schmitt/Hörtnagl/Stratz[8] UmwStG § 15 Anm 233; aA UmwSt-Erl Tz 15.37: Trennung bereits, wenn an den NachfolgeGes nicht mehr alle Anteilsinhaber der übertragenden KapGes beteiligt sind).

230 ccc) Da der Grundsatz der **Maßgeblichkeit** keine Anwendung findet, kann der übertragende Rechtsträger in der steuerlichen SB das steuerliche Bewertungswahlrecht nach § 15 Abs 1 iVm § 11 Abs 2 UmwG unabhängig von den Wertansätzen in der HBil ausgeübt werden (s iE H Anm 165 ff).

235 bb) **Aufspaltung auf Personengesellschaften.** Die steuerliche Behandlung der Aufspaltung einer KapGes auf PersGes entspricht weitgehend der Verschmelzung einer KapGes auf eine PersGes (§§ 16 S 1 iVm 3 bis 8, 10 UmwStG). Wie bei der Spaltung von KapGes auf KapGes ist zusätzliches Erfordernis für eine steuerbegünstigte Spaltung, dass das auf jede PersGes übergehende Vermögen einen (echten oder fiktiven) *Teilbetrieb* bildet.

Wie bei der Aufspaltung auf KapGes (Anm 211 ff) hat die übertragende KapGes das übergehende Vermögen grds zu gemeinen Werten anzusetzen. Ein Ansatz zu Buchwerten oder Zwischenwerten ist auf Antrag grds möglich, wenn das Besteuerungsrecht nicht beeinträchtigt wird (s im Einzelnen § 16 S 1 iVm § 3 Abs 2 UmwStG).

240 cc) **Aufspaltung auf Kapital- sowie Personengesellschaften.** Handelsrechtlich kann die Aufspaltung gleichzeitig auf KapGes und PersGes erfolgen. Steuerlich gelten bezogen auf die jeweilige Vermögensübertragung (Einheit) die unter Anm 211 ff bzw 235 dargestellten Grundsätze.

c) Aufspaltung von Personengesellschaften (Einbringungssachverhalte)

245 **aa) Allgemeines.** Die Aufspaltung einer (mitunternehmerischen) PersGes wird steuerlich grds als **Einbringungssachverhalt** iSd §§ 20, 24 UmwStG angesehen (UmwSt-Erl Tz 01.44, 01.47).

Als Einbringende gelten bei der Aufspaltung die Gester der PersGes (Mitunternehmer), nicht jedoch die PersGes selbst, da sie im Rahmen der Spaltung untergeht (UmwSt-Erl Tz 24.04, 20.05; *Menner* in Haritz/Menner/Bilitewski[5] UmwStG § 20 Anm 273 f).

Voraussetzung für die Anwendung der Einbringungsvorschriften ist die **Gewährung neuer Anteile** (Spaltung auf eine KapGes) bzw **neuer Mitunternehmeranteile** (Spaltung auf eine PersGes) durch den übernehmenden Rechtsträger (Sachgründung oder Sachkapitalerhöhung).

250 **bb) Aufspaltung auf Kapitalgesellschaften.** Steuerlich begünstigt ist die Spaltung einer PersGes nur, wenn das übertragene Vermögen **(Einbringungsgegenstand)** ein von der PersGes gehaltener Teilbetrieb, ein Mitunternehmeranteil ein Teil davon (UmwSt-Erl Tz 20.11) oder eine Bet an einer KapGes sind. Ist Gegenstand der Spaltung ein Teilbetrieb oder Mitunternehmeranteil, findet § 20 UmwStG Anwendung; wird die Bet an einer KapGes (einschl einer 100%-Bet an einer KapGes) übertragen, gilt § 21 UmwStG (*Nitzschke* in Blümich UmwStG § 20 Anm 199). Ist die Bet an einer KapGes Bestandteil eines Teilbetriebs oder Mitunternehmeranteils, findet insoweit § 21 UmwStG auf die Bet an der KapGes Anwendung.

251 Bei Übertragung eines Teilbetriebs ist zu beachten, dass alle den Teilbetrieb bestimmenden funktional wesentlichen Betriebsgrundlagen sowie nach wirtschaftlichen Zusammenhängen zuordenbare WG mit zu übertragen sind (zum Begriff der wesentlichen Betriebsgrundlage vgl BMF 16.8.2000 BStBl I, 1253; sonst Anm 195). Bei der Spaltung von PersGes ist weiterhin zu beachten, dass auch die bisher dem SonderBetrVerm I und ggf auch II zuzurechnenden **funktional wesentlichen Wirtschaftsgüter** übergehen müssen. Da das SonderBetrVerm nicht im Eigentum der zu spaltenden Ges steht, ist es aufgrund separaten Vertrags (zeitnah) durch den Mitunternehmer auf die übernehmende KapGes zu übertragen. Auf welche KapGes bei der Aufspaltung die WG des Sonderbetriebsvermögens zu übertragen sind, ergibt sich aus dem Nutzungszusammenhang.

Ist SonderBetrVerm nicht funktional wesentlich, hindert dessen Nichtübertragung die Ausübung eines sonst bestehenden Bewertungswahlrechts nicht. Das SonderBetrVerm gilt jedoch als entnommen.

Hat ein Gester die Bet an der PersGes fremdfinanziert, verliert das bisher als passives SonderBetrVerm II ausgewiesene Darlehen diesen Charakter, da nach Spaltung lediglich Bet an KapGes bestehen (wird das Darlehen *auch* auf PersGes gespalten, kommt eine anteilige Berücksichtigung in Betracht).

255 **cc) Aufspaltung auf andere Personengesellschaften.** Für die Aufspaltung einer PersGes auf PersGes finden entweder § 24 UmwStG oder die Regelung des § 6 Abs 5 EStG Anwendung. Bei einer Spaltung zu Null (Anm 14) kann ggf auch auf Grundlage der Realteilung steuerneutral gespalten werden (O Anm 41).

II. Aufspaltung

Gegenstand einer zum Anwendungsbereich des § 24 UmwStG gehörenden Aufspaltung sind Teilbetriebe, Mitunternehmeranteile sowie (str) 100%-Bet an KapGes (so UmwSt-Erl Tz 24.02). Ein zur Finanzierung der Bet an der gespaltenen PersGes aufgewandtes Darlehen wird passives SonderBetrVerm II des Gesters bei der übernehmenden PersGes. Die Aufteilung erfolgt nach dem Wert der neuen Bet.

256 Die Aufspaltung von PersGes auf PersGes weist ggü Aufspaltungen unter Bet von KapGes insoweit Besonderheiten auf, als ein Vermögenstransfer zwischen BetrVerm erfolgt, die dem Gester (Mitunternehmer) steuerlich zugerechnet werden. Entsprechend liegen die Voraussetzungen für einen Ansatz des übergehenden Vermögens in der SB der übertragenden PersGes neben den gemeinen Werten auch auf Antrag zu Buchwerten oder Zwischenwerten vor, § 24 Abs 2 UmwStG.

d) Besteuerung der übernehmenden Rechtsträger

260 Im Fall der **(Auf-)Spaltung einer Kapitalgesellschaft** gelten grds die gleichen Grundsätze bezogen auf das übergegangene Vermögen wie für die Verschmelzung von KapGes (H Anm 170 ff). Erfolgt die Spaltung **auf andere Kapitalgesellschaften,** hat die übernehmende KapGes die auf sie übergegangenen WG mit den in der steuerlichen SB ausgewiesenen Werten anzusetzen (§§ 15 iVm 12 Abs 1, 4 Abs 1 UmwStG). Sie tritt in die Rechtsstellung des übertragenden Rechtsträgers ein (§ 12 Abs 3 UmwStG). Bei der Spaltung auf eine KapGes wird das Einlagekonto der übertragenden KapGes (§ 29 Abs 3 S 1, 2 UmwStG) nach dem Verhältnis der übergehenden Vermögensteile aufgeteilt und der entspr Anteil der übernehmenden KapGes zugewiesen (§ 29 Abs 3 S 1, 2 KStG).

Erfolgt die Spaltung **auf Personengesellschaften,** gelten die für die Verschmelzung einer KapGes auf eine PersGes dargestellten Grundsätze bezogen auf den jeweils übergehenden Vermögensteil (H Anm 210 ff; K Anm 142 ff): Die übernehmende PersGes hat in einem ersten Schritt die übergehenden WG zu den Werten in der SB zu übernehmen. In einem zweiten Schritt ist das Übernahmeergebnis unter Berücksichtigung der (ggf nach § 4 Abs 1 S 2 UmwStG erhöhten) Buchwerte bzw AK der Gester und der gemeinen Werte des neutralen Vermögens (§ 4 Abs 4 UmwStG) für jeden Gester sowie unter Abzug der Bezüge nach § 7 UmwStG zu ermitteln. Auf den Übernahmegewinn findet bei einer KapGes als Anteilseigner § 8b KStG Anwendung, bei natürlichen Personen bleiben 40% steuerfrei (Teileinkünfteverfahren). Ein Übernahmeverlust findet keine Berücksichtigung.

261 Für die **(Auf-)Spaltung einer Personengesellschaft** gelten die §§ 20, 24 UmwStG, die die Einbringung eines Betriebs, Teilbetriebs oder Mitunternehmeranteils in KapGes bzw in PersGes regeln (H Anm 198, 204). Ist Gegenstand der Spaltung eine Bet an einer KapGes, finden bei Spaltung auf eine KapGes § 21 UmwStG, bei Spaltung einer 100%igen Bet auf eine PersGes § 24 UmwStG Anwendung; in Einzelfällen können auf die Spaltung von PersGes auch § 6 Abs 5 EStG sowie die Regeln über die Realteilung Anwendung finden (O Anm 41).

Die übernehmenden KapGes oder PersGes können auf Antrag unter den Voraussetzungen der §§ 20 Abs 2, 24 Abs 2 UmwStG das eingebrachte (gespaltene) BetrVerm statt mit den gemeinen Werten mit dem Buchwert oder einem Zwischenwert ansetzen. Durch Ausübung des Bewertungswahlrechts bestimmen die übernehmenden KapGes oder PersGes die Höhe des vom Einbringenden (Gester der gespaltenen PersGes) erzielten Veräußerungsergebnisses. Wird neben neuen Anteilen bzw einer Mitunternehmerstellung eine andere Gegenleistung gewährt, ist ein Buchwertansatz nur dann möglich, wenn die sonstige Gegenleistung nicht mehr als 25 % des Buchwerts des eingebrachten Vermögens oder 500 000 €, höchstens jedoch den Buchwert des eingebrachten BV, beträgt.

e) Besteuerung der Gesellschafter

265 aa) **Allgemeines.** Bei der (Auf-)Spaltung einer KapGes gelten für die Gester im Grundsatz die gleichen Regeln wie bei der Verschmelzung; Unterschiede ergeben sich allein daraus, dass bei der Spaltung nicht das gesamte Vermögen auf einen anderen Rechtsträger übergeht und der Gester seine bisherige Bet nicht gegen eine, sondern gegen mehrere Bet „tauscht".

266 bb) **Aufspaltung einer Kapitalgesellschaft auf andere Kapitalgesellschaften.** Die steuerlichen Folgen einer Aufspaltung einer KapGes auf andere KapGes richten sich für die Gester wie bei einer Verschmelzung nach § 13 UmwStG: Die Anteile an dem übertragenden Rechtsträger gelten als zu gemeinen Werten veräußert und die Anteile an den übernehmenden Rechtsträgern mit diesem Wert angeschafft und zwar unabhängig davon, mit welchen Werten die übertragende Ges das übergehende Vermögen angesetzt hat (§§ 15 Abs 1, 13 Abs 1 UmwStG). Auf Antrag können die Gester den „Anteilstausch" buchwertneutral abwickeln, wenn keine Gegenleistung oder allein Anteile gewährt werden, Spaltungsgegenstand Teilbetriebe sind und das Besteuerungsrecht der Bundesrepublik hinsichtlich des Veräußerungsgewinns an den Anteilen nicht eingeschränkt wird oder ein Fall der FusionsRL vorliegt (§§ 15 Abs 1 S 2, 13 Abs 2 UmwStG). Es entsteht dann kein Veräußerungsgewinn. Die Anteile an dem übernehmenden Rechtsträger gelten als zu dem bisherigen Buchwert bzw den bisherigen AK angeschafft. Die Anteile an der übernehmenden KapGes treten bei Buchwertansatz an die Stelle der bisherigen Anteile und die steuerliche Qualität der abgegebenen Anteile überträgt sich auf die neuen Anteile (§§ 15 Abs 1, 13 Abs 2 UmwStG, Rechtsnachfolge). Bedeutung hat dies insoweit, als damit insb Wertaufholungsverpflichtungen übergehen, Besitzzeiten angerechnet werden und Anteile iSd § 17 EStG den Status unabhängig von der prozentualen Bet am übernehmenden Rechtsträger behalten; auch der Status als einbringungsgeborene Anteile aF geht über (sog spaltungsgeborene Anteile). Werden Gegenleistungen (zB bare Zuzahlungen nach § 126 Abs 1 Nr 3 UmwG) gewährt, ist insoweit keine Buchwertneutralität möglich (UmwSt-Erl Tz 13.02).

Die Regelung des § 13 UmwStG gilt für Anteile im BetrVerm, Anteile iSd § 17 EStG und einbringungsgeborene Anteile iSd § 21 UmwStG aF; für alle übrigen Anteile findet § 20 Abs 4a S 1 und 2 EStG (Abgeltungssteuer) Anwendung (UmwSt-Erl Tz 13.01; BMF 18.1.2016 BStBl I, 85 Tz 100 ff).

II. Aufspaltung

Wie das Handelsrecht gibt auch das UmwStG keinen Maßstab für die Aufteilung des bisherigen Buchwerts bzw der AK der Anteile an der übertragenden KapGes zur Ermittlung eines Spaltungsgewinns des Gesters vor. Als Aufteilungsschlüssel bietet sich das Umtauschverhältnis der Anteile im Spaltungs- und Übernahmevertrag bzw der gemeine Wert der übergehenden Vermögensteile an (UmwSt-Erl Tz 15.43; Anm 171 f). Dieses Verhältnis wird auch bei der Ermittlung der im Rahmen einer Spaltung zu mindernden steuerlichen Verlustpositionen zugrunde gelegt (§ 15 Abs 3 UmwStG). **267**

cc) Aufspaltung einer Kapitalgesellschaft auf Personengesellschaften. Wird eine KapGes auf PersGes gespalten, regeln die §§ 16, 3 ff UmwStG die steuerlichen Folgen für die Gester (K Anm 252). **268**

dd) Aufspaltung einer Personengesellschaft auf Kapitalgesellschaften. Bei der Spaltung von PersGes auf KapGes gilt nach § 20 Abs 3 S 1 UmwStG der Wert, mit dem die übernehmende KapGes das eingebrachte (übernommene) Vermögen ansetzt, als Veräußerungspreis für die Gester der PersGes (zum Begriff des Einbringenden Anm 245). Wird das Vermögen in der StBil (einschl Ergänzungsbilanz) der PersGes nicht zu Buchwerten angesetzt, ergibt sich für die Gester in Höhe der Differenz zwischen Buchwert und dem von der KapGes angesetzten Wert ein steuerpflichtiges Ergebnis. Darüber hinaus gilt der Wert, mit dem das übernommene Vermögen angesetzt wird, als AK für die den Gestern gewährten Anteile. Hat bei der Spaltung auf eine KapGes die übernehmende KapGes das Vermögen unter dem gemeinen Wert angesetzt, entsteht nach § 22 UmwStG eine **Sperrfrist von 7 Jahren,** innerhalb derer die Veräußerung der neuen Anteile die Einbringung rückwirkend steuerpflichtig werden lässt (Einbringungsgewinn I). Als Veräußerung gelten dabei nach Ansicht des BFH und der FinVerw nicht allein „klassische" tauschähnliche Vorgänge, sondern auch (Folge-)Umwandlungen (BFH v 24.1.2018 BStBl II 2019, 45; UmwSt-Erl Tz 22.07). **269**

Der Einbringungsgewinn berechnet sich für Einbringungen nach § 20 UmwStG als Differenz zwischen dem gemeinen Wert des eingebrachten Vermögens zum Umwandlungsstichtag und dem Wertansatz beim übernehmenden Rechtsträger gemindert um $^1/_7$ für jedes seit der Einbringung abgelaufene Zeitjahr. Kommt es zu einer rückwirkenden Besteuerung aufgrund einer Anteilsveräußerung, kann die übernehmende KapGes bei Nachweis, dass der Einbringungsgewinn I versteuert wurde, das übernommene Vermögen grds steuerneutral in Höhe des versteuerten Einbringungsgewinns „aufstocken" (§ 23 Abs 2 UmwStG).

ee) Aufspaltung einer Personengesellschaft auf andere Personengesellschaften. Die Besteuerung der Gester bei einer Aufspaltung einer PersGes auf andere PersGes entspricht als Einbringungssachverhalt (§ 24 UmwStG) weitgehend der Spaltung einer PersGes auf KapGes nach § 20 UmwStG (Anm 269). Die Gegenleistung muss in der Einräumung einer Bet an den übernehmenden PersGes bestehen. Unterschiede ergeben sich daraus, dass die StBil der PersGes nicht nur aus der Gesamthandsbilanz, sondern auch den Sonder- und Ergänzungsbilanzen der Gester besteht. So muss das im Rahmen der Spaltung eingebrachte Vermögen nicht zwingend Gesamthandsvermögen, sondern kann auch SonderBetrVerm des Gesters bei der übernehmenden PersGes werden, ohne dass hiermit die Möglichkeit der steuerneutralen Spal- **270**

tung tangiert wird (UmwSt-Erl Tz 24.05). Bei einer Spaltung zur Trennung der Gester (Spaltung zu Null) kann sich die Steuerneutralität auch aus Realteilungsgrundsätzen ergeben (hierzu O).

f) Verkehrsteuern

275 **aa) Umsatzsteuer.** Grds ist die Spaltung als entgeltlicher Übertragungsvorgang (Tausch) ein umsatzsteuerbarer Vorgang. Dennoch ist die Spaltung in der Praxis regelmäßig nicht steuerbar, da üblicherweise aus ertragsteuerlichen Gründen (Anm 211) Teilbetriebe Gegenstand der Spaltung sind und damit der Tatbestand der Geschäftsveräußerung nach § 1 Abs 1a UStG erfüllt wird (Abschn 1.5 Abs 6 S 4 UStAE). Liegen die Voraussetzungen des § 1 Abs 1a UStG *nicht* vor, gelten die normalen umsatzsteuerlichen Regeln für die Übertragung von einzelnen VG.

Die Übertragung sog fiktiver Teilbetriebe (Mitunternehmeranteile und 100%-Bet an KapGes) ist nach § 4 Nr 8 Buchst f UStG befreit.

Werden WG des SonderBetrVerm im Rahmen der Spaltung von den Gestern einer übertragenden PersGes mit übertragen (Anm 251) und ist der Einbringende (Gester) Unternehmer, ist die Einbringung insoweit steuerbar.

276 Während ertragsteuerlich die Rechtsgeschäfte ab dem Spaltungsstichtag bereits dem übernehmenden Rechtsträger zugerechnet werden, gilt diese Rückwirkung für umsatzsteuerliche Zwecke nicht. In Übereinstimmung mit dem Zivilrecht besteht der übertragende Rechtsträger umsatzsteuerrechtlich bis zur Eintragung der Spaltung in das HR fort; er hat bis zu diesem Zeitpunkt weiterhin Voranmeldungen und ggf auch eine UStErklärung abzugeben.

277 Bei der Spaltung zur Errichtung beginnt die UStPflicht des neuen Unt mit der Aufnahme der unternehmerischen Tätigkeit, spätestens mit der Eintragung in das HR.

280 **bb) Grunderwerbsteuer.** Die Aufspaltung einer **Kapitalgesellschaft,** zu deren Vermögen inländisches Grundvermögen gehört, erfüllt den Tatbestand des § 1 Abs 1 Nr 3 GrEStG. Dies gilt unabhängig davon, auf welchen Rechtsträger gespalten wird (§ 6 Abs 1 GrEStG findet bei einer Aufspaltung auf eine PersGes keine Anwendung, da Gester der übernehmenden PersGes nicht die übertragende KapGes ist). Bemessungsgrundlage ist der Grundstückswert iSd § 138 BewG, § 8 Abs 2 GrEStG (zum Anwendungszeitpunkt s § 23 Abs 4 GrEStG).

Wird im Rahmen der Aufspaltung eine mindestens 95%ige Bet an einer Grundbesitz haltenden KapGes übertragen oder vereinigt sich bei der Übernehmerin eine derartige Bet zu mindestens 95%, löst die Spaltung ebenfalls GrESt aus (§ 1 Abs 3 GrEStG). Bemessungsgrundlage ist auch in diesem Fall der Grundstückswert iSd § 138 BewG. Bei der Übertragung von PersGes sind die §§ 1 Abs 2a sowie 1 Abs 3a GrEStG zu beachten.

281 Bei der Aufspaltung einer **Personengesellschaft** gilt grds Entspr. Wird auf eine PersGes gespalten, ist der Vorgang steuerbefreit, wenn die BetVerhältnisse an übertragender und übernehmender PersGes gleich sind, § 6 Abs 3 GrEStG. Bei nicht beteiligungsidentischer Spaltung kommt eine teilweise Befreiung in Betracht. Jedoch sind Haltefristen zu beachten.

III. Abspaltung und Ausgliederung

1. Allgemeines

Abspaltung und Ausgliederung unterscheiden sich von der Aufspaltung insb dadurch, dass bei diesen Spaltungsarten der übertragende Rechtsträger bestehen bleibt. Dennoch gilt auch für die Abspaltung und die Ausgliederung § 17 Abs 2 UmwG entspr, der vom übertragenden Rechtsträger die Erstellung einer **Schlussbilanz** verlangt, obwohl er nicht aufgelöst wird (§ 125 S 1 UmwG). Diskutiert wird vor diesem Hintergrund, ob bei der Abspaltung und bei der Ausgliederung wie bei der Aufspaltung eine GesamtSB oder eine TeilSB zu erstellen sind (so *Widmann* in Widmann/Mayer UmwG § 24 Anm 163), die das jeweils übergehende Vermögen (VG und Schulden) separat ausweist.

Obwohl § 17 Abs 2 UmwG auf die Spaltung nur „entspr" Anwendung findet, wird hieraus grds nicht gefolgert, dass § 17 Abs 2 UmwG für Abspaltungen und Ausgliederungen die Erstellung einer **Teilschlussbilanz** verlangt. Bei der Ausgliederung soll jedoch die Aufstellung einer geprüften Teilbilanz für das zu übertragende Vermögen ausreichen, da das Vermögen des übertragenden Rechtsträgers durch die Ausgliederung nur „umgeschichtet", nicht jedoch vermindert wird (s IDW RS HFA 43, Tz 7). Bei der Abspaltung wird die alleinige Erstellung einer Teilbilanz für möglich erachtet, wenn das zu übertragende Vermögen unwesentlich ist (IDW RS HFA 43, Tz 7).

Aufgrund der Funktion der SB (Anm 105 ff) ist eine die Vermögensmassen trennende Bilanz gerechtfertigt. Wie bei der SB im Fall der Aufspaltung empfiehlt sich auch bei der Abspaltung/Ausgliederung, eine Bilanz der Spaltung zugrunde zu legen, die die unterschiedlichen Vermögensmassen trennt. Durch die Trennung des übergehenden Vermögens von dem verbleibenden in der SB lässt sich auch die Notwendigkeit einer Kapitalherabsetzung beim übertragenden Rechtsträger feststellen.

Wird eine Teilbilanz erstellt, ist das zur Abspaltung vorgesehene Reinvermögen (Nettowert des übergehenden Vermögens) in einem Sonderposten im EK unter entspr Bezeichnung („zur Abspaltung bestimmtes Reinvermögen") auszuweisen (*Deubert* WP Praxis 2013, 83). Wird ein zu Buchwerten negatives EK abgespalten, ist der Sonderposten wie ein nicht durch EK gedeckter Fehlbetrag als letzter Posten auf der Aktivseite auszuweisen.

Wird in Anlehnung an IDW RS HFA 43, Tz 8 lediglich eine Teilbilanz erstellt, finden auf diese die Grundsätze Anwendung, die für die bei der Aufspaltung zu erstellende SB gelten.

2. Funktion der Schlussbilanz bei Abspaltung und Ausgliederung

a) Allgemeines

Wie bei der Aufspaltung dient die SB bei Abspaltung und Ausgliederung der zeitnahen Nachweises des Vorhandenseins der in die Bilanz des übernehmenden Rechtsträgers übergehenden Vermögenswerte (Anm 105).

Bei einem Verständnis der SB bei Abspaltung und Ausgliederung als einer die zu übertragenden Vermögensmassen getrennt ausweisenden Bilanz eignet sich die SB einerseits zum Nachweis der *Kapitalerhaltung* beim übertragenden Rechtsträger und andererseits dem der *Kapitalaufbringung* beim übernehmenden Rechtsträger („**Wertnachweisbilanz**"). Zwar stellt das UmwG die Kapitalerhaltung primär durch die Kapitaldeckungserklärung sicher, die die Vertretungsorgane nach §§ 140, 146 UmwG abzugeben haben (Anm 74 f). Die (überschlägig auf den Zeitpunkt der Versicherung fortgeschriebene) SpaltungsSB untermauert jedoch die Versicherung und dient damit mittelbar auch dem Schutz der Erklärungsverpflichteten. Mit Hilfe einer das verbleibende Vermögen ausweisenden Teilbilanz kann ein evtl *Kapitalherabsetzungsbedarf* unmittelbar ermittelt werden.

311 Die Kapitalerhaltung ist im Fall der Ausgliederung ohne Bedeutung, da sich hier lediglich die Zusammensetzung des Vermögens ändert (s aber Anm 74), nicht jedoch der Wert des übertragenden Rechtsträgers.

Für den Wertnachweis bei der Kapitalerhöhung beim übernehmenden Rechtsträger gilt das Gleiche wie bei der Abspaltung (s Anm 85 f).

b) Verhältnis zur Jahresbilanz

315 Wird der Anmeldung der Abspaltung bzw der Ausgliederung (zulässigerweise s IDW RS HFA 43, Tz 7) eine (echte) Teilbilanz beigefügt, unterscheidet sich diese Bilanz nicht unerheblich von der Jahresbilanz, da in ihr nur das zu übertragende Vermögen ausgewiesen wird. Möglich ist es jedoch auch hier, die Jahresbilanz als (Spaltungs-)SB zu verwenden (Anm 120) und das dem übertragenden Rechtsträger verbleibende und das übergehende Vermögen innerhalb der Jahresbilanz ausweismäßig zu trennen (s Anm 107). Abweichungen in der TeilSB von der Jahresbilanz, die ihre Rechtfertigung aus dem Charakter der SB haben (zB Durchbrechung der Bewertungsstetigkeit), sind nur für den Teil des Vermögens zulässig, für den der übertragende Rechtsträger in der SB zum letzten Mal eigene Rechnung legt.

c) Ansatz und Bewertung

320 Die für die SB des übertragenden Rechtsträgers bei der Aufspaltung dargestellten Grundsätze (Anm 125 ff) gelten lediglich für das zu übertragende Vermögen, nicht jedoch für den Teil des Vermögens, der dem übertragenden Rechtsträger verbleibt. Die im Rahmen der Abspaltung und Ausgliederung zu erstellenden SB sind insoweit präziser mit „TeilSB" beschrieben (ebenso *Widmann* in Widmann/Mayer UmwG § 24 Anm 163 ff).

d) Gliederung

325 Die Einstufung in eine andere Größenklasse iSd § 267 HGB nach Spaltung hat keinen Einfluss auf die Gliederung der Spaltungsbilanz nach den für den regulären JA des übertragenden Rechtsträgers geltenden Grundsätzen (Anm 145). Erst am ersten Abschlussstichtag nach der Spaltung ist eine eventuelle Änderung insoweit zu berücksichtigen (§ 267 Abs 4 S 2 UmwG).

III. Abspaltung und Ausgliederung

3. Bilanzierung beim übertragenden Rechtsträger

a) Abspaltung

Bei der Abspaltung und der Ausgliederung bleiben nach der zivilrechtlichen Wirksamkeit der Spaltung der **übertragende Rechtsträger** und damit auch dessen Rechnungslegungspflicht bestehen. Der Vermögensabgang stellt einen lfd Geschäftsvorgang dar und bildet sich im JA zum Ende des Wj ab. **330**

Bei der **Abspaltung** mindert sich das bilanzielle EK des übertragenden Rechtsträgers, soweit ein positives Buchvermögen abgespalten wird (Spaltungsverlust); es erhöht sich, soweit im Rahmen der Abspaltung ein negatives Buchvermögen übergeht (Spaltungsgewinn). **331**

Wird ein zu Buchwerten **positiver Vermögenssaldo** abgespalten, mindert dies das bilanzielle EK des übertragenden Rechtsträgers, wodurch sich der Zwang zu einer Kapitalherabsetzung in ordentlicher oder vereinfachter Form ergeben kann (Anm 77). Eine Kapitalherabsetzung in vereinfachter Form darf jedoch nur insoweit erfolgen, wenn sie erforderlich ist (Anm 77). Erforderlich ist sie lediglich, wenn und soweit der Vermögensabgang bilanziell nicht durch Auflösung ungebundener EK-Teile kompensiert werden kann (zur Reihenfolge der Auflösung s iE Anm 77). Ausgenommen von der Auflösung der ungebundenen Eigenkapitalanteile vor Durchführung der vereinfachten Kapitalherabsetzung sind die Rücklage für Anteile iSd § 272 Abs 4 HGB sowie Rücklagenteile, die nach § 253 Abs 6 HGB bzw § 268 Abs 8 HGB gegen Ausschüttungen gesperrt sind, soweit die mit der Rücklage in wirtschaftlichem Zusammenhang stehenden Vermögensgegenstände beim übertragenden Rechtsträger verbleiben.

Der Ausweis der spaltungsbedingten bilanziellen Vermögensminderung erfolgt im ersten JA nach dem Spaltungsstichtag nach § 158 Abs 1 S 1 AktG nach dem Posten „Jahresüberschuss/Jahresfehlbetrag" als „Vermögensminderung durch Abspaltung". Gleiches gilt für den Ausweis der zur Deckung der Vermögensminderung aufgelösten EK-Teile (IDW RS HFA 43, Tz 17).

Bei der GmbH empfiehlt sich ebenfalls eine Ergänzung der GuV (IDW RS HFA 43, Tz 18).

Ein etwaiger durch die Abspaltung eines **negativen Vermögenssaldos** entstehender Spaltungsgewinn ist als GesterLeistung ohne Berührung der GuV der Kapitalrücklage iSd § 272 Abs 2 Nr 4 HGB zuzuführen (*Sickinger* in Kallmeyer[6] UmwG § 125 Anm 35c; IDW RS HFA 43, Tz 19). **332**

b) Ausgliederung

Während bei der Abspaltung jeweils zu prüfen ist, ob das satzungsmäßige Nennkapital nach der Spaltung noch erhalten ist (Anm 73 ff), stellt sich diese Frage bei der Ausgliederung nicht. Die Ausgliederung führt grds (s aber auch unter Anm 74) zu keiner Vermögensminderung beim übertragenden Rechtsträger, denn bei der Ausgliederung erhält der übertragende Rechtsträger kompensatorisch eine Bet an dem übernehmenden Rechtsträger. Es kommt beim übertragenden Rechtsträger zu einer **Vermögensumschichtung** (Aktivtausch), indem die Bet an dem übernehmenden Rechtsträger an die Stelle des ausgegliederten Vermögens tritt. **335**

Für den übertragenden Rechtsträger stellt sich die Ausgliederung als **tauschähnlicher Vorgang** dar (IDW RS HFA 43, Tz 21; *Hörtnagl* in Schmitt/Hörtnagl/Stratz[8] UmwG § 17 Anm 59: *Sickinger* in Kallmeyer[6] UmwG § 126 Anm 35d; aA *Bula/Thees* in Sagasser/Bula/Brünger[5] § 19 Anm 64 mangels Umsatzakt). Die Anteile an dem übernehmenden Rechtsträger können daher nach Tauschgrundsätzen mit dem Buchwert des ausgegliederten Vermögens, dessen Zeitwert oder zum Buchwert zuzüglich einer durch den „Tausch" ausgelösten Ertragsteuerbelastung angesetzt werden (IDW RS HFA 43, Tz 21 iVm IDW RS HFA 42, Tz 46).

Da die Ausgliederung nicht gesellschaftsrechtlich veranlasst ist, sind Übertragungsergebnisse aus der Differenz vom Ansatz der Anteile an dem übernehmenden Rechtsträger und dem übertragenen Buchvermögen grds **erfolgswirksam** in der GuV zu erfassen (IDW RS HFA 43, Tz 21).

336   Eine Bewertung der Anteile an dem übernehmenden Rechtsträger mit den Buchwerten des übertragenen Vermögens ist jedoch nicht in jedem Fall möglich: Wird Vermögen ausgegliedert, dessen **Buchwertsaldo negativ** ist, und gewährt der übernehmende Rechtsträger dem übertragenden wegen darin enthaltener entspr hoher stiller Reserven Anteile, kann der übertragende Rechtsträger die gewährten Anteile nicht mit einem negativen Wert in seiner Bilanz ansetzen. Vielmehr sind die Anteile zum Verkehrswert auszuweisen. Es ist zumindest ein Merkposten anzusetzen (IDW RS HFA 43, Tz 21; ebenso *Widmann* in Widmann/Mayer UmwG § 24 Anm 169: mind Null). Der Saldo zwischen den (negativen) Buchwerten des übergehenden Vermögens und dem BetAnsatz wird ergebniswirksam (IDW RS HFA 43, Tz 21; aA *Bula/Thees* in Sagasser/Bula/Brünger[5] § 19 Anm 60: Kapitalrücklage nach § 272 Abs 2 Nr 4 HGB).

337   Als Tauschvorgang ermöglicht die Ausgliederung dem übertragenden Rechtsträger stille Reserven im übergehenden Vermögen zu realisieren. Gegen die Möglichkeit der Hebung stiller Reserven durch eine Ausgliederung spricht nicht, dass es sich regelmäßig um eine Konzernreorganisation handelt, die auf einem Rechtsgeschäft beruht, bei dem die Gefahr besteht, dass ihm der allg Vertragsbeziehungen zugrunde liegende Interessengegensatz fehlt. Entscheidend ist vielmehr, dass die VG dinglich wirksam und ohne Nebenabreden übertragen werden. Risiken aus den übertragenden Gegenständen müssen das TU treffen (IDW ERS HFA 13 nF, Tz 82 ff). Realisiert der übertragende Rechtsträger durch eine Ausgliederung stille Reserven, mindert sich der Gewinn um passive latente Steuern.

338   Ergebniswirksam wird die Ausgliederung auch, wenn ein MU Vermögen auf ein TU ausgliedert und dem MU neben den Anteilen eine **bare Zuzahlung** oder sonstige Gegenleistung gewährt wird. Die Zuzahlung ist im Fall der Ausgliederung mangels Geltung von § 54 Abs 4 UmwG bzw § 68 Abs 3 UmwG (vgl § 125 S 1 UmwG) nicht auf den zehnten Teil des Nennbetrags der gewährten Anteile beschränkt. So können auch neben GesRechten bzw Anteilen auch Verbindlichkeiten begründet werden.

Aus Sicht des MU handelt es sich um eine **gemischte Sacheinlage;** es erhält als Gegenleistung Anteile und eine (Zu-)Zahlung, die aufzuteilen ist: Bezogen auf die (neuen) Anteile gelten Tauschgrundsätze, hinsichtlich der

III. Abspaltung und Ausgliederung

Barkomponente kommt es zu einer Gewinnrealisierung (Veräußerungsgewinn); (detailliert *Deubert/Lewe/Roland* BB 2017, 556 ff).

Beispiel: Das ausgegliederte Vermögen hat einen Buchwert von 100 und einen Zeitwert von 500. Die Gegenleistung besteht aus einer Barzahlung von 200 und Anteilen im Wert von 300.
Zur Ermittlung der handelsbilanziellen Auswirkung der Ausgliederung ist der Buchwert auf die beiden Gegenleistungskomponenten aufzuteilen: auf die Barkomponente entfällt 40%, auf die Anteile 60%. Hinsichtlich der Barkomponente kommt es zu einer Gewinnrealisierung von 160 (200 – 40% des Buchwerts von 100). Die Anteile können mit dem anteiligen Buchwert von 60 (keine Gewinnrealisierung), dem Verkehrswert von 300 (Gewinnrealisierung von 240 vor Steuern) oder mit 60 zzgl der Ertragsteuerbelastung angesetzt werden.

c) Gesamtschuldnerische Haftung

aa) Allgemeines. Jeder der an der Spaltung beteiligten Rechtsträger haftet für die ihm zugewiesenen Schulden (Verbindlichkeiten und Rückstellungen; IDW RS HFA 43, Tz 28). § 133 Abs 1 S 1 UmwG bestimmt darüber hinaus zum Schutz der Gläubiger eine gesamtschuldnerische Haftung der an der Spaltung Beteiligten (übertragender und übernehmender Rechtsträger) für (alle) im Zeitpunkt der Wirksamkeit der Spaltung begründeten Verbindlichkeiten (**fünfjährige Enthaftungsregelung**, § 133 Abs 6 UmwG; s aber § 133 Abs 3 S 2 UmwG; verlängerte Nachhaftung für vor der Spaltung begründete Altersvorsorgeverpflichtungen). Diese gesamtschuldnerische Haftung ist bei allen an der Spaltung beteiligten Unt zu berücksichtigen. Bei Betriebsaufspaltungen ist die Haftung nach § 134 UmwG zu beachten (IDW RS HFA 43, Tz 29).

Während bei der *Aufspaltung* eine gesamtschuldnerische Haftung beim *übertragenden* Rechtsträger ohne Bedeutung ist, da dieser nach Wirksamwerden der Spaltung erlischt, ist sie bei der *Abspaltung* und der *Ausgliederung*, bei denen die übertragenden Rechtsträger bestehen bleiben, zu berücksichtigen.

bb) Abbildung der gesamtschuldnerischen Haftung im Jahresabschluss. Die Folgen der Spaltung sind nicht bereits in der SB zu berücksichtigen; sie finden ihre Darstellung erst in dem auf den Stichtag der SB folgenden JA. Damit ist auch die gesamtschuldnerische Haftung, die Rechtsfolge einer wirksamen Spaltung ist, erst in dem folgenden JA des übertragenden Rechtsträgers bei der Abspaltung oder Ausgliederung von Vermögen zu berücksichtigen.

cc) Ausweis der Haftung nach § 133 UmwG. Obwohl jeder Rechtsträger als Gesamtschuldner von dem Gläubiger in Anspruch genommen werden kann (§ 421 BGB), hat nur der Rechtsträger, dem eine Verbindlichkeit im Spaltungsplan oder -vertrag zugewiesen ist, diese als Verbindlichkeit zu passivieren.

Die bloße Verpflichtung zu einer gesamtschuldnerischen Haftung nach § 133 UmwG ist bei den nur *Mithaftenden* nicht bilanziell zu berücksichtigen. Da § 251 HGB für gesetzlich normierte Haftungsverhältnisse nicht gilt, ist die Haftung auch nicht als Haftungsverhältnis nach §§ 251, 268 Abs 7 HGB im **Anhang** anzugeben (IDW RS HFA 43, Tz 30). Jedoch ist die gesamtschuldnerische Haftung im Regelfall eine Pflichtangabe im Anhang nach

§ 285 Nr 3a HGB, wenn die Angabe für die Beurteilung der Finanzlage von Bedeutung ist (IDW RS HFA 43, Tz 30).

Wenn jedoch die *Inanspruchnahme* eines Mithaftenden droht, hat dieser eine Rückstellung nach § 249 Abs 1 S 1 HGB zu bilden. Die Rückstellung ist in Höhe der drohenden Inanspruchnahme unter Berücksichtigung von Freistellungs- oder Ausgleichsansprüchen gegen die anderen Gesamtschuldner zu bilden. Wird ein gesamtschuldnerisch haftender Rechtsträger für eine ihm nicht zugewiesene Schuld in Anspruch genommen, hat er diese als Verbindlichkeit zu passivieren und gleichzeitig einen Ausgleichsanspruch zu aktivieren (*ADS*[6] § 246 HGB Anm 419).

Die Verpflichtung, Sicherheit zu leisten, ist kein nach § 251 HGB anzugebendes Haftungsverhältnis für fremde Verbindlichkeiten (IDW RS HFA 43, Tz 31).

4. Bilanzierung beim übernehmenden Rechtsträger

a) Abspaltung

350 **aa) Allgemeines.** Für den übernehmenden Rechtsträger stellt der Vermögensübergang einen Anschaffungsvorgang dar (IDW RS HFA 43, Tz 24). Wie bei der Aufspaltung (s Anm 170) ist bei der Übernahme von Vermögen im Rahmen einer Abspaltung danach zu unterscheiden, ob und welche Gegenleistung der übernehmende Rechtsträger für die Vermögenszuwendung erbringt.

351 **bb) Abspaltung mit Gewährung von Gesellschaftsrechten.** Nimmt der übernehmende Rechtsträger eine Kapitalerhöhung vor, bestimmen sich dessen AK für das abgespaltene Vermögen durch den Ausgabebetrag der Anteile (Kapitalerhöhung zzgl eines etwaigen bestimmten oder bestimmbaren Agio). Insoweit kann auf K Anm 44 sowie die Anm 166 ff verwiesen werden. Bei Gewährung bestehender eigener Anteile ist das erhaltene Vermögen mit den (vorsichtig geschätzten) Zeitwerten anzusetzen (*Deubert/Lewe* BB 2017, 2603; aA *Hörtnagl* in Schmitt/Hörtnagl/Stratz[8] UmwG § 24 Anm 38: zwingend Zeitwerte).

352 **cc) Abspaltung ohne Gewährung von Gesellschaftsrechten.** Verzichten die Anteilsinhaber auf die Gewährung (neuer oder eigener) Anteile durch den übernehmenden Rechtsträger, da sie an dem übernehmenden Rechtsträger beteiligt sind und die Abspaltung für den übernehmenden Rechtsträger zu keiner wertmäßigen Vermögensveränderung führt, ist der Vermögenszugang bei dem übernehmenden Rechtsträger der Kapitalrücklage nach § 272 Abs 2 Nr 4 HGB zuzuführen.

Unabhängig davon, ob der übernehmende Rechtsträger den Anteilsinhabern des übertragenden Rechtsträgers GesRechte gewährt, darf der übernehmende Rechtsträger als AK auch die Buchwerte aus der SB des übertragenden Rechtsträgers ansetzen (§§ 125, 24 UmwG). Übersteigt der Betrag der Kapitalerhöhung (einschließlich eines Agios) oder der Ausgabebetrag der gewährten eigenen Anteile die Buchwerte der SB, ist der sich hieraus ergebende Spaltungsverlust erfolgswirksam in der GuV zu erfassen (IDW RS HFA 42, Tz 70).

III. Abspaltung und Ausgliederung 353–357 **I**

Zu Spaltungen im „Konzern" wie bspw der Abspaltung auf den Gester 353
(Aufwärtsabspaltung) s Anm 370 ff, der Abspaltung auf ein TU (Abwärtsabspaltung) s Anm 385 ff, und der Abspaltung auf einen mittelbaren Gester
(Anm 380) sowie auf einen MehrheitsGester s Anm 375 ff.

b) Ausgliederung

Handelsrechtlich verlangt die Ausgliederung als Gegenleistung die Gewäh- 355
rung von Anteilen; der übernehmende Rechtsträger hat dem übertragenden
für den Vermögenszugang eine Bet am Kapital zu gewähren. Hierbei kann
der übernehmende Rechtsträger anstatt eine Kapitalerhöhung vorzunehmen
bestehende eigene Anteile gewähren. Aus steuerlichen Gründen (Anm 440)
wird jedoch regelmäßig eine Kapitalerhöhung vorgenommen.

Die Gewährung von Anteilen ist obligatorisch; im Gegensatz zur Auf- und
Abspaltung ist nicht vorgesehen, dass die Gester des übernehmenden Rechtsträgers auf die Gewährung von Anteilen verzichten dürfen (§ 125 S 1 UmwG
iVm § 54 Abs 1 S 3 UmwG; s auch Anm 72).

Für den übernehmenden Rechtsträger stellt die Ausgliederung einen An- 356
schaffungsvorgang dar. Grds bestimmt der Ausgabebetrag der neuen Anteile
die Anschaffungskosten für die übernommenen Vermögensgegenstände und
Schulden. Alternativ darf der übernehmende Rechtsträger nach § 125 iVm
§ 24 UmwG die Buchwerte des übertragenden Rechtsträgers für das übertragene Vermögen fortführen (IDW RS HFA 43, Tz 24).

Mangels Anwendbarkeit der Begrenzung von Zuzahlungen bei Ausgliede- 357
rungen (§§ 125 S 1 UmwG iVm § 54 Abs 3 UmwG) besteht die Gegenleistung für den Vermögensübergang oft nicht allein in **Anteilen,** sondern **zusätzlich** in der Gewährung einer **sonstigen Gegenleistung** (Barausgleich,
Begründung einer Darlehensforderung). Der Wert der sonstigen Gegenleistung darf so hoch sein, wie das übertragene (Rein-)Vermögen den Nennbetrag der Anteile übersteigt.

Führt der übernehmende Rechtsträger die Buchwerte nach § 24 UmwG
fort, ist der Unterschied zwischen dem zugehenden Vermögen und dem
Ausgabebetrag der neuen GesRechte, einem etwaigen Agio sowie der
sonstigen Gegenleistung in die Kapitalrücklage nach § 272 Abs 2 Nr 1 HGB
einzustellen.

Macht der übernehmende Rechtsträger von der Möglichkeit der AK-Bilanzierung nach allg Grundsätzen Gebrauch, ist das übernommene Vermögen unter Aufdeckung der stillen Reserven anzusetzen (*Deubert/Lewe/Roland*
BB 2017, 554). Der die Kapitalerhöhung zzgl eines etwaigen Agios und
der sonstigen Gegenleistung übersteigenden Betrags ist der Kapitalrücklage
nach § 272 Abs 2 Nr 1 HGB zuzuführen.

Die Abbildung des Vermögenszugangs ist davon abhängig, ob bei einer
derartigen **gemischten Gegenleistung** (Gewährung von GesRechten und
Barausgleich bzw Einräumung einer Darlehensforderung) eine Gesamtbetrachtung erfolgt oder hinsichtlich der Arten der Gegenleistung (GesRechte/
sonstige Gegenleistung) und deren Qualifikation (Sacheinlage/entgeltlicher
Erwerb) zu unterscheiden ist. Zur Verhinderung unzulässiger „Verrechnungen" ist eine getrennte Betrachtung der Sacheinlagekomponente und der

entgeltlichen Komponente geboten (s iE *Deubert/Lewe/Roland* BB 2017, 554 mit Bsp).

5. Bilanzierung beim Gesellschafter

a) Abspaltung

360 Bei einer Abspaltung geben die Gester (wertmäßig) einen Teil ihrer Bet am übertragenden Rechtsträger ab. Zur Ermittlung des **mengenmäßigen Abgangs** bei den Gestern ist der bisherige Buchwert des übertragenden Rechtsträgers für die Bet aufzuteilen auf die Bet an dem übertragenden Rechtsträger nach der Spaltung, also nach Vermögensabgang, einerseits und die (zugehende) Bet an dem übernehmenden Rechtsträger andererseits. Die Aufteilung erfolgt entspr dem im Spaltungsvertrag niedergelegten Maßstab (§ 126 Abs 1 Nr 10 UmwG; IDW RS HFA 43, Tz 33: Verhältnis der Zeitwerte). Die AK für die Anteile am übernehmenden Rechtsträger bestimmen sich nach **Tauschgrundsätzen** (IDW RS 43, Tz 34). Entsprechendes gilt, wenn der übernehmende Rechtsträger statt (neuer) Anteile eigene Anteile gewährt. Gleiches gilt auch, wenn Vermögen auf den *Gester* abgespalten wird *(„Teilverschmelzung", Upstream-Spaltung)*. In Höhe der Differenz zwischen den Werten, die der Gester für das übernommene Vermögen ansetzt (§ 24 UmwG), und dem (anteiligen) BetBuchwert entsteht wie bei der Verschmelzung ein Übernahmeergebnis (zur Frage der Zulässigkeit einer Gewinnrealisierung s K Anm 59).

Zwar wäre es auch denkbar, das übergehende Vermögen vollständig mit dem BetBuchwert zu verrechnen; dieser Ansatz wäre jedoch nicht konsistent mit allen anderen Fällen der Spaltung, bei denen kein Vermögen auf den Gester übergeht und daher allein der bisherige Buchwert auf die SpaltGes aufzuteilen ist.

361 Die Abspaltung aus dem Vermögen einer KG kann die **Haftung des Kommanditisten** nach §§ 171, 172 HGB wieder aufleben lassen. Diese Haftung ist unter den Voraussetzungen des § 285 Nr 3 HGB im *Anhang* anzugeben. Droht die Inanspruchnahme, ist eine Rückstellung zu bilden (IDW RS HFA 18, Tz 36).

b) Ausgliederung

365 Die rechtliche Position der Gester bleibt von der Ausgliederung unberührt; sie sind weiterhin an demselben Rechtsträger beteiligt. Die Ausgliederung berührt den Wert und damit die Bewertung der Bet nicht, da bei dem ausgliedernden Rechtsträger lediglich eine Vermögensumschichtung stattgefunden hat (IDW RS HFA 43, Tz 37 iVm Tz 22).

6. Besonderheiten bei Konzernabspaltungen

a) Aufwärtsabspaltung

370 aa) **Allgemeines.** Aufwärtsabspaltungen sind qua definitionem Konzernsachverhalte: Es erfolgt eine **Abspaltung von einem TU auf sein MU.** Das MU ist in einer derartigen Konstellation sowohl übernehmender Rechts-

III. Abspaltung und Ausgliederung

träger als auch Gester des übertragenden Unt. Das MU darf für die Vermögensübertragung keine Anteile ausgeben, wenn es alleiniger Gester ist. Ist es lediglich mehrheitlich beteiligt, gilt das Entsprechende, soweit es an dem TU beteiligt ist (§ 125 S 1 UmwG iVm § 54 Abs 1 S 1 Nr 1 GmbHG bzw § 68 Abs 1 S 1 Nr 1 AktG). Da dem MU, selbst wenn es nicht alleiniger Gester ist, das auf ihn abgespaltene Vermögen in vollem Umfang zugutekommt, muss es den (neben ihm) am übertragenden Rechtsträger beteiligten „außenstehenden" Gestern Anteile oder Mitgliedschaften an sich (Kapitalerhöhung oder eigene Anteile) gewähren.

bb) Bilanzierung beim übertragenden Rechtsträger. Die Aufwärtsabspaltung stellt sich wirtschaftlich für das **TU als übertragenden Rechtsträger** als eine durch das GesVerhältnis veranlasste „Sachauskehrung" an den oder Entnahme durch das MU dar, die ohne GuV-Berührung das EK des übertragenden Rechtsträgers mindert. Bei Abspaltung von einem zu Buchwerten positiven (Rein-)Vermögen mindert der Vermögensabgang vorrangig das frei verfügbare EK. Ist dies unzureichend, ist eine ordentliche oder vereinfachte Kapitalherabsetzung vorzunehmen (*Deubert/Lewe* BB 2015, 2347 ff; IDW RS HFA 43, Tz 11 ff.). Bei Abspaltung eines negativen Vermögenssaldos ist die Abspaltung als unentgeltliche GesterEinlage des MU zu qualifizieren, die das TU als Kapitaleinlage iSd § 272 Abs 2 Nr 4 HGB auszuweisen hat (Ausnahme: Ertragszuschuss zu Sanierungszwecken; s IDW RS HFA 43, Tz 19).

cc) Bilanzierung beim übernehmenden Rechtsträger. Für **ein alleiniges MU** als übernehmenden Rechtsträger stellt sich die Aufwärtsabspaltung wie eine „Teilaufwärtsverschmelzung" dar. Das MU verzeichnet einen Vermögenszugang aufgrund des Abspaltungsvorgangs und erleidet einen (Substanz-)Verlust an ihrer Bet an dem TU. Zur Ermittlung des Übernahmeergebnisses ist daher zunächst der bisherige Buchwert der Bet an der übertragenden Ges (TU) nach dem im Spaltungsvertrag niedergelegten Maßstab bzw auf der Grundlage des Verhältnisses der Verkehrswerte des abgespaltenen zum ursprünglichen Vermögen aufzuteilen. Der so für den abgehenden Vermögensteil ermittelte anteilige Buchwert der Bet am TU bildet die Grundlage für die Ermittlung des Übernahmeergebnisses („mengenmäßiger BetAbgang", so IDW RS HFA 43, Tz 33).

Die bilanziellen Folgen der Abspaltung auf das MU sind abhängig vom „mengenmäßigen BetAbgang" (de facto lediglich wertmäßiger BetAbgang) und dem Vermögenszugang aufgrund der Abspaltung von dem TU und damit auch abhängig davon, ob der Gegenstand der Übertragung positives oder negatives Reinvermögen ist. Bei Abspaltung von **positivem Reinvermögen** lässt sich der Spaltungsvorgang für das MU trotz des Fehlens einer förmlichen Gegenleistung (die Bet an dem TU bleibt erhalten, sie verliert aufgrund der Vermögensabspaltung lediglich an Wert) als tauschähnlicher Vorgang verstehen (*Deubert/Lewe* BB 2015, 2347 ff). Dementsprechend ist beim MU die Aufwärtsabspaltung nach den allg Grundsätzen der AK-Bilanzierung abzubilden (§§ 253 Abs 1, 255 HGB; *Schubert/Gadeck* in Beck Bil-Komm[12] § 255 Anm 44; *Deubert/Lewe* BB 2015, 2347 ff; s iE IDW RS HFA 42, Tz 46 zur Aufwärtsverschmelzung). So können als AK für die übernommenen VG und Schulden die Buchwertminderung der Bet am TU, der Zeitwertverlust der

Bet am TU oder ein erfolgsneutraler Zwischenwert angesetzt werden. Alternativ dürfen nach § 24 UmwG auch die Buchwerte des vom TU übernommenen Vermögens angesetzt werden (K Anm 70). Bei Ansatz der AK sind diese auf die übergehenden VG und Schulden unter Berücksichtigung von selbst geschaffenen, bislang nicht bilanzierten immateriellen Vermögensgegenständen und latenten Steuern aufzuteilen. War Gegenstand der Abspaltung eine Sachgesamtheit, kommt auch die Berücksichtigung eines GFW in Betracht. Unterschreiten die AK die Zeitwerte der übernommenen Vermögensgegenstände unter Berücksichtigung der Schulden, sind die Vermögensgegenstände abzustocken (s *Deubert/Lewe* BB 2015, 2347 ff). Alternativ besteht die Möglichkeit, in Anlehnung an DRS 23 (Kapitalkonsolidierung [Einbeziehung von TU in den Konzernabschluss]) im Zugangszeitpunkt einen passiven Ausgleichsposten in Höhe der Differenz zwischen dem zum Zeitwert angesetzten Reinvermögen und dem Teilabgang der Bet zu bilden, wenn bspw erforderliche Sanierungsmaßnahmen, negative Ertragsentwicklungen oder andere stille Lasten (DRS 23.142) kausal für die niedrigen AK waren (vgl dazu *Deubert/Lewe* BB 2018, 2155). Zur Auflösung des passiven Ausgleichspostens in den folgenden Gj s DRS 23.143 sowie *Störck/Hoffmann* in Beck BilKomm[12] § 309 Anm 21 ff.

Bei Ansatz der Zeitwertminderung der Bet an dem TU für das übernommene Vermögen entsteht regelmäßig ein „Tauschgewinn". Der AK-Ansatz in Höhe des (abgehenden) BetBuchwerts ist erfolgsneutral. Wählt das MU den Buchwertansatz nach § 24 UmwG, entsteht ein Spaltungsgewinn, wenn positives Reinvermögen übertragen wird, das den BetBuchwertabgang bezogen auf die Bet an dem TU übersteigt (s *Deubert/Lewe* BB 2015, 2347 ff).

374 Bei Abspaltung von **negativem Reinvermögen** ist danach zu unterscheiden, ob negatives Reinvermögen auf der Grundlage von Buchwerten oder von Zeitwerten übertragen wird. Wird negatives Reinvermögen zu Zeitwerten übertragen, erhöhen sich die AK des MU für die Bet an den übertragenden TU, soweit sich durch die Vermögensübernahme deren innerer (Ertrags-)Wert erhöht (*Deubert/Lewe* BB 2015, 2347 ff). Ist das abgespaltene Reinvermögen lediglich zu Buchwerten negativ, nicht hingegen zu Zeitwerten, ergibt sich ein aufwandswirksamer Spaltungsverlust, wenn das MU das übernommene Vermögen zu Buchwerten des TU fortführt. Der Spaltungsverlust darf weder durch Ansatz eines Aktivpostens neutralisiert, noch mit Rücklagen verrechnet werden (IDW HFA RS 42, Tz 70 zur Verschmelzung).

375 **dd) Sonderfall: Aufwärtsabspaltung auf einen Mehrheitsgesellschafter. aaa) Allgemeines.** Wird auf ein MU abgespalten, das nicht alleiniger Gester ist, muss das MU – vorbehaltlich eines Verzichts der MitGester – den MitGestern am TU eine Bet an sich selbst in Form von Anteilen gewähren, da die MitGester durch die Aufwärtsabspaltung einen Wertverlust bezogen auf ihre Bet an dem TU erfahren, während das MU das gesamte abgespaltene Vermögen erhält.

376 **bbb) Bilanzierung beim übertragenden Rechtsträger.** Für die Abbildung der **Abspaltung von einem TU** auf einen MehrheitsGester gelten für das TU als übertragenden Rechtsträger die gleichen Grundsätze wie für die Abspaltung auf den AlleinGester (Anm 371).

III. Abspaltung und Ausgliederung 377–380 **I**

ccc) Bilanzierung beim übernehmenden Rechtsträger. Das das 377
Vermögen übernehmende MU muss den (neben ihm) am übertragenden TU
beteiligten Gestern quotal Anteile oder Mitgliedschaften an sich (Kapitalerhöhung oder bestehende eigene Anteile) gewähren. Für das MU stellt sich
die Spaltung daher als Kombination einer Spaltung mit und ohne Kapitalerhöhung dar.

Die bilanzielle Abbildung lässt sich als „Teilverschmelzung einer MehrheitsBet" beschreiben (zur Verschmelzung einer MehrheitsBet s *Deubert/
Lewe/Roland* BB 2017, 554 ff; H Anm 65 ff, 94): Zur Ermittlung der bilanziellen Folgen ist zuerst der bisherige BetAnsatz für die Bet an TU im
Verhältnis der Zeitwerte des abgehenden Vermögens zum Vermögen vor der
Abspaltung aufzuteilen. Der auf den abgespaltenen Teil entfallende Buchwert bildet dann die Grundlage für die Ermittlung der bilanziellen Folgen
der Spaltung.

Das MU gewährt für den Vermögenszugang eine gemischte Gegenleistung:
Es erfährt eine Substanzabspaltung hinsichtlich der Bet an dem TU und
gewährt dem MinderheitsGester Anteile. Der Vorgang ist daher nach den in
Anm 370 dargestellten Grundsätzen abzubilden (IDW RS HFA 42, Tz 54 f;
detailliert *Deubert/Lewe/Roland* BB 2017, 554).

ddd) Bilanzierung beim Minderheitsgesellschafter. Der Minderheits- 378
Gester verzeichnet eine Wertminderung seiner Bet an dem TU und den Zugang einer Bet an dem MehrheitsGester. Der (Teil-)Abgang bezogen auf
die Bet am TU ist auf der Grundlage der Wertverhältnisse der Bet vor Abspaltung zu dem Zeitwert des abgespaltenen Vermögens zu ermitteln. Für die
Bestimmung der AK für die (neuen) Anteile am MU gelten die allg handelsrechtlichen Tauschgrundsätze (Anm 360).

ee) Sonderfall: Aufwärtsabspaltung auf einen mittelbaren Gesell- 380
schafter. Eine Aufwärtsspaltung kann auch unter „Umschiffung" des unmittelbaren Gesters (TU) auf ein in der Konzernhierarchie höher angesiedeltes
Unt erfolgen, wie zB die **Abspaltung von einer EnkelGes** unmittelbar
auf das MU. Bilanzielle Folgen sind dann nicht nur bei der übertragenden
EnkelGes und dem MU, sondern auch bei dem TU als unmittelbarem Gester des
übertragenden Rechtsträgers zu verzeichnen. S *Deubert/Lewe* BB 2017, 2350
mit Bsp.

Hinsichtlich der bilanziellen Folgen der Abspaltung für die EnkelGes gilt
das in Anm 371 für ein TU als übertragenden Rechtsträger Dargestellte.

Für das TU ergeben sich bilanzielle Folgen aus der Übertragung von positivem Reinvermögen von der EnkelGes auf das MU aus der zugrunde
liegenden „Substanzabspaltung" seiner Bet an der EnkelGes. Der auf der
Grundlage der Zeitwerte ermittelte quotale Buchwertabgang an der Bet
an der EnkelGes gilt als vom MU entnommen und ist beim TU erfolgsneutral mit dessen frei verfügbarem, nicht gegen Ausschüttungen gesperrten
EK zu verrechnen.

Wird negatives Reinvermögen von der EnkelGes auf das MU abgespalten,
erhöht sich regelmäßig der Wert der EnkelGes. Ist der Wertzuwachs ein
dauernder, führt der (mittelbare) Zuschuss durch das MU im JA des TU zu
nachträglichen AK bei dem TU auf die Bet an der EnkelGes (*Deubert/Lewe*
BB 2015, 2347; *WPH* Hdb[16] F Anm 368: Erhöhung des BetAnsatzes durch

die BetKette bis zum Zuschussempfänger bei entspr Wertsteigerung der jeweiligen Bet). Hinsichtlich der bilanziellen Abbildung beim mittelbaren Gester (MU) kann weitgehend auf das für das MU bei unmittelbarer Bet am übertragenden Rechtsträger in Anm 372 ff Dargestellte verwiesen werden.

b) Abwärtsabspaltung

385 aa) Allgemeines. Die Abwärtsabspaltung ist regelmäßig eine Umw unter KonzernUnt; es wird **Vermögen des MU auf ein TU abgespalten** und das MU bleibt an dem TU (umfassend oder anteilig) beteiligt. In seltenen Fällen erfolgt die Abwärtsspaltung zur Begründung eines GemeinschaftsUnt, also unter Bet eines Dritten.

Wie bei der Ausgliederung geht Vermögen des Anteilsinhabers (MU) im Wege der (partiellen) Gesamtrechtsnachfolge auf ein (hierdurch neu gegründetes oder bereits bestehendes) nachgeordnetes Unt (regelmäßig TU) über. Der übertragende Rechtsträger erhält für die Vermögensabgabe grds Anteile an dem übernehmenden Rechtsträger. Zwingend ist eine Anteilsgewährung nicht (§ 125 S 1 iVm § 54 Abs 1 S 3 bzw § 68 Abs 1 S 3 UmwG; zur Geltung des Grundsatzes, wonach § 54 Abs 1 S 3 UmwG unabhängig von der Rechtsform allg Anwendung findet, *Wicke* ZGR 2017, 527 (533)).

Hauptgrund, das Vermögen nicht mittels der (einfacheren) Ausgliederung, sondern einer Abspaltung auf ein TU zu übertragen, ist regelmäßig die Möglichkeit, bei der Abspaltung im Gegensatz zur Ausgliederung (Anm 72, 355) auf die Gewährung von Anteilen und damit auch auf eine Bewertung des übertragenen Vermögens verzichten zu können.

390 bb) Bilanzierung beim übertragenden Rechtsträger. aaa) Abspaltung ohne Gewährung von Gesellschaftsrechten. Spaltet das MU Vermögen auf ein TU (abwärts) ab, ohne dass das TU dafür Anteile gewährt, erleidet das MU, wenn es alleinige Gesterin ist, keinen Vermögensnachteil. Dem Vermögensabgang bei dem MU steht eine durch das GesVerhältnis veranlasste Erhöhung des Werts der Bet an dem TU gegenüber.

Die bilanzielle Abbildung der Abspaltung bei dem MU kann je nachdem, ob einer *wirtschaftlichen* oder einer mehr *an der Abbildung des Grundtyps der Abspaltung (Seitwärtsabspaltung) orientierten Betrachtung* gefolgt wird, unterschiedlich sein. Bei rein wirtschaftlicher Betrachtung stellt die Abwärtsabspaltung einen Einlagevorgang unabhängig von der umwandlungsrechtlichen Causa dar und ist daher ein tauschähnlicher Vorgang, für dessen Abbildung die allg Tauschgrundsätze gelten (IDW RS HFA 42, Tz 46). Alternativ besteht die Möglichkeit, die bilanziellen Folgen in Anlehnung an die Abbildung der Seitwärtsabspaltung darzustellen (Anm 331). Dies hat eine Einbeziehung der Gester des MU zur Folge: diese „entnehmen" in einem ersten Schritt das abgespaltene Vermögen, das nachfolgend in der Kette (durch das MU) in das TU eingelegt wird (detailliert *Deubert/Lewe* BB 2017, 2603).

391 bbb) Abspaltung mit Gewährung von Gesellschaftsrechten. Werden nach allgemeinen Grundsätzen dem Gester des übertragenden Rechtsträgers (MU) Anteile an dem übernehmenden Rechtsträger (TU) gewährt, verzeichnet das MU eine spaltungsbedingte Vermögensminderung. Deren

III. Abspaltung und Ausgliederung

Höhe/Folgen hängen wiederum davon ab, ob eine wirtschaftliche oder eine an der Seitwärtsspaltung orientierte Betrachtung des Vorgangs angelegt wird. Bei wirtschaftlicher Betrachtung kommt es nur dann zu einer Vermögensminderung bei dem übertragenden MU, wenn und soweit dessen Gester durch die Abspaltung tatsächlich Vermögen in Form von GesRechten an dem übernehmenden TU „zufließt". Die Vermögensminderung beim MU ermittelt sich auf der Grundlage der Buchwerte des abgespaltenen Vermögens (IDW RS HFA 43, Tz 12); sie mindert das EK des MU. Zu einer weiteren Vermögensminderung durch die Dilutierung der Bet an dem TU aufgrund der Anteilsgewährung an den Gester kommt es nicht, da sich wirtschaftlich für das MU lediglich die Quote, nicht jedoch der Wert der Bet an dem TU aufgrund des Vermögenszugangs geändert hat (*Deubert/Lewe* BB 2017, 2603).

Alternativ lässt sich die Abwärtsabspaltung von Vermögen des MU auf das TU als Entnahme des abgespaltenen Vermögens zu Buchwerten durch den Gester zu Lasten des bilanziellen EK des MU verstehen. Zu einer weiteren spaltungsbedingten Vermögensminderung aufgrund der dem Gester gewährten Bet an dem TU und der sich hieraus ergebenden prozentual geringeren Bet an dem TU kommt es nicht, da der Dilutierung ein Wertzuwachs an der Bet an dem TU gegenübersteht (*Deubert/Lewe* BB 2017, 2603).

cc) Bilanzierung beim übernehmenden Rechtsträger. aaa) Abspaltung ohne Gewährung von Gesellschaftsrechten. Das TU als übernehmender Rechtsträger erfährt durch den durch das GesVerhältnis veranlassten Vermögenszugang eine Zuzahlung in die Kapitalrücklage nach § 272 Abs 2 Nr 4 HGB. Der Zugang kann nach Anschaffungsgrundsätzen, aber auch nach § 24 UmwG zu Buchwerten des übertragenden MU abgebildet werden.

bbb) Abspaltung mit Gewährung von Gesellschaftsrechten. Für das übernehmende TU stellt sich der Vorgang als Anschaffungsvorgang dar (AK-Bilanzierung). Die AK bestimmen sich durch den Ausgabebetrag der Anteile (IDW RS HFA 43, Tz 24). Alternativ können auch die Buchwerte der übergegangenen VG und Schulden aus der (Teil-)SB des übertragenden MU fortgeführt werden. Der Vermögenszugang ist durch das GesVerhältnis veranlasst.

dd) Bilanzierung beim Gesellschafter. Verzichtet der Gester des MU auf die Gewährung einer Bet an dem übernehmenden Rechtsträger (TU) bei einer Abwärtsabspaltung, kommt es bei wirtschaftlicher Betrachtung zu keiner Vermögensänderung bei einem AlleinGester. Es bleibt bei dem bisherigen BetAnsatz für das MU (*Deubert/Lewe* BB 2017, 2603).

Wird dem Gester des MU hingegen eine Bet an dem übernehmenden Rechtsträger (TU) eingeräumt, ist der bisherige BetAnsatz für das MU nach dem Verhältnis der Zeitwerte vor und nach der Abspaltung aufzuteilen; es kommt zu einer spaltungsbedingten Vermögensminderung in Höhe des auf das abgespaltene Vermögen entfallenden anteiligen BetAnsatzes. Kompensiert wird der Vermögensabgang durch die (neue) Bet an dem TU. Die AK für die Bet am TU bestimmen beim Gester nach Tauschgrundsätzen zu ermitteln (Anm 360).

7. Ausgliederung in Sonderfällen

a) Einzelunternehmen

405 Auch *Einzelkaufleute,* deren Firma im HR eingetragen ist, können Vermögen auf andere Rechtsträger übertragen (§ 152 UmwG). Dies geschieht in Form der **Ausgliederung.** Aus dem Gesamtvermögen des EKfm (wozu auch sein nicht unternehmenbezogenes Vermögen gehört) wird ein Teil in eine Ges eingebracht und die als Gegenleistung gewährten Anteile oder Mitgliedschaften werden Bestandteil des Gesamtvermögens des EKfm. Neben dem Unt selbst können **Teile des Unternehmens,** also Betriebe, Betriebsteile, aber auch einzelne bisher zum Unt gehörende VG und Schulden, ausgegliedert werden. Im Gegensatz zum Steuerrecht gibt es insoweit kein Teilbetriebserfordernis.

406 § 152 S 1 UmwG sieht die Übertragung des von einem EKfm betriebenen *Unternehmens* vor auf eine
- bestehende oder neu gegründete KapGes *(Ausgliederung zur Aufnahme oder Neugründung)* oder
- bestehende PersGes, eG *(Ausgliederung zur Aufnahme).*

Zur „Umwandlung" eines EKfm in eine PersGes (auch in der Form der GmbH & Co KG) ist daher die PersGes vorab zu gründen. Dagegen kann eine **Betriebsaufspaltung** unmittelbar durch Ausgliederung zur Neugründung auf eine KapGes begründet werden *(Patt DStR 1994, 1383).*

407 Unzulässig ist die Ausgliederung, wenn die Verbindlichkeiten des EKfm sein Vermögen übersteigen (§ 152 S 2 UmwG). Dies ist der Fall, wenn **alle** Verbindlichkeiten, dh die unternehmensbezogenen und privaten Schulden die unternehmensbezogenen und privaten VG überschreiten; Risiken im Privatbereich sind zu berücksichtigen *(Karollus* in Lutter[5] UmwG § 152 Anm 44). Hiermit sollen Gläubiger vor einer Vermögensverlagerung geschützt werden.

408 Bei der **Ausgliederung zur Neugründung** einer AG oder KGaA erstreckt sich die Gründungsprüfung auch darauf, ob die Verbindlichkeiten des ausgliedernden EKfm sein Vermögen übersteigen (§ 159 Abs 2 UmwG). Um die Prüfung insoweit zu erleichtern, hat der EKfm eine **Vermögensaufstellung** für die Gründungsprüfer (§ 33 AktG) anzufertigen (§ 159 Abs 3 UmwG).

409 Die Vermögensaufstellung ist im Gegensatz zur SB keine Erfolgsbilanz, sondern ein **Vermögensstatus,** in den das gesamte auszugliedernde und beim EKfm verbleibende Vermögen (Unt- und Privatvermögen) zu Verkehrswerten aufzunehmen ist *(Karollus* in Lutter[5] UmwG § 159 Anm 14). Auch stille Lasten sind auszuweisen (Verbot der Unterpariemission; sa *Hörtnagl* in Schmitt/Hörtnagl/Stratz[8] UmwG § 159 Anm 6). Da die Vermögensaufstellung zu gliedern ist, soweit dies für die Prüfung notwendig ist, ist zwischen Betriebs- und Privatvermögen zu trennen *(Rawert* in Lutter[5] UmwG § 159 Anm 13).

Für die Vermögensaufstellung gelten die Ansatz- und Bewertungsvorschriften des HGB nicht. In ihr sind jedoch **sämtliche** VG und Schulden auszuweisen. Dies schließt den Ansatz eines selbst geschaffenen GFW ein (streitig); stille Reserven sind offenzulegen. Auch das Vorsichtsprinzip (Imparitäts- und Realisationsprinzip) findet keine Anwendung. Es besteht keine Bilanzkontinuität zu dem letzten JA des EKfm.

III. Abspaltung und Ausgliederung

b) Stiftung

Die gesonderte Regelung der Ausgliederung aus dem Vermögen rechtsfähiger Stiftungen in den §§ 161 ff UmwG erklärt sich vor dem Hintergrund, dass die Stiftung zwar Organe, nicht jedoch Mitglieder hat. 410

Ausgliederungsfähig sind nach hM wegen des Wortlauts des § 164 Abs 2 UmwG lediglich Stiftungen des Privatrechts, die ein kfm Unt betreiben (*Rieger* in Widmann/Mayer UmwG § 161 Anm 29; *Hörtnagl* in Schmitt/Hörtnagl/ Stratz[8] UmwG § 161 Anm 1; fraglich angesichts der ähnlichen Regelung für Gebietskörperschaften, bei denen kein Betrieb eines kfm Unt verlangt wird, Anm 415 f). *Ausgliederungsgegenstand* ist wie beim EKfm das betriebene Unt oder Teile hiervon.

Die Ausgliederung kann erfolgen auf
– bestehende oder errichtete PersGes oder
– bestehende oder errichtete KapGes.

Der Anmeldung der Ausgliederung ist eine SB beizufügen, in der das übergehende StiftungsUnt oder Teile hiervon ausgewiesen werden.

Unzulässig ist eine Ausgliederung bei Überschuldung der Stiftung (*Hüttemann/Rawert* in Lutter[5] UmwG § 164 Anm 6). 411

Zu stiftungsrechtlichen Grenzen der Ausgliederung s *Hüttemann/Rawert* in Lutter[5] UmwG § 161 Anm 44 ff.

c) Gebietskörperschaften

§ 168 UmwG ermöglicht die Ausgliederung eines **Unternehmens**, das von einer Gebietskörperschaft (Bund, Länder, Gemeinden und gebietskörperschaftliche Gemeindeverbände) oder einem Zusammenschluss von Gebietskörperschaften anderer Rechtsform (Verbände der Sparkassen, Krankenkassen, kommunale Zweckverbände, kommunale Versorgungsverbände) betrieben wird. Unt iSd § 168 UmwG sind Eigen- und Regiebetriebe (*Hörtnagl* in Schmitt/Hörtnagl/Stratz[8] UmwG § 168 Anm 3) sowie nicht rechtsfähige Anstalten (*H. Schmidt* in Lutter[5] UmwG § 168 Anm 10; aA *Hörtnagl* in Schmitt/Hörtnagl/Stratz[8] UmwG § 168); die Ausgliederung *einzelner* VG gestattet § 168 UmwG nicht. Die Ausgliederung ist zulässig auf 415
– bestehende oder neu errichtete KapGes,
– bestehende oder neu errichtete eG,
– bestehende PersGes,
soweit Bundes- oder Landesrecht dem nicht entgegenstehen (§ 168 UmwG).

Ist das Unt nach HGB und ggf ergänzenden öffentlich-rechtlichen Vorschriften rechnungslegungspflichtig (dazu § 263 HGB), ist der Anmeldung der Ausgliederung eine SB beizufügen (aA *H. Schmidt* in Lutter[5] UmwG 171 Anm 5). Die Frage, ob es sich bei der AusgliederungsSB um eine Teilbilanz handelt, stellt sich hier nicht, da bereits die Jahresbilanz eine „Teilbilanz" bezogen auf die übertragende juristische Person des öffentlichen Rechts ist. Für die SB gelten § 17 Abs 2 UmwG und damit die allg Rechnungslegungsvorschriften des HGB und ggf auch speziellere öffentlich-rechtliche Vorschriften entspr. Wird für das auszugliedernde Unt bisher nicht nach kfm Grundsätzen Rechnung gelegt, hat der übertragende Rechtsträger eine Bilanz zu erstellen, 416 die den Mindestanforderungen des HGB an eine Bilanz eines (Voll-)Kfm gerecht wird.

8. Besteuerung von Abspaltung und Ausgliederung

a) Allgemeines

420 Auch bei Abspaltung und Ausgliederung setzt eine nach dem UmwStG begünstigte Spaltung als **Spaltungsgegenstand** einen Teilbetrieb, Mitunternehmeranteil, ein Teil eines Mitunternehmeranteils oder eine 100%-Bet an einer KapGes voraus (§§ 15 Abs 1 S 3 und § 20 Abs 1 S 1 UmwStG; UmwSt-Erl Tz 15.01 ff und 20.06). Die Ausgliederung wird im Gegensatz zur Abspaltung steuerlich nicht als Spaltung iSd § 15 UmwStG behandelt, sondern als Einbringung (§§ 20 f, 24 UmwStG). In der Folge stellt bei einer Ausgliederung auf eine KapGes auch eine nur mehrheitsbegründende oder mehrheitserhöhende Bet an einer KapGes einen begünstigten Spaltungsgegenstand dar (§ 21 UmwStG).

b) Abspaltung

425 **aa) Allgemeines.** Im Gegensatz zur handelsrechtlichen Sichtweise, die eine das gesamte Vermögen ausweisende SB auch bei Abspaltungen für nötig erachtet (Anm 107 f, 300 f), besteht steuerlich nach Ansicht der FinVerw bei der Abspaltung die Verpflichtung, eine steuerliche SB auf den steuerlichen Übertragungsstichtag zu erstellen, die allein das übergehende Vermögen ausweist (UmwSt-Erl Tz 15.14).

Darüber hinaus werden Aufspaltung und Abspaltung von KapGes weitgehend gleich behandelt; es finden die §§ 15, 16 UmwStG Anwendung (Anm 211 ff). **Umstritten** ist, ob bei der Abspaltung das zurückbleibende Vermögen ausschließlich (echte oder fiktive) Teilbetriebe sein dürfen (sog **doppeltes Teilbetriebserfordernis;** so UmwSt-Erl Tz 15.02) oder neben den Teilbetrieben auch WG, die sich den Teilbetrieben nicht zuordnen lassen, zurückbleiben dürfen, ohne dass hierdurch die Steuerneutralität der Spaltung gefährdet wird (so zB *Schumacher* in Rödder/Herlinghaus/van Lishaut[3] UmwStG § 15 Anm 133).

Besonderheiten weist die Abspaltung ggü der Aufspaltung lediglich dann auf, wenn das Weiterbestehen des übertragenden Rechtsträgers von Bedeutung ist. Dies gilt insb für den Wegfall steuerlicher Verlustpositionen (§ 15 Abs 3 UmwStG) sowie die Bewertungswahlrechte in der steuerlichen SB, die nur für die übergehenden WG, nicht dagegen für das der Ges verbleibende Vermögen gelten (*Hörtnagl* in Schmitt/Hörtnagl/Stratz[8] UmwStG § 15 Anm 248).

Auch die Abspaltung von PersGes wird steuerlich wie die Aufspaltung von PerGes nach §§ 20, 24 UmwStG behandelt (Anm 245 ff).

426 **bb) Abspaltung von einer Kapitalgesellschaft.** Auch bei der Abspaltung ist für die Bestimmung der steuerlichen Folgen der Spaltung entscheidend, welche Rechtsform der übernehmende Rechtsträger hat.

427 **aaa) Abspaltung auf eine andere Kapitalgesellschaft.** Hierfür bestimmt § 15 Abs 1 S 2 UmwStG ergänzend, dass (auch) das bei der übertra-

III. Abspaltung und Ausgliederung

genden KapGes *verbleibende Vermögen* Teilbetriebsqualität (sog **doppeltes Teilbetriebserfordernis;** Anm 195 ff) haben muss. Hierdurch wird erreicht, dass wie bei der Aufspaltung lediglich eigenständige betriebliche Einheiten auf verschiedene Rechtsträger „verteilt" werden können. Wird ein Teilbetrieb abgespalten und verbleibt Vermögen bei der übertragenden KapGes, das keine Teilbetriebsqualität hat, kommt es zur Aufdeckung der stillen Reserven allein im *übergehenden* Vermögen und nicht im zurückbleibenden Vermögen, das keine Teilbetriebsqualität hat (UmwSt-Erl Tz 15.12).

bbb) Abspaltung auf eine Personengesellschaft. Unter der Voraussetzung, dass das der KapGes verbleibende Vermögen ebenfalls einen Teilbetrieb bildet, gelten die unter Anm 235 dargestellten Grundsätze bei der Abspaltung einer KapGes auf eine PersGes bezogen auf das übergehende Vermögen (§ 16 S 1 UmwStG). Das verbleibende Vermögen muss ebenfalls Teilbetriebsqualität haben (UmwSt-Erl Tz 16.02).

cc) Abspaltung von einer Personengesellschaft. aaa) Allgemeines. Die Abspaltung von einer PersGes wird als Einbringungssachverhalt iSd §§ 20 ff UmwStG angesehen. Als Einbringende gelten nach Ansicht der FinVerw die Mitunternehmer (UmwSt-Erl Tz 20.03). Bedeutung hat dies für die Voraussetzungen einer steuerneutralen Spaltung und das Wahlrecht zur Buchwertfortführung nach § 20 Abs 2 bzw § 24 Abs 2 UmwStG.

bbb) Abspaltung auf eine Kapitalgesellschaft. Die Abspaltung von Vermögen aus einer PersGes auf eine KapGes stellt sich steuerlich als Einbringungssachverhalt nach §§ 20 f UmwStG dar. Es gelten insoweit die Ausführungen unter Anm 250 f. Im Gegensatz zu einer Abspaltung von einer KapGes auf eine KapGes nach § 15 Abs 1 UmwStG verlangt § 20 UmwStG nicht, dass bei dieser Abspaltung (PersGes auf KapGes) auch das *zurückbleibende Vermögen* insgesamt Teilbetriebsqualität haben muss (*Schmitt* in Schmitt/Hörtnagl/Stratz[8] UmwStG § 20 Anm 97).

ccc) Abspaltung auf eine andere Personengesellschaft. Für das übergehende (Rein-)Vermögen s Anm 255 f.

dd) Abspaltung auf Kapitalgesellschaften und auf Personengesellschaften. Die steuerlichen Folgen richten sich bzgl des auf die KapGes abgespaltenen Vermögens nach den in Anm 250 f und für die auf PersGes übergehenden Teile nach den in Anm 255 f dargestellten Grundsätzen.

ee) Besteuerung der Gesellschafter. Die Besteuerung der Anteilsinhaber des übertragenden Rechtsträgers bei der Abspaltung entspricht bezogen auf den abgespaltenen Teil iW dem unter Anm 265 ff Dargestellten. Danach ist für die Besteuerung der Anteilseigner die Teilbetriebsqualität des übergehenden Vermögens und die Rechtsform des übernehmenden Rechtsträgers von Bedeutung.

Regelmäßig erfolgt die Spaltung unter Wahrung der BetVerhältnisse der Gester; zwingend ist dies nicht. Vielmehr können im Rahmen einer nicht verhältniswahrenden Spaltung (§ 128 UmwG) den Gestern des übertragenden Rechtsträgers bspw zur Trennung von GesterStämmen auch Anteile an dem übertragenden Rechtsträger zugeordnet werden (§§ 126 Abs 1 Nr 10, 131 Abs 1 Nr 3 UmwG). Auch diese Anteilsgewährung ist von § 13 Abs 2 UmwStG begünstigt, kann also grds steuerneutral erfolgen (*Hörtnagl* in Schmitt/Hörtnagl/Stratz[8] UmwStG § 15 Anm 95). Kommt es jedoch im

Rahmen der nicht verhältniswahrenden Spaltung zu Wertverschiebungen, kommt es in Abhängigkeit von der Gegenleistung zu Anteilsveräußerungen oder Schenkungen und damit zur Gewinnrealisierung.

c) Ausgliederung

440 aa) Allgemeines. Steuerlich stellt die Ausgliederung (§ 123 Abs 3 UmwG) einen Einbringungstatbestand nach §§ 20, 21 oder 24 UmwStG dar. Einbringender ist die jeweilige Ges. Dies gilt für eine Ausgliederung aus einer KapGes auf eine andere KapGes oder eine PersGes sowie von einer PersGes auf eine KapGes sowie eine andere PersGes. Bei der Ausgliederung bestimmt der *übernehmende* Rechtsträger wie im – aber unabhängig vom – Handelsrecht (§ 24 UmwG) den Ansatz für das übernommene Vermögen. Trotz zivilrechtlich wirksamer Ausgliederung gelten für die Ausgliederung nur dann die steuerlichen Einbringungsvorschriften, wenn der Einbringende eine **neu** geschaffene Bet (neue Anteile bzw Mitunternehmerstellung/erweiterte Mitunternehmerstellung) erhält, was zivilrechtlich nicht zwingend ist (§ 54 Abs 1 UmwG). Die Gewährung bereits begebener eigener Anteile genügt den steuerlichen Anforderungen nicht (UmwSt-Erl Tz E 20.10).

Bei Ausgliederungen auf KapGes (§ 20 UmwStG) oder PersGes (§ 24 UmwStG), nicht jedoch der Übertragung von (qualifizierten Mehrheits)Bet nach § 21 UmwStG, kann der Zeitpunkt, von dem an dem übernehmenden Rechtsträger das übertragene Vermögen und das hieraus resultierende Einkommen zugerechnet werden, bis zu acht Monaten zurückbezogen werden (UmwStichtag; Antragserfordernis, Anm 191). Im Gegensatz zur Auf- und Abspaltung auf eine KapGes kann jedoch auch der Zeitpunkt des Vermögensübergangs (Eintragung der Umw ins HR) gewählt werden. Keine Rückwirkung ist grds vorgesehen für die Ausgliederung einer (Mehrheits-) Bet an einer KapGes (UmwSt-Erl Tz 21.17).

445 bb) Ausgliederung auf eine Kapitalgesellschaft. aaa) Einbringungsgegenstand und Wertansatzwahlrecht. Bei der Ausgliederung aus dem Vermögen einer KapGes, einer PersGes oder eines EKfm auf eine KapGes ist steuerlich begünstigter Ausgliederungsgegenstand neben einem Betrieb, Teilbetrieb und Mitunternehmeranteil auch die Bet an einer KapGes, wenn die übernehmende KapGes nach der Einbringung die Mehrheit der Stimmrechte an der „eingebrachten" KapGes hat (§ 21 Abs 1 S 2 UmwStG: **„qualifizierter Anteilstausch")**. Im Gegensatz zu Abspaltungen von KapGes nach § 15 oder § 16 UmwStG muss bei der steuerlich als Einbringung eingeordneten Ausgliederung das zurückbleibende Vermögen keine Teilbetriebseigenschaft haben (**kein doppeltes Teilbetriebserfordernis;** *Patt* in Dötsch/Pung/Möhlenbrock UmwStG § 20 Anm 101).

Zwar ist die Ausgliederung auch bei begünstigten Einbringungsgegenständen grds ein gewinnrealisierender Vorgang, da die übernehmende KapGes die gemeinen Werte anzusetzen hat (§§ 20 Abs 2 S 1, 21 Abs 1 UmwStG), auf Antrag und Vorliegen der sonstigen Voraussetzungen der §§ 20 Abs 2 S 2, 21 Abs 2 UmwStG können jedoch auch Buchwert oder Zwischenwerte angesetzt werden. Wesentliche Voraussetzung ist, dass das Besteuerungsrecht der Bundesrepublik nach der Ausgliederung ggü der bisherigen Situation nicht

III. Abspaltung und Ausgliederung

eingeschränkt ist. Ist Gegenstand der Ausgliederung ein Unt(Teil) (Betrieb, Teilbetrieb oder Mitunternehmeranteil), ist weiterhin ein Buchwertansatz insoweit unzulässig, als die Passivposten des eingebrachten Vermögens die Aktivposten übersteigen, § 20 Abs 2 Nr 2 UmwStG. Wird eine sonstige Gegenleistung gewährt, ist deren Begrenzung nach § 20 Abs 2 S 2 Nr 4, § 21 Abs 1 S 2 Nr 2 sowie § 24 Abs 2 S 2 Nr 2 UmwStG zu berücksichtigen. Wird ein Unternehmensteil ausgegliedert und nicht vom Buchwertwahlrecht Gebrauch gemacht, sind alle übernommenen WG einschl selbst geschaffener WG und eines GFW gleichmäßig aufzustocken. Lediglich Pensionsrückstellungen sind mit dem Wert nach § 6a EStG anzusetzen.

bbb) Maßgeblichkeit. Da steuerlich grds gemeine Werte anzusetzen sind und nur bei Vorliegen der gesetzlich tatbestandlich festgelegten Voraussetzungen ein Wahlrecht zur Bewertung zu Buchwerten oder Zwischenwerten besteht, findet der Grundsatz der Maßgeblichkeit der HBil für die StBil keine Anwendung (UmwSt-Erl Tz 20.20).

cc) Ausgliederung auf eine Personengesellschaft. Die Ausgliederung auf eine PersGes unterfällt unabhängig davon, welche Rechtsform der übertragende Rechtsträger hat, dem § 24 UmwStG. Damit gelten die Ausführungen unter Anm 255 sinngemäß. Wird von einer PersGes ausgegliedert, kann sich die Steuerneutralität im Einzelfall auch aus § 6 Abs 5 EStG ergeben.

dd) Besteuerung des übertragenden Rechtsträgers (Einbringender). Der Wert, mit dem die übernehmende Ges das Vermögen ansetzt, gilt für den Einbringenden (KapGes, Mitunternehmer, Einzelunternehmer) sowohl als Veräußerungspreis als auch als AK für die neuen GesAnteile, § 20 Abs 3 S 1 UmwStG. Die so ermittelten AK für die neuen Anteile sind zu mindern um etwaige Zuzahlungen der KapGes.

Ist übernehmender Rechtsträger eine KapGes und wählt sie für den im Wege der Ausgliederung eingebrachten Betrieb, Teilbetrieb oder Mitunternehmeranteil einen unter dem gemeinen Wert liegenden Wertansatz, entsteht eine **siebenjährige Sperrfrist,** innerhalb derer bei Veräußerung der erhaltenen Bet ein rückwirkend ermittelter Einbringungsgewinn zu versteuern ist (§ 22 Abs 1 UmwStG; s a Anm 269). Dieser Einbringungsgewinn berechnet sich für Einbringungen nach § 20 UmwStG als Differenz zwischen dem gemeinen Wert und dem Einbringungswert, gemindert um $1/7$ für jedes seit der Einbringung abgelaufene Zeitjahr (Einbringungsgewinn I). Der nach Abzug des Einbringungsgewinns verbleibende Veräußerungsgewinn unterliegt den allg Regeln für die Veräußerung von KapitalBet.

Ist Gegenstand der Einbringung eine MehrheitsBet und Einbringender keine nach § 8b Abs 2 KStG begünstigte Person, gilt Entspr, wenn die übernehmende KapGes die ausgegliederten Anteile veräußert (Einbringungsgewinn II), § 22 Abs 2 UmwStG.

ee) Besteuerung des übernehmenden Rechtsträgers. Ist übernehmender Rechtsträger eine KapGes, tritt sie nach § 23 Abs 1 weitgehend in die Rechtspositionen des übertragenden Rechtsträgers ein. Bei Ansatz von Zwischenwerten sind Sonderregelungen bei Abschreibungen zu beachten. Im Gegensatz zur Einbringung durch Einzelrechtsnachfolge führt bei einer Ausgliederung auch der Ansatz gemeiner Werte steuerlich nicht zu einem Anschaffungsvorgang. Vielmehr tritt die übernehmende KapGes in die Rechtstellung der Überträgerin ein (§ 22 Abs 3 UmwStG).

Hat der übertragende Rechtsträger den Einbringungsgewinn (Anm 460) nachweisbar versteuert, darf die übernehmende KapGes den versteuerten Einbringungsgewinn als Erhöhungsbetrag steuerneutral für das ausgegliederte Vermögen ansetzen (Step-Up), § 23 Abs 2 UmwStG.

d) Organschaftsfragen

470 Geht das Vermögen eines Organträgers (herrschendes Unt) durch *Aufspaltung* auf ein anderes gewerbliches Unt iSd § 14 Abs 1 S 1 Nr 2 KStG über, tritt der nach Maßgabe des Spaltungsvertrags den Gewinnabführungsvertrag übernehmende Rechtsträger in den Gewinnabführungsvertrag ein. Ansprüche und Schulden aus dem Vertrag vor der Spaltung „verbleiben" bei den verbundenen Unt. Die Organschaft wird ggü dem übernehmenden Rechtsträger fortgesetzt (UmwSt-Erl Tz Org. 06).

Wird bei bestehender körperschaftsteuerlicher Organschaft Vermögen des Organträgers *abgespalten,* berührt dies die bestehende Organschaft nicht, wenn weder der Ergebnisabführungsvertrag noch die OrganBet „abgespalten" wurden (UmwSt-Erl Tz Org. 09). Wird die OrganBet abgespalten, wird dem übernehmenden Rechtsträger eine ggü dem übertragenden Rechtsträger bestehende finanzielle Eingliederung zugerechnet (UmwSt-Erl Tz Org. 07). Zur Abspaltung von UntVerträgen s Anm 66.

e) Verkehrsteuern

475 **aa) Umsatzsteuer.** Es gelten die Ausführungen unter Anm 275 ff für den übergehenden Vermögensteil.

480 **bb) Grunderwerbsteuer.** Bei der *Abspaltung* gelten die in Anm 280 f dargestellten Grundsätze – nur bezogen auf die auf den übernehmenden Rechtsträger übergehenden inländischen Grundstücke – entspr. Da die bei dem übertragenden Rechtsträger verbleibenden Grundstücke nicht der GrESt unterworfen werden, ist die Abspaltung oftmals bereits aus diesem Grund der Aufspaltung vorzuziehen (sa *Pahlke* in Widmann/Mayer UmwG Anh 12 Anm 41 ff).

Werden im Rahmen der *Ausgliederung* inländische Grundstücke auf eine *KapGes* übertragen, erfüllt dies den Tatbestand des § 1 Abs 1 Nr 3 GrEStG. Die GrESt ist nicht auf die Bet zu aktivieren, sondern stellt Aufwand dar. Grunderwerbsteuerpflichtig ist ebenfalls die Übertragung einer mindestens 95%igen Bet an einer inländischen Grundbesitz haltenden KapGes, § 1 Abs 3 GrEStG.

Auch die *Ausgliederung* inländischer Grundstücke *auf eine PersGes* löst GrESt aus. Soweit der übertragende Rechtsträger jedoch an der übernehmenden PersGes beteiligt ist, wird keine GrESt erhoben (§ 5 Abs 2 GrEStG).

J. Vermögensübertragung

Übersicht

	Anm
I. Rechtliche Grundlagen	
1. Voraussetzungen	1
2. Anwendungsbereich	2–8
3. Arten der Vermögensübertragung	
a) Vollübertragung	9–13
b) Teilübertragung	15–17
II. Bilanzierung des übertragenden Rechtsträgers	
1. Schlussbilanz	19
2. Übertragungsprüfung	20
III. Auswirkungen der Vermögensübertragung beim übernehmenden Rechtsträger	22, 23
IV. Auswirkungen für den bilanzierenden Gesellschafter des übertragenden Rechtsträgers	25, 26
V. Besteuerung der Vermögensübertragung	
1. Vollübertragung	28–32
2. Teilübertragung	35, 36
3. Umsatzsteuer	38, 39
4. Grunderwerbsteuer	41

Schrifttum: *Heckschen* Umstrukturierung unter Beteiligung der öffentlichen Hand in private Rechtsformen und umgekehrt, GmbHR 2018, 779.

I. Rechtliche Grundlagen

1. Voraussetzungen

Bei der Vermögensübertragung überträgt ein Rechtsträger sein Vermögen **1** als Ganzes **(Vollübertragung)** oder Teile seines Vermögens **(Teilübertragung)** gegen Gewährung einer Gegenleistung im Wege der **Gesamt- oder Sonderrechtsnachfolge** auf einen anderen *bestehenden* Rechtsträger, § 174 UmwG. Die Vermögensübertragung entspricht als Vollübertragung weitgehend der (aufnehmenden) Verschmelzung (Kapitel H) und als Teilübertragung der (aufnehmenden) Spaltung (Kapitel I). Entscheidender Unterschied zu den genannten UmwFormen ist, dass die **Gegenleistung** des übernehmenden Rechtsträgers nicht in der Gewährung von Anteilen oder Mitgliedschaftsrechten des aufnehmenden Rechtsträgers, sondern in **anderen Vermögenswerten** (insb baren Ausgleichszahlungen, aber auch Anteilen an anderen Unt [s hierzu BFH v 17.1.2018 BStBl II, 449] oder sonstigen Wertpapieren) besteht.

2. Anwendungsbereich

Die Vermögensübertragung kann als eine **Sonderform** der Verschmel- **2** zung bzw Spaltung von Unt auf die öffentliche Hand (§ 175 Nr 1 UmwG) und zwischen VersicherungsUnt (§ 175 Nr 2 UmwG) angesehen werden. Ihre Berechtigung als eigenständige UmwForm hat die Vermögensübertragung insoweit, als die öffentliche Hand und VersicherungsUnt, die nicht als KapGes organisiert sind, wegen ihrer Struktur regelmäßig keine Anteile als Gegenleistung für die Vermögensübertragung gewähren können (Ausnahme: *Verschmelzung* von VVaG miteinander und *Vermögensübergang* von VVaG auf VersicherungsAG, § 109 UmwG, zur Spaltung s § 151 UmwG). So werden diese Unt auch nicht in § 3 UmwG als verschmelzungsfähig erwähnt (zur Auslegung eines als „Verschmelzung auf eine Gemeinde als AlleinGester" bezeichneten Vertrags als Vermögensübertragung s OLG Dresden v 22.10.2014 NotBZ 2015, 313; dazu *Heckschen* GmbHR 2018, 791). Diesen Rechtsträgern steht die Vermögensübertragung zur Verfügung, die ihnen eine Umwandlung mit Gesamtrechtsnachfolge ohne Anteilsgewährung ermöglicht.

3 § 175 UmwG sieht folgende Fälle einer Voll- oder Teilübertragung vor, wobei zu beachten ist, dass die Vermögensübertragung lediglich auf einen Rechtsträger anderer Rechtsform vorgesehen ist:
– von einer KapGes auf den Bund, ein Land, eine Gebietskörperschaft oder einen Zusammenschluss von Gebietskörperschaften;
– von einer VersicherungsAG auf VVaG oder öffentlich-rechtliche VersicherungsUnt;
– von einem VVaG auf VersicherungsAG oder öffentlich-rechtliche VersicherungsUnt;
– von einem öffentlich-rechtlichen VersicherungsUnt auf VersicherungsAG oder VVaG.

4 Besonderheiten gelten für den **kleineren VVaG** (§ 210 Abs 1 ff VAG). Er kann lediglich übertragender Rechtsträger einer Vollübertragung auf eine VersicherungsAG oder ein öffentlich-rechtliches VersicherungsUnt sein, §§ 185 ff UmwG. Er kann somit weder Teile seines Unt übertragen, noch übernehmender Rechtsträger einer Vermögensübertragung sein (*Hübner* in Lutter UmwG[5] § 185 Anm 2 ff).

5 Jede Umw eines VersicherungsUnt bedarf nach § 14 ff VAG der **Genehmigung** der BaFin als Aufsichtsbehörde.

6 Gemessen an Verschmelzungen und Spaltungen kommt der Vermögensübertragung wegen der Beschränkung auf die öffentliche Hand und VersicherungsUnt als beteiligte Rechtsträger lediglich geringe praktische Bedeutung zu. Dies gilt umso mehr, als als juristische Person des Privatrechts organisierte VersicherungsUnt auch durch Verschmelzung (VVaG auf VVaG sowie VVaG auf VersicherungsAG) umgewandelt werden können oder alternativ eine Bestandsübertragung gem §§ 13 ff VAG erfolgen kann (Anm 13).

7 Da § 175 Nr 1 UmwG die Übertragung von Vermögen von einer KapGes auf die öffentliche Hand vorsieht, können bisher in der Rechtsform von KapGes geführte EigenGes wieder auf die öffentliche Hand „rückumgewandelt" werden (Umw in Regie- oder Eigenbetriebe; **„Re-Kommunalisierung"**). Die Vermögensübertragung ermöglicht somit, sich dem Problem der bei (defizitären) EigenGes vielfach bestehenden bilanziellen oder effektiven Überschuldung sowie erforderlicher permanenter Sanierungsmaßnahmen durch Rückübertragung auf die nicht gesetzlichen Kapitalschutzvorschriften unterliegende öffentliche Hand zu entziehen.

I. Rechtliche Grundlagen

Soll Vermögen einer PersGes auf die öffentliche Hand übertragen werden, ist dies nicht unmittelbar möglich, vielmehr ist die PersGes zuerst formwechselnd (§§ 190 ff UmwG) in eine KapGes umzuwandeln. **8**

3. Arten der Vermögensübertragung

a) Vollübertragung

Von der Verschmelzung unterscheidet sich die Vermögensübertragung in der Form der Vollübertragung allein durch die Art der Gegenleistung. Statt Anteile oder Mitgliedschaftsrechte am übernehmenden Rechtsträger erhalten die Anteilsinhaber des übertragenden Rechtsträgers eine Gegenleistung in Form eines wirtschaftlichen Vorteils, regelmäßig einer Bar- oder Sachabfindung (Anm 1). Von ihren rechtlichen Wirkungen her lässt sich die Vermögensübertragung als „Liquidationsveräußerung mit Gesamtrechtsnachfolge" bezeichnen. **9**

Wegen der Nähe der Vollübertragung zur Verschmelzung gelten grds die **Vorschriften über die Verschmelzung zur Aufnahme** entspr (§§ 176 Abs 1, 178 Abs 1, 180 Abs 1, 186, 188 Abs 1 UmwG). **10**

Soweit der übernehmende Rechtsträger an dem übertragenden beteiligt ist (zB VVaG an TochterVersicherungsAG oder öffentliche Hand an EigenGes), ist in entspr Anwendung des § 20 Abs 1 Nr 3 UmwG keine Gegenleistung zu gewähren (§§ 54 Abs 1 S 1 Nr 1, 68 Abs 1 S 1 Nr 1 UmwG; *H. Schmidt* in Lutter[5] UmwG § 174 Anm 8; *Stengel* in Semler/Stengel[3] UmwG § 174 Anm 23), was auch Bedeutung für die Besteuerung hat (Anm 48). Möglich ist auch, dass die Anteilsinhaber des übertragenden Rechtsträgers auf eine Gegenleistung verzichten (*Heckschen* in Widmann/Mayer UmwG § 174 Anm 30), was bei gleichzeitiger Bet am übernehmenden Rechtsträger denkbar ist. **11**

Von der Vermögensübertragung ist der Abschluss eines Vertrags zu unterscheiden, durch den sich eine AG oder KGaA zur Übertragung ihres gesamten GesVermögens verpflichtet (§ 179a AktG). Im Gegensatz zur Vermögensübertragung erfolgt bei Übertragungen nach § 179a AktG die Vermögensübertragung durch Einzelrechtsnachfolge. Diese Regelung findet nur Anwendung, wenn die Übertragung nicht dem UmwG unterfällt (keine Verschmelzung oder Vermögensübertragung). **12**

Die **Bestandsübertragung** nach § 13 VAG bildet für Versicherungs-Unt eine Alternative zur Vermögensübertragung, ist aber keine Vermögensübertragung. Sie ermöglicht eine Bestandsübertragung von Versicherungsverträgen ohne Zustimmung des Versicherungsnehmers unter Herbeiführung der Wirkungen einer (Teil-)Gesamtrechtsnachfolge (*Sagasser* in Sagasser/Bula/Brünger[5] § 2 Anm 13). Bei ihr werden der Versicherungsbestand oder Teile hiervon im Wege einer *Teilgesamtrechtsnachfolge* auf ein anderes Versicherungs-Unt übertragen: Für die Übertragung der Rechte aus den Versicherungsverhältnissen gilt Gesamtrechtsnachfolge, hinsichtlich der übrigen Rechtsverhältnisse gilt dagegen Einzelrechtsnachfolge. Mit der Bestandsübertragung kann bei Geltung vereinfachter Formvorschriften (selbst bei Übertragung von Grundbesitz genügt einfache Schriftform; eine gesonderte Prüfung der Be- **13**

Klingberg

standsübertragung ist nicht vorgesehen) wirtschaftlich das gleiche Ergebnis wie bei einer Vermögensübertragung erreicht werden. Ihre einfachere Durchführung ist der Grund dafür, dass VersicherungsUnt regelmäßig von der Vermögensübertragung keinen Gebrauch machen (zur Bestandsübertragung detailliert s *Wilm* in Lutter[5] UmwG Anh 1 nach § 189 Bestandsübertragung).

b) Teilübertragung

15 Wie bei der Spaltung werden auch bei der Teilübertragung drei **Formen** unterschieden:
- **Aufspaltende Teilübertragung** des Vermögens unter Auflösung ohne Abwicklung des übertragenden Rechtsträgers auf andere bestehende Rechtsträger, § 174 Abs 2 Nr 1 UmwG,
- **Abspaltende Teilübertragung** eines Vermögensteils auf einen oder mehrere bestehende Rechtsträger, § 174 Abs 2 Nr 2 UmwG, sowie
- **Ausgliedernde Vermögensübertragung** eines Vermögensteils auf einen oder mehrere bestehende Rechtsträger, § 174 Abs 2 Nr 3 UmwG,

wobei die **Gegenleistung** bei der auf- und der abspaltenden Teilübertragung den Anteilsinhabern des übertragenden Rechtsträgers und bei der ausgliedernden Teilübertragung dem ausgliedernden Rechtsträger selbst zu gewähren ist. Die Vermögensübertragung erfolgt durch Sonderrechtsnachfolge (partielle Gesamtrechtsnachfolge). Es finden die Vorschriften über die Spaltung Anwendung.

16 Während sich die ersten zwei Teilübertragungsmöglichkeiten als „Teilliquidationsverkauf" bezeichnen lassen, ist die ausgliedernde Teilübertragung im wirtschaftlichen Ergebnis eine (Teil-)Betriebsveräußerung mit (partieller) Gesamtrechtsnachfolge. Sie hat ggü der Betriebsveräußerung, die im Wege der Einzelrechtsnachfolge erfolgt, den Vorteil, dass die „Veräußerung" durch Teilübertragung nicht der Zustimmung der Gläubiger nach § 415 BGB bedarf.

17 Wie bei der Spaltung können bei der abspaltenden Teilübertragung von KapGes **Kapitalmaßnahmen notwendig** werden, wenn nach der Teilübertragung das satzungsmäßige (Nenn-)Kapital auf Grund des Vermögensabgangs nicht mehr vollständig vorhanden ist. Bei VersicherungsUnt, die nicht die Rechtsform der AG haben (VVaG) und somit nicht den Kapitalschutzvorschriften des AktG unterliegen, stellt das Genehmigungserfordernis nach § 14 VAG das notwendige Korrektiv dar.

II. Bilanzierung des übertragenden Rechtsträgers

1. Schlussbilanz

19 Wie bei der Verschmelzung und der Spaltung hat der übertragende Rechtsträger auf den Übertragungsstichtag eine SB gem § 17 Abs 2 UmwG zu erstellen. Für diese gelten bei der Vollübertragung die in H Anm 83 ff, bei der Teilübertragung die in I Anm 105 ff dargestellten Grundsätze. Die SB ist unter den in H Anm 134 genannten Voraussetzungen prüfungspflichtig.

III. Auswirkungen der Vermögensübertragung

Die SB ist auch zu erstellen, wenn die Vermögensübertragung auf die öffentliche Hand erfolgt und diese mit dem Vermögen nicht bilanzierungspflichtig ist (Anm 22).

2. Übertragungsprüfung

Die Vermögensübertragung von KapGes auf die öffentliche Hand unterliegt grds einer Übertragungsprüfung (Prüfung des Übertragungsvertrags oder seines Entwurfs), § 176 Abs 1 iVm §§ 9ff UmwG. Während die Übertragungsprüfung bei der Vermögensübertragung von einer AG und KGaA obligatorisch ist (§§ 60, 78 UmwG), ist sie bei der GmbH als übertragendem Rechtsträger nur auf Verlangen eines Anteilseigners durchzuführen (§ 48 UmwG). Unter den Voraussetzungen des § 9 Abs 2 UmwG (übernehmender Rechtsträger ist alleiniger Gester) bzw des § 9 Abs 3 UmwG (Verzicht aller Anteilsinhaber) ist jedoch keine Übertragungsprüfung erforderlich. Die vorstehenden Grundsätze gelten für die Vermögensübertragung von einem VVaG auf eine VersicherungsAG entspr. 20

III. Auswirkungen der Vermögensübertragung beim übernehmenden Rechtsträger

Soweit der übernehmende Rechtsträger buchführungspflichtig ist, kann er das übergegangene Vermögen gem § 24 UmwG nach allgemeinen Grundsätzen zu AK oder den Buchwerten in der SB des übertragenden Rechtsträgers ansetzen (s K Anm 1 ff). Dies gilt grds auch bei der Vermögensübertragung auf die öffentliche Hand. Zwar ist die öffentliche Hand als solche nicht buchführungspflichtig (Kameralistik; Option zur staatlichen Doppik in § 1a Abs 1 HGrG), juristische Personen des öffentlichen Rechts (KdöR, AöR) sind jedoch buchführungs- und bilanzierungspflichtig, soweit sie ein Unt betreiben und somit Kfm iSd HGB sind (*Winkeljohann/Lewe* in Beck BilKomm[12] § 238 Anm 38ff). Soweit im Rahmen der Vermögensübertragung Vermögen auf einen Wirtschaftsbetrieb der öffentlichen Hand übertragen wird oder durch die Vermögensübertragung ein derartiger Wirtschaftsbetrieb entsteht, ist dieses Vermögen in der Bilanz des Wirtschaftsbetriebs der öffentlichen Hand nach § 24 UmwG anzusetzen. 22

Beispiel: Die bisher in der Rechtsform der GmbH geführten Verkehrsbetriebe werden auf die Gemeinde übertragen. Mit der Übertragung entsteht ein Unt ohne eigene Rechtspersönlichkeit (Eigenbetrieb). Die Gemeinde ist insoweit Kfm (§ 1 Abs 2 HGB) und nach §§ 263, 238ff HGB buchführungs- und bilanzierungspflichtig. Es ist eine EB für das Unt zu erstellen. Für diese Bilanz gilt § 24 UmwG.

Werden dagegen die in einer GrundstücksKapGes gehaltenen gemeindlichen Grundstücke auf die Gemeinde zurück übertragen, kann § 24 UmwG keine Anwendung finden, da die Grundstücke Bestandteil des Gemeindevermögens werden, mit dem sie nicht buchführungspflichtig ist.

Je nachdem, ob mit der Vermögensübertragung ein Wirtschaftsbetrieb der öffentlichen Hand entsteht oder das übertragene Vermögen in einen bestehenden Wirtschaftsbetrieb eingebunden wird, ist die Vermögensübertragung 23 entweder in der EB abzubilden oder als laufender Geschäftsvorfall zu berücksichtigen.

IV. Auswirkungen für den bilanzierenden Gesellschafter des übertragenden Rechtsträgers

25 Für den Gester stellt sich die Vermögensübertragung als **Tauschvorgang** dar. Besteht die Gegenleistung nicht in Geld, kann der Gester die Gegenleistung wahlweise zum Buchwert, Zeitwert oder Buchwert unter Berücksichtigung der Ertragsteuerbelastung der hingegebenen Beteiligung ansetzen. Bei der regelmäßig als Gegenleistung gewährten Barabfindung kommt es in jedem Fall zu einer Gewinnrealisierung.

26 Denkbar ist, dass die Vermögensübertragung teilweise gegen eine Bar- und teilweise gegen eine Sachleistung erfolgt. Hinsichtlich der Folgen ist dann – wie in Anm 25 dargestellt – zu unterscheiden. Zur Ermittlung der Gewinnauswirkung ist der bisherige BetAnsatz für den übertragenden Rechtsträger nach Zeitwerten aufzuteilen.

Beispiel: Die Bet hat einen Buchwert von 100 und einen Zeitwert von 1000. Die Gegenleistung besteht aus einer Barzahlung von 200 und einer sonstigen Gegenleistung von 800.

Zur Ermittlung der Gewinnauswirkung der Vermögensübertragung ist der Buchwert auf die beiden Gegenleistungskomponenten aufzuteilen: auf die Barkomponente entfallen 20 %, auf die sonstige Gegenleistung 80 %. Hinsichtlich der Barkomponente kommt es zu einer Gewinnrealisierung von 180 (200 – 20 % des Buchwerts von 100). Die sonstige Gegenleistung darf mit dem anteiligen Buchwert von 80 (keine Gewinnrealisierung), dem Verkehrswert von 800 (Gewinnrealisierung von 720 vor Steuern) oder mit 80 zzgl der Ertragsteuerbelastung angesetzt werden.

V. Besteuerung der Vermögensübertragung

1. Vollübertragung

28 Steuerlich wird die Vollübertragung einer Verschmelzung von Körperschaften gleichgestellt; es gelten die §§ 11 bis 13, 19 UmwStG. Zur Besteuerung des übernehmenden Rechtsträgers s K Anm 301 f.

29 Während bei einer Verschmelzung bei Vorliegen der Voraussetzungen des § 11 Abs 2 UmwStG die **übertragende** Körperschaft wählen darf, ob sie das übergehende Vermögen in der steuerlichen SB zu Buch-, Zwischen- oder gemeinen Werten ansetzt (H Anm 165), ist dies dem übertragenden Rechtsträger bei der Vollübertragung regelmäßig verwehrt. Das Bewertungswahlrecht nach § 11 Abs 2 UmwStG setzt nämlich ua voraus, dass keine Gegenleistung gewährt wird oder in GesRechten besteht, die WG weiterhin der KSt unterliegen und das Besteuerungsrecht der Bundesrepublik durch die Vermögensübertragung nicht eingeschränkt wird. Diese Erfordernisse sind bei der Vermögensübertragung, die in § 174 Abs 1 UmwG die Gewährung einer Gegenleistung vorsieht, die gerade nicht in Anteilen besteht, grds (s aber Anm 31) nicht erfüllt (ebenso UmwSt-Erl Tz 11.15).

V. Besteuerung der Vermögensübertragung 30–35 J

Nach § 11 Abs 1 UmwStG hat in der Folge die übertragende Körperschaft mangels Erfüllung der Tatbestandsmerkmale des Abs 2 das übergehende Vermögen unter Einschluss immaterieller selbst geschaffener WG und eines Firmenwerts mit dem gemeinen Wert anzusetzen. Der aus der Aufstockung resultierende Übertragungsgewinn unterliegt der KSt und der GewSt. **30**

Wird Vermögen nach § 174 UmwG auf den Anteilsinhaber übertragen, darf in Höhe seiner Bet anteilig keine Gegenleistung gewährt werden, § 176 iVm § 68 UmwG (*Heckschen* in Widmann/Mayer UmwG § 174 Anm 29). Umfassend steuerneutral kann die Vermögensübertragung sein, wenn sie auf den alleinigen Anteilsinhaber erfolgt (UmwSt-Erl Tz 11.15). Dies setzt jedoch voraus, dass sichergestellt ist, dass die übergehenden WG auch zukünftig der KStBesteuerung unterliegen und im Inland steuerverstrickt bleiben. Erfolgt die Vermögensübertragung auf die öffentliche Hand als alleinige Anteilsinhaberin, ist dies lediglich dann gewährleistet, wenn das übertragene Vermögen einen Betrieb gewerblicher Art (§ 4 KStG) darstellt oder auf einen Betrieb gewerblicher Art übergeht oder einen bildet und sie insoweit nach § 1 Abs 1 Nr 6 KStG unbeschränkt steuerpflichtig ist (UmwSt-Erl Tz 11.07). Andernfalls sind die übergegangenen WG in der steuerlichen SB mit dem gemeinen Wert anzusetzen. **31**

In dem **Beispielsfall** (Anm 22) darf das Vermögen der VerkehrsbetriebeGmbH zu Buchwerten und damit ohne Aufdeckung stiller Reserven auf die Gemeinde übertragen werden, da einerseits keine Gegenleistung gewährt wird und andererseits die stillen Reserven auf Grund ihrer Zugehörigkeit zu einem BgA steuerverhaftet bleiben.

Die Übertragung der Grundstücke von der GrundstücksKapGes auf die Gemeinde erfolgt zwar auch ohne Gegenleistung, da die Grundstücke nach der Vermögensübertragung jedoch nicht zu einem BgA gehören und somit nicht steuerverhaftet sind, hat die GrundstücksKapGes in ihrer steuerlichen SB ihr Vermögen zu gemeinen Werten anzusetzen. Der entstehende Aufstockungsgewinn ist gewerbe- und körperschaftsteuerpflichtig.

Der Gewinn aus der bei einer Vermögensübertragung erforderlichen Aufstockung der übertragenen Wirtschaftgüter auf die gemeinen Werte nach § 11 Abs 1 UmwStG (Anm 30) kann auf den steuerlichen Übertragungsstichtag zurückbezogen werden, § 2 Abs 1 UmwStG. Die Rückwirkung beschränkt sich jedoch auf die Erfassung des Gewinns aus der Aufstockung des Vermögens des übertragenen Rechtsträgers. Gewährt der übernehmende Rechtsträger den Anteilsinhabern als Gegenleistung sonstige WG (zB Aktien an anderen Unt), findet auf den aus der Gewährung dieser WG bei dem übernehmenden Rechtsträger entstehenden Gewinn § 2 Abs 1 UmwStG keine Anwendung; der Gewinn entsteht nicht rückwirkend, sondern mit deren Übertragung (BFH v 17.1.2018 BStBl II, 449). Es gilt das Realisationsprinzip. **32**

2. Teilübertragung

Für die Teilvermögensübertragung in der Form der Aufspaltung und Abspaltung gelten die Regelungen über die Auf- und Abspaltung von Körperschaften auf Körperschaften, §§ 15, 19, 11 ff UmwStG. Wie bei der Voll- **35**

Klingberg

übertragung ist das übergehende Vermögen idR mit dem Wert der Gegenleistung anzusetzen, dh die Teilübertragung ist **nicht steuerneutral** möglich. Da dem übertragenden Rechtsträger bereits wegen der Art der Gegenleistung das Bewertungswahlrecht in § 11 Abs 2 UmwStG nicht gewährt wird (Ausnahme: Spaltung auf den Anteilseigner, der die Bet in einem BgA hält, s Beispiel in Anm 35), kommt es ertragsteuerlich bei der Teilübertragung in Form der Auf- und der Abspaltung nicht darauf an, ob das übertragene Vermögen einen Teilbetrieb bildet. Die stillen Reserven im übergehenden Vermögen sind aufzudecken und der Aufdeckungsgewinn unterliegt der KSt und GewSt nach allgemeinen Grundsätzen.

36 Im Gegensatz zur Spaltung durch Ausgliederung ist die Teilvermögensübertragung in der Form der Ausgliederung nicht im UmwStG geregelt. Somit kommt es bei dieser Form der Vermögensübertragung **immer** zur **Realisierung** der in dem übertragenen Vermögen enthaltenen stillen Reserven.

3. Umsatzsteuer

38 Die Vermögensübertragung entspricht der Verschmelzung oder Spaltung mit dem Unterschied, dass die Gegenleistung nicht in Anteilsrechten besteht. Die Übertragung des gesamten Vermögens bei der Vollübertragung oder eines „gesondert geführten Betriebs" stellt eine (nicht umsatzsteuerbare) **Geschäftsveräußerung im Ganzen** (§ 1 Abs 1a S 1, 2 UStG) dar.

39 Qualifiziert das übergehende Vermögen nicht als Geschäftsveräußerung im Ganzen, ist die Übertragung steuerbar und steuerpflichtig und kann insb bei einer Vermögensübertragung auf die öffentliche Hand zu einer zusätzlichen Belastung (zusätzliche AK) führen, wenn diese wegen fehlender Unternehmereigenschaft nicht vorsteuerabzugsberechtigt ist.

4. Grunderwerbsteuer

41 Sind Gegenstand der Vermögensübertragung in der Form der Voll- bzw Teilübertragung inländische Grundstücke, ist die Vermögensübertragung ein nach § 1 Abs 1 Nr 3 GrEStG grunderwerbsteuerpflichtiger Sachverhalt. Bemessungsgrundlage ist die anteilige Gegenleistung. Wird keine Gegenleistung gewährt (Vermögensübertragung auf den alleinigen Anteilseigner), bemisst sich die GrESt nach den Grundbesitzwerten (§ 8 Abs 2 Nr 2 GrEStG). Im Einzelfall wird die GrESt auch aufgrund einer Konzernumstrukturierung iSd § 6a GrEStG nicht erhoben.

K. Übernahmebilanzierung bei Umwandlungen
Übersicht

	Anm
I. Allgemeines	
1. Gegenstand der Übernahmebilanzierung	1–3
2. Das Wahlrecht nach § 24 UmwG	5–7
3. Größenkriterien	8–11
II. Übernahmezeitpunkt	12, 13
III. Übernahme nach allgemeinen Grundsätzen	
1. Ansatz des übernommenen Vermögens	
a) Allgemeines	15, 16
b) Aktiva	
aa) Geschäfts- oder Firmenwert	20, 21
bb) Immaterielle Vermögensgegenstände	22, 23
cc) Geringwertiges Anlagevermögen; „finance lease"	24
dd) Forderungen	25
ee) Eigene Anteile	26
ff) Aktive Rechnungsabgrenzungsposten	27
c) Passiva	
aa) Pensionsverpflichtungen	28
bb) Verbindlichkeiten	30, 31
cc) Passive Rechnungsabgrenzungsposten	32
d) Bilanzierung latenter Steuern	36, 37
2. Bewertung nach allgemeinen Grundsätzen	
a) Vermögensübergang mit Gründung oder Kapitalerhöhung	
aa) Zusammensetzung der Gesamtanschaffungskosten	
aaa) Allgemeine Regelungen	41–43
bbb) Kapitalgesellschaften	44
ccc) Personenhandelsgesellschaften	45
ddd) Bewertungsobergrenze: Zeitwert	46
bb) Aufteilung der Gesamtanschaffungskosten	
aaa) Allgemeine Regelungen	47
bbb) Gesamtanschaffungskosten höher als die Summe der Zeitwerte	48
ccc) Gesamtanschaffungskosten geringer als die Summe der Zeitwerte	49
b) Vermögensübergang mit untergehender Beteiligung	
aa) Zusammensetzung der Gesamtanschaffungskosten	
aaa) Allgemeine Regelungen	53–57
bbb) Ansatz des übernommenen Vermögens zum Buchwert der abgehenden Anteile	58
ccc) Ansatz des übernommenen Vermögens zum Zeitwert der abgehenden Anteile	59

	Anm
ddd) Ansatz des übernommenen Vermögens zum ergebnisneutralen Zwischenwert	60
bb) Aufteilung der Gesamtanschaffungskosten	
aaa) Allgemeine Regelung	61
bbb) Gesamtanschaffungskosten höher als die Summe der Zeitwerte	62
ccc) Gesamtanschaffungskosten geringer als die Summe der Zeitwerte	63
c) Gemischte Übernahme	
aa) Zusammensetzung der Gesamtanschaffungskosten	65
bb) Aufteilung der Gesamtanschaffungskosten	66
d) Sonderfall: Downstream-Merger	67, 68
IV. Buchwertübernahme nach § 24 UmwG	
1. Ansatz des übernommenen Vermögens	
a) Allgemeine Regelungen	70, 71
b) Aktiva	
aa) Geschäftswerte	72
bb) Immaterielle Vermögensgegenstände des Anlagevermögens	73
cc) Forderungen	74
dd) Eigene Anteile	75
c) Passiva	
aa) Pensionsrückstellungen	77
bb) Verbindlichkeiten	78, 79
cc) Latente Steuern	80
2. Bewertung des übernommenen Vermögens	
a) Bindung an Wertansätze des übertragenden Rechtsträgers	85–89
b) Übernahme mit Gründung oder Kapitalerhöhung	
aa) Buchwertansatz übersteigt den Ausgabebetrag der neuen Anteile	90
bb) Ausgabebetrag der neuen Anteile übersteigt den Buchwertansatz	91
c) Übernahme mit untergehender Beteiligung	92, 93
d) Gemischte Übernahme	94
e) Sonderfall: Downstream-Merger	95
V. Anhangangaben	96–100
VI. Übernahmebilanzierung im Konzernabschluss nach HGB	
1. Verschmelzung von Tochter- auf Mutterunternehmen	101–103
2. Verschmelzung oder sonstige Vermögensübernahme von einem Nicht-Tochterunternehmen gegen Gewährung von Anteilen an der übernehmenden Gesellschaft	106, 107
VII. Steuerliche Übernahmebilanzierung sowie Besteuerung des übernehmenden Rechtsträgers und der an der Umwandlung beteiligten Gesellschafter	
1. Einleitung	110–116
2. Steuerliche Übernahmebilanzierung – Überblick	118–126

Übersicht

	Anm
3. Übernahmezeitpunkt und steuerliche Rückwirkungsfiktion	127–138
4. Verschmelzung	140
a) Verschmelzung von Kapitalgesellschaften auf Personenhandelsgesellschaften	
aa) Besteuerung der übernehmenden Personenhandelsgesellschaft	
aaa) Wertverknüpfung	142–145
bbb) Geltung von § 5 EStG in der Folgebilanz	146–148
ccc) Einzelfälle der Bilanzierung	149–155
ddd) Beteiligungskorrekturgewinn	157
eee) Steuerliche Rechtsnachfolge	159–167
fff) Ermittlung des Übernahmeergebnisses	169–184
ggg) Gewerbesteuer	185
bb) Besteuerung der Gesellschafter	187–190
b) Verschmelzung von Kapitalgesellschaften untereinander	
aa) Besteuerung der übernehmenden Kapitalgesellschaft	
aaa) Ermittlung des Übernahmegewinns	195–201
bbb) Sonderfall: Downstream-Merger	205–207
ccc) Gewerbesteuer	208
bb) Besteuerung der Anteilseigner	209–216
c) Verschmelzung von Personenhandelsgesellschaften auf Kapitalgesellschaften	
aa) Besteuerung der übernehmenden Kapitalgesellschaft	
aaa) Geltung der Einbringungsvorschriften	217–219
bb) Einbringende und Einbringungsgegenstand	220–222
cc) Ansatz, Bewertung, Antragstellung und Rechtsnachfolge	223–232
dd) Besteuerung der Gesellschafter	234–238
d) Verschmelzung von Personenhandelsgesellschaften	
aa) Besteuerung der übernehmenden Personengesellschaft	240–246
bb) Besteuerung der Gesellschafter	250
5. Spaltung	
a) Allgemein – Unterschiede zur Verschmelzung	252–257
b) Aufspaltung	
aa) Aufspaltung auf von Kapitalgesellschaften auf Personenhandelsgesellschaften	
aaa) Besteuerung der übernehmenden Personenhandelsgesellschaften	259, 260
bbb) Besteuerung der Anteilseigner	262–264
bb) Aufspaltung von Kapitalgesellschaften auf Kapitalgesellschaften	
aaa) Besteuerung der übernehmenden Kapitalgesellschaften	267, 268
bbb) Besteuerung der Anteilseigner	270–273

	Anm
cc) Aufspaltung von Personenhandelsgesellschaften auf Kapitalgesellschaften	
aaa) Besteuerung der übernehmenden Kapitalgesellschaft	275
bbb) Besteuerung der Gesellschafter	276, 277
dd) Aufspaltung von Personengesellschaften auf Personengesellschaften	
aaa) Besteuerung der übernehmenden Personengesellschaft	279–281
bbb) Besteuerung der Gesellschafter	283
ee) Aufspaltung auf Gesellschaften unterschiedlicher Rechtsformen	284
c) Abspaltungen	
aa) Allgemein – Unterschiede zur Aufspaltung	286, 287
bb) Besteuerung des übernehmenden Rechtsträgers	288–290
cc) Besteuerung der Anteilseigner	291, 292
d) Ausgliederung	
aa) Allgemein – Verhältnis zur Aufspaltung und Abspaltung	295
bb) Besteuerung des übernehmenden Rechtsträgers	296
cc) Besteuerung der Anteilseigner bzw Gesellschafter	298
6. Vermögensübertragung	
a) Vollübertragung	
aa) Allgemein – Unterschiede zur Verschmelzung	300
bb) Besteuerung des übernehmenden Rechtsträgers	301, 302
cc) Besteuerung der Anteilseigner/Mitglieder	303, 304
b) Teilübertragung	
aa) Allgemein – Unterschiede zur Spaltung	306
bb) Besteuerung des übernehmenden Rechtsträgers	307, 308
cc) Besteuerung der Gesellschafter	309
7. Formwechsel	
a) Allgemein – Unterschiede zur Verschmelzung	311
b) Steuerliche Eröffnungsbilanz des Rechtsträgers neuer Rechtsform	312, 313
c) Formwechsel Kapitalgesellschaft in Personengesellschaft	
aa) Besteuerung der Personengesellschaft	315
bb) Besteuerung der Anteilseigner	316
d) Formwechsel Personengesellschaft in Kapitalgesellschaft	
aa) Besteuerung der Kapitalgesellschaft	318
bb) Besteuerung der Gesellschafter	319

Schrifttum: *Mujkanovic* Zur Bewertung bei Verschmelzung am Beispiel von AG und GmbH – Existiert das Wahlrecht des § 24 UmwG?, BB 1995, 1735; *W. Müller* Anschaffungskosten und Buchwertverknüpfung bei der Verschmelzung – Freiräume

I. Allgemeines   1–3 **K**

und Grenzen bei der Bewertung, in FS Clemm, München 1996, 243; *K.-P. Naumann* Zur Anwendung von § 24 UmwG in Verschmelzungsfällen, in FS Ludewig, Düsseldorf 1996, 683; *Scherrer* Bilanzierung der Verschmelzung durch Aufnahme beim übernehmenden Rechtsträger, in FS Claussen, Köln 1997, 743; *Angermeyer* Handelsrechtliche Anschaffungskosten von Sacheinlagen, DB 1998, 145; *Weilep* „bad will" bei Verschmelzungen – alle Zweifelsfragen geklärt?, DB 1998, 2130; *Gassner* Ausgewählte handelsrechtliche und steuerrechtliche Bilanzierungsfragen bei Umwandlungen, in FS Widmann, München 2000, 343; *Schmitt/Hülsmann* Verschmelzungsgewinn in der Handelsbilanz und Prinzip der Gesamtrechtsnachfolge, BB 2000, 1563; *Narschewski* Stichtage und Bilanzen bei der Verschmelzung, Köln 2001; *Gelhausen/Heinz* Handelsrechtliche Zweifelsfragen der Abwicklung von Ergebnisabführungsverträgen in Umwandlungsfällen, NZG 2005, 775; *Enneking/Heckschen* Gesellschafterhaftung beim down-stream-merger, DB 2006, 1099; *Deubert/Klöcker* Handelsrechtliche Bilanzierung von Verschmelzungen, WP Praxis 2013, 61; *Bilitewski/Roß/Weiser* Bilanzierung bei Verschmelzungen im handelsrechtlichen Jahresabschluss Teil 1 und 2, WPg 2014, 13, 73; *Kronner/Seidler* Übertragung negativen Reinvermögens mittels Verschmelzung aus der Sicht des Abschlussprüfers, BB 2018, 1899; *Wegener* Handelsbilanzielle und steuerrechtliche (Sonder-)Probleme der Abwärtsverschmelzung einer KapGes auf eine andere KapGes, DB 2018, 2071; *Deubert/Lewe* Ausstrahlungswirkung des DRS 23 „Kapitalkonsolidierung" auf den handelsrechtlichen Jahresabschluss, BB 2018, 2155.

I. Allgemeines

1. Gegenstand der Übernahmebilanzierung

Die Übernahmebilanzierung betrifft den **Ansatz und** die **Bewertung** des   1
aus einem UmwVorgang (Verschmelzung, Aufspaltung, Abspaltung, Ausgliederung, Vermögensübertragung) oder aus Einbringungsvorgängen (Sacheinlagen) außerhalb des UmwRechts **übernommenen (Rein-)Vermögens** beim übernehmenden Rechtsträger. Im Falle der UmwVorgänge umfasst die Übernahmebilanzierung neben Vermögensübernahmen im Rahmen von Kapitalerhöhungen auch Übernahmen im Tauschwege. Für die Übernahmebilanzierung bei UmwVorgängen gilt im Gegensatz zu Einbringungsvorgängen das besondere Bilanzierungswahlrecht nach § 24 UmwG (s Anm 5). Erfolgt die Umw/Einbringung auf einen bestehenden Rechtsträger, ist die Vermögensübernahme ein laufender Geschäftsvorfall der Periode. Wenn der übernehmende Rechtsträger durch die Umw/Einbringung neu entsteht, schlägt sich die Übernahmebilanzierung in einer **Gründungsbilanz** (EB) nieder. Umwandlungsspezifische handelsrechtliche Sonderbilanzen gibt es beim aufnehmenden Rechtsträger nicht.

Zu Neugründungen von Unt durch eine Umw kann es in Fällen der   2
Verschmelzung (§ 2 Nr 2 UmwG), Aufspaltung (§ 123 Abs 1 Nr 2 UmwG), Abspaltung (§ 123 Abs 2 Nr 2 UmwG) und Ausgliederung (§ 123 Abs 3 Nr 2 UmwG) kommen. Im Rahmen von Vermögensübertragungen sind nur Übertragungen auf bestehende Rechtsträger möglich (§ 174 UmwG). Im Rahmen des Formwechsels (§ 190 Abs 1 UmwG) findet weder eine Vermögensübertragung statt, noch entsteht ein neuer Rechtsträger (zur Bilanzierung beim Formwechsel s L Anm 30 ff).

Neugründungen oder Kapitalerhöhungen bei KapGes im Rahmen einer   3
Umw haben wie bei jeder anderen Sacheinlage (Einbringung) auch stets zur

K 5　　　　　　　　Übernahmebilanzierung bei Umwandlungen

Voraussetzung, dass das **übernommene Vermögen zu Zeitwerten** mindestens den **Ausgabebetrag** der neuen Anteile **erreicht,** da sonst eine unzulässige Unter-pari-Emission vorläge. Bei PersGes ist eine derartige Beschränkung nicht zu beachten. Allerdings wird auf die Hafteinlage des Kommanditisten im Außenverhältnis höchstens der Zeitwert der Einlage angerechnet. Für den ggf bestehenden Unterschied zwischen Zeitwert der Einlage und Hafteinlage besteht die persönliche Haftung des Kommanditisten fort.

Für die Kapitalaufbringung kommt es auf das im Zeitpunkt der Anmeldung der Kapitalerhöhung zum HR vorhandene Vermögen an. Die für die Bilanzierung gewährten Vereinfachungen (s Anm 15) sind hier nicht zulässig.

2. Das Wahlrecht nach § 24 UmwG

5　Für die Übernahmebilanzierung im Rahmen von UmwVorgängen gilt das besondere Wahlrecht des § 24 UmwG. Es gibt dem übernehmenden Rechtsträger das Recht,

1. das übernommene Vermögen nach allg Grundsätzen anzusetzen (s Anm 15–37) und zu bewerten (s Anm 41–68) oder
2. als übernommenes Vermögen das in der SB des übertragenden Rechtsträgers ausgewiesene Vermögen anzusetzen (s Anm 70–80) und als AK die Wertansätze in der SB des übertragenden Rechtsträgers (sogenannte Buchwertübernahme) zu wählen (s Anm 85–95).

Die Entscheidungskompetenz für die **Ausübung** dieses **Wahlrechts** liegt bei dem den **Jahresabschluss feststellenden Organ** der aufnehmenden Ges. Bei AG ist dies idR Vorstand und Aufsichtsrat. Bei GmbH und PersGes ist dies idR die GesVers. Enthält der UmwVertrag eine Festlegung hinsichtlich der Ausübung des Wahlrechts, ist das feststellende Organ hieran gebunden. Bei AG ist zu beachten, dass die Buchwertübernahme nach § 69 Abs 1 UmwG im Falle einer Übernahme mit Kapitalerhöhung zur Folge hat, dass die Prüfung der Sachkapitalerhöhung nach § 183 Abs 3 AktG entfallen kann, wenn der übertragende Rechtsträger eine KapGes (AG oder GmbH) war und die VG in der SB des übertragenden Rechtsträgers nicht höher bewertet waren als im letzten JA dieses Rechtsträgers. Um diese Erleichterung in Anspruch nehmen zu dürfen, muss die Festlegung zur Buchwertübernahme entspr frühzeitig verbindlich getroffen werden. Diese Erleichterung bei der Prüfung der Sachkapitalerhöhung gilt nicht, wenn der übertragende Rechtsträger eine PersGes oder KapCoGes war, oder die Übernahmebilanzierung nach den allg Grundsätzen erfolgt.

Fraglich ist, inwieweit das Wahlrecht des § 24 UmwG dem **Stetigkeitsgebot** nach § 246 Abs 3 HGB bzw § 252 Abs 1 Nr 6 HGB unterliegt. Das Stetigkeitsgebot dient dazu, die Vergleichbarkeit von aufeinanderfolgenden JA zu gewährleisten. Da Vermögensübernahmen im Rahmen von Umw eher singuläre Ereignisse sind, erscheint es im Hinblick auf den Zweck der Regelung nicht zwingend, das Wahlrecht stetig auszuüben. Das Wahlrecht darf für jede Vermögensübernahme neu ausgeübt werden, auch wenn sich mehrere Vermögensübernahmen in einem Gj ereignen (iE ebenso: *Priester* in Lutter UmwG[5] § 24 Anm 77; *Lanfermann* in Kallmeyer[6] UmwG § 24 Anm 17).

I. Allgemeines 6–8 **K**

Übernahmebilanzierung nach allg Grundsätzen bedeutet, soweit die Umw 6
mit einer **Gewährung neuer Anteile** (Neugründung oder Kapitalerhöhung) des übernehmenden Rechtsträgers verbunden ist, dass die **Ansatz- und Bewertungsregeln für Sacheinlagen** gelten. Das sind die gleichen Regeln, die auch für Einbringungsvorgänge (Sacheinlagen) außerhalb des UmwRechts gelten.

Ist die Umw ein **Tauschvorgang** (übernehmender Rechtsträger hält selbst die untergehenden oder abgehenden Anteile an dem übertragenden Rechtsträger), bedeutet Übernahmebilanzierung nach allg Grundsätzen, dass die **Tauschgrundsätze** für die Bilanzierung gelten.

Die Möglichkeit der Buchwertübernahme iSd § 24 UmwG gilt nur für 7
Übernahmebilanzierungen im Rahmen von UmwVorgängen. Im Rahmen von Einbringungsvorgängen außerhalb des UmwRechts gilt dieses Wahlrecht nicht. Lediglich für den Fall der **Anwachsung** des Vermögens einer PersGes auf einen ihrer Gester nach wegen der großen Ähnlichkeit des Vorgangs zur Verschmelzung eine analoge Anwendung des Wahlrechts nach § 24 UmwG für zulässig erachtet (so auch IDW RS HFA 42, Tz 93; *ADS*[6] HGB § 255 Anm 101; *Schubert/Gadek* in Beck Bil-Komm[12] § 255 Anm 45; einschränkend auf den Fall der Anwachsung durch Austritt der anderen Gester gegen Gewährung von Anteilen am übernehmenden Rechtsträger *Knop/Küting/Knop* in HdR[5] HGB § 255 Anm 97 f). Allerdings ist bei der Anwachsung keine Rückbeziehung möglich. Der Stichtag der Buchwertübernahme kann nur der Zeitpunkt sein, zu dem die Anwachsung rechtswirksam wird (s S Anm 18). Dies gilt auch, wenn bspw die KomplementärGmbH einer KG auf deren einzigen Kommanditisten verschmolzen wird. Zwar ist die KomplementärGes ab dem Zeitpunkt des Übergangs des wirtschaftlichen Eigentums (s Anm 12) im JA des aufnehmenden Kommanditisten zu zeigen. Da die Anwachsung rechtlich aber erst wirksam wird, wenn diese Ges auch rechtlich (mit Eintragung der Verschmelzung in das HR des aufnehmenden Rechtsträgers) auf den Kommanditisten übergeht, kann erst zu diesem Zeitpunkt die Anwachsung erfasst werden und somit auch erst zu diesem Zeitpunkt und (ggf) mit den Buchwerten zu diesem Zeitpunkt das Vermögen der KG beim Kommanditisten ausgewiesen werden. Im Hinblick darauf, dass das wirtschaftliche Eigentum an der KomplementärGes voraussetzt, dass für den rechtlichen Vollzug der Verschmelzung keine Hindernisse bestehen, könnte allenfalls vertreten werden, dass bereits zu diesem Zeitpunkt und (ggf) mit den Buchwerten zu diesem Zeitpunkt das Vermögen der KG beim Kommanditisten ausgewiesen wird (ablehnend IDW ERS HFA 13, Tz 91 jedenfalls bei fortwährendem (bloß) wirtschaftlichen Eigentum an der KomplementärGes im Rahmen des sog Treuhandmodells). Eine Rückbeziehung auf den (häufig) früher liegenden Verschmelzungsstichtag für die Verschmelzung der KomplementärGmbH auf den Kommanditisten ist hingegen nicht zulässig.

3. Größenkriterien

Für die Frage, welcher **Größenklasse** iSd § 267 HGB ein übernehmen- 8
der Rechtsträger (KapGes oder KapCoGes) zuzurechnen ist, ist zu unter-

Deubert/Hoffmann 507

scheiden, ob die Vermögensübernahme im Rahmen einer Umw iSd UmwG (Verschmelzung, Spaltung, Vermögensübertragung) oder außerhalb eines UmwVorgangs stattgefunden hat. Die Anwachsung wird dabei einer Umw gleichgestellt (*Störk/Lawall* in Beck Bil-Komm [12] § 267 Anm 29; *Knop/Küting* in HdR[5] HGB § 267 Anm 30) Des Weiteren ist zu unterscheiden, ob der übernehmende Rechtsträger neu gegründet wurde oder ob es sich um ein bestehendes Unt handelt. Eine wirtschaftliche Wiederbelebung (zB einer MantelGes) gilt dabei ebenfalls als Neugründung (*Störk/Lawall* in Beck Bil-Komm [12] § 267 Anm 23).

9 **Bestehendes Unternehmen und Vermögensübernahme außerhalb eines Umwandlungsvorgangs:** In diesem Fall gelten für die Größenklassenzuordnung die „normalen" Regeln nach § 267 Abs 4 S 1 HGB. Das bedeutet, dass eine durch die Vermögensübernahme verursachte Zunahme von Bilanzsumme, Umsatzerlösen und Anzahl der Arbeitnehmer ggf erst mit Verzögerung zu einer entspr Änderung der Anforderungen an den JA, dessen Prüfung und Offenlegung führt. Erfolgte die Vermögensübernahme während des Gj, sind auch die entspr Umsatzerlöse erst ab diesem Zeitpunkt in die Berechnung des Größenkriteriums einzubeziehen. Gleiches gilt für die übernommenen Arbeitnehmer.

Neugründung und Vermögensübernahme außerhalb eines Umwandlungsvorgangs: Gem § 267 Abs 4 S 2 HGB wird eine neu gegründete KapGes oder KapCoGes der Größenklasse zugeordnet, deren Größenkriterien sie in ihrem ersten Gj erreicht. Auch in diesem Fall werden Umsatzerlöse und Anzahl der übernommenen Arbeitnehmer erst vom Zeitpunkt des wirtschaftlichen Vermögensübergangs in die Berechnung der Größenkriterien einbezogen. Strittig ist, ob bei einem ersten Gj einer Neugründung mit weniger als 12 Monaten die Umsatzerlöse für Zwecke der Bestimmung des Größenkriteriums auf 12 Monate hochzurechnen sind. Der Sinn des Kriteriums spricht uE dafür (ebenso *ADS* [6] HGB § 267 Anm 19; dagegen *Störk/Lawall* in Beck Bil-Komm [12] § 267 Anm 8; *Knop/Küting* in HdR[5] HGB § 267 Anm 29).

10 **Bestehendes Unternehmen und Vermögensübernahme im Rahmen eines Umwandlungsvorgangs:** In diesem Fall hat die übernehmende KapGes oder KapCoGes gem § 267 Abs 4 S 2 HGB am Abschlussstichtag, der der Vermögensübernahme folgt, für die Erstellung des JA, dessen Prüfung und Offenlegung, die Vorschriften zu beachten, die für die Größenklasse gelten, deren Kriterien (Bilanzsumme, Umsatzerlöse, Anzahl der Arbeitnehmer) im abgelaufenen Gj erfüllt wurden. Für das zeitraumbezogene Kriterium Umsatzerlöse ist dabei auf die addierten Umsatzerlöse der letzten 12 Monate vor dem Bilanzstichtag sowohl der übernehmenden als auch der übertragenden Ges abzustellen, auch wenn die Umsätze der übertragenden Ges ggf noch nicht bei der übernehmenden Ges auszuweisen waren, weil der UmwStichtag weniger als 12 Monate vor dem Bilanzstichtag lag. Wenn im Rahmen eines Spaltungsvorgangs nur Teile eines übertragenden Rechtsträgers auf die übernehmende Ges übergegangen sind, sind entspr nur die anteiligen Umsatzerlöse des übertragenden Rechtsträgers zu berücksichtigen. Entspr ist bei der Anzahl der Arbeitnehmer zu verfahren. Falls im Falle von Spaltungen die anteilige Zuordnung von Umsatzerlösen oder insb Arbeitnehmern vor dem

II. Übernahmezeitpunkt 11, 12 **K**

Spaltungsstichtag nicht möglich ist, ist bei den Umsatzerlösen in sachgerechter Weise auf einen 12-Monatszeitraum hochzurechnen und bei der Ermittlung der durchschnittlichen Anzahl der Arbeitnehmer insoweit ggf auf eine geringere Anzahl von Stichtagen abzustellen (*Störk/Lawall* in Beck Bil-Komm[12] § 267 Anm 27, 28; *ADS*[6] HGB § 267 Anm 21–23; in Bezug auf die Umsatzerlöse ebenso *Knop/Küting* in HdR[5] HGB § 267 Anm 26–28, in Bezug auf die Anzahl der Arbeitnehmer aA: Die Anzahl des übertragenden Rechtsträgers soll erst ab dem UmwStichtag einbezogen werden).

Vermögensübergang auf eine im Rahmen des Umwandlungsrechts neu gegründete Gesellschaft: Entsteht die KapGes oder KapCoGes durch die Umw, sind die zum ersten Stichtag realisierten Größenkriterien für die Erstellungs-, Prüfungs- und Offenlegungspflichten der Ges maßgeblich. Auch hier gilt wie im Fall der Umw auf eine bestehende Ges, dass für das Kriterium Umsatzerlöse die Umsatzerlöse der übertragenden Rechtsträger (bei Spaltung anteilig) der letzten 12 Monate vor dem Bilanzstichtag zu berücksichtigen sind, auch wenn das erste Gj der neuen Ges weniger als 12 Monate hat. Entsprechendes gilt für die Anzahl der Arbeitnehmer (*Störk/Lawall* in Beck Bil-Komm[12] § 267 Anm 28; *ADS*[6] HGB § 267 Anm 22).

Ist der übernehmende Rechtsträger eine PersGes, die bisher weder den 11 Regelungen nach §§ 264 ff HGB noch den Regelungen des **PublG** unterlag, kann sich dies im Hinblick auf das PublG am ersten Abschlussstichtag nach dem Vermögensübergang ändern, wenn die PersGes zu diesem Stichtag und an den zwei vorangegangenen Stichtagen jeweils zwei der drei maßgeblichen Größenkriterien (Bilanzsumme, Umsatzerlöse, Anzahl der Arbeitnehmer) erreicht (§ 2 Abs 1 S 1 PublG) oder – beschränkt auf den Fall, dass durch den Vermögensübergang das *Vermögen eines Unternehmens als Ganzes* auf die PersGes übergegangen ist – wenn sie an diesem Abschlussstichtag zwei der drei Größenkriterien erreicht und der übertragende Rechtsträger an den beiden letzten Abschlussstichtagen jeweils zwei der drei Größenkriterien erreichte, wobei es keine Rolle spielt, ob der übertragende Rechtsträger nach dem PublG zur Rechnungslegung verpflichtet war (§ 2 Abs 1 S 2 PublG). In Fällen der Verschmelzung dürfte immer das Vermögen eines Unt als Ganzes auf den aufnehmenden Rechtsträger übergehen. Für Spaltungen dürfte die Regelung des § 2 Abs 1 S 2 PublG dann zum Zuge kommen, wenn zumindest ein Teilbetrieb übergegangen ist (ebenso wohl *ADS*[6] PublG § 2 Anm 10, 11, 12).

II. Übernahmezeitpunkt

Das rechtliche Eigentum an dem zu übertragenden Vermögen geht nach 12 § 20 Abs 1 UmwG mit Eintragung der Verschmelzung in das HR des übernehmenden Rechtsträgers auf den übernehmenden Rechtsträger über. Bei Spaltungen ist dafür nach § 131 Abs 1 UmwG die Eintragung in das HR des übertragenden Rechtsträgers maßgeblich. Für die Bilanzierung ist jedoch der **Übergang des wirtschaftlichen Eigentums** entscheidend. Dieser kann vor dem Übergang des rechtlichen Eigentums liegen. **Frühester Zeitpunkt** für den Übergang des wirtschaftlichen Eigentums ist der Zeitpunkt, an dem die **Umwandlungsverträge abgeschlossen** und die notwendigen Zustimmungen der Gester der beteiligten Rechtsträger vorliegen. Die Zustimmungen der Gester sind ein wertbegründendes Ereignis. Dies gilt auch, wenn der vereinbarte UmwStichtag – das ist der Tagesbeginn, von dem an die Handlungen des übertragenden Rechtsträgers als für Rechnung des übernehmenden Rechtsträgers vorgenommen gelten (§ 5 Abs 1 Nr 6 UmwG, § 126 Abs 1 Nr 6 UmwG) – vor diesem Zeitpunkt liegt.

Zusätzlich müssen für den Übergang des wirtschaftlichen Eigentums folgende weitere Voraussetzungen (kumulativ) erfüllt sein (ebenso IDW RS HFA 42, Tz 30):

a) Der Übergang des wirtschaftlichen Eigentums kann nicht vor dem vereinbarten UmwStichtag liegen.

b) Es muss mit an Sicherheit grenzender Wahrscheinlichkeit davon ausgegangen werden können, dass die Eintragung der Umw in das HR erfolgt. Es dürfen insb keine Gründe bekannt sein, die der Eintragung der Umw entgegenstehen könnten.

c) Es muss faktisch oder durch eine entspr Regelung im UmwVertrag sichergestellt sein, dass der übertragende Rechtsträger nur im Rahmen eines ordnungsgemäßen Geschäftsgangs oder mit Einwilligung des übernehmenden Rechtsträgers über die VG verfügen kann.

13 Im Zeitpunkt des wirtschaftlichen Übergangs des zu übernehmenden Vermögens hat der übernehmende Rechtsträger das Vermögen in seine Buchführung aufzunehmen. Alle Geschäftsvorfälle ab diesem Zeitpunkt sind bei ihm originär zu erfassen (zu zulässigen Vereinfachungen s Anm 15). Erfolgt die Übertragung auf einen bestehenden Rechtsträger, ergeben sich insoweit keine Probleme. Erfolgt die Übertragung jedoch auf einen Rechtsträger, der mit der Umw neu entsteht, ergibt sich ggf das Problem, dass der Übergang zu einem Zeitpunkt erfolgt, zu dem der neue Rechtsträger noch nicht in das HR eingetragen ist und somit noch nicht besteht, falls er eine KapGes ist. In diesem Fall würde dann bereits die VorGes ihre Geschäftstätigkeit aufnehmen. Unabhängig von Art und Umfang dieser Geschäftstätigkeit der VorGes ist die EB dann bereits auf diesen früheren Zeitpunkt aufzustellen.

III. Übernahme nach allgemeinen Grundsätzen

1. Ansatz des übernommenen Vermögens

a) Allgemeines

15 Am Tag des wirtschaftlichen Übergangs des zu übernehmenden Vermögens (Anm 12) ist das Vermögen (Mengengerüst der VG und Schulden) zu übernehmen, das an diesem Tag vorhanden ist. Vorzugsweise erfolgt die Übernahmebilanzierung auf der Grundlage eines auf diesen Zeitpunkt aufgestellten Zwischenabschlusses des übertragenden Rechtsträgers. Dieser kann aus einem zeitnahen Monats-/Quartalsabschluss abgeleitet sein.

Aus Vereinfachungsgründen ist es jedoch bei Übernahmen **im Rahmen des Umwandlungsrechts** zulässig, an diesem Tag das Vermögen (Men-

III. Übernahme nach allgemeinen Grundsätzen 15 K

gengerüst) einzubuchen, das gem SB des übertragenden Rechtsträgers am (oft früher liegenden) UmwStichtag vorhanden war und dieses lediglich um ggf dort nicht bilanzierte VG und Schulden zu ergänzen (iE ebenso *Lanfermann* in Kallmeyer[6] UmwG § 24 Anm 55; *Priester* in Lutter UmwG[5] § 24 Anm 24). Dies gilt auch für neugegründete Rechtsträger (IDW RS HFA 42, Tz 40).

Die Zulässigkeit dieser **Vereinfachung** lässt sich mittelbar aus § 24 iVm § 17 Abs 2 UmwG begründen. In § 24 UmwG wird die Buchwertübernahme auf Grundlage der SB des übertragenden Rechtsträgers gestattet (dazu Anm 70). In § 17 Abs 2 UmwG ist geregelt, dass die SB auf einen Stichtag aufgestellt werden darf, der bis zu acht Monate vor der Anmeldung der Umw in das HR liegt. Diese **Rückbeziehung** bedeutet eine erhebliche Vereinfachung der Übernahmebilanzierung, da sie idR gestattet, auf einen JA des übertragenden Rechtsträgers sowohl in Bezug auf das Mengengerüst als auch die Bewertung zurückzugreifen. Diese gesetzlich geregelte Vereinfachung, die eine „falsche Bewertung" auf ein „falsches Mengengerüst" gestattet, lässt es vertretbar erscheinen, dass auch im Rahmen der Übernahmebilanzierung nach allg Grundsätzen, dem Grundsatz der Wirtschaftlichkeit der Rechnungslegung entspr, eine Vereinfachung in Bezug auf das Mengengerüst zulässig ist. Zur Bewertung in diesem Fall s Anm 46, 47.

Eine gewisse sachliche Stützung findet diese Vereinfachung im Rahmen von Umw darin, dass nach § 5 Abs 1 Nr 6 UmwG ab dem UmwStichtag die Handlungen des übertragenden Rechtsträgers als für Rechnung des aufnehmenden Rechtsträgers vorgenommen gelten. Die Vereinfachung bildet diese gesetzliche Fiktion ab.

Die Vereinfachung liegt darin, dass man idR nicht genau festlegen muss, wann genau das wirtschaftliche Eigentum übergegangen ist und entspr auf diesen Zeitpunkt nicht das Mengengerüst ermitteln muss. Es genügt festzustellen, ob es am Bilanzstichtag des übernehmenden Rechtsträgers bereits übergegangen ist. Die Veränderungen (Geschäftsvorfälle) zwischen UmwStichtag und wirtschaftlichem Übergang des Vermögens sind dann in der GuV des übernehmenden Rechtsträgers zu erfassen. Dies kann entweder durch Erfassung der einzelnen Aufwendungen und Erträge oder durch die Erfassung eines gesonderten Saldopostens in der GuV geschehen (so IDW RS HFA 42, Tz 33). Da es sich nicht um originäre Erträge und Aufwendungen des übernehmenden Rechtsträgers handelt, erscheint eine Erfassung als gesonderter Saldoposten (ohne Einbeziehung von Ertragsteuern) im Hinblick auf die Darstellung der Ertragslage sachgerecht. Im Anhang lässt sich dann einfacher darstellen, welcher Teil des Ergebnisses der Geschäftstätigkeit auf die vereinfachte Behandlung der Vermögensübernahme zurückzuführen ist. Dies ist uE insb dann sachgerecht, wenn durch die Erfassung der Geschäftsvorfälle ab dem UmwStichtag bis zum Übergang des Vermögens beim aufnehmenden Rechtsträger Ergebnisse erfasst werden, die mehr als ein Gj bzgl des übernommenen Vermögens umfassen (so auch *Deubert/Klöcker* WP Praxis 2013, 63).

Beispiel: Aufgrund eines Verschmelzungsvertrags, der im Januar 02 geschlossen wurde, soll die A-GmbH auf die B-GmbH verschmolzen werden. Verschmelzungs-

K 16–22 Übernahmebilanzierung bei Umwandlungen

stichtag ist der 1.7.01. Das Gj der B-GmbH entspricht dem Kj. Die Verschmelzung wird während 02 wirksam. Die B-GmbH übernimmt das Vermögen der A-GmbH in 02 auf der Grundlage der SB der A-GmbH zum 30.6.01. In der GuV des Jahres 02 der B-GmbH sind daher bzgl der Übernahme von A Geschäftsvorfälle aus 1,5 Gj enthalten. Um die Vergleichbarkeit der JA der B-GmbH zu gewährleisten, muss dies im Anhang erläutert werden.

Diese Vereinfachung (Rückbeziehung auf den UmwStichtag) gilt sinngemäß auch für die bilanzielle Darstellung des Vermögensabgangs beim übertragenden Rechtsträger, soweit dieser nach der Umw, also bei Ausgliederung und Abspaltung, weiterbesteht.

16 Im Fall der Einbringung (Sacheinlage) von Geschäftsbetrieben **außerhalb des Umwandlungsrechts** stellt sich die Frage, ob obige Vereinfachung der Vermögensübernahme ebenfalls anwendbar ist, wenn zwischen den Parteien eine vertragliche Vereinbarung besteht, dass das Ergebnis des eingebrachten Geschäftsbetriebs (wirtschaftlich) bereits seit einem Zeitpunkt vor Vertragsabschluss dem Erwerber zustehen soll. UE ist dies nicht zulässig (zum Fall der Anwachsung s Anm 7). Außerhalb des UmwRechts fehlt es hierfür an gesetzlichen Anknüpfungspunkten, wie sie etwa in Form der gesetzlichen Fiktion des Handelns für Rechnung des aufnehmenden Rechtsträgers in § 5 Abs 1 Nr 6 UmwG im Rahmen von Umw gegeben sind. Vereinfachungen sind in diesen Fällen nur zulässig, soweit dabei die Abweichungen von der zutreffenden Bilanzierung für die Darstellung der VFE-Lage der Ges unwesentlich sind.

Allg gilt, dass der übernehmende Rechtsträger alle VG und Schulden anzusetzen hat, die vom übertragenden Rechtsträger auf ihn übergehen.

b) Aktiva

20 **aa) Geschäfts- oder Firmenwert.** Beim übertragenden Rechtsträger angesetzte GFW (§ 246 Abs 1 S 4 HGB) sind beim übernehmenden Rechtsträger nicht einzeln ansetzbar (ebenso *Scherrer* in FS Claussen, 759; *Priester* in Lutter UmwG[5] § 24 Anm 33; *Lanfermann* in Kallmeyer[6] UmwG § 24 Anm 6; *Moszka* in Semler/Stengel UmwG[4] § 24 Anm 24; aA *Langecker* in Beck HdR B 776 Anm 209, wonach diese GFW beim Übernehmer fortzuführen sind). Die Voraussetzungen des § 246 Abs 1 S 4 HGB sind nicht gegeben. Bzgl dieser (Teil)GFW fehlt es aus Sicht des übernehmenden Rechtsträgers an GesamtAK, aus denen sich diese Werte ableiten könnten. Diese Posten gehen daher ggf im GesamtGFW des übernommenen Vermögens auf.

21 Ergibt sich nach Ansatz aller übernommenen EinzelVG und Schulden noch eine Spitze zu den GesamtAK (s dazu Anm 41–46, 53 ff), ist die Spitze als GFW iSd § 246 Abs 1 S 4 HGB zu aktivieren (IDW RS HFA 42, Tz 58; *Hörtnagl* in Schmitt/Hörtnagl/Stratz[8] UmwG § 24 Anm 26). Ist der erworbene Geschäftsbetrieb in mehreren Geschäftsfeldern tätig, ist der Gesamt-GFW ggf auf die entspr Geschäftsfelder aufzuteilen (DRS 23.85 ff empfiehlt dieses Vorgehen).

22 **bb) Immaterielle Vermögensgegenstände.** Neben den VG, die in der SB des übertragenden Rechtsträgers enthalten sind, gehören auch vom übertragenden Rechtsträger selbst hergestellte immaterielle VG des Anlagever-

III. Übernahme nach allgemeinen Grundsätzen

mögens zu den beim aufnehmenden Rechtsträger anzusetzenden VG. Aus Sicht des übernehmenden Rechtsträgers handelt es sich dabei um entgeltlich erworbene VG (IDW RS HFA 42, Tz 36; *Naumann* in FS Ludewig, 696; *Lanfermann* in Kallmeyer[6] UmwG § 24 Anm 6; *Priester* in Lutter UmwG[5] § 24 Anm 35; *Hörtnagl* in Schmitt/Hörtnagl/Stratz[8] UmwG § 24 Anm 26). Dies gilt auch, wenn der übertragende Rechtsträger das Wahlrecht des § 248 Abs 2 HGB für die Aktivierung selbst geschaffener immaterieller VG des AV in Anspruch genommen hatte. Beim übernehmenden Rechtsträger ist daher die Ausschüttungssperre des § 268 Abs 8 HGB für diese VG nicht mehr zu beachten. Dies gilt auch bei Ausgliederungen oder anderen konzerninternen Vermögensübertragungen. Die damit verbundene Problematik entspricht der Problematik aus konzerninternen Gewinnrealisierungen.

Vorteile aus **schwebenden Absatzverträgen** (zB Auftragsbestand, Laufzeitverträge zur Erbringung von Dienstleistungen) und schwebenden Beschaffungsverträgen (zB günstige Mietverträge) sind ebenfalls als VG anzusetzen, soweit diese Vorteile nicht bereits in der Bewertung anderer VG (zB des Vorratsvermögens) enthalten sind. Schwebende Verträge, aus denen ein Verlust droht, sind mit einer Drohverlustrückstellung zu berücksichtigen. Für den Malus aus nachteiligen schwebenden Verträgen, aus denen aber kein Verlust droht (zB ein im Vergleich zur aktuellen Marktmiete teurer Mietvertrag), könnte ein RAP angesetzt werden (der Übernehmer grenzt das implizite Entgelt ab, das er für die Übernahme des teuren Vertrags erhält). Folgt man dem nicht, geht dieser Malus im GFW auf.

cc) Geringwertiges Anlagevermögen; finance lease. Erworbenes, beim übertragenden Rechtsträger bereits abgeschriebenes geringwertiges Anlagevermögen ist beim übernehmenden Rechtsträger anzusetzen. Es besteht allerdings die Möglichkeit, dieses sogleich als GWG wieder vollständig abzuschreiben (ebenso *Hörtnagl* in Schmitt/Hörtnagl/Stratz[8] UmwG § 24 Anm 26; *Moszka* in Semler/Stengel UmwG[4] § 24 Anm 23).

Hat der übertragende Rechtsträger VG (zutreffend) auf der Grundlage von „wirtschaftlichem Eigentum" bilanziert (zB finance lease), gehen auch diese VG auf den aufnehmenden Rechtsträger über. Maßgeblich für die Beurteilung des wirtschaftlichen Eigentums bleiben auch für den aufnehmenden Rechtsträger die Verhältnisse zu Beginn des jeweiligen Vertragsverhältnisses beim übertragenden Rechtsträger.

dd) Forderungen. Beim übertragenden Rechtsträger bestehende Forderungen, die durch **Konfusion** beim übernehmenden Rechtsträger untergehen, sind beim übernehmenden Rechtsträger nicht anzusetzen (s auch Anm 42, 56).

ee) Eigene Anteile. Eigene Anteile des übertragenden Rechtsträgers, die aufgrund der Umw (Verschmelzung und Aufspaltung) untergehen, sind beim übernehmenden Rechtsträger nicht zu berücksichtigen.

ff) Aktive Rechnungsabgrenzungsposten. Zu den anzusetzenden Posten gehören auch die übernommenen aktiven RAP (ebenso *Scherrer* in FS Claussen, 759; *Moszka* in Semler/Stengel UmwG[4] § 24 Anm 25). Zwar handelt es sich bei aktiven RAP nach dem Gesetzeswortlaut nicht um originäre VG, doch sind die als aktive RAP auszuweisenden Ausgaben durch die nach hA geltende Objektivierung den VG so angenähert, dass sie als QuasiVG gel-

c) Passiva

28 **aa) Pensionsverpflichtungen.** Der übernehmende Rechtsträger hat die vom übertragenden Rechtsträger übernommenen (ggf mittelbaren) Pensionsverpflichtungen vollständig zu passivieren. Ein Passivierungswahlrecht nach Art 28 Abs 1 EGHGB hat der übernehmende Rechtsträger nicht, da die Übernahme dieser Verpflichtungen einen Teil der Gegenleistung für die Übernahme der VG des übertragenden Rechtsträgers darstellt (IDW RS HFA 42, Tz 37; *Lanfermann* in Kallmeyer[6] UmwG § 24 Anm 10; *Priester* in Lutter UmwG[5] § 24 Anm 35; *Moszka* in Semler/Stengel UmwG[4] § 24 Anm 25). Auch ein verbliebener Fehlbetrag beim übertragenden Rechtsträger aus der Inanspruchnahme der Übergangsregelung in Art 67 Abs 1 EGHGB darf vom aufnehmenden Rechtsträger nicht übernommen werden.

In den der Übernahmebilanzierung folgenden Perioden darf für Zuführungen zu übernommenen Pensionsrückstellungen uE das Passivierungswahlrecht nach Art 28 Abs 1 EGHGB allerdings in Anspruch genommen werden, soweit die übernommenen Pensionsverpflichtungen durch zusätzliche Arbeitsleistungen der entspr Mitarbeiter weiter zunehmen und die Verpflichtungen beim übertragenden Rechtsträger unter den Anwendungsbereich des Art 28 Abs 1 EGHGB gefallen sind, die Rechtsansprüche der Berechtigten also vor dem 1. Januar 1987 erworben wurden bzw danach sich erhöhen oder es sich um mittelbare Pensionsverpflichtungen handelt (aA *Langecker* in Beck HdR B 776 Anm 212). Der übernehmende Rechtsträger steht insofern in der Rechtsnachfolge des übertragenden Rechtsträgers, dh der UmwVorgang führt nicht dazu, dass es sich aus Sicht des übernehmenden Rechtsträgers um eine „Neuzusage" handelt (s auch DRS 23.106). Die im Rahmen der Übernahmebilanzierung gebildete Rückstellung darf allerdings nur aufgelöst werden, soweit der Grund dafür entfallen ist.

30 **bb) Verbindlichkeiten.** Beim übertragenden Rechtsträger bestehende Verbindlichkeiten, die durch **Konfusion** beim übernehmenden Rechtsträger untergehen, sind beim übernehmenden Rechtsträger nicht anzusetzen (s auch Anm 42, 56).

31 Schüttet der übertragende Rechtsträger nach dem UmwStichtag noch Gewinne an die Gester des übertragenden Rechtsträgers aus, ist im Falle der Verschmelzung und der Aufspaltung das zu übernehmende Vermögen um die **Ausschüttung** gemindert. Erfolgt die (buchhalterische) Übernahme des Vermögens auf der Grundlage eines Mengengerüsts der VG und Schulden, in dem diese Vermögensminderung noch nicht berücksichtigt ist, muss zusätzlich eine Verbindlichkeit iHd Ausschüttung berücksichtigt werden (glA *Priester* in Lutter UmwG[5] § 24 Anm 35; *Langecker* in Beck HdR B 776 Anm 212). Im Falle der Aufspaltung wäre ggf nur eine anteilige Verbindlichkeit zu erfassen, entspr der Vermögensminderung, die auf jeden der aufnehmenden Rechtsträger entfällt. Durch die Erfassung der Verbindlichkeit bleibt die Ausschüttung beim übernehmenden Rechtsträger erfolgsneutral.

cc) Passive Rechnungsabgrenzungsposten.

Zu den anzusetzenden Posten gehören auch die übernommenen passiven RAP (ebenso *Scherrer* in FS Claussen, 759; *Moszka* in Semler/Stengel UmwG[4] § 24 Anm 25). Zwar handelt es sich bei passiven RAP nach dem Gesetzeswortlaut nicht um originäre Schulden, doch sind die als passive RAP auszuweisenden Einnahmen durch die nach hA geltende Objektivierung den Verbindlichkeiten so angenähert, dass sie als Quasi-Verbindlichkeiten gelten können. Allerdings sind die diesen RAP zugrunde liegenden Abgrenzungen im Rahmen der Übernahme ggf (neu) zu ermitteln.

d) Bilanzierung latenter Steuern

Auf die Differenzen zwischen den handelsrechtlichen Zugangswerten für die VG und Schulden des übertragenden Rechtsträgers und deren steuerlichen Zugangswerten sind latente Steuerposten anzusetzen. Ist der übernehmende Rechtsträger eine PersGes, betrifft dies nur die GewSt. Diese **Steuerposten** sind (grds) **Teil des übernommenen Vermögens**. Die handelsrechtlichen Übernahmewerte sind idR die Zeitwerte der einzelnen VG und Schulden im Übernahmezeitpunkt, uU auch abgestockte Werte (s Anm 49). Da die steuerliche Buchwertfortführung in der Regel vorteilhaft ist, ergibt sich hierbei typischerweise ein Überhang der passiven latenten Steuerposten.

Die latenten Steuerposten auf die Differenzen zwischen den handelsrechtlichen Übernahmewerten und den steuerlichen Zugangswerten gehen beim übernehmenden Rechtsträger im Falle der Übernahme gegen Kapitalerhöhung (s Anm 41 ff) als Teil der Kaufpreisallokation für das übernommene Vermögen erfolgsneutral zu (für die Tauschfälle s Anm 37). Der Wortlaut des § 274 Abs 1 HGB und insb die Ausschüttungssperre für aktive latente Steuerposten nach § 268 Abs 8 S 2 HGB sind auf die Bilanz bezogen formuliert. Nach dem Wortlaut der Regelungen unterliegen daher auch erfolgsneutral zugegangene latente Steuerposten diesen Regelungen.

Hatte der **übernehmende Rechtsträger vor** der **Übernahme** einen typischerweise bei ihm bestehenden **aktiven Latenzensaldo nicht angesetzt** und resultiert aus der Übernahmebilanzierung ein passiver Latenzensaldo, muss der übernehmende Rechtsträger nach dem Wortlaut des § 274 Abs 1 HGB bis zur Höhe dieses passiven Latenzensaldos aktive Latenzen erfolgswirksam nachaktivieren. Diese zusätzlich angesetzten aktiven Latenzen sind nicht Teil des übernommenen Vermögens und haben daher keinen Einfluss auf den GFW aus der Übernahme. Nach dem Wortlaut des § 268 Abs 8 S 2 HGB entsteht in Höhe dieser erfolgswirksam nachaktivierten aktiven Steuerlatenzen keine Ausschüttungssperre, da aus Sicht der Bilanz kein Überhang der aktiven latenten Steuerposten über die passiven latenten Steuerposten vorliegt. Da die passiven Latenzen aus der Übernahmebilanzierung bei Übernahmen gegen Kapitalerhöhung aber erfolgsneutral zugegangen sind, bedeutet die erfolgswirksame Nachaktivierung aktiver Latenzen jedoch, dass die kumulierten Ergebniswirkungen aktiver Latenzen größer sind als die kumulierten Ergebniswirkungen passiver Latenzen.

Ist der **Latenzensaldo aus** der **Übernahme aktiv** (bspw wenn große Drohverlustrückstellungen übernommen werden), stellt sich die Frage, ob dieser angesetzt werden muss. Im Grunde müsste ein solcher angesetzt werden, um den zutreffenden GFW ermitteln zu können. Im Hinblick auf den Umstand, dass dieser aktive latente Steuerposten (obwohl er bei Übernahme gegen Kapitalerhöhung erfolgsneutral entstanden ist) jedoch nach dem Wortlaut des § 268 Abs 8 S 2 HGB zu einer Ausschüttungssperre führen würde (wenn er – untypischerweise – nicht durch einen ansonsten beim übernehmenden Rechtsträger bestehenden passiven latenten Steuerposten kompensiert wird), muss dieser aktive latente Steuerposten jedoch uE nicht angesetzt werden und geht dann in einem entspr höher ausgewiesenen GFW aus der Übernahme auf. Bei Wesentlichkeit wäre dieser Umstand bei der Fortschreibung dieses GFW zu berücksichtigen. Werden aktive latente Steuern auf diese Übernahmesachverhalte über den Betrag von passiven latenten Steuern aus Sachverhalten der gleichen Übernahme nachaktiviert, dann muss dies (erfolgsneutral) gegen den Restbuchwert des GFW aus dieser Übernahme erfolgen. Dies gilt auch, wenn die Nachaktivierung implizit zur Saldierung mit passiven latenten Steuerposten, die nicht aus der entspr Übernahme resultieren, erfolgt. Ein doppelter Ansatz aktiver latenter Steuervorteile – einmal implizit im Rahmen des GFW und zum zweiten Mal explizit als latente Steuerforderung – ist nicht zulässig.

Aus der Begründung der Regelung des § 268 Abs 8 HGB im Regierungsentwurf des BilMoG geht hervor, dass die Regelung dazu dienen soll „unsichere Erträge", die man im Hinblick auf einen besseren Einblick in die VFE-Lage des Unternehmens hinnimmt, durch eine **Ausschüttungssperre** zu neutralisieren. Vor diesem Hintergrund erscheinen die beiden dargestellten Effekte aus der wörtlichen Anwendung von § 268 Abs 8 S 2 und § 274 Abs 1 HGB auf erfolgsneutral zugehende Steuerposten – ggf ein Überhang von (kumulierten) latenten Steuererträgen, für die keine Ausschüttungssperre greift einerseits und andererseits ggf eine Ausschüttungssperre für aktive latente Steuerposten, die keinen entspr Steuerertrag ausgelöst haben – nicht zwingend gewollt zu sein. UE dürfen daher abw vom Wortlaut – iE in einer strenger ausschüttungsbeschränkenden und daher wohl nicht verpflichtenden Auslegung – derartig erfolgsneutral zugegangene latente Steuerposten – analog § 306 HGB für die „konzernbedingten Steuerlatenzen" – außerhalb dieser Regelungen in einem separaten „Latenzentopf" angesetzt werden. Dies hat zur Folge, dass erfolgsneutral zugegangene passive latente Steuerposten im Rahmen der Regelung des § 274 Abs 1 HGB keine Aktivierung zusätzlicher aktiver latenter Steuerforderungen erzwingen und im Rahmen der Regelung des § 268 Abs 8 S 2 HGB nicht entlastend in die Berechnung für die Ausschüttungssperre für aktive latente Steuerforderungen einbezogen werden dürfen. Erfolgsneutral zugegangene latente Steuerforderungen brauchen in die Berechnung der Ausschüttungssperre nach § 268 Abs 8 S 2 HGB nicht einbezogen zu werden.

Auch der angesetzte **Geschäfts- oder Firmenwert** begründet ggf eine aufgedeckte stille Reserve ggü der steuerlichen Übernahmebilanzierung, auf die eine latente Steuerschuld anzusetzen ist. Hierdurch erhöht sich der GFW weiter. Es stellt sich die Frage, ob es zulässig ist, wie unter § 306 S 3 HGB

III. Übernahme nach allgemeinen Grundsätzen 37 **K**

(und IFRS (IAS 12.21)) auf die Residualgröße GFW aus der Kapitalkonsolidierung keine latente Steuerschuld aufzudecken. Für die „konzernbedingten" aktiven latenten Steuersalden besteht nach § 306 HGB (wie unter IFRS generell) eine Verpflichtung zum Ansatz aktiver latenter Steuersalden. Die Regelung zu den latenten Steuern aus dem GFW ist daher für die „konzernbedingten" Latenzen nach § 306 HGB (und unter IFRS generell) eine „bloße" Ausweisregel. Dies gilt auch, wenn man der oben dargestellten vom Wortlaut der Regelungen des § 268 Abs 8 S 2 und § 274 Abs 1 HGB abw Vorgehensweise folgt. Im Rahmen dieser Vorgehensweise darf daher uE auf einen expliziten **Ansatz** dieser **latenten Steuerschuld verzichtet** werden. Bei wörtlicher Auslegung der Regelung des § 274 Abs 1 HGB hätte der Nicht-Ansatz der latenten Steuerschuld aus dem GFW Auswirkungen auf den Umfang der verpflichtend zu bilanzierenden aktiven Latenzen und somit auch Ergebnisauswirkungen. Im Hinblick darauf, dass diese Auswirkungen aber im Fall der Übernahme durch Kapitalerhöhung wohl eher „unerwünscht" sind, ist uE ein nicht expliziter Ansatz dieser latenten Steuerschuld aus dem GFW vorzuziehen (nach IDW RS HFA 42, Tz 59 ist die Nichtberücksichtigung der latenten Steuerlast aus dem GFW vertretbar; für den Fall der Übernahmebilanzierung im Rahmen eines erfolgswirksamen Tausches s Anm 37). Ein expliziter Ansatz der latenten Steuerschuld und damit eines entspr höheren GFW ist aber zulässig.

Beispiel: Die A-GmbH erwirbt die B-GmbH im Rahmen einer Verschmelzung gegen die Ausgabe von neuen Geschäftsanteilen. Die B-GmbH hat zum Übernahmezeitpunkt ein handelsrechtliches Buchvermögen von 200 GE und ein steuerliches Buchvermögen von 230 GE. Der Zeitwert der B-GmbH bzw des übernommenen Vermögens (unter Berücksichtigung der latenten Steuerlasten aus der niedrigeren Steuerbasis des übernommenen Vermögens) beträgt 500 GE. Der Zeitwert der einzelnen VG und Schulden vor latenten Steuerposten beträgt 350 GE. Der maßgebliche Steuersatz beträgt 30%.
Das übernommene Vermögen soll bei der A-GmbH mit 500 GE angesetzt werden. Die EinzelVG und Schulden werden mit ihren Zeitwerten von 350 GE bewertet. Der vorläufige GesamtGFW vor Erfassung ggf erfolgsneutral zu erfassender latenter Steuerschulden beträgt (500 − 350 =) 150 GE. Steuerlich wird von der Möglichkeit der Buchwertübernahme Gebrauch gemacht.
Die latente Steuerschuld aus der bei den EinzelVG und Schulden bestehenden Differenzen beträgt ((350 − 230) × 0,3 =) 36 GE. Hierdurch erhöht sich der vorläufige GesamtGFW auf 186 GE. Auf den GFW selbst entfällt eine latente Steuerschuld in Höhe von ca ((186 × 0,3)/(1 − 0,3) =) 80 GE. Der GesamtGFW beträgt somit ca 266 GE. Es wäre aber uE auch zulässig, diese latente Steuerschuld von 80 GE nicht anzusetzen. Der GFW verbliebe dann bei 186 GE.

Ist die **Übernahme** für den übernehmenden Rechtsträger **mit** einer **Ergebnisrealisierung** verbunden (Tausch von vom übernehmenden Rechtsträger gehaltenen Anteilen am übertragenden Rechtsträger zum Zeitwert der abgehenden Anteile; s Anm 59), löst die Aufwertung der abgehenden Anteile eine erfolgswirksam zu erfassende latente Steuerlast aus. Dabei ist zu berücksichtigen, dass der Zeitwert des übernommenen Vermögens auch die Lasten aus dem Umstand umfasst, dass die Steuerbasis des übernommenen Vermögens kleiner ist als der Zeitwert des übernommenen Vermögens. Dies

37

bedeutet, dass der Wertansatz für das übernommene Vermögen zzgl der erfolgswirksam erfassten latenten Steuerlast dem Zeitwert des übernommenen Vermögens entsprechen muss. Diese latente Steuerlast erhöht also den Tauscherlös und damit das Tauschergebnis vor Steuern entspr. Es ist der gleiche Mechanismus, der sich bei der Erfassung der latenten Steuerlast auf den GFW ergibt. Auch diese Residualgröße erhöht sich entspr.

Ist der steuerliche Zugangswert des übernommenen Vermögens höher als der handelsrechtliche BetBuchwert, ist nur auf die Differenz zwischen dem Zeitwert der abgehenden Bet und dem steuerlichen Zugangswert des übernommenen Vermögens eine latente Steuerschuld erfolgswirksam zu erfassen. Es kann typisierend davon ausgegangen werden, dass die Differenz zwischen dem handelsrechtlichen BetBuchwert und dem höheren steuerlichen Wert des übernommenen Vermögens bereits auf Ebene der Bet versteuert wurde.

Soweit die im Rahmen einer erfolgswirksamen Übernahmebilanzierung angesetzten Steuerlatenzen zwischen den handelsrechtlichen und steuerlichen Zugangswerten des übernommenen Vermögens (auch wenn sie auf den GFW entfallen) der erfolgswirksam zu erfassenden latenten Steuerlast aus der erfolgswirksamen Erfassung des Tauschvorgangs entsprechen, handelt es sich um „normale" Steuerlatenzen im Anwendungsbereich der Regelungen der §§ 268 Abs 8 S 2, 274 Abs 1 HGB (s zu den Besonderheiten bei erfolgsneutralen Zugängen von Steuerlatenzen im Rahmen von Übernahmen mit Kapitalerhöhung Anm 36). Dies gilt auch dann, wenn das Tauschergebnis als Netto-Saldo im Ergebnis vor Steuern ausgewiesen wird, es also nicht zu einem expliziten Ausweis eines latenten Steueraufwands kommt.

Beispiel: Die A-GmbH erwirbt die B-GmbH für a) 130 GE/ b) 300 GE. Viele Jahre später wird die B-GmbH auf die A-GmbH verschmolzen. Die B-GmbH hat zum Verschmelzungszeitpunkt ein handelsrechtliches Buchvermögen von 200 GE und ein steuerliches Buchvermögen von 230 GE. Der Zeitwert der B-GmbH bzw des übernommenen Vermögens (unter Berücksichtigung der latenten Steuerlasten aus der niedrigeren Steuerbasis des übernommenen Vermögens) beträgt 500 GE. Der Zeitwert der einzelnen VG und Schulden vor latenten Steuerposten beträgt 350 GE. Der maßgebliche Steuersatz beträgt 30 %.

Das übernommene Vermögen soll bei der A-GmbH nach den Tauschgrundsätzen gewinnrealisierend mit 500 GE angesetzt werden. Die EinzelVG und Schulden werden dann mit ihren Zeitwerten von 350 GE bewertet. Der vorläufige („steuerpflichtige") Tauschgewinn vor Erfassung zu erfassender latenter Steuerschulden beträgt im Fall a) (500 – 230 =) 270 und im Fall b) (500 – 300 =) 200 GE. Der vorläufige GFW vor Berücksichtigung latenter Steuern aus der Übernahme beträgt (500 – 350 =) 150 GE. Steuerlich wird von der Möglichkeit der Buchwertübernahme Gebrauch gemacht.

Aus der Gewinnrealisierung besteht im **Fall a)** eine latente Steuerschuld in Höhe von ((500 – 230) × 0,3/(1 – 0,3) =) 116 GE. Diese ist erfolgswirksam zu erfassen und erhöht zugleich den zu erfassenden GFW von 150 GE auf 266 GE. Diese latente Steuerschuld deckt die Latenz aus der bei den EinzelVG und Schulden bestehenden Differenz in Höhe von ((350 – 230) × 0,3 =) 36 GE und die latente Steuerschuld aus dem GFW in Höhe von (266 × 0,3 =) 80 GE ab. Unter Einbeziehung der erfolgswirksam erfassten latenten Steuerschuld ist das übernommene Vermögen mit (350 + 266 – 116 =) 500 GE bewertet. In der GuV wird aus dem Tausch ein Ergebnis vor Steuern in Höhe von (616 – 130 =) 486 GE und ein latenter Steueraufwand in Höhe von 116 GE ausgewiesen. Der verhältnismäßig niedrige Steueraufwand hängt damit zusammen, dass das steuerliche Buchvermögen des übertragenden Rechtsträgers (230 GE) über

III. Übernahme nach allgemeinen Grundsätzen 41–44 **K**

dem Buchwert der Bet (130 GE) lag, und daher ein Teil des Tauschgewinns (100 GE) bereits mittelbar auf Ebene des übertragenden Rechtsträgers in der Vergangenheit besteuert wurde. Im Hinblick darauf, dass das Ergebnis (auch den Abgangsergebnis) aus Bet auf Ebene der Gester häufig mit niedrigeren Steuern belastet ist, ist es auch zulässig, in der GuV nur das Nettoergebnis aus der Verschmelzung in Höhe von (486 – 116 = 500 – 130 =) 370 GE auszuweisen.

Im **Fall b)** besteht aus der Gewinnrealisierung eine latente Steuerschuld in Höhe von ((500 – 300) × 0,3/(1 – 0,3) =) 86 GE. Diese ist erfolgswirksam zu erfassen und erhöht den zu erfassenden GFW von 150 GE auf 236 GE. Wäre das übernommene Vermögen erfolgsneutral mit 300 GE bewertet worden, ergäbe sich eine latente Steuerschuld in Höhe von ((300 – 230) × 0,3 =) 21 GE. Diese ist erfolgsneutral zu erfassen und erhöht den vorläufigen GFW entspr auf 257 GE. Auf diese zusätzliche Erhöhung des GFW ist eine latente Steuerschuld in Höhe von (21 × 0,3/(1 – 0,3) =) 9 GE erfolgsneutral zu erfassen. Der GFW beträgt damit insgesamt 266 GE. Auf Latenzen aus den übernommenen EinzelVG und Schulden besteht eine latente Steuerschuld von insgesamt (350 – 230) × 0,3 =) 36 GE und die latente Steuerschuld auf den GFW beträgt (266 × 0,3 =) 80 GE. Insgesamt besteht eine latente Steuerschuld von 116 GE. Davon sind 86 GE erfolgswirksam und 30 GE erfolgsneutral erfasst worden. Unter Einbeziehung der erfolgswirksam erfassten latenten Steuerschuld ist das übernommene Vermögen mit (350 + 266 – 116 =) 500 GE bewertet. In der GuV wird aus dem Tausch ein Ergebnis vor Steuern in Höhe von (586 – 300 =) 286 GE und latenter Steueraufwand in Höhe von 86 GE ausgewiesen. Auch hier wäre es zulässig, in der GuV nur ein Nettoergebnis in Höhe von (286 – 86 = 500 – 300 =) 200 GE auszuweisen.

2. Bewertung nach allgemeinen Grundsätzen

a) Vermögensübergang mit Gründung oder Kapitalerhöhung

aa) Zusammensetzung der Gesamtanschaffungskosten

aaa) Allgemeine Regelungen. Erfolgt beim übernehmenden Rechtsträ- 41 ger im Rahmen der Umw eine Kapitalerhöhung oder wird der Rechtsträger neu gegründet, entspricht der UmwVorgang aus Sicht des übernehmenden Rechtsträgers einer **Sacheinlage** der Gester des übertragenden Rechtsträgers in den übernehmenden Rechtsträger. Entspr gelten dann die allg Grundsätze für die Bewertung von Sacheinlagen, die auch für Einbringungsvorgänge außerhalb des UmwRechts gelten.

Wenn der übernehmende Rechtsträger Forderungen oder Verbindlich- 42 keiten hat, die durch **Konfusion** mit dem übernommenen Vermögen untergehen, erhöhen sich die GesamtAK um den Betrag der untergehenden Forderungen bzw vermindern sich um den Betrag der untergehenden Verbindlichkeiten (Anm 56).

Die **Kosten** für die Durchführung der Umw, die der übernehmende 43 Rechtsträger trägt, zB die Kosten für die Beurkundung der Beschlüsse der GesV (§ 13 Abs 3 UmwG), können nicht als Anschaffungsnebenkosten aktiviert werden. Sie haben eher den Charakter von Aufwendungen für die Beschaffung des EK, die nach § 248 Abs 1 Nr 2 HGB nicht aktiviert werden dürfen (aA *Lanfermann* in Kallmeyer[6] UmwG § 24 Anm 12, wonach auch diese Kosten Anschaffungsnebenkosten sind).

bbb) Kapitalgesellschaften. Die GesamtAK des übernommenen Ver- 44 mögens ergeben sich aus dem Kapitalerhöhungsbeschluss. Die AK sind bei

Deubert/Hoffmann 519

K 44   Übernahmebilanzierung bei Umwandlungen

KapGes der **Ausgabebetrag,** dh die Summe aus dem Nennbetrag der **neuen Anteile** zzgl eines vereinbarten oder bestimmbaren Aufgelds (IDW RS HFA 42, Tz 42; *Naumann* in FS Ludewig, 691; weitergehend *ADS*[6] HGB § 255 Anm 97, die es für zulässig halten, auch darüber hinaus bis zum Zeitwert höhere AK anzunehmen, soweit dem nicht die Einlagevereinbarung ausdrücklich entgegensteht; aA *Bula/Thees* in Sagasser/Bula/Brünger[5] § 10 Anm 136 und *Moszka* in Semler/Stengel UmwG[4] § 24 Anm 38, wonach allein der Zeitwert für die Bewertung maßgeblich ist; aA auch *Angermeyer* DB 1998, 151, die bei Sacheinlage grds den Zeitwert für maßgeblich hält und nur ausnahmsweise in Fällen der Umw die hier vertretene Auffassung für zulässig hält; aA auch *Widmann* in Widmann/Mayer[3] UmwG § 24 Anm 364, der als Einlagewert grds den Zeitwert für maßgeblich hält und einen niedrigeren Wert nur für zulässig erachtet, wenn ein niedrigerer Wert in der HBil Voraussetzung für einen niedrigeren Wert in der StBil ist). Ist das Aufgeld zwar nicht dem Betrag nach vereinbart, sondern zB durch Bezug auf den Zeitwert der Einlage, sind die AK entspr durch den Nennbetrag und das Aufgeld, das sich nach dem festgelegten Modus errechnet, festgelegt. Ist im Kapitalerhöhungsbeschluss nur der Nennbetrag der neuen Anteile festgelegt, muss durch Auslegung festgestellt werden, ob damit die AK auf den Nennbetrag beschränkt werden sollten, oder ob es der Geschäftsleitung des übernehmenden Rechtsträgers freigestellt sein sollte, auch bis zum Zeitwert der Sacheinlage höhere AK anzunehmen und entspr eine höhere Kapitalrücklage nach § 272 Abs 2 Nr 1 HGB zu bilanzieren (IDW RS HFA 42, Tz 43 will im Rahmen der Auslegung als alternativen Wert zum Nennbetrag der Anteile nur noch den Zeitwert des übernommenen Vermögens als AK zulassen). Außerdem ist zum Ausgabebetrag der neuen Anteile ggf der Betrag der baren Zuzahlungen nach § 5 Abs 1 Nr 3 UmwG und (objektbezogene) AK-Nebenkosten (zB GrESt) hinzuzurechnen (ebenso *Priester* in Lutter UmwG[5] § 24 Anm 48).

Gibt der übernehmende Rechtsträger von ihm gehaltene **eigene Anteile** als Gegenleistung für das übernomme Vermögen aus, ist der Vorgang einer Kapitalerhöhung gegen Sacheinlage angenähert. Als Zugangswert ist hier der (anteilige) Zeitwert des übernommenen Vermögens anzusetzen (s *Störk/Kliem/Meyer* in Beck Bil-Komm[12] § 272 Anm 149; *Moszka* in Semler/Stengel UmwG[4] § 24 Anm 41; *Deubert/Lewe/Roland* BB 2017, 42). Wird der Zeitwert des übernommenen Vermögens als Zugangswert gewählt und liegt dieser über den ursprünglichen AK der eigenen Anteile, ist der übersteigende Betrag nach § 272 Abs 1b S 3 HGB in die Kapitalrücklage nach § 272 Abs 2 Nr 1 HGB einzustellen.

Gibt der **übernehmende Rechtsträger** (mit Zustimmung der Anteilseigner des übertragenden Rechtsträgers) **keine Anteile** am übernehmenden Rechtsträger aus, erhält er das übernommene Vermögen ohne Gegenleistung. Eine typische Konstellation hierfür kann die Verschmelzung von Schwester-Ges sein. Es handelt sich um eine sonstige **Sachzuzahlung** der (ggf) mittelbaren Gester in den übernehmenden Rechtsträger. Das übergehende Netto-Vermögen darf entweder mit dem Zeitwert (einschl eines ggf vorhandenen GFW) angesetzt werden oder durch Abstockung (zu den Grenzen der Abstockung s Anm 49) per saldo mit Null (also Aktiv-Vermögen in Höhe der

III. Übernahme nach allgemeinen Grundsätzen   45, 46   **K**

übernommenen Schulden) angesetzt werden (glA *ADS*[6] HGB § 255 Anm 83; nach IDW RS HFA 42, Tz 50 ist nur der Ansatz zum Zeitwert zulässig). Statt der Abstockung ist es auch zulässig, in analoger Anwendung von DRS 23, einen passiven UB anzusetzen (ebenso *Deubert/Lewe* BB 2018, 2156). Wird der Zeitwertansatz gewählt oder ist eine Abstockung auf Null nicht möglich, ist der übersteigende Betrag bei KapGes in die Kapitalrücklage nach § 272 Abs 2 Nr 4 HGB einzustellen, denn es handelt sich um eine (sonstige) Vermögenszuführung durch die (ggf mittelbaren) Gester.

ccc) Personenhandelsgesellschaften. Bei PersGes ergeben sich die Ge- 45
samtAK aus den vereinbarten **Kapitalkonten,** die dem neuen Gester eingeräumt werden sollen (glA *Priester* in Lutter UmwG[5] § 24 Anm 49). Auch hier sind ggf der Betrag der baren Zuzahlungen und die Anschaffungsnebenkosten hinzuzurechnen. Bei PersGes kann auch vereinbart werden, die Einlage mit einem höheren Zeitwert anzusetzen und den Überhang einer gesamthänderischen Rücklage zuzuordnen. Es kann auch vereinbart werden, dass der Überhang in einer Verbindlichkeit ggü dem Einlegenden ausgewiesen wird.

ddd) Bewertungsobergrenze: Zeitwert. Das übernommene Vermögen 46
darf höchstens mit seinem Zeitwert (einschl GFW) angesetzt werden. Ist der Ausgabebetrag der neuen Anteile höher festgelegt, bestünde bei einer KapGes für den Mehrbetrag eine Bareinzahlungsverpflichtung (Differenzhaftung). Bei einer PersGes käme es im Innenverhältnis auf die Vereinbarungen zwischen den Gestern an. Im Außenverhältnis verbliebe ein Kommanditist bzgl des Mehrbetrags in der Haftung. Bei der Bemessung des Zeitwerts des übernommenen Vermögens ist auch dem Umstand Rechnung zu tragen, dass die Steuerbasis des übernommenen Vermögens, wenn steuerlich die Buchwertübernahme gewählt wird, typischerweise geringer ist als der Zeitwert des Vermögens ohne Unterschied in der Steuerbasis.

Erfasst der übernehmende Rechtsträger das übernommene Vermögen vereinfachend auf der Grundlage des Mengengerüsts der VG und Schulden zum UmwStichtag (s Anm 15), ist dennoch für die Bewertungsobergrenze der **Zeitwert** des übernommenen Gesamtvermögens zum Zeitpunkt des tatsächlichen wirtschaftlichen Eigentumsübergangs (s Anm 12) **maßgeblich.** Dies bedeutet, dass die Zugangsbewertung zzgl der bilanziellen Vermögensmehrung, die sich zwischen dem UmwStichtag und dem Zeitpunkt des **Übergangs** des **wirtschaftlichen Eigentums** ergibt, zusammen den Betrag des Zeitwerts des übernommenen Vermögens zum Zeitpunkt des wirtschaftlichen Eigentumsübergangs nicht übersteigen dürfen. Bei einer positiven bilanziellen Vermögensänderung in diesem Zeitraum ist daher die Zugangsbewertung (und damit auch der korrespondierenden EK-Posten) entspr unter dem Zeitwert des übernommenen Vermögens anzusetzen, auch wenn dadurch die durch den Kapitalerhöhungsbeschluss bestimmten GesamtAK unterschritten werden. Bei einer negativen bilanziellen Vermögensänderung in diesem Zeitraum kann der volle Zeitwert (bzw ggf die durch den Kapitalerhöhungsbeschluss festgelegten niedrigeren GesamtAK) als Zugangswert angesetzt werden. Der bilanzielle Verlust aus dem Zwischenzeitraum ist dann einem Verschmelzungsverlust vergleichbar. Es mag auch zulässig sein, die Zugangsbewertung um den Betrag der bilanziellen Vermögensminderung zu erhöhen und in Höhe des den Zeitwert übersteigenden Zugangswerts einen Ertrag in der GuV zu erfassen, wodurch sich per saldo in der GuV für den Zwischenzeitraum aus dem übernommenen Vermögen ein Ergebnis von Null ergibt. Nicht zulässig ist es hingegen, den Mehrbetrag als zusätzliche Kapitalrücklage auszuweisen.

bb) Aufteilung der Gesamtanschaffungskosten

47 **aaa) Allgemeine Regelungen.** Die Aufteilung der GesamtAK auf die einzelnen VG und Schulden erfolgt, indem diese zunächst vollständig mit ihren Zeitwerten angesetzt werden (einschl immaterieller VG, wie EDV-Programme, Patente etc). Rückstellungen sind dabei mit dem nach vernünftiger kaufmännischer Beurteilung notwendigen Erfüllungsbetrag analog § 301 Abs 1 S 3 HGB nach § 253 Abs 1 S 2 und Abs 2 HGB zu bewerten (ebenso IDW RS HFA 42, Tz 56). Das maßgebliche Mengengerüst ist dabei grds auf den Tag des Übergangs des wirtschaftlichen Eigentums zu ermitteln (s Anm 12, 15).

Erfasst der übernehmende Rechtsträger das übernommene Vermögen vereinfachend auf der Grundlage des Mengengerüsts der VG und Schulden zum UmwStichtag (s Anm 15) ist für die Bewertung dennoch auf die Zeitwerte dieser VG zum Zeitpunkt des Übergangs des wirtschaftlichen Eigentums abzustellen. Dadurch ist gewährleistet, dass die Vereinfachung nicht zu einer Überbewertung einzelner VG führt. VG, die im Zwischenzeitraum abgehen, sind mit dem Zeitwert im Abgangszeitpunkt zu bewerten. Sollte der seltene Fall eintreten, dass ein VG, der zwischen dem UmwStichtag und dem tatsächlichen wirtschaftlichen Eigentumsübergang erworben wurde, eine erhebliche (außerplanmäßige) Wertänderung ggü den AK/HK erfahren hat, wäre dies durch ein entspr „Hilfsaktivum" bzw „Hilfspassivum" in Höhe der Differenz zwischen den AK/HK dieses VG und dem veränderten Zeitwert zu berücksichtigen. Diese „Hilfsposten" sind bei Zugang der entspr VG auf diese zu übertragen und sind Teil deren AK. Diese Hilfsposten sind also nur „Rechenposten" zur Ermittlung der zutreffenden Residualgröße „Goodwill", die zum Zeitpunkt, zu dem ein Abschluss des aufnehmenden Rechtsträgers das übernommene Vermögen ausweisen darf, bereits auf die entspr VG übertragen sind. Die ggf ggü den Buchwerten vorzunehmenden Umbewertungen der VG und Schulden reduzieren den Vereinfachungseffekt erheblich, zumal auch zu berücksichtigen ist, dass die Umbewertungen auch zu Modifikationen in der Erfassung der Geschäftsvorfälle im Zeitraum zwischen UmwStichtag und Zeitpunkt des tatsächlichen wirtschaftlichen Eigentumsübergangs führt (zB höhere Abschreibungen, niedrigere Abgangsergebnisse usw; zur Rückwirkung des Ergebnisses aus dem Zwischenzeitraum auf die GesamtAK s Anm 46).

48 **bbb) Gesamtanschaffungskosten höher als die Summe der Zeitwerte.** Sind die GesamtAK höher als die Summe der Zeitwerte der einzelnen anzusetzenden VG und Schulden, ist die Spitze als GFW anzusetzen.

49 **ccc) Gesamtanschaffungskosten geringer als die Summe der Zeitwerte.** Sind die GesamtAK hingegen geringer als die Summe der zu Zeitwerten angesetzten übernommenen VG und Schulden, sind die nichtmonetären VG soweit **abzustocken,** bis die GesamtAK erreicht sind. Dabei ist es sowohl zulässig, die Abstockung bei allen nicht-monetären VG propor-

III. Übernahme nach allgemeinen Grundsätzen 53, 54 K

tional vorzunehmen, als auch etwa die risikobehafteteren VG (zB immaterielle VG des Anlagevermögens, anderes langfristiges Anlagevermögen) stärker, die anderen dafür geringer abzustocken (ADS^6 HGB § 255 Anm 107). Sind die GesamtAK nicht durch Abstockung der nicht-monetären VG zu erreichen, können darüber hinaus allenfalls noch langfristige Forderungen abgestockt werden. Wenn auch dies nicht ausreicht, ist eine weitere Abstockung bei VG (etwa von kurzfristigen Forderungen, Bankguthaben oder Kasse) nicht zulässig. Soweit das übernommene Vermögen danach noch über seinem Gesamtzeitwert bewertet wäre, ist insoweit ein **negativer Unterschiedsbetrag** zu passivieren (ebenso *Bula/Thees* in Sagasser/Bula/Brünger[5] § 10 Anm 200; ADS^6 HGB § 255 Anm 294). Der Ansatz eines negativen Unterschiedsbetrags ist jedoch nicht zulässig, um auf unter dem Gesamtzeitwert festgesetzte GesamtAK abzuwerten. Wenn dies nicht durch Abstockung der EinzelVG erreichbar ist, ist insofern eine (erhöhte) Einstellung in die Kapitalrücklage nicht zu vermeiden. Sind die GesamtAK mit dem Zeitwert festgesetzt und ist die negative Differenz zu den Zeitwerten der übernommenen EinzelVG und Schulden auf konkretisierbare – wenn auch noch nicht zu Schulden erstarkten – zukünftige Lasten zurückzuführen, wie dies insb ausstehende Restrukturierungslasten darstellen können, kann hierfür ein negativer Unterschiedsbetrag angesetzt werden und insoweit auf eine Abstockung verzichtet werden. Dieser negative Unterschiedsbetrag ist aufzulösen, wenn die entsprechenden Belastungen eintreten. Alternativ zur Abstockung ist es aber auch insgesamt zulässig, einen negativen Unterschiedsbetrag anzusetzen und diesen nach den Regeln des DRS 23.142f aufzulösen (ebenso *Deubert/Lewe* BB 2018, 2156 unter Verweis auf die Empfehlung zur entspr Anwendung der Grundsätze des DRS 23 auf vergleichbare Sachverhalte im JA).

b) Vermögensübergang mit untergehender Beteiligung

aa) Zusammensetzung der Gesamtanschaffungskosten
aaa) Allgemeine Regelungen. Zu Vermögensübergängen mit untergehender Bet kommt es insb bei Verschmelzung, soweit der übernehmende Rechtsträger selbst Anteilseigner des übertragenden Rechtsträgers war (§§ 54, 68 UmwG). Auch bei Aufspaltungen und Abspaltungen kann der übernehmende Rechtsträger Gester des übertragenden Rechtsträgers sein. Soweit dies zur Gewährung von GesRechten an sich selbst führen würde, darf keine Kapitalerhöhung erfolgen (§ 125 iVm §§ 54, 68 UmwG). In diesen Fällen besteht die Gegenleistung für das übernommene Vermögen in den untergehenden (Verschmelzung, Aufspaltung) bzw ggf abgehenden (Abspaltung) Anteilen an dem übertragenden Rechtsträger. Dieser Vorgang ist als eine Art Tausch nach den Tauschgrundsätzen zu behandeln. 53

Nach den **Tauschgrundsätzen** ergibt sich ein Wahlrecht für folgende AK (IDW RS HFA 42, Tz 46; aA *Bula/Thees* in Sagasser/Bula/Brünger[5] § 10 Anm 146f, die bei Verschmelzungen mit Untergang der Bet als AK nur den Buchwert der Anteile an dem übertragenden Rechtsträger zulassen; aA auch *Moszka* in Semler/Stengel UmwG[4] § 24 Anm 47, die nur den vorsichtig ermittelten Zeitwert der Anteile zulassen): 54

a) zum Buchwert der abgehenden/untergehenden Anteile (s Anm 58),
b) zum Zeitwert der abgehenden/untergehenden Anteile (s Anm 59),
c) zu einem erfolgsneutralen Zwischenwert (s Anm 60).

Andere Werte als Variante c) zwischen Variante a) und b) (andere Zwischenwerte) sind nicht zulässig (ADS^6 HGB § 255 Anm 93). Die Art der Ausübung des Bewertungswahlrechts nach den Tauschgrundsätzen ist im Anhang als Bewertungsmethode bei KapGes und KapCoGes angabepflichtig.

Bewertungsobergrenze für den Ansatz des übernommenen Vermögens ist dessen Zeitwert einschl GFW (ggf zzgl Anschaffungsnebenkosten s Anm 55) im Zeitpunkt des Übergangs des wirtschaftlichen Eigentums an dem übernommenen Vermögen. Dies gilt auch, wenn der übernehmende Rechtsträger das übernommene Vermögen vereinfachend auf der Grundlage des Mengengerüsts der VG und Schulden zum UmwStichtag (s Anm 15) erfasst. Dies bedeutet, dass die Zugangsbewertung zzgl der bilanziellen Vermögensmehrung, die sich zwischen dem UmwStichtag und dem Zeitpunkt des Übergangs des wirtschaftlichen Eigentums ergibt, zusammen den Betrag des Zeitwerts des übernommenen Vermögens zum Zeitpunkt des wirtschaftlichen Eigentumsübergangs nicht übersteigen dürfen. Bei einer positiven bilanziellen Vermögensänderung in diesem Zeitraum ist daher die Zugangsbewertung entspr unter dem Zeitwert des übernommenen Vermögens anzusetzen, auch wenn dadurch die sich aus den Tauschgrundsätzen ergebenden GesamtAK (Buchwert bzw Zeitwert der untergehenden Anteile, erfolgsneutraler Zwischenwert) unterschritten werden. Diese Abweichung ist aber eine der Vereinfachung der Vermögensübernahme geschuldete notwendige Modifikation der Tauschgrundsätze und daher kein unzulässiger Zwischenwert. Bei einer negativen bilanziellen Vermögensänderung in diesem Zeitraum können die vollen sich aus den Tauschgrundsätzen ergebenden GesamtAK als Zugangswert angesetzt werden. Der bilanzielle Verlust aus dem Zwischenzeitraum ist dann einem Verschmelzungsverlust vergleichbar. Es mag auch zulässig sein, die Zugangsbewertung um den Betrag der bilanziellen Vermögensminderung zu erhöhen und in Höhe des den Zeitwert übersteigenden Zugangswerts einen Ertrag in der GuV zu erfassen, wodurch sich per saldo in der GuV für den Zwischenzeitraum aus dem übernommenen Vermögen ein Ergebnis von Null ergibt.

55 In allen drei Varianten der sich aus den Tauschgrundsätzen ergebenden GesamtAK sind noch die Kosten der Umw (zB Notargebühren, Kosten des Drucks der UmwBerichte, GrESt), soweit sie vom übernehmenden Rechtsträger getragen werden und dem UmwVorgang einzeln zurechenbar sind, als **Anschaffungsnebenkosten** der Sachgesamtheit in deren GesamtAK einzubeziehen (ebenso *Lanfermann* in Kallmeyer[6] UmwG § 24 Anm 12; aA *Bula/Thees* in Sagasser/Bula/Brünger[5] § 10 Anm 173, soweit verschmelzungsbedingte Aufwendungen den übernommenen VG nicht einzeln zugeordnet werden können).

56 Zu den GesamtAK des übernommenen Vermögens gehören auch die durch **Konfusion untergehenden Forderungen und Verbindlichkeiten** des übernehmenden Rechtsträgers. Auch hier gelten die Tauschgrundsätze, dh die untergehenden Forderungen oder Verbindlichkeiten können entweder

III. Übernahme nach allgemeinen Grundsätzen

mit ihrem Buchwert oder mit ihrem Zeitwert oder mit dem steuerneutralen Zwischenwert in die GesamtAK einbezogen werden. Die untergehenden Forderungen erhöhen die GesamtAK, die untergehenden Verbindlichkeiten ermäßigen die GesamtAK. Wird die untergehende Forderung bzw Verbindlichkeit mit ihrem Buchwert in die GesamtAK einbezogen, erfolgt die Ausbuchung der Forderung bzw Verbindlichkeit erfolgsneutral. Wird dagegen eine Einrechnung mit abw Zeitwerten gewählt, erfolgt die Ausbuchung bezüglich der Spitze zum Buchwert der Forderung bzw Verbindlichkeit ergebniswirksam.

Wird das übernommene Vermögen insgesamt mit einem über dem Buchwert der Anteile an dem übertragenden Rechtsträger (zzgl Anschaffungsnebenkosten) liegenden Wert angesetzt (Variante b) oder c)), ist dieser Gewinn unter den sonstigen betrieblichen Erträgen (Abgangsgewinn aus Bet) auszuweisen. **57**

bbb) Ansatz des übernommenen Vermögens zum Buchwert der abgehenden Anteile. Der Ansatz des übernommenen Vermögens zum Buchwert der Anteile am übertragenden Rechtsträger ist auch dann zulässig, wenn dieser Buchwert geringer ist als das BuchEK des übertragenden Rechtsträgers (ebenso *Naumann* in FS Ludewig, 713 einschränkend *Müller* in FS Clemm, 258, falls der Zeitwert des übernommenen Vermögens höher oder gleich dem Buchwert des übernommenen Vermögens ist). Liegt der Buchwert der Bet unter den AK der Bet, stellt dieser geminderte Buchwert die AK (Wertobergrenze) des übernommenen Vermögens dar. Das in der untergehenden Bet liegende Zuschreibungspotential überträgt sich nicht auf das übernommene Vermögen. **58**

ccc) Ansatz des übernommenen Vermögens zum Zeitwert der abgehenden Anteile. Der Ansatz zum Zeitwert der Anteile am übertragenden Rechtsträger ist auch dann zulässig, wenn es sich um die Verschmelzung eines 100%igen TU auf das MU handelt und der Zeitwertansatz zum Ausweis eines GFW führt (ebenso *Priester* in Lutter UmwG[5] § 24 Anm 58; aA *Naumann* in FS Ludewig, 693, der in diesem Fall eine über dem Buchwert der untergehenden Anteile liegende AK-Bewertung wegen eines fehlenden Umsatzakts ablehnt). Die mit dieser Bewertung verbundene Gewinnrealisierung ist insofern kritisch, als sie nicht durch eine Markttransaktion (nicht zwischen unabhängigen Vertragsparteien) bestätigt ist. Das ist allerdings ein Problem, das allen Transaktionen zwischen verbundenen Unt anhaftet und die Gewinnrealisierung nach hM nicht hindert. **59**

ddd) Ansatz des übernommenen Vermögens zum ergebnisneutralen Zwischenwert. Der Ansatz zum ergebnisneutralen Zwischenwert (Variante c)) war ursprünglich entstanden, weil steuerlich bei (normalen) Tauschvorgängen idR Gewinnrealisierung erfolgt. Wenn handelsrechtlich davon abw die Variante a) gewählt wurde, ergab sich aus dem Tauschvorgang aufgrund der Ertragsteuerbelastung ein negativer Effekt auf das Jahresergebnis. Soweit dieser nicht durch den Ansatz latenter Steuern auszugleichen war, erlaubt die Variante c) eine (Teil-)Gewinnrealisierung, um insgesamt zu einem neutralen Effekt auf das Jahresergebnis zu kommen. Soweit die Verschmelzung zu einer Ertragsteuerbelastung des aufnehmenden Rechtsträgers führt, darf handelsrechtlich als AK ein ergebnisneutraler Zwischenwert für das übernommene **60**

Vermögen angesetzt werden. Dies gilt auch für PersGes als übernehmende Rechtsträger, obwohl hier die Ertragsteuerbelastung weitgehend direkt bei den Gestern anfällt. Die Ertragsteuerbelastung ist dann fiktiv mit zB 30% des steuerlichen Ergebnisses der PersGes, soweit es aus der Verschmelzung resultiert, zu ermitteln. Die PersGes weist dann ein um diesen Betrag erhöhtes handelsrechtliches Ergebnis aus.

bb) Aufteilung der Gesamtanschaffungskosten

61 **aaa) Allgemeine Regelung.** Die Aufteilung der GesamtAK auf die einzelnen VG und Schulden erfolgt, indem diese zunächst vollständig zu ihren Zeitwerten angesetzt werden (zum Vorgehen, wenn vereinfachend das Mengengerüst der VG und Schulden zum UmwStichtag zugrunde gelegt wird, s Anm 47).

62 **bbb) Gesamtanschaffungskosten höher als die Summe der Zeitwerte.** Sind die GesamtAK höher als die Summe der Zeitwerte der einzelnen VG und Schulden, ist der Unterschied als GFW anzusetzen.

63 **ccc) Gesamtanschaffungskosten geringer als die Summe der Zeitwerte.** Wenn die GesamtAK geringer als die Summe der Zeitwerte der übernommenen EinzelVG und Schulden sind, müssen die nicht-monetären VG soweit abgestockt werden, bis die GesamtAK erreicht sind. Ist es nicht möglich, durch Abstockung und ggf Ansatz eines negativen Unterschiedsbetrags den Wert des übernommenen Vermögens auf die GesamtAK herabzusetzen, findet insofern eine (zusätzliche) Gewinnrealisierung statt (s zu Grenzen der Abstockung und dem Ansatz eines negativen Unterschiedsbetrags Anm 49).

c) Gemischte Übernahme

65 **aa) Zusammensetzung der Gesamtanschaffungskosten.** Wenn die Übernahme teils gegen die Gewährung neuer Anteile, teils ohne Kapitalerhöhung erfolgt, ergeben sich die GesamtAK des übernommenen Vermögens aus dem Ausgabebetrag der neuen Anteile (Anm 44) einerseits und dem Buchwert, Zeitwert oder neutralen Zwischenwert der unter-/abgehenden Anteile (Anm 54) andererseits. Ggf sind noch Anschaffungsnebenkosten und der Wert der durch Konfusion untergehenden Forderungen und Verbindlichkeiten des übernehmenden Rechtsträgers (Anm 56) einzubeziehen.

Da die Buchwertübernahme nach § 24 UmwG nur für das gesamte zu übertragende Vermögen gewählt werden kann, ist es auch bei einem gemischten Übergang nicht möglich, dass ein Teil des übernommenen Vermögens nach allg Grundsätzen, ein anderer Teil zu übernommenen Buchwerten angesetzt wird (ebenso *Müller* in FS Clemm, 259).

66 **bb) Aufteilung der Gesamtanschaffungskosten.** Für die Aufteilung der GesamtAK auf die übernommenen VG und Schulden ergibt sich die Frage, ob diese Aufteilung berücksichtigen muss, welche AK für welchen Anteil des übernommenen Vermögens geleistet wurden oder ob dies bei der Verteilung nicht mehr zu berücksichtigen ist.

Beispiel: Das zu übernehmende Vermögen hat einen Zeitwert von 5000 GE, davon entfallen auf einzelne VG und Schulden 3000 GE, auf den GFW 2000 GE. Die Übernahme erfolgt je zur Hälfte mit und ohne Kapitalerhöhung. Der Ausgabebetrag

III. Übernahme nach allgemeinen Grundsätzen

der neuen Anteile beträgt 2000 GE. Der Buchwert der untergehenden Bet am übertragenden Rechtsträger ist 700 GE. Dieser soll auch als AK des übernommenen Vermögens gelten. Die GesamtAK betragen somit 2700 GE.

	undifferenzierte Aufteilung	differenzierte Aufteilung Kapitalerhöhung	Alt-Bet
GesamtAK	2700	2000	700
Zeitwert der EinzelVG und Schulden	3000	1500	1500
Abstockung	300	0	800
Ansatz der EinzelVG und Schulden	2700	1500	700
GFW	0	500	0

Ohne Berücksichtigung der AK für die verschiedenen Anteile des übernommenen Vermögens würden die übernommenen EinzelVG und Schulden mit 2700 GE angesetzt werden, vorausgesetzt eine entspr Abstockung (300 GE) von den Zeitwerten (3000 GE) ist möglich. Ein GFW wäre nicht anzusetzen.

Unter Berücksichtigung, dass auf die eine Hälfte des übernommenen Vermögens AK von 2000 GE (Kapitalerhöhung), auf die andere dagegen nur AK von 700 GE (Alt-Bet) entfallen, würden auf die EinzelVG und Schulden 2200 GE AK entfallen, vorausgesetzt eine entspr Abstockung von den Zeitwerten (1500 GE) ist bei dem zu 700 GE übernommenen Anteil möglich. Die AK von 2200 GE setzen sich aus 1500 GE für die durch Kapitalerhöhung erworbene Hälfte der VG und aus 700 GE für die durch Untergang der Bet erworbene Hälfte der VG zusammen. Bei der durch Kapitalerhöhung erworbenen Hälfte ist die Spitze zu den AK von 2000 GE als GFW (500 GE) anzusetzen.

UE ist für die Ermittlung der AK die differenzierte Vorgehensweise zutreffend (ebenso IDW RS HFA 42, Tz 53; *Priester* in Lutter UmwG[5] § 24 Anm 60; *Lanfermann* in Kallmeyer[6] UmwG § 24 Anm 36; aA *Langecker* in Beck HdR B 776 Anm 271). Nur sie erlaubt auch eine ggf notwendige Zuordnung zur Kapitalrücklage oder zum Ertrag. Wäre in obigem Bsp das Abstockungspotential auf insgesamt 200 GE beschränkt, wäre ohne Berücksichtigung der AK für die verschiedenen Anteile unklar, ob der „Mehrwert" des übernommenen Vermögens (100 GE) als (zusätzliche) Kapitalrücklage oder als Ertrag auszuweisen ist. Bei differenzierter Zuordnung ergibt sich, dass nur für die durch Bet-Untergang erworbene Hälfte ein Abstockungsbedarf (800 GE) besteht. Entspr wäre der „Mehrwert" des übernommenen Vermögens (700 GE), der sich durch die beschränkte Abstockungsmöglichkeit ergibt, als Ertrag auszuweisen (ein negativer Unterschiedsbetrag darf hier nicht angesetzt werden, da die GesamtAK unter dem Gesamt-Zeitwert liegen; s Anm 49).

d) Sonderfall: Downstream-Merger

Bei der Verschmelzung eines MU auf ein TU (sog **Downstream-Merger**) wird das TU idR keine Kapitalerhöhung vornehmen, sondern die Gester des übertragenden MU erhalten Anteile an dem aufnehmenden TU, die dieses durch die Verschmelzung von dem MU erhält. Ein Teil der Leistung ist die Gegenleistung. Insgesamt geht dem TU also ein Teil des Vermögens des MU ohne Gegenleistung zu.

Wenn der Zeitwert des übergehenden Nettovermögens (Nettovermögen des MU ohne die Anteile an dem TU, die an die Gester des MU gehen) positiv ist, darf es entweder mit dem Zeitwert (einschl eines ggf vorhandenen GFW) angesetzt werden oder durch Abstockung (zu den Grenzen der Abstockung s Anm 49) per saldo mit Null (also Aktivvermögen iHd übernommenen Schulden) angesetzt werden (nach IDW RS HFA 42, Tz 47 ist nur der Ansatz zum Zeitwert zulässig). Wird der Zeitwertansatz gewählt oder ist eine Abstockung auf Null nicht möglich, ist der übersteigende Betrag bei KapGes in die Kapitalrücklage nach § 272 Abs 2 Nr 4 HGB einzustellen, denn es handelt sich um eine (sonstige) Vermögenszuführung durch die (neuen direkten, bisher mittelbaren) Gester (IDW RS HFA 42, Tz 48; aA *Lanfermann* in Kallmeyer[6] UmwG § 24 Anm 39; *Priester* in Lutter UmwG[5] § 24 Anm 61, beide für erfolgswirksame Erfassung).

Ist der Zeitwert des übergehenden Nettovermögens negativ (dies ist insb der Fall, wenn die Bet am TU der einzige oder wesentliche VG und die Bet fremdfinanziert war), liegt eine Entnahme durch die Gester vor. Soweit der negative Wertansatz des übernommenen Vermögens eine **zulässige Entnahme** darstellt (s Anm 68), erscheint auch eine Bilanzierung als Entnahme, also durch Verrechnung des negativen Saldos mit den freien Rücklagen, zulässig. Andernfalls entsteht – soweit kein Ausgleichsanspruch gegen die Gester zu aktivieren ist – ein erfolgswirksam zu erfassender Verlust (nach IDW RS HFA 42, Tz 49 soll der Vorgang stets als Sachentnahme unmittelbar mit dem EK zu verrechnen sein). Die Differenz zu Null darf in dieser Konstellation nicht als GFW angesetzt werden, denn dies wäre (im günstigsten Fall) der eigene GFW (inkl stille Reserven) des aufnehmenden Rechtsträgers und nicht ein GFW des übertragenden Rechtsträgers (aA *Enneking/Heckschen* DB 2006, 1099, die diesen Ansatz zulassen wollen).

68 Eine Downstream-Verschmelzung, die zu einer **zu Zeitwerten negativen Nettovermögensübernahme** führt, dürfte gesellschaftsrechtlich wohl nur bei PersGes und bei GmbH zulässig sein. Bei GmbH dürfte die Zulässigkeit auf den Fall beschränkt sein, dass die Verschmelzung nicht zu einer Verletzung von § 30 GmbHG führt, der Verlust also kleiner ist als die ungebundenen EK-Anteile der GmbH. Bei AG dürfte dagegen stets ein Fall der unerlaubten Einlagenrückgewähr vorliegen (ebenso *Bula/Thees* in Sagasser/Bula/Brünger[5] § 10 Anm 167; aA *Enneking/Heckschen* DB 2006, 1099, die § 30 GmbHG mangels Auszahlung nicht für einschlägig halten, sondern eine Haftung der Gester nur nach den Grundsätzen zum „existenzvernichtenden Eingriff" sehen).

IV. Buchwertübernahme nach § 24 UmwG

1. Ansatz des übernommenen Vermögens

a) Allgemeine Regelungen

70 § 24 UmwG gestattet alternativ zum Ansatz „normaler" AK die **Übernahme** der **Buchwerte** des übernommenen Vermögens auf der Grundlage der SB des übertragenden Rechtsträgers. Die übernommenen Werte gelten dann als AK des übernehmenden Rechtsträgers.

IV. Buchwertübernahme nach § 24 UmwG

Wählt der übernehmende Rechtsträger die Buchwertübernahme nach § 24 UmwG, muss er die Vermögensübernahme auf der Grundlage der SB des übertragenden Rechtsträgers bilanzieren (zu den Ansatzgrundsätzen in der SB s H Anm 104 ff; zu einer Ausnahme von diesem Grundsatz s Anm 77, 80). Dabei ist das Wahlrecht des § 24 UmwG *einheitlich* für eine gesamte Vermögensübernahme auszuüben und kann nicht nur auf einzelne VG oder Schulden bezogen werden (für unterschiedliche Vermögensübernahmen kann das Wahlrecht hingegen neu ausgeübt werden, s Anm 5). **Fehlerhafte Ansätze und Bewertungen** in einer SB (nach HGB) dürfen allerdings **nicht** übernommen werden. In einem solchen Fall hat der übernehmende Rechtsträger die Ansätze und Bewertungen anzusetzen, die sich bei fehlerfreier Bilanzierung in der SB ergeben hätten.

Wird ein **ausländischer Rechtsträger** auf einen inländischen Rechtsträger übertragen und wird zulässigerweise die Anwendung der Buchwertfortführung gewählt, sind die Ansätze und Bewertungen in der SB des ausländischen Rechtsträgers als AK beim inländischen Übernehmer maßgeblich, auch wenn diese nicht HGB-konform sind. Die Fortschreibung der AK erfolgt HGB-konform. Enthält die ausländische SB Ansätze, die nach HGB nicht zulässig sind (bspw Bilanzierungshilfen für Ingangsetzung oder aktivierte Forschungskosten), dürfen diese im Rahmen der Übernahmebilanzierung einfach (erfolgsneutral) fortgelassen werden. Enthält die ausländische SB Bewertungen, die über dem Zeitwert der betroffenen Aktiva liegen, sind diese im Rahmen der Übernahmebilanzierung erfolgsneutral auf den Zeitwert zu ermäßigen. Bei ggü den Zeitwerten zu niedrig ausgewiesenen Passiva ist ebenfalls eine erfolgsneutrale Korrektur vorzunehmen, es sei denn, eine derartige Bewertung wäre auch nach HGB möglich (zB nicht passivierte Pensionslasten; IDW RS HFA 42, Tz 90, 91).

Zur Einschränkung der Buchwertübernahme für den Fall, dass sie zu einer Bewertung des übernommenen Vermögens oberhalb dessen Gesamtzeitwerts führt, s Anm 89.

DRS 23.3 empfiehlt, Vermögensübernahmen im **Konzernabschluss** nach den allg Grundsätzen abzubilden, also auf das Wahlrecht nach § 24 UmwG im KA zu verzichten.

Die Übernahme der Buchwerte der SB des übertragenden Rechtsträgers impliziert auch, dass die Übernahme auf einen Zeitpunkt abgebildet wird, der idR vor dem Zeitpunkt liegt, zu dem das wirtschaftliche Eigentum auf den übernehmenden Rechtsträger übergeht. Der übernehmende Rechtsträger zeigt daher in seiner GuV ab dem Zeitpunkt des Übergangs des wirtschaftlichen Eigentums auch Erträge und Aufwendungen aus dem Zeitraum vom UmwStichtag bis zum Tag des Übergangs des wirtschaftlichen Eigentums. Diese Aufwendungen und Erträge können auch in einem gesonderten Saldoposten zusammengefasst werden. Es ist aber auch kein Grund ersichtlich, zu untersagen, dass der übernehmende Rechtsträger die Buchwerte der SB des übertragenden Rechtsträgers auf den Zeitpunkt des Übergangs des wirtschaftlichen Eigentums fortschreibt und auf dieser Grundlage die Übernahmebilanzierung vornimmt. Dann werden in der GuV ab dem Zeitpunkt des wirtschaftlichen Eigentumsübergangs nur die Aufwendungen und Erträge ab diesem Zeitpunkt gezeigt.

b) Aktiva

72 **aa) Geschäftswerte.** Beim übertragenden Rechtsträger angesetzte Geschäftswerte sind mit ihren SB-Buchwerten beim übernehmenden Rechtsträger fortzuführen, obwohl aus dessen Sicht dafür eigentlich die Voraussetzungen nicht gegeben sind (Anm 20).
Eine Spitze zwischen dem Buchwertansatz und den sich ansonsten ergebenden GesamtAK darf nicht als GFW angesetzt werden. In Höhe dieser Spitze liegt stets ein als (sonstiger betrieblicher) Aufwand zu erfassender Verlust vor (ebenso IDW RS HFA 42, Tz 70).

73 **bb) Immaterielle Vermögensgegenstände des Anlagevermögens.** Für die Aktivierung der vom übertragenden Rechtsträger selbst erstellten immateriellen VG des Anlagevermögens ist im Rahmen der Buchwertübernahme nach § 24 UmwG beim übernehmenden Rechtsträger kein Raum, soweit der übertragende Rechtsträger selbst von dem Wahlrecht zur Aktivierung solcher VG keinen Gebrauch gemacht hat (ebenso IDW RS HFA 42, Tz 65). Hat der übertragende Rechtsträger derartige VG nach § 248 Abs 2 HGB aktiviert, sind die entspr Werte aus der SB zu übernehmen. Beim übernehmenden Rechtsträger handelt es sich aber um erworbene immaterielle VG. Die Ausschüttungssperre des § 268 Abs 8 HGB ist hierfür beim übernehmenden Rechtsträger daher nicht zu beachten.

74 **cc) Forderungen.** Forderungen des übertragenden Rechtsträgers, die durch Konfusion beim übernehmenden Rechtsträger untergehen, sind zunächst mit ihren SB-Werten beim übernehmenden Rechtsträger einzubuchen. Anschließend sind sie dort gegen den entspr Gegenposten des übernehmenden Rechtsträgers auszubuchen. Soweit dies Erfolgswirkungen hat, sind diese in der GuV als sonstige betriebliche Erträge/Aufwendungen zu erfassen (ebenso *Scherrer* in FS Claussen, 750).

75 **dd) Eigene Anteile.** Eigene Anteile im Besitz des übertragenden Rechtsträgers sind vom übernehmenden Rechtsträger nicht zu berücksichtigen, wenn diese Anteile aufgrund der Umw untergehen (ebenso *Lanfermann* in Kallmeyer[6] UmwG § 24 Anm 15; *Priester* in Lutter UmwG[5] § 24 Anm 39). Dies ist bei Verschmelzung und Aufspaltung der Fall.

c) Passiva

77 **aa) Pensionsrückstellungen.** Der übernehmende Rechtsträger ist grds an die Ausübung der Ansatzwahlrechte durch den übertragenden Rechtsträger in dessen SB gebunden (zu den Ansatzgrundsätzen in der SB s H Anm 104 ff). Dies gilt uE ausnahmsweise nicht für die Nicht-Passivierung von Pensionsrückstellungen nach Art 28 Abs 1 EGHGB oder deren Unterdotierung nach Art 67 Abs 1 EGHGB. Hat der übertragende Rechtsträger in seiner SB Pensionsrückstellungen nach Art 28 Abs 1 EGHGB nicht angesetzt oder nach Art 67 Abs 1 EGHGB (bis zu 15-jährige Übergangsverteilung der Bewertungsanpassung nach BilMoG) unterdotiert, darf der übernehmende Rechtsträger die fehlenden Pensionsrückstellungen nach Maßgabe der Fehlbetragsangabe nach Art 28 Abs 2 EGHGB bzw Art 67 Abs 2 EGHGB im Rahmen der Übernahmebilanzierung erfolgsneutral an-

IV. Buchwertübernahme nach § 24 UmwG

setzen. Es ist kein Grund ersichtlich, eine derartige Anpassung zur besseren Darstellung der VFE-Lage für unzulässig anzusehen. In Form der Fehlbetragsangabe ist der Buchwert (häufig) verfügbar, so dass selbst die Vereinfachung, die die Anwendung des § 24 UmwG rechtfertigt, nicht in Frage gestellt ist. Zu Fällen, in denen der übernehmende Rechtsträger bei Buchwertübernahme sachgerechterweise die Passivierung bisher nicht passivierter Schulden des übertragenden Rechtsträgers nachholen sollte, s Anm 89. Für die Folgebewertung dieser Pensionsrückstellungen (dh die Zuführungen für hinzuerdiente Ansprüche) darf der übernehmende Rechtsträger die Wahlrechte in Anspruch nehmen, die auch dem übertragenden Rechtsträger zugestanden hätten.

bb) Verbindlichkeiten. Für Verbindlichkeiten, die durch Konfusion beim übernehmenden Rechtsträger untergehen, gilt dasselbe wie für entspr Forderungen (s Anm 74). **78**

Schüttet der übertragende Rechtsträger nach dem UmwStichtag noch Gewinne an die Gester des übernehmenden Rechtsträgers aus, ist im Falle der Verschmelzung und der Aufspaltung das zu übernehmende Vermögen um die **Ausschüttung** gemindert. Auch wenn in der SB des übertragenden Rechtsträgers diese Vermögensminderung nicht passiviert ist, muss der übernehmende Rechtsträger dafür eine Verbindlichkeit passivieren. Im Falle der Aufspaltung wäre ggf nur eine anteilige Verbindlichkeit zu erfassen, entspr der Vermögensminderung, die auf jeden der aufnehmenden Rechtsträger entfällt. Durch die Erfassung der Verbindlichkeit bleibt die Ausschüttung beim übernehmenden Rechtsträger erfolgsneutral. **79**

cc) Latente Steuern. Die latenten Steuerposten sind nicht aus der SB des übertragenden Rechtsträgers zu übernehmen, sondern **nach den Verhältnissen des übernehmenden Rechtsträgers** (Höhe des Steuersatzes, bei PersGes nur für GewSt) **neu zu ermitteln** (ebenso *Deubert/Klöcker* WP Praxis 2013, 65). **80**

Resultiert aus der Buchwertübernahme per saldo eine latente Steuerforderung (zB weil hohe Drohverlustrückstellungen übernommen wurden), besteht hierfür ein Ansatzwahlrecht, soweit der übernehmende Rechtsträger nicht ansonsten – untypischerweise – per saldo eine latente Steuerverbindlichkeit aufweist. Entsteht durch die Übernahme per saldo insgesamt eine latente Steuerforderung und wird diese angesetzt, ist die **Ausschüttungssperre** nach § 268 Abs 8 HGB zu beachten. Dies gilt bei wörtlicher Auslegung des § 268 Abs 8 HGB auch, wenn die latente Steuerforderung erfolgsneutral im Rahmen einer Sacheinlage (mit Kapitalerhöhung, mit Wiederausgabe gehaltener eigener Anteile oder Sachzuzahlung ohne formelle Kapitalerhöhung) erworben wurde (s hierzu Anm 36).

Ist die Buchwertübernahme mit einem Gewinn verbunden (Buchwert der untergehenden Anteile geringer als das Buchvermögen des übertragenden Rechtsträgers s Anm 92), löst dies nur im untypischen Fall, dass das steuerliche Buchvermögen des übertragenden Rechtsträgers kleiner als das handelsrechtliche Buchvermögen ist, eine erfolgswirksam zu erfassende latente Steuerverbindlichkeit aus. Im Regelfall (steuerliches Buchvermögen des übertragenden Rechtsträgers höher als handelsrechtliches Buchvermögen) kann davon ausgegangen werden, dass die Differenz bereits auf Ebene des übertragenden Rechtsträgers in der Vergangenheit versteuert wurde, sodass hieraus keine latente Steuerverbindlichkeit mehr entsteht.

Beispiel: Die A-GmbH erwirbt die B-GmbH für einen Kaufpreis von 130 GE. Jahre später wird die B-GmbH auf die A-GmbH verschmolzen. Die B-GmbH hat zum Verschmelzungsstichtag ein handelsrechtliches Buchvermögen von 200 GE und ein steuerliches Buchvermögen von 180 GE. Der Zeitwert der B-GmbH bzw des übernommenen Vermögens (unter Berücksichtigung der latenten Steuerlasten aus der niedrigeren Steuerbasis des übernommenen Vermögens) beträgt 500 GE. Der Zeitwert der einzelnen VG und Schulden vor latenten Steuerposten beträgt 350 GE. Der maßgebliche Steuersatz beträgt 30%.

Das übernommene Vermögen soll bei der A-GmbH mit den handelsrechtlichen Buchwerten des übertragenden Rechtsträgers zum Verschmelzungsstichtag angesetzt werden. Die EinzelVG und Schulden werden daher mit 200 GE bewertet. Steuerlich wird von der Möglichkeit der Buchwertübernahme Gebrauch gemacht.

Die latente Steuerschuld aus der bei den EinzelVG und Schulden bestehenden Differenzen beträgt ((200 − 180) × 0,3 =) 6 GE. Wird diese Steuerschuld erfolgswirksam erfasst, wird ein Verschmelzungsgewinn von (200 − 130 =) 70 GE im Ergebnis vor Steuern und ein Steueraufwand von 6 GE ausgewiesen. Es ist jedoch auch zulässig, einen Nettoverschmelzungsgewinn von (194 − 130 =) 64 GE im Vorsteuerergebnis auszuweisen.

2. Bewertung des übernommenen Vermögens

a) Bindung an Wertansätze des übertragenden Rechtsträgers

85 Wird von dem Wahlrecht der **Buchwertübernahme** nach § 24 UmwG Gebrauch gemacht, ist der übernehmende Rechtsträger sowohl an die Ausübung der Ansatz- als auch der Bewertungswahlrechte des übertragenden Rechtsträgers in dessen SB gebunden (glA IDW RS HFA 42, Tz 60; zu Ausnahmen s Anm 77, 80, 89; zur Bewertung in der SB s H Anm 116 ff).

Dabei hat er auch Wertansätze zu übernehmen, die in der Rechtsform des übernehmenden Rechtsträgers nicht zulässig sind. Dies kann zB eine Rolle spielen, wenn der übertragende Rechtsträger eine PersGes, der aufnehmende Rechtsträger aber eine KapGes oder KapCoGes ist. Die PersGes konnte nach dem vor 2010 geltenden Recht (HGB aF) Unterbewertungen vornehmen, die einer KapGes untersagt sind (zB Abwertungen nach vernünftiger kaufmännischer Beurteilung nach § 253 Abs 4 HGB aF). Wenn die PersGes in ihrer SB aufgrund der Inanspruchnahme der Übergangsregelungen in Art 67 EGHGB derartige Unterbewertungen beibehalten hat, sind diese Wertansätze von der KapGes zu übernehmen.

86 Die übernommenen Wertansätze gelten als AK des übernehmenden Rechtsträgers. Dies heißt insb, dass zukünftig das **Zuschreibungspotential** nach außerplanmäßigen Abschreibungen auf diese (ggf fortgeschriebenen) AK begrenzt ist (ebenso *Widmann* in Widmann/Mayer[3] UmwG § 24 Anm 358; *Lanfermann* in Kallmeyer[6] UmwG § 24 Anm 44). Die Übernahme der Buchwerte des übertragenden Rechtsträgers ist handelsrechtlich keine Fortführung dessen bilanzieller Rechtsposition (anders steuerlich Anm 159, 200, 231). Dies bedeutet zB auch, dass die Nutzungsdauern der übernommenen VG vom übernehmenden Rechtsträger (neu) festzulegen sind. Beim übernehmenden Rechtsträger angefallene **Anschaffungsnebenkosten** dür-

IV. Buchwertübernahme nach § 24 UmwG

fen nicht aktiviert werden, sondern sind als Aufwand zu erfassen (IDW RS HFA 42, Tz 62).

Auch wenn die Übernahme niedrigerer Buchwerte auf **rein steuerlichen Abschreibungen** nach §§ 254, 279 Abs 2 HGB aF beruht, die aufgrund der Übergangsregelung nach Art 67 EGHGB in der SB beibehalten wurden, stellt dieser niedrige Wert die AK des übernehmenden Rechtsträgers dar. Hat der übertragende Rechtsträger die rein steuerlichen Abschreibungen nach § 281 Abs 1 HGB aF als Wertberichtigungen in den **Sonderposten mit Rücklageanteil** eingestellt, muss beim übernehmenden Rechtsträger dieser Sonderposten aktivisch von dem entspr VG abgesetzt werden, denn für den übernehmenden Rechtsträger handelt es sich nicht um rein steuerlich induzierte Unterbewertungen, sondern um die handelsrechtlichen AK. Selbst wenn aber die Darstellung in Form einer Wertberichtigung beim übernehmenden Rechtsträger beibehalten wird, muss in Zukunft berücksichtigt werden, dass eine Zuschreibung (also außerplanmäßige Auflösung des Sonderpostens ohne gleichzeitige außerplanmäßige Abschreibung des korrespondierenden VG) handelsrechtlich nicht zulässig ist. 87

Wird hingegen aus der SB ein aufgrund der Übergangsregelung nach Art 67 EGHGB verbliebener **Sonderposten mit Rücklageanteil** übernommen, der keine Wertberichtigung nach § 281 Abs 1 HGB aF ist, ist der Sonderposten als solcher zu übernehmen. Ein Bsp hierfür wäre eine noch nicht auf ein Ersatzwirtschaftsgut übertragene Rücklage nach § 6b EStG. Wird dieser Sonderposten später auf ein ErsatzWG übertragen, gelten hierfür die üblichen Regelungen. Es wäre möglich, diese Übertragung sowohl aktivisch als auch passivisch darzustellen. Es wäre auch zulässig, in einer späteren Periode den VG wieder auf seine (fortgeführten) AK zuzuschreiben. 88

Fraglich ist, ob auch bei der Buchwertübernahme der Zeitwert im Zeitpunkt des Übergangs des wirtschaftlichen Eigentums (s Anm 12) als **Bewertungsobergrenze** zu beachten ist. 89

Der Wortlaut des § 24 UmwG sieht auch für den Fall, dass der Buchwert des übernommenen Vermögens über dessen Zeitwert liegt, keine Einschränkung vor. Im Hinblick darauf wird man eine derartige Buchwertübernahme nicht beanstanden können. Zumindest in den Fällen der Übernahme eines „lebenden Geschäftes" erscheint dies auch insofern hinnehmbar, als die damit einhergehende „Gefährdungslage" (zB nicht passivierte Pensionsverpflichtungen oder sonstige stille Lasten) für den übernehmenden Rechtsträger nicht anders ist, als sie es für den übertragenden Rechtsträger war.

UE sollte jedoch die **Buchwertübernahme modifiziert werden,** wenn die Buchwerte aus der SB des übertragenden Rechtsträgers zzgl der bilanziellen Vermögensmehrung zwischen UmwStichtag und Zeitpunkt des Übergangs des wirtschaftlichen Eigentums zu einer Gesamtbewertung des übernommenen Vermögens oberhalb von dessen Gesamtzeitwert im Zeitpunkt des Übergangs des wirtschaftlichen Eigentums führt. Die Zugangsbewertung sollte dann auf den Betrag des Zeitwerts des übernommenen Vermögens abzgl einer positiven bilanziellen Vermögensmehrung im Zwischenzeitraum begrenzt werden. Im ersten Schritt sollte geprüft werden, ob möglicherweise eine fehlerhafte Bilanzierung in der SB vorliegt. Die Übernahmebewertung wäre dann entspr zu korrigieren. Soweit auch nach einer ggf vorzunehmenden Korrektur der Übernahmewerte eine Überbewertung verbleibt, sollte die Überbewertung durch Passivierung einer Schuld ausgeglichen werden, soweit die Überbewertung auf Passivierungswahlrechten beruht (insb nicht passivierte Pensionsverpflichtungen nach Art 28 Abs 1 EGHGB oder Art 67 Abs 1 EGHGB; glA *Priester* in Lutter UmwG[5] § 24 Anm 72). Entspr dem Abbau der Schuld mindert sich der Posten in den Folgeperioden (ähnlich *Scherrer* in FS Claussen, 755 f). Soweit sich die Überbewertung auch hierdurch nicht beseitigen lässt, sollten die übernommenen nicht monetären Aktivwerte soweit abgestockt werden, bis die Überbewertung beseitigt ist. Vorzugsweise wird man diese Abstockung am übernommenen GFW und übernommenen, beim übertragenden Rechtsträger selbst geschaffenen, immateriellen VG des Anlagevermögens vornehmen. Lässt sich die Überbewertung auch nicht durch die Abstockung der Buchwerte des übernommenen Vermögens beseitigen, ist die verbleibende Differenz als ein negativer Unterschiedsbetrag zu passivieren (s auch Anm 49). Die Auflösung dieses Passivpostens sollte über den erwarteten Zeitraum der Unterverzinslichkeit des übernommenen Vermögens erfolgen.

b) Übernahme mit Gründung oder Kapitalerhöhung

90   **aa) Buchwertansatz übersteigt den Ausgabebetrag der neuen Anteile.** Soweit die Buchwertübernahme (ggf unter Berücksichtigung der Einschränkung nach Anm 89) zu einem Ansatz führt, der den Nennbetrag der neuen Anteile (ggf zzgl des Betrags der baren Zuzahlung) übersteigt, ist der Mehrbetrag als Kapitalrücklage nach § 272 Abs 2 Nr 1 HGB auszuweisen (ebenso *Bula/Thees* in Sagasser/Bula/Brünger[5] § 10 Anm 235; *Lanfermann* in Kallmeyer[6] UmwG § 24 Anm 47).

Werden vom übernehmenden Rechtsträger gehaltene **eigene Anteile** als Gegenleistung für die Übernahme gewährt, fehlt es an einem Ausgabebetrag der Anteile. Der Buchwert des übernommenen Vermögens gilt dann als für die Anteile erzielter Erlös, der nach den Regeln des § 272 Abs 1b HGB im EK (gezeichnetes Kapital, frei verfügbare Rücklagen, Rücklage nach § 272 Abs 2 Nr 1 HGB) zu erfassen ist.

Wenn für die Vermögensübernahme (im Einvernehmen mit den Gestern des übertragenden Rechtsträgers) **keine Anteile** am übernehmenden Rechtsträger gewährt werden, fehlt es ebenfalls an einem Ausgabebetrag. Der Buchwert des übernommenen Vermögens gilt dann als Wert der sonstigen Sachzuzahlung und wird in der Rücklage nach § 272 Abs 2 Nr 4 HGB erfasst.

91   **bb) Ausgabebetrag der neuen Anteile übersteigt den Buchwertansatz.** Ergibt sich aus dem Kapitalerhöhungsbeschluss (Nennbetrag der neuen Anteile und vereinbartes Agio) ein höherer Wert, als es dem zu Buchwerten übernommenen Vermögen (ggf abzgl des Betrags der baren Zuzahlung) entspricht, hindert dies nicht daran, den Buchwertansatz zu wählen (ebenso *Mujkanovic* BB 1995, 1735; *Priester* in Lutter UmwG[5] § 24 Anm 86 jedoch im Hinblick auf die Ausschüttungsinteressen der Gester nur mit besonderer Rechtfertigung; aA *Müller* in FS Clemm, 254, wonach das Wahlrecht des § 24 UmwG nicht besteht, wenn die übernommenen Buchwerte nicht den *Ausgabebetrag* der neuen Anteile erreichen).

IV. Buchwertübernahme nach § 24 UmwG

Die Buchwertübernahme ist uE selbst dann zulässig, wenn das übernommene Vermögen zu Buchwerten negativ sein sollte. Die EK-Beträge sind entspr dem Kapitalerhöhungsbeschluss zu passivieren. Eine Spitze zu den Buchwerten des übernommenen Vermögens ist als Aufwand zu erfassen.

Beispiel: Im Kapitalerhöhungsbeschluss ist der Betrag des neuen gezeichneten Kapitals mit 300 GE und das Aufgeld mit 100 GE festgelegt. Es wurde eine bare Zuzahlung von 10 GE vereinbart. Der Zeitwert des übernommenen Vermögens beträgt 500 GE. Die Summe der Buchwerte der übernommenen VG und Schulden beträgt 280 GE. In dieser Situation ergäbe sich bei Buchwertübernahme nach § 24 UmwG folgende Bilanzierung:
Die Zunahme der EK-Posten ergibt sich unmittelbar aus dem Kapitalerhöhungsbeschluss: Das gezeichnete Kapital wird um 300 GE, die Kapitalrücklage um 100 GE höher ausgewiesen. Die Verbindlichkeit aus der zu leistenden baren Zuzahlung beträgt 10 GE. Die Spitze zu den Buchwerten der eingelegten VG und Schulden von 130 GE wird als Aufwand in der GuV ausgewiesen.

c) Übernahme mit untergehender Beteiligung

In diesem Fall ist der positive oder negative Unterschied zwischen dem Buchwert des übernommenen Vermögens und dem Buchwert der abgehenden oder wegfallenden Anteile stets über die GuV (sonstiger betrieblicher Ertrag/Aufwand) zu erfassen. Soweit es sich um erhebliche Beträge handelt, ist dies im Anhang zu erläutern (s Anm 96 f). Eine Ausnahme davon ist der Fall, dass der Buchwert den Zeitwert des übertragenen Vermögens übersteigt. In diesem Fall muss die Buchwertübernahme entspr Anm 89 modifiziert werden, so dass sich ein Aufwand/Ertrag nur im Verhältnis zu den entspr modifizierten Übernahmewerten ergibt.

Die Buchwertübernahme ist auch bei Übernahme mit untergehender Bet uE uneingeschränkt zulässig, selbst wenn dadurch erhebliche Buchverluste entstehen (einschränkend *Naumann* in FS Ludewig, 713, bei der Verschmelzung eines TU auf eine AG, wenn dies bei einem Anteil der AG an dem TU von über 90% ohne Zustimmung der HV geschieht. In diesem Fall soll die Buchwertfortführung unzulässig sein, wenn sie zu einem wesentlichen Verlust führt, ebenso *Bula/Thees* in Sagasser/Bula/Brünger[5] § 10 Anm 99). Dem UmwG sind indes keine Einschränkungen zu entnehmen.

d) Gemischte Übernahme

Für die Ermittlung der Differenzen zwischen dem Buchwert des übernommenen Vermögens und dem Ausgabebetrag der neuen Anteile bzw dem Buchwert der untergehenden/abgehenden Anteile ist der Buchwert des übernommenen Vermögens entspr den Anteilen, die die untergehenden/abgehenden Anteile und die durch Kapitalerhöhung erworbenen Anteile am Vermögen des übertragenden Rechtsträgers repräsentierten, aufzuteilen (ebenso IDW RS HFA 42, Tz 7). Die beiden Teilvorgänge (Übernahme gegen Kapitalerhöhung und Übernahme gegen untergehende/abgehende Anteile) sind dann getrennt – ebenso wie die nicht gemischten Vorgänge – zu behandeln (Anm 90, 92).

e) Sonderfall: Downstream-Merger

95 Die Buchwertübernahme vereinfacht die Ermittlung der AK im Falle eines Downstream-Merger. Es sind die Buchwerte des übertragenden Rechtsträgers als AK zu übernehmen. Hat das übernommene Vermögen zu diesen Ansätzen einen positiven Saldo, ist der entspr Betrag bei KapGes in die Kapitalrücklage nach § 272 Abs 2 Nr 4 HGB einzustellen, denn es handelt sich insoweit um eine (sonstige) Vermögenszuführung der Gester. Hat das übernommene Vermögen einen negativen Saldo, ergibt sich ein Aufwand. Nur soweit der negative Wertansatz des übernommenen Vermögens eine **zulässige Entnahme** darstellt, erscheint auch eine Bilanzierung als Entnahme, also durch Verrechnung des negativen Saldos mit den freien Rücklagen, zulässig. Ein negativer Buchsaldo des übernommenen Vermögens ist gesellschaftsrechtlich unproblematisch, solange der Zeitwert des übernommenen Vermögens positiv ist (zu den gesellschaftsrechtlichen Schranken bei einem negativen Zeitwert des übernommenen Vermögens s Anm 68).

V. Anhangangaben

96 Für die VFE-Lage des übernehmenden Rechtsträgers wesentliche Vermögensübernahmen sind im Anhang zu erläutern. Wenn das übernommene Vermögen einen Geschäftsbetrieb umfasste, müssen nach § 265 Abs 2 S 2 HGB im Anhang Angaben gemacht werden, die die **Vergleichbarkeit mit den Vorjahreszahlen** herstellen (ebenso IDW RS HFA 39, Tz 7, 12; ADS[6] HGB § 265 Tz 30a–b). Dies sollte dadurch erfolgen, dass für wesentliche Posten der Bilanz und GuV im Anhang erläutert wird, inwieweit darin Beträge aus dem im Gj übernommenen Geschäftsbetrieb enthalten sind. Hinsichtlich der Beträge in der GuV ist zu erläutern, für welchen Zeitraum Beträge des übernommenen Geschäftsbetriebs in die GuV des Gj eingeflossen sind. Bei gegebener Wesentlichkeit mag es sich auch anbieten, die Zahlen des Gj durch eine modifizierte 3-Spalten-Form für Bilanz und GuV darzustellen (in diese Richtung in Bezug auf den vergleichbaren Fall der Änderung des Konsolidierungskreises IDW RS HFA 44, Tz 19). Alternativ wäre es auch denkbar, durch „Pro-Forma-Werte" für das Vj und ggf für das laufende Jahr (falls aus der Geschäftsübernahme im laufenden Gj nur unterjährige Aufwendungen und Erträge erfasst wurden) eine Vergleichbarkeit herzustellen (in diese Richtung, aber im Sinne einer Anpassung der VjZahlen ADS[6] HGB § 265 Tz 37a–c). Allerdings müssen dann auch die Annahmen offengelegt werden, auf denen die „Pro-Forma-Werte" beruhen.

97 Falls im Zusammenhang mit der Vermögensübernahme wesentliche **Sonderaufwendungen oder -erträge** im Gj entstanden sind, ist dies unter Angabe des Postens, in denen sie enthalten sind, darzustellen. Dies können insb Verschmelzungsgewinne oder -verluste aufgrund der Nutzung der Buchwertübernahme nach § 24 UmwG (s Anm 91, 92) oder aber bei Bilanzierung nach den allg Grundsätzen Gewinne aus der Bilanzierung nach Tauschgrundsätzen (s Anm 59) sein.

98 Zu den Angaben zu den angewandten **Bilanzierungs- und Bewertungsmethoden** nach § 284 Abs 2 Nr 1 HGB gehören für den Fall, dass im

VI. Übernahmebilanzierung im Konzernabschluss nach HGB 99–102 **K**

Gj entspr Sachverhalte realisiert wurden, Angaben, ob die Vermögensübernahme nach allg Grundsätzen oder mit Buchwertfortführung nach § 24 UmwG bilanziert wurde. Wurden mehrere Sachverhalte realisiert und insoweit unterschiedlich behandelt (zur Zulässigkeit s Anm 5), ist dies darzustellen. Wurde die Vermögensübernahme nach allg Grundsätzen bilanziert und handelte es sich um einen Tauschvorgang, ist darzulegen, wie das Wahlrecht hierfür (s Anm 54) ausgeübt wurde.

Bei einer Buchwertübernahme nach § 24 UmwG gelten die Buchwerte in 99 der SB des übertragenden Rechtsträgers als AK des aufnehmenden Rechtsträgers (s Anm 70, 86f). Daher sind im **Anlagespiegel** nach § 284 Abs 3 HGB diese Werte im Gj der Vermögensübernahme für das übernommene Anlagevermögen als Zugänge zu den AK/HK auszuweisen. Die historischen AK/HK und die bis zum UmwStichtag aufgelaufenen Abschreibungen sind für den aufnehmenden Rechtsträger (handelsrechtlich) irrelevant. Zur Vereinfachung ist es aber zulässig, die historischen AK/HK und die bis zum UmwStichtag kumulierten Abschreibungen in den Anlagespiegel des aufnehmenden Rechtsträgers zu übernehmen (ebenso IDW RS HFA 42, Tz 64). Im Zugangsjahr ist dann in den Zugängen der AK/HK der Zugang der historischen AK/HK aus der Vermögensübernahme einerseits und in den kumulierten Abschreibungen der Zugang der historischen kumulierten Abschreibungen andererseits in gesonderten Spalten und mit entspr Erl auszuweisen. In den Folgejahren ist ein entspr Sonderausweis in den Bestandswerten der AK/HK und kumulierten Abschreibungen nicht mehr erforderlich.

Ein übernehmender Rechtsträger im Rahmen einer Abspaltung, Auf- 100 spaltung oder Ausgliederung haftet nach § 133 Abs 1 S 1 UmwG für die im Zeitpunkt der Spaltung bestehenden Schulden des übertragenden Rechtsträgers, soweit diese auf andere Rechtsträger übergegangen sind oder beim übertragenden Rechtsträger verblieben sind. Dieses Haftungsverhältnis ist nach § 251 HGB als **Haftungsverhältnis** aus Gewährleistungsvertrag angabepflichtig (aA IDW RS HFA 43, Tz 30 mit der Begründung, das Haftungsverhältnis beruhe auf Gesetz und sei daher nicht angabepflichtig). Wenn man diese Angabepflicht verneint, besteht eine Angabepflicht als sonstige finanzielle Verpflichtung nach § 285 Nr 3a HGB.

VI. Übernahmebilanzierung im Konzernabschluss nach HGB

1. Verschmelzung von Tochter- auf Mutterunternehmen

Handelte es sich bei dem TU um ein **vollständig im Besitz des Mut-** 101 **terunternehmens** befindliches TU, hat der Vorgang im KA des MU keinerlei Auswirkungen. Die wirtschaftliche Einheit „Konzern" hat sich durch den Vorgang nicht verändert. Aus Konzernsicht liegt keine Vermögensübernahme vor. Ggf mit dem Vorgang verbundene steuerliche Veränderungen bei tatsächlichen und latenten Steuern sind erfolgswirksam zu erfassen.

Bestanden an dem TU jedoch noch **nicht beherrschende Anteile** und 102 werden die außenstehenden Geser des TU im Rahmen der Verschmelzung mit Anteilen am MU abgefunden, führt der Vorgang aus Konzernsicht zu einem Wegfall der bisherigen nicht beherrschenden Anteile und einer betragsmäßig entspr Zunahme des EK des MU, die sich auf das gezeichnete Kapital entspr der satzungsmäßigen Erhöhung und (residual, ggf auch mit einem negativen Betrag) auf die Kapitalrücklage verteilt. Falls neben den Anteilen am MU auch eine bare Zuzahlung für die Übernahme der nicht beherrschenden Anteile an dem bisherigen TU vereinbart wurde, mindert diese die Kapitalrücklage. Auf die Bilanzierung (Ansatz/Bewertung) des dem bisherigen TU zuzuordnenden Vermögens im KA hat dieser Vorgang keinen Einfluss. Sie bleibt unverändert (dazu *Störk/Deubert* in Beck Bil-Komm[12] § 301 Anm 215).

103 Alternativ ist es auch zulässig, den Vorgang als eine **anteilige Erwerbsbilanzierung** zu behandeln (dazu *Störk/Deubert* in Beck Bil-Komm[12] § 301 Anm 216 ff). Dies bedeutet, dass bzgl des bisher anteilig auf die nicht beherrschenden Anteile entfallenden Vermögens an dem TU eine Neubewertung auf Grundlage des Ausgabebetrags der gewährten neuen Anteile am MU (ggf zzgl barer Zuzahlung) vorgenommen wird. Entspr nimmt das EK des MU (gezeichnetes Kapital und Kapitalrücklage) nicht nur um den Betrag der entfallenden nicht beherrschenden Anteile zu, sondern zusätzlich um den Betrag der Aufwertung des bisher auf diese entfallenden anteiligen Vermögens des TU.

2. Verschmelzung oder sonstige Vermögensübernahme von einem Nicht-Tochterunternehmen gegen Gewährung von Anteilen an der übernehmenden Gesellschaft

106 In einem HGB-KA bestehen für die Abbildung der Transaktion die gleichen Wahlrechte, wie sie sich auch im JA der übernehmenden Ges ergeben (s Anm 41–49 zur Bewertung nach allg Grundsätzen und Anm 70 ff insb Anm 85–91 zur Buchwertübernahme nach § 24 UmwG). Wenn der HGB-KA aber auch im Einklang mit der Empfehlung nach DRS 23.3 stehen soll, muss die Übernahmebilanzierung nach den allg Grundsätzen vorgenommen werden. Das Bilanzierungswahlrecht darf im KA abweichend vom EA des betroffenen KonzernUnt ausgeübt werden.

107 Dies gilt auch, wenn die übernehmende Ges an dem übertragenden Rechtsträger vor der Vermögensübernahme bereits beteiligt war und diese Bet durch die Vermögensübernahme untergeht (Verschmelzung). Hieraus ergibt sich im HGB-KA im Rahmen der Bilanzierung nach allg Grundsätzen ein Wahlrecht, die auf die Alt-Tranche entfallenden anteiligen VG und Schulden des übertragenden Rechtsträgers im KA auf der Grundlage des bisherigen Konzernbuchwerts oder auf Grundlage des (höheren) Zeitwerts der untergehenden Bet an dem übertragenden Rechtsträger einzubeziehen (eine derartige Neubewertung der Alt-Tranche ist nach hM beim wirtschaftlich vergleichbaren Sachverhalt des sukzessiven Erwerbs eines TU nach HGB nicht zulässig). Erfolgt die Vermögensübernahme im Rahmen des UmwG, dürfen auch die auf die Alt-Tranche entfallenden anteiligen VG und Schulden mit den Buchwerten aus der SB des übertragenden Rechtsträgers in den KA übernommen werden. Sowohl aus der Buchwertübernahme nach § 24 UmwG als auch der Anwendung der Zeitwertbilanzierung im Rahmen

VII. Besteuerung des übernehmenden Rechtsträgers   110–112   **K**

der Übernahmebilanzierung nach allg Grundsätzen ergeben sich im KA aus dem Untergang der bisherigen Bet am übertragenden Rechtsträger idR Erfolgswirkungen.

Wenn die Alt-Tranche bisher im KA **at-equity** bilanziert wurde (oder quotal konsolidiert war), ist allerdings die Regelung zur **Zwischenergebniseliminierung** nach § 304 HGB zu beachten, denn das bisherige assoziierte Unt bzw GemeinschaftsUnt liefert VG und Schulden (sein gesamtes Vermögen) an den Konzern. Dies bedeutet iE, dass die impliziten bzw expliziten (anteiligen) Konzernbuchwerte der VG und Schulden des übertragenden Rechtsträgers (At-Equity-Bewertung bzw quotale Kons) für die Alt-Tranche im Konzern fortzuführen sind. Für die Alt-Tranche ergibt sich im Ergebnis eine erfolgsneutrale ÜbergangsKons (*Störk/Deubert* in Beck Bil-Komm [12] § 301 Anm 229).

VII. Steuerliche Übernahmebilanzierung sowie Besteuerung des übernehmenden Rechtsträgers und der an der Umwandlung beteiligten Gesellschafter

Schrifttum: *Widmann* Stille Lasten und Umwandlungsvorgänge, in FS Haarmann Düsseldorf 2015, 1013.

1. Einleitung

Das UmwStG in der Fassung des SEStEG (v 7.12.2006, BGBl I, 2782) **110** regelt die steuerlichen Folgen von Umw für in der EU/EWR ansässige Rechtsträger. Es geht dabei über die bis dato bestehenden gesellschaftsrechtlichen Möglichkeiten der im UmwG geregelten Umw in sachlicher und persönlicher Hinsicht hinaus. Während das UmwG lediglich eine grenzüberschreitende Verschmelzung unter Beteiligung von EU/EWR-KapGes vorsieht und regelt (§§ 122a–122l UmwG; hierzu auch H Anm 20 ff), regelt das UmwStG InlandsUmw, grenzüberschreitende Umw von EU/EWR-Ges sowie – mit Ausnahme der Vermögensübertragung – vergleichbare ausländische Vorgänge, wenn übertragende und übernehmende Rechtsträger bzw beim Formwechsel der umwandelnde Rechtsträger EU/EWR-Ges sind. Ausländische Vorgänge sind vergleichbar, wenn der Vorgang seinem Wesen nach einer der UmwArten des UmwG entspricht (*Nitzschke* in Blümich UmwStG § 20 Anm 30; sa UmwSt-Erl Tz 01.20).

Unter Berücksichtigung der gesellschaftsrechtlichen Vorgaben im UmwG **111** beschränkt sich die folgende Darstellung weitgehend auf die steuerlichen Folgen der Umw für **inländische übernehmende Rechtsträger**. Erfasst wird auch der Formwechsel, der zwar handelsrechtlich keinen Übertragungsvorgang darstellt, steuerlich jedoch einer übertragenden Umw gleichgestellt wird (Anm 311). **Zusätzlich** werden die steuerlichen Folgen der jeweiligen Umw für die an der Umw beteiligten (unbeschränkt steuerpflichtigen) **Anteilseigner/Gesellschafter** (der übertragenden Gesellschaft) dargestellt.

Das UmwStG baut zwar terminologisch auf dem UmwG auf, *strukturell* **112** gibt es jedoch erhebliche **Unterschiede zwischen dem UmwG und dem UmwStG**. Während das UmwG die jeweiligen zivilrechtlichen Erfordernisse der einzelnen UmwFormen im Wesentlichen unabhängig von der Rechtsform der beteiligten *Rechtsträger* regelt, macht das UmwStG die *Rechtsformen* zum Ausgangspunkt der Besteuerung: Für die Besteuerung ist vorrangig von Bedeutung, welche *Rechtsform* der übertragende und der übernehmende Rechtsträger haben. Hintergrund dieses steuerlichen Ansatzes ist die unterschiedliche Besteuerung von Körperschaften (im Folgenden vereinfachend KapGes) einerseits und PersGes sowie natürlichen Personen andererseits. Während bei KapGes Besteuerungssubjekt die KapGes selbst ist, werden bei der PersGes die Gester besteuert, die PersGes selbst ist lediglich Gewinnerzielungs- und Gewinnermittlungssubjekt. Wegen dieser Unterschiede kommt es für die steuerliche Erfassung einer Umw nicht vorrangig auf die UmwArt an, sondern darauf, ob Folge der Umw ein **steuerlicher Systemwechsel** ist.

113 Ein weiterer Unterschied von UmwG und UmwStG ist die **Europäisierung des UmwStG** und damit die weit über die Regelungen des UmwG hinausgehende Erfassung grenzüberschreitender sowie vergleichbarer ausländischer Umw im EU-/EWR-Raum, die steuerlich mit dem Erfordernis der Sicherung des deutschen Besteuerungsrechts einhergehen.

114 Auch die **bilanziellen Konsequenzen** einer Umw sind im UmwG und UmwStG unterschiedlich geregelt. Während § 17 Abs 2 UmwG in Fällen übertragender Umw für den *übertragenden Rechtsträger* die Erstellung einer SB zu (fortgeführten) Buchwerten und § 24 UmwG für den *übernehmenden Rechtsträger* die Abbildung der Vermögensübernahme zu AK oder wahlweise den Werten der SB des übertragenden Rechtsträgers (ggf unter Berücksichtigung der Ertragsteuerbelastung) festschreibt, hat der **übertragende Rechtsträger** für steuerliche Zwecke grundsätzlich eine SB zu gemeinen Werten zu erstellen; auf Antrag ist ein Ansatz von Buchwerten oder Zwischenwerten möglich, wenn und soweit das inländische Besteuerungsrecht gesichert ist und bestimmte weitere Voraussetzungen (s Besteuerung der übertragenden Rechtsträger bei den jeweiligen UmwArten) erfüllt sind.

Dem **übernehmenden Rechtsträger** ist im Gegensatz zu § 24 UmwG steuerlich kein Bewertungswahlrecht eingeräumt; er hat die WG mit den Werten aus der steuerlichen SB zu übernehmen (Wertverknüpfung).

Darüber hinaus kommt es für die steuerliche Abbildung der Umw darauf an, welche Rechtsform der übertragende und der übernehmende Rechtsträger hat und ob damit die Umw steuerlich als *Übertragungsvorgang* iSd Zweiten bis Fünften Teils des UmwStG oder als *Einbringungssachverhalt* iSd des Sechsten Teils des UmwStG (§§ 20 ff) angesehen wird.

115 Unterschiede ergeben sich auch beim (identitätswahrenden) **Formwechsel,** bei dem handelsrechtlich mangels Übertragungsvorgang keine „UmwBilanzierung" erfolgt. Er wird vielmehr erst im ersten JA nach der zivilrechtlichen Wirksamkeit des Formwechsels abgebildet. Steuerlich wird der Vorgang bei einer umwandlungsbedingten Änderung des Besteuerungssystems in Folge des Formwechsels, also der Änderung der Rechtsform von einer KapGes in eine PersGes und umgekehrt (heterogener oder kreuzender Formwechsel), einer Verschmelzung weitgehend gleichgestellt und die Erstellung einer Übertragungs- und einer EB verlangt (L Anm 200).

116 Die folgende Tabelle zeigt die steuerliche Einordnung der jeweiligen UmwFormen und ihre steuersystematische Einordnung als Übertragungs-

VII. Besteuerung des übernehmenden Rechtsträgers 116 K

vorgang nach den §§ 3 ff UmwStG oder als Einbringungsvorgang iSd §§ 20 ff UmwStG.

Abbildung der Umw in der StBil

Art der Umw	Übertragender Rechtsträger	Übernehmender Rechtsträger	Wertansatz übertragender Rechtsträger nach UmwStG	Wertansatz übernehmender Rechtsträger nach UmwStG
Verschmelzung	KapGes	PersGes	Gem Werte bzw wahlw BW/ZwW, § 3	Wertverknüpfung, § 4
	KapGes	KapGes	Gem Werte bzw wahlw BW/ZwW, § 11	Wertverknüpfung, § 12
	PersGes	KapGes	Wertverknüpfung	Gem Werte bzw wahlw BW/ZwW, § 20
	PersGes	PersGes	Wertverknüpfung	Gem Werte bzw wahlw BW/ZwW, § 24
Spaltung	KapGes	PersGes	Gem Werte bzw wahlw BW/ZwW, § 3	Wertverknüpfung, § 4
Auf-/Abspaltung	KapGes	KapGes	Gem Werte bzw wahlw BW/ZwW, §§ 15, 11	Wertverknüpfung, §§ 15, 12
	PersGes	KapGes	Wertverknüpfung	Gem Werte bzw wahlw BW/ZwW, §§ 20, 21
	PersGes	PersGes	Wertverknüpfung	Gem Werte bzw wahlw BW/ZwW, § 24
Ausgliederung	KapGes	PersGes	Wertverknüpfung	Gem Werte bzw wahlw BW/ZwW, § 24
	KapGes	KapGes	Wertverknüpfung	Gem Werte bzw wahlw BW/ZwW, §§ 20, 21
	PersGes	KapGes	Wertverknüpfung	Gem Werte bzw wahlw BW/ZwW, §§ 20, 21
	PersGes	PersGes	Wertverknüpfung	Gem Werte bzw wahlw BW/ZwW, § 24
Formwechsel	entspricht Verschmelzung (Ausnahme: KapGes in andere KapGes und PersGes in andere PersGes steuerlich grds mangels Vermögensübertragung irrelevant)			

Vermögensübertragung als Vollübertragung	Grds aufgrund der Gegenleistung steuerpflichtig; zur Problematik der Besteuerung des übertragenden Rechtsträgers s J Anm 45 ff; entspricht grds Verschmelzung (s Anm 300)
als Teilübertragung	Grds aufgrund der Gegenleistung steuerpflichtig; entspricht grds Spaltung

2. Steuerliche Übernahmebilanzierung – Überblick

118 Das UmwStG enthält grds **keine** gesetzliche Verpflichtung zur Erstellung einer steuerlichen **Übernahmebilanz** für den übernehmenden Rechtsträger (zum Formwechsel s Anm 310). Der Übergang des Vermögens stellt bei dem übernehmenden Rechtsträger einen laufenden Geschäftsvorfall dar (Umw zur Aufnahme; UmwSt-Erl Tz 04.03). Lediglich bei einer *errichtenden Umw* (Umw zur Neugründung) bilden sich die Werte aus der SB des übertragenden Rechtsträgers unmittelbar in der steuerlichen *EB* ab, die materiell damit den Charakter einer Übernahmebilanz hat. Bei einer Umw auf einen bestehenden Rechtsträger erfolgt die Einbuchung des übernommenen Vermögens regelmäßig über ein *Übernahmeverrechnungskonto*, über das ggf auch die bisherige Bet des übertragenden am übernehmenden Rechtsträger zB im Fall einer Aufwärtsverschmelzung ausgebucht wird.

119 Ermittelt bei einer Verschmelzung zur Aufnahme einer KapGes auf eine PersGes die übernehmende PersGes ihren Gewinn nicht nach Bilanzierungsgrundsätzen, sondern nach **§ 4 Abs 3 EStG**, wird teilw die Auffassung vertreten, dass die PersGes aufgrund des Übergangs zu Bilanzierungsgrundsätzen eine steuerliche Übernahmebilanz zu erstellen hat (*Schmitt* in Schmitt/Hörtnagl/Stratz[8] UmwStG § 4 Anm 20; aA *Pung/Werner* in Dötsch/Pung/Möhlenbrock UmwStG § 4 Anm 7; sa BFH v 4.12.2012 BStBl II 2014, 288). Diese Übernahmebilanz dient jedoch allein der Anpassung der Vermögenspositionen der übernehmenden PersGes an die geänderte Gewinnermittlung; sie hat damit eine andere Funktion als eine die Vermögensübernahme als solche abbildende Übernahmebilanz.

120 Bei Verschmelzungen und Spaltungen von KapGes als übertragende Rechtsträger auf PersGes oder KapGes als übernehmende Rechtsträger haben die übernehmenden Rechtsträger die WG mit den Werten der steuerlichen SB der übertragenden KapGes zu übernehmen (zwingende Wertfortführung). Ist übernehmender Rechtsträger eine PersGes, ist bei der Wertverknüpfung nicht allein auf die Gesamthandsbilanz abzustellen, vielmehr kann die Übernahme der Werte auch unter Zuhilfenahme von Wertansätzen in den steuerlichen **Ergänzungsbilanzen** der Geste erreicht werden. So kann mit steuerlichen **Ergänzungsbilanzen** die Wertfortführung auch sichergestellt werden, wenn als Folge der Verschmelzung oder Spaltung die Kapitalkonten bei der PersGes neu zu bestimmen sind (*Schmitt* in Schmitt/Hörtnagl/Stratz[8] UmwStG § 4 Anm 21).

121 Geht aufgrund der Verschmelzung oder Auf- bzw Abspaltung einer KapGes auf eine PersGes das inländische Besteuerungsrecht an ausländischem Betriebsstättenvermögen durch Bet eines ausländischen Anteilseigners/Gesters an der Umw verloren, sind in Höhe der Quote des ausländischen Anteils-

VII. Besteuerung des übernehmenden Rechtsträgers 122–128 **K**

eigners/Gesters in der SB der KapGes die stillen Reserven aufzudecken (s *Klingberg/Nitzschke* Ubg 2011, 458). Der Aufstockungsbetrag soll nach Ansicht der FinVerw dem „Verursachenden" durch Bildung einer positiven und seinen MitGestern durch Bildung einer negativen **Ergänzungsbilanz** bei der übernehmenden PersGes zugeordnet werden (UmwSt-Erl Tz 04.24).

Bei der Umw einer KapGes in eine PersGes sind für Gester, die bisher der KapGes auf schuldrechtlicher Grundlage WG überlassen haben, **Sonderbilanzen,** die die weiterbestehende Überlassung an die PersGes abbilden, zu erstellen. Die fiktive Überführung der überlassenen WG für steuerliche Zwecke erfolgt nach § 6 Abs 5 S 2 EStG (BetrVerm) oder § 6 Abs 1 Nr 5 EStG (Privatvermögen). **122**

Im Gegensatz zur Umw auf eine PersGes ergeben sich bei der steuerbilanziellen Erfassung einer Verschmelzung einer KapGes auf eine andere KapGes keine Besonderheiten (zur Verschmelzung auf eine an der Überträgerin beteiligten KapGes s Anm 198). Der übernehmende Rechtsträger ist an die (Wert-)Ansätze in der steuerlichen SB der übertragenden KapGes gebunden. Dies gilt auch bei einer **Spaltung,** wenn Gegenstand der Übertragung kein Teilbetrieb ist. **123**

Bei der (übertragenden) Umw einer PersGes in eine KapGes ist wie bei der Umw einer KapGes in eine PersGes nur dann eine Übernahmebilanz in Form einer EB vorgesehen, wenn die Umw zur Neugründung erfolgt. **124**

Anders als bei einer übertragenden Umw stellt sich die Situation bei einem *identitätswahrenden Formwechsel* dar. Die rechtliche Identität des Rechtsträgers vor und nach dem Formwechsel gibt mangels Vermögensübertragung an sich keine Veranlassung, eine Übertragungsbilanz oder eine Übernahmebilanz zu erstellen. Um jedoch bei einem *strukturändernden* (auch „heterogener" oder „kreuzender") *Formwechsel* (KapGes in PersGes und vice versa) den Wechsel der Besteuerungsart steuerlich erfassen zu können, hat aufgrund gesetzlicher Vorgabe die Ges alter Rechtsform eine steuerliche Übertragungs-, die Ges neuer Rechtsform eine steuerliche EB auf den steuerlichen UmwStichtag zu erstellen (§§ 9 S 2, 25 S 2 UmwStG; s L Anm 245 ff, 283). **125**

Zur Anwendung von **§ 5 EStG** in der ersten auf die Umw folgenden steuerlichen Jahresbilanz s Anm 146 ff. **126**

3. Übernahmezeitpunkt und steuerliche Rückwirkungsfiktion

Bilanziell ist das übergehende Vermögen (Aktiva und Passiva) beim übernehmenden Rechtsträger mit Übergang des wirtschaftlichen Eigentums zu berücksichtigen. Dies gilt sowohl für die HBil als auch für die StBil. Bis zum Wechsel des wirtschaftlichen Eigentums wird das Vermögen noch beim übertragenden Rechtsträger erfasst. **127**

Von der bilanziellen Abbildung des Vermögensübergangs ist der *Zeitpunkt des Wechsels der Rechnungslegung* zu unterscheiden, der durch den Umw-Stichtag bestimmt wird. Der UmwStichtag ist der Tag, auf den die SB nach § 17 Abs 2 UmwStG aufgestellt ist. Ihm kommt sowohl für die handels- als auch die steuerliche Gewinnermittlung Bedeutung zu. **128**

129 Während handelsrechtlich die Wirkungen übertragender Umw *ab* dem UmwStichtag beim **übernehmenden Rechtsträger** zu berücksichtigen sind (der übertragende Rechtsträger ist lediglich „Treuhänder" für den übernehmenden), sind steuerlich **Einkommen und Vermögen** des übertragenden und des *übernehmenden Rechtsträgers* so zu ermitteln, als ob das Vermögen **mit Ablauf des steuerlichen Übertragungsstichtags** (Stichtag der Bilanz, die dem Vermögensübergang zugrunde liegt) übernommen worden wäre, § 2 Abs 1 S 1 UmwStG. Dies bedeutet, dass alle im Rückwirkungszeitraum (Zeitraum zwischen steuerlichem Übertragungsstichtag und zivilrechtlicher Wirksamkeit des Vermögensübergangs) für die ESt, KSt und GewSt relevanten Vorgänge ab diesem Zeitpunkt bereits dem übernehmenden Rechtsträger zugeordnet werden (steuerliche Rückwirkungsfiktion).

Beispiel: Die A-GmbH wird auf die B-GmbH verschmolzen. Beide Ges haben ein dem Kj entspr Wj. Die Verschmelzung erfolgt unter Zugrundelegung der Jahresbilanz 31.12.01. Während für die HBil der Vermögensübergang ein Vorfall des Jahres 02 ist, wird steuerlich das Übernahmeergebnis bei der B-GmbH als letzter Vorgang des Wj 01 erfasst.

130 Mit Ablauf des steuerlichen Übertragungsstichtags endet die Steuerpflicht des übertragenden Rechtsträgers und beginnt die des übernehmenden Rechtsträgers bezogen auf das übernommene Vermögen (§ 2 Abs 1 UmwStG). Wird Vermögen auf eine PersGes übertragen, gilt Entsprechendes für das Einkommen und Vermögen der Gester der PersGes (§ 2 Abs 2 UmwStG).

131 Für Umw, die steuerlich als Einbringungen iSd §§ 20 ff UmwStG zu qualifizieren sind (Umw von PersGes auf KapGes oder PersGes), findet die Rückwirkungsregel des § 2 UmwStG keine Anwendung. § 20 Abs 5 iVm Abs 6 UmwStG enthält jedoch hierfür eine dem § 2 UmwStG vergleichbare **antragsabhängige Rückwirkungsregel.** Lediglich für den Anteilstausch nach § 21 UmwStG sieht das UmwStG keine Rückwirkungsmöglichkeit vor. Diese Regelung findet jedoch bei Umw regelmäßig keine Anwendung (Ausnahme zB Ausgliederung einer Bet auf eine TochterKapGes). Der UmwVorgang ist dann mit Wirksamkeit der Umw (Eintragung ins öffentliche Register) abzubilden.

132 Die Möglichkeit, die steuerlichen Folgen der Umw zurückzubeziehen, besteht auch beim identitätswahrenden Formwechsel, soweit er steuerlich als übertragende Umw angesehen wird (L Anm 250 ff). Hier ergibt sich die **Rückbeziehungsmöglichkeit** aus § 9 S 3 bzw § 25 iVm § 20 Abs 5, 6 UmwStG.

133 Bei grenzüberschreitenden **Hinausverschmelzungen** von KapGes findet § 17 Abs 2 iVm § 122k Abs 1 S 2 UmwG auf die übertragende (inländische) KapGes Anwendung; für die übernehmende (ausländische) KapGes gilt ausländisches Recht. Auch bei Hinausverschmelzungen ist der steuerliche Übertragungsstichtag der Stichtag der Bilanz nach § 17 Abs 2 UmwG (Anm 129); die Möglichkeit zur Rückbeziehung steht unter dem (Besteuerungs-)Vorbehalt von § 2 Abs 3 UmwStG.

134 Bei grenzüberschreitenden **Hineinverschmelzungen** von ausländischen KapGes bestimmt die ausländische Bilanz den steuerlichen Übertragungsstichtag. Erfolgt die Umw auf der Grundlage „vergleichbarer ausländischer

VII. Besteuerung des übernehmenden Rechtsträgers   135–142   **K**

Vorgänge", gelten ebenfalls die ausländischen Rückwirkungsvorschriften vorbehaltlich der Regelung in § 2 Abs 3 UmwStG.

Die rückwirkende Zurechnung von Einkommen und Vermögen zum   135
übernehmenden Rechtsträger setzt nicht voraus, dass der übernehmende Rechtsträger bereits am UmwStichtag zivilrechtlich bereits existiert (UmwSt-Erl Tz 02.11).

Geschäftsvorfälle zwischen dem übertragenden und übernehmenden   136
Rechtsträger im Rückwirkungszeitraum (**Insichgeschäfte**) bilden steuerlich innerbetriebliche Vorgänge; die daraus resultierenden Vermögens- und Ergebniseffekte sind in der auf die Umw folgenden Bilanz des übernehmenden Rechtsträgers zu eliminieren (*Widmann* in Widmann/Mayer UmwStG § 2 Anm 260; UmwSt-Erl Tz 02.13). Geschäftsvorfälle aus Rechtsbeziehungen zu Dritten sind für ertragsteuerliche Zwecke dem übernehmenden Rechtsträger wie eigene zuzurechnen.

Bedeutung hat die steuerliche Rückwirkungsfiktion nicht allein für die Zu-   137
rechnung von Einkommen und Vermögen des übertragenden Rechtsträgers zum übernehmenden. Auch das **Übernahmeergebnis** (§§ 4 Abs 4–6 UmwStG, Anm 171 ff) ist auf den steuerlichen Übertragungsstichtag zu ermitteln.

Keine Geltung hat die Rückwirkungsfiktion bei einer Verschmelzung von   138
KapGes für die **Anteilseigner** der übertragenden KapGes. Etwas anderes gilt nur, wenn der Anteilseigner gleichzeitig übernehmender Rechtsträger ist (Aufwärts- oder Upstream-Verschmelzung; s a UmwSt-Erl Tz 02.17). Infolge der Umw ausscheidende Anteilseigner „veräußern" ihre Bet an der übertragenden KapGes. Dies gilt selbst dann, wenn sie gegen Barabfindung nach §§ 29, 207 UmwG und damit nach Wirksamwerden der Umw und damit außerhalb des Rückwirkungszeitraums ausscheiden (UmwSt-Erl Tz 02.19).

4. Verschmelzung

Die steuerlichen Folgen der Verschmelzung für die beteiligten Rechtsträ-   140
ger und deren Anteilseigner bzw Gester sind im UmwStG nicht einheitlich geregelt; sie hängen weitgehend von den Rechtsformen der beteiligten Rechtsträger ab. Steuerlich können Verschmelzungsfälle a) die Übertragung von Vermögen einer KapGes auf eine PersGes (§§ 3 ff UmwStG; Anm 142 ff), b) die Verschmelzung einer KapGes auf eine andere KapGes (§§ 11 ff UmwStG; Anm 195 ff) und c) als Verschmelzung einer PersGes auf eine KapGes oder auf eine andere PersGes Einbringungssachverhalte (§§ 20, 22, 23 bzw § 24 UmwStG; Anm 217 ff bzw 240 ff) darstellen. Die Einordnung hat nicht unerhebliche unterschiedliche Folgen für den übernehmenden Rechtsträger (zu den steuerlichen Folgen für den übertragenden Rechtsträger s H Anm 152 ff).

a) Verschmelzung von Kapitalgesellschaften auf Personenhandelsgesellschaften

aa) Besteuerung der übernehmenden Personenhandelsgesellschaft.   142
aaa) Wertverknüpfung. Im Gegensatz zum Handelsrecht (§ 24 UmwG) gewährt § 4 Abs 1 S 1 UmwStG der *übernehmenden PersGes* kein Bewertungswahlrecht hinsichtlich der übergegangenen WG, sondern zwingt die

K 143–148 Übernahmebilanzierung bei Umwandlungen

PersGes, die in der SB der übertragenden KapGes enthaltenen Werte (einschließlich der Bilanzansätze, denen WG-Charakter fehlt; s iE H Anm 210 ff) zu übernehmen (**Grundsatz des Bilanzzusammenhangs, der Wertverknüpfung oder des Wertfortführungszwangs**). Dies bedeutet, dass das **übergegangene** Vermögen in der Steuerbilanz der PersGes grds wie in der steuerlichen SB der KapGes **anzusetzen** (insb kein erstmaliger Ansatz selbst geschaffener immaterieller WG oder eines GFW) und zu **bewerten** (keine Neubewertung) ist.

143 Der steuerliche Wertfortführungszwang gilt unabhängig davon, ob die PersGes als übernehmender Rechtsträger in ihrer HBil das übertragene Vermögen zu AK oder (fortgeführten) Buchwerten abbildet. Der in § 5 Abs 1 EStG verankerte Grundsatz der **Maßgeblichkeit** der HBil für die StBil findet bei der übernehmenden PersGes wegen der gesetzlichen Bindung an die Ansätze in der steuerlichen SB der übertragenden KapGes **keine Anwendung**.

144 Der Zwang zur Fortführung der Wertansätze nach § 4 Abs 1 UmwStG besteht nur insoweit, wie die KapGes die allg Bilanzierungsgrundsätze beachtet hat. Werden die Ansatzwerte der steuerlichen SB der KapGes nachträglich geändert (zB aufgrund einer Bp), sind die Bilanzansätze bei der PersGes entspr zu berichtigen (§ 175 Abs 1 Nr 2 AO).

145 Die steuerliche SB des übertragenden Rechtsträgers hat ausschließlich Bedeutung für die steuerliche Erfassung des übergegangenen Vermögens beim übernehmenden Rechtsträger; sie berechtigt die übernehmende PersGes nicht, ihr eigenes (bisheriges) Vermögen in Anlehnung an die Wertansätze des übernommenen Vermögens neu zu bewerten.

146 **bbb) Geltung von § 5 EStG in der Folgebilanz.** Nach umstr (und als Widerspruch zum Grundsatz der Erfolgsneutralität von Anschaffungsgeschäften abzulehnender) Ansicht der FinVerw (UmwSt-Erl Tz 03.06) sollen für die steuerliche SB aufgrund deren Eigenständigkeit (§ 3 Abs 1 UmwStG verlangt entgegen den Vorschriften über die steuerliche Gewinnermittlung den Ansatz aller WG einschließlich selbst geschaffener sowie eines GFW mit gemeinen Werten) die steuerlichen Ansatzverbote des § 5 EStG nicht gelten, wenn der *übertragende* Rechtsträger (hier die KapGes) in der steuerlichen SB das Vermögen nicht mit den Buchwerten, sondern mit einem Zwischenwert oder den gemeinen Werten ansetzt. In der Folge werden in der steuerlichen SB regelmäßig stille Lasten durch die vorrangige Berücksichtigung von Passivposten wie Rückstellungen für drohende Verluste (s dazu die Auflistung bei *Widmann* in FS Haarmann, 1018) aufgedeckt und das Übertragungsergebnis vermindert.

147 Die übernehmende KapGes hat dann nach § 4 Abs 1 S 1 UmwStG auch diese Werte der steuerlichen SB zu übernehmen. In der der Verschmelzung nachfolgenden ersten (Erfolgs-)Bilanz der *übernehmenden* PersGes soll jedoch nach Ansicht der FinVerw (UmwSt-Erl Tz 04.16) § 5 EStG bezogen auf das übernommene Vermögen wieder uneingeschränkt Anwendung finden. Die entspr Bilanzpositionen sind dann grds „phasenverschoben" ertragswirksam aufzulösen; das laufende Ergebnis der Übernehmerin erhöht sich regelmäßig (zum GFW s UmwSt-Erl Tz 04.16).

148 Ob eine Streckung des Ertrags aus der „phasenverschobenen Wiedergeltung von § 5 EStG" durch Bildung einer steuerfreien Rücklage nach § 5

VII. Besteuerung des übernehmenden Rechtsträgers 149–153 K

Abs 7 EStG bei der übernehmenden PersGes bei einer Umw mit Gesamt- oder Sonderrechtsnachfolge möglich ist, ist str (zustimmend *Klingberg* in Blümich UmwStG § 4 Anm 18; *Widmann* in FS Haarmann, 1022; *Pung/Werner* in Dötsch/Pung/Möhlenbrock UmwStG § 4 Anm 11a; aA *Schmitt* in Schmitt/Hörtnagl/Stratz[8] UmwStG § 4 Anm 12a).

ccc) Einzelfälle der Bilanzierung: Abfindung widersprechender 149
Anteilseigner. Anteilseigner, die der Verschmelzung widersprechen, sind nach § 29 Abs 1 UmwG vom übernehmenden Rechtsträger abzufinden. Die Abfindungszahlung erhöht die Anschaffungskosten des übernehmenden Rechtsträgers für die Beteiligung an der übertragenden KapGes und verringert damit das Übernahmeergebnis nach § 4 Abs 4 UmwStG.

Beteiligung an der übernehmenden Personengesellschaft („Down- 150
stream-Merger"). In der SB der übertragenden KapGes ist der Mitunternehmeranteil mit dem (anteiligen) Kapitalkonto der KapGes bei der PersGes angesetzt (Spiegelbildmethode). Zivilrechtlich geht die Bet an der übertragenden KapGes an der übernehmenden PersGes nicht auf die PersGes über (kein Durchgangserwerb). Steuerlich werden jedoch der Mitunternehmeranteil bzw die WG der PersGes (anteilig) der KapGes zugerechnet und gehen als Teil des übergehenden Vermögens auf die PersGes über. Das aufgrund der Spiegelbildmethode in der Steuerbilanz der KapGes ausgewiesene Kapital der KapGes an der PersGes (einschließlich der Ergänzungs- und Sonderbilanz) wird auf die Gester der übernehmenden PersGes (= bisherige Anteilseigner der KapGes) übertragen; ein durch Aufstockung in der steuerlichen SB generierter Mehrbetrag ist den Kapitalkonten der Gester über eine Ergänzungsbilanz zuzuweisen (sa UmwSt-Erl Tz 03.10; Bsp bei *van Lishaut* in Rödder/Herlinghaus/van Lishaut[3] UmwStG § 4 Anm 24).

Gegenläufige Ansprüche und Schulden (Konfusion). Kommt es 151
durch die Verschmelzung bei der übernehmenden PersGes zu einem Gewinn infolge der Konfusion von Forderungen und Verbindlichkeiten oder sind von ihr gebildete Rückstellungen infolge der Umw aufzulösen, ist der hierdurch entstehende **Übernahmefolgegewinn** steuerpflichtig. Er entsteht nicht als Bestandteil des Übernahmeergebnisses, sondern als laufendes Ergebnis (UmwSt-Erl Tz 06.02) mit Ablauf des steuerlichen Übertragungsstichtags (UmwSt-Erl Tz 06.01), also noch im „Altjahr".

Der Übernahmefolgegewinn kann ganz oder teilweise in eine gewinnmin- 152
dernde Rücklage eingestellt werden, die in den auf die Bildung folgenden drei Jahren aufzulösen ist (§ 6 Abs 1 und 2 UmwStG). Die Bildung der Rücklage in der StBil setzt nicht mehr (anders bis zum Inkrafttreten des BilMoG v 25.5.2009 BGBl I 1102 im Jahr 2010 nach § 5 Abs 1 S 2 EStG aF) die Bildung eines Sonderpostens in der HBil nach § 247 Abs 3 HGB aF, § 273 HGB aF voraus. Die steuerlich zulässige Rücklagen-(Sonderposten-)Bildung steht unter dem Vorbehalt, dass der übergegangene Betrieb der KapGes nicht innerhalb von fünf Jahren nach dem steuerlichen Übertragungsstichtag in eine andere KapGes eingebracht oder ohne triftigen Grund veräußert oder aufgegeben wird (§ 6 Abs 3 UmwStG).

Pensionsrückstellungen. Die von der KapGes zugunsten eines Anteils- 153
eigners (zukünftigen Gesters) gebildete Pensionsrückstellung wird in der Gesamthandsbilanz der PersGes fortgeführt; bei einem fortbestehenden Dienst-

verhältnis ist sie mit dem Teilwert nach § 6a Abs 3 S 2 Nr 1 EStG zu bewerten. Zu Zuführungen nach dem steuerlichen Verschmelzungsstichtag s UmwSt-Erl Tz 06.06.

154 Sonderbetriebsvermögen. WG, die ein Anteilseigner der KapGes zur Nutzung überlassen hat, werden bei einem weiterbestehenden Nutzungsverhältnis SonderBetrVerm des betreffenden Gesters bei der übernehmenden PersGes auf den UmwStichtag. Waren die WG bisher Privatvermögen des Gesters, erfolgt der Ansatz grds zum Teilwert; die Dreijahresfrist des § 6 Abs 1 Nr 5a EStG ist jedoch bei der Bewertung zu beachten. Die Frist bestimmt sich nach dem steuerlichen UmwStichtag. Ein WG im BetrVerm des Anteilseigners wird mit dem BW ins SonderBetrVerm überführt, § 6 Abs 5 S 2 EStG. Hat ein Gester seine Bet an der übertragenden KapGes refinanziert, wird das Darlehen im Fall der Umw (passives) SonderBetrVerm II des Gesters bei der übernehmenden PersGes; die Finanzierungskosten stellen Sonderbetriebsausgaben dar.

155 Ausländisches Betriebsvermögen. Verfügt die KapGes über eine ausländische Betriebsstätte in einem Staat, dessen Gewinn das maßgebende DBA freistellt und für das somit kein inländisches Besteuerungsrecht besteht (neutrales Vermögen), sind die WG der Betriebsstätte *unabhängig* von der Bewertung in der steuerlichen SB der KapGes bei der PersGes nach § 4 Abs 4 Satz 2 UmwStG mit den gemeinen Werten anzusetzen. Diese Höherbewertung dient allein der Ermittlung des Übernahmegewinns.

157 ddd) Beteiligungskorrekturgewinn. Soweit die übernehmende PersGes auf im BetrVerm gehaltene Anteile an der übertragenden KapGes steuerwirksame Abschreibungen oder Abzüge nach § 6b EStG vorgenommen hat (Aufwärtsverschmelzung) und diese noch nicht mit steuerlicher Wirkung rückgängig gemacht wurden, sind die Anteile – begrenzt auf den gemeinen Wert der Anteile – mit einem um die Abzüge erhöhten Wert anzusetzen, wodurch sich das Übernahmeergebnis verringert (Anm 149). Der sich aus der Wertaufholung ergebende Gewinn **(Beteiligungskorrekturgewinn)** ist als laufender Gewinn steuerpflichtig (§ 4 Abs 1 S 3 UmwStG iVm § 8b Abs 2 S 4, 5 KStG, § 3 Nr 40 S 1 Buchst a EStG). Er ist nicht Teil der Übernahmeergebnisermittlung (UmwSt-Erl Tz 04.08). Entsprechendes gilt auch für Anteile eines Gesters nach § 5 Abs 3 UmwStG, wobei beim Gester die Wertaufholung noch in seinem BetrVerm erfolgt.

159 eee) Steuerliche Rechtsnachfolge. Zwar stellt sich die Verschmelzung aus Sicht der übernehmenden PersGes als Anschaffungsvorgang dar (hM, s UmwSt-Erl Tz 00.02; Schmitt in Schmitt/Hörtnagl/Stratz[8] UmwStG § 4 Anm 53), § 4 Abs 2 S 1 UmwStG ordnet jedoch den Eintritt der PersGes in die steuerliche Rechtsstellung der KapGes insbes hinsichtlich der Bewertung der übernommenen WG, der AfA und der den Gewinn mindernden Rücklagen an, und zwar unabhängig davon, ob die übergegangenen WG in der steuerlichen SB mit den gemeinen Buchwerten oder Zwischenwerten angesetzt wurden. Der **Eintritt in die steuerliche Rechtsstellung** ist jedoch nicht auf die in Abs 2 S 1 genannten Positionen beschränkt, sondern gilt für alle Positionen, die die übernehmende PersGes bzw ihre Gester innehaben könnten (zu gewinnmindernden Rücklagen s Anm 164) und die nicht gesetzlich ausgenommen sind („insbesondere", s § 4 Abs 2 S 2 UmwStG).

VII. Besteuerung des übernehmenden Rechtsträgers 160–166 K

Nach Ansicht der FinVerw folgt aus dem steuerlichen Eintritt in die **160**
Rechtsstellung, dass die Verschmelzung für die PersGes keine begünstigte
Anschaffung für Zwecke einer Investitionszulage noch eine § 6b-Rücklage
darstellen kann (UmwSt-Erl Tz 04.14; s hierzu auch *Pung/Werner* in Dötsch/
Pung/Möhlenbrock UmwStG § 4 Anm 21).

Die steuerliche Rechtsnachfolge führt jedoch auch dazu, dass die PersGes **161**
Bemessungsgrundlage, Abschreibungsdauer und -satz (Anm 162f) sowie Besitzzeit (Anm 165) der KapGes übernimmt. Bedeutung hat sie auch für die
Verpflichtung zur Wertaufholung sowie die Bestimmung der Anschaffungskosten als Obergrenze der Wertaufholung.

Die PersGes tritt nicht allein hinsichtlich der **AfA** (§ 7 EStG), sondern **162**
auch hinsichtlich **erhöhter Abschreibungen** (§ 7a Abs 3 EStG) in die
Rechtsstellung der übertragenden KapGes ein, § 4 Abs 2 S 1 UmwStG. Sie
hat den Wertansatz und die Nutzungsdauer zu übernehmen; die Abschreibungsmethode ist fortzuführen (Ausnahme: § 7 Abs 3 S 1 EStG). Entsprechendes gilt für **Sonderabschreibungen** (zB nach § 7g EStG) und
Bewertungsfreiheiten (zB für GWG gem § 6 Abs 2 EStG).

Sind die übergegangenen WG in der steuerlichen SB des übertragenden **163**
Rechtsträgers gemäß § 3 Abs 2 UmwStG mit einem über dem bisherigen
Buchwert liegenden Wert (gemeiner Wert oder Zwischenwert) angesetzt
worden, hat dies Folgen für deren Abschreibung beim übernehmenden
Rechtsträger. Nach § 4 Abs 3 UmwStG erhöht sich bei Gebäuden durch die
Aufstockung die Bemessungsgrundlage für die AfA um den Aufstockungsbetrag; es bleibt bei dem bisherigen Abschreibungssatz (UmwSt-Erl Tz 04.10,
Bsp s *Bohnhardt* in Haritz/Menner/Bilitewski[5] UmwStG § 4 Anm 166), aber
die Abschreibungsdauer verlängert sich. Überschreitet die neue Nutzungsdauer die tatsächliche, kann die Restnutzungsdauer zugrunde gelegt werden.
Bei allen anderen abschreibbaren WG wird dagegen der bisherige Buchwert
um den Aufstockungsbetrag erhöht und auf die Restnutzungsdauer verteilt
(UmwSt-Erl Tz 04.10).

Unabhängig davon, ob die Voraussetzungen bei der PersGes selbst vor- **164**
liegen, führt sie die bei der KapGes gebildeten **gewinnmindernden Rücklagen** fort. Angesprochen sind hiermit insb die Rücklagen nach § 6b Abs 3
EStG und EStR (2012) R 35 (Rücklage für Ersatzbeschaffung).

Soweit für steuerliche Zwecke (Vor-)**Besitzzeiten** zu berücksichtigen **165**
sind, erfolgt bei der PersGes eine Besitzzeitanrechnung bezogen auf das übernommene Vermögen, § 4 Abs 2 S 3 UmwStG (UmwSt-Erl Tz 04.15). Bedeutung hat dies insb für Organschaftsvoraussetzungen und Schachtelprivilegien. Zu beachten ist jedoch, dass der BFH (v 16.4.2014, BStBl II 2015, 303)
§ 4 Abs 2 S 3 UmwStG nicht bei Vorschriften anwenden will, bei denen
ein Zeitpunkt für die Anwendung maßgebend ist, da § 4 Abs 2 S 3 UmwStG
auf die „Dauer" für eine Rechtsnachfolge abstellt. Bedeutung hat dies zB für
das gewerbesteuerliche Schachtelprivileg nach § 9 Nr 2a GewStG. Darüber
hinaus kann die Besitzzeitanrechnung nicht rechtsformspezifische Besteuerungsunterschiede überbrücken (zB fehlende Organgesellschaftseigenschaft
einer PersGes, fehlendes DBA-Schachtelprivileg der PersGes).

Steuerliche Verlustpositionen (verrechenbare Verluste, Verlustvorträge, **166**
nicht ausgeglichene negative Einkünfte, Zinsvortrag nach § 4h Abs 1 S 5 EStG,

K 167–172   Übernahmebilanzierung bei Umwandlungen

EBITDA-Vortrag nach § 4h Abs 1 S 3 EStG) **gehen** bei einer Verschmelzung von einer KapGes auf eine PersGes **nicht über**, § 4 Abs 2 S 2 UmwStG. Dieses gilt auch für gewerbesteuerliche Verluste, § 18 Abs 1 S 2 UmwStG.

167 Wird eine in der Rechtsform einer KapGes geführte **Unterstützungskasse** auf ihr als PersGes organisiertes Trägerunternehmen verschmolzen, erhöhen die Zuwendungen des Trägerunternehmens an die Unterstützungskasse deren laufenden Gewinn in dem Wj, in das der UmwStichtag fällt, entspr zählen die Zuwendungen zu den AK der Anteile (Aufhebung der Zuführungen gem § 4d EStG iVm § 4 Abs 2 S 4, 5 UmwStG). Hierdurch wird verhindert, dass das Trägerunternehmen die Alterssicherungsleistungen zweimal, über § 4d EStG und über Pensionsrückstellungen nach § 6a EStG, geltend machen kann.

169 **fff) Ermittlung des Übernahmeergebnisses.** Die Übernahme der Werte aus der steuerlichen SB der KapGes in die steuerliche (Gesamthands-) Bilanz der PersGes berücksichtigt die nach der Umw bestehende Besteuerungssituation nicht vollständig. Die unterschiedlichen Besteuerungskonzepte von KapGes und PersGes machen es erforderlich, dass die Änderung der steuerlichen Stellung der ehemaligen Anteilseigner der KapGes und nunmehrigen Gester der PersGes für die Ermittlung eines Übernahmeergebnisses – anders als bei der Verschmelzung von KapGes – mit einbezogen wird, da ihnen nach der Umw in die PersGes das Vermögen der PersGes (anteilig) zugerechnet wird, wodurch eine Besteuerungsebene verloren geht. Im Ergebnis bedeutet dies, dass beim Vermögensübergang von einer KapGes auf eine PersGes steuerliche Konsequenzen sowohl auf der Ebene der übertragenden KapGes und der übernehmenden PersGes als auch auf der Ebene der neuen Gester der PersGes gezogen werden müssen.

170 Bei der Ermittlung des Übernahmeergebnisses ist zwischen den **offenen Rücklagen** und dem Übernahmeergebnis zu differenzieren. Da den Gestern nach der Umw das (Gesamthands-)Vermögen der PersGes (unmittelbar) anteilig zugerechnet wird, gelten zuerst nach § 7 UmwStG die offenen Rücklagen der KapGes als Kapitalertrag iSd § 20 EStG ausgekehrt. Erst dann erfolgt unter Zurechnung des Vermögens zu den einzelnen Gestern die *Ermittlung des Übernahmeergebnisses* nach § 4 UmwStG. Die Ermittlung erfolgt dabei personenbezogen auf Ebene der PersGes.

171 Zur **Ermittlung des Übernahmeergebnisses** gelten die Anteile an der (übertragenden) KapGes, die nicht zum Gesamthandsvermögen der PersGes gehören, von den (an der Umw teilnehmenden) Anteilseignern der KapGes zum UmwStichtag *fiktiv* als in die PersGes *eingelegt*, § 5 UmwStG *(Einlagefiktion)*, es sei denn, die Anteile sind nicht steuerverstrickt (Anteile im Privatvermögen, die keine Anteile iSd § 17 EStG oder § 21 UmwStG aF sind). Die fiktive Einlage erfolgt zu Buchwerten, wenn ein Anteilseigner die Bet an der KapGes am Übertragungsstichtag im BetrVerm gehalten hat; sie erfolgt zu historischen AK bei Anteilen im Privatvermögen iSd § 17 EStG bzw § 21 UmwStG aF. Anteilseignern mit nicht steuerverstrickten Anteilen werden ausschließlich die Bezüge nach § 7 UmwStG zugerechnet.

172 Str ist die *Reichweite der Einlagefiktion*. Nach hM (BFH v 11.4.2019 DStR 1305; *Birkemeier* in Rödder/Herlinghaus/van Lishaut[3] UmwStG § 7 Anm 43; aA *Klingberg* in Blümich UmwStG § 5 Anm 19) bewirkt die Einlagefiktion, dass die fiktive Ausschüttung nach § 7 UmwStG der PersGes als Anteilseignerin zu-

VII. Besteuerung des übernehmenden Rechtsträgers 173–178 K

gerechnet wird und damit als Bestandteil der betrieblichen Einkünfte der PersGes vorbehaltlich eines Schachtelprivilegs bei ihr gewerbesteuerpflichtig ist.

Die **Einlagefiktion** gilt unabhängig davon, ob der Anteilseigner mit den Anteilen unbeschränkt oder beschränkt steuerpflichtig ist oder Deutschland aufgrund der Geltung eines DBA kein Besteuerungsrecht an den Anteilen hat (UmwSt-Erl Tz 05.07). Ob Deutschland ein Besteuerungsrecht an den Anteilen an der übertragenden KapGes hat, findet erst im Rahmen der gesonderten und einheitlichen Feststellung nach §§ 180 ff AO Berücksichtigung. 173

Der **Übernahmegewinn (1. Stufe)** stellt sich als Differenz des Werts, mit dem die übergegangenen WG von der PersGes zu übernehmen sind, und dem Buchwert der Anteile an der übertragenden KapGes bei der PersGes nach „Einlage" durch die Anteilseigner dar (Anm 178). 174

Zu beachten ist, dass zur Erfassung stiller Reserven in den Anteilen an der übertragenden KapGes, WG, die einer ausländischen Freistellungsbetriebsstätte zuzurechnen sind (neutrales Vermögen), für die Ermittlung des Übernahmeergebnisses mit dem gemeinen Wert anzusetzen sind (§ 4 Abs 4 S 2 UmwStG; Anm 155). 175

Erfolgt die fiktive Einlage zu Buchwerten bzw AK, wird eine sofortige Realisierung der stillen Reserven in den untergehenden Anteilen bei den Gestern infolge der Umw vermieden. Besteuert werden im Rahmen der Übernahmegewinnermittlung jedoch in jedem Fall nach § 7 UmwStG die offenen Rücklagen der KapGes (Unterschied Buchwert/AK zu anteiligem EK) (Anm 170, 171 aE). 176

Soweit Anteile an der übertragenden KapGes von der PersGes erst *nach* dem steuerlichen Übertragungsstichtag, aber vor Wirksamwerden der Verschmelzung erworben werden, gelten sie zur Ermittlung des Übernahmeergebnisses als zum UmwStichtag angeschafft und erhöhen somit den Buchwert der Anteile bei der übernehmenden PersGes; Gleiches muss für von *Gestern* der PersGes nach dem UmwStichtag angeschaffte oder eingelegte Anteile gelten. Auch Abfindungen, die die übernehmende PersGes als Verpflichtete an ausscheidende Anteilseigner der übertragenden KapGes zahlt, führen – unabhängig vom Zeitpunkt der Zahlung – zu weiteren AK für die Anteile an der KapGes (§ 5 Abs 1 UmwStG); sie mindern das Übernahmeergebnis nach §§ 4 Abs 4, 5 Abs 1 UmwStG. 177

Die **Ermittlung des Übernahmeergebnisses** erfolgt nach § 4 Abs 4, 5 UmwStG nach dem folgenden **Schema:** 178

> Buchwert des von der KapGes übernommenen Vermögens (§ 4 Abs 1 UmwStG), soweit es auf steuerverstrickte Anteile entfällt (§ 4 Abs 4 S 3 UmwStG)
> + (ggf) stille Reserven in nicht der inländischen Besteuerung unterliegenden WG der KapGes (§ 4 Abs 4 S 2 UmwStG)
> ./. Buchwert der Anteile/fiktiv eingelegten Anteile an der KapGes (ggf nach BetKorrektur) im BetrVerm der PersGes
> ./. Kosten des Vermögensübergangs
> ___
> = Übernahmegewinn/-verlust 1. Stufe
> + *Sperrbetrag nach § 50c EStG aF (§ 4 Abs 5 UmwStG; Anm 179)*
> ./. KapErtrag iSd § 7 UmwStG (offene Rücklagen der KapGes)
> ___
> = Übernahmegewinn/-verlust 2. Stufe

Klingberg

K 179–187   Übernahmebilanzierung bei Umwandlungen

179   Ein **Übernahmegewinn** wird personenbezogen in der Ergänzungsbilanz der Gester abgebildet. Zur Berücksichtigung eines Sperrbetrags nach § 50c s Voraufl K Anm 152.

180   Da Ausgangsgröße für die Ermittlung des **Übernahmeergebnisses** der Buchwert des übernommenen Vermögens ist, wirkt sich die Ausübung des Wahlrechts nach § 3 Abs 2 UmwStG durch die übertragende KapGes in der steuerlichen SB unmittelbar auf das Übernahmeergebnis aus.

181   Ergibt sich ein **Übernahmeverlust,** bleibt dieser grds außer Ansatz, soweit die Mitunternehmer Körperschaften sind. Handelt es sich um Körperschaften iSd § 8b Abs 7 bzw 8 S 1 KStG, wird der Übernahmeverlust hingegen in Höhe der Bezüge nach § 7 UmwStG (fiktiv ausgeschüttete Rücklagen) berücksichtigt. In den übrigen Fällen gilt Entsprechendes bezogen auf 60% des Übernahmeverlusts begrenzt auf 60% der Bezüge nach § 7 UmwStG (s ie *Pung/Werner* in Dötsch/Pung/Möhlenbrock UmwStG § 4 Anm 129 ff).

182   Eine Minderung des (steuerlich nicht nutzbaren) Übernahmeverlusts durch Höherbewertung der Wirtschaftsgüter in der steuerlichen SB scheitert meist daran, dass der Aufstockungsgewinn vorbehaltlich der Sonderregelung in § 8b KStG in voller Höhe der KSt und der GewSt unterliegt.

183   Die **Kosten der Verschmelzung** sind bei der übernehmenden PersGes Betriebsausgaben (UmwSt-Erl Tz 04.34). Dies gilt nicht für objektbezogene Kosten wie die GrESt. Zur sofortigen Aufwandswirksamkeit der GrESt bei Anteilsvereinigung s BFH v 20.4.2011 BStBl II, 761.

184   Das Übernahmeergebnis wird personenbezogen ermittelt. Diese gesellschafterbezogene Gewinnermittlung gilt jedoch nicht für Gester, die im Rückwirkungszeitraum (zwischen steuerlichem UmwStichtag und Eintragung der Umw im HR) aus der KapGes ausgeschieden sind. Für zwischen dem steuerlichen Übertragungsstichtag und der zivilrechtlichen Wirksamkeit der Verschmelzung **ausscheidende Gesellschafter** wird kein Übernahmeergebnis ermittelt, da sie zivilrechtlich Anteile an einer KapGes veräußert haben (UmwSt-Erl Tz 02.18). Selbst wenn ein Gester erst nach der Umw gegen Barabfindung nach §§ 29, 125, 207 UmwG aus der PersGes ausscheidet, wird er steuerlich so behandelt, als ob er noch aus der KapGes ausgeschieden wäre (UmwSt-Erl Tz 02.19).

185   **ggg) Gewerbesteuer.** Gewerbesteuerlich bleiben sowohl ein Übernahmegewinn als auch ein Übernahmeverlust außer Ansatz (§ 18 Abs 2 UmwStG). Wird jedoch der Betrieb der PersGes innerhalb von fünf Jahren nach dem Vermögensübergang aufgegeben oder veräußert, unterliegt der Auflösungs- oder Veräußerungsgewinn der GewSt (§ 18 Abs 3 UmwStG). Entsprechendes gilt, wenn innerhalb des Zeitraums ein Teilbetrieb oder Anteil an der übernehmenden PersGes aufgegeben oder veräußert wird. Erfasst wird nicht allein das auf die PersGes übergegangene Vermögen, sondern auch etwaiges bei der übernehmenden PersGes im Zeitpunkt der Verschmelzung bereits vorhandenes Vermögen.

187   **bb) Besteuerung der Gesellschafter.** Grundsätzlich werden Gestern in einem ersten Schritt die offenen Rücklagen als Einnahmen aus Kapitalvermögen zugerechnet (§ 7 UmwStG; fiktive Gewinnausschüttung). Diese Regelung iVm § 20 Abs 1 Nr 1 EStG soll die Erfassung der offenen Rücklagen mit KapESt ermöglichen (UmwSt-Erl Tz 07.08). Dies gilt auch für

VII. Besteuerung des übernehmenden Rechtsträgers **188–197 K**

natürliche Personen mit einer Bet ˃ 1% sowie im Inland nicht steuerpflichtige Anteilseigner, obwohl für diese kein Übernahmeergebnis bei der PersGes nach § 180 Abs 1 Nr 2 Buchst a AO gesondert und einheitlich festgestellt wird. Danach wird das Übernahmeergebnis durch Gegenüberstellung des Werts, **188** mit dem die WG von der PersGes zu übernehmen sind (ggf zzgl des Zuschlags für neutrales Vermögen nach § 4 Abs 4 S 2 UmwStG) abzüglich des Buchwerts der Anteile an der KapGes sowie der Kosten des Vermögensübergangs ermittelt.

Auf einen Übernahme*gewinn,* der sich nach Abzug des Betrags nach § 7 **189** UmwStG ermittelt, findet bei einer bei KapGes als Mitunternehmerin der übernehmenden PersGes § 8b KStG Anwendung (§ 4 Abs 7 S 1 Umw-StG). Bei natürlichen Personen als Mitunternehmer der übernehmenden PersGes wird der Übernahmegewinn zu 60% der Besteuerung unterworfen (§ 4 Abs 7 S 2 UmwStG iVm § 3 Nr 40 EStG; Teileinkünfteverfahren).

Soweit ein Übernahme*verlust* entsteht, wird er bei einer KapGes als Gesterin **190** grds nicht berücksichtigt, es sei denn, die Anteile an der übertragenden KapGes fallen bei ihr in den Anwendungsbereich des § 8b Abs 7 oder 8 KStG (§ 4 Abs 6 S 2 UmwStG). In anderen Fällen ist der Übernahmeverlust zu 60% der Bezüge iSd § 7 UmwStG zu berücksichtigen (§ 4 Abs 6 S 4 UmwStG). Darüber hinaus kann der Übernahmeverlust weder mit anderen Einkünften des Gesters verrechnet noch durch Aufstockung der übergegangenen WG in der Ergänzungsbilanz des betr Gesters ausgeglichen werden.

b) Verschmelzung von Kapitalgesellschaften untereinander

aa) Besteuerung der übernehmenden Kapitalgesellschaft. aaa) Er- 195 mittlung des Übernahmegewinns. Wie bei der Verschmelzung auf eine PersGes hat die **übernehmende Kapitalgesellschaft** bei der Verschmelzung nach § 12 Abs 1 UmwStG kein Ansatz- und Bewertungswahlrecht; sie ist vielmehr verpflichtet, in ihrer StBil die Werte der steuerlichen SB der übertragenden KapGes zu übernehmen (Wertverknüpfung, Anm 142).

Ein Übernahmegewinn oder -verlust, also der Unterschied zwischen über- **196** nommenen WG zu den Werten in der steuerlichen SB und dem Buchwert der Bet an der übertragenden KapGes abzüglich der Kosten des Vermögensübergangs (zu den UmwKosten s *Schmitt* in Schmitt/Hörtnagl/Stratz[8] UmwStG § 12 Anm 36), bleibt bei der Ermittlung des Gewinns der übernehmenden KapGes *außer Ansatz* (§ 12 Abs 2 S 1 UmwStG). Nach Ansicht der FinVerw (UmwSt-Erl Tz 12.05) sowie des BFH (v 9.1.2013, BStBl II 2018, 509) setzt dies nicht voraus, dass die übernehmende KapGes an der übertragenden beteiligt ist (aA wegen des Wortlauts der Vorschrift hM im Schrifttum, s zB *Schmitt* in Schmitt/Hörtnagl/Stratz[8] UmwStG § 12 Anm 43; *Klingberg* in Blümich UmwStG § 12 Anm 21 ff). Ein Übernahmeergebnis muss danach auch bei einer Abwärts- oder Seitwärtsverschmelzung ermittelt werden, wobei dann für die Ermittlung des Übernahmeergebnisses der Buchwert der Bet an der übertragenden KapGes mit Null anzusetzen ist.

In Höhe des Anteils, in dem die übernehmende KapGes an der übertra- **197** genden KapGes beteiligt ist, findet nach § 12 Abs 2 S 2 UmwStG auf den Übernahmegewinn iSd Abs 2 S 1 der § 8b KStG Anwendung, wodurch im

K 198–206 Übernahmebilanzierung bei Umwandlungen

Ergebnis der Übernahmegewinn in Höhe der BetQuote wegen der 5%igen Pauschalierung der nicht abziehbaren Ausgaben zu 95% stfrei bleibt. Soweit die übernehmende KapGes nicht an der übertragenden KapGes beteiligt ist, ist § 8b KStG auf einen Übernahmegewinn und damit auch die Hinzurechnung von 5% pauschalierter nicht abziehbarer Ausgaben nicht anzuwenden.

Zur Anwendung von § 8b KStG auf Übernahmegewinne von Kredit- oder VersicherungsUnt s *Dötsch/Stimpel* in Dötsch/Pung/Möhlenbrock UmwStG § 12 Anm 63.

198 Ist die übernehmende KapGes an der übertragenden beteiligt, ist bei der übernehmenden KapGes ein **Beteiligungskorrekturgewinn** zu erfassen, soweit die tatsächlichen AK der Anteile den Buchwert der Anteile an der übertragenden KapGes übersteigen (§ 12 Abs 1 S 2 UmwStG). Die tatsächlichen AK übersteigen den Buchwert, wenn die übernehmende KapGes an der übertragenden beteiligt war und auf die Bet eine Teilwertabschreibung vorgenommen oder für die Bet eine § 6b EStG-Rücklage gebildet hat. Die Verschmelzung führt insoweit zu einer Nachversteuerung über eine außerbilanzielle Zurechnung, wobei die Zuschreibung jedoch auf den gemeinen Wert der Anteile begrenzt ist. Die Hinzurechnung unterbleibt, wenn sich eine vorgenommene Teilwertabschreibung steuerlich nicht ausgewirkt hat (§ 12 Abs 1 S 2 iVm § 4 Abs 1 S 2 UmwStG).

199 Zur Verschmelzung einer in der Rechtsform einer KapGes geführten **Unterstützungskasse** auf ihr in der Rechtsform einer KapGes geführtes Trägerunternehmen gelten die in Anm 167 dargestellten Grundsätze.

200 Für den in § 12 Abs 3 iVm § 4 Abs 2 UmwStG vorgesehenen **Eintritt in die steuerliche Rechtsstellung** der übertragenden KapGes gilt das in Anm 159 ff Dargestellte entspr. Steuerliche Verlustpositionen gehen nicht über (Anm 166).

201 Für **Konfusionsgewinne** gelten die Anm 151 f entspr. Die Rücklage nach § 6 Abs 1 UmwStG darf jedoch nur in der Höhe des Anteils am Konfusionsgewinn gebildet werden, der der Bet der übernehmenden KapGes am gezeichneten Kapital der übertragenden entspricht (§ 12 Abs 4 UmwStG).

205 **bbb) Sonderfall: Downstream-Merger.** Die steuerlichen Regelungen der Verschmelzung von KapGes in den §§ 11 ff UmwStG erfassen alle Richtungen der Verschmelzung, damit auch die Abwärtsverschmelzung (Downstream-Merger), also die Verschmelzung der MutterGes auf ihre TochterGes. Auf die übernehmende TochterKapGes gehen die gesamten Wirtschaftsgüter der MutterGes mit Ausnahme der Anteile an der TochterKapGes selbst über. Die Anteile an der TochterKapGes gehen unmittelbar auf die Anteilseigner der MutterKapGes über (kein Durchgangserwerb).

206 Die TochterKapGes setzt das übergehende Vermögen, also das Vermögen der MutterGes ohne deren Bet an der TochterKapGes, mit den Werten aus der steuerlichen SB an. Ist das übergehende Vermögen negativ (Schuldenüberhang), qualifiziert die FinVerw (OFD Koblenz v 9.1.2006 GmbHR, 503) die Verschmelzung als vGA, soweit es durch die Verschmelzung zu einer Unterdeckung des gezeichneten Kapitals und damit zu einem Verstoß gegen die Kapitalerhaltungsvorschriften bei der übernehmenden KapGes kommt. Da es sich bei den §§ 11 ff UmwStG um spezialgesetzliche Vorschriften handelt, die

VII. Besteuerung des übernehmenden Rechtsträgers   207–211   **K**

der vGA vorgehen, ist diese Sicht abzulehnen (ebenso *Schmitt* in Schmitt/ Hörtnagl/Stratz[8] UmwStG § 11 Anm 76 mwN).

Zu den Voraussetzungen der Steuerneutralität der Verschmelzung auf Ebene der MutterKapGes s H Anm 165 ff, 180; zur Besteuerung der Anteilseigner s Anm 213.   207

ccc) Gewerbesteuer. Die Regelungen des § 12 Abs 1 und 2 UmwStG gelten gem § 19 UmwStG auch für die GewSt.   208

bb) Besteuerung der Anteilseigner. Für die Anteilseigner der übertragenden KapGes ist die Verschmelzung grds ein gewinnrealisierender Tausch (*Neumann* in Rödder/Herlinghaus/van Lishaut[3] UmwStG § 13 Anm 2; anders *Schmitt* in Schmitt/Hörtnagl/Stratz[8] UmwStG § 13 Anm 5: „fingierter Tausch" mwN): Die Anteile an der übertragenden KapGes gelten als zum gemeinen Wert veräußert und die von der übernehmenden KapGes gewährten (neuen oder eigenen) Anteile als zu diesem Wert angeschafft (§ 13 Abs 1 UmwStG). Auf **Antrag** des jeweiligen Anteilseigners können unter der Voraussetzung, dass das inländische Besteuerungsrecht nicht beeinträchtigt wird oder im Fällen der Anwendung von Art 8 der FusionsRL (s hierzu *Schmitt* in Schmitt/Hörtnagl/Stratz[8] UmwStG § 13 Anm 41 ff), die Anteile zu steuerlichen Buchwerten oder AK gem § 13 Abs 2 S 2 UmwStG „getauscht" werden (kein Zwischenwertansatz). Dann treten die Anteile der übernehmenden KapGes ohne Gewinnrealisierung an die Stelle der übertragenden (§ 13 Abs 2 S 3 UmwStG) mit der Folge, dass die steuerliche Qualität der Altanteile auf die Neuanteile übergeht **(verschmelzungsgeborene Anteile).** So erhalten die Neuanteile einen etwaigen § 17 EStG-Status der Altanteile auch, wenn die Bet an der übernehmenden KapGes unter 1 % liegt. Entsprechendes gilt für § 21 UmwStG aF, den Sperrbetrag nach § 50c EStG (Anm 179), im Fall einer Wertaufholung usw (UmwSt-Erl Tz 13.11).   209

Sind die Anteilseigner der übertragenden KapGes auch an der übernehmenden beteiligt **(Seitwärtsverschmelzung oder Sidestream-Merger),** differenziert § 13 Abs 2 Satz 2 UmwStG nicht hinsichtlich der steuerlichen Qualität zwischen den „Alt- und Neuanteilen" an der übernehmenden KapGes; beide erhalten als „Anteile an der übernehmenden Körperschaft" den steuerlichen Status der Anteile an der übertragenden KapGes. Da jedoch die bereits vor der Verschmelzung bestehende Bet an der übernehmenden KapGes eigene steuerliche Merkmale aufweisen kann, müssen die unterschiedlichen Merkmale quotal bei den Anteilen an der übernehmenden KapGes Berücksichtigung finden (*Schmitt* in Schmitt/Hörtnagl/Stratz[8] UmwStG § 13 Anm 49 ff, dort auch mit Beispielen). Verzichten die Anteilseigner der übertragenden KapGes gemäß §§ 54, 68 UmwG auf die Gewährung von Anteilen an der übernehmenden KapGes, weil sie an der übernehmenden KapGes bereits beteiligt sind, erhöht sich der Wert ihrer Anteile an der übernehmenden KapGes. Die Anteile an der übernehmenden KapGes erhalten dann den Steuerstatus der untergegangenen Anteile an der übertragenden KapGes. (*Dötsch/Werner* in Dötsch/Pung/Möhlenbrock UmwStG § 13 Anm 38).   210

Diese Werterhöhung der Bet an der übernehmenden KapGes reicht für die Anwendung von § 13 UmwStG. Die Anteile an der übertragenden KapGes gelten auch in diesen Fällen grds als zum gemeinen Wert mit der Folge der   211

Klingberg   555

Gewinnrealisierung veräußert (§ 8b Abs 2 KStG; § 3 Nr 40 EStG oder Abgeltungssteuer), und in der Folge ist der gemeine Wert der aufgegebenen Bet der Bet an der übernehmenden KapGes als AK hinzuzurechnen (UmwSt-Erl Tz 13.09). Sind die Tatbestandsvoraussetzungen des § 13 Abs 2 UmwStG erfüllt, kommt es zu keiner Gewinnrealisierung und lediglich der Buchwert bzw die AK der Bet an der übertragenden KapGes bilden zusätzliche AK der Bet an der übernehmenden KapGes (UmwSt-Erl Tz 13.09).

212 **Anteilseigner,** die gegen eine Abfindung ausscheiden, „tauschen" ihre Anteile nicht und sind damit nicht von § 13 UmwStG erfasst. Ein etwaiger Veräußerungsgewinn ist nach allgemeinen Grundsätzen steuerlich zu erfassen. Soweit eine Gegenleistung, die nicht in GesRechten an der übernehmenden KapGes besteht, gewährt wird, findet § 13 UmwStG nach Ansicht der FinVerw teilweise Anwendung. So begründen bare Zuzahlungen und Zahlungen im Rahmen der Verbesserung des Umtauschverhältnisses ein anteiliges Veräußerungsgeschäft; für den Bruchteil, der dem Verhältnis von dem Wert der nicht in GesRechten bestehenden Gegenleistung zum gemeinen Wert der Anteile an der übertragenden KapGes entspricht, ist § 13 UmwStG nicht anwendbar (UmwSt-Erl Tz 13.02).

213 Auch beim **Downstream-Merger** findet auf der Ebene der Anteilseigner § 13 UmwStG Anwendung (UmwSt-Erl Tz 11.19), dh der Tausch der Anteile an der MutterKapGes gegen Anteile an der TochterKapGes kann ggf nach Abs 2 auf Antrag zu Buchwerten/AK erfolgen.

214 Da der Grundsatz der **Maßgeblichkeit** keine Anwendung findet, kann steuerlich der Anteilstausch zu Buchwerten erfolgen und handelsrechtlich unter Aufdeckung der stillen Reserven. Dies ermöglicht dem Anteilseigner, stille Reserven in der Bet unter Berücksichtigung passiver latenter Steuern (s *Grottel/Larenz* in Beck Bil-Komm[12] § 274 Anm 27) steuerfrei zu realisieren.

215 Die dargestellten steuerlichen Folgen für die Anteilseigner sind abhängig davon, dass die Ausgabe von Anteilen oder der Verzicht hierauf zu keiner Wertverschiebung zwischen den Anteilseignern führt. Werden die BetVerhältnisse hingegen so gestaltet, dass es zu Wertverschiebungen kommt, stellen diese verdeckte Gewinnausschüttungen bzw verdeckte Einlagen oder Schenkungen (UmwSt-Erl Tz 13.03), dazu auch BMF 20.4.2018 BStBl I, 632 Tz 2.2) mit den entsprechenden steuerlichen Folgen dar.

216 Die Möglichkeit, die Anteile nach § 13 UmwStG zu Buchwerten zu tauschen, gilt nicht allein für inländische, sondern auch für Hinaus- und Hineinverschmelzungen im Bereich der EU/EWR (*Schmitt* in Schmitt/Hörtnagl/Stratz[8] UmwStG § 13 Anm 4). Über § 12 Abs 2 KStG gilt § 13 UmwStG auch für Drittstaatenverschmelzungen.

c) Verschmelzung von Personenhandelsgesellschaften auf Kapitalgesellschaften

217 **aa) Besteuerung der übernehmenden Kapitalgesellschaft. aaa) Geltung der Einbringungsvorschriften.** Die Verschmelzung von PersGes auf KapGes sowie die Verschmelzung von PersGes untereinander (Anm 240) ist im UmwStG nicht explizit geregelt. Vielmehr stellen diese Verschmelzungsformen steuerlich Einbringungssachverhalte dar, die dem sechsten Teil des

VII. Besteuerung des übernehmenden Rechtsträgers 218–222 K

UmwStG unterfallen (§§ 20ff UmwStG). Die Einbringungssachverhalte unterscheiden sich von den anderen im UmwStG geregelten UmwFormen nicht unerheblich, da die steuerlichen Folgen der Einbringung auch für den übertragenden Rechtsträger weitgehend von der *Bilanzierung* (Ausübung der Bilanzierungswahlrechte) *beim übernehmenden Rechtsträger* abhängen (Anm 224).

Die Verschmelzung von PersGes (Personenhandelsgesellschaften) auf Kap- 218
Ges richtet sich nach den Vorschriften über die Einbringung von Betrieben, Teilbetrieben und Mitunternehmeranteilen in KapGes nach §§ 20, 22, 23 UmwStG. Dabei müssen nach § 20 Abs 1 UmwStG den PersGestern als **Gegenleistung** für die Vermögensübertragung (infolge einer Sachgründung oder Sachkapitalerhöhung) **neue Anteile** an der übernehmenden KapGes gewährt werden (zu weiteren Gegenleistungen s Anm 235), damit die Verschmelzung steuerneutral durchgeführt werden kann.

Zwar erfolgt eine Verschmelzung grds gegen Gewährung von Anteilen 219
(§ 2 UmwG), soweit jedoch die übernehmende an der übertragenden Ges beteiligt ist, verbietet § 54 bzw § 68 UmwG eine Kapitalerhöhung. In Fällen, in denen wegen einer Bet der KapGes an der PersGes **(Upstream-Merger)** eine Kapitalerhöhung nicht vorgenommen werden kann, lässt sich die Steuerneutralität des Vermögensübergangs allein aus § 6 Abs 3 EStG (Anwachsung) begründen (*Herlinghaus* in Rödder/Herlinghaus/van Lishaut[3] UmwStG § 20 Anm 132h). Als Gegenleistung ungeeignet ist auch die Gewährung eigener Anteile der KapGes, da diese nicht aus einer KapErhöhung stammen.

bb) Einbringende und Einbringungsgegenstand. Einbringende iSd 220
§ 20 UmwStG sind im Fall der Verschmelzung in Abweichung von den handelsrechtlichen Vorschriften nicht die PersGes selbst, sondern ihre Gester (UmwSt-Erl Tz 20.03; *Nitzschke* in Blümich UmwStG § 20 Anm 66); ihnen stehen die neuen Anteile zu.

Einbringungsgegenstand ist, da der Einbringungsgegenstand sich über 221
das zugrunde liegende Rechtsgeschäft bestimmt (UmwSt-Erl Tz 20.05), nicht der Mitunternehmeranteil der Gester, sondern der Betrieb der PersGes. Da zum Betrieb der PersGes auch das SonderBetrVerm der Gester gehört, findet § 20 UmwStG nur Anwendung, wenn auch dieses auf die KapGes übergeht. Da für die Betriebsübertragung lediglich die wesentlichen Betriebsgrundlagen maßgebend sind, ist auch nur das **Sonderbetriebsvermögen** mit einzubringen, das (funktional) wesentlich für den Betrieb ist; für dessen Einbringung sind keine Anteile zu gewähren. Da SonderBetrVerm nicht Bestandteil des Gesamthandsvermögens, sondern zivilrechtlich Eigentum des Gesters ist, muss das Eigentum (sa UmwSt-Erl Tz 20.08) aufgrund eines separaten Übertragungsakts auf die KapGes übergehen. Wird es in kausalem und zeitlichem Zusammenhang mit der Verschmelzung eingebracht, teilt es das steuerliche Schicksal der Vermögensübertragung; es gilt § 20 Abs 1 UmwStG.

Wird (funktional) wesentliches SonderBetrVerm nicht mit übertragen, ist 222
die Verschmelzung für die übertragende PersGes und iE für deren Gester ein gewinnrealisierender Einbringungsvorgang. Die Zurückbehaltung sonstigen (nicht funktional wesentlichen) SonderBetrVerm ist dagegen für die Anwendung von § 20 UmwStG unschädlich; die Zurückbehaltung stellt eine steuer-

Klingberg 557

wirksame Entnahme (§ 4 Abs 1 S 2 EStG) dar, die die Anwendung von § 20 Abs 1 UmwStG nicht hindert.

223 **cc) Ansatz, Bewertung, Antragstellung und Rechtsnachfolge.** Ähnlich wie bei Umw nach den §§ 3 ff, 11 ff, 15 UmwStG bestimmt auch § 20 Abs 2 S 1 UmwStG, dass bei Einbringung eines Betriebs in eine KapGes, also auch bei der Verschmelzung einer PersGes auf eine KapGes, das eingebrachte BetrVerm grds zu gemeinen Werten anzusetzen ist; Pensionsrückstellungen sind zu dem Wert nach § 6a EStG zu berücksichtigen. Auf **Antrag der Kapitalgesellschaft** kann nach § 20 Abs 2 S 2 UmwStG das eingebrachte BetrVerm zu Buch- oder Zwischenwerten angesetzt werden **(Bewertungswahlrecht).**

224 Methodisch ist die Bewertung im Fall der steuerlich als Einbringungssachverhalt zu qualifizierenden Verschmelzung anders gestaltet als im zweiten bis fünften Teil des UmwStG. Im Gegensatz zu den unter die §§ 3, 11, 15 UmwStG fallenden Umw verpflichtet § 20 Abs 2 Satz 1 UmwStG den **übernehmenden Rechtsträger,** das eingebrachte Vermögen zu gemeinen Werten anzusetzen. Auch das steuerliche Bewertungswahlrecht nach § 20 Abs 2 UmwStG ist (wie auch bei §§ 21, 24 UmwStG) dem **übernehmenden Rechtsträger** zugewiesen. Der gewählte Ansatz bestimmt für den Einbringenden (Gester der PersGes) den Veräußerungspreis für den Mitunternehmeranteil und die AK für die Bet an der übernehmenden KapGes, § 20 Abs 3 S 1 UmwStG (Anm 234).

225 **Voraussetzung** für die Ausübung des Bewertungswahlrechts ist, dass
- sichergestellt ist, dass die übertragenen WG bei der übernehmenden KapGes der Besteuerung mit KSt unterliegen (Nr 1),
- das Recht der BRD hinsichtlich der Besteuerung des Gewinns aus der Veräußerung des eingebrachten BetrVerm bei der KapGes nicht ausgeschlossen oder beschränkt ist (Nr 3) und
- der gemeine Wert von sonstigen, neben den GesAnteilen gewährten Gegenleistungen nicht mehr als 25 % des Buchwerts des eingebrachten BetrVerm oder 500 000 €, höchstens jedoch den Buchwert des eingebrachten BetrVerm, beträgt (Nr 4).

Das steuerliche Bewertungswahlrecht ist zusätzlich eingeschränkt (Nr 2), soweit in der StBil die Schulden der PersGes deren Aktivvermögen übersteigen **(negatives Buchvermögen).** Die übernommenen WG sind dann von der KapGes mindestens soweit aufzustocken, dass sich Aktiv- und Passivposten ausgleichen. Da bei der Verschmelzung einer PersGes auf eine KapGes die einzelnen Gester und nicht die PersGes Einbringende sind, kommt es für die Gegenüberstellung von Aktiv- und Passivposten auf das BetrVerm des einzelnen Mitunternehmers, nicht das der PersGes selbst an. Einzubeziehen ist für die Ermittlung, ob die Aktivposten zumindest den Passivposten entsprechen, auch eine etwaige Ergänzungsbilanz des jeweiligen Gesters. WG der Sonderbilanz finden Berücksichtigung, wenn das SonderBetrVerm mit auf die KapGes übergeht bzw übergehen muss.

226 Die Grenze der Gewährung von sonstigen Gegenleistungen in § 20 Abs 2 S 2 Nr 4 UmwStG, deren Überschreitung dazu führt, dass bezogen auf den schädlichen Teil eine Buchwertfortführung bei der KapGes ausgeschlossen ist, wird bei der Verschmelzung einer PersGes auf eine KapGes regelmäßig we-

VII. Besteuerung des übernehmenden Rechtsträgers 227–234 **K**

gen der Regelungen in § 54 Abs 3 und § 68 Abs 3 UmwG (10 %-Grenze für Zuzahlungen) nicht relevant.

Auch wenn § 20 Abs 2 UmwStG ebenso wie § 24 Abs 2 UmwG dem übernehmenden Rechtsträger das Bewertungswahlrecht zuweist, gilt dennoch für Umw, die steuerlich Einbringungssachverhalte darstellen, der **Grundsatz der Maßgeblichkeit** nicht. Das UmwStG sieht als Grundsatz auch hier wie für jede Umw eine Aufdeckung der stillen Reserven vor. Buch- und Zwischenwerte dürfen auf Antrag bei Vorliegen der im Gesetz festgelegten Voraussetzungen, die auf die Sicherstellung der Besteuerung der steuerverhafteten stillen Reserven zielen, angesetzt werden. Handelsrechtlich gewährt § 24 UmwG hingegen dem übernehmenden Rechtsträger ein Bewertungsrecht, unabhängig von einer entspr Antragstellung und dem Vorliegen bestimmter Voraussetzungen. 227

Das **antragsgebundene Bewertungswahlrecht** der übernehmenden KapGes kann für die Mitunternehmer der übertragenden PersGes nur einheitlich ausgeübt werden, dh es können nicht einzelne WG zu gemeinen Werten, andere zu niedrigeren Werten angesetzt werden. Dies gilt auch für ausländisches Vermögen, das nicht der inländischen Besteuerung unterliegt. Da Einbringungssachverhalte steuerlich Anschaffungsvorgänge darstellen, hat die KapGes bei Wahl eines Zwischenwertansatzes auch beim übertragenden Rechtsträger nicht aktivierte immaterielle WG sowie einen GFW in ihrer StBil (anteilig) zu berücksichtigen. 228

Der *Antrag* auf Ansatz des Buchwerts oder Zwischenwerts ist spätestens bis zur erstmaligen Abgabe der steuerlichen SB zu stellen (§ 20 Abs 2 S 3 UmwStG). Unter steuerlicher SB ist nicht eine „Endbilanz" der PersGes zu verstehen, vielmehr handelt es sich um die Bilanz zum Ende des Wj, in der die übernehmende KapGes das übernommene Vermögen erstmals anzusetzen hat (*Nitzschke* in Blümich UmwStG § 20 Anm 91a). 229

Eine StBilÄnderung zur nachträglichen Änderung des Wahlrechts ist nicht möglich. Hat dagegen die KapGes das Vermögen zu gemeinen Werten angesetzt und stellt sich zu einem späteren Zeitpunkt (Bp) heraus, dass diese nicht richtig ermittelt wurden, sind die Werte zu berichtigen (UmwSt-Erl Tz 20.34). 230

Setzt die KapGes das übernommene Vermögen mit den Buchwerten oder Zwischenwerten an, werden ihr die Vorbesitzzeiten der übertragenden PersGes zugerechnet und sie führt deren Abschreibungen und Bewertungen fort (§ 23 Abs 1 UmwStG iVm § 4 Abs 2 S 3 bzw § 12 Abs 3 HS 1 UmwStG). Bei einem über dem Buchwert liegenden Wertansatz (Zwischenwertansatz oder Ansatz gemeiner Werte) erfolgt die Abschreibung auf der Grundlage aufgestockter Bemessungsgrundlagen. 231

Steuerliche Verlustabzüge (verrechenbare Verluste, Verlustvorträge, nicht ausgeglichene negative Einkünfte, Zinsvortrag nach § 4h Abs 1 S 5 EStG, EBITDA-Vortrag nach § 4h Abs 1 S 3 EStG) gehen nicht von der PersGes auf die KapGes über. Für die GewSt bestimmt dies § 23 Abs 5 UmwStG und für den Verlustabzug nach § 10d EStG ergibt sich dies aufgrund des Rechtsträgerwechsels. 232

dd) Besteuerung der Gesellschafter. Für die Gester ist der Wert, mit dem das Vermögen von der übernehmenden KapGes angesetzt wird, Ver- 234

Klingberg 559

äußerungspreis für den Mitunternehmeranteil und AK für die neuen Anteile (§ 20 Abs 3 S 1 UmwStG). Ein steuerpflichtiger Veräußerungsgewinn entsteht bei dem jeweiligen Gester (Einbringender im steuerlichen Sinn) daher nur, wenn die KapGes das übernommene Vermögen mit einem Wert über dem steuerlichen Buchwert des Mitunternehmeranteils ansetzt. Auf den (nach Berücksichtigung etwaiger Kosten) entstandenen Einbringungsgewinn von *natürlichen Personen* als Einbringenden findet § 34 Abs 1 EStG Anwendung, soweit der Einbringungsgewinn nicht nach §§ 3 Nr 40 iVm 3c Abs 2 EStG teilweise (zu 40%) steuerbefreit ist, § 20 Abs 4 S 2 UmwStG. Bei Ansatz des gemeinen Werts findet darüber hinaus § 16 Abs 4 EStG grds Anwendung, § 20 Abs 4 S 1 UmwStG.

235 Erhalten die Gester der PersGes im Rahmen der Verschmelzung **bare Zuzahlungen** oder andere Wirtschaftsgüter, mindert deren gemeiner Wert die AK für die neuen Anteile (s § 20 Abs 3 S 3 UmwStG).

236 Hat die KapGes das Vermögen der PersGes zu Werten angesetzt, die unter den gemeinen Werten liegen, löst ein solcher Ansatz eine **siebenjährige Sperrfrist** aus: Werden die erhaltenen Anteile von dem Einbringenden innerhalb dieser mit dem UmwStichtag beginnenden Frist veräußert, wozu auch eine Umw gehören kann, oder verwirklicht er einen der Ersatztatbestände des § 22 Abs 1 S 6 UmwStG, kommt es grds zu einer nachträglichen Ermittlung und Besteuerung des sog Einbringungsgewinns I (§ 22 Abs 1 UmwStG). Dies gilt nicht, wenn die sperrfristbehafteten Anteile an der übernehmenden KapGes nachweislich im Weg der Sacheinlage iSd § 20 Abs 1 UmwStG oder eines Anteilstausches nach § 21 Abs 1 UmwStG zu Buchwerten oder aufgrund vergleichbarer ausländischer Vorgänge übertragen werden (§ 22 Abs 1 S 6 Nr 2 UmwStG; UmwSt-Erl Tz 22.25). Der Einbringungsgewinn I berechnet sich nach den stillen Reserven in dem eingebrachten Vermögen im Zeitpunkt der Einbringung, gemindert um jeweils $1/7$ für jedes seit dem Einbringungszeitpunkt abgelaufene Zeitjahr. Der Einbringungsgewinn erhöht die Buchwerte/AK der neuen Anteile an der übernehmenden KapGes und mindert entspr den Gewinn aus deren Veräußerung im Rahmen der schädlichen Veräußerung in der Sperrfrist.

237 Wird die Nachversteuerung durch den Gester nachgewiesen, kann die *übernehmende* KapGes das im Rahmen der Einbringung erhaltene Vermögen im Jahr der Veräußerung in Höhe der nachversteuerten stillen Reserven aufstocken.

238 Nach der siebenjährigen Haltefrist unterliegt der Veräußerungsgewinn aus den Anteilen an der übernehmenden KapGes den allg Regeln: Ist der Einbringende und nunmehrige Veräußerer eine KapGes, findet § 8b Abs 2 KStG (Steuerfreiheit) Anwendung, Veräußerungen durch Privatpersonen aus dem Betriebs- oder Privatvermögen unterliegen dem Teileinkünfteverfahren (§ 3 Nr 40 iVm § 3c Abs 2 EStG).

d) Verschmelzung von Personenhandelsgesellschaften

240 **aa) Besteuerung der übernehmenden Personengesellschaft.** Wie die Verschmelzung einer PersGes auf eine KapGes stellt auch die Verschmelzung von PersGes untereinander steuerlich einen Einbringungssachverhalt dar, es

VII. Besteuerung des übernehmenden Rechtsträgers

gilt jedoch § 24 UmwStG (UmwSt-Erl Tz 01.47). Als Einbringende gelten die Gester (Mitunternehmer) der übertragenden PersGes (UmwSt-Erl Tz 24.03 iVm Tz 20.03). Einbringungsgegenstand ist dabei im Gegensatz zur zivilrechtlichen Betrachtung nicht das Vermögen (der Betrieb) der PersGes als solcher, sondern der jeweilige Mitunternehmeranteil der Gester der übertragenden PersGes.

§ 24 UmwStG verlangt, dass die Gester der übertragenden PersGes als Gegenleistung für die Aufgabe ihrer Bet **Gesellschaftrechte** an der übernehmenden PersGes (Mitunternehmerstellung) erwerben. Da Einbringungsgegenstand der jeweilige Mitunternehmeranteil ist, haben die Gester der übertragenden PersGes als Bestandteil des Mitunternehmeranteils WG des funktional notwendigen *SonderBetrVerm* anlässlich der Verschmelzung mit in die übernehmende PersGes einzubringen (Anm 221). Eine Zurückbehaltung nicht funktional wesentlichen SonderBetrVerm hindert die Anwendung von § 24 UmwStG nicht, stellt jedoch für den jeweiligen Gester bezogen auf das zurückbehaltene BetrVerm eine steuerpflichtige Entnahme dar.

Nach § 24 UmwStG hat die **übernehmende Personengesellschaft** das eingebrachte BetrVerm in ihrer Gesamthandsbilanz einschließlich etwaiger Ergänzungsbilanzen einzelner Mitunternehmer mit den gemeinen Werten anzusetzen; Pensionsrückstellungen sind nach § 6a EStG zu bewerten. Ein antragsgebundener Ansatz von Buchwerten oder Zwischenwerten ist grds zulässig, soweit das Besteuerungsrecht der Bundesrepublik hinsichtlich der Besteuerung des eingebrachten Vermögens nach der Einbringung nicht eingeschränkt ist (Bewertungswahlrecht). Gewährt die übernehmende PersGes neben GesRechten sonstige Gegenleistungen, hindert dies die Ausübung des Wahlrechts nicht, wenn diese die in § 24 Abs 2 Satz 2 Nr 2 UmwStG genannten Grenzen nicht übersteigen. Da Einbringender iSd § 24 UmwStG der jeweilige Mitunternehmer ist, kann das Wahlrecht für die jeweiligen Mitunternehmer unterschiedlich ausgeübt werden. Innerhalb des jeweiligen Mitunternehmeranteils ist jedoch das Wahlrecht einheitlich auszuüben.

Von den unter § 20 UmwStG fallenden Einbringungssachverhalten (Verschmelzung PersGes auf KapGes) unterscheidet sich die unter § 24 UmwStG fallende Verschmelzung von PersGes untereinander insoweit, als ein negatives Kapitalkonto eines Gesters eine Verschmelzung zu Buchwerten nicht per se hindert (UmwSt-Erl Tz 24.04). Ebenfalls gibt es keinen Zwang zum Ansatz der gemeinen Werte bzw eine Sperrfrist iSd § 22 Abs 2 UmwStG, wenn an der übertragenden PersGes beschränkt steuerpflichtige Gester beteiligt sind, da die stillen Reserven in der Beteiligung an der PersGes unverändert steuerverhaftet bleiben.

Das **Wahlrecht** hinsichtlich der Wertansätze übt die übernehmende PersGes aus. Für den Wertansatz ist nicht allein die Gesamthandsbilanz maßgeblich, vielmehr sind die steuerlichen Ergänzungsbilanzen der Gester einzubeziehen (§ 24 Abs 2 S 1 UmwStG). In der Gesamthandsbilanz kann somit das übergehende Vermögen aufgestockt werden (zB zur Angleichung der Festkapitalkonten) und ein aus der Aufstockung resultierender Einbringungsgewinn des Gesters durch die Erstellung einer negativen Ergänzungsbilanz reduziert oder vermieden werden.

K 245–252 Übernahmebilanzierung bei Umwandlungen

245 Der **Grundsatz der Maßgeblichkeit** der HBil für die StBil findet im Rahmen der Verschmelzung von PersGes trotz vordergründig korrespondierenden Bewertungswahlrechten keine Anwendung. Dies ergibt sich einerseits aus dem gesetzlichen Zwang zur Bewertung mit den gemeinen Werten in der StBil und andererseits daraus, dass die Maßgeblichkeit sich allein auf die Gesamthandsbilanz beziehen kann, also Ergänzungsbilanzen keine Berücksichtigung finden.

246 Die übernehmende PersGes tritt grds in die gleichen steuerlichen Rechtspositionen der übertragenden PersGes ein (steuerliche Rechtsnachfolge) wie eine KapGes bei Verschmelzung einer PersGes auf diese (§§ 24 Abs 4 iVm 23 Abs 1, 3, 4, 6 UmwStG). Die Möglichkeit zum Verlustabzug im Sinne des § 10d EStG wird durch die Verschmelzung nicht berührt, da er den Gestern (Mitunternehmern) der PersGes durch die einheitliche Gewinnfeststellung personenbezogen zugewiesen wurde. Gewerbesteuerliche Verlustvorträge der übertragenden PersGes gehen nur insoweit auf die übernehmende PersGes über, wie die Gester der übertragenden PersGes Mitunternehmer der Übernehmenden werden und der Betrieb der übertragenden PersGes bei der übernehmenden PersGes fortgeführt wird (Unternehmer- und Unternehmensidentität), GewStR (2009) R 10a.3 Abs 3 S 9 Nr. 5.

250 **bb) Besteuerung der Gesellschafter.** Wie bei der Verschmelzung einer PersGes auf eine KapGes bestimmt auch bei der Verschmelzung von PersGes untereinander der Wert, mit dem die *übernehmende PersGes* das Vermögen ansetzt, den steuerlichen Einbringungsgewinn der Gester für den (eingebrachten) Mitunternehmeranteil und die AK für den erhaltenen GesAnteil, § 24 Abs 3 Satz 1 UmwStG. Wählt die übernehmende PersGes einen Wert, der über dem bisherigen steuerlichen Buchwert des Mitunternehmeranteils der jeweils einbringenden Gester liegt, führt dies bei den jeweiligen Gestern zu einem steuerpflichtigen Übertragungs-/Einbringungsgewinn. Es besteht jedoch die Möglichkeit, den Übertragungsgewinn durch Erstellung einer negativen Ergänzungsbilanz individuell zu reduzieren oder zu vermeiden. Werden im Rahmen der Verschmelzung (Einbringung nach § 24 UmwStG) Anteile an einer KapGes mit übertragen (eingebracht) und ist Mitunternehmer der übertragenden PersGes eine natürliche Person, ist hinsichtlich der Beteiligung an der KapGes eine Haltefrist von sieben Jahren zu beachten (§ 22 Abs 2 UmwStG). Andernfalls kommt es zu einer zeitanteiligen Nachversteuerung (§ 24 Abs 5 UmwStG).

5. Spaltung

a) Allgemein – Unterschiede zur Verschmelzung

252 Die steuerlichen Folgen der Spaltung (Bilanzierung und Besteuerung) richten sich für den übernehmenden Rechtsträger einerseits nach der Art der Spaltung (Aufspaltung, Abspaltung, Ausgliederung), andererseits wie bei der Verschmelzung nach der Rechtsform des übertragenden, aber auch des übernehmenden Rechtsträgers. Die Spaltung wird, steuerlich bezogen auf das übergehende Vermögen, wie eine (Teil-)Verschmelzung behandelt. Der übernehmende Rechtsträger hat wie bei der Verschmelzung die WG mit den Werten aus der steuerlichen SB des übertragenden Rechtsträgers fortzufüh-

VII. Besteuerung des übernehmenden Rechtsträgers

ren. Wenn Gegenstand der Übertragung (echte oder fiktive) Teilbetriebe sind und bei einer Abspaltung auch das verbleibende Vermögen Teilbetriebsqualität hat, kann die Spaltung, wenn die sonstigen Voraussetzungen des § 11 Abs 2 UmwStG vorliegen, steuerneutral bei der übertragenden KapGes erfolgen. Bei der Ausgliederung reicht es, wenn allein das übergehende Vermögen steuerlich als echter oder fiktiver Teilbetrieb qualifiziert, um in den Anwendungsbereich der begünstigenden Vorschriften des UmwStG zu gelangen.

Da die *steuerlichen Folgen* einer Spaltung nicht allein abhängig von der Art der Spaltung, sondern auch den Rechtsformen der beteiligten Rechtsträger sind, werden die steuerlichen Folgen nachfolgend in Abhängigkeit von der Art der Spaltung und den Rechtsformen dargestellt.

Bei der Auf- bzw Abspaltung einer KapGes bzw PersGes gelten für die **Anteils-eigner/Gesellschafter** im Grundsatz die gleichen Regeln wie bei einer Verschmelzung. Unterschiede ergeben sich daraus, dass bei der Spaltung nicht das gesamte Vermögen auf einen einzelnen anderen Rechtsträger übergeht und der Anteilseigner/Gester daher seine bisherige Beteiligung nicht gegen eine, sondern gegen mehrere Beteiligungen „tauscht" (Fall der Aufspaltung) oder sich der Wert der AusgangsBet mindert, der Anteilseigner/Gester hierfür jedoch eine Beteiligung an dem übernehmenden Rechtsträger erhält (Fall der Abspaltung).

Dass das Vermögen der übertragenden Ges bei einer Spaltung auf verschiedene Rechtsträger verteilt wird, hat auch Bedeutung für die Gester. Zur Ermittlung eines etwaigen Spaltungsgewinns des Gesters ist der bisherige Beteiligungsbuchwert (AK) für die gespaltene Ges auf seine Bet an den SpaltGes zu verteilen. Mangels gesetzlichen Aufteilungsmaßstabs sollte auf das Umtauschverhältnis im Spaltungs- und Übernahmevertrag (§ 126 Abs 1 Nr 3 UmwG) bzw wie in § 15 Abs 3 UmwStG das Verhältnis der gemeinen Werte der übergehenden Vermögensteile abgestellt werden (UmwSt-Erl Tz 15.43).

Wie bei der Verschmelzung stellt sich auch die Auf- und Abspaltung beim übernehmenden Rechtsträger als laufender Geschäftsvorfall dar; der übernehmende Rechtsträger hat lediglich dann eine **Eröffnungsbilanz** zu erstellen, wenn die Spaltung zur Errichtung erfolgt.

Wie bei der Verschmelzung kann auch bei Spaltungsvorgängen von der Möglichkeit, die steuerlichen Folgen **zurückzubeziehen,** Gebrauch gemacht werden. Dies gilt nach § 2 UmwStG für Spaltungen, die unter die §§ 15, 16 UmwStG fallen (Auf- und Abspaltungen von KapGes), und nach §§ 20 Abs 6 S 2, 24 Abs 4 UmwStG für Einbringungssachverhalte (Auf- und Abspaltungen von PersGes sowie Ausgliederungen).

b) Aufspaltung

aa) Aufspaltung von Kapitalgesellschaften auf Personenhandelsgesellschaften. aaa) Besteuerung der übernehmenden Personenhandelsgesellschaften. Wird eine KapGes auf mehrere PersGes aufgespalten, finden für die übernehmenden PersGes nach § 16 UmwStG die §§ 4 ff UmwStG entspr Anwendung (s Anm 142 ff). Die übernehmenden (ggf im Rahmen der Spaltung errichteten) PersGes haben das übernommene Vermögen mit den Werten der steuerlichen SB der KapGes anzusetzen (Anm 142 ff;

sa zur Bilanzierung in der Folgebilanz Anm 146) und treten bezogen auf das übernommene Vermögen in die steuerliche Rechtsstellung der übertragenden KapGes ein. Ist Gegenstand der Übertragung kein Teilbetrieb, hindert dies die Geltung der §§ 4 ff UmwStG nicht; lediglich das Wahlrecht des § 3 Abs 2 UmwStG entfällt für die KapGes; die PersGes übernimmt die WG zu gemeinen Werten. Auf der Grundlage der zu übernehmenden Werte ist ein Übernahmeergebnis für jeden Anteilseigner unter Berücksichtigung seiner Bet an der KapGes zu ermitteln (Anm 169 ff; zur Aufteilung des bisherigen Buchwerts der Anteile an der KapGes s Anm 255). Hier ist zu berücksichtigen, dass bei der Ermittlung des Übernahmeergebnisses lediglich der dem übergehenden Vermögen entsprechende anteilige Buchwert in die Ermittlung des Übernahmeergebnisses Eingang finden kann. Zur Geltung von § 6 UmwStG s Anm 151 f.

260 Wie bei einer Verschmelzung auf eine PersGes fällt bei der PersGes keine **GewSt** auf einen etwaigen Übernahmegewinn an (§ 18 Abs 2 GewStG); wird jedoch innerhalb eines Zeitraums von fünf Jahren nach dem Vermögensübergang ein Teilbetrieb oder Anteil an der PersGes aufgegeben oder veräußert, unterliegt der Auflösungs- oder Veräußerungsgewinn der GewSt bei der PersGes (§ 18 Abs 3 UmwStG).

262 **bbb) Besteuerung der Anteilseigner.** Aufgrund des Verweises in § 16 UmwStG auf die Geltung der §§ 3 ff UmwStG und damit der §§ 4, 5 und 7 UmwStG für die Gester entsprechen die steuerlichen Folgen der Aufspaltung einer KapGes auf PersGes denen einer Verschmelzung auf eine PersGes (Anm 187 ff), wobei hinsichtlich aller die Besteuerung des Gesters bestimmenden Vorschriften berücksichtigt werden muss, dass nicht das gesamte, sondern nur ein Teil des Vermögens auf eine PersGes übergeht (zum Aufteilungsmaßstab s Anm 255).

263 Für die Anteilseigner sind wie bei einer Verschmelzung die Einkünfte nach § 7 UmwStG und ein Übernahmeergebnis jeweils bezogen auf die übernehmenden PersGes zu ermitteln (Anm 187 ff).

264 Hat das jeweils übergehende Vermögen keine Teilbetriebsqualität, kann die übertragende KapGes nicht von dem Bewertungsrecht des § 3 Abs 2 UmwStG Gebrauch machen (UmwSt-Erl Tz 16.02), wodurch sich die dem Gester
zuzurechnenden offenen Rücklagen nach § 7 UmwStG sowie das zuzurechnende Übernahmeergebnis erhöhen.

267 **bb) Aufspaltung von Kapitalgesellschaften auf Kapitalgesellschaften. aaa) Besteuerung der übernehmenden Kapitalgesellschaften.** Die Aufspaltung von KapGes auf KapGes folgt den gleichen Grundsätzen wie die Verschmelzung von KapGes untereinander: Die übernehmenden KapGes haben nach § 12 Abs 1 UmwStG die auf sie übergegangenen WG (Teilvermögen) zu den Werten aus der SB der übertragenden KapGes zu übernehmen. Der Zwang zur Übernahme der Werte der steuerlichen SB ist unabhängig davon, ob Gegenstand der Übertragung ein Teilbetrieb ist. Bedeutung hat die Teilbetriebsqualität allein für den Ansatz in der SB der übertragenden KapGes (H Anm 165 ff). § 2 UmwStG (steuerliche Rückbeziehung) findet ebenfalls unabhängig von der Übertragung eines Teilbetriebs Anwendung.

VII. Besteuerung des übernehmenden Rechtsträgers 268–275 K

Durch den Verweis in § 19 UmwStG gelten die §§ 15 iVm 12 UmwStG **268** auch für die Ermittlung des **GewErtrags** der übernehmenden KapGes.

bbb) Besteuerung der Anteilseigner. Bei der Aufspaltung einer Kap- **270** Ges auf andere KapGes gelten die Anteile an dem übertragenden Rechtsträger wie bei der Verschmelzung als zu gemeinen Werten veräußert, unabhängig davon, mit welchen Werten die übertragende KapGes das übergehende Vermögen angesetzt hat (§§ 15 Abs 1, 13 Abs 1 UmwStG). Auf *Antrag* können die Anteilseigner Buchwerte oder AK (keine Zwischenwerte) ansetzen, wenn keine Gegenleistung gewährt wird oder diese allein in Anteilen besteht, Spaltungsgegenstand **Teilbetriebe** sind und das Besteuerungsrecht der Bundesrepublik hinsichtlich des Veräußerungsgewinns an den (neuen) Anteilen nicht eingeschränkt wird oder ein Fall der FusionsRL vorliegt (§§ 15 Abs 1 S 2, 13 Abs 2 UmwStG). Es entsteht dann kein Veräußerungsgewinn und die Anteile an den übernehmenden KapGes gelten als zu den bisherigen Buchwerten bzw den bisherigen AK der übertragenden KapGes angeschafft.

Die Anteile an den übernehmenden KapGes treten bei **Buchwertansatz** **271** an die Stelle der bisherigen Anteile und die steuerliche Qualität der abgegebenen Anteile überträgt sich auf die neuen Anteile (Rechtsnachfolge, §§ 15 Abs 1, 13 Abs 2 UmwStG). Bedeutung hat dies insoweit, als damit insb Wertaufholungsverpflichtungen übergehen, Besitzzeiten angerechnet werden und Anteile iSd § 17 EStG den Status unabhängig von der prozentualen Bet am übernehmenden Rechtsträger behalten; auch der Status als einbringungsgeborene Anteile aF geht über (sog spaltungsgeborene Anteile). Zur Besteuerung barer Zuzahlungen s *Klingberg* in Blümich UmwStG § 15 Anm 17. Bei Ansatz der gemeinen Werte kommt es nicht zu einer Rechtsnachfolge.

Die Regelung des § 13 UmwStG gilt für Anteile im BetrVerm, Anteile **272** iSd § 17 EStG und einbringungsgeborene Anteile iSd § 21 UmwStG aF. Für alle übrigen Anteile findet § 20 Abs 4a S 1 und S 2 EStG (Abgeltungssteuer) Anwendung (UmwSt-Erl Tz 13.01).

Regelmäßig erfolgt die Spaltung unter Wahrung der BetVerhältnisse der **273** Gester; zwingend ist dies nicht. Vielmehr können im Rahmen einer **nicht verhältniswahrenden Spaltung** (§ 128 UmwG) den Gestern des übertragenden Rechtsträgers bspw zur Trennung von GesterStämmen auch Anteile an dem übertragenden Rechtsträger disquotal zugeordnet werden (§§ 126 Abs 1 Nr 10, 131 Abs 1 Nr 3 UmwG). Auch diese Anteilsgewährung ist von § 13 Abs 2 UmwStG begünstigt, kann also grds steuerneutral erfolgen (iE str; s *Hörtnagl* in Schmitt/Hörtnagl/Stratz[8] UmwStG § 15 Anm 254 ff). Kommt es jedoch im Rahmen der nicht verhältniswahrenden Spaltung zu Wertverschiebungen, stellen diese in Abhängigkeit von der Gegenleistung stpfl Anteilsveräußerungen oder Schenkungen dar.

cc) Aufspaltung von Personenhandelsgesellschaften auf Kapital- **275** **gesellschaften, aaa) Besteuerung der übernehmenden Kapitalgesellschaft.** Wird Vermögen von einer PersGes auf KapGes aufgespalten, gelten die Grundsätze für die Verschmelzung von PersGes auf KapGes entsprechend (Einbringung nach § 20 UmwStG), wenn auf die übernehmenden KapGes Teilbetriebe übergehen. Insoweit kann auf die Anm 218 ff verwiesen werden. Qualifiziert ein übergehender Vermögensteil nicht als Teilbetrieb, kommt es insoweit zu einer Aufdeckung der stillen Reserven; ein anderer Vermögensteil, der Teilbetriebsqualität besitzt, wird hierdurch nicht betroffen (kein doppeltes Teilbetriebserfordernis). Betroffen von der Aufdeckung der stillen Reserven ist nicht die jeweils übernehmende KapGes; sie übernimmt die aufgestockten Werte. Betroffen sind die übertragende PersGes und insb deren Gester, denen der Gewinn aus dem Ansatz von gemeinen Werten zugerechnet wird.

Selbst wenn ein Teilbetrieb im Rahmen der Aufspaltung einer PersGes übertragen wird, kann im Einzelfall § 20 Abs 2 S 2 Nr 4 UmwStG einen Buchwertansatz und damit eine steuerneutrale Spaltung hindern. Wenn dem übertragenen Teilbetrieb Verbindlichkeiten, die nicht zu dem Teilbetrieb gehören, „hinzugefügt", also mit übertragen werden, kann die Übernahme dieser Schulden als eine weitere Gegenleistung iSd Nr 4 einzuordnen sein (s a *Nitzschke* in Blümich UmwStG § 20 Anm 75b). Überschreitet die Übernahme der Schulden die in Nr 4 genannten Grenzen, ist eine Buchwertfortführung bei der KapGes nicht mehr möglich und es entsteht bei dem Einbringenden (PersGes) bezogen auf den überschießenden Teil der sonstigen Gegenleistung ein Veräußerungsgewinn, der den Gestern zugerechnet wird.

276 bbb) **Besteuerung der Gesellschafter.** Nach § 20 Abs 3 S 1 EStG gilt der Wert, mit dem die **übernehmende** KapGes das eingebrachte (übernommene) Vermögen ansetzt, als Veräußerungspreis für die Gester der PersGes (zum Begriff des Einbringenden Anm 245). Wird das Vermögen in der StBil der PersGes (einschl Ergänzungs- und Sonderbilanzen) nicht zu Buchwerten angesetzt, ergibt sich für die Gester in Höhe der Differenz zwischen Buchwert und dem angesetzten Wert ein steuerpflichtiges Ergebnis. Darüber hinaus gilt der Wert, mit dem das übernommene Vermögen angesetzt wird, auch als AK für die den Gestern gewährten Anteile an der übernehmenden KapGes.

277 Hat bei der Spaltung auf eine KapGes die übernehmende KapGes das Vermögen unter dem gemeinen Wert angesetzt, entsteht nach § 22 UmwStG eine 7-Jahresfrist, innerhalb derer die Veräußerung der neuen Anteile die Einbringung in die KapGes rückwirkend für die Gester steuerpflichtig werden lässt (Einbringungsgewinn I). Als Veräußerung gelten nach Ansicht des BFH und der FinVerw nicht allein „klassische" tauschähnliche Vorgänge, sondern auch UmwVorgänge (BFH v 24.1.2018 BStBl II 2019, 45 zum Einbringungsgewinn II; UmwSt-Erl Tz 22.22). Dieser Einbringungsgewinn berechnet sich für Einbringungen nach § 20 UmwStG als Differenz zwischen dem gemeinen Wert und dem Einbringungswert gemindert um $1/7$ für jedes seit der Einbringung abgelaufene Zeitjahr (s a Anm 236). Kommt es zu einer rückwirkenden Besteuerung aufgrund einer Anteilsveräußerung, kann die übernehmende KapGes bei Nachweis, dass der Einbringungsgewinn I versteuert wurde, das übernommene Vermögen grds steuerneutral in Höhe des versteuerten Einbringungsgewinns „aufstocken" (§ 23 Abs 2 UmwStG).

279 dd) **Aufspaltung von Personengesellschaften auf Personengesellschaften. aaa) Besteuerung der übernehmenden Personengesellschaft.** Wird eine PersGes (Mitunternehmerschaft) auf andere PersGes aufgespalten, findet § 24 UmwStG auf den Vorgang Anwendung, wenn das übergehende Vermögen Teilbetriebsqualität hat und der Gester der Ausgangsgesellschaft Mitunternehmer der Nachfolgegesellschaft wird. Die übernehmende PersGes kann dann das (eingebrachte) BetrVerm in ihrer Ge-

VII. Besteuerung des übernehmenden Rechtsträgers

samthandsbilanz (einschließlich der Ergänzungsbilanz für die Gester) mit den gemeinen Werten, auf Antrag nach Abs 2 S 2 jedoch auch mit Buchwerten oder Zwischenwerten ansetzen. Liegen die Voraussetzungen (Teilbetrieb bzw Gewährung einer Mitunternehmerstellung) nicht vor, kann sich die Steuerneutralität aus den §§ 6 Abs 5 S 3, 16 Abs 3 S 2 EStG ergeben. Einbringende sind die Gester.

Die Übertragung des Teilbetriebs erfordert die Übertragung dessen sämtlicher wesentlicher Betriebsgrundlagen, also auch SonderBetrVerm, wenn es wesentlich für den (Teil-)Betrieb ist. **280**

Darüber hinaus gelten die gleichen Grundsätze wie für die Verschmelzung von PersGes auf PersGes (Einbringung nach § 24 UmwStG) unter Anm 240 ff entspr. **281**

bbb) Besteuerung der Gesellschafter. Die Besteuerung der Gester bei der Aufspaltung einer PersGes auf andere PersGes entspricht als Einbringungsvorgang (§ 24 UmwStG) weitgehend der Spaltung einer PersGes auf eine KapGes (§ 20 UmwStG). Die Gegenleistung muss in der Einräumung einer Bet an der übernehmenden PersGes (Mitunternehmeranteil) bestehen. Unterschiede ergeben sich daraus, dass die StBil der PersGes nicht nur aus der Gesamthandsbilanz, sondern auch den Ergänzungs- und Sonderbilanzen der Gester besteht. So muss das eingebrachte Vermögen nicht zwingend Gesamthandsvermögen, sondern kann auch SonderBetrVerm des Gesters bei der übernehmenden PersGes werden. Bei einer Spaltung zur Trennung der Gester (Spaltung zu Null) kann sich die Steuerneutralität auch aus Realteilungsgrundsätzen ergeben (hierzu O Anm 60 ff). **283**

ee) Aufspaltung auf Gesellschaften unterschiedlicher Rechtsformen. Die Aufspaltung kann gleichzeitig auf KapGes und PersGes erfolgen. Die steuerlichen Folgen richten sich dann bezogen auf den jeweiligen übergehenden Vermögensteil nach den für die Spaltung auf den übernehmenden Rechtsträger neuer Rechtsform geltenden Vorschriften. **284**

c) Abspaltungen

aa) Allgemein – Unterschiede zur Aufspaltung. Die steuerlichen Regelungen über die Abspaltung entsprechen weitgehend denen der Aufspaltung, wobei jedoch nicht das gesamte Vermögen auf die NachfolgeGes übergeht, sondern nur ein Teil mit der Folge, dass der abgebende Rechtsträger erhalten bleibt. Dieser Unterschied hat nicht nur Bedeutung für die Besteuerung des abgebenden Rechtsträgers, sondern auch für die der Anteilseigner/Gester. **286**

Wie bei einer Aufspaltung ist für die Frage, ob die Abspaltung ohne Aufdeckung der stillen Reserven in den übergehenden WG möglich ist, maßgebend, dass das übergehende Vermögen **Teilbetriebsqualität** hat. § 15 Abs 1 S 2 UmwStG verlangt in Fällen der Abspaltung von einer KapGes, dass auch das der übertragenden KapGes verbleibende Vermögen als (echter oder fiktiver) Teilbetrieb qualifizieren (doppeltes Teilbetriebserfordernis). Bei Abspaltungen von PersGes auf KapGes oder PersGes, die steuerlich als Einbringungssachverhalte zu qualifizieren sind, beschränkt sich das Teilbetriebserfordernis auf das übergehende Vermögen. **287**

288 **bb) Besteuerung des übernehmenden Rechtsträgers.** Ist die übertragende Ges eine **Kapitalgesellschaft,** übernimmt die übernehmende Ges (PersGes, KapGes) die Wirtschaftsgüter mit den Werten der steuerlichen Übertragungsbilanz. Ob die WG zu BW oder höheren Werten übergehen, hängt damit davon ab, ob die übertragende KapGes die WG zu Buchwerten, Zwischenwerten oder gemeinen Werten ansetzt/anzusetzen hat. Neben den allgemeinen Anforderungen an eine steuerneutrale (Buchwert-)Übertragung, ist die Erfüllung des Teilbetriebserfordernisses maßgebend (§§ 15 Abs 1 S 2, 16 S 1 UmwStG).

289 Ist die übertragende Ges eine **Personengesellschaft,** findet § 20 UmwStG (Abspaltung auf eine KapGes) bzw § 24 UmwStG (Abspaltung auf eine PersGes) Anwendung (Einbringungssachverhalte), dh der übernehmende Rechtsträger bestimmt die Werte der übernommenen WG. Im Gegensatz zur Abspaltung von einer KapGes muss zwar das übergehende Vermögen, nicht jedoch das zurückbleibende Vermögen (echte oder fiktive) Teilbetriebsqualität haben.

290 Wie bei der Verschmelzung und Aufspaltung tritt der übernehmende Rechtsträger in die steuerliche Rechtsposition bezogen auf das übernommene Vermögen ein. Verlustpositionen gehen nicht über, sie gehen dem übertragenden Rechtsträger anteilig verloren.

291 **cc) Besteuerung der Anteilseigner.** Wird **von einer KapGes** Vermögen abgespalten, richten sich die steuerlichen Folgen für deren Anteilseigner nach § 15 iVm § 13 UmwStG, wenn übernehmender Rechtsträger eine **KapGes** ist. Ist übernehmender Rechtsträger eine **PersGes,** finden § 16 iVm §§ 4ff UmwStG Anwendung. Insoweit kann auf die Anm 262 verwiesen werden. Wesentlich für die Besteuerung der Anteilseigner ist die Teilbetriebsqualität des übergehenden und verbleibenden Vermögens. Bei Abspaltung auf eine PersGes übernimmt diese nach § 4 Abs 1 S 1 UmwStG die Werte aus der steuerlichen SB. Es handelt sich um die gemeinen Werte, wenn mangels Teilbetriebsübertragung das Wahlrecht der KapGes nach § 3 Abs 2 UmwStG entfällt. Die Gester haben ein entsprechend höheres Übernahmeergebnis zu versteuern.

292 Wird bei einer Abspaltung **auf eine KapGes** das doppelte Teilbetriebserfordernis (Anm 287) nicht erfüllt, steht dem Anteilseigner das antragsgebundene Buchwertfortführungswahlrecht nicht zu; er hat die (anteiligen) stillen Reserven in den Anteilen zu versteuern.

d) Ausgliederung

295 **aa) Allgemein – Verhältnis zur Aufspaltung und Abspaltung.** Die Ausgliederung unterscheidet sich von der Auf- bzw Abspaltung vorrangig durch die „Richtung" der Teilvermögensübertragung: Während bei Auf- und Abspaltungen Vermögen auf ParallelGes (Sidestep) übergeht, begründet die Ausgliederung ein Mutter-Tochter-Verhältnis. Für die Ausgliederung bei KapGes gelten im Gegensatz zur Aufspaltung und Abspaltung nicht die §§ 15, 16 UmwStG, vielmehr findet auf den Vorgang der sechste Teil des UmwStG (Einbringungen) Anwendung. Die Besteuerung der Ausgliederung weist somit eine Nähe zur Auf- und Abspaltung von PersGes auf, die mangels Sonderregeln von den §§ 20ff UmwStG erfasst werden (Anm 275, 279).

VII. Besteuerung des übernehmenden Rechtsträgers

bb) Besteuerung des übernehmenden Rechsträgers. Die Ausgliederung stellt sich wirtschaftlich als Sachgründung einer TochterGes dar. Steuerlich gilt für die Ausgliederung in Abhängigkeit von der Rechtsform des übertragenden und des übernehmenden Rechtsträgers:
– § 20 UmwStG im Fall der Ausgliederung aus einer KapGes/PersGes/ einem EinzelUnt *auf eine KapGes* (Anm 218 ff)
oder
– § 24 UmwStG im Fall der Ausgliederung aus einer/einem KapGes/PersGes/EinzelUnt *auf eine PersGes* (Anm 240 ff).

Darüber hinaus finden die Regeln über den **Anteilstausch** (§ 21 UmwStG) Anwendung, wenn auf eine KapGes eine Bet an einer KapGes ausgegliedert wird und die übernehmende KapGes nach der Ausgliederung die Mehrheit der Anteile an der Bet hat.

cc) Besteuerung der Anteilseigner bzw Gesellschafter. Die Ausgliederung aus einer *KapGes* ändert die steuerliche Position ihrer Anteilseigner nicht. Es ändert sich allein die Vermögenszusammensetzung ihrer Beteiligung. Auswirkungen hat jedoch die Ausgliederung aus einer **PersGes:** Erfolgt die Ausgliederung auf eine KapGes, bestimmt der Ansatz der KapGes, ob den PersGestern ein von der einbringenden PersGes erzielter Einbringungsgewinn zugerechnet wird. Erfolgt die Ausgliederung auf eine PersGes, entsteht eine doppelstöckige PersGes, bei der ebenfalls den Gestern der übertragenden PersGes ein etwaiger Einbringungsgewinn zugerechnet und bei ihnen erfasst wird. Bei einer Ausgliederung aus einer PersGes auf eine TochterPersGes kann die Ausgliederung nicht nur dann steuerneutral erfolgen, wenn die Voraussetzungen von § 24 UmwStG, sondern auch wenn die von § 6 Abs 5 EStG vorliegen.

6. Vermögensübertragung

a) Vollübertragung

aa) Allgemein – Unterschiede zur Verschmelzung. Die Vollübertragung unterscheidet sich von der Verschmelzung allein durch die Gegenleistung, die den Anteilseignern/Mitgliedern für die Aufgabe ihrer Beteiligung an dem übertragenden Rechtsträger gewährt wird. Sie besteht nicht in Anteilen, sondern in anderen Vermögenswerten. Dies hindert grds sowohl für den übertragenden Rechtsträger als auch seine Anteilseigner/Mitglieder eine steuerneutrale Umw.

bb) Besteuerung des übernehmenden Rechtsträgers. Wie bei der Verschmelzung von KapGes hat auch bei der Vermögensübertragung in der Form der Vollübertragung der übernehmende Rechtsträger die Werte der steuerlichen SB fortzuführen, § 12 Abs 1 S 1 UmwStG, die jedoch aufgrund der Gegenleistung, die nicht in Anteilen (oder Mitgliedschaften) am übernehmenden Rechtsträger besteht, regelmäßig die gemeinen Werte darstellen (Ausnahme: Vermögensübertragung auf den alleinigen Anteilseigner, J Anm 31).

Wird das Vermögen von einer KapGes auf eine steuerpflichtige Körperschaft übertragen, deren Leistungen bei dem Empfänger nicht zu Einkünften iSd § 20 EStG führen (VersicherungsAG auf VVaG bzw öffentlich-rechtliches VersicherungsUnt), wird eine Vollausschüttung der übertragenden KapGes fingiert. Der übernehmenden Körperschaft werden die offenen Reserven (einschließlich in Nennkapital umgewandelte Gewinnrücklagen) als fiktive Dividende iSd § 20 Abs 1 Nr 1 EStG zugerechnet (§ 12 Abs 5 UmwStG iVm § 8b Abs 1 KStG). Nach hM ist KapESt einzubehalten (s. *Klingberg* in Blümich UmwStG § 12 Anm 65 mwN).

303 **cc) Besteuerung der Anteilseigner/Mitglieder.** Da § 174 UmwG bei einer Vermögensübertragung keine Gewährung von Anteilen oder Mitgliedschaften als Gegenleistung vorsieht, findet § 13 UmwStG, der bei Verschmelzungen oder Spaltungen ermöglicht, die Umw für die Anteilseigner steuerneutral zu stellen, keine Anwendung. Für die Anteilseigner führt die Vermögensübertragung zu einer steuerpflichtigen Gewinnrealisierung in Höhe der Differenz der (anteiligen) Buchwerte/AK der Bet am übertragenden Rechtsträger zu dem gemeinen Wert der Gegenleistung. Bei der Teilübertragung sind für die Berechnung des Gewinns der bisherige Buchwert bzw die AK entspr den Wertverhältnissen aufzuteilen (vgl Anm 255). Die Vermögensübertragung stellt sich somit steuerlich für den Anteilseigner als Veräußerungstatbestand dar.

304 Im Fall der Verschmelzung eines VVaG auf eine VersicherungsAG (§ 109 UmwG) erhält der Anteilsinhaber statt der bisherigen Mitgliedschaftsrechte Anteile an der übernehmenden VersicherungsAG. Mangels historischer AK für die Mitgliedschaftsrechte am untergehenden VVaG sind die AK für die Anteile an der übernehmenden VersicherungsAG mit Null anzusetzen (UmwSt-Erl Tz 13.12).

b) Teilübertragung

306 **aa) Allgemein – Unterschiede zur Spaltung.** Die Vermögensübertragung unterscheidet sich auch in der Form der Teilübertragung von der Spaltung durch die Art der Gegenleistung. Während die Spaltung grds die Gewährung von GesRechten an die Anteilseigner/Gester des übertragenden Rechtsträgers vorsieht, ist hier die Gewährung von GesRechten gerade nicht vorgesehen, wodurch die Umwandlung grds nicht steuerneutral erfolgen kann.

307 **bb) Besteuerung des übernehmenden Rechtsträgers.** Für die Teilübertragung durch Aufspaltung und durch Abspaltung gelten die für die Vollübertragung dargestellten Grundsätze unter dem Vorbehalt, dass das übertragene Vermögen Teilbetriebsqualität hat (Anm 301). Die Teilbetriebsqualität des übergehenden Vermögens ist jedoch in Anbetracht der Gegenleistung, die gerade nicht in Anteilen besteht, iE für die Besteuerung ohne Bedeutung.

308 Die Teilübertragung in der Form der Ausgliederung ist im UmwStG nicht geregelt, denn die Einbringungsvorschriften, die regelmäßig auf Ausgliederungen Anwendung finden, verlangen die Ausgabe neuer Anteile als Gegenleistung für die Vermögensübertragung. Die Vermögensübertragung nach § 174 UmwG zeichnet sich jedoch gerade dadurch aus, dass Anteile nicht gewährt werden.

309 **cc) Besteuerung der Gesellschafter.** Bei der Teilübertragung gelten die in Anm 303 dargestellten Rechtsfolgen entsprechend bezogen auf das „Teilvermögen".

VII. Besteuerung des übernehmenden Rechtsträgers   311–315 **K**

7. Formwechsel

a) Allgemein – Unterschiede zur Verschmelzung

Der Formwechsel zeichnet sich zivilrechtlich durch die Identität des Rechtsträgers vor und nach der Umw aus (L Anm 15f); diesem Verständnis folgt das Steuerrecht nicht, wenn der Formwechsel mit einer Änderung der Besteuerungssystematik (sog heterogener Formwechsel) verbunden ist. Während ein Formwechsel einer KapGes in eine KapGes anderer Rechtsform (GmbH in AG) ebenso wie der einer PersGes in eine andere PersGes (OHG in KG) wegen des unveränderten Besteuerungsregimes weitgehend ohne Bedeutung ist (L Anm 203), wird ein Formwechsel einer KapGes in eine PersGes und umgekehrt steuerlich einer **übertragenden Umwandlung** gleichgestellt. Entspr werden in den §§ 9 bzw 25 UmwStG die für die übertragende Umw geltenden steuerlichen Vorschriften für anwendbar erklärt. So stellt sich steuerlich bei einem heterogenen Formwechsel die Thematik der steuerlichen Übernahmebilanzierung wie bei einer Verschmelzung. Auch der formwechselnde Rechtsträger sowie dessen Anteilseigner/Gester werden steuerlich so behandelt, als gäbe es die Rechtsträgeridentität nicht und ein Rechtsträger wäre auf einen anderen verschmolzen worden. Unterschiede gibt es lediglich dann, wenn es für die Besteuerung auf eine (zivilrechtliche) Vermögensübertragung ankommt. So verlangt das UmwStG zur Abgrenzung der Ergebnisse des formwechselnden Rechtsträgers die Erstellung einer ÜB und einer EB. 311

b) Steuerliche Eröffnungsbilanz des Rechtsträgers neuer Rechtsform

Der strukturelle Unterschied des Formwechsels im Handel- und im Steuerrecht wird deutlich an der Abbildung des Formwechsels: Während handelsrechtlich aufgrund des identitätswahrenden Charakters keine HBil (Übertragungs- oder SB) aufzustellen ist (IDW RS HFA 43, Tz 3, 22), verlangt § 9 S 2 UmwStG für den **Formwechsel einer Kapitalgesellschaft in eine Personengesellschaft** die Erstellung einer steuerlichen Übertragungsbilanz (SB) durch die KapGes (L Anm 202, 256) und die einer EB durch die PersGes, da letztere durch die Umw steuerlich erst entsteht (L Anm 256, 270). Für die steuerliche EB der übernehmenden PersGes gilt § 4 UmwStG und damit der Zwang zur Übernahme der Werte aus der steuerlichen SB der KapGes. Der Maßgeblichkeitsgrundsatz findet für die steuerliche EB keine Anwendung. Zur SB s L Anm 206, 262; zu Details der Übernahmebilanzierung L Anm 206, 270. 312

Beim **Formwechsel einer Personenhandelsgesellschaft in eine Kapitalgesellschaft** gilt Entsprechendes: Die KapGes hat eine EB, die PersGes eine Übertragungsbilanz zu erstellen (§ 25 S 2 iVm § 9 S 2 UmwG). Die steuerlichen Folgen ergeben sich aus § 20 UmwStG (L Anm 247). 313

c) Formwechsel Kapitalgesellschaft in Personengesellschaft

aa) Besteuerung der Personengesellschaft. Die Besteuerung des Formwechsels entspricht der Verschmelzung einer KapGes auf eine PersGes (Anm 142 ff). 315

316 bb) Besteuerung der Anteilseigner. Die Besteuerung der Anteilseigner (Mitunternehmer) entspricht grds der bei der Verschmelzung und damit den in den Anm 187 ff dargestellten Grundsätzen.

d) Formwechsel Personengesellschaft in Kapitalgesellschaft

318 aa) Besteuerung der Kapitalgesellschaft. Es gelten die gleichen Grundsätze wie bei der Verschmelzung, dh Einbringende sind die Mitunternehmer. Im Gegensatz zur Verschmelzung ist Einbringungsgegenstand jedoch der jeweilige Mitunternehmeranteil. SonderBetrVerm, das eine (funktional) wesentliche Betriebsgrundlage darstellt, ist, um die Anwendbarkeit von § 20 UmwStG sicherzustellen, im Rahmen eines einheitlichen Übertragungsakts zum selben steuerlichen Stichtag auf die KapGes zu übertragen (*Abele* in Sagasser/Bula/Brünger[5] § 28 Rn 38; UmwSt-Erl Tz 20.06). Der Gester muss somit zur Sicherstellung der Anwendbarkeit des § 20 UmwStG das wesentliche SonderBetrVerm (ggfs aufschiebend bedingt) auf den Zeitpunkt der Eintragung des Formwechsels übertragen. Wird wesentliches SonderBetrVerm nicht mit übertragen, entfällt ein etwaiges Bewertungswahlrecht bezogen auf den betreffenden Mitunternehmeranteil, dies beeinflusst das Bewertungswahlrecht bezogen auf die anderen Mitunternehmeranteile nicht.

319 bb) Besteuerung der Gesellschafter. Die Besteuerung der Gester entspricht grds der der Verschmelzung und damit den in den Anm 234 ff dargestellten Grundsätzen.

L. Bilanzierung beim Formwechsel

Übersicht

	Anm
I. Rechtliche Grundlagen	
1. Möglichkeiten für Formwechsel	1–11
2. Rechtsträgeridentität	15, 16
3. Ablauf des Formwechsels	17–25
4. Auswirkungen auf Ergebnisabführungsverträge	26–28
II. Bilanzierung bei der formwechselnden Gesellschaft	30, 31
1. Formwechsel von Personenhandels- in Kapitalgesellschaft	
a) Rechnungslegungspflichten	40–43
b) Eigenkapital	45–55
c) Abfindungen	60–68
d) Ansatz, Bewertung, Ausweis, Anhang	75–83
e) Steuern, latente Steuern	85–92
2. Formwechsel von Kapital- in Personenhandelsgesellschaft	
a) Rechnungslegungspflichten	100–105
b) Eigenkapital	110–113
c) Abfindungen	120, 121
d) Ansatz, Bewertung, Ausweis, Anhang	125–127
e) Steuern, latente Steuern	130–132
3. Formwechsel von AG in GmbH und umgekehrt	
a) Rechnungslegungspflichten	140–143
b) Eigenkapital	150–155
c) Abfindungen	160, 161
d) Ansatz, Bewertung, Ausweis, Anhang	165, 166
III. Bilanzierung beim Gesellschafter der formwechselnden Gesellschaft	
1. Bewertung der Beteiligung, Beteiligungserträge, Abfindung	170–173
2. Latente Steuern	180–184
IV. Steuerbilanzen beim Formwechsel	
1. Grundlagen	200–203
2. Formwechsel von Personenhandels- in Kapitalgesellschaft	
a) Überblick	205, 206
b) Besteuerung des Formwechsels – Entsprechende Geltung der §§ 20 bis 23 UmwStG	
aa) Formwechsel als Einbringungsvorgang	210–212
bb) Sonderbetriebsvermögen	215–217
cc) Bewertung des übernommenen Vermögens durch die Kapitalgesellschaft	220–224
dd) Steuerliche Folgen für die beteiligten Rechtsträger	225–238
c) Formwechsel einer vermögensverwaltenden Personengesellschaft	240, 241

	Anm
d) Steuerliche Übertragungs- und Eröffnungsbilanz ...	245–248
e) Steuerliche Rückbeziehung	250–252
3. Formwechsel von Kapital- in Personengesellschaft	
a) Überblick	255, 256
b) Besteuerung des Formwechsels – entsprechende Geltung der §§ 3 ff UmwStG	
aa) Allgemeines	260
bb) Besteuerung der KapGes	262–264
cc) Besteuerung der PersGes	270, 271
dd) Besteuerung der Anteilseigner	275–277
c) Formwechsel in eine vermögensverwaltende Personengesellschaft	280, 281
d) Steuerliche Übertragungs- und Eröffnungsbilanz ...	283
e) Steuerliche Rückbeziehung	285
4. Formwechsel von Kapital- in Kapitalgesellschaft anderer Rechtsform	290, 291
5. Formwechsel von Personenhandels- in Personengesellschaft anderer Rechtsform	295–297
6. Gewerbesteuer	300, 301
7. Verkehrssteuern	305, 306

Schrifttum: *Busch* Die Deckung des Grundkapitals bei Formwechsel einer GmbH in eine Aktiengesellschaft, AG 1995, 555; *Mertens* Die formwechselnde Umwandlung einer GmbH in eine Aktiengesellschaft mit Kapitalerhöhung und die Gründungsvorschriften AG 1995, 561; *Priester* Kapitalgrundlage beim Formwechsel, DB 1995, 911; *K. Schmidt* Volleinzahlungsgebot beim Formwechsel in die AG oder GmbH?, ZIP 1995, 1385; *ders* Formwechsel zwischen GmbH und GmbH & Co KG: Zur Gesellschafteridentität bei der Beteiligung einer Personengesellschaft am Formwechsel, GmbHR 1995, 693; *Kallmeyer* Der Ein- und Austritt der Komplementär-GmbH einer GmbH & Co KG bei Verschmelzung, Spaltung und Formwechsel nach dem UmwG 1995, GmbHR 1996, 80; *Müller* Zweifelsfragen zum Umwandlungsrecht, WPg 1996, 857; *Neye* Erste Erfahrungen mit dem handelsrechtlichen Umwandlungsgesetz, in: Herzig (Hrsg.): Neues Umwandlungssteuerrecht – Praxisfälle und Gestaltungen im Querschnitt, Köln 1996, 1; *Veil* Der nicht-verhältniswahrende Formwechsel von Kapitalgesellschaften – Eröffnet das neue Umwandlungsgesetz den partiellen Ausschluß von Anteilsinhabern? DB 1996, 2529; *Priester* Mitgliederwechsel im Umwandlungszeitpunkt – Die Identität des Gesellschafterkreises als zwingender Grundsatz?, DB 1997, 560; *Timmermanns* Kapitalaufbringung und Kapitalfestsetzung bei dem Formwechsel einer Personenhandelsgesellschaft in eine Kapitalgesellschaft DB 1999, 948; *Wiedemann* Identität beim Rechtsformwechsel, ZGR 1999, 569; *Bogenschütz* Umwandlung einer Kapitalgesellschaft in eine KGaA, FS Widmann, Bonn/Berlin 2000, 163; *Limmer* Der Identitätsgrundsatz beim Formwechsel in der Praxis, FS Widmann, Bonn/Berlin 2000, 51; *PricewaterhouseCoopers* Reform des Umwandlungssteuerrechts, Stuttgart 2007; *Suermann* Der unversteuerte Einbringungsgewinn nach § 22 UmwStG – eine steuerbare temporäre Differenz?, DStR 2012, 1977; *Skoluda/Janitschke* Auswirkungen eines Formwechsels auf den handelsrechtlichen Jahresabschluss – Eine Einführung in IDW RS HFA 41, WPg 2013, 521; *Deubert/Henckel* Handelsrechtliche Bilanzierung beim Formwechsel – Grundsätze und Neuerungen nach IDW RS HFA 41, WP-Praxis 2013, 137; *Lieder* Eigene Geschäftsanteile im Umwandlungsrecht, GmbHR 2014, 237; *Deubert/T. Hoffmann* Vermögensauskehrungen von Beteiligungsunternehmen, Der Konzern 2014, 154 ff; *Röser/Roland/Rimmelspacher* Änderungen in der Bestimmung der Größenklassen nach §§ 267, 293 HGB durch das BilRUG, DB 2015 Beil 5, 4; *Ries/Schulte* Die UG wird erwachsen: Das Erstarken der

I. Rechtliche Grundlagen

Unternehmergesellschaft zur Voll-GmbH, NZG 2018, 571 ff; *Brandi* Grenzüberschreitender (Heraus-)Formwechsel – praktische Erfahrungen und Vergleich mit Reformvorschlägen im EU Company Law Package, BB 2018, 2626 ff; *Kindler* Unternehmensmobilität nach „Polbud": Der grenzüberscheitende Formwechsel in Gestaltungspraxis und Rechtspolitik, NZG 2018, 1 ff; *Teichmann* Grundlinien eines europäischen Umwandlungsrechts: Das „EU-Company Law Package 2018", NZG 2019, 241 ff; *Kraft* „Grenzüberschreitende Vorhaben" nach Annahme der Mobilitätsrichtlinie durch das Europäische Parlament – Wesentliche Änderungen im Vergleich zum Kommissionsentwurf, BB 2019, 1864 ff.

I. Rechtliche Grundlagen

1. Möglichkeiten für Formwechsel

Formwechsel ist die Änderung der Rechtsform eines bestehenden Unt, wobei idR der GesterKreis identisch bleibt. Das UmwG regelt eine Fülle möglicher Formwechsel in seinem Fünften Buch (§§ 190–304). Danach ist der Formwechsel in folgenden Fällen zulässig:

Neue Form \\ Alte Form	§ UmwG	AG	GmbH	KGaA	eG	OHG/KG/PartGes	GbR
OHG/KG/PartGes	214 ff	ja	ja	ja		ja	
AG	226 ff		ja	ja	ja	ja	ja
GmbH	226 ff	ja		ja	ja	ja	ja
KGaA	226 ff	ja	ja		ja	ja	ja
eG	258 ff	ja	ja	ja			
Rechtsfähiger Verein	272 ff	ja	ja	ja	ja		
(größerer) VVaG	291 ff	ja					
Anstalt öffentlichen Rechts	301 ff	ja	ja	ja	ja		

Die UG kann weder Ausgangsrechtsform noch Zielrechtsform eines Formwechsels sein. Als Ausgangsrechtsform wird die UG in § 191 Abs 1 iVm § 3 Abs 1 Nr 2 UmwG nicht aufgezählt und als Zielrechtsform kommt sie nicht in Betracht, da die UG nach § 5a Abs 2 S 2 GmbHG nicht mit Sacheinlagen gegründet werden darf (glA *Freitag* in MünchHdbGesR[5] § 8a Anm 17; *Ries/Schulte* NZG 2018, 574; *Schlitt* in Semler/Stengel[4] UmwG § 214 Anm 17).

Die folgenden Ausführungen sind iW auf die im UmwG geregelten Formwechsel zwischen AG, GmbH und OHG/KG beschränkt.

Der Formwechsel einer KapGes in eine PersGes (OHG oder KG) setzt nach § 228 UmwG voraus, dass die Ges im Zeitpunkt des Formwechsels einen Gewerbebetrieb betreibt (§§ 1 und 2 HGB) oder vermögensverwaltend tätig ist (§ 105 Abs 2 HGB). Ist diese Voraussetzung nicht erfüllt (zB freiberufliche BeratungsGes), besteht aber die Möglichkeit, in eine GbR oder PartGes umzuwandeln. Der Formwechsel in eine PartGes setzt nach § 228

L 3–7 Bilanzierung beim Formwechsel

Abs 2 UmwG voraus, dass im Zeitpunkt des Wirksamwerdens alle Anteilsinhaber des formwechselnden Rechtsträgers (AG, GmbH oder KGaA) natürliche Personen sind, die einen Freien Beruf ausüben (§ 1 Abs 1 u 2 PartGG).

3   Die UmwMöglichkeiten schließen auch den Formwechsel von einer **GmbH & Co KG** in eine KapGes und umgekehrt ein. Fraglich ist aber, ob ein Formwechsel direkt von einer KapGes in eine GmbH & Co KG möglich ist, wenn der (am Vermögen und Ergebnis nicht beteiligte) Komplementär der neuen KG erst im Rahmen des Formwechsels als neuer Gester hinzutritt (Anm 4–6). Ebenso fraglich ist im Fall des Formwechsels von einer GmbH & Co KG in eine KapGes, ob der bisherige Komplementär, der nicht am Vermögen und Ergebnis der KG beteiligt war, im Rahmen des Formwechsels ausscheiden kann (Anm 7).

4   Für die Umw einer KapGes in eine KGaA sieht § 240 iVm § 221 UmwG explizit die Möglichkeit vor, dass im Rahmen des Formwechsels ein phG neu in die Ges eintreten kann. Dabei wird keine Einschränkung hinsichtlich des Umfangs seiner Bet am Vermögen der neuen Ges vorgenommen, dh, es könnte sich auch um den Beitritt eines am Vermögen der neuen Ges unbeteiligten phG handeln. Es liegt nahe, auch beim Formwechsel einer KapGes in eine KG, den Beitritt eines phG (zumindest ohne Bet am Vermögen) als analogen Anwendungsfall zu dieser Regelung im Rahmen des Formwechsels zuzulassen (iE glA *Kallmeyer* GmbHR 1996, 80; *K. Schmidt* GmbHR 1995, 693; *Sagasser/Luke* in Sagasser/Bula/Brünger[5] § 26 Anm 160ff; im Hinblick auf die Praxis zurückhaltend, im Ergebnis aber theoretisch zustimmend *Priester* DB 1997, 560; aA *Neye* in Herzig (Hrsg) Neues Umwandlungssteuerrecht – Praxisfälle und Gestaltungen im Querschnitt, Köln 1996, 16; zur Diskussion s *Limmer* in FS Widmann, 55). Es ist uE kein Grund ersichtlich (Kapitalaufbringung, Gläubigerschutz), der eine analoge Anwendung des § 221 UmwG auf den Formwechsel einer KapGes in die KapGes & Co KG ausschließt.

5   Das praktische Bedürfnis für eine solche analoge Anwendung ist dagegen groß, da idR keiner der bisher haftungsbegrenzten Gester der KapGes phG der neuen PersGes werden möchte. Andererseits sollen die BetVerhältnisse zwischen den Gestern nicht durch den Beitritt eines weiteren (Zwerg-) Gesters in die bisherige KapGes verändert werden. Ein solcher „Beitritt" wäre erforderlich, wenn man davon ausginge, dass der künftige Komplementär der KG bereits vor dem Formwechsel Gester der KapGes gewesen sein muss.

6   Für die analoge Anwendung des § 221 UmwG spricht auch, dass KapGes theoretisch auch *zuerst* unter Beitritt eines neuen phG in der Rechtsform einer KapGes in eine KGaA formwechseln können, um *nachfolgend* in die KapGes & Co KG formzuwechseln. Nach hM kann eine KapGes alleiniger phG einer KGaA sein (BGH v 24.2.1997 DB, 1219; *Hüffer/Koch* AktG[13] § 278 Anm 8). Unter diesen Umständen erscheint es nicht sinnvoll, die direkte Umw als unzulässig anzusehen. IÜ besteht die Möglichkeit, statt über einen Formwechsel durch eine Verschmelzung (Gründung einer GmbH & Co KG und Verschmelzung der KapGes auf die KG) zum gewünschten Ziel zu gelangen.

7   Bei PersGes ist es möglich, dass einzelne Gester weder am Vermögen noch am Ergebnis der PersGes beteiligt sind. Es handelt sich dann um Ge-

schäftsführungs- und VollhaftungsGester. Diese Konstellation ist häufig bei KomplementärGmbH von **GmbH & Co KG** zu finden. Im Rahmen des Formwechsels stellt sich die Frage, ob diese Gester gem dem Grundsatz der Identität des GesterKreises auch nach dem Formwechsel in eine KapGes noch Gester sein müssen. Da eine vergleichbare Stellung in AG und GmbH nicht möglich ist, diesen Gestern aber auch keine Kapitalbeteiligung zusteht, ist es uE möglich, dass sie im Rahmen des Formwechsels aus der Ges ausscheiden (ebenso *Kallmeyer* GmbHR 1996, 82; iE auch *K. Schmidt* GmbHR 1995, 696; so auch jüngere Rspr des KG Berlin v 19.12.2018 BB 2019, 530). Für die Nachhaftung, der sie gem § 224 UmwG für die Altverbindlichkeiten des alten Rechtsträgers für fünf Jahre unterliegen, steht dem ausscheidenden Komplementär allerdings eine Ausgleichszahlung (Risikoprämie) zu, die handelsrechtlich als Aufwand zu erfassen ist. Wenn ein Gester im Zuge des Formwechsels aus der Ges ausscheiden soll, ist seine Zustimmung zu diesem Formwechsel erforderlich (so grds auch *Priester* DB 1997, 567; *Veil* DB 1996, 2530). Diese Zustimmung dürfte aber idR bei den typischen KomplementärGmbH kein Problem sein, wenn die Gester der GmbH zugleich die Kommanditisten der KG sind.

Der Formwechsel der **offenen Handelsgesellschaft zur Komman-** 8 **ditgesellschaft** unterliegt den Regeln des HGB und erfolgt durch Einführung einer Haftungsbegrenzung für mindestens einen bisherigen Vollhafter. Der Formwechsel der KG zur OHG unterliegt ebenfalls den Regeln des HGB und erfolgt durch Aufhebung der Haftungsbegrenzung für alle bisherigen Kommanditisten. Die Überführung des Unt eines EKfm in eine KapGes ist nach §§ 152, 158 bis 160 UmwG als Ausgliederung ausgestaltet. Die Überführung einer KapGes in ein Unt eines EKfm erfolgt nach §§ 120 bis 122 UmwG als Verschmelzung.

Der Formwechsel einer AG in eine **Europäische Gesellschaft** (SE) wird 9 durch Art 2 Abs 4 iVm Art 37 SE-VO (EG) geregelt. Der Formwechsel ist – wie der Formwechsel nach UmwG (Anm 10) – rechtsträgeridentitätswahrend (Art 37 Abs 2 SE-VO (EG)). Voraussetzung für den Formwechsel ist, dass die AG seit mindestens zwei Jahren eine TochterGes in einem anderen Mitgliedstaat hat. Im Rahmen des Formwechsels darf der Sitz der AG/SE nicht verlegt werden (Art 37 Abs 3 SE-VO). Nach Art 66 SE-VO darf eine SE mit Sitz in Deutschland rechtsträgeridentitätswahrend in eine AG formwechseln. Ein derartige Umw darf erst zwei Jahre nach Eintragung der SE oder nach Genehmigung der ersten beiden JA beschlossen werden.

Aus dem Wortlaut des Art 66 SE-VO könnte geschlossen werden, dass andere Formwechsel in die SE und aus der SE nicht zulässig sind. Weil eine AG, die aus einer SE hervorgegangen ist, nach nationalem Recht nicht an einem weiteren Formwechsel gehindert werden kann, dürfte auch ein Formwechsel aus einer SE in eine andere Rechtsform zulässig sein, wenn dies nach dem nationalen UmwRecht für die AG zulässig ist (glA *Kiem* in Kölner Komm AktG[3], SE-VO Art 66 Anm 10f; *Eberspächer* in Spindler/Stilz[4] SE-VO Art 66 Anm 1; *Drinhausen* in Habersack/Drinhausen[2] SE-VO Art 66 Anm 7). Zu den zulässigen Formwechseln einer AG s Anm 1.

Beim **grenzüberschreitenden Formwechsel** wird ein nach dem Recht 10 eines Wegzugstaats bestehender Rechtsträger unter Verlegung seines Satzungssitzes in eine Rechtsform nach dem Recht des Zuzugsstaats umgewandelt (*Brandi* BB 2018, 2626; *Altmeppen* in Roth/Altmeppen[9] GmbHG § 4a Anm 21). Damit die Identität der Ges gewahrt bleibt (s Anm 15), darf dafür weder der Wegzugsstaat die Auflösung der Ges anordnen, noch darf der Zuzugsstaat die Neugründung anordnen (*Ego* in MünchKomm AktG[4] Bd 7 B 3 Anm 333). Allerdings sieht weder § 191 UmwG, noch das EU-Recht die Möglichkeit eines grenzüberschreitenden Formwechsels vor (IDW RS HFA 41, Tz 6; *Drinhausen/Keinath* in Hensseler/Strohn[4] UmwG § 190 Anm 17). Unter Verweis auf die Niederlassungsfreiheit (Art 49, 54 AEUV) hat der EuGH mehrfach grenzüberschreitende Formwechsel für zulässig erklärt (EuGH v 16.12.2008 NZG 2009, 61; EuGH v 12.7.2012 NZG 2012, 871; EuGH v 25.10.2017 BB 2017, 2829).

Lässt das nationale Recht eines Zuzugsstaats für innerstaatliche Konstellationen Formwechsel zu, muss ein grenzüberschreitender Formwechsel von in § 191 Abs 1 UmwG genannten deutschen Rechtsformen in eine Rechtsform des EU/EWR-Zuzugsstaats für **Hinausformwechsel** zugelassen werden; **Hereinformwechsel** sind zulässig, wenn ausländische Rechtsträger von EU-/EWR-Wegzugsstaaten, deren Rechtsform einer in § 191 Abs 1 UmwG genannten Rechtsformen entspricht, in eine der in § 191 Abs 2 UmwG genannten Rechtsformen umgewandelt werden (s IDW RS HFA 41, Tz 6).

11 Grenzüberschreitende Formwechsel sind nach dem Urteil des EuGH v 25.10.2017 („Polbud"-Entscheidung) auch bei isolierter Verlegung des Satzungssitzes, ohne dass es dabei auch zu einer Verlegung der wirtschaftlichen Tätigkeit kommt (Verlegung des faktischen Verwaltungssitzes), zulässig, sofern dies nach dem Recht des Zuzugsstaats zulässig ist (s *Decker* in Henssler/Strohn[4] UmwG § 1 Anm 17; *Brandi* BB 2018, 2627; kritisch wegen des damit einhergehenden Missbrauchspotentials *Kindler* NZG 2018, 1 ff). Die **praktische Umsetzung** von Hinaus- und Hereinformwechseln ist jedoch nicht abschließend geklärt. Nach hM sind die §§ 190 ff UmwG, §§ 122a ff UmwG und Art 8 SE-VO analog anzuwenden (mwN *Altmeppen* in Roth/Altmeppen[9] UmwG § 4a Anm 25; *Brandi* BB 2018, 2627); für die Bilanzierung zumindest des Hereinformwechsels sind die Grundsätze des IDW für die Bilanzierung von Formwechseln entspr anzuwenden (IDW RS HFA 41, Tz 6). Die EU-Kommission hat am 25.4.2018 den Entwurf einer Richtl zur Änderung der Richtl (EU) 2017/1132 in Bezug auf grenzüberschreitende Umwandlungen, Verschmelzungen und Spaltungen veröffentlicht, dessen Ziel ua in der Schaffung von Regeln für grenzüberschreitende Formwechsel besteht (s ausführlich *Teichmann* NZG 2019, 241 ff). Nachdem der Entwurf in einigen Punkten noch einmal geändert wurde, hat das Europäische Parlament dem Kompromisstext am 18.4.2019 zugestimmt (s zu den Änderungen *Kraft* BB 2019, 1864 ff). Die Richtl ist innerhalb von drei Jahren in nationales Recht umzusetzen.

2. Rechtsträgeridentität

15 Die Formwechsel nach dem UmwG haben nach § 202 Abs 1 Nr 1 UmwG gemeinsam, dass sie als rechtsträger(identitäts-)wahrende Wechsel der Rechtsform, also ohne eine Vermögensübertragung, ausgestaltet sind (hM;

I. Rechtliche Grundlagen

zB IDW RS HFA 41, Tz 3). Dies gilt insb auch für den Formwechsel von PersGes in KapGes und umgekehrt. Damit geht das UmwG offenbar von einer weitgehenden rechtlichen Verselbständigung der PersGes von ihren Gestern (quasi-juristische Person) aus, die es gestattet, von einer **Rechtsträgeridentität** trotz Strukturwechsels von der Gesamthandsgemeinschaft (PersGes) zur körperschaftlich verfassten juristischen Person (KapGes) oder umgekehrt auszugehen.

Im Gegensatz dazu sind, wohl wegen der fehlenden Verselbständigung **16** des Unt des **Einzelkaufmanns** von seinem „Gester", die entspr Umw von KapGes in ein Unt eines EKfm oder umgekehrt nicht als Formwechsel, sondern als Verschmelzung bzw Ausgliederung (also als Vermögensübertragung) ausgestaltet.

3. Ablauf des Formwechsels

Durch einen Formwechsel können die **Gründungsvorschriften** für die **17** jeweilige Zielrechtsform nicht unterlaufen werden. Obwohl nach dem Leitbild der Rechtsträgeridentität keine Gründung vorliegt, sind dennoch zur Sicherung der Kapitalaufbringung gem §§ 197, 220, 245 UmwG die jeweiligen Gründungsvorschriften anzuwenden. Ist die Zielrechtsform eine KapGes, bedeutet dies, dass das Stamm-/Grundkapital die gesetzlichen Mindestbeträge und das „eingebrachte" Vermögen den Betrag des Stamm-/Grundkapitals erreichen muss (Anm 45). Es muss ein Sachgründungsbericht (§ 5 Abs 4 S 2 GmbHG) bzw Gründungsbericht (§ 32 AktG) erstellt werden, in dem auch der bisherige Geschäftsverlauf der formwechselnden Ges dargestellt wird (§ 220 Abs 2 UmwG). Beim Formwechsel in AG hat nach § 33 Abs 1 AktG eine Gründungsprüfung durch Vorstand und AR und nach § 220 Abs 3 UmwG eine Prüfung durch einen oder mehrere Gründungsprüfer stattzufinden. Nur beim Formwechsel von AG/KGaA in GmbH muss das „eingebrachte" Vermögen den Betrag des Stammkapitals nicht decken; ein Sachgründungsbericht ist nicht erforderlich (§ 245 Abs 4 UmwG; Anm 152).

Ein Formwechsel bedarf nach § 193 UmwG eines Beschlusses der Gester **18** des formwechselnden Rechtsträgers. Die **Zustimmungserfordernisse** sind für die einzelnen Formwechsel unterschiedlich geregelt. Bei PersGes als Ausgangsrechtsform ist gem § 217 Abs 1 UmwG die Zustimmung *aller* Gester erforderlich, es sei denn, der GesVertrag sieht für diesen Fall eine Mehrheitsentscheidung vor. Die Mehrheit muss dann aber mindestens 75% der abgegebenen Stimmen betragen. Auch bei Mehrheitsentscheidung müssen alle Gester zustimmen, die in der neuen Rechtsform einer KGaA die Stellung eines phG haben sollen (§ 217 Abs 3 UmwG).

Bei der Umw einer KapGes in eine GbR oder OHG müssen nach § 233 **19** Abs 1 UmwG *alle* Anteilsinhaber zustimmen. Bei der Umw einer KapGes in eine KG oder KapGes anderer Rechtsform bedarf es einer Zustimmung von mindestens 75% der bei der beschlussfassenden GesV *abgegebenen* Stimmen (§ 233 Abs 2 UmwG, § 240 Abs 1 UmwG; nur bei Formwechsel von KGaA in AG kann die Satzung eine niedrigere Zustimmungsquote vorsehen). Gester, die in der neuen Rechtsform phG sein sollen, müssen auch bei Mehrheitsentscheid dem Formwechsel zustimmen (§ 233 Abs 2 S 3 UmwG, § 240

Abs 2 UmwG). Bei formwechselnden GmbH sind ggf besondere Zustimmungserfordernisse zu beachten (§ 241 UmwG).

20   Soweit ein Formwechsel durch Mehrheitsentscheid möglich ist, ist nach § 207 UmwG den Gestern, die gegen den Formwechsel gestimmt haben und gegen den UmwBeschluss Widerspruch zur Niederschrift erklärt haben, der Erwerb ihrer umgewandelten Anteile oder Mitgliedschaften gegen eine **angemessene Barabfindung** anzubieten. Diese Gester können sich dann nach Vollzug des Formwechsels binnen zwei Monaten entscheiden, ob sie Gester der neuen Rechtsform bleiben oder gegen Abfindung ausscheiden wollen. Lediglich bei Formwechsel von AG zu KGaA oder umgekehrt ist ein solches Abfindungsangebot nicht vorgesehen (§ 250 UmwG).

21   Wenn ein Beschluss für den Formwechsel gefasst wurde, haben alle Gester, auch jene, die dem Formwechsel zugestimmt haben (ebenso *Bärwaldt* in Semler/Stengel[4] UmwG § 196 Anm 8; *Drinhausen/Keinath* in Henssler/Strohn[4] UmwG § 196 Anm 4), nach § 196 UmwG Anspruch auf einen Ausgleich durch **bare Zuzahlung** des Rechtsträgers, wenn die Anteile an dem Rechtsträger neuer Rechtsform zu niedrig bemessen oder die Mitgliedschaft bei diesem kein ausreichender Gegenwert für die Anteile oder Mitgliedschaft bei dem formwechselnden Rechtsträger ist. Ein Grund für derartige Ausgleichsansprüche könnten etwa besondere Rechte in der alten Rechtsform, die in der neuen Rechtsform nicht gewährt werden (dürfen), oder geringfügige Anteilsverschiebungen auf Grund der Stückelung der Anteile sein.

22   Das Vertretungsorgan des formwechselnden Rechtsträgers hat nach § 192 Abs 1 UmwG einen ausführlichen schriftlichen **Umwandlungsbericht** zu erstatten, in dem der Formwechsel und insb die künftige Beteiligung der Anteilsinhaber an dem Rechtsträger rechtlich und wirtschaftlich erläutert und begründet werden. Eine Vermögensaufstellung muss dem UmwBericht nicht mehr beigefügt werden (s *Winter* in Schmitt/Hörtnagel/Stratz[8] UmwG § 192 Anm 19).

23   Der **Umwandlungsbericht** ist **nicht erforderlich,** wenn an dem formwechselnden Rechtsträger *nur* ein Anteilsinhaber beteiligt ist (§ 192 Abs 2 UmwG) oder bei einer formwechselnden PersGes alle Gester zur Geschäftsführung berechtigt sind (§ 215 UmwG). Sonst kann der UmwBericht nur dann entfallen, wenn alle Anteilsinhaber auf seine Erstattung mit einer notariell beurkundeten Erklärung verzichten (§ 192 Abs 2 UmwG).

24   Für die Frage, auf welchen **Stichtag** vor dem Zeitpunkt der Beschlussfassung über den Formwechsel der UmwBericht frühestens aufgestellt sein darf, enthält das UmwG keine explizite Regelung. Aus dem Sinn des Berichts ergibt sich jedoch, dass es sich um einen der Beschlussfassung nahen Zeitpunkt handeln sollte, da er die rechtlichen und wirtschaftlichen Entscheidungsgrundlagen für den Formwechsel zu erläutern hat. Man kann sich hier an der für die Schlussbilanz bei Verschmelzung genannten Acht-Monats-Grenze orientieren; allerdings dürfte ein auf einen früheren Zeitpunkt aufgestellter UmwBericht kein Eintragungshindernis darstellen.

25   Der UmwBericht gehört zu den Unterlagen, die nach § 199 UmwG bei der Anmeldung des Formwechsels zum HR einzureichen sind **(Offenlegung).** Wenn ein UmwBericht zwar grds erforderlich war, aber die Anteilsinhaber darauf nach § 192 Abs 2 UmwG verzichtet haben, müssen die nota-

riell beurkundeten Verzichtserklärungen bei der Anmeldung des Formwechsels zum HR eingereicht werden. Die Gester können also durch Verzicht auf den UmwBericht die Publizität vermeiden. Trotz eines solchen Verzichts kann jedoch im **Innenverhältnis** der Gester vereinbart werden, dass eine Erläuterung der künftigen BetVerhältnisse erstellt werden soll. Auf diese Weise können die Gester die Informationen erhalten, die sie für die Beschlussfassung über den Formwechsel benötigen, ohne dass es zu einer Publizität kommt.

4. Auswirkungen auf Ergebnisabführungsverträge

Zumindest gesellschaftsrechtlich berührt ein Formwechsel einer der Parteien eines EAV (abhängiges Unt, herrschendes Unt) das **Bestehen** des EAV grds nicht (glA *Gelhausen/Heinz* NZG 2005, 775; *Emmerich/Habersack*[8] AktG § 297 Anm 4; *Koppensteiner* in Kölner Komm AktG[3] § 297 Anm 35). **26**

Anderes gilt, wenn das **abhängige Unternehmen** in eine Rechtsform umgewandelt wird, die nicht Partei eines EAV sein kann (s *Deilmann* in Hölters AktG[3] § 297 Anm 35; *Veil* in Spindler/Stilz[4] AktG § 297 Anm 48). Nach hM können grds auch PersGes abhängiges Unt eines EAV sein (glA *Gelhausen/Heinz* NZG 2005, 775; *Veil* in Spindler/Stilz[4] AktG § 291 Anm 4). Gleichwohl kann dem bei einem Formwechsel in eine PersGes die persönliche Haftung außenstehender Gesellschafter entgegenstehen (*Altmeppen* in MünchKomm AktG[4] § 297 Anm 137; *Emmerich/Habersack*[8] AktG § 297 Anm 45). In derartigen Fällen werden EAV dann für zulässig gehalten, wenn die MitGester durch das herrschende Unt im Innenverhältnis von ihrer im Außenverhältnis unbeschränkten Haftung freigestellt werden (s *Müller* BB 2002, 160 mwN). **27**

Nimmt der EAV auf die frühere Rechtsform des **herrschenden Unternehmens** Bezug, ist es beim Formwechsel des herrschenden Unt erforderlich, den EAV mit Blick auf die neue Rechtsform auszulegen (*Emmerich/Habersack*[8] AktG § 297 Anm 45a). **28**

II. Bilanzierung bei der formwechselnden Gesellschaft

Da der Formwechsel iSd UmwG nicht als Vermögensübertragung angelegt ist, sondern die **Identität** des Rechtsträgers gewahrt bleibt, ergeben sich im Zuge des Formwechsels keine gesonderten handelsrechtlichen Bilanzen (zu steuerlichen Bilanzen Anm 200 ff). Weder hat die Ges alter Rechtsform eine SB zu erstellen, noch hat die Ges neuer Rechtsform eine EB aufzustellen (glA *Schubert/Gadek* in Beck Bil-Komm[12] § 255 Anm 43; *Bula/Thees* in Sagasser/Bula/Brünger[5] § 27 Anm 4; IDW RS HFA 41, Tz 3). Es entsteht durch den Formwechsel im Jahr des Formwechsels auch kein RumpfGj. Die Ges führt ihre Buchführung im neuen Rechtskleid nahtlos fort. Dies bedeutet insb, dass die Ges auch in neuer Rechtsform an die ursprünglichen (fortgeschriebenen) **Anschaffungskosten** (§ 253 Abs 1 S 1 iVm § 255 HGB) der Ges ursprünglicher Rechtsform gebunden ist (glA IDW RS HFA 41, Tz 5; *Bula/Thees* in Sagasser/Bula/Brünger[5] § 27 Anm 6; aA *Priester* DB 1995, 911, der bei Formwechsel von PersGes in KapGes eine Aufstockung der Wertansätze bis zu Zeitwerten für zulässig hält). Aufwendungen, die durch **30** den Formwechsel entstehen, wie zB Rechtsberatungs- und Notarkosten, sind unmittelbar erfolgswirksam zu erfassen (glA *Bula/Thees* in Sagasser/Bula/ Brünger[5] § 27 Anm 47 f).

31 Will man handelsrechtlich die **Buchwertfortführung vermeiden,** kann man den „Formwechsel" durch eine Verschmelzung erreichen, indem zuerst die Ges neuer Rechtsform gegründet und dann die Ges alter Rechtsform auf die Ges neuer Rechtsform verschmolzen wird (*Bula/Thees* in Sagasser/Bula/ Brünger[5] § 27 Anm 9).

1. Formwechsel von Personenhandels- in Kapitalgesellschaft

a) Rechnungslegungspflichten

40 Die neue KapGes entsteht nach § 202 UmwG mit Eintragung des Formwechsels in das HR. Sie hat auf diesen Tag aber *keine* EB aufzustellen (Anm 30); eine Rechnungslegungspflicht ergibt sich daher grds erst zum nächsten regulären Bilanzstichtag. Für das am ersten Bilanzstichtag *nach* Vollzug des Formwechsels endende Gj (nicht vorher, auch wenn der Formwechsel kurz nach dem Bilanzstichtag vollzogen wird) unterliegt die neue KapGes den für ihre Rechtsform geltenden **Rechnungslegungs-, Prüfungs- und Offenlegungsnormen** (insb §§ 264–335 HGB). Soweit diese Vorschriften von der **Größenklasse** der KapGes abhängen, bestimmt sich diese gem § 267 Abs 4 S 2 HGB danach, welche Merkmale (Bilanzsumme, Umsatz, Anzahl der Arbeitnehmer) am ersten Bilanzstichtag nach Vollzug des Formwechsels erreicht werden. Für den Umsatz und die Anzahl der Arbeitnehmer ist dabei das gesamte Gj maßgeblich, unabhängig davon, zu welchem Zeitpunkt im Gj der Formwechsel rechtlich vollzogen wurde. Im Falle des Formwechsels einer KapCoGes in eine KapGes ist § 267 Abs 4 S 2 HGB nicht anzuwenden (§ 267 Abs 4 S 3 HGB), so dass die Rechtsfolgen der Merkmale nach § 267 Abs 1 bis 3 S 1 HGB erst dann eintreten, wenn sie an zwei aufeinanderfolgenden Bilanzstichtagen über- bzw unterschritten werden. § 267 Abs 4 S 3 HGB gilt grds nur, wenn die Ges sowohl vor als auch nach dem Formwechsel KapGes oder KapCoGes ist. Eine entspr Anwendung dieser Ausnahme ist nach § 336 Abs 2 S 1 HGB für eG erkennbar, wenn eine solche in eine KapGes (§ 258 UmwG) oder eine KapGes oder KapCoGes in eine eG umgewandelt wird (glA *Röser/Roland/Rimmelspacher* DB 2015 Beil 5, 5 f).

41 Für die **Konzernrechnungslegungspflicht** sind die Vorschriften nach § 267 Abs 4 S 2 und 3 HGB entspr anzuwenden (§ 293 Abs 4 S 2 HGB). Damit besteht Konzernrechnungslegungspflicht grds, wenn die Größenkriterien des § 293 Abs 1 HGB am ersten Stichtag nach dem Vollzug des Formwechsels überschritten sind. Handelt es sich bei der formwechselnden PersGes um eine KapCoGes, richtet sich die Konzernrechnungslegungspflicht der neuen KapGes nach den allg Regelungen (§ 293 Abs 1 HGB) bzw nach der Härteklausel in § 293 Abs 4 S 1 HGB (glA *Röser/Roland/Rimmelspacher* DB 2015 Beil 5, 5 f; *Grottel/Kreher* in Beck Bil-Komm[12] § 293 Anm 22).

42 Falls der Formwechsel im Wertaufhellungszeitraum, dh nach dem (letzten) Bilanzstichtag der PersGes, aber noch vor **Aufstellung** des entspr JA, wirksam wird, hat der Vorstand (die Geschäftsführung) der neuen KapGes die Bilanzierungspflichten bzgl des letzten JA der PersGes (Aufstellung und Unterzeichnung des JA) zu erfüllen (IDW RS HFA 41, Tz 24). Dies gilt auch, wenn keine Personenidentität zwischen den Organmitgliedern der neuen KapGes und den geschäftsführenden Gestern der ehemaligen PersGes besteht. Der JA/KA sollte als JA/KA der Ges alter Rechtsform bezeichnet werden. Auf den inzwischen eingetretenen Formwechsel sollte schon aus Gründen der Klarheit und Übersichtlichkeit (§ 243 Abs 2 HGB) ein Hinweis erfolgen. Handelt es sich bei der formwechselnden PersGes um eine KapCoGes, die bereits vor dem Formwechsel zur Aufstellung eines Anhangs verpflichtet ist und nicht klein ist (s § 288 Abs 1 Nr 1 HGB), hat bei wesentlichen Auswirkungen des Formwechsels auf die VFE-Lage eine Angabe nach § 285 Nr 33 HGB zu erfolgen. Dies kann insb dann der Fall sein, wenn der Formwechsel wesentliche Auswirkungen auf die Bilanzierung latenter Steuern hat (s Anm 85).

Bei PersGes ist eine gesonderte **Feststellung** des JA nicht explizit gesetzlich vorgesehen. Die hM geht aber selbst für die KG davon aus, dass es einer „Feststellung" des JA durch alle Gester, dh bei der KG auch durch die Kommanditisten, bedarf (BGH v 29.3.1996 WM, 772, wobei der GesVertrag aber abw auch Mehrheitsentscheidungen regeln kann, BGH v 15.1.2007 GmbHR, 437). Ist die Feststellung des letzten JA der PersGes im Zeitpunkt des Formwechsels noch nicht erfolgt, ist diese nach dem Formwechsel durch das Organ vorzunehmen, das in der neuen Rechtsform für die Feststellung des JA zuständig ist. Bei GmbH wäre der letzte JA der PersGes somit idR von der GesV festzustellen. Bei AG dagegen würde die Feststellung idR durch den AR erfolgen.

b) Eigenkapital

Für die **Wahl der Höhe des Grund-** bzw **Stammkapitalbetrags** der neuen KapGes, die im Rahmen der Feststellung des GesVertrags/der Satzung mit dem Umw-Beschluss getroffen wird (§ 218 Abs 1 UmwG), legt § 220 Abs 1 UmwG lediglich fest, dass das Nettovermögen zu Zeitwerten (Ertragswert des Unt) der formwechselnden PersGes diesem Betrag mind entsprechen muss (ebenso *Westerburg* in Schmitt/Hörtnagl/Stratz[8] UmwG § 220 Anm 2 ff; IDW RS HFA 41, Tz 16; *Busch* AG 1995, 558; *Mertens* AG 1995, 561 Fn 3; *Joost* in Lutter UmwG[5] § 220 Anm 10; *Bula/Thees* in Sagasser/Bula/Brünger[5] § 27 Anm 22; *WPH* TBd Ass, E Anm 174). Außerdem müssen nach § 197 UmwG iVm § 7 AktG bzw § 5 Abs 1 GmbHG die jeweiligen Mindestkapitalbeträge bei AG von 50 T€ bzw bei GmbH von 25 T€ erreicht werden. Es ist daher auf Grund der Mindestkapitalanforderungen ggf notwendig, aber auch jenseits dieser Mindestbeträge zulässig, beim Formwechsel einen Grund-/Stammkapitalbetrag festzulegen, der höher ist als das BuchEK der formwechselnden PersGes, wenn der Zeitwert des Vermögens der PersGes diesen Kapitalbetrag deckt (ebenso *Schlitt* in Semler/Stengel[4] UmwG § 200 Anm 11).

Genauso ist es uE zulässig, einen Grund-/Stammkapitalbetrag festzulegen, der kleiner als das BuchEK der PersGes ist. Es gibt keine Regelung, nach der etwa bestimmte Kapitalkomponenten der PersGes in Grund-/Stammkapital der KapGes umgewandelt werden müssen. Das gilt auch für die KG. Das Grund-/Stammkapital der KapGes kann daher auch niedriger gewählt werden, als es dem Haftkapital (Kommanditkapital) der KG entspricht (ebenso

Mayer in Widmann/Mayer UmwG § 197 Anm 118). Allerdings ist dabei zu beachten, dass die damit einhergehende (abstrakte) Gläubigergefährdung durch die Verringerung der Kapitalbindung bei gleichzeitigem Wegfall der sonst bei Verringerung der Kommanditeinlage auflebenden persönlichen Haftung der Kommanditisten für die Glaubhaftmachung einer Gefährdung der Ansprüche iSd § 204 UmwG iVm § 22 Abs 1 S 2 UmwG genügen dürfte (iE ebenso *Vossius* in Widmann/Mayer UmwG § 204 Anm 20f). Dann können Gläubiger innerhalb von sechs Monaten nach Bekanntmachung des Formwechsels die Leistung von Sicherheiten für ihre Ansprüche verlangen. Diese Glaubhaftmachung könnte unter diesen Umständen wohl nur dann nicht gegeben sein, wenn der bisherige Komplementär wirtschaftlich so leistungsfähig ist, dass er notfalls die Altgläubiger befriedigen könnte. Eine Haftung der Kommanditisten iSd § 174 iVm § 171 HGB besteht nach dem Formwechsel nicht mehr.

47 Das **Bucheigenkapital** der PersGes wird vollständig zum BuchEK der KapGes. Das BuchEK der PersGes ist dem letzten JA der PersGes vor dem Formwechsel zu entnehmen. Dabei gelten Verbindlichkeiten ggü den Gestern idR nicht als EK der PersGes (s zur Abgrenzung IDW RS HFA 7 nF, Tz 13 ff). Der EK-Betrag aus dem letzten JA vor Formwechsel ist um Einlagen und Entnahmen bis zum Zeitpunkt des Formwechsels zu korrigieren, die Höhe des bilanziellen EK ist also im Rahmen gesellschaftsrechtlicher Regelungen vor dem Formwechsel gestaltbar (ebenso *Bula/Thees* in Sagasser/Bula/Brünger[5] § 27 Anm 27).

Hat die PersGes im letzten JA der PersGes **passive Sonderposten** gem § 264c Abs 4 HGB für Anteile an KomplementärGes gebildet (ausführlich dazu *Schmidt/K. Hoffmann* in Beck Bil-Komm[12] § 264c Anm 80ff), werden diese zu EK der KapGes (ebenso *Skoluda/Janitschke* WPg 2013, 524). Wenn die Anteile an der KomplementärGes (ausnahmsweise) Anteile an einem herrschenden oder mit Mehrheit beteiligten Unt darstellen, ist der passive Sonderposten in der KapGes in die entspr Rücklage nach § 272 Abs 4 HGB umzugliedern.

Das anteilige **Jahresergebnis** bis zum Zeitpunkt des Formwechsels ist nicht in die Zuordnung zu gezeichnetem Kapital, Kapital- und Gewinnrücklagen einzubeziehen, da das gesamte Jahresergebnis unabhängig vom Zeitpunkt des Vollzugs des Rechtsformwechsels während des Gj als Jahresergebnis der Ges neuer Rechtsform zu zeigen ist (ebenso *Skoluda/Janitschke* WPg 2013, 524).

48 Die Zuordnung der EK-Komponenten der PersGes zu denen der KapGes erfolgt beim Formwechsel grds danach, welche Komponenten am ehesten vergleichbar sind. Dies ergibt sich aus dem Leitbild der Rechtsträgeridentität, wonach der Formwechsel in eine KapGes keine Gründung einer KapGes ist. Es wäre daher nicht zutreffend, ohne weiteres, dh ohne ausdrückliche Festlegung im Formwechselbeschluss, den das gezeichnete Kapital **übersteigenden Betrag** des Buchvermögens der neuen KapGes als Agio für die Ausgabe von Anteilen in eine Kapitalrücklage nach § 272 Abs 2 Nr 1 HGB einzustellen (ähnlich IDW RS HFA 41, Tz 8; WPH TBd Ass, E Anm 194; aA aber *Widmann* in Widmann/Mayer UmwG § 24 Anm 486). Beim schon länger bekannten Formwechsel zwischen KapGes war es auch

II. Bilanzierung bei der formwechselnden Gesellschaft 49–52 L

schon bisher üblich, das EK in seiner vorliegenden Gliederung zu übernehmen. Beim Formwechsel von PersGes in KapGes kann man sich dieser Grundidee allerdings nur annähern: zum einen auf Grund der völlig unterschiedlichen EK-Gliederung zwischen PersGes und KapGes (ausführlich dazu *Schmidt/K. Hoffmann* in Beck Bil-Komm[12] § 264c Anm 15 ff), zum anderen, weil die Kapitalfestsetzung in der neuen KapGes relativ frei von den bisherigen Kapitalfestsetzungen der PersGes erfolgen kann, während beim Formwechsel zwischen KapGes durch § 247 Abs 1 UmwG die Identität von Stammkapital zu Grundkapital festgelegt ist (dazu auch IDW RS HFA 41, Tz 10).

Die Zuweisung des EK-Betrags der PersGes zum **gezeichneten Kapital** 49 der KapGes erfolgt vorrangig aus den Kapitalkonten (insb den Festkapitalkonten) der Gester der PersGes; reichen diese nicht aus, sind auch die Gewinnrücklagen der PersGes dem gezeichneten Kapital der KapGes zuzuordnen.

Übersteigen die Kapitalkonten der Gester der PersGes den festgelegten 50 Grund-/Stammkapitalbetrag der KapGes, ist der übersteigende Betrag der **Kapitalrücklage** der KapGes zuzuordnen. Fraglich könnte sein, ob das gezeichnete Kapital der KapGes übersteigende Kapitalkonten der Gester der PersGes, die aus stehengelassenen Gewinnen früherer Gj der PersGes resultieren, zwingend in die Kapitalrücklage der KapGes einzustellen sind, oder ob sie nicht auch in den Gewinnrücklagen ausgewiesen werden könnten. Die Einlage stehengelassener Gewinne bei der PersGes könnte mit dem Vorgang des Schütt-aus/Hol-zurück-Verfahrens bei KapGes verglichen werden. Dies spricht uE dafür, diese Beträge in der Kapitalrücklage auszuweisen.

Fraglich ist auch, ob der einer Kapitalrücklage zugeordnete Teil des EK- 51 Betrags der PersGes zu der Kapitalrücklage nach § 272 Abs 2 Nr 1 HGB oder zu der Kapitalrücklage nach § 272 Abs 2 Nr 4 HGB gehört. Bei der GmbH spielt diese Frage unmittelbar keine Rolle, bei der AG hängt von dieser Zuordnung jedoch ab, ob die Rücklage den **Verwendungsrestriktionen des § 150 AktG** unterliegt; die Kapitalrücklage nach § 272 Abs 2 Nr 4 HGB unterliegt diesen Restriktionen nicht. Weder das UmwG noch das HGB enthalten dazu eine Regelung. Soweit es sich bei der PersGes um bedungene Einlagen handelt, sollten sie der Kapitalrücklage nach § 272 Abs 2 Nr 1 HGB zugerechnet werden, da dieser Vorgang eher der Ausgabe von Anteilen nahekommt (abw IDW RS HFA 41, Tz 8: generelle Zuordnung des übersteigenden Betrags des durch Einlagen zugeführten EK zur Kapitalrücklage nach § 272 Abs 2 Nr 4 HGB; Zuweisung zur Kapitalrücklage nach § 272 Abs 2 Nr 1 HGB nur bei entspr Vereinbarung im Formwechselbeschluss). Soweit es sich um darüber hinausgehende Einlagen handelt, sollte eine Zuordnung zu der Kapitalrücklage nach § 272 Abs 2 Nr 4 HGB erfolgen, da dieser Fall eher einer anderen Zuzahlung ins EK vergleichbar ist (iE ebenso *Bula/Thees* in Sagasser/Bula/Brünger[5] § 27 Anm 29).

Enthält der den Betrag des gezeichneten Kapitals der KapGes übersteigen- 52 de EK-Betrag der PersGes thesaurierte Gewinne in Form einer auf Grund des GesVertrags gesamthänderisch gebundenen Rücklage, ist diese uE in die **Gewinnrücklage** der KapGes einzustellen (*WPH* TBd Ass, E Anm 195; IDW RS HFA 41, Tz 8 als Wahlrecht anstatt in Kapitalrücklage nach § 272 Abs 2 Nr 4 HGB).

L 53, 54   Bilanzierung beim Formwechsel

Im Falle des Formwechsels in eine AG stellt sich dabei die Frage, ob und welcher Teil davon der **gesetzlichen (Gewinn-)Rücklage** nach § 150 AktG zuzuordnen ist. Das UmwG enthält dazu keine Regelung. Nach § 150 Abs 2 AktG ist die gesetzliche Rücklage aus dem Jahresüberschuss zu bilden. Nach dem Wortlaut ist damit eine erste Dotierung erst aus dem ersten Jahresüberschuss nach Vollzug des Formwechsels erforderlich. Für die Gewinne aus der Zeit vor dem Formwechsel, aus denen die Gewinnrücklage gebildet wurde, besteht nach dem Wortlaut keine Dotierungspflicht zu dieser Rücklage (restriktiver *WPH* TBd Ass, E Anm 196: nicht zulässig). Das hat zur Folge, dass eine aus einem Formwechsel hervorgegangene AG eine Gewinnrücklage haben kann, ohne eine gesetzliche Rücklage auszuweisen – auch wenn die ausgewiesene Kapitalrücklage nach § 272 Abs 2 Nr 1 bis 3 HGB weniger als 10% des Grundkapitals ist. Eine derartige Konstellation kann sich jedoch auch bei einer „normal" gewachsenen AG, zB nach einer Kapitalerhöhung aus GesMitteln, ergeben. Es besteht daher uE kein Anlass, von der wörtlichen Auslegung des § 150 Abs 2 AktG in diesem Fall abzuweichen.

53 Wenn das BuchEK der PersGes niedriger ist als das festgesetzte Grund- oder Stammkapital der KapGes (s Anm 45), ist der Fehlbetrag als **Verlustvortrag** auszuweisen, wenn dieser auf von der PersGes bisher ausgewiesenen Verlusten beruht (ebenso *Bula/Thees* in Sagasser/Bula/Brünger[5] § 27 Anm 23; *WPH* TBd Ass, E Anm 196; IDW RS HFA 41, Tz 9). Dies ist dann der Fall, wenn die kumulativ geleisteten Einlagen (abzgl Entnahmen) in die PersGes höher waren als das in die neue Rechtsform zu überführende BuchEK der PersGes. Beruht der Fehlbetrag nicht auf solchen Verlusten, ist er als gesonderter Abzugsposten innerhalb des EK unter der Bezeichnung **„Fehlbetrag zum festgesetzten Grund-/Stammkapital"** auszuweisen. Dieser Abzugsbetrag ist in der Folgezeit wie ein Verlustvortrag zu behandeln. Eine Ausschüttung ist erst möglich, wenn dieser Abzugsbetrag (ggf zzgl der Beträge, die nach § 253 Abs 6 S 2 und § 268 Abs 8 HGB zum jeweiligen Stichtag ausschüttungsgesperrt sind) durch erzielte Jahresüberschüsse getilgt ist (IDW RS HFA 41, Tz 9; *Lanfermann* in Kallmeyer[6] UmwG § 220 Anm 11; *Westerburg* in Schmitt/Hörtnagl/Stratz[8] UmwG § 220 Anm 11, der den Unterschiedsbetrag allerdings auf der Aktivseite ausweisen möchte; ebenfalls für Ausweis auf Aktivseite *Widmann* in Widmann/Mayer UmwG § 24 Anm 486).

54 Soweit in der PersGes noch bedungene **Einlagen ausstehen,** müssen diese vor der Umw erbracht werden, soweit es sich um vereinbarte Sacheinlagen handelt oder der Gester mit Zustimmung der anderen Gester beabsichtigt, die Einlage durch eine Sacheinlage zu erbringen (ebenso *WPH* TBd Ass, E 181). Sacheinlagen müssen sowohl bei GmbH (§ 7 Abs 3 GmbHG) als auch bei AG (§ 36a Abs 2 AktG) vor Anmeldung der KapGes zum HR an die KapGes geleistet worden sein. Handelt es sich um ausstehende Bareinlagen, können diese beim Formwechsel auf die KapGes „ausstehend" bleiben, soweit dies nach § 7 Abs 2 GmbHG bzw § 36a Abs 1 AktG zulässig ist, also die Mindesteinzahlungsvoraussetzungen für die Eintragung ins HR erfüllt sind (so auch *Limmer* in FS Widmann, 64; *K. Schmidt* ZIP 95, 1385; *Blasche* in Kallmeyer[6] UmwG § 220 Anm 10; *WPH* TBd Ass, E Anm 181; aA *Joost* in Lutter[5] UmwG § 220 Anm 11, der ein Volleinzahlungsgebot annimmt). Bei Umw in eine GmbH muss im UmwBeschluss ggf festgelegt werden, ob die

II. Bilanzierung bei der formwechselnden Gesellschaft

ausstehende Einlage sich auf das Stammkapital oder ein Ausgabeagio beziehen soll. Bei Umw in eine AG kann die ausstehende Einlage nur das Grundkapital betreffen, da hier gem § 36a Abs 1 AktG das Ausgabeagio bei Anmeldung der AG oder der Kapitalerhöhung zum HR bereits erbracht sein muss.

Das erste **Jahresergebnis** der KapGes nach dem Formwechsel umfasst – unabhängig vom Zeitpunkt des rechtlichen Vollzugs des Formwechsels während des Gj (Eintragung des Formwechsels ins HR) – das gesamte Ergebnis des Gj (s Anm 47). Bei AG unterliegt es – ebenfalls unabhängig vom Zeitpunkt des rechtlichen Vollzugs des Formwechsels während des Gj – vollständig den Regeln nach § 150 Abs 2 AktG zur Einstellung in die gesetzliche Rücklage, weil es das erzielte Jahresergebnis der neuen AG ist und damit voll den für die AG geltenden Bestimmungen unterliegt. 55

c) Abfindungen

Die **bare Zuzahlung,** die nach § 196 UmwG ggf an einen Gester zu leisten ist, dessen Anteile an der KapGes zu niedrig bemessen sind oder für die diese Anteile kein ausreichender Gegenwert für seine bisherigen Anteile bei der formwechselnden PersGes sind, ist im JA neuer Rechtsform als Aufwand zu erfassen (glA *Link* in MünchHbdGesR § 60 Anm 31 und 66; *Sagasser/Thees* in Sagasser/Bula/Brünger[5] § 26 Anm 50; iE wohl ebenso *Widmann* in Widmann/Mayer UmwG § 24 Anm 493). Begründet wird dies damit, dass derartige Zuzahlungen den Charakter von Gründungskosten haben (s Vorauf1 L Anm 60; glA *Sagasser/Thees* in Sagasser/Bula/Brünger[5] § 26 Anm 50). Gleichwohl kann diese Begründung nicht vollends überzeugen. Insb wenn die bare Zuzahlung durch Anteilsverschiebungen von einem Gester zu einem anderen Gester aufgrund der Stückelung der Anteile verursacht ist (s Anm 21), wird deutlich, dass es sich um einen Vorgang handelt, der das Verhältnis der Gester untereinander betrifft und für eine erfolgsneutrale Erfassung im JA spricht (s auch IDW RS HFA 7 nF, Tz 58a, wonach Barabfindungen aus GesMitteln, die erfolgsneutral zu erfassen sind, soweit sie den Kapitalanteil des ausscheidenden Gesters übersteigen). Entspr gilt uE aber auch, wenn die Zuzahlung den Wegfall von besonderen Rechten kompensieren soll, da in einem derartigen Fall ebenfalls das Verhältnis der Gester untereinander betroffen ist. Für die baren Zuzahlungen nach § 196 UmwG sind die Kapitalerhaltungsregeln (§ 57 AktG bzw § 30 GmbHG) zu beachten. 60

Die **Barabfindung,** die nach § 207 UmwG denjenigen Anteilsinhabern anzubieten ist, die gegen den UmwBeschluss Widerspruch zur Niederschrift erklärt haben, erfolgt durch Ankauf der neuen GesAnteile, die diesen Gestern zustehen. Da der Gester aus der KapGes ausscheidet, gelten die Nachhaftungsregeln für aus der KG abgefundenen Kommanditisten nach § 172 HGB nicht (ebenso *Limmer* in FS Widmann, 62; *Sagasser/Luke* in Sagasser/Bula/ Brünger[5] § 26 Anm 154, soweit die Einlage gegen Barabfindung nach Wirksamkeit des Formwechsels zurückgewährt wird). 61

Für Ankäufe **eigener Anteile** gelten die Restriktionen des AktG bzw GmbHG. Insb sind hier die Kapitalerhaltungsregeln des § 57 AktG bzw § 30 GmbHG zu beachten. Für die bilanzielle Abbildung des Erwerbs eigener Anteile gilt § 272 Abs 1a HGB (s ausführlicher Anm 68).

62 Bei **Aktiengesellschaften** gestattet § 71 Abs 1 Nr 3 AktG den Ankauf eigener Anteile auf Grund einer Abfindung nach § 207 UmwG, jedoch nur in den Grenzen des § 71 Abs 2 AktG. Danach darf durch diese Ankäufe der Nennbetrag eigener Anteile nicht 10% des Grundkapitals übersteigen. Außerdem ist der Erwerb nur zulässig, soweit die AG im Zeitpunkt des Erwerbs eine Rücklage in Höhe der Aufwendungen für den Erwerb bilden könnte, ohne das Grundkapital oder eine nach Gesetz oder Satzung zu bildende Pflichtrücklage zu mindern, die nicht zu Zahlungen an die Aktionäre verwendet werden darf.

63 Bei der **Gesellschaft mit beschränkter Haftung** gestattet § 33 Abs 3 GmbHG den Erwerb der Anteile, sofern der Erwerb innerhalb von 6 Monaten nach Wirksamwerden der Umw oder 6 Monate nach Rechtskraft der gerichtlichen Entscheidung über die Höhe der Abfindung erfolgt. § 33 Abs 3 GmbhG findet abw von Abs 1 auch für nicht voll eingezahlte Anteile Anwendung (ebenso *Fastrich* in Baumbach/Hueck[21] GmbHG § 33 Anm 16). Auch bei GmbH gilt, dass der Erwerb nur zulässig ist, wenn die GmbH im Zeitpunkt des Erwerbs eine Rücklage in Höhe der Aufwendungen für den Erwerb bilden könnte, ohne das Stammkapital oder eine nach dem Ges-Vertrag zu bildende Pflichtrücklage zu mindern, die nicht zu Zahlungen an die Gester verwendet werden darf.

64 Wenn auf Grund des Umfangs der zur Niederschrift erklärten **Widersprüche** gegen den UmwBeschluss damit zu rechnen ist, dass diese Restriktionen durch den Ankauf eigener Anteile verletzt würden, muss der Formwechsel unterbleiben (ebenso *Decher/Hoger* in Lutter[5] UmwG § 207 Anm 18; *Fastrich* in Baumbach/Hueck[21] GmbHG § 33 Anm 16). Der Formwechsel könnte dann nur vorgenommen werden, wenn es gelingt, die widersprechenden Gester dazu zu bewegen, ihre Anteile an andere Gester oder an Dritte zu verkaufen, so dass die neue KapGes die Anteile nicht selbst erwerben müsste.

65 Eine weitere Möglichkeit wäre, die widersprechenden Gester dazu zu bewegen, noch **vor Eintragung** des Formwechsels ins HR, also noch aus der PersGes, gegen Abfindung **auszuscheiden.** Voraussetzung dafür wäre, dass im UmwBeschluss geregelt ist, nach welchem Modus (idR anteilig) die dem ausscheidenden Gester zustehenden Anteile an der neuen KapGes den verbleibenden Gestern „anwachsen" sollen. Des Weiteren muss der Zeitwert des Vermögens der PersGes auch nach Abzug der Abfindungsverbindlichkeit ggü den ausgeschiedenen Gestern ausreichen, um das im UmwBeschluss festgelegte Grund-/Stammkapital zu decken (§ 220 Abs 1 UmwG).

Scheiden Gester vor Vollzug des Formwechsels (Eintragung ins HR) aus der PersGes aus und werden sie aus dem Vermögen der PersGes abgefunden, ist der Teil der Abfindung, der die Kapitalkonten der ausscheidenden Gester übersteigt, vorzugsweise mit den Kapitalanteilen der verbleibenden Gester und mit ggf bestehenden Rücklagen zu verrechnen (**Verrechnungslösung;** IDW RS HFA 7 nF, Tz 58b). Alternativ zulässig ist, dass die VG, die stille Reserven enthalten, insoweit aktiviert werden, als diese auf die ausscheidenden Gester entfallen (**Aufstockungslösung;** IDW RS HFA 7 nF, Tz 59). Dies gilt auch für selbst geschaffene immaterielle VG des Anlagevermögens und den Ansatz des anteiligen GFW der PersGes.

II. Bilanzierung bei der formwechselnden Gesellschaft 66–68 L

Wird der Formwechsel in das HR eingetragen und kommt es auf Grund **66** der Verpflichtung zur Abfindung von Gestern, die gegen den UmwBeschluss Widerspruch eingelegt haben, zu einer **Verletzung** der Restriktionen zum **Erwerb eigener Anteile,** sind die Rechtsfolgen nicht klar geregelt. Bei einer **Aktiengesellschaft** macht ein Verstoß gegen diese Restriktionen den Erwerb eigener Aktien weder unwirksam, noch ist das schuldrechtliche Geschäft nichtig, weil § 71 Abs 4 S 2 AktG wegen § 207 S 1 2. Hs nicht anzuwenden ist. Allerdings müssen die unzulässig erworbenen Aktien gem § 71c Abs 1 AktG innerhalb eines Jahres veräußert werden. Erfolgt die Veräußerung nicht fristgerecht, sind die Anteile gem § 71c Abs 3 AktG nach § 237 AktG einzuziehen. Den Vorstand trifft nach § 93 Abs 3 Nr 3 AktG eine Schadenersatzpflicht (üblicherweise iHd des von der AG gezahlten Entgelts), wenn er unzulässig eigene Aktien erwirbt (s *Grigoleit/Rachlitz* in Grigoleit AktG § 71 Anm 75). Fraglich ist im Hinblick auf die Regelung in § 207 S 1 2. Hs UmwG (Aufhebung der Nichtigkeit des schuldrechtlichen Erwerbsgeschäfts bei unzulässigem Erwerb), ob der Verstoß gegen § 57 Abs 1 S 2 AktG, der mit dem unzulässigen Erwerb eigener Aktien verbunden ist, trotz der Aufhebung der Nichtigkeit des schuldrechtlichen Erwerbsgeschäfts eine Rückzahlungspflicht gem § 62 AktG für den Gester auslöst. Dies wird in der Literatur überwiegend mit der Begründung bejaht, dass die Regelung des § 207 UmwG nicht die Regeln der Kapitalerhaltung außer Kraft setzen sollte (s zB *Decher/Hoger* in Lutter[5] UmwG § 207 Anm 19; *Lieder* GmbHR 2014, 237).

Das **GmbHG** enthält keine Regelung, wie zu verfahren ist, wenn der Erwerb eigener Anteile unter Verletzung der Einschränkungen des § 33 Abs 3 **67** GmbHG erfolgt. Nach § 43 Abs 3 GmbHG werden die Geschäftsführer bei einem unzulässigen Erwerb eigener Anteile schadenersatzpflichtig. Fraglich ist, ob das schuldrechtliche Geschäft nichtig ist, da in § 33 Abs 3 GmbHG eine § 33 Abs 2 S 3 GmbHG entspr Regelung nicht enthalten ist. Mit der Verletzung von § 33 Abs 3 GmbHG ist idR auch gleichzeitig eine Verletzung von § 30 GmbHG (Stammkapitalerhaltung) verbunden. Diese hat gem § 31 Abs 1 GmbHG eine Rückzahlungspflicht für den Gester, ggf gem § 31 Abs 2 GmbHG auch für die anderen Gester zur Folge. Diese Regelung zur Kapitalerhaltung gilt auch bei unzulässigem Erwerb eigener Anteile im Rahmen der Abfindung nach § 207 UmwG (s zB *Decher/Hoger* in Lutter[5] UmwG § 207 Anm 20; *Lieder* GmbHR 2014, 237).

Nach § 272 Abs 1a HGB ist beim **Erwerb eigener Anteile** deren Nenn- **68** betrag offen abzusetzen. Der Unterschiedsbetrag zwischen dem Nennbetrag und den AK der Anteile sind mit freien Rücklagen zu verrechnen. Reichen die freien Gewinnrücklagen, die Kapitalrücklage (bei AG begrenzt auf die Kapitalrücklage nach § 272 Abs 2 Nr 4 HGB) und ein sonst entstehender Bilanzgewinn nicht aus, um die Verrechnung des den Nennbetrag der eigenen Anteile übersteigenden Teils der AK vorzunehmen, erfolgt die Verrechnung zu Lasten eines Bilanzverlusts (*Störk/Kliem/Meyer* in Beck Bil-Komm[12] § 272 Anm 135). Allerdings ändert diese Verrechnung für bilanzielle Zwecke nichts daran, dass der Erwerb der eigenen Anteile unzulässig war, soweit die Verrechnung nur zu Lasten eines Bilanzverlusts vorgenommen werden konnte (§ 71 Abs 2 S 2 AktG, § 33 Abs 2 S 1 GmbHG). Anschaffungsnebenkosten sind als Aufwand des Gj zu erfassen (§ 272 Abs 1a S 3 HGB).

d) Ansatz, Bewertung, Ausweis, Anhang

75 Beim Formwechsel hat die neue KapGes die **Buchwerte** der ehemaligen PersGes fortzuführen (s Anm 30). Die übernommenen Buchwerte stellen allerdings für die neue KapGes nicht die AK/HK des „übernommenen" Vermögens dar. Die Buchwertfortführung beim Formwechsel beruht nicht auf § 24 UmwG, sondern ergibt sich aus der Rechtsträgeridentität zwischen dem Rechtsträger alter und neuer Rechtsform. Für die neue KapGes sind die übernommenen Buchwerte daher genau wie auch für die ehemalige PersGes ggf fortgeführte AK/HK. Dies bedeutet insb, dass die neue KapGes auch das ggf in der ehemaligen PersGes vorhandene **Zuschreibungspotential** zwischen den Buchwerten und ggf zulässigen höheren handelsrechtlichen Wertansätzen **ausnutzen muss** (§ 253 Abs 5 HGB).

Hat die PersGes von dem Wahlrecht zur Aktivierung selbst geschaffener immaterieller VG des Anlagevermögens nach § 248 Abs 2 HGB Gebrauch gemacht, so behalten diese VG auch nach dem Formwechsel ihren Sonderstatus. Die neue KapGes muss daher die entspr Ausschüttungssperre nach § 268 Abs 8 HGB hierfür beachten (insoweit abw zu den übertragenden Umw, für die wegen der Erwerbsfiktion die Ausschüttungssperre nicht gilt; s K Anm 73).

76 In der Rechtsform einer PersGes (soweit sie als KapCoGes nicht bereits den Regeln nach §§ 264 ff HGB unterlag) konnte die Ges für Gj, die vor dem 1.1.2010 begannen (vor Erstanwendung des BilMoG) **(Unter-) Bewertungen** vornehmen, die eine KapGes nicht vornehmen durfte. Dazu gehörten gem § 279 Abs 1 HGB aF die zusätzlichen Abschreibungen im Anlage- und Umlaufvermögen nach vernünftiger kfm Beurteilung gem § 253 Abs 4 HGB aF und die Abschreibungen auf den nur vorübergehend niedrigeren beizulegenden Wert bei VG des Anlagevermögens (ohne Finanzanlagen) nach § 253 Abs 2 S 3 HGB aF. Außerdem gehörten dazu gem § 279 Abs 2 HGB aF auch die rein steuerlichen Abschreibungen nach § 254 HGB aF, soweit keine umgekehrte Maßgeblichkeit vorlag. Enthält der letzte JA der PersGes aufgrund der Inanspruchnahme des **Fortführungswahlrechts** nach Art 67 Abs 4 S 1 EGHGB derartige nur für PersGes zulässige Unterbewertungen, darf nach wohl hM die neue KapGes diese „Altbestände" an Unterbewertungen analog Art 48 Abs 2 und 3 EGHGB in ihren zukünftigen JA fortführen (idS IDW RS HFA 41, Tz 30; *Deubert/Henckel* WP Praxis 2013, 139; *W. Müller* WPg 1996, 867; *Widmann* in Widmann/Mayer UmwG § 24 Anm 487).

Die Beibehaltung von Unterbewertungen ggü dem geltenden Recht (auch soweit sie aus der Inanspruchnahme sonstiger Fortführungswahlrechte nach Art 67 Abs 4 S 1 EGHGB oder sonstiger Regelungen resultieren) ist im Rahmen der Erl der Ansatz- und Bewertungsmethoden nach § 284 Abs 2 Nr 1 HGB im **Anhang angabepflichtig**. Kommt es auf Grund der Beibehaltung derartiger, für KapGes unzulässiger Unterbewertungen bei der KapGes zu wesentlichen Beeinträchtigungen der Darstellung der VFE-Lage, besteht eine ErlPflicht im Anhang nach § 264 Abs 2 S 2 HGB.

77 Als mittlere oder große KapGes muss die Ges neuer Rechtsform ein **Anlagengitter** gem § 284 Abs 3 HGB aufstellen. Da für die formwechselnde

II. Bilanzierung bei der formwechselnden Gesellschaft 78–80 L

PersGes (soweit nicht KapCoGes) eine derartige Verpflichtung idR bislang nicht bestand und deshalb oft kein Anlagengitter geführt wurde, kann die Beschaffung der notwendigen Informationen über die historischen AK einzelner VG sehr aufwändig sein. In diesem Fall darf in Anlehnung an Art 48 Abs 5 EGHGB der Buchwert dieser VG im letzten JA als AK im Anlagengitter angesetzt werden. Allerdings ist die Anwendung der Erleichterung durch Satz 4 der Regelung eingeschränkt, wonach von der Regelung kein Gebrauch gemacht werden darf, soweit die AK/HK aus Gründen des Steuerrechts ermittelt werden müssen. Im Hinblick auf das steuerliche Wertaufholungsgebot müssen für jeden (steuerrechtlich) noch nicht planmäßig auf Null abgeschriebenen VG, die AH/HK (abzgl planmäßiger Abschreibungen) vorgehalten werden. Dadurch ist der Anwendungsbereich der Vereinfachungsregelung im Grunde auf Anlagevermögen beschränkt, das (steuerrechtlich) bereits planmäßig auf Null abgeschrieben ist (glA *Schmidt/K. Hoffmann* in Beck Bil-Komm[12] § 264c Anm 142). Über die Inanspruchnahme der Erleichterung ist im Anhang zu berichten.

Als **Vorjahreszahlen** sind die entspr Zahlen des letzten Gj der Ges 78 alter Rechtsform maßgeblich. Soweit der JA anders gegliedert war, sind die VjZahlen an die neue Gliederung anzupassen. Das EK der VjBilanz darf in einem Posten zusammengefasst werden. Die Angabepflicht für die VjZahlen ist eine Folge der Rechtsträgeridentität zwischen der PersGes und der neuen KapGes. Die aus dem Formwechsel hervorgegangene KapGes ist die Fortsetzung eines bereits bestehenden Rechtsträgers und hat daher im Gegensatz zu einer neu gegründeten KapGes (neuer Rechtsträger) ein Vj. Nach § 265 Abs 2 HGB sind die VjZahlen angabepflichtig. Weder HGB noch UmwG regeln eine diesbzgl Ausnahme, obwohl dadurch mittelbar in Form der VjZahlen wesentliche Teile des JA einer PersGes offengelegt werden, der an sich uU nicht offenlegungspflichtig ist. Im Hinblick auf Art 48 Abs 4 S 2 EGHGB, der anlässlich der erstmaligen Unterwerfung der KapCoGes unter die Regeln der §§ 264 ff HGB einen JA ohne VjZahlen zuließ, erscheint eine analoge Anwendung für den Fall zulässig, dass die formwechselnde PersGes keine KapCoGes ist und somit nach dem Formwechsel erstmals den Regelungen nach §§ 264 ff HGB unterliegt (glA *Schmidt/K. Hoffmann* in Beck Bil-Komm[12] § 264c Anm 100).

Die neue KapGes hat ihren JA um einen **Anhang** zu erweitern. Dabei 79 sind alle zeitraumbezogenen Angaben – unabhängig vom Zeitpunkt des Vollzugs des Formwechsels (Eintragung ins HR) – für das gesamte Gj zu machen. Der Bilanzierungspflichtige hat in seinem JA über das gesamte Gj zu berichten. Als Ausfluss des identitätswahrenden Formwechsels unterliegt er dabei nach dem Formwechsel für das gesamte Gj und nicht nur für ein Rumpf-Gj den Regeln für KapGes.

Im Anhang sind gem § 284 Abs 2 Nr 1 HGB die in Bilanz und GuV 80 angewandten **Bilanzierungs- und Bewertungsmethoden** anzugeben. Soweit sich diese Methoden (trotz des Stetigkeitsgebots) von den im Vj bei der PersGes angewandten Methoden unterscheiden, müssen die Abweichungen gem § 284 Abs 2 Nr 3 HGB angegeben und begründet werden. Der Einfluss dieser Abweichungen auf die VFE-Lage ist gesondert darzustellen.

Wenn die formwechselnde PersGes *keine* KapCoGes ist, ist uE jedoch eine analoge Anwendung von Art 48 Abs 4 S 1 EGHGB zulässig (*Schmidt/ K. Hoffmann* in Beck Bil-Komm[12] § 264c Anm 129 ff). Danach ist die Ges für das Übergangsjahr von der Beachtung des Stetigkeitsgebots und den Erl-Pflichten für Methodenwechsel befreit. Sollte der JA dadurch allerdings insgesamt kein den tatsächlichen Verhältnissen entspr Bild der VFE-Lage mehr vermitteln, sind zusätzliche Angaben im Anhang nach § 264 Abs 2 S 2 HGB geboten.

81 Die praktische Bedeutung dieser Erleichterung ist jedoch seit Geltung des BilMoG im Hinblick auf die geringe Bedeutung der verbliebenen Bilanzierungswahlrechte gering. Die wesentlichen Wahlrechte (insb Aktivierung selbst geschaffener immaterieller VG des Anlagevermögens) sind aufgrund der erforderlichen Anhangangaben hierzu ohnehin nicht „diskret" auszuüben (glA *Schmidt/K. Hoffmann* in Beck Bil-Komm[12] § 264c Anm 130).

82 Im Falle des Formwechsels einer PersGes, die keine KapCoGes ist, betreffen die Angaben nach § 285 Nr 9a HGB zu den **Bezügen der Organmitglieder** nur die Bezüge, die Mitglieder der Organe der KapGes als Organmitglieder empfangen haben. Wenn der Formwechsel während des Gj stattgefunden hat, sind daher bspw die Bezüge der geschäftsführenden Gester der ehemaligen PersGes hier nicht anzugeben, auch wenn diese Gester Organmitglieder der neuen KapGes sind. Das Gleiche gilt für die Angaben nach § 285 Nr 9b HGB. Die Pensionen an ehemalige geschäftsführende Gester der PersGes und die dafür gebildeten Rückstellungen sind nicht angabepflichtig, auch wenn diese Gester noch eine gewisse Zeit Organmitglied in der neuen KapGes sind (ebenso *ADS*[6] § 285 HGB Anm 187; aA *Grottel* in Beck Bil-Komm[12] § 285 Anm 314). Das gilt zumindest, wenn die Pensionszusagen bereits von der PersGes erteilt wurden. Nur der Teil der Pensionen, der auf die Organzugehörigkeit in der neuen KapGes entfällt, ist angabepflichtig. Sinn und Zweck der Angaben nach § 285 Nr 9 HGB ist es, die Angemessenheit der Bezüge der aktiven und ehemaligen Organmitglieder der KapGes einer Beurteilung zugänglich zu machen. Dieses Ziel würde verfehlt, wenn in diesen Angaben auch Angaben zu Bezügen von „Organmitgliedern" der ehemaligen PersGes enthalten wären. Umgekehrt unterlagen die Bezüge der „Organmitglieder" der ehemaligen PersGes der Beschlussfassung der Gester der PersGes, so dass kein Anlass besteht, diese Bezüge zum Zwecke der Beurteilung der Angemessenheit im JA der KapGes anzugeben.

Im Falle des Formwechsels einer KapCoGes betreffen die Angaben nach § 285 Nr 9a HGB auch die entspr Angaben für den Zeitraum des Gj, in dem die Ges noch PersGes war (s Anm 166).

83 Nach § 285 Nr 10 HGB sind im Anhang alle Mitglieder des Geschäftsführungsorgans und eines AR, auch wenn sie im Gj ausgeschieden sind, mit Namen zu benennen. Hier sind im Falle der PersGes, die keine KapCoGes war, nur die **Organmitglieder** der neuen KapGes zu nennen. Mit entspr Kennzeichnung sollten aber auch die geschäftsführenden Gester der (ehemaligen) PersGes (bzw deren Geschäftsführer) genannt werden, wenn der Formwechsel während des Gj vollzogen wurde und diese Personen nicht zugleich auch Organmitglieder der neuen KapGes sind, denn diese Personen, auch die inzwischen ausgeschiedenen „Geschäftsführer" der ehemaligen Pers-

II. Bilanzierung bei der formwechselnden Gesellschaft 85–88 **L**

Ges, sind letztlich für das Jahresergebnis des Gj verantwortlich, das am ersten Bilanzstichtag nach Vollzug des Formwechsels (Eintragung ins HR) endet. Im Falle einer KapCoGes sind die Organmitglieder der PersGes, die während des Gj tätig waren, zu nennen (s Anm 166).

e) Steuern, latente Steuern

Der **Steueraufwand** der Periode des Übergangs von der PersGes zur KapGes ist **nicht mit der Vorperiode vergleichbar.** Die KapGes ist für die GewSt und die KSt Steuersubjekt, während die PersGes nur für die GewSt Steuersubjekt war. Für andere Ertragsteuern waren die Gester der PersGes Steuersubjekt. Diese Steuern sind daher nicht als Aufwand in der GuV des Vj der PersGes erfasst. Darauf ist im Anhang gem § 265 Abs 2 S 2 HGB hinzuweisen. Wenn als steuerlicher UmwStichtag nicht der letzte Tag des Gj vor der zivilrechtlichen Wirksamkeit des Formwechsels gewählt wurde (§ 20 Abs 6 S 3 UmwStG), unterliegt nur ein Teil des Jahresergebnisses der neuen KapGes der KSt. Der andere Teil unterliegt noch der Steuerpflicht der Gester der PersGes. Es kann daher im Übergangsjahr zu einem im Vergleich zum handelsrechtlichen Ergebnis für eine KapGes untypisch niedrigen Ausweis von Steueraufwand kommen. Dies sollte im Anhang aus Gründen der Klarheit und Übersichtlichkeit (§ 243 Abs 2 HGB) erläutert werden. 85

Wenn die formwechselnde PersGes eine KapCoGes war und gem § 264c Abs 3 S 2 HGB nach dem Jahresüberschuss einen fiktiven Steueraufwand ausgewiesen hat, darf die KapGes diese Angabe für das Vj beibehalten. Dies ist entspr im Anhang zu erläutern.

Handelt es sich um eine **Personenhandelsgesellschaft iSd § 264a HGB,** die in eine KapGes umgewandelt wird, war diese unbeschadet der Erleichterungsvorschrift des § 274a Nr 4 HGB schon bislang zur Bilanzierung **latenter Steuern** gem § 274 HGB verpflichtet. Wird eine **Personenhandelsgesellschaft** umgewandelt, die nicht in den Anwendungsbereich des § 264a HGB fällt, hat sie nach der Umw in eine KapGes erstmals § 274 HGB anzuwenden. Dies führt *ceteris paribus* zu einem Mehr an latenten Steuern, da sie als PersGes lediglich verpflichtet gewesen ist, Rückstellungen für passive latente Steuern anzusetzen, soweit die Tatbestandsvoraussetzungen des § 249 Abs 1 S 1 HGB erfüllt sind (s IDW RS HFA 7 nF, Tz 26). 86

Ungeachtet dessen, ob es sich bei der formwechselnden Ges um eine KapCoGes handelt, war die Ges bislang nur bzgl der **Gewerbesteuer** Steuersubjekt und damit nur für eine Art von Ertragsteuern; sie hatte daher auch nur für diese Ertragsteuer latente Steuern zu bilanzieren. Dabei waren auch die auf steuerlichen Ergänzungsbilanzen beruhenden Differenzen zu berücksichtigen. Die bzgl der GewSt in der PersGes gebildeten latenten Steuerposten sind von der neuen KapGes zu übernehmen. Bei steuerlicher Buchwertfortführung werden die bisherigen steuerlichen Ergänzungsbewertungen der Gester von der KapGes übernommen. 87

Soweit die **Passivierung latenter Steuern** für die GewSt in der PersGes (zulässigerweise) unterblieben ist, muss sie nach dem Formwechsel in der KapGes **erfolgswirksam nachgeholt** werden, es sei denn, die KapGes ist als kleine KapGes von den Regelungen zur Bilanzierung latenter Steuern 88 nach § 274a Nr 4 HGB befreit. Die erstmalige Anwendung von § 274 HGB hat ferner zur Konsequenz, dass die Rückstellungen für passive latente Steuern entspr umzugliedern und bei einem unverrechneten Ausweis latenter Steuern (§ 274 Abs 1 S 3 HGB) ggf aktive latente Steuern auszuweisen sind (s IDW RS HFA 41, Tz 29). Zudem führt die erstmalige Anwendung von § 274 HGB dazu, dass abw von der Passivierung einer Rückstellung für latente Steuern nunmehr auch quasi-permanente Differenzen (erfolgswirksam) zu berücksichtigen sind. Wenn die Nachholung der Bilanzierung latenter Steuern für die Darstellung der Ertragslage nicht von untergeordneter Bedeutung ist, sind die Auswirkungen auf den Steueraufwand gem § 285 Nr 31 HGB (Angaben zu Aufwendungen und Erträgen von außergewöhnlicher Größenordnung oder Bedeutung) zu erläutern (s *Grottel* in Beck Bil-Komm[12] § 285 Anm 891). Ferner kann sich aus § 265 Abs 2 HGB die Notwendigkeit einer Angabe ergeben.

89 Wird im Rahmen des Formwechsels eine **steuerliche Wertaufstockung** auf den gemeinen Wert oder einen Zwischenwert vorgenommen, beeinflusst dies die in die Bilanzierung latenter GewSt einzubeziehenden temporären Differenzen. Da unter diesen Umständen der latente Steuerertrag nicht durch eine tatsächliche Steuerbelastung der Ges ausgeglichen wird, ist dieser Ertrag bei Wesentlichkeit für die Darstellung der Ertragslage aus Gründen der Klarheit und Übersichtlichkeit (§ 243 Abs 2 HGB) im Anhang zu erläutern.

90 Für die **Körperschaftsteuer** bedeutet der Formwechsel für den Rechtsträger den Eintritt in die Steuerpflicht. Für die Differenzen zwischen der steuerlichen EB und den korrespondierenden HBilWerten sind erfolgswirksam latente Steuern zu bilanzieren, unabhängig davon, ob diese Differenzen auf einer Wertaufstockung auf den gemeinen Wert oder einen Zwischenwert in der steuerlichen EB, oder bei steuerlicher Buchwertfortführung auf schon früher angelegten Unterschieden zwischen „StBil der PersGes" (ggf unter Einschluss steuerlicher Ergänzungsbilanzen) und HBil beruhen. Die aus der Ersterfassung der latenten KStPosten resultierenden Ergebniseffekte sind bei Wesentlichkeit für die Darstellung der Ertragslage im Anhang zu erläutern (s Anm 86).

91 Veräußert einer der Gester seine Beteiligung an der neuen KapGes innerhalb von sieben Jahren nach dem steuerlichen UmwZeitpunkt, führt dies zu einer **nachträglichen** (teilweisen) **Versteuerung des Einbringungsgewinns** beim Gester, soweit dieser nicht durch Wertaufstockung auf die gemeinen Werte im Zeitpunkt des Formwechsels bereits versteuert war. In Höhe des versteuerten Teils des Einbringungsgewinns (sog Einbringungsgewinn I) darf dann die KapGes ihre steuerlichen Buchwerte aufstocken (s Anm 238). Die sich hieraus ergebenden Veränderungen der Differenzen zwischen StBil- und HBilWerten sind in die Bilanzierung latenter Steuern zum jeweiligen Zeitpunkt einzubeziehen. Etwaige wesentliche Effekte für die Darstellung der Ertragslage der jeweiligen Periode daraus sind im Anhang zu erläutern.

92 Die Ausführungen gelten auch für **Differenzen** auf Vermögenswerte, die ggf **nur** in der **Steuerbilanz** enthalten sind. Dies können insb selbst erstellte immaterielle Vermögenswerte und ein GFW sein, die aus übernommenen steuerlichen Ergänzungsbilanzen der Gester oder aus der steuerlichen Wert-

II. Bilanzierung bei der formwechselnden Gesellschaft 100–103 **L**

aufstockung anlässlich des Formwechsels resultieren. Der korrespondierende handelsrechtliche Wert ist dann Null.

2. Formwechsel von Kapital- in Personenhandelsgesellschaft

a) Rechnungslegungspflichten

Die neue PersGes entsteht bei Eintragung des Formwechsels in das HR. **100** Sie hat auf diesen Stichtag aber weder eine SB als Rechtsträger alter Rechtsform noch eine EB als Rechtsträger neuer Rechtsform aufzustellen; eine Rechnungslegungspflicht ergibt sich erst zum nächsten regulären Bilanzstichtag (Anm 30). Für das am ersten Bilanzstichtag nach Vollzug des Formwechsels endende Gj (nicht vorher, auch wenn der Formwechsel kurz nach dem Bilanzstichtag rechtswirksam wird) unterliegt die neue PersGes den für ihre Rechtsform geltenden **Rechnungslegungs-, Prüfungs- und Offenlegungsnormen**. Ist die neue PersGes eine KapCoGes, gelten die bisherigen Normen mit den in den §§ 264b und 264c HGB geregelten Abweichungen weiter; aufgrund von § 267 Abs 4 S 3 HGB gilt § 267 Abs 4 S 2 HGB beim Formwechsel in eine KapCoGes nicht. Fällt die neue PersGes nicht unter § 264a HGB, unterliegt sie bzgl der Rechnungslegung nur noch den Anforderungen der Vorschriften für alle Kfl (§§ 238 bis 263 HGB), soweit nicht geschäftszweigbezogene Sonderregelungen (Kreditinstitute oder Versicherungen) gelten oder die PersGes unter das PublG fällt (Anm 101). Gesetzliche Prüfungs- und Offenlegungspflichten für die JA bestehen ggf nicht mehr.

Die neue PersGes (soweit nicht KapCoGes, Kreditinstitut oder Versiche- **101** rung) hat am ersten Bilanzstichtag nach dem Formwechsel gem § 2 Abs 1 S 2 PublG die **Vorschriften des PublG** (Rechnungslegung, Prüfung, Offenlegung) zu beachten, wenn sie zu diesem Stichtag und in der Rechtsform der KapGes an den vorangegangenen zwei Stichtagen zwei der drei Größenkriterien (Bilanzsumme, Umsatz, Anzahl der Arbeitnehmer) des § 1 Abs 1 PublG überschreitet (ebenso *ADS*[6] PublG § 2 Anm 13). Für den Umsatz und die Anzahl der Arbeitnehmer ist dabei für den ersten Stichtag nach dem Formwechsel das gesamte Gj maßgeblich, unabhängig davon, zu welchem Zeitpunkt im Gj der Formwechsel rechtlich vollzogen wurde.

Die **Konzernrechnungslegungspflicht** tritt – wiederum abgesehen von **102** KapCoGes oder geschäftszweigbezogenen Pflichten für Kreditinstitute und Versicherungen – ein, wenn die Größenkriterien des § 11 Abs 1 PublG an den letzten beiden Stichtagen vor und am ersten Stichtag nach dem Formwechsel überschritten sind, obwohl § 12 Abs 1 PublG nicht auf § 2 Abs 1 S 2 PublG verweist. UE wird aber die neue PersGes infolge des Prinzips der Rechtsträgeridentität im Hinblick auf die Konzernrechnungslegungspflicht so behandelt, als sei sie bereits vor dem Formwechsel eine PersGes gewesen, dh, die in alter Rechtsform verwirklichten Größenmerkmale werden der neuen PersGes zugerechnet. Ist die neue PersGes eine KapCoGes, gelten die Ausführungen in Anm 141 entspr.

Falls der Formwechsel zwar nach dem (letzten) Bilanzstichtag der KapGes, **103** aber noch vor Aufstellung des entspr JA wirksam wird, haben die geschäftsführenden Gester der neuen PersGes die **Pflicht zur Aufstellung und Unterzeichnung** des letzten JA der KapGes zu erfüllen (IDW RS HFA 41,

L 104–111   Bilanzierung beim Formwechsel

Tz 24). Dies gilt unabhängig davon, ob Personenidentität zwischen den Organmitgliedern der ehemaligen KapGes und den geschäftsführenden Gestern der neuen PersGes besteht. Der JA/KA sollte als JA/KA der Ges alter Rechtsform bezeichnet werden. Auf den inzwischen eingetretenen Formwechsel sollte ein Hinweis erfolgen. Bei wesentlichen Auswirkungen des Formwechsels auf die VFE-Lage ist die Angabe nach § 285 Nr 33 HGB zu machen, soweit es sich nicht um eine kleine Ges handelt (s Anm 42).

104   Die **Feststellung** des letzten JA der KapGes wird dann durch das Organ der PersGes vorgenommen, das in der PersGes für die Feststellung des JA zuständig ist. Obwohl in der PersGes eine Feststellung des JA nicht gesetzlich explizit vorgesehen ist, geht die hM davon aus, dass bei PersGes der JA durch alle Gester (bei KG auch durch Kommanditisten) festzustellen ist (BGH v 29.3.1996 WM, 772, wobei der GesVertrag aber abw auch Mehrheitsentscheidungen regeln kann, BGH v 15.1.2007 GmbHR, 437). Somit ist der letzte JA der KapGes, ohne abw Satzungsbestimmungen, von der GesV der PersGes festzustellen.

105   War die bisherige KapGes prüfungspflichtig und erfolgte die **Prüfung** des letzten JA der KapGes nicht bis zur Eintragung des Formwechsels und unterliegt die neue PersGes nicht (mehr) der Prüfungspflicht (weder nach HGB noch PublG), darf auf eine Prüfung des letzten JA der KapGes verzichtet werden. Entsprechendes gilt für die Offenlegung des letzten JA der KapGes (IDW RS HFA 41, Tz 25). Durch die persönliche Haftung mind einer natürlichen Person in der neuen PersGes entfällt das Bedürfnis, die strengeren Regeln für haftungsbeschränkte Ges anzuwenden (IDW RS HFA 7 nF, Tz 4).

b) Eigenkapital

110   Das **Eigenkapital** der KapGes muss nicht in vollem Umfang EK der PersGes werden. Hinsichtlich der Verteilung auf verschiedene Kategorien von GesterKonten (Kapitalkonten I (fest) und II (variabel) usw) sind die Gester frei, ihnen genehme Vereinbarungen im GesVertrag der neuen PersGes zu treffen. Teile des EK können sogar in festverzinsliche GesterDarlehen umgewandelt werden. Geht man davon aus, dass dies nicht mit einem bloßen UmwBeschluss erreicht werden kann, lässt sich dieses Ergebnis jedoch durch eine Verbindung des UmwBeschlusses mit entspr weiteren GesterBeschlüssen erreichen.

111   Auch bei Umw einer KapGes in eine KG gibt es keine Verpflichtung, die **Hafteinlagen** so zu bemessen, dass sie der Summe des bisher in der KapGes gebunden EK entspr (ebenso IDW RS HFA 41, Tz 14). Die Hafteinlagen der Kommanditisten dürfen auch niedriger gewählt werden. Mit einer derartigen Verringerung der Haftungsmasse dürfte jedoch eine Gefährdung der Altgläubiger verbunden sein, so dass diese nach § 204 UmwG iVm § 22 Abs 1 UmwG eine Sicherheitsleistung für ihre Ansprüche verlangen können. Eine Glaubhaftmachung der Gläubigergefährdung könnte unter diesen Umständen nur dann ggf nicht gelingen, wenn ein wirtschaftlich starker Komplementär an der KG beteiligt ist, der notfalls die Altgläubiger befriedigen könnte (ebenso *Vossius* in Widmann/Mayer UmwG § 204 Anm 20 ff).

II. Bilanzierung bei der formwechselnden Gesellschaft

Es ist auch zulässig, die **Hafteinlagen** der Kommanditisten höher zu wählen, als es dem bilanziellen EK der formwechselnden KapGes entspricht. Im Innenverhältnis kann zwar losgelöst von den tatsächlichen Wertverhältnissen vereinbart werden, dass die Einlagen der Kommanditisten als erbracht gelten. Im Außenverhältnis gelten die Einlagen jedoch nur insoweit als erbracht, als der Zeitwert des übergegangenen Vermögens der KapGes die Summe der Hafteinlagen erreicht. Auch wenn der Zeitwert der Einlage die festgelegte Kommanditeinlage erreicht und der Kommanditist daher von der persönlichen Haftung für die GesSchulden befreit ist, kann er erst Gewinnanteile entnehmen, wenn sein Kapitalkonto auch buchmäßig bis auf die festgelegte Einlage angewachsen ist. Entnahmen würden insofern seine Haftung wiederaufleben lassen. In dieser Beziehung ist er an die Buchwerte gebunden (wohl ebenso *Widmann* in Widmann/Mayer UmwG § 24 Anm 490). Es ist daher uE wenig sinnvoll, die Kommanditeinlagen höher zu wählen, als es dem BuchEK der alten KapGes entspricht (s auch Anm 126).

Hat die KapGes im Zeitpunkt der Umw **eigene Anteile** besessen, können diese in der PersGes nicht fortgeführt werden, da eine PersGes keine eigenen Anteile besitzen kann. Bereits beim UmwBeschluss ist der Untergang dieser Anteile bei der Bemessung der Kapitalkonten für die Gester der neuen PersGes zu berücksichtigen.

c) Abfindungen

Bare Zuzahlungen gem § 196 UmwG (Ausgleich für zu gering bemessenen Anteil an der neuen PersGes) sind auch bei der Umw in eine PersGes nach hM im ersten JA der neuen PersGes als Aufwand zu erfassen (s ausführlich Anm 60).

Erhalten Kommanditisten der neuen PersGes (Komplementäre können nicht betroffen sein, da ohne deren Zustimmung die Umw nicht möglich gewesen wäre) nach § 207 UmwG eine **Barabfindung** für ihr Ausscheiden aus der Ges, ist dies nach den Regeln für die Abfindung von Gestern aus einer PersGes zu bilanzieren. Gegen die Abfindung sind die Kapitalkonten der ausscheidenden Gester auszubuchen. Übersteigt die Abfindung den Betrag der Kapitalkonten, ist der Mehrbetrag vorzugsweise anteilig an den Kapitalkonten der verbliebenen Gester zu kürzen (IDW RS HFA 7 nF, Tz 58b). Es ist aber auch zulässig, den Mehrbetrag bei den VG, die stille Reserven enthalten, entspr dem Anteil der ausscheidenden Gester an diesen Reserven, aufzustocken. Dabei ist auch eine anteilige Aktivierung selbst erstellter immaterieller VG oder eines GFW zulässig (IDW RS HFA 7 nF, Tz 59). Die ausgeschiedenen Kommanditisten unterliegen gem § 174 HGB iVm § 160 HGB für die bis zu ihrem Ausscheiden entstandenen Schulden in Höhe der ihnen zurückgezahlten Kommandit-(Haft-)einlage der (fünfjährigen) Nachhaftung.

d) Ansatz, Bewertung, Ausweis, Anhang

Die PersGes übernimmt grds alle Ansätze und Bewertungen der KapGes und führt die Rechnungslegung nahtlos fort (Anm 30; zur Ausnahme wegen latenter Steuern s Anm 131). Die übernommenen Bewertungen sind für die

PersGes, genau wie für die ehemalige KapGes, fortgeführte AK/HK. Dies bedeutet insb, dass die PersGes die gleiche **Zuschreibungspflicht** gem § 253 Abs 5 HGB auf ggf handelsrechtlich zulässige höhere Wertansätze hat, die auch die KapGes gehabt hätte (Anm 75).

126 Übernimmt die PersGes von der KapGes im Rahmen der Fortführung der Rechnungslegung Sachverhalte, die unter die **Ausschüttungssperre** nach § 268 Abs 8 HGB fallen (aktivierte selbst geschaffene immaterielle VG des Anlagevermögens, einen aktiven Saldo latenter Steuerposten oder über den AK bewertete VG zur Deckung von Pensionsverpflichtungen), ist für die Kommanditisten einer KG in diesem Zusammenhang zu beachten, dass eine Entnahme nach § 172 Abs 4 S 3 HGB nicht ohne Aufleben seiner Haftung möglich ist, soweit nach der Entnahme das Haftkapital buchmäßig nur durch derartige „**Bilanzierungshilfen**" gedeckt ist. Entsprechendes gilt auch für die Ausschüttungssperre nach § 253 Abs 6 S 2 HGB und darüber hinaus auch, wenn der Zeitwert des von der KapGes übernommenen Vermögens im Zeitpunkt des Formwechsels die Hafteinlage abgedeckt hat und insofern die Kommanditeinlage enthaftend erbracht war. Bzgl der Entnahmemöglichkeiten ohne Aufleben der Haftung sind die Kommanditisten an die Buchwerte der KG gebunden (s Anm 112).

Hält die KapGes Anteile an einem Gester, der in der PersGes Komplementär ist, und fällt die PersGes unter § 264a HGB (KapCoGes), muss die PersGes in Höhe der aktivierten **Anteile an der Komplementärgesellschaft** nach dem EK einen passiven Sonderposten mit der Bezeichnung „Ausgleichsposten für aktivierte eigene Anteile" bilden (§ 264c Abs 4 S 2 HGB). Der passive Sonderposten ist zu Lasten des Kapitalkontos des entspr Komplementärs zu bilden (*Schmidt/K. Hoffmann* in Beck Bil-Komm[12] § 264c Anm 84).

127 Andere Fragestellungen ergeben sich soweit ersichtlich für Ansatz, Bewertung und Ausweis im JA beim Übergang von der KapGes zur PersGes nicht, da im Falle einer KapCoGes weitgehend die gleichen Regelungen wie für KapGes gelten und ansonsten es sich insoweit um den Übergang von der stärker zur schwächer reglementierten GesForm handelt. Zu den Angaben im **Anhang** zu Organbezügen im Falle des Formwechsels in eine KapCoGes s Anm 166 entspr.

e) Steuern, latente Steuern

130 Die **Steuerrückstellungen** bzw Verbindlichkeiten aus dem letzten JA der KapGes für rückständige oder noch nicht veranlagte KSt sind in der PersGes fortzuführen (glA *Bula/Thees* in Sagasser/Bula/Brünger[5] § 27 Anm 46). Zu einer Neubildung (mit entspr Ausweis von Steueraufwand in der GuV der PersGes) kann es kommen, wenn noch Nachzahlungen (zB auf Grund einer Bp) für vergangene Gj anfallen oder aber wenn die Ges als steuerrechtlichen UmwStichtag nicht das Ende des Gj vor dem Formwechsel, sondern einen späteren Zeitpunkt gewählt hat. Wird der Formwechsel steuerrechtlich zurückbezogen (§ 9 S 3 UmwStG) und sind daher im letzten handelsrechtlichen JA die durch die Umw eintretenden Änderungen des KSt-Aufwands, insb aufgrund einer Aufstockung auf Zeitwerte in der steuerlichen SB der

II. Bilanzierung bei der formwechselnden Gesellschaft

KapGes nach § 3 UmwStG, nicht erfasst, ist diese Änderung in laufender Rechnung im ersten Gj der PersGes zu erfassen.

Die in der KapGes bilanzierten **latenten Steuern** sind im ersten JA der 131 PersGes aufzulösen, soweit sie die KSt betreffen, da sich mangels KStPflicht keine Be- oder Entlastung mehr einstellen kann. Die korrespondierende Ertragsteuerpflicht tritt unmittelbar bei den Gestern der PersGes ein. Die latenten Steuern für die GewSt hingegen sind fortzuführen. Wurden in der steuerlichen Schlussbilanz der KapGes Wertaufstockungen vorgenommen, sind die daraus resultierenden Veränderungen der Differenzen in die Bilanzierung latenter GewSt der Periode des Formwechsels einzubeziehen. Da die Aufstockungen der GewSt unterlegen haben (Anm 262 ff), steht dem Ertrag aus der Veränderung der latenten Steuern ein tatsächlicher GewStAufwand ggü, so dass sich hier kein Erläuterungsbedarf in einem ggf erforderlichen Anhang ergibt. Ein passiver Gesamtsaldo muss angesetzt werden (für einen aktiven Gesamtsaldo s Anm 132). Nur wenn die PersGes keine KapCoGes ist oder eine kleine KapCoGes ist, darf sie die Passivierung unterlassen, soweit der passive Gesamtsaldo auf sog quasi-permanenten passiven Differenzen beruht, weil die PersGes nicht in den Anwendungsbereich des § 274 HGB fällt, sondern Rückstellungen für passive latente Steuern anzusetzen hat, wenn die Tatbestandsvoraussetzungen des § 249 Abs 1 S 1 HGB erfüllt sind.

Nach hM darf auch die PersGes ggf eine latente Steuer aktivieren, obwohl 132 die entspr Regelung des § 274 Abs 1 HGB im besonderen Teil für KapGes bzw KapCoGes steht (*Grottel/Larenz* in Beck Bil-Komm[12] § 274 Anm 85; *ADS*[6] HGB § 274 Anm 7). In Bezug auf die Kommanditisten einer KG ist dann allerdings bei entspr Entnahmen ein Aufleben der Haftung zu beachten, soweit dies dazu führt, dass die Hafteinlage buchmäßig nur durch eine latente Steuerforderung abgedeckt ist (§ 172 Abs 4 S 3 HGB).

3. Formwechsel von AG in GmbH und umgekehrt

a) Rechnungslegungspflichten

Die KapGes neuer Rechtsform entsteht nach § 202 UmwG mit Ein- 140 tragung des Formwechsels in das HR. Sie hat auf diesen Tag aber *keine* EB aufzustellen; eine Rechnungslegungspflicht ergibt sich erst zum nächsten regulären Bilanzstichtag (Anm 30). Für das am ersten Bilanzstichtag nach dem Formwechsel endende Gj (nicht vorher, auch wenn der Formwechsel kurz nach dem Bilanzstichtag vollzogen wird) unterliegt die KapGes neuer Rechtsform den für ihre Rechtsform geltenden **Rechnungslegungs-, Prüfungs- und Offenlegungsnormen.** Soweit diese Vorschriften von der **Größenklasse** der KapGes abhängen, gelten wegen § 267 Abs 4 S 3 HGB die allg Regeln des § 267 Abs 4 S 1 HGB, wonach es für die Einstufung in eine Größenklasse auf das Über- bzw Unterschreiten der Schwellenwerte an zwei aufeinanderfolgenden Stichtagen ankommt.

Entsprechendes gilt wegen § 293 Abs 4 S 2 HGB für die **Konzernrech-** 141 **nungslegungspflicht** der KapGes neuer Rechtsform.

Falls der Formwechsel zwar nach dem (letzten) Bilanzstichtag der KapGes 142 alter Rechtsform, aber noch vor **Aufstellung** des entspr JA wirksam wird, hat der/die Vorstand/Geschäftsführung der KapGes neuer Rechtsform die

L 143–152 Bilanzierung beim Formwechsel

Bilanzierungspflichten bzgl des letzten JA der KapGes alter Rechtsform (Aufstellung und Unterzeichnung des JA) zu erfüllen (IDW RS HFA 41, Tz 24). Dies gilt auch, wenn keine Personenidentität zwischen den Organmitgliedern der KapGes neuer und alter Rechtsform besteht. Der JA/KA sollte als JA/KA der Ges alter Rechtsform bezeichnet werden. Auf den inzwischen eingetretenen Formwechsel sollte ein Hinweis erfolgen; bei wesentlichen Auswirkungen des Formwechsels auf die VFE-Lage ist die Angabe nach § 285 Nr 33 HGB zu machen (s auch Anm 42).

143 Beim Formwechsel von GmbH in AG stellt sich die Frage, welches Organ der AG für die **Feststellung** des letzten JA der GmbH zuständig ist. Bei der GmbH ist idR die GesV für die Feststellung zuständig, bei einer AG dagegen idR der AR. Wenn in der AG der AR regelmäßig für die Feststellung des JA zuständig ist, darf er uE auch den letzten JA der GmbH feststellen.

b) Eigenkapital

150 Für den Formwechsel zwischen AG und GmbH bestimmt § 247 Abs 1 UmwG, dass das bisherige **Stammkapital/Grundkapital** der Ges alter Rechtsform zum Grundkapital/Stammkapital der Ges neuer Rechtsform wird. Dies bedeutet, dass das Stammkapital einer GmbH mindestens 50 T€ betragen muss, bevor sie in eine AG umgewandelt werden kann. Es ist allerdings möglich, gleichzeitig mit dem UmwBeschluss eine Kapitalerhöhung zu beschließen, auch wenn erst durch diese Kapitalerhöhung das notwendige Mindestkapital der AG erreicht wird (*Mertens* AG 1995, 561). Neben einer ordentlichen Kapitalerhöhung durch GesterEinlagen (§§ 55, 56 GmbHG) ist auch eine Kapitalerhöhung aus GesMitteln zulässig (IDW RS HFA 41, Tz 11; s auch E Anm 11).

151 Auch die anderen EK-Komponenten werden in gleicher Weise fortgeführt. Die **Kapitalrücklage** bleibt auch bzgl der Zuordnung zu den einzelnen Kategorien des § 272 Abs 2 HGB bestehen. Gleiches gilt grds für die **Gewinnrücklagen** nach § 272 Abs 3 HGB und den **Ergebnisvortrag**. Beim Wechsel von AG in GmbH wird allerdings die gesetzliche (Gewinn-)-Rücklage nach § 150 AktG in der GmbH in die anderen Gewinnrücklagen umgegliedert (IDW RS HFA 41, Tz 13). Die mit dem Formwechsel von AG in GmbH verbundene Minderung der Kapitalbindung bzgl der Kapitalrücklage und der gesetzlichen Rücklage löst eine Gefährdung der Gläubiger iSv § 22 Abs 1 S 2 UmwG aus, so dass die Altgläubiger nach § 204 iVm § 22 Abs 1 UmwG die Leistung von Sicherheiten für ihre Ansprüche verlangen können. Beim Übergang von GmbH auf AG ist nicht vorgeschrieben, dass ein Anteil der Gewinnrücklagen der gesetzlichen (Gewinn-)Rücklage zuzuordnen ist (zur Begr Anm 52; *WPH* TBd Ass, E Anm 200).

152 Eine **Unterbilanz** (Nettobuchvermögen kleiner als gezeichnetes Kapital) der umwandelnden KapGes ist für sich genommen kein Hindernis für den Formwechsel (ebenso *Bula/Thees* in Sagasser/Bula/Brünger[5] § 27 Anm 24; *Busch* AG 1995, 555; aA *Kallmeyer* GmbHR 1995, 889). Allerdings ist beim Formwechsel von GmbH in AG (bzw KGaA) und beim Formwechsel zwischen AG und KGaA § 245 Abs 1 bis 3 iVm § 220 Abs 1 UmwG zu beachten, wonach der Formwechsel nur zulässig ist, wenn der Zeitwert des

II. Bilanzierung bei der formwechselnden Gesellschaft

Vermögens (Ertragswert des Unt) das Grundkapital der neuen AG (bzw KGaA) abdeckt (ebenso *Busch* AG 1995, 555; IDW RS HFA 41, Tz 12). Beim Formwechsel von AG (bzw KGaA) in GmbH ist diese Restriktion hingegen nicht zu beachten, da § 245 Abs 4 UmwG keine Verweisung auf § 220 UmwG enthält und ausdrücklich vom Sachgründungsbericht freistellt. Hiernach darf auch umgewandelt werden, wenn das Nettovermögen der AG zu Zeitwerten nicht den Betrag des Stammkapitals der GmbH erreicht (ebenso *Sagasser/Luke* in Sagasser/Bula/Brünger[5] § 26 Anm 98; aA *WPH* TBd Ass, E Anm 202). Nur die Überschuldung gilt in diesem Fall als UmwHindernis (*Busch* AG 1995, 556).

Deckt das **Nettovermögen** zu *Zeitwerten* nicht das Grundkapital der KapGes neuer Form (AG, KGaA), ist ein Formwechsel nur möglich, wenn zugleich mit dem UmwBeschluss ein Kapitalherabsetzungsbeschluss gefasst wird. Dabei müssen die Restriktionen (Mindestgrundkapital 50 T€) eingehalten werden. Ggf muss im gleichen Zuge dann eine Kapitalerhöhung beschlossen werden (s dazu auch Anm 150).

Das **Jahresergebnis,** das im ersten JA nach Eintragung des Formwechsels in das HR ausgewiesen wird, umfasst das gesamte Gj, unabhängig davon, wann innerhalb des Gj der Formwechsel vollzogen wurde. Beim Formwechsel in eine AG bedeutet dies auch, dass das gesamte Jahresergebnis der Regelung zur Dotierungspflicht der gesetzlichen Rücklage nach § 150 Abs 2 AktG unterliegt (Anm 55).

Beim Formwechsel von GmbH in AG sind für **eigene Anteile** die strengeren Anforderungen für das Halten eigener Anteile nach § 71 AktG zu beachten. Anteile, die nicht mehr gehalten werden dürfen, müssen gem § 71c AktG veräußert oder eingezogen werden. Die AG ist verpflichtet, Angaben zu den eigenen Anteilen nach § 160 AktG zu machen.

c) Abfindungen

Bare Zuzahlungen gem § 196 UmwG (Ausgleich für zu gering bemessenen Anteil an der neuen KapGes) sind nach hM auch bei der Umw zwischen KapGes im ersten JA der neuen KapGes als Aufwand zu erfassen (s ausführlich Anm 60).

Für die Behandlung der **Barabfindungen** nach § 207 UmwG gelten Anm 61 bis 64 und 66 bis 68 entspr. Bei Formwechsel zwischen AG und KGaA gibt es gem § 250 UmwG keine Abfindungen nach § 207 UmwG.

d) Ansatz, Bewertung, Ausweis, Anhang

Für Ansatz, Bewertung und Ausweis gelten die Ausführungen in Anm 75, 78 bis 81 entspr. Bei der Angabe der **Vorjahreszahlen** sind auch im EK für die einzelnen Posten die VjZahlen anzugeben. Beim Formwechsel von AG in GmbH darf bei den VjZahlen die gesetzliche Rücklage bereits in die anderen Gewinnrücklagen umgegliedert werden, um eine Vergleichbarkeit zu den Werten des laufenden Jahres herzustellen (Anm 151). Dies ist im Anhang zu erläutern.

Die Angabe im Anhang nach § 285 Nr 9a HGB zu den **Organbezügen** umfasst nicht nur die Bezüge der Organmitglieder, im Gj der neuen Rechtsform, sondern auch die Bezüge der Organmitglieder der alten Rechtsform, wenn der Formwechsel während des Gj vollzogen wurde. Entspr umfasst die Angabe nach § 285 Nr 9b HGB zu den Gesamtbezügen ehemaliger Organmitglieder auch die Bezüge ehemaliger Organmitglieder der KapGes alter Rechtsform (ebenso *ADS*[6] HGB § 285 Anm 187; *Grottel* in Beck BilKomm[12] § 285 Anm 314). Auch die Angabe zu den während des Gj amtierenden **Organmitgliedern** nach § 285 Nr 10 HGB umfasst nicht nur die Organmitglieder der KapGes neuer Rechtsform, sondern auch die Organmitglieder der KapGes alter Rechtsform, wenn der Formwechsel während des Gj vollzogen wurde.

III. Bilanzierung beim Gesellschafter der formwechselnden Gesellschaft

1. Bewertung der Beteiligung, Beteiligungserträge, Abfindung

170 Soweit der Gester einer formwechselnden Ges bilanzierungspflichtig ist, hat der Formwechsel bei ihm grds keine Auswirkungen auf die Bewertung seiner Beteiligung. Für die Anteile an der Ges neuer Rechtsform ist der bisherige **Buchwert der Anteile** an der Ges bisheriger Rechtsform maßgeblich (so auch *Bula/Thees* in Sagasser/Bula/Brünger[5] § 27 Anm 57; *Widmann* in Widmann/Mayer UmwG § 24 Anm 547). Die Bet vor und nach dem Formwechsel ist der gleiche VG „Bet". Es geht weder ein VG ab noch ein VG zu. Ein Tausch liegt nicht vor. Dies bedeutet auch, dass die AK der Anteile an der Bet bisheriger Rechtsform auch die AK der Bet neuer Rechtsform sind. War die Bet im Zeitpunkt des Formwechsels durch eine Abschreibung unterhalb ihrer AK bilanziert, besteht, entspr Werterholung vorausgesetzt, die Zuschreibungspflicht bis zu diesen AK auch für die Bet neuer Rechtsform.

171 Im Falle eines Formwechsels einer Bet von KapGes zu PersGes können sich für eine Bet insofern **Abweichungen** vom obigen Grundsatz (Anm 170) ergeben, wenn im Rahmen des Formwechsels nicht das gesamte EK der KapGes zu EK der PersGes wurde (Anm 110). Wurde es teilweise auch in Verbindlichkeiten ggü dem Gester umgewandelt, hat der Gester eine entspr Forderung ggü den BetUnt auszuweisen. Soweit der Betrag der Verbindlichkeit aus Ergebnissen der KapGes stammt, die während der Eigentümerstellung des Gesters thesauriert wurden, liegt beim Gester in entspr Höhe ein BetErtrag vor. Eine Korrektur des BetAnsatzes ist nur vorzunehmen, wenn die Bet („ausschüttungsbedingt") auf einen niedrigeren Wert abzuschreiben ist. Erfolgt der Formwechsel in engem zeitlichen Zusammenhang zum Erwerb der Bet, liegt in Höhe der im Rahmen des Formwechsels ausgewiesenen Forderung ein teilweiser Abgang der Bet vor, auch wenn der Betrag der Verbindlichkeit von vor dem Anteilserwerb thesaurierten Gewinnen der formwechselnden Ges gedeckt ist (HFA Bilanzielle Behandlung von Kapitalauskehrungen von Tochtergesellschaften im Abschluss des Mutterunternehmens FN 2000, 172; ausführlich *Deubert/T. Hoffmann* Der Konzern 2014, 154 ff). Soweit die Verbindlichkeit nicht aus thesaurierten Ergebnissen der KapGes, sondern aus den Einlagen der KapGes (gezeichnetes Kapital und Kapitalrücklage) stammt, liegt beim Gester eine **Kapitalrückzahlung** vor, die

III. Bilanzierung beim Gesellschafter 172–181 L

zu einer Minderung (teilweiser Abgang) des Beteiligungsbuchwerts führt. Kann nicht ausgeschlossen werden, dass die Verbindlichkeit nicht nur aus thesaurierten Gewinnen stammt, ist es sachgerecht, den Vorgang zwar nicht vollständig, doch zumindest teilweise als Kapitalrückzahlung zu behandeln (zum Vorgehen s *Deubert/T. Hoffmann* Der Konzern 2014, 157 f).

Erhält der Gester eine **bare Zuzahlung** nach § 196 UmwG, ist diese er- 172 folgswirksam zu vereinnahmen, soweit die Zuzahlung nicht der Abgeltung einer Verringerung seiner Bet am Vermögen und Ergebnis der Ges dient. In diesem Fall ist der Buchwert der Bet entspr der anteiligen Verringerung der BetQuote zu vermindern. Soweit die Zuzahlung von dieser Verringerung des BetBuchwerts abweicht, liegt Ertrag oder Aufwand (aus Abgang von Anlagevermögen) vor.

Scheidet der Gester gegen **Abfindung** aus, ist der Saldo aus Abfindung 173 und Buchwert der abgehenden Bet als sonstiger betrieblicher Ertrag oder sonstiger betrieblicher Aufwand auszuweisen.

2. Latente Steuern

Sowohl beim Formwechsel von PersGes zu KapGes als auch umgekehrt, 180 können sich Konstellationen ergeben, die zu einer unterschiedlichen Bewertung der Bet in HBil und StBil der Gester der formwechselnden Ges führen können.

Erfolgt der Formwechsel einer **Personenhandelsgesellschaft in eine** 181 **Kapitalgesellschaft** mit steuerlicher **Buchwertfortführung** (Anm 221), kann es zu einer Differenz zwischen BetAnsatz in HBil und StBil des Gesters vor allem dann kommen, wenn für den Gester eine (positive) Ergänzungsbilanz in der PersGes zu führen war, und diese Ergänzungsbewertungen im Zeitablauf zwischen Anschaffungszeitpunkt und Zeitpunkt des Formwechsels aufzulösen waren. Der Wertansatz der Bet in der HBil ist dann höher als der Wertansatz in der StBil. Die Differenz wird sich bei Veräußerung oder außerplanmäßiger Abschreibung der Bet umkehren (quasi-permanente Differenz). Nach § 274 Abs 1 HGB werden auch quasi-permanente Differenzen in die Bilanzierung latenter Steuern einbezogen. Bei einer GesterKapGes unterlag die Differenz bis zum Zeitpunkt des Formwechsels der vollen Steuerbelastung (KSt/SolZ, aber idR nicht der GewSt, da der Veräußerungsgewinn idR nicht beim Gester selbst, sondern in der veräußerten Bet an der PersGes der GewSt unterliegt). Bis zum Zeitpunkt des Formwechsels war daher bei der GesterKapGes für die latente KSt/SolZ-Belastung eine passive latente Steuerschuld aufzubauen.

Nach dem Formwechsel unterliegt die **Differenz zwischen** dem **gemeinen Wert** der Bet an der ehemaligen PersGes (entspricht dem anteiligen gemeinen Wert des Vermögens der PersGes) zum UmwZeitpunkt und dem **steuerlichen Buchwert der Beteiligung** (und damit idR auch die Differenz zwischen dem steuerlichen Buchwert und dem höheren handelsrechtlichen Buchwert) noch für einen Zeitraum von sieben Jahren der vollen **KStBesteuerung,** falls in diesem Zeitraum die Anteile an der formgewechselten Ges veräußert werden, wobei mit jedem Jahr $1/7$ der Differenz weniger der vollen Besteuerung unterliegt (Anm 238; § 22 Abs 1 UmwStG). Danach unterliegen im Ergebnis nach § 8b KStG nur noch 5% des Veräußerungsergebnisses aus der Bet der Ertragsbesteuerung bei der GesterKapGes. Nach § 274 Abs 2 HGB ist für die Bilanzierung latenter Steuern auf den Steuersatz im Zeitpunkt des Abbaus der Differenzen abzustellen. Ist nach der Planung des GesterUnt mit einer Veräußerung der Beteiligung nicht innerhalb der 7-Jahres-Frist zu rechnen, ist die latente Steuerverpflichtung bereits im Zeitpunkt des Formwechsels der Bet auf die nach Ablauf der 7-Jahres-Frist geltende niedrigere Steuerbelastung zu reduzieren. Dieses Ergebnis mag zwar unter Vorsichtsgesichtspunkten im Hinblick auf den langen Prognosezeitraum unbefriedigend sein, entspricht aber uE dem eindeutigen Wortlaut der Regelung. Voraussetzung für die sofortige Reduktion der latenten Steuerverbindlichkeit ist allerdings, dass die mind 7-jährige **Haltedauer** für die Bet nicht nur den (plausiblen) Absichten des Unt, sondern nach den Umständen auch mit großer Wahrscheinlichkeit (fast sicher) den wirtschaftlichen Möglichkeiten des Unt entspricht. Bestehende wirtschaftliche Schwierigkeiten des Unt können dazu führen, dass diese Sicherheit nicht ausreichend gegeben ist. Dann wird es ggf notwendig sein, die latente Steuerverbindlichkeit über den Zeitraum von sieben Jahren sukzessive abzusenken. Ist die Veräußerung für einen früheren Zeitpunkt zu erwarten, darf nur ein entspr geringer Betrag der bisher erfassten latenten Steuerverpflichtung erfolgswirksam ausgebucht werden. Teilweise wird vertreten, dass bereits im Zeitpunkt des Formwechsels aus der gegebenen Rechtslage eine Steuerschuld entsteht (so *Suermann* DStR 2012, 1979). Dies wird aus dem Umstand, dass die Bemessungsgrundlage der Besteuerung auf die Wertverhältnisse im Zeitpunkt des Formwechsels festgelegt ist, begründet. Dies ist zwar eine Besonderheit des Falles, ändert aber uE nichts daran, dass die Steuer erst durch den Verkauf der Bet ausgelöst und damit erst zu diesem Zeitpunkt zur (nicht nur latenten) Steuerschuld wird.

Waren die Ergänzungsbewertungen im Zeitpunkt des Formwechsels noch nicht vollständig aufgelöst und unterliegen sie in Zukunft einer Auflösung, resultiert daraus für die neue KapGes eine Ergebnisdifferenz zwischen handelsrechtlichem Ergebnis (höher) und steuerlichem Ergebnis (niedriger). Wird das handelsrechtliche Ergebnis an den Gester ausgeschüttet, erfolgt die Ausschüttung steuerlich in Höhe der Differenz zwischen handelsrechtlichem und steuerlichem Ergebnis der KapGes regelmäßig aus deren steuerlichem Einlagenkonto gem § 27 KStG, wird also steuerlich als Kapitalrückzahlung beim Gester erfolgsneutral behandelt. Die Differenz zwischen (höherem) handelsrechtlichem und (niedrigerem) steuerlichem BetAnsatz nimmt in diesem Fall also zu. Auf diese nach dem Formwechsel entstehende zusätzliche Differenz zwischen handelsrechtlichem und steuerlichem BetAnsatz ist für 5% der Differenz ein passiver latenter Steuerposten anzusetzen.

182 Beim **Ansatz zum gemeinen Wert oder Zwischenwert** in der steuerlichen EB der neuen KapGes kommt es zu einem Aufstockungsgewinn, der bei einer GesterKapGes der Gewinnbesteuerung unterliegt (Anm 230 ff); entspr erhöht sich der steuerliche BetBuchwert. Handelsrechtlich liegt kein Gewinn vor. Soweit die Aufstockung des steuerlichen BetBuchwerts nur zu einer Annäherung des (niedrigeren) steuerlichen Buchwerts an den (höheren) handelsrechtlichen Buchwert führt, ist ein ggf angesetzter passiver latenter

III. Bilanzierung beim Gesellschafter

Steuerposten erfolgswirksam aufzulösen. Die verbleibende passive Differenz oder, falls die Aufstockung des steuerlichen Buchwerts zu einem über dem handelsrechtlichen Buchwert liegenden steuerlichen Buchwert führt, die dann aktive temporäre Differenz, ist in die Bilanzierung latenter Steuern einzubeziehen. Für die Bilanzierung latenter Steuern ist auf den Steuersatz im voraussichtlichen Umkehrzeitpunkt abzustellen. Grundsätzlich unterliegt der Veräußerungsgewinn für die Bet nach § 8b KStG iE nur noch in Höhe von 5% der Ertragsbesteuerung. Damit ist auch nur auf 5% der Differenz ein latenter Steuerposten anzusetzen. Bei einem Zwischenwertansatz und Veräußerung der Bet innerhalb von sieben Jahren nach dem Formwechsel unterliegt die Differenz zwischen gemeinem Wert der Bet und steuerlichem Buchwert (im Zeitpunkt des Formwechsels gemessen) der vollen KStBesteuerung (die korrespondierende GewStBelastung fällt in der Bet an der ehemaligen PersGes, jetzigen KapGes an), wobei mit jedem Jahr $1/7$ der Differenz weniger der vollen Besteuerung unterliegt (Anm 238; § 22 Abs 1 UmwStG). Bei Zwischenwertansatz und wenn mit der Veräußerung innerhalb des 7-Jahres-Zeitraums gerechnet wird, ist daher ein entspr höherer Steuersatz bei der Bewertung der latenten Steuerposten zu berücksichtigen.

Im Falle einer **Personengesellschaft als Gesellschafter** ist für die ggf eintretende GewStBelastung beim Verkauf der Bet an der neuen KapGes eine latente Steuerverbindlichkeit zu erfassen. Ist die PersGes nicht verpflichtet, § 274 HGB anzuwenden, darf dies unterbleiben, wenn die Differenz quasi-permanent ist. Wenn der Verkauf der Bet innerhalb der 7-Jahres-Frist erwartet wird, erfolgt die dazugehörige GewStBelastung aus der Nachversteuerung idR in der Beteiligung selbst. Entspr ist hierfür auf Ebene des Gesters keine latente Steuerverbindlichkeit zu bilanzieren.

Auch beim Übergang von **Kapitalgesellschaften auf Personenhandelsgesellschaften** kann es in bestimmten Konstellationen beim Gester zu einer Differenz zwischen handelsrechtlichem und steuerrechtlichem Bet-Ansatz kommen. Während der handelsrechtliche Buchwert der Bet durch den Formwechsel idR unverändert bleibt (zu Ausnahmen s Anm 171, 172), kann sich der steuerliche Buchwert der Bet sowohl erhöhen als auch vermindern.

Der **steuerliche Wert** der Bet an der (neuen) PersGes liegt **über** dem **handelsrechtlichen Beteiligungswert,** wenn das Buchvermögen in der steuerlichen Schlussbilanz der KapGes höher ist als der handelsrechtliche BetBuchwert. Dies ist uU selbst bei steuerlicher Buchwertfortführung der formwechselnden Ges möglich. Bei einer GesterPersGes führt diese Differenz aber nicht zu einer Bilanzierung latenter Steuern, da die GewStBelastung aus einem zukünftigen Verkauf der Bet an der PersGes idR in dieser Bet und nicht beim Gester selbst anfällt. Für eine GesterKapGes unterliegt die Werterhöhung der Besteuerung nach § 8b KStG (5% der Differenz erhöhen die Bemessungsgrundlage für die GewSt/KSt/SolZ). Zukünftig unterliegt ein Veräußerungserfolg an der Bet an der PersGes dem vollen KStSatz. Die GewSt für den Veräußerungserfolg fällt idR in der Bet selbst, nicht beim Gester an. Entspr ist auf die aktive Differenz eine latente Steuerforderung auf Basis der KSt/SolZ-Entlastung in die Gesamtbetrachtung der latenten Steuerposten einzubeziehen. Der hieraus resultierende Steuerertrag (dem

Deubert/Meyer

latenten Steuerertrag auf Basis von 15% KSt plus SolZ steht nur ein tatsächlicher Steueraufwand auf Basis der wesentlich geringeren Steuerbelastung nach § 8b KStG ggü) ist bei Wesentlichkeit für die Darstellung der Ertragslage im Anhang zu erläutern.

Der **steuerliche Buchwert** der Bet ist **niedriger als** der **handelsrechtliche Buchwert**, wenn das Buchvermögen in der steuerlichen Schlussbilanz der formwechselnden KapGes kleiner ist als der handelsrechtliche Buchwert der Bet. Dies ist idR dann der Fall, wenn die AK der Bet deutlich über dem (steuerlichen) Buchvermögen der erworbenen KapGes lagen und beim Formwechsel die (steuerlichen) Buchwerte fortgeführt werden, also keine Aufstockung auf den gemeinen Wert oder einen Zwischenwert vorgenommen wird. Dieser Übernahmeverlust wird auch für eine GesterKapGes steuerlich nicht wirksam. Wird jedoch die Bet an der neuen PersGes zum höheren handelsrechtlichen Buchwert veräußert, würde die Differenz zum steuerlichen Buchwert der Bet in voller Höhe der KSt sowie dem SolZ unterliegen (die GewSt auf diesen Gewinn würde in der veräußerten PersGes selbst anfallen). Auf diese Differenz muss daher eine passive latente Steuerverbindlichkeit erfasst werden.

184 Im **Konzernabschluss** des Gesters kann die Umw eines TU von einer KapGes in eine PersGes zu Auswirkungen auf die Bilanzierung latenter Steuern haben, wenn die formwechselnde KapGes in ihrer steuerlichen Schlussbilanz von der Buchwertaufstockung Gebrauch macht (s Anm 262 ff). Soweit die Buchwertaufstockung die steuerlichen Werte der VG des TU an die Konzernwerte für diese VG heranführt, entfallen auf Konzernebene im Rahmen der ErstKons ggf gebildete passive latente Steuerposten.

IV. Steuerbilanzen beim Formwechsel

1. Grundlagen

200 Handelsrechtlich wird das Konzept der Rechtsträgeridentität beim Formwechsel (§ 202 Abs 1 Nr 1 UmwG) anerkannt und mangels Vermögensübertragung weder die Erstellung eines gesonderten Abschlusses des Rechtsträgers der Ausgangsrechtsform (handelsrechtliche SB) noch eine EB des Rechtsträgers neuer Rechtsform verlangt (Anm 30). Anders das UmwStG: Es erkennt die zivilrechtliche Identität eines Rechtsträgers ursprünglicher und neuer Rechtsform nicht an, wenn es sich um einen sog „heterogenen" Formwechsel handelt, bei dem sich das Besteuerungssubjekt ändert (statt KapGes zukünftig PersGes [bzw ihre Gester] oder umgekehrt). Es behandelt den Formwechsel in diesen Fällen steuerlich **wie eine übertragende Umwandlung** mit Rechtsträgerwechsel (§ 9 UmwStG bzw § 25 UmwStG) und damit letztlich wie eine Verschmelzung (UmwSt-Erl Tz 25.01). Die sich hieraus ergebenden steuerlichen Folgen entsprechen weitgehend denen einer Verschmelzung, so dass trotz der rechtlichen Unterschiede zwischen Verschmelzung und Formwechsel für die Besteuerung des Rechtsträgers alter und neuer Rechtsform sowie der an dem Formwechsel beteiligten Gester bzw Anteilseigner (auch) auf die Regeln für die Verschmelzung (K Anm 140 ff) verwiesen werden kann.

IV. Steuerbilanzen beim Formwechsel

In sachlicher Hinsicht regeln die §§ 25 und 9 UmwStG nicht allein den **201** Formwechsel einer PersGes in eine KapGes und vice versa nach § 190 UmwG. Auch der **Formwechsel unter Beteiligung ausländischer Personengesellschaften** kann vom Anwendungsbereich der §§ 25 und 9 UmwStG erfasst sein (§ 1 Abs 4 S 1 Nr 2 Buchst a Doppelbuchst aa 1. Hs iVm § 1 Abs 2 S 1 Nr 1 UmwStG). Hierfür muss die ausländische PersGes bzw KapGes strukturell einer PersGes bzw KapGes iSd § 3 UmwG entsprechen **(Typenvergleich)** und im Inland **steuerpflichtig** sein, also über eine inländische Betriebsstätte oder ausländisches, der inländischen Besteuerung unterliegendes BetrVerm verfügen. Entsprechendes gilt für einen grenzüberschreitenden Formwechsel, der nach hM (zB *Patt* in D/P/M UmwStG § 25 Anm 7; *Bilitewski* in Haritz/Menner/Bilitewski[5] § 25 Anm 14) zwischenzeitlich aufgrund europarechtskonformer Auslegung auch von § 190 UmwG erfasst wird (vgl EuGH C-210/06, BB 2009, 11 [Rs Cartesio], C-378/10, DB 2012, 1614 [Rs Vale] sowie C-106/16, BB 2017, 2829 [Rs Polbud]).

Wie bei einer übertragenden Umw hat beim Formwechsel einer **Perso- 202 nenhandelsgesellschaft in eine Kapitalgesellschaft** die PersGes (ausschließlich für steuerliche Zwecke) eine **Übertragungsbilanz**, die KapGes eine EB zu erstellen (§ 25 S 2 iVm § 9 S 2 UmwStG; Anm 246). Bei einem Formwechsel einer **Kapitalgesellschaft in eine Personengesellschaft** gilt Entsprechendes: Die KapGes hat eine steuerliche Übertragungsbilanz und die PersGes eine steuerliche EB zu erstellen (§ 9 S 2 UmwStG; Anm 262). Mangels zu erstellender HBil findet der Grundsatz der Maßgeblichkeit auf die StBil keine Anwendung.

Ändert sich das Besteuerungskonzept als Folge des Formwechsels nicht **203** („**homogener Formwechsel**" = PersGes in PersGes und KapGes in KapGes anderer Rechtsform), wird die Identität der Gesellschaft vor und nach dem Rechtsformwechsel auch steuerlich anerkannt und die Änderung der Rechtsform nicht zum Anlass für eine Besteuerung gemacht (Ausnahme: Formwechsel unter Bet einer KGaA, bei dem es wegen der Verknüpfung von Elementen der PersGes und KapGes steuerlich zu einer Übertragung kommt; s hierzu *Abele* in Sagasser/Bula/Brünger[5] § 28 Anm 23 ff; *Schmitt* in Schmitt/Hörtnagl/Stratz[8] UmwStG § 1 Anm 140 f). In der Folge sind steuerlich weder (Umw)Bilanzen zu erstellen, noch stille Reserven bei der formwechselnden Ges oder deren Gestern zu erfassen.

2. Formwechsel von Personenhandels- in Kapitalgesellschaft

a) Überblick

Die steuerlichen Folgen des Formwechsels einer PersGes in eine KapGes **205** oder Genossenschaft iSd § 190 UmwG regelt **§ 25 UmwStG** mit Verweisen: Die entsprechende Geltung der §§ 20 bis 23 UmwStG behandelt den Formwechsel wie eine Verschmelzung der PersGes auf eine KapGes und damit wie eine Sacheinlage der PersGes in eine KapGes, weshalb der formwechselnde Rechtsträger PersGes und Mitunternehmerschaft sein muss; die Geltung von § 9 S 2 UmwStG dient der Abgrenzung der Ergebnisse des formwechselnden Rechtsträgers in der Rechtsform der PersGes und der KapGes, § 9 S 3 UmwStG ermöglicht deren Rückbeziehung. Mit dem Verweis auf die §§ 20 bis 23 UmwStG fingiert § 25 S 1 UmwStG für ertragsteuerliche Zwecke einen **Vermögensübergang** und damit einen Rechtsträgerwechsel, auf den dann die Einbringungsvorschriften der §§ 20 bis 23 UmwStG entsprechende Anwendung finden. Dieser Verweis ist ein **Rechtsgrundverweis** mit der Folge, dass die Tatbestandsvoraussetzungen der §§ 20 bis 23 UmwStG erfüllt sein müssen, wenn ihre Rechtsfolgen (insb die Steuerneutralität der Umw) Geltung finden sollen (Anm 210 ff).

206 Für **die bilanzielle Abbildung** des Formwechsels einer PersGes in eine KapGes verweist § 25 S 2 UmwStG auf § 9 S 2, 3 UmwStG. Da aufgrund der Rechtsträgeridentität der Gesellschaft vor und nach dem Formwechsel keine Abschlüsse zu erstellen sind, die zur Grundlage der steuerlichen Erfassung des Formwechsels gemacht werden könnten, verpflichtet § 25 S 2 iVm § 9 S 2 2. Hs UmwStG die PersGes, auf den steuerlichen Übertragungsstichtag eine StBil (**Übertragungsbilanz;** Anm 246) und die („neue") KapGes auf denselben Tag nach § 25 S 2 iVm § 9 S 2 1. Hs UmwStG eine steuerliche **Eröffnungsbilanz** (Anm 247) aufzustellen.

b) Besteuerung des Formwechsels – entsprechende Geltung der §§ 20 bis 23 UmwStG

210 **aa) Formwechsel als Einbringungsvorgang.** Mit dem Verweis in § 25 S 1 UmwStG auf die §§ 20 bis 23 UmwStG wird der Formwechsel der PersGes in die KapGes steuerlich wie die Verschmelzung einer PersGes auf eine KapGes als Einbringungssachverhalt nach den §§ 20 ff UmwStG behandelt (H Anm 204 ff; K Anm 318). Als **Einbringende** gelten wie bei der Verschmelzung die Gester der PersGes; sie bringen (fiktiv) jeweils ihre (mitunternehmerische) Bet an der PersGes in eine KapGes gegen Gewährung neuer Anteile ein. **Einbringungsgegenstand** ist im Gegensatz zur Verschmelzung nicht der Betrieb der PersGes (K Anm 221), sondern mangels zugrunde liegenden Rechtsgeschäfts der jeweilige Mitunternehmeranteil des am Formwechsel teilnehmenden Mitunternehmers. Bedeutung hat der Unterschied insoweit, als beim Formwechsel für jeden Gester einzeln ein Einbringungsvorgang anzunehmen ist und damit jeweils die Tatbestandsmerkmale des § 20 Abs 1 und Abs 2 UmwStG individuell zu prüfen sind. Da Gegenstand der Einbringung der Mitunternehmeranteil ist und für diese Einbringung die Tatbestandsvoraussetzungen des § 20 UmwStG zu prüfen sind, „infiziert" ein Gester, der die Tatbestandsvoraussetzungen für § 20 Abs 1 oder Abs 2 UmwStG nicht erfüllt, nicht gleichzeitig die von den Mitgestern eingebrachten Mitunternehmeranteile (anders bei der Verschmelzung s K Anm 221 f).

211 Da Gegenstand der Einbringung ein Mitunternehmeranteil ist, findet § 20 Abs 1 UmwStG nur Anwendung, wenn die formwechselnde PersGes eine **Mitunternehmerschaft,** also gewerblich tätig, geprägt oder infiziert ist, s § 15 EStG (zum Formwechsel einer vermögensverwaltenden PersGes in eine KapGes s Anm 240).

212 § 20 Abs 1 UmwStG verlangt als „Gegenleistung" für die Einbringung die Gewährung **neuer Anteile.** Diese ist dem Formwechsel immanent; die KapGes entsteht mit der Eintragung und die Gester werden (neue) Anteils-

IV. Steuerbilanzen beim Formwechsel

eigner des formgewechselten Rechtsträgers (§ 202 Abs 1 Nr 2 UmwG; UmwSt-Erl Tz 25.01).

bb) Sonderbetriebsvermögen. Gegenstand der Einbringung ist der Mitunternehmeranteil des Gesters; dieser ist im Ganzen einzubringen. Damit ist grds (Anm 217) auch etwaiges im Eigentum des Mitunternehmers stehendes SonderBetrVerm als Bestandteil des Mitunternehmeranteils zu übertragen (BFH v 29.11.2017 BStBl II 2019, 738). Die Übertragung muss aufgrund eines zusätzlichen, zivilrechtlich wirksamen Übertragungsaktes in zeitlichem und sachlichem Zusammenhang (einheitlicher Vorgang) mit dem Formwechsel erfolgen (zum zeitlichen Zusammenhang s *Bilitewski* in Haritz/Menner/Bilitewski[5] § 25 Anm 31). Sie bildet dann einen Bestandteil des Formwechsels; einer zusätzlichen Anteilsgewährung für den jeweiligen Gester bedarf es nicht.

Zwar ist das SonderBetrVerm Teil des Mitunternehmeranteils, § 20 UmwStG findet jedoch nach allg Ansicht auch dann Anwendung, wenn nicht das gesamte, sondern lediglich das **funktional wesentliche Sonderbetriebsvermögen** (mit)übertragen wird. Wird SonderBetrVerm, das funktional wesentlich für den Betrieb der PersGes ist, nicht mit eingebracht, gilt die Sachgesamtheit „Mitunternehmeranteil" als solche nicht als eingebracht und § 20 Abs 1 UmwStG findet keine Anwendung. Die stillen Reserven in dem jeweiligen Mitunternehmeranteil sind (umfassend) aufzudecken und im Ergebnis vom betreffenden Gester zu versteuern (Betriebsaufgabe nach § 16 Abs 3 S 1 iVm Abs 1 S 1 Nr 2 EStG s *Rabback* in Rödder/Herlinghaus/van Lishaut[3] § 25 Anm 51). Die WG gelten dann als zu den aufgestockten Werten in die KapGes eingelegt.

Ist das zurückbehaltene SonderBetrVerm hingegen **nicht funktional wesentlich**, hindert die „Nichtübertragung" die Anwendbarkeit von § 20 UmwStG und damit die Steuerneutralität des Formwechsels für den betroffenen Gester nicht per se. Das (zurückbehaltene) SonderBetrVerm gilt als entnommen; die stillen Reserven sind lediglich bezogen auf das nicht mit übertragene SonderBetrVerm aufzudecken und vom jeweiligen Gester zu versteuern.

cc) Bewertung des übernommenen Vermögens durch die Kapitalgesellschaft. Da § 25 UmwStG den Formwechsel der PersGes als Sacheinlage nach § 20 Abs 1 UmwStG einordnet, gilt für die Bewertung der Einlage dessen Abs 2 S 1: Die „übernehmende" KapGes hat nach § 20 Abs 2 S 1 UmwStG das „eingebrachte" **BetrVerm** (Mitunternehmeranteil) unter Berücksichtigung selbst geschaffener immaterieller WG sowie eines GFW mit den gemeinen Werten anzusetzen; für Pensionsrückstellungen gilt hingegen § 6a EStG, der die Aufdeckung stiller Lasten aufgrund von Pensionsverpflichtungen im Gegensatz zur HBil hindert. Die Erfassung erfolgt in der EB (Anm 247). Zum Bewertungsstichtag s Anm 248.

Die KapGes darf jedoch auf ihren **Antrag** hin (Anm 224, 264) nach § 20 Abs 2 S 2 UmwStG **Buchwerte oder Zwischenwerte** bezogen auf den jeweiligen Gester/Mitunternehmer (einschließlich der Werte in der Ergänzungs- und Sonderbilanz) ansetzen, wovon auch regelmäßig Gebrauch gemacht wird, soweit
– die übertragenen WG bei der KapGes der Besteuerung mit KSt unterliegen;

- die Passivposten des eingebrachten BV die Aktivposten nicht übersteigen (K Anm 225);
- das deutsche Besteuerungsrecht weder ausgeschlossen noch beschränkt wird und
- neben den Anteilen an der KapGes dem Gester/Mitunternehmer keine über die Grenzen des § 20 Abs 2 S 2 Nr 4 UnwStG hinausgehende sonstige Gegenleistung (zB Barzahlung oder Einräumung einer Forderung) gewährt wird (K Anm 225).

222 Da als Einbringende die einzelnen Gester (Mitunternehmer) gelten (Anm 210), sind **für jeden Gesellschafter** (Mitunternehmer) die **Voraussetzungen** für das Bewertungswahlrecht zu **prüfen**. Bei der Ermittlung, ob die Passiv- die Aktivposten übersteigen, sind Ergänzungsbilanzen und mit übertragenes SonderBetrVerm zu berücksichtigen.

223 Die KapGes darf ein etwaiges Bewertungswahlrecht für jeden Mitunternehmeranteil (also für jeden Mitunternehmer) gesondert ausüben. Innerhalb des jeweiligen Mitunternehmeranteils muss das Wahlrecht jedoch gleichmäßig ausgeübt werden. Es können daher nur alle (anteilig) übernommenen WG einheitlich mit dem Buchwert, Zwischenwert oder gemeinen Wert angesetzt werden. Bei einem Zwischenwertansatz muss für alle WG der gleiche Prozentsatz der stillen Reserven aufgelöst werden (UmwSt-Erl Tz 03.25; *Schmitt* in Schmitt/Hörtnagl/Stratz[8] UmwStG § 20 Anm 311), wobei auch nicht bilanzierte selbst geschaffene immaterielle WG und der GFW erfasst werden.

224 Der **Antrag** auf Ansatz des eingebrachten BetrVerm mit einem unter dem gemeinen Wert liegenden Wert ist *spätestens* mit der erstmaligen Abgabe der steuerlichen SB bei dem für die KapGes zuständigen Finanzamt zu stellen. Diese steuerliche SB ist weder die steuerliche Übertragungsbilanz noch die EB, zu deren Erstellung § 9 S 2 UmwStG den formwechselnden Rechtsträger verpflichtet, vielmehr handelt es sich um die nächste auf den Einbringungszeitpunkt folgende Jahresbilanz der übernehmenden KapGes (UmwSt-Erl Tz 20.21; BFH v 15.6.2016 BStBl II 2017, 75). Ein Antrag ist nach hM (*Schmitt* in Schmitt/Hörtnagl/Stratz[8] UmwStG § 25 Anm 43) unabhängig davon zu stellen, dass bereits durch die Erstellung und Einreichung der steuerlichen EB die Ausübung eines etwaigen Bewertungswahlrechts deutlich wird.

225 **dd) Steuerliche Folgen für die beteiligten Rechtsträger.** Für die **übertragende Personengesellschaft** ergeben sich aus dem Formwechsel keine Besonderheiten. Sie hat zwar aufgrund der Geltung des § 9 S 2 UmwStG eine Übertragungsbilanz auf den steuerlichen Übertragungsstichtag zu erstellen, für die jedoch die allgemeinen Grundsätze der Gewinnermittlung gelten; die Übertragungsbilanz dient allein der Ergebnisabgrenzung.

226 Wird jedoch funktional nicht wesentliches SonderBetrVerm im Rahmen des Formwechsels nicht übertragen, wirkt sich die Entnahme (Anm 217) noch im Rahmen der Übertragungsbilanz aus.

227 Bedeutung hat der Ansatz der KapGes und damit die Ausübung des Wahlrechts nach § 20 Abs 2 UmwStG auch für die PersGes, da ein etwaiger Einbringungsgewinn der Gester in die Ergebnisermittlung der PersGes eingeht und Bestandteil der gewerblichen Einkünfte der PersGes ist. Diese bilden die

IV. Steuerbilanzen beim Formwechsel   230–240 L

Grundlage für die Berechnung der *GewSt* der PersGes (Anm 300). Die GewSt ist noch bei der PersGes zu berücksichtigen.

Die steuerlichen Folgen des Formwechsels bei der **übernehmenden Kap-** 230
Ges bestimmt § 23 UmwStG. Unabhängig von dem gewählten Wertansatz tritt die KapGes in die steuerlichen Rechtsstellung der Einbringenden (Mitunternehmer) ein (*Nitzschke* in Blümich UmwStG § 25 Anm 36; K Anm 223).

Ist das dem jeweiligen Mitunternehmer in Folge des Formwechsels zuge- 231
ordnete gezeichnete Kapital geringer als das Eigenkapital des jeweiligen Gesters (Mitunternehmers), wird der übersteigende Betrag dem Einlagekonto der KapGes nach § 29 KStG zugeführt.

Zur Folgebilanzierung der KapGes zum Ende des Wj der „Übernahme" 232
der WG der PersGes s K Anm 146 ff.

Der Wertansatz der KapGes ist Grundlage der Ermittlung des Veräuße- 235
rungsgewinns **(Einbringungsgewinn)** der **Gesellschafter** (Mitunternehmer) der formgewechselten PersGes. Der Unterschied zwischen dem Stand der GesterKonten gem dem steuerlichen Abschluss auf den Übertragungsstichtag (Übertragungsbilanz) und dem „Veräußerungspreis" für den Mitunternehmeranteil abzgl der Kosten unterliegt gem § 20 Abs 4, 5 UmwStG als **Einbringungsgewinn** der Besteuerung bei den Gestern der PersGes. Als **Veräußerungspreis** gilt nach § 20 Abs 3 UmwStG der Wertansatz, mit dem die (neue) KapGes das übernommene Vermögen in ihrer steuerlichen EB ansetzt. Zur steuerlichen Erfassung des Einbringungsgewinns bei den Gestern s K Anm 234.

Der **Veräußerungsgewinn** ist nicht zuletzt wegen des für jeden Mitun- 236
ternehmeranteil unterschiedlich ausübbaren Bewertungswahlrechts der KapGes in ihrer EB für jeden Gester gesondert zu berechnen. Der den Gesellschaftern gesondert und einheitlich zuzurechnende Einbringungsgewinn unterliegt bei diesen den allg Besteuerungsgrundsätzen. Gehen (auch) Bet an KapGes bzw eG über, finden insoweit § 8b Abs 2 KStG oder § 3 Nr 40 EStG Anwendung.

Der von der KapGes gewählte Wertansatz, ggf abzgl des gemeinen Werts 237
einer sonstigen Gegenleistung (zB bare Zuzahlung im Rahmen eines Ausgleichs nach § 196 UmwG), gilt gleichzeitig beim Gester als (steuerliche) **Anschaffungskosten der Anteile** an der neuen KapGes.

Veräußert ein Anteilseigner, bei dem im Rahmen des Formwechsels in die 238
KapGes die stillen Reserven im MU-Anteil nicht umfassend aufgedeckt wurden, die Anteile an der KapGes innerhalb von sieben Jahren nach dem steuerlichen UmwStichtag, oder erfüllt er einen der Ersatztatbestände des § 22 Abs 1 S 6 UmwStG, kommt es zur Besteuerung des sog Einbringungsgewinns I. Es gilt das unter K Anm 236 Dargestellte. Zur Aufstockung der übernommenen WG nach einer derartigen schädlichen Veräußerung iSd § 22 Abs 1 UmwStG bei der KapGes s K Anm 237.

c) Formwechsel einer vermögensverwaltenden Personengesellschaft

Auch im Fall des Formwechsels einer vermögensverwaltenden OHG oder 240
KG (PersGes, die keine gewerbl Einkünfte iSd § 15 EStG erzielt) in eine

Klingberg   611

KapGes wird ertragsteuerlich eine Vermögensübertragung fingiert. Die bisher den Gestern zugerechneten WG werden als Folge des Formwechsels WG der KapGes. Es gelten für den Formwechsel jedoch nicht die Vorschriften der §§ 20 ff UmwStG, da diese eine Mitunternehmerschaft als Ausgangsrechtsträger voraussetzen.

Die steuerlichen Folgen des Formwechsels sind abhängig von der Art des von der PersGes verwalteten Vermögens. Besteht das Vermögen der PersGes aus anderen WG als Bet, gilt für die „Einlage" der WG in die KapGes § 6 Abs 6 EStG. Die Gester legen ihre WG nach § 6 Abs 6 S 1 EStG im Rahmen eines Tausches in die KapGes gegen Gewährung von Anteilen zu gemeinen Werten ein. Es kommt zu einer steuerpflichtigen Aufdeckung stiller Reserven (im BetrVerm oder im PrivatVerm nach Maßgabe der §§ 20 Abs 2 und 23 EStG). Die Anschaffungskosten für die Bet an der KapGes werden durch den Wert der (eingebrachten) WG bestimmt. Lediglich, wenn zum Vermögen der formwechselnden PersGes Bet iSd § 21 UmwStG gehören, kann im Einzelfall der Formwechsel insoweit steuerneutral erfolgen. § 22 Abs 2 UmwStG ist zu beachten.

241 Wird eine vermögensverwaltende PersGes, die sich dadurch auszeichnet, dass Bet an ihr von einigen Gestern im BetrVerm, von anderen im PrivatVerm gehalten werden („ZebraGes"), in eine KapGes formgewechselt, findet § 20 UmwStG mangels Mitunternehmerschaft keine Anwendung. Vielmehr handelt es sich steuerlich um die Sachgründung einer KapGes, die für Gester, die die Bet im BetrVerm halten, zu einem stpfl Gewinn in Höhe der stillen Reserven in den anteiligen WG führt, während die Gester, die die Bet im PrivatVerm halten, nur dann einen Gewinn zu versteuern haben, wenn bezogen auf die (anteiligen) WG die §§ 20 oder 23 EStG Anwendung finden.

d) Steuerliche Übertragungs- und Eröffnungsbilanz

245 Der Verweis in § 25 S 2 UmwStG auf § 9 S 2 UmwStG schafft die bilanzielle Grundlage, um den Formwechsel für steuerliche Zwecke einer Verschmelzung gleichzustellen. Da handelsrechtlich beim Formwechsel mangels Vermögensübertragung kein gesonderter Abschluss zu erstellen ist (Anm 30), stellt der Verweis auf § 9 S 2 UmwStG sicher, dass die PersGes durch die Erstellung einer steuerlichen Übertragungsbilanz „beendet" wird und das Vermögen bei der (identischen) Ges neuer Rechtsform durch Erstellung einer steuerlichen EB erfasst werden kann.

246 Die **steuerliche Übertragungsbilanz** der PersGes (Mitunternehmerschaft) entspricht der steuerlichen SB bei der Verschmelzung. Sie umfasst das Gesamthandsvermögen sowie etwaige Sonder- und Ergänzungsbilanzen der Gester. Sie dient zunächst der (laufenden) **Einkommensermittlung** für den letzten Besteuerungszeitraum (Ermittlung des Periodengewinns), für das Ergebnis der PersGes noch den Gestern (Mitunternehmern) zugerechnet wird. Insoweit gelten die allgemeinen Vorschriften des EStG, insb die Bindung an die handelsrechtliche Buchführung. Gleichzeitig bildet die Übertragungsbilanz die Grundlage für die Ermittlung des Einbringungsgewinns der Gester (dazu Anm 235). Zur Besteuerung der Gester s K Anm 250.

IV. Steuerbilanzen beim Formwechsel   247–256 **L**

Die mit der Eintragung entstandene KapGes hat auf den UmwStichtag **247**
eine **steuerliche Eröffnungsbilanz** zu erstellen (§ 25 S 2 iVm § 9 S 2 2. Hs
UmwStG), in der sie das „übernommene" Vermögen ausweist. Für die EB
gelten nach § 25 S 1 UmwStG die §§ 20, 21 UmwStG entspr.
In der steuerlichen EB der KapGes ist nach § 20 Abs 2 S 1 UmwStG das **248**
„eingebrachte" BetrVerm grds (Anm 220) mit gemeinen Werten anzusetzen.
Maßgebender Bewertungsstichtag ist der nach § 9 S 3 UmwStG bestimmte
Stichtag.

e) Steuerliche Rückbeziehung

Der **steuerliche Übertragungsstichtag** ist der Tag der Wirksamkeit des **250**
Formwechsels, also der Tag der Eintragung des Formwechsels in das maßgebende öffentliche Register (im Inland das HR), § 202 Abs 1 UmwG. Mit
ihm endet die unmittelbare Steuerpflicht der Gester der PersGes. § 25 S 2
iVm § 9 S 3 UmwStG gestattet jedoch, den steuerlichen Übertragungsstichtag auf einen Zeitpunkt vorzuverlegen, der höchstens acht Monate vor der
Anmeldung des Formwechsels zur Eintragung in das HR liegt. Als lex specialis zu § 20 Abs 5 bzw 6 UmwStG verlangt die Rückbeziehung nicht, dass
die Tatbestandsvoraussetzungen des § 20 UmwStG vorliegen, vielmehr reicht
für die Rückbeziehung der Formwechsel als solcher (*Nitzschke* in Blümich
UmwStG § 25 Anm 44).
Der Verweis auf § 9 S 3 UmwStG erlaubt damit grds, den steuerlichen **251**
Übertragungsstichtag auf den Zeitpunkt des letzten JA der formwechselnden
Ges zu legen, so dass sich keine Notwendigkeit für einen *Zwischenabschluss* für
steuerliche Zwecke ergibt. Wird als steuerlicher Übertragungsstichtag nicht
der des letzten JA gewählt, entsteht steuerlich ein *RumpfGj* (*Widmann* in
Widmann/Mayer UmwStG § 25 Anm 35).
Aufgrund des uneingeschränkten Verweises in § 25 S 2 UmwStG auf § 9 **252**
S 3 UmwStG findet die Rückwirkungsregelung auch auf einen Formwechsel
einer vermögensverwaltenden PersGes in eine KapGes oder auf einen Formwechsel, der sich als Anteilstausch iSd § 21 UmwStG darstellt, Anwendung.

3. Formwechsel von Kapital- in Personengesellschaft

a) Überblick

Da die nach dem Formwechsel entstandene PersGes kein (K)StSubjekt ist, **255**
vielmehr das Ergebnis der PersGes jetzt unmittelbar anteilig der Besteuerung
bei den Gestern unterliegt (Wechsel des Steuersubjekts), fingiert § 9 S 1
UmwStG durch entspr Geltung der §§ 3 bis 8 und 10 UmwStG steuerlich
einen einer Verschmelzung vergleichbaren Vermögensübergang einer KapGes
auf eine PersGes, wobei für steuerliche Zwecke danach zu unterscheiden ist,
ob Vermögen BetrVerm der übernehmenden PersGes wird (Anm 260 ff) oder
nicht (Anm 280).
Darüber hinaus verpflichtet § 9 S 2 UmwStG die formwechselnde KapGes, **256**
auf den UmwStichtag für steuerliche Zwecke eine Übertragungsbilanz und
die „neue" PersGes eine EB zu erstellen. Diese Bilanzen können aus Vereinfachungsgründen auf einen Zeitpunkt aufgestellt werden, der bis zu acht Monate vor der Registeranmeldung des Formwechsels liegt, § 9 S 3 UmwStG.

Dies ermöglicht, die steuerlichen Folgen des Formwechsels auf einen Abschlussstichtag zurückzubeziehen. Die Möglichkeit der Rückbeziehung der steuerlichen Folgen des Formwechsels wird durch den Verweis auf § 2 Abs 3 und 4 UmwStG zur Vermeidung „weißer Einkünfte" eingeschränkt.

b) Besteuerung des Formwechsels – entsprechende Geltung der §§ 3 ff UmwStG

260   **aa) Allgemeines.** Aufgrund des Verweises in § 9 S 1 UmwStG auf die §§ 3 ff UmwStG ist steuerlich der Formwechsel unabhängig von den zivilrechtlichen Unterschieden wie eine Verschmelzung zu behandeln. Insoweit kann hinsichtlich der Einzelheiten auf die Darstellung der steuerlichen Folgen der Verschmelzung einer KapGes auf eine PersGes verwiesen werden (s H Anm 210 ff für die KapGes, K Anm 142 ff für die PersGes, K Anm 187 ff für die Gester).

262   **bb) Besteuerung der KapGes.** Die formwechselnde KapGes hat eine Übertragungsbilanz (§ 9 S 2 UmwStG, Anm 283) zu erstellen, in der sie ihre Vermögenswerte (steuerliches BetrVerm) einschließlich nicht entgeltlich erworbener oder selbst geschaffener WG mit dem gemeinen Wert anzusetzen hat; lediglich für Pensionsrückstellung gilt § 6a EStG.

263   Sind die Tatbestandsvoraussetzungen des § 3 Abs 2 S 1 UmwStG erfüllt (H Anm 212 f), kann auf Antrag der KapGes das „übergehende" Vermögen statt mit gemeinen Werten auch mit dem Buchwert oder einem Zwischenwert angesetzt werden (s iE H 170 ff). Zur Frage, bis wann der Antrag gestellt werden kann, s Anm 224.

264   Der sich auf Grundlage der Übertragungsbilanz ergebende steuerliche Übertragungsgewinn der KapGes für den letzten Besteuerungszeitraum unterliegt vorbehaltlich einer abw Regelung in einem anwendbaren DBA oder § 9 Nr 3 GewStG nach Verrechnung mit steuerlichen Verlustpositionen sowohl der KSt als auch der GewSt. Verbleibende körperschaft- oder gewerbesteuerliche Verlustvorträge, verrechenbare Verluste oder nicht ausgeglichene negative Einkünfte sowie ein Zinsvortrag nach § 4h Abs 1 S 5 EStG und EBITDA-Vortrag nach § 4h Abs 1 S 3 EStG der KapGes gehen gem § 4 Abs 2 S 2 UmwStG bzw § 18 Abs 1 S 2 UmwStG nicht auf die PersGes bzw deren Gester über.

270   **cc) Besteuerung der PersGes.** Nach § 9 S 2 UmwStG hat die neue Personenhandelsgesellschaft auf den Stichtag der steuerlichen SB der formwechselnden KapGes eine steuerliche EB aufzustellen. Bei der EB handelt es sich um die Gesamthandsbilanz der PersGes. In dieser steuerlichen EB sind die in der Übertragungsbilanz der formwechselnden KapGes angesetzten Werte zu übernehmen.

271   Die PersGes tritt in die steuerliche Rechtsstellung der KapGes ein; steuerliche Verlustpositionen gehen nicht über (K Anm 289). Von den Gestern der KapGes überlassene WG werden regelmäßig SonderBetrVerm der neuen PersGes; eine Fremdfinanzierung der Bet an der KapGes wird negatives SonderBetrVerm.

275   **dd) Besteuerung der Anteilseigner.** Wie bei der Verschmelzung erfolgt die **Besteuerung der an dem Formwechsel teilnehmenden Anteilseigner** der KapGes zweistufig: In einem ersten Schritt werden **allen** An-

teilseignern anteilig die offenen Rücklagen als Einkünfte aus Kapitalvermögen zugerechnet (§§ 9 iVm 7 UmwStG); in einem zweiten Schritt wird für diese grds ein Übernahmeergebnis ermittelt, wobei die ausgeschütteten offenen Rücklagen als Abzugsposten Berücksichtigung finden (§ 4 Abs 5 S 2 UmwStG). Zu Einzelheiten s K Anm 178.

Hat ein Anteilseigner der KapGes WG zur Nutzung überlassen, werden diese (ggf rückwirkend auf den UmwStichtag) SonderBetrVerm bei der PersGes. Die steuerliche Erfassung der Überführung erfolgt nach § 6 Abs 5 S 1 EStG (Überführung aus einem BetrVerm) oder nach § 6 Abs 1 Nr 5 EStG (Überführung aus dem PrivatVerm). 276

Nimmt ein Anteilseigner der formwechselnden KapGes ein Abfindungsangebot nach § 207 UmwG an, scheidet er nach § 209 UmwG gesellschaftsrechtlich aus der neuen PersGes aus. Steuerlich wird der **ausscheidende Gesellschafter** jedoch so behandelt, als hätte er (noch) seine Bet an der KapGes veräußert (UmwStG-Erl Tz 02.20). Die Abfindung bestimmt den Veräußerungspreis für die Aufgabe der Bet an der KapGes; ein sich ergebender Veräußerungsgewinn unterliegt grds der Besteuerung nach Maßgabe des § 8b KStG bzw § 3 Nr 40 EStG. 277

c) Formwechsel in eine vermögensverwaltende Personengesellschaft

Wird das Vermögen der KapGes nicht BetrVerm der PersGes, da die Kap-Ges bisher lediglich vermögensverwaltend war (keine gewerbliche, land- und forstwirtschaftliche oder freiberufliche Tätigkeit), sind die stillen Reserven in der steuerlichen SB der KapGes aufzudecken, vgl § 8 UmwStG. Dies gilt auch, wenn die vermögensverwaltende PersGes nach dem Formwechsel steuerlich als Zebragesellschaft zu qualifizieren ist, weil an ihr Gester beteiligt sind, bei denen das anteilige Vermögen der PersGes (§ 39 Abs 2 Nr 2 AO) als gewerbliches BetrVerm gilt (UmwSt-Erl Tz 08.03; aA wohl *Behrendt* in Haase/Dorn Vermögensverwaltende Personengesellschaften[3] Anm 245), denn die Zebragesellschaft ist unabhängig davon, dass Gester die Bet an ihr im BetrVerm halten, vermögensverwaltend tätig. 280

Die Aufdeckung der stillen Reserven der vermögensverwaltenden KapGes lässt sich nur vermeiden, wenn der Formwechsel in eine gewerblich infizierte, § 15 Abs 3 Nr 1 EStG, oder gewerblich geprägte, § 15 Abs 3 Nr 2 EStG, PersGes erfolgt. 281

d) Steuerliche Übertragungs- und Eröffnungsbilanz

Die KapGes hat auf den Zeitpunkt der Wirksamkeit des Formwechsels (Eintragung in das HR; Anm 230) eine steuerliche Übertragungsbilanz aufzustellen, § 9 S 2 UmwStG. Da im Rahmen des Formwechsels wegen der Rechtsträgeridentität keine handelsrechtliche SB zu erstellen ist (Anm 30), findet der Grundsatz der Maßgeblichkeit des § 5 Abs 1 S 2 EStG auf die steuerliche SB keine Anwendung. 283

Die PersGes hat auf denselben Stichtag eine EB (Gesamthandsbilanz) aufzustellen, in der sie das „übernommene" Vermögen zu den Werten der Übertragungsbilanz der KapGes ansetzt.

e) Steuerliche Rückbeziehung

285 Nach § 9 S 3 UmwStG darf die KapGes den Formwechsel, der zivilrechtlich mit der Eintragung in ein öffentliches Register wirksam wird, durch die Erstellung einer SB auf einen höchstens acht Monate vor der Anmeldung des Formwechsels liegenden Stichtag zurückbeziehen. Erfolgt der Formwechsel in eine GmbH & Co KG, kann der Formwechsel auch dann zurückbezogen werden, wenn die KomplementärGmbH am steuerlichen Stichtag zivilrechtlich noch nicht bestanden hat (*Schmitt* in Schmitt/Hörtnagl/Stratz[8] UmwStG § 9 Anm 16).

4. Formwechsel von Kapital- in Kapitalgesellschaft anderer Rechtsform

290 Das UmwStG regelt den Formwechsel einer KapGes in eine KapGes anderer Rechtsform grds nicht (zur Bet einer KGaA am Formwechsel s Anm 258). Beim Formwechsel zwischen KapGes (AG, GmbH) bleibt das Besteuerungssubjekt erhalten und es ergibt sich eine nahtlose Fortsetzung der Besteuerung. Die KapGes neuer Rechtsform übernimmt die gesamte steuerliche Position der KapGes alter Rechtsform (zB die StBilanzwerte, das steuerliche Einlagenkonto iSd § 27 KStG und auch steuerliche Verlustpositionen). Mangels Anteilseignerwechsels findet § 8c KStG keine Anwendung. Es bedarf keiner steuerlichen SB (Übertragungsbilanz) der KapGes alter Rechtsform und keiner EB der KapGes neuer Rechtsform.

291 Beim Formwechsel unter Bet einer KGaA ist zu beachten, dass bei der Übernahme der Komplementärstellung die §§ 3 ff UmwStG, bei der Aufgabe der Komplementärstellung die §§ 20 ff UmwStG Anwendung finden.

5. Formwechsel von Personenhandels- in Personengesellschaft anderer Rechtsform

295 Der Formwechsel von PersGes untereinander ist im UmwG nicht geregelt; er findet nach den für die jeweilige Rechtsform geltenden Regelungen des HGB statt.

296 Auch im UmwStR findet sich keine Sonderregelung des Formwechsels von PersGes untereinander. Dies ist auch nicht erforderlich, da die Besteuerungssystematik unverändert bleibt. Entspr ist auch nicht die Erstellung einer steuerlichen SB vorgesehen, vielmehr „lebt" die PersGes in neuer Rechtsform weiter. Auch die laufende Besteuerung ändert sich nicht.

297 Steuerliche Themen ergeben sich lediglich in begrenzten Einzelfällen, etwa wenn bei einer vermögensverwaltenden Tätigkeit der formwechselnden PersGes eine gewerbliche Prägung begründet wird (Einlagesachverhalt) oder entfällt (Betriebsaufgabe iSd § 16 Abs 3 EStG) oder sich das Haftungsstatut des Gesters ändert (Komplementär wird Kommanditist und umgekehrt). Letzteres kann Bedeutung zB für die Anwendung des § 15a EStG haben.

6. Gewerbesteuer

300 Setzt die KapGes im Rahmen des **Formwechsels einer Personenhandelsges** in eine KapGes den jeweiligen Mitunternehmeranteil des Pers-

IV. Steuerbilanzen beim Formwechsel

Gesters mit einem über dem Buchwert liegenden Wert an, unterliegt der Einbringungsgewinn (Aufstockungsbetrag) auch der GewSt, es sei denn, der (unmittelbare) Gester (Mitunternehmer) ist eine natürliche Person (§ 7 S 2 GewStG). Die GewSt mindert als Betriebsausgabe das Ergebnis der PersGes im Zeitpunkt des steuerlichen Formwechsels (Übertragungsbilanz).

Bei einem **Formwechsel einer KapGes** in eine PersGes ist ein etwaiger Übertragungsgewinn gewerbesteuerpflichtig. Ein Übernahmegewinn/-verlust der PersGes ist nach § 18 Abs 2 UmwStG gewerbesteuerlich nicht zu erfassen. Zur Gewerbesteuerpflicht eines Gewinns aus der Veräußerung oder Aufgabe der PersGesAnteile nach dem Formwechsel in die PersGes nach § 18 Abs 3 UmwStG s K Anm 185, 260.

7. Verkehrssteuern

Da sich der Formwechsel zivilrechtlich durch die Rechtsträgeridentität der Gesellschaft vor und nach dem Formwechsel auszeichnet und somit dieser Umw keine Vermögensübertragung zugrunde liegt, ist der Formwechsel weder für USt- noch für GrESt-Zwecke, die sich an den zivilrechtlichen Gegebenheiten orientieren, steuerbar. Ein umsatzsteuerbarer Vorgang ist jedoch regelmäßig die aus ertragsteuerlichen Gründen erforderliche Übertragung von SonderBetrVerm durch den Gester (Anm 215 f).

Zu beachten ist auch, dass ein Formwechsel einer PersGes in eine KapGes einen schädlichen Vorgang iSd § 5 Abs 3 bzw § 6 Abs 3 S 2 GrEStG darstellen kann (*Bilitewski* in Haritz/Menner/Bilitewski[5] § 25 Anm 10).

M. Rechnungslegung des Einzelkaufmanns bei Unternehmensaufgabe

Übersicht

	Anm
I. Die Unternehmensaufgabe des Einzelkaufmanns als handelsrechtlich nicht geregelter Vorgang	1–3
II. Die handelsrechtliche Rechnungslegung	
1. Grundlagen	5–10
2. Keine Aufgabeeröffnungsbilanz	15, 16
3. Jahresabschlüsse während des Aufgabevorgangs	20–22
4. Aufgabeschlussbilanz gemäß § 242 HGB	25–30
5. Aufbewahrungspflichten	35
III. Steuerliche Besonderheiten	
1. Abgrenzung und Grundlagen	40–44
2. Voraussetzungen	45–47
3. Ermittlung des Aufgabegewinns	48–54
4. Abgrenzung zwischen laufendem Gewinn und Aufgabegewinn	55–59
5. Rückwirkende Änderung des Aufgabegewinns und nachträgliche Einkünfte aus Gewerbebetrieb	61, 62
6. Steuervergünstigungen	63–67

Schrifttum: *K. Schmidt* HGB-Reform im Regierungsentwurf, ZIP 1997, 909 ff; *Hüttemann/Meinert* Zur handelsrechtlichen Buchführungspflicht des Kaufmanns kraft Eintragung, BB 2007, 1436 ff; *Schulze-Osterloh* Der Wechsel der Eintragungsgrundlagen der Kaufmannseigenschaft (§§ 1, 2, 105 Abs. 2 HGB) und der Anwendungsbereich des § 5 HGB, ZIP 2007, 2390 ff.

I. Die Unternehmensaufgabe des Einzelkaufmanns als handelsrechtlich nicht geregelter Vorgang

Die **Beendigung** eines einzelkaufmännischen Unt bedeutet allg die dauerhafte und nicht nur vorübergehende (zB bei Krankheit) Einstellung der lfd Geschäftstätigkeit, die Beendigung sämtlicher Rechts-/Vertragsbeziehungen zu fremden Dritten (Kunden, Lieferanten, Arbeitnehmern) und die Einziehung der Forderungen, die Versilberung des übrigen materiellen und immateriellen Vermögens, die Befriedigung der Gläubiger sowie die Überführung eines danach verbleibenden Reinvermögens (Geld- und Sachwerte sowie ggf Schulden) in das (Privat-)Vermögen des Eigentümers. **1**

Bei **Kapital- und Personenhandelsgesellschaften** vollzieht sich die Beendigung des jeweiligen Rechtsträgers im Rahmen eines **gesellschaftsrechtlichen Verfahrens** (Liq), an dessen Anfang als Formalakt die *Auflösung*, zB durch Mehrheitsbeschluss der Gester, steht und das mit der *Löschung* der KapGes bzw der Firma der PersGes endet (ausführlich dazu S Anm 1 ff, T Anm 1 ff). Für die Aufgabe der unternehmerischen Tätigkeit beim **Einzelkaufmann** existieren keine vergleichbaren gesetzlichen Regelungen, weshalb **2** es sich hierbei handelsrechtlich somit ausschließlich um einen **tatsächlichen Vorgang** (Realakt) handelt.

3 Besondere Handlungen zur Beendigung des Unt eines EKfm sind dann nicht erforderlich, wenn das von ihm betriebene Unt insgesamt gem § 152 S 1 UmwG in eine KapGes, PersGes oder eG ausgegliedert wird. Voraussetzung für eine **Ausgliederung** (dazu auch I Anm 300 ff) ist, dass der EKfm ins HR eingetragen (dazu auch B Anm 5 ff) und nicht überschuldet ist (§ 152 S 2 UmwG). Mit der Eintragung der Ausgliederung in das Register des EKfm gehen die in der Ausgliederungserklärung bzw dem -vertrag (SB gem § 125 S 1 iVm § 17 Abs 2 UmwG) bezeichneten VG und Schulden im Wege der Gesamtrechtsnachfolge auf den oder die übernehmenden Rechtsträger über (§ 131 Abs 1 Nr 1 UmwG). Zugleich erlischt gem § 155 S 1 UmwG die von dem EKfm geführte Firma.

Wird nur ein *Teil* des einzelkaufmännischen Unt ausgegliedert und erfordert das verbleibende Unt keinen nach Art oder Umfang in kfm Weise eingerichteten Geschäftsbetrieb iSv § 1 Abs 2 HGB, kommt § 155 UmwG nicht zur Anwendung. Der Kfm ist aber gem § 2 S 3 HGB berechtigt (nicht verpflichtet), eine Löschung der Firma herbeizuführen (dazu Anm 9).

II. Die handelsrechtliche Rechnungslegung

1. Grundlagen

5 Zu den Besonderheiten bei der Liq eines einzelkaufmännischen Unt gehört, dass der EKfm seine **Aufgabeentscheidung** und die daraus resultierende Auflösung des Unt weder nach innen dokumentieren (zB durch einen förmlichen Auflösungsbeschluss) noch nach außen bekannt machen muss (zB durch Firmenzusatz „iL"). Soll die UntAufgabe als steuerlich begünstigte Betriebsaufgabe iSv § 16 Abs 3 EStG behandelt werden, kann sich die Abgabe einer (formfreien) „Aufgabeerklärung" ggü dem FA aus Beweisgründen empfehlen (s auch Anm 47).

6 Die **Kaufmannseigenschaft** des Inhabers wird durch die Einleitung der UntBeendigung (zunächst) nicht beeinflusst, sondern besteht bis zur Einstellung des Unt, dh bis zum vollständigen Abschluss aller mit der Aufgabe in Verbindung stehenden Geschäfte, fort. Wie die Vorbereitungshandlungen schon zum Gewerbebetrieb gehören (B Anm 46), gehören auch die LiqGeschäfte noch dazu, solange die verbleibende Tätigkeit nicht nur vermögensverwaltend ist (*K. Schmidt* in MünchKomm HGB[4] § 1 Anm 8). Zum gleichen Zeitpunkt wie die KfmEigenschaft endet – vorbehaltlich der §§ 241a, 242 Abs 4 HGB (s Anm 22) – dann auch die Buchführungs- und Bilanzierungspflicht des Kfm gem §§ 238 ff HGB (hM *Störk/Lewe* in Beck BilKomm[12] § 238 Anm 78 f; *Pfitzer/Oser* in HdR[5] § 238 Anm 10). Endet die KfmEigenschaft mit dem Tod des Kfm, geht mit dem Unt des Kfm, das kaufmännisch bleibt, die Buchführungs- und Bilanzierungspflicht auf den/ die Erben über (s *K. Schmidt* in MünchKomm HGB[4] § 1 Anm 8).

Das Ende der KfmEigenschaft und damit auch für die Buchführungspflicht nach § 238 HGB knüpft nicht an das Erfordernis einer Eintragung im HR an. Damit endet auch die **Buchführungs- und Bilanzierungspflicht** des

II. Die handelsrechtliche Rechnungslegung

Kfm iSv § 1 HGB formal mit dem Wegfall des Erfordernisses eines in kfm Weise eingerichteten Geschäftsbetriebs iSv § 1 Abs 2 HGB. Alle im HR eingetragenen Kfl haben aber zu berücksichtigen, dass bis zur Löschung ihrer Firma der durch § 5 HGB geschützte Rechtsschein eines kfm Geschäftsbetriebs besteht, der im Fall eines Rechtsstreits zu einer Beweislastumkehr – zB wegen der Vorlagepflichten gem § 258 HGB – führt (ausführlich dazu B Anm 54) und deshalb den Kfm *faktisch* zwingt, bis zur Löschung seiner Firma Bücher zu führen (glA *K. Schmidt* ZIP 1997, 914; *Hüttemann/Meinert* BB 2007, 1440; s auch Anm 9).

Außerdem erlischt mit der endgültigen Aufgabe des Geschäftsbetriebs **7** die **Firma** des EKfm. Das **Erlöschen** ist gem § 31 Abs 2 S 1 HGB zur Eintragung in das HR **anzumelden** und wird ggf vom Registergericht im Zwangsgeldverfahren durchgesetzt. Bei tatsächlicher oder voraussichtlicher Wirkungslosigkeit greift ausnahmsweise das Amtslöschungsverfahren (s *Heidinger* in MünchKomm HGB[4] § 17 Anm 45). Die Anmeldepflicht gilt auch dann, wenn die Firma nicht im HR eingetragen war. In diesem Fall werden die Firma und ihr Erlöschen gleichzeitig ins HR eingetragen und bekannt gemacht. Die Löschung der Firma des EKfm hat bei einer dauernden Einstellung des Geschäftsbetriebs nur *deklaratorische* Bedeutung (hM *Schlingloff* in Oetker HGB[5] § 31 Anm 9; zum Unterschied bei Wegfall des Erfordernisses einer kfm Betriebsorganisation Anm 9).

Nach § 2 S 1 HGB *gilt* ein gewerbliches Unt, dessen Gewerbebetrieb nicht **8** unter § 1 Abs 2 HGB fällt (**Kleinbetrieb;** *Störk/Lewe* in Beck Bil-Komm[12] § 238 Anm 18), dann und solange als Handelsgewerbe (Kfm iSd HGB), wie die Firma des Kleinunternehmers ins HR eingetragen ist. Zur Herbeiführung der Eintragung ist der Unternehmer gem § 2 S 2 HGB berechtigt, aber nicht verpflichtet. Ein Kleinunternehmer, der freiwillig den Status eines Kfm eingenommen hat, kann sich nach § 2 S 3 HGB auf Antrag wieder aus dem HR löschen lassen. Dabei muss er dem Registergericht ggü nachweisen, dass zwischenzeitlich nicht die Voraussetzungen des § 1 Abs 2 HGB eingetreten sind, dh Art (zB Vielfalt der angebotenen Erzeugnisse oder Leistungen) oder *Umfang* (Bilanzsumme, Umsatzvolumen, Zahl der Arbeitnehmer oder Niederlassungen) des Unt ein Niveau erreicht haben, das einen in kfm Weise eingerichteten Geschäftsbetrieb erfordert. Zum Nachweis ggü dem Registergericht wird zweckmäßigerweise der letzte reguläre JA verwandt werden, der insb Aufschluss über die Merkmale zum Umfang des Geschäftsbetriebs gibt.

Nach dem Wortlaut des § 2 HGB betreibt der Kleinunternehmer nach **9** **Ausübung** der **Eintragungsoption** bis zur Löschung seiner Firma im HR ein „Handelsgewerbe" iSv § 1 HGB, dh solange besteht für ihn dann – vorbehaltlich des § 241a (s Anm 22) – auch eine Buchführungspflicht nach § 238 HGB, seine Pflichten gehen formal betrachtet insoweit über die eines (Voll-)Kfm iSv § 1 HGB hinaus. Entsprechendes muss dann auch für den im HR eingetragenen Kfm iSv § 1 HGB gelten, dessen Gewerbebetrieb im Verlauf des Aufgabevorgangs nicht mehr die Voraussetzungen des § 1 Abs 2 HGB erfüllt und damit faktisch dem freiwillig eingetragenen Kleinunternehmer iSv § 2 HGB gleichsteht bzw von diesem nicht mehr unterschieden werden kann. Dh eine Buchführungs- und Bilanzierungspflicht bis zur

Löschung der Firma des Kfm iSv § 1 HGB im HR (s Anm 6) ergibt sich
– vorbehaltlich der §§ 241a, 242 Abs 4 HGB (s Anm 22) – durch die analoge
Anwendung des § 2 HGB, so dass insoweit ein Rückgriff auf § 5 HGB
(„ScheinKfm") nicht erforderlich ist (so auch *Schulze-Osterloh* ZIP 2007,
2392).

10 Für EinzelKfl, die groß iSd **PublG** sind, entfällt in der Liq gem § 3 Abs 3
PublG die Beachtung der §§ 1 bis 10 PublG über die sinngemäße Anwendung bestimmter Vorschriften für KapGes bei der Aufstellung des JA und des
Lageberichts sowie deren Prüfung und Offenlegung.

Da beim EKfm der Entschluss zur Beendigung der betrieblichen Tätigkeit
(Auflösung ieS) nicht mittels objektivierter Kriterien (zB Auflösungsbeschluss)
überprüft werden kann, ist anhand der **äußeren Umstände** zu beurteilen,
ob der EKfm die Erleichterungen des § 3 Abs 3 PublG in Anspruch nehmen darf (hM *ADS*[6] PublG § 3 Anm 22). Es kommt also darauf an, ob der
EKfm Handlungen vornimmt, die *objektiv* auf die Auflösung und Beendigung
des Unt als selbständiger Organismus des Wirtschaftslebens gerichtet sind, zB
bestimmte für die Fortführung unerlässliche VG veräußert oder die Produktionstätigkeit einstellt (so BFH v 5.7.1994 DB, 2072 zum Beginn der steuerlichen Betriebsaufgabe; s auch Anm 45 ff).

Eine evtl bestehende Verpflichtung des EKfm zur *Konzernrechnungslegung*
gem §§ 11 ff PublG besteht dagegen fort (s dazu auch T Anm 375 ff).

2. Keine Aufgabeeröffnungsbilanz

15 Mangels expliziter Normen besteht für den EKfm auch im Fall der gezielten und kalendermäßig exakt bestimmbaren Einleitung der zur UntBeendigung erforderlichen Maßnahmen **keine Pflicht** zur Aufstellung einer
(handelsrechtlichen) AufgabeEB. Davon unberührt bleibt die Möglichkeit,
auf einen Stichtag unmittelbar vor Beginn der Maßnahmen zur UntBeendigung oder einen geringfügig früher oder später liegenden Monats- oder
Quartalsstichtag freiwillig ein RumpfGj (§ 242 Abs 1 S 1 HGB) zu bilden.

16 Sofern der EKfm die Beendigung seines Unt für steuerliche Zwecke
als begünstigte **Betriebsaufgabe** iSv § 16 Abs 3 EStG behandeln will, ist
zur richtigen Berechnung des steuerrechtlichen Aufgabegewinns (Anm 48)
– sofern handelsrechtlich kein RumpfJA aufgestellt wird (Anm 15) – zumindest die Aufstellung einer (internen) **steuerlichen Zwischenbilanz** zur
Ermittlung des steuerlichen Aufgabeanfangsvermögens bei der Beendigung
der laufenden (gewerblichen) Tätigkeit erforderlich (Anm 51). Der Aufstellung einer steuerlichen Zwischenbilanz bedarf es nicht, wenn sich der Kfm
für eine (steuerlich nicht begünstigte) sukzessive Betriebsaufgabe entscheidet
(Anm 42).

3. Jahresabschlüsse während des Aufgabevorgangs

20 Ungeachtet der Einleitung der UntBeendigung hat der EKfm gem § 242
HGB zum nächsten **Schluss des bisherigen Geschäftsjahrs** innerhalb der
einem ordnungsmäßigen Geschäftsgang entspr Zeit (§ 243 Abs 3 HGB; dazu ausführlich S Anm 80 f) einen JA bestehend aus Bilanz und GuV (§ 242
Abs 3 HGB) aufzustellen.

II. Die handelsrechtliche Rechnungslegung

Ansatz und *Bewertung* in diesem JA richten sich – mangels abw Bestimmungen – nach den **allgemeinen Vorschriften** für alle Kfl, §§ 242 bis 256a HGB. Wegen Einzelheiten wird auf die Ausführungen in T Anm 110 ff; 140 ff, 165 ff sowie in S Anm 85 ff verwiesen. 21

Ebenso wie bei KapGes oder PersGes können sich die Maßnahmen zur UntBeendigung bei einem EKfm über einen Zeitraum von **mehreren Geschäftsjahren** erstrecken. Sinken während der Dauer der UntBeendigung an zwei aufeinanderfolgenden Stichtagen die Umsatzerlöse unter 500 000 € und der Jahresüberschuss unter 50 000 €, ist der EKfm nach **§ 241a HGB** von seiner Buchführungs- und Inventaraufstellungspflicht (§§ 238 bis 241 HGB) sowie nach § 242 Abs 4 iVm § 241a HGB von der Pflicht zur Aufstellung einer Bilanz und GuV befreit (s dazu *Störk/Lawall* in Beck Bil-Komm[12] § 241a Anm 6 ff). 22

4. Aufgabeschlussbilanz gemäß § 242 HGB

Die Verpflichtung zur Aufstellung eines **letzten externen Jahresabschlusses des Einzelkaufmanns,** bestehend aus AufgabeSB und GuV, ergibt sich – vorbehaltlich der Befreiung nach § 242 Abs 4 iVm § 241a HGB (s Anm 22) – aus den §§ 240, 242 HGB, wonach der Kfm „... *für den Schluss eines jeden Geschäftsjahrs* ...", also auch für das letzte RumpfGj vor Aufgabe einer vollkaufmännischen Tätigkeit, einen JA aufzustellen hat (glA *Pöschke* in Großkomm HGB[5] § 242 Anm 52; BGH v 9.9.1954 BB, 952). 25

Bei der AufgabeSB nebst GuV handelt es sich um die letzte externe Rechnungslegung des EKfm vor Überführung des am Ende des Aufgabevorgangs verbliebenen Reinvermögens in das Privatvermögen. Die AufgabeSB des EKfm dient somit den gleichen Zwecken wie die LiqSB der HandelsGes, dh der Ermittlung des Ergebnisses seit dem letzten regulären LiqJA sowie der Dokumentation des verbliebenen Reinvermögens (dazu T Anm 266).

Der **Stichtag** der AufgabeSB lässt sich nicht anhand objektivierter Kriterien kalendermäßig exakt bestimmen, sondern unterliegt allein der Einschätzung des EKfm. 26

Im Unterschied zu den HandelsGes, bei denen der Stichtag der LiqSB frühestens mit dem Zeitpunkt der Begleichung der letzten Schulden der Ges zusammenfallen kann (T Anm 267), besteht bei einem EKfm die Möglichkeit, Schulden mit in das Privatvermögen zu überführen, dh die AufgabeSB kann bereits zu einem früheren Zeitpunkt aufgestellt werden. Regelmäßig wird dies dann sein, wenn die wesentlichen aktiven VG verwertet sind. Bei seiner Festlegung des Aufgabestichtags wird der EKfm auch berücksichtigen, dass für eine steuerbegünstigte Betriebsaufgabe gem § 16 Abs 3 EStG zwischen Beginn und Ende des Aufgabevorgangs nur ein verhältnismäßig kurzer Zeitraum liegen darf (dazu Anm 46).

Eine Verpflichtung zur Aufstellung einer AufgabeSB mit GuV besteht – vorbehaltlich der Befreiung nach § 242 Abs 4 iVm § 241a HGB (s Anm 22) – grds auch für den im HR eingetragenen Kfm iSv § 1 HGB, der die Voraussetzungen des § 1 Abs 2 HGB nicht mehr erfüllt (Anm 9). Entsprechendes gilt, wenn Kleinunternehmer, die von der Eintragungsoption des § 2 S 1 27

Deubert 623

M 28–35　　　　　　　　　　Rechnungslegung des Einzelkaufmanns

HGB Gebrauch gemacht haben (Anm 8), ihre Firma aus dem HR löschen lassen wollen (§ 2 S 3 HGB).

In diesen Fällen kommt als maßgeblicher Stichtag für die AufgabeSB der Zeitpunkt, zu dem eine kfm Betriebsorganisation nicht mehr erforderlich ist (so zB *Ellerich/Swart* in HdR[5] § 242 Anm 14a mwN), oder objektivierungsbedingt der Zeitpunkt der Löschung der Firma im HR in Betracht.

28　Ob das Unt des EKfm einen in kfm Weise eingerichteten Geschäftsbetrieb iSv § 1 Abs 2 HGB erfordert oder nicht, kann immer nur ex post beurteilt und allenfalls in Ausnahmefällen exakt bestimmt werden. Aus diesem Grund ist der zuerst genannte Aufstellungszeitpunkt (Wegfall des Erfordernisses einer kfm Organisation) als Stichtag einer solchen AufgabeSB nicht geeignet.

Der EKfm, der noch nicht nach § 242 Abs 4 iVm § 241a HGB (s Anm 22) von der JA-Pflicht befreit ist, wird die Feststellung, dass sein Unt zum „minderkaufmännischen" Kleinbetrieb geworden ist, regelmäßig unter Zuhilfenahme eines regulären JA (§ 242 Abs 3 HGB) treffen und diesen auch ggü dem Registergericht oder dem FA als Nachweis hierüber verwenden. Unter Praktikabilitätsgesichtspunkten wird man dann diese (letzte) Jahresbilanz mit der AufgabeSB gem §§ 240, 242 HGB (Anm 25) gleichsetzen **(fiktive Aufgabeschlussbilanz)**. Eines zusätzlichen JA auf den zufälligen Zeitpunkt des Erlöschens der Firma im HR bedarf es deshalb nicht. Entsprechendes gilt für den freiwillig im HR eingetragenen Kleinunternehmer (§ 2 HGB).

Wegen §§ 2, 5 HGB reicht es in diesen Fällen aus, wenn bis zur Löschung Bücher geführt (dazu Anm 6) und diese ggf in einem Rechtsstreit gem § 258 HGB vorgelegt werden können.

29　IdZ ist außerdem zu beachten, dass die eigentlich zur Aufstellung dieses JA verpflichtende *Kaufmannseigenschaft* nach der Löschung der Firma des EKfm im HR nicht mehr vorliegt. Ebenso wie bei UmwVorgängen (IDW RS HFA 42, Tz 23) ist schließlich davon auszugehen, dass mit der Eintragung der Löschung der Firma rückwirkend auch die Verpflichtung zur Aufstellung sonstiger regulärer JA entfällt, die für die Zeit nach dem Stichtag der fiktiven SB bis auf den Zeitpunkt der Löschung sonst aufzustellen wären (s auch S Anm 16 f).

30　Bzgl der in der AufgabeSB anzuwendenden **Ansatzgrundsätze** gelten die Ausführungen zur KapGes (T Anm 268 ff) sinngemäß. Im Unterschied zu KapGes oder PersGes (s T Anm 271; S Anm 118) ist – mangels Vermögensinteressen Dritter – in der SB des EKfm eine Bewertung nicht-monetärer VG, die ins Privatvermögen übernommen werden, zum beizZW aus handelsrechtlicher Sicht nicht erforderlich, dh die **Bewertung** der VG hat zu (ggf fortgeführten) AK/HK (§ 253 HGB) zu erfolgen. Die Bewertung der entnommenen WG für steuerrechtliche Zwecke zum gemeinen Wert bleibt davon unberührt (s Anm 54).

5. Aufbewahrungspflichten

35　Die Bücher und Schriften iSd § 257 HGB, die bis zur Löschung der Firma (Anm 6) angefallen sind, sind vom EKfm aufzubewahren (glA *Pöschke* in Großkomm HGB[5] § 257 Anm 8; aA *ADS*[6] HGB § 257 Anm 10 nur die bis

III. Steuerliche Besonderheiten 40 **M**

zum Ende der KfmEigenschaft angefallenen Unterlagen sind aufzubewahren). Die Verwahrdauer richtet sich – mangels anderweitiger Bestimmungen – ebenfalls nach § 257 HGB (ausführlich *Störk/Philipps* in Beck Bil-Komm[12] § 257 Anm 27, 31).

III. Steuerliche Besonderheiten

Schrifttum: *Schießl* Neues zum Schuldzinsenabzug nach Betriebsaufgabe, StuB 2007, 700; *Strahl* Probleme bei Betriebsveräußerung, -aufgabe und -verpachtung, StBJb 2007/2008, 268; *Kanzler* Die gestreckte Betriebsaufgabe und -veräußerung im Einkommensteuerrecht – der lange Abschied vom Unternehmertum, DStR 2009, 400; *Wenhardt* Betriebsaufgabe: Neue Rahmenbedingungen im Ertrag- und Erbschaftsteuerrecht beachten, GStB 2009, 109; *Schönemann/Dietrich* Betriebsaufgabe versus Betriebsverpachtung – eine ökonomische Betrachtung, DStR 2011, 231; *Behrens/ Braun* Beginn und Ende der sachlichen Gewebesteuerpflicht, BB 2013, 926; *Schulze zur Wiesche* Betriebsaufgabe infolge des Wegfalls der Voraussetzungen einer Betriebsaufspaltung, DStZ 2014, 311; *Bareis* Grundgesetz und Grenzsteuer: Eine nachdrückliche Aufforderung zur Änderung des § 34 Abs 1 EStG, FR 2015, 577; *Schoor* Verpachtung eines Gewerbebetriebs im Ganzen, NWB 2015, 51; *Schoor* Ermittlung des Betriebsaufgabegewinns, NWB 2015, 3493; *Paus* Spätere Realisationstatbestände für die stillen Reserven bei Wechsel zur Liebhaberei, DStZ 2017, 377; *Adrian* Auflösung von Rechnungsabgrenzungsposten bei der Betriebsaufgabe, StuB 2018, 729; *Haas* Der Gewinn aus Restschuldbefreiung – eine Steuerfalle, DStR 2018, 2129; *Apitz* Abgrenzung laufender Gewinn und begünstigter Aufgabegewinn, EStB 2019, 427; *Müller/Kalies* Vorteilhaftigkeitsanalyse der Veräußerungsgewinnbesteuerung gem. § 34 EStG insbesondere hinsichtlich der Wahl der Veranlagungsart für Ehegatten, FR 2019, 698; *Schoor* Umfang des Betriebsvermögens bei gewerblicher Betriebsverpachtung, StBP 2019, 299.

1. Abgrenzung und Grundlagen

Nach der höchstrichterlichen FinRspr liegt eine **Betriebsaufgabe** vor, 40 „wenn auf Grund eines Entschlusses des Stpfl, den Betrieb aufzugeben, die bisher in diesem Betrieb entfaltete betriebliche Tätigkeit endgültig eingestellt wird, **alle wesentlichen Betriebsgrundlagen** in einem **einheitlichen Vorgang,** dh innerhalb kurzer Zeit entweder insgesamt klar und eindeutig, äußerlich erkennbar in das **Privatvermögen überführt** bzw anderen betriebsfremden Zwecken zugeführt, oder insgesamt einzeln an **verschiedene Erwerber veräußert,** oder teilweise veräußert und teilweise in das Privatvermögen überführt werden und dadurch der Betrieb aufhört, als selbstständiger Organismus des Wirtschaftslebens zu bestehen" (BFH v 15.11.2006 BFH/NV 2007, 436). Im **Unterschied zur Betriebsveräußerung,** bei der ein Gewerbebetrieb als Ganzes in einem einheitlichen Vorgang auf einen Erwerber übertragen wird, führt die Aufgabe zur Zerschlagung des Unt überwiegend im Wege der Einzelveräußerung an mehrere Erwerber bzw der Entnahme nicht veräußerter WG und Schulden (*Schulze zur Wiesche*[8] 189 f).

Wird die gewerbliche Tätigkeit lediglich in Bezug auf einen, mit einer gewissen Selbstständigkeit ausgestatteten, organisch geschlossenen Teil des Gesamtbetriebs, der für sich lebensfähig ist, aufgegeben (ausführlich *Wacker* in Schmidt[38] EStG § 16 Anm 143 ff, 205), handelt es sich steuerlich um eine sog

Teilbetriebsaufgabe, die ebenfalls gem § 16 EStG begünstigt ist. Da bei einer Teilbetriebsaufgabe (zB Schließung einer Zweigniederlassung) immer ein selbstständiger Teil des Gesamtbetriebs fortbesteht, maW der Stpfl seine (gewerbliche) Tätigkeit nicht in vollem Umfang beendet, beziehen sich die nachfolgenden Ausführungen ausschließlich auf den der Beendigung eines EinzelUnt aus steuerlicher Sicht vergleichbaren Fall der Aufgabe des *ganzen* Gewerbebetriebs.

41 Steuerlich gilt die **Aufgabe des Gewerbebetriebs** unter bestimmten Voraussetzungen (Anm 45 ff) als Betriebsveräußerung iSd § 16 Abs 1 EStG (§ 16 Abs 3 S 1 EStG). Der im Rahmen der Betriebsaufgabe erzielte Gewinn gehört zu den Einkünften aus Gewerbebetrieb und unterliegt der ESt. Aufgabeverluste sind steuerlich ausgleichs- und abzugsfähig, soweit nicht andere Sonderregelungen, zB §§ 2 Abs 3, 2b oder 15a EStG, vorgehen.

Die Zuordnung des Betriebsaufgabegewinns zu den Einkünften aus Gewerbebetrieb nach § 16 EStG hat zum einen deklaratorische Bedeutung, da die Sicherstellung der Besteuerung der stillen Reserven bereits durch die allg Gewinnermittlungsvorschriften gedeckt ist (*Wacker* in Schmidt[38] EStG § 16 Anm 5f). Zum anderen entfaltet § 16 Abs 3 S 7 EStG eine *konstitutive Wirkung,* indem er die Bewertung der entnommenen WG zum gemeinen Wert vorschreibt und nicht zum Teilwert als eigentlichen Entnahmewert nach § 6 Abs 1 Nr 4 1. Hs EStG.

42 Ferner begründet die Qualifikation als Betriebsaufgabegewinn nach § 16 EStG die Anwendung von ertragsteuerlichen Vergünstigungen (Anm 63 ff). Bei der Betriebsaufgabe werden – wie auch bei der Betriebsveräußerung – regelmäßig wesentliche stille Reserven in den WG des BetrVerms aufgedeckt, deren uneingeschränkte Erfassung mit dem normalen Steuersatz für den Stpfl eine Härte bedeuten würde. Daher werden Aufgabegewinne für Zwecke der ESt durch § 16 Abs 4 EStG (Freibetrag) begünstigt und unterliegen darüber hinaus als *ao Einkünfte* der Tarifermäßigung nach § 34 Abs 1 EStG und unter bestimmten Voraussetzungen sogar der Tarifermäßigung nach § 34 Abs 3 EStG (dazu Anm 66).

Aufgabegewinne müssen daher als *ao Einkünfte* von den lfd, nicht begünstigten Gewinnen abgegrenzt werden (dazu Anm 55 ff). Von der steuerbegünstigten Aufgabe iSd § 16 Abs 3 EStG zu unterscheiden ist die allmähliche **(stille) Liquidation,** die den lfd Einkünften nach § 15 EStG zugeordnet wird. Die allmähliche, oftmals auch nicht willentlich vom Betriebsinhaber herbeigeführte Abwicklung führt zwar ebenfalls zu einer sukzessiven, aber zu einer oft auf mehrere Perioden verteilten – Gewinnrealisierung und damit nicht zu einer zusammengeballten Aufdeckung der stillen Reserven (*Wacker* in Schmidt[38] EStG § 16 Anm 184; zum grds Wahlrecht des Stpfl zwischen der begünstigten Betriebsaufgabe und der schrittweisen Betriebsabwicklung (BFH v 22.10.1992 BFH/NV 1993, 359 mwN).

43 Die Aufdeckung der stillen Reserven als wesentliche Konsequenz der Betriebsaufgabe tritt beim Fortbestand oder dem Ruhen eines Betriebs nicht ein, wenn zudem die Besteuerung der stillen Reserven gewährleistet ist. Keine Betriebsaufgabe ist daher die **Betriebsunterbrechung,** bei der es nur zu einer *vorübergehenden* Einstellung der werbenden Tätigkeit kommt und die Absicht besteht, den Betrieb innerhalb eines überschaubaren Zeitraums in

III. Steuerliche Besonderheiten 44 M

gleichartiger oder ähnlicher Weise wieder aufzunehmen, sodass der stillgelegte und der wiedereröffnete Betrieb als identisch anzusehen sind (BFH v 26.2.1997 BStBl II, 561). Dabei wird der Begriff des **überschaubaren Zeitraums** nicht als feste zeitliche Grenze ausgelegt (BFH v 9.11.2017 BStBl II 2018, 227). Eine Höchstgrenze gibt es nicht (*Wacker* in Schmidt[38] EStG § 16 Anm 181, 706). Vielmehr muss im Einzelfall geprüft werden, ob der eingestellte Betrieb eines Tages wieder in eigener Person oder durch einen unentgeltlichen Rechtsnachfolger aufgenommen werden kann. Solange der Betrieb wieder objektiv aufgenommen werden kann und keine Betriebsaufgabeerklärung abgegeben wurde, ist von einer Betriebsunterbrechung auszugehen (BFH v 19.3.2009 BStBl II, 902; *Wacker* in Schmidt[38] EStG § 16 Anm 706). Demzufolge kann die Betriebsunterbrechung auch mehrere Jahrzehnte andauern. Die bei der *vorübergehenden* Betriebseinstellung zurückbehaltenen WG müssen es ermöglichen, den Betrieb jederzeit wieder aufzunehmen (dazu *Wacker* in Schmidt[38] EStG § 16 Anm 181 ff). Eine Betriebsunterbrechung iwS kann – sofern keine Betriebsaufgabe erklärt wird – aber auch darin bestehen, dass der bisherige Inhaber die wesentlichen Grundlagen an einen anderen Unternehmer verpachtet (EStR 16 Abs 5 Verpächterwahlrecht; *Wacker* in Schmidt[38] EStG § 16 Anm 690 ff; *Schulze zur Wiesche* DStZ 2014, 311 ff; *Schoor* NWB 2015, 51 ff; *Schoor* StBP 2019, 299). In beiden Fällen besteht der Gewerbebetrieb einkommensteuerrechtlich fort. Die WG des Gewerbebetriebs sind als BetrVerm steuerverhaftet. Im Falle der Betriebsverpachtung unterliegen die gewerblichen Einkünfte mangels werbender Tätigkeit nicht mehr der GewSt (*Schönemann/Dietrich* DStR 2011, 231 ff; *Schoor* NWB 2015, 51 ff).

Von der Betriebsaufgabe ist auch der Fall des innerbetrieblichen **Strukturwandels** abzugrenzen, der vorliegt, wenn zB eine bisher als gewerblich behandelte Gärtnerei zu einem land- und forstwirtschaftlichen Betrieb wird, dh wenn eine Tätigkeit die Voraussetzungen der bisherigen Einkunftsart nicht mehr erfüllt, sondern nunmehr einer **anderen Gewinneinkunftsart** zuzuordnen ist (EStH 16 Abs 2; *Wacker* in Schmidt[38] EStG § 16 Anm 176; *Schallmoser* in Blümich EStG § 16 Anm 477; *Schulze zur Wiesche*[8], 209). So stellt auch der Übergang von einem Gewerbebetrieb zu einem Liebhabereibetrieb keine Betriebsaufgabe dar, erst die Aufgabe des Liebhabereibetriebs führt zu einer Betriebsaufgabe (BFH v 11.5.2016 BStBl II 2017, 112 ff; *Paus* DStZ 2017, 377 ff). Die WG bleiben als Betriebsvermögen steuerverstrickt. Somit kann auch der Wegfall der Voraussetzungen für eine gewerblich geprägte PersGes (EStR 16 Abs 2 S 5) bzw einer Betriebsaufspaltung (*Schulze zur Wiesche* DStZ 2014, 311 ff) zu einer Betriebsaufgabe führen.

Dementspr führt auch die unentgeltliche Übertragung eines Betriebs nach § 6 Abs 3 EStG nicht zu den Rechtsfolgen der Betriebsaufgabe. Allerdings treten die Rechtsfolgen der Betriebsaufgabe dann ein, wenn zwar die werbende Tätigkeit nicht eingestellt wird, aber es hinsichtlich der Veräußerung sämtlicher WG des Betriebs zu einem Ausschluss oder einer Beschränkung des Besteuerungsrechts der Bundesrepublik Deutschland kommt (§ 16 Abs 3a EStG, *Wacker* in Schmidt[387] EStG § 16 Anm 175).

Gewinne, die natürliche Personen bei Aufgabe ihres Gewerbebetriebs erzielen, werden außerdem **nicht** zur **GewSt** herangezogen (GewStR 7 Abs 3 Nr 1; dazu auch *Wacker* in Schmidt[38] EStG § 16 Anm 8; *Behrens/Braun* BB 44

M 45, 46

2013, 926 ff). Die Frage, ob Aufgabegewinne bei der Ermittlung des Gewerbeertrags auszuscheiden sind oder nicht, ist unabhängig von der einkommensteuerlichen Begünstigung dieser Gewinne zu beantworten und hängt allein davon ab, ob die Betriebsaufgabe zu einer endgültigen Einstellung der gewerblichen Tätigkeit des Stpfl führt (BFH v 3.2.1994 BStBl II, 710).

2. Voraussetzungen

45 Eine steuerlich begünstigte Betriebsaufgabe (§ 16 Abs 3 EStG) liegt vor, „wenn der Inhaber eines Gewerbebetriebs den Entschluss gefasst hat, seine gewerbliche Tätigkeit einzustellen, sofern er alsdann in Ausführung dieses Entschlusses alle wesentlichen Betriebsgrundlagen in einem einheitlichen Vorgang innerhalb kurzer Zeit an mehrere Abnehmer ganz oder teilweise veräußert und teilweise in das Privatvermögen überführt" (BFH v 9.9.1993 BStBl II 1994, 104 mwN; *Wacker* in Schmidt[38] EStG § 16 Anm 173; *Wenhardt* GStB 2009, 109 ff). Der Gewerbebetrieb „*als selbstständiger Organismus des Wirtschaftslebens*" muss aufhören zu bestehen (EStH 16 Abs 2).

Was als **wesentliche Betriebsgrundlage** anzusehen ist, kann nur im Einzelfall bestimmt werden. Zu den wesentlichen Betriebsgrundlagen werden entspr einer *funktionalen Betrachtungsweise* alle WG gezählt, die zur Erreichung des Betriebszwecks erforderlich sind (zB Grundstücke oder technische Anlagen und Maschinen eines ProduktionsUnt), und zwar auch dann, wenn in ihnen keine wesentlichen stillen Reserven ruhen (BFH v 17.4.1997 BStBl II 1998, 388). Unabhängig davon sieht die Rspr (zB BFH 2.10.1997 BStBl II 1998 104; BFH v 13.2.1996 BStBl II, 409 mwN) unter Hinweis auf den Sinn und Zweck der §§ 16 Abs 1, 34 EStG (eine „zusammengeballte" Realisierung der über die Zeit entstandenen stillen Reserven nicht dem progressiven ESt-Tarif zu unterwerfen) regelmäßig auch funktional unwesentliche WG mit erheblichen stillen Reserven als wesentliche Betriebsgrundlagen an (*quantitative Betrachtungsweise*). Der Begriff der wesentlichen Betriebsgrundlagen isd § 16 EStG folgt mithin einer *kombinierten funktional-quantitativen Betrachtungsweise* (*Wacker* in Schmidt[38] EStG § 16 Anm 101). Folge ist, dass eine Betriebsaufgabe nur zu bejahen ist, wenn alle wesentlichen Betriebsgrundlagen veräußert bzw in das Privatvermögen überführt und somit die stillen Reserven aufgedeckt werden. Die Überführung einer wesentlichen Betriebsgrundlage zu Buchwerten – bspw nach § 6 Abs 5 EStG – führt zur Negierung der begünstigten Betriebsaufgabe (*Wacker* in Schmidt[38] EStG § 16 Anm 188).

46 Der Tatbestand der Betriebsaufgabe erfordert weiter, dass die Einzelveräußerungen und Entnahmen bei wirtschaftlicher Betrachtung einen **einheitlichen Vorgang** darstellen, dh es muss zu einer zusammengeballten Realisierung stiller Reserven kommen (*Wacker* in Schmidt[38] EStG § 16 Anm 192 ff). Dies ist insb dann der Fall, wenn zwischen Beginn und Ende des Aufgabevorgangs nur ein kurzer Zeitraum liegt. In Abhängigkeit von Art und Umfang der zu veräußernden WG (und Abwicklung der Schulden) hat der BFH in Einzelfällen bislang einen Abwicklungszeitraum von bis zu zwei Jahren akzeptiert (*Wacker* in Schmidt[38] EStG § 16 Anm 193; BFH v 21.10.1993 BStBl II 1994, 385; BFH v 26.5.1993 BStBl II, 710 mwN). Bei einem Abwicklungszeitraum von mehr als 36 Monaten kann hingegen nicht mehr von

III. Steuerliche Besonderheiten 47, 48 **M**

einem einheitlichen Vorgang ausgegangen werden (BFH v 26.4.2001 BFH/ NV, 1186; EStH 16 Abs 2: Zeitraum für die *Betriebsaufgabe*). IdR liegt keine Betriebsaufgabe mehr vor, wenn der Abwicklungsvorgang mehr als zwei VZ betrifft (*Wacker* in Schmidt[38] EStG § 16 Anm 193).

Die **Aufgabe beginnt** erst mit Handlungen, die objektiv auf die Auflösung des Unternehmens gerichtet sind, oder einer eindeutigen Aufgabeerklärung des Stpfl ggü dem FA (BFH v 16.12.1997 BStBl II 1998, 379) und nicht bereits mit dem inneren Entschluss des Stpfl (BFH v 5.7.1984 BStBl II, 711; BFH v 26.5.1993 BStBl II, 710; BFH v 14.12.2004 BFH/NV 2005, 1985). Sie **endet** mit der Veräußerung bzw Überführung des letzten WG, welches zu den wesentlichen Betriebsgrundlagen gehört, in das Privatvermögen (*Wacker* in Schmidt[38] EStG § 16 Anm 195). Der Aufgabezeitraum kann nicht dadurch abgekürzt werden, dass nicht veräußerte WG zunächst formell in das Privatvermögen überführt werden, um sie anschließend privat zu veräußern. In solchen Fällen ist davon auszugehen, dass der Stpfl seine unternehmerische Tätigkeit fortsetzt (EStH 16 Abs 2).

Wenn die Betriebsaufgabe nicht insgesamt begünstigt ist, zB weil die Voraussetzung(en) „*einheitlicher* Vorgang" und/oder „*kurzer* Zeitraum" nicht vorliegen, ist zu prüfen, ob zumindest eine steuerbegünstigte **Teilbetriebsveräußerung** (§ 16 Abs 1 Nr 1 EStG; Anm 40) in Betracht kommt.

Werden die wesentlichen WG nicht veräußert, sondern insgesamt verpachtet bzw kommt es zu einer Betriebsunterbrechung, führt dies ebenfalls zur 47 Betriebsaufgabe bzw zur vorübergehenden Einstellung der gewerblichen Tätigkeit des bisherigen Unternehmers. Eine Betriebsaufgabe iSd § 16 Abs 3 EStG liegt jedoch nur vor, wenn der Stpfl die Aufgabe ausdrücklich ggü dem FA erklärt oder dem FA Tatsachen bekannt werden, aus denen sich ergibt, dass eine Betriebsaufgabe mangels Vorliegen der Voraussetzungen einer Betriebsverpachtung bzw Betriebsunterbrechung gegeben sind (§ 16 Abs 3b S 1 EStG; BMF v 22.11.2016 BStBl I, 1326 ff, zuvor EStR 16 Abs 5; *Wacker* in Schmidt[38] EStG § 16 Anm 182). Die Aufgabe des Betriebs kann dabei gem § 16 Abs 3b S 2 EStG rückwirkend für den vom Steuerpflichtigen gewählten Zeitpunkt anerkannt werden, wenn diese spätestens drei Monate nach diesem Zeitpunkt abgegeben wird (ausführlich zur Verpachtung sowie zur Aufgabe-Erklärung: *Wacker* in Schmidt[38] EStG § 16 Anm 690 ff, 711 ff; *Schönemann/ Dietrich* DStR 2011, 231 ff). Widerruflich ist die Aufgabeerklärung nur, wenn sie für einen in der Zukunft liegenden Zeitpunkt abgegeben wurde (*Wacker* in Schmidt[38] EStG § 16 Anm 711; zur Möglichkeit des Widerrufs *Kanzler* FR 2017, 573 ff).

3. Ermittlung des Aufgabegewinns

Der Aufgabegewinn entsteht idR nicht in einem Zeitpunkt als einheitli- 48 cher Gewinnrealisierungsvorgang, sondern innerhalb des zulässigen Zeitrahmens durch die Vornahme der einzelnen Aufgabehandlungen (Veräußerung und Entnahmen). Wenngleich der Aufgabegewinn eine einheitliche Größe verkörpert, bilden die einzelnen Aufgabehandlungen eigenständige Geschäftsvorfälle, deren Gewinnrealisierungszeitpunkt sich nach den allg Gewinnrealisierungsgrundsätzen richtet.

49 Der **Aufgabegewinn** gem § 16 Abs 3 S 6 und 7 iVm Abs 2 EStG ist der Betrag, um den die Summe aus den Erlösen für die im Rahmen der Aufgabe veräußerten WG, dem gemeinen Wert der ins Privatvermögen überführten (aktiven und passiven) WG und den in wirtschaftlichem Zusammenhang mit der Aufgabe angefallenen sonstigen Erträgen (zB von Dritten gezahlte Entschädigungen oder Stilllegungsgelder) nach Abzug der Aufgabekosten (Anm 54) den Buchwert des BetrVerms im Zeitpunkt der Aufgabe übersteigt (*Wacker* in Schmidt[38] EStG § 16 Anm 210).

50 Nach Auffassung des BFH (Urteil v 7.3.1996 BStBl II, 415) kann der Aufgabegewinn wie folgt berechnet werden (ausführlich dazu *Schulze zur Wiesche*[8] 212 ff; *Wenhardt* GStB 2009, 109 ff; *Schulze zur Wiesche* DStZ 2014, 311 ff; *Schoor* NWB 2015, 3493 ff):
– Vermögensvergleich: Durch Gegenüberstellung des bis zum Aufgabebeginn fortentwickelten letzten BetrVerms als Aufgabe*anfangsvermögen* (**letzte Schlussbilanz** – BFH v 17.10.2007 BStBl II 2008, 555 ff) mit dem sich durch Ansatz der Werte des nach § 16 Abs 3 S 6 und 7 EStG ergebenden Aufgabe*endvermögens* (**Aufgabebilanz:** Anm 53).
– Durch **Gegenüberstellung von Ertrag und Aufwand** des Aufgabevorgangs; dies entspricht der in § 16 Abs 2 EStG für den Veräußerungsgewinn vorgesehenen Berechnung. Dazu sind den erzielten Veräußerungspreisen und dem gemeinen Wert der entnommenen WG der Wert des abgehenden BetrVerms und die Veräußerungskosten gegenüberzustellen.
Sofern die vorhandenen Verbindlichkeiten in das Privatvermögen des Stpfl überführt wurden, können diese zu Vereinfachungszwecken bei der Ermittlung des Aufgabeanfangs- und Aufgabeendvermögens unberücksichtigt bleiben (BFH v 7.3.1996 BStBl II, 415).

51 Unabhängig davon, welche Vorgehensweise gewählt wird, hat die Ermittlung des **Einsatzwerts** iSv § 16 Abs 2 S 2 EStG bzw des **Aufgabeanfangsvermögens** zwingend in einer *letzten* SB zu erfolgen (*Schulze zur Wiesche*[8], 212; BFH v 3.7.1991 BStBl II, 802; BFH v 5.5.2015 BFH/NV, 1358 ff). Hierbei handelt es sich aber nur um eine steuerliche Zwischenbilanz besonderer Art, die der zutreffenden Ermittlung bzw Abgrenzung des Aufgabegewinns dient. Der Stichtag dieser SB ist gesetzlich nicht bestimmt. Zweckmäßigerweise wird aber der Zeitpunkt der Beendigung der betrieblichen Tätigkeit als Stichtag gewählt (BFH v 19.5.2005 BStBl II, 637; *Kanzler* DStR 2009, 400 ff).
Diese steuerliche SB schließt die (lfd) gewerbliche Tätigkeit des Stpfl ab. Sie dient also zunächst (auch) der Ermittlung des lfd steuerlichen Ergebnisses bis zum Beginn der Aufgabe (§ 6 Abs 2 EStDV) und danach insb der Ermittlung der verbindlichen Ausgangswerte (Buchwerte) zur Bestimmung des begünstigten Aufgabegewinns (BFH v 3.7.1991 BStBl II, 802). Ihre Aufstellung als steuerliche Zwischenbilanz entfällt, wenn sich der Stpfl entschließt, den Betrieb allmählich abzuwickeln (Anm 42).

52 Eine steuerliche SB ist auch dann aufzustellen, wenn der Stpfl seinen Gewinn zuvor als **Überschuss der Betriebseinnahmen über die Betriebsausgaben** iSd § 4 Abs 3 EStG bestimmt hat (*Wacker* in Schmidt[38] EStG § 16 Anm 330). Dabei gehört ein beim Übergang auf den BetrVermVergleich festgestellter Übergangsgewinn zum lfd Gewinn des Kj (BFH v 23.11.1961 BStBl III 1962, 199). Die dem Gewinn hinzuzurechnenden Beträge können

III. Steuerliche Besonderheiten 53 M

nicht auf drei Jahre verteilt werden (EStH 4.6: Keine Verteilung des Übergangsgewinns unter Verweis auf BFH v 13.9.2001 BStBl 2002 II, 287). Die Verteilung der Hinzurechnungsbeträge auf bereits drei Jahre nach EStR 4.6 lässt sich nur dadurch erreichen, wenn der Stpfl drei Jahre vor der Betriebsaufgabe zur Gewinnermittlung nach § 4 Abs 1 EStG bzw § 5 Abs 1 EStG übergeht.

Aufgrund der Bezugnahme des § 16 Abs 2 S 2 EStG auf §§ 4 Abs 1 und 5 EStG sind bei Ermittlung der **Wertansätze** für das BetrVerm in der **Schlussbilanz** die allg handels- und steuerrechtlichen *Ansatz- und Bewertungsvorschriften* anzuwenden (BFH v 3.7.1991 BStBl II, 802; *Wacker* in Schmidt[38] EStG § 16 Anm 310). Damit gelten zB das steuerrechtliche Aktivierungsverbot des § 5 Abs 2 EStG für nicht entgeltlich erworbene immaterielle WG, sowie das Ansatzverbot für Drohverlustrückstellungen nach § 5 Abs 4a EStG uneingeschränkt für die steuerliche SB. Die Abschreibungen gem § 7 EStG sind zeitanteilig bis zum Stichtag der SB zu berechnen (dazu *Wacker* in Schmidt[38] EStG § 16 Anm 318).

In der **Aufgabebilanz** sind hingegen alle veräußerten (aktiven und passiven) WG mit ihrem Veräußerungspreis und die entnommenen WG mit ihrem gemeinen Wert anzusetzen (§ 16 Abs 3 S 6 und 7 EStG). WG, die weder veräußert noch in das Privatvermögen entnommen werden (können), verbleiben als sog RestBetrVerm, das nach dem Wortlaut des § 16 Abs 3 S 7 EStG gleichwohl mit dem gemeinen Wert anzusetzen ist (BFH v 11.12.1980 BStBl II 1981, 460: „In die Ermittlung des Aufgabegewinns sind grundsätzlich alle Wirtschaftsgüter einzubeziehen, sei es mit dem Veräußerungspreis, sei es mit dem gemeinen Wert"; so auch *Wacker* in Schmidt[38] EStG § 16 Anm 272, 290 in Bezug auf etwaige im BetrVerm zurückbleibende Schulden; *Kulosa* in HHR EStG § 16 Anm 588 differenziert, ob nach der Betriebsaufgabe noch eine Abwicklung stattfindet. WG, die für eine weitere Abwicklung zurückbehalten werden, sind demnach nicht bei der Ermittlung des Aufgabegewinns zu berücksichtigen). Dies betrifft insb bestrittene betriebliche Forderungen und (ungewisse) betriebliche Verbindlichkeiten (BFH v 10.2.1994 BStBl II, 564). Ansatz- und Bewertungsverbote sind bei der Ermittlung des Betriebsaufgabegewinns nicht zu berücksichtigen (BMF v 24.6.2011 BStBl I, 627), dh der Aufwandsüberschuss aus einer Rückstellung für drohende Verluste ist bei der Ermittlung des Betriebsaufgabegewinns zu berücksichtigen. MaW: Abzuziehen sind die „negativen" stillen Reserven (BMF v 24.6.2011 BStBl I, 627; s BFH v 17.10.2007 BStBl II 2008, 381 hinsichtlich einer Betriebsveräußerung).

Ein Geschäftswert ist idR beim Aufgabepreis nicht zu berücksichtigen, da dieser durch die Betriebsaufgabe untergeht (*Wacker* in Schmidt[38] EStG § 16 Anm 294) bzw der Geschäftswert keinen gemeinen Wert aufweist, da „dieser nur zusammen mit den übrigen wesentlichen Grundlagen der betrieblichen Organisationseinheit veräußert werden kann" (BFH v 30.1.2002 BStBl II, 387).

Erstreckt sich die Betriebsaufgabe über mehr als einen Veranlagungszeitraum, ist der ggf zu gewährende Freibetrag (Anm 65) nach der hL im ersten VZ voll und ein etwaiger Restbetrag im folgenden VZ anzusetzen (*Wacker* in Schmidt[38] EStG § 16 Anm 584). Auch im Rahmen einer Betriebsaufgabe bestimmt sich der Zeitpunkt der Gewinnrealisierung nach den allg Grundsätzen (§ 252 Abs 1 Nr 4 HGB), dh der Übergang des wirtschaftlichen Eigentums ist maßgeblich und damit das Realisationsprinzip anzuwenden (BFH v 19.5.2005 BStBl II, 637). Abw vom Realisationsprinzip regelt Abs 3 S 7 den Ansatz der nicht veräußerten WG zum gemeinen Wert.

Bei der Ermittlung des Aufgabegewinns sind für die veräußerten WG als Erlöse die Veräußerungspreise anzusetzen. Nachträgliche Änderungen der Erlösseite strahlen auf den Aufgabegewinn zurück (Anm 61 ff). Die nicht veräußerten WG sind mit dem gemeinen Wert im Zeitpunkt der Aufgabe bzw im Zeitpunkt der Entnahmehandlung anzusetzen. Nach § 9 Abs 2 BewG wird der gemeine Wert durch den Preis bestimmt, der im gewöhnlichen Geschäftsverkehr nach der Beschaffenheit des WG bei einer Veräußerung zu erzielen wäre. Den Preis beeinflussende Umstände sind zu berücksichtigen, sofern diese nicht auf ungewöhnlichen oder auf persönlichen Verhältnissen des Stpfl beruhen.

54 Zu den **Aufgabekosten** gehören alle Aufwendungen, die in unmittelbar sachlicher Beziehung zur Veräußerung einzelner WG stehen (zB Notariats- und Gutachterkosten, Kosten für Inserate, Grundbuchgebühren etc) bzw in sachlichem Zusammenhang mit dem Aufgabevorgang anfallen, wie zB Gehälter für die mit Aufgabehandlungen befassten Arbeitnehmer (*Wacker* in Schmidt[38] EStG § 16 Anm 305). Aufwendungen, die keine Aufgabekosten sind, mindern den lfd Gewinn (Anm 55 ff).

Aus den vorgenannten Ausführungen ergibt sich nachfolgendes Schema zur Ermittlung des Aufgabegewinns (*Schulze zur Wiesche*[8], 216).

	Einzelveräußerungspreise
+	gemeiner Wert der entnommenen WG
./.	in das Privatvermögen überführte Verbindlichkeiten
abzgl	Aufgabeanfangsvermögen
	Aufgabekosten
	im lfd Geschäftsbetrieb erzielte Gewinne
	vom Erwerber nicht übernommene Verbindlichkeiten
=	*Aufgabegewinn*
./.	Freibetrag nach § 16 Abs 4 EStG
	steuerpflichtiger Aufgabegewinn

4. Abgrenzung zwischen laufendem Gewinn und Aufgabegewinn

55 Liegt eine Betriebsaufgabe vor, unterscheidet der BFH (25.11.1993 BFH/NV 1994, 540 mwN) in ständiger Rspr zwischen lfd (nicht begünstigten) Gewinnen aus der normalen Geschäftstätigkeit, sowie begünstigten Gewinnen, die in wirtschaftlichem Zusammenhang mit der Aufgabe stehen (*Kanzler* DStR 2009, 400 ff; *Apitz* EStB 2019, 428).

56 Der Gewinn aus der Veräußerung des **Anlagevermögens** ist tarifbegünstigt (BFH 25.6.1970 BStBl II, 719 f). Umgekehrt mindern Buchverluste, die anlässlich einer Betriebsaufgabe durch die entschädigungslose Überlassung von Gebäuden entstehen, den Aufgabegewinn (BFH v 19.5.1971 BStBl II,

III. Steuerliche Besonderheiten

688). Gewinne aus der Veräußerung von **Vorräten** an den bisherigen Kundenkreis, zB im Rahmen eines Räumungsverkaufs, gehören dagegen zum lfd Gewinn, wohingegen eine Veräußerung an Konkurrenten oder Lieferanten einen begünstigten Aufgabegewinn darstellt (*Schulze zur Wiesche*[8], 216; zB BFH v 7.4.1989 BStBl II, 874; BFH v 2.7.1981 BStBl II, 798).

Der Aufwand aus der Ausbuchung eines als RAP aktivierten **Disagios** bei vorzeitiger Darlehensrückzahlung infolge der Betriebsaufgabe geht nach der älteren Rspr zu Lasten des lfd Gewinns (BFH v 12.7.1984 BStBl II, 713; aA *Wacker* in Schmidt[38] EStG § 16 Anm 301, der die Rspr als überholt ansieht). Nach der aktuellen Rspr ist die Auflösung eines RAP dem Aufgabegewinn zuzuordnen, wenn ein zeitlicher und sachlicher Zusammenhang mit der Betriebsaufgabe besteht (BFH v 25.4.2018 BStBl II, 778). Entscheidungsmerkmal ist, dass die Betriebsaufgabe ursächlich für die Auflösung des RAP ist. Sofern nur ein zeitlicher Zusammenhang mit der Betriebsaufgabe besteht, ist der Auflösungsbetrag dem laufenden Gewinn zuzurechnen (*Adrian* StuB 2018, 729 ff; BFH v 25.4.2018 BStBl II, 778). Wenngleich der BFH es in seiner Entscheidung ausdrücklich offen gelassen hat, ob die Entscheidung vom 12.7.1984 (BStBl II, 713) mittlerweile überholt ist, so erscheint es sachgerecht, die Ausbuchung eines als RAP aktivierten Disagios dem Aufgabegewinn zuzurechnen, wenn die Betriebsaufgabe für die Auflösung des RAP ursächlich ist (*Adrian* StuB 2018, 732).

Der Ertrag aus der Auflösung von **Rückstellungen** gehört zum begünstigten Aufgabegewinn, sofern die der Rückstellung zugrunde liegende Verpflichtung ausschließlich infolge der Betriebsaufgabe entfällt. Der Ertrag ist lfd Gewinn, falls der Rückstellungsgrund vor Aufgabebeginn entfiel (*Wacker* in Schmidt[38] EStG § 16 Anm 295 u 316 mwN). Gewinne aus der vorzeitigen Auflösung von in früheren Wj gebildeten steuerfreien **Rücklagen** (zB Rücklage für Ersatzbeschaffung gem EStR 6.6; Rücklage gem § 6b EStG) gehören zum tarifbegünstigten Aufgabegewinn (*Wacker* in Schmidt[38] EStG § 16 Anm 318 mwN; *Kulosa* in HHR EStG § 16 Anm 586). Dies gilt allerdings dann nicht, wenn die zuvor geplante Ersatzinvestition (bei der Rücklage für Ersatzbeschaffung) oder Investition (bei der Ansparrücklage) bereits vor der Betriebsaufgabe – auch nach außen erkennbar – aufgegeben wurde (BFH v 20.12.2006 BStBl II 2007, 862). Die Kosten für die Vorbereitung der Betriebsaufgabe wie zB **Abfindungen an Arbeitnehmer** gehen als Aufgabekosten zu Lasten des Aufgabegewinns (*Wacker* in Schmidt[38] EStG § 16 Anm 301, 305).

Werden einzelne WG im Rahmen der Aufgabe veräußert und stehen sich auf Seiten des Veräußerers und des Erwerbers dieselben Personen (Stpfl) ggü, gilt der hierbei erzielte Gewinn gem § 16 Abs 3 S 5 EStG als „lfd Gewinn" (dazu BFH v 3.12.2005 BStBl II 2006, 544 ff), der damit auch der GewSt unterliegt. Veräußert zB der EKfm im Rahmen der UntAufgabe WG an eine PersGes, an der er zu 50 vH als Mitunternehmer beteiligt ist, handelt es sich in Höhe der Hälfte des Gewinns aus der Veräußerung der WG um (nicht begünstigten) lfd Gewinn (*Wacker* in Schmidt[38] EStG § 16 Anm 293).

Da mit dem Ende der Betriebsaufgabe iSv § 16 Abs 3 EStG (Veräußerung der letzten wesentlichen Betriebsgrundlage; Anm 46) die lfd gewerbliche Tätigkeit des Einzelunternehmers als solche nicht notwendigerweise beendet ist, können auch danach noch – nicht gem §§ 16, 34 EStG begünstigte – lfd oder **nachträgliche** gewerbliche **Einkünfte** iSd §§ 15, 24 Nr 2 EStG erzielt werden (BFH v 11.12.1980 BStBl II 1981, 460). Bei den lfd Einkünften kann es sich jedoch nur um die restliche Abwicklung des Betriebs nach der Verwertung der wesentlichen Betriebsgrundlagen handeln.

5. Rückwirkende Änderung des Aufgabegewinns und nachträgliche Einkünfte aus Gewerbebetrieb

61 Nach der höchstrichterlichen FinRspr ist die Betriebsveräußerung und mithin auch die Betriebsaufgabe ein einheitlicher in sich geschlossener Vorgang, der vom lfd Gewinn zu trennen ist (GrS BFH v 19.7.1993 BFHE 172, 77; BFH v 10.2.1994 BStBl II, 564). Treten nach der Betriebsaufgabe bestimmte Ereignisse ein, auf Grund derer sich ein höherer oder niedriger Aufgabegewinn ergeben würde, wirken diese Ereignisse daher materiellrechtlich auf den Zeitpunkt der Aufgabe zurück (BFH v 31.8.2006 BStBl II, 906 ff). MaW: Es kommt zu einer Änderung des Aufgabegewinns nach § 175 Abs. 1 S 1 Nr 2 AO. Zu diesen **Ereignissen nach Betriebsaufgabe** gehören insb der – ganz oder teilweise – Ausfall von Kaufpreisforderungen auf Grund der Zahlungsunfähigkeit des Erwerbers, die Herabsetzung des Kaufpreises durch Vergleich oder gerichtliches Urteil sowie die Inanspruchnahme des Veräußerers für vom Erwerber übernommene Schulden (ausführlich *Wacker* in Schmidt[38] EStG § 16 Anm 360 ff mwN; aA *Dötsch* in FS Beisse Düsseldorf 1997, 151 immer nachträgliche Einkünfte). Denkbar ist auch, dass es später zu Zahlungseingängen auf im Aufgabezeitpunkt abgewertete Forderungen kommt oder Rückstellungen mit einem höheren oder niedrigeren Betrag getilgt werden, als bei der Ermittlung des Aufgabegewinns (Anm 51) angesetzt wurde. So kann auch eine nachgelagerte Restschuldbefreiung die rückwirkende Ausbuchung einer Verbindlichkeit in der Aufgabebilanz bewirken (BFH v 13.12.2016 BStBl II 2017, 786 ff; *Haas* DStR 2018, 2129 ff; s hierzu Q Anm 302 zur Restschuldbefreiung und Sanierungsertrag). Wertveränderungen des sog RestBetrVerm führen somit auch zu einer rückwirkenden Änderung des Aufgabegewinns (*Wacker* in Schmidt[38] EStG § 16 Anm 363 ff). Zu keiner rückwirkenden Änderung führen jedoch Wertänderungen in Bezug auf die in das Privatvermögen entnommenen WG (*Wacker* in Schmidt[38] EStG § 16 Anm 367). Strittig ist dies in Bezug auf in das Privatvermögen übernommene Forderungen (*Wacker* in Schmidt[38] EStG § 16 Anm 125).

62 **Zinszahlungen** für Verbindlichkeiten, die ein Einzelunternehmer bis zur Beendigung seines Gewerbebetriebs – trotz Verwertung des Aktivvermögens dieses Betriebs – nicht tilgen konnte, können **nachträgliche Betriebsausgaben** gem § 24 Nr 2 EStG sein (*Schießl* StuB 2007, 700; BFH v 28.3.2007 BStBl II, 642), es sei denn, die Zinsverbindlichkeit war bereits in der auf den Zeitpunkt der Betriebsaufgabe zu erstellenden StBil zu berücksichtigen (ausführlich dazu S Anm 255 ff).

Hat der Stpfl aber die für betriebliche Zwecke aufgenommene Verbindlichkeit nach Aufgabe des Betriebs nicht getilgt, obwohl ihm aus der Ver-

III. Steuerliche Besonderheiten   63–65 **M**

wertung aktiver WG ausreichend Mittel zur Verfügung gestanden hätten, können die auf den Kredit entfallenden Zinsen nicht als Betriebsausgaben geltend gemacht werden (BFH v 13.2.1996 BStBl II, 291 mwN; *Wacker* in Schmidt[38] EStG § 16 Anm 371).

6. Steuervergünstigungen

Gem § 16 Abs 4 S 1 EStG erhalten Stpfl, die ihren Gewerbebetrieb oder einen Teilbetrieb ab dem 1.1.2004 aufgeben, *auf Antrag* einmalig einen **Freibetrag** von maximal € 45000, wenn sie entweder das *55. Lebensjahr vollendet* haben oder im sozialversicherungspflichtigen Sinne dauernd berufsunfähig sind. 63

Das 55. Lebensjahr muss im Zeitpunkt der Beendigung der Betriebsaufgabe, dh wenn das letzte WG, das zu den wesentlichen Betriebsgrundlagen gehört, veräußert oder in das Privatvermögen überführt wird, vollendet sein (*Wacker* in Schmidt[38] EStG § 16 Anm 579 mwN; *Wenhardt* GStB 2009, 109 ff). Für den Nachweis der dauernden Berufsunfähigkeit reichen Bescheide eines Rentenversicherungsträgers oder amtsärztliche Bescheinigungen aus. Berufsunfähigkeit aus Rechtsgründen, zB wegen Berufsverbots, reicht nicht aus (EStR 16 Abs 14).

Da nach dem Willen des Gesetzgebers höhere (Aufgabe-)Gewinne steuerlich nicht begünstigt werden sollen, ermäßigt sich der Freibetrag um den Betrag, um den der Aufgabegewinn € 136000 übersteigt (§ 16 Abs 4 S 3 EStG). Ab einem Aufgabegewinn von € 181000 entfällt der Freibetrag vollständig (*Freibetragsgrenze*: *Wacker* in Schmidt[38] EStG § 16 Anm 587). Gewinne, die dem Teileinkünfteverfahren nach § 3 Nr 40 EStG unterliegen, mindern den Freibetrag nur, soweit sie steuerpflichtig sind (EStR 16 Abs 13 S 10; BMF v 20.12.2005 BStBl I 2006, 7).

Nach § 16 Abs 4 S 2 EStG wird der Freibetrag jedem Stpfl (natürliche Person) im Verlauf seines Lebens nur *einmal* auf **Antrag** (BFH v 21.7.2009 BStBl II, 963) gewährt, dann aber stets in voller Höhe. Es ist also für die Gewährung unerheblich, ob es sich um die Aufgabe des ganzen Gewerbebetriebs oder nur eines Teilbetriebs (Anm 40) handelt (hM *Wacker* in Schmidt[38] EStG § 16 Anm 581). Aufgabefreibeträge, die uU vor dem 1.1.1996 in Anspruch genommen wurden, bleiben unberücksichtigt (§ 52 Abs 34 S 3 EStG). 64

Diejenigen Gewinnteile, die gem § 16 Abs 3 S 2 EStG als lfd Gewinn gelten, sind gem EStR 16 Abs 13 S 8 nicht bei der Kürzung des Freibetrags zu berücksichtigen (EStR 16 Abs 13 S 9 Hs 2; aA *Wacker* in Schmidt[38] EStG § 16 Anm 578). Der Freibetrag ist auch dann voll verbraucht, wenn der Aufgabegewinn niedriger als € 45000 ist. Die „nicht verbrauchten Teile" des Freibetrags können nicht bei einer anderen Veräußerung in Anspruch genommen werden (EStR 16 Abs 13 S 4).

Auch wenn der Aufgabegewinn in verschiedenen Veranlagungszeiträumen verwirklicht wird, fällt insgesamt nur *ein* Freibetrag an (GrS BFH v 19.7.1993 BFHE 172, 77). Nach Auffassung der FinVerw und der älteren Auffassung im Schrifttum ist der Freibetrag im relativen Verhältnis der Gewinne der Veranlagungszeiträume aufzuteilen (BMF v 20.12.2005 BStBl I 2006, 7). Die 65 heutige hM sieht vor, dass der Freibetrag vom im ersten Veranlagungszeitraum verwirklichten Gewinn voll und ein Rest vom Gewinn des folgenden Veranlagungszeitraums abgezogen wird. Sofern im ersten Veranlagungszeitraum ein Gewinn und im zweiten Veranlagungszeitraum ein höherer Verlust entsteht, entfällt der Freibetrag rückwirkend (hM *Wacker* in Schmidt[38] EStG § 16 Anm 584; BMF v 20.12.2005 BStBl I 2006, 7 ff).

66 Aufgabegewinne gem § 16 EStG gehören zu den *ao Einkünften* iSv § 34 Abs 2 Nr 1 EStG. Nach Abzug des Freibetrags verbleibende Aufgabegewinne sind auf Antrag tarifermäßigt. Die Voraussetzungen für die Anwendung des **ermäßigten Steuersatzes** sind mit denen für die Gewährung des Freibetrags gem § 16 Abs 4 EStG identisch. Die **Tarifermäßigung** kann nur *einmal im Leben* (gerechnet ab dem Veranlagungszeitraum 2001, dazu § 52 Abs 47 EStG) und maximal für Gewinne bis € 5 Mio in Anspruch genommen werden (§ 34 Abs 3 S 1, 4 EStG). Fällt der Aufgabegewinn in zwei Veranlagungszeiträume, kann die Tarifermäßigung für diesen Gewinn auf Antrag in beiden Veranlagungszeiträumen gewährt werden (EStH 34.1: Betriebsaufgabegewinn in mehreren Veranlagungszeiträumen). Der ermäßigte Steuersatz beträgt 56 % des durchschnittlichen Steuersatzes, der sich ergäbe, wenn die tarifliche ESt nach dem gesamten zu versteuernden Einkommen zzgl des Aufgabegewinns bemessen würde (§ 34 Abs 3 S 2 EStG). Unterschreitet der tarifermäßigte Steuersatz den Mindeststeuersatz von 14 %, tritt dieser zur Sicherstellung einer Mindestbesteuerung an dessen Stelle (§ 34 Abs 3 S 3 EStG; kritisch zum Mindeststeuersatz: *Wacker* in Schmidt[38] EStG § 34 Anm 58). Die Tarifermäßigung gilt nicht, wenn der Stpfl auf die ao Einkünfte ganz oder teilweise § 6b EStG anwendet (§ 34 Abs 3 S 6 iVm Abs 1 S 4 EStG).

67 Liegen die Voraussetzungen für eine Tarifermäßigung nicht vor bzw wird trotz ihres Vorliegens hierauf verzichtet, kommt für Aufgabegewinne (ggf nach Abzug des Freibetrags gem § 16 Abs 4 EStG) **die Progressionsglättung** nach der Fünftel-Regelung zur Anwendung (§ 34 Abs 1 EStG). Die **Fünftel-Regelung** bewirkt in der Regel eine Progressionsmilderung, da nur $1/5$ der *ao Einkünfte* progressionssteigernd berücksichtigt werden (Kritisch zur Wirkungsweise *Bareis* FR 2015, 577 ff; *Müller/Kalies* FR 2019, 698 ff). Für Stpfl, die sich im Bereich des Spitzensteuersatzes bewegen, führt die Fünftel-Regelung zu keiner Steuerentlastung (s EStH 34.2). Die Progressionsglättung kann in jedem VZ zur Anwendung gelangen.

N. Abfindung bei Ausscheiden eines Gesellschafters aus einer Personengesellschaft

Übersicht

	Anm
I. Rechtliche Grundlagen	1–3
II. Die Abfindung nach den gesetzlichen Bestimmungen	
1. Abfindungsanspruch	4–6
2. Ermittlung des Unternehmenswerts	7–10
3. Abfindungsbilanz	12–14
a) Grundsätze ordnungsmäßiger Bilanzierung für die Abfindungsbilanz	17, 18
b) Ansatz- und Bewertungsgrundsätze	21–24
c) Zusätzliche Berücksichtigung von Ergebnissen aus schwebenden Geschäften	27–30
d) Aufstellung und Feststellung der Abfindungsbilanz	33, 34
III. Die Abfindung nach Gesellschaftsvertrag	35
1. Abfindungsklauseln	36–41
2. Rechtsfolgen unzulässiger Abfindungsklauseln	44, 45
3. Abfindungsbilanz	46
IV. Bilanzrechtliche Behandlung	49
1. Handelsbilanz	50–56
2. Steuerbilanz	57–59
V. Einkommensteuerliche Folgen	60–62
1. Die Abfindung entspricht dem Buchwert	63, 64
2. Die Abfindung ist höher als der Buchwert	69–75
3. Die Abfindung ist niedriger als der Buchwert	77–82
4. Negatives Kapitalkonto des Ausscheidenden	
a) Ausscheiden eines unbeschränkt haftenden Gesellschafters	86–90
b) Ausscheiden des beschränkt haftenden Gesellschafters	92–95
5. Sachwertabfindung	
a) Sachwertabfindung in das Privatvermögen	100–102
b) Sachwertabfindung in das Betriebsvermögen	106–110
6. Steuerliche Behandlung des Aufgabegewinns	115–119
7. Zinsschranke gem § 4h EStG	122–126
8. Investitionsabzugsbetrag gem § 7g EStG	129, 130
VI. Weitere steuerliche Folgen	
1. Gewerbesteuer	132–135
2. Umsatzsteuer	138–140
3. Grunderwerbsteuer	143–147
4. Schenkungsteuer	150–167

Schrifttum: *Moxter* Bilanzrechtliche Probleme beim Geschäfts- oder GFW, in FS Semler, Berlin 1993, 853; *Pusecker/Schruff* Anschaffungswertprinzip und „negativer GFW", BB 1996, 735; *Ernstling* Zur Bilanzierung eines negativen Geschäfts- oder

N 1 Abfindung bei Ausscheiden eines Gesellschafters

Firmenwerts nach Handels- und Steuerrecht, WPg 1998, 405; *Strahl* Abzustockende Wirtschaftsgüter bei Abfindung von Mitunternehmern unter Buchwert, DStR 1998, 515; *Mecklenbrauck* Abfindungsbeschränkungen in Gesellschaftsverträgen, BB 2000, 2001; *Krumm* Gesellschaftsvertragliche Abfindungsklauseln und erbschaftsteuerliche Schenkungsfiktion, NJW 2010, 187; *Neumayer/Imschweiler* Schenkungsteuer beim Ausscheiden eines Gesellschafters auf Basis gesellschaftsvertraglicher Abfindungsklauseln, DStR 2010, 201; *Mujkanovic* Die Bilanzierung des derivativen Geschäfts- oder Firmenwerts, StuB 2010, 167; *Mujkanovic* Anpassungsbedarf bei der Bilanzierung des derivativen Geschäfts- oder Firmenwerts, StuB 2010, 268; *Meier/Geberth* Behandlung des passiven Ausgleichspostens („negativer Geschäftswert") in der Steuerbilanz, DStR 2011, 733; *Preißler* Negativer Geschäftswert beim Asset Deal – Handelsrechtliche Überlegungen unter Einbeziehung der Steuersituation der Beteiligten, DStR 2011, 133; *Scheunemann/v Mandelsloh/Preuß* Negativer Kaufpreis beim Unternehmenskauf, DB 2011, 201; *Schulze zur Wiesche* Neue Rechtsprechung zur Einbringung von Einzelwirtschaftsgütern und zur Übertragung von Mitunternehmeranteilen, DStR 2012, 2414; *Kreutziger* Schenkungsteuerliche Auswirkungen beim Ausscheiden eines Gesellschafters aus einer Freiberuflerpraxis, ZEV 2013, 252; *München/Mückl* Die Verfassungswidrigkeit der Steuerinnovation „Zinsschranke" – Zugleich Anm. zum BFH-Beschluss vom 14.10.2015 – I R 20/15 –, DB 2016, 497; *Schulze-Osterloh* Rechnungslegung bei Ausscheiden eines Gesellschafters aus einer fortbestehenden Personenhandelsgesellschaft gegen Abfindung aus dem Gesellschaftsvermögen, NZG 2016, 161; *Busch/Zwirner* Rechnungslegung bei Personenhandelsgesellschaften: Neue Anforderungen durch IDW ERS HFA 7 nF, BC 2017, 382; *Dreßler/Oenings* Chancen und Risiken der Gewerbesteueranrechnung bei unterjährigem Gesellschafterwechsel, DStR 2017, 625; *Gläser/Zöller* Die Verteilung des Gewerbesteuer-Messbetrags nach § 35 Abs. 2 EStG bei unterjährigem Gesellschafterwechsel, BB 2017, 987; *Herbst/Stegemann* Neues zur korrespondierenden Bilanzierung – Gestaltungsmöglichkeiten und Fallstricke bei Erwerb von Mitunternehmeranteilen und Gesellschafterdarlehen, DStR 2017, 2081; *Kollruss* Ist die Zinsschranke verfassungswidrig?, WPg 2017, 918; *Deubert/Lewe* Ausstrahlungswirkung des DRS 23 „Kapitalkonsolidierung" auf den handelsrechtlichen Jahresabschluss, BB 2018, 2155; *Graf von Kanitz* Rechnungslegung von Personengesellschaften – Anmerkungen zur Neufassung von IDW RS HFA 7, WPg 2018, 486; *Hanke* Neufassung der IDW RS HFA 7, BC 2018, 262; *Zwirner/Busch* Neuer IDW-Standard RS HFA 7 nF zur Bilanzierung von Personenhandelsgesellschaften, DB 2018, 462.

I. Rechtliche Grundlagen

1 Scheidet ein Gester aus einer **Personenhandelsgesellschaft** – OHG/KG – aus, wird die PersGes kraft Gesetzes unter den übrigen Gestern fortgeführt (§ 131 Abs 3 Nr 3 iVm § 161 Abs 2 HGB).

Ein Ausscheiden ist möglich durch Ausspruch einer **Kündigung** durch den ausscheidungswilligen Gester oder durch **Vereinbarung** der Gester über den Austritt eines Gesters aus der Ges. Die Vereinbarung einer Fortsetzungsklausel ist nicht erforderlich.

Das Ausscheiden muss im Rechtsverkehr erkennbar sein. Ist der ausgeschiedene Gester weiterhin bspw auf dem Briefkopf oder in Rechnungen genannt, muss er selbst zumutbare Handlungen vornehmen, die geeignet sind, den aus der früheren Kundgabe der Stellung als Gester erwachsenen Rechtsschein zu beseitigen; ansonsten haftet der ausgeschiedene Gester für die Verbindlichkeiten der Ges (BGH v 17.1.2012 DB, 397). Ist im GesVertrag

II. Die Abfindung nach den gesetzlichen Bestimmungen

der PersGes bestimmt, dass ein Gester ausscheidet, wenn die übrigen Gester das Ausscheiden durch Erklärung ihm ggü verlangen, ist hierzu ein Beschluss der Gester über den Ausschluss des MitGesters zu fassen und eine Ausschließungserklärung ggü dem auszuschließenden Gester abzugeben (BGH v 21.6.2011 DB, 1743).

Für Verbindlichkeiten, die durch die Ges bis zum Zeitpunkt des Ausscheidens begründet wurden, haftet der Ausgeschiedene grds weiter, und zwar fünf Jahre ab dem Zeitpunkt des Eintrags des Ausscheidens in das HR des für den Sitz der Ges zuständigen Gerichts (Einzelheiten s § 160 HGB).

Für BGB-Ges kann die GesAuflösung bei Ausscheiden eines Gesters nur durch Vereinbarung einer **Fortsetzungsklausel** verhindert werden (§ 736 BGB). Allerdings erlangt nach § 105 Abs 2 HGB eine unternehmerisch tätige BGB-Ges durch Eintragung in das HR den Status einer **Personenhandelsgesellschaft**. Es gelten dann insoweit für die BGB-Ges die besonderen Regelungen des HGB.

Scheidet der vorletzte Gester einer **BGB-Gesellschaft** aus, für die im GesVertrag bestimmt ist, dass die Ges unter den verbleibenden Gestern fortgeführt wird, löst dies die liquidationslose Vollbeendigung der Ges aus und führt zur Anwachsung des GesVerm bei dem verbliebenen Gester (BGH v 7.7.2008 DB, 1965).

Bei einer **BGB-Gesellschaft** kann die Kündigung ohne Fristeinhaltung erfolgen. Aus einer **Personenhandelsgesellschaft** kann der Gester unter Einhaltung einer Kündigungsfrist von sechs Monaten zum Schluss des Gj ausscheiden (§ 132 HGB); eine von der gesetzlichen Regelung abweichende gesellschaftsvertragliche Vereinbarung ist möglich, sofern diese nicht auf Dauer oder de facto durch eine übermäßig lange Bindung zum Ausschluss der ordentlichen Kündigung führt (*Roth* in Baumbach/Hopt HGB[38] § 132 Anm 8, 12). Das Ausscheiden ist im letzteren Fall von sämtlichen Gestern zur HR-Eintragung anzumelden (§ 143 Abs 2 HGB). Wird die Ges fortgeführt, richten sich die Folgen nach §§ 738 bis 740 BGB bzw §§ 161 Abs 2, 105 Abs 3 HGB iVm §§ 738 bis 740 BGB.

Bei **Kapitalgesellschaften** findet keine Auseinandersetzung, sondern ein Anteilsverkauf oder zB eine Auf- bzw Abspaltung gem § 123 UmwG (ausführlich dazu I Anm 100 ff, 300 ff) statt.

II. Die Abfindung nach den gesetzlichen Bestimmungen

1. Abfindungsanspruch

Bei Ausscheiden des Gesters gegen Abfindung aus dem GesVermögen erlischt der GesAnteil. Der Anteil des Ausscheidenden am GesVermögen wächst den verbleibenden Gestern im Verhältnis der bisherigen BetQuote zu (**Anwachsung** § 738 Abs 1 BGB). Eine **Anwachsung** kann nicht durch anderweitige vertragliche Regelungen abbedungen werden. Eine von der BetQuote abw vertraglich festgelegte Quote für den Fall des *Ausscheidens* wird überwiegend anerkannt (*Schäfer* in MünchKomm BGB[7] § 738 Anm 13 mwN). Dinglich erhalten die übrigen Gester ohne Verfügungsgeschäft die Mitberechtigung an der VG. Für zum GesVermögen gehörenden Grundbesitz entfällt die Auflassung. Es erfolgt eine Grundbuchberichtigung; das Ausscheiden des Gesters wird im Grundbuch vermerkt (*Schulte/Hushahn* in MünchHdbGesR[5] Bd I § 10 Anm 76). Dem ausscheidenden Gester sind die Gegenstände, die er der PersGes zur Nutzung überlassen hatte, zurückzugeben. Er ist von den gemeinschaftlichen Schulden zu befreien (§§ 105 Abs 3 HGB, 738 Abs 1 S 2 BGB) und hat einen **Abfindungsanspruch** gegen die PersGes (BGH v 12.7.2016 DStR, 2607), wobei bei Berechnung des Abfindungsanspruchs von den Werten des fortgeführten Unt auszugehen ist (Anm 8). **Stichtag** zur Ermittlung ist der Tag des Ausscheidens des Gesters, im Falle des Ausscheidens durch Ausschlussklage der Tag der Klageerhebung (§ 140 Abs 2 HGB). Grds wird der Anspruch gem § 271 BGB sofort fällig.

5 Mit Ausnahme der gesonderten Abrechnung der schwebenden Geschäfte (§ 740 BGB) gilt das Prinzip der **Gesamtabrechnung** (Anm 7). Die einzelnen Forderungen und Verbindlichkeiten der PersGes verlieren ihre Selbstständigkeit; sie werden unselbstständige Rechnungsposten im Rahmen der Abrechnung. Der Ausgeschiedene verliert damit die Möglichkeit, ihm zustehende Ansprüche selbstständig im Wege einer Leistungs-/Zahlungsklage durchzusetzen (sog Durchgriffssperre). Nur der sich nach Abrechnung ergebende Saldo ist einklagbar (BGH v 3.4.2006 DStR, 1238 Tz 17). Das gilt auch für Ansprüche aus dem GesVerhältnis ggü den ehemaligen MitGestern bzw der MitGester ggü dem Ausgeschiedenen. Auch diese sind Bestandteil der Gesamtabrechnung und mit einzubeziehen (Koller/Kindler/Roth/ Drüen[9] HGB § 145 Anm 3).

6 Soweit es sich jedoch um Ansprüche handelt, die ihren Grund nicht im GesVerhältnis haben (sog **Drittgläubigeransprüche** – zB aus einem Dienst-, Berater- oder Darlehensvertrag), sind diese nicht in eine Gesamtabrechnung einzubeziehen. Sie verlieren nicht die Selbstständigkeit. Es erfolgt eine gesonderte Abrechnung. Bspw werden etwaige Darlehen gem Darlehensvertrag oder aus wichtigem Grund vorzeitig zur Rückzahlung fällig. Diese Ansprüche sind selbstständig einklagbar.

2. Ermittlung des Unternehmenswerts

7 Für den Abfindungsanspruch ist der Wert des Unt *als Ganzes,* also der *Gesamtwert* maßgebend (**Grundsatz der Gesamtabrechnung** – BGH v 15.5.2000 BB, 1487). Der auf den ausgeschiedenen Gester entfallende Anteil ist anschließend unter Zugrundelegung des Gewinnverteilungsschlüssels der PersGes zu ermitteln.

8 Bei Berechnung des Gesamtwerts des Unt ist von der Fortführung des Unt (going concern) auszugehen. Es ist abw vom Wortlaut des § 738 Abs 1 S 2 BGB nicht der Substanzwert in Form des LiqWerts (Einzelbewertung) der zum Unt gehörenden VG, sondern der „wahre" Wert des **fortzuführenden** Unt festzustellen. Dabei ist der Wert anzusetzen, den ein Erwerber für das „lebende" Unt gewöhnlich zahlen würde (**Verkehrswert**). Es sind daher *sämtliche* VG – auch möglicherweise vorhandene GWG – einschl des GFW unter Aufdeckung von stillen Reserven mit ihren wahren Werten im Rahmen des fortzuführenden Unt unabhängig von steuerlichen Gesichtspunkten

II. Die Abfindung nach den gesetzlichen Bestimmungen

anzusetzen. Der LiqWert (Substanzwert) ist insoweit nur die Wertuntergrenze.

Das Gesetz gibt nicht vor, nach welcher Bewertungsmethode der anteilige **9** Wert am Unt zu ermitteln ist (*Schäfer* in MünchKomm BGB[7] § 738 Anm 35). Die hM (s dazu Koller/Kindler/Roth/Drüen[9] HGB § 131 Anm 11) stellt bei der UntBewertung auf den **Ertragswert** = Barwert künftiger Überschüsse der Einnahmen über die Ausgaben ab. Da die Ertragswertermittlung auf einer Prognose der künftigen Erträge beruht, sind auch Erträge aus **schwebenden Geschäften** im Ertragswert enthalten. Eine gesonderte Abrechnung schwebender Geschäfte, wie es § 740 BGB vorsieht, entfällt somit.

Ausnahmsweise kann eine Vereinbarung, den Wert des Unt nach dem **10** Ertragswertverfahren zu ermitteln, nach § 723 Abs 3 BGB unwirksam sein; so wenn der LiqWert des Unt den Ertragwert erheblich übersteigt und daher ein vernünftiger Gester unter Zugrundelegung des Ertragswerts von seinem Recht, aus der Ges auszuscheiden, keinen Gebrauch machen würde (BGH v 13.3.2006 DB, 999). Im entschiedenen Fall betrug der LiqWert das Dreieinhalbfache des Ertragswerts.

3. Abfindungsbilanz

Zur Ermittlung des Abfindungsanspruchs ist eine Abfindungsbilanz, auch **12** **Auseinandersetzungs-** oder **Abschichtungsbilanz** genannt, zu erstellen (hM). Sie dient der Feststellung der *Vermögenslage* der PersGes zum **Stichtag** des Ausscheidens eines Gesters. Zweck der Abfindungsbilanz ist die Abbildung des Abfindungsanspruchs sowie die Darstellung der Vermögensverteilung zwischen der PersGes und dem ausscheidenden Gester. Sie ist daher zugleich **Vermögensbilanz** (Vermögensstatus), also nicht Erfolgsbilanz, und soll den Verkehrswert des Unt dokumentieren.

Die **Höhe des Abfindungsanspruchs** bei Ausscheiden ergibt sich aus **13** der Gegenüberstellung der vorangegangenen Jahresbilanz und der Abfindungsbilanz. Ein aus der Differenz zwischen Jahres- und Abfindungsbilanz ermittelter Abschichtungsgewinn oder -verlust ist entspr dem Gewinnverteilungsschlüssel zum Zeitpunkt des Ausscheidens (hM) anteilig dem Kapitalkonto (= Buchwert des Mitunternehmeranteils) des ausscheidenden Gesters zuzuschreiben. In dieser Höhe besteht ein Abfindungsanspruch (Koller/Kindler/Roth/Drüen[9] HGB § 131 Anm 12a).

Scheidet ein Gester während des Wj aus einer mehrgliedrigen PersGes aus, **14** entsteht handelsrechtlich kein **Rumpfwirtschaftsjahr** (BFH v 24.11.1988 BStBl II 1989, 312) und daher keine Pflicht zur Aufstellung einer Zwischenbilanz (BFH v 19.4.1994 BFH/NV 1995, 84). Sofern der GesVertrag keine Regelungen über die Beteiligung des Ausscheidenden am laufenden Jahresergebnis enthält, empfiehlt es sich, die Buchwerte der letzten HBil fortzuentwickeln bzw im Wege der Schätzung weiterzuentwickeln.

a) Grundsätze ordnungsmäßiger Bilanzierung für die Abfindungsbilanz

Die Bilanzierung von Auseinandersetzungsvorgängen ist gesetzlich nicht **17** geregelt. Die handelsrechtlichen Ansatz-, Bewertungs- und Gliederungsvorschriften (§§ 242 ff, 252 ff, 266 ff HGB) sind nicht zwingend anzuwenden, da die Abfindungsbilanz als Vermögensbilanz zum Zwecke der Ermittlung des Auseinandersetzungsanspruchs lediglich Vermögensermittlungscharakter für die ausscheidenden und die verbleibenden Gester besitzt.

18 Die Grundsätze der **Bilanzkontinuität** und des Bilanzzusammenhangs gelten bezogen auf die letzte HBil und die Abfindungsbilanz gleichfalls nicht. **Realisationsprinzip** sowie **Imparitätsprinzip** finden ebenso grds keine Anwendung (Koller/Kindler/Roth/Drüen[9] HGB § 252 Anm 5). Die Beschränkungen des § 248 Abs 2 HGB entfallen gleichfalls. Jedoch können und müssen für besondere Verlustrisiken (ohne solche aus schwebenden Geschäften, Anm 27) Rückstellungen gebildet werden. Die allg Grundsätze der Bilanzwahrheit, Bilanzklarheit sowie der Einzelbewertung sind aber zu beachten.

b) Ansatz- und Bewertungsgrundsätze

21 Anzusetzen sind alle WG, die am Stichtag zum GesVermögen gehören. Auf vollständige Erfassung aller Aktiva und Schulden ist zu achten. Dauerschulden sind einzubeziehen. Im Gegensatz dazu sind schwebende Geschäfte *nicht* anzusetzen (Anm 27). Das Gleiche gilt für Rückstellungen wegen voraussichtlicher Verluste aus schwebenden Geschäften sowie für Zahlungen nach dem Stichtag, die im Zusammenhang mit schwebenden Geschäften stehen (BGH v 7.12.1992 BB 1993, 401 f).

22 Die WG sind nicht mit den handelsrechtlichen Buchwerten, sondern mit ihren Verkehrswerten anzusetzen. Uneinbringliche oder zweifelhafte Forderungen sind ganz oder teilweise, überbewertete WG entspr abzuschreiben. Rückstellungen und Verbindlichkeiten sind vollständig zu berücksichtigen. Stille Reserven sind aufzulösen.

23 Sofern der Wert des Unt (Ertragswert, Anm 9) die Summe der Einzelwerte übersteigt, ist ein positiver **Geschäfts- und Firmenwert** anzusetzen. Liegt der Ertragswert aber aufgrund besonderer Umstände, die ihre Ursache in der Ertragslage des Unt haben, unter der Summe der Einzelwerte, ist ein negativer GFW zu passivieren (*Ernstling* WPg 1998, 405; *Moxter* in FS Semler, 853; *Preißler* DStR 2011, 133). Dagegen befürwortet der BFH eine aktivische Abstockung auf die Buchwerte der in Frage kommenden nicht monetären Einzelwirtschaftsgüter (BFH v 12.12.1996 BStBl II 1998, 180; s auch *Strahl* DStR 1998, 515) und den Ausweis eines Restbetrags als passiven Ausgleichsposten (BFH v 21.4.1994 BStBl II, 745; BFH v 26.4.2006 BStBl II, 656), wobei ein passiver Ausgleichsposten de facto einem negativen GFW entspricht (s hierzu *Weber-Grellet* in Schmidt[38] EStG § 5 Anm 226; ebenso *Pusecker/ Schruff* BB 1996, 735; *Preißler* DStR 2011, 133; *Scheunemann* DB 2011, 201).

24 Ein Ansatz **latenter Steuern** erfolgt in der Abfindungsbilanz nicht, da die Gewinne aus der Aufdeckung stiller Reserven einkommensteuerlich auf der Ebene der Gester zu erfassen sind und nicht der GewSt unterliegen (Anm 132).

c) Zusätzliche Berücksichtigung von Ergebnissen aus schwebenden Geschäften

27 **Schwebende Geschäfte** (§ 740 BGB) sind unternehmensbezogene Rechtsgeschäfte, an die im Zeitpunkt des Ausscheidens des Gesters die PersGes

III. Die Abfindung nach Gesellschaftsvertrag

schon gebunden war (durch Abschluss des Verpflichtungsgeschäfts), die aber mindestens ein Vertragspartner bis dahin noch nicht voll erfüllt hat, zB weil die Lieferung der Ware noch aussteht (BGH v 7.12.1992 NJW 1993, 1194).

Davon abzugrenzen sind **Dauerschuldverhältnisse,** denen selbstständige, ständig neu entstehende und zugleich wiederkehrende Leistungsverpflichtungen zugrunde liegen.

Im Gegensatz zu Dauerschuldverhältnissen sind schwebende Geschäfte nicht Teil der Abfindungsbilanz (BGH v 7.12.1992 NJW 1993, 1194; BFH v 23.11.1995 DB 1996, 406). Es erfolgt außerhalb der Abfindungsbilanz eine gesonderte Erfassung und Abrechnung auf Grundlage des tatsächlich daraus – ggf per saldo – erzielten Ergebnisses jeweils zum Ende des Gj nach Ausscheiden. Das Gleiche gilt für Rückstellungen, die für voraussichtliche Verluste aus noch schwebenden Geschäften im JA gebildet wurden. Solche Rückstellungen sind in der Abfindungsbilanz nicht anzusetzen. Bis zur vollständigen Erfüllung kann der ausgeschiedene Gester jährliche Rechnungslegung und Auskunft über den Stand des Geschäfts verlangen (§ 740 Abs 2 BGB). Es entstehen somit zwei selbstständige Ansprüche des Ausscheidenden.

Um die separate Abrechnung schwebender Geschäfte zu vermeiden, wird häufig die Rechenschaft gem § 740 BGB im GesVertrag abbedungen (s hierzu *Schäfer* in MünchKomm BGB[7] § 740 Anm 3, 8).

d) Aufstellung und Feststellung der Abfindungsbilanz

Grds ist die **Abfindungsbilanz** von allen Gestern der PersGes, also unter Mitwirkung des ausgeschiedenen Gesters, aufzustellen (*Roth* in Baumbach/Hopt[38] HGB § 131 Anm 51). Der Ausgeschiedene hat ggf eine nachträgliche **Mitwirkungspflicht** ggü den verbliebenen geschäftsführenden Gestern. Sachverständige können erforderlichenfalls hinzugezogen werden. Der Ausgeschiedene hat stets ein Einsichts- und Auskunftsrecht (§§ 810, 242 BGB). Ein weitergehendes Kontrollrecht (§ 716 Abs 1 BGB) steht dem Ausgeschiedenen nicht zu.

Die Anerkennung der Abfindungsbilanz ist ein **Feststellungsvertrag** zwischen allen Gestern. Dieser Vertrag wird idR stillschweigend unter Zugrundelegung der Abfindungsbilanz (Genehmigung iSv §§ 184, 182 BGB) geschlossen. Mit der Feststellung werden für die Parteien die zur Berechnung des Abfindungsanspruchs herangezogenen Rechnungsposten bindend. Ein gerichtlich durchsetzbarer Anspruch auf Feststellung der Abfindungsbilanz besteht nicht, denn diese ist nicht Voraussetzung für die Entstehung und Fälligkeit des Abfindungsanspruchs (OLG Karlsruhe v 25.10.2006 DB 2007, 104). Streitigkeiten über den Ansatz *einzelner* Rechnungsposten und/oder deren Berechnung und Höhe können jedoch im Wege einer **Feststellungsklage** geklärt werden.

III. Die Abfindung nach Gesellschaftsvertrag

Vereinbarungen im GesVertrag zur Regelung der Abfindung sind üblich. Die Grenze bilden zwingende gesetzliche Bestimmungen und daraus abgeleitete Grundsätze. Maßgeblich für die Höhe der Abfindung sind grds nicht allein der **Verkehrswert** des GesAnteils (§ 738 BGB), sondern auch die **gesamten Umstände** des konkreten Falls – ua das Verhältnis zwischen vereinbartem Abfindungs- und tatsächlichem Anteilswert, die Dauer der Mitgliedschaft zur PersGes, der Anteil des Ausgeschiedenen am Aufbau und Erfolg der PersGes, der Anlass des Ausscheidens (BGH v 24.5.1993 BB, 1391 ff).

Führen vertragliche Abfindungsregelungen zur Bereicherung der verbleibenden Gester – zB bei Abfindungen zum Buchwert, nach dem Stuttgarter Verfahren oder bei extrem langen Ratenzahlungsvereinbarungen ohne entspr Verzinsung –, sind stets die damit einhergehenden schenkungsteuerlichen Fragestellungen zu beachten (Anm 150).

Für den ausscheidenden sowie die verbleibenden Gester ist ein tragfähiger **Interessenausgleich** herbeizuführen. Der GesVertrag kann daher auch bestimmen, dass im Falle des Nichtzustandekommens einer Einigung unter den Gestern über die Höhe des Abfindungsanspruchs ein Sachverständiger der zuständigen IHK zu bestellen ist (BGH v 14.2.2005 DB, 793). Bei Ermittlung des UntWerts besteht – trotz der in der Praxis vorherrschenden Berechnungsweise auf Grundlage des Ertragswerts – keine Bindung an eine bestimmte Wertermittlungsmethode (BGH v 24.5.1993 BB, 1391 ff).

1. Abfindungsklauseln

36   Zur Regelung der Abfindung sind folgende Vereinbarungen im GesVertrag üblich:
– **Klauseln zum Abfindungsausschluss.** Ein völliger Ausschluss der Abfindung ist sittenwidrig bzw verstößt gegen § 723 Abs 3 BGB und führt zur **Nichtigkeit** der Klausel (*Schäfer* in MünchKomm BGB[7] § 738 Anm 45; BGH v 29.4.2014 DB, 1542). Das gilt auch im Fall des Ausschlusses eines Gesters aus der PersGes aus wichtigem Grund, wenn die Fortsetzung des GesVerhältnisses für die übrigen Gester unzumutbar ist. Regelungen in einem Partnerschaftsvertrag einer Rechtsanwaltskanzlei zum Ausscheiden eines Partners, wonach einerseits Abfindungsansprüche ausgeschlossen, andererseits der Mandantenstamm den verbleibenden Partnern vorbehalten ist, berücksichtigen nicht den erforderlichen Interessenausgleich (OLG Celle v 16.5.2007 DB, 1585) und sind daher nichtig. Enthält ein Partnerschaftsvertrag jedoch weder eine Mandantenschutzklausel noch ein Wettbewerbsverbot, so dass der ausscheidende Berufsträger ohne Einschränkung seine Berufstätigkeit fortsetzen kann, ist die Reduzierung des Abfindungsanspruchs der Höhe nach auf den anteiligen Wert der Büro- und Geschäftsausstattung unbedenklich (BGH v 6.12.1993 NJW 1994, 796; *Schäfer* in MünchKomm BGB[7] § 738 Anm 66 ff mit Bsp).
37 – **Klauseln zur Berechnung des Abfindungsanspruchs.** Durch die üblichen und grds zulässigen **Buchwertklauseln** soll eine UntBewertung vermieden werden. Zur Berechnung des Abfindungsanspruchs kann auf die letzte auf den Stichtag des Ausscheidens fortgeschriebene HBil zurückgegriffen werden. Häufig ergeben sich Auslegungsprobleme, zumal die Rechtsprechung durch zahlreiche Einzelentscheidungen hier Grenzen gesetzt hat. Buchwertklauseln sind dann **unzulässig** und daher unwirksam,

III. Die Abfindung nach Gesellschaftsvertrag

wenn sie wegen eines erheblichen Missverhältnisses zwischen Buchwert und wirklichem (Verkehrs-)Wert die Freiheit des Gesters zur Kündigung unvertretbar einengen, § 723 Abs 3 BGB (BGH v 24.9.1984 NJW 1985, 192f). Als Kündigungserschwernis und damit als unzulässiges Missverhältnis wurde eine Buchwertabfindung, die nur 20% der gesetzlich zu zahlenden Abfindung betrug, angenommen (BGH v 23.10.1972 DB 1973, 611). Unzulässig ist auch eine pauschale Beschränkung der Abfindung auf die Hälfte des buchmäßigen Kapitalanteils. Dies gilt ebenso bei Schenkung eines Kapitalanteils oder Ausschluss eines Gesters aus wichtigem Grund (BGH v 9.1.1989 DB, 1400).

Eine Abfindung allein zum **Substanzwert,** der zwar die stillen Reserven, nicht jedoch einen GFW erfasst, wäre zulässig, sofern diese Abfindung nicht erheblich geringer als die nach dem Ertragswert ist (so auch BGH v 24.9.1984 NJW 1985, 192f). **38**

- **Klauseln,** wonach der Gester beim Ausscheiden während des Wj einen Anspruch auf Abfindung hat, der nach dem Stand des GesVermögens zum Schluss des letzten vorangegangenen Wj berechnet wird **(schuldrechtliche Rückbeziehung),** haben einen Einfluss darauf, dass der Aufgabegewinn erst mit Vertragsabschluss oder zu dem Zeitpunkt, zu dem eine Kündigung wirksam wird und der Gester seine GesterStellung und -rechte verliert, verwirklicht und auf diesen Zeitpunkt berechnet wird. Dies gilt auch dann, wenn eine Einigung über die Abfindungshöhe noch aussteht. Gleichzeitig hat der ausscheidende Gester zeitanteilig teil am laufenden Ergebnis des Wj bis zum Zeitpunkt des tatsächlichen Ausscheidens, weil der Einkünftetatbestand durch die bisherigen Gester unverändert fortgesetzt wird (*Wacker* in Schmidt[38] EStG § 16 Anm 442f). **39**
- **Klauseln zum Ausschluss der Teilhabe an schwebenden Geschäften.** Die Teilhabe am Ergebnis aus schwebenden Geschäften kann ausgeschlossen werden. Da bei Vereinbarung des Ertragswertverfahrens eine gesonderte Abrechnung schwebender Geschäfte entfällt (s Anm 9), hat eine solche Klausel nur klarstellende Bedeutung (Anm 30; *Schäfer* in Münch-Komm BGB[7] § 740 Anm 3). **40**
- **Klauseln zu Auszahlungsmodalitäten.** Diese Klauseln regeln die Fälligkeit, Verzinsung oder Auszahlung des Anspruchs in Raten. Führen die Vereinbarungen zu einer erheblichen Einschränkung der Kündigungsfreiheit, sind sie unzulässig. Der Abfindungsanspruch darf nicht gegen den Willen des Ausscheidenden zu einem dauerhaften Kredit an die PersGes werden. Beträgt der Auszahlungszeitraum für die Raten bis zu fünf Jahren, gilt dieser Zeitraum idR als unbedenklich. Bei Zeiträumen zwischen fünf und zehn Jahren ist eine Gesamtbetrachtung unter Beachtung der Modalitäten für die Verzinsung und Berechnung der Abfindung (Buchwert/ UntWert) vorzunehmen. Eine längere Auszahlungsdauer ist idR wegen Benachteiligung des Ausscheidungswilligen unwirksam. Nur in Ausnahmefällen bei Vorliegen einer besonderen Rechtfertigung kann eine längere Frist als zulässig anerkannt werden (BGH v 9.1.1989 DB, 1400: Auszahlungsdauer von 15 Jahren ist unwirksam). Eine Abfindung in Form einer lebenslangen Rente hat der BGH im Einzelfall als zulässig anerkannt (BGH v 17.5.2004 NJW, 2449). **41**

2. Rechtsfolgen unzulässiger Abfindungsklauseln

44 Die Unwirksamkeit von Abfindungsklauseln führt grds nicht zur Nichtigkeit des GesVertrags oder Unwirksamkeit der Fortsetzungsklausel. Die Lücke ist durch eine vertragliche Ersatzregelung (**Salvatorische Klausel**) oder, sofern eine solche fehlt, durch eine Vertragsergänzung unter Berücksichtigung des wirklichen oder mutmaßlichen Willens der Vertragsparteien gem § 242 BGB zu schließen (BGH v 24.5.1993 BB, 1391 ff und BFH v 20.9.1993 BB, 2265 ff; *Mecklenbrauck* BB 2000, 2001 ff). Ist dies nicht möglich oder war die Abfindungsklausel von Anfang an gem § 138 BGB nichtig (Anm 36), finden die gesetzlichen Regeln Anwendung (*Schäfer* in MünchKomm BGB⁷ § 738 Anm 75). An die Stelle der unwirksamen Abfindungsregelung treten die allgemeinen Regeln; dem ausgeschiedenen Gester steht das uneingeschränkte Recht zu, um die Mandanten der Sozietät zu werben; er hat Anteil am GesVermögen und den schwebenden Geschäften (BGH v 7.4.2008 DB, 1203, 1485).

45 Streitigkeiten über die Berechnung des Abfindungsanspruchs sind in einem zivilgerichtlichen Verfahren zu klären (BGH v 23.10.2006 DB, 2627). Eine Klage auf Zahlung des Abfindungsanspruchs muss gegen alle verbleibenden Gester in ihrer gesamthänderischen Verbundenheit gerichtet werden. Eine persönliche Haftung eines Gesters für den Abfindungsanspruch besteht nicht (BGH v 17.5.2011 NJW, 2355).

3. Abfindungsbilanz

46 Unter Beachtung der Bestimmungen im GesVertrag oder entspr Vertragsergänzungen (Anm 44) ist die Abfindungsbilanz nach den in den Anm 12 bis 34 dargestellten Grundsätzen aufzustellen. Vertragliche Regelungen zum Wertansatz einzelner Bilanzposten sind zu berücksichtigen.

IV. Bilanzrechtliche Behandlung

49 Die bilanzielle Behandlung des Ausscheidens eines Gesters ist abhängig davon, ob die Abfindung in Höhe des Buchwerts des Kapitalkontos, über dem Buchwert des Kapitalkontos oder zu einem Wert unter dem Buchwert des Kapitalkontos des ausscheidenden Gesters erfolgt.

1. Handelsbilanz

50 Mit Ausscheiden des Gesters entsteht kein RumpfWj (Anm 14), also keine handelsrechtliche Verpflichtung für die Ges zur Erstellung einer ZwischenBil auf den Stichtag.

Das Ausscheiden eines Gesters ist handelsrechtlich wie folgt zu behandeln:

51 – Bei einer **Barabfindung** aus GesMitteln **in Höhe des Buchwerts des Kapitalkontos** des ausscheidenden Gesters ist anstelle des Kapitalkontos eine Verbindlichkeit in die Bilanz einzustellen oder die liquiden Mittel sind entspr zu kürzen.

52 – Bei einer **Barabfindung** aus GesMitteln, die **höher als der Buchwert des Kapitalkontos** des ausscheidenden Gesters ist, wird nach IDW RS

IV. Bilanzrechtliche Behandlung

HFA 7 nF, Tz 58b die Bilanzierung nach der sog *Verrechnungsmethode* empfohlen. Zulässig ist alternativ weiterhin die Anwendung der sog *Aufstockungsmethode,* die nach aF ausschließlich Anwendung fand. Beiden Methoden ist gemeinsam, dass Zahlungen über dem Buchwert des Kapitalkontos des Ausscheidenden auf der Ebene der Ges erfolgsneutral sind. Die Neufassung gilt für nach dem 31.12.2018 beginnende Wj (IDW RS HFA 7 nF, Tz 2a).

Nach der sog **Verrechnungsmethode** wird in einem ersten Schritt die Abfindungsverpflichtung mit dem Kapitalkonto des ausscheidenden Gesters verrechnet. Verbleibt ein positiver Differenzbetrag, ist in einem zweiten Schritt die Verrechnung mit bestehenden gesamthänderisch gebundenen Rücklagen vorzunehmen (IDW RS HFA 7 nF, Tz 58a, 51), sodann die anteilige Verrechnung mit den Kapitalkonten der verbleibenden Gester entspr der BetVerhältnisse. Ergeben sich nach Verrechnung negative Kapitalanteile für die verbleibenden Gester, ist die Abfindung nicht durch die Vermögenseinlage gedeckt. Ein Ausweis erfolgt auf der Aktivseite am Schluss der Bilanz entspr § 264c Abs 2 S 5 und 6 HGB als „Nicht durch Vermögenseinlagen gedeckte Abfindungen an ausgeschiedene Gester" getrennt nach GesterGruppen (IDW RS HFA 7 nF, Tz 58b). Werden die Kapitalkonten verbleibender Gester aufgrund Verrechnung negativ, führt dieser Vorgang nicht zu einer auflebenden haftungsbegründenden Einlagenrückgewähr nach § 172 Abs 4 HGB (IDW RS HFA 7 nF, Tz 36a), da die Minderung des Kapitalanteils der verbleibenden Kommanditisten nicht auf einer Entnahme dieser Gester beruht (*Zwirner/Busch* DB 2018, 462 (463); *Graf v Kanitz* WPg 2018, 486 (491)). Eine Gewinnentnahme soll in der Folge erst dann zulässig sein, wenn die Kapitalanteile der verbleibenden Kommanditisten den Betrag der bedungenen Hafteinlage wieder erreicht und die Gester im GesVertrag oder durch Beschluss keine andere Vereinbarung getroffen haben (§ 169 Abs 1 S 2 HGB analog; s auch *Hanke* BC 2018, 262 mit Bsp).

Weiterhin zulässig ist nach der sog **Aufstockungsmethode** die Aktivierung des positiven Differenzbetrags anteilig bei den VG als nachträgliche AK, deren Buchwerte stille Reserven enthalten (IDW RS HFA 7 nF, Tz 59). In diesem Zusammenhang ist auch die nachträgliche (anteilige) Aktivierung von selbst geschaffenen, bisher nicht bilanziell ausgewiesenen immateriellen VG oder eines originären GFW vorzunehmen.

Bei der **Aufstockungsmethode** durch Aufdeckung der stillen Reserven im Wege der nachträglichen Aktivierung kommt es zu einer Erhöhung der Bilanzsumme. Die erhöhten Abschreibungen auf die nachträglich aktivierten AK belasten künftig das Jahresergebnis. Bei Anwendung der **Verrechnungsmethode** sinkt die Bilanzsumme, da ein positiv verbleibender Differenzbetrag nach Ausscheiden gegen die Kapitalkonten der verbleibenden Gester gerechnet wird. In die Zukunft betrachtet nähern sich die Bilanzsummen beider Methoden an. Die Methodenwahl hat daher erheblichen Einfluss auf die EK-Quote der PersGes und wird von der Bilanzpolitik der Gester abhängen (*Hanke* BC 2018, 262 (265)).

– Bei einer **Barabfindung** aus GesMitteln, die **niedriger als der Buchwert des Kapitalkontos** des ausscheidenden Gesters ist, weil der Wert des GesAnteils aufgrund zulässigerweise nicht passivierter Pensionsrückstellungen geringer als der Buchwert des Kapitalkontos ist oder ein Gester kurzfristig ausscheiden will (s Anm 80), sind die betr Bilanzansätze *anteilig* entspr zu korrigieren. Gleichzeitig ist zu prüfen, ob diese Wertänderungen Auswirkungen auf die übrigen Gester haben und in die GuV und HBil zu übernehmen sind (*WPH* HBd[16], F Anm 1510; Beck Bil-Komm[12] § 264c Anm 23).

Ist Grund für eine Abfindung unter dem Buchwert des Kapitalkontos die schlechte wirtschaftliche Situation des Unt oder eine bereits absehbare spätere zusätzliche Belastung, ist je nach Sachlage ggf ein negativer GFW nach dem Eigenkapital oder passiver Ausgleichsposten als „negativer Unterschiedsbetrag aus Abfindung ausgeschiedener Gesellschafter" auszuweisen (s Anm 23; *WPH* HBd[16], F Anm 318, 1509 mit Verweis auf eine entspr Anwendung der Grundsätze des DRS 23.91; *Deubert/Lewe* BB 2018, 2155 (2156f); *Weber-Gellet* in Schmidt[38] EStG § 5 Anm 226). Dieser ist mit künftigen Verlusten zu verrechnen und spätestens bei Beendigung der Bet gewinnerhöhend aufzulösen (vgl BFH v 12.12.1996 BStBl II 1998, 180 mwN).

2. Steuerbilanz

Das Ausscheiden eines Gesters ist steuerrechtlich wie folgt zu behandeln:

57 – Bei einer **Barabfindung** aus GesMitteln, **in Höhe des Buchwerts des Kapitalkontos** des ausscheidenden Gesters ergeben sich keine Abweichungen zur handelsrechtlichen Behandlung.

58 – Bei einer **Barabfindung** aus GesMitteln, die **höher als der Buchwert des Kapitalkontos** des ausscheidenden Gesters ist, sind in der StBil nach Verrechnung der Abfindung mit dem Kapitalanteil des ausscheidenden Gesters die Buchwerte der bilanzierten WG anteilig um die stillen Reserven aufzustocken. Weitere nicht ausgeglichene Beträge sprechen für die Annahme bisher nicht bilanzierter immaterieller EinzelWG und darüber hinaus ggf für einen originären GFW und dessen Bilanzierung (*Wacker* in Schmidt[38] EStG § 16 Anm 490 sog **modifizierte Stufentheorie**). Steuerliche Ergänzungsbilanzen für die verbleibenden Gester sind nicht erforderlich; der Mehrbetrag ist bereits über die Aufstockung bzw den weiteren Ausweis von bisher nicht bilanzierten immateriellen EinzelWG oder eines GFW in der StBil der Ges erfasst (*Wacker* in Schmidt[38] EStG § 16 Anm 482).

– Bei Anwendung der handelsrechtlich weiterhin zulässigen Aufstockungsmethode (s Anm 54) entsprechen sich HBil und StBil. Bei Anwendung der durch IDW RS HFA 7 nF bevorzugten Verrechnungsmethode weichen HBil und StBil voneinander ab.

59 – Bei einer **Barabfindung** aus GesMitteln, die **niedriger als der Buchwert des Kapitalkontos** des ausscheidenden Gesters ist, ergeben sich keine Abweichungen zur HBil der Ges. Der in der StBil der Ges mit erfolgsneutraler Wirkung ausgewiesene negative GFW bzw passivierte Ausgleichsposten ist mit zukünftigen Verlusten zu verrechnen bzw bei Beendigung der Bet gewinnerhöhend aufzulösen (vgl BFH v 12.12.1996 BStBl II 1998, 180; *Wacker* in Schmidt[38] EStG § 16 Anm 511).

V. Einkommensteuerliche Folgen

Das Ausscheiden eines Gesters gegen **Barabfindung** bei gleichzeitiger 60
Anwachsung seines Anteils ist bei dem **ausgeschiedenen Gesellschafter**
eine Veräußerung des Anteils (§ 16 Abs 1 S 1 Nr 2, Abs 2 EStG). Veräußerungsgewinn oder -verlust ist die Differenz zwischen Veräußerungspreis, Veräußerungskosten und dem Buchwert des Betriebsvermögens im Zeitpunkt der Veräußerung. Im Falle des Ausscheidens ist Veräußerungspreis der Abfindungsanspruch. Gehen bei Ausscheiden WG des SonderBetrVerm mit dem GesVermögen auf die verbleibenden Gester über, gehört zum Veräußerungspreis auch der gemeine Wert dieser WG. Werden die WG des SonderBetrVerm in das Privatvermögen des Ausscheidenden überführt, ist der gemeine Wert dieser WG wie ein Veräußerungserlös zu berücksichtigen (§ 16 Abs 3 S 7 EStG). Zur Ermittlung des Veräußerungsgewinns ist diesen WG der Buchwert gegenüberzustellen (BFH v 28.7.1994 BStBl II 1995, 465).

Eine Gewinnzurechnung erfolgt auch, wenn die verbleibenden Gester die 61
Auszahlung verweigern, weil der ausgeschiedene Gester den verbleibenden Gestern Schadenersatz oder anderweitigen Ausgleich in übersteigender Höhe schuldet (BFH v 15.11.2011 DB 2012, 23).

Bei den **verbleibenden Gesellschaftern** stellt die Anwachsung steuerrechtlich eine Anschaffung dar (BFH v 11.7.1973 BStBl II 1974, 50). In Höhe des positiven Unterschiedsbetrags zwischen Auseinandersetzungsguthaben und Kapitalkonto des ausscheidenden Gesters handelt es sich um AK der verbleibenden Gester für den Anteil des Ausgeschiedenen, repräsentiert durch die einzelnen Aktiva und Passiva (Anm 58). Dieser Vorgang wird in der StBil der Ges dokumentiert.

Ein Veräußerungsgewinn oder -verlust entsteht in dem Kj, in das das Aus- 62
scheiden fällt. Das gilt auch für den anteiligen lfd Gewinn bis zum Zeitpunkt des Ausscheidens. Ein vom Kj abw Wj bei der gewerblich tätigen Mitunternehmerschaft ist unbeachtlich. § 4a Abs 2 Nr 2 EStG findet auf den ausscheidenden Gester keine Anwendung (BFH v 18.8.2010 DB, 2311; EStR (2012) R 4a Abs 5).

1. Die Abfindung entspricht dem Buchwert

Sieht der GesVertrag zulässigerweise (Anm 37) eine Abfindung zum 63
Buchwert vor, entspricht die Höhe des Abfindungsanspruchs dem Buchwert des Kapitalkontos. Beim ausscheidenden Gester entsteht weder ein Veräußerungsgewinn noch ein Veräußerungsverlust. Es handelt sich um eine **unentgeltliche Übertragung.** Die verbleibenden Gester haben die Buchwerte fortzuführen. Die Buchwerte entsprechen den AK. Die Anwachsung (vgl § 6 Abs 3 EStG) ist erfolgsneutral.

Die in der StBil fortgeführten Buchwerte sind Grundlage für die **Abset-** 64
zung für Abnutzung bei den WG des BetrVerm. Für die WG des abnutzbaren Anlagevermögens gelten daher folgende Grundsätze bei der Ermittlung der Bemessungsgrundlage und des AfA-Satzes:

- **Lineare Absetzung für Abnutzung bei beweglichen Wirtschaftsgütern (Fälle des § 7 Abs 1 EStG).** Unveränderte AfA von den Rest-

buchwerten (= Buchwerte zum Zeitpunkt des Ausscheidens) unter Zugrundelegung der jeweiligen Restnutzungsdauer (= Nutzungsdauer zum Zeitpunkt des Ausscheidens).
- **Lineare Absetzung für Abnutzung bei Gebäuden (Fälle des § 7 Abs 4 EStG).** Unveränderte AfA von der Summe der bisherigen AK/HK der WG, die den verbleibenden Gestern zuzurechnen sind, und den AK für den erworbenen (ideellen) Gebäudeteil des ausgeschiedenen Gesters.
- **Degressive Absetzung für Abnutzung bei Gebäuden (Fälle des § 7 Abs 5 EStG).** Hierzu wird verwiesen auf die Ausführungen in der Voraufl N Anm 64.
- **§ 6b EStG-Rücklagen.** Scheidet der Gester aus privaten Gründen zum Buchwert aus, treten die verbleibenden Gester in die Rechtsstellung des Ausgeschiedenen ein. Die Fristen (vgl § 6b Abs 3 EStG) laufen daher unverändert weiter.

2. Die Abfindung ist höher als der Buchwert

69   Wird eine **angemessene Abfindung** unter Aufdeckung stiller Reserven und ggf eines GFW gezahlt, entsteht beim ausscheidenden Gester nach § 16 Abs 1 S 1 Nr 2, Abs 2 EStG iVm § 34 EStG ein tarifbegünstigter Veräußerungsgewinn iHd Differenz zwischen Abfindungsbetrag und Buchwert des Kapitalkontos.

70   Sofern der Mitunternehmeranteil auch SonderBetrVerm, welches wesentliche Betriebsgrundlage der Ges (zB Grundstück) ist, umfasst, muss das SonderBetrVerm insgesamt mit dem Mitunternehmeranteil in einem **einheitlichen wirtschaftlichen Vorgang** auf die verbleibenden Gester übertragen werden (so stRspr s BFH v 10.3.2016 BFH/NV, 1438 Tz 16 ff). Ansonsten finden §§ 16, 34 EStG auf den Veräußerungsgewinn keine Anwendung. Werden wesentliche Betriebsgrundlagen des SonderBetrVerm in das Privatvermögen überführt, handelt es sich unter Anwendung von § 16 Abs 3 S 7 EStG ebenfalls um eine tarifbegünstigte Veräußerung; allerdings dann nicht, wenn wesentliche WG des SonderBetrVerm zum Buchwert (§ 6 Abs 5 EStG) in ein anderes BetrVerm übertragen werden (BFH v 10.3.2016 BFH/NV, 1438). Insoweit werden mit dem Ausscheiden nicht sämtliche stillen Reserven aufgedeckt. Es entsteht ein nicht tarifbegünstigter stpfl Gewinn (BFH v 6.5.2010 BStBl II 2011, 261).

71   Für die verbleibenden Gester handelt es sich grds (Anm 60 ff) um AK für den GesAnteil. Der Unterschied zwischen Abfindung und Buchwert des Kapitalanteils wird durch Aufstockung der WG, auf die stille Reserven entfallen, erfolgsneutral in der StBil der PersGes aktiviert (*Wacker* in Schmidt[38] EStG § 16 Anm 482, 490; Anm 58). Ggf ist ein GFW anzusetzen (Anm 8). Auf der Passivseite ist ggf eine Abfindungsverbindlichkeit auszuweisen.

72   Erhält ein Gester aufgrund eines **betriebsschädigenden Verhaltens** eine Abfindung, die über dem Buchwert seines Kapitalkontos einschl der stillen Reserven und eines GFW liegt (**„lästiger Gesellschafter"**), handelt es sich ebenfalls um einen nach §§ 16, 34 EStG tarifbegünstigten Veräußerungsgewinn iHd Abfindungsbetrags gemindert um den Buchwert des Kapitalkontos (Anm 69).

V. Einkommensteuerliche Folgen

Bei den verbleibenden Gestern liegen aber sofort abzugsfähige Betriebsausgaben vor, *sofern* die Abfindung *über* die Teilhabe an den stillen Reserven und am GFW hinausgeht (*Wacker* in Schmidt[38] EStG § 16 Anm 459, 491 mwN).

Die Frage, ob der ausscheidende Gester durch die erhöhte Abfindung zum Ausscheiden bewogen werden soll, ist jeweils nach den besonderen Umständen des Einzelfalls sowie unter Berücksichtigung des wirtschaftlichen Sinns und Zwecks der Mehrzahlungen zu prüfen (BFH v 7.6.1984 BStBl II, 584 ff). Die Vermutung, die Mehrzahlung beruhe ausschließlich auf stillen Reserven, kann insoweit widerlegt werden.

Mehrzuwendungen aus **privaten Gründen** (Schenkung eines über den Abfindungsanspruch hinausgehenden Geldbetrags) sind nicht betrieblich veranlasst und haben keine ertragsteuerlichen Folgen. Beim ausscheidenden Gester entsteht kein Veräußerungsgewinn. Der Vorgang kann uU Schenkungsteuer auslösen (Anm 150).

Bei den verbleibenden Gestern liegen weder AK noch Betriebsausgaben vor. Die Mehrzuwendungen sind als Privatentnahme der verbleibenden Gester zu behandeln. In welcher Höhe die Entnahme den Gestern zuzurechnen ist (einzelnen oder allen Gestern nach dem Gewinnverteilungsschlüssel), hängt von der Vereinbarung der Beteiligten ab.

Für die WG des abnutzbaren Anlagevermögens gelten folgende Grundsätze bei der Ermittlung der Bemessungsgrundlage und des AfA-Satzes:
- **Lineare Absetzung für Abnutzung bei beweglichen Wirtschaftsgütern** (Fälle des § 7 Abs 1 EStG). Unveränderte AfA vom Restbuchwert (= Buchwert zum Zeitpunkt des Ausscheidens) zzgl der aufgedeckten stillen Reserven unter Zugrundelegung der Restnutzungsdauer (= Nutzungsdauer zum Zeitpunkt des Ausscheidens).
- **Geringwertige Wirtschaftsgüter (Fälle des § 6 Abs 2 EStG)**. Aufgedeckte stille Reserven bei bereits abgeschriebenen GWG sind dann sofortige Betriebsausgaben, wenn die anteilig auf den einzelnen Gester entfallende Grenze von 800 € netto nicht überschritten wird.
- **Lineare Absetzung für Abnutzung bei Gebäuden (Fälle des § 7 Abs 4 EStG)**. Unveränderte AfA von den bisherigen AK/HK der WG, die den verbleibenden Gestern zuzurechnen sind; dazu kommt die AfA auf den anteiligen Buchwert für den erworbenen (ideellen) Gebäudeteil zum Zeitpunkt des Ausscheidens zzgl der aufgedeckten stillen Reserven unter erneuter Anwendung von § 7 Abs 4 EStG; allerdings beginnt ein neuer AfA-Zeitraum.
- **Degressive Absetzung für Abnutzung bei Gebäuden (Fälle des § 7 Abs 5 EStG)**. Hierzu wird verwiesen auf die Ausführungen in der Voraufl N Anm 75.

3. Die Abfindung ist niedriger als der Buchwert

Ein Verlust entsteht, wenn der Abfindungsanspruch reduziert um die Veräußerungskosten niedriger als der Buchwert des Mitunternehmeranteils/Kapitalkontos ist oder Schulden – zulässigerweise – bisher nicht in der Bilanz passiviert wurden (Altzusagen bei Pensionen).

Beim ausscheidenden Gester kommt es zu einem ausgleichs- und abzugsfähigen Veräußerungsverlust iSv § 16 EStG. Der Veräußerungsverlust kann von den übrigen Einkünften abgezogen werden (§§ 2 Abs 3, 10d EStG).

78 Ist die Abfindung unter dem Buchwert des Mitunternehmeranteils auf die schlechte Ertragslage des Unt zurückzuführen, sind in der StBil der verbleibenden Gester die Buchwerte der einzelnen WG bis zur Grenze ihrer Teilwerte abzustocken. Eine Bilanzierung über den tatsächlichen AK ist gem § 6 Abs 1 Nr 1, 2 EStG unzulässig. Im Übrigen ist je nach Sachlage im Einzelfall ein negativer GFW zu passivieren (Anm 23; aA *Wacker* in Schmidt[38] EStG § 16 Anm 511 unter Berufung auf BFH v 12.12.1996 BStBl II 1998, 180: Passivierung eines Ausgleichspostens in der StBil der PersGes). Die verbleibenden Gester erzielen somit keinen Gewinn (BFH v 12.12.1996 BStBl II 1998, 180; EStR (2012) H 16 (4)).

79 Der ausgeschiedene Gester trägt die Beweislast, sofern er geltend macht, der Buchwert seines Kapitalanteils sei höher als die erhaltene Abfindung, weshalb ihm ein Veräußerungsverlust iSv § 16 EStG entstehe.

80 Auch zur **Vermeidung von Streitigkeiten** über die Höhe der Abfindung, zur Beschleunigung einer Barabfindung oder aus anderen **betrieblichen Gründen** kann eine Abfindung unter dem Buchwert liegen.

Beim ausscheidenden Gester entsteht ein ausgleichs- und abzugsfähiger Veräußerungsverlust iSv § 16 EStG. Der Veräußerungsverlust kann von den übrigen Einkünften abgezogen werden (§§ 2 Abs 3, 10d EStG).

Die verbleibenden Gester haben dennoch die Buchwerte fortzuführen (§ 6 Abs 3 EStG). In Höhe des Unterschieds zwischen Kapitalkonto und Abfindung entsteht nach Auffassung des BFH ein laufender Gewinn (so BFH v 11.7.1973 BStBl II 1974, 50; *Wacker* in Schmidt[38] EStG § 16 Anm 511).

81 Für die weitere steuerliche Behandlung der einzelnen WG gelten die Regelungen, die beim Ausscheiden mit einer Abfindung über dem Buchwert anzuwenden sind, sinngemäß.

82 Erhält der ausscheidende Gester von den verbleibenden Gestern **aus privaten Gründen** eine unter dem Buchwert liegende Abfindung, handelt es sich um eine *insgesamt* unentgeltliche Übertragung. Es entsteht kein Veräußerungsverlust.

Die verbleibenden Gester haben die Buchwerte fortzuführen (§ 6 Abs 3 EStG). In Höhe des Unterschieds zwischen Buchwert und Zuwendung leisten die Gester eine Einlage. Die Kapitalkonten sind entspr erfolgsneutral aufzustocken.

4. Negatives Kapitalkonto des Ausscheidenden

a) Ausscheiden eines unbeschränkt haftenden Gesellschafters

86 Scheidet ein **Komplementär,** der gem § 161 Abs 2 iVm § 128 HGB zum Ausgleich des negativen Kapitalkontos verpflichtet ist, *gegen* Ausgleich des negativen Kapitalkontos aus der PersGes aus, weil stille Reserven nicht vorhanden sind oder er an diesen bspw aufgrund gesellschaftsvertraglicher Regelungen nicht beteiligt ist, entsteht kein Veräußerungsgewinn. Der Vorgang entspricht der Buchwertabfindung bei positivem Kapitalkonto (Anm 63). Für die verbleibenden Gester handelt es sich um eine erfolgsneut-

V. Einkommensteuerliche Folgen

rale Tilgung einer betrieblichen Ausgleichsforderung (*Wacker* in Schmidt[38] EStG § 16 Anm 497).

Sofern der ausscheidende Komplementär das negative Kapitalkonto *nicht* oder nur teilweise ausgleicht und/oder eine Abfindung erhält, weil der tatsächliche Wert seiner Beteiligung aufgrund stiller Reserven positiv ist, entsteht für den Ausscheidenden ein Veräußerungsgewinn gem §§ 16, 34 EStG. Zur **Ermittlung des Veräußerungspreises** ist das negative Kapitalkonto der Abfindungszahlung hinzuzurechnen (FG Nürnberg v 21.2.1018 EFG, 1969 Tz 90 f). Für die verbleibenden Gester bestehen AK in Höhe des Betrags des negativen Kapitalkontos und eines eventuell gezahlten Entgelts. Durch Aufstocken der Buchwerte der anteilig erworbenen WG ist der Vorgang erfolgsneutral. 87

Wird dem ausscheidenden Komplementär aus **betrieblichen Gründen** die Verpflichtung zum Ausgleich des negativen Kapitalkontos erlassen (Freistellung im Innenverhältnis von Verbindlichkeiten ggü Gläubigern der Pers-Ges, Freistellung von Ausgleichsansprüchen durch die übrigen Gester), entsteht bei diesem ein nach §§ 16, 34 EStG begünstigter Veräußerungsgewinn. Liegen *keine* stillen Reserven vor, entspricht der Veräußerungspreis dem Minusbetrag des Kapitalkontos. Sind *teilweise* stille Reserven vorhanden, entsteht ein Veräußerungspreis iHd erlassenen Betrags. Dieser Grundsatz gilt auch dann, wenn die verbleibenden Gester den Rückzahlungsanspruch wegen Uneinbringbarkeit erlassen haben. 88

Für die verbleibenden Gester entsteht ein **abziehbarer Verlust,** da ihre Ausgleichsforderung entfällt. Der Verlust ist als „sonstiger betrieblicher Aufwand" zu behandeln. Eine Aktivierung des erlassenen Betrags ist zu verneinen, denn es werden weder Anteile an materiellen noch immateriellen WG oder an einem GFW erworben. Gleiches gilt, wenn der ausgleichspflichtige ausscheidende Komplementär zahlungsunfähig ist. 89

Unterbleibt der Ausgleich des negativen Kapitalkontos aus **privaten Gründen,** liegt ein außerbetrieblicher Vorgang vor. Es handelt sich um eine unentgeltliche Übertragung. Nach § 6 Abs 3 EStG sind die Buchwerte fortzuführen. Die verbleibenden Gester vermindern ihre Kapitalkonten entspr um den Wert des Kapitalkontos des ausgeschiedenen Gesters. Für die verbleibenden Gester stellt der Erlass dieser Ausgleichsforderung eine gewinnwirksame Entnahme der Forderung dar (*Wacker* in Schmidt[38] EStG § 16 Anm 497). 90

b) Ausscheiden des beschränkt haftenden Gesellschafters

Ist das Kapitalkonto des **Kommanditisten** aufgrund von **Entnahmen** negativ, gelten die allgemeinen Grundsätze (Anm 86–90), da auch insoweit gesellschaftsrechtlich eine Pflicht für den Kommanditisten zum Ausgleich des negativen Kapitalkontos besteht (*Wacker* in Schmidt[38] EStG § 16 Anm 469, 473; zuletzt BFH v 3.9.2009 BStBl II 2010, 631). Hat der Kommanditist keinen Ausgleich iHd negativen Kapitalkontos zu zahlen, liegt iHd nicht ausgeglichenen Betrags ein Veräußerungspreis vor. Der ermittelte Veräußerungsgewinn ist nach §§ 16, 34 EStG steuerbegünstigt (FG Nürnberg v 21.2.2018 EFG, 1969 Tz 90 f). 92

Beruht das negative Kapitalkonto des ausscheidenden Kommanditisten auf der Zurechnung **ausgleichsfähiger Verluste** (Verluste, die im Jahr des Ent- 93 stehens mit positiven Einkünften aus anderen Einkunftsarten ausgeglichen werden dürfen) oder **abzugsfähiger Verluste** (Verluste, die gem § 10d EStG vortrags- und rücktragsfähig sind) und erhält der Kommanditist gleichzeitig ein zusätzliches Entgelt für über den Betrag des negativen Kapitalkontos hinausgehende stille Reserven, entsteht ein nach §§ 16, 34 EStG begünstigter Veräußerungsgewinn iHd Unterschieds zwischen dem zusätzlichen Entgelt und dem negativen Kapitalkonto (*Wacker* in Schmidt[38] EStG § 16 Anm 473; hierzu auch BFH v 26.1.1995 BFH/NV, 872). Muss der ausscheidende Kommanditist jedoch mit der Inanspruchnahme aus einer für die PersGes eingegangenen Bürgschaft *ernstlich* rechnen, führt der Wegfall des negativen Kapitalkontos nicht zu einem Veräußerungsgewinn, da der ausgeschiedene Kommanditist nach außen weiterhin haftet (BFH v 12.7.1990 BStBl II 1991, 64; *Wacker* in Schmidt[38] EStG § 15a Anm 25). Zu Einzelheiten im Zusammenhang mit der Bürgschaftsübernahme durch einen Kommanditisten s OFD NRW 7.7.2014 DB, 1584. Für die verbleibenden Gester erhöhen sich die AK um den Betrag des übernommenen negativen Kapitalkontos sowie des zusätzlichen Entgelts. Durch Aufstocken der Buchwerte bei den (anteilig) erworbenen WG in der StBil der KG ist dieser Vorgang erfolgsneutral (*Wacker* in Schmidt[38] EStG § 15a Anm 218 mwN; EStR (2012) R 15a Abs 6 S 3).

94 Das negative Kapitalkonto ist durch **verrechenbare Verluste** verursacht (das sind Verluste, die nicht sofort mit anderen Einkünften ausgeglichen werden können, auch nicht gem § 10d EStG vortrags- oder rücktragsfähig sind, sondern nur gegen Gewinne des Kommanditisten aus seiner KG-Beteiligung in *späteren* Wj gerechnet werden dürfen; § 15a Abs 1 S 1, Abs 2 EStG). Erhält in diesem Fall der ausgeschiedene Kommanditist ein zusätzliches Entgelt, weil die auf ihn anteilig entfallenden stillen Reserven das negative Kapitalkonto überschreiten, entsteht ein einkommensteuerpflichtiger Gewinn in Höhe des zusätzlichen Entgelts und des negativen Kapitalkontos abzgl eines vorhandenen verrechenbaren Verlustes (§ 15a Abs 2 EStG) und möglicher Veräußerungskosten (*Herbst/Stegemann* DStR 2017, 2081 (2084)). Bei den verbleibenden Gestern handelt es sich um einen steuerneutralen Anschaffungsvorgang. Die Buchwerte der WG werden um die stillen Reserven aufgestockt. In Höhe des negativen Kapitalkontos und eines zusätzlich gezahlten Entgelts ist ein aktiver Ausgleichsposten in der StBil der PersGes zu bilden. Zukünftige Gewinne werden durch aufwandswirksame Auflösung des Ausgleichspostens neutralisiert (*Herbst/Stegemann* DStR 2017, 2081 (2085); *Wacker* in Schmidt[38] EStG § 15a Anm 225).

95 Scheidet ein Kommanditist aus der KG aus und bleibt sein bisheriges Darlehen, welches er der Ges gewährt hat, bestehen, erfolgt eine Minderung des Veräußerungspreises mit steuerlicher Wirkung für die Vergangenheit, wenn die Darlehensforderung ggü der Ges später wertlos wird (**Forderungsausfall;** BFH v 28.7.1994 BStBl II 1995, 465).

5. Sachwertabfindung

a) Sachwertabfindung in das Privatvermögen

100 Gem § 738 Abs 1 S 2 BGB ist der Abfindungsanspruch ein auf Geld gerichteter Zahlungsanspruch, der jedoch abdingbar ist. Bereits im GesVertrag, beim Ausscheiden oder auch erst nach Ermittlung des Abfindungsanspruchs der Höhe nach kann stattdessen die Erfüllung durch Hingabe von Sachwerten aus dem GesVermögen oder die Übernahme von Schulden der Ges vereinbart werden.

Beim ausscheidenden Gester gelten auch bei **Übernahme eines Wirtschaftsguts aus dem Gesellschaftsvermögen in das Privatvermögen** dieselben Grundsätze wie bei einer Abfindung gegen Barzahlung. Er erzielt einen steuerbegünstigten Veräußerungsgewinn gem §§ 16, 34 EStG (dazu N Anm 63 ff). Die verbleibenden Gester haben bei Realisierung stiller Reserven (der Ausscheidende erhält eine Abfindung in Höhe des Verkehrswerts) die Buchwerte der WG einschl der zur Abfindung bestimmten Sachwerte um die anteilig auf den ausscheidenden Gester entfallenden stillen Reserven aufzustocken und ggf einen GFW anzusetzen **(Entstehung der Abfindungsverpflichtung).** Insoweit liegt ein erfolgsneutraler Vorgang vor.

Die **Übertragung** der **Sachwerte** selbst **(Abfindungsvorgang)** stellt ein Veräußerungsgeschäft dar. In Höhe der Differenz zwischen dem Veräußerungspreis der an den ausscheidenden Gester veräußerten WG und den zuvor aufgestockten Buchwerten dieser WG entsteht bei den verbleibenden Gestern in Höhe ihres Anteils auf der Ebene der Mitunternehmerschaft ein nicht begünstigter laufender Gewinn (EStR (2012) H 16 (9)). Sind die Voraussetzungen des § 6b EStG erfüllt, kann eine Gewinnrealisierung für die verbleibenden Gester durch Bilanzierung einer § 6b-Rücklage vermieden werden.

b) Sachwertabfindung in das Betriebsvermögen

Für die Übertragung von Sachwerten und Sachgesamtheiten durch einen ausscheidenden Gester in ein **Betriebsvermögen** gab es in den letzten 20 Jahren unterschiedliche dogmatische Ansätze und steuerrechtliche Regelungen. Zu Einzelheiten vgl 4. Aufl N Anm 105–108.

Seit 1.1.2001 war dann sowohl in den Fällen der – echten – Realteilung (§ 16 Abs 3 S 2 ff EStG – Kapitel O) als auch beim Ausscheiden eines Gesters gegen Abfindung mit EinzelWG oder einem Teilbetrieb in das BetrVerm die Buchwertfortführung gesetzlich bzw zuletzt durch die BMF-Schreiben v 28.2.2006 (BStBl I, 228) und v 8.12.2011 (BStBl I, 1279) betr Zweifelsfragen zur Übertragung und Überführung von einzelnen WG nach § 6 Abs 5 EStG geregelt (§ 16 Abs 3 S 2 EStG für die Realteilung; § 6 Abs 5 S 3 EStG bzw § 6 Abs 3 EStG analog für das Ausscheiden).

In der Folge wurde immer wieder Kritik an der dogmatischen Begründung und Einordnung sowie an der FinVerw bei der Anwendung von § 6 Abs 5 S 3 EStG auf die Übertragung von Teilbetrieben zu Buchwerten im Fall des Ausscheidens eines Mitunternehmers unter Fortführung des Unt durch die verbleibenden Gester laut. Da § 6 Abs 5 S 3 EStG nur die Übertragung einzelner WG, nicht jedoch von Sachgesamtheiten sowie der damit verbundenen Verbindlichkeiten erfasst, wurde eine entspr Anwendung von § 24 UmwStG bzw der Realteilungsgrundsätze (*Stuhrmann* DStR 2005, 1355: Sachwertabfindung richtet sich nach Realteilungsgrundsätzen) oder die direkte Anwendung von § 16 Abs 3 S 2 ff EStG (*Paus* DStZ 2006, 285) befürwortet.

109 Letztere Auffassung beruft sich auf die Gesetzesmaterialien zu § 16 Abs 3 EStG idF des StEntlG 1999/2000/2002, wonach eine Realteilung außer bei Vollbeendigung einer PersGes auch dann vorliegt, wenn „die Mitunternehmerschaft zwar bestehen bleibt, jedoch Teile des Betriebsvermögens dem ausscheidenden Gester als Abfindung überlassen werden" (BT-Drs 14/265, 179).

110 Unter Bezugnahme auf den gesetzgeberischen Willen hat der BFH mit Urteilen aus den Jahren 2015 (BFH v 17.9.2015 BStBl II 2017, 37) und 2017 (BFH v 16.3.2017 BStBl II 2019, 24 sowie BFH v 30.3.2017 BStBl II 2019, 29) den **Begriff der Realteilung** erweitert. Die Realteilungsgrundsätze gelten jetzt auch bei Ausscheiden eines Gesters gegen Abfindung mit einem Teilbetrieb, Mitunternehmeranteil oder EinzelWG in das jeweilige Betriebsvermögen des Ausscheidenden bei Fortführung der verbleibenden Ges durch die verbleibenden Gester – sog **unechte Realteilung.** Die FinVerw hat sich dieser Rspr mit BMF v 19.12.2018 (BStBl I 2019, 6) angeschlossen (zur Rechtslage bis 2015 s Voraufl N Anm 106 ff). Zur Behandlung der unechten Realteilung wird daher auf Kapitel O verwiesen.

6. Steuerliche Behandlung des Aufgabegewinns

115 Die **Aufgabegewinne** gehören zu den gewerblichen Einkünften, sind jedoch entspr den gesetzlichen Voraussetzungen (teilweise) steuerbefreit (§ 16 EStG) und/oder als außerordentliche Einkünfte ermäßigt besteuert (§ 34 Abs 2 Nr 1 EStG).

116 Nach § 16 Abs 4 EStG wird ein Steuerfreibetrag iHv 45 000 € gewährt. Dieser ermäßigt sich um den Betrag, um den der Veräußerungsgewinn 136 000 € übersteigt.

Die Gewährung dieser sachlichen **Steuerbefreiung** ist an folgende **Voraussetzungen** gebunden:
– Der Stpfl muss das 55. Lebensjahr vollendet haben oder im sozialversicherungsrechtlichen Sinne dauernd berufsunfähig sein.
– Der Freibetrag wird nur einmal im Leben gewährt; hierfür sind alle Veräußerungen/Aufgaben nach dem 31.12.1995 zu berücksichtigen.
– Der Freibetrag ist an einen Veräußerungs-/Aufgabevorgang gebunden; dh, nicht verbrauchte Teile des Freibetrags können nicht später bei einer anderen Veräußerung/Aufgabe oder beim Ausscheiden aus einer PersGes genutzt werden.
– Ein formloser Antrag auf Gewährung des Freibetrags ist beim FA spätestens bis zur Bestandskraft des Steuerbescheids zu stellen (*Wacker* in Schmidt[38] EStG § 16 Anm 580).

117 § 34 EStG schafft für Veräußerungs-/Aufgabegewinne zugleich eine **Steuervergünstigung,** die durch Inanspruchnahme eines ermäßigten Steuersatzes (§ 34 Abs 3 EStG) oder der sog Fünftelregelung (§ 34 Abs 1 EStG) gewährt wird. Voraussetzung ist, dass die stillen Reserven in einem einheitlichen Vorgang aufgedeckt werden. Der ermäßigte Steuersatz beträgt 56% des durchschnittlichen Steuersatzes, der sich ergäbe, wenn die tarifliche ESt nach dem gesamten zu versteuernden Einkommen einschl der dem Progressionsvorbehalt unterliegenden Einkünfte zu bemessen wäre.

V. Einkommensteuerliche Folgen

Die Inanspruchnahme des so ermittelten Steuersatzes gilt
- für Veräußerungs-/Aufgabegewinne iSv § 16 EStG; allerdings werden Veräußerungsgewinne aus der Aufgabe von Anteilen an KapGes ausgenommen, die sich im Betriebsvermögen befinden, und im Rahmen der Aufgabe des Mitunternehmeranteils den verbleibenden Gestern anwachsen. Diese Einkünfte sind bereits durch das Teileinkünfteverfahren begünstigt (§ 34 Abs 2 Nr 1, § 3 Nr 40 Buchst b iVm § 3c Abs 2 EStG).
- für Stpfl, die das 55. Lebensjahr vollendet haben oder im sozialversicherungsrechtlichen Sinne dauernd berufsunfähig sind.
- einmal im Leben des Stpfl, gerechnet ab VZ 2001.
- für Veräußerungs-/Aufgabegewinne, die den Betrag von 5 Mio € nicht übersteigen. Ein übersteigender Betrag kann allerdings nach der Fünftelregelung ermäßigt besteuert werden.
- auf Antrag des Stpfl.

Liegt der ermittelte **ermäßigte Steuersatz** unter dem Mindeststeuersatz, ist der Eingangssteuersatz auf den Veräußerungsgewinn anzuwenden. Dieser beträgt seit Veranlagungszeitraum 2009 14% (§ 34 Abs 3 EStG; EStR (2012) R 34.5 Abs 1).

Die **Fünftelregelung** findet Anwendung, wenn der Stpfl die personenbezogenen Bedingungen des § 34 Abs 3 EStG nicht erfüllt oder der Veräußerungs-/Aufgabegewinn 5 Mio € übersteigt. Zur Steuerberechnung im Einzelnen s EStR (2012) H 34.2 Bsp 5.

7. Zinsschranke gem § 4h EStG

Betrieblich veranlasste Zinsaufwendungen werden bei Betrieben, dh bei Unt mit Gewinneinkünften (§ 4 Abs 3 EStG), steuerlich in den Grenzen des § 4h EStG als Betriebsausgaben anerkannt und in den folgenden Wj als Zinsvortrag behandelt. § 4h EStG findet daher auf gewerblich tätige oder geprägte PersGes und freiberufliche Mitunternehmerschaften Anwendung (*Loschelder* in Schmidt[38] EStG § 4h Anm 8).

Zinsaufwendungen sind nur abzugsfähig bis zur Höhe des Zinsertrags und darüber hinaus iHv 30% des Gewinns ohne Steuern und Zinsen zzgl Abschreibungen (**verrechenbares EBITDA**).

Zinsaufwendungen, die im Veranlagungsjahr nicht genutzt werden können, sind ohne zeitliche Begrenzung vortragsfähig (§ 4h Abs 1 S 5 EStG – **Zinsvortrag**). § 4h EStG findet keine Anwendung, wenn die Zinsaufwendungen nach Verrechnung mit dem Zinsertrag weniger als 3 Mio € betragen (Freigrenze, dh, ab 3 Mio € Zinsaufwendungen werden die gesamten Zinsen von § 4h EStG erfasst), oder der Betrieb nicht zu einem Konzern gehört oder die EK-Quote mind der des Konzerns entspricht oder diese um max 2% unterschreitet (§ 4h Abs 2 EStG – zu Details s *Loschelder* in Schmidt[38] EStG § 4h EStG).

Gegen die Begrenzung des Betriebsausgabenabzugs richtet sich die Kritik in Lit und Rspr (*Heuermann* in Blümich EStG § 4h Anm 25f). Mit Beschluss vom 18.12.2013 gewährte der BFH in einem Verfahren Aussetzung der Vollziehung aufgrund verfassungsrechtlicher Bedenken (BFH v 18.12.2013 DStR 2014, 788). Daraufhin verfügte die FinVerw durch Nichtanwendungserlass die uneingeschränkte Anwendung von § 4h EStG (BMF v 13.11.2014 BStBl I, 1516). Mit Beschluss vom 14.10.2015 hat der 1. Senat des BFH (DStR 2016, 301) die Frage, ob § 4h EStG gegen das im Steuerrecht geltende objektive Nettoprinzip und damit gegen Art 3 Abs 1 GG verstoße, dem BVerfG zur Prüfung vorgelegt (BVerfG 2 BvL 1/16). Die Entscheidung bleibt abzuwarten.

125 Die FinVerw wendet auch nach Vorlagebeschluss des BFH § 4h EStG ohne jegliche Einschränkung an (Zusatz der OFD Frankfurt/M 24.6.2016 zu S 2742a A-3-St 51).

126 Die nicht abziehbaren Zinsaufwendungen (**Zinsvortrag**) sind den Mitunternehmern nach dem allg Gewinnverteilungsschlüssel zuzurechnen. Bei Ausscheiden eines Gesters geht der Zinsvortrag (§ 4h Abs 1 S 5 EStG) anteilig iHd Quote unter, mit der der ausgeschiedene Gester an der Ges beteiligt war (§ 4h Abs 5 S 2 EStG – s BMF v 4.7.2008 BStBl I, 718 Tz 52). Die zivilrechtliche Anwachsung des Vermögensanteils des ausgeschiedenen Gesters – § 738 Abs 1 BGB – ist steuerlich unbeachtlich.

8. Investitionsabzugsbetrag gem § 7g EStG

129 Sind Investitionsabzugsbeträge für ein betrieblich genutztes WG vor Ausscheiden eines Gesters von dem Unt außerhalb der Bilanz bzw Gewinnermittlung nach § 4 Abs 3 EStG gebildet worden, können diese nach dem Ausscheiden eines Gesters vom Unt weitergeführt werden, sofern das WG im verbleibenden Unt weiterhin zu mind 90 % betrieblich genutzt wird (vgl § 7g Abs 7 EStG; BMF v 20.3.2017 BStBl I, 423 Tz 37 ff betr Zweifelsfragen zum Investitionsabzugsbetrag nach § 7g Abs 1–4 und 7 EStG). Investitionsabzugsbeträge sind **betriebsbezogen,** nicht personenbezogen (BFH v 19.3.2014 BStBl II 2017, 291 Tz 19).

130 Die Bildung eines Investitionsabzugsbetrags ist nur **steuerlich** von Relevanz. Der Abzug ist außerbilanziell vorzunehmen (BFH v 23.3.2016 BStBl II 2017, 295 Tz 14; BMF v 20.3.2017 BStBl I 2017, 423 Tz 54). Handelsrechtlich wirkt sich erst die tatsächliche Investition aus.

VI. Weitere steuerliche Folgen

1. Gewerbesteuer

132 Die beim Ausscheiden eines Gesters (natürliche Person) entstehenden Veräußerungsgewinne oder -verluste unterliegen nicht der **Gewerbesteuer** (§ 7 GewStG; GewStR (2009) R 7.1 (3) S 2; GewStR (2009) H 7.1 (3)). Der Anteil des ausscheidenden Gesters am Gewerbeverlust kann nicht von den verbleibenden Gestern genutzt werden (§ 10a GewStG; GewStR (2009) R 10a.3 (3) S 9 Nr 1 und Nr 4). Träger des Verlusts sind die einzelnen Gester.

133 Erfolgt das Ausscheiden aus einer PersGes **unterjährig,** ist der Gewerbeertrag für den gesamten Erhebungszeitraum einheitlich zu ermitteln (GewStR (2009) R 10a.3 (3) S 9 Nr 9; GewStR (2009) H 10a.3 (3) s Abwandlung zu Bsp 1). Der positive Gewerbeertrag ist auf die Gester entspr dem Gewinn-

VI. Weitere steuerliche Folgen

verteilungsschlüssel auf den Zeitraum vor und nach dem Ausscheiden des Gesters zu verteilen und um Verluste früherer Jahre zu kürzen.

Zur Berücksichtigung des **GewStFreibetrags** (§ 11 S 3 Nr 1 GewStG – 24 500 €) im Fall des unterjährigen Ausscheidens aller Gester bis auf einen aus einer PersGes hat der BFH entschieden, dass der GewStFreibetrag nicht personenbezogen aufgeteilt, sondern nach einheitlicher Ermittlung des Gewerbeertrags für den gesamten Erhebungszeitraum in voller Höhe abzuziehen und sodann der GewStMessbetrag ebenfalls für den gesamten Erhebungszeitraum zu berechnen ist. Der **einheitlich ermittelte GewStMessbetrag** ist anschließend im prozentualen Verhältnis der von den Steuerschuldnern erzielten Gewerbeerträge unter Berücksichtigung der auf sie entfallenden Hinzurechnungen (§ 8 GewStG) und Kürzungen (§ 9 GewStG) zu verteilen (BFH v 25.4.2018 BStBl II, 484).

Für Zwecke der **Ermäßigung** der auf gewerbliche Einkünfte entfallenden ESt durch **Anrechnung** der **GewSt** (zur Berechnung s § 35 EStG im Detail) ist der für den gesamten Erhebungszeitraum festgestellte GewStMessbetrag auf die Gester aufzuteilen, die zum Ende des gewerbesteuerlichen Erhebungszeitraums (§ 14 GewStG – das Kj) noch an der Ges beteiligt waren. Aufteilungsmaßstab ist der Gewinnverteilungsschlüssel am Ende des Erhebungszeitraums. Unterjährig ausgeschiedenen Gestern wird kein anteiliger GewStMessbetrag zugerechnet mit der Folge, dass keine Anrechnung der GewSt auf die ESt in Anspruch genommen werden kann.

Wird bei **Verlustfeststellung** materiell-rechtlich fehlerhaft vom FA nicht das Ausscheiden eines Gesters berücksichtigt, steht der anteilig auf den ausgeschiedenen Mitunternehmer entfallende Fehlbetrag den verbliebenen Gestern nicht zur Verrechnung mit ihren künftigen Erträgen zur Verfügung (BFH v 16.6.2011 BStBl II, 903).

2. Umsatzsteuer

Die Rückgabe des GesAnteils durch den ausscheidenden Gester, der die Bet im **Privatvermögen** hält, ist nicht steuerbar. Der Ausscheidende ist durch das bloße Halten der Bet nicht Unternehmer im umsatzsteuerlichen Sinne. Hält der ausscheidende Gester die Bet im **BetrVerm,** ist er umsatzsteuerlich Unternehmer (§ 2 Abs 1 UStG). Die Rückgabe des Gesellschaftsanteils stellt eine sonstige Leistung dar (§ 3 Abs 9 UStG; UStAE 3.5 Abs 8). Jedoch ist der steuerbare Umsatz nach § 4 Nr 8 f UStG von der USt befreit (UStAE 4.8.10). § 9 Abs 1 UStG ermöglicht die Option zur Besteuerung.

Erhält der Ausscheidende eine **Barabfindung,** ist der Vorgang für die PersGes zwar steuerbar, jedoch gem § 4 Nr 8 UStG von der USt befreit. Bei **Sachwertabfindungen** in das Privatvermögen erbringt die PersGes Lieferungen an den ausgeschiedenen Gester. Bei Übertragung einzelner WG handelt es sich um tauschähnliche steuerbare Umsätze (§ 3 Abs 12 S 2 UStG). Für jedes einzelne WG ist im Einzelnen zu prüfen, ob die steuerbare Leistung (Lieferung) der PersGes an den ausscheidenden Gester möglicherweise steuerbefreit ist (§ 4 UStG), so ua bei Grundstücken (§ 4 Nr 9a UStG). Ggf kann der ausscheidende Gester zur USt gem § 9 UStG optieren. Dies sichert dem ausscheidenden Gester den Vorsteuerabzug in den Fällen von Grund-

N 140–150 Abfindung bei Ausscheiden eines Gesellschafters

stücksübertragungen. Bemessungsgrundlage ist der Wert, den der Verzicht auf den Bargeldauseinandersetzungsanspruch oder eine Verrechnung mit diesem hat (§ 10 Abs 2 S 2 UStG). Zu Einzelheiten s UStAE 10.5 Abs 1.

140 Das Ausscheiden eines Gesters aus einer zweigliedrigen PersGes löst keine Berichtigung des Vorsteuerabzugs aus (s § 15a UStG; UStAE 15a.10 S 1 Nr 3).

3. Grunderwerbsteuer

143 Erhält der Ausscheidende als **Abfindung** ein **Grundstück** aus dem Gesamthandsvermögen, ist dieser Vorgang grunderwerbsteuerpflichtig (§ 1 Abs 1 Nr 1 GrEStG). Bemessungsgrundlage ist die Höhe der vereinbarten Abfindung (§ 9 Abs 1 Nr 3 GrEStG). Der Steuersatz beträgt mind 3,5 % (§ 11 Abs 1 GrEStG). Nach Art 105 Abs 2a GG haben die Bundesländer die Befugnis zur Bestimmung des Steuersatzes. Hiervon haben die meisten Bundesländer Gebrauch gemacht. Für 2019 ergibt sich eine Spanne zwischen 3,5 % und 6,5 %.

144 Scheidet aus einer **mehrgliedrigen Personengesellschaft** ein Gester unter Verbleib von mind zwei Gestern aus, ist das Anwachsen des GesAnteils, zu dem inländische Grundstücke gehören, **grunderwerbsteuerpflichtig,** sofern es durch die Anwachsung und den damit verbundenen Untergang des GesAnteils zu einer Vereinigung von mind 95 % der GesAnteile (§ 1 Abs 3 Nr 2 GrEStG) oder zu einem Übergang von mind 95 % der GesAnteile (§ 1 Abs 3 Nr 4 GrEStG) bei einem Gester kommt. Sind an einer PersGes A mit 80 %, B mit 3 % und der ausscheidende C mit 17 % beteiligt, führt die Anwachsung des GesAnteils bei A und B im Verhältnis ihrer Bet untereinander zu einer Erhöhung des Anteils bei A auf 96,4 %.

145 Scheidet aus einer **zweigliedrigen Personengesellschaft** ein Gester oder scheiden bei einer aus mehreren Gestern bestehenden PersGes bis auf einen Gester alle weiteren Gester aus, wächst der GesAnteil bei dem verbleibenden Gester an. Die PersGes wird mit dem Ausscheiden des vorletzten Gesters vollbeendet und erlischt. Dieser Vorgang ist nach § 1 Abs 1 Nr 3 GrEStG steuerbar.

146 **Bemessungsgrundlage** bilden die Grundbesitzwerte (§ 8 Abs 2 Nr 2 GrEStG iVm § 157 Abs 1–3 BewG). Der Steuersatz beträgt mind 3,5 % (s Anm 143). Steuerschuldner sind grds die PersGes (§ 13 Nr 6 GrEStG) und der ausscheidende Gester (§ 13 Nr 1, 2 GrEStG). Bei Ausscheiden des vorletzten Gesters aus einer zweigliedrigen PersGes ist alleiniger Steuerschuldner der verbleibende Gester (*Viskorf* in Boruttau GrEStG § 13 Anm 28). Die Steuer wird jedoch in Höhe des Anteils nicht erhoben, zu dem der verbleibende Gester bisher bereits am Vermögen der PersGes beteiligt war (§ 6 GrEStG), es sei denn, der Gester hat seinen Anteil innerhalb der letzten fünf Jahre durch Rechtsgeschäft unter Lebenden erworben (§ 6 Abs 4 GrEStG).

147 Sofern ein Schenkungstatbestand erfüllt ist, fällt gem § 3 Nr 2 GrEStG keine Grunderwerbsteuer an.

4. Schenkungsteuer

150 Scheidet ein Gester gegen Barabfindung, Sachwertabfindung in das Privatvermögen oder ohne Abfindung unter dem Verkehrswert seines aufgegebe-

VI. Weitere steuerliche Folgen

nen Anteils aus der Ges aus, löst die **Anwachsung** des GesAnteils bei den *verbleibenden* Gestern grds Schenkungsteuer aus (§ 7 Abs 7 ErbStG).

Beim *scheidenden* Gester kann ein schenkungsteuerlich relevanter Sachverhalt vorliegen, wenn dieser über die gesellschaftsvertraglichen Regelungen hinaus weitere Zuwendungen erhält. **151**

Unbeachtlich ist hierbei, ob die **Bereicherung** jeweils gewollt ist. § 7 Abs 7 ErbStG stellt alleine auf die tatsächlich eingetretene – objektive – Bereicherung ab. **152**

Bereicherung tritt ein iHd Unterschiedsbetrags zwischen der tatsächlich gewährten Abfindung und dem nach bewertungsrechtlichen Grundsätzen ermittelten Verkehrswert der Bet des ausscheidenden Gesters am BetrVerm (§ 10 Abs 1 ErbStG).

Das BetrVerm ist bei PersGes nach **bewertungsrechtlichen Grundsätzen** zu ermitteln. Lässt sich der gemeine Wert nicht aus Verkaufsfällen ableiten, ist der UntWert nach einer im gewöhnlichen Geschäftsverkehr für nichtsteuerliche Zwecke üblichen Methode zu ermitteln (§ 12 Abs 5 ErbStG iVm § 151 Abs 1 S 1 Nr 2 BewG; §§ 95, 96, 97 Abs 1 Nr 5, 97 Abs 1a BewG; § 109 iVm § 11 Abs 2 S 2 BewG). **153**

Die Bewertung des GesAnteils ist auf den für die Schenkungsteuer maßgeblichen **Stichtag**, den Zeitpunkt der Ausführung der Zuwendung oder den Zeitpunkt des (teilweisen) Verzichts auf den Abfindungsanspruch (§ 9 Abs 1 Nr 2 ErbStG) durchzuführen (§ 11 ErbStG). **154**

Die *verbleibenden* Gester der PersGes erwerben im Falle des Ausscheidens eines Gesters im Wege der Anwachsung iHd Wertdifferenz zwischen dem Steuerwert des Anteils und Abfindungsanspruchs grds **begünstigungsfähiges Betriebsvermögen** (§§ 13a–13c ErbStG). **155**

Nachdem das BVerfG mit Urteil v 17.12.2014 (DStR 2015, 31) die Regelungen für den Übergang von BetrVerm für verfassungswidrig erklärte (s Voraufl N Anm 170), hat der Gesetzgeber für Erwerbe, bei denen die Steuer nach dem 30.6.2016 entsteht, noch differenziertere, auf die **Größe des Unt** abstellende **Regelungen** in den §§ 13a ff ErbStG getroffen. Danach gilt grundsätzlich: **156**

Sog **begünstigtes Vermögen** (§ 13b Abs 2 ErbStG) einschl früherer Erwerbe innerhalb der vergangenen zehn Jahre bleibt bis zu einer Höhe von 26 Mio € zu 85% bzw 100% – *Optionsverschonung* gem § 13a Abs 10 ErbStG – steuerfrei (§ 13a Abs 1 ErbStG – *Verschonungsabschlag*). **157**

Welches Vermögen „begünstigungsfähig" ist, also von der ErbSt freigestellt werden kann, ergibt sich aus § 13b Abs 1 ErbStG. Die Ermittlung und Berechnung des tatsächlich begünstigten Vermögens ist geregelt in § 13b Abs 2–9 ErbStG. **158**

Bei Ausscheiden aus einem **familiengeprägten Unternehmen** mit einem Abfindungsanspruch, dessen Wert nach gesellschaftsvertraglicher Vereinbarung unter dem gemeinen Wert der Bet liegt, wird vor Anwendung der 85%-Regelung bereits ein Abschlag gewährt (**Vorwegabschlag** – zu den Einzelheiten s § 13a Abs 9 ErbStG). **159**

Voraussetzung für die Gewährung des **Verschonungsabschlags** ist für Betriebe ab sechs Beschäftigten die Einhaltung einer Mindestlohnsumme in den auf den Erwerb folgenden fünf Jahren. Die Mindestlohnsumme ist gestaffelt **160** nach der Anzahl der Beschäftigten. Sie beträgt 400% der Ausgangslohnsumme bei Unt mit mehr als 15 Beschäftigten (§ 13a Abs 3 ErbStG).

161 Von dem nach § 13a Abs 1 ErbStG ermittelten begünstigten Vermögen wird ein Betrag von 150 000 € **(Abzugsbetrag)** abgezogen, soweit der Wert des verbliebenen Vermögens nicht höher ist. Übersteigt das verbliebene Vermögen den Betrag von 150 000 €, wird der Abzugsbetrag entspr gekürzt (§ 13a Abs 2 ErbStG – *gleitender Abzugsbetrag* – A 13a.3 AEErbSt 2017).

162 Zusätzlich wird Personen der Steuerklassen II und III (s hierzu § 15 ErbStG) für begünstigtes Vermögen nach §§ 13a, 13b ErbStG eine Tarifvergünstigung eingeräumt (**Entlastungsbetrag** § 19a ErbStG). Für diesen Personenkreis wird die Steuer nach der günstigeren Steuerklasse I berechnet (§ 19a Abs 4 iVm Abs 3 ErbStG; ErbStR (2011) H E 19a.2).

163 Verschonungsabschlag, Abzugsbetrag und Entlastungsbetrag entfallen mit Wirkung für die Vergangenheit, wenn der Erwerber innerhalb einer **Behaltensfrist** von fünf Jahren – in den Fällen der Optionsverschonung von sieben Jahren (§ 13a Abs 10 ErbStG) – nach der Anwachsung den begünstigten Gewerbebetrieb, Teilbetrieb oder Mitunternehmeranteil veräußert oder aufgibt (§§ 13a Abs 6 Nr 1, 19a Abs 5 ErbStG). Gleiches gilt, wenn wesentliche Betriebsgrundlagen veräußert oder in das Privatvermögen überführt werden. Dies führt zur Nachversteuerung.

164 Sämtliches Vermögen, das nicht zum begünstigten Vermögen gehört, ist *ohne* Verschonungsmöglichkeiten steuerpfl (A 13b.8 AEErbSt 2017).

165 In den Fällen, in denen der Wert des erworbenen begünstigten Vermögens iSv § 13b Abs 2 ErbStG den Schwellenwert von 26 Mio € überschreitet – **Großerwerbe** –, verringert sich **auf Antrag** des Erwerbers (§ 13c ErbStG) der Verschonungsabschlag von 85% (§ 13a Abs 1 ErbStG) bzw 100% (§ 13a Abs 10 ErbStG) um jeweils 1% für jede vollen 750 000 €, die der Wert des begünstigten Vermögens den Schwellenwert von 26 Mio € übersteigt (im Einzelnen s § 13c ErbStG; A 13c.1 AEErbSt 2017 – **Abschmelzungsmodell**).

Wird ein Antrag nach § 13c ErbStG nicht gestellt (A 28a.1 Abs 2 AEErbSt 2017), kann unter den Voraussetzungen des § 28a Abs 2 ErbStG – **Verschonungsbedarfsprüfung** – ein **Steuererlass** für die Steuer, die 50% des verfügbaren Vermögens (s zur Berechnung § 28a Abs 2 ErbStG; A 28a.2 AEErbSt 2017) übersteigt, und für die iÜ verbleibende Steuer eine **Stundung** ganz oder bis zu sechs Monaten gewährt werden (§ 28a Abs 3 ErbStG).

Eine Stundung der Steuer, die jedoch auf das zugleich übergegangene *nicht* begünstigte Vermögen entfällt, kann nur unter den Voraussetzungen des § 222 AO erfolgen (A 28a.3 AEErbSt 2017).

166 Auf den Abfindungsanspruch des *ausscheidenden Gesters* finden die §§ 13a–c ErbStG keine Anwendung.

167 Steuerschuldner ist neben den verbleibenden Gestern auch der ausgeschiedene Gester (§ 20 Abs 1 ErbStG).

O. Realteilung

Übersicht

	Anm
I. Historischer Überblick	1–6
II. Begriff der Realteilung	8–15
III. Gegenstand der Realteilung	18–23
IV. Abgrenzung zu anderen Umstrukturierungsformen	25–29
V. Sicherstellung des Besteuerungsrechts	32, 33
VI. Formen der Realteilung	34–36
VII. Zivilrechtliche Grundlagen	
1. Echte Realteilung	37–41
2. Unechte Realteilung	43
VIII. Steuerrechtliche Grundlagen	45–49
IX. Handelsrechtliche Bilanzen	
1. Echte Realteilung	51–53
2. Unechte Realteilung	54
X. Steuerrechtliche Bilanzen	57, 58
XI. Einkommensteuerliche Folgen der Realteilung	60
1. Realteilung ohne Spitzenausgleich	
a) Gewinnermittlung durch Betriebsvermögensvergleich (§ 4 Abs 1 EStG)	61–75
b) Gewinnermittlung durch Einnahme-Überschussrechnung (§ 4 Abs 3 EStG)	76–78
2. Realteilung mit Spitzenausgleich	80, 81
a) Spitzenausgleich bei Gewinnermittlung durch Betriebsvermögensvergleich (§ 4 Abs 1 EStG)	82–98
b) Spitzenausgleich bei Gewinnermittlung durch Einnahme-Überschussrechnung (§ 4 Abs 3 EStG)	100–104
3. Gestaltung zur Vermeidung eines Spitzenausgleichs	105, 106
4. Übertragung von Wirtschaftsgütern in das Privatvermögen	108
a) Echte Realteilung	109–111
b) Unechte Realteilung	112–116
5. Einschränkung der Steuerneutralität	118
a) Überführung von Einzelwirtschaftsgütern in eine ausländische Betriebsstätte (§ 16 Abs 3 S 2 HS 3 EStG)	119
b) Zuteilung von Einzelwirtschaftsgütern – Sperrfrist (§ 16 Abs 3 S 3 EStG)	120–128
aa) Echte Realteilung	129, 130
bb) Unechte Realteilung	131, 132
c) Zuteilung von Einzelwirtschaftsgütern – Körperschaftsklausel I (§ 16 Abs 3 S 4 EStG)	133–137
d) Zuteilung von Teilbetrieben und Kapitalgesellschaftsanteilen – Körperschaftsklausel II (§ 16 Abs 5 EStG)	138–141

O Realteilung

	Anm
6. Zinsschranke gem § 4h EStG	143, 144
7. Investitionsabzugsbetrag, SonderAfA gem § 7g EStG	146–150
XII. Alternative Gestaltung	153–155
XIII. Weitere steuerliche Folgen	
1. Gewerbesteuer	158–161
2. Umsatzsteuer	163–166
3. Grunderwerbsteuer	168, 169
4. Schenkungsteuer	171–174

Schrifttum: bis 2005 s Voraufl; *Regierer/Meining* Bedeutung der Realteilung mit Spitzenausgleich für den Einnahme-Überschussrechner gemäß § 4 Abs 3 EStG, DStZ 2006, 474; *Paus* Offene Fragen bei der Realteilung von Personengesellschaften, DStZ 2006, 285; *Stahl* Realteilung von Personengesellschaften zwischen Freiberuflern, FR 2006, 1071; *Stahl* Gestaltungsaspekte und Steuerfallen bei der Realteilung einer Mitunternehmerschaft gemäß § 16 Abs 3 Satz 2 ff. EStG, DStZ 2006, 548; *Schell* Realteilung isd § 16 Abs 3 Satz 2 bis 4 EStG – Anmerkung zum BMF-Schreiben vom 28.2.2006, BB 2006, 1026; *Heß* Die Realteilung einer Personengesellschaft – Anmerkungen zum BMF-Schreiben vom 28.2.2006, DStR 2006, 777; *Schulze zur Wiesche* Die Realteilung einer Personengesellschaft unter Berücksichtigung des BMF-Schreibens vom 28.2.2006, DB 2006, 921; *Van Lishaut/Schumacher/Heinemann* Besonderheiten der Zinsschranke bei Personengesellschaften, DStR 2008, 2341; *Hierstetter* Zinsvortrag und Restrukturierung, DB 2009, 79; *Ostermayer/Huber* Freiberufler-Sozietäten: Steuerliche Fußangeln bei der Umstrukturierung, BB 2009, 1327; *Jacobsen/Hildebrandt* Wirtschaftliche Beteiligungs- und Beteiligtenidentität i. S. des § 15a EStG bei Unternehmensumwandlungen, DStR 2013, 433; *Schulze zur Wiesche* Spaltungs- und Angliederungsvorgänge innerhalb von Personengesellschaften, DStZ 2015, 254; *Levedag* Gründung, Erweiterung und Auflösung freiberuflicher Sozietäten, FR 2016, 733; *Schacht* BFH richtet Institut der Realteilung neu aus, DB 2016, 794; *Schulze zur Wiesche* Realteilung von Personengesellschaften unter Berücksichtigung der BFH-Urteile IV R 8/12 und III R 49/13, BB 2016, 1753; *Siegel* Respekt vor dem Subjektsteuerprinzip als Antwort auf die offenen Fragen der Realteilung, DB 2016, 2245; *Wendt* Ausscheiden gegen Sachwertabfindung – die „unechte" Realteilung der Personengesellschaft, FR 2016, 536; *Wiese/Lukas* BFH erweitert Anwendungsbereich der Realteilung – Anmerkungen zum BFH-Urteil v. 17.9.2015 – III R 49/13, DStR 2016, 1078; *Reiß* Die Realteilung (Teil I) FR 2017, 458 und (Teil II), FR 2017, 554; *Stenert* Der „neue" Realteilungserlass ist überholt! Zum Realteilungsbegriff nach den BFH-Urteilen v. 16.3.2017 und v. 30.3.2017, DStR 2017, 1785; *Stenert* Die Realteilung im Umsatzsteuerrecht, DStR 2018, 765; *Dorn/Müller* Ungleichbehandlung der „unechten" und „echten" Realteilung bei Verletzung der Sperrfrist isd § 16 Abs 3 S 3 EStG nach dem aktualisierten BMF-Schreiben v. 19.12.2018, DStR 2019, 726; *Gläser/Zöller* Der neue Realteilungserlass des BMF – (un-)echte Erhöhung der Rechtssicherheit?, DB 2019, 692; *Gossert/Liepert/Sahm* „Unechte Realteilung" – eine bilanzielle Herausforderung, DStZ 2019, 201; *Riedel* Der neue Realteilungserlass – Ausgewählte Brennpunkte, Anwendungsfragen und ungelöste Probleme GmbHR 2019, 221; *Stenert* Der neue Realteilungserlass ist da!, DStR 2019, 245.

Verwaltungsschreiben:
Realteilungserlass 2006: BMF 28.2.2006 BStBl I 2006, 228
Realteilungserlass 2016: BMF 20.12.2016 BStBl I 2017, 36
Realteilungserlass 2018: BMF 19.12.2018 BStBl I 2019, 6

I. Historischer Überblick

Die Realteilung als Möglichkeit der Auflösung einer PersGes beruhte bis einschl 1998 ausschließlich auf Richterrecht. Durch die nachfolgenden vier Grundsatzentscheidungen wurde ein differenziertes Regelwerk geschaffen.

Grundsatzentscheidungen des BFH zur Realteilung:
- BFH v 10.2.1972 BStBl II, 419: Erfolgsneutrale Realteilung bei Übernahme von Teilbetrieben unter Buchwertfortführung. Bei Buchwertfortführung Anpassung der Kapitalkonten (Kapitalkontenanpassungsmethode);
- BFH v 19.1.1982 BStBl II, 456: Wahlrecht der Realteiler zwischen Gewinnrealisierung (Teilwertansatz) und Buchwertfortführung. Einheitliche Ausübung des Wahlrechts in der steuerrechtlichen Realteilungsbilanz;
- BFH v 10.12.1991 BStBl II 1992, 385: Grundsätze zur Realteilung gelten auch bei Übernahme einzelner (positiver, negativer) WG. Realteilung als umgekehrter Fall einer Einbringung gemäß § 24 UmwStG. Bestätigung der Kapitalkontenanpassungsmethode;
- BFH v 1.12.1992 BStBl II 1994, 607: Bei der Gewinnrealisierung Ansatz eines GFW. Spitzenausgleich bei Buchwertfortführung führt insoweit zur nicht tarifbegünstigten Gewinnrealisierung. Spitzenausgleich bei Gewinnrealisierung ist tarifbegünstigt (§§ 16, 34 EStG). Unterschiedliche Wahlrechtsausübung durch Realteiler möglich. Teilweise Nichtanwendung durch BMF v 11.8.1994 BStBl I, 601.

Somit war es möglich, einzelne WG oder Teilbetriebe in sinngemäßer reziproker Anwendung des Rechtsgedankens des § 24 UmwStG steuerneutral unter Auflösung einer PersGes in ein anderes BetrVerm des Gesters zu überführen. Die Gester hatten auch die Wahl zur Versteuerung der stillen Reserven als Betriebsaufgabegewinn iSv §§ 16, 34 EStG (Wahlrecht).

Durch das StEntlG 1999/2000/2002 wurde in § 16 Abs 3 S 2 EStG erstmalig der Begriff der Realteilung einer Mitunternehmerschaft aufgenommen. Allerdings erfolgte keine gesetzliche Definition. Für *1999 und 2000* galt die Realteilung als Aufgabe eines Mitunternehmeranteils mit der Folge, dass bei Übertragung von *EinzelWG* die stillen Reserven aufgedeckt werden mussten. Bei Übertragung von *Teilbetrieben* oder *Mitunternehmeranteilen* galt zwingend die Buchwertfortführung.

Durch das UntStFG sind seit 1.1.2001 auch bei der Übertragung von EinzelWG in ein anderes BetrVerm **zwingend** die **Buchwerte** anzusetzen.

Trotz der gesetzlichen Regelung ab 1.1.2001 waren wichtige Zweifelsfragen in den Folgejahren Gegenstand kontroverser Diskussionen. Mit dem Realteilungserlass 2006 gab die FinVerw erstmalig dem Rechtsanwender eine Definition der Realteilung an die Hand und versuchte eine Abgrenzung der Realteilung von verwandten Vorgängen vorzunehmen.

Zahlreiche Einzelfälle ließen sich dennoch anhand des BMF-Schreibens nicht lösen. Die FG und der BFH wurden wiederholt zu Abgrenzungsfragen angerufen. Daraufhin ergingen erneut höchstrichterliche Grundsatzentscheidungen:
- BFH v 20.12.2014 BStBl II 2015, 532: Ausscheiden eines Kommanditisten mit negativem Kapitalkonto gegen Sachwertabfindung in ein BetrVerm aus

einer fortbestehenden KG: der Betrag, den der Kommanditist nicht ausgleichen muss, ist Veräußerungsgewinn iSv § 16 EStG (§ 52 Abs 24 S 3 EStG); eine Übertragung der Korrekturmöglichkeit des negativen Kapitalkontos aufgrund einer Haftungsminderung (§ 15a Abs 3 EStG) auf eine andere Kommanditbeteiligung des ausscheidenen Gesters ist nicht möglich; § 15a EStG ist gesellschaftsbezogen; Übertragungen auf eine neue/andere Einkunftsquelle scheiden ebenfalls aus;
- BFH v 17.9.2015 BStBl II 2017, 37: Erfolgsneutrale Realteilung auch bei Ausscheiden eines Gesters aus einer fortbestehenden PersGes bei Erfüllung des Abfindungsanspruchs durch Übernahme eines Teilbetriebs **(Aufgabe des restriktiven Realteilungsbegriffs)**; bei zusätzlicher aus künftigen UntErträgen zu finanzierender Rente ist zur Ermittlung eines Veräußerungsgewinns der Übergang von der Gewinnermittlung nach § 4 Abs 3 EStG auf jene nach § 4 Abs 1 EStG erforderlich;
- BFH v 20.10.2015 BStBl II 2016, 596: Ein gewinnwirksamer Bilanzierungsfehler bei der real geteilten PersGes ist bei den Realteilern nach den Grundsätzen des formellen Bilanzzusammenhangs zu berichtigen;
- BFH v 16.12.2015 BStBl II 2017, 766: Die steuerneutrale Buchwertfortführung trotz Auswechslung der Mitunternehmer vor Realteilung der Mitunternehmerschaft ist zulässig, wenn an den PersGes nach der Realteilung nur die Personen beteiligt sind, die zuvor an der Mitunternehmerschaft beteiligt waren; § 16 Abs 3 S 2 EStG verlangt Personen-, nicht vermögensmäßige BetIdentität;
- BFH v 16.3.2017 BStBl II 2019, 24 und BFH v 30.3.2017 BStBl II 2019, 29: Die Grundsätze der gewinnneutralen Realteilung gelten für die Auflösung und Vollbeendigung der Mitunternehmerschaft unter Verteilung des BetrVerm auf die Realteiler **(echte Realteilung)** sowie für das Ausscheiden (mind) eines Mitunternehmers aus der zwischen den übrigen Mitunternehmern fortbestehenden PersGes durch Übertragung von BetrVerm (Teilbetrieb, Mitunternehmeranteil oder EinzelWG ohne Teilbetriebseigenschaft) in eigenes BetrVerm des Ausscheidenden **(unechte Realteilung)**; eine echte Realteilung erfordert *nicht* die Verteilung der wesentlichen Betriebsgrundlagen an unterschiedliche Personen; die Anwendung der Realteilungsgrundsätze erfolgt personen- und objektbezogen.

II. Begriff der Realteilung

8 Der Gesetzgeber hat erstmals mit StEntlG 1999/2000/2002 den Begriff der Realteilung in § 16 Abs 3 S 2 EStG aufgenommen. Es handelt sich um einen steuerrechtlichen Begriff, dessen Inhalt durch die BFH-Rspr über mehrere Jahrzehnte geprägt wurde. Eine Definition enthält das Gesetz dennoch bis heute nicht.

Bis zum BFH-Urteil v 17.9.2015 (BStBl II 2017, 37) knüpfte der Begriff der Realteilung an die zivilrechtliche Naturalteilung an. Der BFH definierte die Realteilung als Aufgabe einer Mitunternehmerschaft (GbR, OHG, KG) durch Aufteilung des GesVermögens unter den Mitunternehmern, bei der

II. Begriff der Realteilung

zumindest einer der bisherigen Mitunternehmer die ihm bei der Aufteilung zugewiesenen WG in ein anderes BetrVerm überführt (so BFH v 29.4.2004 BFH/NV, 1395).

Nach anhaltender Kritik aus dem Schrifttum hielt der BFH mit Urteil v 17.9.2015 aus folgenden Gründen an der engen Definition der Realteilung nicht mehr fest (BStBl II 2017, 37 Tz 34): (1) Der Gesetzgeber wollte das Vorliegen einer Realteilung nicht von der Auflösung und vollständigen Beendigung einer Mitunternehmerschaft abhängig machen. Nach der Gesetzesbegründung zum neu kodifizierten § 16 Abs 3 EStG soll eine Realteilung auch vorliegen, wenn „die Mitunternehmerschaft zwar bestehen bleibt, jedoch Teile des Betriebsvermögens dem ausscheidenden Gester als Abfindung überlassen werden" (BT-Drs 14/265, 179); (2) Die Realteilung iSv § 16 Abs 3 S 2 EStG ist ein Sonderfall der Betriebsaufgabe (§ 16 Abs 3 S 1 EStG). Nach neuem Verständnis erfasst die Realteilung daher nicht nur die Aufgabe des Betriebs, sondern als gleichrangigen Aufgabetatbestand auch die (vollständige) Aufgabe eines Mitunternehmeranteils (§ 16 Abs 3 S 1 iVm § 16 Abs 1 S 1 Nr 2 EStG). Scheidet ein Mitunternehmer unter Mitnahme von GesVermögen aus einer PersGes aus, gibt er seinen Mitunternehmeranteil auf. Das Ausscheiden eines Gesters unter Mitnahme von GesVermögen, welches auch zukünftig zumindest teilweise GesVermögen beim ausscheidenden Gester darstellt, wird daher unter Aufgabe der bisherigen Rspr (BFH v 10.3.1998 BStBl II 1999, 269) nicht mehr als Veräußerung eines Mitunternehmeranteils, sondern als dessen **Aufgabe** beurteilt (BFH v 17.9.2015 BStBl II 2017, 37 Tz 38).

Nach neuer Rspr hat sich damit der Begriff der Realteilung iSv § 16 Abs 3 EStG vom Zivilrecht gelöst und ist zu einem rein steuerrechtlichen Begriff geworden (zur alten Rechtslage siehe Voraufl Kapitel N sowie O).

Die Auflösung der Mitunternehmerschaft unter Verteilung des gesamten Vermögens wird als **echte** Realteilung, das Ausscheiden mind eines Mitunternehmers aus einer zwischen den übrigen Mitunternehmern fortbestehenden Mitunternehmerschaft unter Mitnahme von mitunternehmerischem Vermögen in ein anderes eigenes BetrVerm, wird als **unechte** Realteilung bezeichnet (BFH v 16.3.2017 BStBl II 2019, 24 sowie 30.3.2017 BStBl II 2019, 29).

Ein Fall der *echten* Realteilung ist das Ausscheiden eines Mitunternehmers aus einer zweigliedrigen Mitunternehmerschaft und die Betriebsfortführung durch den verbleibenden Mitunternehmer in Form eines EinzelUnt. Kein Fall der *unechten* Realteilung ist das Ausscheiden eines Mitunternehmers, wenn dieser die WG *vollständig* in das Privatvermögen überführt.

Beide Formen der Umstrukturierung – echte und unechte Realteilung – unterliegen den Realteilungsgrundsätzen (§ 16 Abs 3 S 2–4 EStG) und sind grds **steuerneutral**. Die Art der später erzielbaren betrieblichen Einkünfte ist hierbei unerheblich. Es kann sich zukünftig um inländisches gewerbliches, freiberufliches oder land- und forstwirtschaftliches BetrVerm handeln.

Die FinVerw setzt die RsprÄnderung mit dem Realteilungserlass 2018 um. Soweit das BMF-Schreiben nicht zwischen echter und unechter Realteilung differenziert, gelten die Grundsätze der Realteilung für beide Fallkonstellationen.

14 Nicht erforderlich ist die Überführung *aller* WG der real zu teilenden PersGes (*echte* Realteilung) oder der aus dem BetrVerm ausscheidenden WG (*unechte* Realteilung) in das BetrVerm der jeweiligen Realteiler oder des Ausscheidenden. Überführt *ein* Realteiler die ihm zugewiesenen WG in sein Privatvermögen, während *andere* Realteiler die WG der PersGes in ihr jeweiliges BetrVerm übertragen, liegt ebenfalls eine *(echte)* Realteilung vor. Die Zuordnung zum Betriebs- oder Privatvermögen ist erst bedeutsam für die Frage, ob und in welchem Umfang die Umstrukturierung für den Einzelnen gewinnneutral oder erfolgswirksam ist (Realteilungserlass 2018 Tz 9).

15 Von den Grundsätzen der steuerneutralen Realteilung werden ua folgende Fallkonstellationen erfasst:
– Die Übertragung von EinzelWG im Rahmen der Realteilung auf ein neues Unt des Realteilers oder bestehendes EinzelUnt des Realteilers (Realteilungserlass 2018 Tz 12).
– Die Einbringung der Anteile an der PersGes (RealteilungsGes) in jeweils andere PersGes (NachfolgeGes) gem § 24 UmwStG und anschl Übertragung der EinzelWG der RealteilungsGes auf die NachfolgeGes, sofern an den NachfolgeGes vermögensmäßig *nur* die Personen beteiligt sind, die *zuvor* auch an der RealteilungsGes vermögensmäßig beteiligt waren (BFH v 16.12.2015 BStBl II 2017, 766; Realteilungserlass 2018 Tz 7). Dies gilt sowohl im Fall der Auflösung der RealteilungsGes im Zuge der Realteilung als auch im Fall des Ausscheidens eines Mitunternehmers gegen Sachwertabfindung aus dem GesVermögen (BFH v 30.3.2017 BStBl II 2019, 29 Tz 43).
– Die Überführung von EinzelWG zw den Gestern und der Ges gem § 6 Abs 5 EStG und die anschließende Realteilung (BFH v 30.3.2017 BStBl II 2019, 29 Tz 44 ff).
– Im Fall einer doppelstöckigen PersGes das Ausscheiden aus der fortbestehenden MutterPersGes gegen Übertragung eines Teils eines Mitunternehmeranteils an einer TochterPersGes (Realteilungserlass 2018 Tz 2).

III. Gegenstand der Realteilung

18 Gegenstand der Realteilung ist das **Gesamthandsvermögen** der Mitunternehmerschaft sowie das **Sonderbetriebsvermögen** der einzelnen Realteiler insoweit, als es im Rahmen der Realteilung auf einen *anderen* Realteiler übertragen wird (so jetzt nach RsprÄnderung durch BFH v 16.3.2017 BStBl II 2019, 24 Tz 46; Realteilungserlass 2018 Tz 5). Die Realteilung kann durch Übertragung von Teilbetrieben, 100%igen Bet an einer KapGes, Mitunternehmeranteilen, Teilen von Mitunternehmeranteilen oder EinzelWG erfolgen (BFH v 30.3.2017 BStBl II 2019, 29; Realteilungserlass 2018 Tz 5 f).

19 **Teilbetrieb** ist ein organisatorisch geschlossener, mit einer gewissen Selbstständigkeit ausgestatteter Teil eines Gesamtbetriebs, der für sich alleine lebensfähig ist (stRspr BFH v 18.10.1999 BStBl II 2000, 123; EStR (2012) R 16 (3)). Notwendig ist die Eigenständigkeit des Teils des Gesamtbetriebs. Allein durch einen gesonderten Vermögens- und Ergebnisausweis sowie eine organisatorische Verselbstständigung kann ein bestimmtes Tätigkeitsgebiet nicht

III. Gegenstand der Realteilung

zu einem Teilbetrieb gemacht werden. Der Teilbetrieb muss *während* des Bestehens der Mitunternehmerschaft bestanden haben. Wenn auch nicht ausdrücklich in § 16 Abs 3 S 2 EStG erwähnt, wird dem Teilbetrieb eine *100%ige Bet* an einer KapGes gleichgestellt (hM vgl *Wacker* in Schmidt[38] EStG § 16 Anm 543; Realteilungserlass 2018 Tz 6).

Mitunternehmeranteil ist der Anteil eines Gesters an einer PersGes mit Gesamthandsvermögen (OHG, KG, GbR), an einer InnenGes (zB atypisch stille Gesellschaft) oder an einem wirtschaftlich vergleichbaren Gemeinschaftsverhältnis (Erbengemeinschaft) (§ 16 Abs 3 S 2 iVm Abs 1 Nr 2 EStG). Die Übertragung von Mitunternehmeranteilen stellt keinen Fall der Übertragung von EinzelWG dar (Realteilungserlass 2018 Tz 5). Dies ist wichtig für die Frage, ob die Steuerneutralität bei Übertragungen innerhalb der Sperrfrist des § 16 Abs 3 S 3 EStG entfällt (Anm 127).

Eine Realteilung ausschließlich unter Zuweisung eines **Einzelwirtschaftsguts** ist möglich. Der Begriff des EinzelWG umfasst auch liquide Mittel und Schulden. Dabei ist unerheblich, ob die Schulden im wirtschaftlichen Zusammenhang mit anderen EinzelWG oder einem Teilbetrieb stehen, die ein Realteiler übernimmt (BMF v 14.3.2006, BStBl I, 253 Tz 18). Liquide Mittel, Forderungen und Verbindlichkeiten können als Teil des ungeteilten Gesamthandsvermögens wie andere (im)materielle WG im Rahmen der Realteilung den Gestern frei zugewiesen werden. Auch wenn die Höhe der übernommenen liquiden Mittel oder Schulden nicht dem rechnerischen Anteil des Realteilers am Gesamthandsvermögen entspricht (sog **disquotale** oder inkongruente **Zuweisung** von EinzelWG), liegt keine entgeltliche Veräußerung von EinzelWG vor. Die Verlagerung von stillen Reserven zwischen den Mitunternehmern steht dem nicht entgegen. Die Zuordnung von liquiden Mitteln aus dem BetrVerm anlässlich des Ausscheidens eines Gesters führt zu keinem Veräußerungserlös (BFH v 17.9.2915 BStBl II 2017, 37 Tz 44). Höchstrichterlich nicht entschieden ist der Fall der Zuweisung *ausschließlich* liquider Mittel. Die FinVerw verneint im Fall des Ausscheidens gegen reine Barabfindung aus einer fortbestehenden Mitunternehmerschaft oder der Fortführung des Unt durch den letzten Mitunternehmer die Anwendung der Grundsätze zur steuerneutralen Realteilung (Realteilungserlass 2018 Tz 3), so dass ein steuerpflichtiger Veräußerungsgewinn gem § 16 Abs 1 S 1 Nr 2 iVm Abs 2 EStG zu ermitteln ist.

Nach jüngerer Rspr (BFH v 16.3.2017 BStBl II 2019, 24 Tz 46) unter Aufgabe des bisherigen Standpunktes (s Voraufl O Anm 14) sind WG des **Sonderbetriebsvermögens** von der Realteilung nur erfasst, wenn diese im Rahmen eines *Rechtsträgerwechsels übertragen* werden (§ 16 Abs 3 S 2 EStG), also (1) ein WG des SonderBetrVerm eines Mitunternehmers im Rahmen der Realteilung in das SonderBetrVerm oder Gesamthandsvermögen eines *anderen* Mitunternehmers oder (2) ein WG aus dem Gesamthandsvermögen der PersGes in das SonderBetrVerm eines Mitunternehmers übertragen wird (s Realteilungserlass 2018 Tz 5). Die Regelungen zur Behaltensfrist (§ 16 Abs 3 S 3 EStG) sind insoweit für diese WG zu beachten (Anm 120 ff).

Werden WG des SonderBetrVerm eines Realteilers (1) einem anderen SonderBetrVerm oder (2) dem BetrVerm *desselben* Realteilers zugeordnet, werden diese WG gem § 6 Abs 5 S 2 EStG lediglich zu Buchwerten *überführt*

(BFH v 16.3.2017 BStBl II 2019, 24; Realteilungserlass 2018 Tz 5; *Stenert* DStR 2017, 1785 (1791)). Es findet kein Rechtsträgerwechsel statt. Es erfolgt nur eine andere Zuordnung des WG, nämlich vom SonderBetrVerm des bisherigen Mitunternehmers zu eigenem (Sonder-)BetrVerm *desselben* Steuerpflichtigen. Für die Fälle der *Überführung* von WG enthält das Gesetz *keine* Behaltensfrist. Eine weitere Übertragung des WG zu einem späteren Zeitpunkt führt daher *nicht* zum rückwirkenden Ansatz des gemeinen Wertes. Es bleibt beim Buchwertansatz. § 16 Abs 3 S 2 EStG und § 6 Abs 5 S 2 EStG schließen sich folglich nicht aus, sondern finden je nach Sachverhalt nebeneinander Anwendung.

23 Ob die zugewiesenen *EinzelWG* für den einem Mitunternehmer zugewiesenen Teilbetrieb oder Mitunternehmeranteil **wesentliche Betriebsgrundlage** sind, ist unerheblich. Nach Auffassung der FinVerw ist nicht (mehr) erforderlich, dass jeder Mitunternehmer wesentliche Betriebsgrundlagen des Gesamthandsvermögens erhält (Realteilungserlass 2018 Tz 8; BFH v 16.3.2017 BStBl II 2019, 24 Tz 37; aA noch die Realteilungserlasse von 2006 und 2016). Die Realteilungsgrundsätze sind auch anzuwenden, wenn ein Mitunternehmer alle wesentlichen Betriebsgrundlagen, die übrigen Mitunternehmer nur unwesentliche Betriebsgrundlagen erhalten (BFH v 16.3.2017 BStBl II 2019, 24), unabhängig davon, ob es sich um eine echte oder unechte Realteilung handelt (Realteilungserlass 2018 Tz 4: grds Gleichbehandlung von echter und unechter Realteilung).

IV. Abgrenzung zu anderen Umstrukturierungsformen

25 Bei der Realteilung ist eine beliebige Zuteilung von EinzelWG auf die Realteiler möglich. Eine **disquotale Zuordnung** von Liquidität und Schulden steht einer Realteilung nicht entgegen (bestätigt durch BFH v 17.9.2015 BStBl II 2017, 37 Tz 45). Es handelt sich insoweit *nicht* um ein Entgelt im Sinne eines Wert- oder Spitzenausgleichs (Anm 80), wenn die Liquidität zum BetrVerm gehört.

Höchstrichterlich nicht entschieden sind die Fälle der ausschließlichen Zuordnung liquider Mittel, die ebenfalls ausschließlich in das jeweilige BetrVerm des Realteilers bzw Ausscheidenden übertragen werden.

Im Fall des Ausscheidens eines Gesters mit einer **Abfindung ausschließlich in Geld** aus dem GesVermögen verneint die FinVerw eine steuerneutrale Realteilung (Realteilungserlass 2018 Tz 3; kritisch *Stenert* DStR 2017, 1785 (1790); *Riedel* GmbHR 2019, 221 (226): EinzelWG iSv § 16 Abs 3 S 2 EStG sind auch liquide Mittel – WG iSv § 4 Abs 1 S 2 EStG). Nicht geklärt ist, ob die FinVerw diesen Standpunkt auch in den Fällen einer Abfindung ausschließlich mit WG, die wie bspw Forderungen Geld nah sind, vertritt.

Zum Fall der Auflösung der Mitunternehmerschaft äußert sich die FinVerw im Realteilungserlass 2018 nicht. Zur Vermeidung von Risiken sollte vorab eine verbindliche Auskunft der FinVerw angestrebt werden (hierzu beachte allerdings AEAO zu § 89 AO Nr 3.5.4).

26 Von der steuerneutralen Realteilung nicht erfasst ist die **Übertragung** von EinzelWG des Gesamthandsvermögens **in ein anderes Gesamthandsver-**

V. Sicherstellung des Besteuerungsrechts

mögen von einer anderen Mitunternehmerschaft, an der der Gester *ebenfalls beteiligt* ist (Realteilungserlass 2018 Tz 12; aA *Wacker* in Schmidt[38] EStG § 16 Anm 546; *Stenert* DStR 2019, 245 (251)), denn § 16 Abs 3 S 2 EStG erfasst nach dem Wortlaut nur die Übertragung in das *jeweilige* BetrVerm eines *einzelnen* Mitunternehmers. In diesem Fall sind nach VerwAuffassung die EinzelWG des Gesamthandsvermögens zur Versteuerung der stillen Reserven mit dem gemeinen Wert anzusetzen.

Zur Vermeidung der steuerpflichtigen Aufdeckung der in den EinzelWG verhafteten stillen Reserven wird im Schrifttum (*Wacker* in Schmidt[38] EStG § 16 Anm 546; *Stenert* DStR 2019, 251) in einem ersten Schritt die Einbringung des Mitunternehmeranteils an der real zu teilenden PersGes jeweils in PersGes (NachfolgeGes) nach § 24 UmwStG und in einem zweiten Schritt die Übertragung der EinzelWG der real zu teilenden PersGes auf die NachfolgeGes empfohlen. Diese Vorgehensweise ist vom BFH anerkannt (BFH v 16.12.2015 BStBl II 2017, 766), jedoch von der FinVerw nur dann akzeptiert, wenn zum Zeitpunkt der Übertragung der EinzelWG an den NachfolgeGes vermögensmäßig *dieselben* Personen beteiligt sind (Realteilungserlass 2018 Tz 7).

Entscheidend für die steuerneutrale Realteilung ist, dass die Realteilungsgegenstände in das *jeweilige* BetrVerm eines *einzelnen* Realteilers überführt werden (§ 16 Abs 3 S 2 EStG); dh, eine PersGes, bestehend aus bspw fünf Mitunternehmern, kann nicht steuerneutral in eine zweigliedrige PersGes und eine dreigliedrige PersGes aufgeteilt werden (Realteilungserlass 2018 Tz 12; aA *Wacker* in Schmidt[38] EStG § 16 Anm 535; zur Rechtslage 1997 vor Kodifizierung der Realteilung in § 16 Abs 3 S 2 EStG BFH v 20.10.2015 BStBl II 2016, 596). 27

Eine Realteilung ist auch *nicht* gegeben, wenn die Gester mehrerer PersGes beschließen, dass die Gester infolge eines **Anteilstauschs** jeweils eine Ges als EinzelUnt übernehmen sollen (BFH v 8.7.1992 BStBl II, 946). Ein Tausch von Bet stellt einen entgeltlichen Vorgang dar; es tritt Gewinnrealisierung ein (§ 16 Abs 1 iVm § 34 EStG). Die Gewinnrealisierung ist auch nicht vermeidbar durch Einbringung der Mitunternehmeranteile gem § 24 UmwStG und zeitnahe anschließende Realteilung (s Umwandlungssteuererlass v 11.11.2011 idF v 23.2.2018 BStBl I, 319 Tz 24.07, Bsp zur sog verdeckten Veräußerung). 28

Erfolgt die Realteilung durch Übertragung von Teilbetrieben, ist die **Verpachtung** dieser **im Ganzen** an eine Ges, an der der Realteiler, ehemalige MitGester oder Dritte beteiligt sind, von den Grundsätzen der erfolgsneutralen Realteilung gedeckt, sofern die steuerrechtlichen Anforderungen an eine Betriebsverpachtung im Ganzen erfüllt sind (Realteilungserlass 2018 Tz 14). 29

V. Sicherstellung des Besteuerungsrechts

Eine Realteilung als eine Form der Betriebsaufgabe ist **steuerneutral** unter Fortführung der Buchwerte nur möglich, sofern auch zukünftig die Besteuerung der **stillen Reserven im Inland** sichergestellt ist. 32

Werden im Zuge einer Realteilung WG bspw in eine ausländische Betriebsstätte überführt, die dort nach DBA einer Besteuerung unterliegen – so bei Staaten, mit denen die Bundesrepublik Deutschland ein DBA mit Freistellungsmethode für UntGewinne (Art 7 OECD-MA) abgeschlossen hat –, ist eine Buchwertfortführung ausgeschlossen (§ 16 Abs 3 S 2 EStG iVm § 4 Abs 1 S 4 EStG). Die stillen Reserven, ermittelt auf der Grundlage des gemeinen Wertes, unterliegen der inländischen Besteuerung (Betriebsstättenerlass v 24.12.1999 idF v 26.9.2014, BStBl I, 1258 Tz 2.6.4. – Fremdvergleichspreis –).

33   Werden *alle* WG, die einem Realteiler bei Realteilung der PersGes zugewiesen werden, in eine ausländische PersGes übertragen, sollte mE eine *subjektbezogene* Betrachtung erfolgen. Der ermittelte Gewinn ist damit nach §§ 16, 34 EStG tarifbegünstigt zu behandeln (Betriebsstättenerlass v 24.12.1999 idF 26.9.2014 BStBl I 1258 Tz 2.6.4.). Werden nur *einzelne* WG, die einem Realteiler zugewiesen werden, in eine ausländische PersGes überführt, werden nicht alle einem Realteiler zugewiesenen stillen Reserven aufgelöst. Der sich ergebende Gewinn ist als laufender Gewinn zu versteuern. Die steuerneutrale Realteilung ist unter den Voraussetzungen des § 16 Abs 3 EStG im Übrigen nicht gefährdet.

VI. Formen der Realteilung

34   Da der Wert der den Gestern zugewiesenen WG fast nie dem handelsrechtlichen Gewinnverteilungsschlüssel für die Verteilung des Abwicklungsgewinns entsprechen wird, kann es zu Ausgleichszahlungen **(Spitzenausgleich)** auf der Grundlage zivilrechtlicher Vereinbarungen über die Auseinandersetzung kommen **(Realteilungsvereinbarung).**

35   Die Realteilung einer Ges ist in folgenden Formen möglich:
– **Ohne Spitzenausgleich** Übernahme von Teilbetrieben, 100 %igen Bet an KapGes, Mitunternehmeranteilen oder EinzelWG;
– **Mit Spitzenausgleich** Übernahme von Teilbetrieben, 100 %igen Bet an KapGes, Mitunternehmeranteilen oder EinzelWG mit Wertausgleich aus dem *Privatvermögen* des Gesters (Realteilungserlass 2018 Tz 16) in Geld oder Sachwerten.

36   Für die steuerrechtlichen Folgen ist eine **subjekt- bzw personenbezogene** von einer **objektbezogenen** Betrachtungsweise zu unterscheiden (BFH v 16.3.2017 BStBl II 2019, 24 Tz 42). Die *subjektbezogene Betrachtungsweise* nimmt Bezug auf den einzelnen Gester/Realteiler. Nach dieser beurteilt sich, wie die Realteilung steuerlich beim einzelnen Gester/Realteiler zu behandeln ist. Erfasst werden die Fälle, in denen ein Gester die ihm zugewiesenen Gegenstände der Realteilung in ein BetrVerm, der andere Gester (1) alle Gegenstände in sein Privatvermögen oder (2) einige Gegenstände in sein Privatvermögen, andere Gegenstände in ein BetrVerm überführt (Anm 48). Die *objektbezogene Betrachtungsweise* nimmt Bezug auf die Gegenstände der Realteilung. Sie ist relevant für die steuerrechtliche Beurteilung, wenn nach erfolgter Realteilung weitere Übertragungen von WG vorgenommen werden. Mit Hilfe der objektbezogenen Betrachtungsweise ist stets zu prüfen,

VII. Zivilrechtliche Grundlagen 37–39 O

ob (1) die Missbrauchsvorschrift des § 16 Abs 3 S 3 EStG (Übertragung von bestimmten EinzelWG innerhalb der dreijährigen Sperrfrist – Anm 120 f), (2) die Körperschaftsklausel I des § 16 Abs 3 S 4 EStG (Übertragung von EinzelWG nach Realteilung unmittelbar oder mittelbar auf eine Körperschaft, Personenvereinigung, Vermögensmasse – Anm 133 f) oder die Körperschaftsklausel II des § 16 Abs 5 EStG (Übertragung von Anteilen an einer Körperschaft, Personenvereinigung, Vermögensmasse unmittelbar oder mittelbar von einer natürlichen Person auf eine MitunternehmerKapGes – Anm 138 f) anzuwenden ist.

VII. Zivilrechtliche Grundlagen

1. Echte Realteilung

Die echte Realteilung wird verstanden als Aufgabe des Betriebs auf der Ebene der Mitunternehmerschaft. Zivilrechtlich wird bei einer BGB-Ges das GesVermögen in Form der Naturalteilung (§ 731 S 2 iVm § 752 BGB) unter den Gestern auseinandergesetzt. Bei einer PersGes findet eine Liq (§§ 146 ff HGB) statt, sofern die Gester die Auflösung der Ges beschließen (§§ 131 Abs 1, 145, 161 Abs 2 HGB). Die Gester können auch eine andere Art der Auseinandersetzung vereinbaren (§ 145 Abs 1 HS 2 HGB). Eine dieser anderen Arten ist die Naturalteilung des GesVermögens, die sog Realteilung. Die Auflösung und Abwicklung bedürfen eines einstimmigen Beschlusses der Gester. Dieser ist regelmäßig in der Auseinandersetzungs- bzw Realteilungsvereinbarung zu sehen. 37

Das GesVermögen geht stets im Wege der **Einzelrechtsnachfolge** auf die Gester über. Die Gester erhalten WG der PersGes bei gleichzeitigem Verzicht auf die weitere vermögensmäßige Beteiligung an der PersGes. Zivilrechtlich handelt es sich um eine Aufteilung des GesVermögens im Wege eines Tauschs (§ 480 BGB). Die Ges übereignet einzelne WG (Aktiva und Schulden) an die Gester. Bei Grundstücksübertragungen sind daher die gesetzlichen Formerfordernisse (notarielle Beurkundung, Auflassung und Grundbucheintragung) einzuhalten. Eine notarielle Beurkundung ist auch bei Übertragung von KapGesAnteilen vorzunehmen. Werden Verbindlichkeiten übertragen, ist eine Zustimmung der Gläubiger zum Schuldnerwechsel einzuholen. Falls diese nicht erhältlich ist, kann die Übertragung im Innenverhältnis vereinbart werden. 38

Für Verbindlichkeiten, die durch die PersGes begründet wurden, haften die Gester weiterhin gesamtschuldnerisch. Die **Nachhaftung** ist auf fünf Jahre nach Beendigung der PersGes begrenzt (§§ 159, 161 Abs 2 HGB). Die Haftung gilt für solche Verbindlichkeiten, die vor Ablauf von fünf Jahren nach Eintragung der Auflösung der PersGes in das HR fällig wurden. Wird der Anspruch erst nach Eintragung der Auflösung in das HR fällig – bspw bei wiederkehrenden Einzelfälligkeiten aus Dauerschuldverhältnissen –, beginnt der Verjährungszeitraum von fünf Jahren erst mit dem Zeitpunkt der Fälligkeit des Anspruchs (§ 159 Abs 3 HGB). Wird der Anspruch durch die PersGes oder einen früheren Gester anerkannt, ist eine gerichtliche Geltendmachung nicht erforderlich (§ 159 Abs 4 HGB). 39

40 Etwaige GesterDarlehen des Realteilers sind und bleiben Schulden. Werden solche Schulden vom Realteiler übernommen, tritt erst nach der Realteilung bei diesem Gester Konfusion (arg ex § 362 BGB) ein. Das Gleiche gilt für Schulden der Ges anderer Art ggü dem Realteiler.

41 Das **UmwG** ist auf die Realteilung einer PersGes nur anwendbar, wenn die zu teilende Ges eine OHG, KG oder PartGes ist (§ 124 Abs 1 iVm § 3 Abs 1 Nr 1 UmwG) und Gester der zu teilenden Ges KapGes oder wiederum PersGes oder PartGes sind (§ 124 Abs 1 iVm § 3 Abs 1 Nr 1, 2 UmwG). In diesen Fällen wird das Vermögen der Ges unter Auflösung der Ges ohne Liq auf die Gester nach Maßgabe der im Spaltungsplan festgelegten Aufteilung übertragen. Mit Eintragung der Spaltung tritt eine partielle Gesamtrechtsnachfolge ein (§ 125 iVm § 20 Abs 1 Nr 1 UmwG).

Das **UmwG** findet keine Anwendung, wenn die real zu teilende Ges eine GbR ist oder Gester der real zu teilenden PersGes natürliche Personen sind.

2. Unechte Realteilung

43 Die unechte Realteilung wird verstanden als Ausscheiden eines Mitunternehmers aus einer PersGes gegen Übertragung von WG des BetrVerm bei gleichzeitiger Fortführung der PersGes von den verbleibenden Mitunternehmern. Das übertragene BetrVerm muss beim ausscheidenden Mitunternehmer zumindest teilweise weiterhin BetrVerm darstellen. Zivilrechtlich finden die Regelungen Anwendung, die für das **Ausscheiden** eines Gesters aus einer PersGes gelten. Hierzu wird verwiesen auf die Ausführungen unter Kapitel N Anm 1 ff.

VIII. Steuerrechtliche Grundlagen

45 Sind die Voraussetzungen, die der Gesetzgeber an eine Realteilung stellt (Anm 8 ff), erfüllt, ist die Realteilung zwingend erfolgsneutral durchzuführen.

46 Da die Realteilung steuerrechtlich der **Betriebsaufgabe** einer Mitunternehmerschaft gleichgestellt ist, kann im Fall der *echten* Realteilung grds auch ein Aufgabegewinn, im Fall der *unechten* Realteilung ein Veräußerungsgewinn erzielt werden (so BFH v 17.9.2015 BStBl II 2017, 37 Tz 39; aA *Wiese/Lukas* DStR 2016, 1078 (1081)). Ob ein solcher anfällt, ist personenbezogen zu prüfen.

47 Übertragen im Fall der *echten* Realteilung nicht alle Realteiler die ihnen zugeteilten WG in das BetrVerm ihrer EinzelUnt, ist für den Realteiler, der die WG vollständig in sein Privatvermögen überträgt, ein **Aufgabegewinn** zu ermitteln *(personenbezogene Betrachtung)*. Hierzu sind in einem ersten Schritt die Kapitalkonten aller Realteiler an die Buchwerte der zu übernehmenden WG anzupassen (Kapitalkontenanpassungsmethode – Anm 62). Anschließend ist der gemeine Wert der WG, die in das Privatvermögen überführt wurden, zu ermitteln (§ 16 Abs 2, Abs 3 S 8 EStG). Das zuvor angepasste Kapitalkonto, das dem Buchwert des Kapitalkontos im Zeitpunkt der Realteilung entspricht, ist von der Summe der gemeinen Werte der WG abzuziehen. Der so ermittelte Aufgabegewinn ist nach §§ 16, 34 EStG steuerbegünstigt, wenn ein Realteiler *alle* ihm zugewiesenen WG in sein Privatvermögen überführt.

IX. Handelsrechtliche Bilanzen   48–53 O

Überträgt im Fall der *unechten* Realteilung der ausscheidende Mitunternehmer die EinzelWG vollständig in sein Privatvermögen, erzielt dieser einen steuerpflichtigen **Veräußerungsgewinn** (Realteilungserlass 2018 Tz 2).

Überträgt im Fall der *echten* Realteilung der Realteiler *einige* WG in ein 48
BetrVerm, *andere* in sein Privatvermögen (sog Mischfall), sind die in das BetrVerm überführten WG mit dem Buchwert anzusetzen. Hinsichtlich der in das Privatvermögen übertragenen WG handelt es sich um eine Entnahme der Realteilungsgemeinschaft, somit aller Mitunternehmer (Realteilungserlass 2018 Tz 9). Es entsteht ein laufender, nicht tarifbegünstigter Gewinn, da nicht sämtliche stille Reserven, die auf diesen Realteiler entfallen, aufgedeckt werden.

Überträgt im Fall der *unechten* Realteilung der ausscheidende Mitunternehmer WG nicht ausschließlich in das BetrVerm, sondern auch in sein Privatvermögen, realisiert der Ausscheidende einen Veräußerungsgewinn (§ 16 Abs 2 EStG). Der Gewinn errechnet sich aus dem Veräußerungspreis (gemeiner Wert der in das Privatvermögen gelangten WG zzgl der Buchwerte der in das BetrVerm des ausscheidenden Mitunternehmers gelangten WG) abzgl des Kapitalkontos (vor Anpassung an die in das BetrVerm gelangten WG) abzgl etwaiger Veräußerungskosten (Realteilungserlass 2018 Tz 10).

Der ausscheidende Mitunternehmer bzw der Realteiler, der WG jeweils 49
in sein BetrVerm überträgt, muss die Buchwerte der übertragenen WG in der EB des EinzelUnt fortführen (§ 16 Abs 3 S 2 EStG).

IX. Handelsrechtliche Bilanzen

1. Echte Realteilung

Bei der handelsrechtlichen **Realteilungsbilanz** handelt es sich um eine 51
– der LiqBilanz gem § 154 HGB vergleichbare – interne Bilanz. Sinn und Zweck der Realteilungsbilanz ist es, die Höhe der zivilrechtlichen Auseinandersetzungsansprüche der einzelnen Gester zu dokumentieren (BFH v 10.12.1991 BStBl II 1992, 385). Der in der handelsrechtlichen Realteilungsbilanz für die Gester jeweils ausgewiesene Kapitalanteil stellt den Wert der Bet am Schlussvermögen der PersGes dar.

Die handelsrechtliche Realteilungsbilanz ist eine **Vermögensbilanz** und 52
dient der Ermittlung des tatsächlichen Werts des Unt. Dabei sind sämtliche verwertbaren VG und andere Ertragskomponenten zu erfassen, also entgegen § 248 Abs 2 HGB auch selbst geschaffene immaterielle (zB Patente sowie GFW) und ebenso bereits voll abgeschriebene VG. Die Bilanzierungs- und Bewertungsgrundsätze für JA gelten nicht. Handelsrechtliche Vorschriften finden keine Anwendung.

Entspr der Grundsätze zur Erstellung einer (internen) LiqEB gem § 154 53
HGB (s Anm 37) sind bei PersGes die einzelnen VG mit ihren „wahren Werten", dem Verkehrs- oder Marktwert, anzusetzen (BFH v 1.12.1992 BStBl II 1994, 607). Dabei ist auch ein GFW zu berücksichtigen (angedeutet in BFH v 10.12.1991 BStBl II 1992, 385; ausdrücklich bejaht in BFH v 1.12.1992 BStBl II 1994, 607). Dies gilt sowohl für den derivativen als auch für den

originären GFW bei Übernahme von VG, die im Zusammenhang mit der Übernahme von Betrieben oder Teilbetrieben stehen. In diesen Fällen wird ein Verkaufserlös auch vom GFW bestimmt. Der zu erfassende GFW kann positiv sowie – bedingt durch eine schlechte Ertragslage – negativ sein (N Anm 23).

Wegen der internen Funktion der handelsrechtlichen Realteilungsbilanz wird die Aufdeckung stiller Reserven nicht in der Gesamthandsbilanz nachvollzogen. Dort werden die bisherigen Buchwerte fortgeführt.

2. Unechte Realteilung

54 Scheidet ein Gester gegen Sachwertabfindung unter Fortführung der PersGes aus und sind die WG beim ausscheidenden Gester weiterhin zumindest teilweise BetrVerm, ist zur Ermittlung der Höhe eines zivilrechtlichen Abfindungsanspruchs eine **Abfindungsbilanz** zu erstellen. Hierzu wird verwiesen auf die Ausführungen in Kapitel N Anm 12 ff.

X. Steuerrechtliche Bilanzen

57 Mit Hilfe der steuerrechtlichen SB werden letztmalig der Gewinn der PersGes und die Kapitalkonten der Gester nach den steuerrechtlichen Gewinnermittlungsgrundsätzen vor Auflösung der PersGes (*echte* Realteilung) bzw vor dem Ausscheiden eines Gesters (*unechte* Realteilung) ermittelt. Ein originärer GFW ist dabei unbeachtlich. Etwaige Ergänzungsbilanzen sind grds aufzulösen (BFH v 18.5.1995 BStBl II 1996, 70). In der neuen Ges sind die WG mit den Buchwerten, mit denen sie aus der Mitunternehmerschaft übernommen wurden, in der EB anzusetzen. Die Kapitalkonten sind anzupassen (Kapitalkontenanpassungsmethode – s Anm 62).

58 Fehlerhafte Bilanzierungen in der PersGes *vor* Realteilung sind nach dem Grundsatz des formellen Bilanzzusammenhangs (abgeleitet aus § 4 Abs 1 EStG, § 252 Abs 1 Nr 1 HGB – Korrektur der SB des Jahres, in dem eine Korrektur mit steuerlicher Wirkung möglich ist –) auch *nach* erfolgter Realteilung bei der betroffenen NachfolgeGes gewinnwirksam zu korrigieren (BFH v 20.10.2015 BStBl II 2016, 596 Tz 35 ff).

XI. Einkommensteuerliche Folgen der Realteilung

60 Unabhängig von den Zuteilungsobjekten (Teilbetrieb, Mitunternehmeranteil oder EinzelWG) sind stets die **Buchwerte** fortzuführen.

Folge der *Buchwertfortführung* ist, dass die Realteiler sowie der ausscheidende Mitunternehmer in die Rechtsstellung der PersGes eintreten. Die AfA-Reihen der bisher bei der PersGes bilanzierten WG sind in den EinzelUnt der Realteiler bzw des ausscheidenden Mitunternehmers fortzuführen. Sind Rücklagen gem § 6b EStG in der SB der PersGes ausgewiesen, können diese anteilig in einem EinzelUnt oder im SonderBetrVerm des Realteilers bzw des ausscheidenden Mitunternehmers bei einer anderen PersGes fortgeführt werden (EStR (2012) R 6b.2 Abs 9 S 3).

XI. Einkommensteuerliche Folgen der Realteilung   61–64

1. Realteilung ohne Spitzenausgleich

a) Gewinnermittlung durch Betriebsvermögensvergleich (§ 4 Abs 1 EStG)

Eine Realteilung ohne Spitzenausgleich erfolgt, wenn der Wert der von 61
dem oder den Gestern jeweils übernommenen WG dem Auseinandersetzungsanspruch eines jeden Gesters entspricht. Die WG der Realteilung sind mit ihren Buchwerten in der letzten steuerrechtlichen Bilanz der PersGes, der **steuerrechtlichen Schlussbilanz,** anzusetzen. Stimmt bei Aufteilung des GesVermögens das Verhältnis der fortzuführenden Buchwerte der WG sowie der Kapitalkonten mit dem Verhältnis der Teilwerte der WG überein – so der seltene Idealfall –, entsprechen die in die jeweilige **Eröffnungsbilanz** zu übernehmenden Buchwerte auch dem (früheren) Kapitalkonto des Gesters. Bilanzielle Anpassungen sind in diesem Fall nicht vorzunehmen (Realteilungserlass 2018 Tz 22).

IdR enthalten jedoch die Buchwerte der einzelnen WG des BetrVerm 62
stille Reserven in unterschiedlicher Höhe. Da sich die Aufteilung des bisherigen BetrVerm unter den Gestern in der Praxis an den Teilwerten der WG orientiert, weichen die Buchwerte der übernommenen WG von dem Kapitalkonto des übernehmenden Gesters ab. In diesem Fall sind bilanzielle Anpassungsmaßnahmen erforderlich. Dies geschieht nach der sog **Kapitalkontenanpassungsmethode** (stRspr: BFH BStBl II 1972, 419; 1982, 456; 1992, 385; 1994, 607; bestätigt von der FinVerw durch Realteilungserlass 2018 Tz 22). Hierzu werden die Buchwerte der übernommenen WG von den Gestern in ihren eigenen Betrieben fortgeführt und in die jeweiligen EB übernommen. Das Kapitalkonto des jeweiligen Gesters wird durch Auf- oder Abstocken gewinnneutral dahingehend angepasst, dass die Höhe der Summe der Buchwerte der übernommenen WG entspricht.

Im Fall der *echten* Realteilung sind die Kapitalkonten der Realteiler lt SB 63
der Mitunternehmerschaft durch Auf- oder Abstocken jeweils in der EB der Realteiler anzupassen (Realteilungserlass 2018 Tz 23).

Ob im Fall der *unechten* Realteilung die Kapitalkontenanpassung ebenfalls in der EB des ausscheidenden Gesters oder noch auf der Ebene der Mitunternehmerschaft vorzunehmen ist (so *Wacker* in Schmidt[38] EStG § 16 Anm 522; *Gossert/Liepert/Sahm* DStR 2019, 201 (203)), beantwortet die FinVerw im Realteilungserlass 2018 nicht. Steuerlich ergeben sich jedenfalls dann keine Folgen für die Steuerneutralität im Fall der unechten Realteilung, wenn nach dem Ausscheiden in der EB des EinzelUnt das Kapitalkonto entspr an die Buchwerte der übernommenen WG und korrespondierend dazu die Kapitalkonten der verbleibenden Gester der PersGes angepasst werden.

Ergänzungsbilanzen für die Gester einer PersGes haben ihren Grund in 64
der Einbringung von WG durch einen Gester in ein gemeinschaftlich fortgeführtes Unt. Nach Realteilung besteht für die Weiterführung von Ergänzungsbilanzen bei sodann *allein tätigen Gestern* keine Notwendigkeit mehr. Ergänzungsbilanzen sind bei einem EinzelUnt nicht zulässig und daher nicht im Wege der Realteilung von einer Mitunternehmerschaft auf ein EinzelUnt übertragbar (*Schulze zur Wiesche* BB 2016, 1753 (1758)). Ergänzungsbilanzen

sind erfolgswirksam aufzulösen und – einer Konsolidierung entspr – bei Erstellung der steuerrechtlichen SB zu berücksichtigen. Nach Durchführung der Auf- und Abstockungen bei den WG – diese beruhen auf der Auflösung der Ergänzungsbilanzen – sind die Kapitalkonten der Gester erfolgsneutral an die Summe der Buchwerte der übernommenen WG anzupassen (BFH v 18.5.1995 BStBl II 1996, 70).

Wird in Abweichung zur Auffassung der FinVerw (Realteilungserlass 2018 Tz 12) auch die Übertragung einzelner WG in das Gesamthandsvermögen einer *anderen* Mitunternehmerschaft von der Realteilung erfasst (so *Wacker* in Schmidt[38] EStG § 16 Anm 535), kann insoweit die Notwendigkeit zur Weiterführung einer Ergänzungsbilanz bestehen (so BFH v 20.10.2015 BStBl II 2016, 596 Tz 33 zur Rechtslage vor Kodifizierung der Realteilung in § 16 Abs 3 S 2 EStG).

65 Folge der Kapitalkontenanpassungsmethode ist die Übertragung **stiller Reserven** von einem Gester auf den anderen. Die dadurch veranlasste Verschiebung der künftigen Steuerbelastung für die Gester kann im Rahmen der *Realteilungsvereinbarung* durch Regelung eines Ausgleichsanspruchs zwischen den Gestern verhindert werden. Dieser Ausgleich gefährdet die Erfolgsneutralität nicht, ist aber als Spitzenausgleich steuerpflichtig (*Stahl* DStZ 2006, 548; vgl Anm 82, 100).

66 Abgelehnt haben der BFH und die FinVerw (Realteilungserlass 2018 Tz 22) ein erfolgsneutrales Auf- oder Abstocken der Buchwerte bei gleichzeitiger Fortführung der Kapitalkonten (**Buchwertanpassungsmethode;** zuletzt BFH v 10.12.1991 BStBl II 1992, 385), da es zu einer unzulässigen Verlagerung stiller Reserven von einem WG des einen Realteilers auf ein anderes WG des anderen Realteilers kommt. Verneint wird auch die Fortführung der Buchwerte der übernommenen WG sowie der bisherigen Kapitalkonten bei gleichzeitiger Einstellung eines passiven oder aktiven Kapitalausgleichspostens, der den Unterschied zwischen der Summe der Buchwerte und dem Kapitalkonto ausweisen soll (**Kapitalausgleichskontenmethode;** BFH v 10.12.1991 BStBl II 1992, 385).

67 **Beispiel 1 Echte Realteilung:** Die Gester A und B einer OHG beschließen die Realteilung der Ges. Dabei erhält A die WG des Teilbetriebs I, B die WG des Teilbetriebs II. Die Ges hat zum Zeitpunkt der Realteilung folgende Bilanz:

Bilanz der AB-OHG vor Realteilung

Aktiva	OHG				Passiva	
	BW	TW			BW	TW
Anlagevermögen	100 000	300 000	Kapital A		65 000	240 000
Umlaufvermögen	300 000	450 000	Kapital B		35 000	210 000
			Rückstellungen		100 000	100 000
			Verbindlichkeiten		200 000	200 000
	400 000	750 000			400 000	750 000

XI. Einkommensteuerliche Folgen der Realteilung   68

Die AB-OHG führt zusätzlich für den Gester A eine Ergänzungsbilanz.

Ergänzungsbilanz A

Aktiva					Passiva	
	BW	TW			BW	TW
Mehrwert Anlagevermögen			Mehrkapital A		80 000	
Teilbetrieb I	10 000					
Teilbetrieb II	10 000					
Mehrwert Umlaufvermögen						
Teilbetrieb I	30 000					
Teilbetrieb II	30 000					
	80 000	ohne Belang			80 000	ohne Belang

Nach Auflösung der Ergänzungsbilanz ergibt sich folgende SB: 68

Schlussbilanz der AB-OHG nach Auflösung der Ergänzungsbilanz

Aktiva			OHG		Passiva	
	BW	TW			BW	TW
Anlagevermögen			Kapital A		120 000	
Teilbetrieb I	40 000		Kapital B		60 000	
Teilbetrieb II	80 000					
Umlaufvermögen			Rückstellungen			
Teilbetrieb I	230 000		Teilbetrieb I		50 000	
Teilbetrieb II	130 000		Teilbetrieb II		50 000	
			Verbindlichkeiten			
			Teilbetrieb I		100 000	
			Teilbetrieb II		100 000	
	480 000	ohne Belang			480 000	ohne Belang

Die Teilbetriebe mit den jeweils zugehörigen WG des Anlage- und Umlaufvermögens sowie Rückstellungen und Verbindlichkeiten werden in die EinzelUnt von A und B übertragen. Die angegebenen Teilwerte entsprechen den gemeinen Werten ohne USt.

Gesellschafter A

Teilbetrieb I	BW	TW
Anlagevermögen	40 000	90 000
Umlaufvermögen, insb Vorräte	230 000	300 000
	270 000	390 000
Rückstellungen	50 000	50 000
Verbindlichkeiten	100 000	100 000
Saldo	+ 120 000	+ 240 000

Anders 679

Gesellschafter B

Teilbetrieb II	BW	TW
Anlagevermögen	80 000	210 000
Umlaufvermögen, insb Vorräte	130 000	150 000
	210 000	360 000
Rückstellungen	50 000	50 000
Verbindlichkeiten	100 000	100 000
Saldo	+ 60 000	+ 210 000

A übernimmt GesVermögen zu einem Buchwert von 120 000 und B von 60 000.

69 Die Kapitalkonten von A und B errechnen sich bei Anwendung der Kapitalkontenanpassungsmethode (Anm 62) wie folgt:
A: 270 000 (Buchwerte der übernommenen Aktiva) ./.
150 000 (Buchwerte der übernommenen Passiva) = 120 000 (Kapital)
B: 210 000 (Buchwerte der übernommenen Aktiva) ./.
150 000 (Buchwerte der übernommenen Passiva) = 60 000 (Kapital)

70 Vor der Realteilung waren A und B an den stillen Reserven von insgesamt 270 000 je zur Hälfte mit 135 000 beteiligt. Nach der Realteilung hat A stille Reserven von 120 000, B von 150 000. Stille Reserven von 15 000 sind somit von A auf B übergegangen.

71 A und B überführen die WG der Teilbetriebe in die von ihnen geführten Einzel-Unt. Unter Berücksichtigung der neu berechneten Kapitalkonten ergeben sich folgende EB:

Eröffnungsbilanz A

Aktiva			Unternehmen A			Passiva
	BW	TW		BW	TW	
Anlagevermögen	40 000		Kapital A	120 000		
			Rückstellungen	50 000		
Umlaufvermögen	230 000		Verbindlichkeiten	100 000		
	270 000	ohne Belang		270 000	ohne Belang	

Eröffnungsbilanz B

Aktiva			Unternehmen B			Passiva
	BW	TW		BW	TW	
Anlagevermögen	80 000		Kapital B	60 000		
			Rückstellungen	50 000		
Umlaufvermögen	130 000		Verbindlichkeiten	100 000		
	210 000	ohne Belang		210 000	ohne Belang	

72 **Beispiel 2 Unechte Realteilung:** An der ABC-OHG sind die natürlichen Personen A, B und C zu je $1/3$ beteiligt. A scheidet aus und erhält für sein Ausscheiden

XI. Einkommensteuerliche Folgen der Realteilung

die Maschine. Diese überführt er in sein BetrVerm. Die Ges hat vor Ausscheiden des A folgende Bilanz:

Bilanz vor Ausscheiden des A

Aktiva			ABC-OHG		Passiva
	BW	TW		BW	TW
Grundstück 1	40 000	100 000	Kapital A	50 000	100 000
Grundstück 2	80 000	100 000	Kapital B	50 000	100 000
Maschine	30 000	100 000	Kapital C	50 000	100 000
Kasse	100 000	100 000	Verbindlichkeiten	100 000	100 000
	250 000	400 000		250 000	400 000

Nach Anpassung des Kapitalkontos des ausscheidenden Gesters A an den Buchwert der Maschine ergibt sich folgende Bilanz:

Bilanz vor Ausscheiden des A und nach Kapitalkontenanpassung

Aktiva			ABC-OHG		Passiva
	BW	TW		BW	TW
Grundstück 1	40 000	100 000	Kapital A	30 000	100 000
Grundstück 2	80 000	100 000	Kapital B	60 000	100 000
Maschine	30 000	100 000	Kapital C	60 000	100 000
Kasse	100 000	100 000	Verbindlichkeiten	100 000	100 000
	250 000	400 000		250 000	400 000

Die Maschine hat einen um 20 000 geringeren Buchwert als das Kapitalkonto des A. Bei der Kapitalkontenanpassung ist das Kapitalkonto des A um 20 000 zu reduzieren. Im Gegenzug werden die Kapitalkonten von B und C erfolgsneutral um jeweils 10 000 aufgestockt. Den Gestern B und C wird zukünftig ein geringerer Anteil an stillen Reserven zugerechnet. Nach Ausscheiden des A ergibt sich folgende Bilanz:

Bilanz nach Ausscheiden des A

Aktiva			BC-OHG		Passiva
	BW	TW		BW	TW
Grundstück 1	40 000	100 000	Kapital B	60 000	100 000
Grundstück 2	80 000	100 000	Kapital C	60 000	100 000
Kasse	100 000	100 000	Verbindlichkeiten	100 000	100 000
	220 000	300 000		220 000	300 000

Eröffnungsbilanz A

Aktiva			Unternehmen A		Passiva
	BW	TW		BW	TW
Maschine	30 000	100 000	Kapital A	30 000	100 000
	30 000	100 000		30 000	100 000

b) Gewinnermittlung durch Einnahme-Überschussrechnung (§ 4 Abs 3 EStG)

76 Auch Freiberufler, die ihre Tätigkeit gemeinsam in einer Sozietät ausüben, streben an, getrennte Wege zu gehen und die Tätigkeit selbstständig fortzuführen. Um die Aufdeckung stiller Reserven zu vermeiden, erfolgt die Trennung im Wege einer echten oder unechten Realteilung.

77 Der BFH hat im Fall der *echten* Realteilung für die freiberufliche Mitunternehmerschaft entschieden, dass keine Verpflichtung zur Erstellung einer Realteilungsbilanz mit Übergangsgewinnermittlung besteht, wenn die Buchwerte fortgeführt werden und die Mitunternehmer ihre berufliche Tätigkeit in Einzelpraxen *ohne Spitzenausgleichszahlung* unter Beibehaltung der Einnahme-Überschuss-Rechnung fortsetzen (BFH v 11.4.2013 BStBl II 2014, 242). Die einheitliche Betrachtung von real geteilter Mitunternehmerschaft und fortgeführten Einzelpraxen führe zum Ergebnis, dass eine Gesamtgewinngleichheit bei einer Weiterführung der Einnahme-Überschuss-Rechnung in den Einzelpraxen gegeben sei.

78 Diese Grundsätze gelten auch für den Fall des Ausscheidens eines Sozius aus der im übrigen fortgeführten Sozietät (*unechte* Realteilung), allerdings stets unter Beachtung der Voraussetzung, dass *keine* Wertausgleichszahlung oder weitere Zuzahlung (zukünftige Rente) der verbleibenden Gester an den ausscheidenden Gester oder ein Verzicht auf den Ausgleich eines negativen Kapitalkontos durch die verbleibenden Gester erfolgt (BFH v 17.9.2015 BStBl II 2017, 37; FG Nürnberg v 21.2.2018 EFG, 1969 – BFH NZB VIII B 86/18 rkr).

Ansonsten handelt es sich um einen Veräußerungsvorgang (BFH v 17.9.2015 BStBl II 2017, 37; FG Nürnberg v 21.2.2018 EFG, 1969) iSv § 16 Abs 1 S 1 Nr 2 EStG. Zur Ermittlung des Anteilswerts im Rahmen der Berechnung eines Veräußerungsgewinns oder -verlusts (§ 16 Abs 2 EStG) ist zwingend zur Bilanzierung überzugehen (§ 4 Abs 1 EStG).

Ein Übergangsgewinn oder -verlust ist im Zeitpunkt des Ausscheidens (BFH v 17.3.2013 BStBl II, 883 Tz 29) dem Ausscheidenden entspr dem gesellschaftsvertraglichen Gewinnverteilungsschlüssel zuzurechnen (BFH v 19.8.1999 BStBl II 2000, 179). Die verbleibenden Gester haben die Möglichkeit zur sofortigen Rückkehr zur Überschussrechnung gem § 4 Abs 3 EStG. Durch Abstocken der Buchwerte um die zuvor aufgedeckten stillen Reserven wird der zuvor auf diese entfallende anteilige Übergangsgewinn bzw -verlust neutralisiert (*Loschelder* in Schmidt[38] EStG § 4 Anm 650; *Schacht* DB 2016, 794 (797)).

2. Realteilung mit Spitzenausgleich

80 In den Fällen der Realteilung entsprechen die Verkehrswerte der übertragenen EinzelWG oder Sachgesamtheiten nicht stets den BetVerhältnissen und dem Wert des Abfindungsanspruchs des ausscheidenden Gesters. Zur Vermeidung von Wertausgleichszahlungen können liquide Mittel, (Kunden-) Forderungen, Verbindlichkeiten oder WG mit erheblichen stillen Reserven als Teil des ungeteilten BetrVerm sowie andere materielle und immaterielle WG frei zugeordnet werden. Auch SonderBetrVerm kann zu diesem Zweck

XI. Einkommensteuerliche Folgen der Realteilung

vor der Realteilung zwischen den Gestern der PersGes übertragen werden. Allerdings sind hierbei stets die Voraussetzungen für die Behandlung als SonderBetrVerm zu beachten. Die Zuordnung anlässlich des Ausscheidens eines Gesters führt insoweit zu keinem Veräußerungserlös (BFH v 17.9.2015 BStBl II 2017, 37). Auch eine mögliche Verlagerung von stillen Reserven steht dem nicht entgegen (stRspr BFH v 10.2.1972 BStBl II, 419; BFH v 10.12.1991 BStBl II 1992, 385).

Folgende Konstellationen sind denkbar: 81
– Im Fall der Realteilung mit anschließender Liquidation der PersGes (*echte Realteilung*) erhält ein Gester oder erhalten mehrere Gester EinzelWG, Sachgesamtheiten oder Mitunternehmeranteile mit einem tatsächlichen Wert, der von dem Verhältnis der GesAnteile abweicht;
– Im Fall des Ausscheidens eines oder mehrerer Gester aus einer fortgeführten PersGes (*unechte* Realteilung) erhält der ausscheidende Gester gegenüber den verbleibenden oder weiteren ausscheidenden Gestern WG, (1) deren Verkehrswerte die Höhe des Wertes des Abfindungsanspruchs übersteigen oder (2) deren Verkehrswerte in Summe geringer sind als der Wert des Abfindungsanspruchs.

a) Spitzenausgleich bei Gewinnermittlung durch Betriebsvermögensvergleich (§ 4 Abs 1 EStG)

Ist ein Ausgleich durch Übertragung von GesVermögen nicht möglich 82 und entspricht die Summe der Verkehrswerte der übernommenen WG nicht dem Auseinandersetzungsanspruch eines Gesters, erfolgt idR ein Ausgleich der Wertdifferenz (sog **Spitzenausgleich**) durch die anderen Gester.

Der Ausgleich der Wertdifferenz steht der gewinnneutralen Realteilung 83 des GesVermögens nicht entgegen, wenn der Ausgleich durch Übertragung von Sachwerten oder Barzahlungen aus dem **Privatvermögen** der Gester erfolgt (so entschieden für den Fall der *echten* Realteilung durch BFH v 1.12.1992 BStBl II 1994, 607; BFH v 17.9.2015 BStBl II 2017, 37). Der BFH behandelt den gewährten Ausgleich in *voller Höhe* als laufenden steuerpflichtigen Gewinn, der nicht den Vergünstigungen der §§ 16, 34 EStG unterliegt (BFH v 17.9.2015 BStBl II 2017, 37). Dieser Rspr folgt die *FinVerw* nicht (Nichtanwendungserlass BMF BStBl I 1994, 601). Nach Auffassung der FinVerw entsteht für den veräußernden zahlungsempfangenden Realteiler unter Anwendung der Kapitalkontenanpassungsmethode ein laufender steuerpflichtiger Gewinn *nur im Verhältnis des Spitzenausgleichs zum Wert des übernommenen Betriebsvermögens* (so erstmalig Realteilungserlass 2006 Abschn VI; bestätigt durch Realteilungserlass 2018 Tz 17). Auch nach Meinung der Verwaltung ist der Gewinn nicht nach §§ 16, 34 EStG begünstigt, weil aufgrund der für die Realteilung zwingend vorgeschriebenen Buchwertfortführung (§ 16 Abs 3 S 2 EStG) nicht sämtliche stillen Reserven aufgedeckt werden.

Diese Grundsätze wendet die FinVerw in den Fällen der *unechten* Real- 84 teilung auch bei Wertausgleichszahlungen an die Mitunternehmerschaft an (Realteilungserlass 2018 Tz 17).

Für den ausgleichspflichtigen Realteiler (*echte* Realteilung) oder ausschei- 85 denden Gester (*unechte* Realteilung) entstehen nachträgliche AK. In Anlehnung an das BMF-Schreiben zur ertragsteuerlichen Behandlung der Auseinandersetzung einer Erbengemeinschaft (BMF v 14.3.2006 BStBl I, 253 Tz 20) gilt für die Berechnung Folgendes:

AfA für Gebäude: Es ergeben sich zwei AfA-Reihen. Hinsichtlich des unentgeltlich erworbenen Gebäudeteils führt der Realteiler/Ausscheidende die Buchwerte der PersGes fort. Bzgl des entgeltlich erworbenen Gebäudeteils hat er AK in Höhe des Veräußerungsgewinns. Dieser ist Bemessungsgrundlage für die weitere AfA.

AfA für bewegliche Wirtschaftsgüter: Hier gilt grds das Gleiche wie für die Gebäude-AfA. Da aber die Nutzungsdauer des entgeltlich erworbenen Teils des WG regelmäßig mit der Restnutzungsdauer des unentgeltlich erworbenen Teils des WG übereinstimmt, kann in diesen Fällen auf eine Aufspaltung in zwei AfA-Reihen verzichtet werden.

§ 6b EStG-Rücklage: Für den entgeltlich erworbenen Teil des WG kann auf die durch die Abfindungszahlung entstandenen AK eine § 6b EStG-Rücklage gebildet werden.

86 **Beispiel 1 Spitzenausgleich bei echter Realteilung** (vgl Realteilungserlass 2018 Tz 20): A und B (jeweils natürliche Personen) sind Mitunternehmer einer aus zwei Teilbetrieben bestehenden OHG. Sie sind am Gewinn und Verlust sowie Vermögen der Ges jeweils zu 50% beteiligt. Die Gester beschließen, das Unt im Wege einer Realteilung aufzulösen. A erhält den Teilbetrieb I, B den Teilbetrieb II. Sowohl A als auch B überführen die Teilbetriebe in ihr EinzelUnt. Die SB sieht wie folgt aus:

Schlussbilanz der AB-OHG

Aktiva			OHG		Passiva	
	BW	TW			BW	TW
Teilbetrieb I	200 000	2 000 000	Kapital A		180 000	1 800 000
Teilbetrieb II	160 000	1 600 000	Kapital B		180 000	1 800 000
	360 000	3 600 000			360 000	3 600 000

Aufgrund der unterschiedlichen gemeinen Werte verpflichtet sich A, an B einen Ausgleich von 200 000 € zu zahlen.

87 Trotz der Zahlung eines Spitzenausgleichs sind zwingend die Buchwerte fortzuführen (§ 16 Abs 3 S 2 EStG). Die Zahlung eines Spitzenausgleichs steht einer gewinnneutralen Realteilung im Übrigen nicht entgegen.

Nach BMF (Realteilungserlass 2018 Tz 20) ist folgende Berechnung vorzunehmen:
Wert des von A übernommenen Teilbetriebs   2 000 000 €
Geleisteter Spitzenausgleich   200 000 €

A hat 10% des übernommenen Teilbetriebs I entgeltlich angeschafft. B hat 10% des übergebenen Teilbetriebs I entgeltlich veräußert.

88 B erzielt folgenden Veräußerungsgewinn:
Veräußerungspreis (Abfindung)   200 000 €
./. anteiliger Buchwert des Teilbetriebs I (10%) ./. 20 000 €
Veräußerungsgewinn   180 000 €

Dieser Veräußerungsgewinn ist *nicht* nach §§ 16, 34 EStG begünstigt, sondern von B als laufender Gewinn zu versteuern. Er unterliegt aber nicht der GewSt (§ 7 S 1 GewStG; Realteilungserlass 2018 Tz 18).

XI. Einkommensteuerliche Folgen der Realteilung

A hat für den übernommenen Teilbetrieb I zusätzliche AK von 180 000 €. Er hat den Buchwert des Teilbetriebs I in seiner EB um 180 000 € aufzustocken. B führt den Buchwert des übernommenen Teilbetriebs II fort.

Zugleich sind die Kapitalkonten von A und B an die Buchwerte der von ihnen übernommenen Teilbetriebe anzupassen.

	A	B
Kapital lt. SB der OHG	180 000 €	180 000 €
+/./. Aufstockung/Abstockung	+ 20 000 €	./. 20 000 €
+ zusätzliche AK	+ 180 000 €	
+/./. Ausgleichszahlung	./. 200 000 €	+ 200 000 €
Kapital lt EB	180 000 €	360 000 €

Eröffnungsbilanz A

Aktiva			Unternehmen A		Passiva	
	BW	TW		BW	TW
Teilbetrieb I	200 000	2 000 000	Kapital A	180 000	1 800 000
+ Aufstockung	180 000		Verbindlichkeiten	200 000	200 000
	380 000	2 000 000		380 000	2 000 000

Eröffnungsbilanz B

Aktiva			Unternehmen B		Passiva	
	BW	TW		BW	TW
Teilbetrieb II	160 000	1 600 000	Kapital B	360 000	1 800 000
Forderung	200 000	200 000			
	360 000	1 800 000		360 000	1 800 000

Beispiel 2 Spitzenausgleich bei unechter Realteilung (vgl. Realteilungserlass 2018 Tz 21): A, B und C (jeweils natürliche Personen) sind Mitunternehmer einer aus zwei Teilbetrieben bestehenden OHG. Sie sind am Gewinn und Verlust sowie Vermögen der Ges jeweils zu gleichen Teilen beteiligt. Die Gester beschließen den Austritt des C gegen Übertragung des Teilbetriebs I aus der OHG.

Bilanz der ABC-OHG vor Ausscheiden des C

Aktiva			ABC-OHG		Passiva	
	BW	TW		BW	TW
Teilbetrieb I	200 000	2 000 000	Kapital A	120 000	1 200 000
Teilbetrieb II	160 000	1 600 000	Kapital B	120 000	1 200 000
			Kapital C	120 000	1 200 000
	360 000	3 600 000		360 000	3 600 000

Aufgrund der unterschiedlichen gemeinen Werte verpflichtet sich der *ausscheidende* Gester C, an die *verbleibenden* Gester A und B einen Wertausgleich von insgesamt 800 000 € zu zahlen.

Bei der unechten Realteilung sind wie bei der echten Realteilung die Buchwerte trotz der Zahlung eines Wertausgleichs zwingend fortzuführen (§ 16 Abs 3 S 2 EStG).

O 93–95   Realteilung

Die Zahlung des Spitzenausgleichs steht der gewinnneutralen Realteilung nicht entgegen.
Nach BMF (Realteilungserlass 2018 Tz 21) ist folgende Berechnung vorzunehmen:

Wert des von C übernommenen Teilbetriebs I	2 000 000 €
Geleisteter Spitzenausgleich	800 000 €

C hat 40 % des übernommenen Teilbetriebs I (800 000 € von 2 000 000 €) entgeltlich erworben. A und B haben 40 % des Teilbetriebs I entgeltlich veräußert.

93   A und B erzielen folgenden Veräußerungsgewinn:

Veräußerungspreis (Abfindung)	800 000 €
./. anteiliger Buchwert des Teilbetriebs I (40 % von 200 000)	./. 80 000 €
Veräußerungsgewinn	720 000 €

Der Veräußerungsgewinn ist *nicht* nach §§ 16, 34 EStG begünstigt, sondern als laufender Gewinn von A und B zu versteuern und nach allgemeiner Gewinnverteilungsquote A und B zuzurechnen. Der Gewinn aus der Aufdeckung dieser stillen Reserven gehört zum laufenden Gewerbeertrag (§ 7 S 1 GewStG) und unterliegt der Gewerbesteuer (Realteilungserlass 2018 Tz 19 im Unterschied zur echten Realteilung gem Realteilungserlass 2018 Tz 18).

94   C hat für den übernommenen Teilbetrieb I zusätzliche AK von 720 000 €. C weist im EinzelUnt den Teilbetrieb I mit dem ursprünglichen Buchwert erhöht um die AK iHv 720 000 € aus. A und B führen die Buchwerte des Teilbetriebs II fort. Zugleich sind die Kapitalkonten an die Buchwerte der Teilbetriebe anzupassen.

	A	B	C
Kapital lt. Bilanz der ABC-OHG	120 000 €	120 000 €	120 000 €
+/./. Aufstockung/Abstockung	./. 40 000 €	./. 40 000 €	+ 80 000 €
+ zusätzliche AK			+ 720 000 €
+/./. Ausgleichszahlung	+ 400 000 €	+ 400 000 €	./. 800 000 €
Kapital lt FortführungsB/EB	480 000 €	480 000 €	120 000 €

95   **Eröffnungsbilanz C**

Aktiva			Unternehmen C		Passiva	
	BW	TW			BW	TW
Teilbetrieb I	200 000	2 000 000	Kapital C		120 000	1 200 000
+ Aufstockung	720 000		Verbindlichkeiten		800 000	800 000
	920 000	2 000 000			920 000	2 000 000

Bilanz nach Ausscheiden des C

Aktiva			AB-OHG		Passiva	
	BW	TW			BW	TW
Teilbetrieb II	160 000	1 600 000	Kapital A		480 000	1 200 000
Forderung	800 000	800 000	Kapital B		480 000	1 200 000
	960 000	2 400 000			960 000	2 400 000

XI. Einkommensteuerliche Folgen der Realteilung   96–98   O

Gleiches gilt mE für den Fall einer *unechten* Realteilung, in dem ein *aus-*   **96** *scheidender* Gester einen Wertausgleich *an einen anderen ausscheidenden* Gester leistet (s Bsp bei *Gläser/Zöller* DB 2019, 692 (697)).

Es entsteht für den ausscheidenden Gester, der den Wertausgleich erhält, ein laufender Gewinn, der nicht der Begünstigung nach §§ 16, 34 EStG unterliegt.

Der Gewinn unterliegt nicht der GewSt, da er im unmittelbaren Zusammenhang mit der Aufgabe des Mitunternehmeranteils steht (*Gläser/Zöller* DB 2019, 692 (698)).

Bisher nicht entschieden bzw nicht im Realteilungserlass 2018 behandelt   **97** sind Wertausgleichszahlungen der *verbleibenden* Gester aus deren Privatvermögen an den *ausscheidenden* Gester bei einer *unechten* Realteilung, um eine Wertdifferenz zwischen dem Verkehrswert des übertragenen Vermögens und der Höhe des Abfindungsanspruchs auszugleichen.

Auch wenn der BFH **Geldrenten** aus dem **Privatvermögen** der Gester oder aus zukünftigen Erträgen der Ges an den ausscheidenden Gester neben der Übertragung eines Teilbetriebs nicht als Spitzenausgleich behandelt (s BFH v 17.9.2015 BStBl II 2017, 37 Tz 28), sind wohl Wertausgleichszahlungen zum Ausgleich tatsächlicher, durch Zuordnung von Betriebsvermögen **nicht** lösbarer Wertdifferenzen von den verbleibenden Gestern an den ausscheidenden Gester wie ein Spitzenausgleich zu behandeln (Bsp s *Stenert* DStR 2019, 245 (250); *Glossert* DStZ 2019, 201 (203); *Levedag* FR 2016, 733 (740)). Der Veräußerungsgewinn ist ein laufender, nicht begünstigter Gewinn.

Von der Behandlung als Spitzenausgleich sind abzugrenzen folgende Fälle: **98**
– Der ausscheidende Gester erhält Sachgesamtheiten oder EinzelWG in Höhe seines Abfindungsanspruchs und *daneben* (zusätzlich) eine Geldrente. Das verbleibende GesVermögen entspricht wertmäßig der BetQuote der verbleibenden Gester. Zukünftige Renteneinnahmen sind nicht als Spitzenausgleich zu behandeln, unabhängig davon, ob die Rentenzahlungen aus dem Privatvermögen der verbleibenden Gester oder von der PersGes geleistet werden (BFH v 17.9.2015 BStBl II 2017, 37 Tz 28). Der für einen Spitzenausgleich typische Sachverhalt (BFH v 1.12.1992 BStBl II 1994, 607), wonach ein Gester mehr an WG aus dem GesVermögen erhält, als seinem Anteil entspricht, liegt nicht vor (BFH v 17.9.2015 BStBl II 2017, 37 Tz 65). Der BFH behandelt diese Fälle insgesamt als steuerpflichtige Veräußerung (§ 16 Abs 1 S 1 Nr 2 EStG). Als stpfl Veräußerungsgewinn (§ 16 Abs 2 EStG) ist der Kapitalwert der Rentenzahlungen zzgl der Buchwerte des Teilbetriebs, des Mitunternehmeranteils bzw der EinzelWG – Veräußerungspreis – abzgl etwaiger Veräußerungskosten, abzgl des Wertes des Kapitalkontos anzusetzen (BFH v 17.9.2015 BStBl II 2017, 37 Tz 60); kritisch zur dogmatischen Begründung ua *Reiß* FR 2017, 554 (559); *Wiese/Lukas* DStR 2016, 1078 (1081)).
– Erhält der ausscheidende Gester als Abfindung einen Teilbetrieb und eine Barzahlung unter gleichzeitigem Verzicht der verbleibenden Gester auf Ausgleich des negativen Kapitalkontos durch den unbeschränkt haftenden ausscheidenden Gester, wird der Abfindungsanspruch gemäß getroffener Vereinbarung durch mehrere Einzelleistungen erfüllt. Ein Spitzenausgleich

wird verneint. Es erfolgt eine Modifizierung des Abfindungsanspruchs der Art, nicht der Höhe nach (FG Nürnberg v 21.2.2018 EFG, 169 Tz 82; BFH v 17.9.2015 BStBl II 2017, 37 Tz 65). Mit der Befreiung des ausscheidenden Gesters von dem Ausgleich des negativen Kapitalkontos erlangt der Ausscheidende eine Gegenleistung für die Übertragung des Mitunternehmeranteils an die verbleibenden Gester (BFH v 9.7.2015 BStBl II, 954 Tz 24). Unerheblich ist, ob das Kapitalkonto durch zuzurechnende Verluste oder Entnahmen negativ geworden ist. Der stpfl Aufgabegewinn ist gem § 16 Abs 2 S 1 iVm § 16 Abs 3 S 7 und 8 EStG zu ermitteln (FG Nürnberg v 21.2.2018 EFG, 169 Tz 91, 77).

b) Spitzenausgleich bei Gewinnermittlung durch Einnahme-Überschussrechnung (§ 4 Abs 3 EStG)

100 Freiberufler, die in der Rechtsform einer PersGes ihre Tätigkeit gemeinsam in einer Sozietät ausüben, streben häufig getrennte Wege an und möchten die freiberufliche Tätigkeit selbstständig fortführen. Im Wege der echten oder unechten Realteilung kann bei Übertragung von WG die Aufdeckung stiller Reserven verhindert werden. Freiberufler ermitteln den Gewinn im Wege der Einnahme-Überschussrechnung. Fraglich ist, ob zur Durchführung der Realteilung mit Spitzenausgleich eine Pflicht zum Übergang auf die Gewinnermittlung durch Bestandsvergleich besteht.

101 Der Realteilungserlass 2018 behandelt diese Frage nicht.
Der BFH hat 2013 für die Fälle der Realteilung *ohne* Spitzenausgleich entschieden, dass ein Übergang zum BetrVermVergleich nicht notwendig ist (s Anm 77). Im Umkehrschluss hat dies für die Fälle der Realteilung *mit* Spitzenausgleichsregelung die Verpflichtung zum **Übergang zum Bestandsvergleich** zur Folge (s bereits Niedersächsisches FG v 19.4.1984 EFG, 598).

102 Es ist eine **Übergangsbilanz**/Anfangsbilanz/EB zu erstellen (FG München v 30.9.2009 EFG 2010, 1678). Sofern im Zeitpunkt des Wechsels der Gewinnermittlungsart nach § 6b EStG begünstigte Gewinne noch nicht aufzulösen waren, ist iHd noch nicht übertragenen Gewinne eine Rücklage in der Übergangsbilanz auszuweisen. Die weitere Behandlung der Rücklage richtet sich nach § 6b EStG (EStR (2012) R 6b.2 Abs 11 S 2f). Der sich dabei ergebende **Übergangsgewinn** ist ein laufender, nicht begünstigter gewerbesteuerpflichtiger Gewinn. Der Übergangsgewinn kann auf Antrag zur Vermeidung von Härten gleichmäßig auf das Jahr des Übergangs sowie die beiden Folgejahre aufgeteilt werden (EStR (2012) R 4.6 Abs 1 S 2).

103 Nach der Rspr (BFH v 9.11.2000 BStBl II 2001, 102) ist ein erneuter **Wechsel** der **Gewinnermittlungsart** innerhalb von drei Jahren möglich, wenn dieser durch eine Veränderung der wirtschaftlichen Verhältnisse veranlasst worden ist. Da eine Realteilung gem § 16 Abs 3 S 2 EStG auch eine Änderung der wirtschaftlichen Verhältnisse darstellt, ist nach erfolgter Realteilung die sofortige Rückkehr zur Einnahme-Überschussrechnung (§ 4 Abs 3 EStG) möglich. Erfolgt der Wechsel im selben Wj, in dem der Übergangsgewinn angefallen ist, wird dieser Gewinn neutralisiert (*Ostermayer/Huber* BB 2009, 1327). Das gilt auch für den Anspruch auf Spitzenausgleich.

XI. Einkommensteuerliche Folgen der Realteilung

Die Versteuerung des Spitzenausgleichs erfolgt im Ergebnis dann erst bei tatsächlichem Zufluss.

Auch ist ein Wechsel zum BetrVermVergleich erforderlich, wenn im Rahmen der *unechten* Realteilung Zahlungen oder weitere Leistungen gewährt werden, obwohl der Abfindungsanspruch bereits durch die Übertragung von WG erfüllt ist. Diese Zuwendungen werden von der Rspr nicht als Spitzenausgleich behandelt (BFH v 17.9.2015 BStBl II 2017, 37 Tz 58). Zur Ermittlung des Veräußerungsgewinns für den Ausscheidenden ist zwingend zum BetrVermVergleich (§ 4 Abs 1 EStG) überzugehen. Bei sofortiger Rückkehr der übrigen Gester zur Überschussrechnung (§ 4 Abs 3 EStG) kann für diese die Besteuerung eines Übergangsgewinns vermieden werden.

3. Gestaltung zur Vermeidung eines Spitzenausgleichs

Da die Zahlung eines Wertausgleichs zu versteuern ist, sind die Gester bestrebt, durch disquotale Zuweisung von Geld, Wertpapieren, Verbindlichkeiten oder anderen neutralen WG die Zahlung eines Ausgleichs zu vermeiden. Offen gelassen hat der BFH erneut die Frage, ob die Leistung von Einlagen oder eine Darlehensaufnahme kurz vor der Realteilung zulässig ist. Auch äußert sich die FinVerw im Realteilungserlass 2018 hierzu nicht. Allerdings behandelt die FinVerw bei Aufteilung des BetrVerm im Rahmen einer Erbauseinandersetzung die Verschaffung von liquiden Mitteln durch Kreditaufnahme oder Einlagen *vor* einer Realteilung des Nachlasses als **Gestaltungsmissbrauch** (§ 42 AO), wenn für die Kreditaufnahme/Einlage keine sachlichen Gründe – außer der geplanten Realteilung – genannt werden können und ein zeitlicher Zusammenhang mit der Realteilung vorliegt (vgl BMF v 14.3.2006 BStBl I 2006, 253 Tz 25). Danach ist eine Zahlung an die PersGes in der für den Wertausgleich erforderlichen Höhe eine Scheineinlage ohne steuerliche Wirkung.

Denkbar sind lediglich Gestaltungen, die über einen langen Zeitraum im Vorfeld einer Realteilung vorgenommen werden, zB wenn die Gester ihre Entnahmen regelmäßig jährlich vermindern, um die Liquidität der Ges zur Verbesserung des Kreditratings zu erhöhen (*Stahl* DStZ 2006, 548).

Zur Vermeidung einer Zahlung der Gester an den Ausscheidenden wird auch die Erfüllung des Abfindungsanspruchs durch WG aus dem SonderBetrVerm eines Mitunternehmers vorgeschlagen. Hierzu wird Bezug genommen auf den Realteilungserlass 2018, wonach die Übertragung von SonderBetrVerm auf einen anderen Mitunternehmer die gewinnneutrale Realteilung nicht gefährdet (so *Riedel* GmbHR 2019, 221 (226) unter Verweis auf Realteilungserlass 2018 Tz 5).

4. Übertragung von Wirtschaftsgütern in das Privatvermögen

Werden *einzelne* WG im Rahmen der Realteilung, sei es im Wege der damit einhergehenden Auflösung der PersGes oder im Wege des Ausscheidens aus einer fortbestehenden PersGes, von dem Mitunternehmer nicht in sein BetrVerm, sondern in sein *Privatvermögen* übertragen, gefährdet dieser Vorgang die steuerneutrale Realteilung insgesamt nicht. Die Übertragung von

(Sonder)BetrVerm einer PersGes in ein BetrVerm eines Mitunternehmers erfolgt unter Buchwertfortführung. Die gleichzeitige Überführung eines WG in das Privatvermögen ist eine Entnahme. Grund hierfür ist die **Personen- und Objektbezogenheit** der Realteilung (BFH v 16.3.2017 BStBl II 2019, 24 Tz 42). *Personenbezogen* deshalb, weil die steuerneutrale Übertragung von WG demjenigen zugutekommt, der erhaltenes BetrVerm in einem anderen eigenen Unt als BetrVerm weiterhin nutzt; *objektbezogen* deshalb, weil der Aufschub der Aufdeckung und Besteuerung von stillen Reserven nur erfolgt, wenn das erhaltene BetrVerm tatsächlich in einem anderen eigenen BetrVerm weiter genutzt wird. Sind die Voraussetzungen nicht erfüllt, werden die in dem WG ruhenden stillen Reserven durch Ansatz des gemeinen Wertes (§ 16 Abs 3 S 7 EStG) aufgedeckt. Die Grenze bildet die Übertragung *sämtlicher* WG in das eigene Privatvermögen. Der ausscheidende Mitunternehmer erzielt dann insgesamt einen Veräußerungsgewinn (Realteilungserlass 2018 Tz 2).

a) Echte Realteilung

109 Die in das Privatvermögen übertragenen WG stellen Entnahmen der Realteilungsgemeinschaft (dh aller Mitunternehmer) dar (Realteilungserlass 2018 Tz 9). Unter Aufdeckung der stillen Reserven, die in den in das Privatvermögen übertragenen WG verhaftet sind, ist ein **Aufgabegewinn** auf der Ebene der *Ges* zu ermitteln (§ 16 Abs 3 S 7 EStG). Der Gewinn wird den einzelnen Realteilern entspr dem allgemeinen Gewinnverteilungsschlüssel zugerechnet (BFH v 16.3.2017 BStBl II 2019, 24 Tz 42; Realteilungserlass 2018 Tz 29; aA *Stenert* DStR 2017, 1785 (1788): aufgrund der Personenbezogenheit der Realteilung Zurechnung des Gewinns der Person, die das WG in das Privatvermögen überträgt – § 16 Abs 3 S 8 EStG analog; Anerkennung einer Vereinbarung der Realteiler über die Zurechnung aufgedeckter stiller Reserven entspr Realteilungserlass 2018 Tz 29). Der Aufgabegewinn ist nicht gem §§ 16, 34 EStG tarifbegünstigt, da nicht sämtliche stillen Reserven aufgedeckt werden. Die Steuerneutralität der Realteilung an sich ist durch die Übertragung von WG in das Privatvermögen nicht gefährdet.

110 **Beispiel** (entspr Realteilungserlass 2018 Tz 9):
Die ABC-OHG wird unter den Mitunternehmern A, B und C unter Auflösung der PersGes real geteilt. A, B und C sind zu gleichen Teilen an der PersGes beteiligt und erhalten jeweils folgende WG:
A erhält WG I (BW 100 000 €, VW 240 000 €) und nutzt es zukünftig privat.
B erhält WG II (BW 120 000 €, VW 280 000 €) und nutzt es zukünftig privat.
C erhält WG III (BW 100 000 €, VW 300 000 €) und nutzt es zukünftig betrieblich.

Der Aufgabegewinn auf der Ebene der OHG ermittelt sich wie folgt:

WG I	VW 240 000 € BW 100 000 €	140 000 €
WG II	VW 280 000 € BW 120 000 €	<u>160 000 €</u>
Aufgabegewinn auf Ebene der OHG		300 000 €
Allgemeine Gewinnverteilungsquote 1/3		
Aufgabegewinn je Realteiler A, B, C		100 000 €

XI. Einkommensteuerliche Folgen der Realteilung 111–114

Gleiches gilt für den Fall, dass ein WG des SonderBetrVerm in das Privatvermögen eines Realteilers übertragen wird. Es handelt sich ebenfalls um eine Entnahme aus dem BetrVerm. **111**

b) Unechte Realteilung

Werden im Rahmen des Ausscheidens eines Mitunternehmers aus einer fortbestehenden Ges auch WG in das Privatvermögen eines Mitunternehmers übertragen, entsteht ein **Veräußerungsgewinn** auf Ebene des *Gesters*. Der *ausscheidende* Mitunternehmer erzielt einen ihm *alleine* zuzurechnenden Veräußerungsgewinn gem § 16 Abs 2 EStG. **112**

Der Veräußerungsgewinn für den Ausscheidenden ermittelt sich wie folgt: Veräußerungspreis (gemeiner Wert des WG, überführt in das Privatvermögen + Buchwert der WG/Sachgesamtheiten, überführt in das BetrVerm) abzgl Kapitalkonto, abzgl Veräußerungskosten (Realteilungserlass 2018 Tz 10). In Abzug zu bringen ist das Kapitalkonto lt StBil. Eine Kapitalkontenanpassung sieht der Realteilungserlass 2018 nicht vor (aA *Stenert* DStR 2019, 245 (254); *Gossert/Liepert/Sahm* DStZ 2019, 201 (205)).

Die *verbleibenden* Gester realisieren auf Ebene der *Ges* aus der Veräußerung der in das Privatvermögen überführten WG einen **laufenden Gewinn**. Die Buchwerte der in der Mitunternehmerschaft verbleibenden WG sind anteilig aufzustocken (Realteilungserlass 2018 Tz 10; aA *Stenert* DStR 2019, 245 (253); *Gläser/Zöller* DB 2019, 692 (699): anteilige Buchwertaufstockung auch bei den in das Privatvermögen übertragenen WG). **113**

Beispiel (entspr Realteilungserlass 2018 Tz 10): **114**
A, B und C sind mit Kapitalkonten iHv jeweils 100 000 € Mitunternehmer der ABC-OHG. Die PersGes hat folgendes BetrVerm:

WG I   BW 100 000 €   VW 240 000 €
WG II BW 120 000 €   VW 280 000 €
WG III BW 40 000 €   VW 360 000 €
WG IV BW 60 000 €   VW 540 000 €

C erhält WG I und WG II; WG I überträgt C in sein Privatvermögen; WG II überträgt C in sein BetrVerm.

Der Veräußerungsgewinn für den ausscheidenden Gester C ermittelt sich wie folgt:

Gemeiner Wert WG I	240 000 €
+ Buchwert WG II	120 000 €
abzgl Kapitalkonto	./. 100 000 €
Veräußerungsgewinn (§ 16 Abs 2 EStG)	260 000 €

Der Veräußerungsgewinn ist nicht begünstigt, da aufgrund der Übertragung von WG in das BetrVerm nicht sämtliche stillen Reserven aufgedeckt werden (*Wacker* in Schmidt[38] EStG § 16 Anm 551 Bsp 2).

Die verbleibenden Mitunternehmer realisieren auf der Ebene der AB-OHG einen laufenden Gewinn iHv 260 000 €. Insoweit sind die Buchwerte der in der AB-OHG verbleibenden WG anteilig aufzustocken.

Aufstockung der WG III und IV, die BetrVerm der fortbestehenden AB-OHG bleiben:

Stille Reserven WG III	320 000 €
Stille Reserven WG IV	480 000 €
Summe	800 000 €

115 Ermittlung des Verhältnisses zur Aufteilung des Veräußerungsgewinns (260 000 €) auf die WG III und IV unter Heranziehung der stillen Reserven, die in diesen WG verhaftet sind:

$$260\,000 / 800\,000 \times 100 = 32{,}5\,\%$$

WG III:	BW alt	40 000 €
	Aufstockungsbetrag: 32,5 % v 320 000 €	104 000 €
	BW neu	144 000 €
WG IV:	BW alt	60 000 €
	Aufstockungsbetrag: 32,5 % v 480 000 €	156 000 €
	BW neu	216 000 €

116 Gleiches gilt für den Fall, dass ein WG des SonderBetrVerm der PersGes in das Privatvermögen des ausscheidenden Gesters übertragen wird.

5. Einschränkung der Steuerneutralität

118 Nach § 16 Abs 3 S 2 EStG hat die Realteilung einer PersGes stets unter Fortführung der Buchwerte zu erfolgen. Dieser Grundsatz wird jedoch eingeschränkt. Mit den nachfolgenden Missbrauchsregelungen will der Gesetzgeber verhindern, dass die Besteuerung der stillen Reserven im Inland nicht sichergestellt ist und eine Realteilung nicht der Umstrukturierung, sondern der Vorbereitung einer Veräußerung oder Entnahme dient (BT-Drs 14/6882; BT-Drs 16/3369; § 16 Abs 3 S 3, Abs 5 EStG). Auch soll das Überspringen von stillen Reserven auf KapGes und die Nutzung des Teileinkünfteverfahrens bei Verfügungen über WG ohne Teilwertansatz vermieden werden (§ 16 Abs 3 S 4 EStG).

a) Überführung von Einzelwirtschaftsgütern in eine ausländische Betriebsstätte (§ 16 Abs 3 S 2 HS 3 EStG)

119 Werden WG im Zuge einer Realteilung in eine ausländische Betriebsstätte übertragen, kann die Überführung der WG nicht zu Buchwerten erfolgen. Diese WG sind mit dem gemeinen Wert anzusetzen. Stille Reserven sind aufzudecken und unterliegen der Besteuerung (§ 16 Abs 3 S 2 HS 3 EStG iVm § 4 Abs 1 S 4 EStG). Diese Regelung berührt die ansonsten steuerneutrale Realteilung nicht.

b) Zuteilung von Einzelwirtschaftsgütern – Sperrfrist (§ 16 Abs 3 S 3 EStG)

120 Werden nach der Realteilung Grund und Boden, Gebäude oder andere wesentliche Betriebsgrundlagen innerhalb einer **Sperrfrist von drei Jahren** veräußert oder entnommen, sind für den jeweiligen Übertragungsvorgang nicht die Buchwerte, sondern **rückwirkend** die gemeinen Werte anzusetzen (§ 16 Abs 3 S 3 EStG). Dies gilt für Grund und Boden sowie Gebäude auch dann, wenn sie *keine* wesentliche Betriebsgrundlage sind (Realteilungserlass 2018 Tz 24; aA *Wacker* in Schmidt[38] EStG § 16 Anm 552: Behaltensfrist für Grund und Boden sowie Gebäude nur bei wesentlicher Betriebsgrundlage). Die Rechtsfolge betrifft nur den Übertragungsvorgang des veräußerten oder

XI. Einkommensteuerliche Folgen der Realteilung

entnommenen WG. Im Übrigen bleibt die Buchwertverknüpfung unberührt (Realteilungserlass 2018 Tz 28).

Die Sperrfrist gilt nicht für die WG, die im Fall der *unechten* Realteilung im BetrVerm der fortgeführten Mitunternehmerschaft verblieben sind (Realteilungserlass 2018 Tz 25).

Für „andere übertragene **wesentliche Betriebsgrundlagen**" ist das Erfordernis der „Wesentlichkeit" normspezifisch auszulegen (BFH v 2.10.1997 BStBl II 1998, 104). Lt FinVerw sind WG, in denen erhebliche stille Reserven ruhen (sog quantitative Betrachtungsweise) oder solche, die zur Erreichung des Betriebszwecks erforderlich sind und denen ein besonderes wirtschaftliches Gewicht für die Betriebsführung zukommt (sog funktionale Betrachtungsweise), wesentliche Betriebsgrundlagen (Realteilungserlass 2018 Tz 8).

WG des **Sonderbetriebsvermögens**, die aus dem SonderBetrVerm eines Mitunternehmers im Rahmen der Realteilung in ein anderes SonderBetrVerm *desselben* Mitunternehmers überführt wurden, unterliegen nicht den Regelungen zur Realteilung (§ 16 Abs 3 S 2 EStG), sondern § 6 Abs 5 S 2 EStG (Realteilungserlass 2018 Tz 5) mit der Folge, dass die Sperrfristregelungen nicht zur Anwendung kommen.

Auf Übertragungen von WG des SonderBetrVerm, die aus dem SonderBetrVerm eines Mitunternehmers im Rahmen der Realteilung in ein anderes SonderBetrVerm eines *anderen* Mitunternehmers erfolgen, sind die Sperrfristregelungen anzuwenden.

Eine **schädliche Veräußerung** ist nach Auffassung der FinVerw (Realteilungserlass 2018 Tz 26) nicht nur die entgeltliche Übertragung einzelner WG, sondern auch die Einbringung von einzelnen WG, die aus der Realteilung hervorgegangen sind, *zusammen* mit einem Betrieb, Teilbetrieb oder Mitunternehmeranteil gem §§ 20, 24 UmwStG. Ebenfalls werden ein Formwechsel einer PersGes in eine KapGes nach § 25 UmwStG und die Übertragung dieser WG auf einen Dritten gegen Gewährung von GesRechten nach § 6 Abs 5 S 3 EStG vom Begriff der Veräußerung erfasst. Zwar deckt sich diese weite Auslegung mit dem Wortlaut, denn von einer Veräußerung werden nach hM auch die tauschähnlichen Vorgänge erfasst. Dennoch sollte mE eine restriktive Auslegung des § 16 Abs 3 S 3 EStG vorgenommen werden (*Wacker* in Schmidt[38] EStG § 16 Anm 552; *Schell* BB 2006, 1028), da der Gesetzgeber die Buchwertübertragung in den oben genannten Fällen ausdrücklich zulässt, soweit die Besteuerung der stillen Reserven sichergestellt ist.

Die **Sperrfrist** beginnt mit Abgabe der Steuererklärung der Mitunternehmerschaft beim FA für den Veranlagungszeitraum der Realteilung und endet drei Jahre nach Abgabe der Steuererklärung (§ 16 Abs 3 S 3 EStG). Der Gesetzgeber hat den Beginn des Fristlaufs jedoch nicht eindeutig festgelegt, sondern vom Verhalten des Stpfl abhängig gemacht. Die FinVerw stellt klar, dass es für die Fristberechnung auf die Abgabe der Erklärung zur gesonderten und einheitlichen Gewinnfeststellung für den Veranlagungszeitraum der Realteilung ankommt (Realteilungserlass 2018 Tz 24). Dabei setzt nur die Abgabe einer ausreichend vollständigen Feststellungserklärung den Fristlauf in Gang. Also wird in der Praxis die Sperrfrist deutlich länger als drei Jahre ausfallen.

126 Werden neben EinzelWG auch Betriebe, Teilbetriebe, Mitunternehmeranteile oder Teile daran oder 100%ige Bet an KapGes auf mehrere verschiedene Realteiler übertragen, so ist für jedes EinzelWG separat zu prüfen, ob die Sperrfrist Anwendung findet (*Wacker* in Schmidt[38] EStG § 16 Anm 552). Es hat also eine *subjekt-/personen-* und *objektbezogene Betrachtung* zu erfolgen (s Anm 36).

127 Sofern nach der Realteilung innerhalb der Sperrfrist *andere* EinzelWG als Grund und Boden, Gebäude oder wesentliche Betriebsgrundlagen entnommen werden, ist eine Übertragung zu Buchwerten möglich. Es wird keine Nachversteuerung ausgelöst. Gleiches gilt auch bei der Übertragung von Betrieben, Teilbetrieben, 100%igen Bet an KapGes sowie Mitunternehmeranteilen, deren Übertragung keinen Fall der Übertragung von EinzelWG darstellt (Realteilungserlass 2018 Tz 5 f, 24).

128 Folge einer schädlichen Entnahme oder Veräußerung von EinzelWG iSv § 16 Abs 3 S 3 EStG ist die **Nachversteuerung der stillen Reserven,** die die veräußerten oder entnommenen WG zum *Zeitpunkt der Realteilung* enthielten.

129 **aa) Echte Realteilung.** Der aus der nachträglichen Aufdeckung der stillen Reserven entstehende Gewinn ist ein laufender Gewinn, der grds *allen* Realteilern der aufgelösten PersGes nach dem allgemeinen **Gewinnverteilungsschlüssel** zugerechnet wird. Es erscheint sachgerecht, der Realteilungsvereinbarung eine schriftliche **Nachversteuerungsklausel** beizufügen, wonach derjenige ehemalige Mitunternehmer die Steuerlast trägt, der die Veräußerung oder Entnahme vorgenommen hat (Realteilungserlass 2018 Tz 29).

130 Werden WG im Rahmen der Realteilung als **Sonderbetriebsvermögen** eines Realteilers in das SonderBetrVerm eines *anderen* Realteilers übernommen, ist dieses SonderBetrVerm von den Regelungen zur Realteilung erfasst. Ein bei Entnahme oder Veräußerung innerhalb der Sperrfrist entstehender Gewinn ist nur dann dem übernehmenden Realteiler zuzurechnen, wenn die schriftliche Realteilungsvereinbarung eine entspr Regelung enthält.

Werden WG als SonderBetrVerm im Rahmen der Realteilung in ein anderes SonderBetrVerm oder Gesamthandsvermögen *desselben* Mitunternehmers überführt, ist das WG *nicht* Bestandteil der Realteilung. Für diese WG richtet sich die Buchwertfortführung nach § 6 Abs 5 S 2 EStG. Die Sperrfristregelung des § 16 Abs 3 S 3 EStG findet keine Anwendung.

Da das Gesetz für Überführungen gem § 6 Abs 5 S 2 EStG keine Behaltensfristen kennt, ist eine weitere Übertragung von ehemaligem SonderBetrVerm einer RealteilungsGes zu Buchwerten, zB im Rahmen der Einbringung von BetrVerm in eine andere PersGes gem § 24 UmwStG, ohne Sperrfristverletzung möglich (Bsp bei *Stenert* DStR 2017, 1785 (1792)).

131 **bb) Unechte Realteilung.** Der aus der nachträglichen Aufdeckung der stillen Reserven entstehende Gewinn ist bei dem ausscheidenden Mitunternehmer ein **Veräußerungsgewinn** (§ 16 Abs 2 EStG). Für die verbleibenden Gester entsteht auf der Ebene der fortbestehenden Ges ein laufender Gewinn. Die Buchwerte der verbleibenden WG sind anteilig entspr aufzustocken (Realteilungserlass 2018 Tz 31).

Zur Ermittlung des Veräußerungsgewinns sowie laufenden Gewinns enthält der Realteilungserlass 2018 keine Angaben.

XI. Einkommensteuerliche Folgen der Realteilung 132–138

Gründe für eine unterschiedliche steuerliche Beurteilung der Fälle, bei denen im Zuge der Realteilung WG in das Privatvermögen übertragen werden, und jenen, bei denen nach Abschluss der Realteilung innerhalb der Sperrfrist von drei Jahren WG entnommen oder veräußert werden, sind nicht ersichtlich. Daher empfiehlt sich die entspr Anwendung der Regelungen zur Übertragung von WG in das Privatvermögen (Realteilungserlass 2018 Tz 10; so auch *Gossert/Liepert/Sahm* DStZ 2019, 201 (207); s Anm 112 ff). **132**

c) Zuteilung von Einzelwirtschaftsgütern – Körperschaftsklausel I (§ 16 Abs 3 S 4 EStG)

Die Fortführung der Buchwerte wird versagt für solche EinzelWG, die zwar weiterhin BetrVerm bleiben, aber auf eine Körperschaft, Personenvereinigung oder Vermögensmasse unmittelbar oder mittelbar übertragen werden. Die Regelung will die Verlagerung stiller Reserven ua auf Anteile an KapGes mit der Begünstigung dieser Anteile bei einer späteren Veräußerung (§ 8b Abs 2 KStG bzw § 3 Nr 40 EStG) verhindern. Daher sind diese EinzelWG mit dem gemeinen Wert anzusetzen. Für die EinzelWG ist ein nicht begünstigter Aufgabegewinn zu ermitteln. **133**

Wird auf eine KapGes ein bisher in der PersGes nicht bilanzierter GFW übertragen, geht dieser – anders als bei Überführung aller WG in das Privatvermögen – nicht unter. Die im GFW enthaltenen stillen Reserven sind aufzudecken und erhöhen den Aufgabegewinn (vgl BFH v 1.12.1992 BStBl II 1994, 607). **134**

Die Missbrauchsklausel gilt aber über den Wortlaut des Gesetzestextes hinaus nach Ansicht der FinVerw nicht, wenn die Körperschaft, Personenvereinigung oder Vermögensmasse bereits vor Realteilung unmittelbar oder mittelbar an den stillen Reserven der real zu teilenden PersGes beteiligt war (Realteilungserlass 2018 Tz 11). **135**

Ein **Gewinn** aus der Aufdeckung der stillen Reserven ist nach dem vereinbarten Gewinnverteilungsschlüssel von allen früheren Gestern zu versteuern, es sei denn, der GesVertrag oder die Realteilungsvereinbarung sehen eine andere Regelung vor. Der Gewinn unterliegt der GewSt, wenn er auf eine KapGes entfällt (§ 7 S 2 GewStG). **136**

Hingegen ist die Übertragung von Teilbetrieben auf eine Körperschaft, Personenvereinigung oder Vermögensmasse zum Buchwert möglich, sofern nicht § 16 Abs 5 EStG eingreift. **137**

d) Zuteilung von Teilbetrieben und Kapitalgesellschaftsanteilen – Körperschaftsklausel II (§ 16 Abs 5 EStG)

§ 16 Abs 5 EStG schränkt die Steuerneutralität ein, wenn bei einer Realteilung, bei der Teilbetriebe auf Mitunternehmer übertragen werden, KapGesAnteile oder Anteile an Personenvereinigungen oder Vermögensmassen (objektbezogene Betrachtungsweise) von einer natürlichen Person (also von einem nicht nach § 8b Abs 2 KStG begünstigten Stpfl) unmittelbar auf eine MitunternehmerKapGes (also auf einen nach § 8b Abs 2 KStG begünstigten Stpfl) übertragen werden und die erhaltenen KapGesAnteile von der MitunternehmerKapGes innerhalb von sieben Jahren veräußert werden. **138**

139 § 16 Abs 5 EStG gilt auch für die Zuweisung einer 100%igen Bet an einer KapGes, da diese als Teilbetrieb anzusehen ist (BT-Drs 16/3369). Nach dem Wortlaut gilt die Vorschrift jedoch nicht bei der Übertragung von Mitunternehmeranteilen, zu deren Vermögen KapGesAnteile gehören. Gem § 16 Abs 5 HS 1 EStG sind die übertragenen Anteile **rückwirkend auf den Zeitpunkt der Realteilung** mit dem gemeinen Wert anzusetzen. Der Gewinn mindert sich allerdings für jedes seit der Realteilung abgelaufene *Zeitjahr* (nicht Kj) um jeweils $1/7$ – *Siebtelregelung* – (§ 16 Abs 5 HS 2 EStG iVm § 22 Abs 2 S 3 UmwStG).

140 **Beispiel:** An der AB-OHG sind zu je 50% die natürliche Person A und die B-GmbH beteiligt. Im Rahmen der Realteilung unter Auflösung der PersGes (*echte* Realteilung) wird zum 1.1.2017 jeweils ein Teilbetrieb auf A sowie die B-GmbH übertragen. Zu dem auf die B-GmbH übertragenen Teilbetrieb gehört auch die 100%-Bet an der X-GmbH (Buchwert 50 000 €, gemeiner Wert 260 000 €). Die B-GmbH wird die Anteile an der X-GmbH am 30.9.2019 für 320 000 € veräußern.

Lösung: Die Veräußerung der X-Bet innerhalb von sieben Jahren löst eine rückwirkende Besteuerung auf den Realteilungszeitpunkt (1.1.2017) aus. Der rückwirkend in 2017 von der AB-OHG anzusetzende Realteilungsgewinn ermittelt sich wie folgt:

Gemeiner Wert der X-Bet am 1.1.2017	260 000 €
– Buchwert der X-Bet am 1.1.2017	– 50 000 €
Unterschiedsbetrag	210 000 €
– 2 × $1/7$ von 210 000 €	– 60 000 €
in 2017 anzusetzender Realteilungsgewinn der OHG	150 000 €

141 Der Realteilungsgewinn ist nach dem Gewinnverteilungsschlüssel auf A und die B-GmbH zu verteilen (Realteilungserlass 2018 Tz 29; *Wacker* in Schmidt[38] EStG § 16 Anm 558). 75 000 € (50% von 150 000 €) entfallen auf A und sind gem § 3 Nr 40 S 1 Buchst b EStG, § 3c Abs 2 EStG iHv 45 000 € (60% v 75 000 €) steuerpflichtig. GewSt fällt nicht an. Der auf die B-GmbH entfallende Gewinnanteil von 75 000 € (50% von 150 000 €) ist steuerfrei (§ 8b Abs 2 KStG). Jedoch sind 3 750 € (5% von 75 000 €) als nicht abziehbare Betriebsausgabe dem Gewinn wieder hinzuzurechnen (§ 8b Abs 3 S 1 KStG) und unterliegen der GewSt (§ 7 S 2 Nr 2, S 4 GewStG).
Die B-GmbH hat nach dem Gesetzeswortlaut die X-Bet mit dem gemeinen Wert im Realteilungszeitpunkt (260 000 €) anzusetzen. Sie hat am 30.9.2019 einen steuerfreien Veräußerungsgewinn iHv 60 000 € (320 000 € – 260 000 €) erzielt. 5% des Gewinns sind jedoch als nicht abziehbare Betriebsausgabe (5% von 60 000 € = 3 000 €) außerbilanziell hinzuzurechnen.

6. Zinsschranke gemäß § 4h EStG

143 Betrieblich veranlasste Zinsaufwendungen werden in den Grenzen des § 4h EStG als **Zinsvortrag** in den folgenden Wj bei dem Betrieb (zur Definition s BMF v 4.7.2008 BStBl I, 718 Tz 2 ff) berücksichtigt. Zur Verfassungsmäßigkeit der Regelung s N Anm 124. Während beim Ausscheiden eines Mitunternehmers der Zinsvortrag entspr den Grundsätzen zu § 10a GewStG (s N Anm 126) quotal untergeht (§ 4h Abs 5 S 2 EStG), entfällt der Zinsvortrag entspr dem Wortlaut von § 4h Abs 5 S 1 EStG bei Aufgabe oder Übertragung des Betriebs und nach Auffassung der FinVerw auch bei Aufgabe eines Teilbetriebs insgesamt.

XI. Einkommensteuerliche Folgen der Realteilung   144–148   O

Für die Fälle der *echten* Realteilung hat die Auffassung der FinVerw *insge-*   **144** *samt* den Verlust des Zinsvortrags zur Folge. Im Fall der *unechten* Realteilung geht bei Aufgabe eines Teilbetriebs durch die bisherige Mitunternehmerschaft der Zinsvortrag zumindest anteilig unter (BMF v 4.7.2008 BStBl I, 718 Tz 47).

Diese Auffassung berücksichtigt nicht, dass die unternehmerischen Tätigkeiten von den ursprünglichen Mitunternehmern in getrennten Unt, sei es in der Konstellation einer *echten* oder *unechten* Realteilung, fortgeführt werden. Unter Anwendung der Grundsätze des § 10a GewStG (Unternehmens- und Unternehmeridentität) empfiehlt sich in *allen* Fällen der Realteilung die Prüfung einer quotalen Aufteilung des Zinsvortrags auf die aus der Realteilung hervorgegangenen Unt (*Van Lishaut/Schumacher/Heinemann* DStR 2008, 2341; *Hierstetter* DB 2009, 79).

7. Investitionsabzugsbetrag, SonderAfA gemäß § 7g EStG

Investitionsabzugsbeträge können unter den Voraussetzungen des § 7g   **146** Abs 1 bis 4 EStG von einer PersGes für betrieblich genutzte WG gebildet werden. Bei einer Mitunternehmerschaft ist für den begünstigten Betrieb maßgebend das Gesamthandsvermögen der Mitunternehmerschaft einschl des SonderBetrVerm (BFH v 3.8.2017 BStBl II 2018, 20 Tz 13). Der gebildete Investitionsabzugsbetrag ist **betriebsbezogen** (BFH v 19.3.2014 BStBl II 2017, 291 Tz 19). Der Abzugsbetrag ist außerbilanziell mit steuerlicher Wirkung vorzunehmen (BMF v 20.3.2017 zu Zweifelsfragen beim Investitionsabzugsbetrag BStBl I, 423 Tz 54). Handelsrechtlich wirkt sich erst die tatsächliche Investition aus.

Auch wenn die Realteilung eine Betriebsaufgabe ist, stellt sich aufgrund   **147** der in § 16 Abs 3 S 2 EStG angeordneten Buchwertfortführungspflicht die Situation anders dar. Entgegen den üblichen Fällen der Betriebsaufgabe wird bei der Realteilung das bisherige unternehmerische Engagement fortgeführt. Es besteht eine vergleichbare wirtschaftliche Kontinuität wie im Fall eines nach Praxisveräußerung fortgeführten „Restbetriebs", für den der BFH (BStBl II 2008, 106; s auch BMF v 20.3.2017 BStBl I, 423 Tz 23) einen Investitionsabzugsbetrag zugelassen hat.

Hat ein im Wege der *echten* Realteilung zu teilendes Unt einen Investi-   **148** tionsabzugsbetrag gebildet und wurde die Anschaffung oder Herstellung des WG zum Zeitpunkt der Realteilung noch *nicht* getätigt, kann folglich mE der Investitionsabzugsbetrag im Unt des Realteilers außerhalb der handelsrechtlichen Bilanz bzw Gewinnermittlung nach § 4 Abs 3 EStG für den Betrieb, dem das WG zugeordnet ist, fortgeführt werden.

Dies gilt auch, wenn ein Investitionsabzugsbetrag für *SonderBetrVerm* gebildet worden ist und nach Realteilung die bisher im Rahmen der RealteilungsGes erbrachte unternehmerische Tätigkeit unter Verwendung des früheren SonderBetrVerm nun im Unt des Realteilers unverändert fortgeführt wird. Dies gilt *nicht,* wenn eine Überführung des WG in einen *anderen* Betrieb des früheren Mitunternehmers erfolgt. Die Fortführung des bisherigen unternehmerischen Engagements und die wirtschaftliche Kontinuität sind dann nicht mehr gegeben.

Anders

149 Im Fall der *unechten* Realteilung gebildete Investitionsabzugsbeträge sind unter Bezugnahme auf die derzeit geltende Fassung des BMF-Schreibens v 20.3.2017 (BStBl I, 423) und die Erweiterung des Begriffs der Realteilung vom *verbleibenden* Unt fortzuführen, sofern mit dem „Restbetrieb" in Zusammenhang stehende Investitionen bei Ausübung der bisherigen Tätigkeit der Art nach vorgenommen werden (BMF v 20.3.2017 BStBl I, 423 Tz 23, 33).

Der *ausscheidende* Gester tritt als neuer Eigentümer in die Rechtsposition des Rechtsvorgängers bis zum Ende des Verbleibens- und Nutzungszeitraums ein, wenn ein Teilbetrieb, Mitunternehmeranteil oder EinzelWG übertragen werden, die zu den begünstigten WG iSv § 7g EStG gehören. Der ausscheidende Gester kann mE den Investitionsabzugsbetrag unter den Voraussetzungen des § 7g EStG weiterhin geltend machen (BMF v 20.3.2017 BStBl I, 423 Tz 40; entspr Anwendung v BFH v 19.5.2010 BFH/NV 2072, der die Anwendung von § 7g EStG bei Buchwerteinbringungen nach UmwStG bejaht).

Für die Überführung von SonderBetrVerm im Fall einer *unechten* Realteilung gelten dieselben Regelungen wie im Fall einer echten Realteilung (s Anm 148).

150 Waren vor Realteilung die Voraussetzungen für die **SonderAfA** nach § 7g Abs 5, 6 EStG für das begünstigte WG gegeben, kann bei Überführung des WG im Wege der Realteilung in ein Unt des Realteilers bzw ausscheidenden Gesters für dieses WG die SonderAfA (20% der AK/HK) in Anspruch genommen werden, soweit diese im 5-jährigen Begünstigungszeitraum noch nicht in voller Höhe geltend gemacht wurde.

XII. Alternative Gestaltung

153 Eine Realteilung ist unabhängig vom Zuordnungsobjekt seit 2001 nur noch unter Fortführung der Buchwerte möglich (§ 16 Abs 3 S 2 EStG, zur früheren Rechtslage s 3. Aufl M Anm 110).

154 Sollte jedoch die **Aufdeckung** sämtlicher **stillen Reserven** bei gleichzeitiger Auflösung der bestehenden Ges und Fortführung unternehmerischer Aktivitäten in separaten Ges durch die ursprünglichen Gester gewollt sein, ist dies auch möglich, indem die Gester einen Beschluss zur Auflösung der bestehenden Ges fassen und die in diesem Betrieb entfaltete gewerbliche Tätigkeit endgültig einstellen. Die WG des gesamten Gewerbebetriebs werden anschließend in einem einheitlichen Vorgang innerhalb kürzester Zeit an die jeweiligen Gester zum gemeinen Wert veräußert. Der bei der AusgangsGes entstandene Gewinn wird bei Auflösung der Ges an die ursprünglichen Gester ausgekehrt. Diese legen die erworbenen WG in die von ihnen geführten Ges zu Teilwerten ein (§ 6 Abs 1 Nr 5 EStG). Die neuen Ges unterscheiden sich in finanzieller, wirtschaftlicher und organisatorischer Hinsicht von dem bisherigen Betrieb (EStR (2012) H 16 (2)).

155 Ein Veräußerungsgewinn gilt jedoch als laufender Gewinn und ist nicht gem § 16 Abs 4 iVm § 34 EStG begünstigt, da auf der Seite des Veräußerers und Erwerbers dieselben Personen Mitunternehmer bzw Unternehmer sind (§ 16 Abs 3 S 5 EStG). § 42 AO steht dieser Gestaltung nicht entgegen.

XIII. Weitere steuerliche Folgen

1. Gewerbesteuer

Besteuerungsgrundlage für die GewSt ist der **Gewerbeertrag** (§ 6 GewStG). Dieser ist der nach den Vorschriften des EStG zu ermittelnde Gewinn aus dem Gewerbebetrieb (§ 7 S 1 GewStG). Die aus der Aufgabe eines Gewerbebetriebs resultierenden Gewinne unterliegen abw vom EStG *nicht* der Besteuerung (§ 2 Abs 5 GewStG; GewStR (2009) R 7.1 Abs 3 sowie H 7.1 Abs 3). Da seit 2001 eine Realteilung unabhängig von der Frage, ob EinzelWG, Teilbetriebe oder Mitunternehmeranteile übertragen werden, nur zu Buchwerten durchgeführt werden darf, entsteht einkommensteuerlich insoweit *grds* kein Aufgabegewinn. Die Frage der GewSt stellt sich damit nicht mehr.

Wird bei einer *echten* Realteilung zum Ausgleich der Wertverhältnisse zwischen den Gestern ein Spitzenausgleich gezahlt, unterliegt ein sich daraus ergebender Gewinn nicht der GewSt. Begründet wird dies damit, dass die Realteilung gewerbesteuerrechtlich eine Betriebsaufgabe ist. Die nachträgliche Aufdeckung von stillen Reserven steht in einem unmittelbaren sachlichen Zusammenhang mit der Betriebsaufgabe. Zahlungen zum Wertausgleich zwischen den ehemaligen Mitunternehmern werden daher nicht wie ein Gewinn, der aus einer gewerbsmäßigen Tätigkeit eines Stpfl stammt (sog „laufender Gewinn"), besteuert (BFH v 17.2.1994 BStBl II, 809; Realteilungserlass 2018 Tz 17). Ein Gewinn, der aus der Zahlung eines Spitzenausgleichs stammt, zählt daher *nicht* zum Gewerbeertrag nach § 7 S 1 GewStG, soweit er auf eine natürliche Person als unmittelbar beteiligter Mitunternehmer entfällt.

Bei einer *unechten* Realteilung handelt es sich um eine Aufgabe des Mitunternehmeranteils (BFH v 16.3.2017, BStBl II 2019, 24; Realteilungserlass 2018 Tz 2). Der aus der Aufgabe des Mitunternehmeranteils erzielte Gewinn ist gewerbesteuerfrei, soweit er auf eine natürliche Person als unmittelbar beteiligter Mitunternehmer entfällt (§ 7 S 2 Nr 2 GewStG; GewStR (2009) R 7.1 Abs 3 S 4). Wird allerdings ein Wertausgleich vom ausscheidenden Mitunternehmer an die verbleibenden Gester gezahlt, gehört der Gewinn aus der Aufdeckung der stillen Reserven durch die Übertragung von WG an den Ausscheidenden bei der verbleibenden Mitunternehmerschaft zum laufenden Gewerbeertrag (Realteilungserlass 2018 Tz 17, 19).

Realisiert der ausscheidende Mitunternehmer einen Gewinn bei Überführung von WG in sein Privatvermögen, erzielt er einen Veräußerungsgewinn gem § 16 Abs 2 EStG (Realteilungserlass 2018 Tz 10), der bei unmittelbar beteiligten natürlichen Personen nicht der GewSt unterliegt (§ 7 S 2 Nr 2 GewStG).

Gewerbesteuerliche **Verlustvorträge** (§ 10a GewStG) gehen unter, es sei denn, Unternehmens- und Unternehmeridentität sind gewahrt. In den Realteilungsfällen ist die *Unternehmensidentität* zwischen dem Gewerbebetrieb der PersGes und dem hieraus hervorgegangenen Betrieb gewahrt, wenn das übergehende Vermögen bei der PersGes einen Teilbetrieb gebildet hat und sich der dem Teilbetrieb sachlich zuzuordnende Verlust ohne weiteres aus dem Rechenwerk der PersGes ergibt (BFH v 5.9.1990 BStBl II 1991, 25; GewStR (2009) H 10a.2 „Realteilung"). *Unternehmeridentität* bedeutet, dass der Gester, der den Verlustabzug in Anspruch nehmen möchte, den Gewerbeverlust in eigener Person erlitten hat (GewStR (2009) R 10a.3 Abs 1). Bei PerGes und anderen Mitunternehmerschaften sind Träger des Rechts auf Verlustabzug die einzelnen Mitunternehmer, sog *Personenbezogenheit* des Verlustabzugs (BFH v 3.5.1993 BStBl II, 616; GewStR (2009) H 10a.3 Abs 2). Damit kann der Realteiler bzw ausscheidende Gester, der einen Teilbetrieb von der PersGes erhält, den vortragsfähigen Fehlbetrag der PersGes insoweit nutzen, als ihm dieser im Verlustentstehungsjahr entspr dem Gewinnverteilungsschlüssel, der sich aus dem GesVertrag ergibt, zuzurechnen ist. Eine Kappung des sich rein rechnerisch ergebenden Fehlbetrags tritt ein, wenn der dem Teilbetrieb zuzuordnende Fehlbetrag tatsächlich geringer ist. Dieser bildet die Höchstgrenze (GewStR (2009) R 10a.3 Abs 3 S 9 Nr 7; GewStR (2009) H 10a.3 Abs 3 „Realteilung").

2. Umsatzsteuer

163 Findet eine Realteilung in der Form der Übertragung von **Teilbetrieben** oder gesondert geführten **Betrieben** (UStAE 1.5 Abs 6) statt, ist diese Übertragung nach § 1 Abs 1a UStG nicht steuerbar. Entscheidend ist die Übertragung wesentlicher Grundlagen des gesondert geführten Betriebs an einen Unternehmer für dessen Unt, wobei die unternehmerische Tätigkeit des Erwerbers auch erst mit dem Erwerb beginnen kann. Die übertragenen VG müssen ein „hinreichend Ganzes" bilden, um dem Erwerber die Fortsetzung einer bisher ausgeübten unternehmerischen Tätigkeit zu ermöglichen. Der Erwerber muss der unternehmerischen Tätigkeit tatsächlich nachgehen (UStAE 1.5 Abs 1; BFH v 28.10.2010 DB 2011, 1091). Diese Konstellation kann eintreten bei einer Realteilung mit Spitzenausgleich, wenn der Spitzenausgleich nicht in bar, sondern in materiellen oder immateriellen Sachwerten geleistet wird (vgl hierzu sowie zur anschließenden unentgeltlichen Überlassung durch den Realteiler an eine von diesem neu gegründete GbR BFH v 26.8.2014 DStR, 2449).

164 Haben sich die Verhältnisse im Vergleich zu denen, die beim ursprünglichen Vorsteuerabzug durch die nicht real geteilte Ges vorlagen, verändert, trifft die Verpflichtung zur **Vorsteuerberichtigung** die Realteiler bzw den ausscheidenden Gester, die Eigentümer der jeweiligen WG geworden sind (UStAE 15a.10).

165 Werden **einzelne Wirtschaftsgüter** übertragen, die *kein* „hinreichend Ganzes" bilden, dh, die *nicht* im unmittelbaren Zusammenhang mit dem gesondert weitergeführten Betrieb stehen, handelt es sich um einzelne steuerbare tauschähnliche Umsätze (§ 3 Abs 12 S 2 UStG). Jedoch finden die Befreiungsregelungen des § 4 UStG Anwendung, bspw bei Übertragung von Grundstücken § 4 Nr 9a UStG und von Bankguthaben § 4 Nr 8b UStG. Ggf kann durch Ausübung des Optionsrechts nach § 9 UStG auf die Steuerbefreiung verzichtet werden.

166 **Bemessungsgrundlage** ist der Wert (ohne USt) der übernommenen WG (§ 10 Abs 2 S 2 UStG). Dieser bestimmt sich nach dem subjektiven Wert für

XIII. Weitere steuerliche Folgen 168–171

die tatsächlich erhaltene und in Geld ausdrückbare Gegenleistung (UStAE 10.5 Abs 1 S 2, 3). Hat der Leistungsempfänger keine konkreten Aufwendungen für die Gegenleistung getätigt, ist als Entgelt für die Gegenleistung der gemeine Wert anzusetzen (UStAE 10.5 Abs 1 S 6).

3. Grunderwerbsteuer

Im Fall der *echten* Realteilung löst die Übertragung von Grundstücken 168 unabhängig davon, ob EinzelWG oder Teilbetriebe übergehen, GrESt aus (§ 1 Abs 1 Nr 2 GrEStG). Eine Steuerbefreiung tritt in Höhe der Bet am Gesamthandsvermögen ein. Haben die Gester für den Fall der GesAuflösung eine davon abweichende quotale Regelung getroffen, richtet sich die Steuerbefreiung nach der Auseinandersetzungsquote (§ 6 Abs 2 iVm Abs 1 S 2 GrEStG), es sei denn, die vom BetVerhältnis abw Auseinandersetzungsquote ist innerhalb der letzten fünf Jahre vor der Auflösung der Gesamthand geändert worden (§ 6 Abs 4 S 2 GrEStG). Zum Zwecke der Steuerumgehung soll die Auseinandersetzungsquote nicht ohne weiteres erhöht werden können. Demgegenüber ist die Änderung der BetQuote innerhalb der letzten fünf Jahre unbeachtlich.

Im Fall der *unechten* Realteilung ist eine Sachabfindung mit einem Grundstück aus dem Gesamthandsvermögen grunderwerbsteuerpflichtig (§ 1 Abs 1 Nr 1 GrEStG). In Höhe der prozentualen Bet des Ausscheidenden am Gesamthandsvermögen wird der Ausscheidende von der GrESt befreit (§ 6 Abs 2 GrEStG), es sei denn, der Ausscheidende hat seinen Anteil an der Auseinandersetzungsquote abweichend vom BetVerhältnis innerhalb der letzten fünf Jahre vor seinem Ausscheiden aus der Ges geändert.

Bemessungsgrundlage sind die Grundbesitzwerte iSv § 157 Abs 1–3 169 BewG (§ 8 Abs 2 Nr 2 GrEStG).

Der **Steuersatz** beträgt 3,5 % (§ 11 Abs 1 GrEStG). Nach Art 105 Abs 2a GG haben die Bundesländer die Befugnis, den Steuersatz zu bestimmen. Hiervon hat die überwiegende Zahl der Bundesländer Gebrauch gemacht. Für 2019 ergibt sich eine Spanne zwischen 3,5 % und 6,5 %. **Steuerschuldner** ist idR der Realteiler bzw ausscheidende Mitunternehmer oder die PersGes, auf die die Grundstücke übergehen (§ 13 Nr 1 GrEStG). Sofern ein Schenkungstatbestand erfüllt ist, fällt keine GrESt an (§ 3 Nr 2 GrEStG).

4. Schenkungsteuer

Ggf ist auch an einen schenkungsteuerlich relevanten Sachverhalt zu den- 171 ken, wenn bei der Übertragung von EinzelWG oder einem Teilbetrieb ein Spitzenausgleich nicht gezahlt wird, obwohl die Verkehrswerte des jeweils übergehenden Vermögens nicht dem ermittelten Auseinandersetzungsanspruch entsprechen. Verzichtet bspw der Ausgleichsberechtigte auf die Forderung, welche er ggü dem früheren MitGester hat, kann die **freigebige Zuwendung** im Erlass einer Verbindlichkeit und damit in der Minderung von Schulden beim früheren MitGester gesehen werden (§ 7 Abs 1 Nr 1 ErbStG; R E 7.1 Abs 2 ErbStR (2011)). **Bemessungsgrundlage** für die Schenkungsteuer ist der Nennwert der ursprünglichen Forderung bzw Verbindlichkeit (§ 12 Abs 1 ErbStG iVm § 12 Abs 1 BewG).

O 172–174 Realteilung

Gleiches gilt, wenn ein früherer MitGester durch zusätzliche Zahlungen mehr erhält als ihm nach dem berechneten Abfindungs- bzw Auseinandersetzungsanspruch zusteht. Unerheblich ist in diesen Fällen, ob es sich um eine echte oder unechte Realteilung handelt.

172 Wird ein *Teilbetrieb* iSv § 16 Abs 1 S 1 Nr 1 EStG auf einen Realteiler oder einen ausscheidenden Gester übertragen, dessen gemeiner Wert höher ist als der Abfindungs- bzw Auseinandersetzungsanspruch, liegt ebenfalls eine freigebige Zuwendung vor (§ 7 Abs 1 Nr 1 ErbStG). Die schenkungsteuerlich relevante **Bereicherung** (§ 10 ErbStG) tritt ein iHd Differenz zwischen dem nach bewertungsrechtlichen Grundsätzen ermittelten Verkehrswert des Teilbetriebs und dem Abfindungs- bzw Auseinandersetzungsanspruch.

Bei Teilbetriebsübertragungen handelt es sich um inländisches BetrVerm (§ 13b Abs 1 Nr 2 ErbStG; A 13b.5 Abs 3 S 1 AEErbSt 2017), welches unter den Voraussetzungen der §§ 13a–c ErbStG in den dort beschriebenen Grenzen der Schenkungsteuer nicht unterliegt (s hierzu N Anm 156 ff).

173 Werden allerdings *EinzelWG* übertragen, finden die Regelungen zur Steuerbefreiung für BetrVerm keine Anwendung (§§ 13a–c ErbStG; A 13b 5 Abs 3 S 7 AEErbSt 2017). Die Bereicherung des Realteilers bzw des ausscheidenden Gesters gilt ungeschmälert als steuerpflichtiger Erwerb (§ 10 Abs 1 ErbStG).

174 Scheidet im Fall der *unechten* Realteilung ein Gester aus der Ges mit einem Abfindungsanspruch aus, der niedriger als der Wert seines GesAnteils im Zeitpunkt seines Ausscheidens ist, erwerben die *verbleibenden* Gester der PersGes im Wege der Anwachsung (§ 7 Abs 7 ErbStG – Anwachsungserwerb) grds begünstigungsfähiges BetrVerm (A 13b.2 Abs 1 S 2 Nr 7 AEErbSt 2017), welches unter den strengen Voraussetzungen der §§ 13a–c ErbStG keine Schenkungsteuer auslöst (s Grundzüge der Berechnung zum Anwachsungserwerb unter H 13b.1 AEErbSt 2017 Stichwort „Anwachsungserwerb").

P. Verlustanzeigebilanz und Überschuldungsstatus

Übersicht

	Anm
I. Verlustanzeigebilanz	
1. Rechtliche Grundlagen	1–7
2. Definition der Verlustgrenze	10–12
3. Begriff, Stichtag, Gliederung, Inventar	20–24
4. Ansatz und Bewertungsgrundsätze für die Verlustmessung	30–36
5. Einzelne Posten, sonstige Einzelheiten	40–49
II. Überschuldungsstatus	
1. Rechtliche Grundlagen	60–65
2. Definition und Konzeption der Feststellung der Überschuldung	70–75
3. Begriff, Stichtag, Gliederung, Inventar	80–84
4. Fortbestehensprognose, Finanzplan	90–97
5. Überschuldungsbilanz	
a) Ansatz und Bewertung	100–103
b) Einzelposten	110–127

Schrifttum zur Verlustanzeige: *W. Müller* Der Verlust der Hälfte des Grund- und Stammkapitals – Überlegungen zu den §§ 92 Abs. 1 AktG und 49 Abs. 3 GmbHG, ZGR 1985, 191; *Nowotny* Verlust des halben Stammkapitals – Ein „kleiner" Unterschied zwischen deutschem und österreichischem GmbH-Recht, in: FS Semler 1993, 231; *Priester* Verlustanzeige und Eigenkapitalersatz, ZGR 1999, 533; *Kühnberger* Verlustanzeigebilanz – zu Recht kaum beachteter Schutz für Eigentümer?, DB 2000, 2077; *Veit/Grünberg* Wesen und Funktion der obligatorischen Verlustanzeige, DB 2006, 2644; *Knebel/Schmidt* Gestaltungen zur Eigenkapital-Optimierung vor dem Hintergrund der Finanzkrise, BB 2009, 430; *Geißler* Verhaltensmaßnahmen und Rechtspflichten des Geschäftsführers in der Krise der GmbH, DZWir 2011, 309; *Göcke* Die Absage einer zur Anzeige eines Verlusts der Hälfte des Grundkapitals einberufenen Hauptversammlung, AG 2014, 119; *Plagemann* Beseitigung des Verlusts gem § 92 I AktG vor Durchführung der Hauptversammlung, NZG 2014, 207.

Schrifttum zur Überschuldung (s auch Schrifttum zu Kap Q): *Weisang* Eigenkapitalersetzende Gesellschafterleistungen in der neueren Rechtsprechung Teil II, WM 1997, 245; *Möhlmann* Die Überschuldungsprüfung nach der neuen Insolvenzordnung, DStR 1998, 1843; *Höffner* Überschuldung: Ein Tatbestandsmerkmal im Schnittpunkt von Bilanz-, Insolvenz- und Strafrecht, BB 1999, 198 (Teil I), 252 (Teil II); *Neumann* Unternehmensinsolvenz, Insolvenzplan und Insolvenzrechnungslegung auf der Grundlage des neuen Insolvenzrechts, BuW 1999, 921 (Teil I), BuW 2000, 1 (Teil II); *Spliedt* Überschuldung trotz Schuldendeckung?, DB 1999, 1941; *Rogler* Drohende Zahlungsunfähigkeit als neuer Insolvenzgrund, BuW 2000, 27; *Haas* Aktuelle Rechtsprechung zur Insolvenzantragspflicht des GmbH-Geschäftsführers nach § 64 Abs. 1 GmbHG, DStR 2003, 423; *Merz/Hübner* Aktivierung von Sicherheiten Dritter und Behandlung rangrückgetretener Forderungen im Überschuldungsstatus gemäß § 19 Abs. 2 InsO, DStR 2005, 802; *Höffner* Bestrittene Forderungen und Insolvenzgründe, DStR 2008, 1787; *Haas* Die Passivierung von Gesellschafterdarlehen in der Überschuldungsbilanz nach MoMiG und FMStG, DStR 2009, 326; *Claußen/Steinbach* Die Bilanzierung latenter Steuern bei Unternehmen in der Krise – Besonderheiten im Überschuldungsstatus und Sanierungsfall, DStR 2013, 2409; *Steinrötter/Meier* Berücksichtigung dauerhaft einredebehafteter Verbindlichkeiten im insolvenzrechtlichen Überschuldungsstatus?, NZI 2015, 919; *Wehning* Der Rangrücktritt – ein geeignetes Sanierungsmittel?, DStR 2017, 615; *Deubert/Lewe* Restrukturierungsrückstellungen im handelsrechtlichen Jahresabschluss: Besonderheiten in Konzernstrukturen, BB 2018, 874.

I. Verlustanzeigebilanz

1. Rechtliche Grundlagen

1   Bei **AG, SE, KGaA, GmbH** und **eG** besteht bei Eintritt einer normierten Verlustsituation für das jeweilige Geschäftsführungsorgan die Verpflichtung, die GesV einzuberufen und sie über diesen Umstand zu informieren. Es soll den Gestern Gelegenheit gegeben werden, geeignete Sanierungsmaßnahmen (s Kap Q) zu beschließen und sich ggü Geschäftsführung und Aufsichtsrat zu der ungünstigen Entwicklung zu äußern.

§ 92 AktG (Vorstandspflichten bei Verlust, Überschuldung oder Zahlungsunfähigkeit). (1) Ergibt sich bei Aufstellung der Jahresbilanz oder einer Zwischenbilanz oder ist bei pflichtgemäßem Ermessen anzunehmen, daß ein Verlust in Höhe der Hälfte des Grundkapitals besteht, so hat der Vorstand unverzüglich die Hauptversammlung einzuberufen und ihr dies anzuzeigen.

§ 49 GmbHG (Einberufung der Gesellschafterversammlung). (3) Insbesondere muß die Versammlung unverzüglich berufen werden, wenn aus der Jahresbilanz oder aus einer im Laufe des Geschäftsjahres aufgestellten Bilanz sich ergibt, daß die Hälfte des Stammkapitals verloren ist.

§ 33 GenG (Buchführung und Jahresabschluss). (3) Ergibt sich bei Aufstellung der Jahresbilanz oder einer Zwischenbilanz oder ist bei pflichtgemäßem Ermessen anzunehmen, dass ein Verlust besteht, der durch die Hälfte des Gesamtbetrages der Geschäftsguthaben und die Rücklagen nicht gedeckt ist, so hat der Vorstand unverzüglich die Generalversammlung einzuberufen und ihr dies anzuzeigen.

Auch für die Europäische Ges (SE) mit Sitz in Deutschland gilt die für die AG geltende Regelung zur Verlustanzeige. Bei dualistischer Verfassung der SE gilt § 92 AktG. Bei monistischer Verfassung der SE ergibt sich die entspr Verpflichtung zur Verlustanzeige für den Verwaltungsrat der SE aus § 22 Abs 5 SEAG. Nach § 40 Abs 3 SEAG haben die geschäftsführenden Direktoren den Vorsitzenden des Verwaltungsrats unverzüglich über einen derartigen Verlust zu informieren.

2   Str ist, ob eine Verpflichtung entspr § 92 Abs 1 AktG auch für die **KGaA** besteht. Nach § 283 Nr 6 AktG gelten für die phG die für den Vorstand der AG geltenden Vorschriften über die Einberufung der HV sinngemäß. UE ist § 92 Abs 1 AktG eine Vorschrift über die Einberufung der HV (ebenso *Hüffer/Koch* AktG[13] § 283, Anm 2; *Mertens/Cahn* in Kölner Komm AktG[3] § 283 Anm 13; *Perlitt* in MünchKomm AktG[4] § 283 Anm 29; aA OLG Köln 5.5.1977 AG 1978, 22).

Befindet sich die Ges in Abwicklung bzw Liq, besteht für die Abwickler bzw Liquidatoren grds keine Verpflichtung zur Verlustanzeige. Für GmbH und eG ergibt sich dies unmittelbar aus dem Gesetz (§ 71 Abs 4 GmbHG

I. Verlustanzeigebilanz 3, 4 **P**

bzw § 89 GenG), weil § 49 Abs 3 GmbHG bzw § 33 Abs 3 GenG bei den Pflichten der Liquidatoren ausgenommen sind. Umstritten ist, ob dies auch für die Abwickler einer AG, SE bzw KGaA gilt (s *Müller-Michaels* in Hölters AktG³ § 92 Anm 12). In der Literatur wird vorgebracht, dass für eine Verlustanzeige kein Raum ist, wenn sich die Ges bereits in Abwicklung befindet. Unter Verweis auf die in der Abwicklung noch mögliche Weiterführung der Ges ist diese Auffassung jedoch abzulehnen, so dass vom Bestehen der Verpflichtung gem § 92 Abs 1 AktG auszugehen ist, wenn der Geschäftsbetrieb in der Abwicklung befristet fortgeführt wird (glA *Hüffer/Koch* AktG¹³ § 92 Anm 6; *Fleischer* in Spindler/Stilz⁴ AktG § 92 Anm 11; *Spindler* in Münch-Komm AktG⁵ § 92 Anm 6). Abwickler können jedoch nicht Täter einer unterlassenen Verlustanzeige gem § 401 Abs 1 AktG sein, sondern nur der Vorstand bzw die Stellvertreter. Anderes gilt wegen § 408 AktG für die phG einer KGaA (s *Schaal* in MünchKomm AktG⁴ § 401 Anm 13), die zusammen mit einer oder mehreren von der HV gewählten Personen die Abwicklung besorgen (§ 290 Abs 1 AktG).

Für **OHG** und **KG** gibt es keine entspr gesetzlichen Vorschriften zur Verlustanzeige, auch nicht für den Fall, dass keine natürliche Person phG ist. Eine Pflicht zur Verlustanzeige besteht nur dann, wenn eine entspr Verpflichtung nach dem GesVertrag besteht.

Die jeweiligen Regelungen verlangen, dass das Geschäftsführungsorgan die 3 GesV „**unverzüglich**" einberuft. Nach § 121 Abs 1 S 1 BGB bedeutet dies, dass das Organ „ohne schuldhaftes Zögern" zu handeln hat. Dies ist uE nicht iSv „sofort" auszulegen. Für einen (eng begrenzten) zeitlichen Ermessensspielraum spricht, dass eine Verlustanzeige nach verbreiteter Auffassung bei konkreten und aussichtsreichen Sanierungsverhandlungen kurzfristig herausgezögert werden darf (s *Hüffer/Koch* AktG¹³ § 92 Anm 6; *Spindler* in Münch-Komm AktG⁵ § 92 Anm 16; *Grigoleit/Tomasic* in Grigoleit AktG § 92 Anm 7; aA *Hillmann* in Henssler/Strohn⁴ GmbHG § 49 Anm 13: kein Ermessen der Geschäftsführung einer GmbH). Ferner ist die Einberufungspflicht hinfällig, wenn bereits Insolvenzantrag gestellt wurde (ebenso *Fleischer* in Spindler/Stilz⁴ AktG § 92 Anm 11; *Grigoleit/Tomasic* in Grigoleit AktG § 92 Anm 7; *Plagemann* NZG 2014, 207). Gem § 15a Abs 1 S 1 InsO ist der Insolvenzantrag „ohne schuldhaftes Zögern, spätestens aber drei Wochen nach Eintritt der Zahlungsunfähigkeit oder Überschuldung" zu stellen (s Anm 60). Zwar unterscheiden sich die Sachverhalte; zumindest als Anhaltspunkt wird man die Frist von drei Wochen heranziehen dürfen (ähnlich *Fleischer* in Spindler/Stilz⁴ AktG § 92 Anm 12; aA *Müller-Michaels* in Hölters AktG³ § 92 Anm 11: wenige Tage; *Göcke* AG 2004, 121: drei Wochen als Maximalfrist, idR deutlich kürzer). Ferner ist uE zu differenzieren, ob die Verlustanzeige durch ein „plötzliches Ereignis" ausgelöst wird. Der Zeitraum nach Überschreiten der Verlustschwelle, in dem noch nicht schuldhaftes Zögern vorliegt, dürfte in den Fällen absehbaren Überschreitens der Verlustschwelle kürzer sein, als bei einem unvorhergesehenen Verlusteintritt. Ist die Sanierung gelungen, ehe die bereits einberufene GesV stattgefunden hat, dürfte deren Absage grds zulässig sein (glA *Hüffer/Koch* AktG¹³ § 92 Anm 6).

Börsennotierte Ges, die der **ad-hoc-Publizität** nach Art 17 MMVO 4 (ehemals § 15 WpHG aF) unterliegen, haben zu beachten, dass die Notwendigkeit der Verlustanzeige gem § 92 Abs 1 AktG selbst ad hoc offenlegungspflichtig ist (glA *Schmidt-Hern* in Beck Handbuch AG³ § 17 Anm 16; *Fleischer* in Spindler/Stilz⁴ AktG § 92 Anm 12; *Spindler* in MünchKomm AktG⁵ § 92 Anm 16). Anzeigepflichtige Sachverhalte sind unverzüglich zu veröffentlichen. In diesem Kontext handelt es sich jedoch um einen europarechtlichen Begriff, so dass nicht auf § 121 Abs 1 S 1 BGB abgestellt werden kann (abw für Zwecke des § 92 Abs 1 AktG; s Anm 3); dennoch wird man vergleichbare zeitliche Ermessensspielräume akzeptieren können (s *Kumpan* in Baumbach/ Hopt³⁸ VO (EU) Nr. 596/2014 Art 17 Anm 6). Zudem kann die Offenlegung in bestimmten Fällen aufgeschoben werden (Art 17 Abs 4, 5 MMVO), zB bei lfd Sanierungsverhandlungen (*Spindler* in MünchKomm AktG⁵ § 92 Anm 16; aA *Schmidt-Hern* in Beck Handbuch AG³ § 17 Anm 16: nur begrenzte Bedeutung, weil die Pflicht zur Einberufung der HV bestehen bleibt).

5   Bei PublikumsGes stellt sich die Frage, ob eine **gesonderte Hauptversammlung** zwecks Verlustanzeige noch erforderlich ist, wenn bereits auf der vorangegangenen (ordentlichen) HV auf das voraussichtliche Eintreten der normierten Verlustsituation hingewiesen wurde und bereits auf dieser HV die notwendigen Sanierungsbeschlüsse (wenn auch nicht solche, die den Eintritt der normierten Verlustsituation verhindern) gefasst wurden. Die gesonderte HV erfüllt dann keinen Zweck mehr. Bei Ges mit überschaubarem Gester-Kreis ist das unproblematisch, da hier die geforderte gesonderte GesV ohne erhebliche Kosten stattfinden kann. UE lässt der unbedingte Wortlaut der Regelungen auch für die PublikumsGes keine Ausnahme zu. Wenn sich der Eintritt der normierten Verlustsituation bereits abzeichnet, mag es sich uU anbieten, den Termin einer ordentlichen HV auf einen späteren Zeitpunkt festzusetzen, um sie mit der HV zwecks Verlustanzeige zusammenlegen zu können.

6   Für AG und eG ist ausdrücklich geregelt, dass die Einberufung der GesV nicht nur dann zu erfolgen hat, wenn in einer regulären Bilanz oder in einer Zwischenbilanz ein entspr Verlust ausgewiesen wird, sondern auch dann, wenn nach **pflichtgemäßem Ermessen** anzunehmen ist, dass ein entspr Verlust eingetreten ist. Dies bedeutet, dass, wenn Zweifel bestehen, ob ein entspr Verlust eingetreten sein könnte, eine Zwischenbilanz erstellt werden muss, um dies zu prüfen. Der Vorstand kann sich seiner Verpflichtung aus § 92 Abs 1 AktG nicht etwa entziehen, indem er auf die Erstellung einer Bilanz verzichtet. Die Regelung im GmbHG enthält die Verpflichtung, auch bei auf pflichtgemäßem Ermessen beruhender Verlustannahme die GesV einzuberufen, nicht explizit. Diese Verpflichtung ergibt sich aber implizit daraus, dass auch bei der GmbH nach § 49 Abs 2 GmbHG die GesV einzuberufen ist, wenn es das Interesse der GmbH erfordert. Dies ist zweifelsfrei der Fall, wenn die Geschäftsführer einen Verlust annehmen müssen und dessen Vorliegen in einer dann zu erstellenden (Zwischen-)Bilanz festgestellt wird. Bei offenkundigen Verlusten genügt aber bereits die „Bilanz im Kopf des Geschäftsführers" (*Liebscher* in MünchKomm GmbHG³ § 49 Anm 56), als Voraussetzung der Verpflichtung zur Einberufung der GesV (hM *Ganzer* in Rowedder/Schmidt-Leithoff⁶ GmbHG § 49 Anm 10; *Hüffer/Schürnbrand* in GroßKomm GmbHG² § 49 Anm 22; ebenso BGH 20.2.1995 NJW-RR, 670; *Veit/Grünberg* DB 2006, 2645 f).

I. Verlustanzeigebilanz

Ein **Unterlassen** der Verlustanzeige ist für die Mitglieder des Geschäftsführungsorgans mit bis zu drei Jahren Gefängnis oder Geldstrafe **strafbewehrt** (§ 401 Abs 1 AktG, § 53 Abs 2 und 4 SEAG, § 84 Abs 1 GmbHG, § 148 Abs 1 GenG); bei Fahrlässigkeit beträgt die Freiheitsstrafe bis zu einem Jahr (§ 401 Abs 2 AktG, § 53 Abs 5 SEAG, § 84 Abs 2 GmbHG, § 148 Abs 2 GenG). Des Weiteren kann eine Unterlassung zu **Schadenersatzansprüchen** der Ges gegen die Mitglieder des Geschäftsführungsorgans führen (§ 93 Abs 2 AktG, § 43 Abs 2 GmbHG, § 34 Abs 2 GenG). Dabei bestimmt sich der Schaden nach der Differenzhypothese, dh die Haftung ist auf die Schäden begrenzt, die bei rechtzeitiger Einberufung der GesV nicht entstanden wären (s auch *Hölters* in Hölters AktG[3] § 93 Anm 252). Das Geschäftsführungsorgan ist verpflichtet, notwendige organisatorische Vorkehrungen zu treffen, damit es seiner Verlustanzeigeverpflichtung fristgerecht nachkommen kann (§ 91 Abs 2 AktG). Entspr gilt nach hM für Geschäftsführer einer GmbH (s *Liebscher* in MünchKomm GmbHG[3] § 49 Anm 56; ebenso BGH 20.2.1995 NJW-RR, 669).

2. Definition der Verlustgrenze

Die **Verlustanzeige** wird **ausgelöst,** wenn das Nettovermögen der AG/GmbH/eG niedriger als der Betrag des halben Grundkapitals/Stammkapitals bzw der Geschäftsguthaben wird (hM *Dauner-Lieb* in Henssler/Strohn[4] AktG § 92 Anm 3; *Mertens/Cahn* in Kölner Komm AktG[3] § 92 Anm 8; *Hüffer/Koch* AktG[13] § 92 Anm 2; *Müller-Michaels* in Hölters AktG[3] § 92 Anm 4). Der Wortlaut der entspr Regelung bei GmbH („die Hälfte des Stammkapitals verloren ist") und eG („Verlust besteht, der durch die Hälfte der Geschäftsguthaben und der Rücklagen nicht gedeckt ist") spricht für diese Auslegung. Der Wortlaut der entspr Regelung bei AG („Verlust in Höhe der Hälfte des Grundkapitals besteht") könnte auch dahingehend verstanden werden, dass die Anzeigepflicht besteht, wenn die Stromgröße „Verlust" (Jahresfehlbetrag iSv § 266 Abs 3) höher wird, als es der Hälfte des Grundkapitals entspricht. Dennoch wird auch die Regelung für die AG nach hM gleichermaßen wie die Regelung bei GmbH und eG ausgelegt (BGH 9.10.1958 BB, 1181; aA *Habersack/Foerster* in Großkomm AktG[5] § 92 Rn 15 ff). Gegen die andere Auslegung spricht, dass sie dazu führen könnte, dass es trotz Absinken des Vermögens auf Null nicht zu einer Verlustanzeige kommen muss, wenn die Stromgröße „Verlust" stets niedriger bleibt als der Betrag der Hälfte des Grundkapitals. Dies würde allerdings nur gelten, wenn die Stromgröße als „Jahresfehlbetrag" ausgelegt würde, nicht dagegen, wenn die Stromgröße als „Bilanzverlust" verstanden würde. Sobald die Rücklagen durch Verluste aufgezehrt wären, würde der Bilanzverlust neben dem Jahresfehlbetrag auch den bisher aufgelaufenen Verlustvortrag umfassen, so dass es dann insoweit auch nach dieser Auslegung zumindest zu einer Verlustanzeige kommt, wie sie sich nach der hM ergibt. Solange noch Rücklagen bestehen, würde diese Auslegung zusätzlich zu einer Verlustanzeige führen, wenn der Vorstand darauf verzichtet, die Rücklagen zur Minderung des Bilanzverlusts aufzulösen. Eine derartige von der Gestaltung des Vorstands abhängige Verlustanzeige erscheint als typisierte „Pflichtanzeige" jedoch nicht sinnvoll.

11 Hat die Ges neben den Grund-/Stammkapitalgebern weitere EK-Geber (zB **stille Gesellschafter, Genussrechtskapitalgeber**), tritt die Pflicht zur Verlustanzeige dann ein, wenn das auf die Grund-/Stammkapitalgeber entfallende Nettovermögen der Ges kleiner wird als der Betrag des halben Grund-/Stammkapitals. Es würde den Sinn und Zweck der Verlustanzeige aushöhlen, wenn EK, das anderen EK-Gebern als den Grund-/Stammkapitalgebern zusteht, die Verlustanzeige und damit die Krisenwarnung hinauszögern würde. Für die Ermittlung der Verlustanzeige sind daher die nach der Verlustzurechnung zu den anderen EK-Gebern verbliebenen Ansprüche dieser EK-Geber (am fiktiven LiqErlös in Höhe des Buchvermögens der Ges) wie eine Verbindlichkeit zu behandeln (ebenso *Kühnberger* DB 2000, 2081).

Bei der **KGaA** gilt daher entspr, dass die Verlustanzeige ausgelöst wird, wenn das auf die Kommanditaktionäre entfallende Vermögen niedriger als der Betrag des halben (Kommandit-)Grundkapitals wird. Die nach Verlustverrechnung verbleibende Einlage des Komplementärs wird für die Zwecke der Verlustanzeige wie eine Verbindlichkeit behandelt.

12 Die Kopplung der Verlustanzeige an Grund-/Stammkapital bzw Geschäftsguthaben hat zur Folge, dass bei einer Ges, die mit wenig Nennkapital, dafür aber mit mehr Aufgeld ausgestattet wurde, die Verlustanzeige später greift als bei einer Ges, die mit mehr Nennkapital, dafür aber weniger Aufgeld ausgestattet wurde. Hätte der Gesetzgeber dies vermeiden wollen, hätte er die bei der Ausgabe der Anteile gezahlten Aufgelder mit in die Referenzgröße einbeziehen müssen. Dies ist jedoch nicht geschehen.

3. Begriff, Stichtag, Gliederung, Inventar

20 Die Verlustanzeigebilanz im hier gebrauchten Sinn ist eine rein **interne Bilanz,** die die Geschäftsführung erstellt, um zu prüfen, ob eine gesetzliche oder ggf entspr gesellschaftsvertragliche Verlustanzeigepflicht besteht oder nicht. Des Weiteren ist jede nach den für den JA geltenden Regeln erstellte Bilanz (zB Quartals-Zwischenabschluss, JA) immer zugleich auch eine Verlustanzeigebilanz, denn die Geschäftsführung ist verpflichtet, auch anhand dieser Abschlüsse zu prüfen, ob eine Verlustanzeigepflicht besteht (s dazu auch Anm 6). Wenn die Geschäftsführung annimmt, dass die anzeigepflichtige Verlustschwelle erreicht ist, muss sie allein hierfür keine Bilanz aufstellen, wenn sich dies aus anderen Informationsmitteln mit genügender Sicherheit ergibt (glA *Hüffer/Schürnbrand* in GroßKomm GmbHG[2] § 49 Anm 23; *Ganzer* in Rowedder/Schmidt-Leithoff[6] GmbHG § 49 Anm 10; *Liebscher* in MünchKomm GmbHG[3] § 49 Anm 56). In der einzuberufenden Versammlung der Gester muss sie allerdings in geeigneter Form die eingetretene Lage des Unt (Höhe und Ursache der Verluste) erläutern. Es liegt deshalb nahe, für diese Erl den Gestern einen Zwischenabschluss vorzulegen, wenn die Erl nicht auf der Grundlage eines ohnehin vorlagepflichtigen regulären JA erfolgt. Eine gesetzliche Verpflichtung hierzu besteht jedoch nicht.

21 Die Verlustanzeige richtet sich immer nach einem EA der Ges, auch wenn die Ges als MU konzernrechnungslegungspflichtig ist, dh es besteht **keine Verlustanzeigepflicht,** wenn in der **Konzernbilanz** das halbe

I. Verlustanzeigebilanz

Grund-/Stammkapital durch Verluste aufgebraucht ist (s *Knebel/Schmidt* BB 2009, 430).

Stichtag für eine Verlustanzeigebilanz kann jeder Tag sein, zu dem die Geschäftsführung nach pflichtgemäßem Ermessen nicht ausschließen kann, dass die anzeigepflichtige Verlustschwelle erreicht sein könnte. Sie ist dann verpflichtet, zu prüfen, ob die Verlustschwelle erreicht ist oder nicht. Des Weiteren ist jeder Stichtag, zu dem eine nach den Regeln für den JA erstellte Bilanz aufgestellt wird, immer zugleich auch Stichtag für eine Verlustanzeigebilanz. Um Abgrenzungen zu erleichtern, kann es sinnvoll sein, den Stichtag einer unterjährigen Verlustanzeigebilanz auf den nächstgelegenen Monats- bzw Quartalsstichtag zu legen.

Für die **Gliederung** der Verlustanzeigebilanz gibt es keine besonderen Vorschriften. Da sie jedoch in Ansatz und Bewertung den Regeln, die auch für den JA gelten, unterliegt (s Anm 30), liegt es nahe, die Gliederung ebenfalls entspr § 266 HGB vorzunehmen. Für KapCoGes, sofern der GesVertrag eine Verlustanzeigepflicht vorsieht (s Anm 2), und KGaA ist zusätzlich § 264c Abs 2 HGB zu berücksichtigen.

Für die interne Verlustanzeigebilanz gibt es keine Verpflichtung, ein **Inventar** zu erstellen. Bestehen jedoch Zweifel, ob die Schwelle zur Verlustanzeige erreicht ist, und resultiert die Unsicherheit aus Bereichen, die nur durch eine Inventur mit genügender Sicherheit erfasst werden können, ist insoweit auch für eine Verlustanzeigebilanz die Durchführung einer Inventur geboten (weitergehend *Kühnberger* DB 2000, 2084 f: wegen der Bedeutung für die Eigentümer sollten mindestens die wesentlichen Vorratsbestände und Sachanlagen körperlich festgestellt werden).

4. Ansatz- und Bewertungsgrundsätze für die Verlustmessung

Die für die Vermögensermittlung zum Zwecke der Verlustanzeige maßgeblichen Ansatz- und Bewertungsregeln sind nicht eindeutig geklärt. Die ganz überwiegende Literaturmeinung geht uE zutreffend davon aus, dass für die Verlustanzeige die Ansatz- und Bewertungsregeln für den **Jahresabschluss** zu beachten sind (s *Dauner-Lieb* in Henssler/Strohn[4] AktG § 92 Anm 5; *Grigoleit/Tomasic* in Grigoleit AktG § 92 Anm 5; *Hüffer/Koch* AktG[13] § 92 Anm 3; *Mertens/Cahn* in Kölner Komm AktG[3] § 92 Anm 9 ff). Für diese Auffassung sprechen die Wortlaute der gesetzlichen Regelungen. Am deutlichsten geht dies aus dem Wortlaut des § 49 Abs 3 GmbHG hervor. Danach wird die Verlustanzeige verlangt, wenn sich „aus der Jahresbilanz" ein entspr Verlust ergibt. „Aus der Jahresbilanz" kann sich ein Verlust nur nach Maßgabe der für einen solchen Abschluss geltenden Regelungen ergeben. Im AktG und GenG heißt es in den entspr Regelungen, dass die Verlustanzeige geboten ist, wenn sich „bei Aufstellung der Jahresbilanz" ein entspr Verlust ergibt. Auch hier spricht die Bezugnahme auf die Jahresbilanz dafür, dass sich die Vermögensermittlung für Zwecke der Verlustanzeige nach den Regeln für den JA richtet. Auch der Sinn und Zweck der Regelung (s Anm 1) spricht nicht gegen eine Messung der Verlustanzeige nach den Regeln für den JA. IdR bedeutet das Absinken des Buchvermögens auf weniger als die Hälfte des gezeichneten Kapitals den Eintritt einer erheblichen ungünstigen Entwicklung, so dass der Gesetzeswortlaut als Typisierung einer krisenhaften UntSituation sinnvoll erscheint. Dass diese Situation im Einzelfall keine erheblich ungünstige Entwicklung darstellen mag, lässt sich bei einer Typisierung nicht vermeiden. Darüber hinaus dient das Anknüpfen an die Ansatz- und Bewertungsregelungen für den JA der Objektivierung. Dadurch wird verhindert, dass die Organe die Information über die UntKrise hinauszögern können.

31 Die Aufdeckung „**stiller Reserven**" für Zwecke der Verlustanzeige ist nach hM nur insoweit zulässig, wie dies auch für den JA geboten ist, zB bei Wertaufholungen gem § 253 Abs 5 HGB oder Realisierung bei Veräußerung von VG des Anlagevermögens (s *Grigoleit/Tomasic* in Grigoleit AktG § 92 Anm 5; *Spindler* in MünchKomm AktG[5] § 92 Anm 14; *Mertens/Cahn* in Kölner Komm AktG[3] § 92 Anm 9; zur Aufdeckung stiller Reserven s auch *Knebel/Schmidt* BB 2009, 433). In der Literatur wurde vereinzelt die Auffassung vertreten, dass die Vermögensermittlung für Zwecke der Verlustanzeige – wie im Überschuldungsstatus – auf der Grundlage der Zeitwerte von VG und Schulden, also unter Aufdeckung der noch nicht realisierten stillen Reserven zu erfolgen hat (*Muser* WPg 1961, 29; *Hirtz* Die Vorstandspflichten bei Verlust, Zahlungsunfähigkeit und Überschuldung einer AG, Düsseldorf 1966, 35–39). Diese Auffassung ist mit dem Sinn der Regelung durchaus vereinbar. Wenn schon das Absinken des Buchwerts des Vermögens auf unter die Hälfte des Nominalkapitals als sinnvolle Typisierung einer UntKrise gelten kann, dann gilt dies erst recht für das Absinken des Zeitwerts des Vermögens auf diesen Wert.

Der BGH hat in einem Urt vom 9.10.1958 (BB 1958, 1181) die Auffassung vertreten, dass eine Verlustanzeige nicht geboten sei, solange der Verlust noch aus gesetzlichen oder freien offenen oder *stillen* Rücklagen unter Zuhilfenahme von weniger als der Hälfte des Grundkapitals gedeckt werden kann. Wenn mit *stillen Rücklagen* die Differenz zwischen Buchwert und Zeitwert der VG gemeint wäre, dann spräche das BGH-Urt für die Mindermeinung. Ob dies so gemeint war, erscheint jedoch zweifelhaft. Da der BGH den Begriff der stillen Rücklagen nicht näher erläutert hat, spricht uE insb die Bezugnahme des Wortlauts der gesetzlichen Regelungen auf die Jahresbilanz dafür, dass damit lediglich Bewertungsreserven im Rahmen der Regeln für die JA-Erstellung gemeint waren.

32 UE sind für die Vermögensmessung für Zwecke der Verlustanzeige die Regeln für den JA maßgeblich. Dabei stellt sich die Frage, ob die vom jeweiligen Unt für den tatsächlichen JA konkret gewählten **Ansatz- und Bewertungswahlrechte** auch für die Verlustanzeige maßgeblich sind, oder ob es zulässig ist (unabhängig von der Handhabung im JA), für Zwecke der Verlustanzeige die wenigen, verbliebenen Ansatz- und Bewertungswahlrechte abw (insb eigenkapitalerhöhend) auszunutzen.

Insb der Wortlaut des § 49 Abs 3 GmbHG, wonach die Verlustanzeigepflicht besteht, wenn sich „aus der Jahresbilanz" ein entspr Verlust ergibt, spricht dafür, dass die Ges für die Vermögensbemessung für Zwecke der Verlustanzeige an die Ansätze und Bewertungen gebunden ist, die sie in ihrem JA anwendet.

33 Dies bedeutet, dass Ansatzentscheidungen (selbst geschaffene immaterielle VG des Anlagevermögens nach § 248 Abs 2 HGB, Disagien aus Kreditauf-

I. Verlustanzeigebilanz 34–36 **P**

nahmen nach § 250 Abs 3 HGB) allenfalls für Vorgänge der laufenden Periode abw von den Ansatzentscheidungen früherer Perioden für vergleichbare Fälle ausgeübt werden dürfen (so auch *Kühnberger* DB 2000, 2083). Der Eintritt der Krise dürfte ein begründeter Ausnahmefall sein, der die Durchbrechung der **Ansatzstetigkeit** (§ 246 Abs 3 HGB) gestattet (ebenso *ADS*[6] HGB § 252, Anm 115; aA IDW RS HFA 38, Tz 15). Die Durchbrechung der Stetigkeit wird man für Zwecke der Verlustanzeige jedoch immer dann zulassen, wenn sie nach den allg Grundsätzen, die für den JA gelten, zulässig wäre. Dies ist etwa dann der Fall, wenn die Stetigkeitsdurchbrechung zu einem verbesserten Einblick in die VFE-Lage führt.

Beispiel: Hat die Ges einen Aktivüberhang latenter Steuern gem § 274 Abs 1 S 2 HGB bislang nicht angesetzt, ist eine Durchbrechung der Ansatzstetigkeit für Zwecke der Verlustanzeige grds vorstellbar, weil eine Durchbrechung hin zur Aktivierung eines Überhangs latenter Steuern wegen des verbesserten Einblicks auch im JA zulässig ist (s dazu *Grottel/Larenz* in Beck Bil-Komm[12] § 274 Anm 14). In einer Situation, die eine Verlustanzeige erforderlich macht, dürften jedoch erhebliche Zweifel an deren Werthaltigkeit bestehen (zu diesem Beispiel s ferner Anm 49).

Keinesfalls können aber (zurecht) **unterlassene Ansätze** für Vorgänge 34 vorangegangener Gj nachträglich aktiviert werden, wenn diese bereits ergebniswirksam in der GuV erfasst waren (zB in der Vergangenheit aufwandswirksam erfasste Entwicklungskosten; ähnlich IDW RS HFA 31 nF, Tz 8), oder in vorangegangenen Gj **gebildete Rückstellungen** aufgelöst werden, wenn der Grund dafür noch nicht entfallen ist. Dies gilt auch, wenn bestimmte direkte Altpensionszusagen und mittelbare Pensionsverpflichtungen (Art 28 Abs 1 EGHGB) bislang passiviert worden sind (glA *Mertens/Cahn* in Kölner Komm AktG[3] § 92 Anm 9; s ferner Anm 45). UE ist die Vermeidung der Verlustanzeige *kein* zulässiger Grund, frühere gesetzeskonforme JA zu ändern (s dazu grds IDW RS HFA 6, Tz 9), so dass sich auch nicht argumentieren ließe, der nachträgliche Ansatz in laufender Rechnung sei lediglich ein vereinfachtes Vorgehen, um die nachträgliche Änderung vorangegangener JA zu ersparen.

Für die **Bewertungsmethoden** (HK-Wahlrechte) ist das Gebot der 35 Methodenstetigkeit (§ 252 Abs 1 Nr 6 HGB) zu beachten. Für die Durchbrechung der Bewertungsstetigkeit gelten die Ausführungen in Anm 32 ff grds entspr.

Wie für den JA gilt auch für die Verlustanzeigebilanz, dass bei der Bewer- 36 tung von der **Fortführung der Unternehmenstätigkeit** (*going concern*) auszugehen ist, sofern dem nicht tatsächliche oder rechtliche Gegebenheiten entgegenstehen (s *Grigoleit/Tomasic* in Grigoleit AktG § 92 Anm 6; *Hüffer/Koch* AktG[13] § 92 Anm 4; *Fleischer* in Spindler/Stilz[4] AktG § 92 Anm 8). Je geringer das gezeichnete Kapital im Verhältnis zum Geschäftsvolumen ist, um so eher kann bei einer Reduktion des Buchvermögens auf weniger als die Hälfte des gezeichneten Kapitals die UntFortführung bereits fraglich erscheinen (so auch *Störk/Büssow* in Beck Bil-Komm[12] § 252 Anm 15). Voraussetzung für going concern in der HBil ist zumindest, dass die Ges mit überwiegender Wahrscheinlichkeit nicht innerhalb der nächsten 12 Monate nach dem Bilanzstichtag insolvenzantragspflichtig wird, also sowohl die Zahlungsfähigkeit gewahrt wird, als auch keine Überschuldung eintritt. Hierfür ist es erforderlich, dass die Fortführung des Unt zumindest für die Zeit bis zum übernächsten Bilanzstichtag überwiegend wahrscheinlich ist. Dies ist anhand eines Finanzplans zu prüfen (s dazu Anm 90 ff). Wenn die Gegebenheiten eine Bilanzierung unter Annahme der UntFortführung nicht mehr gestatten (s hierzu *Störk/Büssow* in Beck Bil-Komm[12] § 252 Anm 15 f), muss die Bewertung mit LiqWerten erfolgen (s *Hüffer/Koch* AktG[13] § 92 Anm 4; *Fleischer* in Spindler/Stilz[4] AktG § 92 Anm 8; s auch IDW RS HFA 17, Tz 18 ff), wobei allerdings die handelsrechtliche Bewertungsobergrenze der ggf um planmäßige Abschreibungen verminderten AK/HK weiterhin zu beachten ist. Die Bilanzierung mit LiqWerten führt in der Regel zu geringeren Aktivwerten (außerplanmäßige Abschreibungen auf (Einzel-)Veräußerungswerte) und höheren Passivwerten (zB Rückstellung für Sozialpläne aufgrund notwendigen Personalabbaus) ggü einer Bilanzierung unter Annahme der Fortführung der UntTätigkeit. Die Bewertung zu LiqWerten kann dazu führen, dass die Ges sofort überschuldet ist und der durch die gesetzlichen Regelungen vorgesehene Puffer, dh die Hälfte des Grund-/Stammkapitals aufgebraucht ist (*Grigoleit/Tomasic* in Grigoleit AktG § 92 Anm 6). Wenn die eingetretene UntKrise zwar nicht die Fortführung des Unt als Ganzes in Frage stellt, kann sie doch für einzelne Betriebsbereiche zur Folge haben, dass deren Schließung betrieben wird. In diesem Fall ist die Bilanzierung unter Abkehr von der Annahme der UntFortführung auf diese Teilbereiche des Unt beschränkt.

5. Einzelne Posten, sonstige Einzelheiten

40 Für die Verlustanzeige sind das Grund-/Stammkapital bzw die Geschäftsguthaben als Referenzgröße maßgeblich, unabhängig davon, ob das Kapital voll eingezahlt ist oder nicht (glA *Müller-Michaels* in Hölters AktG[3] § 92 Anm 4). Zur Rechtslage vor dem BilMoG (HGB aF) wurde die Auffassung vertreten, dass für den Fall, dass das Kapital nicht voll eingezahlt ist, die latente Forderung auf Einzahlung der **ausstehenden, aber noch nicht eingeforderten Einlagen** auf das Grund-/Stammkapital bzw Geschäftsguthaben in die Ermittlung des Nettovermögens der Ges unter Berücksichtigung der Einbringlichkeit einzubeziehen sei. Die Einbeziehung der latenten Einlageforderung in die Ermittlung des Nettovermögens sei unabhängig davon, ob die nicht eingeforderte Einlage nach § 272 Abs 1 S 2 HGB aF aktiviert wird oder nach S 3 dieser Vorschrift offen vom gezeichneten Kapital abgesetzt wird. Das Wahlrecht zum Brutto- oder Nettoausweis der ausstehenden Einlagen wurde als reines Ausweiswahlrecht gesehen, das keinen Einfluss auf den Zeitpunkt der Verlustanzeige haben sollte. Nach geltendem Recht ist nur noch der Nettoausweis (offene Absetzung vom gezeichneten Kapital) zulässig (§ 272 Abs 1 S 3 HGB). UE ist der damit verbundenen Wertung des Gesetzgebers nun zu folgen. Vor Einforderung der ausstehenden Einlage liegt noch kein Vermögenswert (Forderung) vor (ausführlicher *Störk/Kliem/Meyer* in Beck Bil-Komm[12] § 272 Anm 130 ff), der in die Bemessung des Vermögens der Ges eingezogen werden kann. Eine Korrektur des JA in einer Nebenrechnung für Zwecke der Verlustanzeige darf daher insofern nicht vorgenommen werden.

I. Verlustanzeigebilanz

Auch im Falle der offenen Absetzung **eigener Anteile** vom gezeichneten 41
Kapital (§ 272 Abs 1a S 1 HGB) ist das ungekürzte gezeichnete Kapital die Referenzgröße für die Verlustanzeige. Zur Rechtslage vor dem BilMoG wurde die Auffassung vertreten, dass aktivierte eigene Anteile auch im Rahmen der Verlustanzeige mit den AK bzw dem niedrigeren beizulegenden Wert angesetzt werden dürfen. Diese Auffassung war auch schon zum alten Recht umstritten. Für das geltende Recht (offene Absetzung eigener Anteile vom EK) ist der Wertung des Gesetzgebers, dass bei eigenen Anteilen kein Vermögenswert vorliegt, auch für die Verlustanzeige zu folgen.

Hält die Ges **Anteile an einem herrschenden Unternehmen,** darf dieser Vermögenswert bei der Verlustanzeige berücksichtigt werden. Dass der Gesetzgeber durch die Verpflichtung, eine Rücklage in Höhe des Wertansatzes für diese Anteile zu bilden (§ 272 Abs 4 HGB), eine Ausschüttungssperre geschaffen hat, steht dem nicht entgegen.

Im letzten regulären JA angesetzte **selbst geschaffene immaterielle** 42
Vermögensgegenstände des Anlagevermögens (§ 248 Abs 2 HGB) dürfen auch im Rahmen der Vermögensermittlung für Zwecke der Verlustanzeige angesetzt werden. Sie sind auf den Stichtag der Verlustanzeigebilanz planmäßig fortzuschreiben und ggf außerplanmäßig abzuschreiben. Für Entwicklungsaufwendungen vergangener Gj, für die bisher kein Aktivum angesetzt wurde, darf das Wahlrecht auch für Zwecke einer reinen Verlustanzeigebilanz nicht mehr abw ausgeübt werden (ebenso *Kühnberger* DB 2000, 2083 für die Bilanzierungshilfe für Ingangsetzungs- und Erweiterungsaufwendungen nach § 269 HGB aF). Nur für entspr Kosten der laufenden Periode besteht das Wahlrecht unter Berücksichtigung der sachlichen und zeitlichen Stetigkeit noch und darf ggf abw von den Vorperioden genutzt werden, um eine Verlustanzeige zu vermeiden.

Verfügt die Ges über **Genussrechtskapital,** tritt die Verlustanzeige ein, 43
wenn *das auf die Gester entfallende Vermögen* der Ges niedriger als die Hälfte des Grund-/Stammkapitals bzw der Geschäftsguthaben wird. Dies gilt auch dann, wenn das Genussrechtskapital EK-Charakter hat. Für die Ermittlung der Verlustanzeige sind die nach der Verlustzurechnung zum Genussrechtskapital verbleibenden Ansprüche der Genussrechtsinhaber (am fiktiven Liq-Erlös in Höhe des Buchvermögens der Ges) wie eine Verbindlichkeit zu behandeln (ebenso *Kühnberger* DB 2000, 2082). Entsprechendes gilt für Einlagen **stiller Gesellschafter** (s Anm 11).

Sonderposten mit Rücklageanteil (§ 247 Abs 3 HGB aF, § 273 HGB 44
aF) bzw **rein steuerliche Mehrabschreibungen** (§ 254 HGB aF, § 279 Abs 2 HGB aF) – unabhängig davon, ob sie aktivisch abgesetzt wurden oder gemäß § 281 Abs 1 HGB aF passivisch erfasst wurden –, die nach Art 67 Abs 3 EGHGB fortgeführt wurden, dürfen zur Vermeidung der Verlustanzeige erfolgswirksam aufgelöst bzw wieder zugeschrieben werden (ebenso *Kühnberger* DB 2000, 2081; *Mertens/Cahn* in Kölner Komm AktG³ § 92 Anm 9). Allerdings muss dann auch der entspr passive latente Steuerposten in die Gesamtbetrachtung der latenten Steuerposten für die Verlustanzeigebilanz einbezogen werden. Die Rückgängigmachung dieser rein steuerlichen Posten bzw Bewertungen ist zulässig, da diese dem Handelsrecht „wesensfremden" Ansätze bzw Bewertungen (Unterbewertungen) nicht dem Stetigkeitsgebot

unterliegen und daher jederzeit aufgehoben werden dürfen. Als noch die sog umgekehrte Maßgeblichkeit galt, durfte die Rückgängigmachung der rein steuerlichen Unterbewertungen zur Messung der Verlustanzeige in einer Nebenrechnung erfolgen, um steuerliche Nachteile für das Unt zu vermeiden. Da diese Koppelung zur steuerlichen Ergebnisermittlung nicht mehr besteht, muss die Rückgängigmachung nunmehr im nachfolgenden JA tatsächlich erfolgen, es sei denn, dies ist zu diesem Zeitpunkt zur Vermeidung der Verlustanzeige nicht mehr notwendig.

45 Handelsrechtlich besteht gem Art 28 EGHGB für vor 1.1.1987 begründete direkte **Pensionszusagen** und für alle mittelbaren Pensionszusagen ein Passivierungswahlrecht. Str ist, ob es auch für Zwecke der Verlustanzeige gilt. Grds gelten für die Verlustanzeige die Ansatz- und Bewertungsregeln für den JA (ausführlich Anm 30). Ist die Passivierung im JA zulässigerweise unterblieben, kann die Passivierung für die Verlustermittlung grds, dh sofern von der UntFortführung gem § 252 Abs 1 Nr 2 HGB ausgegangen werden kann, nicht zwingend gefordert werden (iE ebenso *Mertens/Cahn* in Kölner Komm³ § 92 Anm 9). Da der Fehlbetrag gem Art 28 Abs 2 EGHGB im Anhang anzugeben ist, dürfte der Fehlbetrag den Gestern zudem grds bekannt sein. Nach Sinn und Zweck der Verlustanzeige (frühzeitige Information der Gester) erscheint eine Berücksichtigung dieser Verpflichtungen für die Verlustermittlung jedoch geboten (ebenso Voraufl; *Kühnberger* DB 2000, 2083; *Spindler* in MünchKomm AktG⁵ § 92 Anm 14), zumal die Verpflichtung zur Verlustanzeige nicht davon abhängen darf, ob das Wahlrecht gem Art 28 EGHGB im JA ausgeübt wird. Aus einer Berücksichtigung dieser Zusagen allein für Zwecke der Verlustanzeige kann aber keine Bindungswirkung für den darauffolgenden JA abgeleitet werden (iE ebenso Voraufl P Anm 45: Berücksichtigung in einer Nebenrechnung); andernfalls würde die Ges zu einer Durchbrechung der Ansatzstetigkeit hin zu einer dauerhaften Passivierungspflicht gezwungen (s *Fey/Ries/Lewe* BB 2010, 1013). Bis zu einer höchstrichterlichen Klärung dieser Frage wird man auch die Nichtberücksichtigung grds akzeptieren können. Ist die Fortführungsprognose allerdings negativ, sind die Zusagen für die Verlustanzeige zwingend zu passivieren, weil sie dann auch im JA zwingend zu passivieren sind (IDW RS HFA 17, Tz 14).

46 Für **Sozialplanverpflichtungen** gelten in der Verlustanzeigebilanz die gleichen Ansatzvoraussetzungen wie im JA (s auch *Mertens/Cahn* in Kölner Komm AktG³ § 92 Anm 9; *Deubert/Lewe* BB 2018, 875). Insb dann, wenn die Annahme der UntFortführung wegfällt, können Personalanpassungen notwendig werden, so dass entspr Rückstellungen für Sozialplanverpflichtungen geboten sind (IDW RS HFA 17, Tz 13). Es ist daher durchaus möglich, dass erst durch die Bilanzierung von Sanierungsmaßnahmen aufgrund einer eingetretenen Krise die Verlustanzeigeschwelle überschritten wird. Ähnliches gilt für **außerplanmäßige Abschreibungen** im Anlagevermögen und hier ggf insb bei immateriellen VG und aktivierten GFW (s auch IDW RS HFA 17, Tz 27 f).

47 Hat die Ges TU, mit denen EAV bestehen, sind für bis zum Stichtag der Verlustanzeigebilanz aufgelaufene Verluste der TU, die wegen der **Verlustübernahme** gem § 302 AktG (ggf analog) von der Ges auszugleichen sind, Rückstellungen zu passivieren (s auch *Schmidt/Kliem* in Beck Bil-Komm¹² § 277 Anm 17: Passivierung bei drohenden Verlustübernahmen, wenn das Gj

I. Verlustanzeigebilanz

des TU vom Stichtag der Ges abweicht). Im Gewinnfall ist die Aktivierung eines Anspruchs nicht zulässig, weil der Anspruch auf Gewinnabführung rechtlich erst mit Ablauf des regulären Gj des abführenden TU entsteht und sich die zum Stichtag der Verlustanzeigebilanz entstandenen Gewinne der TU bis zu diesem Zeitpunkt wieder verflüchtigen können.

Verbindlichkeiten sind, auch wenn für sie ein **Rangrücktritt** hinter die sonstigen Forderungen nach § 39 Abs 1 Nr 1–5 InsO erklärt wurde und sie daher in der Überschuldungsbilanz nach § 19 Abs 2 S 2 InsO nicht anzusetzen sind, für Zwecke der Messung der Verlustanzeige als Verbindlichkeiten zu erfassen (ebenso *Fleischer* in Spindler/Stilz[4] AktG § 92 Anm 8; *Liebscher* in MünchKomm GmbHG[3] § 49 Anm 60; *Altmeppen* in Roth/Altmeppen[9] GmbHG § 49 Anm 19; *Hüffer/Schürnbrand* in GroßKomm GmbHG[2] § 49 Anm 25; aA *Spindler* in MünchKomm AktG[5] § 92 Anm 14: keine Passivierung; *Mertens/Cahn* in Kölner Komm[3] AktG § 92 Anm 11: keine Passivierung, wenn die Aktionärsdarlehen die Finanzierung der AG sichern und daher tatsächlich keine UntKrise besteht). Dies gilt selbst dann, wenn neben den Rangrücktritt eine Fälligkeitsabrede dergestalt tritt, dass eine Rückzahlung nicht verlangt werden kann, soweit das handelsrechtliche Buchvermögen der Ges durch die Rückzahlung kleiner als der Betrag des halben Grund-/Stammkapitals wird. Nur wenn ein **Erlass** der Verbindlichkeit vereinbart ist, ist eine Verbindlichkeit auch für Zwecke der Verlustanzeige nicht mehr zu passivieren (*Hüffer/Schürnbrand* in GroßKomm GmbHG[2] § 49 Anm 25; s auch Q Anm 60 ff). Handelt es sich um einen Erlass mit **Besserungsabrede,** muss – soweit die Besserungsabrede zu einem Anspruch des Gläubigers führt – eine Verbindlichkeit erfasst werden.

Die Regelungen des § 274 HGB für die Bilanzierung **latenter Steuern** gelten auch für die Verlustanzeigebilanz. Wird in der Verlustanzeigebilanz von der Möglichkeit Gebrauch gemacht, Sonderposten mit Rücklageanteil aufzulösen bzw in früheren Perioden vorgenommene rein steuerliche Mehrabschreibungen zuzuschreiben, ist die damit verbundene zu versteuernde temporäre Differenz in der Gesamtbetrachtung der latenten Steuerposten einzubeziehen (s Anm 44). Wenn die Verlustsituation des Unt zu einem steuerlichen Verlustvortrag führt, kann dieser dazu führen, dass ein ansonsten notwendiger passiver latenter Steuerposten (teilweise) kompensiert wird. Für einen Überhang abzugsfähiger temporärer Differenzen gilt das **Ansatzwahlrecht** des § 274 Abs 1 S 2 HGB. Es kann, entspr Werthaltigkeit vorausgesetzt, in der Verlustanzeigebilanz erstmals ausgeübt werden, wobei der Ansatz aktiver latenter Steuern nur insoweit in Betracht kommt, als in zukünftigen Perioden ausreichende steuerliche Gewinne zu erwarten sind, die eine Realisierung der Steuerminderungen gestatten (s Anm 33). Für Zwecke des regulären JA ist die Ges grds nicht an die abw Ausübung des Aktivierungswahlrechts gebunden. Etwas anderes gilt jedoch dann, wenn sich die Situation bis zum nächsten regulären JA nicht soweit wieder verbessert, dass ohne den Ansatz der aktiven latenten Steuerposten eine Verlustanzeige nicht notwendig ist. Andernfalls würde ein JA offengelegt werden, der die Erfüllung der Tatbestandsvoraussetzungen für die Verlustanzeige impliziert, eine solche aber gerade deshalb unterbleibt, weil die Aktivierung latenter Steuern in einer Art Nebenrechnung erfolgt.

II. Überschuldungsstatus

1. Rechtliche Grundlagen

60 Die Überschuldung ist bei **AG, SE, KGaA, GmbH** und uU bei **eG** neben der Zahlungsunfähigkeit ein zusätzlicher Eröffnungsgrund für das Ins-Verfahren. Daher besteht für das jeweilige Geschäftsführungsorgan die Verpflichtung, bei Eintritt der Überschuldung die Eröffnung des InsVerfahrens zu beantragen, es sei denn, es erscheint möglich, in einem kurzen Zeitraum von drei Wochen nach Eintritt der Überschuldung durch Sanierungsmaßnahmen die Überschuldung zu beseitigen (s ausführlich auch Q Anm 55 ff).

Gleiches gilt bei **OHG** und **KG**, wenn keine natürliche Person, auch nicht mittelbar, phG ist.

§ 19 InsO Überschuldung. (1) Bei einer juristischen Person ist auch die Überschuldung Eröffnungsgrund (für das Insolvenzverfahren).

(2) Überschuldung liegt vor, wenn das Vermögen des Schuldners die bestehenden Verbindlichkeiten nicht mehr deckt, es sei denn, die Fortführung des Unternehmens ist nach den Umständen überwiegend wahrscheinlich. Forderungen auf Rückgewähr von Gesellschafterdarlehen oder aus Rechtshandlungen, die einem solchen Darlehen wirtschaftlich entsprechen, für die gemäß § 39 Abs. 2 zwischen Gläubiger und Schuldner der Nachrang im Insolvenzverfahren hinter den in § 39 Abs. 1 Nr. 1 bis 5 bezeichneten Forderungen vereinbart worden ist, sind nicht bei den Verbindlichkeiten nach Satz 1 zu berücksichtigen.

(3) Ist bei einer Gesellschaft ohne Rechtspersönlichkeit kein persönlich haftender Gesellschafter eine natürliche Person, so gelten die Absätze 1 und 2 entsprechend. Dies gilt nicht, wenn zu den persönlich haftenden Gesellschaftern eine Gesellschaft gehört, bei der ein persönlich haftender Gesellschafter eine natürliche Person ist.

§ 15a InsO Antragspflicht bei juristischen Personen und Gesellschaften ohne Rechtspersönlichkeit. (1) Wird eine juristische Person zahlungsunfähig oder überschuldet, haben die Mitglieder des Vertretungsorgans oder die Abwickler ohne schuldhaftes Zögern, spätestens aber drei Wochen nach Eintritt der Zahlungsunfähigkeit oder der Überschuldung, einen Eröffnungsantrag zu stellen. Das Gleiche gilt für die organschaftlichen Vertreter der zur Vertretung der Gesellschaft ermächtigten Gesellschafter oder die Abwickler bei einer Gesellschaft ohne Rechtspersönlichkeit, bei der kein persönlich haftender Gesellschafter eine natürliche Person ist; dies gilt nicht, wenn zu den persönlich haftenden Gesellschaftern eine andere Gesellschaft gehört, bei der ein persönlich haftender Gesellschafter eine natürliche Person ist.

§ 98 GenG Eröffnung des Insolvenzverfahrens. Abweichend von § 19 Abs. 1 der Insolvenzordnung ist bei einer Genossenschaft die Überschuldung nur dann Grund für die Eröffnung des Insolvenzverfahrens, wenn

1. die Mitglieder Nachschüsse bis zu einer Haftsumme zu leisten haben und die Überschuldung ein Viertel des Gesamtbetrags der Haftsummen aller Mitglieder übersteigt,
2. die Mitglieder keine Nachschüsse zu leisten haben oder
3. die Genossenschaft aufgelöst ist.

Bei der **SE** mit monistischer Verfassung obliegt die InsAntragspflicht nach § 22 Abs 5 S 2 SEAG dem Verwaltungsrat. Die geschäftsführenden Direktoren haben dem Vorsitzenden des Verwaltungsrats nach § 40 Abs 3 S 2 SEAG unverzüglich darüber zu berichten, wenn die Ges zahlungsunfähig wird oder sich eine Überschuldung der Ges ergibt.

II. Überschuldungsstatus

61 Bei **KGaA** ist die Überschuldung auch dann Eröffnungsgrund für das InsVerfahren, wenn eine natürliche Person Komplementär ist. Die KGaA ist nach § 278 Abs 1 S 1 AktG eine juristische Person und fällt somit unter die Regelung des § 19 Abs 1 InsO, unabhängig davon, wer vollhaftender Gester der KGaA ist (s auch *Ott/Vuia* in MünchKomm InsO³ § 19 Anm 36).

Die InsAntragspflicht im Falle der Überschuldung besteht auch für die **Abwickler/Liquidatoren** einer AG, KGaA, GmbH oder eG (§ 15a Abs 1 InsO).

62 Nach dem Gesetzeswortlaut ist bei Eintritt der Überschuldung (Gleiches gilt bei Eintritt der Zahlungsunfähigkeit) ohne schuldhaftes Zögern, spätestens jedoch nach drei Wochen der Antrag auf Eröffnung des InsVerfahrens zu stellen. Wann die **Frist** beginnt, ist umstritten (*Klöhn* in MünchKomm InsO³ 15a Anm 119 mwN). Nach wohl hM beginnt die Frist mit objektivem Vorliegen des InsGrunds und dessen Erkennbarkeit (s *Klöhn* in MünchKomm InsO³ § 15a Anm 116; *Hirte* in Uhlenbruck¹⁵ InsO § 15a Anm 14; *Fleischer* in Spindler/Stilz⁴ AktG § 92 Anm 68; aA: Beginn bei positiver Kenntnis oder böswilliger Unkenntnis; *Mertens/Cahn* in Kölner Komm AktG³ § 15a InsO Anm 21; *Casper* in Großkomm GmbHG⁹ § 64 Anm 69). Eine sofortige Stellung des Antrags darf nur dann unterbleiben, wenn eine realistische Chance besteht, innerhalb von höchstens drei Wochen eine Sanierung zustande zu bekommen, die die Überschuldung beseitigt (glA *Arnold* in Henssler/Strohn⁴ InsO § 15a Anm 9; *Mertens/Cahn* in Kölner Komm AktG³ § 15a InsO Anm 23 f). Stellt sich jedoch vor Ablauf der Frist heraus, dass die Sanierung aussichtslos ist, so ist der InsAntrag unverzüglich zu stellen (*Haas* DStR 2003, 426).

63 Nach Eintritt der Überschuldung darf die Ges nach § 92 Abs 2 AktG, § 64 GmbHG, § 99 GenG bzw § 130a Abs 1 HGB **keine Zahlungen** mehr leisten, es sei denn, sie wären auch nach diesem Zeitpunkt mit der Sorgfalt eines ordentlichen Geschäftsmanns vereinbar.

64 Die verspätete oder pflichtwidrig unterlassene Beantragung der Eröffnung des InsVerfahrens ist für die Mitglieder antragspflichtiger Organe mit bis zu drei Jahren Gefängnis oder Geldstrafe **strafbewehrt** (§ 15a Abs 4 InsO, § 53 Abs 4 SEAG). Bei Fahrlässigkeit reduziert sich die Freiheitsstrafe auf bis zu einem Jahr (§ 15a Abs 5 InsO, § 53 Abs 5 SEAG). Darüber hinaus machen sich die Organmitglieder ggf schadenersatzpflichtig (§ 93 Abs 3 Nr 6 AktG, § 64 GmbHG, § 34 Abs 3 Nr 4 GenG, § 130a Abs 2 HGB; dazu auch BGH v 21.5.2019 GmbHR, 1110: § 64 Abs 1 GmbHG ist keine Schutzklausel iSd § 823 Abs 2 BGB zugunsten der Ges, sondern begründet eine eigenständige Anspruchsgrundlage der Ges). Die Organe sind verpflichtet, organisatorische Vorkehrungen zu treffen, um ihren Verpflichtungen zeitgerecht nachkommen zu können (IDW S 11, Tz 4; *Hüffer/Koch* AktG¹³ § 92 Anm 25; *Fleischer* in Spindler/Stilz⁴ AktG § 92 Anm 28; *Schmidt-Leithoff/Schneider* in Rowedder/Schmidt-Leithoff⁶ GmbHG § 64 Anm 8: Beobachtungspflicht schon vor Eintritt eines InsGrunds).

65 Aufgrund der sog COVID-19-Pandemie hat der Gesetzgeber mit dem Gesetz zur Abmilderung der Folgen der COVID-19-Pandemie im Zivil-, Insolvenz- und Strafverfahrensrecht vom 27.3.2020 (**COVID-19-Insolvenzaussetzungsgesetz** bzw COVInsAG) die Pflicht zur Stellung eines InsAntrags gem § 15a InsO (s Anm 60) bis zu 30.9.2020 ausgesetzt (§ 1 S 1 COVInsAG).

Das BMJV ist ermächtigt, die Aussetzung der InsAntragspflicht durch Rechtsverordnung und ohne Zustimmung des Bundesrats bis höchstens zum 31.3. 2021 zu verlängern. Die **Aussetzung der Insolvenzantragspflicht** gilt nicht, wenn die Insolvenzreife nicht auf den Folgen der COVID-19-Pandemie beruht oder wenn keine Aussichten bestehen, dass eine bestehende Zahlungsunfähigkeit beseitigt werden kann. Die Erfüllung dieser Voraussetzungen wird vom Gesetzgeber jedoch vermutet, wenn das Unt nicht schon am 31.12.2019 zahlungsunfähig gewesen ist (§ 1 S 3 COVInsAG).

Sind die Voraussetzungen für die Aussetzung der InsAntragspflicht gegeben, gilt ua, dass Zahlungen eines Schuldners, die er im ordnungsgemäßen Geschäftsgang tätigt, insb solche, die der Aufrechterhaltung oder Wiederaufnahme des Geschäftsbetriebes oder der Umsetzung eines Sanierungskonzepts dienen, als mit der Sorgfalt eines ordentlichen Geschäftsmanns (dazu Anm 63) vereinbar sind (zu dieser und weiteren **Rechtsfolgen** – zB ist eine bis zum 30.9.2023 erfolgende Rückgewähr eines im Aussetzungszeitraums gewährten Kredits nicht gläubigerbenachteiligend – s ausführlich § 2 Abs 1 COVInsAG). Die Rechtsfolgen gelten ua auch für Unt, die keiner Antragspflicht unterliegen, und für Schuldner, die weder zahlungsunfähig noch überschuldet sind (§ 2 Abs 2 COVInsAG).

2. Definition und Konzeption der Feststellung der Überschuldung

70 Die Überschuldung ist für die genannten Rechtsträger (Anm 60) ein zusätzlicher, das InsVerfahren auslösender Tatbestand. Von der Grundidee her soll der **Tatbestand** der Überschuldung im Hinblick auf die bei diesen Rechtsträgern idR begrenzte Haftung das InsVerfahren früher auslösen, als dies allein durch den Tatbestand der Zahlungsunfähigkeit der Fall wäre.

71 **Überschuldung** liegt nach § 19 Abs 2 S 1 InsO vor, wenn das Vermögen nicht mehr ausreicht, um die Schulden des Rechtsträgers zu decken. Der Gesetzeswortlaut schränkt aber ein, dass selbst bei rechnerischer Überschuldung (Gegenüberstellung von Vermögen und Schulden weist einen Überhang der Schulden aus) Überschuldung iSd Gesetzes nicht gegeben ist, wenn die Fortführung des Unt nach den Umständen überwiegend wahrscheinlich ist.

72 Fraglich ist, wie diese Einschränkung zu verstehen ist. Eine **Fortführung des Unternehmens** ist nur möglich, wenn das Unt in der Zukunft nicht zahlungsunfähig wird, also seine Zahlungsverpflichtungen erfüllen kann. Ob ein Rechtsträger (überwiegend wahrscheinlich) in der Lage ist, seine Schulden zu bezahlen, wäre an einem Finanzplan bis zum Zeitpunkt der am spätesten fälligen bestehenden Schuld auf der Grundlage des beabsichtigten und nach den Umständen realistisch durchführbar erscheinenden UntKonzepts zu prognostizieren. Ergibt der Finanzplan, dass (überwiegend wahrscheinlich) alle bestehenden Schulden und die durch das unterstellte UntKonzept zukünftig entstehenden Schulden bezahlt werden können, ohne dass zwischenzeitlich Zahlungsunfähigkeit eintritt, läge eine Überschuldung in diesem Sinne nicht vor. Nach hM soll aber das Merkmal der „überwiegend wahrscheinlichen Fortführung des Unt" bereits gegeben sein, wenn der Rechtsträger (überwiegend wahrscheinlich) in der vorhersehbaren Zukunft zahlungsfähig bleibt (s *Mertens/Cahn* in Kölner Komm AktG[3] § 15a InsO Anm 12; *Spindler* in

II. Überschuldungsstatus

MünchKomm AktG[5] § 92 Anm 61). Das Gesetz gibt keinen konkreten Zeitraum vor; dieser ist in Abhängigkeit vom jew Einzelfall festzulegen (glA *Bußhardt* in Braun InsO[7] § 19 Anm 32 mwN). Nach hM umfasst der Zeitraum idR das laufende und folgende Gj (so IDW S 11, Tz 61; *Mertens/Cahn* in Kölner Komm AktG[3] § 15a InsO Anm 14; *Müller-Michaels* in Hölters AktG[3] § 92 Anm 20; *Arnold* in Henssler/Strohn[4] InsO § 19 Anm 6). Dies würde einen zwischen 12 und 24 Monaten schwankenden Zeitraum bedeuten. Mitunter werden auch Zeiträume von über 24 Monaten vorgeschlagen (s *Bußhardt* in Braun InsO[7] § 19 Anm 32 mwN). Der Prognosezeitraum muss jedenfalls lang genug sein, um aus der (wahrscheinlichen) Überlebensfähigkeit in diesem Zeitraum auf die wahrscheinliche Überlebensfähigkeit und damit die Fähigkeit, die bestehenden Schulden zu begleichen, auch darüber hinaus (typisierend) schließen zu dürfen. Ein Zeitraum von unter 12 Monaten dürfte dieser Anforderung selten genügen.

Im Ergebnis ergibt sich eine ggf **zweistufige Überschuldungsprüfung.** 73 Im ersten Schritt (aA *Mock* in Uhlenbruck[15] InsO § 19 Anm 41: keine zwingende Prüfungsreihenfolge; *Arnold* in Henssler/Strohn[4] InsO § 19 Anm 6: Fortbestehensprognose erst im zweiten Schritt) ist eine **Fortbestehensprognose** auf Grundlage eines UntKonzepts und eines daraus abgeleiteten Finanzplans zu ermitteln (hierzu Anm 90 ff). Nur wenn sich bei dieser Prüfung ergibt, dass der Rechtsträger nicht mit überwiegender Wahrscheinlichkeit die nächsten 12 bis 24 Monate fortgeführt werden kann (s Anm 72), also mit erhöhter Wahrscheinlichkeit Zahlungsunfähigkeit in diesem Zeitraum eintritt (drohende Zahlungsunfähigkeit iSd § 18 InsO; s IDW S 11, Tz 65 und 94; *Mock* in Uhlenbruck[15] InsO § 19 Anm 9), wird die Überschuldung im zweiten Schritt auf der Grundlage einer Gegenüberstellung von Vermögen und Schulden (**Überschuldungsbilanz;** hierzu Anm 100 ff) geprüft. Im Umkehrschluss darf auf die Aufstellung einer Überschuldungsbilanz verzichtet werden, wenn die Fortbestehensprognose positiv ist, so dass die Überschuldungsprüfung iE nur einstufig ist (IDW S 11, Tz 69; *Haas* DStR 2009, 326; differenzierter *Mock* in Uhlenbruck[15] InsO § 19 Anm 42 f: bei nicht eindeutig positiver Fortbestehensprognose sollte die rechnerische Überschuldung dennoch geprüft werden).

Ergibt die Überschuldungsbilanz im zweiten Schritt einen **Überhang der** 74 **Aktiva** über die Passiva, liegt trotz drohender Zahlungsunfähigkeit noch keine Überschuldung vor. Aus Sicht der Gester ist jedoch nach den Umständen (Fortführungskonzept ist nicht mit überwiegender Wahrscheinlichkeit realisierbar) die Vermeidung des InsAntrags nur dann interessant, wenn der Status einen erheblichen Überschuss ausweisen würde, also für die Gester nach dem Ende der planmäßigen Liq (ggf unter Berücksichtigung von zuvor zu bedienenden Nachranggläubigern) ein nennenswertes Restvermögen verbliebe (s IDW S 11, Tz 91: Insolvenzantrag kann aufgrund drohender Zahlungsunfähigkeit gestellt werden). Ergibt sich ein **Überhang der Passiva** über die Aktiva, liegt der InsGrund der Überschuldung vor (IDW S 11, Tz 70).

In **Ausnahmefällen,** wenn eine Überschuldung aufgrund einfach zu be- 75 urteilender Sachverhalte von vornherein ausgeschlossen werden kann, darf auf die oben erläuterte Überschuldungsprüfung verzichtet werden. Dies kann der Fall sein, wenn der Fortbestand der Ges durch eine verbindliche und werthaltige Sicherung seitens des MU oder eines HauptGesters gewährleistet ist, ein entsprechend hoher Rangrücktritt iSv § 19 Abs 2 S 2 InsO vorliegt oder umfangreiche stille Reserven vorliegen. Dies ist von der Ges entspr nachzuweisen und zu dokumentieren (s IDW S 11, Tz 56 f; *Wehning* DStR 2017, 616).

3. Begriff, Stichtag, Gliederung, Inventar

80   Der **Überschuldungsstatus** ist das Instrument, anhand dessen das insolvenzantragspflichtige Organ der Ges intern prüft, ob aufgrund eingetretener Überschuldung eine Verpflichtung besteht, den InsAntrag zu stellen. Der Status besteht aus dem Unt- und Finanzplan, in dem geprüft wird, ob das Unt im Prognosezeitraum mit überwiegender Wahrscheinlichkeit zahlungsfähig bleibt, und für den Fall, dass der Finanzplan dies nicht ergibt, der Überschuldungsbilanz, in dem Vermögen und Schulden gegenübergestellt werden, um zu prüfen, ob eine Unterdeckung besteht. Allerdings gehört die Aufstellung eines Überschuldungsstatus nicht zu den Antragspflichten, umgekehrt entbindet seine Nichtaufstellung bei Überschuldung nicht von der Pflicht zur Antragstellung. Ein derartiger Status muss daher erstellt werden, wenn das Organ bei pflichtgemäßem Ermessen Zweifel haben muss, ob Überschuldung vorliegen könnte (so auch OLG Köln 19.12.2000 WM 2001, 1161), es sei denn, es liegen Umstände vor, aus denen sich dies anderweitig eindeutig feststellen lässt. Merkmale, die eine Überschuldungsprüfung nahelegen, können sein: deutlicher Umsatzrückgang, deutlich sinkende Auftragseingänge, Nichteingang einer bedeutenden, seit längerem fälligen Forderung, ein seit längerem nicht umgeschlagenes Warenlager (für diese und weitere Merkmale s IDW S 11, Tz 55; *Mock* in Uhlenbruck[15] InsO § 19 Anm 48).

Bei Eintritt der **buchmäßigen Überschuldung** (negatives EK in einer nach handelsrechtlichen Grundsätzen ermittelten Jahres- oder Zwischenbilanz) dürfte stets Anlass bestehen, zu prüfen, ob dies auch mit einer insolvenzrechtlichen Überschuldung einhergeht (so auch *Gundlach* in Insolvenzrechts-Handbuch[5] § 6 Anm 44; ähnlich auch *Fleischer* in Spindler/Stilz[4] AktG § 92 Anm 58; *Mock* in Uhlenbruck[15] InsO § 19 Anm 17: indizielle Bedeutung des JA sehr eingeschränkt). Aber auch wenn das buchmäßige EK nach eingetretenen Verlusten noch positiv ist, kann bereits Anlass bestehen, zu prüfen, ob eine insolvenzrechtliche Überschuldung vorliegt, denn wenn die eingetretenen Verluste bspw die Schließung von Betriebsteilen und damit einhergehend einen Personalabbau erforderlich machen, dann sind im Überschuldungsstatus die entspr Sozialplanverpflichtungen bereits zu berücksichtigen, auch wenn die für den Ansatz in einer HBil erforderlichen Konkretisierungen (s dazu *Deubert/Lewe* BB 2018, 875) ggf noch nicht gegeben sind (s Anm 117).

81   Wenn das Unt in einer Krisensituation ist, muss die **Überschuldungsprüfung fortlaufend** erfolgen, dh ein einmal aufgestellter Überschuldungsstatus muss gemäß der weiteren Entwicklung fortgeschrieben werden (so auch *Hüffer/Koch* AktG[13] § 92 Anm 25; IDW S 11, Tz 68; BGH 1.3.1993 ZIP 1994, 892; OLG Düsseldorf 20.11.1998 GmbHR 1999, 479). Dies bedeutet insb, dass der Finanzplan, der die Grundlage für die Fortführungsprognose ist,

II. Überschuldungsstatus

im Hinblick auf das sich im Lichte der Ereignisse fortzuschreibende UntKonzept, fortzuschreiben ist. Auch für die ggf aufgestellte Gegenüberstellung von Vermögen und Schulden gilt, dass sie in der Krisensituation fortlaufend aktualisiert werden muss.

Der Überschuldungsstatus ist technisch auf einen **Stichtag** aufzustellen. Stichtag kann dabei jeder beliebige Zeitpunkt sein, zu dem die Organmitglieder prüfen wollen, ob Überschuldung vorliegt (iE ebenso *Mönning* in Nerlich/Römermann InsO § 19 Anm 30). Da jedoch idR interessiert, ob gegenwärtig oder zukünftig Überschuldung besteht oder bestehen wird, hat der idR in der (näheren) Vergangenheit liegende Stichtag (letzter Monats-/Quartalsstichtag), auf den der Status aufgestellt wird, nur die Funktion einer Ausgangsgrundlage (Bereitstellung des Mengengerüsts; glA *Gundlach* in Insolvenzrechts-Handbuch[5] § 6 Anm 44). Insb wird man alle wesentlichen wertbeeinflussenden Ereignisse, unabhängig davon, ob sie werterhellend oder wertbegründend sind, im Erstellungszeitraum berücksichtigen. 82

Für die **Gliederung** der Überschuldungsbilanz gibt es keine Regelung. Es sind die VG den Schulden gegenüberzustellen. Es liegt nahe, sich die im Rechnungswesen für Zwecke der HBil eingeführte Gliederung zu Nutze zu machen (ebenso *Mock* in Uhlenbruck[15] InsO § 19 Anm 59; *Haas* in Baumbach/Hueck[21] GmbHG Vorb § 64 Anm 44). Der Saldo zeigt an, ob Überschuldung vorliegt. 83

Für den Überschuldungsstatus gibt es keine Verpflichtung, ein **Inventar** zu erstellen. Bestehen jedoch Zweifel, ob die Schwelle zur Überschuldung erreicht ist, und resultiert die Unsicherheit aus Bereichen, die nur durch eine Inventur mit genügender Sicherheit erfasst werden können, ist insoweit auch für einen Überschuldungsstatus die Durchführung einer Inventur geboten (glA *WPH* TBd S&I C Anm 120). 84

4. Fortbestehensprognose, Finanzplan

Im **ersten Schritt** ist zu prüfen, ob innerhalb des Prognosezeitraums (zwischen 12 und 24 Monaten; s Anm 72) mit überwiegender Wahrscheinlichkeit keine Zahlungsunfähigkeit eintritt. Dazu ist auf der Grundlage des beabsichtigten Fortführungskonzepts ein Finanzplan zu erstellen. Dessen Detaillierungsgrad hängt vom Ausmaß des ggf bereits bestehenden LiqEngpasses ab (IDW S 11, Tz 62). 90

Insb die in die Planung eingehenden Erlöse aus zukünftigen **Umsätzen** beruhen „natürlich" auf Prognosen. Diese müssen „realistisch" sein (glA *Haas* in Baumbach/Hueck[21] GmbHG Vorb § 64 Anm 34) und stellen ggf einen „Erwartungswert" aus mehreren denkbaren „Szenarien" dar. Jedenfalls ist es bei diesen Prognosen nicht zulässig, nur die günstigen Entwicklungsmöglichkeiten zu berücksichtigen. 91

Auszahlungen für vom Unt **bestrittene Verbindlichkeiten** (Schadenersatz, bestrittene Steuerverbindlichkeiten, Rückzahlung von Subventionen etc) brauchen trotz der Erwartung eines rechtskräftigen Urt im Prognosezeitraum in die Finanzplanung nicht einbezogen zu werden, wenn ein Obsiegen des Unt überwiegend wahrscheinlich ist (s auch IDW Life 2017, 528: Anwendung der Grundsätze für die Passivierung von Rückstellungen für den Fall 92 bestrittener Steuerschulden). Umgekehrt dürfen Einzahlungen aus von dritter Seite **bestrittenen Forderungen** nur angesetzt werden, wenn mit einem rechtskräftigen Urt im Prognosezeitraum zu rechnen ist und ein Obsiegen des Unt so gut wie sicher ist. Ist im Prognosezeitraum ein Vergleich überwiegend wahrscheinlich, ist der wahrscheinliche Vergleichsbetrag als Ein- oder Auszahlung im Finanzplan zu berücksichtigen.

93 Werden im Prognosezeitraum (ursprünglich typischerweise langfristige) Verbindlichkeiten des Unt fällig, die typischerweise durch **Anschlussfinanzierung** (Prolongation oder andere Kreditgeber) refinanziert werden, darf eine derartige Anschlussfinanzierung für den Zahlungsplan nur unterstellt werden, wenn dies nach den Umständen überwiegend wahrscheinlich ist (ähnlich auch *Mock* in Uhlenbruck[15] InsO § 19 Anm 220). Dabei darf für eine Prolongation auch ins Kalkül gezogen werden, ob für den bisherigen Kreditgeber die Prolongation aussichtsreicher als die Ins des Unt bei Fälligstellung ist.

94 **Zusätzliche Eigenmittel** oder **Forderungsverzichte** dürfen in die Finanzplanung nur eingehen, soweit sie der Ges verbindlich zugesagt sind (ebenso *Mock* in Uhlenbruck[15] InsO § 19 Anm 222; weniger streng IDW S 11, Tz 67: wenn hinreichend konkretisiert; *Schmidt-Hern* in Beck Handbuch AG[3] § 17 Anm 31: bei überwiegender, durch konkrete Anhaltspunkte nachgewiesene Wahrscheinlichkeit). Dies gilt auch für zusätzliche Fremdmittel, es sei denn, die Ges verfügt über ausreichendes Vermögen, das als Sicherheit für einen Kredit dienen könnte, oder eine hohe Ertragskraft, die es als sehr wahrscheinlich erscheinen lässt, dass das Unt neue zusätzliche Kredite erhält (ähnlich *Mock* in Uhlenbruck[15] InsO § 19 Anm 222: keine verbindliche Zusage erforderlich, Erfüllung der Marktkonditionen für weitere Fremdfinanzierung ausreichend). Im Planungszeitraum fällig werdende Verbindlichkeiten ggü Gestern (oder Dritten) sind mit entspr Auszahlungsbeträgen im Finanzplan zu berücksichtigen, auch wenn ein Rangrücktritt iSd § 19 Abs 2 S 2 InsO vereinbart ist. Ein Nichtansatz kommt nur bei Vorliegen entspr Stundungsvereinbarungen über das Ende des Prognosezeitraums hinaus in Betracht.

95 Ergibt der Finanzplan, dass bei dem (zunächst) zugrunde liegenden **Fortführungskonzept** voraussichtlich Zahlungsunfähigkeit eintritt, muss das Konzept etwa durch weitere TeilLiq modifiziert werden. Insgesamt allerdings muss es sich, trotz TeilLiq, noch um ein Fortführungskonzept handeln. Wenn nur noch auf der Grundlage eines (überwiegenden) LiqKonzeptes das finanzielle Gleichgewicht im Prognosezeitraum gewahrt werden kann, ist das Kriterium der „wahrscheinlichen Fortführung des Unt" nicht erfüllt (s auch IDW 11, Tz 66: Fortführung auch bei TeilLiq durch Veräußerung nicht betriebsnotwendiger VG gegeben).

96 Angesichts der haftungsrechtlichen Konsequenzen für die Geschäftsführung ist es ratsam, die angestellte **Fortführungsprognose** und deren Prämissen ausführlich schriftlich zu **dokumentieren** (ebenso IDW S 11, Tz 11; hierzu auch *Wolf* DStR 1998, 126; *Drukarczyk/Schüler* in MünchKomm InsO[3] § 19 Anm 63).

97 Ergibt der Finanzplan, dass bei dem (letztlich) zugrunde liegenden Fortführungskonzept die Zahlungsfähigkeit im Prognosezeitraum gewahrt bleibt,

II. Überschuldungsstatus

liegt keine Überschuldung im Sinn des Gesetzes vor. Andernfalls oder wenn die Zahlungsunfähigkeit im Prognosezeitraum nur auf der Grundlage eines (überwiegend) auf Liq beruhenden UntKonzepts gewahrt werden kann, ist die Überschuldung im **zweiten Schritt** anhand einer Gegenüberstellung von Vermögen und Schulden (**Überschuldungsbilanz**) zu messen.

5. Überschuldungsbilanz

a) Ansatz und Bewertung

Ergibt die Finanzplanung (Anm 90 ff), dass das finanzielle Gleichgewicht nicht (oder nur mit einem LiqKonzept) gewahrt werden kann, ist die Überschuldung iSd § 19 InsO im zweiten Schritt anhand einer Überschuldungsbilanz festzustellen. Nach hM sind in dieser Bilanz das Vermögen – iSv VG – und Schulden des Unt gegenüberzustellen. Dabei ist alles als **Schuld** zu berücksichtigen, was im Rahmen eines planmäßigen LiqProzesses des Unt außerhalb eines InsVerfahrens zu Auszahlungen führt, mit Ausnahme der Schulden, für die ein Rangrücktritt iSd § 19 Abs 2 S 2 InsO vereinbart ist (s grds auch *Gundlach* in Insolvenzrechts-Handbuch⁵ § 6 Anm 59). **Vermögensgegenstand** ist alles, was im Rahmen eines solchen LiqProzesses zu Einnahmen führt (*Schmidt-Hern* in Beck Handbuch AG³ § 17 Anm 33). Grds gilt dabei, dass die VG und Schulden einzeln zu bewerten sind (ebenso *Kaiser* in Beck HdR B 768 Anm 29; zu Ausnahmen s Anm 102). Die Bewertung der VG ist zu LiqWerten vorzunehmen, wobei (abw vom JA und der Verlustanzeigebilanz) **stille Reserven und Lasten** aufzudecken sind (IDW S 11, Tz 74).

Dabei ist grds von einer **Einzelliquidation** aller vorhandenen VG auszugehen. Die maßgeblichen Wertansätze für die einzelnen VG sind die erwarteten Einzelveräußerungserlöse ggf abzüglich noch zu erwartender Aufwendungen für die Veräußerung. Die Schätzung derartiger Einzelveräußerungserlöse ist durchaus nicht frei von (erheblichen) Ermessensspielräumen, insb wenn es sich um singuläre VG, wie Immobilien, Beteiligungen oder auch immaterielle VG, wie Patente, Warenzeichen/Markennamen handelt.

In der Überschuldungsbilanz wird ein Wert eher am unteren Ende der **Bandbreite möglicher Werte** für die erwarteten Veräußerungserlöse anzusetzen sein, es sei denn, es bestehen bereits konkretisierte Anhaltspunkte dafür, dass höhere Werte erreicht werden können. Ob höhere Werte aus einer Bandbreite von Werten angesetzt werden dürfen, wird auch davon beeinflusst, wie lange für die Liq, also die Suche nach einem geeigneten Käufer, gemäß Zahlungsplan Zeit verbleibt, ohne dass Zahlungsunfähigkeit eintritt (s dazu auch IDW S 11, Tz 75).

Bei EinzelLiq sind in der Überschuldungsbilanz auch die durch die beabsichtigte Liq bedingten **zusätzlichen Schulden** zu berücksichtigen. Hierbei sind insb die Sozialplanverpflichtungen für ausscheidende Mitarbeiter zu nennen (IDW S 11, Tz 73). Des Weiteren sind auch die laufenden Gehälter der Mitarbeiter bis zu ihrem vorgesehenen Ausscheiden zu passivieren, soweit ihnen nicht kompensierende Erträge gegenüberstehen, die nicht im Rahmen der Bewertung der VG bereits berücksichtigt sind. Gleiches gilt auch für andere Dauerschuldverhältnisse, zB Mietverträge. Es sind die voraussichtlichen

P 102–110 Verlustanzeigebilanz und Überschuldungsstatus

Abfindungen für die vorzeitige Beendigung der Verträge und die bis dahin laufend anfallenden Zahlungen (Mieten) zu passivieren. Es handelt sich dabei um Drohverlustrückstellungen. Die bei UntFortführung für schwebende Geschäfte, insb Dauerschuldverhältnisse, geltende „Ausgeglichenheitsvermutung" kehrt sich bei Liq in eine „Unausgeglichenheitsvermutung" um, die im Einzelfall ggf zu widerlegen ist. Schulden, die erst durch die Eröffnung des InsVerfahrens entstehen (Kosten des InsVerfahrens), sind dagegen nicht zu berücksichtigen, weil die Antizipation derartiger Kosten dem Sinn und Zweck der Überschuldungsbilanz zuwiderläuft (ebenso *H.-F. Müller* in MünchKomm GmbHG[3] § 64 Anm 35; aA *Schmidt-Hern* in Beck Handbuch AG[3] § 17 Anm 37).

102   Sieht die LiqStrategie ganz oder teilweise vor, dass **Sachgesamtheiten** (Betriebsteile) insgesamt veräußert werden, und wird daraus ein höherer Erlös erwartet, als es aus einer EinzelLiq zu erwarten ist, kann dies uE nur berücksichtigt werden, wenn es bereits konkrete Verkaufsverhandlungen gibt und ein Vertragsabschluss sehr wahrscheinlich ist (ähnlich auch *H.-F. Müller* in MünchKomm GmbHG[3] § 64 Anm 28; *Haas* in Baumbach/Hueck GmbHG[21] Vorb § 64 Anm 54; *Mock* in Uhlenbruck[15] InsO § 19 Anm 136). In diesem Fall wird die Sachgesamtheit als solche (und nicht mehr die einzelnen VG und Schulden, die zu dieser Sachgesamtheit gehören) im Status mit dem erwarteten Veräußerungserlös (inkl originärem GFW) angesetzt (IDW S 11, Tz 80). Solange aber derartig konkretisierte Anhaltspunkte noch nicht vorliegen, dürfen die einzelnen VG nur mit zu erwartenden Einzelveräußerungserlösen angesetzt werden; die mit einer EinzelLiq einhergehenden zusätzlichen Schulden (zB für Sozialpläne), die durch die geplante Gesamtveräußerung möglicherweise vermieden werden können, müssen auch erfasst werden.

103   Im Vergleich zur Bewertung von aus **Beteiligungen** zu erwartenden Veräußerungserlösen erscheint dies sehr restriktiv. Selbst bei vorsichtiger Schätzung des Veräußerungserlöses für eine Bet kann dieser höher sein, als er sich bei gedachter Liq der Bet ergäbe, also Komponenten enthalten, die uE für den Fall der Veräußerung eines Teilbetriebs nur bei erheblicher Konkretisierung bei der Bewertung berücksichtigt werden dürfen. Dies ist damit begründet, dass die Bet, solange sie nicht selbst in ihrem Fortbestand gefährdet ist, anders als der zur Veräußerung vorgesehene Teilbetrieb nicht selbst von dem Bestandsrisiko der der Überschuldungsprüfung unterliegenden Ges berührt ist. Durch die bereits eingetretene rechtliche Verselbständigung einer Bet von dem gefährdeten Rechtsträger sind idR auch die Verkaufschancen günstiger einzustufen. Es erscheint daher uE aus der Perspektive des Gläubigerschutzes vertretbar, wenn bei der Bewertung von Bet auch bei einer geringeren Konkretisierung der erwarteten Veräußerungserlöse in Bezug auf die Bet Fortführungsaspekte (bis zum GFW) berücksichtigt werden.

b) Einzelposten

110   **Ausstehende Einlagen** dürfen in der Überschuldungsbilanz in der Höhe angesetzt werden, in der mit ihrer Einbringlichkeit gerechnet werden kann, also in Abhängigkeit von der Bonität der Gester (IDW S 11, Tz 78; *Gundlach* in Insolvenzrechts-Handbuch[5] § 6 Anm 49). Voraussetzung dafür ist, dass der

II. Überschuldungsstatus

Gester sich der Einlagenforderung nicht entziehen kann. Gleiches gilt für andere Ansprüche gegen die Gester, wie bspw Ansprüche auf Rückgewähr von unzulässigen Entnahmen nach § 31 GmbHG (ebenso IDW S 11, Tz 81; *Drukarczyk/Schüler* in MünchKomm InsO[3] § 19 Anm 111; *Gundlach* in Insolvenzrechts-Handbuch[5] § 6 Anm 50; *Haas* in Baumbach/Hueck GmbHG[21] Vorb § 64 Anm 47; *Mock* in Uhlenbruck[15] InsO § 19 Anm 98).

Die Übernahme eines im JA angesetzten **derivativ erworbenen Geschäfts- oder Firmenwerts** in die Überschuldungsbilanz ist grds mangels Einzelveräußerbarkeit nicht zulässig. Gleiches gilt für den Ansatz eines **originären Geschäfts- oder Firmenwerts**. 111

Der Ansatz eines (originären oder derivativen) GFW in der Überschuldungsbilanz kommt nur in Betracht, wenn gemäß LiqPlanung ganze Betriebsteile als Gesamtheit veräußert werden sollen und zum Zeitpunkt der Aufstellung der Überschuldungsbilanz darüber bereits mit einem Käufer verhandelt wird und ein Vertragsabschluss mit an Sicherheit grenzender Wahrscheinlichkeit zu erwarten ist (s Anm 102; ebenso IDW S 11, Tz 80; *Mock* in Uhlenbruck[15] InsO § 19 Anm 84 f; *H.-F. Müller* in MünchKomm GmbHG[3] § 64 Anm 31). Dann darf die Sachgesamtheit, die diesem Betriebsteil zugeordnet ist, mit dem erwarteten Veräußerungserlös bewertet werden.

Immaterielle Vermögensgegenstände des Anlagevermögens dürfen in der Überschuldungsbilanz mit den (vorsichtig) geschätzten Veräußerungserlösen angesetzt werden. Dabei spielt es keine Rolle, ob es sich um ursprünglich erworbene oder um selbst erstellte immaterielle VG handelt. Das Bilanzierungsverbot gem § 248 Abs 2 S 2 HGB ist für den Überschuldungsstatus nicht zu berücksichtigen (ebenso IDW S 11, Tz 79; *H.-F. Müller* in MünchKomm GmbHG[3] § 64 Anm 31). 112

Vorteile aus schwebenden Absatzgeschäften dürfen in der Überschuldungsbilanz angesetzt werden, wenn die Erfüllung der zu erbringenden Leistungen trotz anstehender Liq gesichert erscheint (*Mock* in Uhlenbruck[15] InsO § 19 Anm 69; zurückhaltender *Haas* in Baumbach/Hueck GmbHG[21] Vorb § 64 Anm 49: Erfüllung bei negativer Fortbestehensprognose idR nicht mehr der Fall). Vorteile aus schwebenden Beschaffungsgeschäften dürfen nur angesetzt werden, wenn sie einzeln veräußerbar sind und nur in Höhe des erzielbaren Einzelveräußerungserlöses, oder wenn der Gegenstand der Beschaffung in der Überschuldungsbilanz mit einem Wert über den AK angesetzt werden könnte. 113

Eigene Anteile sind in der Überschuldungsbilanz nicht anzusetzen, es sei denn, ihre Veräußerung ist bereits fest vereinbart, oder bei Existenz eines aktiven Markts (Börsennotierung), der eine jederzeitige Veräußerung gestattet; idR erfolgt die Bewertung eigener Anteile jedoch mit Null (*H.-F. Müller* in MünchKomm GmbHG[3] § 64 Anm 32; *Mock* in Uhlenbruck[15] InsO § 19 Anm 122 f). Im Kern handelt es sich bei der Veräußerung von eigenen Anteilen um eine Maßnahme der EK-Beschaffung. Für diese gilt im Überschuldungsstatus generell, dass sie nur berücksichtigt werden darf, wenn sie bereits verbindlich vereinbart ist (s Anm 94). 114

Aktive Rechnungsabgrenzungsposten dürfen nur angesetzt werden, soweit bei Kündigung des zugrunde liegenden Vertragsverhältnisses tatsächlich mit einer Rückerstattung zu rechnen ist (ebenso IDW S 11, Tz 82; *Haas* 115

P 116, 117 Verlustanzeigebilanz und Überschuldungsstatus

in Baumbach/Hueck GmbHG[21] Vorb § 64 Anm 47; *Mock* in Uhlenbruck[15] InsO § 19 Anm 124). Ansonsten können sie als geleistete Vorauszahlungen lediglich mindernd auf die Höhe einer ggf notwendigen Drohverlustrückstellung für das zugrunde liegende schwebende Vertragsverhältnis wirken (Anm 118). **Passive Rechnungsabgrenzungsposten** dagegen sind in der Überschuldungsbilanz anzusetzen. Sie stellen Schulden dar, weil entweder eine Leistungspflicht der Ges besteht oder bei vorzeitiger Beendigung des Vertragsverhältnisses eine Rückzahlungsverpflichtung vorliegt (ebenso *Haas* in Baumbach/Hueck GmbHG[21] Vorb § 64 Anm 49).

116 **Pensionsverpflichtungen** sind in der Überschuldungsbilanz sowohl für mittelbare als auch für unmittelbare Verpflichtungen in vollem Umfang anzusetzen, auch wenn in der HBil von dem Wahlrecht nach Art 28 Abs 1 EGHGB Gebrauch gemacht wurde (ebenso *Haas* in Baumbach/Hueck GmbHG[21] Vorb § 64 Anm 49). Minderungen der Pensionsansprüche der Arbeitnehmer aufgrund der eingetretenen Notlage des Unt dürfen erst berücksichtigt werden, wenn entspr Vereinbarungen getroffen sind oder es rechtlich außer Frage steht, dass die Voraussetzungen für eine Kürzung der Pensionsansprüche erfüllt sind. Soweit bei der Aufstellung des Überschuldungsstatus von der Entlassung von Arbeitnehmern ausgegangen wird, deren Pensionsansprüche noch nicht unverfallbar sind und durch die Entlassung entfallen, braucht dafür eine Rückstellung nicht mehr angesetzt zu werden (IDW S 11, Tz 86; *Drukarczyk/ Schüler* in MünchKomm InsO[3] § 19 Anm 126). Soweit die Ansprüche der zu entlassenden Arbeitnehmer unverfallbar sind, sind sie mit ihrem Barwert anzusetzen.

117 Da aufgrund der negativen Fortführungsprognose letztlich im Rahmen der planmäßigen Liq des Unt grds sämtliche Arbeitnehmer entlassen werden, sind die entspr Verpflichtungen aus **Sozialplänen** und Nachteilsausgleich (§§ 112, 113 BetrVerfG) im Überschuldungsstatus anzusetzen (ebenso IDW S 11, Tz 85; *H.-F. Müller* in MünchKomm GmbHG[3] § 64 Anm 35; *WPH* TBd S&I C Anm 170; aA *Spindler* in MünchKomm AktG[5] § 92 Anm 66). Es kommt dabei nicht darauf an, ob entspr Beschlüsse gefasst sind oder der Betriebsrat informiert wurde (s auch *Mock* in Uhlenbruck[15] InsO § 19 Anm 166: wenn ernsthaft mit der Aufstellung des Sozialplans zu rechnen ist; aA *Drukarczyk/Schüler* in MünchKomm InsO[3] § 19 Anm 107: keine Berücksichtigung von Verbindlichkeiten, die Folge noch nicht beschlossener Sozialpläne sein könnten). Die handelsrechtlichen Objektivierungskriterien sind für den Überschuldungsstatus insoweit unbeachtlich. Für den Fall, dass die Planung im Rahmen der Liq die Veräußerung ganzer Betriebsteile mit dem entspr Übergang der zugehörigen Arbeitnehmer auf den Käufer vorsieht, entstehen plangemäß keine Sozialplankosten. Dies kann jedoch uE im Hinblick darauf, dass es sehr schwierig ist, Betriebsteile zu veräußern, erst berücksichtigt werden, wenn über die geplante Veräußerung bereits entspr Verkaufsgespräche mit einem Käufer geführt werden und der Abschluss eines Vertrags sehr wahrscheinlich ist. Solange dies nicht der Fall ist, muss für den Überschuldungsstatus von einer Liq des Teilbetriebs und der damit verbundenen Freisetzung der Arbeitnehmer ausgegangen werden.

Hinsichtlich der Höhe der Sozialplanverpflichtung stellt sich die Frage, ob evtl Minderungen der Sozialplanverpflichtungen, die nach Eintritt in das

II. Überschuldungsstatus 118–121 P

InsVerfahren ggf aufgrund der Regelung des § 123 InsO eintreten können, weil das Sozialplanvolumen ein Drittel der zur Verteilung stehenden Masse übersteigt (s dazu auch *Wolf* in Braun InsO[7] § 123 Anm 7 ff), im Überschuldungsstatus antizipiert werden dürfen. Dies ist jedoch uE nicht zulässig (aA *WPH* TBd S&I C Anm 171). Erleichterungen, die ggf durch den Eintritt in die Ins eintreten, dazu zu nutzen, das Eintrittskriterium in die Ins zu vermeiden, wäre widersinnig.

Neben den Sozialplankosten sind auch die **laufenden Gehälter** der betroffenen Mitarbeiter bis zum voraussichtlichen Ausscheiden in der Überschuldungsbilanz zu passivieren. Die handelsrechtlich üblicherweise geltende Ausgeglichenheitsvermutung ist im Falle geplanten Personalabbaus idR nicht mehr gegeben (Anm 101). Nur soweit gemäß Planung noch kompensierende Erträge erwartet werden, die nicht bereits durch entspr Bewertung von VG erfasst sind, kann die Passivierung der laufenden Gehälter unterbleiben (iE ebenso *WPH* TBd S&I C Anm 172). 118

Vergleichbares gilt auch für andere Dauerschuldverhältnisse, insb **Miet- oder Leasingverträge.** Auch hier kann nicht mehr ohne Weiteres davon ausgegangen werden, dass die bis zur (ggf vorzeitigen) Beendigung dieser Verträge noch anfallenden laufenden Entgelte durch Erträge kompensiert werden. Entspr muss auch hier für die noch anfallenden laufenden Entgelte und ein ggf anfallendes Entgelt für die vorzeitige Beendigung des Vertrages eine Rückstellung in der Überschuldungsbilanz angesetzt werden, soweit nach der Planung keine kompensierenden Erträge zu erwarten sind. Dies gilt auch für Leasingverträge, bei denen für den JA wirtschaftliches Eigentum am Leasinggegenstand angenommen wird. Im Überschuldungsstatus ist dieser VG (und die dazugehörige Leasingschuld) nicht anzusetzen. Stattdessen gilt hier die zuvor dargestellte Behandlung wie für „normale" Miet- oder Leasingverträge.

Rückstellungen für **Rekultivierungs- oder Entsorgungsverpflichtungen,** die handelsrechtlich über den Zeitraum der Nutzung des entspr VG angesammelt werden, müssen in der Überschuldungsbilanz auf ihren Erfüllungsbetrag heraufgesetzt werden (ebenso IDW S 11, Tz 85; *WPH* TBd S&I C Anm 164). Auch für derartige Verpflichtungen gilt, dass sie in der Überschuldungsbilanz anzusetzen sind, auch wenn im InsFall der InsVerwalter ggf nicht berechtigt wäre, diese Verpflichtungen zu Lasten der anderen Gläubiger zu erfüllen. Sind derartige Verpflichtungen eng mit einem VG verknüpft (zB Dekontaminierungsverpflichtung für ein Grundstück) ist im Überschuldungsstatus als LiqWert die Gesamtheit aus dem VG und der Verpflichtung (verschmutztes Grundstück mit Dekontaminierungsverpflichtung) zu berücksichtigen. Dieser Wert kann auch insgesamt negativ sein. 119

Rückstellungen für **Gewährleistungen ohne rechtliche Verpflichtung** (Kulanzrückstellungen) sind im Überschuldungsstatus nicht zu berücksichtigen, weil diese die InsMasse nicht belasten können; Gleiches gilt für **Aufwandsrückstellungen** nach § 249 Abs 1 S 2 Nr 1 HGB (*Mock* in Uhlenbruck[15] InsO § 19 Anm 165; *Drukarczyk/Schüler* in MünchKomm InsO[3] § 19 Anm 121; *Gundlach* in Insolvenzrechts-Handbuch[5] § 6 Anm 66; *H.-F. Müller* in MünchKomm GmbHG[3] § 64 Anm 35). 120

Verbindlichkeiten sind in der Überschuldungsbilanz mit ihrem Rückzahlungsbetrag anzusetzen, unverzinsliche Verbindlichkeiten sind allerdings 121 abzuinsen (§ 41 Abs 2 InsO) und auf wiederkehrende Leistungen gerichtete Verbindlichkeiten müssen mit dem Barwert passiviert werden (*Drukarczyk/ Schüler* in MünchKomm InsO³ § 19 Anm 120).

122 Liegt (mindestens) ein **Rangrücktritt** iSd § 19 Abs 2 S 2 InsO vor (Nachrang hinter den in § 39 Abs 1 Nr 1–5 InsO bezeichneten Forderungen), ist die Verbindlichkeit in der Überschuldungsbilanz nicht mehr anzusetzen. Nach dem Wortlaut der Regelung gilt diese für Forderungen von Gestern. Sie gilt aber auch, wenn ein entspr Rangrücktritt für die Forderung eines sonstigen Gläubigers vereinbart wird (IDW S 11, Tz 86). Nach dem Wortlaut des Gesetzes genügt ein Rangrücktritt *im InsVerfahren*. Die Überschuldungsbilanz misst aber grds die Schuldendeckungsfähigkeit außerhalb des InsVerfahrens. Soweit nur aufgrund des Fortlassens einer Verbindlichkeit mit Rangrücktritt die InsAntragspflicht vermieden werden kann, dürfte die Ges eine derartige Verbindlichkeit, auch wenn sie fällig ist, nicht begleichen dürfen, soweit die Begleichung die InsAntragspflicht auslösen würde. Nur wenn der Rangrücktritt eine derartige Auszahlungssperre impliziert, erscheint es konzeptionell gerechtfertigt, diese Verbindlichkeiten in der Überschuldungsbilanz fortzulassen (BGH 5.3.2015 DStR 2015, 767; s auch IDW Life 2016, 1000 f; *Schmidt-Hern* in Beck Handbuch AG³ § 17 Anm 36; *H.-F. Müller* in MünchKomm GmbHG³ § 64 Anm 39; ausführlicher zum Rangrücktritt Q Anm 75 ff). Zur zeitlich befristeten Nichtanwendung von § 39 Abs 1 Nr 5 InsO iZm der COVID-19-Pandemie s iÜ § 2 Abs 1 Nr 2 COVInsAG.

123 Im Falle eines **Forderungsverzichts** ist die entspr Verbindlichkeit ebenfalls nicht mehr im Überschuldungsstatus zu erfassen (*WPH* TBd S&I C Anm 162). Dies gilt auch, wenn der Gläubiger einen Besserungsschein erhält, wonach er Zahlungen bis zur Höhe der erlassenen Forderung nebst aufgelaufener Zinsen erhält, soweit die Ges nach Überwindung der Krise (das Vermögen deckt wieder die Schulden) ansonsten zukünftig einen Jahresüberschuss erzielen würde (genauer zum Forderungsverzicht Q Anm 60 ff).

124 Wenn eine Verbindlichkeit der Ges durch einen **Bürgen** guter Bonität verbürgt ist, und der Bürge hinsichtlich seiner Rückgriffsansprüche ggü der Ges einen geeigneten Rangrücktritt erklärt hat (Anm 122), dh, auf diese verzichtet hat oder die Ges im Innenverhältnis freistellt, braucht die entspr Verbindlichkeit in der Überschuldungsbilanz nicht angesetzt zu werden. Diese Konstellation wirkt wie ein Freistellungsanspruch (mit Besserungsschein) der Ges gegen den Bürgen (ebenso *Weisang* WM 1997, 251; *Merz/Hübner* DStR 2005, 807; ähnlich auch *Schmidt* in Schmidt InsO¹⁹ § 19 Anm 45). Nach aA darf auf den Ansatz einer solchen Verbindlichkeit nicht verzichtet werden, weil die Bürgschaft am Bestand der Schuld nichts ändert und weiterhin die Gefahr der unmittelbaren Inanspruchnahme besteht (*Mock* in Uhlenbruck¹⁵ InsO § 19 Anm 156; *H.-F. Müller* in MünchKomm GmbHG³ § 64 Anm 33; s ebenso *WPH* TBd S&I C Anm 161: keine Passivierung nur bei Schuldübernahme bei Freistellung im Innenverhältnis). Stellt der Bürge die Ges im Innenverhältnis frei, dürfte der Ansatz eines Freistellungsanspruchs auch nach aA nicht zu beanstanden sein, weil er im LiqProzess zu Einnahmen führt (iE *WPH* TBd S&I C Anm 161; s auch Anm 100). Für die Feststellung des Überschuldungsstatus ist es iE aber ohne Belang, ob der bilanzielle Aus-

II. Überschuldungsstatus

weis brutto oder netto erfolgt. Auch ist es für den Status uE unerheblich, ob ein Freistellungsanspruch ggü dem Bürgen besteht oder ob dieser einen qualifizierten Rangrücktritt erklärt oder auf seinen Rückgriffsanspruch verzichtet hat.

Ansprüche auf Kreditgewährung dürfen in der Überschuldungsbilanz aktiviert werden, wenn die Bonität des Kreditgebers gut ist und der Kreditgeber in Bezug auf den zukünftigen Rückzahlungsanspruch gegen die Ges zumindest einen geeigneten Rangrücktritt (s Anm 122; *Haas* in Baumbach/Hueck GmbHG[21] Vorb § 64 Anm 47) erklärt hat. Voraussetzung ist, dass der Anspruch auf Kreditgewährung auch bei Eintritt oder Verschärfung der UntKrise, bzw bei Eintritt der Ins, nicht entziehbar ist (s auch Q Anm 108).

Verbindlichkeiten, die seitens des Unt **bestritten** werden (Schadenersatz, Steuerverbindlichkeiten etc), brauchen in der Überschuldungsbilanz nicht angesetzt zu werden, wenn mit überwiegender Wahrscheinlichkeit keine Belastung erwartet wird (ähnlich *Bußhardt* in Braun InsO[7] § 19 Anm 28; *Höffner* DStR 2008, 1789: Rückstellung in Höhe der voraussichtlichen Inanspruchnahme; ähnlich auch IDW Life 2017, 528: Abstellen auf die Grundsätze der Passivierung von Rückstellungen für den Fall bestrittener Steuerschulden). Das Bestehen einer Einrede gegen die Verbindlichkeit allein ist jedoch nicht ausreichend (*Mock* in Uhlenbruck[15] InsO § 19 Anm 155). Etwas anderes kann für Verbindlichkeiten gelten, wenn diese verjährt sind und sich die Ges auf die Einrede der Verjährung beruft (s auch *Steinrötter/Meier* NZI 2015, 922). Wird für bestrittene Verbindlichkeiten mit überwiegender Wahrscheinlichkeit ein Vergleich erwartet, ist die Verbindlichkeit in Höhe des Vergleichswerts zu erfassen.

Umgekehrt darf das Unt **Forderungen,** die vom Schuldner **bestritten** werden, in der Überschuldungsbilanz ansetzen, wenn mit an Sicherheit grenzender Wahrscheinlichkeit eine Einzahlung erwartet wird (*H.-F. Müller* in MünchKomm GmbHG[3] § 64 Anm 29: Aktivierung, wenn und soweit Klage aussichtsreich ist; *Drukarczyk/Schüler* in MünchKomm InsO[3] § 19 Anm 115: Ansatz bestrittener Forderungen verlangt Korrektur; aA *Schmidt* in Schmidt InsO[19] § 19 Anm 30: Minimierung des Veritätsrisikos durch rechtliche Prüfung, Wertberichtigung nur ausnahmsweise). Wenn die Überschuldung trotz des Nichtansatzes der Verbindlichkeit oder des Ansatzes der Forderung nur knapp vermieden wird, lohnt es sich allerdings aus Sicht der Gester (insb wenn ggf noch in der Überschuldungsbilanz nicht passivierte Verbindlichkeiten von Nachranggläubigern zu befriedigen wären) kaum, auf die Stellung des InsAntrags zu verzichten.

Aktive latente Steuern dürfen in der Überschuldungsbilanz nicht angesetzt werden (*Claußen/Steinbach* DStR 2013, 2410: Ansatz scheitert mangels Verkehrsfähigkeit bereits dem Grunde nach; aA IDW S 11, Tz 83: Ansatz dem Grunde nach zulässig, scheitert idR aber mangels Werthaltigkeit). Es stellt sich jedoch die Frage, ob ggf **passive latente Steuern** angesetzt werden müssen. Diese Frage könnte sich zB stellen, wenn in erheblichem Umfang in der Überschuldungsbilanz über den steuerlichen Wertansätzen liegende LiqWerte angesetzt werden. UE sind latente Steuerlasten in der Überschuldungsbilanz grds zu berücksichtigen, zumal latente Steuern (zumindest zT) die Kriterien für die Passivierung von Rückstellungen gem § 249 Abs 1

P 127

S 1 HGB erfüllen. Allerdings ist zu bedenken, dass den aufgedeckten Reserven und den damit verbundenen passiven latenten Steuern ggf auch aktive latente Steuern gegenüberstehen, die zu einer Minderung der künftigen Steuerbelastung führen und daher mindernd zu berücksichtigen sind, soweit sie sich in derselben oder einer früheren Periode umkehren wie die passiven latenten Steuern (s *Claußen/Steinbach* DStR 2013, 2410). Hier ist neben den „normalen" Ursachen (zB Drohverlustrückstellungen) insb an liquidationsbedingte Lasten (zB Sozialplanverpflichtungen) zu denken, die in der Überschuldungsbilanz bereits zu berücksichtigen sind, jedoch in der StBil noch nicht enthalten sind. Des Weiteren kommt ein Ansatz einer passiven latenten Steuer nicht in Betracht, soweit durch Verlustvorträge ein Abfluss von Steuern nicht zu erwarten ist.

Q. Sanierungsmaßnahmen und ihre Bilanzierung

Übersicht

	Anm
I. Begriff der Sanierung und rechtliche Grundlagen	1–12
II. Sanierungsbilanz und Jahresabschluss	15–25
III. Einzelne Sanierungsmaßnahmen	30–34
1. Sanierungsmaßnahmen der Unternehmensleitung	35–48
2. Sanierungsmaßnahmen von Kapitalgebern ohne Auswirkung auf das gezeichnete Kapital	50
a) Maßnahmen zur Liquiditätsverbesserung	51–53
b) Maßnahmen zur Beseitigung einer Unterbilanz oder Überschuldung	55–57
aa) Forderungsverzicht	60–72
bb) Rangrücktritt	75–84
cc) Gesellschafterdarlehen	90–108
dd) Verlustübernahme	110–117
ee) Werthaltigkeitsgarantie	120–122
ff) Schuld- und Erfüllungsübernahme, Bürgschaft	125–129
gg) Patronatserklärung	130–141
3. Sanierungsmaßnahmen durch Veränderung des gezeichneten Kapitals und Kapitalzuschüsse	
a) Kapitalherabsetzung	
aa) Überblick und rechtliche Grundlagen	150, 151
bb) Die (ordentliche) Kapitalherabsetzung	152–157
cc) Die Kapitalherabsetzung durch Einziehung von Aktien oder von Geschäftsanteilen	160–175
dd) Die vereinfachte (sanierende) Kapitalherabsetzung	176–195
b) Zuzahlungen, Zuschüsse und Nachschüsse	
aa) Zuzahlungen und Ertragszuschüsse	200–206
bb) Nachschüsse von Gesellschaftern	207–213
cc) Alternativsanierung	214–216
c) Kapitalerhöhung	220
aa) Kapitalerhöhung aus Gesellschaftsmitteln	221
bb) Genehmigte Kapitalerhöhung (Genehmigtes Kapital)	222–230
cc) Bedingte Kapitalerhöhung	231–235
dd) Kapitalerhöhung gegen Einlagen	238–255
ee) Kapitalerhöhung im Anschluss an eine Kapitalherabsetzung	260–269
ff) Rückwirkende (sanierende) Kapitalerhöhung	270–283
IV. Besonderheiten der Personenhandelsgesellschaft	285–295
V. Steuerliche Aspekte der Sanierung	
1. Begriff	300–304
2. Einzelheiten zu bestimmten Sanierungsmaßnahmen	

Q Sanierungsmaßnahmen und ihre Bilanzierung

	Anm
a) Kapitalherabsetzung	305–309
b) Kapitalerhöhung	310–316
c) Aufdeckung stiller Reserven und Maßnahmen zur Liquiditätsverbesserung	317
d) Gesellschafterdarlehen	318–323
e) Forderungsverzicht	324–327
f) Forderungsverzicht mit Besserungsschein	328
g) Rangrücktritt	329–335
h) Verlustübernahme	336, 337
i) Schuld- und Erfüllungsübernahme	338, 339

Schrifttum: *Tetzlaff* Patronatserklärungen – ein unkalkulierbares Haftungsrisiko für den Patron, ZInsO 2008, 337; *Seibt/Voigt* Kapitalerhöhungen zu Sanierungszwecken, AG 2009, 133; *Haas* Die Passivierung von Gesellschafterdarlehen in der Überschuldungsbilanz nach MoMiG und FMStG, DStR 2009, 326; *Kuss* Rechtliche Aspekte der Sanierung für die Unternehmensleitung und den Sanierungsberater, WPg 2009, 326; *Ziemons* Patronatserklärungen im Gesellschaftsrecht – Risiken und Nebenwirkungen, GWR 2009, 411; *Funk* Der Rangrücktritt bei Gesellschafterdarlehen nach MoMiG im Steuerrecht, BB 2009, 867; *Kropff* Nettoausweis des Gezeichneten Kapitals und Kapitalschutz, ZIP 2009, 1137; *Hölzle* Gibt es noch eine Finanzierungsfolgenverantwortung im MoMiG?, ZIP 2009, 1939; *Hirte/Knof* Das „neue" Sanierungsprivileg nach § 39 Abs. 4 Satz 2 InsO, WM 2009, 1961; *Wittig* Das Sanierungsprivileg für Gesellschafterdarlehen im neuen § 39 Abs. 4 Satz 2 InsO in FS K Schmidt, Köln 2009, 1743; *Bitter* Die Nutzungsüberlassung in der Insolvenz nach dem MoMiG (§ 135 Abs. 3 InsO), ZIP 2010, 1; *Vaupel/Reers* Kapitalerhöhungen bei börsennotierten Aktiengesellschaften in der Krise, AG 2010, 93; *Groß* Zur Beurteilung der „handelsrechtlichen Fortführungsprognose" durch den Abschlussprüfer, WPg 2010, 119; *Kahlert/Gehrke* Der Rangrücktritt nach MoMiG im GmbH-Recht: Insolvenz- und steuerrechtliche Aspekte, DStR 2010, 227; *Blasche* Verdeckte Sacheinlage und Hin- und Herzahlen, GmbHR 2010, 288; *Adolff* Der Rangrücktritt zur Vermeidung der Insolvenz in FS Hellwig, Köln 2010, 433; *Becker/Pape/Wobbe* Forderungsverzicht mit Besserungsschein – ein vermehrt genutztes Instrument zur Überwindung der Krise, DStR 2010, 506; *Theiselmann* Die Kündbarkeit von harten Patronatserklärungen in der Unternehmenskrise, DK 2010, 533; *Leithaus/Schaefer* Rangrücktrittsvereinbarungen zur Vermeidung der Überschuldung anno 2010 – Unter welchen Voraussetzungen lässt sich eine Rangrücktrittsvereinbarung aufheben?, NZI 2010, 844; *Führ/Wahl* Die Auswirkungen des MoMiG auf abgetretene Gesellschafterdarlehensforderungen, NZG 2010, 889; *Häuselmann* Restrukturierung von Finanzverbindlichkeiten und ihre Abbildung in der Bilanz, BB 2010, 944; *Haußer/Heeg* Überschuldungsprüfung und Patronatserklärung, ZIP 2010, 1427; *Priester* Debt-Equity-Swap zum Nennwert?, DB 2010, 1445; *Cahn/Simon/Theiselmann* Debt Equity Swap zum Nennwert!, DB 2010, 1629; *Desch* Haftung des Geschäftsführers einer GmbH nach § 64 S. 3 GmbHG bei Rückzahlung von Gesellschafterdarlehen, BB 2010, 2586; *Bork* Pflichten der Geschäftsführung in Krise und Sanierung, ZIP 2011, 101; *Ringstmeier* Patronatserklärungen als Mittel zur Suspendierung der Insolvenzantragspflicht in FS Wellensiek, München 2011, 133; *Wollmert* Rangrücktritts- und Patronatsvereinbarungen im Lichte der Jahresabschlussprüfung in FS Wellensiek, München 2011, 171; *Tetzlaff* Kurzfristig kündbare Patronatserklärungen – ein untaugliches Sanierungsinstrument, DZWir 2011, 181; *Wolf* Die Kündigung und Bilanzierung von Patronatserklärungen, StuB 2011, 447; *Krüger/Pape* Patronatserklärungen und Beseitigung von Zahlungsunfähigkeit, NZI 2011, 617; *Maier-Reimer/Etzbach* Die Patronatserklärung, NJW 2011, 1110; *Tetzlaff* Aufhebung von harten Patronatserklärungen, WM 2011, 1016; *Heeg* Die Kündigung von Patronatserklärungen in

Schrifttum

der Krise der Gesellschaft, BB 2011, 1160; *Kaiser* Ist eine kündbare Patronatserklärung geeignet, die Überschuldung gem. § 19 InsO zu beseitigen?, ZIP 2011, 2136; *Heinz/Sand* Bilanzielle Abbildung von Sanierungsmaßnahmen nach dem Bilanzstichtag – Möglichkeit und Grenzen der handelsbilanziellen Rückwirkung, BB 2011, 2795; *Oser/Kropp* Eigene Anteile in Gesellschafts-, Bilanz- und Steuerrecht, DK 2012, 185; *Thole* Nachrang und Anfechtung bei Gesellschafterdarlehen – zwei Seiten derselben Medaille?, ZHR 2012, 513; *K Schmidt* Debt-to-Equity-Swap bei der (GmbH & Co.-) Kommanditgesellschaft, ZGR 2012, 567; *Engert* Drohende Subordination als Schranke einer Unternehmenskontrolle durch Kreditgeber, ZGR 2012, 835; *Schäfer* Noch einmal aus gegebenem Anlass: Gesellschafterfremdfinanzierung nach „MoMiG" (§§ 39 Abs. 1 Nr. 3, 135 Abs. 1 Nr. 2 InsO), ZInsO 2012, 1354; *Braun* Bilanzielle Behandlung von Gesellschafterdarlehen mit Rangrücktrittsklausel, DStR 2012, 1360; *Brand* Insolvenzverursachungshaftung bei aufsteigenden Kreditsicherheiten, NZG 2012, 1374; *Bitter/Kresser* Positive Fortführungsprognose trotz fehlender Ertragsfähigkeit?, ZIP 2012, 1733; *Bork* Anfechtung bei Rücktritt in den Rang des § 39 Abs. 1 Nr. 4 1/2 InsO, ZIP 2012, 2277; *Bitter* Insolvenzanfechtung nach § 135 InsO bei freiwilligem Rangrücktritt?, ZIP 2013, 2; *Böcker/Poertzgen* Der insolvenzrechtliche Überschuldungsbegriff ab 2014, GmbHR 2013, 17; *Haas* § 64 S. 3 GmbHG – Erste Eckpunkte des BGH, NZG 2013, 41; *Wolf* Die Entfristung des Überschuldungsbegriffs – Rechtssicherheit durch Rückkehr zum sog. modifizierten zweistufigen Überschuldungsbegriff, StuB 2013, 61; *Frystatzki* Ansprüche gegen Geschäftsführer und Gesellschafter in der Überschuldungsbilanz der GmbH, NZI 2013, 161; *Henkel/Wentzler* Die rechtssichere Gestaltung des Rangrücktritts, GmbHR 2013, 239; *Pentz* Abgetretene Forderungen aus Gesellschafterdarlehen und Zurechnung in der Insolvenz, GmbHR 2013, 393; *Bitter* Teufelskreis – Ist das Sanierungsprivileg des § 39 Abs. 4 Satz 2 InsO zu sanieren?, ZIP 2013, 398; *K Schmidt* Überschuldung und Unternehmensfortführung oder: per aspera ad astra, ZIP 2013, 485; *Frystatzki* Insolvenzrechtliche Anforderungen an Rangrücktrittsvereinbarungen, NZI 2013, 609; *Dubs/Möhlmann-Mahlau* Patronatserklärungen in Handelsbilanz und Überschuldungsprüfung, StuB 2013, 685; *Preuß* Die Folgen insolvenzrechtlicher „Verstrickung" von Gesellschafterdarlehen bei Abtretung des Darlehensrückzahlungsanspruchs an einen außenstehenden Dritten, ZIP 2013, 1145; *Haas* Adressatenkreis und Rechtsnachfolge bei subordinierten Gesellschafterdarlehen, NZG 2013, 1241; *Altmeppen* Ist das besicherte Gesellschafterdarlehen im Insolvenzverfahren der Gesellschaft subordiniert oder privilegiert?, ZIP 2013, 1745; *Reinhard/Schützler* Anfechtungsrisiko für den Unternehmensverkäufer aus der Veräußerung von Gesellschafterdarlehen?, ZIP 2013, 1898; *Hölzle* Zur Durchsetzbarkeit von Sicherheiten für Gesellschafterdarlehen in der Insolvenz, ZIP 2013, 1992; *Bitter* Sicherheiten für Gesellschafterdarlehen: ein spät entdeckter Zankapfel der Gesellschafts- und Insolvenzrechtler, ZIP 2013, 1998; *Mylich* Kreditsicherheiten für Gesellschafterdarlehen – Stand der Dinge und offene Fragen, ZIP 2013, 2444; *Küting/Eichenlaub* Cash-Pool-Zahlungen in der insolvenzrechtlichen Fortbestehensprognose, GmbHR 2014, 169; *Baier* Die Rechtsprechung des BGH zur Behandlung von Gesellschafterdarlehen in der Insolvenz, DB 2014, 227; *Mujkanovic* Die Erstellung von Sanierungskonzepten, WP Praxis 2014, 280; *Mujkanovic* Eigenkapitalmaßnahmen zur Sicherung von going concern – Bewertung vor dem Hintergrund der handelsrechtlichen Bilanzierung, StuB 2014, 293; *Mujkanovic* Going Concern durch nicht direkt das Eigenkapital verändernde Maßnahmen – Bewertung vor dem Hintergrund der handelsrechtlichen Bilanzierung, StuB 2014, 373; *Bork* Genussrechte und Zahlungsunfähigkeit, ZIP 2014, 997; *Bitter/Rauhut* Zahlungsunfähigkeit wegen nachrangiger Forderungen, insbesondere aus Genussrechten, ZIP 2014, 1005; *Weber/Küting/Eichenlaub* Zweifelsfragen im Rahmen der Beurteilung des Vorliegens von Insolvenzeröffnungsgründen, GmbHR 2014, 1009; *Stein/Fischer* Umfang der Sacheinlageprüfung bei höherem Ausgabebetrag, ZIP 2014, 1362; *Geist* Konzerninnenfinanzierung – Gibt es insolvenzfeste

Alternativen zum Darlehen des Gesellschafters?, ZIP 2014, 1662; *Seibt* Sanierungsgesellschaftsrecht: Mitgliedschaftliche Treuepflicht und Grenzen der Stimmrechtsausübung in der Aktiengesellschaft, ZIP 2014, 1909; *Richter/Schnurbusch/Meller* IDW ES 11 „Beurteilung des Vorliegens von Insolvenzeröffnungsgründen" – Würdigung aus Sicht der Sanierungspraxis, BB 2014, 2027; *Meyer-Löwy/Schmidt/Shubina* Der erforderliche Umfang der Gesellschafterfinanzierung zwecks Abwendung der Insolvenz, ZIP 2014, 2478; *Bitter* Wirksamkeit von Rangrücktritten und vorinsolvenzlichen Durchsetzungssperren, ZIP 2015, 345; *Taplan/Baumgartner/Baumgartner* Die Rangrücktrittsvereinbarung im Insolvenz- und Steuerrecht, GmbHR 2015, 347; *Hoos/Köhler* Überschuldungsverhindernde Rangrücktrittsvereinbarungen in der Finanzierungs- und Restrukturierungspraxis, GmbHR 2015, 729; *K Schmidt* Dogmatik und Praxis des Rangrücktritts, ZIP 2015, 901; *Berger* Zahlungsverbote kraft Rangrücktritts, ZIP 2016, 1; *Westpfahl/Kresser* Rangrücktrittsvereinbarungen in der Beratungspraxis, DB 2016, 33; *K Schmidt* Patronatserklärung mit Rangrücktritt: im Krisenstadium unauflösbar?, ZIP 2016, SO 66; *W Müller* Bilanzierung des qualifizierten Rangrücktritts, BB 2016, 491; *Möhlenkamp/Harder* Die umgekehrte Wandelschuldverschreibung (CoCo-Bonds) – ein neues Sanierungsinstrument?, ZIP 2016, 1093; *Pagels/Lüder* Prüfungsrelevante Fragen beim Vorliegen von (ausländischen) Patronatserklärungen, WPg 2017, 230; *Klene* Gläubigerschutz durch Patronatserklärungen im Konzern, DK 2017, 389; *Bitter* Insolvenzvorsorge durch Rangrücktritt und Patronatsvereinbarung, ZHR 2017, 428; *Kahlert* Rangrücktritt nach dem IX. Zivilsenat des BGH, WPg 2017, 602; *Schulze-Osterloh* Forderungsverzicht des Gesellschafters einer Kapitalgesellschaft in der Krise – Ausweis in der Handelsbilanz und in der Steuerbilanz, NZG 2017, 641; *Kleindiek* Das reformierte Recht der Gesellschafterdarlehen – eine Zwischenbilanz, ZGR 2017, 731; *Pöschke* Bilanzierung und Besteuerung von Forderungserlass und Rangrücktritt zur Sanierung von Kapitalgesellschaften, NZG 2017, 1408; *Rossbach* Welche Sanierungsbeiträge leisten Banken in der Unternehmenskrise?, BB 2017, 1411; *Oser* Auflösung von Verbindlichkeiten mit Rangrücktritt in Handels- und Steuerbilanz, DStR 2017, 1889; *d'Avoine/Michels* Darlehen mittelbarer Gesellschafter in der Insolvenz, ZIP 2018, 60; *Mylich* Zur Abgrenzung von Zahlungsstockung und Zahlungsunfähigkeit, ZIP 2018, 514; *Pickerill* Das Ende der Patronatserklärung?, NZG 2018, 609; *Mujkanovic* Non-going concern: Was nun? – Ein Fallbeispiel, StuB 2018, 649; *Wolf* Zur Formbedürftigkeit einer Rangrücktrittsvereinbarung, StuB 2019, 144; *Kronner/Seidler* Patronatserklärung als Instrument zur Überschuldungsbeseitigung: Auswirkungen auf Liquiditätsplanung, Bilanzierung und Abschlussprüfung, BB 2019, 555.

I. Begriff der Sanierung und rechtliche Grundlagen

1 Unter dem Begriff **Sanierung** werden alle Maßnahmen verstanden, die geeignet erscheinen, zur Gesundung eines sich in einer Krise befindlichen Unt beizutragen und seinen Fortbestand zu sichern.

2 Die Ursachen für eine UntKrise können dabei sowohl im unternehmensexternen als auch im unternehmensinternen Bereich liegen: **Externe Einflüsse** können sich zB aus Änderungen der gesetzlichen Rahmenbedingungen, dem Wegfall von Absatzmärkten, Konjunktureinflüssen oder politischen Krisen ergeben. Zu den wesentlichen Ursachen im **unternehmensinternen Bereich** zählen bspw Mängel in der UntFührung oder eine unwirtschaftliche Leistungserstellung. Schwächen im finanziellen Bereich des Unt sind dagegen im Allg nicht Ursache, sondern lediglich eine Folge der genannten Gründe.

I. Begriff der Sanierung und rechtliche Grundlagen   3–8 Q

IdS schlägt sich die **Sanierungsbedürftigkeit** eines Unt in aller Regel in 3
einem **Verlust der Ertragskraft** und nachfolgend dem **Verlust der Zahlungsfähigkeit** nieder.
Eine **andauernde Ertragslosigkeit** führt zunächst regelmäßig zu Li- 4
quiditätsengpässen und schließlich zur (drohenden) Zahlungsunfähigkeit.
Außerdem verringern die aus einer Ertragsschwäche resultierenden Verluste das EK des Unt. Dies zeigt sich bei PersGes in einer Minderung des ausgewiesenen EK und im Extremfall in negativen Kapitalkonten. Bei KapGes mit konstantem gezeichnetem Kapital führt eine anhaltende Verlustsituation zur **Unterbilanz;** diese liegt vor, wenn das bilanzielle EK unter den Betrag des gezeichneten Kapitals sinkt. Übersteigen die Verluste das gezeichnete Kapital und alle Rücklagen, wird auf der Aktivseite der HBil ein **nicht durch Eigenkapital gedeckter Fehlbetrag** ausgewiesen (§ 268 Abs 3 HGB).
Der Sachverhalt der Sanierung ist gesetzlich nicht näher bestimmt. Aller- 5
dings sind Zahlungsunfähigkeit und Überschuldung als Indikatoren von Unt-Krisen bzw einer Sanierungsbedürftigkeit kodifiziert: Die **Zahlungsunfähigkeit** ist gem § 17 Abs 1 InsO – unabhängig von der Rechtsform des Unt – allg InsEröffnungsgrund. Auf Antrag des Schuldners ist nach § 18 Abs 1 InsO auch bei **drohender Zahlungsunfähigkeit** (hierzu BGH v 5.12.2013 ZIP 2014, 183) bereits das InsVerfahren zu eröffnen. Bei juristischen Personen und KapCoGes bildet nach § 19 Abs 1 und 3 InsO die **Überschuldung** einen zusätzlichen Grund für die Eröffnung des InsVerfahrens.
Nach der rechtsformübergreifenden Regelung zur InsAntragspflicht in 6
§ 15a Abs 1 InsO ist spätestens drei Wochen nach Eintritt der Zahlungsunfähigkeit bzw Überschuldung die Eröffnung des InsVerfahrens zu beantragen. Diese Vorschrift gilt für juristische Personen (insb GmbH, AG, KGaA und SE) sowie für OHG oder KG, bei denen kein phG eine natürliche Person ist.
Bei KapGes besteht als vorgelagertes Krisensignal an die Gester eine Einbe- 7
rufungs- und Anzeigepflicht, sobald die Hälfte des Grund- bzw Stammkapitals durch Verluste verloren ist; Grundlage ist die sog **Verlustanzeigebilanz** (hierzu Kapitel P Anm 1 ff). So hat nach § 92 Abs 1 AktG der Vorstand unverzüglich die HV einzuberufen und ihr dies anzuzeigen, wenn sich bei Aufstellung der Jahresbilanz oder einer Zwischenbilanz ergibt oder bei pflichtgemäßem Ermessen anzunehmen ist, dass „ein Verlust in Höhe der Hälfte des Grundkapitals besteht". Entspr muss nach § 49 Abs 3 GmbHG die GesV einberufen werden, „wenn die Hälfte des Stammkapitals verloren ist". Im Rahmen der Bekanntmachungspflicht für die Tagesordnung der HV in den GesBlättern bzw im Internet (§§ 121 Abs 4, 124a AktG) erlangt die Verlustanzeige bei einer AG auch Öffentlichkeitswirkung ggü möglichen Gläubigern.
Für die Feststellung, ob eine die InsAntragspflicht auslösende **Überschul-** 8
dung vorliegt, ist der in § 19 Abs 2 S 1 InsO geregelte Überschuldungsbegriff maßgeblich. Danach liegt eine Überschuldung vor, „wenn das Vermögen des Schuldners die bestehenden Verbindlichkeiten nicht mehr deckt, es sei denn, die Fortführung des Unternehmens ist nach den Umständen überwiegend wahrscheinlich". Mit dieser Regelung ist der Gesetzgeber

letztlich wieder zum sog modifiziert zweistufigen Überschuldungsbegriff zurückgekehrt, der vor Inkrafttreten der InsO anerkannt war (vgl *Böcker/ Poertzgen* GmbHR 2013, 18; *Haas* DStR 2009, 326; *Wolf* StuB 2013, 61). Die UntFortführung gilt als überwiegend wahrscheinlich, wenn nach den Planungen im **Prognosezeitraum** des lfd und nachfolgenden Gj eine ausreichende Finanzkraft besteht, um alle fälligen Schulden zu begleichen (hM: *WPH* TBd S&I, C Anm 104; IDW FAS WPg 2008, 1053; *Bitter/Kresser* ZIP 2012, 1739 mwN; *Böcker/Poertzgen* GmbHR 2013, 21; *Kleindiek* in Lutter/Hommelhoff[19] GmbHG Anh § 64 Anm 26). Sofern hiernach von der UntFortführung ausgegangen werden kann, sind überschuldungsabwendende Sanierungsmaßnahmen nicht zwingend erforderlich. Sie bleiben jedoch von Bedeutung, um angesichts möglicher Planungsunsicherheiten eine die Ins auslösende Überschuldung nachhaltig zu vermeiden. Für die Feststellung, ob eine „rechnerische" Überschuldung vorliegt, ist der zu diesem Zweck aufzustellende **Überschuldungsstatus** maßgeblich, für den zT von der HBil abw Ansatz- und Bewertungsregeln gelten (IDW S 11 Anm 68 ff; *Weber/Küting/Eichenlaub* GmbHR 2014, 1015 f; hierzu ausführlich Kapitel P Anm 60 ff); einer in der HBil ausgewiesenen Überschuldung kommt insoweit nur indizielle Bedeutung zu (BGH v 2.4.2001 DB, 1027; BGH v 8.3.2012 WM, 665). Bestimmte Sanierungsmaßnahmen wirken sich hinsichtlich ihrer Bilanzierung in HBil und Überschuldungsstatuts unterschiedlich aus. Für die Eignung zur Abwendung einer rechnerischen Überschuldung iSv § 19 InsO ist allein die Berücksichtigung der Sanierungsmaßnahme im Überschuldungsstatus entscheidend.

9 Für die Feststellung, ob der InsGrund der **Zahlungsunfähigkeit** vorliegt, ist diese von der bloßen vorübergehenden Zahlungsstockung abzugrenzen. Zahlungsunfähigkeit liegt vor, wenn der Schuldner nicht in der Lage ist, die fälligen Zahlungsverpflichtungen zu erfüllen (§ 17 Abs 2 InsO). Nach der Rspr ist regelmäßig dann von Zahlungsunfähigkeit auszugehen, wenn die innerhalb von drei Wochen nicht zu beseitigende Liquiditätslücke des Schuldners 10% oder mehr beträgt, sofern nicht ausnahmsweise mit an Sicherheit grenzender Wahrscheinlichkeit zu erwarten ist, dass die Liquiditätslücke demnächst fast vollständig beseitigt werden wird, und den Gläubigern ein Zuwarten im Einzelfall zumutbar ist (BGH v 9.10.2012 DB, 2739; BGH v 24.5.2005 DB, 1787; vgl IDW S 11 Anm 16 ff). Grundlagen zur Beurteilung der Zahlungsunfähigkeit sind ein von der Geschäftsführung zu erstellender **Finanz- bzw Liquiditätsstatus** und ein darauf aufbauender **Finanzplan** (ausführlich IDW S 11 Anm 22 ff; *Richter/Schnurbusch/Meller* BB 2014, 2028 f; *Weber/Küting/Eichenlaub* GmbHR 2014, 1012). Bei der Ermittlung der Zahlungsunfähigkeit dürfen fällige GesterForderungen nicht ausgeklammert werden (BGH v 9.10.2012 DB, 2739; zustimmend *Brand* NZG 2012, 1375). Verbindlichkeiten ggü Gestern sind auch dann zu berücksichtigen, wenn ein Auszahlungsverbot gem § 64 S 3 GmbHG (s Anm 106) bestehen sollte (*Kleindiek* in Lutter/Hommelhoff[19] GmbHG § 64 Anm 60). Auch die innerhalb von drei Wochen nach dem Stichtag eines Liquiditätsstatus fällig werdenden und eingeforderten Verbindlichkeiten sind in die Ermittlung einzubeziehen (BGH v 19.12.2017 ZIP, 283; *Mylich* ZIP 2018, 516). Wenn das Unt an einem Cash-Pooling-System teilnimmt, sind die hieraus resultieren-

II. Sanierungsbilanz und Jahresabschluss

den Zahlungsansprüche und Rückzahlungsverpflichtungen ihren Fälligkeiten entspr im Finanzplan zu berücksichtigen. Für die Beurteilung, ob aus dem Cash-Pooling-System Liquiditätsreserven verfügbar sind, kommt es auf die übergreifende Liquiditätssituation und Liquiditätsplanung der daran angeschlossenen UntGruppe an (IDW S 11 Anm 45 ff; *Küting/Eichenlaub* GmbHR 2014, 175).

Die Konsequenzen einer UntKrise hängen von der Sanierungsfähigkeit und von der Sanierungswürdigkeit eines Unt ab (s hierzu *WPH* TBd S&I, A Anm 77, 82 ff; *Axhausen/Rieser* in Beck Handbuch GmbH[5] § 15 Anm 53 ff, 118). Als Grundlage für die Beurteilung der **Sanierungsfähigkeit** ist grds zunächst ein Sanierungskonzept zu erstellen (vgl IDW S 6 Anm 2; *WPH* TBd S&I, A Anm 82; *Mujkanovic* WP Praxis 2014, 280). Die Sanierungsfähigkeit eines Unt wird von den Möglichkeiten bestimmt, die die im Einzelfall verbleibenden rechtlichen und wirtschaftlichen Rahmenbedingungen offen lassen, eine Ins durch Sanierungsmaßnahmen zu vermeiden. Sie wird insb durch den in § 15a Abs 1 S 1 InsO festgesetzten Zeitrahmen von drei Wochen beeinträchtigt, innerhalb dessen die Zahlungsfähigkeit wiederherzustellen, die Überschuldung zu beseitigen oder die Eröffnung des InsVerfahrens zu beantragen ist (zur Fristenproblematik s Anm 279 ff).

Von der Beurteilung der **Sanierungswürdigkeit** eines Unt hängt es ab, ob die Sanierung dieses Unt oder seine Liq betriebswirtschaftlich geboten erscheint. Eine Analyse der Krisenursachen bzw eine Überschuldungsprüfung muss zeigen, ob Ertragskraft und Zahlungsfähigkeit des Unt nach Durchführung von Maßnahmen zur Verbesserung der Leistung im betrieblichen Bereich des Unt langfristig wiederhergestellt werden können. Nur in diesem Fall sind auch Maßnahmen zur finanziellen Sanierung des Unt Erfolg versprechend. Eine Stärkung der Kapitalbasis hat insofern fast immer nur unterstützenden Charakter.

Bestehen für die Sanierung positive Erfolgsaussichten, ist die Geschäftsführung grds verpflichtet, alle gebotenen (internen) Maßnahmen zu treffen, um eine Ins der Ges zu vermeiden (vgl *WPH* TBd S&I, A Anm 54; *Bork* ZIP 2011, 107 mwN; *Kuss* WPg 2009, 327). Für die Umsetzung bestimmter Sanierungsmaßnahmen (zB Kapitalerhöhung oder -herabsetzung) ist eine Beschlussfassung der HV bzw GesV erforderlich. Hierbei folgt aus der mitgliedschaftlichen Treuepflicht für Aktionäre bzw Gester ein **Obstruktionsverbot** gegen wirtschaftlich sinnvoll erscheinende Sanierungsmaßnahmen. Dies setzt jedoch voraus, dass das Unt sanierungsbedürftig und -fähig ist, ein geeignetes Sanierungskonzept vorliegt und die Mitwirkung des Aktionärs/Gesters dringend geboten und diesem zumutbar ist (vgl BGH v 19.10.2009 ZIP, 2289; OLG München v 16.1.2014 WM, 943; ausführlich *Seibt* ZIP 2014, 1911).

II. Sanierungsbilanz und Jahresabschluss

Der Erfolg der im **Leistungsbereich** des Unt veranlassten **Sanierungsmaßnahmen** wirkt idR erst langfristig, dh in künftigen JA in Form von höheren Umsätzen oder niedrigeren Aufwendungen; kurzfristig sind mit Rationalisierungsmaßnahmen oder notwendigen Investitionsvorhaben oft noch zusätzliche Aufwendungen verbunden (zB aus Sozialplänen, s auch Kapitel P Anm 117), die das Ergebnis erneut belasten.

16 Der Erfolg der notwendigen **finanziellen Sanierungsmaßnahmen** findet dagegen sofort seinen Niederschlag im Rechnungswesen des Unt. Dies ist auch notwendig, um die oft bestehenden Zahlungsschwierigkeiten und/ oder eine Unterbilanz oder gar Überschuldung zu beseitigen.

17 Gesetzliche Vorschriften zur Aufstellung einer gesonderten **Sanierungsbilanz** gibt es nicht. Vielmehr ist es grds ausreichend, die Auswirkungen aller bisherigen Sanierungsmaßnahmen in dem nächsten handelsrechtlichen JA zu berücksichtigen. In diesem Fall können keine von den GoB abw Bilanzierungsgrundsätze zur Anwendung kommen.

18 Allerdings können sich Ansatz und Bewertung von VG und Schulden ändern, wenn von der Fortführung des Unt iSv § 252 Abs 1 Nr 2 HGB nicht weiter ausgegangen werden kann. Kann bei Aufstellung des JA trotz der UntKrise eine **Fortführung** des Unt zumindest auf Sicht bis zum nächsten Bilanzstichtag angenommen werden, bleiben die allg Bilanzierungsvorschriften grds anwendbar (*Störk/Büssow* in Beck Bil-Komm[12] § 252 Anm 11; IDW PS 270 Anm 7f). In der Prüfungspraxis wird vom AP grds ein **Prognosezeitraum** von **zwölf Monaten** ab Unterzeichnung des BVm zugrunde gelegt (*Groß* WPg 2010, 123). Bei Beurteilung von Ansatz, Ausweis und Bewertung der VG und Schulden sind zB die Informationen aus einem Sanierungsplan zu berücksichtigen, so dass etwa bei VG des Anlagevermögens eine Umgliederung in das Umlaufvermögen (bei beabsichtigter Veräußerung) oder eine außerplanmäßige Abwertung wegen Überkapazitäten, Stilllegung oder Umstellung im Produktionsverfahren veranlasst sein kann (§ 253 Abs 3 S 3 HGB). Bei der Prüfung der Going-Concern-Prämisse ist zunächst auf die Verhältnisse am Bilanzstichtag abzustellen. Umstände, die erst nach dem Bilanzstichtag bekannt werden, deren Verursachung aber bereits vor dem Bilanzstichtag liegt, sind als wertaufhellend zu berücksichtigen. Darüber hinaus sind auch wertbegründende Ereignisse, die zum Wegfall der Fortführungsannahme führen, im JA zu berücksichtigen, solange dieser noch nicht festgestellt ist (*Störk/Büssow* in Beck Bil-Komm[12] § 252 Anm 12 mwN; *WPH HBd*[16], L Anm 432). Kann die Going-Concern-Prämisse nicht aufrechterhalten werden, ist eine **Bewertungsänderung** gem § 252 Abs 1 Nr 2 HGB vorzunehmen (hierzu *Störk/Büssow* in Beck Bil-Komm[12] § 252 Anm 20; *IDW RS HFA 17* Anm 19 ff; *Mujkanovic* StuB 2018, 649).

19 Aus Gründen der Übersichtlichkeit und zur vereinfachten Messung der ergriffenen Sanierungsmaßnahmen kann es jedoch zweckmäßig sein, eine zusätzliche *interne* **Sanierungsbilanz** zu erstellen (hierzu ausführlich *Winnefeld*[5] N Anm 615 ff). Der SanierungsEB vor Durchführung der Sanierungsmaßnahmen kann entweder der letzte JA oder ein zur Erkennung der Sanierungsbedürftigkeit erstellter Status zugrunde gelegt werden; im letzten Fall sind idR einige Korrekturen erforderlich, die insb die (GoB-konforme) Bewertung betreffen (vgl zur Bewertung *Winnefeld*[5] N Anm 617).

20 Für den Fall, dass die interne Sanierungsbilanz unabhängig von dem gesetzlichen JA aufgestellt wird, kann es sinnvoll sein, von den handelsrecht-

III. Einzelne Sanierungsmaßnahmen

lichen Grundsätzen abw Ansatz- und Bewertungsvorschriften anzuwenden (zB Zeitwerte-Status, abgeleitet aus der Überschuldungsprüfung).

Die (interne) SanierungsEB weist die Kapitalverhältnisse vor der Sanierung 21 sowie ggf die bereits aufgelaufenen Bilanzverluste aus. Auf dieser Grundlage werden Umfang und Art der zu ergreifenden Sanierungsmaßnahmen bestimmt.

Die Auswirkung der verschiedenen Sanierungsmaßnahmen wird zweck- 22 mäßigerweise auf einem besonderen Zwischenkonto, dem **Sanierungskonto**, erfasst. Durch Gegenüberstellung der **Sanierungserträge** und der **Sanierungsaufwendungen** ist eine Kontrolle der bereits abgeschlossenen Sanierungsmaßnahmen und der Bestimmung des noch erforderlichen Sanierungsbedarfs möglich.

Bei längerer Dauer einer UntSanierung ist ggf die Aufstellung von **Sanie-** 23 **rungszwischenbilanzen** sachdienlich; sie zeigen Höhe und Verwendung des bisher erzielten Sanierungsergebnisses.

Nach Beendigung der Sanierungsmaßnahmen wird das Sanierungskonto 24 über die interne **Sanierungsschlussbilanz** abgeschlossen, die den Gesamterfolg der Sanierungsmaßnahmen und die daraus resultierende Neuordnung der Kapitalverhältnisse widerspiegelt. Als EB für den nächsten ordentlichen JA kann sie nur insoweit verwendet werden, als sie um Ansatz- und/oder Bewertungsmaßnahmen bereinigt wurde, die nicht den GoB entsprechen.

Die für interne Zwecke erstellten Sanierungsbilanzen sind **nicht prü-** 25 **fungspflichtig** nach §§ 316 ff HGB. Für sie besteht **keine Offenlegungspflicht** nach den §§ 325 ff HGB. Für interne Sanierungsbilanzen besteht auch keine gesetzliche Aufbewahrungspflicht (von 10 Jahren), da es sich nicht um JA iSd § 257 Abs 1 Nr 1 HGB handelt (glA für freiwillig aufgestellte Zwischenabschlüsse *ADS*[6] § 257 HGB Anm 26).

III. Einzelne Sanierungsmaßnahmen

Die einem Unt zur Verfügung stehenden Sanierungsmaßnahmen können 30 nach folgenden wesentlichen Kriterien systematisiert werden:

Je nach **Ursache** der Sanierungsbedürftigkeit kann eine Sanierungsmaßnahme der *Zuführung von Liquidität* oder aber der *Stärkung der Kapitalbasis*, zB der Beseitigung einer Unterbilanz oder Überschuldung, dienen; die Zuführung von neuem EK in Form einer Bareinzahlung erfüllt beide Zielsetzungen. Ferner kann eine Sanierung auf *unternehmensinternen* oder auf *-externen* Maßnahmen beruhen; letztere können in einem Kapitalverzicht und/oder einer EK-Zufuhr der Gester, aber auch in einer Stundung bzw einem Forderungsverzicht der UntGläubiger liegen.

Bei einer sich über einen längeren Zeitraum abzeichnenden UntKrise lässt 31 sich meist folgende Entwicklung feststellen:

Zunächst wird die UntLeitung die stillen Reserven auflösen und solche Sanierungsmaßnahmen ergreifen, die noch keine Öffentlichkeitswirkung haben, zB Sale-and-lease-back von VG, Factoring oder Pensionsgeschäfte. Im Anschluss daran oder gleichzeitig erfolgt ein Verlustausgleich durch Auflösung von offenen Rücklagen.

32 Unt, bei denen alle oder zumindest ein Teil der Gester auch mit der Geschäftsführung betraut sind oder ein relativ enges Verhältnis zwischen Geschäftsführung und Gestern besteht, können auch Maßnahmen, die das EK des Unt stärken, ohne besondere Publizitätswirkung durchführen. Besondere Bedeutung haben in diesem Zusammenhang Nach- bzw Zuschüsse von Gestern sowie Forderungsverzicht.

33 Neue GesterDarlehen erhöhen die Liquidität des Unt, stärken aber im Gegensatz zu Zuschüssen oder Forderungsverzichten nicht das EK. Auch nach einem Rangrücktritt bleibt das GesterDarlehen FK (s Anm 83).

34 Müssen dagegen Lieferanten, Mitarbeiter oder andere „Dritt-"Gläubiger eines Unt um Stundung oder gar einen (teilweisen) Forderungsverzicht gebeten werden, wird die Sanierungsnotwendigkeit auch diesen bekannt. Gleiches gilt, wenn eine nachhaltige UntKrise eine Kapitalherabsetzung und/oder eine Kapitalerhöhung notwendig macht.

1. Sanierungsmaßnahmen der Unternehmensleitung

35 Bei Sanierungsmaßnahmen der UntLeitung unterscheidet man Sanierungsmaßnahmen, die nur auf **Buchwertänderungen** basieren von den **realen Sanierungsmaßnahmen,** die auf tatsächlichen Geschäftsvorfällen basieren (Anm 39).

36 Folgt die **Realisierung der stillen Reserven** aus einer Bewertungsänderung, führt sie lediglich zu einem Buchgewinn. Da das **Going-Concern-Prinzip** des § 252 Abs 1 Nr 2 HGB stets zu berücksichtigen ist, darf eine Auflösung der stillen Reserven im JA nur im Rahmen der handelsrechtlichen Bewertungsvorschriften vorgenommen werden. Das bedeutet insb, dass auch zur Veräußerung stehende VG nur zu ihren fortgeführten AK bzw HK oder ggf ihrem niedrigeren beizulegenden Wert angesetzt werden dürfen. Ein über die fortgeführten AK bzw HK hinausgehender wahrscheinlicher Veräußerungspreis darf also noch nicht berücksichtigt werden. Allerdings dürfte die Einleitung von Sanierungsmaßnahmen einen begründeten Ausnahmefall nach § 252 Abs 2 HGB darstellen, nach dem von der Bewertungsstetigkeit (Abs 1 Nr 6) abgewichen werden darf (*Störk/Büssow* in Beck Bil-Komm[12] § 252 Anm 61; *ADS*[6] HGB § 252 Anm 113).

37 Nur in einem solchen begründeten Ausnahmefall iSd § 252 Abs 2 HGB ist es auch zulässig, einen freiwilligen, aber nur prospektiv wirkenden Wechsel der handelsrechtlichen Abschreibungsmethode vorzunehmen (*Schubert/Andrejewski* in Beck Bil-Komm[12] § 253 Anm 272). Auf diese Weise kann bei planmäßigen Abschreibungen *künftig* ein niedrigerer – handelsrechtlich zulässiger – Abschreibungssatz verwendet und der verbleibende Restbuchwert mit dem entspr niedrigeren Abschreibungssatz auf die Restnutzungsdauer verteilt werden. Änderungen der Abschreibungsmethode sind jedoch grds nur mit Wirkung vom Beginn des Gj der Änderung an zulässig (*Schubert/Andrejewski* in Beck Bil-Komm[12] § 253 Anm 273 mwN).

38 Die Frage, ob ursprünglich nicht in Anspruch genommene Bilanzierungswahlrechte (zB Disagio) oder Bewertungswahlrechte (zB Unter- und Obergrenze der HK) nachträglich anders ausgeübt werden können, muss grds verneint werden, da sich derartige Wahlrechte nur auf das Jahr erstrecken,

III. Einzelne Sanierungsmaßnahmen

in dem die betr Aufwendungen tatsächlich anfallen (vgl *Schubert/Waubke* in Beck Bil-Komm[12] § 250 Anm 40). Eine nachträgliche Aktivierung wäre nicht nur wenig praktikabel, sie widerspräche außerdem dem Stichtagsprinzip.

Die **realen Sanierungsmaßnahmen** resultieren aus materiellen Geschäftsvorfällen und wirken sich auf die Ertrags- und Liquiditätslage des betr Unt aus. So können zB durch den Verkauf nicht betriebsnotwendiger VG **stille Reserven** realisiert werden. Eine Hebung stiller Reserven ist grds auch durch Einlage des betr VG in ein TU (vgl IDW ERS HFA 13 Anm 82 ff) oder im Wege der Ausgliederung des VG nach § 123 Abs 3 UmwG (vgl IDW RS HFA 43 Anm 32) möglich.

Als (weitere) Maßnahme zum Erhalt flüssiger Mittel besteht die Möglichkeit des **Sale-and-lease-back,** bei dem betriebsnotwendige VG zunächst verkauft und dann „zurückgeleast" werden. Umstritten und nicht generell zu beantworten ist die Frage, inwieweit beim Sale-and-lease-back auch eine Ertragsrealisation möglich ist. Wenn der Veräußerer wirtschaftlicher Eigentümer des verkauften VG bleibt, muss er diesen weiterhin zum bisherigen Wertansatz bilanzieren, so dass eine Gewinnrealisierung ausscheidet (vgl IDW ERS HFA 13 Anm 72; *Schmidt/Ries* in Beck Bil-Komm[12] § 246 Anm 40). In diesem Fall ist das Sale-and-lease-back-Geschäft erfolgsneutral, da der Forderung bzw dem Mittelzufluss aus der Veräußerung die Verpflichtung zur Zahlung der Leasingraten gegenübersteht. Nach den allg Bilanzierungsgrundsätzen für Leasing, die durch die steuerlichen Leasingerlasse maßgeblich beeinflusst sind, richtet sich die Zurechnung des wirtschaftlichen Eigentums am VG insb nach der Leasingvertragsdauer im Verhältnis zur betriebsgewöhnlichen Nutzungsdauer und nach der Verteilung von Chancen und Risiken bei der Verwertung des VG nach Ablauf der Leasingzeit (vgl *Braun* in Kölner Komm HGB § 246 Anm 77; zu Einzelheiten *Schmidt/Ries* in Beck Bil-Komm[12] § 246 Anm 41 ff). Eine Gewinnrealisierung kommt nicht in Betracht, soweit der Veräußerungspreis den Zeitwert überschreitet (IDW ERS HFA 13 Anm 72).

Selbst bei Übergang des wirtschaftlichen Eigentums auf den Leasinggeber ist im Einzelfall zu prüfen, ob eine Ertragsrealisierung zumindest in dem Umfang zu verneinen ist, in dem die Bildung einer Rückstellung für künftige (überhöhte) Leasingraten erforderlich ist. Besonders in Krisensituationen, wenn in Zukunft mit niedrigeren Umsatzerlösen oder sogar mit Stilllegung des Leasingobjekts gerechnet werden muss, kann die Bildung von Rückstellungen iZm Leasingraten angezeigt sein.

Auch das **Factoring** dient der Verbesserung der Liquiditätslage. Beim **echten Factoring** werden Forderungen an einen Dritten (Factor) vor Fälligkeit verkauft und abgetreten, so dass sie beim Verkäufer auszubuchen sind. Dabei ist erforderlich, dass sämtliche Bonitätsrisiken auf den Käufer der Forderungen übergehen (vgl *Schubert/Berberich* in Beck Bil-Komm[12] § 247 Anm 112; IDW RS HFA 8 Anm 7f; *WPH* HBd[16], F Anm 1342). Beim **unechten Factoring** verbleibt das Ausfallrisiko beim Verkäufer (Factoring-Kunde). Die abgetretenen Forderungen, die lediglich als Kreditsicherheit dienen, müssen bis zur Tilgung weiterhin beim Factoring-Kunden bilanziert werden; in Höhe der erhaltenen Zahlungen besteht eine Verbindlichkeit ggü dem Factor (*Schubert/Berberich* in Beck Bil-Komm[12] § 247 Anm 113; *WPH* HBd[16], F Anm 1343).

44 Beim **(Wertpapier-)Pensionsgeschäft** wird zwischen echten und unechten Pensionsgeschäften unterschieden (vgl § 340b HGB, der zwar formal nur für Kreditinstitute gilt, aber nach hM GoB für alle Kfl darstellt, *Schmidt/Ries* in Beck Bil-Komm[12] § 246 Anm 24 mwN). Ein **echtes Pensionsgeschäft** liegt vor, wenn fest vereinbart wurde, dass der Pensionsnehmer dem Pensionsgeber die hingegebenen VG zu einem im Voraus bestimmten oder noch zu bestimmenden Zeitpunkt zu einem festgesetzten Betrag zurückübertragen muss. Obwohl das zivilrechtliche Eigentum auf den Pensionsnehmer (idR durch Besitzkonstitut) übergeht, verbleibt das wirtschaftliche Eigentum beim Pensionsgeber (*Schmidt/Ries* in Beck Bil-Komm[12] § 246 Anm 25; IDW ERS HFA 13 Anm 19); dieser ist zwar während der Pensionszeit in seiner Verfügungsgewalt beschränkt, kann aber stets über die VG mit Wirkung nach Ablauf der Pensionszeit entscheiden.

45 Dementspr werden die Pensionsgegenstände weiterhin beim Pensionsgeber bilanziert. Wirtschaftlich dienen sie als Sicherheit für einen Kredit an den Pensionsgeber, der das erhaltene Entgelt als Verbindlichkeit zu passivieren hat (*Schmidt/Ries* in Beck Bil-Komm[12] § 246 Anm 25). Das Pensionsgeschäft entfaltet somit grds keine Ertragswirkung; lediglich ein evtl Unterschiedsbetrag zwischen Veräußerungs- und späterem − höheren oder niedrigeren − Rückübertragungswert wird linear über die Laufzeit erfolgswirksam verteilt (§ 340b Abs 4 S 3 HGB).

46 Wie beim echten Pensionsgeschäft hat der Pensionsgeber auch beim **unechten Pensionsgeschäft** die Pflicht zur Rücknahme der VG, nicht aber das Recht, die Rückgabe zu verlangen. Vielmehr entscheidet der Pensionsnehmer, ob die VG nach Ablauf der Pensionszeit zurückgewährt werden sollen oder nicht (Put-Option). Da somit rechtliches und wirtschaftliches Eigentum grds auf den Pensionsnehmer übergehen und dieser dementspr die VG in seinem Vermögen ausweisen muss (vgl *Schmidt/Ries* in Beck Bil-Komm[12] § 246 Anm 26), handelt es sich aus Sicht des Pensionsgebers um einen Verkauf der VG mit Rücknahmeverpflichtung. Der Pensionsgeber hat, falls er kein bereits nach § 340b Abs 5 S 2 HGB angabepflichtiges Kreditinstitut ist, nach § 285 Nr 3 HGB die Höhe der Rücknahmeverpflichtung im Anhang anzugeben (vgl *Grottel* in Beck Bil-Komm[12] § 285 Anm 56; *PwC* BilMoG Komm O Anm 33). Aufgrund der Rücknahmeverpflichtung kommt eine Gewinnrealisierung beim Pensionsgeber grds nicht in Betracht (*ADS*[6] HGB § 246 Anm 344 mwN; IDW ERS HFA 13 Anm 24). Ferner sind Gestaltungen denkbar, bei denen trotz rechtlicher Vereinbarung einer bloßen Put-Option der Erwerber unter Würdigung aller Umstände (zB bei hohem Rückveräußerungspreis) zur Wahrnehmung des Rückveräußerungsrechts gezwungen ist; in einem solchen Fall ist die VG weiterhin beim Pensionsgeber zu bilanzieren (IDW ERS HFA 13 Anm 25 f; *Schmidt/Ries* in Beck Bil-Komm[12] § 246 Anm 26). Da insofern auch das unechte Pensionsgeschäft die Aufdeckung stiller Reserven grds nicht ermöglicht, steht unter Sanierungsgesichtspunkten die Liquiditätszufuhr im Vordergrund.

47 Die UntLeitung einer KapGes kann der GesV/HV vorschlagen, zur finanziellen Sanierung die **Auflösung der Gewinnrücklagen** (§ 272 Abs 3

III. Einzelne Sanierungsmaßnahmen

HGB) oder der **Kapitalrücklage** (§ 272 Abs 2 HGB) zu beschließen. Bei AG sind bei der Auflösung der Kapitalrücklage die Beschränkungen gem § 150 Abs 3 und 4 AktG zu beachten. Übersteigen die gesetzliche Rücklage und die Kapitalrücklage nach § 272 Abs 2 Nr 1 bis 3 HGB zusammen nicht den zehnten oder den in der Satzung bestimmten höheren Teil des Grundkapitals, dürfen sie nach § 150 Abs 3 AktG nur folgendermaßen verwendet werden:
- ausschließlich zum Ausgleich eines Jahresfehlbetrags, soweit dieser weder durch einen Gewinnvortrag aus dem Vj gedeckt ist noch durch die Auflösung anderer Gewinnrücklagen gedeckt werden kann (Nr 1);
- zum Ausgleich eines Verlustvortrags aus dem Vj, soweit dieser nicht durch einen Jahresüberschuss gedeckt ist und nicht durch Auflösung anderer Gewinnrücklagen ausgeglichen werden kann (Nr 2).

Soweit diese Rücklagen den zehnten oder in der Satzung bestimmten höheren Teil des Grundkapitals übersteigen, dürfen sie nach § 150 Abs 4 S 1 Nr 3 zusätzlich zur Kapitalerhöhung aus GesMitteln nach §§ 207 ff AktG verwendet werden. Da diese nur eine Umbuchung innerhalb des EK bewirkt, ist sie als Sanierungsmaßnahme ungeeignet (näher Anm 221).

Zu den anderen Gewinnrücklagen sind dabei nach hM auch satzungsmäßige Rücklagen nach § 58 Abs 2 S 2 AktG zu rechnen, da es dem Sinn und Zweck dieser Gläubigerschutzbestimmung entspricht, die gesetzliche Rücklage stärker zu schützen als die satzungsmäßige (*ADS*[6] AktG § 150 Anm 55). Dagegen ist eine Rücklage für Anteile an einem herrschenden oder mit Mehrheit beteiligten Unt (§ 272 Abs 4), die eine Rücklage mit spezieller Zweckbindung darstellt, nicht vorrangig aufzulösen (*Hennrichs/Pöschke* in MünchKomm AktG[4] § 150 Anm 30 mwN); sie darf so lange nicht verwendet werden, wie auf der Aktivseite diese Anteile bilanziert sind. **48**

2. Sanierungsmaßnahmen von Kapitalgebern ohne Auswirkung auf das gezeichnete Kapital

In einer UntKrise kann es für **Gläubiger** (Banken, Lieferanten, aber auch Gester als Darlehensgeber) sinnvoll sein, finanzielle Zugeständnisse zum Zwecke der Sanierung und damit der Fortführung des Unt zu machen. Scheitert eine Sanierung, müssen diese Gläubiger im Falle einer Ins oft mit schwerwiegenden Forderungsausfällen rechnen. Insofern sind Gläubiger höherer Beträge (auch Banken) an künftigen Geschäften interessiert; ihre Unterstützung ist jedoch fast immer davon abhängig, dass auch die Gester einen wesentlichen Sanierungsbeitrag leisten. **50**

a) Maßnahmen zur Liquiditätsverbesserung

Die *vorübergehende* Liquiditätskrise eines Unt kann durch einen **Zahlungsaufschub** beseitigt werden. Die Stundung umfasst idR sowohl **Tilgungs-** als auch **Zinsverpflichtungen.** Diese Sanierungswirkung ist zeitlich begrenzt, da die gestundeten Beträge zu einem späteren Zeitpunkt (oft ratenweise) zurückgezahlt oder erneut gestundet werden müssen. **51**

Eine Verbesserung der Liquiditätslage kann auch durch eine **Umschuldung** erreicht werden. Kurzfristige Verbindlichkeiten werden in langfristige umgewandelt, damit die Tilgung aufgeschoben wird. Ergänzend kann auch **52** eine Änderung der Zinsfälligkeiten oder der Zinshöhe vereinbart werden (vgl *Häuselmann* BB 2010, 946), um die Liquiditätsbelastung zu verringern. Auch können die während der Darlehenslaufzeit fällig werdenden Zinsen kapitalisiert und der erst am Laufzeitende zu tilgenden Darlehensvaluta zugeschlagen werden (*Rossbach* BB 2017, 1413).

53 Ggf ist der Vermerk der Restlaufzeit einer Verbindlichkeit nach § 268 Abs 5 S 1 bzw § 285 Nr 1 Buchst a HGB anzupassen. Abgrenzungskriterium für die Restlaufzeit ist die **tatsächliche Fälligkeit** der Verbindlichkeit (*Grottel* in Beck Bil-Komm[12] § 285 Anm 15).

b) Maßnahmen zur Beseitigung einer Unterbilanz oder Überschuldung

55 IdR gelten für die Bilanzierung der im Folgenden dargestellten Sanierungsmaßnahmen zur Beseitigung der Unterbilanz oder Überschuldung die allg handelsrechtlichen Grundsätze. Ausnahmsweise wird für derartige Sanierungsmaßnahmen aber – abw vom Stichtagsprinzip – eine **rückwirkende Berücksichtigung** für **zulässig** erachtet, soweit sie der Verlustabdeckung dienen, im Zeitpunkt der Aufstellung des JA rechtswirksam geworden sind und im Anhang entspr erläutert werden (so auch *ADS*[6] HGB § 252 Anm 47; *Fülbier/Kuschel/Selchert* in HdR[5] § 252 Anm 74; *Kleindiek* in Großkomm HGB[5] § 252 Anm 22; *WPH* HBd[16], F Anm 94; abw *C Heinz/Sand*, BB 2011, 2797, die vorhersehbare Sanierungsmaßnahmen als wertaufhellendes Ereignis ansehen). Aus der Begrenzung auf die „Verlustabdeckung" folgt, dass durch die Rückbeziehung von Hilfsmaßnahmen im betr JA kein ausschüttungsfähiger (Bilanz)Gewinn erzeugt werden darf, auch nicht durch Auflösung von Rücklagen, die zuvor im Rahmen der Sanierung geschont oder erst generiert wurden.

56 Die ausnahmsweise Rückbeziehungsmöglichkeit besteht jedoch nicht für eine förmliche Kapitalerhöhung, die nur unter den gesetzlich vorgegebenen Voraussetzungen der §§ 58 f GmbHG, 235 AktG (hierzu Anm 270) bilanziell rückbezogen werden kann. Die bilanzielle Rückbeziehung von Hilfsmaßnahmen, durch die der zwischenzeitlich erreichte Sanierungserfolg gezeigt werden soll, macht dann keinen Sinn mehr, wenn wegen danach eingetretener neuer Verluste noch vor dem Aufstellungsende das InsVerfahren eröffnet werden musste.

57 Eine **mittelbare** bilanzielle **Rückwirkung** kann sich zB für einen Bürgen oder Patron ergeben, der eine entspr Sanierungsmaßnahme zugesagt bzw gewährt hat. Hier kann im JA des Bürgen oder Patrons die Passivierung einer Rückstellung unterbleiben, obwohl am Abschlussstichtag mit einer Inanspruchnahme ernsthaft zu rechnen war, wenn im Aufhellungszeitraum die begünstigte Ges durch eine anderweitige Sanierungsmaßnahme nachhaltig saniert wurde.

Eine rückbezogene Reflexwirkung ergibt sich für die von einer Sanierungsmaßnahme begünstigte Ges dadurch, dass infolge einer im Aufstellungszeitraum durchgeführten Sanierung die Bewertung der VG und Schulden zum abgelaufenen Bilanzstichtag (wieder) unter Zugrundelegung der Going-Concern-Prämisse zu erfolgen hat.

III. Einzelne Sanierungsmaßnahmen 60–63

aa) Forderungsverzicht. Ein **Forderungsverzicht** bedeutet den endgültigen Erlass (§ 397 BGB) der entspr Schuld. Dieser Forderungsverzicht kann mit einer bedingten Neuverpflichtung **(Besserungsschein)** im Falle späterer Gewinnerzielung (regelmäßig wird an das Entstehen von Jahresüberschüssen angeknüpft) kombiniert werden. Der Gläubiger verliert aufgrund des Verzichts zunächst sämtliche Ansprüche; aufgrund des Besserungsscheins entsteht eine neue Forderung (§ 158 Abs 1 BGB) erst dann, wenn das Unt wieder Jahresüberschüsse erzielt (Besserungsfall). Durch den (unbedingten) Forderungsverzicht kann wegen des Wegfalls der Verbindlichkeit eine Überschuldung beseitigt bzw gemindert und ein Jahresfehlbetrag ausgeglichen oder reduziert werden. Der Wegfall der betr Verbindlichkeit ist gleichermaßen in HBil und Überschuldungsstatus zu erfassen. 60

Mit **Eintritt der Besserungsbedingung** wird die Verpflichtung aus dem Besserungsschein bereits bei Aufstellung der Bilanz passiviert, soweit die Aufwendungen für den Besserungsschein durch den Jahresüberschuss gedeckt werden können (*Schubert* in Beck Bil-Komm[12] § 247 Anm 233; *ADS*[6] HGB § 246 Anm 150). Die einhergehenden Aufwendungen sollten in der **GuV** in einem gesonderten Posten vor dem Jahresüberschuss ausgewiesen werden (glA *WPH* HBd[16], F Anm 874). Alternativ kommt eine Erfassung als sonstige betriebliche Aufwendungen in Betracht; in diesem Fall ist zur Klarstellung für die darin enthaltenen Aufwendungen von außerordentlicher Bedeutung ein Davon-Vermerk geboten (vgl *Schmidt/Kliem* in Beck Bil-Komm[12] § 275 Anm 17). Soweit auch nachzuzahlende Zinsen wiederaufleben, ist eine Erfassung als Zinsaufwand sachgerecht (*Becker/Pape/Wobbe* DStR 2010, 509; *WPH* HBd[16], F Anm 874). 61

Zweifelhaft ist, ob bei einem Forderungsverzicht eines Gesters eine **Zuzahlung** des Gesters in die **Kapitalrücklage** gem § 272 Abs 2 Nr 4 HGB anzunehmen ist (Näheres zu Zuzahlungen s Anm 200 ff). Entscheidend für die bilanzielle Behandlung dürfte der **Wille** des Gesters sein, ob der Gegenwert des Forderungsverzichts im EK verbleiben oder ob eine sofort erfolgswirksame Sanierungsmaßnahme bewirkt werden soll, die in der GuV als Ertrag zu erfassen ist (*Störk/Kliem/Meyer* in Beck Bil-Komm[12] § 272 Anm 196). Ist die Zwecksetzung des Gesters auch im Wege der Auslegung nicht zu ermitteln, ist im Zweifel davon auszugehen, dass eine Zuzahlung in das EK geleistet werden sollte (*Störk/Kliem/Meyer* in Beck Bil-Komm[12] § 272 Anm 196; *ADS*[6] HGB § 272 Anm 137). Im Fall der Zuzahlung ist unabhängig von der Werthaltigkeit der vom Verzicht erfassten Forderung in HBil und Überschuldungsstatus stets der **volle Nominalbetrag** der weggefallenen Verbindlichkeit in die Kapitalrücklage einzustellen (*WPH* HBd[16], F Anm 482; *Mujkanovic* StuB 2014, 374; *Pöschke* NZG 2017, 1410). 62

Eine Zuzahlung in die Kapitalrücklage ist auch dann möglich, wenn der **Forderungsverzicht** mit einem **Besserungsschein** vereinbart wurde (*Störk/Kliem/Meyer* in Beck Bil-Komm[12] § 272 Anm 199). Erst mit Eintritt des Besserungsfalls ist in entspr Höhe wieder erfolgswirksam eine Verbindlichkeit einzubuchen. Eine direkte Umbuchung von der Kapitalrücklage in Verbindlichkeiten ist unzulässig (*Störk/Kliem/Meyer* in Beck Bil-Komm[12] § 272 Anm 199; *Mujkanovic* StuB 2014, 374; aA *Küting/Kessler* in HdR[5] 63

§ 272 Anm 225; *Pöschke* NZG 2017, 1413), da hierdurch die gesellschaftsrechtlichen Regeln zur Rücklagenauflösung missachtet würden. Eine gleichzeitige Rücklagenauflösung zur Kompensation der Ergebnisauswirkungen bleibt unter Einhaltung der allg Regeln zulässig. Dagegen ist eine Zuzahlung in die Kapitalrücklage durch einen Forderungsverzicht, der unter einer „sonstigen" **auflösenden Bedingung** steht (zB Börsengang oder Veräußerung der Anteile an der begünstigten Ges), nicht möglich; zum einen fehlt es regelmäßig bereits am erforderlichen Wegfall der Schuld, zum anderen kann einer sich mit Bedingungseintritt selbst auflösenden, nicht dauerhaften Kapitalrücklage keine EK-Funktion beigemessen werden.

64 Ein unbedingter Forderungsverzicht eines **Dritt-Gläubigers** führt grds zur erfolgswirksamen Ausbuchung der Verpflichtung und zum Ausweis eines Ertrags. Der außergewöhnliche Ertragsposten ist nach § 285 Nr 31 HGB im Anhang zu erläutern (*WPH* HBd[16], F Anm 1235). Auch beim **Forderungsverzicht** (ggf mit Besserungsschein) durch einen **Dritt-Gläubiger** kommt uU analog der Zuzahlung von Gestern eine Behandlung als Zuzahlung in die Kapitalrücklage nach § 272 Abs 2 Nr 4 HGB in Betracht (so *ADS*[6] 2 HGB § 272 Anm 133); dies gilt zB dann, wenn der Forderungsverzicht für Rechnung, auf Veranlassung oder im Interesse eines Gesters erklärt wurde (*WPH* HBd[16], F Anm 486).

65 Bei **verjährten Verbindlichkeiten** kann der Schuldner gegen die Zahlungsklage eines Gläubigers die Verjährungseinrede erheben; der Schuldner darf aber noch leisten. Eine Ausbuchung der verjährten Verbindlichkeit ist dann vorzunehmen, wenn die Verjährungseinrede wirksam erhoben wurde und der Schuldner die Zahlung auch in Zukunft verweigern will (vgl *ADS*[6] HGB § 246 Anm 112; großzügiger *Schubert* in Beck Bil-Komm[12] § 247 Anm 221, der grds bereits den Verweigerungswillen ausreichen lässt).

66 Das Bestehen einer Verpflichtung aus einem **Besserungsschein** ist zum einen als sonstige finanzielle Verpflichtung nach § 285 Nr 3a im **Anhang** anzugeben (*Grottel* in Beck Bil-Komm[12] § 285 Anm 160; *WPH* HBd[16], F Anm 1043). Zum anderen ist nach § 285 Nr 15a HGB der Bestand ausgegebener Besserungsscheine unter Angabe der Art und Anzahl der Rechte im Anhang zu nennen (*Grottel* in Beck Bil-Komm[12] § 285 Anm 480; *WPH* HBd[16], F Anm 1126). Für die mit dem Eintritt des Besserungsfalls verbundenen Aufwendungen ist eine Angabe im Anhang nach § 285 Nr 31 HGB als Aufwendungen von außergewöhnlicher Bedeutung erforderlich (*Grottel* in Beck Bil-Komm[12] § 285 Anm 891).

67 Bei einem **auflösend bedingten Forderungsverzicht** erlischt die Forderung nur für die Dauer der UntKrise; im Unterschied zum unbedingten Forderungserlass (Anm 60 ff) lebt die alte Forderung wieder so auf, als sei von Anfang an kein Verzicht erklärt worden (§ 158 Abs 2 BGB). Dies bedeutet nach § 159 BGB, dass der Gläubiger nach vorheriger Vereinbarung für die Sanierungszeit die Nachzahlung von Zinsen fordern kann. **Akzessorische Sicherheiten** (zB Hypotheken oder Pfandrechte) werden dadurch aber nicht wiederhergestellt.

68 Ein auflösend bedingter Forderungsverzicht (Anm 67), der zB an die Eröffnung des InsVerfahrens oder eine Anteilsveräußerung anknüpft, führt in

III. Einzelne Sanierungsmaßnahmen

der HBil des **Schuldners** grds nicht zur Ausbuchung der Verbindlichkeit, da der Erlass nicht endgültig ist und die verbleibende Unsicherheit im Lichte des Vorsichtsprinzips eine Passivierung erforderlich macht (*ADS*[6] HGB § 246 Anm 124, 155). Etwas anderes gilt dann, wenn als Bedingung an eine künftige Gewinnerzielung angeknüpft wird; hier ist die bedingte Rückzahlungsverpflichtung – ähnlich einem Besserungsschein – erst wieder bei Gewinnerzielung als Verbindlichkeit zu berücksichtigen (vgl zum gewinnabhängig bedingt rückzahlbaren Zuschuss IDW St/HFA 1/1984, Abschn 3a). Der **Dritt-Gläubiger** muss eine **unbedingt erlassene Forderung** (erfolgswirksam) ausbuchen bzw eine **auflösend bedingt erlassene Forderung** auf den Erinnerungswert abschreiben.

Der Unterschied zwischen dem **unbedingten Forderungsverzicht mit Besserungsschein** und dem **auflösend bedingten Forderungsverzicht** besteht für den Dritt-Gläubiger darin, dass das Wiederaufleben der Forderung bei ersterem „ratierlich" in Abhängigkeit der Gewinnentstehung erfolgt, bei letzterem dagegen die Forderung mit Eintritt der Bedingung sofort in voller Höhe auflebt.

Unabhängig von der rechtlichen Konstruktion ist für die bilanzielle Entlastung des Schuldners entscheidend, dass die Bedingung bzw Besserungsabrede zu keiner Belastung des gegenwärtigen Vermögens führt, so dass vor Eintritt der Bedingung bzw des Besserungsfalls weder eine Verbindlichkeit passiviert noch eine Rückstellung gebildet werden muss (*ADS*[6] HGB § 246 Anm 149). Unzureichend ist es daher auch, wenn zB beim Verzicht auf eine Darlehensforderung zwar für das Wiederaufleben der Rückzahlungsverpflichtung ein Besserungsschein vereinbart wurde, die Zinszahlungsverpflichtung aber **ergebnisunabhängig** fortbesteht und bedient werden soll; für die zu erwartenden künftigen Zinszahlungsverpflichtungen, die bis zur Darlehenstilgung bei Eintritt des ungewissen Besserungsfalls unabwendbar sind, müsste eine Rückstellung gebildet werden, die den Sanierungseffekt des Forderungsverzichts (ganz oder teilweise) wieder aufhebt.

Ein Forderungsverzicht durch einen Gester kann in dessen JA entweder eine Aktivierung bewirken oder als erfolgswirksamer Erhaltungsaufwand klassifiziert werden. Führt der Forderungsverzicht zu einer nachhaltigen **Wertsteigerung der Beteiligung,** muss eine Aktivierung als **nachträgliche Anschaffungs- bzw Herstellungskosten** vorgenommen werden (vgl *ADS*[6] HGB § 255 Anm 44; *Schubert/Gadek* in Beck Bil-Komm[12] § 255 Anm 163). Liegt dagegen ein **Sanierungsfall** vor, bei dem der Forderungsverzicht die sonst erforderliche Abschreibung der Beteiligung vermeidet und dem Ausgleich eines Jahresfehlbetrags oder sogar der Beseitigung der Überschuldung dient, liegt **erfolgswirksamer Erhaltungsaufwand** vor, weil in diesem Fall der Beteiligungswert nicht gesteigert wird (vgl *Schubert/Gadek* in Beck Bil-Komm[12] § 255 Anm 163; *ADS*[6] HGB § 255 Anm 44).

Überwindet die Ges die Krise, lebt im **Besserungsfall** beim Gläubiger die Forderung in entspr Umfang wieder auf und ist wieder zu aktivieren. Hierdurch ergibt sich in der GuV des Gläubigers grds ein sonstiger betrieblicher Ertrag; soweit Zinsansprüche wieder aufleben, ist eine Erfassung als Zinsertrag sachgerecht. Es handelt sich idR um Erträge von außergewöhnlicher Bedeutung, die nach § 285 Nr 31 HGB im Anhang anzugeben sind.

Soweit der Forderungsverzicht beim Gester ausnahmsweise zu nachträglichen AK bzw HK der Beteiligung geführt hat, steht dieser Aktivierung bzw der Wertaufholung der Forderung eine entspr Minderung der nachträglichen AK bzw HK der Beteiligung iSd § 255 Abs 1 S 3 HGB ggü (Wechselwirkung).

75 **bb) Rangrücktritt.** Durch eine **Rangrücktrittserklärung** erklärt ein GesterGläubiger oder ein Dritt-Gläubiger (Anm 50), dass eine bestimmte Forderung (oft ein Darlehen) als **nachrangige Forderung** hinter denen der übrigen Gläubiger zurücksteht. Für den erforderlichen Abschluss der Rangrücktrittsvereinbarung zwischen Gläubiger und Ges reicht die konkludente Annahme dieser Erklärung (*Hirte* in Uhlenbruck[15] InsO § 39 Anm 54 mwN). Auch wenn die Rangrücktrittsvereinbarung keiner Formbedürftigkeit unterliegt, ist zu Dokumentations- und Beweiszwecken für die Erklärung die Schriftform dringend anzuraten (*Wolf* StuB 2019, 144). Häufig wird der Rangrücktritt einer Forderung erst nach Eintritt der Überschuldung eines Unt wirksam vereinbart. Es besteht aber auch die Möglichkeit, bereits vor einer Überschuldung einen Rangrücktritt auszusprechen, zB dann, wenn eine Überschuldung droht und durch den Rangrücktritt die Überschuldung verhindert werden soll. In der Praxis finden sich auch **variabel** ausgestaltete Rangrücktritte, in denen der Gläubiger insoweit zurücktritt, als dies zur Vermeidung einer Überschuldung erforderlich ist (hierzu *ADS*[6] HGB § 246 Anm 143). Je nach Ausgestaltung der Vereinbarung erstreckt sich der Rangrücktritt auch auf die mit der Forderung verbundenen künftigen Zinsansprüche bzw auch auf rückständige Zinsen (vgl *ADS*[6] HGB § 246 Anm 135).

76 Um die Passivierung der Verbindlichkeit im **Überschuldungsstatus** entfallen zu lassen, musste nach herkömmlicher Auffassung in der Rangrücktrittsvereinbarung festgelegt werden, dass der Gläubiger mit seiner Forderung in der Weise hinter sämtliche Forderungen aller anderen Gläubiger zurücktritt, dass die Tilgung der Verbindlichkeit nur aus künftigen Gewinnen, aus einem LiqÜberschuss oder aus einem die sonstigen Verbindlichkeiten der Ges übersteigenden freien Vermögen verlangt werden kann (BGH v 9.2.1987 DB, 979; OLG Düsseldorf v 19.1.1995 GmbHR 1996, 618; *ADS*[6] HGB § 246 Anm 136 ff).

77 Der Gesetzgeber hat durch das MoMiG in §§ 19 Abs 2 S 2, 39 Abs 2 InsO den **Inhalt** vorgegeben, den eine Rangrücktrittserklärung haben muss, damit ein GesterDarlehen nicht mehr im Überschuldungsstatus passiviert werden muss. Diese Maßstäbe sind auch für einen Rangrücktritt durch Dritt-Gläubiger heranzuziehen (BGH v 5.3.2015 ZIP, 639; *Henkel/Wentzler* GmbHR 2013, 239 mwN; *Leithaus/Schaefer* NZI 2010, 846; *HF Müller* in MünchKomm GmbHG[2] § 64 Anm 40). Nach dem Gesetzeswortlaut muss zwischen Gläubiger und Schuldner der Nachrang im InsVerfahren hinter den in § 39 Abs 1 Nr 1 bis 5 InsO genannten Forderungen aller übrigen Gläubiger vereinbart werden.

78 Umstritten ist, ob für die Ausbuchung der Verbindlichkeit im Überschuldungsstatus erforderlich ist, dass im Rangrücktritt zugleich eine bereits vor Eröffnung des InsVerfahrens wirkende Auszahlungssperre vorgesehen wird. Die inzwischen hM verlangt eine solche **vorinsolvenzliche Durch-**

III. Einzelne Sanierungsmaßnahmen 79–81

setzungssperre in der Rangrücktrittsvereinbarung, um eine InsAntragspflicht wegen Überschuldung zu vermeiden (BGH v 5.3.2015 ZIP, 640; gl A *K Schmidt* ZIP 2015, 904; *Bitter* ZIP 2015, 347; *Frystatzki* NZI 2013, 613; *Haas* DStR 2009, 327). Die Gegenmeinung hält dies unter Hinweis auf den Wortlaut der durch das MoMiG geänderten gesetzlichen Vorschriften für nicht erforderlich (zB *Taplan/Baumgartner/Baumgartner* GmbHR 2015, 351; *Adolff* in FS Hellwig, 440; *Kahlert/Gehrke* DStR 2010, 229). Der im Anschluss an die ältere BGH-Rspr (v 8.1.2001 DB, 374) von Teilen des Schrifttums geforderte sog „qualifizierte" Rangrücktritt, der einen Gleichrang mit den Einlagenrückgewähransprüchen der Gester vorsehen müsse, hat keine Berechtigung mehr (Beschlussempfehlung und Bericht des Rechtsausschusses BT-Drs 16/9737, 58; *Adolff* in FS Hellwig, 440; *Funk* BB 2009, 869; *Wollmert* in FS Wellensiek, 179; aA *Braun* DStR 2012, 1360).

Ein Rangrücktritt mit der herkömmlichen „Besserungsklausel" oder ein 79 sog qualifizierter Rangrücktritt erfüllen jedoch im Zweifel zugleich auch die durch das MoMiG aufgestellten Anforderungen an den Nachrang der Rückzahlungsforderung, so dass für nach „altem Muster" formulierte Rangrücktrittsvereinbarungen idR kein zwingender Anpassungsbedarf besteht (vgl *Funk* BB 2009, 869). Gleichwohl wird sich die Praxis künftig bei der Formulierung von Rangrücktrittsvereinbarungen an den gesetzlichen Vorgaben in §§ 19 Abs 2 S 2, 39 Abs 2 InsO zu orientieren haben. Die (zusätzliche) Vereinbarung einer Besserungsklausel bleibt nicht nur aus steuerlichen Gründen (vgl *Henkel/Wentzler* GmbHR 2013, 241; Näheres zur steuerlichen Sicht s Anm 329 ff), sondern auch für Sanierungszwecke sinnvoll. Zum einen wirkt sie vor Eintritt des Besserungsfalls als Durchsetzungssperre, die nach hM in Rspr und Literatur (Anm 78) zur Überschuldungsvermeidung erforderlich ist. Zum anderen wird die Liquiditätslage des Schuldners entlastet, wenn vor Eintritt des Besserungsfalls keine Tilgungs- und Zinsleistungen verlangt werden können (vgl *Leithaus/Schaefer* NZI 2010, 845).

Allein aufgrund eines Rangrücktritts nach Maßgabe der §§ 19 Abs 2 S 2, 80 39 Abs 2 InsO, bei dem der Nachrang nur für den Fall der Eröffnung des InsVerfahrens gelten soll, darf die betreffende Verbindlichkeit im **Liquiditätsstatus** nicht außer Betracht bleiben (vgl *Haas* NZG 2013, 43 mwN; *Bitter/ Rauhut* ZIP 2014, 1015; aA *Bork* ZIP 2014, 1005; unklar BGH v 9.10.2012, DB, 2740). Denn vor Eröffnung des InsVerfahrens kann diese Verbindlichkeit trotz eines solchen Rangrücktritts bedient werden (*Adolff* in FS Hellwig, 441). Um diese Verbindlichkeit bei der Ermittlung der Zahlungsunfähigkeit eliminieren zu dürfen, muss in der Rangrücktrittsvereinbarung zusätzlich eine schon vor InsEröffnung geltende Durchsetzungssperre vereinbart werden (*Bitter/Rauhut* ZIP 2014, 1008 mwN; *Berger* ZIP 2016, 3).

Umstritten ist in der Literatur, ob eine freiwillige Rangrücktrittserklärung 81 durch einen „echten" Dritt-Gläubiger die Gleichstellung mit einem nachrangigen GesterDarlehen mit der Folge bewirkt, dass die Möglichkeit der InsAnfechtung nach § 135 InsO (Anm 104) besteht, so dass an den Gläubiger zurückgezahlte Mittel wieder zur InsMasse gezogen werden können (dafür *Bork* ZIP 2012, 2277; ablehnend *Bitter,* ZIP 2013, 1; ähnlich *Adolff* in FS Hellwig, 441, der eine ausdrückliche vertragliche Unterwerfung unter § 135 InsO verlangt). Nach der Rspr kann weitergehend eine InsAnfechtung nach

§ 134 InsO (binnen vierjähriger Frist) eröffnet sein, wenn eine Zahlung unter Verstoß gegen das sich aus dem Rangrücktritt ergebende rechtsgeschäftliche Zahlungsverbot ohne Rechtsgrund erbracht wird und damit als „unentgeltliche Leistung" zu bewerten ist (BGH v 5.3.2015 ZIP, 644). Zudem kommt ein **Rückforderungsanspruch** aus § 812 BGB in Betracht, wenn entgegen der sich aus dem Rangrücktritt ergebenden Durchsetzungssperre trotz InsReife Tilgungs- oder Zinszahlungen an den Gläubiger geleistet werden (BGH v 5.3.2015 ZIP, 642).

82 Besteht lediglich die Verpflichtung, während der Krise die Forderung nicht geltend zu machen **(Stundung)**, muss die Verbindlichkeit dennoch im Überschuldungsstatus berücksichtigt werden, weil sie im InsFall nach § 41 Abs 1 InsO als fällig gilt. Eine bloße Stundung liegt auch dann vor, wenn ein Rangrücktritt mit einer **Befristung** versehen ist und die Forderung nach Fristablauf wieder geltend gemacht werden kann (*ADS*[6] HGB § 246 Anm 139; *WPH* TBd S&I, C Anm 163; *Mock* in Uhlenbruck[15] InsO § 19 Anm 241; *Mujkanovic* StuB 2014, 375). Zur Überschuldungsabwendung nicht geeignet ist ein Rangrücktritt, der den Gläubiger zu dessen **Widerruf** oder zur **ordentlichen Kündigung** berechtigt (*Bitter* in Scholz[11] GmbHG Vor § 64 Anm 67; *Henkel/Wentzler* GmbHR 2013, 240; *Frystatzki* NZI 2013, 614; *Meyer-Löwy/Schmidt/Shubina* ZIP 2014, 2480). Als Sanierungsmaßnahme untauglich ist auch eine Rangrücktrittsvereinbarung, deren Wirksamkeit noch vom künftigen Eintritt einer aufschiebenden **Bedingung** abhängt (vgl *Wollmert* in FS Wellensiek, 179), oder deren rechtlicher Fortbestand wegen einer auflösenden Bedingung (zB Veräußerung der Beteiligung am Schuldner) ungewiss ist (*Bitter* ZHR 2017, 463 mwN). Ein auflösend bedingter Rangrücktritt erscheint nur dann unbedenklich, wenn die nachhaltige Überwindung der Überschuldung zur einzigen Bedingung erhoben wird. Nach der Rspr kann die Rangrücktrittsvereinbarung ab Eintritt der InsReife nicht mehr durch Gläubiger und Schuldner einvernehmlich aufgehoben werden, da idR ein **Vertrag zu Gunsten Dritter** (der Gläubigergesamtheit) vorliege, der nicht ohne Mitwirkung der begünstigten Gläubiger aufgehoben werden könne (BGH v 5.3.2015 ZIP, 643; zustimmend *Hoos/Köhler* GmbHR 2015, 731); eine Aufhebung ohne Gläubigermitwirkung kommt mithin nur in Betracht, wenn die InsReife noch nicht vorliegt oder schon beseitigt ist. Als Folge der Qualifikation des Rangrücktritts als Vertrag zu Gunsten Dritter durch den BGH ist die überschuldungsbeseitigende Wirkung aufgehoben, wenn in der Rangrücktrittsvereinbarung eine Drittwirkung ausdrücklich ausgeschlossen wird (*Westpfahl/Kresser* DB 2016, 40).

83 Trotz Rangrücktritt bleiben Verbindlichkeiten rechtlich bestehen. Deshalb werden sie nach hM auch weiterhin in der HBil des Schuldners ausgewiesen (*Schubert* in Beck Bil-Komm[12] HGB § 247 Anm 232 mwN; *ADS*[6] HGB § 246 Anm 140; *WPH* HBd[16], F Anm 688; HFA IDW Life 2016, 1001; *Kahlert* WPg 2017, 608; *Mujkanovic* StuB 2018, 654; Näheres zur steuerlichen Sicht s Anm 329). In der Aufsatzliteratur finden sich wieder Stimmen, die unter Hinweis auf die bilanziell gebotene wirtschaftliche Betrachtungsweise für die Ausbuchung der vom Rangrücktritt erfassten Verbindlichkeit in der HBil plädieren (*W Müller* BB 2016, 493; *Oser* DStR 2017, 1892). Die Praxis ist angesichts der gravierenden Folgen einer zu Unrecht erfolgten Ausbu-

III. Einzelne Sanierungsmaßnahmen

chung – drohende Nichtigkeit des JA nach § 256 Abs 5 S 1 Nr 1 AktG wegen Überbewertung – gut beraten, sich nach der hM zu richten. Ihr eigenkapitalähnlicher Charakter während der UntKrise rechtfertigt in der HBil nicht die Umgliederung der Verbindlichkeit in das EK. Allerdings sollte die entspr Verbindlichkeit mit einem Zusatz wie zB „davon durch Rangrücktrittsvereinbarung nachrangig" in der Bilanz gekennzeichnet oder im **Anhang** angegeben werden (*Schubert* in Beck Bil-Komm[12] § 266 Anm 255 mwN). Dies gilt insb dann, wenn der Rangrücktritt zB die InsAntragspflicht vermeidet und die Fortführung der Bewertung nach **Going-Concern-Grundsätzen** ermöglicht.

Der Gester wie auch jeder andere **Gläubiger** muss die nachrangige Forderung weiter ausweisen, wobei die Rangrücktrittsvereinbarung bei der Bewertung mindernd zu berücksichtigen ist (*Grottel/Haußer* in Beck Bil-Komm[12] § 251 Anm 35); hiernach kommt grds nur noch der Ansatz eines Merkpostens in Betracht (*ADS*[6] HGB § 246 Anm 59 f; *Mujkanovic* StuB 2014, 376). Analog der Argumentation beim Forderungsverzicht (Anm 71) führen auch beim Rangrücktritt die aus der Abwertung der nachrangigen Forderung resultierenden Beträge idR zu Aufwand und nicht zu nachträglichen AK bzw HK der Beteiligung (*Mujkanovic* StuB 2014, 376). Es handelt sich idR um Aufwendungen von außergewöhnlicher Bedeutung, die nach § 285 Nr 31 HGB im Anhang anzugeben sind.

cc) Gesellschafterdarlehen. Die Zuführung von zusätzlichem FK durch Dritte ist in einer UntKrise idR wegen fehlender Sicherheiten schwierig, da die externen Kreditgeber oftmals nicht zur Inkaufnahme der Ausfallrisiken bereit sind. Für Großaktionäre und insb Gester einer GmbH kann es aber wirtschaftlich sinnvoll sein, dem Unt auch in der Krise FK zur Verfügung zu stellen, um die Zahlungsfähigkeit des Unt zu sichern und dadurch eine Ins mit nachteiligen Folgewirkungen zu verhindern.

Der Gesetzgeber hat die rechtlichen Rahmenbedingungen für die Gewährung von GesterDarlehen durch das MoMiG grundlegend verändert. Die rechtsformspezifischen Regelungen zum EK-Ersatzrecht in §§ 32a, 32b GmbHG sowie in §§ 129a, 172a HGB sind gestrichen, die „Rechtsprechungsregeln" zur Anwendung der §§ 30, 31 GmbHG auf eigenkapitalersetzende Darlehen außer Kraft gesetzt worden. Stattdessen sind zT entspr Regelungen zu GesterDarlehen in das InsRecht verlagert worden. Als Kern der **Neuregelung** sieht § 39 Abs 1 Nr 5 InsO vor, dass Forderungen auf Rückgewähr eines GesterDarlehens oder Forderungen aus Rechtshandlungen, die einem solchen Darlehen wirtschaftlich entsprechen, ggü den Forderungen der übrigen InsGläubiger **nachrangig** sind. Nach der flankierenden Regelung des § 135 Abs 1 Nr 2 InsO unterliegen alle Rechtshandlungen der **Insolvenzanfechtung,** die für Rückzahlungsforderungen aus einem Gester-Darlehen oder für wirtschaftlich entspr Forderungen im letzten Jahr vor dem Antrag auf Eröffnung des InsVerfahrens oder danach **Befriedigung** gewährt haben.

Der **Anwendungsbereich** des § 39 Abs 1 Nr 5 InsO erfasst **alle Gesellschaftsformen,** in denen keine natürliche Person unbeschränkt haftet (§ 39 Abs 4 S 1 InsO). Hierunter fallen GmbH, AG, KGaA, eG, SE, SCE und solche OHG und KG, bei denen – auch indirekt – keine natürliche Person phG ist; darüber hinaus auch ausländische Rechtsformen, wenn deren InsVerfahren nach deutschem Recht abgewickelt wird (vgl Begr RegE BT-Drs 16/6140, 57; *Altmeppen* in Roth/Altmeppen[9] GmbHG Anh § 30 Anm 32; *Dahl/Linnenbrink* in Michalski[3] Syst Darst 6 Anm 37).

93 Bei der **Person des Darlehensgebers** muss es sich um einen Gester oder eine gleichgestellte Person handeln. Erfasst werden zunächst alle unmittelbar beteiligten Gester, sofern nicht das Kleinbeteiligungsprivileg des § 39 Abs 5 InsO (hierzu Anm 100) eingreift. Der Darlehensrückzahlungsanspruch eines **ausgeschiedenen** Gesters wird in entspr Anwendung des § 135 Abs 1 Nr 2 InsO nur dann erfasst, wenn er erst im letzten Jahr vor dem Eröffnungsantrag oder nach diesem Antrag ausgeschieden ist (hM: BGH v 21.2.2013 DB, 633; BGH v 15.11.2011 ZIP 2012, 88; *Haas* in Baumbach/Hueck[21] GmbHG Anh § 64 Anm 45; *Kleindiek* in Lutter/Hommelhoff[19] GmbHG Anh zu § 64 Anm 142; aA *Schäfer* ZInsO 2012, 1355). Der **Rechtsnachfolger** eines ehemaligen Gesters ist nur dann betroffen, wenn bei Übernahme der Gester-Stellung auch die Rückzahlungsforderung aus dem GesterDarlehen an ihn abgetreten wurde (vgl *Altmeppen* in Roth/Altmeppen[9] GmbHG Anh § 30 Anm 40; *Dahl/Linnenbrink* in Michalski[3] Syst Darst 6 Anm 65). Wer zunächst als Dritter ein Darlehen gewährt hat, wird als **künftiger** Gester dann erfasst, wenn er innerhalb der Jahresfrist des § 135 Abs 1 Nr 2 InsO Gester geworden ist (vgl *Altmeppen* in Roth/Altmeppen[9] GmbHG Anh § 30 Anm 38; *Dahl/Linnenbrink* in Michalski[3] Syst Darst 6 Anm 66).

94 Im Fall der **Abtretung** (Zession) der Forderung aus dem GesterDarlehen an einen **Dritten** geht die hM davon aus, dass der Forderungserwerber (Zessionar) die insolvenzrechtlichen Beschränkungen dann übernimmt, wenn die Abtretung innerhalb der **Jahresfrist** vor Antragstellung erfolgt ist (BGH v 21.2.2013 DB, 633; *Führ/Wahl* NZG 2010, 892; *Kleindiek* in Lutter/Hommelhoff[19] GmbHG Anh § 64 Anm 142; *Preuß* ZIP 2013, 1149). Zugleich unterliegt nach der Rspr auch der Gester (Zedent der Darlehensforderung) der Anfechtbarkeit nach § 135 Abs 1 Nr 2 InsO mit der Folge, dass er als Gesamtschuldner mit dem Zessionar für die anfechtbare Tilgungsleistung haftet (BGH v 21.2.2013 DB, 634; zustimmend *Haas* NZG 2013, 1246; *Kleindiek* ZGR 2017, 749; aA, einschränkend auf Subsidiärhaftung des Zedenten *Baier* DB 2014, 231; einschränkend auf kollusives Verhalten *Pentz* GmbHR 2013, 402f; generell ablehnend *Reinhard/Schützler* ZIP 2013, 1899f).

95 Von der Regelung des § 39 Abs 1 Nr 5 InsO werden auch **Rechtshandlungen Dritter** erfasst, die der Darlehensgewährung durch einen Gester wirtschaftlich entspr. Der Kreis der hiernach einzubeziehenden Dritten umfasst Personen, die als „**Strohmann**" das Darlehen aus Mitteln bzw für Rechnung des Gesters gewähren (*Kleindiek* in Lutter/Hommelhoff[19] GmbHG Anh zu § 64 Anm 146), daneben auch kreditgewährende **Treugeber,** für die ein Treuhänder die Anteile an der Ges hält, sowie auch einen kreditgewährenden Treuhänder selbst (vgl *Haas* in Baumbach/Hueck[21] GmbHG Anh § 64 Anm 38, 62 mwN; *Altmeppen* in Roth/Altmeppen[9] GmbHG Anh § 30 Anm 51). Darüber hinaus werden auch die mit einem Gester **vertikal** oder **horizontal verbundenen** Unt erfasst (BGH v 21.2.2013 DB, 631; BGH v 17.2.2011 DB, 700; *Haas* in Baumbach/Hueck[21] GmbHG Anh § 64

III. Einzelne Sanierungsmaßnahmen

Anm 69; *Geist* ZIP 2014, 1664; einschränkend *Pentz* GmbHR 2013, 401). Weitergehend wird eine Gleichstellung bereits dann angenommen, wenn eine mittelbare GesterStellung über eine horizontale Verbindung mit maßgeblicher Bet an der das Darlehen gewährenden Ges (BGH v 15.11.2018 NZG 2019, 235) oder eine vertikale Verbindung mit einer BetQuote von mehr als 10% besteht (OLG Hamm v 16.2.2017 ZIP, 2162; *d'Avoine/Michels* ZIP 2018, 63). Auch ein atypisch stiller Gester, ein Nießbraucher oder Unterbeteiligter können in den Anwendungsbereich der Regelung fallen, wenn diese über eine vermögensmäßige Beteiligung hinaus aufgrund der eingeräumten Mitwirkungs- und Kontrollrechte die UntPolitik mitbestimmen können (vgl *Kleindiek* in Lutter/Hommelhoff[19] GmbHG Anh § 64 Anm 150 mwN; *Engert* ZGR 2012, 864 ff). Dagegen folgt allein aus einem engen **Verwandtschaftsverhältnis** des Darlehensgebers zum Gester oder aus der Qualifikation als „nahe stehende Person" iSd § 138 InsO noch keine wirtschaftliche Gleichstellung mit einem Gester (BGH v 17.2.2011 DB, 700; *Haas* in Baumbach/Hueck[21] GmbHG Anh § 64 Anm 65; *Kleindiek* in Lutter/Hommelhoff[19] GmbHG Anh § 64 Anm 146).

Dagegen fallen Darlehen „echter" Dritter, die auch bei wirtschaftlicher **96** Betrachtungsweise einem GesterDarlehen nicht gleichzustellen sind, nicht in den Anwendungsbereich des § 39 Abs 1 Nr 5 InsO. Als Sondertatbestand werden jedoch von § 44a InsO Rückzahlungsforderungen aus **Darlehen Dritter** sowie gleichgestellte Forderungen erfasst, für die ein Gester eine **Sicherheit** bestellt oder für die er sich verbürgt hat. Für diese Forderungen kann der Drittgläubiger nach Maßgabe des § 39 Abs 1 Nr 5 InsO nur **anteilsmäßige Befriedigung** aus der InsMasse verlangen, soweit er bei der Inanspruchnahme der Sicherheit oder des Bürgen ausgefallen ist. Der Zweck der Regelung besteht darin, zu Gunsten der InsMasse eine vorherige Verwertung der GesterSicherheit zu erreichen (vgl *Altmeppen* in Roth/Altmeppen[9] GmbHG Anh § 30 Anm 200; *Preuß* in Kübler/Prütting/Bork InsO § 44a Anm 5). Die Ges hat jedoch grds **keinen Freistellungsanspruch** gegen den Gester in Höhe der Sicherheitsleistung, der im **Überschuldungsstatus** aktiviert werden könnte; eine überschuldungsmindernde Wirkung ergibt sich nur dann, wenn der Gester im Innenverhältnis ggü der Ges ausdrücklich die **Freistellung** von der gesicherten Verbindlichkeit **vereinbart** und hinsichtlich seines Rückgriffsanspruchs einen ausdrücklichen **Rangrücktritt** erklärt hat (OLG Hamburg v 13.4.2018 NZG 2019, 828; *Altmeppen* in Roth/Altmeppen[9] GmbHG Anh § 30 Anm 190 mwN; *Bitter* in Scholz[11] GmbHG Anh § 64 Anm 297; vgl zur Bürgschaft für GesSchulden Anm 129). Tilgt die Ges das vom Gester besicherte Dritt-Darlehen, unterliegt die hierdurch bewirkte Befreiung des Gesters im InsFall der Anfechtung nach § 135 Abs 2 InsO (BGH v 20.2.2014 GmbHR, 419).

Der **sachliche Anwendungsbereich** des § 39 Abs 1 Nr 5 InsO umfasst **97** neben **Darlehen** jedweder Art und Ausgestaltung (zB auch Sachdarlehen) auch sonstige Rechtshandlungen, die einem Darlehen „**wirtschaftlich entsprechen".** Dies gilt für alle Maßnahmen eines Gesters, die durch Zuführung oder Belassen von Mitteln der Finanzierung der Ges dienen. Erfasst werden zB die nachträglich vereinbarte oder faktische **Stundung** einer Forderung aus einem anderen Rechtsverhältnis (zB Kaufpreisforderung), die

Q 98–100

Vereinbarung einer marktunüblich hinausgeschobenen Fälligkeit oder das **Stehenlassen** einer Forderung, also der Verzicht auf die Geltendmachung trotz Fälligkeit unter Überschreitung marktüblicher Zahlungsziele (vgl *Altmeppen* in Roth/Altmeppen[8] GmbHG Anh § 30 Anm 128 f; *Kleindiek* in Lutter/Hommelhoff[19] GmbHG Anh § 64 Anm 141; BGH v 11.7.2019 ZIP, 1675: Faktische Stundung von mehr als drei Monaten). Als einem Darlehen wirtschaftlich entspr Geschäft kommt auch eine stille Bet eines Gesters oder atypische stille Bet eines Dritten in Betracht (BGH v 28.6.2012 DB, 2212; *Dahl/Linnenbrink* in Michalski[3] Syst Darst 6 Anm 129; *Haas* in Baumbach/Hueck[21] GmbHG Anh § 64 Anm 60, 82).

98 Für noch ausstehende **Zinsforderungen** aus GesterDarlehen gilt die Spezialregelung in § 39 Abs 3 InsO. Danach haben die Zinsforderungen den gleichen Rang wie die Forderungen dieser nachrangigen Gläubiger selbst. Ob die im letzten Jahr vor dem Eröffnungsantrag an den Gester geleisteten Zinszahlungen der Anfechtung nach § 135 Abs 1 Nr 2 InsO unterliegen, ist umstritten (dagegen zB *Altmeppen* in Roth/Altmeppen[9] GmbHG Anh § 30 Anm 142 mwN; dafür zB *Haas* in Baumbach/Hueck[21] GmbHG Anh § 64 Anm 91, 108).

99 Die nach altem EK-Ersatzrecht bedeutsame Fallgruppe der kapitalersetzenden **Nutzungsüberlassung** wird nach neuem Recht nicht mehr als darlehensähnliches Geschäft von § 39 Abs 1 Nr 5 InsO erfasst (hM: OLG Schleswig v 13.1.2012 ZIP, 885; *Altmeppen* in Roth/Altmeppen[9] GmbHG Anh § 30 Anm 211 mwN; *Kleindiek* in Lutter/Hommelhoff[19] GmbHG Anh § 64 Anm 161). Es findet sich nunmehr in § 135 Abs 3 InsO eine spezielle Regelung zur Nutzungsüberlassung, die erst im späteren Verlauf des Gesetzgebungsverfahrens eingeführt wurde. Hierdurch wird dem InsVerwalter ermöglicht, einen vom Gester zur Nutzung überlassenen Gegenstand, der für die Fortführung des Unt von erheblicher Bedeutung ist, für einen Zeitraum von höchstens bis zu einem Jahr ab Eröffnung des InsVerfahrens gegen Entgelt weiter zu nutzen (vgl zu Einzelheiten *Bitter* ZIP 2010, 1; *Hölzle* ZIP 2009, 1939). Eine rückständige Forderung des Gesters auf das Nutzungsentgelt fällt ausnahmsweise dann in den Anwendungsbereich der §§ 39 Abs 1 Nr 5, 135 Abs 1 InsO, wenn zB wegen einer bewussten Stundung ein darlehensähnliches Geschäft vorliegt (*Kleindiek* in Lutter/Hommelhoff[19] GmbHG Anh § 64 Anm 167; ähnlich *Thole* ZHR 2012, 541).

100 Als gesetzlicher **Ausnahmetatbestand** findet sich zum einen das **Kleinbeteiligungsprivileg** in § 39 Abs 5 InsO. Danach gilt § 39 Abs 1 Nr 5 InsO nicht für den nicht geschäftsführenden Gester einer Ges iSd § 39 Abs 4 S 1 InsO, „der mit 10 Prozent oder weniger am Haftkapital beteiligt ist". Es kommt hierbei allein auf die Höhe der Kapitalbeteiligung und nicht etwa auf eine ggf hiervon abw Stimmrechts- oder Gewinnbeteiligungsquote an (*Haas* in Baumbach/Hueck[21] GmbHG Anh § 64 Anm 52; *Bitter* in Scholz[11] GmbHG Anh § 64 Anm 72). Die Regelung ist **rechtsformneutral** ausgestaltet, so dass – strenger als nach früherer Rspr – auch eine AG oder KGaA bereits oberhalb der 10%-Schwelle von § 39 Abs 1 Nr 5 InsO erfasst wird (*Hüffer/Koch*[13] AktG § 57 Anm 29; *Dahl/Linnenbrink* in Michalski[3] Syst Darst 6 Anm 76). **Maßgeblicher Zeitraum** für die Anwendbarkeit des Kleinbeteiligungsprivilegs ist die Jahresfrist iSd § 135 Abs 1 Nr 2 InsO, innerhalb de-

III. Einzelne Sanierungsmaßnahmen

rer der Schwellenwert von 10% nicht überschritten worden sein darf (vgl *Altmeppen* in Roth/Altmeppen[9] GmbHG Anh § 30 Anm 91 mwN; *Dahl/ Linnenbrink* in Michalski[3] Syst Darst 6 Anm 83).

Zum anderen findet sich in § 39 Abs 4 S 2 InsO als weitere Ausnahme das sog **Sanierungsprivileg**. Wenn ein Gläubiger bei drohender oder eingetretener Zahlungsunfähigkeit oder bei Überschuldung der Ges Anteile zum Zwecke der Sanierung erwirbt, führt dies bis zur nachhaltigen Sanierung nicht zur Anwendung von § 39 Abs 1 Nr 5 InsO auf Forderungen aus bestehenden oder neu gewährten GesterDarlehen oder auf gleichgestellte Forderungen (kritisch ggü den Tatbestandsvoraussetzungen *Bitter* ZIP 2013, 398). Hinsichtlich des begünstigten **Personenkreises** gilt weiterhin, dass das Sanierungsprivileg nur Darlehensgebern zugutekommt, die nicht bereits zuvor als AltGester mit mehr als 10% an der Ges beteiligt waren (Begr RegE BT-Drs 16/6140, 57; *Dahl/Linnenbrink* in Michalski[3] Syst Darst 6 Anm 91; *Haas* in Baumbach/Hueck[21] GmbHG Anh § 64 Anm 118; aA *Altmeppen* in Roth/Altmeppen[9] GmbHG Anh § 30 Anm 101, der AltGester ohne Begrenzung begünstigen will). Aus der zeitlichen Beschränkung der Privilegierung bis zur „**nachhaltigen Sanierung**" ist abzuleiten, dass sie nicht bereits mit Beseitigung der InsGründe der Zahlungsunfähigkeit oder Überschuldung automatisch endet (*Hirte/Knof* WM 2009, 1969; *Kleindiek* in Lutter/Hommelhoff[19] GmbHG Anh § 64 Anm 153; *Wittig* in FS K Schmidt, 1757). Verbreitet wird eine nachhaltige Sanierung dann angenommen, wenn die Kreditwürdigkeit der Ges für einen Zeitraum von mindestens zwölf Monaten wiederhergestellt worden ist (*Dahl/Linnenbrink* in Michalski[3] Syst Darst 6 Anm 102; *Wittig* in FS K Schmidt, 1758f). Gerät die Ges danach zu einem späteren Zeitpunkt in eine erneute Krise, wirkt die Privilegierung aus dem früheren Anteilserwerb nicht mehr fort (*Haas* in Baumbach/Hueck[21] GmbHG Anh § 64 Anm 122; *Kleindiek* in Lutter/Hommelhoff[19] GmbHG Anh § 64 Anm 153). Ein vorheriges Scheitern des Sanierungsversuchs lässt dagegen die Privilegierungswirkung nicht entfallen (*Hirte* in Uhlenbruck[15] InsO § 39 Anm 67; *Hirte/Knof* WM 2009, 1970).

Die beiden genannten Ausnahmetatbestände gelten kraft Verweisung in § 135 Abs 4 InsO auch für die **Insolvenzanfechtung** nach § 135 Abs 1 Nr 1 und 2 InsO. Auch auf Darlehen **gesellschaftergleicher Dritter** sind das Sanierungs- und Kleinbeteiligungsprivileg anwendbar, soweit die passenden Tatbestandsmerkmale erfüllt sind (vgl *Kleindiek* in Lutter/Hommelhoff[19] GmbHG Anh § 64 Anm 155; *Haas* in Baumbach/Hueck[21] GmbHG Anh § 64 Anm 118).

Die **Rechtsfolgen**, die sich nach dem MoMiG für GesterDarlehen ergeben, weichen zT erheblich von der früheren Rechtslage ab. Die wesentliche Neuerung besteht darin, dass grds alle Rückzahlungsansprüche aus GesterDarlehen in der Ins nachrangig (§ 39 Abs 1 Nr 5 InsO) sind, ohne dass es dafür auf deren eigenkapitalersetzende Funktion ankommt. Noch offene Zinsforderungen aus GesterDarlehen sowie entspr Nebenforderungen sind grds wie die Hauptforderung zu behandeln (§ 39 Abs 3 InsO), so dass diese gleichermaßen nach § 39 Abs 1 Nr 5 InsO im InsFall nachrangig sind.

Darüber hinaus unterliegen alle Rechtshandlungen der **Insolvenzanfechtung**, die für Rückzahlungsforderungen aus einem GesterDarlehen oder gleichgestellte Forderungen **Befriedigung** gewährt haben, wenn diese Rechtshandlungen im letzten Jahr vor dem Antrag auf Eröffnung des Ins-Verfahrens oder danach vorgenommen wurden (§ 135 Abs 1 Nr 2 InsO). Der Begriff der „Befriedigung" ist dabei weit zu fassen, so dass neben der Tilgung auch die Aufrechnung und Erfüllungssurrogate erfasst werden (*Haas* in Baumbach/Hueck[21] GmbHG Anh § 64 Anm 104). Hiervon unabhängig sind nach der ergänzenden Regelung des § 135 Abs 1 Nr 1 InsO auch Rechtshandlungen anfechtbar, mit denen **Sicherung** für eine solche Forderung gewährt wurde, wenn die Handlung in den letzten zehn Jahren vor dem Eröffnungsantrag vorgenommen wurde (BGH v 18.7.2013 DB, 1894; vgl hierzu kontrovers: *Altmeppen* ZIP 2013, 1747; *Hölzle* ZIP 2013, 1994 f; *Bitter* ZIP 2013, 1999 f; *Mylich* ZIP 2013, 2444). Als Folge einer Anfechtung der Befriedigung ergibt sich ein Anspruch gegen den Gester auf Rückzahlung in die InsMasse, als Folge der Anfechtung der Gewährung einer Sicherung besteht ein Anspruch auf Aufhebung oder Rückgewähr dieser Sicherheit (vgl BGH v 18.7.2013 DB, 1897).

105 Außerhalb der Ins besteht grds **keine Rückzahlungssperre**. GesterDarlehen können daher getilgt und dafür eingeräumte Sicherheiten in Anspruch genommen werden (vgl *Haas* in Baumbach/Hueck[21] GmbHG Anh § 64 Anm 112; *Bitter* in Scholz[11] GmbHG Anh § 64 Anm 116). Den aus der Kapitalerhaltungsvorschrift des § 30 GmbHG abgeleiteten RsprRegeln, die ein Rückzahlungsverbot für eigenkapitalersetzende GesterDarlehen vorsahen, ist durch die Einfügung des § 30 Abs 1 S 3 GmbHG die Grundlage entzogen worden. Entspr gibt es auch keine Sperre für Zinszahlungen auf GesterDarlehen (vgl *Bitter* in Scholz[11] GmbHG Anh § 64 Anm 129).

106 Ein dem InsEintritt vorgelagertes **Rückzahlungsverbot** für GesterDarlehen kann sich für Ges in der Rechtsform der AG aus § 92 Abs 2 S 3 AktG ergeben (vgl *Hüffer/Koch*[13] AktG § 92 Anm 35 ff; *Mertens/Cahn* in Kölner Komm AktG[3] § 92 Anm 47). Danach darf der Vorstand keine Zahlungen an Aktionäre leisten, soweit diese zur Zahlungsunfähigkeit der Ges führen mussten, es sei denn, dies war auch bei Beachtung der Sorgfalt eines ordentlichen und gewissenhaften Geschäftsleiters nicht erkennbar. Erfasst werden dabei auch Zahlungen an Dritte, deren Leistungsempfang einem Aktionär zuzurechnen ist (*Mertens/Cahn* in Kölner Komm AktG[3] § 92 Anm 50). Nach dem Wortlaut der parallelen Regelung des § 64 S 3 GmbHG besteht für die Geschäftsführer einer GmbH unter entspr Voraussetzungen kein striktes Auszahlungsverbot, sondern nur eine Pflicht zum Ersatz von Zahlungen an Gester, die erkennbar zur Zahlungsunfähigkeit der Ges führen mussten. Die hM geht jedoch davon aus, dass in diesem Fall die Geschäftsführer Zahlungen an die Gester verweigern können bzw müssen, selbst wenn eine anderslautende Weisung der Gester vorliegen sollte (BGH v 9.10.2012 DB, 2740; *HF Müller* in MünchKomm GmbHG[2] § 64 Anm 197; *Kleindiek* in Lutter/Hommelhoff[19] GmbHG § 64 Anm 60; aA, gegen Leistungsverweigerungsrecht OLG München v 6.5.2010 ZIP, 1236; *Desch* BB 2010, 2586; *Haas* in Baumbach/Hueck[21] GmbHG § 64 Anm 143). Das Rückzahlungsverbot führt nicht dazu, dass die Darlehensverbindlichkeit im Liquiditätsstatus außer Acht gelassen werden darf (*Kleindiek* in Lutter/Hommelhoff[19] GmbHG § 64 Anm 60). Darüber hinaus soll die Rückzahlung von GesterDarlehen oder

III. Einzelne Sanierungsmaßnahmen 107–111

diesen gleichstehenden Leistungen für den Geschäftsführer, wenn dies für ihn erkennbar zur Zahlungsunfähigkeit der Ges führt bzw diese vertieft, zur **Strafbarkeit** wegen Untreue (§ 266 Abs 1 StGB) in Form eines existenzvernichtenden Eingriffs führen können (OLG Stuttgart v 14.4.2009 DB, 2256).

In der HBil der Ges werden GesterDarlehen auch bei Unterbilanz oder Überschuldung als Verbindlichkeiten ausgewiesen (*Schubert* in Beck BilKomm[12] § 247 Anm 231; *WPH* HBd[16], F Anm 688). Dies gilt auch dann, wenn eine Rangrücktrittserklärung vorliegen sollte (s Anm 83 mwN). Rückzahlungsverpflichtungen aus GesterDarlehen oder wirtschaftlich entspr Rechtshandlungen sind auch im Überschuldungsstatus des Schuldners weiterhin als Verbindlichkeit zu passivieren; etwas anderes gilt nur dann, wenn durch eine ausdrückliche Rangrücktrittserklärung des Gläubigers gem §§ 19 Abs 2 S 2, 39 Abs 2 InsO der Nachrang hinter den in § 39 Abs 1 Nr 1 bis 5 InsO bezeichneten Forderungen vereinbart worden ist (vgl *Hirte* in Uhlenbruck[15] InsO § 39 Anm 49). 107

Denkbar ist auch die Fallkonstellation, dass der Gester der Ges zwar eine **Kreditzusage** – ggf bis zu einem bestimmten Höchstbetrag – erteilt, aber den Darlehensbetrag noch nicht ausgezahlt hat. Vor Auszahlung des Darlehens liegt zunächst nur ein in der HBil nicht zu erfassendes schwebendes Geschäft vor (glA *Wollmert* in FS Wellensiek, 193). Dagegen kann im **Überschuldungsstatus** der Anspruch gegen den Gester auf **Kreditgewährung** aktiviert werden, wenn das Kündigungsrecht des Gesters ausgeschlossen ist und hinsichtlich der Rückzahlungsverpflichtung ein Rangrücktritt erklärt worden ist (*Haas* in Baumbach/Hueck GmbHG[21] Vor § 64 Anm 47; *Mock* in Uhlenbruck[15] InsO § 19 Anm 96). 108

dd) Verlustübernahme. Das MU eines in einer Krise befindlichen Unt kann durch **Verlustübernahme** die Aufzehrung des EK des TU verhindern. Bei Vorliegen eines EAV gem § 291 Abs 1 AktG mit einer Tochter-AG folgt die Verlustübernahmepflicht des MU zwingend aus § 302 Abs 1 AktG; diese Regelung ist im Falle eines EAV mit einer Tochter-GmbH analog anzuwenden (BGH v 11.10.1999 GmbHR, 1230; *Emmerich* in Scholz[12] GmbHG Anh § 13 Anm 205; *Beurskens* in Baumbach/Hueck GmbHG[21] Anh KonzernR Anm 94 mwN). Das Wirksamwerden des EAV setzt nach §§ 293 ff AktG einen formwirksamen Vertrag, ggf eine Vertragsprüfung (vgl §§ 293b ff AktG), die notwendigen notariell beurkundeten Zustimmungsbeschlüsse der Gester sowie insb die Eintragung ins HR voraus; für die GmbH gelten die weitgehend entspr Anforderungen der §§ 53, 54 GmbHG für eine Änderung des GesVertrags (vgl *Beurskens* in Baumbach/Hueck GmbHG[21] Anh KonzernR Anm 105; *Emmerich* in Scholz[12] GmbHG Anh § 13 Anm 140 mwN). 110

Als Alternative zum EAV kommt auch der Abschluss eines **isolierten Verlustübernahmevertrags** (ggf nur für ein Gj) in Betracht. Da es sich hierbei um keinen UntVertrag handelt, wird dieser Vertrag auch ohne Einhaltung der oben genannten formellen Voraussetzungen bereits mit seinem Abschluss wirksam (*Hüffer/Koch*[13] AktG § 291 Anm 28 mwN; *Altmeppen* in MünchKomm AktG[4] § 291 Anm 164); wirtschaftlich entspricht ein solcher Vertrag einem Ertragszuschuss. Da ein solcher Verlustübernahmevertrag mit einem 111

Gester auf dem **Mitgliedschaftsverhältnis** beruht, ist er auch nicht mit einer zivilrechtlichen Schenkung (§ 516 BGB) gleichzusetzen, so dass die hierfür notwendige notarielle Beurkundung (§ 518 Abs 1 BGB) für den (isolierten) Verlustübernahmevertrag nicht erforderlich ist (BGH v 8.5.2006 DB, 1370). Entspr dürfte für eine vertragliche Verlustübernahme durch einen mittelbaren Gester gelten.

112 Der Anspruch auf Verlustübernahme entsteht bei einem wirksamen EAV mit Ablauf des Gj zum Bilanzstichtag des TU und wird mit Entstehung fällig (hM, BGH v 11.10.1999 GmbHR, 1299; *Altmeppen* in MünchKomm AktG[4] § 302 Anm 72; *Emmerich/Habersack*[9] § 302 Anm 40 mwN; *Hüffer/Koch*[13] AktG § 302 Anm 13; für Fälligkeit bei Feststellung des JA *Koppensteiner* in Kölner Komm AktG[3] § 302 Anm 53 mwN); er ist daher bereits in diesem JA des TU zu aktivieren (*ADS*[6] HGB § 246 Anm 241). Die Entstehung und damit Aktivierung des Anspruchs auf Verlustübernahme, mit dem der im Gj entstandene Jahresfehlbetrag ausgeglichen wird, setzt damit grds voraus, dass der EAV bis zum Bilanzstichtag durch Eintragung in das HR wirksam geworden ist (*Hüffer/Koch*[13] AktG § 302 Anm 10; *Koppensteiner* in Kölner Komm AktG[3] § 302 Anm 28). Ein EAV kann auch Rückwirkung auf den Beginn des letzten Gj entfalten (*Hüffer/Koch*[13] AktG § 294 Anm 20 mwN; *Koppensteiner* in Kölner Komm AktG[3] § 294 Anm 31 f). Wenn ein solcher Vertrag mit Rückwirkungsklausel vor dem Bilanzstichtag des TU abgeschlossen wurde und die erforderlichen Zustimmungsbeschlüsse bereits vorliegen, kann die nach dem Bilanzstichtag folgende Eintragung ins HR als wertaufhellend angesehen werden (*ADS*[6] HGB § 246 Anm 241a). Der Anspruch auf Verlustübernahme ist nach hM ab Fälligkeit gem §§ 352, 353 HGB zu **verzinsen** (*Hüffer/Koch*[13] AktG § 302 Anm 14; *Altmeppen* in MünchKomm AktG[4] § 302 Anm 75; *Emmerich/Habersack*[9] § 302 Anm 40b).

113 In der GuV des TU wird unmittelbar vor dem Jahresüberschuss/Jahresfehlbetrag ein Posten „**Erträge aus Verlustübernahme**" eingefügt (*Schmidt/Kliem* in Beck Bil-Komm[12] § 277 Anm 23); dies gilt sowohl für die Verlustübernahme auf Grund eines EAV als auch im Falle der isolierten Verlustübernahme (*ADS*[6] HGB § 277 Anm 62; *Schmidt/Kliem* in Beck Bil-Komm[12] HGB § 277 Anm 23; *WPH* HBd[16], F Anm 783).

114 Das MU hat für seine Verlustübernahmeverpflichtung in beiden Fällen eine Verbindlichkeit zu passivieren und die **Aufwendungen aus Verlustübernahme** in der GuV gesondert auszuweisen (§ 277 Abs 2 S 2 HGB). Endet das Gj des TU erst nach dem Bilanzstichtag des MU und ist erkennbar, dass das MU einen Verlust zu übernehmen hat, muss es, wenn der Verlust nicht durch andere Sanierungsmaßnahmen noch für das alte Gj ausgeglichen werden kann, eine Rückstellung für die drohende Verlustübernahme passivieren. Auch dann sind die entspr Aufwendungen – ggf unter Hinweis auf ihre Vorläufigkeit – als Aufwendungen aus Verlustübernahme auszuweisen und im Anhang zu erläutern (*Schmidt/Kliem* in Beck Bil-Komm[12] § 277 Anm 18). Eine Verlustübernahme durch den Gester führt nicht zur Aktivierung nachträglicher AK, selbst wenn der Beteiligungsbuchwert erhebliche stille Reserven aufweisen sollte, sondern stets zu Aufwand (vgl *ADS*[6] HGB § 253 Anm 45); dies gilt auch dann, wenn die Verlustübernahme bei abseh-

III. Einzelne Sanierungsmaßnahmen 115–120 Q

barer Verlustsituation des TU vorab in Form eines Ertragszuschusses geleistet wird.

Bei zu erwartender anhaltender Ertragslosigkeit des TU ist umstritten, ob **handelsrechtlich** darüber hinaus auch die erwarteten Verluste künftiger Gj in Höhe ihres wahrscheinlichen Eintretens im JA des MU zurückzustellen sind, soweit der EAV rechtlich und faktisch unkündbar ist (dafür *ADS*[6] HGB § 253 Anm 267 mwN; *WPH* HBd[16], F Anm 683; gegen eine Rückstellung für Verluste künftiger Gj *Schubert* in Beck Bil-Komm[12] § 249 Anm 100). Zur steuerlichen Behandlung s Anm 336. 115

Im **Überschuldungsstatus** kann der Anspruch gegen das MU auf Verlustübernahme bereits im lfd Gj aktiviert werden, so dass ein wirksamer EAV – die erforderliche Bonität des MU vorausgesetzt – auch unterjährig zur Abwendung einer **Überschuldung** geeignet ist (vgl *Veil* in Spindler/Stilz[4] AktG § 302 Anm 23); etwas anderes gilt nur dann, wenn die zur Überschuldung führenden Verluste aus vorvertraglicher Zeit stammen und daher nicht ausgleichspflichtig sind. 116

Ob ein wirksamer EAV auch den InsGrund der **Zahlungsunfähigkeit** abwenden kann, ist zweifelhaft. Die Frage, ob dem TU bei gefährdeter Zahlungsfähigkeit ein Anspruch auf eine **Abschlagszahlung** auf die Verlustübernahme zusteht, ist in der Literatur umstritten (dafür *Emmerich/Habersack*[9] § 302 Anm 41; *Altmeppen* in MünchKomm AktG[4] AktG § 302 Anm 38, 73; *Veil* in Spindler/Stilz[4] AktG § 302 Anm 23; dagegen *Hirte* in Großkomm AktG[4] § 302 Anm 62; *Koppensteiner* in Kölner Komm AktG[3] § 302 Anm 57; *Stephan* in Schmidt/Lutter[3] AktG § 302 Anm 49) und höchstrichterlich nicht geklärt. In der Praxis dürfte sich zur Vermeidung von Unsicherheiten empfehlen, den EAV im Bedarfsfall durch eine Liquiditätsausstattungsgarantie (vgl dazu Anm 134) des MU zu ergänzen (glA *Mujkanovic* StuB 2014, 298). Sofern das MU tatsächlich eine Vorausleistung auf den künftigen Verlustausgleichsanspruch bereits im lfd Gj erbringt, kann diese bei entspr vorheriger Vereinbarung auf die Verlustausgleichsverpflichtung des MU angerechnet werden (BGH v 10.7.2006 BB, 1759; *Stephan* in Schmidt/Lutter[3] AktG § 302 Anm 48). 117

ee) Werthaltigkeitsgarantie. Eine Unterbilanz oder Überschuldung kann bisweilen daraus resultieren, dass bestimmte Aktiva (zB Forderungen oder Bet) wegen mangelnder Werthaltigkeit aufwandswirksam abgeschrieben werden müssen. In derartigen Fällen kann der Gester oder ein Dritter die Werthaltigkeit durch eine Garantie absichern und damit den Aufwand aus dem Abschreibungsbedarf vermeiden. Für eine Werthaltigkeitsgarantie sind verschiedene Ausgestaltungen denkbar, die sich bilanziell unterschiedlich auswirken können. Zum einen kommt in Betracht, dass sich der Gester/Dritte verpflichtet, den betroffenen VG auf erstes Anfordern der Ges zum **Buchwert abzukaufen** („Put-Option"). In diesem Fall kann eine außerplanmäßige Abschreibung der von der Garantie erfassten VG unterbleiben (vgl *ADS*[6] HGB § 253 Anm 540 mwN), da die Ges den Buchwert jederzeit realisieren kann. Um die Ernsthaftigkeit der Garantie zu belegen, ist in der Vereinbarung nach Ablauf einer bestimmten Frist (zB 5 Jahre) der zwingende Abkauf des VG oder ersatzweise der Ausgleich des sich zu diesem Zeitpunkt ergebenden Abwertungsbetrags vorzusehen. Handelt es sich bei dem von der Garantie 120 erfassten VG um eine verzinsliche Forderung, stellt sich neben der Frage des Abschreibungsbedarfs wegen mangelnder Bonität des Rückzahlungsschuldners häufig auch das Problem, dass die fälligen Zinsen nicht bezahlt werden. Um hier auch eine nach allg Grundsätzen gebotene Abzinsung zu vermeiden, müsste sich die Werthaltigkeitsgarantie auch auf die vereinbarte **Verzinsung** erstrecken.

121 Zum anderen kann sich der Gester/Dritte verpflichten, die sich aus einer zu einem bestimmten Abrechnungszeitpunkt erforderlich werdenden Abschreibung bestimmter VG resultierenden **Beträge auszugleichen,** sobald diese eintreten. Aus Sicht der Ges handelt es sich um eine aufschiebend bedingte Forderung (§ 158 BGB), die wegen des bestehenden Schwebezustands zum Zeitpunkt der Garantieabgabe des Gesters noch nicht aktiviert werden kann. Mit Eintreten der betr Bedingung (hier: Abschreibung des VG) ist der Schwebezustand beendet und es entsteht ein bilanzierungsfähiger Anspruch, den die Ges in ihrer Bilanz auszuweisen hat (glA *Mujkanovic* StuB 2014, 378). Im Gegenzug sind die VG, für die die Werthaltigkeitsgarantie durch den Gester abgegeben wurde, abzuschreiben; eine Verrechnung der bedingten Forderung gegen den Gester und des abzuschreibenden VG kommt im Hinblick auf den Grundsatz der Einzelbewertung (§ 252 Abs 1 Nr 3 HGB) und das Verrechnungsverbot (§ 246 Abs 2 HGB) nicht in Betracht.

122 Für den Garant stellt die Werthaltigkeitsgarantie regelmäßig ein **Haftungsverhältnis** dar, welches nach § 251 HGB vermerkpflichtig ist (*Grottel/Haußer* in Beck Bil-Komm[12] § 251 Anm 29, 34; bei Abkaufverpflichtungen nach dem Vertragsgegenstand differenzierend *ADS*[6] HGB § 251 Anm 72 und 89). Muss der Garant konkret damit rechnen, einen Abschreibungsbedarf durch (verlorenen) Zuschuss ausgleichen oder als Stillhalter der Abkaufverpflichtung den VG zu einem über dem Zeitwert liegenden Kaufpreis erwerben zu müssen, hat er in Höhe des ausmachenden Betrags eine **Rückstellung** zu bilden (vgl *ADS*[6] HGB § 251 Anm 90).

125 **ff) Schuld- und Erfüllungsübernahme, Bürgschaft.** Als Sanierungsmaßnahme kommt ferner eine vertragliche **Schuldübernahme** in Betracht, mit der ein Gester oder ein Dritter eine Verbindlichkeit mit befreiender Wirkung für die Ges übernimmt; die Schuldübernahme kann entweder zwischen dem Gester/Dritten und dem Gläubiger (§ 414 BGB) oder zwischen dem Gester/Dritten und der Ges mit Genehmigung des Gläubigers (§ 415 BGB) vereinbart werden. Im Falle einer befreienden Schuldübernahme ist die Verbindlichkeit im JA wie auch im Überschuldungsstatus (ertragswirksam) auszubuchen, da die Ges nicht mehr Schuldner ist (*ADS*[6] HGB § 246 Anm 126; *WPH* TBd S&I, C Anm 162).

126 Daneben kommt – zB wenn der Gläubiger der Schuldübernahme nicht zustimmt – eine Freistellung der Ges von der Verbindlichkeit im Innenverhältnis im Wege der **Erfüllungsübernahme** (§ 329 BGB) in Betracht. Zwar ist die betroffene Verbindlichkeit bis zu ihrer Erfüllung weiterhin in JA und Überschuldungsstatus zu passivieren, die Ges aktiviert jedoch in gleicher Höhe eine Freistellungsforderung gegen den Übernehmer (*ADS*[6] HGB § 246 Anm 418). Da die Freistellungsforderung bei zweifelhafter Bonität des Übernehmers entspr den allg Kriterien abgeschrieben werden müsste, ist insoweit bei der Ges grds ein Bruttoausweis erforderlich (*WPH* HBd[16], F Anm 573,

III. Einzelne Sanierungsmaßnahmen

596). Gleiches gilt für die Bilanzierung im Überschuldungsstatus (*WPH* TBd S&I, C Anm 152). Zudem muss der Übernehmer ggü der Ges im Innenverhältnis für den Fall seiner Inanspruchnahme auf einen Rückgriff verzichten, da ansonsten die Passivierung der Rückgriffsverpflichtung den Sanierungseffekt wieder aufheben würde (glA *Mujkanovic* StuB 2014, 377).

In der HBil des Übernehmers ist die befreiende bzw zur Erfüllung übernommene Verpflichtung zu passivieren. Falls es sich beim begünstigten Schuldner um ein TU handelt, ist idR von einem aufwandswirksam zu erfassenden Sanierungsbeitrag auszugehen, der beim Gester nicht zu nachträglichen AK der Beteiligung führt (glA *Mujkanovic* StuB 2014, 377; zur Bilanzierung beim Gester als Zuschussgeber vgl Anm 213).

Der **Schuldbeitritt** (Schuldmitübernahme) eines Dritten verschafft im Außenverhältnis den Gläubigern einen weiteren Schuldner. Da der ursprüngliche Schuldner rechtlich zur gesamten Leistung verpflichtet bleibt, hat er grds weiterhin die Verbindlichkeit zu passivieren. Eine Sanierungswirkung tritt nur insoweit ein, als sich der Dritte im Innenverhältnis dazu verpflichtet, die Schuld wirtschaftlich ganz oder teilweise (regresslos) zu übernehmen. In diesem Fall kann der ursprüngliche Schuldner einen **Freistellungsanspruch** gegen den beigetretenen Schuldner in entspr Höhe aktivieren. Eine Ausbuchung der Verbindlichkeit beim ursprünglichen Schuldner – im Wege der Verrechnung mit dem Freistellungsanspruch – kommt ausnahmsweise nur dann in Betracht, wenn seine Inanspruchnahme auch im Hinblick auf die Bonität des Übernehmers so gut wie ausgeschlossen ist (*ADS*[6] HGB § 246 Anm 422; großzügiger *Schmidt/Ries* in Beck Bil-Komm[12] § 246 Anm 111).

Eine **Bürgschaft** (§§ 765 ff BGB) gewährt dem Gläubiger lediglich eine Kreditsicherheit, ohne dass damit eine schuldbefreiende Wirkung zu Gunsten des Schuldners verbunden ist. Eine positive Wirkung auf die Liquiditätslage kann daraus folgen, dass durch die Bürgschaft die Beschaffung von FK erleichtert wird. Eine weitergehende Sanierungswirkung ergibt sich nur dann, wenn der Bürge zugleich den Schuldner im Innenverhältnis freistellt und hinsichtlich seines Regressanspruchs gegen den Schuldner (§ 774 BGB) einen **Rangrücktritt** oder einen Verzicht erklärt. In diesem Fall ist zwar die verbürgte Verbindlichkeit weiterhin im **Überschuldungsstatus** zu passivieren, aber gleichzeitig eine **Freistellungsforderung** gegen den Bürgen zu aktivieren (*Bitter* in Scholz[11] GmbHG Vor § 64 Anm 55; *Wollmert* in FS Wellensiek, 195). In der HBil des **Schuldners** bleibt es bis zur Befriedigung des Gläubigers durch den Bürgen bei der Passivierung der Verbindlichkeit. Die Aktivierung eines vereinbarten Freistellungsanspruchs gegen den Bürgen kommt nur dann in Betracht, wenn dieser nicht unter einer noch ausstehenden Bedingung (zB Zahlungsausfall des Schuldners) steht. In der HBil des **Bürgen** ist nach Bürgschaftsgewährung zunächst nur ein Haftungsverhältnis (§ 251 HGB) zu erfassen und eine Rückstellung erst zu bilden, sobald mit der Inanspruchnahme durch den Gläubiger zu rechnen ist.

gg) Patronatserklärung. Der Begriff „Patronatserklärung" ist gesetzlich nicht definiert. In der Praxis finden sich unterschiedliche Gestaltungen, von denen nur wenige als Sanierungsmaßnahme geeignet sind. Allg wird zwischen einer sog **„harten"** und **„weichen"** Patronatserklärung unterschieden. Während erstere eine **rechtsverbindliche Einstandspflicht** des Patrons begründet, aus der sich Erfüllungs- oder Schadenersatzansprüche gegen ihn herleiten lassen, stellt letztere eine bloße **„Goodwill"**- oder **Absichtserklärung** dar, aus der keine finanziellen Leistungspflichten des Patrons folgen. Die weiche Patronatserklärung ist daher als Sanierungsmaßnahme zur Sicherung der UntFortführung ungeeignet (*Ringstmeier* in FS Wellensiek, 135; *Wollmert* in FS Wellensiek, 182; *Bitter* ZHR 2017, 440). Systematisch kann danach unterschieden werden, ob die Patronatserklärung ggü einem bestimmten Dritten (regelmäßig dem Kreditgeber des TU), ggü allen (bekannten) Gläubigern, der Allgemeinheit oder im unmittelbaren Verhältnis zum TU selbst abgegeben wird.

131 In der typischen Fallkonstellation werden einem **bestimmten Kreditgeber** der (mittelbar) begünstigten Ges zur Förderung oder Erhaltung der Kreditbereitschaft Maßnahmen oder Unterlassungen in Aussicht gestellt oder zugesagt. Gängige Grundformen einer harten **(konzern)externen** Patronatserklärung ggü dem Kreditgeber sind die in Bezug auf das TU erklärte Liquiditätsausstattungs- und die Kapitalausstattungsgarantie (Näheres IDW RH HFA 1.013 Anm 8 ff; *Habersack* in MünchKomm BGB[7] Vor § 765 Anm 50; *Hirte/Praß* in Uhlenbruck[15] InsO § 35 Anm 168 mwN). Verletzt der Patron seine Pflichten aus der Patronatserklärung, ist er ggü dem Kreditgeber zum Schadenersatz verpflichtet (OLG Düsseldorf v 28.12.2010 DB 2011, 110; *Horn* in Staudinger[14] BGB Vorbem zu §§ 765–778 Anm 462 mwN). Eine solche Erklärung begründet jedoch keine Umqualifizierung eines Darlehens in EK, so dass beim TU weiterhin die Rückzahlungsverpflichtung ggü dem Kreditgeber zu passivieren ist. Eine harte externe Patronatserklärung zu Gunsten eines bestimmten Kreditgebers führt auch **nicht** zu einem unmittelbaren **Zahlungsanspruch** des TU gegen den Erklärenden, der die Zahlungsunfähigkeit verhindern oder beim TU im **Überschuldungsstatus** oder in der HBil aktiviert werden könnte (BGH v 19.5.2011 DB, 1328; *Kleindiek* in Lutter/Hommelhoff[19] GmbHG Anh § 64 Anm 39; *Haußer/Heeg* ZIP 2010, 1431; *Horn* in Staudinger[14] BGB Vorbem zu §§ 765–778 Anm 463 mwN; *Maier-Reimer/Etzbach* NJW 2011, 1116). Eine mittelbare Sanierungswirkung kann insofern eintreten, als sich der betr Kreditgeber im Hinblick auf die Patronatserklärung zur Prolongation ansonsten auslaufender Kreditlinien bereit erklärt bzw von einer möglichen Kündigung absieht und hierdurch die Zahlungsfähigkeit des TU gesichert wird. Als Sanierungsmaßnahme zur Sicherung der UntFortführung ist eine nur ggü dem AP des TU abgegebene Patronatserklärung nicht geeignet, da das TU hieraus keine eigenen Ansprüche gegen den Patron herleiten kann.

132 Nach von Teilen des Schrifttums vertretener Ansicht soll eine harte Patronatserklärung zu Gunsten **aller Gläubiger** dazu führen, dass das TU im Überschuldungsstatus einen Anspruch gegen den Patron aktivieren könne (so zB *HF Müller* in Jaeger InsO § 19 Anm 66; *Mock* in Uhlenbruck[15] InsO § 19 Anm 113 mwN). Dabei wird jedoch im Unklaren gelassen, auf welche Weise das TU in die Rechtsbeziehungen zwischen Patron und „allen Gläubigern" eingebunden sein soll, um hieraus einen eigenen Anspruch ableiten zu können, und worin der rechtskonstruktive Unterschied zur nur zu Gunsten einzelner Gläubiger abgegebenen Patronatserklärung liegen soll, die anerkanntermaßen keinen unmittelbaren Anspruch des TU begründet. Der genannten

III. Einzelne Sanierungsmaßnahmen

Auffassung kann daher nicht gefolgt werden (glA *Haußer/Heeg* ZIP 2010, 1431). Jedenfalls kann eine solche Patronatserklärung keine Sanierungswirkung entfalten, sofern nicht durch eine entspr Vereinbarung klargestellt wird, dass der Gester sich ggü dem TU zur Leistung eines **rückgriffsfreien** („verlorenen") Zuschusses verpflichtet (glA *Wolf* StuB 2011, 451).

Gelegentlich finden sich – zB in Geschäftsberichten von Banken – Patronatserklärungen, die sich an die **Allgemeinheit** („ad incertas personas") richten. Ob eine solche Erklärung eine rechtliche Bindungswirkung und damit eine Einstandspflicht des Patrons ggü den Gläubigern des betroffenen TU entfaltet, ist umstritten (vgl zum Streitstand *Horn* in Staudinger[14] BGB Vorbem zu §§ 765–778 Anm 458 mwN; *Maier-Reimer/Etzbach* NJW 2011, 1112 f). Angesichts der ungesicherten Rechtslage und der fehlenden vertraglichen Einbeziehung des TU kann dieses hieraus **keinen** im Überschuldungsstatus aktivierbaren unmittelbaren **Anspruch** gegen den Patron ableiten (so im Ergebnis auch OLG München v 22.7.2004 ZIP, 2103).

Bei einer **(konzern)internen** Patronatserklärung zwischen Gester und TU sind unterschiedliche Vertragsgestaltungen möglich. Das TU kann die zugesagten finanziellen Mittel entweder als Darlehen oder als einen Zuschuss erhalten, der nicht zur Rückzahlung an den Patron verpflichtet (vgl BGH v 20.9.2010, DB, 2384; OLG Frankfurt aM v 30.10.2012 GmbHR 2013, 141). In der Praxis werden häufig Vereinbarungen geschlossen, in denen sich der Gester ggü dem TU verpflichtet, ihr die finanziellen Mittel zur Verfügung zur stellen, die zur Erfüllung ihrer jeweils fälligen (gegenwärtigen) oder auch künftigen) Verbindlichkeiten erforderlich sind. Eine solche Vereinbarung stellt im Zweifel zunächst nur eine **Liquiditätsausstattungsgarantie** in Form eines aufschiebend bedingten Darlehensversprechens dar, die bei vereinbarungsgemäßer Erfüllung die **Zahlungsfähigkeit** des TU sichert (vgl BGH v 19.5.2011 DB, 1328; OLG München v 22.7.2004 ZIP, 2104; *Krüger/Pape* NZI 2011, 618; *Ziemons* GWR 2009, 413). Eine auf die Verpflichtung zur Liquiditätszuführung beschränkte Patronatserklärung kann mittelbar auch eine „insolvenzrechtliche" Überschuldung iSv § 19 Abs 2 S 1 InsO beseitigen, wenn hierdurch bewirkt werden kann, dass die **Unternehmensfortführung** als **überwiegend wahrscheinlich** anzusehen ist (glA *Frystatzki* NZI 2013, 165; *Kaiser* ZIP 2011, 2137; *Kronner/Seidler* BB 2019, 557). Erforderlich ist dafür, dass durch die Patronatserklärung für den maßgeblichen Prognosezeitraum des lfd und nachfolgenden Gj (s Anm 8) die Finanzkraft des TU sichergestellt wird, damit dieses alle in diesem Zeitraum fällig werdenden Schulden begleichen kann (*Kaiser* ZIP 2011, 2137; *Bitter* ZHR 2017, 470).

Um eine „rechnerische" Überschuldung beseitigen zu können, ist – wie bei einer Erfüllungsübernahme (s Anm 126) – die Gewährung eines im **Überschuldungsstatus** aktivierbaren (werthaltigen) Freistellungsanspruchs erforderlich. Zwar vermittelt die ggü dem TU abgegebene Patronatserklärung diesem einen unmittelbaren **Ausstattungsanspruch** gegen den Patron (BGH v 19.5.2011 DB, 1327; OLG München v 22.7.2004 ZIP, 2103; BFH v 25.10.2006 DB 2007, 492;); dieser Anspruch besteht auch dann fort, wenn bei dem begünstigten TU das InsVerfahren eröffnet wird (BGH v 19.5.2011 DB, 1327; OLG München v 22.7.2004 ZIP, 2104; *Maier-Reimer/Etzbach*

NJW 2011, 1115 mwN; *Tetzlaff* ZInsO 2008, 340; aA, den Sinn der Patronatserklärung verkennend OLG Celle v 28.6.2000 NdsRPfl, 310). Dem Anspruch gegen den Patron steht jedoch grds eine entspr Rückzahlungsverpflichtung ggü. Zur Abwendung einer rechnerischen Überschuldung ist daher notwendig, dass die Mittel, die zur Bedienung der in der Vereinbarung bestimmten (ggf künftigen) Verbindlichkeiten erforderlich sind, dem TU unter Befreiung von Rückzahlungsverpflichtungen ggü dem Gester garantiert werden. Hinsichtlich des **Rückzahlungsanspruchs** des Gesters (Patrons) ist daher ein Forderungsverzicht – ggf mit Besserungsklausel – oder zumindest ein Rangrücktritt erforderlich (vgl *Maier-Reimer/Etzbach* NJW 2011, 1116; *Wolf* StuB 2011, 451; *Dubs/Möhlmann-Mahlau* StuB 2013, 689; *Meyer-Löwy/Schmidt/Shubina* ZIP 2014, 2482). Alternativ kann eine interne Patronatserklärung auch so gestaltet werden, dass der Patron dem TU die erforderlichen finanziellen Mittel als nicht rückzahlbaren **Zuschuss** in das EK gewährt (vgl OLG Frankfurt aM v 30.10.2012 GmbHR 2013, 139; *Wolf* StuB 2011, 451; *Wollmert* in FS Wellensiek, 193). Da in diesem Fall von vornherein keine Rückzahlungsverpflichtung besteht, kann der Ausstattungsanspruch gegen den Patron im Überschuldungsstatus angesetzt werden. Voraussetzung für die Überschuldungsabwendung ist in jedem Fall die Werthaltigkeit des Ausstattungsanspruchs gegen den Patron (*Mock* in Uhlenbruck[15] InsO § 19 Anm 114; *Pagels/Lüder* WPg 2017, 233 mwN).

136 Die vorzeitige **Beendigung** einer internen Patronatserklärung ist nach mittlerweile hM möglich, indem ein ausdrücklich oder konkludent eingeräumtes Kündigungsrecht durch den Patron ex nunc ausgeübt oder zwischen Patron und TU die einvernehmliche Aufhebung vereinbart wird (vgl BGH v 20.9.2010 DB, 2381; *Horn* in Staudinger[14] BGB Vorbem zu §§ 765–778 Anm 464; *Maier-Reimer/Etzbach* NJW 2011, 1115f; *Theiselmann* DK 2010, 533; *K Schmidt* ZIP 2016, 69; differenzierend *Klene* DK 2017, 397 ff; zur insolvenzrechtlichen Anfechtbarkeit der Aufhebungsvereinbarung *Tetzlaff* WM 2011, 1021). Allerdings beeinträchtigt diese Beendigungsmöglichkeit die Eignung der Patronatserklärung als Sanierungsmaßnahme. Auf eine jederzeit kündbare Patronatserklärung kann keine belastbare Liquiditätsplanung und damit auch **keine positive Fortführungsprognose** iSd § 19 Abs 2 S 1 InsO gestützt werden, so dass weder eine (künftige) Zahlungsunfähigkeit vermieden noch eine bestehende insolvenzrechtliche Überschuldung des TU beseitigt werden kann (vgl *Frystatzki* NZI 2013, 165; *Heeg* BB 2011, 1162; *Kaiser* ZIP 2011, 2138; *Tetzlaff* DZWir 2011, 183; *Bitter* ZHR 2017, 434; aA *Horn* in Staudinger[14] BGB Vorbem zu §§ 765–778 Anm 464). Auch zur Beseitigung einer **rechnerischen Überschuldung** ist eine kündbare Patronatserklärung idR **untauglich,** da im Überschuldungsstatus keine ausreichend bemessene Freistellungsforderung aktiviert werden kann. Denn wegen der nicht absehbaren Geltungsdauer einer kündbaren Patronatserklärung bleibt unklar, in welchem Umfang (künftig) fällig werdende Verbindlichkeiten von der Freistellung erfasst wären (vgl *Ringstmeier* in FS Wellensiek, 139; *Frystatzki* NZI 2013, 166).

137 Demzufolge ist eine jederzeit kündbare Patronatserklärung bei einer bestehenden oder sich planmäßig ergebenden Überschuldung oder Zahlungsunfähigkeit auch nicht geeignet, die UntFortführung für den maßgeblichen

III. Einzelne Sanierungsmaßnahmen 138, 139 Q

Prognosezeitraum (s Anm 8, 18) zu sichern und damit eine Bilanzierung zu Fortführungswerten (§ 252 Abs 1 Nr 2 HGB) zu rechtfertigen (*Heeg* BB 2011, 1162; *Wollmert* in FS Wellensiek, 185; *Dubs/Möhlmann-Mahlau* StuB 2013, 689 f; *Bitter* ZHR 2017, 470; aA *Pickerill* NZG 2018, 618; *Kaiser* ZIP 2011, 2139: Kündigung müsse feststehen). Daher muss in der Patronatserklärung, wenn hierauf die UntFortführung gestützt werden soll, das ordentliche **Kündigungsrecht** des Patrons zumindest für den maßgeblichen Beurteilungszeitraum (s Anm 8, 18) ausdrücklich **ausgeschlossen** werden (vgl *Wollmert* in FS Wellensiek, 185). Ebenso schädlich wie ein ordentliches ist ein ao Kündigungsrecht aus einem in der Erklärung definierten wichtigen Grund, wenn der Patron dessen Eintritt selbst in der Hand hat (zB Verkauf von Anteilen am oder Liq des TU). Alternativ kann, um die Sanierungswirkung abzusichern und eine rechnerische Überschuldung zu beseitigen, vereinbart werden, dass im Falle der (vorzeitigen) Beendigung der Vereinbarung ein dann beim TU ggf noch bestehender Überhang an nicht durch Aktiva gedeckten Verbindlichkeiten durch den Gester (Patron) ausgeglichen wird.

Rechtlich zulässig ist die Vertragsgestaltung, die Patronatserklärung von **138** vornherein unter eine **auflösende Bedingung** zu stellen (vgl hierzu *Horn* in Staudinger[14] BGB Vorbem zu §§ 765–778 Anm 464; *Maier-Reimer/Etzbach* NJW 2011, 1115), so dass bei Eintritt eines bestimmten Ereignisses (zB Verkauf von Anteilen am begünstigten TU) deren Wirkung entfällt. Allerdings ist eine solche Patronatserklärung, deren Geltungsdauer unklar ist und deren Wirkung – je nach Art der Bedingung – ggf vom Patron selbst beendet werden kann, ebenso wie eine jederzeit kündbare Patronatserklärung als **Sanierungsmaßnahme ungeeignet**. Sofern die Patronatserklärung eine Beschränkung hinsichtlich des **Betrags** oder eine zeitliche **Befristung** der Geltungsdauer enthält, muss im Einzelfall geprüft werden, ob die hierdurch erzielte Sanierungswirkung ausreicht, um eine Fortführung des Unt zumindest für den Zeitraum zu sichern, der für eine Bilanzierung unter Beibehaltung der Going-Concern-Prämisse (hierzu oben s Anm 18) erforderlich ist (vgl *Tetzlaff* DZWir 2011, 183; *Wollmert* in FS Wellensiek, 196).

In der HBil des begünstigten TU ergeben sich aus einer solchen kon- **139** zerninternen Patronatserklärung vor Gewährung der Mittel noch keine Auswirkungen. Die Entstehung des Auszahlungsanspruchs steht regelmäßig unter der aufschiebenden Bedingung, dass die betr Verbindlichkeiten fällig werden und die Ges dann nicht zur Begleichung aus eigenen Mitteln in der Lage ist. Der Anspruch aus der Patronatserklärung ist daher – im Gegensatz zur unbedingten Erfüllungsübernahme (oben s Anm 126) – nach allg Grundsätzen vor Bedingungseintritt noch nicht aktivierungsfähig (glA *Wolf* StuB 2011, 451; *Mujkanovic* StuB 2014, 379; vgl allg zu bedingten Forderungen *ADS*[6] HGB § 246 Anm 53). Auch wenn die Patronatserklärung ausnahmsweise eine unbedingte darlehensweise Zahlungszusage enthalten sollte, liegt zunächst nur ein bilanziell nicht zu erfassendes schwebendes Geschäft vor (vgl *Maier-Reimer/Etzbach* NJW 2011, 1116; *Wollmert* in FS Wellensiek, 193; *Kronner/Seidler* BB 2019, 558; zur Bilanzierung von GesterDarlehen s Anm 107). Nach erfolgter Mittelgewährung sind je nach Ausgestaltung der Vereinbarung als GesterDarlehen mit Rangrücktritt oder Forderungsverzicht oder als verlorener Zuschuss die hierfür geltenden Bilanzierungsregeln anzuwenden (vgl Anm 60 ff, 75 ff und 200 f).

140 Bei dem Erklärenden (Patron) ist die **harte** Patronatserklärung nach §§ 251, 268 Abs 7 HGB **vermerkpflichtig** (*Grottel/Haußer* in Beck Bil-Komm[12] HGB § 251 Anm 41; *ADS*[6] HGB § 246 Anm 82). Dabei ist gleichgültig, ob es sich um eine an externe Gläubiger gerichtete oder um eine konzerninterne Patronatserklärung handelt. Soweit eine Inanspruchnahme aus der Patronatserklärung wahrscheinlich ist, muss hierfür eine **Rückstellung** passiviert werden, so dass sich die Vermerkpflicht nach § 251 HGB auf einen ggf darüber hinausgehenden Restbetrag beschränkt (*Grottel/Haußer* in Beck Bil-Komm[12] § 251 Anm 3; *ADS*[6] HGB § 251 Anm 100; *Dubs/Möhlmann-Mahlau* StuB 2013, 687; vgl BFH v 25.10.2006 DB 2007, 493). Eine Verpflichtung zur Rückstellungsbildung besteht auch dann, wenn es sich um eine konzerninterne Patronatserklärung ggü einem TU handelt, da im Falle der Inanspruchnahme regelmäßig ein Sanierungszuschuss zu leisten ist, der nicht zu nachträglichen AK der Beteiligung führt (vgl *ADS*[6] HGB § 253 Anm 45). Die Passivierung einer Rückstellung ist grds auch dann erforderlich, wenn der Patron hinsichtlich seiner Rückzahlungsforderung gegen das TU keinen Verzicht oder Rangrücktritt erklärt hat, da diese Forderung gegen das sanierungsbedürftige TU idR nicht werthaltig ist.

141 Dagegen ist die sog **weiche** Patronatserklärung, mit der der Patron lediglich ein bestimmtes „Wohlverhalten" oder eine Einflussnahme ggü der Ges verspricht und bei der die Inanspruchnahme des Patrons in dessen freien Belieben steht, weder beim Patron noch beim TU vermerkpflichtig (*Grottel/Haußer* in Beck Bil-Komm[12] § 251 Anm 41 f).

3. Sanierungsmaßnahmen durch Veränderung des gezeichneten Kapitals und Kapitalzuschüsse

a) Kapitalherabsetzung

150 **aa) Überblick und rechtliche Grundlagen.** Bei KapGes ist der Ausgleich bzw die Deckung von Jahresfehlbeträgen und von Verlustvorträgen mittels Kapitalerhöhung, Auflösung von Rücklagen oder durch Herabsetzung des Grund- oder Stammkapitals möglich.

151 Die Beseitigung von Verlusten durch Herabsetzung des gezeichneten Kapitals bedeutet lediglich, dass der entstandene Verlust am EK durch „Umbuchung" nachvollzogen wird. Da es sich hierbei um eine Satzungs- bzw GesVertragsänderung iSd § 23 Abs 3 Nr 3 AktG iVm § 179 AktG bzw iSd § 3 Abs 1 Nr 3 GmbHG iVm § 53 GmbHG handelt, sind für eine Kapitalherabsetzung sowohl im AktG als auch im GmbHG mehrere Verfahrensvorschriften enthalten:

- **(Ordentliche)** Kapitalherabsetzung
  (§§ 222 bis 228 AktG; § 58 GmbHG)   Anm 152 ff
- **Vereinfachte** Kapitalherabsetzung
  (§§ 229 bis 236 AktG; §§ 58a bis 58 f GmbHG)   Anm 176 ff
- Kapitalherabsetzung **durch Einziehung** von Aktien
  (§§ 237 bis 239 AktG)
  bzw durch Einziehung von Geschäftsanteilen
  (§ 34 GmbHG)   Anm 160 ff

III. Einzelne Sanierungsmaßnahmen

bb) Die (ordentliche) Kapitalherabsetzung. Ziel der **ordentlichen** 152 **Kapitalherabsetzung** ist in erster Linie die Kapitalrückzahlung an die Aktionäre oder Gester (nach Ablauf von Sperrfristen). Sie stellt zwar keine Sanierungsmaßnahme ieS dar, kommt aber in Betracht, wenn eine Überkapitalisierung zu einer nur geringen EK-Rendite führt.

In der **Bilanz** führt die Durchführung einer Kapitalherabsetzung zu einer 153 Verminderung des ursprünglich ausgewiesenen Haftungskapitals. Der daraus resultierende Buchgewinn ist bei AG oder KGaA nach § 240 S 1 AktG in der GuV-Verlängerungsrechnung als „Ertrag aus der Kapitalherabsetzung" gesondert hinter dem Posten „Entnahmen aus Gewinnrücklagen" auszuweisen. Im **Anhang** ist zu erläutern, ob und in welcher Höhe die durch Kapitalherabsetzung und durch Auflösung von Gewinnrücklagen gewonnenen Beträge
– zum Ausgleich von Wertminderungen
– zur Deckung von sonstigen Verlusten
– zur Einstellung in die Kapitalrücklage
verwandt wurden (§ 240 S 3 AktG).

Im GmbHG gibt es keine vergleichbaren Vorschriften. Daher sollte § 240 AktG analog auch für GmbH angewendet werden (*Störk/Kliem/Meyer* in Beck Bil-Komm[12] § 272 Anm 107; *ADS*[6] AktG § 240 Anm 1).

In **formeller Hinsicht** gilt zur Durchführung einer Kapitalherabsetzung 154 zunächst das **Mehrheitserfordernis.** Danach muss gem § 222 Abs 1 S 1 AktG – auch für den Fall, dass gem § 222 Abs 2 AktG ein Sonderbeschluss zu fassen ist – bei AG/KGaA eine Kapitalmehrheit von drei Vierteln des vertretenen Grundkapitals mit einfacher Stimmenmehrheit (§ 133 Abs 1 AktG) der Kapitalherabsetzung zustimmen (*Hüffer/Koch*[13] AktG § 222 Anm 9; *Oechsler* in MünchKomm AktG[4] § 222 Anm 14). Bei GmbH ist das Mehrheitserfordernis gem § 53 Abs 2 S 1 GmbHG dann erfüllt, wenn die Gester der Kapitalherabsetzung mit einer Dreiviertelmehrheit zustimmen. Im GesVertrag bzw in der Satzung kann aber auch ein höheres Mehrheitserfordernis festgesetzt werden (*Hüffer/Koch*[13] AktG § 222 Anm 10; *Zöllner/Noack* in Baumbach/Hueck GmbHG[21] § 53 Anm 63 mwN).

Durch die Herabsetzung darf der **Mindestbetrag** des Grundkapitals (§ 7 155 AktG) oder des Stammkapitals (§ 5 Abs 1 S 1 GmbHG) grds nicht unterschritten werden. Nur gem § 228 Abs 1 AktG, bei gleichzeitig beschlossener Kapitalerhöhung, kann es bei AG/KGaA kurzfristig zu einem Unterschreiten des Mindestgrundkapitals kommen.

Die für die Abstimmung über die Satzungsänderung erforderliche **Einbe-** 156 **rufung** der HV muss gem § 123 Abs 1 AktG zwingend mindestens dreißig Tage vor dem Tag der HV erfolgen. Bei der GmbH beträgt diese Frist eine Woche (§ 51 Abs 1 S 2 GmbHG); eine Abkürzung der gesetzlichen Einberufungsfrist durch gesellschaftsvertragliche Regelungen ist nach hM nicht zulässig (vgl OLG Naumburg v 23.2.1999 NZG 2000, 44; *Zöllner/Noack* in Baumbach/Hueck GmbHG[21] § 51 Anm 39). Ungeachtet etwaiger Einberufungsmängel können jedoch von der HV Beschlüsse gefasst werden, wenn auf einer **Vollversammlung** sämtliche Aktionäre erschienen oder vertreten sind und kein Aktionär der Beschlussfassung widerspricht (§ 121 Abs 6 AktG). Dies gilt entspr auch für die GmbH: Nach dem Wortlaut des § 51 Abs 3

GmbHG können bei einer nicht ordnungsgemäß einberufenen Versammlung Beschlüsse nur gefasst werden, wenn sämtliche Gester „anwesend" sind. Da im Falle seines Widerspruchs der betr Gester als nicht anwesend gilt, verhindert auch bei der GmbH der Widerspruch eines Gesters die wirksame Beschlussfassung (*Zöllner/Noack* in Baumbach/Hueck GmbHG[21] § 51 Anm 31 mwN).

157 Wegen dieser strengen Einberufungsfrist ist bei der AG die ordentliche Kapitalherabsetzung als Instrument der Sanierung wenig geeignet. Bei der GmbH darf der Herabsetzungsbeschluss erst nach Ablauf eines Sperrjahres seit der Bekanntmachung in den GesBlättern (meist nur eBAnz) zur Eintragung in das HR angemeldet werden (§ 58 Abs 1 Nr 3 GmbHG). Daher kommt eine ordentliche Kapitalherabsetzung als Sanierungsmaßnahme in akuten UntKrisen einer GmbH nicht in Frage.

160 **cc) Die Kapitalherabsetzung durch Einziehung von Aktien oder von Geschäftsanteilen.** Diese Form der Kapitalherabsetzung kann bei AG/KGaA nach **Erwerb** der Aktien durch die Ges oder durch **Zwangseinziehung** erfolgen (§ 237 Abs 1 S 1 AktG). Eine Zwangseinziehung ist nur zulässig, wenn sie in der Satzung vorgesehen ist (§ 237 Abs 1 S 2 AktG); in der Praxis hat sie nur geringe Bedeutung.

161 Bei der Kapitalherabsetzung durch Einziehung von Aktien bei **AG/KGaA** sind an sich die Regeln der ordentlichen Kapitalherabsetzung (s Anm 152 ff) zu befolgen (§ 237 Abs 2 S 1 AktG).

162 Ein **vereinfachtes Einziehungsverfahren** ist nach § 237 Abs 3 AktG zulässig, wenn Aktien, auf die der Nennbetrag oder ein höherer Ausgabebetrag voll geleistet ist, der Ges unentgeltlich zur Verfügung gestellt (Nr 1) oder zu Lasten des Bilanzgewinns oder einer freien Gewinnrücklage eingezogen werden (Nr 2). Die Gläubigerschutzvorschriften der ordentlichen Kapitalherabsetzung brauchen in diesen Fällen nicht beachtet zu werden (§ 237 Abs 3 S 1 AktG), da nur frei verwendbare Eigenkapitalien der Ges eingesetzt werden; zur Beschlussfassung genügt die einfache Stimmenmehrheit der HV (§ 237 Abs 4 S 1 und 2 AktG).

163 Ein Fall der vereinfachten Einziehung liegt nach Nr 3 ferner dann vor, wenn **Stückaktien** vorliegen und der Beschluss der HV vorsieht, dass sich durch die Einziehung der Anteil der übrigen Aktien am Grundkapital entspr erhöht. Da in diesem Sonderfall mit der Einziehung **keine Kapitalherabsetzung** verbunden ist, kann diese Maßnahme auch keine Verlustdeckung bewirken.

164 Für die Berücksichtigung im JA gilt: Bis zum **Wirksamwerden der Kapitalherabsetzung** im Wege der Einziehung ist der Nennbetrag bzw rechnerische Wert zuvor erworbener (eigener) Aktien in der Vorspalte offen vom Posten „Gezeichnetes Kapital" abzusetzen; der Unterschiedsbetrag zu den AK ist mit frei verfügbaren Rücklagen zu verrechnen (§ 272 Abs 1a HGB).

165 Eine ungeschmälerte offene Absetzung des Nennbetrags bzw rechnerischen Werts der eigenen Aktien ist auch dann vorzunehmen, wenn in einem Sanierungsfall der Erwerbspreis niedriger sein sollte oder die Aktien unentgeltlich zur Verfügung gestellt werden (*PwC BilMoG Komm* L Anm 31; *Oser/Kropp* DK 2012, 192). Der **negative Unterschiedsbetrag** zwischen dem Nennbetrag bzw rechnerischen Wert und dem niedrigeren Erwerbspreis nimmt

III. Einzelne Sanierungsmaßnahmen 166, 167 Q

wirtschaftlich den sich aus der Einziehung ergebenden Ertrag zT bereits vorweg, so dass sich in entspr Umfang ein Sanierungseffekt ergibt. Die bilanzielle Erfassung ist umstritten. Überwiegend wird angenommen, dass die Beträge entspr dem vereinbarten Zweck als Ertragszuschuss zu vereinnahmen oder in die frei verfügbare Kapitalrücklage nach § 272 Abs 2 Nr 4 HGB einzustellen sind (*PwC* BilMoG Komm L Anm 33; *WPH* HBd[16], F Anm 457; einschränkend *Oser/Kropp* DK 2012, 192, die nur die Dotierung dieser Kapitalrücklage zulassen). Eine Einstellung in andere Gewinnrücklagen (§ 272 Abs 3) scheidet aus, da der Betrag nicht aus dem operativen Ergebnis der Ges resultiert (glA *Oser/Kropp* DK 2012, 192; ähnlich *PwC* BilMoG Komm L Anm 32). Auch eine Einstellung in gebundene Rücklagen (so zB *Kropff* ZIP 2009, 1142) ist nicht geboten, da die gesetzlichen Tatbestände für eine gebundene Kapitalrücklage (§ 272 Abs 2 Nr 1 bis 3) nicht erfüllt sind (vgl *PwC* BilMoG Komm L Anm 32) und die Wiedereinführung der vom Gesetzgeber gerade abgeschafften „Rücklage für eigene Anteile" nicht in Betracht kommt (vgl *Reiner* in MünchKomm HGB[3] § 272 Anm 35).

Nach Wirksamwerden der Aktieneinziehung **entfällt** der **Vorspalten-** 166 **ausweis,** so dass das Grundkapital unmittelbar in dem um den Gesamtnennbetrag der eingezogenen Aktien geminderten Umfang auszuweisen ist (*PwC* BilMoG Komm L Anm 55). Die in der Aktie verbrieften Rechte gehen unter. Die Kapitalherabsetzung durch Einziehung von Aktien wird nach § 238 AktG grds im Zeitpunkt der Eintragung des Beschlusses der HV im HR wirksam; erfolgt die Einziehung der Aktien erst später, ist der Zeitpunkt der tatsächlichen Einziehung für das Wirksamwerden maßgebend (*Hüffer/Koch*[13] AktG § 238 Anm 2; *Sethe* in Großkomm AktG[4] § 238 Anm 6). Im Fall der angeordneten Zwangseinziehung nach § 237 Abs 6 AktG, bei der es keines HV-Beschlusses mehr bedarf, ist für das Wirksamwerden der Kapitalherabsetzung allein der Zeitpunkt der konkreten Einziehungshandlung (Entscheidung des Vorstands) maßgeblich (*Störk/Kliem/Meyer* in Beck Bil-Komm[12] § 272 Anm 95; *Hüffer/Koch*[13] AktG § 238 Anm 4). Entspr gilt auch im Falle der Einziehung durch den Vorstand aufgrund einer Ermächtigung der HV nach § 71 Abs 1 Nr 8 S 6 AktG.

Bei beiden Varianten der Einziehung von Aktien (Anm 160, 162) entsteht 167 in Höhe der Herabsetzung des gezeichneten Kapitals ein **„Ertrag aus der Kapitalherabsetzung",** der nach § 240 S 1 AktG in der GuV-Verlängerungsrechnung gesondert auszuweisen ist (*Störk/Kliem/Meyer* in Beck Bil-Komm[12] § 272 Anm 104 f; *Hüffer/Koch*[13] AktG § 240 Anm 3). Aus Gründen des Gläubigerschutzes ist aber in den Fällen des § 237 Abs 3 Nr 1 und 2 AktG (Anm 92) im Zuge der Kapitalherabsetzung ein dem **Gesamtnennbetrag** der eingezogenen Aktien entspr Betrag in die Kapitalrücklage einzustellen (§ 237 Abs 5 AktG); da im Fall der Nr 3 die Einziehung nicht mit einer Kapitalherabsetzung verbunden ist, entfällt hier auch die Rücklagendotierung (*Störk/Kliem/Meyer* in Beck Bil-Komm[12] § 272 Anm 106; *Hüffer/Koch*[13] AktG § 237 Anm 34b). Entspr der bezweckten Verwendungsbindung kann der Betrag nicht der „freien" Kapitalrücklage nach § 272 Abs 2 Nr 4 HGB zugeführt werden, sondern nur mit den gebundenen Kapitalrücklagen nach § 272 Abs 2 Nr 1 bis 3 HGB zusammengefasst werden (vgl *Störk/Kliem/Meyer* in Beck Bil-Komm[12] § 272 Anm 105; *ADS*[6] HGB § 272 Anm 87).

Die Einstellung in die Kapitalrücklage ist analog § 240 S 2 AktG in der GuV-Verlängerungsrechnung auszuweisen (*ADS*[6] AktG § 158 Anm 27; *Hüffer/Koch*[13] AktG § 240 Anm 5); der Posten könnte zB „Einstellung in die Kapitalrücklage nach § 237 Abs 5 AktG" benannt werden (so *Störk/Kliem/Meyer* in Beck Bil-Komm[12] § 272 Anm 105; *Hüffer/Koch*[13] AktG § 240 Anm 5). Entspr § 240 S 3 AktG ist dieser Betrag ferner im Anhang zu nennen und zu erläutern, auf Grundlage welchen Sachverhalts die Zuführung zur Kapitalrücklage erfolgte (*ADS*[6] AktG § 240 Anm 10).

168 Durch die gesetzlich geforderte Bildung der Kapitalrücklage wird eine Ausschüttung des Buchgewinns an die Aktionäre ausgeschlossen; zum Ausgleich bestehender Verluste kann diese Rücklage aber (im Rahmen des § 150 Abs 3 und 4 AktG) sofort verwendet werden (*Hüffer/Koch*[13] AktG § 237 Anm 39; *Veil* in Schmidt/Lutter[3] AktG § 237 Anm 49).

169 Werden eigene Aktien im selben Gj **erworben und eingezogen,** kommt eine offene Absetzung vom gezeichneten Kapital nicht in Betracht. In der Bilanz sind das durch die Einziehung herabgesetzte Grundkapital sowie die frei verfügbaren Rücklagen, soweit Erwerb und Einziehung zu deren Lasten vorgenommen wurden, in verminderter Höhe auszuweisen (*PwC* BilMoG Komm L Anm 57). In der GuV-Verlängerungsrechnung nach § 158 AktG sind zum einen der Ertrag aus der Kapitalherabsetzung (§ 240 AktG) sowie im Fall der vereinfachten Einziehung nach § 237 Abs 3 Nr 1 und 2 AktG die Einstellung eines entspr Betrags in die Kapitalrücklage (Abs 5) zu zeigen; zum anderen sind die Entnahme aus den frei verfügbaren Rücklagen sowie als Aufwand der für den Aktienerwerb aufgebrachte Gesamtbetrag in der GuV-Verlängerungsrechnung zu erfassen (*PwC* BilMoG Komm L Anm 57 mwN). Somit entsteht nur bei einem Rückkauf der Aktien **unter pari** – was allerdings im Sanierungsfall die Regel sein dürfte – in Höhe des Unterschieds zwischen Nennwert und niedrigerem Rückkaufswert der Aktien eine unmittelbare Sanierungswirkung.

170 Ist bei einer AG das Grundkapital in nennwertlose **Stückaktien** eingeteilt, muss für den Rückkauf der Aktien zunächst ein „fiktiver" Nennwert ermittelt werden, indem das Grundkapital durch die Anzahl der Stückaktien dividiert wird. Der Unterschiedsbetrag zwischen diesem „fiktiven" Nennwert und dem niedrigeren Rückkaufswert bewirkt – analog zur Handhabung bei Nennbetragsaktien – eine Kapitalwirkung, sofern die Einziehung der Stückaktien im Beschluss der HV – abw von der in § 237 Abs 3 Nr 3 AktG eröffneten Handhabung – mit einer **Kapitalherabsetzung** verbunden wurde.

171 **GmbH:** Die Einziehung von Geschäftsanteilen darf nach § 34 GmbHG nur vorgenommen werden, soweit sie im GesVertrag zugelassen ist oder durch dessen Änderung mit Zustimmung aller Gester vorgesehen wird. Ohne Zustimmung des Anteilsberechtigten findet die Einziehung nur statt, wenn ihre Voraussetzungen zeitlich vor einem Erwerb des Geschäftsanteils im GesVertrag festgelegt waren.

172 In der Bilanz wirkt sich die Einziehung von Geschäftsanteilen grds nicht aus, weil sie zu keiner Veränderung des Stammkapitals der GmbH führt, wenn sie nicht ausnahmsweise mit einer Kapitalherabsetzung verbunden wird (*Lutter/Kleindiek* in Lutter/Hommelhoff[19] GmbHG § 34 Anm 2; *Reiner* in MünchKomm HGB[3] § 272 Anm 58). Die **Sanierungswirkung** der Einzie-

III. Einzelne Sanierungsmaßnahmen

hung von Geschäftsanteilen liegt insofern nicht in einer Neuordnung der Kapitalverhältnisse, sondern darin, auf GesterEbene die Voraussetzungen für ein Sanierungskonzept zu schaffen: Die GesterMehrheit kann sich von Gestern, die die Sanierung hemmen, trennen. Dies kann zB bei Problemen aufgrund von Erbfällen (§ 15 Abs 1 GmbHG) von Bedeutung sein.

Nach hM kann der Nennbetrag der verbleibenden Geschäftsanteile durch einen einfachen GesterBeschluss, der nicht der Form einer Satzungsänderung bedarf, entspr angepasst werden (*Fastrich* in Baumbach/Hueck GmbHG[21] § 34 Anm 20 mwN). Bereits beschlossene, aber noch nicht ausgeschüttete Gewinnanteile bleiben als Zahlungsanspruch des/der von der Einziehung betroffenen Gester bestehen (*Lutter/Kleindiek* in Lutter/Hommelhoff[19] GmbHG § 34 Anm 11).

Erfolgt die Einziehung des Geschäftsanteils entgeltlich, wie es üblicherweise bei einem zwangsweisen Ausschluss eines Gesters der Fall ist, muss gem § 30 Abs 1 GmbHG das Entgelt aus dem „freien Vermögen", den verfügbaren Rücklagen der GmbH, gezahlt werden können (*Lutter/Kleindiek* in Lutter/Hommelhoff[19] GmbHG § 34 Anm 46; *Fastrich* in Baumbach/Hueck GmbHG[21] § 34 Anm 39); andernfalls ist der Einziehungsbeschluss nichtig (BGH v 24.1.2012 DB, 505; *Lutter/Kleindiek* in Lutter/Hommelhoff[19] GmbHG § 34 Anm 46).

Die Einziehung zuvor nach § 33 GmbHG erworbener **eigener Geschäftsanteile** ist gesellschaftsrechtlich zulässig, wenn keine Unterbilanz besteht (*Fastrich* in Baumbach/Hueck GmbHG[21] § 34 Anm 13; *Lutter/Kleindiek* in Lutter/Hommelhoff[19] GmbHG § 34 Anm 17). Bilanziell entfällt als Folge der Einziehung der bisherige Vorspaltenausweis der eigenen Anteile (*Mock* in Kölner Komm HGB § 272 Anm 113).

dd) Die vereinfachte (sanierende) Kapitalherabsetzung. Sie ist im Gegensatz zur ordentlichen Kapitalherabsetzung (Anm 152 ff) oder zur Kapitalherabsetzung durch Einziehung von Aktien (Anm 160 ff) **zweckgebunden** und als spezielles Verfahren zur **schnellen finanziellen Sanierung** eines Unt konzipiert.

Aufgabe der vereinfachten Kapitalherabsetzung ist nach § 229 Abs 1 S 1 AktG bzw § 58a Abs 1 GmbHG, Wertminderungen auszugleichen, Verluste zu decken oder – bei der AG – Beträge in die gesetzliche Rücklage einzustellen. Bei der AG sind die genannten Zwecke im Beschluss über die Herabsetzung anzugeben (§ 229 Abs 2 S 2 AktG).

Obwohl im GmbHG die Angabe des Zwecks im Beschluss nicht gefordert wird, sollte auf Grund der sonst engen Anlehnung an das AktG auch hier bei der GmbH analog verfahren werden (glA *Priester* in Scholz[11] GmbHG § 58a Anm 23; *Lutter/Kleindiek* in Lutter/Hommelhoff[19] GmbHG § 58a Anm 25 mwN; aA *Zöllner/Haas* in Baumbach/Hueck GmbHG[21] § 58a Anm 19, die auf den unterschiedlichen Gesetzeswortlaut in AktG und GmbHG abstellen).

Die vereinfachte Kapitalherabsetzung ist bei AG/KGaA nur zulässig, nachdem der Teil der gesetzlichen Rücklage und der Kapitalrücklage, der über 10 % des nach der Kapitalherabsetzung verbleibenden Grundkapitals hinausgeht, sowie die übrigen Gewinnrücklagen und ggf ein Gewinnvortrag aufgelöst worden sind (§ 229 Abs 2 AktG). Entspr gilt für GmbH gem § 58a

Abs 2 GmbHG, dass der Teil der Kapital- und Gewinnrücklagen (ggf einschl Gewinnvortrag), der über 10% des nach der Kapitalherabsetzung verbleibenden Stammkapitals hinausgeht, vorab aufgelöst werden muss.

180 Aus § 231 AktG ergibt sich für AG/KGaA, dass Erträge aus der Kapitalherabsetzung nur insoweit in die Kapitalrücklage eingestellt werden dürfen, solange diese zusammen mit der gesetzlichen Rücklage 10% des (herabgesetzten) Grundkapitals nicht übersteigen. Die Kapitalherabsetzung zum Zwecke dieser **Rücklagenbildung** ist nur insoweit zulässig, als sie eine „Umbuchung" von Grundkapital in die nach AktG streng gebundene gesetzliche Rücklage bedeutet. Beträgt die gesetzliche Rücklage bereits 10% des Grundkapitals, ist eine Rücklagenbildung aus Kapitalherabsetzung nach § 229 AktG (nicht aber im Sonderfall des § 232 AktG) unzulässig; wird der Herabsetzungsbeschluss trotz Verstoßes gegen § 231 AktG mangels Anfechtung wirksam, müssen die überhöhten Beträge analog § 232 AktG gleichwohl in die Kapitalrücklage eingestellt werden (*Oechsler* in MünchKomm AktG[4] § 229 Anm 12; *Hüffer/Koch*[13] AktG § 231 Anm 7).

181 Bei der **GmbH** dürfen die bei der Kapitalherabsetzung gewonnenen Beträge in die Kapitalrücklage eingestellt werden, bis diese 10% des herabgesetzten Stammkapitals erreicht hat (§ 58b Abs 2 GmbHG). Um zu verhindern, dass die eingestellten Beträge alsbald an die Gester ausgeschüttet werden, unterliegen sie gem § 58b Abs 3 GmbHG einer Ausschüttungssperre von fünf Gj (dazu *Priester* in Scholz[11] GmbHG § 58b Anm 9; *Lutter/Kleindiek* in Lutter/Hommelhoff[19] GmbHG § 58b Anm 4). In diesem Zeitraum ist nur eine Verwendung nach Abs 3 Nr 1 bis 3 (analog § 150 Abs 4 S 1 AktG) erlaubt.

182 Die spezielle Sanierungsfunktion der vereinfachten Kapitalherabsetzung äußert sich in folgenden – wesentlich von der ordentlichen Kapitalherabsetzung abw – Merkmalen:

Zunächst kann aus der Tatsache, dass das AktG die Formulierung „**Wertminderungen" und „sonstige Verluste"** und nicht die Begriffe „Bilanzverlust", „Verlustvortrag" oder „Jahresfehlbetrag" wählt, geschlossen werden, dass für eine vereinfachte Kapitalherabsetzung im Interesse rechtzeitiger Sanierungsbemühungen nicht erst die förmliche Feststellung eines Bilanzverlusts erforderlich ist, sondern dass auch andere Formen der Verlustermittlung (etwa Zwischenbilanz) ausreichend sind (glA *Hüffer/Koch*[13] AktG § 229 Anm 7; *Veil* in Schmidt/Lutter[3] AktG § 229 Anm 6; ebenso für GmbH *Lutter/Kleindiek* in Lutter/Hommelhoff[19] GmbHG § 58a Anm 10; *Zöllner/Haas* in Baumbach/Hueck GmbHG[21] § 58a Anm 10). **Wertminderungen** können dabei sowohl aus allg wirtschaftlichen (Konjunktur-)Entwicklungen als auch aus branchen- oder unternehmensspezifischen Veränderungen resultieren, zB Wertminderungen maschineller Anlagen oder von Patenten aufgrund neuerer technischer Verfahren. Wertminderungen des Vorratsvermögens können die Folge eines Preissturzes usw. sein. Unter den Begriff „**sonstige Verluste"** können fallen: Verluste aus bestimmten Einzelgeschäften, zB Kaufverträge über überdimensionierte oder wegen Produktionsumstellung entbehrliche Maschinen, Mietverträge etc, aber auch andere dem Unt entstehende Verluste, zB Schadensfälle, Verluste aufgrund von Umweltschutzbestimmungen, Preisverfall bei Immobilienprojekten oder allg Preissturz der Fertigerzeugnisse.

III. Einzelne Sanierungsmaßnahmen

Für eine vereinfachte Kapitalherabsetzung ist nicht Voraussetzung, dass der letzte JA einen Verlust auswies; vielmehr genügen **Verluste jeder Art,** also sowohl Verlustvorträge früherer Jahre als auch ein erst im Entstehen begriffener, voraussichtlich eintretender Verlust (*Oechsler* in MünchKomm AktG[4] § 229 Anm 20 mwN; *Lutter/Kleindiek* in Lutter/Hommelhoff[19] GmbHG § 58a Anm 12; *Priester* in Scholz[11] GmbHG § 58a Anm 11). Eine gewissenhafte Schätzung des Kapitalherabsetzungsbedarfs ist insofern ausreichend. Ergibt sich noch im selben oder in einem der beiden folgenden Gj, dass die auszugleichenden Verluste nicht in der bei Beschlussfassung angenommenen Höhe eingetreten sind, ist der Unterschiedsbetrag in die Kapitalrücklage einzustellen (§ 232 AktG bzw § 58c S 1 GmbHG); er unterliegt einem Ausschüttungsverbot (§§ 230 und 233 AktG bzw § 58c GmbHG; dazu auch Anm 107). Dadurch soll verhindert werden, dass die durch eine vereinfachte Kapitalherabsetzung gewonnenen Mittel zu Lasten der Gläubiger ausgeschüttet werden (vgl *Veil* in Schmidt/Lutter[3] AktG § 232 Anm 1; *Zöllner/Haas* in Baumbach/Hueck GmbHG[21] § 58c Anm 1). Die Beschränkungen des § 231 AktG bzw 58b Abs 2 GmbHG (s Anm 180f) gelten für Einstellungen in die Kapitalrücklage nach § 232 AktG nicht.

Maßgeblich für die Beurteilung, ob angenommene Verluste tatsächlich eingetreten oder ob aus der Kapitalherabsetzung erzielte Beträge in die Kapitalrücklage einzustellen sind, ist der **Zeitpunkt der Beschlussfassung** (glA *ADS*[6] AktG § 232 Anm 11; *Hüffer/Koch*[13] AktG § 232 Anm 3, 4; *Priester* in Scholz[11] GmbHG § 58c Anm 4). Das bedeutet, dass der Ertrag aus der Kapitalherabsetzung nur zum Ausgleich der Verluste herangezogen werden darf, die zum Zeitpunkt der Beschlussfassung über die Kapitalherabsetzung anzunehmen waren; treten die bei Beschlussfassung angenommenen Verluste später nicht ein, darf der entspr Buchgewinn aus der Kapitalherabsetzung nicht mit anderen Verlusten, die erst nach der Beschlussfassung entstanden sind, verrechnet werden (*ADS*[6] AktG § 232 Anm 13 mwN; *Veil* in Schmidt/Lutter[3] AktG § 232 Anm 4); ein Ausgleich erneuter Verluste kann nur über eine spätere Rücklagenauflösung nach § 150 Abs 3 AktG, § 58b Abs 3 GmbHG erfolgen.

Außerdem knüpfen das AktG und das GmbHG die vereinfachte Kapitalherabsetzung an die Voraussetzung, dass ein **Gewinnvortrag** und bei der AG außerdem die **freien Gewinnrücklagen** vorweg aufgelöst werden. Ferner dürfen bei der AG die Kapitalrücklage und gesetzliche Rücklage, bei der GmbH die Kapital- und die Gewinnrücklagen zusammen nicht 10 % des nach der Kapitalherabsetzung vorhandenen Grundkapitals übersteigen (§ 229 Abs 2 AktG; § 58a Abs 2 GmbHG). Da aber, wie in Anm 182f dargestellt, die Durchführung der vereinfachten Kapitalherabsetzung nicht den vollen Ausgleich eines im JA ausgewiesenen *Jahresfehlbetrags* bzw *Verlustvortrags* zur Voraussetzung hat, ist mit ihr auch eine Aufweichung der für AG strengeren Vorschriften des § 150 Abs 4 AktG zur Auflösung der gesetzlichen und der Kapitalrücklage verbunden (*Hüffer/Koch*[13] AktG § 229 Anm 13 mwN).

Darüber hinaus entfallen die strengen **Gläubigerschutzbestimmungen** der ordentlichen Kapitalherabsetzung, da durch „buchungstechnische" Anpassung des EK an die tatsächliche Situation des Unt kein Haftungsvermögen zu Lasten der Gläubiger entzogen werden darf: Für AG/KGaA bestimmt

§ 230 AktG, „dass Beträge, die aus der Auflösung von Kapital- oder Gewinnrücklagen und aus der Kapitalherabsetzung gewonnen werden", – im Gegensatz zur ordentlichen Kapitalherabsetzung – nicht zu Zahlungen an Aktionäre oder von der Befreiung von der Leistung ausstehender Einlagen verwendet werden dürfen.

187 Außerdem dürfen nach § 233 Abs 1 AktG Gewinne erst an die Aktionäre ausgeschüttet werden, nachdem die gesetzliche Rücklage und Kapitalrücklage zusammen mindestens 10% des Grundkapitals (wieder) erreicht haben. Die Auszahlung eines Gewinnanteils von mehr als 4% des herabgesetzten Grundkapitals ist für die ersten beiden Gj nach Beschlussfassung über die Kapitalherabsetzung nur zulässig, wenn die Gläubigerschutzvorschriften für die ordentliche Kapitalherabsetzung (§ 225 AktG) beachtet werden (§ 233 Abs 2 AktG).

188 Für **GmbH** bestimmt § 58d Abs 1 GmbHG, dass innerhalb der ersten fünf Jahre nach der Kapitalherabsetzung nur ausgeschüttet werden darf, wenn die Kapital- und die Gewinnrücklagen zusammen 10% des (herabgesetzten) Stammkapitals erreichen. Bei einem Mindeststammkapital von 25 000 Euro stellt dieser Betrag jedoch nur einen geringen Gläubigerschutz dar (glA *Zöllner/Haas* in Baumbach/Hueck GmbHG[21] § 58d Anm 2). Darüber hinaus darf gem § 58d Abs 2 GmbHG in den auf die Kapitalherabsetzung folgenden zwei Gj maximal ein Gewinnanteil von 4% des Stammkapitals ausgeschüttet werden.

189 Bei **AG/KGaA** sind die aus einer vereinfachten Kapitalherabsetzung gem §§ 229 Abs 1 bzw 232 AktG resultierenden Einstellungen in die Kapitalrücklage in der GuV-Verlängerungsrechnung gem § 240 S 2 AktG als „Einstellung in die Kapitalrücklage nach den Vorschriften über die vereinfachte Kapitalherabsetzung" gesondert auszuweisen. Die Verwendung der aus der Kapitalherabsetzung gewonnenen Beträge ist außerdem im Anhang zu erläutern (§ 240 S 3 AktG). Für GmbH sollte mangels vergleichbarer Vorschriften § 240 AktG analog angewendet werden. Das gilt auch für die Erl im Anhang (vgl *Störk/Kliem/Meyer* in Beck Bil-Komm[12] § 272 Anm 107).

190 Ebenfalls der Zielsetzung eines raschen Sanierungserfolgs gilt die in § 234 AktG und in § 58e GmbHG geregelte **Rückwirkung der vereinfachten Kapitalherabsetzung:** Danach können das gezeichnete Kapital und alle Rücklagen in der Höhe, in der sie nach HR-Eintragung der Kapitalherabsetzung bestehen sollen, rückwirkend bereits in dem JA für das letzte vor der Beschlussfassung über die Kapitalherabsetzung abgelaufene Gj ausgewiesen werden. Somit ist es möglich, das Entstehen einer Unterbilanz durch eine vereinfachte Kapitalherabsetzung zu verhindern.

191 Im Fall der Rückwirkung einer Kapitalherabsetzung muss die HV den JA feststellen (§ 234 Abs 2 S 1 AktG). Wenn der JA ohne Rückwirkung der Kapitalherabsetzung bereits von Vorstand und AR festgestellt wurde, ist dies bindend. Eine nachträgliche Änderung des festgestellten JA durch die HV, um von der Rückwirkungsmöglichkeit des § 234 AktG Gebrauch zu machen, ist in Ansehung der aktienrechtlichen Kompetenzordnung nicht zulässig (*Oechsler* in MünchKomm AktG[4] § 234 Anm 9; *Hüffer/Koch*[13] AktG § 234 Anm 4).

192 Gem § 58e Abs 1 S 2 GmbHG müssen JA von GmbH, die eine rückwirkende Kapitalherabsetzung enthalten, stets durch GesterBeschluss festgestellt

III. Einzelne Sanierungsmaßnahmen

werden – auch wenn der GesVertrag die Feststellung anderen Organen übertragen hat (*Zöllner/Haas* in Baumbach/Hueck GmbHG[21] § 58e Anm 5).

Ist der JA von AG/KGaA noch nicht festgestellt, hat die HV das Recht, auch ohne Vorlage des Vorstands eine rückwirkende Kapitalherabsetzung und deren Berücksichtigung im letzten JA zu beschließen und den Vorstand damit entspr anzuweisen (*Oechsler* in MünchKomm AktG[4] § 234 Anm 12; *Veil* in Schmidt/Lutter[3] AktG § 234 Anm 8). Möglich ist auch, dass Vorstand und AR der HV die Feststellung des JA nach § 173 AktG überlassen. Dann kann die HV entweder den JA nach § 173 AktG ordentlich feststellen oder nach § 234 Abs 2 AktG einen JA mit Rückwirkung beschließen (*Oechsler* in MünchKomm AktG[4] § 234 Anm 10; *Veil* in Schmidt/Lutter[3] AktG § 234 Anm 7); weicht die HV insofern von dem geprüften Entwurf des JA ab, ist eine erneute Prüfung (§ 316 Abs 3 HGB) mit einem hinsichtlich dieser Änderung uneingeschränkten BVm erforderlich (§ 173 Abs 3 AktG).

Legt der Vorstand dagegen den Entwurf eines JA vor, in dem die noch zu beschließende Kapitalherabsetzung bereits berücksichtigt ist, ist die HV berechtigt, diesen JA unter Rückbeziehung der Kapitalherabsetzung festzustellen oder seine Feststellung abzulehnen. Sie kann aber nicht den JA **ohne** Rückbeziehung der Kapitalherabsetzung feststellen, da die hierzu erforderliche Kompetenzzuweisung durch Vorstand und AR nach § 173 Abs 1 AktG fehlt (*Hüffer/Koch*[13] AktG § 234 Anm 5; *Oechsler* in MünchKomm AktG[4] § 234 Anm 8, 11) und in diesem Fall die im JA unterstellte Going-Concern-Prämisse ggf nicht aufrechterhalten werden kann.

Die Beschlüsse über eine rückwirkende Kapitalherabsetzung sind nichtig, wenn sie nicht binnen drei Monaten nach Beschlussfassung in das HR eingetragen worden sind (§ 234 Abs 3 S 1 AktG; § 58e Abs 3 GmbHG). Die Frist beginnt gem § 187 Abs 2 BGB mit dem Tag, der entweder auf die Beschlussfassung über die Kapitalherabsetzung oder auf die Feststellung des diesen Beschluss berücksichtigenden JA folgt (*Oechsler* in MünchKomm AktG[4] § 234 Anm 14). Die Offenlegung des JA nach § 325 HGB darf erst nach **Eintragung** des **Beschlusses** über die Kapitalherabsetzung durchgeführt werden (§ 236 AktG; § 58e Abs 4 GmbHG).

b) Zuzahlungen, Zuschüsse und Nachschüsse

aa) Zuzahlungen und Ertragszuschüsse. Systematisch handelt es sich bei Zuzahlungen um Sanierungsmaßnahmen ohne Auswirkung auf das gezeichnete Kapital (hierzu Anm 50 ff); für sie ist daher weder eine Änderung des GesVertrags bzw der Satzung noch eine förmliche Beschlussfassung der Gester erforderlich. Wegen des Sachzusammenhangs werden sie hier im Rahmen der Kapitalmaßnahmen dargestellt.

Eine **Zuzahlung** setzt eine „Leistung" in das EK und damit eine vom Gester so gewollte tatsächliche Vermehrung des GesVermögens voraus (vgl *Störk/Kliem/Meyer* in Beck Bil-Komm[12] § 272 Anm 195; *ADS*[6] HGB § 272 Anm 135; *Mock* in Kölner Komm HGB § 272 Anm 162). Aus Sicht einer KapGes ist eine Sanierung durch **Barzuzahlung** der Kapitalherabsetzung vorzuziehen, weil auf diese Weise neben dem Ausgleich von Verlusten auch neue liquide Mittel zufließen. Zuzahlungen können neben Barzahlungen auch in Form von **Sachleistungen** erfolgen (vgl *Störk/Kliem/Meyer* in Beck Bil-Komm¹² § 272 Anm 195). Ferner kommt als Zuzahlung auch die Befreiung von einer Verbindlichkeit (zB durch befreiende Schuldübernahme oder Forderungsverzicht; hierzu Anm 60) sowie die Einräumung einer (werthaltigen) Zahlungsforderung mit bestimmtem Fälligkeitstermin in Betracht (*ADS*⁶ HGB § 272 Anm 135; *Störk/Kliem/Meyer* in Beck Bil-Komm¹² § 272 Anm 200; *Mock* in Kölner Komm HGB § 272 Anm 162), ggf auch durch (Gester-)Vertrag zugunsten Dritter. Ist die eingeräumte Forderung aufschiebend bedingt, ist die Zuzahlung erst mit Bedingungseintritt bilanziell zu berücksichtigen.

202 Zuzahlungen der Gester sind grds (s aber Anm 205) nach § 272 Abs 2 Nr 4 HGB in die **Kapitalrücklage** einzustellen; dabei handelt es sich um einen ergebnisneutralen Vorgang, der die GuV-Verlängerungsrechnung nicht berührt (vgl *Störk/Kliem/Meyer* in Beck Bil-Komm¹² § 272 Anm 207). Als Ausnahmefall kann eine Zuzahlung auch von einem **Dritten** auf Veranlassung, für Rechnung oder im Interesse eines Gesters oder im Vorgriff auf die Erlangung der GesterStellung geleistet werden (*WPH* HBd¹⁶, F Anm 486; *Störk/Kliem/Meyer* in Beck Bil-Komm¹² § 272 Anm 195; *ADS*⁶ HGB § 272 Anm 133; *Mock* in Kölner Komm HGB § 272 Anm 161). Der während des Gj in die Kapitalrücklage eingestellte Betrag muss bei AG/KGaA nach § 152 Abs 2 AktG und sollte analog bei GmbH in der Bilanz ausgewiesen oder im Anhang angegeben werden (*Störk/Kliem/Meyer* in Beck Bil-Komm¹² § 272 Anm 213).

203 Bei AG kann jede Kapitalrücklage bereits im nächsten JA (wenn die Höhe des Verlusts feststeht) zum Verlustausgleich herangezogen werden (§ 150 Abs 3 AktG), wobei die Entnahme aus der Kapitalrücklage gem § 158 Abs 1 AktG in Fortführung der GuV auszuweisen oder im Anhang anzugeben und damit gem § 270 Abs 1 HGB vom feststellenden Organ zu beschließen ist. Für GmbH bestehen im Regelfall keine Beschränkungen der Auflösung einer Kapitalrücklage. Für den Ausweis in der GuV gilt hier ggf § 275 Abs 4 HGB anstelle von § 158 Abs 1 AktG.

204 Eine zwingende Mindestverweildauer der nach § 272 Abs 2 Nr 4 HGB eingestellten Beträge bei der Ges ist nicht erforderlich (vgl *ADS*⁶ HGB § 272 Anm 137).

205 Möglich ist auch, dass der Gester oder ein Dritter keine Zuzahlung iSd § 272 Abs 2 Nr 4 HGB „in das Eigenkapital", sondern als direkte Sanierungsleistung, zB zur Abdeckung eines Jahresfehlbetrags oder zum Ausgleich eines Bilanzverlusts, einen **Ertragszuschuss** leisten möchte. In diesem Fall muss nicht erst die Rücklage nach Nr 4 gebildet und anschließend wieder aufgelöst werden, sondern der Zuschuss kann unmittelbar als **Ertrag** vereinnahmt werden (*Störk/Kliem/Meyer* in Beck Bil-Komm¹² § 272 Anm 196; *ADS*⁶ HGB § 272 Anm 137 mwN; s auch Anm 45 f). Erfolgt der Ertragszuschuss im Wege des Forderungsverzichts, ist der volle **Nominalbetrag** der weggefallenen Verbindlichkeit als Ertrag zu erfassen (*Pöschke* NZG 2017, 1411). Über den außergewöhnlichen Ertragsposten ist nach § 285 Nr 31 HGB im Anhang zu berichten (*WPH* HBd¹⁶, F Anm 1235). Sofern eine ausdrückliche Zwecksetzung durch den zuschussgewährenden Gester fehlt und diese auch nicht durch Auslegung ermittelt werden kann, ist im Zweifelsfall da-

III. Einzelne Sanierungsmaßnahmen

von auszugehen, dass die Zuzahlung in das EK geleistet werden sollte (glA *Störk/Kliem/Meyer* in Beck Bil-Komm[12] § 272 Anm 196; *ADS*[6] HGB § 272 Anm 137).

Denkbar ist, einen Ertragszuschuss mit einer **bedingten Rückzahlungsverpflichtung** zu verbinden. Die über die Liquiditätszufuhr hinausgehende Sanierungswirkung ist in diesem Fall eingeschränkt, soweit für den möglichen Eintritt der Rückzahlungsbedingung nach allg Grundsätzen eine Rückstellung zu bilden ist. Unschädlich wäre, wenn – entspr einem Besserungsschein – der Zuschuss nur aus künftigen Gewinnen zurückzuzahlen ist, da vor Gewinnerzielung keine Passivierungspflicht besteht (vgl IDW St/HFA 1/1984 Abschn 3a).

bb) Nachschüsse von Gesellschaftern. Das Aktienrecht kennt – im Gegensatz zum GmbHG – keine Nachschusspflicht (§ 54 Abs 1 AktG); die Aktionäre können somit nur zu **freiwilligen Zuzahlungen** aufgefordert werden. Es ist auch möglich, dass zB nur ein Großaktionär bzw ein Teil der Aktionäre zu weiteren Zahlungen bereit ist. Da dies jedoch Schwierigkeiten bei späteren Dividendenzahlungen (an alle Aktionäre) schafft, wenn diese nur durch Sanierungsbeiträge Einzelner ermöglicht wurden, können in solchen Fällen zB Genussscheine mit gewinnabhängiger Verzinsung ausgegeben werden.

Bei GmbH kann der GesVertrag eine **Nachschusspflicht** bestimmen (§ 26 Abs 1 GmbHG), nach der die Gester auf entspr Beschluss (einfache Mehrheit) zusätzlich Nachschüsse leisten müssen. Die Nachschusspflicht kann auf einen bestimmten Betrag beschränkt (§ 26 Abs 3 GmbHG) oder in unbeschränkter Höhe vorgesehen werden (§ 27 GmbHG).

Im letzten Fall (§ 27 GmbHG) haben die Gester das Recht, sich von der Nachschusspflicht zu befreien, indem sie binnen eines Monats nach Aufforderung zur Einzahlung den voll einbezahlten Geschäftsanteil der Ges zur Verfügung stellen **(Abandonrecht).** Die GmbH kann nach erklärtem Abandon nur noch Befriedigung aus dem Geschäftsanteil suchen; der Gester haftet für den Nachschuss nicht mit seinem sonstigen Vermögen (*Bayer* in Lutter/Hommelhoff[19] GmbHG § 27 Anm 1). Der Geschäftsanteil muss innerhalb eines Monats im Wege öffentlicher Versteigerung verkauft werden (Abs 2).

Kann der Gester von seinem Abandonrecht noch nach dem Bilanzstichtag Gebrauch machen, wird die Nachschussforderung nicht bilanziert (§ 42 Abs 2 S 1 GmbHG). Gleiches gilt, wenn der Bilanzstichtag zwischen dem Zeitpunkt des Abandon und dessen Versteigerung liegt. Dann ist der Geschäftsanteil treuhänderisch auf die GmbH übergegangen; das beseitigt aber noch nicht die GesterStellung, sondern schafft nur ein Verwertungsrecht der GmbH (*Bayer* in Lutter/Hommelhoff[19] GmbHG § 27 Anm 2). Eine Aktivierung des Geschäftsanteils und dessen Bewertung kommt hier erst in Betracht, wenn keine Befriedigung durch den Verkauf zu erlangen ist und damit der Geschäftsanteil der Ges endgültig zufällt (§ 27 Abs 3 GmbHG).

Sind Nachschüsse vor dem Bilanzstichtag beschlossen und kann sich der Gester nicht mehr seiner Nachschusspflicht entziehen, ist auf der Aktivseite unter den Forderungen ein gesonderter Posten „Eingeforderte Nachschüsse" auszuweisen, soweit mit der Zahlung gerechnet werden kann (§ 42 Abs 2

GmbHG). Diese Nachschussforderung ist zu bewerten und muss ggf auf ihren beizulegenden Wert abgeschrieben werden (vgl *Störk/Kliem/Meyer* in Beck Bil-Komm[12] § 272 Anm 215; *Kleindiek* in Lutter/Hommelhoff[19] GmbHG § 42 Anm 56). Ein dem – evtl abgewerteten – Aktivposten entspr Betrag ist in die Kapitalrücklage, ggf unter dem Sonderposten „Nachschusskapital", einzustellen (*Störk/Kliem/Meyer* in Beck Bil-Komm[12] § 272 Anm 215; *WPH* HBd[16], F Anm 489).

212 Eine Zuführung von EK durch **Zu- oder Nachschüsse** ist idR nur möglich, wenn unter den Gestern Einvernehmen über Notwendigkeit und Umfang der Einzahlungen herrscht. Sind diese Voraussetzungen nicht gegeben, oder sollen außenstehende Dritte Einlagen in das Stammkapital leisten, muss eine förmliche Kapitalerhöhung nach §§ 55 bis 57 GmbHG vorgenommen werden.

213 Wenn Gester Nachschüsse, Zuzahlungen oder Ertragszuschüsse leisten, dürfen diese im JA des Zuschussgebers nur dann als nachträgliche AK der Beteiligung aktiviert werden, wenn sie zu einer dauernden Wertsteigerung der Ges führen (*WPH* HBd[16], F Anm 368 mwN; *ADS*[6] HGB § 253 Anm 45); dies ist wegen der Sanierungsbedürftigkeit der Ges idR nicht der Fall (glA *Mujkanovic* StuB 2014, 297). Für die Behandlung im JA des Zuschussgebers ist die bilanzielle Erfassung bei der Ges ohne Bedeutung (IDW St/HFA 2/1996, Abschn 3.2). Die mit dem Sanierungszuschuss verbundenen Aufwendungen sind wegen ihrer außergewöhnlichen Bedeutung nach § 285 Nr 31 HGB beim Zuschussgeber im Anhang anzugeben (*Grottel* in Beck Bil-Komm[12] § 285 Anm 891).

214 cc) **Alternativsanierung.** Die Bereitschaft der Aktionäre zu freiwilligen Zuzahlungen hängt insb von ihrer finanziellen Situation und ihrer individuellen Risikoeinschätzung ab. Um die unterschiedlichen Aktionärsinteressen berücksichtigen zu können, wurde die Alternativsanierung entwickelt, die den Aktionären ein **Wahlrecht** zwischen einer **Zuzahlung** oder einer **Kapitalherabsetzung** des Anteils einräumt (vgl *Oechsler* in MünchKomm AktG[4] § 222 Anm 29 mwN; *Hüffer/Koch*[13] AktG § 222 Anm 5; *Marsch-Barner/Maul* in Spindler/Stilz[4] AktG § 222 Anm 11). Um dabei eine Gleichbehandlung der Aktionäre iSd § 53a AktG zu gewährleisten, muss das im Kapitalherabsetzungsbeschluss eingeräumte Wahlrecht allen Aktionären in gleicher Weise angeboten werden (*Hüffer/Koch*[13] AktG § 222 Anm 5 mwN; *Marsch-Barner/Maul* in Spindler/Stilz[4] AktG § 222 Anm 11).

215 Außerdem darf durch die Ausgestaltung der Konditionen **kein wirtschaftlicher Zwang** zur Zuzahlung begründet werden, denn dies würde im Widerspruch zum Verbot der Nachschusspflicht (§ 54 Abs 1 AktG) stehen und daher nach § 241 Nr 3 AktG zur Nichtigkeit des HV-Beschlusses über die Kapitalherabsetzung führen (*Hüffer/Koch*[13] AktG § 222 Anm 5; *Marsch-Barner/Maul* in Spindler/Stilz[4] AktG § 222 Anm 11; *Sethe* in Großkomm AktG[4] Vor § 222 Anm 14, 18). Nach herkömmlicher Auffassung ist ein wirtschaftlicher Zwang bereits dann anzunehmen, wenn die gewährten wirtschaftlichen Vorteile den Wert der Zuzahlung übersteigen (*Marsch-Barner/Maul* in Spindler/Stilz[4] AktG § 222 Anm 11). Nach vorzugswürdiger neuerer Ansicht ist die Gewährung von Vorteilen in angemessenem Rahmen zulässig, um für Aktionäre einen Anreiz zu schaffen, ihre Ges in der Krise freiwil-

III. Einzelne Sanierungsmaßnahmen

lig finanziell zu unterstützen (vgl *Sethe* in Großkomm AktG[4] Vor § 222 Anm 17 f; ähnlich *Oechsler* in MünchKomm AktG[4] § 222 Anm 29). Für die **GmbH** hat die Alternativsanierung keine praktische Relevanz.

c) Kapitalerhöhung

Die Gesetze sehen folgende Varianten vor:
- Kapitalerhöhung aus Gesellschaftsmitteln
  (§§ 207 bis 220 AktG, 57c bis 57o GmbHG)   Anm 221
- Genehmigtes Kapital
  (§§ 202 bis 206 AktG, § 55a GmbHG)   Anm 222 ff
- Bedingte Kapitalerhöhung
  (§§ 192 bis 201 AktG)   Anm 231 ff
- Kapitalerhöhung gegen Einlagen
  (§§ 182 bis 191 AktG, § 55 GmbHG)   Anm 238 ff

aa) Kapitalerhöhung aus Gesellschaftsmitteln. Diese Form der Kapitalerhöhung (zulässig für alle KapGes) ist als Sanierungsmaßnahme irrelevant, da sie lediglich eine Umbuchung innerhalb des EK darstellt, dem Unt aber keine zusätzlichen Finanzmittel zufließen. Zu Einzelheiten s Kapitel E Anm 150 ff.

bb) Genehmigte Kapitalerhöhung (Genehmigtes Kapital). Hier wird der Vorstand einer AG durch Satzungsänderung ermächtigt, *innerhalb von fünf Jahren* das Grundkapital der Ges bis zu einem bestimmten Betrag (genehmigtes Kapital) zu erhöhen (§ 202 Abs 1 AktG); der Nennbetrag des genehmigten Kapitals darf die Hälfte des zum Zeitpunkt der Genehmigung vorhandenen Grundkapitals nicht übersteigen (Abs 3).

Das GmbHG enthält in § 55a GmbHG eine entspr Vorschrift zum genehmigten Kapital, die durch das MoMiG eingeführt wurde.

Nach § 160 Abs 1 Nr 3 und 4 AktG ist jedes Jahr im **Anhang** der Betrag des genehmigten Kapitals anzugeben, der im Gj gezeichnet – also verwendet – wurde. Außerdem muss der Nennbetrag des noch nicht verwendeten genehmigten Kapitals sowie die Bedingungen des satzungsändernden Ermächtigungsbeschlusses im Anhang angegeben werden (*ADS*[6] AktG § 160 Anm 50; *Hüffer/Koch*[13] AktG § 160 Anm 11). Im GmbHG findet sich keine entspr Regelung; dies dürfte darauf beruhen, dass es bei der idR personalistisch strukturierten GmbH keiner formalisierten Information der Gester durch entspr Anhangsangaben bedarf.

Der **Beschluss** der HV über die Ermächtigung des Vorstands zur Kapitalerhöhung bedarf einer **Mehrheit** von mindestens drei Vierteln des vertretenen Grundkapitals (§ 202 Abs 2 AktG). Die Ermächtigung kann vorsehen, dass das Bezugsrecht der Aktionäre ausgeschlossen wird (§ 203 Abs 2 AktG) und/oder dass neue Aktien an die Arbeitnehmer der Ges ausgegeben werden (§ 202 Abs 4 AktG). Bei der GmbH kann die Ermächtigung bereits im ursprünglichen GesVertrag vorgesehen oder später im Wege der Satzungsänderung eingefügt werden (§ 55a Abs 2 GmbHG). Bei der späteren Ermächtigung müssen alle Erfordernisse für eine Änderung des GesVertrags (§§ 53 f GmbHG) eingehalten werden (*Zöllner/Fastrich* in Baumbach/Hueck GmbHG[21] § 55a Anm 9).

226 Die genehmigte Kapitalerhöhung soll in erster Linie der Anpassung des Grund- bzw Stammkapitals an ein erhöhtes Geschäftsvolumen dienen. Sie ist aber auch ein geeignetes Sanierungsinstrument, da sie während eines längeren Zeitraums die sukzessive Beschaffung von EK nach Maßgabe des jeweiligen Kapitalbedarfs und unter Berücksichtigung der Bedingungen des Kapitalmarkts ermöglicht.

227 Die Aktien dürfen bei entspr Ermächtigung auch gegen **Sacheinlagen** ausgegeben werden, sofern die Vorschriften des § 183 AktG (ausführliche Details im Erhöhungsbeschluss, externe Prüfung der Werthaltigkeit) beachtet werden (§ 205 AktG). Gibt die Verwaltung trotz Fehlens der entspr Ermächtigung Aktien gegen Sacheinlagen aus, ist die Vereinbarung der AG ggü unwirksam (§ 205 Abs 4 S 1 AktG); die Durchführung der Kapitalerhöhung darf nicht in das HR eingetragen werden.

228 Erfolgt die Eintragung dennoch, behält die Kapitalerhöhung ihre Gültigkeit (Abs 4 S 3) und der Zeichner ist zur Bareinlage verpflichtet (S 4). In diesem Fall besteht eine Forderung der Ges auf Einlage und gleichzeitig eine Verpflichtung zur Rückerstattung der Sacheinlage.

229 Die Regelungen des § 205 Abs 2 und 3 AktG zu Sacheinlagen brauchen nicht eingehalten zu werden, wenn Forderungen aus **Gewinnbeteiligungen** von **Arbeitnehmern** als Einlage erbracht werden sollen (§ 205 Abs 5).

230 Auch bei der GmbH ist eine Ausgabe von Geschäftsanteilen gegen Sacheinlagen nach Maßgabe des § 56 GmbHG nur zulässig, wenn die Ermächtigung dies ausdrücklich vorsieht (§ 55a Abs 3 GmbHG). Ist in der Ermächtigung die Ausgabe von Geschäftsanteilen an Arbeitnehmer als Zweck vorgesehen, sind die im AktG hierfür vorgesehenen Erleichterungen sinngemäß anzuwenden (*Lieder* in MünchKomm GmbHG[2] § 55a Anm 81).

231 **cc) Bedingte Kapitalerhöhung.** Eine **bedingte Kapitalerhöhung** kann nur zu bestimmten, in § 192 Abs 2 AktG festgelegten Zwecken (Gewährung von Umtausch- oder Bezugsrechten, Vorbereitung einer Fusion) beschlossen werden. Zweck, Kreis der Bezugsberechtigten und Ausgabebetrag müssen im Beschluss der HV – regelmäßig von börsennotierten AG oder KGaA – bestimmt werden. Es ist mindestens eine Dreiviertelmehrheit des vertretenen Grundkapitals erforderlich (§ 193 Abs 1 AktG). Die bedingte Kapitalerhöhung ist oft **eine Folge** der Ausgabe von Wandelschuldverschreibungen, um deren Inhabern im Falle der Ausübung ihrer Umtauschrechte Aktien ausgeben zu können.

Das GmbHG kennt diese Form der Kapitalerhöhung nicht.

232 Die Begebung von **Wandelschuldverschreibungen** ist eine geeignete Sanierungsmaßnahme: Ähnlich der genehmigten Kapitalerhöhung (Anm 143 ff) gibt sie dem Vorstand die Möglichkeit einer am jeweiligen Bedarf orientierten Finanzmittelbeschaffung. Für das Unt stellt die Wandelschuldverschreibung zunächst FK dar; nur insoweit die UmwOption ausgeübt wird, erfolgt eine Umbuchung des entspr Betrags in das Grundkapital.

233 Nach § 160 Abs 1 Nr 5 AktG ist jedes Jahr die Zahl der Bezugsrechte gem § 192 Abs 2 Nr 3 AktG, der Wandelschuldverschreibungen und vergleichbarer Wertpapiere unter Angabe der Rechte, die sie verbriefen, im **Anhang** anzugeben. Ferner ist die Zahl der Aktien des bedingten Kapitals, die im Gj gezeichnet wurden, gesondert anzugeben (§ 160 Abs 1 Nr 3 AktG).

III. Einzelne Sanierungsmaßnahmen

Die **Ermächtigung** des Vorstands zur Ausgabe von Wandelschuldverschreibungen darf *höchstens für fünf Jahre* erteilt werden; sie muss von der HV mit mindestens drei Vierteln des vertretenen Grundkapitals beschlossen werden (§ 221 Abs 1 S 2 AktG). Als Sanierungsinstrument ist die Wandelschuldverschreibung insofern vorteilhafter als die genehmigte Kapitalerhöhung, als ihre Platzierung am Kapitalmarkt leichter und ggf zu einem höheren Preis möglich ist: Im Falle eines trotz Sanierungsbemühungen eintretenden Vermögensverfalls ist das Risiko der FK-Geber geringer als das der EK-Geber, da sie möglicherweise Aussicht auf eine InsQuote haben. Außerdem wird die Chance von Wertsteigerungen nach erfolgreicher Sanierung durch die Option auf Umw gewahrt. 234

Im Rahmen der Aktienrechtsnovelle 2016 ist der Wortlaut des § 192 AktG geändert worden. Es ist nunmehr ausdrücklich zugelassen, bei Wandelschuldverschreibungen nicht nur den Gläubigern, sondern auch dem Schuldner (der Ges) ein Umtauschrecht zu gewähren. Durch die Vereinbarung einer solchen **umgekehrten Wandelschuldverschreibung** wird der Ges für Krisensituationen die Möglichkeit eingeräumt, bilanzielles FK in EK umzuwandeln und zugleich die Liquiditätsbelastung aus der Rückzahlung zu verhindern (näher *Möhlenkamp/Harder* ZIP 2016, 1094). Wird die Berechtigung zum Umtausch der Ges nur für den Fall einer drohenden Zahlungsunfähigkeit oder zur Abwendung einer Überschuldung eingeräumt, entfällt die Höchstgrenze von 50 % des Grundkapitals (§ 192 Abs 3 S 3 AktG). Der Begriff „Abwendung" verdeutlicht, dass die Überschuldung noch nicht eingetreten oder festgestellt sein muss (*Hüffer/Koch*[13] AktG § 192 Anm 24a). 235

dd) Kapitalerhöhung gegen Einlagen. Das klassische Instrument zur Stärkung der EK-Basis ist die **Kapitalerhöhung gegen Einlagen,** bei der der AG/KGaA gegen Ausgabe neuer (junger) Aktien, bei der GmbH gegen Bildung weiterer Geschäftsanteile, Kapital von außen zufließt. Bei **AG** ist wie bei den übrigen Kapitalmaßnahmen ein Beschluss der HV mit einer Mehrheit von mindestens drei Vierteln des vertretenen Grundkapitals (§ 182 Abs 1 S 1 AktG) erforderlich. Der Beschluss zu einer Kapitalerhöhung ist Voraussetzung dafür, dass eine Einlageschuld aus Kapitalerhöhung entsteht. 238

Es ist deshalb grds nicht möglich, vor Beschlussfassung **Voreinzahlungen** auf eine künftige Einlageschuld mit Tilgungswirkung vorzunehmen. Nur in dringenden Sanierungsfällen kann zur Milderung der strengen Zeitvorgaben ein umgekehrtes Vorgehen erlaubt sein, wenn zwischen der vorab geleisteten Bareinlage und der nachfolgenden Kapitalerhöhung ein enger zeitlicher Zusammenhang besteht, ein akuter Sanierungsfall vorliegt, andere Maßnahmen nicht in Betracht kommen und die Rettung der sanierungsfähigen Ges scheitern würde, falls die übliche Reihenfolge beachtet werden müsste (BGH v 26.6.2006 DB, 2621; *Hüffer/Koch*[13] AktG § 188 Anm 7 f mwN; *Zöllner/Fastrich* in Baumbach/Hueck GmbHG[21] § 56a Anm 10 ff). Die gleichen Grundsätze gelten in Sanierungsfällen auch für vor dem Kapitalerhöhungsbeschluss erbrachte **Vorleistungen** auf künftige **Sacheinlagepflichten** (hM: *Lieder* in MünchKomm GmbHG[2] § 56a Anm 32; *Priester* in Scholz[11] GmbHG § 56a Anm 44; *Zöllner/Fastrich* in Baumbach/Hueck GmbHG[21] § 56a Anm 17). 239

240 Die Kapitalerhöhung ist bei einer AG auch gegen **Sacheinlagen** zulässig, sofern dies in dem Beschluss der HV bestimmt wird (§ 183 AktG). Wenn sich die Sacheinlage als nicht werthaltig erweist, haften die Einleger verschuldensunabhängig auf die Wertdifferenz in Geld. Dieser gesetzliche **Differenzhaftungsanspruch** ist bei der AG nicht auf den geringsten Ausgabebetrag (§ 9 Abs 1 AktG) beschränkt, sondern umfasst auch ein **Aufgeld** (Agio) iSd § 9 Abs 2 AktG (hM: BGH v 6.12.2011 ZIP 2012, 73 mwN; *Veil* in Schmidt/Lutter[2] AktG § 183 Anm 8; *Hüffer/Koch*[13] AktG § 183 Anm 21). Nach neuerer Auffassung hat sich die Prüfung der Werthaltigkeit der Sacheinlage (§ 183 Abs 3 AktG) auch auf die Deckung des Agios zu erstrecken (*Hüffer/Koch*[13] AktG § 183 Anm 16 mwN; *Servatius* in Spindler/Stilz[4] AktG § 183 Anm 41; *Veil* in Schmidt/Lutter[3] AktG § 183 Anm 26; *Stein/Fischer* ZIP 2014, 1364 f). Bei einer **gemischten Sacheinlage** wird dem Einleger über die Gewährung von Aktien hinaus in Höhe des übersteigenden Werts der Sacheinlage eine Vergütung in Geld geschuldet; in diesem Fall muss die Werthaltigkeit der Sacheinlage auch hinsichtlich dieser Vergütung gegeben sein und unterliegt auch insoweit der registergerichtlichen Kontrolle (*Katzenstein* in Spindler/Stilz[4] AktG § 27 Anm 65 mwN).

241 Jedem Aktionär muss ein seinem Anteil am bisherigen Grundkapital der Ges entspr Bezugsrecht auf neue Aktien gewährt werden (§ 186 Abs 1 AktG), sofern dieses nicht durch qualifizierten Beschluss der HV ausgeschlossen wurde (Abs 3). Ein **Ausschluss des Bezugsrechts** ist insb dann erlaubt, wenn eine Barkapitalerhöhung 10 % des alten Grundkapitals nicht überschreitet und der Ausgabebetrag nahe am Börsenkurs ist (Abs 3 S 4). Problematisch ist, wenn ein derartiger Beschluss in kürzeren Abständen mehrmals bis zur Kapitalgrenze von 10 % gefasst wird; in derartigen Fällen ist das Gebot einer sachlichen Rechtfertigung einzuhalten (*Hüffer/Koch*[13] AktG § 186 Anm 39g mwN). Daneben kann sich auch das Problem eines sog faktischen Bezugsrechtsausschlusses ergeben; dieser liegt vor, wenn die Bezugsrechtsausübung ohne Rechtfertigung wirtschaftlich unattraktiv ausgestaltet oder verfahrensmäßig derart erschwert wird, dass eine Inanspruchnahme des formal bestehenden Bezugsrechts faktisch ausgeschlossen ist (vgl *Vaupel/Reers* AG 2010, 95; *Seibt/Voigt* AG 2009, 141 f).

242 Sowohl der Beschluss über die Erhöhung des Grundkapitals (§ 184 AktG) als auch die Durchführung (§ 188 AktG) sind vom Vorstand und dem Vorsitzenden des AR zur Eintragung in das HR anzumelden. Vor Durchführung der Kapitalerhöhung muss grds der eingeforderte Betrag eingezahlt worden sein und dem Vorstand zur freien Verfügung stehen (§ 188 Abs 2 iVm § 36 Abs 2 AktG); bei **Bareinlage** muss ein Viertel des Nennbetrags der Aktien zzgl des vollen Agios eingezahlt sein (§ 36a Abs 1 AktG), **Sacheinlagen** sind vor Eintragung vollständig zu leisten (§ 36a Abs 2 AktG; s hierzu Kapitel D Anm 32).

243 Nach § 189 AktG ist das Grundkapital erst mit Eintragung der Durchführung der Kapitalerhöhung in das HR erhöht. Bestehen dann noch nicht eingeforderte **ausstehende Einlagen** auf das gezeichnete Kapital, sind diese in der Bilanz von dem Posten „Gezeichnetes Kapital" offen – zB in einer Vorspalte – abzusetzen; ein eingeforderter, aber noch nicht eingezahlter Betrag ist unter entspr Bezeichnung unter den Forderungen auszuweisen (§ 272

III. Einzelne Sanierungsmaßnahmen

Abs 1 S 3 HGB). Bei der Bewertung eingeforderter ausstehender Einlagen ist nach den allg Grundsätzen die Bonität der Gester zu berücksichtigen (vgl Störk/Kliem/Meyer in Beck Bil-Komm[12] § 272 Anm 40; ADS[6] HGB § 272 Anm 67).

Vor Eintragung der Durchführung der Kapitalerhöhung in das HR stellen zu erbringende Einlagen auf die im Rahmen der Kapitalerhöhung ausgestellten Zeichnungsscheine **keine** ausstehenden Einlagen dar (ADS[6] HGB § 272 Anm 64 mwN). **244**

Bar- oder Sacheinlagen auf das erhöhte Grundkapital, die bis zum Bilanzstichtag bereits geleistet sind, müssen bei einer noch ausstehenden HR-Eintragung unter einem Sonderposten **„Zur Durchführung der beschlossenen Kapitalerhöhung geleistete Einlagen"** ausgewiesen werden (Störk/Kliem/Meyer in Beck Bil-Komm[12] § 272 Anm 54 mwN). Da es sich bei diesem Posten noch nicht um wirksam gezeichnetes Kapital, dh noch nicht um haftendes EK handelt, sollte er gesondert direkt nach dem EK ausgewiesen werden. Erfolgt die Eintragung bis zur Bilanzaufstellung, ist umstritten, ob man den Sonderposten mit Vermerk des Datums der Eintragung unmittelbar nach dem gezeichneten Kapital innerhalb des EK ausweisen darf vgl Störk/Kliem/Meyer in Beck Bil-Komm[12] § 272 Anm 55 mwN zum Streitstand). **245**

Bei **GmbH** ist eine Kapitalerhöhung ebenfalls nur durch Änderung des GesVertrags möglich. Es bedarf eines Beschlusses der Gester mit einer Dreiviertel- oder einer größeren Mehrheit laut GesVertrag (§ 53 Abs 1, 2 GmbHG); die Übernahme einer zusätzlichen Stammeinlage bedarf ebenfalls der notariell aufgenommenen oder beglaubigten Erklärung des Übernehmers (§ 55 Abs 1 GmbHG). **246**

Werden Kapitalerhöhungen durch **Sacheinlagen** bewirkt, muss der Betrag der Stammeinlage, auf die sich die Sacheinlage bezieht, im Beschluss festgesetzt werden (§ 56 Abs 1 GmbHG). Erreicht der Verkehrswert erbrachter Sacheinlagen bei Anmeldung der Kapitalerhöhung zum HR nicht mehr den Betrag der dafür übernommenen Stammeinlagen, hat der Gester für den Unterschied eine Einlage in Geld zu leisten (§ 9 Abs 1 GmbHG). Dieser **Differenzhaftungsanspruch** erstreckt sich bei der GmbH – im Gegensatz zur AG – nicht auf das Agio (BGH v 6.12.2011 ZIP 2012, 74; Veil in Scholz[11] GmbHG § 9 Anm 9). **247**

Forderungen gegen eine sanierungsbedürftige Ges aus GesterDarlehen sind idR mangels Werthaltigkeit als Sacheinlage zur Erhöhung des Stammkapitals ungeeignet (vgl Zöllner/Fastrich in Baumbach/Hueck GmbHG[21] § 56 Anm 7); denn Forderungen sind hierbei nicht zum Nennwert, sondern zum wirklichen, objektiven Wert unter Berücksichtigung der Bonität der Ges anzusetzen (Lieder in MünchKomm GmbHG[2] § 56 Anm 19; Bayer in Lutter/Hommelhoff[19] GmbHG § 56 Anm 9 mwN; Priester DB 2010, 1445; Zöllner/Fastrich in Baumbach/Hueck GmbHG[21] § 56 Anm 7; aA Cahn/Simon/Theiselmann DB 2010, 1629). UU kommt hier jedoch eine **Sachzuwendung** in Höhe des Differenzbetrags zum Nennwert als Zuzahlung nach § 272 Abs 2 Nr 4 HGB in Betracht (Schulze-Osterloh NZG 2017, 643 mwN; Näheres zur Zuzahlung durch Forderungsverzicht s Anm 62). **248**

Auch bei GmbH werden Erhöhungen des Stammkapitals erst nach Eintragung in das HR wirksam (§ 54 Abs 3 GmbHG, Anm 156); jedoch wird hier **249** nur der Beschluss und nicht zusätzlich dessen Durchführung im HR eingetragen.

250 Vor Anmeldung beim HR ist nach §§ 56a iVm 7 Abs 2 GmbHG erforderlich, dass auf jede Barkapitalerhöhung mindestens ein Viertel und ggf das volle Aufgeld eingezahlt wurden. Sacheinlagen sind vor Anmeldung so zu bewirken, dass sie endgültig zur freien Verfügung der Geschäftsführer stehen (§§ 56a iVm 7 Abs 3 GmbHG).

251 Die Rspr hatte in langjähriger Spruchpraxis Grundsätze zur sog **verdeckten Sacheinlage** entwickelt. Durch das MoMiG bzw ARUG sind die einschlägigen Tatbestände erstmals gesetzlich geregelt und zugleich die zuvor gravierenden **Rechtsfolgen entschärft** worden. Eine verdeckte Sacheinlage liegt hiernach vor, wenn eine Geldeinlage eines Gesters/Aktionärs bei wirtschaftlicher Betrachtung und aufgrund einer im Zusammenhang mit der Übernahme der Geldeinlage getroffenen Abrede vollständig oder teilweise als Sacheinlage zu bewerten ist (§ 19 Abs 4 S 1 GmbHG, § 27 Abs 3 S 1 AktG). Die nach früherer Rechtslage hierzu von Rspr und Literatur entwickelten Fallgruppen sind weiterhin maßgeblich (vgl zu Einzelheiten *Fastrich* in Baumbach/Hueck GmbHG[21] § 19 Anm 50 ff mwN; *Bayer* in Lutter/Hommelhoff[19] GmbHG § 19 Anm 58 ff mwN). Die verdeckte Sacheinlage hat keine Erfüllungswirkung, so dass der Gester/Aktionär nicht von seiner Bareinlageverpflichtung befreit wird. Diese Rechtsfolge wird jedoch in zweierlei Hinsicht abgemildert. Zum einen sind die **Verträge** über die Sacheinlage und die Rechtshandlungen zu ihrer Ausführung **nicht unwirksam** (§ 19 Abs 4 S 2 GmbHG, § 27 Abs 3 S 2 AktG), so dass keine Rückabwicklungsverpflichtungen bestehen (vgl *Veil* in Scholz[11] GmbHG § 19 Anm 133). Zum anderen wird der Wert des VG im Zeitpunkt der Anmeldung zur Eintragung ins HR bzw – falls später – im Zeitpunkt der Überlassung an die Ges auf die fortbestehende Geldeinlageverpflichtung angerechnet (§ 19 Abs 4 S 3 GmbHG, § 27 Abs 3 S 3 AktG). Folge dieses **Anrechnungsprinzips** ist, dass – ähnlich der Differenzhaftung bei offenen Sacheinlagen (s Anm 240, 247) – letztlich nur eine sich wegen Minderwertigkeit der Sache ergebende Differenz nachträglich in bar auszugleichen ist (vgl *Fastrich* in Baumbach/Hueck GmbHG[21] § 19 Anm 58 ff; *Bayer* in Lutter/Hommelhoff[19] GmbHG § 19 Anm 83).

252 Von der verdeckten Sacheinlage zu unterscheiden ist die von den subsidiären Regelungen der §§ 19 Abs 5 S 1 GmbHG, 27 Abs 4 S 1 AktG erfasste Konstellation, dass bereits vor Bareinlage eine Leistung an den Gester/Aktionär vereinbart worden ist, die wirtschaftlich einer Rückzahlung seiner Einlage entspricht (sog **„Hin- und Herzahlen"**; vgl zur Abgrenzung BGH v 20.7.2009 ZIP, 1561; *Blasche* GmbHR 2010, 288). In diesem Fall ist der Gester/Aktionär von der Einlageverpflichtung dann befreit, wenn die Leistung durch einen vollwertigen Rückgewähranspruch gedeckt ist, der fällig ist oder durch fristlose Kündigung seitens der Ges jederzeit fällig gestellt werden kann. Von der Vollwertigkeit des Rückgewähranspruchs ist nach hM dann auszugehen, wenn die Forderung bilanziell zu 100 % angesetzt werden kann (*Veil* in Scholz[11] GmbHG § 19 Anm 182 mwN; *Bayer* in Lutter/Hommelhoff[19] GmbHG § 19 Anm 115; *Schwandtner* in MünchKomm GmbHG[2] § 19 Anm 343 f). Zudem ist nach den § 19 Abs 5 S 2 GmbHG,

III. Einzelne Sanierungsmaßnahmen

§ 27 Abs 4 S 2 AktG erforderlich, dass der Sachverhalt in der Anmeldung zum HR offengelegt wird (vgl BGH v 16.2.2009 DB, 783). Wenn die genannten Voraussetzungen nicht erfüllt sind, hat die Einlageleistung des Gesters/Aktionärs keine Erfüllungswirkung. Dies gilt auch dann, wenn die entspr Forderung handelsbilanziell in nur geringem Umfang abgeschrieben werden müsste (vgl *Veil* in Scholz[11] GmbHG § 19 Anm 190; *Schwandtner* in Münch-Komm GmbHG[2] § 19 Anm 356). Anders als bei der verdeckten Sacheinlage, bei der die Bareinlageverpflichtung nur in Höhe einer Wertdifferenz fortbesteht, schuldet der Einleger bei mangelnder Werthaltigkeit des Rückgewähranspruchs die Einlage in voller Höhe (**„Alles-oder-nichts-Prinzip"**).

Die **Verjährung** des Einlageanspruchs richtet sich nach § 19 Abs 6 GmbHG bzw § 54 Abs 4 S 1 AktG, die eine Verjährungsfrist von **10 Jahren** nach seiner Entstehung vorsehen (zur Fristberechnung vgl *Fastrich* in Baumbach/Hueck GmbHG[21] GmbHG § 19 Anm 85 f; *Veil* in Scholz[11] GmbHG § 19 Anm 196). Durch die jeweils in S 2 vorgesehene Ablaufhemmung von 6 Monaten ab der Eröffnung des InsVerfahrens soll dem InsVerwalter die Gelegenheit eingeräumt werden, die Ansprüche zu prüfen und verjährungshemmende Maßnahmen einzuleiten (*Ebbing* in Michalski[3] GmbHG § 19 Anm 192; *Hüffer/Koch*[13] AktG § 54 Anm 21).

Die von der Rspr (BGH v 4.3.1996 DB, 876) für die GmbH entwickelten Grundsätze zur **Heilung** einer verdeckten Sacheinlage sind durch das MoMiG nicht abgeschafft oder eingeschränkt worden, doch hat sich deren praktische Bedeutung angesichts der durch das MoMiG gemilderten Rechtsfolgen einer verdeckten Sacheinlage erheblich reduziert (*Veil* in Scholz[12] GmbHG § 19 Anm 162; *Ebbing* in Michalski[3] GmbHG § 19 Anm 161 mwN).

Keine förmliche Sacheinlage liegt vor, wenn Geldbeträge oder Sachleistungen der GmbH als **Nachschüsse** (§§ 26, 42 Abs 2 S 3 GmbHG; s Anm 207) oder freiwillige Zuzahlung (§ 272 Abs 2 Nr 4 HGB; s Anm 200) in die Kapitalrücklage (wieder) zugeführt werden. Diese kann dann später nach § 57c GmbHG in Stammkapital umgewandelt werden. Für Einzelheiten dazu s Kapitel E Anm 50 ff.

ee) Kapitalerhöhung im Anschluss an eine Kapitalherabsetzung. Die **Kapitalerhöhung** gegen Einlagen im Rahmen der Sanierung eines Unt erfolgt oftmals in Kombination mit einer vorausgegangenen (vereinfachten) **Kapitalherabsetzung** (dazu Anm 176 ff). Dies ist aber keineswegs zwingend; vielmehr kann eine Kapitalherabsetzung auch isoliert erfolgen (s OLG Dresden v 18.9.1996 DB, 2118 ff).

Durch die Kapitalherabsetzung wird die buchmäßige Unterbilanz beseitigt oder vermindert. Die anschließende Kapitalerhöhung bringt der KapGes zusätzliches EK und dadurch auch eine Verbesserung der Liquiditätslage.

Da § 9 Abs 1 AktG die **Ausgabe** junger Aktien **unter pari** bzw unter dem auf die einzelne Stückaktie entfallenden anteiligen Betrag des Grundkapitals ausdrücklich **untersagt**, ist eine der Kapitalerhöhung vorgeschaltete Kapitalherabsetzung notwendige Voraussetzung, um den in derartigen Fällen oft unter Nennwert bzw bei Stückaktien unter den „fiktiven" Nennwert gesunkenen Kurs durch die Kapitalzusammenlegung zumindest auf den Nennwert anzuheben.

263 Obwohl im GmbHG eine entspr ausdrückliche Norm fehlt, folgt aus dem Sinn der Vorschriften über die Sicherung der Aufbringung des Stammkapitals (insb aus §§ 9 Abs 1 und 19 Abs 2 GmbHG) auch für GmbH ein Verbot, den Nennbetrag der Stammeinlage zu unterschreiten (hM, zB *Veil* in Scholz[11] GmbHG § 5 Anm 28 mwN). Außerdem muss gem § 5 Abs 3 S 2 GmbHG der Gesamtbetrag der Stammeinlagen (in bar oder in Sachwerten) stets mit dem Stammkapital übereinstimmen.

264 Durch die Kapitalabsetzung wird erreicht, dass die bisher aufgelaufenen Verluste von den Inhabern der alten Anteile getragen werden. Durch den Kapitalschnitt werden diese Verluste eliminiert, so dass für das neue EK bei einer erfolgreichen Sanierung zumindest die Möglichkeit späterer Ausschüttungen besteht.

265 Die Notwendigkeit einer Kapitalerhöhung ergibt sich immer dann, wenn das gezeichnete Kapital nach einem Kapitalschnitt unter die in § 7 AktG und § 5 GmbHG festgesetzte **Mindesthöhe** von 50 000 bzw 25 000 Euro sinken würde. Um dies zu verhindern, muss zugleich mit der Kapitalherabsetzung (bei GmbH kommt hier nur die vereinfachte Kapitalherabsetzung in Frage, glA *Priester* in Scholz[11] GmbHG § 58a Anm 39) eine Kapitalerhöhung beschlossen werden (§ 228 Abs 1 AktG und § 58a Abs 4 GmbHG).

266 In diesem Fall bestimmen die zitierten Vorschriften, dass die Kapitalerhöhung nicht durch **Sacheinlagen** erfolgen darf. Das Verbot von Sacheinlagen bezieht sich aber nur auf den Teilbetrag einer Kapitalerhöhung, der zum Erreichen des Mindestbetrags des Grundkapitals von 50 000 Euro bzw des Stammkapitals von 25 000 Euro erforderlich ist (hM, zB *Hüffer/Koch*[13] AktG § 228 Anm 3 mwN; *Priester* in Scholz[11] GmbHG § 58a Anm 40 mwN).

267 Im Rahmen der **Kapitalherabsetzung** wird in der **Bilanz** zunächst das Grundkapital entspr dem beschlossenen Verhältnis der Kapitalherabsetzung reduziert. Der Sanierungsgewinn dient dem Ausgleich des Bilanzverlusts und – sofern der Sanierungsgewinn den Jahresfehlbetrag zzgl eines Verlustvortrags übersteigt – der Einstellung in die Kapitalrücklage. Ein Sanierungsgewinn kann den Bilanzverlust übersteigen, wenn die bei Beschlussfassung zur Kapitalherabsetzung angenommenen Verluste nach späterer Erkenntnis nicht in dieser Höhe eingetreten sind oder ausgeglichen waren (§ 232 AktG). Danach erneut auftretende Verluste können aus dieser Kapitalrücklage ausgeglichen werden (glA *Marsch-Barner/Maul* in Spindler/Stilz[4] AktG § 232 Anm 5).

268 In der **Gewinn- und Verlustrechnung** wird der Ertrag aus der Kapitalherabsetzung gem § 240 S 1 AktG in der Verlängerungsrechnung gesondert ausgewiesen. Außerdem ist, wie schon in Anm 110 ausgeführt, der nicht zur Verlustabdeckung benötigte Spitzenbetrag als „Einstellung in die Kapitalrücklage nach den Vorschriften der vereinfachten Kapitalherabsetzung" gesondert auszuweisen (S 2). Im **Anhang** ist zu erläutern, in welcher Höhe der aus der Kapitalherabsetzung gewonnene Betrag zum Ausgleich von Verlusten oder zur Einstellung in die Kapitalrücklage verwendet wurde (S 3); somit sind alle Sanierungsmaßnahmen zusammengefasst an einer Stelle darzulegen. Für den Ausweis des Ertrags aus einer Kapitalherabsetzung bei GmbH bietet sich eine analoge Vorgehensweise an (ebenso *ADS*[6] AktG § 240 Anm 1; *Störk/Kliem/Meyer* in Beck Bil-Komm[12] AktG § 272 Anm 107).

III. Einzelne Sanierungsmaßnahmen   269–275   Q

Die anschließende **Kapitalerhöhung** führt in der **Bilanz** zu einer Erhöhung des gezeichneten Kapitals, der Kapitalrücklage (im Falle eines Agios) und ggf bei gestreckter Zahlungsweise zu ausstehenden Einlagen auf der Aktivseite. 269

ff) Rückwirkende (sanierende) Kapitalerhöhung. Schließlich sehen das AktG und das GmbHG noch die **Rückwirkung einer Kapitalherabsetzung mit anschließender Kapitalerhöhung** auf den JA des vorausgegangenen Gj vor (§§ 234 und 235 AktG; § 58f GmbHG). Als gesetzliche Ausnahme vom Stichtagsprinzip (§ 252 Abs 1 Nr 3 HGB) kann auf diese Weise nicht nur die Offenlegung einer teilweisen Aufzehrung des gezeichneten Kapitals, sondern auch der Ausweis eines Bilanzverlustes vermieden werden (vgl *Störk/Kliem/Meyer* in Beck Bil-Komm[12] § 272 Anm 87). Dagegen ist eine isolierte Kapitalerhöhung mit bilanzieller Rückwirkung nicht möglich (*Oechsler* in MünchKomm AktG[4] § 235 Anm 4; *Marsch-Barner/Maul* in Spindler/Stilz[4] AktG § 235 Anm 5). 270

Eine rückwirkende Kapitalerhöhung muss zugleich mit der Kapitalherabsetzung von der HV jeweils mindestens mit einer Mehrheit von drei Vierteln des bei der Beschlussfassung vertretenen Grundkapitals (§§ 229 Abs 3 iVm 222 Abs 1 AktG), bei GmbH mit entspr Mehrheit (§ 53 Abs 2 GmbHG) beschlossen werden. Die Beschlussfassung ist nur zulässig, wenn die neuen Aktien gezeichnet bzw die neuen Stammeinlagen übernommen, keine Sacheinlagen vorgesehen und die eingeforderten Beträge eingezahlt sind und dem Vorstand endgültig zur freien Verfügung stehen. 271

Die rückwirkende Kapitalerhöhung nach § 235 AktG, § 58f GmbHG ist an strengere Voraussetzungen gebunden als die ordentliche Kapitalerhöhung (Anm 238 ff), da sie als spezielle Sanierungsmaßnahme eine baldige und sichere Zufuhr neuer Finanzmittel bewirken soll. Auf der anderen Seite muss sie aber auch besonderen Ansprüchen des Gläubigerschutzes genügen. 272

Das **Verbot einer Sacheinlage** will zunächst das Risiko von Überbewertungen ausschließen. Insb soll die Sacheinlage von Forderungen gegen die KapGes, dh eine Umwidmung hingegebener Darlehen in EK, verhindert werden (*Sethe* in Großkomm AktG[4] § 235 Anm 10). Nach § 66 Abs 1 S 2 AktG bzw § 19 Abs 2 GmbHG ist eine Aufrechnung der Einlageverpflichtung gegen Forderungen an die KapGes unzulässig. Es müssen dem Unt zwecks Sanierung tatsächlich neue Barmittel zufließen. 273

Bereits bei Beschlussfassung über die Kapitalerhöhung – und nicht erst bei ihrer Anmeldung zur Eintragung in das HR – muss die Kapitalerhöhung voll und wirksam gezeichnet worden sein. *Mindestens* ein Viertel der Erhöhung, bei GmbH mindestens 12 500 Euro (§§ 56a iVm 7 Abs 2 GmbHG) und das gesamte Agio müssen gezahlt sein; der Vorstand kann die Einzahlungspflicht auch höher festlegen (§ 235 Abs 1 iVm § 36 Abs 2 AktG; vgl *Hüffer/Koch*[13] AktG § 235 Anm 6). Im Interesse einer raschen Mittelzufuhr müssen die Aktionäre/Gester folglich eine Erfüllungsvorleistung erbringen, bevor sie durch einen Kapitalerhöhungsbeschluss zur Leistung verpflichtet werden (§ 235 Abs 1 S 2 AktG, § 58f Abs 1 S 2 GmbHG). 274

Bei dieser **Vorleistungsverpflichtung** sind folgende Besonderheiten zu beachten: Es darf sich nicht um ein Darlehen handeln, das provisions- oder zinspflichtig gewährt wird und durch die spätere EK-Zuführung abgelöst 275

Q 276–280 Sanierungsmaßnahmen und ihre Bilanzierung

werden soll. Auch eine spätere Umwidmung eines Darlehensbetrags scheidet aus (*Sethe* in Großkomm AktG[4] § 235 Anm 12). Die Vorauszahlung in das EK muss so erfolgen, als würde die Barkapitalerhöhung sofort und kostenfrei durchgeführt.

276 Die vorgeleisteten Einzahlungen auf die spätere Einlagepflicht sind keine beliebig rückforderbaren Leistungen. Lediglich im Falle des Scheiterns der geplanten Kapitalerhöhung oder bei Nichtigkeit des Beschlusses haben die Zeichner der Aktien/des Stammkapitals einen Anspruch auf Rückgewähr ihrer Vorausleistung nach den Vorschriften zur **ungerechtfertigten Bereicherung** (§§ 812 ff BGB) bzw aus einer schuldrechtlichen Regelung des der Zeichnung zugrunde liegenden Vertrags (vgl *Sethe* in Großkomm AktG[4] § 235 Anm 11).

277 Die Zeichner der Aktien/des Stammkapitals dürfen **keine Bedingung** an die Zahlung knüpfen; sie können sich daher nicht durch Hinterlegung der einzuzahlenden Beträge bei einem Treuhänder bis zum Wirksamwerden der Kapitalerhöhung sichern (*Sethe* in Großkomm AktG[4] § 235 Anm 12).

278 Die Kapitalerhöhung wird erst mit Eintragung in das HR wirksam (§ 229 Abs 3 iVm § 224 AktG, § 58a Abs 5 iVm § 54 Abs 3 GmbHG). Dennoch dürfen gem § 235 Abs 1 AktG das gezeichnete Kapital und – im Falle eines Aufgelds – die Kapitalrücklagen bereits im JA vor der Beschlussfassung als erhöht ausgewiesen werden (*ADS*[6] HGB § 272 Anm 105; *Sethe* in Großkomm AktG[4] § 235 Anm 6). Da die Einlagen am Bilanzstichtag noch nicht geleistet sind, ist eine Forderung aus ausstehender Einlage auf das gezeichnete Kapital zu aktivieren, denn diese gilt als eingefordert; in Höhe eines noch nicht geleisteten Agios ist eine gesonderte Forderung zu aktivieren (*Störk/Kliem/Meyer* in Beck Bil-Komm[12] § 272 Anm 87).

279 Der Umstand, dass die Kapitalerhöhung erst mit Eintragung in das HR wirksam wird, ist von Bedeutung, wenn die sanierende Kapitalerhöhung zur Abwendung der Rechtsfolgen des § 92 Abs 1 AktG, § 49 Abs 3 GmbHG vorgenommen wird. Ist am Bilanzstichtag oder bis zur Durchführung der Kapitalmaßnahme die Hälfte des Grund- bzw Stammkapitals – unter Berücksichtigung sämtlicher Rücklagen, die aber nicht zur Verlustdeckung tatsächlich aufgelöst werden müssen – aufgezehrt, müssen der Vorstand oder die Geschäftsführer grds trotz geplanter rückwirkender Kapitalherabsetzung/Kapitalerhöhung eine Verlustanzeige nach § 92 Abs 1 AktG oder § 49 Abs 3 GmbHG erstatten. Allerdings stellt bei konkreten und aussichtsreichen Sanierungsverhandlungen ein kurzfristiges Hinauszögern der Verlustanzeige keine schuldhafte Pflichtverletzung dar (vgl *Hüffer/Koch*[13] AktG § 92 Anm 6 mwN; Näheres Kapitel P Anm 3). Zur Vermeidung rechtlicher Unsicherheiten dürfte sich empfehlen, bei der Einberufung der HV/GesV, die über die Kapitalmaßnahmen beschließen soll, vorsorglich zugleich auch die Verlustanzeige als solche auf die Tagesordnung zu setzen.

280 Im Hinblick auf die InsAntragspflicht nach § 15a Abs 1 InsO stellt sich für die Vorstandsmitglieder bzw Geschäftsführer die Frage, ob sie dieser Pflicht enthoben werden, wenn innerhalb der dort genannten Frist von drei Wochen die für die sanierende Kapitalerhöhung notwendige Vorauseinzahlung geleistet wird. Die mittlerweile hM geht davon aus, dass die Überschuldung bereits durch die im Rahmen der sanierenden Kapitalerhöhung erfolgte **Voraus-**

III. Einzelne Sanierungsmaßnahmen

einzahlung von Mitteln, die der Geschäftsleitung einmal zur freien Verfügung gestanden haben, beseitigt wird (*Oechsler* in MünchKomm AktG[4] § 235 Anm 11 mwN).

Wie bei der ordentlichen Kapitalerhöhung muss der eingezahlte Betrag der KapGes **endgültig zur freien Verfügung** des Vorstands bzw der Geschäftsführung stehen (vgl § 188 Abs 2 iVm § 36 Abs 2 AktG, § 8 Abs 2 S 1 GmbHG). Damit unvereinbar ist jedwede schuldrechtliche Abrede oder Handlung, die eine (ggf mittelbare) Rückführung der Einlage bewirkt (*Pentz* in MünchKomm AktG[4] § 36 Anm 49 mwN; *Veil* in Scholz[11] GmbHG § 7 Anm 37f). Die gesetzliche Verpflichtung zur Vorauserfüllung der Einzahlungsverpflichtung ist jedoch nur sinnvoll, wenn damit auch eine sofortige Verfügungsberechtigung der Geschäftsleitung im Interesse einer raschen Sanierung verbunden ist. Erforderlich, aber auch ausreichend ist daher, dass die eingezahlten Mittel dem Vorstand bzw der Geschäftsführung einmal zur freien Verfügung standen; sie brauchen dagegen im Zeitpunkt des Kapitalerhöhungsbeschlusses bzw der Eintragung ins HR nicht mehr vorhanden zu sein (*Oechsler* in MünchKomm AktG[4] § 235 Anm 11; *Marsch-Barner/Maul* in Spindler/Stilz[4] AktG § 235 Anm 11). Der eingeforderte Betrag kann nur in der durch § 54 Abs 3 AktG vorgeschriebenen Form, dh durch gesetzliche Zahlungsmittel oder durch Gutschrift auf ein Konto der AG zur freien Verfügung des Vorstands geleistet werden (vgl *Hüffer/Koch*[13] AktG § 54 Anm 12ff mwN); für die GmbH gelten entspr Grundsätze (vgl *Veil* in Scholz[12] GmbHG § 7 Anm 30ff). 281

Werden die genannten Voraussetzungen zur sanierenden Kapitalerhöhung (Zeichnung der neuen Aktien oder Übernahme der neuen Stammeinlagen, keine Festsetzung von Sacheinlagen und Leistung der Einzahlung auf jede neue Aktie/Stammeinlage gem § 235 Abs 1 S 2 AktG, § 58f Abs 1 S 2 GmbHG; s Anm 270ff) nicht beachtet, ist der **Beschluss** der rückwirkenden Kapitalerhöhung **nichtig**. In diesem Falle ist auch der nach § 235 Abs 1 iVm § 234 Abs 2 AktG oder § 58f Abs 1 iVm § 58e Abs 2 GmbHG festgestellte JA, in dem die Kapitalerhöhung berücksichtigt wurde, nichtig (*Hüffer/Koch*[13] AktG § 235 Anm 9). Die Nichtigkeit tritt auch ein, wenn alle Beschlüsse (Anm 271) sowie bei AG/KGaA die Durchführung der Kapitalerhöhung nicht binnen **drei Monaten** in das HR **eingetragen** worden sind (§ 235 Abs 2 AktG, § 58f Abs 2 GmbHG). Diese Frist ist gehemmt, solange eine Anfechtungs- oder Nichtigkeitsklage anhängig ist (§ 235 Abs 2 S 2 AktG). 282

Wurde der JA einer AG/KGaA oder einer GmbH unter Berücksichtigung einer rückwirkenden Kapitalherabsetzung (§ 234 AktG, § 58e GmbHG) – ggf mit gleichzeitiger Kapitalerhöhung (§ 235 AktG, § 58f GmbHG) – aufgestellt, darf die **Offenlegung** dieses JA erst **nach Eintragung** der Kapitalmaßnahmen in das HR erfolgen (§ 236 AktG, § 58f GmbHG). Die Eintragungsfrist beträgt hier gem § 234 Abs 3 S 1 AktG bzw § 58f Abs 2 GmbHG drei Monate ab Beschlussfassung. Fristhemmungen aufgrund von Anfechtungs- oder Nichtigkeitsklagen rechtfertigen keine weitere Aufschiebung der Offenlegung, die in diesen Fällen mit Hinweis auf die noch ausstehende Eintragung ins HR und deren Grund erfolgen sollte (*Grottel* in Beck Bil-Komm[12] § 325 Anm 53). 283

IV. Besonderheiten der Personenhandelsgesellschaft

285 Bei der PersGes entfällt aufgrund der unbeschränkten persönlichen Haftung aller Gester (OHG) oder zumindest eines Gesters (Komplementär bei KG) der InsGrund der **Überschuldung**. Etwas anderes gilt nur für solche PersGes, bei denen keine natürliche Person unbeschränkt haftet; für diese KapCoGes besteht nach § 15a Abs 1 S 2 InsO auch im Falle der Überschuldung eine InsAntragspflicht. Im Fall der KGaA (auch bei GmbH & Co KGaA), bei der sich die InsAntragspflicht nach §§ 15a Abs 1 InsO, 283 Nr 14 AktG richtet, ist auch die Überschuldung InsGrund (*Assmann/Sethe* in Großkomm AktG[4] § 289 Anm 39 f; *Perlitt* in MünchKomm AktG[4] § 289 Anm 21).

286 Für die PersGes, die nicht der InsAntragspflicht wegen Überschuldung, sondern nur jener wegen **Zahlungsunfähigkeit** unterliegen, beschränken sich die Sanierungsmaßnahmen im Wesentlichen auf die Zufuhr neuer Finanzmittel. Dabei kommt der **Erhöhung der Einlagen** der Gester besondere Sanierungswirkung zu. Eine weitere Möglichkeit ist die **Aufnahme neuer Gesellschafter** (gegen Einlage) als Voll- oder Teilhafter oder in Form der stillen Ges (§§ 230 ff HGB).

287 Die Sicherung der Liquidität der PersGes lässt sich auch im Wege der **Kreditgewährung** seitens der Gester oder Dritter erreichen, im letzteren Fall jedoch nur, sofern die Gester willens und in der Lage sind, die regelmäßig verlangten **Kreditsicherheiten** zu stellen. In Betracht zu ziehen ist ferner die Freisetzung von im Unt gebundenen Mitteln im Wege des **Sale-and-lease-back** (Anm 40) oder des **Pensionsgeschäfts** (Anm 44) sowie der **Forderungsverkauf** (Anm 43).

288 Bei der PersGes werden Gewinn- bzw Verlustanteile nach der dispositiven Vorschrift des § 120 Abs 2 HGB direkt mit dem EK verrechnet (IDW RS HFA 7, Tz 49). Bei anhaltenden Verlusten kann dies zu negativen Kapitalkonten führen. Die Notwendigkeit einer Sanierung wegen einer Unterbilanz oder Überschuldung besteht aber bei PersGes, bei denen eine natürliche Person als Vollhafter fungiert, grds nicht. In Höhe des negativen EK haften die Komplementäre mit ihrem Privatvermögen.

289 Für die KapCoGes bestehen in § 264c Abs 2 HGB spezielle Regelungen zur Verlusterfassung. Nach Abs 2 Satz 5 gilt für den phG, dass entspr § 268 Abs 3 HGB ein als „Nicht durch Vermögenseinlagen gedeckter Verlustanteil persönlich haftender Gesellschafter" zu bezeichnender Betrag auszuweisen ist, soweit die **Verluste** den dem Gester zuzurechnenden Kapitalanteil übersteigen.

290 Soweit – bei entspr Bestimmung im GesVertrag – eine **Zahlungsverpflichtung** des Gesters zum Ausgleich des negativen Kapitalkontos besteht, ist eine Forderung unter der Bezeichnung „Einzahlungsverpflichtungen persönlich haftender Gesellschafter" gesondert auszuweisen (Abs 2 Satz 4). Dies gilt nach Abs 2 Satz 6 entspr für die Kapitalanteile von **Kommanditisten,** wenn diese durch Verluste (und/oder Entnahmen) negativ geworden sind; dabei ist eine Saldierung mit evtl bestehenden positiven Kapitalanteilen anderer Kommanditisten oder phG nicht zulässig (*Schmidt/K Hoffmann* in Beck Bil-Komm[12] § 264c Anm 52 mwN).

IV. Besonderheiten der Personenhandelsgesellschaft

Bei den Regelungen in § 264c Abs 1 bis 3 HGB dürfte es sich um GoB **291** für alle PersGes handeln, so dass ihre Beachtung auch durch solche PersGes geboten ist, bei denen eine natürliche Person als phG fungiert (*Schmidt/ K Hoffmann* in Beck Bil-Komm[12] § 264c Anm 1).

Der **Kommanditist** haftet den Gläubigern der KG bis zur Höhe der im **292** GesVertrag bestimmten und im HR eingetragenen Einlage (**Hafteinlage**, §§ 171 Abs 1, 162 Abs 1 HGB). Demggü kann die vom Kommanditisten effektiv einzuzahlende **Pflichteinlage** (bedungene Einlage, § 167 Abs 2 HGB) auch mit einem abw Betrag festgesetzt werden. In der Bilanz kommt nur die Pflichteinlage zum Ansatz. Soweit sie noch nicht eingezahlt ist, ist eine nicht eingeforderte ausstehende Pflichteinlage auf der Passivseite offen von den Kapitalanteilen abzusetzen; eingeforderte ausstehende Pflichteinlagen sind analog § 272 Abs 1 S 3 HGB unter entspr Bezeichnung unter den Forderungen auszuweisen (IDW RS HFA 7, Tz 45). Zu weiteren Einzelheiten der Bilanzierung der Kapitalanteile der Kommanditisten s *Schmidt/ K Hoffmann* in Beck Bil-Komm[12] § 264c Anm 30 ff.

Gewinnanteile des Kommanditisten werden seinem Kapitalkonto solange **293** gutgeschrieben, bis es den Betrag der bedungenen Einlage erreicht oder wieder erreicht (§ 167 Abs 2 HGB). Darüber hinausgehende Beträge werden – vorbehaltlich einer anderen Bestimmung des GesVertrags – als Verbindlichkeit der KG behandelt.

Verlustanteile mindern das Kapitalkonto des Kommanditisten, wobei **294** weder der Betrag der Pflichteinlage noch derjenige der Hafteinlage die Höhe des Negativsaldos begrenzen (*Roth* in Baumbach/Hopt[38] HGB § 167 Anm 5). Ein durch Zuschreibung von Verlustanteilen entstandenes negatives Kapitalkonto muss durch Gutschrift von Gewinnanteilen zunächst mindestens bis zur Höhe des auf die Pflichteinlage eingezahlten Betrags ausgeglichen werden, bevor der Kommanditist wieder Auszahlung von Gewinnanteilen verlangen kann (§ 169 Abs 1 S 2 2. Hs HGB; *Roth* in Baumbach/Hopt[38] HGB § 167 Anm 5); nur im Außenverhältnis zu den Gläubigern der KG greift die Haftungsbeschränkung in Höhe der Kommanditeinlage gem § 167 Abs 3 HGB. Ist entgegen der Gewinnauszahlungssperre des § 169 Abs 1 S 2 HGB Gewinn an den Kommanditisten ausgezahlt worden, lebt insoweit seine Haftung wieder auf (§ 172 Abs 4 S 2 HGB). Insofern kann es in Verlustsituationen zweckmäßig sein, eine Herabsetzung der Kommanditeinlage vorzunehmen, um eine frühzeitigere Gewinnauszahlung zu ermöglichen. Die mit der Herabsetzung verbundene Haftungsreduzierung ist ggü Gläubigern, deren Forderungen bereits vor der Eintragung der herabgesetzten Einlage in das HR bestanden, jedoch unwirksam (§ 174 HGB).

Bei einer KapCoGes kommt, um eine insolvenzauslösende Überschuldung **295** zu vermeiden, die Umw von FK in EK durch Einlage von gegen die Ges bestehenden Forderungen in Betracht. Bei einer PersGes gibt es **keine registergerichtliche Kontrolle** der realen Kapitalaufbringung. Gleichwohl kann eine Werthaltigkeitsprüfung erforderlich werden, um zu einer zutreffenden Relation der Festkapitalkonten zwischen verschiedenen Gestern zu gelangen (vgl *K Schmidt* ZGR 2012, 574).

V. Steuerliche Aspekte der Sanierung

Schrifttum: *Schmidt/Hageböke* Schuldübernahmen als Sanierungsinstrument zur Nutzung von steuerlichen Verlustvorträgen im Konzern – Gestaltungsmöglichkeiten nach dem BFH-Beschluss vom 20.12.2001, I B 74/01, DStR 2002, 2150; *Watermeyer* BFH entscheidet zum qualifizierten Rangrücktritt, GmbHR 2006, 240; *Heerma/Heerma* Neues BMF-Schreiben zum „qualifizierten" Rangrücktritt: Wie sich ein Begriff verselbstständigt, ZIP 2006, 2202; *Funk* Der Rangrücktritt bei Gesellschafterdarlehen nach MoMiG im Steuerrecht, BB 2009, 867; *Schmidt/Mielke* Steuerfolgen von Sanierungsmaßnahmen, Ubg 2009, 395; *Ziegenhagen/Thewes* Die neue Sanierungsklausel in § 8c Abs. 1a KStG, BB 2009, 2116; *Bogenschütz* Regresslose Schuldübernahme von Sanierungsinstrument, Ubg 2010, 407; *Eilers* Das neue Sanierungssteuerrecht – ein wirksamer Beitrag zur Krisenbewältigung?, StuW 2010, 205; *Frey/Mückl* Sanierungen – steuerliche Fallstricke und Gestaltungsmöglichkeiten in der Praxis, GmbHR 2010, 1193; *Hierstetter* Steuerliche Risiken der Entschuldung einer Kapitalgesellschaft in der Krise, DStR 2010, 882; *Schwenker/Fischer* Gesellschafterdarlehen – Aspekte der Darlehensgewährung an eine Kapitalgesellschaft, FR 2010, 643; *Seppelt* Gesellschafterdarlehen mit Rangrücktritt in der Liquidationsschlussbilanz, BB 2010, 1395; *Niemeyer/Stock* Notleidende Gesellschafterdarlehen im Lichte der Abgeltungsteuer, DStR 2011, 445; *Braun* Bilanzielle Behandlung von Gesellschafterdarlehen mit Rangrücktrittsklausel, DStR 2012, 1360; *Erhardt/Zeller* Steuerneutraler Forderungsverzicht durch Gesellschafter einer (Familien-)Personengesellschaft zur Abwendung einer bilanziellen Überschuldung, DStR 2012, 1636; *Leuering/Bahns* Die steuerliche Behandlung von Rangrücktrittserklärungen, NJW-Spezial 2012, 207; *Mihm* Verpflichtung zur Rückzahlung auch aus sonstigem freien Vermögen steuerlich erforderlich, BB 2012, 766; *Benz/Placke* Die neue gesetzliche Regelung durch das AIFM-Steueranpassungsgesetz zur „angeschafften Drohverlustrückstellung" in § 4f und § 5 Abs. 7 EStG, DStR 2013, 2653; *Blaas/Schwahn* Steueroptimierte Restrukturierung – Teil 1: Stundung und Kapitalisierung von Kreditforderungen, Rangrücktritt und Forderungsverzicht, DB 2013, 2350; *Blaas/Schwahn* Steueroptimierte Restrukturierung – Teil 2: Debt/Equity Swap, Debt Buy Back, Debt/Hybrid Swap, Debt Push Up und stille Liquidation durch Amtslöschung, DB 2013, 2412; *Ebbinghaus/Osenroth/Hinz* Schuldübernahme durch Gesellschafter als Sanierungsinstrument unter Berücksichtigung der Schenkungsteuer, BB 2013, 1374; *Harle* Die steuerliche Behandlung von Gesellschafterdarlehen unter Berücksichtigung der neueren BFH-Rechtsprechung, BB 2013, 91; *Herbst/Stegemann* Zur Reichweite der korrespondierenden Bilanzierung bei Mitunternehmerschaften, DStR 2013, 176; *Horst* Überblick über Entschuldungsinstrumente und ihre bilanz- und steuerrechtlichen Auswirkungen, DB 2013, 656; *Baschnagel* Der Rangrücktritt von Forderungen und der Forderungsverzicht in der Handelsbilanz, im Überschuldungsstatus und in der Steuerbilanz, Ubg 2014, 769; *Bolik/Bruckbauer* Hebung stiller Lasten – Neuregelung der §§ 4f, 5 Abs. 7 EStG durch das AIFM-StAnpG und praktische Beratungshinweise, SteuK 2014, 221; *de Weerth* Sanierungsklausel, Sanierungserlass und andere Steuererleichterungen im Fokus des EU-Beihilferechts, DStR 2014, 2485; *Ebbinghaus/Neu/Hinz* Forderungsverzicht oder Debt-Equity-Swap bei der Eigenfinanzierung im Insolvenzplanverfahren – Haftungsfolgen und Handlungsempfehlungen bei Umsatz-, Gewerbe- und Schenkungsteuer, NZI 2014, 729; *Schwedhelm/Olbing/Binnewies* Aktuelles Steuerrecht rund um die GmbH zum Jahreswechsel 2014/2015, GmbHR 2014, 1233; *Gosch* Bilanzierung von Verbindlichkeiten bei Rangrücktritt: Tilgung aus Bilanzgewinn und Liquiditätsüberschuss, BFH/PR 2015, 287; *Müller* Bilanzierung des qualifizierten Rangrücktritts, BB 2016, 491; *Bolik/Selig-Kraft* Bilanzsteuerrechtliche Berücksichtigung der Schuldübernahmen – Anmerkungen zum BMF-Entwurf zu § 4f und § 5 Abs 7 EStG, DStR 2017, 169; *Briese* Forde-

V. Steuerliche Aspekte der Sanierung

rungsverzicht gegen Besserungsschein sowie qualifizierter Rangrücktritt in Handels- und Steuerbilanz, DStR 2017, 799; *Desens* Die neue Besteuerung von Sanierungserträgen, FR 2017, 981; *Eilers/Beutel* Das Ende des Sanierungserlasses – Zeitenwende für die deutsche Sanierungspraxis, FR 2017, 266; *Förster/von Cölln* Ausfall von Gesellschafterdarlehen und Inanspruchnahme aus Gesellschafterbürgschaften bei Beteiligungen nach § 17 EStG, DB 2017, 2886; *Förster/Hechtner* Steuerbefreiung von Sanierungsgewinnen gem. §§ 3a, 3c IV EStG, DB 2017, 1536; *Geerling/Hartmann* Der BFH verwirft den Sanierungserlass – Die Restrukturierung von Forderungen in der Unternehmenskrise – Lösungsansätze für die Praxis und Ausblick auf eine gesetzliche Neuregelung, DStR 2017, 752; *Herbst/Stegemann* Neues zur korrespondierenden Bilanzierung – Gestaltungsmöglichkeiten und Fallstricke bei Erwerb von Mitunternehmeranteilen und Gesellschafterdarlehen, DStR 2017, 2081; *Hiller/Baschnagel* Besteuerung von Sanierungsgewinnen nach dem höchstrichterlichen Stopp des Sanierungserlasses durch den Beschluss des Bundesfinanzhofs von 28.11.2016 – GrS 1/15, DStZ 2017, 353; *Kahlert* Neuausrichtung nachträglicher Anschaffungskosten bei § 17 EStG durch den BFH, DStR 2017, 2305; *Kahlert/Schmidt* Die neue Steuerfreiheit des Sanierungsertrags – Fragen und Antworten, DStR 2017, 1897; *Kessler/Egelhof/Probst* Auswirkungen des BVerfG-Beschlusses v. 29.3.2017 auf § 8c Abs. 1 KStG iVm § 8d KStG und § 8c Abs. 1 S. 2 KStG, DStR 2017, 1289; *Oser* Auflösung von Verbindlichkeiten mit Rangrücktritt in der Handels- und Steuerbilanz – Zugleich Anmerkungen zum BGH-Urteil v 5.3.2015 – IX ZR 133/14, DStR 2017, 1889; *Pöschke* Bilanzierung und Besteuerung von Forderungserlass und Rangrücktritt zur Sanierung von Kapitalgesellschaften, NZG 2017, 1408; *Röder* Der neue § 8d KStG und die Fortführung des Geschäftsbetriebs: Verlustnutzung mit unternehmerischer Entwicklung vereinbar – auch in Sanierungsfällen, DStR 2017, 1737; *Schulze-Osterloh* Forderungsverzicht des Gesellschafters einer Kapitalgesellschaft in der Krise – Ausweis in der Handelsbilanz und in der Steuerbilanz, NZG 2017, 641; *Sedlitz* Das Ping-Pong um den Sanierungserlass, DStR 2017, 2785; *Sistermann/Beutel* Unternehmenssanierungen nach der Grundsatzentscheidung des Großen Senats der BFH, DStR 2017, 1065; *Wacker* Zu den steuerbilanziellen Folgen eines Rangrücktritts nach der jüngeren Rechtsprechung des I. BFH-Senats, DB 2017, 26; *Balbinot* § 8c Abs. 1a KStG (Sanierungsklausel) doch keine unionsrechtswidrige Beihilfe?, DStR 2018, 334; *Desens* BFH „kippt" auch die BMF-Übergangsregelung zum Sanierungserlass für Altfälle – Auswirkungen auf laufende Verfahren und Lösungsmöglichkeiten, NZG 2018, 87; *Kahle* Aktuelle Entwicklungen der Bilanzierung von Rückstellungen, DStR 2018, 976; *Jachmann-Michel* BB-Rechtsprechungsreport zur Besteuerung der Kapitaleinkünfte 2017, BB 2018, 854; *Kahlert* Gesellschafterfremdfinanzierung nach der steuerlichen Anerkennung des Ausfalls von privaten Kapitalforderungen durch den VIII. Senat des BFH, DStR 2018, 229; *Kessler/Egelhof/Probst* Die Sanierungsklausel im Beihilferecht – Roma locuta, causa finita?, DStR 2018, 1945; *Kußmaul/Licht* Richtungswechsel bei der beihilferechtlichen Würdigung von § 8c Abs. 1a KStG? – Die EuGH-Urteile zur Sanierungsklausel, BB 2018, 1948; *Moritz/von Cölln* Aktuelle Fragestellungen im Zusammenhang mit der Abzinsung von Verbindlichkeiten in der Steuerbilanz, FR 2018, 684; *Ott* Gesellschafterfremdfinanzierung bei der GmbH – Rangrücktritt, Forderungsverzicht und Ausfall von Gesellschafterdarlehen, DStZ 2018, 179; *Ott* Forderungsausfall als Verlust bei den Einkünften aus Kapitalvermögen nach § 20 Abs. 2 EStG, StuB 2018, 345; *Bünning* Übernahme stiller Lasten beim Unternehmenskauf in der Krise, BB 2019, 2667; *Crezelius* Aktuelle Sanierungsrechtsfragen in Krise und Insolvenz, NZI 2019, 614; *Desens* Die neue Rechtslage zum Verlust privater Gesellschafterdarlehen und Gesellschaftersicherheiten im Steuerrecht, DStR 2019, 1071; *Epler/Petersen* Endlich Rechtssicherheit bei der Sanierung – Inkrafttreten der gesetzlichen Neuregelungen zum Sanierungsertrag, Stbg 2019, 114; *Förster/Hechtner* Neue gesetzliche Rahmenbedingungen im Sanierungssteuerrecht, DB 2019, 10; *Hiller/Biebinger* Besteuerung von Sanierungsgewinnen: ein Schlussakkord (!?) – „Comfort Letter" und Aufnahme im JStG 2018, DStZ 2019, 65; *Neyer* Zur steuerlichen Behandlung von Finanzierungshilfen des Gesellschafters – Neuentwicklungen in Rspr., Verwaltungsauffassung und Gesetzgebung, DB 2019, 1640; *Ott* Ausfall von Finanzierungshilfen des GmbH-Gesellschafters, StuB 2019, 35; *Ott* Berücksichtigung ausgefallener Finanzierungshilfen nach der geplanten Änderung des § 17 EStG, DStZ 2019, 648; *Ott* Ausgefallene Finanzierunghilfen des Gesellschafters als nachträgliche Anschaffungskosten der Beteiligung – Geplante Gesetzesänderung zu § 17 EStG, StuB 2019, 649; *Pohl* Gesetzliche Umsetzung des Sanierungserlasses – Besonderheiten im Körperschaftsteuerrecht, GmbH-StB 2019, 135; *Prinz* Steuerliche Grundlagen der Finanzierung von Personengesellschaften, FR 2019, 789; *Rätke* Der Rangrücktritt – zerrieben zwischen Insolvenz- und Steuerrecht – Auswirkungen der Rechtsprechung des BGH und des BFH, StuB 2019, 27; *Trossen* Neue Definition des Begriffs der Anschaffungskosten in § 17 Abs. 2a EStG, GmbH-StB 2019, 307; *Weiss* Zur Anwendung der Sanierungsklausel des § 8c Abs. 1a KStG-Anmerkungen zur Verfügung der OFD Nordrhein-Westfalen vom 20.12.2018, StuB 2019, 309; *Zapf* Jahressteuergesetz 2.0: Der Regierungsentwurf ist da, FR 2019, 804; *Burwitz* Neuere Entwicklungen im Steuerrecht – Gesetzliche Neuregelungen im Steuerrecht, vor allem die Mitteilungspflicht für Steuergestaltungen und Verluste aus Gesellschafterdarlehen, NZG 2020, 214; *Crezelius* Aktuelle Steuerrechtsfragen in Krise und Insolvenz, NZI 2020, 58; *Dahm/Hoffmann* Die neue Beschränkung der Verlustverrechnung nach § 20 Abs. 6 S. 5 und 6 EStG – Schlimmer geht immer!, DStR 2020, 81; *Jachmann-Michel* § 17 Abs. 2a EStG und § 20 Abs. 6 S. 5 und 6 EStG – neue Wege in die falsche Richtung, BB 2020, 727; *Ott* Ausgefallene Finanzierungshilfen nach dem neuen § 17 Abs. 2a EStG, DStR 2020, 313; *Weiss* Der neue § 20 Abs. 6 EStG – Ausweitung der Einschränkungen der Verlustverrechnung, EStB 2020, 64.

1. Begriff

300 Unter einer **Sanierung** verstehen höchstrichterliche FinRspr und FinVerw Maßnahmen, um ein Unt vor dem Zusammenbruch zu bewahren und wieder ertragsfähig zu machen (s BFH v 22.1.1985 BStBl II, 501; BFH v 7.2.1985 BStBl II, 504; BMF v 27.3.2003 BStBl I, 240). Nach der Streichung des § 3 Nr 66 EStG mit Wirkung ab dem 1.1.1998 waren **Sanierungsgewinne** bis zur Einführung des § 3a EStG grds steuerpflichtig. Hieraus können sich Konflikte mit den von der InsO verfolgten Zielen ergeben, die Möglichkeit einer außergerichtlichen Sanierung und die Gläubigerautonomie zu stärken.

Die FinVerw hatte jedoch aus sachlichen **Billigkeitsgründen** nach §§ 163 und 227 AO, für sanierungsbedingte Ertragsteuerbelastungen eine Steuerstundung oder sogar einen Steuererlass gewährt (BMF v 27.3.2003 BStBl I, 240). Voraussetzungen für die Annahme eines in diesem Sinne begünstigten Sanierungsgewinns waren die Sanierungsbedürftigkeit und Sanierungsfähigkeit des Unt, die Sanierungseignung der Maßnahme (zB Schuldenerlass) und die Sanierungsabsicht der Gläubiger, wovon bei Vorliegen eines Sanierungsplans regelmäßig auszugehen war (BMF v 27.3.2003 BStBl I, 240 Anm 3 ff).

Der **Bundesfinanzhof** hat mit seinem Beschluss (28.11.2016 BStBl II 2017, 393; *Geerling/Hartmann* DStR 2017, 752; *Eilers/Beutel* FR 2017, 266) den Sanierungserlass verworfen. Es fehle für den Erlass der Steuer und der abw Festsetzung im Rahmen des Sanierungserlasses an einer gesetzlichen

V. Steuerliche Aspekte der Sanierung

Regelung (Verstoß gegen den Grundsatz der Gesetzesmäßigkeit der Verwaltung). Der **Gesetzgeber** reagierte daraufhin mit der Einführung der §§ 3a, 3c Abs 4 EStG und 7b GewStG. Die Regelungen traten rückwirkend zum 5.7.2017 in Kraft. Für Sanierungsgewinne auf Schuldenerlasse vor dem 9.2.2017 hatte der BFH (23.8.2017 BStBl II 2018, 236) – entgegen der Auffassung der FinVerw (BMF v 27.4.2017 BStBl I, 741; Nichtanwendungserlass BMF v 29.3.2018 BStBl I, 588) – entschieden, dass weder der Sanierungserlass noch die Neuregelung des § 3a EStG anwendbar sind (*Sedlitz* DStR 2017, 2785; *Desens* NZG 2018, 87). Demnach war § 3a EStG nur für Schuldenerlasse nach dem 8.2.2017 anwendbar. Der Gesetzgeber reagierte daraufhin mit der Regelung von § 52 Abs 4a EStG (BGBl I 2018, 2338) und § 36 Abs 2c S 3 GewStG. Dem Stpfl steht demnach die Anwendung des § 3a EStG und § 7b GewStG auch in den Fällen offen, in denen die Schulden vor dem 9.2.2017 erlassen wurden (*Hiller/Biebinger* DStR 2019, 68).

Der **Sanierungserlass** regelte Steuerstundung und Steuererlass hinsichtlich **301** ESt, KSt und SolZ (BMF v 27.3.2003 BStBl I, 240 Anm 7 ff) auf Antrag. In Bezug auf die Stundung und den Erlass von GewSt war die jeweilige Gemeinde zuständig (BMF v 27.3.2003 BStBl I, 240 Anm 15). Diese war grds nicht an die Qualifizierung als Sanierungsgewinn seitens der FinVerw gebunden. Dies führte letztlich auch dazu, dass eine gleichlautende verbindliche Auskunft auch an die hebeberechtigten Gemeinden zu richten ist. Die **Steuerbefreiung** gem § 3a EStG – der nach § 8 Abs 1 KStG auch im KStRecht gilt – wirkt hingegen anders als noch im Sanierungserlass gem § 7b Abs 1 GewStG auch für die GewSt (*Levedag* in Schmidt[38] EStG § 3a Anm 32) und ist nicht als Wahlrecht ausgestaltet (*Desens* FR 2017, 983 „faktisches Wahlrecht"; aA *Levedag* in Schmidt[38] EStG § 3a Anm 29).

Nach § 3a Abs 1 EStG sind **Sanierungserträge** (*Epler/Petersen* Stbg 2019, **302** 114; *Levedag* in Schmidt[38] EStG § 3a Anm 20 ff) aus einem Schuldenerlass zum Zwecke einer **unternehmensbezogenen** Sanierung steuerfrei. Hierunter fallen grds Sanierungsmaßnahmen, die zu einer Entlastung der Passivseite führen (*Förster/Hechtner* DB 2019, 10; *Krumm* in Blümich EStG § 3a Anm 20 hinsichtlich Forderungsverzicht, Debt-Equity-Swap und Rangrücktritte iSd § 5 Abs 2a EStG). Damit verbunden ist, dass das Unt bzw der Unternehmer alle steuerlichen Wahlrechte steuermindernd ausübt und steuerliche Verlustvorträge genutzt werden (*Epler/Petersen* Stbg 2019, 115). Dies gilt für das Jahr der Sanierung und das Folgejahr. So erzwingt § 3a Abs 3 EStG eine Verlustverbrauchsreihenfolge. Demnach sind Verlustverrechnungspotentiale aus den Vj sowie dem Sanierungsjahr und dem Folgejahr mit dem Sanierungsertrag zu verrechnen (*Krumm* in Blümich EStG § 3a Anm 35 ff; *Levedag* in Schmidt[38] EStG § 3a Anm 36 ff). In diesem Zusammenhang werden bspw die Verlustausgleichs- und Verlustverrechnungsbeschränkungen des **§ 10d EStG** nicht angewendet. Zudem erfolgt die Verlustverrechnung auch mit anderen Einkunftsarten (*Sistermann/Beutel* DStR 2017, 1065). Zur Ermittlung der Verlustverbrauchsgröße wird der Sanierungsertrag aus dem Schuldenerlass zunächst um die in den VZ vor dem Sanierungsjahr und im Sanierungsjahr selbst anzusetzenden, nicht abziehbaren Beträge iSd § 3c Abs 4 EStG gemindert. BetrVermMinderungen oder Betriebsausgaben, die mit einem steuerfreien Sanierungsertrag iSd § 3a EStG in unmittelbarem wirtschaftlichen Zusammenhang stehen, dürfen grds nicht abgezogen werden. Darunter fallen dabei neben Zahlungen auf Besserungsscheine sämtliche Sanierungskosten (*Beutel/Sistermann* in Lüdicke/Sistermann[2] § 18 Anm 98 ff).

§ 3a Abs 5 EStG regelt darüber hinaus die **unternehmerbezogene Sanierung** hinsichtlich Restschuldbefreiungen nach §§ 268 ff InsO, Schuldenerlassen aufgrund eines außergerichtlichen Schuldenbereinigungsplans gem §§ 304 ff InsO und aufgrund eines Schuldenbereinigungsplans bei einem Verbraucherinsolvenzverfahren (*Krumm* in Blümich EStG § 3a Anm 29; *Kahlert/Schmidt* DStR 2017, 1897).

303 In diesem Kontext ist auch die Regelung des § 8c Abs 1a KStG zu sehen, welche im Falle des **Beteiligungserwerbs** für Zwecke der **Sanierung** eine Ausnahmeregelung vom Grundsatz des Untergangs bestehender Verlustvorträge nach § 8c Abs 1 KStG vorsieht (*Ziegenhagen/Thewes* BB 2009, 2116; *Eilers* StuW 2010, 205; *Frey* GmbHR 2010, 1193; *Förster/Hechtner* DB 2019, 12; *Weiss* StuB 2019, 309). Die EU-Kommission hatte mit Beschluss vom 26.1.2011 (ABl EU L 235 v 10.9.2011, 26) jedoch die Sanierungsklausel § 8c Abs 1a KStG als unzulässige Beihilfe eingestuft (*de Weerth* DStR 2014, 2485). Der Gesetzgeber hatte vor diesem Hintergrund die Sanierungsklausel bis zu einer abschließenden Entscheidung für nicht anwendbar erklärt (§ 34 Abs 7c KStG). Nach der Entscheidung des EuGH (v 28.6.2018 DStR, 1434; *Kußmaul/Licht* BB 2018, 1948) ist die Sanierungsklausel des § 8c Abs 1a KStG jedoch nicht als unzulässige Beihilfe einzustufen und demzufolge grds anwendbar (*Balbinot* DStR 2018, 334; *Kessler/Egelhof/Probst* DStR 2018, 1945). Dies gilt nach § 34 Abs 6 KStG rückwirkend ab dem VZ 2008 und für Anteilsübertragungen nach dem 31.12.2007.

304 Die einzelnen Sanierungsmaßnahmen wirken sich entspr ihrer Art auch in steuerlicher Hinsicht unterschiedlich aus. Darüber hinaus sind nicht nur die steuerlichen Folgen auf Ebene des sanierenden Unt von Bedeutung, sondern zugleich die abweichenden steuerlichen Konsequenzen auf Ebene des Gesters.

2. Einzelheiten zu bestimmten Sanierungsmaßnahmen

a) Kapitalherabsetzung

305 Die Kapitalherabsetzung dient in erster Linie als vorbereitende Maßnahme zur Sanierung bzw zu einem veränderten Ausweis innerhalb des EK. Bei der Kapitalherabsetzung ist grds zwischen der ordentlichen und der vereinfachten (sanierenden) Kapitalherabsetzung zu unterscheiden. In Abgrenzung zur ordentlichen Kapitalherabsetzung erfolgt im Falle der sanierenden Kapitalherabsetzung keine Einlagenrückgewähr an die Gester. Die Kapitalherabsetzung dient vielmehr der Beseitigung einer vorhandenen Unterbilanz. Bei der KapGes darf die Kapitalherabsetzung auch steuerrechtlich zum Ausgleich von Wertminderungen oder zur Deckung von Verlusten vorgenommen werden (*Störk/Kliem/Meyer* in Beck Bil-Komm[12] § 272 Anm 75 ff).

306 Bei einer **Kapitalgesellschaft** stellt eine gesellschaftsrechtlich wirksame (ordentliche) Kapitalherabsetzung mit Rückzahlung an die Gester einen gewinnneutralen Vorgang im Vermögensbereich dar. Erfolgt die (sanierende) Kapitalherabsetzung ohne Rückzahlung an die Gester, unterliegt der Buch-

V. Steuerliche Aspekte der Sanierung

gewinn bei der KapGes ebenfalls nicht der KSt; die Herabsetzungsbeträge werden grds dem steuerrechtlichen Einlagenkonto zugeschrieben. Beide Formen der Kapitalherabsetzung erfolgen auf Ebene der KapGes mithin **erfolgsneutral**.

Auf Ebene des **Anteilseigners** ergeben sich bei einer *sanierenden* Kapitalherabsetzung ebenfalls keine steuerlichen Folgen.

– Beim Gester bleibt bei einer Kapitalherabsetzung zum Zwecke der Sanierung – ohne Ausschüttung des Herabsetzungsbetrags – der Buchwert der Bet im *BetrVerm* grds unverändert.

– Bei im *Privatvermögen* gehaltenen Bet iSd § 17 EStG wird eine Kapitalherabsetzung zum Ausgleich von Verlusten, bei der keine Auskehrung von GesVermögen an den Gester erfolgt, nicht als Veräußerungserlös von § 17 Abs 4 S 1 EStG erfasst (*Weber-Grellet* in Schmidt[38] EStG § 17 Anm 230).

– Bei im *Privatvermögen* gehaltenen Anteilen, die die Voraussetzungen des § 17 EStG nicht erfüllen und somit lediglich im Rahmen von § 20 Abs 1 Nr 1 und Abs 2 EStG steuerverstrickt sind, ist mangels Auskehrung ebenfalls kein steuerrelevanter Tatbestand verwirklicht.

Da eine *ordentliche* Kapitalherabsetzung mit einer unmittelbaren **Auskehrung** an den Anteilseigner verbunden ist, wird in diesem Fall auch die Besteuerungsebene des Anteilseigners tangiert. Hierbei ist jedoch zum einen nach der Anteilseignerebene (BetrVerm/Privatvermögen – natürliche Person/ KapGes) und zum anderen danach zu unterscheiden, ob die Auskehrung als steuerliche Einlagenrückgewähr oder als steuerliche Gewinnausschüttung zu qualifizieren ist. Zwar ist eine Herabsetzung des Nennkapitals grds als Kapitalrückzahlung zu qualifizieren, jedoch werden Bezüge nach § 20 Abs 1 Nr 3 EStG nur soweit als nicht steuerbar qualifiziert, als das steuerliche Einlagenkonto als verwendet gilt.

Im Fall der steuerlichen Einlagenrückgewähr mindert der Auskehrungsbetrag (Herabsetzungsbetrag in voller Höhe) insoweit die AK der Anteile. Diese AK-Reduktion erfolgt auf Ebene der Anteilseigner steuerneutral. Sofern der Herabsetzungsbetrag jedoch die ursprünglichen AK überschreitet, liegt ein veräußerungsähnlicher Vorgang vor, der auf Ebene der Anteilseigner grds der Besteuerung unterliegt (*Levedag* in Schmidt[38] EStG § 3 Anm 138 u 141).

– Sofern die Bet einem **Betriebsvermögen** zuzurechnen ist, kommt diesbzgl das Teileinkünfteverfahren nach § 3 Nr 40 EStG bzw das Freistellungsverfahren nach § 8b Abs 2 iVm § 8b Abs 5 KStG zur Anwendung.

– Bei Bet im **Privatvermögen** ist zwischen einer steuerverhafteten Bet nach § 17 EStG und einer steuerverhafteten Bet nach § 20 Abs 2 S 1 Nr 1 EStG zu differenzieren. Nach § 17 Abs 4 EStG gilt die Kapitalherabsetzung als veräußerungsähnlicher Vorgang, so dass gleichsam das Teileinkünfteverfahren nach § 3 Nr 40 Buchst c EStG zur Anwendung gelangt. Im Gegensatz dazu beinhaltet § 20 EStG jedoch gerade keine Fiktion der Kapitalherabsetzung als Veräußerung. Demnach ist mit der Kapitalherabsetzung ausschließlich eine Minderung der AK verbunden, was in diesem Fall zu negativen AK führt. Ein steuerbarer Veräußerungsvorgang wird

Q 309 Sanierungsmaßnahmen und ihre Bilanzierung

jedoch nicht fingiert. Erst durch eine tatsächliche Veräußerung wird ein steuerbarer Veräußerungsgewinn nach § 20 Abs 2 S 1 Nr 1 EStG realisiert, der grds dem Abgeltungssteuersatz nach § 32d EStG iHv 25% unterliegt.
- Sofern die Anteile über eine Mitunternehmerschaft gehalten werden, kommen die Regelungen für Anteile im BetrVerm zur Anwendung.

Sofern und soweit **keine** steuerliche **Einlagenrückgewähr** vorliegt, gelangen die Rechtsfolgen für Gewinnausschüttungen zur Anwendung:
- Eine Auskehrung führt dann zu originären Einkünften aus Kapitalvermögen nach § 20 Abs 1 Nr 2 EStG, die bei Anteilen im **Betriebsvermögen** *natürlicher Personen* nach dem Teileinkünfteverfahren (§ 3 Nr 40 S 1 Buchst e, § 3c Abs 2 EStG) besteuert werden (*Levedag* in Schmidt[38] EStG § 3 Anm 139, § 20 Anm 72 ff).
- Bei einer **Kapitalgesellschaft** als Anteilseigner führt die Qualifikation als Gewinnausschüttung zu einer steuerfreien Betriebseinnahme nach § 8b Abs 1 KStG, sofern der Anteilseigner zu Beginn des Wj mind eine 10%-Bet an der KapGes innehat. Lediglich 5% der Betriebseinnahme sind als nicht abzugsfähige Betriebsausgabe nach § 8b Abs 5 KStG zur Besteuerung heranzuziehen. Bei einer BetQuote unter 10% ist die Betriebseinnahme nach § 8b Abs 4 KStG voll körperschaftsteuerpflichtig.
- Sofern die Anteile über eine **Mitunternehmerschaft** gehalten werden, kommen die Regelungen für Anteile im BetrVerm bzw für KapGes zur Anwendung. Bei der Ermittlung der Anteilsquote ist auf den mittelbaren Anteilsbesitz über die Mitunternehmerschaft abzustellen.
- Sofern der Anteilseigner ebenfalls Steuersubjekt der GewSt ist, führt ein Anteilsbesitz **von mindestens 15%** zu einer vollständigen Kürzung der Gewinnausschüttungen für Zwecke der GewSt nach § 9 Nr 2a GewStG. Bei KapGes als Anteilseignern verbleibt es mithin bei gewerbesteuerpflichtigen, nicht abzugsfähigen Betriebsausgaben in Höhe von 5% der Einnahmen. Bei einem Anteilsbesitz **von weniger als 15%** erfolgt hingegen gem § 8 Nr 5 GewStG eine Hinzurechnung der ESt/KSt-freien Anteile der Gewinnausschüttungen, so dass die Gewinnausschüttungen vollständig der GewSt unterliegen. Für die maßgebliche BetQuote ist auf den unmittelbaren Anteilsbesitz an der Mitunternehmerschaft abzustellen (GewStR 9.3).
- Bei Anteilen im **Privatvermögen** greift grds die Abgeltungssteuer in Höhe von 25% nach § 32d Abs 1 EStG. Unter den Voraussetzungen des § 32d Abs 2 Nr 3 EStG kann bei Anteilen im Privatvermögen auch zum Teileinkünfteverfahren optiert werden (*Levedag* in Schmidt[38] EStG § 32d Anm 12).

309 Bei im **Betriebsvermögen** gehaltenen Bet kommt bei einer nachhaltigen Verlustsituation der BetGes, die eine voraussichtlich dauernde Wertminderung (vgl § 6 Abs 1 EStG) bewirkt, steuerlich eine Teilwertabschreibung auf die Bet in Betracht (*Schubert/Andrejewski* in Beck Bil-Komm[12] § 253 Anm 300 ff; *Kulosa* in Schmidt[38] § 6 Anm 278 ff „Anteile an KapGes"). Bei KapGes als Anteilseigner ist nach § 8b Abs 3 KStG jedoch die Gewinnminderung außerbilanziell wieder hinzuzurechnen. Somit hat eine vorgenommene Teilwertabschreibung keine Auswirkung auf das steuerliche Einkommen des Gesters. Da eine spätere Wertaufholung nach § 6 Abs 1 Nr 2 S 3 EStG bzw ein realisierter Veräußerungsgewinn die Rechtsfolgen der §§ 8b

V. Steuerliche Aspekte der Sanierung

Abs 2 und 3 KStG auslösen und mithin die vorgenommene steuerunwirksame Teilwertabschreibung zu einem zu 5% steuerpflichtigen „Veräußerungsgewinn" führt, sollte von dem steuerlichen Wahlrecht der Teilwertabschreibung kein Gebrauch gemacht werden. Nach § 5 Abs 1 EStG darf dieses Wahlrecht unabhängig von der HBil ausgeübt werden.

b) Kapitalerhöhung

Führen Gester einer KapGes zusätzliches EK zu, ergibt sich bei der KapGes eine gesellschaftsrechtliche Vermögensmehrung. Das zugeführte EK ist als Einlage zu berücksichtigen; die Kapitalerhöhung wirkt sich ertragsteuerlich nicht aus. Entstehen dem Stpfl im Zuge der Kapitalerhöhung Kosten, sind dies abzugsfähige Betriebsausgaben (zB Emissionskosten). Werden diese Kosten von der KapGes übernommen, sind sie zudem nicht als vGA zu qualifizieren (*Gosch* 2015 § 8 KStG Anm 921).

Ertragsteuerlich sind auch **verdeckte Einlagen** steuerneutral zu behandeln. Nach § 8 Abs 3 KStG dürfen Einlagen die Besteuerungsgrundlage nicht erhöhen. Es erfolgt mithin eine außerbilanzielle Korrektur um den Einlagewert, soweit sich dieser ertragswirksam auf das steuerbilanzielle Ergebnis ausgewirkt hat. Dies gilt jedoch nur sofern eine verdeckte Einlage das Einkommen des Gesters nicht gemindert hat. Im Sinne des Korrespondenzprinzips erhöht sich das Einkommen der KapGes, soweit die verdeckte Einlage auf Ebene des Gesters die steuerliche Bemessungsgrundlage gemindert hat (§ 8 Abs 3 S 4 KStG). Der Wert der verdeckten Einlage wird bei einer KapGes dem steuerlichen Einlagenkonto gutgeschrieben, so dass gewährleistet wird, dass eine spätere Auskehrung zu einer grds nicht steuerbaren Einlagenrückgewähr führt. Bei PersGes erfordert bereits die Gewinnermittlungsvorschrift des § 4 Abs 1 EStG eine entspr Korrektur.

Nach der höchstrichterlichen FinRspr setzt eine (verdeckte) Einlage ein **einlagefähiges Wirtschaftsgut** voraus. Der BFH (26.10.1987 BStBl II 1988, 348) verlangt als Voraussetzung einer verdeckten Einlage den Ansatz oder die Erhöhung eines Aktivpostens bzw den Fortfall oder die Verminderung eines Passivpostens. Demnach sind unentgeltliche Zuführungen von Nutzungen bzw von Dienstleistungen nicht einlagefähig. Zur steuerrechtlichen Behandlung vertritt der BFH in ständiger Rspr den Standpunkt, dass in der unentgeltlichen Gewährung von Nutzungsvorteilen keine verdeckte Einlage zu sehen sei (so insb GrS v 26.10.1987 BStBl II 1988, 348). Die FinVerw hat sich dieser Rspr angeschlossen (KStH 8.9 Nutzungsvorteile). Verdeckte Einlagen aufgrund von Lieferungen zu unangemessenen Preisen kommen in Betracht, wenn der Gester ein WG zu überhöhtem Preis von dem BetUnt erwirbt, aber auch dann, wenn er bei einer Lieferung an das BetUnt einen zu geringen Preis berechnet. Steuerrechtlich wird in beiden Fällen die Differenz zwischen angemessenem und tatsächlich verrechnetem Preis als verdeckte Einlage angesehen, welche als AK der Bet zu aktivieren ist; zugleich wird im erstgenannten Fall lediglich der angemessene Preis als AK des erworbenen WG anerkannt.

Der Ansatz eingelegter WG auf **Gesellschaftsebene** (offen oder verdeckt) geschieht unter Berücksichtigung des steuerlichen Bewertungsvorbehalts nach

§ 5 Abs 6 EStG zum Teilwert (§ 6 Abs 1 Nr 5 EStG iVm § 8 Abs 1 KStG; BFH v 26.10.1987 BStBl II, 348; GrS v 9.6.1997 BStBl II 1998, 307). Die Einschränkungen der Buchst a bis c in § 6 Abs 1 Nr 5 EStG, wonach die Einlagen bei innerhalb der letzten drei Jahre vor dem Zeitpunkt der Einlage erworbenen oder hergestellten WG, bei Bet an KapGes im Privatvermögen (§ 17 und § 20 EStG) höchstens mit den AK oder HK anzusetzen sind, gelten grds auch für verdeckte Einlagen. Eine Beschränkung auf die AK nach den Buchst b und c ist bei der verdeckten Einlage in eine KapGes aufgrund der in den Regelungen der § 17 Abs 2 und § 20 Abs 2 EStG verankerten Gewinn(-ersatz)realisationstatbestände nicht anwendbar (*Kulosa* in Schmidt[38] EStG § 6 Anm 561, 564, 749).

313 Die Bewertung der verdeckten Einlage auf der Ebene des Gesellschafters hat grds unabhängig vom Wertansatz bei der aufnehmenden KapGes zu erfolgen. Auf **Gesellschafterebene** sind verdeckte Einlagen – soweit sie in der Bilanz der **Kapitalgesellschaft** als Vermögensmehrung in Erscheinung treten – gesellschaftsrechtlichen Einlagen (dh offenen Einlagen gegen Gewährung von GesRechten) gleichzusetzen und ebenso wie diese als (zusätzliche) AK der Bet zu aktivieren (BFH v 24.3.1987 BStBl II, 705; GrS v 26.10.1987 BStBl II 1988, 348). Dies kann zur Aufdeckung von stillen Reserven in Bezug auf das verdeckt eingelegte WG führen. Die AK der Bet erhöhen sich nach § 6 Abs 6 S 2 EStG grds um den Teilwert des verdeckt eingelegten WG (*Kulosa* in Schmidt[38] EStG § 6 Anm 748). Nach § 6 Abs 6 S 3 iVm Abs 1 Nr 5a EStG sind die AK aber maximal um die fortgeführten AK bzw HK des eingelegten WG zu erhöhen, wenn dieses innerhalb der letzten drei Jahre vor dem Zeitpunkt der Zuführung angeschafft oder hergestellt worden ist. Die verdeckte Einlage eines WG in eine **Kapitalgesellschaft** aus dem Privatvermögen des Gesters ist im Rahmen der §§ 17 Abs 1, 20 Abs 2 und 23 Abs 1 S 5 Nr 2 EStG ein steuerbarer Vorgang, der einer Veräußerung gleichgestellt wird. Als Veräußerungspreis gilt der gemeine Wert des eingelegten WG (§ 17 Abs 2 S 2, § 20 Abs 4 S 2 und § 23 Abs 3 EStG; *Kulosa* in Schmidt[38] EStG § 6 Anm 749). Während ein „Veräußerungsgewinn" nach § 17 EStG nach dem Teileinkünfteverfahren zu besteuern ist, gilt für den Veräußerungsgewinn nach § 20 EStG grds der Abgeltungssteuersatz. Mangels körperschaftsteuerlicher Vorbelastung unterliegen Veräußerungsgewinne nach § 23 EStG als sonstige Einkünfte dem Regelsteuersatz nach § 32a EStG.

314 Im Vergleich dazu ist eine voll unentgeltliche Einlage in die eigene **Mitunternehmerschaft** kein unmittelbarer Realisationstatbestand, sondern eine Verschiebung von steuerverhaftetem Privatvermögen nach den §§ 17 und 20 EStG in steuerverhaftetes BetrVerm sowie eine Steuerverstrickung nach § 23 Abs 1 S 5 Nr 1 EStG. Bei der Einlage aus einem BetrVerm heraus greifen die Regelungen des § 6 Abs 5 EStG (BMF v 8.12.2011 BStBl I, 1279), die grds eine Buchwertfortführung vorsehen.

315 Sanierung und (verdeckte) Einlage sind nicht wesensgleich. Sofern der Gester wie ein fremder Dritter handelt, führt ein **Sanierungsbeitrag** zu steuerpflichtigen Erträgen. Handelt der Gester jedoch nicht wie ein fremder Dritter, liegt grds eine verdeckte Einlage vor, die im steuerlichen Einlagekonto auszuweisen ist (*Störk/Taetzner* in Beck Bil-Komm[12] § 272 Anm 418). Nach der Rspr des BFH (30.4.1968 BStBl II, 720) ist es als Indiz für gesell-

V. Steuerliche Aspekte der Sanierung 316, 317 Q

schaftsrechtliches Handeln zu werten, wenn nur der Gester und nicht auch fremde Kapitalgeber wesentliche Sanierungsbeiträge leisten.

Im Zuge einer Kapitalerhöhung sind die Regelungen des § 8c KStG zu beachten, da eine mittelbare oder unmittelbare Bet an einer VerlustGes unter bestimmten Voraussetzungen die Rechtsfolgen des § 8c KStG auslöst, sofern sich dadurch die BetQuote eines Erwerberkreises an der VerlustGes in schädlichem Umfang ändert (BMF v 28.11.2017 BStBl I, 1645; zur Frage der Verfassungskonformität *Kessler/Egelhof/Probst* DStR 2017, 1289). § 8c KStG erfasst neben dem Erwerb von Kapitalanteilen auch den Erwerb von Mitgliedschaftsrechten und BetRechten sowie von Stimmrechten und vergleichbaren Sachverhalten. Gleichbedeutend einem BetErwerb ist auch eine Kapitalerhöhung, die zu einer Verschiebung der BetVerhältnisse führt (§ 8c S 3 KStG; *Hierstetter* DStR 2010, 884), wobei ein **schädlicher Beteiligungserwerb** erst bei einer Anteilsübertragung bzw Anteilsverschiebung von mehr als 50% im Betrachtungszeitraum stattfindet. Diese Quote bezieht sich auf das Kapital nach dem Kapitalerhöhung. 316

Einen Ausweg bietet der Antrag gem § 8d KStG. Danach sind sanierungsbedingte Veränderungen im GesterKreis für die Verlustnutzung unschädlich. Es bedarf jedoch der Fortführung des Geschäftsbetriebs iSd § 8d Abs 1 S 3 f KStG (*Röder* DStR 2017, 1743; zum Einfluss des § 3a Abs 3 Satz 2 EStG *Pohl* GmbH-StB, 139). Ferner ist zu prüfen, ob die Voraussetzungen der Sanierungsklausel nach § 8 Abs 1a KStG erfüllt sind (Anm 303).

c) Aufdeckung stiller Reserven und Maßnahmen zur Liquiditätsverbesserung

Als Sanierungsmaßnahme zur Liquiditätsgewinnung kann auch die Veräußerung von WG in Betracht kommen: Durch Hebung **stiller Reserven** entsteht ein grds steuerpflichtiger Gewinn. Dieser realisierte Gewinn kann mit laufenden Verlusten durch den Verlustausgleich grds ohne Beschränkungen verrechnet oder durch Nutzung der intertemporalen Verlustverrechnung (Verlustabzug) ausgeglichen werden. Hierbei sind jedoch die Grenzen der Mindestbesteuerung des § 10d Abs 2 EStG bzw des § 10a GewStG zu beachten. 317

Wenn WG betriebsnotwendig sind, kann eine Übertragung in der Form erfolgen, dass der Erwerber dem Veräußerer die Nutzung der veräußerten WG weiterhin überlässt. Dies geschieht zB durch Veräußerung dieser WG an eine Bank oder an ein verbundenes Unt, von dem sie zurückgemietet werden (zur Frage der Gewinnrealisierung bei Sale-and-lease-back vgl Anm 39 ff).

Ohne Übergang des wirtschaftlichen Eigentums nach § 39 Abs 1 Nr 2 AO stellt das Sale-and-lease-back-Verfahren lediglich eine besondere Form der FK-Finanzierung dar (*Brinkmann/Walter-Yadegardjam* in Lüdicke/Sistermann[2] § 10 Anm 146). Die zu zahlenden Finanzierungsentgelte sind zwar einkommen- und körperschaftsteuerlich als Betriebsausgaben zu qualifizieren, führen jedoch nach § 8 Nr 1 Buchst a GewStG zu einer effektiven 25%-igen Hinzurechnungspflicht bei der GewSt. Beim Übergang des wirtschaftlichen Eigentums hingegen liegen gewerbesteuerlich hinzurechnungspflichtige Finanzierungsentgelte nach § 8 Nr 1 Buchst d (20% der Leasingraten für bewegliche WG – effektive Hinzurechnungsbelastung 25% von 20% = 5%)

bzw Buchst e (50% der Leasingraten für unbewegliche WG – effektive Hinzurechnungsbelastung 25% von 50% = 12,5%) GewStG vor.

Als weitere Finanzierungsinstrumente führen auch das Factoring und das unechte Factoring zu einer Hinzurechnungspflicht im Rahmen der GewSt:
– Das **unechte Factoring** ist als Darlehensverhältnis zu werten und führt folglich zu einer Hinzurechnungspflicht des Finanzierungsentgelts nach § 8 Nr 1 Buchst a GewStG.
– **Factoring,** bei dem es zum Abgang des wirtschaftlichen Eigentums an den verkauften Forderungen kommt: Nach § 8 Nr 1 Buchst a S 2 GewStG unterliegen auch Diskontbeträge bei der Veräußerung von Wechsel- und anderen Geldforderungen der Hinzurechnung. Hierunter fallen insb die Abschläge aus dem Verkauf von aktivierten Forderungen. In den Abschlägen enthaltene angemessene Wertermittlungskosten oder vergleichbare Gebühren (zB Risikoprämien) unterfallen nicht der Hinzurechnung.

d) Gesellschafterdarlehen

318 GesterDarlehen können zum einen eingesetzt werden, um einen Liquiditätsengpass abzuwenden und zum anderen, um mittels der Darlehenskonditionen einen Nutzungsvorteil zu gewähren.

GesterDarlehen sind ertragsteuerlich auf **Ebene der Gesellschaft** als Verbindlichkeiten mit dem Erfüllungsbetrag nach § 6 Abs 1 Nr 3 EStG zu bilanzieren. Die eigene Bonität und Zahlungsfähigkeit hat keine Auswirkung auf den Wertansatz der Verbindlichkeit. Der Rückzahlungsbetrag stellt die sog Wertuntergrenze dar, die vor dem Hintergrund des Realisationsprinzips nicht unterschritten werden darf. Dies gilt auch für Verbindlichkeiten, die ehemals als kapitalersetzende GesterDarlehen klassifiziert wurden. Auch diese wurden ertragsteuerlich nicht als verdeckte Einlagen eingestuft und wurden damit weiterhin als Verbindlichkeiten ausgewiesen (BFH v 5.2.1992 BFH/NV 1992, 629; BFH v 28.3.2000 BStBl II, 347; *Weber-Grellet* in Schmidt[38] EStG § 5 Anm 550 „Gesellschafterfinanzierung" mwN).

319 Auf Ebene des darlehensgewährenden **Gesellschafters** bei einer KapGes ist hingegen zu prüfen, ob die Krise der Ges zu einer Teilwertabschreibung der Darlehensforderung berechtigt. Eine Teilwertabschreibung ist nach § 6 Abs 1 Nr 1 S 2 u § 6 Abs 1 Nr 2 S 2 EStG jedoch nur zulässig, sofern und soweit es sich um eine voraussichtlich dauernde Wertminderung handelt (Zur dauernden Wertminderung BMF v 2.9.2016 BStBl I, 995). Das steuerliche Wahlrecht zur Teilwertabschreibung kann dabei unabhängig von der Behandlung in der HBil ausgeübt werden (BMF v 12.3.2010 DStR 2010, Anm 15).

– Bei Forderungen im **Betriebsvermögen** von **natürlichen Personen** ist der Aufwand aus einer Teilwertabschreibung nach der ursprünglichen Auffassung des BMF (BMF v 8.11.2010 BStBl. I 2010, 1292) unter Berücksichtigung des Teilabzugsverbots nach § 3c EStG außerbilanziell den jeweiligen Einkünften in Höhe von 40% wieder hinzuzurechnen. Das BMF stellte hierbei auf den Zusammenhang mit teilweise steuerfreien Gewinnausschüttungen nach § 3 Nr 40 EStG ab. Dieser Auffassung stand die höchstrichterliche FinRspr (BFH v 18.4.2012 BFH/NV, 1358 und

V. Steuerliche Aspekte der Sanierung 319 Q

BFH v 18.4.2012 BFH/NV, 1363; dieser Rspr hat sich dann das BMF v 23.10.2013 BStBl I, 1269 angeschlossen) entgegen. Danach stellen Forderung und Bet jeweils eigenständige WG dar, so dass ein Bezug zum Teileinkünfteverfahren hinsichtlich des Forderungsrechts nicht ableitbar ist. Der Auffassung des BFH war zuzustimmen, solange keine der Regelungen des § 8b Abs 3 KStG entspr in § 3c EStG verankert war (*Harle* BB 2013, 91; *Schwedhelm/Olbing/Binnewies* GmbHR 2014, 1234). Für Wj, die nach dem 31.12.2014 beginnen (§ 52 Abs 2 S EStG), wird das Teilabzugsverbot auf BetrVermMinderungen und Betriebsausgaben im Zusammenhang mit Darlehensforderungen oder aus der Inanspruchnahme von Sicherheiten für ein der KapGes gewährtes Darlehen ausgeweitet. Dies betrifft Gester (Bet im BetrVerm), die zu mehr als einem Viertel unmittelbar oder mittelbar beteiligt sind oder waren, es sei denn, die Darlehenskonditionen halten einem Drittvergleich stand (§ 3c Abs 2 S 2 EStG).
– Bei Forderungen von **Kapitalgesellschaften** gilt der Grundsatz, dass die Teilwertabschreibung steuerlich grds steuerwirksam bleibt. Eine außerbilanzielle Hinzurechnung erfolgt jedoch, sofern § 8b Abs 3 KStG einschlägig ist (nach § 8b Abs 3 S 4 bis 8 KStG dürfen Teilwertabschreibungen auf GesterDarlehen, bei der der Gester zu mehr als einem Viertel unmittelbar oder mittelbar beteiligt ist oder war, das Einkommen nicht mindern, es sei denn, die Darlehenskonditionen halten einem Drittvergleich stand). Sofern die Abzugsbeschränkung des § 8b Abs 3 KStG einschlägig ist, kann der sonstige betriebliche Aufwand aus der Teilwertabschreibung bei der Einkommensermittlung somit nicht berücksichtigt werden (*Harle* BB 2013, 91).
– Sofern die Forderung sich im **Betriebsvermögen** einer **Personengesellschaft** befindet, ist für die außerbilanzielle Hinzurechnung auf die Gester-Ebene abzustellen (s § 8b Abs 6 KStG).
– Eine Teilwertabschreibung auf Forderungen im **Privatvermögen** ist denklogisch ausgeschlossen. Damit hat eine Wertminderung der Forderungen im Zeitpunkt des Eintritts keine Auswirkung auf das Einkommen des Gesters. So bleiben auch grds bei Anteilen iS des § 20 EStG Darlehensverluste steuerlich unberücksichtigt (BMF v 18.1.2016 BStBl I, 85 Anm 60). Zur Berücksichtigung als nachträgliche AK bei Bet im Sinne des § 17 EStG wird auf das BMF-Schreiben vom 21.10.2010 (BStBl I 2010, 832) verwiesen. Der BFH (v 11.7.2017 DStR 2017, 2098; *Kahlert* DStR 2017, 2305; *Desens* DStR 2019, 1071) hat jedoch entschieden, dass ausgefallene Finanzierungshilfen grds keine nachträglichen AK der Anteile iSd § 17 EStG sein können. Nachträgliche AK einer wesentlichen Bet iSd 17 EStG sind nach der Aufhebung des Eigenkapitalersatzrechts durch das MoMiG nur noch nach Maßgabe der handelsrechtlichen Begriffsdefinition des § 255 HGB anzuerkennen. Dabei ist die RsprÄnderung aus Vertrauensschutzgründen zeitlich erst ab dem Tag der Veröffentlichung des BFH-Urteils am 27.9.2017 anzuwenden (*Ott* StuB 2019, 35). Dieser Auffassung hat sich die FinVerw mittlerweile angeschlossen (BMF v 5.4.2019, BStBl I 257; *Crezelius* NZI 2019, 614). In diesem Kontext ist eine gesetzliche Neuregelung in § 17 EStG zum Anschaffungskostenbegriff erfolgt (*Ott* DStZ 2019, 648; *Ott* StuB 2019, 349; *Trossen* GmbH-StB 2019, 307; *Zapf*

FR 2019, 811; BR-Drs 356/19, 12; BT-Drs 19/13 436, 16 u 110; BT-Drs 19/14 873, 35; *Burwitz* NZG 2020, 214; *Crezelius* NZI 2020, 58; *Jachmann-Michel* BB 2020, 727). Im neuen § 17 Abs 2a S 3 Nr 2 EStG werden Darlehensverluste, soweit die Gewährung des Darlehens oder das Stehenlassen des Darlehens in der Krise der Gesellschaft gesellschaftsrechtlich veranlasst war, als nachträgliche Anschaffungskosten qualifiziert (*Jachmann-Michel* BB 2020, 727; *Ott* DStR 2020, 313). Die steuerliche Berücksichtigung des endgültigen Verlustes – keine bloße Wertberichtigung – erfolgt demnach (entgegen der Auffassung der FinVerw BMF v 18.1.2016 BStBl I, 85) nach § 20 Abs 2 S 1 Nr 7 EStG (BFH v 24.10.2017 DStR 2017, 2801; *Jachmann-Michel* BB 2018, 859; *Kahlert* DStR 2018, 230 ff; *Desens* DStR 2019, 1071; *Neyer* DB 2019, 1640; *Levedag* in Schmidt[38] EStG § 20 Anm 145 f u 183; Anm 327). Dies gilt nur sofern die gesetzliche Fiktion der nachträglichen AK des § 17 Abs 2a EStG nicht einschlägig ist. Allerdings können diese Verluste – durch die Einführung des § 20 Abs 6 EStG – nur noch zeitlich gestreckt und nur innerhalb der Einkünfte aus Kapitalvermögen verrechnet werden (*Burwitz* NZG 2020, 214; *Dahm/Hoffmann* DStR 2020, 81; *Jachmann-Michel* BB 2020, 727; *Weiss* EStB 2020, 64).

320 Im Hinblick auf GesterDarlehen an PersGes, die ihren Gestern Gewinneinkünfte vermitteln, gelten bestimmte Besonderheiten. Hier gilt der Grundsatz der **korrespondierenden Bilanzierung** von Gesamthandsbilanz der PersGes und Sonderbilanz eines darlehensgebenden Gesters. Dies führt unabhängig von Marktüblichkeit, Höhe oder Verzinslichkeit zur Umqualifizierung von GesterForderungen in steuerliches EK (*Prinz* FR 2019, 793; *Herbst/Stegmann* DStR 2013, 176; BFH v 1.3.2005 BFH/NV, 1523). Zudem ist der Verbindlichkeit in der Gesamthandsbilanz ein betragsmäßig gleich hoher Aktivposten in der Sonderbilanz des Gesters ggü zu stellen. Aufgrund des og **Korrespondenzprinzips** sind Teilwertabschreibungen von Darlehensforderungen in der Sonderbilanz während des Bestehens der Ges unzulässig (BFH v 9.12.2009 BFH/NV 2010, 640; BFH v 5.6.2003 BStBl II, 871). Hier kommt es somit zu einer Durchbrechung des handelsrechtlichen Imparitätsprinzips, da der sich ergebende Verlust im SonderBetrVerm grds erst bei Beendigung der Mitunternehmerschaft steuerlich realisiert werden kann. Der Grundsatz der **korrespondierenden Bilanzierung** erstreckt sich nicht nur auf Sondervergütungen im engeren Sinne, sondern generell auf den gesamten SonderBetrVermBereich.

321 In Bezug auf die Darlehenskonditionen kann zunächst zwischen Unterverzinslichkeit und Unverzinslichkeit differenziert werden:

Bei der Gewährung eines **Zinsvorteils** vom Gester an die Ges durch die Gewährung eines unterverzinslichen Darlehens liegt kein einlagefähiges WG vor. Damit ist auch die Gewährung von kapitalersetzenden Nutzungsvorteilen – soweit steuerlich zulässig – nicht als verdeckte Sacheinlage (BFH v 26.10.1987 BStBl II 1988, 348; vgl *Weber-Grellet* in Schmidt[38] EStG § 5 Anm 550 „Gesellschafterfinanzierung"; *Moritz/von Cölln* FR 2018, 692) zu werten. Damit kommt es letztlich zu einer Ertragsverlagerung auf die Ges-Ebene, die im rein nationalen Kontext aufgrund der fehlenden Korrekturmöglichkeit der verdeckten Einlage verbleibt (Besonderheiten sind jedoch in Bezug auf § 1 AStG zu beachten). Etwas anderes gilt für unverzinsliche Ver-

V. Steuerliche Aspekte der Sanierung

bindlichkeiten mit einer Restlaufzeit von mehr als 12 Monaten. Es besteht dahingehend auch Einigkeit zwischen der FinVerw (BMF v 26.5.2005 BStBl I, 699 Anm 21 ff) und dem BFH, dass auch **unverzinsliche** Gester-Darlehen bei **Kapitalgesellschaften** nach Maßgabe des § 6 Abs 1 Nr 3 S 1 EStG abzuzinsen sind. Dies gilt auch für den Fall, in dem die Verbindlichkeit aus handelsrechtlicher Sicht einen ehemals eigenkapitalersetzenden Charakter besitzt (BFH v 6.10.2009, BStBl II 2010, 177). Die Abzinsung führt zu einem steuerlichen Ertrag auf Ebene der Ges, der zum Ausgleich von laufenden Verlusten sowie im Rahmen der Mindestbesteuerung nach § 10d EStG iVm § 8 Abs 1 KStG bzw § 10a GewStG zur Verrechnung mit etwaigen Verlustvorträgen zur Verfügung steht (*Schmidt/Mielke* Ubg 2009, 396; *Blaas/Schwahn* DB 2013, 2351; *Altvater* in Kessler/Kröner/Köhler[3] § 11 Anm 341). In den nachfolgenden Perioden erfolgt dementspr eine Aufzinsung der Verbindlichkeit, die zu einem laufenden Aufzinsungsaufwand führt, der zwar Zinsaufwand im Sinne der Zinsschranke nach § 4h EStG (BMF v 4.7.2008 BStBl I, 718 Anm 27) darstellt, aber keinen Zinsaufwand im Sinne der gewerbesteuerlichen Hinzurechnungsvorschrift (LänderErl v 2.7.2012 BStBl I, 630 Anm 12) des § 8 Nr 1 Buchst a GewStG. Die vorgenannten Rechtsfolgen treten sowohl bei der erstmaligen Darlehensgewährung als auch bei einer späteren Zinsfreistellung auf.

Unverzinsliche GesterDarlehen an **Personengesellschaften** sind im Gegensatz zu denen an KapGes nicht abzuzinsen, da diese Darlehen in der steuerlichen Gesamtbilanz (bestehend aus Gesamthands-, Ergänzungs- und Sonderbilanzen) der Mitunternehmerschaft als Eigenkapital zu qualifizieren sind (BFH v 24.1.2008 BFH/NV 2008, 1301). Es kommt mithin nicht zu einer Abzinsung in der Gesamthandsbilanz und zu einer entspr Abwertung der Forderung im SonderBetrVerm des Gesters (*Kulosa* in Schmidt[38] EStG § 6 Anm 456; *Prinz* FR 2019, 793; *Herbst/Stegemann* DStR 2013, 176).

Eine weitere Besonderheit im Zusammenhang mit PersGes besteht bei sog Finanzplandarlehen (OFD Frankfurt v 9.12.2016 DStR 2017, 498): Finanzplandarlehen sind Darlehen, die gesellschaftsrechtlich veranlasst sind und von Gestern im Voraus, unabhängig von einer UntKrise, zur Finanzierung des GesZwecks bereitgestellt werden. Finanzplandarlehen sind durch günstige Zinskonditionen, Pflicht zur langfristigen Belassung des Kredits, Fehlen einer einseitigen Kündigungsmöglichkeit, Rückforderung lediglich als Abfindung oder Liquiditätsguthaben und Unentbehrlichkeit des Darlehens für die Verwirklichung des GesZwecks gekennzeichnet. Das von einem Kommanditisten gewährte Finanzplandarlehen erhöht sein Kapitalkonto iSd § 15a Abs 1 S 1 EStG, sofern es nach den vertraglichen Bestimmungen während des Bestehens der Ges vom Kommanditisten nicht gekündigt werden kann und wenn das Guthaben beim Ausscheiden oder bei Liq der Ges mit einem negativen Kapitalkonto verrechnet werden würde (BFH v 7.4.2005 BStBl II 2005, 598). Das Finanzplandarlehen des Kommanditisten stellt somit steuerlich EK der Gesamthand dar.

Die **Darlehenskonditionen** können auch vorsehen, dass eine Rückzahlung des Darlehensbetrags nur aus zukünftigen Gewinnen erfolgen soll. In diesem Kontext ist das Ansatzverbot des **§ 5 Abs 2a EStG** zu berücksichtigen. Danach dürfen für Verpflichtungen, die nur zu erfüllen sind, soweit künftige Einnahmen oder Gewinne anfallen, Verbindlichkeiten erst angesetzt werden, wenn die Einnahmen oder Gewinne angefallen sind. Im Ergebnis führt diese Rückzahlungskondition zu einer ertragswirksamen Ausbuchung der Verbindlichkeit auf Ebene der Ges. Unter Berücksichtigung der Rspr zum Rangrücktritt und § 5 Abs 2a EStG sollten auch in diesem Fall die Grundsätze der verdeckten Einlage zum Tragen kommen (Anm 332 f; aA *Briese* DStR 2017, 799: Eine ausschließlich durch § 5 Abs 2a EStG angeordnete Vermögensmehrung in der Steuerbilanz sollte nicht zu einer verdeckten Einlage führen).

In Bezug auf **Personengesellschaften** mit Gewinneinkünften stellt sich die Frage, ob analog zur Abzinsungsregelung des § 6 Abs 1 Nr 3 EStG das Ansatzverbot des § 5 Abs 2a EStG in der Gesamthandsbilanz nicht zur Anwendung gelangt (*Herbst/Stegemann* DStR 2013, 178; Anm 322), oder ob das Ansatzverbot in der Gesamthandsbilanz zu einer korrespondierenden Ausbuchung der Forderung in der Sonderbilanz führt (Anm 325, 335). Bei der zweiten Alternative kommt es zu einer Verschiebung zugunsten des Gesamthandsbereichs.

e) Forderungsverzicht

324 Beim **Forderungsverzicht** erlischt auch steuerlich die ursprüngliche Schuld. Wenn der Forderungsverzicht durch das **Gesellschaftsverhältnis** veranlasst ist, liegt in Höhe des werthaltigen Teils der Verbindlichkeit eine – mit dem Teilwert zu bewertende – (verdeckte) **Einlage** des Gesters vor (BMF v 16.12.2003 BStBl I, 648). Der Verzicht auf den wertlosen Forderungsteil führt grds zu steuerpflichtigem **Ertrag** (GrS v 9.6.1997 BStBl II 1998, 307; BFH v 31.5.2005 BStBl II 2006, 132; BMF v 16.12.2003 BStBl I, 648 f; *Weber-Grellet* in Schmidt[38] EStG § 5 Anm 550 „Gesellschafterfinanzierung"; *Schmidt/Mielke* Ubg 2009, 395; *Hierstetter* DStR 2010, 883; *Niemeyer/Stock* DStR 2011, 445; *Baschnagel* Ubg 2014, 769; *Hiller/Baschnagel* DStZ 2017, 357; *Briese* DStR 2017, 799; aA *Pöschke* NZG 2017, 1408; *Schulze-Osterloh* NZG 2017, 641). Bei KapGes erhöht sich durch die verdeckte Einlage zugleich das steuerliche Einlagenkonto nach § 27 EStG. Hinsichtlich des Ertrags stellt sich die Frage der Anwendbarkeit des § 3a EStG. Grds setzt § 3a EStG einen betrieblich begründeten Schuldenerlass voraus (zur Abgrenzung Anm 315). Daher fallen gesellschaftsrechtlich veranlasste Schuldenerlasse nicht unter die Steuerbefreiung (*Levedag* in Schmidt[38] EStG § 3a Anm 26). Allerdings liegt gerade in Höhe des nicht werthaltigen Teils der Forderung kein Vermögenstransfer iSd verdeckten Einlage vor, so dass eine betriebliche Veranlassung vermutet werden kann. Vor diesem Hintergrund erscheint die Anwendung von § 3a EStG sachgerecht (*Ott* DStZ 2018, 179; *Förster/Hechtner* DB 2017 1536; *Pöschke* NZG 2017, 1408; aA *Desens* FR 2017 983; *Kahlert/Schmidt* DStR 2017, 1897; *Levedag* in Schmidt[38] EStG § 3a Anm 26).

325 Für PersGes ergeben sich bestimmte Besonderheiten in Bezug auf den Verzicht von GesterDarlehen, welche nach § 15 Abs 1 Nr 2 EStG **Sonderbetriebsvermögen des Mitunternehmers** darstellen. Weder FinVerw noch Rspr haben sich bislang zu diesem Thema geäußert. In der Fachliteratur werden verschiedene Auffassungen vertreten, wie ein Verzicht einer GesterForderung des SonderBetrVerm steuerlich zu behandeln ist (*Erhardt/Zeller* DStR 2012, 1636; *Weber-Grellet* in Schmidt[38] EStG § 5 Anm 671 und *Wacker*

V. Steuerliche Aspekte der Sanierung

in Schmidt[38] EStG § 15 Anm 550; *Schwahn/Vogel* in Lüdicke/Sistermann[2] § 5 Anm 27). Teile der Literatur vertreten die Auffassung, den Verzicht auf GesterForderungen bei PersGes analog zu den Regelungen für KapGes zu behandeln. Dementspr wäre in dem Forderungsverzicht eine Einlage in das Gesamthandsvermögen der PersGes zu sehen. Andere Autoren sehen in diesem Fall lediglich eine Verschiebung von Kapital zwischen den Bestandteilen der additiven Gesamtbilanz, wodurch die Regelungen des **§ 6 Abs 5 EStG** heranzuziehen seien (*Wacker* in Schmidt[38] EStG § 15 Anm 550; *Kulosa* in Schmidt[38] EStG § 6 Anm 699; *Herbst/Stegemann* DStR 2017, 2085).

Zu differenzieren ist, aus welchen Gründen der Gester auf seine Forderung verzichtet. Verzichtet der Gester aus **gesellschaftsrechtlichen Gründen** auf eine Forderung, ist der Verzicht unabhängig von der Werthaltigkeit erfolgsneutral auszubuchen (*Prinz* FR 2019, 799; *Wacker* in Schmidt[38] EStG § 15 Anm 550). Sofern die Gester nichts Gegenteiliges beschließen, ist die erfolgsneutrale Erhöhung des Kapitals allein dem verzichtenden Gester zuzurechnen und erhöht somit sein Kapitalkonto in der StBil der PersGes (*Zimmermann et al,*[12] 162).

Sofern der Gester aus **eigenbetrieblichem Interesse** auf seine Forderung verzichtet, liegt lediglich in Höhe des werthaltigen Teils der Forderung eine Einlage in die PersGes und eine Entnahme beim Gester vor. Der nicht werthaltige Teil der Forderung löst bei der PersGes einen steuerpflichtigen Ertrag und als Reflex einen abzugsfähigen Aufwand in der Sonderbilanz des Gesters aus (*Prinz* FR 2019, 799; *Schwahn/Vogel* in Lüdicke/Sistermann[2] EStG § 5 Anm 28; *Wacker* in Schmidt[38] EStG § 15 Anm 550; aA *Levedag* in Schmidt[38] EStG § 3a Anm 27, der sich unabhängig von der Veranlassung für eine Anwendung des § 6 Abs 5 EStG zum Buchwert ausspricht). Im Fall des Verzichts aus eigenbetrieblichem Interesse wird der Forderungsverzicht bei der PersGes dementspr analog zu den Regelungen bei KapGes behandelt. **Eigenbetriebliches Interesse** (*Zimmermann et al,*[12] 161) wird jedoch eine Ausnahmestellung für Fälle, in denen ein Mitunternehmer den Forderungsverzicht für Zwecke seines EinzelUnt gewährt, einnehmen. So könnte es bspw für den Gester von Bedeutung sein, die Geschäftsbeziehungen zwischen seinem EinzelUnt und der PersGes aufrechtzuerhalten.

Beim (gesellschaftsfremden) **Gläubiger** sind sämtliche Vorgänge im Zusammenhang mit dem Forderungsverzicht (auch mit Besserungsschein) ergebniswirksam. Sofern die Voraussetzungen des § 3a EStG erfüllt sind, ist der Ertrag als Sanierungsertrag steuerfrei (*Prinz* FR 2019, 799; Anm 302).

Die ertragsteuerlichen Auswirkungen auf GesterEbene im Fall der KapGes (*Baschnagel* Ubg 2014, 775; *Ott* DStZ 2018, 179) bestimmen sich nach den Besteuerungsmerkmalen der Gester:

- Beim **Gesellschafter** führt der Forderungsverzicht zu nachträglichen AK/HK der Bet in Höhe des **werthaltigen Teils** der Forderung (*Weber-Grellet* in Schmidt[38] EStG § 5 Anm 270 „Beteiligungen an KapGes" mwN); eine anschließende Abschreibung der Bet auf ihren niedrigeren Teilwert ist aber ggf möglich.
- Der **nicht werthaltige Teil** der Forderung ist als Darlehensverlust zu qualifizieren, welcher entspr den nachfolgenden Ausführungen zu berücksichtigen ist.

Q 327

- Bei Forderungen im **Betriebsvermögen** von **natürlichen Personen** ist der Aufwand nach § 3c Abs 2 S 2 EStG außerbilanziell den jeweiligen Einkünften in Höhe von 40% wieder hinzuzurechnen, soweit ein Fremdvergleich nicht erbracht werden kann (Anm 319). Dieser Auffassung stand die höchstrichterliche FinRspr (BFH v 18.4.2012 BFH/NV 2012, 1358 und BFH v 18.4.2012 BFH/NV 2012, 1363) entgegen, die den Aufwand zu 100% ergebniswirksam belassen hat (*Harle* BB 2013, 91; *Ott* DStZ 2018, 185). Die vorgenannte anderslautende Rspr ist durch die Gesetzesänderung in § 3c Abs 2 S 2 EStG für Wj, die nach dem 31.12.2014 beginnen, hinfällig.
- Bei Forderungen von **Kapitalgesellschaften** gilt der Grundsatz, dass der nicht werthaltige Teil steuerlich grds steuerwirksam verbleibt. Eine außerbilanzielle Hinzurechnung erfolgt jedoch, sofern § 8b Abs 3 KStG einschlägig ist (nach § 8b Abs 3 S 4 bis 8 KStG dürfen Teilwertabschreibungen auf GesterDarlehen, an denen der Gester zu mehr als einem Viertel unmittelbar oder mittelbar beteiligt ist oder war, das Einkommen nicht mindern, es sei denn, die Darlehenskonditionen halten einem Drittvergleich stand). Sofern die Abzugsbeschränkung des § 8b Abs 3 KStG einschlägig ist, kann der sonstige betriebliche Aufwand aus dem Forderungsverzicht bei der Einkommensermittlung nicht berücksichtigt werden (*Harle* BB 2013, 91).
- Sofern die Forderung sich im **Betriebsvermögen** einer **Personengesellschaft** befindet, ist für die außerbilanzielle Hinzurechnung auf die GesterEbene abzustellen (s § 8b Abs 6 KStG).
- Vermögensveränderungen ohne Veräußerung bzw veräußerungsähnlichen Vorgang sind im Rahmen von Anteilen nach § 20 EStG nicht steuerbar. Für den nicht werthaltigen Teil der Forderung wird ein **Darlehensverlust** unterstellt, der keine Veräußerung iS des § 20 Abs 2 S 2 EStG verkörpert. Der Verlust entsteht somit auf Ebene der nicht steuerbaren Vermögenssphäre und kann daher nicht steuerlich geltend gemacht werden (BMF v 18.1.2016 BStBl I, 85). Unter Berücksichtigung der Rspr des BFH (24.10.2017 BFH/NV 2018, 280) erscheint die zuvor dargestellte Rechtsfolge nicht mehr zwingend. Nach dieser Rspr führt der insolvenzbedingte Ausfall einer Kapitalforderung iSd § 20 Abs 1 Nr 7 EStG in der privaten Vermögenssphäre zu einem steuerwirksamen Verlust nach § 20 Abs 2 S 1 Nr 7, S 2 und Abs 4 EStG (*Crezelius* NZI 2019, 615). Die Berücksichtigung von Darlehensverlusten nach § 20 Abs 2 EStG ist jedoch an Voraussetzungen geknüpft. So muss es sich um Forderungen handeln, die nach dem 31.12.2008 begründet wurden. Die Darlehensgewährung muss zudem mit Einkünfterzielungsabsicht erfolgen und es muss endgültig feststehen, dass keine Rückzahlung mehr erfolgt (*Ott* StuB 2019, 35; *Kahlert* DStR 2018, 229). Im Ergebnis kann somit ein steuerwirksamer Einlageverlust entstehen (*Neyer* DB 2019, 1640; *Ott* StuB 2019, 35; *Ott* StuB 2018, 345; *Förster/von Cölln* DB 2017, 2886; *Niemeyer/Stock* DStR 2011, 445). Hierbei sind jedoch die Einschränkungen der Verlustverrechnung iSd § 20 Abs 6 EStG zu berücksichtigen (*Dahm/Hoffmann* DStR 2020, 81; *Jachmann-Michel* BB 2020, 727; *Weiss* EStB 2020, 64).

V. Steuerliche Aspekte der Sanierung

Im Gegensatz dazu können Forderungsausfälle zu **nachträglichen** Anschaffungskosten im Anwendungsbereich des § 17 EStG führen. Zur Berücksichtigung als nachträgliche AK bei Bet iSd § 17 EStG wird auf die Neuregelung des § 17 Abs 2a EStG verwiesen (Anm 319; *Jachmann-Michel* BB 2020, 727; *Ott* DStR 2020, 313). Sofern und soweit nachträgliche AK vorliegen, wird der Verlust im Rahmen der Veräußerung oder Liq der KapGes unter Berücksichtigung des Teileinkünfteverfahrens berücksichtigt (*Jachmann-Michel* BB 2020, 727; *Ott* DStR 2020, 313).

f) Forderungsverzicht mit Besserungsschein

Beim **Forderungsverzicht** erlischt auch steuerlich die ursprüngliche Schuld. Die Vereinbarung eines **Besserungsscheins** steht dem nicht entgegen, da die Verpflichtung erst bei Eintritt der dort genannten Bedingungen wiederauflebt. Nach überstandener UntKrise ist im Zeitpunkt des Eintritts des **Besserungsfalls** (auflösende Bedingung) der ursprünglich aufgrund des Forderungsverzichts bei der Ges ausgebuchte Betrag wieder als Verbindlichkeit vermögensmindernd einzubuchen. Soweit die ursprüngliche Ausbuchung (weil werthaltig) als verdeckte Einlage zu beurteilen war, gilt diese als **zurückgewährt** (BMF v 16.12.2003 BStBl I, 648, *Briese* DStR 2017, 799). Es erfolgt mithin ein direkter Zugriff auf das steuerliche Einlagenkonto der Ges, das sich um den wiederauflebenden – vormals werthaltigen Teil des Forderungsverzichts – vermindert. Beim auflösend bedingten Forderungsverzicht stellen die nach der Sanierung auch für die Dauer der Krise gezahlten **Zinsen** Betriebsausgaben dar (BMF v 16.12.2003 BStBl I, 648). Diese Zinsausgaben für das während der Krise genutzte Kapital sind im Jahr der Gesundung des Unt wirtschaftlich verursacht und dann als Aufwand zu verrechnen.

Eine steuerneutrale Behandlung kommt in der Bilanz nur in Betracht, soweit auf eine werthaltige Forderung verzichtet wurde. Hinsichtlich des nicht werthaltigen Teils der Forderung mindert im Besserungsfall die wiederauflebende Verbindlichkeit das steuerpflichtige Einkommen der Ges (*Störk/Taetzner* in Beck Bil-Komm[12] § 272 Anm 418). Diese Grundsätze sind auch im Fall einer PersGes anzuwenden (*Schwahn/Vogel* in Lüdicke/Sistermann[2] § 5 Anm 29).

Die ertragsteuerlichen Auswirkungen auf GesterEbene bestimmen sich nach den Besteuerungsmerkmalen der Gester:
– Lebt im Falle eines Forderungsverzichts mit Besserungsschein die Forderung nach überstandener Krise wieder auf, mindert sich entsprechend der BetWert (*Weber-Grellet* in Schmidt[38] EStG § 5 Anm 270 „Bet an KapGes").
– Der vormals als nicht werthaltig klassifizierte Teil der Forderung (Darlehensverlust) ist entspr den nachfolgenden Ausführungen zu berücksichtigen.
  – Sofern die Forderung sich im **Betriebsvermögen von natürlichen Personen** befand, ist der Ertrag aus der Wertaufholung – spiegelbildlich zur Ausbuchung – unter Berücksichtigung des Teileinkünfteverfahrens außerbilanziell in Höhe von 40% zu kürzen (s Anm 319), sofern die Teilwertabschreibung nicht zu 100% steuerwirksam erfasst wurde. Nach der mittlerweile überholten Rspr des BFH war der Wertaufholungsertrag

hingegen zu 100% steuerpflichtig, da auch die Ausbuchung zu 100% ergebniswirksam zu erfassen war (*Harle* BB 2013, 91).
– Bei **Kapitalgesellschaften** als Anteilseigner ist zu unterscheiden, ob sich die Ausbuchung ergebniswirksam ausgewirkt hat. Bei einer ergebniswirksamen Ausbuchung unterliegt das Wiederaufleben der Forderung als sonstiger betrieblicher Ertrag zu 100% der KSt. Sofern die Abzugsbeschränkung des § 8b Abs 3 KStG im Zeitpunkt der Ausbuchung einschlägig war, ist entscheidend, ob das Wiederaufleben unter den Anwendungsbereich des § 8b Abs 3 S 8 KStG subsumiert werden kann (*Schwenker/Fischer* FR 2010, 643). Die Anwendung der vorgenannten Rechtsnorm würde zu einer Steuerfreiheit des Ertrags aus der Wiedereinbuchung der Forderung führen. Nach dem Wortlaut des Gesetzes (glA *Gosch* in KStG § 8b Anm 279l) ist § 8b Abs 3 S 8 KStG auf den Forderungsverzicht nicht anwendbar und damit läge keine Steuerfreiheit vor. Andere Autoren (zB *Pung* in Dötsch/Pung/Möhlenbrock KStG § 8b Anm 242 und *Rengers* in Blümich KStG § 8b Anm 324) vertreten die Auffassung, dass § 8b Abs 3 S 8 KStG analog auf den Forderungsverzicht anzuwenden sein sollte.
– Sofern sich die Forderung im **Betriebsvermögen** einer **Personengesellschaft** befindet, ist für die außerbilanzielle Hinzurechnung auf die GesterEbene abzustellen (s § 8 Abs 6 KStG).
– Der Ertrag aus dem Wiederaufleben des Forderungsrechts kann zum Ausgleich von laufenden Verlusten sowie im Rahmen der Mindestbesteuerung nach § 10d EStG iVm § 8 Abs 1 KStG bzw § 10a GewStG zur Verrechnung mit etwaigen Verlustvorträgen eingesetzt werden (*Schmidt/Mielke* Ubg 2009, 396).

g) Rangrücktritt

329 Die Vereinbarung eines **Rangrücktritts** hat keinen Einfluss auf die Bilanzierung der betroffenen Verbindlichkeit, die sich – im Gegensatz zur Wirkung eines Forderungsverzichts – weder mindert noch erlischt. Die vom Rangrücktritt erfasste Verbindlichkeit ist daher sowohl in der HBil (Anm 83) als auch in der StBil der Ges als FK zu passivieren (BMF v 8.9.2006 BStBl I, 497; *Weber-Grellet* in Schmidt[38] EStG § 5 Anm 550 „Gesellschafterfinanzierung" mwN; *Seppelt* BB 2010, 1395; *Baschnagel* Ubg 2014, 770; *Schubert* in Beck Bil-Komm[12] § 247 Anm 232).

Dies gilt sowohl für den sog **„einfachen"** Rangrücktritt mit Besserungsklausel als auch für den sog **„qualifizierten"** Rangrücktritt, der eine Rückzahlung nur im Gleichrang mit den Einlagenrückgewähransprüchen der Gester vorsieht (BMF v 8.9.2006 BStBl I, 497; BFH v 10.11.2005 BStBl II 2006, 618; *Horst* DB 2013, 656; *Funk* BB 2009, 867). Zum Teil (*Müller* BB 2016, 493; *Oser* DStR 2017, 1889) wird jedoch in der handelsrechtlichen Literatur die uE (s Anm 83) unzutreffende Auffassung vertreten, dass unter Berücksichtigung der wirtschaftlichen Betrachtungsweise auch die vom Rangrücktritt betroffenen Verbindlichkeiten auszubuchen sind. Demzufolge wären die mit einem Rangrücktritt versehenen Verbindlichkeiten – infolge des Maßgeblichkeitsprinzips – auch zwingend in der StBil nicht anzusetzen (*Rätke* StuB 2019, 27).

V. Steuerliche Aspekte der Sanierung

Längere Zeit war umstritten, welche Auswirkungen sich aus § 5 Abs 2a EStG für Rangrücktrittsvereinbarungen ergeben. Nach § 5 Abs 2a EStG dürfen für Verpflichtungen, die nur zu erfüllen sind, soweit künftig Einnahmen oder Gewinne erzielt werden, Verbindlichkeiten oder Rückstellungen erst dann angesetzt werden, wenn die Einnahmen oder Gewinne angefallen sind. Wäre diese Vorschrift auf eine (Darlehens-)Verbindlichkeit anzuwenden, für die eine Rangrücktrittsvereinbarung geschlossen wurde, wäre diese (Alt-) Verbindlichkeit in der StBil des Schuldners (soweit werthaltig) erfolgswirksam auszubuchen.

Für den sog **qualifizierten Rangrücktritt** geht die FinVerw davon aus, 330 dass § 5 Abs 2a EStG nicht anwendbar ist (BMF v 8.9.2006 BStBl I, 497). Begründet wird dies damit, dass eine Abhängigkeit zwischen Verbindlichkeit und Einnahmen oder Gewinnen nicht bestehe, „sondern die Begleichung der Verbindlichkeit zeitlich aufschiebend bedingt – bis zur Abwendung der Krise – verweigert werden" könne (hierzu kritisch *Heerma/Heerma* ZIP 2006, 2203, die die vorgenommene Differenzierung zwischen einfachem und qualifiziertem Rangrücktritt für überflüssig halten).

Für den sog **einfachen Rangrücktritt** vertritt die FinVerw die Auffassung, 331 dass ein Rangrücktritt zur gewinnerhöhenden Ausbuchung der Verbindlichkeit führe, wenn die Vereinbarung nicht **ausdrücklich** eine Bezugnahme auf die Möglichkeit einer Tilgung auch aus **sonstigem freien Vermögen** enthalte (BMF v 8.9.2006 BStBl I, 497; so bereits BMF v 18.8.2004 DB, 1965). In Abweichung hiervon hat der BFH entschieden, dass ein sog einfacher Rangrücktritt auch ohne eine solche präzisierte Bezugnahme auf ein „sonstiges freies Vermögen" ausreichend ist und nicht zu einer steuerlichen Gewinnerhöhung führt (BFH v 10.11.2005 BStBl II 2006, 618; glA *Heerma/Heerma* ZIP 2006, 2203; *Watermeyer* GmbHR 2006, 242).

Mit Urteil vom 30.11.2011 hat der BFH allerdings betont, dass Verbind- 332 lichkeiten in Verbindung mit einem Rangrücktritt mangels gegenwärtiger wirtschaftlicher Belastung nicht mehr zu passivieren sind (BFH v 30.11.2011 BStBl II 2012, 332), sofern die Verbindlichkeiten nur **aus künftigen Gewinnen oder LiqÜberschüssen** erfüllt werden müssen (*Braun* DStR 2012, 1360; *Blaas/Schwahn* DB 2013, 2353; *Baschnagel* Ubg 2014, 769). Der BFH hat in seiner Entscheidung auf die allgemeinen Ansatzregelungen für Verbindlichkeiten als wirtschaftliche Last abgestellt. Bereits nach diesen habe eine Ausbuchung zu erfolgen. Vor dem Hintergrund der wirtschaftlichen Leistungsfähigkeit besteht nach Auffassung des BFH kein Unterschied zwischen Erlass mit Besserungsabrede und der Vereinbarung, eine Verbindlichkeit nur aus einem etwaigen LiqÜberschuss zu bedienen. Es sei daher gerechtfertigt, die Verbindlichkeit mit Rangrücktritt wie einen Erlass mit Besserungsabrede zu behandeln und die Verbindlichkeit nicht zu passivieren. Einen Rangrücktritt, der nur eine Tilgung aus künftigen Gewinnen und aus einem Liq-Überschuss vorsieht, bezeichnet der BFH als **spezifizierten Rangrücktritt** (*Rätke* StuB 2019, 31). Gemeint ist damit die Spezifikation nach Maßgabe der Tatbestandsmerkmale des § 5 Abs 2a EStG (*Wacker* DB 2017, 26 stellt zudem auf handelsrechtlichen GoB zur fehlenden wirtschaftlichen Belastung im Fall einer aus dem LiqÜberschuss zu erfüllenden Forderung ab).

Grds bleibt es bei einer Passivierung der zugrunde liegenden Verbindlichkeit auch beim Rangrücktritt, sofern die Verpflichtung zur Rückzahlung auch aus „**sonstigem freien Vermögen**" besteht. Die Verbindlichkeit bleibt beim Schuldner bestehen und § 5 Abs 2a EStG kommt nicht zur Anwendung (hinsichtlich des qualifizierten Rangrücktritts *Leuering/Bahns* NJW-Spezial 2012, 207). Ein steuerrechtliches Passivierungsverbot tritt nur dann ein, wenn der Rangrücktritt nach Maßgabe der Tatbestandsvoraussetzungen gem § 5 Abs 2a EStG – einer den Maßgeblichkeitsgrundsatz durchbrechenden ertragsteuerrechtlichen Sondervorschrift – in dem Sinne spezifiziert wird, dass die hiervon betroffenen Verpflichtungen nur zu erfüllen sind, soweit künftig Einnahmen oder Gewinne anfallen, und deshalb deren Passivierung daran gebunden ist, dass die Einnahmen oder Gewinne angefallen sind (BFH v 10.8.2016 BStBl II 2017, 670). Der spezifizierte Rangrücktritt – keine Tilgung aus freiem Vermögen – führt damit zu einer gewinnerhöhenden Auflösung (*Gosch* BFH/PR 2015, 287; *Rätke* StuB 2019, 31; *Oser* DStR 2017, 1889).

333 Ferner sieht der BFH einen derartig spezifizierten Rangrücktritt auch als ertragsneutrale **verdeckte Einlage** in eine KapGes an. Die erfolgswirksame Ausbuchung der Verbindlichkeit nach § 5 Abs 2a EStG wird durch eine verdeckte Einlage des werthaltigen Teils der Forderung kompensiert (BFH v 10.8.2016 BStBl II 2017, 670; BFH v 15.4.2015 BStBl II 2015, 769; *Hiller/Baschnagel* DStZ 2017, 356 ff). Der BFH erteilte zudem der in der Literatur vertretenen Auffassung, die verdeckte Einlage sei zum Nennwert der Verbindlichkeit zu bewerten, eine Absage. Sofern bzw soweit der verbleibende Ertrag als Sanierungsertrag klassifiziert wird, verbleibt dieser nach § 3a EStG und § 7b GewStG steuerfrei (Anm 324). Auf Ebene des Gesters bleibt es jedoch bei der Forderungsbilanzierung. Eine verdeckte Einlage wird auf Ebene des Gesters nicht fingiert. Lediglich im Rahmen des § 17 EStG führt die Regelung des § 5 Abs 2a EStG zu nachträglichen AK auf die Bet (*Rätke* StuB 2019, 33).

334 In Bezug auf die intertemporale **Verlustverrechnung** kann es in der Praxis für Gester von Vorteil sein, Verbindlichkeiten mit einem Rangrücktritt zu versehen, der unter das Ansatzverbot des § 5 Abs 2a EStG fällt und zudem keine verdeckte Einlage verkörpert. Die Verbindlichkeiten werden im Besserungsfall erfolgswirksam eingebucht und der Gewinn des Veranlagungszeitraums in voller Höhe um den sich ergebenden Aufwand vermindert. Wird die Verbindlichkeit allerdings in Verlustjahren passiviert, kann der korrespondierende Verlust nur im Rahmen der Regelungen zur Mindestbesteuerung nach § 10d EStG verrechnet werden (*Mihm* BB 2012, 764).

335 In Bezug auf **Personengesellschaften** mit Gewinneinkünften stellt sich die Frage, ob analog zur Abzinsungsregelung des § 6 Abs 1 Nr 3 EStG das Ansatzverbot des § 5 Abs 2a EStG in der Gesamthandsbilanz nicht zur Anwendung gelangt, oder ob das Ansatzverbot in der Gesamthandsbilanz zu einer korrespondierenden Ausbuchung der Forderung in der Sonderbilanz führt. Hierbei ist im Ergebnis nach den Grundsätzen des Forderungsverzichts zu verfahren (*Prinz* FR 2019, 799; Anm 325). Mangels Verzichts ist jedoch § 6 Abs 5 S 3 EStG nicht anwendbar, dennoch sollte der Nichtausweis grds erfolgsneutral erfolgen (*Levedag* in Schmidt[38] EStG § 3a Anm 27).

V. Steuerliche Aspekte der Sanierung 336–338

h) Verlustübernahme

Ertragsteuerlich besteht unter den Voraussetzungen der §§ 14 ff KStG die Möglichkeit **zur Bildung einer Organschaft.** Bei Vorliegen einer Organschaft erfolgt eine Zurechnung der steuerlichen Ergebnisse der OrganGes an den Organträger. Die Gewinnabführung, die als Aufwendung den Bilanzgewinn der OrganGes mindert, ist bei der Ermittlung des Einkommens der OrganGes hinzuzurechnen. Spiegelbildlich ist die Verlustübernahme, die als Ertrag den Bilanzgewinn der OrganGes erhöht hat, bei der Einkommensermittlung abzuziehen. Das Einkommen der OrganGes, das dem Organträger zuzurechnen ist, enthält daher auch den abgeführten Gewinn oder den vom Organträger übernommenen Verlust. Die Zurechnung des so ermittelten Einkommens der OrganGes an den Organträger hat zur Folge, dass sich Gewinne oder Verluste der OrganGes steuerrechtlich beim Organträger auswirken. 336

Steuerlich darf der Organträger wegen der Verlustübernahme durch Einkommenszurechnung keine Rückstellung für Verpflichtungen zur Verlustübernahme bilden – auch nicht für künftige Gj – weil § 14 KStG eine vom Handelsrecht abweichende eigenständige Regelung enthält (so auch BFH v 26.1.1977 BStBl II, 441; *Schubert* in Beck Bil-Komm[12] § 249 Anm 100 „Verlustübernahme" mwN; *Weber-Grellet* in Schmidt[38] EStG § 5 Anm 550 „Verlustübernahme"; KStR H 14.7). Anderenfalls würde der Verlust zu einer Doppelentlastung führen, da dieser schon bei der Einkommensermittlung der OrganGes Berücksichtigung fand.

Soweit Verlustausgleichsverpflichtungen **außerhalb der ertragsteuerlichen Organschaft** bestehen, beurteilt sich die steuerliche Behandlung der Verlustübernahme nach den allgemeinen Vorschriften. Die in einem solchen Fall vom MU übernommenen Verluste sind für dieses betrieblich veranlasste Aufwendungen, die idR als nachträgliche AK für die Bet an dem TU auf dem sog BetKonto zu aktivieren sind (zum vororganschaftlichen Verlustausgleich KStR H 14.7). Dies gilt vor dem Hintergrund, dass die Verlustübernahme als eine Bareinzahlung iSd § 4 Abs 1 S 3 EStG anzusehen ist. Diese führt steuerlich gesehen zu einer Einlage, die ihrerseits nachträgliche AK auf die Bet am TU auslöst (BFH v 16.5.1990 BStBl II, 770). 337

i) Schuld- und Erfüllungsübernahme

Für Zwecke der Entschuldung kommt alternativ eine befreiende **Schuldübernahme** in Betracht. Bei einer vertraglichen Schuldübernahme kann ein Gester oder ein Dritter eine Verbindlichkeit mit befreiender Wirkung für die Ges übernehmen; die Schuldübernahme kann entweder zwischen dem Gester/Dritten und dem Gläubiger (§ 414 BGB) oder zwischen dem Gester/Dritten und der Ges mit Genehmigung des Gläubigers (§ 415 BGB) vereinbart werden. Daneben kommt – zB wenn der Gläubiger der Schuldübernahme nicht zustimmt – eine Freistellung der Ges von der Verbindlichkeit im Innenverhältnis im Wege der **Erfüllungsübernahme** (§ 329 BGB) in Betracht (Anm 125 ff). 338

Q 338

Nach der höchstrichterlichen FinRspr führt eine befreiende **Schuldübernahme** bis zur Genehmigung durch den Gläubiger bzw bis zur Begleichung der Schuld nicht zum Erlöschen der steuerlichen Verbindlichkeit in der Bilanz der Ges (BFH v 20.12.2001 BFH/NV 2002, 678; *Schmidt/Hageböke* DStR 2002, 2150; *Schmidt/Mielke* Ubg 2009, 397; *Hierstetter* DStR 2010, 884; *Axhausen/Rieser* in Beck Handbuch GmbH[5] § 15 Anm 135; aA *Kulosa* in Schmidt[38] EStG § 6 Anm 757). Da die **Erfüllungsübernahme** nur im Innenverhältnis wirkt, bleibt auch in diesem Fall die Verbindlichkeit bis zu deren Erlöschen in der Bilanz des ursprünglichen Schuldners (*Beutel/Sistermann* in Lüdicke/Sistermann[2] § 18 Anm 53). Zugleich hat die Ges als Schuldner jedoch einen Freistellungsanspruch gegen den Übernehmer zu aktivieren. Dieser zivilrechtliche Freistellungsanspruch ggü dem Gester wird als verdeckte Einlage qualifiziert, die unabhängig von Bonität und Zahlungsfähigkeit des sanierenden Unt zu bewerten ist (*Schmidt/Mielke* Ubg 2009, 397; *Bogenschütz* Ubg 2010, 407; *Geerling/Hartmann* DStR 2017, 756 zur offenen Einlage; *Hiller/Baschnagel* DStZ 2017, 356). Nach Auffassung des BFH handelt es sich nicht um den auf dem GesVerhältnis beruhenden Verzicht des Gesters auf eine nicht mehr vollwertige Forderung ggü seiner KapGes, die bei dieser zu einer Einlage in Höhe des Teilwerts der Forderung führt. Maßgeblich ist vielmehr die gesellschaftsrechtlich veranlasste Vermögensmehrung der befreienden Schuld- bzw Erfüllungsübernahme, die bei einem solventen Gester mit dem Nennwert der übernommenen Verbindlichkeit zu bewerten ist (*Beutel/Sistermann* in Lüdicke/Sistermann[2] § 18 Anm 53; *Köhler* in Kessler/Kröner/Köhler[3] § 10 Anm 341). Auf Ebene des übernehmenden Gesters führt die übernommene Verbindlichkeit zu nachträglichen AK auf die Bet und ist ebenfalls steuerneutral (*Ebbinghaus/Osenroth/Hinz* BB 2013, 1374; s zum Handelsrecht Anm 127).

Tilgt der Gester die Verbindlichkeit oder genehmigt der Gläubiger die befreiende Schuldübernahme anschließend, ist die Verbindlichkeit und der Freistellungsanspruch erfolgsneutral auf Ebene der Ges auszubuchen. Im Ergebnis ist der Vorgang auf Ebene der von der Schuld befreiten Ges steuerneutral (*Hierstetter* DStR 2010, 884; *Blaas/Schwahn* DB 2013, 2353; *Axhausen/Rieser* in Beck Handbuch GmbH[5] § 15 Anm 135).

Beim **Schuldbeitritt** tritt ein weiterer Schuldner in das Schuldverhältnis zwischen Altschuldner und Gläubiger ein. Die Verbindlichkeit ist handelsrechtlich grds weiterhin in der Bilanz des Altschuldners zu passivieren (Anm 128). Diese Behandlung gilt über das Maßgeblichkeitsprinzip der handelsrechtlichen GoB gem § 5 Abs 1 S 1 EStG auch für die StBil. Allerdings hat der BFH (v 26.4.2012 BStBl II 2017, 1228; BMF v 30.11.2017 BStBl I, 1619) die Passivierung einer Pensionsrückstellung nach Schuldbeitritt und Schuldübernahme im Innenverhältnis abgelehnt. Eine Rückstellung sei nur zu bilden, wenn eine Inanspruchnahme am Bilanzstichtag wahrscheinlich ist. Auch die Zustimmung des Gläubigers sei hier nicht entscheidend, da sich dessen Rechtsstellung ausschließlich verbessert. Die Rückstellung war in diesem Fall auszubuchen. Im Ergebnis sind auch in diesem Fall – wie beim Fall der befreienden Schuldübernahme – die Grundsätze der verdeckten Einlage zu berücksichtigen.

V. Steuerliche Aspekte der Sanierung 339

Werden Verpflichtungen übertragen, die beim ursprünglich Verpflichteten Ansatzverboten, -beschränkungen oder Bewertungsvorbehalten unterlegen haben, sind zusätzlich die Regelungen des § 4f und § 5 Abs 7 EStG zu beachten (*Benz/Placke* DStR 2013, 2653; *Bolik/Bruckbauer* SteuK 2014, 221; *Bolik/Selig-Kraft* DStR 2017, 169; *Kahle* DStR 2018, 976; *Bünning* BB 2019, 2668).

Bei Schuldübernahmen im Rahmen einer *Mitunternehmerschaft* ist zu beachten, dass die durch einen mitunternehmerischen Gester übernommene Verbindlichkeit die steuerliche Ebene der Mitunternehmerschaft nicht verlässt. Regelmäßig ist die Ausbuchung der Verbindlichkeit in der Gesamthandssteuerbilanz mit einer Einbuchung in der Sonderbilanz des übernehmenden Gesters als negatives SonderBetrVerm II gekoppelt. Es kommt mithin zu einer Übertragung/Verlagerung der Schuld von der Gesamthandssphäre in die Vermögenssphäre des Gesters bei derselben Mitunternehmerschaft, die grds erfolgsneutral ist.

R. Rechnungslegung im Insolvenzverfahren

Übersicht

	Anm
I. Einheitliches Insolvenzrecht	1–5
II. Rechnungslegung nach der Insolvenzordnung	
1. Rechnungslegung bei gesetzlicher Liquidation	10
a) Masseverzeichnis, Gläubigerverzeichnis, Vermögensübersicht	13–17
b) Zwischenrechnung, Berichterstattung	25
c) Schlussrechnung, Prüfung	30, 31
2. Rechnungslegung bei Insolvenzplan	40–43
III. Rechnungslegung nach Handels- und Steuerrecht	50, 51
1. Beginn eines neuen Geschäftsjahres	55, 56
2. Bilanzaufstellung, Bilanzprüfung	60
a) Schlussbilanz für das letzte Geschäftsjahr vor Verfahrenseröffnung	65–70
b) Eröffnungsbilanz für das erste Geschäftsjahr nach Verfahrenseröffnung	75, 76
c) Jahresabschluss für jedes während des Verfahrens endende Geschäftsjahr	80
d) Schlussbilanz für das Geschäftsjahr der Verfahrensbeendigung oder Betriebseinstellung	85–87
e) Besonderheiten bei Personenhandelsgesellschaften und eingetragenen Genossenschaften	90
3. Konzernrechnungslegung	92
4. Besteuerung während der Insolvenz	94
a) Bei Liquidation	95–97
b) Bei Unternehmensfortführung	100
IV. Harmonisierung der Rechnungslegungspflichten	105

Schrifttum: *Begr RegE* Gesetzentwurf einer Insolvenzordnung, BT-Drs 12/2443; *Pink* Insolvenzrechnungslegung, Düsseldorf 1995; *Höffner* Fortführungswerte in der Vermögensübersicht nach § 153 InsO, ZIP 1999, 2088; *Fischer-Böhnlein/Körner* Rechnungslegung von Kapitalgesellschaften im Insolvenzverfahren, BB 2001, 191; *Teller* Rangrücktrittsvereinbarungen zur Vermeidung der Überschuldung bei der GmbH, Köln 2003[3]; *Klein* Handelsrechtliche Rechnungslegung im Insolvenzverfahren, Düsseldorf 2004; *Heni* Interne Rechnungslegung im Insolvenzverfahren, Düsseldorf 2006; *Eickes* Zum Fortführungsgrundsatz der handelsrechtlichen Rechnungslegung in der Insolvenz, DB 2015, 933; *Frege/Riedel* Schlussbericht und Schlussrechnung im Insolvenzverfahren, Köln 2015; *Vallender/Undritz* Praxis des Insolvenzrechts, Köln 2017[2]; *Braun* Insolvenzordnung, München 2017[7]; *Pöschke* Wirksamkeit der Abschlussprüferbestellung auch für vor Eröffnung des Insolvenzverfahrens endende Geschäftsjahre, DStR 2018, 2497.

I. Einheitliches Insolvenzrecht

Mit dem Inkrafttreten von InsO und EGInsO am 1.1.1999 (BGBl 1994 I, 2866, 2911) fand eine Diskussion um die **Reform des Insolvenzrechts** ihr **1** vorläufiges Ende, die insb seit der Einberufung einer InsRechtskommission im Jahr 1978 in Gang gekommen war. Anlass der Reformbestrebungen war hauptsächlich die zunehmende Ineffizienz des bis dahin geltenden, mehr als 100 Jahre alten InsRechts (KO, VglO), die sich in einer stetig steigenden Zahl masseloser Konkurse und einer praktischen Bedeutungslosigkeit des Vergleichsverfahrens zeigte. So stieg der Anteil der mangels Masse abgelehnten Konkursanträge seit 1950 von 27 % auf über 75 % im Zeitraum 1985 bis 1990; der Anteil bestätigter Vergleiche an der Gesamtzahl der Ins lag seit 1983 unter 1 %. Weiterer Kritikpunkt am überkommenen InsRecht war dessen Zerschlagungsautomatik, die für betriebswirtschaftlich mögliche Sanierungen wenig Raum ließ.

2   Die InsO ist an die Stelle von KO, VglO und GesO getreten und hat damit zum einen **einheitliches Recht** in allen Bundesländern geschaffen. Zum anderen wurde die bisherige Zweigleisigkeit des InsRechts in den alten Bundesländern (Konkurs-, Vergleichsverfahren) zugunsten eines **einheitlichen Verfahrens** beseitigt.

3   Als wesentliche Neuerung und zugleich Hauptinstrument zur Ausräumung der Mängel des alten Rechts hat der Gesetzgeber das **Insolvenzplanverfahren** eingeführt (§§ 217 ff InsO). Es kommt für WirtschaftsUnt sowie natürliche Personen mit mehr als nur geringfügiger selbständiger wirtschaftlicher Betätigung (§ 304 InsO; idR etwa Freiberufler oder phG) in Betracht und ist das Mittel, das den Gläubigern eine autonome Entscheidung über das weitere Vorgehen in der Ins des Schuldners ermöglicht. Im InsPlan können sich die Beteiligten von sämtlichen Vorschriften der InsO zur Liquidierung und Verteilung des Schuldnervermögens lösen; stets sind jedoch die Rechenschaftspflichten zu erfüllen (Anm 40). Den Gläubigern wird damit die Möglichkeit gegeben, das Schuldnervermögen der nach ihrer Vorstellung bestmöglichen Verwertung zuzuführen. Gelingt eine Einigung über einen InsPlan nicht, greift das LiqVerfahren nach der InsO.

4   Der InsPlan bietet den Beteiligten vor allem die Möglichkeit, durch Verwirklichung eines Sanierungskonzepts die Ertragsfähigkeit des Schuldners wiederherzustellen (§ 1 S 1 InsO). Man kann den InsPlan in diesem Fall als *Sanierungsplan* oder *Reorganisationsplan* bezeichnen. Die Fortführung des Unt des Schuldners kann auch im Wege der Übertragung auf einen Dritten, insb eine sog Auffanggesellschaft, erfolgen. Das zugrunde liegende Konzept und die zu seiner Verwirklichung erforderlichen Maßnahmen werden in einem *Übertragungsplan* fixiert (*Begr RegE*, 95). Die Beteiligten können sich aber auch darauf beschränken, im InsPlan eine von den Vorschriften der InsO abw Verwertung und/oder Verteilung des Schuldnervermögens vorzusehen, so dass der InsPlan den Charakter eines *Liquidationsplans* erhält (*Begr RegE*, 195). Möglich ist zudem jede andere individuelle Lösung, etwa die vorläufige Fortführung und spätere Liq des SchuldnerUnt (*Begr RegE*, 77 f).

Achtzehn Jahre nach Inkrafttreten der InsO ist festzustellen, dass der erhoffte Effizienzgewinn des neuen InsRechts weitgehend ausgeblieben ist. Aus den im Jahr 2012 eröffneten und bis Ende 2016 beendeten InsVerfahren erhielten die Gläubiger nach Angaben des Statistischen Bundesamtes durchschnittlich 2,6 % ihrer Forderungen zurück. In UntInsVerfahren betrug die Deckungsquote 4,1 % bei von den Gläubigern hinzunehmenden Verlusten

I. Einheitliches Insolvenzrecht **4 R**

von knapp 5,4 Mrd €. Trotz seit dem Jahr 2010 rückläufigen UntIns stiegen die durch Ins verursachten Schäden in den letzten Jahren stark an; lagen die voraussichtlichen InsForderungen im Jahr 2015 noch bei 17 Mrd €, betrugen sie nach Feststellung von *Euler Hermes* im Jahr 2017 rund 30 Mrd €. Der InsPlan spielt in der Praxis kaum eine Rolle. Bei den 12 288 im Jahr 2012 eröffneten und bis Ende 2016 beendeten UntInsVerfahren erfolgte in 235 Fällen (1,91 %) eine Verfahrensbeendigung durch rechtskräftigen InsPlan (Angaben des Statistischen Bundesamts in: Unternehmen und Arbeitsstätten, Beendete Insolvenzverfahren und Restschuldbefreiung, 2016). Die Quote entspricht etwa derjenigen des Jahres 2013 von 1,96 %. In der ganz überwiegenden Zahl der Fälle nehmen die Gläubiger ihr Recht auf autonome InsBewältigung also nicht wahr, sondern überlassen dem InsVerwalter die Zerschlagung des SchuldnerUnt. Gründe hierfür können in der Schwierigkeit der Konsensfindung unter den Gläubigern, der Langwierigkeit eines InsPlanverfahrens und der Unsicherheit, ob eine von der Liq des SchuldnerUnt abw Lösung zu einem besseren Verwertungsergebnis führen würde, aber auch in der Dominanz der InsVerwalter, gepaart mit einer Präferenz der Verwalter für die Zerschlagungsalternative (so *Heni*, 161), und in einer mangelnden Fachkompetenz der InsGerichte für betriebswirtschaftliche Lösungen liegen.

Die Erfahrungen mit dem neuen InsRecht führten im Jahr 2007 zu ersten umfangreicheren Änderungen an der InsO durch das Gesetz zur Vereinfachung des InsVerfahrens (InsVerfVereinfG v 13.4.2007, BGBl 2007 I, 509). Mit dem Gesetz zur weiteren Erleichterung der Sanierung von Unt (ESUG, in Kraft getreten am 1.3.2012, BGBl I, 2582) strebte der Gesetzgeber eine höhere Effektivität des InsRechts an, ua durch Ausbau und Straffung des InsPlanverfahrens. Die BReg versprach sich von dem ESUG eine Änderung der InsKultur, die vermehrt Sanierungen statt Abwicklungen bewirken sollte. Die Hoffnung wurde hier besonders auf das neue Sanierungsinstrument des „Dept-Equity-Swap" gelegt (§ 225a InsO), bei dem Gläubigerforderungen in GesAnteile umgewandelt werden. Nach Feststellung der Forschergruppe, die von der BReg mit der Evaluierung des ESUG fünf Jahre nach Inkrafttreten beauftragt worden war, wird der Dept-Equity-Swap in der Praxis allerdings eher selten genutzt (Bericht der BReg vom 30.4.2018 über die Erfahrungen mit der Anwendung des ESUG).

Dem Manko der InsO von 1999, für KonzernIns kein gesondertes Instrumentarium bereitzuhalten, begegnete der Gesetzgeber mit dem KonzInsoÄndG vom 13.4.2017 (BGBl I, 866). Ist eine Mehrzahl selbständiger, in einem Konzern zusammengeschlossener Unt von der Ins betroffen, führt der Zuschnitt des InsRechts auf den einzelnen Rechtsträger dazu, dass für jeden einzelnen Rechtsträger ein InsVerf eröffnet werden muss. Dadurch kommt es zu unterschiedlichen Gerichtszuständigkeiten, einer Mehrzahl von InsVerwaltern, nicht aufeinander abgestimmten Verwertungsstrategien oder gar – mit Blick auf konzerninterne Transaktionen – zu unproduktiven und kostenträchtigen Rechtsstreitigkeiten der InsVerwalter untereinander. Das KonzInsoÄndG sieht hier die Lösung zum einen in Regelungen zu einem Gruppengerichtsstand, die die Zusammenfassung sämtlicher Verfahren an einem InsGericht, begleitet von einer einheitlichen Richterzuständigkeit, ermöglichen. Die InsGerichte werden verpflichtet, sich darin abzustimmen, ob eine Person in mehreren oder allen InsVerfahren zum InsVerwalter bestellt werden kann. Zum anderen ist ein Koordinationsverfahren vorgesehen, das der Abstimmung der Einzelverfahren dient und in dessen Rahmen ein Koordinationsverwalter mit der Aufgabe der Koordination der Einzelverfahren betraut wird. Der Koordinationsverwalter hat einen vom Koordinierungsgericht zu bestätigenden Koordinationsplan vorzulegen, der als Referenzplan für die Einzelverfahren, insb dort auszuarbeitende Insolvenzpläne, dient.

5 Für das Verständnis der Rechnungslegung im InsVerfahren ist wesentlich, dass **zwei Rechnungslegungskreise** zu unterscheiden sind (ebenso bei Liq, s T Anm 11). Hierbei handelt es sich zum einen um die Rechenschaftslegung, die dem Rechnungslegungspflichtigen – idR der InsVerwalter – nach den Vorschriften der InsO ggü den am InsVerfahren Beteiligten obliegt (*interne Rechnungslegung;* hierzu nachfolgend Abschn II), zum anderen um die auch während des InsVerfahrens fortbestehende handels- und steuerrechtliche Rechnungslegungspflicht (*externe Rechnungslegung;* hierzu nachfolgend Abschn III).

II. Rechnungslegung nach der Insolvenzordnung

1. Rechnungslegung bei gesetzlicher Liquidation

10 Bestimmungen zur insolvenzrechtlichen Rechnungslegung enthalten §§ 66, 151 bis 154 InsO. Die Vorschriften beziehen sich auf den InsVerwalter. Bei zugelassener Eigenverwaltung der InsMasse durch den Schuldner (§§ 270 ff InsO) tritt dieser – unter der Aufsicht eines Sachwalters – an die Stelle des InsVerwalters (§§ 270 Abs 1, 281 InsO). Der vorläufige InsVerwalter – sowohl der „schwache" (Verfügungen des Schuldners bedürfen seiner Zustimmung) wie der „starke" vorläufige InsVerwalter (dem die Verwaltungs- und Verfügungsbefugnis des Schuldners übertragen ist) – ist zur Rechnungslegung nur ggü der Gläubigerversammlung bei Beendigung seines Amts zumindest in Form einer Einnahmen-/Ausgaben-Rechnung verpflichtet (§§ 21 Abs 2 S 1 Nr 1, 66 Abs 1 S 1 InsO). Im Einzelnen gilt Folgendes:

a) Masseverzeichnis, Gläubigerverzeichnis, Vermögensübersicht

13 Der vom InsGericht ernannte InsVerwalter (§ 27 Abs 1 S 1 InsO) hat über die nach der Eröffnung des InsVerfahrens in Besitz genommene InsMasse (§§ 148 Abs 1, 35 ff InsO) ein Verzeichnis der Massegegenstände **(Masseverzeichnis, Inventar)** aufzustellen, in dem die einzelnen verwertbaren Gegenstände nach Art und Wert zu bezeichnen sind (§ 151 Abs 1 S 1, Abs 2 S 1 InsO). Hierzu führt der InsVerwalter eine den handelsrechtlichen GoI entspr körperliche Bestandsaufnahme durch und erstellt ein Mengengerüst, aus dem – nach Bewertung der einzelnen VG – das Masseverzeichnis entwickelt wird. In das Verzeichnis sind alle Vermögenswerte aufzunehmen, die der InsVerwalter berechtigterweise verwerten kann, so etwa auch Forderungen, die sich aus der InsSituation ergeben, zB Forderungen aufgrund § 32b oder § 64 GmbHG (IDW RH HFA 1.010, Tz 12). Darüber hinaus gehören

II. Rechnungslegung nach der Insolvenzordnung 14 R

zur InsMasse auch die Geschäftsbücher des Schuldners (§ 36 Abs 2 Nr 1 InsO). Das Masseverzeichnis ist grundlegender Bestandteil der Vermögensübersicht nach § 153 InsO. Für ein Muster eines Verzeichnisses der Massegegenstände gemäß § 151 InsO s IDW RH HFA 1.010, Anlage A. Gegenstände, die mit einem Aussonderungsrecht behaftet sind, gehören nicht zur InsMasse und sind nicht in das Masseverzeichnis aufzunehmen (*Begr RegE,* 171; *Wegener* in FK-InsO[9] § 151 Anm 9; nur für unzweifelhaft bestehende Aussonderungsrechte: *Jungmann* in Schmidt InsO[198] § 151 Anm 5; anders IDW RH HFA 1.010, Tz 6, 16: auch auszusondernde Gegenstände unter Vermerk des Drittrechts); korrespondierend werden aussonderungsberechtigte Gläubiger nicht in das Gläubigerverzeichnis aufgenommen (§ 47 InsO). Zur vollständigen Unterrichtung der Beteiligten kann der InsVerwalter das Masseverzeichnis um eine Aufstellung der aussonderungsfähigen Gegenstände ergänzen oder im Berichtstermin (§ 156 InsO) darüber informieren. Absonderungsberechtigte Gläubiger können weiterhin die Einzelvollstreckung betreiben (§§ 49 ff InsO), doch hat der InsVerwalter bei beweglichen Gegenständen ein freihändiges Verwertungsrecht (§ 166 Abs 1 InsO) und es werden die Sicherungsgläubiger wegen des Verwaltungs- und Verwertungsaufwands mit einem Kostenbeitrag belastet (§§ 170, 171 InsO).

Handelsrechtliche Bilanzierungsvorschriften gelten für das Masseverzeichnis nicht, so dass zB auch selbst geschaffene immaterielle VG des Anlagevermögens ohne die Beschränkungen des § 248 Abs 2 HGB, sofern verwertbar, und uU auch ein realisierbarer GFW aufgenommen werden dürfen (*Möhlmann-Mahlau/Schmitt/Becker* in Vallender/Undritz[2] § 17 Anm 15; *Winnefeld*[5] N Anm 1011).

Zu dem Zeitpunkt, auf den die Inventur durchzuführen ist, s Anm 16.

Ein vorläufiger InsVerwalter wird im Hinblick auf angeordnete Sicherungsmaßnahmen auf den Tag der Anordnung eine Inventur durchführen. Diese entbindet den später bestellten InsVerwalter nicht von seiner Verpflichtung zur Aufstellung eines Masseverzeichnisses auf den Tag des Eröffnungsbeschlusses. Steht die Ordnungsmäßigkeit der Aufzeichnungen des vorläufigen InsVerwalters außer Frage, kommt jedoch eine Fortschreibung seiner Bestandsaufnahme in Betracht (IDW RH HFA 1.010, Tz 24).

Zur Einreichungsfrist des Verzeichnisses der Massegegenstände beim InsGericht s Anm 17. Die Aufstellung des Verzeichnisses kann auf Gestattung des InsGerichts unterbleiben (§ 151 Abs 3 InsO), so etwa bei geringem oder geringwertigem Aktivbestand.

Ist bei *angenommener* Fortführung des Unt ein Gegenstand mit einem anderen Wert **(Fortführungswert)** anzusetzen, als er ihm bei Liq des Schuldnervermögens beigemessen werden kann **(Liquidationswert),** ist auch dieser Wert anzugeben (§ 151 Abs 2 S 2 InsO). 14

Die Angabe alternativer Wertansätze in demselben Rechenwerk stellt eine Novität in der deutschen Rechnungslegung dar. Mit ihr sollte dem Umstand Rechnung getragen werden, dass bei der Zusammenfassung von KO, VglO und GesO in einem einheitlichen Gesetz unterschiedliche Fortführungsannahmen aufeinandertrafen (KO: UntZerschlagung und Liq; GesO und VglO: UntUmstrukturierung, UntFortführung). Nach der Recherche von *Heni* (77 ff) hat das Konzept alternativer Wertansätze das Gesetzgebungsverfahren ohne inhaltliche Auseinandersetzung passiert; Forderungen der Praxis nach einem solchen Rechenwerk seien nicht bekannt geworden. Gesetzliche Leitlinien für die Ermittlung der Fortführungswerte fehlen; in § 151 Abs 2 S 3 InsO verweist der Gesetzgeber zur Lösung besonders schwieriger Bewertungsfragen auf die Beiziehung eines Sachverständigen.

Der *Fortführungswert* soll den Wert widerspiegeln, den ein Erwerber des gesamten Unt auf der Grundlage eines konkreten Fortführungs-/Sanierungskonzepts im Rahmen des Gesamtkaufpreises für den einzelnen VG zu zahlen bereit wäre (IDW RH HFA 1.010, Tz 37). In dem frühen Verfahrensstadium, in dem das Masseverzeichnis aufzustellen ist, ist über das weitere Schicksal des SchuldnerUnt noch nicht entschieden. Welche Reorganisationsmaßnahmen eine Sanierung des Unt versprechen und welchen Preis ein Erwerber für das gesundende GesamtUnt zu zahlen bereit wäre, wird in diesem Zeitpunkt regelmäßig noch sehr unbestimmt sein. Mangels zuverlässiger Bezifferbarkeit eines solchen erzielbaren Verkaufspreises fehlt aber die Grundlage zur Ableitung von Fortführungswerten für die einzelnen Gegenstände des SchuldnerUnt (*Pink*, 81; *Wegener* in FK-InsO[9] § 151 Anm 18, 20; *Teller*[3], 34). Weiterhin ist das Verfahren zur Verteilung des Gesamtfortführungswerts auf die einzelnen VG fraglich; letztlich bleibt der Erkenntniswert so vorgenommener Wertzuweisungen unklar (kritisch auch *Hess* in Kölner Komm InsO[3] § 151 Anm 36 ff; *Haffa/Leichtle* in Braun[7], InsO § 151 Anm 10; *Jungmann* in Schmidt InsO[19] § 151 Anm 14, 16; für Verzicht auf die Angabe von Fortführungswerten: *Sinz* in Uhlenbruck InsO[14] § 151 Anm 8).

In der Praxis wird man sich entspr den Überlegungen zur Bewertung des Vermögens im Überschuldungsstatus bei positiver Fortbestehensprognose damit behelfen, idR von den Wiederbeschaffungskosten für gleichartige gebrauchte WG (in Ermangelung eines Gebrauchtmarktes AK bzw HK abzgl Abschreibungen; vgl IDW RH HFA 1.010, Tz 38; *Jungmann* in Schmidt InsO[19] § 151 Anm 18; *Hess* in Kölner Komm InsO[3] § 151 Anm 38; *Höffner*, ZIP 1999, 2088) auszugehen, sofern eine Fortführung des Unt nicht von vornherein ausgeschlossen erscheint.

Die Angabe von Fortführungswerten darf unterbleiben, wenn eine UntFortführung aus objektiven Gründen nicht in Betracht kommt, etwa wenn die UntTätigkeit bei Verfahrenseröffnung bereits eingestellt ist (IDW RH HFA 1.010, Tz 32).

Der *Liquidationswert* soll demggü den Wert repräsentieren, der im Falle der Veräußerung des VG am Markt erzielbar wäre (Einzelveräußerungswert abzgl Veräußerungskosten). Das bedingt, dass in den VG ggf vorhandene stille Reserven in voller Höhe, ohne Begrenzung durch das Anschaffungswertprinzip (§ 253 Abs 1 S 1 HGB), aufzudecken sind; andererseits kann sich aber auch die Notwendigkeit ergeben, einen Wertansatz unterhalb des Buchwerts vorzunehmen. Nach IDW RH HFA 1.010, Tz 35, können die Werte aus einem zeitnahen Überschuldungsstatus bei negativer Fortbestehensprognose übernommen werden, sofern dieselbe Verwertungsstrategie zugrunde liegt; Wertabweichungen sind zu begründen.

15 Dem InsVerwalter obliegt ferner die Aufstellung eines **Gläubigerverzeichnisses** (§ 152 InsO). Darin sind alle Gläubiger des Schuldners aufzuführen, die dem InsVerwalter aus Unterlagen oder nach Angaben des Schuldners,

II. Rechnungslegung nach der Insolvenzordnung 16 R

aufgrund Anmeldung oder in sonstiger Weise bekannt werden. Absonderungsberechtigte (§ 49 InsO) sind in das Verzeichnis mit aufzunehmen, Aussonderungsberechtigte dagegen nicht (Begr RegE, 171). Die absonderungsberechtigten Gläubiger (§§ 49 ff InsO) sowie die einzelnen Rangklassen der nachrangigen InsGläubiger (§ 39 InsO) sind von den einfachen InsGläubigern abzugrenzen (§ 152 Abs 2 S 1 InsO). Gläubiger, Gläubigerforderung sowie ggf absonderungsberechtigter Gegenstand sind nach Maßgabe von § 152 Abs 2 S 2 und 3 InsO näher zu bezeichnen; das Bestehen einer Aufrechnungsmöglichkeit ist anzugeben (§ 152 Abs 3 S 1 InsO). In das Gläubigerverzeichnis sind zusätzlich bereits die Masseverbindlichkeiten (Verfahrenskosten und sonstige Masseverbindlichkeiten, bspw solche aus gegenseitigen Verträgen, soweit deren Erfüllung zur Insolvenzmasse verlangt wird, §§ 54 f InsO) aufzunehmen, die bei zügiger Liq zu erwarten sind (§ 152 Abs 3 S 2 InsO). Die Bewertung der Gläubigerforderungen (Verbindlichkeiten des SchuldnerUnt) erfolgt mit dem Nennwert, der regelmäßig dem Nennbetrag der Verbindlichkeit in den Büchern des SchuldnerUnt entspricht; zweifelhafte und strittige Forderungen jedoch nur mit ihrem geltend gemachten Betrag (*Winnefeld*[5] N Anm 1032).

Das Gläubigerverzeichnis ist zu unterscheiden von der Tabelle der angemeldeten und eingetragenen Forderungen (§§ 175, 178 InsO) sowie von dem Verzeichnis der bei der Verteilung zu berücksichtigenden Forderungen (Verteilungsverzeichnis, § 188 InsO; dieses entspricht dem Gläubigerverzeichnis/Schlussverzeichnis nach § 151 KO). Zu einem Muster eines Gläubigerverzeichnisses gemäß § 152 InsO s Anlage B zu IDW RH HFA 1.010.

Die Ergebnisse der Ermittlungen nach §§ 151, 152 InsO sind die Grundlage für die vom InsVerwalter aufzustellende **Vermögensübersicht** (§ 153 InsO). Darin sind die im Masse- und Gläubigerverzeichnis enthaltenen Posten einander gegenüberzustellen. Mengenangaben entfallen und es können einzelne Posten zu Gruppen zusammengefasst werden. Da gem § 153 Abs 1 S 2 InsO die Vorschrift des § 151 Abs 2 InsO gilt (Anm 14), sind bei möglicher UntFortführung auch in der Vermögensübersicht die Massegegenstände mit ihren alternativen Wertansätzen aufzuführen. Bis zur Einreichung der Vermögensübersicht beim InsGericht (zur Aufstellungsfrist s Anm 17) neu gewonnene Erkenntnisse muss der InsVerwalter berücksichtigen und Bewertungen ggf entspr anpassen. Ebenfalls sind wertaufhellende und wertbegründende Tatsachen noch zu berücksichtigen (IDW RH HFA 1.010, Tz 75).

Die Vermögensübersicht ist auf den **Zeitpunkt** der Eröffnung des InsVerfahrens aufzustellen (§ 153 Abs 1 S 1 InsO). Für Masse- und Gläubigerverzeichnis ist ein bestimmter Stichtag gesetzlich nicht festgelegt; zweckmäßigerweise wird jedoch auch hier der Tag der Verfahrenseröffnung gewählt (ebenso *Haffa/Leichtle* in Braun[7] InsO § 151 Anm 8; *Jarchow* in HambKomm InsO[6] § 151 Anm 5; aA *Jungmann* in Schmidt InsO[19] § 151 Anm 8, der einen Stichtag möglichst nah am Berichtstermin befürwortet – wegen unterschiedlicher Bezugszeitpunkte müssten danach Massegegenstände und Schulden zweimal erfasst und bewertet werden). Da der Tag der Eröffnung des InsVerfahrens ungewiss ist, lassen sich auf diesen Zeitpunkt keine organisatorischen Maßnahmen zur Bestandsaufnahme treffen. Inventur und Erstellung der Verzeichnisse folgen dem Tag der Verfahrenseröffnung daher regelmäßig nach.

16

Im Wege der zeitlich ausgeweiteten Stichtagsinventur kann nach den GoI eine dem Stichtag nachgelagerte Inventur erfolgen, wenn die Aufzeichnungen des Unt zuverlässig eine Rückrechnung der Bestände auf den Stichtag zulassen. Handelsrechtlich wird für die zeitlich ausgeweitete Stichtagsinventur ein Zeitraum von bis zu zehn Tagen nach dem Stichtag als zulässig erachtet.

Die Darstellung des Aktiv- und Passivvermögens hat – bei möglicher Unt-Fortführung – die alternativen Wertansätze der Massegegenstände (Anm 14) zu umfassen. Die Ordnung der Darstellung liegt im Ermessen des InsVerwalters; der Ausweis der Schulden ist jedoch entspr den Klassifizierungen im Gläubigerverzeichnis vorzunehmen (§§ 152 Abs 2 S 1, 153 Abs 1 S 2 InsO; Muster einer Vermögensübersicht s Anlage A zu IDW RH HFA 1.011).

Der gesetzgeberische Ansatz, die Vermögensübersicht zur zentralen Grundlage für die Entscheidung der Gläubiger über die Fortführung oder Abwicklung des insolventen Unt zu erheben, ist zu kritisieren. Solche Entscheidungsgrundlagen müssen vielmehr in erster Linie verbal und schriftlich, durch zukunftsgerichtete Darstellung und Erl von Handlungsalternativen, kommuniziert werden. Zeitraumbezogene Planrechnungen begleiten solche Darstellungen. Scheingenaue Stichtagsrechnungen sind für die von den InsGläubigern zu treffende, weitreichende Verwertungsentscheidung dagegen nicht nur nicht hilfreich, sondern können gar in die Irre führen (ebenso *Klein,* 37; *Heni,* 80 ff).

17 Masseverzeichnis, Gläubigerverzeichnis und Vermögensübersicht sind zur Unterrichtung der Verfahrensbeteiligten spätestens eine Woche vor dem Berichtstermin (§ 156 InsO) beim InsGericht auszulegen (§ 154 InsO). Die **Aufstellungsfrist** für diese Unterlagen ergibt sich daraus, dass der Berichtstermin dem Tag des Eröffnungsbeschlusses nicht mehr als drei Monate nachfolgen darf (§ 29 Abs 1 Nr 1 InsO). *Beispiel:* Eröffnungsbeschluss Montag, 11.3.; dann Berichtstermin spätestens Dienstag, 11.6.; Auslage von Masseverzeichnis etc in diesem Fall spätestens ab Dienstag, 4.6. (§ 188 Abs 2 iVm § 187 Abs 1 BGB).

b) Zwischenrechnung, Berichterstattung

25 Der InsVerwalter ist auf Verlangen der Gläubigerversammlung zur **Zwischenrechnungslegung** verpflichtet (§ 66 Abs 3 S 1 InsO). Eine Verpflichtung zu periodischer (interner) Rechnungslegung besteht von Gesetzes wegen nicht. Gegenstand und Inhalt der Zwischenrechnungslegung entsprechen denjenigen bei der Schlussrechnung (§ 66 Abs 3 S 2 InsO; Anm 30).

Darüber hinaus ist der InsVerwalter ggü der Gläubigerversammlung verpflichtet, zu speziellen Anfragen **Auskunft** zu erteilen oder auch einen allg **Bericht über Sachstand und Geschäftsführung** abzugeben (§ 79 S 1 InsO). Die gleiche Verpflichtung besteht ggü dem InsGericht (§ 58 Abs 1 S 2 InsO). Die InsGerichte erwarten idR eine halbjährliche Berichterstattung zum Stand des Verfahrens; eine Zwischenrechnungslegung wird nur bei besonderer Veranlassung angefordert. Zugunsten des Gläubigerausschusses ist ein entspr Informationsrecht anders als seinerzeit in § 88 Abs 2 S 1 KO zwar nicht kodifiziert (§ 69 InsO). Es besteht aber auch nach neuem Recht fort,

II. Rechnungslegung nach der Insolvenzordnung   30, 31   **R**

sofern die InsO die Rechte des Gläubigerausschusses nicht beschneiden wollte (*Begr RegE,* 132).

Der InsVerwalter hat, ggf durch Erfüllungsgehilfen, Aufzeichnungen über den Geldverkehr und Geldbestand anzufertigen und dem Gläubigerausschuss zu dessen pflichtgemäßer Prüfung (**Kassenprüfung**) zu überlassen (§ 69 S 2 InsO). Die Vorlagepflicht bezieht sich auf sämtliche Unterlagen und Belege über Bargeldbestände, Geldkonten und ihre Veränderungen. Der Gläubigerausschuss muss die Prüfung nicht selbst vornehmen, sondern kann einen sachverständigen Dritten, zB den APr im Rahmen der JAP, beauftragen, dessen Kosten zu Lasten der InsMasse gehen (*Begr RegE,* 132). Ist ein Gläubigerausschuss nicht bestellt, ist für die Kassenprüfung die Gläubigerversammlung zuständig (§ 79 S 2 InsO).

c) Schlussrechnung, Prüfung

Der InsVerwalter ist zum Ende seines Amtes zur Vorlage einer **Schlussrechnung** verpflichtet (§ 66 Abs 1 InsO). Das Amt des InsVerwalters endet im Regelfall mit der Aufhebung des InsVerfahrens im Anschluss an die Schlussverteilung der verwerteten InsMasse (§§ 196, 200 InsO) oder aber mit rechtskräftiger Bestätigung eines InsPlans (§ 258 Abs 1 InsO); in letzterem Fall kann nach § 66 Abs 1 S 2 InsO der InsPlan eine abw Regelung hinsichtlich der Schlussrechnung treffen, insb auf diese verzichten. 30

Hinsichtlich des Inhalts der Schlussrechnung enthält die InsO keine Bestimmungen. Die InsGerichte verlangen zumeist eine Einnahmen-/Ausgaben-Rechnung und einen Tätigkeitsbericht. Mitunter wird auch die Vorlage einer Schlussbilanz erwartet. Hatte das InsVerfahren die Liq des SchuldnerUnt zum Gegenstand, ist in der Schlussphase des Verfahrens vom InsVerwalter ferner das Verteilungsverzeichnis aufzustellen. Zum Muster einer Schlussrechnung s Anlage C zu IDW RH HFA 1.011.

Die **Einnahmen-/Ausgaben-Rechnung** besteht in einer chronologisch geordneten Darstellung sämtlicher Zahlungsvorgänge, die während des InsVerfahrens zu Gunsten oder zu Lasten des SchuldnerUnt erfolgt sind.

Im **Tätigkeitsbericht** (Schlussbericht) sind die gesamten Maßnahmen des InsVerwalters zur Verwaltung und Verwertung der InsMasse darzustellen. Eine wesentliche Abweichung zwischen dem Wertansatz eines Gegenstands in der Vermögensübersicht und dem Verwertungsergebnis ist zu erläutern. Zum Schlussbericht ausführlich *Frege/Riedel* sowie *Möhlmann-Mahlau/Schmitt/Becker* in Vallender/Undritz[2] § 17 Anm 55f; zum Muster eines Schlussberichts s Anlage D zu IDW RH HFA 1.011.

Das **Verteilungsverzeichnis** (§ 188 InsO) ist eine Darstellung derjenigen Forderungen, die zur InsTabelle angemeldet wurden und nach Prüfung gem §§ 176 ff InsO bei der Verteilung zu berücksichtigen sind. Anders als in der HBil werden im Verteilungsverzeichnis die festgestellten Forderungen mit ihrem Nominalbetrag angesetzt (Anm 85). Als **Schlussbilanz** kann die letzte aufzustellende HBil herangezogen werden (Anm 85; *Pink,* 241, 258).

Die Rechenschaftspflicht besteht ggü der Gläubigerversammlung, doch wird die **Prüfung** der Schlussrechnung zunächst vom InsGericht vorgenommen (§ 66 Abs 2 S 1 InsO). Der InsVerwalter hat sämtliche Belege zu seinen 31

Aufzeichnungen vorzulegen, um eine materielle Prüfung zu ermöglichen. Das Gericht kann sich bei der Prüfung eines Sachverständigen bedienen. Über das Ergebnis seiner Prüfung fertigt das InsGericht einen Vermerk. Ist ein Gläubigerausschuss bestellt, prüft anschließend dieser die Schlussrechnung. Sodann sind Schlussrechnung nebst Belegen, Prüfungsvermerk des InsGerichts sowie ggf Bemerkungen des Gläubigerausschusses zur Einsicht der Verfahrensbeteiligten an einem Ort nach Wahl des InsGerichts auszulegen (§ 66 Abs 2 S 2 InsO).

Nach frühestens einer Woche seit Auslegung schließt sich eine **Gläubigerversammlung** an, in der die Schlussrechnung zu erörtern ist (§ 66 Abs 2 S 3 InsO). Diese Gläubigerversammlung fällt mit dem Schlusstermin (§ 197 InsO) zusammen, wenn das InsGericht zugleich mit der Terminbestimmung seine Zustimmung zu der vom InsVerwalter vorgesehenen Schlussverteilung erteilt (§§ 197 Abs 1 S 1, 196 Abs 2 S 2 InsO) und keine weitere Gläubigerversammlung mehr angesetzt wird.

2. Rechnungslegung bei Insolvenzplan

40 Im InsPlan können die Beteiligten eine von den Vorschriften der InsO abw Regelung der Verwertung und/oder Verteilung der InsMasse sowie der Haftung des Schuldners nach Beendigung des InsVerfahrens bestimmen (§ 217 InsO; Anm 3, 4; zu den Anforderungen an InsPläne s IDW S 2).

Der InsPlan kann sich darauf beschränken, eine von den Bestimmungen der InsO abw **Liquidation** des Schuldnervermögens vorzusehen (Anm 4). Die Freiheit in der Art und Weise der Versilberung des Schuldnervermögens lässt die in Anm 10 ff dargestellten insolvenzrechtlichen Rechenschaftspflichten indessen unberührt. Für die Verpflichtung zur Aufstellung von Masseverzeichnis, Gläubigerverzeichnis und Vermögensübersicht folgt dies schon daraus, dass diese im Zeitpunkt der Beschlussfassung über den LiqPlan (Erörterungs- und Abstimmungstermin, § 235 InsO, der frühestens zusammen mit Berichts- und Prüfungstermin stattfinden kann, §§ 236, 29 InsO) bereits vom InsVerwalter aufzustellen waren (§ 154 InsO).

41 Zwischenberichterstattung sowie Schlussrechnungslegung dienen einer geordneten und nachprüfbaren Abwicklung des Verfahrens und damit dem Schutz der am InsVerfahren Beteiligten. Das Bedürfnis hierfür ist bei privatautonom gestalteter Abwicklung nicht geringer als bei Liq nach den gesetzlichen Vorschriften. Ist im InsPlan nichts anderes vorgesehen, fällt die Erfüllung dieser Pflichten in den Verantwortungsbereich des Schuldners, der mit der Aufhebung des InsVerfahrens nach Planbestätigung die Verfügungsmacht über die InsMasse zurückerhält (§§ 258 Abs 1, 259 Abs 1 S 2 InsO). Zum Verzicht auf Schlussrechnungslegung s Anm 30.

42 Hält der InsVerwalter die übertragende oder sanierende **Fortführung** des SchuldnerUnt für möglich und will er deshalb der Gläubigerversammlung einen entspr InsPlan vorschlagen, gilt im Grundsatz nichts anderes. Die Vermögensaufstellungen nach §§ 151 bis 153 InsO sind auch in diesem Fall erforderlich, denn sie dienen der Entscheidungsfindung der Gläubigerversammlung über die Nicht-/Fortführung des SchuldnerUnt durch Nicht-/Annahme des InsPlans.

III. Rechnungslegung nach Handels- und Steuerrecht   43–55 R

Zu den inhaltlichen Anforderungen an die Planrechnungen nach § 229 InsO s *Heni*, 214 ff. Die in § 229 InsO genannte Vermögensübersicht ist von derjenigen nach § 153 InsO (Anm 16) zu unterscheiden. Hat die Gläubigerversammlung die UntFortführung beschlossen, besteht mehr noch als im Falle der Liq die Notwendigkeit einer Zwischenrechnungslegung und Sachstandsberichterstattung, damit die Gläubiger in dieser kritischen Phase notfalls erneut Eröffnung des InsVerfahrens beantragen können.

Eine Schlussrechnung ist bei der *übertragenden* Sanierung unentbehrlich, um den zur Verteilung stehenden Verwertungserlös festzustellen. Beschließen die Beteiligten die *sanierende* Fortführung des SchuldnerUnt, hat der InsVerwalter bei Abschluss des InsVerfahrens nach gerichtlicher Bestätigung des InsPlans (§ 258 Abs 1 InsO) Schlussrechnung zu legen.

Der InsPlan kann über die gesetzlichen Bestimmungen hinaus eigenstän- 43
dige Regelungen treffen. Insb können die Gläubiger die **Überwachung der Planerfüllung** vorsehen (§ 260 Abs 1 InsO). Die Überwachung bezieht sich auf die Erfüllung der Ansprüche, die den Gläubigern nach dem InsPlan zustehen (§ 260 Abs 2 und 3 InsO).

Bestimmen die Gläubiger *keine* von den §§ 260 ff InsO abw Art und Weise der Überwachung, fällt diese in die Zuständigkeit des InsVerwalters (§ 261 Abs 1 InsO). Dieser ist dann dem InsGericht sowie ggf dem Gläubigerausschuss *jährlich* über den Stand und die weiteren Aussichten der Planerfüllung berichtspflichtig (§ 261 Abs 2 S 1 InsO). Zusätzlich besteht die Verpflichtung zur Auskunftserteilung und Zwischenberichterstattung auf Verlangen des InsGerichts oder des Gläubigerausschusses (§ 261 Abs 2 S 2 InsO).

III. Rechnungslegung nach Handels- und Steuerrecht

Gem § 155 Abs 1 InsO sind die **allgemeinen Buchführungs- und** 50
Rechnungslegungspflichten nach HGB und den Steuergesetzen weiterhin zu erfüllen. Hierzu gehört die Verpflichtung
– Handelsbücher zu führen (§ 239 HGB),
– JA aufzustellen (§ 242 HGB),
– Ansatz- und Bewertungsvorschriften des HGB (§§ 246 ff, 252 ff HGB) und ggf rechtsformspezifische Vorschriften (AktG, GmbHG, PublG) zu beachten,
– bei bestehender Prüfungspflicht (§ 316 HGB) die JA und auch die insolvenzrechtliche EB (Anm 75) durch einen AP prüfen zu lassen,
– die hiernach obligatorischen Aufzeichnungen auch für Zwecke der Besteuerung vorzunehmen (§ 140 AO).

Die Bilanzierung in der HBil richtet sich nach den Vorschriften des 51
HGB. Die im InsStatus (Anm 13 bis 17) vorgenommenen Ansätze sind für die fortzuführende Rechnungslegung nach HGB nur insoweit von Bedeutung, als sie einen Abwertungsbedarf, eine Wertaufholung (§ 253 Abs 5 HGB) oder Anlass zu weiterer Rückstellungsbildung indizieren.

1. Beginn eines neuen Geschäftsjahres

Mit der Eröffnung des InsVerfahrens (Tag des Eröffnungsbeschlusses) be- 55
ginnt ein **neues Geschäftsjahr** (§ 155 Abs 2 S 1 InsO). Das neu beginnen-

Förschle / Weisang   827

de Gj ist nicht ein gesondertes insolvenzrechtliches Gj, sondern bestimmt die handels- wie steuerrechtlich maßgebliche Rechnungslegungsperiode. Satzungsändernde Wirkung entfaltet § 155 Abs 2 S 1 InsO gleichwohl nicht (BGH v 14.10.2014 GmbHR 2015, 132 ff; OLG Ffm v 21.5.2012 ZIP 2012, 1619). Steuerlich ist die Zustimmung des FA zu der GjÄnderung erforderlich (§ 4a Abs 1 S 2 Nr 2 S 2 EStG; *Begr RegE*, 172), die freilich stets als (konkludent) erteilt angenommen werden kann, da sich die FinVerw andernfalls in Widerspruch zu der gesetzlichen Anordnung nach § 155 Abs 2 S 1 InsO setzen würde.

Für das neue Gj sowie ggf weitere Gj gilt die Dauer von 12 Monaten (§ 240 Abs 2 S 2 HGB; ebenso *Winnefeld*[5] N Anm 1130; *Klein* 44), solange nicht aufgrund besonderer Umstände eine Verkürzung des Gj eintritt. Das neue Gj wird im Regelfall zu dem satzungsmäßigen Gj in Widerspruch stehen. Die GjÄnderung ist vom InsVerwalter zum HR anzumelden und vom Registergericht einzutragen (OLG Ffm v 1.10.2013 ZIP 2014, 433). Nach der Entscheidung des BGH v 14.10.2014 (GmbHR 2015, 132 ff) reicht hierzu der InsVermerk, der das Datum der Eröffnung des InsVerfahrens widergibt, als Information des Rechtsverkehrs über das geänderte Gj aus.

Eine Rückkehr zum satzungsmäßigen Gj ist möglich und liegt in der Alleinzuständigkeit des InsVerwalters (BGH v 14.10.2014 GmbHR 2015, 132 ff; OLG Ffm v 21.5.2012 ZIP, 2012, 1619); sie ist jedoch erst mit Wirkung für Zeiträume nach der Eröffnung des InsVerfahrens möglich (*ADS*[6] § 270 AktG Anm 25 mwN; OLG Ffm v 1.10.2013 ZIP 2014, 433; keine rückwirkende GjÄnderung möglich). Diese Entscheidung des InsVerwalters stellt nach der Beurteilung des BGH (14.10.2014 GmbHR 2015, 132 ff) keine Satzungsänderung dar, die auch keines GesterBeschlusses bedarf; sie ist aber dem Registergericht zur Eintragung in das HR mitzuteilen (nach zutreffender Ansicht von *Melchior* Anm zu BGH v 14.10.2014 GmbHR 2015, 132 ff, erfolgt die Eintragung in Spalte 6b unter den InsTatsachen, also im Kontext mit dem die InsEröffnung bekannt machenden InsVermerk).

Entspr § 155 Abs 2 S 1 InsO bewirkt die Beendigung des InsVerfahrens das Ende des Gj (*Begr RegE*, 172). Das InsVerfahren endet im Falle der Liq nach den Vorschriften der InsO mit der Aufhebung des Verfahrens nach der Schlussverteilung (§ 200 Abs 1 InsO), im Übrigen nach Zustandekommen eines InsPlans (§ 258 Abs 1 InsO) oder der Einstellung des Verfahrens (§§ 207 ff InsO).

56 Aufgrund der Regelung des § 155 Abs 2 S 1 InsO ergeben sich regelmäßig **Rumpfgeschäftsjahre.** Das gilt zum einen für den Zeitraum zwischen dem letzten regulären Bilanzstichtag und dem Tag des Eröffnungsbeschlusses. Ein verkürztes Gj ergibt sich im Regelfall ferner für die Zeit zwischen dem letzten in den Lauf des InsVerfahrens fallenden Bilanzstichtag und dem Zeitpunkt der Beendigung des InsVerfahrens.

2. Bilanzaufstellung, Bilanzprüfung

60 Die RumpfGj (Anm 56) sind mit einer **Schlussbilanz** abzuschließen. Das ergibt sich für das letzte werbende Gj aus § 155 Abs 3 S 2 InsO (*Begr RegE*, 173; IDW RH HFA 1.012, Tz 11; *Pink*, 101) sowie der allg Regelung des

III. Rechnungslegung nach Handels- und Steuerrecht   65, 66   R

§ 242 Abs 1 S 1 HGB; das gilt auch im Falle der Betriebsfortführung (*Begr RegE*, 172 f; aA *Pink*, 134, wonach in diesem Fall die EB – hierzu Anm 75 f – die Funktion der SB übernimmt). Für das Gj der Beendigung des Ins-Verfahrens folgt die Pflicht zur Aufstellung einer SB für AG und GmbH aus der entspr Anwendung der §§ 270 Abs 1 AktG, 71 Abs 1 GmbHG, im Übrigen aus § 242 Abs 1 HGB (*Pink*, 132; *Schöpfer* in Kölner Komm InsO³ § 155 Anm 294). Der nach § 155 Abs 2 S 1 InsO mit dem Eröffnungsbeschluss angeordnete Beginn eines neuen Gj macht außerdem die Aufstellung einer **Eröffnungsbilanz** (InsEB) erforderlich (*Begr RegE*, 172, unter Hinweis auf § 270 Abs 1 AktG, § 71 Abs 1 GmbHG; IDW RH HFA 1.012, Tz 15; *Pink*, 102, 135; *Schöpfer* in Kölner Komm InsO³ § 155 Anm 229; aA *Füchsl/Weishäupl/Jaffé* in MünchKomm InsO³ § 155 Anm 8, die bei sofortiger Zerschlagung eine EB für entbehrlich halten).

Zuständig ist der InsVerwalter, auf den gem §§ 80 Abs 1, 155 Abs 1 InsO – vorbehaltlich vom InsGericht zugelassener Eigenverwaltung – mit der Eröffnung des InsVerfahrens die Rechnungslegungspflichten unter Ausschluss des Schuldners übergehen (*Schöpfer* in Kölner Komm InsO³ § 155 Anm 223).

a) Schlussbilanz für das letzte Geschäftsjahr vor Verfahrenseröffnung

Für diese Bilanz gelten im Grundsatz die **Ansatz- und Gliederungsvor-** 65 **schriften** des HGB (§§ 246 ff). Bilanzierungsverbote (§ 248 HGB) sind auch im Falle der Verwertbarkeit solcher Posten – anders als bei der Aufstellung des Masseverzeichnisses (Anm 13) – weiterhin zu beachten. Die Bilanz ist auf das der Verfahrenseröffnung vorangehende Tagesende (24:00 Uhr) aufzustellen (IDW RH HFA 1.012, Tz 11). Im Einzelnen kann auf die Ausführungen zur Abwicklungsrechnungslegung verwiesen werden, die insoweit gleichermaßen gelten (T Anm 110 ff).

Die **Bewertung** des Vermögens erfolgt zu LiqWerten, wenn der Ge- 66 schäftsbetrieb des SchuldnerUnt nach § 22 Abs 1 S 2 Nr 2 oder § 158 InsO eingestellt wurde oder trotz einstweiliger UntFortführung eine Going-Concern-Annahme nach den konkreten Umständen am Bilanzstichtag nicht begründet ist (§ 252 Abs 1 Nr 2 HGB; IDW RH HFA 1.012, Tz 14; zur handelsrechtlichen Bilanzierung bei Abkehr von der Going-Concern-Prämisse s IDW RS HFA 17), andernfalls zu Fortführungswerten (*Begr RegE*, 172; *Winnefeld*⁵ N Anm 991; *Eickes* DB 2015, 933 ff; aA *Pink*, 101 f, wonach in jedem Fall zu fortgeführten Buchwerten zu bewerten ist). Über die Einstellung oder Fortführung des Geschäftsbetriebs entscheidet endgültig die Gläubigerversammlung im Berichtstermin (§ 157 S 1 InsO); ihre Stilllegungsentscheidung bei bis dahin fortgeführtem Geschäftsbetrieb oder umgekehrt bleibt als wertbegründendes Ereignis nach dem Bilanzstichtag für die Bewertung in der SB außer Betracht (aA *Winnefeld*⁵ N Anm 992: Wertaufhellung; wie hier: *Fischer-Böhnlein/Körner* BB 2001, 194 f).

Bei Ansatz von *Liquidationswerten* (Anm 14) erfolgt eine Neubewertung der VG und Schulden unter Veräußerungsgesichtspunkten (Ansatz von Nettoveräußerungswerten), wobei das Vorsichtsprinzip (§ 252 Abs 1 Nr 4 HGB) gilt. Ggf vorhandene stille Reserven sind aufzudecken, wegen der auch im

InsFall grds fortbestehenden KfmEigenschaft des Gemeinschuldners und der daraus resultierenden Fortgeltung der §§ 238 ff HGB (hier: Anschaffungswertprinzip, § 253 Abs 1 S 1 HGB) jedoch nur bis zur Obergrenze der historischen AK/HK (*Schöpfer* in Kölner Komm InsO³ § 155 Anm 338, 340; T Anm 141; *Förschle* Anm zum Urteil des BGH v 29.9.1997 WuB II C. § 11 GmbHG 1.98; aA *Pink*, 121, wonach stille Reserven ggf auch über die AK/HK hinaus aufzudecken sind). Als *Fortführungswerte* sind grds die fortgeschriebenen Buchwerte der letzten Jahresbilanz anzusetzen, wenn diese nach Going-Concern-Grundsätzen aufgestellt wurde (*Pink*, 135; T Anm 145, jeweils für die EB). Insofern besteht ein Unterschied zu dem Begriff der Fortführungswerte im Zusammenhang mit der Bewertung im Massenverzeichnis (Anm 14; ebenso *Pink*, 146); die dortigen Wertansätze sind für die handelsrechtliche Rechnungslegung nur ausnahmsweise zu übernehmen (Anm 51).

67 **Abweichungen** beim Ansatz oder der Bewertung einzelner VG ggü dem Vj können sich etwa im Falle einer Stilllegung von Betriebsteilen oder der beabsichtigten Veräußerung von Anlagevermögen ergeben (§ 270 Abs 2 S 3 AktG, § 71 Abs 2 S 3 GmbHG). Bei Einstellung des Geschäftsbetriebs für zu erwartende Abfindungszahlungen aufgrund eines Sozialplans oder für andere durch das InsVerfahren ausgelöste Belastungen eine Rückstellungsbildung geboten (WPH HBd¹⁶, F Anm 674; *Schöpfer* in Kölner Komm InsO³ § 155 Anm 369 ff). Erst künftig entstehende Kosten des InsVerfahrens und sonstige Masseverbindlichkeiten sind dagegen – anders als bei der Vermögensübersicht (Anm 16, 15) – nicht zu passivieren (T Anm 125). Aus der InsSituation resultierende Forderungen, etwa Schadenersatzansprüche aus § 64 GmbHG, sind bereits in der SB abzubilden. Eine Berücksichtigung erst in der InsEB – hierzu nachfolgend Anm 75f – würde demggü gegen den handelsrechtlich vorgeschriebenen und durch die InsO nicht suspendierten Grundsatz des Bilanzzusammenhangs (§ 252 Abs 1 Nr 1 HGB) zwischen SB und EB verstoßen (s Anm 75). Solange die Höhe solcher Ansprüche nicht zweifelsfrei feststeht, wird man mit Rücksicht auf das Vorsichtsprinzip den Ansatz mit dem Erinnerungswert vornehmen.

68 Neben der SB ist eine **GuV** zu erstellen. Bei KapGes und PersGes iSv § 264a HGB ist ferner ein **Anhang** und nach Maßgabe der §§ 264 Abs 1, 267 HGB auch ein **Lagebericht** erforderlich. Für die Aufstellung und Offenlegung des Abschlusses gilt die Fristverlängerung nach § 155 Abs 2 S 2 InsO (s Anm 75). Für KleinstKapGes gelten die durch das MicroBilG (v 20.12.2012 BGBl I 2751) eingeräumten Erleichterungen.

69 Für die Prüfung der SB mit GuV und Anhang sowie ggf Lagebericht bleibt ein bereits vor Eröffnung des InsVerfahrens nach § 316 Abs 1 HGB als gesetzlicher Prüfer bestellter **Abschlussprüfer** weiterhin zuständig (§ 155 Abs 3 S 2 InsO; hierzu *Begr RegE*, 173). Ein bereits bestellter gesetzlicher AP kann weder vom InsVerwalter noch vom InsGericht „abbestellt" werden, sofern nicht ein Ausschlusstatbestand nach § 318 Abs 3 HGB gegeben ist (OLG München v 10.8.2005 DB 2005, 2013 ff; OLG Ffm v 4.12.2003 ZIP 2004, 1114). Über den Wortlaut des § 155 Abs 3 S 2 InsO hinaus erfasst die Vorschrift auch gesetzliche APrBestellungen für Gj, die *vor* dem Gj der Eröffnung des InsVerfahrens liegen (BGH v 8.5.2018 DB 2018, 1786; auch im Fall der Eigenverwaltung *Pöschke* DStR 2018, 2497). War ein gesetzlicher AP

III. Rechnungslegung nach Handels- und Steuerrecht

noch nicht gewählt oder gewählt, aber noch nicht beauftragt worden, erfolgt die Bestellung durch das Registergericht auf Antrag des InsVerwalters (§ 155 Abs 3 S 1 InsO). Bei überschaubaren Verhältnissen kann das Registergericht von der gesetzlichen Prüfung der InsEB befreien (Anm 76); diese Befreiungsmöglichkeit muss auch für die (inhaltlich identische) SB gelten, da die Regelung andernfalls leer liefe.

Unterliegt das SchuldnerUnt keiner gesetzlichen Prüfungspflicht nach § 316 Abs 1 HGB und hat es freiwillig einen Prüfer mit der JAP beauftragt, besteht dagegen kein durch § 155 Abs 3 S 2 InsO, § 318 Abs 3 HGB geschütztes Rechtsverhältnis zum Prüfer. Es endet kraft §§ 115 Abs 1, 116 InsO mit der Eröffnung des InsVerfahrens ohne Zutun des InsVerwalters.

Die Kompetenz zur **Feststellung** des JA liegt beim InsVerwalter (IDW RH HFA 1.012, Tz 9). Ihm obliegt ferner die Verpflichtung zur **Offenlegung** der JA nach §§ 325 ff HGB.

b) Eröffnungsbilanz für das erste Geschäftsjahr nach Verfahrenseröffnung

Auf den Tag des Eröffnungsbeschlusses ist eine **Eröffnungsbilanz** (InsEB) aufzustellen (*Begr RegE*, 172; IDW RH HFA 1.012, Tz 15). Nach dem **Grundsatz des Bilanzzusammenhangs** (§ 252 Abs 1 Nr 1 HGB) sind die Ansätze der SB zu übernehmen; EB und SB sind inhaltlich identisch (*Schöpfer* in Kölner Komm InsO[3] § 155 Anm 228, 234 ff; *Boochs/Nickel* in FK-InsO[9] § 155 Anm 59; *Heni*, 28 f; *Klein*, 354; *Winnefeld*[5] N Anm 994, 1095; IDW RH HFA 1.012, Tz 17: regelmäßig übereinstimmend; für die LiqEB T Anm 143, 144; aA *Möhlmann-Mahlau/Schmitt/Becker* in Vallender/Undritz[2] § 17 Anm 104). SB und InsEB haben hiernach die Aufgabe, die Verantwortungszeiträume von Gestern und InsVerwaltern in Bezug auf das Ges-Vermögen abzugrenzen. Ein Abweichen von dem Grundsatz des Bilanzzusammenhangs, der eine Nichtberücksichtigung von Erfolgsbestandteilen zur Folge hätte, wird durch diesen Verantwortungsübergang nicht gerechtfertigt. Aus dem spezifischen Rechnungslegungsinteresse bei Liq resultierende abw Ansätze und – am Marktwert orientierte – Neubewertungen des Ges-Vermögens sind der internen Rechnungslegung (Anm 5) vorbehalten. Die Vermögensübersicht nach § 153 InsO, die ebenfalls auf den Zeitpunkt der Verfahrenseröffnung aufzustellen ist, wird diesem Interesse gerecht. Ein weiterer Rechnungslegungszweck, der nicht durch Vermögensübersicht und SB erfüllt wird und deshalb gem § 252 Abs 2 HGB eine von der SB abw InsEB rechtfertigen könnte, ist nicht ersichtlich.

Die EB von AG, GmbH und PersGes, bei denen kein Gester eine natürliche Person ist, ist durch einen **Erläuterungsbericht** zu ergänzen (§ 270 Abs 1 AktG, § 71 Abs 1 GmbHG; IDW RH HFA 1.012, Tz 20; *Pink*, 125, s hierzu T Anm 185 ff). Der ErlBericht sollte die Bilanzposten darstellen, die in ihrer Höhe bedeutsam sind und die auf das InsErgebnis erhebliche Auswirkungen haben, insb wesentliche Anlagegegenstände, Grundstücke und Beteiligungen; ferner sollte der Bericht Angaben zum Verfahrensstand, zur erwarteten Verfahrensdauer sowie zu den geplanten oder bereits ergriffenen Maßnahmen enthalten (IDW RH HFA 1.012, Tz 22 f).

Förschle/Weisang

Da die Aufstellung von Masseverzeichnis, Gläubigerverzeichnis und Vermögensübersicht, für die andere Ansatz- und Bewertungsgrundsätze gelten, dringlicher ist als die Erfüllung handelsrechtlicher Rechnungslegungspflichten, wird gesetzlich eine **Fristverlängerung** für die Zeit zwischen dem Tag des Eröffnungsbeschlusses und dem Berichtstermin eingeräumt; diese wird in die gesetzlichen Aufstellungs- und Offenlegungsfristen (etwa §§ 264 Abs 1 S 3, 325 Abs 1 S 1 HGB; §§ 140, 141 AO) nicht eingerechnet (§ 155 Abs 2 S 2 InsO).

76 Aus § 155 Abs 2 S 2 InsO ergibt sich, dass die InsEB nebst ErlBericht bei Prüfungspflicht des SchuldnerUnt (§ 316 Abs 1 S 1 HGB) durch einen **Abschlussprüfer** zu prüfen ist, denn die Offenlegung setzt gem § 325 Abs 1 S 1 HGB eine Prüfung nach §§ 316 ff HGB voraus (IDW RH HFA 1.012, Tz 40; *Pink*, 165). Die Bestellung eines Prüfers der InsEB erfolgt abw von § 318 Abs 1 HGB durch das Registergericht auf Antrag des InsVerwalters (§ 155 Abs 3 S 1 InsO). Die Möglichkeit des Registergerichts, bei überschaubaren Verhältnissen von der Pflicht zur Prüfung des JA und ggf des Lageberichts zu befreien (§ 270 Abs 3 AktG, § 71 Abs 3 GmbHG), wurde schon früher auf die EB erstreckt (T Anm 315 ff); für das InsRecht kann hieran festgehalten werden (*Schöpfer* in Kölner Komm InsO³ § 155 Anm 291). Wegen der Ermittlung der Werte zur Prüfung der Größenkriterien des § 267 HGB s *Störk/Lawall* in Beck Bil-Komm¹² § 267 Anm 6 ff.

SB (Anm 65) und InsEB sind nur durch eine logische Sekunde getrennt und wegen des Grundsatzes des Bilanzzusammenhangs ansatz- und wertidentisch (Anm 75). Der ErlBericht zur InsEB überschneidet sich inhaltlich mit dem Anhang und uU dem Lagebericht als neben der SB anzufertigenden Unterlagen. Zur Vermeidung einer unwirtschaftlichen Doppelprüfung wird das Registergericht die geprüfte SB als InsEB gelten lassen.

c) **Jahresabschluss für jedes während des Verfahrens endende Geschäftsjahr**

80 Aufgrund der Weitergeltung der allg Rechnungslegungspflichten des HGB (§ 155 Abs 1 S 1 InsO) hat der InsVerwalter auf jedes Ende eines – regelmäßig zwölfmonatigen – Gj einen JA sowie uU einen Lagebericht aufzustellen (§§ 242, 264 Abs 1 HGB). Neben den gesetzlichen Prüfungserfordernissen bestehen evtl vertragliche Prüfungspflichten fort. Der Wechsel in eine andere Größenklasse (§ 267 HGB) ist ggf zu beachten und kann zur Verringerung des Prüfungsumfangs oder zum Wegfall der Prüfungspflicht führen. Das InsGericht kann uU von der Prüfungspflicht entbinden (Anm 76).

d) **Schlussbilanz für das Geschäftsjahr der Verfahrensbeendigung oder Betriebseinstellung**

85 Hat das InsVerfahren die Liq nach den **Vorschriften der Insolvenzordnung** zum Gegenstand, ist mit Vollzug der Schlussverteilung des Schuldnervermögens (§ 196 InsO) die Liq abgeschlossen. Das Gj endet und die Rechnungslegungspflichten des Schuldners, vertreten durch den InsVerwalter, beschränken sich auf die Aufstellung einer SB (*Pink*, 132). Bei zweckgerechter entspr Anwendung des § 155 Abs 2 S 1 InsO ist im Falle der UntLiq die

III. Rechnungslegung nach Handels- und Steuerrecht 86, 87 R

SB auf den Zeitpunkt unmittelbar vor der Schlussverteilung aufzustellen. Über den Kreis der InsGläubiger hinaus besteht ein Interesse der Adressaten der handelsrechtlichen Rechnungslegung an der Information, welches LiqErgebnis die Verwertungsmaßnahmen des Verwalters sowie seine Prüfung der angemeldeten InsForderungen final erreicht hat (wie hier *Fischer-Böhnlein/ Körner*, 196; aA *Klein*, 176f, der die Information als nutzlos erachtet). Der Schlusstermin oder der Tag der Aufhebung des InsVerfahrens, der mit dem Termin zur Schlussverteilung nicht identisch sein muss, ist uE dagegen nicht maßgeblich, da zu diesen Zeitpunkten das Schuldnervermögen uU bereits verteilt ist bzw das Amt des InsVerwalters endet (§ 200 Abs 1 InsO). Wird das SchuldnerUnt dagegen fortgeführt, ist die SB auf das Ende des Tages der Aufhebung des InsVerfahrens aufzustellen, da in diesem Zeitpunkt ein Verantwortungsübergang vom InsVerwalter auf die UntFortführer stattfindet (IDW RH HFA 1.012, Tz 28; *Klein*, 177; *Füchsl/Weishäupl/Jaffé* in Münch-Komm InsO³ § 155 Anm 24).

Idealerweise zeigt die SB auf der Aktivseite nur noch die zur Verteilung stehenden liquiden Mittel und auf der Passivseite die zu befriedigenden Forderungen der InsGläubiger. Die Passivseite leitet sich dem Ansatz nach aus dem Verteilungsverzeichnis (§ 188 InsO; Anm 30) ab, in dem die bei der Schlussverteilung zu berücksichtigenden Forderungen aufgeführt sind. In diesem finalen Stadium kommt den Gläubigerforderungen nur noch so viel an Wert zu, wie liquide Mittel zur Verteilung stehen; auf diese Summe sind die Forderungen handelsrechtlich abzuwerten, so dass es in der SB nicht zum Ausweis eines nicht durch EK gedeckten Fehlbetrags kommt.

Der SB ist eine GuV, ggf auch ein Anhang und ein Lagebericht beizufügen (Anm 68). Die Funktion des Lageberichts beschränkt sich auf die Darstellung des Geschäftsverlaufs seit dem letzten Bilanzstichtag (*Pink*, 132).

Die SB unterliegt grds der **Prüfung** durch einen AP. Bei überschaubaren GesVerhältnissen kommt eine Befreiung von der Prüfungspflicht durch das InsGericht entspr § 270 Abs 3 S 1 AktG, § 71 Abs 3 S 1 GmbHG in Betracht.

Erfolgt die Verwertung des Schuldnervermögens aufgrund eines **Insolvenzplans** oder entfällt im Lauf des InsVerfahrens der InsGrund, endet mit Aufhebung des InsVerfahrens (§ 258 Abs 1 InsO) das Gj (Anm 55). Auf den Tagesbeginn des Aufhebungsbeschlusses ist entspr § 155 Abs 2 S 1 InsO eine SB und für das sich an das RumpfGj anschließende Gj des fortzuführenden Unt eine EB aufzustellen (IDW RH HFA 1.012, Tz 29). Es gilt der Grundsatz des Bilanzzusammenhangs (Anm 75), so dass wiederum SB und EB inhaltlich übereinstimmen.

Nach Aufhebung des InsVerfahrens lebt die Satzungsregelung zum Gj wieder auf, wodurch ein erneutes RumpfGj ausgelöst wird (IDW RH HFA 1.012, Tz 10).

Hinsichtlich der **Prüfung** der SB sind die allg Vorschriften über die Prüfungspflicht der JA, insb also §§ 316 ff HGB, maßgebend.

Kommt es bei einstweilen (bis zu einer abschließenden Entscheidung der Gläubigerversammlung) fortgeführtem SchuldnerUnt schließlich doch zur **Einstellung des Geschäftsbetriebs** und Liq des Schuldnervermögens, ist auf das Tagesende der entspr Entscheidung (Beschluss eines LiqPlans oder

Förschle/Weisang 833

Nichtzustandekommen eines InsPlans) eine SB nebst GuV aufzustellen („zweckmäßig": *Füchsl/Weishäupl/Jaffé* in MünchKomm InsO³ § 155 Anm 23; ähnlich *Pink*, 160, der auch Anhang und Lagebericht für erforderlich hält). Dies ist gesetzlich zwar nicht vorgeschrieben, entspricht aber ordnungsgemäßer Rechnungslegung. Die SB markiert den Zeitpunkt, zu dem die werbende Tätigkeit des Unt endgültig aufgegeben wird. Der Eintritt in das LiqStadium stellt eine bedeutende Zäsur im Verfahrensablauf dar und begründet ein erhebliches Interesse der Beteiligten an der Feststellung des Erfolgs der in dem Zeitraum zwischen der Verfahrenseröffnung und der Betriebseinstellung fortgesetzten Geschäftstätigkeit sowie an einer Bestandsaufnahme des zu liquidierenden Vermögens.

Die SB hat mangels gesetzlicher Erforderlichkeit uE nur den Charakter einer fakultativen Zwischenbilanz; unmittelbare rechtliche Wirkungen, etwa die Beendigung des Gj (so *Pink*, 160), löst sie daher nicht aus.

Hinsichtlich Ansatz und Bewertung der VG und Schulden kann auf die Ausführungen zur SB für das letzte werbende Gj (Anm 65 ff) verwiesen werden. Allerdings kommt nur noch eine Bewertung zu LiqWerten (Nettoveräußerungswerte) in Betracht.

Eine **Prüfung** durch den AP ist mangels gesetzlicher Grundlage uE nicht obligatorisch (aA für die „Betriebseinstellungsbilanz" *Pink*, 165).

e) Besonderheiten bei Personenhandelsgesellschaften und eingetragenen Genossenschaften

90 Im Verfahren nach der InsO macht es grds keinen Unterschied, ob das Vermögen einer AG oder GmbH oder aber einer Einzelperson, PersGes oder eG verwertet wird. Die Möglichkeit der **Restschuldbefreiung** steht jedoch nur einer natürlichen Person zu, wenn über ihr Vermögen – nicht das Vermögen der PersGes, an der sie ggf beteiligt ist – das InsVerfahren stattfindet (§ 286 InsO). Die Vorschriften zum **Schuldenbereinigungsplan** und zum vereinfachten InsVerfahren (§§ 304 ff InsO) sind nur auf natürliche Personen anwendbar, die nicht oder nur geringfügig gewerblich tätig sind (Anm 3).

Der **Eröffnungsgrund der Überschuldung** ist bei natürlichen Personen und grds auch bei PersGes ausgeschlossen (§ 19 Abs 1 InsO; Ausnahme: § 19 Abs 3 InsO). Für eG ist die Überschuldung dagegen InsGrund (§ 11 Abs 1 S 1 InsO).

Im Hinblick auf die Rechnungslegung von PersGes ggü derjenigen von KapGes ist zu beachten, dass für letztere ergänzende Vorschriften gelten. S im Einzelnen T Anm 10 ff. Für eG gelten die ergänzenden Vorschriften der §§ 336 ff HGB.

3. Konzernrechnungslegung

92 Die Vorschriften der §§ 290 ff HGB, §§ 11 ff PublG zur Aufstellung eines KA bleiben von der Ins des SchuldnerUnt unberührt. Besteht die Verpflichtung zur Konzernrechnungslegung und greift kein Befreiungstatbestand nach §§ 290 Abs 5, 291 bis 293 HGB ein, muss der InsVerwalter eines MU einen KA aufstellen und nach § 316 Abs 2 HGB prüfen lassen.

III. Rechnungslegung nach Handels- und Steuerrecht   94–97 R

KapitalmarktMU haben den KA nach den IFRS aufzustellen, § 315a HGB.

Hinsichtlich des KonsKreises kann ein insolventes TU aus der Einbeziehung in den KA ausscheiden, wenn die Voraussetzungen, unter denen es nach § 290 Abs 2 HGB zwingend einzubeziehen ist, infolge der Eröffnung des InsVerfahrens nicht mehr erfüllt sind oder in Ausübung eines KonsWahlrechts nach § 296 Abs 1 Nr 1 HGB von der Einbeziehung des TU in den KA abgesehen wird, da das MU in der Ins des TU aufgrund der umfassenden Verfügungs- und Verwaltungsbefugnisse des InsVerwalters einer erheblichen und andauernden Beschränkung seiner Rechte in Bezug auf das Vermögen unterliegt oder die Geschäftsführung des TU an den InsVerwalter verliert (*Störk/Deubert* in Beck Bil-Komm[12] § 296 Anm 11); dies gilt nach IDW RH HFA 1.012, Tz 31 bereits ab dem Zeitpunkt der Stellung des InsAntrags.

Zum KonzInsoÄndG vom 13.4.2017 (BGBl I, 866), das zur Aufnahme von Verfahrensregelungen bei KonzernIns in die InsO geführt hat, s Abschn I.

4. Besteuerung während der Insolvenz

Die steuerlichen Pflichten des SchuldnerUnt gehen in der Ins auf den Ins- 94
Verwalter über. Ihm obliegen insb die steuerrechtlichen Buchführungs- und Aufzeichnungspflichten nach §§ 140 ff AO sowie die Steuererklärungspflichten nach §§ 149 ff AO iVm § 34 Abs 3 AO (ausführlich *Frotscher*, Besteuerung bei Insolvenz).

a) Bei Liquidation

Der **Besteuerungszeitraum** erstreckt sich bei unbeschränkt steuerpflich- 95
tigen KapGes sowie Erwerbs- oder Wirtschaftsgenossenschaften über den sog Abwicklungszeitraum; dieser soll drei Jahre nicht übersteigen (§ 11 Abs 1 iVm Abs 7 KStG). Bei der Liq von PersGes verbleibt es dagegen bei der jährlichen Regelbesteuerung der Gester (S Anm 223). Endet das InsVerfahren bei Fortbestehen des Betriebs (etwa nach Zustandekommen eines InsPlans), kehrt das Unt zur normalen Besteuerung zurück (T Anm 426).

Grundlage der Besteuerung während des InsVerfahrens ist die nach 96
§§ 5 ff EStG modifizierte HBil (StBil) gem Anm 50, 51, also nicht die Werte der Vermögensübersicht gem Anm 16, 14. Bei Körperschaften, insb KapGes und eG, repräsentiert die StBil auf den Schluss des der Eröffnung des InsVerfahrens vorangehenden Wj das zu Buchwerten bewertete Vermögen der Ges am Beginn des Besteuerungszeitraums (Abwicklungsanfangsvermögen, § 11 Abs 4 KStG). Ihm wird das zur Verteilung an die Gester stehende, nach § 9 BewG zu Einzelveräußerungswerten bewertete Abwicklungsendvermögen gegenübergestellt (§ 11 Abs 3 KStG; BFH 14.12.1965 BStBl III 1966, 152). Dieses Endvermögen kann aus der handelsrechtlichen SB entwickelt werden, die das Schuldnervermögen nach Aufdeckung der stillen Reserven repräsentiert (Anm 85); aus der Gegenüberstellung wird der Gewinn des Liq-Zeitraums ermittelt. S ausführlich T Anm 425 ff; *Pink*, 207.

Der für das RumpfGj vor Eröffnung des InsVerfahrens ggf ermittelte Ver- 97
lust kann im Wege des **Verlustabzugs** (§ 10d Abs 1 EStG) mit einem evtl Gewinn aus den beiden vorangegangenen Veranlagungszeiträumen verrechnet

werden. Soweit das nicht möglich ist, ist ein Verlustvortrag zulässig (§ 10d Abs 2 EStG). Mit dem Gesetz zur Fortsetzung der UntSteuerreform vom 29.10.1997 (BGBl I, 2590) wurde die Steuerbefreiung für **Sanierungsgewinne** gestrichen. Das BMF sah in der Besteuerung von Sanierungsgewinnen einen Zielkonflikt mit der InsO und stellte im Sanierungserlass vom 27.3.2003 (BStBl I, 240) Sanierungsgewinne unter bestimmten Voraussetzungen steuerfrei. Der BFH erachtete dies als einen Verstoß gegen den Grundsatz der Gesetzmäßigkeit der Verwaltung und verwarf den Sanierungserlass (Entscheidung des GrS des BFH v 28.11.2016 BStBl 2017 II, 393). Darauf hat der Gesetzgeber reagiert und mit dem JStG 2018 Regelungen zur Steuerfreiheit von Sanierungsgewinnen eingeführt. S ausführlich Q Anm 300 ff.

b) Bei Unternehmensfortführung

100 Wird die Betriebstätigkeit zeitweilig oder endgültig fortgeführt, verbleibt es bei einer jährlichen Veranlagung (*Micker* in HHR KStG § 11 Anm 66). Die Ermittlung eines der Besteuerung von Körperschaften zugrunde zu legenden Abwicklungsvermögens und -gewinns gem § 11 KStG entfällt daher (*Pink*, 209). Das gilt uE unabhängig davon, ob das InsVerfahren durch förmlichen Beschluss beendet wurde. Die StBil kann aus der HBil (Anm 80) entwickelt werden.

Das mit der Eröffnung des InsVerfahrens angeordnete neue Gj (Anm 55) bestimmt auch das für Körperschaften steuerlich maßgebliche Wj (§ 7 Abs 4 KStG). Die auf diesen Stichtag aufzustellende steuerliche EB kann aus der handelsrechtlichen EB (Anm 75) abgeleitet werden.

Wird der zunächst fortgeführte Geschäftsbetrieb später eingestellt, wird bei Körperschaften die steuerliche Abwicklung nach § 11 KStG eingeleitet. Für die Ermittlung des Abwicklungsanfangsvermögens kann die SB auf den Tag der Betriebseinstellung (Anm 87), für das Abwicklungsendvermögen die SB für der Gj der Verfahrensbeendigung (Anm 85) herangezogen werden (hierzu auch Anm 96).

IV. Harmonisierung der Rechnungslegungspflichten

105 In den vorangestellten Abschn wurde ausgeführt, dass unter den Bedingungen eines eröffneten InsVerfahrens zwei Rechnungslegungskreise zu unterscheiden sind. Die **externe Rechnungslegung** trägt dem Umstand Rechnung, dass den Zwecken handels- und steuerrechtlicher Rechnungslegung auch in der UntIns weiter Geltung zukommt (*Klein*, 53 ff). Die **interne Rechnungslegung** dient der Vorbereitung der Verwertungsentscheidung der InsGläubiger und der Rechenschaftslegung des InsVerwalters. Es ist nicht zu verkennen, dass das Vorhalten zweier Rechnungslegungskreise nicht unerhebliche Kapazitäten des InsVerwalters bindet. In der Literatur hat es vor diesem Hintergrund nicht an Versuchen gefehlt, beide Rechnungslegungskreise zu harmonisieren, dh Rechenwerke des einen Kreises für den anderen Kreis nutzbar zu machen (so insb *Pink*; kritisch dagegen *Heni* 21 ff; *Möhlmann-Mahlau/Schmitt/Becker* in Vallender/Undritz[2] § 17 Anm 143 f).

III. Rechnungslegung nach Handels- und Steuerrecht   **105   R**

Das Vorhaben begegnet konzeptionellen Schwierigkeiten schon deshalb, weil sich die externe Rechnungslegung vergangenheitsbezogen am Stichtagsprinzip orientiert und sich im Hinblick auf Ansatz, Bewertung, Gliederung und Ausweis von VG und Schulden detailliert kodifiziertem Recht ausgesetzt sieht, während bei der internen Rechnungslegung der InsVerwalter in Ermangelung eingehender gesetzlicher Vorschriften vergleichsweise freihändig agieren kann.

Den Harmonisierungsbestrebungen sind infolgedessen enge Grenzen gesetzt. So lässt sich der handelsrechtlichen EB (Anm 60) für die Vermögensübersicht nach § 153 InsO nur im Hinblick auf den Ansatz von VG und Schulden dem Grunde nach etwas abgewinnen, nur sehr eingeschränkt jedoch für die Liq- und ggf die Fortführungswerte. Strukturell handelt es sich bei der handelsrechtlichen EB um eine Bilanz im technischen Sinn (Bilanzsumme der Aktivseite entspricht derjenigen der Passivseite, die Bilanz „geht auf"), während die insolvenzrechtliche Vermögensübersicht unter Außerachtlassung des EK lediglich eine Darstellung der vorhandenen VG und Schulden ist. Die im Lauf des InsVerfahrens periodisch zu jedem GjEnde aufzustellende HBil (Anm 80) korrespondiert zeitlich nicht mit der Zwischenrechnungslegung und -berichterstattung des InsVerwalters, die nur auf Verlangen der Gläubigerversammlung auf einen von dieser gewählten Stichtag darzubringen ist (Anm 25). Dagegen kann das Verteilungsverzeichnis für die Ansätze auf der Passivseite der handelsrechtlichen SB zum Ende des InsVerfahrens (Anm 85) nutzbar gemacht werden (Anm 30). Als möglicherweise vom Ins-Gericht angeforderte SB kann die letzte aufzustellende HBil verwendet werden (Anm 30).

S. Liquidationsrechnungslegung der Personenhandelsgesellschaft

Übersicht

	Anm
I. Grundlagen	
1. Auflösung	1–8
2. Liquidation und andere Art der Auseinandersetzung	10–18
3. Liquidationsverfahren	20–25
4. Geschäftsführung und Vertretung	30–34
II. Externe Rechnungslegung	
1. Konzeptionelle Abgrenzung	40, 41
2. Grundlagen	45–49
3. Bei Auflösung	
a) Herrschende Literaturmeinung	55–59
b) Auffassung des Landgerichts Bonn	62
4. Während der Liquidation	
a) Umfang, verpflichtete Personen	65, 66
b) Geschäftsjahr	70–72
c) Aufstellungsfristen	80, 81
d) Bilanz	
aa) Ansatzvorschriften	85–90
bb) Bewertungsvorschriften	95, 96
e) Anhang und Lagebericht	100
f) Gliederung und Ausweis	105–112
5. Am Ende der Liquidation	
a) Liquidationsschlussbilanz	115–119
b) Aufbewahrung	125
6. Prüfung, Feststellung und Offenlegung	130–132
III. Liquidationsbilanzen im Sinne von § 154 HGB	
1. Liquidationseröffnungsbilanz	135–146
2. Zwischenbilanzen	150
3. Liquidationsschlussbilanz	155, 156
4. Vermögensverteilung	
a) Vorläufige Verteilung	160–164
b) Schlussverteilung	165–169
c) Saldenausgleich zwischen Gesellschaftern	175–179
5. Beendigung der Liquidation	185
6. Schlussrechnung der Liquidatoren	190, 191
7. Prüfung und Feststellung	195, 196
IV. Sonderfragen	
1. Fortsetzung aufgelöster Gesellschaften	200–202
2. Nachtragsliquidation	205
V. Steuerliche Besonderheiten	
1. Besteuerung der aufgelösten Personengesellschaft	210–221
2. Ertragsbesteuerung der Gesellschafter	
a) Allgemeines	222–225
b) Steuerbegünstigte Gesellschaftsauflösung	226–232

S 1 Liquidationsrechnungslegung der Personenhandelsgesellschaft

	Anm
c) Ergänzungs- und Sonderbilanzen	233–239
d) Negative Kapitalkonten	240–248
e) Nachträglicher Schuldzinsenabzug	249–252
f) Thesaurierungsbegünstigung	253, 254

Schrifttum: BGH v 14.11.1977 GmbHR 1978, 249 ff; BGH v 5.11.1979 NJW 1980, 152 ff; OLG Celle v 11.5.1983 BB, 1451 ff; *K. Schmidt* Die Handels-Personengesellschaft in Liquidation, ZHR 1989, 270 ff; *K. Schmidt* Die Prokura in Liquidation und Konkurs der Handelsgesellschaften, BB 1989, 229 ff; *Piltz* Stichwort: Gesellschafterbeiträge (Einlagen) quoad dominium, quoad usum, quoad sortem, DStR 1991, 251 f; *Grziwotz* Die Liquidation von Personengesellschaften, DStR 1992, 1365 ff; *Grziwotz* Sonderfälle der Liquidation von Gesellschaften, DStR 1992, 1813 ff; *Grziwotz* Probleme der Liquidation und Nachtragsliquidation bei der Publikums-KG, DStR 1993, 362 ff; *Förschle/Deubert* Entsprechende Anwendung allgemeiner Vorschriften über den Jahresabschluß in der Liquidations-Eröffnungsbilanz, DStR 1996, 1743 ff; *Scherrer/Heni* Offene Fragen zur Liquidationsbilanz, WPg 1996, 681 ff; BGH v 29.3.1996 DB, 926 ff; KG v 9.6.2000 NZG 2001, 556 ff; *K. Schmidt* Alte Kündigungsklauseln und neue Kündigungsfolgen bei Personengesellschaften – Auslegungs- und Vertragsgestaltungsprobleme um § 131 HGB nF, BB 2001, 1 ff; *Riehm* Gerichtliche Bestellung des Nachtragsliquidators – ein Modell für alle Handelsgesellschaften, NZG 2003, 1054 ff; BGH v 2.6.2003 DB, 1670 ff; BGH v 3.4.2006 DStR, 1238 ff; *Priester* Jahresabschlussfeststellung bei Personengesellschaften, DStR 2007, 28 ff; BGH v 15.1.2007 GmbHR, 437 ff; *K. Schmidt* Konsolidierte Abwicklung von Personengesellschaften bei simultaner Gesellschafterinsolvenz?, ZIP 2008, 2337 ff; OLG München v 9.1.2008 ZIP, 219 f; *Siegel* Zur Berücksichtigung von Sachdividenden im Jahresabschluss, WPg 2008, 553 ff; LG Bonn v 11.11.2009 NJW-RR 2010, 609; LG Bonn v 20.11.2009 ZIP 2010, 676 f; BGH v 2.3.2009 DStR, 1272; *Berninger* Vermögenszuordnung zwischen Gesellschaft und Gesellschafter bei der Einbringung quoad sortem (dem Werte nach), DStR 2010, 874 ff; *K. Schmidt* Vermeidung des Sperrjahrs bei der Auskehrung von Gesellschaftsvermögen aus der Kapitalgesellschaft & Co, BB 2011, 707 ff; *Kußmaul/Ollinger* Zur Aktivierungsfähigkeit von Nutzungsrechten in Handels- und Steuerbilanz, StuW 2011, 282 ff; BGH v 22.2.2011 DStR, 827 ff; OLG Düsseldorf v 27.3.2014 DB, 1006 f; BGH v 15.11.2011, II ZR 266/09, WM 2012, 502 ff; BGH v 15.11.2011, II ZR 272/09, WM 2012, 507 ff; *Dißars/Kahl-Hinsch* Rechnungslegung in der Abwicklung der Personengesellschaft, StuB 2013, 858 ff; *Deubert/Hoffmann* Vermögensauskehrungen von Beteiligungsunternehmen, DK 2014, 154 ff; *K. Schmidt* Abwicklung einer „Innen-Kommanditgesellschaft" als Kapitalgesellschaft & Co., ZIP 2014, 1457 ff; BGH v 30.1.2018, II ZR 95/16, DB 2018, 819 ff.

I. Grundlagen

1. Auflösung

1 Mit der Auflösung beginnt bei PersGes (OHG, KG) die Liq, sofern nicht eine andere Art der Auseinandersetzung (Anm 13) vereinbart ist (§ 145 Abs 1 HGB). Die **Auflösungsgründe** sind für die **OHG** abschließend in § 131 HGB aufgezählt. Es sind dies:
- Ablauf der im GesVertrag bestimmten Zeit,
- Beschluss der Gester,
- Eröffnung des InsVerfahrens über das Vermögen der PersGes oder

I. Grundlagen 2–7 **S**

– gerichtliche Entscheidung aus wichtigem Grund aufgrund einer Auflösungsklage (§ 133 HGB) eines Gesters.
Der GesVertrag kann darüber hinaus beliebige weitere Auflösungsgründe schaffen (*Schmidt* in MünchKomm HGB[4] § 131 Anm 9).

Tod oder Ins eines Gesters sowie Kündigung durch einen Gester bzw **2** durch einen seiner Gläubiger führen seit der Änderung von § 131 HGB durch das **Handelsrechtsreformgesetz** (HRefG) nicht mehr zur Auflösung der Ges, sondern nur noch zum *Ausscheiden* des betr Gesters aus der OHG (zu den Konsequenzen für alte Kündigungsklauseln: *K. Schmidt* BB 2001, 3 ff).

Bei der **KG** ergeben sich die Auflösungsgründe aus § 131 iVm § 161 **3** Abs 2 HGB. Beim Tod eines Kommanditisten wird die KG – vorbehaltlich abw Bestimmungen im GesVertrag – mit den Erben fortgesetzt (§ 177 HGB). Als weiterer Auflösungsgrund bei KG ist der Wegfall des einzigen Komplementärs zu nennen (*Roth* in Baumbach/Hopt[38] HGB § 131 Anm 18), sofern die KG nicht durch Hinzutreten eines neuen Komplementärs (zB Gründung einer KomplementärGmbH) in eine werbende PersGes zurück versetzt oder ihre Fortsetzung als OHG beschlossen wird (dazu *K. Schmidt* in MünchKomm HGB[4] § 131 Anm 46; *K. Schmidt* ZIP 2008, 2343).

Bei **GmbH & Co KG** gelten für die GmbH (§ 60 GmbHG; T Anm 1) **4** und die KG (§§ 131, 177 iVm § 161 Abs 2 HGB) rechtsformspezifische Auflösungsgründe. Für jede Ges ist ein eigenes LiqVerfahren durchzuführen; dabei versetzt jeder Auflösungsgrund für die KomplementärGmbH die KG ebenfalls ins Auflösungsstadium (ausführlich *K. Schmidt* in MünchKomm HGB[4] § 131 Anm 47 mwN).

Verschmelzung (§ 2 UmwG) und **Aufspaltung** (§ 123 UmwG) sind **5** kein Auflösungsgrund. Im Zeitpunkt des Vermögensübergangs im Wege der Gesamtrechtsnachfolge auf den/die neuen Rechtsträger erlischt die übertragende, dann vermögenslose PersGes, eine Liq findet nicht statt (§§ 20 Abs 1 Nr 2, 36 Abs 1 S 1, 131 Abs 1 Nr 2, 135 Abs 1 S 1 UmwG; Anm 12). Entspr gilt für den Fall der **Anwachsung** (Anm 16; K Anm 7), dh wenn alle Gester bis auf einen aus der PersGes ausscheiden und das GesVermögen im Wege der Gesamtrechtsnachfolge bei diesem anwächst. Der **Formwechsel,** bei dem es sich lediglich um eine identitätswahrende Umw handelt (L Anm 15), führt ebenfalls nicht zur Auflösung der PersGes.

Nicht um eine Auflösung, sondern um einen reinen **Statuswechsel 6** handelt es sich, wenn ein Kommanditist in eine OHG eintritt oder die Bet eines OHG-Gesters in eine Kommanditbeteiligung umgewandelt wird. Die OHG wird dann zur KG, bleibt aber als werbende Ges in ihrer Identität erhalten.

Die Auflösung der PersGes ist von sämtlichen Gestern zur **Eintragung 7 ins Handelsregister** anzumelden (§ 143 Abs 1 HGB). Die Eintragung wirkt allerdings nur deklaratorisch, dh die Folgen der Verwirklichung eines Auflösungsgrundes treten unabhängig von der Eintragung im HR ein. Die Eintragung der Auflösung im HR hat insb Bedeutung für den Beginn der Sonderverjährungsfrist von fünf Jahren zugunsten der Gester gem § 159 Abs 2 HGB (hM *Butzer/Knof* in MünchHdbGesR[4] Bd 1 § 83 Anm 66, 68; krit: *K. Schmidt* in MünchKomm HGB[4] § 159 Anm 29).

Deubert 841

§ 8–12 Liquidationsrechnungslegung der Personenhandelsgesellschaft

8 Gleichzeitig mit der Auflösung wandelt sich die „werbende" Ges in eine LiqGes. Die Liquidatoren sind gem § 153 HGB verpflichtet, dies in der Firma durch den **Zusatz iL** (in Liquidation) kenntlich zu machen. Die Änderung der übrigen Firma im LiqStadium wird für zulässig gehalten (so *Roth* in Baumbach/Hopt[38] HGB § 145 Anm 4; *Grziwotz* DStR 1992, 1367; s auch T Anm 6f).

2. Liquidation und andere Art der Auseinandersetzung

10 Die Liq der PersGes ist ein **gesellschaftsrechtliches Verfahren,** das zur planmäßigen Vollbeendigung der Ges und ihrer anschließenden Löschung im HR führt. Dabei zielt das LiqVerfahren nicht nur auf die Versilberung des Vermögens und die Befriedigung der Gläubiger, sondern auch auf die Beendigung aller auf der Ges beruhenden Ansprüche der Gester ab, wozu auch Ansprüche gem §§ 733 ff BGB zwischen der PersGes und den Gestern gehören (*K. Schmidt* in MünchKomm HGB³ § 155 Anm 17; zum Saldenausgleich s auch Anm 175 ff).

Bis zur Beendigung besteht die Ges unter ihrem ursprünglichen Status (GesamthandsGes) – nicht nur als ein von den Liquidatoren im Interesse der Gester verwaltetes Sondervermögen – fort (*K. Schmidt* BB 1989, 230 f). Die aufgelöste PersGes ist Kfm gem § 6 Abs 1 HGB (Anm 45) und unterliegt im Innen- wie im Außenverhältnis den gleichen rechtlichen Grundsätzen wie eine werbende PersGes (*Butzer/Knof* in MünchHdbGesR[5] Bd 1 § 83 Anm 61 f). Rechtsgeschäfte, die nach der Auflösung vorgenommen werden, sind deshalb weiterhin Handelsgeschäfte. Auch in der Liq haben PersGes – sofern nicht Sonderbestimmungen gelten – mithin dieselben allg Grundsätze anzuwenden, die auch für nicht aufgelöste PersGes gelten (§ 156 HGB).

11 **Zweck der Liquidation** von OHG und KG ist die Loslösung des Ges-Vermögens aus der gesamthänderischen Verbundenheit, um es unter die Gester zu verteilen. Dabei sollen insb die Interessen der Gester gewahrt werden (so auch *K. Schmidt* in MünchKomm HGB[4] § 145 Anm 29), denn den Interessen der Gläubiger wird bereits durch Haftung des GesVermögens und die persönliche Haftung der einzelnen Gester genügt. Unabhängig davon räumt § 155 HGB der Gläubigerbefriedigung Vorrang vor einer Vermögensverteilung ein (dazu Anm 161 f). Zwingende gesetzliche Regelungen – vergleichbar den §§ 272 AktG, 73 GmbHG (Sperrjahr; dazu T Anm 70 ff, 267) – zum Schutz der Gläubiger sieht das HGB grds nicht vor (s *Grziwotz* DStR 1992, 1365).

12 Besonderheiten gelten jedoch in der Liq der **KapCoGes,** wo Zahlungen an die Kommanditisten nicht nur dem Kapitalschutz nach § 30 GmbHG analog (s dazu *Fastrich* in Baumbach/Hueck GmbHG[21] § 30 Anm 68 ff; IDW RS HFA 7 nF, Tz 53) bzw nach § 57 AktG unterliegen, sondern darüber hinaus die **Sperrjahresregelungen** der § 73 GmbHG, § 272 AktG zu beachten sind (dazu *K. Schmidt* in MünchKomm HGB[4] § 155 Anm 48 f). Denn wäre es möglich, die KapCoGes vor Ablauf des Sperrjahrs nach §§ 155, 157 HGB zum Erlöschen zu bringen, wäre Gläubigern, die sich danach aber noch innerhalb des Sperrjahrs melden, ein Zugriff auf das vormalige Vermögen versperrt, auch wenn es noch vorhanden, aber eben an die Gester ausgekehrt ist und deren wiederauflebende Haftung auf die eingetragenen Haftsummen beschränkt ist (dazu ausführlich *K. Schmidt* BB 2011, 708 f).

I. Grundlagen

Daran ändert auch die unbeschränkte Haftung der KomplementärKapGes nichts. Bei den typischen KapCoGesGestaltungen verfügen die KomplementärKapGes jeweils nur über geringe bis keine Eigenmittel. Die Komplementärhaftung reicht daher nur aus, solange der Freistellungsanspruch, den der Komplementär im Fall seiner Inanspruchnahme durch Gläubiger gegen die KapCoGes erwirbt (§ 110 iVm § 161 Abs 2 HGB), werthaltig ist, weil dort noch Vermögen vorhanden ist (s *K. Schmidt* BB 2011, 707 f).

Die Einhaltung des Sperrjahrs ist jedoch nicht erforderlich, wenn die KapCoGes in eine typische PersGes umgewandelt wird, zB wenn die GmbH ausscheidet und die KG zur OHG oder GbR wird (ausführlich *K. Schmidt* BB 2011, 709).

Zu Besonderheiten der Abwicklung einer **„InnenKG"**, bei der eine KapGes das Vermögen der nicht rechtsfähigen InnenGes treuhänderisch verwaltet, s *K. Schmidt* ZIP 2014, 1457 ff.

In § 145 Abs 1 HGB unterscheidet das Gesetz zwischen Liq und einer anderen Art der Auseinandersetzung. Die Liq stellt eine gesetzlich geregelte Art (Unterfall) der Auseinandersetzung iwS dar und steht nicht im Gegensatz zu dieser (*K. Schmidt* in MünchKomm HGB[4] § 145 Anm 6).

Unter **Liquidation** wird das in §§ 146 ff HGB geregelte Verfahren verstanden. Die Liq umfasst die Auseinandersetzung unter den Gestern und die Zerschlagung/Beendigung des Unt.

Eine **andere Art der Auseinandersetzung** kann entweder die Vollbeendigung des Rechtsträgers ohne förmliches LiqVerfahren bedeuten (Fallgruppe 1) oder bezeichnet die Liq des Unt ohne Beendigung des Rechtsträgers (Fallgruppe 2).

Fallgruppe 1: Eine **Vollbeendigung des Rechtsträgers ohne Liquidationsverfahren** liegt vor:
- wenn alle Anteile an der PersGes durch einen Gester (ggf auch einen Dritten) übernommen werden, entweder durch Ausscheiden aller übrigen Gester gegen Abfindung bzw Übertragung der Anteile auf diesen dann allein verbleibenden Gester, der dadurch das GesVermögen im Wege der Gesamtrechtsnachfolge durch Anwachsung erwirbt (dazu auch K Anm 7; zu Rechnungslegungspflichten s Anm 17 f) oder
- bei übertragenden Umw (Verschmelzung oder Aufspaltung) (dazu Anm 5).

Fallgruppe 2: Die **Liquidation des Unternehmens ohne Beendigung des Rechtsträgers** betrifft:
- den Erwerb sämtlicher VG und Schulden der PersGes im Wege der Einzelrechtsnachfolge durch einen Gester oder einen Dritten aus der LiqMasse *(Asset Deal) oder*
- die Entnahme von VG im Wege der Naturalteilung des GesVermögens durch einen oder mehrere Gester ggf unter Berücksichtigung eines finanziellen Ausgleichs, bei nicht beteiligungsproportionaler Aufteilung (O Anm 8 ff). Die Liq des Unt findet dann nur für die nicht übernommenen VG und Schulden statt (*Scherrer/Heni*[3], 134; *Hillmann* in Ebenroth/Boujong/Joost/Strohn[3] HGB § 145 Anm 24).
- die *Einbringung* des Unt in eine KapGes entweder im Wege der Einzelrechtsnachfolge (Sacheinlage) oder der Gesamtrechtsnachfolge (Ausgliederung gem § 123 Abs 3 UmwG; dazu I Anm 300 ff) und Übertragung der

erlangten Anteile im Rahmen der Vermögensverteilung gem § 155 HGB an die Gester. Diese Art der anderen Auseinandersetzung hat an Bedeutung verloren, weil das gleiche Ergebnis unmittelbar durch eine Aufspaltung (§ 123 Abs 1 UmwG; dazu I Anm 100 ff) erreicht werden kann.

14 Während bei der ersten Fallgruppe zB Liquidatoren nicht mehr bestellt werden, muss die PersGes als Rechtsträger bei der zweiten Fallgruppe gem §§ 146 ff HGB liquidiert werden (§ 158 HGB). Die Durchführung der Liq ist in diesem Fall *atypisch* (*K. Schmidt* in MünchKomm HGB[4] § 145 Anm 38). Grundlage für die andere Art der Auseinandersetzung bildet der GesVertrag, aus dem sich ergeben kann, wie die Ges bei ihrer Auflösung zu beenden ist. Sofern der GesVertrag dies vorsieht, können die Gester auch mehrheitlich über die andere Art der Auseinandersetzung (auch noch nach der Auflösung) beschließen (*K. Schmidt* in MünchKomm HGB[4] § 145 Anm 45).

15 Bei einer sog **stillen Liquidation** finden die Vorschriften über die Liq-Rechnungslegung sowie andere liquidationsspezifische Vorschriften (zB Eintragung der Auflösung ins HR) keine Anwendung. Ebenso wie bei KapGes (T Anm 8) muss aber geprüft werden, ob die Versilberung des GesVermögens auf einer langsamen – zB altersbedingten – Reduzierung des Geschäftsumfangs (stille Liq ieS) oder auf dem ausdrücklich erklärten bzw stillschweigenden Einvernehmen der Gester, die Liq der Ges zu betreiben, beruht. Insb im zuletzt genannten Fall wird es sich regelmäßig um einen *konkludent* gefassten Auflösungsbeschluss iSv § 131 Abs 1 Nr 2 HGB handeln, was die Beachtung der §§ 146 ff HGB zur Folge hat.

16 Ein LiqVerfahren ist schließlich auch dann durchzuführen, wenn die **Auflösung im Gründungsstadium,** dh vor einer Eintragung der PersGes in das HR, erfolgt. Die PersGes ist dann ggf nur zum Zweck der Liq einzutragen (hierzu *Grziwotz* DStR 1992, 1367). Trotzdem beginnt die Liq bereits vor der HR-Eintragung. Noch nicht im HR eingetragene Kommanditisten haften unter den Voraussetzungen des § 176 HGB unbeschränkt.

17 Geht das (Rein-)Vermögen der PersGes im Wege der **Anwachsung** auf einen Gester oder Dritten über, erlischt die bisherige PersGes ohne Abwicklung. Formal besteht in diesen Fällen zwar nach § 242 Abs 1 S 1 HGB die Verpflichtung, für das letzte RumpfGj bis zum Erlöschen einen JA und bei KapCoGes ggf zusätzlich einen Lagebericht zu erstellen. Die PersGes kann diese Verpflichtung, aber erst zu einem Zeitpunkt erfüllen, zu dem sie nicht mehr besteht und folglich auch kein Geschäftsführungsorgan mehr hat, das diese Verpflichtung erfüllen kann. Ebenso wie bei einer Verschmelzung (IDW RS HFA 42, Tz 23 f) ist davon ausgehen, dass die **Verpflichtung zur Aufstellung eines** letzten handelsrechtlichen **(Rumpf-)Jahresabschlusses** der PersGes mit dem Wirksamwerden der Anwachsung und dem damit verbundenen Erlöschen der PersGes rückwirkend **entfällt.** Auch die Ges, auf die das (Rein-)Vermögen anwächst, tritt nicht in eine (unerledigte) Rechnungslegungspflicht der erloschenen Ges ein.

18 Die Anwachsung ist in ihren Folgen denjenigen einer Verschmelzung sehr ähnlich, weshalb derjenige Rechtsträger, auf den das (Rein-)Vermögen anwächst, in analoger Anwendung des Wahlrechts nach § 24 UmwG auch die **Buchwerte** der „angewachsenen" PersGes als AK (§ 255 Abs 1 HGB) **fortführen** darf (zur Zulässigkeit s *ADS*[6] HGB § 255 Anm 101; IDW RS

I. Grundlagen

HFA 42, Tz 93). Im Unterschied zu UmwVorgängen treten die Rechtsfolgen einer Anwachsung aber als Folge allg gesetzlicher Regelungen (zB Anteilsvereinigung in einer Hand) ein. Dh es bedarf weder eines Anwachsungsvertrags noch einer AnwachsungsSB. Insb bedarf es auch nicht der (rückwirkenden) Festlegung eines Anwachsungsstichtags analog zu § 5 Abs 1 Nr 6 UmwG, dh eines zurückliegenden Zeitpunkts, von dem an die Rechtsgeschäfte und Handlungen der untergegangenen PersGes für Rechnung des Übernehmers vorgenommen gelten. Dem (Rein-)Vermögensübergang im Rahmen einer Anwachsung kann daher im handelsrechtlichen JA des übernehmenden Gesters **keine Rückwirkung** beigelegt werden (vgl IDW RS HFA 42, Tz 95). Deshalb müssen bei beabsichtigter Buchwertfortführung die Wertansätze unmittelbar vor dem Zeitpunkt des Erlöschens der PersGes ermittelt werden. Zu diesem Zweck kommt die freiwillige Aufstellung eines **internen Zwischenabschlusses** (Saldenliste) für die erloschene PersGes auf diesen Zeitpunkt in Betracht. Aus Vereinfachungsgründen wird es dabei handelsrechtlich nicht zu beanstanden sein, wenn dieser Zwischenabschluss nicht auf den genauen Stichtag unmittelbar vor der Anwachsung, sondern einen geringfügig früher oder später liegenden Stichtag, zB Monats- oder Quartalsende, aufgestellt wird. Ab dem Zeitpunkt der Anwachsung hat der Übernehmer zugleich auch die mit dem angewachsenen (Rein-)Vermögen korrespondierenden Wertänderungen (Erträge und Aufwendungen) nach § 246 Abs 1 S 1 HGB in seiner GuV auszuweisen.

Die Aufstellung eines freiwilligen internen Zwischenabschlusses unmittelbar vor dem Erlöschen der PersGes kann ggf auch für **steuerliche Zwecke** erforderlich sein, zB weil ein bis zur Anwachsung entstandenes Ergebnis noch von den AltGestern zu versteuern ist.

3. Liquidationsverfahren

Aus dem Zweck des LiqVerfahrens (Beendigung der kfm Aktivitäten der PersGes) ergeben sich die Aufgaben der Liquidatoren. Gem § 149 HGB haben die Liquidatoren die **laufenden Geschäfte** zu **beenden**. Zu diesem Zweck sind zB Dauerschuldverhältnisse idR zum nächstmöglichen vertraglichen Termin zu kündigen (*Butzer/Knof* in MünchHdbGesR[5] Bd 1 § 84 Anm 35). Zur Beendigung schwebender Geschäfte dürfen die Liquidatoren auch neue Geschäfte abschließen (zB Einkauf von Waren zur Abwicklung eines im Auflösungszeitpunkt vorhandenen Auftragsbestands).

Außerdem haben die Liquidatoren sämtliche **Forderungen** der PersGes einzuziehen, um so verteilungsfähiges Vermögen zu schaffen (*Hillmann* in Ebenroth/Boujong/Joost/Strohn[3] HGB § 149 Anm 9 ff). Die Geltendmachung von (ggf unsicheren) Ansprüchen hat dabei unter Abwägung von möglichen Kosten und Nutzen zu erfolgen. Die Abtretung oder Aufrechnung von Forderungen ist zulässig (*Butzer/Knof* in MünchHdbGesR[5] Bd 1 § 84 Anm 36). Soweit erforderlich sind die Forderungen fällig zu stellen. Zu den Forderungen gehören auch Ansprüche ggü Gester, die aus dem laufenden Lfg- und Leistungsverkehr resultieren. Gesellschaftsrechtliche Ansprüche sind dagegen Posten bei der Auseinandersetzung der Gester (*Roth* in Baumbach/Hopt[38] HGB § 149 Anm 3, 5).

Deubert

22 **Rückständige Einlagen,** die im Rahmen des LiqVerfahrens zur Erfüllung von Verbindlichkeiten der PersGes (§ 124 HGB) benötigt werden, dürfen von den Liquidatoren nach pflichtgemäßem Ermessen ebenfalls eingezogen werden (Anm 176 f), wobei dies nicht anteilig erfolgen muss (so *Roth* in Baumbach/Hopt[38] HGB § 149 Anm 3). Verweigert ein Gester die Leistung, weil der eingeforderte Betrag alsbald aus der LiqMasse zurückgewährt werden müsste (§ 242 BGB: *„dolo agit"*-Einrede), trägt er die Beweislast dafür, dass die Einforderung nicht notwendig ist (hierzu *Butzer/Knof* in MünchHdbGesR[5] Bd 1 § 84 Anm 38 mwN; *Hillmann* in Ebenroth/Boujong/Joost/Strohn[3] HGB § 149 Anm 16 f).

23 Ferner sind die Liquidatoren zur **Umsetzung des übrigen Vermögens in Geld** verpflichtet, wobei ein optimales LiqErgebnis anzustreben ist. Über die Art und Weise (freihändiger Verkauf oder Versteigerung) einzelner VG bzw Vermögensteile oder des Unt im Ganzen und den Zeitpunkt der Veräußerung bestimmen die Liquidatoren nach pflichtgemäßem Ermessen selbst (*Butzer/Knof* in MünchHdbGesR[5] Bd 1 § 84 Anm 40 f; *Hillmann* in Ebenroth/Boujong/Joost/Strohn[3] HGB § 149 Anm 18). Etwas Anderes gilt nur, wenn sich aus dem GesVertrag oder einem (einstimmigen) Weisungsbeschluss der Gester gem § 152 HGB konkrete Anweisungen zB hinsichtlich der Versilberung von VG ergeben.

Sind VG von einzelnen Gestern in das Eigentum (§ 124 Abs 1 HGB) der PersGes eingebracht worden (s Anm 86), gehören auch sie zu den zu veräußernden VG. Dagegen sind VG, die der PersGes lediglich zur Nutzung überlassen sind, den betr Gestern zurückzugeben (§ 732 S 1 BGB; s Anm 87).

24 Nach § 149 S 1 HGB sind die Liquidatoren verpflichtet, die **Gläubiger zu befriedigen,** dh die GesVerbindlichkeiten zu tilgen (dazu auch *Hillmann* in Ebenroth/Boujong/Joost/Strohn[3] HGB § 149 Anm 19 ff).

Bestehen aus dem GesVerhältnis seitens der Gester Ansprüche gegen die PersGes, handelt es sich grds um Posten für die Auseinandersetzung; die Ansprüche können mithin nicht selbstständig in der Liq geltend gemacht werden (so *Butzer/Knof* in MünchHdbGesR[5] Bd 1 § 84 Anm 44 ff; *Roth* in Baumbach/Hopt[38] HGB § 149 Anm 5; Anm 175 ff). Eine Ausnahme gilt aber zB dann, wenn feststeht, dass der Gester das auf diese Weise Erlangte auf keinen Fall im Rahmen der Auseinandersetzung zurückerstatten muss (dazu KG 9.6.2000 NZG 2001, 556 mwN). Schließlich können auch Drittgläubigerforderungen der Gester gegen die PersGes grds geltend gemacht werden (jetzt auch BGH 3.4.2006 DStR, 1239 f).

25 Das Ende der Liq ist mit der **Verteilung** (Auskehrung) eines nach der Befriedigung der Gläubiger verbleibenden **Reinvermögens** (LiqGuthaben) an die Gester nach dem Verhältnis der Kapitalanteile (§ 155 Abs 1 HGB) erreicht (Anm 165).

4. Geschäftsführung und Vertretung

30 Mit der Auflösung (Anm 1, 7) sind die **Liquidatoren** das geschäftsführende und vertretungsberechtigte Organ der PersGes.

Wer Liquidator wird, richtet sich nach dem GesVertrag oder einem Mehrheitsbeschluss der Gester („*gekorene* Liquidatoren"). Werden keine Personen ernannt, sind gem § 146 Abs 1 HGB sämtliche Gester Liquidatoren („*geborene* Liquidatoren"). Bei der KG bedeutet dies, dass auch die Kommanditisten als Liquidatoren berufen sind (§ 146 Abs 1 iVm § 161 Abs 2 HGB), obwohl diese bei der werbenden Ges gem § 170 HGB von der Vertretung ausgeschlossen sind (*Hillmann* in Ebenroth/Boujong/Joost/Strohn[3] HGB § 146 Anm 3). Die aufgelöste GmbH & Co KG wird auch in der Liq durch die KomplementärGmbH vertreten (*K. Schmidt* in MünchKomm HGB[4] § 146 Anm 14). Gester, die nicht Liquidatoren sind, haben Kontrollrechte gem § 118 HGB vorbehaltlich besonderer Regelungen im GesVertrag (*Roth* in Baumbach/Hopt[38] HGB § 149 Anm 1).

Ferner besteht die Möglichkeit, dass das AG, in dessen Bezirk die PersGes ihren Sitz hat, auf Antrag eines LiqBeteiligten (zB Gester, Erbe eines Gesters) *und* aus wichtigem Grund Liquidatoren bestellt (§ 146 Abs 2 HGB, § 375 Nr 1 FamFG). Wichtige Gründe sind zB fehlende Sachkunde, Parteilichkeit oder Unredlichkeit der Liquidatoren (*Butzer/Knof* in MünchHdbGesR[5] Bd 1 § 84 Anm 12).

Darauf, wie die Geschäftsführung und Vertretungsmacht während der werbenden Tätigkeit verteilt waren, kommt es in der Liq nicht an. Der Grundsatz der Einzelgeschäftsführung und Einzelvertretungsmacht (§§ 115 Abs 1, 125 Abs 1 HGB) gilt nicht fort. Gem § 150 Abs 1 HGB gilt vielmehr **Gesamtgeschäftsführung und -vertretung,** sofern nicht durch GesVertrag oder GesterBeschluss Einzelhandlungsbefugnis eingeräumt und im HR eingetragen wird (*Butzer/Knof* in MünchHdbGesR[5] Bd 1 § 84 Anm 18).

Die Vertretungsmacht der Liquidatoren im Außenverhältnis ist – entgegen dem Wortlaut in § 149 S 2 HGB – nicht auf LiqGeschäfte beschränkt (ausführlich *K. Schmidt* in MünchKomm HGB[4] § 149 Anm 52 mwN; aA *Hillmann* in Ebenroth/Boujong/Joost/Strohn[3] HGB § 149 Anm 23f).

Die Liquidatoren und ihre Vertretungsmacht sind gem § 148 Abs 1 S 1 HGB von sämtlichen Gestern zur **Eintragung ins Handelsregister** anzumelden (zur Übergangsregelung bzgl der Eintragung der Vertretungsmacht der Liquidatoren s Art 52 EGHGB). Das Gleiche gilt für jede spätere Änderung in den Personen der Liquidatoren oder in ihrer Vertretungsmacht (§ 148 Abs 1 S 2 HGB). Die Eintragung ins HR ist auch dann erforderlich, wenn die Liquidatoren mit den Gestern identisch sind (*Grziwotz* DStR 1992, 1368).

Prokuren können während der Liq neu erteilt werden; bereits bestehende Prokuren bleiben bestehen, wenn sie nicht widerrufen werden (ebenso *K. Schmidt* in MünchKomm HGB[4] § 156 Anm 14; aA *Hillmann* in Ebenroth/ Boujong/Joost/Strohn[3] HGB § 149 Anm 27: die aufgelöste Ges kann nur durch Handlungsbevollmächtigte vertreten werden, bestehende Prokuren erlöschen mit der Auflösung).

II. Externe Rechnungslegung

1. Konzeptionelle Abgrenzung

Für die Rechnungslegung aufgelöster PersGes (OHG, KG) ist der seit 1897 unveränderte § 154 HGB maßgeblich. Danach haben die Liquidatoren

S 41–47 Liquidationsrechnungslegung der Personenhandelsgesellschaft

(Anm 30 ff) zum Beginn sowie bei der Beendigung der Liq eine Bilanz aufzustellen.

41 Konzeptionell ist für Zwecke der LiqRechnungslegung grds zwischen der *externen* (öffentlich-rechtlichen) *Rechnungslegung* der aufgelösten HandelsGes (Anm 46 ff) und der *Rechenschaftslegung der Liquidatoren im Innenverhältnis* ggü den Gestern (Anm 135 ff) zu unterscheiden (*Schmidt* Liquidation, 63 f; T Anm 11 mwN).

Nach hM (*K. Schmidt* in MünchKomm HGB[4] § 154 Anm 8; *Scherrer/Heni*[3], 120; *Hillmann* in Ebenroth/Boujong/Joost/Strohn[3] HGB § 154 Anm 5 mwN; *Butzer/Knof* in MünchHdbGesR[5] Bd 1 § 84 Anm 64; *Kamanabrou* in Oetker HGB[5] § 154 Anm 6; *Habersack* in Großkomm HGB[5] § 154 Anm 9, 11) bezieht sich **§ 154 HGB** – anders als die § 270 AktG, § 71 GmbHG für KapGes – ausschließlich auf den Bereich der sog **internen Liquidationsrechnungslegung**. Darüber hinaus enthalten die §§ 145 ff HGB keine weiteren, die Rechnungslegung betr Bestimmungen, weshalb gem § 156 HGB bis zur Beendigung der Liq unverändert die Vorschriften für werbende PersGes anzuwenden sind.

Für die **(externe)** handelsrechtliche **Rechnungslegung** der PersGes iL sind somit ausschließlich die **§§ 238 ff HGB** maßgeblich. *KapCoGes* iL, dh PersGes, bei denen nicht wenigstens eine natürliche Person direkt oder indirekt als persönlich haftender Gester beteiligt ist (ausführlich *Schmidt/Usinger* in Beck Bil-Komm[12] § 264a Anm 10 ff), haben darüber hinaus auch während der Liq die ergänzenden Vorschriften für KapGes (§§ 264 ff HGB) zu beachten.

2. Grundlagen

45 Durch die Auflösung wird die Identität der PersGes nicht berührt, dh sie wird nicht zu einer GbR, sondern bleibt HandelsGes (*Grziwotz* DStR 1992, 1367; *Schmidt* Liquidation, 25; *Roth* in Baumbach/Hopt[38] HGB § 145 Anm 4). Die PersGes behält bis zu ihrer Vollbeendigung ihre **Kaufmannseigenschaft** (ausführlich *K. Schmidt* ZHR 1989, 299).

46 PersGes iL sind auch nach der Auflösung weiterhin nach §§ 238 f HGB **buchführungspflichtig** (*Roth* in Baumbach/Hopt[38] HGB § 154 Anm 1) und nach den §§ 242 bis 256a HGB – KapCoGes iL unter Berücksichtigung der §§ 264 ff HGB – **(extern)** rechnungslegungspflichtig (*K. Schmidt* in MünchKomm HGB[4] § 154 Anm 15; *K. Schmidt* Liquidationsbilanzen, 57).

§ 154 HGB, der sich nur auf die interne Rechnungslegung bezieht (Anm 135 ff), ist nicht geeignet, diese Verpflichtung zur handelsrechtlichen Rechnungslegung der PersGes iL aufzuheben oder zu modifizieren (glA *K. Schmidt* Liquidationsbilanzen, 56 ff).

47 Für große PersGes iSd **PublG** tritt in der Liq jedoch eine Erleichterung ein. Gem § 3 Abs 3 PublG entfällt die Beachtung des ersten Abschn (§§ 1 bis 10 PublG) über die Rechnungslegung für Unt in Liq. Ohne entspr Vereinbarung der Gester zur Anwendung der §§ 1 bis 10 PublG auch während der Liq entfällt daher die *sinngemäße* Beachtung bestimmter Vorschriften für KapGes (§§ 265, 266, 268 bis 275 und 277 HGB) bei Aufstellung von JA und Lagebericht (§ 5 Abs 1 PublG) sowie bei deren Prüfung und Offen-

II. Externe Rechnungslegung

legung nach §§ 6, 9 PublG. Die Verpflichtung zur Aufstellung von JA nach den Vorschriften für alle Kfl bleibt davon aber unberührt.

Die Befreiung von den ergänzenden Rechnungslegungspflichten des PublG wurde damit begründet, dass Unt in Liq keine gesamtwirtschaftlich interessanten Bilanzzahlen mehr ausweisen und im Übrigen – aufgrund der *damals* ganz anderen Bewertungsmaßstäbe in der Liq – keine Vergleichbarkeit zwischen den JA vor und nach der Auflösung besteht (*Biener* Gesetz über die Rechnungslegung von bestimmten Unt und Konzernen (PublG) Düsseldorf 1973, 34; krit dazu *Scherrer/Heni*[3], 121 f). **48**

Etwaige *Konzernrechnungslegungspflichten* gem §§ 11 ff PublG bleiben im Fall einer Befreiung gem § 3 Abs 3 PublG unberührt; dh insoweit tritt durch die Auflösung keine Erleichterung ein (hM *ADS*[6] PublG § 3 Anm 23). Zur Konzernrechnungslegung während der Liq s T Anm 375 ff. **49**

3. Bei Auflösung

a) Herrschende Literaturmeinung

Eine externe **Liquidationseröffnungsbilanz** – als besondere HBil der PersGes vergleichbar der LiqEB gem § 270 Abs 1 AktG, § 71 Abs 1 GmbHG (T Anm 30) – **braucht**, nachdem sich § 154 HGB ausschließlich auf die interne Rechenschaftslegung des Liquidators bezieht (s Anm 135), mangels expliziter gesetzlicher Verpflichtung **nicht aufgestellt zu werden** (ebenso *K. Schmidt* in MünchKomm HGB[4] § 154 Anm 16 mwN; *Butzer/Knof* in MünchHdbGesR[5] Bd 1 § 84 Anm 71; *Hillmann* in Ebenroth/Boujong/Joost/Strohn[3] HGB § 154 Anm 8; *Kamanabrou* in Oetker HGB[5] § 154 Anm 5; *Scherrer/Heni*[3], 139, 142; *Dißars/Kahl-Hinsch* StuB 2013, 860; aA *Kindler* in Koller/Kindler/Roth/Morck[8] HGB § 154 Anm 2; *Habersack* in Großkomm HGB[5] § 154 Anm 19; *Klöhn* in Henssler/Strohn[4] § 154 Anm 9: analoge Anwendung der § 270 Abs 1 AktG, § 71 GmbHG). **55**

Bei der LiqEB der *KapGes* handelt es sich – im Hinblick auf die mit der Auflösung bezweckte Vollbeendigung der Ges (T Anm 5) – um eine primär im Interesse des Gläubigerschutzes zu erstellende Zwischenbilanz besonderer Art (ausführlich dazu *Förschle/Deubert* DStR 1996, 1744 f). Die LiqEB und das ihr zugrunde liegende Inventar dokumentieren bei KapGes das im Auflösungszeitpunkt vorhandene und durch die § 272 AktG und § 73 GmbHG besonders geschützte Vermögen (dazu T Anm 70 ff). Obwohl die Liq bei *PersGes* ebenfalls auf die Löschung der Ges (§ 157 Abs 1 HGB) abzielt und § 155 HGB einen Vorrang der Gläubigerbefriedigung vor Vermögensverteilung an die Gester vorsieht, sind – im Unterschied zur KapGes – aufgrund der *persönlichen Haftung der Gester/Komplementäre* (§§ 128 bis 130, 161 Abs 2 HGB) im Auflösungszeitpunkt keine zusätzlichen Maßnahmen zum Schutz der Gläubiger erforderlich (so auch *Eberhard* in Beck Handbuch PersGes[4] § 12 Anm 4), dh ist die Aufstellung einer (externen) LiqEB insofern entbehrlich. Aus diesem Grund besteht auch *de lege ferenda* keine Notwendigkeit, PersGes zur Aufstellung einer externen LiqEB zu verpflichten. **56**

Die **Vermögensänderungen,** die durch die Auflösung der PersGes ausgelöst werden, sei es aufgrund des Wegfalls von Bilanzierungswahlrechten, zB für Altzusagen bei Pensionen gem Art 28 EGHGB (s auch T Anm 130), oder **57**

S 58, 59 Liquidationsrechnungslegung der Personenhandelsgesellschaft

aufgrund von geänderten Bewertungsmethoden, zB außerplanmäßige Abschreibungen aufgrund geänderter Abschreibungspläne im Anlagevermögen (s Anm 96 sowie T Anm 155 ff), sind als **laufende Geschäftsvorfälle** zu erfassen (IDW RS HFA 17, Tz 21).

58 Bei einer **Auflösung** der PersGes **im Verlauf** des **Geschäftsjahrs** ist für den bis dahin verstrichenen Teil des Gj auch *kein* „RumpfGj" zu bilden und **kein** letzter **(Rumpf-)Jahresabschluss** der werbenden PersGes bestehend aus Bilanz und GuV aufzustellen (glA *K. Schmidt* in MünchKomm HGB[4] § 154 Anm 18; *Hillmann* in Ebenroth/Boujong/Joost/Strohn[3] HGB § 154 Anm 7 mwN; *Butzer/Knof* in MünchHdbGesR[5] Bd 1 § 84 Anm 71; zu Besonderheiten bei KapCoGes s Anm 62). Nach aA (s *Scherrer/Heni*[3], 138 ff) ergibt sich die Pflicht zur Aufstellung einer sog SB der werbenden Ges bei PersGes zwar nicht aus den handelsrechtlichen Regelungen (§§ 238 ff HGB) und kann insb auch nicht aus § 154 HGB hergeleitet werden, sondern vielmehr aus der Notwendigkeit, dass zum Auflösungszeitpunkt ggf etwaige Rechtsansprüche Dritter gegen die PersGes festgestellt werden müssen (so auch *Habersack* in Großkomm HGB[5] § 154 Anm 18). Die Ermittlung von Gewinn- und Ausgleichsansprüchen stiller Gester, der Tantiemeansprüche der Verwaltungsorgane sowie der laufenden Gewinnansprüche bzw Verlustausgleichsverpflichtungen der Gester sind jedoch kaum geeignet, eine Verpflichtung zur Aufstellung einer *externen* Bilanz zu begründen (so aber *Scherrer/Heni*[3], 139 f). Solche (Dritt-)Verpflichtungen lassen sich ohne Schwierigkeiten mit Hilfe der internen LiqRechnungslegung bestimmen, denn auch wenn in der internen LiqEB nach § 154 HGB Zeitwerte anzusetzen sind, bildet regelmäßig ein aus der lfd Buchführung abgeleiteter und auf den Auflösungsstichtag aufgestellter Zwischenabschluss (Summen- und Saldenliste) die Ausgangsgrundlage für ihre Ermittlung (s Anm 138). Im Übrigen ist zu beachten, dass eine auf den dem Auflösungsstichtag vorangegangenen Tag aufgestellte SB, die aufgrund von sonstigen schuldrechtlichen Vereinbarungen (zB Ermittlung des Auseinandersetzungsguthabens eines stillen Gesters) bestimmte oder alle wertändernden Einflüsse im Zusammenhang mit der Auflösung (vereinbarungsgemäß) unberücksichtigt lässt (so wohl *Scherrer/Heni*[3], 140), als Bestandteil einer externen Rechnungslegung ungeeignet ist, weil sie gegen das Imparitätsprinzip (§ 252 Abs 1 Nr 4 HGB) verstoßen würde und werterhellende Tatsachen unberücksichtigt blieben. Schließlich lässt sich eine Verpflichtung zur Aufstellung einer SB der werbenden PersGes auch nicht damit begründen, dass die LiqRechnungslegung rechtsformunabhängig (PersGes und KapGes) zu erfolgen hat (so aber *Scherrer/Heni*[3], 142), weil auch KapGes nach den für sie geltenden spezialgesetzlichen Vorschriften (§ 270 Abs 1 AktG; § 71 Abs 1 GmbHG) nicht zur Aufstellung einer SB der werbenden Ges verpflichtet sind (s dazu ausführlich T Anm 60 ff).

59 Allerdings kann der GesVertrag die Aufstellung einer **freiwilligen Zwischenbilanz** für den Fall der Auflösung der PersGes vorsehen bzw die Gester können dies vereinbaren. Wegen der uneingeschränkten Geltung des Grundsatzes der Bilanzidentität (§ 252 Abs 1 Nr 1 HGB) kann diese Zwischenbilanz entweder aus der laufenden Buchführung oder aus dem für Zwecke der internen Rechnungslegung (Anm 138) auf den Auflösungsstichtag aufgestellten Inventar abgeleitet werden (ausführlich dazu für die KapGes *Förschle/*

II. Externe Rechnungslegung

Deubert DStR 1996, 1745 f; T Anm 144). Da es sich bei dieser Zwischenbilanz um einen internen Abschluss vergleichbar einem Monats- oder Quartalsabschluss handelt, besteht für die Zwischenbilanz auch keine Offenlegungspflicht.

b) Auffassung des Landgerichts Bonn

PersGes, bei denen unmittelbar oder mittelbar nicht wenigstens eine natürliche Person persönlich haftender Gester ist (**Kapitalgesellschaften und Co; KapCoGes**), werden durch § 264a Abs 1 HGB hinsichtlich Aufstellung, Prüfung und Offenlegung ihres handelsrechtlichen JA den gleichen Verpflichtungen unterworfen, wie sie für KapGes gelten (s dazu *Schmidt/Usinger* in Beck Bil-Komm[12] § 264a Anm 45 ff). Vor diesem Hintergrund vertritt das in Offenlegungsfragen (§§ 325, 325a HGB) zuständige **Landgericht Bonn** (U v 11.11.2009 NJW-RR 2010, 609 und U v 20.11.2009 ZIP 2010, 676) und dem folgend das BAJ die Auffassung, dass in Abhängigkeit von der Rechtsform der KomplementärKapGes § 71 Abs 1 GmbHG oder § 270 Abs 1 AktG entspr für die aufgelöste PersGes gilt und **verlangt** deshalb die **Aufstellung einer Liquidationseröffnungsbilanz**. Weiter vertritt das LG Bonn (U v 20.11.2009 ZIP 2010, 677) die Ansicht, dass mit dem Tag der Auflösung ein neues Gj beginnt (s auch Anm 70). Daraus folgt zugleich, dass die PersGes bei einer unterjährigen Auflösung verpflichtet ist, für den bis zur Auflösung verstrichenen Teil des Gj, einen RumpfJA (sog **Schlussbilanz der werbenden Gesellschaft**) aufzustellen, prüfen zu lassen und offen zu legen.

Solange die Entscheidungen des LG Bonn zur LiqRechnungslegung der KapCoGes nicht im Zuge einer Beschwerde nach § 335a HGB (s dazu *Grottel/H. Hoffmann* in Beck Bil-Komm[12] § 335a Anm 2) vom dafür zuständigen OLG Köln aufgehoben werden oder eine davon abw ausdrückliche Regelung durch den Gesetzgeber erfolgt, wird es sich – ebenso wie bei KapGes (s T Anm 48) – auch bei KapCoGes empfehlen, die **Auflösung der Gesellschaft** jeweils **mit Ablauf ihres regulären Geschäftsjahrs** zu **beschließen**, um die unnötige Aufstellung einer SB der werbenden Ges sowie einer LiqEB zu vermeiden.

4. Während der Liquidation

a) Umfang, verpflichtete Personen

Der JA von PersGes iL besteht gem § 242 Abs 3 HGB aus **Bilanz und GuV**. KapCoGes iL, die nicht klein iSv § 267 Abs 1 HGB sind, haben den JA um einen **Anhang** zu **erweitern sowie** einen **Lagebericht** aufzustellen (§ 264 Abs 1 S 1 iVm § 264a Abs 1 HGB; dazu T Anm 195 ff), prüfen zu lassen (§ 316 Abs 1 S 1; dazu Anm 130) und offen zu legen. Auf die Anwendung der ergänzenden Vorschriften für KapGes darf verzichtet werden, wenn die Voraussetzungen für eine Befreiung gem § 264b HGB gegeben sind (ausführlich dazu *Störk/Deubert* in Beck Bil-Komm[12] § 264b Anm 20 ff). Kleine KapCoGes brauchen einen Lagebericht nicht aufzustellen (§ 264 Abs 1 S 4 iVm § 264a Abs 1 HGB) und den JA auch nicht prüfen zu lassen. Kleinst-

S 66–72 Liquidationsrechnungslegung der Personenhandelsgesellschaft

KapCoGes iSv § 267a HGB brauchen einen Anhang nicht aufzustellen (§ 264 Abs 1 S 5 HGB), wenn sie unter der Bilanz Angaben zu Haftungsverhältnissen und zu Vorschüssen und Krediten an Organmitglieder machen.

66 Die Pflicht zur Aufstellung des LiqJA obliegt – ebenso wie die Buchführungspflicht (§ 238 HGB) – den **Liquidatoren** (s Anm 30 ff). Unterlassen die Liquidatoren die Aufstellung des LiqJA, können sie sich bei späterer Zahlungseinstellung oder InsEröffnung gem §§ 283, 283b StGB strafbar machen (hM *Butzer/Knof* in MünchHdbGesR[5] Bd 1 § 84 Anm 74).

b) Geschäftsjahr

70 Die §§ 145 ff HGB schreiben kein auf den Auflösungsstichtag lautendes Gj vor. Entspr hM (*K. Schmidt* in MünchKomm HGB[4] § 154 Anm 18; ebenso *Hillmann* in Ebenroth/Boujong/Joost/Strohn[3] HGB § 154 Anm 11; *Butzer/ Knof* in MünchHdbGesR[5] Bd 1 § 84 Anm 71; *Habersack* in Großkomm HGB[5] § 154 Anm 20; *Scherrer/Heni*[3], 145; *Dißars/Kahl-Hinsch* StuB 2013, 860) ist daher auch bei einer unterjährigen Auflösung der PersGes (Regelfall) das **bisherige Geschäftsjahr beizubehalten**. Der bisherige Zeitraum des Gj wird demnach durch die Liq der PersGes nicht geändert. Die handelsrechtliche Rechnungslegung läuft *stets* bis zum nächsten Schluss des bisherigen Gj weiter.

Das LG Bonn (U v 20.11.2009 ZIP 2010, 677) vertritt demggü bei **Kapitalgesellschaften & Co**, deren JA nach § 264a HGB denselben Anforderungen wie diejenigen der KapGes unterliegen, die Auffassung, dass mit der Auflösung ein neues Gj beginnt (zu den damit verbundenen Konsequenzen für die Rechnungslegung der aufgelösten KapCoGes s Anm 62), sofern die Gester nicht dessen Beibehaltung beschließen.

71 Sofern aufgrund von Bestimmungen des GesVertrags oder eines diesen ändernden GesterBeschlusses freiwillig das Gj auf das LiqJahr umgestellt werden soll (zur Zulässigkeit T Anm 60 ff), ist eine **Umstellung** des **Geschäftsjahrs** auf das LiqGj für steuerliche Zwecke nur zulässig, wenn dies im Einvernehmen mit dem FA erfolgt (§ 4a Abs 1 Nr 2 S 2 EStG). Die Zustimmung des FA zur Verlegung des Gj hängt untrennbar mit der Verpflichtung zur Erstellung einer SB oder EB zusammen (*Heinicke* in Schmidt[38] EStG § 4a Anm 10). Da eine solche Verpflichtung für PersGes anlässlich der Auflösung aber gerade nicht besteht, erscheint eine Zustimmung des FA zur Bildung eines vom Kj abw Gj anlässlich der Auflösung der PersGes eher unwahrscheinlich. Ob vermeintliche Praktikabilitätserwägungen, insb die Vermeidung von doppelten Aufstellungs- und Inventurarbeiten nach *freiwilliger* Aufstellung einer LiqEB auf einen Stichtag kurz vor Ende des bisherigen Gj (*Scherrer/Heni*[3], 145 f), allein ausreichen, um die Zustimmung des FA zu erlangen, erscheint zweifelhaft.

72 Soweit die Forderung nach einer Änderung der Bestimmungen zum LiqGj der PersGes mit dem Hinweis auf § 155 Abs 2 S 1 InsO begründet wird, der mit Eröffnung des InsVerfahrens den Beginn eines neuen Gj anordnet, wird übersehen, dass die InsEB die Aufgabe hat, die Verantwortungszeiträume der Gester und der InsVerwalter in Bezug auf das GesVermögen abzugrenzen (dazu R Anm 75). Eine derartige Notwendigkeit besteht indes bei Auflösung

II. Externe Rechnungslegung   80–86 **S**

der PersGes (ebenso wie bei KapGes) nicht, da die Durchführung der Liq gem § 146 Abs 1 HGB regelmäßig den Gestern als geborenen Liquidatoren (Anm 30) obliegt.

c) Aufstellungsfristen

Der JA der *PersGes* iL ist innerhalb der einem **ordnungsmäßigen Ge-** 80 **schäftsgang entsprechenden Zeit** aufzustellen (§ 243 Abs 3 HGB). Für die werbende Ges wird die Grenze für die einem ordnungsmäßigen Geschäftsgang entspr Zeit – mit Rücksicht auf die Rspr – bei einem Jahr gezogen (s *Schmidt/Usinger* in Beck Bil-Komm[12] § 243 Anm 92f). Mangels entgegenstehender Bestimmungen gilt diese Frist in der Liq unverändert fort (aA *Scherrer/Heni*[3], 153: die Aufstellungsfrist für den JA der PersGes iL soll sechs Monate nicht übersteigen). Wegen der Aufstellungsfrist für den JA von *KapCoGes* iL s T Anm 105.

Sofern die Auflösung mit einer **Unternehmenskrise** einhergeht, verkürzt sich die Aufstellungsfrist – wie für die werbende PersGes – auf zwei bis drei Monate (s *Schmidt/Usinger* in Beck Bil-Komm[12] § 243 Anm 95).

Bei großen PersGes iL iSd **PublG** sollte sich jedoch die einem ordnungs- 81 mäßigen Geschäftsgang entspr Zeit für die Aufstellung des LiqJA – ungeachtet der Befreiung durch § 3 Abs 3 PublG (Anm 48) – an der Frist des § 264 Abs 1 HGB (drei Monate) orientieren. Sofern eine Konzernrechnungslegungspflicht gem §§ 11ff PublG besteht (Anm 49), muss der LiqJA so rechtzeitig aufgestellt werden, dass die Aufstellungsfrist für den KA (innerhalb der ersten fünf Monate des KonzernGj) gem § 13 Abs 1 PublG eingehalten werden kann.

d) Bilanz

aa) Ansatzvorschriften. Bzgl der **Bilanzierungsgebote, Bilanzie-** 85 **rungsverbote und Bilanzierungswahlrechte (§§ 246 bis 251 HGB)**, dh insb auch für Rückstellungen und Verbindlichkeiten, **gelten** für PersGes iL sowie KapCoGes iL grds **dieselben Grundsätze wie für Kapitalgesellschaften iL** (glA *Scherrer/Heni*[3], 153ff). Für den Ansatz in der LiqBilanz wird daher auf die entspr Ausführungen zu den KapGes (T Anm 110ff, 210ff) verwiesen.

Zu den **Ansatzbesonderheiten** in der Gesamthandsbilanz von PersGes 86 gehört, dass die Gester VG (Sachen oder Rechte) zu Eigentum, zur Nutzung und dem Werte nach oder nur zum Gebrauch/zur Nutzung in die PersGes einbringen können (s *Wertenbruch* in Ebenroth/Boujong/Joost/Strohn[3] HGB § 105 Anm 187ff).

Bei der **Einlage zu Eigentum** wird das rechtliche und damit auch das wirtschaftliche Eigentum vom Gester auf die PersGes übertragen und besteht damit Bilanzierungspflicht für den VG auf Ebene der Gesamthand (§ 246 Abs 1 S 2 HGB). Bei der **Einbringung** eines VG **dem Werte nach** (*quoad sortem*) überlässt der Gester der PersGes den VG in der Weise, dass zwar nicht das zivilrechtliche Eigentum auf die Ges übergeht, dass aber der VG so behandelt wird, als ob er in das Eigentum der Ges übergegangen wäre. Nutzungen und Wertsteigerungen/-minderungen gehen zu Gunsten/Lasten der

Deubert   853

PersGes, die somit wirtschaftliches Eigentum erlangt, dh der VG wird auch in der Gesamthandsbilanz der PersGes ausgewiesen (IDW RS HFA 7 nF, Tz 11; ADS[6] HGB § 246 Anm 439 ff). Schließlich kann der Gester und Eigentümer eines VG der PersGes auch nur den Gebrauch oder die Nutzung eines VG gestatten, selbst aber (rechtlicher und wirtschaftlicher) Eigentümer bleiben. Die **Einlage zum Gebrauch/zur Nutzung** (*quoad usum*) ist nicht mit der Vermietung oder Verpachtung des VG vom Gester an die Ges zu verwechseln, dh es kommt kein Mietvertrag zustande. Die „Gegenleistung" für die Gebrauchsüberlassung besteht in der Gewinnbeteiligung des betr Gesters (*Piltz* DStR 1991, 251 f), dh der Erwerb des Nutzungsrechts erfolgt unentgeltlich (*PwC* BilMoG Komm, E Anm 89 ff). In diesem Fall darf grds nur das Nutzungsrecht, nicht aber der genutzte VG selbst aktiviert werden (IDW RS HFA 7 nF, Tz 12). Etwas Anderes gilt nur dann, wenn sich das Nutzungsrecht über die gesamte (Rest-)Nutzungsdauer des VG erstreckt, so dass der Herausgabeanspruch des Gesters wirtschaftlich wertlos ist und die PersGes wirtschaftliches Eigentum an dem VG erlangt. Soweit jedoch ein Nutzungsrecht erworben wird, gilt für dieses im handelsrechtlichen JA der PersGes das Aktivierungswahlrecht gem § 248 Abs 2 S 1 HGB analog (*PwC* BilMoG Komm, E Anm 91). ZT wird auch die Auffassung vertreten, dass für das Nutzungsrecht das Bilanzierungsverbot für schwebende Geschäfte zum Tragen kommt (*Kußmaul/Olling* StuW 2011, 289 ff mwN), weil es überwiegend die Eigenschaften eines Dauerschuldverhältnisses besitzt, da nicht der Erwerb eines VG, sondern dessen Nutzung im Vordergrund steht.

87   Neben der unterschiedlichen bilanziellen Behandlung dieser **Einbringungsformen** ergeben sich ferner **Unterschiede** in der Behandlung der VG oder ihres Werts **im Falle der Liquidation** (*Wertenbruch* in Ebenroth/Boujong/Joost/Strohn[3] HGB § 105 Anm 187 ff).
Für VG, die *zu Eigentum* in die PersGes *eingebracht* wurden, hat der Gester keinen Anspruch auf Rückübertragung (s *Wertenbruch* in Ebenroth/Boujong/Joost/Strohn[3] HGB § 105 Anm 188), so dass sich durch die Auflösung als solche noch keine bilanziellen Besonderheiten ergeben, dh der VG ist unverändert in der Gesamthandsbilanz der PersGes auszuweisen. Erfolgte die *Einbringung dem Werte nach,* hat der einbringende Gester in der Liq einen Anspruch auf Rückgabe der Sache (§ 732 S 1 BGB analog; *Wertenbruch* in Ebenroth/Boujong/Joost/Strohn[3] HGB § 105 Anm 189; glA *Berninger* DStR 2010, 877 mwN). Dabei hat er der PersGes aber Wertsteigerungen seit der Einbringung auszugleichen, dh im Ergebnis ist der VG bei seiner Rückgabe mit dem beizZW auf das Auseinandersetzungsguthaben des betr Gesters anzurechnen. Die PersGes darf die Gebrauchs-/Nutzungsüberlassung des VG noch so lange verlangen, solange dies für die Zwecke der Liq erforderlich ist (s *Schmidt* in MünchKomm HGB[4] § 149 Anm 24; *Berninger* DStR 2010, 878), zB um einen im Auflösungszeitpunkt vorhandenen Auftragsbestand noch abwickeln zu können (s Anm 20). Da die PersGes die Wertänderungschancen und -risiken innehat, solange der VG für betriebliche Zwecke genutzt wird, ist er so lange auch noch als solcher in der Bilanz der PersGes auszuweisen, es sei denn, der Gester macht seinen Herausgabeanspruch vorher geltend (dagegen für einen Ansatz der Herausgabeverpflichtung bereits bei Auflösung: *Schmidt* in MünchKomm HGB[4] § 149 Anm 24). Endet die

II. Externe Rechnungslegung

Nutzung durch die PersGes oder macht der Gester seinen Herausgabeanspruch geltend, tritt der zum beizZW des VG bewertete Erstattungsanspruch gegen den Gester an die Stelle des zurückgegebenen VG, der im Rahmen der Vermögensverteilung auf den Auseinandersetzungsanspruch des Gesters anzurechnen ist (s Anm 160 ff).

Wurde der VG der PersGes lediglich *zur Nutzung (quoad usum) überlassen*, kann der Gester in der Liq die Rückgabe des VG verlangen, sofern er nicht mehr für die Zwecke der Liq erforderlich ist. Da der VG nicht als solcher in der Gesamthandsbilanz der PersGes ausgewiesen ist, ergeben sich aus seiner Rückgabe keine bilanziellen Konsequenzen. Wurde ein Nutzungsrecht aktiviert, ist dessen Restnutzungsdauer bereits im Auflösungszeitpunkt an das voraussichtliche Nutzungsende anzupassen sowie ggf eine außerplanmäßige Abschreibung (§ 253 Abs 3 S 5 HGB) vorzunehmen (s dazu T Anm 160).

Auch in der Liq richtet sich die Bilanzierung **latenter Steuern** bei Kap- **88**
CoGes, wenn sie nicht klein iSd § 267 HGB sind (§ 274a Nr 4 HGB), unverändert nach § 274 HGB (s dazu *Grottel/Larenz* in Beck Bil-Komm[12] § 274 Anm 73 f; *WPH*[16] HBd, F Anm 1498 ff). Kleine KapCoGes und alle übrigen PersGes dürfen § 274 HGB entspr anwenden bzw haben dies zu tun, wenn der GesVertrag oder ein ihn ändernder Beschluss der Gester die freiwillige Anwendung der §§ 264 ff HGB oder auch nur des § 274 HGB vorsieht (s IDW RS HFA 7 nF, Tz 18).

Ist an einer KapCoGes *unmittelbar* eine **natürliche Person** als Gester **be-** **89**
teiligt, ist der auf diese entfallende Gewinn aus der Veräußerung oder Aufgabe eines (Teil-)Betriebs der PersGes nach § 7 S 2 GewStG gewerbesteuerfrei (s dazu Anm 213). Die Befreiung nach § 7 S 2 GewStG setzt dabei nicht die Erfüllung der Voraussetzungen des § 16 EStG voraus (s Anm 226 ff), entscheidend ist vielmehr die Beendigung der gewerblichen Betätigung des bisherigen Gewerbebetriebs (s M Anm 44; *Drüen* in Blümich GewStG § 7 Anm 126 mwN). Für die Bilanzierung latenter GewSt im JA der aufgelösten PersGes bedeutet dies, dass temporäre Differenzen – soweit sie anteilig auf die natürliche Person entfallen – nur insoweit berücksichtigt werden dürfen, als sie sich bis zum Beginn der Betriebsaufgabe, dh dem Auflösungszeitpunkt abbauen (s IDW RS HFA 7 nF, Tz 19).

Bei PersGes iL, die aufgrund Rechtsform oder Größe § 274 HGB nicht **90**
beachten müssen und dies auch nicht freiwillig tun (s Anm 88), müssen **Rückstellungen für passive latente Steuern** nach § 249 Abs 1 S 1 HGB gebildet werden, wenn die Umkehr von zeitlichen Bilanzierungs- und Bewertungsunterschieden zwischen HBil und StBil insgesamt zu einer Steuerbelastung führen wird. Dabei ist zu beachten, dass in der Liq auch die Effekte aus der Umkehr, sog quasi-permanente Differenzen, zu berücksichtigen sind, unabhängig davon, ob mit der Auflösung schon der konkrete Umkehrzeitpunkt feststeht. Die Besonderheiten im Fall unmittelbarer Beteiligung natürlicher Personen an der PersGes (s Anm 89) gelten entspr.

bb) Bewertungsvorschriften. Für die Bewertung in der LiqBilanz der **95**
PersGes und KapCoGes gelten die **allgemeinen Bewertungsvorschriften** für KfI (**§§ 240, 252 bis 256a HGB**), soweit der LiqZweck dem nicht entgegensteht (dazu für KapGes T Anm 140 ff und 165 ff).

96 Die **Bestimmung niedrigerer beizulegender Werte** für VG des Anlagevermögens gem § 253 Abs 3 S 5 HGB muss auch bei PersGes unter Berücksichtigung der Auflösungssituation erfolgen. Mit der Auflösung verliert das Anlagevermögen zunehmend seine Bestimmung, dauernd iSv § 247 Abs 2 HGB dem Geschäftsbetrieb zu dienen; sondern steht – vor Ablauf seiner im Abschreibungsplan berücksichtigten betriebsgewöhnlichen Nutzungsdauer – zur (baldigen) Veräußerung bereit (dazu *Förschle/Deubert* DStR 1996, 1747). Aus diesem Grund sind für die Bestimmung niedrigerer beizulegender Werte bei VG des Anlagevermögens, die zur Veräußerung bereitstehen oder nicht mehr genutzt werden, in der Liq nicht Wiederbeschaffungs-/Wiederherstellungskosten, sondern die niedrigeren **(Netto-)Einzelveräußerungswerte** (vorsichtig geschätzte Verkaufserlöse abzgl noch anfallender Kosten) heranzuziehen (ebenso *Scherrer/Heni*[3], 184 f; IDW RS HFA 17, Tz 18 ff).

Wegen der Voraussetzungen zur Konkretisierung der Veräußerungsabsicht und des Begriffs „... *nicht mehr dem Geschäftsbetrieb dienen* ..." wird auf T Anm 155 ff verwiesen.

e) Anhang und Lagebericht

100 Die inhaltlichen Angaben in Anhang und Lagebericht aufgelöster KapCoGes entspr denjenigen im Anhang aufgelöster KapGes (s dazu T Anm 215 ff, 220 ff).

f) Gliederung und Ausweis

105 Hinsichtlich der Gliederung der Bilanz und GuV gelten für die JA in der Liq die gleichen Grundsätze wie für werbende PersGes; durch den Zweck der Liq bedingte Abweichungen gem § 156 HGB sind nicht ersichtlich.

Im Einzelnen sind zunächst die im HGB genannten allg Grundsätze für **Mindestanforderungen** hinsichtlich der Form und Gliederung der Bilanz und GuV zu beachten:
- Aufstellung des JA nach den GoB (§ 243 Abs 1 HGB);
- Klarheit und Übersichtlichkeit (§ 243 Abs 2 HGB);
- Vollständigkeitsgebot (§ 246 Abs 1 HGB) und
- Saldierungsverbot (§ 246 Abs 2 HGB).

106 Für **KapCoGes** gelten ferner die allg Gliederungsgrundsätze gem § 265 iVm § 264a Abs 1 HGB (dazu T Anm 225 ff, 255 ff). Für die Bilanzen während der Liq ist außerdem § 247 Abs 1 HGB zur Mindestaufgliederung der **Bilanz** (ausführlich dazu *Schubert/Waubke* in Beck Bil-Komm[12] § 247 Anm 4 ff) bzw bei KapCoGes das nach Größenklassen abgestufte Bilanzschema (§§ 266, 267 iVm § 264a Abs 1 HGB) sowie die ergänzenden Regelungen des § 264c Abs 1 und 2 HGB zu beachten (dazu T Anm 235 ff).

107 Ebenso wie bei KapGes schlägt sich auch bei PersGes die im Rahmen der Liq betriebene Desinvestition des GesVermögens in der Bilanzgliederung nieder (ausführlich T Anm 230 ff). Dies ergibt sich unmittelbar aus § 247 Abs 2 HGB, wonach als **Anlagevermögen** nur solche VG auszuweisen sind, die dazu bestimmt sind, dauernd dem Geschäftsbetrieb zu dienen (ausführlich *Schubert/F. Huber* in Beck Bil-Komm[12] § 247 Anm 351 ff). Diese Voraussetzung ist bei VG, deren Veräußerung bis zum nächsten Bilanzstichtag feststeht oder die bereits stillgelegt sind, nicht mehr gegeben (dazu auch T Anm 231). Die betr Anlagen sind daher im Umlaufvermögen auszuweisen und wie solches zu bewerten.

Das Belassen von stillgelegten VG im Anlagevermögen, kann in der Liq – im Hinblick auf die durch § 149 S 1 HGB angeordnete Versilberung – regelmäßig auch nicht mehr damit begründet werden, dass es sich hierbei um Reservevermögen handelt (so aber *Scherrer/Heni*[3], 162).

Wie bei werbenden PersGes sind wesentliche **Forderungen und Verbindlichkeiten gegenüber Gesellschaftern** wegen der Bilanzklarheit gesondert von den übrigen Forderungen und Verbindlichkeiten auszuweisen oder durch entspr Vermerke kenntlich zu machen (IDW RS HFA 7 nF, Tz 55); für KapCoGes ergibt sich dieser gesonderte Ausweis unmittelbar aus § 264c Abs 1 iVm § 264a Abs 1 HGB (dazu *Schmidt/K. Hoffmann* in Beck Bil-Komm[12] § 264c Anm 5 ff). Dabei sind die Forderungen und Verbindlichkeiten der Gester ggü der Ges aus laufenden Lfg und Leistungen, Entgelten für Nutzungsüberlassungen oder Kreditgewährungen, zu trennen von den innerhalb des EK auszuweisenden Kapitalkonten der Gester, auf denen sich nur Transaktionen mit gesellschaftsrechtlicher Grundlage (Einlagen, Abschlagszahlungen auf das LiqErgebnis; Anm 160 ff) niederschlagen (ausführlich *Schmidt/K. Hoffmann* in Beck Bil-Komm[12] § 247 Anm 160 ff).

Für den **Eigenkapitalausweis** der PersGes iL gelten ebenfalls die gleichen allg Grundsätze wie für die werbende Ges. KapCoGes haben dementspr bei der Aufgliederung des bilanziellen EK auch in der Liq § 264c Abs 2 HGB zu beachten (ausführlich dazu *Schmidt/K. Hoffmann* in Beck Bil-Komm[12] § 264c Anm 20 ff; *WPH*[16] HBd, F Anm 1460 ff).

Soweit der EK-Ausweis von PersGes, die nicht zum Anwendungsbereich des § 264a HGB gehören, nicht auf freiwilliger Basis unter Anwendung der Grundsätze § 264c Abs 2 HGB erfolgt, sind – in Abhängigkeit von der Zahl der Gester – die Kapitalanteile der persönlich haftenden Gester bzw von Komplementären sowie Kommanditisten mit dem Endstand zum Bilanzstichtag entweder einzeln oder aber zusammengefasst nach Gruppen (persönlich haftende Gester einerseits und Kommanditisten andererseits) auszuweisen; dabei können je Gruppe positive und negative Kapitalkonten zusammengefasst werden (hM *Schmidt/K. Hoffmann* in Beck Bil-Komm[12] § 264c Anm 21, 30; IDW RS HFA 7 nF, Tz 43).

Die **Gewinn- und Verlustrechnung** wird in § 242 Abs 2 HGB als unsaldierte (§ 246 Abs 2 HGB) Gegenüberstellung von Aufwendungen und Erträgen des Gj definiert. Das Verrechnungsverbot des § 246 Abs 2 HGB wird aber von zahlreichen Ausnahmen durchbrochen (*Schmidt/Ries* in Beck Bil-Komm[12] § 246 Anm 115).

Analog zu § 247 Abs 1 HGB (Inhalt der Bilanz) sind jedoch nach hM (*Schmidt/Kliem* in Beck Bil-Komm[12] § 247 Anm 662; *ADS*[6] HGB § 247 Anm 91) die wesentlichen Strukturelemente der gesetzlichen GuV-Gliederungsschemata für KapGes (Betriebsergebnis, Finanzergebnis, ergebnisabhängige Steuern) auch für PersGes maßgeblich (wegen weiterer Bsp zur Gliederung der GuV *Schmidt/Kliem* in Beck Bil-Komm[12] § 247 Anm 667; *Förschle/Kropp* DB 1989, 1043 ff). *KapCoGes* müssen dagegen die allg Vorschriften für

S 111–115 Liquidationsrechnungslegung der Personenhandelsgesellschaft

KapGes über die Gliederung der GuV (§§ 275–277 iVm § 264a Abs 1 HGB) beachten (dazu T Anm 255 ff) und können darüber hinaus von der ergänzenden Regelung in § 264c Abs 3 S 2 HGB Gebrauch machen, dh nach dem Jahresergebnis einen fiktiven Steueraufwand ausweisen (ausführlich dazu *Schmidt/K.* Hoffmann in Beck Bil-Komm[12] § 264c Anm 71 ff).

111 Bei KapCoGes durch die **Auflösung bedingte Vermögenseffekte** (s Anm 57), zB Aufwand aus der Dotierung von Sozialplanrückstellungen oder von Rückstellungen für Altpensionsverpflichtungen, sind in der GuV im **sonstigen betrieblichen Aufwand** (§ 275 Abs 2 Nr 8 HGB) auszuweisen und idR im Anhang gem § 285 Nr 31 HGB als Aufwendungen von außergewöhnlicher Bedeutung oder Größenordnung zu erläutern.

(Echte) PersGes, die weder direkt noch indirekt über das PublG in den Anwendungsbereich der §§ 264 ff HGB fallen und für die deshalb das Gliederungsschema des § 275 HGB nicht verbindlich ist und die auch keinen Anhang aufstellen, dürfen dagegen unverändert die Wertänderungen, die durch die Auflösung verursacht werden, in der GuV in einem gesonderten Posten unter entspr Bezeichnung ausweisen. Alternativ besteht bei einem Ausweis unter dem Posten sonstiger betrieblicher Aufwand die Möglichkeit, den Effekt aus der Auflösung durch einen Davon-Vermerk kenntlich zu machen.

Der Betrag der durch den Auflösungsbeschluss verursachten außerplanmäßigen Abschreibungen (§ 253 Abs 3 S 5 HGB) ist bei KapCoGes nach § 277 Abs 3 S 1 HGB in der GuV, zB durch einen Davon-Vermerk, kenntlich zu machen oder im Anhang anzugeben. Bei PersGes, die nicht im Anwendungsbereich der §§ 264 ff HGB fallen, kann dies bei wesentlichen Beträgen im Hinblick auf die Klarheit und Übersichtlichkeit der Darstellung nach § 243 Abs 2 HGB geboten sein.

112 Im Übrigen kann die Klarheit und Übersichtlichkeit der Darstellung mit dem Fortschreiten der Liq eine **weitergehende Untergliederung** insb der **sonstigen betrieblichen Erträge und Aufwendungen** innerhalb des Betriebsergebnisses erfordern (dazu sinngemäß T Anm 257 f; für einen gesonderten Ausweis liquidationsspezifischer Aufwendungen und Erträge *Scherrer/Heni*[3], 176).

Wegen des Ausweises von Aufwendungen und Erträgen aus Rechtsbeziehungen zwischen der PersGes und den Gestern: *Schmidt/Kliem* in Beck Bil-Komm[12] § 247 Anm 645 ff; IDW RS HFA 7 nF, Tz 29 ff.

5. Am Ende der Liquidation

a) Liquidationsschlussbilanz

115 Die Verpflichtung zur Aufstellung eines letzten externen JA, bestehend aus **Liquidationsschlussbilanz mit Gewinn- und Verlustrechnung,** ergibt sich für PersGes iL aus §§ 240, 242 HGB (glA *Scherrer/Heni*[3] 146 f; *Schmidt* Liquidation, 62).

KapCoGes haben – ebenso wie KapGes (s T Anm 265) – diesen letzten externen JA um einen **Anhang** zu erweitern **sowie** einen **Lagebericht** aufzustellen (§ 264 Abs 1 S 1 iVm § 264a Abs 1 HGB). KapCoGes, die klein iSv § 267 Abs 1 HGB sind, brauchen keinen Lagebericht aufzustellen (§ 264 Abs 1 S 4 HGB). KleinstKapCoGes iSv § 267a HGB dürfen darüber hinaus

II. Externe Rechnungslegung

auf die Aufstellung eines Anhangs verzichten (§ 264 Abs 1 S 5 HGB), wenn sie unter der Bilanz Angaben zu Haftungsverhältnissen und zu Vorschüssen und Krediten an Organmitglieder machen, die aber regelmäßig am Ende der Liq nicht mehr bestehen werden.

Maßgeblicher **Aufstellungsstichtag** für die externe LiqSB ist – ebenso wie bei KapGes (s T Anm 267) – der Zeitpunkt von dem an die Voraussetzungen für die Vermögensverteilung an die Gester vorliegen oder der diesem Zeitpunkt nächst gelegene Monats- oder Quartalsstichtag. Bei der Liq einer KapCoGes, wenn also das KG-Vermögen an die Kommanditisten ausgekehrt und die KapCoGes so zum Erlöschen gebracht werden soll, sind § 272 AktG bzw § 73 GmbHG analog anzuwenden (s *K. Schmidt* BB 2011, 709 f), weshalb in diesen Fällen auch das Sperrjahr (s dazu auch T Anm 73) abgewartet werden muss, bevor die LiqSB aufgestellt werden darf.

Bzgl der anzuwendenden **Ansatz- und Bewertungsgrundsätze** in der externen LiqSB gelten die Ausführungen zur KapGes sinngemäß (ausführlich T Anm 268 ff).

Die Aufstellung der SB dient auch bei PersGes zur **Vorbereitung** der **Verteilung** des nach Gläubigerbefriedigung **verbliebenen Vermögens** an die Gester. Soweit nicht zur Geschäftsführung befugte Gester (Anm 30; zB Kommanditisten) vorhanden sind, sollte ein der SB zugrunde liegender Verteilungsplan (Höhe der Ausschüttung, Rückgabe von Sacheinlagen usw) von den Liquidatoren schriftlich erläutert werden. Bei KapCoGes dürfen diese Informationen auch in den Anhang aufgenommen werden.

Die **externe Schlussbilanz** ist idR **mit** der **internen Schlussbilanz** nach § 154 HGB (Anm 155) **identisch,** dh beiden Bilanzen liegt das gleiche Mengen- und Wertgerüst zugrunde (glA *Habersack* in Großkomm HGB[5] § 154 Anm 25).

Dies ist unzweifelhaft so, wenn die Liq bis zur vollständigen Versilberung des Vermögens der Ges betrieben wird und dementspr das verbliebene und zur Verteilung an die Gester gelangende (Rein-)Vermögen nur aus **Nominalwerten** (Zahlungsmittel und Zahlungsmitteläquivalente) besteht. Fraglich könnte sein, ob dies auch dann gilt, wenn **nicht monetäre Vermögensgegenstände** (zB Grundstücke) oder selbst geschaffene immaterielle VG (zB Patente) im Wege der Realteilung (O Anm 1 ff) an die Gester ausgekehrt werden sollen, nachdem diese in der externen Rechnungslegung maximal mit ihren (fortgeführten) AK/HK (§ 253 Abs 1 HGB) angesetzt werden dürfen, während in der SB nach § 154 HGB eine Bewertung zum beizZW sachgerecht ist.

Die Übertragung von am Ende der Liq verbliebenen Sachwerten auf die Gester stellt einen einer Sachausschüttung vergleichbaren Vorgang dar. Daher erscheint es – ebenso wie bei KapGes (s T Anm 271 mwN; *Störk/Büssow* in Beck Bil-Komm[12] § 272 Anm 637) – sachgerecht, die allg **Grundsätze für die Bewertung von Sachausschüttungen** im handelsrechtlichen Abschluss der leistenden Ges entspr für die Bewertung von am Ende der Liq verbliebenen nicht monetären VG anzuwenden, dh diese letztlich in der externen LiqSB ebenfalls zum beizZW zu bewerten (bereits bisher für den Ansatz nicht versilberter VG zum Marktpreis, auch wenn dieser oberhalb des bisherigen Buchwerts lag: *Scherrer/Heni*[3], 147).

119 Andererseits ist zu berücksichtigen, dass die Bewertung von Sachausschüttungen bei KapGes zum beizZW im Kontext mit den für diese Rechtsformen geltenden (strengen) Kapitalerhaltungsvorschriften steht, während bei PersGes Kapitalschutzregelungen nur teilweise (zB § 172 Abs 4, 6 HGB) und mit anderem Wirkungsmechanismus als bei KapGes vorhanden sind. Im Übrigen wird auch für KapGes zT eine **Bewertung zum Buchwert** befürwortet (zB *Siegel* WPg 2008, 561). Vor diesem Hintergrund ist eine Bewertung von Entnahmen im handelsrechtlichen JA auch zum Buchwert zulässig, dh dürfen etwaige stille Reserven im zur Entnahme bestimmten VG auch still entnommen werden (dafür zB *Strohn* in Ebenroth/Boujong/Joost/Strohn[3] HGB § 172 Anm 23: Entnahme einer zum Buchwert eingebrachten Beteiligung eben zu diesem Buchwert). Entspr muss dann auch in der (externen) LiqSB der PersGes gelten, zumal es den Gestern ohnehin freisteht, die Liquidatoren nach § 152 HGB anzuweisen, auch in den internen Liq-Bilanzen die handelsrechtlichen Ansatz- und Bewertungsregelungen anzuwenden (s Anm 137).

Werden zur Auskehrung an die Gester bestimmte Sachwerte mit Buchwerten bewertet, können die externe und die interne LiqSB dennoch gemeinsam als **Drei-Spalten-Bilanz** aufgestellt werden, indem die Zeitwerte der internen SB nach § 154 HGB in der letzten externen Bilanz ergänzt werden.

b) Aufbewahrung

125 Die **Bücher und Schriften** der PersGes, für die eine Aufbewahrungspflicht nach § 257 HGB besteht (s *Störk/Philipps* in Beck Bil-Komm[12] § 257 Anm 10 ff), **sowie die Liquidationsbilanzen nach § 154 HGB** sind von einem Gester oder einem Dritten aufzubewahren (§ 157 Abs 2 S 1 HGB). Können sich die Gester nicht einigen, bestimmt das zuständige AG, in dessen Bezirk die PersGes ihren Sitz hat, den Verwahrer (§ 157 Abs 2 S 2 HGB; § 375 Nr 1 FamFG). Etwaige Kosten im Zusammenhang mit der Verwahrung der Unterlagen sind von der PersGes iL zu tragen und sind von den Liquidatoren zu begleichen (dazu auch T Anm 269). Wird die PersGes iL durch eine andere Art der Auseinandersetzung voll beendet, zB durch Anwachsung des GesVermögens bei einem Gester oder eine übertragende Umw, gilt § 157 Abs 2 HGB entspr (s *Hillmann* in Ebenroth/Boujong/Joost/Strohn[3] HGB § 157 Anm 2). Die Aufbewahrungspflicht trifft dann den Rechtsnachfolger der PersGes iL.

Mangels gegenteiliger Bestimmungen richtet sich die **Verwahrdauer** nach **§ 257 HGB** (ausführlich dazu *Störk/Philipps* in Beck Bil-Komm[12] § 257 Anm 25 ff).

6. Prüfung, Feststellung und Offenlegung

130 Eine **Prüfungspflicht** für die externen JA (einschl der LiqSB) sowie die ggf dazugehörigen Lageberichte während der Liq besteht gem §§ 316 ff iVm § 264a Abs 1 HGB grds **nur für KapCoGes** und soweit diese nicht klein iSd § 267 Abs 1 HGB sind (zur Prüfungsdurchführung und zum BVm: T Anm 325 ff).

III. Liquidationsbilanzen im Sinne von § 154 HGB 131–135 S

Ausdrückliche Regelungen vergleichbar denjenigen in § 270 Abs 3 S 1 AktG bzw § 71 Abs 3 S 1 GmbHG, wonach das **Registergericht** die aufgelöste KapGes bei überschaubaren (Vermögens-)Verhältnissen, wenn eine Prüfung im Interesse der Gläubiger und Gester nicht erforderlich scheint – unabhängig vom Vorliegen einer größenabhängigen Befreiung gem § 267 HGB – **auf Antrag von** ihrer **Prüfungspflicht befreien** kann (dazu T Anm 315 ff), bestehen für KapCoGes formal nicht. Nach einer Entscheidung des OLG München v 9.1.2008 (ZIP, 219 f) sind die Regelungen in § 270 Abs 3 AktG bzw § 71 Abs 3 GmbHG in Abhängigkeit von der Rechtsform des Komplementärs jedoch entspr anwendbar, weil KapCoGes durch das KapCoRiLiG bzgl ihres JA den gleichen Verpflichtungen unterworfen werden sollen, wie sie für KapGes gelten. Deshalb sei kein Grund ersichtlich, weshalb KapCoGes unter sonst gleichen Umständen in der Liq weitergehenden (Prüfungs-)Pflichten unterliegen sollten als KapGes. Zuständig für die Befreiung wäre danach das Registergericht, in dessen Bezirk die KapCoGes ihren Sitz hat. Eine Prüfungsbefreiung für JA und Lageberichte für reguläre Gj, die vor der Auflösung endeten, soll für KapCoGes – ebenso wie bei KapGes (s T Anm 315) – ausgeschlossen sein (s OLG München v 9.1.2008 ZIP, 220).

Darüber hinaus kann sich eine Befreiung von der Prüfungspflicht außerdem bei Vorliegen der Befreiungsvoraussetzungen gem § 264b Nr 1–4 HGB ergeben (dazu ausführlich *Störk/Deubert* in Beck Bil-Komm[12] § 264b Anm 20 ff).

Die **Feststellung** externer LiqJA (einschl der LiqSB mit GuV) ist Aufgabe der Gester. Die Beschlussfassung der Gester muss einstimmig erfolgen (§§ 161 Abs 2, 119 Abs 1 HGB; *Grunewald* in MünchKomm HGB[3] § 167 Anm 2). Die Gester können jedoch im GesVertrag das nach dem Gesetz geltende Einstimmigkeitsprinzip durch das Mehrheitsprinzip ersetzen. Nach der Rspr des BGH (U v 15.1.2007 GmbHR, 437 ff; dazu *Priester* DStR 2007, 30; BGH v 15.11.2011, II ZR 272/09, WM 2012, 510) sind für die Feststellung des JA bei einer PersGes dabei regelmäßig bereits allg Mehrheitsklauseln im GesVertrag ausreichend und nicht nur, wenn die Bilanzfeststellung als ein das Gewinnrecht der Gester tangierendes „Grundlagengeschäft" ausdrücklich als Beschlussgegenstand, der unter die Mehrheitsklausel fällt, genannt wird (so noch BGH v 29.3.1996 DB, 926 ff; dazu auch *ADS*[6] HGB § 246 Anm 226).

Der festgestellte LiqJA, dh im Verhältnis der Gester untereinander und im Verhältnis der Ges zu Dritten für verbindlich erklärte JA, ist gem § 245 S 2 HGB von den persönlich haftenden Gestern zu unterzeichnen (s dazu *Störk/Schellhorn* in Beck Bil-Komm[12] § 245 Anm 2).

Mangels abw Regelungen gelten die Vorschriften über die **Offenlegung** des JA und des Lageberichts (§§ 325 bis 329 iVm § 264a Abs 1 HGB) für KapCoGes auch während der Liq entspr (s auch T Anm 345 ff).

III. Liquidationsbilanzen im Sinne von § 154 HGB

1. Liquidationseröffnungsbilanz

Bei der gem § 154 HGB aufzustellenden internen LiqEB handelt es sich nach hM (*K. Schmidt* in MünchKomm HGB[4] § 154 Anm 11; *Roth* in Baumbach/Hopt[38] HGB § 154 Anm 2; *Hillmann* in Ebenroth/Boujong/Joost/

S 136–139 Liquidationsrechnungslegung der Personenhandelsgesellschaft

Strohn[3] HGB § 154 Anm 14; *Habersack* in Großkomm HGB[5] § 154 Anm 14) um eine **Vermögensbilanz,** die den Liquidatoren und den Gestern einen Überblick über das zu versilbernde Vermögen und die zu erfüllenden Schulden geben soll. Ein weiterer Zweck der auf den Auflösungszeitpunkt aufgestellten LiqEB iSv § 154 HGB wird in der Prognose des voraussichtlich nach der Gläubigerbefriedigung gem § 155 Abs 1 HGB auf die Gester zu verteilenden LiqEndvermögens gesehen (glA *Scherrer/Heni*[3], 199; *Scherrer/Heni* WPg 1996, 687 mwN). Ferner dient die interne LiqEB der Dokumentation der im Auflösungszeitpunkt vorhandenen VG und Schulden und damit dem Vermögensschutz der aufgelösten PersGes (s auch T Anm 15).

136 Entgegen dem Wortlaut des § 154 HGB wird überwiegend (*K. Schmidt* in MünchKomm HGB[4] § 154 Anm 27; *Hillmann* in Boujong/Ebenroth/Joost/ Strohn[3] HGB § 154 Anm 16) die Auffassung vertreten, dass auf die Aufstellung der *(internen)* LiqEB **bei Einverständnis aller Gesellschafter verzichtet** werden darf. Begründet wird dies damit, dass die EB gem § 154 HGB ausschließlich *eine auf den Liquidationszweck bezogene Vermögensaufstellung* und keine Rechnungslegung iSd §§ 238 ff HGB ist und im Übrigen die Gester als „*Herren des Liquidationsverfahrens*" frei darüber entscheiden können, ob diese EB aufzustellen ist oder nicht.

137 Bei Erstellung einer LiqEB iSd § 154 HGB – als Bestandteil der internen, zur Selbstinformation der Liquidatoren und Gester bestimmten Rechnungslegung – dürfen nur **Bilanzierungsgrundsätze** beachtet werden, die im Hinblick auf ihren Zweck (Ermittlung des *wirklichen* Nettovermögens im Auflösungszeitpunkt) adäquat sind, dh insb der Vollständigkeitsgrundsatz für den Bilanzansatz sowie die Verwendung von (Netto-)Veräußerungs- bzw Liq-Werten für die Bewertung (ausführlich dazu *Scherrer/Heni*[3], 217 ff u 222 ff). Die handelsrechtlichen Bilanzierungsvorschriften der §§ 238 ff HGB und die ergänzenden Bestimmungen des GesVertrags hierzu sind nicht maßgeblich; es sei denn, *alle* iSd § 146 Abs 2 u 3 HGB an der Liq beteiligten Personen erteilen den Liquidatoren gem § 152 HGB entspr Weisungen.

138 Damit eine vollständige Erfassung aller VG und Schulden in der *internen* LiqEB sichergestellt ist, wird sie zweckmäßigerweise aus einem auf den Auflösungsstichtag bzw einen geringfügig früher oder später liegenden Zeitpunkt, zB Monats- oder Quartalsende, aufzustellenden **Inventar** abgeleitet. Die Beachtung der §§ 240, 241 HGB bei Aufstellung dieses *internen* Liq-Eröffnungsinventars setzt eine entspr Weisung der Gester gem § 152 HGB voraus. Daher ist es auch möglich, das Inventar ausschließlich aus einer Buchinventur oder zB aus der wertmäßigen Fortschreibung eines auch mehr als drei Monate zurückliegenden Inventars abzuleiten.

Dies schließt aber nicht aus, die interne LiqEB alternativ aus der lfd Buchführung abzuleiten, dh ausgehend von einem auf den Auflösungsstichtag aufgestellten Zwischenabschluss **(Summen- und Saldenliste).** Das Mengen- und Wertgerüst dieses Zwischenabschlusses ist dann in einem zweiten Schritt anzupassen, zB wenn das Ansatzwahlrecht für selbst geschaffene immaterielle VG (§ 248 Abs 2 S 2 HGB) in der externen Rechnungslegung nicht ausgeübt wurde (s dazu Anm 139 ff).

139 In der LiqEB gem § 154 HGB sind als **Aktiva** alle materiellen oder immateriellen VG bzw **vermögenswerten Vorteile** zu erfassen, die im Rahmen

III. Liquidationsbilanzen im Sinne von § 154 HGB

der Liq voraussichtlich **zu Einzahlungen führen** werden und denen für sich betrachtet ein Veräußerungserlös zugeordnet werden kann (zutreffend *Scherrer/Heni* WPg 1996, 688).

Die für die externe Rechnungslegung bestehenden Ansatzwahlrechte und -verbote, namentlich § 248 Abs 2 HGB, gelten nicht für *interne* LiqBilanzen (ebenso *Scherrer/Heni*[3,] 218), deshalb sind in der LiqEB selbst erstellte immaterielle VG anzusetzen, auch wenn für Zwecke der externen Rechnungslegung vom Ansatzwahlrecht nach § 248 Abs 2 S 1 HGB kein Gebrauch gemacht wird. Ansatzpflichtig sind grds auch die in § 248 Abs 2 S 2 HGB genannten, geschäftswertnahen Vermögenswerte (zB selbst geschaffene Marken, Drucktitel, Verlagsrechte, Kundenlisten), wenn für sie hinreichende Veräußerungs-/Verwertungsaussichten bestehen und diese Werte auch verlässlich bewertet werden können. Konzeptionell ist darüber hinaus grds auch der Ansatz des originären GFW in der internen LiqBilanz geboten, wenn eine UntVeräußerung im Ganzen oder von Teilbetrieben ernsthaft in Betracht kommt und auch eine verlässliche Bewertung möglich ist, zB weil bereits konkrete Kaufangebote vorliegen.

Als **Passiva** sind alle **Schulden** der Ges anzusetzen, die voraussichtlich bis zum Ende der Liq **zu Auszahlungen führen** werden (*Scherrer/Heni* WPg 1996, 688). Ebenso wie für die externe Rechnungslegung (IDW RS HFA 17, Tz 14), gelten handelsrechtliche Passivierungswahlrechte, zB für Altzusagen bei den Pensionsrückstellungen (Art 28 Abs 1 EGHGB), auch für Zwecke einer *internen* LiqEB nicht mehr.

Im Übrigen müssen in der LiqEB nach § 154 HGB auch alle Verpflichtungen, die mit der Liq und der ihr folgenden Einstellung des Geschäftsbetriebs verbunden sind, berücksichtigt werden, auch wenn sie erst während oder nach der Liq entstehen, wie zB die Kosten des Liquidators oder für die Aufbewahrung von Unterlagen.

In der internen LiqEB sind auch **(latente) Steuern** zu berücksichtigen, wenn aus dem Abbau von temporären Differenzen in den Vermögens- und Schuldposten, die aus Ansatz- oder Bewertungsunterschieden in der internen LiqEB und der StBil der PersGes stammen, sowie aus der Nutzung steuerlicher Verlustvorträge bis zur Beendigung der PersGes voraussichtlich steuerliche Be- oder Entlastungen resultieren werden. Da die interne LiqEB auf einen vollständigen Vermögensausweis abzielt, besteht dort für den geldwerten Vorteil in Gestalt der Steuerersparnis aus einem Überhang abzugsfähiger temporärer Differenzen ggf unter Berücksichtigung realisierbarer steuerlicher Verlustvorträge eine Ansatzpflicht. Die Begrenzung des Prognosezeitraums für steuerliche Verlustvorträge auf fünf Jahre, die nach § 274 Abs 1 S 4 HGB für die externe LiqRechnungslegung besteht, gilt nicht in der LiqEB nach § 154 HGB; maßgeblich ist hier vielmehr das voraussichtliche LiqEnde.

Für die **Bewertung** von Vermögen in der *internen* LiqEB gilt als Grundsatz, dass alle Bestandteile des GesVermögens – soweit es sich nicht um geldnahe Posten handelt – **zu erzielbaren (Netto-)Veräußerungswerten** unter Auflösung von evtl vorhandenen stillen Reserven auch oberhalb der AK/HK anzusetzen sind (glA *Scherrer/Heni*[3], 222f). Schulden sind mit dem **Rückzahlungsbetrag** anzusetzen.

Deubert

S 143–146 Liquidationsrechnungslegung der Personenhandelsgesellschaft

Die Neubewertung ist unabhängig davon vorzunehmen, ob sie zu einer Werterhöhung oder -herabsetzung führt. Die handelsrechtlichen Bewertungsvorschriften, namentlich das **Anschaffungswertprinzip** (§ 253 Abs 1 HGB) und das Niederstwertprinzip sind für diesen Status **nicht maßgebend.**

143 Von entscheidender Bedeutung bei der Ermittlung der Veräußerungswerte ist auch die Art und Weise, wie sich die Liq voraussichtlich vollziehen wird, dh als Veräußerung einzelner VG, von Betriebsteilen oder des Unt als Ganzem, sowie die Dauer des LiqVerfahrens an sich. Gleiches gilt für die Tilgung der Schulden (*Scherrer/Heni* WPg 1996, 689).

Zu Beginn der Liq kommen für VG meist mehrere **Verwertungsalternativen** in Betracht und sind jeweils unterschiedliche Umweltzustände denkbar, dh die **Veräußerungserlöse** sind **mehrwertig** (dazu *Scherrer/Heni*[3], 224). Um die Unsicherheit der Wertbestimmung in der LiqEB transparent zu machen, empfiehlt sich entweder ein Mehr-Spalten-Ausweis oder, wenn nur einwertige Größen, zB Erwartungswerte, ausgewiesen werden, sind entspr Erl zur LiqEB erforderlich, aus denen hervorgeht, wie die Risikotransformation bei VG und bei Schulden vorgenommen wurde. Dies gilt insb dann, wenn nicht alle Gester als Liquidatoren berufen wurden.

144 In die Ermittlung des Reinvermögens gehen nach den oben (Anm 139 ff) beschriebenen Grundsätzen in der *internen* LiqEB **Vermögens- und Schuldkomponenten** mit jeweils **unterschiedlichem Zeitbezug** ein. Nominalwerte (zB Flüssige Mittel) werden mit den zu potentiellen (zukünftigen) Veräußerungswerten angesetzten Sachwerten zusammengefasst (*Scherrer/Heni*[3], 225 f).

Das in der LiqEB gem § 154 HGB ausgewiesene Reinvermögen entspricht somit nur unter der *Annahme,* dass alle in dieser Bilanz enthaltenen VG im Auflösungszeitpunkt sofort versilbert sowie alle Schulden zum gleichen Zeitpunkt getilgt werden können, dem tatsächlichen Reinvermögen im Auflösungszeitpunkt (*Scherrer/Heni*[3], 226). Aus dem gleichen Grund kann das Reinvermögen einer *internen* LiqEB auch nicht mit dem zur Verteilung an die Gester bestimmten LiqEndvermögen gleichgesetzt werden. Eine zutreffende Ermittlung des voraussichtlichen LiqEndvermögens unter Berücksichtigung des zeitlichen Anfalls der Einzahlungen aus der Vermögensversilberung sowie der Auszahlungen zur Schuldentilgung ist nur mit Hilfe eines vollständigen **Finanzplans** möglich (ebenso *Scherrer/Heni*[3], 227).

145 Ein aus der Neubewertung der VG und Schulden resultierender Gewinn oder Verlust ist noch nicht realisiert, weshalb in der internen LiqEB keine Ergebnisverteilung (Zuschreibung bzw Verrechnung mit den Kapitalkonten oder Verrechnungskonten der Gester) stattfindet. Die **Vermögensmehrung/-minderung aus der Neubewertung** ist vielmehr **gesondert im Eigenkapital** unter entspr Bezeichnung (zB: Mehr-/Minderverrmögen aus der Neubewertung) **auszuweisen** (glA *Scherrer/Heni*[3], 220).

146 Im Hinblick auf den zusätzlichen Arbeitsaufwand bei Schätzung der potentiellen Veräußerungswerte und die erhebliche Unsicherheit, mit denen diese Werte behaftet sind, empfiehlt sich bei PersGes, die **interne und externe Liquidationsrechnungslegung** zu **verknüpfen.** Aufgrund der weitreichenden Befugnisse der Gester nach § 152 HGB ist es zB möglich, dass sie die Liquidatoren anweisen, *anstelle* der Vermögensbilanz iSd § 154 HGB oder

III. Liquidationsbilanzen im Sinne von § 154 HGB

zusätzlich dazu eine Zwischenbilanz, vergleichbar einer externen LiqEB nach AktG bzw GmbHG, aufzustellen. Angaben zu wesentlichen stillen Reserven bei den einzelnen Bilanzposten und einem (originären) GFW können dabei – in sinngemäßer Anwendung der Regelungen zum ErlBericht zur LiqEB bei KapGes (T Anm 188) – in eine Anlage zur LiqEB aufgenommen werden.

2. Zwischenbilanzen

Eine periodische (interne) Rechenschaftslegung wird durch § 154 HGB **150** nicht vorgeschrieben (*Roth* in Baumbach/Hopt[38] HGB § 154 Anm 4). Die Verpflichtung zur Aufstellung von internen Zwischenbilanzen sowie die Unterrichtung der Gester über außergewöhnliche LiqMaßnahmen und den Stand des Verfahrens wird jedoch insb dann angenommen, wenn es sich um eine umfangreiche und langwierige Liq von PersGes handelt oder wenn sich größere Vermögensveränderungen ergeben haben bzw bevorstehen (BGH v 5.11.1979 NJW 1980, 1523; OLG Celle 11.5.1983 BB, 1451). Dieser Verpflichtung wird jedoch regelmäßig bereits durch Vorlage der handelsrechtlichen LiqJA (Anm 65) genügt (glA *K. Schmidt* in MünchKomm HGB[4] § 154 Anm 28).

3. Liquidationsschlussbilanz

Nach § 154 HGB haben die Liquidatoren bei der Beendigung der Liq eine **155** Bilanz (SB) aufzustellen. Entgegen dem Wortlaut des § 154 HGB ist die SB nicht erst dann aufzustellen, wenn sämtliche Rechtsbeziehungen der PersGes beendet sowie ein ggf erforderlicher Saldenausgleich zwischen Gestern erfolgt sind (s dazu Anm 175 ff), sondern bereits vorher, wenn nämlich das verteilbare Vermögen nach Begleichung der Schulden feststeht (hM *Roth* in Baumbach/Hopt[38] HGB § 154 Anm 3; *Hillmann* in Ebenroth/Boujong/Joost/ Strohn[3] HGB § 154 Anm 17). Diese Verpflichtung besteht formal neben der gem §§ 240, 242 HGB zur Aufstellung einer externen LiqSB (Anm 115). Faktisch werden beide Bilanzen aber in einem Rechenwerk zusammengefasst bzw identisch sein (s Anm 117; glA *K. Schmidt* in MünchKomm HGB[4] § 154 Anm 22; *Scherrer/Heni*[3,] 208).

Die LiqSB gem § 154 HGB bildet die **Grundlage für die Schlussvertei-** **156** **lung** an die Gester nach § 155 Abs 1 HGB. Aus ihr ergibt sich der an die jeweiligen Gester auszukehrende LiqAnteil (ebenso *Eberhard* in Beck Handbuch PersGes[4] § 12 Anm 82).

4. Vermögensverteilung

a) Vorläufige Verteilung

Anders als KapGes, die in der Liq die § 271 f AktG, § 72 f GmbHG (aus- **160** führlich T Anm 70 ff) beachten müssen, unterliegt das im Auflösungszeitpunkt vorhandene Vermögen bei PersGes wegen der persönlichen Haftung der Gester keiner besonderen Ausschüttungssperre. Jedoch haben KapCoGes die kapitalgesellschaftsrechtlichen Regelungen (§ 73 GmbH; § 272 AktG; dazu T Anm 70 ff) sinngemäß anzuwenden (s Anm 12 sowie *K. Schmidt* in MünchKomm HGB[4] § 155 Anm 49).

S 161–163 Liquidationsrechnungslegung der Personenhandelsgesellschaft

Gem § 155 Abs 2 S 1 HGB besteht die *Möglichkeit,* während der Liq nicht zur Schuldentilgung benötigte Mittel vorläufig unter die Gester zu verteilen. Durch diese **Abschlagszahlungen auf den Liquidationsgewinn** findet das Entnahmerecht gem § 122 Abs 1 HGB nach § 155 Abs 2 S 3 HGB keine Anwendung. Die Regelung kann jedoch abbedungen werden. Ein im Ges-Vertrag geregeltes Steuerentnahmerecht bleibt auch in der Liq bestehen (so *K. Schmidt* in MünchKomm HGB⁴ § 155 Anm 12).

Die Vorabverteilung hat im Verhältnis der Kapitalanteile der Gester zu erfolgen. Eine Vorabausschüttung nur an einzelne Gester bedarf der Zustimmung aller Gester (*K. Schmidt* in MünchKomm HGB⁴ § 155 Anm 8).

161 Das zur Begleichung noch nicht fälliger oder strittiger Verbindlichkeiten sowie zur Sicherung der den Gestern bei der Schlussverteilung zukommenden Beträge erforderliche Vermögen darf nicht verteilt werden (§ 155 Abs 2 S 2 HGB). Insofern schützt § 155 HGB nicht nur die Gester, sondern auch die Gläubiger der PersGes, dh räumt der **Gläubigerbefriedigung Vorrang** vor der Auskehrung eines Überschusses an die Gester ein. Die Tilgung von GesVerbindlichkeiten hat Vorrang vor der Befriedigung privater Bedürfnisse der Gester oder ihrer Ansprüche gegen die Ges (BFH 13.2.1996 DB, 1015). **Aufwendungen,** die einem Gester während der Liq entstanden sind, zB iZm der Begleichung von Verbindlichkeiten der PersGes, **dürfen** diesem aber bereits vor der endgültigen Auseinandersetzung erstattet **werden** (§ 110 HGB; s BGH v 22.2.2011 DStR, 828).

162 Wenn sich bis zum Ende der Liq herausstellt, dass das GesVermögen nicht zur Gläubigerbefriedigung ausreicht, müssen die geleisteten Abschläge zurückgezahlt werden (dazu *Butzer/Knof* in MünchHdbGesR⁵ Bd 1 § 84 Anm 50). Die **Liquidatoren können** die geleisteten **Abschläge zurückfordern,** wenn sich herausstellt, dass Gester mehr erhalten haben, als sie nach der Schlussverteilung erhalten werden (*K. Schmidt* in MünchKomm HGB⁴ § 155 Anm 13).

163 Werden während der Liq Abschlagszahlungen geleistet, sind diese im handelsrechtlichen JA der aufgelösten PersGes **zu Lasten der Kapitalanteile** der Gester **zu erfassen,** auch wenn die Leistung letztlich durch die Entstehung eines endgültigen Auseinandersetzungsguthabens auflösend bedingt ist. Dafür spricht auch, dass nur solche Mittel ausgezahlt werden dürfen, die nicht zur Schuldentilgung benötigt werden (Anm 161). Insofern kann grds davon ausgegangen werden, dass die Abschlagszahlung endgültig ist.

Grds soll der einzelne Gester im Zuge der vorläufigen Vermögensverteilung nur so viel erhalten, dass sein Kapitalanteil, unter Berücksichtigung möglicher LiqVerluste, bei der Schlussverteilung nicht negativ wird (*K. Schmidt* in MünchKomm HGB⁴ § 155 Anm 9). Sinkt der Kapitalanteil durch Abschlagszahlungen dennoch unter den Betrag der bedungenen Einlage, erscheint es sachgerecht, den übersteigenden Betrag wie eine Forderung zu behandeln, weil der PersGes iL ein Rückzahlungsanspruch gegen den Gester zusteht. Insofern besteht ein Unterschied zu Entnahmen, die aufgrund gesetzlicher oder vertraglicher Regelungen zulässigerweise von den Gestern getätigt werden, bei denen der Gesamthand – vorbehaltlich besonderer Vereinbarungen – grds kein (Rückforderungs-)Anspruch zusteht (IDW RS HFA 7 nF, Tz 53).

III. Liquidationsbilanzen im Sinne von § 154 HGB   164–167   S

Im handelsrechtlichen **Jahresabschluss** der **Gesellschafter** sind die **Ab-**   164
schlagszahlungen als Kapitalrückzahlung, dh eine **Minderung** von **Anschaffungskosten** der **Beteiligung** isd § 255 Abs 1 S 3 HGB zu behandeln (TeilLiq). Dabei erscheint es sachgerecht, einen mengenmäßigen (Teil-)Abgang der Beteiligung zu unterstellen und den Buchwert der Beteiligung im Verhältnis der Abschlagszahlung zum Zeitwert der Beteiligung vor der Abschlagszahlung erfolgsneutral zu mindern. Ein den Betrag der Buchwertminderung übersteigender Betrag der Abschlagszahlung ist erfolgswirksam zu vereinnahmen (ausführlich dazu *Deubert/Hoffmann* DK 2014, 160; s auch IDW RS HFA 18, Tz 26 ff).

b) Schlussverteilung

Das nach Berichtigung der Schulden verbleibende (Rein-)Vermögen der   165
Ges ist von den Liquidatoren **nach dem Verhältnis der Kapitalanteile,** wie sie sich **aufgrund der Schlussbilanz** ergeben, unter die Gester zu verteilen/auszuzahlen (§ 155 Abs 1 HGB).

Während der **Kapitalanteil** (Kapitalkonto) normalerweise nur den rech-   166
nerischen Anteil des Gesters am bilanziellen (nominellen) EK der Ges ausdrückt, entspricht der in der LiqSB ausgewiesene Kapitalanteil zugleich dem **tatsächlichen Geldwert der Beteiligung,** weil dort das realisierte Geldkapital der Ges ausgewiesen wird. Im LiqAnteil sind LiqGewinne und -verluste einschl der im Verlauf der Liq realisierten stillen Reserven und Lasten enthalten (s *K. Schmidt* in MünchKomm HGB[4] § 155 Anm 21).

Im Regelfall werden – abw von § 120 Abs 2 HGB – mehrere Kapitalkonten (Festkapital, variables Kapitalkonto etc) geführt. Diese sind dann zusammenzufassen (ebenso *Hillmann* in Ebenroth/Boujong/Joost/Strohn[3] HGB § 155 Anm 14 mwN).

Im Idealfall, wenn das GesVermögen vollständig in Geld umgesetzt wurde und alle Gester zudem ein positives Kapitalkonto besitzen, erhält somit jeder Gester den seinem Kapitalanteil in der SB entspr Geldbetrag. Wenn dagegen Gester ein negatives Kapitalkonto besitzen (Anm 175), sind die vorhandenen Geldmittel (ggf und VG) nur unter den Gestern mit positiven Kapitalkonten zu verteilen (*Hillmann* in Ebenroth/Boujong/Joost/Strohn[3] HGB § 155 Anm 15). Im Anschluss daran ist dann noch der **Saldenausgleich unter den Gesellschaftern** durchzuführen (Anm 177 f), dh die persönlich haftenden Gester mit negativem Kapitalkonto müssen genau diesen Betrag zahlen.

Von dieser Verteilung unter die Gester iSv § 155 HGB ist die **Zurech-**   167
nung des laufenden Liquidationsgewinns bzw **-verlusts** zu unterscheiden, die der Aufstellung der LiqSB vorangeht. Letztere hat nach den gleichen Grundsätzen wie bei der werbenden Ges zu erfolgen.

Sofern im GesVertrag keine abw Vereinbarungen getroffen sind, erhält deshalb jeder Gester (OHG, KG) mit einem positiven Kapitalkonto von dem LiqGewinn vorab eine Dividende von jährlich 4 % seines Kapitalkontos der letzten Jahresbilanz für die seitdem bis zur LiqSB verstrichene Zeit (§§ 121 Abs 1, 168 Abs 1 HGB; glA *Hillmann* in Ebenroth/Boujong/Joost/Strohn[3] HGB § 155 Anm 19). Zwischenzeitliche Veränderungen der Kapitalanteile

§ 168–176 Liquidationsrechnungslegung der Personenhandelsgesellschaft

(Einlagen sowie Vorabverteilungen gem § 155 Abs 2 HGB) sind bei der Dividendenberechnung sinngemäß zu berücksichtigen (§ 121 Abs 2 S 1 HGB). Ein danach verbleibender LiqGewinn sowie ein LiqVerlust wird bei der **OHG** gem § 121 Abs 3 HGB, dh vorbehaltlich abw Regelungen im GesVertrag, „nach Köpfen" verteilt (*Butzer/Knof* in MünchHdbGesR[5] Bd 1 § 84 Anm 53). Bei der **KG** wird ein Mehrgewinn/-verlust gem § 168 Abs 2 HGB in einem angemessenen Verhältnis (üblicherweise im GesVertrag geregelt) auf Komplementäre und Kommanditisten verteilt.

168 Sind am Ende der Liq noch nicht versilberte VG vorhanden, weil der GesVertrag oder ein Beschluss der Gester die Verteilung von VG gestatten (*Hillmann* in Ebenroth/Boujong/Joost/Strohn[3] HGB § 155 Anm 5), ist der **(Buch-)Gewinn aus der Zeitwertbewertung** von Sachwerten oder dem Ansatz bislang nicht aktivierter (immaterieller) Werte, zB selbst geschaffener Patente, in der LiqSB (Anm 118) zusammen mit dem bis zu diesem Stichtag entstandenen übrigen LiqErgebnis entspr den og Grundsätzen zu verteilen.

169 Die Ermittlung und **Verteilung** des **(laufenden) Liquidationsergebnisses** auf die Kapitalkonten der Gester erfolgt im Übrigen bereits im Rahmen der fortbestehenden jährlichen handelsrechtlichen Rechnungslegung der PersGes (glA *Scherrer/Heni*[3], 209; s auch Anm 46, 65ff), so dass im Rahmen der Schlussverteilung gem § 155 HGB nur noch das bis zum Stichtag der LiqSB erzielte LiqErgebnis ggf einschl der dann spätestens aufzudeckenden stillen Reserven in den nicht versilberten VG den Kapitalkonten zugewiesen werden muss.

c) Saldenausgleich zwischen Gesellschaftern

175 Entsteht in der LiqBilanz ein **negatives Kapitalkonto,** hat ein Saldenausgleich (§ 105 Abs 3 HGB iVm § 735 S 1 BGB: Berichtigung der gemeinschaftlichen Schulden) unter den Gestern zu erfolgen. Hiervon ausgenommen sind die Kommanditisten einer KG, für die gem § 167 Abs 3 HGB eine Ausgleichspflicht nicht gilt (*K. Schmidt* in MünchKomm HGB[4] § 155 Anm 32; ebenso *Roth* in Baumbach/Hopt[38] HGB § 167 Anm 4).

176 Nach **traditioneller Auffassung** (*Roth* in Baumbach/Hopt[38] HGB § 149 Anm 3, § 155 Anm 2; *Eberhard* in Beck Handbuch PersGes[4] § 12 Anm 61; *Hillmann* in Ebenroth/Boujong/Joost/Strohn[3] HGB § 155 Anm 23) bewegt sich der **Saldenausgleich** zwischen den Gestern außerhalb der Schlussverteilung im Rahmen der Außenhaftung als alleinige **Angelegenheit der Gesellschafter.** Etwas Anderes gilt nur, wenn die Gester den Liquidator zur Abwicklung auch des Innenausgleichs ermächtigen bzw bei einer entspr Regelung im GesVertrag (BGH 14.11.1977 GmbHR 1978, 250).

Demggü gehört nach **anderer Auffassung** (*K. Schmidt* in MünchKomm HGB[4] § 149 Anm 22, 29; § 155 Anm 17ff, 46) die Schuldenabwicklung nach Aufzehrung des Reinvermögens sowie der Ausgleich unter den Gestern zu den **Aufgaben der Liquidatoren** und ist damit Bestandteil des LiqVerfahrens.

Nach neuerer Rspr des BGH (s U v 15.11.2011 II ZR 266/09, WM 2012, 507; bestätigt durch U v 30.1.2018 DB, 825) gehört der Saldenaus-

III. Liquidationsbilanzen im Sinne von § 154 HGB

gleich zwischen den Gestern bei einer **Publikumsgesellschaft** zu den Aufgaben des Liquidators, weil sonst wegen der für solche MassenGes typischen Vielzahl von Gestern, die untereinander nicht persönlich verbunden sind, der erforderliche Ausgleich unter den Gestern nicht gewährleistet bzw in unzumutbarer Weise erschwert würde.

Die unterschiedlichen Meinungen haben Auswirkungen auf die **Einforderung von Nachschüssen**, die gem § 735 S 1 BGB, § 105 Abs 3 HGB von den Gestern zu leisten sind. Folgt man der Auffassung von *K. Schmidt*, gilt § 735 BGB während der LiqPhase der PersGes mit der Folge, dass die auszugleichenden Fehlbeträge von den Liquidatoren eingefordert werden dürfen. Allerdings können sich die Gester auch darauf einigen, dass sie die Abwicklungsaufgaben nach Aufzehrung des Reinvermögens selbst wahrnehmen (*K. Schmidt* in MünchKomm HGB[4] § 155 Anm 18). Von einem Verzicht auf den Innenausgleich offener (Dritt-)Verbindlichkeiten über das GesVermögen ist zB auszugehen, wenn die Liquidatoren erklären, dass kein Aktivvermögen mehr vorhanden und die Liq deshalb beendet ist, obwohl noch offene (Steuer-)Verbindlichkeiten bestehen (so OLG Düsseldorf v 27.3.2014 DB, 1007).

Dies bedeutet, dass alle **persönlich haftenden Gesellschafter** mit negativem Kapitalkonto zunächst **Nachschüsse leisten** müssen, bevor die Gester mit positivem Kapitalkonto ihren (vollen) Anteil bei der Schlussverteilung erhalten. Erhält der Liquidator oder (im Sinne der hM) ein Gester mit positivem Kapitalkonto keinen Ausgleich von einem Gester mit negativem Kapitalkonto, müssen *alle* übrigen Gester (unabhängig davon, ob ein positives oder negatives Kapitalkonto besteht) im Verhältnis ihrer Verlustanteile gem § 735 S 2 BGB, § 105 Abs 3 HGB für den Ausfall aufkommen (*Butzer/Knof* in MünchHdbGesR[5] Bd 1 § 84 Anm 58).

Sind sämtliche Kapitalkonten negativ, dh können die GesVerbindlichkeiten (§ 124 Abs 1 HGB) nicht aus dem Vermögen gedeckt werden, muss jeder Gester den Betrag seines Kapitalkontos an die Ges oder für Rechnung der Ges an bestimmte Gläubiger zahlen. Erweist sich wiederum einer der Gester als zahlungsunfähig, ist der fehlende Betrag auf die übrigen Gester umzulegen (*K. Schmidt* in MünchKomm HGB[4] § 155 Anm 27, 31).

Kommanditisten sind – soweit ihre Einlage voll geleistet ist (§ 171 Abs 1 HGB) – wegen § 167 Abs 3 HGB grds nicht zum Ausgleich eines negativen Kapitalkontos verpflichtet. Soweit dem negativen Kapitalkonto des Kommanditisten GesVerbindlichkeiten (§ 124 Abs 1 HGB) gegenüberstehen, sind die zur Tilgung der Schulden erforderlichen Beträge vom Komplementär ohne Beschränkung und von den übrigen Kommanditisten bis zum Betrag ihrer Kapitalanteile bzw der noch rückständigen Einlagen aufzubringen. Das **negative Kapitalkonto** des Kommanditisten **entfällt** im Zeitpunkt der Erstellung der SB, dh es wird dann auf die Kapitalkonten der übrigen Gester umgebucht.

5. Beendigung der Liquidation

Nach Beendigung aller Rechtsbeziehungen der PersGes einschl eines Saldenausgleichs zwischen Gestern mit positiven und negativen Kapitalkonten (dazu ausführlich Anm 175 ff), haben die Liquidatoren gem § 157 Abs 1

Deubert

S 190–196 Liquidationsrechnungslegung der Personenhandelsgesellschaft

HGB das **Erlöschen der Firma** (*nicht* wie gem § 273 Abs 1 AktG, § 74 Abs 1 GmbHG die Beendigung der Liquidation, s dazu T Anm 285) zur Eintragung ins HR anzumelden (*K. Schmidt* in MünchKomm HGB[4] § 157 Anm 7). Das Registergericht kann, um die Richtigkeit der Anmeldung nachzuprüfen, einen Nachweis über die Beendigung der Liq verlangen.

Die Eintragung ins HR hat nur *deklaratorische* Bedeutung (hM *Roth* in Baumbach/Hopt[38] HGB § 157 Anm 3 mwN; OLG Düsseldorf v 27.3.2014 DB, 1006). Stellt sich nach Schlussverteilung und Löschung im HR heraus, dass doch noch GesVermögen vorhanden ist, muss die unzutreffende Löschung der Firma annulliert werden (zur NachtragsLiq s Anm 205 und T Anm 365 ff).

6. Schlussrechnung der Liquidatoren

190 Anders als bei KapGes, bei denen die Aufstellung einer LiqSchlussrechnung indirekt durch die § 273 Abs 1 AktG, § 74 Abs 1 GmbHG bestimmt wird (T Anm 280), folgt die entspr Verpflichtung bei PersGes aus den allg Grundsätzen der Verwaltung/Wahrung fremder Vermögensinteressen und zwar insb dann, wenn nicht sämtliche Gester als Liquidatoren bestellt sind oder Dritte zB vom Registergericht gem § 146 Abs 2 HGB als Liquidatoren ernannt wurden.

191 Bei der LiqSchlussrechnung handelt es sich um die **abschließende Rechenschaftslegung des Liquidators im Innenverhältnis,** wenn die Verteilung des nicht zur Gläubigerbefriedigung benötigten Restvermögens an die Gester *sowie* der Schlussausgleich der Kapitalkonten der Gester gem § 735 BGB iVm §§ 105 Abs 3, 161 Abs 2 HGB, § 155 HGB durchgeführt sind (ähnlich *K. Schmidt* in MünchKomm HGB[4] § 154 Anm 29; *Scherrer/Heni*[3], 212).

Die LiqSchlussrechnung ieS wird zweckmäßigerweise als Einnahmen-Ausgaben-Rechnung erstellt und umfasst den Zeitraum ab der LiqSB bis zur Vermögenslosigkeit (ausführlich dazu T Anm 282 f).

7. Prüfung und Feststellung

195 Als Bestandteile der internen LiqRechnungslegung unterliegen die Bilanzen nach § 154 HGB und die Schlussrechnung des Liquidators **keiner** externen **Prüfungspflicht.** Die Gester können aber eine freiwillige Prüfung dieser Unterlagen beschließen, zB wenn nicht alle Gester als Liquidatoren berufen waren (dazu Anm 30).

196 Die LiqSB nach § 154 HGB, die die Grundlage für die Vermögensverteilung an die Gester oder eine Verlustausgleichspflicht einzelner Gester bildet (s Anm 156), ist idR mit der externen LiqSB (s Anm 115 ff) identisch, so dass mit der **Feststellung** der externen Bilanz (Anm 131) zugleich auch die interne Bilanz im Verhältnis der Gester zur PersGes sowie untereinander verbindlich wird (grds BGH v 2.3.2009 DStR, 1272). Werden in der externen LiqSB für nicht monetäre VG die handelsrechtlichen Buchwerte beibehalten (zur Zulässigkeit s Anm 119), in der SB nach § 154 HGB dagegen Zeitwerte angesetzt, muss diese auch gesondert festgestellt werden, um die Auseinandersetzungsguthaben/-verbindlichkeiten der Gester verbindlich werden zu lassen.

IV. Sonderfragen

Die in der (internen) LiqEB nach § 154 HGB angesetzten Zeitwerte (s Anm 142) sind unsicher, weshalb aus einer Feststellung oder Billigung dieser Bilanz durch die Gester keinerlei Bindungswirkung weder der PersGes ggü den Gestern noch zwischen den Gestern erwachsen kann.

IV. Sonderfragen

1. Fortsetzung aufgelöster Gesellschaften

Die aufgelöste PersGes kann grds fortgesetzt, dh in eine werbende Ges zu- 200 rückverwandelt werden, und zwar mit sämtlichen ihrer bisherigen Gester oder auch nur einem Teil der Gester (hM *K. Schmidt* in MünchKomm HGB[4] § 145 Anm 71).

Voraussetzung hierfür ist das Bestehen einer fortsetzungsfähigen, dh aufgelösten aber noch nicht vollbeendeten Ges. Anders als bei KapGes, bei denen jegliche Vermögensverteilung eine Fortsetzung unmöglich macht (T Anm 357), beeinträchtigt bei PersGes, mit Ausnahme der KapCoGes (dazu s *K. Schmidt* in MünchKomm HGB[4] § 145 Anm 93), eine begonnene Vermögensverteilung oder Vorabverteilung (Anm 160) grds nicht deren Fortsetzungsfähigkeit (so *K. Schmidt* in MünchKomm HGB[4] § 145 Anm 76). Ferner muss der Auflösungsgrund beseitigt werden (soweit dieser nicht bereits durch den Fortsetzungswillen der Gester beseitigt wird § 131 Abs 1 Nrn 1 und 2 HGB; hierzu *K. Schmidt* in MünchKomm HGB[4] § 145 Anm 74). Schließlich muss – da es sich um ein unentziehbares GesterRecht handelt – die **Fortsetzung einstimmig** von den Gestern **beschlossen** werden. Möglich ist aber auch ein konkludenter Beschluss, in dem alle Beteiligten trotz Kenntnis des Auflösungsgrunds den Geschäftsbetrieb unverändert (ohne Einleitung von LiqMaßnahmen) fortführen (hierzu *K. Schmidt* in MünchKomm HGB[4] § 145 Anm 78).

Die Aufstellung einer (externen) **Eröffnungsbilanz auf den Stichtag** 201 **der Fortsetzung** ist insb im Hinblick auf die Fortgeltung der allg Ansatz- und Bewertungsvorschriften in der Liq (Anm 85 ff, 95 ff) **nicht erforderlich**.

Ungeachtet dessen kann sich die *freiwillige* Aufstellung einer (internen) EB dann empfehlen, wenn zB Gester oder deren Erben zwar der Fortsetzung der Ges zustimmen, selbst aber ausscheiden und zu LiqBedingungen abgefunden werden (dazu *K. Schmidt* in MünchKomm HGB[4] § 145 Anm 82). Teilweise (*Schäfer* in Großkomm HGB[5] § 131 Anm 74) wird die Aufstellung einer (internen) EB auf den Stichtag des Fortsetzungsbeschlusses auch für notwendig erachtet, um die Gewinn- und Verlustverteilung seit Auflösung nachzuholen (dazu aber Anm 169). Die Fortsetzung der PersGes führt nicht zur Entstehung eines RumpfGj bis unmittelbar vor den Fortsetzungsbeschluss und auch nicht zum Beginn eines neuen Gj, so dass die Verpflichtung zur Aufstellung eines JA zu Ende des bisherigen Gj (§ 242 Abs 1 S 1 HGB) dadurch nicht beeinträchtigt wird.

Die Fortsetzung der PersGes ist von sämtlichen Gestern zur **Eintragung** 202 in das **Handelsregister** anzumelden (arg ex § 144 Abs 2 HGB; *K. Schmidt* in MünchKomm HGB[4] § 144 Anm 14). War die Auflösung noch nicht eingetragen, müssen sowohl die Auflösung als auch die Fortsetzung ins HR eingetragen werden.

2. Nachtragsliquidation

205 Stellt sich nach der Schlussverteilung und Löschung der PersGes im HR das **Vorhandensein von Gesellschaftsvermögen** heraus, ist eine sog NachtragsLiq erforderlich (ausführlich dazu T Anm 365 ff). Bei OHG und „typischen" KG, dh personalistisch strukturierten und damit überschaubareren PersGes, überdauert die LiqBefugnis die Löschung der PersGes im HR, so dass die ursprünglichen Liquidatoren, dh regelmäßig die Gester selbst (s dazu Anm 30), auch Nachtragsliquidatoren werden (hM *K. Schmidt* in MünchKomm HGB[4] § 155 Anm 56 mwN; krit dazu *Riehm* NZG 2003, 1055). Bei einer PublikumsKG ist die Durchführung einer Nachtragsliquidation dagegen davon abhängig, dass in entspr Anwendung des § 273 Abs 4 AktG ein Nachtragsliquidator gerichtlich bestellt wird (BGH v 2.6.2003 DB, 1670 f; *Grziwotz* DStR 1993, 363 f).

Bei nicht vermögensrechtlichen LiqMaßnahmen, zB der Abgabe von Löschungsbewilligungen oder der Erteilung von Zeugnissen, ist keine NachtragsLiq erforderlich, sondern können die entspr Erklärungen von demjenigen für die gelöschte PersGes abgegeben werden, der ihre Bücher und Papiere verwahrt (so *K. Schmidt* in MünchKomm HGB[4] § 155 Anm 57; OLG Düsseldorf v 27.3.2014 DB, 1007; s dazu auch T Anm 367).

V. Steuerliche Besonderheiten

Schrifttum: *Pfalzgraf/Meyer* Schuldzinsenabzug bei Personengesellschaften nach Liquidation oder Auseinandersetzung – Grundlagen und Folgerungen aus dem Urteil des VIII. Senats des BFH vom 13.2.1996, DStR 1996, 1425; *Natschke* Entstehung und Wegfall des negativen Kapitalkontos bei Kommanditisten – steuerliche Zurechnung, Gesellschafterwechsel und Gesellschaftsauflösung, StBP 1997, 85 ff; *Sauer/Schwarz* Steuerliche Folgen der Betriebsveräußerung und Betriebsaufgabe, 4. Aufl, Berlin 1998; *Serafini* Vorsteuerabzug aus „nachträglichen Betriebsausgaben" möglich, GStB 2005, 195 ff; *Schönemann/Dietrich* Betriebsaufgabe versus Betriebsverpachtung – eine ökonomische Betrachtung, DStR 2011, 231 ff; *Niehus/Wilke* Die Besteuerung der Personengesellschaften, 7. Aufl, Stuttgart 2015.

1. Besteuerung der aufgelösten Personengesellschaft

210 Eine PersGes kann durch Realteilung, Umw, Anwachsung auf einen Mitunternehmer sowie durch Liq beendet werden.

Die Liq der PersGes ist im EStG nicht ausdrücklich erwähnt. **§ 16 Abs 3 S 1 EStG** regelt den Fall der **Betriebsaufgabe,** welche in steuerlicher Hinsicht mit der Betriebsveräußerung gem **§ 16 Abs 1 EStG** gleichgestellt wird.

Nach ständiger Rspr des BFH ist eine PersGes auch nach ihrer Auflösung solange existent, bis alle Rechtsbeziehungen, zu denen auch das Rechtsverhältnis zum FA gehört, abgewickelt sind (BFH v 1.10.1992 DB 1993, 139 f mwN).

V. Steuerliche Besonderheiten 211–217 S

PersGes unterliegen nicht der ESt oder KSt und können nur für Zwecke 211
der USt und (sofern sie nach § 15 EStG ihren Gestern gewerbliche Einkünfte
vermitteln) für Zwecke der GewSt selbst Steuersubjekt sein (Anm 212, 214).
Hinsichtlich der ESt ist nicht die (gewerbliche, § 15 EStG) PersGes steuerpflichtig, sondern Gewinn- und Verlustanteile sowie zusätzliche Vergütungen an Gester (Gehälter, Mieten, Zinsen etc) sind gem § 15 Abs 1 Nr 2 EStG
bei diesen sog „Mitunternehmern" als Einkünfte aus Gewerbebetrieb zu erfassen, wodurch Gester einer PersGes praktisch einem Einzelunternehmer mit
einem fiktiven Teilbetrieb gleichgestellt werden (*Kauffmann/Herrmann/Seppelt*
in Frotscher/Geurts EStG § 15 Anm 389).

Gem § 4 Abs 1 GewStDV ändert die Auflösung der PersGes nichts an 212
der GewStPflicht. PersGes sind lediglich kraft mitunternehmerischer gewerblicher Tätigkeit und nicht wie KapGes kraft Rechtsform gewerbesteuerpflichtig. Die **Gewerbesteuerpflicht erlischt** daher **mit** der *tatsächlichen*
Einstellung des Betriebs, dh mit der völligen Aufgabe jeder werbenden
Tätigkeit.

Als eine auf den *tätigen Gewerbebetrieb* bezogene Sachsteuer erfasst die GewSt 213
den durch den laufenden Betrieb anfallenden Gewinn (BFH GrS v 13.11.1963
DB 1964, 390 f). Gem § 7 S 2 GewStG gehören zudem Gewinne aus der
Veräußerung oder Aufgabe eines Betriebs und eines Teilbetriebs einer Mitunternehmerschaft, eines Anteils eines Gesters, der als Mitunternehmer des
Betriebs einer Mitunternehmerschaft anzusehen ist, sowie des Anteils eines
persönlich haftenden Gesters einer KGaA ebenfalls zum Gewerbeertrag und
unterliegen damit der Gewerbesteuer (BFH v 3.2.1994 DB, 1602). Gewerbesteuerpflichtige Aufgabe- oder Veräußerungsgewinne liegen allerdings
nicht vor, sofern diese auf direkt an der Ges als Mitunternehmer beteiligte natürliche Personen entfallen (GewStR 7.1 Abs 3 S 4). Gem BVerfG v 10.4.2018
BB 2018, 1502 ist die GewStPflicht der Aufgabe- oder Veräußerungsgewinne
in Abhängigkeit von der Rechtsform des Gesters mit Art 3 Abs 1 GG vereinbar.

Bis zur Verwertung des letzten WG und bis zur Begleichung der letzten 214
Umsatzsteuerschuld bleibt eine in Liq befindliche PersGes umsatzsteuerrechtlicher Unternehmer (UStAE 2.6 Abs 6 S 3; zum Vorsteuerabzug aus
nach endgültiger Betriebsbeendigung entstandenen „nachträglichen Betriebsausgaben" s *Serafini* GStB 2005, 195 f).

Sofern **Wirtschaftsgüter** der PersGes im Zuge der Liq **sukzessive** an 215
Dritte **veräußert** werden, sind diese Rechtsgeschäfte gem § 1 Abs 1 UStG
steuerbar und steuerpflichtig, soweit sie nicht nach § 4 UStG von der
USt befreit sind, zB Grundstücke gem § 4 Nr 9a UStG. Werden WG ins
Privatvermögen überführt, handelt es sich um einen umsatzsteuerpflichtigen
Entnahmeeigenverbrauch, weil die WG für Zwecke entnommen werden,
die außerhalb des (beendigten) Unt liegen.

Wird das Unt oder ein in der Gliederung des Unt gesondert geführter Be- 216
trieb (Teilbetrieb) im Ganzen entgeltlich übereignet, handelt es sich um eine
sog **Geschäftsveräußerung im Ganzen,** die gem § 1 Abs 1a UStG **nicht
der Umsatzsteuer unterliegt** (*Sauer/Schwarz*[4], 118 ff).

Die Verteilung des LiqErlöses auf die Gester ist für Zwecke der USt ir- 217
relevant (*Zimmermann et al*[12], 1081).

S 218–223 Liquidationsrechnungslegung der Personenhandelsgesellschaft

218 Werden bei Aufgabe oder Veräußerung des gesamten Gewerbebetriebs der PersGes Grundstücke an Dritte übertragen, löst dieser Vorgang **Grunderwerbsteuer** aus.

219 Wird ein **Grundstück,** das sich im zivilrechtlichen Eigentum der PersGes befindet, im Rahmen der Liq an einen **Gesellschafter veräußert,** ist dieser Vorgang gem § 6 Abs 2 GrEStG grds in Höhe des BetVerhältnisses des Gesters grunderwerbsteuerfrei, sofern dieser in den letzten fünf Jahren an der PersGes beteiligt war. Ist der Gester eine PersGes, sind ferner dessen BetVerhältnisse zu prüfen. Wächst das Vermögen einer PersGes, zu dem auch ein inländisches Grundstück gehört, bei einem Gester an, ist der Vorgang gem § 1 Abs 1 Nr 3 GrEStG grds steuerbar. Hier gelten allerdings ebenfalls die Freistellungsregelungen gem § 6 Abs 2 GrEStG unter den genannten Voraussetzungen.

220 Nach der sog **Zinsschrankenregelung** gem § 4h EStG sind Zinsaufwendungen der PersGes nur unter bestimmten Voraussetzungen als Betriebsausgabe abzugsfähig. Zinsaufwendungen sind abziehbar in Höhe des Zinsertrags, darüber hinaus nur bis zur Höhe des „verrechenbaren EBITDA" nach § 4h Abs 1 EStG. Die Ausnahmen des § 4h Abs 2 EStG sind zu beachten (ua Freigrenze von € 3 Mio). Können Zinsaufwendungen danach nicht abgezogen werden, werden diese als sog Zinsvortrag in die folgenden Wj unbegrenzt vorgetragen. Kann andererseits das verrechenbare EBITDA in Ermangelung eines entspr Zinssaldos (Zinsaufwendungen abzgl Zinserträge) nicht vollständig verrechnet werden, findet ein EBITDA-Vortrag in die folgenden fünf Wj statt. Sofern Zinsvorträge oder EBITDA-Vorträge noch nicht vollständig verbraucht werden konnten, sieht der Gesetzgeber im Zuge einer Liq der Ges gem § 4h Abs 5 EStG deren vollständigen Untergang vor.

221 Im Fall der NachtragsLiq ist der maßgebliche Realisierungszeitpunkt des Auflösungsverlusts gem § 17 Abs 4 EStG bei insolvenzfreier Liq erreicht, wenn mit einer Auskehrung von GesVermögen an den Gester und mit einer wesentlichen Änderung der durch die Bet veranlassten Aufwendungen nicht mehr zu rechnen ist (vgl BFH v 1.7.2014 BStBl II, 786).

2. Ertragsbesteuerung der Gesellschafter

a) Allgemeines

222 Der Gewerbebetrieb iSv § 15 EStG umfasst bei PersGes auch die auf Abwicklung gerichteten Handlungen, dh während der LiqPhase erzielte Gewinne sind grds wie die einer werbenden Ges zu erfassen und bei den Gestern gem § 15 Abs 1 EStG stpfl.

223 Eine Verlängerung des Zeitraums für die Ertragsbesteuerung vom Beginn bis zum Ende der Liq wie bei den KapGes (§ 11 KStG; T Anm 430) ist nicht vorgesehen. Die Gewinne und Verluste werden auch weiterhin jährlich auf Ebene der PersGes ermittelt und den Gestern (bis zur Vollbeendigung der PersGes) im Rahmen der einheitlichen und gesonderten Gewinnfeststellung (§ 180 Abs 1 Nr 2a AO; BFH v 13.2.1996 DB, 1014) zugewiesen. Im Allg besteht der Betriebsaufgabegewinn aus dem LiqErlös abzgl der Aufgabekosten, soweit dieser den Buchwert des BetrVerm zum Zeitpunkt der Aufgabe übersteigt. Der Gesamtgewinn umfasst zunächst den Anteil am Gewinn oder Verlust der Ges, wie er sich aus deren StBil (Gesamthandsbilanz) ergibt. Einzubeziehen sind ferner die Ergebnisse etwaiger Ergänzungsbilanzen sowie aus Sonderbilanzen (ausführlich *Grottel/Baldamus* in Beck Bil-Komm[12] § 247 Anm 732 ff).

Diese Grundsätze gelten zunächst unabhängig davon, ob das GesVermögen **224** nach der Auflösung *allmählich* oder im Rahmen eines *wirtschaftlich einheitlichen Vorgangs* liquidiert wird. Weil in dem zuletzt genannten Fall die zusammengeballte Realisierung der im Zeitablauf entstandenen stillen Reserven wegen des progressiven EStTarifs für den Stpfl zu Härten führen kann, werden „Auflösungsgewinne" unter bestimmten Voraussetzungen (§ 16 iVm § 34 EStG) steuerlich begünstigt (dazu ausführlich M Anm 63 ff). Die Einordnung der Liq als einheitlichen Vorgang hängt von der Komplexität der Abwicklung ab. In der Rspr wird die Auffassung vertreten, dass ein Zeitraum von **drei Monaten bis zu einem Jahr** – und in besonderen Fällen auch länger – als einheitlicher Vorgang zu klassifizieren ist (BFH v 16.9.1966 BStBl III 1967, 70).

Übersteigen die Aufgabekosten und der Buchwert des BetrVerm den Liq- **225** Erlös, kommt es zu einem **Liquidationsverlust** (BFH v 12.6.1975 BStBl II, 853), welcher den Mitunternehmern nach den allg steuerlichen Grundsätzen zuzurechnen ist. Bei beschränkt haftenden Gestern greifen zudem die Regelungen des **§ 15a EStG**: Der einem Kommanditisten zuzurechnende Anteil am LiqVerlust der KG darf weder mit anderen Einkünften aus Gewerbebetrieb noch mit Einkünften aus anderen Einkunftsarten ausgeglichen werden, soweit ein negatives Kapitalkonto des Kommanditisten entsteht oder sich erhöht; er darf insoweit auch nicht nach § 10d EStG abgezogen werden.

b) Steuerbegünstigte Gesellschaftsauflösung

Im Zuge von GesAuflösungen kann es in vielen Fällen zu einer geballten **226** Aufdeckung stiller Reserven kommen. Dies kann wegen der Steuertarifprogression mit einer ertragsteuerlichen Überbelastung verbunden sein. Um diesen potentiell hohen Belastungen entgegenzuwirken, gelten unter bestimmten Voraussetzungen steuerliche **Vergünstigungsvorschriften** für Betriebsaufgabegewinne. Der Gesetzgeber gewährt in diesen Fällen einen **Freibetrag** nach § 16 Abs 4 EStG sowie **Tarifermäßigungen** gem § 34 EStG (vgl *Schallmoser* in Blümich EStG § 16 Anm 665).

Gem § 16 EStG werden iW folgende Formen der GesBeendigung steuer- **227** begünstigt:
- die auf einem entgeltlichen schuldrechtlichen Geschäft beruhende Übertragung des wirtschaftlichen Eigentums an einem Gewerbe-/Teilbetrieb von der PersGes (Mitunternehmern) auf einen Dritten, sog **Betriebsveräußerung** gem § 16 Abs 1 Nr 1 EStG (ausführlich dazu *Kauffmann* in Frotscher/Geurts EStG § 16 Anm 3, 124 ff) oder
- die **Betriebsaufgabe** gem § 16 Abs 3 iVm Abs 1 EStG, bei der die wesentlichen Betriebsgrundlagen (auch SonderBetrVerm; dazu Anm 236) in einem einheitlichen Zeitraum entweder an einen bzw verschiedene Erwerber veräußert und/oder in das Privatvermögen überführt werden, sodass der Betrieb als selbständiger Organismus des Wirtschaftslebens zu be-

stehen aufhört. Zur Abgrenzung der Betriebsaufgabe von der Betriebsunterbrechung BFH v 18.7.2018 GmbHR 2019, 247.

228 Die Veräußerung des gesamten Gewerbebetriebs kann entweder durch Übereignung der Geschäftsanteile *(Anwachsung)* oder durch Übertragung aller wesentlichen Betriebsgrundlagen in einem einheitlichen Vorgang auf einen Erwerber *(Asset Deal)* geschehen, wird aber regelmäßig bei einer Auflösung der PersGes gem § 131 HGB und anschließender Liq nur eine untergeordnete Bedeutung spielen, dh die in der Liq entstehenden „Auflösungsgewinne" werden steuerlich idR als *Aufgabegewinn* gem § 16 Abs 3 EStG zu qualifizieren sein (vgl BFH v 8.5.1991 BStBl 1992, 437; *Teske/Keß* in Lüdicke/Sistermann[2] § 19 Anm 2).

229 In den Fällen, in denen eine steuerbegünstigte Betriebsaufgabe gem § 16 Abs 3 EStG nicht in Betracht kommt, insb weil sich die Veräußerung der (wesentlichen) Betriebsgrundlagen über einen zu langen Zeitraum hinzieht, ist jedoch zu prüfen, ob einzelne veräußerte WG in ihrer Gesamtheit die Qualifikation eines Teilbetriebs (zum Begriff M Anm 40) erfüllen und ihre Veräußerung dann doch gem § 16 Abs 1 EStG steuerbegünstigt ist.

230 Ferner können Gester einer gewerblichen PersGes im Zuge einer **Verpachtung** von wesentlichen Betriebsgrundlagen die Auflösung von stillen Reserven vermeiden, wenn die objektive Möglichkeit besteht, den Betrieb zu einem späteren Zeitpunkt fortzuführen. Die Pachteinnahmen stellen in diesem Zusammenhang Einkünfte aus Gewerbebetrieb dar und unterliegen der GewSt (BFH v 27.2.1985 BStBl II, 456).

231 Da die Gester der PersGes (Mitunternehmer) ertragsteuerlich wie Einzelunternehmer eines fiktiven Gewerbebetriebs behandelt werden, hat die **Aufgabe des Gewerbebetriebs einer Personenhandelsgesellschaft** die gleichen Voraussetzungen und Folgen **wie diejenige beim Einzelunternehmer** (ausführlich dazu M Anm 45 ff). Die Entscheidung, ob bei einer PersGes eine nach § 16 EStG steuerbegünstigte Betriebsaufgabe oder eine allmähliche und dann nicht begünstigte Liq vorliegt, wird im Verfahren der einheitlichen Gewinnfeststellung getroffen (*Schallmoser* in Blümich EStG § 16 Anm 703).

232 Besonderheiten ggü der Aufgabe beim Einzelunternehmer ergeben sich bei PersGes allenfalls, wenn Ergänzungsbilanzen und Sonderbilanzen der Gester vorhanden sind, die bei der Verteilung des „Auflösungsgewinns" zu berücksichtigen sind (dazu Anm 233 ff).

c) Ergänzungs- und Sonderbilanzen

233 **Ergänzungsbilanzen** enthalten Auf- oder Abstockungen zu den in der StBil der PersGes bilanzierten WG des Gesamthandsvermögens und dienen so der Berücksichtigung der individuellen AK des Gesters am GesVermögen. Ergänzungsbilanzen sind insb erforderlich, wenn ein Gester während des Bestehens der PersGes zu einem über oder unter dem Buchwert des übernommenen Kapitalkontos in der Gesamthandsbilanz liegenden Betrag in die PersGes eintritt. Zudem kann es zu entspr Ansätzen in Ergänzungsbilanzen bei der Einbringung von Betrieben gem § 24 UmwStG sowie bei der Übertragung einzelner WG zwischen Gester und Ges gem § 6 Abs 5 S 3–5 EStG

V. Steuerliche Besonderheiten 234–239 S

kommen. Ferner werden in Ergänzungsbilanzen auch personenbezogene Steuervergünstigungen fortgeführt, die sich auf die Bilanzierung des GesVermögens auswirken (ausführlich dazu *Grottel/Baldamus* in Beck Bil-Komm[12] § 247 Anm 754 ff). Auch bei der KGaA ist eine Ergänzungsbilanz für den phG aufzustellen, sofern seine AK die Einlage übersteigen (BFH v 15.3.2017 BB 2017, 2350).

Ergänzungsbilanzen enthalten generell keine WG, sondern nur Korrekturposten zu den Ansätzen in der Gesamthandsbilanz der Ges. **234**

Die Wertkorrekturen der Ergänzungsbilanzen teilen das Schicksal der betr WG, dh sie werden durch Abschreibungen oder Abgang der WG beim Gester erfolgswirksam aufgelöst; dessen Anteil am Gewinn der Ges ändert sich entspr (*Grottel/Baldamus* in Beck BilKomm[12] § 247 Anm 744). Dies gilt auch für die Ermittlung des stpfl Aufgabegewinns. Dementspr mindern zB Restbeträge aus anteilig erworbenen stillen Reserven den LiqGewinn des betreffenden Gesters, weil es sich aus seiner Sicht nicht um Wertsteigerungen handelt, die während (seiner) Zugehörigkeit zur Ges erwirtschaftet wurden (*Schallmoser* in Blümich EStG § 16 Anm 219 ff). **235**

In **Sonderbilanzen** werden solche WG (Grundstücke, Gebäude, Maschinen, Patente etc) erfasst, die ohne zum Gesamthandsvermögen zu gehören, dem Betrieb der PersGes (SonderBetrVerm I) oder zur Begründung oder Stärkung der Beteiligung des Gesters an der PersGes (SonderBetrVerm II) dienen (*Grottel/Baldamus* in Beck Bil-Komm[12] § 247 Anm 757 ff). **236**

Sowohl die hM als auch der BFH vertreten den Standpunkt, dass die von § 15 Abs 1 Nr 2 EStG erfassten Rechtsbeziehungen zwischen Mitunternehmern und Ges in der StBil und den Sonderbilanzen der Mitunternehmer **korrespondierend** zu bilanzieren sind (ua *Wacker* in Schmidt[38] EStG § 15 Anm 404). Aufwands- und Ertragsposten zwischen Gesamthands- und Sonderbilanzen gleichen sich regelmäßig aus. Diese Form der Gewinnermittlung wird als **additive Methode** mit korrespondierender Bilanzierung bezeichnet, da sich der Gewinn des Mitunternehmers aus seinem Anteil am gesamthänderisch erwirtschafteten Gewinn und seinem Sonderbilanzergebnis zusammensetzt (*Niehus/Wilke*[7], 90). Nach BFH v 16.3.2017 BB, 1456 endet die korrespondierende Bilanzierung mit Ausscheiden des Gesters aus der Ges oder wenn der Erwerber des Mitunternehmeranteils auch die GesterDarlehensforderung erwirbt. **237**

Soweit SonderBetrVerm vorhanden war, das im Zuge der Betriebsaufgabe veräußert oder ins Privatvermögen überführt wurde, ist der Gewinn hieraus allein dem betr Gester zuzurechnen, dem das SonderBetrVerm gehört. Der Gewinn ist begünstigt, soweit er nicht nach § 16 Abs 2 S 3 als laufender Gewinn gilt, zB bei Veräußerung an einen anderen Gester (*Wacker* in Schmidt[38] EStG § 16 Anm 390), und soweit er auf eine natürliche Person als unmittelbar beteiligter Mitunternehmer entfällt (Anm 213). **238**

Sofern ein WG von einem BetrVerm in ein anderes BetrVerm desselben Stpfl überführt wird, erfolgt die Übertragung gem § 6 Abs 5 EStG zu Buchwerten, falls die Besteuerung der stillen Reserven sichergestellt ist. Dies gilt auch für die Überführung aus eigenem BetrVerm des Stpfl in dessen SonderBetrVerm bei einer Mitunternehmerschaft und umgekehrt sowie für die Überführung zwischen verschiedenen SonderBetrVerm desselben Stpfl bei **239**

verschiedenen Mitunternehmerschaften. Gem § 6 Abs 5 S 3 EStG sind die Buchwerte fortzuführen, wenn
- das betr WG unentgeltlich oder gegen Gewährung oder Minderung von GesRechten aus dem BetrVerm eines Mitunternehmers in das Gesamthandsvermögen einer Mitunternehmerschaft oder umgekehrt übertragen wird,
- unentgeltlich oder gegen Gewährung oder Minderung von GesRechten aus dem SonderBetrVerm eines Mitunternehmers in das Gesamthandsvermögen derselben Mitunternehmerschaft oder einer anderen Mitunternehmerschaft, an der er beteiligt ist, und umgekehrt übertragen wird,
- unentgeltlich zwischen den jeweiligen SonderBetrVerm verschiedener Mitunternehmer derselben Mitunternehmerschaft übertragen wird (*Herrmann* in Frotscher/Geurts, EStG § 6 Anm 14).

Die Missbrauchsvorschriften der § 6 Abs 5 S 4–6 EStG (ua dreijährige Sperrfrist sowie die Verschiebung von stillen Reserven auf Körperschaften) sind zu beachten.

d) Negative Kapitalkonten

240 Negative Kapitalkonten bei Kommanditisten entstehen durch die Zuweisung von Verlusten oder Entnahmen. Das Kapitalkonto umfasst dabei den Wert aus der StBil der KG (Gesamthandsbilanz) einschl einer Ergänzungsbilanz, jedoch ohne Sonderbilanz (ständige Rspr BFH v 26.9.1996 DB 1997, 854 mwN).

241 Obwohl Kommanditisten nach § 171 Abs 1 HGB nur bis zur Höhe ihrer Einlage haften und gem § 167 Abs 3 HGB – soweit nichts anderes vereinbart ist – am Verlust nur bis zum Betrag des Kapitalkontos und der noch rückständigen Einlagen teilnehmen, ist die **Bilanzierung** eines negativen Kapitals **handels- und steuerrechtlich zulässig** (*Schmidt/K. Hoffmann* in Beck Bil-Komm[12] § 264c Anm 52; IDW RS HFA 18, Tz 40ff; BFH GrS v 10.11.1980 DB 1981, 557; *Bode* in Blümich EStG § 15 Anm 259). Die gegenwärtige wirtschaftliche Belastung des Kommanditisten und damit die Zulässigkeit der Bilanzierung wird damit begründet, dass der Kommanditist gem § 169 Abs 1 S 2 HGB künftige Gewinne nicht entnehmen darf, solange sein Kapital geringer als die Haftsumme ist (*Natschke* StBP 1997, 85; OFD Frankfurt v 1.8.1996 GmbHR 1997, 140: „Verlusthaftung mit künftigen Gewinnanteilen"). Die Frage nach der Bilanzierung eines negativen Kapitals in der StBil ist dabei eine der Prüfung des § 15a EStG vorgelagerte Frage (s dazu *Grottel/Baldamus* in Beck Bil-Komm[12] § 247 Anm 859ff). Erst wenn überhaupt feststeht, dass dem Kommanditist ein Verlust zugerechnet werden darf, ist zu entscheiden, ob dieser Verlust uU nur begrenzt abzugsfähig ist (*Natschke* StBP 1997, 86).

242 Die Zulässigkeit für den Ansatz eines negativen Kapitalkontos entfällt, wenn nach den Verhältnissen am Bilanzstichtag feststeht, dass ein Ausgleich des negativen Kapitalkontos mit künftigen Gewinnanteilen des Kommanditisten nicht mehr in Betracht kommt (**Verlustzurechnungsverbot;** BFH GrS v 10.11.1980 DB 1981, 557). Die beschlossene Auflösung der KG reicht jedoch noch nicht für den Wegfall des negativen Kapitalkontos aus, wenn im

V. Steuerliche Besonderheiten

Rahmen der Liq stille Reserven realisiert werden und deshalb noch Gewinne erwartet werden (OFD Frankfurt v 1.8.1996 GmbHR 1997, 141). Die Gewinne sind den Gestern nach dem allg Gewinnverteilungsschlüssel zuzurechnen und mindern dementspr das negative Kapitalkonto (§ 169 Abs 1 S 2 HGB). Hinsichtlich der steuerlichen Folgen aus dem Wegfall des negativen Kapitalkontos des Kommanditisten kann danach differenziert werden, ob es auf *ausgleichsfähigen* oder *verrechenbaren* Verlusten beruht (*Natschke* StBP 1997, 85).

Ausgleichs- und abzugsfähig sind Verluste, die zu einem negativen Kapitalkonto führen, entweder weil sie außerhalb des zeitlichen Anwendungsbereichs des § 15a EStG entstanden sind (BFH v 11.8.1994 DB 1995, 456; EStH 138d: Verlustausgleich) oder weil es sich um Verluste im Rahmen der sog erweiterten Außenhaftung gem § 15a Abs 1 S 2, 3 EStG handelt, dh die im HR eingetragene Haftsumme (§§ 171 Abs 1, 172 Abs 1 HGB) ist höher als die ins GesVermögen geleistete Einlage.

In Höhe des entfallenden negativen Kapitalkontos ergibt sich ein stpfl Gewinn des Kommanditisten. Da sich – infolge der Nachversteuerung des negativen Kapitalkontos durch den Kommanditisten – dieser Verlust noch bei keinem der Gester steuerlich ausgewirkt hat, ist gem § 52 Abs 24 S 4 EStG in gleicher Höhe persönlich haftenden Gestern und anderen Kommanditisten mit positiven Kapitalkonten ein Verlustanteil zuzurechnen (*Natschke* StBP 1997, 90; aA EStR 15a Abs 6 S 2: Verlustanteile sind ausschließlich bei unbeschränkt haftenden Mitunternehmern anzusetzen), vorausgesetzt diese waren in den früheren Verlustentstehungsjahren bereits Gester (*Wacker* in Schmidt[38] EStG § 15a Anm 241; ebenso BFH v 14.7.1994 BStBl II 1995, 248).

Der **Gewinn aus dem Wegfall des negativen Kapitalkontos** ist gem § 52 Abs 24 S 3 EStG grds **steuerbegünstigt** (§§ 16, 34 EStG; M Anm 63 ff) sofern er mit der Auflösung der KG einhergeht. Da es sich um eine Sondervorschrift handelt, ist dieser Gewinn auch dann begünstigt, wenn eine allmähliche Liq der KG erfolgt, also keine Betriebsaufgabe gem § 16 Abs 3 EStG vorliegt (*Natschke* StBP 1997, 90).

Verrechenbare Verluste können nur im Geltungsbereich des § 15a EStG entstehen und zwar dann, wenn die Zurechnung von Verlustanteilen auf dem Kapitalkonto des Kommanditisten – nach Berücksichtigung von Entnahmen und Einlagen – zur erstmaligen Entstehung oder zur Erhöhung eines negativen Kapitalkontos führt und keine erweiterte Außenhaftung (§ 15a Abs 1 S 2 und 3 EStG) besteht (*Natschke* StBP 1997, 90). Der verrechenbare Verlust- (anteil) mindert Gewinne, die dem Kommanditisten in späteren Wj aus seiner Beteiligung an derselben KG zuzurechnen sind. Auch die Verrechnung mit Anteilen am LiqGewinn ist möglich.

Beim Wegfall des negativen Kapitalkontos entsteht ein **Aufgabegewinn**, der allerdings mit verrechenbaren Verlusten in gleicher Höhe kompensiert werden kann, sodass insoweit für den Kommanditisten keine einkommensteuerlichen Konsequenzen entstehen. Auch in diesem Fall werden die Verluste in Höhe des entfallenden negativen Kapitalkontos den Komplementären sowie Kommanditisten mit positiven Kapitalkonten zugerechnet, die durch die Verluste wirtschaftlich belastet werden (*Natschke* StBP 1997, 90; *Wacker* in Schmidt[38] EStG § 15a Anm 243).

248 In Einzelfällen können die **verrechenbaren Verluste** auch **höher als** das **negative Kapitalkonto** sein. Ursache dafür können – nach der Feststellung des verrechenbaren Verlusts – getätigte Einlagen des Kommanditisten sein. Da diese Einlagen keine Umqualifikation der festgestellten verrechenbaren Verluste bewirken, sind in diesen Fällen gem § 15a Abs 2 S 2 EStG verrechenbare Verluste *bis zur Höhe der nachträglichen Einlagen* als ausgleichs- oder abzugsfähige Verluste des Kommanditisten zu behandeln.

e) Nachträglicher Schuldzinsenabzug

249 Auch nach Vollbeendigung der betrieblichen Tätigkeit kann es aufgrund des Fortwirkens der früheren gewerblichen Tätigkeit zu nachträglichen Einkünften aus Gewerbebetrieb gem § 24 Nr 2 EStG kommen (BFH v 11.12.1980 BStBl II 1981, 460). Als **nachträgliche** (negative) **Einkünfte** kommen insb Zinszahlungen auf Betriebsschulden, die nach der Betriebsaufgabe zurückgeblieben sind, in Betracht (für weitere Bsp s *Wacker* in Schmidt[38] § 16 Anm 371 ff). Insb Zinsen, die nach der Aufgabe eines Betriebs für noch bestehende Verbindlichkeiten bezahlt werden, können nachträgliche Betriebsausgaben sein. Voraussetzung ist allerdings, dass die Verbindlichkeiten nicht durch den Veräußerungserlös oder durch die Verwertung von Aktivvermögen beglichen werden konnten (BFH v 12.11.1997 BStBl II 1998, 144). Ein Abzug ist jedoch nicht zulässig, sofern nicht alle WG aus privaten Gründen zur Deckung der Schulden veräußert wurden (BFH v 28.3.2007 BStBl II, 642).

250 Gester einer PersGes haben – ebenso wie ein Einzelunternehmer – bei Aufgabe des Gewerbebetriebs nach ständiger Rspr (BFH v 13.2.1996 DB, 291 mwN) vorhandene aktive WG des Gesamthandsvermögens vorrangig zur Rückzahlung der Betriebsschulden einzusetzen (sog **Verwertungs-/Tilgungsgebot**); Ausnahmen können in Verwertungshindernissen zu sehen sein (BFH v 22.9.1999 DB 2000, 184; BFH v 28.3.2007 DB 2007, 1559; *Wacker* in Schmidt[38] EStG § 16 Anm 371). Soweit ein Schuldenausgleich durch Verwertung aktiver WG unterbleibt, sind die restlichen Schulden in Höhe des *unterlassenen* Ausgleichs nicht mehr durch die frühere gewerbliche Tätigkeit veranlasst und werden deshalb Privatvermögen. Sie stellen kein über die Beendigung der PersGes hinaus bestehendes negatives BetrVerm dar. Die für die übriggebliebenen Schulden zu leistenden Zinsen werden daher in diesem Fall nicht als nachträgliche gewerbliche (negative) Einkünfte aus Gewerbebetrieb anerkannt (*Zimmermann et al*[12], 1070).

251 Im Urteil vom 13.2.1996 (BStBl II, 291) hat der BFH folgende Grundsätze für die Behandlung von Schulden des Gesters und der beendeten PersGes aufgestellt (ausführlich dazu *Pfalzgraf/Meyer* DStR 1996, 1425 ff; *Zimmermann et al*[12], 1071 f):

– Die betriebliche Veranlassung von Zinszahlungen für **Gesamthandsschulden** endet, wenn die PersGes ihre gewerbliche Tätigkeit aufgibt und eine Tilgung der Betriebsschulden trotz ausreichender verwertbarer WG unterlässt.

– Verbindlichkeiten, die der Gester in eigener Person zur Erfüllung seiner Einlagepflicht begründete, gehören zum negativen **Sonderbetriebsver-**

mögen II des Gesters. Diese Verbindlichkeiten stehen den Gesamthandsschulden gleich. Deshalb sind hierauf zu leistende Zinsen auch über die Beendigung der PersGes hinaus absetzbar, soweit die entspr Darlehen nicht aus dem Veräußerungserlös des Mitunternehmeranteils getilgt werden konnten. Die Regelungen zur Zinsschranke (§ 4h EStG) sind zu beachten.

– Innerhalb des **Sonderbetriebsvermögens I** gilt ein Verwertungsgebot, dh aktives SonderBetrVerm I muss für die Tilgung von Schulden dieser Vermögensart verwendet werden. Unterlässt der Gester die Schuldentilgung, ist kein Zinsabzug möglich.

Der Gester ist allerdings grds *nicht verpflichtet,* aktives SonderBetrVerm für die *Tilgung von Gesamthandsschulden* einzusetzen. Denn nach dem Zweck der Liq ist nur das GesVermögen zur Begleichung von GesSchulden zu verwenden. WG des SonderBetrVerm sind dagegen dem Gester bei Liq der Ges zurückzugeben (§ 732 BGB, § 105 Abs 3, § 161 Abs 2 HGB). **252**

f) Thesaurierungsbegünstigung

Durch § 34a EStG haben Mitunternehmer die Möglichkeit, einbehaltene Gewinne der PersGes auf Antrag mit einem **niedrigeren Steuersatz** von 28,25% zu versteuern. Gem § 34a Abs 2 EStG gilt der nach § 4 Abs 1 S 1 EStG ermittelte Gewinn, nach Abzug des positiven Saldos der Entnahmen und Einlagen des Wj als nicht entnommen. Die Entnahme dieser Gewinne in späteren Wj (nach den Regelungen des § 34a Abs 4 EStG) löst jedoch eine Nachversteuerung gem § 34 Abs 4 EStG mit dem Sondertarif iHv 25% aus. Dies ist der Fall, wenn der positive Saldo aus Entnahmen und Einlagen den laufenden Gewinnanteil eines Wj übersteigt. **253**

Gem § 34a Abs 6 Nr 1 EStG kommt es im Falle einer Betriebsaufgabe (Liq) zu einer vollständigen Nachversteuerung der thesaurierten Gewinne. In diesem Zusammenhang besteht allerdings die Möglichkeit, die geschuldete **Steuerlast** nach § 34a Abs 6 S 2 EStG in gleichen Teilbeträgen für einen Zeitraum von höchstens zehn Jahren **zinslos** zu **stunden** (vgl *Ratschow* in Blümich EStG § 34a Anm 74). **254**

T. Abwicklungs-/Liquidationsrechnungslegung der Kapitalgesellschaft

Übersicht

	Anm
I. Auflösung	
1. Auflösungsgründe	1–4
2. Rechtlicher Status der aufgelösten Kapitalgesellschaft ...	5–9
II. Rechtsformunabhängige Konzeption der Liquidationsrechnungslegung	
1. Selbständige Teilbereiche der Liquidationsrechnungslegung	10–13
2. Bilanzzwecke in der Liquidation	15
3. Traditionelle Auffassung – Liquidationsbilanzen als Vermögensverteilungsbilanzen	17, 18
4. Umgestaltung durch das Bilanzrichtlinien-Gesetz	20–24
III. Grundlagen der Liquidationsrechnungslegung	
1. Bestandteile	30–33
2. Organe und Mitglieder	35–39
3. Schlussbilanz der werbenden Gesellschaft	
a) Herrschende Meinung	45–48
b) Kritik	50–53
c) Bildung eines Rumpfgeschäftsjahrs	60–64
4. Vermögens- und Gewinnverteilung nach beschlossener Auflösung	70–83
IV. Liquidationseröffnungsbilanz und Erläuterungsbericht	
1. Allgemeines	
a) Aufstellungspflicht und Stichtag	90–93
b) Inventur, Eröffnungsinventar	95–98
c) Aufstellungsfristen	105, 106
2. Ansatzvorschriften	
a) Vollständigkeit, Verrechnungsverbot, Stetigkeitsgebot	110–114
b) Aktivposten	115–118
c) Passivposten	125–132
d) Latente Steuern	136–138
3. Bewertungsvorschriften	
a) Anschaffungswertprinzip und allgemeine Bewertungsgrundsätze	140–152
b) Umbewertungen im Anlagevermögen	155–162
c) Bewertung der übrigen Vermögensgegenstände und Schulden	165–170
d) Wertaufholungen	175–177
4. Erläuterungsbericht	185–192
V. Liquidationsjahresabschluss und Lagebericht	
1. Aufstellungspflicht und Zwecksetzung	195–199
2. Liquidationsgeschäftsjahr	200–205
3. Besonderheiten bei der Bilanzierung in Liquidationsjahresabschlüssen	210, 211
4. Anhang	215–219
5. Lagebericht	220–222

Abwicklungs-/Liquidationsrechnungslegung

Anm

VI. Gliederung und Ausweis
1. Liquidationseröffnungsbilanz und -jahresbilanzen
   a) Allgemeine Gliederungsvorschriften 225–227
   b) Umgliederungen 230–233
   c) Eigenkapitalausweis 235–239
   d) Ausstehende Einlagen, Erstattungsansprüche nach § 31 GmbHG 245, 246
   e) Eigene Anteile, Rückbeteiligungen 250, 251
2. Gewinn- und Verlustrechnung 255–259

VII. Rechnungslegung am Ende des Liquidationsverfahrens
1. Externe Rechnungslegung (sog Liquidationsschlussbilanz) 265–274
2. Interne Rechnungslegung (Liquidationsschlussrechnung des Liquidators) 280–285
3. Bücher und Schriften der Gesellschaft 295–298

VIII. Prüfung, Feststellung und Offenlegung
1. Pflichtprüfung 305–308
2. Gerichtliche Befreiung wegen Überschaubarkeit der Gesellschaftsverhältnisse 315–318
3. Prüfungsdurchführung und Bestätigungsvermerk 325–334
4. Feststellung 340
5. Offenlegung 345–347

IX. Sonderfragen
1. Fortsetzung aufgelöster Gesellschaften 355–364
2. Nachtragsliquidation 365–373
3. Konzernrechnungslegung
   a) Mutterunternehmen iL 375–379
   b) Tochterunternehmen iL 380–383
4. Abhängigkeitsbericht 385–389
5. Unternehmensverträge 395–399
6. Verschmelzung, Spaltung, Formwechsel 405–407
7. Kapitalerhöhung, Kapitalherabsetzung 410–412
8. Gesellschafterausschluss 415, 416

X. Steuerliche Besonderheiten
1. Körperschaftsteuer
   a) Sinn und Zweck – Voraussetzungen 425–429
   b) Besteuerungszeitraum 430–439
   c) Ermittlung des Abwicklungseinkommens 440–453
   d) Verlustabzug nach § 10d EStG 454–459
   e) Teileinkünfteverfahren und Liquidation 460, 461
   f) Organschaft 464–466
2. Gewerbesteuer 467–469
3. Umsatzsteuer 470, 471
4. Besteuerung von Liquidationsraten beim Gesellschafter
   a) Gewinnausschüttungen – Sonderausweis nach § 28 Abs 1 S 3 KStG 472–477
   b) Nennkapital und steuerliches Einlagenkonto 478–484

Schrifttum: *Adler* Die Abwicklungsbilanz der Kapitalgesellschaften, 2. Aufl, Stuttgart 1956; BFH v 18.10.1967 BStBl II 1968, 106; *Forster* Die Rechnungslegung der Aktiengesellschaft während der Abwicklung (§ 270 AktG 1965), in FS Knorr, Düsseldorf 1968, 77 ff; *Werner* Ausgewählte Fragen zum Aktienrecht, AG 1968, 181 ff; *Forster* Überlegungen zur Bewertung in Abwicklungs-Abschlüssen, in FS Barz, Berlin/New

Schrifttum

York 1972, 335 ff; *Werner* Ausgewählte Fragen zum Aktienrecht, AG 1972, 137 ff; *Olbrich* Zur Rechnungslegung bei Auflösung einer Aktiengesellschaft, WPg 1975, 265 ff; *Hofmann* Zur Liquidation einer GmbH, GmbHR 1976, 229 ff und 258 ff; *Meister* Der Ausgleichsanspruch nach § 302 Abs. 1 AktG bei Beherrschungs- und Gewinnabführungsverträgen als Kreditsicherheit, WM 1976, 1182 ff; *Moxter* Anschaffungswertprinzip für Abwicklungsbilanzen? Eine Stellungnahme zu § 270 AktG, WPg 1982, 473 ff; *K. Schmidt* Die konzernrechtliche Verlustübernahme als gesetzliches Dauerschuldverhältnis, GR 1983, 513 ff; *H.-P. Müller* Zur Gewinn- und Verlustermittlung bei aktienrechtlichen Gewinnabführungsverträgen, in FS Goerdeler, Düsseldorf 1987, 375 ff; *K. Schmidt* Liquidationsbilanzen und Konkursbilanzen, Heidelberg 1989; *K. Schmidt* Die Handelspersonengesellschaft in Liquidation, ZHR 1989, 273 f; *Sarx* Zur Abwicklungs-Rechnungslegung einer Kapitalgesellschaft, in FS Forster, Düsseldorf 1992, 547 ff; *Scherrer/Heni* Externe Rechnungslegung bei Liquidation, DStR 1992, 797 ff; *Förschle/Kropp/Deubert* Notwendigkeit der Schlußbilanz einer werbenden Gesellschaft und Zulässigkeit der Gewinnverwendung bei Abwicklung/Liquidation einer Kapitalgesellschaft, DStR 1992, 1523 ff; *Förschle/Deubert* Der Bestätigungsvermerk zur Abwicklungs-/Liquidations-Eröffnungsbilanz, WPg 1993, 397 ff; *K. Schmidt* Zur Ablösung des Löschungsgesetzes, GmbHR 1994, 829 ff; *Förschle/Kropp/Deubert* „Schlußbilanz der werbenden Gesellschaft" kein Pflichtbestandteil der Rechnungslegung von Kapitalgesellschaften in Liquidation, DB 1994, 998 ff; *Rodewald* Zu Wesen und Wirkung der Liquidations-Schlußbilanz für die GmbH, GmbHR 1994, 454 ff; *Gross* Die Unternehmensfortführungsannahme als Bewertungskriterium, in FS Budde, München 1995, 256 ff; *Kemper* Liquidation und betriebliche Altersversorgung, DB 1995, 373 ff; *Krieger/Jannott* Änderung und Beendigung von Beherrschungs- und Gewinnabführungsverträgen im Aktien- und GmbH-Recht, DStR 1995, 1473; *Scherrer/Heni* Offene Fragen zur Liquidationsbilanz, WPg 1996, 681 ff; *Sotiropoulos* Fragen der Darlehensgewährung der GmbH an ihre Gesellschafter, insbesondere im Gründungs- und Liquidationsstadium, GmbHR 1996, 653 ff; *Förschle/Deubert* Entsprechende Anwendung allgemeiner Vorschriften über den Jahresabschluß in der Liquidations-Eröffnungsbilanz, DStR 1996, 1743 ff; *Horn* Bilanzierungsprobleme im Rahmen der Liquidation, BuW 1996, 38 ff; *Erle* Anforderungen an die Kapitalausstattung einer aufgelösten GmbH bei ihrer Fortsetzung GmbHR, 1997, 973 ff; *Jurowsky* Bilanzierungszweckentsprechende Liquidationsrechnungslegung für Kapitalgesellschaften, DStR 1997, 1782 ff; *Weimar/Grote* Eine GmbH wird liquidiert, b&b 1997, 107 ff; *Groß/Hess/Ley* Der Wirtschaftsprüfer/vereidigte Buchprüfer als Unternehmensliquidator und Insolvenzverwalter, WPK-Mitteilungen Sonderheft 12/1997, 1 ff; *Erle* Die Funktion des Sperrjahres in der Liquidation der GmbH, GmbHR 1998, 216 ff; *Wallner* Die Liquidatoren der Vor-GmbH iL, GmbHR 1998, 1168 ff; *Vallender* Auflösung und Löschung der GmbH – Veränderungen aufgrund des neuen Insolvenzrechts, NZG 1998, 249 f; *Peetz* Haftung des GmbH-Liquidators für ausstehende Steuererklärungen, GmbHR 2002, 1008 ff; *Kresse/Leuz* Sonderbilanzen, Stuttgart 2003; *Fichtelmann* Die Fortsetzung der aufgelösten GmbH, GmbHR 2003, 67 ff; *Leibner/Pump* Die steuerlichen Pflichten des Liquidators einer GmbH, GmbHR 2003, 996 ff; *Müller* Einziehung von Forderungen gegen die Gesellschafter in der Liquidation der GmbH, DB 2003, 1939 ff; *Olbrich* Der Grundsatz der Unternehmensfortführung in der Rechnungslegung der Kapitalgesellschaft bei Auflösung, DB 2005, 565 ff; *Förster/Döring* Die Liquidationsbilanz, 4. Aufl, Köln 2005; *Schwab* Die Vertretung der Aktiengesellschaft gegenüber ausgeschiedenen Vorstandsmitgliedern im Liquidationsstadium, ZIP 2006, 1478 ff; *Galla* Fortsetzung einer GmbH in Nachtragsliquidation, GmbHR 2006, 635 ff; *Fietz/Fingerhuth* Die vorzeitige Löschung der GmbH – ein Schwarzes Loch für Liquidatoren?, GmbHR 2006, 960 ff; BGH v 23.10.2006 DStR, 2322 ff; *Passarge* Pensionsverbindlichkeiten bei der GmbH-Liquidation – tatsächlich ein unüberwindliches Hindernis?, GmbHR 2007, 701 ff; *Peetz* Handelsrechtliche Rechnungslegung der aufgelösten GmbH, GmbHR 2007, 858 ff;

T 1 Abwicklungs-/Liquidationsrechnungslegung

Schulze-Osterloh Fortführungsprinzip und Stichtagsprinzip, DStR 2007, 1006 ff; *Prost / Rethmeier* Schuldbefreiende Übernahme von Zusagen auf betriebliche Altersversorgung bei Einstellung der Betriebstätigkeit mit nachfolgender Liquidation – Grundlagen und praktische Erfahrungen, DB 2007, 1945 ff; *Siegel* Sachdividenden und die Zweckmäßigkeit des Buchwertansatzes, WPg 2008, 553 ff; *Schmidt* Verfahren und Gefahren bei der Liquidation einer „Rest-Limited", ZIP 2008, 2400 ff; BGH v 31.3.2008 BB, 1249 ff; BFH v 17.7.2008 BB, 2725 ff; BGH v 27.10.2008 GmbHR 2009, 212 ff; *Reymann* Die Vertretungsbefugnis der Liquidatoren bei der GmbH, GmbHR 2009, 176 ff; BGH v 9.2.2009 ZIP, 802 ff; BGH v 2.3.2009 DStR, 1272 ff; *Rubner* Liquidationsgesellschaft und Gesellschafterhaftung, DStR 2009, 1538 ff; *K. Schmidt* Das Liquidations-Sperrjahr als Liquiditätssicherung vor und nach MoMiG, DB 2009, 1971 ff; *Passarge* Besondere Rechtsformen in der Liquidation – Zur Liquidation von Vor-GmbH, Unternehmergesellschaft, Freiberufler-GmbH und gemeinnütziger GmbH, NZG 2010, 646 ff; *Jooß* Die erloschene Limited, GWR 2010, 340 ff; LG Bonn v 23.7.2010 NZG, 1276 f; OLG München v 12.5.2010 GmbHR 2011, 144 ff; OLG Hamm v 6.7.2010 GmbHR 2011, 432 f; *Fichtelmann* Auswirkungen der Löschung einer vermögenslosen GmbH im Handelsregister, GmbHR 2011, 912 ff; BGH v 28.2.2012 WM, 840 ff; BGH v 6.3.2012 BB, 1756 ff; BGH v 23.4.2012 DStR, 1144 ff; *Beck* Neues von der Existenzvernichtungshaftung im Konzern und in der Liquidation?, DStR 2012, 2135 ff; *Eller* Die Liquidation der GmbH in Grundzügen SteuK 2012, 367 ff; *Veldkamp* Handelsrechtliche Bilanzierung nach Wegfall der Going-Concern-Annahme – Neufassung von IDW RS HFA 17 und IDW RH HFA 1.012, WPg 2012, 803 ff; *Döring / Granetzny* Übertragungsmöglichkeiten von Versorgungsverpflichtungen, NZA 2012, 1339 ff; *Kaiser* Die Crux mit dem Going Concern – Einige Gedanken zu § 252 Abs. 1 Nr. 2 HGB, ZIP 2012, 2478 ff; *Kerst* Voraussetzungen einer Nachtragsliquidation, GWR 2013, 225; BFH v 23.1.2013 DStR, 646 ff; BGH v 10.12.2013 WM 2014, 355 ff; *K. Schmidt* Unterbilanzhaftung bei Fortsetzung einer aufgelösten Gesellschaft?, DB 2014, 701 ff; *Wolf* Vorbelastungshaftung der GmbH-Gesellschafter bei wirtschaftlicher Neugründung in der Liquidationsphase, StuB 2014, 334 ff; *Rosenkranz* Die Anordnung der Nachtragsabwicklung gem. § 273 Abs. 4 Satz 1 AktG, AG 2014, 309 ff; *Fischer* Die Durchsetzung des Betriebsrentenanspruchs gegen eine liquidierte GmbH, NJOZ 2014, 1601 ff; *Dißars / Kahl-Hinsch* Rechnungslegung in der Liquidation der Kapitalgesellschaft, StuB 2015, 449 ff; *Terner* Die Befreiung des GmbH-Liquidators von den Beschränkungen des § 181 BGB, DStR 2017, 160 ff; *Schwarz* Die Liquidation einer GmbH optimal meistern, GStB 2017, 454 ff; *Altmeppen* Verwertung von Ansprüchen der gelöschten GmbH gegen Gesellschafter und Geschäftsführer im Einvernehmen zwischen Nachtragsliquidator und Gläubiger, ZIP 2017, 497 ff; *Tavakoli / Eisenberg* Die GmbH und ihre Verbindlichkeiten in der Liquidation, GmbHR 2018, 75 ff; *Arens* Liquidation der GmbH: Persönliche Haftung des Liquidators bei Nichtberücksichtigung einer Gesellschafterverbindlichkeit, DB 2018, 1392; *Passarge* Zum direkten Anspruch des übergangenen Gläubigers gegen den Liquidator der GmbH i. L., DB 2018, 1777 ff; *Peetz* Fortsetzung einer GmbH in der Liquidation, GmbHR 2019, 326 ff; *Deubert / Lewe* Einzelfragen der Beteiligungsbewertung nach HGB, BB 2019, 2155 ff; *Henckel* Bedeutung der Schlussauskehrung eines TU in Liquidation für dessen Einbezug in den Konzernabschluss, StuB 2020, 191 f.

I. Auflösung

1. Auflösungsgründe

1   Mit der Auflösung beginnt bei AG die Abwicklung und bei GmbH oder UG (haftungsbeschränkt) die Liq. § 262 AktG, § 60 GmbHG nennen als wesentliche Auflösungsgründe:

I. Auflösung 2, 3

– den formlosen **Mehrheitsbeschluss** der HV bzw der Gester;
– den **Ablauf** der in Satzung bzw GesVertrag bestimmten **Zeit** oder
– die Eröffnung des **Insolvenzverfahrens** (dazu R Anm 1 ff).

Die Auflösung erfolgt weiter durch die *Ablehnung des Insolvenzantrags mangels* einer den Kosten des Verfahrens entspr *Masse* „Liq bei Masselosigkeit" (§ 262 Abs 1 Nr 4 AktG, § 60 Abs 1 Nr 5 GmbHG), durch Gerichtsentscheidung wegen einer **Gefährdung** des **Gemeinwohls** (§ 396 Abs 1 AktG, § 60 Abs 1 Nr 3 iVm §§ 61 f. GmbHG) oder wegen *Nichtigerklärung* der KapGes gem § 275 AktG, § 75 GmbHG.

Zur Auflösung der KapGes führt ferner der rechtskräftige Beschluss des Registergerichts gem § 60 Abs 1 Nr 6 GmbHG, § 262 Abs 1 Nr 5 AktG iVm § 399 FamFG, wenn der **Gesellschaftsvertrag wesentliche Bestimmungen** (zB über Firma, Sitz, Stammeinlagen) **nicht enthält** bzw eine dieser Festlegungen oder der Betrag des Gezeichneten Kapitals nichtig ist (ausführlich *K. Schmidt/Bitter* in Scholz[11] GmbHG § 60 Anm 33 ff; *Hüffer/Koch* AktG[13] § 262 Anm 15 ff; eine Amtsauflösung hat auch bei nachträglicher Verlegung der Geschäftsräume vom Ort des statutarischen Sitzes an einen anderen Ort zu erfolgen: BGH v 2.6.2008 DStR, 1935; anders noch: BayObLG v 20.2.2002 DB, 940 ff). Auch ein tiefgreifendes und offensichtlich unheilbares Zerwürfnis zwischen GesterBlöcken, durch das eine Verständigung über wesentliche, für die Abklärung des GesVermögens grundlegende Fragen nicht mehr möglich ist, zB weil nach dem GesVertrag durchgängig einstimmige Beschlüsse erforderlich sind, können bei einer GmbH einen **wichtigen Grund** isv § 61 Abs 1 GmbHG für ihre Auflösung durch **Gerichtsurteil** sein (OLG München v 2.3.2005 NZG, 554 ff; OLG Naumburg v 20.4.2012 GmbHR 2013, 37).

Ferner können bei **GmbH** gem § 60 Abs 2 GmbHG im GesVertrag zB der Tod eines Gesters sowie **jedes eindeutig bestimmbare Ereignis** als weitere Auflösungsgründe festgelegt werden (vgl *K. Schmidt/Bitter* in Scholz[11] GmbHG § 60 Anm 75 f). Ob § 262 Abs 2 AktG AG die Möglichkeit satzungsmäßiger Auflösungsgründe eröffnet, ist str (hM; ablehnend zB *Hüffer/Koch* AktG[13] § 262 Anm 7, 24: es werden nur andere gesetzliche Auflösungsgründe erfasst).

Zur Fortsetzung aufgelöster KapGes Anm 355 ff.

Eine Liq findet auch statt, wenn eine mit dem formwirksamen Abschluss 2 des GesVertrags entstandene **Vorgesellschaft** (s Anm 5) aufgelöst wird. Außer durch Mehrheitsbeschluss, Zeitablauf oder InsEröffnung (s Anm 1) kommt bei VorGes als weiterer Auflösungsgrund die Ablehnung des Eintragungsantrags in Betracht. Wird die Eintragungsabsicht von den Gestern aufgegeben, stellt dies einen konkludenten Auflösungsbeschluss dar (vgl *Passarge* NZG 2010, 647). Ferner kann die VorGes durch Kündigung eines Gesters aus wichtigem Grund, zB wenn der Fortgang der GesGründung daran scheitert, dass der MitGester zur Erbringung seiner Kapitaleinlage außerstande ist, aufgelöst werden (vgl BGH v 23.10.2006 DStR, 2322).

Die **Verschmelzung** gem § 2 UmwG sowie die **Aufspaltung** gem § 123 3 Abs 1 UmwG sind **keine Auflösungsgründe;** eine Liq findet in diesen Fällen nicht statt. Gem § 20 Abs 1 Nr 2 und § 36 Abs 1 S 1 UmwG erlöschen die übertragenden Rechtsträger mit Eintragung der Verschmelzung in das

T 4, 5 Abwicklungs-/Liquidationsrechnungslegung

HR am Sitz des übernehmenden Rechtsträgers bzw gem § 131 Abs 1 Nr 2 UmwG mit Eintragung der Aufspaltung ins HR des übertragenden Rechtsträgers (wegen der Beteiligung aufgelöster Rechtsträger an Umw s Anm 405 ff). Bei **formwechselnder Umwandlung** der KapGes gem §§ 190, 191 UmwG bleibt die Identität des Rechtsträgers erhalten (s auch L Anm 15).

Schließlich ist auch die Einstellung oder Veräußerung des Geschäftsbetriebs oder seine Verpachtung sowie der Entzug der Gewerbeerlaubnis kein Auflösungsgrund, sondern allenfalls ein Sachverhalt, der die KapGes abwicklungsreif macht (ausführlich *K. Schmidt/Bitter* in Scholz[11] GmbHG § 60 Anm 2 f).

4   Die **Auflösung** ist bei AG vom Vorstand (§ 263 S 1 AktG) und bei GmbH – soweit die Auflösung keine Satzungsänderung erfordert oder betagt ist (dazu Anm 91) – gem § 65 Abs 1 GmbHG von den Liquidatoren, sonst von den Geschäftsführern (vgl *K. Schmidt* in Scholz[11] GmbHG § 65 Anm 7; BayObLG v 31.3.1994 GmbHR, 479) ohne schuldhaftes Zögern zur Eintragung in das **Handelsregister anzumelden.** Die Eintragung ins HR wirkt, sofern der Auflösungsbeschluss keine Satzungsänderung darstellt, nur deklaratorisch (BayObLG v 2.11.1994 BB 1995, 168; *Haas* in Baumbach/Hueck GmbHG[21] § 65 Anm 15).

Die Liquidatoren haben die Auflösung in den **Gesellschaftsblättern,** dh im elektronischen BAnz und in jedem weiteren im GesVertrag bestimmten GesBlatt (§ 25 AktG, § 12 GmbHG) **bekannt zu machen.** Zugleich hat ein **Gläubigeraufruf zu erfolgen,** dh die Gläubiger der KapGes sind unter Hinweis auf die erfolgte Auflösung aufzufordern, ihre Ansprüche anzumelden (§ 267 S 1 AktG; § 65 Abs 2 S 2 GmbHG). Ohne Anmeldung der Auflösung, Veröffentlichung des Gläubigeraufrufs und Einhaltung des Sperrjahrs (s Anm 73) kommt eine sog „Blitz-Löschung" der KapGes iL im HR nicht in Betracht, und zwar auch dann nicht, wenn der Liquidator ggü dem Registergericht versichert, dass kein verteilbares Vermögen vorhanden ist, keine Einlagen ausstehen, keine Prozesse gegen die Ges anhängig sind und auch keine InsGründe vorliegen (so OLG Celle v 2.9.2016 GmbHR 2018, 1318; kritisch dazu *Wachter* GmbHR 2018, 1319 f: gängige Praxis, die von Rechtspr und Schrifttum seit langem anerkannt wird).

Ebenso wie der Beginn ist die Fortsetzung der KapGes (Anm 359) oder die Beendigung der Liq zur Eintragung in das HR anzumelden und in den GesBlättern bekannt zu machen (§ 273 Abs 1 AktG, § 74 Abs 1 GmbHG; s Anm 285).

2. Rechtlicher Status der aufgelösten Kapitalgesellschaft

5   Die Liq der KapGes ist das gesellschaftsrechtliche Verfahren, das auf die planmäßige Vollbeendigung (Löschung) der KapGes als Rechtsträger abzielt. Bis zur Beendigung besteht die KapGes als **juristische Person** – nicht nur als ein von den Liquidatoren im Interesse der Gester verwaltetes Sondervermögen – fort (ausführlich *K. Schmidt*, 24 f; *K. Schmidt* ZHR 1989, 273 f) und behält ihre Rechts-, Partei- sowie Register- und Grundbuchfähigkeit (vgl OLG Koblenz v 8.10.1993 GmbHR 1994, 483). Sie bleibt als **Formkaufmann** (§ 13 Abs 3 GmbHG) HandelsGes gem § 6 HGB. Ihre Rechtsgeschäfte unterliegen dem Recht der Handelsgeschäfte (§§ 343 ff HGB) sowie als

I. Auflösung **6, 7** T

Kfm auch den Bestimmungen des 1. Buchs des HGB (vgl *K. Schmidt* in Scholz[11] GmbHG § 69 Anm 2; *Hüffer/Koch* AktG[13] § 264 Anm 16). Bestehende Dauerschuldverhältnisse und sonstige Vertragsverhältnisse mit Dritten werden fortgeführt. Ob die Auflösung dem Vertragspartner ein Kündigungs-, Rücktritts- oder Leistungsverweigerungsrecht eröffnet, ist nach allg Grundsätzen zu entscheiden (vgl *K. Schmidt* in Scholz[11] GmbHG § 69 Anm 5; zu den Folgen für UntVerträge s Anm 397).

Die Liq einer **Vorgesellschaft** als Ges eigener Art erfolgt grds nach den für die angestrebte Rechtsform geltenden Vorschriften, soweit diese nicht unmittelbar auf die juristische Person abstellen bzw die Eintragung der VorGes im HR voraussetzen (vgl BGH v 23.10.2006 DStR, 2322; *Haas* in Baumbach/Hueck GmbHG[21] § 66 Anm 3; *Hüffer/Koch* AktG[13] § 41 Anm 3 f). Der Zweck der VorGes wandelt sich von der Herbeiführung der Eintragung im HR zur Durchführung der Liq (vgl *Passarge* NZG 2010, 647). Auch nach Aufgabe der Eintragungsabsicht bleibt die VorGes bis zur vollständigen Liq parteifähig (vgl BGH v 31.3.2008 BB, 1249).

Gleichzeitig mit der Auflösung wandelt sich die „werbende" HandelsGes **6** in eine LiqGes. Sie ist gem § 269 Abs 6 AktG, § 68 Abs 2 GmbHG verpflichtet, dies in der Firma durch den Zusatz **iL (in Liquidation)** kenntlich zu machen.

Nach § 264 Abs 1a HGB sind im JA in Form einer Überschrift oder auf einem gesonderten Deckblatt die Firma, Sitz, Registergericht und die Nummer, unter der die KapGes in das HR eingetragen ist, anzugeben. In diesem Zusammenhang ist auch anzugeben, wenn sich die KapGes in Liq befindet. Dazu ist es ausreichend, wenn der im JA genannten Firma der Zusatz „iL" angefügt wird. Entspr gilt nach § 297 Abs 1a HGB für den handelsrechtlichen KA.

Zweck des eigentlichen LiqVerfahrens und damit die Aufgabe der Liquida- **7** toren ist die Beendigung der laufenden Geschäftstätigkeit, die Einziehung von Forderungen, die bestmögliche Verwertung des übrigen Vermögens und die Befriedigung der Gläubiger sowie die Verteilung (Auskehrung) eines danach verbleibenden Reinvermögens (LiqGuthaben) an die Gester (§ 268 Abs 1 S 1 AktG, § 70 S 1 GmbHG). Zu den Aufgaben des Liquidators gehört darüber hinaus die Erfüllung der steuerlichen Pflichten der aufgelösten KapGes (vgl *Eller* SteuK 2012, 368). Der **Liquidationszweck** tritt aber nicht an die Stelle des UntGegenstands, sondern überlagert diesen (ausführlich *K. Schmidt* in Scholz[11] § 69 Anm 3 mwN).

Eine *Änderung des Unternehmensgegenstands* ist gegenstandslos und unzulässig (so *K. Schmidt* in Scholz[11] GmbHG § 69 Anm 41). Eine *Änderung der Firma* ist nicht zulässig, weil dies geeignet ist, die Gläubiger zu täuschen und ihnen so die Geltendmachung von Ansprüchen erschwert werden kann (LG Frankfurt/Oder v 16.5.2002 DB 2003, 494). Eine Ausnahme kommt nur aus Anlass der Veräußerung des Unt zusammen mit der bisherigen Firma in Betracht (vgl *Haas* in Baumbach/Hueck GmbHG[21] § 69 Anm 23 mwN). Eine *Sitzverlegung* kommt nach der Auflösung in Betracht, wenn hierfür nachvollziehbare Gründe gegeben sind, insb die LiqGeschäfte tatsächlich vom neuen Sitz aus geführt werden (OLG Thüringen v 8.11.2005 GmbHR 2006, 765 ff). Eine Sitzverlegung ist jedoch unzulässig, wenn dadurch – wenn auch nur zeitweise

Deubert

– das Auffinden der Ges für ihre Gläubiger erschwert wird (KG v 24.4.2018 DB 2238 f).

Auch in der Liq haben die KapGes – sofern nicht Sonderbestimmungen gelten oder sich aus dem Zweck des LiqVerfahrens anderes ergibt – dieselben allg Vorschriften anzuwenden, die auch für nicht aufgelöste Ges gelten (§ 264 Abs 3 AktG, § 69 Abs 1 GmbHG).

8 Erfolgt eine sog **stille Liquidation,** dh Liq der Geschäfte ohne Auflösungsbeschluss, finden die Vorschriften über die LiqRechnungslegung keine Anwendung. Regelmäßig wird dies aber nur dann gelten, wenn es über einen längeren Zeitraum zu einer unbeabsichtigten Reduzierung der geschäftlichen Aktivitäten kommt. Weisen die Gester die Geschäftsführer dagegen an, die werbende Tätigkeit einzustellen und das GesVermögen zu versilbern, ohne jedoch zugleich die Auflösung formal zu beschließen, kann in einer solchen Anweisung ein *konkludent gefasster Auflösungsbeschluss* gesehen werden, mit der Folge, dass sich die KapGes in Liq befindet und ua § 270 AktG, § 71 GmbHG zu beachten hat (so BGH v 23.11.1998 NZG 1999, 262 ff). Eine LiqAbsicht ist nicht gegeben, wenn eine Verwendung der Ges als Mantel-/ VorratsGes in Betracht kommt oder erkennbar beabsichtigt ist.

Eine „stille Liq" empfiehlt sich dann, wenn die KapGes nur über wenige VG und keine oder geringe Verbindlichkeiten verfügt und auch das GesVermögen unter Berücksichtigung der LiqGewinne zur Deckung dieser Schulden ausreicht (s auch *Scherrer/Heni*[3], 23; *Schwarz* GStB 2017, 462). Die Beendigung kann in diesem Fall durch eine Löschung wegen Vermögenslosigkeit (§ 262 Abs 1 Nr 6 AktG, § 60 Abs 1 Nr 7 GmbHG jeweils iVm § 394 FamFG) erreicht werden (zu den Voraussetzungen BayObLG v 12.1.1995 BB, 740; *K. Schmidt* GmbHR 1994, 829 ff; *Vallender* NZG 1998, 249 f). Die öffentlichen Bekanntmachungen und die Einhaltung des Sperrjahrs (Anm 73) sind in diesem Fall nicht erforderlich (OLG v Hamm 20.2.1987 BB, 294; OLG Naumburg v 27.5.2002 BB, 1609 f; OLG v Köln 5.11.2004 GmbHR 2005, 108 f; dazu auch *Fietz/Fingerhuth* GmbHR 2006, 961 f).

9 Als eine besonders langwierige Variante der stillen Liq kann auch die Tätigkeit der nach Verkauf oder Einstellung des Geschäftbetriebs eines Unt zurückbleibenden sog **Rentnergesellschaften** verstanden werden. Die Tätigkeit der RentnerGes beschränkt sich auf die Verwaltung der Pensionszusagen des ehemals werbend tätigen Unt, die Zahlung und Anpassung der Pensionen sowie die Verwaltung der verbliebenen Vermögensanlagen (dazu auch *Kemper* DB 1995, 373; *Passarge* GmbHR 2007, 702 f).

II. Rechtsformunabhängige Konzeption der Liquidationsrechnungslegung

1. Selbständige Teilbereiche der Liquidationsrechnungslegung

10 In der Liq sind für KapGes die § 270 AktG, § 71 GmbHG und für PersGes § 154 HGB maßgeblich (ausführlich dazu S Anm 40 ff). Diese rechtsformbezogene Differenzierung resultiert aus dem unterschiedlichen Regelungsgehalt der Normen, der iÜ historisch bedingt ist (*Scherrer/Heni* DStR 1992, 798).

II. Rechtsformunabhängige Konzeption 11–13 T

Wesentlich für die Interpretation der in der Liq zu beachtenden Normen 11
des AktG, GmbHG einerseits und des HGB andererseits ist die Unterscheidung von zwei selbständigen Teilbereichen der LiqRechnungslegung. So ist zwischen der externen *(öffentlich-rechtlichen)* **Rechnungslegung der aufgelösten Handelsgesellschaft,** die weitgehend auf den Bilanzierungsgrundsätzen des HGB beruht – ergänzt um rechtsformspezifische Vorschriften aus Spezialgesetzen –, und der **Rechenschaftslegung der Liquidatoren** als Verwalter fremden Vermögens und UntLeitern im *Innenverhältnis* zu unterscheiden (grundlegend dazu *K. Schmidt,* 17; *K. Schmidt* in Scholz[11] GmbHG § 71 Anm 6 f).

Da alle HandelsGes auch nach ihrer Auflösung Kfm iSd HGB bleiben, bestehen die **Buchführungs- und Inventaraufstellungspflichten** (§§ 238 bis 241a HGB) **unverändert** fort. Gleiches gilt für die allg Rechnungslegungspflichten der §§ 242 bis 256a HGB. Hinsichtlich der Verpflichtung zur (externen) handelsrechtlichen Rechnungslegung und deren grds Ausgestaltung bestehen somit zwischen PersGes und KapGes keine wesentlichen Unterschiede (s auch S Anm 40 ff).

Abweichungen ergeben sich dort, wo die ergänzenden Vorschriften für KapGes (§§ 264 bis 289f HGB für den *Einzelabschluss* und §§ 290 bis 315e HGB zum *KA;* Anm 375 ff) über die *Prüfung* (§§ 316 bis 324 HGB; Anm 305 ff) und die *Offenlegung* (§§ 325 bis 329 HGB; Anm 345 f) sowie über den ggf hinzukommenden *Abhängigkeitsbericht* (§§ 312 bis 315 AktG; Anm 385 ff) zu beachten sind. Schließlich können sich Abweichungen auch aufgrund der Spezialvorschriften gem § 270 AktG, § 71 GmbHG oder gem § 264 Abs 3 AktG und § 69 Abs 1 GmbHG aufgrund des Zwecks des Liq-Verfahrens ergeben.

Neben den externen Rechnungslegungspflichten aufgelöster HandelsGes 13
bestehen liquidationsspezifische Rechnungslegungspflichten, die sich aus dem Auftrag der Liquidatoren als Verwalter fremden Vermögens ggü den Gestern ergeben *(Rechenschaftspflicht).* Ihre Erfüllung ist eine wesentliche Voraussetzung für die Entlastung der Vermögensverwalter (*K. Schmidt,* 21 f). Zur Erfüllung dieser den Liquidatoren im **Innenverhältnis** obliegenden Verpflichtung ist aus konzeptioneller Sicht grds eine eigenständige von bilanziellen Rechnungslegungsnormen weitgehend unbeschränkte, **betriebswirtschaftliche Rechnungslegung** auf Basis von beizZW erforderlich, die primär dazu dient, die Gester über den Fortgang der Liq und das voraussichtliche Liq-Ergebnis zu informieren (ausführlich zur *Vermögensverteilungsbilanz: K. Schmidt* in Scholz[11] GmbHG § 71 Anm 31 ff; vgl *Scherrer/Heni* WPg 1996, 688; s dazu auch S Anm 139 ff). In dieser internen Rechnungslegung sind als Aktiva alle materiellen oder immateriellen Vermögenswerte zu erfassen, die im Rahmen der Liq voraussichtlich zu Einzahlungen führen werden und denen für sich betrachtet ein (Netto-)Veräußerungserlös (Kaufpreis abzgl noch anfallender Veräußerungskosten) zugeordnet werden kann. Als Passiva sind dementspr alle (rechtlichen oder faktischen) Verpflichtungen der Ges zu berücksichtigen, die voraussichtlich bis zum Ende der Liq zu Auszahlungen führen werden.

Ausgangsgrundlage der internen Berichterstattung werden die externen Bilanzen in der Liq sein (s Anm 23), die Berichtspflicht im Innenverhältnis ggü den Gestern geht jedoch über die aus den externen LiqBilanzen ersichtlichen Informationen hinaus (aA *Haas* in Baumbach/Hueck GmbHG[21] § 71 Anm 8 mwN: Die Erfüllung der gesetzlichen Rechnungslegungspflichten gem § 71 Abs 1 GmbHG reicht aus, er spricht sich aber dafür aus, zusätzliche, den „LiqZweck" berücksichtigende Angaben in Anhang und Lagebericht aufzunehmen). Eine Verpflichtung zur Offenlegung der Informationen zu den voraussichtlich erzielbaren LiqWerten besteht nicht (gIA *Paura* in Großkomm GmbHG[2] § 71 Anm 20). Auch eine freiwillige Aufnahme dieser Informationen in den ErlBericht zur LiqEB bzw Anhang oder Lagebericht des LiqJA (so zB *Haas* in Baumbach/Hueck GmbHG[21] § 71 Anm 8) wird regelmäßig nicht im Interesse der Gester bzw der Ges liegen, weil durch eine Preisgabe dieser Werte die Position der Ges bei laufenden Verkaufsverhandlungen möglicherweise geschwächt wird.

2. Bilanzzwecke in der Liquidation

15 Die Aufstellung einer LiqEB sowie jährlicher Folgeabschlüsse dient mehreren Zwecken. In erster Linie sollen damit die **Vermögensverhältnisse der Handelsgesellschaft dokumentiert** werden. Die Dokumentation von Vermögen und Schulden mit Hilfe der Buchführung, des Inventars und der Bilanz (LiqEB und Folgebilanzen) hat die Aufgabe, ein betrügerisches „Beiseiteschaffen" von VG sowie ein betrügerisches „Erdichten" von Schulden zu erschweren; dies dient dem Gläubiger- und dem GesterSchutz gleichermaßen (*Moxter* Bilanzlehre Bd I Wiesbaden 1984, 82 f; *Kleindiek* in Lutter/Hommelhoff[19] GmbHG § 70 Anm 5; OLG Stuttgart v 7.12.1994 AG 1995, 285). Daneben haben die LiqBilanzen – im Hinblick auf die am Ende der Liq stehende Auskehrung des Vermögensüberschusses an die Aktionäre/Gester – die Aufgabe, **Informationen über das zu erwartende Liquidationsergebnis** zu liefern. Schließlich wird ein weiterer Bilanzzweck in der **Rechenschaftslegung der Liquidatoren** gesehen.

3. Traditionelle Auffassung – Liquidationsbilanzen als Vermögensverteilungsbilanzen

17 Soll die LiqEB den genannten Zwecken (Anm 15) entsprechen, hat nach traditioneller Auffassung der Ansatz, insb jedoch die Bewertung des Vermögens und der Schulden losgelöst von gesetzlichen Normen und Restriktionen zu erfolgen. Bilanzielle Normen sind dann nur insoweit anzuwenden, als sie dem Zweck der Bilanz (hier Aufstellung einer **Vermögensverteilungsbilanz**) adäquat sind.

18 Bis zur Einführung des BiRiLiG wurde mehrheitlich die Auffassung vertreten, dass in der LiqEB eine **völlige Neubewertung von Vermögen und Schulden** erforderlich sei. Die Neubewertung sollte dabei auf der Basis von Versilberungswerten ohne Bindung an die historischen AK/HK erfolgen (*Förster/Döring*[4], 6 mwN).

Diese Auffassung wurde gestützt durch die damaligen gesetzlichen Vorschriften. Danach waren jeweils nur bestimmte Teile der allg Vorschriften über den JA zu beachten. Für die AG waren die §§ 148, 149, 151, 152, 160, 161, 171, 175, 176 Abs 1 AktG aF sowie die §§ 177 und 178 AktG aF *sinn-*

II. Rechtsformunabhängige Konzeption 20–22

gemäß für die LiqEB, den JA und den Geschäftsbericht anzuwenden. Insb die **Vorschriften** über die **Wertansätze** in der Bilanz (§§ 153 bis 156 AktG aF) sowie über die **Gliederung der GuV** (§§ 157, 158 AktG aF) und über die **Prüfung** des JA fanden **keine Anwendung**. Gem § 270 Abs 2 S 2 und 3 AktG aF konnte jedoch das Registergericht eine Prüfung der LiqEB oder des LiqJA aus wichtigem Grund anordnen. Bei GmbH waren Fragen der Gliederung und der Bewertung in der Liq nicht geregelt (§ 71 GmbHG aF). Gem § 69 Abs 1 GmbHG aF kamen, soweit sich aus dem Zweck der Liq nicht anderes ergab, die allg Bewertungsvorschriften (§ 40 HGB aF) zur Anwendung. GmbH waren von der Prüfung während der Liq generell freigestellt (§ 3 Abs 3 PublG).

Aufgrund dieser Bilanzierungsfreiheiten konnten während der Liq betriebswirtschaftliche (Vermögens-)Bilanzen aufgestellt werden, mit denen die aufgelöste KapGes zugleich ihrer im Außenverhältnis bestehenden öffentlich-rechtlichen Verpflichtung zur Rechnungslegung genügen konnte.

4. Umgestaltung durch das Bilanzrichtlinien-Gesetz

20 Seit der Umgestaltung von § 270 AktG, § 71 GmbHG durch das BiRiLiG gelten die **allgemeinen Vorschriften** über den JA und den Lagebericht für alle KapGes grds auch während der Liq **entsprechend** (§ 270 Abs 2 S 2 AktG, § 71 Abs 2 S 2 GmbHG; zur Kritik an der Neuregelung *Paura* in Großkomm GmbHG² § 71 Anm 3 ff; *Jurowsky* DStR 1997, 1784 ff). Dabei geht die hM davon aus, dass sich aus dem Wort „entsprechend" *keine inhaltlichen Einschränkungen* für die Gestaltung der LiqRechnungslegung ableiten lassen und alle im LiqVerfahren auftretenden Bilanzierungsprobleme deshalb primär nach den Vorschriften des HGB für werbende KapGes zu lösen sind (ausführlich *Scherrer/Heni*³, 48 ff; *Förschle/Deubert* DStR 1996, 1744).

Eine LiqEB, die sich in Ansatz, Gliederung und Bewertung an den handelsrechtlichen Bilanzierungsnormen orientiert, hat demnach grds die Vermutung einer gesetzentsprechenden Bilanzierung für sich (zutreffend *Scherrer/Heni*³, 50).

21 Der Gesetzgeber begründete die Umgestaltung der LiqVorschriften damit, dass KapGes in Liq ihren Geschäftsbetrieb idR nicht sofort einstellen, sondern häufig noch geraume Zeit fortführen würden (so BT-Drs. 10/317, 107). Wenn aufgelöste HandelsGes ihren Geschäftsbetrieb noch über Jahre hinweg fortsetzen – die gesetzlichen Vorschriften (§ 268 Abs 1 S 2 AktG, § 70 S 2 GmbHG) gestatten den Liquidatoren ausdrücklich auch neue Geschäfte einzugehen –, muss diese Fortführung des Geschäftsbetriebs genau so kontrolliert werden können, wie der Geschäftsbetrieb einer werbenden Ges (*Moxter* WPg 1982, 475). Mit einer dem traditionellen Verständnis entspr erstellten Vermögensbilanz (Anm 17 f), die die Gester über das vorhandene Versilberungsvermögen informieren soll, kann eine der werbenden Ges entspr Kontrollfunktion indes nicht erreicht werden.

22 In diesem Zusammenhang ist insb zu berücksichtigen, dass sich **Verlauf und Ausgang eines Liquidationsverfahrens** zum Zeitpunkt der Aufstellung der LiqEB so gut wie nie ausreichend genau abschätzen lassen. Der wirkliche LiqGang, dh Einzelverwertung des Vermögens oder Veräußerung von Teilbetrieben bzw ggf des Unt im Ganzen, sowie die dabei zu erwartenden Erlöse sind zu **ungewiss** (*Förster/Döring*[4], 11 f). Derartige Ermessensspielräume bei der Bewertung und Unsicherheiten über den tatsächlichen Verlauf sind für LiqBilanzen, deren Inhalt sich nach gesetzlichen Normen bestimmt, nicht akzeptabel. Daher geben das AktG, GmbHG – zumindest für den Bereich der externen Rechnungslegung in der Liq – dem Ansatz von durch das Anschaffungswertprinzip begrenzten Werten den Vorzug ggü den nach allg Grundsätzen vorsichtig geschätzten Verkehrswerten iSv Realisationswerten, ggf oberhalb der AK (*Moxter* WPg 1982, 473).

23 Auch wenn zum Teil erhebliche Unterschiede zwischen der externen und der internen Rechnungslegung in der Liq bestehen, bedeutet dies nicht, dass es automatisch auch zu einer **doppelten Rechnungslegung** kommt (so aber *Haas* in Baumbach/Hueck GmbHG[21] § 71 Anm 8). Ebenso wie Geschäftsführer werbend tätiger KapGes ihre im Innenverhältnis bestehende Rechenschaftspflicht als Voraussetzung ihrer Entlastung (§ 120 Abs 3 AktG, § 46 Nr 1 und 5 GmbHG) üblicherweise durch Vorlage und Erl des handelsrechtlichen JA erfüllen, wird *regelmäßig* auch in der Liq den Informationsinteressen der Geste bereits durch die externe Rechnungslegung genügt bzw wird diese Anlass und Ausgangsgrundlage für die interne Berichterstattung sein (s Anm 13; ebenso *K. Schmidt* in Scholz[11] GmbHG § 71 Anm 34). Das erwartete LiqErgebnis ist, insb zu Beginn der Liq, wenn die Versilberung des Vermögens gerade erst begonnen hat, nur sehr bedingt aus der LiqEB bzw einem LiqJA ersichtlich. Zur Information der Gester sind dann zusätzliche Angaben zu stillen Reserven oder den Verwertungsalternativen (Einzelveräußerung oder Veräußerung von Teilbetrieben) erforderlich. Diese Angaben können dann für Zwecke der *internen* Berichterstattung zB in zusätzlichen Bilanzspalten mit den erwarteten oder bis zur Bilanzaufstellung bereits sicher realisierten LiqWerten ergänzt werden. Einer zusätzlichen, ausführlichen internen Rechenschaft der Liquidatoren bedarf es dann nicht mehr. Nach aA (*Haas* in Baumbach/Hueck GmbHG[21] § 71 Anm 8; *Paura* in Großkomm GmbHG[2] § 71 Anm 6) erfüllen die Liquidatoren ihre Rechenschaftspflicht ggü den Gestern *grds* bereits mit der Vorlage der externen Rechnungslegung. Evtl verbleibende Informationsdefizite können die Gester danach mit Hilfe der auch in der Liq geltenden Auskunfts- und Einblicksrechte gem § 51a Abs 1 und 2 iVm § 69 Abs 1 GmbHG beseitigen.

24 Ungeachtet dessen kommt der internen Berichtspflicht der Vermögensverwalter ggü den Gestern und Gläubigern wegen des oft **irregulär verlaufenden Liquidationsstadiums** insoweit eine erhöhte Bedeutung zu. Zur **Überschuldungskontrolle** oder vor Verteilung des restlichen Vermögens an die Gester sind die Liquidatoren zur Aufstellung einer Vermögensbilanz mit LiqWerten verpflichtet (*K. Schmidt,* 22; dem folgend *Gesell* in Rowedder[5] GmbHG § 71 Anm 5, 22; zum Überschuldungsstatus s P Anm 100 ff).

Aufgrund ausdrücklicher Verweisung in § 268 Abs 2 AktG, § 71 Abs 4 GmbHG trifft die **Insolvenzantragspflicht** bei Überschuldung oder Zahlungsunfähigkeit gem § 92 Abs 2 AktG und § 64 Abs 1 GmbHG auch den Liquidator einer aufgelösten KapGes.

III. Grundlagen der Liquidationsrechnungslegung

1. Bestandteile

Die Liquidatoren haben auf den Tagesbeginn (0:00 Uhr) des Stichtags der **30** Auflösung (Anm 90) **eine Liquidationseröffnungsbilanz** und einen diese Bilanz **erläuternden Bericht** zu erstellen (§ 270 Abs 1 AktG, § 71 Abs 1 GmbHG). Mit der Bezeichnung „Eröffnungsbilanz" wird zum Ausdruck gebracht, dass das (bilanzielle) Reinvermögen zu Beginn des LiqStadiums ermittelt werden soll (vgl *Scherrer/Heni*[3], 29).

Auch während der Liq ist weiterhin für abgelaufene Gj (dazu Anm 200) **31** ein **Jahresabschluss** bestehend aus Bilanz, GuV und Anhang sowie ggf ein Lagebericht aufzustellen (§ 270 Abs 1 AktG, § 71 Abs 1 GmbHG).

Soweit der JA für das letzte, abgelaufene (Rumpf)Gj der werbenden Ges **32** noch nicht aufgestellt ist, fällt diese Aufgabe ebenfalls in den Zuständigkeitsbereich der Liquidatoren, da der Vorstand oder die Geschäftsführer der werbenden KapGes – soweit sie nicht gem § 265 Abs 1 AktG, § 66 Abs 1 GmbHG zu Liquidatoren werden (Anm 35) – mit der Leitungs- auch die Buchführungs- und Bilanzierungskompetenz verlieren (vgl *Koch* in Münch-Komm AktG[4] § 270 Anm 11; OLG Frankfurt v 6.10.1976 BB 1977, 313; BayObLG v 31.1.1990 BB, 600).

Wegen der im Innenverhältnis ggü den Gestern bestehenden Verpflichtung **33** der Liquidatoren zur Rechenschaftslegung s Anm 13 sowie zur Aufstellung einer sog **Schlussrechnung** bei Beendigung ihrer Tätigkeit s Anm 280.

2. Organe und Mitglieder

Mit der Auflösung sind die **Liquidatoren** das geschäftsführende und ver- **35** tretungsberechtigte Organ der KapGes. Gem § 265 Abs 1 AktG, § 66 Abs 1 GmbHG sind als Liquidatoren – sofern sich weder aus dem GesVertrag noch einem Auflösungsbeschluss der Gester etwas anderes ergibt – die dann im Amt befindlichen Geschäftsführer der KapGes berufen (Amtskontinuität). Gleiches gilt für die Abwicklung einer aufgelösten VorGes (BGH 23.10.2006 BB, 2775). Anstelle dieser sog **„geborenen"** Liquidatoren können aufgrund von Bestimmungen im GesVertrag bzw durch Beschluss der Haupt- oder GesV auch andere, sog **„gekorene"** Liquidatoren bestellt werden (§ 265 Abs 2 AktG, § 66 Abs 1 GmbHG).

Notfalls hat das Registergericht auf Antrag des AR oder der Gester und *aus wichtigem Grund* (zB grobe Pflichtverstöße, Parteilichkeit, Unredlichkeit oder Unfähigkeit zur ordnungsmäßigen Geschäftsführung; dazu BayObLG 6.12.1995 BB 1996, 234 und BayObLG 25.9.1997 BB, 2397 sowie OLG Düsseldorf 19.9.2001 DB 2002, 39) neue Liquidatoren zu bestellen (§ 265 Abs 3 AktG, § 66 Abs 2 GmbHG; zu Einzelheiten für die AG *Hüffer/Koch* AktG[13] § 265 Anm 7 ff; für die GmbH *Haas* in Baumbach/Hueck GmbHG[21] § 66 Anm 18 ff; zum Aufgabenkreis eines „Notliquidators" OLG München v 14.7.2005 GmbHR, 1431 ff). Die zwangsweise Bestellung einer Person zum Liquidator ist jedoch nicht zulässig (BayObLG v 12.6.1996 DB, 2222).

Jeder Liquidator kann sein **Amt** ohne Angabe von Gründen mit sofortiger Wirkung **niederlegen** (*Helm/Haaf* in Beck Handbuch GmbH[5] § 16 Anm 35 unter Verweis auf BayObLG v 13.1.1994 DB, 524). Die Amtsniederlegung ist jedoch wegen Rechtsmissbrauchs zu versagen, wenn der einzige Liquidator sein Amt ohne Nachfolgeregelung niederlegt und weitere Gester vorhanden sind, die jedoch aufgrund ihrer geringen Beteiligung (< 10%) ohne maßgeblichen Einfluss auf die Geschicke der Ges sind (LG Memmingen v 31.3.2004 NZG, 828; *Peetz* GmbHR 2002, 1010).

Der **abberufene Liquidator** hat seinen Nachfolger bei der Amtsübergabe auf dringend zu erledigende oder für die Ges besonders wichtige Angelegenheiten ausdrücklich hinzuweisen, wenn nicht zu erwarten ist, dass sein Nachfolger in der ihm zur Verfügung stehenden Zeit dazu in den GesUnterlagen ausreichende Informationen auffindet (so BGH v 28.2.2012 WM, 841).

36 Die Liquidatoren und ihre **Vertretungsbefugnis** sind gem § 266 Abs 1 AktG und § 67 Abs 1 GmbHG zur Eintragung beim HR anzumelden. Darin liegt zugleich die Erklärung, dass die Vertretungsbefugnis der bisherigen Geschäftsführer erloschen ist (BayObLG v 31.3.1994 GmbHR, 480). Die Anmeldung der ersten Liquidatoren ist bei der AG vom Vorstand, der im Zeitpunkt der Auflösung im Amt war, vorzunehmen (s *Koch* in MünchKomm AktG[4] § 266 Anm 6). Bei GmbH ist die Anmeldung – entgegen dem Wortlaut in § 67 Abs 1 GmbHG – von den Liquidatoren selbst und nicht von den ehemaligen Geschäftsführern vorzunehmen (hM *Haas* in Baumbach/Hueck GmbHG[21] § 67 Anm 4 mwN). Die Geschäftsführer sind nur im Fall einer Satzungsänderung zuständig, weil dann die Auflösung erst mit der Eintragung der Satzungsänderung ins HR eintritt (vgl *Altmeppen* in Roth/Altmeppen[9] GmbHG § 67 Anm 6).

Die Liquidatoren haben, auch wenn sie zuvor Geschäftsführer waren (geborene Liquidatoren; s Anm 35), in der Anmeldung nach § 67 Abs 3 S 1 GmbHG zu versichern, dass ihrer Bestellung keines der in § 66 Abs 4 iVm § 6 Abs 2 Nr 2 und 3 sowie in S 3 GmbHG genannten Hindernisse (Straftaten und Berufs- und Gewerbeverbote) entgegenstehen und dass sie über die unbeschränkte (Selbst-)Auskunftspflicht belehrt wurden (vgl *Haas* in Baumbach/Hueck GmbHG[21] § 67 Anm 10). Dabei ist es nicht erforderlich, die Bestellungshindernisse einzeln zu nennen und zu verneinen, sondern eine pauschale Verneinung ist ausreichend (so BGH v 17.5.2010 NZG, 829; anders noch OLG München v 20.4.2009 ZIP, 1322; *Altmeppen* in Roth/Altmeppen[9] GmbHG § 67 Anm 12).

Bei Anmeldung eines alleinigen Liquidators muss neben der konkreten auch die abstrakte Vertretungsbefugnis für den Fall, dass neben ihm ein oder mehrere Liquidatoren bestellt werden, angegeben werden (OLG Dresden 4.5.2005 GmbHR, 1310; BGH 7.5.2007 ZIP, 1367; OLG München v 12.5.2010 GmbHR 2011, 144). Sofern im GesVertrag nichts anderes bestimmt ist, sind die Liquidatoren nur gemeinschaftlich zur Geschäftsführung befugt (§ 269 Abs 2 AktG, § 68 Abs 1 GmbHG).

GesVertragliche Vertretungsregelungen (Einzelvertretung oder Befreiung von § 181 BGB) für Geschäftsführer einer GmbH gelten nicht fort, auch wenn die Geschäftsführer ihre Tätigkeit als geborene Liquidatoren fortsetzen (**keine Kompetenzkontinuität;** so BGH v 27.10.2008 GmbHR 2009, 213;

III. Grundlagen der Liquidationsrechnungslegung 37–45 T

Kleindiek in Lutter/Hommelhoff[19] GmbHG § 68 Anm 4; *Reymann* GmbHR 2009, 178 f; *Haas* in Baumbach/Hueck GmbHG[21] § 68 Anm 4; *Terner* DStR 2017, 160 ff). Gleiches gilt für die einem Geschäftsführer einer GmbH aufgrund einer entspr Ermächtigung im GesVertrag durch GesterBeschluss erteilte Einzelvertretungsbefugnis, die nicht für ihn als geborenen Liquidator fortgilt (so BayObLG v 24.10.1996 BB 1997, 8; *Reymann* GmbHR 2009, 180). Wegen der Befreiung vom Verbot der Selbstkontrahierung (§ 181 BGB) sowie zur Erteilung von Prokuren s *K. Schmidt* in Scholz[11] GmbHG § 68 Anm 6; *Wälzholz* GmbHR 2002, 305 ff; OLG Hamm v 6.7.2010 GmbHR 2011, 433.

§ 172 AktG über die Feststellung des JA durch Vorstand und AR ist in der Liq nicht anzuwenden (s Anm 340; *Hüffer/Koch* AktG[13] § 270 Anm 10), zuständig ist allein die HV/GesV (§ 270 Abs 2 S 1 AktG, § 71 Abs 2 S 1 GmbHG).

Der **Aufsichtsrat** bleibt im Amt; seine *Überwachungsverpflichtung* besteht 37 nunmehr ggü den Liquidatoren, § 268 Abs 2 S 2 AktG. Ferner hat der AR die LiqEB und den ErlBericht zur LiqEB zu prüfen (§ 171 Abs 1 S 1 AktG). Dies gilt auch, wenn die KapGes nach § 270 Abs 3 AktG von der Pflichtprüfung befreit wurde (Anm 315). Mit der Auflösung geht die *Personalkompetenz* (Bestellung des Vorstands) des AR gem § 84 Abs 1 AktG verloren (*Hüffer/Koch* AktG[13] § 265 Anm 1). Die *Vertretungsbefugnis* des AR (§ 112 AktG) bleibt dagegen bestehen und zwar auch bei Fremdabwicklung, dh wenn andere als die bisherigen Vorstandsmitglieder als Abwickler fungieren (*Schwab* ZIP 2006, 1480 ff; aA OLG Brandenburg 28.11.2001 NZG 2002, 1024).

Die **Gesellschafterversammlung** als Forum für die Ausübung der Rech- 38 te der Gester, wird in der Liq gestärkt (*Hüffer/Koch* AktG[13] § 265 Anm 1). Das Recht zur Feststellung der LiqEB und der JA in der Liq sowie der LiqSB (Anm 340) obliegt gem § 270 Abs 2 S 1 AktG, § 71 Abs 2 S 1 GmbHG ausschließlich der GesV (hM *Haas* in Baumbach/Hueck GmbHG[21] § 71 Anm 13 und 28; *K. Schmidt* in Scholz[11] GmbHG § 71 Anm 29 f; aA für die LiqSB *Hüffer/Koch* AktG[13] § 271 Anm 3, der die organschaftliche Zuständigkeit der Liquidatoren für das an die LiqSB anschließende Verteilungsverfahren betont). Bei der GmbH hat die GesV – ebenso wie bei der werbenden Ges – das Recht (§ 37 iVm § 71 Abs 4 GmbHG), den Liquidatoren (generelle oder einzelfallbezogene) Weisungen zu erteilen und kann so Einfluss auf die Liq nehmen.

Die Rechte der GesV während des LiqStadiums sind jedoch insoweit 39 eingeschränkt, als sie keinerlei Beschlüsse fassen darf, die dem LiqZweck widersprechen würden; zB wäre bei der AG ein Ausschüttungsbeschluss nach der Auflösung wegen § 241 Nr 3 AktG (Verstoß gegen Gläubigerschutzbestimmungen, hier § 272 AktG) nichtig. Wegen Zulässigkeit einer Änderung des UntGegenstands oder der Firma s Anm 6.

3. Schlussbilanz der werbenden Gesellschaft

a) Herrschende Meinung

Der Zeitpunkt des Beschlusses über die Auflösung einer KapGes legt den 45 **Liquidationsbeginn** fest (Anm 91). Fällt die Auflösung ausnahmsweise mit

Deubert 897

dem Beginn eines regulären Gj zusammen, ist gem § 242 Abs 1 S 1 bzw § 264 Abs 1 S 1 HGB die Aufstellung eines JA für das bis dahin abgelaufene Gj erforderlich. Für abgelaufene Gj, deren Dauer gem § 240 Abs 2 S 2 HGB zwölf Monate nicht überschreiten darf, muss Rechnung gelegt werden. Dies gilt auch dann, wenn im Auflösungszeitpunkt noch kein JA für vorangegangene Gj aufgestellt ist.

46 Regelmäßig stimmt das Datum des Auflösungsstichtags *nicht* mit dem regulären Bilanzstichtag zum Ende des Gj der KapGes überein. Für diesen Fall hält die hM die Aufstellung eines letztmaligen **Abschlusses der werbenden Gesellschaft** für den verkürzten Zeitraum zwischen dem Schluss des letzten Gj und dem Tagesende vor dem Tag der Auflösung (Anm 91) für erforderlich – sog *„Schlussbilanz der werbenden Ges"* nebst GuV, Anhang und Lagebericht – (*Adler*[2,] 74 f; *Haas* in Baumbach/Hueck GmbHG[21] § 71 Anm 2; *Hüffer/Koch* AktG[13] § 270 Anm 3; *Scherrer/Heni*[3], 25 ff mwN; BayObLG v 14.1.1994 DB 1994, 523; aA *Förschle/Kropp/Deubert* DStR 1992, 1523 f sowie *Förschle/Klopp/Deubert* DB 1994, 999; ausführlich auch Anm 50 ff; *Ellerich/Swart* in HdR[5] § 242 Anm 14; *Weimar/Grote* b&b 1997, 110).

47 Die Notwendigkeit für den Zeitraum bis zur Auflösung einen Abschluss der werbenden KapGes zu erstellen, wurde traditionell unter Hinweis auf die GoB begründet, die wegen Unterbrechung der formellen und materiellen Bilanzkontinuität aufgrund der Auflösung einen Abschluss der Bücher vor Beginn der Abwicklungsperiode erforderlich machten (*Adler*[2], 75). Außerdem wurde die Verpflichtung der aufgelösten KapGes ggü den Gestern und Gläubigern zur Rechnungslegung für die Vergangenheit betont. Dieser Rechenschaftspflicht konnte mit der LiqEB, mit der eine neue Rechnungsperiode eingeleitet wurde, nach damaliger Auffassung nicht nachgekommen werden (*Olbrich* WPg 1975, 266; *Förster/Döring*[4], 127; *Scherrer/Heni*[3], 26 f).

Als weiterer Grund für eine SB der werbenden KapGes wurde angeführt, dass vielfach Gläubigeransprüche festgestellt werden müssten, die sich auf den bis zur Auflösung verstrichenen Zeitraum beziehen und deren Höhe nicht einseitig durch die negativen Folgen der Liq geschmälert werden soll (*Haas* in Baumbach/Hueck GmbHG[21] § 71 Anm 3). Hierzu gehören zB:
- Tantiemeansprüche der Verwaltungsorgane,
- Ansprüche stiller Gester bzw von Genussrechtsinhabern auf Auszahlung ihres Auseinandersetzungsguthabens,
- Entlastungsansprüche von Verwaltungsorganen (*Adler*[2], 75) sowie
- Gewinnabführungs- und Verlustübernahmeansprüche im Vertragskonzern (§§ 301, 304 AktG; s dazu Anm 395 ff).

Neuerdings werden dabei überwiegend die zuletzt genannten Argumente betont (*Scherrer/Heni*[3], 27 f; *Haas* in Baumbach/Hueck GmbHG[21] § 71 Anm 2 f; *Gesell* in Rowedder[6] GmbHG § 71 Anm 20; *Paura* in Großkomm GmbHG[2] § 71 Anm 9).

48 Das in Offenlegungsfragen (§§ 325, 325a HGB) zuständige **Landgericht Bonn** hat bei einer KapCoGes – entgegen der hM in der Literatur (s dazu S Anm 62) – die Ansicht vertreten, dass mit dem Tag der Auflösung ein neues Gj beginnt (Urt v 20.11.2009 ZIP 2010, 677), mit der Folge, dass die PersGes bei einer unterjährigen Auflösung verpflichtet ist, für den bis zur Auflösung verstrichenen Teil des Gj, einen RumpfJA (sog SB der werbenden

III. Grundlagen der Liquidationsrechnungslegung

Ges) aufzustellen, prüfen zu lassen und offenzulegen. Obwohl sich die vorgenannte Entscheidung auf eine PersGes bezieht, **verlangt** das BAJ unter Bezugnahme hierauf auch bei KapGes iL die Offenlegung eines RumpfJA für den bis zur Auflösung verstrichenen Teil des Gj (sog **Schlussbilanz der werbenden Gesellschaft**).

Um die zusätzliche Aufstellung eines solchen RumpfJA zu vermeiden, ist es angeraten, die Auflösung der KapGes jeweils mit Ablauf ihres regulären Gj zu beschließen (sog betagte Auflösung s Anm 91). Lässt sich eine unterjährige Auflösung dennoch nicht vermeiden, wird es sich empfehlen, der vom LG Bonn vertretenen Auffassung zu folgen, um die Festsetzung von Ordnungsgeld (§ 335 HGB) zu vermeiden.

b) Kritik

Die auf die GoB gestützte Forderung nach der SB der werbenden KapGes, gründet in der zum **alten Recht** zutreffenden Auffassung, wonach es sich bei der LiqEB um eine **Vermögensbilanz** handelt, deren Bilanzwerte nicht an die bisherigen Wertansätze anknüpften, sondern sich an voraussichtlichen Versilberungswerten (auch oberhalb der AK/HK) bzw Auszahlungswerten bei Verbindlichkeiten orientierten. Diese Auffassung fand ihre Stütze in § 270 Abs 2 AktG aF, wonach während der Liq nur bestimmte Teile der allg Regelungen über den JA sinngemäß zu beachten waren. Die Bewertungsvorschriften §§ 153 bis 156 AktG aF waren während der Liq gemäß § 270 Abs 3 AktG aF ausdrücklich nicht zu beachten (s Anm 17 f). Wegen der beim Übergang zur Vermögensbilanz erforderlichen Neubewertung mit Zeitwerten kam es zum Stichtag der LiqEB zu einem schwerwiegenden Bruch (Aufhebung des Bilanzenzusammenhangs) zwischen der Rechnungslegung vor und nach der Auflösung. Dies machte einen Abschluss der bisherigen Rechnungslegung unumgänglich.

Die LiqEB und die gesamte LiqRechnungslegung sind jedoch nach Änderung des § 270 AktG und § 71 GmbHG im Rahmen des **BiRiLiG** vom Gedanken der **Kontinuität des Unternehmens und seiner Rechnungslegung** beherrscht. An die Stelle einer Vermögensbilanz ist die im Interesse des Gläubigerschutzes zu erstellende LiqEB als Zwischenbilanz besonderer Art getreten. Gem § 270 Abs 2 S 2 AktG, § 71 Abs 2 S 2 GmbHG sind bei ihrer Aufstellung die allg Vorschriften über den JA (§§ 238 ff HGB) *entspr* anzuwenden (dazu *Förschle/Deubert* DStR 1996, 1744; Anm 20). Damit entspricht die Rechnungslegung während der Liq weitgehend der der werbenden KapGes. Insb findet der bisherige Bruch in der Bewertungskonzeption beim Übergang auf die LiqRechnungslegung nicht mehr statt, weil das **Anschaffungswertprinzip** (§ 253 Abs 1 S 1; Anm 140 ff) auch nach Auflösung der KapGes seine volle Geltung behält.

Die sachlichen Gründe des AktG 1965 für die Aufstellung einer SB der werbenden KapGes bestehen deshalb nicht mehr.

Hinter der Forderung nach einer Ermittlung von Gläubigeransprüchen (Anm 47) auf Basis einer gesonderten SB steht die Überlegung, dass bei einer Berechnung dieser Ansprüche auf Grundlage der LiqEB die gewinnanteilsberechtigten NichtGester etc einseitig mit den negativen Folgen der Vermögensminderungen durch den Auflösungsbeschluss – zB durch zusätzliche Abschreibungen gem § 270 Abs 2 S 3 AktG, § 71 Abs 2 S 3 GmbHG (Anm 155 ff) sowie liquidationsspezifische Passiva (zB Rückstellungen für Sozialpläne oder wegen außerordentlicher Kündigung von Dauerschuldverhältnissen; dazu Anm 125 ff) – zu Gunsten der Vermögensverteilungsansprüche der Gester am Ende der Liq belastet würden (so *Haas* in Baumbach/Hueck GmbHG[21] § 71 Anm 3; *Scherrer/Heni*[3], 29). Aus diesem Grund wird gefordert, dass Ansatz und Bewertung von Vermögen und Schulden in der SB von dem Umstand der Auflösung *völlig* unbeeinflusst bleiben sollen (so *Gesell* in Rowedder[6] GmbHG § 71 Anm 20).

Im Übrigen wird formal die Zeitpunktwirkung der Auflösung betont und daraus gefolgert, dass insb die liquidationsspezifischen Bewertungsvorschriften des § 270 Abs 2 S 3 AktG, § 71 Abs 2 S 3 GmbHG noch nicht in der SB angewendet werden dürfen (*Paura* in Großkomm GmbHG[2] § 71 Anm 9 f; *K. Schmidt* in Scholz[11] GmbHG § 71 Anm 8; *Scherrer/Heni*[3], 28 f, 98) und dabei aber verkannt, dass es sich bei diesen Regelungen nur um die Konkretisierung allg Bewertungsgrundsätze (§ 253 Abs 3 S 5 HGB) handelt (dazu Anm 155).

52 Soweit es trotz entspr Anwendung der allg JA-Vorschriften in der LiqEB tatsächlich zu einer Beeinträchtigung der Gewinnansprüche infolge der Auflösung kommt, sind die ergebnisabhängigen Ansprüche nach dem Sinn und Zweck bzw aufgrund expliziter Vereinbarungen des Vertrags zu korrigieren; zumal dies bei einem verkürzten (Rumpf)Gj ohnehin geboten sein wird (so *WPH*[14] II, X Anm 292).

Im Übrigen wird die **Auffassung,** dass die **Auflösung** als solche **wertbegründenden** und nicht werterhellenden **Charakter** hat, weshalb liquidationsspezifische Bewertungsmaßnahmen nicht auf die SB zurückwirken, hier **nicht geteilt** (so aber *Scherrer/Heni*[3], 85). Bei wirtschaftlicher Betrachtungsweise zeichnet sich die Notwendigkeit der Liq einer KapGes nicht erst mit dem Auflösungsbeschluss der Gester, sondern regelmäßig bereits vorher aufgrund der geschäftlichen Entwicklung ab. Der formale Auflösungsbeschluss dokumentiert nur das Ende einer Entscheidungsphase. Im Vorfeld haben die Geschäftsführer bzw Gester ua Kostenvergleiche zwischen Einleitung eines InsVerfahrens und der Liq anzustellen oder die Möglichkeiten einer Sanierung, Umstrukturierung, Reorganisation des Unt oder Verschmelzung zB mit verbundenen Unt oder einem Mitbewerber gegeneinander abzuwägen.

Diese Gesichtspunkte sind entscheidend dafür, weshalb eine klare Unterscheidung zwischen den Verhältnissen am Tag vor Auflösung der KapGes, die sich in der SB der werbenden KapGes und den Vorgängen der LiqPeriode, die erst in der LiqEB berücksichtigt werden, nicht möglich ist (aA *Sarx* in FS Forster, 551). Denn es ist nicht einzusehen, warum Erkenntnisse über bestehende Sachverhalte und die Vermögensverhältnisse zu den beiden nur durch eine logische Sekunde getrennten Bilanzstichtagen voneinander abweichen sollen (wegen der Beachtung des Grundsatzes der Bilanzidentität s Anm 143).

53 Ein Bedürfnis für eine gesonderte **Entlastung** für die Zeit vor der Auflösung besteht nur in den Fällen, in denen die **Geschäftsführer** nicht „ge-

III. Grundlagen der Liquidationsrechnungslegung   60–63   T

borene" Liquidatoren gem § 265 Abs 1 AktG, § 66 Abs 1 GmbHG werden (Anm 35). Im Übrigen handelt es sich bei den entspr Normen (§ 120 Abs 3 S 1 AktG, § 46 Nr 5 GmbHG) um Sollvorschriften. Entlastung wird *üblicherweise* anlässlich der Feststellung des JA für das abgelaufene Gj erteilt (*Zöllner/Noack* in Baumbach/Hueck GmbHG[21] § 46 Anm 42; *Hüffer/Koch* AktG[13] § 120 Anm 14). Werden Geschäftsführer/Vorstände unterjährig abberufen, löst dies bei werbenden Unt auch keine Pflicht zur externen Rechnungslegung aus. Hiermit lässt sich somit keinesfalls eine Verpflichtung zur Aufstellung einer (externen) SB begründen (dazu *Förschle/Kropp/Deubert* DStR 1992, 1523).

c) Bildung eines Rumpfgeschäftsjahrs

Im Zusammenhang mit der Forderung nach einer **„Schlussbilanz der** 60 **werbenden Gesellschaft"** wird insb auch vernachlässigt, dass es sich hierbei nicht um einen RumpfJA, sondern immer nur um einen **Zwischenabschluss besonderer Art** handelt, aufgrund dessen die Umstellung bzw Verkürzung des Gj nicht ordnungsgemäß möglich ist (*Olbrich* WPg 1975, 266; wegen der Bildung eines RumpfGj für steuerliche Zwecke s Anm 431).

Die Bildung eines RumpfGj kommt zunächst auf der Grundlage einer 61 **ausdrücklichen gesetzlichen Regelung** in Betracht, wie sich dies zB im Bereich der InsRechnungslegung aus § 155 Abs 2 S 1 InsO ergibt, der bestimmt, dass mit der Eröffnung des InsVerfahrens ein neues Gj beginnt, was automatisch voraussetzt, dass für den bis zur Verfahrenseröffnung verstrichenen Teil des Gj ein RumpfGj entsteht (IDW RH HFA 1.012, Tz 9). In Ermangelung ausdrücklicher gesetzlicher Bestimmungen zur Bildung eines RumpfGj bis zur Auflösung, kann in der Liq das Gj nur nach den für die jeweilige Rechtsform geltenden **gesellschaftsrechtlichen Bestimmungen** geändert werden. Die Verlegung des Gj stellt eine Änderung der Satzung/des GesVertrags unter Einhaltung der §§ 179, 181 AktG bzw §§ 53, 54 GmbHG dar und bedarf deshalb eines entspr Beschlusses der GesV (ausführlich *Stein* in MünchKomm AktG[4] § 179 Anm 27; *Priester* in Scholz[11] GmbHG § 53 Anm 139; *Förschle/Kropp/Deubert* DStR 1992, 1524f mwN). Die Dauer des *regelmäßigen* Gj darf iÜ gem § 240 Abs 2 S 2 HGB zwölf Monate weder über- noch unterschreiten.

Es entspricht der hM, dass bei KapGes im Fall einer Verkürzung des Gj der 62 satzungsändernde Beschluss sowohl vor Ablauf des bisherigen als auch vor Ablauf des RumpfGj durch **Eintragung in das Handelsregister** wirksam geworden sein muss (vgl *Stein* in MünchKomm AktG[4] § 181 Anm 77; *Priester* in Scholz[11] GmbHG § 54 Anm 55 mwN). Diese Frist kann für den Beschluss, ein RumpfGj für den Zeitraum zwischen dem Stichtag der letzten regulären Jahresbilanz und dem Tag vor dem Auflösungsbeschluss (Stichtag der SB der werbenden Ges) – mit Ausnahme zB der *betagten* Auflösung (Anm 91) – nicht eingehalten werden.

Eine wirksame Änderung des GesVertrags wäre nur dadurch möglich, dass 63 dem Beschluss Rückwirkung beigelegt würde. Rechtlich rückwirkende Änderungen sind jedoch im Hinblick auf eine damit ggf verbundene **Gefährdung von Gläubigerinteressen** generell abzulehnen (*Priester* in Scholz[11]

Deubert   901

GmbHG § 53 Anm 187; *Zöllner/Noack* in Baumbach/Hueck GmbHG[21] § 53 Anm 60).

64 Eine gesetzliche Verpflichtung zur Aufstellung einer „SB der werbenden Ges" mit GuV, Anhang sowie ggf Lagebericht für den bis zur Auflösung der KapGes verstrichenen Teil des Gj besteht deshalb nach der hier vertretenen Auffassung nicht, sondern gem § 270 Abs 1 AktG, § 71 GmbHG nur die Pflicht zur Aufstellung einer LiqEB nebst eines erläuternden Berichts auf den Stichtag des Auflösungsbeschlusses. Die Aufstellung einer **Schlussbilanz** ist somit **fakultativ** (*Förschle/Kropp/Deubert* DStR 1992, 1523f und DB 1994, 998; zur abw Auffassung des LG Bonn s Anm 48).

4. Vermögens- und Gewinnverteilung nach beschlossener Auflösung

70 Das am Ende der Liq verbliebene Reinvermögen gebührt den Gestern und wird an diese nach dem Verhältnis ihrer Nennbeträge/Geschäftsanteile zum gezeichneten Kapital bzw soweit Stückaktien (§ 8 Abs 3 AktG) bestehen, nach dem Verhältnis ihrer Aktien zur Gesamtzahl der ausgegebenen Aktien verteilt. Abw **Verteilungsmaßstäbe** können sich ergeben, wenn Aktien mit Sonderrechten gem § 11 AktG bestehen oder besondere Vereinbarungen im GesVertrag getroffen sind (§ 271 Abs 1 und 2 AktG, § 72 GmbHG; wegen Einzelheiten zum Verteilungsverfahren für die AG *Hüffer/Koch* AktG[13] § 271 Anm 4ff und für die GmbH *K. Schmidt* in Scholz[11] GmbHG § 72 Anm 13ff).

Eine **Schuldenverteilung findet** wegen der auf das GesVermögen beschränkten Haftung der KapGes (§ 1 Abs 1 S 2 AktG, § 13 Abs 2 GmbHG) **nicht statt;** es sei denn, die Gester haben sich zur Übernahme eines Liq-Verlusts (zB im GesVertrag; dazu BGH v 6.6.1994 GmbHR, 710) verpflichtet oder haften aufgrund eines besonderen Verpflichtungsgrunds, zB einer Bürgschaft oder Patronatserklärung (ausführlich Q Anm 125ff sowie 130ff; *K. Schmidt* in Scholz[11] GmbHG § 72 Anm 22).

Die Voraussetzungen für die Vermögensverteilung werden in § 272 AktG, § 73 GmbHG geregelt. Danach ist das **Gesellschaftsvermögen** solange für eine Verteilung unter die Gester **gesperrt,** bis sämtliche bekannten **Schulden getilgt** oder entspr Sicherheiten geleistet wurden **und das Sperrjahr abgelaufen** ist.

71 Wegen der angestrebten Vollbeendigung der aufgelösten KapGes ergibt sich aus **§ 272 AktG und § 73 GmbHG** ein Vorrang der Befriedigung der Individualgläubiger – ohne Rücksicht auf den Rechtsgrund der Forderung oder die Person des Gläubigers (*Hüffer/Koch* AktG[11] § 272 Anm 1) – vor der Teilhabe der Gester am LiqGuthaben. Es handelt sich hierbei um die **zentrale Gläubigerschutzvorschrift** in der Liq (*Kleindiek* in Lutter/Hommelhoff[19] GmbHG § 73 Anm 1). Gemeinsam mit der Eintragung der Auflösung im HR (Anm 4) und dem Firmenzusatz iL (Anm 6) wird hierdurch ein erhöhter, gleichsam *finaler Gläubigerschutz* in der Liq gewährleistet (*Erle* GmbHR 1998, 217).

Ab der Auflösung und nicht erst mit deren Eintragung in das HR gilt über die für werbende KapGes zu beachtenden Kapitalerhaltungsvorschriften hinaus ein **Thesaurierungsgebot** (ausführlich *K. Schmidt* in Scholz[11] GmbHG

III. Grundlagen der Liquidationsrechnungslegung 72–74 T

§ 73 Anm 2). § 73 GmbHG statuiert ein absolutes Ausschüttungsverbot in der Liq, das in seiner Reichweite über die §§ 30, 31 GmbHG hinausgeht. Es wird somit nicht nur das zur Deckung des Stammkapitals erforderliche Vermögen, sondern das bilanzielle (Rein-)Vermögen insgesamt, dh auch die Rücklagen etc, geschützt (*K. Schmidt* DB 2009, 1971; *Beck* DStR 2012, 2136). Die Rückzahlungssperre des § 272 AktG und § 73 GmbHG zielt dabei nicht nur auf eine wertmäßige Erhaltung des nach Befriedigung bekannter Gläubiger vorhandenen Vermögens, sondern will eine **liquide Erhaltung der Verteilungs- und Zugriffsmasse** (eingehend *K. Schmidt* DB 1994, 2013 ff; *K. Schmidt* in Scholz[11] GmbHG § 73 Anm 2c; ebenso *Haas* in Baumbach/Hueck GmbHG[21] § 73 Anm 2). Sinn dieser Liquiditätsreserve ist die Sicherstellung einer schnellen Tilgung von Drittgläubigerverbindlichkeiten (*Erle* GmbHR 1998, 221; BGH v 2.3.2009 DStR, 1274).

Für Leistungen, die gegen § 73 Abs 1 GmbHG verstoßen, besteht ein Rückforderungsanspruch nach § 31 GmbHG analog, der nicht die Entstehung einer Unterbilanz als Folge der Auszahlung voraussetzt (s BGH v 2.3.2009 DStR, 1275; *K. Schmidt* in Scholz[11] GmbHG § 73 Anm 5; *K. Schmidt* DB 2009, 1972). Bei verbotswidriger Vermögensverteilung an die Gester hat die KapGes außerdem einen Anspruch gegen die Liquidatoren auf Ersatz der verteilten Beträge (dazu *Haas* in Baumbach/Hueck GmbHG[21] § 73 Anm 12 ff; *Gesell* in Rowedder[6] GmbHG § 73 Anm 26 ff; ausführlich auch OLG Rostock 11.4.1996 GmbHR, 621 f; BGH v 13.3.2018 DB, 1077). Die Haftung setzt Verschulden voraus. Verschuldensmaßstab ist die Sorgfalt eines ordentlichen Geschäftsmannes gem § 43 Abs 1 GmbHG (*Erle* GmbHR 1998, 218).

Verbotene Vermögensverteilung ist jede Handlung zu Gunsten der 72 Gester, die ihren Rechtsgrund im GesVerhältnis hat und nach dem Auflösungsstichtag auf eine Verkürzung des GesVermögens und damit der den Gläubigern zur Verfügung stehenden Haftungsmasse hinausläuft (*Hüffer/Koch* AktG[13] § 272 Anm 2).

Das **Sperrjahr** beginnt mit dem auf die Bekanntmachung des Gläubiger- 73 aufrufs gem § 267 AktG, § 65 Abs 2 GmbHG in den GesBlättern (s Anm 4) folgenden Tag (§ 187 Abs 1 BGB). Für die Berechnung des Fristendes gilt § 188 Abs 2 S 1 BGB. Das Sperrjahr dient insb der Sicherung unbekannter Gläubiger; sein Ablauf schließt Gläubiger, die sich nachträglich melden, jedoch nicht aus, dh, Forderungen können auch nach Ablauf des Sperrjahrs geltend gemacht werden (keine Ausschlussfrist s *Haas* in Baumbach/Hueck GmbHG[21] § 73 Anm 5). Das Sperrjahr ist zwingendes Recht; es kann weder durch GesVertrag, GesterBeschluss noch Zustimmung aller Gläubiger verkürzt werden (hM *Hüffer/Koch* AktG[13] § 272 Anm 1; *Gesell* in Rowedder[6] GmbHG § 73 Anm 3 ff mwN).

Unbestrittene und fällige Verbindlichkeiten, die durch den Gläubiger in- 74 dividualisiert sind, müssen ohne Rücksicht auf das Sperrjahr erfüllt werden. Neue Gläubiger – zB die Liquidatoren, die Anspruch auf angemessene Vergütung (§ 265 Abs 4 S 1 AktG) haben – sind nicht anders zu behandeln als Altgläubiger (*Kleindiek* in Lutter/Hommelhoff[19] GmbHG § 73 Anm 8). Auch eine gleichmäßige **Befriedigung der Gläubiger** ist grds nicht erforderlich (*Haas* in Baumbach/Hueck GmbHG[21] § 73 Anm 3; *Gesell* in

Rowedder[6] GmbHG § 73 Anm 10ff), kann aber im Hinblick auf eine uU drohende Ins sowie mit Rücksicht auf die Haftung des Liquidators für Steuerschulden gem § 69 iVm § 34 Abs 1 AO empfehlenswert sein (*K. Schmidt* in Scholz[11] GmbHG § 73 Anm 9; *Leibner/Pump* GmbHR 2003, 998).

75   Bekannte, aber bestrittene oder betagte Verbindlichkeiten können durch **Hinterlegung** (§§ 372 bis 386 BGB) oder durch **Sicherheitsleistung** (§§ 232 bis 240 BGB) berücksichtigt werden (dazu ausführlich *Paura* in Großkomm GmbHG[2] § 73 Anm 22 ff; *K. Schmidt* in Scholz[11] GmbHG § 73 Anm 10 ff).

76   Für **Pensionsverpflichtungen**, die uU eine Laufzeit von 40 oder mehr Jahren haben, ist die als Sicherheitsleistung erbrachte Hinterlegung wegen des damit für das Amtsgericht verbundenen Verwaltungsaufwands praktisch nicht durchführbar. Sofern die aufgelöste KapGes nicht als *Rentnergesellschaft* (Anm 9) fortgeführt wird, besteht die Möglichkeit, die Versorgungsverpflichtungen aus unverfallbaren Anwartschaften mit Zustimmung des Arbeitnehmers gem § 4 Abs 1 u 2 BetrAVG gegen eine Einmalprämie auf einen Nachfolgearbeitgeber (auch verbundenes Unt), eine Pensionskasse, Unt der Lebensversicherung oder einen öffentlichen Versorgungsträger zu übertragen (ausführlich *Kemper* DB 1995, 373 ff). Außerdem ist es zulässig, unverfallbare Anwartschaften und bereits laufende Versorgungsverpflichtung gem § 4 Abs 4 BetrAVG – auch ohne Zustimmung des Arbeitnehmers – von einem LebensversicherungsUnt oder einer Pensionskasse, mit rechtlich enthaftender Wirkung übernehmen zu lassen (hierzu *Döring/Granetzny* NZA 2012, 1342; *Passarge* GmbHR 2007, 703 f; *Prost/Rethmeier* DB 2007, 1946 f). Dabei sind Leistungen eines Arbeitgebers zur Übernahme von Versorgungsleistungen oder unverfallbaren Versorgungsanwartschaften durch eine Pensionskasse oder ein LebensversicherungsUnt gem § 3 Nr 65 Buchst b EStG steuerfrei (FinMin NRW 7.11.2001 DB, 2423).

77   **Forderungen der Gesellschafter** gegen die aufgelöste KapGes aus **normalen schuldrechtlichen Geschäften** (Ansprüche aus Kauf-, Miet- oder Werkverträgen) müssen nach hM (dazu *Haas* in Baumbach/Hueck GmbHG[21] § 70 Anm 6; *K. Schmidt* in Scholz[11] GmbHG § 73 Anm 2b mwN) wie Ansprüche anderer Gläubiger bei Fälligkeit erfüllt werden. Nicht unter die Leistungssperre des § 272 AktG, § 73 GmbHG fallen ferner auch **Dividendenansprüche,** sofern sie sich durch einen *vor* der Auflösung wirksam gefassten Gewinnverwendungsbeschluss (§ 174 AktG, § 46 GmbHG) zu einzelnen Forderungen der Gester verselbständigt haben und nicht zur Rückzahlung des gezeichneten Kapitals führen (hM *Hüffer/Koch* AktG[13] § 272 Anm 3; *Haas* in Baumbach/Hueck GmbHG[21] § 70 Anm 6; *Gesell* in Rowedder[6] GmbHG § 73 Anm 20 ff). Dies gilt bei GmbH auch für Vorabausschüttungen auf das in der SB der werbenden Ges ausgewiesene Ergebnis, sofern sie noch vor dem Auflösungsstichtag beschlossen werden (vgl BFH v 17.7.2008 BB, 2725). Diese Dividendenansprüche sind bereits in der LiqEB als Verbindlichkeiten zu erfassen.

78   **Gesellschafterdarlehen** nebst zugehörigen Zinsen sind ebenfalls Individualverpflichtungen der KapGes und können deshalb unabhängig von § 272 AktG, § 73 GmbHG beglichen werden. Dies gilt grds auch für Forderungen der Gester, die mit einem **Rangrücktritt** versehen sind, dh erst nach der

III. Grundlagen der Liquidationsrechnungslegung

Erfüllung sämtlicher Verbindlichkeiten zurückzuzahlen sind (ausführlich Q Anm 75 ff), da es seit den Änderungen durch das MoMiG keine gesetzliche Rückzahlungssperre (§ 30 Abs 1 S 3 GmbHG) mehr gibt. Verboten sind jedoch insolvenzauslösende Zahlungen nach § 64 S 3 GmbHG (s *K. Schmidt* in Scholz[11] GmbHG § 72 Anm 20 und § 73 Anm 2b mwN; *K. Schmidt* DB 2009, 1974).

Eine Neuvergabe von Darlehen an Gester nach der Auflösung ist – unabhängig davon, ob zu unangemessenen Konditionen, zinslos oder an kreditunwürdige Gester – grds nicht zulässig. Auch die Neuregelung des § 30 Abs 1 S 2 GmbHG, wonach die Gewährung von Darlehen an solvente Gester unproblematisch ist, gilt nicht in der Liq (so *K. Schmidt* in Scholz[11] GmbHG § 73 Anm 2c). Denn in dieser sog **Vorfinanzierung der Liquidationsquote** ist nach hM (*K. Schmidt* DB 1994, 2015; dem folgend *Haas* in Baumbach/Hueck GmbHG[21] § 73 Anm 2; auch *Sotiropoulos* GmbHR 1996, 657; *Hüffer/Koch* AktG[13] § 272 Anm 2; *Koch* in MünchKomm AktG[4] § 272 Anm 5) ein Verstoß gegen den Zweck von § 272 AktG und § 73 GmbHG, der Erhaltung einer *liquiden* Verteilungs- und Zugriffsmasse, zu sehen.

Ausgenommen von diesem Kreditgewährungsverbot sind nur **Maßnahmen der Vermögensverwaltung** durch den Liquidator, zB kurzfristige Festgeldanlagen bei einem Kreditinstitut, auch wenn dieses Gester ist (*K. Schmidt* DB 1994, 2015; *K. Schmidt* in Scholz[11] GmbHG § 73 Anm 2c).

Entspr gilt aber auch für kurzfristige Mittelanlagen beim Gester, wie zB Anlagen im Rahmen eines vom MU koordinierten konzerninternen Cash-Managements, bei denen die jederzeitige und sofortige Rückzahlung der Mittel zum Zweck der Gläubigersicherung sichergestellt ist; die uneingeschränkte Bonität des Darlehensnehmers bzw des Garanten des Cash-Managements vorausgesetzt. Ungeachtet dessen, sollte diese Forderung der KapGes iL durch eine selbstschuldnerische Bürgschaft (ohne Einrede der Vorausklage gem § 771 BGB) eines Kreditinstituts abgesichert werden, weil dann bei wirtschaftlicher Betrachtung kein Unterschied ggü der Darlehensgewährung an ein Kreditinstitut, das selbst Gester ist, besteht (enger *Erle* GmbHR 1998, 220 f: Sicherheit nur erforderlich, wenn Zweifel an der Bonität des Gesters bestehen).

Ein bis zur Auflösung *nicht* durch entspr Beschluss den Gestern zugewiesener Gewinn eines vorangegangenen Gj fällt ebenso wie ein erst in der Liq erzielter Überschuss generell in das LiqVermögen. Mit Auflösung wird jede **Gewinnausschüttung unzulässig;** sie wird ersetzt durch die Vermögensverteilung gem §§ 271, 272 AktG, §§ 72, 73 GmbHG (*Haas* in Baumbach/Hueck GmbHG[21] § 69 Anm 6). Daran ändert auch die Tatsache nichts, dass es sich um einen vor Auflösung erwirtschafteten Gewinn handelt. Der Gläubigerschutzzweck des § 272 AktG und § 73 GmbHG würde unterlaufen, wenn sich die Gester noch zeitlich nach dem Auflösungsbeschluss durch einen entspr Beschluss zu Lasten der Gläubiger ebenfalls zu Individualgläubigern machen könnten (so *Hüffer/Koch* AktG[13] § 272 Anm 2; *Förschle/Kropp/ Deubert* DStR 1992, 1526 f). Darüber hinaus kann in einer Gewinnverteilung während der Liq ein **Fortsetzungshindernis** iSd § 274 AktG gesehen werden (Anm 357).

82 Die vom **BFH** vertretene **Auffassung,** wonach „… über die Verteilung des Gewinns des letzten vor Eintritt der Ges in das LiqStadium abgeschlossenen Gj auch noch nach Eintritt in das LiqStadium durch die GesV beschlossen werden kann …" (BFH v 17.7.1974 BStBl II, 692; BFH v 5.12.1990 BStBl II 1991, 372), steht im Widerspruch zum Sinn und Zweck der auf den Schutz der GesGläubiger gerichteten § 272 AktG und § 73 GmbHG (anders noch BFH v 12.9.1973 BStBl II 1974, 15: Beschlussfassung nach Auflösung möglich, aber Auszahlung nur unter Beachtung von § 73 GmbHG).

83 Wird eine GmbH von ihren Gestern „ausgeplündert", dh ihr in sittenwidriger Weise, kompensationslos das zur Tilgung ihrer Schulden erforderliche Vermögen entzogen und damit eine Ins verursacht oder vertieft (**existenzvernichtender Eingriff;** BGH v 16.7.2007 BB, 1970), steht ihr ein Schadensersatzanspruch nach § 826 BGB zu. Eine Existenzvernichtungshaftung kommt somit auch im Stadium der Liq der Ges in Betracht (BGH v 9.2.2009 ZIP, 802; BGH v 23.4.2012 DStR, 1144).

Im LiqStadium kann darüber hinaus ein eigener (Innenhaftungs-)Anspruch aus § 826 BGB gegen den Gester entstehen, wenn der Vermögensentzug durch den Gester gegen § 73 Abs 1 GmbHG verstößt, zB GesVermögen kompensationslos unter Wert von der aufgelösten GmbH auf eine andere vom Gester abhängige NeuGes übertragen wird, mit der Folge, dass die Gläubiger der GmbH iL leer ausgehen (BGH v 9.2.2009 ZIP, 802; BGH v 23.4.2012 DStR, 1144; *Beck* DStR 2012, 2135; kritisch dazu *Rubner* DStR 2009, 1543 f: sittenwidrige Verletzung von LiqVorschriften hat neben der Existenzvernichtungshaftung keinen eigenen Anwendungsbereich).

IV. Liquidationseröffnungsbilanz und Erläuterungsbericht

1. Allgemeines

a) Aufstellungspflicht und Stichtag

90 Die LiqEB nebst erläuterndem Bericht ist nach § 270 Abs 1 AktG, § 71 Abs 1 GmbHG für den Beginn der Liq zu erstellen. Es handelt sich um eine den **Liquidatoren** persönlich **obliegende öffentlich-rechtliche Verpflichtung** (dazu OLG Stuttgart 7.12.1994 NJW RR 1995, 805), die durch den Eintritt der einzelnen Auflösungstatbestände begründet wird (Anm 1). Weder mangelnde Sachkenntnis (FG Baden-Württemberg 6.5.1987 EFG, 591) noch ein für die Kosten der Rechnungslegung nicht ausreichendes GesVermögen können die Liquidatoren von ihrer Verpflichtung entbinden (hM zB *Haas* in Baumbach/Hueck GmbHG[21] § 71 Anm 11; notfalls müssen sie eigene Mittel einsetzen *Scherrer/Heni*[3], 30; aA *Peetz* GmbHR 2002, 1012: Die Pflichten des Liquidators reichen nur soweit, als ihm tatsächlich GesMittel zur Verfügung stehen).

Bei Verstößen gegen die Rechnungslegungspflicht (§ 91 iVm § 268 Abs 2 AktG; § 41 iVm § 71 Abs 4 GmbHG) machen sich die Liquidatoren ggü der KapGes iL schadensersatzpflichtig (§§ 93, 268 Abs 2 AktG; §§ 43 Abs 2, 71 Abs 4 GmbHG); außerdem drohen ihnen zivil- und strafrechtliche Sanktionen (§§ 283, 283b StGB; OLG Frankfurt 6.10.1976 BB 1977, 312; Bay-

IV. Liquidationseröffnungsbilanz und Erläuterungsbericht 91, 92 **T**

ObLG 31.1.1990 GmbHR, 299) und zwar insb dann, wenn die KapGes im Laufe der Liq insolvent wird. Eine Möglichkeit, durch GesterBeschluss auf die Erstellung einer LiqEB zu verzichten, besteht nicht (*K. Schmidt* in *Scholz*[11] GmbHG § 71 Anm 10).

Wegen der **größenklassenunabhängigen Verpflichtung** in § 270 Abs 1 AktG, § 71 Abs 1 GmbHG dürfen kleine oder KleinstKapGes iL auch nicht unter Verweis auf § 264 Abs 1 S 3 bzw 5 HGB auf die Erstellung eines Erl-Berichts zur LiqEB verzichten (aA OLG Düsseldorf v 19.9.2001 DB 2002, 39; zum Lagebericht Anm 195).

Maßgeblicher Stichtag für die LiqEB ist der Tag des **Auflösungsbeschlus- 91 ses** der KapGes. Auf die *deklaratorische* Eintragung der Auflösung in das HR kommt es nicht an, es sei denn, die Auflösung erfordert eine Satzungsänderung, zB bei einer Auflösung vor dem statutarisch festgelegten Auflösungszeitpunkt (*K. Schmidt/Bitter* in *Scholz*[11] GmbHG § 60 Anm 14; BayObLG 2.11.1994 BB 1995, 169). Wird die KapGes durch Zeitablauf aufgelöst, ist der Stichtag für die LiqEB der im GesVertrag kalendermäßig bestimmte Tag oder ein hinreichend bestimmter Zeitpunkt wie etwa der Tod eines Gesters oder der Ablauf eines Schutzrechts (*K. Schmidt/Bitter* in *Scholz*[11] GmbHG § 60 Anm 9). Unabhängig vom Auflösungsgrund (s Anm 1 ff), ist die LiqEB immer auf den **Tagesbeginn (0:00 Uhr)** aufzustellen. Eine untertägige Aufstellung unter Angabe einer Uhrzeit, zB dem Moment, an dem der Auflösungsbeschluss konkret gefasst wurde, ist nicht praktikabel. Beim Regelfall einer Auflösung durch Beschluss der GesV ist Stichtag der LiqEB somit der Beginn des Tages, an dem der Beschluss gefasst wurde; Gleiches gilt für den Fall, dass der Auflösungsbeschluss ohne Angabe eines ausdrücklichen Auflösungszeitpunkts gefasst wird (BFH v 5.12.1973 BB 1974, 637; BFH v 9.3.1983 BB, 1199). Der Auflösungsbeschluss der Gester bedarf nach dem Gesetz keiner besonderen Form; er kann mündlich, schriftlich oder in notarieller Form wirksam gefasst werden (BayObLG v 2.11.1994 BB 1995, 168).

Befinden sich sämtliche Anteile der KapGes in der Hand eines Gesters, ist dieser gem § 48 Abs 3 GmbHG verpflichtet, unverzüglich nach der Beschlussfassung über die Auflösung eine Niederschrift hierüber aufzunehmen und diese zu unterschreiben. Die Schriftform empfiehlt sich unabhängig davon insb auch zum Nachweis der Beschlussfassung einschl des Vorliegens der erforderlichen Mehrheiten ggü dem Registergericht bei der Anmeldung der Auflösung zur Eintragung ins HR (*K. Schmidt/Bitter* in *Scholz*[11] GmbHG § 60 Anm 15).

Schließlich kann der Auflösungsbeschluss auch einen späteren Zeitpunkt für den Beginn der Liq vorsehen (**betagte Auflösung**). Dagegen ist eine zeitlich rückwirkende Festlegung des EB-Stichtags unzulässig. Sie könnte nur schuldrechtliche Bedeutung im Verhältnis der Gester zueinander haben (*K. Schmidt/Bitter* in *Scholz*[11] GmbHG § 60 Anm 18).

In begründeten Ausnahmefällen kommt auch bei einem zeitlich nicht nä- 92 her bestimmten Auflösungsbeschluss aus Praktikabilitätsgründen eine **Verlegung des Stichtags der Liquidationseröffnungsbilanz** vom eigentlichen Auflösungsstichtag auf einen *geringfügig früher oder später liegenden Stichtag (idR nicht mehr als 10 Tage),* zB den nächsten Monats- oder Quartalsanfang in

Betracht (so auch *ADS*[6] AktG § 270 Anm 17; *Hüffer/Koch* AktG[13] § 270 Anm 4; *Koch* in MünchKomm AktG[4] § 270 Anm 17; aA Verlegung kommt mangels gesetzlicher Regelung nicht in Betracht K. *Schmidt* in Scholz[11] GmbHG § 71 Anm 12; *Haas* in Baumbach/Hueck GmbHG[21] § 71 Anm 14; *Scherrer/Heni*[3], 32. Zu den Konsequenzen für den BVm s *Förschle/Deubert* WPg 1993, 399 f).

Voraussetzung für die Verlegung des Stichtags der LiqEB ist, dass:
- die Auflösung für die Geschäftsführung im Voraus nicht absehbar war,
- die Aufstellung einer LiqEB auf den Auflösungsstichtag zu unzumutbarer Mehrarbeit führen würde oder mit Ungenauigkeiten verbunden wäre und
- die *Geschäftsvorfälle* zwischen dem Auflösungsstichtag und dem späteren Stichtag der LiqEB *für das* zu vermittelnde *Bild der Vermögenslage* unbedeutend sind (ausführlich *Adler*[2], 16; *ADS*[6] AktG § 270 Anm 17 mwN; *Dißars/Kahl-Hinsch* StuB 2015, 451).

93 Ebenso wie für den handelsrechtlichen JA kommt die Inanspruchnahme von **Erleichterungen nach § 264 Abs 3 HGB** bei Aufstellung, Prüfung und Offenlegung auch für die LiqEB in Betracht, wenn die dafür notwendigen Tatbestandsvoraussetzungen erfüllt sind (ausführlich dazu *Störk/Deubert* in Beck Bil-Komm[12] § 264 Anm 115 ff), insb ein Zustimmungsbeschluss der Gester vorliegt (§ 264 Abs 3 S 1 Nr 1), sowie eine Einstandspflicht für die Verpflichtungen der KapGes iL (§ 264 Abs 3 S 1 Nr 2) gegeben ist (abw Voraufl zum Rechtsstand vor BilRUG, nach dem die Voraussetzung nach § 264 Abs 3 Nr 2 HGB aF (Vorliegen einer Verlustübernahmeverpflichtung nach § 302 AktG) nicht in der LiqEB erfüllt werden konnte, da UntVerträge nach hM mit der Auflösung automatisch enden). Ebenso wie bei abw JA-Stichtagen wird sich dabei aber empfehlen, dass der befreiende KA des MU innerhalb der zwölfmonatigen Offenlegungsfrist für die LiqEB (s Anm 345) offengelegt wird (dazu *Störk/Deubert* in Beck Bil-Komm[12] § 264 Anm 120), weil dann den Adressaten kein (Informations-)Nachteil durch die Nichtoffenlegung der LiqEB entsteht, zumal die Auflösung der KapGes zusammen mit dem Gläubigeraufruf ohnehin unabhängig davon bekannt gemacht wird (s Anm 4).

b) Inventur, Eröffnungsinventar

95 Für den Beginn der Liq ist gem § 270 Abs 2 S 2 AktG, § 71 Abs 2 S 2 GmbHG iVm § 240 Abs 1 HGB ein **Eröffnungsinventar** aufzustellen, welches die Grundlage für die Erstellung der LiqEB bildet. Die Aufstellung des Inventars muss innerhalb der einem ordnungsgemäßen Geschäftsgang entspr Zeit (§ 240 Abs 2 S 3 HGB) und damit so rechtzeitig bewirkt werden, dass die Frist für die Aufstellung der LiqEB und des dazugehörigen ErlBerichts zur LiqEB eingehalten werden kann (Anm 105).

Das Inventar ist ein auf den Auflösungsstichtag bezogenes genaues (mit Angabe von Art, Menge und Wert versehenes) Verzeichnis der VG und Schulden (vgl *Störk/Philipps* in Beck Bil-Komm[12] § 240 Anm 23; *ADS*[6] HGB § 240 Anm 3). Darüber hinaus ist es von wesentlicher Bedeutung für die **Sicherung der Vermögensgegenstände und Dokumentation der** in

IV. Liquidationseröffnungsbilanz und Erläuterungsbericht 96, 97 T

der Liq zu erfüllenden **Schulden**. Der Ansatz im Inventar, ggf nur mit einem Erinnerungswert, ist auch unabhängig vom Ansatz in der LiqEB, wo trotz Beachtung des Vollständigkeitsgebots (§ 270 Abs 2 S 2 AktG, § 71 Abs 2 S 2 GmbHG iVm § 246 Abs 1 HGB; Anm 110) nicht alle VG, die der KapGes gehören, zB selbst geschaffene immaterielle VG, angesetzt werden müssen (Anm 115 ff; ausführlich *Schmidt/Ries* in Beck Bil-Komm[12] § 246 Anm 85 ff). Aufgrund fehlender Dokumentation in der LiqEB könnten diese nicht bilanzierten VG der KapGes sonst entzogen werden, ohne dass sich dies in der handelsrechtlichen Rechnungslegung niederschlägt. Die Abstimmung des Inventars, in dem die VG unabhängig von der Zulässigkeit oder Möglichkeit ihrer Bilanzierung zu erfassen sind, mit den Daten der Buchhaltung dient der Sicherungs- und Überwachungsfunktion für das Geschäftsvermögen (*ADS*[6] HGB § 240 Anm 3). Dadurch wird das Beiseiteschaffen von VG ebenso erschwert wie das Erdichten von nicht bestehenden Schulden. Dies ist angesichts der mit der Liq beabsichtigten Vollbeendigung der KapGes und im Hinblick auf den Schutz der Gläubiger von besonderer Bedeutung. Darüber hinaus wird nämlich die KapGes – wenn überhaupt – nur zu Beginn der Liq auch personell noch in der Lage sein, eine vollständige Inventur ihres Vermögens und ihrer Schulden durchzuführen.

Die Durchführung der Inventur in Form einer klassischen **Stichtagsinventur** bzw als zeitlich ausgeweitete Stichtagsinventur innerhalb einer Frist von zehn Tagen vor und nach dem Bilanzstichtag (EStR 2012 5.3 Abs 1 S 2) kann im Bereich der LiqEB **problematisch** sein. Abgesehen von den Fällen der betagten Auflösung oder der Auflösung durch Ablauf der im Ges-Vertrag bestimmten Zeit, ist der Auflösungszeitpunkt regelmäßig vorher nicht absehbar, so dass auch keine geeigneten Vorbereitungen für die Inventur ergriffen werden können (zur Inventurplanung *Störk/Philipps* in Beck Bil-Komm[12] § 240 Anm 35 ff). Mängel bei der Vorbereitung und Durchführung können die Ordnungsmäßigkeit der Inventur gefährden. 96

Angesichts dessen wird für die LiqEB größeres Interesse an einer **Inanspruchnahme von Erleichterungen** bei der Bestandsaufnahme bestehen. Die in § 241 HGB geregelten Verfahren zur Vereinfachung der Inventur (Stichprobeninventur, permanente Inventur und vor- bzw nachverlegte Stichtagsinventur, ausführlich *Störk/Philipps* in Beck Bil-Komm[12] § 241 Anm 5 ff) sind aufgrund der Verweisung in § 270 Abs 2 S 2 AktG, § 71 Abs 2 S 2 GmbHG auch für die LiqEB zugelassen. 97

Bei der *permanenten Inventur* ist darauf zu achten, dass die Bestände seit dem letzten (regulären) Bilanzstichtag vollständig körperlich aufgenommen sein müssen; für am Auflösungsstichtag noch nicht erfasste Bestände ist sonst eine Stichtagsinventur (s Anm 96) erforderlich.

Eine *vorverlegte* Stichtagsinventur nach § 241 Abs 3 Nr 1 HGB ist aber nur dann zulässig, wenn der letzte reguläre Bilanzstichtag nicht mehr als drei Monate zurückliegt und zu diesem Termin eine körperliche Bestandsaufnahme (Stichtagsinventur) stattgefunden hat. Im Übrigen ist zu beachten, dass die vor- oder nachverlegte Stichtagsinventur eine den GoB entspr Lagerbuchführung voraussetzt, die eine wertmäßige Fortschreibung bzw Rückrechnung des ermittelten Bestands auf den Stichtag ermöglicht.

98 Um die Zuverlässigkeit des für die LiqEB maßgeblichen Mengengerüsts sicherzustellen, ist es bei prüfungspflichtigen Unt (Anm 305 ff) mit nennenswertem Vorratsvermögen grds erforderlich, dass der **Prüfer** – in berufsüblichem Umfang – **bei der Bestandsaufnahme anwesend** ist und sich von der Ordnungsmäßigkeit der Inventurplanung und -durchführung überzeugt. Konnte der Prüfer nicht bei der körperlichen Bestandsaufnahme anwesend sein, zB aufgrund verspäteter Auftragserteilung, liegt es in seinem pflichtmäßigen Ermessen, ob er sich anhand der vom Unt erbrachten Nachweise und erteilten Auskünfte sowie ggf durch zusätzliche Prüfungshandlungen (zB Rückrechnungen) ein zutreffendes Bild von der Ordnungsmäßigkeit der Inventur verschaffen kann und diese nachträglich als ordnungsgemäß anerkennt (wegen Konsequenzen für den BVm *Förschle/Deubert* WPg 1993, 400). Andernfalls ist nochmals eine Aufnahme durchzuführen.

c) Aufstellungsfristen

105 Alle KapGes, die im Auflösungszeitpunkt nicht klein iSd § 267 Abs 1 HGB oder eine KleinstKapGes iSv § 267a HGB sind, haben gem § 270 Abs 2 S 2 AktG, § 71 Abs 2 S 2 GmbHG iVm § 264 Abs 1 S 3 HGB die LiqEB nebst ErlBericht **innerhalb von drei Monaten nach dem Datum der Auflösung** bzw dem geringfügig davon abw Bilanzstichtag (Anm 91 f) aufzustellen. Der Zeitpunkt, zu dem die (idR deklaratorische) Eintragung der Auflösung ins HR erfolgt (s Anm 4), ist für die Ermittlung der Aufstellungsfrist für die LiqEB nicht relevant (vgl *Haas* in Baumbach/Hueck GmbHG[21] § 71 Anm 12).

Für kleine KapGes besteht gem § 264 Abs 1 S 4 HGB die Möglichkeit, die Aufstellungsfrist höchstens um drei Monate zu verlängern, sofern dies einem ordnungsgemäßen Geschäftsgang entspricht (ebenso *K. Schmidt* in Scholz[11] GmbHG § 71 Anm 13; *Bohl/Schamburg-Dickstein* in HdR[5] § 71 GmbHG Anm 15; *Paura* in Großkomm GmbHG[2] § 71 Anm 15; BayObLG v 5.3.1987 BB, 869).

106 Nach allg Auffassung entspricht die **Verlängerung der Aufstellungsfrist** insb in einer Krisensituation, etwa angesichts einer drohenden Zahlungsunfähigkeit der KapGes, nicht dem ordentlichen Geschäftsgang (*Scherrer/Heni*[3], 52). Vor allem besteht dann im Hinblick auf die strafrechtlichen Sanktionen der §§ 283 ff StGB die generelle Verpflichtung, die LiqEB vordringlich, dh unverzüglich nach der Auflösung aufzustellen (für die werbende KapGes *Störk/Schellhorn* in Beck Bil-Komm[12] § 264 Anm 17). Wegen des oft irregulären Verlaufs der Liq und insb weil die verspätete Erstellung der LiqEB bei einem InsVerfahren als Bankrottdelikt gewertet werden kann, ergibt sich insofern eine erhöhte Verantwortung für die Liquidatoren (so *ADS*[6] AktG § 270 Anm 18; *Scherrer/Heni* DStR 1992, 799 unter Verweis auf OLG Frankfurt v 6.10.1976 BB 1977, 312; BayObLG v 31.1.1990 GmbHR, 299). Gleichwohl genügt allein die Tatsache, dass sich eine Ges in Liq befindet nicht, um die Aufstellungsfrist für die LiqEB für KapGes generell auf drei Monate zu verkürzen (so aber *Haas* in Baumbach/Hueck GmbHG[21] § 71 Anm 12). Eine Möglichkeit zur Verlängerung der Aufstellungsfrist über die in § 264 Abs 1 S 2 und 4 HGB genannten Fristen hinaus besteht in der Liq andererseits nicht.

IV. Liquidationseröffnungsbilanz und Erläuterungsbericht 110–112 T

2. Ansatzvorschriften

a) Vollständigkeit, Verrechnungsverbot, Stetigkeitsgebot

Für die Bilanzierung in der LiqEB gelten die Ansatzvorschriften der 110
§§ 246 bis 251 HGB und § 274 HGB sowie ergänzend § 42 Abs 2 GmbHG
entspr. Es gilt das **Vollständigkeitsgebot** gem § 246 Abs 1 HGB; demnach
sind sämtliche VG, Verbindlichkeiten und Rückstellungen, RAP und Sonderposten anzusetzen, soweit nicht Bilanzierungsverbote (§§ 248 Abs 1 und
Abs 2 S 2, 249 Abs 2 S 1 HGB) bestehen oder Bilanzierungswahlrechte (zB
§ 250 Abs 3 HGB) ausgeübt werden (ausführlich *Schmidt/Ries* in Beck Bil-Komm[12] § 246 Anm 85 ff).

Auch in der LiqEB richtet sich die Vermögenszuordnung nicht alleine 111
nach dem zivilrechtlichen Eigentum, sondern es ist das **wirtschaftliche Eigentum** ausschlaggebend (s dazu *Schmidt/Ries* in Beck Bil-Komm[12] § 246
Anm 5 ff; IDW RS HFA 17, Tz 6). Regelmäßig fallen wirtschaftliches und
rechtliches Eigentum aber zusammen.

Wurden VG, zB bei Vorliegen von **Leasingverträgen** (zur Zuordnung von VG beim Leasingnehmer: *Schmidt/Ries* in Beck Bil-Komm[12] § 246
Anm 37 ff; WPH HBd[16], F Anm 1325 ff), vor der Auflösung allein aufgrund
wirtschaftlichen Eigentums von der KapGes bilanziert, muss geprüft werden, ob dies nach den Vertragsbedingungen auch weiterhin der Fall ist. Insb
wenn es nach den Vereinbarungen zu einer vorzeitigen Beendigung des Leasingverhältnisses kommt oder dies einvernehmlich vereinbart wird, kommt
eine Bilanzierung der betr VG in der LiqEB regelmäßig nur dann in Betracht, wenn nach dem Gesamtbild der Verhältnisse davon ausgegangen
werden muss, dass der Leasinggeber (rechtlicher Eigentümer) ein ihm zustehendes Andienungsrecht für den Leasinggegenstand ausübt, wenn dem
Leasingnehmer eine Kaufoption zusteht, von der er auch Gebrauch machen wird, oder der Leasinggegenstand betriebsnotwendig ist und sich bis
zur tatsächlichen Einstellung der Geschäftstätigkeit unter der Sachherrschaft
des Leasingnehmers (KapGes iL) wirtschaftlich verbraucht, maW der Herausgabeanspruch des Leasinggebers vernachlässigbar ist.

Das **Saldierungsverbot** des § 246 Abs 2 S 1 HGB ist ebenfalls zu be- 112
achten. Die Kosten des LiqVerfahrens, soweit sie der Tätigkeit der werbenden KapGes zuzurechnen sind, wie zB Sozialplanverpflichtungen oder drohende Verluste aus schwebenden Geschäften, sind zu passivieren (§ 249 Abs 1
S 1 HGB). Sie dürfen weder mit vorhandenen stillen Reserven (oberhalb
der AK/HK) noch mit erwarteten (nicht realisierten) künftigen LiqErträgen
verrechnet werden (so aber *Bohl/Schamburg-Dickstein* in HdR[5] § 71 GmbHG
Anm 21; *Forster* in FS Barz, 344; wohl auch *ADS*[6] HGB § 252 Anm 35; aA
wie hier *Scherrer/Heni*[3], 55 ff; *Haas* in Baumbach/Hueck GmbHG[21] § 71
Anm 18 mwN; IDW RS HFA 17, Tz 23).

Das **Verrechnungsgebot** des § 246 Abs 2 S 2 HGB für dem Zugriff aller
übrigen Gläubiger entzogenes **Deckungs-** oder zweckgebundenes **Vermögen** mit den dazugehörigen AVersVerpflichtungen gilt auch in der Liq (s dazu
auch *Schmidt/Ries* in Beck Bil-Komm[12] § 246 Anm 120 ff).

113 Schließlich sind auch die **Haftungsverhältnisse** gem § 251 HGB (dazu *Grottel/Haußer* in Beck Bil-Komm[12] § 251 Anm 14 ff) analog zu § 268 Abs 7 HGB in den ErlBericht aufzunehmen.

114 Die **Ansatzstetigkeit** (§ 246 Abs 3 HGB) gilt grds auch für die LiqEB. Allerdings ist die Auflösung ein wichtiger Grund, mit dem eine Durchbrechung der Ansatzstetigkeit gerechtfertigt werden kann (§ 252 Abs 2 iVm § 246 Abs 3 S 2 HGB). Teilweise, wenn zB während der werbenden Tätigkeit vom Passivierungswahlrecht für Altpensionsverpflichtungen und mittelbare Versorgungszusagen nach Art 28 Abs 1 EGHGB Gebrauch gemacht wurde, wird eine Durchbrechung der Ansatzstetigkeit durch die Auflösung in der LiqEB sogar erzwungen (s Anm 130).

b) Aktivposten

115 Das Aktivierungsverbot für firmenwertähnliche **selbst geschaffene immaterielle Vermögensgegenstände** des Anlagevermögens (§ 248 Abs 2 S 2 HGB) gilt auch während der Liq *uneingeschränkt*. Selbst geschaffene Marken etc dürfen nicht in der LiqEB angesetzt werden, auch wenn sie oft beachtliche Werte darstellen und die Verwertung im Rahmen der Liq nach realistischer Einschätzung zu einem bestimmten Wert erwartet werden kann (glA IDW RS HFA 17, Tz 7; aA *Haas* in Baumbach/Hueck GmbHG[21] § 71 Anm 17: Aktivierungsverbote, die auf dem Vorsichtsprinzip beruhen, gelten nicht mehr, weil keine Gewinnausschüttung mehr zulässig ist). Das Aktivierungsverbot des § 248 Abs 2 S 2 HGB schließt – wie bei der werbenden KapGes – auch den Ansatz eines originären GFW in der LiqEB aus (IDW RS HFA 17, Tz 7; aA *Haas* in Baumbach/Hueck GmbHG[21] § 71 Anm 17, 20 bei hinreichend gesicherten Veräußerungsaussichten ist der selbst geschaffene GFW mit dem Erinnerungswert von 1 € anzusetzen).

Eine (Nach-)Aktivierung von selbst geschaffenen immateriellen VG, für die bis zur Auflösung vom Ansatzwahlrecht nach § 248 Abs 2 S 1 HGB kein Gebrauch gemacht wurde, kommt nicht in Betracht (so auch IDW RS HFA 17, Tz 7; *Veldkamp* WPg 2012, 804). Eine Aktivierung ist hier auf die HK selbst geschaffener immaterieller VG begrenzt, die sich im lfd Gj bis zur Auflösung konkretisiert haben und bis zur Auflösung angefallen sind. Zuvor angefallene Aufwendungen für Vorbereitungshandlungen dürfen dann in der LiqEB aber auch nicht (nach-)aktiviert werden (IDW RS HFA 31 nF, Tz 8). Unabhängig davon sollte im ErlBericht zur LiqEB auf diese Reserven hingewiesen werden.

116 Häufig verpflichten sich Gester, die aufgelöste KapGes von Verpflichtungen freizustellen, für die Rückstellungen bestehen oder zu bilden sind, zB zur Leistung von Zuzahlungen für Beschäftigungsgarantien iZm Teilbetriebsveräußerungen. Der Grundsatz der Nichtbilanzierung aufschiebend bedingter Ansprüche vor dem Bedingungseintritt (*ADS*[6] HGB § 246 Anm 53) gilt nicht für diese **Freistellungsansprüche,** weil die damit verbundene Vermögensmehrung bis zur Höhe der passivierten Verpflichtung – sofern die Solvenz des Garanten gegeben ist – gesichert und damit realisiert ist, nachdem ein Wegfall des Freistellungsanspruchs in der Zukunft nur möglich ist, wenn zugleich auch die passivierte Verpflichtung entfällt (zu den engen Voraussetzungen für eine Nettobilanzierung s Anm 168).

IV. Liquidationseröffnungsbilanz und Erläuterungsbericht   117–125   **T**

Für Ausgaben vor dem Stichtag der EB, die Aufwand für den Zeitraum bis   117
zur voraussichtlichen Betriebseinstellung darstellen, ist ein **aktiver Rechnungsabgrenzungsposten** zu bilden (§ 250 Abs 1 S 1 HGB). Entspr gilt, wenn die Verträge, auf denen die Abgrenzungen beruhen, zB Mietverträge über Geschäftsräume, (befristet) auch nach einer Betriebseinstellung fortgeführt werden (IDW RS HFA 17, Tz 9; aA nur RAP, die die Funktion von Anzahlungen haben, dürfen beibehalten werden *Haas* in Baumbach/Hueck GmbHG[21] § 71 Anm 17; *Peetz* GmbHR 2007, 862; für die Auflösung eines aktivisch abgegrenzten Disagios *Bohl/Schamburg-Dickstein* in HdR[5] GmbHG § 71 Anm 18). Der Verteilzeitraum für den (aktiven) RAP bestimmt sich grds nach dem Zeitraum, für den die Sach-/Dienstleistung der anderen Partei sinnvoll, dh auch in einem wirtschaftlich ins Gewicht fallenden Umfang, verwertet werden kann. Wegen der damit verbundenen Verkürzung des Auflösungszeitraums muss ggf in der LiqEB eine außerplanmäßige Auflösung vorgenommen werden (*Scherrer/Heni* DStR 1992, 801). Sofern sich bei einer vorzeitigen Vertragsbeendigung Rückforderungsansprüche ergeben, hat eine Umgliederung in den Posten „Sonstige Vermögensgegenstände" zu erfolgen, vorausgesetzt, der Rückzahlungsanspruch ist wirksam entstanden und werthaltig (IDW RS HFA 17, Tz 9).

Der Ansatz des Restwerts eines vor der Auflösung erworbenen **Geschäfts-**   118
oder Firmenwerts in der LiqEB kommt wegen der darin verkörperten flüchtigen Vermögenskomponenten bzw deren mangelnder Verwertbarkeit im Rahmen der Liq (zB Belegschaftsqualität) regelmäßig nicht in Betracht (so auch LG Berlin 17.4.2001 NZG, 846). Die Aufstellung der LiqEB wird deshalb Anlass dafür sein, den GFW gem § 253 Abs 3 S 5 iVm § 246 Abs 1 S 4 HGB zu Lasten des Ergebnisses der (fiktiven) SB der werbenden KapGes außerplanmäßig abzuschreiben (iE ebenso *Scherrer/Heni*[3], 58). Eine Ausnahme kann zB dann gelten, wenn ein in der Vergangenheit entgeltlich erworbener Teilbetrieb im Rahmen der Liq als Gesamtheit verkauft und im Kaufpreis voraussichtlich auch der Restbuchwert des GFW vergütet wird.

Wird ein GFW aus der werbenden Tätigkeit in der Liq fortgeführt, ist in der LiqEB die Restnutzungsdauer unter Berücksichtigung des Termins für die erwartete Betriebseinstellung zu überprüfen.

Zum Ansatz eines während der Liq erworbenen GFW s Anm 211.

c) Passivposten

Für andere als in § 249 Abs 1 HGB genannte Zwecke dürfen auch in der   125
LiqEB keine **Rückstellungen** gebildet werden (§ 249 Abs 2 S 1 HGB).

Neben der einzelfallbezogenen Rückstellungsbildung für ungewisse Verbindlichkeiten und für drohende Verluste war im *früheren Aktienrecht* die Bildung von pauschalen Rückstellungen für Abwicklungskosten zulässig (dazu *Adler*[2], 70 f; *Forster* in FS Knorr, 82). Da damals das Ziel der LiqBilanz in der Prognose des voraussichtlichen LiqÜberschusses bestand (Anm 17), wurden künftige Aufwendungen (zB Kosten des Liquidators, Rechts- und Beratungskosten und Gebühren sowie Steuern und sonstige Betriebskosten) zurückgestellt, soweit sie nicht durch künftige laufende oder einmalige Erträge gedeckt wurden (*Forster* in FS Barz, 343 f). Damit sollte verhindert werden, dass das Abwicklungskapital zu hoch ausgewiesen wurde und künftige Abwicklungsverluste entstanden. Im Ergebnis wurde bei einem erwarteten Aufwandsüberhang eine **Rückstellung für (drohende) Abwicklungsverluste** und damit das allg Geschäftsrisiko in der Liq gebildet. Auch nach *geltendem Recht* wird zT die Bildung von Rückstellungen für voraussichtlich nicht aus Abwicklungsüberschüssen gedeckte Abwicklungskosten befürwortet (*Paura* in Großkomm GmbHG[2] § 71 Anm 45; *ADS*[6] HGB § 252 Anm 35).

Zunächst verstößt die geforderte Verrechnung mit künftigen nicht realisierten Abwicklungserträgen gegen das Saldierungsverbot des § 246 Abs 2 HGB (Anm 110; ebenso IDW RS HFA 17, Tz 23; *WPH* HBd[16], F Anm 85).

Außerdem wird übersehen, dass in der Liq – ebenso wie während der werbenden Tätigkeit – Rückstellungen für drohende Verluste bei schwebenden Dauerschuldverhältnissen (zB Liquidatorvertrag oder die Arbeitsverträge des zur Durchführung der Liq noch benötigten Personals) nur dann zulässig sind, wenn das zu zahlende Entgelt den Wert des Gegenleistungsanspruchs auf die Leistungen des Liquidators oder der Arbeitnehmer übersteigt, was sich aber mangels eindeutiger Ertragszurechnung so gut wie nie feststellen lassen wird (s auch IDW RS HFA 4, Tz 32). Pauschale Rückstellungen für künftige LiqJahresfehlbeträge sind deshalb unter Objektivierungsgesichtspunkten gem § 249 Abs 2 S 1 HGB **nicht zulässig** (wie hier *Scherrer/Heni*[3], 66 f; *Haas* in Baumbach/Hueck GmbHG[21] § 71 Anm 18). Eine Rückstellungsbildung kann schließlich auch nicht mit der Gefahr, dass sonst eine Überschuldung nicht rechtzeitig erkannt wird, begründet werden (so aber *WPH*[14] II, X Anm 290), denn die LiqEB oder eine LiqBilanz sind wegen der Beachtung der handelsrechtlichen Bewertungsgrundsätze nach hM (P Anm 100 ff) für eine Überschuldungsmessung nach § 92 Abs 2 AktG, § 64 Abs 1 GmbHG nicht geeignet.

126 Kosten, die der werbenden Ges zuzurechnen sind, wie Abfindungen an Arbeitnehmer aus Sozialplänen, an Geschäftsführer, soweit sie nicht Liquidatoren werden, Steuerverpflichtungen oder Aufwendungen zur Beseitigung eines Buchhaltungsrückstands sind aufgrund ihres vor der Liq entstandenen Verpflichtungscharakters als **Rückstellung für ungewisse Verbindlichkeiten** zu berücksichtigen. Rückstellungen für Tantiemeansprüche von Organmitgliedern müssen bei Bestehen entspr Vereinbarungen oder Zusagen nach Maßgabe des bis zur Auflösung der KapGes erzielten Ergebnisses gebildet werden. Sehen die Zuwendungsbestimmungen grds nicht rückzahlbarer, öffentlicher Investitionszuschüsse eine (bedingte) Rückzahlungsverpflichtung vor, wenn der Zuwendungsempfänger bestimmte Bindungsfristen nicht einhält, ist eine Passivierung der Rückzahlungsverpflichtung in der LiqEB geboten, wenn die Nichteinhaltung im Hinblick auf das voraussichtliche LiqEnde feststeht oder nicht mit überwiegender Wahrscheinlichkeit ausgeschlossen werden kann.

Soweit mit einer besonderen Inanspruchnahme (Schadensersatz) wegen einer vorzeitigen Beendigung schwebender Dauerschuldverhältnisse, wie zB Miet-, Pacht- oder Leasingverträge, Darlehen oder Versicherungen, zu rechnen ist, muss eine **Rückstellung für drohende Verluste aus schwebenden Geschäften** gebildet werden (*Sarx* in FS Forster, 554, IDW RS HFA 17, Tz 13; wegen weiterer Anwendungsfälle für Rückstellungen gem § 249 Abs 1 S 1 HGB *Schubert* in Beck Bil-Komm[12] § 249 Anm 100).

IV. Liquidationseröffnungsbilanz und Erläuterungsbericht

Für **Vergütungen der Liquidatoren** (zur Höhe BGH v 25.7.2005 ZIP, **127** 1738 ff) dürfen **keine Rückstellungen** gebildet werden, da diese Kosten erst im zukünftigen LiqZeitraum verursacht werden (vgl *Haas* in Baumbach/ Hueck GmbHG[21] § 71 Anm 18 mwN). Diese noch nicht bilanzierungsfähigen LiqKosten sind im ErlBericht zur LiqEB anzugeben (Anm 190). Demgegenüber sind für (Rechts-)Beratungskosten, die zB iZm der Aushandlung eines Sozialplans oder von Abfindungen stehen, Rückstellungen zu bilden, auch wenn die Beratungsverträge isoliert betrachtet nicht belastend sind, weil die damit verbundenen Kosten ein Teil der Sozialplanverpflichtung sind.

In der Vergangenheit gebildete Rückstellungen, deren **Grund entfallen 128** ist, sind gem § 249 Abs 2 S 2 HGB in der LiqEB nicht anzusetzen, dh zu Gunsten des in der *fiktiven* SB der werbenden Ges auszuweisenden Jahresergebnisses aufzulösen. In Betracht kommen zB Instandhaltungsrückstellungen gem § 249 Abs 1 S 2 Nr 1 HGB, wenn deren tatsächliche Durchführung nach der Auflösung unwahrscheinlich wird, wobei dann aber ggf eine außerplanmäßige Abwertung des VG, dessen Instandhaltung unterlassen wurde, geboten ist. Bei Jubiläumsrückstellungen kommen Auflösungen für den Teil der Arbeitnehmer, bei dem das Erreichen der Jubiläumsarbeitszeit im Hinblick auf das erwartete LiqEnde ausgeschlossen ist, in Betracht.

Rückstellungen für laufende **Pensionen,** Pensionsanwartschaften und **129** ähnliche Verpflichtungen müssen in der LiqEB ohne Rücksicht auf das Passivierungswahlrecht des Art 28 Abs 1 EGHGB, dh einschl der vor 1987 erteilten unmittelbaren Pensionszusagen (sog *„Altzusagen"*) und der mittelbaren Pensionsverpflichtungen (zB ggü betrieblichen Unterstützungseinrichtungen) sowie ähnlichen Verpflichtungen (zB Altersteilzeit), voll passiviert werden (hM *Haas* in Baumbach/Hueck GmbHG[21] § 71 Anm 18; IDW RS HFA 17, Tz 14; aA *Sarx* in FS Forster, 554 f; zur Bewertung Anm 170).

Die Annahme des Art 28 EGHGB, dass die ungewisse Last künftiger **130** Pensionsverpflichtungen aus Erträgen späterer Jahre getragen werden kann, ist angesichts der Auflösung und dem damit eingeleiteten Verfahren zur Vollbeendigung der KapGes nicht mehr berechtigt (hM *ADS*[6] AktG § 270 Anm 43; *K. Schmidt* in Scholz[11] GmbHG § 71 Anm 23; *Paura* in Großkomm GmbHG[2] § 71 Anm 44; *Gesell* in Rowedder[6] GmbHG § 71 Anm 10). Entscheidend für die Passivierung in der LiqEB ist, dass mit Rücksicht auf Art 28 Abs 1 EGHGB nicht passivierte Pensionsverpflichtungen ohnehin spätestens vor Auskehrung des LiqÜberschusses entweder durch eine einmalige Abfindung an Arbeitnehmer oder durch Übertragung auf eine Pensionskasse oä erfüllt werden müssen, dh die Realisierung der während der werbenden Tätigkeit entstandenen stillen Last, bis zur Vollbeendigung tatsächlich erfolgt (ausführlich dazu Anm 76; *Scherrer/Heni*[3], 61 f; zur Steuerbefreiung der Leistungen zur Übertragung von Versorgungszusagen bei Liq gem § 3 Nr 65 S 2 EStG FinMin NRW v 7.11.2001 DB, 2423). Eine **Nichtpassivierung** in der LiqEB **würde deshalb dem Sinn und Zweck der Liquidation** iSd § 264 Abs 2 AktG bzw § 70 S 2 GmbHG, nämlich der Vermittlung von Informationen über das Reinvermögen der Ges iL bzw den zu erwartenden LiqÜberschuss, **zuwiderlaufen,** daher kann das Rückstellungswahlrecht für diese sog *„Altzusagen"* gem Art 28 EGHGB, obwohl es zu den allg Vorschriften über den JA iSd § 270 Abs 2 S 2 AktG, § 71 Abs 2 S 2 GmbHG gehört, nicht weiter in Anspruch genommen werden.

131 Der Ansatz der Pensionsrückstellungen in der LiqEB muss um den Betrag derjenigen Verpflichtungen vermindert werden, der auf Arbeitnehmer entfällt, bei denen ein Erreichen der Unverfallbarkeit im Hinblick auf das prognostizierte Ende der Liq bzw aufgrund erfolgter oder bevorstehender Kündigungen nicht erreicht werden kann. Derartige (teilweise erdiente) Pensionsansprüche werden jedoch regelmäßig bei der Bemessung der an diese Arbeitnehmer im Rahmen eines Sozialplans zu leistenden Abfindungen indirekt zu berücksichtigen sein.

132 Einnahmen vor dem Stichtag sind auch in der LiqEB als **passive Rechnungsabgrenzungsposten** auszuweisen, soweit sie Ertrag für eine bestimmte Zeit nach diesem Tag darstellen (aA *Haas* in Baumbach/Hueck GmbHG[21] § 71 Anm 18: passive RAP sind nur fortzuführen, wenn sie die Funktion von erhaltenen Anzahlungen haben). Die Liq kann auch hier zu einer Anpassung des Auflösungszeitraums führen.

Passive RAP sind in der LiqEB insoweit aufzulösen, als eine Leistungspflicht infolge der Liq ganz oder teilweise entfällt, zB bei Entschädigungen für zeitlich beschränkte Wettbewerbsunterlassungen, und dies nicht gleichzeitig zu einer entspr Rückzahlungsverpflichtung führt.

d) Latente Steuern

136 Für steuerliche Be- oder Entlastungen, die in der Liq aus dem Abbau **temporärer Differenzen** in den Vermögens- und Schuldposten sowie den RAP, die aus Ansatz- oder Bewertungsunterschieden in HBil und StBil stammen, sowie aus der Nutzung steuerlicher Verlustvorträge für die aufgelöste KapGes resultieren, sind in der LiqEB latente Steuern nach Maßgabe des § 274 HGB zu bilden (s *Grottel/Larenz* in Beck Bil-Komm[12] § 274 Anm 20 ff).

137 Bei der Ermittlung aktiver latenter Steuern sind **steuerliche Verlustvorträge** nur zu berücksichtigen, soweit der daraus resultierende geldwerte Vorteil innerhalb der nächsten fünf Jahre, höchstens aber bis zum Ende der Liq voraussichtlich auch realisiert werden kann (§ 274 Abs 1 S 4 HGB; vgl *Grottel/Larenz* in Beck Bil-Komm[12] § 274 Anm 40 ff). Die Beschränkungen des Verlustabzugs aufgrund der sog Mindestbesteuerung (§ 10d Abs 2 EStG) gelten auch in der Liq bei der Aktivierung von latenten Steuern auf Verlustvorträge. Dabei ist ferner zu beachten, dass der Sockelbetrag iHv 1 Mio € für den Drei-Jahres-Besteuerungszeitraum nach § 11 KStG (s Anm 455) nur einmal gewährt wird, weil es sich hierbei um einen einheitlichen Veranlagungszeitraum handelt (BFH v 23.1.2013 DStR, 648).

138 **Kleine Kapitalgesellschaften iL,** die nach § 274a Nr 5 HGB von der Bilanzierung latenter Steuern nach § 274 HGB befreit sind und § 274 HGB auch nicht freiwillig anwenden, haben in der LiqEB Rückstellungen für passive latente Steuern zu bilden, wenn die Umkehr von zeitlichen Bilanzierungs- und Bewertungsunterschieden zwischen HBil und StBil in der Liq insgesamt zu einer Steuerbelastung führen wird. Aufgrund der mit der Auflösung eingeleiteten Versilberung der VG sind in die Gesamtdifferenzenbetrachtung zur Ermittlung der latenten Steuern in der Liq auch solche Dif-

IV. Liquidationseröffnungsbilanz und Erläuterungsbericht   140–143   T

ferenzen zu berücksichtigen, die während der werbenden Tätigkeit als quasipermanent eingestuft wurden (glA IDW RS HFA 17, Tz 16).

3. Bewertungsvorschriften

a) Anschaffungswertprinzip und allgemeine Bewertungsgrundsätze

Für die Bewertung in der LiqEB gelten aufgrund der Verweisungen in den § 270 Abs 2 S 2 AktG und § 71 Abs 2 S 2 GmbHG die allg Bewertungsvorschriften für alle Kfl (§§ 240, 252 bis 256a HGB) *entspr*, soweit der LiqZweck dem nicht entgegensteht. Zur Interpretation des Begriffs der entspr *Anwendung* s Anm 20.   **140**

Die wesentlichste Änderung ggü dem früheren Bewertungskonzept in der Liq (Anm 17 f) stellt die Einführung des **Anschaffungswertprinzips** (§ 253 Abs 1 S 1 HGB) dar. Die historischen bzw fortgeführten AK/HK dürfen – abgesehen von gebildeten BewEinh nach § 254 HGB – weder bei der Bewertung in der LiqEB noch in LiqJA überschritten werden. Eine **Neubewertung** der Aktiva auf Basis höherer potentieller Veräußerungswerte, die früher als zulässig und zweckmäßig angesehen wurde, ist **ausgeschlossen** (glA *Scherrer/Heni*[3], 80; *Sarx* in FS Forster, 549 mwN; IDW RS HFA 17, Tz 20; aA *Bohl/ Schamburg-Dickstein* in HdR[5] § 71 GmbHG Anm 22: bei hinreichender Sicherheit ist auch ein die AK übersteigender Wertansatz zulässig). Eine vollständige Abkehr von der AK-Bewertung erfolgt erst in der LiqSB (s Anm 271).   **141**

Die allg **Bewertungsgrundsätze** des **§ 252 HGB** sind in der LiqEB entspr anzuwenden. Einschränkungen, die sich aufgrund eines offenkundigen Widerspruchs bestimmter Bewertungsgrundsätze zum Sinn und Zweck der Liq nach § 264 Abs 2 AktG, § 69 Abs 1 GmbHG ergeben könnten, sind nicht ersichtlich.   **142**

Die entspr Anwendung des Grundsatzes der **Bilanzidentität** (formale Bilanzkontinuität) nach § 252 Abs 1 Nr 1 HGB erfordert, dass die Wertansätze der LiqEB mit den Salden der *(fiktiven)* SB der werbenden Ges übereinstimmen (zur Notwendigkeit einer solchen SB s Anm 50 ff), denn es ist nicht einzusehen, warum sich die Vermögensverhältnisse zu den beiden – nur durch eine logische Sekunde getrennten – Bilanzstichtagen unterscheiden sollen (ebenso *WPH*[14] II, X Anm 292; *Gross* in FS Budde, 259). Eine Durchbrechung der formalen Bilanzkontinuität kommt grds nur aufgrund besonderer gesetzlicher Regelungen, zB anlässlich einer *Währungsreform* in Betracht, zB wie dies für die Unt in der ehemaligen DDR bei Aufstellung der DMEB der Fall war (A Anm 2).   **143**

Demggü liegt nach aA (*Scherrer/Heni*[3], 82 ff; *Haas* in Baumbach/Hueck GmbHG[21] § 71 Anm 3 jeweils mwN) hinsichtlich der Bilanzidentität ein begründeter Ausnahmefall iSv § 252 Abs 2 HGB vor, weil die Auflösung der KapGes ein wertbegründendes Ereignis sei (zur Kritik s Anm 52; ausführlich auch *Förschle/Deubert* DStR 1996, 1745). Deshalb müssten Ansatz und Bewertung von Vermögen und Schulden in einer der LiqEB vorangehenden *(fiktiven)* SB der werbenden KapGes unbeeinflusst von der Auflösung erfolgen, selbst wenn in der LiqEB wegen einer bevorstehenden Einstellung des Geschäftsbetriebs Umbewertungen nach § 71 Abs 2 S 2 GmbHG erfolgen müssen (*Gesell* in Rowedder[6] GmbHG § 71 Anm 20). Diese Auffassung verkennt insb, dass die in der SB vermeintlich nicht anwendbare (liquidationsspezifische) Bewertungsvorschrift des § 270 Abs 2 S 3 AktG, § 71 Abs 2 S 3 GmbHG (ausführlich Anm 155) als dem allg Bilanzrecht entspr angesehen werden kann (so zutreffend *H.-P. Müller* in FS Goerdeler, 393). Die Bewertung von Anlagevermögen wie Umlaufvermögen ist unter bestimmten Voraussetzungen bereits nach § 253 Abs 3 S 5 HGB geboten (dazu *Förschle/Deubert* DStR 1996, 1747).

144 Aus dem Grundsatz der Bilanzidentität folgt, dass sämtliche durch die Auflösung bedingten **Umbewertungen,** insb die Bewertung von Anlagevermögen wie Umlaufvermögen, die Neufestsetzung der Restnutzungsdauern unter Beachtung des voraussichtlichen LiqEndes und daraus resultierende außerplanmäßige Abschreibungen sowie die ggf erforderliche Vornahme von Wertaufholungen (Anm 175), bereits **in** der **(fiktiven) Schlussbilanz** der werbenden KapGes **vorzunehmen** sind, um auch dort ein zutreffendes Bild der Vermögenslage zu vermitteln (aA *ADS*[6] AktG § 270 Anm 45).

Ungeachtet der vorstehenden Argumente werden – nach der hier vertretenen Auffassung – nicht zwei offizielle Bilanzen erstellt, sondern nur eine LiqEB gem § 270 Abs 1 AktG, § 71 Abs 1 GmbHG (zur Aufstellung einer SB der werbenden Ges mit Rücksicht auf die Rechtspr des LG Bonn s Anm 48). Allerdings sind zwei unterschiedliche Vorgehensweisen vorstellbar, die aber beide zu einer identischen LiqEB führen. Entweder wird die LiqEB aus dem auf den Auflösungszeitpunkt aufgestellten Inventar abgeleitet oder durch Abschrift der aus der laufenden Buchhaltung abgeleiteten (internen) SB auf den Tag vor der Auflösung (*Förschle/Deubert* DStR 1996, 1746). Im letzten Fall ergibt sich – mit Ausnahme einer Auflösung zeitgleich mit dem Ablauf des regulären Gj – eine *fiktive Schlussbilanz* automatisch als eine Art Abfallprodukt der LiqEB. Diese SB hat aber keine eigenständige Bedeutung, sei es für eine Veränderung des Gj in der Liq (dazu Anm 200 ff) oder als Grundlage für die Entlastung der Geschäftsführungsorgane (dazu Anm 53).

145 Besonderheiten für die Bewertung während der Liq ergeben sich aus dem Grundsatz der UntFortführung **(Going-Concern-Prinzip).** Gem § 252 Abs 1 Nr 2 HGB ist bei der Bewertung solange von der Fortführung des Unt auszugehen, als dem nicht rechtliche oder tatsächliche Gegebenheiten entgegenstehen. Im AktG, GmbHG wird bei der Ausgestaltung der LiqRechnungslegung indes angenommen, dass KapGes iL ihren Geschäftsbetrieb häufig noch geraume Zeit fortführen (*Biener/Berneke* Bilanzrichtlinien-Gesetz, Düsseldorf 1986, 527). Nur unter dieser Prämisse ist die angeordnete Fortführung der externen Rechnungslegung für diese Zeit konsequent. Daraus folgt, dass die Auflösung zwar eine rechtliche Gegebenheit iSd § 252 Abs 1 Nr 2 HGB darstellt, alleine aber nicht ausreicht, um die Going-Concern-Prämisse aufzuheben (glA IDW RS HFA 17, Tz 3). Mit ausdrücklicher gesetzlicher Billigung kann im LiqStadium bis zur **tatsächlichen Einstellung der Betriebstätigkeit** am Grundsatz der UntFortführung festgehalten werden (*Sarx* in FS Forster, 552; *Kleindiek* in Lutter/Hommelhoff[19] GmbHG § 71 Anm 2; *ADS*[6] AktG § 270 Anm 48; *WPH*[14] II, X Anm 289). Eine Beibehaltung der Fortführungsannahme aus Objektivierungsgründen bis unmittelbar vor die Vermögensverteilung am Ende der Liq fordern *Scherrer/Heni*[3], 88 ff; einschränkend *Haas* in Baumbach/Hueck GmbHG[21] § 71 Anm 16: nur bei geplanter UntVeräußerung im Ganzen kommt ein Ansatz von Fortfüh-

IV. Liquidationseröffnungsbilanz und Erläuterungsbericht **146, 147** T

rungswerten in Betracht). Soweit für den Wegfall der Regelvermutung des § 252 Abs 1 Nr 2 HGB neben den rechtlichen und tatsächlichen Gegebenheiten zusätzlich die Unvermeidbarkeit der Einstellung der Geschäftstätigkeit verlangt wird (so *Kaiser* ZIP 2012, 2483), kann dies nicht für die Liq gelten. In der Liq liegt mit dem Auflösungsbeschluss bereits ein entspr Votum der Gester zur Vollbeendigung der KapGes vor, weshalb, solange noch kein Fortsetzungsbeschluss gefasst wurde (s Anm 355 ff), die Einstellung der Geschäftstätigkeit auch immer unvermeidbar ist.

Im Einzelnen sind folgende **Bewertungsregeln beizubehalten:** **146**
– Bewegliche **abnutzbare Anlagegegenstände,** die weiterhin in einem auch wirtschaftlich ins Gewicht fallenden Umfang genutzt werden, sind planmäßig über ihre voraussichtliche Restnutzungsdauer während der Liq abzuschreiben (*Förschle/Deubert* DStR 1996, 1747), davon unabhängig können durch die Auflösung auch außerplanmäßige Abschreibungen erforderlich werden (s dazu Anm 160).
– **RAP** (§ 250 HGB) dürfen auch nach dem Auflösungsbeschluss gebildet werden.
– Weiter darf bei der Bewertung des Sachanlagevermögens grds das **gemilderte Niederstwertprinzip** (§ 253 Abs 3 S 5 HGB) angewandt werden, dh, vorübergehende Wertschwankungen dürfen unberücksichtigt bleiben, sofern die Gegenstände noch nicht zum alsbaldigen Verkauf bestimmt sind, sondern in einem wirtschaftlich ins Gewicht fallenden Umfang genutzt werden (ebenso *ADS*[6] AktG § 270 Anm 48). Wie bei werbenden Unt wird, sofern nicht auf andere Weise nachgewiesen werden kann, dass eine Werterholung bis zu Veräußerung einer Anlage überwiegend wahrscheinlich ist, eine vorübergehende Wertminderung dann anzunehmen sein, wenn der (niedrigere) beizulegende Wert für weniger als die Hälfte der an das voraussichtliche LiqEnde angepassten Restnutzungsdauer unter dem (planmäßigen) Restbuchwert liegt (s *Schubert/Andrejewski* in Beck Bil-Komm[12] § 253 Anm 317).

Problematisch ist in diesem Zusammenhang insb die mangelnde Objekti- **147** vierbarkeit des Kriteriums der **„tatsächlichen" Unternehmensfortführung.** Regelmäßig wird sich die Betriebseinstellung als ein kontinuierlicher Prozess mit fließenden Übergängen zwischen der werbenden Tätigkeit und dem Beginn der Vermögensverwertung darstellen, wodurch den Liquidatoren ein nicht unerheblicher Ermessensspielraum eröffnet wird (kritisch *Scherrer/Heni*[3], 88 f).

Solange die bisherige Geschäftstätigkeit für einen überschaubaren **Zeitraum** (lfd und folgendes Gj; s P Anm 36) und in einem auch wirtschaftlich ins Gewicht fallenden Umfang, zB zur Abwicklung des bei Auflösung vorhandenen Auftragsbestands, fortgesetzt wird (mindestens für ein Gj: *Störk/Büssow* in Beck Bil-Komm[12] § 252 Anm 11 mwN; *Peetz* GmbHR 2019, 327; Zeitraum von bis zu zwei Jahren *ADS*[6] AktG § 270 Anm 50), darf auch am Going-Concern-Prinzip festgehalten werden. Im Übrigen ist auf die Verhältnisse des Einzelfalls am (späteren) Bilanzstichtag abzustellen (hM *K. Schmidt* in Scholz[11] GmbHG § 71 Anm 22; *Paura* in Großkomm GmbHG[2] § 71 Anm 33; *ADS*[6] HGB § 252 Anm 24). Hierbei sind der normale Geschäfts- bzw Produktionszyklus der KapGes iL, der zeitliche Abstand zum Auflösungsstichtag sowie die Art und Weise, in der die Liq betrieben wird, also ob eine Einzelveräußerung aller VG oder eine Gesamtveräußerung von Betriebsteilen bzw des ganzen Unt erfolgt bzw beabsichtigt ist, zu berücksichtigen (*Förschle/Deubert* DStR 1996, 1746).

148 Wenn bereits in der LiqEB **nicht mehr** am Grundsatz der **Unternehmensfortführung** festgehalten werden darf, bestimmen sich auch die Wertansätze für das Vermögen allein vom Absatzmarkt her, dh es erfolgt eine Bewertung mit erzielbaren Nettoveräußerungswerten (etwarteter Veräußerungserlös abzgl noch anfallender Kosten) und die Bewertung der Schulden richtet sich danach, was zur ihrer Beseitigung bzw Erfüllung aufgewendet werden muss. Hintergrund dafür ist, dass mit dem Wegfall der Fortführungsannahme die Rechnungslegung nicht mehr der Periodenzurechnung, sondern ausschließlich der **Vermögensmessung** dient, dh sich das Ziel der Rechnungslegung auf die Feststellung eines zum Bilanzstichtag vorhandenen Ges-Reinvermögens reduziert (glA IDW RS HFA 17, Tz 4, 19 f). Wegen des Anschaffungswertprinzips (Anm 141), dessen Geltung durch den Wegfall der Fortführungsannahme nicht eingeschränkt wird, dürfen die historischen bzw ggf fortgeführten AK/HK nach § 253 Abs 1 HGB nicht überschritten werden (*Haas* in Baumbach/Hueck GmbHG[21] § 71 Anm 16; kein radikaler Bruch in der Bewertung, da insb das Realisationsprinzip nicht aufgehoben wird: *ADS*[6] AktG § 270 Anm 46, 51; aA *Gross* in FS Budde, 261 ff im Hinblick auf die Aufgabe der LiqBilanz, eine Abschätzung des LiqErgebnisses darzustellen).

149 Für die LiqEB gilt zunächst der Grundsatz der **Einzelbewertung** (§ 252 Abs 1 Nr 3 HGB), dh die ausgewiesenen VG und Schulden sind grds *einzeln,* jeweils für sich, ohne Berücksichtigung etwaiger aus dem Einsatz innerhalb des Unt resultierender wertsteigernder Kombinationseffekte, zu bewerten (ausführlich *Störk/Büssow* in Beck Bil-Komm[12] § 252 Anm 22 ff). Wertminderungen einzelner VG, die Abschreibungen erfordern würden, dürfen deshalb auch in der LiqEB grds *nicht* im Zuge einer internen Gesamtbewertung gegen unrealisierte Reserven anderer VG aufgerechnet werden.

Ausnahmen hiervon sind jedoch für **zur Veräußerung bestimmte Vermögensgegenstände** anerkannt. So sind zB zum Verkauf bestimmte, bebaute Immobilien bei der Ermittlung des beizulegenden Werts wie ein einheitlicher VG zu behandeln (hM vgl zB IDW RS IFA 2, Tz 45). Entsprechendes gilt, wenn Sachgesamtheiten (zB Teilbetriebe) nur geschlossen veräußert werden sollen oder können. Aus Objektivierungsgründen ist in diesen Fällen jedoch erforderlich, dass ein Vertragsabschluss sehr wahrscheinlich ist und auch die voraussichtliche Höhe des Kaufpreises verlässlich geschätzt werden kann.

Abweichungen vom Grundsatz der Einzelbewertung sind ferner zulässig, wenn die Voraussetzungen für die Bildung einer Bewertungseinheit vorliegen (ausführlich: *WPH* HBd[16], F Anm 204 ff) oder um einen unvertretbar hohen Ermittlungsaufwand bei der Bilanzerstellung zu vermeiden, zB im Rahmen der Fest- oder Gruppenbewertung nach § 240 Abs 3 u 4 HGB (zu den Voraussetzungen *Störk/Philipps* in Beck Bil-Komm[12] § 240 Anm 80 ff, 130 ff). Gleiches gilt für die Verbrauchsfolgeannahmen gem § 256 HGB.

150 Für die Beachtung des **Stichtagsprinzips** (§ 252 Abs 1 Nr 3 HGB) bei der Bewertung in der LiqEB gelten die allg Grundsätze, dh, es sind grds bei der Bewertung *nur werterhellende,* nicht aber wertbegründende Ereignisse, die

IV. Liquidationseröffnungsbilanz und Erläuterungsbericht 150 **T**

innerhalb der Aufhellungsphase für die LiqEB auftreten, *zu berücksichtigen*. Die Vermittlung eines den tatsächlichen Verhältnissen entspr Bilds der Vermögenslage iSv § 264 Abs 2 S 1 HGB iVm § 270 Abs 2 S 2 AktG bzw § 71 Abs 2 S 2 GmbHG bedeutet in diesem Fall unverändert die Darstellung der Vermögensänderung zwischen zwei Stichtagen. Wertändernde Ereignisse nach dem Stichtag der LiqEB sind Gegenstand der Berichterstattung im Erl-Bericht gem § 285 Nr 33 HGB analog (s Anm 190).

Ebenso wie bei werbenden KapGes gilt hiervon eine **Ausnahme**, wenn innerhalb der Aufhellungsphase für die LiqEB „finanzielle Stützungsmaßnahmen" rechtswirksam vereinbart werden und in ihrer eigenkapitalerhöhenden Wirkung auf die LiqEB zurückbezogen werden (ausführlich Q Anm 55). Auch wenn es sich bei derartigen **finanziellen Stützungsmaßnahmen** in der Liq und der damit bezweckten Vollbeendigung der KapGes um keine „Sanierungsmaßnahmen ieS" handelt, sondern mit den Maßnahmen idR Imageschäden für das MU verhindert werden sollen, die daraus resultieren, dass die aufgelöste KapGes InsAntrag stellen muss, erscheint ein Rückbezug auch in der Liq sachgerecht. Die Information, dass die KapGes von ihren Gestern finanziell so ausgestattet wird, dass die Liq geordnet zu Ende geführt werden kann, ist für die Adressaten genauso relevant wie bei der erfolgreichen Sanierung einer werbenden Ges.

Besonderheiten gelten ferner auch dann, wenn die Fortführungsannahme (§ 252 Abs 1 Nr 1 HGB; Anm 145 ff) in der Aufhellungsphase entfällt. Der **Wegfall der Fortführungsannahme** ist, auch wenn die Umstände, die dafür ursächlich sind, erst nach dem Stichtag eingetreten sind und als solche nach den Verhältnissen am Stichtag auch nicht vorhersehbar waren (wertbegründende Ereignisse), immer auf alle zu diesem Zeitpunkt noch nicht endgültig festgestellten Abschlüsse (LiqEB, ggf reguläre JA der werbenden Ges) zurückzubeziehen (IDW RS HFA 17, Tz 25 f iVm IDW PS 270, Tz 31; aA *Schulze-Osterloh* DStR 2007, 1009 f: Einschränkung des Stichtagsprinzips iVm dem Fortführungsprinzip nicht erforderlich). Der Wegfall der Fortführungsannahme wirkt so tiefgreifend auf den handelsrechtlichen Abschluss, dass bei einer ausschließlichen Berichterstattung im Lagebericht bzw im ErlBericht zur LiqEB die Konsequenzen hieraus für die Bilanzierung und Bewertung für die Adressaten nicht ausreichend transparent werden und insofern ein Abschluss, in dem die Bewertung noch unter Going-Concern erfolgt, obwohl die Voraussetzungen hierfür nicht mehr gegeben sind, bei den Adressaten zu Missverständnissen führen könnte.

Auch wenn wertbegründende Ereignisse bei der Entscheidung, ob von einer UntFortführung ausgegangen werden kann, zu berücksichtigen sind, bedeutet dies nicht, dass ihre Auswirkungen selbst noch auf den vom Wegfall betroffenen Abschluss zurückzubeziehen sind.

Beispiel: Der Wegfall der Fortführungsannahme soll durch die Zerstörung einer wesentlichen Betriebsgrundlage innerhalb der Aufhellungsphase ausgelöst werden. In diesem Fall darf die außerplanmäßige Abschreibung der zerstörten Anlagen nicht zurückbezogen werden. Dagegen wäre für das übrige Anlagevermögen zu prüfen, ob die Abschreibungspläne anzupassen sind, zB weil es zu einer Verkürzung der Nutzungsdauern kommt (s Anm 160). Der Wegfall der Fortführungsannahme würde sich ferner zB auf die Bewertung von Abbruch- oder Entfernungsverpflichtungen auswirken, bei denen eine Ansammlung der zur Erfüllung dieser Verpflichtungen erforderlichen Beträge nicht länger in Betracht kommt, sondern der gesamte Erfüllungsbetrag zu passivieren wäre (Anm 168). Zusätzliche Rückstellungen können sich ferner iZm der Beendigung von Arbeitsverhältnissen (Abfindungen bzw Sozialplanverpflichtungen) ergeben (s Anm 126). Bei der Bewertung dieser Rückstellung ist ein Fluktuationsabschlag vorzunehmen für Mitarbeiter, die inzwischen ausgeschieden sind, ohne eine Abfindung zu erhalten. Umgekehrt können zB Jubiläumsrückstellungen aufgelöst werden, wenn und soweit abzusehen ist, dass die Arbeitsverhältnisse vor dem Erreichen des jeweiligen Jubiläums beendet werden.

151 Nach § 252 Abs 1 Nr 4 HGB ist auch in der LiqEB vorsichtig zu bewerten, dh innerhalb einer möglichen Bandbreite von Wertansätzen ist im Zweifel eher ein pessimistischer (vorsichtiger) als ein zu optimistischer Wertansatz zu wählen. Das allg **Vorsichtsprinzip** wird durch das Realisations- und das Imparitätsprinzip konkretisiert. Gewinne dürfen danach in der LiqEB nur insoweit berücksichtigt werden, als sie am Stichtag realisiert sind **(Realisationsprinzip).** Dagegen sind alle vorhersehbaren Risiken und Verluste, die bis zum Stichtag entstanden sind, zu berücksichtigen, auch wenn sie erst zwischen dem Auflösungsstichtag und dem Tag der Aufstellung der LiqEB bekannt geworden sind **(Imparitätsprinzip).** Die Beachtung dieser Prinzipien während der Liq dient der Sicherung eines möglichst willkürfreien Bilanzansatzes (*Haas* in Baumbach/Hueck GmbHG[21] § 71 Anm 15) und führt zum Ausweis eines anhand nachprüfbarer Kriterien vorsichtig ermittelten MindestLiqErgebnisses (*Scherrer/Heni*[3], 94).

152 Schließlich sollen gem § 252 Abs 1 Nr 6 HGB auch in der LiqEB die auf den vorhergehenden (Rumpf)JA angewandten Bewertungsmethoden beibehalten werden. Dieser Grundsatz der **Bewertungsstetigkeit,** dessen Zweck darin besteht, die Vergleichbarkeit aufeinanderfolgender Bilanzen herbeizuführen (ausführlich *Störk/Büssow* in Beck Bil-Komm[12] § 252 Anm 55 ff), kann jedoch nur insoweit Geltung beanspruchen, als nicht sachliche Gründe für eine Änderung sprechen. Die Auflösung der KapGes ist als ein begründeter Ausnahmefall iSd § 252 Abs 2 HGB einzustufen, der es ermöglicht, in der LiqEB in begrenztem Umfang Bewertungswahlrechte neu auszuüben (glA *ADS*[6] AktG § 270 Anm 53). Namentlich kommen hierfür die Wahlrechte im Rahmen der HK-Bewertung von unfertigen und fertigen Erzeugnissen nach § 255 Abs 2 und 3 HGB in Frage (so *Sarx* in FS Forster, 557; IDW RS HFA 17, Tz 26). Wird die Auflösung als Anlass für ein **Abweichen vom Stetigkeitsgebot** genommen, ist dies analog zu § 284 Abs 2 Nr 2 HGB **im Erläuterungsbericht anzugeben** und der Einfluss auf die Vermögenslage zusätzlich gesondert darzustellen (*Grottel* in Beck Bil-Komm[12] § 284 Anm 170 ff).

Für den JA in der Liq gilt der Grundsatz der Bewertungsstetigkeit wieder ohne Einschränkungen, so dass nicht nur bei der Bewertung derselben VG in aufeinanderfolgenden Jahren, sondern auch bei der Bewertung gleichartiger VG eine einmal gewählte Methode beizubehalten ist.

b) Umbewertungen im Anlagevermögen

155 Nach § 270 Abs 2 S 3 AktG, § 71 Abs 2 S 3 GmbHG sind Gegenstände des Anlagevermögens wie Umlaufvermögen zu *bewerten,* soweit ihre Veräußerung innerhalb eines übersehbaren Zeitraums beabsichtigt ist oder diese VG

IV. Liquidationseröffnungsbilanz und Erläuterungsbericht

nicht mehr dem Geschäftsbetrieb dienen. Dies gilt nicht nur für die LiqEB, sondern auch für die JA während der Liq (vgl *K. Schmidt* in Scholz[11] GmbHG § 71 Anm 24).

Bei der Vorschrift, mit der die **Berücksichtigung der Auflösungssituation bei der Bewertung des** (gesamten) **Anlagevermögens** gewährleistet werden soll (*Biener/Berneke* Bilanzrichtlinien-Gesetz, Düsseldorf 1986, 527), handelt es sich *nicht* um ein liquidationsspezifisches Abweichen von handelsrechtlichen Bewertungsgrundsätzen der §§ 252 bis 256a HGB, sondern um eine Klarstellung des Gesetzes (glA *H.-P. Müller* in FS Goerdeler, 393; *Scherrer/Heni*[3], 185 zur PersGes; aA für die KapGes *Scherrer/Heni* 98; *Paura* in Großkomm GmbHG[2] § 71 Anm 34; *Gesell* in Rowedder[6] GmbHG § 71 Anm 10 f). Das Anlagevermögen verliert ab der Auflösung zunehmend seine Funktion, der Fortführung des Unt zu dienen, und steht wie Umlaufvermögen zur Veräußerung bereit. Während der **am Absatzmarkt abgeleitete (Netto-)Einzelveräußerungspreis** für die werbende KapGes nur ausnahmsweise bei der Bestimmung des niedrigeren beizulegenden Werts von Bedeutung ist (dazu *Schubert/Andrejewski* in Beck Bil-Komm[12] § 253 Anm 309; *ADS*[6] HGB § 253 Anm 460 f), ist dies in der Liq der **Regelfall,** dies wird durch die Regelung in Satz 3 unterstrichen (dazu auch *Förschle/Deubert* DStR 1996, 1747).

Voraussetzung für eine Umbewertung von Anlagegegenständen ist zunächst das Vorliegen einer **Veräußerungsabsicht.** Wegen des grds Auftrags der Liquidatoren zur Versilberung des GesVermögens (§ 268 Abs 1 AktG, § 70 GmbHG) muss die Absicht zur Veräußerung einzelner VG oder Betriebsteile hinreichend konkretisiert sein (glA *Scherrer/Heni*[3], 99; großzügiger *ADS*[6] AktG § 270 Anm 58). Dazu müssen Verkaufsverhandlungen eingeleitet und ein baldiger Vertragsabschluss wahrscheinlich sein. Allein das Vorliegen eines *letter of intent* genügt nicht (*K. Schmidt* in Scholz[11] GmbHG § 71 Anm 24).

Fehlen entspr Nachweise, richtet sich die Beurteilung der Veräußerungsabsicht danach, wann bei vernünftiger kfm Beurteilung *frühestens* mit einer Veräußerung gerechnet werden kann, denn die Realisierung des Veräußerungsvorgangs muss zusätzlich innerhalb eines übersehbaren Zeitraums (s Anm 157) erfolgen. Bei der Beurteilung, wann ein VG – auch ohne konkrete Veräußerungsabsicht – frühestens veräußert werden kann, hängt zB davon ab, ob es für die Art von VG einen (funktionierenden) Gebrauchtmarkt gibt oder nicht. Weiter ist zu berücksichtigen, ob und wie lange der VG noch im Produktionsprozess (voraussichtlich) benötigt wird. Stillgelegte Anlagen oder Anlagen, deren Nutzung wirtschaftlich nicht mehr ins Gewicht fällt, können idR auch ohne Verkaufsabsicht kurzfristig veräußert werden. In diesen Fällen kommt es aber nicht mehr auf eine Veräußerungsabsicht an, weil diese VG „nicht mehr dem Geschäftsbetrieb dienen" und ohnehin wie Umlaufvermögen zu bewerten sind (s Anm 158). Sind für die Veräußerung behördliche Genehmigungen erforderlich (zB Zustimmung des Bundeskartellamts beim Verkauf von UntBeteiligungen), ist auch dies bei der Bestimmung des (frühestmöglichen) bilanziellen Abgangszeitpunkts zu berücksichtigen (aA *Scherrer/Heni*[3], 99: Realisierbarkeit der Veräußerung in übersehbarer Zeit unbeachtlich, wenn die Absicht besteht). Dies kann zB Bedeutung dafür haben, für welchen Zeitraum noch Synergieeffekte bei der Beteiligungsbewertung berücksichtigt werden dürfen (s Anm 162).

157 Als **übersehbarer Zeitraum** iSd § 270 Abs 2 S 3 AktG bzw § 71 Abs 2 S 3 GmbHG wird mehrheitlich der Zeitraum von **12 Monaten** genannt; sofern die betr VG voraussichtlich auch noch am folgenden Abschlussstichtag vorhanden sind und auch in einem wirtschaftlich ins Gewicht fallenden Umfang genutzt werden, kommt eine Umbewertung noch nicht in Betracht (hM *Haas* in Baumbach/Hueck GmbHG[21] § 71 Anm 20; *Gesell* in Rowedder[6] GmbHG § 71 Anm 11; einen Zeitraum bis zu *zwei* Jahren halten für übersehbar: *K. Schmidt* in Scholz[11] GmbHG § 71 Anm 24; *ADS*[6] AktG § 270 Anm 58; *Bohl/Schamburg-Dickstein* in HdR[5] GmbHG § 71 Anm 17; länger als ein Jahr ohne konkrete Obergrenze: *Paura* in Großkomm GmbHG[2] § 71 Anm 34).

158 Der Veräußerungsabsicht steht es gleich, wenn Anlagevermögen **nicht mehr dem Geschäftsbetrieb dient.** Dies ist insb bei dauerhaft stillgelegten Anlagen oder Teilbetrieben sowie bei Reservegrundstücken oder Wertpapieren des Anlagevermögens der Fall (*Sarx* in FS Forster, 557). Damit eine Anlage noch dem Geschäftsbetrieb dient, muss sie auch tatsächlich in einem wirtschaftlich ins Gewicht fallenden Umfang und nicht nur sporadisch genutzt werden. Im Übrigen ist dann auch die Voraussetzung „dauernd dem Geschäftsbetrieb zu dienen" für eine Zuordnung zum Anlagevermögen nach § 247 Abs 2 HGB entfallen und eine Umgliederung ins Umlaufvermögen zwingend (glA *ADS*[6] AktG § 270 Anm 55; s auch Anm 230 ff).

Bei Bet iSd § 271 Abs 1 S 1 HGB richtet sich die Beurteilung allerdings danach, ob der ursprünglich mit dem BetErwerb verfolgte Zweck, die Herstellung einer dauernden Geschäftsbeziehung, zB zur Sicherung von Materialzulieferungen oder zum Absatz eigener Produkte, während der *begrenzten* Fortführung der werbenden Tätigkeit weiterbesteht. Der BetCharakter entfällt in diesem Fall nicht automatisch mit der Auflösung.

159 Wenn die betr VG wie Umlaufvermögen zu *bewerten* sind, kommt das **strenge Niederstwertprinzip** (§ 253 Abs 4 HGB) zur Anwendung. Weil aber ein niedrigerer Börsen- oder Marktpreis (§ 253 Abs 4 S 1 HGB) für Gegenstände des Anlagevermögens, mit Ausnahme einiger Finanzanlagen, regelmäßig nicht existiert, kommt vor allem die Abschreibung auf den niedrigeren beizulegenden Wert (§ 253 Abs 4 S 2 HGB) in Betracht. Die Bestimmung dieser Werte hat sich ausschließlich an den **Verhältnissen des Absatzmarkts** (Veräußerungswerte abzgl noch anfallender Kosten, zB für die Demontage der VG) zu orientieren (hM *Scherrer/Heni* DStR 1992, 803; *ADS*[6] AktG § 270 Anm 57). Die sonst bei der Ermittlung beizulegender Werte des Sachanlagevermögens übliche Anlehnung an die Verhältnisse auf dem Beschaffungsmarkt (Wiederbeschaffungskosten bzw -herstellungskosten) wäre unter den Voraussetzungen des § 270 Abs 2 S 3 AktG und § 71 Abs 2 S 3 GmbHG offensichtlich sachwidrig. In diesem Zusammenhang ist zu beachten, dass zum Verkauf vorgesehene Immobilien für die Ermittlung des niedrigeren beizulegenden (Veräußerungs-)Werts wie ein einheitlicher VG zu behandeln sind (IDW RS IFA 2, Tz 45, Anm 149).

160 Soweit **immaterielle Vermögensgegenstände** und abnutzbare **Sachanlagegegenstände** noch in einem wirtschaftlich ins Gewicht fallenden Umfang für die Fortführung des Geschäftsbetriebs während der Liq verwendet werden und sich daher nicht zur sofortigen Veräußerung eignen (zB zur

IV. Liquidationseröffnungsbilanz und Erläuterungsbericht **161 T**

Abwicklung eines vorhandenen Auftrags-/Vorratsbestands), sind sie in der LiqEB weiterhin mit fortgeführten AK/HK (§ 253 Abs 3 HGB) zu bewerten. Dies wird regelmäßig nur für solche VG in Betracht kommen, die nach Auflösung mindestens für weitere zwei Jahre genutzt werden können. Dh, für diese VG sind die planmäßigen Abschreibungen unabhängig von der tatsächlichen Entwicklung etwaiger niedrigerer beizulegender Einzelveräußerungswerte vorzunehmen, sofern nicht eine voraussichtlich dauernde Wertminderung iSv § 253 Abs 3 S 5 HGB vorliegt.

Ungeachtet dessen müssen die planmäßigen Abschreibungen im Hinblick auf die im Rahmen der Liq erwartete **Restnutzungsdauer oder** mit Rücksicht auf einen nun nicht mehr vernachlässigbaren **Restwert** überprüft und ggf neu festgesetzt werden (s dazu auch *Förschle/Deubert* DStR 1996, 1747; *Sarx* in FS Forster, 557).

Beispiel 1: Eine Maschine wurde am 1.1.20X1 für 100 000 € erworben und planmäßig, linear über eine Nutzungsdauer von 10 Jahren auf einen erwarteten Restwert von 0 € abgeschrieben. Am 31.12.20X4 erfolgt die Auflösung. Bei Aufstellung der LiqEB steht fest, dass die Maschine für die Beendigung eines Großauftrags mindestens bis Ende 20X6 benötigt wird. Danach soll die Maschine verkauft werden. Der geschätzte Nettoveräußerungserlös für die Maschine soll im Auflösungszeitpunkt 55 000 € und bei Beendigung des Großauftrags voraussichtlich 45 000 € betragen.

Obwohl der Verkaufserlös im Auflösungszeitpunkt unter dem (linearen) Restbuchwert (60 000 €) liegt, darf auf eine (sofortige) außerplanmäßige Abschreibung verzichtet werden, weil für einen begrenzten Zeitraum noch eine nutzbringende Verwendung der Maschine im Unt erfolgt. Der bisherige Abschreibungsplan ist unter Berücksichtigung des nun nicht mehr vernachlässigbaren Restwerts anzupassen. Für die Perioden 20X5 und 20X6 wäre demnach jeweils eine Abschreibung in Höhe von 7500 € zu verrechnen.

Beispiel 2: Ausgangssachverhalt wie in Beispiel 1. Der erwartete Restbuchwert Ende 20X6 soll jetzt lediglich 35 000 € betragen.

Fraglich ist, ob hier ebenfalls auf eine außerplanmäßige Abschreibung verzichtet werden darf. In diesem Fall würde die lineare Abschreibung über die beiden letzten (Nutzungs-)Perioden bis zum Verkauf jeweils 12 500 € betragen und wäre damit höher als die lineare Abschreibung während der werbenden Tätigkeit. Gegen diese Vorgehensweise bestehen dann keine Bedenken, wenn die höheren Abschreibungen auch nachweisbar durch entspr Umsätze alimentiert werden.

Regelmäßig wird sich dies aber nicht eindeutig feststellen lassen. In diesem Fall ist aus Objektivierungsgründen davon auszugehen, dass höchstens die ursprüngliche, planmäßige Abschreibung (hier: 10 000 €/p a) gedeckt wird. Sofern Anhaltspunkte dafür vorliegen, dass die Auslastung der Maschine während der zeitlich begrenzten Fortführung geringer ist, als ursprünglich geplant, kommen ggf weitere Abschläge in Betracht. Im vorliegenden Sachverhalt wäre danach im Auflösungszeitpunkt eine außerplanmäßige Abschreibung mindestens in Höhe von 5000 € vorzunehmen.

Finanzanlagen sind nach erfolgter Auflösung regelmäßig wie Umlaufvermögen zu *bewerten* (strenges Niederstwertprinzip), dh, sie dürfen höchstens mit ihrem erwarteten Veräußerungserlös abzgl noch anfallender Kosten angesetzt werden. Ein Verzicht auf eine Abwertung wegen vorübergehender (Ertrags-)Wertminderung (§ 253 Abs 3 S 3 HGB iVm § 270 Abs 2 S 3 AktG, § 71 Abs 2 S 3 GmbHG) kommt idR nicht in Betracht, weil die Finanzanlagen nur in seltenen Ausnahmefällen (wichtige Beteiligungen) überhaupt für eine (befristete) Betriebsfortführung benötigt werden, insofern also idR bereits ab der Auflösung zur sofortigen Veräußerung bereitstehen, ohne dass die Veräuße-

161

rungsabsicht noch konkretisiert werden müsste. Vielfach sind auch Wertpapiere zur Deckung von konkreten Verbindlichkeiten, idR Pensionsverpflichtungen, bestimmt und müssen deshalb vorrangig versilbert werden, um die notwendigen Mittel für die anschließende Schuldentilgung zu erlangen.

162 Bei **Beteiligungen** darf ein früherer Paketzuschlag nur berücksichtigt werden, wenn er auch weiterhin am Markt realisiert werden kann. (Echte) Synergieeffekte (zB Einkaufsvorteile), die nur auf Ebene der KapGes iL entstehen, dürfen nur insoweit bei der Bewertung berücksichtigt werden, als sie bis zum voraussichtlichen Abgang der Bet noch realisiert werden können (enger IDW RS HFA 10, Tz 11: Ausschließlich (unechte) Synergien, die sich ohne Berücksichtigung der Auswirkungen aus dem Bewertungsanlass realisieren lassen, dürfen berücksichtigt werden). Wegen außerplanmäßiger Abschreibungen auf den niedrigeren beizulegenden Wert und zu dessen Ermittlung s *Schubert/Andrejewski* in Beck Bil-Komm[12] § 253 Anm 316 ff; s auch *Fey/Mujkanovic* WPg 2003, 212 ff; *Deubert/Lewe* BB 2019, 2155 ff.

c) Bewertung der übrigen Vermögensgegenstände und Schulden

165 Roh-, Hilfs- und Betriebsstoffe sind in der LiqEB zu AK, unfertige und fertige Erzeugnisse sowie Waren mit den HK zu bewerten (§ 253 Abs 1 S 1 iVm § 255 Abs 1 und 2 HGB). Auch im Bereich des **Vorratsvermögens** muss bei Anwendung des Niederstwertprinzips auf die **Verhältnisse des Absatzmarkts** abgestellt werden (*Sarx* in FS Forster, 558). Daher sind die AK/HK um außerplanmäßige Abschreibungen zu vermindern, soweit am Auflösungsstichtag Lagerbeständen ein niedrigerer Börsen- oder Marktpreis beizulegen ist (§ 253 Abs 4 S 1 HGB) oder der beizulegende Wert (§ 253 Abs 4 S 2 HGB) angesetzt werden muss. Gleiches gilt, wenn der zu erwartende Veräußerungswert auf Grundlage von Kaufangeboten, Gutachten oder Vergleichswerten abzgl noch anfallender HK oder sonstiger (Veräußerungs-) Kosten unter die AK/HK oder die bisherigen Bilanzwerte gesunken ist (sog retrograde Wertermittlung). Ausführlicher dazu auch *Schubert/Berberich* in Beck Bil-Komm[12] § 253 Anm 516 ff.

166 **Forderungen** und sonstige (monetäre) VG sind mit den AK (Nennwert) zu aktivieren. Zweifelhafte Forderungen sind auf ihren wahrscheinlichen beizulegenden Wert abzuwerten. Uneinbringliche Forderungen müssen noch zu Lasten des Ergebnisses der werbenden KapGes abgeschrieben werden. Nicht oder niedrig verzinsliche Forderungen sind abzuzinsen. Zu Einzelheiten s *Schubert/Berberich* in Beck Bil-Komm[12] § 253 Anm 560 ff.

167 **Verbindlichkeiten** sind mit ihrem Erfüllungsbetrag anzusetzen; verzinsliche Posten ggf zum Barwert (§ 253 Abs 1 S 2 HGB).

168 **Rückstellungen** sind in Höhe des nach vernünftiger kfm Beurteilung notwendigen Erfüllungsbetrags, dh mit dem abgezinsten, künftige Kosten- und Preisverhältnisse berücksichtigenden Nominalbetrag der zugrunde liegenden Verpflichtung, anzusetzen (§ 253 Abs 1 S 2 HGB; ausführlich IDW RS HFA 34, Tz 25 ff und 41 ff).

In seltenen Fällen, wenn Freistellungsansprüche in verbindlicher Weise der Entstehung oder Erfüllung der Verpflichtung nachfolgen, dürfen diese bei der Bewertung rückstellungsmindernd berücksichtigt werden (*kompensatorische*

IV. Liquidationseröffnungsbilanz und Erläuterungsbericht   **169–175**   **T**

Bewertung vgl IDW RS HFA 24, Tz 30). Eine solche kompensatorische Bewertung kommt in der LiqEB zB in Betracht, wenn eine nachteilige Liq-Maßnahme auf Veranlassung des AlleinGesters erfolgt ist, der sich aber zugleich ggü der KapGes iL zum Ausgleich der damit verbundenen Nachteile verpflichtet hat (glA *WPH* HBd[16], F Anm 574 Bsp 11).

Wird die KapGes iL dagegen von einem Dritten, zB einem Gester, von einer Verpflichtung, für die eine Rückstellung gebildet wurde oder zu bilden ist, (ggf erst nachträglich) freigestellt, ist der sich ergebende Freistellungsanspruch grds gesondert anzusetzen (*Bruttoausweis;* IDW RS HFA 34, Tz 33). Eine *Nettobilanzierung* kommt in diesen Fällen nur in Betracht, wenn die Grundsätze für die Bilanzierung von Gesamtschulden zur Anwendung kommen (vgl *WPH* HBd[16], F Anm 574), dh letztlich der Dritte der bestehenden Außenverpflichtung beitritt.

Ansammlungsrückstellungen, zB für Abbruch- oder Entfernungsverpflichtungen, können nach erfolgter Auflösung nicht mehr ausschließlich entspr ihrer wirtschaftlichen Verursachung gebildet werden. Spätestens im Zeitpunkt der endgültigen Betriebseinstellung muss die Verpflichtung mit ihrem vollen Wert angesetzt sein (IDW RS HFA 17 Tz 31; zur Ermittlung IDW RS HFA 34, Tz 18 ff). Bereits im Auflösungszeitpunkt ist der Rückstellung daher mindestens der Betrag zuzuführen, der nicht mehr durch künftige Erträge alimentiert wird. Die Zuführungsbeträge während der befristeten Betriebsfortführung dürfen dabei die entspr Beträge während der werbenden Tätigkeit nicht übersteigen. Einem abnehmenden Geschäftsumfang während der Betriebsfortführung ist durch zusätzliche Kürzungen der Zuführungsbeträge Rechnung zu tragen. **169**

Rückstellungen für unverfallbare **Pensionen** einschl Altzusagen (Anm 130) und sonstige Rentenverpflichtungen, für die eine Gegenleistung nicht mehr zu erwarten ist, sind mit dem (Renten-)Barwert zu passivieren (IDW RS HFA 30, Tz 60; *Grottel/Johannleweling* in Beck Bil-Komm[12] § 249 Anm 195 ff). Entsprechendes gilt für Unterdeckungen bei Pensionsrückstellungen nach Art 67 Abs 1 S 1 EGHGB. Minderungen der Pensionsansprüche aufgrund einer ggf eingetretenen Notlage des Unt dürfen erst bei der Bewertung berücksichtigt werden, wenn rechtswirksame Vereinbarungen hierüber vorliegen oder die rechtlichen Voraussetzungen für eine Kürzung der Ansprüche gegeben sind (IDW RS HFA 17, Tz 32). Unverfallbare Anwartschaften für befristet weiterbeschäftigte Arbeitnehmer sind spätestens ab dem Zeitpunkt der Einstellung der tatsächlichen Geschäftstätigkeit mit dem Anwartschaftsbarwert (Wert der Abfindung aller Zahlungen mit einem Einmalbetrag) zu passivieren; ggf kommt hier eine ratierliche Aufstockung der Rückstellungen ab der LiqEB in Betracht. **170**

d) Wertaufholungen

Auch bzgl der Wertaufholungen gelten in der LiqEB grds die allg Regeln. Somit sind Zuschreibungen nach § 253 Abs 5 S 1 HGB vorzunehmen, wenn sich nach einer vorangegangenen **außerplanmäßigen Abschreibung** (§ 253 Abs 3 oder 4 HGB) herausstellt, dass nach den Verhältnissen am Stichtag der LiqEB diese niedrigere Bewertung nicht mehr geboten ist. Ebenso **175**

Deubert 927

wie während der werbenden Tätigkeit kommt es für eine Zuschreibung nicht darauf an, ob die konkreten Gründe, die zur Abschreibung geführt haben, weggefallen sind, sondern Wertaufholungen sind in der LiqEB auch aufgrund von entspr **höheren Zeitwerten** vorzunehmen (aA *Scherrer/Heni* DStR 1992, 804). Soweit es sich bei dem von der Zuschreibung betroffenen VG um (befristet) genutztes Anlagevermögen handelt, dürfen die **fortgeführten Anschaffungs- oder Herstellungskosten nicht überschritten** werden.

176 Fraglich könnte sein, ob bei Anlagegegenständen, die zur Veräußerung bestimmt sind oder nicht mehr dem Geschäftsbetrieb dienen und deshalb wie Umlaufvermögen zu bewerten sind (§ 270 Abs 2 S 3 AktG, § 71 Abs 2 S 3 GmbHG), entspr Zeitwerte vorausgesetzt, ggf bis zur Auflösung vorgenommene **planmäßige Abschreibungen** bis zur Höhe der (historischen) AK/HK durch Vornahme von Zuschreibungen rückgängig gemacht werden **dürfen**. Dafür könnte sprechen, dass dadurch keine künftigen noch nicht realisierten Erträge vorweggenommen, „… sondern aus Sicht der fehlenden UntFortführungsmöglichkeit fälschlicherweise periodisierte Aufwendungen korrigiert …" werden (so *Gross* in FS Budde, 258). Die Umgliederung in das Umlaufvermögen macht indes die vorgenommenen Periodisierungen aufgrund der Nutzung in der Vergangenheit nicht nachträglich fehlerhaft oder überflüssig, dh, planmäßige Abschreibungen dürfen **auch bei höheren Zeitwerten nicht rückgängig gemacht werden.**

Aus dem gleichen Grund ist zB auch eine (Nach-)Aktivierung selbst geschaffener immaterieller VG, für die bis zur Auflösung das Aktivierungswahlrecht nach § 248 Abs 2 S 1 HGB nicht ausgeübt wurde, ausgeschlossen (s Anm 115; glA IDW RS HFA 17, Tz 7). Ferner ist zu berücksichtigen, dass es sich auch bei den durch die historischen AK/HK gedeckelten höheren Werten immer um unsichere, dh noch nicht realisierte Versilberungswerte handelt. Auch hier schließt das Vorsichtsprinzip (§ 252 Abs 1 Nr 4 HGB) den Ansatz von Werten oberhalb der fortgeführten AK/HK anlässlich der Umgliederung aus.

177 **Steuerrechtliche Mehrabschreibungen** oder **Sonderabschreibungen,** die in Ausübung des Beibehaltungswahlrechts nach Art 67 Abs 4 S 1 EGHGB fortgeführt wurden, sind in der LiqEB rückgängig zu machen (IDW RS HFA 17, Tz 29; *Veldkamp* WPg 2012, 805). Dabei dürfen jedoch die Werte, die sich bei planmäßiger Abschreibung ergeben (§ 253 Abs 3 HGB), nicht überschritten werden.

4. Erläuterungsbericht

185 Die Liquidatoren müssen die LiqEB in einem Bericht erläutern; auch dabei haben sie gem § 270 Abs 2 S 2 AktG, § 71 Abs 2 S 2 GmbHG die allg Vorschriften über den JA entspr anzuwenden. Dies sind in diesem Zusammenhang die Regelungen des HGB, einschl rechtsformbezogener Spezialnormen, über den **Anhang** (§§ 284 bis 288 HGB, § 160 AktG, § 42 Abs 3 GmbHG) **und** über den **Lagebericht** (§§ 289, 289a HGB), deren Funktion der erläuternde Bericht übernimmt (vgl *Hüffer/Koch* AktG[11] § 270 Anm 9; *K. Schmidt* in Scholz[11] GmbHG § 71 Anm 11; *Haas* in Baumbach/Hueck GmbHG[21] § 71 Anm 22; *Paura* in Großkomm GmbHG[2] § 71 Anm 18; *Gesell* in Ro-

IV. Liquidationseröffnungsbilanz und Erläuterungsbericht 186–188 T

wedder[6] GmbHG § 71 Anm 12; aA nur Vorschriften über den Anhang *Sarx* in FS Forster, 559; ebenso *ADS*[6] AktG § 270 Anm 76, Angaben nach § 289 HGB erübrigen sich, weil die auf den Tag vor der Auflösung aufzustellende *fiktive* SB der werbenden KapGes bereits einen Lagebericht umfasst).

Bei der Bestimmung des **Inhalts** des ErlBerichts gelten die größenabhängigen Erleichterungen entspr, dh kleine KapGes brauchen Angaben, die auf den Lagebericht zurückgehen, nicht in den ErlBericht aufnehmen. Kleinst-KapGes dürfen auf die entspr Anwendung der Vorschriften zum Anhang (§§ 284 bis 288 HGB) verzichten, wenn sie die Angaben nach § 264 Abs 1 S 5 HGB in den ErlBericht aufnehmen. Ohnehin sind die Bestimmungen über den Anhang und den Lagebericht immer nur insoweit zu beachten, als sie für die Verpflichtung, ein den tatsächlichen Verhältnissen entspr Bild der **Vermögens- und Finanzlage** der aufgelösten KapGes darzustellen (Anm 30), von Bedeutung sind (glA *ADS*[6] AktG § 270 Anm 78). Angabepflichten, die sich auf die GuV oder auf GjDaten beziehen (zB § 285 Nrn 4 und 6 bis 8, 9a und 9b, 17, 21, 22, 31 sowie 32 HGB) und daher mit dem **Statuscharakter** der LiqEB nicht vereinbar sind, brauchen nicht beachtet zu werden (glA *Scherrer/Heni*[3], 101). Wegen der umfassenden Ausschüttungssperre in der Liq gem § 272 AktG bzw § 73 GmbHG ist weder ein Gewinnverwendungsvorschlag (§ 285 Nr 34 HGB) anzugeben, noch sind Angaben zu den nach §§ 253 Abs 6 S 1 und 268 Abs 8 HGB ausschüttungsgesperrten Beträgen nach den §§ 253 Abs 6 S 3 und 285 Nr 28 HGB erforderlich. An die Stelle der durchschnittlichen Zahl der während des Gj beschäftigten Arbeitnehmer nach § 285 Nr 7 HGB tritt deren Anzahl im Auflösungszeitpunkt. Die Aufgliederung nach Gruppen empfiehlt sich. Größenunabhängige Angaben im ErlBericht sind der Auflösungsgrund (s Anm 1), wer die KapGes iL als Liquidator (s Anm 35) vertritt, eine Angabe, ob und wann der Gläubigeraufruf (s Anm 4) erfolgt ist sowie das voraussichtliche LiqEnde.

Hauptaufgabe des erläuternden Berichts ist die **Darstellung** der in der Liq- 187 EB **angewandten Bilanzierungs- und Bewertungsmethoden** sowie bestimmter Bewertungsmaßstäbe iSd § 284 Abs 2 Nr 1 HGB (glA *ADS*[6] AktG § 270 Anm 77). Schwerpunkte der Erläuterungen sind dabei vor allem sämtliche aus der Liq folgenden **Methodenänderungen,** zB die notwendigen *Änderungen der Abschreibungspläne* in Folge einer Neufestsetzung der Restnutzungsdauern der VG unter Berücksichtigung des voraussichtlichen LiqEndes, sowie die Vornahme *außerplanmäßiger Abschreibungen* im Bereich des Anlagevermögens unter den Voraussetzungen des § 270 Abs 2 S 3 AktG, § 71 Abs 2 S 3 GmbHG (strenges Niederstwertprinzip für Anlagegegenstände). Ein zusätzlicher ErlBedarf besteht außerdem bzgl Art und Umfang von *Wertaufholungen* oder wenn (sonstige) Rückstellungen geändert wurden (vgl auch *Scherrer/Heni*[3], 102).

Nach früherem Recht bestand die Hauptaufgabe des ErlBerichts zur LiqEB 188 in der Darstellung der darin vorgenommenen Neubewertungen, auch oberhalb der bisherigen Buchwerte oder der historischen AK/HK (*Kropff* Aktiengesetz, Düsseldorf 1965, 360). Da eine Neubewertung seit den Änderungen der Bilanzierungs- und Bewertungsbestimmungen des AktG bzw GmbHG im Zuge des BiRiLiG 1987 (s Anm 20 ff) nur noch in den durch das Anschaffungswertprinzip (§ 253 Abs 1 S 1 HGB) vorgegebenen Grenzen zulässig ist, dh die Aufdeckung stiller Reserven in der LiqEB nicht über die ursprüngli-

Deubert

chen AK/HK (vermindert um planmäßige Abschreibungen) hinausgehen darf, gehört es nunmehr zu den Aufgaben des ErlBerichts zur LiqEB, die nicht als Bilanzwerte ansetzbaren (erwarteten) höheren Veräußerungserlöse von VG **(stille Reserven)** zu **nennen** (*Steiner* in HWRev[2], 1266; *Sarx* in FS Forster, 559; *Hüffer/Koch* AktG[13] § 270 Anm 9). Dabei kann jedoch eine exakte Bezifferung der in den einzelnen VG vorhandenen Bewertungsreserven wegen der Ungewissheit ihrer Realisierung bzw aus verkaufstaktischen Überlegungen nicht verlangt werden, insb wenn es sich um zur Veräußerung anstehende, einzeln in der Bilanz genannte VG, wie zB Beteiligungen, handelt (*Forster* in FS Barz, 339). Es müssen pauschale Angaben hinsichtlich des voraussichtlichen Veräußerungsgewinns bei wesentlichen Posten oder zu den Auswirkungen auf die voraussichtliche Liquidationsquote ausreichen (ausführlich *Scherrer/Heni*[3], 102 ff; ebenso *ADS*[6] AktG § 270 Anm 78; *Haas* in Baumbach/Hueck GmbHG[21] § 71 Anm 22).

189 Weiter sind in den ErlBericht **Angaben zu Einzelposten** der LiqEB aufzunehmen, die aufgrund von Einzelvorschriften zu machen sind, jedoch in Ausübung eines Wahlrechts nicht in der Bilanz selbst gemacht wurden (§ 284 Abs 1 S 2 HGB). Hierzu gehören zB Mitzugehörigkeitsvermerke zu anderen Bilanzposten sowie die Rechtsbeziehungen zu den Gestern gem § 42 Abs 3 GmbHG. Die Haftungsverhältnisse iSd § 251 HGB zum Stichtag der LiqEB sind nach § 268 Abs 7 HGB ebenfalls in den ErlBericht aufzunehmen.

Außerdem muss der ErlBericht zur LiqEB die **übrigen Pflichtangaben** nach § 285 HGB über Fristigkeit und Besicherung der Verbindlichkeiten (Verbindlichkeitenspiegel; Nrn 1, 2), den Gesamtbetrag der sonstigen finanziellen Verpflichtungen (Nr 3), zu Krediten an Geschäftsführungsorgane und ggf an den Aufsichtsrat (Nrn 9c, 10), zu Bet (Nr 11), zum Bestehen einer unbeschränkten persönlichen Haftung (Nr 11a) und den sonstigen Rückstellungen (Nr 12), zu Genussrechten, Rechten aus Besserungsscheinen und ähnliche Rechten (Nr 15a), zu derivativen FinInst (Nr 19), zu gebildeten BewEinh (Nr 23), zu Pensionsrückstellungen (Nr 24), zur Verrechnung von Deckungsvermögen (Nr 25), zu Anteilen oder Anlageaktien an Investmentvermögen (Nr 26), zu den Haftungsverhältnissen (Nr 27) sowie zu latenten Steuern (Nr 29 und 30) enthalten – es sei denn, dass größenabhängige Erleichterungen (§§ 264 Abs 1 S 5, 288 HGB) in Anspruch genommen werden dürfen. Im Hinblick auf die Geltung des strengen Niederstwertprinzips für das Anlagevermögen gem § 270 Abs 2 S 3 AktG, § 71 Abs 2 S 3 GmbHG (s Anm 155 ff, 160) dürften sich Angaben nach § 285 Nr 18 HGB zu unterlassenen Abschreibungen auf Finanzanlagen idR erübrigen.

Bei **AG** sind **zusätzlich Pflichtangaben** nach § 160 Abs 1 AktG zur EK-Struktur, dem genehmigten Kapital, zu Wandelschuldverschreibungen und zu wechselseitigen Bet erforderlich (ausführlich *Grottel* in Beck Bil-Komm[12] § 284 Anm 50 ff).

190 Weiterhin ist im ErlBericht zur LiqEB auf **Vorgänge von besonderer Bedeutung** seit dem Auflösungsbeschluss (§ 285 Nr 33 HGB analog) einzugehen, die positiv oder negativ den weiteren Verlauf der Liq betreffen (*Sarx* in FS Forster, 559). Hierzu rechnen besonders:

– Teilbetriebsveräußerungen oder -stilllegungen,
– Scheitern von geplanten Anlage- bzw Betriebsverkäufen,

– Änderungen des UntZwecks, zB die Wiederaufnahme der werbenden Tätigkeit, oder
– Zusammenschlüsse mit anderen Unt.

Ferner ist nach § 289 Abs 1 S 4 HGB (analog) auf Chancen und Risiken des (erwarteten) **weiteren Verlaufs des Liquidationsverfahrens** einzugehen. Zu dieser Prognose der voraussichtlichen Entwicklung gehört zunächst die Einschätzung über den Umfang und die Dauer einer *befristeten Fortführung* einzelner UntTeile sowie die Erl, ob bei der *Versilberung des GesVermögens* ggf Teilbetriebe verkauft werden können oder eine Einzelveräußerung erfolgen soll. Ferner ist eine Aussage über die insgesamt *erwartete Liquidationsdauer* erforderlich. In ihrer Größenordnung zu nennen sind ferner auch die **nicht bilanzierungsfähigen** zukünftigen **Liquidationskosten,** wie zB die Vergütungen der Liquidatoren (*Sarx* in FS Forster, 559) oder die Kosten für die Aufbereitung von Personal- und Rentenversicherungsunterlagen der Arbeitnehmer.

Ferner sind die im In- und Ausland weiterbestehenden **Zweigniederlassungen** der KapGes zu nennen und auf eingeleitete oder geplante Anpassungsmaßnahmen (Schließungen oder Zusammenlegungen) einzugehen, soweit dies für die Beurteilung der Lage der aufgelösten KapGes von Bedeutung ist. Sofern wesentliche Zweigniederlassungen *befristet* fortgeführt werden, ist die dafür erwartete Dauer anzugeben.

Eine Darstellung und Analyse des **Geschäftsverlaufs** seit Ende des letzten regulären Gj **unter Einbeziehung wesentlicher Geschehnisse,** wie bereits eingeleiteter Änderungen im Produktionsprogramm, Aufgabe von Produktionszweigen oder Abbau von Arbeitsplätzen, analog § 289 Abs 1 S 1 bis S 3 HGB ist nicht erforderlich, wenn ein Lagebericht zur SB der werbenden Ges aufgestellt wird (zu Notwendigkeit s Anm 45 ff). Ist dies nicht der Fall, sind entspr Angaben in den ErlBericht aufzunehmen, wenn die betr Maßnahmen vor dem eigentlichen Auflösungsstichtag geplant oder begonnen wurden und dadurch wirtschaftlich der LiqProzess eingeleitet worden ist.

Sofern AG oder KGaA im Auflösungszeitpunkt einen orgsanisierten Markt iSv § 2 Abs 7 WpÜG durch von ihnen ausgegebene stimmberechtigte Aktien in Anspruch nehmen, sind auch die Angaben zu **Übernahmehindernissen** nach § 289a HGB in den ErlBericht aufzunehmen (zum Inhalt der Angabepflichten s DRS 20, Tz K 188 ff). Die Angaben dürfen entfallen, wenn die „*Kapitalmarktorientierung*" noch innerhalb der Aufhellungsphase für die LiqEB endet (*Schmidt/K. Hoffmann* in Beck Bil-Komm[12] § 264d Anm 1). Eine auf das Gj bezogene **Zusatzberichterstattung** über das **rechnungslegungsbezogene interne Kontroll- und Risikomanagementsystem** nach § 289 Abs 4 HGB bei kapmarkt KapGes iL entfällt im ErlBericht wegen des Statuscharakters der LiqEB.

V. Liquidationsjahresabschluss und Lagebericht

1. Aufstellungspflicht und Zwecksetzung

Die Liquidatoren müssen gem § 270 Abs 1 AktG, § 71 Abs 1 GmbHG auch einen JA, bestehend aus Bilanz, GuV, Anhang (§§ 242 Abs 1, 264 Abs 1 HGB) und Lagebericht aufstellen.

T 196, 197 Abwicklungs-/Liquidationsrechnungslegung

KleinstKapGes iSd § 267a HGB brauchen auch in der Liq keinen Anhang zu erstellen, wenn sie die in § 264 Abs 1 S 5 HGB genannten Angaben unter der Bilanz machen (ausführlich dazu *Störk/Schellhorn* in Beck Bil-Komm[12] § 264 Anm 61 ff). Es ist kein Grund ersichtlich, weshalb für KleinstKapGes in der Liq umfangreichere Aufstellungspflichten als während der werbenden Tätigkeit gelten sollen. Bei dem fehlenden Verweis auf § 264 Abs 1 S 5 HGB in § 270 Abs 1 AktG bzw § 71 Abs 1 GmbHG dürfte es sich um ein gesetzgeberisches Versehen handeln.

KapmarktUnt, die nicht zur Aufstellung eines KA verpflichtet sind, haben den JA um eine KFR und einen EK-Spiegel zu erweitern, die mit den übrigen **Jahresabschlussbestandteilen** eine Einheit bilden (§ 264 Abs 1 S 2 Hs 1 HGB). Ferner dürfen diese Unt ihren JA um eine Segmentberichterstattung erweitern (§ 264 Abs 1 S 2 Hs 2 HGB).

Die Liquidatoren einer KapGes iL, die Inlandsemittent iSd § 2 Abs 7 WpHG ist, haben im sog **Bilanzeid** schriftlich zu versichern, dass nach bestem Wissen der LiqJA ein den tatsächlichen Verhältnissen entspr Bild der VFE-Lage vermittelt (§ 264 Abs 2 S 5 HGB; ausführlich dazu *Störk/Schellhorn* in Beck Bil-Komm[12] § 264 Anm 65 ff) und im Lagebericht der Geschäftsverlauf und die Lage ebenfalls so dargestellt werden, dass ein den tatsächlichen Verhältnissen entspr Bild vermittelt wird und die wesentlichen Risiken und Chancen der voraussichtlichen Entwicklung beschrieben sind (§ 289 Abs 1 S 5 HGB; s *Grottel* in Beck Bil-Komm[12] § 289 Anm 60 ff; § 315 Anm 115 ff).

196 Formal gesehen sind auch kleine KapGes iSv § 267 Abs 1 HGB in der Liq zur **Erstellung** eines **Lageberichts** verpflichtet, da die § 270 AktG, § 71 GmbHG als liquidationsspezifische Vorschriften gem § 264 Abs 2 AktG, § 69 Abs 1 GmbHG insoweit § 264 Abs 1 S 4 HGB vorgehen (so auch *Haas* in Baumbach/Hueck GmbHG[21] § 71 Anm 27). Da es sich hierbei um ein redaktionelles Versehen des Gesetzgebers handeln dürfte und im Übrigen kein überzeugender Grund für eine Ausweitung der Rechnungslegungspflichten bei kleinen KapGes iL ggü werbenden KapGes ersichtlich ist, dürfen kleine KapGes in der Liq auf die Erstellung des Lageberichts verzichten (glA OLG Düsseldorf 19.9.2001 DB 2002, 39; weitergehend *Peetz* GmbHR 2007, 860: Erstellung Lagebericht nur solange die Geschäfte unverändert fortgeführt werden).

Zur Aufnahme der Schlusserklärung der Liquidatoren in den Lagebericht bei abhängigen AG gem § 312 Abs 3 S 3 AktG s Anm 389.

197 Auf den LiqJA sind dabei wegen des Verweises in § 264 Abs 3 AktG, § 69 Abs 1 GmbHG die **Jahresabschlussvorschriften** (§§ 238 bis 341o HGB) unmittelbar **anzuwenden,** sofern sich aus dem Zweck der Liq nichts anderes ergibt. Die LiqJA folgen im Bilanzansatz und der Bewertung sowie in der Gliederung der LiqEB; insoweit sind die gleichen Vorschriften und Grundsätze anzuwenden (Anm 110 ff, 140 ff). Soweit dies möglich erscheint, sollte auch im Anhang und Lagebericht für liquidationsspezifische Informationen die im ErlBericht zur LiqEB gewählte Form der Darstellung beibehalten werden. Auch die Sonderregel in § 270 Abs 2 S 3 AktG, § 71 Abs 2 S 3 GmbHG (Anm 155 ff) bleibt anwendbar (*K. Schmidt* in Scholz[11] GmbHG § 71 Anm 24; ADS[6] AktG § 270 Anm 22).

V. Liquidationsjahresabschluss und Lagebericht 198–202 T

Die Inanspruchnahme von **Erleichterungen nach § 264 Abs 3 HGB** 198
bei Aufstellung, Prüfung und Offenlegung des JA der KapGes kommt bei
Vorliegen aller Tatbestandsvoraussetzungen (ausführlich dazu *Störk/Deubert* in
Beck Bil-Komm[12] § 264 Anm 130 ff), insb einer vom MU erklärten
Einstandspflicht für die Verpflichtungen der KapGes iL (§ 264 Abs 3 S 1 Nr 2
HGB), auch in der Liq in Betracht (aA zum Rechtsstand vor BiLRUG
Voraufl, weil die Voraussetzung nach § 264 Abs 3 Nr 2 HGB aF (Vorliegen
einer Verlustübernahmeverpflichtung nach § 302 AktG) nicht erfüllt wer-
den konnte, weil UntVerträge nach hM mit der Auflösung automatisch enden
(s dazu Anm 395 ff)).

Bei überschaubaren GesVerhältnissen können die Liquidatoren eine Prüfungsbefreiung im Wege der gerichtlichen Befreiung nach § 270 Abs 3 AktG
bzw § 71 Abs 3 GmbHG erlangen (s dazu Anm 315 ff).

Der Zweck der periodischen Rechnungslegung besteht im Wesentlichen 199
darin, den **Vermögensstand und** den **Fortgang** des **Liquidationsverfahrens** zu **dokumentieren** und die Ursachen des Ergebnisses sichtbar zu
machen. Der LiqJA hat iÜ gem § 264 Abs 2 S 1 HGB unter Beachtung der
GoB ein den tatsächlichen Verhältnissen entspr Bild der „VFE-Lage" des in
Liq befindlichen Unt zu vermitteln.

2. Liquidationsgeschäftsjahr

Die Pflicht der Liquidatoren zur Aufstellung eines JA und Lageberichts be- 200
steht für den *„Schluss eines jeden Jahres"*. Diese **gesetzliche Zeitbestim-
mung** lässt nicht zweifelsfrei erkennen, ob damit ein mit der Auflösung be-
ginnendes neues LiqGj oder das bisherige, satzungsmäßige Gj gemeint ist,
sie ist insofern **auslegungsbedürftig** (*Hofmann* GmbHR 1976, 260).

Mehrheitlich wird daraus gefolgert, dass mit dem Tag der Auflösung ein 201
neues Geschäftsjahr beginnt. Stichtag für den nächsten JA in der LiqPhase
ist dann der Tag des Ablaufs eines Kj, beginnend mit dem Auflösungsbeschluss (so *ADS*[6] AktG § 270 Anm 24; *Gesell* in Rowedder[6] GmbHG § 71
Anm 13; *Hüffer/Koch* AktG[13] § 270 Anm 14; *Scherrer/Heni*[3], 35 ff jeweils
mwN; OLG Frankfurt v 6.10.1976 BB 1977, 312; LG Bonn v 20.11.2009
ZIP 2010, 677).

Ein durch den zufälligen (idR nicht auf den letzten Tag des Monats fallen- 202
der) Auflösungszeitpunkt bestimmter BilStichtag in der Liq ist insb unter Ab-
grenzungsgesichtspunkten unzweckmäßig (*Paura* in Großkomm GmbHG[2]
§ 71 Anm 22); daher wird gleichzeitig von der hM die **Beibehaltung des
bisherigen Geschäftsjahrs für zulässig** erachtet, sofern dies im GesVertrag
vorgesehen ist bzw durch Beschluss der GesV bestätigt wird (zB *Hüffer/Koch*
AktG[13] § 270 Anm 14). Dabei soll für GmbH ein einfacher GesterBeschluss
ausreichen, weil das Gj in der Liq keine Bedeutung für die Gewinnverwendung hat (*Haas* in Baumbach/Hueck GmbHG[21] § 71 Anm 23). Nach aA
(*ADS*[6] AktG § 270 Anm 25) handelt es sich auch bei der Bestätigung des bisherigen Gj um eine Satzungsänderung, die einer satzungsändernden Mehrheit
und ggf der entspr Form bedarf (§§ 130 Abs 1, 5 und 179 Abs 2 AktG).

Gestützt wird diese Auffassung auch durch § 211 Abs 1 AktG 1937, der
ausdrücklich eine Beibehaltung des bisherigen Gj in der Liq gestattete, wenn

dies durch einen Beschluss der HV bestätigt wurde (dazu *Forster* in FS Knorr, 87; *Adler*[2], 48). Diese Regelung wurde jedoch in das AktG 1965 nicht übernommen, da der Gesetzgeber ihre Aussage für selbstverständlich hielt (so Begr *Kropff,* 360).

203 Die Auffassung, wonach die Auflösung automatisch zu einer Änderung des Gj führt, vernachlässigt den **konzeptionellen Wandel in der Liquidationsrechnungslegung,** der durch die Neufassung von § 270 AktG und § 71 GmbHG im Rahmen des BiRiLiG (dazu Anm 20 ff) vollzogen wurde.

Seitdem die Verpflichtung zur Beachtung der allg Vorschriften über den JA auch für die LiqBilanz gilt, besteht der Sinn und Zweck einer LiqEB insb darin, das im Auflösungszeitpunkt vorhandene Vermögen sowie die Schulden zu dokumentieren. Die LiqEB soll auch sicherstellen, dass die besonderen Gläubigerschutzbestimmungen in der Liq (Anm 71 ff) ihre volle Wirkung entfalten können (dazu ausführlich *Förschle/Deubert* DStR 1996, 1744 f). Bei der LiqEB handelt es sich somit um eine im Interesse des Gläubiger- und GesterSchutzes zu erstellende *Zwischenbilanz besonderer Art,* durch die das laufende Gj aber nicht unterbrochen wird. Eines GesterBeschlusses, dass das bisherige Gj fortgeführt wird, bedarf es daher nicht. Im Übrigen ist in Ermangelung gegenteiliger Bestimmungen in §§ 270 ff AktG, §§ 70 ff GmbHG auch von einer **Fortgeltung der bisherigen Bestimmungen** im GesVertrag **über das Geschäftsjahr** auszugehen; auch insoweit besteht keine sachliche Notwendigkeit zur Neufestsetzung (glA IDW HFA, FN-IDW 1993, 250; aA hM zB *ADS*[6] AktG § 270 Anm 24: die bisherige Bestimmung im GesVertrag wird unrichtig).

Dessen ungeachtet wird sich eine entspr **bestätigende Beschlussfassung** jedoch im Hinblick auf die Verwaltungspraxis des BAJ **empfehlen,** um die Festsetzung von Ordnungsgeld zu vermeiden. Soweit ersichtlich, verlangt auch der Betreiber des elektronischen BAnz bereits iZm der Offenlegung der LiqEB und des ErlBer entspr „Nachweise", dh GesterBeschlüsse oder Auszüge aus der Satzung, wenn das bisherige Gj in der Liq beibehalten werden soll.

204 Der **erste Liquidationsfolgeabschluss** ist daher zum nächstfälligen Schluss (Tagesende (24:00 Uhr) des bisherigen Gj nach der Auflösung aufzustellen (so auch *Weimar/Grote* b&b 1997, 110; *Hofmann* GmbHR 1976, 260). Die Beibehaltung des bisherigen Gj sollte anlässlich des Auflösungsbeschlusses durch die GesV ausdrücklich bestätigt werden. Ein solcher Beschluss hat aber nur *deklaratorische* Bedeutung, so dass die Eintragung in das HR nicht erforderlich ist.

205 Wenn jedoch der Stichtag für den LiqJA und damit das **Geschäftsjahr** in der Liq **geändert** werden soll, dann stellt dies eine materielle Änderung der Statuten dar, für die ein **ausdrücklicher,** mit qualifizierter Mehrheit gefasster **Beschluss** der anwesenden Gester **und** dessen **Eintragung** im **Handelsregister erforderlich** ist (ausführlich *Förschle/Kropp/Deubert* DStR 1992, 1526; OLG Stuttgart v 7.5.1992 BB, 1177). Auch bei einer beabsichtigten Umstellung des LiqGj ist zu berücksichtigen, dass das Gj gem § 240 Abs 2 S 2 HGB zwölf Monate nicht überschreiten darf (im Einzelnen *Störk/Philipps* in Beck Bil-Komm[12] § 240 Anm 60 f).

V. Liquidationsjahresabschluss und Lagebericht

3. Besonderheiten bei der Bilanzierung in Liquidationsjahresabschlüssen

Die Liquidatoren dürfen nach § 268 Abs 1 S 2 AktG, § 70 S 2 GmbHG nur solche Rechtsgeschäfte eingehen, die objektiv geeignet sind, dem LiqZweck zu dienen, dh direkt oder indirekt auf die Versilberung des Vermögens und die Beendigung aller Rechtsbeziehungen der aufgelösten KapGes etc abzielen (Anm 7). Ein UntErwerb *(Asset Deal)*, dh der Erwerb einer Sachgesamtheit, die alle betriebsnotwendigen Grundlagen besitzt, um selbständig am Wirtschaftsverkehr teilzunehmen, ist bei wirtschaftlicher Betrachtung regelmäßig gleichbedeutend mit einer Rückumwandlung in eine werbende Ges. Er ist durch die Erlaubnis, auch neue Geschäfte eingehen zu dürfen, nicht gedeckt und bedeutet eine unzulässige Überschreitung dieses Auftrags. Dessen ungeachtet wird die Vertretungsmacht der Liquidatoren im Außenverhältnis durch den LiqZweck nicht beschränkt (dazu *K. Schmidt* in Scholz[11] GmbHG § 70 Anm 3; *Scherrer/Heni*[3], 59). Ein **Unternehmenserwerb** in der Liq ist praktisch möglich, wenngleich der Liquidator dann im Innenverhältnis pflichtwidrig handelt (s *K. Schmidt* in Scholz[11] GmbHG § 70 Anm 16); ggf ist die KapGes an liquidationsfremde Geschäfte nicht gebunden (*WPH*[14] II, X Anm 278 unter Verweis auf BGH v 1.12.1983 DB 1984, 1137).

Im Fall eines UntErwerbs ist der Betrag, um den die GesamtAK (idR Kaufpreis zzgl Nebenkosten) den Zeitwert der erworbenen VG abzgl Schulden übersteigen, nach § 246 Abs 1 S 4 HGB als **Geschäfts- oder Firmenwert** zu aktivieren. Ebenso wie bei einer werbenden Ges kommt der Ansatz eines GFW aber nur in Betracht, wenn die erworbene Sachgesamtheit als Unt zu qualifizieren ist, dh die alle betriebsnotwendigen Grundlagen besitzt, um selbständig am Wirtschaftsverkehr teilzunehmen (vgl *Schubert/F. Huber* in Beck Bil-Komm[12] § 247 Anm 420). Für die Abschreibung des GFW ist die erwartete Nutzungsdauer (§ 253 Abs 3 S 2 HGB) bzw die kürzere Restdauer der UntFortführung maßgebend.

Sofern ein UntErwerb im Zusammenhang mit bzw zur Vorbereitung einer geplanten Fortsetzung der KapGes (Anm 355 ff) erfolgt, muss sich der Liquidator – zur Vermeidung eigener Verantwortung – vorher der Zustimmung durch die Gester versichern (*Haas* in Baumbach/Hueck GmbHG[21] § 70 Anm 10, 14).

4. Anhang

Die Aufgabe des Anhangs eines LiqJA besteht – wie bei werbenden KapGes – vornehmlich darin, durch **zusätzliche Informationen** die Interpretationsfähigkeit der Bilanz und GuV zu verbessern und durch die „**Auslagerung" von Einzelangaben** die Klarheit und Übersichtlichkeit des JA zu erhöhen. Wie bei werbenden Ges sind die Angaben in der Reihenfolge der einzelnen Posten der Bilanz und der GuV darzustellen (§ 284 Abs 1 S 1 HGB).

Bei Erstellung des LiqAnhangs gelten die §§ 284 ff HGB sowie § 160 AktG ohne Einschränkung.

Zu den Schwerpunkten der Berichterstattung im Anhang aufgelöster KapGes gehört insb die Darstellung der auf die Bilanzposten angewandten

Bilanzierungs- und Bewertungsmethoden nach § 284 Abs 2 Nr 1 HGB (*Scherrer/Heni*[3], 109; *Haas* in Baumbach/Hueck GmbHG[21] § 71 Anm 26). Dabei ist besonders auf die durch das LiqVerfahren bedingten **Methodenänderungen** einzugehen und deren Einfluss auf die „VFE-Lage" darzustellen (§ 284 Abs 2 Nr 2 HGB). Außerdem ist über die Bewertung von Sach- und Finanzanlagen sowie von Umlaufvermögen zu berichten (dazu Anm 155 ff).

217 Die **Einzelangaben** nach § 285 Nr 13 HGB zu den Gründen der planmäßigen Abschreibung eines GFW entfallen regelmäßig, da diese bereits in der LiqEB nicht mehr angesetzt werden dürfen (Anm 118). In Abhängigkeit vom Fortgang der Liq wird auch die Aufgliederung der Umsatzerlöse nach Tätigkeitsbereichen und geographisch gliederten Märkten (§ 285 Nr 4 HGB) ihre Bedeutung verlieren. Die Anwendung der ErlPflichten nach § 285 Nrn 9, 10 HGB (Bezüge und Namen, Vornamen sowie ausgeübter Beruf der Geschäftsführungsorgane) beziehen sich auf die Liquidatoren.

218 Die besonderen Angabepflichten **börsennotierter AG** (§ 285 Nr 9a S 5 bis 8, Nr 10, Nr 11b und Nr 16 HGB) entfallen nicht bereits ab dem Auflösungszeitpunkt, sondern erst, wenn der jeweilige Sonderstatus und das damit verbundene, gesteigerte öffentliche Interesse endet, dh bei Börsennotierung, wenn der Widerruf der Börsenzulassung (rechts-)wirksam wird (sog Delisting; § 39 Abs 2 BörsG iVm der jeweiligen Börsenordnung). Der Verlust des „Sonderstatus" wirkt auf die bei seinem Wirksamwerden noch nicht aufgestellten LiqJA sowie ggf die LiqEB zurück.

Nach § 268 Abs 2 S 1 AktG haben die Abwickler die Rechte und Pflichten des Vorstands. Dies beinhaltet bei börsennotierten AG (§ 3 Abs 2 AktG) auch die jährliche Verpflichtung der Abwickler, gemeinsam mit dem Aufsichtsrat eine *Entsprechenserklärung* zum DCGK *iSd § 161 AktG* (dazu *Grottel* in Beck Bil-Komm[12] § 285 Anm 490 ff) abzugeben.

219 Die **größenabhängigen Befreiungen** von Pflichtangaben für kleine und mittelgroße KapGes (§ 288 HGB) **gelten,** ebenso wie die Schutzklauseln nach § 286 Abs 1 HGB (Unterlassen von Angaben im öffentlichen Interesse), § 286 Abs 2, 3 HGB (Unterlassen wegen erheblicher Nachteile für die KapGes), § 286 Abs 4, 5 HGB (Unterlassen der Angaben zu Gesamtbezügen bzw individualisierten Bezügen bei börsennotierten AG), auch während der Liq **ohne Einschränkung.**

5. Lagebericht

220 **Zweck** des LiqLageberichts ist es, Aufschlüsse über die gegenwärtigen und zukünftigen wirtschaftlichen Verhältnisse der aufgelösten KapGes zu geben. Schwerpunkt der Erl ist die Darstellung des Fortgangs der Liq, dh die Darstellung des Umfangs der werbenden Tätigkeit ebenso wie der im abgelaufenen Gj realisierten bzw eingeleiteten Abwicklungsmaßnahmen, jeweils unter Bezugnahme auf das dabei erzielte LiqErgebnis.

221 Im LiqLagebericht sind der **Liquidationsverlauf** einschl des **Liquidationsergebnisses** und die **Lage** der KapGes iL so darzustellen, dass ein den tatsächlichen Verhältnissen entspr Bild vermittelt wird (§ 289 Abs 1 S 1 HGB). Der LiqVerlauf und die Lage sind zu analysieren, wobei dem Umfang und der Komplexität der Geschäftstätigkeit der aufgelösten KapGes Rech-

V. Liquidationsjahresabschluss und Lagebericht

nung zu tragen ist (§ 289 Abs 1 S 2 HGB). In die Analyse sind die bedeutsamsten finanziellen Leistungsindikatoren (Abschlusskennzahlen) einzubeziehen und unter Bezugnahme auf die im LiqJA ausgewiesenen Beträge und Angaben zu erläutern (§ 289 Abs 1 S 3 HGB).

Die **Analyse** des **Liquidationsverlaufs** und der **Lage** der KapGes iL (§ 289 Abs 1 S 2 HGB ggf iVm § 289 Abs 3 HGB) erfordert Angaben über Fortschritt oder Verzögerungen bei den erforderlichen LiqMaßnahmen ggü den Plänen bzw Alternativen bei LiqBeginn bzw im Vj, zB Zeitpunkt und Umfang von (Teil-)Betriebsveräußerungen oder -stilllegungen oder hinsichtlich der Fortschritte bei der Abarbeitung eines aus dem Auflösungszeitpunkt stammenden Auftragsbestands (*Scherrer/Heni*[3], 110). Zur Analyse der Lage gehören auch Aussagen über mögliche stille Reserven oberhalb der AK bei den noch zu veräußernden VG. Die diesbzgl im Zusammenhang mit den Darstellungen im ErlBericht zur LiqEB genannten Einschränkungen (Anm 188) gelten auch für Folgeabschlüsse.

Zur umfassenden Analyse des LiqErgebnisses gehört die Zerlegung des Jahresergebnisses in seine Einzelbestandteile, dh das Betriebs- und das Finanzergebnis. Bei der Analyse muss insb deutlich werden, welchen Anteil am Jahresergebnis die (befristete) Fortführung der werbenden Tätigkeit (zB Abwicklung von Auftragsbeständen) einerseits und die Vermögensverwertung bzw Begleichung von Schulden andererseits haben.

Die Berichterstattung nach § 289 Abs 1 S 4 HGB über die voraussichtliche Entwicklung der Liq mit ihren wesentlichen Chancen und Risiken **(Prognosebericht)** betrifft insb geplante oder bereits eingeleitete LiqMaßnahmen bei Personal, Produktion oder Absatz. Ferner gehört hierzu eine Prognose über das voraussichtliche LiqEnde (glA *ADS*[6] AktG § 270 Anm 79); in diesem Zusammenhang ist auch auf Umstände, die zu einer Verzögerung oder Verlängerung der Liq führen (zB Rechtsstreite) einzugehen (*Scherrer/Heni*[3], 111).

Wegen der Berichterstattung über das **Risikomanagement** und die einzelnen Risikokategorien in Bezug auf die Verwendung von **Finanzinstrumenten** nach § 289 Abs 2 Nr 1 HGB vgl *Grottel* in Beck Bil-Komm[12] § 289 Anm 85 f; *WPH* HBd[16], F Anm 1401 ff.

Angaben nach § 289 Abs 2 **Nr 2** HGB zur **Forschungs- und Entwicklungstätigkeit** sind nur insoweit erforderlich, als sie Projekte betreffen, die noch abgeschlossen werden sollen. Neue Investitionen für Forschungs- und Entwicklungszwecke dürfen dagegen von den Liquidatoren idR wegen der Beschränkung in § 268 Abs 1 S 2 AktG, § 70 S 2 GmbHG (keine werbende Tätigkeit) nicht mehr eingeleitet werden; dann entfallen die Angaben nach Nr 2.

Im Rahmen der Berichterstattung über im HR eingetragene in- und ausländische **Zweigniederlassungen** gem § 289 Abs 2 **Nr 3** HGB sind die wirtschaftlich wesentlichen Eckdaten (Umsatz und Arbeitnehmer) zu nennen. Auf strukturelle Veränderungen (Zusammenlegung, Aufgabe von Niederlassungen) ist nur einzugehen, wenn dies für die Beurteilung der Lage der aufgelösten Ges wesentlich ist.

Bei börsennotierten AG iL sind bis zum Ende der Börsenzulassung (s Anm 218) nach § 289a Abs 2 HGB Angaben zum **Vergütungssystem** erforderlich und zwar nicht nur dann, wenn die im Auflösungszeitpunkt bestellten Vorstände zu (geborenen) Abwicklern werden (s Anm 35).

Zur Dauer der Angabepflicht für **Übernahmehindernisse** nach § 289a Abs 1 HGB s Anm 192.

Ferner haben kapmarktUnt iL im Lagebericht nach § 289 Abs 4 HGB das **rechnungslegungsbezogene interne Kontroll- und Risikomanagementsystem** zu beschreiben (vgl *Grottel* in Beck Bil-Komm[12] § 289 Anm 170 ff).

Schließlich haben bei börsennotierten AG Abwickler und Aufsichtsrat gemeinsam eine **Erklärung zur Unternehmensführung** nach § 289f HGB in den Lagebericht aufzunehmen (zum Inhalt vgl *Grottel* in Beck Bil-Komm[12] § 289f Anm 60 ff).

VI. Gliederung und Ausweis

1. Liquidationseröffnungsbilanz und -jahresbilanzen

a) Allgemeine Gliederungsvorschriften

225 Die allg Gliederungsvorschriften gelten sowohl für die LiqEB als auch für die LiqJahresbilanz. Entspr anzuwenden iSv § 270 Abs 2 S 2 AktG, § 71 Abs 2 S 2 GmbHG sind demnach:
- die allg Gliederungsgrundsätze (§ 265 HGB),
- das nach Größenklassen abgestufte Bilanzschema (§§ 266 bis 267a HGB),
- die Definitionen und der gesonderte Ausweis von Einzelposten (§§ 268 bis 274a HGB),
- die Sondervorschriften zum Ausweis eingeforderter Nachschüsse (§ 42 Abs 2 S 2 GmbHG) sowie zum Ausweis von Forderungen und Verbindlichkeiten ggü Gestern (§ 42 Abs 3 GmbHG).

GesterDarlehen, die durch Rangrücktrittsvereinbarung nachrangig sind, sind durch einen Davon-Vermerk kenntlich zu machen (hM *Schubert/Waubke* in Beck Bil-Komm[12] § 266 Anm 255 mwN). Eine Kenntlichmachung ist aus Gründen der Klarheit und Übersichtlichkeit insb dann geboten, wenn durch den **Rangrücktritt** zB die InsAntragspflicht vermieden und die Bewertung unter Going-Concern-Grundsätzen ermöglicht wird (so zutreffend Q Anm 83; dies verkennend aA *Scherrer/Heni*[3], 79: Rangrücktritt ist ausschließlich für die Überschuldungsmessung, nicht aber für bilanzielle Zwecke relevant).

226 Die Angabe von **Vorjahresbeträgen** gem § 265 Abs 2 S 1 HGB entfällt in der LiqEB (zustimmend *Scherrer/Heni*[3], 65).

In Folgeabschlüssen ist die Vergleichbarkeit des Bilanzausweises wieder durch entspr Angaben herzustellen. Beim ersten LiqJA ist zu beachten, dass die VjBeträge der Bilanz dem (Rumpf)JA des vorhergehenden Gj und nicht der LiqEB, als einer Zwischenbilanz besonderer Art, zu entnehmen sind (zur GuV Anm 256). Durch die Werte der LiqEB könnte sonst, insb wenn Auflösungsstichtag und Bilanzstichtag des LiqJA eng beieinander liegen, ein falsches Bild über die während des gesamten Gj eingetretenen Vermögensveränderungen entstehen. Im Übrigen wäre bei einem Ausweis von Werten der LiqEB

VI. Gliederung und Ausweis

keine Kompatibilität zu den in der GuV gezeigten VjZahlen gegeben. Die Zahlen der LiqEB können aber auf freiwilliger Grundlage und unter entspr Bezeichnung als zweite Vergleichszahl in den JA aufgenommen werden (Drei-Spalten-Bilanz) oder im Anhang angegeben werden.

Darüber hinaus kann wegen der Eigenart und des Zwecks der Liq in Einzelfällen ein **Abweichen vom Gliederungsschema** des § 266 HGB erforderlich sein, zB bei vollständiger Umgliederung des Anlagevermögens in das Umlaufvermögen (Anm 231 f). Die Zulässigkeit dafür ergibt sich aus der „entspr Anwendung" des § 265 Abs 5 HGB. Im Interesse der Klarheit und der Vergleichbarkeit aufeinanderfolgender LiqJA sind dann zusätzliche Anhangangaben (§ 265 Abs 1 S 2 HGB) erforderlich. Wird das Gliederungsschema der Bilanz angepasst, sollte die Vergleichbarkeit mit dem Vj vorzugsweise durch eine Anpassung der VjBeträge, nach § 265 Abs 2 S 3 HGB hergestellt werden, dh eine entspr Umgliederung der VjBeträge erfolgen (so IDW RS HFA 39, Tz 10 zum vergleichbaren Fall des Wechsels zwischen den unterschiedlichen größenabhängigen Gliederungsschemata). 227

b) Umgliederungen

Nach § 270 Abs 2 S 3 AktG, § 71 Abs 2 S 3 GmbHG sind VG des Anlagevermögens wie Umlaufvermögen *zu bewerten*, „soweit ihre Veräußerung innerhalb eines übersehbaren Zeitraums beabsichtigt ist *oder* diese Gegenstände nicht mehr dem Geschäftsbetrieb dienen". Diese speziell für die Liq erlassene *Bewertungsvorschrift* geht – als Folge einer vom Gesetzgeber unterstellten schrittweisen Betriebseinstellung – von einer sich **ändernden Abgrenzung zwischen Anlage- und Umlaufvermögen** aus, **die sich** insoweit auch **in der Bilanzgliederung niederschlägt** (*Sarx* in FS Forster, 559; *Bohl/Schamburg-Dickstein* in HdR[5] GmbHG § 71 Anm 25; *Steiner* in HWRev[2], 1264; *K. Schmidt* in Scholz[11] GmbHG § 71 Anm 21; LG Berlin 17.4.2001 NZG, 846; aA *Scherrer/Heni*[3], 66 ff: § 270 Abs 2 S 3 AktG, § 71 Abs 2 S 3 GmbHG sind rechtsformspezifische Bewertungs- und nicht Gliederungsvorschriften). 230

Die Verpflichtung zur Umgliederung ergibt sich unmittelbar aus der Definition des Anlagevermögens gem § 247 Abs 2 HGB (glA *ADS*[6] AktG § 270 Anm 62). Danach gehören zum Anlagevermögen nur solche VG, die dazu bestimmt sind, dauernd dem Geschäftsbetrieb zu dienen. Diese Voraussetzung ist nicht (mehr) für VG erfüllt, die aufgrund von vollständigen bzw teilweisen Stilllegungen bestimmter Anlagengruppen oder von Teilbetrieben **tatsächlich nicht mehr betrieblich genutzt werden** (so zutreffend bereits für die werbende Tätigkeit: *Schubert/F. Huber* in Beck Bil-Komm[12] § 247 Anm 361). Ein Verbleib von stillgelegten Anlagen im Anlagevermögen kann in der auf die Vollbeendigung gerichteten Liq, anders als bei der werbenden Ges, nicht damit begründet werden, dass es sich um Reserveanlagen/-grundstücke handelt. Ebenso wenig richtet sich die Zuordnung zum Anlage- oder Umlaufvermögen allein nach der „Zweckwidmung im Zugangsjahr" (so aber *Scherrer/Heni*[3], 68), sondern kann und muss sich im Zeitablauf eben in Abhängigkeit von der Funktion des betr VG im Unt ändern (zum Wechsel der Vermögensart vgl *Schubert/F. Huber* in Beck Bil-Komm[12] § 247 Anm 361). 231

Anlagegegenstände, die am Bilanzstichtag unverändert noch in einem wirtschaftlich ins Gewicht fallenden Umfang genutzt werden, dienen noch *dauernd* dem Geschäftsbetrieb und sind somit Anlagevermögen und deshalb auch am Bilanzstichtag noch nicht umzugliedern, auch wenn eine Veräußerung in naher Zukunft, dh innerhalb der nächsten zehn bis zwölf Monate bevorsteht (ausführlich *Förschle/Deubert* DStR 1996, 1748). Zu den Voraussetzungen für eine Umbewertung im Einzelnen Anm 155 ff.

232 Im Übrigen wird mit der schrittweisen Umwidmung von Anlage- in Umlaufvermögen im Anlagengitter zugleich der **Fortgang des Liquidationsverfahrens** dokumentiert und dadurch die Aussagefähigkeit der Bilanz erhöht. In diesem Zusammenhang ist auch der Einwand, dass bei den betroffenen VG durch die Umgliederung die umfangreichen Informationen des Anlagengitters (§ 284 Abs 3 HGB) verloren gehen (*Scherrer/Heni*[3], 69), nicht zutreffend. Ausgenommen von einer sofortigen vollständigen Stilllegung des Geschäftsbetriebs, wenn das gesamte Anlagevermögen bereits in der LiqEB als Umlaufvermögen auszuweisen ist, schlägt sich diese schrittweise Vermögensumwidmung als Abgang oder Umgliederung stillgelegter Anlagen im **Anlagengitter** nieder.

233 Von den ins Umlaufvermögen umzugliedernden, stillgelegten Anlagegegenständen sind ehemalige Finanzanlagen unter dem Posten „*Wertpapiere*" und immaterielle VG sowie Sachanlagen unter dem Sammelposten „*Sonstige Vermögensgegenstände*" auszuweisen. Dabei ist die Postenbezeichnung entspr anzupassen (zB „Wertpapiere und Beteiligungen" oder „Sonstige VG und stillgelegtes Anlagevermögen"). In Abhängigkeit vom Umfang der vorgenommenen Umgliederungen kommt entweder eine **weitere Untergliederung** der genannten Posten in der Bilanz (Anm 227) gem § 265 Abs 5 HGB oder eine entspr Aufgliederung im ErlBericht zur LiqEB bzw im Anhang in Betracht (glA *ADS*[6] AktG § 270 Anm 63), sofern dadurch nicht die Klarheit und Übersichtlichkeit der Darstellung beeinträchtigt wird.

Wird bei einer sofortigen Einstellung des Geschäftsbetriebs das gesamte Anlagevermögen ins Umlaufvermögen umgegliedert, bietet sich ein gesonderter Ausweis unter entspr Bezeichnung bei den Posten des Umlaufvermögens *vor* dem Posten „Vorräte" an (zB „ehemalige Sachanlagen").

c) Eigenkapitalausweis

235 Die Aufgliederung des bilanziellen EK gem der §§ 266 Abs 3 A, 272 HGB in Gezeichnetes Kapital, Gewinn- und Kapitalrücklagen, Gewinn-/Verlustvortrag sowie Jahresüberschuss/-fehlbetrag (oder Bilanzgewinn/-verlust) ist grds auch während der Liq beizubehalten, solange eine Fortsetzung der KapGes (Anm 355 ff) nicht ausgeschlossen ist (glA *K. Schmidt* in Scholz[11] GmbHG § 71 Anm 21; *Scherrer/Heni*[3], 72 ff; *Paura* in Großkomm GmbHG[2] § 71 Anm 43; *Hüffer/Koch* AktG[13] § 270 Anm 6; als Wahlrecht *ADS*[6] AktG § 270 Anm 65 f).

236 Abw hierzu wird die Ansicht vertreten, dass es dem LiqZweck eher entspräche, das gezeichnete Kapital nicht gesondert, sondern zusammengefasst mit den übrigen EK-Teilen als sog „**Liquidationskapital**" auszuweisen (vgl *Haas* in Baumbach/Hueck GmbHG[21] § 71 Anm 18 (Ausweis nach §§ 266,

VI. Gliederung und Ausweis 237–239 T

272 HGB als Wahlrecht); *Bohl/Schamburg-Dickstein* in HdR[5] GmbHG § 71 Anm 24; als Wahlrecht *ADS*[6] AktG § 270 Anm 69). Zur Begründung wird darauf verwiesen, dass das Kapitalerhaltungssystem der §§ 57 Abs 1, 58 Abs 4 AktG *(Verbot der Einlagenrückgewähr, Begrenzung von Ausschüttungen auf den Bilanzgewinn)* nach Eintritt der KapGes in das LiqStadium durch die weitergehenden Gläubigerschutzvorschriften der §§ 271, 272 AktG, §§ 72, 73 GmbHG ersetzt werde. Damit erübrige sich § 272 Abs 1 S 2 HGB, wonach das gezeichnete Kapital mit dem Nennwert anzusetzen ist.

Angesichts der **zwingenden Gliederungsvorschriften** (§§ 266, 272 HGB) kann die Zusammenfassung der genannten EK-Posten nicht als *entspr* Anwendung der allg JA-Vorschriften iSd § 270 Abs 2 S 2 AktG, § 71 Abs 2 S 2 GmbHG interpretiert werden (glA *Scherrer/Heni*[3], 73). Im Ergebnis resultieren aus der Zusammenfassung der Eigenkapitalposten **Informationsdefizite**, die die Klarheit und Übersichtlichkeit der LiqBilanz beeinträchtigen. Es erscheint auch wenig sinnvoll, Informationen über die EK-Untergliederung, die an sich direkt der Bilanz entnommen werden können, über den Umweg ergänzender Angabepflichten oder durch Vorspaltenvermerke bereitzustellen (so aber *Steiner* in HWRev[2], 1264; wie hier *Scherrer/Heni*[3], 74). 237

Im Übrigen sind die Bilanzadressaten (Anteilseigner) nicht nur an der Höhe des bilanziellen Reinvermögens, sondern auch an dem zur Teilnahme an der Vermögensverteilung berechtigten Nennkapital interessiert. Aus dem gleichen Grund sind auch die Angaben nach § 152 Abs 1 AktG über das Bestehen verschiedener Aktiengattungen unentbehrlich; namentlich wenn Vorzugsaktien nach § 11 AktG vorhanden sind, die besondere Rechte bei der Vermögensverteilung gewähren.

Die Beibehaltung der ursprünglichen **Rücklagenuntergliederung** ist zudem wegen der grundsätzlichen Möglichkeit eines Fortsetzungsbeschlusses (Anm 355 ff) erforderlich (*Scherrer/Heni*[3], 74).

Ein **Jahresüberschuss/-fehlbetrag** (Bilanzgewinn/-verlust) ist ebenfalls 238 gesondert auszuweisen und, da Ausschüttungen gem § 272 AktG, § 73 GmbHG nicht möglich sind, stets in voller Höhe auf neue Rechnung vorzutragen (ebenso *K. Schmidt* in Scholz[11] GmbHG § 71 Anm 21; nach *ADS*[6] AktG § 270 Anm 68 besteht jedoch die Möglichkeit, einen Jahresüberschuss in Rücklagen einzustellen bzw einen Fehlbetrag in der Liq durch Rücklagenentnahmen auszugleichen).

Bei einer Auflösung während des Gj ist das bis zum Auflösungsstichtag erzielte Ergebnis in der LiqEB im Gewinn-/Verlustvortrag auszuweisen (glA *Scherrer/Heni*[3], 75), sofern nicht eine Fortentwicklung zum Bilanzgewinn/ -verlust nach § 158 AktG (ggf analog) vorgenommen wird (zur Zulässigkeit, auch ohne gleichzeitige Rücklagenbewegungen, wenn nur ein Ergebnisvortrag vorliegt, vgl *WPH* HBd[16], F Anm 523). Dies gilt jedoch mit der Einschränkung, dass es wegen § 252 Abs 1 Nr 1 HGB in der LiqEB *keine Ergebnisunterschiede* ggü der *fiktiven* SB der werbenden Ges geben kann (dazu Anm 143 f).

Ergibt sich in einer LiqBilanz ein Überschuss der Schulden über das Ver- 239 mögen der KapGes, ist auf der Aktivseite gem § 268 Abs 3 HGB ein **„Nicht durch Eigenkapital gedeckter Fehlbetrag"** auszuweisen. Ein InsVerfahren gem § 92 Abs 2 AktG, § 64 Abs 1 GmbHG folgt hieraus jedoch nicht zwingend, da für den Überschuldungsstatus andere Ansatz- und Bewertungsregeln gelten (dazu P Anm 100 ff).

d) Ausstehende Einlagen, Erstattungsansprüche nach § 31 GmbHG

245 **Eingeforderte ausstehende Einlagen** auf das Gezeichnete Kapital sind in der LiqEB und den Folgebilanzen gem § 272 Abs 1 S 3 HGB gesondert und unter entspr Bezeichnung unter den Forderungen auszuweisen (vgl *Störk/Kliem/Meyer* in Beck Bil-Komm[12] § 272 Anm 36).

Nicht eingeforderte ausstehende Einlagen sind *offen* in einer Vorspalte vom Gezeichneten Kapital abzusetzen und der verbleibende Betrag als „Eingefordertes Kapital" zu bezeichnen (§ 272 Abs 1 S 3 HGB; vgl *Störk/Kliem/Meyer* in Beck Bil-Komm[12] § 272 Anm 35). Solange nicht ausgeschlossen werden kann, ob und inwieweit ausstehende Einlagen noch von der KapGes zur Schuldentilgung, aufgrund eines fortbestehenden Eigenbedarfs (zB zur Beendigung begonnener Großprojekte, dazu *K. Schmidt* in Scholz[11] GmbHG § 69 Anm 21) oder zur gleichmäßigen Verteilung eines LiqÜberschusses (*Müller* DB 2003, 1939 f) benötigt werden, ist eine direkte *Saldierung* mit dem „Liquidationskapital" *nicht zulässig*, sondern die Absetzung in der Vorspalte beizubehalten (§ 271 Abs 3 S 2 AktG; *ADS*[6] AktG § 270 Anm 70 mwN; *Haas* in Baumbach/Hueck GmbHG[21] § 71 Anm 17). Eine Verrechnung mit dem Gezeichneten Kapital ist erst dann möglich, wenn die Verteilung des Reinvermögens an die Gester unmittelbar bevorsteht (vgl *K. Schmidt* in Scholz[11] GmbHG § 71 Anm 21; *Scherrer/Heni*[3], 76 f).

246 **Rückforderungsansprüche** von unter Verstoß gegen § 30 GmbHG gewährten Leistungen sind vor dem Anlagevermögen oder zwischen den Forderungen und sonstigen VG gesondert auszuweisen und entspr zu bezeichnen (zB „Erstattungsanspruch nach § 31 GmbHG") (hM *ADS*[6] GmbHG § 42 Anm 32 mwN). Die Geltendmachung dieser Ansprüche durch den Liquidator setzt voraus, dass die Mittel zur Gläubigerbefriedigung oder sonst zur gleichmäßigen Verteilung der LiqGuthaben unter die Gester erforderlich sind (*Müller* DB 2003, 1940).

Für die Bewertung dieses Anspruchs gelten iÜ die allg Grundsätze (§ 253 Abs 1 HGB). Sofern Zweifel an der Bonität der zur Erstattung verpflichteten Gester bestehen, ist der Erstattungsanspruch (erfolgswirksam) auf den niedrigeren beizulegenden Wert abzuwerten.

e) Eigene Anteile, Rückbeteiligungen

250 Die Bilanzierung des Erwerbs und der (Wieder-)Veräußerung eigener Anteile in der LiqBilanz richtet sich nach § 272 Abs 1a und 1b HGB, die auch in der Liq entspr anzuwenden sind (ausführlich *Störk/Kliem/Meyer* in Beck Bil-Komm[12] § 272 Anm 130 ff). Nach § 272 Abs 1a S 1 HGB ist der Nennbetrag eigener Anteile oder, falls ein solcher nicht vorhanden ist, deren rechnerischer Wert in der **Vorspalte offen** vom Posten „Gezeichnetes Kapital" **abzusetzen**. Dies gilt unabhängig davon, ob die eigenen Anteile zur Einziehung erworben (dazu ausführlich Q Anm 160 ff) oder zur Wiederveräuße-

VI. Gliederung und Ausweis

rung bestimmt sind. Die eigenen Anteile sind für die KapGes iL dividenden- bzw ertragslos und nehmen auch nicht an der Vermögensverteilung teil (vgl *Koch* in MünchKomm AktG[4] § 271 Anm 21; *Haas* in Baumbach/Hueck GmbHG[21] § 72 Anm 5). Die Gester können anhand des in der LiqBilanz ausgewiesenen „Ausgegebenen Kapitals" ihre relative Beteiligungsquote bestimmen und damit ihren Anteil an der bei Beendigung der Liq zu erwartenden Vermögensverteilung abschätzen (vgl *Scherrer/Heni*[3], 77 f).

Eine während der werbenden Tätigkeit gem § 272 Abs 4 S 1 HGB gebildete **Rücklage für Anteile am herrschenden Unternehmen** (sog Rückbeteiligungen) darf in der LiqEB vollständig zu Gunsten des Bilanzgewinns oder der übrigen Gewinnrücklagen verwendet (aufgelöst) werden, weil die damit bezweckte *Ausschüttungssperre* bereits durch die ab Auflösung zu beachtende Rückzahlungssperre gem § 272 AktG, § 73 GmbH (dazu Anm 70 ff; *K. Schmidt* in Scholz[11] GmbHG § 73 Anm 2 f) gewährleistet wird. 251

2. Gewinn- und Verlustrechnung

Auch in der Liq gelten grds die allg Vorschriften für werbende KapGes über die Gliederung der GuV entspr, insb die §§ 265 und 275 bis 277 HGB. 255

Wie bei der werbenden Ges ist es auch in der Liq die Aufgabe der GuV, die Ursachen des ausgewiesenen Ergebnisses unter Berücksichtigung der geänderten, auf die Vollbeendigung der aufgelösten KapGes abzielenden Zwecksetzung (s Anm 7) für die Bilanzadressaten transparent zu machen (vgl *Scherrer/Heni*[3], 108).

Im ersten LiqFolgeabschluss sind dazu als **Vergleichszahlen** iSd § 265 Abs 2 S 1 HGB die Werte der GuV des letzten (Rumpf)JA anzugeben. Ist die Vergleichbarkeit der VjBeträge nicht unmittelbar gegeben, zB weil ein RumpfGj bis zur Auflösung und/oder nach der Auflösung bis zum bisherigen GjEnde gebildet wird, ist dies gem § 265 Abs 2 S 2 HGB im Anhang anzugeben und zu erläutern und dabei müssen die wesentlichen quantitativen Abweichungen zu erkennen sein (auch IDW RS HFA 39, Tz 9). Eine Anpassung von VjBeträgen nach § 265 Abs 2 S 3 HGB kommt dagegen wegen der unterschiedlichen Vergleichszeiträume (RumpfGj) nicht in Betracht (IDW RS HFA 39, Tz 11). 256

Von besonderem Interesse ist aber, wie sich das Jahresergebnis auf den im Rahmen der Fortführung der bisherigen Geschäftstätigkeit bis zur Auflösung erzielten Anteil und das unmittelbare LiqErgebnis ieS verteilt (*ADS*[6] AktG § 270 Anm 72; *Forster* in FS Knorr, 89). Dies ist insb auch im Hinblick auf die von den Liquidatoren nach der Beendigung der Liq vorzulegende Liq-Schlussrechnung relevant (Anm 280). Wird bei einer unterjährigen Auflösung – entspr der hM (s Anm 45 ff) – ein RumpfGj bis zur Auflösung gebildet, ist die **Abgrenzung** des **Ergebnisses** für die Zeit der **werbenden** Tätigkeit bis zum Auflösungsstichtag **und** der daran anschließenden **Liquidationstätigkeit** ohne Weiteres möglich. Wird – entspr der hier vertretenen Auffassung (s Anm 50 ff) – kein RumpfGj bis zu Auflösung gebildet, sondern für das gesamte Gj, in das die Auflösung fällt, ein (einheitlicher) JA aufgestellt, kann zumindest das Gesamtergebnis für das Gj mit Hilfe der LiqEB auf die werbende und die LiqTätigkeit aufgeteilt werden.

T 257, 258   Abwicklungs-/Liquidationsrechnungslegung

257   Insb ist zu beachten, dass typischerweise zu Beginn der Liq schwebende Verträge erfüllt und im Rahmen von § 268 Abs 1 S 2 AktG und § 70 S 2 GmbHG neue laufende Geschäfte eingegangen werden, bevor mit der Veräußerung von VG des Anlagevermögens oder Restbeständen bei den Vorräten begonnen werden kann. Für die GuV bedeutet dies, dass **nach** dieser **Übergangsphase** der **Ausweis** der während der werbenden Tätigkeit bedeutsamen Posten (zB der Umsatzerlöse, des Material- und Personalaufwands) abnehmen und dafür die Bedeutung anderer Posten, vor allem der **sonstigen betrieblichen Erträge und Aufwendungen zunehmen** wird (ADS[6] AktG § 270 Anm 73).

       In einer gem § 275 HGB aufgestellten GuV sind die bei der Veräußerung einzelner VG erzielten Erlöse sowie die damit verbundenen **Buchgewinne und -verluste** nicht mehr direkt ersichtlich. Sie lassen sich nur durch eine Kombination der Angaben im Anlagengitter nach § 284 Abs 3 HGB und ergänzender **Angaben im Anhang** nach § 285 Nr 31 und 32 HGB (Erl-Pflichten für wesentliche ao bzw außergewöhnliche und aperiodische Aufwendungen und Erträge) ermitteln.

258   Der Grundsatz der Klarheit und Übersichtlichkeit des JA (§ 243 Abs 2 HGB) sowie die Verpflichtung, ein den tatsächlichen Verhältnissen entspr Bild der Ertragslage der KapGes iL gem § 264 Abs 2 S 1 HGB zu vermitteln, können deshalb mit dem Fortschreiten des LiqVerfahrens eine **weitergehende** als die in § 275 HGB vorgesehene **(Unter-)Gliederung der GuV** erfordern (ebenso ADS[6] AktG § 270 Anm 74; für entspr mit konkreten Zahlenangaben versehene Erl im Anhang vgl Scherrer/Heni[3], 108). Dabei können die notwendigen Informationen zu Beginn der Liq sicherlich noch durch eine weitere Untergliederung der betr Aufwendungen und Erträge iSd § 265 Abs 5 S 1 HGB entweder direkt in der GuV oder aber im Anhang bereitgestellt werden. Hierfür kommt zB folgende Untergliederung in Betracht:

Sonstige betriebliche Erträge	Sonstige betriebliche Aufwendungen
Erlöse aus Vermietung und Verpachtung	**Verluste aus der Verwertung von Vermögen**
Verwertungserlöse	– Grundstücke und Gebäude
– Grundstücke und Gebäude	– Maschinen und Ausstattungen
– Maschinen und Ausstattungen	– Bet, Wertpapiere
– Bet, Wertpapiere	**Kosten der Liquidation**
– übriges Anlagevermögen (zB Patente)	– Beratungs- und Gutachterkosten
– Umlaufvermögen (zB Vorräte)	– Prüfungskosten
Übrige sonstige Erträge	– Personalaufwand (soweit nicht Löhne und Gehälter)
– Zuschreibungen	– Abfindungen, Sozialplanaufwendungen
– Auflösung von Rückstellungen	
– Wegfall von Verbindlichkeiten	– Aufwendungen zur Ablösung bestehender Verträge
– GesterZuschüsse (zB für Abfindungen oder Sozialpläne)	– Kosten für die Aufbewahrung der Bücher und Schriften
...	**Übrige sonstige Aufwendungen**
	...

VII. Rechnungslegung am Ende des Liquidationsverfahrens 259–267 **T**

In Abhängigkeit vom Fortgang der Liq kann es auch zweckmäßig sein, jeweils nur die einzelnen Aufwands- und Ertragsposten, die zu den Buchgewinnen oder -verlusten geführt haben, gesondert – jedoch in der Reihenfolge des § 275 Abs 2 HGB – in der GuV auszuweisen (*Bohl/Schamburg-Dickstein* in HdR[5] GmbHG § 71 Anm 30, ausführlich *Forster* in FS Knorr, 89 f). 259

VII. Rechnungslegung am Ende des Liquidationsverfahrens

1. Externe Rechnungslegung (sog Liquidationsschlussbilanz)

Die **letzte öffentlich-rechtliche Rechnungslegung** der Ges vor Verteilung des Reinvermögens an die Gester umfasst die sog LiqSB nebst GuV, Anhang und Lagebericht (vgl *K. Schmidt* in Scholz[11] GmbHG § 71 Anm 30; *Haas* in Baumbach/Hueck GmbHG[21] § 71 Anm 28). Die Verpflichtung zur Aufstellung eines letzten externen JA der aufgelösten KapGes ergibt sich aus § 270 Abs 1 AktG, § 71 Abs 1 GmbHG, wonach für den „*Schluss eines jeden Jahres*" und somit auch für das letzte *RumpfGj* vor Beendigung der KapGes ein JA und ein Lagebericht aufzustellen ist; sie kann aber auch mit §§ 238, 242, 264 HGB iVm § 264 Abs 2 AktG, § 69 Abs 1 GmbHG begründet werden (so zB *Scherrer/Heni*[3], 39). Vereinfachend wird vielfach nur von der sog LiqSB gesprochen. Tatsächlich ist dieser letzte Abschluss, ebenso wie ein **regulärer** (Rumpf-)**Jahresabschluss**, formal als „*Abschluss für die Zeit vom* … [Beginn des RumpfGj] *bis* … [Stichtag der LiqSB (dazu Anm 267)]" zu bezeichnen. Der Zweck dieses (Rumpf-)Abschlusses sollte aber durch den Klammerzusatz (LiqSB) kenntlich gemacht werden. 265

Da es sich um eine öffentlich-rechtliche Verpflichtung und nicht um eine ermessensabhängige Pflicht ordentlicher Liquidatoren handelt (so aber *Hüffer/Koch* AktG[13] § 271 Anm 3; *Gesell* in Rowedder[6] GmbHG § 71 Anm 25: keine Pflicht, aber zu empfehlen), ist eine LiqSB *immer* aufzustellen, auch dann, wenn kein nennenswertes Vermögen oder nur flüssige Mittel zur Auskehrung kommen (glA *Kleindiek* in Lutter/Hommelhoff[19] GmbHG § 71 Anm 12; aA *Horn* BuW 1996, 39 f).

Die LiqSB mit GuV dokumentiert das Ergebnis seit dem letzten regulären LiqJA und dient darüber hinaus dazu, das am Ende der Liq verbliebene und nunmehr **zur Auskehrung gelangende Reinvermögen** ggü den Gestern **nachzuweisen** (vgl *K. Schmidt* in Scholz[11] GmbHG § 71 Anm 30; *Förster/Döring*[4], 31; *Hofmann* GmbHR 1976, 261; LG Bonn v 23.7.2010 NZG, 1276). 266

Der **Stichtag** der LiqSB richtet sich – anders als bei der LiqEB (dazu Anm 90 f) – nicht nach kalendermäßig bestimmten Ereignissen, sondern unterliegt der Einschätzung der Liquidatoren über den „*Reifegrad der Liquidation*" (*Rodewald* GmbHR 1994, 455). Aus praktischen Gründen wird deshalb der Zeitpunkt als maßgeblicher Stichtag für die SB angesehen, ab dem die Voraussetzungen für die Verteilung des GesVermögens an die Gester vorliegen (glA *Kleindiek* in Lutter/Hommelhoff[19] GmbHG § 71 Anm 12). Dazu muss der Liquidator seine Pflichten gem § 268 Abs 1 AktG, § 70 S 1 GmbHG erfüllt haben, dh die laufenden Geschäfte einschl aller Rechts- 267 streitigkeiten müssen beendet sein, sämtliche Forderungen eingezogen sowie das übrige Vermögen „versilbert" und die Schulden der KapGes getilgt oder sichergestellt (§ 272 AktG, § 73 GmbHG) worden sein. Außerdem müssen alle sonstigen handels-, steuer- und arbeitsrechtlichen Verpflichtungen der KapGes iL erfüllt sein.

Zur Ermittlung der Steuerschulden empfiehlt es sich, die *Liquidationsbesteuerung* (Anm 425 ff) – in Absprache mit dem FA – vorzuverlegen, sofern nicht für die mit der Schlussbesteuerung verbundenen Aufwendungen eine Pauschalregelung gefunden wird (*WPH*[14] II, X Anm 301). Die Auffassung, dass die handelsrechtliche LiqSB zeitgleich mit der steuerlichen SB erstellt wird (so *Scherrer/Heni*[3], 38), wird nicht geteilt. Solange die KSt- und GewSt-Veranlagungen etc für den LiqZeitraum nicht abgeschlossen sind, kann sich das LiqErgebnis noch ändern; folglich steht das zur Verteilung an die Gester bestimmte Vermögen nicht endgültig fest. Das Abwarten endgültiger Steuerbescheide empfiehlt sich auch im Hinblick auf die Haftungsverpflichtung des Liquidators für Steuerschulden der KapGes gem § 69 AO.

Schließlich muss auch das *Sperrjahr* gem § 272 Abs 1 AktG, § 73 Abs 1 GmbHG abgelaufen sein (ausführlich zur Funktion des Sperrjahrs in der Liq *Erle* GmbHR 1998, 216 ff). Solange sich noch unbekannte Gläubiger (Anm 73) melden können, steht das LiqReinvermögen nicht fest. Auch blieben sonst die bis zum Ablauf des Sperrjahrs erzielten Erträge und Kosten aus der Verwaltung des Reinvermögens unberücksichtigt.

268 Gem § 271 Abs 1 AktG, § 72 GmbHG wird das am Ende der Liq verbliebene **Vermögen** der KapGes unter die Gester nach dem Verhältnis ihrer Geschäftsanteile verteilt. Da § 268 Abs 1 AktG, § 70 S 1 GmbHG davon ausgehen, dass das gesamte Vermögen – soweit es nicht ohnehin bereits in Geld besteht – im Rahmen der Liq „versilbert" und nach Gläubigerbefriedigung ausgekehrt wird, ist der Anspruch auf Anteil am LiqErlös regelmäßig ein *Geldleistungsanspruch* (vgl *K. Schmidt* in Scholz[11] GmbHG § 72 Anm 7; *Haas* in Baumbach/Hueck GmbHG[21] § 72 Anm 3). In diesem Idealfall ist in der LiqSB nur das am Ende der Liq verbliebene Bargeld und die Guthaben bei Kreditinstituten (mit dem Nominalbetrag) anzusetzen.

Sofern der GesVertrag aber eine Verteilung von Vermögenswerten in Natur (ggf bei eingelegten oder erworbenen Patenten, insb aber bei Grundstücken und Wertpapieren oder bei AlleinGestern) vorsieht oder wenn die Gester – zur Vermeidung der „Verschleuderung" solcher VG im Rahmen der Liq – der Austeilung in Natur zustimmen (dazu *K. Schmidt* in Scholz[11] GmbHG § 70 Anm 6), sind zum Stichtag der LiqSB auch materielle und/oder immaterielle VG vorhanden. Unabhängig davon kommt eine Verteilung von Sachwerten auch dann in Betracht, wenn sie iE Geld gleichstehen (so zB *Tavakoli/Eisenberg* GmbHR 2018, 80). Eine Austeilung in Natur setzt, auch bei einem AlleinGester, immer voraus, dass die betr VG nicht zur Befriedigung der GesGläubiger benötigt werden.

Entspr dem Zweck der LiqSB, das am Ende der Liq verbliebene Vermögen ggü den Gestern nachzuweisen (Anm 266), sind in dieser sämtliche noch vorhandenen VG anzusetzen, die selbständig verkehrsfähig sind. Das handelsrechtliche Aktivierungswahlrecht des § 248 Abs 2 S 1 HGB für selbst geschaffene immaterielle VG gilt folglich nicht mehr.

VII. Rechnungslegung am Ende des Liquidationsverfahrens 269–271 T

Da die Liquidatoren die Liq mit dem ausdrücklichen Ziel betreiben, alle **269**
Schulden der KapGes zu erfüllen, steht die Passivierung von Rückstellungen
(zB für Steuern) in einer LiqSB einer Beendigung der Liq entgegen (*Kleindiek*
in Lutter/Hommelhoff[19] GmbHG § 74 Anm 4; *Haas* in Baumbach/Hueck
GmbHG[21] § 74 Anm 2). Solange derartige Verpflichtungen nach Grund und
Höhe noch nicht geklärt sind, steht das verbleibende Reinvermögen noch
nicht endgültig fest und kann deshalb nicht verteilt werden. Auch die Kosten
für die Aufbewahrung der Bücher und Schriften der KapGes (s Anm 295 ff)
dürfen nicht in der LiqSB passiviert werden, sondern sind vor deren Aufstellung zu zahlen, wie auch bekannte Verbindlichkeiten zu hinterlegen sind und
für noch nicht fällige oder strittige Verbindlichkeiten gem § 272 AktG, § 73
GmbHG Sicherheit zu leisten ist (ausführlich dazu *Haas* in Baumbach/Hueck
GmbHG[21] § 73 Anm 6 ff; *Kleindiek* in Lutter/Hommelhoff[19] GmbHG § 73
Anm 7).

Eine Ausnahme gilt nur für zukünftig bis zur Vollbeendigung anfallende
(unwesentliche) Kosten, zB für die letzte GesV, die Löschung im HR oder für
die Prüfung der LiqSB und/oder der sich daran anschließenden Schlussrechnung des Liquidators (Anm 283), für die in der LiqSB eine Rückstellung
zu bilden ist, sofern diese Kosten nicht von den Gestern getragen werden
(glA *Haas* in Baumbach/Hueck GmbHG[21] § 74 Anm 2).

Weiter können in einer LiqSB im Rahmen des GesVerhältnisses begründete Verpflichtungen auszuweisen sein, deren Erfüllung mit Rücksicht auf
die verschärfte Ausschüttungssperre der §§ 271 f AktG, §§ 72 f GmbHG
während der Liq nicht zulässig war (ausführlich Anm 75 ff). Zu diesen sog
„unselbständigen Rechnungsposten in der Auseinandersetzung" (zur Behandlung bei der Schlussverteilung Anm 283) gehören Dividendenansprüche aus
einem erst nach Auflösung gefassten Gewinnverwendungsbeschluss (ebenso
Haas in Baumbach/Hueck GmbHG[21] § 72 Anm 24) sowie Verbindlichkeiten aus Ergebnisabführungsverträgen, sofern diese UntVerträge nicht mit der
Auflösung gekündigt wurden (Anm 397).

Die LiqSB soll die Gester über die voraussichtliche LiqQuote informie- **270**
ren. Daher darf nur das an der Vermögensverteilung teilnehmende Gezeichnete Kapital in der LiqSB ausgewiesen werden. Da **eigene Anteile**
nicht an der Vermögensverteilung teilnehmen (§ 71b AktG), braucht der
darauf entfallende Nennbetrag bzw bei Stückaktien der rechnerische Wert
nicht länger offen vom Posten „Gezeichnetes Kapital" abgesetzt werden.
Der Wegfall der offenen Absetzung in der LiqSB sollte analog zur Kapitalherabsetzung durch Einziehung von (eigenen) Anteilen erfolgen (dazu Q
Anm 160 ff; *Störk/Kliem/Meyer* in Beck Bil-Komm[12] § 272 Anm 100 ff). Dh,
in der GuV-Verlängerungsrechnung ist ein „Aufwand aus Wegfall der offenen Absetzung des Nennbetrags eigener Anteile" und in gleicher Höhe ein
„Ertrag aus nicht an der Vermögensverteilung teilnehmenden eigenen Anteilen" zu erfassen. Die Einstellung des freiwerdenden Betrags in die Kapitalrücklage – so wie dies bei werbenden KapGes aus Gründen des Gläubigerschutzes (§ 237 Abs 5 AktG) geboten ist – ist dagegen in der LiqSB nicht
erforderlich.

Die **Bewertung** der zur Verteilung in Natur vorgesehenen VG (zB Grund- **271**
stücke, Aktien) hat in der LiqSB **zum Zeitwert** zu erfolgen (so *Scherrer/*

Heni[3], 40). Das entspricht der Bewertung in der steuerlichen LiqSB, wo nicht „versilberte" VG ebenfalls mit ihrem gemeinen Wert gem § 9 BewG anzusetzen sind (vgl zB *Stalbold* in Gosch KStG[3] § 11 Anm 67; dazu Anm 444).

Die Auskehrung von VG am Ende der Liq stellt iE einen einer **Sachausschüttung vergleichbaren Vorgang** dar. Entspr neuerer Auffassung (*Störk/ Büssow* in Beck Bil-Komm[12] § 272 Anm 637; WPH HBd[16], F Anm 527 mwN) stellen Sachdividenden umsatzähnliche Transaktionen dar, weshalb die zur Auskehrung vorgesehenen VG zum Markt- bzw (beizulegenden) **Zeitwert** zu bewerten sind. Die Aufdeckung der stillen Reserven erfolgt dabei nicht erst im Abgangszeitpunkt (Übergang des wirtschaftlichen Eigentums), sondern darf bereits auf den Abschluss zurückbezogen werden, der letztlich die Grundlage für den (Sach-)Ausschüttungsbeschluss ist (*Störk/Büssow* in Beck Bil-Komm[12] § 272 Anm 639; WPH HBd[16], F Anm 531). Vor diesem Hintergrund erscheint es sachgerecht, die zur Auskehrung bestimmten VG analog zu den Grundsätzen für Sachausschüttungen in der LiqSB zum Zeitwert zu bewerten. Durch diese Vorgehensweise wird zugleich erreicht, dass der Vermögensausweis in der LiqSB nicht einseitig durch die (negativen) Folgen aus der Versteuerung etwaiger stiller Reserven (s Anm 443) in den zur Verteilung bestimmten VG belastet wird. Die Tatsache der Bewertung zum Zeitwert sowie die Grundlagen für deren Ermittlung sind im Schlussanhang nach § 284 Abs 2 Nr 1 HGB anzugeben.

Für die werbende KapGes wird teilweise jedoch auch eine Bewertung der im Zuge der Sachausschüttung abgehenden VG zum **Buchwert** befürwortet (zB *Siegel* WPg 2008, 561) bzw zumindest für zulässig erachtet (vgl WPH HBd[16], F Anm 528). Vor diesem Hintergrund erscheint eine Zeitwertbewertung der am Ende der Liq verbliebenen und zur Auskehrung an die Gester bestimmten VG in der LiqSB nicht zwingend. Insb wenn sich die Anteile an der KapGes in der Hand eines Gesters befinden, dürfen die auszukehrenden VG in der LiqSB auch zum Buchwert bzw selbst geschaffene immaterielle VG auch zum Erinnerungswert angesetzt werden. In diesem Fall sind die Zeitwerte der betr VG und die ihrer Ermittlung zugrunde liegenden Bewertungsgrundlagen aber im Rahmen der Erl des Verteilungsplans im Schlussanhang anzugeben.

272 Der letzte RumpfJA der aufgelösten KapGes umfasst neben der LiqSB mit GuV für den restlichen LiqZeitraum auch einen **Schlussanhang**. Neben den Angaben nach §§ 285 ff HGB besteht die wesentlichste Aufgabe des Schlussanhangs in der Erl des auf der LiqSB beruhenden Verteilungsplans (ebenso *K. Schmidt* in Scholz[11] GmbHG § 71 Anm 30). Im Rahmen der Erl der angewandten Bilanzierungs- und Bewertungsmethoden sind *auch* die Ermittlungsgrundlagen für den Zeitwertansatz von VG darzustellen.

Ein **Lagebericht** dürfte sich dagegen erübrigen (glA *Haas* in Baumbach/ Hueck GmbHG[21] § 71 Anm 28); ggf können die entspr Angaben in den Schlussanhang aufgenommen werden, wobei sich dann zB die Bezeichnung ErlBericht zur LiqSB empfiehlt.

273 Der SchlussJA bedarf gem § 270 Abs 2 AktG, § 71 Abs 2 GmbHG der **Feststellung** durch die Gester (einschränkend *K. Schmidt* in Scholz[11] GmbHG § 71 Anm 30: Feststellung durch Gester gem § 46 Nr 1 GmbHG

VII. Rechnungslegung am Ende des Liquidationsverfahrens

nur bis zum Ablauf des Sperrjahrs geboten; aA Feststellung der LiqSB durch die HV wegen der organschaftlichen Kompetenz der Abwickler nicht möglich, *Hüffer/Koch* AktG[13] § 271 Anm 3). Zur Prüfung der LiqSB s Anm 305; zur Offenlegung Anm 345.

Kommt es aus Anlass der Beendigung der Liq zu einer **Auskehrung von** **274** **Sachwerten,** führt dies im handelsrechtlichen JA des **Gesellschafters** zu einem mengenmäßigen Teilabgang der Bet. Die Höhe des Teilabgangs richtet sich nach dem Verhältnis des Zeitwerts des übertragenen VG zum Zeitwert der Bet vor der Sachauskehrung (vgl IDW RS HFA 43, Tz 33). Die Zugangsbewertung der VG beim Gester stellt sich als **Tauschvorgang** dar. Entspr der handelsrechtlichen Tauschgrundsätze (zB IDW RS HFA 42, Tz 46) dürfen als AK (§ 255 Abs 1 HGB) entweder der Teilabgang der Bet oder der höhere Zeitwert angesetzt werden. Entsteht durch den Vorgang auf Ebene des Gesters eine lfd Steuerbelastung, darf auch ein steuerneutraler Wert (Teilabgang der Bet zzgl eines Betrags zum Ausgleich der Steuerbelastung) gewählt werden.

2. Interne Rechnungslegung (Liquidationsschlussrechnung des Liquidators)

Die **Verpflichtung** zur Aufstellung einer Schlussrechnung ergibt sich in- **280** direkt aus § 273 Abs 1 AktG, § 74 Abs 1 GmbHG, wonach die Beendigung der Liq erst zur Eintragung in das HR angemeldet werden kann, nachdem die Schlussrechnung gelegt ist. Bei der LiqSchlussrechnung handelt es sich um die abschließende Rechenschaftslegung des Liquidators als Verwalter fremden Vermögens im Innenverhältnis, wenn die Verteilung des nicht zur Gläubigerbefriedigung benötigten Restvermögens an die Gester durchgeführt ist (ebenso *Gesell* in Rowedder[6] GmbHG § 71 Anm 25 f; *ADS*[6] AktG § 270 Anm 28). Die LiqSchlussrechnung kann somit aufgestellt werden, sobald der letzte Vermögensteil in bar oder in Natur ausgekehrt wurde.

Das Recht auf LiqSchlussrechnung steht der KapGes, nicht dem einzelnen Gester zu. **Empfänger** ist die GesV, die die LiqSchlussrechnung prüfen und billigen muss, damit sie „gelegt" ist; ein gleichzeitiger Anspruch der Liquidatoren auf Entlastung besteht nach hM nicht (zB *Kleindiek* in Lutter/Hommelhoff[19] GmbHG § 74 Anm 8; *K. Schmidt* in Scholz[11] GmbHG § 74 Anm 3; aA BayObLG v 14.3.1963 BB, 664; *Paura* in Großkomm GmbHG[2] § 74 Anm 10; *Hüffer/Koch* AktG[13] § 273 Anm 3).

Aus der LiqSchlussrechnung ist ersichtlich, wie das in der LiqSB (Anm 266) ermittelte Reinvermögen unter den Gestern aufgeteilt wurde, wodurch zugleich die dadurch entstandene Vermögenslosigkeit der aufgelösten KapGes dokumentiert wird. Deshalb wird ein weiterer Zweck der LiqSchlussrechnung darin gesehen, ggü dem Registergericht das Vorliegen der materiellen Eintragungsvoraussetzungen gem § 273 AktG, § 74 GmbHG nachzuweisen (so zutreffend *Scherrer/Heni*[3], 41; zu inhaltlichen Anforderungen an diesen Nachweis s Anm 283).

Aus dem Gesetz ergeben sich keine Anforderungen bzgl der **inhaltlichen** **281** **Ausgestaltung** der LiqSchlussrechnung, dh insb wie die Entstehung eines am Ende der Liq verbleibenden Überschusses zu dokumentieren ist. Da es sich um einen Bestandteil der Rechenschaftslegung des Liquidators im Innenverhältnis handelt (hM *Scherrer/Heni*[3], 40 f mwN), bestimmt deshalb das konkrete Interesse der Gester im Einzelfall den Inhalt der LiqSchlussrechnung und den Zeitraum, auf den sie sich bezieht (*Paura* in Großkomm GmbHG[2] § 74 Anm 7 ff).

Entspr hM handelt es sich bei der LiqSchlussrechnung um eine Rechenschaftslegung iSd § 259 BGB, dh mindestens um eine geordnete Zusammenstellung der Einnahmen und Ausgaben unter Vorlage der Belege (vgl *Adler*[2], 77; *Hüffer/Koch* AktG[13] § 273 Anm 3; *K. Schmidt* in Scholz[11] GmbHG § 71 Anm 35).

282 Unklar ist allerdings, ob sich die **Einnahmen-Ausgaben-Rechnung** über die gesamte Dauer der Liq erstreckt (so *Förster/Döring*[4], 31) oder nur den Zeitraum umfasst, für den noch keine Rechenschaft gelegt ist (so *Adler*[2], 76; *ADS*[6] AktG § 270 Anm 28).

Gegen die LiqSchlussrechnung in Form einer Einnahmen-Ausgaben-Rechnung über den *gesamten* LiqZeitraum wird zu Recht eingewandt, dass dies nicht nur bei einer umfangreichen und langwierigen Liq im Nachhinein praktisch so gut wie unmöglich und iÜ mit erheblichen Mehrkosten verbunden wäre (vgl *Scherrer/Heni*[3], 212). Entscheidend ist jedoch, dass eine solche LiqSchlussrechnung überflüssig ist, weil die KapGes iL sämtliche Geschäftsvorfälle in der Liq bereits entspr den GoB (§ 238 HGB) aufgezeichnet hat und die aus der Buchführung abgeleiteten LiqJA bis hin zur LiqSB einer einfachen Einnahmen-Ausgaben-Rechnung an Aussagekraft immer überlegen sein werden (glA *Haas* in Baumbach/Hueck GmbHG[21] § 71 Anm 29).

Teilweise wird daraus weiter gefolgert, dass auch eine nachträgliche (gesonderte) Berichterstattung über die sich an die LiqSB anschließende Vermögensverteilung sinnlos sei, weil der Liquidator seine Verpflichtung gem § 273 AktG, § 74 GmbHG bereits dadurch erfüllt, dass er den Anhang der LiqSB um Vorschläge zur Vermögensverteilung ergänzt; nach dieser Auffassung ist ein so ergänzter SchlussJA mit der LiqSchlussrechnung identisch (so *Haas* in Baumbach/Hueck GmbHG[21] § 71 Anm 29; als Möglichkeit *Scherrer/Heni*[3], 212). Diese Auffassung verkennt, dass mit der um einen Verteilungsplan ergänzten LiqSB weder die Vermögenslosigkeit der KapGes ggü dem Registergericht nachgewiesen, noch im Voraus im Innenverhältnis über die sich erst an die LiqSB anschließenden Geschäftsvorfälle Rechenschaft abgelegt werden kann. Im Übrigen trifft die Überlegenheit der aus der Buchführung abgeleiteten Rechenwerke für die Dokumentation der sich an die LiqSB anschließenden Vermögensverteilung nicht zu. Aus bilanzieller Sicht handelt es sich bei der eigentlichen Vermögensauskehrung grds um erfolgsneutrale Geschäftsvorfälle (per Kapital an Kasse/Bank), die ohne Berührung der GuV abgewickelt werden. Eine GuV, in der ausschließlich Leerposten ausgewiesen werden, ist für die mit der LiqSchlussrechnung bezweckte zeitraumbezogene Rechenschaftslegung ggü den Gestern ungeeignet.

283 Die LiqSchlussrechnung ist daher in Form einer Einnahmen-Ausgaben-Rechnung zu erstellen und umfasst den **Zeitraum, ab** der **Liquidationsschlussbilanz bis** zur **Vermögenslosigkeit.** Dabei kann zB folgender Aufbau gewählt werden:

VII. Rechnungslegung am Ende des Liquidationsverfahrens   283   **T**

Liquidationsschlussrechnung des Liquidators ... der X-GmbH iL

		Gesellschafter	
		A (X %)	B (X %)
	€	€	€
1. **Reinvermögen laut Liquidationsschlussbilanz vom ...** (Anlage I)			
2. **zuzüglich:** – nachträgliche Einnahmen (zB Festgeldzinsen) – Minderausgaben (zB niedrigere Kosten für die ggf freiwillige Prüfung der LiqSB)			
3. **abzüglich:** Mehrausgaben (zB für die ggf freiwillige Prüfung der LiqSB)			
4. **abzüglich Ansprüche aus dem Gesellschaftsverhältnis, die nicht selbständig geltend gemacht werden konnten:** – Gewinnausschüttung für das letzte reguläre Gj vor der Auflösung, die nach der Auflösung beschlossen wurde [Angabe des Datums der Auszahlung und ggf des beauftragten Kreditinstituts]			
5. **noch zu verteilender Liquidationsüberschuss**			
6. **Auskehrung von Geldleistungen** – Stammeinlagen gleichmäßig erbracht: (Verteilung nach dem Verhältnis der Geschäftsanteile) – Stammeinlagen ungleichmäßig erbracht: *Vorabausgleich* in Höhe der erbrachten Einlagen; Verteilung des *verbleibenden Überschusses* nach dem Verhältnis der Geschäftsanteile [Angabe des Datums der Auszahlung und ggf des beauftragten Kreditinstituts]			
7. **Verteilung von Vermögenswerten in Natur** – Patente – Grundstücke (ggf darauf lastende Hypotheken) – Wertpapiere [jeweils mit genauer Bezeichnung und unter Angabe des Werts laut Gutachten und des Datums der Übereignung, der Auflassung]			
8. **Gesamtauskehrung**			

Ein zusätzlicher Bericht über die Schlussverteilung ist nur erforderlich, wenn vom Verteilungsvorschlag gem Anhang zur LiqSB wesentlich abgewichen wurde. Stattdessen kann der Liquidator die LiqSchlussrechnung (**freiwillig**) um eine **Schlusserklärung** (dazu *auch* BayObLG v 27.8.1982 GmbHR, 274; *Schwarz* GStB 2017, 462) ergänzen; hierfür kommt zB folgender Wortlaut in Betracht:

„Die laufenden Geschäfte der X-GmbH iL, A-Stadt, sind beendet, ihre Forderungen eingezogen und das übrige Vermögen *[ggf: nach Maßgabe der Bestimmungen des Ges-*

Vertrags] in Geld umgesetzt. Die Gläubiger der Ges sind befriedigt oder durch Hinterlegung gesichert. Die Bestimmungen über das Sperrjahr wurden beachtet und das verbliebene Vermögen an die Gester verteilt. Die Liq ist damit beendet. Die Bücher und Schriften der Ges werden von ... *[Name, Beruf, Adresse]* aufbewahrt."

Teilweise machen die Registergerichte die Löschung, neben einer Erklärung der Vermögenslosigkeit, ferner von einer ausdrücklichen Versicherung des Liquidators abhängig, dass keine Prozesse gegen die oder zu Gunsten der Ges iL mehr anhängig sind und die steuerlichen Angelegenheiten (Anm 267) der Ges iL erledigt sind (s auch *Fietz/Fingerhuth* GmbHR 2006, 964 ff). Es ist daher zu empfehlen, die „Löschungspraxis" des zuständigen Registergerichts im Vorfeld abzuklären.

284 Schließlich ist noch zu berücksichtigen, dass die Vorlage der LiqSchlussrechnung nach Beendigung der Liq häufig zum Anlass genommen wird, die Ordnungsmäßigkeit der **Tätigkeit des Liquidators insgesamt zu überprüfen**. Die Überprüfung erfolgt idR auch unabhängig von der Tatsache, dass die regulären LiqJA festgestellt und dem Liquidator gem § 120 Abs 2 AktG, § 46 Nr 5 GmbHG Entlastung erteilt wurde (zur Bedeutung der Entlastung OLG Düsseldorf v 22.2.1996 AG, 274 mwN). Anlass für eine Überprüfung kann außerdem sein, dass die LiqDauer aus Sicht der Gester entweder zu kurz (Indiz für eine Verschleuderung von Vermögenswerten) oder zu lang (Hinweis auf unnötige LiqVerwaltungskosten und zu lange Bindung des Vermögens) war (so *Kleindiek* in Lutter/Hommelhoff[19] GmbHG § 70 Anm 6).

Um Aufschluss über die Tätigkeit des Liquidators während des gesamten LiqZeitraums geben zu können, wird die Einnahmen-Ausgaben-Rechnung als LiqSchlussrechnung ieS (Anm 283), soweit von den Gestern nicht anders bestimmt, am zweckmäßigsten durch Bestandteile der externen Rechnungslegung ergänzt, zB indem eine LiqEB mit einer GuV bis zur LiqSB beigefügt wird und für die Liq bedeutsame Geschäftsvorfälle in einem Bericht erläutert werden (ebenso *Scherrer/Heni*[3], 213).

Zur (freiwilligen) Prüfung der LiqSchlussrechnung ggf einschl der Ordnungsmäßigkeit der Geschäftsführung des Liquidators s Anm 305.

285 Sind alle Voraussetzungen des § 273 Abs 1 S 1 AktG, § 74 Abs 1 S 1 GmbHG erfüllt, haben die Liquidatoren den **Schluss der Liquidation** zur **Eintragung ins Handelsregister** anzumelden. Diese Anmeldung schließt die Anmeldung der Beendigung des Liquidatorenamts ein (BayObLG v 13.1.1994 WiB, 316). Daraufhin verfügt das Registergericht, nachdem es sich vom Vorliegen der materiellen Eintragungsvoraussetzungen, dh insb der Vermögenslosigkeit, überzeugt hat, von Amts wegen die Löschung der KapGes (§ 273 Abs 1 S 2 AktG, § 74 Abs 1 S 2 GmbHG; ausführlich *K. Schmidt* in Scholz[11] GmbHG § 74 Anm 4 ff).

Die Löschung hat *konstitutive* Wirkung und ist erforderlich, um die Vollbeendigung der nach beendeter Liq vermögenslosen KapGes als Rechtsträger herbeizuführen (*K. Schmidt* in Scholz[11] GmbHG § 74 Anm 14).

Die Löschung ist zugleich der späteste Zeitpunkt, um die in Liq befindliche KapGes aus der Anteilsbesitzliste (§ 285 Nr 11 bis 11b HGB) des Gesters zu streichen. Sofern jedoch bereits vorher quasi sicher ist, dass die Ges nicht mehr fortgesetzt werden kann (s Anm 355 ff), zB weil bereits das (gesamte)

Reinvermögen ausgekehrt ist, kann die Angabe auch bereits vor der rechtlichen Vollbeendigung entfallen. Die Beendigung der Liq sowie die Löschung der KapGes werden von Amts wegen im BAnz und mindestens einem weiteren Veröffentlichungsorgan bekannt gemacht (§§ 10, 11 HGB). Darüber hinaus hat – zum Schutz des Rechtsverkehrs – die Bekanntmachung auch in den Publikationsorganen zu erfolgen, die im GesVertrag bestimmt wurden (so OLG Stuttgart v 12.11.2010 GmbHR 2011, 38f).

3. Bücher und Schriften der Gesellschaft

Mit Löschung der KapGes scheidet der bisherige Schuldner der handelsrechtlichen **Aufbewahrungspflichten** nach § 257 HGB aus dem Rechtsleben aus. § 273 Abs 2 S 1 AktG, § 74 Abs 2 S 1 GmbHG begründen daher eine gesonderte Hinterlegungspflicht, durch die gewährleistet werden soll, dass *sämtliche* Unterlagen der KapGes, denen eine Dokumentations- und Beweissicherungsfunktion zukommt (s *Störk/Philipps* in Beck Bil-Komm[12] § 257 Anm 1), auch nach ihrer Vollbeendigung für einen angemessenen Zeitraum an einem sicheren Ort aufbewahrt werden.

Für AG bestimmt das Registergericht den **Ort der Aufbewahrung** von Amts wegen (§ 273 Abs 2 AktG). Bei GmbH hat die Aufbewahrung gem § 74 Abs 2 S 1 GmbHG regelmäßig bei einem Gester oder bei einem Dritten, zB einer Bank, einer WPG oder dem Liquidator zu erfolgen. Fehlt eine Festlegung im GesVertrag oder durch die Gester, kann das Registergericht den Verwahrer bestimmen (§ 74 Abs 2 S 2 GmbHG) – dessen Einverständnis vorausgesetzt (OLG Stuttgart v 3.1.1984 BB, 2169). Das Registergericht kann grds jeden zum Verwahrer bestimmen, der auch durch GesVertrag, Beschluss oder Einigung der Gester hätte bestimmt werden können, sofern er nicht „sehenden Auges" dazu ungeeignet ist (so OLG Düsseldorf v 31.5.2010 GmbHR, 817).

Gegenstand der Verwahrung sind die **Bücher und Schriften** der KapGes iSd § 257 HGB (im Einzelnen s *Störk/Philipps* in Beck Bil-Komm[12] § 257 Anm 10ff) einschl der im Verlauf der Liq angefallenen Unterlagen, besonders der **Schlussrechnung** und des Belegs über den **Gläubigeraufruf** gem § 267 AktG, § 65 Abs 2 GmbHG (vgl *K. Schmidt* in Scholz[11] GmbHG § 74 Anm 27; BayObLG v 14.6.1967 NJW 1968, 56).

Die neu beginnende **einheitliche Aufbewahrungsdauer** für *sämtliche* Unterlagen, auch wenn die (teilweise kürzeren) Fristen nach § 257 HGB noch nicht abgelaufen sind, beträgt **zehn** Jahre. Der Fristlauf beginnt mit dem auf die Hinterlegung folgenden Tag (§ 187 Abs 1 BGB). Die kürzeren Aufbewahrungsfristen für Handelsbriefe gem § 257 Abs 1 Nrn 2 und 3 iVm Abs 4 HGB gelten nicht mehr.

VIII. Prüfung, Feststellung und Offenlegung

1. Pflichtprüfung

Die *LiqEB* nebst *ErlBericht* sowie die *JA und Lageberichte* **während der Liquidation** unterliegen, vorbehaltlich einer gerichtlichen Befreiung nach

§ 270 Abs 3 S 1 AktG bzw § 71 Abs 3 S 1 GmbHG (s dazu Anm 315 ff), bei allen aufgelösten KapGes, die nicht klein iSd § 267 Abs 1 HGB sind, grds der **Pflichtprüfung** nach den §§ 316 bis 324 HGB (vgl *Koch* in MünchKomm AktG[4] § 270 Anm 46; *Haas* in Baumbach/Hueck GmbHG[21] § 71 Anm 30 mwN). Unabhängig von einer gerichtlichen Befreiung dürfen mittelgroße und große KapGes iL bei Vorliegen der Voraussetzungen nach § 264 Abs 3 HGB (ggf iVm Abs 4) (dazu im Einzelnen *Störk/Deubert* in Beck Bil-Komm[12] § 264 Anm 115 ff) für LiqJA und Lageberichte eine Befreiung von der Prüfungspflicht in Anspruch nehmen.

Die Prüfung der LiqEB und der LiqJA ist bei AG eine Vorbehaltsaufgabe für WP (§ 270 Abs 3 AktG ‚Abschlussprüfer'). Bei mittelgroßen GmbH (§ 267 Abs 2 HGB) dürfen gem § 319 Abs 1 S 2 HGB auch vBP und BPG Prüfer für die LiqEB und der LiqJA sein.

Auch die **Liquidationsschlussbilanz** nebst GuV, Anhang und Lagebericht (Anm 265 ff) als letzte externe Rechnungslegung der aufgelösten KapGes unterliegt somit der Pflichtprüfung (glA *Haas* in Baumbach/Hueck GmbHG[21] § 71 Anm 31; *Gesell* in Rowedder[6] GmbHG § 71 Anm 28). IdR werden aber die (Vermögens-)Verhältnisse der KapGes so überschaubar sein, dass eine Prüfung der LiqSB gem §§ 316 ff HGB im Interesse der Gläubiger und der Gester nicht mehr geboten erscheint und damit die Voraussetzungen für eine entsprechende Befreiung durch das Registergericht gem § 270 Abs 3 AktG, § 71 Abs 3 GmbHG vorliegen, wenn die KapGes iL nicht bereits klein iSd § 267 HGB und deshalb von der Prüfung befreit ist (s Anm 307).

Die **Liquidationsschlussrechnung** als Bestandteil der Rechenschaftslegung des Liquidators im Innenverhältnis gem § 273 Abs 1 AktG, § 74 Abs 1 GmbHG (Anm 280) unterliegt jedoch keiner öffentlich-rechtlichen Verpflichtung zur Prüfung (glA *Scherrer/Heni*[3], 112). Die Gester können aber auf einer freiwilligen Prüfung bestehen (ebenso *ADS*[6] AktG § 270 Anm 28); zu den *Gründen* Anm 284.

306 Die Prüfungspflicht für die **Liquidationseröffnungsbilanz** ergibt sich zum einen aus dem Wortlaut der § 270 Abs 2 S 2 AktG, § 71 Abs 2 S 2 GmbHG, die die entspr Anwendung der für den JA geltenden Vorschriften und damit auch des § 316 HGB anordnen. Zum anderen folgt sie im Umkehrschluss aus § 270 Abs 3 S 1 AktG, § 71 Abs 3 S 1 GmbHG, wonach das Registergericht unter bestimmten Voraussetzungen (*Überschaubarkeit der (Vermögens-)Verhältnisse* der zu liquidierenden KapGes; Anm 315 ff) von der Prüfungspflicht befreien kann (glA *Scherrer/Heni*[3], 111 f).

307 Die **Befreiungen nach Größenklassen** iSd §§ 267, 267a HGB gelten auch für die Rechnungslegung und Prüfung während der Liq (*ADS*[6] HGB § 267 Anm 27). Die Verhältnisse am Stichtag der LiqEB sind für die Beurteilung jedoch unerheblich, da nach § 267 Abs 4 S 1 HGB die Klassifizierung als kleine, mittelgroße oder große KapGes bzw KleinstKapGes ausschließlich von dem Über- oder Unterschreiten der Schwellenwerte an den Abschlussstichtagen der zwei letzten Gj vor Beginn der Liq abhängt (dazu *Störk/Lawall* in Beck Bil-Komm[12] § 267 Anm 14). Wird aus Anlass der Liq ein RumpfGj gebildet (Anm 46), gilt dieses als ein Gj iSd § 267 HGB (wegen Besonderheiten bei der Berechnung der Umsatzerlöse und der Arbeitnehmerzahlen *Störk/Lawall* in Beck Bil-Komm[12] § 267 Anm 8, 13).

VIII. Prüfung, Feststellung und Offenlegung 308–318

Die prinzipielle Aufrechterhaltung der Prüfungspflicht gem § 316 HGB 308
auch für aufgelöste KapGes wurde damit begründet, dass die KapGes iL den
Geschäftsbetrieb häufig noch geraume Zeit fortführt. Die jährlichen APr sollen die **Zuverlässigkeit der Rechnungslegung** in der Liq **gewährleisten**
(BT-Drs 10/317, 107). Die Etablierung einer Prüfungspflicht (mit möglicher
Befreiung durch das Registergericht) ist Teil der neuen Gesamtkonzeption
der LiqRechnungslegung. Während die nach früherem Recht – im Wesentlichen nach betriebswirtschaftlichen Grundsätzen – erstellten LiqJA mit ihren
wenig objektivierten Wertansätzen primär zur Information der Gester im
Innenverhältnis bestimmt waren, sind die LiqBilanzen nun eindeutig dem
Bereich der öffentlich-rechtlichen Rechnungslegung zuzuordnen (ausführlich
Anm 20 ff). Die Zuverlässigkeit dieser LiqBilanzen muss durch eine Prüfung
gewährleistet werden.

2. Gerichtliche Befreiung wegen Überschaubarkeit der Gesellschaftsverhältnisse

Das **Registergericht** kann gem § 270 Abs 3 S 1 AktG, § 71 Abs 3 S 1 315
GmbHG auf Antrag von der Prüfung des LiqJA und des Lageberichts befreien. Dies gilt nach hM auch für die LiqEB nebst ErlBericht (zB *Koch* in
MünchKomm AktG[4] § 270 Anm 48; *K. Schmidt* in Scholz[11] GmbHG § 71
Anm 25).
Eine Befreiung von der APr für reguläre JA und Lageberichte aus der Zeit
vor Auflösung der KapGes ist dagegen ausgeschlossen (hM *ADS*[6] AktG § 270
Anm 84; *Haas* in Baumbach/Hueck GmbHG[21] § 71 Anm 32; OLG München v 16.9.2005 DB, 2013).
Die Befreiung von der Prüfungspflicht kann erfolgen, wenn die **(Vermö-** 316
gens-)Verhältnisse der KapGes derart **überschaubar** sind, dass eine Prüfung im Interesse der Gläubiger *und* der Gester nicht geboten erscheint.
Wann dies der Fall ist, hängt vom Ermessen des zuständigen Richters im jeweiligen Einzelfall ab. Tendenziell dürfte jedoch eine Befreiung bei (noch)
mittelgroßen KapGes eher als bei (noch) großen KapGes in Betracht kommen, wobei zusätzlich der Stand des LiqVerfahrens zu berücksichtigen ist.
Mit dem Fortschreiten der Liq ist regelmäßig ohnehin eine Verringerung des
Geschäftsvolumens in Bezug auf Umsatz, Bilanzsumme sowie der Beschäftigtenzahl verbunden.
Eine Befreiung ist dann ausgeschlossen, zumindest aber sehr unwahrschein- 317
lich, wenn während der Liq noch eine **Geschäftstätigkeit in nennenswertem Umfang** zu erwarten ist oder wenn Zweifel an der ordnungsmäßigen
Durchführung der Liq bestehen. Das kann zB auf Mängel der bisherigen
Rechnungslegung, auf persönliche Unzuverlässigkeit der Liquidatoren oder
auf ungewöhnliche Umstände bei der Auflösung zurückzuführen sein (*ADS*[6]
AktG § 270 Anm 82 mwN).
Zuständig für eine Befreiung iSd § 270 Abs 3 AktG, § 71 Abs 3 GmbHG 318
ist das Registergericht, in dessen Bezirk die KapGes ihren Sitz hat (§ 375
Nr 3 (AG) bzw Nr 6 (GmbH) iVm § 377 FamFG, § 14 AktG, § 7 GmbHG).
Das Gericht wird auf Antrag tätig. Die Befreiung kann vor und auch noch
nach dem Stichtag beantragt werden. Die Liquidatoren können zB im Hin-

blick auf die mögliche Kostenersparnis ggü der KapGes verpflichtet sein, das gerichtliche Verfahren rechtzeitig anzuregen (*Koch* in MünchKomm AktG[4] § 270 Anm 50; glA *ADS*[6] AktG § 270 Anm 83). Gegen die Entscheidung des Gerichts zur Befreiung von der Pflichtprüfung ist nach § 270 Abs 3 S 2 AktG, § 71 Abs 3 S 2 GmbHG die sofortige Beschwerde zulässig (Frist 1 Monat, § 63 Abs 1 FamFG). Beschwerdeberechtigt sind dabei die Gläubiger und die Gester der aufgelösten KapGes (*Haas* in Baumbach/Hueck GmbHG[21] § 71 Anm 32 mwN).

3. Prüfungsdurchführung und Bestätigungsvermerk

325 Die **Wahl des Abschlussprüfers obliegt** in der Liq **den Gesellschaftern** (§ 318 Abs 1 S 1 HGB iVm §§ 118 Abs 1, 270 Abs 2 S 2 AktG, § 71 Abs 2 S 2 GmbHG). Die Liquidatoren als gesetzliche Vertreter der KapGes, bei Zuständigkeit des AR dieser (§ 111 Abs 2 S 3 AktG), haben gem § 318 Abs 1 S 4 HGB unverzüglich nach der Wahl den Prüfungsauftrag zu erteilen.

326 Sofern bei der Auflösung der KapGes kein Prüfer der LiqEB gewählt wurde, können der AR bzw die Liquidatoren einen **Abschlussprüfer vorläufig beauftragen**, zB um sicherzustellen, dass die Prüfung alsbald beginnen oder der Prüfer noch bei der ggf nachverlegten Inventur anwesend sein kann (Anm 98). Voraussetzung hierfür ist, dass mit einer Wahl des Beauftragten durch die Gester sicher zu rechnen ist und diese unverzüglich durch die Gester nachgeholt wird (für die werbende KapGes *ADS*[6] HGB § 318 Anm 190). Wird der beauftragte Prüfer nicht bestätigt, können die KapGes oder der AP den **schuldrechtlich wirksamen Prüfungsauftrag** aus wichtigem Grund fristlos kündigen, wenn dies nicht bereits als auflösende Bedingung vereinbart wurde (*ADS*[6] HGB § 318 Anm 190). Der nicht bestätigte Prüfer hat über das Ergebnis seiner bisherigen Prüfung zu berichten (§ 318 Abs 6 S 4 iVm § 321 HGB) und Anspruch auf angemessene Vergütung der erbrachten Leistung (*ADS*[6] HGB § 318 Anm 238).

327 **Ist der Prüfer** bis zum Ablauf der Aufstellungsfrist für die LiqEB (Anm 105) bzw spätestens bis zum Ende des regulären Gj **nicht gewählt**, wird er entspr § 318 Abs 4 S 1 HGB **auf Antrag** der Liquidatoren, des AR oder eines Gesters **durch das Gericht bestellt** (vgl *Schmidt/Heinz* in Beck Bil-Komm[12] § 318 Anm 100 ff; *ADS*[6] HGB § 318 Anm 389). Eine Nachholung der Wahl des AP bis zur gerichtlichen Entscheidung ist aber zulässig (*ADS*[6] HGB § 318 Anm 404; *Koch* in MünchKomm AktG[4] § 270 Anm 47).

328 Wird nach Bestellung und Beauftragung des AP der LiqEB vom Registergericht eine **Befreiung von der Verpflichtung zur Prüfung** derselben nach § 270 Abs 3 AktG, § 71 Abs 3 GmbHG ausgesprochen, eröffnet dies der KapGes ebenfalls die Möglichkeit zur **Kündigung** des Prüfungsauftrags **aus wichtigem Grund** (*ADS*[6] HGB § 318 Anm 242). Der gesetzliche AP behält den Anspruch auf den seinen bisherigen Leistungen entspr Teil der Vergütung (§ 628 BGB).

329 **Prüfungsgegenstand** ist das Eröffnungsinventar, die LiqEB nebst ErlBericht (glA *ADS*[6] AktG § 270 Anm 86) bzw die Buchführung, der JA und Lagebericht (§§ 316 Abs 1 S 1, 317 Abs 1 S 1 HGB iVm § 270 Abs 2 S 2 AktG, § 71 Abs 2 S 2 GmbHG).

VIII. Prüfung, Feststellung und Offenlegung

Wie bei JA-Prüfungen handelt es sich bei der Prüfung der LiqEB um eine Gesetz- und Ordnungsmäßigkeitsprüfung iSd § 317 HGB (*Steiner* in HWRev[2], 1263). Dabei ist die Prüfung so anzulegen, dass Unrichtigkeiten und Verstöße gegen die gesetzlichen Vorschriften (§ 270 Abs 2 S 2 AktG, § 71 Abs 2 S 2 GmbHG iVm §§ 238 ff HGB) und die ggf ergänzenden Bestimmungen des GesVertrags, die sich auf die Darstellung der Vermögenslage der KapGes wesentlich auswirken, bei gewissenhafter Berufsausübung erkannt werden (§ 317 Abs 1 S 3 HGB). Die entspr Anwendung der Vorschriften über den JA für die LiqEB nebst ErlBericht macht einen schriftlichen Prüf-Ber gem § 321 HGB erforderlich und schließt außerdem die Erteilung eines BVm durch den gewählten AP ein.

Der Wortlaut des **Bestätigungsvermerks** muss sich auch für die LiqEB 330 zwingend an dem BVm zum JA anlehnen, soweit dies aufgrund des abw Prüfungsgegenstands möglich erscheint. Entspr ihrem Zweck, das im Auflösungszeitpunkt vorhandene (Rein-)Vermögen zu dokumentieren (s auch *Förschle Deubert* DStR 1996, 1744 f), beruht die LiqEB allein auf dem Eröffnungsinventar. Eine Bezugnahme auf die Prüfung der Buchführung erscheint nur insoweit erforderlich, als die LiqEB nicht aus dem eigentlich allein prüfungspflichtigen Inventar abgeleitet wird, sondern die Abschrift und Würdigung einer auf die logische Sekunde vor der Auflösung aufgestellten fiktiven SB der werbenden KapGes darstellt.

Im Übrigen kann wegen des Statuscharakters der LiqEB nur auf die Vermögens- und Finanzlage verwiesen werden (*Förschle/Deubert* WPg 1993, 398 f; *Scherrer/Heni*[3], 114: nur Vermögenslage).

Für den *uneingeschränkten* Bestätigungsvermerk zur LiqEB einer GmbH iL, 331 die kein Unt von öffentlichem Interesse ist, und bei der im Auflösungszeitpunkt noch für einen überschaubaren Zeitraum von der **Fortführung der Unternehmenstätigkeit** ausgegangen werden kann (s dazu Anm 145 ff), kommt folgender **Wortlaut** in Betracht:

„**Bestätigungsvermerk des unabhängigen Wirtschaftsprüfers zur Liquidationseröffnungsbilanz gemäß § 71 Abs. 2 GmbHG**

An die [XXX GmbH] iL, [Ort]

Prüfungsurteil
Wir haben die Liquidationseröffnungsbilanz und den erläuternden Bericht (im Folgenden „Liquidationseröffnungsbilanz") der [XXX GmbH] iL, [Ort], zum [Datum] geprüft.
Nach unserer Beurteilung aufgrund der bei der Prüfung gewonnenen Erkenntnisse entspricht die beigefügte Liquidationseröffnungsbilanz in allen wesentlichen Belangen den gemäß § 71 Abs 2 S 2 und 3 GmbHG entsprechend anzuwendenden deutschen handelsrechtlichen Vorschriften und vermittelt unter Beachtung der deutschen Grundsätze ordnungsmäßiger Buchführung ein den tatsächlichen Verhältnissen entsprechendes Bild der Vermögens- und Finanzlage der Gesellschaft zum [Datum].
Gemäß § 71 Abs 2 S 2 GmbHG iVm § 322 Abs 3 S 1 HGB erklären wir, dass unsere Prüfung zu keinen Einwendungen gegen die Ordnungsmäßigkeit der Liquidationseröffnungsbilanz geführt hat.

Grundlage für das Prüfungsurteil
Wir haben unsere Prüfung der Liquidationseröffnungsbilanz in Übereinstimmung mit § 71 Abs 2 S 2 GmbHG § 317 HGB unter Beachtung der vom Institut der Wirt-

schaftsprüfer (IDW) festgestellten deutschen Grundsätze ordnungsmäßiger Abschlussprüfung durchgeführt. Unsere Verantwortung nach diesen Vorschriften und Grundsätzen ist im Abschnitt „Verantwortung des Wirtschaftsprüfers für die Prüfung der Liquidationseröffnungsbilanz" unseres Bestätigungsvermerks weitergehend beschrieben. Wir sind von dem Unternehmen unabhängig in Übereinstimmung mit den deutschen handelsrechtlichen und berufsrechtlichen Vorschriften und haben unsere sonstigen deutschen Berufspflichten in Übereinstimmung mit diesen Anforderungen erfüllt. Wir sind der Auffassung, dass die von uns erlangten Prüfungsnachweise ausreichend und geeignet sind, um als Grundlage für unser Prüfungsurteil zur Liquidationseröffnungsbilanz zu dienen.

Verantwortung der gesetzlichen Vertreter
Die gesetzlichen Vertreter sind verantwortlich für die Aufstellung der Liquidationseröffnungsbilanz, die den gemäß § 71 Abs 2 S 2 und 3 GmbHG entsprechend anzuwendenden deutschen handelsrechtlichen Vorschriften in allen wesentlichen Belangen entspricht sowie unter Beachtung der deutschen Grundsätze ordnungsmäßiger Buchführung ein den tatsächlichen Verhältnissen entsprechendes Bild der Vermögens- und Finanzlage der aufgelösten Gesellschaft vermittelt. Ferner sind die gesetzlichen Vertreter verantwortlich für die internen Kontrollen, die sie in Übereinstimmung mit den deutschen Grundsätzen ordnungsmäßiger Buchführung als notwendig bestimmt haben, um die Aufstellung einer Liquidationseröffnungsbilanz zu ermöglichen, die frei von wesentlichen – beabsichtigten oder unbeabsichtigten – falschen Darstellungen ist.
Bei der Aufstellung der Liquidationseröffnungsbilanz sind die gesetzlichen Vertreter dafür verantwortlich, die zeitlich begrenzte Fähigkeit der aufgelösten Gesellschaft zur Fortführung der Unternehmenstätigkeit zu beurteilen. Des Weiteren haben sie die Verantwortung, Sachverhalte im Zusammenhang mit der zeitlich begrenzten Fortführung der Unternehmenstätigkeit, sofern einschlägig, anzugeben. Darüber hinaus ist sie dafür verantwortlich, ungeachtet der beschlossenen Auflösung der Gesellschaft, auf der Grundlage des Rechnungslegungsgrundsatzes der Fortführung der Unternehmenstätigkeit zu bilanzieren, sofern dem nicht tatsächliche Gegebenheiten entgegenstehen.

Verantwortung des Wirtschaftsprüfers für die Prüfung der Schlussbilanz
Unsere Zielsetzung ist, hinreichende Sicherheit darüber zu erlangen, ob die Liquidationseröffnungsbilanz als Ganzes frei von wesentlichen – beabsichtigten oder unbeabsichtigten – falschen Darstellungen ist, sowie einen Bestätigungsvermerk zu erteilen, der unser Prüfungsurteil zur Liquidationseröffnungsbilanz beinhaltet.
Hinreichende Sicherheit ist ein hohes Maß an Sicherheit, aber keine Garantie dafür, dass eine in Übereinstimmung mit § 71 Abs 2 S 2 GmbH iVm § 317 HGB unter Beachtung der vom Institut der Wirtschaftsprüfer (IDW) festgestellten deutschen Grundsätze ordnungsmäßiger Abschlussprüfung durchgeführte Prüfung eine wesentliche falsche Darstellung stets aufdeckt. Falsche Darstellungen können aus Verstößen oder Unrichtigkeiten resultieren und werden als wesentlich angesehen, wenn vernünftigerweise erwartet werden könnte, dass sie einzeln oder insgesamt die auf der Grundlage dieser Liquidationseröffnungsbilanz getroffenen wirtschaftlichen Entscheidungen von Adressaten beeinflussen.
Während der Prüfung üben wir pflichtgemäßes Ermessen aus und bewahren eine kritische Grundhaltung. Darüber hinaus
• identifizieren und beurteilen wir die Risiken wesentlicher – beabsichtigter oder unbeabsichtigter – falscher Darstellungen in der Liquidationseröffnungsbilanz, planen und führen Prüfungshandlungen als Reaktion auf diese Risiken durch und erlangen Prüfungsnachweise, die ausreichend und geeignet sind, um als Grundlage für unser Prüfungsurteil zu dienen. Das Risiko, dass wesentliche falsche Darstellungen nicht aufgedeckt werden, ist bei Verstößen höher als bei Unrichtigkeiten, da Verstöße betrügerisches Zusammenwirken, Fälschungen, beabsichtigte Unvollständigkeiten, irre-

VIII. Prüfung, Feststellung und Offenlegung 332 **T**

führende Darstellungen bzw. das Außerkraftsetzen interner Kontrollen beinhalten können.
- gewinnen wir ein Verständnis von dem für die Prüfung der Schlussbilanz relevanten internen Kontrollsystem, um Prüfungshandlungen zu planen, die unter den gegebenen Umständen angemessen sind, jedoch nicht mit dem Ziel, ein Prüfungsurteil zur Wirksamkeit dieses Systems der Gesellschaft abzugeben.
- beurteilen wir die Angemessenheit der von den gesetzlichen Vertretern angewandten Rechnungslegungsmethoden sowie die Vertretbarkeit der von den gesetzlichen Vertretern dargestellten geschätzten Werte und damit zusammenhängenden Angaben.
- ziehen wir Schlussfolgerungen über die Angemessenheit des von den gesetzlichen Vertretern angewandten Rechnungslegungsgrundsatzes der Fortführung der Unternehmenstätigkeit sowie, auf der Grundlage der erlangten Prüfungsnachweise, ob eine wesentliche Unsicherheit im Zusammenhang mit Ereignissen oder Gegebenheiten besteht, die bedeutsame Zweifel an der Fähigkeit der Gesellschaft zur Fortführung der Unternehmenstätigkeit aufwerfen können. Falls wir zu dem Schluss kommen, dass eine wesentliche Unsicherheit besteht, sind wir verpflichtet, im Bestätigungsvermerk auf die dazugehörigen Angaben in der Liquidationseröffnungsbilanz aufmerksam zu machen oder, falls diese Angaben unangemessen sind, unser Prüfungsurteil zu modifizieren. Wir ziehen unsere Schlussfolgerungen auf der Grundlage der bis zum Datum unseres Bestätigungsvermerks erlangten Prüfungsnachweise. Zukünftige Ereignisse oder Gegebenheiten können jedoch dazu führen, dass die Gesellschaft ihre Unternehmenstätigkeit nicht mehr fortführen kann.
- beurteilen wir die Gesamtdarstellung, den Aufbau und den Inhalt der Liquidationseröffnungsbilanz einschließlich der Angaben im Erläuterungsbericht sowie ob die Liquidationseröffnungsbilanz die zugrunde liegenden Geschäftsvorfälle und Ereignisse so darstellt, dass die Liquidationseröffnungsbilanz unter Beachtung der deutschen Grundsätze ordnungsmäßiger Buchführung ein den tatsächlichen Verhältnissen entsprechendes Bild der Vermögens- und Finanzlage der Gesellschaft vermittelt.

Wir erörtern mit den für die Überwachung Verantwortlichen unter anderem den geplanten Umfang und die Zeitplanung der Prüfung sowie bedeutsame Prüfungsfeststellungen, einschließlich etwaiger Mängel im internen Kontrollsystem, die wir während unserer Prüfung feststellen."

Kann bereits in der LiqEB **nicht mehr** an der **Going-Concern-An-** 332 **nahme** festgehalten werden, kommt für den *uneingeschränkten* Bestätigungsvermerk zur LiqEB einer GmbH iL, die kein Unt von öffentlichem Interesse ist, folgender **Wortlaut** in Betracht:

„**Bestätigungsvermerk des unabhängigen Wirtschaftsprüfers zur Liquidationseröffnungsbilanz gemäß § 71 Abs 2 GmbHG**

An die [XXX GmbH] iL, [Ort]

Prüfungsurteil
Wir haben die Liquidationseröffnungsbilanz und den erläuternden Bericht (im Folgenden „Liquidationseröffnungsbilanz") der [XXX GmbH] iL, [Ort], zum [Datum] geprüft.
Nach unserer Beurteilung aufgrund der bei der Prüfung gewonnenen Erkenntnisse entspricht die beigefügte Liquidationseröffnungsbilanz in allen wesentlichen Belangen den gemäß § 71 Abs 2 S 2 und 3 GmbHG entsprechend anzuwendenden deutschen handelsrechtlichen Vorschriften und vermittelt unter Beachtung der deutschen Grundsätze ordnungsmäßiger Buchführung ein den tatsächlichen Verhältnissen entsprechendes Bild der Vermögens- und Finanzlage der Gesellschaft zum [Datum].

Gemäß § 71 Abs 2 S 2 GmbHG iVm § 322 Abs 3 S 1 HGB erklären wir, dass unsere Prüfung zu keinen Einwendungen gegen die Ordnungsmäßigkeit der Liquidationseröffnungsbilanz geführt hat.

Grundlage für das Prüfungsurteil
Wir haben unsere Prüfung der Liquidationseröffnungsbilanz in Übereinstimmung mit § 71 Abs 2 S 2 GmbHG iVm § 317 HGB unter Beachtung der vom Institut der Wirtschaftsprüfer (IDW) festgestellten deutschen Grundsätze ordnungsmäßiger Abschlussprüfung durchgeführt. Unsere Verantwortung nach diesen Vorschriften und Grundsätzen ist im Abschnitt „Verantwortung des Wirtschaftsprüfers für die Prüfung der Liquidationseröffnungsbilanz" unseres Bestätigungsvermerks weitergehend beschrieben. Wir sind von dem Unternehmen unabhängig in Übereinstimmung mit den deutschen handelsrechtlichen und berufsrechtlichen Vorschriften und haben unsere sonstigen deutschen Berufspflichten in Übereinstimmung mit diesen Anforderungen erfüllt. Wir sind der Auffassung, dass die von uns erlangten Prüfungsnachweise ausreichend und geeignet sind, um als Grundlage für unser Prüfungsurteil zur Liquidationseröffnungsbilanz zu dienen.

Verantwortung der gesetzlichen Vertreter
Die gesetzlichen Vertreter sind verantwortlich für die Aufstellung der Liquidationseröffnungsbilanz, die den gemäß § 71 Abs 2 S 2 und 3 GmbHG entsprechend anzuwendenden deutschen handelsrechtlichen Vorschriften in allen wesentlichen Belangen entspricht, und dafür, dass die Liquidationseröffnungsbilanz unter Beachtung der deutschen Grundsätze ordnungsmäßiger Buchführung ein den tatsächlichen Verhältnissen entsprechendes Bild der Vermögens- und Finanzlage der Gesellschaft vermittelt. Ferner sind die gesetzlichen Vertreter verantwortlich für die internen Kontrollen, die sie in Übereinstimmung mit den deutschen Grundsätzen ordnungsmäßiger Buchführung als notwendig bestimmt haben, um die Aufstellung einer Liquidationseröffnungsbilanz zu ermöglichen, die frei von wesentlichen – beabsichtigten oder unbeabsichtigten – falschen Darstellungen ist.

Bei der Aufstellung der Liquidationseröffnungsbilanz sind die gesetzlichen Vertreter dafür verantwortlich, die Fähigkeit der Gesellschaft zur geordneten Liquidation der Gesellschaft zu beurteilen. Des Weiteren haben sie die Verantwortung, Sachverhalte im Zusammenhang mit der geordneten Liquidation, sofern einschlägig, anzugeben. Darüber hinaus sind sie dafür verantwortlich, auf der Grundlage der Abkehr vom Rechnungslegungsgrundsatz der Fortführung der Unternehmenstätigkeit zu bilanzieren, sofern der Fortführung der Unternehmenstätigkeit tatsächliche Gegebenheiten entgegenstehen.

Verantwortung des Wirtschaftsprüfers für die Prüfung der Liquidationseröffnungsbilanz
Unsere Zielsetzung ist, hinreichende Sicherheit darüber zu erlangen, ob die Liquidationseröffnungsbilanz als Ganzes frei von wesentlichen – beabsichtigten oder unbeabsichtigten – falschen Darstellungen ist, sowie einen Bestätigungsvermerk zu erteilen, der unser Prüfungsurteil zur Liquidationseröffnungsbilanz beinhaltet.

Hinreichende Sicherheit ist ein hohes Maß an Sicherheit, aber keine Garantie dafür, dass eine in Übereinstimmung mit § 71 Abs 2 S 2 GmbHG iVm § 317 HGB unter Beachtung der vom Institut der Wirtschaftsprüfer (IDW) festgestellten deutschen Grundsätze ordnungsmäßiger Abschlussprüfung durchgeführte Prüfung eine wesentliche falsche Darstellung stets aufdeckt. Falsche Darstellungen können aus Verstößen oder Unrichtigkeiten resultieren und werden als wesentlich angesehen, wenn vernünftigerweise erwartet werden könnte, dass sie einzeln oder insgesamt die auf der Grundlage dieser Liquidationseröffnungsbilanz getroffenen wirtschaftlichen Entscheidungen von Adressaten beeinflussen.

Während der Prüfung üben wir pflichtgemäßes Ermessen aus und bewahren eine kritische Grundhaltung. Darüber hinaus

VIII. Prüfung, Feststellung und Offenlegung 333 T

- identifizieren und beurteilen wir die Risiken wesentlicher – beabsichtigter oder unbeabsichtigter – falscher Darstellungen in der Liquidationseröffnungsbilanz, planen und führen Prüfungshandlungen als Reaktion auf diese Risiken durch sowie erlangen Prüfungsnachweise, die ausreichend und geeignet sind, um als Grundlage für unser Prüfungsurteil zu dienen. Das Risiko, dass wesentliche falsche Darstellungen nicht aufgedeckt werden, ist bei Verstößen höher als bei Unrichtigkeiten, da Verstöße betrügerisches Zusammenwirken, Fälschungen, beabsichtigte Unvollständigkeiten, irreführende Darstellungen bzw. das Außerkraftsetzen interner Kontrollen beinhalten können;
- gewinnen wir ein Verständnis von dem für die Prüfung der Liquidationseröffnungsbilanz relevanten internen Kontrollsystem, um Prüfungshandlungen zu planen, die unter den gegebenen Umständen angemessen sind, jedoch nicht mit dem Ziel, ein Prüfungsurteil zur Wirksamkeit dieses Systems der Gesellschaft abzugeben;
- beurteilen wir die Angemessenheit der von den gesetzlichen Vertretern angewandten Rechnungslegungsmethoden sowie die Vertretbarkeit der von den gesetzlichen Vertretern dargestellten geschätzten Werte und damit zusammenhängenden Angaben;
- ziehen wir Schlussfolgerungen darüber, ob die Aufstellung der Liquidationseröffnungsbilanz durch die gesetzlichen Vertreter unter Abkehr von der Annahme der Fortführung der Unternehmenstätigkeit angemessen ist sowie, auf der Grundlage der erlangten Prüfungsnachweise, ob eine wesentliche Unsicherheit im Zusammenhang mit Ereignissen oder Gegebenheiten besteht, die bedeutsame Zweifel an der Fähigkeit der Gesellschaft zur geordneten Liquidation der Gesellschaft aufwerfen können. Falls wir zu dem Schluss kommen, dass eine wesentliche Unsicherheit besteht, sind wir verpflichtet, im Bestätigungsvermerk auf die dazugehörigen Angaben in der Liquidationseröffnungsbilanz aufmerksam zu machen oder, falls diese Angaben unangemessen sind, unser Prüfungsurteil zu modifizieren. Wir ziehen unsere Schlussfolgerungen auf der Grundlage der bis zum Datum unseres Bestätigungsvermerks erlangten Prüfungsnachweise. Zukünftige Ereignisse oder Gegebenheiten können jedoch dazu führen, dass die Gesellschaft die geordnete Liquidation nicht mehr fortführen kann;
- beurteilen wir die Gesamtdarstellung, den Aufbau und den Inhalt der Liquidationseröffnungsbilanz einschließlich der Angaben im Erläuterungsbericht sowie, ob die Liquidationseröffnungsbilanz die zugrunde liegenden Geschäftsvorfälle und Ereignisse so darstellt, dass die Liquidationseröffnungsbilanz unter Beachtung der deutschen Grundsätze ordnungsmäßiger Buchführung ein den tatsächlichen Verhältnissen entsprechendes Bild der Vermögens- und Finanzlage der Gesellschaft vermittelt.

Wir erörtern mit den für die Überwachung Verantwortlichen unter anderem den geplanten Umfang und die Zeitplanung der Prüfung sowie bedeutsame Prüfungsfeststellungen, einschließlich etwaiger Mängel im internen Kontrollsystem, die wir während unserer Prüfung feststellen."

Wenn es sich um eine AG iA handelt, ist anstelle der Bezeichnung „Liquidation" die Bezeichnung „Abwicklung" zu verwenden. Gleichzeitig sind die entsprechenden Verweise auf das Aktiengesetz aufzunehmen (§ 270 Abs 2 S 2 und 3 AktG).

Für den am Schluss eines jeden Jahrs aufzustellenden LiqJA und Lagebericht (Anm 195) ist § 322 HGB unmittelbar anwendbar. Die Verwendung der Bezeichnung *„Abwicklungs-/Liquidationsjahresabschluss"* ist hierbei nicht erforderlich, weil sich die Tatsache, dass sich die Ges in der Liq befindet, bereits aus der Firma, die den Zusatz iL umfasst (Anm 6; § 264 Abs 1a S 2 HGB), ergibt. 333

Bzgl der Erteilung, Einschränkung oder Versagung des BVm sind für LiqEB und LiqJA die allg Grundsätze zu beachten (IDW PS 400; wegen Einzelfragen *Förschle/Deubert* WPg 1993, 399 ff).

334 Neben den LiqBilanzen ist außerdem die Einhaltung der **liquidationsspezifischen Rechtsvorschriften** zu prüfen. Hierzu gehört insb, ob die Auflösung der Ges (§ 263 AktG, § 65 Abs 1 GmbHG) und die Bestellung der Liquidatoren (§ 266 AktG, § 67 GmbHG) ordnungsgemäß beschlossen, beim Registergericht angemeldet und auch eingetragen wurde. Ferner ist zu prüfen, ob die Auflösung bekannt gemacht wurde und die erforderliche Aufforderung an die GesGläubiger zur Anmeldung ihrer Ansprüche ergangen ist (§ 267 AktG, § 65 Abs 2 GmbHG; *Steiner* in HWRev[2], 1263).

4. Feststellung

340 Die Feststellung der LiqEB sowie der LiqJA **obliegt** ausschließlich der **Hauptversammlung** bzw der **Gesellschafterversammlung** (§ 270 Abs 2 S 1 AktG, § 71 Abs 2 S 1 GmbHG). § 172 AktG über die Feststellung des JA durch Vorstand und AR gilt nicht. Die Bedeutung der Feststellung besteht auch in der Liq in der Verbindlicherklärung der Bilanz im Verhältnis der Gester zur Ges und auch untereinander (vgl BGH v 2.3.2009 DStR, 1274).

Die sog LiqSB als letzter Teil der externen Rechnungslegung der KapGes iL (Anm 266) unterliegt ebenfalls der Feststellung durch die Gester (vgl *Haas* in Baumbach/Hueck GmbHG[21] § 71 Anm 28; wohl auch *K. Schmidt* in Scholz[11] GmbHG § 71 Anm 30 jedoch nur bis zum *Beginn* des Sperrjahrs, weil eine danach aufgestellte LiqSB mit der LiqSchlussrechnung im Innenverhältnis identisch sei). Die Feststellungskompetenz von HV bzw GesV erstreckt sich außerdem auf alle im Auflösungszeitpunkt noch nicht festgestellten regulären JA sowie eine ggf aufgestellte SB der werbenden Ges (glA *ADS*[6] AktG § 270 Anm 14).

Wird die LiqEB oder der LiqJA im Zuge der Feststellung geändert, ist bei vorangegangener Pflichtprüfung eine **Nachtragsprüfung** erforderlich (§ 316 Abs 3 HGB).

Wie für die werbende KapGes richtet sich die Feststellungsfrist für GmbH nach § 42a Abs 2 S 1 iVm § 69 Abs 1 GmbHG; sie beträgt bei großen und mittelgroßen GmbH acht Monate, bei kleinen GmbH iSv § 267 Abs 1 HGB elf Monate, jeweils nach Ablauf des maßgebenden Jahres bzw des Stichtags der LiqEB (hM *Haas* in Baumbach/Hueck GmbHG[21] § 71 Anm 13; *K. Schmidt* in Scholz[11] GmbHG § 71 Anm 29).

Die Feststellung hat unabhängig davon zu erfolgen, ob die Unterlagen zu prüfen waren, freiwillig geprüft wurden oder keiner externen Prüfung unterlagen.

5. Offenlegung

345 Die Regeln der §§ 325 bis 329 HGB über die Offenlegung des JA und des Lageberichts gelten auch während der Liq entspr (so auch LG Berlin v 25.10.1991 GmbHR 1992, 539). Demzufolge haben die Liquidatoren als gesetzliche Vertreter der KapGes die LiqEB nebst ErlBericht sowie die folgenden JA und Lageberichte sowie die LiqSB nebst GuV, Anhang und Lagebericht etc beim Betreiber des elektronischen BAnz einzureichen und dort bekannt machen zu lassen.

IX. Sonderfragen 346–356 T

Die **Publizitätspflicht** besteht im Übrigen **ungeachtet** von **einer Befreiung nach § 270 Abs 3 AktG, § 71 Abs 3 GmbHG** fort. Wird eine *ungeprüfte* LiqEB nebst ErlBericht bzw ein ungeprüfter LiqJA und Lagebericht offengelegt, ist dies zu vermerken (s *K. Schmidt* in Scholz[11] GmbHG § 71 Anm 26; großzügiger *ADS*[6] AktG § 270 Anm 90 *sollte vermerkt werden*).

Die Verpflichtung, den Beschluss über die Verwendung des Jahresergebnisses offenzulegen (§ 325 Abs 1b S 2 HGB), entfällt, weil Ausschüttungen während der Liq aufgrund § 272 AktG, § 73 GmbHG nicht zulässig sind (dazu Anm 81) und deshalb das Jahresergebnis immer auf neue Rechnung vorzutragen ist (Anm 238; glA *Paura* in Großkomm GmbHG[2] § 71 Anm 27). 346

Für die LiqSchlussrechnung (Anm 280 ff) als Bestandteil der Rechenschaftslegung im Innenverhältnis besteht keine Offenlegungspflicht (vgl *Haas* in Baumbach/Hueck GmbHG[21] § 71 Anm 33).

Kommen die Liquidatoren diesen Pflichten zur Offenlegung nicht, nicht richtig, nicht vollständig, nicht in der vorgeschriebenen Weise oder nicht rechtzeitig nach, können sie gem § 335 Abs 1 S 1 Nr 1 iVm Abs 2 bis 6 HGB vom BAJ durch ein **Ordnungsgeld** (von mindestens 2500 € und höchstens 25 000 €), das wegen derselben Sache auch wiederholt festgesetzt werden kann, dazu angehalten werden. 347

IX. Sonderfragen

1. Fortsetzung aufgelöster Gesellschaften

Bis zum Beginn der Vermögensverteilung (s Anm 357) können die Gester die Fortsetzung der KapGes „als werbende Ges" beschließen. Dies ist möglich, weil die KapGes mit der Auflösung nicht automatisch erlischt, sondern ihren Status als juristische Person in der Liq behält und deshalb in der Lage ist, die ursprünglich verfolgte werbende **Geschäftstätigkeit wieder aufzunehmen** (*Hüffer/Koch* AktG[13] § 274 Anm 2). 355

Die allg Fortsetzungsvoraussetzungen für AG (§ 274 AktG) gelten – in Ermangelung eigener Regelungen – sinngemäß auch für GmbH (vgl *Haas* in Baumbach/Hueck GmbHG[21] § 60 Anm 91a ff; *K. Schmidt/Bitter* in Scholz[11] GmbHG § 60 Anm 79 ff).

Die Fortsetzung aufgelöster KapGes stößt an **Grenzen,** wenn die Beendigung im *öffentlichen Interesse* geboten ist, zB bei einer Auflösung durch Gerichtsurteil (§ 396 AktG) bzw im Verwaltungsverfahren (§ 62 GmbHG) wegen Gefährdung des Gemeinwohls (ausführlich *Hüffer/Koch* AktG[13] § 274 Anm 6; *Wellkamp* BuW 1996, 61). Eine Fortsetzung durch einfachen Beschluss, ohne die bei einer (wirtschaftlichen) Neugründung erforderliche Registerkontrolle, ist auch dann nicht möglich, wenn eine GmbH nach § 60 Abs 1 Nr 7 GmbHG wegen Vermögenslosigkeit gelöscht wurde und zwar auch dann, wenn sie tatsächlich nicht vermögenslos ist (so OLG Celle v 3.1.2008 NZG, 271). Aufgrund schwerwiegender Folgen einer Löschung wegen Vermögenslosigkeit sind die dafür sprechenden, tatsächlichen Umstände gewissenhaft durch das Registergericht zu prüfen und festzustellen (vgl OLG Düsseldorf v 20.1.2011 GmbHR, 311 f). 356

Deubert

Außerdem ist eine Fortsetzung noch nach einer vorangegangenen rechtskräftigen Ablehnung des Antrags auf *Insolvenzeröffnung mangels* kostendeckender *Masse* ausgeschlossen, weil sonst der dem Gläubigerschutz dienende Zweck des § 394 Abs 1 S 1, 2 FamFG, nicht mehr lebensfähige KapGes aus dem Rechtsverkehr auszuschalten, nicht erreicht werden könnte (BayObLG v 14.10.1993 GmbHR 1994, 189; KG Berlin v 1.7.1993 BB, 1750 mwN; *Gehrlein* DStR 1997, 35; Fortsetzung nach Wiederherstellung des Stammkapitals möglich: *Fichtelmann* GmbHR 2003, 71 mwN). Ist eine GmbH durch Eröffnung des *InsVerfahrens* nach § 60 Abs 1 Nr 4 GmbHG aufgelöst, kann die Fortsetzung nur beschlossen werden, wenn das Verfahren *auf Antrag des Schuldners eingestellt* oder, nach Bestätigung eines InsPlans (s R Anm 40 ff), der den Fortbestand der Ges vorsieht, aufgehoben wird. Dies gilt auch dann, wenn die Ges über ein das satzungsgemäße Stammkapital übersteigendes Vermögen verfügt und alle Gläubiger im InsVerfahren befriedigt wurden (s BGH v 28.4.2015 DStR, 1935; Vorinstanz: OLG Schleswig v 1.4.2014 NZG, 698).

357 Unabdingbare Voraussetzung für eine Fortsetzung ist, dass **noch nicht** mit einer **Verteilung des Vermögens** unter die Gester **begonnen** wurde (§ 274 Abs 1 S 1 AktG). Die Fortsetzung wird durch jede Verteilungsmaßnahme an Gester iSd § 272 Abs 1 AktG, § 73 Abs 1 GmbHG (Anm 71 ff) ausgeschlossen; daran kann auch die Rückführung von bereits Verteiltem in das Ges-Vermögen nichts ändern (vgl *Hüffer/Koch* AktG[13] § 274 Anm 4; *K. Schmidt/Bitter* in Scholz[11] GmbHG § 60 Anm 82). § 274 AktG sichert das Verbot der Einlagenrückgewähr und dient dem Schutz der GesGläubiger. Die Interessen dieses Personenkreises sind besonders schutzwürdig, weil die KapGes ihre werbende Tätigkeit wieder aufnehmen kann, ohne den notwendigen Gründungs- und Kapitalaufbringungsvorschriften genügen zu müssen (s *Koch* in MünchKomm AktG[4] § 274 Anm 2).

Der **Nachweis** ggü dem Registergericht, dass die Vermögensverteilung unter die Gester noch nicht begonnen hat – bzw bei teilweiser Vermögensverteilung, dass die bei werbender Tätigkeit besonders gegen Ausschüttungen gesperrten EK-Teile noch vorhanden sind (Anm 358) –, wird idR eine entspr Bestätigung durch einen WP und ggf die Einsichtnahme in die während der Liq zum HR eingereichten JA-Unterlagen erforderlich machen (*Koch* in MünchKomm AktG[4] § 274 Anm 30; *Grziwotz* DStR 1992, 1815).

Unerheblich für die Beurteilung der Fortsetzungsfähigkeit ist dagegen der Stand des LiqVerfahrens selbst, dh welchen Grad die Versilberung der VG oder die Befriedigung der GesGläubiger erreicht haben (*Koch* in Münch-Komm AktG[4] § 274 Anm 21). Die Unversehrtheit des satzungsmäßigen oder gesetzlichen Mindestkapitals ist ebenfalls nicht erforderlich (hM zB *K. Schmidt/Bitter* in Scholz[11] GmbHG § 60 Anm 86; *Erle* GmbHR 1997, 979 mwN).

358 Nach **anderer Auffassung** (*Erle* GmbHR 1997, 977 f mwN; *Fichtelmann* GmbHR 2003, 68) ist eine Fortsetzung – trotz einer teilweisen Auszahlung des LiqEndvermögens (Anm 268) – jedoch auch dann noch möglich, wenn das verbliebene Buchvermögen im Zeitpunkt des Fortsetzungsbeschlusses bei GmbH das Stammkapital bzw bei AG das Grundkapital zzgl der gesetzlichen Rücklage (§ 150 AktG) und Kapitalrücklagen nach § 272 Abs 2 Nr 1 bis 3

IX. Sonderfragen

HGB noch deckt. Dafür spricht, dass das GmbHG und das AktG den Gläubigern nur das zur Erhaltung des gezeichneten Kapitals erforderliche Vermögen garantiert (§ 30 Abs 1 GmbHG, § 57 AktG). Sofern anhand einer geprüften Bilanz mit einem uneingeschränkten BVm (so *Erle* GmbHR 1997, 980) nachgewiesen werden kann, dass die **Vermögensverteilung nicht** zu Lasten der **Eigenkapitalteile** erfolgt ist, die bei werbender Tätigkeit **besonders gegen Ausschüttungen gesperrt sind,** steht die (teilweise) Verteilung des Vermögens der Fortsetzung der aufgelösten Ges nicht entgegen (vgl *Haas* in Baumbach/Hueck GmbHG[21] § 60 Anm 91a: Gläubigerschutz ist kein Grund, zusätzlich auch eine formelle Neugründung zu verlangen; glA *Altmeppen* in Roth/Altmeppen[9] GmbHG § 60 Anm 41 ff; dagegen aber BGH v 28.4.2015 DStR, 1935 bei einer Auflösung nach § 60 Abs 1 Nr 4 GmbHG).

Die zum Gläubigerschutz von der Rspr entwickelten Grundsätze zur **wirtschaftlichen Neugründung,** mit denen der Gefahr einer Umgehung der Gründungsvorschriften begegnet werden soll (vgl grundlegend: BGH v 6.3.2012 BB, 1756), gelten auch in der Liq der KapGes (vgl BGH v 10.12.2013 WM 2014, 355). In diesem Zusammenhang ist zu beachten, dass allein durch einen Fortsetzungsbeschluss und die damit verbundene Zweckänderung von der LiqGes zur werbenden Ges, noch keine wirtschaftliche Neugründung verwirklicht wird (vgl *Wolf* StuB 2014, 335), weil eine aufgelöste Ges nicht per se ein (unternehmens-)leerer Mantel ist (vgl *K. Schmidt* DB 2014, 702). Eine wirtschaftliche Neugründung ist aber dann gegeben, wenn eine aufgelöste GmbH, bei der über einen längeren Zeitraum keine LiqAufgaben iSd § 70 GmbHG (s Anm 7) wahrgenommen wurden, durch einen Fortsetzungsbeschluss „wiederbelebt" wird (vgl BGH v 10.12.2013 WM 2014, 356). In diesem Fall haften die Gester, auch wenn zuvor keine Vermögensverteilung (s Anm 357) stattgefunden hat, für eine Differenz zwischen dem Stammkapital und dem Wert des GesVermögens (Unterbilanzhaftung) zum Zeitpunkt der Wiederaufnahme der Geschäftstätigkeit. Im Umkehrschluss bedeutet dies aber auch, dass die Fortsetzung einer aufgelösten GmbH, die zu diesem Zeitpunkt die Zerschlagung ihres Unt aktiv betreibt, eine Deckung des Stammkapitals grds nicht voraussetzt (so *K. Schmidt* DB 2014, 703).

Weiter ist erforderlich, dass der **tatsächliche Auflösungsgrund behoben** wird. Das kann zB durch eine Satzungsänderung erfolgen; etwa wenn eine befristete KapGes verlängert oder ein Satzungsmangel behoben werden soll (zu Einzelheiten *K. Schmidt/Bitter* in Scholz[11] GmbHG § 60 Anm 85; zur Zulässigkeit von Satzungsänderungen, soweit sie nicht dem Zweck der Liq entgegenstehen, BayObLG v 12.1.1995 BB, 741).

Außerdem muss ein (formfreier) **Fortsetzungsbeschluss** gefasst werden. Wegen § 268 Abs 1 S 1 AktG, § 70 GmbHG reicht es nicht aus, dass die Liquidatoren „werbende Geschäfte" abschließen, auch wenn dies mit ausdrücklicher Zustimmung der Gester geschieht (*K. Schmidt/Bitter* in Scholz[11] GmbHG § 60 Anm 87). Die Fortsetzung kann nur von der GesV beschlossen werden, sie bedarf einer Mehrheit von 3/4 des *vertretenen* Kapitals (§ 274 Abs 1 S 2 AktG). Die Satzung kann zusätzliche Erschwernisse für den Fortsetzungsbeschluss vorsehen (§ 274 Abs 1 S 3 AktG); dies gilt entspr für die GmbH (zB *Haas* in Baumbach/Hueck GmbHG[21] § 60 Anm 92f mwN).

Gester, die gegen die Fortsetzung gestimmt haben, haben ein Recht auf eine LiqQuote (zu Einzelheiten *K. Schmidt/Bitter* in Scholz[11] GmbHG § 60 Anm 90; *Wellkamp* BuW 1996, 60; *Fichtelmann* GmbHR 2003, 69).

361 Der Fortsetzungsbeschluss ist von den Liquidatoren (AG)/Geschäftsführern (GmbH) zur **Eintragung in das Handelsregister** anzumelden. Gem § 274 Abs 4 S 1 AktG hat die Eintragung des Fortsetzungsbeschlusses für **AG** *konstitutive* Wirkung (*Hüffer/Koch* AktG[13] § 274 Anm 8), damit erlischt dann auch das Amt der Liquidatoren. Für **GmbH** hat die Eintragung dagegen nach hM (s *K. Schmidt/Bitter* in Scholz[11] GmbHG § 60 Anm 91; *Haas* in Baumbach/Hueck GmbHG[21] § 60 Anm 92a) nur *deklaratorische* Bedeutung; dementspr erlischt das Liquidatorenamt hier mit dem konstitutiven Fortsetzungsbeschluss.

Ist zur Fortsetzung dagegen eine Satzungsänderung erforderlich (zB bei Kapitalerhöhung; dazu Anm 410), wird nach übereinstimmender Auffassung der Fortsetzungsbeschluss erst wirksam, wenn (gleichzeitig) auch der Beschluss der Satzungsänderung eingetragen wird (*Hüffer/Koch* AktG[13] § 274 Anm 8; *Haas* in Baumbach/Hueck GmbHG[21] § 60 Anm 92a; *Wellkamp* BuW 1996, 61).

Von den Organen der KapGes erlangen die GesV sowie der AR, die auch während der Liq fortbestanden, ihre ursprünglichen Kompetenzen zurück (Anm 37 f). Dagegen ist eine **erneute Bestellung der Geschäftsführung** oder eine Bestätigung der Liquidatoren als Leitungsorgan notwendig, zumindest aber zu empfehlen (*Koch* in MünchKomm AktG[4] § 274 Anm 35).

362 In entspr Anwendung des § 273 Abs 1 AktG, § 74 Abs 1 GmbHG sind die **Liquidatoren** ggü der GesV zur **(internen) Rechenschaftslegung** verpflichtet (*Hüffer/Koch* AktG[13] § 274 Anm 9; zur Schlussrechnungslegung im Innenverhältnis Anm 280).

363 Bei Beendigung der Liq durch Wiederaufnahme der werbenden Tätigkeit bestehen keine besonderen (externen) Rechnungslegungspflichten. Gleichwohl ist die **Aufstellung** einer **Liquidationsschlussbilanz** mit GuV **empfehlenswert** (so auch *Förster/Döring*[4], 31), bei der es sich dann jedoch um einen *nicht prüfungspflichtigen Zwischenabschluss* handelt. Die Verpflichtung zur Aufstellung eines JA zum Ende des Gj wird davon nicht berührt.

Die Aufstellung einer LiqSB bei Wiederaufnahme der Geschäftstätigkeit empfiehlt sich insb auch deshalb, weil die Fortsetzung einer aufgelösten GmbH sehr schnell in die Nähe einer wirtschaftlichen Neugründung (s Anm 359) geraten kann (vgl *K. Schmidt* DB 2014, 702). Anhand einer LiqSB kann dann festgestellt werden, ob das Stammkapital im Fortsetzungszeitpunkt intakt ist. Ergibt sich eine Unterbilanz, besteht die Möglichkeit, vorsorglich einen entspr Barausgleich vorzunehmen, um die Haftungsfolgen einer wirtschaftlichen Neugründung von vornherein zu vermeiden.

364 Die *„Rückverwandlung"* der aufgelösten KapGes wird im Übrigen dadurch erleichtert, dass die Vorschriften über den JA auch während der Liq zu beachten waren. Lediglich die **Beachtung liquidationsspezifischer Bewertungsvorschriften entfällt**. Sofern VG dem Geschäftsbetrieb wieder dauerhaft iSd § 247 Abs 2 HGB dienen, hat dann eine Umgliederung in das Anlagevermögen sowie eine Berichtigung der Wertansätze bzw der Abschreibungspläne im Rahmen des § 253 Abs 5 HGB zu erfolgen (aA *Peetz*

IX. Sonderfragen

GmbHR 2019, 332 f: Ansatz der LiqWerte darf nicht rückgängig gemacht werden).

Rückstellungen für Sozialplanverpflichtungen sind aufzulösen (§ 249 Abs 2 S 2 HGB), wenn und soweit die ihnen zugrunde liegenden Entlassungsmaßnahmen mit der Fortsetzung der werbenden Tätigkeit hinfällig werden. Rückstellungen für Altpensionsverpflichtungen (Art 28 Abs 1 EGHGB), die als Folge der Auflösung angesetzt werden mussten (s Anm 130), dürfen dagegen nicht aufgelöst werden, da das Passivierungswahlrecht durch den Ansatz der Verpflichtungen in der Liq insofern verwirkt ist. Das Passivierungswahlrecht darf jedoch für künftige Erhöhungen aufgrund einer weiteren Tätigkeit nach Wiederaufnahme der werbenden Tätigkeit der betr Mitarbeiter nach dem Fortsetzungsbeschluss in Anspruch genommen werden.

2. Nachtragsliquidation

Wegen des für die Vollbeendigung aufgelöster KapGes erforderlichen *Doppeltatbestands* „Vermögenslosigkeit *und* Löschung im HR" (ausführlich *K. Schmidt* in Scholz[11] GmbHG § 74 Anm 14; dem folgend BayObLG v 7.1.1998 ZIP, 421; zum Meinungsstand auch *Paura* in Großkomm GmbHG[2] § 74 Anm 39 ff mwN) ist eine NachtragsLiq dann einzuleiten, wenn sich **nach Löschung** der KapGes iL im HR (Anm 285) herausstellt, dass doch **noch verteilungsfähiges,** dh verwertbares **Vermögen** vorhanden ist.

Bei dem nachträglich bekannt gewordenen Vermögen kann es sich zB um Bereicherungs- oder Regressansprüche gegen Gester oder ehemalige Organe handeln, zB weil ein Gläubiger – bei einer Verteilung des Vermögens unter Verstoß gegen § 272 AktG, § 73 GmbHG – leer ausgegangen ist (vgl *K. Schmidt* in Scholz[11] GmbHG § 74 Anm 19; *Haas* in Baumbach/Hueck GmbHG[21] § 60 Anm 104; *Gesell* in Rowedder[6] GmbHG § 74 Anm 18; *Altmeppen* ZIP 2017, 497 f). Nach der Entscheidung des BGH v 13.3.2018 (DB, 1073 ff) haftet der Liquidator ggü einem Gläubiger, dessen Anspruch im LiqVerfahren zu Unrecht übergangen wurde, unmittelbar bis zur Höhe der verteilten Beträge, wenn die Ges bereits im HR gelöscht ist (dazu auch *Arens* DB 2018, 1392; *Passarge* DB 2018, 1777). Dh, in dieser Konstellation muss der übergangene Gläubiger nicht erst beim Register die Anordnung einer NachtragsLiq und die Bestellung eines Nachtragsliquidators beantragen.

Verteilungsfähiges Vermögen liegt aber auch vor, wenn ein illiquider Schuldner wieder zahlungsfähig wird (vgl *Kleindiek* in Lutter/Hommelhoff[19] GmbHG § 74 Anm 19). Die Existenz des noch verteilbaren Vermögens muss *durch substantiierte Behauptungen dargelegt* werden, dazu ist es erforderlich, dass konkrete Angaben über den Anspruchsgrund, die Höhe des Anspruchs sowie die Person des Schuldners gemacht werden (OLG Frankfurt v 27.6.2005 GmbHR, 1137; KG Berlin v 13.2.2007 GmbHR, 542: Vorhandensein von GesVermögen muss konkret vorgetragen werden).

ZT (*Rosenkranz* AG 2014, 312 ff) wird eine NachtragsLiq darüber hinaus auch dann befürwortet, wenn die Existenz oder die Verwertbarkeit des Vermögens nicht schon feststehen, sondern noch weitere Maßnahmen zur Aufklärung oder Beurteilung der Sach-/Rechtslage erforderlich sind, wenn der

Antragsteller Vorschüsse zur Deckung der Ermittlungskosten leistet (aA wohl OLG Düsseldorf v 2.4.2013 ZIP, 877f: möglicher LiqBedarf nur, wenn Schluss der Liq zu Unrecht angemeldet wurde und dies den Liquidatoren bekannt war; dazu *Kerst* GWR 2013, 225).

Eine NachtragsLiq findet schließlich auch dann statt, wenn zB eine **englische Limited,** die ihren Publizitätspflichten am Gründungsort nicht nachgekommen ist, in England im *Register of Companies* (GesRegister) gelöscht wird, während sie im Inland noch über Vermögenswerte verfügt (vgl dazu *Schmidt* ZIP 2008, 2400; *Jooß* GWR 2010, 341).

Zum Erfordernis einer NachtragsLiq zur Durchsetzung von Betriebsrentenansprüchen gegen eine liquidierte Ges s *Fischer* NJOZ 2014, 1604f.

366 Wird einer gelöschten und vermögenslosen KapGes *nachträglich* (später) wieder Vermögen zugeführt, hat dies keine NachtragsLiq zur Folge (so OVG Berlin v 12.11.1992 GmbHR 1993, 511). Eine NachtragsLiq ist auch dann ausgeschlossen, wenn das Vermögen als Ganzes, zB bei einer UntVeräußerung *(Asset Deal),* auf einen anderen Rechtsträger übergegangen ist, weil dann das nachträglich aufgefundene Vermögen bei diesem anfällt (vgl *Fichtelmann* GmbHR 2011, 913).

367 Nach hM ist eine NachtragsLiq auch dann erforderlich, wenn weitere Rechtsbeziehungen oder Tatsachen bekannt werden, die eine gesetzliche Vertretung der gelöschten KapGes erforderlich machen. Als derartige, **nichtvermögensrechtliche Liquidationsmaßnahmen** in Betracht kommen zB die *Ausstellung von Arbeitszeugnissen* an ehemalige Arbeitnehmer (KG Berlin v 9.1.2001 BB, 324), die Mitwirkung der KapGes bei *Löschung einer* zu ihren Gunsten eingetragenen *Grundschuld* (s auch BGH v 10.10.1988 AG 1989, 203), die Erfüllung von handels- und steuerrechtlichen Rechnungslegungspflichten (dazu *Haas* in Baumbach/Hueck GmbHG[21] § 60 Anm 105; OLG Stuttgart v 7.12.1994 AG 1995, 284 jeweils mwN) oder die Entgegennahme eines Steuer-/Grundlagenbescheids (OLG München v 7.5.2008 GmbHR, 822f).

Nach aA handelt es sich hierbei jedoch nur um die Erledigung nachwirkender Handlungspflichten, die einem Vermögensabwicklungsbedarf nicht gleichzusetzen sind und deshalb **keine Nachtragsliquidation** erfordern (ausführlich *K. Schmidt* in Scholz[11] GmbHG § 74 Anm 20a; *K. Schmidt* GmbHR 1988, 212; *Paura* in Großkomm GmbHG[2] § 74 Anm 42ff).

368 Auf *Antrag* eines Gesters bzw dessen Rechtsnachfolger, eines leer ausgegangenen Gläubigers oder eines früheren Liquidators *und* nach *Glaubhaftmachung von Vermögen* (Anm 365) hat das Registergericht einen **Nachtragsliquidator** zu bestellen (§ 273 Abs 4 AktG). Der Nachtragsliquidator ist grds von Amts wegen ins HR einzutragen (§ 266 Abs 4 AktG; § 67 Abs 4 GmbHG; s Anm 36). Eine Eintragung des bestellten Nachtragsliquidators ins HR ist nicht erforderlich, wenn seine Tätigkeit überschaubar ist und sich nur auf genau bestimmbare Rechtshandlungen bezieht (so OLG München v 21.10.2010 GmbHR 2011, 39f; ähnlich auch *Koch* in MünchKomm AktG[4] § 273 Anm 41: Abwickler mit rechtspflegerähnlichen Aufgaben). Das Amt des bisherigen Liquidators lebt aber nicht automatisch wieder auf (BayObLG v 5.11.1992 DB 1993, 157). Ein Nachtragsliquidator kann in entspr Anwendung von § 265 Abs 3 S 1 AktG und § 66 Abs 3 S 1 GmbHG, zB bei Interessenwiderstreit oder Abschluss eigennütziger, schädlicher Geschäfte, durch

IX. Sonderfragen

das Gericht abberufen werden (für die GmbH: OLG Köln v 6.1.2003 DB, 875; KG Berlin v 30.8.2005 GmbHR, 1615). Die Bestellung eines Nachtragsliquidators zwecks der gerichtlichen Geltendmachung einer Forderung ist nicht erforderlich, wenn vor der Löschung der Ges wirksam *Prozessvollmacht* erteilt wurde (BayObLG v 21.7.2004 GmbHR, 1344; zur Fortgeltung einer Prozessvollmacht s auch BAG v 3.6.2003 GmbHR, 1011).

Ferner ist die **gelöschte Gesellschaft** als KapGes iL **erneut** in das HR **einzutragen** (hM *K. Schmidt* in Scholz[11] GmbHG § 74 Anm 23; *Paura* in Großkomm GmbHG[2] § 74 Anm 49; *Gesell* in Rowedder[6] GmbHG § 74 Anm 26 f; BayObLG v 7.1.1998 ZIP, 421). Nach aA (*Hüffer/Koch* AktG[13] § 262 Anm 23a, § 273 Anm 17) kann die – wegen konstitutiver Wirkung der Löschung – untergegangene juristische Person allein durch HR-Eintragung nicht wiederbelebt werden. Bei der NachfolgeGes, der das aufgefundene Vermögen zusteht, handelt es sich – spiegelbildlich zur VorAG (s D Anm 17) – um eine körperschaftlich strukturierte Ges *sui generis*. **369**

Da es sich bei der NachtragsLiq um die Fortsetzung der bereits begonnenen Liq handelt – die aufgelöste Ges wird nur „wiederbelebt" – ist ein erneuter **Gläubigeraufruf** mit Einhaltung des **Sperrjahrs** (Anm 4) **nicht erforderlich**. **370**

Bei der NachtragsLiq handelt es sich um eine Fortsetzung der ursprünglichen Liq. Für Zwecke der externen Rechnungslegung sind daher, ebenso wie während der regulären Liq, wieder die Regelungen in § 270 Abs 1 iVm Abs 2 S 2 AktG bzw § 71 Abs 1 iVm Abs 2 S 2 GmbHG zu beachten. Nach überwiegender Auffassung sollen sich die **Rechnungslegungspflichten** der Nachtragsliquidatoren auf die Erstellung von *LiqJA* gem § 270 Abs 1 AktG, § 71 Abs 1 GmbHG und die (erneute) Legung einer *Schlussrechnung* beschränken (hM *K. Schmidt* in Scholz[11] GmbHG § 74 Anm 23; *Haas* in Baumbach/Hueck GmbHG[21] § 60 Anm 109; *Kleindiek* in Lutter/Hommelhoff[19] GmbHG § 74 Anm 22). **371**

Dabei wird aber verkannt, dass die als KapGes iL wieder ins HR eingetragene AG/GmbH (Anm 368) als Formkaufmann (§ 6 Abs 1 HGB) automatisch zur *Buchführung* gem § 238 HGB verpflichtet ist und damit gem § 242 Abs 1 S 1 HGB auf den Zeitpunkt, zu dem feststeht, dass der KapGes iL (noch) VG gehören (§ 246 Abs 1 S 2 HGB), spätestens aber auf den Zeitpunkt der (Wieder-)Eintragung im HR, eine **„Nachtragseröffnungsbilanz"** aufzustellen hat. Grundlage für diese EB ist ein **Inventar,** in dem das nachträglich aufgefundene Vermögen (Menge und Wert) zu verzeichnen ist. Die Erstellung eines Eröffnungsinventars und einer EB für die NachtragsLiq empfiehlt sich insb im Hinblick auf die an deren Ende erforderliche Rechenschaftslegung der Nachtragsliquidatoren im Innenverhältnis (Anm 266 ff, 280 ff). Zugleich kann anhand des Nachtragsinventars (der NachtragsEB) von den Liquidatoren überprüft werden, ob das Vermögen die Kosten der NachtragsLiq deckt.

Aus diesem Grund ist das im Nachtragsinventar bzw der NachtragsEB ausgewiesene (wieder aufgefundene) **Vermögen** gem § 255 Abs 1 HGB **zu AK (beizulegenden Zeitwerten) anzusetzen,** bei denen es sich idR um (Netto-)Veräußerungswerte handeln wird, sofern es sich nicht bereits um einen Nominalwert (zB eine Forderung) handelt (s auch Anm 271).

372 Besonderheiten ergeben sich in der NachtragsEB für den **Eigenkapitalausweis**. Nachdem eine NachtragsLiq nur in Betracht kommt, wenn die ursprüngliche LiqGes nur scheinbar vollbeendet wurde (Anm 365), ist das *gezeichnete Kapital* in dieser EB grds in der im GesVertrag festgelegten Höhe anzusetzen. Für den (seltenen) Fall, dass das noch aufgefundene Vermögen diesen Betrag übersteigt, wäre eine Kapitalrücklage (§ 272 Abs 2 Nr 1 HGB) auszuweisen. Regelmäßig wird das die NachtragsLiq auslösende Vermögen aber nicht an die in Satzung/GesVertrag bestimmte Grund-/Stammkapitalziffer heranreichen. In diesem Fall ist zum Bilanzausgleich die Bildung eines passivischen Ausgleichspostens unter der Bezeichnung „Fehlbetrag zum Gezeichneten Kapital" erforderlich. Der passivische Ausgleichsposten ist in der Folgezeit wie ein Verlustvortrag zu tilgen (analog IDW RS HFA 41, Tz 9).

Nachdem eine Fortsetzung der KapGes iL im Rahmen der NachtragsLiq wegen der Gefahr einer Umgehung von Gründungs-/Kapitalaufbringungsvorschriften jedoch nicht in Betracht kommt (dazu *Hüffer/Koch* AktG[13] § 274 Anm 6; *Koch* in MünchKomm AktG[4] § 274 Anm 15 f mwN; *Kleindiek* in Lutter/Hommelhoff[19] GmbHG § 74 Anm 23; aA *Haas* in Baumbach/Hueck GmbHG[21] § 60 Anm 110; *Erle* GmbHR 1997, 981 f wenn mindestens ein die Schulden deckendes Vermögen vorhanden ist *und* außerdem im Rahmen der (ursprünglichen) Liq kein Vermögen an die Gester ausgekehrt wurde; glA *Galla* GmbHR 2006, 638), ist es aber auch nicht zu beanstanden, wenn stattdessen der Betrag des nachträglich aufgetauchten (Rein-)Vermögens in der NachtragsEB im EK in einer Summe, zB unter der Bezeichnung „*nachträgliches LiqKapital*" ausgewiesen wird.

373 Das wieder aufgefundene GesVermögen wird regelmäßig so überschaubar sein, dass eine **Prüfung** dieser externen NachtragsEB (§ 270 Abs 1 iVm Abs 2 S 2 AktG bzw § 71 Abs 1 iVm Abs 2 S 2 GmbHG analog; s auch Anm 306) im Interesse der Gester und der Gläubiger nicht geboten sein wird (zur Befreiung von der Prüfungspflicht s Anm 315 ff).

Eine isolierte **Offenlegung** der NachtragsEB ist nicht geboten, die EB-Werte werden aber indirekt als VjBeträge (§ 265 Abs 2 S 1 HGB) in der Bilanz zusammen mit dem ersten JA der NachtragsLiq offengelegt.

3. Konzernrechnungslegung

a) Mutterunternehmen iL

375 Durch die Auflösung einer KapGes ändert sich nichts an der Verpflichtung, bei Vorliegen der allg Voraussetzungen der §§ 290 bis 293 HGB, einen KA und einen Konzernlagebericht aufzustellen, prüfen zu lassen und offenzulegen (glA *Scherrer/Heni* DStR 1992, 798; *ADS*[6] HGB § 290 Anm 126 ff; aA *Bohl/Schamburg-Dickstein* in HdR[5] GmbHG § 71 Anm 34: keine Konzernrechnungslegung, wenn wegen der Liq im JA des MU umfangreiche „Neubewertungen" vorgenommen wurden).

Eine **konsolidierte Liquidationseröffnungsbilanz ist** jedoch **nicht zu erstellen** (glA *Scherrer/Heni*[3], 45; *K. Schmidt* in Scholz[11] GmbHG § 71 Anm 27; *Paura* in Großkomm GmbHG[2] § 71 Anm 16), da § 242 HGB gem § 298 Abs 1 HGB auf die Konzernrechnungslegung nicht anzuwen-

IX. Sonderfragen

den ist, weil eine KA-Pflicht immer nur zum Ende eines (Rumpf)Gj besteht (s *Störk/Deubert* in Beck Bil-Komm[12] § 298 Anm 9).

Muss ein KA aufgestellt werden, ist er auch durch einen APr zu prüfen **376** (§ 316 Abs 2 HGB). Die Befreiung von der **Prüfungspflicht** nach § 270 Abs 3 AktG, § 71 Abs 3 GmbHG (s Anm 315) bezieht sich nach dem ausdrücklichen Wortlaut der Regelungen nur auf den JA und den Lagebericht und kommt deshalb für den KA und Konzernlagebericht nicht in Betracht (so zutreffend *ADS*[6] AktG § 270 Anm 91). Im Übrigen setzt eine Befreiung überschaubare (Vermögens-)Verhältnisse auf Ebene des aufgelösten Unt voraus (s Anm 316), was bei Bestehen einer Konzernstruktur regelmäßig nicht gegeben ist. Sind die Konzernverhältnisse dagegen überschaubar, zB weil nur unwesentliche TU nach § 296 Abs 2 HGB vorhanden sind, besteht bereits nach § 290 Abs 5 HGB keine Konzernrechnungslegungs- und folglich auch keine Prüfungspflicht.

Stichtag für den KA während der Liq ist nach § 299 Abs 1 HGB der **377** Stichtag des JA des MU (s *Störk/Deubert* in Beck Bil-Komm[12] § 299 Anm 1 ff). Wird ein RumpfGj bis zur Auflösung gebildet, muss auf dessen Ende ein RumpfJA (sog SB der werbenden Ges; s dazu Anm 45 ff) und dann auch ein KA und Konzernlagebericht aufgestellt, geprüft und offengelegt werden, sofern keiner der Befreiungstatbestände von der Konzernrechnungslegung nach den §§ 290 Abs 5, 291 bis 293 HGB besteht.

Ist das MU iL selbst TU eines übergeordneten MU und bildet es ein RumpfGj bis zur Auflösung und kehrt es anschließend durch Bildung eines zweiten RumpfGj zum bisherigen (Konzern-)Gj des übergeordneten MU zurück, darf die Befreiung nach den §§ 291 oder 292 HGB an beiden (Teilkonzern-)Stichtagen in Anspruch genommen werden, wenn auch die übrigen Befreiungsvoraussetzungen erfüllt sind (s *Störk/Deubert* in Beck Bil-Komm[12] § 299 Anm 7).

Fraglich könnte sein, ob die durch die Auflösung des MU zum Ausdruck **378** gebrachte Absicht zur Versilberung des Vermögens das MU zur Inanspruchnahme des Einbeziehungswahlrechts nach § 296 Abs 1 Nr 3 HGB (**Weiterveräußerungsabsicht**) berechtigt. Dies ist nicht der Fall, weil die Weiterveräußerungsabsicht bereits im Erwerbszeitpunkt der Anteile am betr TU bestehen muss (hM *Störk/Deubert* in Beck Bil-Komm[12] § 296 Anm 31; DRS 19, Tz 97). Bereits bisher gem §§ 300 ff HGB voll konsolidierte TU müssen daher bis zum Abgangszeitpunkt der betr Beteiligungen in den KA einbezogen werden.

Während der Liq gelten bzgl der **Bewertung** im KA gewisse Besonder- **379** heiten. Grds sind gem § 308 Abs 1 S 1 HGB sämtliche in den KA übernommenen VG und Schulden nach den auf den JA des „MU iL" anwendbaren Bewertungsmethoden einheitlich zu bewerten. Hierzu gehört auch die Sonderregelung des § 270 Abs 2 S 3 AktG, § 71 Abs 2 S 3 GmbHG (s Anm 155).

Für eine Beachtung dieser liquidationsspezifischen Bewertungsvorschrift im Rahmen der *konzerneinheitlichen* Bewertung könnte sprechen, dass die Liq des MU häufig auch mit der voll- bzw teilweisen Beendigung der wirtschaftlichen Einheit Konzern verbunden ist. Die Auflösung des Konzernverbunds bedeutet jedoch nicht gleichzeitig die Liq des Vermögens der einzelnen TU, weil der Konzernverbund auch durch eine Veräußerung der Beteiligungen an den TU beendet werden kann (zur dann erforderlichen Endkonsolidierung s *Störk/Deubert* in Beck Bil-Komm[12] § 301 Anm 305 ff). Eine pauschale Übertragung dieser besonderen LiqBewertungsvorschriften auf KA würde daher nicht zu sachgerechten Ergebnissen führen (glA *ADS*[6] HGB § 290 Anm 130).

b) Tochterunternehmen iL

380 Bei KapGes, die TU iSd § 290 HGB bzw § 11 PublG sind, ist nach *ihrer* Auflösung zu prüfen, ob eines der **Konsolidierungswahlrechte** gem § 296 HGB ausgeübt werden darf (*Scherrer/Heni* DStR 1992, 798).

Die Einbeziehungswahlrechte des § 296 HGB ggf iVm § 13 Abs 2 S 1 PublG für TU sind im Hinblick auf das Vollständigkeitsgebot des § 294 Abs 1 HGB grds **restriktiv auszulegen** (hM *Störk/Deubert* in Beck Bil-Komm[12] § 296 Anm 2). Daran ändert auch das LiqVerfahren nichts.

381 Aufgrund der Ausschüttungssperre in der Liq (§ 272 AktG, § 73 GmbHG) werden die Verfügungsrechte des MU in Bezug auf das Vermögen des TU iL insoweit begrenzt, als vor Beendigung der Liq keine Gewinn- bzw Vermögensverteilung vorgenommen werden darf, wobei dies auch für solche Gewinne gilt, die vor Auflösung erzielt wurden (dazu Anm 81). Die Beschränkung der Verfügungsmacht des MU endet mit der Tilgung oder Sicherstellung der Schulden des TU und dem Ablauf des Sperrjahrs. Fraglich könnte sein, ob diese Verfügungsbeschränkungen zur Inanspruchnahme des Einbeziehungswahlrechts nach § 296 Abs 1 Nr 1 HGB **(erhebliche und andauernde Beschränkungen der Rechte)** berechtigt.

Die Liq eines TU wird idR vom MU beschlossen und muss damit gewollt sein. Ferner bestellt das MU die Liquidatoren und kann damit, bei GmbH darüber hinaus durch entspr Weisungen (§ 37 Abs 1 GmbHG), Einfluss auf die LiqMaßnahmen, insb die Verwertungsart und ggf auch die Verwertungsgeschwindigkeit, nehmen. Zudem bedeutet die Versilberung des Vermögens aus JA-Sicht nicht notwendigerweise, dass die betr VG auch aus dem KonsKreis ausscheiden, weil zB Sachanlagevermögen oder Vorräte von anderen KonzernUnt übernommen werden. Schließlich ist auch die Beschränkung der Verfügungsrechte keinesfalls dauerhaft, sondern allenfalls zeitlich befristet, deshalb kann das Konsolidierungswahlrecht des § 296 Abs 1 Nr 1 HGB regelmäßig nicht in Anspruch genommen werden (glA *Störk/Deubert* in Beck Bil-Komm[12] § 296 Anm 11; *Scherrer/Heni*[3], 47 f: von Verfügungsbeschränkungen über das Vermögen von TU iL kann rechtlich und praktisch nicht die Rede sein; dagegen für ein uneingeschränktes Konsolidierungswahlrecht *ADS*[6] AktG § 270 Anm 96).

382 Die Inanspruchnahme des Einbeziehungswahlrechts kommt lediglich dann in Betracht, wenn bereits im Auflösungszeitpunkt abzusehen ist, dass am Ende der Liq **keine (wesentliche) (Vermögens-)Auskehrung** zu erwarten ist (glA *Störk/Deubert* in *Beck Bil-Komm*[12] § 296 Anm 11; IDW RS HFA 17, Tz 45; zur Beurteilung der Wesentlichkeit einer Schlussauskehrung s *Henckel*, StuB 2020, 191 f). Hintergrund dafür ist, dass das Vermögen des TU mit dessen Auflösung den Status eines „Sondervermögens" erlangt, das ausschließlich

IX. Sonderfragen

zur Schuldentilgung bestimmt ist, was in Kombination mit den gesellschaftsrechtlichen Sonderregelungen dazu führt, dass dieses in wirtschaftlicher Betrachtungsweise der Verfügungsmacht des MU (endgültig) entzogen ist.

Das Einbeziehungswahlrecht des § 296 Abs 1 Nr 3 HGB für TU, die ausschließlich zum Zweck ihrer Weiterveräußerung erworben werden, gilt nicht nur, wenn die Anteile am TU veräußert werden sollen *(Share Deal)*, sondern auch dann, wenn sich die Veräußerungsabsicht auf das hinter den Anteilen stehende (Rein-)Vermögen des TU bezieht. Daher darf das Einbeziehungswahlrecht nach § 296 Abs 1 Nr 3 HGB in Anspruch genommen werden, wenn bei Erwerb eines TU bereits dessen Liq beabsichtigt ist (glA *Störk/Deubert* in Beck Bil-Komm[12] § 296 Anm 23). Grds ist der Wille des MU für die Zweckbestimmung der Weiterveräußerung maßgeblich. Die **Veräußerungsabsicht** muss nachvollziehbar belegt werden (hM *Störk/Deubert* in Beck Bil-Komm[12] § 296 Anm 27; *ADS*[6] HGB § 296 Anm 26 und 129). 383

4. Abhängigkeitsbericht

AG, die abh Unt iSd § 17 AktG sind, haben gem § 312 AktG einen AbhBer aufzustellen, sofern nicht mit dem herrschenden Unt ein Beherrschungsvertrag (§ 312 Abs 1 S 1 AktG) oder ein Gewinnabführungsvertrag (§ 316 AktG) abgeschlossen ist oder eine Eingliederung (§ 323 Abs 1 S 3 AktG) besteht. 385

Die Pflicht zur Erstellung eines AbhBer kann während der Liq auch neu entstehen, wenn zB die Auflösung Anlass für eine ao Kündigung des Gewinnabführungs-/Beherrschungsvertrags ist (dazu Anm 397).

Für die LiqEB als Vermögensstatus zum Auflösungszeitpunkt entfällt dagegen die zeitraumbezogene AbhBerErstattung.

Die **Verpflichtung** zur Aufstellung eines AbhBer **besteht** während der Liq unverändert **fort** – und zwar auch für kleine AG nach § 267 Abs 1 HGB. Letztmals ist ein AbhBer zusammen mit der LiqSB aufzustellen (Anm 265 f). 386

Rechtsgrundlage hierfür ist § 264 Abs 2 AktG, da ein AbhBer weder durch die §§ 262 bis 274 AktG ausgeschlossen wird, noch mit dem Zweck der Abwicklung in Widerspruch steht (*ADS*[6] AktG § 270 Anm 98; *Scherrer/Heni*[3], 42). Denn auch während der Liq besteht wegen § 268 Abs 1 S 2 AktG die Möglichkeit, dass die abhängige AG durch das herrschende oder ein mit diesem verbundenes Unt zu für sie nachteiligen Rechtsgeschäften oder anderen für sie nachteiligen Maßnahmen einschl etwaiger unterlassener Handlungen veranlasst wird (§ 312 Abs 1 S 2 AktG; zum Umfang der Berichtspflicht s *Schmidt/Heinz* in Beck Bil-Komm[12] § 289 Anm 375 ff).

Gerade während der Liq ist es unerlässlich, die Benachteiligung etwaiger Minderheitsaktionäre und der Gläubiger der abhängigen AG durch einen fremdbestimmten Unternehmerwillen auszuschließen (s *Schmidt/Heinz* in Beck Bil-Komm[12] § 289 Anm 300). **Sinn und Zweck der Berichterstattung** ist auch hier, etwaige Ansprüche aus einer Benachteiligung gem § 311 AktG (Nachteilsausgleich) oder auf Schadensersatz nach § 317 AktG zu sichern (*WPH*[14] I, F Anm 1279 f).

387 Der AbhBer ist von den Liquidatoren in den **ersten drei Monaten des Geschäftsjahrs aufzustellen** (§ 312 Abs 1 S 1 AktG). Diese haben eine Beurteilung aller gem § 311 AktG berichtspflichtigen Rechtsgeschäfte und Maßnahmen durchzuführen und dies in einer sog **Schlusserklärung** (§ 312 Abs 3 AktG), die in den Lagebericht (Anm 220) aufzunehmen ist, zusammenzufassen.

388 Der AbhBer ist dem APr der abhängigen AG zur **Prüfung** vorzulegen. Damit entfällt für kleine AG (§ 267 Abs 1 HGB) sowie für aufgelöste AG, die das Registergericht von der Pflichtprüfung befreit hat (Anm 315), die Prüfung des AbhBer (glA *ADS*[6] AktG § 270 Anm 99). Der AbhBer sowie der zugehörige PrüfBer des APr gem § 313 Abs 2 S 1 AktG (dazu *Schmidt/Heinz* in Beck Bil-Komm[12] § 289 Anm 455) ist dem AR zur Prüfung vorzulegen (§ 314 Abs 1 S 1 iVm § 170 AktG).

389 Eine **Offenlegung** des AbhBer erfolgt nicht. Publizität erlangen nur die Schlusserklärung des Liquidatoren als Bestandteil des Lageberichts zum JA (§ 312 Abs 3 S 3 AktG) sowie die Erklärung des AR über die Prüfung des AbhBer im Bericht des AR (§ 314 Abs 2 S 1 iVm § 171 Abs 2 AktG), die gem § 325 Abs 1 S 1 HGB in gleicher Weise wie bei werbenden AG offenzulegen sind.

Wie bei werbenden Ges ist bei *kleinen AG*, die keinen Lagebericht aufstellen (§ 264 Abs 1 S 3 HGB; Anm 195), die Aufnahme der Schlusserklärung in den Anhang erforderlich (hM *ADS*[6] AktG § 312 Anm 88).

5. Unternehmensverträge

395 Ob und ggf welche Auswirkungen die Auflösung eines der Vertragsteile auf den rechtlichen Bestand von UntVerträgen (insb von Beherrschungs- und Gewinnabführungsverträgen) von KapGes hat, ist weder in den §§ 291 ff AktG noch in den für Auflösung und Abwicklung geltenden Normen §§ 262 ff AktG explizit geregelt (vgl *Koch* in MünchKomm AktG[4] § 264 Anm 30). Wegen körperschaftsteuerlicher Besonderheiten bei der Auflösung von OrganGes s Anm 464.

396 Die **Auflösung der abhängigen Ges** beeinträchtigt deren rechtlichen Status nicht; sie bleibt juristische Person und kann Trägerin von Rechten und Pflichten sein (Anm 5). Alle von ihr geschlossenen Verträge und damit auch ein UntVertrag bestehen – ohne vorherige Kündigung (Anm 397) – in der Liq bis zur Vollbeendigung der aufgelösten KapGes fort (so BFH v 18.10. 1967 BStBl II 1968, 106; *Kölner Komm*[3] AktG § 297 Anm 44; *K. Schmidt* ZGR 1983, 531; *Meister* WM 1976, 1186; *Werner* AG 1968, 185). Dafür spricht zunächst, dass die Auflösung der KapGes nicht zwangsläufig mit ihrem Erlöschen endet; solange noch nicht mit der Verteilung des Vermögens unter die Gester begonnen wurde, kann jederzeit die Fortsetzung beschlossen werden (Anm 355 ff).

Die wohl hM, wonach der Fortbestand der UntVerträge – mit Ausnahme von Betriebsüberlassungs- und Betriebspachtverträgen – nach ihrem Sinn und Zweck mit dem Wesen der Liq (Anm 7) nicht vereinbar sei, weshalb alle **Unternehmensverträge** automatisch, dh ohne weiteres Zutun von Rechts wegen, mit der Auflösung **enden** (*Hüffer/Koch* AktG[13] § 297 Anm 22; *Emme-*

IX. Sonderfragen **397, 398** T

rich/Habersack[8] § 297 Anm 51; *Altmeppen* in MünchKomm AktG[4] § 297 Anm 122; *Müller* in FS Goerdeler, 391 ff; *Krieger/Jannott* DStR 1995, 1476 jeweils mwN) vermag nicht zu überzeugen. Anders als im InsFall, in dem ein vom Gericht ernannter und mit umfassenden Kompetenzen ausgestatteter InsVerwalter die Verwaltung und Verwertung des Vermögens übernimmt (dazu unter R Anm 13; *K. Schmidt* ZGR 1983, 527; zum Wegfall der Konzernleitungsmacht bei konkursbedingter Auflösung der herrschenden Ges BGH v 14.12.1987 GmbHR 1988, 175 f), obliegt die Geschäftsführung der aufgelösten Ges dem Liquidator, als einem autonom bestellten GesOrgan (Anm 35). Es ist kein überzeugender Grund ersichtlich, weshalb zB bei einem Beherrschungsvertrag das Leitungs- und Weisungsrecht des herrschenden Unt ggü dem Liquidator entfallen soll, obwohl es gerade dann von besonderer Bedeutung sein kann (*Werner* AG 1972, 143).

Ungeachtet dessen berechtigt die Auflösung des einen Vertragsteils den an- **397** deren jedoch zur ao fristlosen **Kündigung aus wichtigem Grund** gem § 297 Abs 1 S 1 AktG (*Kölner Komm*[3] AktG § 297 Anm 46) mit Sicherheitsleistung gem § 303 AktG (dazu *Hüffer/Koch* AktG[13] § 303 Anm 2 ff). Nach aA (OLG München v 20.6.2011 DStR, 1476) soll die Auflösung der abhängigen Ges das herrschende Unt nicht zur ao Kündigung berechtigen, wenn es diese selbst „willkürlich" als alleiniger Gester herbeigeführt hat.

Bei Fortbestand eines Unternehmensvertrags in der Liq ist allerdings **398** fraglich, welche gesetzlichen Pflichten – insb die *Gewinnabführungspflicht* der abhängigen Ges bzw die *Verlustübernahmepflicht* der herrschenden Ges gem § 302 Abs 1 AktG – während der Liq entfallen oder zu modifizieren sind.

Der BFH legt vor der Auflösung geschlossene Gewinnabführungsverträge dahingehend aus, dass sie nur auf die Abführung des Gewinns einer ErwerbsGes gerichtet sind und nimmt deshalb zu Recht an, die **Verpflichtung** der OrganGes zur **Gewinnabführung** wird durch ihre Auflösung **beendet** (dazu BFH v 18.10.1967 BStBl 1968, 106). Begründet wird dies damit, dass der in der Liq erzielte Gewinn, der insb aus der Auflösung stiller Reserven bei der Veräußerung von VG resultiert, kein verteilbarer Reingewinn, sondern Bestandteil des Vermögens der aufgelösten Ges ist, das nur gem §§ 271, 272 AktG, §§ 72, 73 GmbHG verteilt werden kann (ausführlich Anm 70 ff). Während der Liq erzielte Überschüsse sind deshalb als Verbindlichkeit aus Gewinnabführung zu passivieren und erst im Rahmen der Vermögensverteilung am Ende der Liq zu begleichen (dazu Anm 283).

Aus der Suspendierung der *Auszahlung* einer Gewinnabführungsverpflichtung folgt jedoch nicht automatisch, dass auch die **Pflicht zur Verlustübernahme** durch das herrschende Unt entfällt (ebenso *Meister* WM 1976, 1187; *Peltzer* AG 1975, 312). Nach hM ruhen dagegen alle mit dem LiqZweck unvereinbaren Vertragsfolgen – auch die Pflicht zur Verlustübernahme – ab der Auflösung (*Kölner Komm*[3] AktG § 297 Anm 44 u § 302 Anm 34 ff; *K. Schmidt* ZGR 1983, 530 f, der zur Vermeidung von Nachteilen für die Gläubiger die Sicherheitsleistung gem § 303 AktG bereits mit Ende der Verlustdeckungspflicht beginnen lässt). Lediglich „Abwicklungsverluste", die sich bereits in der SB der werbenden Ges niedergeschlagen haben, sollen noch vom herrschenden Unt zu tragen sein. Die Pflicht zur Verlustübernahme gem § 302

AktG dient der Sicherung der abhängigen Ges und ihrer Gläubiger; dieser Schutz darf nicht durch einen im Ermessen der Gester stehenden Auflösungsbeschluss umgangen werden. Zudem können LiqVerluste möglicherweise die Folge der Geschäftspolitik des herrschenden Unt bzw des von ihm gewählten Auflösungszeitpunkts sein (*Werner* AG 1972, 143). Die Forderung der abhängigen Ges auf Ausgleich eines während der Liq entstandenen Jahresfehlbetrags entsteht damit wie bei werbenden Ges mit dem Bilanzstichtag (hM *Hüffer/Koch* AktG[13] § 302 Anm 13) und ist von da an fällig.

Eine Aufrechnung (§ 387 BGB) von Verbindlichkeiten aus Verlustübernahme mit einer Forderung auf Gewinnabführung seitens des herrschenden Unt ist nicht möglich, weil der *Gewinnabführungsanspruch* wegen § 272 AktG, § 73 GmbHG erst mit der Schlussverteilung fällig wird.

399 Abgesehen von der Eingliederung (§§ 319 ff AktG), die gem § 327 Abs 1 Nr 4 AktG mit der Auflösung der HauptGes endet (dazu *Kölner Komm*[3] AktG § 297 Anm 45), kann die **Auflösung des herrschenden Unternehmens** durch einen bloßen Beschluss seiner Gester nicht zur automatischen Beendigung von Beherrschungs- und Gewinnabführungsverträgen und damit verbunden dazu führen, dass das abhängige Unt seinen Anspruch auf Verlustausgleich nach § 302 AktG verliert. Das abhängige und nicht das herrschende Unt hat jedoch ein Recht zur ao Kündigung (*Altmeppen* in MünchKomm AktG[4] § 297 Anm 113; *Emmerich/Habersack*[8] § 297 Anm 50).

6. Verschmelzung, Spaltung, Formwechsel

405 Gem § 3 Abs 3 UmwG ist eine **Verschmelzung** auch dann zulässig, wenn die *übertragenden* Rechtsträger bei einer Verschmelzung durch Aufnahme oder die sich vereinigenden Rechtsträger bei der Verschmelzung durch Neubildung aufgelöst sind, sofern die Fortsetzung der Rechtsträger (§ 274 AktG, Anm 355 ff) noch beschlossen werden darf, dh eine Versilberung des Vermögens darf betrieben worden sein, die Verteilung an die Gester darf aber noch nicht begonnen haben und es darf auch keine Überschuldung iSv § 64 GmbHG vorliegen (so *Winter* in Schmitt/Hörtnagl/Stratz[8] UmwG § 3 Anm 46, 51, 53; BayObLG v 4.2.1998 DB, 715).

Die übertragenden Rechtsträger erlöschen gem §§ 20 Abs 1 Nr 2, 36 Abs 1 S 1 UmwG mit Eintragung der Verschmelzung in das HR des übernehmenden bzw neu gegründeten Rechtsträgers (ausführlich H Anm 7, 12).

Aufnehmender Rechtsträger bei einer Verschmelzung kann eine aufgelöste KapGes dagegen *nicht* sein (OLG Naumburg v 12.2.1997 GmbHR, 1152 mwN; *Winter* in Schmitt/Hörtnagl/Stratz[8] UmwG § 3 Anm 47 f: Fortsetzungsbeschluss unmittelbar vor Verschmelzung notwendig). Dafür spricht zum einen der eindeutige Wortlaut des § 3 Abs 3 UmwG und zum anderen, dass es sonst zu einer Umgehung des Sperrjahrs (§ 272 Abs 1 AktG, § 73 Abs 1 GmbHG) kommen oder das Recht der Gläubiger des übertragenden Rechtsträgers auf Sicherheitsleistung gem § 22 UmwG ins Leere laufen könnte (so AG Erfurt v 25.10.1995 Rpfleger 1996, 163).

406 Gem § 124 Abs 2 iVm § 3 Abs 3 UmwG können an einer **Spaltung** auch aufgelöste übertragende Rechtsträger beteiligt sein, wenn deren Fortsetzung beschlossen werden kann (ausführlich I Anm 21).

IX. Sonderfragen

Während der übertragende Rechtsträger bei der *Aufspaltung* gem § 131 Abs 1 Nr 2 UmwG erlischt, muss er bei der *Abspaltung* bzw *Ausgliederung* mindestens bis zum Ablauf von fünf Jahren für die gesamtschuldnerische Haftung gem § 133 Abs 1 UmwG fortbestehen. Deshalb muss mit der Spaltung die Fortsetzung des Spaltsubjekts beschlossen werden (so *Geck* DStR 1995, 418; aA *Hörtnagl* in Schmitt/Hörtnagl/Stratz[8] UmwG § 124 Anm 55: die bloße Fortsetzungsmöglichkeit genügt, die Beendigung der Liq muss aber bis zum Ende der genannten Frist hinausgeschoben werden).

Ein **Formwechsel** gem §§ 190ff UmwG, bei dem die Identität des Rechts- 407 trägers nicht geändert wird (dazu L Anm 15), ist gem § 191 Abs 3 UmwG auch bei aufgelösten Rechtsträgern zulässig, wenn ihre Fortsetzung in der *bisherigen* Rechtsform beschlossen werden kann (dazu auch OLG Naumburg v 6.2.1997 GmbHR 1998, 382).

7. Kapitalerhöhung, Kapitalherabsetzung

Eine **Kapitalerhöhung** während der Liq ist zulässig iVm mit einem 410 *Fortsetzungsbeschluss* (Anm 355 ff) *oder* wenn der KapGes dadurch *zusätzliche Mittel* für die Befriedigung der Gläubiger *zugeführt* werden (hM *Haas* in Baumbach/Hueck GmbHG[21] § 69 Anm 21 mwN; *Kleindiek* in Lutter/Hommelhoff[19] GmbHG § 69 Anm 13). Eine Kapitalerhöhung aus GesMitteln ist jedoch nicht zulässig (E Anm 8).

Mehrheitlich (vgl zB *Koch* in MünchKomm AktG[4] § 264 Anm 29 mwN; 411 *Haas* in Baumbach/Hueck GmbHG[21] § 69 Anm 22; *K. Schmidt* in Scholz[11] GmbHG § 69 Anm 42; jeweils unter Verweis auf OLG Frankfurt v 14.9.1973 NJW 1974, 463f) wird in der Liq auch eine **(ordentliche) Kapitalherabsetzung** für zulässig erachtet, zB um damit die Fortsetzung vorzubereiten, sofern neben dem Sperrjahr und zusätzlich die gläubigerschützenden Anforderungen des § 58 GmbHG bzw § 225 AktG beachtet werden (*Kleindiek* in Lutter/Hommelhoff GmbHG § 69 Anm 13). Eine Kapitalherabsetzung zum Zweck der Rückzahlung von Grund- bzw Stammkapital oder zur Befreiung der Anteilseigner von Einzahlungsverpflichtungen steht im Widerspruch zur vorrangigen Gläubigerbefriedigung in der Liq (§ 272 AktG, § 73 GmbHG; Anm 71ff). Die durch eine wirksame Kapitalherabsetzung freigewordenen Beträge dürfen deshalb nicht an die Gester ausgezahlt werden, sondern sind bis zur Auskehrung des am Ende der Liq verbliebenen Reinvermögens als Verbindlichkeit zu passivieren. Sollen die Gester durch die Kapitalherabsetzung von ihren Einzahlungsverpflichtungen befreit werden, darf die Ausbuchung der (ausstehenden) Einlageverpflichtungen erst in der LiqSB (s Anm 245) erfolgen, weil erst dann feststeht, dass die Mittel nicht zur Gläubigerbefriedigung benötigt werden.

Bei **AG** dürfen Einlagen auch während der Liq zurückgezahlt werden, wenn ein entspr Rückzahlungsanspruch der Aktionäre (Forderungsrecht) aufgrund einer *Kapitalherabsetzung bis zum Auflösungszeitpunkt* durch Eintragung des Herabsetzungsbeschlusses ins HR rechtswirksam entstanden ist (§ 224 AktG; iE so auch LG Hannover v 9.3.1995 DB, 869). Die Sperrfrist nach § 225 Abs 2 S 1 AktG steht der Auszahlung nach erfolgter Auflösung nicht entgegen, weil sie lediglich den Charakter einer Stundungsvereinbarung hat.

412 Unter den Voraussetzungen der §§ 229 ff AktG, §§ 58a ff GmbH ist jedoch eine **vereinfachte Kapitalherabsetzung** zwecks Sanierung (Q Anm 176 ff) iVm einer Kapitalerhöhung zur Fortsetzung der KapGes zulässig (s *Haas* in Baumbach/Hueck GmbHG[21] § 69 Anm 22; auch das AG Dresden v 24.1.1995 AG, 192 hält eine Kapitalherabsetzung nur bei Sanierung der Ges durch gleichzeitige Kapitalerhöhung für zulässig; s dazu auch OLG Dresden v 18.9.1996 AG, 565 ff).

8. Gesellschafterausschluss

415 Die Übertragung der Aktien von Minderheitsaktionären gegen Barabfindung auf den Mehrheitsaktionär gem § 327a ff AktG *(Squeeze Out)* ist auch bei einer in Liq befindlichen **AG** zulässig und bedarf keiner besonderen sachlichen Rechtfertigung, weil die Rechte der MinderheitsGester auch in dieser Situation durch die Barabfindung in Höhe des vollen Wertersatzes und die Möglichkeit zur gerichtlichen Überprüfung des HV-Beschlusses und der Abfindungshöhe ausreichend gewahrt werden (BGH v 18.9.2006 DStR 2006, 2091; dazu *Bungert* BB 2006, 2761; BVerfG v 19.9.2007 ZIP, 2121; *Grunewald* in MünchKomm AktG[4] § 327a Anm 4).

416 Bei **GmbH** ist die *Ausschließung aus wichtigem Grund* – auch ohne besondere Satzungsregelung – allg anerkannt (zB *Fastrich* in Baumbach/Hueck GmbHG[21] Anh § 34 Anm 2 mwN). Dies gilt grds auch nach erfolgter Auflösung. Im Hinblick auf die mit der Liq bereits angestrebte Vollbeendigung der Ges muss der in der Person des Gesters liegende wichtige Grund für den Ausschluss jedoch so beschaffen sein, dass sein Verbleiben in der Ges deren ordnungsgemäße Liq unmöglich macht oder zumindest unvertretbar erschweren würde, zB weil der Gester sich gegen notwendige LiqMaßnahmen sperrt (OLG Frankfurt v 2.10.2001 NZG 2002, 1023).

X. Steuerliche Besonderheiten

Schrifttum: *Förschle/Kropp/Deubert* Notwendigkeit der Schlußbilanz einer werbenden Gesellschaft und Zulässigkeit der Gewinnverwendung bei Abwicklung/Liquidation einer Kapitalgesellschaft, DStR 1992, 1523 ff; *Dötsch/Pung* Die Auflösung und Abwicklung von Körperschaften: Das Einführungsschreiben des BMF vom 26.8.2003, DB 2003, 1922 ff; BMF 26.8.2003 Körperschaftsteuerliche Behandlung der Auflösung und Abwicklung von Körperschaften und Personenvereinigungen nach den Änderungen durch das Gesetz zur Fortentwicklung des Unternehmenssteuerrechts (UntStFG), DB 2003, 1929 f; *Fichtelmann* Beendigung der Organschaft durch Eröffnung des Insolvenzverfahrens?, GmbHR 2005, 1346 ff; *Maus* Die umsatzsteuerliche Organschaft in Liquidation und Insolvenz, GmbHR 2005, 859 ff; *Oltmanns* Wirtschaftsjahr oder kein Wirtschaftsjahr? – Zur erstmaligen Anwendung des Halbeinkünfteverfahrens bei aufgelösten Körperschaften, DB 2005, 2713 ff; *Völlmeke* Der Auflösungsgewinn oder -verlust gemäß § 17 EStG, DStR 2005, 2024 ff; *Förster/Felchner* Auszahlung des Körperschaftsteuerguthabens nach dem Regierungsentwurf des SEStEG, DStR 2006, 1725 ff; *Geier* Die Limited und die steuerlichen Probleme bei Liquidation, Der Konzern 2006, 421 ff; *Küster* Die Nachtragsliquidation von Kapitalgesellschaften unter dem Blickwinkel des § 11 Abs 1 Satz 2 KStG, DStR 2006, 209 ff; *Semmler/Zimmermann* Ausgewählte Zweifelsfragen zur erstmaligen Anwendung des Halbeinkünfteverfahrens bei der Li-

X. Steuerliche Besonderheiten 425–429 T

quidation von Kapitalgesellschaften, DB 2006, 1804 ff; *Lohmann/Bascopé* Liquidationsbesteuerung von Körperschaften: Ermittlung des Abwicklungsgewinns bei Vornahme von Zwischenveranlagungen, GmbHR 2006, 1313 ff; *Ortmann-Babel/Bolik* Praxisprobleme des SEStEG bei der Auszahlung des Körperschaftsteuerguthabens nach § 37 KStG nF, BB 2007, 73 ff; *Geist* Die ordentliche Liquidation einer GmbH unter dem Einfluss von Mindestbesteuerung und steuerfreiem Sanierungsgewinn, GmbHR 2008, 969 ff; *Pflüger* Der richtige Fahrplan für die Liquidation einer GmbH, GStB 2011, 190 ff; *Bergmann* Einheitlicher Besteuerungszeitraum und Zwischenveranlagungen in Liquidation und Insolvenz, GmbHR 2012, 943 ff; *Farle* Ertragsteuerliche Folgen der Liquidation einer Kapitalgesellschaft im Hinblick auf noch nicht erfüllte Verbindlichkeiten, BB 2012, 1507 ff; *Eller* Die Liquidation der GmbH in Grundzügen – Die Besteuerung des Abwicklungserlöses bei den Anteilseignern, SteuK 2013, 93 ff.

1. Körperschaftsteuer

a) Sinn und Zweck – Voraussetzungen

Die Besteuerung unbeschränkt steuerpflichtiger KapGes iL ist in § 11 **425** KStG geregelt. **Sinn und Zweck** der Erhebung von KSt auch während der Liq ist, die zuvor erwirtschafteten, aber bislang noch nicht realisierten Gewinne (stille Reserven) einschl der im Verlauf der Liq erzielten Gewinne bei der Veranlagung für den letzten Zeitraum vor Beendigung der Körperschaft (Anm 430) steuerlich zu erfassen (BFH v 14.12.1965 BStBl III 1966, 152; BFH v 8.12.1971 BStBl II 1972, 229). Ferner soll § 11 KStG das Besteuerungsverfahren während der Liq vereinfachen, da die Vorschrift den Besteuerungs- und Gewinnermittlungszeitraum für die von der Norm erfassten Sachverhalte verlängert (bzgl des Verlustabzugs gem § 10d EStG s Anm 454 ff).

Voraussetzungen für eine LiqBesteuerung gem § 11 KStG sind die Auf- **426** lösung der Körperschaft *und* ihre anschließende tatsächliche Liq. Die Eröffnung des InsVerfahrens stellt hier gem § 11 Abs 7 KStG eine Ausnahme dar. Obwohl eine Abwicklung unterbleibt, ist § 11 KStG sinngemäß anzuwenden. Bis zum Abschluss der Liq bleibt die KapGes unbeschränkt körperschaftsteuerpflichtig.

Wird eine KapGes ohne vorherige Auflösung „**still"** **liquidiert,** dh die **427** Betriebstätigkeit eingestellt und das Vermögen veräußert, ist § 11 KStG *nicht* anwendbar. Gleiches gilt, wenn die KapGes zwar formal aufgelöst, jedoch nicht tatsächlich liquidiert wird, zB bei einer Auflösung durch Löschung wegen Vermögenslosigkeit. Die Liq muss ernsthaft betrieben werden. Beteiligt sich eine KapGes trotz Auflösungsbeschluss wie vorher am Wirtschaftsleben *(Scheinliquidation)* und setzt sie ihre bisherige Geschäftstätigkeit nachhaltig über das nach AktG bzw GmbHG zulässige Maß fort, ist die Anwendung des § 11 KStG gleichfalls ausgeschlossen; stattdessen erfolgt eine *jährliche* Veranlagung mit Gewinnermittlung und Besteuerung nach allg Grundsätzen.

Wird die Absicht zur Liq der KapGes später aufgegeben *und* die Liq durch **428** einen Fortsetzungsbeschluss (dazu Anm 355 ff) auch formell beendet, muss ebenfalls unverzüglich zur jährlichen Besteuerung zurückgekehrt werden.

Endet die KStPflicht durch *Verschmelzung, Spaltung* oder *Formwechsel,* wird **429** die steuerliche Erfassung der angesammelten Reserven nicht durch § 11 KStG, sondern durch die Vorschriften des UmwStG sichergestellt (ausführlich dazu K Anm 140 ff; L Anm 200 ff; zu den steuerlichen Folgen der Auflösung bzw Löschung einer „Private Company Limited by Shares" s *Geier* Der Konzern 2006, 421 f).

b) Besteuerungszeitraum

430 Maßgebend für die Besteuerung in der Liq ist nicht das Kj (§ 7 Abs 3 iVm § 31 Abs 1 S 1 KStG), sondern gem § 11 Abs 1 S 1 KStG der Abwicklungszeitraum, der von der Auflösung bis zur Beendigung der KapGes reicht. Der Abwicklungszeitraum ist zugleich Gewinnermittlungs- und Veranlagungszeitraum für die KSt (*Hofmeister* in Blümich KStG § 11 Anm 35).

In Bezug auf den Gewinnermittlungs- und Veranlagungszeitraum stellt § 11 KStG *lex specialis* zu den allg Vorschriften gem § 7 Abs 3 S 1 und 2 sowie Abs 4 KStG und zu § 25 Abs 1 EStG dar.

431 Für den **Beginn des verlängerten Besteuerungszeitraums** ist oft der Tag der handelsrechtlichen Auflösung maßgeblich (Anm 91). Fällt die Auflösung der KapGes dagegen in ein laufendes Wj, rechnete nach früherer ständiger Rspr des RFH (6.4.1937 RStBl, 967; 10.5.1938 RStBl, 630; 26.9.1939 RStBl 1940, 34; 6.6.1944 RStBl, 701) und zunächst auch des BFH (28.6.1960 BStBl III, 391) der bis zum Auflösungszeitpunkt verstrichene Teil des laufenden Gj auch zum verlängerten Besteuerungszeitraum.

In der Entscheidung vom 17.7.1974 hat der BFH jedoch diese Auffassung geändert. Steuerlich sei ein sog **Rumpfwirtschaftsjahr** zu bilden, welches vom Schluss des vorangegangenen Wj bis zum Tag des Auflösungsbeschlusses reicht und damit nicht in den LiqZeitraum einzubeziehen ist (BStBl II, 692; 9.3.1983 BStBl II, 434). Zur Begründung für die Rechtsänderung führte der BFH die *handelsrechtliche* Notwendigkeit einer „Schlussbilanz der werbenden KapGes" an, aus der sich auch steuerlich eine Verpflichtung zur Aufstellung einer Gewinnermittlungsbilanz ergäbe (zur Kritik an dieser Rspr *Förschle/Kropp/Deubert* DStR 1992, 1524).

432 Die FinVerw hat sich der Rspr mit der **Einschränkung** angeschlossen, dass ein RumpfWj lediglich gebildet werden *darf* (KStR (2015) R 11 Abs 1 S 3). Dabei handelt es sich aber nicht um eine zustimmungsbedürftige Umstellung iSv § 4a Abs 1 Nr 2 EStG. Auch wenn die Rechtsgrundlage für ein Wahlrecht zur Bildung eines RumpfWj fehlt, ist dieses aus Vereinfachungsgründen als sinnvoll anzusehen.

Verzichtet die KapGes auf die Bildung eines RumpfWj – eine handelsrechtliche Verpflichtung hierzu besteht uE nicht (Anm 60 ff) – beginnt die LiqBesteuerung bereits mit dem Schluss des letzten regulären Wj. Ein bis zur Auflösung erzieltes Ergebnis ist dann in die Ermittlung des LiqGewinns einzubeziehen.

Die Ausübung des Wahlrechts kann insb für die Rücktragsmöglichkeit von LiqVerlusten von Bedeutung sein (Anm 451).

433 Der **Besteuerungszeitraum endet** mit dem rechtsgültigen Abschluss der Liq (ausführlich Anm 267), frühestens jedoch mit dem Ablauf des Sperrjahrs gem § 272 AktG bzw § 73 GmbHG (KStR (2015) R 11 Abs 2 S 2).

434 Der **Besteuerungszeitraum soll** gem § 11 Abs 1 S 2 KStG **drei (Zeit-) Jahre nicht übersteigen;** damit soll verhindert werden, dass bei einer langwierigen Liq eine Steuerveranlagung auf unbestimmte Zeit unterbleibt. Wird der Drei-Jahres-Zeitraum nur geringfügig überschritten, ist der LiqZeitraum idR zweckmäßigerweise zu verlängern und so der gesamte Abwicklungszeitraum in die Besteuerung einzubeziehen. Ist die Liq einer KapGes nach Ablauf von drei Zeitjahren seit Ende des der Auflösung vorangegangenen (Rumpf-)Wj noch nicht abgeschlossen und wird der Drei-Jahres-Zeitraum voraussichtlich deutlich überschritten, besteht in der Literatur Uneinigkeit, ob in der Folgezeit wieder zu jährlichen Veranlagungen überzugehen ist oder ob weitere Drei-Jahres-Zeiträume gebildet werden sollen. Die FinVerw und Teile der Literatur vertreten die Meinung, dass nach dem ersten Drei-Jahres-Zeitraum in den Folgejahren zu jährlichen Veranlagungen überzugehen ist (KStR (2015) R 11 Abs 1 S 7; *Frotscher* in Frotscher/Drüen KStG § 11 Anm 50; *Münch* in Dötsch/Pung/Möhlenbrock § 11, Anm 29). Andere Autoren sprechen sich gegen eine Rückkehr zur jährlichen Veranlagung aus und sind der Auffassung, weitere mehrjährige Veranlagungszeiträume zu bilden (*Stalbold* in Gosch³ KStG § 11 Anm 52; *Hofmeister* in Blümich KStG § 11 Anm 40; HHR KStG § 11 Anm 37).

Der zusätzliche Zeitraum iZm einer **Nachtragsliquidation** (s Anm 365 ff) **435** bildet zusammen mit der ursprünglichen Abwicklung einen einheitlichen Abwicklungszeitraum, da eine Körperschaft nur einmal abgewickelt werden kann. Sofern der Drei-Jahres-Zeitraum nur geringfügig überschritten wird, ist der Zeitraum der NachtragsLiq in den Drei-Jahres-Zeitraum einzubeziehen. Wird der Drei-Jahres-Zeitraum allerdings erheblich überschritten, sind eigene Besteuerungszeiträume zu bilden.

Ob diese Veranlagungen während des Abwicklungszeitraums **Zwischen- 436 veranlagungen** darstellen, die am Ende der Liq durch eine Veranlagung für den gesamten Abwicklungszeitraum ersetzt werden oder ob es sich um eigenständige Veranlagungen handelt, ist umstritten (für eigenständige Veranlagungen: KStR (2015) R 11 Abs 4; *Münch* in Dötsch/Pung/Möhlenbrock KStG § 11 Anm 28; *Pfirrmann* in Blümich KStG § 11 Anm 40; aA unter Hinweis auf den Wortlaut des § 11 Abs 1 S 1 KStG „*Gewinn im Zeitraum der Abwicklung*" *Küster* DStR 2006, 210 f; *Lohmann/Bascopé* GmbHR 2006, 1315; *Stalbold* in Gosch³ KStG § 11 Anm 51; *Bergmann* GmbHR 2012, 945). Sofern das FA nach Ablauf von drei Jahren wieder zu jährlichen Veranlagungen übergeht, kann wegen dieser Veranlagungen ein späterer LiqVerlust verloren gehen, der bei nur einem Veranlagungszeitraum noch im Rahmen der steuerlichen Rücktragsmöglichkeiten hätte berücksichtigt werden können.

Eine **Verkürzung** des Besteuerungszeitraums auf weniger als drei Zeitjahre **437** darf, solange das LiqVerfahren andauert, nicht erfolgen (RFH v 1.6.1937 RStBl, 967).

Die Sollvorschrift in § 11 Abs 1 S 2 KStG ermöglicht es dem FA, die **438** KapGes nach dem Ablauf der Drei-Jahres-Frist zur Steuer heranzuziehen, ohne im Einzelnen den Nachweis einer „*Scheinliquidation*" führen zu müssen, um Steuerausfälle oder Steuerpausen zu vermeiden. Gleichzeitig gestattet die Vorschrift aber auch, den besonderen Verhältnissen des Einzelfalls gerecht zu werden und den Besteuerungszeitraum auszudehnen. In diesem Zusammenhang muss die FinVerw auch Interessen des Steuerpflichtigen bei der Ermessensausübung berücksichtigen. Eine **Verlängerung** des Besteuerungszeitraums liegt im pflichtmäßigen Ermessen des FA. Allg wird von einer Verlängerung immer dann ausgegangen werden können, wenn die Schwierigkeit der Verhältnisse die Beendigung des LiqVerfahrens verzögert hat oder wenn die Liquidatoren den Nachweis erbringen, dass eine Beendigung unmittelbar bevorsteht.

439 Während des Besteuerungs-Mindestzeitraums brauchen keine Steuererklärungen abgegeben werden; unabhängig davon darf das FA vierteljährliche **Vorauszahlungen** auf die zu erwartende KStSchuld festsetzen (§ 31 KStG iVm § 37 EStG). Im BMF-Schreiben vom 26.8.2003 (BStBl I, 434) hat die FinVerw zudem klargestellt, dass das KStGuthaben (§ 37 KStG), der Teilbetrag des EK 02 (§ 38 KStG) und das steuerliche Einlagenkonto (§ 27 KStG) für den Schluss eines jeden Besteuerungszeitraums gesondert festzustellen sind, sofern der Abwicklungszeitraum mehrere Besteuerungszeiträume umfasst.

c) Ermittlung des Abwicklungseinkommens

440 Wie in der laufenden Gewinnermittlung von KapGes ist auch der einer „Schlussbesteuerung" zugrunde zu legende Gewinn oder Verlust des (gesamten) Abwicklungszeitraums durch **Vermögensvergleich** zu ermitteln. Gem § 11 Abs 2 KStG sind das Abwicklungsendvermögen (Anm 442 ff) und das Abwicklungsanfangsvermögen (Anm 447 ff) einander gegenüberzustellen.

441 Bei dem Vermögensvergleich nach § 11 Abs 2 KStG handelt es sich um eine steuerliche **Gewinnermittlung besonderer Art,** die auf eine vollständige Erfassung aller (realisierten) stillen Reserven einschl etwaiger im Verlauf des LiqVerfahrens erzielten Gewinne gerichtet ist (*Pfirrmann* in Blümich KStG § 11 Anm 7). Die handelsrechtliche LiqRechnungslegung hat während des Besteuerungszeitraums keine Auswirkungen auf die Ermittlung dieses LiqGewinns. Der **Grundsatz der Maßgeblichkeit** der handelsrechtlichen GoB für die StBil **gilt nicht** für die Ermittlung des Abwicklungsendvermögens (so BFH v 14.12.1965 BStBl III 1966, 152; BFH v 8.12.1971 BStBl II 1972, 229). Der Abwicklungsgewinn ist somit ein spezifischer Gewinn; er umfasst sowohl das Ergebnis aus der Auflösung stiller Reserven als auch die im Laufe der Abwicklung erzielten Erträge und – soweit kein RumpfWj gebildet wurde – auch das Ergebnis aus der werbenden Tätigkeit vom Schluss des der Auflösung vorangegangenen Wj bis zum Auflösungsstichtag.

442 Steuerliches **Abwicklungsendvermögen** ist nach § 11 Abs 3 KStG das im Rahmen der Schlussverteilung an die Gester zur Verteilung kommende Vermögen, das nach Versilberung des Vermögens und nach Befriedigung aller Gläubiger verbleibt. Werden entgegen der verschärften Ausschüttungssperre des § 272 AktG und § 73 GmbHG (s Anm 70 ff) im Verlauf des LiqVerfahrens Vorschüsse auf das LiqErgebnis verteilt, sind sie dem am Schluss der Liq verbliebenen Vermögen hinzuzurechnen.

443 Soweit das zur Auskehrung gelangende Vermögen auch **Sachwerte** umfasst, sind diese bei der Ermittlung des steuerlichen Endvermögens mit ihrem **gemeinen Wert** gem § 9 Abs 2 BewG anzusetzen (BFH v 12.4.2017 DStR, 2658), dh mit dem Einzelveräußerungspreis zum Zeitpunkt der Übertragung. Dies gilt auch dann, wenn die Gester tatsächlich einen niedrigeren Preis zah-

X. Steuerliche Besonderheiten   **444–446**   T

len (*Endert* in Frotscher/Drüen KStG § 11 Anm 54; RFH v 10.5.1938 RStBl, 630). Der Teilwert ist deshalb nicht maßgebend, weil die Fortführung des Betriebs nicht (mehr) unterstellt werden kann. *Kapitalforderungen* sind dementspr nach § 12 BewG zu bewerten. *Selbst geschaffene immaterielle WG*, die bei einer Sachteilung erhalten bleiben, sind zum gemeinen Wert anzusetzen (*Endert* in Frotscher/Drüen KStG § 11 Anm 56). Ein *GFW* wirkt sich auf das Abwicklungsendvermögen nur aus, wenn das Unt bzw der (Teil-)Betrieb, der den GFW „trägt", entgeltlich veräußert oder als Sachauskehrung auf den Gester übertragen wurde.

Eigene Aktien der KapGes gehen unter und nehmen an der Vermögensverteilung nicht teil. Der Wegfall der eigenen Anteile darf den steuerlichen Abwicklungsgewinn jedoch nicht mindern, weil es sich hierbei um einen gesellschaftsrechtlichen Vorgang handelt. Daher ist der durch Wegfall der eigenen Anteile entstehende (Buch-)Verlust dem Ergebnis des Vermögensvergleichs hinzuzurechnen (*Pfirrmann* in Blümich KStG § 11 Anm 53).   **444**

Gem § 11 Abs 3 KStG sind etwaige **steuerfreie Vermögenszugänge** im LiqZeitraum vom Endvermögen abzuziehen. Als steuerfreie Zugänge gelten dabei nur solche Erträge, die auch sonst bei einer Gewinnermittlung (§ 5 Abs 1 EStG) außer Ansatz bleiben. Hierunter fallen die sachlichen Steuerbefreiungen (ua § 3 EStG, § 8b Abs 1 und 2 KStG, KStR (2015) R 8.1 Abs 1 Nr 1), steuerfreie Einkünfte nach DBA und steuerfreie InvZul. Dagegen besteht keine Steuerfreiheit für frühere Einlagen und Nachschüsse der Gester. Der Verzicht des Gesters einer KapGes iL auf eine nicht vollwertige Forderung ggü der Ges führt bei dieser zu einer (steuerfreien) Einlage nur in Höhe des werthaltigen Teils (Teilwert) der Forderung und iÜ zu stpfl Ertrag (BFH GrS v 9.6.1997 BStBl II 1998, 307). Verzichtet der Gester jedoch nicht auf die Forderung, bleibt die korrespondierende Verbindlichkeit auf Ebene der Ges bestehen. Das Fortbestehen der Verbindlichkeit hindert die Löschung grds nicht (*Haas* in Baumbach/Hueck[21] GmbHG § 74 Anm 16). Auflösung und Abwicklung haben somit idR keinen Einfluss auf die steuerliche Berücksichtigung nicht erfüllter Verbindlichkeiten der KapGes (so auch *Farle* BB 2012, 1512). Die FinVerw hat sich dieser Auffassung angeschlossen (OFD Frankfurt v 7.9.2017 DStR 2018, 79). Bei Vereinbarung eines Rangrücktritts ist eine Verbindlichkeit hingegen bereits schon dann nicht mehr steuerlich zu passivieren, wenn eine Tilgung aus sonstigem freien Vermögen nicht vorgesehen ist; dann kommt § 5 Abs 2a EStG zur Anwendung (BMF v 8.9.2006 BStBl I 2006, 497).   **445**

Bei einer Veräußerung von Anteilen an KapGes im Zuge der Liq bleibt ein Veräußerungsgewinn nach § 8b Abs 2 KStG steuerfrei, lediglich 5 % des Veräußerungsgewinns gelten als nicht abziehbare Betriebsausgaben gem § 8b Abs 3 KStG. Ausnahmen von der Steuerfreiheit gelten für Anteile, die bei Kreditinstituten und Finanzdienstleistungsinstituten dem Handelsbestand iSd § 340e Abs 3 HGB zuzuordnen sind und für Anteile, die bei FinanzUnt iSd KWG, an dem Kreditinstitute oder FinanzdienstleistungsUnt unmittelbar oder mittelbar zu mehr als 50 % beteiligt sind, zum Zeitpunkt des Zugangs zum Betriebsvermögen als Umlaufvermögen auszuweisen sind (§ 8b Abs 7 KStG). Damit wurde der Anwendungsbereich von § 8b Abs 7 KStG ab 2017 im Wesentlichen auf die Finanzwirtschaft begrenzt; insb sind andere Hol-   **446** dingGes (wie etwa Industrieholdings, Familienholdings) nicht mehr erfasst und fallen somit in den Anwendungsbereich des § 8b Abs 2, § 3 KStG. Sind die Anteile an KapGes im Abwicklungsendvermögen noch vorhanden, sind sie mit dem gemeinen Wert anzusetzen, was zu einem Veräußerungsgewinn iSd § 8b Abs 2 KStG führt, der somit grds zu 95% steuerfrei bleibt. Im Falle von entspr Veräußerungsverlusten sind diese jedoch nach § 8b Abs 3 S 3 KStG steuerlich unbeachtlich; dies gilt auch für Gewinnminderungen iZm Darlehensforderungen ggü einer nachgelagerten KapGes iL (zu den Voraussetzungen und Ausnahmen s § 8b Abs 3 S 4 bis 8 KStG).

447 **Abwicklungsanfangsvermögen** ist dasjenige Betriebsvermögen, das am Schluss des der Auflösung vorangegangenen Wj der KStVeranlagung zugrunde gelegt worden ist (§ 11 Abs 4 S 1 KStG). Hierbei kann es sich entweder um ein volles Wj oder um ein RumpfWj handeln. Maßgebend sind die Buchwerte der letzten StBil, um die vollständige Erfassung der stillen Reserven sicherzustellen.

448 Gem § 11 Abs 4 S 3 KStG ist das steuerliche Abwicklungsanfangsvermögen um Gewinnausschüttungen für alle vorangegangenen Wj zu kürzen (zur handelsrechtlichen Unzulässigkeit einer Gewinnverwendung nach beschlossener Auflösung vgl Anm 71, 81).

449 Soweit sich aus § 11 Abs 1 bis 5 KStG keine Besonderheiten ergeben, sind für die Ermittlung des Abwicklungsgewinns gem § 11 Abs 6 KStG die sonst geltenden Vorschriften über die steuerliche Gewinnermittlung anzuwenden. Zu berücksichtigen sind demnach die Vorschriften über *abziehbare* und *nichtabziehbare Aufwendungen* (§§ 9, 10 KStG; § 4 Abs 5 bis 7 EStG). Eine Ausnahme gilt für geleistete *Spenden,* die nur deswegen nicht bereits bei der Ermittlung des Abwicklungsendvermögens abgesetzt werden dürfen, weil ihr Abzug gem § 9 Abs 1 Nr 2 KStG von der Höhe des (Abwicklungs-) Einkommens abhängt. § 6b EStG kann angewendet werden, wenn die KapGes zwar ihren Betrieb eingestellt hat, aber noch nicht liquidiert ist – auf Abwicklungsgewinne findet die Vorschrift jedoch keine Anwendung, weil eine Reinvestition nicht mehr möglich ist (*Schießl* in Blümich EStG § 6b Anm 36).

450 Sofern am Schluss des vorangegangenen Veranlagungszeitraums noch kein Betriebsvermögen vorhanden war und die Körperschaft im ersten Jahr liquidiert wird, gilt nach § 11 Abs 5 KStG die Summe der später geleisteten Einlagen als Abwicklungsanfangsvermögen.

451 Die Bestimmungen über den **Verlustabzug (§ 10d EStG)** gelten auch für die Abwicklungsveranlagung. Dabei ist zu beachten, dass der Abwicklungszeitraum grds als *ein* verlängerter Veranlagungszeitraum anzusehen ist (s Anm 454 ff). Verluste können (zeitlich unbegrenzt) in den Abwicklungszeitraum vorgetragen werden. Ergibt sich ein Abwicklungsverlust, ist er auf den unmittelbar vorangegangenen Veranlagungszeitraum rücktragsfähig. Auch Verluste aus Veranlagungen während des Abwicklungszeitraums sind grds rücktragsfähig, und sofern ihnen weitere KStVeranlagungen folgen, auch vortragsfähig. Die §§ 8c, 8d KStG können die Verlustverrechnung jedoch einschränken.

452 Die Ermittlung des zu versteuernden Abwicklungseinkommens ergibt sich somit wie folgt:

X. Steuerliche Besonderheiten

(1)	Zur Verteilung kommendes Vermögen (gemeiner Wert)
+	Verdeckte Zuwendungen an die Gester (vGA; § 8 Abs 3 KStG)
−	Einlagen (offene und verdeckte) der Gester
−	Steuerfreie Vermögensmehrungen
−	Abziehbare Aufwendungen gem § 9 KStG außer Spenden
+	Nicht abziehbare Aufwendungen gem § 10 KStG; § 4 Abs 5 EStG
=	**Abwicklungsendvermögen (§ 11 Abs 3 KStG)**

(2)	Betriebsvermögen am Schluss des letzten Wj vor der Auflösung (Buchwerte)
−	Gewinnausschüttungen für Wj vor der Auflösung
=	**Abwicklungsanfangsvermögen (§ 11 Abs 4 KStG)**

(3)	Abwicklungsendvermögen
−	Abwicklungsanfangsvermögen
=	Vorläufiger Abwicklungsgewinn/-verlust (§ 11 Abs 2 KStG)
+	Wert eigener Anteile
+	Gezahlte Spenden
−	Höchstens abziehbare Spenden (§ 9 Abs 1 Nr 2 KStG)
−	Verlustabzug § 10d EStG
=	**zu versteuerndes Abwicklungseinkommen**

Das zu versteuernde Abwicklungseinkommen unterliegt der tariflichen KSt gem § 23 KStG. Maßgebend ist immer der **Körperschaftsteuersatz,** der in dem Kj gilt, in dem die Liq rechtlich und tatsächlich beendet wird (*Pfirrmann* in Blümich KStG § 11 Anm 80; BFH v 18.9.2007 BStBl II 2008, 319; RFH v 17.1.1939 RStBl, 598).

d) Verlustabzug nach § 10d EStG

Gem § 10d Abs 1 EStG ist der Verlustrücktrag für Zwecke der KSt auf 1 Mio € begrenzt. Danach verbleibende, nicht ausgeglichene negative Einkünfte eines Wj können nach § 10d Abs 2 EStG in den folgenden Veranlagungszeiträumen bis zu einem Gesamtbetrag der Einkünfte von 1 Mio € unbeschränkt, darüber hinaus bis zu 60% des 1 Mio € übersteigenden Gesamtbetrags der Einkünfte, vorrangig vor Sonderausgaben, außergewöhnlichen Belastungen und sonstigen Abzugsbeträgen, abgezogen werden (sog *Mindestbesteuerung*). Wegen des verlängerten Besteuerungszeitraums kommt der Mindestbesteuerung während der Liq eine besondere Bedeutung zu. In der Vergangenheit bestand Uneinigkeit darüber, ob bei einer mehrjährigen Veranlagung iSd § 11 Abs 1 KStG der Grundabzugsbetrag des § 10d Abs 2 S 1 EStG iHv 1 Mio € nur ein Mal oder für jedes Kj zu gewähren ist. Die FinVerw und Teile der Literatur vertreten, dass der sog Sockelbetrag nur einmal zu gewähren sei (*Stalbold* in Gosch[3] KStG § 11 Anm 86; *Endert* in Frotscher/Drüen KStG § 11 Anm 60; *Münch* in Dötsch/Pung/Möhlenbrock KStG § 11 Anm 37).

Mit Urteil vom 23.1.2013 (BStBl II, 508) hat sich die höchstrichterliche Rspr dieser Auffassung angeschlossen und klargestellt, dass der Grundabzugsbetrag nach § 10d EStG von 1 Mio € auch im mehrjährigen Besteuerungszeitraum der Abwicklung einer KapGes nur einmal anzusetzen ist.

456 Ungeklärt ist jedoch noch die Frage, wie mit Verlustvorträgen zu verfahren ist, die aufgrund von rechtlichen oder sonstigen Anlässen in späteren Veranlagungen nicht mehr zum Ausgleich kommen können (sog Mindestbesteuerung bei Definitiveffekten): Das FG München und das FG Hessen hatten in ihren AdV-Beschlüssen vom 31.8.2008 (EFG, 1736) sowie vom 26.7.2010 (EFG, 1811) ernstliche Zweifel an der Verfassungsmäßigkeit der Mindestbesteuerung nach § 10a S 2 GewStG geäußert, sofern eine Verlustverrechnung in späteren Veranlagungszeiträumen endgültig ausgeschlossen ist.

457 Im Beschluss vom 26.8.2010 (BStBl II 2011, 826) hatte sich der BFH bzgl einer AdV geäußert. Es sei ernstlich zweifelhaft, ob die Mindestbesteuerung gem § 10d Abs 2 S 1 EStG den verfassungsrechtlichen Anforderungen standhalte, wenn eine Verlustverrechnung in späteren Veranlagungszeiträumen aus rechtlichen Gründen endgültig ausgeschlossen ist (also im Falle von Definitiveffekten). Somit sei in diesem Fall eine vollständige Verlustverrechnung zu gewährleisten. Die verfahrenstechnischen Herausforderungen löste der BFH, indem er erklärte, dass Veranlagungen, bei denen aufgrund der Mindestbesteuerung Ertragsteuer anfiele, mit einem Vorläufigkeitsvermerk nach § 165 Abs 1 S 1 AO zu versehen seien. Optional könne das spätere zum endgültigen Wegfall der Verlustabzugsmöglichkeit führende Ereignis als rückwirkendes Ereignis iSd § 175 Abs 1 S 1 Nr 2 AO anzusehen sein.

458 Zwar hegt der BFH keine grundsätzlichen Zweifel an der Verfassungsmäßigkeit der Mindestbesteuerung, insoweit der Verlustausgleich nicht versagt, sondern lediglich zeitlich gestreckt wird (BFH v 22.8.2012 DB, 2785); die gewerbesteuerliche Mindestbesteuerung wurde daher bereits explizit mit BFH v 20.9.2012 (BStBl 2013 II, 512) als verfassungsgemäß bestätigt. In Situationen mit Definitiveffekten hingegen sieht der BFH die Mindestbesteuerung für nicht mehr verfassungskonform an (BFH v 26.2.2014 DB, 2198) und legte dem BVerfG diese Frage vor (Az 2 BvL 19/14). Die Entscheidung des BVerfG bleibt abzuwarten.

Das BMF erklärt hierzu im Schreiben vom 19.10.2011 (BStBl I, 974), dass eine AdV auf Antrag in bestimmten Fällen zu gewähren sei, in denen es aufgrund des Zusammenwirkens der Anwendung der Mindestbesteuerung nach § 10d Abs 2 S 1 und 2 EStG oder § 10a GewStG und eines tatsächlichen oder rechtlichen Grunds, zum endgültigen Ausschluss einer Verlustnutzungsmöglichkeit komme. Neben dem schädlichen BetErwerb (§ 8c KStG), der Umw beim übertragenden Rechtsträger (§ 12 Abs 3 iVm § 4 Abs 2 S 2 UmwStG) und der Beendigung der persönlichen Steuerpflicht, nennt das BMF die Liq einer Körperschaft als Anwendungsfall, in dem eine AdV zu gewähren ist. In Bezug auf die Hauptfrage nach der Abzugsfähigkeit von in kommenden Perioden nicht mehr ausgleichbaren Verlusten wurde allerdings noch nicht höchstrichterlich entschieden.

459 Im Ergebnis ist der Verlustvortrag nach § 10d EStG im LiqZeitraum für jeden Veranlagungszeitraum bis zu 1 Mio € unbeschränkt, darüber hinaus bis zu 60% des 1 Mio € übersteigenden Gesamtbetrags der Einkünfte abzugsfähig. Sofern zudem ein endgültiger LiqGewinn realisiert wird, sollten – vorbehaltlich einer Klärung durch das BVerfG – verbleibende Verlustvorträge in voller Höhe angesetzt werden können (so auch *Geist* GmbHR 2008, 969).

X. Steuerliche Besonderheiten 460–469 T

e) Teileinkünfteverfahren und Liquidation

Die Auskehrung des am Ende der Liq verbleibenden Reinvermögens **460** (**Liquidationsausschüttung**) ist auf Ebene der KapGes wie eine Ausschüttung zu behandeln. Die KSt auf den Abwicklungsgewinn erhöht sich daher um den Betrag, der sich nach dem § 38 KStG ergeben würde, wenn das zu verteilende (Rein-)Vermögen einschl des Nennkapitals als im Zeitpunkt der Verteilung für eine Ausschüttung verwendet gelten würde (§ 40 Abs 4 S 1 KStG; BMF v 26.8.2003 DB, 1930). Die Erhöhung der KSt ist für den VZ vorzunehmen, in dem die Liq endet, dh in der Stichtag der LiqSB (s Anm 267) fällt (§ 40 Abs 4 S 3 KStG; BMF v 26.8.2003 DB, 1930 Anm 17).

Zu den Möglichkeiten der Behandlung des **Auszahlungsanspruchs nach** **461** **§ 37 Abs 5 KStG** vgl Voraufl Anm 461 f.

f) Organschaft

Wird eine **Organgesellschaft** aufgelöst, endet ihre Verpflichtung zur Ab- **464** führung des Gewinns aufgrund eines EAV an den Organträger (kritisch dazu *Fichtelmann* GmbHR 2005, 1348). Ein im Abwicklungszeitraum erzielter Gewinn ist von der OrganGes zu versteuern (KStR (2015) R 14.6).

Bildet eine während des Wj aufgelöste OrganGes für die Zeit vom Schluss **465** des letzten vollen Wj bis zum Stichtag der Auflösung ein RumpfWj, kann der sich auf Grundlage dieser Zwischenbilanz ergebende Gewinn *für Zwecke der Besteuerung* dem Organträger zugerechnet werden. Wegen der handelsrechtlichen Bedenken gegen die Bildung eines RumpfGj (Anm 60 ff) hat uE die Abführung der Gewinne an den Organträger zu unterbleiben bzw steht andernfalls unter dem Vorbehalt der Rückgewähr.

Latente Steuern, die im handelsrechtlichen JA des **Organträgers** auf tem- **466** poräre Differenzen im Vermögen der OrganGes gebildet worden sind, sind erfolgswirksam aufzulösen, weil sich die damit verbundenen (Steuer-)Vorbzw Nachteile nicht mehr beim Organträger auswirken.

2. Gewerbesteuer

Im Unterschied zu EkfI und PersGes (dazu s M Anm 44; s S Anm 212) **467** endet die **Gewerbesteuerpflicht** bei KapGes nicht bereits mit dem Einstellen jeglicher Tätigkeit, sondern, weil sie sich auf die Rechtsform gründet (§ 2 Abs 2 S 1 GewStG; *Pflüger* GStB 2011, 194), erst mit Verteilung des Vermögens an die Gester (GewStR (2009) R 2.6 Abs 2; § 4 Abs 1 GewStDV).

Für die GewSt ist der Verlustvortrag und die Mindestbesteuerung in § 10a **468** GewStG analog zu § 10d EStG geregelt, die Möglichkeit des Verlustrücktrags besteht für gewerbesteuerliche Zwecke jedoch nicht.

Die körperschaftsteuerliche Regelung gem § 11 KStG gilt nicht für die **469** GewSt (vgl BMF v 4.4.2008, BStBl I, 542; § 7 GewStG). Anders als bei der KSt wird die GewSt nicht für den Abwicklungszeitraum (Anm 430) ermittelt, sondern ist gem § 16 Abs 1 GewStDV auf die einzelnen Jahre des Abwicklungszeitraums zu verteilen. Die GewSt wird jedoch regelmäßig erst nach Abschluss des Abwicklungszeitraums festgesetzt werden können, weil erst dann der für die Verteilung maßgebliche Gewerbeertrag bekannt ist. Die Aufteilung des im Abwicklungszeitraum erzielten Gewerbeertrags erfolgt zeitanteilig nach Kalendermonaten (dazu § 16 Abs 1 GewStDV).

3. Umsatzsteuer

470 Die KapGes iL besteht solange als **Unternehmen im umsatzsteuerrechtlichen Sinn** (§ 2 Abs 1 UStG) fort, bis alle Rechtsbeziehungen (Transaktionen) abgewickelt sind, die mit dem (aufgegebenen) Betrieb in Zusammenhang stehen (BFH v 21.4.1993 BStBl II, 696 f; BFH v 19.11.2009, BStBl 2010 II, 319). Die UStPflicht ist weder vom Vermögensstand der Ges noch von deren Eintragung im HR abhängig (UStAE 2.6 Abs 6 S 7).

471 Ist die KapGes iL OrganGes, hat die Auflösung keine Auswirkung auf die Eingliederung (§ 2 Abs 2 Nr 2 UStG) in das Unt des Organträgers. Die **umsatzsteuerliche Organschaft** besteht bis zum Ende der Liq fort, dh umfasst auch Umsätze aus der Verwertung des Vermögens (OFD Hannover v 11.10.2004 WPg 2005, 189). Dagegen soll die Liq des Organträgers zur Beendigung der wirtschaftlichen Eingliederung der OrganGes führen und damit die Organschaft sofort beenden (OFD Hannover aaO; kritisch dazu *Maus* GmbHR 2005, 861).

4. Besteuerung von Liquidationsraten beim Gesellschafter

a) Gewinnausschüttungen – Sonderausweis nach § 28 Abs 1 S 3 KStG

472 Die Vermögensverteilung am Ende der Liq ist, soweit sie nicht aus der Rückzahlung des Nennkapitals besteht oder nicht das steuerliche Einlagenkonto iSd § 27 KStG betroffen ist, auf Ebene des Gesters wie eine normale Gewinnausschüttung zu behandeln (§ 20 Abs 1 Nr 1 S 3 EStG). Ferner ist eine Rückzahlung der Teile des Nennkapitals, die auf einen durch Kapitalerhöhung aus GesMitteln entstandenen Sonderausweis nach § 28 Abs 1 S 3 KStG entfallen, als Ausschüttung zu behandeln (§ 20 Abs 1 Nr 2 EStG iVm § 28 Abs 2 S 2 KStG). Dabei gilt anlässlich der Vermögensverteilung das übrige EK als vor dem Nennkapital ausgezahlt (BMF v 26.8.2003 DB, 1929 Tz 12) und soweit das Nennkapital zurückgezahlt wird, ist zunächst der Sonderausweis zu verringern (BMF v 26.8.2003 DB, 1929 Anm 14; § 28 Abs 2 S 1 KStG).

473 Die steuerlichen Konsequenzen für die Behandlung dieser Teile der Liq-Raten richten sich nach der Rechtsform des Gesters und danach, ob die Anteile an der aufgelösten KapGes im Betriebs- oder im Privatvermögen gehalten werden:

474 – *KapGes* als Anteilseigner: Unterliegt der Gester der KSt, fallen diese Liq-Raten grds unter die BetErtragsbefreiung nach § 8b Abs 1 KStG (BMF v 28.4.2003 BStBl I, 292 Tz 7). Hier gelten allerdings 5 % als nicht abzugsfähige Betriebsausgaben, sodass die LiqRaten iE zu 95 % steuerfrei gestellt werden. Ausnahmen gelten für besondere Gester nach § 8b Abs 7 KStG (insb solche der Finanzwirtschaft, vgl Anm 446) sowie StreubesitzBet (für KStZwecke nach § 8b Abs 4 KStG bei Bet von weniger als 10 % des

X. Steuerliche Besonderheiten

Grund- oder Stammkapitals; für GewStZwecke nach § 9 Nr 2a GewStG bei weniger als 15% des Grund- oder Stammkapitals): Hier besteht Steuerpflicht in voller Höhe. Die Regelungen des § 8b Abs 4 KStG und § 9 Nr 2a GewStG werden zurzeit vom BFH auf Verfassungskonformität geprüft (BFH – I R 29/17, anhängiges Verfahren).

– Natürliche Person mit Anteilen im *Privatvermögen:* Es handelt sich um Einkünfte aus Kapitalvermögen (§ 20 Abs 1 Nr 2 EStG), die der Abgeltungsteuer unterliegen. Ausnahmen von der Abgeltungsteuer sind nach § 32d Abs 2 Nr 3 auf Antrag möglich (dann Besteuerung anhand des progressiven EStTarifs § 32a EStG).

– Natürliche Person mit Anteilen im *Betriebsvermögen:* Es handelt sich um Gewinneinkünfte, die dem Teileinkünfteverfahren (60% steuerpflichtig, 40% steuerfrei) unterliegen (§ 3 Nr 40 EStG). Bei Einkünften aus Gewerbebetrieb richtet sich die GewSt nach §§ 8 Nr 5 und 9 Nr 2a GewStG: Ab einer MindestBet von 15% sind die Einkünfte von der GewSt befreit, ansonsten voll steuerpflichtig.

Für PerGes, die an der KapGes iL beteiligt sind, sind folgende Fälle zu unterscheiden:

– Vermögensverwaltende PersGes gelten für Zwecke der ESt/KSt als transparent, dh die Einkünfte (die Teile der LiqRaten, die als Einkünfte aus Kapitalvermögen nach § 20 Abs 1 Nr 1 und 2 EStG gelten) werden dem Gester direkt zugerechnet und sind entspr (Freistellungsmethode/Teileinkünfteverfahren/Abgeltungsteuer) von diesem zu versteuern, wobei die BetHöhe entspr anteilig durchzurechnen ist.

– PersGes mit **Gewinneinkünften** vermitteln natürlichen Personen als Mitunternehmern stets Betriebsvermögen, weshalb auf deren Ebene alleine das Teileinkünfteverfahren gilt. Für KapGes als Mitunternehmer vgl Anm 474.

– **Gewerbliche Personenhandelsgesellschaften** unterliegen mit den og Einkünften vollständig der GewSt, sofern die Bet am Grund- oder Stammkapital weniger als 15% beträgt, ansonsten fällt keine GewSt nach § 9 Nr 2a GewStG an.

b) Nennkapital und steuerliches Einlagenkonto

Soweit das Nennkapital ausgekehrt wird oder das steuerliche Einlagenkonto iSv § 27 KStG als verwendet gilt, wird dies wie eine **Anteilsveräußerung** behandelt. Dabei stellen die Teile der Vermögensauskehrung, die auf das Nennkapital sowie das steuerliche Einlagenkonto entfallen, den „Veräußerungspreis" dar.

Bei **natürlichen Personen,** welche mit ihren im Privatvermögen gehaltenen Anteilen nicht nach § 17 EStG beteiligt waren, sind diese Teile der Vermögensauskehrung zunächst nicht steuerbar und verringern die AK; über die AK hinausgehende Rückzahlungen sind nach § 20 Abs 1 Nr 2 S 1 EStG steuerbar (*Levedag* in Schmidt[37] EStG § 20 Anm 71). Eine Besteuerung nach § 20 Abs 2 Nr 1 EStG scheidet aus (*Eller* SteuK 2013, 93), daher ist auch eine Berücksichtigung evtl Verluste (sofern die Auskehrung von Nennkapital und steuerlichem Einlagenkonto die AK nicht erreicht) auf Ebene des nicht nach § 17 EStG beteiligten Anteilseigners ausgeschlossen.

480 Beteiligung iSv § 17 Abs 4 EStG: War der Gester innerhalb der letzten fünf Jahre unmittelbar oder mittelbar zu mindestens 1 % am Kapital der KapGes iL beteiligt und hielt er diese Bet im Privatvermögen, gehört ein Auflösungsgewinn zu den Einkünften aus Gewerbebetrieb (§ 17 Abs 1 S 1 iVm Abs 4 EStG). Der *Auflösungsgewinn* ist der Betrag, um den der gemeine Wert des ausgekehrten Vermögens (Nominal- und Sachwerte) die AK, zzgl nachträglicher AK der Bet sowie sonst iZm der Auflösung der Ges stehende und vom Gester persönlich getragene Kosten, übersteigen. Zur Änderung der ständigen höchstrichterlichen Rspr in Bezug auf den Ausfall eigenkapitalersetzender Finanzierungshilfen vgl BFH v 11.7.2017 DB, 2330. Entsprechendes gilt auch für die Verlustberücksichtigung, sofern diese nicht nach § 17 Abs 2 S 6 iVm Abs 4 EStG ausgeschlossen ist.

481 Ferner ist zu beachten, dass Verluste iSd § 17 EStG, die aus der Auflösung einer KapGes resultieren, nach dem Teileinkünfteverfahren nur zu 40 % abziehbar sind (sog Teilabzugsverbot, § 3c Abs 2 S 1 iVm § 3 Nr 40 Buchst c EStG). Der BFH hat mit Urt v 25.6.2009 (BStBl II 2010, 220) und Beschluss v 18.3.2010 (BStBl II, 627) entgegen der bisherigen Verwaltungsauffassung festgestellt, dass der Abzug von Erwerbsaufwendungen, wie zB Betriebsvermögensminderungen, AK oder Veräußerungskosten, iZm Einkünften aus der Veräußerung oder Auflösung einer Bet iSd § 17 Abs 1 und 4 EStG jedoch dann nicht nach § 3c Abs 2 S 1 EStG mit 40 % begrenzt ist, wenn der Steuerpflichtige keinerlei durch seine Bet vermittelte Einnahmen erzielt hat (sog ertraglose Bet). In diesen Fällen sei ein Auflösungsverlust unter den Voraussetzungen des § 17 Abs 2 S 6 EStG voll abzugsfähig. Aufgrund der gesetzlichen Neuregelung in § 3c Abs 2 S 2 EStG kommt es ab 2011 jedoch nur noch auf die Absicht des Stpfl an, Betriebsvermögensmehrungen oder Einnahmen iSd § 3 Nr 40 EStG zu erzielen. Ist die Einnahmeerzielungsabsicht gegeben, kommt das Teilabzugsverbot hinsichtlich eines späteren Auflösungsverlusts somit zur Geltung.

482 Für die Frage, ob die Regelungen des § 17 Abs 1 bis 3 iVm Abs 4 EStG überhaupt anwendbar sind, ist der Zeitpunkt der (zivilrechtlichen) Auflösung maßgeblich (OFD Frankfurt v 28.1.2003 GmbHR, 610). Dagegen kommt es für die *steuerliche Berücksichtigung eines Auflösungsgewinns* bzw *-verlusts* auf dessen Realisation nach den GoB an, was grds erst im Zeitpunkt des Abschlusses der Liq, dh idR nach erfolgter Vermögensauskehrung feststeht (OFD Frankfurt v 28.1.2003 GmbHR, 611 f; *Völlmeke* DStR 2005, 2024).

483 Werden die Anteile an der KapGes iL **im Betriebsvermögen** gehalten (so auch bei PersGes mit Gewinneinkünften), gehört der Betrag, um den die Rückzahlung aus Nennkapital und steuerlichem Einlagenkonto den Buchwert der Bet übersteigt, zu den Betriebseinnahmen, die bei natürlichen Personen (ggf als Mitunternehmer einer PersGes mit den Anteilen an der KapGes iL im Betriebsvermögen) dem Teileinkünfteverfahren (60 % steuerpflichtig, § 3 Nr 40 EStG) und bei KapGes (ggf als Mitunternehmer) dem Freistellungsverfahren (§ 8b Abs 2 S 1 und 3 KStG, faktisch zu 95 % steuerfrei, Ausnahmen § 8b Abs 7 KStG) unterliegen. Sofern diese Zahlungen den Buchwert der Beteiligung unterschreiten, entsteht ein Auflösungsverlust beim Anteilseigner; in diesem Falle haben natürliche Personen grds das Teileinkünfteverfahren anzuwenden, dh 60 % des Verlusts sind abzugsfähig (vgl

X. Steuerliche Besonderheiten

Anm 481). Entspr Auflösungsverluste, die von KapGes als Anteilseigner der KapGes iL realisiert werden, sind nach § 8b Abs 3 KStG nicht abzugsfähig. Bei gewerblichen Einkünften unterliegen nach § 7 S 1 GewStG die steuerpflichtigen Teile dieser Betriebseinnahmen auch in gleicher Höhe der GewSt; ebenso wirken sich die Abzugsverbote nach § 3c Abs 2 EStG sowie § 8b Abs 3 KStG auch auf die GewSt aus.

Entspr Vermögensauskehrungen (Nennkapital und steuerliches Einlagekonto) aus Anteilen, die von **vermögensverwaltenden Personenhandelsgesellschaften** gehalten werden, sind den Gestern direkt zuzurechnen und auf deren Ebene entspr den og Grundsätzen zu würdigen. **484**

U. Rechnungslegung und Prüfung von Investmentvermögen

Übersicht

	Anm
I. Allgemeines	1–17
II. Rechnungslegung und Prüfung von Sondervermögen	
1. Rechtliche Grundlagen	
a) Rechnungslegungspflicht der Kapitalverwaltungsgesellschaft für die von ihr verwalteten Sondervermögen	20–24
b) Zweck des Fondsrechnungswesens und Übertragbarkeit der handelsrechtlichen Grundsätze ordnungsmäßiger Buchführung auf die Fondsrechnungslegung	27–39
c) Verantwortung der Kapitalverwaltungsgesellschaft für den Jahresbericht und anzuwendende Vorschriften	42–44
2. Stichtag des Jahresberichts und Aufstellungsfrist	
a) Beginn der Rechnungslegungspflicht	46
b) Stichtag des Jahresberichts und anderer Berichte	48, 49
c) Zeitpunkt der Aufstellung, Offenlegung, Einreichung	52–57
3. Bestandteile des Jahresberichts eines Sondervermögens	60
a) Überblick	61–63
b) Tätigkeitsbericht	65–73
c) Vermögensaufstellung	75–90
d) Vermögensübersicht	93–98
e) Ertrags- und Aufwandsrechnung	100–112
f) Verwendungsrechnung	115–125
g) Entwicklungsrechnung	127–129
h) Vergleichende Übersicht über die letzten drei Geschäftsjahre	131, 132
i) Während des Berichtszeitraums abgeschlossene Geschäfte, soweit sie nicht mehr in der Vermögensaufstellung erscheinen	134, 135
j) Sonstige Angabepflichten	137–152
k) Besonderheiten bei Umbrella-Fonds-Konstruktionen	155
l) Besonderheiten bei Ausgabe mehrerer Anteilklassen	157–160
m) Ertragsausgleich	163–165
4. Bewertung und Anteilpreisermittlung von Sondervermögen	
a) Allgemeine Bewertungsgrundsätze und anzuwendende Vorschriften	170–172
b) Ermittlung des Nettoinventarwerts (Anteilwertermittlung)	
aa) Begriffsbestimmung	175–177
bb) Häufigkeit und Offenlegung	179–184

	Anm
cc) Verantwortlichkeiten und Mitwirkungspflichten	187–190
dd) Bewerter und Bewertungsrichtlinie	194–207
c) Bewertungsverfahren	
aa) Grundlagen	211–214
bb) Bewertung auf Basis von handelbaren Kursen	216–221
cc) Bewertung auf Basis geeigneter Bewertungsmodelle	224–267
5. Prüfung, Berichterstattung und Aufbewahrung	
a) Prüfungspflicht und Prüfungsgegenstand	270–274
b) Prüfungsbericht	
aa) Allgemeines	277–292
bb) Besonderheiten für Sondervermögen mit Anlagen in Immobilien und Immobilien-Gesellschaften	295–304
c) Aufbewahrung	307
6. Fondsverschmelzung	310–317

III. Rechnungslegung und Prüfung von Investmentgesellschaften

1. Rechtliche Grundlagen	320–338
2. Ausnahmebestimmungen und Übergangsregelungen	
a) Anzuwendende Vorschriften	342–354
b) Rechnungslegungspflicht bei Registrierungspflicht nach § 2 Abs 5 KAGB	
aa) Grundlagen	360, 361
bb) Vorschriften für den Jahresbericht	362–367
cc) Offenlegung und Prüfung	368–370
c) Rechnungslegungspflicht bei Registrierungspflicht nach § 2 Abs 4 KAGB	
aa) Normalfall	375
bb) Firmierung als Investmentkommanditgesellschaft oder Investmentaktiengesellschaft	376
cc) Vergabe von Gelddarlehen	377–384
dd) Option zur Anwendung des KAGB	385
d) Rechnungslegungspflicht bei partieller Anwendung investmentrechtlicher Vorschriften	
aa) Allgemeines	390, 391
bb) Aufstellung, Offenlegung, Einreichung	392–394
cc) Vorschriften für den Jahresbericht	395–408
dd) Prüfung	409, 410
3. Rechnungslegung der Investmentaktiengesellschaft	
a) Anzuwendende Vorschriften	415–424
b) Aufstellungsfrist, Offenlegung, Einreichung	427–433
c) Vorschriften für den Jahresabschluss und den Lagebericht	
aa) Bestandteile	435–437
bb) Lagebericht	440–449
cc) Bilanz	451–456
dd) Gewinn- und Verlustrechnung	460–466
ee) Anhang	470–492
d) Besonderheiten der Bewertung	495, 496
e) Besonderheiten bei Teilgesellschaftsvermögen	500–503

Rechtsgrundlagen U

	Anm
f) Besonderheiten bei Auflösung	510, 511
g) Prüfung, Berichterstattung, Aufbewahrung	515–528
4. Rechnungslegung der Investmentkommanditgesellschaft	
a) Anzuwendende Vorschriften	540–548
b) Aufstellung, Offenlegung, Einreichung	550–557
c) Vorschriften für den Jahresbericht	
aa) Vorbemerkung	560, 561
bb) Bestandteile	565–568
cc) Lagebericht	570–575
dd) Bilanz	580–587
ee) Gewinn- und Verlustrechnung	590–594
ff) Anhang	597–609
d) Besonderheiten der Bewertung	
aa) Anzuwendende Vorschriften	615–618
bb) Bewertung des Investmentbetriebsvermögens	620
cc) Bewertung des Investmentanlagevermögens	623–629
e) Prüfung, Berichterstattung, Aufbewahrung	635–641

Verordnungen und sonstige Rechtsgrundlagen: *Europäische Union,* Richtl 2007/16/EG der Kommission v 19.3.2007 zur Durchführung der Richtl 85/611/EWG des Rates zur Koordinierung der Rechts- und Verwaltungsvorschriften betreffend bestimmte Organismen für gemeinsame Anlagen in Wertpapieren (OGAW) im Hinblick auf die Erläuterung gewisser Definitionen (OGAW-Durchführungs-Richtl), ABl EU L 79/11 v 20.3.2007; *Bericht des Finanzausschusses* (7. Ausschuss) zum Entwurf eines Gesetzes zur Stärkung des Anlegerschutzes und Verbesserung der Funktionsfähigkeit des Kapitalmarktes (zitiert: Finanzausschuss zum AnsFuG-Entwurf), BT-Drs 17/4739 v 10.2.2011; *Europäische Union,* Verordnung (EU) Nr 648/2012 des Europäischen Parlaments und des Rates v 4.7.2012 über OTC-Derivate, zentrale Gegenparteien und Transaktionsregister, (EMIR, EU-VO Nr 648/2012), ABl EU L 201/1 v 27.7.2012; *Europäische Kommission,* Delegierte Verordnung (EU) Nr 231/2013 der Kommission v 19.12.2012 zur Ergänzung der Richtl 2011/61/EU des Europäischen Parlaments und des Rates im Hinblick auf Ausnahmen, die Bedingungen für die Ausübung der Tätigkeit, Verwahrstellen, Hebelfinanzierung, Transparenz und Beaufsichtigung (AIFM-VO), ABl EU L 83/1 v 22.3.2013; *Europäische Union,* Verordnung (EU) Nr 345/2013 des Europäischen Parlaments und des Rates v 17.4.2013 über Europäische Risikokapitalfonds (EU-VO Nr 345/2013), ABl EU L 115/1 v 25.4.2013; *Europäische Union,* Verordnung (EU) Nr 346/2013 des Europäischen Parlaments und des Rates v 17.4.2013 über Europäische Fonds für soziales Unternehmertum (EU-VO Nr 346/2013), ABl EU L 115/18 v 25.4.2013; *Regierungsbegründung* zum Gesetz zur Umsetzung der Richtl 2011/61/EU über die Verwalter alternativer Investmentfonds (AIFM-UmsG), BT-Drs 17/12294 (zitiert: Begr RegE zum AIFM-UmsG); *Beschlussempfehlung* und Bericht des Finanzausschusses (7. Ausschuss des Deutschen Bundestages, 17. Wahlperiode) zu dem Gesetzentwurf der Bundesregierung (BT-Drs 17/12294), Drs 17/13395 v 10.5.2013 (zitiert: Beschlussempfehlung Finanzausschuss); *Europäische Union,* Delegierte Verordnung (EU) Nr 694/2014 der Kommission v 17.12.2013 zur Ergänzung der Richtl 2011/61/EU des Europäischen Parlaments und des Rates im Hinblick auf technische Regulierungsstandards zur Bestimmung der Arten von Verwaltern alternativer Investmentfonds (EU-VO Nr 694/2014), ABl EU L 183/18 v 24.6.2014; *Europäische Union,* Verordnung (EU) Nr 600/2014 des Europäischen Parlaments und des Rates vom 15.5.2014 über Märkte für Finanzinstrumente und zur Änderung der Verordnung (EU) Nr 648/2012 (MiFIR, EU-VO Nr 600/

2014), ABl EU L 173/84 v 12.6.2014; *Europäische Union* Verordnung (EU) Nr 2014/ 91/EU des Europäischen Parlaments und des Rates v 23.7.2014 zur Änderung der Richtl 2009/65/EG zur Koordinierung der Rechts- und Verwaltungsvorschriften betreffend bestimmte Organismen für gemeinsame Anlagen in Wertpapieren (OGAW) im Hinblick auf die Aufgaben der Verwahrstelle, die Vergütungspolitik und Sanktionen (OGAW-V-VO, EU-VO Nr 2014/91), ABl EU L 257/186 v 28.8.2014; *Europäische Union,* Verordnung (EU) Nr 2015/760 des Europäischen Parlaments und des Rates v 29.4.2015 über europäische langfristige Investmentfonds (ELTIF-VO; EU-VO Nr 2015/760), ABl EU L 123/98 v 19.5.2015; *Europäische Union,* Verordnung (EU) Nr 2015/2365 des Europäischen Parlaments und des Rates v 25.11.2015 über die Transparenz von Wertpapierfinanzierungsgeschäften und der Weiterverwendung sowie zur Änderung der Verordnung (EU) Nr 648/2012, (SFTR, EU-VO Nr 648/2012), ABl EU L 337/1 v 23.12.2015; *Europäische Union,* Verordnung (EU) Nr 2016/1011 des Europäischen Parlaments und des Rates v 8.6.2016 über Indizes, die bei Finanzinstrumenten und Finanzkontrakten als Referenzwert oder zur Messung der Wertentwicklung eines Investmentfonds verwendet werden, und zur Änderung der Richtlinien 2008/48/EG und 2014/17/EU sowie der Verordnung (EU) Nr 596/2014, (BenchmarkVO, EU-VO Nr 2016/1011), ABl EU L 171/1 v 29.6.2016; *Europäische Union,* Verordnung (EU) Nr 2017/1131 des Europäischen Parlaments und des Rates v 14.6. 2017 über Geldmarktfonds (GeldmarktfondsVO; EU-VO Nr 2017/1131), ABl EU L 169/8 v 30.6.2017; *Europäische Union,* Verordnung (EU) Nr 2017/2402 des Europäischen Parlaments und des Rates v 12.12.2017 zur Festlegung eines allgemeinen Rahmens für Verbriefungen und zur Schaffung eines spezifischen Rahmens für einfache, transparente und standardisierte Verbriefung und zur Änderung der Richtl 2009/ 65/EG, 2009/138/EG, 2011/61/EU und der Verordnungen (EG) Nr 1060/2009 und (EU) Nr 648/2012, (VerbriefungsVO, EU-VO Nr 2017/2402), ABl EU L 347/ 35 v 28.12.2017; *BMJV,* Maßnahmenpaket zur Stärkung des Anlegerschutzes (www.bundesfinanzministerium.de; Abruf: 14.7.2020), v 15.8.2019, (zitiert: BMJV Maßnahmenpaket); *Europäische Union* Verordnung (EU) Nr 2019/2088 des Europäischen Parlaments und des Rates v 27.11.2019 über nachhaltigkeitsbezogene Offenlegungspflichten im Finanzdienstleistungssektor (TransparenzVO, EU-VO Nr 2019/ 2088), ABl EU L 317/1 v 9.12.2019; *Regierungsbegründung* zum Entwurf eines Gesetzes zur Umsetzung der zweiten Aktionärsrichtl (ARUG II), Drs 19/9739, (zitiert: Begr. zum ARUG II zu); Gesetz zur Einführung von Sondervorschriften für die Sanierung und Abwicklung von zentralen Gegenparteien und zur Anpassung des Wertpapierhandelsgesetzes an die Unterrichtungs- und Nachweispflichten nach Art 4a und 10 der Verordnung (EU) Nr. 648/2012 v 19.3.2020, BGBl I, 529 ff (zitiert: Gesetz vom 19.3.2020).

BaFin-Schreiben: *BaFin,* Häufige Fragen zu den Übergangsvorschriften nach §§ 343 ff des KAGB, Geschäftszeichen WA 41-Wp 2137-2013/0343 (www.bafin.de; Abruf: 14.7.2020), Stand: 18.6.2013, (zitiert: *BaFin* FAQ zu den Übergangsvorschriften); *BaFin,* Verordnung über Inhalt, Umfang und Darstellung der Rechnungslegung von Sondervermögen, Investmentaktiengesellschaften und Investmentkommanditgesellschaften sowie über die Bewertung der zu dem Investmentvermögen gehörenden Vermögensgegenstände (Kapitalanlage-Rechnungslegungs- und Bewertungsverordnung), v 16.7.2013, BGBl I, 2483 (zitiert: KARBV); *BaFin,* Verordnung über Risikomanagement und Risikomessung beim Einsatz von Derivaten, Wertpapier-Darlehen und Pensionsgeschäften in Investmentvermögen nach dem Kapitalanlagegesetzbuch (Derivateverordnung) v 16.7.2013, BGBl I, 2463, Stand: 14.8.2019, BGBl I, 1355, (zitiert: DerivateV); *BaFin,* Verordnungsbegründung zur Kapitalanlage-Prüfungsberichte-Verordnung (www.bafin.de; Abruf: 14.7.2020), Stand: 18.7.2013 (zitiert: *BaFin* VO-Begr zu); *BaFin,* Verordnungsbegründung zur Kapitalanlage-Rechnungslegungs- und Bewertungsverordnung (www.bafin.de; Abruf: 14.7.2020), Stand: 22.7.2013 (zitiert:

BaFin VOBegr zu); *BaFin,* Einzelne Hinweise zur Registrierung nach § 44 KAGB iVm Art 2 bis 5 der Delegierten Verordnung 231/2013, Geschäftszeichen WA 41-Wp 2137-2013/0044, (www.bafin.de; Abruf: 14.7.2020), Stand: 30.8.2013 (zitiert: *BaFin* Hinweise zur Registrierung); *BaFin,* Auslegungsschreiben zum Anwendungsbereich des KAGB und zum Begriff des „Investmentvermögens", Geschäftszeichen Q 31-Wp 2137-2013/0006 (www.bafin.de; Abruf: 10.7.2020), v 14.6.2013, Stand: 9.3.2015 (zitiert: *BaFin* Anwendungsbereich des KAGB); *BaFin,* Häufige gestellte Fragen zum KAGB, BaFin-Seminar zum Investmentrecht am 30.11.2015 (www.bafin.de; Abruf: 14.7.2020) (zitiert: *BaFin* Fragen zum KAGB); *BaFin,* Merkblatt Kreditgeschäft v 8.1.2009 (www.bafin.de; Abruf: 14.7.2020), Stand 2.5.2016 (zitiert: *BaFin* Merkblatt Kreditgeschäft); *BaFin,* Entwurf einer Verordnung zur Änderung der Kapitalanlage-Prüfungsberichte-Verordnung, Geschäftszeichen Konsultation 07/2017; WA 41-FR 4100-2017/0001 (www.bafin.de; Abruf: 10.7.2020), v 25.7.2017 (zitiert: E-KAPrüfbV); *BaFin,* Entwurf einer Verordnung zur Änderung der Kapitalanlage-Rechnungslegungs- und Bewertungsverordnung, Geschäftszeichen Konsultation 07/2017; WA 41-FR 4100-2017/0001 (www.bafin.de; Abruf: 10.7.2020), v 25.7.2017 (zitiert: E-KARBV); *BaFin,* Auslegungsentscheidung zu den Tätigkeiten einer Kapitalverwaltungsgesellschaft und der von ihr extern verwalteten AIF-Investmentgesellschaft, Geschäftszeichen: WA 41-Wp 2100-2016/0001 (www.bafin.de; Abruf: 14.7.2020), Stand: 21.12.2017 (zitiert: *BaFin* Tätigkeiten einer KVG); *BaFin,* Auslegungsentscheidung zur Erwerbbarkeit eines Alternativen Investmentfonds (AIF), Geschäftszeichen: WA 42-QB 4100-2016/0005 (www.bafin.de; Abruf 25.1.2019), Stand: 9.4.2018 (zitiert: *BaFin* Erwerbbarkeit von AIF); *BaFin,* Information zu „Erleichterungen bei der Einreichung von Berichten nach der KARBV und der KAPrüfbV" v 31.8.2018, Referat WA 41 (zitiert: *BaFin* Information v 31.8.2018); *BaFin,* Rundschreiben 07/2015: Anforderungen bei der Bestellung externer Bewerter für Immobilien und Immobilien-Gesellschaften, Geschäftszeichen: WA 42-Wp 2133-2018/0001 (www.bafin.de; Abruf: 10.7.2020), Stand: 1.7.2019 (zitiert: *BaFin* Rundschreiben 07/2015); *BaFin,* Anzeigeschreiben zur Bestellung eines externen Bewerters nach § 216 KAGB für Immobilien in offenen und geschlossenen Investmentvermögen sowie für Immobilien-Gesellschaften iSd § 1 Abs 19 Nr 22 KAGB und andere Vermögensgegenstände (www.bafin.de, Abruf: 10.7.2020), Stand: 1.7.2019 (zitiert: *BaFin* MusterAnzeigeschreiben); *BaFin,* Erläuterungen zur DerivateV idF v 16.7.2013 (www.bafin.de; Abruf: 10.7.2020), Stand: 30.9.2019 (zitiert: *BaFin* Erl DerivateV zu); *BaFin,* Häufige Fragen zur Bestellung externer Bewerter nach dem KAGB (www.bafin.de, Abruf: 10.7.2020), Stand: 15.10.2019 (zitiert: *BaFin* Häufige Fragen zu externen Bewertern); *BaFin,* Informationsblatt zum Fachverfahren „Einreichen von Prüfungsberichten" (www.bafin.de; Abruf: 10.7.2020), v 12.12.2019 (zitiert: *BaFin* Informationsblatt Einreichung); *BaFin,* Information vom 14.4.2020 zur Übernahme der ESMA-Erleichterungen Meldefristen für Fondsmanager (www.bafin. de; Abruf: 14.7.2020), v 14.4.2020, (zitiert: *BaFin* Information zu Meldefristen); *BaFin,* Informationsblatt zum Fachverfahren „Einreichen von Prüfungsberichten" (www.bafin. de; Abruf: 1.10.2020), v 24.7.2020 (zitiert: *BaFin* Informationsblatt Einreichung); *BaFin,* Verordnung über den Gegenstand der Prüfung und die Inhalte der Prüfungsberichte für externe KVG, Investmentaktiengesellschaften, Investmentkommanditgesellschaften und Sondervermögen (Kapitalanlage-Prüfungsberichte-Verordnung), 24.7.2013, BGBl I, 2777 ff, Stand: 19.3.2020, BGBl I, 529 (zitiert: KAPrüfbV).

Schrifttum: *PricewaterhouseCoopers* Die Novellierung des Investmentrechts 2004 nach dem Investmentmodernisierungsgesetz, 2004; *Hammer* Spezialfonds im Steuerrecht aus Investorensicht, 2007 (zitiert: *Hammer* Steuerrecht); *IDW* HFA, Berichterstattung über die 209. Sitzung des HFA vom 18./19. September 2007 (www.idw.de, Mitgliederbereich); *PricewaterhouseCoopers* Rechnungslegung von Investmentvermögen – Ein Praxishandbuch, 2010; *ESMA* Final report – Draft regulatory technical standards on types of AIFMs, Stand: 2.4.2013 (ESMA/2013/413); *ESMA* Opinion – Draft regulatory technical standards on types of AIFMs under Article 4(4) of Directive 2011/ 61/EU, Stand: 13.8.2013 (ESMA/2013/1119); *ESMA* Leitlinien für solide Vergütungspolitiken unter Berücksichtigung der AIFMD, Stand: 3.7.2013, ESMA/2013/232 (zitiert: *ESMA* Leitlinien Vergütungspolitik); *ESMA* Leitlinien zu Schlüsselbegriffen der Richtl über die Verwalter alternativer Investmentfonds (AIFMD); berichtigte Fassung der am 13.8.2013 veröffentlichten Fassung (ESMA/2013/611), Stand: 30.1.2014 (zitiert: *ESMA* Leitlinien zu Schlüsselbegriffen der AIFMD); *IDW* Berichterstattung über die 234. Sitzung des HFA vom 5./6. Dezember 2013, IDW-FN 2014, 195 (zitiert: IDW-FN 2/2014); *Dietrich/Malsch* VII. Rechnungslegung, Bewertung und Prüfung, in: Investment Business in Germany, Verband der Auslandsbanken (Hrsg), 2014, 235 ff; *Dietrich/Malsch* Übergangsregelungen des KAGB und deren Auswirkungen auf die Rechnungslegung geschlossener Investmentvermögen, RdF 2014, 240 ff; *Bielenberg/Schmuhl* Implikationen des KAGB auf die Rechnungslegung geschlossener Fonds, DB 2014, 1089 ff; *Bußian/Kille* Rechnungslegung und Prüfung geschlossener alternativer Investmentfonds nach KAGB, WPg 2014, 837 ff; *Baur/Tappen* Investmentgesetze, 3. Aufl, 2015 (*Bearbeiter* in); *OLG München* U v 1.10.2015 – 23 U 1570/15, ZIP 2015, 2224; FK-KAGB, Moritz/Klebeck/Jensch, Frankfurter Kommentar zum Kapitalanlagerecht (KAGB), 2016 (*Bearbeiter* in); *Eichhorn* Die offene Investmentkommanditgesellschaft nach dem Kapitalanlagegesetzbuch, WM 2016, 110 ff und 145 ff; *IDW* IVFA, Fragen zur Rechnungslegung, Bewertung und Prüfung von Investmentvermögen (www.idw.de; Abruf im Mitgliederbereich der IDW Website: 16.3.2019), Stand: 26.4.2016 (*IDW* IVFA FAQ); WBA KAGB, Weitnauer/Boxberger/Anders KAGB, Kommentar zu KAGB, InvStG, EuVECA-VO, EuSEF-VO und ELTIF-VO, 2. Aufl, 2017 (*Bearbeiter* in); HK InvRecht, Patzner/Döser,/Kempf (Hrsg), Investmentrecht – Kapitalanlagegesetzbuch/Investmentsteuergesetz, Handkommentar, 3. Aufl, Baden-Baden, 2017 (*Bearbeiter* in); *IDW* Stellungnahme im Rahmen der Konsultation 07/ 2017 zur Novellierung der KARBV und der KAPrüfbV; Geschäftszeichen der BaFin: WA 41-FR 4100-2017/0001 (www.idw.de; abgerufen am 14.7.2020), Stand: 15.8.2017 (zitiert: *IDW* Schreiben v 15.8.2017); *Dietrich/Malsch* Asset und Wealth Management im Blickpunkt – Aktuelle Entwicklungen der kollektiven Vermögensverwaltung im Jahr 2017, WPg 2018, 297 ff; *PRIV* Private Equity und Venture Capital Fonds, 2018 (*Bearbeiter* in); FISMA/2016/105(2)/C, Report on the Operation of the Alternative Investment Fund Managers Directive, *KPMG* im Auftrag der Europäischen Kommission, Stand: 10.12.2018 (zitiert: FISMA/2016/105(02)/C-Report); *IPEV* Valuation Guidelines – Dezember 2018 (http://www.privateequityvaluation.com/Valuation-Guidelines; Abruf am 14.7.2020); *Dietrich/Malsch* Asset und Wealth Management im Blickpunkt – Aktuelle Entwicklungen der kollektiven Vermögensverwaltung im Jahr 2018, WPg 2019, 521 ff; *Dietrich* Investmentrechtliches Regelwerk registrierungspflichtiger Kapitalverwaltungsgesellschaften, WPg 2019, 622 ff und 628 ff; AWZ, Assmann/Wallach/Zetzsche, Kommentar zum KAGB, zur ELTIF-VO, EuSEF-VO, EuVECA-VO, MMF-VO, PRIIP-VO, DerivateV, 2019 (*Bearbeiter* in); *WBG* Wiedmann/Böcking/Gros, Bilanzrecht, 4. Aufl, 2019 (*Bearbeiter* in); *ESMA* Technical Advice to the European Commission on integrating sustainability risks and factors in UCITS Directive and AIFMD, ESMA 34–45-688, Final Report v 30.4.2019 (zitiert: ESMA 34–45-688); *ESMA* Technical Advice to the European Commission on integrating sustainability risks and factors in MiFID II, ESMA 35-43-1737, Final Report v 30.4.2019 (zitiert: ESMA 35-43-1737); *Dietrich/ Gass* Real Estate Insights, Bilanzierung von Baukostenzuschüssen – auf die Details kommt es an, 23 f (www.pwc.de; abgerufen am 10.7.2020); *ESMA* Questions and Answers – Application of the AIFMD, ESMA 34-32-352 (regelmäßig aktualisiert) (zitiert: *ESMA* Q&A AIFMD); *ESMA* Questions and Answers – Application of the UCITS Directive, ESMA 34-32-392 (regelmäßig aktualisiert) (zitiert: *ESMA* Q&A OGAW); *IDW* IVFA sfH: Neue Angaben nach § 101 Abs. 2 Nr. 5 KAGB im Jahresbericht bzw. Jahresabschluss von Publikumsfonds, IDW Life 9/2020, 790 f; *IDW* IFA

I. Allgemeines 1–4 **U**

sfH: Umgang mit Hinweisen auf Unsicherheiten bei der Bewertung von Immobilien bei Abschlussprüfungen (zitiert: IDW IFA, Unsicherheiten bei der Bewertung), Berichterstattung über die 97. Sitzung des IFA v 26.5.2020: IDW (www.idw.de; Mitgliederbereich); *IDW* IVFA fachlicher Hinweis zu den Angaben nach § 101 Abs 2 Nr 5 KAGB (www.idw.de; IDW-Mitgliederbereich) (zitiert: *IDW* IVFA ARUG II); EDD KAGB, Emde/Dornsiefer/Dreibus, KAGB, 2. Aufl, 2019 (*Bearbeiter* in).

I. Allgemeines

Das **Kapitalanlagegesetzbuch,** das sowohl die Richtl 2011/61/EU (AIFM-RL) als auch die Richtl 2009/65/EU (OGAW-RL) in nationales Recht umsetzt, wurde seit Inkrafttreten am 22.7.2013 mehrfach geändert. Beispielhaft seien die Änderungen durch das Gesetz zur Anpassung von Gesetzen auf dem Gebiet des Finanzmarktes (FinMarktAnpG) vom 15.7.2014 sowie durch das Gesetz zur Umsetzung der Richtlinie 2014/91/EU (OGAW-V-UmsG) vom 10.3.2016 genannt. 1

Während die bisherigen Änderungen lediglich der Umsetzung ausgewählter Einzelthemen dienten, könnten die Ergebnisse der gem Art 69 der AIFM-RL im Auftrag der Europäischen Kommission durchgeführten Untersuchung der „Überprüfung der Anwendung und des Geltungsbereichs der AIFM-RL, ihrer Auswirkungen auf Anleger, AIFs und KVGen" zu weitergehenden Änderungen führen (FISMA/2016/105(02)/C-Report übermittelt am 10.12.2018). Darüber hinaus wird auch der Aktionsplan der Europäischen Kommission zur Finanzierung nachhaltigen Wachstums Auswirkungen auf die AIFM-RL und die OGAW-RL haben (ua *ESMA* 34-45-688; *ESMA* 35-43-1737).

Das KAGB reguliert sämtliche von KVG verwalteten **Investmentvermögen in Deutschland** und ist daher sowohl anwendbar für OGAW als auch für AIF (Anm 9). 2

Kapitalverwaltungsgesellschaften sind Unt mit satzungsmäßigem Sitz und Hauptverwaltung im Inland, deren Geschäftsbetrieb darauf gerichtet ist, inländische InvVerm, EU-InvVerm oder ausländische InvVerm zu verwalten (§ 17 Abs 1 S 1 KAGB). Die Verwaltung eines InvVerm liegt dann vor, wenn mind die Portfolioverwaltung oder das Risikomanagement für ein oder mehrere InvVerm erbracht wird (§ 17 Abs 1 S 2 KAGB). Wird nur eine der beiden Leistungen erbracht, muss jedoch zumindest die Fähigkeit vorliegen, beide Tätigkeiten erbringen zu können (vgl Begr RegE zum AIFM-UmsG, 211 f; weiterführend auch *Bentele* in Baur/Tappen, Investmentgesetze³, § 23, Rn 27 ff). Nicht zulässig ist, dass die KVG ausschließlich administrative Tätigkeiten erbringt (§ 23 Nr 9 KAGB). 3

Begrifflich unterschieden werden in Abhängigkeit der verwalteten InvVerm die OGAW-KVG und die AIF-KVG. Darüber hinaus kennt das KAGB auch noch die EU-OGAW-KVG, die EU-AIF-KVG und die ausländische AIF-KVG (§ 1 Abs 14 KAGB). Hierbei handelt es sich um europäische bzw ausländische KVG, die zB im Wege des grenzüberschreitenden Dienstleistungsverkehrs inländische InvVerm verwalten.

Zu unterscheiden ist zwischen einer **externen** KVG, die vom InvVerm oder in dessen Namen bestellt ist und für die Verwaltung des InvVerm verantwortlich ist (§ 17 Abs 2 Nr 1 KAGB) und der **internen** KVG, wenn für das 4

InvVerm, welches über eine eigene Rechtspersönlichkeit verfügen muss, keine externe KVG bestellt ist (§ 17 Abs 2 Nr 2 KAGB). Eine externe KVG darf nur in der Rechtsform der AG, der GmbH oder der KG, bei der der phG ausschließlich eine GmbH ist, betrieben werden (§ 18 Abs 1 KAGB). Für jedes InvVerm kann nur eine KVG zuständig sein (§ 17 Abs 3 KAGB). Eine externe KVG darf jedoch mehrere SV bilden oder mehrere InvGes verwalten.

5 KVG müssen, unabhängig davon, ob diese intern oder extern sind, über eine **Erlaubnis** der BaFin verfügen. Ausgenommen hiervon sind lediglich solche KVG, die entweder nur sog Altfonds (§ 353 Abs 1 KAGB) verwalten oder die unter die größenabhängigen Ausnahmevorschriften des § 2 Abs 4 bis 5 KAGB fallen und die nicht zur Vollanwendung des KAGB optiert haben. Erfüllt eine KVG die größenabhängigen Ausnahmevorschriften des § 2 Abs 4 bis 5 KAGB, ist aber zumindest eine **Registrierung** gemäß § 44 Abs 1 KAGB erforderlich. In Abhängigkeit der Art der von der registrierungspflichtigen KVG erwalteten InvVerm werden unterschiedliche Anwendungsumfänge des KAGB definiert (vgl hierzu weiterführend auch *Dietrich* WPg 2019, 622 ff und 680 ff). Eine Sonderstellung nehmen die Ausnahmevorschriften für **Europäische Risikokapitalfonds** (Art 14 der EU-VO Nr 345/2013) sowie für **Europäische Fonds für soziales Unternehmertum** (Art 15 der EU-VO Nr 346/2013) ein, die ebenfalls einer Registrierungspflicht unterliegen. Der Umfang der anzuwendenden KAGB-Regelungen beschränkt sich jedoch für diese auf ausgewählte Regelungen zur Zusammenarbeit mit der BaFin (§ 2 Abs 6 und 7 KAGB). Für eine KVG, die einen **europäischen langfristigen Investmentfonds** auflegt, gelten die Regelungen der Verordnung über langfristige Investmentfonds (ELTIF-VO; EU-VO Nr 2015/760). Für Geldmarktfonds – unabhängig davon, ob es sich um OGAW oder AIF handelt – sind ergänzend auch die Regelungen der GeldmarktfondsVO anzuwenden (EU-VO Nr 2017/1131).

6 Für die Rechnungslegung und die Prüfung einer **erlaubnispflichtigen externen** KVG gelten die §§ 340a–340o HGB sowie die Regelungen der RechKredV entspr (§ 38 Abs 1 KAGB). Anders als bei Kreditinstituten ist für den Umfang der Prüfung jedoch die KAPrüfbV einschlägig.

Eine lediglich **registrierungspflichtige externe** KVG (§ 2 Abs 4 und 5 KAGB iVm § 44 KAGB) legt hingegen weiterhin nach den allgemeinen handelsrechtlichen Regelungen Rechnung. Die Prüfung erfolgt ebenfalls nach handelsrechtlichen Vorschriften (vgl hierzu auch *Dietrich* WPg 2019, 626 und 681).

7 Das KAGB stellt auf einen **materiellen Investmentfondsbegriff** ab. Ein InvVerm ist danach gem § 1 Abs 1 S 1 KAGB *jeder Organismus für gemeinsame Anlagen, der von einer Anzahl von Anlegern Kapital einsammelt,* um es gem einer *festgelegten Anlagestrategie zum Nutzen der Anleger zu investieren,* und der *kein operativ tätiges Unt außerhalb des Finanzsektors* ist. Eine „gemeinsame Anlage" liegt vor, wenn die Anleger an den Chancen und Risiken des Organismus beteiligt werden sollen. Hierbei darf das „Entgelt" für die Kapitalüberlassung des Anlegers nicht betragsmäßig fixiert sein, sondern muss erfolgsbezogen ausgestaltet sein (ausführlich in *BaFin* Anwendungsbereich des KAGB, I. Ziff 6; *ESMA* Leitlinien zu Schlüsselbegriffen der AIFMD).

I. Allgemeines

Da der sehr weit gefasste Investmentfondsbegriff auch Unt und Kapitalsammelstellen umfasst, die nicht unter die Regelungen des KAGB fallen sollen, enthält § 2 Abs 1 und 2 KAGB **Bereichsausnahmen** für bestimmte Arten von Ges (zB bestimmte HoldingGes, Einrichtungen der privaten Altersvorsorge/Unterstützungskassen, Arbeitnehmerbeteiligungssysteme und Arbeitnehmersparpläne, VerbriefungsGes). Explizit ausgenommen werden auch die Europäische Zentralbank und die nationalen Zentralbanken (§ 1 Abs 1 Nrn 3 und 4). Darüber hinaus werden auch bestimmte konzerninterne KVGen von der Anwendung des KAGB ausgenommen (§ 2 Abs 3 KAGB). Die Bereichsausnahmen führen zu einer vollständigen Nichtanwendung des KAGB (weiterführend auch *Boxleitner/Röder* in WBA², KAGB, § 2, Rn 2 ff; *Zetzsche* in AWZ, KAGB, § 2, Rn 11 ff; *Livonius/Riedl* in FK-KAGB, § 2, Rn 10 ff).

Ausgenommen sind ferner auch Family Offices und Investmentclubs (*BaFin* Anwendungsbereich des KAGB, I. Ziff 3.; Erwägungsgrund Nr 7 der AIFM-RL; weiterführend auch *Livonius/Riedl* in FK-KAGB, § 2, Rn 5 f). Desweiteren nicht im Anwendungsbereich des KAGB sind Joint Ventures und Versicherungsverträge (Erwägungsgrund Nr 8 der AIFM-RL; weiterführend auch *Livonius/Riedl* in FK-KAGB, § 2, Rn 7 f).

REITs und börsennotierte ImmobilienGes sind nicht alleine wegen ihrer Börsennotierung von der Anwendung des KAGB ausgenommen. Bei diesen kommt es vielmehr auf den Einzelfall an (*BaFin* Anwendungsbereich des KAGB, II. Ziff 1 und 2).

Jedes Vehikel, welches die **Definition** eines InvVerm erfüllt, ist entweder als AIF oder OGAW zu klassifizieren. Im Gegensatz zu OGAW, die an Privatpersonen vertrieben werden und die einer reglementierten Anlagepolitik unterliegen und insoweit überwiegend in börsennotierte Wertpapiere investieren, können AIF zB auch Anlagen in Immobilien und sonstigen Sachwerten tätigen. Zu den AIF zählen neben den als SV aufgelegten offenen Spezial-AIF mit festen Anlagebedingungen und offenen (Publikums-)ImmobilienSV auch die offenen und geschlossenen InvVerm in GesForm (mit Ausnahme der InvAG mit veränderlichem Kapital, die auch als OGAW aufgelegt werden kann).

InvVerm können in Form von SV iSd § 1 Abs 10 KAGB oder als InvGes iSd § 1 Abs 11 KAGB gebildet werden. **Sondervermögen** sind inländische offene InvVerm in der Vertragsform (nicht rechtsfähige Vermögensmasse; Anm 20), die von einer KVG für Rechnung der Anleger nach Maßgabe des KAGB und den Anlagebedingungen, nach denen sich das Rechtsverhältnis der KVG zu den Anlegern bestimmt, verwaltet werden (§ 1 Abs 10 KAGB). **Investmentgesellschaften** dürfen gem § 1 Abs 11 KAGB nur in der Rechtsform einer InvAG oder InvKG betrieben werden. Lediglich registrierungspflichtige InvVerm können abw hiervon auch als GmbH oder als eine andere juristische Person bzw PersGes, bei der der phG ausschließlich eine Ges mit beschränkter Haftung ist, aufgelegt werden (§ 44 Abs 1 Nr 7 KAGB).

InvVerm können als offene oder geschlossene InvVerm aufgelegt sein. Charakteristisch für das Vorliegen eines **offenen Investmentvermögens** ist, dass es sich entweder um einen OGAW handelt oder für den AIF vertraglich vorgesehen ist, dass dieser vor Beginn seiner Liq- oder Auslaufphase Anteile zurückkauft oder -nimmt (§ 1 Abs 4 KAGB iVm Art 1 Abs 2 EU-VO Nr 694/2014; ESMA/2013/413 bzw ESMA/2013/1119). Kapitalrückzahlungen des AIF im Zusammenhang mit Ausschüttungen oder sonstige Kapitalherabsetzungen entspr den Fondsdokumenten (zB Anlagebedingungen oder Verkaufsprospekt) sind bei der Abgrenzung nicht zu berücksichtigen. Gleiches gilt für einen Handel der Anteile auf dem Sekundärmarkt. Bei allen InvVerm, die keine offenen InvVerm sind, handelt es sich um **geschlossene Investmentvermögen** (§ 1 Abs 5 KAGB).

12   Im Hinblick auf die Person/**Eigenschaft der Anteilinhaber** werden SpezialAIF und AIF unterschieden. SpezialAIF sind AIF, deren Anteile auf Grund von schriftlichen Vereinbarungen mit der KVG oder auf Grund der konstituierenden Dokumente des AIF nur von professionellen und semi-professionellen Anlegern erworben werden dürfen (§ 1 Abs 6 KAGB; § 1 Abs 19 Nr 32 und 33). Bei allen anderen InvVerm, die zB auch Privatanleger investieren dürfen, handelt es sich um PublikumsAIF. OGAW kommen nur in der Form der PublikumsInvVerm vor.

13   Mit der **Verwahrung** der zu einem inländischen OGAW gehörenden VG sowie mit der Ausgabe und Rücknahme von Anteilscheinen hat die OGAW-KVG ein CRR-Kreditinstitut iSd § 1 Abs 3d KWG mit Sitz im Geltungsbereich des KAGB (oder eine Zweigniederlassung eines CRR-Kreditinstituts iSd § 53b Abs 1 S 1 KWG) zu beauftragen, welches eine Erlaubnis zum Betreiben des Depotgeschäfts nach § 1 Abs 1 S 2 Nr 5 KWG besitzt (sog OGAW-Verwahrstelle; § 68 Abs 3 KAGB).

Die AIF-KVG hat für jeden von ihr verwalteten AIF eine AIF-Verwahrstelle zu beauftragen (§ 80 Abs 1 KAGB). Bei der AIF-Verwahrstelle muss es sich um ein Kreditinstitut, eine Wertpapierfirma oder eine Einrichtung gem Art 23 Abs 3 der OGAW-RL, die einer Beaufsichtigung oder ständigen Überwachung unterliegt, handeln (§ 80 Abs 2 KAGB). Für geschlossene AIF kann unter bestimmten Voraussetzungen auch ein Treuhänder eingesetzt werden, der die Aufgaben einer Verwahrstelle im Rahmen seiner beruflichen oder geschäftlichen Tätigkeit wahrnimmt (§ 80 Abs 3 KAGB). Handelt es sich um inländische AIF muss die AIF-Verwahrstelle ihren Sitz oder ihre Zweigniederlassung im Geltungsbereich des KAGB haben (§ 80 Abs 6 KAGB).

14   Zur Rechnungslegung, Bewertung und Prüfung von InvVerm enthält das KAGB nur wenige grundlegende Normen. Die BaFin hat daher von ihrer **Verordnungsermächtigung** Gebrauch gemacht und die KARBV sowie die KAPrüfbV erlassen.

15   Mit der KARBV erfolgt eine Konkretisierung der gesetzlichen Normen zur Rechnungslegung der von KVG verwalteten SV sowie von InvAG und InvKGen. Darüber hinaus enthält die KARBV detaillierte Regelungen zur Bewertung der VG und Schulden eines InvVerm.

16   Die KAPrüfbV enthält Regelungen über die Inhalte der PrüfBer für die externe KVG, die InvAG, die InvKG und für SV. Der Entwurf der KA-PrüfbV enthält darüber hinaus Regelungen für InvVerm, die von einer registrierungspflichtigen KVG gem § 2 Abs 4 KAGB verwaltet werden und für deren Rechnung Gelddarlehen iSd § 285 Abs 2 KAGB vergeben werden (§ 46e E-KAPrüfbV). Bei einer entsprechenden Änderung des Anwendungsbereichs der KAPrüfbV ist künftig von einer Anwendbarkeit der KAPrüfbV

II. Rechnungslegung und Prüfung von Sondervermögen

auch auf die Prüfung von InvVerm iSd § 2 Abs 5 KAGB nach § 47 KAGB auszugehen (§ 47 Abs 4 KAGB idF vom 19.3.2020). Die BaFin hat am 27.7.2017 einen Entwurf der überarbeiteten KARBV und KAPrüfbV zur Konsultation gestellt. Nachfolgend werden Regelungen der Entwürfe bereits aufgenommen, von denen davon ausgegangen wird, dass dieses auch in der finalen Fassung so oder in einer inhaltlich ähnlichen Form übernommen werden (E-KARBV, E-KAPrüfbV). An dieser Stelle sei aber noch einmal klarstellend darauf hingewiesen, dass eine Anwendung der neuen Regelungen erst mit Veröffentlichung der geänderten neuen KARBV bzw KAPrüfbV mit dem dann gültigen Wortlaut erfolgen kann.

II. Rechnungslegung und Prüfung von Sondervermögen

1. Rechtliche Grundlagen

a) Rechnungslegungspflicht der Kapitalverwaltungsgesellschaft für die von ihr verwalteten Sondervermögen

Bei den SV handelt es sich um **nicht rechtsfähige Vermögensmassen**. Die Rechtsbeziehungen zwischen den Anteilinhabern und der KVG werden iW durch den sog InvVertrag geregelt. Dessen Inhalt ergibt sich aus den vor Ausgabe der Anteilscheine schriftlich festzulegenden Anlagebedingungen (§ 162 KAGB; §§ 282, 284 KAGB). Der InvVertrag wird in den sog Allgemeinen und Besonderen Anlagebedingungen (bei SpezialSV ggf in weiteren schriftlichen Vereinbarungen) konkretisiert. Die SV sind getrennt voneinander (§ 92 Abs 3 S 2 KAGB) und vom eigenen Vermögen der KVG (§ 92 Abs 1 S 2 2. Hs KAGB) zu halten und müssen sich durch ihre Bezeichnung unterscheiden (§ 92 Abs 3 S 2 1. Hs KAGB).

Die KVG erwirbt und verwaltet die VG im eigenen Namen und für gemeinschaftliche Rechnung der Anteilinhaber (sog **Verwaltungstreuhand**). Die zum SV gehörenden VG stehen entweder im Eigentum der KVG (sog Treuhandlösung) oder im Miteigentum der Anleger (sog Miteigentumslösung). Zu den Rechtsverhältnissen am SV weiterführend ua auch *Lichtenstein* in Baur/Tappen, Investmentgesetze³, § 92, Rn 11 ff; *Zetzsche/Nast* in AWZ, KAGB, § 92, Rn 8 ff.

Die **Rechnungslegungspflicht** der KVG für die von ihr verwalteten SV ergibt sich sowohl aus den speziellen Vorschriften des KAGB als auch aus vertraglichen Beziehungen. Die zivilrechtliche Pflicht zur Rechnungslegung beruht auf dem zwischen der KVG und dem Anleger geschlossenen Inv-Vertrag, bei dem es sich um einen *Geschäftsbesorgungsvertrag iSd § 675 BGB* handelt. (*PwC* Rechnungslegung von Investmentvermögen, 39; ähnlich auch *Lammel/Feller* in Baur/Tappen, Investmentgesetze³, § 95, Rn 5; *Höring* in FK-KAGB, § 95, Rn 21). Als Geschäftsbesorger ist die KVG zur Auskunft und Rechenschaft verpflichtet (§ 675 BGB iVm § 666 BGB). Gem § 162 Abs 2 Nr 5 KAGB müssen auch die Anlagebedingungen des PublikumsSV Regelungen zum Zeitpunkt und zur Art der Rechnungslegung enthalten. Art und Umfang der Rechnungslegung werden durch die im KAGB enthaltenen Mindestanforderungen an die Berichterstattung der KVG für die SV determiniert. Die Berichterstattung soll dem Anteilinhaber die Beurteilung der Tätigkeit der KVG und des Ergebnisses eines SV ermöglichen (§ 101 Abs 1 S 2 KAGB).

23 Aus § 101 KAGB ergeben sich die speziellen Vorschriften für die Rechnungslegung von SV. Diese finden aufgrund ihrer systematischen Stellung im Gesetz grds auf sämtliche Arten von SV Anwendung. Hiernach hat die KVG für jedes SV am Schluss eines Gj einen **Jahresbericht** (§ 101 Abs 1 KAGB) und für die Mitte des Gj einen **Halbjahresbericht** (§ 103 KAGB; nur für PublikumsSV) zu erstatten und zu veröffentlichen. Das Gj des SV muss nicht mit dem der KVG oder mit dem Kj übereinstimmen, darf jedoch nicht mehr als 12 Monate umfassen.

Bei der Übertragung eines SV auf eine andere KVG oder bei Verschmelzung eines SV auf ein anderes SV oder ein EU-OGAW ist auf den Übertragungsstichtag ein **Zwischenbericht** und bei Auflösung auf den Tag, an dem das Verwaltungsrecht der KVG erlischt, ein **Auflösungsbericht** zu erstellen, beide müssen jeweils den Anforderungen an einen Jahresbericht gem § 101 KAGB entsprechen (§§ 104, 105 Abs 1 KAGB).

Wird ein SV abgewickelt, hat die Verwahrstelle jährlich sowie auf den Tag, an dem die Abwicklung beendet ist, einen **Abwicklungsbericht** zu erstellen, der den Anforderungen an einen Jahresbericht nach § 101 KAGB entspricht (§ 105 Abs 2 KAGB).

24 Die im jeweiligen Bericht gemachten Angaben müssen sich aus der **Buchführung**, die auf die Anforderungen nach dem KAGB auszurichten ist, entwickeln lassen (§ 5 Abs 2 KARBV).

b) Zweck des Fondsrechnungswesens und Übertragbarkeit der handelsrechtlichen Grundsätze ordnungsmäßiger Buchführung auf die Fondsrechnungslegung

27 Die Rechnungslegung im Handelsrecht ist vor allem ausgerichtet am **Gläubigerschutz** und dem hieraus resultierenden Vorsichtsprinzip (§ 252 Abs 1 Nr 4 HGB). Zur Beurteilung der Frage, inwieweit handelsrechtliche Normen und Grundsätze auf die investmentrechtliche Rechnungslegung übertragbar sind, ist zunächst deren Zielsetzung zu untersuchen. Dies lässt sich vor allem danach beurteilen, welchem Zweck die Fondsrechnungslegung dient (*PwC* Rechnungslegung von Investmentvermögen, 40 f).

28 Die Aufgabe der Berichterstattung über die SV besteht in der Befriedigung der Informationsbedürfnisse (**Informationsfunktion**) der an der wirtschaftlichen Entwicklung der SV interessierten und zum Informationserhalt berechtigten Personen und Institutionen (Informationsempfänger). Um dieser Aufgabe zu genügen, sind die Berichterstattung und damit auch das gesamte Fondsrechnungswesen so auszurichten, dass sie in der Lage sind, den Informationsempfängern zweckadäquate (dh entscheidungs- und kontrollrelevante) Informationen zur Verfügung zu stellen. Zu den Informationsempfängern zählen insb die aktuellen und potentiellen Anleger aber auch die Verwahrstelle, die BaFin, die kreditgebenden Banken sowie ganz allgemein die Öffentlichkeit (*PwC* Rechnungslegung von Investmentvermögen, 41).

II. Rechnungslegung und Prüfung von Sondervermögen

Ein Jahresbericht, der einmal im Jahr aufgestellt wird und erst mehrere Monate nach dem jeweiligen Stichtag veröffentlicht wird, erfüllt jedoch nur bedingt die Anforderungen der Investoren an entscheidungsrelevante Informationen. In der Literatur finden sich daher auch kritische Würdigungen zur Zielerfüllung der investmentrechtlichen Rechnungslegung, stellvertretend *Schliemann/Bubnov* in AWZ, Vorb §§ 101 ff, Rn 9 ff.

Darüber hinaus hat das Fondsrechnungswesen eine **Dokumentationsfunktion** zu erfüllen. Dabei umfasst die Dokumentation die zeitlich und sachlich geordnete Aufzeichnung aller das SV betr Geschäftsvorfälle, ihren ordnungsgemäßen Nachweis (Belegwesen) sowie die dauerhafte Sicherung dieser Aufzeichnungen (Datenträgerauswahl und Datenträgersicherheit). 29

Für die Berichterstattung über die SV an die gesellschaftsexternen Interessenten steht jedoch die **Rechenschaftsfunktion** im Vordergrund. Diese ergibt sich aus den einschlägigen gesetzlichen Vorschriften und den vertraglichen Regelungen. Die Ausübung der Rechenschaftsfunktion hat so zu erfolgen, dass im Rahmen der vorgesehenen Berichtsinstrumente ein den tatsächlichen Verhältnissen entspr Bild der wirtschaftlichen Entwicklung des InvVerm vermittelt wird (§ 3 Abs 1 KARBV). 30

Aber nicht nur die Anleger sind auf Informationen über die wirtschaftliche Entwicklung des InvVerm angewiesen, auch die gesellschaftsinternen Informationsempfänger, dh insb die Geschäftsführung, das Fondsmanagement und das Fondscontrolling, benötigen zur Erfüllung ihrer Aufgaben entsprechende Informationen (*PwC* Rechnungslegung von Investmentvermögen, 41). Für sie hat das Fondsrechnungswesen eine **Unterstützungsfunktion** für die zielorientierte Planung und Steuerung des SV. Das Informationssystem dient zudem der Kontrolle, dh der regelmäßigen Überwachung zB der Anlageentscheidungen im Hinblick auf die Einhaltung von Gesetz und Anlagebedingungen. 31

Das Fondsrechnungswesen ist ferner so auszugestalten, dass es auch seiner **Preisermittlungsfunktion** gerecht werden kann. Auf Basis der Daten aus dem Fondsrechnungswesen muss für OGAW-SV die Verwahrstelle unter Mitwirkung der OGAW-KVG oder die OGAW-KVG selbst (§ 212 KAGB) und für die offenen AIF die AIF-KVG selbst oder ein externer Bewerter (§ 216 KAGB für offene inländische PublikumsSV, § 278 iVm § 216 KAGB für offene SpezialSV) den Anteilwert ermitteln. 32

Nach dem Handelsrecht ist jeder (Voll-)Kaufmann verpflichtet, seine Bücher nach den **Grundsätzen ordnungsmäßiger Buchführung** (GoB) zu führen (§ 238 Abs 1 HGB) und am Jahresende einen Abschluss nach den GoB zu erstellen (§ 243 Abs 1 HGB). Die GoB, die nur zum Teil im Handelsrecht kodifiziert sind, stellen ein für die Rechnungslegung allgemeingültiges Normensystem dar, auf das dann zurückgegriffen werden muss, wenn die Behandlung einzelner Sachverhalte nicht durch spezifische gesetzliche Vorschriften geregelt ist. 33

Die handelsrechtlichen **formalen GoB** stellen Rahmengrundsätze dar, die jeder Kfm bei seiner Buchhaltung sowie bei seiner Rechenschaftslegung zu beachten hat. Diese sind aufgrund der KfmEigenschaft der KVG und der Sorgfaltspflichten eines ordentlichen Kfm grds auch auf die Fondsbuchhaltung und die Berichterstattung über die SV übertragbar. § 3 Abs 1 S 1 KARBV 34 formuliert daher folgerichtig als allg Grundsatz für die Berichterstattung, dass die Berichterstattung durch die KVG für deren SV an den Grundsätzen der Vollständigkeit, Richtigkeit, Willkürfreiheit, Klarheit und Übersichtlichkeit auszurichten ist. Die KARBV erklärt damit, soweit sich aus dem KAGB, der KARBV sowie hinsichtlich der AIF auch aus der AIFM-VO selbst nichts anderes ergibt, die formalen GoB auf die investmentrechtliche Rechnungslegung für anwendbar (§ 5 Abs 1 KARBV).

35 Die investmentrechtliche Rechnungslegung (**„Buchführung"**) muss auf die gesetzlichen Anforderungen hinsichtlich der Berichte nach dem KAGB ausgerichtet und (ebenso wie die handelsrechtliche Buchführung) vollständig, richtig, zeitgerecht, geordnet und nachvollziehbar sein (§ 5 Abs 2 KARBV).

36 Im Gegensatz zu den formellen GoB sind die **materiellen GoB** nicht unmittelbar und nicht uneingeschränkt auf die Rechnungslegung der SV übertragbar. Keine Anwendung bzw eine nur eingeschränkte Beachtung finden insb das Vorsichtsprinzip, das Realisationsprinzip, das AK-Prinzip sowie das Imparitätsprinzip.

37 Grund für die Überlagerung des **Vorsichtsprinzips** durch den Grundsatz der sachgerechten Informationsvermittlung ist ua die (bei OGAW) grds tägliche Rückgabemöglichkeit der Anteilscheine. Während das handelsrechtliche Vorsichtsprinzip in erster Linie dem Schutz des Bilanzadressaten vor einer zu günstigen Darstellung der VFE-Lage der Ges dient, bedürfen die Anleger eines SV dieses Schutzes nicht, da sie börsentäglich die von der KVG oder der Verwahrstelle bekannt gegebenen Anteilwerte durch Rückgabe ihrer Anteilscheine realisieren können. Der Gläubigerschutz spielt insofern allenfalls dann eine Rolle, wenn das InvVerm von der Möglichkeit der Kreditaufnahme Gebrauch macht oder Liefer- und Leistungsbeziehungen mit Dienstleistern unterhält (zB bei Anlage in Immobilien).

38 Keine Anwendung finden folglich auch die aus dem Vorsichtsprinzip abgeleiteten Prinzipien: **Anschaffungskosten-** bzw **Realisationsprinzip**. Die AK bilden in der Vermögensaufstellung nicht die absolute Bewertungsobergrenze; sie sind lediglich für die Ermittlung der realisierten Kursgewinne und -verluste sowie der unrealisierten Gewinne und Verluste (sog Nettoveränderung der nicht realisierten Gewinne und Verluste) von Bedeutung. Durch die Einbeziehung der nicht realisierten Bewertungsgewinne in die Ertrags- und Aufwandsrechnung nach § 11 KARBV wird das noch im InvG eingeschränkt gültige Realisationsprinzip in der Ertrags- und Aufwandsrechnung ebenfalls aufgehoben.

39 Eine Antizipation von Verlusten (**„Imparitätsprinzip"**) wird zwar durch die Aufnahme der nicht realisierten Verluste vorgenommen, doch werden diese dem nicht realisierten Ergebnis und nicht dem realisierten Ergebnis zugeordnet und mindern damit nicht das ausschüttungsfähige Volumen.

c) Verantwortung der Kapitalverwaltungsgesellschaft für den Jahresbericht und anzuwendende Vorschriften

42 Gem § 101 Abs 1 S 1 KAGB hat die KVG für jedes SV einen Jahresbericht zu erstatten. Die Aufstellung des Jahresberichts einschl der Bewertungsansätze

II. Rechnungslegung und Prüfung von Sondervermögen

in der Vermögensaufstellung liegt in der **Verantwortung** der das SV *verwaltenden KVG* (§ 6 Abs 1 S 1 KARBV). Eine Mitwirkung der Verwahrstelle an der Wertermittlung des SV (§ 212 KAGB) oder die Bestellung eines externen Bewerters zur Bewertung der VG des SV mindert die Verantwortung der KVG nicht (§ 216 Abs 7 KAGB).

Den **Inhalt des Jahresberichts** regelt § 101 KAGB. Konkretisiert werden die Anforderungen an die Jahresberichte und die sonstigen Berichte durch die §§ 6–19 KARBV. Zusätzlich sind auch die Regelungen der Art 103–109 der AIFM-VO unmittelbar zu beachten. Die handelsrechtlichen Bilanzierungs- und Bewertungsregelungen werden – anders als im Falle der InvGes – nicht explizit für anwendbar erklärt. Sie bilden damit nicht die Basis bzw das Fundament für die investmentrechtliche Rechnungslegung. In Einzelfällen kann es jedoch sachgerecht sein, sich an den handelsrechtlichen Grundprinzipien zu orientieren (zB Ausstrahlungswirkung bei Begriffsgleichheit). Beispielhaft sei an dieser Stelle der Begriff der HK genannt.

Die für die Anteilwertermittlung maßgebenden **Bewertungsregeln** und -grundsätze gem § 168 KAGB sowie die entspr Regelungen der KARBV (§§ 26–34 KARBV; §§ 26–34a E-KARBV) sind auch für die Vermögensaufstellung im Jahresbericht zu beachten (§ 10 Abs 5 S 1 KARBV). Für die Bewertung sind dabei die Verhältnisse zum Stichtag des Jahresberichtes maßgeblich (§ 10 Abs 5 S 2 KARBV).

2. Stichtag des Jahresberichts und Aufstellungsfrist

a) Beginn der Rechnungslegungspflicht

Die KVG sammelt bei der Auflegung eines SV – gegen Ausgabe von Anteilscheinen – idR zuerst Kapital ein, mit dem sie dann die ersten VG erwirbt. Da der Anteilschein erst ausgegeben werden darf, wenn der Anteilinhaber den vollen Ausgabepreis erbracht hat (§ 71 Abs 1 S 1 KAGB für OGAW-SV; § 93 Abs 6, 7 KAGB für AIF-SV), entsteht ein Anteilschein erst mit Leistung des vollen Ausgabepreises auf dem Geschäftskonto der Verwahrstelle. Der Anspruch auf Ausgabe des Anteilscheins entsteht jedoch, sobald die KVG den Antrag auf Abschluss des Investmentvertrages annimmt (stellvertretend: *Karcher* in Baur/Tappen, Investmentgesetze[3], § 71, Rn 12).

Das SV selbst entsteht damit bereits mit der Einlagenschuld des Ersteinlegers (ähnlich auch *Zetzsche/Nast* in AWZ, KAGB, § 92, Rn 6). Bereits der schuldrechtliche Anspruch gegen den Erstanteilinhaber auf Leistung der Einlage gehört zum SV (Auflage). Auf diese Weise ist gewährleistet, dass der Anteilinhaber und jeder weitere Anteilinhaber zum jeweils gültigen Ausgabepreis am SV beteiligt wird. Die Rechnungslegungspflicht beginnt im Zeitpunkt der Auflage des SV.

b) Stichtag des Jahresberichts und anderer Berichte

Der Stichtag, auf den der **Jahresbericht** iSd § 101 KAGB eines SV aufzustellen ist, muss in den Anlagebedingungen des PublikumsSV gem § 162 Abs 2 Nr 5 KAGB iVm § 162 Abs 1 KAGB vor (der erstmaligen) Ausgabe von Anteilen festgelegt werden. Für SpezialSV kann eine entsprechende Regelung ebenfalls in die nach § 273 KAGB erforderlichen Anlagebedingungen aufgenommen werden.

Der Stichtag, auf den der Jahresbericht eines SV aufzustellen ist, entspricht dabei dem GjEnde des SV. Das Gj kann, muss aber nicht dem Kj entsprechen. Im Jahr der Auflage des SV ist der Jahresbericht für das RumpfGj (Zeitpunkt der Auflage bis zum Stichtag des SV) aufzustellen. Wird der Stichtag des SV geändert, sind ggf zwei RumpfGj zu bilden, denn das Gj eines SV kann weniger aber *niemals mehr als 12 Monate* betragen.

49 Der **Halbjahresbericht** (nur für PublikumsSV) wird für die Mitte des Gj erstellt (§ 103 KAGB) und der **Zwischenbericht** auf den Übertragungsstichtag (§ 104 KAGB). Die Aufstellung eines **Auflösungsberichts** erfolgt auf den Tag, an dem das Verwaltungsrecht der KVG nach Maßgabe des § 99 KAGB erlischt (§ 105 Abs 1 KAGB). Der **Abwicklungsbericht** wird bis zum Tag, an dem die Abwicklung beendet ist, jährlich auf den Stichtag des Jahresberichts erstellt (§ 105 Abs 2 KAGB).

Die Auflösung eines PublikumsSV setzt voraus, dass die Kündigung des Verwaltungsvertrags durch die KVG unter Einhaltung einer sechsmonatigen Kündigungsfrist erfolgt. Darüber hinaus ist es erforderlich, dass im Jahresbericht oder Halbjahresbericht die Kündigung des Verwaltungsrechts angekündigt wird. Ferner ist die Kündigung im BAnz bekannt zu machen (§ 99 Abs 1 KAGB). Eine analoge Regelung für SpezialSV enthält das KAGB nicht.

c) Zeitpunkt der Aufstellung, Offenlegung, Einreichung

52 Die KVG hat für jedes von ihr verwaltete OGAW-SV (Wertpapier-Publikumsfonds) einen **Jahresbericht** *innerhalb von vier Monaten* nach Ende des Gj bzw für jedes AIF-SV (SpezialSV, ImmobilienSV) *innerhalb von sechs Monaten* **aufzustellen** (§ 101 Abs 1 S 1 KAGB; Art 68 Abs 2 OGAW-RL; Art 22 Abs 1 S 1 der AIFM-RL). Eine gesonderte Aufstellungsfrist für den Halbjahresbericht, den Zwischenbericht sowie den Auflösungs- und Abwicklungsbericht sieht das KAGB nicht vor. Die Aufstellungsfrist (zwei Monate für den Halbjahresbericht und drei Monate für den Auflösungs- und Abwicklungsbericht) ergibt sich für PublikumsSV lediglich retrograd aus den Veröffentlichungspflichten (§ 107 KAGB).

53 Die **Fristen für die Veröffentlichung** der Berichte sind in § 107 Abs 1 und 2 KAGB festgelegt. Der *Jahresbericht* eines OGAW-SV ist spätestens vier Monate nach Ablauf des Gj des OGAW-SV, der eines AIF-PublikumsSV spätestens sechs Monate nach Ablauf des Gj im BAnz bekannt zu machen (§ 107 Abs 1 S 1 Nr 1 und Nr 2 KAGB). Die Veröffentlichungspflicht erstreckt sich dabei auf alle Teile des Jahresberichts nach § 101 KAGB, der gem § 102 KAGB auch der Prüfung durch den AP unterliegt und auf die sich der besondere Vermerk des AP bezieht. Hieraus folgt, dass innerhalb der Frist von vier bzw sechs Monaten nicht nur die Aufstellung und Prüfung, sondern auch die Veröffentlichung im BAnz zu erfolgen hat. Während der Covid-19-Pandemie bestanden vorübergehend Erleichterungen im Hinblick auf die Fristen zur Veröffentlichung (*BaFin* Information zu Meldefristen).

II. Rechnungslegung und Prüfung von Sondervermögen 54–57 U

Für den *Halbjahresbericht* eines PublikumsSV, der nicht prüfungspflichtig ist, wurde die Veröffentlichungsfrist auf zwei Monate nach dem GjEnde festgelegt (§ 107 Abs 1 S 2 KAGB).

Das KAGB trifft im Hinblick auf inländische offene SpezialAIF mit festen Anlagebedingungen (ehem *Spezialfonds*) *keine Regelung zu einer Veröffentlichungsfrist* bzw Bekanntmachung im BAnz. Da diese – aufgrund fehlender Unt- bzw KfmEigenschaft – auch nicht der handelsrechtlichen Pflicht zur Offenlegung unterliegen, besteht für die Jahresberichte dieser Vehikel keine Veröffentlichungspflicht. Für diese gilt lediglich die allgemeine Pflicht zur Vorlage des Jahresberichtes ggü dem Anleger auf Anfrage (§ 107 Abs 5 KAGB). Hiervon unberührt bleibt die Aufstellungsfrist für den Jahresbericht; hier gilt § 101 Abs 1 S 1 KAGB (sechs Monate) unverändert fort. 54

Auflösungs- und Abwicklungsberichte von PublikumsSV sind spätestens drei Monate nach dem Stichtag im BAnz bekannt zu machen (§ 107 Abs 2 KAGB). Das KAGB beschränkt diese Veröffentlichungspflicht auf PublikumsSV, so dass davon auszugehen ist, dass analog zum Jahresbericht auch der Auflösungs- oder Abwicklungsbericht eines SpezialSV nicht im BAnz offenzulegen ist. Zwischenberichte sind unabhängig davon, ob es sich um ein Publikums- oder SpezialSV handelt, nicht offenzulegen. 55

Die Jahresberichte, Halbjahresberichte, Zwischenberichte, Auflösungs- und Abwicklungsberichte eines PublikumsSV sind unverzüglich nach der erstmaligen Verwendung der BaFin **einzureichen** (§ 107 Abs 3 KAGB). Die Berichte der offen SpezialAIF sind nur auf Anfrage der BaFin einzureichen (§ 35 Abs 3 Nr 1 KAGB). Einzureichen sind zwei Exemplare des Jahres-, Halbjahres- oder Zwischenberichtes (ein eigenhändig unterschriebenes Exemplar und ein elektronisches Exemplar; *BaFin* Information v 31.8.2018; § 106 KAGB iVm KAPrüfbV). 56

Auflösungs- und Abwicklungsberichte sind weiterhin in dreifacher Ausfertigung der BaFin einzureichen (§ 4 Abs 1 KARBV). Auch wenn noch unterschiedliche Datenträger zulässig sind, sollte die Einreichung des elektronischen Exemplares über die von der BaFin zur Verfügung gestellten Melde- und Veröffentlichungsplattform erfolgen (vgl hierzu *BaFin* Informationsblatt Einreichung).

Die Jahresberichte, Halbjahresberichte sowie die Auflösungs- und Abwicklungsberichte der PublikumsSV (OGAW-SV und AIF-PublikumsSV) sind dem **Publikum** an den Stellen **zugänglich zu machen,** die im Verkaufsprospekt und den wesentlichen Anlegerinformationen angegeben sind (§ 107 Abs 4 KAGB). Darüber hinaus hat jeder Anleger das Recht, einen Jahresbericht auf Anfrage zu erhalten (§ 107 Abs 5 KAGB; Art 22 Abs 1 S 3 AIFM-RL). Die KVG ist dabei nicht verpflichtet, den Jahresbericht aus eigenem Antrieb an den Anleger zu versenden (kein aktives Zugehen auf die Anleger). Die **Zurverfügungstellung an den Anleger** kann auch in elektronischer Form erfolgen und hat kostenlos zu erfolgen (Anm 432; *Anders* in WBA², § 107, Rn 14; ähnlich auch *Lorenz* in WBA², § 137, Rn 2; *Böcking/Gros/Dietrich* in WBG Bilanzrecht⁴, KAGB, § 137, Rn 3 ff). 57

3. Bestandteile des Jahresberichts eines Sondervermögens

60 Die Bestandteile des Jahresberichtes eines SV ergeben sich aus § 101 KAGB. Die Regelung des § 101 KAGB setzt Art 69 der OGAW-RL ebenso um wie Art 22 der AIFM-RL. Ebenfalls anzuwenden sind die Art 105 ff der AIFM-VO. Eine Konkretisierung der Regelungen des KAGB nimmt die KARBV vor (§§ 7–19 KARBV).

a) Überblick

61 Der Jahresbericht soll dem (potenziellen) Anteilinhaber eine Beurteilung der Tätigkeit der KVG und des Ergebnisses des SV ermöglichen. Er muss so ausgestaltet sein, dass dieser sich im Hinblick auf die Anlageentscheidung sowie auf die laufende Beurteilung der Anlage ein umfassendes Bild der tatsächlichen Verhältnisse und Entwicklungen des InvVerm verschaffen kann (§ 3 Abs 1 KARBV). Der Jahresbericht dient der umfassenden Information über den Inhalt, den Umfang und die Darstellung der Tätigkeit der KVG im Rahmen der Verwaltung des SV, über den Wert des SV, die durchgeführten Geschäfte, die Ergebnisse im abgelaufenen Gj sowie die bisherige Entwicklung des SV (§ 6 Abs 2 KARBV).

62 Der Jahresbericht muss die in § 101 Abs 1 S 2 und 3 KAGB aufgeführten **Pflichtbestandteile**, die in § 7 KARBV weiter konkretisiert werden, enthalten:

- Bericht über die Tätigkeit der KVG im abgelaufenen Gj (Tätigkeitsbericht; § 101 Abs 1 S 2 KAGB, § 8 KARBV; Art. 69 Abs 3 OGAW-RL; Art 22 Abs 2 Buchst c AIFM-RL iVm Art 105 AIFM-VO; Anm 65 ff);
- Vermögensaufstellung und Vermögensübersicht (§ 101 Abs 1 S 3 Nr 1 KAGB, §§ 9, 10 KARBV; Art 69 Abs 3 OGAW-RL iVm Anl I Schema B.I und B.IV; Art 22 Abs 2 Buchst a AIFM-RL iVm Art 104 Abs 1 AIFM-VO; Anm 75 ff);
- Ertrags- und Aufwandsrechnung (§ 101 Abs 1 S 3 Nr 4 KAGB, § 11 KARBV; Art 69 Abs 3 OGAW-RL; Art 22 Abs 2 Buchst b AIFM-RL iVm Art 104 Abs 2 AIFM-VO; Anm 100 ff);
- Verwendung der Erträge des SV (Verwendungsrechnung, § 101 Abs 1 S 3 Nr 5 KAGB, § 12 KARBV; Anm 115 ff);
- Übersicht über die Entwicklung des SV (Entwicklungsrechnung, § 101 Abs 1 S 3 Nr 4 KAGB, § 13 KARBV; Art 69 Abs 3 OGAW-RL iVm Anl I Schema B. V; Anm 127 ff);
- vergleichende Übersicht über die letzten drei Gj (§ 101 Abs 1 S 3 Nr 6 KAGB, § 14 KARBV; Art 69 Abs 3 OGAW-RL iVm Anl I Schema B. VI; Anm 131 f);
- Aufstellung der während des Berichtszeitraums abgeschlossenen Geschäfte, die nicht mehr Gegenstand der Vermögensaufstellung sind (§ 101 Abs 1 S 3 Nr 2 KAGB; Art 69 Abs 3 OGAW-RL iVm Anl I Schema B.IV; Anm 134 f);
- Anzahl der am Berichtsstichtag umlaufenden Anteile und der Wert eines Anteils gem § 168 Abs 1 KAGB (§ 101 Abs 1 S 3 Nr 3 KAGB; § 16 Abs 1 Nr 1 KARBV; Art 69 Abs 3 OGAW-RL iVm Anl I Schema B.II und B.III; Anm 137);

II. Rechnungslegung und Prüfung von Sondervermögen

– besonderer Vermerk über das Ergebnis der Prüfung des Jahresberichts des SV (§ 102 S 4 KAGB; IDW PH 9.400.2; Anm 291).

Darüber hinaus sieht § 101 Abs 3 und 4 KAGB zusätzliche Angaben zur Vergütung (auch Art 68 Abs 3 OGAW-RL; Anm 146) sowie § 101 Abs 2 KAGB Angaben zur Gesamtkostenquote (nur für PublikumsSV; auch Art 22 Abs 2 Buchst e und Buchst f AIFM-RL; Anm 143) vor.

In den Anhang des SV sind auch wesentliche Änderungen der in Art 23 AIFM-RL bzw ausgewählter Angaben der in §§ 307 bzw 308 KAGB aufgeführen Informationen anzugeben (§ 101 Abs 3 Nr 3 KAGB; Art 22 Abs 2 Buchst d AIFM-RL; Anm 149 f).

Unabhängig von konkret benannten Bestandteilen muss der Jahresbericht alle Ereignisse, Entscheidungen und Faktoren enthalten, die die weitere Entwicklung des InvVerm wesentlich beeinflussen können (§ 3 Abs 1 KARBV). Hierzu zählen zB auch Ereignisse, die nach dem GjEnde eingetreten sind (sog Nachtragsbericht).

b) Tätigkeitsbericht

Der Jahresbericht hat einen Bericht über die Tätigkeit der KVG im abgelaufenen Gj zu enthalten (§ 101 Abs 1 S 2 KAGB). Der Tätigkeitsbericht ist ein *in sich abgeschlossener, eigenständiger Bestandteil des Jahresberichts* (§ 8 Abs 1 KARBV). Er ergänzt und erläutert die anderen Teile des Jahresberichts sowie deren wesentlichen Zahlenangaben und informiert die Anleger klar, verständlich und umfassend über die Tätigkeit der KVG für das SV im abgelaufenen Gj. Die Verständlichkeit des Tätigkeitsberichts darf nicht durch Verweise innerhalb des Jahresberichts eingeschränkt werden, dh, der Tätigkeitsbericht muss in sich verständlich sein.

§ 8 KARBV konkretisiert die Inhalte des Tätigkeitsberichts. Aufgrund des Verweises in § 8 Abs 4 KARBV sind für AIF (nicht jedoch für OGAW) zusätzlich die Anforderungen des Art 105 AIFM-VO zu beachten. Dies bedeutet jedoch, dass die in Art 105 AIFM-VO geforderten **Angabepflichten** für PublikumsAIF nur dann einschlägig sind, wenn diese nicht bereits von den in § 8 Abs 3 KARBV enthaltenen Mindestangaben abgedeckt sind (zB eine Übersicht über die Wertentwicklung des AIF während des Jahres oder des Berichtszeitraums (Art 105 Abs 1 Buchst b AIFM-VO). Bei einem SpezialAIF richtet sich der nähere Inhalt des Tätigkeitsberichts ausschließlich nach Art 105 AIFM-VO.

Der Tätigkeitsbericht hat *alle wesentlichen Angaben* zu enthalten, die es den Anlegern wie auch potenziellen Anlegern ermöglichen, *sich ein Urteil über die Verwaltungstätigkeit der KVG und die Ergebnisse des SV zu bilden* (§ 8 Abs 3 S 1 KARBV). Das schließt auch die Tätigkeit derjenigen mit ein, die von der KVG iZm Auslagerungen der Portfolioverwaltung beauftragt worden sind (§ 8 Abs 2 KARBV).

Ausführliche *allg Darstellungen* des **wirtschaftlichen Umfelds** oder der gesamtwirtschaftlichen Lage zu Lasten konkreter Aussagen, die das SV betreffen, *sind zu unterlassen,* wenn diese den Blick auf das Wesentliche verstellen (§ 8 Abs 3 S 2 KARBV). Allgemeine Ausführungen können dann und insoweit erfolgen bzw auch geboten sein, wenn in bestimmten Situationen bzw bei entspr Sachverhalten nur auf diese Weise Fehlinterpretationen vermieden werden können, die sich wiederum auf die Anlageentscheidungen auswirken können (restriktiv).

69 § 8 Abs 3 KARBV enthält eine nicht abschließende Aufzählung der Angaben des Tätigkeitsberichts, die als wesentlich angesehen werden (**Mindestangaben**). Vgl zu den Inhalten des Tätigkeitsberichts auch *PwC* Rechnungslegung von Investmentvermögen, 55 ff; *Schliemann/Bubnov* in AWZ, § 101, Rn 14 ff.

70 Es sind bei **Publikumssondervermögen** mind Angaben zu machen über
– die Anlageziele des SV sowie die Anlagepolitik zur Erreichung dieser Ziele im Berichtszeitraum (§ 8 Abs 3 S 3 Nr 1 KARBV);
– die wesentlichen Risiken des SV im Berichtszeitraum, insb Adressenausfallrisiken, Zinsänderungs-, Währungs- sowie sonstige Marktpreisrisiken, operationelle Risiken und Liquiditätsrisiken (§ 8 Abs 3 S 3 Nr 2 KARBV; Art 105 Abs 2 AIFM-VO);
– die Struktur des Portfolios im Hinblick auf die Anlageziele zum Berichtszeitpunkt sowie wesentliche Veränderungen während des Berichtszeitraums (§ 8 Abs 3 S 3 Nr 3 KARBV; Art 105 Abs 1a) AIFM-VO);
– sonstige für den Anleger wesentliche Ereignisse im Berichtszeitraum wie zB die Auslagerung des Portfoliomanagements (§ 8 Abs 3 S 3 Nr 4 KARBV).

71 *Angaben zu den Anlagezielen, Risiken und zur Struktur des Portfolios* sind bereits in den Verkaufsprospekten zu machen (§ 165 Abs 2 Nrn 2 und 3 KAGB). Die Angaben in den Prospekten sind auf dem neuesten Stand zu halten (§ 164 Abs 1 KAGB). Im Gegensatz zum Verkaufsprospekt, der generelle Ausführungen zu den Risiken enthält, ist im Tätigkeitsbericht *über die wesentlichen Risiken zu berichten, die im abgelaufenen Gj tatsächlich einschlägig waren,* sowie über latente Risiken (zB im Falle von illiquiden VG). Über operationelle Risiken ist nur insoweit zu berichten, als solche konkret für ein einzelnes SV bestehen. Gem § 8 Abs 4 1. Hs iVm Art 105 Abs 1 Buchst c AIFM-VO ist darüber hinaus auch eine Berichterstattung über wesentliche Änderungen der in Art 23 der AIFM-RL genannten Informationen (insb zu den Hauptanlagerisiken und den wirtschaftlichen Unsicherheiten) erforderlich.

72 Im Tätigkeitsbericht eines PublikumsSV sind ferner die *wesentlichen Quellen des Veräußerungsergebnisses* (einschl solcher aus Derivaten und Währungsgeschäften) zu erläutern (§ 11 Abs 3 KARBV; Anm 108) sowie eine *Übersicht über die Wertentwicklung* des PublikumsSV während des Berichtszeitraumes aufzunehmen (Art 105 Abs 1 Buchst b AIFM-VO). Sofern für das Verständnis der Anlagegeschäfte oder der Wertentwicklung des AIF erforderlich, ist die Analyse um die *finanziellen und nichtfinanziellen Leistungsindikatoren* zu ergänzen. Welche Angaben hierbei erforderlich sind, ergeben sich aus den geltenden nationalen Vorschriften (Art 105 Abs 3 AIFM-VO; Orientierung an DRS 20).

73 Für **Spezialsondervermögen** beschränken sich die Angabepflichten auf die von Art 105 AIFM-VO für den Tätigkeitsbericht geforderten Angaben. Der Tätigkeitsbericht enthält daher die folgenden **Mindestangaben:**
– eine *Übersicht über die Anlagegeschäfte* während des Jahres oder des Berichtszeitraums und eine *Übersicht über das Portfolio* des SpezialSV am Ende des Jahres oder des Berichtszeitraums (Art 105 Abs 1 Buchst a AIFM-VO);

II. Rechnungslegung und Prüfung von Sondervermögen

- eine *Übersicht über die Wertentwicklung* des SpezialSV während des Jahres oder des Berichtszeitraums (Art 105 Abs 1 Buchst b AIFM-VO);
- Berichterstattung über *wesentliche Änderungen* der in Artikel 23 der AIFM-RL genannten Informationen (Art 105 Abs 1 Buchst c AIFM-VO);
- eine *Beschreibung der Hauptanlagerisiken* und wirtschaftlichen Unsicherheiten, die für das SpezialSV bestehen (Art 105 Abs 2 AIFM-VO);
- Berichterstattung über die Tätigkeiten und die Wertentwicklung des SpezialSV und soweit für das Verständnis der Anlagegeschäfte oder der Wertentwicklung erforderlich, auch eine Analyse der *finanziellen und nichtfinanziellen Leistungsindikatoren,* die für das SpezialSV relevant sind (Art 105 Abs 3 AIFM-VO).

Anzugeben sind auch die wesentlichen *Quellen des Veräußerungsergebnisses* (Anm 108).

c) Vermögensaufstellung

Die **Vermögensaufstellung** (§ 101 Abs 1 S 3 Nr 1 KAGB) enthält eine Aufstellung (Inventarisierung) aller dem SV zuzurechnenden VG und Verbindlichkeiten und informiert die Anleger damit über die Zusammensetzung des verwalteten Vermögens. Hieraus folgt auch, dass die Vermögensaufstellung immer mit dem Fondsvermögen (Summe der verwalteten VG abzgl Verbindlichkeiten) endet.

§ 10 KARBV konkretisiert die gesetzlichen Regelungen zur Vermögensaufstellung und zur Inventarisierung und fordert ua eine Gliederung nach Arten von VG und Märkten (§ 10 Abs 1 KARBV).

Eine **Saldierung** von VG mit Verbindlichkeiten ist nicht zulässig (§ 10 Abs 2 S 1 KARBV; Saldierungsverbot).

Die **Vermögensgegenstände** *sind nach Art, Nennbetrag oder Zahl, Kurs und Kurswert aufzuführen* (§ 101 Abs 1 S 3 Nr 1 KAGB). Ergänzende Vorschriften für den Ausweis von Immobilien sowie Bet an ImmobilienGes enthält § 247 KAGB (Immobilienverzeichnis, Anm 81). Für jeden Posten der Vermögensaufstellung ist dessen Anteil am Wert des SV anzugeben (in Prozent; § 101 Abs 1 S 3 Nr 1 S 4 KAGB).

Die **Wertpapiere** sind eindeutig und unter Angabe der Wertpapierkennnummer oder der internationalen Wertpapier-Identifikationsnummer (ISIN) zu bezeichnen (§ 7 Nr 3 KARBV). Der Wertpapierbestand ist zu untergliedern in
- Wertpapiere mit einer Zulassung zum Handel an einer Börse, an einem organisierten Markt zugelassene oder in einen solchen einbezogene Wertpapiere;
- Wertpapiere aus Neuemissionen, die an einer Börse zum Handel zugelassen oder an einem organisierten Markt zugelassen oder in diesen einbezogen werden sollen

(§ 101 Abs 1 S 3 Nr 1 S 3 KAGB; Art 68 OGAW-RL iVm Anl I, Schema B.IV). Gesondert auszuweisen sind ferner nicht notierte Wertpapiere oder Anteile an anderen nicht notierten InvVerm. Für jeden Posten der Wertpapiere, Geldmarktinstrumente und Investmentanteile sind auch die während des Berichtszeitraums getätigten Käufe und Verkäufe nach Nennbetrag oder

Zahl aufzuführen. Die Vermögensaufstellung endet mit dem Wert des SV (§ 101 Abs 1 S 3 Nr 1 S 5 KAGB; Art 68 OGAW-RL iVm Anl I, Schema B.III).

79 In der Vermögensaufstellung ebenfalls gesondert anzugeben sind sonstige Wertpapiere gem § 198 Abs 1 Nrn 1 und 3 KAGB, **Geldmarktinstrumente,** Forderungen aus Gelddarlehen bzw **unverbrieften Darlehensforderungen** isd §§ 198 Nr 4, 221 Abs 1 Nr 4 KAGB (insb Schuldscheindarlehen).

80 Anzugeben ist auch, inwieweit zum SV gehörende VG Gegenstand von Rechten Dritter sind (§ 101 Abs 1 S 3 Nr 3 letzter S KAGB). Von Bedeutung ist dies insb im Falle von **Wertpapierdarlehens- und Wertpapierpensionsgeschäften.** Verliehene Wertpapiere sind weiterhin in der Vermögensaufstellung des SV auszuweisen; wobei anzugeben ist, dass sie Gegenstand von Wertpapierdarlehensgeschäften sind (§ 10 Abs 3 KARBV; idR Kennzeichnung über Fußnoten). Die im Zusammenhang mit Wertpapierdarlehen gewährten Sicherheiten (Bar- oder Wertpapiersicherheiten) sind hingegen nicht in die Vermögensaufstellung des SV aufzunehmen (§ 10 Abs 3 S 3 KARBV). Dies gilt entsprechend auch für echte **Wertpapierpensionsgeschäfte** isd § 340b Abs 2 HGB (§ 203 KAGB). Gesondert auszuweisen sind ferner Rückzahlungsforderungen bzw -verbindlichkeiten aus in Pension genommenen bzw gegebenen Wertpapieren, sowie sonstige VG und sonstige Verbindlichkeiten.

81 Zum SV gehörende **Immobilien** sind objektbezogen anzugeben. Die Angaben werden üblicherweise im sog *Immobilienverzeichnis,* das Bestandteil der im Falle von ImmobilienSV dreiteiligen Vermögensaufstellung ist, zusammengefasst. Teil I: Verzeichnis der direkt gehaltenen Immobilien und ImmobilienGes; Teil II: LiqAnlagen; Teil III: Sonstige VG und Schulden.

Folgende Angaben sind mind in das **Immobilienverzeichnis** aufzunehmen (§ 247 Abs 1 S 1 KAGB): Grundstücksgröße, Art und Lage, Bau- und Erwerbsjahr, Gebäudenutzfläche, Leerstandsquote/Nutzungsentgeltausfallquote, Fremdfinanzierungsquote, Restlaufzeiten der Nutzungsverträge, Verkehrswert (oder alternativ Kaufpreis), Anschaffungsnebenkosten und die wesentlichen Ergebnisse der Wertgutachten (zB angesetzte Mieten und Kapitalisierungszinssatz als die wesentlichen Bewertungsparameter eines Wertgutachtens), etwaige Bestands- oder Projektentwicklungsmaßnahmen sowie sonstige wesentliche Merkmale. Daneben sind *in einer Anlage zur Vermögensaufstellung* die im Berichtszeitraum *getätigten Käufe und Verkäufe von Immobilien* und Bet an ImmobilienGes anzugeben (§ 247 Abs 1 S 2 KAGB).

82 Die **Anschaffungsnebenkosten** isd § 248 Abs 3 KAGB sind gem § 10 Abs 4 S 1 KARBV objektbezogen aufzugliedern; sie sind dabei sowohl als *absoluter Betrag sowie als Prozentangabe* in Bezug auf den Kaufpreis anzugeben. Die KVG kann sich zur Darstellung dieser Angaben des Immobilienverzeichnisses bedienen. Die weitere Untergliederung der Anschaffungsnebenkosten hat nach solchen aufgrund gesetzlicher Vorgaben (Gebühren und Steuern) und aufgrund freiwilliger Verpflichtung entstandenen Kosten (sonstige Kosten) zu erfolgen (§ 10 Abs 4 S 2 KARBV). § 10 Abs 4 S 3–6 KARBV konkretisiert, welche Kosten im Rahmen des Erwerbs von Immobilien als Anschaffungsnebenkosten angesetzt werden können und welchem Unterposten diese zugeordnet werden sollten.

Der *Begriff der Anschaffungsnebenkosten* bezieht sich dabei ausschließlich auf Kosten, die aus Anschaffungsvorgängen resultieren (*BaFin* VOBegr zu § 19 Abs 4 KARBV; Anm 232 f). § 30 Abs 2 KARBV definiert Anschaffungsnebenkosten zunächst unter Bezugnahme auf § 255 Abs 1 HGB. Zu den Anschaffungsnebenkosten gehören demnach insb die GrESt, Notariatskosten und Maklergebühren. Da aber auch investmentrechtliche Besonderheiten zu berücksichtigen sind (§ 30 Abs 2 KARBV), sind auch die Kosten für die Ankaufsbewertung oder für die technische Due Diligence als Anschaffungsnebenkosten zu berücksichtigen, sofern diese für einen Erwerb einer konkreten Immobilie anfallen und zB der Kaufpreisbestimmung dienen. Nicht Teil der Anschaffungsnebenkosten sind hingegen interne Kosten sowie Finanzierungskosten (wie zB Bereitstellungszinsen für die Bereitstellung einer Kreditfinanzierung bis zum Zeitpunkt der Fälligkeit des Kaufpreises und sonstige Kosten der Geldbeschaffung; *Schubert/Gadek* in Beck Bil-Komm[12] § 255 Anm 22; *Schubert/Hutzler* in Beck Bil-Komm[12] § 255 Anm 501). Zur Aktivierung von Finanzierungskosten bei Immobilienentwicklungen vgl IDW RS HFA 31 (Anm 231, 234).

Gem § 10 Abs 4 S 6 und 7 KARBV sind neben der Höhe der Anschaffungsnebenkosten zum Zeitpunkt des Erwerbs auch die Länge des voraussichtlichen Abschreibungszeitraums, der Abschreibungsbetrag des Gj sowie der Restbetrag (verbleibende Anschaffungsnebenkosten) anzugeben. *Der Abschreibungszeitraum richtet sich ausschließlich nach der voraussichtlichen Haltedauer der Immobilie,* beträgt jedoch gem § 248 Abs 3 S 1 KAGB höchstens zehn Jahre. Eine Abschreibung über einen kürzeren Zeitraum bzw eine vorzeitige Abschreibung ist nur bei einer voraussichtlich kürzeren Haltedauer bzw bei einer vorzeitigen Veräußerung zulässig. SpezialSV können die Regelung zur gesonderten Aktivierung von Anschaffungsnebenkosten und Verteilung über einen Zeitraum von zehn Jahren abbedingen (§ 34 Abs 1 KARBV).

Bei **Beteiligungen an einer Immobiliengesellschaft** sind gem § 247 Abs 2 S 1 KAGB Angaben zu Art und Umfang der Bet (Firma, Rechtsform und Sitz der ImmobilienGes, GesKapital, Höhe der Bet und Zeitpunkt ihres Erwerbs durch die AIF-KVG sowie die Anzahl und Beträge der der ImmobilienGes gewährten Darlehen) zu machen. Darüber hinaus ist der nach § 248 Abs 4 KAGB ermittelte Wert der Bet anzugeben. Zusätzlich sind für die Immobilien und sonstigen VG der ImmobilienGes dieselben Angaben erforderlich wie bei der Direktinvestition (§ 247 Abs 2 S 3 KAGB).

Die Vermögensaufstellung gliedert sich weiter in **Liquiditätsanlagen** (Bankguthaben, Wertpapiere), **sonstige Vermögensgegenstände** (Forderungen aus der Grundstücksbewirtschaftung, Forderungen an ImmobilienGes, Zinsansprüche und andere VG), **Verbindlichkeiten** (aus Krediten, Grundstückskäufen und Bauvorhaben, Grundstücksbewirtschaftung und aus anderen Gründen) und Rückstellungen. Unter den **Rückstellungen** werden neben Instandhaltungs- und Verwaltungskosten auch potenzielle Steuerlasten ausgewiesen, die bei einem zukünftigen Verkauf im Ausland belegener Liegenschaften anfallen, selbst wenn ein solcher Verkauf (noch) nicht geplant ist (sog Capital Gain Tax, Anm 235).

Bei **schwebenden Verpflichtungsgeschäften** (zB Erwerbsvorgänge, bei denen beide Vertragsparteien zwar zur Leistung verpflichtet sind, aber noch nicht geleistet haben) ist anstelle des zu liefernden VG die zu fordernde Gegenleistung zu erfassen.

86 Bei sonstigen SV kann noch die Kategorie **Edelmetalle** hinzukommen (§ 221 Abs 1 Nr 3 KAGB).

87 Forderungen und Verbindlichkeiten aus der Ausgabe bzw Rücknahme von Anteilscheinen sind als sonstige VG oder als sonstige Verbindlichkeiten auszuweisen (§ 10 Abs 2 S 2 KARBV).

88 Besonderheiten zur Vermögensaufstellung sind als „**Erläuterungen zur Vermögensaufstellung**" darzustellen. Hierzu gehören insb Erl zu den Wertpapierdarlehen und zu den Wertpapierpensionsgeschäften, Angaben zu Wertpapier- und Devisenkursen sowie zu Marktsegmenten und Terminbörsen (Marktschlüssel). Die Erl sind unter der Vermögensaufstellung anzufügen.

89 Für die Vermögensaufstellung sind die **Bewertungsregeln und -grundsätze** gem § 168 KAGB sowie des 3. Abschn (§§ 26–34/34a) der KARBV/ E-KARBV anzuwenden (§ 10 Abs 5 S 1 KARBV). Hierbei ist grds die Bewertung zugrunde zu legen, die für Zwecke der Anteilwertermittlung zum Stichtag maßgeblich war. Für die VG und Verbindlichkeiten im Jahresbericht sind die Verhältnisse zum Stichtag des Jahresberichts maßgebend (Stichtagsprinzip). Erkenntnisse nach dem Stichtag des Jahresberichts sind nicht in der Vermögensaufstellung zu berücksichtigen, sondern finden ihren Niederschlag in der dem Stichtag des Jahresberichts nachfolgenden Anteilwertermittlung im neuen Gj (§ 10 Abs 5 S 3 KARBV; ggf Angabe im Anhang, sofern von Bedeutung für das Verständnis des Jahresberichts iSd § 7 Nr 9 Buchst d KARBV). Hiervon zu unterscheiden sind jedoch fehlerhafte Bewertungen, die zu einem wesentlichen Fehler in der Anteilpreisberechnung geführt haben (zur Wesentlichkeit von Fehlern in der Anteilwertermittlung vgl *BaFin* VO-Begr zu § 31 KAPrüfbV).

90 § 10 Abs 6 S 1 KARBV stellt ausdrücklich klar, dass die *Bewertung der VG* in der Vermögensaufstellung *in vollem Umfang von bzw bei der KVG zu dokumentieren* ist. Dabei ist eine lückenlose Nachvollziehbarkeit zu gewährleisten. Wird die Bewertung allein von der KVG durchgeführt (zweite Alternative des § 212 KAGB), sieht das KAGB keine Mitwirkungspflicht der Verwahrstelle vor. Sofern die Anteilwerte gem § 212 KAGB durch die Verwahrstelle ermittelt werden oder ein externer Bewerter gem § 216 Abs 1 Nr 1 KAGB bestellt wurde, ist die Verwahrstelle bzw der externe Bewerter der KVG ggü verpflichtet, über Einzelheiten der Bewertung des SV Auskunft zu erteilen (§ 10 Abs 6 S 2 KARBV; **Auskunftspflicht**). Die *KVG* bleibt *auch bei Bestellung eines externen Bewerters für die ordnungsgemäße Bewertung* der VG in der Vermögensaufstellung *verantwortlich* (§ 216 Abs 7 S 1 KAGB).

d) Vermögensübersicht

93 § 9 Abs 1 KARBV sieht vor, dass der Vermögensaufstellung gem § 10 KARBV bzw § 101 Abs 1 S 3 Nr 1 KAGB als detaillierte Einzelaufstellung eine sog **Vermögensübersicht** voranzustellen ist, die einen verdichteten Überblick über die Zusammensetzung und Höhe des Vermögens gibt. Sie dient einer vereinfachten Überprüfung von Anlagezielen und der Anlagepolitik eines SV durch den Anleger. Die Vermögensübersicht ist damit eine über

II. Rechnungslegung und Prüfung von Sondervermögen

die Regelungen des KAGB hinausgehende Anforderung an die Rechnungslegung von SV und übernimmt die Funktion einer „Bilanz" des SV.

Grundsätzlich ist die Vermögensübersicht nach geeigneten Kriterien unter Berücksichtigung der Anlagepolitik des SV, bspw nach wirtschaftlichen oder geografischen Kriterien, und nach prozentualen Anteilen am Wert des SV zu gliedern (§ 9 Abs 1 S 2 KARBV). Da § 9 Abs 2 KARBV jedoch eine Gliederung vorgibt, bleibt unklar, ob und inwieweit unter Bezugnahme auf die Regelung des Abs 1 von der Gliederungsvorgabe des Abs 2 abgewichen werden kann. Die VOBegr zu § 9 KARBV stellt diesbezüglich klar, dass die in Abs 2 bzw 3 enthaltenen Gliederungspunkte in der Vermögensübersicht enthalten sein sollen; schließt aber andererseits nicht aus, dass weitere Ergänzungen vorgenommen werden können. Es handelt sich insoweit um eine Mindest- und keine Pflichtgliederung.

§ 9 Abs 2 S 1 KARBV enthält eine **Mindestgliederung** der Vermögensübersicht für (Wertpapier-)PublikumsSV. Diese unterscheidet die Posten „I. Vermögensgegenstände", „II. Verbindlichkeiten" und „III. Fondsvermögen". Die VG sind weiter zu untergliedern in Arten von VG (Abb 1). *Leerposten* können entfallen (§ 9 Abs 2 S 1 2. Hs KARBV). Die Mindestgliederung erfüllt damit auch die Anforderungen der OGAW-RL (Anl I Schema B.I). Anders als die in § 9 Abs 3 KARBV enthaltene Gliederung für ImmobilienSV (Abb 2) setzt die Gliederung in § 9 Abs 2 KARBV die Anforderungen des Art 104 Abs 1 AIFM-VO, der zB noch eine weitere Untergliederung der Verbindlichkeiten in zahlbare Beträge, Kredite und sonstige Verbindlichkeiten vorsieht, nicht vollumfänglich um. Eine praktische Relevanz entfaltet die Abweichung bei WertpapierSV idR jedoch nicht.

Für den Fall eines Investments in *Edelmetalle* (§ 221 Abs 1 Nr 4 KAGB) enthält die Vermögensübersicht keinen gesonderten Posten. In diesem Fall bietet sich eine Ergänzung unter Bezugnahme auf § 9 Abs 1 KARBV an.

I. Vermögensgegenstände
 1. Aktien
 2. Anleihen
 3. Forderungen aus Darlehen*
 4. Sonstige* Forderungen
 5. Derivate
 6. Kurzfristig liquidierbare Anlagen
 7. Bankguthaben
 8. Sonstige Vermögensgegenstände
II. Verbindlichkeiten
III. Fondsvermögen
  * Ergänzung gem § 9 Abs 2 E-KARBV.

Abb 1 Gliederung der Vermögensübersicht für WertpapierSV

Für SpezialSV sind ggf die Posten „Sachwerte" (als Ordnungsnummer I) und „Beteiligungen" (als Ordnungsnummer II) voranzustellen (§ 9 Abs 2 S 2 KARBV). Da für offene SpezialSV iSd § 284 KAGB keine Anlagen in Sachwerten mit Ausnahme von Immobilien zulässig sind, läuft die Regelung zT ins Leere.

96 SV mit Anlagen in Immobilien oder ImmobilienGes erweitern die Gliederung um immobilienspezifische Angaben (§ 9 Abs 3 KARBV):

A. Vermögensgegenstände
  I. Immobilien
     1. Mietwohngrundstücke
     2. Geschäftsgrundstücke
     3. Gemischtgenutzte Grundstücke
     4. Grundstücke im Zustand der Bebauung
     5. Unbebaute Grundstücke
  II. Beteiligungen an Immobilien-Gesellschaften
     1. Mehrheitsbeteiligungen
     2. Minderheitsbeteiligungen
  III. Liquiditätsanlagen
     1. Bankguthaben
     2. Wertpapiere
     3. Investmentanteile
  IV. Sonstige Vermögensgegenstände
     1. Forderungen aus Grundstücksbewirtschaftung
     2. Forderungen aus Darlehen★
     3. Sonstige★ Forderungen an Immobilien-Gesellschaften
     4. Sonstige★ Zinsansprüche
     5. Anschaffungsnebenkosten
        a) bei Immobilien
        b) bei Beteiligungen an Immobilien-Gesellschaften
     6. Andere
  Summe Vermögensgegenstände
B. Schulden
  I. Verbindlichkeiten aus
     1. Krediten
     2. Grundstückskäufen und Bauvorhaben
     3. Grundstücksbewirtschaftung
     4. anderen Gründen
  II. Rückstellungen
  Summe Schulden
C. Fondsvermögen

★ Ergänzung gem § 9 Abs 3 E-KARBV.

Abb 2 Gliederung der Vermögensübersicht für ImmobilienSV

97 Sofern VG in **Fremdwährung** im Bestand eines ImmobilienSV sind, sind diese in der Gliederung nach § 9 Abs 3 KARBV als Davon-Vermerk gesondert auszuweisen. Dies gilt gleichermaßen auch für Verbindlichkeiten und Rückstellungen in Fremdwährung. Keinen entsprechenden Davon-Ausweis

II. Rechnungslegung und Prüfung von Sondervermögen

enthält die Gliederung für WertpapierSV nach § 9 Abs 2 KARBV. Bei umfangreichen Beständen in Fremdwährung bietet sich eine analoge Ergänzung auch der Gliederung der Vermögensübersicht für WertpapierSV an.

Die Vermögensübersicht endet mit dem **Fondsvermögen** (Nettoinventarwert iSd Art 104 Abs 1 Buchst c AIFM-VO bzw Nettobestandswert iSd Anl I Schema B.I der OGAW-RL). **98**

e) Ertrags- und Aufwandsrechnung

Die Ertrags- und Aufwandsrechnung ist gem § 101 Abs 1 S 3 Nr 4 KAGB **100** so zu gestalten, dass aus ihr die Erträge aus den Vermögensanlagen sowie sonstige Erträge und die Aufwendungen für die Verwaltung des SV und für die Verwahrstelle, sonstige Aufwendungen und Gebühren und der Nettoertrag sowie Erhöhungen und Verminderungen des SV durch Veräußerungsgeschäfte ersichtlich sind. Das KAGB verlangt lediglich eine Mindestgliederung. Gem § 11 KARBV wird – anders als im Falle der Vermögensübersicht – ausweislich der VOBegr jedoch ein **verpflichtendes Gliederungsschema** vorgegeben (Abb 3 und Abb 4; keine Mindestgliederung; BaFin VOBegr zu § 11 KARBV). Die Gliederung erfüllt auch die Anforderungen des Art 103 Abs 2 AIFM-VO (und der Anl I Schema B.V OGAW-RL).

Eine *Erweiterung der Postengliederung*, die Einfügung von Davon-Vermerken oder eine Anpassung der Postenbezeichnung sind *grds nicht zulässig*. Erl zu den Posteninhalten können in die Erl zur Ertrags- und Aufwandsrechnung oder in den Anhang aufgenommen werden. Erl bspw in Form von Fußnoten sollten im Einzelfall zulässig sein, soweit eine solche Information nicht auch an anderer Stelle (zB im Tätigkeitsbericht, im Anhang oder in den Erl zur Ertrags- und Aufwandsrechnung) erfolgen kann und die Übersichtlichkeit der Ertrags- und Aufwandsrechnung dadurch nicht eingeschränkt wird. Leerposten können entfallen (§ 11 Abs 1 KARBV).

Im Einzelnen ist die Ertrags- und Aufwandsrechnung wie folgt zu gliedern **101** (Pflichtgliederung):

> I. Erträge
> 1. Dividenden inländischer Aussteller
> 2. Dividenden ausländischer Aussteller (vor Quellensteuer)
> 3. Zinsen aus inländischen Wertpapieren
> 4. Zinsen aus ausländischen Wertpapieren (vor Quellensteuer)
> 5. Zinsen aus Darlehen an inländische Darlehensnehmer*
> 6. Zinsen aus Darlehen an ausländische Darlehensnehmer (vor Quellensteuer)*
> 7. Zinsen aus Liquiditätsanlagen im Inland
> 8. Zinsen aus Liquiditätsanlagen im Ausland (vor Quellensteuer)
> 9. Erträge aus Investmentanteilen
> 10. Erträge aus Wertpapier-Darlehen und -Pensionsgeschäften
> 11. Abzug ausländischer Quellensteuer
> 12. Sonstige Erträge
> Summe der Erträge

II. Aufwendungen
1. Zinsen aus Kreditaufnahmen
2. Verwaltungsvergütung
3. Verwahrstellenvergütung
4. Prüfungs- und Veröffentlichungskosten
5. Sonstige Aufwendungen
Summe der Aufwendungen
III. Ordentlicher Nettoertrag
IV. Veräußerungsgeschäfte
1. Realisierte Gewinne
2. Realisierte Verluste
Ergebnis aus Veräußerungsgeschäften
V. Realisiertes Ergebnis des Geschäftsjahres
1. Nettoveränderung der nicht realisierten Gewinne
2. Nettoveränderung der nicht realisierten Verluste
VI. Nicht realisiertes Ergebnis des Geschäftsjahres
VII. Ergebnis des Geschäftsjahres
* Ergänzung gem § 11 Abs 1 E-KARBV.

Abb 3 Gliederung der Ertrags- und Aufwandsrechnung für SV mit Anlagen in FinInst

102 Bei **Immobiliensondervermögen** und offenen inländischen SpezialAIF mit Anlagen in entsprechenden VG ist die Ertrags- und Aufwandsrechnung unter den jeweiligen Posten um folgende Angaben zu ergänzen (§ 11 Abs 2 KARBV):

I. Erträge
...
13. Erträge aus Immobilien
14. Erträge aus Immobilien-Gesellschaften
15. Eigengeldverzinsung (Bauzinsen)
Summe der Erträge
II. Aufwendungen
1. Bewirtschaftungskosten
2. Erbbauzinsen, Leib- und Zeitrenten
3. Ausländische Steuern
...
Summe der Aufwendungen
III. Ordentlicher Nettoertrag
IV. Veräußerungsgeschäfte
1. Realisierte Gewinne
 a) aus Immobilien
 b) aus Beteiligungen an Immobilien-Gesellschaften
 c) aus Liquiditätsanlagen
 d) Sonstige
2. Realisierte Verluste
 a) aus Immobilien

II. Rechnungslegung und Prüfung von Sondervermögen

> b) aus Beteiligungen an Immobilien-Gesellschaften
> c) aus Liquiditätsanlagen
> d) Sonstige
> Ergebnis aus Veräußerungsgeschäften
> ...

Abb 4 Gliederung der Ertrags- und Aufwandsrechnung für SV mit Anlagen in Immobilien

Erträge sind die zugeflossenen Einnahmen oder die als Anspruch abgegrenzten laufenden Erträge aus den VG. Abgegrenzt werden idR Ansprüche aus laufenden Zinszahlungen sowie Dividendenansprüche (ab dem Ex-Tag). Erträge aus Investmentanteilen sind zu berücksichtigen, wenn eine Ausschüttung durch die verwaltende KVG beschlossen wurde bzw wenn die Zahlung erfolgt, weil der Anspruch auf die Ausschüttung nicht demjenigen zusteht, der die Anteile im Zeitpunkt der Beschlussfassung besaß, sondern demjenigen, dem sie am Auszahlungstag gehören. 103

Als **Aufwendungen** werden die abgeflossenen Beträge erfasst, mit denen das SV nach den Anlagebedingungen belastet werden darf. Die Verwaltungsvergütung für PublikumsSV wird periodengerecht abgegrenzt.

Die auf Ebene des SV anfallenden ausländischen Quellensteuern auf Zinserträge und Dividenden sind als Abzugsposten unter den Erträgen auszuweisen. Für ausländische *Steuern* auf Immobilientransaktionen hingegen enthält das Gliederungsschema einen gesonderten Posten unter den Aufwendungen. Für die inländischen Steuern *(Pauschalbesteuerung)* bietet es sich an, bis zu einer entsprechenden Ergänzung des Gliederungsschemas in § 11 KARBV, eine Aufteilung des bestehenden steuerlichen Unterpostens vorzunehmen. Nicht zu den Aufwendungen zählen jedoch für den Anleger *abzuführende Steuern* im Falle der Ausübung der *Transparenzoption*. Derartige Steuerabführungen werden ausschließlich in der Verwendungsrechnung berücksichtigt.

Die wesentlichen Beträge im Posten „**Sonstige Erträge**" (zB Quellensteuerrückvergütungen und HVPrämien) und im Posten „**Sonstige Aufwendungen**" (zB Verwahr- oder Depotgebühren, Kosten für Performancemessung) sind zu erläutern bzw gesondert aufzugliedern. Die Erl erfolgen hierbei nicht innerhalb der Ertrags- und Aufwandsrechnung, sondern entweder als „Erläuterung zur Ertrags- und Aufwandsrechnung" oder als gesonderter Abschnitt im Anhang. 104

Die **realisierten Ergebnisse** aus abgeschlossenen Veräußerungsgeschäften (einschl solcher aus Derivaten und Währungsgeschäften) werden als realisierte Gewinne bzw realisierte Verluste ausgewiesen (§ 11 Abs 3 S 1 2. Hs KARBV). Bei Wertpapieren ergeben sich die realisierten Gewinne bzw Verluste als Unterschiedsbetrag zwischen Veräußerungserlös und AK einschl Anschaffungsnebenkosten (Transaktionskosten) je Gattung. Die Ermittlung der AK erfolgt, indem aus den Einstandspreisen der entsprechenden Gattung bei jedem Zukauf ein neuer Durchschnitt berechnet wird (**Durchschnittsmethode**; § 11 Abs 5 S 1 KARBV). Realisierte Gewinne und Verluste bei Wertpapieren derselben Gattung werden verrechnet (§ 11 Abs 5 S 2 KARBV; die E-KARBV sieht die Streichung dieser Regelung vor). 105

106 Die Ergebnisermittlung bei Immobilien oder Bet an ImmobilienGes kennt dagegen keine Durchschnittsmethode. Die Ermittlung der realisierten Ergebnisse aus Verkäufen erfolgt nach dem **Grundsatz der Einzelzuordnung** (§ 11 Abs 6 KARBV).

107 Bei Optionen werden bei Ausübung von Optionsrechten erhaltene bzw gezahlte Prämien nicht als Anschaffungsnebenkosten bzw Veräußerungsmehr- oder -mindererlös der zugrunde liegenden Gattung behandelt, sondern isoliert betrachtet und unmittelbar als Gewinne bzw Verluste aus der Option vereinnahmt. Bei Geschäften mit Finanzterminkontrakten ergeben sich die realisierten Gewinne und Verluste aus der Differenz zwischen dem Kurs am Tag des Abschlusses und dem Abrechnungspreis bei Schließung oder Verfall des Kontraktes.

108 Da es nur einen Gesamtposten für alle Veräußerungsergebnisse gibt, schreibt § 11 Abs 3 S 2 KARBV vor, dass die wesentlichen **Quellen des Veräußerungsergebnisses** (einschl solcher aus Derivaten und Währungsgeschäften) im Tätigkeitsbericht zu erläutern sind (*BaFin* VOBegr zu § 11 KARBV). Weitere Angaben insb zum Umfang der Desaggregation enthält die KARBV nicht. Eine Angabe auf Einzeltransaktionsbasis – insb im Falle der WertpapierSV – wird hierdurch nicht gefordert.

109 Die **Nettoveränderung** der nicht realisierten Gewinne oder Verluste ergibt sich aus dem Unterschiedsbetrag zwischen den AK und den Tageswerten der VG am aktuellen und vorangegangenen Jahresberichtsstichtag. Die Unterschiedsbeträge sind getrennt für die im Bestand befindlichen Wertpapiere, Geldmarktpapiere, Schuldscheindarlehen, Währungsguthaben und ge- bzw verkauften Optionsrechte sowie für die vorläufigen (noch nicht realisierten) Ergebnisse aus offenen Posten abgeschlossener Finanzterminkontrakte, Devisenterminkontrakte sowie Swapgeschäfte zu ermitteln. Die Ermittlung erfolgt in analoger Weise wie die Ermittlung der realisierten Gewinne und Verluste (zB bei Wertpapieren unter Anwendung der Durchschnittsmethode).

110 Die nicht realisierten Gewinne oder Verluste ergeben sich bei den Immobilien und den Bet an ImmobilienGes aus Wertfortschreibung und Veränderung der Buchwerte im Gj. Erfasst werden Verkehrswertänderungen aufgrund von Neubewertungen sowie von allen sonstigen Änderungen im Buchwert der Immobilien bzw Bet. Soweit zB anlässlich der zukünftigen Veräußerung von ausländischen Immobilien und Bet **Rückstellungen für** sog **Capital Gain Tax** (§ 30 Abs 2 Nr 2 KARBV) gebildet wurden, mindert sich der nicht realisierte Gewinn entsprechend (Anm 235).

111 Das Vorgehen bei der Durchführung eines **Ertragsausgleichverfahrens** bei insb offenen PublikumsSV gem § 162 Abs 2 Nr 6 KAGB ist in § 11 Abs 4 KARBV geregelt (Anm 163 ff). Die Ertragsausgleichsbeträge sind zusammen mit den Beträgen, auf die diese entfallen, auszuweisen. Ein gesonderter Ausweis eines Postens „Ertragsausgleich" ist in der Gliederung des § 11 KARBV grds nicht vorgesehen, auch wenn in der Bilanzierungspraxis bei ImmobilienSV zT ein gesonderter Ausweis vorgenommen wird.

112 Besonderheiten der Ertrags- und Aufwandsrechnung sind in den **„Erläuterungen zur Ertrags- und Aufwandsrechnung"** oder in entspr Fußnoten sowie im Anhang darzustellen.

f) Verwendungsrechnung

Im Jahresbericht eines SV ist über die von der KVG beschlossene Verwendung der Erträge des SV zu berichten (§ 101 Abs 1 S 3 Nr 5 KAGB). Den näheren Inhalt der Verwendungsrechnung bestimmt § 12 KARBV. Es handelt sich dabei um einen **gesonderten Bestandteil des Jahresberichts** und nicht lediglich um eine Fortsetzung der Ertrags- und Aufwandsrechnung. Die Verwendungsrechnung ist insgesamt und je Anteil darzustellen (§ 12 Abs 1 S 1 KARBV).

In der Praxis werden dabei *ausschüttende und thesaurierende SV* unterschieden:
- Ausschüttende SV: Das SV schüttet grds am Ende des Gj aus. Die Höhe und der Zeitpunkt werden jedoch durch den Ausschüttungsbeschluss der KVG bestimmt (grds ausschüttende Fonds). Grundsätzlich ausschüttende SV können – müssen aber nicht – sämtliche Erträge am Ende des Gj ausschütten. Es besteht vielmehr auch die Möglichkeit, die Erträge auf neue Rechnung vorzutragen (ausschüttungsfähig in Folgejahren) oder auf Beschluss der KVG einer Wiederanlage (in Folgejahren nicht mehr ausschüttungsfähig) zuzuführen (Anm 120). In Ausnahmefällen sind auch sog verpflichtend ausschüttende SV in der Praxis zu finden.
- Thesaurierende SV: Die im SV erwirtschafteten ordentlichen Nettoerträge sowie die realisierten Ergebnisse des Gj werden vollständig im SV belassen; eine Ausschüttung erfolgt nicht.

§ 12 KARBV gibt eine **verbindliche Gliederung** der Verwendungsrechnung für SV vor. Die Verwendungsrechnung wird bei ausschüttenden SV auch als „Berechnung der Ausschüttung" (Abb 5, Abb 8) und bei thesaurierenden SV als „Berechnung der Wiederanlage" (Abb 6, Abb 7) bezeichnet.

Im Einzelnen ist die Verwendung der Erträge des SV im Falle eines ausschüttenden SV **(Berechnung der Ausschüttung)** wie folgt darzustellen:

I. Für die Ausschüttung verfügbar
1. Vortrag aus dem Vorjahr
2. Realisiertes Ergebnis des Geschäftsjahres
3. Zuführung aus dem Sondervermögen
II. Nicht für die Ausschüttung verwendet
1. Der Wiederanlage zugeführt
2. Vortrag auf neue Rechnung
III. Gesamtausschüttung
1. Zwischenausschüttung
a) Barausschüttung
b) Einbehaltene Kapitalertragsteuer*
c) Einbehaltener Solidaritätszuschlag*
2. Endausschüttung
a) Barausschüttung
b) Einbehaltene Kapitalertragsteuer*
c) Einbehaltener Solidaritätszuschlag*

* Nur relevant für SpezialSV mit Ausübung der Transparenzoption.

Abb 5 Gliederung der Verwendungsrechnung für ausschüttende WertpapierSV

119 Die Anlagebedingungen regeln, ob und in welchem Umfang Erträge des SV auszuschütten oder wieder anzulegen sind, ob auf Erträge entfallende Teile des Ausgabepreises für ausgegebene Anteile zur Ausschüttung herangezogen werden können (Ertragsausgleichsverfahren) und ob die Ausschüttung realisierter Veräußerungsgewinne (ggf unter Inkaufnahme von Zuführungen aus dem SV) vorgesehen ist (PublikumsSV: § 162 Abs 2 Nr 6 KAGB; SpezialSV: § 273 Nr 1 KAGB).

120 Die Entscheidung über die Ergebnisverwendung obliegt bei (grds) ausschüttenden SV der KVG. Aufgrund deren Beschluss erfolgt die **Ausschüttung an die Anteilscheininhaber,** die Zuführung von Beträgen zur Wiederanlage bzw die Einbeziehung in den Vortrag. Wieder angelegte Erträge stehen im Gegensatz zum Vortrag nicht mehr für künftige Ausschüttungen zur Verfügung, sondern werden untrennbarer Bestandteil des Fondskapitals. Neben der im Rahmen der Ergebnisverwendung erfolgenden Endausschüttung können die Anlagebedingungen auch vorsehen, dass während des Gj Ausschüttungen aus den bis dahin erwirtschafteten Erträgen möglich sind (Zwischenausschüttung).

121 Für den Fall, dass bei Veräußerungsgeschäften mehr als das realisierte Ergebnis ausgeschüttet wird, erfolgt ein gesonderter Ausweis unter dem Posten **„Zuführung aus dem Sondervermögen".** Damit wird die Zusammensetzung der Ausschüttung insoweit transparent gemacht, als ersichtlich wird, welcher Betrag nicht aus dem ordentlichen Nettoertrag bzw dem positiven realisierten Ergebnis des Gj stammt. Es kommt dann zu einer *Substanzausschüttung,* die beim Anleger als Kapitalrückzahlung zu behandeln ist. Kommt es zu einem solchen Ausweis, ist dieser Posten gesondert zu erläutern (§ 12 Abs 4 KARBV).

Eine Legaldefinition des Substanzbegriffs enthält das KAGB nicht (*Hammer* Steuerrecht, 82 ff). Der Begriff der Zuführung aus dem SV wurde durch die KARBV in die Rechnungslegung der SV eingeführt. Hintergrund war, dass in der Vergangenheit nur die realisierten Gewinne aus Veräußerungsgeschäften in die Berechnung der Ausschüttung einflossen und insofern die realisierten Veräußerungsverluste unmittelbar mit dem Fondskapital verrechnet wurden. Der Betrag der zur Ausschüttung verfügbaren Beträge wurde insofern durch die realisierten Veräußerungsverluste nicht gemindert. In der Verwendungsrechnung nach § 12 KARBV wird nunmehr das realisierte Ergebnis des Gj insgesamt (nach Abzug der realisierten Verluste aus Veräußerungsgeschäften) in die Berechnung der Ausschüttung einbezogen. Damit weiterhin die realisierten Gewinne vollständig zur Ausschüttung herangezogen werden können (sofern in den Vertragsbedingungen so vorgesehen), ist die Zuführung aus dem SV iHd realisierten Verluste erforderlich (*BaFin* VOBegr zu § 12 KARBV). In der Praxis werden hierzu sog *Schattenkonten zur Ermittlung der potentiell verfügbaren Zuführungsbeträge* (Summe der realisierten Veräußerungsgewinne der Vergangenheit, denen entsprechende realisierte Veräußerungsverluste gegenüberstanden) geführt.

Während für PublikumsSV die Regelungen des § 162 Abs 2 Nr 6 KAGB die Ausschüttung dahingehend begrenzen, dass über die explizit genannten Bestandteile (ordentlichen Nettoerträge, realisierte Veräußerungsgewinne) hinaus keine weiteren Beträge (freie Liquidität) zur Ausschüttung herangezo-

II. Rechnungslegung und Prüfung von Sondervermögen

gen werden können, stellt sich die Frage, ob dies bei SpezialSV auch der Fall sein muss. In der Regel sehen die Allgemeinen und Besonderen Anlagebedingungen vor, dass die ordentlichen Nettoerträge sowie die realisierten Gewinne zur Ausschüttung herangezogen werden können. Damit wäre die Zuführung aus der Substanz auf die im Gj und in Vorjahren realisierten Verluste begrenzt (*BaFin* VOBegr zu § 12 Abs 3 KARBV). Darüber hinausgehende Beträge könnten nicht aus der Substanz zugeführt werden. Bei SpezialSV sollte jedoch – bei entsprechender Regelung in den Allgemeinen und Besonderen Anlagebedingungen – auch eine darüber hinausgehende Ausschüttung grds möglich sein (zu den Besonderheiten bei ImmobilienSV: Anm 124).

§ 12 Abs 4 E-KARBV bestimmt, dass die Zuführung nur in der Höhe erfolgen darf, wie dies zur Finanzierung der Ausschüttung notwendig ist. Hintergrund der Klarstellung ist, dass für den Fall, dass in einem Jahr über den erforderlichen Betrag hinausgehende Beträge dem ausschüttungsfähigen Volumen zugeführt werden, diese Beträge in den Vortrag auf neue Rechnung einbezogen werden und im Folgejahr ggf nicht mehr erkennbar ist, dass es sich bei dem dann ausgeschütteten Betrag um Ausschüttungen aus der Substanz handelt. Aufgrund der Bedeutung der Mittelherkunft für die bilanzielle Erfassung der Ausschüttung auf Ebene des Anlegers sowie zum Verständnis der Entwicklung des SV ist aber auch im Fall der über die erforderlichen Beträge hinausgehenden Zuführung im Vj eine entsprechende „Erläuterung zur Verwendungsrechnung" im Jahr der Ausschüttung erforderlich (§ 3 Abs 1 KARBV).

122 Bei **thesaurierenden Sondervermögen** werden der ordentliche Nettoertrag und die realisierten Ergebnisse unter Abzug der Steuern wieder angelegt. Soweit die Anlagebedingungen eine zwingende Thesaurierung vorsehen, ist ein Vortrag auf neue Rechnung ausgeschlossen (vollständige Ergebnisverwendung). Eine Ausschüttung der wiederangelegten Beträge ist ebenso ausgeschlossen.

123 Im Einzelnen ist die Verwendung der Erträge im Falle eines wiederanlegenden SV (**Berechnung der Wiederanlage**) wie folgt darzustellen:

I. Für die Wiederanlage verfügbar
1. Realisiertes Ergebnis des Geschäftsjahres
2. Zuführung aus dem Sondervermögen★
3. Zur Verfügung gestellter Steuerabzugsbetrag★

II. Wiederanlage

★ Für Gj, die nach dem 31.12.2017 beginnen, entfallen die Posten, sofern nicht die Transparenzoption ausgeübt wird.

Abb 6 Gliederung Verwendungsrechnung für thesaurierende SV

Für ein SpezialSV könnte sich unter Berücksichtigung der sog Transparenzoption die folgende Gliederung ergeben:

I. Für die Wiederanlage verfügbar
1. Realisiertes Ergebnis des Geschäftsjahres
2. Zuführung aus dem Sondervermögen
3. Einbehaltene Kapitalertragsteuer*
4. Einbehaltener Solidaritätszuschlag*
II. Wiederanlage
* Ergänzung gem § 12 Abs 2 E-KARBV.

Abb 7 Gliederung Verwendungsrechnung für thesaurierende SV mit Transparenzoption

124 Bei SV mit Anlagen in Immobilien oder ImmobilienGes ergeben sich im Hinblick auf die Berechnung der Ausschüttung zwei Besonderheiten: Einbehalt nach § 252 Abs 1 KAGB und Mindestausschüttung nach § 252 Abs 2 KAGB.

Die Anlagebedingungen eines PublikumsSV müssen vorsehen, dass Erträge, die für künftige Instandsetzungen von VG des SV erforderlich sind, nicht ausgeschüttet werden dürfen **(Einbehalt nach § 252 Abs 1 KAGB)**. Die Anlagebedingungen eines SpezialSV können, müssen aber keine entsprechende Regelung zum Einbehalt enthalten (nach § 284 KAGB abbedingbar). Zu den Einbehalten iSd § 252 KAGB, die den für die Ausschüttung verfügbaren Betrag mindern (Anm 121), zählen

– Erträge insoweit, als sie für künftige Instandsetzungen von VG des SV erforderlich sind (§ 252 Abs 1 KAGB);

– Erträge zum Ausgleich von Wertminderungen der VG des SV (§ 252 Abs 3 KAGB).

Die Verwendungsrechnung ist in diesem Fall um einen Posten *„Einbehalt gemäß § 252 des Kapitalanlagegesetzbuches"* zu ergänzen (§ 12 Abs 3 KARBV):

I. Für die Ausschüttung verfügbar
...
II. Einbehalt gemäß § 252 des Kapitalanlagegesetzbuches*
III. Nicht für die Ausschüttung verwendet
1. Der Wiederanlage zugeführt
2. Vortrag auf neue Rechnung
IV. Gesamtausschüttung
...
* Nach § 12 Abs 3 E-KARBV neue Postengliederung I.4.

Abb 8 Gliederung der Verwendungsrechnung bei Anlagen in Immobilien

125 Gem § 252 Abs 2 KAGB müssen mind 50% der Erträge des SV ausgeschüttet werden, sofern sie nicht für künftige erforderliche Instandsetzungen einzubehalten sind. Realisierte Gewinne aus Veräußerungsgeschäften werden nicht in die *Berechnung der 50%* **Mindestausschüttung** einbezogen (*Finanzausschuss* zum AnsFuG-Entwurf, zu Art 3, Nr 4: § 78 Abs 1 InvG). Zum wirtschaftlichen Hintergrund der Regelung zur Mindestausschüttung vgl *Reiss* in Baur/Tappen, Investmentgesetze[3], § 252, Rn 8.

II. Rechnungslegung und Prüfung von Sondervermögen

g) Entwicklungsrechnung

Der Jahresbericht muss gem § 101 Abs 1 S 3 Nr 4 S 3 KAGB eine **Übersicht über die Entwicklung des Fondsvermögens** enthalten (Entwicklungsrechnung), die – ausgehend vom Stand des Fondsvermögens zu Beginn des Gj – auf das Fondsvermögen am Ende des Gj überleitet. Die Entwicklungsrechnung zeigt die einzelnen Einflussfaktoren für die Wertentwicklung des SV in der Berichtsperiode.

§ 13 Abs 1 KARBV gibt eine **verbindliche** Form der **Gliederung** vor, die für ImmobilienSV und offene inländische SpezialAIF mit Anlagen in Immobilien oder ImmobilienGes hinsichtlich der Abschreibung auf Anschaffungsnebenkosten zu ergänzen ist (§ 13 Abs 2 KARBV; Abb 9). Leerposten können jeweils entfallen. Eine Erweiterung der Postengliederung oder eine Anpassung der Postenbezeichnung sind grds nicht zulässig. Im Einzelnen ist die Entwicklung des SV wie folgt darzustellen:

I. Wert des Sondervermögens am Beginn des Geschäftsjahres
1. Ausschüttung für das Vorjahr [oder: Steuerabschlag für das Vorjahr]
2. Zwischenausschüttungen
3. Mittelzufluss (netto)
   a) Mittelzuflüsse aus Anteilschein-Verkäufen
   b) Mittelabflüsse aus Anteilschein-Rücknahmen*
4. Ertragsausgleich oder Aufwandsausgleich
4a. Abschreibung Anschaffungsnebenkosten**
5. Ergebnis des Geschäftsjahres
   davon nicht realisierte Gewinne
   davon nicht realisierte Verluste

II. Wert des Sondervermögens am Ende des Geschäftsjahres

* Abzüglich ggf im SV verbleibende Rücknahmeabschläge (§ 13 Abs 3 KARBV).
** Für SV mit Anlagen in Immobilien.
[…] Nur einschlägig bei SpezialSV mit Ausübung der Transparenzoption.

Abb 9 Gliederung der Entwicklungsrechnung

Im Fall der Auflösung eines SV ist die Gliederung um den Posten „*2a. Ausschüttung [oder: Steuerabschlag] für den Berichtszeitraum*" zu ergänzen (§ 13 Abs 1 S 2 E-KARBV).

Die **Ausschüttung für das Vorjahr** enthält die für das vorangegangene Gj erfolgte Ausschüttung. Als Steuerabschlag für das Vorjahr werden die Steuereinbehalte bei Ausübung der Transparenzoption (nur für SpezialSV relevant) ausgewiesen. Hat eine **Zwischenausschüttung** im laufenden Gj stattgefunden, so ist diese unter dem Posten Zwischenausschüttung auszuweisen. Zum **Ertragsausgleich** siehe Anm 163 ff.

Anders als bei der InvGes (Anm 593) wird die **Abschreibung der Anschaffungsnebenkosten** (Anm 232) nicht im nicht realisierten Ergebnis innerhalb der Ertrags- und Aufwandsrechnung berücksichtigt, sondern lediglich gesondert in der Entwicklungsrechnung erfasst. Die Verrechnung der

U 129–137 Rechnungslegung und Prüfung von Investmentvermögen

Abschreibung der Anschaffungsnebenkosten erfolgt damit unmittelbar mit dem Fondskapital. Sie mindern bei Abgang des VG insofern auch nicht das Veräußerungsergebnis.

129 Das **Ergebnis des Geschäftsjahres** sowie der Davon-Ausweis der nicht realisierten Gewinne und Verluste ergibt sich aus der Ertrags- und Aufwandsrechnung (Anm 100 ff).

h) Vergleichende Übersicht über die letzten drei Geschäftsjahre

131 Der Jahresbericht für PublikumsSV ist um eine **vergleichende Übersicht über die letzten drei Geschäftsjahre** zu ergänzen (§ 101 Abs 1 S 3 Nr 6 KAGB). Aus dieser Übersicht müssen der jeweilige Wert des SV und der Wert eines Anteils zum Ende der einbezogenen Gj hervorgehen. Dies wird von der BaFin so ausgelegt, dass zusätzlich zu den Angaben des Zeitraums, über den der Jahresbericht erstellt worden ist, noch drei weitere zurückliegende Gj mit aufzunehmen sind. Mithin umfasst die vergleichende Dreijahresübersicht **insgesamt vier Stichtage**. Bei jüngeren SV sind die Werte für die Zeit seit Auflegung anzugeben (§ 14 S 1 KARBV).

132 Bei mehreren Anteilklassen (Anm 157 ff) ist die *Angabe mind für die Anteilklasse mit der höchsten Gesamtkostenquote* darzustellen (§ 14 S 2 KARBV).

i) Während des Berichtszeitraums abgeschlossene Geschäfte, soweit sie nicht mehr in der Vermögensaufstellung erscheinen

134 Um den Adressaten des Jahresberichts einen vollständigen Überblick über alle Umsätze des Gj zu geben, sind alle während des Berichtszeitraums abgeschlossenen Geschäfte, die FinInst zum Gegenstand haben, für die in der Vermögensaufstellung kein Bestand mehr ausgewiesen wird, sowie Pensionsgeschäfte und Wertpapierdarlehen unter Angabe der Volumina aufzuführen (§ 101 Abs 1 S 3 Nr 2 KAGB). Die Angabe hat auch die ISIN oder Wertpapierkennnummer zu enthalten (§ 7 Nr 8 KARBV).

Die für SpezialSV nach § 283 KAGB (Hedgefonds) *getätigten Leerverkäufe in Wertpapieren* sind unter Nennung von Art, Nennbetrag oder Zahl, Zeitpunkt der Verkäufe und der erzielten Erlöse anzugeben (§ 101 Abs 1 Nr 2 S 2 KAGB).

135 *Für Immobilien* sind *in einer Anlage zur Vermögensaufstellung* (konkret des Immobilienverzeichnisses) die im Berichtszeitraum getätigten Käufe und Verkäufe von Immobilien und Bet an ImmobilienGes anzugeben (§ 247 Abs 1 S 2 KAGB).

j) Sonstige Angabepflichten

137 Gem § 101 Abs 1 S 3 Nr 3 KAGB ist die **Anzahl der umlaufenden Anteile** am Ende des Berichtsjahrs sowie der **Wert des Anteils** anzugeben (§ 16 Abs 1 Nr 1 KARBV). Die Angabe wird idR nicht im Anhang, sondern unter der Vermögensaufstellung bzw im sog Dreijahresvergleich enthalten sein.

Eine Angabe des modifizierten Nettoinventarwerts (Anm 177) im Jahresbericht ist derzeit nicht vorgesehen; anzugeben ist lediglich, dass von der

II. Rechnungslegung und Prüfung von Sondervermögen 138–140 U

Möglichkeit des *Swing Pricing* Gebrauch gemacht wurde (für Spezial-AIF: § 101 Abs 3 Nr 3 KAGB iVm § 307 Abs 1 Nr 21 KAGB, für Publikums-AIF: als wesentliche Änderung der Anlegerinformationen). *Swing Pricing* ist zulässig für OGAW (§ 71 Abs 2 und 3 KAGB) und offene (Wertpapier-)Publikums-AIF (§ 162 Abs 2 Nr 15 KAGB) sowie offene (Wertpapier-)Spezial-AIF (§ 279 Abs 4 KAGB), nicht aber bei ImmobilienSV zulässig (§ 255 Abs 5 KAGB).

Sonstige Angabepflichten ergeben sich aus § 101 Abs 1 S 3 Nr 7, Abs 2 **138** bis 4 KAGB, aus § 7 Nr 9 und § 16 KARBV sowie aus Art 107 AIFM-VO. Darüber hinaus ergeben sich weitere Angabepflichten aus der Derivateverordnung (DerivateV) sowie ggf. aus weiteren europäischen Verordnungen (Art 13 Abs 2 TransparenzVO). Auch das Thema **Nachhaltigkeit** wird in Zukunft zu weiteren Angabepflichten im Jahresbericht führen (*ESMA* 34-45-688; *ESMA* 35-43-1737 TransparenzVO). Die sonstigen Angabepflichten sind idR in den Anhang aufzunehmen (§ 7 Nr 9 KARBV).

An dieser Stelle sei auch noch einmal klarstellend darauf hingewiesen, dass **Verweisungen auf den Inhalt früherer Jahresberichte** oder auf eine Webseite nicht zulässig sind (§ 3 Abs 3 KARBV; *IDW* IVFA FAQ, A.6.2).

Die bei der **Bewertung** von VG angewendeten Verfahren gem §§ 26 ff **139** KARBV sind anzugeben (§ 16 Abs 1 Nr 2 KARBV). Diese Angaben haben sich auf den Jahresbericht und das betr Gj bzw die aktuellen Gegebenheiten des SV zu beziehen. *Die Anleger sollen über die wesentlichen für die Bewertung von VG angewendeten Verfahren informiert werden,* insb über die Bewertungsverfahren, die bei VG angewendet wurden, für die keine handelbaren Kurse vorliegen (*BaFin* VOBegr zu § 16 Abs 1 KARBV). In diesem Zusammenhang sind insb Angaben über die verwendeten Bewertungsmodelle sowie die verwendeten Bewertungsparameter zu machen (Anm 224 ff). Ferner sind auch Angaben zu Schätzunsicherheiten zu machen. Wurde das Bewertungsverfahren während der Covid-19-Pandemie umgestellt oder ergaben sich Änderungen im Hinblick auf die Schätzunsicherheiten (*IDW* IFA sfH: Unsicherheiten bei der Bewertung), war dies ebenfalls im Anhang anzugeben.

Beim Einsatz von **Wertpapierdarlehen und -Pensionsgeschäften** muss **140** der Jahresbericht gem § 37 Abs 2 DerivateV die nachfolgenden Angaben enthalten:
– das Exposure, das durch Wertpapierdarlehen und -Pensionsgeschäfte erzielt wird,
– die Vertragspartner der Wertpapierdarlehen und -Pensionsgeschäfte,
– die Art und Höhe der entgegengenommenen Sicherheiten,
– die Erträge, die sich aus den Wertpapierdarlehen und -Pensionsgeschäften für den gesamten Berichtszeitraum ergeben, einschl der angefallenen direkten und indirekten Kosten und Gebühren.

Darüber hinaus sind die im Anhang zur SFTR aufgeführten Angaben in den Jahresbericht aufzunehmen (§ 101 Abs 1 Nr 7 KAGB). Die Angaben umfassen neben allg Angaben zu den verliehenen/verpensionierten Wertpapieren (oder zu abgeschlossenen Total-Return-Swaps) auch Angaben zur Konzentration im Hinblick auf die Emittenten von Sicherheiten und Gegenparteien und Angaben zur Verwahrung und Weiterverwendung von Sicherheiten. Ferner sind auch aggregierte Transaktionsdaten anzugeben. Für AIF ergeben sich die Angabepflichten aus Abschn A, für OGAW aus Abschn B des Anhangs zur SFTR.

141 Beim Einsatz von **Derivaten** muss der Jahresbericht eines SV, neben den Angaben der SFTR (Anm 140), gem § 37 Abs 1 DerivateV Angaben zum Exposure, das durch Derivate erzielt wird, zu den Vertragspartnern der derivativen Geschäfte sowie zur Art und Höhe der entgegengenommenen Sicherheiten enthalten.

Darüber hinaus ist im Jahresbericht die zur Ermittlung der Grenzauslastung nach § 5 DerivateV (Auslastung der nach § 197 Abs 2 KAGB festgesetzten Marktrisikogrenze für den Einsatz von Derivaten) angewendete Methode darzustellen. Bei Nutzung des *qualifizierten Ansatzes* für das SV sind gem § 37 Abs 4 DerivateV mind der kleinste, der größte und der durchschnittliche potenzielle Risikobetrag anzugeben. Die Darstellung zum qualifizierten Ansatz muss auch *Angaben zum Risikomodell* nach § 10 DerivateV, dh Modellierungsverfahren (zB historische Simulation, Varianz-Kovarianz-Analyse oder Monte-Carlo-Simulation) *und zu den Parametern* nach § 11 DerivateV enthalten (*BaFin* Erl DerivateV zu § 37 DerivateV). § 37 Abs 5 DerivateV sieht darüber hinaus die Angabe der Zusammensetzung des Vergleichsvermögens nach § 9 DerivateV vor, sofern die Grenzauslastung nach § 7 Abs 1 DerivateV ermittelt wird (potenzieller Risikobetrag).

142 Im Jahresbericht eines OGAW ist auch der im Gj genutzte Umfang des **Leverage** anzugeben (§ 37 Abs 4 S 4 DerivateV). Es sollte hierbei ein Durchschnittswert innerhalb des Berichtsjahrs angegeben werden, der auf Basis einer mind zweimal im Monat erfolgten Bewertung/Berechnung ermittelt wird (*BaFin* Erl DerivateV zu § 37 DerivateV).

Für jeden Leverage (iSd § 1 Abs 19 Nr 25 KAGB) einsetzenden AIF müssen den Anlegern gem § 300 Abs 2 KAGB regelmäßig folgende Informationen zum Leverage offengelegt werden (für den SpezialAIF gem § 101 Abs 3 Nr 3 iVm § 308 Abs 4 KAGB verpflichtend im Anhang des Jahresberichts; für PublikumsAIF gem. Art 23 Abs 5 AIFM-RL zusätzliche Angabe im Tätigkeitsbericht bei wesentlichen Änderungen):

– alle Änderungen des maximalen Umfangs, den die KVG für Rechnung des AIF als Leverage einsetzen kann, sowie etwaige Rechte zur Wiederverwendung von Sicherheiten oder sonstige Garantien, die im Rahmen von Leverage-Geschäften gewährt wurden, und

– die Gesamthöhe des Leverage des betreffenden AIF (ermittelt nach der Brutto- und der Commitment-Methode).

143 Des Weiteren haben für PublikumsSV **Angaben zur Transparenz und zur Gesamtkostenquote** im Hinblick auf folgende Kriterien zu erfolgen (§ 101 Abs 2 KAGB, § 16 Abs 1 Nr 3 KARBV). Anzugeben sind

– eine als Prozentsatz auszuweisende *Gesamtkostenquote*, wobei die Gesamtkostenquote gem § 166 Abs 5 S 1 KAGB das Verhältnis aller bei der Verwaltung zulasten eines SV angefallenen Kosten mit Ausnahme der Nebenkosten des Erwerbs und der Kosten der Veräußerung von VG (Transaktionskosten) zu dem durchschnittlichen Nettoinventarwert des SV innerhalb des vorangegangenen Gj darstellt (§ 101 Abs 2 Nr 1 1. Hs KAGB);

– der Betrag einer *erfolgsabhängigen* oder einer zusätzlichen Verwaltungsvergütung (für den Erwerb, die Veräußerung oder die Verwaltung von VG),

II. Rechnungslegung und Prüfung von Sondervermögen   **144–146** U

jeweils als Prozentsatz des durchschnittlichen Nettoinventarwerts des PublikumsSV (§ 101 Abs 2 Nr 1 2. Hs KAGB, § 16 Abs 1 Nr 3 Buchst a KARBV);
– bei Vereinbarung von *Pauschalgebühren* (sog All-in-Fees) die Beträge, die an die KVG, die Verwahrstelle und an Dritte geleistet wurden (§ 101 Abs 2 Nr 2 KAGB; § 16 Abs 1 Nr 3 Buchst b KARBV), sowie die Sachverhalte, für die Kosten gesondert in Rechnung gestellt werden;
– Erl zu *Rückvergütungen* an die KVG aus einer durch das SV an die Verwahrstelle oder an Dritte geleisteten Vergütung bzw einer entsprechenden Aufwanderstattung sowie zu Vergütungen an Vermittler für vermittelte Anteile, die aus an die KVG geleisteten Vergütungen gezahlt werden, zB Bestandspflegeprovisionen (§ 101 Abs 2 Nr 3 KAGB; § 16 Abs 1 Nr 3 Buchst c KARBV);
– der Betrag der *Ausgabeaufschläge und Rücknahmeabschläge*, die dem SV im Berichtszeitraum für den Erwerb und die Rücknahme von Anteilen iSd §§ 196 und 230 KAGB berechnet worden sind (§ 101 Abs 2 Nr 4 1. Hs KAGB iVm § 162 Abs 2 Nr 14 KAGB; § 16 Abs 1 Nr 3 Buchst d KARBV);
– die *Vergütung*, die dem SV von der KVG selbst, einer anderen KVG oder einer Ges, mit der die KVG durch eine wesentliche unmittelbare oder mittelbare Bet verbunden ist, oder einer EU-VerwaltungsGes oder ausländischen AIF-VerwaltungsGes als Verwaltungsvergütung *für die im SV gehaltenen Investmentanteile* berechnet wurde (§ 101 Abs 2 Nr 4 2. Hs KAGB; § 16 Abs 1 Nr 3 Buchst d KARBV);
– Angabe der *Transaktionskosten* (§ 16 Abs 1 Nr 3 Buchst f KARBV).

§ 16 Abs 1 Nr 3 KARBV enthält zusätzlich zu den in § 101 KAGB **144** genannten Angaben, weitere Angabepflichten. So sind die wesentlichen **sonstigen Erträge** und **sonstigen Aufwendungen** nachvollziehbar aufzuschlüsseln und zu erläutern (§ 16 Abs 1 Nr 3 Buchst e KARBV). Diese Angabepflicht gilt – im Gegensatz zu den vorgenannten Angaben des § 16 KARBV – für alle SV (Publikums- oder SpezialSV).

Ferner sind (bei PublikumsSV) die Angaben nach § 134c Abs 4 des AktG **(Angaben zur Anlagestrategie)** oder ein Verweis auf die Internetseite, auf der diese Angaben veröffentlicht sind, aufzunehmen (ARUG II). Zum Erstanwendungszeitpunkt vgl *IDW* IVFA sfH 2020/38.

Darüber hinaus sind bei Investitionen in **unverbriefte Darlehensfor-** **145** **derungen,** hierzu zählen ua auch Schuldscheindarlehen, von einem AIF unabhängig davon, ob es sich um ein PublikumsSV oder SpezialSV handelt, zusätzlich die Angaben nach § 25 Abs 5 Nr 11 E-KARBV in den Anhang aufzunehmen (§ 7 Nr 9 Buchst c Doppelbuchst cc E-KARBV). Hiernach ist der Gesamtbetrag der gewährten und erworbenen Darlehen jeweils insgesamt anzugeben. Darüber hinaus ist der Betrag auch nach verschiedenen Kriterien aufzugliedern (Nominalwert, Branche, geografische Verteilung, Währung, Restlaufzeiten, Ausfallwahrscheinlichkeiten, Art der Besicherung). Ferner ist die Summe der notleidenden Darlehen und die Summe der in Verzug geratenen Darlehen anzugeben.

In den Jahresbericht der SV sind auch **Vergütungsangaben** aufzunehmen. **146** Diese sind für AIF in § 101 Abs 3 KAGB und für OGAW in § 101 Abs 4

KAGB geregelt. Für AIF gelten darüber hinaus die Regelungen des Art 107 AIFM-VO. Die Angaben sind unabhängig davon, ob es sich um ein Publikums- oder SpezialSV handelt, anzugeben. Eine Berufung auf § 286 Abs 4 HGB scheidet aufgrund der spezialgesetzlichen Regelung aus.

Die Vergütungsangaben enthalten neben den quantitativen Angaben auch qualitative Angaben zur *Vergütungspolitik* bzw den Vergütungsgrundsätzen und dem Aufbau des Anreizsystems (Art 107 Abs 4 AIFM-VO; § 101 Abs 4 Nrn 3, 5 KAGB; *IDW* IVFA FAQ, A.6.7; *ESMA* Leitlinie Vergütungspolitik). Für OGAW ist darüber hinaus auch über das Ergebnis der nach Art 14b Abs 1 Buchst d OGAW-V-Richtl durchzuführenden jährlichen Überprüfung der Vergütungspolititk zu berichten (§ 101 Abs 4 Nr 4 KAGB).

147 Der *Jahresbericht eines AIF* muss demnach zusätzlich folgende Angaben enthalten (zu Einzelfragen auch *IDW* IVFA FAQ, A.6.1–A.6.7):
– die *Gesamtsumme der im abgelaufenen Gj gezahlten Vergütungen,* gegliedert in feste und variable von der KVG an ihre Mitarbeiter gezahlte Vergütungen, und die Zahl der Begünstigten (§ 101 Abs 3 Nr 1 1. Hs KAGB; Art 107 Abs 1 Buchst a AIFM-VO);
– der vom inländischen AIF *gezahlte Carried Interest* (prozentuale GewinnBet der KVG/der Fondsmanager zu Lasten der Investoren zB in einem Private Equity Fonds; § 101 Abs 3 Nr 1 2. Hs KAGB; Art 107 Abs 2 AIFM-VO);
– die *Gesamtsumme der im abgelaufenen Gj gezahlten Vergütungen, aufgeteilt nach Führungskräften und Mitarbeitern* der KVG, deren berufliche Tätigkeit sich wesentlich auf das Risikoprofil des inländischen AIF ausgewirkt hat (§ 101 Abs 3 Nr 2 KAGB; Art 107 Abs 1 Buchst b und Buchst c AIFM-VO).
Anzugeben sind die gezahlten Beträge. In der Bilanzierungspraxis wird aus Vereinfachungs- und Wesentlichkeitsgründen häufig aber auch auf die im JA der KVG erfassten Beträge abgestellt (*IDW* IVFA FAQ, A.6.3.; Anm 573).

Im Hinblick auf die Vergütungsangaben ist darüber hinaus auch Sec I *ESMA* Q&A AIFMD zu beachten. Diese sehen zB vor, dass die vergütungsbezogenen Offenlegungspflichten auch Mitarbeiter des Auslagerungsunternehmens umfassen, sofern deren Tätigkeit sich auf das Risikoprofil des SV auswirkt. Relevanz besitzt die Regelung insb bei Auslagerung des Portfolio- oder Risikomanagements. Zur Umsetzung dieser Anforderungen sieht die ESMA zwei Alternativen vor, die davon abhängen, ob das jeweilige Auslagerungsunternehmen selbst Vergütungsangaben offenlegt oder nicht (Sec I Frage 6 *ESMA* Q&A AIFMD; Anm 573).

148 Für OGAW sind ähnliche Vergütungsangaben wie für AIF in den Jahresbericht aufzunehmen (§ 101 Abs 4 Nrn 1, 2 KAGB; ESMA Q&A OGAW):
– die *Gesamtsumme der im abgelaufenen Gj gezahlten Vergütungen,* gegliedert in feste und variable von der KVG an ihre Mitarbeiter gezahlten Vergütungen sowie ggf die vom SV direkt gezahlten Beträge (inkl Performancegebühren), und die Zahl der Begünstigten (§ 101 Abs 3 Nr 1 1. Hs KAGB);
– die *Gesamtsumme der im abgelaufenen Gj gezahlten Vergütungen, aufgeteilt nach Geschäftsleitern und Mitarbeitern* der KVG, deren Tätigkeit einen wesentlichen Einfluss auf das Risikoprofil der KVG oder der von dieser verwalteten InvVerm hat (Risikoträger); ebenfalls anzugeben sind Vergütungen anderer Beschäftigten mit Kontrollfunktion sowie solche, deren Gesamtvergütung

II. Rechnungslegung und Prüfung von Sondervermögen

das Niveau der Vergütung eines Geschäftsleiters oder Risikoträgers erreicht (§ 101 Abs 4 Nr 2 KAGB);
Was unter einem *Geschäftsleiter* zu verstehen ist, definiert die OGAW-RL. Hierbei handelt es sich um ein Organ der KVG das Letztentscheidungsbefugnis besitzt und die Führungsfunktion wahrnimmt (Art 2 Abs 1 Buchst s OGAW-V-Richtl).

Soweit nicht bereits zwingend im Tätigkeitsbericht anzugeben (Art 23 AIFM-RL; Art 105 AIFM-VO; § 8 Abs 4 KARBV) ist bei PublikumsAIF zusätzlich jede während des abgelaufenen Gj eingetretene **wesentliche Änderung der im Verkaufsprospekt aufgeführten Informationen** und bei SpezialAIF jede während des abgelaufenen Gj eingetretene *wesentliche Änderung* hinsichtlich *der* nach § 307 Abs 1 oder 2 iVm § 297 Abs 4 (*Informationspflichten*) ggü semi-professionellen und professionellen Anlegern bzw Informationen zum Bestehen einer Haftungsfreistellung der *Verwahrstelle* gem § 77 Abs 4 oder § 88 Abs 4 KAGB) und § 308 Abs 4 KAGB (sonstige Informationspflichten: Änderungen in Bezug auf die Haftung der Verwahrstelle) zur Verfügung zu stellenden Informationen anzugeben (§ 101 Abs 3 Nr 3 KAGB; Art 106 der AIFM-VO).

Darüber hinaus regelt das Gesetz in § 300 KAGB **zusätzliche Informationspflichten** für AIF, die in Bezug auf die Angabepflichten nach Abs 1 und 2 in Art 108 und 109 AIFM-VO weiter konkretisiert werden (§ 300 Abs 3 KAGB). Aufgrund des Verweises in § 101 Abs 3 Nr 3 KAGB auf § 308 Abs 4 KAGB ist die *Aufnahme der Informationspflichten ggü den Anlegern bei wesentlichen Änderungen* der gem § 300 Abs 1 und 2 KAGB zur Verfügung zu stellenden Informationen für den Jahresbericht eines SpezialSV verpflichtend. Für PublikumsAIF ist die Aufnahme der Angaben (soweit diese nicht ohnehin aufgrund Art 23 AIFM-RL verpflichtend im Tätigkeitsbericht aufzunehmen sind) ebenfalls in den Jahresbericht aufzunehmen (§ 7 Nr 9 Buchst c Doppelbuchst bb KARBV). Es sind von der KVG insb folgende Angaben zu machen:
– prozentualer Anteil der VG des AIF, die schwer zu liquidieren sind und für die insoweit besonderen Regelungen gelten (§ 300 Abs 1 Nr 1 KAGB);
– jegliche neue Regelungen zum LiqManagement des AIF (§ 300 Abs 1 Nr 2 KAGB) und
– das aktuelle Risikoprofil des AIF und die von der AIF-VerwaltungsGes zur Steuerung dieser Risiken eingesetzten RMS (§ 300 Abs 1 Nr 3 KAGB).

Ferner sind sämtliche Änderungen in Bezug auf die *Haftung der Verwahrstelle* anzugeben (§ 308 Abs 4 KAGB).

§ 16 Abs 2 KARBV enthält darüber hinaus *zusätzliche Angabepflichten für* SV, die einen Index abbilden (sog **Indexfonds**; § 2 Nr 3 KARBV):
– Höhe des sog *Tracking Error* zum Ende des Berichtszeitraums (die Angabe ist auch im Halbjahresbericht erforderlich, § 16 Abs 2 S 2 KARBV);
– Erl der Abweichung zwischen erwartetem und tatsächlichem *Tracking Error;*
– Höhe der *Annual Tracking Difference.*
Zur Definition des *Tracking Error* bzw der *Annual Tracking Difference* wird auf § 2 Nrn 1, 2 KARBV verwiesen.

Für die sog **Master-Feeder-Fonds** regelt § 173 Abs 4 KAGB *zusätzliche Angabepflichten* im Jahresbericht. Der Jahresbericht eines Feeder-Fonds muss zusätzlich zu den in § 101 Abs 1 KAGB vorgesehenen Informationen eine Erklärung zu den zusammengefassten Gebühren von Feeder-Fonds und Master-Fonds enthalten. Darüber hinaus muss er darüber informieren, wo der Jahresbericht des Master-Fonds erhältlich ist.

k) Besonderheiten bei Umbrella-Fonds-Konstruktionen

155 Wurden TeilSV iSd § 96 Abs 2, 3 KAGB gebildet, können diese zu einer Umbrella-Konstruktion zusammengefasst werden. Hieraus folgt aber nicht, dass auch die entsprechenden Jahresberichtsteile (zB Vermögensübersicht für die gesamte Umbrella-Konstruktion) zusammenzufassen sind. Vielmehr berichtet weiterhin jedes TeilSV als vermögensrechtlich und haftungsrechtlich getrennte Vermögensmasse gesondert.

Von der Möglichkeit, Bestimmungen für die Rechnungslegung einer Umbrellakonstruktion bei SV zu erlassen, hat die *BaFin* bisher keinen Gebrauch gemacht.

l) Besonderheiten bei Ausgabe mehrerer Anteilklassen

157 § 15 KARBV konkretisiert die Vorgaben zur Rechnungslegung bei der Bildung von Anteilklassen gem § 96 KAGB. Anteilklassen liegen immer dann vor, wenn die ausgegebenen Anteilscheine verschiedene **Ausstattungsmerkmale** aufweisen. Unterschiedliche Ausstattungsmerkmale liegen vor, wenn sich die Anteilscheine hinsichtlich der Ertragsverwendung (Ausschüttung/Thesaurierung), des Ausgabeaufschlags oder Rücknahmeabschlags, der Währung, des Anteilwertes, der Verwaltungsvergütung oder der Mindestanlagesumme unterscheiden (§ 96 Abs 1 S 1 KAGB). Es reicht bereits ein Ausstattungsmerkmal aus, um unterschiedliche Anteilklassen zu definieren. Im Hinblick auf die Anlagegeschäfte unterscheiden sich Anteilklassen jedoch nicht; in diesem Fall liegen unterschiedliche TeilSV vor (§ 96 Abs 2 KAGB). Bei Ausgabe mehrerer Anteilklassen ist gem § 15 Abs 1 KARBV für jede Anteilklasse anzugeben, aufgrund welcher Regelungen diese gebildet und welche Ausstattungsmerkmale den Anteilklassen im Einzelnen zugeordnet werden.

158 Der Anteilwert ist für jede Anteilklasse gesondert zu bestimmen (§ 96 Abs 1 S 4 KAGB). Im Jahresbericht des SV ist für jede Anteilklasse die **Anzahl** ihrer am Berichtsstichtag umlaufenden Anteile sowie der am Berichtsstichtag gem § 15 Abs 2 S 4 KARBV ermittelte **Anteilwert** anzugeben. Bei mehreren Anteilklassen ist die vergleichende Übersicht iSd § 14 KARBV mind für die Anteilklasse mit der höchsten Gesamtkostenquote darzustellen (§ 14 S 2 KARBV).

159 Bestehen unterschiedliche Anteilklassen, ist die Ertrags- und Aufwandsrechnung, die Verwendungsrechnung sowie die Entwicklungsrechnung ausschließlich nach Anteilklassen zu erstellen (§ 15 Abs 1 S 3 KARBV).

160 § 15 Abs 2 KARBV enthält Regelungen zur Ermittlung des Werts einer Anteilklasse insb bei erstmaliger Ausgabe. Darüber hinaus schreibt § 15 Abs 2 KARBV vor, dass bei Durchführung eines Ertragsausgleichsverfahrens der **Ertragsausgleich** für jede Anteilklasse gesondert zu berechnen ist.

II. Rechnungslegung und Prüfung von Sondervermögen

m) Ertragsausgleich

Der Ertragsausgleich ist ein Verfahren, nach dem die bei Anteilscheinverkäufen im Ausgabepreis bezahlten (idR positiver Ertragsausgleich) bzw bei Anteilscheinrücknahmen im Rücknahmepreis vergüteten (idR negativer Ertragsausgleich) ausschüttungsfähigen Ertragsanteile buchmäßig festgehalten und den einzelnen Ertrags- und Aufwandsarten (einschl aller Vortragskonten und der realisierten Gewinne und Verluste) zugeordnet werden (Ausgleichsbetrag).

Durch den Ertragsausgleich wird gewährleistet, dass bei Anteilscheinumsätzen zu jedem Zeitpunkt ein für jeden Anteilinhaber identischer Betrag je Anteilschein an den ausschüttungsfähigen Erträgen zur Verfügung steht und die Ausschüttungen an die Altanleger nicht durch die im Gj hinzugekommenen Neuanleger geschmälert oder durch ausgeschiedene Anleger erhöht wird. Dabei wird in Kauf genommen, dass Anteilinhaber, die zB kurz vor dem Ausschüttungstermin Anteilscheine erwerben, den auf ihren Ertragsanteil entfallenden Teil des Ausgabepreises in Form einer Ausschüttung zurückerhalten (Ausschüttung des eingezahlten Kapitals). Durch die Neuregelung des § 9 InvStG fällt der steuerliche Ertragsausgleich weg, dh, die Erträge werden den Anlegern steuerlich besitzzeitanteilig zugerechnet.

Die Durchführung eines Ertragsausgleichsverfahrens ist gesetzlich nicht vorgeschrieben. In den Anlagebedingungen eines PublikumsSV ist gem § 162 Abs 2 Nr 6 KAGB festzulegen, ob und wie ein Ertragsausgleichsverfahren durchzuführen ist. Soll für ein SpezialSV ein Ertragsausgleich errechnet werden, ist dies ebenfalls in den Anlagebedingungen vorzusehen. Ist in den besonderen Anlagebedingungen ein Ertragsausgleichsverfahren vorgesehen, sind bei der Ermittlung der Ertragsausgleichsbeträge die im lfd Gj bis zum Zeitpunkt des Anteilumsatzes erfassten ordentlichen Erträge und Aufwendungen einzubeziehen. Gleiches gilt für einen Gewinn- und Verlustvortrag zzgl eines bereits angefallenen und noch nicht ausgeschütteten Ertragsausgleichs. Wird ein Ertragsausgleich auch auf realisierte Gewinne und Verluste gerechnet, sind sämtliche Posten des Ergebnisses aus Veräußerungsgeschäften mit in das Ertragsausgleichsverfahren einzubeziehen (nicht nur realisierte Gewinne, sondern auch realisierte Verluste). Das Ertragsausgleichsverfahren ist mind für jeden Bewertungstag durchzuführen, an welchem Anteilumsätze stattgefunden haben. In der Ertrags- und Aufwandsrechnung werden die Ertragsausgleichsbeträge zusammen mit den jeweiligen Aufwendungen und Erträgen, auf die diese entfallen, ausgewiesen (keine Verteilung nur auf die ordentlichen Erträge).

4. Bewertung und Anteilpreisermittlung von Sondervermögen

a) Allgemeine Bewertungsgrundsätze und anzuwendende Vorschriften

§ 168 KAGB bildet die zentrale gesetzliche Norm für die Ermittlung des Anteilwerts und der hierbei anzuwendenden **Bewertungsregeln und -grundsätze.** Die für die Anteilwertermittlung maßgeblichen Bewertungsregeln und -grundsätze gelten aufgrund des Verweises in § 10 Abs 5 KARBV auch für die Vermögensaufstellung des Jahresberichts eines SV und sind daher auch für die Halbjahres-, Zwischen-, Auflösungs- und Abwicklungsberichte maßgebend. Zu beachten sind ferner einige Sonderregelungen für die Bewertung von Immobilien und Bet an ImmobilienGes, die eine zusätzliche Bewertung vor Erwerb vorsehen (§ 231 Abs 2, § 236 KAGB). Die Wertermittlung vor Erwerb dient der Feststellung der Angemessenheit der Gegenleistung.

171 Das KAGB sieht in § 168 Abs 1 S 2 KAGB eine Bewertung der VG des SV zum Verkehrswert vor. In den Absätzen 2–6 werden die für bestimmte VG anzuwendenden **Bewertungsverfahren** konkretisiert. Eine weitere Konkretisierung erfährt § 168 KAGB durch die §§ 26–34/34a KARBV/E-KARBV. Die zur Ermittlung der Verkehrswerte anzuwendenden Verfahren sind in einer Bewertungsrichtlinie festzulegen (§ 169 Abs 1 KAGB). Für ImmobilienSV gelten darüber hinaus die Sondervorschriften der §§ 248, 249 KAGB.

172 Ferner bestehen spezielle Regelungen für die **Bewerter** sowie die **Häufigkeit der Bewertung** und der **Offenlegung der Anteilpreise** (für OGAW: § 212 KAGB; für alle AIF: §§ 216, 217 KAGB sowie ergänzend für ImmobilienSV: §§ 250, 251 KAGB). Die Regelungen der §§ 168, 169 und 216 KAGB gelten zunächst nur für PublikumsSV, werden jedoch auch für SpezialSV über den Verweis in § 278 KAGB für anwendbar erklärt. Lediglich hinsichtlich der Häufigkeit der Bewertung und Offenlegung der Anteilpreise gelten Erleichterungen (§ 279 KAGB). Die Regelungen setzen die in Art 19 AIFM-RL und Art 67–74 AIFM-VO bzw Art 76 OGAW-RL kodifizierten Regelungen in nationales Recht um.

b) Ermittlung des Nettoinventarwerts (Anteilwertermittlung)

175 **aa) Begriffsbestimmung.** Die Anteilwertermittlung dient der Ermittlung der Ausgabe- und Rücknahmepreise für das SV. Der ermittelte **Anteilwert** (Nettoinventarwert je Anteil) ist darüber hinaus im Jahresbericht anzugeben.

176 Der Anteilwert ergibt sich dabei aus der *Teilung des Werts des SV (Fondsvermögen) durch die Zahl der in den Verkehr gebrachten Anteile* (§ 168 Abs 1 S 1 KAGB). Der Wert eines SV ist aufgrund der jeweiligen Kurs-/Verkehrswerte der zu ihm gehörenden VG einschl Bankguthaben und sonstiger VG (zum Nominalwert) abzgl der aufgenommenen Kredite und sonstigen Verbindlichkeiten (zum Rückzahlungsbetrag) zu ermitteln (§ 168 Abs 1 S 2 KAGB).

177 Der **Ausgabepreis** setzt sich aus dem Anteilwert zzgl eines eventuell festzulegenden Ausgabeaufschlags zusammen. Der Ausgabeaufschlag ist in den Anlagebedingungen festzulegen und dient insb zur Deckung der Vertriebskosten der Anteilscheine (§ 162 Abs 2 Nr 12 KAGB). Der **Rücknahmepreis** entspricht dem Anteilwert, ggf nach Abzug eines in den Anlagebedingungen festgelegten Rücknahmeabschlags (§ 162 Abs 2 Nr 12 KAGB).

Ist in den Anlagebedingungen vorgesehen, dass die Methode des *Swing Pricing* (§ 1 Abs 19 Nr 34a KAGB) genutzt wird, ist bei der Ermittlung des Ausgabe- und Rücknahmepreises der modifizierte Nettoinventarwert zugrunde zu legen (§ 71 Abs 2 und 3 KAGB, Anm 182). *Swing Pricing* ist bei ImmobilienSV nicht zulässig (§ 255 Abs 5 KAGB).

II. Rechnungslegung und Prüfung von Sondervermögen 179–184 U

bb) Häufigkeit und Offenlegung. Die **Häufigkeit** der Anteilwerter- 179
mittlung und damit auch der Bewertung der VG des SV wird für PublikumsSV
in § 217 KAGB geregelt. Die Bewertung der VG eines offenen inländischen
PublikumsAIF und die Berechnung des Nettoinventarwerts je Anteil sind gem
§ 217 Abs 1 KAGB in einem *zeitlichen Abstand durchzuführen, der den zum SV
gehörenden VG und der Ausgabe- und Rücknahmehäufigkeit der Anteile angemessen
ist.* Die Berechnung hat jedoch mind einmal im Jahr stattzufinden (§ 217 Abs 1
KAGB; Art 19 Abs 3 AIFM-RL; Art 72 und 74 AIFM-VO). Eine analoge
Regelung findet sich in § 279 Abs 1 KAGB für SpezialSV. Hinsichtlich der
Kriterien zur Bestimmung der Häufigkeit der Bewertung der VG und zur Berechnung des Nettoinventarwerts je Anteil verweist § 217 Abs 2 KAGB bzw
§ 279 Abs 2 KAGB auf Art 67–74 AIFM-VO. Hieraus ergibt sich als zusätzliches Kriterium auch die Verpflichtung zur erneuten Anteilwertermittlung,
wenn Hinweise vorliegen, dass die zuletzt vorgenommene Bewertung nicht
mehr fair oder ordnungsgemäß ist (Art 74 Abs 2 AIFM-VO).

Die allg Regelungen zur Häufigkeit der Anteilpreisermittlung werden für 180
OGAW dahingehend konkretisiert, als diese bei *jeder Möglichkeit zur Ausgabe
und Rückgabe von Anteilen* zu erfolgen hat (§ 212 KAGB).

Gem § 251 Abs 1 KAGB ist § 217 KAGB auf SV mit *Investments in Immo-* 181
bilien mit der Maßgabe anzuwenden, dass der Wert der VG iSd § 231 Abs 1
KAGB (Grundstücke und grundstücksgleiche Rechte) und § 234 KAGB (Bet
an ImmobilienGes) *innerhalb eines Zeitraums von drei Monaten zu ermitteln* ist.
Erfolgt eine Rücknahme der Anteile seltener als alle drei Monate, muss die
Bewertung innerhalb eines Zeitraums von drei Monaten vor dem Rücknah-
metermin erfolgen (§ 251 Abs 1 S 2 KAGB). Eine erneute Wertermittlung ist
erforderlich bei Änderungen wesentlicher Bewertungsfaktoren (§ 251 Abs 1
S 3 KAGB).

Die **Offenlegung** des Anteilwerts eines PublikumsSV hat nach jeder Be- 182
wertung zu erfolgen (§ 217 Abs 3 S 2 2. Hs KAGB), dh, sie erfolgt gem
§ 170 KAGB bei jeder Möglichkeit der Ausgabe oder Rücknahme von Anteilen (§ 217 Abs 3 S 1 KAGB iVm § 170 KAGB); für *OGAW* mind zweimal im Monat. Die Offenlegung des Anteilwerts für PublikumsSV (einschl
OGAW) erfolgt in einer *hinreichend verbreiteten Wirtschafts- oder Tageszeitung*
oder in elektronischen Informationsmedien, sofern diese im Verkaufsprospekt oder in den wesentlichen Anlegerinformationen angegeben sind (§ 170
KAGB; § 217 Abs 3 S 2 1. Hs). Wird der Ausgabe- oder Rücknahmepreis
angegeben, so ist auch der jeweils andere Wert mitanzugeben. Wird von der
Möglichkeit des *Swing Pricing* Gebrauch gemacht, ist jeweils an Stelle des
Nettoinventarwertes der modifizierte Nettoinventarwert zu veröffentlichen
(§ 168 Abs 1a KAGB).

Die Bewertungen der VG und Berechnungen des Nettoinventarwerts je 183
Anteil für ein SpezialSV sind gem § 279 Abs 3 KAGB entspr den diesbzgl
Anlagebedingungen ggü den Anlegern offenzulegen. § 279 KAGB bestimmt
nicht, wie eine derartige Offenlegung zu erfolgen hat. Eine Offenlegung in
einer hinreichend verbreiteten Wirtschafts- oder Tageszeitung ist indes nicht
gefordert.

Darüber hinaus ist der Anteilwert zusammen mit der Anzahl der um- 184
laufenden Anteile im Jahresbericht und im ggf zu erstellenden Halbjah-

resbericht anzugeben (§ 101 Abs 1 S 3 Nr 3 KAGB; § 16 Abs 1 Nr 1 KARBV).

187 **cc) Verantwortlichkeiten und Mitwirkungspflichten.** § 216 KAGB bestimmt zunächst nicht, wer explizit die Ermittlung des Anteilwerts eines AIF vorzunehmen hat; bestimmt wird lediglich, wer als Bewerter für einzelne VG zulässig ist (Anm 194). Ungeachtet dessen bleibt die *AIF-KVG für die ordnungsgemäße Bewertung der VG* des SV sowie die Bekanntgabe des Anteilwerts *verantwortlich* (§ 216 Abs 7 KAGB). Im Gegensatz dazu konkretisiert § 212 KAGB für OGAW, dass die **Ermittlung des Anteilwerts** durch die Verwahrstelle unter Mitwirkung der OGAW-KVG oder durch die OGAW-KVG selbst unter Kontrolle der Verwahrstelle (§ 76 Abs 1 Nr 1 KAGB) zu erfolgen hat.

188 Für OGAW wird die Verantwortlichkeit der KVG wie folgt konkretisiert: Erfolgt die Bewertung eines OGAW durch die Verwahrstelle unter Mitwirkung der OGAW-KVG, ist die OGAW-KVG gem § 26 Abs 1 KARBV verpflichtet, die von der Verwahrstelle ermittelten Wertansätze für VG *in geeigneter Weise zu plausibilisieren und auf die Klärung von Auffälligkeiten hinzuwirken*. Eine Parallelbewertung von Verwahrstelle und OGAW-KVG verlangt § 212 KAGB jedoch nicht.

Die *Wahrnehmung der* **Mitwirkungspflicht,** dh die durchgeführten Kontrollen, hat die OGAW-KVG für einen Dritten *nachvollziehbar und revisionssicher zu dokumentieren* (§ 26 Abs 1 S 2 KARBV). Die Anforderungen an die Mitwirkungspflicht und deren Dokumentation sind umso höher anzusetzen, je komplexer die zu bewertenden VG sind. Die Verwahrstelle ist dabei verpflichtet, die KVG in geeigneter Weise zu unterstützen. § 26 Abs 1 S 3 KARBV stellt hierzu ausdrücklich klar, dass die Verwahrstelle der KVG ggü verpflichtet ist, *Auskunft über Einzelheiten der Bewertung des InvVerm* zu erteilen.

Die in der KVG für die Bewertung bzw Mitwirkung an der Bewertung verantwortliche Stelle bzw verantwortliche Organisationseinheit muss *aufbauorganisatorisch vom Portfoliomanagement getrennt* sein (§ 26 Abs 2 KARBV).

189 Aufgrund der besonderen Bedeutung der Bewertung für die Anteilpreisermittlung wird gem § 26 Abs 4 KARBV eine *regelmäßige Prüfung durch die* **interne Revision** zur Einhaltung der Anforderungen gem § 26 Abs 1–3 KARBV (allg Bewertungsgrundsätze) sowie gem § 27 KARBV (Bewertung auf Basis von handelbaren Kursen) und gem § 28 KARBV (Bewertung auf Basis geeigneter Bewertungsmodelle) sowie der weiteren besonderen Bewertungsanforderungen (§§ 29–34/34a KARBV/E-KARBV) gefordert. Dies gilt unabhängig davon, ob es sich um eine OGAW- oder eine AIF-KVG handelt.

190 Die Bewertung oder Mitwirkung bei der Bewertung ist in den **internen Richtlinien** der KVG (Bewertungsrichtl) zu regeln (Anm 201 ff). Darin sind vor allem die Verantwortlichkeiten, die Arbeitsabläufe, Preisquellen, Bewertungsmethoden und die jeweiligen Kontrollen zu beschreiben.

194 **dd) Bewerter und Bewertungsrichtlinie.** Die **Bewertung der Vermögensgegenstände** eines AIF zur Ermittlung des Anteilwerts nach § 168 Abs 1 KAGB und damit auch für den Jahresbericht kann durch
– einen *externen Bewerter* (§ 216 Abs 1 S 1 Nr 1 KAGB),

II. Rechnungslegung und Prüfung von Sondervermögen

– durch die *AIF-KVG* **selbst**, vorausgesetzt die Bewertungsaufgabe ist von der Portfolioverwaltung und der Vergütungspolitik funktional unabhängig (§ 216 Abs 1 S 1 Nr 2 KAGB), oder
– durch die *Verwahrstelle* in der Funktion eines externen Bewerters erfolgen. Die Regelungen des § 216 KAGB gelten zunächst nur für PublikumsSV, werden jedoch durch § 278 KAGB auch für SpezialSV für anwendbar erklärt. § 250 KAGB enthält darüber hinaus *Sonderregeln für den Bewerter bei ImmobilienSV.* § 216 KAGB ist gem § 250 Abs 1 KAGB mit der Maßgabe anzuwenden, dass
– die Bewertung der VG iSd § 231 Abs 1 KAGB nur durch zwei externe Bewerter erfolgen darf,
– der Wert der Bet an einer ImmobilienGes durch einen AP iSd § 319 Abs 1 S 1 und 2 HGB zu ermitteln ist.

Wird die Bewertung von der (AIF-)KVG **selbst** und nicht von einem externen Bewerter vorgenommen, kann die BaFin verlangen, dass die Bewertungsverfahren sowie die (einzelnen) Bewertungen der AIF-KVG durch den AP im Rahmen der JAP zu überprüfen sind (§ 216 Abs 6 KAGB).

Die Bestellung der **Verwahrstelle als externer Bewerter** setzt voraus, dass eine funktionale und hierarchische Trennung der Ausführung ihrer Verwahrfunktionen von ihren Aufgaben als externer Bewerter vorliegt (§ 216 Abs 1 S 2 KAGB).

Wird die Bewertung durch einen **externen Bewerter** durchgeführt, muss es sich bei diesem um eine natürliche oder juristische Person oder PersGes handeln, die unabhängig vom betr PublikumsSV, von der AIF-KVG und von anderen Personen mit engen Verbindungen zum PublikumsSV oder zur AIF-KVG ist (§ 216 Abs 1 S 1 Nr 1 KAGB). Darüber hinaus muss die AIF-KVG gem § 216 Abs 2 KAGB iVm Art 73 AIFM-VO nachweisen, dass
– der externe Bewerter einer gesetzlich anerkannten obligatorischen *berufsmäßigen Registrierung* bzw Rechts- und Verwaltungsvorschriften oder berufsständischen Regelungen unterliegt (Art 73 Abs 3 AIFM-VO);
– der externe Bewerter ausreichend *berufliche Garantien* in Schriftform vorweisen kann, um die Bewertungsfunktion wirksam ausüben zu können (§ 216 Abs 3 KAGB, Art 73 Abs 2 AIFM-VO);
– die *Bestellung des externen Bewerters den Anforderungen der Auslagerung* (§ 36 Abs 1, 2 und 10 KAGB) *entspricht*. Soweit im Rahmen der Überwachungs- und Kontrollbefugnisse auch Weisungsbefugnisse vereinbart werden, dürfen sich die zu vereinbarenden Kontroll-, Eingriffs- und Weisungsbefugnisse nur auf den Umfang und den Inhalt der Beauftragung beziehen, nicht aber auf den Gutachteninhalt und das Bewertungsergebnis (Begr RegE zum AIFM-UmsG zu § 216 Abs 2 KAGB).

Die *Unterauslagerung* der Bewertungsfunktion durch den externen Bewerter ist durch § 216 Abs 3 KAGB *ausgeschlossen.*

Ein externer Bewerter eines ImmobilienSV darf für eine KVG nur für einen *Zeitraum von maximal drei Jahren tätig sein.* Seine Einnahmen aus der Tätigkeit für die KVG dürfen 30% seiner Gesamteinnahmen nicht überschreiten. Eine *erneute Bestellung ist erst nach Ablauf von zwei Jahren* möglich (§ 250 Abs 2 KAGB). Weitergehende Anforderungen an die Bestellung eines externen Bewerters für Immobilien und ImmobilienGes sowie die diesbezügliche

Verwaltungspraxis und aufsichtsrechtlichen Anforderungen der Bafin enthält das Rundschreiben 07/2015 der BaFin (ergänzend BaFin Häufige Fragen zu externen Bewertern).

200 Die AIF-KVG ist durch § 216 Abs 4 KAGB dazu verpflichtet, die *Bestellung eines externen Bewerters der BaFin anzuzeigen* (*BaFin* MusterAnzeigeschreiben). Liegen die Voraussetzungen des § 216 Abs 2 KAGB nicht vor, kann die BaFin die Bestellung eines anderen externen Bewerters verlangen.

201 Es wird in § 216 Abs 7 KAGB ausdrücklich darauf hingewiesen, dass *die AIF-KVG auch im Falle der Bestellung eines externen Bewerters für die ordnungsgemäße Bewertung der VG,* für die Berechnung des Nettoinventarwerts und dessen Bekanntmachung *verantwortlich bleibt.* Die Bewertung der VG hat unparteiisch und mit der gebotenen Sachkenntnis, Sorgfalt und Gewissenhaftigkeit zu erfolgen (§ 169 Abs 2 KAGB). *Der Umsetzung dieser Verantwortung und der damit zusammenhängenden Sorgfaltspflichten dient auch die Erstellung einer internen Bewertungsrichtl.*

202 Die KVG hat gem § 169 Abs 1 KAGB eine **interne Bewertungsrichtlinie** zu erstellen. In dieser müssen *geeignete und kohärente Verfahren für eine ordnungsgemäße, transparente und unabhängige Bewertung der VG* des SV festgelegt werden. Für jeden VG ist ein geeignetes, am jeweiligen Markt anerkanntes Wertermittlungsverfahren festzulegen. Die Auswahl des jeweiligen Verfahrens ist zu begründen. Weitere Anforderungen an die Bewertungsrichtl werden im KAGB nicht kodifiziert. § 169 Abs 3 KAGB verweist jedoch im Hinblick auf die Anforderungen an die Bewertungsverfahren zur Konkretisierung auf Art 64–74 AIFM-VO, die entspr anzuwenden sind.

203 Art 67 AIFM-VO legt die *Grundsätze und Verfahren für die Bewertung* von VG des SV fest und definiert den Mindestinhalt in Bezug auf die Bewertungsgrundsätze und -verfahren. Hierzu zählen ua Festlegungen zur Zuständigkeit und Unabhängigkeit des Personals, das effektiv die Bewertung der VG vornimmt (einschl Beschreibung der Schutzvorkehrungen für die funktionale Trennung) sowie zu den Kontrollen über die Auswahl von Inputs, Quellen und Methoden für die Bewertung sowie zu Eskalationsmaßnahmen zur Beseitigung von Differenzen hinsichtlich des Werts von VG.

204 Wird für einen AIF ein externer Bewerter ernannt, muss in den Bewertungsgrundsätzen und -verfahren ein Verfahren im Hinblick auf den Informationsaustausch zur Bereitstellung aller für die Bewertung erforderlichen Informationen festgelegt werden.

205 Wird ein *Bewertungsmodell* für VG eines SV verwendet, muss das Modell sowie seine *Hauptmerkmale in den Bewertungsgrundsätzen und -verfahren* erläutert und begründet werden (Art 68 AIFM-VO). Es hat eine angemessene Dokumentation der Gründe für die Wahl des Modells, die dem Modell zugrunde liegenden Daten, die im Modell verwendeten Annahmen und die Gründe für deren Verwendung sowie die Grenze der modellbasierten Bewertung zu erfolgen. Das Bewertungsmodell muss vor der erstmaligen Verwendung gem Art 68 Abs 3 AIFM-VO durch die Geschäftsleitung der KVG genehmigt werden.

206 Art 70 AIFM-VO sieht eine *regelmäßige Überprüfung der Bewertungsgrundsätze und -verfahren* einschl der -methoden vor. Die Überprüfung hat mind jährlich sowie bevor das SV eine neue Anlagestrategie verfolgt oder in eine neue Art von VG investiert, zu erfolgen. Darüber hinaus sieht Art 71 AIFM-VO

II. Rechnungslegung und Prüfung von Sondervermögen

die *Festlegung eines Validierungsverfahrens* für den Wert eines einzelnen VG vor, sofern ein wesentliches Risiko einer nicht angemessenen Bewertung besteht (zu beispielhaften Anwendungsfällen vgl Art 71 Abs 2 AIFM-VO). Den Mindestumfang eines solchen Validierungsverfahrens definiert Art 71 Abs 3 AIFM-VO.

Die Bewertungsgrundsätze und -verfahren haben *angemessene Eskalationsmaßnahmen* zu umfassen, um Differenzen oder andere Schwierigkeiten bei der Bewertung von VG zu beseitigen (Art 71 Abs 4 AIFM-VO). **207**

c) Bewertungsverfahren

aa) Grundlagen. VG sind mit dem **Verkehrswert** anzusetzen (§ 168 **211** Abs 1 S 2 KAGB). Zur Bestimmung des Verkehrswerts des VG ist das jeweilige gesetzliche oder marktübliche Verfahren zugrunde zu legen (§ 168 Abs 1 S 3 KAGB).

Der Verkehrswert wird allg als Betrag definiert, zu dem der jeweilige *VG* **212** *bei einem Geschäft zwischen sachverständigen, vertragswilligen und unabhängigen Geschäftspartnern ausgetauscht* werden könnte (§ 2 Nr 4 KARBV). Diese Definition des Verkehrswerts ist damit inhaltsgleich mit der für Derivate in Art 8 Abs 3 der Richtl 2007/16/EG (OGAW-Durchführungsrichtl). Für Sachwerte muss der Verkehrswert unter Berücksichtigung der aktuellen Marktgegebenheiten erzielbar sein (§ 33 Abs 1 S 1 KARBV); der Verkehrswert einer Immobilie ist der Preis, der im gewöhnlichen Geschäftsverkehr nach den rechtlichen Gegebenheiten und tatsächlichen Eigenschaften, nach der sonstigen Beschaffenheit und der Lage der Immobilie ohne Rücksicht auf ungewöhnliche oder persönliche Verhältnisse zu erzielen wäre (§ 2 Nr 5 KARBV).

Die Grundlagen zur Ermittlung des Verkehrswerts einzelner VG enthält **213** § 168 Abs 2–6 KAGB. Die KARBV regelt über die Bestimmungen des KAGB hinausgehende Einzelheiten ua zur Bewertung von VG (§§ 26–34, 34a KARBV/E-KARBV). Die *Bewertungsregeln und -grundsätze gelten sowohl für die Ermittlung des Anteilwerts* gem § 168 KAGB *als auch für die Vermögensaufstellung im Jahresbericht* (§ 10 Abs 5 KARBV). In § 168 Abs 8 KAGB ist die VO-Ermächtigung für die KARBV geregelt.

Die Bewertung erfolgt nach dem Grundsatz der Einzelbewertung; folglich **214** ist die Bildung von **Bewertungseinheiten** zwischen Grund- und Sicherungsgeschäft nicht zulässig (§ 26 Abs 3 KARBV).

bb) Bewertung auf Basis von handelbaren Kursen. Bei VG, *die zum* **216** *Handel an einer Börse zugelassen oder in einem anderen organisierten Markt einbezogen sind,* ist als Verkehrswert der **Kurswert** anzusetzen, sofern dieser eine verlässliche Bewertung gewährleistet (§ 168 Abs 2 KAGB).

Für die laufende Bewertung der VG ist grds der letzte verfügbare **handel-** **217** **bare Kurs** (ein Kurs, zu dem tatsächlich Umsätze stattgefunden haben) zugrunde zu legen, der eine *verlässliche Bewertung* iSd Art 2 Abs 1 Buchst c Ziff i der OGAW-Durchführungsrichtl gewährleistet (§ 27 Abs 1 KARBV). Diese Voraussetzungen erfüllen danach solche VG, die an einem geregelten Markt notiert oder gehandelt werden, in Form von exakten, verlässlichen und gängigen Preisen, die entweder Marktpreise sind oder von einem emittentenunabhängigen Bewertungssystem gestellt werden.

218 Die Verwahrstelle, der externe Bewerter oder die KVG muss gem § 27 Abs 2 KARBV die *Kriterien dokumentieren, nach denen sie ihre Einschätzung vornimmt, ob Marktpreise von Börsen oder anderen organisierten Märkten als exakt, verlässlich und gängig angesehen werden können.* Hierüber sollte ein gemeinsames Verständnis bestehen. Die (Einzel-)Entscheidung und die Entscheidungsgründe, ob im Zweifel ein handelbarer Kurs vorliegt, sind für einen sachverständigen Dritten nachvollziehbar zu dokumentieren.

219 *Indikative Kurse* sind grds *keine handelbaren Kurse* iSd § 168 Abs 2 KAGB (§ 27 Abs 2 S 2 KARBV), können aber die Grundlage für eine Bewertung gem § 28 KARBV bilden.

220 Erfolgen für VG die Kursstellungen auf Basis von Geld- und Briefkursen, ist die *Bewertung grds zum* **Mittelkurs oder zum Geldkurs** vorzunehmen (§ 27 Abs 3 KARBV). Diese Bewertung soll sicherstellen, dass Preise für die Bewertung herangezogen werden, zu denen im Bewertungszeitpunkt entweder eine Veräußerung möglich war (Geldkurs) oder wahrscheinlich gewesen wäre (Mittelkurs).

221 Der **Zeitpunkt** (Uhrzeit) für die Bewertung wird von der Verwahrstelle bzw von der KVG bzw dem externen Bewerter individuell festgelegt. Die zu diesem Zeitpunkt vorhandenen VG werden mit Kursen des Bewertungstages (zB Kassakursen) bewertet. Liegen zum Zeitpunkt der Bewertung noch keine Kurse des Bewertungstages vor, werden in der Praxis regelmäßig die Kurse des Vortages verwendet. Das gewählte Bewertungsverfahren unterliegt dem Stetigkeitsprinzip. Findet am Stichtag kein Handel statt, ist bei der Erstellung des Jahresberichts und des Halbjahresberichts nach Auffassung der BaFin grds auf den jeweils letzten Bewertungstag (Handelstag) abzustellen.

224 **cc) Bewertung auf Basis geeigneter Bewertungsmodelle.** Ist kein handelbarer Kurs verfügbar, hat die Ermittlung des Verkehrswerts von VG gem § 168 Abs 3 KAGB bei sorgfältiger Einschätzung nach geeigneten **Bewertungsmodellen** unter Berücksichtigung der aktuellen Marktgegebenheiten zu erfolgen (§ 28 Abs 1 KARBV).

225 Es muss sich um Bewertungsmodelle handeln, die auf einer *anerkannten und geeigneten Methodik* beruhen und *alle Faktoren berücksichtigen, die Marktteilnehmer bei einer Preisfeststellung beachten würden.* Gefordert werden eine ausführliche Dokumentation der eingesetzten Bewertungsverfahren und in regelmäßigen zeitlichen Abständen eine Überprüfung ihrer Angemessenheit unter Verwendung aktueller Marktinformationen.

226 Der Verkehrswert kann gem § 28 Abs 3 KARBV auch *von einem Emittenten, Kontrahenten oder sonstigen Dritten ermittelt* und mitgeteilt werden. Voraussetzung ist, dass die Verwahrstelle oder die KVG oder der externe Bewerter in der Lage sind, den Wert zu plausibilisieren. Die Plausibilisierung kann erfolgen anhand
– eines Vergleichs mit einer zweiten verlässlichen und aktuellen Preisquelle,
– eines Vergleichs des Werts mit einer eigenen modellbasierten Bewertung oder
– anderer geeigneter Verfahren.

II. Rechnungslegung und Prüfung von Sondervermögen

Anlagen in Immobilien

Immobilien sind grds mit Verkehrswerten anzusetzen (§ 248 Abs 1 iVm § 168 Abs 2–4 KAGB). Für die Bewertung von Immobilien gelten darüber hinaus die Regelungen des § 30 KARBV. § 249 Abs 1 KAGB bestimmt ferner, dass bei PublikumsSV die Bewertung von zwei externen, voneinander unabhängigen Bewertern vorzunehmen ist und dass diese eine Objektbesichtigung vorzunehmen haben. **227**

Bei offenen SpezialAIF mit festen Anlagebedingungen, die in Immobilien oder Bet an ImmobilienGes investiert sind, kann mit Zustimmung der Anleger von den dargestellten Regelungen zT abgewichen werden (§ 284 Abs 2 KAGB). Abgewichen werden kann ua von der Pflicht zur Bestellung zweier externer Bewerter oder von der Pflicht zur Objektbesichtigung. Derartige Abweichungen setzen voraus, dass der Anleger diesen zustimmt (§ 284 Abs 2 Nr 1 KAGB). Abweichungen sind grds in den Anlagebedingungen zu regeln.

Nach § 30 Abs 1 KARBV gilt, dass bei der Ermittlung des Verkehrswerts der Immobilie regelmäßig ein **Ertragswertverfahren,** das am jeweiligen Immobilienmarkt anerkannt ist, zugrunde zu legen ist. Zur Plausibilisierung können auch andere am Immobilienmarkt anerkannte Bewertungsverfahren herangezogen werden, wenn dies für eine sachgerechte Bewertung der Immobilie nach Auffassung des Bewerters erforderlich oder zweckmäßig erscheint (zB Vergleichswertverfahren). In diesem Fall sind die Ergebnisse des anderen Bewertungsverfahrens und die Gründe für seine Anwendung in nachvollziehbarer Form im Gutachten darzulegen. **228**

Im Rahmen der Bewertung sind die individuellen Merkmale der Immobilie wie Zustand, Alter, Art, Ausstattung und Instandhaltungsrückstände zu berücksichtigen (§ 30 Abs 1 S 4 E-KARBV). Grundlage für die Bewertung bilden die tatsächlichen Eigenschaften und die sonstige Beschaffenheit der Immobilie ebenso wie die Lage der Immobilie. Nicht zu berücksichtigen sind ungewöhnliche oder persönliche Verhältnisse (§ 2 Nr 5 KARBV). Vor diesem Hintergrund scheint eine über den tatsächlichen Zustand hinausgehende Bewertung der Immobilie mit einem Verkehrswert nach Fertigstellung bzw Instandsetzung bei gleichzeitigem Ansatz einer (Instandhaltungs-) Rückstellung nicht sachgerecht.

Zum **Zeitpunkt des Erwerbs** und in den ersten zwölf Monaten nach dem Erwerb sind neu erworbene Immobilien iSd § 231 Abs 1 KAGB gem § 248 Abs 2 KAGB mit dem *Kaufpreis anzusetzen.* Davon abw ist der Wert erneut zu ermitteln und anzusetzen, wenn nach Auffassung der AIF-KVG der Ansatz des Kaufpreises aufgrund von Änderungen wesentlicher Bewertungsfaktoren nicht mehr sachgerecht ist. Die AIF-KVG hat ihre Entscheidung und die sie tragenden Gründe nachvollziehbar zu dokumentieren. Zu den wesentlichen Bewertungsfaktoren zählen zB der Abschluss neuer wesentlicher Mietverträge, wesentliche Änderungen des Liegenschaftszinssatzes, der Abschluss von Sanierungs- oder Umbauarbeiten. Die Bewertungsrichtl der AIF-KVG sollte definieren, in welchen Fällen wesentliche Änderungen zu einem geänderten Wertansatz innerhalb und außerhalb des zwölfmonatigen Zeitraums führen. **229**

230 Für **im Bau befindliche Objekte** sind während der Bauzeit grds auch Verkehrswerte zu ermitteln (sog Projektschätzungen). Dabei handelt es sich in der Regel um auf den Fertigstellungszeitpunkt projizierte Ertragswerte. Im Rahmen der Anteilpreisberechnung fließen die Grundstücke im Bau zunächst mit den bis zu diesem Zeitpunkt aufgelaufenen Baukosten ein. Sofern die aktivierten Baukosten die Projektschätzungen abzgl der noch ausstehenden Fertigstellungskosten übersteigen, wird diesem Umstand in der Praxis häufig durch eine erfolgsneutral gebildete Rückstellung Rechnung getragen. Legt man die Verkehrswertdefinition des § 2 Nr 5 KARBV jedoch zu Grunde (Anm 212), wäre der Erfassung eines unrealisierten Bewertungsverlustes der Vorzug zu geben, da nur so sichergestellt ist, dass die Immobilie mit ihrem Verkehrswert iSd § 2 Nr 5 KARBV und nicht mit den höheren Baukosten in der Vermögensaufstellung erscheint. In Bezug auf die Ermittlung des Anteilwertes führen beide Bewertungen jedoch letztlich zum gleichen Ergebnis.

Welche Kosten als Teil der *Baukosten* **(Herstellungskosten)** aktivierungsfähig sind, bestimmt die KARBV nicht. In § 30 Abs 4 KARBV (§ 30 Abs 5 E-KARBV) findet sich lediglich eine Regelung zur Behandlung der beim Erwerb des Grund und Bodens, auf dem die Immobilie errichtet werden soll, anfallenden Anschaffungsnebenkosten (Aktivierung als Teil des Kaufpreises). Im Hinblick auf die Frage, was als Baukosten aktivierungsfähig ist, kann auf IDW RS HFA 31 (Aktivierung von HK) bzw auf IDW RS IFA 1 (HK einer Immobilie) abgestellt werden (*Dietrich/Gass* Real Estate Insights, 23). Hiernach zählen zu den HK „Aufwendungen, die durch den Verbrauch von Gütern und die Inanspruchnahme von Diensten für die Herstellung eines Vermögensgegenstands, seine Erweiterung oder für eine über seinen *ursprünglichen Zustand* hinausgehende *wesentliche Verbesserung* entstehen" (IDW RS HFA 31, Tz 4).

Von zentraler Bedeutung ist im Falle des Erwerbs sanierungsbedürftiger Gebäude der Begriff des ursprünglichen Zustandes, dies ist der Zustand des Gebäudes zu dem Zeitpunkt, in dem das SV Eigentümer des Gebäudes wurde (IDW RS IFA 1, Tz 7). Eine wesentliche Verbesserung liegt immer dann vor, wenn ausgehend vom Zustand im Erwerbszeitpunkt die *Gebrauchsmöglichkeit des Gebäudes* (sog **Nutzungspotential**) über eine substanzerhaltende Erneuerung hinaus wesentlich erhöht wird (IDW RS IFA 1, Tz 10). Eine Erhöhung des Nutzungspotentials liegt immer dann vor, wenn sich durch die Maßnahme die Nutzungsdauer oder die Gebäudequalität wesentlich verbessert hat (IDW RS IFA 1, Tz 11, 12 ff). Alleine der zeitliche Zusammenhang mit der Anschaffung reicht nicht aus, um von einer Erhöhung des Nutzungspotentials auszugehen; auch sind alleine höhere Mieten im Anschluss an die Sanierung noch kein hinreichendes Indiz (Einzelfallbetrachtung). Sind die nach dem Erwerb anfallenden Kosten im Verhältnis zum Kaufpreis jedoch als wesentlich anzusehen, besteht die Vermutung, dass es sich um anschaffungsnahe HK handelt (IDW RS IFA 1, Tz 15).

231 Aktivierungsfähig sind auch **Fremdkapitalzinsen,** sofern diese *„periodisierte Ausgaben für die Nutzung bereitgestellten Kapitals"* darstellen (IDW RS HFA 31, Tz 27; § 255 Abs 3 HGB). Die Aktivierung der FK-Zinsen als Bilanzierungshilfe erfolgt zusammen mit den HK, jedoch nur insoweit, als die Zinsen zur Finanzierung der Herstellung des VG angefallen sind. Eine Akti-

II. Rechnungslegung und Prüfung von Sondervermögen   232, 233   U

vierung für Anschaffungsvorgänge ist damit ausgeschlossen (*Schubert/Hutzler* in Beck Bil-Komm[12], § 255 Anm 501). Die aktivierten FK-Zinsen gehen nach erstmaliger Bewertung der Immobilie zum Verkehrswert in das unrealisierte Ergebnis ein.

Im Hinblick auf die Frage, welche Zinsen aktivierungsfähig sind, ist die Ausnahme eng auszulegen (IDW RS HFA 31, Tz 24). Für die Aktivierung von FK-Zinsen bei Immobilien im Bau ist es daher Voraussetzung, dass während der Bauphase Zahlungen zB entsprechend des Baufortschritt geleistet werden, für die die Finanzierung herangezogen wird. Nicht aktivierbar sind damit Kosten der Kapitalbeschaffung, wie zB *Bereitstellungszinsen,* die von einem Kreditinstitut dafür erhoben werden, dass dieses eine Kreditzusage gegeben hat; ein Kreditabruf aber noch nicht stattgefunden hat.

Eine investmentrechtliche Besonderheit, die ausschließlich auf SV Anwendung findet, ergibt sich im Hinblick auf die Aktivierung von **Eigenkapitalzinsen**. Während im Handelsrecht eine derartige Aktivierung ausgeschlossen ist (*Schubert/Hutzler* in Beck Bil-Komm[12], § 255 Anm 509), sieht die KARBV in § 11 Abs 2 KARBV den Posten I.13 „Eigengeldverzinsung" (Bauzinsen) vor. Hierbei handelt es sich um kalkulatorische Zinsen für die Bauzeit auf das zur Verfügung gestellte Kapital. Die fiktiven EK-Zinsen werden – analog den FK-Zinsen – als Bilanzierungshilfe zusammen mit den HK ausgewiesen. Eine gesonderte Aktivierung und Verteilung über einen definierten Zeitraum findet nicht statt; die Beträge werden vielmehr im Zeitpunkt der erstmaligen Bewertung die unrealisierten Bewertungsergebnisse negativ beeinflussen.

Eine Aktivierung sowohl von FK- wie EK-Zinsen für Zeiträume nach der Fertigstellung findet nicht statt (Aktivierung endet mit Abnahme des fertiggestellten Gebäudes).

Die **Anschaffungsnebenkosten** (ausgenommen im Falle des Erwerbs von Grund und Boden für Projektentwicklungen; Anm 234) sind gesondert, dh als eigener Posten in der Vermögensaufstellung zu erfassen und über die voraussichtliche Haltedauer, längstens jedoch über zehn Jahre *linear abzuschreiben* (§ 248 Abs 3 S 1 KAGB). *Ändert sich die ursprünglich geplante Haltedauer, ist der Abschreibungszeitraum entspr anzupassen.* Wird das Objekt veräußert, sind die verbliebenen Anschaffungsnebenkosten in voller Höhe abzuschreiben. Anders als in der handelsrechtlichen Rechnungslegung bzw auch der Rechnungslegung der InvGes sind die Abschreibungen jedoch nicht in der Ertrags- und Aufwandsrechnung zu erfassen; auch nicht im nicht realisierten Ergebnis (§ 248 Abs 3 S 3 KAGB). Damit bleibt für die Praxis nur eine *erfolgsneutrale Erfassung über die Entwicklungsrechnung ohne eine Reduktion des ausschüttungsfähigen Betrags* (Verrechnung mit dem Fondskapital).   232

Gem § 30 Abs 2 KARBV (§ 30 Abs 3 E-KARBV) ist zur Bestimmung der investmentrechtlichen Anschaffungsnebenkosten zunächst von der handelsrechtlichen Definition des § 255 Abs 1 HGB auszugehen. Handelsrechtlich zählen zu den Anschaffungsnebenkosten die Nebenkosten des Erwerbs wie bspw Vermittlungs- und Maklergebühren, Provisionen, Notariats-, Gerichts- und Registerkosten, Anlieger- und Erschließungsbeiträge sowie die GrESt (ähnlich auch *Schubert/Gadek* in Beck Bil-Komm[12], § 255 Anm 71, 325). Voraussetzung ist dabei, dass es sich um Aufwendungen handelt, die dem   233

Erwerb des VG unmittelbar zugerechnet werden können (Einzelzuordenbarkeit; *Schubert/Gadek* in Beck Bilanz-Komm[12], § 255 Anm 25). Investmentrechtlich wird diese Begriffsdefinition durch § 30 Abs 2 KARBV (§ 30 Abs 3 E-KARBV) jedoch um Kosten erweitert, die im Vorfeld des Erwerbs angefallen sind, die aber dem konkreten Erwerb zugeordnet werden können, also nicht allg Natur sind. Nicht zulässig ist daher der Ansatz von zB Kosten für allg Marktstudien, Wettbewerbsanalysen oä. Eine etwaige aus Anlass des Erwerbs an die KVG zu zahlende Verwaltungsvergütung (sog Erwerbsvergütung) zählt jedoch ebenso zu den investmentrechtlichen Anschaffungsnebenkosten wie bspw die Kosten einer (technischen) *Due Diligence.*

234 Steht die Herstellung der Immobilie im Vordergrund, bestimmt § 30 Abs 4 KARBV (§ 30 Abs 5 E-KARBV), dass ein gesonderter Ansatz von Anschaffungsnebenkosten zu unterbleiben hat. Solche Kosten sind zusammen mit dem Kaufpreis anzusetzen und sind damit Bestandteil der HK des im Bau befindlichen Objekts (Anm 230). Ein Kriterium zur Bestimmung in komplexen Fällen, wann die Herstellung der Immobilie im Vordergrund steht, ist das Bauträgerrisiko (Entwicklerrisiko). Verbleibt das typische Bauträgerrisiko zunächst beim Verkäufer, handelt es sich eher um einen Anschaffungsvorgang als um einen Herstellungsvorgang (ähnlich auch *Doublier/Lemnitzer* in: EDD KAGB, § 248, Rn 18).

235 Für im Ausland belegene Immobilien sind gem § 30 Abs 3 KARBV (§ 30 Abs 4 E-KARBV) im Rahmen der Anteilpreisberechnung ggf Rückstellungen für Steuern (sog **Capital Gain Tax**) zu bilden. Die Rückstellungen berücksichtigen die im Falle einer Veräußerung voraussichtlich zu erwartende Steuerlast. Die Berücksichtigung von Steuerspareffekten, die sich zB aufgrund der Bildung von Reinvestitionsrücklagen ergeben, ist bei der Bildung der Rückstellung der *Capital Gain Tax* aufgrund der erheblichen Unsicherheit, mit der diese behaftet sind, nicht zulässig (§ 30 Abs 3 S 4 KARBV, § 30 Abs 4 S 4 E-KARBV). Die Steuerspareffekte aufgrund vorliegender, nach dem Steuerrecht des Belegenheitsstaats steuerlich verrechenbarer Verluste sind nur bis zur Höhe der Steuerbelastung auf den Veräußerungsgewinn zu berücksichtigen (§ 30 Abs 3 S 5 KARBV, § 30 Abs 4 S 5 KARBV).

Die Rückstellungen für Steuern auf ausländische Veräußerungsgewinne sind erfolgsneutral zu bilden und ggf. aufzulösen (§ 30 Abs 3 S 6 KARBV, § 30 Abs 4 S 6 KARBV); sie fließt daher über die unrealisierten Wertveränderungen in die Entwicklungsrechnung ein. Die Erfassung von latenten Steuern auf im Inland belegene Immobilien ist nicht zulässig.

Beteiligungen an Immobilien-Gesellschaften

238 § 31 KARBV enthält spezifische Regelungen zur Bewertung von Bet an ImmobilienGes. § 31 Abs 2 KARBV wie auch § 236 KAGB bzw § 248 KAGB, auf welche § 31 KARBV verweist, gelten *ausschließlich für Immobilien-SV.* Eine Anwendung auf Bet an ImmobilienGes, die von einer geschlossenen InvKG oder einer InvAG mit fixem Kapital gehalten werden, scheidet daher aus. Für diese gelten die allgemeinen Bewertungsregelungen (Anm 628) bzw die Regelungen des § 32 Abs 3 E-KARBV.

II. Rechnungslegung und Prüfung von Sondervermögen 239–243 U

Im Falle des Investments in ImmobilienGes für SV sind **Anschaffungsnebenkosten** aus dem Erwerb der Bet gesondert zu aktivieren und über einen Zeitraum von maximal zehn Jahren zu verteilen. Eine Regelung zur in der Praxis üblichen analogen Behandlung der Anschaffungsnebenkosten des *Immobilienerwerbs in der ImmobilienGes* (bei einem *Asset Deal* in der Bet) enthält weder das KAGB noch die KARBV. 239

Spätestens nach Ablauf von zwölf Monaten ist die Bet an einer ImmobilienGes mit dem Wert anzusetzen, der von einem AP (iSd § 319 Abs 1 S 1 und Abs 2 HGB) nach den für die Bewertung von UntBet allg anerkannten Grundsätzen der UntBewertung ermittelt wurde (§ 248 Abs 4 KAGB). § 31 Abs 3 KARBV bestimmt weiter, dass der Wert der Bet auf der Grundlage einer Vermögensaufstellung iSd § 249 Abs 3 KAGB zu ermitteln ist. Wird die Bet nicht direkt für Rechnung des SV, sondern indirekt über eine ImmobilienGes (mittelbare Bet über mehrstöckige Strukturen) gehalten, kann der Wert der mittelbar gehaltenen Bet zB auf einer konsolidierten Basis zusammen mit der Wertermittlung der direkten Bet ermittelt werden (§ 31 Abs 5 KARBV). 240

In der Vermögensaufstellung nach § 101 Abs 1 S 3 Nr 1 KAGB zum Stichtag ist der gem § 248 Abs 4 und § 250 Abs 1 Nr 2 KAGB ermittelte und von der KVG bis zum Berichtsstichtag auf Basis der monatlichen Vermögensaufstellungen der Bet fortgeschriebene Wert der direkt für Rechnung des SV gehaltenen Bet anzusetzen (§ 31 Abs 8 KARBV).

Die ImmobilienGes, an der die unmittelbare bzw mittelbare Bet besteht, muss vertraglich verpflichtet werden, monatlich Vermögensaufstellungen bei der AIF-KVG und der Verwahrstelle einzureichen und diese einmal jährlich anhand des von einem AP mit einem BVm versehenen JA der ImmobilienGes prüfen zu lassen (§ 249 Abs 2 Nr 1 und 2 KAGB; IDW S 12). Maßgeblich für die Anteilwertermittlung ist die aktuelle monatliche Vermögensaufstellung zum Zeitpunkt der Bewertung (§ 31 Abs 3 S 2 KARBV). 241

Die KVG hat *einheitliche Grundsätze für das Mengengerüst und die Bewertung des Vermögens und der Schulden* aufzustellen und zu dokumentieren (§ 31 Abs 3 S 3 KARBV). Das Mengengerüst soll unabhängig von lokalen Rechnungslegungsnormen die vollständige Erfassung aller VG und Schulden in den Vermögensaufstellungen sicherstellen. Insb soll sichergestellt werden, dass auch fehlende Passivposten mit Schuldcharakter erfasst werden und Aktivposten ohne Vermögenscharakter nicht in die Bewertung einfließen (§ 31 Abs 3 S 4 KARBV). 242

Das Ergebnis der Bewertung der ImmobilienGes durch den AP hat ein **marktnaher Wert** zu sein. Dabei ist nach § 248 Abs 4 S 1 KAGB der Wert der Bet zwar „nach den für die Bewertung von UntBet allgemein anerkannten Grundsätzen" zu ermitteln, § 31 Abs 4 KARBV schreibt dann jedoch ein Verfahren vor, welches zunächst eine Einzelbewertung der VG vorsieht. Ausgangspunkt für die Bewertung ist der gem Vermögensaufstellung ermittelte Nettowert. Der darin angesetzte Wert der Immobilie ist durch den zuletzt durch zwei externe Bewerter ermittelten Wert der Immobilie zu ersetzen (§ 248 Abs 4 S 2 KAGB). Darüber hinaus sind die übrigen VG und Verbindlichkeiten nach den Wertmaßstäben des § 168 Abs 1–7 KAGB anzusetzen. Um letztlich durch dieses Verfahren den marktnahen Wert der Immobilien- 243

244 Ges abzubilden, lässt § 31 Abs 4 S 5 KARBV darüber hinaus die Berücksichtigung besonderer Wertkomponenten (bspw Geschäftswert) zu.

244 Die Bewertung der Bet durch einen AP ist mind einmal jährlich durchzuführen (§ 251 Abs 1 S 1 iVm § 217 KAGB iVm § 248 Abs 4 und § 250 Abs 1 Nr 2 KAGB). Der vom AP ermittelte Wert der Bet ist am ersten Preisermittlungstag, der auf die Bekanntgabe des Werts durch den AP an die KVG folgt, anzusetzen. Bis zur nächsten Wertermittlung ist der Wert der Bet im Rahmen des § 249 Abs 2 KAGB auf der Grundlage der monatlichen Vermögensaufstellungen durch die KVG fortzuschreiben. Die monatliche Wertfortschreibung darf sich gem § 31 Abs 6 KARBV nur auf solche Wertkomponenten erstrecken, die keiner wesentlichem Ermessensspielraum unterliegen (zB Ausschüttungen, Kapitalmaßnahmen, Verkauf der einzigen Immobilie, wenn der Kaufpreis nicht wesentlich vom Verkehrswert abweicht, Mieteinnahmen und andere laufende Erträge und Aufwendungen; § 31 Abs 7 KARBV). Dies gilt auch für den Fall, dass der Tag der Bekanntgabe des BetWerts vom Stichtag der Bewertung des AP abweicht und zwischenzeitlich Ereignisse eingetreten sind, die Anlass zu einer Fortschreibung geben.

245 Abw vom gesetzlich vorgesehenen (jährlichen) Bewertungsintervall ist – analog zur Bewertung der Immobilien – der Wert der Bet neu zu ermitteln, wenn nach Auffassung der KVG der Ansatz des zuletzt ermittelten Werts aufgrund von *Änderungen wesentlicher Bewertungsfaktoren,* die nicht im Rahmen der Wertfortschreibung berücksichtigt werden können, nicht mehr sachgerecht ist (§ 31 Abs 7 KARBV).

246 In dem Fall, dass die Veräußerung der Anteile an einer (ausländischen) ImmobilienGes wahrscheinlicher ist als die Veräußerung der Immobilie, ist bei der Bewertung von Bet ein Abschlag in Höhe des Betrags vorzunehmen, der bei Verkauf der Bet infolge latenter Steuerlasten als Minderung des Kaufpreises für die Bet erwartet wird (§ 30 Abs 4 S 7 KARBV). Nach der VOBegr zur KARBV ist die Veräußerung von Anteilen an einer ImmobilienGes dann wesentlich wahrscheinlicher als die Veräußerung der einzelnen Immobilien, wenn unter Berücksichtigung aller für die Wahl der Transaktionsart entscheidungsrelevanten Aspekte, insb der Höhe der Bet und der aktuellen Marktlage, davon ausgegangen werden kann, dass diese für das SV vorteilhafter wäre und tatsächlich am Markt realisierbar ist. Die Berücksichtigung latenter Steuereffekte ist jedoch auf ausländische Steuern begrenzt (Regelung zur *Capital Gain Tax;* Anm 235).

Sonstige Unternehmensbeteiligungen gemäß § 261 Abs 1 Nr 4 KAGB

249 Zu den zulässigen VG, die ein offener inländischer SpezialAIF iSd §§ 278 ff KAGB erwerben darf, gehören gem § 284 Abs 2 Nr 2 Buchst. i KAGB und gem § 282 Abs 1 und 2 KAGB auch **Unternehmensbeteiligungen,** deren Anteile nicht zum Handel an einer Börse zugelassen oder in einen organisierten Markt einbezogen sind, wenn der Verkehrswert ermittelt werden kann. Das betrifft Bet an in- und ausländischen Pers- und KapGes *(Private Equity)* sowie auch andere Rechtsformen wie etwa Trusts.

II. Rechnungslegung und Prüfung von Sondervermögen

Die VG mit dem Charakter einer unternehmerischen Bet gemäß § 261 **250** Abs 1 Nr 4 KAGB sind für Zwecke der Anteilwertermittlung bzw der Erstellung des Jahresberichts mit ihrem Verkehrswert zu bewerten (Anm 627). Für nicht an einer Börse oder an einem anderen organisierten Markt zugelassene VG ist der **Verkehrswert,** der bei sorgfältiger Einschätzung nach geeigneten Bewertungsmodellen unter Berücksichtigung der aktuellen Marktgegebenheiten angemessen ist, zugrunde zu legen.

Im Zeitpunkt des Erwerbs ist als Verkehrswert gem § 168 Abs 3 KAGB für **251** VG mit dem Charakter einer unternehmerischen Bet der **Kaufpreis** einschl der Anschaffungsnebenkosten anzusetzen (§ 32 Abs 2 S 1 KARBV). Hieraus folgt, dass bei UntBet anders als im Falle der ImmobilienGes die Anschaffungsnebenkosten nicht gesondert auszuweisen und zu verteilen sind. Spätestens nach Ablauf von zwölf Monaten nach Erwerb bzw nach der letzten Bewertung hat eine (erneute) Bewertung der unternehmerischen Bet zu erfolgen. Der sich hieraus ergebende Verkehrswert ist anzusetzen (§ 32 Abs 2 S 2 KARBV).

§ 32 KARBV konkretisiert die Regelungen zur Bewertung von VG mit **252** dem Charakter einer unternehmerischen Bet und fordert die Bewertung nach den anerkannten Grundsätzen für die **Unternehmensbewertung.** Eine bestimmte Bewertungsmethode wird nicht vorgeschrieben, jedoch ist ein verwendetes *Bewertungsverfahren grds stetig anzuwenden.* Abweichungen sind nur dann zulässig, wenn dadurch der Verkehrswert der Bet zutreffender, dh sachgerechter, ermittelt werden kann (*BaFin* VOBegr zu § 32 KARBV). Die *Kriterien und die Methode für die Wertermittlung, die für die Wertermittlung verwendeten Parameter,* die zu verwendenden am Markt beobachtbaren Bezugsquellen für die Parameter und die Berechnung des Werts auf den Erwerbszeitpunkt einschl der getroffenen Annahmen *sind zu dokumentieren* (§ 32 Abs 1 S 2 KARBV). Anders als im Falle von geschlossenen PublikumsAIF (Anm 628) fordert weder das KAGB noch die KARBV für SpezialAIF im Hinblick auf die Bewertung von UntBet die Verwendung von Vermögensaufstellungen als Bewertungsgrundlage.

Im Hinblick auf eine **Objektivierung** der Bewertung sollten die ver- **253** wendeten *Daten und Informationen aus zuverlässigen Quellen* stammen und soweit wie möglich von einem Dritten verifiziert worden sein (zB testierte JA, Gutachten externer Bewerter, technische Gutachten) (*BaFin* VOBegr zu § 32 KARBV). Bestehen auf Ebene der zu bewertenden Ges latente Steuern, sind diese nur zu berücksichtigen, soweit sie voraussichtlich innerhalb der nächsten fünf Jahre nach ihrer Entstehung genutzt werden können (*BaFin* VOBegr zu § 32 KARBV).

Die wesentlichen Parameter (zB Cashflow der Ges, risikoadäquater Zins- **254** satz) sind in angemessenen Abständen zu überwachen und nach sorgfältiger Einschätzung im Hinblick auf wesentliche Änderungen und deren Auswirkungen im Vergleich zur letzten Bewertung zu überprüfen. Diese Überprüfung ist zu dokumentieren. Ergibt sich hieraus ein Anhaltspunkt, dass der Ansatz des zuletzt angesetzten Werts aufgrund von wesentlichen Veränderungen wesentlicher Bewertungsfaktoren nicht mehr sachgerecht ist, ist der Verkehrswert mittels einer vollständigen Bewertung erneut zu ermitteln. Die Entscheidung und die hierfür tragenden Gründe sind von dem für die Bewertung des SV Verantwortlichen nachvollziehbar zu dokumentieren.

255 Gem § 34 Abs 1 KARBV gelten die Regelungen des § 32 KARBV auch dann, wenn mit den Anlegern eine Abweichung von den gesetzlichen Vorschriften gem § 284 Abs 2 KAGB vereinbart wurde. Für die Bewertung von UntBet wird damit ein **Mindeststandard** vorgegeben, von dem auch im Bereich der SpezialAIF nicht abgewichen werden kann.

Sonstige Vermögensgegenstände und Schulden

258 Bei **Schuldverschreibungen,** die nicht zum Handel an einer Börse zugelassen oder nicht an einem anderen organisierten Markt zugelassen oder in diesen einbezogen sind, sowie **Schuldscheindarlehen,** sind die Kurse vergleichbarer Papiere und ggf die Kurswerte von Anleihen vergleichbarer Aussteller und entspr Laufzeit und Verzinsung – erforderlichenfalls mit einem Abschlag zum Ausgleich der geringeren Veräußerbarkeit (mangelnde Liquidität) – heranzuziehen (§ 168 Abs 4 KAGB).

259 Anteile an inländischen InvVerm, EU-InvAnteile und ausländische **Investmentanteile** sind gem § 29 Abs 1 KARBV mit ihrem letzten festgestellten Rücknahmepreis zu bewerten oder mit ihrem aktuellen Kurswert gem § 27 Abs 1 KARBV (Bewertung auf der Grundlage von handelbaren Kursen). Stehen aktuelle Rücknahmepreise sowie handelbare Kurse nicht zur Verfügung, ist der Anteilpreis aufgrund geeigneter Bewertungsmethoden entspr § 28 KARBV zu ermitteln.

260 **Bankguthaben** sind mit ihrem Nennwert zzgl zugeflossener Zinsen anzusetzen (§ 29 Abs 2 S 1 KARBV). **Festgelder** sind zum Verkehrswert zu bewerten, sofern das Festgeld kündbar ist und die Rückzahlung bei der Kündigung nicht zum Nennwert zzgl Zinsen erfolgt. Damit sind auch renditeabhängige Kursveränderungen während der Laufzeit zu berücksichtigen und an den Zeitwert anzupassen (§ 29 Abs 2 S 2 KARBV).

Gelddarlehen iSd § 285 Abs 2 KAGB und erworbene **unverbriefte Darlehensforderungen** sind ebenfalls mir ihrem Verkehrswert zu bewerten. Zur Ermittlung des Verkehrswerts ist ein Bewertungsmodell heranzuziehen, welches die in § 34a E-KARBV enthaltenen Bewertungsparameter berücksichtigt (insb Zinssatz, Restlaufzeit, Währung, Ausfallwahrscheinlichkeit, Sicherheiten). Bei homogenen Krediten ist auch die Nutzung von Kredit-Scoring-Verfahren und pauschalierten Bewertungsmethoden zulässig (§ 34a E-KARBV; Anm 629).

261 Für die Ermittlung der Kurswerte von **Optionsrechten,** die zum Handel an einer Börse zugelassen oder in einen anderen organisierten Markt einbezogen sind, ist gem § 168 Abs 2 KAGB auf die zuletzt festgestellten Kurse der betr Terminbörse abzustellen, wobei zu diesen Kursen auch Aufträge ausgeführt worden sein müssen. Sind im engen zeitlichen Zusammenhang mit dem Abschluss des Optionsgeschäfts (noch) keine Kurse festgestellt worden, ist der Anschaffungswert zugrunde zu legen. Soweit kein Börsenhandel stattgefunden hat, dieser ausgesetzt wurde oder es sich nicht um eine börsengehandelte Option handelt, ist ersatzweise eine sachgerechte Schätzung zur Ermittlung des Verkehrswerts iSd § 168 Abs 3 KAGB vorzunehmen. Der Verkehrswert eines Optionsrechts ist der Betrag, der für ein gleich ausgestattetes Recht zum Zeitpunkt der Bewertung aufgewendet werden müsste bzw vereinnahmt werden könnte.

II. Rechnungslegung und Prüfung von Sondervermögen 262–266 U

Finanz- und Devisenterminkontrakte sind gem § 168 Abs 5 KAGB 262
mit den geleisteten Einschüssen unter Einbeziehung der am Börsentag festgestellten Bewertungsgewinne und -verluste dem InvVerm zuzurechnen. Die Bewertung von OTC-Derivaten ist gem Art 8 Abs 4 Buchst b der OGAW-Durchführungsrichtl zu überprüfen (§ 28 Abs 2 KARBV).

Swaps werden mit dem Verkehrswert (Marktwert) angesetzt. Der Markt- 263
wert eines Swaps ist der Saldo der beiden abgezinsten zukünftigen Zahlungsströme (Barwert), die ausgetauscht werden.

Im Falle **schwebender Verpflichtungsgeschäfte** ist anstelle des von der 264
KVG zu liefernden VG (idR Liquidität) die von ihr zu fordernde Gegenleistung (zB Wertpapier) unmittelbar nach Abschluss des Geschäfts zu berücksichtigen (§ 168 Abs 6 S 1 KAGB). In der Praxis wurde die Unmittelbarkeit bislang als gewahrt betrachtet, wenn die Gegenleistung spätestens zwei Tage nach Geschäftsabschluss in die Preisberechnung einging, sodass bei normalen *Handelsusancen* das schwebende Verpflichtungsgeschäft nicht erfasst wird. Bei sehr volatilen Kursen kann aber auch diese Frist bereits zu lang sein.

Wird ein verzinsliches *Wertpapier aus einer Erstemission* erworben, so wird das Verpflichtungsgeschäft häufig bereits längere Zeit vor dem Emissionstag abgeschlossen; dabei stehen zT auch die Emissionsbedingungen noch nicht final fest (lediglich Bandbreiten für mögliche Laufzeiten und Verzinsungen). Für diesen Fall ist die Abbildung des schwebenden Verpflichtungsgeschäftes uE unerlässlich, da insb in zinsvolatilen Zeiten zwischen dem Handelstag und dem Emissionszeitpunkt erhebliche Wertschwankungen bestehen können. Das schwebende Geschäft wird in diesem Fall wie ein Derivat erfasst, bewertet und idR unter den sonstigen VG ausgewiesen.

Von Bedeutung ist die Regelung auch im Falle sog *forward purchase*-Geschäfte bei Immobilienerwerben. Auch hier kann zwischen dem Tag des Abschlusses des Verpflichtungsgeschäftes und dem Zeitpunkt von Übergang von Nutzen und Lasten ein erheblicher Zeitraum vergehen (insb bei Immobilien im Bau, sofern der Übergang von Nutzen und Lasten erst mit Fertigstellung erfolgt). Anders als bei Wertpapiergeschäften sehen die Kaufverträge jedoch häufig noch aufschiebende Bedingungen und Anpassungsklauseln für den Kaufpreis vor, sodass das schwebende Verpflichtungsgeschäft nicht selten einen Wert von Null annimmt oder noch keine beiderseitige Verpflichtung zur Leistung besteht. Anderenfalls, bei fehlender entsprechender vertraglicher Regelung, ist auch in diesem Fall das schwebende Verpflichtungsgeschäft bereits mit Vertragsabschluss zu erfassen und mit dem Verkehrswert zu bewerten.

Rückerstattungsansprüche bzw -verpflichtungen aus **Wertpapierdarlehen** 265
sind mit dem jeweiligen Kurswert der übertragenen Wertpapiere anzusetzen (§ 168 Abs 6 S 2 KAGB). Erhaltene Sicherheiten sind nicht in der Vermögensaufstellung anzusetzen. Bei **Wertpapierpensionsgeschäften** sind die Rückerstattungsansprüche bzw -verpflichtungen mit anzusetzen.

Verbindlichkeiten sind zu ihrem Rückzahlungsbetrag anzusetzen (§ 29 266
Abs 3 KARBV), **Rückstellungen** mit ihrem Erfüllungsbetrag (§ 29 Abs 3 E-KARBV). Wird ein Darlehen mit einem Disagio ausgezahlt, ist nach § 29 Abs 3 KARBV der Bruttobetrag anzusetzen (Bruttobilanzierung iSd § 250 Abs 3 HGB). Das Disagio (Unterschiedsbetrag) ist auf der Aktivseite auszu-

weisen (zB Posten „Andere Vermögensgegenstände") und über die Laufzeit des Kredits linear zu verteilen.

267 Die SV können in Euro oder einer anderen Währung **(Fondswährung)** geführt werden, wobei die Wahl der Buchwährung für jedes einzelne SV individuell getroffen werden kann. Alle nicht in der Fondswährung geführten VG und Verbindlichkeiten sind mit den aktuellen Devisenkassamittelkursen in diese umzurechnen. Die verwendeten Devisenkurse müssen nachvollziehbar dokumentiert sein.

5. Prüfung, Berichterstattung und Aufbewahrung

a) Prüfungspflicht und Prüfungsgegenstand

270 Der Jahresbericht (§ 101 KAGB) und der Zwischenbericht (§ 104 KAGB) sowie der Auflösungs- und Abwicklungsbericht (§ 105 KAGB) eines SV sind gem § 102 bzw § 104 Abs 2 S 1 KAGB bzw § 105 Abs 3 S 1 KAGB durch einen **Abschlussprüfer** zu prüfen. Der Halbjahresbericht eines PublikumsSV unterliegt keiner Prüfungspflicht. Der geprüfte Jahres-, Zwischen- oder Auflösungsbericht ist dem PrüfBer als Anlage beizufügen.

271 Für die Prüfung von SV gelten § 318 Abs 3–8 HGB (Bestellung und Abberufung des AP), § 319 HGB (Auswahl des AP und Ausschlussgründe), § 319b HGB (Netzwerk) und § 323 HGB (Verantwortlichkeit des AP, Haftungsbeschränkung) entspr (§ 102 S 2 KAGB; *Schmidt/Feldmüller* in Beck Bil-Komm[12] § 323 Anm 1 ff).

272 Die **Prüfung** hat sich auch darauf zu erstrecken, ob bei der *Verwaltung* eines SV die Vorschriften des KAGB und die Bestimmungen der *Anlagebedingungen* beachtet worden sind (§ 102 S 5 KAGB). Festzustellen ist insb, ob die Anlageentscheidungen dem Gesetz und den Anlagebedingungen entsprechen.

273 Bei *SpezialAIF* ist *zusätzlich zu prüfen, ob die Anlagebedingungen* (insb Anlagepolitik und Anlagegrundsätze) *mit den Vorschriften des KAGB übereinstimmen* (§ 25 Abs 4 KAPrüfbV). Hierdurch wird die wirksame Beaufsichtigung der Anlagebedingungen von SpezialAIF sowie ggf von sog *Side Letters* und vergleichbaren Ergänzungen der Anlagebedingungen gewährleistet, da diese nicht von der BaFin genehmigt werden und eine Abweichung von den gesetzlichen Vorgaben gem § 284 Abs 2 Nr 1 KAGB lediglich die Zustimmung des Anlegers erfordert.

274 Gem § 104 Abs 2 KAGB hat der AP bei der Übertragung eines SV von einer externen KVG auf eine andere externe KVG auch den Zwischenbericht der abgebenden KVG zu prüfen. Neben dem **Zwischenbericht** unterliegen in diesem Fall auch die der übernehmenden KVG zur Fortführung der Buchhaltung übermittelten *Saldenlisten und Skontren der Prüfung durch den AP der abgebenden KVG* (§ 27 Abs 3 KAPrüfbV). Den AP der aufnehmenden KVG trifft die Verpflichtung zur Prüfung des Jahresberichts für das gesamte Gj des SV, dh inkl des Zeitraums, in dem das SV von der abgebenden KVG verwaltet wurde. Er muss im Rahmen seiner Prüfung sicherstellen, dass er für alle Posten, also auch für die während der Verwaltung durch die abgebende KVG im Gj des SV entstandenen Erträge und Aufwendungen, die realisierten bzw unrealisierten Gewinne und Verluste sowie die unterjährigen Umsätze

II. Rechnungslegung und Prüfung von Sondervermögen   277–279   **U**

die benötigte Prüfungssicherheit erlangt. Die Verwendung des testierten Zwischenberichts einschl Saldenlisten und Skontren der abgebenden KVG dient diesem Zweck. § 18 S 4 KARBV stellt klar, dass die Übermittlung von Saldenlisten einschließlich der Ergebnisvorträge sowie von Skontren immer erforderlich ist, selbst für den Fall, dass die Übertragung des Verwaltungsrechtes zum Ende des Gj erfolgt. Die Saldenlisten und Skontren sind dem PrüfBer sowie dem Besonderen Vermerk beizufügen (Testatsexemplar).

b) Prüfungsbericht

aa) Allgemeines. Für den Bericht über die Prüfung eines SV sind **277** § 321 HGB (*Schmidt/Deicke* in Beck Bil-Komm[12] § 321 Anm 1 ff) und die „Grundsätze ordnungsmäßiger Berichterstattung bei Abschlussprüfungen" (IDW PS 450 nF) sinngemäß anzuwenden und die aufsichtsrechtlichen Anforderungen der BaFin zu beachten. Die besonderen Anforderungen an die **Inhalte der PrüfBer** für SV regelt die KAPrüfbV. Kapitel 3 der KAPrüfbV konkretisiert die Prüfung des Jahresberichts sowie des Zwischen-, Auflösungs- und Abwicklungsberichts eines SV.

Der PrüfBer ist bei PublikumsSV *unverzüglich nach Beendigung der Prüfung* bei der **BaFin einzureichen** (§ 102 S 6 KAGB). Bei SpezialSV ist er der BaFin nur auf Anforderung einzureichen (§ 102 S 6 KAGB). Die PrüfBer sind in zweifacher Ausfertigung einzureichen (ein original unterschriebenes Exemplar und ein elektronisches Exemplar; *BaFin* Information v 31.8.2018). Weiterhin drei Exemplare sind einzureichen für Auflösungs- und Abwicklungsberichte. Die Einreichung der PrüfBer erfolgt über das Portal der Melde- und Veröffentlichungsplattform (MVP-Portal) der BaFin. In Reaktion auf die Covid-19-Pandemie verzichtet die BaFin vorübergehend auf die Einreichung der Prüfungsberichte in Papierform. Einzureichen ist bis auf weiteres lediglich ein elektronisches Exemplar, welches eine Kopie des vom Abschlussprüfer unterzeichneten und gesiegelten Exemplars sein muss (*BaFin* Schreiben v 15.4.2020).

In Kapitel 3 Abschn 1 der KAPrüfbV werden in § 25 die für SV einschlä- **278** gigen Prüfungs- und Berichtsgrundsätze definiert. Hiernach hat der PrüfBer über den Jahresbericht eines SV in einer **zusammenfassenden Schlussbemerkung** zu allen wesentlichen Aspekten der Prüfung Stellung zu nehmen, sodass aus ihr selbst ein Überblick über die für die Rechnungslegung des SV bedeutsamen Feststellungen und die Einhaltung der aufsichtsrechtlichen Vorgaben gewonnen werden kann (§ 25 Abs 2 KAPrüfbV). Dieser muss auch zu entnehmen sein, ob die VG ordnungsgemäß bewertet wurden.

Der PrüfBer ist so zu verfassen, dass der AP der KVG diesen und damit auch die Ergebnisse der Prüfung des SV im Rahmen seiner APr verwenden kann (§ 25 Abs 6 E-KARBV). Umgekehrt kann auch der AP des SV die Prüfungsergebnisse der Prüfung der KVG – soweit dies für die Berichterstattung über die Einhaltung der einschlägigen Organisations- und Verhaltensvorschriften (§§ 26–28 KAGB) erforderlich ist – verwenden können (§ 25 Abs 5 KAPrüfbV; Anm 282 ff).

Der AP hat zunächst die *Richtigkeit und Vollständigkeit des Jahresberichts, Zwi-* **279** *schen-, Auflösungs- und Abwicklungsberichts* unter besonderer Berücksichtigung der Vermögensaufstellung, der Ertrags- und Aufwandsrechnung, der Entwicklungsrechnung, des Tätigkeitsberichts sowie des Anhangs zu prüfen (§ 27 Abs 1 KAPrüfbV). Wesentliche als Sammelposten ausgewiesene Posten der Ertrags- und Aufwandsrechnung sind im PrüfBer nachvollziehbar aufzuschlüsseln und zu erläutern. Daneben hat der PrüfBer eine *Stellungnahme zur vertragsgemäßen Belastung des SV mit Aufwendungen* zu enthalten (§ 27 Abs 2 KAPrüfbV).

Der geprüfte Jahres-, Zwischen- oder Auflösungsbericht ist dem PrüfBer als Anlage beizufügen. Dies gilt analog auch für die Skontren und Saldenlisten im Falle der Übertragung der Verwaltung auf eine andere KVG.

280 In §§ 28, 29 KAPrüfbV ist ua die Angabe der Verstöße gegen *gesetzliche Bestimmungen und Bestimmungen der Anlagebedingungen* geregelt. Der AP hat über wesentliche Verletzungen der gesetzlichen und vertraglichen Anlagegrundsätze und Anlagegrenzen bzw über Erwerbsverbote zu berichten (§ 29 Abs 1 KAPrüfbV). Wann eine Anlagegrenzverletzung wesentlich ist, definiert § 29 Abs 2 KAPrüfbV (Über- oder Unterschreitung von 0,5 % des Fondsvermögens).

In diesem Zusammenhang ist insb auch über die Einhaltung der gesetzlichen Pflichten und Verstöße insb gegen die gesetzlichen Regelungen zum *Verbot der Gewährung von Gelddarlehen und Bürgschaftsgarantien* im Falle der OGAW (§ 20 Abs 8 KAGB; § 29 Abs 3 Nr 1 KAPrüfbV) oder zum Verbot der Verpfändung oder Belastung von VG des SV bzw zum Aufrechnungsverbot (§ 93 Abs 4, 5 KAGB; § 29 Abs 3 Nrn 2, 3 KAPrüfbV). Ferner ist über die Einhaltung der Regelungen zu den Wertpapierdarlehens- bzw -pensionsgeschäften (§§ 200–203 KAGB; § 29 Abs 3 Nr 6, 7 KAPrüfbV), zu Leerverkäufen (§ 205 KAGB; § 29 Abs 3 Nr 5 KAPrüfbV) sowie zur Einhaltung der Kreditaufnahmegrenzen des KAGB zu berichten (§ 29 Abs 3 Nr 4 KAPrüfbV). Neben den gesetzlichen Anlagegrenzen und Anlagegrundsätzen sind auch die Merkblätter und Auslegungsentscheidungen der BaFin zu berücksichtigen. Beispielhaft sei an dieser Stelle die Auslegungsentscheidung der BaFin zur Erwerbbarkeit eines AIF als ImmobilienGes genannt (*BaFin Erwerbbarkeit eines AIF; Dietrich/Malsch* WPg 2019, 521 ff).

281 Die Information der BaFin über die *Einhaltung von Anlagegrenzen und Anlagegrundsätzen* der SV erfolgt somit nicht nur über den PrüfBer der KVG, sondern einerseits auch über die PrüfBer der Prüfer der Verwahrstelle (Verwahrstellentätigkeit) und andererseits kann sie entspr Informationen den PrüfBer über die Prüfung der SV entnehmen. Die Aufsicht soll anhand der Berichterstattung beurteilen können, ob die Anlagegrenzen eingehalten werden und ob die *Verwahrstelle ihren Kontrollpflichten* gem § 76 Abs 1 KAGB *ordnungsgemäß nachgekommen* ist.

282 Darüber hinaus hat der AP des SV aber grds auch alle Vorschriften des KAGB und der Anlagebedingungen, die bei der **Verwaltung des Sondervermögens** zu beachten sind, auf ihre Einhaltung zu prüfen (§ 26–28 KAGB; Allg Verhaltensregeln, Interessenkonflikte, Allg Organisationspflichten). Sollten hierbei *Verstöße gegen Verhaltensregeln und Organisationspflichten* konkrete Auswirkungen auf das einzelne SV haben, ist hierauf im PrüfBer des jeweiligen SV einzugehen und es sind die Auswirkungen darzustellen. Dies gilt auch dann, wenn der AP der KVG nicht mit dem AP des SV iden-

II. Rechnungslegung und Prüfung von Sondervermögen 283–288 U

tisch ist. In diesem Fall kann der AP des SV die Ergebnisse der Prüfung der KVG verwenden.

Im PrüfBer ist gem § 30 Abs 1 KAPrüfbV zu beurteilen, ob die von der 283 externen KVG getroffenen **organisatorischen Vorkehrungen** für das zu prüfende SV die Zulässigkeit der getroffenen Anlageentscheidungen nach dem KAGB und den Anlagebedingungen sowie die Einhaltung der Anlagegrenzen gewährleisten und ein angemessenes RMS zum Einsatz kommt. Über Feststellungen der **internen Revision**, soweit diese ein SV direkt betreffen, ist zu berichten (§ 30 Abs 2 KAPrüfbV). Im PrüfBer ist zusammenfassend zu beurteilen, ob die *Ordnungsmäßigkeit der Fondsbuchhaltung und des rechnungslegungsbezogenen internen Kontrollsystems* gewährleistet ist (§ 30 Abs 3 KAPrüfbV).

Es ist darzulegen, ob die von der externen KVG getroffenen **organisato-** 284 **rischen Vorkehrungen zur Anteilwertermittlung** für das zu prüfende SV ordnungsgemäß und geeignet sind und ob § 168 KAGB eingehalten wurde (§ 31 Abs 1 KAPrüfbV). Insb sind die gem § 168 Abs 3 KAGB *angewendeten Bewertungsverfahren* darzustellen und zu beurteilen. Im PrüfBer eines SV hat der AP zu bestätigen, dass die angewendeten Bewertungsverfahren unter Berücksichtigung des Anlageobjekts und der Anlagestrategie des SV geeignet sind (§ 32 Abs 1 KAPrüfbV).

Fehlerhafte Anteilpreise sind darzustellen, die Gründe zu erläutern (§ 31 285 Abs 2 KAPrüfbV) und über die Maßnahmen zu deren Beseitigung ist zu berichten (§ 31 Abs 3 KAPrüfbV). Gem § 31 Abs 2 KAPrüfbV kann sich die Darstellung auf wesentliche **Fehler bei der Anteilpreisermittlung** beschränken. Ein Fehler gilt als wesentlich, wenn die prozentuale Differenz zwischen dem zuerst und dem im Nachhinein ermittelten, korrekten gerundeten Inventarwert bzw Ausgabe- oder Rücknahmepreis 0,5% überschreitet. Bei Geldmarktfonds gilt ein Wert von 0,25% (*BaFin* VOBegr zu § 31 KAPrüfbV).

In § 216 Abs 1 Nr 2 KAGB sind bestimmte organisatorische Voraussetzun- 286 gen genannt, die bei einer *internen Bewertung* durch die KVG einzuhalten sind. Nach § 32 Abs 2 KAPrüfbV hat sich die Bestätigung des AP nicht nur auf die Einhaltung dieser organisatorischen Anforderungen zu beschränken, sondern auch auf die *fachliche Qualifikation der Mitarbeiter,* die diese Bewertungsaufgabe wahrnehmen, zu erstrecken (*BaFin* VOBegr zu § 32 KAPrüfbV).

Bei Bestellung eines externen Bewerters ist sein Name im PrüfBer an- 287 zugeben, wenn er für das SV im Berichtszeitraum bestellt war (§ 32 Abs 3 KAPrüfbV). Nach § 32 Abs 4 KAPrüfbV muss der AP beurteilen, ob die KVG dem *externen Bewerter* die für die Bewertung erforderlichen Unterlagen zur Verfügung gestellt hat. Dazu gehören bei Immobilien Unterlagen und Daten über Anschrift, Beschaffenheit, Nutzung, Kosten und Erträge der Immobilie. Hierdurch soll sichergestellt werden, dass dem Bewerter alle für seine Tätigkeit erforderlichen Informationen zur Verfügung gestellt werden (*BaFin* VOBegr zu § 32 KAPrüfbV).

Beim **Einsatz von Derivaten** in einem SV hat der AP die zusätzlichen 288 Berichtspflichten aus der DerivateV zu beachten. Für die Berichterstattung bei **Erwerb von unverbrieften Darlehensforderungen** verweist § 34a E-KARBV auf die Regelungen in den §§ 46a–46c E-KARBV. Die Berichterstattung schließt in diesem Fall nicht nur eine Berichterstattung über die organisatorischen Vorkehrungen bei Erwerb unverbriefter Darlehensforderungen ein, sondern sieht auch eine Berichterstattung über einzelne Darlehensforderungen vor. Dies betrifft insb notleidende Darlehensforderungen und Darlehen mit außergewöhnlicher Sicherheitenstellung. Darüber hinaus ist eine Beurteilung der Werthaltigkeit der Sicherheiten vorzunehmen.

289 Nimmt die externe KVG für die Verwaltung des SV nicht nur vorübergehend **Anlageberatung** in Anspruch, ist diese Leistung ggf in einer Anlage zum PrüfBer nach Art und Umfang unter Angabe des Leistungserbringers, des Vertragsdatums, des Vollzugsdatums und -zeitraums darzustellen (§ 34 Abs 1 KAPrüfbV). Dies dient der *Aufsicht zur Überprüfung der Richtigkeit der Angaben hinsichtlich der Auslagerung der Portfolioverwaltung in Abgrenzung zur Anlageberatung* (*BaFin* VOBegr zu § 34 KAPrüfbV).

290 Dem PrüfBer von PublikumsSV sind gem § 26 Abs 1 KAPrüfbV **Angaben zum Sondervermögen** voranzustellen, die der Aufsicht zur Vereinfachung der Auswertung eines PrüfBer einen schnelleren Überblick über die Rahmendaten des geprüften SV ermöglichen (*BaFin* VOBegr zu § 26 KAPrüfbV). Hierbei handelt es sich im Wesentlichen um Angaben, die bereits an anderer Stelle (Anlagebedingungen, Verkaufsprospekt) genannt werden. Gem Anlage 2 KAPrüfbV ist von der KVG für jedes PublikumsSV (außer im Falle von ImmobilienSV) zusätzlich auch eine *Portfolioumschlagsrate* zu berechnen und ebenfalls im PrüfBer (Angaben zum SV) anzugeben (§ 26 Abs 1 Nr 14 KAPrüfbV).

291 Das **Ergebnis der Prüfung** hat der AP in einem „*besonderen Vermerk*" festzuhalten, der mit dem vollen Wortlaut im Jahresbericht, Zwischen-, Auflösungs- oder Abwicklungsbericht wiederzugeben ist. Der besondere Vermerk gem § 102 S 4 KAGB beinhaltet ausschließlich *das auf die Rechnungslegung bezogene Gesamturteil des AP*. Zur Einhaltung der bankaufsichtsrechtlichen Anforderungen nimmt der AP im PrüfBer der externen KVG Stellung. Für die Erteilung des besonderen Vermerks auf Basis des KAGB sind neben § 322 HGB die „Grundsätze für die ordnungsmäßige Erteilung von Bestätigungsvermerken bei Abschlussprüfungen" (IDW PS 400) sowie die IDW-Prüfungshinweise, betr den Vermerk des AP einer KVG zum Jahresbericht, Auflösungs- bzw Abwicklungsbericht eines SV gem § 102 S 4 bzw § 105 Abs 3 S 2 KAGB (IDW PH 9.400.2, IDW PH 9.400.7, IDW PH 9.400.14) maßgeblich.

292 Bei der Übertragung des Rechts zur Verwaltung eines SV während eines Gj von der externen KVG auf eine andere externe KVG muss der besondere Vermerk zum Zwischenbericht (§ 104 Abs 2 S 2 KAGB) auch eine Aussage, ob es Festellungen im Rahmen der Prüfung der Saldenlisten und Skontros gegeben hat, enthalten (§ 27 Abs 3 KAPrüfbV). Der Besondere Vermerk wird insofern um einen Abschnitt „Sonstige gesetzliche und andere rechtliche Anforderungen" erweitert, der den „Vermerk über die Prüfung der Saldenlisten und Skontros" enthält (IDW PH 9.400.12). Die jeweils der Prüfung zugrunde liegenden Saldenlisten und Skontos sind dem Prüfber (und dem Testatsexemplar) beizufügen.

295 bb) Besonderheiten für Sondervermögen mit Anlagen in Immobilien und Immobilien-Gesellschaften. Auf die PrüfBer von ImmobilienSV

II. Rechnungslegung und Prüfung von Sondervermögen

und offene SpezialAIF mit Anlagen in Immobilien und ImmobilienGes sind grds die allg Vorschriften für alle SV (§§ 28–34 KAPrüfbV) anwendbar, soweit sich aus den **zusätzlichen Berichtspflichten** für ImmobilienSV gem §§ 36–42 KAPrüfbV nichts anderes ergibt.

Wurden im Berichtsjahr Immobilien oder Bet an ImmobilienGes erworben, ist gem § 36 Nr 1 KAPrüfbV **bei einem Erwerb** für das SV darzustellen, ob bei PublikumsAIF sichergestellt wurde, dass die *Verfügungsbeschränkung* nach § 84 Abs 1 Nr 3 iVm § 246 Abs 1 KAGB wirksam ist (eine rechtliche Beurteilung ist gem der Begründung zu § 26 KAPrüfbV nicht erforderlich). Darüber hinaus ist der *vor Erwerb* nach § 231 Abs 2 oder § 236 KAGB *ermittelte Wert,* die vertraglich vereinbarte und die tatsächlich aus dem SV erbrachte Gegenleistung sowie die Anschaffungsnebenkosten aufzuführen.

Wurden im Berichtsjahr Immobilien oder Bet an ImmobilienGes **veräußert,** sind die in der Vermögensaufstellung ausgewiesenen Verkehrswerte der letzten zwei Jahre (einschl des Berichtsjahrs) sowie die vertraglich vereinbarte und die tatsächlich dem SV zugeflossene Gegenleistung (dh vertraglich vereinbarter *Veräußerungspreis* sowie Veräußerungsnebenkosten) im PrüfBer aufzuführen (§ 36 Nr 2 KAPrüfbV).

Werden für Rechnung des SV VG (Immobilien, ImmobilienGes) **im Ausland erworben,** so ist gem § 37 KAPrüfbV im PrüfBer darauf einzugehen, ob die externe KVG sichergestellt hat, dass die *erworbene Rechtsposition mit deutschem Recht vergleichbar* ist (zB hinsichtlich Eigentum, Teileigentum, Erbbaurecht). Dabei muss der AP die *Vergleichbarkeit nicht selbst beurteilen,* sondern *nur die Maßnahmen der externen KVG* wie bspw die Einholung eines Rechtsgutachtens beschreiben (*BaFin* VOBegr zu § 37 KAPrüfbV).

Weiterhin hat der AP die Kriterien (zB regionale Streuung aufgrund interner Vorgaben, freie Übertragbarkeit bzw freier KapVerkehr) darzustellen, anhand deren die externe KVG geprüft hat, ob die **Erwerbsvoraussetzungen** gem § 233 Abs 1 Nr 2–5 KAGB vorliegen.

Auch über die **Bewertungsverfahren** ist gem § 38 KAPrüfbV im PrüfBer zu berichten. Danach sind insb folgende Angaben zu machen:
– Angabe, ob sämtliche im Berichtszeitraum erstellten Gutachten dem AP vorliegen;
– Beurteilung, ob die Gutachten von einem sachverständigen Dritten in angemessener Zeit nachvollzogen werden können;
– Angabe, ob der externe Bewerter die Verkehrswerte sämtlicher Immobilien im gesetzlich vorgesehenen Bewertungsintervall ermittelt hat und falls wertverändernde Umstände, die von der externen KVG als wesentlich definiert wurden, eingetreten sind, ob eine Neubewertung vorgenommen wurde;
– Angabe, ob für jede Immobilie das entspr Gutachten vorlag;
– Angabe, ob der Wert der Bet an einer ImmobilienGes mind einmal im Gj von einem AP iSv § 319 Abs 1 S 1 und 2 HGB gem § 248 Abs 4 und § 249 Abs 2 KAGB ermittelt wurde.

Im PrüfBer sind gem § 39 Abs 1 KAPrüfbV für alle direkt und indirekt gehaltenen Immobilien die Verkehrswerte bzw Kaufpreise für das Berichtsjahr sowie das Vj einzeln anzugeben. Anzugeben sind dabei nicht alle Immobilien, sondern lediglich diejenigen, deren Verkehrswert im Vergleich zum Vj um

U 302–307 Rechnungslegung und Prüfung von Investmentvermögen

mehr als 5% oder um mehr als EUR 5 Mio verändert hat. Um die *Transparenz der Bewertungen und der damit einhergehenden Wertveränderungen* zu erhöhen, sind gem § 39 Abs 2 KAPrüfbV in diesem Fall die wesentlichen Parameter, die zu der Wertänderung geführt haben, anzugeben. Im Falle der Veränderung der nachhaltig erzielbaren Mieten oder des Liegenschaftszinssatzes ist zusätzlich anzugeben, ob im Gutachten die Gründe für die Veränderung nachvollziehbar dargestellt sind.

302 § 40 KAPrüfbV regelt die Berichterstattung hinsichtlich weiterer Anlagevorschriften und der **Verletzung von Anlagegrenzen** als Ergänzung zu § 29 Abs 2 KAPrüfbV. Zu berichten ist über die Einhaltung folgender gesetzlicher Pflichten und über Verstöße gegen folgende Regelungen:
— Einhaltung der Zustimmungserfordernisse bei Transaktionen mit Mutter-, Schwester- oder TochterUnt der KVG gem § 239 Abs 2 KAGB (Zustimmung der BaFin);
— Darlehensgewährung an ImmobilienGes gem § 240 KAGB;
— Einhaltung der Grenze für die Belastung von Grundstückswerten (§ 260 Abs 3 ggf iVm Abs 4 KAGB);
— Einhaltung der Höchst- und Mindestliquidität gem § 253 Abs 1 und 2 KAGB.
Bei SpezialSV entfällt die Berichtspflicht des § 40 KAPrüfbV insoweit, als die entspr Verpflichtung gem § 284 Abs 2 Nr 1 KAGB vertraglich abbedungen wurde.

303 Gem § 41 KAPrüfbV ist auch über das **Vergabeverfahren** zu berichten; es ist zu beurteilen, ob die *organisatorischen Vorkehrungen der externen KVG für die Vergabe von Leistungen an Dritte,* die zulasten des SV abgerechnet werden, eingehalten wurden. Die Berichterstattung sollte eine Einschätzung zur Ordnungsmäßigkeit des Verfahrens beinhalten (ua Existenz und Einhaltung von Arbeitsanweisungen, Vergaberichtlinien, Kompetenzregelungen) sowie die vertraglichen Grundlagen nennen (Dienstleistungs-, Auslagerungsverträge).

304 In § 42 KAPrüfbV sind Berichterstattungspflichten über die **ordnungsgemäße Ertragsverwendung** gem § 252 KAGB geregelt. Hierunter fallen zB der *Einbehalt für künftige Instandsetzungsmaßnahmen* sowie die *vertragsgemäße Belastung der SV mit eigenen Aufwendungen* der KVG (zB Verwaltungsvergütung, Liegenschaftsgebühren, Kosten im Zusammenhang mit fehlgeschlagenen Objekterwerben). In diesem Zusammenhang ist darzustellen, nach welchem Verfahren die Preise für die eigenen Aufwendungen ermittelt wurden (§ 42 Abs 2 KAPrüfbV). Mit dieser Berichterstattungspflicht erhofft sich die Aufsicht eine höhere Transparenz der Kostenregelungen in den allg und besonderen Anlagebedingungen.

c) Aufbewahrung

307 Das KAGB trifft selbst keine Regelungen zu den Aufbewahrungspflichten und -fristen. Als gesetzliche Grundlagen für die Aufbewahrungspflichten und -fristen kommen demnach vor allem § 257 HGB und § 147 AO in Betracht (*Störk/Philipps* in Beck Bil-Komm[12], § 257 Anm 25 ff). Die Fristen beginnen mit Schluss desjenigen Kj, in dem der betr Vorgang nach ordnungsmäßiger Abwicklung zur Erledigung gekommen ist.

II. Rechnungslegung und Prüfung von Sondervermögen

Aufbewahrungspflichtig sind ua Handelsbücher, Inventare, Jahresberichte sowie die zu deren Verständnis erforderlichen Arbeitsanweisungen und sonstigen Organisationsunterlagen. Ebenfalls aufzubewahren sind die Handels- und Geschäftsbriefe und Buchungsbelege (§ 257 Abs 1 HGB; § 147 Abs 1 AO). Mit Ausnahme des Jahresberichtes kann die Aufbewahrung auch mittels elektronischer Datenträger erfolgen (§ 257 Abs 3 HGB; § 147 Abs 2 AO). Die Handelsbücher, Inventare und Jahresberichte, Buchungsbelege sowie die Organisations- und Arbeitsanweisungen sind mind 10 Jahre aufzubewahren; alle übrigen in § 257 Abs 1 HGB aufgeführten, aufbewahrungspflichtigen Unterlagen sind sechs Jahre aufzubewahren.

6. Fondsverschmelzung

Unter Verschmelzung wird die Übertragung sämtlicher VG und Verbindlichkeiten eines oder mehrerer übertragender InvVerm auf ein anderes bestehendes übernehmendes InvVerm verstanden (**Verschmelzung durch Aufnahme**). 310

Neben der Verschmelzung durch Aufnahme kann eine Verschmelzung durch Übertragung sämtlicher VG und Verbindlichkeiten zweier oder mehrerer übertragender InvVerm auf ein neues, dadurch gegründetes übernehmendes InvVerm erfolgen (**Verschmelzung zur Neugründung;** § 1 Abs 19 Nr 37 Buchst b KAGB).

Das Gesetz sieht für eine Verschmelzung von SV eine Reihe von *Voraussetzungen* in den §§ 181–190 KAGB vor. Hierunter fallen auch Beschränkungen der Arten von InvVerm, die verschmolzen werden dürfen. So dürfen zB keine SpezialSV auf PublikumsSV und keine PublikumsSV auf SpezialSV verschmolzen werden. Weitere Beschränkungen ergeben sich für die Verschmelzung von OGAW-SV. 311

Die Verschmelzung wird idR mit Ablauf des Gj des übertragenden SV *wirksam*, sofern die Verschmelzung im lfd Gj genehmigt worden ist, soweit erforderlich die GesV der beteiligten InvVerm zugestimmt haben, die Werte des übernehmenden und des übertragenden SV oder EU-OGAW zum Übertragungsstichtag berechnet worden sind, und das Umtauschverhältnis sowie ggf der Barzahlung festgelegt worden ist. Vom GjEnde abweichende Stichtage sind möglich, erfordern dann aber die Erstellung eines Zwischenberichtes. 312

Bei der Übertragung aller VG und Verbindlichkeiten eines SV auf ein anderes handelt es sich um eine *Anwachsung derselben zum Inventarwert* des aufnehmenden SV. Dabei sind zur Vermeidung der Realisierung von stillen Reserven und stillen Lasten die VG und Verbindlichkeiten auch im Rahmen der Übertragung zu Marktwerten mit ihren jeweiligen Einstandswerten bzw den fortgeführten AK zu übernehmen und im aufnehmenden SV fortzuführen (vgl *PwC* Novellierung des Investmentrechts 2004, 71). Die Differenz zwischen den Einstandswerten und den Marktwerten wird als unrealisiertes Ergebnis übernommen. 313

Auf den Übertragungsstichtag erstellt die KVG für das untergehende SV einen **Zwischenbericht** (§ 104 Abs 1 KAGB). Dieser enthält sämtliche am Übertragungsstichtag im Bestand befindlichen VG und Verbindlichkeiten. In der Entwicklungsrechnung wird die Entwicklung des Fondsvermögens bis 314 zum Übertragungszeitpunkt dargestellt. *Dieses Fondsvermögen ist maßgeblich für die Berechnung des Umtauschverhältnisses.* Die Ertrags- und Aufwandsrechnung enthält sämtliche ordentlichen Erträge und Aufwendungen des SV bzw des EU-OGAW sowie die Veräußerungsgewinne und -verluste bis zum Übertragungszeitpunkt. Bei der Übertragung gehen die EK-Posten des SV, dh Vorträge von realisierten Gewinnen sowie unrealisierte Gewinne und Verluste, in dem aufnehmenden SV auf. Um dem Informationsbedürfnis der Anleger gerecht zu werden, sind zusätzlich *„Ergänzende Informationen zur Verschmelzung"* in den Zwischenbericht aufzunehmen.

315 Am Ende des relevanten Gj des aufnehmenden SV erstellt die KVG für das aufnehmende SV einen Jahresbericht (§ 101 Abs 1 KAGB). Die Aufstellung eines Jahresberichts zum Übertragungsstichtag ist damit nicht erforderlich. Um den Charakter der Verschmelzung als „besonderes Anteilscheingeschäft" hervorzuheben, sollte in der Entwicklungsrechnung die Mittelzuführung aus der Verschmelzung gesondert dargestellt werden.

316 Die Ertrags- und Aufwandsrechnung enthält die ordentlichen Erträge und Aufwendungen sowie die realisierten und unrealisierten Veräußerungsgewinne und -verluste des Gj. *Die Erträge und Aufwendungen des untergegangenen SV sind nur insofern in der Ertrags- und Aufwandsrechnung enthalten, als sie auf den Zeitraum nach dem Übertragungsstichtag entfallen.* Im Falle der Verschmelzung von PublikumsSV sollten neben der gem § 101 Abs 1 Nr 6 KAGB geforderten Darstellung des Fondsvermögens und Anteilwerts des SV zusätzlich auch das Fondsvermögen und der Anteilwert des untergegangenen SV zu den jeweiligen Stichtagen angegeben werden, um die Vergleichbarkeit der Werte offenzulegen.

317 Eine Verwahrstelle, ein WP oder der AP des übertragenden oder des übernehmenden SV bzw EU-OGAW hat den Zwischenbericht des untergehenden SV gem § 185 Abs 3 KAGB sowie den Übertragungsvorgang gem § 185 Abs 2 KAGB (ua Richtigkeit und Höhe des Umtauschverhältnisses sowie der zugrunde liegenden Nettoinventarwerte, Berechnung der Barzahlung, Übernahme der VG und Verbindlichkeiten zu Einstandswerten sowie Ermittlung der neuen Mischeinstandspreise) zu prüfen.

III. Rechnungslegung und Prüfung von Investmentgesellschaften

1. Rechtliche Grundlagen

320 **Investmentgesellschaften** dürfen gem § 1 Abs 11 KAGB nur in der Rechtsform einer InvAG oder InvKG betrieben werden. Unterschieden werden auch diese in offene und geschlossene InvGes bzw in Spezial- und PublikumsInvGes (Anm 11 f). Während die InvAG mit veränderlichem Kapital sowohl als *OGAW-InvAG* als auch als *AIF-InvAG* aufgelegt werden kann, handelt es sich bei allen anderen Rechtsformen ausschließlich um *AIF* (Anm 9).

321 Für die **Investmentaktiengesellschaft mit veränderlichem Kapital,** die nur in der Rechtsform der AG betrieben werden darf, gilt neben den rechtsformspezifischen Regelungen des KAGB (§§ 108 ff KAGB) grds auch das AktG. Das AktG gilt jedoch nur insoweit, als diesem keine investmentrechtlichen Regelungen entgegenstehen. Explizit für nicht anwendbar erklärt

III. Rechnungslegung u Prüfung v Investmentgesellschaften

werden die Regelungen des AktG zum JA (§§ 150–161 AktG; mit Ausnahme der Angaben des § 160 AktG zum Anhang, die weiterhin anzugeben sind) und zu den Kapitalmaßnahmen (§§ 182–240 AktG). Darüber hinaus sind aufgrund des Rechtsformzwangs die Regelungen zur KGaA (§§ 278–290 AktG) nicht anwendbar (§ 108 Abs 2 S 1 KAGB). Zur eingeschränkten Anwendung des AktG sowie weiteren nicht anwendbaren Regelungen des AktG vgl *Lorenz* in WBA², § 108, Rn 9 ff.

Die *Aktien* einer PublikumsInvAG mit veränderlichem Kapital sind als Stückaktien ausgestaltet und werden entweder als UntAktien (mit Stimmrechten ausgestattete Namensaktien) oder als Anlageaktien (idR stimmrechtslose Inhaber- oder Namensaktien) ausgegeben. Bei der SpezialInvAG mit veränderlichem Kapital kann auf die Ausgabe von Anlageaktien verzichtet werden (§ 109 Abs 1 S 1 2. Hs KAGB). Zu den Aktionärsrechten vgl weiterführend auch *Herrmann* in Baur/Tappen, Investmentgesetze³, § 109, Rn 8 ff. **322**

Charakteristisch für die InvAG mit veränderlichem Kapital ist, dass innerhalb der Grenzen aus Mindest- und Höchstkapital jederzeit Aktien ausgegeben oder zurückgenommen werden können (§ 116 Abs 1 KAGB). Es handelt sich mithin um eine offene InvGes. Der Vorstand der InvAG ist berechtigt, das *GesKapital* jederzeit durch Ausgabe neuer Anlageaktien gegen Einlage zu erhöhen (§ 115 KAGB). Die Satzung der InvAG mit veränderlichem Kapital muss darüber hinaus auch vorsehen, dass die (Anlage-)Aktionäre innerhalb festgelegter Grenzen ihren Anteil am GesKapital gegen *Rückgabe der Aktien* ausgezahlt bekommen können. Bei der intern verwalteten InvAG mit veränderlichem Kapital darf dabei das GesKapital nicht unter das Anfangskapital und die nach § 25 KAGB erforderlichen zusätzlichen Eigenmittel fallen; bei der extern verwalteten InvAG muss das Kapital der UntAktionäre mindestens 50 000 € betragen (§ 116 Abs 2 KAGB).

Die Aktien dürfen nur gegen volle Leistung des Ausgabepreises ausgegeben werden (§ 109 Abs 4 KAGB). Der Ausgabepreis ist dabei grds als Bareinlage zu erbringen. *Sacheinlagen* sind nur im Falle der SpezialInvAG zulässig (§ 109 Abs 5 KAGB). Die erstmalige Ausgabe von Anlageaktien darf erst nach Eintragung der AG in das HR erfolgen (§ 109 Abs 3 KAGB). Für die Ausgabe von UntAktien besteht keine entspr Beschränkung, so dass die UntAktionäre auch der Gründerhaftung nach § 46 AktG unterliegen können (*Lorenz* in WBA², § 109, Rn 12).

Die InvAG mit veränderlichem Kapital kann TGV bilden. TGV sind haftungs- und vermögensrechtlich voneinander getrennte GesVermögen. Die haftungs- und vermögensrechtliche Trennung gilt auch ggü den Gläubigern und insb auch für den Fall der Insolvenz (§ 117 Abs 1 und 2 KAGB). Die Bildung und Auflösung eines TGV obliegt dem Vorstand mit Zustimmung des AR der InvAG (§ 117 Abs 1 und 8 KAGB). Die Zustimmung der HV ist investmentrechtlich nicht zwingend vorgeschrieben, kann sich jedoch aus einer entspr Regelung der Satzung der InvAG ergeben. **323**

TGV sind im Verhältnis der Anleger untereinander *eigenständige GesVermögen,* an deren Wertentwicklung lediglich diejenigen Anlageaktien partizipieren, die für das TGV ausgegeben wurden. Hiermit ist jedoch nicht verbunden, dass das TGV über eine eigene Rechtspersönlichkeit verfügt (*Box-*

berger in FK-KAGB, § 117, Rn 8). Klarstellend sei an dieser Stelle aber auch erwähnt, dass das Anlagevermögen des TGV weiterhin zum GesVermögen der InvAG gehört und es sich nicht um vermögensrechtlich vom Vermögen der InvAG getrennte SV handelt (kein Treuhandvermögen). Einer Haftung über die TGV hinweg unterliegt lediglich bei einer intern verwalteten InvAG das InvBetrVerm und ggf die UntAktien, sofern diese nicht einem UntTGV zugeordnet sind.

324 Für die InvAG mit veränderlichem Kapital ist unabhängig davon, ob diese intern oder extern verwaltet ist, neben einem Vorstand auch ein AR zu bestellen. Für die Zusammensetzung des AR gelten die Regelungen für die externe KVG entspr (§ 119 Abs 3 iVm § 18 Abs 3 KAGB).

325 Das *Anlagespektrum* der InvAG mit veränderlichem Kapital umfasst ausschließlich die für SV üblichen Investments mit Ausnahme von Immobilien. Ein Investment in Immobilien (oder andere Sachwerte) ist ausgeschlossen (§ 91 Abs 3 KAGB).

326 Ebenfalls eine offene InvGes ist die **offene Investmentkommanditgesellschaft,** die ausschließlich als SpezialAIF aufgelegt werden darf (§ 127 Abs 1 S 1 KAGB). Offene InvKGen dürfen nur in der Rechtsform der KG betrieben werden. Soweit die rechtsformspezifischen Regelungen des KAGB (§§ 124 ff KAGB) dem nicht entgegenstehen, gelten für diese auch die Regelungen des HGB zu HandelsGes (§§ 105 ff HGB). Abbedungen wird ua durch § 138 Abs 1 S 1 KAGB die *Auflösungsklage* iSd § 133 Abs 1 HGB. Hiermit soll verhindert werden, dass auf Antrag eines einzelnen Gesters – gegen den Willen der übrigen – die InvKG vor Ende der vorgesehenen Dauer durch eine gerichtliche Entscheidung aufgelöst wird (*Böcking/Gros/Dietrich* in WBG Bilanzrecht[4], KAGB, § 138, Rn 2). Nicht eingeschränkt wird jedoch die Möglichkeit der Auflösung der Ges aufgrund Beschlusses der GesV (§ 131 Abs 1 Nr 2 HGB). Das hierfür erforderliche Quorum ist im Ges-Vertrag festzulegen.

327 Dem Kommanditisten wird jedoch sowohl ein ordentliches als auch ein außerordentliches Kündigungsrecht eingeräumt. Bei dem *ordentlichen Kündigungsrecht* gem § 133 Abs 1 KAGB handelt es sich um ein Rückgaberecht, welches dem Kommanditisten die Möglichkeit gibt, seine Einlage ganz oder in Teilbeträgen zu kündigen. Das ordentliche Kündigungsrecht kann an Fristen gebunden sein oder auch ausgesetzt werden. Der Abfindungsanspruch bemisst sich an der Höhe des gekündigten Anteils am Wert des GesVermögens (§ 133 Abs 1 KAGB). Darüber hinaus besteht ein individuelles *außerordentliches Kündigungsrecht,* welches, anders als die ordentliche Kündigung, nicht an Fristen gebunden oder ausgesetzt werden kann. Das außerordentliche Kündigungsrecht setzt jedoch einen wichtigen Grund voraus und führt zum sofortigen und vollständigen Ausscheiden des Gesters (§ 138 Abs 1 KAGB iVm § 133 Abs 2 HGB). Im Falle der außerordentlichen Kündigung bestimmt das KAGB nicht, dass sich der Abfingungsanspruch am Wert des GesVermögens bemessen muss; der Abfindungsanspruch kann insofern auch Einbehalte und Abschläge vorsehen. Ausführliche Erl zum außerordentlichen Kündigungsrecht finden sich auch in *Könnecke* in Baur/Tappen, Investmentgesetze[3], § 161, Rn 15 ff und Rn 21 ff. Zum Erfordernis gesellschaftsrechtlicher Regelungen für den Fall der außerordentlichen Kündigung (zB zur

Höhe des Abfindungsanspruchs) vgl auch *Lorenz* in WBA[2], § 138, Rn 4, *Eichhorn* in FK-KAGB, § 138, Rn 10. Durch die gesellschaftsvertraglichen Regelungen darf jedoch nicht von § 131 Abs 3 Nr 2 bis 4 HGB abgewichen werden (§ 125 Abs 4 KAGB); dh, die Regelungen dürfen das Recht des Kommanditisten zur außerordentlichen Kündigung nicht faktisch beschränken (*Könnecke* in Baur/Tappen, Investmentgesetze[3], § 161, Rn 29 hält dennoch die sog Buchwertklausel für zulässig).

Der aufgrund der Ausübung des ordentlichen Kündigungsrechts ausscheidende Kommanditist haftet, da die Erfüllung des Abfindungsanspruchs nicht als Rückzahlung der Einlage des Kommanditisten gilt, nicht für die Verbindlichkeiten der InvKG nach dessen Ausscheiden (Ausschluss der *Nachhaftung;* § 133 Abs 2 KAGB). Zur Übertragbarkeit des für die ordentliche Kündigung aufgestellten Prinzips auch auf die außerordentliche Kündigung, vgl *Könnecke* in Baur/Tappen, Investmentgesetze[3], § 161, Rn 30 und *Böcking/Gros/Dietrich* in WBG Bilanzrecht[4], KAGB, § 138, Rn 11.

Etwas anderes gilt für den Fall, dass die Einlage durch Rückgewähr oder Ausschüttung unter den Betrag der (Haft-)Einlage herabgemindert wird (§ 127 Abs 2 KAGB iVm § 162 Abs 1 HGB). Zu den Haftungsvorteilen des Kommanditisten der InvKG ggü den handelsrechtlichen Grundsätzen vgl auch *Hüwel* in Baur/Tappen, Investmentgesetze[3], § 127, Rn 3 und Rn 17 und *Könnecke* in Baur/Tappen, Investmentgesetze[3], § 152, Rn 51 ff.

Die Bet der Kommanditisten an der offenen InvKG darf nur unmittelbar erfolgen (*keine Treuhandlösung;* § 127 Abs 1 S 2 KAGB). Ausweislich der Gesetzesbegründung soll so damit bestehende Eintragungspflicht der Transparenz des InvVehikels dienen. Tritt ein Kommanditist in eine bestehende offene InvKG ein, gilt dieser abweichend von § 176 Abs 2 HGB erst mit Eintragung ins HR als eingetreten (§ 127 Abs 4 KAGB).

Auch wenn für die InvKG das *Ertragsausgleichsverfahren* nicht explizit für zulässig erklärt wird (§ 22 Abs 1 S 3 KARBV), ergibt sich im Falle später eintretender (bzw austretender) Kommanditisten das Erfordernis einen *Ausgleich unter den Gester* gesellschaftsvertraglich zu vereinbaren, da es ansonsten zwar nicht rechtlich aber wirtschaftlich zur Bildung unterschiedlicher Anteilklassen kommen kann (Anm 594). Anders als beim Ertragsausgleichsverfahren erfolgt die Erfassung der Ausgleichsbeträge jedoch nicht zusammen mit den korrespondierenden Erträgen und Aufwendungen (Anm 163ff), sondern ggf in gesonderten KapKonten.

Die *Geschäftsführung* der offenen InvKG obliegt dem Komplementär bzw, sofern ein solcher bestellt ist, dem geschäftsführenden Kommanditisten. Weitere Anforderungen an die Geschäftsführung enthält § 128 KAGB. Bei der extern verwalteten InvKG wird die aufsichtsrechtliche Verantwortung für die Verwaltung der Ges auf die KVG übertragen. Die InvKG verliert durch die Übertragung der kollektiven Vermögensverwaltung auf die KVG das Recht, sich selbst zu verwalten (vgl auch *BaFin* Tätigkeiten einer KVG, II). Bei der Geschäftsführung der InvKG verbleiben damit lediglich die nicht abbedingbaren Prinzipalrechte und -pflichten (Anm 552). Zu diesen zählen ua die Auswahl, Bestellung und Überwachung der externen KVG sowie die Verhandlung des Fremdverwaltungsvertrages. Darüber hinaus trifft die Geschäftsführung bestimmte Grundsatzentscheidungen wie zB die Auflage und Liquidation von TGV oder die Verwendung des Bilanzgewinns. Aber auch die Aufstellung des JA, das Führen der Bücher bzw die Beauftragung des AP obliegt weiterhin der Geschäftsführung. Vgl hierzu ausführlich *Hüwel* in Baur/Tappen, Investmentgesetze[3], § 129, Rn 41 f. Zur rechtlichen Struktur der offenen InvKG vgl auch *Eichhorn* WM 2016, 110 ff und 145 ff.

Die *Bestellung eines Beirats* oder Anlageausschusses ist – vorbehaltlich einer anderslautenden gesellschaftsvertraglichen Regelung – bei der offenen InvKG nicht erforderlich.

331 Das *Anlagespektrum* entspricht dem der InvAG mit veränderlichem Kapital (Anm 325); auch für die offene InvKG sind Investments in Immobilien nicht zulässig (§ 91 Abs 3 KAGB).

332 Die offene InvKG kann – ebenso wie die InvAG mit veränderlichem Kapital – mit *TGV* aufgelegt werden, die haftungs- und vermögensrechtlich voneinander getrennt sind (Anm 323). Anders als bei der InvAG beschränkt sich zwar die Haftung der Kommanditisten auf das jeweilige TGV; der Komplementär haftet jedoch für die Verbindlichkeiten sämtlicher TGV gleichermaßen (§ 132 Abs 5 KAGB).

333 Bei der offenen InvKG, die nur als SpezialAIF aufgelegt werden kann, sind *Sacheinlagen* – anders als bei einem SV – unter Berücksichtigung der handelsrechtlichen Vorschriften zulässig (Umkehrschluss aus § 152 Abs 7 KAGB).

334 Die **Investmentaktiengesellschaft mit fixem Kapital** und die **geschlossene Investmentkommanditgesellschaft** können sowohl als Spezial- wie auch als PublikumsAIF aufgelegt werden. Sie unterscheiden sich im Hinblick auf die zuvor dargestellten offenen InvGes (Anm 321 ff, 326 ff) insb dahingehend, dass für die InvAG mit fixem Kapital die Regelungen zu den Kapitalmaßnahmen des AktG uneingeschränkt Anwendung finden und bei der geschlossenen InvKG ein ordentliches Kündigungsrecht nicht besteht. Mit Änderung des KAGB durch Art 5 des Gesetzes vom 19.3.2020 wurde auch für die geschlossenen InvGes die Möglichkeit zur Bildung von TGV eingeräumt (§§ 140 Abs 3, 149 Abs 2 KAGB).

335 Die Kommanditisten einer PublikumsInvKG können sich auch über einen *Treuhandkommanditisten* an der Ges beteiligen. Beteiligt sich ein Kommanditist über einen Treuhandkommanditisten an der Ges, verfügt dieser im Innenverhältnis dennoch – sowohl gegenüber der Ges insgesamt als auch gegenüber den übrigen Gester – über die gleiche rechtliche Stellung wie ein Direktkommanditist (§ 152 Abs 1 S 2, 3 KAGB).

336 Die intern verwaltete geschlossene PublikumsInvKG hat darüber hinaus einen *Beirat* zu bilden, der die Geschäftsführung bei der Umsetzung der Anlagebedingungen überwacht (§ 153 Abs 3 KAGB). Die Bildung eines Beirates für die extern verwaltete geschlossene Publikums- oder SpezialInvKG sowie die intern verwaltete SpezialInvKG kann gesellschaftsvertraglich gefordert oder in die Entscheidung der GesV gestellt sein.

337 Das *Anlagespektrum* sowohl der InvAG mit fixem Kapital wie auch der geschlossenen InvKG schließt auch Sachwerte aller Art mit ein. Darüber hinaus sind Bet an Private-Equity-Unt oder anderen geschlossenen InvVerm ebenso zulässig wie die Vergabe von Gelddarlehen iSd § 488 BGB.

338 Für die PublikumsInvAG mit fixem Kapital sowie für die geschlossene PublikumsInvKG sind *Sacheinlagen* nicht zulässig (§ 141 Abs 2 KAGB; § 152

III. Rechnungslegung u Prüfung v Investmentgesellschaften   342–344   U

Abs 7 KAGB). Eine solche Beschränkung besteht für die SpezialInvAG mit fixem Kapital sowie für die geschlossene SpezialInvKG nicht.

2. Ausnahmebestimmungen und Übergangsregelungen

a) Anzuwendende Vorschriften

Die *Regelungen des KAGB* sind nicht einheitlich bzw vollständig auf alle   342
InvVerm anzuwenden, die in den Anwendungsbereich des § 1 Abs 1 KAGB fallen. Das KAGB enthält neben den Ausnahmebestimmungen des § 2 KAGB (größenabhängige Erleichterungen und Bereichsausnahmen für bestimmte Rechtsformen) auch Übergangsregelungen, die einen vollständigen oder partiellen Bestandsschutz („Grandfathering") für sogenannte Altfonds gewähren (§§ 353, 351 Abs 4 KAGB).

Im Gegensatz zu den größenabhängigen Ausnahmevorschriften führen   343
die **Bereichsausnahmen** gem § 2 Abs 1 bis 3 KAGB für bestimmte Arten von Ges zur *vollständigen Nichtanwendung des KAGB*. Der Anwendungsausschluss betrifft ua bestimmte HoldingGes, Einrichtungen der privaten Altersvorsorge, Arbeitnehmerbeteiligungssysteme, VerbriefungsGes und staatliche Stellen sowie die Europäische Zentralbank und die nationalen Zentralbanken. Ausgenommen ist ferner auch eine KVG, die ausschließlich konzerninterne AIF verwaltet und die selbst kein AIF ist (Konzernausnahme). Zu den Bereichsausnahmen weiterführend auch *Boxberger/Röder* in WBA², § 2, Rn 2 ff.

Für eine **kleine KVG ist** lediglich **eine Registrierung** bei der BaFin   344
erforderlich (keine Erlaubnispflicht). Für eine solche KVG enthält das KAGB Ausnahmeregelungen, sofern deren insgesamt verwaltetes Vermögen bestimmte Schwellenwerte nicht überschreitet (vgl zur Höhe der Schwellenwerte § 2 Abs 4, 4a, 5 KAGB). Zur Ermittlung des insgesamt verwalteten Vermögens ist auf die Summe aller von der KVG verwalteten InvVerm (aggregierter Wert) abzustellen. Neben den unmittelbar von der KVG verwalteten InvVerm sind auch solche InvVerm zu berücksichtigen, die von einer Ges verwaltet werden, die mit der KVG über eine *gemeinsame Geschäftsführung,* ein gemeinsames Kontrollverhältnis oder eine wesentliche mittelbare oder unmittelbare Bet verbunden ist (zB intern verwaltete InvGes, die über einen einheitlichen Anlageberater verfügen und/oder bei denen eine hohe Personenidentität auf Ebene der Geschäftsführung besteht). Zu den Zweifelsfragen bei der Ermittlung der Schwellenwerte vgl auch *Dietrich* WPg 2019, 624 f; *Jang* in PRW, § 6, Tz 26.

Art 2–5 AIFM-VO konkretisieren die *Berechnung der Schwellenwerte* und fordern ua die Ermittlung unter Zugrundelegung der Bewertungsvorschriften des jeweiligen Sitzlandes des AIF. Für in Deutschland ansässige InvVerm werden die handels- und nicht die investmentrechtlichen Bewertungsvorschriften in der Verwaltungspraxis zugrunde gelegt (*BaFin* Hinweise zur Registrierung, Ziff 3). Zur Berechnung des Gesamtwertes vgl auch *Jang* in PRW, § 6, Tz 28 ff. Die Einhaltung des Schwellenwertes ist *jährlich* unter Zugrundelegung eines stetig beizubehaltenden Bewertungsstichtags (exakter Termin) zu überprüfen (*Dietrich* WPg 2019, 624).

Wird das Investmentgeschäft ohne eine Erlaubnis nach § 20 Abs 1 S 1 KAGB betrieben, weil zB die Schwellenwerte überschritten sind, könnten die Strafvorschriften des § 339 Abs 1 Nr 1 KAGB greifen (Freiheitsstrafe bis zu 5 Jahren oder Geldstrafe). Werden die Schwellenwerte überschritten, ist die Erlaubnis innerhalb von 30 Kalendertagen zu beantragen (Anm 347; weiterführend *Dietrich* WPg 2019, 625).

345 Die Inanspruchnahme der größenabhängigen Ausnahmeregelungen hat erhebliche *Erleichterungen für die KVG selbst, aber auch im Hinblick auf die Anforderungen an die Verwaltung der InvVerm* zur Folge. Diese reichen von einer vollständigen Nichtanwendung des KAGB für den Fall einer Registrierung der externen KVG nach § 2 Abs 4 KAGB (vorbehaltlich nachfolgend dargestellter expliziter Rückausnahmen für die verwaltete InvGes; Anm 352 f, 375 ff) bis hin zur Anwendung ausgewählter Vertriebs-, Organisations- und Verhaltensanforderungen im Falle einer Registrierung der KVG nach § 2 Abs 5 KAGB (Anm 352, 360 ff) bzw bei Vergabe von Gelddarlehen für Rechnung der verwalteten InvGes (§ 2 Abs 4 S 1 Nr 4 KAGB; Anm 352, 377 ff). Die Erleichterungen betreffen dabei auch die auf die InvGes anzuwendenden investmentrechtlichen Rechnungslegungsanforderungen (Abb 10).

§ 2 Abs 4 KAGB			§ 2 Abs 5 KAGB
SpezialAIF, die nicht als InvKG oder InvAG firmieren und auch keine Gelddarlehen vergeben	**SpezialAIF,** die Gelddarlehen vergeben	**SpezialAIF,** die als InvKG oder InvAG firmieren	**PublikumsAIF**
JA und ggf. Lagebericht sind nach allgemeinen handelsrechtlichen Vorschriften innerhalb handelsrechtlicher Fristen aufzustellen und offenzulegen	JA und Lagebericht sind nach investmentrechtlichen Vorschriften (§ 48a KAGB) aufzustellen und ungekürzt offenzulegen; die Aufstellungs- und Offenlegungsfristen bestimmen sich nach Handelsrecht	JA und Lagebericht sind nach investmentrechtlichen Vorschriften (§ 44 Nr 1 Nr 7 KAGB) innerhalb von 6 Monaten aufzustellen, die Offenlegung bestimmt sich nach investmentrechtlichen Vorschriften	JA und Lagebericht sind nach investmentrechtlichen Vorschriften (§ 46 KAGB) innerhalb von sechs Monaten aufzustellen und offenzulegen
Keine Anwendung aufsichtsrechtlicher Regelungen des KAGB	Anwendung ausgewählter aufsichtsrechtlicher Regelungen (§ 26 Abs 1, 2, 7 S 1, § 27 Abs 1, 2, 5, § 29 Abs 1, 2, 5, 5a und § 30 Abs 1 bis 4 KAGB)	Keine Anwendung aufsichtsrechtlicher Regelungen des KAGB	Anwendung ausgewählter aufsichtsrechtlicher Regelungen (ua §§ 26 bis 28 KAGB)
Prüfung nach allgemeinen handelsrechtlichen Vorschriften und Berichterstattung über Verstöße in Bezug auf die Einhaltung der Anforderungen des § 2 Abs 4 KAGB nach § 321 Abs 1 S 3 HGB. Keine Einreichung des Prüfberichts beim SpezialAIF in der Rechtsform der Kommanditgesellschaft	Prüfungspflicht nach § 48a KAGB und Berichterstattung nach Anforderungen des § 2 Abs 4 KAGB die Beachtung der Vorschriften des KAGB unter partieller Anwendung der KAPrüfBV. Pflicht zur Prüfung der Kapitalkonten nach § 48a KAGB i.V.m § 47 Abs 3 KAGB bei SpezialAIF in der Rechtsform der Kommanditgesellschaft	Prüfungspflicht nach § 44 Nr 1 Nr 7 KAGB und Berichterstattung über die Einhaltung der Anforderungen des § 2 Abs 4 KAGB nach § 321 Abs 1 S 3 HGB. Prüfung der Kapitalkonten nach §§ 136/159 iVm 136B KAGB bei SpezialAIF in der Rechtsform der Kommanditgesellschaft	Prüfungspflicht nach § 47 KAGB ohne Anwendung der KAPrüfBV mit Berichterstattung über die Einhaltung der Anforderungen des § 2 Abs 5 KAGB; Berichterstattung gegen aufsichtsrechtliche Anforderungen nach § 321 Abs 1 S 3 HGB. Prüfung der Kapitalkonten nach § 47 Abs 3 KAGB für PublikumsAIF in der Rechtsform der Kommanditgesellschaft
Keine Einreichung des Prüfberichts bei der BaFin	Einreichung des Prüfberichts bei der BaFin nur auf Anforderung	Einreichung des Prüfberichts bei der BaFin nur auf Anforderung	Keine Einreichung des Prüfberichts bei der BaFin

Abb 10 Ausnahmevorschriften des § 2 Abs 4 und 5 KAGB (ausführlicher *Dietrich* WPg 2019, 686)

Dem **Maßnahmenpaket zur Stärkung des Anlegerschutzes** des BMJV v 15.8.2019 ist zu entnehmen, dass die blose Registrierungsmöglichkeit für kleine KVG, die geschlossene PublikumsAIF verwalten, – vorbehaltlich eines Bestandsschutzes für Altfonds – gänzlich aus dem KAGB gestrichen werden soll.

346 Eine registrierungspflichtige KVG kann sich auch vollständig dem KAGB unterwerfen (§ 2 Abs 4 S 2 Nr 3, Abs 4a S 1 Nr 3, Abs 5 S 2 Nr 3 KAGB). Die *Option zur Vollanwendung* steht der KVG jedoch nur insgesamt zur Verfügung. Eine partielle Anwendung einzelner KAGB-Regelungen, wie zB die freiwillige Anwendung investmentrechtlicher Rechnungslegungsvorschriften, ist nicht zulässig (*IDW IVFA FAQ, A.3.5*). Die Folgen reichen dabei von einem fehlerhaften Abschluss bis hin zur Nichtigkeit und können auch Aus-

III. Rechnungslegung u Prüfung v Investmentgesellschaften   347–350   U

wirkungen auf die Vereinnahmung von Ausschüttungen haben (zu den Folgen einer freiwilligen Anwendung investmentrechtlicher Rechnungslegungsregelungen vgl auch *Dietrich* WPg 2019, 625 f).

Überschreitet eine Kapitalverwaltungsgesellschaft im Kalendarjahr die Schwellenwerte nach ihrer eigenen Ansicht nicht nur vorübergehend, dh länger als drei Monate (Art 4 Abs 4 AIFM-VO), ist sie verpflichtet, dies der BaFin anzuzeigen und eine Erlaubnis nach §§ 20 und 22 KAGB zu beantragen. Der *Erlaubnisantrag ist innerhalb von 30 Kalendertagen* zu stellen (§ 44 Abs 6 KAGB). Mit Einreichung des Erlaubnisantrags sind auch die aufsichtsrechtlichen Anforderungen des KAGB vollumfänglich einzuhalten und der JA und Lagebericht der InvGes nach investmentrechtlichen Regelungen (und der der externen KVG nach §§ 340a ff HGB) aufzustellen (*Dietrich* WPg 2019, 625). Die BaFin geht – ungeachtet des Fehlens einer expliziten gesetzlichen Regelung – in ihrer Verwaltungspraxis auch davon aus, dass ein von der KVG verwaltetes InvVerm bereits zum Zeitpunkt der Einreichung des Erlaubnisantrags in eine InvKG oder InvAG umfirmiert oder umgewandelt wurde, sofern es sich nicht um einen „Altfonds" iSd § 353 Abs 1 KAGB handelt. Bei der Umw sind die Regelungen des UmwG zu beachten.   347

Die geschlossenen InvGes unterlagen bis zur Einführung des KAGB lediglich den allg handelsrechtlichen Rechnungslegungsvorschriften und mussten ggf die zusätzlichen *Anforderungen des Gesetzes über Vermögensanlagen* (VermAnlG) beachten (*Dietrich/Malsch* Investment Business in Germany, 245 f). Die **Übergangsregelungen** der §§ 343 ff KAGB, die nicht in allen Ausprägungen mit denen der AIFM-RL deckungsgleich sind, dienen dazu, die Auswirkungen des KAGB auf die bis zur Einführung des KAGB nicht regulierten InvVerm abzumildern bzw auf neue InvVerm zu begrenzen *(Bestandsschutz).* Nicht abbedungen werden können jedoch die Mindestanforderungen der AIFM-VO, sodass die *Übergangsregelungen verschiedene Anwendungsumfänge* für das KAGB definieren. Korrespondierende Übergangsregelungen enthält das VermAnlG, das immer dann grds für anwendbar erklärt wird, wenn das KAGB aufgrund des vollständigen bzw partiellen Grandfatherings nicht anwendbar ist (*Dietrich/Malsch* RdF 2014, 240 ff).   348

Keinen investmentrechtlichen Regelungen (vollständiges Grandfathering) unterliegt eine KVG, die ausschließlich geschlossene InvGes verwaltet, die nach dem 22.7.2013 keine Anlagen mehr tätigen (§ 353 Abs 1 und 2 KAGB; Art 61 Abs 3 AIFM-RL); dies gilt selbst dann, wenn die Zeichnungsfrist über den 21.7.2013 hinausgeht (*BaFin* FAQ zu den Übergangsvorschriften, III., Ziff 4 und 5). Dies gilt analog auch für sog. Altfonds, die von einer KVG verwaltete werden, die ansonsten über eine Erlaubnis nach §§ 20 und 22 KAGB verfügt.   349

Eine unter den vollständigen Bestandsschutz fallende (externe) KVG bzw geschlossene InvGes legt *weiterhin nach handelsrechtlichen Regelungen Rechnung* (§§ 264–289a HGB). Bei einer öffentlich angebotenen InvGes sind auch die Regelungen der §§ 23 ff VermAnlG in der bis zum 21.7.2013 geltenden Fassung zu beachten. Eine entspr Übergangsregelung findet sich in § 32 Abs 5 VermAnlG.

Einer **partiellen Anwendung investmentrechtlicher Vorschriften** unterliegt eine KVG, die nicht die Schwellenwerte des § 2 Abs 4, 4a, 5 KAGB   350

U 351–360   Rechnungslegung und Prüfung von Investmentvermögen

unterschreitet (dh keine kleine KVG ist) und die geschlossene Publikums- oder SpezialInvGes verwaltet, deren Zeichnungsfrist zwar vor dem 22.7.2013 abgelaufen ist, die aber nach dem 21.7.2013 noch Anlagen tätigen (§ 353 Abs 4, 5 KAGB). Mit der Regelung des § 353 Abs 4, 5 KAGB hat der Gesetzgeber seinen nationalen Umsetzungsspielraum dahingehend ausgenutzt, dass er in diesem Fall keine Vollanwendung des KAGB vorsieht und *lediglich die Mindestanforderungen der AIFM-VO festschreibt* (Anm 390 ff).

351   Als zulässig wird in der Praxis auch angesehen, dass – unabhängig von einer gesetzlichen Regelung – ein nach § 353 Abs 4 KAGB zur partiellen Anwendung investmentrechtlicher Rechnungslegungsvorschriften verpflichteter SpezialAIF – zur vollständigen Anwendung investmentrechtlicher Rechnungslegungsvorschriften optiert (Anm 407; *IDW* IVFA FAQ, A.1.1; *Dietrich/Malsch* RdF 2014, 245 ff).

352   Einen Jahresbericht unter **vollständiger Anwendung investmentrechtlicher Rechnungslegungsvorschriften** aufzustellen hat – neben den InvGes, die von einer KVG verwaltet werden, die nicht unter die Ausnahmevorschriften des § 2 Abs 4, 4a, 5 KAGB fällt und die entweder nach dem 21.7.2013 aufgelegt wurde (Umkehrschluss aus § 353 KAGB) oder die zwar vor dem 21.7.2013 aufgelegt wurde, aber nach dem 21.7.2013 noch Anlagen tätigt und für die die Zeichnungsfrist nicht vor dem 22.7.2013 abgelaufen ist (§ 353 Abs 6 KAGB; Anm 415 ff, 540 ff) – eine InvGes, unabhängig davon, ob es sich um eine Spezial- oder PublikumsInvGes handelt, die
– als InvKG oder InvAG firmiert (§ 44 Abs 1 Nr 7 S 2–4 KAGB; Anm 353, 376),
– unter eine der Rückausnahmen für registrierungspflichtige InvGes fällt (zB Registrierung nach § 2 Abs 5 KAGB oder Registrierung nach § 2 Abs 4 KAGB mit Vergabe von Gelddarlehen; Anm 360 ff, 377) oder
– von einer KVG verwaltet wird, die zur Vollanwendung des KAGB optiert hat (§ 2 Abs 4 S 2 Nr 3, Abs 4a S 1 Nr 3, Abs 5 S 2 Nr 3 KAGB; Anm 346, 354, 385).

353   **Firmiert eine InvGes als InvKG oder InvAG,** ist das KAGB nicht in Gänze anzuwenden, aber aus Gründen des Anlegerschutzes ist die InvKG bzw InvAG zur Beachtung der rechtsformspezifischen Vorschriften des KAGB (darunter auch die Regelungen zur Rechnungslegung) verpflichtet (§ 44 Abs 1 Nr 7 S 2–4 KAGB). Dies gilt unabhängig davon, ob eine Registrierung nach § 2 Abs 4, 4a oder 5 KAGB vorliegt (*IDW* IVFA FAQ, A.3.3).

354   Darüber hinaus besitzt eine kleine InvGes iSd § 2 Abs 4, 4a, 5 KAGB jederzeit die Möglichkeit, sich dem **KAGB in seiner Gesamtheit zu unterwerfen,** sodass es in diesem Fall zu einer Anwendung der Rechnungslegung nach KAGB auch für alle SpezialAIF kommt, sofern es sich nicht um sog „Altfonds" handelt.

b) Rechnungslegungspflicht bei Registrierungspflicht nach § 2 Abs 5 KAGB

360   **aa) Grundlagen.** Eine *PublikumsInvGes, die entweder selbst oder deren externe KVG die Voraussetzungen und Schwellenwerte des § 2 Abs 5 KAGB erfüllt,* ist zur Aufstellung eines **Jahresberichts nach investmentrechtlichen Rech-**

III. Rechnungslegung u Prüfung v Investmentgesellschaften

nungslegungsvorschriften verpflichtet (§§ 45, 46 KAGB). Die Ausweitung der Rechnungslegungspflicht ist kompensatorisch dafür, dass eine InvGes nach § 2 Abs 5 KAGB lediglich registrierungspflichtig und nicht erlaubnispflichtig ist, obwohl diese für den Vertrieb an Privatpersonen zulässig ist. Dies gilt auch für den Fall, dass für die InvGes die Zeichnungsfrist vor dem 22.7.2013 ablief und nach dem 21.7.2013 noch Anlagen getätigt werden (§ 353 Abs 5 iVm §§ 45, 46 KAGB).

Darüber hinaus ist auch eine von einer nach § 2 Abs 5 KAGB registrierungspflichtigen KVG verwaltete PublikumsInvGes zur Anwendung investmentrechtlicher Rechnungslegungsvorschriften verpflichtet, die als *InvAG oder InvKG firmiert*. Während hierbei die Pflicht zur Rechnungslegung und Prüfung ins Leere läuft (Prüfungspflicht und Rechnungslegungspflicht besteht bereits aufgrund § 45 ff KAGB bzw § 353 Abs 5 KAGB), unterscheiden sich die Detailregelungen in diesen Fällen dennoch. So gelten in diesem Fall die rechtsformspezifischen Regelungen des KAGB, so dass sich einige der nachfolgend dargestellten Zweifelsfragen der Rechnungslegung und Prüfung nicht stellen (Anm 362f, 366f, 369). Eine gleichlautende Regelung besteht auch für nach § 2 Abs 4a KAGB registrierte intern verwaltete PublikumsInvGes, die jedoch alleinig bei entsprechender Firmierung in die Rechnungslegungs- und Prüfungspflicht nach KAGB fallen können.

Die **Rechnungslegungspflicht beginnt** in den Fällen des § 2 Abs 5 **361** KAGB entweder *unmittelbar mit* Auflegung respektive *Eintragung* der InvGes in das Handelsregister (§ 5 Abs 3 E-KARBV), mit *Eingang des Registrierungsantrags* bei der BaFin (§ 353 Abs 5 KAGB) oder mit entspr *Umstellung der Anlagebedingungen* und der vertraglichen Grundlagen (§ 353 Abs 6 iVm § 351 Abs 1–4 KAGB; vgl auch *BaFin* FAQ zu den Übergangsvorschriften, III. Ziff 7).

bb) Vorschriften für den Jahresbericht. PublikumsInvGes von einer **362** nach § 2 Abs 5 KAGB registrierten KVG sind zur Aufstellung eines **Jahresberichts,** bestehend aus einem JA, einem Lagebericht und den Bestätigungen des AP, nach KAGB verpflichtet (§ 46 iVm § 47 Abs 1 S 2 KAGB). Darüber hinaus enthält der Jahresbericht gem § 45 Abs 2 Nr 3 KAGB auch eine Erklärung der gesetzlichen Vertreter nach den entspr anzuwendenden Vorgaben des § 264 Abs 2 S 3 HGB bzw § 289 Abs 1 S 5 HGB („Bilanzeid"). Zu den Zweifelsfragen im Hinblick auf das Erfordernis eines Bilanzeides vgl *Dietrich* WPg 2019, 627.

Eine PublikumsInvGes, die die Ausnahmeregelung des § 2 Abs 5 KAGB **363** erfüllt, muss hinsichtlich der Rechnungslegung die Regelungen des § 135 Abs 3–11 KAGB und damit auch der KARBV beachten (§ 46 KAGB). Der **Inhalt und Aufbau des Jahresabschlusses** richtet sich nach § 135 Abs 3–5 und Abs 8–11 KAGB (Anm 440ff, 570ff) sowie nach den Regelungen der KARBV. Für den Lagebericht gilt neben § 289 HGB auch § 135 Abs 6, 7 KAGB (zur Ausstrahlungswirkung des DRS 20 vgl Anm 442).

Der JA besteht aus einer Bilanz, einer GuV sowie einem Anhang. Die *Bilanz* ist unter Berücksichtigung der Gliederung des § 21 KARBV aufzustellen (Anm 451ff, 580ff). Aufgrund der Gesetzessystematik (Verweis in § 46 KAGB auf § 135 KAGB) ist in Bezug auf die Gliederung der *GuV* die Regelung des § 11 KARBV anzuwenden (Anm 100ff). Hierbei handelt es sich jedoch um die Gliederung einer offenen InvGes, die von einem Investment in Wertpapiere ausgeht (Anm 592). Da es sich bei der PublikumsInvGes jedoch immer um eine geschlossene InvGes handelt (§ 2 Abs 5 S 2 Nr 2 KAGB), die ggf auch in andere VG als Wertpapiere investiert (zB Private Equity, Immobilien oder andere Sachwerte), erscheint es sachgerecht, sich – auch entgegen der gesetzlichen Regelungen – an der Gliederung nach § 22 KARBV zu orientieren (ähnlich auch *Dietrich* WPg 2019, 628, Anm 593). Dies ist insoweit nicht unproblematisch, da es sich bei den Gliederungsvorgaben der KARBV um Pflichtgliederungen handelt, von denen nicht (bzw nur in sehr eingeschränktem Maße) abgewichen werden kann (Anm 580, 583).

Der *Anhang* enthält zunächst alle einschlägigen, nicht dem Investmentrecht entgegenstehenden handelsrechtlichen Angaben, nicht jedoch die Angaben nach § 285 HGB. Die Angaben nach § 285 HGB sind nur anzugeben, sofern die PublikumsInvGes intern verwaltet ist und über InvBetrVerm verfügt (§ 25 Abs 2 KARBV). Aufgrund der Änderungen im HGB durch das BilRuG sind jedoch einige bisher im Lagebericht enthaltene oder anderweitig im HGB geregelte Angaben in § 285 HGB aufgenommen worden, mit der Folge, dass diese fortan nicht mehr im Anhang der InvGes nach § 2 Abs 5 KAGB anzugeben wären. Zur unveränderten Notwendigkeit insb eines Nachtragsberichts vgl Anm 476, 598.

364 Der Anhang ist zu ergänzen um investmentrechtliche Angaben. Hierzu zählen ua die *Entwicklungsrechnung* und die *Verwendungsrechnung*. Auch in diesem Fall ist es wieder fraglich, welche Regelungen der KARBV für die Gliederung der Entwicklungsrechnung oder der Verwendungsrechnung Anwendung finden sollte. Während aus dem Verweis auf die offene InvKG geschlossen werden könnte, dass unabhängig von der Rechtsform auf die Gliederung nach § 24 KARBV (Anm 602, 601) abzustellen ist (§ 25 Abs 3 Nrn 3, 4 E-KARBV), ist der Gliederung der Entwicklungsrechnung und Verwendungsrechnung nach den §§ 13 bzw 12 KARBV (Anm 127 ff, 115 ff) bei Investmentvermögen in der Rechtsform der AG (oder GmbH) der Vorzug zu geben.

Für InvGes in der Rechtsform der KG sind darüber hinaus auch die *Kapitalkonten der Kommanditisten und des Komplementärs* entspr der gesellschaftsvertraglichen Regelung darzustellen (§ 25 Abs 4 KARBV; Anm 600).

Sofern für das InvVerm sog *Liquiditätsausschüttungen* vorgenommen wurden, sind ergänzende Angaben in den Anhang aufzunehmen (Anm 601). Die in den Liquiditätsausschüttungen enthaltenen anteiligen Kapitalanteile sind als Mittelabfluss aus Kapitalauszahlungen in der Entwicklungsrechnung (§ 24 Abs 2 S 2 E-KARBV) sowie als Belastung auf den Kapitalkonten in der Verwendungsrechnung darzustellen. Bei Ausschüttungen, für die kein realisiertes Ergebnis in gleicher Höhe vorhanden ist, sieht § 21 Abs 6 E-KARBV darüber hinaus Angaben zur Mittelherkunft vor.

Darüber hinaus enthält der Anhang auch eine *Vermögensaufstellung* iSd § 10 Abs 1 KARBV (sofern die Investments mit denen eines SV vergleichbar sind zB Wertpapiere, Immobilien) oder Vermögensangaben nach § 25 Abs 5 KARBV (bei Sachwertinvestments oder unverbrieften Darlehensforderungen/Gelddarlehen). Die Angaben zu Bet nach § 148 Abs 2 KARBV sind aufgrund der Gesetzessystematik zunächst nicht anzugeben; es empfiehlt sich

III. Rechnungslegung u Prüfung v Investmentgesellschaften

jedoch, diese Angaben unabhängig von einer expliziten Regelung in den Anhang aufzunehmen (*IDW* IVFA FAQ, A.4; *Dietrich* WPg 2019, 627).

Darüber hinaus sind ua noch folgende *weitere investmentrechtliche Angaben* in den Anhang aufzunehmen:
- Angaben zur Transparenz und Gesamtkostenquote nach § 101 Abs 2 KAGB (§ 20 Abs 1 KARBV iVm § 16 Abs 1 Nr 3 KARBV; Anm 143, 484, 606),
- Anteilwert und Anzahl der umlaufenden Anteile (§ 20 Abs 1 KARBV iVm § 16 Abs 1 Nr 1 KARBV; Anm 137, 477, 603),
- Angaben zur Bewertung und den angewendeten Bewertungsverfahren (§ 20 Abs 1 KARBV iVm § 16 Abs 1 Nr 2 KARBV; Anm 139, 477, 604),
- Aufstellung der unterjährigen Geschäfte, die nicht mehr Gegenstand der Vermögensaufstellung sind (§ 25 Abs 3 Nr 2 KARBV), bzw Angabe der wesentlichen Transaktionen in Sachwerten (§ 271 Abs 1 Nr 2 S 3 KAGB; Anm 134 f, 481, 605),
- Vergleichende Übersicht über die letzten drei Geschäftsjahre („Dreijahresvergleich"; § 25 Abs 3 Nr 5 KARBV iVm § 14 KARBV; Anm 131 f, 484, 606).

Der **Inhalt und Aufbau des Lageberichts** richtet sich nach § 289 HGB (*Grottel* in Beck Bil-Komm[12], § 289 Anm 40 ff). Hinzu kommen die ergänzenden Angaben nach § 23 KARBV, zu denen ua der Bericht über die Tätigkeit der InvGes im abgelaufenen Gj gehört (§ 23 Abs 4 KARBV iVm § 8 KARBV). Unabhängig von der Rechtsform der InvGes sind die Angaben zu Leverage und zu den wesentlichen Änderungen des Verkaufsprospektes/der Anlegerinformationen gem § 101 Abs 3 Nr 3 KAGB sowie die Vergütungsangaben des § 101 Abs 3 Nrn 1, 2 KAGB in den Lagebericht aufzunehmen (§ 46 iVm § 135 Abs 7 KAGB; Anm 573). Firmiert die PublikumsInvGes indes als InvAG, sind abw hiervon die Vergütungsangaben und die Angaben zu den Änderungen des Verkaufsprospektes/der Anlegerinformationen in den Anhang aufzunehmen (§ 44 Abs 1 Nr 7 S 4 iVm § 120 Abs 6 KAGB bzw § 148 Abs 1 iVm § 120 Abs 6 KAGB; Anm 489).

Rechtsformspezifische Rechnungslegungsvorschriften des *AktG* (insb §§ 152 und 158 AktG) oder *GmbHG* (§ 42 GmbHG) sind unabhängig von einer expliziten gesetzlichen Regelung (kein Verweis auf § 108 KAGB) nur insoweit anzuwenden, wie sie keinen investmentrechtlichen Regelungen entgegenstehen (*IDW* IVFA FAQ, A.3.4, *Dietrich* WPg 2019, 627 f). Bei Firmierung als InvAG gilt aufgrund des in § 44 Abs 1 Nr 7 S 4 KAGB enthaltenen Verweises § 108 KAGB, wodurch ausgewählte, dem Investmentrecht entgegenstehende Regelungen des AktG für nicht anwendbar erklärt werden (Anm 321).

In § 2 Abs 5 S 1 Nr 6 KAGB werden nur ausgewählte **investmentrechtliche Bewertungsvorschriften** für einschlägig erklärt (§§ 169, 261, 271 Abs 1 und 4, 272 KAGB). An einem expliziten Verweis auf die Bewertungsregelungen der KARBV (§ 168 Abs 8 KAGB) fehlt es indes. Der Verweis auf die Bewertungsregelungen beschränkt sich dabei zunächst auf die Ermittlung des Nettoinventarwertes. Da die Aufstellung eines investmentrechtlichen JA die Bewertung der VG auch zum Verkehrswert voraussetzt (erforderlich etwa für die Ermittlung der nicht realisierten Gewinne und Verluste), kann es sich bei dem in § 46 KAGB fehlenden Verweis auf die investmentrechtlichen Bewertungsvorschriften lediglich um einen redaktionellen Fehler handeln (*Dietrich* WPg 2019, 628). Eine Bewertung zum Verkehrswert ist insoweit erforderlich; die KARBV kann dabei Orientierung geben (*IDW* IVFA FAQ, A.3.6).

Im Anhang sind die bei der Bewertung der VG angewendeten Verfahren anzugeben (§ 20 Abs 1 KARBV iVm § 16 Abs 1 Nr 2 KARBV; Anm 364).

368 **cc) Offenlegung und Prüfung.** Für die von einer nach § 2 Abs 5 KAGB registrierten KVG verwalteten PublikumsInvGes bestehen spezifische Offenlegungs- und Prüfungsvorschriften. So ist der festgestellte oder gebilligte JA – unabhängig davon, ob bereits eine handelsrechtliche Pflicht zur **Offenlegung** besteht – innerhalb von *sechs Monaten nach dem Ende des Gj* im BAnz offenzulegen (§ 45 Abs 1 KAGB; § 48 Abs 1 KAGB). Von den größenabhängigen Erleichterungen darf kein Gebrauch gemacht werden (§ 48 Abs 2 KAGB). Die Offenlegung umfasst dabei nicht nur den JA, sondern auch den Lagebericht sowie den BVm des AP (§ 325 Abs 1 Nr 1 HGB). Darüber hinaus ist – vorbehaltlich, dass es sich bei der Nichterwähnung des Bilanzeides in § 325 Abs 1 HGB um einen redaktionellen Fehler handelt – auch ein erstellter Bilanzeid offenzulegen (*Grottel* in Beck Bil-Komm[12], § 325 Anm 6).

369 Die **Abschlussprüfung** nach § 47 KAGB iVm § 317 HGB umfasst die *Prüfung des JA und Lageberichts* sowie die Einhaltung der ergänzenden rechnungslegungsbezogenen Bestimmungen des GesVertrags oder der Satzung. Das KAGB erweitert diese Prüfungspflicht insoweit, als auch zu prüfen ist, ob die der PublikumsInvGes zugrunde liegenden Bestimmungen des GesVertrags, eines Treuhandverhältnisses oder einer Satzung sowie die Anlagebedingungen beachtet wurden. Darüber hinaus bestimmt das KAGB, dass der AP die Voraussetzungen für die Inanspruchnahme von § 2 Abs 5 KAGB zu prüfen hat (§ 47 Abs 2 KAGB). Im Hinblick auf die einschlägigen aufsichtsrechtlichen Regulierungen (§§ 26 bis 28 KAGB) oder die Anforderungen aus dem GwG enthält § 47 KAGB keine eigenständige Prüfungspflicht.

Eine Berichterstattung über Unrichtigkeiten und Verstöße erfolgt bisher lediglich basierend auf § 321 Abs 1 S 3 HGB; explizit nicht anzuwenden waren bisher die Regelungen der KAPrüfbV (*Dietrich* WPg 2019, 629). Durch das Gesetz v 19.3.2020 wurde in § 47 Abs 4 KAGB die Verordnungsermächtigung zur Anwendung der KAPrüfbV ergänzt; noch nicht veröffentlicht wurde bisher jedoch die KAPrüfbV nF mit einem erweiterten Anwendungsbereich.

Über das Ergebnis seiner Prüfung hat der AP einen Vermerk zu erteilen (IDW PH 9.400.15, Tz 36) sowie einen *PrüfBer* zu verfassen (§ 47 Abs 1 KAGB). Eine Pflicht zur Einreichung des PrüfBer bei der BaFin besteht nicht (*Dietrich* WPg 2019, 629).

370 Darüber hinaus hat der AP die *Ordnungsmäßigkeit der Zuweisungen der Gewinne und Verluste sowie der Einlagen und Entnahmen zu den einzelnen Kapitalkonten* (einschließlich der von einem Treuhänder gehaltenen Konten) zu prüfen (§ 47 Abs 3 KAGB, IDW PH 9.400.15, Tz 29 ff). Die Prüfung der Kapitalkonten betrifft jedoch lediglich solche PublikumsInvGes, die in der Rechtsform der KG aufgelegt wurden und für deren Investoren insoweit einzelne Kapitalkonten geführt werden. Für alle anderen Rechtsformen läuft die Regelung ins Leere. Vgl hierzu auch Anm 637.

III. Rechnungslegung u Prüfung v Investmentgesellschaften **375, 376** U

c) Rechnungslegungspflicht bei Registrierungspflicht nach § 2 Abs 4 KAGB

aa) Normalfall. Eine SpezialInvGes, die von einer nach § 2 Abs 4 KAGB **375** registrierten KVG verwaltet wird, ist zunächst weiterhin zur Rechnungslegung nach HGB verpflichtet und muss ggf die zusätzlichen Anforderungen des VermAnlG beachten. Keine Anwendung finden demnach – vorbehaltlich der nachfolgend dargestellten Rückausnahmen – die investmentrechtlichen Rechnungslegungs-, Bewertungs- und Prüfungsvorschriften für die von einer KVG iSd § 2 Abs 4 KAGB verwalteten InvVerm (*Dietrich* WPg 2019, 681 f). Eine Rechnungslegung nach KAGB entfällt in diesen Fällen vollständig und darf auch nicht freiwillig erfolgen (*Dietrich* WPg 2019, 625 f; *IDW IVFA FAQ*, A.3.5; Anm 346).

Die Nichtanwendung investmentrechtlicher Rechnungslegungsregelungen setzt jedoch voraus, dass die InvGes nicht unter eine der im KAGB kodifizierten **Rückausnahmen** fällt:
– Die InvGes *firmiert nicht als InvKG oder InvAG* (Umkehrschluss aus § 44 Abs 1 Nr 7 S 2–4 KAGB).
– Für Rechnung der InvGes werden *keine Gelddarlehen iSd § 285 Abs 2 KAGB* vergeben (Umkehrschluss aus § 48a KAGB).

bb) Firmierung als Investmentkommanditgesellschaft oder In- 376 vestmentaktiengesellschaft. Eine SpezialInvGes iSd § 2 Abs 4 KAGB, die als *InvKG oder InvAG firmiert*, unterwirft sich zwar nicht in Gänze den Anforderungen des KAGB, ist aber aus Gründen des Anlegerschutzes zur **Beachtung der rechtsformspezifischen Vorschriften** des KAGB (darunter auch die Regelungen zur Rechnungslegung) verpflichtet (§ 44 Abs 1 Nr 7 S 2 und 3 KAGB iVm §§ 108 ff, 124 ff, 140 ff, 149 ff KAGB). Eine gleichlautende Regelung besteht auch für nach § 2 Abs 4a und 5 KAGB registrierte PublikumsAIF (Anm 360).

Durch § 44 Abs 1 Nr 7 S 2 und 3 KAGB werden ua die jeweils für die Rechtsform vorgesehenen *Rechnungslegungsvorschriften des KAGB und der KARBV* für anwendbar erklärt. Aufgrund eines anzunehmenden redaktionellen Fehlers wird jedoch nicht auf die Bewertungsvorschriften des KAGB (insb §§ 278, 286 Abs 1 KAGB) verwiesen. Hieraus kann jedoch nicht geschlossen werden, dass keine Bewertung zum Verkehrswert zu erfolgen hat. Es ist nach Sinn und Zweck der Regelung mind davon auszugehen, dass eine Bewertung zum Verkehrswert unter Anwendung geeigneter Bewertungsverfahren zu erfolgen hat. Im Hinblick darauf, was ein geeignetes Bewertungsverfahren sein könnte, können die Regelungen der KARBV Orientierung geben (*Dietrich* WPg 2019, 683, 685).

Die *Rechnungslegungspflicht* nach investmentrechtlichen Regelungen *beginnt* mit Eintragung der entspr Firmierung in das HR (§ 5 Abs 3 E-KARBV). Für Inhalt und Umfang der Jahresberichte wird auf die Ausführungen in Anm 415 ff für die InvAG und Anm 540 ff für die InvKG verwiesen.

Die *Prüfung* umfasst für den Fall, dass es sich um eine InvKG handelt, neben der für alle InvGes iSd § 2 Abs 4 KAGB relevanten Prüfung des JA und des Lageberichts auch die Prüfung der Ordnungsmäßigkeit der Zuweisungen der Gewinne und Verluste sowie Einlagen und Entnahmen zu den einzelnen

Kapitalkonten (§ 44 Abs 1 Nr 7 S 2 und 3 KAGB iVm § 136 Abs 2 KAGB bzw §§ 159 S 1, 136 Abs 2 KAGB). Darüber hinaus hat der AP auch zu beurteilen, ob die Bestimmungen des KAGB, des GesVertrags oder der Satzung beachtet wurden. Die Prüfung aufsichtsrechtlicher Regelungen läuft, wie auch die Prüfung der Verpflichtungen aus dem GwG (sofern es sich nicht um eine intern verwaltete InvGes handelt), ins Leere. Ebenso findet die KAPrüfbV derzeit keine Anwendung (*Dietrich* WPg 2019, 685).

377 **cc) Vergabe von Gelddarlehen.** Vergibt die (externe) KVG hingegen *Gelddarlehen iSv § 285 Abs 2 KAGB* (bei Vergabe von GesDarlehen iSd § 285 Abs 3 KAGB bleibt es bei einer handelsrechtlichen Rechnungslegung) für Rechnung eines von ihr verwalteten SpezialAIFs, ergibt sich die **Pflicht zur investmentrechtlichen Rechnungslegung** aus § 48a KAGB.

Eine *Legaldefinition des Begriffs „Gelddarlehen"* enthält das KAGB nicht, so dass auf die Definition des § 488 BGB abzustellen ist. Hiernach ist jede Zurverfügungstellung eines Geldbetrages gegen Zins und mit einer vereinbarten Rückzahlung als Gelddarlehen anzusehen. Neben dem klassischen Kredit fallen daher auch sog Wandeldarlehen oder GesDarlehen mit einer qualifizierten Nachrangklausel unter den Begriff des Gelddarlehens. Bei bestimmten Mezzanine-Finanzierungen wie zB stillen Bet oder partiarischen Darlehen kommt es auf die jeweilige Ausgestaltung an. Liegt bei einer stillen Bet eine Verlustbeteiligung vor, ist davon auszugehen, dass es sich nicht um ein Gelddarlehen handelt; stille Bet ohne Verlustbeteiligung hingegen sind dann als Gelddarlehen ausgestaltet, wenn der Anteil der festen Verzinsung gegenüber der vereinbarten Gewinnbeteiligung überwiegt oder wenn aufgrund von Nebenabreden bzw gedeckelten Gewinnbeteiligungen mit Wertaufholungsklauseln faktisch eine feste Verzinsung vorliegt (*BaFin* Merkblatt Kreditgeschäft, 1. Buchst a Doppelbuchst bb Ziff 3; *Bujotzek/Volhard* in PRW, § 19, Tz 8 ff).

Charakteristisch für Gelddarlehen nach § 285 Abs 2 KAGB ist, dass es sich bei diesen idR *nicht* um Gelddarlehen handelt, die an Unt vergeben werden, mit denen auch ein BetVerhältnis besteht (GesDarlehen). GesDarlehen können allenfalls unter die Regelungen des § 285 Abs 2 KAGB fallen, wenn diese die übrigen Anforderungen des § 285 Abs 3 KAGB nicht erfüllen. In diesem Zusammenhang ist darauf hinzuweisen, dass ein BetVerhältnis iSd Abs 3 nur dann besteht, wenn dieses unmittelbar gegenüber dem Unt besteht, an das auch das Gelddarlehen ausgereicht wurde. Investiert das InvVerm in die Bet und das Gelddarlehen nur mittelbar über jeweils eine eigene Zweck-Ges, liegt dem Wortlaut des § 285 Abs 3 KAGB folgend kein priviligiertes GesDarlehen vor, sondern ein Gelddarlehen an ein Unt mit dem *kein BetVerhältnis* besteht (§ 285 Abs 2 KAGB).

378 Der **Jahresbericht** eines InvVerm iSd § 2 Abs 4 KAGB, welches Gelddarlehen iSd § 285 Abs 2 KAGB vergibt, enthält aufgrund des Verweises in § 48a Abs 1 KAGB auf § 45 Abs 2 KAGB – unabhängig von der Rechtsform und Größe der Ges und damit auch unabhängig davon, ob die Ges bereits nach HGB zur Offenlegung eines JA verpflichtet ist – neben dem JA, Lagebericht und den Bestätigungen des AP auch einen Bilanzeid (Erklärung der gesetzlichen Vertreter nach den Vorgaben des § 264 Abs 2 S 3 bzw § 289 Abs 1 S 5 HGB).

III. Rechnungslegung u Prüfung v Investmentgesellschaften 379, 380 U

Die auf den JA und den Lagebericht anzuwendenden *investmentrechtlichen Rechnungslegungsvorschriften* ergeben sich – unabhängig von der Rechtsform – aus § 135 Abs 3–11 KAGB sowie der entspr anzuwendenden KARBV (§ 48a KAGB iVm §§ 45, 46 KAGB).

Der **Inhalt und Aufbau** des JA richtet sich nach § 135 Abs 3–5 und Abs 8–11 KAGB sowie nach den Regelungen der KARBV. Für den Lagebericht gilt neben § 289 HGB auch § 135 Abs 6, 7 KAGB sowie die einschlägigen Regelungen der KARBV (Anm 440 ff, 570 ff). Im Hinblick auf die Anwendung rechtsformspezifischer Rechnungslegungsregelungen des AktG oder GmbHG vgl Anm 366. Zur Anwendung investmentrechtlicher Bewertungsvorschriften vgl Anm 367. Weiterführend hierzu auch *Dietrich* WPg 2019, 682 f.

Das KAGB enthält keine explizite Regelung dahingehend, wann die **Rechnungslegungspflicht** nach § 48a KAGB **beginnt** oder endet. Aus dem Wortlaut des § 48a KAGB heraus, könnte gefolgert werden, dass erst die tatsächliche Vergabe eines Gelddarlehens die Rechnungslegungspflicht (und damit auch die Prüfungspflicht; Anm 383) auslöst. Andererseits könnte aber auch bereits die Erlaubnis zum Abschluss von Gelddarlehen iSd § 285 Abs 2 KAGB in den Anlagebedingungen dazu führen, dass eine investmentrechtliche Rechnungslegungspflicht bereits mit Gründung und Abschluss entspr Anlagebedingungen besteht. Gegen diese Auffassung spricht jedoch, dass allein die Erlaubnis zur Vergabe von Gelddarlehen nicht notwendigerweise auch dazu führt, dass Gelddarlehen iSd § 285 Abs 2 KAGB auch tatsächlich begeben/erworben werden sollen. In diesem Fall würde die Pflicht zur Umstellung auf die investmentrechtliche Rechnungslegung sowie die ebenfalls damit verbundene Beachtung bestimmter Organisations- und Verhaltensvorschriften des KAGB dem Grundgedanken des § 2 Abs 4 KAGB im Hinblick auf Entlastung bestimmter InvVerm entgegenstehen. Hieraus folgt, dass im Einzelfall zu prüfen ist, ob – unter Berücksichtigung der tatsächlich geplanten Anlagepolitik – bereits von Beginn an auf die investmentrechtliche Rechnungslegung umzustellen ist, oder ob nicht erst mit Abschluss des ersten Gelddarlehens die Umstellung zu erfolgen hat.

Ähnliche Überlegungen ergeben sich für die Frage, ob von der investmentrechtlichen Rechnungslegung wieder abgewichen werden darf *(Rückkehr zur rein handelsrechtlichen Rechnungslegung)*, sofern keine Gelddarlehen mehr im Bestand sind. Hier spielt sicherlich auch die Überlegung eine Rolle, ob die Vergabe von Gelddarlehen gänzlich oder nur vorübergehend eingestellt wurde. Grundsätzlich kann es aber nicht im Sinne des Anlegerinteresses sein, dass von Jahr zu Jahr die Grundlagen der Rechnungslegung gewechselt werden. Eine Abkehr von der investmentrechtlichen Rechnungslegung setzt damit eine tatsächliche und dauerhafte Einstellung der Vergabe von Gelddarlehen iSd § 285 Abs 2 KAGB voraus.

Der **Jahresabschluss** besteht aus einer Bilanz, GuV und einem Anhang. In Bezug auf die Gliederung der *Bilanz* nach § 21 KARBV und der *GuV* nach §§ 11 bzw 22 KARBV gelten die Ausführungen in Anm 363. Im Hinblick auf Inhalt und Umfang der *Anhangangaben* wird auf Anm 363 ff verwiesen. Abw hiervon entfallen bei der nach § 48a KAGB rechnungslegungspflichtigen SpezialInvGes die nur für PublikumsAIF einschlägigen Angabepflichten, wie zB die Angaben zur Transparenz und Gesamtkostenquote sowie der sog „Dreijahresvergleich" iSd § 14 KARBV. Weiterhin Bestandteil des Anhangs sind die Vermögensaufstellung respektive die Vermögensangaben nach § 25 KARBV, die Anzahl umlaufender Anteile und der Anteilwert, die Verwendungsrechnung und Entwicklungsrechnung sowie für den Fall der KG auch die Erl zu den Kapitalkonten und den vorgenommenen Liquiditätsausschüttungen (Anm 364, 600).

Hinzu kommen die *Angaben zu den Gelddarlehen*. Diese sind in § 25 Abs 5 Nr 11 E-KARBV geregelt. Hiernach ist bei Gewährung oder Erwerb von Gelddarlehen nach § 285 Abs 2 KAGB der Gesamtbetrag der gewährten oder erworbenen Gelddarlehen nach den Kriterien Nominalwert, Branche, Währung, Art der Besicherung und geographischer Verteilung aufzugliedern. Darüber hinaus ist auch eine Aufteilung nach Restlaufzeiten und Ausfallwahrscheinlichkeiten erforderlich. Die vorstehenden Aufgliederungen sind jeweils gesondert für gewährte und erworbene Darlehen anzugeben. Darüber hinaus sind die Summe der notleidenden Darlehen bzw die Summe der in Verzug geratenen Darlehen anzugeben. Diese Angaben haben entweder nach Hauptbranche oder nach Kontrahent zu erfolgen.

381 Der **Inhalt und Aufbau des Lageberichts** richtet sich nach § 289 HGB (*Grottel* in Beck Bil-Komm[12], § 289 Anm 40 ff). Hinzu kommen investmentrechtliche Angaben wie zB der Tätigkeitsbericht, die Angaben zu Vergütungen und zum Leverage (Anm 573 f, 575).

382 Die investmentrechtlichen **Bewertungsvorschriften** werden für SpezialInvGes, die nur aufgrund der Vergabe von Gelddarlehen zur Rechnungslegung nach KAGB verpflichtet sind, weder in § 2 Abs 4 KAGB noch durch den in § 46 KAGB enthaltenen Verweis auf § 135 KAGB für anwendbar erklärt. Auch in diesem Fall gilt wie bereits zuvor, dass es sich insoweit um einen redaktionellen Fehler handeln muss und dass eine Bewertung zum Verkehrswert zwingend vorzunehmen ist (*Dietrich* WPg 2019, 683; Anm 367, 376). Es empfiehlt sich – in Bezug auf die Analyse, was ein geeignetes Bewertungsverfahren sein könnte –, auf die Regelungen der KARBV abzustellen (Anm 170 ff, 615 ff). Für Gelddarlehen iSd § 285 Abs 2 KAGB enthält § 34a E-KARBV Hinweise, wie der Verkehrswert zu ermitteln ist bzw welche Parameter in ein entspr Bewertungsmodell einzufließen haben (Anm 629).

383 Für die SpezialAIF iSv § 2 Abs 4 KAGB mit Vergabe von Gelddarlehen sieht § 48a KAGB nur die Prüfung des nach investmentrechtlichen Rechnungslegungsregelungen aufgestellten JA und Lageberichtes vor, sondern bestimmt auch, dass der AP bei seiner **Prüfung** festzustellen hat, ob die KVG die Bestimmungen des KAGB beachtet hat (§ 48a Abs 1 S 2 KAGB). Insofern ist über die Einhaltung der in § 2 Abs 4 Nr 4 KAGB benannten aufsichtsrechtlichen Anforderungen des KAGB durch die externe KVG zwar nicht im PrüfBer der externen KVG, aber im PrüfBer über die Prüfung des von ihr verwalteten SpezialAIF zu berichten (*Dietrich* WPg 2019, 684). Darüber hinaus hat der AP zu beurteilen, ob die KVG die Bestimmungen eines dem SpezialAIF zugrunde liegenden GesVertrags oder der Satzung, der Anlagebedingungen sowie – sofern einschlägig – eines Treuhandverhältnisses beachtet hat (§ 48a S 1 iVm § 47 Abs 2 KAGB). Bei SpezialAIF in der Rechtsform der KG sind darüber hinaus auch die Zuweisung von Gewin-

III. Rechnungslegung u Prüfung v Investmentgesellschaften 384–392 U

nen, Verlusten, Einlagen und Entnahmen zu den einzelnen Kapitalkonten vom AP zu prüfen und die Ordnungsmäßigkeit zu bestätigen (§ 48a S 1 iVm § 47 Abs 3 KAGB; IDW PH 9.400.15, Tz 29 ff). Über das Ergebnis seiner Prüfung hat der AP einen Vermerk zu erteilen (*BVm,* IDW PH 9.400.15, Tz 36) sowie einen *PrüfBer* zu verfassen, der auch auf Verlangen der BaFin vom AP dieser einzureichen ist (§ 48a Abs 1 S 3 KAGB).

Für die Prüfung von AIF iSd § 48a KAGB wird nicht die **KAPrüfbV** in ihrer Gänze für anwendbar erklärt, sondern es sind lediglich die §§ 46a bis 46d E-KAPrüfbV entspr anzuwenden (§ 46e E-KAPrüfbV; *IDW* PH 9.400.15, Tz 13). Allerdings kann die KAPrüfbV auch in Bezug auf die übrigen Berichterstattungspflichten Orientierung geben (*Dietrich* WPg 2019, 684). 384

dd) Option zur Anwendung des KAGB. Unabhängig von den zuvor dargestellten Rückausnahmen besteht auch die Möglichkeit, dass sich die nach § 2 Abs 4 KAGB registrierte KVG dem KAGB in seiner Gesamtheit unterwirft **(Option zur Vollanwendung),** sodass es in diesem Fall auch zu einer Anwendung der Rechnungslegung nach KAGB für die von dieser verwalteten SpezialAIF kommt (§ 2 Abs 4 S 2 Nr 3 KAGB). In diesem Fall gelten die Ausführungen in Anm 415 ff und 540 ff entsprechend. 385

d) Rechnungslegung bei partieller Anwendung investmentrechtlicher Vorschriften

aa) Allgemeines. Erfüllt eine KVG nicht die Schwellenwerte für eine kleine KVG hat diese die Regelungen des KAGB in seiner Gänze anzuwenden. Ausgenommen hiervon ist nur eine KVG, die ausschließlich sog Altfonds verwaltet (§ 353 Abs 1 und 2 KAGB; Anm 349), sowie solche die InvVerm verwalten, die unter die **besonderen Übergangsvorschriften** des § 353 Abs 4 KAGB fallen. Letztere unterliegen dem sog *partiellen Grandfathering* (*Dietrich/Malsch* RdF 2014, 240 ff; Anm 348). 390

Voraussetzung für die Anwendung des § 353 Abs 4 KAGB ist, dass es sich bei der KVG nicht um eine kleine KVG iSd § 2 Abs 4–5 KAGB handelt und dass für das von der KVG verwaltete InvVerm die Zeichnungsfrist bereits vor dem 22.7.2013 abgelaufen ist, aber nach dem 21.7.2013 noch Anlagen getätigt werden (zum Begriff der Tätigung von Anlagen: *BaFin* FAQ zu den Übergangsvorschriften, III. Ziff 5).

In Bezug auf die **Rechnungslegung, Offenlegung und Informationspflichten** erkärt § 353 Abs 4 KAGB die Regelungen der §§ 158 S 1 iVm § 135 Abs 7 und 8, 158 S 2, 160 Abs 4 KAGB ebenso für anwendbar, wie die §§ 300, 307, 308 KAGB und bestimmte Vorschriften zur **Bewertung** (§§ 271, 272, 286 KAGB). Darüber hinaus sind auch die Mindestanforderungen an die Rechnungslegung aus der AIFM-VO zu beachten. 391

bb) Aufstellung, Offenlegung, Einreichung. Die **Rechnungslegungspflicht** beginnt für die unter das partielle Grandfathering fallenden InvVerm *mit Eingang des Erlaubnisantrags bei der BaFin* (§ 353 Abs 4 KAGB; § 32 Abs 7 VermAnlG; *Dietrich/Malsch* RdF 2014, 244). Das VermAnlG erklärt explizit die **größenabhängigen Erleichterungen** des § 264 Abs 1 S 4 HGB sowie die Befreiungen von der Pflicht zur Aufstellung eines JA 392

U 393–397 Rechnungslegung und Prüfung von Investmentvermögen

nach § 264 Abs 1 S 4 1. Hs, Abs 3, 4 und § 264b HGB für *nicht anwendbar* (§ 24 Abs 1 S 2 VermAnlG). Daher ist jedes InvVerm im Anwendungsbereich der Übergangsregelung des § 353 Abs 4 KAGB zur Aufstellung eines Jahresberichts iSd § 23 Abs 2 VermAnlG verpflichtet (Anm 395 ff).

393 Der Jahresbericht ist *spätestens sechs Monate* nach Ende des Gj aufzustellen, prüfen zu lassen und – sofern es sich um ein nach HGB nicht zur **Offenlegung** verpflichtetes InvVerm handelt – im elektronischen BAnz offenzulegen (§ 23 Abs 1 S 1 VermAnlG, § 23 Abs 3 VermAnlG, § 25 VermAnlG). Da es sich bei den InvVerm iSd § 353 Abs 4 KAGB jedoch regelmäßig um bereits nach Handelsrecht zur Offenlegung verpflichtete Ges handelt, gilt für diese für die Offenlegung des Jahresberichts im BAnz die *verkürzte handelsrechtliche Offenlegungsfrist von sechs Monaten* gem § 26 Abs 1 VermAnlG. Darüber hinaus ist der Jahresbericht über die Internetseite des UntReg zugänglich zu machen (§ 23 Abs 4 VermAnlG).

Die größenabhängigen Erleichterungen der §§ 326 HGB im Hinblick auf die Offenlegung sind nicht anzuwenden (§ 26 Abs 2 VermAnlG). Offenzulegen ist der *festgestellte oder gebilligte JA*, der Lagebericht, die Erklärung der gesetzlichen Vertreter („Bilanzeid") sowie der BVm des AP. Eine Nachreichung der Feststellungserklärung ist nicht mehr möglich (§ 325 Abs 1 HGB; zu den Anforderungen an die Feststellungen eines JA nach Rechtsform vgl *Grottel/ H. Hoffmann* in Beck Bil-Komm[12], Vorb § 325).

394 Der Jahresbericht eines PublikumsAIF ist unverzüglich nach erstmaliger Verwendung der BaFin **einzureichen** (§ 353 Abs 4 iVm § 160 Abs 4 KAGB; *Dietrich/Malsch* RdF 2014, 246). Für SpezialAIF erfolgt die Einreichung auf Verlangen der BaFin (§ 353 Abs 4 iVm § 35 Abs 3 KAGB).

395 **cc) Vorschriften für den Jahresbericht.** § 23 Abs 2 VermAnlG legt den *Inhalt eines Jahresberichts* eines InvVerm fest, für das die Übergangsvorschriften des § 353 Abs 4 KAGB bzw § 32 Abs 7 VermAnlG anzuwenden sind.

Für den JA und den Lagebericht sind die §§ 264–289 HGB einzuhalten. Da es dem deutschen Gesetzgeber – aufgrund fehlender gleichlautender europarechtlicher Übergangsregelung – nicht freistand, die unter das Übergangsszenario des § 353 Abs 4 KAGB fallenden InvVerm gänzlich von der Anwendung des KAGB auszunehmen, stellt die Regelung des § 353 Abs 4 KAGB sicher, dass zwar Erleichterungen eingeräumt werden, dass gleichzeitig aber auch die nicht abbedingbaren *Mindestanforderungen der AIFM-VO* eingehalten werden (*Dietrich/Malsch* RdF 2014, 245). Daher ist jedes InvVerm im Anwendungsbereich der Übergangsregelung des § 353 Abs 4 KAGB zur Aufstellung eines Jahresberichts – bestehend aus einem (erweiterten) handelsrechtlichen Lagebericht, einem (erweiterten) handelsrechtlichen JA, den Bestätigungen des AP sowie einer den Vorgaben des § 264 Abs 2 S 3 HGB bzw des § 289 Abs 1 S 5 HGB entsprechenden Erklärung der gesetzlichen Vertreter („Bilanzeid") – verpflichtet (§ 23 Abs 2 VermAnlG iVm § 353 Abs 4 KAGB).

396 Der **Umfang der anzuwendenden investmentrechtlichen Rechnungslegungsvorschriften** beschränkt sich dabei auf *zusätzliche Angaben im Lagebericht und Anhang* (Anm 397 ff, 405 ff).

397 Ein InvVerm im Anwendungsbereich der Übergangsregelung des § 353 Abs 4 KAGB hat unabhängig von seiner Größe einen **Lagebericht** auf-

III. Rechnungslegung u Prüfung v Investmentgesellschaften   398–401   U

zustellen (§ 23 Abs 2 Nr 2 VermAnlG). Der *Inhalt des Lageberichts* richtet sich grds nach § 289 HGB, ist jedoch um zusätzliche Angaben zu erweitern:
- Tätigkeitsbericht (§ 353 Abs 4 iVm §§ 158 S 1, 135 Abs 7 S 2, 101 Abs 3 S 2 KAGB iVm Art 105 AIFM-VO; Anm 399);
- Vergütungsangaben (§ 24 Abs 1 KARBV; § 353 Abs 4 iVm §§ 135 Abs 7 S 1, 101 Abs 3 KAGB; § 353 Abs 4 iVm §§ 158 S 1, 135 Abs 7 S 2, 101 Abs 3 S 2 KAGB iVm Art 107 AIFM-VO; Anm 400).

Weitere zusätzliche Angaben im Lagebericht betreffen die besonderen Gliederungsvorschriften für das InvAnlVerm („Vermögensübersicht"; § 353 Abs 4 iVm §§ 135 Abs 7 S 2, 101 Abs 3 S 2 KAGB iVm Art 104 Abs 1 AIFM-VO; Anm 402) sowie die Aufstellung der zugehörigen Aufwendungen und Erträge („Ertrags- und Aufwandsübersicht"; § 353 Abs 4 iVm §§ 135 Abs 7 S 2, 101 Abs 3 S 2 KAGB iVm Art 104 Abs 2 AIFM-VO; Anm 403).

Anders als bei der vollständig unter das Investmentrecht fallenden Rechnungslegung eines extern verwalteten InvVerm ist im Lagebericht der unter die partielle Anwendung fallenden InvVerm auch eine Aussage über die *voraussichtliche Entwicklung* des InvAnlVerm und die damit verbundenen **Chancen und Risiken** in den Lagebericht aufzunehmen (Prognosebericht). Aussagen zur Wertentwicklung des *InvAnlVerm* (der Vermögensanlage dienende VG und Schulden) sollten mit einem Warnhinweis versehen werden, dass die bisherige Wertentwicklung kein Indikator für die zukünftige Wertentwicklung ist (analog § 165 Abs 2 Nr 9 KAGB).   398

Der Lagebericht muss um einen Bericht über die Tätigkeit der InvKG im abgelaufenen Gj **(Tätigkeitsbericht)** ergänzt werden. Der Tätigkeitsbericht dient der Darstellung der Tätigkeit der KVG in der Berichtsperiode und muss die Tätigkeiten der KVG als externe KVG gesondert aufführen. Für den Inhalt des Tätigkeitsberichts gem § 353 Abs 4 KAGB ist ausschließlich Art 105 AIFM-VO zu beachten (§ 353 Abs 4 S 1 iVm §§ 158 S 1, 135 Abs 7 S 2, 101 Abs 3 S 2 KAGB iVm Art 105 AIFM-VO). Zu den näheren Inhalten eines Tätigkeitsberichts vgl Anm 571.   399

In den Lagebericht sind sowohl aufgrund der Regelung des § 24 Abs 1 S 2 VermAnlG als auch aufgrund des in § 353 Abs 4 KAGB enthaltenen Verweises auf § 101 Abs 3 KAGB bzw auf Art 107 AIFM-VO **Angaben zur Vergütung** in den Lagebericht aufzunehmen. Aufgrund der dreifachen Regelung ergibt sich eine zusätzliche Herausforderung dahingehend, dass die Regelungen zwar materiell weitgehend identisch sind, sich aber die Formulierungen im Detail dennoch unterscheiden. Aufgrund des Verweises auf die investmentrechtlichen Regelungen des KAGB sind auch die Äußerungen der ESMA diesbezüglich zu berücksichtigen (*ESMA Q&A AIFMD*, Section I. Question 6; Anm 573).   400

Die Ergänzung des Lageberichts um eine **Vermögens- und Verbindlichkeitenübersicht** bzw eine **Ertrags- und Aufwandsübersicht,** ist insofern erforderlich, als die Gliederungsvorschriften des Art 104 Abs 1 und 2 AIFM-VO nicht mit den Gliederungsvorschriften des § 266 HGB bzw § 275 HGB in Übereinstimmung zu bringen sind und der Gesetzgeber die Anforderungen des Art 104 AIFM-VO für die Fälle des § 353 Abs 4 KAGB nicht abbedingen konnte (*Dietrich/Malsch* RdF 2014, 247). Eine Ergänzung   401 der handelsrechtlichen Gliederung der Bilanz bzw GuV scheidet regelmäßig aus; ebenso die Bewertung der VG in der Bilanz zum Verkehrswert.

402 In der *Vermögens- und Verbindlichkeitenübersicht* gem Art 104 Abs 1 AIFM-VO sind die VG in die folgenden *Einzelposten* zu gliedern (Art 104 Abs 1 Buchst a AIFM-VO):
— „Anlagen" (darunter ua Schuldverschreibungen, EK-Titel, Immobilien und Finanzderivate);
— „Barmittel und Barmitteläquivalente" (darunter ua verfügbare Barmittel, Sichteinlagen und kurzfristige liquide Anlagen);
— „Forderungen" (darunter ua Dividendenforderungen, Zinsforderungen, verkaufte Anlagen, fällige Beträge von Brokern und Vorauszahlungen).

Die *Verbindlichkeiten* sind darüber hinaus zu gliedern in „zahlbare Beträge", „Kredite" und „sonstige Verbindlichkeiten" (weitere Untergliederung erforderlich; Art 104 Abs 1 Buchst b AIFM-VO).

Die Vermögens- und Verbindlichkeitenübersicht enthält am Ende als Residualanspruch das *„Nettoinventar"* (Art 104 Abs 1 Buchst c AIFM-VO). Auch wenn grds gem Art 22 Abs 3 AIFM-RL die Ermittlung der Zahlenangaben im Jahresbericht unter Zugrundelegung der jeweils einschlägigen nationalen Rechnungslegungsstandards erfolgt, stellt sich in diesem Zusammenhang die Frage, ob hier ggf eine Überleitung auf den Anteilwert nach §§ 271, 286 KAGB zu erfolgen hat. Dies scheint insofern geboten, als der „jüngste Nettoinventarwert des AIF" für die InvVerm iSd § 353 Abs 4 KAGB zu ermitteln und im Tätigkeitsbericht anzugeben ist (Art 105 AIFM-VO iVm Art 23 Abs 1 Buchst m AIFM-RL). Die Angabe zweier „Nettoinventarwerte" mit unterschiedlicher Bewertungsbasis scheint indes nicht sachgerecht. Insofern ist die *Darstellung der Vermögens- und Verbindlichkeitenübersicht* gem Art 104 Abs 1 und 2 AIFM-VO *unter Zugrundelegung der investmentrechtlichen Bewertungsregelungen* (§§ 271, 286 KAGB iVm §§ 168, 169, 216 KAGB sowie den Regelungen der KARBV; Anm 170ff, 623ff) vorzunehmen.

403 Aufgrund des Verweises in § 135 Abs 7 S 2 KAGB gelten auch die Gliederungsvorgaben des Art 104 Abs 2 AIFM-VO. Die *Ertrags- und Aufwandsübersicht* leitet auf den „Nettoertrag oder Nettoaufwand" als Residualgröße über (Art 104 Abs 2 Buchst c AIFM-VO). Dies erfordert die zusätzliche Gliederung der *Erträge* in die folgenden *Einzelposten* (Art 104 Abs 2 Buchst a AIFM-VO):
— „Anlageerträge" (darunter ua Dividendenerträge, Zinserträge, Mieterträge);
— „Realisierte Anlagegewinne" (dh Gewinne aus der Veräußerung von Kapitalanlagen);
— „Nicht realisierte Anlagegewinne" (dh Gewinne aus der Neubewertung von Kapitalanlagen);
— „Sonstige Erträge" (darunter ua Erträge aus Wertpapierdarlehen).

Die *Aufwendungen* sind darüber hinaus in die folgenden Einzelposten zu gliedern (Art 104 Abs 2 Buchst b AIFM-VO):
— „Entgelte für die Anlageberatung und Anlageverwaltung";
— „Sonstige Aufwendungen" (darunter ua Verwaltungsentgelte, Verwahrentgelte und Zinsen);
— „Realisierte Anlageverluste" (dh Verluste aus der Veräußerung von Kapitalanlagen);

III. Rechnungslegung u Prüfung v Investmentgesellschaften **404–406** U

– „Nicht realisierte Anlageverluste" (dh Verluste aus der Neubewertung von Kapitalanlagen).

Darüber hinaus sind **Darstellungen wesentlicher Änderungen der** **404** **Anlegerinformationen** bzw des *Verkaufsprospektes* und zur *Haftung der Verwahrstelle* sowie die Angaben nach § 300 Abs 1–3 KAGB (schwer zu liquidierende VG, Liquiditätsmanagement, Risikoprofil, Leverageangaben) in den Lagebericht aufzunehmen (§ 353 Abs 4 iVm §§ 135 Abs 7, 101 Abs 3 Nr 3 iVm § 308 Abs 4 und § 300 Abs 3 KAGB iVm Art 108 und 109 AIFM-VO; Anm 575).

Der **Jahresabschluss** ist weiterhin nach handelsrechtlichen Rechnungs- **405** legungsvorschriften (§§ 264–289 HGB) aufzustellen, und besteht aus einer Bilanz, einer GuV und einem erweiterten Anhang.

Die Gliederung der *Bilanz* erfolgt unter Anwendung der handelsrechtlichen Gliederungs-, Bilanzierungs- und Bewertungsvorschriften in Kontoform (§ 24 Abs 1 S 1 iVm § 32 Abs 5 und 7 VermAnlG iVm §§ 266 ff HGB). Die *GuV* ist nach § 275 HGB zu gliedern (§ 24 Abs 1 S 1 iVm § 32 Abs 5 und 7 VermAnlG iVm §§ 275 ff HGB). Die *Bilanzierungs- und Bewertungsregelungen* der *KARBV* sind in Bezug auf die Bilanz und GuV in Fällen des § 353 Abs 4 KAGB nicht anzuwenden (keine Verweisung auf § 135 Abs 11 KAGB).

Der Umfang der anzuwendenden investmentrechtlichen Rechnungslegungsvorschriften beschränkt sich auf *zusätzliche Angaben im Anhang* (ua bei geschlossenen PublikumsInvKG Angaben zur Gesamtkostenquote und zur Transparenz (§ 353 Abs 4 iVm §§ 158 S 2, 101 Abs 2 KAGB; Anm 143) sowie die Ergänzung um eine BetÜbersicht (§ 353 Abs 4 iVm §§ 158 S 2, 148 Abs 2 KAGB; Anm 607). Darüber hinaus greifen die handelsrechtlichen Angabepflichten vollumfänglich. Dies schließt anders als bei der unter das KAGB fallenden extern verwalteten InvKG oder InvAG auch die Angaben nach § 285 HGB ein (Anm 476, 598).

Aus dem Zusammenspiel der anzuwendenden handels- und investment- **406** rechtlichen Regelungen ergibt sich eine hohe Komplexität. Darüber hinaus stehen sich unterschiedliche Bewertungsgrundsätze in einem JA gegenüber (handelsrechtliche Bewertung unter Berücksichtigung des AK-Prinzips versus investmentrechtliche Verkehrswertbewertung in den Vermögens- und Ertragsübersichten). Weiterführend auch *Dietrich/Malsch* RdF 2014, 245 ff).

Das KAGB selbst sieht derzeit keine Möglichkeit vor, dass sich ein unter die Regelung des § 353 Abs 4 KAGB fallender geschlossener AIF freiwillig einer vollständigen Bilanzierung nach KAGB unterwirft (auch nicht bei entsprechender Firmierung als InvKG oder InvAG). In der Praxis wird es dennoch für zulässig erachtet, dass – unabhängig von einer gesetzlichen Regelung – eine nach § 353 Abs 4 KAGB zur partiellen Anwendung investmentrechtlicher Rechnungslegungsvorschriften verpflichtetes InvVerm einen investmentrechtlichen Jahresbericht mit *vollständiger und nicht nur partieller Anwendung investmentrechtlicher Rechnungslegungs- und Bewertungsvorschriften* erstellt. Damit folgt die Bilanzierungspraxis der Auffassung, dass die investmentrechtliche Rechnungslegung als lex specialis grds besser geeignet ist, den Anlegern einen Einblick in die Lage eines Investmentvermögens zu vermitteln und ein nach investmentrechtlichen Rechnungslegungsvorschriften aufgestellter Jahresbericht dem Anlegerschutz dient (ähnlich auch *IDW* IVFA FAQ, A.1.1; Anm 351).

408 Firmiert eine unter die Übergangsregelungen des § 353 Abs 4 KAGB fallendes InvVerm als InvKG oder InvAG, enthält das KAGB keinen Verweis auf § 44 Abs 1 Nr 7 S 2–4 KAGB. Der Intention der Regelung des § 44 KAGB folgend, wäre jedoch zu prüfen, ob insofern ein redaktioneller Fehler vorliegt und eine analoge Anwendung des § 44 Abs 1 Nr 7 S 2–4 KAGB geboten ist und damit auch eine Anwendung der rechtsformspezifischen Regelungen des KAGB und der Rechnungslegungsvorschriften des § 158 KAGB (analog *IDW* IVFA FAQ, A.1.2).

409 **dd) Prüfung.** Für die Prüfung eines InvVerm, welches unter die Übergangsregelungen des § 353 Abs 4 KAGB fällt, ist die Prüfungspflicht in § 25 VermAnlG geregelt. Die KAPrüfbV gilt in diesem Fall nicht. Unter Berücksichtigung der Übergangsregelung in § 32 Abs 7 VermAnlG ist in diesem Fall neben den in § 353 Abs 4 KAGB genannten Vorschriften weiterhin auch das VermAnlG in der bis zum 21.7.2013 geltenden Fassung anzuwenden.

Der AP hat das Ergebnis seiner Prüfung in einem **Bestätigungsvermerk** zusammenzufassen (IDW PH 9.400.16). Dieser ist in vollem Wortlaut im JA wiederzugeben (§ 25 Abs 1 S 2 VermAnlG).

410 Der AP hat ferner die **Zuweisung** von Gewinnen, Verlusten, Einlagen und Entnahmen **zu den einzelnen Kapitalkonten** zu prüfen und deren Ordnungsmäßigkeit zu bestätigen (§ 25 Abs 3 VermAnlG). Über das Ergebnis der Prüfung hat der AP einen BVm abzugeben (IDW PH 9.400.16, Tz 29 ff). Die Regelung läuft jedoch bei InvVerm, die in einer anderen Rechtsform als der Kommanditgesellschaft aufgelegt wurden, ins Leere.

3. Rechnungslegung der Investmentaktiengesellschaft

a) Anzuwendende Vorschriften

415 Auf den **Jahresabschluss und den Lagebericht** einer InvAG sind – unabhängig davon, ob es sich um die InvAG mit veränderlichem Kapital oder die InvAG mit fixem Kapital handelt (Anm 321 ff, 334 ff) – die Vorschriften des 3. Buches des HGB nach dem Wortlaut des KAGB anzuwenden, sofern sich aus dem KAGB als lex specialis nicht etwas anderes ergibt (§ 120 Abs 1 S 1 KAGB; § 148 Abs 1 iVm § 120 Abs 1 S 1 KAGB). Die Rechnungslegung der InvAG basiert insofern weiterhin auf den handelsrechtlichen Rechnungslegungsvorschriften, sofern nicht investmentrechtliche Besonderheiten wie zB die Verkehrswertbewertung und sonstige spezialgesetzliche Regelungen und investmentrechtliche Grundsätze dem entgegenstehen (*IDW* IVFA FAQ, A.5.1).

416 Die handelsrechtliche Rechnungslegung steht ganz im Zeichen der Gläubigerschutzfunktion; in der investmentrechtlichen Rechnungslegung hingegen erlangen weitere **Rechnungslegungsfunktionen** in unterschiedlichem Maße an Bedeutung. Hierzu zählt ua die Informations-, Rechenschafts-, Dokumentations- und die Preisermittlungsfunktion (Anm 27 ff). Im Gegensatz zu den offenen InvVerm, zu denen die InvAG mit veränderlichem Kapital zählt und bei der die Preisermittlungsfunktion sicherlich einen hohen Stellenwert einnimmt, ist deren Bedeutung bei geschlossenen InvVerm wie der InvAG mit fixem Kapital von untergeordneter Natur.

III. Rechnungslegung u Prüfung v Investmentgesellschaften

Die Berichterstattung ist so zu gestalten, dass sie die Informationsbedürfnisse der Anleger im Hinblick auf die Anlageentscheidung bzw die laufende Beurteilung der Anlage berücksichtigt (§ 3 Abs 1 KARBV). Um *eine Rechnungslegung für einen besonderen Zweck* handelt es sich jedoch auch vor diesem Hintergrund nicht.

§ 5 KARBV stellt darüber hinaus klar, dass auf die investmentrechtliche Rechnungslegung die **formellen Grundsätze ordnungsmäßiger Buchführung** (bzw Bilanzierung) anzuwenden sind, soweit sich aus dem KAGB sowie der KARBV nicht etwas anderes ergibt. Die handelsrechtlichen formellen GoB sind von jedem Kfm zu beachten; da die InvAG als Formkfm iSd § 6 HGB selbst KfmEigenschaft besitzt, hat diese die formellen GoB auch unabhängig von der investmentrechtlichen Regelung zu beachten. Darüber hinaus wird klargestellt, dass die Buchführung auf die Anforderungen hinsichtlich der investmentrechtlichen Berichterstattung auszurichten ist und dass diese vollständig, richtig, zeitgerecht, geordnet und nachvollziehbar sein muss sowie eine Nachprüfbarkeit durch sachverständige Dritte ermöglicht (§ 5 Abs 2 KARBV). Ferner wird explizit darauf hingewiesen, dass der Grundsatz der Stetigkeit zu beachten ist (§ 5 Abs 1 KARBV; Anm 34).

Nicht explizit erwähnt und daher in der Bilanzierungspraxis umstritten, ist die Anwendung der **materiellen Grundsätze ordnungsmäßiger Bilanzierung** auf die investmentrechtliche Rechnungslegung. Diese können für die Rechnungslegung der InvAG nur insoweit einschlägig sein, als diesen keine investmentrechtlichen Besonderheiten und damit die Zielsetzung der investmentrechtlichen Rechnungslegung entgegenstehen. Der Umfang, mit dem die materiellen Grundsätze ordnungsgemäßer Bilanzierung auch für die Rechnungslegung der InvAG gelten, ist differenziert zu betrachten. Während für das InvBetrVerm unzweifelhaft auch die materiellen GoB uneingeschränkt gelten, stehen der vollständigen Anwendung der materiellen GoB auf das InvAnlVerm investmentrechtliche Regelungen, wie zB die Bewertung zum Verkehrswert, entgegen. Nicht oder nur eingeschränkt auf das InvAnlVerm anzuwenden sind demnach das Vorsichts-, das Realisations-, das Anschaffungskosten- und das Imparitätsprinzip (Anm 36 ff; ähnlich auch *PwC* Rechnungslegung von Investmentvermögen, 45 ff; *Böcking/Gros/Dietrich* in WBG Bilanzrecht[4], KAGB § 135, Rn 18).

Die **Rechnungslegungspflicht** der InvAG nach investmentrechtlichen Rechnungslegungsregelungen beginnt spätestens mit Eintragung der InvAG in das HR (§ 5 Abs 3 E-KARBV). Abw hiervon kann es erforderlich sein, die EB auf einen früheren Zeitpunkt (zB Beginn der Buchführungspflicht der VorGes) zu erstellen (*Störk/Lewe* in Beck Bil-Komm[12], § 238 Anm 43, 73; D Anm 4). Inwieweit die EB hierbei schon nach investmentrechtlichen Vorschriften aufzustellen ist, hängt vom Einzelfall ab.

Der JA sowie der Lagebericht sind in **deutscher Sprache** und in **Euro** aufzustellen (§ 264 Abs 1 iVm § 244 HGB).

Vor dem Hintergrund, dass für eine InvAG grds das **Aktiengesetz** anzuwenden ist (§§ 108 Abs 2 S 1, 140 Abs 1 S 2 KAGB; Anm 321 ff, 334), erklärt das KAGB explizit die im AktG enthaltenen Rechnungslegungsvorschriften (§§ 150–158, 161 AktG) für nicht anwendbar (§ 108 Abs 2 S 1 KAGB; § 140 Abs 2 KAGB). Weiterhin Gültigkeit haben die Vorschriften für

U 421–424   Rechnungslegung und Prüfung von Investmentvermögen

den Anhang gem § 160 AktG. Für die InvAG ist auch weiterhin – unabhängig davon, dass auch das KAGB in §§ 287ff KAGB ergänzende Bestimmungen bei Kontrollerlangung über nicht börsennotierte Unternehmen enthält – ein Bericht über die Beziehung zu verbundenen Unt gem § 312 AktG (**Abhängigkeitsbericht**) aufzustellen (*Schneider* in Baur/Tappen, Investmentgesetze[3], § 120 Rn 5). Relevanz besitzt diese Vorschrift jedoch idR nur bei der InvAG mit fixem Kapital, da diese auch – anders als die OGAW-InvAG oder die AIF-InvAG mit veränderlichem Kapital nach § 284 KAGB – auch Mehrheitsbeteiligungen eingehen kann.

421   Detaillierte **Regelungen zur Rechnungslegung** enthalten neben den §§ 120 bzw 148 KAGB ferner die §§ 20–25 KARBV (§ 120 Abs 8 KAGB; § 148 Abs 1 iVm § 120 Abs 8 KAGB). Aufgrund der Gesetzessystematik des KAGB finden grds auch zahlreiche Regelungen zur Darstellung des Jahresberichtes und der Gliederung der Jahresberichtsbestandteile von SV auf die Rechnungslegung der InvAG entspr Anwendung (insb § 101 KAGB). Dies gilt auch für die in der KARBV enthaltenen Vorschriften für SV (§ 20 Abs 1 S 1 KARBV). Darüber hinaus erfolgt in Bezug auf die AIF-InvAG ein Verweis auf die Art 103–107 AIFM-VO (§ 120 Abs 6 S 2 iVm § 101 Abs 3 S 2 KAGB; § 148 Abs 1 iVm § 120 Abs 6 S 2, 101 Abs 3 S 2 KAGB) und auf Art 108 und 109 AIFM-VO (§ 120 Abs 6 S 2 iVm § 101 Abs 3 Nr 3 iVm § 308 Abs 4 und § 300 Abs 3 KAGB; § 148 Abs 1 iVm § 120 Abs 6 S 2, § 101 Abs 3 Nr 3 iVm § 308 Abs 4 und § 300 Abs 3 KAGB).

422   Inhalt und Aufstellungspflicht für einen **Halbjahresbericht** und **Liquidationsbericht** einer PublikumsInvAG sind in § 122 KAGB bzw § 148 Abs 1 iVm § 122 KAGB geregelt, die LiqBilanz einer SpezialInvAG in § 270 AktG, der **Auflösungsbericht** bei Auflösung eines TGV in § 20 Abs 2 S 2 KARBV.

Die Pflicht zur Aufstellung eines **Zwischenberichts** bei Übertragung des Verwaltungsrechts einer externen KVG auf eine andere externe KVG ergibt sich aus § 20 Abs 2 S 1 KARBV. Auf den Zwischenbericht sind die Vorschriften für den JA und Lagebericht einer InvAG entspr anzuwenden. Die für die Erstellung des Zwischenberichts verwendeten Saldenlisten, Skontren einschl Aufstellungen für Wertpapiere und sonstige VG zu Einstandspreisen sind der aufnehmenden KVG zur Fortführung der Buchhaltung zu übermitteln (§ 20 Abs 2 S 3, Abs 1 S 1 iVm § 18 S 2 KARBV; Anm 274). Dies gilt auch für den Fall der Übertagung zum GjEnde (§ 18 S 3 E-KARBV).

Inlandsemittenten iSd § 114 WpHG haben einen Jahresfinanzbericht aufzustellen, der ggf um die Angaben nach § 120 Abs 3–7 KAGB bzw der AIFM-VO zu ergänzen ist (ergänzende Angaben im Anhang und Lagebericht). Die Angaben können alternativ auch gesondert an den Anleger (auf Antrag) übermittelt werden (§ 120 Abs 7 KAGB).

423   Eine InvAG kann auch mit TGV aufgelegt werden. TGV sind haftungs- und vermögensrechtlich voneinander getrennt; die Rechte der Anleger und Gläubiger beschränken sich auf die VG des jeweiligen TGV (§ 117 Abs 2 KAGB; § 140 Abs 3 iVm § 117 Abs 2 KAGB). Im Hinblick auf die Besonderheiten der Rechnungslegung bei Auflage von TGV vgl Anm 500ff.

424   Für die **Prüfung und Offenlegung** des JA gelten die §§ 121, 123 KAGB bzw § 148 Abs 1 iVm §§ 121, 123 KAGB. Soweit der Halbjahresbericht

III. Rechnungslegung u Prüfung v Investmentgesellschaften   427–430   U

einer PublikumsInvAG nach § 115 WpHG einer Prüfung oder prüferischen Durchsicht unterzogen wird, gilt § 121 Abs 3 und 3 KAGB entspr (§ 122 Abs 1 S 3 KAGB). Auf den Auflösungsbericht ist § 121 KAGB entspr anzuwenden.

b) Aufstellung, Offenlegung, Einreichung

Für die die InvAG verwaltende (externe) KVG ergibt sich bereits unabhängig der Regelungen des KAGB oder des HGB aus dem mit dem Anleger geschlossenen InvVertr, der ein **Geschäftsbesorgungsvertrag** isd § 675 BGB ist, die zivilrechtliche Pflicht zur Auskunft und Rechenschaft (§ 675 BGB iVm § 666 BGB; vgl ähnlich auch *PwC* Rechnungslegung von Investmentvermögen, 39). 427

Da die InvAG als AG auch die **Kaufmannseigenschaft** besitzt (Formkfm gem § 6 HGB), unterliegt diese auch der handelsrechtlichen Pflicht zur Aufstellung eines Jahresabschlusses (§ 264 Abs 1 HGB). Bereits bei isolierter Betrachtung des HGB wäre die InvAG damit zur Aufstellung eines Jahresabschlusses nach handelsrechtlichen Vorschriften und nach den ergänzenden Vorschriften für KapGes §§ 264–298a HGB verpflichtet (ähnlich auch *Schneider* in Baur/Tappen, Investmentgesetze[3], § 120, Rn 5).

Für die InvAG sind jedoch bzgl der Aufstellung eines JA und Lageberichtes die spezialgesetzlichen Regelungen des KAGB vorrangig zu beachten. Der JA und der Lagebericht einer InvAG sind von den gesetzlichen Vertretern der InvAG *spätestens sechs Monate nach Ende des Gj* aufzustellen (§ 120 Abs 1 S 2 2. Hs KAGB; § 148 Abs 1 iVm § 120 Abs 1 S 2 2. Hs KAGB). Die **Aufstellungsfrist** *verkürzt sich auf vier Monate* für eine OGAW-InvAG mit veränderlichem Kapital (§ 120 Abs 1 S 2 1. Hs KAGB) bzw für eine AIF-PublikumsInvAG, bei der es sich um einen Inlandsemittenten gem § 114 WpHG handelt. 428

Der JA und soweit einschlägig auch der Lagebericht ist von **allen** gesetzlichen Vertretern der InvAG zu **unterzeichnen** (§ 245 HGB). Die Vereinfachungsregelung des § 4 Abs 3 KARBV ist im Hinblick auf den JA und Lagebericht einer InvAG nicht anwendbar. 429

Ist eine externe KVG bestellt, obliegt dieser die *operative Verantwortung für die Rechnungslegung* und die Erstellung des Abschlusses (§ 20 Abs 1 iVm § 6 Abs 1 KARBV). Hieraus kann aber – auch ausweislich der expliziten gesetzlichen Regelung des § 120 Abs 1 KAGB – nicht gefolgert werden, dass hierdurch die Verantwortung der gesetzlichen Vertreter für die Aufstellung des JA erlischt.

Die **Offenlegung** des JA und des Lageberichts der InvAG im BAnz hat unverzüglich nach der Vorlage an die Gester nach Maßgabe der §§ 325 ff HGB zu erfolgen. Eine Veröffentlichung des JA und Lageberichtes der InvAG allein auf der Webseite der KVG ist nicht ausreichend. Für die OGAW-InvAG und AIF-PublikumsInvAG verkürzt sich die gesetzliche *Offenlegungsfrist auf vier bzw sechs Monate* (§ 123 Abs 1 Nr 1 KAGB; § 148 Abs 1, § 123 Abs 1 Nr 2 KAGB). Für die SpezialInvAG gilt weiterhin die *handelsrechtliche Offenlegungsfrist* von idR 12 Monaten (§ 325 Abs 1a HGB). Während des Höhepunktes der Covid-19-Pandemie bestanden vorübergehend Erleichte- 430 rungen im Hinblick auf die Fristen zur Veröffentlichung (*BaFin* Information zu Meldefristen).

Die **Publikumsinvestmentaktiengesellschaft** hat den JA und Lagebericht im elektronischen BAnz nach Maßgabe der §§ 325 ff HGB **offenzulegen** (§ 123 Abs 1, § 148 Abs 1 iVm § 123 Abs 1 KAGB). *Größenabhängige Erleichterungen können* von der PublikumsInvAG *nicht in Anspruch genommen werden;* hieraus folgt, dass der JA und der Lagebericht in ungekürzter Form offenzulegen ist. Neben dem JA und dem Lagebericht sind auch der Besondere Vermerk des AP sowie der Bericht des AR gem § 121 Abs 1 KAGB bzw § 171 AktG im BAnz offenzulegen (§ 325 Abs 1 HGB). Offenzulegen ist der *festgestellte oder gebilligte* JA und Lagebericht, dh, die Offenlegung im BAnz kann erst erfolgen, wenn der AR den JA und Lagebericht gebilligt hat (§ 121 Abs 1 S 3 KAGB) oder – bei entspr Beschlussfassung durch AR und Vorstand – die HV den JA festgestellt hat (§ 172 S 1 AktG). Die Feststellung bzw Billigung des JA setzt dabei auch voraus, dass die Prüfung des JA und Lageberichts durch den AP sowie den AR abgeschlossen ist (§ 121 Abs 1, 2 KAGB).

Für die **Spezialinvestmentaktiengesellschaft** enthält § 123 KAGB keine explizite Regelung zur Offenlegung; damit gelten für diese die **allgemeinen handelsrechtlichen Regelungen** zur Offenlegung hinsichtlich Form, Umfang und Frist. SpezialAIF können, sofern die entspr Größenkriterien erfüllt sind, damit auch von den *handelsrechtlichen Offenlegungserleichterungen* Gebrauch machen (§§ 326 Abs 1, 327 HGB). Mit Inkrafttreten des BilRUG gelten SpezialAIF jedoch mind als kleine KapGes (§ 267a Abs 3 Nr 1 HGB) und können insofern die Erleichterungen des § 326 Abs 2 HGB für Kleinst-KapGes nicht mehr in Anspruch nehmen (Wegfall der Möglichkeit zur Registerpublizität).

Für die SpezialInvAG ist insofern *mind die Bilanz und der Anhang* (ohne die erläuternden Angaben zur GuV) offenzulegen. Nicht enthalten sein müssen daher ausgewählte handelsrechtliche Angaben wie zB die auf Posten der GuV angewendeten Bilanzierungs- und Bewertungsmethoden (§ 284 Abs 2 Nr 2 HGB) sowie die Aufgliederungen bestimmter GuV-Posten iSd § 285 Nrn 31, 32 HGB. Nicht weggelassen werden können die investmentrechtlichen Angaben des Anhangs, da diese idR keinen unmittelbaren und alleinigen Bezug zu Posten der GuV haben (ausgenommen ggf die Verwendungsrechnung iSd § 120 Abs 4 iVm § 101 S 3 Nr 4 KAGB; ähnlich auch *Böcking/Gros/Dietrich* in WBG Bilanzrecht[4], KAGB, § 137, Rn 9).

Bei der Veröffentlichung ist auch das *Datum der Feststellung oder Billigung* des JA anzugeben (§ 328 Abs 1a S 1 HGB). Da es sich bei der Prüfung der InvAG gem § 121 KAGB um eine gesetzliche PflichtAPr handelt, ist auch der *Besondere Vermerk des AP mit vollem Wortlaut* offenzulegen. Wurde von den Offenlegungserleichterungen des §§ 326 Abs 1, 327 HGB Gebrauch gemacht und bezieht sich der Besondere Vermerk auf den gesamten JA sowie den Lagebericht ist herauf hinzuweisen (§ 328 Abs 1a S 2 HGB).

Für eine PublikumsInvAG, die nicht als Inlandsemittent einen Halbjahresfinanzbericht iSd § 115 WpHG aufzustellen hat, ist der **Halbjahresbericht** innerhalb von zwei Monaten nach Ablauf der Berichtsperiode **aufzustellen** (§ 122 Abs 1 S 4 iVm § 103 KAGB; § 148 Abs 1 iVm §§ 122 Abs 1 S 4, 103 KAGB) und im BAnz **offenzulegen** (§ 122 Abs 1 S 4 iVm § 107 Abs 1 S 2

III. Rechnungslegung u Prüfung v Investmentgesellschaften **432, 433**

KAGB; § 148 Abs 1 iVm §§ 122 Abs 1 S 4, 107 KAGB). Bei dem Halbjahresbericht handelt es sich um einen verkürzten JA ohne Tätigkeitsbericht, Entwicklungsrechnung und vergleichende Übersicht der letzten drei Gj. Eine GuV sowie eine Entwicklungsrechnung sind nur aufzunehmen, wenn es im Berichtszeitraum eine Zwischenausschüttung gegeben hat (§ 20 Abs 1 S 1 iVm § 17 KARBV).

Inlandsemittenten haben einen Halbjahresfinanzbericht nach § 115 WpHG aufzustellen und im BAnz offenzulegen (§ 122 Abs 1 S 1 KAGB iVm § 115 WpHG, § 123 Abs 2 KAGB iVm § 115 WpHG). Auf den Halbjahresfinanzbericht ist § 120 KAGB iVm §§ 101, 103 KAGB entspr anzuwenden (verkürzter JA).

Neben der Offenlegung im BAnz sieht (§ 148 Abs 1 iVm) § 123 Abs 3 **432** KAGB auch vor, dass der JA und der Lagebericht einer PublikumsInvAG dem **Publikum zugänglich zu machen** sind (für den Halbjahresbericht gilt § 122 Abs 1 S 4 iVm § 107 Abs 4 KAGB; § 148 Abs 1 iVm §§ 122 Abs 1 S 4, 107 KAGB). Die Zugänglichmachung erfolgt an den im Verkaufsprospekt oder in den wesentlichen Anlegerinformationen angegebenen Stellen (zB bei den im Verkaufsprospekt angegebenen Vertriebsstellen; sog *"Schalterpublizität"*). Da an die Art und Weise der Zugänglichmachung keine Formvorschriften geknüpft sind, sollte auch eine Zurverfügungstellung auf der Internetseite der die InvAG verwaltenden KVG ausreichend sein, um die Anforderungen des § 123 Abs 3 KAGB zu erfüllen (so auch *Schneider* in Baur/Tappen, Investmentgesetze³, § 123, Rn 9; *Boxberger* in FK-KAGB, § 123, Rn 8; *Lorenz* in WBA², § 123, Rn 5).

Darüber hinaus ist dem Anleger der JA und der Lagebericht einer InvAG (auch der SpezialInvAG) **auf Anfrage vorzulegen** (§ 123 Abs 4 KAGB; § 148 Abs 1 iVm § 123 Abs 4 KAGB). Die Zurverfügungstellung an die Anleger hat *kostenlos* zu erfolgen (*Anders* in WBA², § 107, Rn 11 ff; ebenso *Böcking/Gros/Dietrich* in WBG Bilanzrecht⁴, KAGB, § 137, Rn 6). Die Vorlage erfolgt jedoch nicht automatisch und erfordert von der externen KVG nicht, dass diese aktiv auf den Anleger zugeht bzw den JA und den Lagebericht unaufgefordert dem Anleger zuschickt (ähnlich auch *Anders* in WBA², § 107, Rn 13; *Eichhorn* in FK-KAGB, § 137, Rn 3). Um ihrer Pflicht nachzukommen, muss die KVG sicherstellen, dass dem Anleger auf Anfrage die Informationen uneingeschränkt und in einer Form zur Verfügung gestellt werden, dass dieser die Informationen auch dauerhaft einsehen kann. Hieraus folgt, dass der Jahresbericht entweder in Papierform oder aber auch in elektronischer Form zur Verfügung gestellt werden kann, sofern dies dem Anleger einen dauerhaften Zugang zu den Informationen gewährleistet und dieser der Übermittlung in elektronischer Form zugestimmt hat. Eine Orientierung an den Anforderungen des § 167 KAGB scheint sachgerecht (*Lorenz* in WBA², § 123, Rn 6 und § 137, Rn 2; ähnlich auch *Böcking/Gros/Dietrich* in WBG Bilanzrecht⁴, KAGB, § 137, Rn 7). Wünscht der Anleger hingegen die Aushändigung des JA und Lageberichtes in Papierform, wird diesem Wunsch ebenfalls Rechnung zu tragen sein (Art 75 Abs 3 OGAW-RL; *Schneider* in Baur/Tappen, Investmentgesetze³, § 123, Rn 10).

Der JA und der Lagebericht einer PublikumsInvAG sind nach der Fest- **433** stellung bzw der Halbjahresbericht nach Aufstellung unverzüglich bei der

U 435–442 Rechnungslegung und Prüfung von Investmentvermögen

BaFin einzureichen (§ 123 Abs 5 KAGB bzw § 122 Abs 1 S 4 iVm § 107 Abs 3 S 1 KAGB; § 148 Abs 1 iVm § 123 Abs 5 KAGB bzw § 122 Abs 1 S 4 iVm § 107 Abs 3 S 1 KAGB). Der Jahresbericht einer SpezialInvAG ist nur auf Anfrage der BaFin einzureichen (§ 35 Abs 3 Nr 1 KAGB). Die Einreichung sollte, auch wenn kein Ausschluss anderer elektronischer Datenträger besteht, über das elektronische Meldesystem der BaFin erfolgen.

c) Vorschriften für den Jahresabschluss und den Lagebericht

435 aa) **Bestandteile.** Der **Jahresabschluss** einer InvAG besteht aus einer Bilanz (§ 120 Abs 2 KAGB, § 148 Abs 1 iVm § 120 Abs 2 KAGB; § 21 KARBV), einer GuV (§ 120 Abs 3 KAGB, § 148 Abs 1 iVm § 120 Abs 3 KAGB; § 11 bzw § 22 KARBV) und einem Anhang (§ 120 Abs 4, 6 KAGB, § 148 Abs 1 iVm § 120 Abs 4, 6 KAGB; § 25 KARBV). Daneben ist ein **Lagebericht** zu erstellen (§ 120 Abs 5 KAGB, § 148 Abs 1 iVm § 120 Abs 5 KAGB; § 23 KARBV).

436 Das KAGB fordert bei der InvAG – anders als bei der InvKG – keine den Vorgaben des § 264 Abs 2 S 3 und § 289 Abs 1 S 5 HGB entsprechenden **Erklärung der gesetzlichen Vertreter** („Bilanzeid"). Im Hinblick auf den Bilanzeid ist insofern auf die allg Regelungen des HGB abzustellen (§ 264 Abs 2 S 3 HGB). Hiernach hat lediglich eine InvAG, die gleichzeitig auch *Inlandsemittent* iSd § 2 Abs 14 WpHG und keine KapGes iSd § 327a HGB ist, bei der Unterzeichnung des JA einen sog Bilanzeid abzugeben, dh schriftlich zu versichern, dass nach bestem Wissen der JA ein den tatsächlichen Verhältnissen entsprechendes Bild iSd § 264 Abs 2 S 1 HGB vermittelt, der Anhang Angaben nach § 264 Abs 2 S 2 HGB enthält und der Lagebericht nach bestem Wissen den Geschäftsverlauf einschließlich der Geschäftsergebnisse und die Lage der KapGes so darstellt, dass ein den tatsächlichen Verhältnissen entsprechendes Bild vermittelt wird (bei der intern verwalteten InvAG ist zusätzlich auf die wesentlichen Chancen und Risiken bezogen auf das InvBetrVerm einzugehen; § 289 Abs 1 S 5 HGB). Eine Erklärung zum Corporate-Governance-Kodex nach § 161 AktG ist indes nicht erforderlich (§ 108 Abs 2 AktG).

437 Das in dem **besonderen Vermerk** zusammengefasste Ergebnis der Prüfung des AP ist in vollem Wortlaut im JA wiederzugeben (§ 121 Abs 2 S 2 2. Hs KAGB; § 148 Abs 1 iVm § 121 Abs 2 S 2 2. Hs KAGB; vgl IDW PH 9.400.13).

440 bb) **Lagebericht.** Die InvAG hat *unabhängig von ihrer Größe* einen Lagebericht aufzustellen. Der Inhalt des Lageberichts richtet sich grds nach § 289 HGB (*Grottel* in Beck Bil-Komm[12], § 289, Anm 40ff), ist jedoch um zusätzliche Angaben zu erweitern (§ 120 Abs 5, 6 KAGB; § 148 Abs 1 iVm § 120 Abs 5, 6 KAGB; § 23 KARBV).

441 **Verweisungen** auf die Inhalte früherer Lageberichte sind nicht zulässig. Ebenso ist es nicht zulässig, verpflichtend in den Lagebericht aufzunehmende Inhalte lediglich durch einen Verweis auf eine Internetseite oder sonstige Dokumente aufzunehmen (*IDW* IVFA FAQ, A.6.2).

442 Soweit die gesetzlichen Anforderungen des § 289 HGB und § 315 HGB gleichlautend sind, wird neben der generellen Anwendungsempfehlung des DRS 20.2 auch eine **Ausstrahlungswirkung des DRS 20** auf die Lage-

III. Rechnungslegung u Prüfung v Investmentgesellschaften   443–445   **U**

berichterstattung nach § 289 HGB dahingehend gesehen, dass der DRS 20 in diesen Fällen auch zweckdienliche Hinweise für eine ordnungsgemäße Lageberichterstattung nach § 289 HGB gibt (IDW-FN 2/2014, 195). Dies gilt insoweit auch für den Lagebericht der InvAG. Für eine InvAG ergibt sich darüber hinaus eine analoge Ausstrahlungswirkung auch auf gleichlautende Angabepflichten des § 8 Abs 3 S 3 KARBV sowie des Art 105 der AIFM-VO im Tätigkeitsbericht (insb zur Darstellung der wesentlichen Anlagerisiken und der Angabe zu den finanziellen und nichtfinanziellen Leistungsindikatoren; DRS 20.135 ff und DRS 20.101 ff).

Im Hinblick auf den **Inhalt des Lageberichts** unterscheiden sich die Anforderungen für die InvAG mit veränderlichem Kapital und für die InvAG mit fixem Kapital nur in wenigen Punkten (Anm 449). Unterschiede ergeben sich allenfalls im Hinblick auf die intern und extern verwaltete InvAG.   443

Der Lagebericht einer InvAG enthält typischer Weise die folgenden **allgemeinen Ausführungen** nach § 289 HGB: 444
– zu den Grundlagen der Ges (insb zum Geschäftszweck);
– zur Fremdverwaltung durch eine externe KVG, sofern die Ges nicht intern verwaltet wird (einschl der Angaben nach § 23 Abs 2 Nr 5 KARBV zu den wesentlichen Merkmalen des Verwaltungsvertrags sowie der Gebührenvereinbarungen);
– zum wirtschaftlichen Gesamtumfeld, der Geschäftsentwicklung sowie der Vermögens-, Finanz und Ertragslage der InvAG (Wirtschaftsbericht);
– zu den wesentlichen Chancen und Risiken (Chancen- und Risikobericht).

Der Lagebericht einer InvAG muss *ein den tatsächlichen Verhältnissen entspr Bild der VFE-Lage vermitteln.* Die Analyse der Geschäftsentwicklung hat dabei *ausgewogen* und *umfassend* zu erfolgen; Umfang und Komplexität sind dabei an die Geschäftstätigkeit anzupassen (§ 289 Abs 1 HGB). Hieraus folgt, dass einseitige oder widersprüchliche Darstellungen ebenso zu vermeiden sind, wie *ausschweifende allgemeine Darstellungen* zur wirtschaftlichen Entwicklung in Deutschland und der Welt ohne Bezug zu den Anlageobjekten der InvAG. Investiert eine InvAG mit fixem Kapital zB in Büroimmobilien in den Top 7 Standorten in Deutschland, sind Ausführungen zum Immobilienmarkt auf die Asset-Klasse Büroimmobilien zu fokussieren; Ausführungen zu Wohnimmobilien in mittleren Lagen wären in diesem Fall nicht von Relevanz. Dies gilt entspr auch für Ausführungen zur Entwicklung von InvVerm. Handelt es sich bei der InvAG um eine in Wertpapiere investierende InvAG mit veränderlichem Kapital, sind allgemeine Ausführungen zur Entwicklung von Investmentvermögen mit Sachwertinvestments ebenfalls nicht von Relevanz.

Im Hinblick auf die **Forschungs- und Entwicklungstätigkeit** ist idR eine *Negativangabe* aufzunehmen (§ 289 Abs 2 Nr 2 HGB).

Im Lagebericht sind die voraussichtliche Entwicklung und die damit verbundenen Chancen und Risiken zu beurteilen und zu erläutern **(Prognosebericht).** Die Anwendung der Regelung des § 289 Abs 1 S 4 HGB wird durch § 23 Abs 5 KARBV jedoch auf das InvBetrVerm (für den Betrieb der intern verwalteten InvAG notwendige VG und Schulden) beschränkt. Ausführungen, die die künftige Entwicklung des realisierten und des nicht realisierten Ergebnisses des InvAnlVerm einer InvAG betreffen, sind inso-   445 fern ebenso zu unterlassen, wie ausführliche Ausführungen zur Prognose des Geschäftsverlaufs und der Lage einer extern verwalteten InvAG insgesamt (*IDW* IVFA FAQ, A.9.1).

446 Der Lagebericht muss um einen Bericht über die Tätigkeit der InvAG im abgelaufenen Gj (**Tätigkeitsbericht**) ergänzt werden (§ 120 Abs 5 S 1 iVm § 101 Abs 1 S 2 KAGB; § 148 Abs 1 iVm §§ 120 Abs 5 S 1, 101 Abs 1 S 2 KAGB). Der Tätigkeitsbericht dient der Darstellung der Tätigkeit der KVG in der Berichtsperiode und muss die Tätigkeiten der KVG als externe KVG gesondert aufführen. Auch die Ausführungen im Tätigkeitsbericht sind *auf das Wesentliche zu beschränken;* allgemeine Ausführungen sind zu unterlassen, sofern diese den Blick auf die wesentlichen Aussagen des Tätigkeitsberichtes erschweren (§ 8 Abs 3 KARBV).

Der **Inhalt des Tätigkeitsberichts** bestimmt sich – wie auch im Falle der SV – nach § 8 KARBV (Anm 65, 69 ff). Darüber hinaus ist über die Verweiskette des § 120 Abs 6 S 2 KAGB auf § 101 Abs 3 S 2 KAGB und damit auf Art 103–107 AIFM-VO auch Art 105 AIFM-VO zu beachten, der ua eine *Übersicht über die Wertentwicklung* im Berichtszeitraum vorsieht (§ 23 Abs 4 KARBV; Art 105 Abs 1 Buchst b AIFM-VO). Der Tätigkeitsbericht enthält darüber hinaus zusätzliche Erl der **wesentlichen Quellen des Veräußerungsergebnisses** (§ 11 Abs 3 KARBV).

447 Während der Tätigkeitsbericht einer *SpezialInvAG* lediglich die **Mindestanforderungen des Art 105 AIFM-VO** zu beachten hat (ua Übersicht über die Anlagegeschäfte im Berichtszeitraum; das Portfolio am Ende des Berichtszeitraums; die Wertentwicklung im Berichtszeitraum; Beschreibung der Hauptanlagerisiken und wirtschaftlichen Unsicherheiten; Bericht über wesentliche Änderungen der Anlegerinformationen; finanzielle und nichtfinanzielle Leistungsindikatoren), sind bei einer *PublikumsInvAG* zusätzlich die **Angaben nach § 8 Abs 3 S 3 KARBV** in den Tätigkeitsbericht aufzunehmen (ua Anlageziele und Anlagepolitik sowie die Struktur des Portfolios im Hinblick auf die Anlageziele, einschl wesentlicher Änderungen; sonstige wesentliche Ereignisse und die wesentlichen (Anlage-)Risiken). *Aussagen zur Wertentwicklung* des InvAnlVerm (die der Vermögensanlage dienenden VG und Schulden) im abgelaufenen Gj bzw im Vergleich zu den Vj sind mit einem *Warnhinweis* zu versehen, dass die bisherige Wertentwicklung kein Indikator für die zukünftige Wertentwicklung ist (§ 23 Abs 5 KARBV iVm § 165 Abs 2 Nr 9 KAGB).

Soweit und sofern Darstellungen sowohl im allgemeinen Lagebericht als auch im gesonderten Abschnitt des Lageberichtes – dem Tätigkeitsbericht – vorzunehmen sind, ist auf *Doppelangaben* nach Möglichkeit zu verzichten. Dies betrifft ua die Risikoberichterstattung als auch die Angaben zu den wesentlichen finanziellen und nicht finanziellen Leistungsindikatoren. Zur Vermeidung einer Doppelangabe ist es uE nicht zu beanstanden, dass im Tätigkeitsbericht die wesentlichen Anlagerisiken lediglich benannt werden und dass für die detaillierten Ausführungen zu den Anlagerisiken auf den Risikobericht verwiesen wird.

448 Darüber hinaus hat der Lagebericht einer InvAG folgende **weitere Angaben** zu enthalten:
– Anzahl der umlaufenden Aktien (§ 23 Abs 2 Nr 4 KARBV);

III. Rechnungslegung u Prüfung v Investmentgesellschaften 449–453 **U**

– Name und Rechtsform einer externen KVG, die wesentlichen Merkmale des Verwaltungsvertrages und Angaben zur Umsetzung der Anlageverwaltung sowie der Gebühren (§ 23 Abs 2 Nr 5 KARBV);
– Belastung mit Verwaltungskosten (§ 23 Abs 2 Nr 6 KARBV).

Der Lagebericht einer *InvAG mit veränderlichem Kapital* hat darüber hinaus **449** folgende Angaben zu enthalten:
– Zuordnung der UntAktien zu InvAnlVerm oder InvBetrVerm ggf unter Nennung des jeweiligen TGV (§ 23 Abs 2 Nr 2 KARBV);
– Angabe, ob die Anlageaktien zur Teilnahme an der HV berechtigen und Stimmrechte gewähren (§ 23 Abs 2 Nr 3 KARBV).

Darüber hinaus können sich weitere Angaben aus der Auflegung von TGV ergeben (Anm 503).

cc) Bilanz. Die Bilanz einer InvAG ist in **Staffelform** aufzustellen **451** (§ 120 Abs 2 S 1 KAGB; § 148 Abs 1 iVm § 120 Abs 2 S 1 KAGB) und dabei nach InvBetrVerm und InvAnlVerm zu unterteilen (§ 21 Abs 1 S 1 KARBV).

Die Gliederung der Bilanz richtet sich nach § 21 KARBV. Grundsätzlich handelt es sich hierbei um eine **Pflichtgliederung**, auf die § 265 Abs 1 bis 3, 5 und 8 HGB entspr anzuwenden ist (§ 21 Abs 2 S 2, Abs 3 S 1 E-KARBV). Hiernach ist die Gliederung aufeinanderfolgender Bilanzen beizubehalten; Abweichungen sind in Ausnahmefällen zulässig und im Anhang darzulegen. Weitere Untergliederungen bzw die Hinzufügung weiterer Posten und Zwischensummen ist unter Bezugnahme auf § 265 Abs 5 HGB zulässig (§ 21 Abs 2 S 2, Abs 3 S 1 E-KARBV). Leerposten können entfallen (§ 21 Abs 4 2. Hs E-KARBV). Ein Posten der Bilanz kann aber nur dann weggelassen werden, wenn auch im Vj kein Betrag für diesen Posten ausgewiesen wurde (§ 265 Abs 8 HGB).

In der Bilanz der intern verwalteten InvAG ist das **Investmentbetriebs-** **452** **vermögen** unter Anwendung des § 21 Abs 4 KARBV dem InvAnlVerm voranzustellen und wie folgt zu gliedern in (§ 21 Abs 4 E-KARBV; Abb 11):

I. Investmentbetriebsvermögen
 A. Aktiva
 B. Passiva

Abb 11 Gliederung der Bilanz einer InvAG (InvBetrVerm)

Die *weitere Untergliederung* erfolgt dann unter entspr Anwendung des § 266 HGB (§ 21 Abs 2 S 2 E-KARBV). Im Hinblick auf die Bilanzierung und Bewertung des InvBetrVerm gelten die handelsrechtlichen Bilanzierungs- und Bewertungsvorschriften (§§ 238 ff HGB).

Die Bilanzierung und Bewertung des **Investmentanlagevermögens** rich- **453** tet sich nach den Regelungen der KARBV (§ 21 KARBV, §§ 26–30, 32–34a E-KARBV). Auf die Gliederung des InvAnlVerm sind grds die Regelungen für SV anzuwenden (§ 120 Abs 2 S 2 KAGB iVm § 101 Abs 1 S 3 Nr 1 KAGB; § 148 Abs 1 iVm § 120 Abs 2 S 2 und § 101 Abs 1 S 3 Nr 1 KAGB). Eine Konkretisierung erfolgt in § 21 Abs 4 KARBV durch Vorgabe einer **Gliederung für die Bilanz,** die sowohl für die InvAG mit veränderlichem

Kapital wie auch für die InvAG mit fixem Kapital Anwendung findet (Abb 12; Auszug; auf eine detaillierte und vollständige Darstellung der 4. bzw 5. Gliederungsebene wurde an dieser Stelle verzichtet):

II. Investmentanlagevermögen
  A. Aktiva
    1. Sachanlagen
    2. Anschaffungsnebenkosten
    3. Beteiligungen
    4. Wertpapiere
    5. Barmittel und Barmitteläquivalente
      ... (weitere Untergliederung erforderlich)
    6. Forderungen
      ... (weitere Untergliederung erforderlich)
    7. Sonstige Vermögensgegenstände
    8. Aktive Rechnungsabgrenzung
  B. Passiva
    1. Rückstellungen
    2. Kredite
      .... (weitere Untergliederung erforderlich)
    3. Verbindlichkeiten aus Lieferungen und Leistungen
    4. Sonstige Verbindlichkeiten
      ... (weitere Untergliederung erforderlich)
    5. Passive Rechnungsabgrenzung
    6. Eigenkapital
      ... (weitere Untergliederung erforderlich)

Abb 12 Gliederung der Bilanz einer InvAG (InvAnlVerm)

454 Durch § 21 Abs 4 KARBV wird auch die **Gliederung des Eigenkapitals** vorgegeben (Abb 13). Diese unterscheidet sich von der des § 266 HGB insb dahingehend, dass ein gesonderter Posten 6d) eingefügt wurde, der den Bestand der nicht realisierten Gewinne oder Verluste aus der Neubewertung enthält.

---

    6. Eigenkapital
      a) Gezeichnetes Kapital
      b) Kapitalrücklage
      c) Gewinnrücklage
        aa) Gesetzliche Rücklage
        bb) Rücklage für eigene Anteile
        cc) Satzungsmäßige Rücklagen
        dd) Andere Gewinnrücklagen
      d) Nicht realisierte Gewinne oder Verluste aus der Neubewertung
      e) Gewinnvortrag oder Verlustvortrag
      f) Realisiertes Ergebnis des Geschäftsjahres

Abb 13 Gliederung des EK einer InvAG (InvAnlVerm)

Im Posten EK sind bei der extern verwalteten InvAG alle ausgegebenen Aktien – unabhängig davon, ob es sich um Anlage- oder UntAktien handelt – auszuweisen. Bei der intern verwalteten InvAG kommt es zumindest im Hinblick auf die UntAktien zu einer unterschiedlichen Behandlung. Diese können auch dem InvBetrVerm zugeordnet sein und wären damit im Teil I InvBetrVerm unter den Passiva auszuweisen. Die Zuordnung der UntAktien ist in diesem Fall im Lagebericht anzugeben (Anm 449).

Die Bilanz darf auch unter **vollständiger Verwendung des Jahresergebnisses** aufgestellt werden (§ 21 Abs 5 S 1 KARBV). In diesem Fall tritt an die Stelle des realisierten Ergebnisses des Gj und des Gewinn- und Verlustvortrags der Posten Bilanzgewinn oder Bilanzverlust. Der Gewinn- oder Verlustvortrag wird dann lediglich im Anhang gesondert gezeigt (§ 21 Abs 5 S 2 KARBV; § 268 Abs 1 S 2 HGB). Dem Wortlaut der KARBV nach ist eine Aufstellung des Abschlusses unter teilweiser Gewinnverwendung hingegen nicht möglich. Zur Darstellung der Gewinnverwendung dient die Verwendungsrechnung (Anm 481).

Im Hinblick auf die Verwendung des Jahresergebnisses ist § 58 AktG entspr zu beachten. **Ausschüttungsfähig** ist demnach das nach investmentrechtlichen Grundsätzen ermittelte Jahresergebnis und ggf unter Auflösung von Gewinnrücklagen auch Jahresergebnisse früherer Gj. Der Vorstand einer InvAG kann auch **Vorabausschüttungen** auf das Jahresergebnis unter Anwendung des § 59 AktG beschließen.

In der Bilanz ist für jeden Posten der entsprechende **Betrag des Vorjahres** anzugeben (§ 20 Abs 1 S 3 KARBV, § 265 Abs 2 S 1 HGB). Sind die Beträge nicht vergleichbar, ist dies im Anhang anzugeben und zu erläutern (§ 265 Abs 2 S 2 HGB). Wird der Vorjahresbetrag angepasst, ist dies ebenfalls zu erläutern (§ 265 Abs 2 S 3 HGB). Letzteres ist insb für den Fall relevant, dass eine InvAG zunächst als einfache AG gegründet wird und erst später in eine InvAG umfirmiert. In diesem Fall ist die bisherige Bilanzierung nach HGB in das Gliederungsschema nach KARBV einzufügen (analog IDW RS HFA 39, IDW RS HFA 44). Eine Anpassung der Bewertung erfolgt nicht (ähnlich auch *Böcking/Gros/Dietrich* in WBG Bilanzrecht[4], KAGB, § 135 Rn 21).

dd) Gewinn- und Verlustrechnung. Die GuV einer InvAG ist in **Staffelform** aufzustellen und die Erträge und Aufwendungen sind nach Verwaltungstätigkeit und Investmenttätigkeit zu unterteilen (§ 22 Abs 1 S 1 KARBV; § 22 Abs 2 S 2 KARBV; § 22 Abs 3 KARBV). Die Gliederung der GuV der InvAG richtet sich nach § 22 KARBV. Bei den dort angegebenen Gliederungen für die InvAG handelt es sich ebenfalls um **Pflichtgliederungen.** *Leerposten* können entfallen (§ 22 Abs 2 iVm § 11 Abs 1 2. Hs KARBV; § 22 Abs 3 2. Hs KARBV).

Anders als im Falle der Bilanz enthält weder § 22 E-KARBV noch § 11 E-KARBV einen Hinweis auf § 265 Abs 1 bis 3, 5 und 8 HGB. Lediglich in Bezug auf die Gliederung der Verwaltungstätigkeit enthält § 22 Abs 3 S 2 E-KARBV einen Hinweis auf § 265 HGB. Insofern ist die Gliederung des § 11 bzw § 22 KARBV beizubehalten. Nur für den Fall, dass § 22 KARBV auch für das InvAnlVerm einen Verweis auf § 265 Abs 1 bis 3, 5 und 8 HGB enthalten würde, wären Abweichungen, weitere Untergliederungen oder Hinzufügungen zulässig (Anm 451).

461 Im Gegensatz zur Bilanz unterscheidet sich die **Gliederung der Gewinn- und Verlustrechnung** einer *InvAG mit veränderlichem Kapital* von der mit fixem Kapital. Die Gliederung der GuV einer InvAG mit veränderlichem Kapital entspricht der Gliederung der offenen InvKG (Anm 592) bzw der Ertrags- und Aufwandsrechnung eines SV (§ 120 Abs 3 KAGB iVm §§ 22 Abs 2 iVm § 11 Abs 2 KARBV; Anm 100 ff, Abb 3). Damit trägt die Gliederung der GuV der Tatsache Rechnung, dass die Anlagen einer InvAG mit veränderlichem Kapital auf die für (Wertpapier-)SV typischen VG (insb Aktien und verzinsliche Wertpapiere, Schuldscheindarlehen, Investmentanteile und Liquiditätsanlagen) beschränkt sind. Sachanlageninvestments sind nicht zulässig (§ 91 Abs 3 KAGB), so dass die Gliederungsergänzungen für Immobilien in § 11 Abs 2 KARBV keine Anwendung finden.

462 Die Gliederung der GuV einer *InvAG mit fixem Kapital* entspricht der Gliederung einer geschlossenen InvKG (§ 148 Abs 1 iVm § 120 Abs 3 KAGB iVm § 22 Abs 3 KARBV; Anm 593, Abb 16). Die Gliederung orientiert sich dabei an den für geschlossene InvGes typischen Investments wie zB Sachwerte, Bet und Gelddarlehen.

463 Bei einer **intern verwalteten InvAG** sind die Aufwendungen und Erträge jeweils *gesondert für das InvBetrVerm und das InvAnlVerm* auszuweisen (§ 22 Abs 1 S 1 KARBV; Abb 14). Die *weitere Untergliederung* erfolgt dann unter entspr Anwendung des § 275 HGB (§ 22 Abs 3 S 2 E-KARBV). Die Gliederung der Erträge und Aufwendungen aus der Verwaltungstätigkeit aufeinanderfolgender GuV ist beizubehalten (Stetigkeitsprinzip); Abweichungen sind in Ausnahmefällen zulässig und im Anhang darzulegen. Weitere Untergliederungen bzw die Hinzufügung weiterer Posten und Zwischensummen ist unter Bezugnahme auf § 265 Abs 5 HGB innerhalb der Darstellung der Erträge und Aufwendungen aus der Verwaltungstätigkeit zulässig (§ 22 Abs 2 S 2, Abs 3 S 2 E-KARBV).

I. Verwaltungstätigkeit
a) Erträge
b) Aufwendungen

Abb 14 Gliederung der Erträge und Aufwendungen aus der Verwaltungstätigkeit einer intern verwalteten InvAG

464 Ist für die InvAG die Anwendung des **Ertragsausgleichsverfahrens** vorgesehen, ist die für SV einschlägige Regelung des § 11 Abs 4 KARBV entspr anzuwenden (§ 22 Abs 1 S 3 KARBV; Anm 163 ff). Hieraus folgt, dass das Ertragsausgleichsverfahren an jedem Bewertungstag durchzuführen ist, an dem Anteilscheinumsätze stattgefunden haben. In die Ermittlung einzubeziehen sind alle ordentlichen Erträge und Aufwendungen einschl des Gewinn- oder Verlustvortrags und der bestehenden Ertragsausgleichsbeträge. Die Einbeziehung von Veräußerungsergebnissen, dh den realisierten nicht, aber den unrealisierten Gewinnen und Verlusten, ist zulässig (Wahlrecht), sofern in diesem Fall alle realisierten Gewinne und Verluste (einschließlich der bestehenden Ertragsausgleichsbeträge auf die realisierten Gewinne und Verluste) in die Berechnung einbezogen werden.

III. Rechnungslegung u Prüfung v Investmentgesellschaften 465–475 U

Zur Ermittlung der **Ergebnisse aus Veräußerungsgeschäften** sind die 465
Einstandskosten – ebenso wie beim SV – nach der *Durchschnittsmethode* zu
ermitteln (Anm 105).
In der GuV ist für jeden Posten der entspr **Betrag des Vorjahres** an- 466
zugeben (§ 20 Abs 1 S 3 KARBV). Sind die Beträge nicht vergleichbar, ist
dies im Anhang anzugeben und zu erläutern (§ 265 Abs 2 HGB). Wird
der VjBetrag angepasst, ist dies ebenfalls zu erläutern (§ 265 Abs 2 HGB;
Anm 456).
ee) Anhang. Die Regelungen für den Anhang einer InvAG mit ver- 470
änderlichem Kapital und einer InvAG mit fixem Kapital unterscheiden sich in
Bezug auf die handels- und aktienrechtlichen Vorschriften nur geringfügig;
die investmentrechtlichen Angabepflichten unterscheiden sich – nicht zuletzt
auch aufgrund der unterschiedlichen Asset-Klassen – zT erheblich. An dieser
Stelle sei klarstellend darauf hingewiesen, dass mit der nachfolgend angegebenen Auflistung der Angabepflichten des HGB, des KAGB und der
KARBV kein Anspruch auf Vollständigkeit erhoben wird.

Angabepflichten für alle Investmentaktiengesellschaften: 474

Beiden gemeinsam sind die **Angabepflichten des § 160 AktG** (ua Bestand an eigenen Aktien, Zahl der Aktien je Gattung, wechselseitige Bet, Bet,
für die eine Meldung nach § 20 Abs 1, 4 AktG oder § 33 Abs 1, 2 WpHG
erforderlich ist). Die Angabe des genehmigten Kapitals sowie zur Zahl der
Bezugsrechte ist zwar auch für alle InvAG gleichermaßen erforderlich, doch
entfalten die Regelungen nur für die InvAG mit fixem Kapital Relevanz
(bei der InvAG mit veränderlichem Kapital sind die Regelungen zur Kapitalerhöhung nicht anzuwenden; § 108 Abs 2 KAGB).
Darüber hinaus sind auch die **Angabepflichten des HGB** einschlägig, 475
soweit diesen nicht explizite investmentrechtliche Regelungen entgegenstehen. In den JA sind demnach die Firma, der Sitz, das Registergericht und die
HR-Nr aufzunehmen (§ 264 Abs 1a S 1 HGB).
Zu den regelmäßig erforderlichen handelsrechtlichen Angabepflichten zählt
ua die Angabe des Betrages der *Forderungen mit einer Restlaufzeit* von mehr als
einem Jahr (§ 268 Abs 4 S 1 HGB) sowie die Angabe des Betrags der *Verbindlichkeiten mit einer Restlaufzeit* von bis zu einem Jahr und einer Restlaufzeit von über einem Jahr (§ 268 Abs 5 S 1 HGB). Da die Laufzeitangaben
aufgrund der Pflichtgliederung nicht in die Bilanz aufgenommen werden
können, sind die Angaben in den Anhang aufzunehmen (*IDW* IVFA FAQ,
A.7.4). Sofern die Beträge einen wesentlichen Umfang einnehmen, ist auch
die Angabe der VG und Verbindlichkeiten erforderlich, die erst *nach dem
Abschlussstichtag rechtlich entstehen*, sofern nicht von den größenabhängigen
Erleichterungen des § 274a Nrn 1, 2 HGB Gebrauch gemacht wird (§ 268
Abs 4 S 2, Abs 5 S 3 HGB).
Der Anhang einer InvAG muss auch für jeden Posten der Bilanz und der
GuV eine Darstellung der angewandten *Bilanzierungs- und Bewertungsmethoden*
enthalten (§ 284 Abs 2 Nr 1 HGB; *Grottel* in Beck Bil-Komm[12], § 284
Anm 105 ff). Die Darstellung ist in der Reihenfolge der einzelnen Posten der
Bilanz und der GuV zu gliedern (§ 284 Abs 1 S 1 2. Hs HGB). Auf *Ab-*

weichungen von der Darstellungsstetigkeit im JA ist ebenso hinzuweisen, wie auf die Abweichungen bei den Bilanzierungs- und Bewertungsmethoden, die anzugeben und zu begründen sind (§ 265 Abs 1 S 2 HGB; § 284 Abs 2 Nr 2 HGB).

Nach § 284 Abs 3 HGB ist der Anhang grundsätzlich auch um einen *Anlagespiegel* zu ergänzen. Auf die Aufnahme eines Anlagespiegels kann jedoch unter Bezugnahme auf § 288 Abs 1 Nr 1 HGB verzichtet werden, sofern es sich um eine kleine KapGes handelt. Wird ein Anlagespiegel aufgenommen, ist dieser unter Berücksichtigung der investmentrechtlichen Besonderheiten aufzustellen (zB Angabe der Entwicklung des unrealisierten Ergebnisses anstelle der Darstellung von Abschreibungen). Nicht abschließend geklärt ist, ob auch unter Bezugnahme auf die investmentrechtlichen Besonderheiten (unabhängig von den größenabhängigen Ausnahmevorschriften des HGB) und die Darstellung des InvAnlVerm in einer Vermögensaufstellung auf die Angabe eines Anlagespiegels verzichtet werden kann.

Aufgrund des begrenzten Anlagespektrums der InvAG mit veränderlichem Kapital sind die Angaben des § 284 Abs 2 Nr 4 HGB (Einbeziehung von FK-Zinsen in die HK; *Grottel* in Beck Bil-Komm[12], § 284 Anm 210) und des § 268 Abs 6 HGB (Angabe des im RAP enthaltenen Disagios bei Fremdfinanzierung; *Grottel/Waubke* in Beck Bil-Komm[12], § 268 Anm 45) idR nicht von Relevanz. Diese Angaben können jedoch bei einer in Sachwerte investierende InvAG mit fixem Kapital von Bedeutung sein.

476 Die *Angabepflichten des § 285 HGB* gelten gem § 25 Abs 2 KARBV lediglich für das InvBetrVerm einer intern verwalteten InvAG. Für eine extern verwaltete InvAG sowie in Bezug auf das InvAnlVerm einer intern verwalteten InvAG sind die Angaben nach § 285 HGB nicht erforderlich. Durch das BilRuG wurden einige Angaben in den § 285 HGB aufgenommen, die zuvor in anderen Paragraphen des HGB geregelt waren. Hierzu zählt ua der Nachtragsbericht, der bisher im Lagebericht anzugeben war (§ 285 Nr 33 HGB). Da derartige Informationen jedoch auch zu den *„Ereignissen, Entscheidungen und Faktoren, die die weitere Entwicklung des Investmentvermögens wesentlich beeinflussen können"* zählen, ist davon auszugehen, dass unabhängig davon, dass es sich um eine Angabe nach § 285 HGB handelt, auch ein **Nachtragsbericht** in den Anhang aufzunehmen ist (§ 3 Abs 1 KARBV). Ferner sieht auch § 20 Abs 1 S 1 iVm § 7 Nr 9 Buchst d KARBV vor, dass alle weiteren zum Verständnis des Jahresberichtes erforderlichen Angaben anzugeben sind.

Das Gleiche gilt möglicherweise für die Angaben zu Erträgen und Aufwendungen *außergewöhnlicher Größenordnung* und Bedeutung bzw von Erträgen und Aufwendungen, die einem anderen Gj zuzuordnenen sind (§ 285 Nrn 31, 32 HGB). Eine ähnliche Regelung enthält auch § 16 Abs 1 Nr 3 Buchst e KARBV, wonach die sonstigen Erträge und Aufwendungen nachvollziehbar aufzuschlüsseln und zu erläutern sind (§ 20 Abs 1 S 1 KARBV).

Darüber hinaus ist – sofern die GesV über die Verwendung der Ergebnisse zu entscheiden hat – auch die Aufnahme des *Ergebnisverwendungsvorschlags* sinnvoll (§ 285 Nr 34 HGB).

477 Der Anhang einer InvAG enthält darüber hinaus auch **investmentrechtliche Angaben** der bei der *Bewertung von VG angewendeten Verfahren* (§ 20

Abs 1 iVm § 16 Abs 1 Nr 2 KARBV). Die Angabe nach KARBV geht über die in § 284 Abs 2 Nr 1 HGB anzugebenden Bilanzierungs- und Bewertungsmethoden hinaus. Zu benennen ist das konkret verwendete Bewertungsverfahren (zB Ertragswertverfahren, Discounted-Cashflow-Verfahren) sowie – sofern für das Verständnis der Bewertung erforderlich – die verwendeten Parameter und deren Herkunft.

Ferner ist die *Anzahl der umlaufenden Anteile und der Anteilwert am Stichtag* gem § 168 Abs 1 KAGB anzugeben (§ 120 Abs 4 S 1 iVm § 101 Abs 1 S 3 Nr 3 KAGB; § 148 Abs 1 iVm § 120 Abs 4 S 1, § 101 Abs 1 S 3 Nr 3 KAGB; § 20 Abs 1 S 1 iVm § 16 Abs 1 Nr 1 KARBV).

Darüber hinaus sind für die PublikumsInvAG auch die durch Art 12 ARUG II ergänzend in den JA bzw Lagebericht aufzunehmen Angaben erforderlich (§ 101 Abs 2 Nr 5 KAGB). Alternativ kann auch ein Verweis auf die Internetseite, aus der die Angaben hervorgehen, in den Jahresbericht aufgenommen werden (Begr zum ARUG II, zu § 101 KAGB). Dies betrifft ua Angaben zur Anlagestrategie und Zusammensetzung des Portfolios, der Berücksichtigung der mittel- bis langfristigen Entwicklung der Ges bei der Anlageentscheidung sowie der Handhabung von Wertpapierdarlehensgeschäften. Darüber hinaus sind Angaben erforderlich zum Einsatz von Stimmrechtsberatern sowie zur **Ausübung der Aktionärsrechte.** Zum Anwendungszeitpunkt vgl *IDW* IVFA ARUG II.

Angabepflichten für die InvAG mit veränderlichem Kapital:

In den Anhang des JA einer InvAG mit veränderlichem Kapital sind *die* **für SV üblichen Bestandteile des Jahresberichts** *als ergänzende Angaben aufzunehmen* (§ 120 Abs 4 KAGB). Diese umfassen eine
— *Vermögensaufstellung* nach § 10 Abs 1 KARBV (§ 25 Abs 3 Nr 1 KARBV; § 120 Abs 4 S 1 iVm § 101 Abs 1 S 3 Nr 1 KAGB; Anm 75 ff);
— Übersicht über die Verwendung der Erträge der InvAG *(Verwendungsrechnung)* entspr § 12 KARBV (§ 25 Abs 3 Nr 3 KARBV; § 120 Abs 4 S 1 iVm § 101 Abs 1 S 3 Nr 5 KAGB; Anm 115 ff, Abb 5–7);
— Übersicht über die Entwicklung der InvAG *(Entwicklungsrechnung)* gem § 13 KARBV (§ 25 Abs 3 Nr 4 KARBV; § 120 Abs 4 S 1 iVm § 101 Abs 1 S 3 Nr 4 KAGB; Anm 127 ff, Abb 9);
— Aufstellung der während des Berichtszeitraums *abgeschlossenen Geschäfte,* die nicht mehr in der Vermögensaufstellung erscheinen (§ 25 Abs 3 Nr 2 iVm § 7 S 1 Nr 8 KARBV; § 120 Abs 4 S 1 iVm § 101 Abs 1 S 3 Nr 2 KAGB; Anm 134 f).

Nicht in den JA aufzunehmen ist eine *Vermögensübersicht* isd § 9 KARBV, da für die InvAG bereits eine Bilanz in den JA aufzunehmen ist; daher führt § 25 Abs 2 KARBV die Vermögensübersicht auch nicht auf.

Darüber hinaus sind aufgrund des Verweises in § 20 Abs 1 S 1 KARBV auf § 7 Nr 9 und § 16 KARBV auch die *Angaben nach der DerivateVO* (Anm 140 f), die besonderen Angaben nach § 25 Abs 5 S 1 Nr 11 KARBV bei Investments in unverbriefte Darlehensforderungen oder andere Gelddarlehen (Anm 145) und die besonderen Angaben bei Nachbildung eines Index (Anm 151) erforderlich.

482 Für die *AIF-InvAG* mit *veränderlichem Kapital* sind zusätzlich die **Vergütungsangaben** nach § 101 Abs 3 KAGB erforderlich (§ 120 Abs 6 S 1 iVm § 101 Abs 3 KAGB; § 120 Abs 6 S 2 KAGB iVm Art 107 AIFM-VO; Anm 146 f). Bei der OGAW-InvAG mit veränderlichem Kapital gelten die Vergütungsangaben des § 101 Abs 4 KAGB entspr (§ 120 Abs 6 S 3 iVm § 101 Abs 4 KAGB; Anm 148).

483 Die *SpezialInvAG mit veränderlichem Kapital* hat in ihrem Anhang über *Änderungen der Anlagebedingungen* und der Satzung zu berichten (§ 120 Abs 6 iVm § 101 Abs 3 Nr 3 2. Hs KAGB iVm § 307 Abs 1 KAGB). Darüber hinaus berichtet die SpezialInvAG über alle Änderungen hinsichtlich der Haftung der Verwahrstelle sowie über bestehende Vereinbarungen, die die *Verwahrstelle* getroffen hat, um sich der Haftung nach § 77 Abs 4 KAGB oder § 88 Abs 4 KAGB zu entziehen (§ 120 Abs 6 iVm § 101 Abs 3 Nr 3 2. Hs KAGB iVm § 307 Abs 2, § 297 Abs 4 KAGB; § 120 Abs 6 iVm § 101 Abs 3 Nr 3 2. Hs KAGB iVm § 308 Abs 4 KAGB).

Aufgrund des Verweises in § 308 Abs 4 KAGB auf § 300 Abs 1–3 KAGB sind auch *Angaben zu schwer liquidierbaren VG*, zum *Liquiditätsmanagement* sowie zum *aktuellen Risikoprofil* und zum RMS in den Anhang aufzunehmen (Anm 150). Ebenfalls verpflichtend sind hiernach die *Angaben zum Leverage*. Hinsichtlich des Umfangs der Berichterstattung sind in diesem Zusammenhang auch die Art 108 und 109 AIFM-VO zu beachten.

484 Bei einer *PublikumsInvAG mit veränderlichem Kapital* ist zusätzlich eine *vergleichende Übersicht der letzten drei Gj* nach § 14 KARBV zu erstellen (§ 25 Abs 3 Nr 5 KARBV; § 120 Abs 4 S 1 iVm § 101 Abs 1 S 3 Nr 6 KAGB; Anm 131 f). Darüber hinaus sind in den Anhang die Angaben zur *Gesamtkostenquote*, zu den geleisteten Vergütungen und Rückvergütungen sowie zu den Ausgabe- und Rücknahmeabschlägen *(Angaben zur Transparenz)* aufzunehmen (§ 120 Abs 4 S 2 iVm § 101 Abs 2 KAGB; Anm 143), ergänzt um die Betragsangaben des § 16 Abs 1 KARBV (§ 20 Abs 1 KARBV). Für die AIF-PublikumsInvAG mit veränderlichem Kapital sind ferner – soweit nicht bereits aufgrund von Art 23 AIFM-RL im Tätigkeitsbericht enthalten – die im Gj eingetretenen wesentlichen Änderungen der im Verkaufsprospekt angegebenen Informationen in den Anhang aufzunehmen (§ 101 Abs 3 Nr 3 KAGB; Anm 149). Darüber hinaus sind für diese auch die *Angaben zu schwer liquidierbaren VG*, zum *Liquiditätsmanagement* sowie zum *aktuellen Risikoprofil* und zum RMS in den Anhang aufzunehmen (§ 20 Abs 1 S 1 iVm § 7 Nr 9 Buchst c Doppelbuchst bb KARBV und § 300 Abs 1–3 KAGB sowie Art 108 und 109 AIFM-VO).

485 Da das KAGB für offene inländische PublikumsAIF, zu denen auch die InvAG mit veränderlichem Kapital zählt, nur **Immobilieninvestments** in ImmobilienSV vorsieht, ist davon auszugehen, dass eine InvAG mit veränderlichem Kapital keine Investments in Immobilien oder andere Sachwerte vornehmen darf. Insofern erklärt sich auch, dass § 120 KAGB keinen Verweis auf das Immobilienverzeichnis und das Verzeichnis der ImmobilienGes nach § 247 Abs 1, 2 KAGB sowie eine Aufstellung der getätigten Käufe und Verkäufe von Immobilien und Bet an ImmobilienGes nach § 247 Abs 1 S 2 KAGB enthält.

III. Rechnungslegung u Prüfung v Investmentgesellschaften   489–491   U

Angabepflichten für die InvAG mit fixem Kapital:

In den Anhang des JA einer *InvAG mit fixem Kapital* sind neben den zuvor **489**
aufgeführten allg Angabepflichten (Anm 474 ff) auch die *Vergütungsangaben*
nach § 101 Abs 3 KAGB bzw Art 107 AIFM-VO (§ 148 Abs 1 iVm § 120
Abs 6 S 1 KAGB; § 148 Abs 1 iVm § 120 Abs 6 S 2 KAGB iVm Art 107
AIFM-VO) aufzunehmen (Anm 573 f). Darüber hinaus sind auch die *Angaben zu schwer liquidierbaren VG*, zum *Liquiditätsmanagement* sowie zum *aktuellen Risikoprofil* und zum RMS in den Anhang aufzunehmen (§ 20 Abs 1 S 1
iVm § 7 Nr 9 Buchst c Doppelbuchst bb KARBV und § 300 Abs 1–3 KAGB
sowie Art 108 und 109 der AIFM-VO; § 120 Abs 6 iVm § 101 Abs 3
Nr 3 2. Hs KAGB iVm § 308 Abs 4 KAGB iVm § 300 Abs 1–3 KAGB;
Anm 575).

In den Anhang einer *SpezialInvAG mit fixem Kapital* sind auch Darstellungen wesentlicher *Änderungen der Anlegerinformationen* und zur Haftung der
Verwahrstelle aufzunehmen (Anm 149, 483).

Darüber hinaus ist auch eine *vergleichende Übersicht über die letzten drei Gj*
nach § 14 KARBV in den Anhang aufzunehmen (§ 25 Abs 3 Nr 5 KARBV;
§ 148 Abs 1 iVm § 120 Abs 4 S 1, § 101 Abs 1 S 3 Nr 6 KAGB). Aufgrund
der Regelung des § 148 Abs 1 iVm § 120 Abs 4 KAGB wird diese Anforderung jedoch beschränkt auf die PublikumsInvAG mit fixem Kapital. Für
diese sind darüber hinaus die *Angaben zur Gesamtkostenquote und Transparenz*
nach § 101 Abs 2 KAGB erforderlich (§ 148 Abs 1 iVm § 120 Abs 4 S 2 iVm
§ 101 Abs 2 KAGB, Anm 143, 484).

Bei *Investments in eine Bet* iSd § 261 Abs 1 Nr 2–6 KAGB (UntBet, Anteile **490**
an ObjektGes und Anteile an geschlossenen AIF) sind von der *InvAG mit
fixem Kapital* darüber hinaus die folgenden Angaben erforderlich (§ 148 Abs 2
KAGB):
– Firma, Rechtsform und Sitz der Ges;
– GesKapital und Höhe der Bet;
– Zeitpunkt des Erwerbs;
– Verkehrswert der Bet.

Erlangt eine InvAG mit fixem Kapital die *Beherrschung über ein nicht börsennotiertes Unt,* sind zusätzlich die Angaben nach § 291 KAGB erforderlich (ua
Bericht über die Lage des nicht börsennotierten Unt am Ende des Berichtszeitraums, Ergebnisse von besonderer Bedeutung nach Abschluss des Gj).
Keine Angabe ist erforderlich in Bezug auf ZweckGes für den Erwerb, den
Besitz oder die Verwaltung von Immobilien (§ 287 Abs 2 Nr 2 KAGB).

Für alle mit einem SV vergleichbaren VG ist eine **Vermögensaufstellung** **491**
gem § 10 Abs 1 KAGB in den Anhang aufzunehmen (§ 148 Abs 1 KAGB
iVm § 120 Abs 4 KAGB iVm § 101 Abs 1 Nr 1 KAGB; Anm 75 ff). Dies
betrifft Anlagen in Wertpapiere, Investmentanteile, Geldmarktpapiere, Derivate etc. An die Stelle der Vermögensaufstellung nach § 10 Abs 1 KARBV treten für Sachwerteinvestments und unverbriefte Darlehensforderungen/Gelddarlehen die **Vermögensangaben** nach § 25 Abs 5 KARBV (Anm 608). Für
alle übrigen VG ist im Hinblick auf die Transparenzanforderungen und die
Informationsfunktion des JA für Anleger im Einzelfall die Aufnahme entspr
detaillierter Angaben erforderlich (*IDW IVFA FAQ,* A.4).

492 Die Aufstellung einer Verwendungsrechnung, einer Entwicklungsrechnung sowie die Aufstellung der abgeschlossenen Geschäfte in mit einem SV vergleichbaren VG könnte aufgrund des Wortlautes des § 25 Abs 3 S 2 KARBV als nicht erforderlich angesehen werden. Da jedoch § 120 Abs 4 KAGB explizit auch auf § 101 Abs 1 Nr 2, 4 und 5 KAGB verweist, ist eine Angabe auch für die InvAG mit fixem Kapital erforderlich (zukünftig könnte § 25 Abs 3a E-KARBV eine Klarstellung bringen). Wie aber eine solche Entwicklungsrechnung und Veränderungsrechnung auszusehen hat, bleibt in der KARBV unbeantwortet. Es bietet sich an, die Entwicklungs- und Verwendungsrechnung in analoger Anwendung der für die InvAG mit veränderlichem Kapital geltenden Gliederung darzustellen.

Weitere Angabepflichten können für die InvAG mit veränderlichem Kapital oder die InvAG mit fixem Kapital erforderlich sein. Die vorstehende Aufzählung ist nicht abschließend.

d) Besonderheiten der Bewertung

495 Im Hinblick auf die Bewertung der VG und Schulden einer InvAG ist zu beachten, dass die Bewertung des **Investmentbetriebsvermögens** einer intern verwalteten InvAG sich weiterhin nach den handelsrechtlichen Grundsätzen richtet. Es gilt insofern weiterhin die AK-Obergrenze und eine Bewertung zum höheren beizZW scheidet aus. Unabhängig davon bestimmt § 21 Abs 2 KARBV, dass diese handelsrechtlichen Wertansätze als „Verkehrswert" iSd § 168 Abs 1 KAGB gelten und diese insofern in die Anteilpreisberechnung, aber auch die Bilanz der InvAG einfließen.

496 Die Bewertung des **Investmentanlagevermögens** der InvAG mit veränderlichem Kapital richtet sich nach den Regelungen zur Bewertung, die auch für SV einschlägig sind (Anm 170 ff). Aufgrund des Verweises in § 169 Abs 3 KAGB auf die AIFM-VO sind die Art 67–74 AIFM-VO nicht nur für die AIF-InvAG anwendbar, sondern auch für die OGAW-InvAG (§ 169 Abs 3 S 2 KAGB). Zur Bewertung des InvAnlVerm einer InvAG mit fixem Kapital, sofern es sich um nicht börsennotierte UntBeteiligungen oder Sachwertanlagen, vgl Anm 623 ff.

e) Besonderheiten bei Teilgesellschaftsvermögen

500 TGV können bei der InvAG eingerichtet werden (Anm 323, 334). Wurden für eine InvAG TGV gebildet (§ 117 Abs 1 S 1 KAGB, § 140 Abs 3 iVm § 117 Abs 1 S 1 KAGB), sind die Angaben für die TVG in den JA und Lagebericht zu integrieren, dh, es erfolgt *keine gesonderte Berichterstattung* für die einzelnen TGV. Bei den TGV handelt es sich explizit nicht um „Sondervermögen der InvAG" (Treuhandvermögen), sondern die VG der TGV stehen im Eigentum der InvAG und stellen in Summe das GesKapital der InvAG dar. Hieraus folgt auch, dass ein TGV keinen abw „Abschlussstichtag" haben kann (§ 20 Abs 3 S 2 E-KARBV).

Wie die *Angaben in den JA zu integrieren* sind, ist in der KARBV nicht eindeutig geregelt. Während § 20 Abs 3 KARBV davon spricht, dass die Bilanz, die GuV sowie die Angaben in Anhang und Lagebericht zusammenhängend darzustellen sind, wird zB in § 21 Abs 1 KARBV die Aufgliederung der Bi-

III. Rechnungslegung u Prüfung v Investmentgesellschaften 501–503 **U**

lanz nach TGV geregelt. Da die KARBV nicht als lex specialis zum KAGB anzusehen ist, ist im Zweifelsfall stets dem KAGB Vorrang vor der KARBV zu geben (*IDW* IVFA FAQ, A.5.2).

Bestehen TGV, ist die **Bilanz** und die **GuV** zusätzlich nach TGV auf- **501** zugliedern (§ 21 Abs 1 S 2 KARBV; § 22 Abs 1 S 2 KARBV). Hieraus folgt, dass die Bilanz iSd § 120 Abs 2 KAGB sowie die GuV iSd § 120 Abs 3 KAGB in einer *Mehr-Spalten-Darstellung* bestehend aus der GesamtBilanz respektive GesamtGuV sowie der Bilanz bzw GuV je TGV in den JA aufzunehmen ist.

Sofern für die InvAG TGV bestehen, sind die nachfolgenden Angaben im **502**
Anhang *ausschließlich auf Basis der TGV* zu machen. Eine Gesamtdarstellung für die InvAG würde in diesen Fällen dem Charakter der haftungs- und vermögensrechtlich voneinander getrennten Teilen des GesVerm zuwiderlaufen. Insofern entfällt eine (zusätzliche) Gesamtdarstellung (Summe aller TGV) für die InvAG insgesamt (§ 25 Abs 3 S 1 2. Hs KARBV):
– Vermögensaufstellung nach § 10 Abs 1 KARBV;
– Verwendungsrechnung nach § 12 KARBV;
– Entwicklungsrechnung nach § 13 KARBV;
– Dreijahresvergleich nach § 14 KARBV;
– Aufstellung der im Gj abgeschlossenen Geschäfte.

Die Angaben sind in den Anhang der InvAG aufzunehmen (kein gesonderter Jahresbericht). Dabei kann und sollte aus Gründen der Informationsfunktion des JA eine *zusammenhängende Darstellung je TGV* gewählt werden. Diese kann sowohl unmittelbar im Anhang erfolgen (vor den Unterschriften der Geschäftsführung der KVG) als auch in Form einer Anlage zum Anhang, die Bestandteil des Anhangs ist. Letzteres erfordert, dass der Anhang einen expliziten Verweis auf die Anlage je TGV enthalten muss. Die vorstehenden Ausführungen gelten nur für die in den Anhang aufzunehmenden Bestandteile, nicht aber für die Bilanz, die GuV und den Tätigkeitsbericht, die gem des expliziten Wortlauts des KAGB nicht Bestandteil des Anhangs sind (§ 120 Abs 4, 6 KARBV).

Der Bericht über die Tätigkeit der InvAG im abgelaufenen Gj *(Tätigkeitsbe-* **503** *richt)* je TGV ist unter Berücksichtigung des im KAGB enthaltenen Verweises in den **Lagebericht** und nicht in den Anhang aufzunehmen (§ 120 Abs 5 KAGB). Der Tätigkeitsbericht enthält ua auch eine Übersicht über die Wertentwicklung im Berichtszeitraum für das TGV.

In den Lagebericht der InvAG sind darüber hinaus folgende Angaben aufzunehmen *(in Ergänzung der Angabe für die InvAG insgesamt):*
– Anzahl der TGV sowie die jeweilige Fondskategorie (§ 23 Abs 2 Nr 1 KARBV);
– Zuordnung der UntAktien zu InvAnlVerm oder InvBetrVerm ggf unter Nennung des jeweiligen TGV (§ 23 Abs 2 Nr 2 KARBV);
– Anzahl der umlaufenden Aktien je TGV (§ 23 Abs 2 Nr 4 KARBV);
– Belastung mit Verwaltungskosten je TGV (§ 23 Abs 2 Nr 6 KARBV).

Wird ein TGV auf Beschluss des Vorstands mit Zustimmung des AR oder der Verwahrstelle aufgelöst, ist über das TGV ein **Auflösungsbericht** zu erstellen (§ 20 Abs 2 S 2 KARBV). Im Hinblick auf die Ausgestaltung des Auflösungsberichtes verweist § 20 Abs 2 S 3 KARBV auf Abs 1 und damit auf die Regelungen für die SV (ua § 19 KARBV).

f) Besonderheiten bei Auflösung

510 Wird eine *PublikumsInvAG* aufgelöst, ist nicht nur die Angabepflicht nach § 264 Abs 1a S 2 HGB zu beachten, sondern ggf auch ein **Liquidationsbericht** zu erstellen (§ 122 Abs 2 KAGB). Dieser hat neben den zuvor dargestellten Bestandteilen auch eine Übersicht der im Gj an die Anleger durchgeführten Auszahlungen zu enthalten (§ 19 Abs 1 S 2 KARBV). Darüber hinaus gelten die Regelungen des AktG über die Auflösung der AG. Für die SpezialInvAG gelten ausschließlich die Regelungen des AktG. Der Liquidationsbericht ist durch einen AP zu prüfen (§ 122 Abs 2 iVm § 121 KAGB).

511 Wird lediglich ein *TGV* aufgelöst, wird der Auflösungsbeschluss erst sechs Monate nach der **Bekanntgabe im Bundesanzeiger** wirksam. Der Auflösungsbeschluss ist in den nächsten JA bzw Halbjahresbericht aufzunehmen (§ 117 Abs 8 KAGB) und auf den Auflösungsstichtag ein **Auflösungsbericht** zu erstellen (§ 20 Abs 2 S 2 KARBV).

g) Prüfung, Berichterstattung, Aufbewahrung

515 Der JA und der Lagebericht der InvAG sind durch einen AP zu prüfen (§ 121 Abs 2 S 1 KAGB, § 148 Abs 1 iVm § 121 Abs 2 S 1 KAGB, § 319 HGB). Die **Wahl des Abschlussprüfers** erfolgt auf Vorschlag des AR durch die HV (§ 121 Abs 2 S 4 KAGB; § 148 Abs 1 iVm § 121 Abs 2 S 4 KAGB) und ist der *BaFin* unverzüglich anzuzeigen (§ 121 Abs 2 S 5 KAGB iVm § 28 KWG; § 148 Abs 1 iVm § 121 Abs 2 S 5 KAGB iVm § 28 KWG).

516 Der AP hat das Ergebnis seiner Prüfung in einem **besonderen Vermerk** zusammenzufassen. Dieser ist *in vollem Wortlaut im Jahresbericht*, Zwischen-, Auflösungs- oder Abwicklungsbericht wiederzugeben (§ 120 Abs 2 S 3 KAGB; § 148 Abs 1 iVm § 120 Abs 2 S 3 KAGB; § 122 Abs 1 S 3 KAGB iVm § 120 Abs 2 S 3 KAGB). Für den Fall, dass *TGV* bestehen, sieht § 121 Abs 2 S 3 KAGB vor, dass ein besonderer Vermerk für die InvAG insgesamt nur erteilt werden kann, wenn zuvor ein besonderer Vermerk für jedes TGV erteilt wurde (vgl auch IDW PH 9.400.13).

Der besondere Vermerk gem § 121 Abs 2 KAGB bzw § 148 Abs 1 iVm § 121 Abs 2 KAGB beinhaltet *ausschließlich das auf die Rechnungslegung bezogene Gesamturteil des AP*. Für die Erteilung des besonderen Vermerks sind neben § 322 HGB IDW PS 400 nF sowie IDW PH 9.400.13 maßgeblich.

517 Die **Prüfung** erstreckt sich dabei auf die Anforderungen des KAGB und die benannten Regelungen europäischer Verordnungen (ua EU-VO Nr 648/2012 (EMIR); EU-VO Nr 2015/2365 (SFTR), EU-VO Nr 2016/1011 (BenchmarkVO); EU-VO Nr 600/2014 (MiFIR); EU-VO Nr 2017/2402 (VerbriefungsVO)) sowie auf die Beachtung der Bestimmungen aus der Satzung und den Anlagebedingungen. Dabei ist insb festzustellen, ob die InvAG die Anzeigepflichten, die Vorschriften zur Auslagerung und zur Vergütung beachtet hat und ihren Verpflichtungen aus dem Geldwäschegesetz nachgekommen ist (§ 121 Abs 3 S 1 und 2 KAGB; § 148 Abs 1 iVm § 121 Abs 3 S 1 und 2 KAGB). Darüber hinaus sind die Auslegungsentscheidungen und Merkblätter der BaFin zu beachten.

518 Das Ergebnis dieser Prüfung hat der AP in einem **Prüfungsbericht** darzustellen (§ 121 Abs 3 S 3 KAGB; § 148 Abs 1 iVm § 121 Abs 3 S 3 KAGB).

III. Rechnungslegung u Prüfung v Investmentgesellschaften 519–521 U

Für den Bericht über die Prüfung einer InvAG sind § 321 HGB und IDW PS 450 nF anzuwenden. Hinsichtlich Inhalt und Form der Berichterstattung gilt darüber hinaus die KAPrüfbV (§ 121 Abs 4 KAGB; § 148 Abs 1 iVm § 121 Abs 4 KAGB; §§ 43 ff KAPrüfbV). Der PrüfBer ist so zu verfassen, dass er den für die Prüfung der KVG zuständigen AP in die Lage versetzt, den PrüfBer bei seiner Prüfung zu verwenden (§ 43 Abs 4 KAPrüfbV).

§ 44 Abs 1 KAPrüfbV sieht vor, dass auf die Berichterstattung über die 519 Prüfung der extern verwalteten InvAG (die nachfolgenden Ausführungen gelten auch für die Prüfung der InvKG; Anm 635) § 25 Abs 3 sowie die §§ 26–33 KAPrüfbV entspr anzuwenden sind, soweit sich aus den Vorschriften des Kapitels 4 KAPrüfbV nichts anderes ergibt. Insofern gelten die Regelungen für SV auch für die Prüfung der InvAG entspr. Aufgrund des Verweises auf die §§ 5, 6, 10–12, 13 Abs 1–5 und 14 KAPrüfbV (ohne § 10 E-KAPrüfbV) ist darüber hinaus bei der extern verwalteten InvAG auch über die Prüfungsergebnisse der externen KVG zu berichten. Um Doppelprüfungen zu vermeiden, enthält § 43 Abs 3 KARBV den Hinweis, dass der AP der InvAG die Prüfungsergebnisse des AP der externen KVG verwenden kann.

Auf die intern verwaltete InvAG sind die für die extern verwaltete 520 InvAG einschlägigen Regelungen und darüber hinaus § 8 Abs 4 KAPrüfbV (und § 10 E-KAPrüfbV) sowie in Bezug auf die für den Betrieb der InvGes notwendigen VG und Schulden (InvBetrVerm) die §§ 15–20 KAPrüfbV entspr anzuwenden. In Bezug auf die VG und Schulden des InvAnlVerm sind die §§ 21, 22 und 33 KAPrüfbV entspr anzuwenden.

Kapitel 4 der KAPrüfbV konkretisiert die **Prüfungs- und Berichts-** 521 **vorschriften** für die InvAG sowie die anzuwendenden Vorschriften. Darüber hinaus werden in Kapitel 4 die Angaben zur InvAG geregelt. Der AP hat zunächst die *Richtigkeit und Vollständigkeit des JA* zu prüfen und zu bestätigen (§ 44 Abs 1 iVm § 27 Abs 1 KAPrüfbV). Daneben hat der PrüfBer eine *Stellungnahme zur vertragsgemäßen Belastung der InvAG mit Aufwendungen* zu enthalten (§ 44 Abs 1 KAPrüfbV iVm § 27 Abs 2 KAPrüfbV). Darüber hinaus hat der AP der InvAG grds auch alle Vorschriften des KAGB und der Satzung sowie der Anlagebedingungen, die bei der Verwaltung des GesVerm zu beachten sind, auf ihre Einhaltung zu prüfen (§§ 43 Abs 1, 26–28 KAGB; Allg Verhaltensregeln, Interessenkonflikte, Allg Organisationspflichten). Sollten *Verstöße gegen Verhaltensregeln und Organisationspflichten* der externen KVG konkrete Auswirkungen auf die einzelne InvAG haben, ist hierauf im PrüfBer der jeweiligen InvAG einzugehen und die Auswirkungen darzustellen. Im Hinblick auf die ordnungsgemäße Verwaltung der InvAG hat der AP zu bestimmten Sachverhalten explizit Stellung zu beziehen: In §§ 28–29 KAPrüfbV ist ua die Angabe der *Verstöße gegen gesetzliche Bestimmungen und Bestimmungen der Satzung und Anlagebedingungen* geregelt.

Im PrüfBer ist gem § 44 Abs 1 iVm § 30 Abs 1 KAPrüfbV zu beurteilen, ob die von der KVG getroffenen *organisatorischen Vorkehrungen* für die zu prüfende InvAG, die Zulässigkeit der getroffenen Anlageentscheidungen nach dem KAGB und den Anlagebedingungen sowie der Satzung und die Einhaltung der Anlagegrenzen gewährleisten und ein angemessenes RMS zum Einsatz kommt. Über *Feststellungen der internen Revision,* soweit diese eine

Störk/Dietrich/Malsch

InvAG direkt betreffen, ist zu berichten (§ 44 Abs 1 iVm § 30 Abs 2 KAPrüfbV). Im PrüfBer ist zusammenfassend zu beurteilen, ob die *Ordnungsmäßigkeit der Fondsbuchhaltung und des rechnungslegungsbezogenen internen Kontrollsystems* gewährleistet ist (§ 44 Abs 1 iVm § 30 Abs 3 KAPrüfbV).

522 Darüber hinaus ist darzulegen, ob die von der KVG getroffenen **organisatorischen Vorkehrungen zur Anteilwertermittlung** für die zu prüfende InvAG *ordnungsgemäß und geeignet* sind, eine korrekte Berechnung der Anteilpreise sicherzustellen und ob insofern § 168 KAGB eingehalten wurde (§ 44 Abs 1 iVm § 31 Abs 1 KAPrüfbV). Insb sind die gem § 168 Abs 3 KAGB *angewendeten Bewertungsverfahren darzustellen* und zu beurteilen. Im PrüfBer der InvAG hat der AP zu bestätigen, dass die angewendeten Bewertungsverfahren unter Berücksichtigung des Anlageobjekts und der Anlagestrategie der InvAG geeignet sind (§ 44 Abs 1 iVm § 32 Abs 1 KAPrüfbV).

Fehlerhafte Anteilpreise sind darzustellen, die Gründe zu erläutern (§ 44 Abs 1 iVm § 31 Abs 2 KAPrüfbV) und über die Maßnahmen zu deren Beseitigung ist zu berichten (§ 44 Abs 1 iVm § 31 Abs 3 KAPrüfbV). Gem § 44 Abs 1 iVm § 31 Abs 2 KAPrüfbV kann sich die Darstellung auf wesentliche Fehler bei der Anteilpreisermittlung beschränken (Anm 285). Für die Frage, wann ein Anteilpreis für die InvAG mit veränderlichem Kapital fehlerhaft ist, ist auf die Begründung zu § 31 KAPrüfbV abzustellen. Hiernach liegt dann ein fehlerhafter Anteilpreis vor, wenn die prozentuale Differenz zwischen dem zuerst und dem im Nachhinein ermittelten, korrekten gerundeten Inventarwert bzw Ausgabe- oder Rücknahmepreis 0,5 Prozent überschreitet. Da der Anteilwert der InvAG mit fixem Kapital nicht für Anteilscheinausgaben und -rücknahmen verwendet wird, ist diese Vorgabe für die Bestimmung fehlerhafter Anteilpreise nicht unreflektiert zu übernehmen.

523 Bei **Bestellung eines externen Bewerters** (zB bei Investments einer InvAG mit fixem Kapital in Immobilien und andere Sachwerte) ist sein Name im PrüfBer anzugeben, wenn er für die InvAG im Berichtszeitraum bestellt war (§ 44 Abs 1 iVm § 32 Abs 3 KAPrüfbV). Nach § 44 Abs 1 iVm § 32 Abs 4 KAPrüfbV muss der AP beurteilen, ob die InvAG dem externen Bewerter die *für die Bewertung erforderlichen Unterlagen zur Verfügung gestellt* hat. Dazu gehören bei Immobilien Unterlagen und Daten über Anschrift, Beschaffenheit, Nutzung, Kosten und Erträge der Immobilie. Hierdurch soll sichergestellt werden, dass dem Bewerter alle für seine Tätigkeit erforderlichen Informationen zur Verfügung gestellt werden (*BaFin* VO-Begr zu § 32 KAPrüfbV).

524 Dem PrüfBer einer PublikumsInvAG sind gem § 26 Abs 1 KAPrüfbV Angaben zur InvAG voranzustellen, die der Aufsicht zur Vereinfachung der Auswertung eines PrüfBer einen schnelleren Überblick über die Rahmendaten der geprüften InvAG ermöglichen (*BaFin* VO-Begr zu § 26 KAPrüfbV). Hierbei handelt es sich iW um Angaben, die bereits an anderer Stelle (Anlagebedingungen, Verkaufsprospekt) genannt werden. Gem Anlage 2 KAPrüfbV ist für jede PublikumsInvAG eine *Portfolioumschlagsrate* zu berechnen und ebenfalls im PrüfBer (Angaben zur InvAG) anzugeben (§ 26 Abs 1 Nr 14 KAPrüfbV). Ist die InvAG intern verwaltet, ist zusätzlich die der KAPrüfbV als Anlage 1 beigefügte Datenübersicht beizufügen.

525 Im Prüfungsbericht einer InvAG sind gem § 45 Abs 1 KAPrüfbV die wesentlichen Änderungen der rechtlichen, wirtschaftlichen und **organisatori-**

schen **Grundlagen** der InvAG im Berichtszeitraum darzustellen, wobei insb zu berichten ist über Änderungen der Satzung, Änderungen in der Zusammensetzung der UntAktien und Änderungen der Stimmverhältnisse zueinander, Änderungen in der personellen Zusammensetzung der Geschäftsleitung und Änderungen der Zuständigkeit der einzelnen Geschäftsleiter, Änderungen der rechtlichen und geschäftlichen Beziehungen zu verbundenen Unt sowie Änderungen über *bemerkenswerte Beziehungen zu anderen Unt und über wirtschaftlich bedeutsame Verträge geschäftspolitischer Natur,* die die zwischenbetriebliche Zusammenarbeit regeln, wobei insb Angaben über Art und Umfang der vereinbarten Leistungen zu machen sind, insb für KVG, falls diese fremdverwaltet wird (die Berichterstattung kann entfallen, soweit für den Berichtszeitraum ein Abhängigkeitsbericht nach § 312 AktG erstellt und der BaFin eingereicht wurde), Änderungen im organisatorischen Aufbau der InvAG sowie über Änderungen der unter Risikoaspekten bedeutsamen Ablauforganisation.

Das *aktuelle Organigramm* ist dem PrüfBer als Anlage beizufügen. In der Praxis ergibt sich hierbei häufig das Problem, dass es ein Organigramm für die extern verwaltete InvAG, die selbst über keine Mitarbeiter verfügt, nicht gibt, so dass in diesem Fall ersatzweise das Organigramm der externen KVG dem PrüfBer beigefügt wird.

Soweit der AP verpflichtet ist, nur über Änderungen zu berichten, hat er darüber hinaus gem § 45 Abs 3 KAPrüfbV *in angemessenen Abständen vollständig zu berichten.* Angemessene Abstände sind drei bis fünf Jahre.

Ferner ist über *wesentliche Aktivitäten und Prozesse, die auf andere Unt ausgelagert sind,* im PrüfBer gesondert zu berichten, soweit die Berichterstattung nicht nach § 22 Abs 5 KAPrüfbV zu erfolgen hat.

Im Prüfungsbericht der InvAG sind Besonderheiten bei der Berichterstattung gem § 46 KAPrüfbV im Falle der **Sachwertinvestments** zu beachten (idR nur relevant für die InvAG mit fixem Kapital). Werden im Berichtsjahr VG iSd § 261 Abs 2 KAGB (Sachwertinvestments) für die InvAG erworben oder für Rechnung der InvAG mit fixem Kapital veräußert, sind im PrüfBer *bei einem Erwerb von Sachwertinvestments* folgende Punkte aufzuführen: der vor dem Erwerb nach § 261 Abs 5 und 6 KAGB ermittelte Wert, die vertraglich vereinbarte und die tatsächlich aus dem InvVerm erbrachte Gegenleistung und die Anschaffungsnebenkosten. Bei einer Veräußerung von Sachwerten sind die *bei der Veräußerung* nach den §§ 271 und 272 KAGB ermittelten Werte der vergangenen zwei Jahre einschl des Berichtsjahrs sowie die vertraglich vereinbarte und die tatsächlich der InvAG mit fixem Kapital zugeflossene Gegenleistung anzugeben. Aufgrund der Gesetzesverweise in § 46 KARBV sind die Angaben lediglich für die PublikumsInvAG mit fixem Kapital einschlägig.

Im PrüfBer einer InvAG mit fixem Kapital (auch für SpezialInvAG) sind ferner die *Verkehrswerte oder Kaufpreise der Sachwerte,* die für die InvAG mit fixem Kapital direkt oder indirekt gehalten werden einzeln für das Berichtsjahr und für das Vj anzugeben (§ 46 Abs 2 KAPrüfbV). Anzugeben sind sämtliche Sachwerte, deren *Verkehrswert sich im Vergleich zum Vj um mehr als 5% oder um mehr als 5 Mio Euro verändert hat,* sowie die wesentlichen Parameter, die zu dieser Wertveränderung geführt haben (§ 46 Abs 3 KAPrüfbV).

527 Der PrüfBer einer PublikumsInvAG ist unverzüglich nach Beendigung der Prüfung der BaFin **einzureichen**. Der Bericht über die Prüfung einer SpezialInvAG ist der BaFin auf Verlangen einzureichen (§ 121 Abs 3 S 4 KAGB; § 148 Abs 1 iVm § 121 Abs 3 S 4 KAGB).

528 Hinsichtlich der Pflicht zur **Aufbewahrung** verweisen wir auf Anm 307.

4. Rechnungslegung der Investmentkommanditgesellschaft

a) Anzuwendende Vorschriften

540 Für die InvKG ist für den Schluss eines Gj ein **Jahresbericht**, bestehend aus einem JA, einem Lagebericht und der Erklärung der gesetzlichen Vertreter der InvKG entspr § 264 Abs 2 S 3 HGB und § 289 Abs 1 S 5 HGB und den Bestätigungen des AP nach § 136 KAGB, aufzustellen (§ 135 Abs 1 KAGB; § 158 S 1 iVm § 135 Abs 1 KAGB). Zur europarechtlichen Einordnung der Vorschrift vgl auch *Böcking/Gros/Dietrich* in WBG Bilanzrecht[4], KAGB, § 135, Rn 1 ff.

541 Die **Rechnungslegungspflicht** der InvKG nach investmentrechtlichen Rechnungslegungsregelungen beginnt spätestens mit Eintragung der InvKG in das HR (§ 5 Abs 3 E-KARBV). Hiervon zu unterscheiden ist die *handelsrechtliche Pflicht zur Buchführung* und Aufstellung der EB. Diese beginnt idR mit der notariellen Beurkundung des GesVertrages bzw mit dem ersten Geschäftsvorfall (insb Anspruch gegen die GründungsGester auf Leistung der Einlage) spätestens jedoch mit Eintragung ins HR (*Störk/Lewe* in Beck BilKomm, § 238 Anm 72 f; D Anm 65, 68). Zum späteren Beginn der Buchführungspflicht bei geringer Zahl unwesentlicher Geschäftsvorfälle D Anm 67.

542 Auf den **Jahresabschluss** einer InvKG sind die Vorschriften der §§ 264–288 HGB anzuwenden, sofern sich aus dem KAGB nicht etwas anderes ergibt (§ 135 Abs 2 S 1 1. Hs KAGB; § 158 S 1 iVm § 135 Abs 2 S 1 1. Hs KAGB). Ebenso gelten die Bestimmungen des § 289 HGB – vorbehaltlich anderslautender Regelungen des KAGB – auch für den **Lagebericht** (§ 135 Abs 2 S 1 2. Hs KAGB; § 158 S 1 iVm § 135 Abs 2 S 1 2. Hs KAGB; *Grottel* in Beck Bil-Komm[12], § 289 Anm 40 ff). Die Rechnungslegung der InvKG basiert insofern weiterhin auf den handelsrechtlichen Rechnungslegungsvorschriften, dh für den Fall, dass das KAGB keine explizite Regelung enthält – und sofern nicht andere investmentrechtliche Besonderheiten wie zB die Verkehrswertbewertung oder investmentrechtliche Rechnungslegungsgrundsätze dem entgegenstehen –, gelten die handelsrechtlichen Rechnungslegungsvorschriften unverändert fort (*IDW* IVFA FAQ, A.5.1; Anm 415). Zur Anwendbarkeit der Grundsätze ordnungsmäßiger Bilanzierung auf die Rechnungslegung der InvKG Anm 417.

543 Der JA sowie der Lagebericht sind in **deutscher Sprache** und in **Euro** aufzustellen (§ 264 Abs 1 iVm § 244 HGB). Die Möglichkeit zur Wahl einer anderen Währung als Fondswährung, wie dies für SV möglich ist (Anm 267), besteht bei der InvKG (und auch bei der InvAG; Anm 419) nicht.

Für in Flugzeuge investierende geschlossene InvKG entspricht damit die *Berichtswährung häufig nicht der funktionalen Währung* (dh der Währung der Geschäftstätigkeit; USD) und auch nicht der Berechnung des Anteilwertes

III. Rechnungslegung u Prüfung v Investmentgesellschaften   544–546   U

(NAV). In diesen Fällen sollte – aus Gründen der Transparenz – mind eine Überleitung des in Euro für Zwecke der Erstellung des Jahresberichts ermittelten Anteilwertes auf den tatsächlichen Anteilwert in Währung (USD) erfolgen. Eine darüber hinausgehende **Berichterstattung auch in Währung** ist dann nicht zu beanstanden, wenn hierdurch die Transparenz erhöht wird und nicht der Eindruck erweckt wird, dass die Berichtswährung eine andere als Euro ist (*IDW* IVFA FAQ, A.5.3). So kann zB eine *Bilanz und eine GuV zusätzlich auch noch in Währung* dargestellt werden (Mehrspaltendarstellung) oder eine *Vermögensaufstellung in Währung* in den Anhang integriert werden. Nicht zulässig erscheint indes das Anhängen eines kompletten Jahresberichts in Fremdwährung, da hierdurch der Eindruck erweckt werden könnte, der Jahresbericht wurde in Fremdwährung aufgestellt. Im Anhang ist die gewählte Methode der Währungsumrechnung anzugeben (idR Stichtagskursmethode).

Daneben finden auf die InvKG grds auch bestimmte Regelungen zur Rechnungslegung von SV (Anm 61 ff) Anwendung (insb § 101 KAGB, § 7 Nr 9 KARBV, § 16 KARBV). Detaillierte **Regelungen zur Rechnungslegung** enthalten ferner die §§ 20–25 KARBV (§ 135 Abs 11 KAGB, § 158 S 1 iVm § 135 Abs 11 KAGB). Darüber hinaus erfolgt ein Verweis auf die Art 103–107 der AIFM-VO (§ 135 Abs 7 S 2 iVm § 101 Abs 3 S 2 KAGB; § 158 S 1 iVm §§ 135 Abs 7 S 2, 101 Abs 3 S 2 KAGB) und auf Art 108 und 109 AIFM-VO (§ 135 Abs 7 iVm § 101 Abs 3 Nr 3 iVm § 308 Abs 4 und § 300 Abs 3 KAGB; § 158 S 1 iVm §§ 135 Abs 7, 101 Abs 3 Nr 3 iVm § 308 Abs 4 und § 300 Abs 3 KAGB). Durch Verweis auf die Regelungen der AIFM-RL und AIFM-VO soll sichergestellt werden, dass die europäischen Mindestanforderungen in nationales Recht umgesetzt sind.   544

Aufgrund der spezifischen Regelungen des KAGB zur Rechnungslegung der InvKG ergibt sich, dass ua die **Gliederungsvorschriften** des HGB zur Bilanz (§ 266 HGB) und zur GuV (§ 275 HGB) – mit Ausnahme in Bezug auf das InvBetrVerm – nicht anzuwenden sind. Ebenfalls nur noch maximal partiell einschlägig sind die Angabepflichten des § 285 HGB sowie die Bewertungsvorschriften der §§ 253 ff HGB (insb AK-Obergrenze), die ebenfalls nur für das InvBetrVerm gelten. Bezüglich der übrigen handelsrechtlichen Angabepflichten (ua §§ 268, 284 HGB) wird, sofern nicht investmentrechtliche Regelungen diesen entgegenstehen, eine Anwendbarkeit grds angenommen (*Böcking/Gros/Dietrich* in WBG Bilanzrecht[4], KAGB, § 135, Rn 14). Hierbei ist jedoch zu berücksichtigen, dass die Angaben ggf nicht in der Bilanz, sondern zwingend im Anhang vorgenommen werden müssen (zB Angaben zu Restlaufzeiten; *IDW* IVFA FAQ, A.7.4). Andere Angabepflichten sind so auszugestalten, dass diese den investmentrechtlichen Besonderheiten Rechnung tragen (ua Anlagespiegel nach § 284 Abs 3 HGB; Anm 599).   545

Ein **Halbjahresbericht** ist für die InvKG nicht aufzustellen. Wird die Verwaltung des InvVerm einer extern verwalteten InvKG gekündigt und auf eine andere KVG übertragen, ist ein **Zwischenbericht** zu erstellen (§ 20 Abs 2 S 1 KARBV). Dies gilt auch dann, wenn die Übertragung auf das GjEnde der InvKG entfällt (Anm 422). Für den Fall der Liq einer geschlossenen PublikumsInvKG hat der Liquidator jährlich sowie auf den Tag, an dem die Abwicklung beendet ist, einen **Abwicklungsbericht** zu erstellen (§ 161   546

Abs 2 KAGB); für die SpezialInvKG ergibt sich die Aufstellung einer Liq-Bilanz aus § 154 HGB. § 20 Abs 2 S 2 KARBV enthält ferner eine Regelung zur Aufstellung eines **Auflösungsberichts** bei Auflösung eines TGV (Anm 503).

Inlandsemittenten iSd § 114 WpHG haben einen Jahresfinanzbericht aufzustellen, der ggf um die Angaben nach § 135 Abs 5–7 KAGB bzw der AIFM-VO zu ergänzen ist (ergänzende Angaben im Anhang und Lagebericht). Die Angaben können alternativ auch gesondert an den Anleger (auf Antrag) übermittelt werden (§ 135 Abs 8 KAGB). Durch diese Regelung soll vermieden werden, dass für die InvKG zusätzlich zum Jahresfinanzbericht eine weitere externe Berichterstattung veröffentlicht wird, die aufgrund der abw Bilanzierungs- und Bewertungsregelungen des KAGB abweichende und damit ggf auch irreführende finanzielle Informationen enthalten könnte. Eine praktische Relevanz entfaltet die Regelung in Bezug auf die InvKG jedoch idR nicht (*Lorenz* in WBA[2], § 135 Rn 8; *Böcking/Gros/Dietrich* in WBG Bilanzrecht[4], KAGB, § 135, Rn 49 ff).

547 Eine InvKG kann auch mit **Teilgesellschaftsvermögen** aufgelegt werden. TGV sind haftungs- und vermögensrechtlich voneinander getrennt. Die haftungs- und vermögensrechtliche Trennung gilt auch für den Fall der Insolvenz (§ 132 Abs 1 KAGB). Die Rechte der Anleger und Gläubiger beschränken sich auf die VG des jeweiligen TGV; die Haftung der Kommanditisten iSd §§ 171–176 HGB ist auf die Verbindlichkeiten des jeweiligen TGV begrenzt. Durchbrochen wird die haftungsrechtliche Trennung dadurch, dass der Komplementär für sämtliche Verbindlichkeiten aller TGV haftet (§ 132 Abs 5 KAGB). Auf weitergehende Ausführungen zur Bilanzierung im Falle der Auflegung von TGV wird – aufgrund der geringen praktischen Relevanz (bisher wurde noch keine InvKG mit TGV aufgelegt) – verzichtet.

548 Für die **Prüfung, Offenlegung und Vorlage** des Jahresberichts gelten neben den Regelungen der §§ 136, 137, 159, 160 KAGB auch die handelsrechtlichen Vorschriften.

b) Aufstellung, Offenlegung, Einreichung

550 Die zivilrechtliche Pflicht zur Auskunft und Rechenschaft (§ 675 BGB iVm § 666 BGB) ergibt sich für die InvKG bzw die diese verwaltende externe KVG bereits aus dem mit dem Anleger geschlossenen Investmentvertrag, der ein **Geschäftsbesorgungsvertrag** iSd § 675 BGB ist (Anm 427).

Die InvKG ist gem § 106 Abs 2 HGB in das HR einzutragen und erlangt somit – unabhängig vom Geschäftsgegenstand – KfmEigenschaft nach § 6 HGB (§ 2 S 1 HGB). Sie unterliegt damit auch der **handelsrechtlichen Pflicht zur Aufstellung eines Jahresabschlusses** (§ 264 Abs 1 HGB). Bereits bei isolierter Betrachtung des HGB wäre die InvKG damit zur Aufstellung eines JA nach handelsrechtlichen Vorschriften und nach den ergänzenden Vorschriften für KapGes §§ 264–298a HGB verpflichtet (ähnlich auch *Jessen* in Baur/Tappen, Investmentgesetze[3], § 135, Rn 6; *Böcking/Gros/Dietrich* in WBG Bilanzrecht[4], KAGB, § 135, Rn 14).

551 Das KAGB erklärt explizit die **größenabhängigen Erleichterungen** des § 264 Abs 1 S 4 HGB sowie die Befreiungen von der Pflicht zur Aufstellung

III. Rechnungslegung u Prüfung v Investmentgesellschaften 552 U

eines JA nach § 264 Abs 1 S 4, Abs 3, 4 und § 264b HGB für *nicht anwendbar* (§ 135 Abs 2 S 2 KAGB; § 158 S 1 iVm § 135 Abs 2 S 2 KAGB). Daher ist jede InvKG im Anwendungsbereich der investmentrechtlichen Rechnungslegungsvorschriften zur Aufstellung eines Jahresberichts verpflichtet.

Der Jahresbericht einer InvKG ist *spätestens sechs Monate* nach Ende des Gj **aufzustellen** (§ 135 Abs 1 S 1 KAGB; § 158 S 1 iVm § 135 Abs 1 S 1 KAGB).

Dem Wortlaut des § 135 Abs 1 KAGB nach ist die KVG der extern verwalteten InvKG zur Erstellung des Jahresberichts verpflichtet. Die BaFin geht dabei davon aus, dass durch Abschluss des *Verwaltungsvertrags* zwischen der KVG und der InvGes die Geschäftsführungsbefugnis für die „kollektive Vermögensverwaltung" auf die externe KVG übertragen wird (*BaFin* Tätigkeiten einer KVG, II. 1.). Im Umkehrschluss bedeutet dies, dass die InvGes mit Abschluss des Verwaltungsvertrags das Recht verliert, sich selbst zu verwalten.

Der Begriff der *„kollektiven Vermögensverwaltung"* umfasst neben der Portfolioverwaltung und dem Risikomanagement auch die administrativen Tätigkeiten (§ 1 Abs 19 Nr 24 KAGB). Nach Anlage I der AIFM-RL zählen zu den administrativen Tätigkeiten ua auch die Dienstleistungen der Fondsbuchhaltung und Rechnungslegung, Bewertung und Preisfestsetzung sowie das Führen von Aufzeichnungen. Der externen KVG obliegt damit die operative Verantwortung für die Rechnungslegung und die Erstellung des Jahresberichtes der InvKG (§ 20 Abs 1 iVm § 6 Abs 1 KARBV). Hieraus kann aber nicht gefolgert werden, dass hierdurch auch die Verantwortung der gesetzlichen Vertreter der InvKG für die Aufstellung des JA und des Lageberichtes erlischt.

Nicht durch das KAGB abbedingbar bzw auf die externe KVG übertragbar ist die gesetzliche Vertretungsbefugnis für die InvKG, die weiterhin bei dem vertretungsberechtigten Organ der InvGes verbleibt (OLG München v 1.10.2015 ZIP 2015, 2224). Zu den weiteren zwingend bei der InvKG verbleibenden *organschaftlichen Prinzipal-Rechten und -Pflichten* zählen ua die Auswahl und Bestellung der externen KVG sowie deren Überwachung im Interesse der Ges und der Gester, aber auch die Verantwortung für das Führen der Bücher und die Aufstellung des (handelsrechtlichen) JA (*Hüwel* in Baur/Tappen, Investmentgesetze[3], § 129, Rn 41 ff; *Dietrich/Malsch* WPg 2018, 298 f). Hieraus folgt, dass nach Ansicht der BaFin zwar die Fondsbuchhaltung und die Rechnungslegung zu den administrativen Tätigkeiten gehören, die als Bestandteil der kollektiven Vermögensverwaltung der externen KVG obliegen, die **Aufstellung des Jahresabschlusses und des Lageberichts** *obliegt* jedoch weiterhin *den gesetzlichen Vertretern der InvKG*. Damit verbleibt die Entscheidung über strittige Bilanzierungsfragen bei den gesetzlichen Vertretern der InvKG. Zur Aufgabenverteilung zwischen den gesetzlichen Vertretern der InvKG und der externen KVG weiterführend auch *Dietrich/Malsch* WPg 2018, 297 ff. Der JA (und der Lagebericht) ist damit auch alleinig durch *alle* gesetzlichen Vertreter der InvKG zu **unterzeichnen** und nicht von den gesetzlichen Vertretern der KVG in ihrer Funktion als KVG. Die KVG selbst ist zur Unterzeichnung des JA und Lageberichtes nur dann aufgefordert, wenn diese gleichzeitig auch geschäftsführende Kommanditistin ist.

553 Für die **Offenlegung** des Jahresberichts einer (geschlossenen) *Publikums-InvKG* im elektronischen BAnz verkürzt sich die gesetzliche Frist des § 325 HGB (zwölf Monate) auf *sechs Monate* (§ 160 Abs 1 S 1 KAGB). Die geschlossene PublikumsInvKG hat den JA und Lagebericht im elektronischen BAnz nach Maßgabe des § 325 ff HGB **offenzulegen** (§ 160 Abs 1 KAGB). Eine Veröffentlichung des JA und Lageberichtes der InvKG allein auf der Webseite der KVG ist nicht ausreichend. § 160 Abs 1 S 1 KAGB stellt ergänzend klar, dass die Pflicht zur Offenlegung auch dann besteht, wenn auf die PublikumsInvKG, an der mind eine natürliche Person als phG beteiligt ist, § 264a HGB anzuwenden ist. Da eine PublikumsInvKG in der Praxis idR als GmbH & Co KG konzipiert wird, läuft diese Regelung jedoch regelmäßig ins Leere (*Schneider-Deters* in HK InvRecht[3], § 160, Rn 1; *Böcking/Gros/Dietrich* in WBG Bilanzrecht[4], KAGB, § 160, Rn 3)

Die *größenabhängigen Erleichterungen* der §§ 326 ff HGB *dürfen* von der PublikumsInvKG *nicht in Anspruch genommen werden*; hieraus folgt, dass der Jahresbericht in ungekürzter Form offenzulegen ist. Neben dem JA und dem Lagebericht sind auch der besondere Vermerk des AP sowie der sog Bilanzeid (Erklärung der gesetzlichen Vertreter) im BAnz offenzulegen (§ 160 Abs 1 KAGB iVm § 325 Abs 1 HGB). Die Offenlegung erfolgt in deutscher Sprache. Zur Frage der Offenlegung des Bilanzeides vgl *Grottel* in Beck BilKomm[12], § 325 Anm 6.

Offenzulegen ist der *festgestellte oder gebilligte* JA und Lagebericht, dh, die Offenlegung im BAnz kann erst erfolgen, wenn die GesV den JA und Lagebericht festgestellt hat (§ 325 Abs 1 Nr 1 HGB). Die Feststellung des JA setzt dabei auch voraus, dass die Prüfung des JA und Lageberichts durch den AP abgeschlossen ist. Für die Einhaltung der Offenlegungsfrist ist darüber hinaus zu berücksichtigen, dass auch die Veröffentlichung im BAnz nicht unmittelbar nach Übermittlung der Unterlagen erfolgt, dh, die Einreichung zur Veröffentlichung beim BAnz muss eine angemessene Frist zur Bearbeitung der Unterlagen durch den BAnz berücksichtigen. Es genügt demnach nicht, die Unterlagen am Tag vor Fristablauf beim BAnz einzureichen. Was eine angemessene Frist ist, bestimmt sich zum einen aus der Art und Weise der Datenübermittlung (XML-Format oder Papierform) und zum anderen aus den beim BAnz üblichen Verarbeitungsfristen.

554 Der Jahresabschluss und Lagebericht einer (offenen, geschlossenen) SpezialInvKG ist entspr der *handelsrechtlichen Regelungen* der §§ 325 ff HGB offenzulegen. SpezialInvKG können, sofern die entspr Größenkriterien erfüllt sind, damit auch von den *handelsrechtlichen Offenlegungserleichterungen* Gebrauch machen (§§ 326 Abs 1, 327 HGB). Mit Inkrafttreten des BilRUG gelten InvGes jedoch mind als kleine KapGes (§ 267a Abs 3 Nr 1 HGB) und können insofern die Erleichterungen des § 326 Abs 2 HGB für KleinstKapGes nicht mehr in Anspruch nehmen (Wegfall der Möglichkeit zur Registerpublizität).

Für die SpezialInvKG enthält weder § 137 KAGB noch § 160 KAGB eine explizite Regelung zur Offenlegung; damit gelten für diese die allgemeinen handelsrechtlichen Regelungen zur Offenlegung hinsichtlich Form, Umfang und Frist. Die Offenlegung im BAnz hat insofern – unabhängig von der Aufstellungsfrist von sechs Monaten – spätestens ein Jahr nach dem Abschlussstichtag zu erfolgen (§ 325 Abs 1a S 1 HGB). Für die SpezialInvKG ist *mind* die *Bilanz und der Anhang* (ohne die erläuternden Angaben zur GuV) offenzulegen. Nicht enthalten sein müssen daher ausgewählte handelsrechtliche Angaben wie zB die auf Posten der GuV angewendeten Bilanzierungs- und Bewertungsmethoden (§ 284 Abs 2 Nr 2 HGB) sowie die Aufgliederungen bestimmter GuV-Posten iSd § 285 Nrn 31, 32 HGB. Nicht weggelassen werden können die investmentrechtlichen Angaben des Anhangs, da diese idR keinen unmittelbaren und alleinigen Bezug zu Posten der GuV haben (ausgenommen ggf die Verwendungsrechnung iSd § 135 Abs 5 iVm § 101 S 3 Nr 4 KAGB (ähnlich auch *Böcking/Gros/Dietrich* in WBG Bilanzrecht[4], KAGB, § 137, Rn 9).

Bei der Veröffentlichung ist auch das *Datum der Feststellung oder Billigung* des JA anzugeben (§ 328 Abs 1a S 1 HGB). Eine Nachreichung des **Beschlusses über die Feststellung** des JA und Lageberichtes ist nicht mehr zulässig (§ 325 Abs 1 Nr 1 HGB; § 325 Abs 1a HGB). Da es sich bei der Prüfung der InvKG gem § 136 bzw § 159 KAGB um eine gesetzliche APr handelt, ist auch der *besondere Vermerk des AP mit vollem Wortlaut* offenzulegen (§ 328 Abs 1a HGB). Dies gilt insb auch für die SpezialInvKG. Wurde von den Offenlegungserleichterungen des §§ 326 Abs 1, 327 HGB Gebrauch gemacht und bezieht sich der besondere Vermerk auf den gesamten JA sowie den Lagebericht ist hierauf hinzuweisen (zB SpezialAIF).

Ist im JA nur der **Vorschlag zur Ergebnisverwendung** enthalten (Angabe nach § 285 Nr 34 HGB auch für die extern verwaltete InvKG weiterhin empfohlen), ist der Beschluss über die Ergebnisverwendung entspr § 325 Abs 1b HGB für die Veröffentlichung im BAnz – nach entspr Beschlussfassung durch die GesV nachzureichen. Diese Regelung trifft damit nur solche InvKG, die in ihrem GesVertrag noch eine Beschlussfassung der Gester über die Verwendung des Jahresergebnisses oder eines Teiles davon vorsehen. Beschließt die KVG über die Verwendung des Jahresergebnisses, liegt idR bereits bei Aufstellung eine entspr Beschlussfassung vor, die dann auch entspr im JA zu berücksichtigen ist.

Darüber hinaus ist der Jahresbericht einer (geschlossenen) PublikumsInvKG dem **Publikum** an den Stellen **zugänglich zu machen,** die im Verkaufsprospekt und den wesentlichen Anlegerinformationen angegeben sind (§ 160 Abs 2 KAGB; Anm 432) und der BaFin **unverzüglich** nach Erstellung **einzureichen** (§ 160 Abs 4 KAGB; Anm 433). Bei einer SpezialInvKG ist der Jahresbericht der BaFin nicht einzureichen; diese erhält Kenntnis über den Jahresbericht lediglich bei Anforderung (§ 35 Abs 3 Nr 1 KAGB) oder bei Anforderung des PrüfBer des AP (§ 136 Abs 3 S 4 KAGB, § 159 iVm § 136 KAGB).

Im Hinblick auf die *Vorlage des Jahresberichtes auf Anfrage des Anlegers* wird auf die Ausführungen in Anm 432 verwiesen (auch *Böcking/Gros/Dietrich* in WBG Bilanzrecht[4], KAGB, § 137, Rn 3ff; § 160, Rn 9).

c) Vorschriften für den Jahresbericht

aa) Vorbemerkung. § 135 KAGB ist die für die Rechnungslegung der offenen wie geschlossenen InvKG zentrale Vorschrift (§ 158 S 1 KAGB). Sie regelt nicht nur Mindestinhalt des JA und Lageberichts, sondern auch Aufstellungsfristen und Verantwortlichkeiten (Anm 552). Für die Aufstellung des JA und Lageberichtes bildet das HGB weiterhin die Grundlage. Dies gilt jedoch nur insoweit, als den handelsrechtlichen Regelungen und Grundsätze nicht explizite investmentrechtliche Regelungen entgegenstehen (§ 135 Abs 2 HGB).

Die auf den JA und Lagebericht anzuwendenden investmentrechtlichen Rechnungslegungsvorschriften werden durch § 135 Abs 3–7 KAGB näher bestimmt. § 135 KAGB enthält jedoch keine eigenständigen Regelungen, sondern verweist auf die für SV anwendbaren (Gliederungs-/Darstellungs-) Vorschriften. Hierdurch soll sichergestellt werden, dass die Rechnungslegung von InvVerm in Deutschland weitgehend einheitlichen Regelungen unterliegt. Die Vereinheitlichung erfährt jedoch dort ihre Grenzen, wo rechtsformspezifische Besonderheiten der InvKG zu beachten sind. Diesen wird in § 135 KAGB auch insoweit Rechnung getragen, als die einzelnen Bestandteile des Jahresberichtes eines SV (Anm 61 ff) in § 135 KAGB den typischen Bestandteilen eines handelsrechtlichen JA (Bilanz, GuV und Anhang) bzw dem Lagebericht zugeordnet werden (*Böcking/Gros/Dietrich* in WBG Bilanzrecht[4], KAGB, § 135, Rn 9 ff).

561 Weiter konkretisiert werden die Vorschriften zur Rechnungslegung der InvKG durch die KARBV. Damit den rechtsformspezifischen Besonderheiten der unter das KAGB fallenden InvKG ausreichend Rechnung getragen wird, enthalten die §§ 20 bis 25 KARBV spezifische Regelungen zur Rechnungslegung der InvVerm in GesForm. Allerdings findet sich auch in § 20 Abs 1 S 1 KARBV ein genereller Rückverweis auf die für SV geltenden Regelungen. Hierdurch und aufgrund nicht immer aufeinander abgestimmter Formulierungen der Rechnungslegungsvorschriften kann es zu **Rechnungslegungskollisionen** zwischen dem KAGB und der KARBV ebenso kommen, wie zwischen dem HGB und dem KAGB. In diesen Fällen haben die spezialgesetzlichen Regelungen des KAGB*regelmäßig Vorrang vor der KARBV (*IDW* IVFA FAQ, A.5.2), aber auch vor dem HGB. Allerdings gelten die Grundsätze des HGB immer dann, wenn das KAGB keine explizite spezialgesetzliche Regelung im Hinblick auf die Bilanzierung und Bewertung von VG und Schulden enthält (weiterführend hierzu und zur europarechtskonformen Auslegung des KAGB und der KARBV vgl *Böcking/Gros/Dietrich* in WBG Bilanzrecht[4], KAGB, § 135, Rn 13). Hieraus folgt aber auch, dass dem Ziel der Vereinheitlichung der Rechnungslegung über alle Arten von InvVerm hinweg Grenzen gesetzt sind.

565 **bb) Bestandteile.** Der **Jahresbericht** umfasst neben dem JA auch einen Lagebericht, die Erklärung der gesetzlichen Vertreter sowie den besonderen Vermerk des AP (§ 135 Abs 1 S 2 KAGB; § 158 S 1 iVm § 135 Abs 1 S 2 KAGB). Zum Aufbau und Inhalt des Jahresberichtes vgl auch *Bielenberg/Schmuhl* DB 2014, 1089 ff, *Bußian/Kille* WPg 2014, 837 ff sowie *Dietrich/Malsch* Investment Business in Germany, 235 ff.

Der **Jahresabschluss** einer InvKG besteht aus einer Bilanz (§ 135 Abs 3 KAGB; § 158 S 1 iVm § 135 Abs 3 KAGB; § 21 KARBV), einer GuV (§ 135 Abs 4 KAGB; § 158 S 1 iVm § 135 Abs 4 KAGB; § 22 KARBV) und einem Anhang (§ 135 Abs 5 KAGB; § 158 S 1 iVm § 135 Abs 5 KAGB; § 25 KARBV). Der JA ist um einen **Lagebericht** zu ergänzen (§ 135 Abs 6

III. Rechnungslegung u Prüfung v Investmentgesellschaften 566–571 **U**

und 7 KAGB; § 158 S 1 iVm § 135 Abs 6 und 7 KAGB; § 23 KARBV). Der JA ist von allen gesetzlichen Vertretern der InvKG zu unterzeichnen (Anm 429, 552). Die Vereinfachungsregelung für SV gem § 4 Abs 3 KARBV ist im Hinblick auf den Jahresbericht einer InvKG nicht anwendbar.

Der Jahresbericht enthält ferner eine Erklärung der gesetzlichen Vertreter **566** der InvKG entspr den Vorgaben des § 264 Abs 2 S 3 HGB (**Bilanzeid;** § 158 S 1 iVm § 135 Abs 1 Nr 3 KAGB iVm § 264 Abs 2 S 3 HGB und § 289 Abs 1 S 5 KAGB). Die gesetzlichen Vertreter der InvKG haben bei der Unterzeichnung schriftlich zu versichern, dass nach bestem Wissen der JA ein den tatsächlichen Verhältnissen entsprechendes Bild der VFE-Lage vermittelt. Die gesetzlichen Vertreter der InvKG haben hierbei auch zu versichern, dass nach bestem Wissen im Lagebericht der Geschäftsverlauf einschließlich des Geschäftsergebnisses und die Lage der InvKG so dargestellt sind, dass ein den tatsächlichen Verhältnissen entsprechendes Bild vermittelt wird. Der Bilanzeid ist bei einer intern verwalteten InvKG um den Hinweis auf die Beschreibung der wesentlichen Chancen und Risiken zu ergänzen.

Der Bilanzeid ist nicht Bestandteil des JA, sondern wird nur zusammen mit diesem im Jahresbericht veröffentlicht. Daher ist der von den gesetzlichen Vertretern der InvKG unterzeichnete Bilanzeid auf einem *gesonderten Blatt* abzugeben und *hinter* dem besonderen Vermerk des AP dem Jahresbericht anzufügen. Nur so ist sichergestellt, dass der Bilanzeid auch nach außen erkennbar nicht Bestandteil des geprüften JA ist (analog IDW 209. Sitzung des HFA zur Offenlegung des Bilanzeids im Halbjahresfinanzbericht). An dieser Stelle sei auch darauf hingewiesen, dass der Bilanzeid eine „*sonstige Information*" darstellt, die im Besonderen Vermerk des AP entspr zu berücksichtigen ist (IDW PH 9.400.15).

Das in dem **Besonderen Vermerk** zusammengefasste Ergebnis der Prü- **567** fung des AP ist in vollem Wortlaut im JA wiederzugeben (§ 136 Abs 1 S 2 KAGB; § 159 S 1 iVm § 136 Abs 1 S 2 KAGB; IDW PH 9.400.15).

Wurden für eine InvKG **Teilgesellschaftsvermögen** gebildet (§ 132 **568** Abs 1 S 1 KAGB; Anm 332), sind zusätzliche Angaben je TGV in den JA und Lagebericht aufzunehmen. Hierzu zählen ua Aufgliederungen der Bilanz und GuV nach TGV (§ 21 Abs 1 S 2 KAGB für die Bilanz; § 22 Abs 1 S 2 KARBV für die GuV). Darüber hinaus ist der Anhang und der Lagebericht im Hinblick auf spezifische Angaben zu den TGV zu erweitern (§ 25 Abs 1 KARBV für spezifische Angaben im Anhang; § 23 Abs 2 KARBV für spezifische Angaben im Lagebericht). Es gelten die Ausführungen zu den Besonderheiten bei TGV einer InvAG entspr (Anm 500 ff).

cc) Lagebericht. Die InvKG hat unabhängig von ihrer Größe einen **570** Lagebericht aufzustellen (§ 135 Abs 1 Nr 2 KAGB; § 158 S 1 iVm § 135 Abs 1 Nr 2 KAGB). Der **Inhalt des Lageberichts** richtet sich grds nach § 289 HGB (*Grottel* in Beck Bil-Komm[12], § 289 Anm 40 ff), ist jedoch um investmentrechtliche Angaben zu erweitern (§ 135 Abs 6 und 7 KAGB; § 158 S 1 iVm § 135 Abs 6 und 7 KAGB; § 23 KARBV; § 135 Abs 7 S 2 KAGB iVm § 101 Abs 3 S 2 KAGB iVm Art 105 und 107 AIFM-VO). Im Hinblick auf die Ausstrahlungswirkung des DRS 20 siehe Anm 442.

Der Lagebericht muss um einen Bericht über die Tätigkeit der InvKG **571** im abgelaufenen Gj (**Tätigkeitsbericht**) ergänzt werden (ggf je TGV; § 135

Abs 6 iVm 101 Abs 1 S 2 KAGB; § 158 S 1 iVm § 135 Abs 6, § 101 Abs 1 S 2 KAGB). Der Tätigkeitsbericht dient der Darstellung der Tätigkeit der KVG in der Berichtsperiode und muss die Tätigkeiten der KVG als externe KVG gesondert aufführen.

Der *Inhalt des Tätigkeitsberichts* bestimmt sich für die *PublikumsInvKG* nach § 8 KARBV (§ 23 Abs 4 S 1 KARBV; Anm 446) bzw nach Art 105 AIFM-VO (§ 135 Abs 7 S 2 KAGB). Für die *SpezialInvKG* richtet sich der Inhalt ausschließlich nach Art 105 Abs 1 AIFM-VO. Dieser sieht ua eine Übersicht über die Anlagegeschäfte, das Portfolio sowie eine Übersicht über die Wertentwicklung im Berichtszeitraum vor (Anm 447). § 8 KARBV erweitert für die PublikumsInvKG den Inhalt um eine Darstellung der Anlageziele und der Anlagepolitik, der Struktur des Portfolios sowie der wesentlichen Ereignisse des Gj einschließlich zB vorgenommener Auslagerungen. Für alle InvKG sind die wesentlichen Anlagerisiken darzustellen (§ 8 Abs 3 Nr 2 KARBV; Art 105 Abs 2 AIFM-VO).

572 Im Lagebericht sind die **voraussichtliche Entwicklung** und die damit verbundenen Chancen und Risiken zu beurteilen und zu erläutern. Die Anwendung der Regelung des § 289 Abs 1 S 4 HGB (Prognosebericht) wird durch § 23 Abs 5 KARBV für die InvKG im Anwendungsbereich der investmentrechtlichen Rechnungslegung jedoch auf das InvBetrVerm (für den Betrieb der intern verwalteten InvAG notwendige VG und Schulden) beschränkt. *Aussagen zur Wertentwicklung des InvAnlVerms* (der Vermögensanlage dienende VG und Schulden) sind mit einem Warnhinweis zu versehen, dass die bisherige Wertentwicklung kein Indikator für die zukünftige Wertentwicklung ist (§ 23 Abs 5 KARBV iVm § 165 Abs 2 Nr 9 KAGB).

573 Der Lagebericht einer InvKG ist um **Vergütungsangaben** zu ergänzen. Diese umfassen ua die *Gesamtsumme der im abgelaufenen Gj an ihre Mitarbeiter gezahlten Vergütungen,* gegliedert in feste und variable von der KVG gezahlte Vergütungen (§ 101 Abs 3 Nr 1 1. Hs KAGB; Art 107 Abs 1a AIFM-VO) sowie die vom inländischen AIF *gezahlten Carried Interests* (prozentuale Gewinnbeteiligung zu Lasten der Investoren zB in einem Private Equity Fonds; § 101 Abs 3 Nr 1 2. Hs KAGB; Art 107 Abs 2 AIFM-VO). Unter den Begriff „*Mitarbeiter*" fallen alle Beschäftigten der KVG mit Ausnahme der Geschäftsleitung. Für beide Angaben ist jeweils auch die *Zahl der Begünstigten* anzugeben. Zur Ermittlung der Zahl der Begünstigten können – solange es keine abw Vorgaben der BaFin oder ESMA zu beachten gilt – die in der handelsrechtlichen Bilanzierung angewendeten Berechnungsverfahren zur Ermittlung der durchschnittlichen Arbeitnehmerzahl für die Größenkriterien nach § 267 Abs 5 HGB ebenso angewendet werden, wie die tatsächliche Zahl der Begünstigten am GjEnde oder im Gj.

Gesondert anzugeben ist die *Gesamtsumme der im abgelaufenen Gj gezahlten Vergütungen, aufgeteilt nach Führungskräften und Mitarbeitern* der KVG, deren berufliche Tätigkeit sich wesentlich auf das Risikoprofil des inländischen AIF ausgewirkt hat (§ 101 Abs 3 Nr 2 KAGB; Art 107 Abs 1 Buchst b und 1 Buchst c AIFM-VO). Der Begriff „*Führungskräfte*" ist im Regelfall weiter zu fassen als „Geschäftsleitung". Es wird als zulässig angesehen, dass zur Abgrenzung der Begriff des „leitenden Angestellten" nach § 5 Abs 3 BetrVG herangezogen wird (*IDW* IVFA FAQ, A.6.5). Der Begriff des „*Risikoträgers*" ist nicht deckungsgleich mit dem Begriff der „Führungskräfte", allerdings ist umgekehrt die Geschäftsleitung immer als Risikoträger angabepflichtig. Es ist jedoch zu prüfen, ob zusätzlich auch noch Mitarbeiter des Portfoliomanagements oder Risikomanagements als Risikoträger qualifizieren. Wurde eine der beiden Funktionen ausgelagert, sind ggf zusätzlich auch Vergütungen anzugeben, die das Auslagerungsunternehmen an die Risikoträger im Auslagerungsunternehmen zahlt (Sec I Frage 5 und 6 *ESMA* Questions and Answers zur AIFMD).

Anstelle der nach dem Wortlaut des Gesetzes anzugebenden *gezahlten Vergütungen* (Cashflow-Betrachtung) können alternativ auch die in der Finanzbuchhaltung erfassten Vergütungen angegeben werden. Die gewählte Methode zur Ermittlung der Angaben ist im Anhang anzugeben (*IDW* IVFA FAQ, A.6.3).

574 Nach Art 107 Abs 4 AIFM-VO sind **Angaben zum Vergütungssystem** offenzulegen. Hierzu sind eine kurze Erl der Grundlagen des Vergütungssystems sowie Ausführungen zum Aufbau des Anreizsystems erforderlich. Lediglich ein Verweis auf die Internetseite der KVG erfüllt nicht die Anforderungen des § 101 Abs 3 iVm Art 107 Abs 4 AIFM-VO (*IDW* IVFA FAQ, A.6.7). Für die Angabepflichten zur Vergütung ist grds auch eine Orientierung an Art 13 und Anlage II AIFM-RL sowie an den ESMA Leitlinien Vergütungspolitik sinnvoll.

575 Darüber hinaus sind für die InvKG die **weiteren Angaben** nach § 101 Abs 3 KAGB in den Lagebericht aufzunehmen (§ 135 Abs 7 KAGB; § 158 S 1 iVm § 135 Abs 7 KAGB).

Für die *PublikumsInvKG* sind dies – soweit nicht bereits aufgrund von Art 23 AIFM-RL im Tätigkeitsbericht enthalten – die im Gj eingetretenen *wesentlichen Änderungen der im Verkaufsprospekt angegebenen Informationen* (§ 135 Abs 7 iVm § 101 Abs 3 Nr 3 1. Alternative KAGB; § 158 S 1 iVm § 135 Abs 7, § 101 Abs 3 Nr 3 1. Alternative KAGB; Anm 149). Aufgrund der Verweissystematik in der KARBV könnte der Eindruck entstehen, dass die *Angabepflichten nach § 300 Abs 1–3 KAGB* nicht wie bei der SpezialInvKG in den Lagebericht, sondern grds in den Anhang aufzunehmen sind (§ 20 Abs 1 S 1 iVm § 7 Nr 9 Buchst c Doppelbuchst bb KARBV); für die Aufnahme in den Lagebericht spricht jedoch, dass das KAGB die Angabe bei der SpezialInvKG für den Lagebericht vorsieht.

Für die *SpezialInvKG* sind die *Angabepflichten des § 300 Abs 1–3 KAGB* sowie der §§ 307 Abs 1 und 2 und 308 Abs 4 KAGB iVm Art 108–109 AIFM-VO zu beachten (§ 135 Abs 7 iVm § 101 Abs 3 Nr 3 2. Alternative KAGB; § 158 S 1 iVm § 135 Abs 7, § 101 Abs 3 Nr 3 2. Alternative KAGB; Anm 150). Hierzu zählen ua die folgenden Angaben:
– Angaben zu schwer liquidierbaren VG;
– Angaben zum Liquiditätsmanagement, zum aktuellen Risikoprofil und Risikomanagement;
– Angaben zum Leverage nach der Committment-Methode und Brutto-Methode;
– Sonstige Angaben nach Art 108, 109 AIFM-VO;
– Angaben zu den Anlagebedingungen und der Satzung;
– Angaben zur Haftung der Verwahrstelle.

Weitere Angabepflichten für *alle* InvKG enthält § 23 Abs 3 KARBV:
- Anzahl der umlaufenden Anteile (Anm 603; § 23 Abs 2 Nr 4 iVm Abs 3 S 2 KARBV; ggf auch je TGV);
- Name und Rechtsform einer externen KVG, die wesentlichen Merkmale des Verwaltungsvertrags und Angaben zur Umsetzung der Anlageverwaltung sowie der Gebühren (§ 23 Abs 2 Nr 5 KARBV);
- Belastung mit Verwaltungskosten (§ 23 Abs 2 Nr 6 KARBV; ggf auch je TGV).

In den Lagebericht einer InvKG sind ferner noch *Angaben zur Anzahl der TGV* sowie deren *Fondskategorie* aufzunehmen (§ 23 Abs 2 Nr 1 KARBV).

580 dd) Bilanz. Die Bilanz einer InvKG ist in **Staffelform** aufzustellen (§ 135 Abs 3 S 1 KAGB; § 158 S 1 iVm § 135 Abs 3 S 1 KAGB) und dabei nach InvBetrVerm (für den Betrieb der intern verwalteten InvKG notwendige VG und Schulden) und InvAnlVerm (der Vermögensanlage dienende VG und Schulden) zu unterteilen (§ 135 Abs 10 KAGB; § 158 S 1 iVm § 135 Abs 10 KAGB; § 21 Abs 1 S 1 KARBV). Aufgrund des Verweises in § 135 Abs 7 S 2 KAGB gelten darüber hinaus auch die Gliederungsvorgaben des Art 104 Abs 1 AIFM-VO. Für diese wird jedoch angenommen, dass die Gliederung der Bilanz nach § 21 KARBV diese angemessen umsetzt. Wurden für die InvKG **Teilgesellschaftsvermögen** gebildet, ist die Bilanz zusätzlich auch nach TGV aufzugliedern (§ 21 Abs 1 S 2 KARBV; Anm 501).

Die Gliederung der Bilanz richtet sich nach § 21 KARBV. Grundsätzlich handelt es sich hierbei um eine **Pflichtgliederung.** Dies bedeutet, dass neben den gesetzlich zugelassenen Ergänzungen (Anm 583) bisher keine weiteren Ergänzungen der Gliederung vorgenommen werden dürfen. Dies schließt auch Änderungen der Bezeichnungen der einzelnen Bilanzposten mit ein. Bei entspr Anwendung des § 265 Abs 1 bis 3, 5 und 8 HGB auf die Gliederung der Bilanz (§ 21 Abs 2 S 2, Abs 3 S 1 E-KARBV; Anm 451) sind Gliederungen aufeinanderfolgender Bilanzen grds beizubehalten; weitere Untergliederungen bzw die Hinzufügung weiterer Posten und Zwischensummen ist unter Bezugnahme auf § 265 Abs 5 HGB zulässig (§ 21 Abs 2 S 2, Abs 3 S 1 E-KARBV). Leerposten können entfallen (§ 21 Abs 4 2. Hs E-KARBV).

581 Die Bilanzierung und Bewertung des **Investmentbetriebsvermögens** einer intern verwalteten InvKG richtet sich nach den handelsrechtlichen Vorschriften (§§ 238 ff HGB). In der Bilanz der InvKG ist das InvBetrVerm unter Anwendung des § 21 Abs 4 KARBV zu gliedern (Anm 452; Abb 11). Die *weitere Untergliederung* erfolgt dann unter entspr Anwendung des § 266 HGB (§ 21 Abs 2 S 2 E-KARBV).

582 Die Bilanzierung und Bewertung des **Investmentanlagevermögens** richtet sich nach den Regelungen der KARBV (§§ 21 Abs 3, 26–30, 32–34, 34a KARBV/E-KARBV). Auf Gliederung, Ansatz und Bewertung des InvAnlVerms ist grds die Regelung für SV entspr anzuwenden (§ 135 Abs 3 S 2 KAGB iVm § 101 Abs 1 S 3 Nr 1 KAGB; § 158 S 1 iVm §§ 135 Abs 3 S 2, 101 Abs 1 S 3 Nr 1 KAGB). Eine Konkretisierung der Bilanzgliederung der InvKG erfolgt in § 21 Abs 4 KARBV (Anm 453; Abb 12).

583 Hinsichtlich des **Eigenkapitalausweises** der InvKG ist § 264c HGB zu beachten (§ 21 Abs 4 S 2 KARBV). Dieser sieht ua einen getrennten Ausweis der Kapitalanteile des phG und der Kommanditisten vor (§ 264c Abs 2 S 6

III. Rechnungslegung u Prüfung v Investmentgesellschaften

HGB). Hieraus folgt, dass die *Bilanzgliederung um weitere Posten zu erweitern* ist (zB Darstellung der Kapitalkonten des Komplementärs und des Kommanditisten als Davon-Vermerk zum Posten „II. B.6a) Kapitalanteile"; Ausweis eines nicht durch Vermögenseinlagen gedeckten Verlustanteils des phG). Weitere Ergänzungen der Bilanzgliederung, zB zur Darstellung der Kapitalkonten nach GesVertrag, sind hingegen nicht zulässig. Dies bedeutet aber umgekehrt auch nicht, dass die Regelungen des GesVertrages im Hinblick auf die Darstellung des EK in der Bilanz nicht zu berücksichtigen sind; sie bilden vielmehr die Basis für die Zuordnung zu den entspr Posten der Bilanzgliederung. Zur Darstellung der Kapitalkonten im Anhang und der Entwicklungsrechnung der InvKG vgl Anm 600ff; Abb 18. Zur gesonderten Prüfungspflicht der Kapitalkonten vgl Anm 637.

Durch § 21 Abs 4 KARBV wird grds auch die *Gliederung des EK* vorgegeben. Aufgrund des in § 21 Abs 4 S 2 KARBV enthaltenen Verweises auf § 264c HGB ist für die InvKG das EK – unter entspr Bezugnahme auf IDW RS HFA 7 – *abw von der Pflichtgliederung der KARBV* wie folgt zu gliedern (Abb 15, ähnlich auch § 21 Abs 4 E-KARBV bzw IDW-Schreiben v 15.8.2017):

6. Eigenkapital
   a) Kapitalanteile
      aa) persönlich haftender oder haftende Gesellschafter (Untergliederung ggf analog Kapitalanteil der Kommanditisten)
      bb) Kommanditisten
         davon nicht eingeforderte Pflichteinlagen von Kommanditisten
         davon eingeforderte Pflichteinlagen von Kommanditisten
   b) Rücklagen
   c) Nicht realisiertes Ergebnis aus der Neubewertung
   d) Gewinnvortrag
   e) Realisiertes Ergebnis des Geschäftsjahres

Abb 15 Gliederung des EK einer InvKG entspr IDW RS HFA 7

§ 271 Abs 1 Nr 2 KAGB sieht für die (geschlossene) *PublikumsInvKG* vor, dass die beim Erwerb einer direkt gehaltenen Sachanlage anfallenden und direkt zurechenbaren **Anschaffungsnebenkosten** gesondert aktiviert werden können (Posten II. A.2) und über maximal 10 Jahre abzuschreiben sind. Die Regelung bezieht sich *ausschließlich* auf einen geschlossenen PublikumsAIF, darüber hinaus enthält § 30 Abs 2 Nr 1 KARBV nur den Verweis auf § 271 Abs 1 Nr 2 S 1 KAGB (Regelung für geschlossene PublikumsAIF).

Anschaffungsnebenkosten einer Immobilie idS sind ua Kosten der Beurkundung des Kaufvertrags (Notarkosten) und der Auflassung, der Eintragung eines Grundstücks ins Grundbuch und der zu der Eintragung erforderlichen Erklärungen (Verweis auf § 448 Abs 2 BGB) wie auch die GrESt sowie sonstige Gerichts- und Registerkosten oder Vermessungskosten eines Grundstücks. Für Grundstücke im Ausland gilt Entspr unter Berücksichtigung der maßgeblichen ausländischen Rechtsordnung. Weitere Anschaffungsnebenkosten sind Vermittlungs- und Maklergebühren, Provisionen, Courtagen, Gutachtergebühren, Kosten im Vorfeld des Erwerbs sowie eine etwaige Verwaltungsvergütung, die von der KVG aus Anlass des Anschaffungsvorgangs vereinnahmt worden ist (analog § 10 Abs 4 KARBV). Voraussetzung für die Aktivierung als Anschaffungsnebenkosten ist jedoch, dass es sich um Kosten handelt, die dem Erwerb des Sachwertes direkt zurechenbar sind. Keine Anschaffungsnebenkosten sind Eigenkapitalgewinnungskosten sowie die Nebenkosten der Finanzierung. Die *Anschaffungsnebenkosten für sonstige Sachwerte* umfassen ebenfalls insb Vermittlungs- und Maklerkosten, Kosten der Bewertungsgutachten, aber ua auch zB Klassekosten bei Schiffen. Im Hinblick auf die Aktivierung von Anschaffungsnebenkosten bei Immobilien im Bau bzw die Aktivierung von FK-Zinsen vgl Anm 230 f.

585 Im Hinblick auf die gesonderte Erfassung der Anschaffungsnebenkosten der von *SpezialAIF* direkt gehaltenen Sachwerte enthält das KAGB keine gesetzliche Grundlage. Hiernach ist vielmehr auf die allgemeinen Regelungen des HGB zurückzugreifen (insb § 255 Abs 1 S 2 HGB). Für den Erwerb von Immobilien enthält § 34 KARBV eine zusätzliche klarstellende Regelung. Hiernach ist für den Erwerb von Immobilien (und ImmobilienObjektGes) die Regelung des § 32 KARBV anzuwenden. § 32 Abs 2 KARBV bestimmt, dass der Kaufpreis einschließlich Anschaffungsnebenkosten anzusetzen ist, dh, eine gesonderte Aktivierung der Anschaffungsnebenkosten scheidet – anders als beim SpezialSV – hiermit aus. Für die übrigen Sachwertinvestments enthält die KARBV keine Regelung, so dass für diese auf die handelsrechtliche Regelung zurückzugreifen ist (§ 255 Abs 1 S 2 HGB). Eine gesonderte Aktivierung und Abschreibung der Anschaffungsnebenkosten scheidet insofern nach derzeitiger gesetzlicher Regelung im Falle der SpezialAIF aus.

586 Ebenfalls keinem gesonderten Ausweis unterliegen die *Anschaffungsnebenkosten der Bet an einer ObjektGes* bei indirekt gehaltenen Sachwerten unabhängig davon, ob diese von einem PublikumsAIF oder einem SpezialAIF gehalten werden. Diese sind aufgrund der fehlenden gesetzlichen Grundlage (keine Regelung in § 271 Abs 3 KAGB) immer nach handelsrechtlichen Vorschriften zu bilanzieren (Pflicht zur Einbeziehung in den Buchwert der Bet; § 255 Abs 1 HGB; für ImmobilienObjektGes eines SpezialAIF gilt gem § 34 Abs 2 KARBV abw hiervon § 32 Abs 2 KARBV). Eine mit der Regelung für SV vergleichbare gesetzliche Regelung zur gesonderten Erfassung der Anschaffungsnebenkosten der Bet an einer ObjektGes (Anm 239) für InvK-Gen enthält das KAGB nicht. Eine analoge Anwendung der Regelung für direkt gehaltene Immobilien scheidet insofern aus, als das KAGB explizit zwischen direkt gehaltenen Sachwerten (§ 271 Abs 1 KAGB) und ObjektGes (§ 271 Abs 3 KAGB) unterscheidet.

Die Anschaffungsnebenkosten sind in den Vermögensangaben der geschlossenen InvKG unabhängig davon, ob es sich um direkt wie indirekt gehaltene Sachwerte handelt, zu berücksichtigen (§ 25 Abs 5 KARBV).

587 Die Bilanz darf auch unter **vollständiger Verwendung des Jahresergebnisses** aufgestellt werden (§ 21 Abs 5 S 1 KARBV). In diesem Fall tritt an die Stelle des realisierten Ergebnisses des Gj und des Gewinnvortrags der Posten Bilanzgewinn. Der Gewinnvortrag wird dann lediglich im Anhang in der Verwendungsrechnung gesondert gezeigt (§ 21 Abs 5 S 2 KARBV). Für den Fall, dass das Gj mit einem realisierten Verlust abschließt, ist dieser gem

III. Rechnungslegung u Prüfung v Investmentgesellschaften

IDW RS HFA 7 mit den Kapitalanteilen der Kommanditisten (bzw des Komplementärs) zu verrechnen. Ein gesonderter Verlustausweis bzw ein Verlustvortrag ergibt sich insofern nicht.

ee) Gewinn- und Verlustrechnung. Die **Gliederung** der GuV der InvKG folgt – wie die Bilanz auch – nicht den handelsrechtlichen Gliederungsvorschriften der §§ 275 ff HGB. Vielmehr enthält § 22 KARBV eine **Pflichtgliederung.** Soweit und sofern § 22 E-KARBV auf die Regelungen nach § 265 Abs 1–3, 5 und 8 HGB verweist, sind Gliederung aufeinanderfolgender Bilanzen grds beizubehalten; weitere Untergliederungen bzw die Hinzufügung weiterer Posten und Zwischensummen ist unter Bezugnahme auf § 265 Abs 5 HGB zulässig (§ 22 Abs 3 S 2 E-KARBV für das InvBetrVerm). Leerposten können entfallen (§ 22 Abs 3 S 1 2. Hs KARBV; Anm 460).

Bei einer **intern verwalteten InvKG** sind die Aufwendungen und Erträge jeweils *gesondert für das InvBetrVerm und das InvAnlVerm* auszuweisen (§ 22 Abs 1 S 1 KARBV). Die Erträge und Aufwendungen aus der Verwaltungstätigkeit sind unter entspr Anwendung des § 275 HGB weiter zu untergliedern (§ 22 Abs 3 letzter Satz E-KARBV).

Die *Gliederung der GuV einer offenen InvKG* folgt gem § 135 Abs 4 iVm § 101 Abs 1 S 3 Nr 4 KAGB und § 22 Abs 2 KARBV den Gliederungsvorschriften des § 11 KARBV. Insofern entspricht die Gliederung der GuV der offenen InvKG, die ausschließlich in mit einem WertpapierSV vergleichbare VG investieren darf, der Gliederung der Ertrags- und Aufwandsrechnung eines (Wertpapier)SV (Anm 100 ff, Abb 3; Anm 461). Wurden bei der offenen InvKG *TGV* aufgelegt, ist die GuV zusätzlich auch je TGV darzustellen (§ 22 Abs 1 S 2 KARBV; Anm 501).

Die *Gliederung der GuV einer geschlossenen InvKG* ist ebenfalls entspr den Regelungen für SV vorzunehmen (§ 158 S 1 iVm § 135 Abs 4, § 101 Abs 1 S 3 Nr 4 KAGB). Eine Konkretisierung bzw Anpassung an die Besonderheiten der geschlossenen InvKG erfolgt in § 22 Abs 3 KARBV durch Vorgabe einer *Pflichtgliederung* für die GuV der geschlossenen InvKG (§ 22 Abs 3 2. Hs KARBV; Abb 16):

I. **Verwaltungstätigkeit**
  1. Erträge
  2. Aufwendungen
II. **Investmenttätigkeit**
  1. Erträge
   a) Erträge aus Sachwerten
   b) Erträge aus Beteiligungen*
   c) Zinsen aus Darlehen*
   d) Sonstige* Zinsen und ähnliche Erträge
   e) Sonstige betriebliche Erträge
   Summe der Erträge
  2. Aufwendungen
   a) Zinsen aus Kreditaufnahmen
   b) Bewirtschaftungskosten
   c) Verwaltungsvergütung

> d) Verwahrstellenvergütung
> e) Prüfungs- und Veröffentlichungskosten
> f) Sonstige Aufwendungen
> Summe der Aufwendungen
> 3. Ordentlicher Nettoertrag
> 4. Veräußerungsgeschäfte
>   a) Realisierte Gewinne
>   b) Realisierte Verluste
>   Ergebnis aus Veräußerungsgeschäften
> 5. Realisiertes Ergebnis des Geschäftsjahres
> 6. Zeitwertänderung
>   a) Erträge aus der Neubewertung
>   b) Aufwendungen aus der Neubewertung
>   c) Abschreibung Anschaffungsnebenkosten
>   Summe der nicht realisierten Ergebnisse des Geschäftsjahres
> 7. Ergebnis des Geschäftsjahres
>
> * § 22 Abs 3 E-KARBV.

Abb 16 Gliederung der GuV einer geschlossenen InvKG

594 Das **Ertragsausgleichsverfahren** ist für die InvKG nicht anzuwenden (Umkehrschluss aus § 22 Abs 1 S 3 KARBV). In Abhängigkeit von der rechtlichen Ausgestaltung der InvKG kann es jedoch dazu kommen, dass Investoren zu unterschiedlichen Zeitpunkten der InvKG beitreten (offene InvKG oder entspr lange Zeichnungsperiode bei der geschlossenen InvKG). Um in diesem Fall nicht zu wirtschaftlich unterschiedlichen Anteilklassen iSd § 15 Abs 1 KARBV bzw Anteilwerten zu kommen (rechtlich bestehen häufig keine unterschiedlichen Anteilklassen), besteht das Erfordernis, einen wirtschaftlichen Ausgleich zwischen den Kommanditisten zu vereinbaren, der die Ergebniseffekte eines Eintritts zu unterschiedlichen Zeitpunkten ausgleicht (Regelung auf GesterEbene).

597 **ff) Anhang.** Die Angabepflichten des HGB gelten, soweit diesen keine expliziten Regelungen des KAGB oder der KARBV entgegenstehen. An dieser Stelle sei klarstellend darauf hingewiesen, dass mit der nachfolgend angegebenen Auflistung der Angabepflichten des HGB, des KAGB und der KARBV kein Anspruch auf Vollständigkeit erhoben wird.

598 **Handelsrechtliche Angabepflichten für alle Investmentkommanditgesellschaften**

Die Angabepflichten für den Anhang nach **§ 285 HGB** gelten hiernach lediglich für das InvBetrVerm einer intern verwalteten InvKG (§ 25 Abs 2 KARBV; Anm 475). Für extern verwaltete InvKG sowie in Bezug auf das InvAnlVerm der intern verwalteten InvKG sind die Angaben nach § 285 HGB nicht erforderlich. Hinsichtlich des weiterhin bestehenden Erfordernisses, einen *Nachtragsbericht* in den Anhang aufzunehmen (§ 285 Nr 33 HGB) sowie Erträge und Aufwendungen *außergewöhnlicher Größenordnung* und Bedeutung bzw Erträge und Aufwendungen, die einem anderen Gj zuzuordnen sind (§ 285 Nrn 31, 32 HGB), weiterhin im Anhang gesondert darzustellen, wird auf die Ausführung in Anm 476 verwiesen.

Die Angabepflichten des § 268 HGB sind daraufhin zu prüfen, ob diese weiterhin Relevanz besitzen. Dies ist zB der Fall im Hinblick auf die Angabe der Forderungen mit einer *Restlaufzeit* von mehr als einem Jahr und den Verbindlichkeiten mit einer Restlaufzeit von bis zu und über einem Jahr. Abw von § 268 Abs 4 und 5 HGB sind diese Angaben jedoch in den Anhang aufzunehmen, da eine Ergänzung der Bilanz ausscheidet (*IDW* IVFA FAQ, A.7.4; Anm 475). Dies gilt analog für die Angaben zum RAP bzw zu den Haftungsverhältnissen nach § 268 Abs 6 und 7 HGB, die ebenfalls in den Anhang aufzunehmen sind.

Ebenfalls weiterhin erforderlich ist ein **Anlagespiegel** (§ 284 Abs 3 HGB), sofern nicht von der größenabhängigen Erleichterung des § 288 Abs 1 HGB Gebrauch gemacht wurde. Die Darstellung des Anlagespiegels ist jedoch an die investmentrechtlichen Besonderheiten anzupassen. Dies erfordert zB anstelle der Überleitung der Abschreibungen und der Angabe von planmäßigen und außerplanmäßigen Abschreibungen des Gj die Angabe der nicht realisierten Gewinne und Verluste aus der Neubewertung respektive die Überleitung des im Eigenkapital ausgewiesenen unrealisierten Ergebnisses. Unverändert dargestellt werden können die AK/HK sowie die Zugänge und Abgänge. Sofern Anschaffungsnebenkosten gesondert aktiviert wurden, ist die Darstellung der Zugänge und Abgänge bzw der auf diese gebildeten Abschreibungen im Anlagespiegel ebenfalls sinnvoll.

Investmentrechtliche Angabepflichten für alle Investmentkommanditgesellschaften

Der Anhang hat auch eine Darstellung der **gesellschaftsvertraglichen Kapitalkonten** der Kommanditisten und der Komplementäre zu enthalten (§ 25 Abs 4 KARBV). Weitere Erl über den Inhalt der Darstellung enthält die KARBV nicht. Da die Kapitalkonten gem GesVertrag idR nicht mit der vorgegebenen Darstellung in der Bilanz, Entwicklungsrechnung oder Verwendungsrechnung ausreichend beschrieben sind, sind in den Anhang zusätzliche *Erl zu den für die Gester geführten Kapitalkonten* aufzunehmen. Eine für den Jahresberichtsadressaten aussagekräftige Darstellung ergibt sich, wenn neben der verbalen Erl der bestehenden Kapitalkonten auch eine Überleitung der Kapitalkonten vom Anfangsbestand zum Bestand am GjEnde in den Anhang aufgenommen würde. Sofern sich dies nicht offenkundig aus der Darstellung bereits ergibt, sollte auch eine Überleitung auf die in der Bilanz enthaltenen EK-Bestandteile an dieser Stelle aufgenommen werden. Klarstellend sei an dieser Stelle darauf hingewiesen, dass hiermit keine Darstellung der Kapitalkonten einzelner Investoren gefordert ist.

Der Ausweis in der **Verwendungsrechnung nach § 24 Abs 1 KARBV** richtet sich idR auch nach den gesellschaftsvertraglichen Regelungen. So kann es sein, dass die Bilanz zwar nicht unter Gewinnverwendung aufgestellt wurde, die Verwendungsrechnung aber dennoch eine Gutschrift/Belastung auf den Kapitalkonten ausweist, da der GesVertrag eine Zuführung zu den bzw eine Verrechnung mit den Kapitalkonten verpflichtend vorsieht.

Die *Verwendungsrechnung* nach § 24 Abs 1 E-KARBV ist wie folgt zu gliedern (Abb 17); Leerposten können entfallen:

---
1. Realisiertes Ergebnis des Geschäftsjahres
2. Gutschrift/Belastung auf Rücklagenkonten
3. Gutschrift/Belastung auf Kapitalkonten
4. Gutschrift/Belastung auf Verbindlichkeitenkonten
5. Bilanzgewinn oder Bilanzverlust

Abb 17 Gliederung der Verwendungsrechnung der InvKG

Die Gliederung der Verwendungsrechnung sieht für die InvKG zwar auch den Ausweis eines *Bilanzverlustes* (bzw in der Bilanz einen Verlustvortrag) vor, doch ist ein negatives realisiertes Ergebnis gem IDW RS HFA 7, Tz 50, verpflichtend mit den Kapitalkonten zu verrechnen. Für den Fall, dass keine weiteren Rücklagen bestehen, ist ein sich ergebender Verlust als „Belastung auf den Kapitalkonten" auszuweisen; bestehen Rücklagen in ausreichender Höhe, hängt der Ausweis des Verlustes von den gesvertraglichen Regelungen ab.

Für die InvKG können auch sog *Vorabausschüttungen auf das Jahresergebnis* vorgenommen werden. In diesem Fall, weist die InvKG den Vorabausschüttungsbetrag als Gutschrift/Belastung auf den Verbindlichkeitenkonten in der Verwendungsrechnung aus.

Nimmt eine InvKG sog *Liquiditätsausschüttungen* vor, liegt lediglich iHd realisierten Ergebnisses bzw der aus dem Vj vorgetragenen realisierten Ergebnisse eine Ergebnisverwendung vor. Alle darüber hinausgehenden Auszahlungen an die Anleger stellen Kapitalrückzahlungen dar und sind auch so in der Verwendungsrechnung wie auch in der nachfolgend dargestellten Entwicklungsrechnung zu erfassen (§ 24 Abs 2 S 2 E-KARBV). Ob es sich hierbei um eine Belastung auf den Rücklagenkonten oder den Kapitalkonten handelt, ist anhand der gesvertraglichen Regelungen zu beantworten. Darüber hinaus sind im Anhang weitere Angaben zur Mittelherkunft zu machen (§ 21 Abs 6 E-KARBV).

602 Die **Entwicklungsrechnung nach § 24 Abs 2 KARBV** der InvKG ist für das Vermögen der Kommanditisten und der Komplementäre jeweils getrennt darzustellen und wie folgt zu gliedern (Abb 18); Leerposten können entfallen:

I. Wert des Eigenkapitals am Beginn des Geschäftsjahres
1. Entnahmen für das Vorjahr
2. Zwischenentnahmen
3. Mittelzufluss (netto)
    a) Mittelzuflüsse aus Gesellschaftereintritten und Kapitaleinzahlungen*
    b) Mittelabflüsse aus Gesellschafteraustritten und Kapitalauszahlungen*
4. Realisiertes Ergebnis des Geschäftsjahres nach Verwendungsrechnung
5. Nicht realisiertes Ergebnis des Geschäftsjahres

II. Wert des Eigenkapitals am Ende des Geschäftsjahres

* § 24 E-KARBV.

Abb 18 Gliederung der Entwicklungsrechnung der InvKG

Bei der InvKG ist die Entwicklungsrechnung und auch die Verwendungsrechnung für den Fall der Auflegung von TGV jeweils nur für die einzelnen TGV anzugeben (keine Angabe für die InvKG insgesamt).

Für die InvKG sind darüber hinaus auch Angaben zur **Anzahl der umlaufenden Anteile und zum Anteilwert** nach § 168 Abs 1 KAGB aufzunehmen (§ 135 Abs 5 KAGB iVm § 101 Abs 1 S 3 Nr 3 KAGB; bei der offenen InvKG ggf je TGV). Da für die InvKG keine „Anteilscheine" ausgegeben werden, sondern die Kommanditisten sich mit ihrer Kapitaleinlage an der Gesellschaft beteiligen, ist es erforderlich, die Anzahl der umlaufenden Anteile mittels Fiktion zu bestimmen. Hier bieten sich unterschiedliche Verfahren an (Beträge beispielhaft):

– Variante 1: Je 1 € eingezahlter Hafteinlage wurde 1 Anteil ausgegeben;
– Variante 2: Je 100 € Kapitaleinlage (Haft- und Pflichteinlage) wurde 1 Anteil ausgegeben;
– Variante 3: Je 1000 € Kapitalzusage wurde ein Anteil ausgegeben.

Vorteil der Variante 1 ist, dass sich in diesem Fall die Anzahl der umlaufenden Anteile nur selten ändert (nur bei Änderung der im HR eingetragenen Hafteinlage). Nachteilig ist jedoch, dass sich durch spätere Kapitalabrufe der Anteilwert erhöht (Verwässerungseffekt), ohne dass diesem dann auch ein entsprechender Wertzuwachs gegenübersteht (Wertentwicklungsangaben sind in diesem Fall zu erläutern). Variante 2 ist zwar von den Verwässerungseffekten durch Kapitalabrufe nahezu nicht betroffen, aber es muss in diesem Fall laufend die Zahl der umlaufenden Anteile angepasst werden (erfordert Neubewertung des Investmentanlagevermögens). Bei der Variante 3 steht zwar die Anzahl der umlaufenden Anteile auch zu Beginn fest, aber es ergibt sich ebenfalls ein Verwässerungseffekt wie bereits in Variante 1. Wie die Anzahl der umlaufenden Anteile für die Angabe des Anteilwertes bestimmt wurde, ist im Anhang zu erläutern. Die Anzahl der ausgegebenen Anteile ist *regelmäßig zu überprüfen* (Art 72 Abs 4 AIFM-VO). Hierbei ist das oben beschriebene Verfahren zur Ermittlung der Anzahl der umlaufenden Anteile stetig beizubehalten.

Der Anteilwert ergibt sich dann entspr § 168 Abs 1 KAGB durch *Teilung des Nettoinventarwertes der InvKG* (entspricht grds der Summe des EK) *durch die Zahl der umlaufenden Anteile*. Es handelt sich insofern *nicht* um eine EK-Quote (zB EK/Bilanzsumme) und auch *nicht* um eine Wertentwicklungsangabe (zB Kommanditkapital/investiertes Kapital).

Auf die *Ermittlung des Nettoinventarwertes je Anteil* kann auch unter Bezugnahme auf die allgemeinen rechtsformspezifischen Besonderheiten der KG nicht verzichtet werden. Es handelt sich vielmehr um eine bereits durch das Europarecht vorgeschriebene Berechnung (Art 72 AIFM-VO).

Die **Vergütungsangaben** nach § 101 Abs 3 KAGB sind – anders als bei der InvAG – im Lagebericht und nicht im Anhang anzugeben (§ 135 Abs 7 KAGB; Anm 573).

Folgende **weitere Angaben** sind in den Anhang aufzunehmen:
– die zur Bewertung von VG angewendeten Verfahren gem §§ 26 ff KARBV (Anm 139);
– Aufschlüsselung der wesentlichen sonstigen Erträge und Aufwendungen gem § 16 Abs 1 Nr 3 Buchst e KARBV (Anm 144);
– Angaben zu verwendeten Indizes gem § 16 Abs 2 KARBV (Anm 151);

Vergibt eine InvKG unverbriefte Darlehensforderungen oder andere **Gelddarlehen** isd § 285 Abs 2 KAGB (zum Begriff des Gelddarlehns vgl Anm 377), sind die Angaben des § 25 Abs 5 Nr 11 E-KARBV in den Anhang aufzunehmen (§ 20 Abs 1 S 1 iVm § 7 Nr 9 Buchst c Doppelbuchst cc E-KARBV; Anm 145). Diese umfassen neben der Angabe des Gesamtbetrags der gewährten und erworbenen Darlehen weitere Aufgliederungen des Gesamtbetrags nach
– Nominalwert,
– Branche,
– geographische Verteilung,
– Währung,
– Ausfallwahrscheinlichkeiten,
– Art der Besicherung,
darüber hinaus ist eine Gliederung nach Restlaufzeiten vorzunehmen (unter einem Jahr; ein Jahr bis höchstens 5 Jahre; mehr als 5 Jahre bis höchstens 10 Jahre; mehr als 10 Jahre bis höchstens 20 Jahre; mehr als 20 Jahre). Ferner ist die Summe der notleidenden Darlehen und die Summe der in Verzug geratenen Darlehen anzugeben.

Darüber hinaus ist *jede weitere zum Verständnis des JA erforderliche Angabe* in den Anhang aufzunehmen (§ 20 Abs 1 S 1 iVm § 7 Nr 9 Buchst d E-KARBV.

605 Investmentrechtliche Angabepflichten für die offene InvKG

Aufgrund der Beschränkung des Anlagesprektrums der offenen InvKG auf mit WertpapierSV vergleichbare VG sowie aus der Tatsache, dass die offene InvKG nur als SpezialInvKG aufgelegt werden kann, entfallen für diese alle Angabepflichten für Sachwertinvestments und für PublikumsAIF. Hieraus folgt, dass für die offene InvKG insb folgende zusätzliche Angaben aufzunehmen sind:
– Vermögensaufstellung nach § 10 Abs 1 KARBV (§ 25 Abs 3 Nr 1 KARBV; § 135 Abs 5 iVm § 101 Abs 1 S 3 Nr 1 KAGB; ggf. je TGV; Anm 75 ff);
– Aufstellung der während des Berichtszeitraumes abgeschlossenen Geschäfte, die nicht mehr in der Vermögensaufstellung erscheinen (§ 25 Abs 3 Nr 2 iVm § 7 S 1 Nr 8 KARBV; § 135 Abs 5 iVm § 101 Abs 1 S 3 Nr 2 KAGB; ggf je TGV; Anm 134 f).

Ferner ergeben sich besondere Angabepflichten bei Auflösung eines TGV (§ 132 Abs 7 KAGB).

606 Investmentrechtliche Angabepflichten für die geschlossene InvKG

In den Anhang des JA einer geschlossenen InvKG ist eine **vergleichende Übersicht** über die letzten drei Gj nach § 14 KARBV aufzunehmen (§ 25 Abs 3 S 2 KARBV; Anm 131 f, 489). Aufgrund der Regelung des § 101 Abs 1 S 3 Nr 6 KAGB wird diese *Anforderung jedoch beschränkt auf die (geschlossene) PublikumsInvKG*. Für diese sind darüber hinaus die Angaben nach § 101 Abs 2 KAGB (ua **Angaben zur Gesamtkostenquote,** zu den geleisteten Vergütungen und Rückvergütungen sowie zu den Ausgabe- und Rücknahmeabschlägen; Anm 143, 484) erforderlich (§ 158 S 2 iVm § 101 Abs 2 KAGB).

Bei **Investments in eine Beteiligung iSd § 261 Abs 1 Nr 2–6 KAGB** **607**
(UntBet, Bet an ObjektGes und Anteile an geschlossenen AIF) sind von
der geschlossenen InvKG darüber hinaus die folgenden Angaben erforderlich
(§ 158 S 2 KAGB iVm § 148 Abs 2 KAGB):
– Firma, Rechtsform und Sitz der Ges;
– GesKapital und Höhe der Bet;
– Zeitpunkt des Erwerbs;
– Verkehrswert der Bet nach § 271 Abs 1 KAGB.

Erlangt eine (geschlossene) InvKG die **Beherrschung** über ein nicht
börsennotiertes Unt, sind zusätzlich die Angaben nach § 291 KAGB erforderlich (ua Ereignisse von besonderer Bedeutung nach dem GjEnde; voraussichtliche Entwicklung des Unt; Angaben zum Erwerb eigener Aktien).
Die Angabe ist nicht erforderlich für nicht notierte ImmobilienObjektGes
(§ 287 Abs 2 Nr 2 KAGB).

An die Stelle der Vermögensaufstellung nach § 10 Abs 1 KARBV, die lediglich für mit dem SV vergleichbare VG weiterhin in den Anhang aufzunehmen **608**
ist, treten bei der in Sachwerte investierende geschlossenen InvKG die **Vermögensangaben** nach § 25 Abs 5 KARBV. Die Angaben differenzieren nach
Art der Sachwerte und enthalten ua folgende Angaben für (Auswahl):
– *Immobilien:* Grundstücksgröße, Art und Lage, Bau- und Erwerbsjahr, Gebäudenutzungsfläche, Leerstandsquote/Nutzungsentgeltausfallquote, Finanzierungsquote, Restlaufzeit der Nutzungsverträge, Verkehrswert/Kaufpreis, Anschaffungsnebenkosten, Bestands- und Projektentwicklungsmaßnahmen und wesentliche Ergebnisse des Bewertungsgutachtens;
– *Schiffe:* Schiffstyp, Schiffsgröße, Tragfähigkeit, Leergewicht, Bau- und Erwerbsjahr, Klassifikation und Jahr der letzten Klassedockung, Ort der Registrierung, technische Spezifikationen, Restlaufzeit der Charterverträge bzw der Bereederungsverträge, Nettocharterrate nach Befrachtungskommission, Fremdfinanzierungsquote, notwendige Investitionen und ggf notwendige Wartungsarbeiten, Verkehrswerte/Kaufpreis;
– *Flugzeuge:* Flugzeugtyp, Bau- und Erwerbsjahr, Finanzierungsquote, Restlaufzeit der Nutzungsverträge, Andienungsrechte, Verkehrswert/Kaufpreis, Wartungsarbeiten;
– *Container:* Anzahl und Typ, Bau- und Erwerbsjahr, Leasingnehmer, Nutzungsentgeltausfallquote, Restlaufzeit des Leasingvertrags, Fremdfinanzierungsquote.

Weitere Vorgaben finden sich für Wald, Forst und Agrarland, Anlagen zur
Erzeugung, zum Transport und zur Speicherung von Strom, Gas oder Wärme
aus erneuerbaren Energien, Schienenfahrzeuge, Fahrzeuge im Rahmen der
Elektromobilität sowie Investitionen in Infrastruktur (§ 25 Abs 5 KARBV).
Sofern in *sonstige Sachwerte* iSd § 261 Abs 1 Nr 1 KAGB investiert wird, die
nicht in § 25 Abs 5 KARBV aufgeführt sind, ist für diese mind anzugeben:
Anzahl, Art oder Typ, Bau- und Erwerbsjahr, der Leasingnehmer oder Nutzer, Fremdfinanzierungsquote (§ 25 Abs 5 Nr 10 KARBV).
Die Angaben sind unabhängig davon zu machen, ob die Sachwerte direkt
oder indirekt gehalten werden (§ 25 Abs 5 KAGB).

Aufgrund der Sonderregelung des § 271 Abs 1 Nr 2 S 3 KAGB sind auch **609**
die **Käufe und Verkäufe in Sachwerten** anzugeben. Die Angabe ist auf-

grund der Gesetzessystematik lediglich für PublikumsAIF einschlägig. Aufgrund des generellen Verweises auf die Rechnungslegung von SV ist die Angabe der Käufe und Verkäufe in Sachwerten auch für SpezialSV sachgerecht. Weitere Angabepflichten können für die offene und geschlossene InvKG erforderlich sein. Die vorstehende Aufzählung ist nicht abschließend.

d) Besonderheiten der Bewertung

615 aa) **Anzuwendende Vorschriften:** Das KAGB gibt die grundlegenden Regelungen zur investmentrechtlichen Bewertung vor. Als *zentrale Vorschrift* ist § 168 KAGB anzuwenden. Dieser wird – ebenso wie § 169 KAGB und § 216 KAGB – sowohl für die offene InvKG (§ 278 KAGB) als auch für die geschlossene InvKG (§ 271 Abs 1 S 1, Abs 2 S 1, Abs 4 KAGB; § 286 Abs 1 KAGB) für anwendbar erklärt. Die allgemeinen Regelungen des KAGB werden in §§ 26 bis 30 und 32 bis 34, 34a KARBV/E-KARBV in Bezug auf das InvAnlVerm konkretisiert. § 31 KARBV zur Bewertung der Beteiligungen an ImmobilienObjektGes ist auf die InvKG – ebenso wie auf die InvAG – nicht anwendbar (die Regelung betrifft nur SV).

Für die Bewertung von VG, für die keine expliziten Bewertungsregelungen im KAGB oder in der KARBV aufgeführt werden, ist die Bewertung unter Berücksichtigung der Regelungen des § 28 KARBV anhand geeigneter Bewertungsmodelle vorzunehmen. Für den Ansatz von RAP ist weiterhin auf die handelsrechtlichen Regelungen abzustellen. Der Ansatz von Rückstellungen erfolgt mit dem (nach vernünftiger kaufmännischer Beurteilung notwendigen) Erfüllungsbetrag (§ 29 Abs 3 E-KARBV iVm § 253 Abs 1 S 2 HGB). Aufgrund des Ansatzes schwebender Verpflichtungsgeschäfte mit dem Verkehrswert der zu fordernden Gegenleistung (§ 168 Abs 6 KAGB) sind Rückstellungen abw von § 249 HGB wohl ausschließlich für ungewisse Verbindlichkeiten bzw die in § 249 Abs 1 Nrn 1, 2 HGB aufgeführten Sachverhalte passivierbar.

616 Hinsichtlich der **Häufigkeit der Bewertung** einer *offenen InvKG* und der Berechnung des Nettoinventarwerts regelt § 279 KAGB, dass mind einmal jährlich eine Bewertung stattzufinden hat, sofern nicht die Ausgabe- und Rücknahmehäufigkeit einen kürzeren zeitlichen Abstand erfordern (§ 279 Abs 1 KAGB). Im Übrigen verweist § 279 Abs 2 KAGB auf Art 67 ff AIFM-VO. Die Bewertung der VG und die Berechnung des Nettoinventarwerts ist ggü den Anlegern offenzulegen (§ 279 Abs 3 KAGB).

Die Häufigkeit der Bewertung einer *geschlossenen InvKG* ist sowohl für die Publikums- wie die SpezialInvKG in § 272 KAGB geregelt (§ 272 KAGB; § 286 Abs 2 iVm § 272 KAGB und Art 67 ff AIFM-VO). Hiernach ist eine Bewertung und eine Ermittlung des Nettoinventarwerts immer dann vorzunehmen, wenn das GesKap der InvKG erhöht oder herabgesetzt wird (§ 272 Abs 1 S 2 KAGB). Eine Erhöhung des GesKap setzt idR eine Änderung des GesVertrags voraus. Allein der Beitritt eines neuen Kommanditisten (ohne Änderung des im GesVertrag festgelegten GesKapitals) führt hiernach nicht zu einer Verpflichtung zur Ermittlung eines neune Anteilwertes (*BaFin* Fragen zum KAGB, 25) Darüber hinaus sieht § 272 Abs 1 S 1 KAGB eine mind jährliche Bewertung vor. Dies entspricht den Mindestanforderungen der AIFM-VO (§ 272 Abs 2 KAGB iVm Art 72 AIFM-VO). Der neu ermittelte Nettoinventarwert ist entspr § 272 Abs 3 KAGB dem Anleger offenzulegen. Für die *Offenlegung* gelten die Regelungen in den Anlagebedingungen (§ 272 Abs 3 KAGB; § 286 Abs 2 iVm § 272 Abs 3 KAGB).

Die für die Bewertung der VG anzuwendenden Verfahren hat die KVG in einer **Bewertungsrichtlinie** zu dokumentieren. Diese muss auch die Kriterien für eine ordnungsgemäße Bewertung der VG und für die Berechnung des Nettoinventarwerts je Anteil sowie für die konsistente Anwendung der Verfahren und Methoden und deren Überprüfung vorsehen (§ 169 Abs 3 KAGB). Die Bewertungsrichtl muss auch vorsehen, dass eine *Objektbesichtigung* durch den Bewerter vorzunehmen ist (§ 271 Abs 2 KAGB). Dies ist immer dann eine Herausforderung, wenn es sich bei den Sachwerten nicht um Immobilien, sondern zB um Container oder Flugzeuge handelt. **617**

Die Bewertung der VG ist entweder durch einen externen **Bewerter** durchzuführen oder bei entspr funktionaler Trennung und Vergütungspolitik durch die KVG selbst (§ 216 Abs 1 KAGB). Unter bestimmten Voraussetzungen (funktionale und hierarchische Trennung, Interessenkonfliktmanagement) kann auch die Verwahrstelle die Bewertung durchführen. In der Praxis wird bei Sachwertinvestments idR ein externer Bewerter bestellt, während die offene InvKG mit Investments in Wertpapieren von der KVG bewertet wird. **618**

Anders als im Falle der Erstbewertung iSd § 261 Abs 5, 6 KAGB (Sachwertinvestments einer PublikumsInvKG) darf der laufende externe Bewerter auch länger als drei Jahre als Bewerter tätig werden (kein Verweis auf § 250 Abs 2 KAGB). Für die Anforderungen an den Bewerter und die Pflichten der AIF-KVG sowie die Rechte der BaFin bei der Bestellung der Bewerter gelten die Regelungen für SV entspr (Anm 194 ff; *BaFin* Rundschreiben 07/2015).

bb) Bewertung des Investmentbetriebsvermögens: Im Hinblick auf die Bewertung der VG und Schulden einer InvKG ist zu beachten, dass die **Bewertung des Investmentbetriebsvermögens** einer intern verwalteten InvKG sich weiterhin nach den handelsrechtlichen Grundsätzen richtet. Es gilt insofern weiterhin die AK-Obergrenze und eine Bewertung zum höheren beizZW scheidet aus. Unabhängig davon, bestimmt § 21 Abs 2 KARBV, dass diese handelsrechtlichen Wertansätze als „Verkehrswert" iSd § 168 Abs 1 KAGB gelten und diese insofern in die Anteilpreisberechnung wie auch in die Bilanz und Vermögensaufstellung der InvKG einfließen. **620**

cc) Bewertung des Investmentanlagevermögens: Die Bewertung des Investmentanlagevermögens der offenen InvKG richtet sich nach den Regelungen zur Bewertung, die auch für SV einschlägig sind (§ 278 KAGB iVm §§ 168, 169, 216 KAGB; Anm 211 ff). **623**

Die Bewertung des Investmentanlagevermögens einer geschlossenen InvKG ist für die PublikumsInvKG in § 271 KAGB geregelt. Für die geschlossene SpezialInvKG gilt § 286 KAGB. Für die Bewertung der VG gelten die allg Bewertungsregelungen des § 168 KAGB und aufgrund des Verweises in § 168 Abs 8 KAGB auch die §§ 26–30 und 32–34/34a KARBV/E-KARBV (nicht jedoch § 31 KARBV). **624**

Für **Investments in Sachwerte,** die von einer geschlossenen Publikums- InvKG gehalten werden, gilt, dass in den ersten zwölf Monaten *nach Erwerb* **625** eine *Bewertung mit dem Kaufpreis* zu erfolgen hat, sofern keine Indikatoren dafür vorliegen, dass die Bewertung nicht mehr sachgerecht ist (§ 271 Abs 1 Nr 1 KAGB). SpezialAIF können, auch wenn dies nicht explizit im KAGB vorgesehen ist, unter entspr Anwendung der Regelungen für PublikumsAIF bzw der Regelung des § 32 Abs 2 S 1 KARBV ebenfalls in den ersten zwölf Monaten nach Erwerb den Kaufpreis ansetzen (§ 34 Abs 2 KARBV). Die laufende Bewertung der Sachwerte erfolgt unter Zugrundelegung *marktüblicher Bewertungsverfahren* zur Ermittlung des Verkehrswerts.

Für *Immobilien* legt § 30 Abs 1 S 1 KARBV fest, dass diese idR mit dem *Ertragswert* zu bewerten sind (Anm 228). Zur Plausibilisierung können auch andere Verfahren herangezogen werden. Bei der Bewertung sind die individuellen Merkmale der Immobilie – wie Zustand, Alter, Art, Ausstattung und Instandhaltungsrückstände zu berücksichtigen (§ 30 Abs 1 S 4 E-KARBV). Die Bewertung erfolgt ohne Rücksicht auf persönliche oder ungewöhnliche Verhältnisse (§ 1 Nr 5 KARBV). Für im Ausland belegene Immobilien ist ggf auch eine Rückstellung für eine sog *Capital Gain Tax* zu bilden (§ 30 Abs 2 Nr 2 KARBV; Anm 235). Für im Inland belegene Immobilien ist ggf eine Bilanzierung latenter Steuern iSd § 274 HGB erforderlich.

§ 33 KARBV sieht für die Bewertung *anderer Sachwerte* idR auch das *Ertragswertverfahren* vor und definiert die zur Ermittlung des Ertragswerts zu verwendenden Inputfaktoren *allg* (insb laufzeit-, risiko-, währungs- und steueräquivalente Diskontierungssätze) und *anlageobjektspezifisch* (zB bei Anlagen zur Erzeugung, zum Transport und zur Speicherung von Strom, Gas oder Wärme aus erneuerbaren Energien: Einspeisevergütung, Verwaltungs- und GesKosten, Instandhaltungs- und Wartungskosten, Stromertragsdaten und Leistungskennlinie, Restwert). Für Schiffe ist alternativ auch eine *Bewertung auf Basis der langfristigen durchschnittlichen Charterraten der letzten zehn Jahre* zulässig. Bei Flugzeugen ist die Bewertung mit dem *lease encumbered value* (Ertragswert unter Berücksichtigung des Leasingvertrages) erforderlich. In Ausnahmefällen kann auch eine Bewertung zum Sachwert erfolgen (zB bei Schiffen, die nicht mehr in Fahrt sind).

626 Die **Anschaffungsnebenkosten** aus dem Erwerb von Sachwerten (nur direkt gehaltene) sind nur im Falle der *PublikumsInvKG* gesondert anzusetzen und längstens über zehn Jahre abzuschreiben (§ 271 Abs 1 Nr 2 KAGB). Im Hinblick auf die Höhe der Anschaffungsnebenkosten verweist § 30 Abs 2 Nr 1 KARBV auf die handelsrechtliche Definition (§ 255 Abs 1 HGB) und räumt gleichzeitig auch ein, dass investmentrechtliche Besonderheiten zu berücksichtigen sind. Hieraus folgt, dass auch im Vorfeld entstehende Kosten angesetzt werden können, sofern ein Erwerb des VG aussichtsreich (bzw hinreichend sicher) erscheint (Anm 584 f).

Für *SpezialAIF* gilt in Ermangelung einer exliziten Regelung im KAGB und aufgrund des in § 34 Abs 2 KARBV enthaltenen Verweises auf die Regelungen des § 32 KARBV, dass die Anschaffungsnebenkosten für Immobilieninvestments zusammen mit dem Kaufpreis zu aktivieren sind und insofern nicht gesondert aktiviert (und abgeschrieben) werden können. Für alle anderen Sachwertinvestments ist auf die handelsrechtlichen Regelungen abzustellen, die in § 255 Abs 1 S 2 HGB ebenfalls die Einbeziehung der Anschaffungsnebenkosten in den Kaufpreis vorsehen.

III. Rechnungslegung u Prüfung v Investmentgesellschaften

§ 271 Abs 3 KAGB sieht im Falle der PublikumsInvKG für die **Bewertung von nicht notierten Beteiligungen** vor, dass deren Wert nach den Grundsätzen der UntBewertung zu ermitteln ist (§ 271 Abs 3 S 3 KAGB iVm § 32 KARBV). Für nicht an einer Börse oder an einem anderen organisierten Markt zugelassene VG ist der Verkehrswert, der bei sorgfältiger Einschätzung nach geeigneten Bewertungsmodellen unter Berücksichtigung der aktuellen Marktgegebenheiten angemessen ist, zugrunde zu legen.

Gerade die Bewertung von Private-Equity-Bet bringt eine Reihe von Schwierigkeiten mit sich. Eine solche Bet erfolgt häufig in einer frühen Phase des UntZyklus (Venture Capital) und somit in einem Stadium, in dem das betr Unt (noch) nicht börsennotiert ist. Somit steht kein Marktpreis zur Verfügung und es sind alternative Bewertungsverfahren heranzuziehen. Ein konkretes Bewertungsverfahren wird weder durch die Regelungen des KAGB noch durch die KARBV vorgegeben. Insofern scheinen alle am Markt üblichen Bewertungsverfahren für die Bewertung von nicht notierten Unt zulässig – eine Unternehmensbewertung unter Zugrundelegung von IDW S 1 ebenso wie Bewertung unter Berücksichtigung der Valuation Guidelines der IPEV (*Lochen* in PRW, § 48, Tz 8). Zu den im Bereich Private Equity üblichen Bewertungsverfahren zählen ua das Discounted-Cashflow-Verfahren, die Market-Comparables-Methode (Multiples), Vergleichstransaktionen.

Abweichend hiervon sind in den ersten zwölf Monaten nach Erwerb der UntBeteiligung die AK zzgl der Anschaffungsnebenkosten anzusetzen (§ 32 Abs 2 S 2 KARBV).

§ 271 Abs 3 S 3 KAGB bestimmt darüber hinaus, dass die *Bewertung unter Zugrundelegung einer Vermögensaufstellung* vorzunehmen ist, die die KVG von dem jeweiligen Unt erhält. Die Vermögensaufstellung ist auf den Stichtag der Bewertung zu erstellen und der KVG sowie der Verwahrstelle zu übermitteln (§ 271 Abs 3 S 1 KAGB). Darüber hinaus hat das Unt die Vermögensaufstellung einmal im Jahr anhand des mit einem BVm versehenen JA prüfen zu lassen (§ 271 Abs 3 S 1 Nr 2 KAGB). Die Anforderung betrifft ausschließlich geschlossene PublikumsInvKGen; eine gleichlautende Anforderung für geschlossene SpezialAIF besteht nicht. In der Praxis stellt sich jedoch die Frage, welchen Zweck eine derartige Vermögensaufstellung bei der Bewertung einer UntBeteiligung hat, wenn für diese eine Bewertung mittels am Markt anerkannter Wertermittlungsverfahren bzw Grundsätzen der Unternehmensbewertung (zB DCF-Verfahren, Multiples) zu erfolgen hat (§ 32 Abs 1 KARBV).

Die **Bewertung von Beteiligungen an Objektgesellschaften** richtet sich abw von den Regelungen für SV, für die § 31 KARBV eine spezifische Regelung vorsieht, nach § 32 Abs 3 E-KARBV. Auf die Bewertung der ObjektGes sind hiernach die Regelungen zur Bewertung von UntBet entspr anzuwenden (§ 32 Abs 3 iVm Abs 1 und 2 KARBV). Abweichend von diesem Grundsatz definiert § 32 Abs 3 E-KARBV ein Bewertungsverfahren, welches ähnlich wie § 31 KARBV auch auf der Vermögensaufstellung der ObjektGes aufsetzt und mittels Übernahme von Verkehrswerten der Objekte bzw Anpassungen für Aktivposten ohne Vermögenscharakter und Passivposten ohne Schuldcharakter einen UntWert der ObjektGes zu ermitteln sucht (§ 32 Abs 3 KARBV).

629 Die **Bewertung von Gelddarlehen** iSd § 285 Abs 2 KAGB ist in § 34a E-KARBV geregelt. Hiernach sind Gelddarlehen mit ihrem Verkehrswert zu bewerten. Zur Ermittlung des Verkehrswerts ist auf ein Bewertungsmodell abzustellen, welches neben dem Zinssatz, der Restlaufzeit und der Währung auch die Ausfallwahrscheinlichkeiten (inkl Branchen- und Länderrisiko) und die Realisierbarkeit von Sicherheiten berücksichtigt. Darüber hinaus können auch weitere vertragliche Regelungen, wie Verlängerungsoptionen oder Kündigungsrechte Berücksichtigung finden. Grundsätzlich sind die Kredite einzeln zu bewerten. Liegen homogene Kredite vor (entsprechende Dokumentation vorausgesetzt), ist auch der Einsatz von Kredit-Scoring-Verfahren oder pauschalierten Bewertungsverfahren zulässig.

Klarstellend sei an dieser Stelle darauf hingewiesen, dass es sich bei der Bewertung der Gelddarlehen um eine Verkehrswertbewertung handelt und nicht um die Ermittlung des Wertminderungsbedarfs. Dies hat zur Folge, dass die sich bei der Bewertung ergebenden unrealisierten Gewinne und Verluste erfolgsneutral im Ergebnis aus nicht realisierten Gewinnen und Verlusten zu berücksichtigen sind (keine Erfassung von außerplanmäßigen Abschreibungen). Eine Erfassung im realisierten Ergebnis (idR als sonstiger Aufwand) erfolgt bei ausfallgefährdeten Gelddarlehen damit erst im Zeitpunkt der vollständigen Uneinbringlichkeit (zB bei Abschluss des Insolvenzverfahrens oder bei Einstellung mangels Masse). Dies gilt analog auch für andere Forderungen (zB Mietforderungen).

e) Prüfung, Berichterstattung und Aufbewahrung

635 Der JA und der Lagebericht der InvKG sind durch einen AP zu prüfen (§ 136 Abs 1 KAGB; § 159 S 1 iVm § 136 Abs 1 KAGB, §§ 316–324a HGB).

636 Der AP hat das Ergebnis seiner Prüfung in einem **besonderen Vermerk** zusammenzufassen. Dieser ist in vollem Wortlaut im JA wiederzugeben (§ 136 Abs 1 S 2 KAGB; § 159 S 1 iVm § 136 Abs 1 S 2 KAGB; IDW PH 9.400.15; Anm 519 ff).

637 Der AP hat ferner die **Zuweisung** von Gewinnen, Verlusten, Einlagen und Entnahmen **zu den einzelnen Kapitalkonten** zu prüfen und deren Ordnungsmäßigkeit zu bestätigen (§ 136 Abs 2 KAGB). Über das Ergebnis der Prüfung hat der AP im besonderen Vermerk Stellung zu nehmen (IDW PH 9.400.15, Tz 29 ff). Da die Rechte der bei einer PublikumsInvKG über Treuhänder investierten Kommanditisten denen der direkt investierten entsprechen (§ 152 Abs 1 S 3 KAGB), bezieht sich die Prüfungspflicht – unabhängig von einer expliziten gesetzlichen Regelung – damit auch auf die Kapitalkonten auf Ebene des Treuhänders (ähnlich § 47 Abs 3 KAGB).

638 Die **Prüfung** erstreckt sich auch auf die Anforderungen des KAGB und spezifische Regelungen europäischer Verordnungen sowie auf die Beachtung der Bestimmungen aus der Satzung und den Anlagebedingungen. Dabei ist insb festzustellen, ob die InvKG die Anzeigepflichten, die Vorschriften zur Auslagerung und zur Vergütung beachtet hat und ihren Verpflichtungen aus dem Geldwäschegesetz nachgekommen ist (§ 136 Abs 3 S 1 und 2 KAGB; § 159 S 1 iVm § 136 Abs 3 S 1 und 2 KAGB, Anm 517).

III. Rechnungslegung u Prüfung v Investmentgesellschaften **639–641** **U**

Das Ergebnis dieser Prüfung hat der AP in einem **Prüfungsbericht** darzustellen (§ 136 Abs 3 S 3 KAGB; § 159 S 1 iVm § 136 Abs 3 S 3 KAGB). Hinsichtlich Inhalt und Form der Berichterstattung gilt die KAPrüfbV (§ 136 Abs 4 KAGB; § 159 S 1 iVm § 136 Abs 4 KAGB; Anm 518; vgl auch IDW PH 9.400.15). **639**

Der PrüfBer einer PublikumsInvKG ist unverzüglich nach Beendigung der Prüfung der BaFin einzureichen (§ 159 S 2 KAGB). Einzureichen sind – mit Ausnahme im Falle des Auflösungsberichtes über ein TGV – ein original unterschriebenes Exemplar sowie ein elektronisches Exemplar (*BaFin* Information v 31.8.2018). Der Bericht über die Prüfung einer SpezialInvKG ist der BaFin auf Verlangen einzureichen (§ 136 Abs 3 S 4 KAGB; § 159 S 1 iVm § 136 Abs 3 S 4 KAGB). Die Einreichung hat über das MVP-System der BaFin zu erfolgen (§ 3 Abs 6 KAPrüfbV). Der Bericht über die Prüfung des Zwischenberichts ist nicht einzureichen. **640**

Hinsichtlich der Pflicht zur **Aufbewahrung** wird auf Anm 307 verwiesen. **641**

Stichwortverzeichnis

Die fetten Buchstaben bezeichnen die Kapitel,
die mageren Ziffern die Randnummern

Abfindung
Formwechsel **L** 60 ff., 120 f., 160 f.,
173
Gesellschafter, lästiger **C** 204
PersGes, Ausscheiden Gesellschafter
N 35
Abfindungsanspruch, PersGes, Ausscheiden Gesellschafter **N** 4
Abfindungsbilanz, PersGes, Ausscheiden Gesellschafter **N** 12, 33, 46
Abfindungsklauseln, PersGes, Ausscheiden Gesellschafter **N** 36 ff.
Abfindungsverpflichtung, Eröffnungsbilanz Einzelunternehmen **B** 110
Abhängigkeitsbericht, Liquidationsjahresabschluss KapGes **T** 385 ff.
Abschichtungsbilanz, PersGes, Ausscheiden Gesellschafter **N** 12
Abschlagszahlungen auf Auseinandersetzungsguthaben **S** 163
Abschlussbestandteile
Kombinierter Abschluss **F** 29
Pro-Forma-Finanzinformationen
F 67 ff.
Abschlussprüfer
Bestellung
– Kapitalerhöhung aus Gesellschaftsmitteln **E** 122
– Liquidationseröffnungsbilanz **T** 327
– verkürzter Zwischenabschluss **G** 90
Abschreibung
außerplanmäßige
– Verlustanzeigebilanz **P** 46
– Verschmelzung **H** 117
Investitionsabzugsbetrag **B** 136
Pro-Forma-Finanzinformationen **F** 88, 131
Abspaltung
Abwärtsabspaltungen **I** 385 ff.
Aufwärtsabspaltungen **I** 370 ff., 375
Ausgleich Vermögensminderung **I** 78
Besteuerung **I** 425 ff.
– Gesellschafter **I** 438 f.
Bilanzierung beim Gesellschafter
I 360

Kapitalherabsetzung
– vereinfachte **I** 77
Konzern **I** 370 ff.
Teilbilanz
– steuerrechtliche **I** 425
Teilschlussbilanz **I** 300
übertragender Rechtsträger
– bilanzielle Abbildung **I** 330 ff.
Unterbilanz
– negatives Buchvermögen **I** 91
Abstockung s. Minderkapital
Abwicklung s. Liquidation
Abwicklungsbericht
Sondervermögen **U** 24
– Stichtag **U** 49
Veröffentlichungsfrist **U** 55
Abwicklungszeitraum, Betriebsaufgabe (steuerrechtlich) EKfm **M** 46
Abzinsung
Eröffnungsbilanz Einzelunternehmen
B 105
Verbindlichkeiten **D** 217
Achtmonatsfrist, Verschmelzung
H 56 f., 77, 101, 124, 202
AfA-Bemessungsgrundlage
Eröffnungsbilanz Einzelunternehmen
– steuerrechtliche **B** 179
Agio
Ausgabe von Wandlungs-/
Optionsrechten **E** 53
ausstehendes
– Eröffnungsbilanz KapGes
D 236
– Kapitalerhöhung aus Gesellschaftsmitteln **E** 113
echtes, unechtes
– Zeitpunkt der Einzahlung **D** 37, 40 ff.
Verrechnung mit Gründungsaufwand
D 148 f.
s. auch Zuzahlungen
Agioforderungen, Ansatzfähigkeit,
Eröffnungsbilanz KapGes **D** 173 ff.
Agiorücklage, Ausgabe neuer Anteile
E 52

1133

AIF-Investmentaktiengesellschaft   Buchstaben = Kapitel

AIF-Investmentaktiengesellschaft
offen mit veränderlichem Kapital
– Anhang **U** 482
AIF-Sondervermögen
Jahresbericht
– Aufstellungspflicht **U** 52
– Veröffentlichungsfrist **U** 53
AIF-Verwahrstelle U 13
Aktiengesellschaft
Europäische Gesellschaft
– Verschmelzung **H** 15, 21, 32, 38, 56, 83, 87
s. auch Kapitalgesellschaft
Aktiensplitt, Unterschied zu Gratisaktien **E** 11
Aktivierungsverbote
Eigenkapitalbeschaffungskosten **D** 145, 147
Gründungsaufwand **D** 143, 147
Aktivposten
Freistellungsansprüche
– Liquidation **T** 116
Alleingesellschafter, Verschmelzung auf **B** 38
Alternative Investment Funds (AIF) U 2
geschlossen **U** 10
offen **U** 10
Altzusagen
Eröffnungsbilanz Einzelunternehmen **B** 120
Eröffnungsbilanz KapGes **D** 163
Liquidation KapGes **T** 129
Analogiegebot, handelsbilanzrechtliches **D** 1
Analogieverbot, verfassungsrechtliches, strafrechtliches **D** 5
Anfangsvermögen, Eröffnungsbilanz PersGes **C** 28
Anfechtung
Kapitalerhöhung aus Gesellschaftsmitteln **E** 26
Verschmelzung **H** 34
Anhaltewert
Eröffnungsbilanz Einzelunternehmen
– steuerrechtliche **B** 179
Anhang
AIF-InvAG
– offen mit veränderlichem Kapital **U** 482
Eröffnungsbilanz Einzelunternehmen **B** 17
Eröffnungsbilanz KapGes **D** 11, 106

Formwechsel **L** 79 ff., 165 f.
intern verwaltete InvKG
– Investmentbetriebsvermögen **U** 598
InvAG
– Angabepflichten **U** 474
– geschlossen mit fixem Kapital **U** 489 f.
– offen mit veränderlichem Kapital **U** 481
InvKG
– geschlossen mit fixem Kapital **U** 606
– offen mit veränderlichem Kapital **U** 605
Kapitalerhöhungssonderbilanz **E** 22, 30, 34
Liquidation PersGes **S** 100
Liquidationsjahresabschluss KapGes **T** 215 ff.
Publikums-InvAG
– geschlossen mit fixem Kapital **U** 489
– offen mit veränderlichem Kapital **U** 484
registrierungspflichtige KVG **U** 364
Spezial-InvAG
– offen mit veränderlichem Kapital **U** 483
s. auch Erläuternde Angaben
Anlagengitter
Ausweis neuer Anteile
– Kapitalerhöhung aus Gesellschaftsmitteln **E** 155
Formwechsel
– PersGes in KapGes **L** 77
Liquidationsjahresabschluss KapGes **T** 232
Anlagenverzeichnis
Eröffnungsbilanz Einzelunternehmen
– steuerrechtliche **B** 188
Anlagevermögen
Ausweis
– Liquidation KapGes **T** 230 ff.
– Liquidation PersGes **S** 107
Betriebsaufgabe (steuerrechtlich) EKfm **M** 56
Bewertung
– Eröffnungsbilanz KapGes **D** 206
– Liquidation KapGes **T** 155 ff.
– Liquidation PersGes **S** 96
Eröffnungsbilanz Einzelunternehmen **B** 94
geringwertiges bei Übernahmebilanzierung **K** 24
immaterielle Wirtschaftsgüter **D** 276

1134

Ziffern = Randnummern **Anteile an Kapitalgesellschaften**

Ansammlungsrückstellungen
Bewertung
– Liquidation **T** 169
Ansatz
Besonderheiten
– Liquidationsbilanzen PersGes **S** 86 f.
Eröffnungsbilanz Einzelunternehmen
 B 92
Eröffnungsbilanz KapGes
– handelsrechtlich **D** 126 ff.
Eröffnungsbilanz PersGes
– handelsrechtlich **C** 182 ff.
– steuerrechtlich **C** 79 f.
Kapitalerhöhung aus Gesellschaftsmitteln **E** 29
Liquidationsbilanzen
– KapGes **T** 110 ff.
– PersGes **S** 85 ff.
Übernahmebilanzierung
– allgemeine Grundsätze **K** 15 ff.
– Wahlrecht nach § 24 UmwG **K** 5 ff.
Überschuldungsstatus **P** 100 ff.
– Liquidation von Sachgesamtheiten
 P 102 f.
Verlustanzeigebilanz **P** 30 ff.
Verschmelzung **H** 104 ff.
Wahlrechte
– Eröffnungsbilanz Einzelunternehmen **B** 114, 171
– Eröffnungsbilanz KapGes **D** 142
Ansatz und Bewertung, Kombinierter Abschluss **F** 29, 43 ff.
Ansatzfähigkeit
Eröffnungsbilanz KapGes **D** 127 ff.
Eröffnungsbilanz PersGes **C** 93, 95
Ansatzstetigkeit, Liquidationseröffnungsbilanz KapGes **T** 114
Ansatzverbote
Eröffnungsbilanz Einzelunternehmen
 B 92, 116, 119
Eröffnungsbilanz KapGes
– steuerrechtlich **D** 275 ff.
Eröffnungsbilanz PersGes **C** 115 f.
Anschaffungskosten
Anwachsung
– Eröffnungsbilanz Einzelunternehmen **B** 110
Bewertung, steuerrechtliche
– Eröffnungsbilanz PersGes **C** 197
Einlagenbewertung **D** 190
Erfolgsneutralitätsprinzip **B** 182
Eröffnungsbilanz Einzelunternehmen
 B 93

– Geschäftsübernahme **B** 183
– steuerrechtliche **B** 178
– unentgeltliche Übernahme **B** 184
– Vorsteuer **B** 100
Eröffnungsbilanz PersGes **C** 80
Formwechsel **L** 30 f., 75, 125
Geschäftsübernahme **B** 106
neue Anteile
– nach Kapitalerhöhung aus Gesellschaftsmitteln **E** 156
Sacheinlagen
– PersGes **C** 80, 98
Übernahmebilanzierung
– KapGes **K** 44
– PersGes **K** 45
Wahlrecht **D** 191
s. auch einzelne Kapitel
Anschaffungskosten, fiktive, Zuwendungen, unentgeltliche **D** 192
Anschaffungskosten, steuerrechtliche, Beteiligungsverhältnis **D** 282
Anschaffungskosten- und Realisationsprinzip U 38
Anschaffungskostenprinzip, Einlagenbewertung **D** 188
Anschaffungsnebenkosten U 584
Einlagenbewertung **D** 207
Grunderwerbsteuer
– Eröffnungsbilanz EinzUnt **B** 106
– Eröffnungsbilanz PersGes
 C 198 f.
Übernahmebilanzierung **K** 55, 86
Ansprüche auf Kreditgewährung,
Überschuldungsstatus **P** 125
Ansprüche gegen Gesellschafter,
Einlagefähigkeit **D** 130
Anteile, eigene
Pro-Forma-Finanzinformationen
– nachträglicher Erwerb **F** 75
Verlustanzeigebilanz
– an herrschenden Unternehmen
 P 41
verschmelzungsgeborene **K** 209
s. auch Eigene Anteile
Anteile am Komplementär
Eröffnungsbilanz PersGes
– Ausweis **C** 136
Sonderbetriebsvermögen
– PersGes **C** 215
Anteile an Kapitalgesellschaften
Einlagenbewertung, steuerrechtliche
– Eröffnungsbilanz KapGes **D** 289, 294

1135

Anteile an Kommanditisten Buchstaben = Kapitel

Sonderbetriebsvermögen
– PersGes **C** 215
Anteile an Kommanditisten
Eröffnungsbilanz PersGes
– Ausweis **C** 137
Anteilsbesitz
Mitteilungspflicht
– Bezugsrecht für neue Anteile **E** 159
Anteilseigner
Besteuerung
– Formwechsel **L** 275
– Übernahmebilanzierung **K** 209 ff.
Anteilseinlage aus Privatvermögen **D** 290
Anteilstausch, Realteilung **O** 28
Anteilsvereinigung, Verschmelzung **H** 260 ff., 267
Anteilswert, Sondervermögen **U** 176
Antrag, Formwechsel **L** 224
Anwachsung H 4, 15; **S** 17 f.
Buchwertfortführung **S** 18
Eröffnungsbilanz Einzelunternehmen **B** 36 f., 97, 110
– Anschaffungsnebenkosten **B** 108
– Ausgleichsschuld ggü. Ausgeschiedenen **B** 108
Grunderwerbsteuer
– RETT-Blocker **C** 199
Kleingewerbe **B** 37
PersGes, Ausscheiden Gesellschafter **N** 4
Rumpfjahresabschluss **S** 17
Übernahmebilanzierung **K** 7
zur Umgründung **C** 55 f.
verbleibender Alleingesellschafter
– steuerrechtliche Bewertung **C** 195
Zugangsbewertung
– Einzelunternehmen **B** 108
Anwartschaften, unverfallbare
s. Pensionsverpflichtungen
Anzahl umlaufende Anteile U 137
Anzeigepflicht, Verschmelzung **H** 270, 275
Arbeitsgemeinschaft, Eröffnungsbilanz **C** 4
Archivierung s. Aufbewahrung
Aufbewahrung
Bücher nach Liquidation
– KapGes **T** 295 ff.
– PersGes **S** 125
Eröffnungsbilanz Einzelunternehmen
– Aufbewahrungsort **B** 151

– Frist **B** 149 f.
– Fristbeginn **B** 141, 149
Eröffnungsbilanz PersGes **C** 156
Kapitalerhöhungssonderbilanz **E** 142
Sanierungsbilanzen **Q** 25
Unternehmensaufgabe **M** 35
Verschmelzungsbilanzen **H** 148
Aufgabeanfangsvermögen, Unternehmensaufgabe **M** 51
Aufgabebilanz
Bewertung
– steuerrechtliche **M** 53
Aufgabeentscheidung Einzelkaufmann, Dokumentation der **M** 5
Aufgabeeröffnungsbilanz, EKfm **M** 15
Aufgabegewinn
PersGes, Ausscheiden Gesellschafter **N** 115 ff.
Realteilung **O** 46 f., 109 f.
Aufgabekosten, Betriebsaufgabe (steuerrechtlich) EKfm **M** 54
Aufgabeschlussbilanz
Ansatz und Bewertung **M** 30
fiktive **M** 28
Kleinunternehmer **M** 27
Stichtag EKfm **M** 26
s. auch Liquidationseröffnungsbilanz KapGes
Aufgeld s. Agio
Auflösung
Besonderheiten **U** 501 f.
Gründungsstadium **S** 16
KapGes **T** 1 f., 91
PersGes **S** 1 ff.
Auflösungsbericht
InvAG **U** 461
– Aufstellungspflicht **U** 422
Sondervermögen **U** 24
– Stichtag **U** 49
Veröffentlichungsfrist **U** 55
Auflösungsgründe, PersGes **S** 1, 3
Aufnahme eines Gesellschafters
Eröffnungsbilanz PersGes
– Errichtung **C** 46, 58
Aufspaltung
Besteuerung **I** 180 ff.
Schlussbilanz **I** 100 ff.
Aufstellung
Erleichterungen
– Kapitalerhöhung aus Gesellschaftsmitteln **E** 29 f., 38
Eröffnungsbilanz KapGes **D** 248 ff.

Ziffern = Randnummern

Eröffnungsbilanz PersGes **C** 1 ff., 5 f., 9
Insolvenzverfahren **R** 17
Jahresabschluss bei Formwechsel **L** 42, 103, 142
Kombinierter Abschluss **F** 10 ff., 29 ff.
Liquidationseröffnungsbilanz PersGes
– externe **S** 55 ff.
– interne **S** 135 ff.
Pro-Forma-Finanzinformationen **F** 18
Aufstellungsfrist
Eröffnungsbilanz Einzelunternehmen **B** 63 ff.
Eröffnungsbilanz PersGes **C** 37, 40 f.
Liquidationseröffnungsbilanz KapGes **T** 105 f.
Liquidationsjahresabschluss PersGes **S** 80 f.
Sanktionen **B** 69 ff.
Verschmelzung **H** 124
Aufstellungsgründe, Kapitalerhöhungssonderbilanz **E** 24
Aufstellungsorgan, Kapitalerhöhung aus Gesellschaftsmitteln **E** 25
Aufstellungspflicht
steuerrechtliche Eröffnungsbilanz PersGes **C** 175 ff.
Zwischenabschluss **G** 1 ff.
Aufstockung
Verschmelzung **H** 165, 199, 206, 211
Wahlrecht bei Einbringung
– PersGes **C** 194
Aufteilung
Gesamt-Anschaffungskosten
– Übernahmebilanzierung **K** 47 ff., 61 ff.
Mehrkapital
– Ergänzungsbilanz **C** 203
Minderkapital
– Ergänzungsbilanz **C** 205
Auftragsbestand
Ansatzfähigkeit
– Eröffnungsbilanz KapGes **D** 139
Einlagenbewertung **D** 209
Aufwandseinlage, Kapitalaufbringung **D** 33
Aufzeichnungspflichten
Eröffnungsbilanz Einzelunternehmen
– steuerrechtliche **B** 188
Auseinandersetzung, andere Art der bei Liquidation PersGes **S** 13
Auseinandersetzungsguthaben, Abschlagszahlungen **S** 163

Auslandsgesellschaften

Auseinandersetzungsvereinbarung, Realteilung **O** 34
Ausgabe neuer Anteile, Kapitalerhöhung aus Gesellschaftsmitteln **E** 14 f.
Ausgangszahlen, Pro-Forma-Finanzinformationen **F** 77 ff.
Ausgleichsanspruch
Ausweis
– Eröffnungsbilanz KapGes **D** 233
Bilanzverlust **D** 172
Differenzhaftung bei Geschäftsübernahme **D** 162
Eröffnungsbilanz KapGes
– Differenz-/Vorbelastungshaftung **D** 126
Gründungsaufwand
– Eröffnungsbilanz KapGes **D** 144
Ausgleichsposten
Eröffnungsbilanz Einzelunternehmen
– steuerrechtliche **B** 183
Ausgleichszahlungen
an Miterben
– Eröffnungsbilanz PersGes **C** 196
Ausgliederung
Besteuerung **I** 440 ff.
– übernehmender Rechtsträger **I** 465
– übertragender Rechtsträger **I** 460
Bilanzierung beim Gesellschafter **I** 365
Einzelunternehmen **I** 405 ff.
– Vermögensaufstellung **I** 408 f.
Gebietskörperschaften **I** 415
Stiftung **I** 410
(Teil-)Schlussbilanz **I** 300
übertragender Rechtsträger
– Tauschgrundsätze **I** 335 ff.
Unternehmen
– einzelkaufmännisches **M** 3
zwingende Kapitalmaßnahme **I** 70
Auskunftsrechte
Eröffnungsbilanz PersGes **C** 144, 155
Prüfung
– Kapitalerhöhung aus Gesellschaftsmitteln **E** 130
Auslagenersatz
Verbindlichkeiten gegenüber Gesellschaftern
– PersGes **C** 109
Auslandsgesellschaften
Kapitalerhöhung aus Gesellschaftsmitteln
– Steuerfreiheit **E** 172

1137

Ausschüttungen

Buchstaben = Kapitel

Ausschüttungen
Übernahmebilanzierung **K** 31, 79
Verschmelzung **H** 112, 119
Ausschüttungspolitik
nach Kapitalerhöhung aus Gesellschaftsmitteln **E** 4, 44
s. auch Dividendenpolitik
Ausschüttungs-Rückhol-Verfahren
anstelle Kapitalerhöhung aus Gesellschaftsmitteln **E** 2, 12, 19
Gewinnrealisierung
– Doppelmaßnahme **E** 158
Kapitalerhöhung aus Gesellschaftsmitteln **E** 19
Ausschüttungssperre
Bilanzierungshilfen
– Kapitalerhöhung aus Gesellschaftsmitteln **E** 81
Eröffnungsbilanz Einzelunternehmen **B** 117
Gegenwert eigener Anteile **E** 114
Ausschüttungsverzicht
Gewinnbezugsrecht **E** 162
Kapitalerhöhung aus Gesellschaftsmitteln **E** 19
Ausschüttungsvolumen, steuerrechtliches **E** 171
Ausstehende Einlagen *s.* Einlage, ausstehende
Ausweis *s.* Gliederung

Badwill
Eröffnungsbilanz Einzelunternehmen
– Unterschiedsbetrag zum Gesamtkaufpreis **B** 109
Minderkapital **C** 206
Unterschiedsbetrag, negativer **D** 206
Bankguthaben U 260
Barabfindung, PersGes, Ausscheiden Gesellschafter **N** 60 ff.
Bareinlage *s.* Geldeinlage
Bargründung
Direktzahlung
– Verbindlichkeit **D** 36
Scheck-/Wechselhingabe **D** 35
Barwert
Pensionsverpflichtungen
– Eröffnungsbilanz Einzelunternehmen **B** 121
Schuldenbewertung **D** 217
Baulasten, Einlagenbewertung **D** 207
Bedingtes Kapital bei Kapitalerhöhung aus Gesellschaftsmitteln **E** 61 ff.

Befreiung in Liquidation, Erleichterungen nach § 264 Abs 3 HGB **T** 93
Beginn der Geschäftstätigkeit, Organisationserfordernis **B** 41, 43, 46
Beitritt
Gesellschafterwechsel
– PersGes **C** 44, 54, 59
Schuldübernahme, Erfüllungsübernahme **C** 117
Bekanntmachung
Beschlussbilanz
– Kapitalerhöhung aus Gesellschaftsmitteln **E** 136
Kapitalerhöhungssonderbilanz **E** 141
Verschmelzung **H** 149
Belastungen, Einlagenbewertung **D** 207
Berichtigungsanteile
Kapitalerhöhung aus Gesellschaftsmitteln **E** 11, 172
s. auch Freianteile
Berichtseinheit, Kombinierter Abschluss **F** 33
Bescheinigung
Kombinierter Abschluss **F** 110 f.
Pro-Forma-Finanzinformationen **F** 133 f.
prüferische Durchsicht
– Zwischenberichterstattung **G** 122 ff.
Beschlussanforderungen, Kapitalerhöhung aus Gesellschaftsmitteln **E** 44, 46
Besicherung
Gesellschafterverbindlichkeiten
– Kapitalaufbringung **D** 32
Besitzübergang, Eröffnungsbilanz Einzelunternehmen **B** 34
Besserungsschein E 54
Besserungsfall Q 61, 328
zwecks Sanierung **Q** 60
Bestandsübertragung J 13
Bestätigungsvermerk
Eröffnungsbilanz Einzelunternehmen **B** 144
Kapitalerhöhung aus Gesellschaftsmitteln **E** 24, 126 f.
Kapitalerhöhungssonderbilanz **E** 126
Kombinierter Abschluss **F** 110 f.
Liquidationseröffnungsbilanz KapGes **T** 330 f.
Verschmelzung **H** 139

Ziffern = Randnummern

Wortlaut
– Kapitalerhöhung aus Gesellschaftsmitteln **E** 127
s. auch Prüfung
Besteuerung
Aufspaltung
– KapGes **I** 210 ff.
Betriebsaufgabe (steuerrechtlich) EKfm **M** 40 ff.
Formwechsel **L** 260
Insolvenzverfahren **R** 94 ff.
Kapitalerhöhung aus Gesellschaftsmitteln **E** 170 ff.
Liquidation KapGes
– Gesellschaft **T** 425 ff.
– Gesellschafter **T** 472 ff.
Liquidation PersGes **S** 210 ff.
rückwirkend
– Realteilung **O** 139
Spaltung
– Gesellschafter **I** 265 ff.
– PersGes **I** 245 ff.
– Verkehrssteuern **I** 275 ff.
Beteiligung, KapGes bei Realteilung **O** 19
Beteiligung an Immobilien-Gesellschaft U 239 ff.
Beteiligung an Objektgesellschaft, Anschaffungsnebenkosten **U** 586
Beteiligung, wechselseitige, Kapitalerhöhung aus Gesellschaftsmitteln **E** 159
Beteiligungsverhältnis
Kapitalerhöhung aus Gesellschaftsmitteln **E** 5
Maßstab für Einlagenbewertung
– steuerrechtlich **D** 282
Betriebsaufgabe
Personengesellschaft **S** 226 ff.
Realteilung **O** 46
Betriebsaufgabe (steuerrechtlich)
Einzelkaufmann
Abwicklungsdauer **M** 46
Anfangsvermögen **M** 51
Aufgabegewinn, Ermittlung **M** 48 ff.
Aufgabekosten **M** 54
Begriff **M** 40
Betriebsausgaben
– nachträgliche **M** 60 ff.
Betriebsunterbrechung **M** 43
einheitlicher Vorgang **M** 46
Konsequenzen
– steuerliche **M** 41

Bewertung

laufender und begünstigter Gewinn **M** 55 ff.
Steuervergünstigungen **M** 63 ff.
stille Liquidation **M** 42
Teilbetriebsveräußerung **M** 46
Voraussetzungen **M** 45 ff.
Betriebsaufgabegewinn, Gewerbesteuer **M** 44
Betriebsausgabe, Gründungsaufwand **D** 143
Betriebseröffnung
Buchführungspflicht
– steuerrechtliche **B** 160
Mitteilungspflichten **B** 158
Betriebsgrundlage
Realteilung **O** 23
wesentliche **M** 45
Betriebsrat, Verschmelzung **H** 27 f., 32
Betriebsstätte
ausländische
– Realteilung **O** 119
Betriebsunterbrechung M 47
Betriebsvermögen, Eröffnungsbilanz PersGes **C** 182
Betriebsvermögensvergleich
Basisbilanz
– Eröffnungsbilanz **D** 268 f.
steuerrechtliche Buchführungspflicht **B** 161
Wahlrecht
– Gewinnermittlung **B** 190
Betriebsverpachtung, Realteilung **O** 29
Beurkundung
Kapitalerhöhungsbeschluss
– Kapitalerhöhung aus Gesellschaftsmitteln **E** 12
Beweislast
Kapitalaufbringung
– Eröffnungsbilanz PersGes **C** 91
Bewertung U 139
Eröffnungsbilanz KapGes
– steuerrechtlich **D** 282 ff.
Eröffnungsbilanz PersGes
– allgemein **C** 80
Formwechsel
– Beteiligung beim Gesellschafter **L** 170 f.
geschlossene Publikums-InvKG
– Investmentanlagevermögen **U** 624
geschlossene Spezial-InvKG
– Investmentanlagevermögen **U** 624

1139

Bewertungseinheiten

Insolvenzverfahren
- Fortführungswerte **R** 14
- Liquidiationswerte **R** 66 f.

InvAG
- Investmentanlagevermögen **U** 453
- Investmentbetriebsvermögen **U** 452
Investmentanlagevermögen **U** 496, 582
Investmentbetriebsvermögen **U** 495, 581

InvKG
- Abschreibungen **U** 599
- Investmentanlagevermögen **U** 623
- Investmentbetriebsvermögen **U** 620
- Sachwerte **U** 625

Liquidation
- Anlagevermögen **T** 155 ff.
- Forderungen **T** 166
- Rückstellungen **T** 167 ff.
- Vorräte **T** 165 ff.

Liquidationsbilanzen
- KapGes **T** 140 ff.
- PersGes **S** 95 f.

registrierungspflichtige KVG **U** 367
Sondervermögen **U** 170 ff., 194
- Bewertungsmodell **U** 205
- interne Bewertungsrichtlinie **U** 201 ff.

Übernahmebilanzierung
- handelsrechtlich **K** 41 ff.

Überschuldungsstatus **P** 100 ff.
- Liquidation von Sachgesamtheiten **P** 102 f.

Vergabe von Gelddarlehen **U** 382
Verlustanzeigebilanz **P** 30 ff.
s. auch Eröffnungsbilanz Einzelunternehmen
s. auch Eröffnungsbilanz PersGes

Bewertungseinheiten U 214
Eröffnungsbilanz Einzelunternehmen **B** 93

Bewertungsermessen, Einlagenbewertung **D** 182

Bewertungsgrundsätze, PersGes, Ausscheiden Gesellschafter **N** 21 ff.

Bewertungshilfen, Kapitalerhöhung aus Gesellschaftsmitteln **E** 110

Bewertungsmaßstab
Anschaffungskostenprinzip **D** 188, 190
Teilwert **D** 285

Bewertungsobergrenze, Übernahmebilanzierung **K** 46

Buchstaben = Kapitel

Bewertungsstetigkeit, Liquidation KapGes **T** 152

Bewertungsvorbehalt
Eröffnungsbilanz Einzelunternehmen
- steuerrechtliche **B** 172
steuerrechtlicher
- Eröffnungsbilanz PersGes **C** 191

Bewertungsvorschriften, Eröffnungsbilanz Einzelunternehmen **B** 93

Bewertungswahlrechte
Eröffnungsbilanz Einzelunternehmen **B** 114
- steuerrechtliche **B** 187
Eröffnungsbilanz KapGes **D** 191 ff.
Formwechsel **L** 222 f.

Bezugsrecht nach Kapitalerhöhung aus Gesellschaftsmitteln **E** 14, 16

BGB-Gesellschaft
s. Personengesellschaft

Bilanz
InvAG **U** 451
- Pflichtgliederung **U** 453
- Vorjahresangaben **U** 456
InvKG **U** 580
- Eigenkapitalausweis **U** 583
- Pflichtgliederung **U** 580
Kapitalerhöhung aus Gesellschaftsmitteln
- Beschlussgrundlage **E** 22 f., 46

Bilanzänderung, nachträgliche, Kapitalerhöhung aus Gesellschaftsmitteln **E** 135

Bilanzaufstellungspflicht, Beginn **B** 3

Bilanzeid
InvAG **U** 436
InvKG
- Jahresbericht **U** 553, 566
Liquidation KapGes **T** 195

Bilanzen
Pro-Forma-Finanzinformationen **F** 80, 93
bei Sanierung **Q** 15 ff.

Bilanzgewinn
Gewinnverwendung
- Kapitalerhöhung aus Gesellschaftsmitteln **E** 36 f.
Kapitalerhöhung aus Gesellschaftsmitteln **E** 36, 102 f., 105

Bilanzgliederung, Eröffnungsbilanz Einzelunternehmen **B** 125 f.

Bilanzidentität s. Bilanzzusammenhang

Bilanzierung
freiwillige **B** 51

1140

Ziffern = Randnummern

PersGes, Ausscheiden Gesellschafter
N 49 ff.
– Aufstockungsmethode N 52, 54 f.
– handelsrechtlich N 50 ff.
– steuerrechtlich N 57 ff.
– Stufentheorie, modifiziert N 58
– Verrechnungsmethode N 52 f., 55
Bilanzierungshilfen
Formwechsel
– KapGes in PersGes L 126
Verwendungssperre
– Kapitalerhöhung aus Gesellschaftsmitteln E 81
Bilanzierungspflicht, Beginn B 65
Bilanzkennzahlen nach Kapitalerhöhung aus Gesellschaftsmitteln E 4
Bilanzpolitik, Wertaufholungsrücklage E 87
Bilanzprüfung
Kapitalerhöhung aus Gesellschaftsmitteln E 17, 46, 121
Kapitalerhöhungssonderbilanz E 23, 121
Bilanzstichtag
Aufgabeschlussbilanz EKfm M 26
Eröffnungsbilanz Einzelunternehmen B 52 ff.
– Ermessensspielraum B 56
Eröffnungsbilanz PersGes C 34 ff.
Kapitalerhöhung aus Gesellschaftsmitteln E 23
Liquidationsbilanzen KapGes T 90 f., 200
Liquidationseröffnungsbilanz (interne)
– PersGes S 135
Liquidationsschlussbilanz
– KapGes T 267
– PersGes S 115
Überschuldungsstatus P 82
Verlegung bei Liquidation T 92
Verlustanzeigebilanz P 22
Bilanzverlust
Eröffnungsbilanz KapGes D 147, 172, 217
Eröffnungsbilanz PersGes
– Ursachen C 130
– Verlustvortrag C 95
Kapitalerhöhung aus Gesellschaftsmitteln E 36, 108 f.
Bilanzvermerk
Eröffnungsbilanz Einzelunternehmen B 137
Eröffnungsbilanz KapGes D 166, 243

Buchwertfortführung

Bilanzzusammenhang
Insolvenzverfahren R 75 f.
Liquidationseröffnungsbilanz KapGes T 52, 143 f.
Bilanzzweck, Eröffnungsbilanz Einzelunternehmen B 13 ff.
Bruchteilsgemeinschaft, Eröffnungsbilanz PersGes C 4
Bruttoausweis, Einlagen, ausstehende D 174, 233 f.
Buchführung
Fiktivkaufmann B 54
freiwillige
– Eröffnungsbilanz Einzelunternehmen B 51
Kapitalerhöhungssonderbilanz E 22, 124
steuerrechtliche
– Eröffnungsbilanz Einzelunternehmen B 59, 159
Buchführungspflicht
Aufforderung des Finanzamts B 159, 163
Beendigung B 164
Beginn B 3, 10
Eröffnungsbilanz Einzelunternehmen B 59
Eröffnungsbilanz KapGes
– handelsrechtlich D 7
– steuerrechtlich D 269
Eröffnungsbilanz PersGes
– steuerrechtlich C 164 ff.
Liquidation
– KapGes T 12
– PersGes S 46
steuerrechtliche, betriebsbezogene B 160, 166
Buchwertanpassungsmethode,
Realteilung O 66
Buchwertaufteilung
Anlagenspiegel
– nach Kapitalerhöhung aus Gesellschaftsmitteln E 155 f.
Buchwertfortführung
Anwachsung S 18
– Eröffnungsbilanz Einzelunternehmen B 110
Betriebsvermögenseinbringung
– Eröffnungsbilanz PersGes C 194
Eröffnungsbilanz Einzelunternehmen B 15
– steuerrechtlich B 176, 184, 187

1141

Bürgschaft

Buchstaben = Kapitel

Eröffnungsbilanz KapGes
- steuerrechtlich **D** 286, 291
Eröffnungsbilanz PersGes **C** 59 f., 193
Pensionsverpflichtungen
- Eröffnungsbilanz Einzelunternehmen **B** 120
Übernahmebilanzierung
- Ansatz **K** 70 ff.
- Bewertung **K** 85 ff.
Verschmelzung
- handelsrechtlich **H** 97, 111, 130
- steuerrechtlich **H** 166, 170 ff., 230
Zwang bei Realteilung **O** 4, 45 ff., 60
Bürgschaft, Sanierungsmaßnahmen **Q** 129

Carve-Out-Abschluss
s. Gruppenabschluss

Dauerschuldverhältnis
PersGes, Ausscheiden Gesellschafter **N** 28
Überschuldungsstatus **P** 118
Deckungsvermögen
Eröffnungsbilanz Einzelunternehmen **B** 113
- Vermögensverrechnung **B** 93
Derivate U 141
Dienstleistungen
Einlagefähigkeit
- Eröffnungsbilanz KapGes **D** 128
Missbrauchskontrolle **D** 55
Differenzhaftung D 20
Inventar **D** 121
s. auch Vorbelastungsbilanz
Disagio
Betriebsaufgabe (steuerrechtlich) EKfm **M** 57
Eröffnungsbilanz Einzelunternehmen **B** 115
Eröffnungsbilanz KapGes **D** 152, 225 f.
Eröffnungsbilanz PersGes **C** 96
Kapitalerhöhung aus Gesellschaftsmitteln **E** 53, 62
Kapitalerhöhungssonderbilanz **E** 30
Dividendenpolitik
nach Kapitalerhöhung aus Gesellschaftsmitteln **E** 4, 44, 161
s. auch Ausschüttungspolitik
Dokumentation, Eröffnungsbilanz Einzelunternehmen **B** 41, 55, 98, 137
Dokumentationsfunktion U 29

Doppelmaßnahme, Kapitalerhöhung aus Gesellschaftsmitteln
s. auch Ausschüttungs-Rückhol-Verfahren
Dotierungsgrenze, gesetzliche Rücklage **E** 77
Downstream-Merger
Übernahmebilanzierung **K** 67 f., 95, 150, 205, 213
Verschmelzung
- handelsrechtlich **H** 8 f.
- steuerrechtlich **H** 180, 204, 260
Drei-Spalten-Bilanz, Liquidation PersGes **S** 119
Drohverlustrückstellungen
Eröffnungsbilanz
- Ansatzverbote, steuerrechtliche **D** 277
Liquidation **T** 126
Durchschnittssteuersatz, Verschmelzung **H** 201

EAV
Kapitalerhöhungssonderbilanz **E** 32
s. auch Ergebnisabführungsvertrag
Eigene Anteile
Ausschüttungssperre **E** 114
Formwechsel
- KapGes in KapGes **L** 155
- KapGes in PersGes **L** 113
- PersGes in AG **L** 62
- PersGes in GmbH **L** 63
- PersGes in KapGes **L** 61 ff.
- Verletzung der Restriktionen **L** 64 ff.
Kapitalerhöhung aus Gesellschaftsmitteln **E** 14, 86, 173
Kapitalerhöhungssonderbilanz **E** 35
Liquidationsbilanzen KapGes **T** 250 f.
Übernahmebilanzierung **K** 26, 75
Überschuldungsstatus **P** 114
Verlustanzeigebilanz **P** 41
Verschmelzung
- handelsrechtlich **H** 8, 108
- steuerrechtlich **H** 213
s. auch Rücklage für eigene Anteile
Eigenkapital
Eröffnungsbilanz Einzelunternehmen **B** 129 f.
Eröffnungsbilanz KapGes **D** 170 ff.
Eröffnungsbilanz PersGes
- Ausweis **C** 127 ff.
- Begriff **C** 111

1142

Ziffern = Randnummern

Fehlbetrag
– Eröffnungsbilanz PersGes **C** 132
– Kapitalerhöhung aus Gesellschaftsmitteln **E** 35
nach Formwechsel
– KapGes in KapGes **L** 150 ff.
– KapGes in PersGes **L** 110 ff.
– PersGes in KapGes **L** 45 ff.
Gliederung
– Eröffnungsbilanz KapGes **D** 230 ff.
– Eröffnungsbilanz PersGes **C** 131
– Kapitalerhöhung aus Gesellschaftsmitteln **E** 35
Kombinierter Abschluss **F** 40, 46
Liquidationsbilanzen
– KapGes **T** 235 ff.
– PersGes **S** 109
Pro-Forma-Finanzinformationen **F** 93
Saldierung **C** 129
stille Einlage
– Eröffnungsbilanz Einzelunternehmen **B** 131
Eigenkapitalausweis, Nachtragsliquidation **T** 372
Eigenkapitalbeschaffung
Eröffnungsbilanz Einzelunternehmen **B** 116
Eröffnungsbilanz KapGes **D** 145 f.
Eröffnungsbilanz PersGes **C** 95
Sachübernahme
– Gesellschafterdarlehen **D** 152
Eigenkapitalcharakter, Einlagenforderungen **D** 170, 175
Eigenkapitalspiegel
Angabepflichten
– Kapitalerhöhung aus Gesellschaftsmitteln **E** 165
Eigenkapitalumgliederung, Kapitalerhöhung aus Gesellschaftsmitteln **E** 2, 11
Eigentum, wirtschaftliches
Eröffnungsbilanz Einzelunternehmen **B** 96
Eröffnungsbilanz KapGes **D** 131
Einbeziehungswahlrechte, Liquidation **T** 380 ff.
Einbringung
Bewertung **D** 291
Verschmelzung **H** 198, 204
Einbringungsgegenstand, Übernahmebilanzierung **K** 220 ff.
Einbringungsgewinn, Formwechsel **L** 235

Einlagebewertung

Eingriff, existenzvernichtender, Liquidation KapGes **T** 83
Einheitstheorie, Kapitalerhöhung aus Gesellschaftsmitteln **E** 2, 172
Einkommensermittlung, Formwechsel **L** 246
Einlage
Begriff **B** 177
Eröffnungsbilanz PersGes
– Anteile an eigener Komplementärin **C** 93, 136
– Begriff **C** 87 ff.
– Fremdwährungsguthaben **C** 97
Schuldübernahme **D** 141
Sonderposten **D** 231
Einlage, ausstehende
Betriebsvermögen
– steuerrechtliches **D** 283
Einforderung
– Ausweis **D** 204 f.
Eröffnungsbilanz KapGes **D** 233 f.
Forderungen gegen Gesellschafter **D** 140
Formwechsel
– PersGes in KapGes **L** 54
Inventar **D** 121
Kapitalerhöhung aus Gesellschaftsmitteln **E** 14 f., 35, 111
Komplementär KGaA **D** 235
Liquidationsbilanzen KapGes **T** 245
Nominalwertprinzip **D** 203 ff.
Schuldübernahme **D** 141
Überschuldungsstatus **P** 110
Verlustanzeigebilanz **P** 40
Verzugszinsen **D** 126
Einlage dem Wert nach, Liquidationsbilanzen PersGes **S** 86 f.
Einlage, offene, Bewertung **D** 282, 285
Einlage, verdeckte
Begriff **D** 287
Bewertung **D** 287 ff.
Einlage zum Gebrauch, Liquidationsbilanzen PersGes **S** 86 f.
Einlagebewertung
Bewertungsmaßstab **D** 190 ff.
Eröffnungsbilanz KapGes **D** 181 ff.
Eröffnungsbilanz PersGes
– Einzelwirtschaftsgüter **C** 192 f.
– Gesellschafterwechsel **C** 195
– bei Gewährung von Gesellschaftsrechten **C** 192
Höchst-/Mindestwert **D** 188

1143

Einlagefähigkeit

Buchstaben = Kapitel

Einlagefähigkeit
Eröffnungsbilanz KapGes **D** 126 ff.
Forderungen gegen Mitgesellschafter
D 140
Einlageforderung
Abtretung **C** 92
Agio, ausstehendes **D** 173
Ansatz **C** 89, 92
Ausweis
− Rücklagen **C** 130
Bewertung
− Einlagen, ausstehende **C** 112
Eigenkapital **D** 170
Eröffnungsbilanz PersGes **C** 89, 92, 130
Fälligkeit **D** 234
Vorsteuer **C** 118
Einlagekonto
Kapitalerhöhung aus Gesellschaftsmitteln
− Verwendungsfiktion **E** 171
Einlagen aus Betriebsvermögen,
Eröffnungsbilanz PersGes **C** 193
Einlagen aus Privatvermögen,
Eröffnungsbilanz PersGes **C** 192
Einlagenbewertung
Eröffnungsbilanz Einzelunternehmen
− handelsrechtliche **B** 93 f.
− steuerrechtliche **B** 175 ff.
Einlagenkonto, steuerrechtliches,
Eröffnungsbilanz KapGes **D** 282
Einlageversprechen
Verpflichtungsgeschäft
− Gesellschaftsvertrag **C** 93
Einnahmen-/Ausgabenrechnung
B 190
Liquidation **T** 282
Realteilung **O** 100
Eintragung, Kapitalerhöhung aus Gesellschaftsmitteln **E** 150
Eintragungsoption
Kannkaufmann **B** 9
Kleingewerbe **B** 5
Nebengewerbe **B** 9
Eintragungspflicht, Eröffnungsbilanz Einzelunternehmen **B** 52, 56
Eintritt in Einzelunternehmen (Einbringung)
Eröffnungsbilanz PersGes
− Gewerbesteuer-Abgrenzung **C** 50
− Haftung **C** 46
− Unternehmensidentität **C** 44

Einzahlungsverpflichtung, Eröffnungsbilanz PersGes **C** 133
Einzelbewertungsgrundsatz, Liquidationseröffnungsbilanz KapGes **T** 149
Einzelkaufmann
Eröffnungsbilanz **B** 1
Sorgfaltspflicht **B** 55
Unternehmensaufgabe
− Begriff **M** 1
Einzelunternehmen B 21
Einzelunternehmer
Rechnungslegung
− Unternehmen **B** 20
− Verantwortlichkeit **B** 19, 31
unternehmerische Tätigkeit **B** 21
Einzelwirtschaftsgüter, Realteilung
O 21, 25
Emissionskosten, Verrechnung mit Kapitalrücklage **D** 148 f.
Entnahmewert
Eröffnungsbilanz Einzelunternehmen
− steuerrechtliche **B** 178
Entsorgungsverpflichtungen,
Überschuldungsstatus **P** 119
Entsperrung von Rücklagen
Kapitalerhöhung aus Gesellschaftsmitteln
− Kapitalerhöhungssonderbilanz **E** 45, 59, 77, 104
Kapitalerhöhungssonderbilanz
E 117
künftige Rücklagen
− Kapitalerhöhungssonderbilanz
E 104 f.
Rücklage für Rückbeteiligungsbesitz
− Kapitalerhöhungssonderbilanz
E 85
Entsprechenserklärung, Liquidation
T 218
Entwicklungskosten, Eröffnungsbilanz Einzelunternehmen **B** 117
Entwicklungsrechnung
offene InvKG
− Gliederung **U** 602
Sondervermögen
− Gliederung **U** 127
Erbauseinandersetzung
Bewertung, steuerrechtliche
− Eröffnungsbilanz PersGes **C** 196
Erbschaft
Eröffnungsbilanz Einzelunternehmen
B 35
Geschäftsübernahme **B** 184 ff.

Ziffern = Randnummern   **Eröffnungsbilanz Einzeluntern.**

Erfolgsbilanz
Begriff **A** 7
Verschmelzung **H** 116
Erfolgsneutralität, Anschaffungsvorgang **B** 110, 182
Erfüllungsansprüche
Einlagefähigkeit
– Eröffnungsbilanz KapGes **D** 130, 132
Erfüllungsbetrag, Eröffnungsbilanz Einzelunternehmen **B** 105
Erfüllungsübernahme
Eröffnungsbilanz Einzelunternehmen **B** 106
Eröffnungsbilanz PersGes **C** 117
Sanierungsmaßnahmen **Q** 126, 338 ff.
steuerrechtliche Behandlung **Q** 338
Verbindlichkeiten gegenüber Gesellschafter
– Freistellungsverpflichtung **D** 163
Ergänzungsbilanz
Eröffnungsbilanz PersGes **C** 201 ff.
– Bewertungsdifferenzen **C** 191
– Korrekturen der Gesamthandsbilanz **C** 188
– steuerrechtliche **C** 171, 183
Liquidation PersGes **S** 233 ff.
Realteilung **O** 64, 67
Übernahmebilanzierung **K** 120 ff.
Ergebnis pro Aktie nach Kapitalerhöhung aus Gesellschaftsmitteln **E** 4
Ergebnisabführungsvertrag
Liquidation **T** 398
Sanierungsmaßnahmen **Q** 110 ff.
– steuerrechtlich **Q** 336 f.
Verschmelzung **H** 43 ff., 68 ff., 119
Ergebnisabgrenzung, Verschmelzung **H** 90, 97
Ergebnisverwendung
Kapitalerhöhung aus Gesellschaftsmitteln **E** 21, 95 ff., 100 ff., 161
– vor Durchführung **E** 133, 161 f.
– Sonderrücklage nach AktG **E** 64
– vollständige/teilweise **E** 37
Kapitalerhöhungssonderbilanz **E** 30
s. auch Gewinnverwendung
Ergebnisverwendungsbeschluss,
Kapitalerhöhung aus Gesellschaftsmitteln **E** 46, 133
Ergebnisverwendungsrechnung nach Kapitalerhöhung aus Gesellschaftsmitteln **E** 151 f.

Ergebnisvortrag
Formwechsel
– KapGes in KapGes **L** 151
Erläuternde Angaben, Kombinierter Abschluss **F** 29, 51
Erläuterungsbericht
Insolvenzverfahren **R** 75
s. auch Liquidationseröffnungsbilanz KapGes
Erleichterungen nach § 264 Abs 3 HGB, Liquidation KapGes **T** 93
Erlöschen, liquidationsloses,
Anwachsung **S** 17 f.
Eröffnungsbilanz
Insolvenzverfahren **R** 60, 75
Realteilung **O** 57, 61, 71
s. auch Eröffnungsbilanz Einzelunternehmen
s. auch Eröffnungsbilanz KapGes
s. auch Eröffnungsbilanz PersGes
s. auch Liquidation
s. auch Unternehmensaufgabe
Eröffnungsbilanz Einzelunternehmen
Abwicklung **B** 38
Anhang, Anlagengitter **B** 17
Anlässe **B** 162
Anschaffungskostenobergrenze **B** 93
Art und Umfang der Geschäfte **B** 4, 5 f.
Aufforderung des Finanzamts **B** 159, 163
Aufstellung
– Freiberufler **B** 45
– Frist **B** 41, 63 ff.
– Land- und Forstwirtschaft **B** 44
– Stille Gesellschaft **B** 36, 160
– unterjährige **B** 51, 59
– Zweigniederlassung **B** 11
Aufstellungsanlässe **B** 30 f.
Aufstellungsfrist **B** 41, 63 f.
Ausweis s. Gliederung
Befreiung
– größenabhängige **B** 3, 5
Beginn Geschäftstätigkeit **B** 50
Begriff **B** 1, 2, 4 ff., 20
Betriebseröffnung **B** 160
Bewertung
– Buchwertfortführung **B** 15
– Schulden **B** 181
– Umlaufvermögen **B** 95
Buchführungspflicht
– steuerrechtliche **B** 59

1145

Eröffnungsbilanz Kapitalges.   Buchstaben = Kapitel

Buchwertfortführung
− Problematik **B** 110
Datum der Anmeldung **B** 52 f.
Datum der Handelsregistereintragung
   B 56
Einzelvorschriften **B** 91
Eventualverbindlichkeiten **B** 137
Fiktivkaufmann **B** 54 f.
Gewerbe, Gewerbebetrieb **B** 42, 44
Gläubigerschutz **B** 41
nach HGB **B** 1
latente Steuern **B** 111
Maßgeblichkeitsprinzip **B** 170 ff.
Organisationserfordernis **B** 2, 5 f.,
   41 ff., 49
Pensionsverpflichtungen **B** 120
persönliche Steuerschulden **B** 111
Rechnungsabgrenzung **B** 112
Selbstinformation **B** 14
Steuerbilanz **B** 50
steuerrechtlicher Bewertungsvorbehalt
   B 172
steuerrechtliche Vorschriften **B** 159
Stichtag **B** 6, 41, 50 ff.
stille Einlage **B** 131
Übergangsbilanz **B** 65
Unternehmensvermögen **B** 20
Unterzeichnung **B** 140
Verantwortlichkeit **B** 165
Vermögensstatus **B** 13
Verschmelzung auf Alleingesellschafter
   B 38, 187
Vorschriften **B** 24 ff.
Eröffnungsbilanz Kapitalgesellschaft
Anhang **D** 106
Anlagengitter **D** 226
Ansatz **D** 275 ff.
− allgemein **D** 126 ff.
− immaterielle Vermögensgegenstände
   D 134 ff.
− Schulden **D** 146
Ansatzverbote
− handelsrechtlich **D** 147
− steuerrechtlich **D** 275 ff.
Ansatzwahlrechte **D** 142, 152
Arten **D** 1
Aufstellung
− Größenklassen **D** 114
− Zuständigkeit, Verantwortlichkeit
   D 248 ff.
Aufstellungsvorschriften **D** 103 ff.
Aufstellungszeitraum
− Eröffnungsbilanz KapGes **D** 82 ff.

Ausgangspunkt für Buchführung **D** 7
Ausweis
− Einlagenforderungen **D** 173
Begriff **D** 1
Bestandteile
− Gewinn- und Verlustrechnung **D** 10
Bewertung
− Anschaffungskostenprinzip
   D 187 f.
− Ausgabebetrag **D** 191 f.
− ausstehende Einlagen **D** 203 ff.
− Buchwertfortführungswahlrecht
   D 284 ff.
− Schulden **D** 216 f.
− Wahlrechte **D** 191 f.
Bewertungsmaßstäbe **D** 187 ff.
Bewertungsvorbehalt
− steuerrechtlicher **D** 282
Disagio **D** 152
Eigenkapitalbeschaffungskosten **D** 145
Eigenkapitalgliederung **D** 230 ff.
Einlagefähigkeit
− Vermögensgegenstände **D** 127 f.
Einlagen
− Begriff (steuerrechtlich) **D** 282 f.
Einlagenbewertung **D** 181 ff.
Eventualverbindlichkeiten **D** 166,
   243
Festellung **D** 5, 253
Forderungen gegen Gesellschafter
   D 140
Fremdkapitalbeschaffung **D** 151
Geschäfts- oder Firmenwert **D** 136 ff.
Geschäftsübernahme **D** 84
Gliederung
− allgemein **D** 221 ff.
− ausstehende Einlagen **D** 233 ff.
Größenklasseneinstufung **D** 107 ff.
Informations- und Dokumentations-
funktion **D** 6, 8
Kapitalaufbringungskontrolle
− handelsrechtlich **D** 8
− steuerrechtlich **D** 257
Kleinstkapitalgesellschaft **D** 107, 227
latente Steuern **D** 154
Niederstwertprinzip **D** 208
Offenlegung **D** 5, 261 f.
Pensionsverpflichtungen **D** 163
Prüfung **D** 5
− Organe, externe Prüfung **D** 254 ff.
− Registergericht **D** 257
Rechnungsabgrenzungsposten **D** 150,
   165, 211

Ziffern = Randnummern **Eröffnungsbilanz Personenges.**

Sanktionen
– Verstoß gegen Aufstellungspflicht **D** 91
Schulden **D** 161 f.
Schuldübernahme **D** 163
steuerrechtliche Regeln **D** 268 ff.
Stichtag **D** 269
bei Umwandlung zur Neugründung **D** 9
Unterschrift **D** 252
Vermögensstatus **D** 6
Vorlagepflicht **D** 257, 262 f.
Vorteile
– wirtschaftliche **D** 133, 138
Zweck, Funktion **D** 6
Eröffnungsbilanz Personengesellschaft
Ansatz
– allgemein **C** 79 f.
– Gesamthandsvermögen **C** 113 f.
– Nutzungsrechte **C** 113
– Verlustausgleichsanspruch **C** 132
Ansatzfähigkeit
– rein wirtschaftliche Vorteile **C** 94
Ansatzverbote **C** 95 f., 114
Anschaffungskosten
– Einlagen, Schuldübernahme **C** 80
Aufbewahrung **C** 156
Aufstellung **C** 5 f., 9
– allgemein **C** 1 ff.
– GbR, Kleingewerbe **C** 2, 21 f.
– Steuerbilanz **C** 163
– Zuständigkeit **C** 15
Aufstellungspflicht
– steuerrechtliche **C** 175 ff.
Ausgleichszahlungen
– an Miterben **C** 196
Auskunftsrechte **C** 144, 155
Ausweis *s.* Gliederung
Betriebsvermögen **C** 182
Bewertung
– Abgeltung stiller Reserven **C** 204 f.
– Abstockung **C** 205
– allgemein **C** 79 f.
– Buchwertfortführung **C** 59 f., 194
– Geschäfts- oder Firmenwert **C** 206
– Gesellschaftsrechte **C** 192
– Grunderwerbsteuer **C** 198 f.
– Sacheinlagen **C** 98 f.
– Teilwertansatz **C** 192
Bewertungsvorbehalt
– steuerrechtlicher **C** 191
Bilanzänderung **C** 151

Bilanzstichtag **C** 34 ff.
Bilanzverlust **C** 95
Buchführungspflicht
– AO **C** 164 ff.
– HGB **C** 165
Eigenkapital **C** 111, 186
Einlagen
– Bewertung **C** 97 ff., 112
– Gegenstand **C** 93 f.
– Kapitalaufbringung, Vorbelastungen **C** 88 f., 95
– stille **C** 111
– Zuzahlung in Privatvermögen **C** 197
Einlagenbewertung
– steuerrechtliche **C** 192 ff.
Einlagenforderung **C** 88 f.
Ergänzungsbilanz
– steuerrechtliche **C** 201 ff.
– Zuständigkeit **C** 171
Eventualverbindlichkeiten **C** 120, 139
Feststellung **C** 19, 40, 142 ff.
bei Fortführung **C** 57
Fremdkapitalbeschaffung **C** 96
Gegenstand der Einlage **C** 90 f.
Gesamthandsbilanz (steuerrechtliche) **C** 182 ff.
Gesamthandsvermögen **C** 107 f., 113, 186
Geschäfts- oder Firmenwert **C** 94 f.
Gliederung **C** 123
– allgemein **C** 79 f., 123 f.
– Anteile an Komplementär **C** 136
– Eigenkapital **C** 127 ff.
– Eigenkapital (auch ausstehendes) **C** 131 f.
Gründungskosten **C** 95
Kapitalaufbringung
– Vorbelastungen **C** 120
Kapitalkonten **C** 87 ff., 111
kfm Organisation **C** 2
Maßgeblichkeit
– Sonderbetriebsvermögen **C** 214
Mitunternehmeranteil **C** 213
Offenlegung **C** 154 f.
Pensionsverpflichtungen
– allgemein **C** 110
– gegenüber Mitunternehmern **C** 189 f.
Privatvermögen, Privatschulden **C** 109, 114, 183 f., 188
Prüfung **C** 146 ff.
– durch Registergericht **C** 155

1147

Eröffnungsinventar

Buchstaben = Kapitel

Rechnungsabgrenzung **C** 96
Rückstellung für Haftungsrisiken
  C 120
Sanktionen **C** 70 f., 155
Schulden
– Davon-Vermerk **C** 109
Sonderbetriebsvermögen **C** 170,
  210 ff.
– allgemein **C** 114
– gewillkürtes **C** 216
– Pensionsrückstellungen **C** 189
– Verbindlichkeiten **C** 217
Steuerschulden des Gesellschafters
  C 116
Strafsanktionen **C** 70
Übergang der Verantwortlichkeit
– Gesellschafterwechsel **C** 65
bei Umgründung **C** 57
Verantwortlichkeit **C** 13 ff., 163
– s. auch Sanktionen
Verbindlichkeiten gegenüber Gesellschaftern **C** 88, 109, 127
Vorbelastung der Einlagen **C** 120
Vorgründungsgesellschaft **C** 4, 51, 119
Vorschriften (BGB, HGB) **C** 79 ff.
Zweck **C** 27 f.
– GbR **C** 35
Eröffnungsinventar
Aufstellungsfrist **B** 41, 49, 63 f., 69
Einzelunternehmen **B** 82 ff.
KapGes **D** 119
PersGes **C** 75 f.
s. auch Eröffnungsbilanz
s. auch Inventar
Errichtung
PersGes **C** 33, 42 ff.
– Auswirkung auf Gesellschafterebene
  C 250 ff.
Erstattungsanspruch § 31 GmbHG
Eröffnungsbilanz KapGes **D** 144, 152
Liquidation KapGes **T** 246
Erstellung
Kombinierter Abschluss **F** 34 ff.
Pro-Forma-Finanzinformationen
  F 67 ff.
Ertrags- und Aufwandsrechnung
Anschaffungskosten **U** 105 ff.
Immobiliensondervermögen **U** 102
Pflichtgliederung **U** 100 f.
realisierte Ergebnisse **U** 105 ff.
Sondervermögen **U** 100
Ertragsausgleich, Sondervermögen
  U 163 ff.

Ertragswert, Verschmelzung **H** 34, 90
Ertragswertverfahren U 229
Ertragszuschuss, Sanierung **Q** 205
Erzielter Betrag, Ausgabe von Wandlungs-/Optionsrechten **E** 53
Europäische Genossenschaft,
Verschmelzung **H** 21
Europäische Gesellschaft,
Formwechsel **L** 9
Europäische Privatgesellschaft,
Verschmelzung **H** 21
Eventualverbindlichkeiten
Eröffnungsbilanz Einzelunternehmen
  B 137
Eröffnungsbilanz KapGes **D** 166, 243
Eröffnungsbilanz PersGes **C** 120
Grunderwerbsteuer
– Mithaftung, gesamtschuldnerische
  C 198
EWIV, Eröffnungsbilanz **C** 9

Factoring
Sanierung **Q** 43
– steuerrechtlich **Q** 309
Fehlmaßnahme, Eröffnungsbilanz
Einzelunternehmen **B** 183
Festbewertung, Eröffnungsbilanz
Einzelunternehmen **B** 85
Festgelder U 260
Feststellung
Eröffnungsbilanz Einzelunternehmen
  B 141
Eröffnungsbilanz KapGes **D** 253
Eröffnungsbilanz PersGes **C** 19, 40, 142 ff.
Jahresabschluss bei Formwechsel
– KapGes in KapGes **L** 143
– KapGes in PersGes **L** 104
– PersGes in KapGes **L** 43
Kapitalerhöhung aus Gesellschaftsmitteln **E** 46, 137
Kapitalerhöhungssonderbilanz
  E 137
Liquidationsbilanzen
– KapGes **T** 273, 340
– PersGes **S** 131
Liquidationsrechnungslegung (interne)
– PersGes **S** 196
Festwert, Kapitalerhöhungssonderbilanz
  E 33
Finanz- und Devisenterminkontrakte U 262

Ziffern = Randnummern

Finanzanlagevermögen
Liquidation
– Bewertung bei **T** 161
Finanzberichte nach WpHG
prüferische Durchsicht **G** 4
Prüfung **G** 4
Veröffentlichung **G** 80 f.
Zugänglichkeit
– nach dem DCGK **G** 82
– nach WpHG **G** 83
Zwischenabschluss als deren Bestandteil **G** 1 ff.
Zwischenlagebericht **G** 30 ff.
Finanzinformationen, historische,
Pro-Forma-Finanzinformationen **F** 67
Finanzplan, Überschuldungsstatus **P** 90 ff.
Finanzplanung, Liquidation PersGes **S** 144
Firma
Einzelunternehmer **B** 18
Liquidation KapGes **T** 6
Liquidation PersGes **S** 8
Löschung bei EKfm **M** 7
PersGes **C** 13 f.
Stille Gesellschaft **C** 14, 45
Firmenwert s. Geschäfts- oder Firmenwert
Firmierung als Investmentaktiengesellschaft U 376
Firmierung als Investmentkommanditgesellschaft U 376
Fondsverschmelzung, Sondervermögen **U** 310 ff.
Forderungen gegen Gesellschafter
Eröffnungsbilanz KapGes **D** 140
Eröffnungsbilanz PersGes **C** 186
Geschäftsübernahme **D** 238
Kapitalerhöhung aus Gesellschaftsmitteln **E** 32, 59, 112
Forderungsverzicht
Auswirkungen, steuerrechtliche **Q** 324
gesellschaftsfremder Gläubiger **Q** 326
KapGes **Q** 324
Kapitalerhöhung aus Gesellschaftsmitteln **E** 19
Kapitalrücklage **E** 54
PersGes **Q** 325
Sanierungsmaßnahmen **Q** 60 ff.
werthaltiger Teil **Q** 324
Forderungsverzicht bei Sanierung
Handelsrecht **Q** 60 ff.
Steuerrecht **Q** 324 ff.

Formwechsel

Formkaufmann kraft Eintragung
ScheinhandelsGes
– Rechnungslegungspflicht **C** 10
Formwechsel
Abfindungen **L** 20
– Bilanzierung beim Gesellschafter **L** 173
– KapGes in KapGes **L** 160 f.
– KapGes in PersGes **L** 120 f.
– PersGes in KapGes **L** 60 ff.
Anhangangaben
– KapGes in KapGes **L** 165 f.
– PersGes in KapGes **L** 79 ff.
Anlagengitter
– PersGes in KapGes **L** 77
Anschaffungskosten **L** 30 f.
– KapGes in KapGes **L** 165
– KapGes in PersGes **L** 125
– PersGes in KapGes **L** 75, 237
Anteile, eigene
– KapGes in KapGes **L** 155
– KapGes in PersGes **L** 113
– PersGes in AG **L** 62
– PersGes in GmbH **L** 63
– PersGes in KapGes **L** 61 ff.
– Verletzung der Restriktionen **L** 64 ff.
Anteile, neue **L** 212
Anteilseigner, Besteuerung **L** 275
Antrag **L** 224
Aufstellung Jahresabschluss
– KapGes in KapGes **L** 142
– KapGes in PersGes **L** 103
– PersGes in KapGes **L** 42
ausländische Beteiligung **L** 201
ausstehende Einlage **L** 54
Besteuerung **L** 260
Betriebsvermögen, eingebrachte
– PersGes in KapGes **L** 220
Bewertung Beteiligung beim Gesellschafter **L** 170 f.
Bewertungswahlrecht **L** 222 f.
Bilanzierung beim Gesellschafter **L** 170 ff.
Bilanzierungshilfen
– KapGes in PersGes **L** 126
Buchwerte **L** 221
Eigenkapital
– KapGes in KapGes **L** 150 ff.
– KapGes in PersGes **L** 110 ff.
– PersGes in KapGes **L** 45 ff.
Einbringungsgegenstand **L** 210
Einbringungsgewinn **L** 235

1149

Formwechsel

Buchstaben = Kapitel

Einbringungsvorgang **L** 210
Einkommensermittlung **L** 246
Ergebnisvortrag
- KapGes in KapGes **L** 151
Eröffnungsbilanz PersGes **C** 43
Eröffnungsbilanz, steuerrechtliche **L** 206
- KapGes in PersGes **L** 283
- PersGes in KapGes **L** 245 ff.
Europäische Gesellschaft **L** 9
Feststellung Jahresabschluss
- KapGes in KapGes **L** 143
- KapGes in PersGes **L** 104
- PersGes in KapGes **L** 43
gesetzliche Rücklage AktG
- KapGes in KapGes **L** 151
- PersGes in KapGes **L** 52
Gewerbesteuer
- KapGes in PersGes **L** 301
- PersGes in KapGes **L** 300
gezeichnetes Kapital
- PersGes in KapGes **L** 49
GmbH & Co. KG **L** 3 ff.
Größenklasse
- KapGes in KapGes **L** 140
- PersGes in KapGes **L** 40
Gründungsvorschriften **L** 17
- KapGes in KapGes **L** 150
- KapGes in PersGes **L** 111 f., 126
- PersGes in KapGes **L** 45 f.
homogen **L** 203
Jahresergebnis
- KapGes in KapGes **L** 154
- PersGes in KapGes **L** 55
KapGes
- Besteuerung **L** 262
- übernehmende **L** 230
- aus Vorgründungsgesellschaft **D** 21
KapGes in KapGes **L** 140 ff.
- Besteuerung **L** 290 f.
KapGes in PersGes **L** 100 ff.
- Besteuerung **L** 260 ff.
- Besteuerung der Gesellschafter **L** 275 ff.
Kapitalerhöhung aus Gesellschaftsmitteln **E** 11
Kapitalrücklage
- KapGes in KapGes **L** 151
- PersGes in KapGes **L** 50 f.
Konzernabschluss des Gesellschafters
- Bilanzierung beim Gesellschafter **L** 184

Konzernrechnungslegung der Gesellschaft
- KapGes in KapGes **L** 141
- KapGes in PersGes **L** 102
- PersGes in KapGes **L** 41
latente Steuern
- Bilanzierung beim Gesellschafter **L** 180 ff.
- KapGes in PersGes **L** 131 f.
- PersGes in KapGes **L** 86 ff.
Liquidation KapGes **T** 407
Mitunternehmeranteil **L** 211
Offenlegung **L** 25
Organmitglieder, Organbezüge, Angabe von
- KapGes in KapGes **L** 166
- PersGes in KapGes **L** 82 f.
PersGes **C** 2, 9
- Besteuerung **L** 270
- in KapGes **L** 40 ff., 225 ff.
- in PersGes **L** 295 f.
PersGes, vermögensverwaltende
- KapGes in vermögensverwaltende PersGes **L** 280
- vermögensverwaltende PersGes in KapGes **L** 240
Rechtsträgeridentität **L** 15
Rückbeziehung
- steuerrechtliche **L** 285
Sonderbetriebsvermögen **L** 215 f.
Steueraufwand
- KapGes in PersGes **L** 130
- PersGes in KapGes **L** 85
Steuerbilanzen
- Folgebewertung **L** 215
Übertragungsbilanz **L** 246
- steuerrechtliche
  - KapGes in PersGes **L** 283
  - PersGes in KapGes **L** 202, 206, 245
Übertragungssachverhalt
- steuerrechtlicher **L** 200
Übertragungsstichtag, steuerrechtlicher
- PersGes in KapGes **L** 250
Umwandlungsbericht, Vermögensaufstellung **L** 22 ff.
Unterbewertungen, Übernahme von
- PersGes in KapGes **L** 76
Unterbilanz
- KapGes in KapGes **L** 152
Veräußerungsgewinn **L** 236
Veräußerungspreis **L** 235
Verkehrssteuern **L** 305 f.

Ziffern = Randnummern

Geschäfts- oder Firmenwert

Vermögensübergang
– steuerrechtlicher **L** 205
Vorjahreszahlen
– KapGes in KapGes **L** 165
– PersGes in KapGes **L** 78
Zebragesellschaften **L** 241
Zuzahlungen **L** 21
– Bilanzierung beim Gesellschafter **L** 172
– KapGes in KapGes **L** 160
– KapGes in PersGes **L** 120
– PersGes in KapGes **L** 60
Zwischenwerte **L** 221
Forschungskosten, Eröffnungsbilanz Einzelunternehmen **B** 117
Fortführung, identitätswahrende, Eröffnungsbilanz PersGes **C** 54 f.
Fortführungsprognose, Überschuldungsstatus **P** 90 ff.
Fortführungsvermutung, PersGes **C** 55
Fortsetzung nach Liquidation
KapGes **T** 355 ff.
PersGes **S** 200 ff.
Freianteile s. Gratisaktien
Freiberufler
Eröffnungsbilanz Einzelunternehmen **B** 45, 159
Kaufmannseigenschaft **B** 8
Rechnungslegungsvorschriften
– steuerrechtliche **B** 159
Sonderbetriebsvermögen **C** 213
Sozietät **C** 6
Freibetrag, Betriebsaufgabe (steuerrechtlich) EKfm **M** 63
Freistellungsansprüche
Aktivposten
– Liquidation **T** 116
Freistellungsverpflichtung
Verbindlichkeiten gegenüber Gesellschafter
– Erfüllungsübernahme **D** 163
Fremdkapital
Eröffnungsbilanz PersGes **C** 185
Kombinierter Abschluss **F** 48
Fremdwährungsumrechnung, Eröffnungsbilanz Einzelunternehmen **B** 93
Fristen, Kapitalerhöhung aus Gesellschaftsmitteln **E** 133
Fünftelregelung
Betriebsaufgabe (steuerrechtlich) EKfm **M** 67
Verschmelzung **H** 201

Fusion s. Verschmelzung
Fusionsrichtlinie, Verschmelzung **H** 23

GbR, Eröffnungsbilanz PersGes **C** 35
Gehälter, Überschuldungsstatus **P** 118
Geldbeschaffungskosten, Eröffnungsbilanz Einzelunternehmen **B** 116, 118
Geldeinlage
Bargründung **D** 34
Eröffnungsbilanz PersGes
– Begriff **C** 90
– Bewertung **C** 98
Geldschulden
Eröffnungsbilanz Einzelunternehmen
– steuerrechtliche **B** 182
Gemeiner Wert
Begriff **B** 177
Einlagen bei tauschähnlichem Vorgang
– Eröffnungsbilanz PersGes **C** 192
Verschmelzung **H** 201
Gemischte Sachgründung
s. Sachgründung
Genehmigtes Kapital, Kapitalerhöhung aus Gesellschaftsmitteln **E** 5
Genussrechte
Eröffnungsbilanz PersGes **C** 111
Kapitalerhöhung aus Gesellschaftsmitteln **E** 6, 54, 70
Verlustanzeigebilanz **P** 43
Genussrechtskapital, Eröffnungsbilanz Einzelunternehmen **B** 133 f.
Gesamtabrechnung
PersGes, Ausscheiden Gesellschafter **N** 5
– Ermittlung Unternehmenswert **N** 7 ff.
Gesamtanschaffungskosten, Aufteilung **D** 206
Gesamthandsvermögen
Eröffnungsbilanz PersGes **C** 29, 107 f., 113
Realteilung **O** 18, 26
Gesamtkostenaufteilung, Eröffnungsbilanz Einzelunternehmen **B** 109, 183
Gesamtkostenquote U 143
Gesamtrechtsnachfolge, Verschmelzung **H** 1
Geschäfts- oder Firmenwert
Ergänzungsbilanz **C** 206
Eröffnungsbilanz
– steuerrechtliche **D** 276

1151

Geschäftsausweitung Buchstaben = Kapitel

Eröffnungsbilanz Einzelunternehmen **B** 115
- Geschäftsidee **B** 92
- steuerrechtliche **B** 183
- Unterschiedsbetrag zum Gesamtkaufpreis **B** 109
Eröffnungsbilanz KapGes **D** 136 ff.
Eröffnungsbilanz PersGes **C** 94 f.
Liquidation KapGes
- Liquidationseröffnungsbilanz **T** 118
- Liquidationsjahresabschluss **T** 211
PersGes, Ausscheiden Gesellschafter **N** 23, 56
Übernahmebilanzierung **K** 20 f., 48, 62, 72
Überschuldungsstatus
- derivativ erworbener **P** 111
- originärer **P** 111
Verschmelzung **H** 165 f.
Geschäftsausweitung, Eröffnungsbilanz Einzelunternehmen **B** 30
Geschäftsbetrieb
Ausweitung **B** 16
kaufmännischer
- PersGes **C** 2 ff.
Geschäftseröffnung
Anforderungen
- steuerrechtliche **B** 158
Eröffnungsbilanz Einzelunternehmen **B** 6 f., 11, 15, 32, 46
Gewinn- und Verlustrechnung **B** 16
Geschäftsidee, Eröffnungsbilanz Einzelunternehmen **B** 92, 116
Geschäftsjahr
Änderung in der Liquidition
- PersGes **S** 71
Insolvenzverfahren **R** 55 f., 86
Liquidation
- KapCoGes **S** 70
- KapGes **T** 200 ff.
- PersGes **S** 70
Unternehmensaufgabe **M** 20
Geschäftsübernahme
Anwachsung **B** 108
- beim Alleingesellschafter **C** 195
Disagio **B** 115
Einbeziehung in lfd Betrieb **B** 37
Eröffnungsbilanz Einzelunternehmen **B** 15, 30, 33, 36 ff., 66
- Geschäfts- oder Firmenwert **B** 92
- steuerrechtliche **B** 183 ff.
Eröffnungsbilanz KapGes
- Größeneinstufung **D** 84, 110

Eröffnungsinventar **B** 83
Gesamtanschaffungskosten **B** 109
Kaufpreisschuld
- Eröffnungsbilanz Einzelunternehmen **B** 106
Kleingewerbe **B** 37
Stichprobeninventur **B** 86
Gesellschaft mit beschränkter Haftung
Nachschüsse
- Sanierung **Q** 208 ff.
s. auch Kapitalgesellschaft
Gesellschafterbesteuerung,
Übernahmebilanzierung **K** 187
Gesellschafterdarlehen
Disagio **D** 152
KapGes
- unverzinsliche **Q** 321
Kleinbeteiligungsprivileg **Q** 100
Liquidation KapGes **T** 78
PersGes **Q** 287
- Finanzplandarlehen **Q** 322
- korrespondierende Bilanzierung **Q** 320
- unverzinsliche **Q** 322
Sanierungsmaßnahmen **Q** 90 ff.
Sanierungsprivileg **Q** 101
Teilwertabschreibung **Q** 319
Gesellschafterkonten
Eigen-/Fremdkapital **C** 185 f.
Eigenkapitalcharakter **C** 127
Eröffnungsbilanz PersGes **C** 111
Sonderbetriebsvermögen
- Verrechnungskonten **C** 212
Gesellschafterwechsel
Anschaffungsnebenkosten **C** 199
Auswirkung auf Gesellschafterebene **C** 260
Eröffnungsbilanz PersGes **C** 57 f., 176 f., 195
Mitunternehmeranteil **C** 195
Mitunternehmerschaft **C** 178
Rückwirkung **C** 179
Gesellschaftsanteile
Anschaffungskosten **D** 144
Einlagefähigkeit
- Eröffnungsbilanz KapGes **D** 130
Gestaltungsmissbrauch, Realteilung **O** 105
Gestaltungsmöglichkeiten, Kapitalerhöhung aus Gesellschaftsmitteln **E** 19 f.
Gewerbeanmeldung B 46

Ziffern = Randnummern

Gewerbebetrieb
Begriff **B** 42
gewerbliche Prägung **B** 5, 8, 9
Handelsgewerbe **B** 4, 5, 7
Rechnungslegungsvorschriften
– steuerrechtliche **B** 159
Gewerbesteuer
Betriebsaufgabegewinn **M** 44
Eröffnungsbilanz PersGes **C** 50
Formwechsel
– KapGes in PersGes **L** 301
– PersGes in KapGes **L** 300
Liquidation
– KapGes **T** 467 ff.
– PersGes **S** 212 f.
PersGes, Ausscheiden Gesellschafter **N** 132 ff.
Realteilung **O** 158 ff.
Übernahmebilanzierung **K** 185, 208
Verschmelzung **H** 225 ff.
Gewinn- und Verlustrechnung
InvAG
– Vorjahresangaben **U** 466
Kapitalerhöhungssonderbilanz **E** 22, 30
Liquidation, Gliederung
– KapGes **T** 255 ff.
– PersGes **S** 110
Pro-Forma-Finanzinformationen **F** 87 ff.
Gewinnausschüttung, unzulässige, Liquidation **T** 81 f.
Gewinnberechtigung neuer Anteile nach Kapitalerhöhung aus Gesellschaftsmitteln **E** 160 f.
Gewinnbezugsrecht
Rückwirkung
– Kapitalerhöhung aus Gesellschaftsmitteln **E** 161
Gewinnermittlung
Realteilung
– Übergangsbilanz **O** 102
– Übergangsgewinn **O** 102
Wahlrecht
– Einnahmen-/Ausgabenrechnung **B** 190
Gewinnermittlungsart
Realteilung
– Wechsel **O** 101, 103
Gewinnerzielungsabsicht, Unternehmensbegriff **B** 42
Gewinnfeststellung, Gesellschafterwechsel **C** 176 f., 179

Gliederung

Gewinnrealisierung
Einlagenbewertung
– steuerrechtliche **D** 285 ff.
Gewinnrücklagen
Begriff
– Kapitalerhöhung aus Gesellschaftsmitteln **E** 44, 76 ff.
Eröffnungsbilanz KapGes **D** 171
Kapitalerhöhung aus Gesellschaftsmitteln **E** 76 ff.
Gewinnthesaurierung, Kapitalerhöhung aus Gesellschaftsmitteln
– Jahresbilanz **E** 95 f., 100 f.
– Kapitalerhöhungssonderbilanz **E** 97 ff., 102, 104 ff.
– *s. auch* Rücklagenzuführungen
Gewinnverteilungsschlüssel, Realteilung **O** 109, 129, 136, 141
Gewinnverwendung
Kapitalerhöhung aus Gesellschaftsmitteln **E** 37
Kapitalerhöhungssonderbilanz **E** 105 f.
Gewinnvortrag, Eröffnungsbilanz KapGes **D** 171
Gezeichnetes Kapital
Bewertung **D** 215, 230
Eröffnungsbilanz KapGes **D** 170, 173
Formwechsel
– PersGes in KapGes **L** 49
Gläubigeraufruf
Auflösung **T** 4, 73, 370
Nachtragsliquidation **T** 370
Gläubigerschutz U 27
Kapitalerhöhung aus Gesellschaftsmitteln **E** 3
Liquidation
– KapGes **T** 70 ff.
– PersGes **S** 56
Verschmelzung **H** 21, 56 f., 90
Gliederung
Eröffnungsbilanz KapGes **D** 221 ff.
Eröffnungsbilanz PersGes **C** 81, 123 f.
Eventualverbindlichkeiten
– Eröffnungsbilanz Einzelunternehmen **B** 137
Kapitalerhöhungssonderbilanz **E** 34 f.
Liquidationsbilanzen KapGes **T** 225 ff.
Liquidationsbilanzen PersGes **S** 105 ff.
Rücklagen
– Kapitalerhöhung aus Gesellschaftsmitteln **E** 46 f., 50
Überschuldungsstatus **P** 83
Verlustanzeigebilanz **P** 23

1153

Gliederungsschema

Buchstaben = Kapitel

Gliederungsschema, Eröffnungsbilanz Einzelunternehmen **B** 125 f.
GmbH s. Gesellschaft mit beschränkter Haftung
GmbH & Co. KG
Formwechsel **L** 3 ff.
s. auch KapCoGes
GoB s. Grundsätze ordnungsmäßiger Buchführung
Going-Concern-Prinzip
Liquidationseröffnungsbilanz KapGes **T** 145 ff.
Verlustanzeigebilanz **P** 36
Goodwill s. Geschäfts- oder Firmenwert
Gratisaktien
Kapitalerhöhung aus Gesellschaftsmitteln **E** 11
s. auch Berichtigungsanteile
Größenklasseneinstufung
Eröffnungsbilanz KapGes **D** 107 ff., 114
Kapitalerhöhungssonderbilanz 38 f.
Vorgesellschaft **D** 111 f.
Vorgründungsgesellschaft **D** 113
Größenkriterien
Eröffnungsbilanz Einzelunternehmen
– Schwellenwerte § 241a HGB **B** 3, 31
Eröffnungsbilanz KapGes
– Arbeitnehmerzahl, durchschnittliche **D** 109
– Bilanzsumme **D** 107
– Umsatz, maßgeblicher **D** 108
nach Formwechsel
– KapGes in KapGes **L** 140
– PersGes in KapGes **L** 40
Übernahmebilanzierung **K** 8 ff.
Unternehmen iSd PublG
– Aufstellungsfrist **B** 66
– Erklärung zur UntGröße **B** 75
Grundbesitz, Einlagefähigkeit **D** 129
Grundbesitzbewertung, Verschmelzung **H** 273
Gründer, KapGes **D** 17
Grunderwerbsteuer
Bilanzvermerk
– Mithaftung, gesamtschuldnerische **C** 198
Einlage von Grundbesitz
– Eröffnungsbilanz PersGes **C** 198 f.

Eröffnungsbilanz Einzelunternehmen
– Anschaffungsnebenkosten **B** 106, 108
– Anwachsung **B** 108
Liquidation PersGes **S** 218 f.
PersGes, Ausscheiden Gesellschafter **N** 143 ff.
Realteilung **O** 168 f.
Verschmelzung **H** 260 ff.
Grundkapital
Formwechsel
– PersGes in KapGes **L** 53
Grundsätze ordnungsmäßiger Buchführung U 33
formale **U** 34
materielle **U** 36
PersGes, Ausscheiden Gesellschafter **N** 17 f.
Gründung, Eröffnungsbilanz PersGes **C** 42 ff.
Gründungsaufwand
Begriff **D** 145
Eröffnungsbilanz
– steuerrechtliche **D** 269
Eröffnungsbilanz KapGes **D** 143 ff.
latente Steuern **D** 154
Vorsteuer **D** 153
Gründungsbericht D 22
Gründungsbilanz s. auch Eröffnungsbilanz
Gründungseinlage s. Einlage
Gründungshaftung D 20
Gründungskosten
Eröffnungsbilanz Einzelunternehmen **B** 116
Eröffnungsbilanz PersGes **C** 95
Gründungsprüfung D 255 f.
Verschmelzung **H** 140, 143
Gründungsstadium, Auflösung **S** 16
Gründungsvorschriften
Formwechsel **L** 17
– KapGes in KapGes **L** 150
– KapGes in PersGes **L** 111 f., 126
– PersGes in KapGes **L** 45 f.
Gruppenabschluss s. Kombinierter Abschluss
Gruppenbewertung, Kapitalerhöhungssonderbilanz **E** 33

Hafteinlage
Angabepflicht **C** 87
Begriff **C** 88
Handelsregistereintragung **C** 87

1154

Ziffern = Randnummern

Haftung
Abschlussprüfer
- Kapitalerhöhung aus Gesellschaftsmitteln **E** 131

Aufnahme eines Gesellschafters **C** 46
Unternehmenserwerb **B** 33, 35

Haftungsqualität, Kapitalerhöhung aus Gesellschaftsmitteln **E** 3

Haftungsverhältnisse
Eröffnungsbilanz KapGes **D** 162, 166
Geschäftsübernahme, § 28 HGB **C** 120
Liquidationseröffnungsbilanz KapGes **T** 113

Halbeinkünfteverfahren, Verschmelzung **H** 201

Halbjahresbericht
InvAG
- Aufstellungspflicht **U** 422
Publikums-InvAG
- Offenlegung **U** 431
Sondervermögen **U** 23
- Stichtag **U** 49

Halbjahresfinanzbericht, Aufstellungspflicht nach WpHG **G** 1

handelbare Kurse U 217

Handelsbilanz
Realteilung
- echte **O** 51 ff.
- unechte **O** 54
s. einzelne Kapitel

Handelsgesellschaft, Eröffnungsbilanz PersGes **C** 1 f.

Handelsgewerbe, Begriff **B** 4, 5, 42, 47 ff.

Handelsregister
Auflösung, Eintragung
- KapGes **T** 4
- PersGes **S** 7
Erlöschen der Firma (PersGes) **S** 185
Eröffnungsbilanz Einzelunternehmen **B** 52 f., 56
Kapitalerhöhung aus Gesellschaftsmitteln **E** 13
- Nichtigkeit **E** 21
Verschmelzung **H** 27, 32 f., 35, 51 f., 56, 60 ff., 83 f., 100 f., 124

Handelsregisteranmeldung
Kapitalerhöhung aus Gesellschaftsmitteln
- Fristen **E** 26

Immobiliensondervermögen

Verantwortlichkeit
- Kapitalerhöhung aus Gesellschaftsmitteln **E** 18

Heilung
Kapitalerhöhung aus Gesellschaftsmitteln
- Eintragungsmangel **E** 26
Sacheinlage, verdeckte
- Kapitalerhöhung aus Gesellschaftsmitteln **E** 19

Herstellungskosten
Eröffnungsbilanz KapGes **D** 189
s. auch einzelne Kapitel

Hin- und Herzahlen
Kapitalaufbringung
- Cash Pool **D** 33

Hinterlegung, Liquidation **T** 75

Immaterielles Vermögen
Eröffnungsbilanz Einzelunternehmen **B** 117, 119
Eröffnungsbilanz KapGes **D** 134 ff.
Liquidationsbilanzen KapGes **T** 115
Übernahmebilanzierung **K** 22, 73
Überschuldungsstatus **P** 112
Verlustanzeigebilanz **P** 42

Immobilien
Unternehmensvermögen
- Eröffnungsbilanz Einzelunternehmen **B** 97

Immobiliengesellschaften
Prüfungsbericht
- zusätzliche Berichtspflichten **U** 295

Immobilieninvestments U 485

Immobiliensondervermögen
Aufbewahrung **U** 307
externer Bewerter **U** 197 ff.
Jahresbericht
- Aufstellungspflicht **U** 52
Prüfungsbericht
- Bewertungsverfahren **U** 300
- Erwerb von Beteiligungen an ImmobilienGes **U** 296
- ordnungsgemäße Ertragsverwendung **U** 304
- Veräußerung von Beteiligungen an ImmobilienGes **U** 297
- Vergabeverfahren **U** 303
- Verletzung der Anlagegrenzen **U** 302
- zusätzliche Berichtspflichten **U** 295
Verwendungsrechnung
- Gliederung **U** 124

1155

Imparitätsprinzip

Imparitätsprinzip U 39
Informationsfunktion U 28
Informationsrechte
Betriebsrat
– Verschmelzung H 27 f., 32
Eröffnungsbilanz PersGes C 144, 155
Insichgeschäfte, Übernahmebilanzierung K 136
Insolvenz, Eröffnungsbilanz Einzelunternehmen B 32
Insolvenzantrag
Frist P 62
Konsequenzen bei Unterlassung P 64
Insolvenzantragspflicht, Überschuldungsstatus P 60 f.
Insolvenzordnung
s. Insolvenzverfahren
Insolvenzplan R 3 f.
Geschäftsjahr R 86
Liquidations-, Sanierungs-, Übertragungsplan R 4
Rechnungslegung bei R 40 ff.
Überwachung R 43
Verschmelzung H 17
Insolvenzrechtsreform R 1 f.
Insolvenzverfahren
Besteuerung R 94 ff.
Bilanzzusammenhang R 75 f.
Harmonisierung der Rechnungslegungspflichten R 105
Konzernrechnungslegung R 92
für OHG, KG, eG R 90
Rechnungslegung bei gesetzlicher Liquidation
– allgemein R 10 ff.
– Aufstellungsfrist R 17
– Berichterstattung, Kassenprüfung R 25
– Gläubigerverzeichnis R 15
– Masseverzeichnis R 13
– Prüfung R 31
– Schlussrechnung R 30
– Vermögensübersicht R 16
Rechnungslegung bei Liquidationsplan R 40 ff.
Rechnungslegung nach Handelsrecht
– allgemein R 50 ff.
– Eröffnungsbilanz, Erläuterungsbericht R 60, 75
– Geschäftsjahr R 55 f.
– Jahresabschluss R 80
– Prüfung R 69, 76, 85
– Schlussbilanz R 60, 65 ff., 85 f.

Buchstaben = Kapitel

Rechnungslegung nach Steuerrecht R 94 ff.
Verschmelzung H 17
Internationale Fusionsrichtlinie, Verschmelzung H 22
Inventar
Einlagen, ausstehende D 121
Eröffnungsbilanz Einzelunternehmen B 104
Eröffnungsbilanz KapGes D 119 ff.
Eröffnungsbilanz PersGes C 75 f.
Geschäfte, schwebende D 120
Kapitalerhöhungssonderbilanz E 22
Konzessionen D 129
Liquidation
– KapGes T 95
– PersGes S 138
Überschuldungsstatus P 84
Unterzeichnung B 140
Verlustanzeigebilanz P 24
Verschmelzung H 86
s. auch Eröffnungsinventar
Inventur
Eröffnungsbilanz Einzelunternehmen
– Anforderungen B 84 ff.
Inventurdurchführung, Prüferanwesenheit T 98
Inventurvereinfachungen
Eröffnungsbilanz Einzelunternehmen B 84, 87
Eröffnungsbilanz KapGes D 122
Kapitalerhöhungssonderbilanz E 33
Liquidationsbilanzen KapGes T 97
Investitionsabzugsbetrag
Eröffnungsbilanz Einzelunternehmen B 136
PersGes, Ausscheiden Gesellschafter N 129 f.
Realteilung O 146 ff.
Investitionszulage, Eröffnungsbilanz KapGes D 126
Investmentaktiengesellschaft
Anhang
– Angabepflichten U 474
– Investmentbetriebsvermögen U 495
Auflösungsbericht
– Aufstellungspflicht U 422
– Berichtsvorschriften U 521
Bewertung
– Investmentanlagevermögen U 496
– Investmentbetriebsvermögen U 495

Ziffern = Randnummern

Bilanz **U** 451
- Pflichtgliederung **U** 453
- Vorjahresangaben **U** 456
Bilanzeid **U** 436
Bilanzierung und Bewertung
- Investmentanlagevermögen **U** 453
- Investmentbetriebsvermögen **U** 452
Ertragsausgleichsverfahren **U** 464
extern verwaltet
- Prüfung **U** 519
- Prüfungsbericht **U** 525
geschlossen mit fixem Kapital **U** 334 ff.
- Anhang **U** 489 f.
- Gewinn- und Verlustrechnung
  U 462
- Prüfungsbericht **U** 526
Gewinn- und Verlustrechnung **U** 461
- Vorjahresangaben **U** 466
Halbjahresbericht
- Aufstellungspflicht **U** 422
Jahresabschluss
- Bestandteile **U** 435
Jahresabschluss und Lagebericht **U** 415
- Aufstellungsfrist **U** 428
- Offenlegung **U** 430
Lagebericht **U** 440
- voraussichtliche Entwicklung
  U 445
- weitere Angaben **U** 448
- wesentliche Quellen des Veräußerungsergebnisses **U** 446
Liquidationsbericht
- Aufstellungspflicht **U** 422
Nichtanwendung AktG **U** 420
offen mit veränderlichem Kapital
U 321 ff.
- Anhang **U** 481
- Gewinn- und Verlustrechnung
  U 461
- Lagebericht **U** 449
- Teilgesellschaftsvermögen **U** 323
Prüfung **U** 516
- besonderer Vermerk **U** 516
- Wahl des Abschlussprüfers **U** 515
Prüfungsbericht **U** 517
- Änderungen bei organisatorischen Grundlagen **U** 525
- Anlagebedingungen **U** 521
- Anteilswertermittlung **U** 522
- Einreichung **U** 527
- externer Bewerter **U** 523
- fehlerhafte Anteilspreise
  U 522

Investmentkommanditges.

Prüfungsvorschriften **U** 521
Tätigkeitsbericht **U** 446
- Inhalt **U** 446
Vermögensaufstellung **U** 491
Zwischenbericht
- Aufstellungspflicht **U** 422
Investmentanlagevermögen
Bilanz
- Gliederung **U** 453
geschlossene Publikums-InvKG
- Bewertung **U** 624
geschlossene Spezial-InvKG
- Bewertung **U** 624
InvKG
- intern verwaltet **U** 591
Investmentanteile U 259
Investmentbetriebsvermögen
Bilanz
- Gliederung **U** 581
InvKG
- intern verwaltet **U** 591
Investmentfonds
Begriff **U** 7
geschlossen **U** 9
offen **U** 9
Investmentgesellschaften U 8
rechtliche Grundlagen **U** 320
Investmentkommanditgesellschaft
Abwicklungsbericht **U** 546
Anschaffungsnebenkosten **U** 626
Auflösungsbericht **U** 546
Ausnahmebestimmungen **U** 342
Bewerter **U** 618
Bewertung **U** 615 ff.
- Abschreibungen **U** 599
- Häufigkeit **U** 616
- Investmentanlagevermögen **U** 582, 623
- Investmentbetriebsvermögen **U** 581, 620
- Sachwerte **U** 625
- Vermögensgegenstände **U** 615
Bewertung nach KAGB und KARBV
U 615
Bilanz **U** 580
- Eigenkapitalausweis **U** 583
- Pflichtgliederung **U** 580
Entwicklungsrechnung
- Gliederung **U** 602
geschlossen **U** 334 ff.
geschlossen mit fixem Kapital
- Anhang **U** 606
- Bestandsschutz **U** 349

1157

Investmentvermögen
- Gewinn- und Verlustrechnung U 593
- Vermögensangaben U 608
- Verwendungsrechnung U 601
Gewinn- und Verlustrechnung U 590
Gliederungsvorschriften U 545
größenabhängige Erleichterungen U 344 f., 551
Halbjahresbericht U 546
intern verwaltet
- Anhang U 598
- Investmentanlagevermögen U 582
- Investmentbetriebsvermögen U 581
Jahesabschluss U 542, 565
Jahresbericht U 540
- Aufstellungspflicht U 552
- Bestandteile U 565
- Bilanzeid U 566
- Einreichung U 557
- Offenlegung U 553
Kapitalkonten U 583, 600 f.
Lagebericht U 542, 571
- Inhalt U 570
- Vergütungsangaben U 573
- weitere Angaben U 575
Nettoinventar U 402
offen U 326 ff.
offen mit veränderlichem Kapital
- Anhang U 605
- Gewinn- und Verlustrechnung U 592
- Teilgesellschaftsvermögen U 568, 602
Prüfung
- besonderer Vermerk U 567, 636
- Jahresabschluss U 635
- Lagebericht U 635
- Zuweisung zu Kapitalkonten U 637
Prüfungsbericht U 639
- Aufbewahrung U 641
- Einreichung U 641
Rechnungslegung, investmentrechtliche
- keine Anwendung U 349
- partielle Anwendung U 350
- vollständige Anwendung U 352
Regelungen zur Rechnungslegung U 544
Tätigkeitsbericht U 571
- Inhalt U 571
Übergangsregelungen U 348, 402 f.

Buchstaben = Kapitel

Verwendungsrechnung
- Gliederung U 601
Zwischenbericht U 546
Investmentvermögen U 8
Investmentvertrag, Sondervermögen U 20

Jahresabschluss
InvAG
- Bestandteile U 435
InvKG U 540, 565
partielle Anwendung investmentrechtlicher Vorschriften U 405
Unternehmensaufgabe M 20
Vergabe von Gelddarlehen U 378, 380
s. auch Kapitalerhöhung aus Gesellschaftsmitteln
s. auch Liquidation, Liquidationsbilanzen
s. auch Verschmelzung
Jahresabschluss und Lagebericht
InvAG
- Aufstellungsfrist U 428
- Aufstellungspflicht U 415
- Offenlegung U 430
Publikums-InvAG
- Einreichung bei der BaFin U 433
Jahresbericht
AIF-Sondervermögen
- Aufstellungspflicht U 51
- Veröffentlichungsfrist U 53
Immobiliensondervermögen
- Aufstellungspflicht U 51
InvKG U 540
- Aufstellungspflicht U 552
- Bestandteile U 565
- Bilanzeid U 566
- Einreichung U 557
- Offenlegung U 553
partielle Anwendung investmentrechtlicher Vorschriften U 395
registrierungspflichtige KVG U 362
- Aufstellungspflicht U 360
Sondervermögen U 23
- Offenlegung U 53
- Pflichtbestandteile U 62
- Stichtag U 48
Spezial-AIF
- Veröffentlichungsfrist U 54
Spezialsondervermögen
- Aufstellungspflicht U 52
Vergabe von Gelddarlehen U 378

Ziffern = Randnummern

Wertpapier-Publikumsfonds (OGAW-SV)
– Aufstellungspflicht **U** 52
– Veröffentlichungsfrist **U** 53
Jahresbilanz
Bestätigungsvermerk
– Kapitalerhöhung aus Gesellschaftsmitteln **E** 126 f.
Kapitalerhöhung aus Gesellschaftsmitteln
– Aufstellungsvorschriften **E** 29
Prüfungsumfang
– Kapitalerhöhung aus Gesellschaftsmitteln **E** 123
Rücklagenzuführungen
– Kapitalerhöhung aus Gesellschaftsmitteln **E** 95 f., 100 f.
Jahresergebnis
bei Formwechsel
– KapGes in KapGes **L** 154
– PersGes in KapGes **L** 55
Joint Venture, Eröffnungsbilanz **C** 4

Kannkaufmann
Eintragungsoption **B** 9
Rechnungslegungspflicht **B** 10
KapCoGes
Liquidation **S** 85 ff., 95 ff., 106 ff., 130
Verschmelzung **H** 85, 104, 122, 134, 137
s. auch GmbH & Co. KG
Kapital, gezeichnetes s. Gezeichnetes Kapital
Kapitalanlagegesetzbuch U 1
Kapitalanlage-Prüfungsberichte-Verordnung U 16
Kapitalanlage-Rechnungslegungs-/Bewertungsverordnung U 14 f.
Kapitalanteil
Eröffnungsbilanz PersGes
– Begriff **C** 127
– Pflichteinlage **C** 89, 127
Kapitalaufbringung
Eröffnungsbilanz KapGes
– latente Steuern **D** 154
– Rechnungsabgrenzungsposten **D** 150 ff.
Eröffnungsbilanz PersGes **C** 89 ff.
Formen **D** 31
gesetzliche Vorgaben **I** 86 f.
Grundsatz der realen Kapitalaufbringung
– Anforderungen **D** 27 ff.

Kapitalerhöhung aus Ges.

Verrechnung mit stillen Reserven **C** 91
Kapitalaufbringungskontrolle
Kapitalerhöhung aus Gesellschaftsmitteln **E** 5
– Prüfungspflicht **E** 17, 121
Prüfung durch Registergericht **D** 257
Kapitalausgleichsmethode, Realteilung **O** 66
Kapitalbeschaffung, Eröffnungsbilanz Einzelunternehmen **B** 116, 118
Kapitaldeckungserklärung I 75
Kapitalerhöhung aus Gesellschaftsmitteln
– Handelsregisteranmeldung **E** 18, 106, 108, 119
Kapitalerhöhung
Ausschüttungsansprüche **E** 19
gegen Einlagen zur Sanierung **Q** 238 ff.
Liquidation KapGes **T** 410
rückwirkende **Q** 270 ff.
Sanierung nach Kapitalherabsetzung **Q** 260 ff.
Übernahmebilanzierung **K** 3, 41 ff., 90 ff.
Verlustuntergang **Q** 316
Verschmelzung **H** 8, 15, 17, 27, 32, 56 f., 90 ff., 140
Vorausleistung von Bar- bzw. Sacheinlagen **Q** 239
Kapitalerhöhung aus Gesellschaftsmitteln
Agiobeträge, ausstehende **E** 113
Anfechtung **E** 26
Anschaffungskosten neuer Anteile **E** 155 ff.
Ausschüttungs-Rückhol-Verfahren **E** 19
Ausschüttungssperrbeträge **E** 110
Begriff **E** 2, 11
Beschlussanforderungen **E** 12
Bilanz, maßgebliche **E** 18
Bilanzgewinn **E** 102 f., 105
Bilanzprüfung, nachträgliche **E** 134
Bilanzverlust **E** 108 f.
Einlagen, ausstehende **E** 14 f., 111
– s. auch Teilrechte
Folgeabschluss **E** 150 ff.
Forderungen gegen Gesellschafter **E** 112
vor Formwechsel **E** 11
Gegenwert eigener Anteile **E** 86

1159

Kapitalerhöhung, bedingte

Buchstaben = Kapitel

Genussrechtskapital **E** 70
Gewinnrücklagen, andere **E** 80 ff.
Handelsregisteranmeldung **E** 13
Kapital, bedingtes **E** 61 ff.
Kapitalaufbringung, reale **E** 17
Kapitalrücklage **E** 50 ff.
Katalog umwandlungsfähiger Rücklagen **E** 115 ff.
Konzernbilanz **E** 165
Liquidation **T** 410
Nachschusskapitalrücklage **E** 59
Prüfung **E** 121 ff.
Rechte Dritter **E** 6
Rechtsformen **E** 7
Rücklagen
– Verwendungsbeschränkung **E** 45, 110 ff.
Rücklagen, gesperrte **E** 108 ff.
Rücklagenumwandlung **E** 43 f.
Rücklagenzuführungen **E** 95 ff., 100 ff.
Sanierung **Q** 221
statutarische Rücklagen **E** 78 f.
Unterrichtung Finanzamt **E** 141
Verbindung mit Einlageverpflichtung **E** 5
Verwendungsbeschränkungen **E** 118 f.
Voraussetzungen **E** 46
Vorlage der Beschlussbilanz **E** 136
Vorschriften
– steuerrechtliche **E** 170 ff.
Wertaufholungsrücklage **E** 87 f.
Kapitalerhöhung, bedingte
aus Gesellschaftsmitteln **E** 62
Sanierung **Q** 231 ff.
Kapitalerhöhung, genehmigtes Kapital, Sanierung **Q** 222 ff.
Kapitalerhöhungsbeschluss
Bilanzänderung, nachträgliche **E** 135
Nichtigkeit **E** 134
Kapitalerhöhungssonderbilanz
Aufbewahrung **E** 142
Aufstellungsvorschriften **E** 30 ff.
Bestätigungsvermerk **E** 126
Bilanzverlust, Verlustvortrag **E** 108 f.
Eigenkapitalgliederung **E** 35
Erhöhung des Umwandlungsvolumens
– Kapitalerhöhung aus Gesellschaftsmitteln **E** 97 ff.
Feststellung **E** 137
Gliederung **E** 34 f.
Inventur **E** 33, 124
Kapitalaufbringungsnachweis **E** 17, 121

Kapitalrücklage **E** 50 f.
Methodenstetigkeit **E** 31
Offenlegung **E** 141
Prüfungspflicht **E** 121
Prüfungsumfang **E** 124
Umwandlungsvolumen, maximales **E** 106
– Kapitalerhöhung aus Gesellschaftsmitteln **E** 116
Vorlagepflichten **E** 134, 136
s. auch Kapitalerhöhung aus Gesellschaftsmitteln
Kapitalerhöhungssonderrücklage
Ausweis
– nach Kapitalerhöhung aus Gesellschaftsmitteln **E** 152 f.
Kapitalerhöhung aus Gesellschaftsmitteln
– Berechnung **E** 65 ff.
s. auch Sonderrücklage nach AktG
Kapitalgesellschaft
Formwechsel
– Besteuerung **L** 262
Kapitalaufbringung
– Geld-/Sacheinlage **D** 31, 128
Kapitalerhöhung
– allgemein **Q** 220
– verdeckte Einlage **Q** 310 ff.
Kapitalerhöhung aus Gesellschaftsmitteln **E** 7
Kapitalherabsetzung
– Auskehrung **Q** 308
kleine
– latente Steuern **T** 138
Rangrücktritt
– verdeckte Einlage **Q** 333
Sanierung
– Einziehung **Q** 160 ff.
– Sacheinlagen **Q** 247
Sanierungsmaßnahmen
– Kapitalerhöhung nach Herabsetzung **Q** 260 ff.
– Kapitalherabsetzung **Q** 150 ff., 305 ff.
– Zuzahlungen **Q** 200 ff.
übernehmende
– Formwechsel **L** 230
Vorgesellschaft **D** 17
Kapitalherabsetzung
Begriffe, Zweck **Q** 150 f.
Einstellung in Kapitalrücklage **E** 56 f.
Einziehung, (un)entgeltliche **Q** 162
Liquidation KapGes **T** 411

Ziffern = Randnummern

ordentliche **Q** 152 ff.
– steuerrechtlich **Q** 306
Sanierung
– Einziehung Anteile **Q** 160 ff.
vereinfachte **Q** 305
– Ausschüttungsverbot **E** 58
– Rücklagen **Q** 185
– Rückwirkung **Q** 190 ff.
Kapitalherabsetzungsrücklage,
Kapitalerhöhung aus Gesellschaftsmitteln **E** 57 f.
Kapitalkonsolidierung
nach Kapitalerhöhung aus Gesellschaftsmitteln **E** 165
Kombinierter Abschluss **F** 34
Pro-Forma-Finanzinformationen **F** 93
Kapitalkonten
Anpassung bei Realteilung **O** 66
– Kapitalkontenanpassungsmethode **O** 62 f.
Eröffnungsbilanz PersGes **C** 111, 127
negative bei Liquidation **S** 240 ff.
Kapitalkontenanpassungsmethode,
Realteilung **O** 62 f.
Kapitalrücklage
Aufgelder, eingeforderte **D** 232
Begriff
– Kapitalerhöhung aus Gesellschaftsmitteln **E** 44, 50 ff.
Einlagekonto, steuerrechtliches **E** 171
Eröffnungsbilanz KapGes **D** 171, 174 f., 215, 232, 236
Formwechsel
– KapGes in KapGes **L** 151
– PersGes in KapGes **L** 50 f.
aus Kapitalherabsetzung **E** 56
Nachschusskapital **E** 59
Verwendbarkeit
– Kapitalerhöhung aus Gesellschaftsmitteln **E** 55
Verwendungsbeschränkung **E** 45
Kapitalverwaltungsgesellschaft U 3, 4
externe
– erlaubnispflichtig **U** 6
Rechnungslegungspflicht **U** 22
registrierungspflichtig **U** 6
Kaufmannseigenschaft
Fiktivkaufmann **B** 1, 4 f., 54 f.
Freiberufler **B** 8
Kannkaufmann **B** 9
Land- und Forstwirtschaft **B** 4, 9
Muss-/Istkaufmann **B** 2, 5, 7
Zweigniederlassung **B** 11

Konsolidierungsmaßnahmen

Kaufpreisschuld, Eröffnungsbilanz Einzelunternehmen **B** 106
Kleingewerbetreibender, Eintragungsoption **B** 5
Kleinstkapitalgesellschaft
Eröffnungsbilanz KapGes **D** 107, 227
Kapitalerhöhung aus Gesellschaftsmitteln
– Eigenkapitalgliederung **E** 29, 35, 38
Kleinunternehmer, Aufgabeschlussbilanz **M** 27
Kombinierter Abschluss
Ansatz und Bewertung **F** 29, 43 ff.
Aufstellungspflicht **F** 10 ff.
Begriff **F** 1 ff.
Berichtseinheit **F** 33
Bescheinigung **F** 110 f.
Bestandteile **F** 29
Bestätigungsvermerk **F** 110 f.
Eigenkapital **F** 40, 46
einheitliche Leitung **F** 1 ff.
Erläuternde Angaben **F** 29, 51
Erstellung **F** 34 ff.
Fremdkapital **F** 48
Kapitalkonsolidierung **F** 34
Konsolidierungskreis **F** 30 ff.
Konsolidierungsmaßnahmen **F** 50
konzerninterne Transaktionen **F** 39 f.
Konzernrechnungslegung **F** 1
latente Steuern **F** 49
nahestehende Personen **F** 50, 113
predecessor accounting **F** 39 f., 53
Prüfungpflicht **F** 109 ff.
Prüfungsumfang **F** 112 ff.
Rechnungslegungsgrundsätze **F** 29
Rechtsgrundlagen **F** 10 ff.
stille Reserven **F** 68, 88
Vorjahreszahlen **F** 37, 38
Wertaufhellung **F** 37
Zeitraum **F** 29
Kommanditgesellschaft
s. Personengesellschaft
Konfusion
Eröffnungsbilanz Einzelunternehmen **B** 36
Übernahmebilanzierung
– Forderungen **K** 25, 42, 56, 74
– Verbindlichkeiten **K** 30, 42, 56, 78
Konsolidierungskreis, Kombinierter Abschluss **F** 30 ff.
Konsolidierungsmaßnahmen
Kombinierter Abschluss **F** 50

1161

Konzern
Pro-Forma-Finanzinformationen **F** 68, 87, 93
Konzern, Abspaltung **I** 370 ff.
Konzernabspaltungen
Minderheitsgesellschafter **I** 378
Rechtsträger, übernehmender **I** 372 f., 377, 395
Rechtsträger, übertragender **I** 371, 376, 390
Reinvermögen, negatives **I** 374
Konzerninterne Transaktionen, Kombinierter Abschluss **F** 39 f.
Konzernrechnungslegung
nach Formwechsel
– KapGes in KapGes **L** 141
– KapGes in PersGes **L** 102
– PersGes in KapGes **L** 41
Insolvenzverfahren **R** 92
Kombinierter Abschluss **F** 1
Liquidation
– KapGes **T** 375 ff.
– PersGes **S** 49
predecessor accounting **F** 25
Zwischenabschluss **G** 2, 10 ff.
Konzernzwischenabschluss
Aufstellungspflicht nach HGB **G** 2
Bescheinigung der prüferischen Durchsicht **G** 123
Bestandteile nach HGB **G** 16
prüferische Durchsicht **G** 110
Rechnungslegungsgrundsätze **G** 10 ff.
Körperschaftsklausel I, Realteilung **O** 133 ff.
Körperschaftsklausel II, Realteilung **O** 138 ff.
künftige Rücklagen
Kapitalerhöhung aus Gesellschaftsmitteln
– Kapitalerhöhungssonderbilanz **E** 104 ff.
Kurswert U 216

Lagebericht
InvAG **U** 440
– voraussichtliche Entwicklung **U** 445
– weitere Angaben **U** 448
– wesentliche Quellen des Veräußerungsergebnisses **U** 446
InvKG **U** 540, 565
– Inhalt **U** 570
– Vergütungsangaben **U** 573
– weitere Angaben **U** 575
Kapitalerhöhungssonderbilanz **E** 22

Buchstaben = Kapitel

Liquidation KapGes **T** 220 ff.
Liquidation PersGes **S** 100
registrierungspflichtige KVG **U** 365
Vergabe von Gelddarlehen **U** 381
Land- und Forstwirtschaft
Gewerbebegriff **B** 9, 44
Kaufmannseigenschaft **B** 9
Rechnungslegungspflicht
– handelsrechtlich **B** 10
– steuerrechtliche **B** 159
latente Steuern
Ausweis
– Eröffnungsbilanz Einzelunternehmen **B** 126
Einlage, verdeckte aus Privatvermögen **D** 289
Eröffnungsbilanz Einzelunternehmen **B** 111
– steuerrechtliche **B** 180
Eröffnungsbilanz KapGes **D** 158, 162
Eröffnungsbilanz PersGes **C** 202
Formwechsel
– Bilanzierung beim Gesellschafter **L** 180 ff.
– KapGes in PersGes **L** 131 f.
– PersGes in KapGes **L** 86 ff.
Kapitalerhöhung aus Gesellschaftsmitteln **E** 110
Kapitalerhöhungssonderbilanz **E** 30
Kleine KapGes iL **T** 138
Kombinierter Abschluss **F** 49
Liquidation KapGes **T** 136 ff.
Liquidationsbilanzen PersGes **S** 88
Liquidationseröffnungsbilanz (interne) **S** 141
PersGes, Ausscheiden Gesellschafter **N** 24
PersGes, kleine **S** 90
Pro-Forma-Finanzinformationen **F** 91, 131
Übernahmebilanzierung **K** 36 f., 80
Überschuldungsstatus **P** 127
Verlustanzeigebilanz **P** 49
Verlustvorträge, steuerrechtliche
– Liquidation **T** 137
Leasingverträge
Liquidationseröffnungsbilanz KapGes **T** 111
Überschuldungsstatus **P** 118
Lebensversicherungsansprüche,
Eröffnungsbilanz PersGes **C** 184
Leistung zur endgültigen freien Verfügung, Kapitalaufbringung **D** 32

Ziffern = Randnummern

Leverage U 142
Liquidation
Anhangangaben bei Kapitalmarktorientierung **T** 218
Bilanzzweck **T** 15
Ergebnisausweis **T** 238
Geschäftsjahr **T** 61 f.
Gläubigerschutz
– KapGes **T** 63, 70 ff.
– PersGes **S** 56
Kapitalerhöhung aus Gesellschaftsmitteln **E** 8
Rangrücktritt **T** 78
stille
– Betriebsaufgabe (steuerrechtlich) EKfm **M** 42
– KapGes **T** 8
– PersGes **S** 15
Umstellung Geschäftsjahr **S** 71
Unternehmensfortführung, Zeitraum der **T** 147
Verfahrenszweck **S** 11
Verlustabzug § 10d EStG **T** 451 ff.
s. auch Nachtragsliquidation
Liquidation beim Einzelkaufmann
s. Unternehmensaufgabe
Liquidation Kapitalgesellschaft
Anhang
– Befreiungen, größenabhängige **T** 219
– Bilanzierungsmethoden **T** 216
– Einzelangaben **T** 217
Aufbewahrung Unterlagen **T** 295 ff.
Aufsichtsrat **T** 37
Besteuerung der KapGes **T** 425 ff.
Eingriff, existenzvernichtender **T** 83
Formwechsel **T** 407
Fortsetzung nach Liquidation **T** 355 ff.
Gesellschafterdarlehen **T** 78
Gesellschafterversammlung **T** 38
Gewinnausschüttung **T** 81 f.
Gläubigerschutz **T** 71 ff.
Kapitalerhöhung **T** 410
Kapitalherabsetzung **T** 411
latente Steuern **T** 136 ff.
Liquidator **T** 35 f.
Löschung der Gesellschaft **T** 285
Pensionsverpflichtungen **T** 76
Rumpfgeschäftsjahr **T** 60 ff.
Spaltung **T** 406
Sperrjahr **T** 73
stille **T** 8
Überschuldungskontrolle **T** 24

Liquidationsausschüttung

Unternehmensverträge **T** 395 ff.
Vermögensverteilung
– finale **T** 283
– unzulässige **T** 70 ff.
Verschmelzung **T** 405
Liquidation Personengesellschaft
Anhang **S** 100
Anlagevermögen
– Ausweis **S** 107
– beizulegender Wert **S** 96
Aufbewahrung Unterlagen **S** 125
Auflösungsgründe **S** 1, 3
Auseinandersetzung, andere Art der **S** 13
Besonderheiten KapCoGes
– Geschäftsjahr **S** 70
– Liquidationseröffnungsbilanz **S** 62
– Sperrjahresregelungen **S** 12
Besteuerung der Gesellschafter **S** 222 ff.
Besteuerung der PersGes **S** 210 ff.
Drei-Spalten-Bilanz **S** 119
Eigenkapitalausweis
– Neubewertungseffekte **S** 145
Ergänzungsbilanzen der Gesellschafter **S** 233 ff.
Fortsetzung nach Liquidation **S** 200 ff.
Kapitalkonto, negatives **S** 240 ff.
Lagebericht **S** 100
Liquidationsverlust **S** 225
Nachtragsliquidation **S** 205
Nettoveräußerungswert **S** 96
PublG **S** 48
Sachausschüttung **S** 118 f.
Saldenausgleich zwischen Gesellschaftern **S** 175 ff.
Schlussverteilung **S** 165 ff.
Schuldzinsenabzug, nachträglicher **S** 249 ff.
Sonderbilanzen
– steuerrechtliche **S** 236 ff.
Thesaurierungsbegünstigung **S** 253 f.
Vermögensänderungen, auflösungsbedingte **S** 57
Vermögensverteilung **S** 160 ff.
Zinsschranke **S** 220
Zwischenbilanzen
– externe **S** 59
– interne **S** 150
Liquidationsausschüttung
Besteuerung **T** 460 ff.

1163

Liquidationsbericht

Buchstaben = Kapitel

Liquidationsbericht
InvAG
– Aufstellungspflicht **U** 422
Liquidationsbesteuerung Kapitalgesellschaft
Besteuerungszeitraum **T** 430 ff.
Liquidationsgewinn **T** 440 ff.
Organschaft **T** 464 ff.
Verlustrücktrag **T** 451
Zwischenveranlagungen **T** 436
Liquidationsbilanzen Kapitalgesellschaft
Bewertungsmethodenstetigkeit **T** 152
Eigene Anteile **T** 250 f.
Eigenkapital **T** 235 ff.
Einzelbewertungsgrundsatz **T** 149
Feststellung **T** 340
Gliederung **T** 225 ff.
Going-Concern-Prinzip **T** 145
Maßgeblichkeitsgrundsatz **T** 441
Prüfungspflicht **T** 305 ff.
Rechnungsabgrenzungsposten **T** 117
Rückstellungen
– Bewertung **T** 168
Umgliederung Sachanlagen **T** 230 ff.
Wertaufholungen **T** 175 f.
s. auch Liquidationsrechnungslegung
Liquidationsbilanzen Personengesellschaft
Ansatzbesonderheiten **S** 86 f.
Eigenkapital **S** 109
Gliederung **S** 105 ff.
latente Steuern **S** 88
Umgliederung Sachanlagen **S** 107
Liquidationseröffnungsbilanz
Liquidation KapCoGes **S** 62
s. auch Liquidationsrechnungslegung
Liquidationseröffnungsbilanz (interne)
Ansatzvorschriften **S** 139 f.
Aufstellung **S** 136
Bewertung **S** 142
Inventur, Inventar **S** 138
latente Steuern **S** 141
Vermögensbilanz **S** 135 ff.
Liquidationseröffnungsbilanz Kapitalgesellschaft
Ansammlungsrückstellungen **T** 169 f.
Ansatzstetigkeit **T** 114
Ansatzvorschriften **T** 110 ff.
Anschaffungswertprinzip **T** 141
Aufstellungsfrist **T** 105 f.
Aufstellungspflicht **T** 90

Bestätigungsvermerk, uneingeschränkter **T** 331
Bewertung **T** 140 ff.
Eigentum, wirtschaftliches **T** 111
Erläuterungsbericht
– Anhang und Lagebericht **T** 185
– Bilanzierungsmethoden **T** 187
– Einzelangaben **T** 189 ff., 217
– Erleichterungen, größenabhängige **T** 186
– Geschäftsverlauf **T** 191
– Liquidationsverlauf, Prognose **T** 190
– stille Reserven, Angabe der **T** 188
– Übernahmehindernisse **T** 192
Geschäfts- oder Firmwert **T** 118
Haftungsverhältnisse **T** 113
immaterielles Vermögen **T** 115
Inventur **T** 96 f.
Leasingverträge **T** 111
Offenlegung **T** 345 ff.
Pensionsverpflichtungen **T** 129
Prüfungsgegenstand **T** 329
Rechnungsabgrenzung
– aktive **T** 117
– passive **T** 132
Rückstellungen
– Auflösungsgründe **T** 128
– Liquidator, Kosten **T** 127
Saldierungsverbot **T** 112
Schlussbilanz werbender Gesellschaften **T** 45 ff.
Stichtag **T** 90 ff.
Stichtagsprinzip **T** 150 f.
Wertaufholung **T** 175 f.
Liquidationsgewinn, Abschlagszahlungen S 160
Liquidationsjahresabschluss
KapGes
– Anhang **T** 215 ff.
– Anlagengitter **T** 232
– Ansatzbesonderheiten **T** 210
– Besonderheiten **T** 210 ff.
– Bestätigungsvermerk **T** 330 f.
– Bilanzeid **T** 195
– Geschäftsjahr **T** 200 ff.
– GuV-Gliederung **T** 255 ff.
– Lagebericht **T** 220 ff.
– Prüfung **T** 305 ff.
– Rückbeteiligung, Ausweis **T** 250
PersGes
– Ansatz **S** 85 ff.
– Bewertung **S** 95 f.
– Geschäftsjahr **S** 70 f.

Ziffern = Randnummern
- GuV-Gliederung **S** 110
- Offenlegung **S** 132
s. Liquidationsrechnungslegung
Liquidationskapital Kapitalgesellschaft, Gliederung, Ausweis **T** 236 f.
Liquidationsquote, Vorfinanzierung **T** 79
Liquidationsraten, Besteuerung beim Gesellschafter **T** 472 ff.
Liquidationsrechnungslegung
BiRiLiG, Änderungen durch **T** 20 ff., 50
Konzeption **S** 40
- rechtsformunabhängige KapGes **T** 10 ff.
Liquidationsrechnungslegung (interne)
PersGes
- Feststellung **S** 196
- Prüfung **S** 195
Liquidationsrechnungslegung Kapitalgesellschaft
Abhängigkeitsbericht **T** 385 ff.
Bestandteile **T** 30 ff.
Eröffnungsbilanz **T** 90 ff.
Jahresabschluss **T** 195 ff.
Konzernabschluss **T** 375 ff.
Schlussbilanz **T** 265 ff.
Schlussrechnung **T** 280 ff.
Liquidationsrechnungslegung Personengesellschaft
Eröffnungsbilanz (interne) **S** 135 ff.
Konzernabschluss **S** 49
Schlussbilanz
- externe **S** 115 ff.
- interne **S** 155 f.
Schlussrechnung **S** 190 f.
Liquidationsschlussbilanz
Anhang **T** 272
Bewertung **T** 271
Eigene Anteile **T** 270
Liquidationsschlussbilanz (externe), Sachausschüttung **S** 118 f.
Liquidationsschlussbilanz (interne), PersGes **S** 118, 155
Liquidationsverfahren, Zweck **T** 7
Liquidationsvermögen, steuerrechtliches
KapGes
- Anfang **T** 447 ff.
- Ende **T** 442 ff.
Liquidatoren
KapGes **T** 35 f.

Mindesteinlage

Nachtragsliquidation **T** 368
PersGes **S** 30 ff.
Liquiditätsausstattungsgarantie, Sanierungsmaßnahmen **Q** 134
Löschung, Kapitalerhöhung aus Gesellschaftsmitteln **E** 26

Mantelverwertung, Neugründung, wirtschaftliche **D** 110
marktnaher Wert U 243
Masseschulden
Eröffnungsbilanz Einzelunternehmen
- persönliche Steuerschulden **B** 111
Maßgeblichkeit
Eröffnungsbilanz Einzelunternehmen **B** 170
Eröffnungsbilanz KapGes **D** 275
Eröffnungsbilanz PersGes **C** 214
Liquidationseröffnungsbilanz KapGes **T** 441
Übernahmebilanzierung **K** 143, 214, 227, 245
Verschmelzung **H** 162, 165, 175
Maßnahmenreihenfolge, Kapitalerhöhung aus Gesellschaftsmitteln **E** 133 f.
Mehrabschreibung, steuerrechtliche
Beibehaltung
- Liquidation **T** 177
Mehrkapital
Ergänzungsbilanz
- Stufentheorie **C** 203
Methodenänderung
Kapitalerhöhung aus Gesellschaftsmitteln **E** 31
Liquidation **T** 187, 216
Mietverträge, Überschuldungsstatus **P** 118
Minderjährige
Einzelunternehmer
- Geschäftsinhaber **B** 19, 35
- Veranwortlichkeit **B** 70
Haftungsbegrenzung **B** 35
Minderkapital, Ergänzungsbilanz **C** 205
Minderkaufmann, Eröffnungsbilanz Einzelunternehmen **B** 55
Mindestaufgliederung, Zusammenfassung Kapitalanteile **C** 128
Mindesteinlage
AG
- Einlagepflicht **D** 23, 24
GmbH
- Einlagepflicht **D** 25
s. auch Kapitalaufbringung

1165

Mindestgliederung

Buchstaben = Kapitel

Mindestgliederung
Eigenkapital
- Kapitalerhöhung aus Gesellschaftsmitteln **E** 29 f., 38
Eröffnungsbilanz Einzelunternehmen **B** 126
Mindestkapital
Gründungsaufwand **D** 143
KapGes **D** 30
PersGes **C** 87
Mischgründung D 54
s. auch Sachgründung
Mitteilungspflichten
Anteilsbesitz **E** 159
Betriebseröffnung **B** 158
Mittelkurs oder Geldkurs U 220
Mitunternehmeranteil
Realteilung **O** 20
Übertragung **C** 195
Verschmelzung **H** 235
Mitunternehmerschaft
Begriff **C** 213
Gesellschafterwechsel **C** 178
Mitzugehörigkeit
Eröffnungsbilanz KapGes **D** 222
Eröffnungsbilanz PersGes **C** 88

Nachgründungsprüfung D 50
Nachrangigkeit, stille Einlage **B** 131
Nachschüsse
GmbH
- Eröffnungsbilanz KapGes **D** 38
Liquidation PersGes **S** 177 ff.
Sanierung **Q** 207 ff.
Nachschusskapitalrücklage, Kapitalerhöhung aus Gesellschaftsmitteln **E** 59
Nachschusspflicht, Eröffnungsbilanz PersGes **C** 133
Nachtragsliquidation
KapGes **T** 365 ff.
PersGes **S** 205
Nachtragsprüfung, Kapitalerhöhung aus Gesellschaftsmitteln **E** 101
Nachversteuerungsklausel, Realteilung **O** 129
nahestehende Personen, Kombinierter Abschluss **F** 50, 113
Nebengewerbe, Land- und Forstwirtschaft **B** 9
Nennbetragsaktien, Kapitalerhöhung aus Gesellschaftsmitteln **E** 14

Neugründung, wirtschaftliche
Größenklasseneinstufung **D** 110, 112
Liquidation **T** 359
Nichtigkeit
Kapitalerhöhungsbeschluss
- Kapitalerhöhung aus Gesellschaftsmitteln **E** 21
Nichtpassivierungshilfen, Kapitalerhöhung aus Gesellschaftsmitteln **E** 110
Niederstwertprinzip, Einlagenbewertung **D** 208
Nießbrauch
Gesellschaftsanteile
- Kapitalerhöhung aus Gesellschaftsmitteln **E** 6
Non-Going-Concern T 150
Nutzungsrechte
Eröffnungsbilanz Einzelunternehmen **B** 94
Eröffnungsbilanz KapGes **D** 131
Eröffnungsbilanz PersGes **C** 113

Objekte, im Bau befindlich U 230
Objektivierung, Eröffnungsbilanz Einzelunternehmen **B** 93, 95
Offene Handelsgesellschaft
s. Personengesellschaft
Offenlegung
Abhängigkeitsbericht
- Liquidation **T** 389
Anteilswertermittlung
- Sondervermögen **U** 182
Eröffnungsbilanz Einzelunternehmen **B** 147 f.
Eröffnungsbilanz KapGes **D** 261 f.
Eröffnungsbilanz PersGes **C** 154 ff.
Formwechsel **L** 25
Halbjahresbericht
- Publikums-InvAG **U** 431
Jahresabschluss
- nach Kapitalherabsetzung **Q** 195
Jahresabschluss und Lagebericht
- InvAG **U** 430
Kapitalerhöhungssonderbilanz **E** 141
Liquidationsjahresabschluss
- KapGes **T** 345 ff.
- PersGes **S** 132
Nachtragsliquidation **T** 373
Sanierungsbilanzen **Q** 25
SpezialInvAG **U** 430
Verschmelzung **H** 137, 148 ff.
Zweigniederlassung **B** 12

Ziffern = Randnummern

OGAW-Verwahrstellen U 12
Option zur Anwendung des KAGB
  U 385
Option zur investmentrechtlichen
  Rechnungslegung U 351
Optionsbezugsrechte, Kapital-
  erhöhung aus Gesellschaftsmitteln
  E 68
Optionsrechte U 261
Organisationserfordernis
  Art der Geschäfte **B** 47
  Eröffnungsbilanz Einzelunternehmen
    B 50
  Kaufmannseigenschaft **B** 2, 5, 41 ff.,
    49
  Umfang der Geschäfte **B** 48
Organismen für gemeinsame
  Anlagen in Wertpapiere (OGAW)
  U 2
Organmitglieder, Organbezüge
  Formwechsel
  – KapGes in KapGes **L** 166
  – PersGes in KapGes **L** 82 f.
Organschaft
  Liquidation KapGes **T** 464 ff.
  Verschmelzung **H** 220 ff., 245

PartG mbB
  Eröffnungsbilanz
  – Haftung **C** 8
partielle Anwendung investment-
  rechtlicher Vorschriften U 350
  Ausnahmereglungen **U** 390
  Jahresabschluss **U** 405
  Jahresbericht **U** 395
  – Aufstellungspflicht **U** 393
  – Offenlegung **U** 393
  Lagebericht **U** 397
  Prüfung **U** 409
  Tätigkeitsbericht **U** 399
partielle Gesamtrechtsnachfolge
  I 1, 10 ff., 153, 385
  s. auch Sonderrechtsnachfolge
Partnerschaftsgesellschaft
  Eröffnungsbilanz **C** 7
  Verschmelzung **H** 15
Passivierungswahlrechte, Eröffnungs-
  bilanz KapGes **D** 163
Patronatserklärung
  Bilanzierung **Q** 139
  Sanierungsmaßnahmen **Q** 130 ff.
Pensionsgeschäft U 140
  Sanierung **Q** 44 f.

Personenges., Ausscheiden

Pensionsrückstellungen
  Bewertung
  – Liquidation **T** 170
  Übernahmebilanzierung **K** 153
Pensionsverpflichtungen
  Eröffnungsbilanz Einzelunternehmen
    B 120
  Eröffnungsbilanz PersGes **C** 110, 189 f.
  Kapitalerhöhung aus Gesellschaftsmit-
    teln **E** 110
  Liquidation KapGes **T** 76
  Liquidationsbilanzen KapGes
  – Ansatz **T** 129
  Übergang bei Geschäftsübernahme
    D 163
  Übernahmebilanzierung **K** 28, 77
  Überschuldungsstatus **P** 116
  Verlustanzeigebilanz **P** 45
Periodenabgrenzung, Kapitalerhö-
  hungssonderbilanz **E** 32
Personengesellschaft
  Aufstellungspflicht **C** 1
  Einlage **Q** 314
  Firma **C** 13 f.
  Formwechsel
  – Besteuerung **L** 270
  – übertragende **L** 225
  – vermögensverwaltende **L** 280
  Gesellschafterdarlehen
  – unverzinslich **Q** 322
  Kapitalerhöhung aus Gesellschaftsmit-
    teln **E** 7
  Sanierung **Q** 285 ff.
Personengesellschaft, Ausscheiden
  Gesellschafter
  Abfindung **N** 35
  Abfindungsanspruch **N** 4
  Abfindungsbilanz **N** 12, 33, 46
  – Feststellungsklage **N** 34
  – Feststellungsvertrag **N** 34
  – Mitwirkungspflicht **N** 33
  Abfindungsklauseln **N** 36 ff.
  Abschichtungsbilanz **N** 12
  Anwachsung **N** 4
  Aufgabegewinn **N** 115 ff.
  Barabfindung **N** 51 f., 56
  Bewertungsgrundsätze **N** 21 ff.
  Bilanzierung **N** 49 ff.
  – Aufstockungsmethode **N** 52, 54 f.
  – handelsrechtlich **N** 50 ff.
  – steuerrechtlich **N** 57 ff.
  – Stufentheorie, modifiziert **N** 58
  – Verrechnungsmethode **N** 52 f., 55

Personenges. isv § 264a HGB Buchstaben = Kapitel

Dauerschuldverhältnisse **N** 28
Firmenwert **N** 23
Gesamtabrechung **N** 5
– Ermittlung Unternehmenswert **N** 7 ff.
Geschäfts- oder Firmenwert **N** 7 ff., 23, 56
Gewerbesteuer **N** 132 ff.
Grunderwerbsteuer **N** 143 ff.
Grundlagen, rechtliche **N** 1
Grundsätze ordnungsmäßiger Buchführung **N** 17 f.
Investitionsabzugsbetrag **N** 129 f.
latente Steuern **N** 24
Rumpfwirtschaftsjahr **N** 14, 50
Sachwertabfindung **N** 100 ff.
Schenkungsteuer **N** 150 ff.
schwebende Geschäfte **N** 9, 21, 27, 30
steuerrechtliche Folgen
– Abfindung über Buchwert **N** 69 ff.
– Abfindung unter Buchwert **N** 77 ff.
– Abfindung zum Buchwert **N** 63 f.
– Aufgabegewinn **N** 115 ff.
– Ausscheiden Kommanditist **N** 92 ff.
– Ausscheiden Komplementär **N** 86 ff.
– Barabfindung **N** 60 ff.
– Grundsätze **N** 60 ff.
– Sachwertabfindung Betriebsvermögen **N** 106 ff.
– Sachwertabfindung Privatvermögen **N** 100 ff.
– Veräußerungsgewinn **N** 115 ff.
Stichtag **N** 4, 12
Umsatzsteuer **N** 138 ff.
Unternehmenswert, Ermittlung **N** 7 ff.
Vermögensbilanz **N** 12
Zinsschranke **N** 122 ff.
Personengesellschaften isv § 264a HGB s. KapCoGes
Pfandrecht
Gesellschaftsanteile
– Kapitalerhöhung aus Gesellschaftsmitteln **E** 6
Pflichteinlage, ausstehende s. Einlage, ausstehende
Pflichtprüfung, Kapitalerhöhung aus Gesellschaftsmitteln **E** 29, 121
predecessor accounting, Kombinierter Abschluss **F** 39 f., 53
Preisermittlungsfunktion U 32

Privatschulden
Eröffnungsbilanz Einzelunternehmen **B** 104
– persönliche Steuerschulden **B** 111
Eröffnungsbilanz PersGes **C** 115 f.
Privatvermögen
Eröffnungsbilanz Einzelunternehmen
– Abgrenzung **B** 98, 102 ff.
Eröffnungsbilanz KapGes **D** 280
Eröffnungsbilanz PersGes **C** 183 f.
Kaufmann **B** 97
Pro-Forma-Anpassung
Pro-Forma-Finanzinformationen
– Grundsätze **F** 81 ff.
– Pro-Forma-Bilanz **F** 80, 93
– Pro-Forma-Gewinn- und Verlustrechnung **F** 80, 87 ff.
– Sonderposten **F** 93
Pro-Forma-Finanzinformationen
Annahmen **F** 68
Aufstellungspflicht **F** 18
Ausgangszahlen **F** 77 ff.
Begriff **F** 17
Bescheinigung **F** 133 f.
Bestandteile **F** 67 ff.
Bilanz **F** 80, 93
Eigenkapital **F** 93
Erstellung **F** 67 ff.
Gewinn- und Verlustrechnung **F** 87 ff.
historische Finanzinformationen **F** 67
Kapitalkonsolidierung **F** 93
Konsolidierungsmaßnahmen **F** 68, 87, 93
latente Steuern **F** 91
nachträglicher Anteilserwerb **F** 75
Pro-Forma-Anpassung
– Grundsätze **F** 81 ff.
– Pro-Forma-Bilanz **F** 80, 93
– Pro-Forma-Gewinn- und Verlustrechnung **F** 80, 87 ff.
– Sonderposten **F** 93
Pro-Forma-Erläuterungen **F** 68 f.
Prüfung **F** 125 ff.
Prüfungsgegenstand **F** 127, 134
Prüfungsumfang **F** 126 ff.
Rechnungslegungsgrundsätze **F** 67 ff.
Rechtsgrundlagen **F** 18 ff.
relevante Unternehmenstransaktion **F** 70 ff.
Vorjahreszahlen **F** 69
Wertaufhellung **F** 95
Zeitraum **F** 67 ff.

Ziffern = Randnummern

prüferische Durchsicht
Anforderungen an den Wirtschaftsprüfer **G** 101
– Befragungen **G** 101
– Beurteilungen, analytische **G** 102 ff.
– Fortführung der Unternehmenstätigkeit **G** 108
– Fraud **G** 107
– Rechtsstreitigkeiten **G** 109
– Schwellenwertfestlegung **G** 103
– Vollständigkeitserklärung **G** 112
Auskunftsrechte des Wirtschaftsprüfers **G** 113
Bescheinigung
– Adressat **G** 121
– Formulierung **G** 122 ff.
Durchführung
– Einzelfallprüfungshandlungem **G** 106
Finanzberichte nach WpHG **G** 4
Konzernzwischenabschluss **G** 110 f.
Umfang
– im Gegensatz zur Abschlussprüfung **G** 98
Verständnis des Wirtschaftsprüfers **G** 100
Vorlagepflichten
– der zu prüfenden Unternehmen **G** 113
Wesentlichkeit
– im Gegensatz zur Abschlussprüfung **G** 99
Zielsetzung
– im Gegensatz zur Abschlussprüfung **G** 97
Zwischenabschluss nach WpHG **G** 4, 90 ff.
Zwischenberichterstattung **G** 90 ff.
– Bescheinigung **G** 120
– Konzern **G** 123
Zwischenlagebericht **G** 114
Prüfung
Abhängigkeitsbericht
– Liquidation **T** 388
Abwicklungsbericht
– Prüfungspflicht **U** 270
Auflösungsbericht
– Prüfungspflicht **U** 270
Eröffnungsbilanz Einzelunternehmen **B** 143 f.
Eröffnungsbilanz KapGes **D** 254 ff.
Eröffnungsbilanz PersGes **C** 146 ff.
Finanzberichte nach WpHG **G** 4

Prüfungsbericht
Insolvenzverfahren
– Eröffnungsbilanz **R** 76
– Schlussbilanz nach Verfahrensbeendigung **R** 85
– Schlussbilanz vor Eröffnung **R** 69
– Schlussrechnung **R** 31
InvAG **U** 516
– besonderer Vermerk **U** 516
– extern verwaltet **U** 519
InvKG
– besonderer Vermerk **U** 636
– Jahresabschluss **U** 635
– Lagebericht **U** 635
– Zuweisung zu Kapitalkonten **U** 637
Jahresbericht
– Prüfungspflicht **U** 270
Kombinierter Abschluss **F** 109 ff.
Liquidation PersGes **S** 130
Liquidationsbilanzen KapGes
– Abschlussprüferwahl **T** 325
– Beauftragung **T** 326 f.
– gerichtliche Befreiung **T** 315 ff.
– Größenklassen **T** 307
– Verpflichtung **T** 305 ff.
Liquidationsrechnungslegung (interne)
– PersGes **S** 195
Nachtragsliquidation **T** 373
partielle Anwendung investmentrechtlicher Vorschriften **U** 409
Pro-Forma-Finanzinformationen **F** 125 ff.
registrierungspflichtige KVG **U** 369
Sondervermögen
– Prüfungsgegenstand **U** 272
Vergabe von Gelddarlehen **U** 383
Verschmelzung **H** 27, 30, 32, 56, 83, 85, 87, 90–92, 130, 134 ff.
Zwischenabschluss nach WpHG **G** 4
Zwischenbericht
– Prüfungspflicht **U** 270
Prüfungsbericht
Anforderungen
– Kapitalerhöhung aus Gesellschaftsmitteln **E** 128
Einsichtsrecht **C** 148
ImmobilienGes
– zusätzliche Berichtspflichten **U** 295
Immobiliensondervermögen
– Bewertungsverfahren **U** 300
– Erwerb Beteiligung an ImmobilienGes **U** 296
– ordnungsgemäße Ertragsverwendung **U** 304

1169

Prüfungsgegenstand

- Veräußerung Beteiligungen ImmobilienGes **U** 297
- Vergabeverfahren **U** 303
- Verletzung der Anlagegrenzen **U** 302
- zusätzliche Berichtspflichten **U** 295

InvAG **U** 517
- Änderungen organisatorischer Grundlagen **U** 525
- Anlagebedingungen **U** 521
- Anteilswertermittlung **U** 522
- Einreichung **U** 527
- extern verwaltet **U** 525
- externer Bewerter **U** 523
- fehlerhafte Anteilspreise **U** 522
- geschlossen mit fixem Kapital **U** 526

InvKG **U** 639
- Aufbewahrung **U** 641
- Einreichung **U** 640

Publikums-InvAG
- Gesellschaftsvermögen **U** 524

Sondervermögen **U** 277
- Angaben zum SV **U** 290
- Anlagebedingungen **U** 280
- Anlageberatung **U** 289
- Einreichung **U** 293
- Einsatz von Derivaten **U** 288
- Ergebnis der Prüfung **U** 291
- fehlerhafte Anteilspreise **U** 285
- Schlussbemerkung, zusammenfassende **U** 278
- Vorkehrungen, organisatorische **U** 284

Prüfungsgegenstand
Liquidationseröffnungsbilanz KapGes **T** 329
Pro-Forma-Finanzinformationen **F** 127, 134

Prüfungsumfang
Kapitalerhöhung aus Gesellschaftsmitteln **E** 123 ff.
Kombinierter Abschluss **F** 112 ff.
Pro-Forma-Finanzinformationen **F** 126 ff.

Prüfungsurteil
Kombinierter Abschluss **F** 109 ff.
Pro-Forma-Finanzinformationen **F** 125

PublG
Liquidation PersGes **S** 48
Unternehmensaufgabe **M** 10

Buchstaben = Kapitel

Publikums-AIF
Tätigkeitsbericht
- Angabepflichten **U** 66
zusätzliche Angabepflichten **U** 145 ff., 151 f.

Publikums-Investmentaktiengesellschaft
geschlossen mit fixem Kapital
- Anhang **U** 489
Halbjahresbericht
- Offenlegung **U** 431
Jahresabschluss und Lagebericht
- Einreichung bei der BaFin **U** 433
Liquidationsbericht **U** 510
offen mit veränderlichem Kapital
- Anhang **U** 484
Prüfungsbericht
- Gesellschaftsvermögen **U** 524
Tätigkeitsbericht
- Inhalt **U** 446

Publikums-Investmentkommanditgesellschaft
Anhangangaben **U** 575
Anschaffungsnebenkosten **U** 584
geschlossen mit fixem Kapital
- Bewertung **U** 624
größenabhängige Ausnahmeregelungen **U** 344

Publikums-Investmentvermögen **U** 11

Publikums-Sondervermögen
Abwicklungsbericht
- Einreichung **U** 56
Auflösungsbericht
- Einreichung **U** 56
Halbjahresbericht
- Einreichung **U** 56
Jahresbericht
- Einreichung **U** 56
Tätigkeitsbericht
- Mindestangaben **U** 69
Zwischenbericht
- Einreichung **U** 56

Quartalsberichte nach BörsO FWB,
Veröffentlichung **G** 84
Quartalsfinanzbericht, Aufstellungswahlrecht nach WpHG **G** 1

Rangrücktritt
Bilanzierung **Q** 83
Liquidation **T** 78

Ziffern = Randnummern

PersGes
– korrespondierende Bilanzierung
 Q 335
bei rückwirkender Kapitalerhöhung
 Q 182
Sanierungsmaßnahmen Q 75 ff.
– steuerrechtlich Q 329
spezifizierter Q 332
Überschuldungsstatus P 122 f.
Verlustanzeigebilanz P 48
wirtschaftliche Last Q 332
Realteilung
Abgrenzung O 25 ff.
Alternative Gestaltung O 105 f., 153 ff.
Anteilstausch O 28
Aufgabegewinn O 46 f., 109 f.
Auseinandersetzungsvereinbarung
 O 34
ausländische Betriebsstätte O 119
Begriff O 8 ff.
– echte Realteilung O 10 ff.
– unechte Realteilung O 10 ff.
Besteuerung
– rückwirkend O 139
Beteiligung, KapGes O 19
Betriebsaufgabe O 46
Betriebsgrundlage O 23
Betriebsverpachtung O 29
Buchwertanpassungsmethode O 66
Buchwertfortführungszwang O 4,
 45 ff., 60
echte
– Aufgabegewinn O 109 f.
– Begriff O 10
– Beispiel O 67 ff., 86 ff.
– Gewerbesteuer O 159
– Gewinnermittlung nach § 4 Abs 1
 EStG O 63, 67 ff., 82 ff., 86 ff.
– Gewinnermittlung nach § 4 Abs 3
 EStG O 77, 100 ff.
– Grunderwerbsteuer O 168
– Handelsbilanz O 51 ff.
– Investitionsabzugsbetrag O 148
– Kapitalkontenanpassungsmethode
 O 63
– Nachversteuerungsklausel O 129
– Spitzenausgleich, mit O 82 ff.,
 100 ff.
– Spitzenausgleich, ohne O 63, 67 ff.,
 76 f.
– steuerrechtliche Grundlagen O 46 f.
– Zinsschranke O 144 f.
– zivilrechtliche Grundlagen O 37 ff.

Realteilung

Einnahme-Überschussrechnung
 O 100
Einschränkung Steuerneutralität
 O 118 ff.
Einzelwirtschaftsgüter
– disquotal O 21, 25
– liquide Mittel O 21, 25
Ergänzungsbilanz O 64, 67
Eröffnungsbilanz O 57, 61, 71
Formen O 35
Gesamthandsvermögen O 18, 26
Gestaltungsmissbrauch O 105
Gewerbesteuer O 158 ff.
Gewinnermittlungsart, Wechsel
 O 101, 103
– Übergangsbilanz O 102
– Übergangsgewinn O 102
Gewinnverteilungsschlüssel O 109,
 129, 136, 141
Grunderwerbsteuer O 168 f.
Grundlagen
– steuerrechtliche O 45 ff.
– zivilrechtliche O 37 ff.
Grundsatzurteile O 2, 6
Handelsbilanz O 51 ff.
– echte Realteilung O 51 ff.
– unechte Realteilung O 54
Historie O 1 ff., 8 ff.
Investitionsabzugsbetrag O 146 ff.
Kapitalausgleichsmethode O 66
Kapitalkontenanpassungsmethode
 O 62 f.
– echte Realteilung O 63
– unechte Realteilung O 63
Körperschaftsklausel I O 133 ff.
Körperschaftsklausel II O 138 ff.
Mitunternehmeranteil O 20
Nachversteuerungsklausel
 O 129
objektbezogen O 36, 108
personen-/subjektbezogen O 33, 36,
 47, 108
Privatvermögen O 47 f., 108 ff.
– echte Realteilung O 109 ff.
– unechte Realteilung O 112 ff.
Realteilungsbilanz O 51
Realteilungsvereinbarung O 34, 65,
 129, 136
Schenkungsteuer O 171 ff.
Sonderabschreibung O 150
Sonderbetriebsvermögen O 18, 22,
 123, 130, 148 f.
Sperrfrist O 22, 120 ff.

1171

Realteilungsbilanz

mit Spitzenausgleich **O** 80 ff.
- Gewinnermittlung nach § 4 Abs 1 EStG **O** 82 ff.
- Gewinnermittlung nach § 4 Abs 3 EStG **O** 100 ff.

ohne Spitzenausgleich **O** 61 ff.
- Gewinnermittlung nach § 4 Abs 1 EStG **O** 61 ff.
- Gewinnermittlung nach § 4 Abs 3 EStG **O** 76 ff.

Steuerbilanz
- Schlussbilanz **O** 61
Steuerneutralität **O** 12, 15, 32, 118 ff.
Stille Reserven **O** 65, 108 f.
subjekt-/personenbezogen **O** 33, 36, 47, 108
Teilbetrieb **O** 19, 138
Umsatzsteuer **O** 163 ff.
Umwandlungsgesetz **O** 41
unechte
- Begriff **O** 10
- Beispiel **O** 72 ff., 91 ff.
- Gewerbesteuer **O** 160
- Gewinnermittlung nach § 4 Abs 1 EStG **O** 63, 72 ff., 84 f., 91 ff.
- Gewinnermittlung nach § 4 Abs 3 EStG **O** 78, 100, 104
- Grunderwerbsteuer **O** 168
- Handelsbilanz **O** 54
- Investitionsabzugsbetrag **O** 149
- Kapitalkontenanpassungsmethode **O** 63
- Spitzenausgleich, mit **O** 84 f., 91 ff., 104
- Spitzenausgleich, ohne **O** 63, 72 ff., 78
- steuerrechtliche Grundlagen **O** 47 f.
- Veräußerungsgewinn **O** 112 ff., 131
- Zinsschranke **O** 144
- zivilrechtliche Grundlagen **O** 43
Veräußerungsgewinn **O** 46 ff., 112 ff., 131 f.
Vermögensbilanz **O** 52
wesentliche Betriebsgrundlage **O** 23, 122
Zinsschranke **O** 143 f.
Zinsvortrag **O** 143 f.
zivilrechtliche Grundlagen **O** 37 ff.
Realteilungsbilanz O 51
Realteilungsvereinbarung O 34, 65, 129, 136
Rechenschaftsfunktion U 30

Buchstaben = Kapitel

Rechenschaftspflicht, interne,
Liquidator **T** 13, 280 ff.
Rechnungsabgrenzungsposten
Einlagenbewertung **D** 211
Eröffnungsbilanz Einzelunternehmen **B** 94, 112, 118, 121
Eröffnungsbilanz KapGes **D** 153, 165
Eröffnungsbilanz PersGes **C** 96
Liquidationsbilanzen
- KapGes **T** 117
Liquidationseröffnungsbilanz KapGes
- aktive **T** 117
- passive **T** 132
Übernahmebilanzierung
- aktive RAP **K** 27
- passive RAP **K** 32
Überschuldungsstatus **P** 115
Rechnungslegungsgrundsätze
Kombinierter Abschluss **F** 29
Konzernzwischenabschluss **G** 10 ff.
Pro-Forma-Finanzinformationen **F** 67 ff.
Zwischenabschluss **G** 10 ff.
Rechnungslegungspflicht
Einzelunternehmer
- Gesamtunternehmen **B** 21
- Verantwortlichkeit **B** 19
Kapitalverwaltungsgesellschaft (KVG) **U** 22
Land- und Forstwirtschaft **B** 10
Sondervermögen **U** 22
- Beginn **U** 46
Übergang auf Erwerber **B** 166
Rechte, Einlagefähigkeit **D** 129 ff.
Rechte Dritter, Kapitalerhöhung aus Gesellschaftsmitteln **E** 6
Rechtsgrundlagen
Kombinierter Abschluss **F** 10 ff.
Pro-Forma-Finanzinformationen **F** 18 ff.
Rechtsnachfolge, steuerrechtliche,
Übernahmebilanzierung **K** 159
Rechtsträger
PersGes
- Entstehung **C** 33
- Firma **C** 13 f.
- Identität **C** 57
- Vermögenszuordnung **C** 44
Rechtsträgeridentität, Formwechsel **L** 15
Rechtsträgerwechsel, Formwechsel **L** 205

Ziffern = Randnummern

registrierungspflichtige KVG
Anhang **U** 364
Ausnahmeregelungen **U** 344 f.
Bewertung **U** 367
Jahresabschluss **U** 363
Jahresbericht **U** 362
– Aufstellungspflicht **U** 360
Lagebericht **U** 365
Offenlegung **U** 368
partielle Anwendung investmentrechtlicher Vorschriften **U** 350
Prüfung **U** 369
Schwellenwerte **U** 347
Rekultivierungsverpflichtungen,
Überschuldungsstatus **P** 119
Rentnergesellschaft T 9
Reservefonds, Kapitalerhöhung aus Gesellschaftsmitteln **E** 45, 77
Rückbeteiligung
an Kommanditist **C** 137
an Komplementär **C** 136
Rückbeziehung, Gesellschafterwechsel **C** 179 f.
Rücklage für eigene Anteile
Eröffnungsbilanz PersGes **C** 137
Liquidation **T** 251
Rücklage für Rückbeteiligungen
Kapitalerhöhung aus Gesellschaftsmitteln **E** 85 f., 159
– Verwendungsbeschränkung **E** 114
Rücklage, gesetzliche
Formwechsel
– KapGes in KapGes **L** 151
– PersGes in KapGes **L** 52
Kapitalerhöhung aus Gesellschaftsmitteln **E** 44 f., 76 f., 78
Rücklagen
Art und Höhe
– Kapitalerhöhungssonderbilanz **E** 125
Betriebsaufgabe (steuerrechtlich) EKfm **M** 58
Zweckbindung **E** 79, 81
s. auch Kapitalerhöhung aus Gesellschaftsmitteln
s. auch Kapitalerhöhungssonderbilanz
Rücklagendotierung
Bilanz
– Kapitalerhöhung aus Gesellschaftsmitteln **E** 36
nach Kapitalerhöhung aus Gesellschaftsmitteln **E** 4

Sacheinlage

Rücklagenentsperrung, Kapitalerhöhung aus Gesellschaftsmitteln **E** 45, 59, 77, 104
Rücklagenidentität, Kapitalerhöhungssonderbilanz **E** 104
Rücklagenumwandlung
Verwendungsreihenfolge
– Kapitalerhöhung aus Gesellschaftsmitteln **E** 44
Rücklagenzuführungen, Kapitalerhöhung aus Gesellschaftsmitteln **E** 95 ff., 100 ff.
Rückstellungen
Betriebsaufgabe (steuerrechtlich) EKfm **M** 58
Eröffnungsbilanz
– steuerrechtliche **D** 277 f.
Eröffnungsbilanz Einzelunternehmen
– Teil des Kaufpreises **B** 106
Haftungsrisiken bei Geschäftsübernahme
– Eröffnungsbilanz KapGes **D** 162
– Eröffnungsbilanz PersGes **C** 120
Kapitalerhöhungssonderbilanz **E** 32
Liquidationseröffnungsbilanz KapGes
– Ansatz **T** 125 ff.
– Bewertung **T** 168 ff.
Rückstellungen, angeschaffte
Eröffnungsbilanz
– steuerrechtliche **D** 277
Rückwirkungsfrist
Verschmelzung
– handelsrechtlich **H** 56 ff., 80 ff., 102
– steuerrechtlich **H** 202
Rumpfgeschäftsjahr
Insolvenzverfahren **R** 56, 60
Liquidationsbesteuerung, Beginn der **T** 431 f.
Liquidationseröffnungsbilanz KapGes **T** 60 ff.
PersGes, Ausscheiden Gesellschafter **N** 14, 50
Sachausschüttung
Liquidation, KapGes **T** 271
Liquidation, PersGes **S** 118 f.
Sachdividende, Kapitalerhöhung aus Gesellschaftsmitteln **E** 157
Sacheinlage
Begriff **D** 282 f., 293
Bewertungsunterschiede **D** 289
Eröffnungsbilanz Einzelunternehmen **B** 119, 131

1173

Sachgründung

Eröffnungsbilanz KapGes
- Dienstleistungen **D** 128

Eröffnungsbilanz PersGes
- Begriff **C** 90
- Bewertung **C** 98

Rechte und Forderungen **D** 130
teilentgeltlicher Erwerb **D** 286
verdeckte **D** 45 ff.
- Heilung **E** 19
s. auch Sachgründung

Sachgründung
Änderung durch Kapitalrichtlinie
D 255
KapGes **D** 43
s. auch Dienstleistungen
s. auch Mischgründung
s. auch Sacheinlage

Sachgründungsbericht D 26

Sachleistungsverpflichtungen
Eröffnungsbilanz Einzelunternehmen
- steuerrechtliche **B** 181

Sachübernahme D 50
Eröffnungsbilanz PersGes **C** 90
s. auch Sachgründung

Sachwertabfindung, PersGes,
Ausscheiden Gesellschafter **N** 100 ff.

Saldenausgleich zwischen Gesellschaftern, Liquidation PersGes
S 175 ff.

Saldierungsverbot
Eröffnungsbilanz Einzelunternehmen
B 113
Liquidationseröffnungsbilanz KapGes
T 112

Sanierung
allgemein **Q** 1 ff.
- steuerrechtlich **Q** 300 ff.
Begriff **Q** 300
PersGes **Q** 285 ff.
Rücklagenauflösung **Q** 47
Sanierungsbedürftigkeit **Q** 3 ff.
Sanierungsbilanzen **Q** 15 ff.
Sanierungserträge **Q** 302

Sanierungsbilanzen
Aufbewahrung **Q** 25
Offenlegung **Q** 25
Prüfungspflicht **Q** 25

Sanierungsgewinn
Steuerbefreiung **Q** 301
Verlustverrechnung **Q** 302

Sanierungsmaßnahmen
Alternativsanierung **Q** 214 ff.

Buchstaben = Kapitel

Besserungsschein **Q** 60 ff.
- steuerrechtlich **Q** 328
Bürgschaft **Q** 129
Erfüllungsübernahme **Q** 126
- steuerrechtlich **Q** 336 f.
Ergebnisabführungsvertrag **Q** 110 ff.
- steuerrechtlich **Q** 338 ff.
Ertragszuschuss **Q** 205
Factoring **Q** 43 ff.
- steuerrechtlich **Q** 317
Forderungsverzicht **Q** 60 ff.
- steuerrechtlich **Q** 324 ff.
Gesellschafterdarlehen **Q** 90 ff.
- KapGes **Q** 318 ff.
- PersGes **Q** 320 ff.
- steuerrechtlich **Q** 318 ff.
Gesellschaftergarantie **Q** 120
Kapitalerhöhung **Q** 220 ff.
- steuerrechtlich **Q** 310 ff.
Kapitalherabsetzung **Q** 150 ff.
- steuerrechtlich **Q** 305 ff.
Kapitalherabsetzung, vereinfachte
Q 176 ff.
- steuerrechtlich **Q** 305 ff.
Liquidität **Q** 317 ff.
Liquiditätsausstattungsgarantie
Q 134
Liquiditätsverbesserung **Q** 51 ff.
Nachschüsse **Q** 207
Pensionsgeschäfte **Q** 44 f.
Rangrücktritt **Q** 75 ff.
- steuerrechtlich **Q** 329 ff.
Rückwirkung **Q** 55
Sale-and-lease-back **Q** 40
- steuerrechtlich **Q** 317
Schuldbeitritt **Q** 128
- steuerrechtlich **Q** 338 f.
Schuldübernahme **Q** 125
- steuerrechtlich **Q** 338 f.
Verbindlichkeiten, verjährte **Q** 65
Verlustübernahme **Q** 110 ff.
- steuerrechtlich **Q** 336 f.
Werthaltigkeitsgarantie **Q** 120
Zuzahlungen **Q** 200 ff.

Sanierungsverpflichtungen,
Geschäftsübernahme **B** 109

Sanktionen
Eröffnungsbilanz Einzelunternehmen
- Erfüllungsgehilfe **B** 72, 77
- Ordnungswidrigkeit **B** 76 f.
- Strafrecht **B** 69 ff., 76
- zivilrechtliche Konsequenzen **B** 74
- Zwangsgelder **B** 75

Ziffern = Randnummern

Eröffnungsbilanz PersGes **C** 15, 70 f., 156
s. *auch* Haftung, Verantwortlichkeit
Satzungspublizität
Gründungsaufwand **D** 143 f.
Kapitalaufbringung durch Sacheinlage **D** 44, 50, 53, 143
Schätzung
Anschaffungskosten
– Eröffnungsbilanz Einzelunternehmen **B** 93
Scheinkaufmann, Kaufmannseigenschaft **B** 5
Schenkungsteuer
Einlage, nicht verhältniswahrende **D** 294
Kapitalerhöhung aus Gesellschaftsmitteln **E** 16, 172
PersGes, Ausscheiden Gesellschafter **N** 150 ff.
Realteilung **O** 171 ff.
Schlussbilanz
Abspaltung **I** 300
Aufspaltung **I** 100
Ausgliederung **I** 300
Insolvenzverfahren **R** 85 ff.
Spaltung
– Funktion **I** 105 ff.
Stichtag **I** 115 f.
Vermögensübertragung **J** 19
Verschmelzung
– Ansatz **H** 104 ff.
– Bewertung **H** 116 ff.
– Gliederung **H** 122
– Stichtag **H** 96 ff.
s. *auch* Liquidation
Schlussbilanz werbender Gesellschaften
Insolvenzverfahren **R** 60, 65 ff.
LG Bonn **T** 48
Liquidation KapGes
– Auflösung **T** 45 ff.
– Aufstellungswahlrecht **T** 64
– Geschäftsjahr **T** 60
Liquidation PersGes **S** 58
Schlussbilanzstichtag
Verschmelzung
– handelsrechtlich **H** 96 ff.
– steuerrechtlich **H** 153 f., 202, 208, 225
Schlusserklärung, Liquidation **T** 387
Schlussrechnung
Insolvenzverfahren **R** 30, 41

Selbstinformation

Liquidation KapGes **T** 280 ff.
Liquidation PersGes **S** 190 f.
Schlussverteilung
Liquidation KapGes **T** 268
Liquidation PersGes **S** 156, 165 ff.
Schuldbeitritt
Sanierungsmaßnahmen **Q** 128
– steuerrechtlich **Q** 338 f.
Schulden
Bewertung **D** 216 f.
– Eröffnungsbilanz Einzelunternehmen **B** 105
Eröffnungsbilanz Einzelunternehmen
– Zuordnungsvermutung **B** 102, 104, 107
Eröffnungsbilanz KapGes **D** 146, 161 f.
Eröffnungsbilanz PersGes **C** 109, 188, 217
Schuldenunterdeckung, Privatvermögen **B** 104
Schuldscheindarlehen U 258
Schuldscheine, Eröffnungsbilanz Einzelunternehmen **B** 107
Schuldübernahme
Behandlung
– steuerrechtliche **Q** 338
Eröffnungsbilanz Einzelunternehmen **B** 106
Eröffnungsbilanz KapGes **D** 163
Eröffnungsbilanz PersGes **C** 117
Mitunternehmerschaft **Q** 339
Sacheinlage **D** 141
Sanierungsmaßnahmen **Q** 125
– steuerrechtlich **Q** 338
Verbindlichkeiten gegenüber Gesellschaftern **C** 109
Schuldverschreibungen U 258
Schuldzinsenabzug, nachträglicher, Liquidation PersGes **S** 249 ff.
Schwebende Geschäfte, PersGes, Ausscheiden Gesellschafter **N** 9, 21, 27, 30
schwebende Verpflichtungsgeschäfte U 264
Schwellenwerte
Buchführungspflicht **B** 3, 4, 31, 50
Eröffnungsbilanz Einzelunternehmen **B** 51 f., 64, 66, 188
Schwestergesellschaften, Verschmelzung **H** 8 f.
Selbstinformation, Eröffnungsbilanz Einzelunternehmen **B** 41, 55, 98, 137

Sicherheitsleistung

Sicherheitsleistung
Liquidation **T** 75
Verschmelzung **H** 27, 39, 70, 90
Sidestep-Merger, Verschmelzung **H** 8
Sidestream-Merger, Übernahmebilanzierung **K** 210
Societas Europaea, Verschmelzung **H** 15, 21
Sonderabschreibung, Realteilung **O** 150
Sonderbetriebsvermögen
Eröffnungsbilanz PersGes **C** 114, 185 f., 210 f.
Formwechsel **L** 215 f.
Pensionsrückstellungen für Mitunternehmer **C** 189
Realteilung **O** 18, 22, 123, 130, 148 f.
Stille Gesellschaft **C** 213
Übernahmebilanzierung **K** 154
Verschmelzungsbilanzen **H** 199
Sonderbilanzen
Anlässe **A** 2 f.
Begriff **A** 1
branchenspezifische **A** 12
Ereignisse, unternehmensbezogene **A** 4
Erfolgsbilanzen **A** 7
externe **A** 9
interne **A** 10
steuerrechtliche **A** 13
Stichtage **A** 8
Teilbilanzen **A** 11
Übernahmebilanzierung **K** 122
Vermögensbilanzen **A** 6
im weiteren Sinn **A** 14
s. auch jeweiliges Kapitel
Sonderbilanzen, steuerrechtliche
korrespondierende Bilanzierung **S** 237
Liquidation PersGes **S** 236 ff.
Sonderposten
erhaltene Investitionszuschüsse **B** 135
Gründungseinlage **D** 17, 231
Pro-Forma-Finanzinformationen **F** 93
Sonderposten für Komplementäranteile, Eröffnungsbilanz PersGes **C** 136
Sonderposten mit Rücklageanteil
Übernahmebilanzierung **K** 87 f.
Verlustanzeigebilanz **P** 44
Sonderprüfung
Ertrag aufgrund Höherbewertung
– Kapitalerhöhung aus Gesellschaftsmitteln **E** 88
Verschmelzung **H** 143

Buchstaben = Kapitel

Sonderrechte, Kapitalerhöhung aus Gesellschaftsmitteln **E** 6
Sonderrechtsnachfolge, Spaltung **I** 1
Sonderrücklage für bedingtes Kapital, Kapitalerhöhung aus Gesellschaftsmitteln **E** 61 ff.
Sonderrücklage nach AktG
Ausweis **E** 63, 152 f.
Kapitalerhöhung aus Gesellschaftsmitteln **E** 67, 89
s. Kapitalerhöhungssonderrücklage
Sondervermögen U 8
abgeschlossenen Geschäfte **U** 134
Abwicklungsbericht **U** 24
– Prüfungspflicht **U** 270
– Stichtag **U** 49
Anteilswert **U** 176
Anteilswertermittlung **U** 175 ff.
– Häufigkeit **U** 179 ff.
– Mitwirkungspflicht **U** 189
– Offenlegung **U** 182
– Verantwortlichkeit **U** 187 f.
Auflösungsbericht **U** 24
– Prüfungspflicht **U** 270
– Stichtag **U** 49
Bewertung **U** 170 ff., 194
– Anschaffungsnebenkosten **U** 232
– Bankguthaben **U** 260
– im Bau befindliche Objekte **U** 230
– Beteiligungen an ImmobilienGes **U** 239 ff.
– Bewertungsmodelle **U** 205, 224 ff.
– Ertragswertverfahren **U** 229
– Festgelder **U** 260
– Finanz- und Devisenterminkontrakte **U** 262
– interne Bewertungsrichtlinie **U** 201 ff.
– Investmentanteile **U** 259
– marktnaher Wert **U** 243
– Optionsrechte **U** 261
– Schuldscheindarlehen **U** 258
– Schuldverschreibungen **U** 258
– schwebende Verpflichtungsgeschäfte **U** 264
– Swaps **U** 263
– Unternehmensbeteiligungen **U** 249 ff.
– Verbindlichkeiten **U** 266
– Werpapierpensionsgeschäfte **U** 265
– Wertpapierdarlehen **U** 265
Bewertungsgrundsätze **U** 170

Ziffern = Randnummern

Bewertungsverfahren **U** 171, 211 ff.
- Bewertungseinheiten **U** 214
- handelbare Kurse **U** 217
- Kurswert **U** 216
- Mittelkurs oder Geldkurs **U** 220
- Verkehrswert **U** 211 ff.
- Zeitpunkt **U** 221
Entwicklungsrechnung **U** 127
- Gliederung **U** 127
Ertrags- und Aufwandsrechnung **U** 100
Ertragsausgleich **U** 163 ff.
Fondsverschmelzung **U** 310 ff.
Halbjahresbericht **U** 23
- Stichtag **U** 49
Investmentvertrag **U** 20
Jahresbericht **U** 23
- Offenlegung **U** 52
- Pflichtbestandteile **U** 62
- Prüfungspflicht **U** 270
- Stichtag **U** 48
Nettoinventarwert **U** 175
Offenlegung der Anteilspreise **U** 172
Prüfung
- Prüfungsgegenstand **U** 272
Prüfungsbericht **U** 277
- Angaben zum SV **U** 290
- Anlagebedingungen **U** 280
- Anlageberatung **U** 289
- Einreichung **U** 277
- Einsatz von Derivaten **U** 288
- Ergebnis der Prüfung **U** 291
- fehlerhafte Anteilspreise **U** 285
- organisatorische Vorkehrungen **U** 284
- zusammenfassende Schlussbemerkung **U** 278
sonstige Angabepflichten **U** 138
- Anzahl umlaufende Anteile **U** 137
- Bewertung **U** 139
- Derivate **U** 141
- Gesamtkostenquote **U** 143
- Leverage **U** 142
- Pensionsgeschäfte **U** 140
- Transparenz **U** 143
- unverbriefte Darlehensforderungen **U** 145
- Vergütungsangaben **U** 146
- Wertpapierdarlehen **U** 140
Tätigkeitsbericht **U** 65
thesaurierende
- Verwendungsrechnung **U** 122 f.
vergleichende Übersicht **U** 131

Spaltung

Vermögensaufstellung **U** 75
Vermögensübersicht **U** 93
Verwendungsrechnung **U** 115 ff.
- Ergebnisverwendung **U** 120
- Gliederung **U** 118
zusätzliche Angaben **U** 157 ff.
Zwischenbericht **U** 24
- Prüfungspflicht **U** 270
- Stichtag **U** 49
Sonstige betriebliche Aufwendungen/Erträge, Liquidation KapGes (Gliederung) **T** 258
Sorgfaltspflichten
Einlagenbewertung **D** 183
Kapitalerhöhung aus Gesellschaftsmitteln **E** 17 f.
Sozialplan
Überschuldungsstatus **P** 117
Verlustanzeigebilanz **P** 46
Spaltung I 1 ff.
Aktiengesellschaft **I** 21
Anmeldung/Eintragung **I** 51
- Anlagen **I** 50
Bare Zuzahlung **I** 172
Beginn der Gewinnberechtigung **I** 58
Besteuerung **I** 180 ff.
- Gesellschafter **I** 265 ff.
- KapGes **I** 210 ff.
- PersGes **I** 245 ff.
- Verkehrssteuern **I** 275 ff.
beteiligte Rechtsträger **I** 20 f.
Bilanzierung beim Gesellschafter **I** 170 ff.
Eintragung nach Geschäftsjahresende **I** 57
fiktiver Teilbetrieb **I** 187, 195
gesamtschuldnerische Haftung
- Ausweis **I** 340 ff.
Gesellschafterbeitritt **I** 15
Gewährung von Gesellschaftsrechten **I** 175
ohne Gewährung von Gesellschaftsrechten **I** 70, 168, 175
Grundlagen, rechtliche **I** 1 ff.
Kapitalerhaltung **I** 73 ff., 310
Kapitalherabsetzung **I** 76
Kapitalherabsetzung, vereinfachte **I** 77
Kapitalmaßnahmen **I** 70
- Kapitalaufbringung **I** 70, 85
Liquidation KapGes **T** 406
negatives (Rein-)Vermögen **I** 3, 86, 91
Neugründung
- Rechnungslegung **I** 160 f.

1177

Spaltungsbericht

nicht bilanzierte Gegenstände **I** 65
nicht verhältniswahrende **I** 12, 35
Organschaft **I** 470
Reihenfolge der Eintragungen **I** 51
Sachgründung **I** 12
Sonderrechtsnachfolge **I** 1
Spaltungsgegenstand **I** 3
Spaltungsrichtung, Arten **I** 13
Spaltungsstichtag **I** 55 ff.
Spaltungsverfahren **I** 25 ff.
Steuerbilanzen **I** 200 ff.
– Schlussbilanz **I** 201
– Übernahmebilanz **I** 203
Surrogation **I** 68
Teilbetrieb **I** 195 ff.
übergehendes Vermögen
– Bestimmheitsgrundsatz **I** 63
– vergessene Vermögensgegenstände **I** 67
Übernahmebilanzierung **K** 252 ff.
Unterbilanz **I** 90
Unternehmensverträge **I** 66
Upstream **I** 175
Verkehrssteuern **I** 475, 480
s. auch Abspaltung
s. auch Aufspaltung
s. auch Ausgliederung
s. auch Spaltungsschlussbilanz
Spaltungsbericht I 35
Spaltungsbeschluss I 45
Spaltungsplan I 30 ff.
Spaltungsprüfung I 40
Spaltungsschlussbilanz
Ansatz **I** 125 ff.
Aufspaltung **I** 100 ff.
Aufstellung, Prüfung **I** 150 ff.
Bewertung **I** 125 ff.
Gliederung **I** 145
Inhalt **I** 120 ff.
Teilschlussbilanz **I** 107 f., 300 ff.
Verhältnis zu Jahresbilanz **I** 120 f.
Spaltungsstichtag I 55 ff.
Rückbeziehung, steuerrechtliche **I** 190 ff.
Schlussbilanz **I** 56, 100 ff.
Übergang der Rechnungslegung 55
s. auch Spaltung
Spaltungsverfahren, Ablauf **I** 30 ff.
Spaltungsvertrag
Bestimmtheitsgrundsatz
– Bezugnahme auf Bilanzen **I** 63 f., 68
– Negativbestimmung **I** 64

Buchstaben = Kapitel

Inhalt **I** 31
nicht bilanzierte Gegenstände **I** 65
Spaltungs- und Übernahmevertrag **I** 30 ff.
Sperrfrist, Realteilung **O** 22, 120 ff.
Sperrjahr
Liquidation KapGes **T** 73
Nachtragsliquidation **T** 370
Sperrjahresregelungen, Liquidation KapCoGes **S** 12
Spezial-AIF U 11
Jahresbericht
– Veröffentlichungsfrist **U** 54
Prüfung
– Prüfungsgegenstand **U** 273
Tätigkeitsbericht
– Mindestangaben **U** 72
zusätzliche Angabepflichten **U** 145 ff., 151 f.
Spezial-Investmentaktiengesellschaft
offen mit veränderlichem Kapital
– Anhang **U** 483
Offenlegung **U** 430
Tätigkeitsbericht
– Inhalt **U** 446
Spezial-Investmentkommanditgesellschaft
Angabepflichten **U** 575
Anschaffungsnebenkosten **U** 232, 584
Erleichterungen **U** 345
geschlossen mit fixem Kapital
– Bewertung **U** 624
Spezial-Sondervermögen
Jahresbericht
– Aufstellungspflicht **U** 51
Spitzenausgleich
Realteilung, mit **O** 80 ff.
Realteilung, ohne **O** 61 ff.
Spruchverfahren, Verschmelzung **H** 27, 34, 39
Squeeze-Out, Liquidation **T** 415
Stammkapital
Eröffnungsbilanz KapGes **D** 30
Formwechsel
– PersGes in KapGes **L** 53
Statutarische Rücklagen, Begriff **E** 78
Stetigkeit
Kapitalerhöhung aus Gesellschaftsmitteln **E** 31
Liquidationseröffnungsbilanz KapGes **T** 152

Ziffern = Randnummern

Steueraufwand
Formwechsel
– KapGes in PersGes **L** 130
– PersGes in KapGes **L** 85
Pro-Forma-Finanzinformationen **F** 91
Steuerbilanz
Eröffnungsbilanz PersGes **C** 214
Formwechsel
– Folgebewertung **L** 215
Realteilung
– Schlussbilanz, steuerrechtlich **O** 61
Übernahmebilanzierung **K** 110 ff., 118 ff.
s. auch einzelne Kapitel
Steuerfreiheit, Kapitalerhöhung aus Gesellschaftsmitteln **E** 172
Steuerneutralität, Realteilung **O** 12, 15, 32, 118 ff.
Steuerpflicht, Vorgesellschaft **D** 268
Steuerschulden
Eröffnungsbilanz Einzelunternehmen **B** 111
Eröffnungsbilanz KapGes **D** 162
Liquidationsbeendigung **T** 267
Stichprobeninventur, Eröffnungsbilanz Einzelunternehmen **B** 86
Stichtag
Eröffnungsbilanz KapGes **D** 65 ff.
s. auch Bilanzstichtag
Stichtagsprinzip, Liquidationseröffnungsbilanz KapGes **T** 150
Stille Beteiligung E 54
stille Einlage
Bilanzausweis **B** 133 f.
Eigenkapitalanforderungen **B** 131
Eröffnungsbilanz Einzelunternehmen **B** 131 f.
Eröffnungsbilanz PersGes **C** 111
Geldbeschaffungskosten **B** 118
Schuldscheine **B** 107
Zusatzangaben **B** 132
stille Gesellschaft
Aufstellung **C** 213
Buchwertfortführung **C** 195
Eröffnungsbilanz PersGes **C** 45
Firma **C** 14, 45
Mitunternehmerschaft **C** 213
Sonderbetriebsvermögen **C** 213
Übergang aus GbR **C** 177
Verantwortlichkeit
– Einzelunternehmen **B** 165

Teileinkünfteverfahren

Verlustanzeigebilanz **P** 43
s. auch Einzelunternehmen
s. auch Kapitalgesellschaft
stille Reserven
Eröffnungsbilanz PersGes **C** 91
Kombinierter Abschluss **F** 68, 88
Realteilung **O** 65, 108 f.
Verschmelzung **H** 154, 162 f., 199, 206, 211, 230
stiller Gesellschafter
Eröffnungsbilanz Einzelunternehmen
– Anwachsung **B** 36
Stimmrechtsverlust, Mitteilung des Anteilsbesitzes **E** 159
Stockdividende, Unterschied zu Gratisaktien **E** 157
Strafvorschriften *s.* Sanktionen
Stückaktien, Kapitalerhöhung aus Gesellschaftsmitteln **E** 14
Swaps U 263

Tantiemen, Kapitalerhöhung aus Gesellschaftsmitteln **E** 6
Tarifbegünstigung, § 24 UmwStG **C** 175, 178
Tarifermäßigung, Betriebsaufgabe (steuerrechtlich) EKfm **M** 66
Tätigkeitsbericht
InvAG **U** 446
– Inhalt **U** 446
InvKG **U** 571
– Inhalt **U** 571
partielle Anwendung investmentrechtlicher Vorschriften **U** 399
Publikums-InvAG
– Inhalt **U** 447
Publikums-Sondervermögen
– Mindestangaben **U** 69
Sondervermögen **U** 65
Spezial-AIF
– Mindestangaben **U** 72
SpezialInvAG
– Inhalt **U** 447
Tauschgrundsätze
Eröffnungsbilanz Einzelunternehmen
– Problematik **B** 110
Übernahmebilanzierung **K** 53 ff.
Teilbetrieb
Realteilung **O** 19, 138
Veräußerung **M** 46
Teileinkünfteverfahren, Liquidation **T** 460 ff.

1179

Teilentgeltlichkeit

Teilentgeltlichkeit
Eröffnungsbilanz PersGes **C** 193, 197
Geschäftsübernahme **B** 186
Teilgesellschaftsvermögen
InvAG
– offen mit veränderlichem Kapital **U** 500 ff.
InvAG mit veränderlichem Kapital
– Anhang **U** 502
– Auflösungsbericht **U** 511
– Bilanz **U** 501
– Lagebericht **U** 503
InvKG
– offen mit veränderlichem Kapital **U** 547
Teilrechte
Buchwertabspaltung **E** 155
Kapitalerhöhung aus Gesellschaftsmitteln **E** 14, 16, 155
Teilübertragung
abspaltende **J** 17
aufspaltende **J** 15
ausgliedernde **J** 16
Formen **J** 15
Steuern
– übertragender Rechtsträger **J** 35
s. auch Vermögensübertragung
Teilwert
Begriff **B** 177
Verkehrswert **D** 285
Teilwertansatz
Eröffnungsbilanz Einzelunternehmen
– steuerrechtliche **B** 175, 178
Eröffnungsbilanz PersGes **C** 192
Teilwertvermutung B 177
Transparenz U 143
Trennungsprinzip
Eröffnungsbilanz
– steuerrechtliche **D** 280
Treuhand, Gesellschaftsanteile **E** 6
Treuhandvermögen, Eröffnungsbilanz PersGes **C** 113
true and fair view
Kombinierter Abschluss **F** 1, 30 ff., 109, 144 ff.
Pro-Forma-Finanzinformationen **F** 17, 144 ff.

Übergangsbilanz
Buchführungspflicht
– steuerrechtliche **B** 161, 163, 188 ff.
Eröffnungsbilanz Einzelunternehmen **B** 65, 163

Buchstaben = Kapitel

Eröffnungsinventar **B** 83
persönliche Steuerschulden **B** 111
Realteilung **O** 102
Wahlrechte **B** 114
Übergangsgewinn
Eröffnungsbilanz Einzelunternehmen
– steuerrechtliche **B** 189
Realteilung **O** 102
Übernahme, gemischte, Übernahmebilanzierung **K** 65 f., 94
Übernahmebilanz
Einzelunternehmen **B** 26, 33, 38
Prüfung
– Eröffnungsbilanz Einzelunternehmen **B** 144
Übernahmebilanzierung
Abschreibungen, erhöhte **K** 162
Abspaltungen **K** 286 ff.
Allgemeine Grundsätze
– Ansatz **K** 15 ff.
– Bewertung **K** 41 ff.
Angabe Bilanzierungs- und Bewertungsmethoden **K** 98
Anhangangaben
– Anlagespiegel **K** 99
– Bilanzierungs- und Bewertungsmethoden **K** 98
– Vorjahreszahlen **K** 96
Anlagespiegel
– Anhangangaben **K** 99
Ansatz
– Wahlrecht nach § 24 UmwG **K** 5 ff.
Anschaffungsnebenkosten **K** 55, 86
Anteile, verschmelzungsgeborene **K** 209
Anteilseigner, Besteuerung **K** 209 ff.
Anteilseigner, widersprechender **K** 149
Aufspaltung **K** 259 ff.
– KapGes auf KapGes **K** 267 ff.
– KapGes auf PersGes **K** 259 ff.
– PersGes auf KapGes **K** 275 ff.
– PersGes auf PersGes **K** 279 ff.
Aufteilung Gesamt-Anschaffungskosten **K** 47 ff., 61 ff.
Ausgliederung **K** 295 ff.
Ausschüttungen **K** 31, 79
Besteuerung **K** 110 ff.
Beteiligungskorrekturgewinn **K** 157, 198
Betriebsvermögen, ausländisches **K** 155
Bewertungsfreiheiten **K** 162
Bewertungsobergrenze **K** 46

1180

Ziffern = Randnummern

Bilanzzusammenhang **K** 142
Buchwertübernahme
– Ansatz **K** 70 ff.
– Bewertung **K** 85 ff.
Downstream-Merger **K** 67 f., 95, 150, 205, 213
eigene Anteile **K** 26, 75
Einbringungsgegenstand **K** 220 ff.
Einkommen und Vermögen
– steuerrechtliches **K** 129
Ergänzungsbilanzen
– steuerrechtliche **K** 120 ff.
Formwechsel **K** 311 ff.
– KapGes in PersGes **K** 315 f.
– PersGes in KapGes **K** 318 f.
geringwertiges Anlagevermögen **K** 24
Gesamt-Anschaffungskosten
– KapGes **K** 44
– PersGes **K** 45
Geschäfts- oder Firmenwert **K** 20 f., 48, 62, 72
Gesellschafter, Besteuerung **K** 187
Gewerbesteuer **K** 185, 208
Größenklassen **K** 8 ff.
Hinausverschmelzungen, grenzüberschreitende **K** 133
Hineinverschmelzungen, grenzüberschreitende **K** 134
immaterielle Vermögensgegenstände **K** 22, 73
Insichgeschäfte **K** 136
Kapitalerhöhung **K** 3, 41 ff., 90 ff.
Konfusion **K** 151
Konfusion von Forderungen **K** 25, 42, 56, 74
Konfusion von Verbindlichkeiten **K** 30, 42, 56, 78
Konfusionsgewinne **K** 201
Konsequenzen
– steuerrechtliche **K** 114 ff.
latente Steuern **K** 36 f., 80
Maßgeblichkeit **K** 143, 214, 227, 245
§ 4 Abs 3 EStG **K** 119
§ 5 EStG **K** 146 ff.
Pensionsverpflichtungen **K** 28, 77
– steuerrechtlich **K** 153
Rechnungsabgrenzung
– aktive **K** 27
– passive **K** 32
Rechtsnachfolge
– steuerrechtliche **K** 159
Rückbeziehungsmöglichkeit **K** 132

Überschuldung

Rücklagen
– gewinnmindernde **K** 164
– offene **K** 170
Rückwirkungsregel, antragsabhängige **K** 131
Sidestream-Merger **K** 210
Sonderabschreibungen **K** 162
Sonderbetriebsvermögen **K** 154
Sonderbilanzen **K** 122
Sonderposten mit Rücklageanteil **K** 87 f.
Spaltung **K** 123, 252 ff.
Steuerbilanz **K** 110 ff., 118 ff.
Systemwechsel
– steuerrechtlicher **K** 112
Tauschgrundsätze **K** 53 ff.
Übernahme, gemischte **K** 65 f., 94
Übernahmeergebnis **K** 137, 169 ff., 180
Übernahmefolgegewinn **K** 151
Übernahmegewinn **K** 174 ff.
Übernahmeverlust **K** 181 f.
Übernahmezeitpunkt **K** 12
– steuerrechtlich **K** 127 ff.
Umwandlungskosten **K** 43, 55
UmwStG, Europäisierung **K** 113
Unterstützungskasse **K** 167, 199
Upstream-Merger **K** 53 ff.
– steuerrechtlich **K** 219
Verlustabzüge
– steuerrechtliche **K** 232
Verlustpositionen
– steuerrechtliche **K** 166
Vermögensübertragung **J** 22 f.
– Teilübertragung **K** 306 ff.
– Vollübertragung **K** 300 ff.
Verschmelzung **K** 140 ff.
– KapGes auf KapGes **K** 195 ff.
– KapGes auf PersGes **K** 142 ff.
– PersGes auf KapGes **K** 217 ff.
– PersGes auf PersGes **K** 240 ff.
Verschmelzungskosten **K** 183
Vorjahreszahlenangabe **K** 96
Zuschreibungen **K** 86
Übernahmehindernisse, Liquidationseröffnungsbilanz KapGes **T** 192
Übernahmezeitpunkt
Übernahmebilanzierung **K** 12
– steuerrechtlich **K** 127 ff.
Überschuldung
Begriff, Zweck **P** 70 f.
Ermittlung **P** 71

Überschuldungskontrolle

Buchstaben = Kapitel

Eröffnungsbilanz Einzelunternehmen **B** 104
Eröffnungsbilanz PersGes **C** 132
Prüfungskonzept **P** 71 ff.
Überschuldungskontrolle, Liquidation KapGes **T** 24
Überschuldungsstatus
Ansatz **P** 100 ff.
– Liquidation von Sachgesamtheiten **P** 102 f.
Ansprüche auf Kreditgewährung **P** 125
Begriff **P** 80
Bewertung **P** 100 ff.
– Liquidation von Sachgesamtheiten **P** 102 f.
und buchmäßige Überschuldung **P** 80
Dauerschuldverhältnisse **P** 118
eigene Anteile **P** 114
Einlagen, ausstehende **P** 110
Entsorgungsverpflichtungen **P** 119
Finanzplan **P** 90 ff.
Fortführungsprognose **P** 90 ff.
Fortschreibung **P** 81
Gehälter **P** 118
Geschäfts- oder Firmenwert
– derivativ erworbener **P** 111
– originärer **P** 111
Gliederung **P** 83
immaterielle Vermögensgegenstände **P** 112
Insolvenzantrag
– Frist **P** 62
– Konsequenzen bei Unterlassung **P** 64
– Pflicht zur Antragstellung **P** 60 f.
Inventar **P** 84
latente Steuern **P** 127
Leasingverträge **P** 118
Mietverträge **P** 118
Pensionsverpflichtungen **P** 116
Rangrücktritt **P** 122 f.
Rechnungsabgrenzungsposten **P** 115
Rechtsgrundlagen, Frist **P** 60 ff.
Rekultivierungsverpflichtungen **P** 119
Sozialplan **P** 117
Stichtag **P** 82
Unternehmensfortführung **P** 72
Verbindlichkeiten **P** 121 f.
Übertragungsbilanz, Formwechsel **L** 202, 206
Übertragungsgewinn, Verschmelzung **H** 187, 207, 230

UG (haftungsbeschänkt), Kapitalerhöhung aus Gesellschaftsmitteln **E** 7, 43, 76
Umlaufvermögen, Eröffnungsbilanz Einzelunternehmen **B** 95
Umsatzsteuer
Liquidation
– KapGes **T** 470 f.
– PersGes **S** 214 ff.
PersGes, Ausscheiden Gesellschafter **N** 138 ff.
Realteilung **O** 163 ff.
Verschmelzung **H** 245 ff.
Umtauschverhältnis
Beteiligungsquote
– steuerrechtlich **D** 292
Umwandlung
Bericht bei Formwechsel **L** 22 ff.
s. auch Formwechsel
s. auch Spaltung
s. auch Übernahmebilanzierung
s. auch Vermögensübertragung
s. auch Verschmelzung
Umwandlungsfähige Rücklagen, Kapitalerhöhung aus Gesellschaftsmitteln **E** 115 ff.
Umwandlungskosten, Übernahmebilanzierung **K** 43, 55
Unentgeltliche Übertragung, Eröffnungsbilanz PersGes **C** 196
Unterbewertung
Sacheinlagen **D** 193
Übernahme bei Formwechsel
– PersGes in KapGes **L** 76
s. auch Buchwertfortführung
s. auch Eröffnungsbilanzen
Unterbilanz
Eröffnungsbilanz KapGes **D** 147
Formwechsel
– KapGes in KapGes **L** 152
s. auch Verlustanzeigebilanz
Unterbilanzhaftung
s. Vorbelastungshaftung
Unternehmensaufgabe
Keine Aufgabeeröffnungsbilanz **M** 15
Einzelkaufmann
– Aufbewahrung Unterlagen **M** 35
– Begriff **M** 1
– Buchführungspflicht **M** 6
– Firma, Erlöschen **M** 7
– PublG **M** 10

Ziffern = Randnummern

KfmEigenschaft, Wegfall **M** 29
Kleinbetrieb **M** 8
Realakt **M** 2
Unternehmensbegriff B 42 f.
Einzelunternehmen **B** 97
Unternehmensbeteiligungen
U 249 ff.
Unternehmenserwerb
Eröffnungsbilanz Einzelunternehmen
B 21, 33
Wahlrechtsausübung
– Eröffnungsbilanz Einzelunternehmen **B** 115
Unternehmensfortführung
Liquidation **T** 147
Überschuldungsstatus **P** 72
Unternehmenskaufpreis, Eröffnungsbilanz Einzelunternehmen
B 106
Unternehmensnachfolge, Eröffnungsbilanz Einzelunternehmen
B 184 f.
Unternehmensschulden, Eröffnungsbilanz Einzelunternehmen
B 107
Unternehmenstransaktion, Pro-Forma-Finanzinformationen
F 70 ff.
Unternehmensvermögen
Eröffnungsbilanz Einzelunternehmen
– Abgrenzung **B** 96 ff.
Unternehmensverträge
Liquidation KapGes **T** 395 ff.
Verschmelzung **H** 34 f., 64 f., 220
Unternehmenswert, Ermittlung,
PersGes, Ausscheiden Gesellschafter
N 7 ff.
Unternehmerbegriff, Eröffnungsbilanz Einzelunternehmen **B** 1, 2
Unternehmerlohn, Eröffnungsbilanz PersGes **C** 206
Unternehmerwechsel, Eröffnungsbilanz PersGes **C** 59 f.
Unter-Pari-Emission
bei Kapitalerhöhung aus Gesellschaftsmitteln **E** 62, 89
Überbewertungsverbot **D** 181
Unterschiedsbetrag
Einzelbewertung
– Geschäftsübernahme **B** 109
Geschäfts- oder Firmenwert **D** 137, 206

Verbindlichkeiten

Unterschrift
Eröffnungsbilanz Einzelunternehmen
B 140
Eröffnungsbilanz KapGes **D** 252
Eröffnungsbilanz PersGes **C** 142
Prüfungsergebnis
– Kapitalerhöhung aus Gesellschaftsmitteln **E** 129
Unterstützungsfunktion U 31
Unterstützungskasse, Übernahmebilanzierung **K** 167, 199
Upstream-Merger
Übernahmebilanzierung **K** 53 ff.
– steuerrechtlich **K** 219
Verschmelzung
– handelsrechtlich **H** 8, 27
– steuerrechtlich **H** 199, 204

Verantwortlichkeit
Bilanzprüfer
– Kapitalerhöhung aus Gesellschaftsmitteln **E** 17 ff., 131
Einlagenbewertung **D** 183, 187, 249
Einzelunternehmer
– Pflichten, steuerrechtliche
B 165
Eröffnungsbilanz Einzelunternehmen
B 19, 72, 140 ff.
Eröffnungsbilanz KapGes **D** 248 ff.
Eröffnungsbilanz PersGes **C** 15 ff., 70, 142, 163
s. auch Haftung
s. auch Sanktionen
Veräußerungsabsicht, Anlagevermögen, Liquidation **T** 156
Veräußerungsgewinn
Formwechsel **L** 236
PersGes, Ausscheiden Gesellschafter
N 115 ff.
Realteilung **O** 46 ff., 112 ff., 131 f.
Veräußerungsrente
Eröffnungsbilanz Einzelunternehmen
– steuerrechtliche **B** 185
Verbindlichkeiten U 266
Bewertung **D** 216 f.
Liquidationsbilanzen KapGes
T 167
stille Einlage
– Eröffnungsbilanz Einzelunternehmen **B** 133
Überschuldungsstatus **P** 121 f.
Verlustanzeigebilanz **P** 48

1183

Verbindlichkeiten ggü. Ges. Buchstaben = Kapitel

Zweckbestimmung
– Eröffnungsbilanz Einzelunternehmen **B** 103 f.
s. auch Schulden
Verbindlichkeiten gegenüber Gesellschaftern
Eröffnungsbilanz PersGes **C** 109
Überschuldungsstatus **P** 121
Verbindlichkeitsrückstellung,
Liquidation **T** 126
Vergabe von Gelddarlehen U 377
Vergleichende Übersicht, Sondervermögen **U** 131
Vergleichszahlen
Eröffnungsbilanz Einzelunternehmen **B** 143, 147
Eröffnungsbilanz KapGes **D** 114
Eröffnungsbilanz PersGes **C** 154
Liquidation **T** 256
Verkehrssteuern
Formwechsel **L** 305 f.
s. Grunderwerbsteuer
s. Umsatzsteuer
Verkehrswert U 211 ff.
Beteiligungsverhältnis **D** 182
Bewertungsmaßstab **D** 285
Eröffnungsbilanz Einzelunternehmen
– steuerrechtliche **B** 177
Vorsteuer, verrechenbare **D** 210
Verlustabzug
Mindestbesteuerung
– Liquidation **T** 451 ff.
steuerrechtlicher
– Liquidation KapGes **T** 451, 454 ff.
Übernahmebilanzierung **K** 232
s. auch Verlustvortrag
Verlustanzeige
ad-hoc-Publizität, WertpapierhandelsG **P** 4
Frist **P** 3
Konsequenzen bei Unterlassung **P** 7
Pflicht zur **P** 1 f.
Publikumsgesellschaft **P** 5
Verlust, maßgeblicher **P** 10 ff.
Zwischenbilanz, Pflicht zur Aufstellung **P** 6
Verlustanzeigebilanz
Abschreibung, außerplanmäßige **P** 46
Ansatz **P** 30 ff.
Anteile an herrschenden Unternehmen **P** 41
Anteile, eigene **P** 41
Begriff **P** 20 f.

Bewertung **P** 30 ff.
Einlagen, ausstehende **P** 40
Erlass von Verbindlichkeiten **P** 48
Genussscheinkapital **P** 43
Gliederung **P** 23
Going-Concern-Prinzip **P** 36
immaterielle Vermögensgegenstände **P** 42
Inventar **P** 24
latente Steuern **P** 49
Pensionsverpflichtungen **P** 45
Rangrücktritt **P** 48
Rechtsgrundlagen, Frist **P** 1 ff.
Sonderposten mit Rücklageanteil **P** 44
Sozialplan **P** 46
Stichtag **P** 22
Stille Gesellschaft **P** 43
Wertaufholungen **P** 44
Verlustausgleichsanspruch, Eröffnungsbilanz PersGes **C** 132
Verlustdeckungshaftung D 20
Verlustdeckungspotenzial, stille Einlage **B** 131
Verlustpositionen, steuerrechtliche,
Übernahmebilanzierung **K** 166
Verlustübernahme
Bilanzierung **Q** 113 ff.
Organschaft **Q** 336
Sanierungsmaßnahmen **Q** 110 ff.
– steuerrechtlich **Q** 336 f.
Verlustübernahmevertrag, isolierter **Q** 111
Verlustverrechnungskonto,
Eröffnungsbilanz PersGes **C** 127
Verlustvortrag, steuerrechtlicher
Eröffnungsbilanz KapGes **D** 172
latente Steuern
– Liquidation **T** 137
Verschmelzung **H** 186, 227, 230
Verlustvortragskonto, Eröffnungsbilanz PersGes **C** 187
Vermögensangaben
InvKG
– geschlossen mit fixem Kapital **U** 505
Vermögensaufstellung
Anschaffungsnebenkosten **U** 81
Beteiligungen **U** 83
Bewertung **U** 89 f.
Erläuterungen **U** 88
Formwechsel **L** 22 ff.
Immobilien **U** 80
InvAG **U** 383
Saldierung **U** 76

1184

Ziffern = Randnummern

Sondervermögen **U** 75
Wertpapierdarlehensgeschäfte **U** 79
Vermögensbilanz
Begriff **A** 6
Liquidation KapGes **T** 17 f.
Liquidation PersGes
– Ansatz **S** 139 ff.
– Bewertung **S** 142
Liquidationseröffnungsbilanz PersGes (interne) **S** 135 ff.
PersGes, Ausscheiden Gesellschafter **N** 12
Realteilung **O** 52
s. auch Überschuldungsstatus
Vermögensgegenstände
Eröffnungsbilanz Einzelunternehmen
– Zuordnungsvermutung **B** 102
Vermögenslage
Dokumentation
– Eröffnungsbilanz **B** 14 f., 35
Vermögensminderung, Kapitalerhöhung aus Gesellschaftsmitteln **E** 119
Vermögensübergang
Einzelunternehmen **B** 26
Formwechsel **L** 205
Verschmelzung **H** 27, 46, 81, 90, 109
Vermögensübersicht
erweiterte Gliederung **U** 96
Pflichtgliederung **U** 94
Sondervermögen **U** 93
Vermögensübertragung J 1 ff.
Abbildung beim Gesellschafter **J** 25 f.
Arten **J** 9
Besteuerung **J** 28 ff.
beteiligte Rechtsträger **J** 2 ff.
Eröffnungsbilanz Einzelunternehmen
– steuerrechtliche **B** 176
fehlende Gegenleistung **J** 31
– Steuern **J** 31
Grunderwerbsteuer **J** 41
Grundlagen, rechtliche **J** 1 ff.
auf KapGes **D** 21
Re-Kommunalisierung **J** 6
Schlussbilanz
– handelsrechtliche **J** 19
Übernahmebilanzierung **J** 22 f.
Übertragung nach § 179a AktG **J** 12
Übertragungsprüfung **J** 20
Umsatzsteuer **J** 38 f.
Versicherungsunternehmen
– Umwandlungsformen, alternative **J** 6

Verschmelzung

Vermögensverrechnung, Eröffnungsbilanz Einzelunternehmen **B** 113
Vermögensverteilung
Liquidation KapGes **T** 283
Liquidation KapGes, unzulässige **T** 70 ff.
Liquidation PersGes **S** 160 ff.
Vermögensverwaltung, Rechnungslegungspflicht **C** 5
Vermögenszuordnung
Unternehmensvermögen **B** 97 ff.
Zuordnungsvermutung
– Eröffnungsbilanz Einzelunternehmen **B** 102, 103
Vermögenszurechnung, Eröffnungsbilanz PersGes **C** 29
Veröffentlichung, Finanzberichte nach WpHG **G** 80 ff.
Veröffentlichungsfrist
AIF-Sondervermögen
– Jahresbericht **U** 53
Jahresbericht
– Spezial-AIF **U** 54
Wertpapier-Publikumsfonds
– Jahresbericht **U** 53
Verschmelzung
Abfindung **H** 21, 34, 37, 39, 108, 143, 144
Ablauf **H** 27 ff.
Abschreibung **H** 117
Achtmonatsfrist
– handelsrechtlich **H** 56 f., 77, 101, 124, 202
– steuerrechtlich **H** 202
Aktiengesellschaft, Europäische **H** 21
Anfechtungsklage **H** 34
Anhang **H** 79, 83
Anmeldung **H** 32
Anteilsvereinigung **H** 260 ff., 267
Antragstellung **H** 165, 170, 177, 199, 206, 211
Anzeigepflicht **H** 270, 275
aufgelöste Gesellschaft **H** 16
durch Aufnahme **H** 7 ff.
Aufstellungsfrist **H** 124
Aufstockung **H** 165, 199, 206, 211
Ausschüttungen
– handelsrechtlich **H** 112, 119
– steuerrechtlich **H** 195
Bedarfsbewertung **H** 271
Begriff, Arten **H** 1, 5 ff.
Bekanntmachung **H** 149
Bericht **H** 29 ff., 39

1185

Verschmelzung Buchstaben = Kapitel

Beschlussphase **H** 31
Bestätigungsvermerk **H** 139
Besteuerung **H** 162 ff.
Besteuerung bei übertragender Gesellschaft
- Buchwertfortführung **H** 166, 170 f., 230
- Realisierung stiller Reserven **H** 165 ff.
- Verlustrücktrag **H** 185
Besteuerung des Übertragungsgewinns **H** 201, 207
Besteuerung (nach Sachverhalten) **H** 152 ff., 162, 165
Betriebserfordernis **H** 199
Betriebsrat **H** 27 f., 32
Bilanzstichtag **H** 96 ff.
Buchführungspflicht **H** 61
Delisting **H** 37
Downstream-Merger
- Begriff **H** 8
- Buchwertfortführung **H** 180
- Gründe **H** 9
Durchschnittssteuersatz **H** 201
Eigene Anteile **H** 8, 108, 213
Eigenkapital, verwendbares **H** 188
Einbringung **H** 198, 204
Einbringungsgewinn I **H** 209
Einlagekonto
- steuerrechtliches **H** 188, 210
Eintragung **H** 7, 27, 32 f., 35, 50 ff., 57, 60–62, 65, 69 ff., 83, 90, 100 f., 107 f., 120, 139
Erfolgsbilanz **H** 116
Ergebnisabführungs-/Beherrschungsvertrag **H** 43 ff., 68 ff., 119
Ertragswert **H** 34, 90
EU-SE-Verordnung **H** 21
EU-Verschmelzungsrichtlinie **H** 2
faktische **H** 33
Fünftelregelung **H** 201
Fusionsrichtlinie **H** 23
Gegenleistungen (Grundsätze, Arten)
- handelsrechtlich **H** 1, 7, 27
- steuerrechtlich **H** 168 ff.
Gesamtrechtsnachfolge
- handelsrechtlich **H** 1, 27
- steuerrechtlich **H** 199, 247
Geschäfts- oder Firmenwert **H** 110, 165 f.
Gesellschafterversammlung **H** 31
Gesellschaftsrecht, ausländisches
- handelsrechtlich **H** 24

- steuerrechtlich **H** 152, 256
Gewerbesteuer **H** 225 ff.
Gewinnbezugsrecht **H** 27
grenzüberschreitende
- handelsrechtlich **H** 2, 20 ff., 39, 83, 131
- steuerrechtlich **H** 20 f., 256
Grundbesitzbewertung **H** 273
Grunderwerbsteuer
- handelsrechtlich **H** 9
- steuerrechtlich **H** 260 ff.
Gründungsprüfung **H** 140, 143
Handelsregister **H** 27, 32 f., 35, 51 f., 56, 60 ff., 83 f., 100 f., 124
homogene Verschmelzung **H** 15
immaterielle Vermögensgegenstände
- handelsrechtlich **H** 110, 111
- steuerrechtlich **H** 165, 167, 199, 211
Informationsrechte des Betriebsrats **H** 27 f., 32
Insolvenzverfahren **H** 17
Inventar **H** 86
Jahresabschluss im Rückwirkungszeitraum **H** 64 f.
KapCoGes **H** 85, 104, 122, 134, 137
Kapitalerhöhung **H** 8, 15, 17, 27, 32, 56 f., 90 ff., 140
Kettenverschmelzung **H** 102
Konzernabschluss **H** 104
Liquidation KapGes **T** 405
Mängel **H** 34
Maßgeblichkeit **H** 162, 165
Minderheitenschutz **H** 37
Mischverschmelzung **H** 15
Missbrauchsregelung **H** 202
Mitunternehmeranteil **H** 235
Neugründung **H** 12
durch Neugründung **H** 12
Offenlegung **H** 137, 148 ff.
Organschaft **H** 220 ff., 245
Prüfung **H** 27, 30, 32, 56, 83, 85, 87, 90–92, 130, 134 ff.
Rechnungslegung **H** 83 ff.
Registergericht **H** 136, 275
Registergericht, Registerrichter **H** 56, 90, 92, 100 f., 136, 138, 139
Rückwirkung
- steuerrechtliche **H** 153, 162, 202, 208, 225, 236, 246
- nach UmwG **H** 56 ff.
Rückwirkungsfrist
- Ergebnisabführung **H** 68 ff.

1186

Ziffern = Randnummern **Verschmelzungsschlussbilanzen**

– handelsrechtlich **H** 56 ff., 80 ff., 102
– steuerrechtlich **H** 202
Sanierungsfusion **H** 16 f.
Schadensersatzansprüche **H** 36
Schlussbilanz
– Ansatz **H** 104 ff.
– Aufstellung **H** 64, 83, 124
– Bewertung **H** 116 ff.
– Feststellung **H** 125
– gemeiner Wert **H** 165 ff., 199 f., 206, 211
– Gliederung **H** 122
– Prüfung **H** 134 ff.
– unzulässige Wertansätze **H** 130
– Vorlage **H** 32
Schlussbilanzstichtag
– handelsrechtlich **H** 96 ff.
– steuerrechtlich **H** 153 f., 202, 208, 225
Schwebezustand **H** 31, 65
Schwestergesellschaften **H** 8 f.
SE-Einführungsgesetz **H** 21
SEStEG **H** 23
Sicherheitsleistung **H** 27, 39, 70, 90
Sidestep-Merger **H** 8 f.
Societas Europaea **H** 15, 21, 32, 38, 56, 83, 87
Sonderprüfung **H** 143
Spruchverfahren **H** 27, 34, 39
Steuerverstrickung **H** 167
Stichtag
– handelsrechtlich **H** 27, 50 ff., 96 f., 99, 102, 104, 108, 120
– steuerrechtlich **H** 153, 221
Stille Reserven **H** 154, 162 f., 199, 206, 211, 230
Teileinkünfteverfahren **H** 201
Übernahmebilanzierung **K** 140 ff.
Überschuldung **H** 16
Übertragungsgewinn **H** 227
Umsatzsteuer **H** 245 ff.
Umtauschverhältnis **H** 21, 27, 34, 39, 90, 143
Upstream-Merger
– handelsrechtlich **H** 8, 27
– steuerrechtlich **H** 199, 204
verbleibender Verlustabzug **H** 186, 227
Vergleichbarkeit
– ausländische **H** 152
Verlustrücktrag **H** 185
Verlustvortrag, steuerrechtlicher **H** 186, 227, 230

Vermögensübergang **H** 27, 46, 81, 90, 109
Verschmelzungsbericht **H** 29 ff., 39
Verschmelzungsbilanz, interne **H** 84
Verschmelzungskosten
– handelsrechtlich **H** 113
– steuerrechtlich **H** 248
Verschmelzungsplan **H** 1, 38, 39
Verschmelzungsprüfung **H** 30, 39, 143 ff.
Verschmelzungsprüfung, Verzicht auf **H** 144
Verschmelzungsrichtlinie **H** 2
– Mitbestimmung **H** 40
Vertrag **H** 27 ff., 62, 68 ff., 143
Vollzugsphase **H** 32
Vorbereitungsphase **H** 27
Wahlrecht
– handelsrechtlich **H** 83, 90, 106, 111, 117 ff., 130, 136
– steuerrechtlich **H** 165, 166, 175, 199, 230
Wertaufholungen **H** 117
Werthaltigkeit **H** 56, 90, 92
Werthaltigkeitsbescheinigung **H** 92
Werthaltigkeitsprüfung **H** 56, 90, 92
Wirksamkeit
– handelsrechtlich **H** 31, 33, 35
– steuerrechtlich **H** 246
wirtschaftliches Eigentum, Übergang **H** 62
Wirtschaftsgüter, immaterielle
– handelsrechtlich **H** 110, 111
– steuerrechtlich **H** 165, 167, 199, 211
Zinsvortrag **H** 186
Zustimmung **H** 27, 29, 31 f., 39, 44 f., 62, 90, 93, 144
Zwischenbilanz **H** 58, 72, 86, 93
Zwischenwert **H** 165, 175, 199, 212 f.
Verschmelzung auf Alleingesellschafter
 Eröffnungsbilanz Einzelunternehmen **B** 38
– steuerrechtliche **B** 187
Verschmelzungskosten
 handelsrechtlich **H** 113
 steuerrechtlich **H** 248
Verschmelzungsprüfung, Verschmelzung **H** 30, 39, 143 ff.
Verschmelzungsschlussbilanzen
 Anschaffungskosten **H** 117, 118
 Aufbewahrung **H** 148

1187

Verschmelzungsstichtag

Aufstockung **H** 170
Bewertungsmethodenstetigkeit,
 Durchbrechung der **H** 117
Buchwertfortführung
 – handelsrechtlich **H** 97, 111, 130
 – steuerrechtlich **H** 171, 175, 230
Ergänzungsbilanzen **H** 201
Übernahmeverlust **H** 186, 227
Übertragungsgewinn **H** 170, 186, 201,
 207, 213, 225, 227, 230, 235
Zweck **H** 90
s. auch Verschmelzung
Verschmelzungsstichtag
 handelsrechtlich **H** 27, 50 ff., 96 f., 99,
 102, 104, 108, 120
 steuerrechtlich **H** 153, 221
Vertragsinventur, Eröffnungsbilanz
 KapGes **D** 120
Vertretungsmacht, Liquidator
 T 36
Verwaltungstreuhand U 21
Verwässerungsschutz, Kapitalerhö-
 hung aus Gesellschaftsmitteln **E** 5 f.,
 61, 68 f.
Verwendungsbeschränkung
Kapitalerhöhung aus Gesellschaftsmit-
 teln
 – Ausschüttungssperrbeträge **E** 81
 – bei Bilanzverlust **E** 108 ff.
 – Disagio **E** 53, 62
 – Gegenwert eigener Anteile **E** 86
 – gesetzlicher Reservefonds **E** 45, 50,
 57, 76 f.
 – Kapitalrücklage **E** 55, 57 f.
 – Nachschusskapitalrücklage
 E 59
 – Rücklage für Rückbeteiligungsbe-
 sitz **E** 85, 114
Sonderrücklage nach AktG
 – Kapitalerhöhung aus Gesellschafts-
 mitteln **E** 67, 89
 – Wandlungs-/Optionsrechte **E** 62 ff.,
 89
Verwendungsrechnung
Immobiliensondervermögen
 – Gliederung **U** 124
offene Investmentkommanditgesell-
 schaften
 – Gliederung **U** 601
Sondervermögen **U** 115 ff.
 – Ergebnisverwendung **U** 120
 – Gliederung **U** 118
 – thesaurierende **U** 122 f.

Buchstaben = Kapitel

Verzugszinsen
 Einlageleistung, verspätete **D** 51, 126
 Einlagen, ausstehende **D** 126
Vollbeendigung, Liquidation **T** 5
Vollständigkeit, Eröffnungsbilanz Kap-
 Ges **D** 126
Vollständigkeitsprinzip, Eröffnungs-
 bilanz Einzelunternehmen **B** 104
Vollübertragung
 Besteuerung **J** 28 ff.
 Gegenleistung **J** 9
 keine Gegenleistung **J** 12
 s. auch Vermögensübertragung
Vorbelastung, Kapitalaufbringung
 C 120
Vorbelastungsbilanz, Gesellschafterdar-
 lehen, nachrangige **D** 237
Vorbelastungshaftung
 Unterbilanzhaftung **D** 20
 s. auch Vorbelastungsbilanz
Voreinzahlung
 Bargründung **D** 34
 Kapitalerhöhung **Q** 155
Vorgesellschaft
 Auflösung **T** 2
 Begriff **D** 2
 Bilanzstichtag **D** 73 f., 269
 Geschäftsbetrieb **D** 21
 Größenklasseneinstufung **D** 111 f.
 Innen-/Außenhaftung **D** 20
 Kaufmannsbegriff **D** 15
 Liquidation **T** 5
 unechte **C** 120
 Vorsteuererstattungsanspruch **D** 153
Vorgründungsgesellschaft C 47, 56
 Begriff **D** 16
 Eröffnungsbilanz PersGes **C** 4, 51, 119
 Formwechsel **D** 113
 Investitionszulageansprüche **D** 126
Vorgündungsgesellschaft, Eröffnungs-
 bilanz **D** 4
Vorjahresvergleichszahlen, Kapitaler-
 höhungssonderbilanz **E** 30
Vorjahreszahlen
 Formwechsel
 – KapGes in KapGes **L** 165
 – PersGes in KapGes **L** 78
 Kombinierter Abschluss **F** 37, 38
 Liquidationseröffnungsbilanz **T** 226
 Pro-Forma-Finanzinformationen **F** 69
Vorlagepflicht
 Eröffnungsbilanz Einzelunternehmen
 B 55, 148

Ziffern = Randnummern

Eröffnungsbilanz KapGes **D** 257, 262 f.
Kapitalerhöhung aus Gesellschaftsmitteln **E** 130, 133 f., 136
Vorrangprinzip, gesellschaftsrechtliches **D** 1
Vorräte, Betriebsaufgabe (steuerrechtlich) EKfm **M** 56
Vorsichtsprinzip U 37
Vorsteuer
Einlagenbewertung **D** 210
Erstattungsansprüche
– Eröffnungsbilanz Einzelunternehmen **B** 93, 100 f.
– Eröffnungsbilanz KapGes **D** 153
– Eröffnungsbilanz PersGes **C** 118
Vorsteuerabzug, Vorgründungsgesellschaft **C** 119
Vorsteuerkorrektur, Eröffnungsbilanz Einzelunternehmen **B** 101
Vorteile, wirtschaftliche, Einlagefähigkeit **D** 133, 138
Vorzugsgesellschafter, Kapitalrücklage **E** 54

Wahlrechtsausübung
Eröffnungsbilanz Einzelunternehmen
– Übergangsbilanz **B** 114
Wandelschuldverschreibung
Sanierung **Q** 232 ff.
umgekehrte **Q** 235
Wandlungs-/Optionsrechte
bei Kapitalerhöhung aus Gesellschaftsmitteln **E** 61, 65 ff.
Sonderrücklage nach AktG
– Kapitalerhöhung aus Gesellschaftsmitteln **E** 67, 89
Wertabstockung, Gesamtkostenaufteilung **B** 109
Wertänderungen
Eröffnungsbilanz Einzelunternehmen
– steuerrechtliche **B** 175
Wertaufhellung
Kombinierter Abschluss **F** 37
Pro-Forma-Finanzinformationen **F** 95
Wertaufholung
Aufteilung
– nach Kapitalerhöhung aus Gesellschaftsmitteln **E** 156
Liquidationsbilanzen KapGes **T** 175 f.
Übernahmebilanzierung **K** 86

Zugangsbewertung

Verlustanzeigebilanz **P** 44
Verschmelzung **H** 117
Wertaufholungsrücklage, Kapitalerhöhung aus Gesellschaftsmitteln **E** 87
Werthaltigkeitsgarantie, Sanierungsmaßnahmen **Q** 120
Werthaltigkeitsprüfung
Kapitalerhöhung aus Gesellschaftsmitteln **E** 17
Verschmelzung **H** 56, 90, 92
Wertminderung, Eröffnungsbilanz Einzelunternehmen **B** 94
Wertobergrenze
Eröffnungsbilanz Einzelunternehmen
– steuerrechtliche **B** 178
Wertpapierdarlehen U 140, 265
Wertpapiere, Sonderbetriebsvermögen **C** 216
Wertpapierpensionsgeschäfte U 265
Wertpapierpublikumsfonds
Jahresbericht
– Aufstellungspflicht **U** 52
– Veröffentlichungsfrist **U** 53
Wesentliche Betriebsgrundlage, Realteilung **O** 23, 122
Wirtschaftliche Neugründung, Vorrats-/Mantelgesellschaft **D** 51
Wirtschaftliches Eigentum
Eröffnungsbilanz PersGes **C** 29, 113
Liquidationseröffnungsbilanz KapGes **T** 111
Verschmelzung **H** 62
Wirtschaftsgüter, immaterielle **H** 110 f., 165, 167, 199, 211

Zahlungsunfähigkeit, Insolvenzgrund **Q** 9
Zeitraum
Kombinierter Abschluss **F** 29
Pro-Forma-Finanzinformationen **F** 67 ff.
Zinsaufwendungen, Pro-Forma-Finanzinformationen **F** 89, 131
Zinsschranke
PersGes, Ausscheiden Gesellschafter **N** 122 ff.
Realteilung **O** 143 f.
Zinsvortrag, Realteilung **O** 143 f.
Zugangsbewertung
neue Anteile
– nach Kapitalerhöhung aus Gesellschaftsmitteln **E** 156

1189

Zusatzangaben

Buchstaben = Kapitel

Zusatzangaben, Kapitalerhöhungssonderbilanz **E** 34
Zuschüsse *s. auch* Zuzahlung
Zuständigkeit
Bilanzaufstellung
– Kapitalerhöhungssonderbilanz **E** 25
s. Haftung
Zustimmung, Verschmelzung **H** 27, 29, 31 f., 39, 44 f., 62, 90, 93, 144
Zuteilung
Kapitalerhöhung aus Gesellschaftsmitteln
– Steuerfreiheit **E** 172
nach Kapitalerhöhung aus Gesellschaftsmitteln **E** 14, 16
Zuzahlung in Privatvermögen,
Bewertung, steuerrechtliche **C** 197 f.
Zuzahlungen
Formwechsel **L** 21
– Bilanzierung beim Gesellschafter **L** 172
– KapGes in KapGes **L** 160
– KapGes in PersGes **L** 120
– PersGes in KapGes **L** 60
Kapitalerhöhung aus Gesellschaftsmitteln **E** 19, 104
Sanierung **Q** 200
Vorzug, gesellschaftsrechtlicher **E** 54
Zuzahlungen, andere
unechtes Agio **D** 37, 41, 42
s. auch Agio
Zweck
Eröffnungsbilanz PersGes
– Selbstinformation **C** 27
Zweckbindung von Rücklagen
Verwendungssperre
– Kapitalerhöhung aus Gesellschaftsmitteln **E** 79 ff., 85, 89 f.
Zweigniederlassung
Eröffnungsbilanz **D** 3
inländische
– Kaufmannseigenschaft **B** 11
– Rechnungslegungspflicht **B** 12
Zwischenabschluss
Anhangangaben **G** 17 f., 22
Anwachsung **S** 18
börsenrechtliche Aufstellungspflicht **G** 3
Erstellung **G** 10 ff.
gesetzliche Aufstellungspflicht nach WpHG **G** 1
auf konsolidierter Basis **G** 10 f.

Konzernrechnungslegung **G** 2
Rechnungslegungsgrundsätze **G** 10 ff.
Rechnungslegungsmethoden **G** 65 ff.
– Änderungen von Schätzungen **G** 69 f.
– Fehlerberücksichtigung **G** 71
– Konzept des eigenständigen Abschlusses **G** 66 f.
– Rückstellungen **G** 68
verbundener Anhang **G** 19
– nahestehende Personen **G** 20
nach WpHG **G** 10 ff.
Zeitpunkte und -räume **G** 21
Zwischenabschluss nach KWG
prüferische Durchsicht
– Prüfungsgrundsätze **G** 96
Zwischenabschluss nach WpHG
Bestandteile **G** 13 ff.
Mindestbestandteile **G** 13 f.
prüferische Durchsicht **G** 4, 90
– Auftragsbestätigungsschreiben **G** 93
– Auftragsgegenstand **G** 92
– Durchführung **G** 96
– Grundsätze für die **G** 94
– Prüfungsgrundsätze **G** 95 f.
prüferische Durchsicht
– Auftragsannahme **G** 91
– Bestellung des Abschlussprüfers **G** 90
Prüfung **G** 4
verkürzter **G** 13 ff.
Zwischenbericht
InvAG
– Aufstellungspflicht **U** 422
Sondervermögen **U** 24
– Stichtag **U** 49
Zwischenberichterstattung
Bescheinigung **G** 122 ff.
Bescheinigung der prüferischen Durchsicht
– einleitender Abschnitt **G** 122
– Abschnitt zur Aussage **G** 125
– Beispiele **G** 132
– beschreibender Abschnitt **G** 124
– bei bestandsgefährdenden Risiken **G** 129 f.
– Datum **G** 131
– bei Prüfungshemmnissen **G** 128
– Veröffentlichung nach WpHG **G** 133

Ziffern = Randnummern
- bei wesentlichen Beanstandungen **G** 127
prüferische Durchsicht **G** 90 ff., 120 ff.
- gesonderter Bericht **G** 135
- Haftung des Wirtschaftsprüfers **G** 134

Zwischenbilanz
Besteuerung
- Kapitalerhöhung aus Gesellschaftsmitteln **E** 170
Kapitalerhöhung aus Gesellschaftsmitteln **E** 18, 24, 31
Liquidation PersGes

Zwischenwert

- externe **S** 59
- interne **S** 150
Verschmelzung **H** 58, 72, 86, 93

Zwischenlagebericht
Mindestangaben **G** 30 f.
prüferische Durchsicht **G** 114
nach WpHG **G** 30 ff.
- Urteil **G** 126

Zwischenrechnung, Insolvenzverfahren **R** 25, 41

Zwischenwert, Verschmelzung **H** 165, 199, 206, 211